Emmerich/Habersack
Aktien- und GmbH-Konzernrecht

Aktien- und GmbH-Konzernrecht

von

Prof. Dr. Volker Emmerich
Universität Bayreuth
Richter am OLG Nürnberg a. D.

Prof. Dr. Mathias Habersack
Universität Mainz

3., überarbeitete Auflage

Verlag C. H. Beck München 2003

Verlag C. H. Beck im Internet:
beck.de

ISBN 3 406 50720 4
© 2003 Verlag C. H. Beck oHG
Wilhelmstraße 9, 80801 München
Druck: fgb · freiburger graphische betriebe
Bebelstraße 11, 79108 Freiburg

Satz: Druckerei C. H. Beck Nördlingen

Gedruckt auf säurefreiem, alterungsbeständigem Papier
(hergestellt aus chlorfrei gebleichtem Zellstoff)

Vorwort zur dritten Auflage

Die erfreuliche Aufnahme der Vorauflage und die rasante Entwicklung auf dem Gebiet des Konzernrechts haben uns dazu bewogen, nach nur zwei Jahren eine Neuauflage vorzulegen. Sie berücksichtigt nicht nur die Flut an Entscheidungen und Aufsätzen insbesondere zum Recht des Vertragskonzerns, zur Konzernbildungskontrolle und zur Haftung des GmbH-Gesellschafters. Sie enthält vielmehr auch eine Kommentierung der §§ 327 a ff. AktG betreffend den „Squeeze out" und (in den Vorbemerkungen zu § 311) eine systematische Darstellung der Konzernrechtsbezüge des WpÜG. Auch der Entwurf eines Spruchverfahrensneuordnungsgesetzes ist bereits eingearbeitet.

Der Kommentar befindet sich auf dem Stand vom 1. Januar 2003.

Bayreuth und Mainz, im April 2003

Volker Emmerich
Mathias Habersack

Inhaltsverzeichnis

Aktiengesetz

vom 6. September 1965 (BGBl. I S. 1089), zuletzt geändert
durch Gesetz vom 19. Juli 2002 (BGBl. I S. 2681)
BGBl. III/FNA 4121-1

Erstes Buch. Aktiengesellschaft

Erster Teil. Allgemeine Vorschriften

Drittes Buch. Verbundene Unternehmen

Erster Teil. Unternehmensverträge

Erster Abschnitt. Arten von Unternehmensverträgen

Zweiter Abschnitt. Abschluß, Änderung und Beendigung von Unternehmensverträgen

Inhalt

Vierter Teil. Ausschluss von Minderheitsaktionären

Fünfter Teil. Wechselseitig beteiligte Unternehmen

Abkürzungsverzeichnis

A/D/S	Adler/Düring/Schmaltz, Rechnungslegung und Prüfung der Unternehmen, 6. Aufl. 1994 ff.
aA	anderer Ansicht
aaO	am angegebenen Ort
abgedr.	abgedruckt
abl.	ablehnend
ABl.	Amtsblatt
ABl. EG	Amtsblatt der Europäischen Gemeinschaften
Abs.	Absatz
Abschn.	Abschnitt
abw.	abweichend
abwM	abweichende Meinung
AcP	Archiv für civilistische Praxis
ADHGB	Allgemeines Deutsches Handelsgesetzbuch
aE	am Ende
aF	alte Fassung
AG	Aktiengesellschaft; Die Aktiengesellschaft (Zeitschrift); auch: Amtsgericht
AGB	Allgemeine Geschäftsbedingungen
AGBG	Gesetz zur Regelung der Allgemeinen Geschäftsbedingungen (aufgehoben)
AHK	Alliierte Hohe Kommission
AktG	Aktiengesetz
AktG 1937	Aktiengesetz 1937
AktR	Aktienrecht
allg.	allgemein
allgM	allgemeine Meinung
Alt.	Alternative
aM	anderer Meinung
amtl.	amtlich
Amtl. Begr.	Amtliche Begründung
AnfG	Anfechtungsgesetz
Anh.	Anhang
Anm.	Anmerkung
AO	Abgabenordnung
AöR	Archiv für öffentliches Recht
AP	Arbeitsrechtliche Praxis, Nachschlagewerk des BAG
AR	Aufsichtsrat
AR-Vorsitzender	Aufsichtsratsvorsitzender
arg.	argumentum
Art.	Artikel
Assmann/Schneider WpHG	Assmann/Schneider, Wertpapierhandelsgesetz, Kommentar, 2. Aufl. 1999
AT	Allgemeiner Teil
Aufl.	Auflage
ausdr.	ausdrücklich
ausführl.	ausführlich
AWD	siehe RIW
BAFin	Bundesanstalt für Finanzdienstleistungsaufsicht
BAG	Bundesarbeitsgericht
BAGE	Entscheidungen des Bundesarbeitsgerichts
BankBiRiLiG	Bank-Bilanzrichtliniengesetz
BankR Hdb./Bearbeiter	Schimansky/Bunte/Lwowski, Bankrechts-Handbuch, 2. Aufl. 2001
BAnz.	Bundesanzeiger
Baumbach/Hefermehl WG bzw. ScheckG bzw. WPR	Baumbach/Hefermehl, Wechselgesetz und Scheckgesetz, Kommentar, 22. Aufl. 2000
Baumbach/Hopt HGB	Baumbach/Hopt, Handelsgesetzbuch, 30. Aufl. 2000
Baumbach/Hueck	Baumbach/Hueck, Aktiengesetz, Kommentar, 13. Aufl. 1968
Baumbach/Hueck/ *Bearbeiter* GmbHG	Baumbach/Hueck, GmbH-Gesetz, 17. Aufl. 2000
Baumbach/Lauterbach/ *Bearbeiter* ZPO	Baumbach/Lauterbach/Albers/Hartmann, Zivilprozeßordnung, 61. Aufl. 2003
BayObLG	Bayerisches Oberstes Landesgericht; auch Sammlung von Entscheidungen des
BayObLGZ	BayObLG in Zivilsachen

Abkürzungen

Erl.	Erläuterungen, Erlaß
Erman/*Bearbeiter* BGB	Erman, Handkommentar zum Bürgerlichen Gesetzbuch mit Einführungsgesetz, 10. Aufl. 2000
EU	Europäische Union
EuGH	Europäischer Gerichtshof
EuroEG	Gesetz zur Einführung des Euro
EuZW	Europäische Zeitschrift für Wirtschaftsrecht
eV	eingetragener Verein
evtl.	eventuell
EWiR	Entscheidungen im Wirtschaftsrecht
f., ff.	folgend(e)
FGG	Gesetz über die Angelegenheiten der freiwilligen Gerichtsbarkeit
FGPrax	Praxis der Freiwilligen Gerichtsbarkeit. Vereinigt mit OLGZ
Flume JurPerson	Flume, Allgemeiner Teil des Bürgerlichen Rechts, Bd. I/2: Die juristische Person, 1983
Flume Personenges.	Flume, Allgemeiner Teil des Bürgerlichen Rechts, Bd. I/1: Die Personengesellschaft, 1977
Fn.	Fußnote
FS	Festschrift
FusionskontrollVO	Fusionskontroll-Verordnung
G	Gesetz (in Zusammensetzungen)
GbR	Gesellschaft bürgerlichen Rechts
Bearbeiter in Geibel/Süßmann	Geibel/Süßmann, WpÜG, Kommentar, 2002
gem.	gemäß
GesRZ	Der Gesellschafter (Zeitschrift)
Bearbeiter in Geßler/Hefermehl	Geßler/Hefermehl/Eckardt/Kropff, Aktiengesetz, Großkommentar, 1973 ff.
ggf.	gegebenenfalls
GmbH	Gesellschaft mit beschränkter Haftung
GmbHG	Gesetz betreffend die Gesellschaften mit beschränkter Haftung
GmbHR	GmbH-Rundschau (Zeitschrift)
v. Godin/Wilhelmi	v. Godin/Wilhelmi, Aktiengesetz, Kommentar, 4. Aufl. 1971
Goette	Goette, Die GmbH, 2. Aufl. 2002
Bearbeiter in GroßkommAktG	Großkommentar zum Aktiengesetz, 3. Aufl. 1970 ff.; 4. Aufl. 1992 ff. Soweit die 3. Aufl. zitiert wird, ist dies kenntlich gemacht
grdlg.	grundlegend
GVG	Gerichtsverfassungsgesetz
Bearbeiter in Haarmann/ Riehmer/Schüppen	Haarmann/Riehmer/Schüppen, Öffentliche Übernahmeangebote, Kommentar zum WpÜG, 2002
Habersack	Habersack, Europäisches Gesellschaftsrecht, 2. Aufl. 2003
Hachenburg/*Bearbeiter* GmbHG	Hachenburg, Gesetz betreffend die Gesellschaften mit beschränkter Haftung, Großkommentar, 8. Aufl. 1990/1992
Halbs.	Halbsatz
Hdb.	Handbuch
Henze	Henze, Konzernrecht – Höchst- und obergerichtliche Rechtsprechung, 2001
Heymann/*Bearbeiter* HGB	Heymann, Handelsgesetzbuch, Kommentar (ohne Seerecht), 2. Aufl. 1995 ff.
HFA	Hauptfachausschuß des Instituts der Wirtschaftsprüfer
HGB	Handelsgesetzbuch
hL	herrschende Lehre
hM	herrschende Meinung
Hrsg.	Herausgeber
Hüffer	Hüffer, Aktiengesetz, Kommentar, 5. Aufl. 2002
idF	in der Fassung
idR	in der Regel
idS	in diesem Sinne
IdW	Institut der Wirtschaftsprüfer in Deutschland e. V.
ieS	im engeren Sinne
insbes.	insbesondere
InsO	Insolvenzordnung
iS (d.; v.)	im Sinne (des, der; von)
IStR	Internationales Steuerrecht (Zeitschrift)
iVm.	in Verbindung mit

MünchKommAktG/
  Bearbeiter .... Münchener Kommentar zum Aktiengesetz, 2. Aufl. des Geßler/Hefermehl/
                                    Eckardt/Kropff, Aktiengesetz, 2000
MünchKommBGB/
  Bearbeiter .... Münchener Kommentar zum Bürgerlichen Gesetzbuch, 3. Aufl. 1992 ff.;
                                    4. Aufl. 2000 ff.
mwN .... mit weiteren Nachweisen
NachhBG .... Nachhaftungsbegrenzungsgesetz
nF .... neue Fassung
NJW .... Neue Juristische Wochenschrift
NJW-RR .... NJW-Rechtsprechungs-Report Zivilrecht
Nr .... Nummer
NZG .... Neue Zeitschrift für Gesellschaftsrecht
o. .... ordentlich
OGH .... österreichischer Oberster Gerichtshof
OHG .... offene Handelsgesellschaft
ÖJZ .... österreichische Juristenzeitung
OLG .... Oberlandesgericht; auch Entscheidungen der OLG in Zivilsachen einschließ-
                                    lich der freiwilligen Gerichtbarkeit (seit 1965) bzw. Die Rechtsprechung der
                                    OLG auf dem Gebiete des Zivilrechts (bis 1928)
OLGR .... Die Rechtsprechung der OLG auf dem Gebiet des Zivilrechts
OLGZ .... Entscheidungen der OLG in Zivilsachen einschließlich der freiwilligen Ge-
                                    richtsbarkeit
Palandt/*Bearbeiter* BGB ..... Palandt, Bürgerliches Gesetzbuch, Kommentar, 62. Aufl. 2003
Prot. .... Protokoll
pVV .... positive Vertragverletzung
Raiser .... Raiser, Recht der Kapitalgesellschaften, 3. Aufl. 2001
Rdnr. .... Randnummer
RegE .... Regierungsentwurf
RG .... Reichsgericht; auch Entscheidungen des RG in Zivilsachen
RGZ .... Entscheidungen des Reichsgerichts in Zivilsachen
RIW .... Recht der internationalen Wirtschaft (Außenwirtschaftsdienst des Betriebs-
                                    Beraters)
ROHG .... Reichsoberhandelsgericht
ROHGE .... Entscheidungen des Reichsoberhandelsgerichts
Roth/Altmeppen GmbHG... Roth/Altmeppen, GmbH-Gesetz, Kommentar, 4. Aufl. 2003
Rowedder/Schmidt-
Leithoff/*Bearbeiter* GmbHG Rowedder/Schmidt-Leithoff, GmbH-Gesetz, Kommentar, 4. Aufl. 2002
Rpfleger .... Der Rechtspfleger (Zeitschrift)
RPflG .... Rechtspflegergesetz
Rspr. .... Rechtsprechung
S .... Satz; Seite
s .... siehe
s. a. .... siehe auch
Bearbeiter in Semler/Stengel
  UmwG .... Semler/Stengel, Umwandlungsgesetz, Kommentar, 2003
s. o. .... siehe oben
s. u. .... siehe unten
Schlegelberger/*Bearbeiter*
  HGB...................... Schlegelberger, Handelsgesetzbuch, Kommentar, 5. Aufl. 1973 ff.
K. Schmidt GesR .... K. Schmidt, Gesellschaftsrecht, 4. Aufl. 2002
K. Schmidt HandelsR .... K. Schmidt, Handelsrecht, 5. Aufl. 1999
Schmitt/Hörtnagl/Stratz ..... Umwandlungsgesetz, Umwandlungssteuergesetz, Kommentar, 3. Aufl. 2001
Scholz/*Bearbeiter* GmbHG Scholz, GmbH-Gesetz, Kommentar, 9. Aufl., Bd. 1 2000, Bd. 2 2002
SeuffA .... Seufferts Archiv für Entscheidungen der obersten Gerichte in den deutschen
                                    Staaten
SJZ .... Süddeutsche Juristenzeitung
Soergel/*Bearbeiter* BGB ..... Soergel, Kommentar zum Bürgerlichen Gesetzbuch mit Einführungsgesetz und
                                    Nebengesetzen, 13. Aufl. 1999 ff.; 12. Aufl. 1987 ff.
sog. .... sogenannt
SpruchG.................... Gesetz über das gesellschaftsrechtliche Spruchverfahren
Staub/*Bearbeiter* HGB ...... Staub, Großkommentar zum HGB, 4. Aufl. 1983 ff. (3. Aufl. s. Groß-
                                    kommHGB)
Staudinger/*Bearbeiter* BGB Staudinger, Kommentar zum Bürgerlichen Gesetzbuch mit Einführungsgesetz
                                    und Nebengesetzen, 13. Bearbeitung 1993 ff., 12. Aufl. 1979 ff. (als solche
                                    kenntlich gemacht)

Abkürzungen

Steinmeyer/Häger	Steinmeyer/Häger, WpÜG, Kommentar, 2002
str.	streitig
stRspr.	ständige Rechtsprechung
StückaktienG	Gesetz über die Zulassung von Stückaktien
SZ	Entscheidungen des öster. OGH in Zivilsachen
Theisen	Theisen, Der Konzern, 2. Aufl. 2000
u.	und; unter; unten
u. a.	unter anderem; und andere(s)
u. ä.	und ähnliche(s)
u. a. m.	und andere(s) mehr
Übers.	Übersicht
überwM	überwiegende Meinung
Uhlenbruck	Uhlenbruck, Insolvenzordnung, Kommentar, 12. Aufl. 2003
umfangr.	umfangreich
umstr.	umstritten
UmwBerG	Gesetz zur Bereinigung des Umwandlungsrechts vom 28. 10. 1994 (BGBl. I S. 3210)
UmwG	Umwandlungsgesetz; früher: Gesetz über die Umwandlung von Kapitalgesellschaften
UmwStG	Umwandlungssteuergesetz
unstr.	unstreitig
unzutr.	unzutreffend
usw.	und so weiter
uU	unter Umständen
v.	vom; von
Verf.	Verfasser
VerglO	Vergleichsordnung
VersR	Versicherungsrecht
vgl.	vergleiche
VglO	Vergleichsordnung
VO	Verordnung
Vorb.	Vorbemerkung(en)
Vors.	Vorsitzender
WiB	Wirtschaftsrechtliche Beratung (Zeitschrift)
Wiedemann	Wiedemann, Gesellschaftsrecht, Bd. 1, 1980
WM	Wertpapier-Mitteilungen
wN	weitere Nachweise
WoM	Wohnungswirtschaft und Mietrecht (Zeitschrift)
WP	Wirtschaftsprüfer
WP-Handbuch	Wirtschaftprüfer-Handbuch, Band I 12. Aufl. 2000; Band II 12. Aufl. 2002
WPg	Die Wirtschaftsprüfung (Zeitschrift)
WpHG	Gesetz über den Wertpapierhandel und zur Änderung börsenrechtlicher und wertpapierrechtlicher Vorschriften (Zweites Finanzmarktförderungsgesetz) vom 26. 7. 1994 (BGBl. I S. 1749)
WPK-Mitt.	Wirtschaftsprüferkammer-Mitteilungen
WuB	Entscheidungssammlung zum Wirtschafts- und Bankrecht
Würdinger	Würdinger, Aktienrecht und das Recht der verbundenen Unternehmen, 4. Aufl. 1981
zB	zum Beispiel
ZBB	Zeitschrift für Bankrecht und Bankwirtschaft
ZBH	Zentralblatt für Handelsrecht
ZfbF	Schmalenbachs Zeitschrift für betriebswirtschaftliche Forschung
ZGR	Zeitschrift für Unternehmens- und Gesellschaftsrecht
ZHR	Zeitschrift für das gesamte Handelsrecht und Wirtschaftsrecht
Ziff.	Ziffer
ZIP	Zeitschrift für Wirtschaftsrecht
zit.	zitiert
ZPO	Zivilprozeßordnung
ZRP	Zeitschrift für Rechtspolitik
ZSEG	Gesetz über die Entschädigung von Zeugen und Sachverständigen
zust.	zustimmend
z. T.	zum Teil
zutr.	zutreffend

Einleitung

Übersicht

I. Gegenstand der Kommentierung

1. Begriff des Konzernrechts. Das dritte Buch des AktG handelt von den verbundenen **1** Unternehmen. Es versteht darunter Unternehmen, die zwar rechtlich selbständig, auf der Grundlage bestimmter *gesellschaftsrechtlicher Instrumentarien* aber miteinander verbunden sind. Paradigma ist der Erwerb einer Mehrheitsbeteiligung an einer Gesellschaft durch ein anderes Unternehmen. Die mit einer solchen Beteiligung verbundenen Herrschaftsbefugnisse auf der einen Seite und das anderweitig verfolgte unternehmerische Interesse des Mitglieds auf der anderen Seite begründen die Gefahr, daß das Eigeninteresse der Gesellschaft durch mit ihm nicht parallel laufende Partikularinteressen überlagert und in Frage gestellt ist. Das *Recht der verbundenen Unternehmen* fragt nach der Zulässigkeit und den gesellschaftsrechtlichen Voraussetzungen für die Entstehung solcher Unternehmensverbindungen, vor allem aber nach den Schranken, die der Verfolgung der spezifischen Interessen des Mehrheitsgesellschafters gesetzt sind, schließlich nach den Auswirkungen der Unternehmensverbindung auf die Verfassung der an ihr beteiligten Gesellschaften. Es wird verbreitet und auch im folgenden als Konzernrecht bezeichnet, mag dies auch im Hinblick auf § 18 Abs. 1 S. 1, dem zufolge der Konzern nur eine von mehreren Formen der Unternehmensverbindung ist, unscharf sein. Konzernrecht ist mithin ein Sammelbegriff für die durch bestimmte Formen der Unternehmensverbindung aufgeworfenen *gesellschaftsrechtlichen Fragen*. Dabei zielen die §§ 291 ff., was ihren unmittelbaren Regelungsgehalt betrifft, zwar primär (s. aber auch Rdnr. 12) auf den **Schutz** der abhängigen Gesellschaft sowie ihrer Gläubiger und Aktionäre. Indes herrscht weitgehend Einvernehmen darüber, daß diese Vorschriften zumindest insoweit einen **organisationsrechtlichen Gehalt** aufweisen, als sie mit der einfachen Abhängigkeit und dem einfachen („faktischen") Konzern, dem Vertragskonzern und der Eingliederung unterschiedliche Formen der Einbindung der abhängigen Gesellschaft in die Belange des herrschenden Unternehmens zur Verfügung stellen und dabei die für die unverbundene AG geltenden Grundsätze zum Teil erheblich modifizieren (§ 311 Rdnr. 77 ff.; zur Frage einer Konzernbildungskontrolle und den damit verbundenen organisationsrechtlichen Fragen s. Rdnr. 11 f. sowie im einzelnen Vor § 311 Rdnr. 1 ff., 31 ff.).

2   **2. Die konzernrechtlichen Regelungen des AktG im Überblick. a) Allgemeine Vorschriften.** Die §§ 15 bis 19 definieren, gleichsam im Sinne eines Allgemeinen Teils des Konzernrechts, den Begriff der verbundenen Unternehmen (§ 15) und die wesentlichen Formen der Unternehmensverbindung, nämlich Mehrheitsbeteiligung (§ 16), Abhängigkeit (§ 17), Konzern (§ 18) und wechselseitige Beteiligung (§ 19). Die durch Unternehmensvertrag im Sinne der §§ 291 ff. oder durch Eingliederung gem. §§ 319 ff. hergestellte Unternehmensverbindung ist dagegen als solche nicht in §§ 16 ff. geregelt. § 15 bezeichnet zwar immerhin die Vertragsteile eines Unternehmensvertrags als verbundene Unternehmen; die Eingliederung dagegen ist auch in § 15 nicht genannt und geht insoweit in dem Begriff der Abhängigkeit auf. Allein § 18 Abs. 1 S. 2 bestimmt, daß Unternehmen, zwischen denen ein Beherrschungsvertrag iSd. § 291 Abs. 1 S. 1 besteht oder von denen das eine in das andere eingegliedert ist, als unter einheitlicher Leitung zusammengefaßt anzusehen sind und damit einen Konzern iSd. § 18 Abs. 1 S. 1 bilden. Die Vorschriften der **§§ 15 bis 19 sind rechtsformneutral gefaßt;** § 19 betreffend wechselseitig beteiligte Unternehmen setzt freilich die Rechtsform einer Kapitalgesellschaft voraus.

3   Von anderem Zuschnitt sind die Vorschriften der **§§ 20 bis 22.** Sie verpflichten Kapitalgesellschaften zur Mitteilung über das Bestehen einer 25% übersteigenden Beteiligung an einer AG oder KGaA und sanktionieren die Verletzung dieser Pflichten mit dem Ruhen der Mitgliedschaftsrechte. Deutlich über §§ 20 ff. hinausgehende **Mitteilungspflichten** sind in §§ 21 ff. WpHG vorgesehen. Die diesbezügliche Abstimmung ist durch das Dritte Finanzmarktförderungsgesetz (Rdnr. 23) erfolgt. Danach finden §§ 20 ff. keine Anwendung auf börsennotierte Gesellschaften iSd. § 21 Abs. 2 WpHG; diese Gesellschaften sind vielmehr nach Maßgabe der §§ 21 ff. WpHG mitteilungspflichtig (§ 20 Rdnr. 3 f.).

4   **b) Unternehmensverträge.** Die **§§ 291 bis 310** handeln von den Unternehmensverträgen, d. h. Verträgen, die in die Struktur der Gesellschaft eingreifen und sich dadurch von einem gewöhnlichen Austauschvertrag unterscheiden. Im Vordergrund des praktischen Interesses stehen der Beherrschungs- und der Gewinnabführungsvertrag. Der Abschluß eines Unternehmensvertrags macht die Vertragsteile nach § 15 zu verbundenen Unternehmen (Rdnr. 2). Während aber §§ 15 ff. rechtsformneutral ausgestaltet sind, beziehen sich die §§ 291 ff. auf Unternehmensverträge, bei denen eine **AG oder KGaA als abhängiges oder verpflichtetes Unternehmen** beteiligt ist. Darüber hinaus enthalten diese Vorschriften besondere Regelungen für den Fall, daß das herrschende oder aus dem Unternehmensvertrag berechtigte Unternehmen seinerseits AG oder KGaA ist; im übrigen sind sie unabhängig von der Rechtsform des herrschenden Unternehmens anwendbar.

5   Was den Inhalt der §§ 291 bis 310 im einzelnen betrifft, so regeln die §§ 291, 292 zunächst die *Arten von Unternehmensverträgen,* die das AktG zur Verfügung stellt. Der Abschluß, die Änderung und die Beendigung von Unternehmensverträgen sind Gegenstand der §§ 293 bis 299. Der mit dem Abschluß eines Unternehmensvertrags verbundenen **Gefährdung der Interessen** *der abhängigen oder verpflichteten AG, ihrer außenstehenden Aktionäre und ihrer Gläubiger* wird durch die §§ 300 bis 307 Rechnung getragen; von besonderer Bedeutung sind insoweit die in § 302 vorgesehene Verpflichtung des herrschenden Unternehmens zum Verlustausgleich und die in §§ 304, 305 geregelten Ausgleichs- und Abfindungsrechte der außenstehenden Aktionäre. §§ 308 bis 310 schließlich regeln die Leitungsmacht und die Verantwortlichkeit des herrschenden Unternehmens bei Bestehen eines *Beherrschungsvertrags.* Der Abschluß eines solchen Vertrags begründet nach § 18 Abs. 1 S. 2 einen Konzern.

c) Einfache Abhängigkeit. Die Vorschriften der §§ 311 bis 318 regeln ihrem Wortlaut **6** nach den – in § 17 allgemein und rechtsformneutral definierten – Fall der *Abhängigkeit* einer AG oder KGaA von einem anderen Unternehmen. Ihr Anwendungsbereich umfaßt aber auch die nicht auf Beherrschungsvertrag oder Eingliederung beruhende *Konzernierung* einer AG oder KGaA (§ 311 Rdnr. 2, 8). Während der Abschluß eines Beherrschungsvertrags (Rdnr. 5) das herrschende Unternehmen berechtigt, dem Vorstand der beherrschten Gesellschaft Weisungen zu erteilen, geht mit der Abhängigkeit oder einfachen Konzernierung **keine Konzernleitungsmacht** einher. Die Organisationsverfassung der Gesellschaft wird deshalb durch die Abhängigkeit oder Konzernierung grundsätzlich nicht berührt. Der Vorstand der Gesellschaft *darf* allerdings einer aus Sicht der Gesellschaft nachteiligen Einflußnahme unter der Voraussetzung nachgehen, daß es zum *Nachteilsausgleich* durch das herrschende Unternehmen kommt. Die §§ 311 ff. nehmen somit eine punktuelle Überlagerung des Eigenwillens der abhängigen oder konzernierten Gesellschaft in Kauf: Dem herrschenden Unternehmen sind nachteilige Einflußnahmen gestattet, sofern es nur die *Vermögensinteressen* der abhängigen oder konzernierten Gesellschaft wahrt.

d) Eingliederung. Die Eingliederung ist in §§ 319 bis 327 geregelt. Sie ist dadurch **7** gekennzeichnet, daß die eingegliederte AG zwar als juristische Person fortbesteht, der Hauptgesellschaft aber nach § 323 ein Weisungsrecht erwächst, das über das mit einem Beherrschungsvertrag verbundene Weisungsrecht hinausgeht und der eingegliederten Gesellschaft den Charakter einer „**rechtlich selbständigen Betriebsabteilung**" verleiht. Das Konzernverhältnis, das nach § 18 Abs. 1 S. 2 durch die Eingliederung begründet wird, kommt deshalb in seinen Wirkungen einer Verschmelzung iSd. §§ 2 ff. UmwG durchaus nahe. Im einzelnen unterscheiden §§ 319 ff. zwischen der Eingliederung einer hundertprozentigen Tochter und der Mehrheitseingliederung; im letzteren Fall kommt es nach §§ 320 a, b zum Ausscheiden und zur Abfindung der außenstehenden Aktionäre. Die Gläubiger werden vor allem durch § 322 geschützt, dem zufolge die Hauptgesellschaft für sämtliche Verbindlichkeiten der eingegliederten Gesellschaft haftet.

e) Ausschluß von Minderheitsaktionären. Durch Art. 7 des Gesetzes zur Regelung **8** von öffentlichen Angeboten zum Erwerb von Wertpapieren und von Unternehmensübernahmen (Rdnr. 27) ist das Dritte Buch des AktG um die Vorschriften der §§ 327 a ff. betreffend den – gemeinhin als „squeeze out" bezeichneten – Ausschluß von Minderheitsaktionären ergänzt worden. Danach ist es demjenigen Aktionär, der über mindestens 95% der Anteile an einer AG oder KGaA verfügt, erlaubt, die Minderheitsaktionäre gegen Gewährung einer Abfindung aus der Gesellschaft auszuschließen. Die Vorschriften über den „squeeze out" lehnen sich zwar an diejenigen über die Mehrheitseingliederung an. Anders als jene setzen §§ 327 a ff. allerdings nicht voraus, daß es sich bei dem Mehrheitsaktionär um eine inländische AG oder KGaA (§ 319 Rdnr. 6) handelt. Zudem geht mit einem Ausschluß der Minderheitsaktionäre nicht die die Eingliederung kennzeichnende, unter anderem die scharfe Haftung aus § 322 auslösende organisatorische Einbindung der Tochtergesellschaft in das Unternehmen des Hauptgesellschafters einher. Vor diesem Hintergrund wird künftig die praktische Bedeutung der Eingliederung, die bis zur Einfügung der §§ 327 a ff. zu einem Gutteil gerade mit Blick auf das mit ihr verbundene Ausscheiden der Minderheitsaktionäre praktiziert wurde, erheblich zurückgehen.

f) Wechselseitige Beteiligung. Die wechselseitige Beteiligung von Unternehmen in **9** der Rechtsform einer Kapitalgesellschaft ist in §§ 19, 328 geregelt. Unternehmensverbindungen dieser Art bergen aus Sicht der Gläubiger und Aktionäre die Gefahr der **Kapitalverwässerung** und des Aufbaus von **Verwaltungsstimmrechten.** § 19 unterscheidet zwischen der sog. qualifizierten und der einfachen wechselseitigen Beteiligung. Während nach § 19 Abs. 2 und 3 bei qualifizierter wechselseitiger Beteiligung die Vorschriften über abhängige Unternehmen und damit insbes. §§ 71 b ff., 311 ff. zur Anwendung gelangen, begrenzt § 328 Abs. 1 für die einfache wechselseitige Beteiligung die Ausübung der Rechte aus solchen Beteiligungen auf 25% aller Anteile des jeweils anderen Unternehmens.

10   **g) Sonstige.** Das AktG enthält schließlich zahlreiche Einzelvorschriften mit konzernrechtlichem Bezug. Diese Vorschriften bezwecken überwiegend, die Umgehung allgemeiner Ge- und Verbote durch Hinzuziehung abhängiger Unternehmen zu verhindern und Organisations- und Zuständigkeitsregeln konzernweit fortzuschreiben. Zu nennen sind namentlich die §§ 56 Abs. 2, 71 d, 90 Abs. 1 S. 2 und Abs. 3 S. 1, 100 Abs. 2 Nr. 2, 115 Abs. 1 S. 2, 131 Abs. 1 S. 2, 134 Abs. 1 S. 4, 145 Abs. 3. Diese Vorschriften stehen jeweils im Zusammenhang mit für die *unverbundene AG* geltenden Normen und lassen einen Bezug zu den genuin konzernrechtlichen Vorschriften der §§ 15 ff., 291 ff. vermissen; sie werden deshalb in dem vorliegenden Kommentar nicht erläutert (s. aber noch Rdnr. 12).

11   **3. Im AktG nicht geregelte Fragen des Konzernrechts. a) Konzernbildungskontrolle auf der Ebene der abhängigen Gesellschaft.** Die §§ 291 ff., 311 ff. enthalten vor allem Vorschriften zum Schutz der bereits abhängigen oder konzernierten Gesellschaft, ihrer Gläubiger und der außenstehenden Aktionäre. Dagegen sehen sie keinen vorbeugenden Schutz gegen abhängigkeits- oder konzernbegründende Maßnahmen vor. Nach der Konzeption der §§ 311 ff. haben die Aktionäre solche Maßnahmen vielmehr hinzunehmen. Ihre Ergänzung finden die aktienrechtlichen Vorschriften über verbundene Unternehmen nunmehr allerdings in dem WpÜG (Rdnr. 27); namentlich dessen § 35 ermöglicht es den außenstehenden Aktionären einer in die Abhängigkeit geratenen AG, die Gesellschaft gegen angemessene Abfindung zu verlassen. Eine zusammenfassende Darstellung der Konzernbildungskontrolle nebst der einschlägigen Vorschriften des WpÜG findet sich in den Vorbemerkungen zu § 311.

12   **b) Konzernbildungs- und Konzernleitungskontrolle auf der Ebene des herrschenden Unternehmens.** Die aktienrechtlichen Vorschriften über verbundene Unternehmen verstehen sich in erster Linie als Vorschriften zum Schutz der *abhängigen* AG oder KGaA. Immerhin tragen aber §§ 293 Abs. 2, 319 Abs. 2 dem Umstand Rechnung, daß der Abschluß eines Beherrschungs- oder Gewinnabführungsvertrags und die Eingliederung auch aus Sicht des herrschenden Unternehmens und seiner Mitglieder außergewöhnliche und mit wirtschaftlichen Risiken verbundene Vorgänge darstellen. So ist es denn heute auch weithin anerkannt, daß die Perspektive des AktG zu eng ist und der Ergänzung um Regeln über die Konzernbildungs- und Konzernleitungskontrolle auf der Ebene des herrschenden Unternehmens bedarf. Diese Fragen werden in den Vorbemerkungen zu § 311 (Rdnr. 31 ff.) angesprochen. Darüber hinausgehende Überlegungen, das Konzernrecht zu einem umfassenden **Organisationsrecht** des Konzerns als eines rechtlich gegliederten Unternehmens fortzuentwickeln,[1] setzen vor allem bei den Befugnissen und Pflichten der Organwalter des herrschenden Unternehmens, also beim „Konzernvorstand" und „Konzernaufsichtsrat" an und können im Rahmen der vorliegenden Kommentierung nicht im einzelnen aufgegriffen werden (s. neben den Vorbemerkungen zu § 311 noch § 311 Rdnr. 8 ff., 87).[2]

13   **c) Qualifizierte Nachteilszufügung.** Der durch §§ 311 ff. bezweckte Schutz der abhängigen Gesellschaft, ihrer Gläubiger und der außenstehenden Aktionäre (Rdnr. 6) steht und fällt mit der **Funktionsfähigkeit des Systems des Nachteilsausgleichs.** Er läßt sich nicht verwirklichen, wenn das herrschende Unternehmen die abhängige Gesellschaft in einer Weise leitet, daß sich einzelne nachteilige Maßnahmen nicht mehr isolieren oder in ihren Folgen für die Gesellschaft bewerten lassen. Nimmt das herrschende Unternehmen Leitungsmacht in Anspruch, die jenseits der Funktionsvoraussetzungen der §§ 311 ff. liegt, so ist der dadurch begründeten Gefährdung der abhängigen Gesellschaft und ihrer Außenseiter durch entsprechende Anwendung zentraler Vorschriften über den Vertragskonzern

---

[1] Grdlg. *Lutter*, FS für Westermann, 1974, S. 347 ff.; ihm folgend und weiterführend *Hommelhoff*, Die Konzernleitungspflicht, 1982, S. 35 ff.; *U. H. Schneider* BB 1981, 249 ff.; *Timm* AG 1980, 172 ff.

[2] Näher dazu neben den in Fn. 1 Genannten *Amstutz* Konzernorganisationsrecht, 1993; *Ehricke* ZGR 1996, 300 ff.; *Mülbert*, Aktiengesellschaft, Unternehmensgruppe und Kapitalmarkt, 2. (unveränderte) Aufl. 1996, S. 17 ff.

(Rdnr. 4, 5) Rechnung zu tragen. Tatbestand und Rechtsfolgen einer solchen „qualifizierten Nachteilszufügung" sind im Anh. zu § 317 dargestellt.

4. Konzernrecht der GmbH. Anders als das AktG kennt das GmbHG keine Vorschrif- **14** ten über verbundene Unternehmen. Ungeachtet dessen ist die GmbH, nicht zuletzt aufgrund ihrer Organisationsverfassung, häufig in einem Unternehmensverbund einbezogen, und zwar sowohl als abhängiges als auch als herrschendes Unternehmen. Dies legt auf den ersten Blick die Frage einer analogen Anwendung der aktienrechtlichen Vorschriften über verbundene Unternehmen nahe. Tatsächlich ist allerdings zu differenzieren (Anh. § 318 Rdnr. 1 ff.): Während die Vorschriften der §§ 15 bis 19 rechtsformneutral gefaßt sind (Rdnr. 2) und deshalb unzweifelhaft auch auf die GmbH Anwendung finden,[3] sind die §§ 311 bis 318 ihrem Wortlaut nach nur auf die von einem Unternehmen abhängige AG oder KGaA anwendbar. Die ganz hM lehnt denn auch eine entsprechende Anwendung dieser Vorschriften ab und begegnet den mit der Abhängigkeit oder Konzernierung verbundenen Gefahren mit den *allgemeinen gesellschaftsrechtlichen Instrumentarien*, darunter insbes. der Bindung des herrschenden Gesellschafters an den Gesellschaftszweck und der Treupflicht. Unmittelbar anwendbar sind die §§ 311 ff. allerdings, wenn eine AG oder KGaA von einer GmbH abhängig ist. Was die Vorschriften der §§ *291 ff. über Unternehmensverträge* betrifft, so sind sie unmittelbar auf die GmbH anwendbar, soweit es sich bei dem beherrschten oder zur Erbringung der vertragstypischen Leistung verpflichteten Unternehmen um eine AG handelt (Rdnr. 4). Im übrigen sind sie auf die GmbH entsprechend anwendbar, freilich mit dem Vorbehalt rechtsformspezifischer Besonderheiten. Die Grundsätze über die *„qualifizierte faktische Unternehmensverbindung"* (Rdnr. 13) sind zunächst am Beispiel der GmbH entwickelt worden; inzwischen sind sie allerdings zumindest für die Einpersonen-GmbH aufgegeben und durch eine konzernunabhängige Haftung des Gesellschafters für existenzvernichtende Eingriffe ersetzt worden (Anh. § 318 Rdnr. 34 ff.). Die Vorschriften über die *Eingliederung* und den *Ausschluß von Minderheitsaktionären* (Rdnr. 7 f.) schließlich sind auf die AG beschränkt und finden im kodifizierten GmbH-Recht keine Entsprechung.

Was den **Gang der Darstellung** betrifft, so bietet es sich angesichts der vorstehend **15** skizzierten Ausgangslage an, im Rahmen der Kommentierung der §§ 15 bis 19[4] und der §§ 291 bis 310 jeweils auch die Rechtslage bei Beteiligung einer GmbH darzustellen. Die Frage einer Konzernbildungskontrolle und die Grundsätze über die abhängige oder konzernierte GmbH einschließlich der Haftung des alleinigen Gesellschafters für existenzvernichtende Eingriffe bilden den Gegenstand des Anh. zu § 318.

II. Historische Entwicklung des Konzernrechts

1. Aktiengesellschaft. a) Entwicklung bis zum AktG 1937. Ungeachtet der bereits **16** in der zweiten Hälfte des 19. Jahrhunderts zu verzeichnenden Unternehmenskonzentration wurden die mit der Abhängigkeit von Gesellschaften verbundenen Rechtsfragen erst nach dem Ende des 1. Weltkriegs erörtert.[5] Der Entwicklung auf dem Gebiet des Kartellrechts vergleichbar, ja durch die grundsätzliche Erlaubnis der Kartellierung und Konzentration nachgerade gefördert,[6] standen freilich die organisationsrechtlichen Fragen im Zusammenhang mit dem Aufbau von Unternehmensgruppen ganz im Vordergrund des Interesses. Aufgabe der Kautelarjurisprudenz war es, die Rechts- und Beteiligungsformen des Gesellschaftsrechts für die Konzentrations- und Kartellierungsbestrebungen fruchtbar

---

[3] Die Mitteilungspflichten nach §§ 20 ff. gelten für die GmbH, wenn es sich bei der anderen Gesellschaft um eine AG handelt; s. im einzelnen die Erläuterungen zu §§ 20 f.

[4] Zu §§ 20 ff. s. Fn. 3.

[5] Vgl. namentlich *Haussmann*, Die Tochtergesellschaft, 1923; *ders.*, Grundlegung des Rechts der Unternehmenszusammenfassungen, 1926; *Friedländer*, Konzernrecht, 1927; *Hamburger*, FS für Seckel, 1927,

S. 261 ff.; *Kronstein*, Die abhängige juristische Person, 1931; zuvor bereits *Isay*, Das Recht am Unternehmen, 1910, S. 96 ff. Eingehend zum ganzen *Hommelhoff* (Fn. 1) S. 1 ff.; *Nörr* ZHR 150 (1986), 155, 168 ff.; *Spindler*, Recht und Konzern, 1993, passim.

[6] S. dazu den Überblick bei *Emmerich*, Kartellrecht, 9. Aufl. 2001, S. 12 ff. mwN.

zu machen.[7] Auch die Notverordnung v. 19. 9. 1931 beschränkte sich auf die Regelung einiger Randfragen des Konzernrechts.[8]

17   **b) AktG 1937.** Auch das AktG 1937 verzichtete auf eine umfassende Regelung des Konzernrechts; es beschränkte sich vielmehr auf die Regelung von Einzelfragen. Hervorzuheben sind die Konzerndefinition des § 15 und die Vorschrift des § 256, der zufolge insbes. der Abschluß eines Gewinnabführungsvertrags der Zustimmung der Hauptversammlung der verpflichteten Gesellschaft mit qualifizierter Mehrheit bedurfte.[9] Der Einflußnahme des herrschenden Unternehmens auf die abhängige Gesellschaft wurden dagegen allein durch die – dem heutigen § 117 entsprechende – Vorschrift des § 101 Grenzen gesetzt.[10]

18   **c) AktG 1965.** Schon bald nach dem Ende des 2. Weltkrieges setzte sich die Überzeugung durch, daß es einer umfassenden Reform und Kodifizierung des Konzernrechts bedürfe.[11] Inhaltlich herrschte weitgehend Einvernehmen darüber, daß Konzerninteressen eine Schädigung der abhängigen Gesellschaft, ihrer Gläubiger und der außenstehenden Aktionäre nicht zu rechtfertigen vermögen.[12] Der 1958 vorgelegte Referentenentwurf verfolgte die Tendenz, faktische, also nicht durch Beherrschungsvertrag legitimierte Leitungsmacht nach Möglichkeit zurückzudrängen; eine dem Interesse der abhängigen Gesellschaft zuwider laufende Geschäftsführung sollte mit anderen Worten grundsätzlich verboten sein.[13] Aus diesem Grund sah der Entwurf in seinem § 284 eine scharfe **Erfolgshaftung** desjenigen vor, der als gesetzlicher Vertreter, Inhaber oder Angestellter des herrschenden Unternehmens die abhängige Gesellschaft durch Weisung zu einer Maßnahme der Geschäftsführung bestimmt. Der Regierungsentwurf hat diese Grundhaltung aufgegeben und sich für das Modell des auf die einzelne Maßnahme bezogenen **Nachteilsausgleichs** entschieden, das im weiteren Verlauf des Gesetzgebungsverfahren noch um die Zulässigkeit des gestreckten Nachteilsausgleichs ergänzt worden ist (§ 311 Rdnr. 5, 7). Was die Vorschriften über Unternehmensverträge betrifft, so konnte der Gesetzgeber des Jahres 1965 nicht nur auf die Vorschrift des § 256 AktG 1937 betreffend den Gewinnabführungsvertrag, sondern auch auf ein reichhaltiges Schrifttum zum – in der Praxis vor 1965 einen Bestandteil des Gewinnabführungsvertrags bildenden – Beherrschungsvertrag und zu sonstigen Unternehmensverträgen zurückgreifen.[14] Die in §§ 319 ff. geregelte Eingliederung ist dagegen eine Neuschöpfung des Gesetzgebers des Jahres 1965.

19   **d) Weitere Entwicklung.** In der Folgezeit sind die §§ 291 ff., 319 ff. vor allem (s. ferner Rdnr. 21 ff.) durch das **Gesetz zur Bereinigung des Umwandlungsrechts** vom 28. 10. 1994 geändert worden.[15] Mit ihm sind insbes. die §§ 293 a bis 293 g eingefügt und damit die aus dem Recht der Verschmelzung bekannten Berichts- und Prüfungspflichten auf den Abschluß von Unternehmensverträgen erstreckt worden (s. noch § 293 a Rdnr. 1 ff.). Des weiteren sind die §§ 319 ff. nicht unerheblich geändert worden (§ 319 Rdnr. 1). Stärker noch als der Gesetzgeber haben allerdings Rechtsprechung und Lehre zur Fortentwicklung des Konzernrechts der AG beigetragen. Neben der Etablierung der qualifizierten faktischen

---

[7] *Nörr* ZHR 150 (1986), 150, 168 ff., dort auch zu dem vom Steuerrecht (Rdnr. 30) ausgehenden Einfluß.

[8] Notverordnung des Reichspräsidenten über Aktienrecht v. 19. 9. 1931, RGBl. I S. 493.

[9] Zur Frage der Fortgeltung der unter Geltung des AktG 1937 geschlossenen Verträge s. BGH NJW 1960, 721, 722; für den in § 256 AktG 1937 nicht ausdrücklich genannten Beherrschungsvertrag s. OLG Karlsruhe NJW 1967, 831 f.; OLG Frankfurt/M. AG 1988, 267, 271.

[10] Eingehend *Geßler*, FS für W. Schmidt, 1959, S. 247, 256 ff.

[11] Näher *Geßler* (Fn. 10) S. 257 ff.; *Hommelhoff* (Fn. 1) S. 29 ff.; *Dettling*, Die Entstehungsgeschichte des Konzernrechts im Aktiengesetz von 1965, 1997, insbes. S. 83 ff.

[12] Vgl. namentlich *Filbinger*, Die Schranken der Mehrheitsherrschaft im Aktienrecht und Konzernrecht, 1942, S. 57 ff.; *v. Godin/Wilhelmi*, AktG, 2. Aufl., § 101 Anm. 6; s. ferner Begr. zum RegE bei *Kropff* AktG S. 407.

[13] Umfassend zur Entstehungsgeschichte des Aktienkonzernrechts *Dettling* (Fn. 11), insbes. S. 132 ff., 213 ff.; vgl. dazu auch die Besprechung von *Kropff* ZHR 161 (1997), 857 ff.

[14] Vgl. namentlich *Flume* DB 1956, 457 und 672; *Duden* BB 1957, 49 und 1230; *A. Hueck* DB 1959, 223; *Mestmäcker*, Verwaltung, Konzerngewalt und Rechte der Aktionäre, 1958.

[15] BGBl. I S. 3210; s. dazu auch die Begr. des RegE, BT-Drucks. 12/6699.

Unternehmensverbindung (Rdnr. 13) ist insoweit vor allem die Herausbildung von Grundsätzen über die Konzernbildungskontrolle auf der Ebene sowohl des abhängigen als auch der herrschenden Unternehmens zu nennen (Rdnr. 11 f.).

2. GmbH. Das GmbHG enthält bis heute keine Vorschriften über verbundene Unter- **20** nehmen. Der Regierungsentwurf einer („großen") GmbH-Novelle 1971/1973[16] sah zwar einen an das Dritte Buch des AktG angelehnten Abschnitt über „verbundene Unternehmen" vor. Nach dem Scheitern der Reform[17] beschränkte sich die GmbH-Novelle 1980[18] jedoch bewußt auf die Regelung einiger als vordringlich angesehenen Fragen betreffend die unverbundene GmbH. Mit dem Verzicht auf eine Kodifizierung des GmbH-Konzernrechts wollte der Gesetzgeber indes keinesfalls zum Ausdruck bringen, daß etwa bestehende Lücken des GmbH-Rechts nicht durch analoge Anwendung aktienrechtlicher Vorschriften oder durch **richterliche Rechtsfortbildung** geschlossen werden sollten.[19] Der II. *Zivilsenat* des BGH hat es denn auch übernommen, durch richtungsweisende Entscheidungen kontinuierlich ein GmbH-Konzernrecht zu entwickeln.[20]

III. Einfluß der jüngsten Aktienrechtsreformen

1. KonTraG. Eine Reihe von Änderungen haben die §§ 15 ff., 291 ff. durch einige der **21** jüngeren Reformgesetze erfahren.[21] Was zunächst das Gesetz zur Kontrolle und Transparenz im Unternehmensbereich vom 27. 4. 1998[22] betrifft, so ist in **§§ 293 b Abs. 1, 320 Abs. 3 S. 1** klargestellt worden, daß die Prüfung des Unternehmensvertrags und der Eingliederung auch durch einen gemeinsamen Prüfer aller beteiligten Unternehmen erfolgen kann. Damit im Zusammenhang steht der neue **§ 293 c Abs. 1 S. 2,** dem zufolge der Vorstand der abhängigen Gesellschaft die Vertragsprüfer für alle vertragsschließenden Unternehmen gemeinsam bestellen kann. Die Entscheidung nach § 293 c Abs. 1 S. 1 erläßt nach **§ 293 c Abs. 1 S. 4 nF** der Vorsitzende der KfH, soweit eine solche bei dem zuständigen Landgericht gebildet ist. Des weiteren ist in **§ 315 S. 2** ein neuer Sonderprüfungstatbestand aufgenommen worden. Schließlich ist **§ 328** um einen neuen Abs. 3 ergänzt worden; danach kann in der Hauptversammlung einer börsennotierten Gesellschaft ein Unternehmen, dem die wechselseitige Beteiligung gemäß § 328 Abs. 1 bekannt ist, sein Stimmrecht zur Wahl von Mitgliedern in den Aufsichtsrat nicht ausüben. Die durch das KonTraG herbeigeführten Änderungen des AktG sind am 1. 5. 1998 in Kraft getreten.

2. StückaktienG. Die durch Gesetz über die Zulassung von Stückaktien vom 25. 3. **22** 1998[23] erfolgte Zulassung (unechter) nennwertloser Aktien hat zu einer Reihe von **Folgeänderungen** in §§ 15 ff., 291 ff. geführt. Betroffen sind §§ 16 Abs. 2 S. 1 und 2, 19 Abs. 1 S. 1, 20 Abs. 3, 21 Abs. 1 S. 1, 304 Abs. 1 S. 1, Abs. 2 S. 2 und 3 und 320 Abs. 1 S. 1. Ganz überwiegend handelt es sich um Änderungen, die den auf die Nennbetragsaktie

---

[16] BT-Drucks. 6/3088 = 7/253.

[17] Zu den Gründen s. namentlich *Ballerstedt* ZHR 135 (1971), 383, 400 ff.

[18] BT-Drucks. 8/1347.

[19] Zum beschränkten Reformziel der Novelle 1980 s. Begr. des RegE, BT-Drucks. 8/1347, S. 27 sub. II.; zur Berechtigung der Rechtsprechung zur Rechtsfortbildung im GmbH-Konzernrecht s. *Boujong,* FS für Brandner, 1996, S. 23 ff. einerseits, *Kleinert,* FS für Helmrich, 1994, S. 667 ff. andererseits.

[20] Marksteine der Entwicklung sind BGHZ 65, 15 = NJW 1976, 191 betreffend die einfache Abhängigkeit (dazu Anh. § 318 Rdnr. 22 ff.); BGHZ 105, 324 = NJW 1989, 295 betreffend den Vertragskonzern (dazu die Erläuterungen zu §§ 291 ff.); BGHZ 95, 330 = NJW 1986, 188 und BGHZ 122, 123 = NJW 1993, 1200 betreffend die qualifizierte faktische Unternehmensverbindung (dazu Anh. § 317); BGHZ 149, 10 und BGH NZG

2002, 914 = ZIP 2002, 1578 betreffend die Ersetzung der Haftung aus qualifizierter faktischer Konzernierung durch die Haftung für existenzvernichtenden Eingriff (dazu Anh. § 318 Rdnr. 3, 33 ff.); BGHZ 89, 162, 165 ff. = NJW 1984, 1351 betreffend das Wettbewerbsverbot des herrschenden Unternehmens (dazu Anh. § 318 Rdnr. 16 ff.).

[21] Das Handelsrechtsreformgesetz vom 22. 6. 1998 (BGBl. I S. 1474), das Gesetz zur Namensaktie und zur Erleichterung der Stimmrechtsausübung vom 18. 1. 2001 (BGBl. I S. 123) und das Vierte Finanzmarktförderungsgesetz vom 21. 6. 2002 (BGBl. I S. 2010) haben das Recht der verbundenen Unternehmen unberührt gelassen.

[22] BGBl. I S. 786; s. dazu auch Begr. des RegE, BR-Drucks. 872/97; ferner Beschlußempfehlung des Rechtsausschusses, ZIP 1998, 487 ff.

[23] BGBl. I S. 590; s. dazu auch Begr. des RegE, BR-Drucks. 871/97.

---

abstellenden Wortlaut der genannten Vorschriften der nunmehr eröffneten Möglichkeit zur Einführung von nennwertlosen Aktien anpassen. Anderes gilt für die Änderung der §§ 16, 19 bis 21; sie tragen dem Umstand Rechnung, daß es die Rechtsform der bergrechtlichen Gewerkschaft nicht mehr gibt.[24] Das StückaktienG ist am 1. 4. 1998 in Kraft getreten.

23   **3. Drittes Finanzmarktförderungsgesetz.** Das Gesetz zur weiteren Fortentwicklung des Finanzplatzes Deutschland vom 24. 3. 1998[25] hat die Vorschriften der **§§ 20, 21** betr. die Mitteilungspflichten (Rdnr. 3) nicht unerheblich geändert. Davon betroffen sind zunächst die Vorschriften der §§ 20 Abs. 7, 21 Abs. 4 über die Rechte aus Aktien, die einem mitteilungspflichtigen Unternehmen gehören. Vor allem aber ist der Anwendungsbereich der §§ 20, 21 dahin gehend eingeschränkt worden, daß *börsennotierte* Gesellschaften iSd. § 21 Abs. 2 WpHG nunmehr ausschließlich nach Maßgabe der §§ 21 ff. WpHG mitteilungspflichtig sind. Die Änderungen sind am 1. 4. 1998 in Kraft getreten.

24   **4. EGInsO.** Das Einführungsgesetz zur Insolvenzordnung vom 5. 10. 1994[26] hat den Wortlaut der §§ 302 Abs. 3 S. 2, 303 Abs. 2, 309 Abs. 3 S. 2, Abs. 4 S. 5 und 321 Abs. 2 der Terminologie der Insolvenzordnung angepaßt. Diese Änderungen sind nach Art. 110 Abs. 1 EGInsO am 1. 1. 1999 in Kraft getreten.

25   **5. EuroEG.** Das Gesetz zur Einführung des Euro vom 9. 6. 1998[27] enthält die zum Beginn der dritten Stufe der Europäischen Währungsunion am 1. 1. 1999 erforderlichen Rechtsänderungen zur reibungslosen Einführung des Euro. Mit ihm wurden namentlich das Gesellschafts- und Bilanzrecht für die Verwendung des Euro geöffnet.[28] Aus dem Bereich des Rechts der verbundenen Unternehmen war allein die durch das KonTraG eingefügte Vorschrift des **§ 315 S. 2** (Rdnr. 17) betroffen. Die darin enthaltenen Wörter „einer Million Deutsche Mark" sind durch die Angabe „500 000 Euro" ersetzt worden. Diese Änderung ist nach Art. 16 EuroEG am 1. 1. 1999 in Kraft getreten. Von diesem Zeitpunkt an lief eine dreijährige Übergangszeit; die Einzelheiten der Umstellung des Grundkapitals sind in §§ 1 ff. EGAktG geregelt.

26   **6. KapCoRiLiG.** Das am 9. 3. 2000 in Kraft getretene (s. aber auch § 313 Rdnr. 25) Kapitalgesellschaften- und Co.-Richtlinie-Gesetz[29] hat zwar die §§ 313, 314 nicht unerheblich geändert. Die Änderungen holen jedoch nur die – im Rahmen des KonTraG (Rdnr. 21) versehentlich unterbliebene – Anpassung der §§ 313, 314 an die entsprechenden Vorschriften über den Jahresabschluß nach. Im einzelnen bestimmt nun § 313 Abs. 2 S. 3, daß der Bericht des Abschlußprüfers über den Abhängigkeitsbericht unmittelbar dem Aufsichtsrat vorzulegen ist. Daran anknüpfend schreibt § 314 Abs. 1 vor, daß der Vorstand nur noch den Abhängigkeitsbericht dem Aufsichtsrat vorzulegen hat, ferner, daß dieser Bericht und der Prüfungsbericht des Abschlußprüfers jedem Aufsichtsratmitglied oder den Mitgliedern eines entsprechenden Ausschusses auszuhändigen sind. § 313 Abs. 4 schließlich sieht nun die obligatorische Teilnahme des Abschlußprüfers an den Verhandlungen über den Abhängigkeitsbericht vor.

27   **7. Übernahmegesetz.** Durch Art. 7 des am 1. 1. 2002 in Kraft getretenen Gesetzes zur Regelung von öffentlichen Angeboten zum Erwerb von Wertpapieren und Unternehmensübernahmen vom 20. 12. 2001[30] ist in das Dritte Buch des AktG ein neuer Vierter Teil über den **Ausschluß von Minderheitsaktionären** eingefügt worden (Rdnr. 8). Die Numerierung des nachfolgenden Titels betreffend wechselseitig beteiligte Unternehmen und dieje-

---

[24] Vgl. Art. 2 Gesetz über den Sozialplan im Konkurs- und Vergleichsverfahren und des Bundesbergesetzes vom 20. 12. 1988, BGBl. I S. 2450.

[25] BGBl. I S. 529; s. ferner Begr. des RegE, BR-Drucks. 605/97.

[26] BGBl. I S. 2911.

[27] BGBl. I S. 1242; dazu Begr. des RegE, BR-Drucks. 725/97.

[28] Eingehend *Seibert* ZGR 1998, 1 ff.; *Ihrig/Streit* NZG 1998, 201 ff.; *Ernst* ZGR 1998, 20 ff.

[29] Gesetz zur Durchführung der Richtlinie des Rates der Europäischen Union zur Änderung der Bilanz- und der Konzernabschlußrichtlinie hinsichtlich ihres Anwendungsbereichs (90/605/EWG), zur Verbesserung der Offenlegung von Jahresabschlüssen und zur Änderung anderer handelsrechtlicher Bestimmungen v. 24. 2. 2000, BGBl. I S. 154 v. 8. 3. 2000.

[30] BGBl. I S. 3822; zu dem durch Art. 1 des Gesetzes geschaffenen WpÜG s. Vor § 311 Rdnr. 10 ff.

nige des – zwischenzeitlich allerdings gegenstandslos gewordenen[31] – Titels betreffend die Rechnungslegung im Konzern haben sich dementsprechend geändert.

8. TransPuG. Das Gesetz zur weiteren Reform des Aktien- und Bilanzrechts, zu Trans- **27 a** parenz und Publizität (TransPuG) vom 19. 7. 2002[32] (BGBl. I S. 2681) hat das Dritte Buch des AktG in zweifacher Hinsicht gestreift. Sein Art. 1 Nr. 26 hat zunächst § 337 AktG aufgehoben; die entsprechenden Vorschriften über den Konzernabschluß und den Konzernlagebericht finden sich nunmehr in §§ 131 Abs. 1 S. 4, 170 Abs. 1 S. 2, 175 Abs. 1 S. 1, Abs. 2 S. 3, Abs. 3 S. 1. Durch Art. 1 Nr. 6 TransPuG ist zudem § 314 Abs. 1 S. 2 dahin geändert worden, daß der Abhängigkeitsbereich und der Prüfungsbericht des Abschlußprüfers den Mitgliedern des Aufsichtsrats nicht mehr „auszuhändigen", sondern „zu übermitteln" sind.

9. Spruchverfahrensneuordnungsgesetz. Erhebliche Änderungen der §§ 291 ff. sieht **27 b** der am 6. 11. 2002 verabschiedete Regierungsentwurf eines Gesetzes zur Neuordnung des gesellschaftsrechtlichen Spruchverfahrens[33] vor. Sein wichtigster Bestandteil ist das in Art. 1 vorgesehene Gesetz über das gesellschaftsrechtliche Spruchverfahren (SpruchG), das die bislang im AktG und im UmwG vorgesehenen Vorschriften über das Spruchverfahren zusammenfasst und zum Teil auch modifiziert (Anh. § 306). Die sich für das AktG und das UmwG ergebenden Folgeänderungen sind in Art. 2 und 4 Spruchverfahrensneuordnungsgesetz geregelt. Hervorzuheben ist die Aufhebung des § 306, ferner, daß die Vertrags- und Eingliederungsprüfer nach §§ 293 c Abs. 1 S. 1, 320 Abs. 3 S. 3 AktG nF künftig generell vom Gericht ausgewählt und bestellt werden. Bei den gleichfalls vorgesehenen Änderungen der §§ 304, 305, 320 b, 327 f handelt es sich dagegen um durch Aufhebung des § 306 bedingte Folgeänderungen. Wegen sämtlicher Einzelheiten ist auf die Erläuterungen zu den genannten Vorschriften sowie auf den Anhang zu § 306 zu verweisen.

IV. Gemeinschaftsrecht

1. Überblick. Das Konzernrecht war schon wiederholt Gegenstand von Rechtsanglei- **28** chungs- und Rechtsvereinheitlichungsbemühungen der Kommission. Der im Jahre 1984 vorgelegte **Vorentwurf einer neunten Richtlinie** auf dem Gebiet des Gesellschaftsrechts (§ 311 Rdnr. 3) hat freilich keine Chance auf Realisierung. Das Projekt einer Europäischen Aktiengesellschaft konnte zwar mit der am 8. 10. 2001 verabschiedeten Verordnung über das Statut der Europäischen Gesellschaft (SE)[34] erfolgreich abgeschlossen werden. Wiewohl es die Zugangsbeschränkungen des Art. 2 der Verordnung mit sich bringen, daß die SE in aller Regel Teil eines Unternehmensverbundes ist, enthält sich die Verordnung konzernrechtlicher Regelungen; aufgrund des Generalverweises des Art. 9 Abs. 1 der Verordnung unterliegen vielmehr Europäische Aktiengesellschaften mit Sitz in der Bundesrepublik den Vorschriften der §§ 15 ff., 291 ff., 311 ff.[35] Auch künftig ist für das Konzernrecht der einzelstaatlichen Gesellschaften allenfalls mit punktuellen Maßnahmen der Rechtsangleichung zu rechnen.[36]

---

[31] § 337 AktG ist durch Art. 1 Nr. 26 TransPuG aufgehoben worden (Rdnr. 27 a).

[32] BGBl. I S. 2681.

[33] BT-Drucks. 15/827; auch abgedruckt in NZG 2002, Sonderbeilage zu Heft 24, und ZIP 2002, 2097 mit Einführung von *Neye*; s. ferner *dens.*, FS für Wiedemann, 2002, S. 1127.

[34] Verordnung (EG) Nr. 2157/2001 des Rates vom 8. 10. 2001 über das Statut der Europäischen Gesellschaft (SE), ABl. Nr. L 294/1 vom 10. 11. 2001; Abdruck der Verordnung und der Richtlinie (EG) Nr. 2001/86 des Rates vom 8. 10. 2001 zur Ergänzung des Statuts der Europäischen Gesellschaft hinsichtlich der Beteiligung der Arbeitnehmer (ABl. Nr. L 294/22 vom 10. 11. 2001) bei *Habersack*

Rdnr. 419, 420. Näher zur Entwicklung und zum Inhalt der Verordnung *Lutter* BB 2002, 1 ff.; *Hirte* NZG 2002, 1 ff.; *Habersack* Rdnr. 392 ff.

[35] Zur Anwendung der §§ 311 ff. (und zu deren Grenzen) auf die abhängige Europäische Aktiengesellschaft mit Sitz in Deutschland s. *S. Maul*, Die faktisch abhängige SE (Societas Europaea) mit Schnittpunkt zwischen deutschem und europäischem Recht, 1998, insbes. S. 33 ff., 126 ff.; speziell zur SE mit monistischer Leitungsstruktur *Teichmann* ZGR 2002, 383, 444 ff.

[36] Für eine Kernbereichsharmonisierung denn auch das *Forum Europaeum Konzernrecht*, ZGR 1998, 672 ff. (mit konkreten Vorschlägen für künftige Harmonisierungsmaßnahmen).

29   **2. Realisierte und bevorstehende Maßnahmen der Rechtsangleichung.** Ungeachtet zahlreicher Richtlinien mit konzernrechtlichen Bezügen[37] sehen sich die §§ 15 ff., 291 bis 328 derzeit keinen Vorgaben des Europäischen Sekundärrechts ausgesetzt. Eine richtlinienkonforme Auslegung der §§ 15 ff., 291 ff. ist also bislang nicht veranlaßt. Dies gilt auch hinsichtlich der §§ 20 ff.; der sich aus der **Transparenzrichtlinie**[38] ergebenden Verpflichtung zur Einführung von Meldepflichten ist der deutsche Gesetzgeber – wenn auch mit reichlicher Verspätung – mit Erlaß der §§ 21 ff. WpHG nachgekommen (Rdnr. 23). Auch das durch die 7. Richtlinie über den **konsolidierten Abschluß**[39] angeglichene Konzernbilanzrecht ist in Deutschland außerhalb des AktG, nämlich in §§ 290 ff. HGB geregelt (Rdnr. 31). Nachdem der deutsche Gesetzgeber seine ursprünglichen Bedenken aufgegeben und sich in §§ 35 ff. WpÜG für die Einführung eines Pflichtangebots entschieden hat (Vor § 311 Rdnr. 24 ff.), wird auch von der sich abzeichnenden[40] Verabschiedung der 13. Richtlinie über **Übernahmeangebote** keine Europäisierung des Aktienkonzernrechts ausgehen (s. Vor § 311 Rdnr. 15, 26).[41]

V. Der Konzern im Steuer-, Bilanz- und Mitbestimmungsrecht

30   **1. Steuerrecht.** Von erheblichem Einfluß auf das Konzernrecht ist das Steuerrecht. Es hat nicht nur die Unternehmenskonzentration im allgemeinen gefördert,[42] sondern auch die *Form* der Unternehmenszusammenschlüsse in bestimmte Richtungen gelenkt. Von herausragender Bedeutung ist insoweit die sog. **Organschaft.**[43] Sie ist vor allem für das Körperschaft- und Gewerbesteuerrecht von Bedeutung. Was zunächst die Organschaft nach §§ 14 ff. KStG betrifft, so werden die getrennt ermittelten Einkommen der Konzerngesellschaften dem Organträger zugerechnet und nach den für diesen geltenden Vorschriften der Besteuerung unterworfen; dadurch wird insbes. ein Gewinn- und Verlustausgleich innerhalb des Organschaftsverhältnisses ermöglicht. Nach §§ 14 ff. KStG nF[44] genügt nunmehr die (durch die Mehrheit der Stimmrechte bewirkte) finanzielle Eingliederung der Organgesellschaft in das Unternehmen des Organträgers und der Abschluß eines *Gewinnabführungsvertrags* zwischen beiden. Die Organschaft nach **§ 2 Abs. 2 S. 2 GewStG** hat gleichfalls zur Folge, daß der Gewerbeertrag der Organgesellschaft dem Organträger zugerechnet wird; die Organgesellschaft gilt nach § 2 Abs. 2 S. 2 GewStG als *Betriebsstätte* des Organträgers. Die Voraussetzungen der gewerbesteuerrechtlichen Organschaft sind mit Wirkung zum 25. 12. 2001 denen der körperschaftsteuerlichen Organschaft angeglichen worden.[45] Die organisatorische und wirtschaftliche Eingliederung der Organgesellschaft in das Unternehmen des Organträgers ist also nicht mehr erforderlich; umge-

---

[37] Guter Überblick bei *Neye* ZGR 1995, 191 ff.

[38] Richtlinie des Rates vom 12. 12. 1988 über die bei Erwerb und Veräußerung einer bedeutenden Beteiligung an einer börsennotierten Gesellschaft zu veröffentlichenden Informationen (88/627/EWG), ABl. EG Nr. L 348 (17. 12. 1988) S. 62 ff.

[39] Vom 13. 6. 1983 (83/349/EWG), ABl. EG Nr. L 193 (18. 7. 1983) S. 1 ff.; abgedruckt in *Habersack* Rdnr. 316.

[40] Vorschlag für eine Richtlinie des Europäischen Parlaments und des Rates betreffend Übernahmegebote vom 2. 10. 2002, abgedruckt in ZIP 2002, 1863 und NZG 2002, 1144 (mit Einführung von *Neye*); zur Vorgeschichte dieses Vorschlags s. Vor § 311 Rdnr. 11 sowie näher *Emmerich/Sonnenschein/Habersack* § 1 IV 2.

[41] Zunächst schien es, als wollte der deutsche Gesetzgeber von der in Art. 3 Abs. 1 des Richtlinienentwurfs 1997 (Abdruck in ZIP 1997, 2172 ff.) noch vorgesehenen Gleichwertigkeitsklausel Gebrauch machen und unter Hinweis auf die §§ 291 ff., 311 ff. AktG auf die Einführung eines Pflichtangebots ver-

zichten; näher dazu, insbes. zu der Gefahr einer Überlagerung der §§ 311 ff. AktG durch die Übernahmerichtlinie, *Habersack/Mayer* ZIP 1997, 2141, 2143 ff.

[42] *Lenel,* Ursachen der Konzentration, 2. Aufl. 1968, S. 311, 403 ff.; für die Schweiz *Druey* ZSR 121 II (1980), 273, 331 ff.

[43] Näher dazu *Emmerich/Sonnenschein/Habersack* § 13 (S. 177 ff.) mwN; zum RegE eines Steuervergünstigungsabbaugesetzes und dessen Konsequenzen für die Organschaft s. *Eisolt* NZG 2003, 156.

[44] Näher zu den körperschaftsteuerlichen Auswirkungen des Gesetzes zur Senkung der Steuersätze und zur Reform der Unternehmensbesteuerung vom 23. 10. 2000, BGBl. I S. 1433, *Bergemann* DStR 2000, 1410 ff.

[45] Art. 4 Nr. 1 des Gesetzes zur Fortentwicklung des Unternehmensteuerrechts vom 20. 12. 2001, BGBl. I S. 3858; näher dazu *Heurung/Oblau/Röker* GmbHR 2002, 620 ff. Zum RegE eines Steuervergünstigungsabbaugesetzes s. Fn. 43.

kehrt setzt nunmehr auch die gewerbesteuerliche Organschaft der Abschluß eines Gewinnabführungsvertrags voraus.

2. Bilanzrecht. Das AktG enthält keine Vorschriften über die Rechnungslegung im **31** Konzern. Der nationale Gesetzgeber hat bereits mit dem Gesetz zur Durchführung der Vierten, Siebenten und Achten Richtlinie des Rates der Europäischen Gemeinschaften zur Koordinierung des Gesellschaftsrechts vom 19. 12. 1985[46] das Bilanzrecht neu konzipiert und als Drittes Buch in das HGB eingefügt. Darunter befinden sich die – zwischenzeitlich insbes. durch das am 24. 4. 1998 in Kraft getretene KapitalaufnahmeerleichterungsG[47] erheblich geänderten – Vorschriften der **§§ 290 ff. HGB** betreffend den **Konzernabschluß und den Konzernlagebericht.** Die Vorschriften der §§ 329 ff. AktG 1965 über die Rechnungslegung im Konzern wurden – zunächst mit Ausnahme des § 337 – im Zuge der Neuordnung des gesamten Bilanzrechts aufgehoben. Durch das TransPuG ist sodann auch § 337 aufgehoben worden.[48]

3. Mitbestimmungsrecht. Eine Reihe mitbestimmungsrechtlicher Vorschriften trägt **32** dem Umstand Rechnung, daß mit Blick auf die einheitliche Leitung der Konzernunternehmen die Mitbestimmung dort erfolgen muß, wo die für den Konzern maßgebenden Entscheidungen getroffen werden, mithin bei der Konzernspitze. Nach **§ 5 MitbestG** werden deshalb im Unterordnungskonzern die Arbeitnehmer sämtlicher Konzernunternehmen grundsätzlich dem herrschenden Unternehmen zugerechnet, so daß dieses ggf. aufgrund dieser Zurechnung die von § 1 Abs. 1 Nr. 2 MitbestG geforderte Zahl von 2000 Mitarbeitern erreicht und der Mitbestimmung unterliegt. Nicht erforderlich ist das Vorliegen eines Beherrschungsvertrags; auch der sogenannte faktische Konzern wird also von § 5 MitbestG erfaßt.[49] Weitere, im Ansatz dem § 5 MitbestG vergleichbare Vorschriften über die Mitbestimmung im Konzern finden sich in § 77 a BetrVG 1952, § 1 Abs. 4 MontanMitbestG und §§ 1 ff. MontanMitbestErgG.

Nach **§ 32 MitbestG**, § 15 MontanMitbestErgG kann der Vorstand gewisse Rechte aus **33** einer mindestens 25%-igen Beteiligung der mitbestimmten Gesellschaft an einer anderen mitbestimmten Gesellschaft nur aufgrund von Beschlüssen des Aufsichtsrats ausüben; diese Beschlüsse bedürfen allerdings lediglich der Mehrheit der Stimmen der Anteilseigner. Ihrem Wortlaut und Zweck entsprechend enthalten diese Vorschriften nicht nur Beschränkungen der Geschäftsführungsbefugnis des Vorstands. Sie begrenzen vielmehr auch die Vertretungsbefugnis mit der Folge, daß die ohne Zustimmung des Aufsichtsrats erfolgte oder von einer Weisung des Aufsichtsrats abweichende Stimmabgabe unwirksam ist.[50] Konzernrechtliche Bedeutung kommt den genannten Vorschriften in doppelter Hinsicht zu. Zum einen setzen sie eine 25%-ige Beteiligung der Ober- an der Untergesellschaft und damit typischerweise das Vorliegen eines Konzerns voraus; zum anderen gehört zu den weisungsgebundenen Geschäften der Abschluß eines Unternehmensvertrags im Sinne der §§ 291, 292.

[46] Sog. Bilanzrichtliniengesetz, BGBl. I S. 2355; zu den europäischen Vorgaben s. *Habersack* Rdnr. 260 ff., dort auch Abdruck der drei Richtlinien; *Schwarz*, Europäisches Gesellschaftsrecht, 2000, Rdnr. 384 ff.

[47] Gesetz zur Verbesserung der Wettbewerbsfähigkeit deutscher Konzerne an Kapitalmärkten und zur Erleichterung der Aufnahme von Gesellschafterdarlehen v. 20. 4. 1998, BGBl. I S. 707.

[48] S. Fn. 21.

[49] Wegen sämtlicher Einzelheiten, insbes. zum sogenannten Teilkonzern (§ 5 Abs. 3 MitbestG), zur Frage des Mehrmütterkonzerns und zum Konzern im Konzern sei auf die Kommentierungen zu § 5 MitbestG (insbes. von *Hanau/Ulmer* MitbestG, 1981, und *Raiser* MitbestG, 4. Aufl. 2002) verwiesen.

[50] HM, s. *Hüffer* § 78 Rdnr. 8 a f. mwN.

Aktiengesetz

Vom 6. September 1965 (BGBl. I S. 1089)
zuletzt geändert durch Gesetz vom 19. Juli 2002 (BGBl. I S. 2681)

Erstes Buch. Aktiengesellschaft

Erster Teil. Allgemeine Vorschriften

§ 15 Verbundene Unternehmen

Verbundene Unternehmen sind rechtlich selbständige Unternehmen, die im Verhältnis zueinander in Mehrheitsbesitz stehende Unternehmen und mit Mehrheit beteiligte Unternehmen (§ 16), abhängige und herrschende Unternehmen (§ 17), Konzernunternehmen (§ 18), wechselseitig beteiligte Unternehmen (§ 19) oder Vertragsteile eines Unternehmensvertrags (§§ 291, 292) sind.

Schrifttum: Unternehmensrechtskommission, Bericht über die Verhandlungen, 1980, Tz. 1296 ff. (S. 667 ff.); *Adler/Düring/Schmaltz* (A/D/S), Rechnungslegung und Prüfung der Unternehmen Bd. 4, 6. Aufl. 1997, AktG §§ 15–18 (S. 23 ff.); *Albath,* Unternehmensbeteiligungen unter 25% Kapitalanteil in gesellschafts- und wettbewerbsrechtlicher Betrachtung, 1988; *Bachelin,* Der konzernrechtliche Minderheitenschutz, 1969; *P. Bauer,* Zur Abhängigkeit einer AG von einem Konsortium, NZG 2001, 742; *H. Baumann/W. Reiss,* Satzungsergänzende Vereinbarungen, ZGR 1989, 157; *Bayer,* Der an der Tochter beteiligte Mehrheitsgesellschafter der Mutter: herrschendes Unternehmens?, ZGR 2002, 933; *Beuthien,* Konzernbildung und Konzernleitung kraft Satzung, ZIP 1993, 1589; *Binnewies,* Die Konzerneingangskontrolle in der abhängigen Gesellschaft, 1996; *Bitter,* Konzernrechtliche Durchgriffshaftung bei Personengesellschaften, 2000, S. 34 ff.; *Boëtius,* Großaktionäre als außenstehende Aktionäre, DB 1972, 1220; *Brauksiepe,* Zum Unternehmensbegriff des neuen Aktienrechts, BB 1966, 869; *Cahn,* Die Holding als abhängiges Unternehmen?, AG 2002, 30; *Dierdorf,* Herrschaft und Abhängigkeit einer AG auf schuldvertraglicher und tatsächlicher Grundlage, 1978; *Emmerich/Sonnenschein/Habersack* Konzernrecht § 2 (S. 29 ff.); *Fabricius,* Gesellschaftsrechtliche Unternehmensverbindungen und Abhängigkeitsbegriff in der betrieblichen Krankenversicherung, 1971; *Flume,* Grundfragen der Aktienrechtsreform, 1960; *Gansweid,* Gemeinsame Tochtergesellschaften im deutschen Konzern- und Wettbewerbsrecht, 1976; *Geßler,* Probleme des neuen Konzernrechts, DB 1965, 1691, 1729; *ders.,* Das „Unternehmen" im AktG, FS für Knur, 1972, S. 145; *Haesen,* Der Abhängigkeitsbericht im faktischen Konzern, 1970; *Hefermehl,* Der Aktionär als „Unternehmer" iS des Konzernrechts, FS für Geßler, 1971, S. 203; Hachenburg/*Ulmer* GmbHG § 77 Anhang Rdnr. 20 ff.; *Henze* Konzernrecht Tz. 9 ff. (S. 4 ff.); *Joussen,* Gesellschafterabsprachen neben Satzung und Gesellschaftsvertrag, 1995; *ders.,* Die konzernrechtlichen Folgen von Gesellschaftervereinbarungen in einer Familien-GmbH, GmbHR 1996, 574; *ders.,* Gesellschafter-Konsortien im Konzernrecht, AG 1998, 329; *Karehnke,* Zum Stand der Erörterungen über den Unternehmensbegriff im Recht der verbundenen Unternehmen, AG 1972, 161; MünchHdb. AG/*Krieger* § 68 (S. 897 ff.); *Klosterkemper,* Abhängigkeit von einer Innengesellschaft, Diss. Bayreuth 2003; *Koppensteiner,* Internationale Unternehmen im deutschen Gesellschaftsrecht, 1971; *ders.,* Unternehmergemeinschaften im Konzern-Gesellschaftsrecht, ZHR 131 (1968), 289; *ders.,* Definitionsprobleme im Konzern-Gesellschaftsrecht, SchweizAG 1985, 74; *ders.,* Über wirtschaftliche Abhängigkeit, FS für Stimpel, 1985, S. 811; *ders.,* Bankenaufsicht und Bankengruppen, 1991; *ders.,* in: Rowedder/Schmidt-Leithoff GmbHG, Anhang nach § 52 Rdnr. 6 ff. (S. 1742 ff.); *ders.,* Zur konzernrechtlichen Behandlung von BGB-Gesellschaften und Gesellschaftern, FS für P. Ulmer, 2003, S. 349; *Kort,* Der „private" Großaktionär als Unternehmen?, DB 1986, 1909; *Kropff,* Das Konzernrecht des AktG 1965, BB 1965, 1281; *ders.,* „Verbundene Unternehmen" im AktG und im BilanzrichtlG, DB 1986,364; *Luchterhandt,* Der Begriff „Unternehmen" im AktG 1965, ZHR 132 (1969), 149; *M. Lutter* (Hrsg.), Holding-Handbuch, 3. Aufl. 1998; *ders.,* Zur Herrschaft mehrerer Unternehmen über eine AG, NJW 1973, 113; *ders.,* 100 Bände BGHZ: Konzernrecht, ZHR 151 (1987), 444; *Kl.-P. Martens,* Die existentielle Wirtschaftsabhängigkeit, 1979; *Mertens,* Zur Berücksichtigung von Treuhandverhältnissen und Stimmbindungsverträgen bei der Feststellung von Mehrheitsbeteiligungen und Abhängigkeit, FS für Beusch, 1993, S. 583; *Mestmäcker,* Gemeinschaftsunternehmen im deutschen und europäischen Konzern- und Kartellrecht, in: *ders./Blaise/Donaldson,* Gemeinschaftsunternehmen im Konzern- und Kartellrecht, 1979, S. 9; *Milde,* Der Gleichordnungskonzern im Gesellschaftsrecht, 1996; *Mülbert,* Unternehmensbegriff und Konzernorganisationsrecht, ZHR 163 (1999), 1; *ders.*, in: MünchKommHGB Bd. 3, 2002, Konzernrecht Rdnr. 30 ff. (S. 532 ff.); *H. P. Müller/Rieker*, Der Unternehmensbegriff des AktG, WPg 1967, 197; *B. Nagel/B. Riess/ G. Theis*, Der faktische Just-in-Time-Konzern, DB 1989, 1505; *Nordmeyer*, Der Unternehmensbegriff im Konzernrecht, 1970; *Paehler*, Die Zulässigkeit des faktischen Konzerns, 1972; *Kl. Peters/H. Werner*, Banken als herrschendes Unternehmen?, AG 1978, 297; *Pöppel*, Aktienrechtlicher Minderheitsschutz durch den „Abhängigkeitsbericht", 1972; *Preußner/Fett*, Hypothekenbanken als abhängige Konzernunternehmen, AG 2001, 337; *Prühs*, Die tatsächliche Abhängigkeit aus aktienrechtlicher Sicht, DB 1972, 2001; *ders.*, Grundprobleme der aktienrechtlichen Abhängigkeit im Spiegel der neuen Literatur, AG 1972, 308; *Raiser* Kapitalgesellschaften § 51 I ff. (Tz. 1 ff. [S. 812 ff.]); *ders.*, Konzernhaftung und Unterkapitalisierungshaftung, ZGR 1995, 156; *Rittner*, Die Beteiligung als Grund der Abhängigkeit einer AG, DB 1976, 1465, 1513; *Ruwe*, Die BGB-Gesellschaft als Unternehmen iS des Aktienkonzernrechts, DB 1988, 2037; *Schießl*, Die beherrschte Personengesellschaft, 1985; *K. Schmidt* GesR § 31 II (S. 935 ff.); *ders.*, „Unternehmen" und „Abhängigkeit", ZGR 1980, 277; *ders.*, Abhängigkeit, faktischer Konzern, Nichtaktienkonzern und Divisionalisierung im Bericht der Unternehmensrechtskommission, ZGR 1981, 455; *ders.*, Die wundersame Karriere des Unternehmensbegriffs im Reich der Konzernhaftung, Die AG 1994, 189; *ders.*, Konzernhaftung von freiberuflichen Mehrfachgesellschaftern?, ZIP 1994, 1741; *ders.*, Konzernunternehmen, FS für Lutter, 2000, S. 1167; *ders.*, Unternehmensbegriff und Vertragskonzern, FS für Koppensteiner, 2001, S. 191; Scholz/*Emmerich* GmbHG § 44 Anhang Rdnr. 14 ff.; *Schulze-Osterloh*, Die verbundenen Unternehmen nach dem Bilanzrichtlinien-Gesetz, FS für Fleck, 1988, S. 313; *Sura*, Fremdeinfluß und Abhängigkeit im Aktienrecht, 1980; *ders.*, Die Behandlung des Fremdeinflusses in Unternehmensverbindungen, ZHR 145 (1981), 432; *Theisen*, Der Konzern, 2. Aufl. 2000, S. 27 ff.; *Timm*, Gebrauchsüberlassungsverhältnisse und Konzernhaftung, in: Priester/Timm, Abschied von der Betriebsaufspaltung?, 1991, S. 27; *Ulmer*, Aktienrechtliche Beherrschung durch Leistungsaustauschbeziehungen?, ZGR 1978, 457; *ders.*, Begriffsvielfalt im Recht der verbundenen Unternehmen als Folge des BilanzrichtlG, FS für Goerdeler, 1987, S. 623; *ders.* (Hrsg.), Probleme des Konzernrechts, 1989; *M. Weber*, Vormitgliedschaftliche Abhängigkeitsbegründung, ZIP 1994, 878; *H. Werner*, Der aktienrechtliche Abhängigkeitstatbestand, 1979; *ders.*, Die Grundbegriffe der Unternehmensverbindungen im Konzerngesellschaftsrecht, JuS 1977, 141; *ders./Kl. Peters*, Zwei Probleme konzernrechtlicher Abhängigkeit, BB 1976, 393; *D. Wittich*, Die Betriebsaufspaltung als Mitunternehmerschaft, 2002, S. 193 ff.; *R. Wolframm*, Mitteilungspflichten familiär verbundener Aktionäre nach § 20 AktG, 1998; *Würdinger*, Der Begriff Unternehmen im AktG, Festgabe für Kunze, 1969, S. 177; *Ziegler*, Kapitalersetzende Gebrauchsüberlassungsverhältnisse und Konzernhaftung bei der GmbH, 1989; *Zöllner*, Zum Unternehmensbegriff der §§ 15 ff. AktG, ZGR 1976, 1.

1   § 15 leitet mit einer Definition des Begriffs der verbundenen Unternehmen den ersten Teil der Vorschriften des AktG über verbundene Unternehmen ein (§§ 15 bis 22). Der zweite Teil findet sich in den §§ 291 bis 328 sowie § 337. Zusammenfassend werden die genannten Vorschriften häufig auch (ungenau) als das „Konzernrecht" des AktG bezeichnet. Die §§ 15 bis 22 enthalten bei dieser Sicht der Dinge sozusagen den „Allgemeinen Teil" des Konzernrechts, da sie eine Definition der wichtigsten konzernrechtlichen Begriffe bringen (§§ 15 bis 19) und außerdem verschiedene Mitteilungspflichten begründen (§§ 20 bis 22).

2   Der Charakter der §§ 15 ff. als „Allgemeiner Teil" des Konzernrechts wird dadurch unterstrichen, daß der Gesetzgeber in anderen Gesetzen wiederholt auf sie Bezug genommen hat. Beispiele sind § 5 MitbestG von 1976, § 51 a Abs. 2 S. 1 GmbHG sowie die Verbundklausel des § 36 Abs. 2 S. 1 GWB. Daneben findet sich freilich in wachsendem Maße mit Rücksicht auf gemeinschaftsrechtliche Vorgaben in anderen Gesetzen auch eine von den §§ 15 bis 19 abweichende Begriffsbildung, so zB im KWG[1] sowie in den Bilanzvorschriften des HGB.[2]

I. Zweck

Verbundene Unternehmen sind nach § 15 in Mehrheitsbesitz stehende und mit Mehrheit **3** beteiligte Unternehmen (§ 16), abhängige und herrschende Unternehmen (§ 17), Konzernunternehmen (§ 18), wechselseitig beteiligte Unternehmen (§§ 19, 328) sowie die Vertragsteile eines Unternehmensvertrages iSd. §§ 291 und 292. Zu ergänzen sind noch die an einer Eingliederung beteiligten Unternehmen, die nur deshalb in § 15 nicht gesondert aufgeführt worden sind, weil sie ohnehin immer unter die §§ 16 bis 18 fallen.

Diese Aufzählung macht deutlich, daß der Begriff der verbundenen Unternehmen im **4** AktG (§ 15) lediglich die Aufgabe hat, als zusammenfassende Bezeichnung für die vom Gesetz geregelten Unternehmensverbindungen in denjenigen Vorschriften zu dienen, die für sämtliche Unternehmensverbindungen zugleich gelten sollen.[3] Die wichtigsten dieser Vorschriften sind aus dem AktG § 90 Abs. 1 Nr. 4 Halbs. 2 und Abs. 3 S. 1 über die Berichtpflicht des Vorstandes, § 131 Abs. 1 S. 2 über das Auskunftsrecht der Aktionäre, § 145 Abs. 4 S. 2 über den Bericht der Sonderprüfer, § 400 Abs. 1 Nrn. 1 und 2 über die Strafbarkeit des Vorstandes bei unrichtigen Darstellungen sowie noch aus dem GmbHG § 51 a Abs. 2 S. 1 über die Auskunftspflicht der Geschäftsführer.

§ 15 hat außerdem die Aufgabe klarzustellen, daß an Unternehmensverbindungen iS des **4 a** Konzernrechts allein *Unternehmen* im Gegensatz zu Privatpersonen beteiligt sein können, daß, anders gewendet, die vom AktG geregelten Formen von Unternehmensverbindungen, namentlich also der Vertragskonzern (§§ 291 Abs. 1 S. 1, 308) und der einfache faktische Konzern (§§ 311, 317), allein Unternehmen iSd. konzernrechtlichen Vorschriften im Gegensatz zu sonstigen Aktionären wie vor allem Privataktionären zugänglich sind.[4] Das Gesetz hat diese Regel freilich nicht streng durchgehalten; in ihrer Reichweite im einzelnen umstrittene Ausnahmen finden sich insbes. in § 292 Nrn. 2 und 3 sowie in den §§ 319 Abs. 1 S. 1 und 320 Abs. 1 S. 1.[5] Auch in den §§ 19, 20 und 21 spielen die besonderen Merkmale des Unternehmensbegriffs keine Rolle (s. Rdnr. 22). Durch die gesetzliche Regelung wird es ferner nicht ausgeschlossen, von Fall zu Fall die konzernrechtlichen Vorschriften des Gesetzes außerdem auf andere vergleichbare Unternehmensverbindungen anzuwenden, selbst wenn nicht alle an der Verbindung Beteiligten Unternehmensqualität iSd. §§ 15 ff. besitzen (vgl. für die öffentliche Hand Rdnr. 28).

II. Anwendungsbereich

Die Definitionsnormen der §§ 15 bis 18 gelten schlechthin für rechtlich selbständige **5** Unternehmen ohne Rücksicht auf ihre Rechtsform und Nationalität. Sie finden daher auch Anwendung auf andere Kapitalgesellschaften, auf Personengesellschaften, auf Vereine und Stiftungen sowie auf Einzelkaufleute. Unerheblich ist außerdem, ob es sich um in- oder ausländische Unternehmen handelt. Der Anwendungsbereich der materiellen kon-

---

[1] S. die §§ 1 Abs. 6 bis 9, 2 b, 10 a, 12 a, 13 a und 19 Abs. 2 KWG; dazu insbes. *C. van de Sande*, Die Unternehmensgruppe im Banken- und Versicherungsaufsichtsrecht, Diss. Bayreuth 2000, §§ 3 ff.

[2] S. insbes. die §§ 290 und 311 HGB; wegen der Einzelheiten s. *Adler/Düring/Schmaltz* (A/D/S) Vor §§ 15–18 Rdnr. 1 ff.; *Kropff* DB 1986, 364; *Liebs*, Gedächtnisschrift für Rödig, 1978, S. 286; *Schulze-Osterloh*, FS für Fleck, S. 313; *Ulmer*, FS für Goerdeler, S. 623; *Windbichler* in GroßkommAktG Rdnr. 6 ff.

[3] Vgl. die Begr. zum RegE bei *Kropff* AktG S. 27; Aufzählung bei MünchKommAktG/*Bayer* Rdnr. 4.

[4] S. *Mülbert* ZHR 163 (1999), 1; *K. Schmidt*, FS für Koppensteiner, S. 191.

[5] Nach § 292 Nrn. 2 und 3 setzt der Abschluß eines Teilgewinnabführungsvertrages sowie eines Betriebspacht- oder Betriebsüberlassungsvertrages nicht voraus, daß der andere Vertragsteil Unternehmensqualität besitzt; die §§ 319 Abs. 1 S. 1 und 320 Abs. 1 S. 1 lassen die Eingliederung einer AG in jede andere AG zu, gleich, ob diese Unternehmensqualität besitzt oder nicht; *K. Schmidt*, FS für Koppensteiner, S. 191, 197 ff.; zu § 319 s. im übrigen § 319 Rdnr. 5.

zernrechtlichen Vorschriften des AktG (§§ 291, 311, 319 ff.) ist dagegen enger, weil er durchweg zusätzlich voraussetzt, daß an der Unternehmensverbindung wenigstens eine AG oder KGaA mit Sitz im Inland beteiligt ist, meistens zudem in der Rolle der abhängigen Gesellschaft.

III. Unternehmensbegriff

6   **1. Bedeutung.** Aus § 15 folgt ebenso wie aus den übrigen einschlägigen Vorschriften des AktG, daß an Unternehmensverbindungen iSd. Gesetzes, von wenigen Ausnahmen abgesehen, grundsätzlich (nur) Unternehmen beteiligt sein können (s. Rdnr. 4a). Die Gesetzesverfasser haben mit dieser Regelung alle Vorschläge abgelehnt, den Anwendungsbereich des Konzernrechts auf **jede** herrschende Person zu erstrecken, weil sie der Meinung waren, allein bei einem *Unternehmensgesellschafter* im Gegensatz zu einem *Privatgesellschafter* bestehe die Gefahr, daß er die Rechte aus der Beteiligung zum Nachteil der Gesellschaft für seine sonstigen unternehmerischen Interessen ausnützen werde.[6]

7   Diese Entscheidung der Gesetzesverfasser hat es nötig gemacht, *Kriterien* zu entwickeln, anhand derer eine Abgrenzung zwischen Unternehmens- und Privatgesellschaftern im Konzernrecht möglich ist.[7] Dies gilt unabhängig davon, daß heute die im Gesetz angelegte prinzipielle Unterscheidung zwischen Unternehmens- und Privataktionären weithin ihre Überzeugungskraft eingebüßt hat und deshalb auch vom Gesetzgeber selbst in neueren kapitalmarktrechtlichen Regelungen wie zB den §§ 21 ff. WpHG aufgegeben worden ist. Eine andere Frage ist, daß in einer Reihe kritischer Fälle die Grenzziehung immer wieder neu überdacht werden muß (s. Rdnr. 9, 19 ff.).

8   **2. Definition.** Die Auseinandersetzung um den konzernrechtlichen Unternehmensbegriff stand in den ersten Jahren nach Inkrafttreten des Gesetzes vornehmlich im Zeichen des Gegensatzes zwischen dem funktionellen und dem institutionellen Unternehmensbegriff. Diese Diskussion ist heute im wesentlichen überholt und soll daher auch hier nicht weiter verfolgt werden, seitdem an ihre Stelle zu Recht weithin eine Orientierung am Gesetzeszweck getreten ist. Gelegentlich wird deshalb in diesem Zusammenhang auch von einem *teleologischen* Unternehmensbegriff im Gegensatz zu dem früheren funktionellen oder institutionellen Begriffsverständnis gesprochen.[8]

9   Hinter der gesetzlichen Regelung steht, wie gezeigt (Rdnr. 6 f.), die Entscheidung der Gesetzesverfasser, den Anwendungsbereich der konzernrechtlichen Vorschriften des Gesetzes grundsätzlich auf solche Gesellschafter zu beschränken, bei denen anders als bei Privatgesellschaftern wegen ihrer unternehmerischen Betätigung *außerhalb* der Gesellschaft die *Gefahr eines Interessenkonflikts* und damit einer Schädigung der Gesellschaft im Interesse anderer Unternehmen besteht.[9] Folglich hat sich die Abgrenzung des Anwendungsbereichs des Konzernrechts *in erster Linie* an diesem **Schutzzweck** der gesetzlichen Regelung zu orientieren. Zu berücksichtigen bleibt freilich, daß das Konzernrecht auch noch andere Zwecke als den Schutz der Minderheit und der Gläubiger verfolgt (Stichwort: Konzernorganisationsrecht versus Konzernschutzrecht).[10] Die ergänzende Berücksichtigung dieser weite-

---

[6] Ausschußbericht zu den §§ 20 und 21 bei *Kropff* AktG S. 41 und 42; dagegen Unternehmensrechtskommission Bericht Tz. 296 f. (S. 667 ff.); *Flume* Grundfragen S. 45 f.

[7] Zum gegenwärtigen Stand der Diskussion s. zuletzt *A/D/S* Rdnr. 1 ff. (S. 23 ff.); MünchKommAktG/*Bayer* Rdnr. 12–37; *Emmerich/Sonnenschein/Habersack* § 2 II (S. 31 ff.); *Henze* Konzernrecht Tz. 9 ff. (S. 4 ff.); *Hüffer* Rdnr. 8–12; *Koppensteiner* in Kölner Kommentar Rdnr. 6–18; *Kort* DB 1986, 1909; MünchHdb. AG/*Krieger* § 68 Rdnr. 5–13; *Mülbert* ZHR 163 (1999), 1; MünchKommHGB/ *Mülbert* Bd. 3 Konzernrecht Rdnr. 30 ff. (S. 532 ff.); *Raiser* Kapitalgesellschaften § 51 Rdnr. 2 ff.

(S. 813 ff.); *K. Schmidt* GesR § 31 II 1 a (S. 936 f.); *Windbichler* in GroßkommAktG Rdnr. 11–21; *B. Wolfframm* Mitteilungspflichten S. 27 ff.

[8] *Hüffer* Rdnr. 7; *Raiser* Kapitalgesellschaften § 51 Rdnr. 2 (S. 813); *Windbichler* in GroßkommAktG Rdnr. 11; anderer Ansatz bei *Mülbert* ZHR 163 (1999), 1; MünchKommHGB/*Mülbert* Bd. 3 Konzernrecht Rdnr. 30 ff. (S. 532 ff.); *K. Schmidt*, FS für Koppensteiner, S. 191.

[9] Kritisch *Mülbert* (vorige Fn.); *K. Schmidt* (vorige Fn.); *ders.* AG 1994, 198 und ZIP 1994, 1741; *B. Wolfframm* Mitteilungspflichten S. 48 ff.

[10] S. *Emmerich/Sonnenschein/Habersack* § 1 II 6 (S. 8); *K. Schmidt*, FS für Lutter, S. 1167, 1179 ff.

ren Zwecke kann im Einzelfall Modifikationen des herkömmlichen „teleologischen" Verständnisses des Unternehmensbegriffs erforderlich machen.[11]

Die primäre Orientierung am Schutzzweck des Gesetzes steht heute auch in der Recht- **10** sprechung zum Konzernrecht im Vordergrund. Für die Bejahung der Unternehmensqualität eines Gesellschafters genügt es danach grundsätzlich, wenn der fragliche Gesellschafter *außerhalb* der Gesellschaft ebenfalls noch *unternehmerisch* betätigt, weil bereits daraus typischerweise die Konfliktslagen resultieren, denen das Konzernrecht begegnen soll. Als Unternehmen iS des Konzernrechts wird dementsprechend jeder Gesellschafter angesehen, bei dem zu seiner Beteiligung an der Gesellschaft *wirtschaftliche Interessenbindungen* außerhalb der Gesellschaft hinzutreten, die *stark genug* sind, um die ernste *Besorgnis* zu begründen, der Gesellschafter könne um ihretwillen seinen Einfluß zum Nachteil der Gesellschaft geltend machen. Oder anders gewendet: Unternehmensqualität besitzt jeder Gesellschafter, der nicht nur in der Gesellschaft selbst, sondern auch *außerhalb* von ihr *unternehmerische* Interessen verfolgt.[12] Dieser Praxis des BGH haben sich mittlerweile das BAG,[13] das BSG[14] sowie die übrigen Gerichte angeschlossen.[15] Die jüngste Rechtsprechung zur Unternehmensqualität der öffentlichen Hand im Konzernrecht (s. Rdnr. 29) macht jedoch deutlich, daß daneben von Fall zu Fall auch noch andere Kriterien Verwendung finden.

Die *Rechtsform* des Gesellschafters spielt keine Rolle (Rdnr. 5).[16] Unternehmen iSd. **11** Konzernrechts können deshalb außer den Kaufleuten und den Handelsgesellschaften einschließlich etwa der Hypothekenbanken[17] zB auch sein Idealvereine und wirtschaftliche Vereine,[18] der Versicherungsverein auf Gegenseitigkeit, die Europäische Wirtschaftliche Interessengemeinschaft,[19] Partnerschaftsgesellschaften, Stiftungen und Genossenschaften,[20] die juristischen Personen des öffentlichen Rechts (s. Rdnr. 26 ff.), Erbengemeinschaften als Unternehmensträger[21] sowie die BGB-Gesellschaft, jedenfalls, wenn sie Außengesellschaft ist, während die Unternehmenseigenschaft bloßer Innengesellschaften zweifelhaft und umstritten ist (s. im einzelnen Rdnr. 19 ff.).

Unternehmensqualität besitzen ferner *einzelne Aktionäre*, die sich auch noch *außerhalb* der **11 a** AG unternehmerisch betätigen, wofür es nach überwiegender Meinung bereits genügt, daß sie mindestens noch an einer weiteren Gesellschaft *maßgeblich* beteiligt sind (sog. Aktionär

[11] Ausführlich *Mülbert* ZHR 163 (1999), 1, 5, 20, 40 ff.; MünchKommHGB/*Mülbert* Bd. 3 Konzernrecht Rdnr. 30 ff. (S. 532 ff.); *K. Schmidt*, FS für Koppensteiner S. 191 ff.; *B. Wolframm* Mitteilungspflichten S. 54 ff.

[12] BGHZ 69, 334, 337 f. = NJW 1978, 104 = AG 1978, 50 „VEBA/Gelsenberg"; BGHZ 74, 359, 364 f. = NJW 1979, 2401 = AG 1980, 50 „WAZ"; BGHZ 80, 69, 72 = NJW 1981, 1512 = AG 1981, 225 „Süssen"; BGHZ 85, 84, 90 f. = NJW 1983, 569 „ADAC"; BGHZ 95, 330, 337 = NJW 1986, 188 = LM GmbHG § 13 Nr. 15 = AG 1986, 15 „Autokran"; BGHZ 114, 203, 210 f. = NJW 1991, 2765 = LM AktG § 20 Nr. 1 = AG 1991, 270; BGHZ 115, 187, 189 ff. = NJW 1991, 3142 = LM AktG § 302 Nr. 4 = AG 1991, 429 „Video"; BGHZ 117, 8, 18 = NJW 1992, 1702 = LM ZVG § 114 a Nr. 5–7 = AG 1991, 155; BGHZ 135, 107, 113 = NJW 1997, 1855, 1856 = LM AktG § 17 Nr. 12 = AG 1997, 374 = WM 1997, 967 „VW"; BGHZ 148, 123, 125 ff. = LM AktG § 16 Nr. 2 = NJW 2001, 2973 = AG 2001, 588 „MLP"; BGH LM AktG § 302 Nr. 13 = NJW 2001, 370 = AG 2001, 133.

[13] BAGE 76, 79, 83 f. = NJW 1994, 3244 = AG 1994, 510; BAG AP BetrVG § 54 Nr. 7 = AG 1996, 369 = NJW 1996, 2884 = NZA 1996, 706.

[14] BSGE 75, 82, 89 f. = NJW-RR 1995, 730 = AG 1995, 279, 282.

[15] BayObLGZ 2002, 46, 54 f. = AG 2002, 511, 512 f. = NJW-RR 2002, 974; KG AG 1980,78; 2001, 529, 530 = NZG 2001, 80; WuW/E OLG 1967, 1971 f.; OLG Düsseldorf AG 1991, 106, 108; 1995, 85, 86 = WM 1995, 756; GmbHR 1999, 123, 125 = NZG 2001, 80; OLG Saarbrücken ZIP 1992, 1623, 1624 = AG 1993, 183; OLG Karlsruhe AG 2000, 77; OLG Celle AG 1999, 527 = NZG 1999, 728; AG 2001, 474, 476 = GmbHR 2001, 342; OLG Hamm AG 2001, 146, 147 = NZG 2001, 563; OLG Hamburg AG 2001, 479, 481 = NZG 2001, 471; LG Münster WM 1997, 672, 673; LG Heidelberg AG 1999, 135 f. „SAP".

[16] Ausführlich *A/D/S* Rdnr. 9 ff.; *Windbichler* in GroßkommAktG Rdnr. 15–21.

[17] *Preußner/Fett* AG 2001, 337.

[18] KG AG 1980, 78 „Dresdner Bank"; *A/D/S* Rdnr. 11; *Henze* Konzernrecht Tz. 12 (S. 5 f.); *Raiser* Kapitalgesellschaften § 51 Rdnr. 4 ff. (S. 814 ff.); *H. Sprengel*, Vereinskonzernrecht, 1998, S. 94 ff.; zum Konzernrecht der Vereine s. im übrigen *Emmerich/Sonnenschein/Habersack* § 37 (S. 530 ff.); *Sprengel* aaO.

[19] S. *Windbichler* in GroßkommAktG Rdnr. 18.

[20] S. Rdnr. 18 sowie *Emmerich/Sonnenschein/Habersack* §§ 36, 38 (S. 521, 537 ff.); *A. Reul*, Das Konzernrecht der Genossenschaften, 1997.

[21] S. *Heymann/Emmerich* HGB § 1 Rdnr. 22 ff.; *B. Wolframm* Mitteilungspflichten S. 94 ff.

mit multiplem Beteiligungsbesitz).[22] Eine freiberufliche Tätigkeit außerhalb der Gesellschaft, zB als Architekt, kann gleichfalls für die Bejahung der Unternehmensqualität des betreffenden Aktionärs ausreichen.[23] Die Tätigkeit als Geschäftsführer in der Komplementär-GmbH einer GmbH und Co. KG genügt dagegen nicht, um die Unternehmenseigenschaft des Kommanditisten in der GmbH und Co. KG zu begründen,[24] wohl aber die Übernahme der Geschäftsführung in einer anderen OHG.[25]

12 **3. Maßgebliche Beteiligung.** Nach dem Gesagten (Rdnr. 6 ff.) reicht im Regelfall selbst die maßgebliche Beteiligung an *einer* Gesellschaft allein nicht aus, um die Unternehmenseigenschaft des betreffenden Gesellschafters iSd. Konzernrechts zu begründen, auch wenn er unternehmerischen Einfluß auf die Gesellschaft ausübt.[26] Oder anders gewendet: Der Mehrheitsgesellschafter einer AG ist nicht allein deshalb, weil er die Mehrheit hat und die Geschicke seiner Gesellschaft bestimmen kann, zugleich Unternehmer iSd. Konzernrechts, solange nicht die besagte Interessenbindung wirtschaftlicher Art außerhalb der Gesellschaft (Rdnr. 10 f.) hinzutritt.[27] Dasselbe gilt für eine Mehrzahl von Personen, die zusammen über die Mehrheit bei einer Gesellschaft verfügen.[28] Auf der anderen Seite steht außer Frage, daß ein einflußnehmender Aktionär Unternehmensqualität iSd. Konzernrechts besitzt, wenn er noch ein beliebiges anderes Unternehmen betreibt, wobei es auf dessen Rechtsform ebensowenig wie zB auf die Frage ankommt, ob es sich um ein inländisches oder ausländisches Unternehmen handelt, ob das andere Unternehmen mit Gewinnerzielungsabsicht betrieben wird sowie ob der fragliche Gesellschafter Kaufmann oder etwa „nur" Freiberufler ist (Rdnr. 11). Umstritten ist die Rechtslage nur, wenn der Gesellschafter das andere Unternehmen zwar nicht alleine betreibt, wohl aber an der betreffenden Gesellschaft maßgeblich beteiligt ist (Rdnr. 14).

13 In der Frage, *wie stark* die „wirtschaftliche Interessenbindung" eines Gesellschafters außerhalb der Gesellschaft sein muß, damit wegen der Gefahr kollidierender Interessen zwischen den verschiedenen Beteiligungsunternehmen das Konzernrecht angewandt werden kann, lassen sich heute im wesentlichen zwei Meinungen unterscheiden:[29] Während es nach der einen darauf ankommen soll, ob der betreffende Gesellschafter *tatsächlich leitend* (etwa iS des

[22] S. im einzelnen Rdnr. 12 f.; BGHZ 95, 330, 337 = NJW 1986, 188 = AG 1986, 15 „Autokran"; BGHZ 115, 187, 189 ff. = NJW 1991, 3142 = AG 1991, 429 „Video"; BGHZ 122, 123, 127 f. = LM AktG § 302 Nr. 6 = NJW 1993, 1200 = AG 1993, 371 „TBB"; BGHZ 148, 123, 125 ff. = LM AktG § 16 Nr. 2 = AG 2001, 588 = NJW 2001, 2973; BGH LM AktG § 17 Nr. 11 = NJW 1994, 446 = AG 1994, 179 „EDV-Peripherie"; LM § 302 AktG Nr. 8 = NJW 1994, 3288 = AG 1995, 35, 36; LM BGB § 826 (Gg) Nr. 10 = NJW 1996, 1283 = AG 1996, 221; LM AktG § 302 Nr. 10 = NJW 1997, 943 = AG 1997, 180 = WM 1997, 316; LM AktG § 302 Nr. 13 (Bl. 1 R) = NJW 2001, 370 = AG 2001, 133; BAGE 76, 79, 83 f. = NJW 1994, 3244 = AG 1994, 510; BAG AP BetrVG § 54 Nr. 7 = AG 1996, 369 = NJW 1996, 2884; AP AktG § 308 Nr. 8 = NJW 1491 = AG 1996, 222, 223 = NZA 1996, 311; BSGE 75, 82, 87, 89 f. = NJW-RR 1995, 730 = AG 1995, 279, 282; BayObLGZ 2002, 46, 54 f. = NJW-RR 2002, 974 = AG 2002, 511, 512 f.; OLG Düsseldorf AG 1991, 106, 108; GmbHR 1999, 123, 125; OLG Köln BB 1997, 169 f. = GmbHR 1997, 220; AG 2002, 89, 90; OLG Bamberg NJW-RR 1997, 1190 = AG 1998, 191; OLG Celle AG 1999, 572 = NZG 1999, 728; OLG Hamm AG 2001, 146, 147 = NZG 2001, 563; OLG Hamburg AG 2001, 479, 481 = NZG 2001, 471 „Bauverein zu Hamburg"; KG AG 2001,

529 = NZG 2001, 80; enger OLG Oldenburg GmbHR 1998, 286; dagegen aber BGH, bei *Goette* DStR 1997, 1937.
[23] BGH LM AktG § 302 Nr. 8 = NJW 1994, 3288 = AG 1995, 35, 36; LM BGB § 276 (Fa) Nr. 141 = NJW 1995, 1544 = AG 1995, 326; LG Münster WM 1997, 672, 673 = AG 1997, 474 (Arzt).
[24] BSGE 75, 82, 89 f. = NJW-RR 1995, 730 = AG 1995, 279, 282; str.
[25] BSG (vorige Fn.).
[26] *A/D/S* Rdnr. 3, 7 ff.; *Koppensteiner* in Kölner Kommentar Rdnr. 13 ff.
[27] Grdlg. BGHZ 148, 123, 125 ff. = LM AktG § 16 Nr. 2 = NJW 2001, 2973 = AG 2001, 588 „MLP"; OLG Hamburg AG 2001, 479, 481 = NZG 2001, 471 „Bauverein zu Hamburg"; OLG Hamm AG 2001, 146, 147 = NZG 2001, 563 (gegen LG Bielefeld AG 2000, 232); *Bayer* ZGR 2002, 933, 938 ff.; *Cahn* AG 2002, 30 f.; *Hüffer* Rdnr. 9.
[28] OLG Hamburg (vorige Fn.); *P. Bauer* NZG 2001, 742.
[29] S. *Bayer* ZGR 2002, 933, 938 ff.; *Cahn* AG 2002, 30, 31 f.; noch weiter differenzierend *A/D/S* Rdnr. 7; *G. Bitter* Durchgriffshaftung S. 38 ff., 57 f. (gegen die Einbeziehung der Beteiligungen an Gesellschaften mit Haftungsbeschränkung wie AG oder GmbH).

§ 18 Abs. 1) auf das andere Unternehmen einwirkt,[30] begnügt sich die andere bereits mit einer bloßen Beteiligung des Gesellschafters, die *so stark* ist, daß sie die *Möglichkeit* solcher Einflußnahme eröffnet.[31] Dieser zweiten weiteren Auslegung hat sich mittlerweile auch der BGH angeschlossen.[32] Eine Beteiligung ist danach als „maßgeblich" anzusehen, wenn sie die *Möglichkeit* begründet, sich unter Ausübung von Leitungsmacht auch in anderen Gesellschaften unternehmerisch zu betätigen.[33] Dazu ist grundsätzlich erforderlich, daß der Aktionär auf gesellschaftsrechtlicher Grundlage[34] mit den ihm rechtlich zu Gebote stehenden Mitteln auf das andere Unternehmen *bestimmenden* Einfluß nehmen kann.[35]

Eine maßgebliche Beteiligung in diesem Sinne ist auf jeden Fall bei einer *Mehrheitsbeteiligung* an wenigstens einer weiteren Gesellschaft anzunehmen.[36] Aber auch eine *geringere* Beteiligung genügt, wenn sie, etwa wegen einer traditionell niedrigen Hauptversammlungspräsenz oder aufgrund von Stimmbindungsverträgen, die Möglichkeit eröffnet, die Leitungsorgane der anderen Gesellschaft zu besetzen und damit dort die Herrschaft zu übernehmen.[37] Insgesamt geht die Tendenz deutlich dahin, den Begriff der maßgeblichen Beteiligung zunehmend *auszuweiten* und sich für seine Annahme mit jeder Gestaltung der Verhältnisse zu begnügen, die dem fraglichen Gesellschafter eine Einflußmöglichkeit auf die andere Gesellschaft eröffnet, die dann ihrerseits den typischen Konzernkonflikt nach sich ziehen kann.[38] Dafür kann bei einer AG oder GmbH je nach den Umständen des Falles auch eine Beteiligung **unter 25%** ausreichen, wenn sie iVm. weiteren verläßlichen Umständen rechtlicher oder tatsächlicher Art zu der Möglichkeit einer Einflußnahme führt, die beständig und umfassend ausgeübt werden kann und gesellschaftsrechtlich vermittelt ist.[39] Bei Personengesellschaften genügt außerdem die Übernahme der persönlichen Haftung oder der Geschäftsführung in der anderen Gesellschaft. Dagegen soll nach der jüngsten Praxis des BGH[40] eine Mehrheits- oder qualifizierte Minderheitsbeteiligung, die sich allein aus einer Zurechnung nach *§ 16 Abs. 4* ergibt, nicht genügen, weil diese Vorschrift schon eine *anderweitig begründete* Unternehmenseigenschaft des Zurechnungsadressaten voraussetze, nicht aber ihrerseits erst dessen Unternehmenseigenschaft begründen könne. Folgt man dem, so begründet der Umstand allein, daß der Mehrheitsaktionär und Vorstandsvorsitzende einer Gesellschaft auch noch minderheitlich an Tochtergesellschaften dieser Gesellschaft beteiligt ist, trotz der möglichen Einflußnahme auf die Tochtergesellschaften noch nicht seine Unternehmenseigenschaft.[41]

4. Holdinggesellschaften, Vereine, Treuhänder.

Schrifttum: *MünchKommAktG/Bayer* Rdnr. 26 ff.; *Bayer* ZGR 2002, 933, 941 ff.; *Cahn* AG 2002, 30; *Henze* Konzernrecht Tz. 16 ff. (S. 7 f.); MünchHdb. AG/*Krieger* § 68 Rdnr. 9; *M. Lutter* (Hrsg.), Holding-Handbuch, 3. Aufl. 1998; *Raiser* Kapitalgesellschaften § 51 Rdnr. 6 (S. 815); *H. Sprengel*, Vereinskonzernrecht, 1998, S. 91 ff.; *Windbichler* in GroßkommAktG Rdnr. 19 f., 46; *B. Wolframm* Mitteilungspflichten S. 85 ff.

[30] *A/D/S* Rdnr. 8 (S. 28 ff.); *Kort* DB 1986, 1909, 1911 f.; *Mülbert* ZHR 163 (1999), 1, 33 f.

[31] OLG Köln BB 1997, 169 f. = GmbHR 1997, 220; MünchKommAktG/*Bayer* Rdnr. 17–24; *Bayer* (Fn. 29); *Cahn* AG 2002, 30, 32; *Hüffer* Rdnr. 9; *Koppensteiner* in Kölner Kommentar Rdnr. 21–29; MünchHdb. AG/*Krieger* § 68 Rdnr. 8; *Windbichler* in GroßkommAktG Rdnr. 31 f.

[32] Beiläufig schon BGHZ 135, 107, 113 = LM AktG § 17 Nr. 12 = NJW 1997, 1855 = AG 1997, 374 „VW"; grdl. sodann BGHZ 148, 123, 125 ff. = LM AktG § 16 Nr. 2 = NJW 2001, 2973 = AG 2001, 588 „MLP"; *Henze* Konzernrecht Tz. 14 (S. 6 f.).

[33] BGH (vorige Fn.) „MLP"; dazu *Bayer* ZGR 2002, 933, 945 ff.

[34] BGHZ 148, 123, 125 = NJW 2001, 2973 „MLP": („. . . gesellschaftsrechtlich vermittelt . . ."); *Henze* Konzernrecht Tz. 11 (S. 5).

[35] BGH (vorige Fn.); zustimmend *Cahn* AG 2002, 30, 32 f.

[36] BGHZ 148, 123, 125 = NJW 2001, 2973 „MLP"; *Cahn* (vorige Fn.).

[37] BGH (vorige Fn.); wegen der Einzelheiten s. MünchKommAktG/*Bayer* Rdnr. 22 f.; *Bayer* ZGR 2002, 933, 938 ff.; *Cahn* AG 2002, 30; *Hüffer* Rdnr. 9; MünchHdb. AG/*Krieger* Rdnr. 8; *Windbichler* in GroßkommAktG Rdnr. 36–42; *B. Wolframm* Mitteilungspflichten S. 91 ff.

[38] Anders wohl *Cahn* (vorige Fn.).

[39] So grdlg. BGHZ 148, 123, 125 = NJW 2001, 2973; *B. Wolframm* (Fn. 37); anders *Mülbert* ZHR 163 (1999), 1, 33 f.

[40] BGHZ 148, 123, 126 f. = NJW 2001, 2973 = AG 2001, 588 „MLP"; zustimmend *Heidenhain* Anm. LM AktG § 16 Nr. 2 (Bl. 3 R); kritisch dagegen *Hüffer* Rdnr. 9; differenzierend *Bayer* ZGR 2002, 933, 945 f.

[41] BGH (vorige Fn.); *Cahn* AG 2002, 30; s. im einzelnen *Bayer* (vorige Fn.).

15 **a) Holding.** Unter Holdinggesellschaften versteht man Gesellschaften, meistens in der Rechtsform einer Personengesellschaft, durch die ein oder mehrere Gesellschafter ihren Anteilsbesitz an anderen Gesellschaften verwalten.[42] Ihre praktische Bedeutung ist offenbar erheblich. Im vorliegenden Zusammenhang werfen Holdinggesellschaften vor allem zwei Fragen auf, zunächst die nach der Unternehmenseigenschaft der Holdinggesellschaft selbst (Rdnr. 16) und sodann die nach der Unternehmenseigenschaft der Gesellschafter, die ihren Beteiligungsbesitz in der Holding zusammengefaßt haben (Rdnr. 17).

16 **aa)** Die *Holdinggesellschaft* ist jedenfalls dann selbst als Unternehmen iSd. Konzernrechts anzusehen, wenn sie an *mehreren* anderen Gesellschaften maßgeblich beteiligt ist *und* ihren Beteiligungsbesitz selbst verwaltet *oder* wenn sie sich selbst noch neben der Verwaltung ihres Beteiligungsbesitzes anderweitig unternehmerisch betätigt.[43] Noch nicht endgültig geklärt ist die Rechtslage dagegen, wenn sich die Holding auf die Verwaltung ihrer Beteiligung an *einer* einzigen Gesellschaft beschränkt. Für diesen Fall wird nach wie vor verbreitet ihre Unternehmensqualität geleugnet.[44] Dieser Meinung kann indessen jedenfalls dann nicht zugestimmt werden, wenn eine Holding über eine andere zwischengeschaltete Gesellschaft *mehrere* Tochtergesellschaften leitet, weil in diesem Fall – trotz formaler Beteiligung der Holding an nur einer einzigen Gesellschaft – tatsächlich genau diejenigen Minderheits-Mehrheitskonflikte entstehen können, denen das Konzernrecht begegnen soll.[45]

17 **bb)** Von der Frage nach der Unternehmensqualität der Holding muß die nach der Unternehmensqualität der die Holding ihrerseits beherrschenden *Gesellschafter* unterschieden werden. Auf dieser Ebene dürfte es in erster Linie darauf ankommen, welche Stellung der oder die Gesellschafter der Holding rechtlich oder tatsächlich haben. Sie sind jedenfalls dann, gegebenenfalls neben der Holding (Rdnr. 16), als Unternehmen zu qualifizieren, wenn sie die Verwaltung des Beteiligungsbesitzes in der Hand behalten. Dies dürfte im wesentlichen unstreitig sein. Zweifelhaft ist die Rechtslage dagegen, wenn sich die Gesellschafter in der Holding auf die Verwaltung ihrer Beteiligung an der *Holding* beschränken, ohne direkten Einfluß auf deren Beteiligungsbesitz zu nehmen. Faßt man den üblicherweise vertretenen, am Schutzzweck des Gesetzes ausgerichteten Unternehmensbegriff ganz eng, so ergeben sich hier in der Tat Probleme, die freilich nur deutlich machen, daß im vorliegenden Zusammenhang eine formale Vorgehensweise fehl am Platze ist. Denn der Sache nach lassen sich die beiden genannten Fallgestaltungen ohnehin kaum unterscheiden; in beiden muß vielmehr Raum für die Anwendung des Konzernrechts sein, so daß man nicht zögern sollte, auch hier von der Unternehmensqualität der Gesellschafter der Holding auszugehen.[46]

18 **b) Verein, Stiftung.** Dieselben Kriterien wie bei Holdinggesellschaften (Rdnr. 16 f.) sind maßgebend, wenn ein Verein oder eine Stiftung die Aufgabe der Konzernspitze übernimmt.[47] In derartigen Fallgestaltungen muß vor allem verhindert werden, daß durch

---

[42] S. *Lutter* Holding-Handbuch Rdnr. A 11 ff. (S. 10 ff.).

[43] Ebenso wohl BGH LM AktG § 17 Nr. 11 = NJW 1994, 446 „EDV-Peripherie"; *Henze* Konzernrecht Tz. 18 (S. 8).

[44] BGH AG 1980, 342; OLG Saarbrücken AG 1980, 26, 28; *Assmann* in Lutter/Ulmer/Zöllner, 100 Jahre GmbHG, 1992, S. 657, 711 ff.; *Bayer* ZGR 2002, 933, 942; *Henze* (vorige Fn.); *Mülbert* ZHR 163 (1999), 1, 34; *ders.* in MünchKommHGB Bd. 3 Konzernrecht Rdnr. 43 (S. 536); *W. Müller* AG 1981, 306; *Priester* Konzernrechtstage S. 223, 230 ff.; *Stimpel* ZGR 1991, 445, 446; *Ziegler* Gebrauchsüberlassungsverhältnisse S. 179 ff.; wohl auch BGHZ 114, 203, 210 f. = NJW 1991, 2765.

[45] LG Stuttgart AG 1990, 445, 446; *A/D/S* Rdnr. 4 (S. 26 f.); *Geitzhaus* GmbHR 1989, 455,

456 f.; *Lutter* Holding-Handbuch Rdnr. A 35 (S. 21 f.); *ders.*, FS für Steindorff, 1990, S. 125, 130 f.; *ders.* ZHR 151 (1987), 444, 452; *Raiser* Kapitalgesellschaften § 51 Rdnr. 6 (S. 815); *Roth/Altmeppen* GmbHG § 13 Anh. Rdnr. 7 f.; *Rowedder/Schmidt-Leithoff/Koppensteiner* GmbHG § 52 Anh. Rdnr. 10; *Ruwe* AG 1980, 21, 22 f.; *ders.* DB 1988, 2037, 2041 f.; *Sonnenschein* Organschaft S. 263 ff.; *ders./Holdorf* JZ 1992, 715, 724; *B. Wolfram* Mitteilungspflichten S. 86 f.

[46] MünchKommAktG/*Bayer* Rdnr. 33; *ders.* ZGR 2002, 933, 942 ff.; dagegen *Cahn* AG 2002, 30, 33 f.

[47] Wegen der Einzelheiten s. *Emmerich/Sonnenschein/Habersack* §§ 37 III 1, 38 III (S. 535, 539 f.); *Sprengel* Vereinskonzernrecht S. 91 ff.

---

jederzeit mögliche gesellschaftsrechtliche Konstruktionen wie eben etwa die Einschaltung von Zwischenholdings und Vorschaltgesellschaften die Unternehmenseigenschaft der letztlich entscheidenden Gesellschafter künstlich eliminiert und damit die Beteiligten dem Anwendungsbereich des Konzernrechts entzogen werden, so daß hier zum Schutze der abhängigen Gesellschaft, ihrer Gesellschafter und ihrer Gläubiger weniger auf die gesellschaftsrechtliche Konstruktion als auf die tatsächlichen Machtverhältnisse abzustellen ist.[48] Ergibt sich dabei, daß der fragliche Gesellschafter, um dessen Einflußnahme auf die Gesellschaft es letztlich geht, auch an anderen Unternehmen unmittelbar oder mittelbar maßgeblich beteiligt ist, sollte man nicht zögern, das Konzernrecht entsprechend seinem Schutzzweck anzuwenden.

In den genannten Fällen (Rdnr. 18) kommt es letztlich zur *Zurechnung* der Unternehmensqualität der eingeschalteten Gesellschaften zu den hinter ihnen stehenden, eigentlich maßgeblichen Gesellschaftern. Damit wird die noch wenig geklärte Frage aufgeworfen, unter welchen Voraussetzungen im Konzernrecht eine Zurechnung der Unternehmensqualität insgesamt oder doch einzelner dafür konstitutiver Merkmale von einzelnen Rechtsträgern zu anderen möglich ist.[49] Die Frage spielt eine Rolle vor allem bei Treuhandverhältnissen (Rdnr. 19) sowie bei Stimmrechtskonsortien, Familiengesellschaften und ähnlichen Erscheinungsformen organisierter Mehrheitsherrschaft (Rdnr. 20). **18 a**

c) Treuhand. In *Treuhandverhältnissen* muß vor allem verhindert werden, daß durch die jederzeit mögliche Aufteilung des Beteiligungsbesitzes auf verschiedene Personen, die als Treuhänder fungieren, die Anwendung des Konzernrechts umgangen werden kann. Deshalb ist es in derartigen Fallgestaltungen mit Rücksicht auf das Weisungsrecht des Treugebers aufgrund der §§ 675 Abs. 1 und 665 BGB geboten, die Beteiligten in dem Sinne als wirtschaftliche Einheit zu betrachten, daß sie sich ihre für den Unternehmensbegriff konstitutiven Merkmale wechselseitig zurechnen lassen müssen mit der Folge vor allem, daß auch der *Treugeber* dann als Unternehmen iSd. Konzernrechts behandelt werden kann, selbst wenn er formal seinen gesamten Beteiligungsbesitz auf andere Personen übertragen hat, die als seine Treuhänder fungieren (§ 16 Abs. 4).[50] **19**

5. Stimmrechtskonsortien, Familiengesellschaften. Stimmrechtskonsortien, Familiengesellschaften und vergleichbare Gebilde besitzen jedenfalls dann Unternehmensqualität, wenn es sich bei ihnen um Außengesellschaften mit weiteren maßgeblichen Beteiligungen handelt[51] oder wenn sie als Holdinggesellschaften fungieren (Rdnr. 16 f.). Umstritten ist die Rechtslage dagegen, wenn sie als bloße *Innengesellschaften* konstruiert sind und etwa über die Bündelung des Stimmrechts der Beteiligten die Herrschaft eines „Familienstammes" in einer Gesellschaft sicherstellen sollen. Die Rechtsprechung zu diesen Fällen ist uneinheitlich (Rdnr. 20 a). Im Schrifttum sind die maßgeblichen Kriterien ebenfalls noch nicht geklärt.[52] **20**

In den fraglichen Fällen (Rdnr. 20) ist in der Rechtsprechung zunächst wiederholt in freilich wenig klarer Weise eine *Abhängigkeit* der betreffenden Gesellschaft von dem „Familienstamm" oder der Familiengesellschaft erwogen worden.[53] Damit war zugleich implizit die *Unternehmensqualität* des „Familienstammes" oder der Familiengesellschaft bejaht worden **20 a**

[48] Ebenso *Koppensteiner* in Kölner Kommentar Rdnr. 36–38.

[49] S. *Windbichler* in GroßkommAktG Rdnr. 44 ff.; *R. Wolframm* Mitteilungspflichten S. 112 ff.

[50] Ebenso *Hüffer* Rdnr. 11; *Windbichler* in GroßkommAktG Rdnr. 45; *B. Wolframm* Mitteilungspflichten S. 115 f.

[51] S. Rdnr. 11, 13 f.; *P. Bauer* NZG 2001, 742.

[52] S. insbes. *P. Bauer* NZG 2001, 742; *Klosterkemper*, Abhängigkeit von einer Innengesellschaft, Diss. Bayreuth 2003; *Koppensteiner*, FS für P. Ulmer, 2003, S. 349; *B. Wolframm* Mitteilungspflichten.

[53] S. § 17 Rdnr. 19 a, sowie BGHZ 62, 193, 199 ff. = NJW 1974, 855 „Seitz" (mit Anm. *Emmerich/Gansweid* JuS 1975, 294); BGHZ 74, 359, 365, 366 f. = NJW 1979, 2401 = AG 1980, 50 „Brost und Funke/WAZ" (im Rahmen der §§ 35 und 36 GWB); BGHZ 80, 69, 73 = NJW 1981, 1512 = AG 1981, 225 = GmbHR 1981, 189 „Süssen"; LG Mosbach AG 2001, 206, 208 f. = NZG 2001, 763, 765 f. „M. Weinig AG" (ohne Begründung: kritisch dazu P. Bauer [vorige Fn.]); BGHZ 121, 137, 144 f. = LM GWB § 23 Nr. 19 = NJW 1993, 2114 = AG 1993, 334 „WAZ/IKZ"; *Emmerich*, Kartellrecht, 9. Aufl. 2001, § 23, 2 (S. 257 f.).

(§ 15).[54] Dagegen hat es der BGH (zum GWB) in jüngster Zeit wieder abgelehnt, *Familienstämmen* als solchen (jenseits des § 36 Abs. 3 GWB) bereits Unternehmensqualität beizumessen, weil sie keine Rechtspersönlichkeit besäßen und daher als Gesellschafter anderer Gesellschaften ausschieden.[55] Eine andere Frage ist jedoch, wie *Familiengesellschaften* zu behandeln sind. Eine wieder andere Frage stellt es schließlich dar, unter welchen Voraussetzungen, bei Bejahung der Unternehmensqualität eines oder aller Beteiligten, dann außerdem die *Abhängigkeit* der betreffenden Gesellschaft von den Mitgliedern einer Familie oder von einer Gesellschaft, die sie zwecks gemeinsamer Beherrschung der Gesellschaft gegründet haben, einem sogenannten Konsortium, angenommen werden kann.

20 b   Nach überwiegender Meinung sind Stimmrechtskonsortien, Familiengesellschaften und vergleichbare Gebilde, solange sie als BGB-Innengesellschaften konstruiert sind und sich ihre Aufgabe auf die Bündelung des Stimmrechts der Beteiligten in einer Gesellschaft beschränkt, *nicht* als Unternehmen zu behandeln, so daß eine Anwendung des Konzernrechts auf ihre Beziehungen zu der von ihnen „beherrschten" Gesellschaft für den Regelfall ausscheidet. Anders wird nur entschieden, wenn sich die fragliche Gesellschaft auch außerhalb der von ihr geleiteten Gesellschaft unternehmerisch betätigt (Rdnr. 20) *oder* wenn sie von einem oder mehreren Gesellschaftern majorisiert wird, die zugleich außerhalb der Gesellschaft unternehmerische Zwecke verfolgen.[56] Ebenso zu behandeln sind die Leitungsorgane von Gleichordnungskonzernen, selbst wenn sie in einer eigenen Gesellschaft verselbständigt sind.[57]

20 c   Erst wenn nach den genannten Kriterien (Rdnr. 20 b) die Unternehmenseigenschaft des fraglichen Konsortiums *oder* einzelner hinter ihm stehender Gesellschafter bejaht werden kann, stellt sich die Frage der *Abhängigkeit* der betreffenden Gesellschaft von dem Konsortium oder den hinter ihm stehenden Gesellschaftern (§§ 15, 17). In diesem Rahmen ist dann auch eine *Zurechnung* des Stimmrechts einzelner Gesellschafter, die an sich keine Unternehmensqualität besitzen, zu anderen Unternehmensgesellschaftern oder die Zusammenrechnung der Einflußmöglichkeiten der in dem Konsortium zusammengefaßten Personen unter im einzelnen freilich noch nicht endgültig geklärten Voraussetzungen möglich. Anzuknüpfen sein dürfte dabei neben § 16 Abs. 4 in erster Linie an die in der Praxis zu der Mehrmütterklausel des GWB (§ 36 Abs. 2 S. 2) entwickelten Kriterien. Wegen der Einzelheiten ist auf die Ausführungen weiter unten zu verweisen (§ 16 Rdnr. 15 ff., § 17 Rdnr. 29 f.). Deutlich ist aber, daß es sich hier um eine derjenigen Fragen handelt, deren Beantwortung durch die Praxis über die zukünftige Reichweite des Konzernrechts entscheiden dürfte.

21   **6. Formkaufleute.** Die vorstehenden Überlegungen (Rdnr. 19 ff.) machen deutlich, daß die Grenzen des Unternehmensbegriffs noch keineswegs endgültig ausgelotet sind. Wegen der unterschiedlichen Zwecke der konzernrechtlichen Regelungen (s. Rdnr. 9) muß der Unternehmensbegriff zudem nicht überall mit Notwendigkeit in derselben Weise interpretiert werden. Je nach der Zwecksetzung der einzelnen Vorschriften kann es vielmehr von Fall zu Fall auch geboten sein, ihn enger oder weiter als im Regelfall zu fassen. Da der Gesetzgeber den Unternehmensbegriff letztlich offen gelassen hat, steht nichts im Wege, den für den Regelfall von der Schutzrichtung des Konzernrechts her

---

[54] Vgl. in diesem Zusammenhang auch die Sonderregelung des § 36 Abs. 3 GWB, nach der eine Person oder Personenvereinigung, der die Mehrheitsbeteiligung an einem Unternehmen zusteht, iSd. Fusionskontrollvorschriften auch dann als Unternehmen gilt, wenn sie diese Qualität sonst nicht besitzt.

[55] Grdlg. BGHZ 121, 137, 144 f. = LM GWB § 23 Nr. 19 = NJW 1993, 2114 = AG 1993, 334 „WAZ/IKZ".

[56] OLG Hamm AG 2001, 146, 147 = NZG 2001, 563 „Hucke AG" (gegen LG Bielefeld AG

2000, 232); OLG Hamburg AG 2001, 479, 481 = NZG 2001, 471 „Bauverein zu Hamburg"; OLG Köln AG 2002, 89, 90 „Cremer und Breuer"; LG Heidelberg AG 1998, 47, 48 „SAP"; *P. Bauer* NZG 2001, 742; *Henze* Konzernrecht Tz. 16 (S. 7); *Hüffer* Rdnr. 11; *Windbichler* in GroßkommAktG Rdnr. 16, 47 f.; *B. Wolfram* Mitteilungspflichten S. 79, 102, 112 ff.

[57] S. § 18 Rdnr. 25 ff.; *Hüffer* Rdnr. 10; *Raiser* Kapitalgesellschaften § 51 Rdnr. 6 (S. 815).

definierten Begriff in anderen Zusammenhängen sachgerecht zu modifizieren, wenn der Zweck der einschlägigen Normen dies erfordert. Bei der öffentlichen Hand geht hiervon mittlerweile auch die Rechtsprechung aus (s. im einzelnen Rdnr. 27 f.). Im Schrifttum werden entsprechende Überlegungen für die Parteien von Unternehmensverträgen angestellt.[58] Vergleichbare Erwägungen sollten auch bei der Frage maßgebend sein, ob die Formkaufleute des Handelsrechts (s. § 6 HGB) Unternehmensqualität iSd. Konzernrechts besitzen (Rdnr. 22).

Als Formkaufleute bezeichnet man diejenigen Kapitalgesellschaften, die kraft Gesetzes **22** ohne Rücksicht auf ihren Gegenstand und ihre Größe Handelsgesellschaften und damit Kaufleute sind (§ 6 Abs. 2 HGB). Es sind dies in erster Linie die AG und die KGaA (§§ 3 Abs. 1, 278 Abs. 2 AktG), die GmbH (§ 13 Abs. 3 GmbHG) und die Genossenschaft (§ 17 Abs. 2 GenG). Gleich stehen die Europäische Wirtschaftliche Vereinigung[59] sowie die meisten Versicherungsvereine auf Gegenseitigkeit (§§ 16 und 53 VAG).[60] Obwohl mithin diese Gesellschaften immer Kaufleute sind (§ 6 Abs. 2 HGB), lehnt es doch die überwiegende Meinung bislang ab, sie zugleich als Unternehmen iSd. Konzernrechts zu behandeln, solange nicht die übrigen genannten Voraussetzungen des Unternehmensbegriffs erfüllt sind (Rdnr. 6 ff.).

Dem ist für die §§ 16, 19, 20 und 21 nicht zu folgen.[61] Es sollte sich von selbst verstehen, **22 a** daß § 16 *jede* Mehrheitsbeteiligung einer der genannten Handelsgesellschaften an einer AG oder GmbH erfaßt (s. § 16 Rdnr. 4), ebenso wie unter § 19 *alle* wechselseitigen Beteiligungen zwischen Kapitalgesellschaften fallen (s. § 19 Rdnr. 8 f.). Für die Mitteilungspflichten der §§ 20 und 21 kann nichts anderes gelten (s. u. § 20 Rdnr. 13). Schließlich gehören in den vorliegenden Zusammenhang auch die Überlegungen, die die organisationsrechtlichen Aspekte der Problematik stärker als bisher üblich betonen wollen mit der Folge etwa, daß sich Formkaufleute immer, d. h. ohne Rücksicht auf ihre von Fall zu Fall problematische Unternehmensqualität iSd. §§ 15 ff., an Unternehmensverträgen iSd. §§ 291 und 292 beteiligen können.[62]

7. Einzelfälle. Unternehmensqualität besitzen zB aufgrund ihres vielfältigen Beteili- **23** gungsbesitzes die Gewerkschaften sowie die frühere Treuhandanstalt und ihre Nachfolgerin, die Bundesanstalt für vereinigungsbedingte Sonderaufgaben.[63] Arbeitsgemeinschaften mehrerer Unternehmen dürften dagegen in aller Regel keine Unternehmen sein.[64] Dasselbe gilt für die Komplementär-GmbH in einer einfachen *GmbH und Co. KG*, die sich auf die Leitung ihrer KG beschränkt, sowie für die Gesellschafter, die die Komplementär-GmbH leiten. Anders ist die Rechtslage dagegen schon wieder zu beurteilen, wenn die Komplementär-GmbH auch noch die Leitung anderer Gesellschaften übernommen hat oder wenn ihre geschäftsführenden Gesellschafter zugleich unternehmerische Interessen außerhalb der GmbH und Co. KG verfolgen.[65]

[58] S. Rdnr. 22 a; MünchKommHGB/*Mülbert* Bd. 3 Konzernrecht Rdnr. 36 ff. (S. 534 ff.); *K. Schmidt*, FS für Koppensteiner, S. 191, bes. 206 ff.; *ders.* GesR § 31 II 1 d (S. 939); zu § 312 s. *Bayer* ZGR 2002, 933, 949 ff.; zur Betriebsspaltung s. *D. Wittich* Betriebsaufspaltung S. 193 ff.

[59] S. die Verordnung vom 27. 7. 1985, ABl. EG 1985 Nr. L 199/1, iVm. dem Ausführungsgesetz vom 14. 4. 1988, BGBl. I S. 514.

[60] Wegen der Einzelheiten s. Heymann/*Emmerich* HGB § 6 Rdnr. 2 ff.

[61] *A/D/S* Rdnr. 4; *Mülbert* ZHR 163 (1999), 1, 40 ff.; vgl. außerdem für abhängige Gesellschaften Rdnr. 25.

[62] *K. Schmidt* GesR § 31 II 1 d (S. 939); *ders.*, FS für Koppensteiner, S. 191, bes. 206 ff. m. Nachw.

[63] S. Rdnr. 26 ff.; eine Sonderregelung für die Treuhandanstalt findet sich in § 28 a S. 1 EGAktG

von 1992, nach dem die Vorschriften des AktG über herrschende Unternehmen auf die Treuhandanstalt nicht anzuwenden sind, um eine Haftung der Treuhandanstalt nach den §§ 311 ff. zu verhindern; s. zu dieser problematischen Regelung MünchKomm-AktG/*Bayer* Rdnr. 44; *Gratzel*, Die Treuhandanstalt im System des deutschen Gesellschafts- und Konzernrechts, 1999; *Habig/Horst/Spoer* ZGR 1992, 499; *Hüffer* Rdnr. 8; *K. Schmidt* GesR § 31 II 1 b (S. 938); *Weimar* ZGR 1992, 477.

[64] *A/D/S* Rdnr. 11, S. 33.

[65] *Lange* in Ebenroth/Boujong/Joost HGB § 105 Anh. Rdnr. 5 (S. 1312); Rowedder/Schmidt-Leithoff/*Koppensteiner* GmbHG Anh. nach § 52 Rdnr. 10; MünchKommHGB/*Mülbert* Bd. 3 Konzernrecht Rdnr. 52 ff. (S. 540 ff.).

24   **8. Abhängige Gesellschaften. a) Rechtliche Selbständigkeit.** Die Anwendung des Konzernrechts auf Unternehmensverbindungen setzt nach § 15 ferner voraus, daß es sich außer bei der herrschenden Person auch bei der Beteiligungsgesellschaft um ein „rechtlich selbständiges Unternehmen" handelt (§ 15). *Rechtliche Selbständigkeit* der Beteiligungsgesellschaft in diesem Sinne ist nach allgemeiner Meinung bereits gegeben, wenn es sich um rechtlich selbständige Vermögensmassen verschiedener Rechtsträger handelt.[66] Eigene Rechtsfähigkeit ist nicht erforderlich, so daß zB eine Handelsgesellschaft von einer anderen abhängig sein kann, selbst wenn beide Gesellschaften dieselben Gesellschafter haben. Keine rechtliche Selbständigkeit besitzen dagegen verschiedene Niederlassungen einer AG oder verschiedene Regiebetriebe derselben Gebietskörperschaft.

25   **b) Unternehmenseigenschaft.** Hinzu kommen muß noch, daß die Beteiligungsgesellschaft ebenfalls *Unternehmen* iSd. Konzernrechts ist (§§ 15 bis 21). Die Prüfung dieser Frage bereitet in der Regel keine Schwierigkeiten, da Einigkeit darüber besteht, daß der Unternehmensbegriff insoweit in der denkbar umfassendsten Weise zu interpretieren ist.[67] Dies versteht sich zunächst von selbst, soweit es um die konzernrechtlichen Vorschriften des AktG geht, durch die offenkundig jede AG geschützt werden soll, so daß sich hier eine weitere Prüfung erübrigt (§§ 291 ff.). Für die zahlreichen anderen Vorschriften in- oder außerhalb des HGB, die auf abhängige oder in Mehrheitsbesitz stehende Unternehmen abstellen, um Kapital- und Vermögensverbindungen sichtbar zu machen und zu verhindern, daß herrschende Unternehmen die einschlägigen Vorschriften durch die Einschaltung abhängiger oder in Mehrheitsbesitz stehender Unternehmen umgehen, gilt nichts anderes (s. insbes. die §§ 20 Abs. 7 S. 1, 21, 71 d S. 2, 89 Abs. 2 S. 1, 136 Abs. 2 S. 1 AktG, §§ 290 ff. HGB; vgl. auch § 51 a Abs. 2 S. 1 GmbHG). Als Unternehmen im Sinne dieser Vorschriften wird deshalb allgemein jede rechtlich verselbständigte Organisation eingestuft. Ein eigener Geschäftsbetrieb ist nicht erforderlich; auch die Rechtsform der abhängigen Gesellschaft spielt grundsätzlich keine Rolle, so daß in dem Ausnahmefall einer atypischen stillen Gesellschaft selbst Einzelkaufleute als abhängige Unternehmen behandelt werden können.[68] Ein weiteres Beispiele sind Vereine.[69] Sogar Unternehmen in öffentlich-rechtlicher Form, zB öffentlich-rechtliche Anstalten wie die Landesbanken, können daher unter besonderen Umständen von anderen privatrechtlichen oder öffentlich-rechtlichen Unternehmen abhängig werden, insbes. auf dem Weg über die Gründung einer atypischen stillen Gesellschaft mit der Anstalt.[70]

IV. Öffentliche Hand

Schrifttum: *A/D/S* Rdnr. 12 ff. (S. 33 ff.); MünchKommAktG/*Bayer* Rdnr. 38–44; *Bezzenberger/Schuster,* Die öffentliche Anstalt als abhängiges Konzernunternehmen, ZGR 1996, 481; *Dielmann,* Die Beteiligung der öffentlichen Hand an Kapitalgesellschaften und die Anwendbarkeit des Rechts der verbundenen Unternehmen, 1977; *Ehlers,* Verwaltung in Privatrechtsform, 1984; *Ehringer,* Die Unternehmensqualität der juristischen Personen des öffentlichen Rechts, DZWiR 2000, 322; *Ellerich,* Zur Bedeutung und den Auswirkungen der aktienrechtlichen Unternehmenseigenschaft der öffentlichen Hand unter Berücksichtigung ökonomischer Gesichtspunkte, 1980; *Emmerich,* Das Wirtschaftsrecht der öffentlichen Unternehmen, 1969; *ders.* AG 1976, 225; *ders./Sonnenschein/Habersack* § 2 III (S. 36 ff.); *Engellandt,* Die Einflußnahme der Kommunen auf ihre Kapitalgesellschaften über das Anteilseignerorgan, 1995; *Fett,* Öffentlich-rechtliche Anstalten als abhängige

---

[66] MünchKommAktG/*Bayer* Rdnr. 49; *Hüffer* Rdnr. 15; MünchHdb. AG/*Krieger* § 68 Rdnr. 15.
[67] *A/D/S* Rdnr. 2 (S. 24); MünchKommAktG/*Bayer* Rdnr. 47 f.; *Hüffer* Rdnr. 14; *Koppensteiner* in Kölner Kommentar Rdnr. 53; MünchHdb. AG/*Krieger* § 68 Rdnr. 13; *Raiser* Kapitalgesellschaften § 51 Rdnr. 3 (S. 814); *Würdinger,* Festgabe für Kunze, S. 177, 178 ff.
[68] *Bayer* und *Hüffer* (vorige Fn.).
[69] S. *Emmerich/Sonnenschein/Habersack* § 37 II 1 (S. 533); *K. Schmidt* GesR § 31 II 1 c (S. 939).
[70] Vgl. für die Landesbank Berlin *Bezzenberger/Schuster* ZGR 1996, 481; *Bayer* (Fn. 67); *Hüffer*

Rdnr. 14 und § 291 Rdnr. 7; *Fett,* Öffentlich-rechtliche Anstalten als abhängige Konzernunternehmen, 2000; *Neumann/Rux* DB 1996, 1659; *Preußner/Fett* AG 2001, 337, 340; *Th. Raiser* ZGR 1996, 458, 465 ff.; *D. Schuster,* FS für Bezzenberger, 2000, S. 757; anders LAG Berlin AG 1996, 140; vgl. außerdem für die Berliner Wasserbetriebe, eine Anstalt des öffentlichen Rechts, die ebenfalls über eine stille Beteiligung in einen privatrechtlich strukturierten Konzern eingebunden sind, BerlVerfGH DVBl. 2000, 51; zu § 19 s. schon Rdnr. 22.

Konzernunternehmen, 2000; *Gratzel* NJW 1995, 373; *ders.* BB 1998, 175; *Görning*, Public private partnership, ZIP 2001, 497; *Habersack* ZGR 1996, 544; *Harbarth* ZGR 1998, 810; *Henze* Konzernrecht Tz. 21 ff. (S. 8 ff.); *Hohrmann*, Der Staat als Konzernunternehmer, 1983; *Hüffer* Rdnr. 13 f.; *J. Keßler*, Die kommunale GmbH, GmbHR 2000, 71; 2001, 320; *Koppensteiner* ZGR 1979, 90; *Kropff* ZHR 144 (1980), 74; *ders.*, FS für Hefermehl, 1976, S. 327; *Luchterhand* ZHR 132 (1969), 149; *Lutter* ZHR 151 (1987), 444; *ders./Timm* BB 1978, 836; *Lutter/Grunewald* WM 1984, 385; *Mertens* AG 1996, 241; *Mülbert* ZHR 163 (1999), 1; *Neumann/ Rux* DB 1996, 1659; *Paschke* ZHR 152 (1988), 263; *Pfeifer*, Möglichkeiten und Grenzen der Steuerung kommunaler Aktiengesellschaften durch ihre Gebietskörperschaften, 1991; *Säcker*, FS für Lieberknecht, 1997, S. 107; *Schießl* ZGR 1998, 871; *K. Schmidt* GesR § 31 II 1 b (S. 937 ff.); *W. Schön* ZGR 1996, 429; *Sina* AG 1991, 1; *Windbichler* in GroßkommAktG Rdnr. 27–30; *Wiedemann/Martens* AG 1976, 197, 232; *Würdinger* DB 1976, 613; *Zöllner* AG 1978, 40.

Bund, Länder und Gemeinden sind an zahlreichen Unternehmen, meistens in der **26** Rechtsform einer AG oder GmbH, beteiligt.[71] Die Zahl dieser Fälle nimmt sogar in letzter Zeit wieder kontinuierlich zu, auf der einen Seite infolge der verschiedenen Privatisierungsaktionen des Bundes (Paradigma: Deutsche Telekom AG),[72] auf der anderen Seite durch die verbreitete Teilprivatisierung kommunaler Aufgaben in gemischtwirtschaftlichen Unternehmen, neudeutsch oft auch „privat public partnerships" genannt.[73] Auf die gleichfalls gelegentlich festzustellende Tendenz, privatrechtliche Holdinggesellschaften für den Beteiligungsbesitz der Gemeinden unter Einbeziehung von Anstalten des öffentlichen Rechts zu gründen, ist bereits hingewiesen worden.[74] Diese Entwicklung hin zu einer kontinuierlichen Ausdehnung zumal der kommunalen Wirtschaftstätigkeit spiegelt sich nicht zuletzt in den verbreiteten Änderungen der Wirtschaftsbestimmungen der Ländergemeindeordnungen wider, die durchweg das Ziel verfolgen, die kommunalen Einflußmöglichkeiten auf derartige gemischtwirtschaftliche Unternehmen zu verbessern.[75] Dadurch wird auch die Frage nach der Anwendbarkeit des Konzernrechts auf die Beziehungen der öffentlichen Hand zu ihren in privatrechtlichen Formen betriebenen Unternehmen aufgeworfen. Gesetzliche Regelungen des Fragenkreises sind, von den erwähnten Wirtschaftsbestimmungen der Gemeindeordnungen abgesehen, selten. Hervorzuheben sind lediglich die hier nicht weiter zu kommentierenden §§ 394 und 395, die §§ 53 ff. Haushaltsgrundsätzegesetz (HGrG) sowie die §§ 65 f. BHO.[76]

1. Meinungsstand. Im Schrifttum ist die Anwendbarkeit des privaten Konzernrechts auf **27** die Beziehungen der öffentlichen Hand zu ihren Beteiligungsunternehmen in privater Rechtsform früher überwiegend *verneint* worden, vor allem aus der Erwägung heraus, daß dem öffentlichen Recht, das in erster Linie zur Gestaltung dieser Beziehungen berufen sei, der Vorrang vor dem privaten Konzernrecht gebühre.[77] Mit derselben Begründung wird auch heute noch oder wieder verbreitet ein zumindest partieller Vorrang der Wirtschaftsbestimmungen der Ländergemeindeordnungen vor dem Gesellschaftsrecht des Bundes behauptet, durchgängig zu dem Zweck, den Gemeinden die Möglichkeit zu eröffnen, in den erwähnten gemischtwirtschaftlichen Unternehmen die von ihnen (angeblich) verfolgten öffentlichen Interessen auch zum Nachteil der Gesellschaft und damit ihrer privaten Mitgesellschafter durchzusetzen.[78] Tatsächlich gibt es indessen *keinen Vorrang* des öffentlichen

[71] Zur Treuhandanstalt s. schon Rdnr. 23; zur Abhängigkeit von Unternehmen in öffentlich-rechtlicher Form s. Rdnr. 25.

[72] S. dazu ausführlich *Harbarth* ZGR 1998, 810.

[73] S. *v. Dannwitz* AöR 120 (1995), 595, bes. 609 ff.; *Görning* ZIP 2001, 497; *Habersack* ZGR 1996, 544; *Harbarth* ZGR 1998, 810; *J. Kessler* GmbR 2000, 71; 2001, 320; *Noack* Städte- und Gemeindetag 1995, 379.

[74] Vgl. für Rdnr. 25 sowie die Landesbank Berlin LAG Berlin AG 1996, 140 und für die Wasserwerke Berlin BerlVerfGH DVBl. 2000, 51.

[75] S. *Hüffer* Rdnr. 13 a; uneingeschränkt gebilligt durch BGH NJW 2002, 2645 = ZIP 2002, 825 „Elektroarbeiten".

[76] Zu § 28 a S. 1 EGAktG s. schon Rdnr. 23.

[77] So zuletzt *Borggräfe* DB 1978, 1433; *Luchterhandt* ZHR 132 (1969), 149, 156 ff.; *Rittner*, FS für Flume Bd. II, 1978, S. 241; *Wiedemann/Martens* AG 1976, 197, 232; *Zöllner* ZGR 1976, 1, 23 ff.; *ders.* AG 1978, 40; zurückhaltend auch *A/D/S* Rdnr. 14 ff.; *Kropff* ZHR 144 (1980), 74; *Mertens* AG 1994, 241, 243 ff.; in der Tendenz übereinstimmend *Brohm* NJW 1994, 281; *ders.* in Mestmäcker (Hrsg.), Kommunikation ohne Monopole II, 1995, S. 253.

[78] S. mit Nachw. *v. Dannwitz* AöR 120 (1995), 595, 615 ff.; *Noack* Städte- und Gemeindetag 1995, 379.

Rechts vor dem Privatrecht (Art. 31 GG), so daß weder der Bund noch die Länder oder die Gemeinden die Befugnis besitzen, sich bei der Verfolgung öffentlicher Interessen in beliebiger Weise über die vom Staat selbst gesetzte, für alle geltende Rechtsordnung hinwegzusetzen, sofern nicht ausnahmsweise der Vorrang öffentlicher Interessen bei der Zweckverfolgung der Gesellschaft wirksam in der Satzung der Gesellschaft verankert worden ist.[79] Fehlt es hieran aber wie im Regelfall, so ist daran festzuhalten, daß zur Lösung der Konflikte, die zwischen den Gebietskörperschaften und ihren privaten Mitgesellschaftern sowie den Gläubigern auftreten können, in erster Linie das private Konzernrecht berufen und geeignet ist, wobei, um es zu wiederholen, die von der öffentlichen Hand (angeblich) verfolgten öffentlichen Zwecke in keiner Hinsicht eine Durchbrechung des privaten Gesellschaftsrechts zu rechtfertigen vermögen.[80]

28   Auf demselben Standpunkt steht heute die *Rechtsprechung* jedenfalls der ordentlichen Gerichte, die das Problem der Anwendbarkeit des Konzernrechts auf die Beziehungen der öffentlichen Hand zu ihren in privatrechtlicher Form betriebenen Beteiligungsunternehmen in erster Linie als ein solches des Unternehmensbegriffs verstehen.[81] Folgt man diesem Ausgangspunkt, so ist angesichts des vielfältigen Unternehmensbesitzes sämtlicher Gebietskörperschaften die notwendige Folge die nahezu *generelle Anwendbarkeit* des Konzernrechts in den hier interessierenden Beziehungen. Aus dem Unternehmensbegriff ergeben sich dabei keine Probleme, wenn man in diesem Zusammenhang, wie es geboten ist, nicht nur den privatrechtlichen Beteiligungsbesitz der Gebietskörperschaften, sondern auch die von ihnen in öffentlich-rechtlicher Form betriebenen Unternehmen einschließlich ihrer Regieunternehmen berücksichtigt.

29   Der BGH hat es gleichwohl für angebracht gehalten, hier den Unternehmensbegriff noch *weiter* als sonst schon üblich (Rdnr. 6 ff.) auszudehnen, vor allem, um die privaten Gesellschafter der öffentlichen Hand gegen politisch motivierte Einflußnahmen der Gebietskörperschaften auf „ihre" Unternehmen mit den Mitteln des Konzernrechts schützen zu können.[82] Deshalb soll es für die Anwendung des Konzernrechts bereits genügen, wenn die öffentliche Hand nur *ein* in privater Rechtsform betriebenes Unternehmen beherrscht, während es auf die zusätzliche Verfolgung unternehmerischer Interessen außerhalb der Gesellschaft nicht mehr ankommt. Praktische Bedeutung hat diese Ausdehnung des Unternehmensbegriffs mit Bezug auf die öffentliche Hand indessen, wie gezeigt (Rdnr. 28), nicht; sie macht lediglich deutlich, daß der Unternehmensbegriff des Konzernrechts keineswegs mit Notwendigkeit in jeder Beziehung derselbe sein muß, sondern je nach der Person der Beteiligten und der Schutzrichtung der betreffenden Normen modifiziert werden kann (s. Rdnr. 21 f.). Auch die neuere Staatspraxis geht folgerichtig in wachsendem Maße von der grundsätzlichen Anwendbarkeit des Konzernrechts aus.[83] Lediglich in dem wichtigen Bereich der wirtschaftlichen Betätigung der Gemeinden sind, wie bereits betont, gegen-

[79] S. § 311 Rdnr. 25 ff. sowie MünchKomm-AktG/*Bayer* Rdnr. 42; *Habersack* ZGR 1996, 544, bes. 552 ff.; *Hüffer* Rdnr. 13 a.

[80] Nachw. bei *Emmerich/Sonnenschein/Habersack* § 2 III 2 (S. 37 f.); *Bayer, Habersack* und *Hüffer* (vorige Fn.); *Henze* Konzernrecht Tz. 21 (S. 8 f.); *Windbichler* in GroßkommAktG Rdnr. 29 f.

[81] Grdlg. BGHZ 69, 334, 338 ff. = NJW 1978, 104 „VEBA/Gelsenberg"; BGHZ 135, 107, 113 ff. = LM AktG § 17 Nr. 12 = AG 1997, 374 = NJW 1997, 1855, 1856 „VW"; OLG Köln AG 1978, 171, 172; OLG Hamburg AG 1980, 163; 1988, 23 = WM 1987, 1163, 1166 f. „HSW"; OLG Braunschweig AG 1996, 271, 272 f. „VW"; ebenso im Ergebnis BGHZ 105, 168, 174 ff. = LM GmbHG § 32 a Nr. 4 = AG 1989, 27 = NJW 1988, 3143 „HSW"; LG Köln AG 1976, 224; 1985, 252; LG Essen AG 1976, 136; zweifelnd nur KG AG 1996, 421, 423 (l.Sp.o.) „VIAG"; zur verfassungsrechtli-

chen Seite s. BerlVerfGH DVBl. 2000, 51 ff. m. Nachw.

[82] BGHZ 135, 107, 113 f. = NJW 1997, 1856 = AG 1997, 374 = LM AktG § 17 Nr. 12 „VW"; ebenso OLG Celle AG 2001, 474, 476 = GmbHR 2001, 342; früher schon Hachenburg/*Ulmer* § 77 Anhang Rdnr. 22; sowie heute MünchKommAktG/*Bayer* Rdnr. 39; *Ehringer* DZWiR 2000, 322; *Henze* Konzernrecht Tz. 22 f. (S. 9); *Schießl* ZGR 1998, 871, 878 f.; *K. Schmidt* GesR § 31 II 1 b/c (S. 938 f.); kritisch hingegen *Hüffer* Rdnr. 13; ausführlich *Mülbert* ZHR 163 (1999), 1, bes. 15 ff.

[83] S. die ausführlichen Hinweise des Bundesfinanzministers für die Verwaltung von Bundesbeteiligungen vom 10. 7. 1978, Ministerialblatt des BMF 1978, 314, 316 ff.; *Kropff* ZHR 144 (1980), 74.

läufige Tendenzen unübersehbar, die indessen nach dem Gesagten keine Billigung finden können.

2. Folgerungen. Schließt die öffentliche Hand mit einem ihrer Unternehmen in Privat- **30** rechtsform einen Vertrag ab, durch den sie sich einen bestimmenden Einfluß auf die Verwaltung der Gesellschaft sichert, so handelt es sich der Sache nach um einen *Beherrschungsvertrag* iS des § 291, der der Zustimmung der Hauptversammlung oder der Gesellschafterversammlung bedarf und ins Handelsregister einzutragen ist (§§ 293 ff.).[84] Anwendbar sind dann auch die Schutzvorschriften der §§ 302 f. sowie bei einer AG zusätzlich die §§ 304 und 305.

Wenn der Staat dagegen ohne Abschluß eines Beherrschungsvertrages durch nachteilige **31** Weisungen in die Verwaltung einer seiner Gesellschaften eingreift, richtet sich seine Verpflichtung zum Nachteilsausgleich bei einer AG nach den *§§ 311 bis 318*,[85] während die nachteilige Einflußnahme einer Gemeinde auf eine in der Rechtsform einer GmbH betriebene Gesellschaft gegen die *Treuepflicht* der Gemeinde verstößt und ihre Schadensersatzpflicht nach den im GmbH-Konzernrecht anerkannten Regeln auslöst (s. Anh. zu § 318). Selbst zur Aufstellung eines *Abhängigkeitsberichtes* sind die von den Gebietskörperschaften abhängigen Unternehmen in der Rechtsform einer AG in diesem Fall verpflichtet, mag auch der genaue Umfang der Berichtspflicht abhängiger öffentlicher Unternehmen noch nicht endgültig geklärt sein.[86] Es liegt jedoch in der Tendenz der ständigen Verschärfung des Konzernrechts in seiner Anwendbarkeit auf die öffentliche Hand, die Berichtspflicht des Vorstandes hier in erster Linie auf Einflußnahmen der öffentlichen Hand im „öffentlichen" Interesse zu erstrecken (§ 312 Abs. 1 S. 1 und 2 analog).

3. Konzernvermutung. Soweit Gebietskörperschaften mehrheitlich an privaten Unter- **32** nehmen beteiligt sind, wird vermutet, daß es sich um einen Konzern handelt (§§ 17 Abs. 2, 18 Abs. 1 S. 3). Der Bund geht zwar davon aus, daß für ihn diese Vermutung widerlegt sei,[87] indessen zu Unrecht, da feststeht, daß der Bund in großem Umfang auf seine Unternehmen Einfluß nimmt, um mit ihnen struktur-, beschäftigungs- oder energiepolitische Ziele zu verfolgen. Zu diesem Zweck wird die Planung der großen Bundeskonzerne langfristig koordiniert und von den zuständigen Bundesressorts überwacht.[88] Für die Länder und die Gemeinden dürfte grundsätzlich dasselbe anzunehmen sein.[89] Die bereits erwähnten neueren Wirtschaftsbestimmungen der Ländergemeindeordnungen, die den Gemeinden gerade die Möglichkeit eröffnen sollen, auf ihre Beteiligungsunternehmen im öffentlichen Interesse einzuwirken, weisen in dieselbe Richtung. Von einer Widerlegung der Konzernvermutung der §§ 17 Abs. 2 und 18 Abs. 1 S. 3 kann unter diesen Umständen keine Rede sein; die Gebietskörperschaften bilden vielmehr durchweg mit ihren Beteiligungsunternehmen große öffentliche Konzerne, woraus sich vor allem die Verpflichtung zur Konzernrechnungslegung nach den §§ 290 ff. HGB ergibt.[90]

---

[84] *Habersack* ZGR 1996, 544, 556 f.; *Sina* AG 1991, 1; anders *A/D/S* Rdnr. 15.
[85] OLG Hamburg AG 1980, 163; OLG Celle AG 2001, 474, 476 = GmbHR 2001, 342.
[86] S. § 312 Rdnr. 32 sowie BGHZ 69, 334, 338 ff., 343 = NJW 1978, 104 = AG 1978, 50 „Veba/Gelsenberg"; BGHZ 135, 107, 113 ff. = LM AktG § 17 Nr. 12 = NJW 1997, 1855 = AG 1997, 374 „VW"; OLG Köln AG 1978, 171 = BB 1978, 421; OLG Braunschweig AG 1996, 271 „VW"; LG Köln AG 1976, 224; 1985, 252; AG Köln AG 1975, 330; *Th. Raiser* ZGR 1996, 458, 471 f.; *Schießl* ZGR 1998, 871, 876 ff.; *Weimar/Bartscher* ZIP 1991, 69, 77 ff.; anders *Mertens* AG 1996, 241.
[87] *Matthöfer* Bulletin 1979 Nr. 11, S. 1032, 1034; ebenso Europäische Kommission Entsch. v. 16. 12. 1974, ABl. 1975 Nr. 65, S. 16, 17; *Kropff* ZHR 144 (1980), 74, 80 ff.; *Rittner*, FS für Flume Bd. II, S. 241, 253; *Zöllner* AG 1978, 40, 43.

[88] *Emmerich/Sonnenschein/Habersack* § 2 III 3 c (S. 39); *Kropff* in Eichhorn (Hrsg.), Auftrag und Führung öffentlicher Unternehmen, 1977, S. 79, 101 ff.
[89] Anders für NRW: KG WuW/E OLG 5151, 5163 „Horten/TUI"; dagegen *Emmerich* AG 1994, 477, 480 f.
[90] Ebenso LG Köln AG 1976, 244, 246 f. = NJW 1976, 2167; *Ellerich*, Zur Bedeutung und den Auswirkungen der aktienrechtlichen Unternehmenseigenschaft, S. 138 ff.; *ders./Küting* DB 1980, 1973; *Emmerich* Wirtschaftsrecht S. 225 f.; *ders.* AG 1976, 225, 228; *Emmerich/Sonnenschein/Habersack* § 2 III 3 c (S. 39); *Küting* DB 1976, 2447, 2450; *Nesselmüller*, Rechtliche Einwirkungsmöglichkeiten der Gemeinden auf ihre Eigengesellschaften, 1977, S. 116, 118.

§ 16 In Mehrheitsbesitz stehende Unternehmen und mit Mehrheit beteiligte Unternehmen

(1) Gehört die Mehrheit der Anteile eines rechtlich selbständigen Unternehmens einem anderen Unternehmen oder steht einem anderen Unternehmen die Mehrheit der Stimmrechte zu (Mehrheitsbeteiligung), so ist das Unternehmen ein in Mehrheitsbesitz stehendes Unternehmen, das andere Unternehmen ein an ihm mit Mehrheit beteiligtes Unternehmen.

(2) Welcher Teil der Anteile einem Unternehmen gehört, bestimmt sich bei Kapitalgesellschaften nach dem Verhältnis des Gesamtnennbetrags der ihm gehörenden Anteile zum Nennkapital, bei Gesellschaften mit Stückaktien nach der Zahl der Aktien. Eigene Anteile sind bei Kapitalgesellschaften vom Nennkapital, bei Gesellschaften mit Stückaktien von der Zahl der Aktien abzusetzen. Eigenen Anteilen des Unternehmens stehen Anteile gleich, die einem anderen für Rechnung des Unternehmens gehören.

(3) Welcher Teil der Stimmrechte einem Unternehmen zusteht, bestimmt sich nach dem Verhältnis der Zahl der Stimmrechte, die es aus den ihm gehörenden Anteilen ausüben kann, zur Gesamtzahl aller Stimmrechte. Von der Gesamtzahl aller Stimmrechte sind die Stimmrechte aus eigenen Anteilen sowie aus Anteilen, die nach Absatz 2 Satz 3 eigenen Anteilen gleichstehen, abzusetzen.

(4) Als Anteile, die einem Unternehmen gehören, gelten auch die Anteile, die einem von ihm abhängigen Unternehmen oder einem anderen für Rechnung des Unternehmens oder eines von diesem abhängigen Unternehmens gehören und, wenn der Inhaber des Unternehmens ein Einzelkaufmann ist, auch die Anteile, die sonstiges Vermögen des Inhabers sind.

Schrifttum: S. bei § 15 sowie *Adler/Düring/Schmaltz (A/D/S)* Rechnungslegung Bd. 4 § 16 AktG (S. 43 ff.); *Cahn*, Kapitalerhaltung im Konzern, 1998, S. 210 ff.; *ders.*, Die Holding als abhängiges Unternehmen?, AG 2002, 30; *Emmerich/Sonnenschein/Habersack* § 3 I (S. 41 ff.); *Raiser* Kapitalgesellschaften § 51 Rdnr. 11 ff. (S. 817 f.); *H.-P. Müller*, Die Zurechnung von Anteilen gemäß § 16 Abs. 4 AktG, AG 1968, 277; *C. Vedder*, Zum Begriff „für Rechnung" im AktG und im WpHG, 1999; *R. Wolfram*, Mitteilungspflichten familiär verbundener Aktionäre nach § 20 AktG, 1998.

Übersicht

I. Überblick

1   **1. Normzweck.** § 16 definiert den Begriff der Mehrheitsbeteiligung, die vor allem von der Abhängigkeit iSd. § 17 unterschieden werden muß. Die Trennung zwischen diesen beiden Formen von Unternehmensverbindungen (§ 15) geht auf die Ausschußberatungen zurück.[1] Dahinter stand die Überlegung, daß in Ausnahmefällen Mehrheitsbeteiligung und

---

[1] S. ausführlich den Ausschußbericht bei *Kropff* AktG S. 28 ff.

Abhängigkeit nicht korrelieren. Das war auch der Grund, warum die Vermutung der Abhängigkeit im Falle der Mehrheitsbeteiligung (§ 17 Abs. 2), anders als noch im Regierungsentwurf zum AktG vorgesehen, *widerleglich* ausgestaltet wurde. Die geltende Fassung des § 16 beruht auf dem Stückaktiengesetz von 1998,[2] durch das die frühere Bezugnahme auf die 1988 mit Wirkung zum 1. Januar 1994 abgeschafften bergrechtlichen Gewerkschaften in § 16 gestrichen und zugleich die Fassung des Gesetzes der Einführung von Stückaktien angepaßt wurden. Die wichtigste *Rechtsfolge* einer Mehrheitsbeteiligung ist die an sie geknüpfte Vermutung der Abhängigkeit des Beteiligungsunternehmens (§ 17 Abs. 2), auf der wiederum die Konzernvermutung des § 18 Abs. 1 S. 3 aufbaut.[3] Weitere Rechtsfolgen ergeben sich aus § 19 Abs. 2 und 3 sowie aus den §§ 20 Abs. 4, 21 Abs. 2, 56 Abs. 2 S. 1 und 71 d S. 2.[4] Darüber hinaus wird noch an zahlreichen anderen Stellen in- und außerhalb des AktG auf § 16 ganz oder teilweise verwiesen.[5]

2. Anteilsmehrheit und Stimmenmehrheit. § 16 unterscheidet **zwei** Formen der **2** Mehrheitsbeteiligung, die Anteilsmehrheit (auch Kapitalmehrheit genannt) und die Stimmenmehrheit (§ 16 Abs. 1). Die Abs. 2 und 3 der Vorschrift enthalten Bestimmungen über die Berechnung der Anteilsmehrheit (§ 16 Abs. 2) und der Stimmenmehrheit (§ 16 Abs. 3). Abs. 4 ergänzt die Regelung durch eine Zurechnungsvorschrift für das mehrheitlich *beteiligte* Unternehmen. Vergleichbare Zurechnungsvorschriften für das andere Unternehmen (*an dem die Mehrheitsbeteiligung besteht*) finden sich in § 16 Abs. 2 S. 3 und Abs. 3 S. 2.

Die Anteils- oder Kapitalmehrheit wird in der Regel mit der Stimmenmehrheit zusammen- **3** menfallen; notwendig ist dies indessen nicht. Abweichungen sind vor allem denkbar im Falle der Ausgabe von Mehrstimmrechtsaktien (§ 12 Abs. 2 S. 2 aF), soweit heute gemäß § 5 EGAktG idF des KonTraG von 1998[6] noch zulässig, bei Ausgabe stimmrechtsloser Vorzugsaktien (§§ 12 Abs. 1 S. 2, 139 ff.) oder bei Einführung von Stimmrechtsbeschränkungen durch die Satzung (§ 134 Abs. 1 S. 2–4 und Abs. 2 S. 2). Auch Ausübungsverbote aufgrund der §§ 20 Abs. 7, 21 Abs. 4 und 328 Abs. 1 AktG sowie des § 28 S. 1 WpHG können zu diesem Ergebnis führen.[7] Weitere Abweichungen können sich bei der GmbH und den Personengesellschaften aufgrund der Satzung ergeben. In derartigen Fallgestaltungen kann das Auseinanderfallen von Anteils- und Stimmenmehrheit zur Folge haben, daß das Beteiligungsunternehmen im Mehrheitsbesitz von zwei oder noch mehr Unternehmen steht, die auch nicht untereinander iSd. § 15 verbunden sein müssen.[8]

II. Anwendungsbereich

1. Allgemeines. Der Anwendungsbereich des § 16 beschränkt sich ebensowenig wie der **4** des § 15 auf Aktiengesellschaften und KGaA, sondern umfaßt prinzipiell Unternehmen *jeder* Rechtsform, sofern nur bei ihnen überhaupt eine Anteils- oder Stimmenmehrheit denkbar ist. Nach herrschender Meinung ist dabei von demselben Unternehmensbegriff wie in § 15 auszugehen.[9] Dies trifft indessen nur für das Beteiligungsunternehmen zu, an dem die Mehrheitsbeteiligung besteht, während als mit Mehrheit beteiligtes Unternehmen auch jeder Formkaufmann iS des § 6 HGB in Betracht kommt (s. § 15 Rdnr. 22). Es sollte sich von selbst verstehen, daß im Falle der Mehrheitsbeteiligung einer AG oder GmbH an einer anderen Kapitalgesellschaft nicht danach unterschieden werden kann, ob die mit Mehrheit beteiligte AG oder GmbH die üblichen Merkmale des Unternehmensbegriffs erfüllt oder nicht (s. § 15 Rdnr. 6 ff.); § 16 und jedenfalls die Mehrzahl der an die Mehrheitsbeteiligung geknüpften Rechtsfolgen (Rdnr. 1) müssen vielmehr in *jedem* Beteiligungsfall eingreifen.

[2] BGBl. 1998 I S. 590; s. dazu die Begr. zum RegE, BR-Drucks. 871/97, S. 36.
[3] Wegen der Einzelheiten s. § 17 Rdnr. 33 ff., § 18 Rdnr. 20 ff.
[4] S. ausführlich MünchKommAktG/*Bayer* Rdnr. 20–23; *C. Vedder*, Zum Begriff „für Rechnung", S. 141 ff.

[5] Aufzählung bei *Windbichler* in GroßkommAktG Rdnr. 10 f.
[6] BGBl. 1998 I S. 786.
[7] S. *A/D/S* Rdnr. 7.
[8] *Hüffer* Rdnr. 2; *Windbichler* in GroßkommAktG Rdnr. 3.
[9] MünchKommAktG/*Bayer* Rdnr. 7; *Hüffer* Rdnr. 3.

5   **2. GmbH.** Die Definition der Mehrheitsbeteiligung in § 16 paßt grundsätzlich auch für die Beteiligung eines Unternehmens an einer GmbH. Aufgrund der weitgehenden Satzungsautonomie der Gesellschafter sind hier freilich Abweichungen zwischen der Anteils- und der Stimmenmehrheit noch häufiger als bereits bei der AG (s. Rdnr. 3). Darüber hinaus ist hier auch eine unterschiedliche Gewichtung von Stimmrechten je nach Beschlußgegenstand möglich. In derartigen Fällen kann man eine Mehrheitsbeteiligung des privilegierten Gesellschafters nur annehmen, wenn sich die Stimmenmehrheit gerade auf solche Fragen bezieht, die für das selbständige Auftreten der Gesellschaft am Markt relevant sind, insbes. also auf die Bestellung der Geschäftsführer, auf die Erteilung von Weisungen an die Geschäftsführer in Fragen der Geschäftspolitik oder auf die Ergebnisverwendung.[10] Denn hinter den Vorschriften über die Mehrheitsbeteiligung steht letztlich der Gedanke, daß eine Mehrheitsbeteiligung gerade denjenigen maßgeblichen Einfluß verleiht, dessen Gefahren das Gesetz begegnen soll, wie vor allem aus der Abhängigkeitsvermutung des § 17 Abs. 2 zu folgern ist. Liegt hiernach eine Mehrheitsbeteiligung an einer GmbH vor, so ist auch § 56 Abs. 2 AktG entsprechend auf die GmbH anzuwenden.[11]

6   **3. Personengesellschaften.** Bei den Personengesellschaften kommt eine *Anteilsmehrheit* jedenfalls in Betracht, wenn der Gesellschaftsvertrag feste Kapitalanteile vorsieht.[12] Aber auch die Beibehaltung variabler Kapitalanteile entsprechend den §§ 120 ff. HGB steht der Annahme einer Anteilsmehrheit nicht notwendig entgegen, nur daß dann die Beteiligungsverhältnisse zu jedem Bilanzstichtag neu ermittelt werden müssen.[13] Das Nennkapital ergibt sich in diesem Fall aus der Summe der Kapitalkonten zum Bilanzstichtag.[14] Eine *Stimmenmehrheit* ist dagegen hier nur denkbar, wenn der Gesellschaftsvertrag von dem Einstimmigkeitsprinzip abgeht und etwa eine Abstimmung nach Kapitalanteilen vorsieht (s. § 119 Abs. 2 HGB).[15] Aber auch bei der Einführung anderer Maßstäbe für die Verteilung der Stimmen innerhalb der Gesellschaft bleibt § 16 anwendbar.[16] Ebenso zu behandeln sind atypische stille Gesellschaften, sofern nach ihrem Gesellschaftsvertrag (auf schuldrechtlicher Basis) überhaupt Kapital- oder Stimmenmehrheiten möglich sind.[17]

7   Zusätzliche Schwierigkeiten tauchen hier ebenso wie bei der GmbH (Rdnr. 5) auf, wenn der Gesellschaftsvertrag *weitere Organe* einführt, denen unter Verdrängung der Gesellschafterversammlung einzelne Beschlußkompetenzen übertragen werden, oder wenn das Stimmrecht der Gesellschafter je nach Art des Beschlußgegenstandes *unterschiedlich* ist. Eine Mehrheitsbeteiligung iSd. § 16 kann in solchen Fällen nur angenommen werden, wenn sie gerade hinsichtlich desjenigen Organs oder derjenigen Beschlußgegenstände besteht, die für die Stellung der Beteiligungsgesellschaft am Markt von zentraler Bedeutung sind, in erster Linie also hinsichtlich der Bestellung der Geschäftsführer und der grundlegenden Fragen der Geschäftspolitik.[18]

8   **4. Sonstige Rechtsformen.** Bei **Genossenschaften** sind Anteils- und Stimmenmehrheiten nur in Ausnahmefällen denkbar, wie insbes. der Regelung des § 43 Abs. 3 GenG zu entnehmen ist.[19] Auch das **Vereinsrecht** billigt grundsätzlich jedem Mitglied nur eine Stimme zu (§ 32 BGB); jedoch ist diese Regel dispositiv, so daß die Satzung Mehrstimm-

---

[10] Scholz/*Emmerich* § 44 Anh. Rdnr. 18 m. Nachw.; *Emmerich/Sonnenschein/Habersack* § 3 I 1 a (S. 41); Rowedder/Schmidt-Leithoff/*Koppensteiner* GmbHG Anh. nach § 52 Rdnr. 12 (S. 1745 f.); MünchHdb. AG/*Krieger* § 68 Rdnr. 29; anders MünchKommAktG/*Bayer* Rdnr. 11.

[11] S. Scholz/*Emmerich* (vorige Fn.) Rdnr. 20 f.

[12] *Hüffer* Rdnr. 5.

[13] A/D/S Rdnr. 13; *Hüffer* Rdnr. 10; *Koppensteiner* in Kölner Kommentar Rdnr. 10.

[14] MünchKommAktG/*Bayer* Rdnr. 35; dagegen *Windbichler* in GroßkommAktG Rdnr. 46

[15] *Windbichler* in GroßkommAktG Rdnr. 45, 48.

[16] *Hüffer* Rdnr. 5.

[17] MünchKommAktG/*Bayer* Rdnr. 35; *Hüffer* Rdnr. 4 f.

[18] S. Rdnr. 5; A/D/S Rdnr. 7, 20; MünchKommAktG/*Bayer* Rdnr. 13, 42; *Emmerich/Sonnenschein/Habersack* § 3 I 1 a (S. 41); *Koppensteiner* in Kölner Kommentar Rdnr. 14 f.; MünchHdb. AG/*Krieger* § 68 Rdnr. 29; *Windbichler* in GroßkommAktG Rdnr. 17, 20.

[19] S. OLG Frankfurt AG 1998, 139; MünchKommAktG/*Bayer* Rdnr. 15 f.; *Emmerich/Sonnenschein/Habersack* § 36 III 1 (S. 524 f.); *Großfeld/ Berndt* AG 1998, 116; *A. Reul*, Das Konzernrecht der Genossenschaften, 1997; *Windbichler* in GroßkommAktG Rdnr. 19, 48.

rechte vorsehen kann (§ 40 BGB). Die Folge kann dann durchaus die Stimmenmehrheit eines Mitglieds oder einer Mitgliedergruppe sein.[20] Bei *wirtschaftlichen* Vereinen sind ferner je nach Satzungsgestaltung auch Anteilsmehrheiten vorstellbar. Ebenso zu behandeln sind die Versicherungsvereine auf Gegenseitigkeit. Dagegen sind bei **Stiftungen** Mehrheitsbeteiligungen in keiner Form vorstellbar. Bei **Einzelkaufleuten** kommt eine Mehrheitsbeteiligung schließlich nur in Gestalt einer atypischen stillen Gesellschaft in Betracht.[21] In allen genannten Fällen bleibt zu berücksichtigen, daß man die Frage der Mehrheitsbeteiligung sorgfältig von der der Abhängigkeit trennen muß. Auch wenn bei den Genossenschaften, Vereinen, Stiftungen und Einzelkaufleuten im Regelfall für eine Mehrheitsbeteiligung Dritter kein Raum ist, schließt dies doch bei atypischen Gestaltungen eine Abhängigkeit der genannten Unternehmen von Dritten nicht generell aus.[22]

III. Anteilsmehrheit

Eine Anteilsmehrheit liegt nach § 16 Abs. 1 vor, wenn einem Unternehmen beliebiger **9** Rechtsform (Rdnr. 4) die Mehrheit der Anteile eines anderen rechtlich selbständigen Unternehmens gehört. Der Begriff des rechtlich selbständigen Unternehmens ist hier ebenso wie in § 15 auszulegen (s. deshalb § 15 Rdnr. 24). Die Berechnung der Anteilsmehrheit richtet sich nach § 16 Abs. 2 (Rdnr. 10 ff.). Welche Anteile einem Unternehmen in diesem Sinne an einem anderen Unternehmen „gehören", ergibt sich im einzelnen aus der Zurechnungsvorschrift des § 16 Abs. 4 (Rdnr. 15 ff.).

1. Berechnung. Der Anteilsbesitz eines Unternehmens bestimmt sich bei Kapitalgesell- **10** schaften gemäß § 16 Abs. 2 S. 1 im Regelfall nach dem Verhältnis des Gesamtnennbetrages der ihm gehörenden Anteile zum Nennkapital der Gesellschaft, bei einer AG also zum Grundkapital und bei einer GmbH zum Stammkapital. Hat die Gesellschaft Stückaktien ausgegeben, so tritt an die Stelle dieser Größen einfach das Verhältnis der Zahl der dem Aktionär gehörenden Aktien zur Gesamtzahl der ausgegebenen Aktien (§ 16 Abs. 1 S. 1 idF des Stückaktiengesetzes von 1998). Keine Rolle spielt, ob das Grund- oder Stammkapital voll oder nur teilweise eingezahlt ist. Hingegen wird ein genehmigtes oder bedingtes Kapital erst mit Vollzug der Kapitalerhöhung durch Eintragung im Handelsregister berücksichtigt, während Rücklagen bei der Berechnung außer Betracht bleiben.[23]

Eigene Anteile der Beteiligungsgesellschaft, d. h. der Gesellschaft, an der die Mehrheits- **11** beteiligung besteht, sind bei der Berechnung vom Grund- oder Stammkapital (Nennkapital) sowie bei Gesellschaften mit Stückaktien von der Gesamtzahl der Aktien abzusetzen (§ 16 Abs. 2 S. 2); gleich stehen solche Anteile, die einem anderen für Rechnung der Beteiligungsgesellschaft gehören (S. 3 aaO), während merkwürdigerweise die Zurechnungsvorschrift des § 16 Abs. 4 im Rahmen des § 16 Abs. 2 mangels Bezugnahme keine Anwendung findet, so daß einem abhängigen Unternehmen gehörende Anteile hier *nicht* abzuziehen sind.[24]

Die Voraussetzungen einer **Anteilszurechnung nach § 16 Abs. 2 S. 3** sind **12** umstritten.[25] Auszugehen ist von dem Zweck der Regelung, Umgehungen des § 16 zu verhindern. Deshalb ist es nicht erforderlich, daß die Gesellschaft die Übereignung der fraglichen Anteile verlangen kann; entscheidend ist vielmehr allein, ob das *wirtschaftliche Risiko* aus dem Anteilsbesitz auf die Gesellschaft verlagert ist, weil sie die mit dem Anteilsbesitz typischerweise verbundenen Risiken wie die Erwerbskosten und den Kursverlust tragen

---

[20] *A/D/S* Rdnr. 14; MünchKommAktG/*Bayer* Rdnr. 17, 19; *Emmerich/Sonnenschein/Habersack* § 37 II 1 (S. 533); *Sprengel*, Vereinskonzernrecht, 1998, S. 102 ff.; *Windbichler* in GroßkommAktG Rdnr. 46; zweifelnd *Hüffer* Rdnr. 4.

[21] *Hüffer* Rdnr. 4; dagegen *A/D/S* Rdnr. 15; *Windbichler* in GroßkommAktG Rdnr. 18.

[22] Ebenso wohl *Hüffer* (vorige Fn.); *Windbichler* (vorige Fn.); s. § 17 Rdnr. 45 ff.

[23] MünchKommAktG/*Bayer* Rdnr. 30; *Hüffer* Rdnr. 8; MünchHdb. AG/*Krieger* § 68 Rdnr. 22.

[24] *A/D/S* Rdnr. 16; *Hüffer* Rdnr. 9; *Koppensteiner* in Kölner Kommentar Rdnr. 18; MünchHdb. AG/*Krieger* Rdnr. 24; *C. Vedder*, Zum Begriff „für Rechnung", S. 122 f.; zweifelnd MünchKommAktG/*Bayer* Rdnr. 33 f.

[25] Ausführlich *C. Vedder*, Zum Begriff „für Rechnung", S. 127, 150 ff.

muß.[26] Ebenso wird der Begriff überwiegend in der Parallelvorschrift des § 37 Abs. 1 Nr. 3 S. 2 GWB ausgelegt.[27] Paradigmata sind Geschäftsbesorgungsverhältnisse einschließlich der Kommission (s. die §§ 675 Abs. 1, 670 BGB) und Treuhandverhältnisse.[28] Je nach den Abreden der Parteien können ferner Kurs- oder Dividendengarantien unter § 16 Abs. 2 S. 3 fallen, während bloße Kauf- oder Verkaufsoptionen nicht ausreichen.[29] Dasselbe gilt für Stimmbindungsverträge.[30]

13   **2. Zuordnung.** Das Gesetz stellt in § 16 Abs. 1 darauf ab, wem die Mehrheit der Anteile an der fraglichen Gesellschaft „gehört". In erster Linie ist damit natürlich derjenige gemeint, der nach Zivilrecht die fraglichen Anteile innehat, also der Eigentümer der Aktien sowie bei den sonstigen Gesellschaften der Gesellschafter, in dessen Vermögen sich die Anteile befinden. Unerheblich ist bei Namensaktien und Geschäftsanteilen die Legitimation gegenüber der Gesellschaft nach § 67 Abs. 2 AktG und § 16 Abs. 1 GmbHG, während im Falle der Vinkulierung des Anteilsbesitzes die fraglichen Anteile dem Erwerber erst nach der Genehmigung der Gesellschaft gehören (§ 68 Abs. 2 AktG; § 15 Abs. 5 GmbHG).[31] Im Falle der *Treuhand* gehören die Anteile iSd. § 16 bei ihrer Übertragung auf den *Treuhänder* (auch) diesem, weil er zivilrechtlich deren Eigentümer oder Inhaber wird.[32] Davon zu trennen ist die Frage, ob der Anteilsbesitz zugleich dem *Treugeber* (als dem „wirtschaftlichen" Eigentümer) zuzuordnen ist. Die Frage ist umstritten; überwiegend wird sie jedoch heute, in entsprechender oder unmittelbarer Anwendung des § 16 Abs. 4, bejaht.[33]

14   Dingliche *Belastungen* der Anteile stehen ihrer Zuordnung zum Anteilsinhaber grundsätzlich nicht entgegen.[34] Für das Pfandrecht folgt dies schon daraus, daß der Pfandgläubiger kein Stimmrecht erwirbt (§ 1277 BGB).[35] Hinsichtlich des Nießbrauchs ist dagegen bisher nicht endgültig geklärt, welche Mitverwaltungsrechte dem Nießbraucher an Gesellschaftsanteilen einschließlich Aktien zustehen.[36] Das Problem hängt vor allem damit zusammen, daß es sehr unterschiedliche Konzepte für einen Nießbrauch an Gesellschaftsanteilen gibt (Stichworte: Nießbrauch am Gewinnstammrecht; „mitgliedschaftsspaltender" Nießbrauch). Dieser Frage kann hier nicht im einzelnen nachgegangen werden;[37] statt dessen genügt der Hinweis, daß die Praxis bislang für den Regelfall davon ausgeht, daß dem Gesellschafter jedenfalls bei Beschlüssen, die die Grundlagen der Gesellschaft betreffen, das Stimmrecht verbleibt.[38] Folgt man dem,[39] so ändert auch die Nießbrauchsbestellung nichts an der Zuordnung der Anteile zu dem Gesellschafter als dem eigentlich Berechtigten. Eine Zuordnung der Anteile auch zu dem Nießbraucher scheidet unter diesen Umständen mit Rücksicht auf die zwingende Zuständigkeit des Gesellschafters in Grundsatzfragen wohl aus.[40]

[26] MünchKommAktG/*Bayer* Rdnr. 47; *Cahn* Kapitalerhaltung S. 212; *Hüffer* Rdnr. 9; MünchHdb. AG/*Krieger* § 68 Rdnr. 26; *Vedder* (vorige Fn.); *Windbichler* in GroßkommAktG Rdnr. 26 f.

[27] BGH LM GWB § 37 Nr. 2 = NJW-RR 2001, 757, 759 = WuW/E DER 613, 615 „WAZ/IKZ"; Bundeskartellamt NJWE-WettbR 1998, 163, 164 ff. = AG 1998, 441 „WAZ/IKZ II"; Tätigkeitsbericht 1999/2000, S. 19.

[28] C. *Vedder*, Zum Begriff „für Rechnung", S. 154 ff.

[29] C. *Vedder*, Zum Begriff „für Rechnung", S. 157 ff.

[30] C. *Vedder*, Zum Begriff „für Rechnung", S. 161 f.

[31] *Windbichler* in GroßkommAktG Rdnr. 21.

[32] BGHZ 104, 66, 74 f. = NJW 1988, 1844 = LM GmbHG § 46 Nr. 24; *Hüffer* Rdnr. 7; MünchHdb. AG/*Krieger* Rdnr. 25; *Windbichler* Rdnr. 23.

[33] S. Rdnr. 15 f.; BGHZ 107, 7, 15 = NJW 1989, 1800 = LM GmbHG § 30 Nr. 27 = AG

1989, 243 „Tiefbau"; BGH LM GmbHG § 30 Nr. 36 = NJW 1992, 1167 = AG 1992, 123; *Hüffer* Rdnr. 7, 12; *Mertens*, FS für Beusch, 1993, S. 583; *B. Wolframm* Mitteilungspflichten S. 153 ff.; anders *A/D/S* Rdnr. 8.

[34] MünchKommAktG/*Bayer* Rdnr. 27 f.; *Hüffer* Rdnr. 7; *Koppensteiner* in Kölner Kommentar Rdnr. 20; MünchHdb. AG/*Krieger* § 68 Rdnr. 25; *B. Wolframm* Mitteilungspflichten S. 146 ff.

[35] S. *Heymann*/*Emmerich* HGB § 135 Rdnr. 23 f.; *Hüffer* Rdnr. 7; *B. Wolframm* (vorige Fn.) S. 152.

[36] S. *Heymann*/*Emmerich* HGB § 105 Rdnr. 68; *K. Schmidt* ZGR 1999, 601.

[37] S. *Heymann*/*Emmerich* HGB § 105 Rdnr. 65 f. m. Nachw.

[38] Grdlg. BGH LM BGB § 705 Nr. 72 = NJW 1999, 571 = WM 1999, 79.

[39] S. insbes.

[40] *A/D/S* Rdnr. 21; *Windbichler* in GroßkommAktG Rdnr. 42; anders MünchKommAktG/*Bayer* Rdnr. 28; *Hüffer* Rdnr. 7.

3. Zurechnung.

Schrifttum: *A/D/S* Rdnr. 22 ff. (S. 52 ff.); MünchKommAktG/*Bayer* Rdnr. 43–52; *Cahn* Kapitalerhaltung S. 210 ff.; *Mertens*, FS für Beusch, 1993, S. 583; *Koppensteiner* in Kölner Kommentar Rdnr. 21 ff.; *C. Vedder*, Zum Begriff „für Rechnung", S. 150 ff.; *Windbichler* in GroßkommAktG Rdnr. 24 ff.; *R. Wolframm* Mitteilungspflichten S. 129 ff.

Nach § 16 Abs. 4 Halbs. 1 gelten als Anteile, die einem Unternehmen gehören **15** (Rdnr. 13 f.), auch solche Anteile, die einem von ihm abhängigen Unternehmen (s. § 17) oder einem anderen für seine Rechnung oder für Rechnung eines von ihm abhängigen Unternehmens gehören. Ist der Inhaber des Unternehmens ein Einzelkaufmann, so wird außerdem nicht danach unterschieden, ob die Anteile zu seinem Geschäfts- oder Privatvermögen gehören (§ 16 Abs. 4 Halbs. 2). Durch diese Regelung sollen vor allem Umgehungen der Vorschriften für verbundene Unternehmen durch die künstliche Aufspaltung des Anteilsbesitzes auf verschiedene Rechtsträger verhindert werden.

a) Abhängiges Unternehmen. § 16 Abs. 4 ordnet eine Zurechnung in *drei* verschiede- **16** nen Fallgruppen an. Die *erste* Fallgruppe umfaßt die Anteile, die einem von dem betreffenden Unternehmen iSd. § 17 abhängigen Unternehmen gehören, wobei nicht weiter danach unterschieden wird, ob es sich um ein deutsches oder ausländisches Unternehmen handelt.[41] Erforderlich ist lediglich, daß es sich bei beiden Beteiligten bereits um *Unternehmen* iSd. § 15 handelt, wie aus dem Wortlaut des § 16 Abs. 4 zu folgern ist, der ausdrücklich zwischen „Unternehmen" und „anderen" unterscheidet.[42] Sind die Beteiligten bereits Unternehmen, so findet im Falle einer Mehrheitsbeteiligung auch die Vermutung des § 17 Abs. 2 in diesem Zusammenhang Anwendung. Wird die Vermutung widerlegt, so kann § 16 Abs. 4 auch nicht im Falle einer Mehrheitsbeteiligung iS des § 16 Abs. 1 angewandt werden.[43]

Die Zurechnung nach § 16 Abs. 4 hat hier zur Folge, daß für die Ermittlung einer **16 a** Mehrheitsbeteiligung die Anteile des herrschenden und des von ihm abhängigen Unternehmens **zusammenzurechnen** sind. Ist zB im Falle einer mehrstufigen Unternehmensbeziehung die Muttergesellschaft mit 25% an der Enkelgesellschaft beteiligt, während die Tochtergesellschaft an dieser eine Beteiligung von 30% hält, so ist die Muttergesellschaft aufgrund des § 16 Abs. 4 mit 55%, also als mehrheitlich an der Enkelgesellschaft beteiligt anzusehen. Unberührt von der Zurechnung bleibt eine etwaige (direkte) Mehrheitsbeteiligung der Tochtergesellschaft an der Enkelgesellschaft.[44] Eine „Absorption" der Beteiligung der Tochtergesellschaft durch die der Muttergesellschaft findet nicht statt.

Die Zurechnung nach § 16 Abs. 4 setzt in den genannten Fällen (Rdnr. 16) nicht voraus, **17** daß die Muttergesellschaft selbst unmittelbar an der Enkelgesellschaft beteiligt ist. Für die Annahme einer Mehrheitsbeteiligung genügt vielmehr bereits eine mehrheitliche Beteiligung *allein* der Tochtergesellschaft.[45] Die Zurechnung kann daher zur Folge haben, daß gleichzeitig Mutter- *und* Tochtergesellschaft an der Enkelgesellschaft mehrheitlich beteiligt sind, so daß dann im Zweifel die Enkelgesellschaft von beiden Unternehmen abhängig ist (sogenannte *mehrfache Abhängigkeit;* s. § 17 Rdnr. 25 ff.).

b) Für Rechnung. Eine Zurechnung kommt nach § 16 Abs. 4 ferner *(zweitens)* hin- **18** sichtlich solcher Anteile in Betracht, die „einem anderen für Rechnung des Unternehmens" oder für Rechnung eines von diesem abhängigen Unternehmens (Rdnr. 16 f.) gehören. Bei diesem „anderen" kann es sich um eine beliebige Person handeln; sie muß nicht etwa Unternehmen iSd. Konzernrechts sein (s. Rdnr. 16). Ebensowenig wird danach unterschie-

[41] MünchKommAktG/*Bayer* Rdnr. 44; *Hüffer* Rdnr. 12.
[42] Grdlg. BGHZ 148, 123, 126 f. = LM AktG § 16 Nr. 2 = NJW 2001, 2973 „MLP"; zustimmend *Cahn* AG 2002, 30, 33; *Hüffer* Rdnr. 12.
[43] *Cahn* Kapitalerhaltung S. 215 ff.
[44] LG Berlin AG 1998, 195, 196 (aE); *A/D/S* Rdnr. 28; MünchKommAktG/*Bayer* Rdnr. 45; *Hüffer* Rdnr. 13; *Koppensteiner* in Kölner Kommentar

Rdnr. 27; MünchHdb. AG/*Krieger* § 68 Rdnr. 27; *Raiser* Kapitalgesellschaften § 51 Rdnr. 14 (S. 818); *Windbichler* in GroßkommAktG Rdnr. 23, 28, 31.
[45] OLG Hamm AG 1998, 588; *A/D/S* Rdnr. 24; MünchKommAktG/*Bayer* Rdnr. 44; *Hüffer* Rdnr. 13; *Koppensteiner* in Kölner Kommentar Rdnr. 26; MünchHdb. AG/*Krieger* § 68 Rdnr. 26; *Raiser* (vorige Fn.); *E. Rehbinder* ZGR 1977, 581, 587 f.; *Windbichler* in GroßkommAktG Rdnr. 28.

den, ob es sich bei dem „anderen" um einen Inländer oder Ausländer handelt. Der Begriff „für Rechnung" ist hier ebenso wie in § 16 Abs. 2 S. 3 zu verstehen (s. Rdnr. 12). Entscheidend ist folglich in erster Linie, ob das betreffende Unternehmen oder das von ihm abhängige Unternehmen die mit dem fraglichen Anteilsbesitz eines anderen verbundenen Risiken und Kosten trägt. Die wichtigsten Beispiele sind *Geschäftsbesorgungs-* und *Treuhandverhältnisse*.[46] Bei den letzteren führt folglich § 16 Abs. 4, wie bereits ausgeführt (Rdnr. 13), dazu, daß, jedenfalls im Regelfall, die Anteile gleichermaßen dem Treuhänder wie dem Treugeber zuzurechnen sind. Ebenso behandelt werden sollten – entgegen der herrschenden Meinung – *Stimmbindungsverträge*, weil sie gleichfalls zur Folge haben, daß neben dem Anteilsinhaber weitere Personen über das Stimmrecht verfügen können (vgl. § 290 Abs. 3 S. 2 HGB).[47] Dagegen genügt eine bloße *Kaufoption* für die Zurechnung im Rahmen des § 16 Abs. 4 nicht, wie aus der besonderen Regelung des § 20 Abs. 2 Nr. 1 zu folgern ist.

19   **c) Einzelkaufmann.** § 16 ordnet eine Zurechnung schließlich *(drittens)* noch an, wenn der Inhaber des Unternehmens ein *Einzelkaufmann* ist, so daß in diesem Fall nicht danach unterschieden wird, ob die Anteile zu seinem Betriebs- oder zu seinem Privatvermögen gehören. Die Regelung hat nur klarstellende Funktion und ist entsprechend auf Freiberufler und auf sonstige Gewerbetreibende, zB kleine Handwerker, anzuwenden.[48] Keine Rolle spielt, in welcher Branche sich der Kaufmann betätigt oder auf welchem Erwerbsgrund sein Anteilsbesitz beruht. Gleich stehen müssen außerdem nach dem Zweck der gesetzlichen Regelung solche Anteile, die andere *für Rechnung* des Kaufmanns halten.

20   Ebenso behandelt wird ferner die *öffentliche Hand*, so daß Anteile im Finanzvermögen der öffentlichen Hand mit Anteilen ihrer Regieunternehmen oder mit Anteilen von ihr abhängiger Unternehmen zusammenzurechnen sind.[49] Hingegen ist die Regelung nicht, auch nicht entsprechend auf *Personengesellschaften* anzuwenden; die Anteile, die die Gesellschaft an einem anderen Unternehmen hält, können nicht mit den Anteilen im Privatvermögen der Gesellschafter addiert werden.[50] Denn bei der Gesellschaft und ihren Gesellschaftern handelt es sich um verschiedene Rechtsträger (§ 124 Abs. 2 HGB), zwischen denen auch nicht mit Notwendigkeit eine Interessenidentität besteht, womit der sachliche Grund für eine Zurechnung entfällt.

IV. Stimmenmehrheit

21   Neben der Anteils- oder Kapitalmehrheit (Rdnr. 9 ff.) läßt § 16 Abs. 1 auch eine Stimmenmehrheit zur Begründung einer Mehrheitsbeteiligung genügen, weil beides im Einzelfall auseinanderfallen kann (Rdnr. 3). Die Berechnung richtet sich nach § 16 Abs. 3 und Abs. 4. Da zu § 16 Abs. 4 bereits Stellung genommen wurde (Rdnr. 15 ff.), ist im folgenden allein noch auf die Berechnungsvorschrift des § 16 Abs. 3 einzugehen.

22   **1. Maßstab.** Nach § 16 Abs. 3 S. 1 bestimmt sich der Anteil der Stimmrechte eines Unternehmens nach dem Verhältnis der Zahl der Stimmrechte aus den ihm gehörenden Anteilen (einschließlich der ihm nach § 16 Abs. 4 zugerechneten Anteile) zur Gesamtzahl aller Stimmrechte der Beteiligungsgesellschaft. Hiervon sind nach S. 2 der Vorschrift (nur) Stimmrechte aus eigenen Anteilen sowie aus Anteilen abzusetzen, die einem anderen für Rechnung der Gesellschaft gehören (§ 16 Abs. 2 S. 3). Der *Maßstab*, an dem die prozentuale Höhe des Stimmenanteils des fraglichen Unternehmens zu messen ist, ist folglich bei der Beteiligungsgesellschaft die Gesamtzahl der Stimmen, die sich aus der Summe der (stimm-

[46] *Hüffer* Rdnr. 12.

[47] *Emmerich/Sonnenschein/Habersack* § 3 I 2 (S. 43); MünchKommAktG/*Bayer* Rdnr. 41, 38; *Mertens*, FS für Beusch, S. 589 ff.; *B. Wolfram* Mitteilungspflichten S. 129 ff.; anders A/D/S Rdnr. 8; *Windbichler* Rdnr. 29, 37–41; *C. Vedder*, Zum Begriff „für Rechnung", S. 134 f.

[48] MünchKommAktG/*Bayer* Rdnr. 50; *Koppensteiner* in Kölner Kommentar Rdnr. 21.

[49] *Hüffer* Rdnr. 13; *Koppensteiner* in Kölner Kommentar Rdnr. 25; enger A/D/S Rdnr. 25.

[50] A/D/S Rdnr. 32; MünchKommAktG/*Bayer* Rdnr. 51; *Hüffer* Rdnr. 13; MünchHdb. AG/*Krieger* § 68 Rdnr. 26; *Windbichler* in GroßkommAktG Rdnr. 33.

berechtigten) Anteile ergibt, abzüglich der Stimmrechte aus eigenen Anteilen und aus solchen Anteilen, die einem anderen für Rechnung der betreffenden Gesellschaft gehören (§ 16 Abs. 3 iVm. Abs. 2 S. 3). *Nicht* abzuziehen sind dagegen die Stimmrechte aus Anteilen, die abhängigen Unternehmen gehören;[51] unberücksichtigt bleiben ferner sonstige Stimmrechtsbeschränkungen, die von Fall zu Fall einzelne Anteile betreffen können.[52] Das gilt auch für den Ausschluß des Stimmrechts vor vollständiger Leistung der Einlage (§ 134 Abs. 2 S. 1).[53] Nicht mitgerechnet werden dagegen Anteile ohne Stimmrecht, zB Vorzugsaktien oder stimmrechtslose Beteiligungen an Personengesellschaften.[54]

2. Anteil. An der auf die genannte Weise berechneten Gesamtzahl der Stimmen **23** (Rdnr. 22) sind sodann die Stimmrechte zu messen, die dem betreffenden Gesellschafter aus den ihm gehörenden und aus den nach § 16 Abs. 4 ihm zuzurechnenden Anteilen zustehen, um zu ermitteln, ob er über eine Mehrheitsbeteiligung verfügt (§ 16 Abs. 3 S. 1). Dafür ist erforderlich, daß ihm wenigstens eine Stimme mehr als die Hälfte der Gesamtzahl der Stimmen zusteht; eine bloße Hauptversammlungsmehrheit genügt nicht.[55] Mehrstimmrechte und Höchststimmrechte sind entsprechend zu gewichten.

Hinzukommen muß noch, daß der Gesellschafter die betreffenden Stimmrechte auch **24** „*ausüben*" kann (§ 16 Abs. 3 S. 1). Daraus wird überwiegend der Schluß gezogen, daß auf seiner Seite bei der Berechnung seines Anteils Stimmrechtsbeschränkungen oder -ausschlüsse nach den §§ 20 Abs. 7, 21 Abs. 4 AktG und § 28 S. 1 WpHG (anders als auf der Seite der Gesellschaft, Rdnr. 22) zu berücksichtigen sind, weil der betreffende Gesellschafter sein Stimmrecht nicht „ausüben" kann, solange er seiner Mitteilungspflicht nicht nachgekommen ist.[56] Dasselbe müßte dann für die Fälle des § 67 Abs. 2 AktG und des § 16 Abs. 1 GmbHG gelten.[57] Dagegen spricht jedoch, daß der Gesellschafter in den genannten Fällen durch die Nachholung der Mitteilung jederzeit sein Stimmrecht wiederherstellen kann, so daß durch die fehlende Berücksichtigung der vorübergehend einem Ausübungsverbot unterliegenden Stimmrechte die wahren Machtverhältnisse in der Gesellschaft verschleiert würden.[58] Bei anderer Auslegung ist diesem Gesichtspunkt jedenfalls bei der Ermittlung der Abhängigkeit (§ 17) Rechnung zu tragen.

Zu berücksichtigen sind außerdem – entgegen der überwiegenden Meinung – Stimmen, **25** über die ein Gesellschafter aufgrund von *Stimmbindungsverträgen* und ähnlichen Abreden verfügen kann, zumindest in entsprechender Anwendung des § 16 Abs. 4 (s. Rdnr. 18). Anders zu behandeln sind lediglich bloße *Stimmrechtsvollmachten*, da in diesem Fall der Vollmachtgeber Inhaber des Stimmrechts bleibt. Auch hier ist jedoch von der Frage der Mehrheitsbeteiligung die der Abhängigkeit nach § 17 zu trennen. Stimmrechtsvollmachten können zwar keine Mehrheitsbeteiligung, wohl aber eine Abhängigkeit begründen.

§ 17 Abhängige und herrschende Unternehmen

(1) Abhängige Unternehmen sind rechtlich selbständige Unternehmen, auf die ein anderes Unternehmen (herrschendes Unternehmen) unmittelbar oder mittelbar einen beherrschenden Einfluß ausüben kann.

(2) Von einem in Mehrheitsbesitz stehenden Unternehmen wird vermutet, daß es von dem an ihm mit Mehrheit beteiligten Unternehmen abhängig ist.

Schrifttum: S. bei § 15 sowie *Adler/Düring/Schmaltz (A/D/S)* Rechnungslegung Bd. 4 § 17 AktG (S. 59 ff.); *P. Bauer,* Zur Abhängigkeit einer AG von einem Konsortium, NZG 2001, 742; *Fr. Bayreuther,*

---

[51] S. Rdnr. 11; *Hüffer* Rdnr. 11; anders auch hier MünchKommAktG/*Bayer* Rdnr. 38.

[52] *A/D/S* Rdnr. 19; MünchKommAktG/*Bayer* Rdnr. 37; *Hüffer* Rdnr. 11; *Koppensteiner* in Kölner Kommentar Rdnr. 31; *Windbichler* in Großkomm-AktG Rdnr. 43; s. aber Rdnr. 24.

[53] *Windbichler* (vorige Fn.).

[54] MünchKommAktG/*Bayer* Rdnr. 37.

[55] *Windichler* in GroßkommAktG Rdnr. 44.

[56] *A/D/S* Rdnr. 20; *Hüffer* Rdnr. 11; *Windbichler* in GroßkommAktG Rdnr. 35.

[57] *Windbichler* (vorige Fn.).

[58] MünchKommAktG/*Bayer* Rdnr. 40.

Wirtschaftliche-existentiell abhängige Unternehmen im Konzern-, Kartell- und Arbeitsrecht, 2001; *Bezzenberger/Schuster*, Die öffentliche Anstalt als abhängiges Konzernunternehmen, ZGR 1996, 481; *G. Bitter*, Konzernrechtliche Durchgriffshaftung bei Personengesellschaften, 2000, S. 15 ff.; *Cahn*, Kapitalerhaltung im Konzern, 1998; *ders.*, Die Holding als abhängiges Unternehmen?, AG 2002, 30; *Dierdorf*, Herrschaft und Abhängigkeit, 1978; *Ebenroth*, Die verdeckten Vermögenszuwendungen im transnationalen Unternehmen, 1979, S. 97 ff.; *Emmerich/Sonnenschein/Habersack* § 3 II (S. 44 ff.); *Götz*, Der Entherrschungsvertrag im Aktienrecht, 1992; *Henze* Konzernrecht Tz. 24 ff. (S. 10 ff.); *Joussen*, Gesellschafterabsprachen neben Satzung und Gesellschaftsvertrag, 1995, S. 164 ff.; *Koppensteiner*, Über wirtschaftliche Abhängigkeit, FS für Stimpel, 1985, S. 811; MünchHdb. AG/*Krieger* § 68 Rdnr. 37 ff.; *Kronstein*, Die abhängige juristische Person, 1931; *Kn. W. Lange*, Das Recht der Netzwerke, 1998; *Martens*, Die existentielle Wirtschaftsabhängigkeit, 1979, S. 53 ff.; *Noack*, Gesellschaftervereinbarungen bei Kapitalgesellschaften, 1994, S. 87 ff.; *Oechsler*, Die Anwendung des Konzernrechts auf Austauschverträge mit organisationsrechtlichem Bezug, ZGR 1997, 464; *Peters/Werner*, Banken als herrschende Unternehmen?, AG 1978, 297; *Raiser* Kapitalgesellschaften § 51 III (S. 818 ff.); *A. Raupach*, Schuldvertragliche Verpflichtung anstelle beteiligungsgestützter Beherrschung, FS für Bezzenberger, 2000, S. 327; *A. Reul*, Das Konzernrecht der Genossenschaften, 1997, S. 115 ff.; *Rittner*, Die Beteiligung als Grund der Abhängigkeit, DB 1976, 1465, 1513; *K. Schmidt* GesR § 31 II 3 b (S. 941 ff.); *H. Sprengel*, Vereinskonzernrecht, 1998, S. 98 ff.; *Sura*, Fremdeinfluß und Abhängigkeit, 1980; *Tröger*, Treupflicht im Konzernrecht, 2000, S. 8 ff.; *Ulmer*, Aktienrechtliche Beherrschung durch Leistungsaustauschbeziehungen, ZGR 1978, 457; *M. Wellenhofer-Klein*, Zulieferverträge im Privat- und Wirtschaftsrecht, 1999, S. 403 ff.; *H. Werner*, Der aktienrechtliche Abhängigkeitstatbestand, 1979.

Übersicht

I. Überblick

1   § 17 Abs. 1 definiert in unmittelbarem Zusammenhang mit den §§ 16 und 18 den Begriff der Abhängigkeit. Die Vorschrift geht zurück auf § 15 Abs. 2 AktG von 1937, nach dem Abhängigkeit vorlag, wenn ein rechtlich selbständiges Unternehmen aufgrund von Beteiligungen oder sonst unmittelbar oder mittelbar unter dem beherrschenden Einfluß eines anderen Unternehmens steht. Im Anschluß hieran bestimmt heute § 17 Abs. 1, daß ein rechtlich selbständiges Unternehmen als von einem anderen Unternehmen abhängig anzusehen ist, wenn das letztere unmittelbar oder mittelbar einen beherrschenden Einfluß auf das erstere auszuüben vermag. § 17 Abs. 2 fügt hinzu, daß bei Vorliegen einer Mehrheitsbeteiligung iSd. § 16 die Abhängigkeit des in Mehrheitsbesitz stehenden Unternehmens von dem an ihm mehrheitlich beteiligten anderen Unternehmen vermutet wird.

2   Das AktG knüpft an den Tatbestand der Abhängigkeit an zahlreichen Stellen Rechtsfolgen, die insgesamt zeigen, daß *Zentralbegriff* des „Konzernrechts" heute nicht etwa der Konzern (§ 18), sondern die Abhängigkeit (als potentieller Konzern) ist (§ 17). Die wichtigsten dieser *Rechtsfolgen* sind die Konzernvermutung des § 18 Abs. 1 S. 3 sowie das Verbot der Nachteilszufügung aufgrund der §§ 311 bis 318 im sogenannten faktischen Konzern. Hervorzuheben sind außerdem noch die §§ 56 Abs. 2 und 71 b S. 2 über das Verbot der Zeichnung und des Erwerbs von Aktien des herrschenden Unternehmens durch das abhängige Unternehmen sowie § 71 d S. 4, aus dem sich in Verbindung mit § 71 b ergibt, daß das abhängige Unternehmen bei dem herrschenden kein Stimmrecht besitzt.[1]

Außerhalb des AktG findet sich gleichfalls häufig eine Verweisung auf den Abhängigkeits- **3** begriff des AktG (§ 17).[2] Ein Beispiel ist § 36 Abs. 2 S. 1 GWB, nach dem herrschende und abhängige Unternehmen in der Fusionskontrolle eine sogenannte wettbewerbliche Einheit bilden. Die Begriffsbildung ist aber nicht einheitlich, da aufgrund gemeinschaftsrechtlicher Vorgaben in jüngster Zeit an zahlreichen Stellen an die Stelle des Konzepts der Abhängigkeit das sogenannte *Kontrollkonzept* des französischen und des angloamerikanischen Rechtskreises getreten ist (s. insbes. § 22 Abs. 1 Nr. 2 und Abs. 3 WpHG, § 290 Abs. 2 HGB und § 37 Abs. 1 Nr. 2 S. 1 GWB). Beide Konzepte unterscheiden sich vor allem hinsichtlich des Kreises der Umstände, die als mögliche Ursachen der Abhängigkeit oder der Kontrolle in Betracht zu ziehen sind (s. Rdnr. 15 f. und Rdnr. 29).

Soweit im AktG oder in anderen Gesetzen auf den Abhängigkeitsbegriff des § 17 Bezug **4** genommen wird, stellt sich die weitere Frage, ob der Begriff überall im selben Sinne zu verstehen ist oder ob die Rechtsordnung je nach dem Zweck der betreffenden Vorschrift unterschiedliche Abhängigkeitsbegriffe kennt. Die Frage ist noch nicht endgültig geklärt. Jedoch überwiegt zumindest für das AktG die Tendenz, den Abhängigkeitsbegriff grundsätzlich **einheitlich** iSd. § 17 Abs. 1 zu interpretieren, weil § 17 offenkundig als Definitionsnorm gedacht ist.[3] Diese Auffassung liegt wohl auch der Rechtsprechung zugrunde.[4] Soweit andere Gesetze wie insbes. das GWB (§ 36 Abs. 2 S. 1) auf § 17 verweisen, sollte gleichfalls nach Möglichkeit dasselbe Begriffsverständnis wie im Aktienrecht angewandt werden. Für das GWB (§ 36 Abs. 2 S. 1) geht davon bereits seit langem die Praxis aus.[5]

II. Begriff

1. Grundsätzliche Überlegungen. a) Gesetzliches Konzept. Abhängigkeit liegt **5** nach § 17 Abs. 1 vor, wenn ein anderes Unternehmen, vom Gesetz herrschendes Unternehmen genannt, auf ein rechtlich selbständiges Unternehmen, das abhängige Unternehmen, unmittelbar oder mittelbar einen beherrschenden Einfluß ausüben kann. Im Falle einer Mehrheitsbeteiligung iSd. § 16 vermutet das Gesetz das Vorliegen solcher Abhängigkeit (§ 17 Abs. 2). Außerdem knüpft es in § 18 Abs. 1 S. 3 an den Tatbestand der Abhängigkeit die Vermutung des Vorliegens eines Konzerns. Diese Vermutungskette zeigt, daß nach der Vorstellung der Gesetzesverfasser die Begriffe der Mehrheitsbeteiligung, der Abhängigkeit und des Konzerns unmittelbar zusammenhängen (Stichwort: Abhängigkeit als potentielle Konzernierung im Falle der Mehrheitsbeteiligung).[6] Zur weiteren Konkretisierung dessen, was das Gesetz in § 17 Abs. 1 unter dem beherrschenden Einfluß eines Unternehmens auf

[1] OLG München NJW-RR 1995, 1066 = AG 1995, 383; ebenso schon nach früherem Recht RGZ 103, 64, 67 f.; 115, 246, 253; 149, 305, 308 ff.; wegen der Einzelheiten s. *Cahn* Kapitalerhaltung.

[2] Übersicht bei *Windbichler* in GroßkommAktG Rdnr. 6–8.

[3] *Henze* Konzernrecht Tz 25 f. (S. 10); *Hüffer* Rdnr. 2 f.; *Koppensteiner* in Kölner Kommentar Rdnr. 10 f., 59 ff., 65; *Windbichler* in Großkomm-AktG Rdnr. 17.

[4] So jedenfalls *Henze* (vorige Fn.) unter Bezugnahme auf BGHZ 121, 137, 145 f. = LM GWB § 23 Nr. 19 = NJW 1993, 2114 = AG 1993, 334 „WAZ/IKZ" (wo die Frage freilich für das GWB gerade offen gelassen wurde).

[5] Bundeskartellamt (BKartA) AG 1995, 429 = WuW/E BKartA 2669, 2672 „Philips/Lindner"; AG 2000, 520 „WAZ/OTZ"; im Ergebnis auch BGHZ 121, 137, 145 f. „WAZ/IKZ" (vorige Fn.); s. im einzelnen *Emmerich* AG 1995, 481, 484 f.; 2000, 529, 534.

[6] Ebenso im Ansatz *A/D/S* Rdnr. 13, 29 ff.; MünchKommAktG/*Bayer* Rdnr. 14, 25 ff.; *J. Götz* Entherrschungsverträge S. 18 ff.; *Hüffer* Rdnr. 4 f.; *Koppensteiner* in Kölner Kommentar Rdnr. 18 f.; MünchHdb. AG/*Krieger* § 68 Rdnr. 17 f.; Münch-KommHGB/*Mülbert* Bd. 3 Konzernrecht Rdnr. 44 (S. 537); *Raiser* Kapitalgesellschaften § 51 Rdnr. 15 f.; *Windbichler* in GroßkommAktG Rdnr. 9 ff.; anders *Peters/K. Werner* AG 1978, 197; *H. Werner* Abhängigkeitstatbestand S. 30 ff.

eine Gesellschaft versteht, ist deshalb in erster Linie an die *Befugnisse eines Mehrheitsaktionärs,* d. h. an seine Möglichkeiten zur Beeinflussung der Geschäftspolitik einer AG anzuknüpfen.

6 Ein Mehrheitsaktionär besitzt im Regelfall zwar keinen unmittelbaren, wohl aber einen um so wirksameren mittelbaren Einfluß auf die Führung der Geschäfte der Gesellschaft. Denn obwohl er dem Vorstand keine Weisungen erteilen kann (§§ 76, 119 Abs. 2), ist er doch über die Wahl von ihm abhängiger Aufsichtsratsmitglieder (§ 101) in der Lage, die Zusammensetzung des Vorstands zu beeinflussen und damit für die Bestellung von Vorstandsmitgliedern zu sorgen, die sich im Zweifel nach seinen Vorstellungen richten werden (§ 84). An dieser Abhängigkeit der Verwaltung von dem Mehrheitsgesellschafter hat auch die Mitbestimmung der Arbeitnehmer im Aufsichtsrat im Ergebnis nichts geändert.[7] Folglich reicht es für die Annahme von Abhängigkeit grundsätzlich aus, wenn ein Gesellschafter in der Lage ist, die maßgebenden Gesellschaftsorgane mit „seinen Leuten" zu besetzen, d. h. wenn er einen *maßgeblichen Einfluß* auf die *Personalpolitik* der Gesellschaft auszuüben vermag, so daß sichergestellt ist, daß sich die Verwaltung des abhängigen Unternehmers in Zweifelsfällen, schon im Interesse ihrer Wiederwahl und ihres Fortkommens, nach seinen Vorstellungen richten wird.[8]

7 Zu berücksichtigen bleibt freilich, daß das Gesetz die Vermutung der Abhängigkeit in § 17 Abs. 2 auch an eine bloße Anteilsmehrheit iSd. § 16 Abs. 1 und 2 knüpft, mit der nicht notwendig eine Stimmenmehrheit korrespondiert (s. § 16 Rdnr. 9 ff.). Dies kann von Fall zu Fall dazu nötigen, das Konzept der Abhängigkeit noch weiter als oben (Rdnr. 6) angedeutet auszudehnen.[9]

8 **b) Rechtsprechung.** Von vergleichbaren Grundvorstellungen geht heute auch die Rechtsprechung aus. Zwar hatte noch das Reichsgericht den Abhängigkeitsbegriff unter § 15 AktG von 1937, dem Vorläufer des § 17, ganz eng gefaßt und auf Fälle beschränkt, in denen ein Unternehmen einem anderen seinen Willen geradezu „aufzwingen", d. h. bei ihm „durchsetzen" kann.[10] Dem folgt indessen die heutige Praxis zu Recht nicht mehr, da solche Fälle jenseits der §§ 308 und 323 kaum vorstellbar sind, der Abhängigkeitsbegriff aber nicht auf den Vertrags- und den Eingliederungskonzern beschränkt werden kann, wie § 18 Abs. 1 S. 2, 3 und sowie § 311 zeigen. Die Gerichte begnügen sich aus diesem Grunde für die Annahme von Abhängigkeit heute in der Regel damit, daß das herrschende Unternehmen über *gesicherte rechtliche Möglichkeiten* verfügt, dem abhängigen Unternehmen (besser: dessen Verwaltung) *Konsequenzen* für den Fall *anzudrohen,* daß es dem Willen des herrschenden Unternehmens nicht Folge leistet, so daß sich das abhängige Unternehmen letztlich dem Einfluß des herrschenden Unternehmen nicht zu entziehen vermag.[11] Abhängigkeit einer Gesellschaft von einem anderen Unternehmen wird folgerichtig vor allem dann angenommen, wenn das letztere aufgrund seiner Herrschaft über die *Personalpolitik* der Gesellschaft in der Lage ist, deren Geschäftsführung in den entscheidenden Punkten zu beeinflussen.[12] Nicht erforderlich ist dagegen, daß das herrschende Unternehmen von seinen

---

[7] Grdlg. BAGE 22, 390, 397 = AP BetrVerfG § 76 Nr. 20 = NJW 1970, 1766 = AG 1970, 268; *A/D/S* Rdnr. 55 ff.; *Dierdorf* Herrschaft S. 57 ff.; *Henze* Konzernrecht Tz. 56 (S. 21); *Hüffer* Rdnr. 11; *Koppensteiner* in Kölner Kommentar Rdnr. 55; *Sura* Fremdeinfluß S. 54; *Windbichler* in GroßkommAktG Rdnr. 84; zu den verschiedenen Mitbestimmungsmodellen s. im einzelnen *Emmerich/Sonnenschein/Habersack* § 4 V (S. 73 ff.).

[8] S. im einzelnen *Emmerich/Sonnenschein/Habersack* § 3 II 2 a (S. 45 f.); *Bayer* ZGR 2002, 933, 935 ff.

[9] S. MünchKommAktG/*Bayer* Rdnr. 28.

[10] RGZ 167, 40, 49 ff. = DR 1941, 1937, 1939 f. m. Anm. *Dietrich* S. 1941; zustimmend *K. Schmidt* GesR § 31 II 3 b (S. 941 f.).

[11] Grdlg. BGHZ 121, 137, 146 = LM GWB § 23 Nr. 19 = AG 1993, 334 = NJW 1993, 2114 „WAZ/IKZ I"; OLG Düsseldorf AG 1994, 36, 37 f. = ZIP 1993, 1791 „Feldmühle Nobel (Feno)"; KG AG 2001, 529, 530 = NZG 2001, 680; LG Mosbach AG 2001, 206, 208 = NZG 2001, 763 „M. Weinig AG"; vgl. auch noch OLG Hamm AG 2001, 146, 147 f. = NZG 2001, 563 „Hucke AG"; Bundeskartellamt (Fn. 5).

[12] BAGE 53, 187 = WM 1987, 1551, 1553 = AG 1988, 106; KG WuW/E OLG 1993, 194 = AG 1979, 158; OLG Düsseldorf AG 1994, 36, 37 = ZIP 1993, 1791; OLG München AG 1995, 383 = NJW-RR 1995, 1066; ebenso, wenn auch in anderem Zusammenhang BGH LM BGB § 652 Nr. 41 = NJW 1971, 1839; LM BGB § 652 Nr. 50 = NJW 1974, 1130.

Einflußmöglichkeiten tatsächlich Gebrauch macht; zur Begründung der Abhängigkeit genügt vielmehr bereits die bloße *Möglichkeit* zur Herrschaft in der abhängigen Gesellschaft.[13]

2. Umfang und Dauer. a) Umfang. Für die Annahme von Abhängigkeit wird überwiegend gefordert, daß die (mögliche) Einflußnahme eines Unternehmens auf eine andere Gesellschaft grundsätzlich den **gesamten** Tätigkeitsbereich der letzteren erfassen müsse; eine lediglich „punktuelle" Abhängigkeit sei dem Gesetz fremd.[14] Dem kann indessen, wie der Zusammenhang zwischen § 17 Abs. 1 und der Konzernvermutung des § 18 Abs. 1 S. 3 zeigt, in dieser Allgemeinheit nicht zugestimmt werden. Denn ein Konzern wird heute meistens bereits angenommen, wenn das herrschende Unternehmen (nur) in **einem** der zentralen Unternehmensbereiche wie Einkauf, Verkauf, Organisation oder Finanzierung die Entscheidungen durch einheitliche Planung für die verbundenen Unternehmen an sich zieht (s. § 18 Rdnr. 13 f.).

Deshalb muß es, da das Gesetz in § 18 Abs. 1 S. 3 an das Vorliegen von Abhängigkeit für den Regelfall die Vermutung eines Konzerns knüpft, für die Abhängigkeit gleichfalls grundsätzlich ausreichen, wenn ein Gesellschafter in der Lage ist, über seinen Einfluß auf die Besetzung der Organe der betreffenden Gesellschaft deren Entscheidungen wenigstens in **einem** der genannten zentralen Unternehmensbereiche zu beeinflussen.[15] Besonderes Gewicht kommt dabei dem Bereich der Finanzierung zu. Eine Gesellschaft, die nicht frei über ihre Mittel verfügen kann, ist abhängig. Nur dieses Gesetzesverständnis entspricht im übrigen dem Konzept der Abhängigkeit in § 17 als potentieller Konzernierung.[16]

b) Dauer. Nicht erforderlich ist eine bestimmte Dauer der Einflußmöglichkeit, schon, weil operationale Kriterien zur Abgrenzung der in Betracht kommenden Zeitspanne fehlen.[17] Auf der anderen Seite genügt freilich auch nicht eine bloße momentane Zufallsmehrheit in der Hauptversammlung, um Abhängigkeit zu begründen (s. Rdnr. 13), so daß die Einflußmöglichkeit zumindest eine gewisse **Beständigkeit** (iS einer verläßlichen Basis) aufweisen muß.[18] Wichtig ist dies namentlich, wenn ein Gesellschafter zur Erlangung der Mehrheit in der Haupt- oder Gesellschafterversammlung auf die Mitwirkung anderer Gesellschafter angewiesen ist. Abhängigkeit kann in diesem Fall nur angenommen werden, wenn solche Mitwirkung für einige Zeit (beständig) gesichert ist, sei es aufgrund vertraglicher Absprachen der Gesellschafter, sei es infolge familiärer Bindungen der Gesellschafter untereinander. Die Abhängigkeit *endet* folglich, sobald in derartigen Fallgestaltungen die zur Mehrheitsbildung erforderliche Mitwirkung Dritter nicht mehr gesichert ist, etwa infolge der Kündigung des Stimmbindungsvertrages oder infolge der Veräußerung einzelner Aktienpakete an unabhängige Dritte.[19]

Ob die genannten Voraussetzungen der Abhängigkeit erfüllt sind, beurteilt sich allein aus der Sicht der **abhängigen** Gesellschaft.[20] Daher kann die Abhängigkeit durchaus auch von

[13] BGHZ 62, 193, 201 = NJW 1974, 855 „Seitz"; OLG Düsseldorf (vorige Fn.); OLG München AG 1995, 383 = NJW-RR 1995, 1066.

[14] S. KG AG 2001, 529, 530 = NZG 2001, 80: „Unterstellung und Integrierung in das Zielsystem des herrschenden Unternehmens"; *Henze* Konzernrecht Tz. 29 f. (S. 11 f.); *Hüffer* Rdnr. 7; MünchHdb. AG/*Krieger* § 68 Rdnr. 38; *Windbichler* in GroßkommAktG Rdnr. 17; wohl auch BGHZ 135, 107, 114 = LM AktG § 17 Nr. 12 = NJW 1997, 1855 = AG 1997, 374 „VW".

[15] Ebenso *Dierdorf* Herrschaft S. 32, 41, 66 ff.; *Koppensteiner* in Kölner Kommentar Rdnr. 17 ff.; *Sura* Fremdeinfluß S. 52, 64 ff.; *Rittner* DB 1976, 1465, 1513; noch weiter *H. Werner* Abhängigkeitstatbestand S. 30 ff.

[16] S. Rdnr. 5; *Emmerich/Sonnenschein/Habersack* § 3 II 3 c (S. 48); im Ergebnis auch *Hüffer* Rdnr. 7.

[17] S. OLG Köln AG 1991, 140 = GmbHR 1990, 456 = WM 1990, 1993; MünchKommAktG/*Bayer* Rdnr. 62; *Henze* Konzernrecht Tz. 28 (S. 11); *Hüffer* Rdnr. 7; MünchHdb. AG/*Krieger* Rdnr. 39; *Koppensteiner* in Kölner Kommentar Rdnr. 23, 33; *Windbichler* in GroßkommAktG Rdnr. 21.

[18] *A/D/S* Rdnr. 16 ff., 33; MünchKommAktG/*Bayer* Rdnr. 50; *Hüffer* Rdnr. 6 f.; in diesem Sinne auch schon RGZ 167, 40, 49 f. = DR 1941, 1937, 1939 „Thega"; BGHZ 135, 107, 114 = NJW 1997, 1855, 1856 = LM AktG § 17 Nr. 12 = AG 1997, 374: Möglichkeit der Einflußnahme muß „beständig", umfassend und gesellschaftsrechtlich vermittelt sein.

[19] Ebenso MünchKommAktG/*Bayer* Rdnr. 58 ff.; s. auch Rdnr. 13.

[20] BGHZ 62, 193, 197 = NJW 1974, 855 „Seitz"; BGHZ 135, 107, 114 = LM AktG § 17 Nr. 12 = AG 1997, 374 = NJW 1997, 1855, 1856

mehreren anderen Unternehmen bestehen, auf jeden Fall, wenn eine sichere Grundlage für eine gemeinsame Herrschaft der beteiligten Unternehmen gegeben ist (Rdnr. 28 ff.).

13   **3. Zeitpunkt.** Erforderlich ist, daß die Einflußmöglichkeit beständig oder besser: für einen überschaubaren Zeitraum gesichert ist (Rdnr. 11, 18), weil nur in diesem Fall die Verwaltung der Gesellschaft Anlaß hat, im eigenen Interesse auf die Wünsche des betreffenden Gesellschafters Rücksicht zu nehmen (Rdnr. 8). Wie schon ausgeführt (Rdnr. 11), begründet deshalb eine nur *zufällige* oder von der *freiwilligen* Mitwirkung Dritter abhängige Einflußmöglichkeit in aller Regel keine Abhängigkeit im Rechtssinne.[21] Ein Minderheitsaktionär, der lediglich wegen der freiwilligen, jederzeit rücknehmbaren Mitwirkung anderer Aktionäre über eine gelegentliche Hauptversammlungsmehrheit verfügt, kann daher grundsätzlich nicht als herrschendes Unternehmen iSd. § 17 qualifiziert werden.[22] Aus demselben Grund genügt nach überwiegender Meinung auch der bloße Abschluß eines *Kaufvertrages* über ein selbst erhebliches Aktienpaket noch nicht zur Abhängigkeitsbegründung, sofern nicht besondere Abreden wie zB ein Stimmbindungsvertrag mit dem Veräußerer hinzukommen; Abhängigkeit tritt vielmehr grundsätzlich erst mit Übergang der Aktien auf den Käufer ein.[23]

14   **4. Mittel. a) Gesellschaftsrechtliche Grundlage.** Das Gesetz sagt in § 17 Abs. 1 nicht ausdrücklich, *worauf* der beherrschende Einfluß eines Unternehmens auf eine andere Gesellschaft beruhen muß, damit Abhängigkeit iSd. Gesetzes angenommen werden kann. Außer Frage steht nur, daß die Gesetzesverfasser bei § 17 ebenso wie bei § 15 AktG von 1937 in erster Linie an *gesellschaftsrechtlich vermittelte* Einflußmöglichkeiten Dritter auf eine Gesellschaft gedacht haben. Zum Beleg genügt der Hinweis auf die Vermutung der Abhängigkeit im Falle der Mehrheitsbeteiligung eines anderen Unternehmens (§ 17 Abs. 2). Da sich jedoch der Wortlaut des Gesetzes (§ 17 Abs. 1) nicht auf derartige Fälle einer gesellschaftsrechtlich vermittelten Einflußmöglichkeit anderer Unternehmen beschränkt, findet sich auch die Auffassung, *sonstige*, d. h. eben nicht gesellschaftsrechtlich vermittelte Abhängigkeiten könnten von Fall zu Fall gleichfalls unter § 17 subsumiert werden, wenn sie in ihren Auswirkungen und ihrer Intensität der Mehrheitsbeteiligung eines anderen Unternehmens gleichkommen.[24]

14 a   Es geht dabei in erster Linie um Fälle einer sogenannten *„tatsächlichen"* Abhängigkeit aufgrund bloßer Liefer- und Kreditbeziehungen. Paradigmata sind industrielle Zulieferverträge wie Just-in-time-Liefervereinbarungen, umfangreiche Kreditbeziehungen mit weitgehenden Kontrollrechten der kreditgebenden Banken sowie enge Franchisebeziehungen. Dahinter steht die Erfahrung, daß es im Rahmen solcher Vertragsbeziehungen zu Situationen kommen kann, die in mancher Hinsicht mit der bei Abhängigkeit einer Gesellschaft von einem anderen Unternehmen aufgrund einer Mehrheitsbeteiligung vergleichbar sind. Die Situation wird dadurch zusätzlich kompliziert, daß in der wirtschaftlichen Praxis unverkennbar die Tendenz wächst, teuere, weil „beteiligungsgestützte" Beherrschungsverhältnisse durch weit billigere, komplexe Vertragssysteme zu ersetzen.[25] Es genügt in diesem Zusam-

---

„VW"; OLG Düsseldorf AG 1994, 36; OLG München AG 1995, 383 = NJW-RR 1995, 1066.

[21] RGZ 167, 40, 49 ff. = DR 1941, 1937, 1939 „Thega"; BGHZ 80, 69, 73 = NJW 1981, 1512 = AG 1981, 225 = GmbHR 1981, 189 „Süssen"; OLG Frankfurt NZG 1998, 229 = AG 1998, 193, 194 = OLGR Frankfurt 1997, 269; LG Oldenburg ZIP 1992, 1632, 1636; MünchKommAktG/*Bayer* Rdnr. 50.

[22] OLG Frankfurt (vorige Fn.).

[23] OLG Düsseldorf AG 1994, 36, 37 f. = ZIP 1993, 1791 „Feno"; *A/D/S* Rdnr. 18, 34; *Henze* Konzernrecht Tz. 49 f. (S. 18 f.); *Hüffer* Rdnr. 9; *Krieger,* FS für Semler, 1993, S. 503, 507 ff.; MünchHdb. AG/*Krieger* § 68 Rdnr. 53; *Windbichler*

in GroßkommAktG Rdnr. 26, 50; anders MünchKommAktG/*Bayer* Rdnr. 51–57; *Lutter,* FS für Steindorff, 1990, S. 125, 133; *Noack,* Gesellschaftervereinbarungen bei Kapitalgesellschaften, 1994, S. 90; *K. Schmidt* GesR § 31 II 3 b (S. 942); *M. Weber* ZIP 1994, 678, 683 ff.

[24] So schon RGZ 167, 40, 49 f. = DR 1941, 1937, 1939 „Thega"; ebenso sodann LG Oldenburg ZIP 1992, 1632; *Dierdorf* Herrschaft S. 38 ff.; *Nagel/ Riess/Theis* DB 1989, 1505, 1508 ff.; *Druey/Vogel,* Das schweizerische Konzernrecht in der Praxis der Gerichte, 1999, S. 550 m. Nachw.; vgl. auch *Lutter,* FS für Steindorff 1990, S. 125, 132 ff.

[25] Ausführlich *A. Raupach,* FS für Bezzenberger, 2000, S. 327.

menhang, auf die bereits im Gesetz erwähnten Betriebspacht-, Betriebsführungs- und Betriebsüberlassungsverträge des § 292 Abs. 1 Nr. 3 hinzuweisen (s. § 292 Rdnr. 38 ff.). Aber auch an Interessengemeinschaften einschließlich der Gewinngemeinschaften des § 292 Abs. 1 Nr. 1 ist hier zu denken, vor allem, wenn sie mit sogenannten Verwaltungsgemeinschaften verbunden sind.

Die angedeuteten Entwicklungen (Rdnr. 14) haben unbestreitbar zu einer zunehmenden **15** Verwischung der Grenzen zwischen einer gesellschaftsrechtlich vermittelten und einer bloßen „tatsächlichen", d. h. in erster Linie auf Austauschbeziehungen beruhenden Abhängigkeit geführt. Die überwiegende Meinung hält gleichwohl (mit guten Gründen) daran fest, daß im *Rahmen des § 17* die Einflußmöglichkeit eines Unternehmens auf eine Gesellschaft *gesellschaftsrechtlich* vermittelt sein muß, worunter auch der Abschluß von Unternehmensverträgen iSd. § 291 fällt (s. Rdnr. 22 ff.), während bloße „tatsächliche" Abhängigkeitsverhältnisse, insbes. aufgrund von Austausch- und Kreditbeziehungen nicht ausreichen.[26] Die wichtigsten Gründe sind die folgenden:

In den fraglichen Lieferbeziehungen (Rdnr. 14 f.) geht es vor allem um den Schutz der **16** wirtschaftlich „abhängigen" Partei gegen drückende Vertragsbedingungen; hierfür sind indessen das allgemeine Vertragsrecht und das GWB weit besser geeignet als das AktG, wie bereits ein Blick auf die §§ 311 ff. zeigt, an die hier in erster Linie zu denken wäre.[27] Bei Einbeziehung der tatsächlichen Abhängigkeitsverhältnisse in den Anwendungsbereich des § 17 drohte zudem der ohnehin schon bedenklich weite Begriff der Abhängigkeit vollends uferlos zu werden.

Die bisherigen Ausführungen (Rdnr. 14 bis 16) betrafen ausschließlich den Fall einer **16 a** *alleinigen* tatsächlichen „Abhängigkeit" der fraglichen Gesellschaft von einem anderen Unternehmen. Anders ist die Situation dagegen zu beurteilen, wenn zu der tatsächlichen „Abhängigkeitsbeziehung" noch ein gesellschaftsrechtlich vermitteltes Einflußpotential hinzutritt. In solchen Fällen kommt durchaus eine Anwendung des § 17 Abs. 1 in Betracht, da anerkannt ist, daß *zusammen* mit einer Minderheitsbeteiligung auch tatsächliche Umstände der genannten Art zur Abhängigkeit iSd. Gesetzes führen können.[28] Freilich ist noch ganz offen, wo genau hier *die Grenze* verläuft.[29] Nach Meinung des BGH reicht zB eine unter 25% liegende Beteiligung eines Großgläubigers in Verbindung mit dessen Vertretung im Aufsichtsrat der Gesellschaft noch nicht zur Begründung von Abhängigkeit aus.[30] Das deutet darauf hin, daß tatsächliche Umstände der genannten Art zur Begründung der Abhängigkeit nur ausreichen, wenn die Beteiligung ohnehin schon *für sich* eine spürbare Einflußmöglichkeit eröffnet. Die bloße Splitterbeteiligung zB eines Franchisegebers an einem Franchisenehmer führt dagegen auch zusammen mit der tatsächlichen Abhängigkeit des letzteren von dem Franchisegeber noch nicht in den Anwendungsbereich des Konzernrechts. Die geschilderten Fälle machen aber insgesamt deutlich,

---

[26] BGHZ 90, 381, 395 ff. = NJW 1984, 1893 = AG 1984, 181 „BuM"; BGHZ 121, 137, 145 = LM GWB § 23 Nr. 19 = NJW 1993, 2114 = AG 1993, 334 „WAZ/IKZ"; BGHZ 135, 107, 114 = NJW 1997, 1855, 1856 = LM AktG § 17 Nr. 12 = AG 1997, 374 „VW"; OLG Frankfurt AG 1998, 139, 140; *A/D/S* Rdnr. 21–28 (S. 68 ff.); *Emmerich/Sonnenschein/Habersack* § 3 II 3 a (S. 47); *J. Götz* Entherrschungsvertrag S. 25 ff.; MünchKommAktG/ *Bayer* Rdnr. 30; *Henze* Konzernrecht Tz. 31 ff. (S. 12 ff.); *Hüffer* Rdnr. 8 f.; *Koppensteiner*, FS für Stimpel, 1985, S. 811 ff.; *H. Köhler* NJW 1978, 2473; MünchHdb. AG/*Krieger* § 68 Rdnr. 40; *Kn. W. Lange*, Das Recht der Netzwerke, 1998, Tz. 967 ff. (S. 426 ff.); *Martens* Wirtschaftsabhängigkeit S. 53 ff.; *Oechsler* ZGR 1997, 464; *K. Schmidt* GesR § 31 II 3 b (S. 942); *Sura* Fremdeinfluß S. 54 ff.; *Tröger* Treupflichten S. 12, 19 ff.; *P. Ulmer*

ZGR 1978, 457; *M. Wellenhofer-Klein* Zulieferverträge S. 403 ff.; *H. Werner* Abhängigkeitstatbestand S. 140 ff.; *Windbichler* in GroßkommAktG Rdnr. 40 f.

[27] Ebenso OLG Frankfurt (vorige Fn.); *K. Schmidt* (vorige Fn.).

[28] S. Rdnr. 18; BGHZ 90, 381, 397 = NJW 1984, 1893 = AG 1984, 181 „BuM"; OLG Düsseldorf AG 1994, 26, 37 = ZIP 1993, 1791 „Feno"; BFHE 95, 215, 218; 145, 165, 169 f.; *A/D/S* Rdnr. 91–94 (S. 95 f.); MüchKommAktG/*Bayer* Rdnr. 29, 31 f.; *Henze* Konzernrecht Tz. 32 f. (S. 12 f.); *Windbichler* in GroßkommAktG Rdnr. 41; s. auch Rdnr. 19.

[29] *Henze* (vorige Fn.).

[30] BGHZ 90, 381, 397 = NJW 1984, 1893 „BuM"; dazu *K. Schmidt* GesR § 31 II 3 b (S. 942).

wie ungesichert die Grenzen des Abhängigkeitsbegriffs des § 17 Abs. 1 noch auf vielen Gebieten sind.

17   **b) Stimmenmehrheit.** Wichtigste Grundlage der Abhängigkeit ist nach dem Gesagten (Rdnr. 5 f., 14 ff.) bei allen Gesellschaften die Stimmenmehrheit in der Haupt- oder Gesellschafterversammlung der abhängigen Gesellschaft.[31] Folgerichtig knüpft das Gesetz in § 17 Abs. 2 an den Bestand einer Mehrheitsbeteiligung iSd. § 16 die Vermutung der Abhängigkeit (s. Rdnr. 38 ff.). Keine Rolle spielt dabei, *worauf* die Stimmenmehrheit eines Gesellschafters beruht. Selbst wenn er die Mehrheit nur aufgrund der Stimmen anderer Gesellschafter zu erreichen vermag, führt die Mehrheit zur Abhängigkeit, *vorausgesetzt,* daß er über die Stimmen der anderen Gesellschafter sicher (beständig) verfügen kann, wobei in erster Linie an *Stimmbindungsverträge* und Stimmrechtskonsortien zu denken ist. Eine ungesicherte Mitwirkung Dritter, die zur Folge hat, daß es vom Zufall abhängt, ob er im Einzelfall seinen Willen durchzusetzen vermag, schafft dagegen keine Abhängigkeit.[32] Hierauf beruht die Problematik einer Abhängigkeit aufgrund bloßer *Stimmrechtsvollmachten,* da diese grundsätzlich widerruflich sind (s. § 135 Abs. 2 S. 2 und dazu Rdnr. 24). Doch läßt sich nicht generell ausschließen, daß auch Stimmrechtsvollmachten im Einzelfall in Verbindung mit einer eigenen Beteiligung des Bevollmächtigten und weiteren Umständen als beständige (sichere) Basis für eine Einflußnahme ausreichen können (§ 17 Abs. 1; s. Rdnr. 18 f.).

18   **c) Minderheitsbeteiligung.** Aus dem Gesagten folgt (Rdnr. 16 a, 17), daß im Einzelfall auch eine „bloße" Minderheitsbeteiligung zur Begründung von Abhängigkeit ausreichen kann, *vorausgesetzt,* daß sie in Verbindung mit verläßlichen Umständen rechtlicher *oder* tatsächlicher Art dem beteiligten Unternehmen den nötigen Einfluß auf die Personalpolitik der abhängigen Gesellschaft sichert.[33] Abhängigkeit ist dagegen zu verneinen, wenn der Minderheitsaktionär in jedem Fall auf die freiwillige und deshalb nicht gesicherte Mitwirkung anderer Aktionäre angewiesen ist, wenn er seinen Willen in der Gesellschaft durchsetzen will.[34]

19   Eine wichtige Rolle spielt in diesem Zusammenhang die durchschnittliche *Hauptversammlungspräsenz.* Bewegt sie sich üblicherweise auf einer Höhe, die dazu führt, daß bereits die fragliche Minderheitsbeteiligung allein eine sichere Hauptversammlungsmehrheit verleiht, so ist die Folge die Abhängigkeit der Gesellschaft.[35] In der Praxis sind diese Voraussetzungen zB bejaht worden für eine Beteiligung des Bundes in Höhe von 43,75% bei einer durchschnittlichen Hauptversammlungspräsenz von rund 80%,[36] für die Beteiligung des Landes Niedersachsen in Höhe von 20% an der VW-AG mit Rücksicht auf die durchschnittliche Hauptversammlungspräsenz von deutlich unter 40%[37] sowie für die Beteiligung der Hypobank in Höhe von 34% an der Brau- und Brunnen AG bei einer durchschnittlichen Haupt-

[31] Ebenso BFHE 95, 215, 217 f.; 145, 165, 169.

[32] S. Rdnr. 11, 13; RGZ 167, 40, 49 ff. = DR 1941, 1937, 1939 „Thega"; BGHZ 69, 334, 347 = NJW 1978, 104 = AG 1978, 50 „Veba/Gelsenberg"; LG Oldenburg ZIP 1992, 1632, 1636; *A/D/S* Rdnr. 23; MünchKommAktG/*Bayer* Rdnr. 37–41; *Henze* Konzernrecht Tz. 37 ff. (S. 14 ff.); *Hüffer* Rdnr. 9; MünchHdb. AG/*Krieger* Rdnr. 41–43; *Windbichler* in GroßkommAktG Rdnr. 51 ff.

[33] S. schon Rdnr. 16 a; BGHZ 69, 334, 347 = NJW 1978, 104 = AG 1978, 50 „VEBA/Gelsenberg"; BGHZ 125, 366, 369 = LM GmbHG § 13 Nr. 24 = NJW 1994, 1801 = GmbHR 1994, 390; BGHZ 135, 107, 114 f. = LM AktG § 17 Nr. 12 = NJW 1997, 1855, 1856 f. = AG 1997, 374 „VW"; BayObLGZ 2002, 46, 55 = AG 2002, 511, 513; OLG Düsseldorf AG 1994, 36, 37 = ZIP 1993, 1791 „Feno"; NZG 2000, 314, 315 = AG 2000, 365, 366; OLG München AG 1995, 383 = NJW-RR 1995, 1066; OLG Braunschweig AG 1996, 271, 272 f. „VW/Niedersachsen"; OLG Frankfurt NZG

1998, 229 = OLGR Frankfurt 1997, 269 = AG 1998, 193; LG Berlin AG 1996, 230; 1997, 183 „Brau und Brunnen AG I und II"; LG Bielefeld AG 2000, 232, 233 „Hucke AG"; LG Mannheim AG 2003, 216, 217 f. „Brau und Brunnen AG"; *Henze* Konzernrecht Tz. 36 ff. (S. 14 ff.); *Hüffer* Rdnr. § 9 f.; *Raiser* Kapitalgesellschaften § 51 Rdnr. 17 (S. 819 f.).

[34] OLG Frankfurt NZG 1998, 229 = OLGR 1997, 269 = AG 1998, 193; s. schon Rdnr. 11 und 13, 16 a.

[35] BGH, BayObLG, OLGe München und Düsseldorf sowie LG Berlin (Fn. 33).

[36] Grdlg. BGHZ 69, 334, 347 = NJW 1978, 104 = AG 1978, 50; LG Essen AG 1976, 136 = NJW 1976, 1897 „VEBA/Gelsenberg".

[37] BGHZ 135, 107, 115 = LM AktG § 17 Nr. 12 = NJW 1997, 1855 = AG 1997, 374; OLG Braunschweig AG 1996, 271; AG Wolfsburg AG 1995, 238 „VW".

versammlungspräsenz von 83% mit Rücksicht auf die paritätische Beteiligung der Hypobank an einem weiteren Großaktionär mit einem Anteil von 25%, die es der Hypobank erlaubte, eine gegen ihre Interessen gerichtete Stimmabgabe dieses Aktionärs zu verhindern.[38]

Abhängigkeit ist außerdem anzunehmen, wenn der Minderheitsaktionär aufgrund bestän- **19 a** diger (gesicherter) rechtlicher *oder* tatsächlicher Umstände mit der *Unterstützung* durch so viele andere Gesellschafter rechnen kann, daß er auf absehbare Zeit im Zweifel über eine Mehrheit in der Haupt- oder Gesellschafterversammlung verfügt, so daß sich die Verwaltung der Gesellschaft schon im eigenen Interesse darauf einrichten muß. Voraussetzung ist freilich, daß der betreffende Minderheitsaktionär in der fraglichen Beziehung überhaupt Unternehmensqualität iSd. § 15 besitzt (s. dazu § 15 Rdnr. 20 ff.). Beispiele für danach von Fall zu Fall abhängigkeitsbegründende Umstände sind neben den bereits erwähnten (Rdnr. 17) Stimmbindungsverträgen und Stimmrechtskonsortien[39] noch Stimmrechtsvollmachten (Rdnr. 17) und Treuhandverhältnisse, aber auch beständige familiäre Beziehungen, die zur Folge haben, daß eine Familie immer als einheitliche Gruppe abstimmt, nicht aber eine bloße Familienverbundenheit der Aktionäre allein, da es keinen Erfahrungssatz gibt, daß Familienangehörige stets gleichgerichtete Interessen verfolgen.[40] Vorausgesetzt wird dabei immer, um es zu wiederholen, die Unternehmensqualität der Beteiligten in der betreffenden Beziehung. Unter dieser Voraussetzung läßt es die Praxis für die Annahme von Abhängigkeit außerdem genügen, wenn neben einem *Großaktionär* an einer Gesellschaft nur noch Kleinaktionäre beteiligt sind und der Großaktionär infolge seiner Vertretung im Aufsichtsrat der Gesellschaft einen erheblichen Einfluß auf den Vorstand und die Geschäftspolitik der Gesellschaft auszuüben vermag.[41] Minderheitsbeteiligungen können ferner in Verbindung mit *personellen Verflechtungen* oder einem Recht zur *Entsendung* von Aufsichtsratsmitgliedern (§ 101 Abs. 2) zur Abhängigkeit der Beteiligungsgesellschaft führen.[42] Diese Frage darf nicht mit der anderen verwechselt werden, ob personelle Verflechtungen oder Entsendungsrechte *allein* zur Abhängigkeitsbegründung ausreichen; überwiegend wird diese Frage heute verneint, weil der Einfluß dann nicht mehr gesellschaftsrechtlich vermittelt ist (Rdnr. 15); in dieselbe Richtung weist § 101 Abs. 2 S. 4.

Im Einzelfall kann ferner durch besondere **Satzungsbestimmungen** die Position eines **20** Minderheitsgesellschafters so sehr verstärkt werden, daß er einen beherrschenden Einfluß auf die Gesellschaft auszuüben vermag.[43] Bei einer **AG** kommen hierfür zwar mit Rücksicht auf § 23 Abs. 5 neben Entsendungsrechten für den Aufsichtsrat nach § 101 Abs. 2 (s. Rdnr. 19 a) grundsätzlich nur Mehrstimmrechtsaktien in Betracht, soweit noch zulässig (§ 12 Abs. 2 S. 2 aF iVm. § 5 EGAktG). Anders ist die Rechtslage jedoch insoweit bei der **GmbH,** weil bei dieser das Gesetz (§ 45 GmbHG) der Satzung einen weit größeren Spielraum als bei der AG für die Gestaltung des Innenverhältnisses beläßt, so daß hier zahlreiche Satzungsgestaltungen vorstellbar sind, die zusammen mit einer beliebigen Beteiligung einen maßgeblichen Einfluß auf die Geschäftsführung der Gesellschaft verleihen. Ebenso verhält es sich bei den Personengesellschaften (s. Rdnr. 40 ff.).

Schließlich können auch *besondere Abreden* der Gesellschafter neben und in Ergänzung zu **21** dem Gesellschaftsvertrag, wie sie namentlich bei der GmbH verbreitet zu sein scheinen, die

[38] LG Berlin AG 1996, 230, 231 f.; 1997, 183, 184 f. „Brau & Brunnen".
[39] BayObLGZ 2002, 46, 54 = AG 2002, 511, 513 = NJW-RR 2002, 974 = ZIP 2002, 1034; LG Bielefeld AG 2000, 232, 233 „Hucke AG".
[40] BayObLG (vorige Fn.); *Henze* Konzernrecht Tz. 39 (S. 15) m. Nachw.
[41] BGHZ 135, 107, 114 f. = LM AktG § 17 Nr. 12 = NJW 1997, 1855 = AG 1997, 374 „VW"; OLG Düsseldorf AG 2000, 365, 366 = NZG 2000, 314.
[42] Str.; wie hier RGZ 167, 40, 54 = DR 1941, 1937, 1940 „Thega"; BGHZ 135, 107, 114 f. = LM AktG § 17 Nr. 12 = AG 1997, 374 = NJW 1997,

1855, 1857 „VW"; BAG AP Altersversorgung I: BGB § 242 – Ruhegehalt – Konzerne Nr. 1 = AG 1974, 404 = DB 1973, 2302 = VersR 1974, 451; OLG München AG 1995, 383 = NJW-RR 1995, 1066; *A/D/S* Rdnr. 64; MünchKommAktG/*Bayer* Rdnr. 33; MünchHdb. AG/*Krieger* § 68 Rdnr. 42, 47; *Tröger* Treupflicht S. 25 ff.; differenzierend *Windbichler* in GroßkommAktG Rdnr. 43–49; anders *Koppensteiner* in Kölner Kommentar Rdnr. 52; *Dierdorf* Herrschaft S. 196, 213 ff.; wieder anders *J. Götz* Entherrschungsverträge S. 30 ff.
[43] *Beuthien* ZIP 1993, 1589; *Raiser* Kapitalgesellschaft § 51 Rdnr. 17 (S. 820).

Stellung einzelner Gesellschafter so sehr verstärken, daß die Folge eine Abhängigkeit der Gesellschaft von dem betreffenden Gesellschafter oder einer Gesellschaftergruppe ist.[44] In solchen Fällen ist durchweg eine vorschnelle Festlegung angesichts der kaum überschaubaren Vielgestaltigkeit der gesellschaftsrechtlichen Verhältnisse unangebracht. Abhängigkeit, auch gesellschaftsrechtlich vermittelte Abhängigkeit (Rdnr. 15), gibt es in den unterschiedlichsten Erscheinungsformen, so daß letztlich immer erst eine *umfassende Würdigung* der gesamten rechtlichen *und* tatsächlichen Beziehungen zwischen den verbundenen Unternehmen ein Urteil über das Vorliegen oder Fehlen von Abhängigkeit erlaubt.

22   **d) Unternehmensverträge.** Eine Beherrschungsmöglichkeit ist in dem genannten Sinne (Rdnr. 14 ff.) nicht nur dann gesellschaftsrechtlich vermittelt, wenn sie auf einer unmittelbaren oder mittelbaren Beteiligung an der betreffenden Gesellschaft beruht, sondern auch dann, wenn sie ihre Grundlage in einem *Unternehmensvertrag* findet.[45] Unstreitig ist das für den *Beherrschungsvertrag* des § 291 Abs. 1, der auch ohne unmittelbare oder mittelbare Beteiligung des herrschenden Unternehmens an der abhängigen Gesellschaft immer einen Unterordnungskonzern (§ 18 Abs. 1 S. 2) und damit zugleich Abhängigkeit (vgl. § 308 Abs. 1) begründet; freilich dürfte es sich dabei um einen eher theoretischen Grenzfall handeln, weil ein Vertragskonzern ohne zumindest mittelbare Beteiligung des herrschenden Unternehmens an der abhängigen Gesellschaft kaum vorkommen dürfte (vgl. § 400). Ebenso zu beurteilen ist die Eingliederung (s. §§ 18 Abs. 1 S. 2, 319, 320, 323 Abs. 1).

22 a   *Gewinnabführungsverträge*, die ohnehin vorwiegend steuerrechtliche Bedeutung haben (s. § 14 KStG), werden gleichfalls grundsätzlich nur zwischen voneinander abhängigen Unternehmen abgeschlossen und sind daher zumindest ein starkes *Indiz* für das Vorliegen eines Abhängigkeitsverhältnisses, selbst wenn der Gewinnabführungsvertrag (als sogenannter isolierter) ausnahmsweise nicht mit einem Beherrschungsvertrag verbunden ist.[46] In besonderem Maße gilt das, wenn der fragliche Gewinnabführungsvertrag die Grundlage einer körperschaftsteuerlichen Organschaft bildet, weil die Organschaft nach § 14 Abs. 1 Nr. 1 KStG (in der Fassung vom 23. Oktober 2000[47]) nur anerkannt wird, wenn die Organgesellschaft finanziell in den Organträger „eingegliedert" ist, wozu grundsätzlich erforderlich ist, daß der Organträger unmittelbar oder mittelbar über die Mehrheit der Stimmrechte aus den Anteilen der Organgesellschaft verfügt (s. § 17 Abs. 1). Keine Rolle spielt in diesem Zusammenhang, ob der fragliche Unternehmensvertrag wirksam oder aus irgendeinem Grunde *nichtig* ist, sofern er nur von den Beteiligten tatsächlich durchgeführt wird.[48]

23   Bei den *anderen Unternehmensverträgen* des § 292 ist umstritten, ob ihr Abschluß gleichfalls auf das Vorliegen von Abhängigkeit hindeutet.[49] Das Problem rührt daher, daß es sich nach der Vorstellung der Gesetzesverfasser bei den anderen Unternehmensverträgen des § 292 an sich um normale Austauschverträge zwischen voneinander unabhängigen Unternehmen handelt. Soweit dies im Einzelfall zutrifft, etwa bei einer Gewinngemeinschaft zwischen gleichberechtigten Unternehmen (§ 292 Abs. 1 Nr. 1), führt der Abschluß eines derartigen Unternehmensvertrages in der Tat nicht zur Abhängigkeit des einen Vertragsteils von dem anderen. In der Mehrzahl der Fälle werden indessen die anderen Unternehmensverträge, schon mit Rücksicht auf die nötigen Mehrheitsverhältnisse (s. § 293 Abs. 1), ebenso wie die des § 291 zwischen voneinander *abhängigen* Unternehmen abgeschlossen. Namentlich die

---

[44] S. *Joussen* Gesellschafterabsprachen S. 164 ff.; *ders.* GmbHR 1996, 574; *Noack* Gesellschaftervereinbarungen S. 87 ff.
[45] *Henze* Konzernrecht Tz. 31, 34, 51 ff. (S. 12 f., 19 f.); *Hüffer* Rdnr. 12.
[46] *Henze* Konzernrecht Tz. 51 f. (S. 19); *Hüffer* Rdnr. 12.
[47] BGBl. I S. 1433.

[48] S. MünchKommAktG/*Bayer* Rdnr. 63; *Henze* Konzernrecht Tz. 53 (S. 20).
[49] S. *A/D/S* Rdnr. 57 ff.; MünchKommAktG/*Bayer* Rdnr. 64–71; *Emmerich/Sonnenschein/Habersack* § 3 II 6 (S. 51); *Hüffer* Rdnr. 12; *Koppensteiner* in Kölner Kommentar Rdnr. 46 f.; *Raupach*, FS für Bezzenberger, 2000, S. 327, 336; *Tröger* Treupflicht S. 29 ff.; *Windbichler* in GroßkommAktG Rdnr. 37 ff.

Betriebspachtverträge des § 292 Abs. 1 Nr. 3 haben offenbar nahezu ausschließlich konzerninterne Bedeutung (s. § 292 Rdnr. 38 ff.). Der Bestand eines derartigen Vertrages ist daher gleichfalls zumindest ein **Indiz** für das Vorliegen von Abhängigkeit,[50] wobei es hier ebensowenig wie bei den Beherrschungs- und Gewinnabführungsverträgen (Rdnr. 22 a) auf die zivilrechtliche Wirksamkeit des Vertrages ankommt, solange er nur tatsächlich von den Beteiligten praktiziert wird. Dies gilt auch für stille Gesellschaftsverträge und sonstige Interessenwahrungsverträge einschließlich der Gewinngemeinschaften des § 292 Abs. 1 Nr. 1, die durchaus als Mittel zur Begründung von Abhängigkeitsverhältnissen eingesetzt werden können.[51]

e) Banken.[52] Nur schwer durchschaubare Probleme wirft im vorliegenden Zusammen- **24** hang das *Depotstimmrecht* der Banken auf. Man muß hier unterscheiden: Soweit es um *andere* Aktionäre geht, begründet selbst deren wiederholte Unterstützung durch die Banken mit ihrem Depotstimmrecht im Regelfall noch keine Abhängigkeit von diesen, weil und solange auf diese Unterstützung kein dauernder (beständiger), weil gesicherter Verlaß ist.[53] Anders war die Rechtslage dagegen, zumindest früher, hinsichtlich der *Banken* selbst, d. h. hinsichtlich *ihrer* eigenen Stellung als herrschendes Unternehmen bei anderen Gesellschaften, zu beurteilen: Da die Aktionäre von ihrem Weisungsrecht nach § 135 Abs. 5 nur selten Gebrauch machen, konnte das Depotstimmrecht in Verbindung mit eigenem Anteilsbesitz bis zur Änderung des § 135 im Jahre 1998 durchaus einen beherrschenden Einfluß auf eine andere Gesellschaft verschaffen.[54] Seitdem jedoch 1998 das Depotstimmrecht der Banken, insbes. durch die Regelung des § 135 Abs. 1 S. 3, deutlich eingeschränkt wurde, kommt dem Depotstimmrecht nicht mehr dieselbe Bedeutung wie früher zu,[55] so daß es jetzt nur noch in Ausnahmefällen zusammen mit anderen Umständen Abhängigkeit zu begründen vermag.[56]

5. Negative Beherrschung? Unter einer negativen Beherrschung versteht man die **25** bereits mit einer bloßen *Sperrminorität* verbundene Rechtsmacht, Grundlagenentscheidungen bei der Beteiligungsgesellschaft zu verhindern (s. § 179 Abs. 2 S. 1 AktG; § 53 Abs. 2 S. 1 GmbHG). Nach manchen soll diese Möglichkeit zur Begründung von Abhängigkeit ausreichen, weil die Beteiligungsgesellschaft jetzt nicht mehr in der Lage sei, Grundlagenentscheidungen frei im eigenen Interesse zu treffen.[57] Indessen verleiht eine Sperrminorität im Regelfall noch *keinen* Einfluß auf die Zusammensetzung der Organe der Beteiligungsgesellschaft, so daß die Sperrminorität allein grundsätzlich nicht zur Begründung von Abhängigkeit taugt, wohl aber gegebenenfalls in Verbindung mit anderen rechtlichen oder tatsächlichen Umständen, die dem betreffenden Aktionär eine beständige Einflußnahme auf die Gesellschaft erlauben.[58] Eine andere Beurteilung kann außerdem von Fall zu Fall geboten sein, wenn aufgrund besonderer Satzungsbestimmungen (s. § 133 AktG; § 45 GmbHG) eine Besetzung der Organe der Gesellschaft gegen den Willen des mit einer Sperrminorität beteiligten Gesellschafters nicht möglich ist.[59]

[50] Ebenso *Hüffer* Rdnr. 12; *Raupach* (vorige Fn.).
[51] S. *Bezzenberger/Schuster* ZGR 1996, 497; *Hüffer* Rdnr. 9.
[52] S. schon Rdnr. 19 sowie zuletzt MünchKommAktG/*Bayer* Rdnr. 45–49; *Windbichler* in GroßkommAktG Rdnr. 56.
[53] S. Rdnr. 11, 13; *A/D/S* Rdnr. 31; *Koppensteiner* in Kölner Kommentar Rdnr. 41; MünchHdb. AG/*Krieger* § 68 Rdnr. 43 f.; *Raiser* Kapitalgesellschaften § 51 Rdnr. 18 (S. 820); weiter *H. Werner* Abhängigkeitstatbestand S. 211 ff.
[54] MünchKommAktG/*Bayer* Rdnr. 45–49; *J. Götz* Entherrschungsvertrag S. 55 ff.; *Koppensteiner* in Kölner Kommentar Rdnr. 32, 42; s. LG Berlin AG 1996, 230, 231 f.; 1997, 183; aA *Hüffer* Rdnr. 10; *Windbichler* in GroßkommAktG Rdnr. 56, 24.

[55] S. *Habersack* ZHR 165 (2001), 172; *Noack*, FS für Lutter, 2000, S. 1463.
[56] Ebenso *Hüffer* Rdnr. 10.
[57] Vgl. *Peters/Werner* AG 1978, 297; *H. Werner* Abhängigkeitstatbestand S. 43, 107 ff.; *ders./Peters* BB 1976, 393.
[58] S. Rdnr. 18 ff.; *A/D/S* Rdnr. 36–38; MünchKommAktG/*Bayer* Rdnr. 42–44; *Hüffer* Rdnr. 10; *Kittner* DB 1976, 1513 f.; *Koppensteiner* in Kölner Kommentar Rdnr. 22, 38, 58; MünchHdb. AG/*Krieger* § 68 Rdnr. 38; *Rasch* BB 1977, 412; *Raiser* Kapitalgesellschaften § 51 Rdnr. 18; *Windbichler* in GroßkommAktG Rdnr. 20.
[59] MünchKommAktG/*Bayer* Rdnr. 43.

III. Unmittelbare und mittelbare Abhängigkeit

26 Unmittelbare und mittelbare Abhängigkeit stehen nach § 17 Abs. 1 ebenso wie schon nach § 15 Abs. 2 AktG von 1937 einander gleich. *Unmittelbare* Abhängigkeit liegt vor, wenn das fragliche Unternehmen *allein* in der Lage ist, einen beherrschenden Einfluß auf die abhängige Gesellschaft auszuüben, *mittelbare* Abhängigkeit dagegen, wenn es sich hierzu der Mitwirkung Dritter bedienen muß (vgl. schon § 16 Abs. 4). Beispiele sind die Mitwirkung von Tochtergesellschaften, von Treuhändern oder von anderen Gesellschaftern, über deren Stimmen der fragliche Gesellschafter aufgrund von Stimmbindungsverträgen oder im Rahmen von Stimmrechtskonsortien verfügen kann.[60] Dabei sind verschiedene Fallgestaltungen ins Auge zu fassen: Zunächst kann es sich so verhalten, daß das herrschende Unternehmen nur *zusammen mit* einem *Dritten* (der nicht Unternehmen zu sein braucht) in der Lage ist, einen beherrschenden Einfluß auf die Beteiligungsgesellschaft auszuüben. Paradigmata sind Treuhandverhältnisse, die, zumindest in entsprechender Anwendung des § 16 Abs. 4, (auch) zur (mittelbaren) Abhängigkeit des Beteiligungsunternehmens vom Treugeber führen können (s. § 16 Rdnr. 18). Man spricht dann gelegentlich auch von *mehrfacher einstufiger Abhängigkeit* der Beteiligungsgesellschaft, nämlich sowohl vom Treugeber wie gegebenenfalls vom Treuhänder. Keine Rolle spielt in diesen Fällen, ob das herrschende Unternehmen neben dem Dritten selbst unmittelbar an der Gesellschaft eine Beteiligung hält oder nicht.

27 Davon zu unterscheiden ist der Fall der *mehrstufigen Abhängigkeit*, der vorliegt, wenn das dritte Unternehmen, über das das herrschende Unternehmen seinen Einfluß auf die Beteiligungsgesellschaft ausübt, gleichfalls von dem herrschenden Unternehmen abhängig ist. „Klassisches" Beispiel ist die Mehrheitsbeteiligung einer Muttergesellschaft an einer Tochtergesellschaft, die ihrerseits mehrheitlich an einer dritten Gesellschaft, der sogenannten Enkelgesellschaft beteiligt ist. Die gesetzliche Regelung (§ 17 Abs. 1) hat hier zur Folge, daß die Enkelgesellschaft nicht nur von der Tochtergesellschaft, sondern auch von der Muttergesellschaft (mittelbar) abhängig (§§ 17, 16), so daß es zu einer *mehrfachen gestuften* Abhängigkeit der Enkelgesellschaft kommt, und zwar wiederum ohne Rücksicht darauf, ob die Muttergesellschaft ihrerseits an der Enkelgesellschaft unmittelbar beteiligt ist oder nicht.[61] Die für die Abhängigkeit geltenden Vorschriften sind in derartigen Fällen gleichermaßen auf das Verhältnis der Enkelgesellschaft zu der Tochter- wie zu der Muttergesellschaft anzuwenden (Rdnr. 28 ff.).

IV. Mehrfache Abhängigkeit, Gemeinschaftsunternehmen

Schrifttum: *A/D/S* Rdnr. 40–47 (S. 75 ff.); *Barz,* FS für Kaufmann, 1972, S. 59; *P. Bauer,* Zur Abhängigkeit einer AG von einem Konsortium, NZG 2001, 742; MünchKommAktG/*Bayer* Rdnr. 76–83; *Eckstein* BB 1972 Beil. Nr. 1; *Emmerich/Gansweid* JuS 1975, 294; *Emmerich/Sonnenschein/Habersack* § 3 III (S. 51 ff.); *W. Exner,* Beherrschungsvertrag und Vertragsfreiheit, 1984; *Gansweid,* Gemeinsame Tochtergesellschaften; *Geßler* ZGR 1974, 476; *Henze* Konzernrecht Tz. 43 ff. (S. 16 ff.); *Hommelhoff,* FS für Goerdeler, 1987, S. 221; *Hüffer* Rdnr. 13–16; MünchHdb. AG/*Krieger* § 68 Rdnr. 50–54; *G. Marchand,* Abhängigkeit und Konzernzugehörigkeit von Gemeinschaftsunternehmen, 1985; *S. Maul,* Aktienrechtliches Konzernrecht und Gemeinschaftsunternehmen, NZG 2000, 470; *Mestmäcker/Blaise/Donaldson,* Gemeinschaftsunternehmen im Konzern- und Kartellrecht, 1979; *Noack,* Gesellschaftervereinbarungen bei Kapitalgesellschaften, 1994; *Raiser* Kapitalgesellschaften § 51 Rdnr. 21 f. (S. 821 f.); *A. Raupach,* Vom Nichtanwendungs- zum Untätigkeitserlaß, FS für Kruse, 2001, S. 253; *ders./S. Klotz* WiB 1994, 137; *Rottnauer* DB 1991, 27; *Säcker* NJW 1980, 801; *Windbichler* in GroßkommAktG Rdnr. 59–67.

28 **1. Überblick.** Zu einer mehrfachen Abhängigkeit kann es, wie schon ausgeführt (Rdnr. 26 f.), zunächst im Falle mittelbarer Abhängigkeit kommen (s. § 16 Abs. 4). Einen weiteren hierher gehörenden Fall bilden Gemeinschaftsunternehmen, sofern die Mütter gemeinsam einen beherrschenden Einfluß auf ihre Tochter ausüben, während im Falle eines

---

[60] S. *A/D/S* Rdnr. 88–90; MünchKommAktG/ *Bayer* Rdnr. 72–75; *Koppensteiner* in Kölner Kommentar Rdnr. 27 ff.; *ders.,* Internationale Unternehmen, S. 297 ff.; MünchHdb. AG/*Krieger* § 68 Rdnr. 48 f.; *Kronstein* BB 1967, 637; *E. Rehbinder* ZGR 1977, 581, 588 ff.; *Werner* Abhängigkeitstatbestand S. 180 ff.; *Windbichler* in GroßkommAktG Rdnr. 57 f.

[61] BAGE 22, 390 = AP BetrVG § 76 Nr. 20 = NJW 1970, 1766 = AG 1970, 268; KG WuW/E OLG 1993, 1994 = AG 1979, 158; *Emmerich/Sonnenschein/Habersack* § 3 II 4 (S. 49).

unkoordinierten Vorgehens der Mütter gegenüber dem Gemeinschaftsunternehmen ebensowenig eine mehrfache Abhängigkeit in Betracht kommt wie dann, wenn eine Mutter allein die Führung der gemeinsamen Tochter übernimmt.[62]

Eine ausdrückliche gesetzliche Regelung des Fragenkreises findet sich in *§ 36 Abs. 2 S. 2*   **29** *GWB,* nach dem *jedes* Unternehmen als herrschend gilt, wenn mehrere Unternehmen derart zusammenwirken, daß sie *gemeinsam* einen beherrschenden Einfluß auf ein anderes Unternehmen ausüben können. Die Voraussetzungen dieser sogenannten *Mehrmütterklausel* sind (nur) erfüllt, wenn über die gemeinsame Interessenlage und Leitungsmacht der Gesellschafter hinaus weitere Umstände gegeben sind, die eine auf Dauer gesicherte, beständige und einheitliche Einflußnahme einer Gruppe von Müttern oder aller Mütter auf die gemeinsame Tochter erwarten lassen.[63] Dies ist vor allem anzunehmen, wenn entsprechende Vereinbarungen der Mütter vorliegen, kann aber auch gegeben sein, wenn die tatsächliche Gemeinsamkeit der Interessen der Gesellschafter so stark und dauerhaft ist, daß sie eine gleichbleibende einheitliche Willensbildung erwarten läßt. Für die Anwendung der Mehrmütterklausel ist dagegen kein Raum, wenn konkret die Möglichkeit einer Abstimmung der Mütter mit wechselnden Mehrheiten besteht oder wenn es sich um ein sogenanntes paritätisches (50 : 50) Gemeinschaftsunternehmen handelt und nicht aufgrund besonderer, weiterer Umstände eine gemeinsame Politik der beiden Mütter gegenüber dem Gemeinschaftsunternehmen gewährleistet ist.[64]

Ein *anderes* Konzept liegt dagegen dem Tatbestand des gemeinsamen Kontrollerwerbs in   **29 a** § 37 Abs. 1 Nr. 2 GWB zugrunde, da es für die Annahme eines Zusammenschlusses durch gemeinsamen Kontrollerwerb bereits ausreicht, wenn mehrere Unternehmen *zusammen* die Möglichkeit besitzen, Aktionen zu blockieren, die das strategische Verhalten eines Unternehmens bestimmen, so daß sie einem faktischen Einigungs*zwang* ausgesetzt sind; Paradigma ist hier gerade das paritätische Gemeinschaftsunternehmen.[65] An diesem Beispiel wird der Unterschied zwischen dem Konzept der Abhängigkeit und dem der Kontrolle besonders deutlich (s. schon Rdnr. 2).

Eine besondere Erscheinungsform der Gemeinschaftsunternehmen ist oder besser: war   **29 b** bisher die körperschaftsteuerliche *Mehrmütterorganschaft*. Man versteht darunter die körperschaftsteuerliche Anerkennung eines Organschaftsverhältnisses zwischen einem Gemeinschaftsunternehmen als Organgesellschaft und seinen Müttern aufgrund des Abschlusses eines Gewinnabführungsvertrages zwischen den beteiligten Unternehmen (s. § 291 Rdnr. 57). Eine gesetzliche Regelung hatte dieses Rechtsinstitut erstmals 2000 in § 14 Abs. 2 KStG idF der ÄnderungsG vom 23. 10. 2000 und 20. 12. 2001 gefunden.[66] Die Mehrmütterorganschaft wird seitdem (in Abkehr von der vorausgegangenen Rspr. des BFH, s. § 291 Rdnr. 57) nur noch anerkannt, wenn sich die Mütter zwecks einheitlicher Willensbildung gegenüber dem Gemeinschaftsunternehmen in einer Personengesellschaft zusammenschließen und anschließend *diese* (und nicht etwa wie früher üblich die Mütter selbst) den Gewinnabführungsvertrag mit dem Gemeinschaftsunternehmen als Organgesellschaft abschließt. Durch das SteueränderungsG 2003 soll die Mehrmütterorganschaft in der bisherigen Form ganz abgeschafft werden.

[62] BGHZ 62, 193, 196 ff. = NJW 1974, 855 „Seitz"; BGHZ 74, 359, 363 ff. = NJW 1979, 2401 = AG 1980, 50 „WAZ"; BGHZ 80, 69, 73 = NJW 1981, 1512 = AG 1981, 225; BGHZ 95, 330, 349 = LM GmbHG § 13 Nr. 15 = NJW 1986, 188 = AG 1986, 15 „Autokran"; BGH LM AktG § 302 Nr. 8 = NJW 1994, 3288 = AG 1995, 35, 36; BAGE 22, 390 = AP BetrVG 1953 § 76 Nr. 20 = NJW 1970, 1766; BAGE 53, 187 = AG 1988, 106; BAGE 80, 322, 326 = AG 1996, 367, 368 = NJW 1996, 1691; OLG Karlsruhe BB 1972, 979; AG 1991, 144 „ASEA/BBC"; OLG Hamm AG 1998, 588; *Emmerich/Gansweid* JuS 1975, 294; *Gansweid* Tochtergesellschaften S. 86 ff.; *S. Maul* NZG 2000, 470; *K. Schmidt,* FS für Lutter, S. 1167, 1184 f.

[63] Grdlg. BGHZ 81, 56, 60 f. = NJW 1981, 2699 = AG 1981, 310; BGHZ 99, 1, 4 = LM GWB § 5 b Nr. 1 = NJW 1987, 1639; BGHZ 99, 126, 130 f. = NJW 1987, 1700 = AG 1987, 178; BGH LM GWB § 24 Nr. 20 = NJW-RR 1988, 484; OLG Düsseldorf WuW/E DER 647, 648 f. = AG 2001, 597, 599 f. „WAZ/OTZ"; Bundeskartellamt WuW/E DEV 408, 409 Tz. 5 „Trienekens/Köln"; *Emmerich,* Kartellrecht, 9. Aufl. 2001, § 23, 3 (S. 259 ff.); *ders.* AG 2001, 605, 610.

[64] S. *Emmerich* (vorige Fn.).

[65] Europäische Kommission Mitteilung ABl. EG 1998 Nr. C 66/5 Tz. 18 ff.; s. *Emmerich* Kartellrecht §§ 24, 5 a; 41, 2 (S. 276, 484 ff.).

[66] BGBl 2000 I S. 1433; 2001 I S. 3858.

30   **2. Voraussetzungen.** Dem Konzernrecht liegt dasselbe Konzept mehrfacher Abhängigkeit wie dem § 36 Abs. 2 S. 2 GWB zugrunde (s. deshalb schon Rdnr. 29). Folglich setzt die Annahme mehrfacher Abhängigkeit hier nicht anders als im GWB für den Regelfall voraus, daß die gemeinsame Beherrschung der fraglichen Gesellschaft durch die beteiligten Unternehmen, die sogenannten Mütter oder Muttergesellschaften, auf Dauer gesichert ist.[67] Als *Mittel* dafür kommen außer der Gründung einer Gesellschaft der Mütter vor allem ihre Zusammenfassung in einem Gleichordnungskonzern sowie Konsortial- und Stimmbindungsverträge in Betracht. Aber auch tatsächliche Verhältnisse können dafür ausreichen, sofern sie nur auf Dauer eine gemeinsame Interessenverfolgung der Mütter gewährleisten, so daß je nach den Umständen des Falles selbst eine personelle Verflechtung der Mütter oder deren gemeinsame Beherrschung durch dieselben paritätisch beteiligten Familien die Abhängigkeit des Gemeinschaftsunternehmens begründen können.[68] Doch kommt hier alles auf die Umstände des Einzelfalles an, solange man es ablehnt, aus dem bloßen Einigungszwang für die Beteiligten entsprechend dem Kontrollkonzept (s. Rdnr. 29 a) auf die gemeinsame Beherrschung zu schließen (Rdnr. 31).

31   Der bloße Einigungszwang, der von einer *paritätischen Beteiligung* an einem Gemeinschaftsunternehmen auf beide Mütter typischerweise ausgeht, genügt nach bisher überwiegender Meinung für die Annahme gemeinsamer Beherrschung allein *nicht,* solange nicht durch weitere Umstände, insbes. durch Absprachen der Mütter, deren gemeinsames Vorgehen gegenüber dem Gemeinschaftsunternehmen sichergestellt ist.[69] Als *Indiz* für das Vorliegen mehrfacher Abhängigkeit wird es folgerichtig häufig bezeichnet, wenn etwaige Interessenkonflikte zwischen den Müttern nicht im Gemeinschaftsunternehmen, sondern außerhalb desselben in besonderen Gremien der Mütter ausgetragen werden, um anschließend das gemeinsame Vorgehen der Mütter gegenüber dem Gemeinschaftsunternehmen zu gewährleisten. Treten die Mütter dagegen unkoordiniert gegenüber dem Gemeinschaftsunternehmen auf, so fehlt es an einer mehrfachen Abhängigkeit.[70]

32   **3. Rechtsfolgen.** Mehrfache Abhängigkeit des Gemeinschaftsunternehmens bedeutet, daß dieses in konzernrechtlich relevanten Beziehungen zu *jeder* einzelnen der ihm gegenüber als Einheit auftretenden Mütter steht und nicht etwa nur zu einer zwischen den Müttern anzunehmenden BGB-Gesellschaft.[71] Davon geht auch § 36 Abs. 2 S. 2 GWB aus, während das Steuerrecht zuletzt, wie gezeigt (Rdnr. 29 b), aus rein fiskalischen Gründen einem abweichenden Konzept folgte (solange die Mehrmütterorganschaft überhaupt noch steuerrechtlich anerkannt wurde). Anders als im Steuerrecht bedeutet folglich im Konzernrecht mehrfache Abhängigkeit, daß die an die Abhängigkeit anknüpfenden Rechtsinstitute auf die Beziehungen des Gemeinschaftsunternehmens zu *jeder* der Mütter Anwendung finden. Dies gilt gleichermaßen für faktische wie für Vertragskonzerne.[72] In einem faktischen Konzern muß das Gemeinschaftsunternehmen daher zB Abhängigkeitsberichte über seine Beziehungen zu *jeder* Mutter aufstellen (§ 312), während im Vertragskonzern (anders als im Steuerrecht, s. Rdnr. 29 b) vertragliche Beziehungen des Gemeinschaftsunternehmens zu *jeder* der

---

[67] S. MünchKommAktG/*Bayer* Rdnr. 76 ff.; *Henze* Konzernrecht Tz. 43 ff. (S. 16 ff.); *Hüffer* Rdnr. 13 ff.; MünchHdb. AG/*Krieger* § 68 Rdnr. 50 ff.

[68] BGHZ 62, 193, 199 ff. = NJW 1974, 855 „Seitz"; BGHZ 74, 359, 363 ff. = NJW 1979, 2401 = AG 1980, 50 „WAZ"; BGHZ 80, 69, 73 = NJW 1981, 1512 = AG 1981, 225; BGHZ 95, 330, 349 = LM GmbHG § 13 Nr. 15 = NJW 1986, 188 = AG 1986, 188 „Autokran"; BGHZ 122, 123, 125 f. = LM AktG § 302 Nr. 6 = NJW 1993, 1200, 1202 = AG 1991, 371 „TBB"; BGH LM AktG § 302 Nr. 8 = NJW 1994, 3288 = AG 1995, 35; BAGE 80, 322, 326 = AG 1996, 367, 368 = NJW 1996, 1691; BFHE 185, 504, 507 f.; 189, 518, 521 ff. = AG 2000, 181, 182; *P. Bauer* NZG 2001, 742, 743;

Gansweid Tochtergesellschaften S. 119 ff.; *Koppensteiner* in Kölner Kommentar Rdnr. 74; *S. Maul* NZG 2000, 470 f.; enger *A/D/S* Rdnr. 43 ff.

[69] OLG Hamm AG 1998, 588; *Henze* Konzernrecht Tz. 47 (S. 18); *Hüffer* Rdnr. 16; dagegen MünchKommHGB/*Mülbert* Bd. 3 Konzernrecht Rdnr. 44 (S. 537 f.).

[70] S. MünchKommAktG/*Bayer* Rdnr. 79 ff.; *Hüffer* Rdnr. 15 f.

[71] *A/D/S* Rdnr. 41; MünchKommAktG/*Bayer* Rdnr. 83; *Hüffer* Rdnr. 14; *Koppensteiner* in Kölner Kommentar Rdnr. 71 f.; MünchHdb. AG/*Krieger* § 68 Rdnr. 53; *Raupach/Klotz* WiB 1994, 137, 139; anders *Windbichler* in GroßkommAktG Rdnr. 66 f.

[72] *Emmerich/Sonnenschein/Habersack* § 3 III 2 (S. 53 f.).

Mütter (und nicht etwa zu einer von den Müttern gebildeten BGB-Gesellschaft) anzuneh-men sind.[73] Die Folge ist, daß die Hauptversammlung *jeder* Mutter dem Unternehmens-vertrag mit dem Gemeinschaftsunternehmen gemäß § 293 Abs. 2 zustimmen muß.[74] Sobald der Vertrag wirksam zustande gekommen ist, darf außerdem jede Mutter dem Gemein-schaftsunternehmen im Rahmen des § 308 nachteilige Weisungen erteilen, so daß dieses im Ergebnis dann (wiederum anders als im Steuerrecht) mehreren Konzernen angehört.[75] Folgerichtig ist es auch in die Konzernabschlüsse aller Mütter einzubeziehen.[76] Anwendbar sind ferner die §§ 302 und 303 auf die Beziehungen zu jeder Mutter. Ausgleich und Abfindung werden dagegen von den Müttern nach den §§ 304 und 305 gesamtschuldne-risch geschuldet.

V. Vermutung

Schrifttum: *A/D/S* Rdnr. 95–127 (S. 96 ff.); *Bachelin* Minderheitenschutz, 1969, S. 14 ff.; Münch-KommAktG/*Bayer* Rdnr. 84–114; *Emmerich/Sonnenschein/Habersack* § 3 IV (S. 54 ff.); *Henze* Konzernrecht Tz. 54 ff. (S. 20 ff.); *Hüffer* Rdnr. 17–23; *Jäger* DStR 1995, 1113; *R. Liebs*, Gedächtnisschrift Rödig, 1978, S. 286; MünchHdb. AG/*Krieger* § 68 Rdnr. 55–61; *B. Richter* AG 1982, 261; *H. Werner* Abhängigkeitstatbe-stand S. 167 ff.; *Windbichler* in GroßkommAktG Rdnr. 68–88.

1. Bedeutung. Nach § 17 Abs. 2 wird von einem in Mehrheitsbesitz stehendem Unter- **33** nehmen vermutet, daß es von dem an ihm mit Mehrheit beteiligten Unternehmen abhängig ist. Diese Vermutung ist ihrerseits Grundlage der Konzernvermutung des § 18 Abs. 1 S. 3. Eine Mehrheitsbeteiligung führt folglich im *Zweifel* zur Abhängigkeit *und* zur Annahme eines Konzerns. Das gilt gleichermaßen für eine Anteils- wie für eine Stimmenmehrheit, weil § 16 beide Formen der Mehrheitsbeteiligung gleichstellt.

Die Vermutung hat vor allem Bedeutung im *Rechtsstreit*, wenn streitig ist, ob ein Unter- **34** nehmen von einem anderen abhängig ist. Die Abhängigkeitsvermutung hat hier zur Folge, daß die Darlegungs- und Beweislast denjenigen trifft, der sich darauf beruft, daß die im Mehrheitsbesitz eines anderen Unternehmens stehende Gesellschaft tatsächlich doch nicht abhängig ist. Im Regelfall wird dies das mehrheitlich beteiligte Unternehmen sein; im Einzelfall kann es sich bei der beweispflichtigen Gesellschaft aber auch um die im Mehrheits-besitz stehende Gesellschaft handeln, wenn sie etwa ihre Verpflichtung zur Aufstellung eines Abhängigkeitsberichts bestreitet (§ 312).[77] Wichtig sind die Abhängigkeitsvermutung und die auf ihr aufbauende Konzernvermutung außerdem für die *Abschlußprüfer*, wiederum insbes. im Rahmen der Prüfung der Frage, ob das im Mehrheitsbesitz eines anderen Unter-nehmens stehende Unternehmen nach § 312 zur Aufstellung eines Abhängigkeitsberichts verpflichtet ist. Abweichend ist die Rechtslage lediglich im Falle einer *wechselseitigen* Beteili-gung, da hier die Mehrheitsbeteiligung zwingend die Abhängigkeit nach sich zieht (§ 19 Abs. 2 und 3; s. § 19 Rdnr. 12, 17 ff.).

2. Widerlegung. a) Voraussetzungen. Die Widerlegung der Vermutung hat in erster **35** Linie an dem Punkt anzusetzen, der den Gesetzgeber veranlaßt hat, im Falle einer Mehr-heitsbeteiligung iSd. § 16 für den Regelfall von der Abhängigkeit der im Mehrheitsbesitz stehenden Gesellschaft auszugehen (§ 17 Abs. 2). Dies ist, wie gezeigt (Rdnr. 5 ff.), bei einer AG die Fähigkeit des mit Mehrheit beteiligten Unternehmens, die Zusammensetzung des Aufsichtsrats und damit mittelbar die des Vorstandes der Gesellschaft zu bestimmen (§§ 84, 101) und *dadurch* „über seine Leute" maßgeblichen Einfluß auf die Politik der abhängigen Gesellschaft zu nehmen. Die Vermutung des § 17 Abs. 2 ist folglich (nur) widerlegt, wenn nachgewiesen wird, daß dem mit Mehrheit beteiligten Unternehmen aufgrund besonderer Umstände genau diese Fähigkeit („die Personalhoheit") fehlt.

---

[73] S. § 304 Rdnr. 8, 22; § 305 Rdnr. 18; § 312 Rdnr. 9; *S. Maul* NZG 2000, 470, 471 ff.
[74] MünchHdb. AG/*Krieger* § 68 Rdnr. 75; *Lutter*, FS für H. Westermann, 1974, S. 347; *Mestmäcker* Gemeinschaftsunternehmen S. 26.

[75] BAGE 53, 187 = AG 1988, 106; OLG Karls-ruhe AG 1991, 144, 145; str.
[76] *Gansweid* Tochtergesellschaften S. 186 ff.
[77] *Hüffer* Rdnr. 18.

36   Für den Nachweis „fehlender Personalhoheit" trotz Mehrheitsbeteiligung (Rdnr. 35) genügt nach manchen bereits der Nachweis, daß das mit Mehrheit beteiligte Unternehmen aufgrund besonderer Umstände nicht in der Lage ist, die Zusammensetzung des Aufsichtsrats und damit mittelbar die des Vorstandes der in seinem Mehrheitsbesitz stehenden Gesellschaft zu beeinflussen, und zwar deshalb nicht, weil es, aus welchen Gründen immer, in der Hauptversammlung über keine *Stimmenmehrheit* verfügt.[78] Nach überwiegender Meinung ist die Abhängigkeitsvermutung dagegen erst widerlegt, wenn auch noch das Vorhandensein *anderer* Einflußmöglichkeiten ausgeschlossen wird, wie sie auch ohne Stimmenmehrheit bei einer „bloßen" Anteils- oder Kapitalmehrheit denkbar sind.[79]

37   Für die Richtigkeit der zuletzt genannten engeren Meinung (Rdnr. 36) spricht vor allem, daß das Gesetz in den §§ 16 und 17 Abs. 2 die Abhängigkeitsvermutung eben *auch* an eine bloße Anteilsmehrheit ohne korrespondierende Stimmenmehrheit knüpft, so daß nach Sinn und Zweck der Regelung die daraus sich ergebenden mittelbaren Einflußmöglichkeiten gleichfalls ausgeschlossen werden müssen. Zur Widerlegung der Abhängigkeitsvermutung genügt deshalb nicht allein der Nachweis, daß die Anteilsmehrheit mangels Stimmenmehrheit keinen unmittelbaren Einfluß auf die Zusammensetzung der Organe der Beteiligungsgesellschaft eröffnet; vielmehr muß auch noch zusätzlich bewiesen werden, daß die Mehrheit aufgrund anderer Umstände (mittelbar) auf Dauer gleichfalls keine Möglichkeit begründet, die Zusammensetzung des Aufsichtsrats und damit die des Vorstandes bzw. der Geschäftsführung zu beeinflussen. Voraussetzung ist freilich, daß die andere Partei zunächst substantiiert Umstände vorgetragen hat, die doch auf Abhängigkeit trotz fehlender Stimmenmehrheit hindeuten.[80]

38   **b) Beispiele.** Das wichtigste Mittel zur Widerlegung der Abhängigkeitsvermutung im Falle einer Mehrheitsbeteiligung sind die sogenannten Entherrschungsverträge (dazu Rdnr. 42 ff.). Haben die Beteiligten dagegen keinen derartigen Vertrag abgeschlossen, so kommt eine Widerlegung der Abhängigkeitsvermutung trotz Mehrheitsbeteiligung (§ 17 Abs. 2) vor allem dann noch in Betracht, wenn die Stimmenmehrheit aufgrund besonderer Satzungsbestimmungen nicht für die Wahl der Aufsichtsratsmitglieder ausreicht (§ 133), zB, weil der Gesellschaftsvertrag für sämtliche Beschlüsse eine qualifizierte Mehrheit verlangt[81] *oder* weil die Satzung einschneidende Stimmrechtsbeschränkungen gerade hinsichtlich derjenigen Gegenstände vorsieht, die für die Abhängigkeitsbegründung relevant sind. Gleich steht der Fall, daß der Mehrheitsgesellschafter durch *Stimmbindungsverträge* mit anderen Aktionären auf die Ausübung des Stimmrechts aus einem wesentlichen Teil seiner Aktien verzichtet oder sich an die Zustimmung anderer Aktionäre gebunden hat, auf deren Abstimmungsverhalten er keinen Einfluß hat (Rdnr. 39).[82]

39   Bei Stimmbindungsverträgen und vergleichbaren anderen Abreden über die Beschränkung des Stimmrechts aus einem Teil des Aktienbesitzes muß, wenn sie zur Widerlegung der Abhängigkeitsvermutung des § 17 Abs. 2 geeignet sein sollen, noch hinzukommen, daß sich der Vertrag zumindest auf *so viele* Anteile bezieht, daß beständig (auf Dauer) unter Berücksichtigung der üblichen Hauptversammlungspräsenz eine Hauptversammlungsmehrheit ausgeschlossen wird; der Vertrag muß sich außerdem bei der AG auf die Wahl des Aufsichtsrats und bei den anderen Gesellschaften auf die Bestellung der Geschäftsführer beziehen, während eine zusätzliche Einbeziehung der Beschlüsse im Rahmen der Geschäftsführung aufgrund der §§ 111 Abs. 4 S. 3 bis 5 und 119 Abs. 2 wohl entbehrlich ist.[83]

---

[78] *Koppensteiner* in Kölner Kommentar Rdnr. 82; GroßkommAktG/*Windbichler* Rdnr. 71.

[79] *A/D/S* Rdnr. 97 f.; MünchKommAktG/*Bayer* Rdnr. 95; *Henze* Konzernrecht Tz. 54 f. (S. 20 f.); *Hüffer* Rdnr. 19 f.; MünchHdb. AG/*Krieger* § 68 Rdnr. 56; wohl auch BVerfGE 98, 145, 162 = NZG 1998, 942, 944 = NJW 1999, 1095, 1098; BayObLGZ 1998, 85, 89 = AG 1998, 523 = NZA 1998, 956.

[80] Zustimmend *Hüffer* Rdnr. 20.

[81] Bundeskartellamt AG 2000, 520 „WAZ/ OTZ".

[82] *A/D/S* Rdnr. 103, 106 ff. (S. 99 ff.); MünchKommAktG/*Bayer* Rdnr. 97 ff.; *Hüffer* Rdnr. 21 f.; MünchHdb. AG/*Krieger* § 68 Rdnr. 57, 61; *Reichert/Harbarth* AG 2001, 447, bes. 453 f., auch zu vergleichbaren anderen Abreden.

[83] In diesem Sinne aber *Hüffer* Rdnr. 21; dagegen wie hier MünchKommAktG/*Bayer* Rdnr. 102; MünchHdb. AG/*Krieger* § 68 Rdnr. 58 (Abs. 2).

c) Mehrstufige Unternehmensverbindungen. Bei einer mittelbaren Abhängigkeit in **40** mehrstufigen Unternehmensverbindungen, zB aufgrund der Zurechnung von Anteilen einer Tochtergesellschaft zu einer Muttergesellschaft nach § 16 Abs. 4, ist zur Widerlegung der Abhängigkeitsvermutung in erster Linie an das Verhältnis zwischen der Enkel- und der Tochtergesellschaft anzuknüpfen.[84] Ist hier die Widerlegung gelungen, so gilt dasselbe auch für das Verhältnis zur Muttergesellschaft, sofern diese nicht allein bereits einen beherrschenden Einfluß auszuüben vermag. Ein Beherrschungsvertrag zwischen der Tochter- und der Enkelgesellschaft schließt dagegen die Vermutung der Abhängigkeit der Enkelgesellschaft von der Muttergesellschaft nicht aus; anders jedoch bei einem Beherrschungsvertrag zwischen der Mutter- und der Enkelgesellschaft im Verhältnis zur (zwischengeschalteten) Tochtergesellschaft.

d) Tatsächliche Verhältnisse. Grundsätzlich ungeeignet zur Widerlegung der Vermu- **41** tung sind die *tatsächlichen* Verhältnisse, da die Abhängigkeit nach § 17 Abs. 1 nicht voraussetzt, daß aufgrund der Mehrheitsbeteiligung wirklich ein beherrschender Einfluß auf die Gesellschaft ausgeübt wird, und da sich die bloße *Möglichkeit* einer Einflußnahme allein aufgrund äußerer Umstände wohl in aller Regel nicht ausschließen läßt.[85] Dasselbe gilt für einen einseitigen, als solchen jederzeit widerruflichen *Verzicht* auf die Ausübung des Stimmrechts aus einem Teil des Aktienbesitzes sowie für nach den Umständen nicht ernst gemeinte Stimmrechtsausschlußverträge mit anderen Gesellschaftern oder mit Dritten (§ 117 BGB). Insgesamt wird daher eine Widerlegung der Vermutung nur selten in Betracht kommen.[86]

3. Entherrschungsverträge

Schrifttum: *A/D/S* Rdnr. 116–120 (S. 104 ff.); *Barz,* FS für Bärmann, 1975, S. 186; MünchKomm-AktG/*Bayer* Rdnr. 99–113; *Emmerich/Sonnenschein/Habersack* § 3 IV 2 (S. 55 f.); *J. Götz,* Der Entherrschungsvertrag im Aktienrecht, 1992; *Hentzen* ZHR 157 (1993), 65; *Henze* Konzernrecht Tz. 57 f. (S. 21 f.); *Hommelhoff* Konzernleitungspflicht S. 80 ff.; *Hüffer* Rdnr. 22; *Hüttemann* ZHR 156 (1992), 314; *Jäger* DStR 1995, 1113; MünchHdb. AG/*Krieger* § 68 Rdnr. 58 f.; *Möhring,* FS für Westermann, 1974, S. 427; *Reichert/Harbarth* AG 2001, 447; *H. Werner* Abhängigkeitstatbestand S. 175 ff.; *Windbichler* in GroßkommAktG Rdnr. 76–82.

Abhängigkeitsausschluß- oder Entherrschungsverträge sind Verträge, durch die das mit **42** Mehrheit beteiligte Unternehmen auf die Ausübung zumindest eines Teils seiner Stimmrechte verzichtet, um sicherzustellen, daß von dem Mehrheitsbesitz nicht mehr mit dem Ziel der Abhängigkeitsbegründung Gebrauch gemacht werden kann. Solche Verträge können sowohl mit Dritten, namentlich mit anderen Aktionären, als auch mit der abhängigen Gesellschaft selbst abgeschlossen werden. Unproblematisch ist lediglich die Zulässigkeit der mit *Dritten* abgeschlossenen Verträge, weil es sich bei ihnen im Grund nur um eine besondere Erscheinungsform von Stimmbindungsverträgen handelt.[87] Überwiegend werden heute aber auch Entherrschungsverträge mit der *Beteiligungsgesellschaft* selbst unter im einzelnen freilich umstrittenen Voraussetzungen anerkannt.[88]

Erforderlich ist zunächst, daß der Vertrag mindestens auf *fünf Jahre* fest abgeschlossen wird **43** (vgl. § 102);[89] eine vorherige Kündigung darf nur aus wichtigem Grunde möglich sein, wobei die Gründe nach Möglichkeit bereits im Vertrag selbst ausdrücklich genannt sein sollten. Außerdem muß das Stimmrecht aus mindestens so vielen Aktien ausgeschlossen sein,

---

[84] S. *A/D/S* Rdnr. 121 ff.; MünchKommAktG/*Bayer* Rdnr. 114; *Hüffer* Rdnr. 23; *Koppensteiner* in Kölner Kommentar Rdnr. 102; MünchHdb. AG/*Krieger* § 68 Rdnr. 61; *Windbichler* in GroßkommAktG Rdnr. 85.

[85] Grdlg. BayObLGZ 1998, 85, 89 = AG 1998, 523 = NZA 1998, 956; *A/D/S* Rdnr. 101 f.; *Geßler,* in: Beiträge zum Aktienrecht 1965 I, S. 5, 10; *Koppensteiner* in Kölner Kommentar Rdnr. 100; anders *Möhring* NJW 1967, 1, 2; *Wilhelmi* AG 1965, 247 f.

[86] Ebenso *B. Richter* AG 1982, 261, 264.

[87] S. Rdnr. 38 f.; MünchKommAktG/*Bayer* Rdnr. 113.

[88] OLG Köln AG 1993, 86, 87 = ZIP 1993, 110 „Winterthur/Nordstern"; LG Köln AG 1992, 238; LG Mainz AG 1991, 30, 32; *Hentzen* ZHR 157 (1993), 65, 67 f.; *Henze* Konzernrecht Tz. 57 f. (S. 21 f.); *Hüffer* Rdnr. 22; *Reichert/Harbarth* AG 2001, 447, 454 f.; dagegen *Hüttemann* ZHR 156 (1992), 314, 324 ff.; zweifelnd auch *Windbichler* in GroßkommAktG Rdnr. 80.

[89] Enger aber *Henze* Konzernrecht Tz. 58 (S. 21 f.).

daß der Gesellschafter bei Berücksichtigung der durchschnittlichen Präsenz in der Hauptversammlung unter keinen Umständen mehr über die Hälfte der Stimmrechte verfügen kann, und zwar auf jeden Fall bei der Wahl des Aufsichtsrats bzw. – bei den anderen Gesellschaftsformen – bei der der geschäftsführenden Organe, während es wohl ebensowenig wie bei den Stimmbindungsverträgen erforderlich ist, daß der Vertrag auch noch auf andere Beschlußgegenstände erstreckt wird (Rdnr. 39). Unabdingbar ist schließlich, um die Ernstlichkeit des Vertrags sicherzustellen, die *schriftliche* Abfassung des Vertrags mit ausdrücklicher Regelung der genannten Punkte.

44   Umstritten ist, ob darüber hinaus weitere Zulässigkeitsvoraussetzungen für Entherrschungsverträge bestehen. Es geht dabei vor allem um die Frage, *wer* bei der mit Mehrheit beteiligten (herrschenden) Gesellschaft für den Abschluß solcher Verträge *zuständig* ist, durch die die Gesellschaft auf ihr an sich offenstehende Einflußmöglichkeiten verzichtet. Verbreitet wird verlangt, daß der Abschluß durch die Satzung der Gesellschaft gedeckt ist *oder* daß ihm, wenn es hieran fehlt, die Haupt- oder Gesellschafterversammlung dieser Gesellschaft (entsprechend § 293 Abs. 1) mit qualifizierter Mehrheit zustimmt.[90] Die Entscheidung hängt nicht zuletzt davon ab, ob man bei herrschenden Unternehmen eine Konzernleitungspflicht des Vorstandes anerkennt (s. § 308 Rdnr. 35, § 309 Rdnr. 35, § 311 Rdnr. 11). Vergleichbare Fragen stellen sich außerdem für die im Mehrheitsbesitz befindliche Gesellschaft, da ein Entherrschungsvertrag bei ihr gleichfalls zu einem schwerwiegenden Eingriff in die gesetzlich vorgegebene Struktur der Gesellschaft führt.

VI. Besonderheiten bei anderen Gesellschaften

45   **1. GmbH.** § 17 wird allgemein auch auf die *GmbH* angewandt. Er hat hier sogar wegen des Primats der Gesellschafterversammlung gegenüber den Geschäftsführern noch größere Berechtigung als bereits bei der AG (s. §§ 37, 45, 46 GmbHG). Denn da die Gesellschafterversammlung nach wie vor den Geschäftsführern in Fragen der Geschäftspolitik Weisungen erteilen kann, bildet im gesetzlichen Normalstatut der GmbH in erster Linie die *Mehrheit* in der Gesellschafterversammlung die Grundlage der Abhängigkeit (§§ 16, 17 AktG; s. aber auch Rdnr. 46). Der Grund ist einfach der, daß ein Gesellschafter, der, sei es allein, sei es aufgrund der rechtlich oder tatsächlich gesicherten Mitwirkung anderer Gesellschafter, über eine *feste* Mehrheit in der Gesellschafterversammlung verfügt, jederzeit in der Lage ist, die Geschäftsführer zu bestellen und wieder abzuberufen (§ 46 Nr. 5 GmbHG) sowie ihnen in Fragen der Geschäftsführung Weisungen zu erteilen (§§ 37, 45 GmbHG).[91]

46   Neben die Mehrheitsbeteiligung (Rdnr. 45) treten freilich bei der GmbH, insoweit abweichend von der AG, als zweite Säule der Abhängigkeit gleichberechtigt noch *satzungsmäßige Sonderrechte* auf Beteiligung an der Geschäftsführung, die die Satzung hier gemäß § 45 GmbHG in großem Umfang einführen kann. Beispiele sind *Sonderrechte* auf Bestellung und Abberufung der Geschäftsführer, auf Besetzung des Aufsichtsrats, sofern diesem seinerseits die Bestellung der Geschäftsführer obliegt, sowie auf Erteilung von Weisungen an die Geschäftsführer. Wo immer aufgrund solcher Sonderrechte ein Unternehmensgesellschafter einen maßgeblichen Einfluß auf die Geschäftsführung der Gesellschaft auszuüben vermag, liegt auch Abhängigkeit vor.[92] *Mehrstimmrechte* kommen hier, weil ohne weiteres möglich (§ 45 GmbHG), gleichfalls als Grundlage der Abhängigkeit in Betracht. Im Falle der Differenzierung der Mehrstimmrechte je nach Beschlußgegenstand gilt dies freilich nur,

[90] S. MünchKommAktG/*Bayer*   Rdnr. 109 ff.; MünchHdb. AG/*Krieger* § 68 Rdnr. 59; *Hentzen* ZHR 157 (1993), 63, 70; – anders aber LG Mainz AG 1991, 30, 32; *A/D/S* Rdnr. 119; *J. Götz* Entherrschungsvertrag S. 85 ff., 91; *Windbichler* in GroßkommAktG Rdnr. 82.

[91] S. MünchKommAktG/*Bayer*   Rdnr. 123 ff.; *Baumann/Reiss* ZGR 1989, 157; *Emmerich/Sonnenschein/Habersack* § 3 V (S. 56); *Scholz/Emmerich* GmbHG § 44 Anh. Rdnr. 23 ff.; *Geitzhaus*

GmbHR 1989, 397; *Joussen* Gesellschafterabsprachen S. 164 ff.; *ders.* GmbHR 1996, 574; *Rowedder/Schmidt-Leithoff/Koppensteiner* GmbHG § 52 Anh. Rdnr. 13 f.; *Lutter/Hommelhoff* GmbHG § 13 Anh. Rdnr. 7, 12; *Noack* Gesellschaftervereinbarungen S. 87 ff.; *Hachenburg/Ulmer* GmbHG § 77 Anh. Rdnr. 28 ff.; *Michalski/Zeidler* GmbHG Bd. I Syst. Darst. 4 Rdnr. 38 ff.

[92] *Emmerich/Sonnenschein/Habersack* (vorige Fn.).

wenn sich die Stimmenmehrheit auf diejenigen Beschlußgegenstände bezieht, die für die Geschäftspolitik der betreffenden Beteiligungsgesellschaft maßgebend sind. Zu denken ist hier in erster Linie an die Bestellung der Geschäftsführer und an die Erteilung von Weisungen an die Geschäftsführer. Zusammen mit derartigen satzungsmäßigen Sonderrechten kann daher bei der GmbH auch eine *Minderheitsbeteiligung* jederzeit zur Abhängigkeit der Beteiligungsgesellschaft führen.

Wegen der ausgeprägten Mehrheitsherrschaft in der GmbH (Rdnr. 45 f.) kann hier die **47** Vermutung der Abhängigkeit im Falle einer Mehrheitsbeteiligung aufgrund des § 17 Abs. 2 nur dann ausnahmsweise als *widerlegt* gelten, wenn Bestellung und Abberufung der Geschäftsführer durch die Satzung (§ 45 GmbHG) auf andere Organe verlagert oder zum Sonderrecht eines anderen Gesellschafters gemacht sind und der Mehrheitsgesellschafter außerdem auf dieses andere Organ oder auf den begünstigten Gesellschafter keinen Einfluß besitzt.

2. Personengesellschaften. Bei den Personengesellschaften ist im gesetzlichen Nor- **48** malstatut für die Annahme der Abhängigkeit der Gesellschaft von einem anderen Unternehmen mit Rücksicht auf das gesetzliche Einstimmigkeitsprinzip nur selten Raum (§ 311 Abs. 1 BGB; §§ 119, 161 Abs. 2 HGB).[93] Gänzlich ausgeschlossen ist freilich selbst hier die Entstehung eines Abhängigkeitsverhältnisses nicht, wie etwa das Beispiel einer Kommanditgesellschaft mit nur einem einzigen Unternehmenskomplementär zeigt, dem zugleich allein die Geschäftsführung der Gesellschaft obliegt (§ 164 HGB).[94] Von solchen eigenartigen Fällen abgesehen, kommt jedoch die Abhängigkeit einer Personengesellschaft von einem anderen Unternehmen grundsätzlich nur in Betracht, wenn der *Gesellschaftsvertrag* das Mehrheitsprinzip eingeführt hat oder ein Gesellschafter ein Sonderrecht auf die Geschäftsführung besitzt.[95] Grundlage der Abhängigkeit ist folglich bei den Personengesellschaften in aller Regel der Gesellschaftsvertrag, gegebenenfalls in Verbindung mit weiteren Abreden der Beteiligten, so daß hier die Vermutung der Abhängigkeit bei Mehrheitsbesitz (§ 17 Abs. 2) grundsätzlich keine Rolle spielt; maßgebend ist vielmehr durchweg allein die Ausgestaltung des Gesellschaftsvertrages.[96]

3. Genossenschaften. § 17 gilt zwar auch für Genossenschaften. Das GenG zieht in- **49** dessen einer Mehrheitsherrschaft so enge Grenzen, daß im Regelfall höchstens bei Zentralgenossenschaften, deren Mitglieder ausschließlich oder überwiegend eingetragene Genossenschaften sind, eine Mehrheitsherrschaft und damit eine Abhängigkeit vorstellbar sind (§ 43 Abs. 3 GenG).[97]

Als Grundlage der Abhängigkeit der Genossenschaft von einem anderen Unternehmen **50** kommt infolgedessen im Grunde nur eine *Satzungsregelung* in Betracht, durch die das Recht zur Bestellung des Vorstandes auf das herrschende Unternehmen übertragen wird (§ 24 Abs. 2 S. 2 GenG). Selbst dann kann freilich nach den §§ 24 Abs. 3 S. 2 und 40 GenG die Generalversammlung das vom herrschende Unternehmen bestellte Vorstandsmitglied immer noch wieder abberufen, so daß zu dem Bestellungsrecht noch andere satzungsmäßige Ein-

---

[93] S. *Baumbach/Hopt* HGB § 105 Rdnr. 101; *Baumgartl*, Die konzernbeherrschte Personengesellschaft, 1986; *G. Bitter* Durchgriffshaftung S. 15 ff.; *Burbach*, Das Recht der konzernabhängigen Personenhandelsgesellschaft, 1989; *Emmerich*, FS für Stimpel, 1985, S. 743; *ders./Sonnenschein/Habersack* Konzernrecht § 33 III 1 (S. 505); Heymann/*Emmerich* HGB § 105 Anh. Rdnr. 3 ff.; *Kleindiek*, Strukturvielfalt im Personengesellschafts-Konzern, 1991; *Koller* in ders./Roth/Morck HGB, 3. Aufl. 2002, § 105 Rdnr. 36 f.; *Lang* in Ebenroth/Boujong/Joost HGB § 105 Anh. Rdnr. 6 ff. (S. 1312 ff.); *Jäger* DStR 1997, 1813; *Löffler*, Die abhängige Personengesellschaft, 1988, S. 7 ff.; MünchKommHGB/*Mülbert* Bd. 3 Konzernrecht Rdnr. 56–60 (S. 541 ff.); *Windbichler* in GroßkommAktG Rdnr. 28.

[94] *G. Bitter* (vorige Fn.) S. 17 ff.
[95] S. aus der Rechtsprechung zur Fusionskontrolle BGHZ 88, 273, 281 f. = NJW 1984, 2886 „Springer/Elbe Wochenblatt"; BGH LM GWB § 23 Nr. 9 = NJW 1983, 818; KG AG 1982, 76 = WuW/E OLG 2527 „Springer/AZ"; AG 1982, 308 = WuW/E OLG 2677 „VEW/Gelsenwasser"; AG 1982, 534 = WuW/E OLG 2753 „Springer/Elbe Wochenblatt".
[96] S. noch *Mülbert* (Fn. 93).
[97] OLG Frankfurt AG 1998, 139, 140; MünchKommAktG/*Bayer* Rdnr. 127 ff.; *Emmerich/Sonnenschein/Habersack* § 36 III 1 (S. 524 ff.); *Großfeld/Berndt* AG 1998, 116; *Reul*, Das Konzernrecht der Genossenschaften, 1997, S. 115 ff.

flußrechte des herrschenden Unternehmens hinzukommen müssen, um eine Abhängigkeit der Genossenschaft von dem anderen Unternehmen zu begründen. Zu denken ist hier in erster Linie an satzungsmäßige Weisungs- und Zustimmungsrechte Dritter sowie an sonstige Sonderrechte einzelner Genossen, die einen nachhaltigen Einfluß auf die Geschäftsführung der Gesellschaft begründen.[98]

§ 18 Konzern und Konzernunternehmen

(1) Sind ein herrschendes und ein oder mehrere abhängige Unternehmen unter der einheitlichen Leitung des herrschenden Unternehmens zusammengefaßt, so bilden sie einen Konzern; die einzelnen Unternehmen sind Konzernunternehmen. Unternehmen, zwischen denen ein Beherrschungsvertrag (§ 291) besteht oder von denen das eine in das andere eingegliedert ist (§ 319), sind als unter einheitlicher Leitung zusammengefaßt anzusehen. Von einem abhängigen Unternehmen wird vermutet, daß es mit dem herrschenden Unternehmen einen Konzern bildet.

(2) Sind rechtlich selbständige Unternehmen, ohne daß das eine Unternehmen von dem anderen abhängig ist, unter einheitlicher Leitung zusammengefaßt, so bilden sie auch einen Konzern; die einzelnen Unternehmen sind Konzernunternehmen.

Schrifttum: S. bei den §§ 15 und 17 sowie *Abeltshauser,* Leitungshaftung im Kapitalgesellschaftsrecht, 1998, S. 39 ff.; *Adler/Düring/Schmaltz (A/D/S)* Rechnungslegung Bd. 4, 1997, § 18 AktG (S. 109 ff.); *M. Amstutz* Konzernorganisationsrecht, 1995; *U. Bälz,* Einheit und Vielheit im Konzern, FS für Raiser, 1974, S. 287; *Druey* (Hrsg.), Das St. Galler Konzernrechtsgespräch, 1988; *ders.,* Aufgaben eines Konzernrechts, ZSR 121 II (1980), 273; *Ehricke,* Das abhängige Konzernunternehmen in der Insolvenz, 1998; *Emmerich/Sonnenschein/Habersack* § 4 (S. 59 ff.); *Eschenbruch* Konzernhaftung, 1996; *L. Handschin,* Der Konzern im geltenden schweizerischen Privatrecht, 1993; *Henze* Konzernrecht Tz. 59 ff. (S. 22 ff.); *Holtmann,* Personelle Verflechtungen auf Konzernführungsebene, 1989; *Hommelhoff,* Die Konzernleitungspflicht, 1982; *ders.,* Gesellschaftsformen als Organisationselemente im Konzernaufbau, in Mestmäcker/Behrens, Das Gesellschaftsrecht der Konzerne im internationalen Vergleich, 1991, S. 91; *v. Hoyningen-Huene,* Der Konzern im Konzern, ZGR 1978, 515; *R. Jula,* Die Bildung besonderer Konzernorgane, 1995; *Kleindiek,* Strukturvielfalt im Personengesellschafts-Konzern, 1991; *Koppensteiner* in Rowedder/Schmidt-Leithoff GmbHG Anh. nach § 52 Rdnr. 17 ff. (S. 1747 ff.); MünchHdb. AG/*Krieger* § 68 Rdnr. 64–91 (S. 919 ff.); *Lutter* Holding-Handbuch, 3. Aufl. 1998; *Martens,* Die Organisation des Konzernvorstands, FS für Heinsius, 1991, S. 523; *Pentz,* Die Rechtsstellung der Enkel-AG in einer mehrstufigen Unternehmensverbindung, 1994; *ders.,* Schutz der AG und der Aktionäre in mehrstufigen Unternehmensverbindungen, NZG 2000, 1103; *Raiser* Kapitalgesellschaften § 51 IV (Tz. 30 ff. [S. 825 ff.]); *Raupach,* Schuldvertragliche Verpflichtung an Stelle beteiligungsgestützter Beherrschung, FS für Bezzenberger, 2000, S. 327; *E. Rehbinder,* Gesellschaftsrechtliche Probleme mehrstufiger Unternehmensverbindungen, ZGR 1977, 581; *R. Ruedin,* Vers un droit des groupes de sociétés, ZSR 121 II (1980), 147; *Scheffler,* Zur Problematik der Konzernleitung, FS für Goerdeler, 1987, S. 469; *Schießl,* Gesellschafts- und mitbestimmungsrechtliche Probleme der Spartenorganisation, ZGR 1992, 64; *U. Schneider,* Das Recht der Konzernfinanzierung, ZGR 1984, 497; *ders.,* Die Gründung von faktischen GmbH-Konzernen, in Hommelhoff, Entwicklungen im GmbH-Konzernrecht, 1986, S. 121; *K. Schmidt,* GesR § 31 II 3 c (S. 944 ff.); *ders.,* Konzernunternehmen, FS für Lutter, 2000, S. 1167; *E. Schwark,* Spartenorganisation in Großunternehmen und Unternehmensrecht, ZHR 142 (1978), 203; *J. Semler,* Leitung und Überwachung der AG, 2. Aufl. 1996; *Slongo,* Der Begriff der einheitlichen Leitung, 1980; *Strohn,* Die Verfassung der AG im faktischen Konzern, 1977; *G. Teubner,* Unitas multiplex, ZGR 1991, 189; *Theisen,* Der Konzern, 2. Aufl. 2000; *Tröger,* Treupflicht im Konzernrecht, 2000, S. 177 ff.; *S. Wanner,* Konzernrechtliche Probleme mehrstufiger Unternehmensverbindungen nach Aktienrecht, 1998; *H. Wiedemann,* Die Unternehmensgruppe im Privatrecht, 1988; *Zöllner,* Schutz der Aktionärsminderheit bei einfacher Konzernierung, FS für Kropff, 1997, S. 333.

Übersicht

[98] *Emmerich/Sonnenschein/Habersack* (vorige Fn.); *Reul* (vorige Fn.), S. 130 ff.; zur Abhängigkeit von Vereinen s. noch *Emmerich/Sonnenschein/Habersack* § 37 II (S. 533); *Sprengel* Vereinskonzernrecht, 1998, S. 98 ff.; zu den Stiftungen s. MünchKommAktG/*Bayer* Rdnr. 131; *Emmerich/Sonnenschein/Habersack* § 38 III (S. 539).

I. Überblick

§ 18 definiert in Abs. 1 S. 1 den Unterordnungskonzern und in Abs. 2 den Gleichord- **1** nungskonzern. In *beiden* Fällen ist danach das wichtigste Merkmal des Konzerns die Zusammenfassung mehrerer rechtlich selbständiger Unternehmen unter einheitlicher Leitung. Unterordnungs- und Gleichordnungskonzerne unterscheiden sich „nur" dadurch, daß im Unterordnungskonzern die unter einheitlicher Leitung zusammengefaßten Unternehmen zugleich voneinander iSd. § 17 abhängig sind (§ 18 Abs. 1 S. 1 Halbs. 1), während im Gleichordnungskonzern solche Abhängigkeit der verbundenen Unternehmen voneinander fehlt (§ 18 Abs. 2). Ergänzt wird die Regelung durch eine unwiderlegliche und eine widerlegliche Vermutung des Vorliegens eines Unterordnungskonzerns. Unwiderleglich ist die Vermutung nach § 18 Abs. 1 S. 2 bei Bestehen eines Beherrschungsvertrages (§ 291 Abs. 1 S. 1) sowie im Falle der Eingliederung nach den §§ 319 und 320, widerleglich dagegen gemäß § 18 Abs. 1 S. 3 in den sonstigen Fällen der Abhängigkeit iSd. § 17 Abs. 1.

1. Bedeutung. Die Bestimmung des § 18 geht auf § 15 AktG von 1937 zurück. Vergleich- **2** bare Bestimmungen finden sich im österreichischen und im schweizerischen Recht (§ 15 Abs. 1 öAktG; § 115 Abs. 1 öGmbHG; Art. 663 e Abs. 1 schweizOR). Die praktische Bedeutung der Konzerndefinition des § 18 ist gering, weil das Gesetz in der Mehrzahl der Fälle die Rechtsfolgen bereits an die bloße Abhängigkeit iSd. § 17 knüpft. Hervorzuheben sind im vorliegenden Zusammenhang lediglich die §§ 97 Abs. 1 S. 1 und 100 Abs. 1 S. 2 AktG. Außerhalb des AktG hat die Konzerndefinition des § 18 vor allem bei der Konzernrechnungslegung nach § 290 Abs. 1 HGB (s. aber auch § 290 Abs. 2 HGB) sowie im Mitbestimmungsrecht (§ 5 MitbestG von 1976) Bedeutung erlangt. Die Zusammenfassung mehrerer Unternehmen in einem Konzern iSd. § 18 bildet außerdem (neben der Abhängigkeit) die Grundlage der wettbewerblichen Einheit im Rahmen der Fusionskontrolle (§ 36 Abs. 2 S. 1 GWB). Ob der Konzernbegriff in allen genannten Vorschriften im selben Sinne zu verstehen ist, ist offen.

2. Einteilung. Die Konzerne werden in vielfältiger Weise eingeteilt. Wichtig ist neben **3** der schon in § 18 angelegten Einteilung in Unterordnungs- und Gleichordnungskonzerne zunächst die Unterscheidung zwischen Vertrags- und faktischen Konzernen. *Vertragskonzerne* werden allein durch einen Beherrschungsvertrag nach § 291 Abs. 1 S. 1 oder durch eine Eingliederung iSd. §§ 319 und 320 begründet (vgl. § 18 Abs. 1 S. 2). Alle anderen Konzerne sind dagegen *faktische* Konzerne, mögen sie auf einem der anderen Unternehmensverträge der §§ 291 und 292 oder allein auf „tatsächlichen" Verhältnissen, in erster Linie also auf Beteiligungen beruhen. Innerhalb der faktischen Konzerne unterschied man häufig bisher weiter noch je nach dem Ausmaß der einheitlichen Leitung einfache und qualifizierte faktische Konzerne; aufgrund der sogenannten Vulkan-Rechtsprechung des BGH ist freilich zweifelhaft geworden, ob an der Figur des qualifizierten faktischen Konzerns überhaupt noch festgehalten werden kann.[1]

---

[1] Grdlg. BGHZ 149, 10 = LM AktG § 309 Nr. 1 = NJW 2001, 3622 = AG 2002, 43 (Vorinstanz: OLG Bremen AG 1999, 466); wegen der Einzelheiten s. § 317 Anh.

4   Unter einem anderen Gesichtspunkt werden ferner *einstufige* und *mehrstufige* Konzerne unterschieden, je nachdem, ob sich nur eine Mutter- und eine Tochtergesellschaft (auf einer Stufe) gegenüberstehen oder ob die von dem herrschenden Unternehmen einheitlich geleiteten Unternehmen auf mehreren Stufen hintereinander angeordnet sind (Paradigma: Mutter-, Tochter-, Enkelgesellschaft). Einstufig in diesem Sinne ist auch ein Konzern, in dem die verschiedenen einheitlich geleiteten Unternehmen auf einer Stufe nebeneinander angeordnet sind, so daß sie sogenannte Schwestergesellschaften bilden, wobei nicht zu vergessen ist, daß dieser Fall zusätzliche Eigenarten aufweist, die ihn zumindest in die Nähe eines Gleichordnungskonzerns (unter den Schwestergesellschaften) rückt (s. Rdnr. 25 ff.).

4 a   Die gesetzliche Regelung ist in erster Linie auf einstufige Konzerne zugeschnitten, so daß ihre Übertragung auf mehrstufige Unternehmensverbindungen häufig zusätzliche Schwierigkeiten bereitet.[2] Zusätzliche Schwierigkeiten können sich außerdem, wie schon angedeutet (Rdnr. 4), aus dem „gleichberechtigten" Nebeneinander mehrerer Schwestergesellschaften ergeben. Im wirtschaftswissenschaftlichen Schrifttum wird ferner je nach der Konzernorganisation vor allem noch die Unterscheidung zwischen zentral, dezentral und divisional aufgebauten Konzernen betont.[3]

5   **3. Perspektiven.** Das Phänomen Konzern fasziniert – trotz seiner spärlichen gesetzlichen Regelung (Rdnr. 2) – die Rechts- und Wirtschaftswissenschaften gleichermaßen. Von den Wirtschaftswissenschaften wird dabei deutlich die Betrachtung des Konzerns als wirtschaftlicher *Einheit* bevorzugt, d. h. als *ein* einheitliches Unternehmen, in dem die unternehmerische Planung ohne Rücksicht auf die rechtliche Selbständigkeit der einzelnen Konzernglieder für den gesamten Konzern und nicht gesondert für die einzelnen Konzerngesellschaften erfolgt.[4] Aus jüngster Zeit wird außerdem von Tendenzen berichtet, die herkömmliche, durchweg auf Beteiligungen aufgebaute Konzernarchitektur durch komplexe Vertragssysteme zu ersetzen, durch die die Zusammenarbeit beliebiger Unternehmen von Fall zu Fall flexibel organisiert werden kann.[5] Sollten sich solche Tendenzen durchsetzen, so dürfte dadurch auf die Dauer auch das Konzernrecht vor schwierige neue Fragen gestellt werden (s. schon § 17 Rdnr. 15 f.).

6   Anders als in den Wirtschaftswissenschaften (Rdnr. 5) wird in der Rechtswissenschaft bisher bei der Betrachtung der Akzent die Betonung traditionell auf die *rechtliche Selbständigkeit* der einzelnen Konzernunternehmen gelegt. Auch die gesetzliche Regelung betont durchweg dieses Merkmal (s. die §§ 15, 16 Abs. 1 und 17 Abs. 1). In § 18 Abs. 1 wird es nur deshalb nicht nochmals besonders hervorgehoben, weil § 18 Abs. 1 auf § 17 Abs. 1 verweist (vgl. außerdem für den Gleichordnungskonzern § 18 Abs. 2). Es ist deshalb nur konsequent, daß die rechtliche Betrachtung der Konzerne – anders als die wirtschaftswissenschaftliche (Rdnr. 5) – herkömmlich gleichfalls bei den rechtlich selbständigen Konzerngliedern ansetzt und den Blick erst von hier aus auf die „übergeordnete" Einheit des Konzerns richtet.[6]

6 a   Die Zweifel, ob diese Sicht der Dinge in jeder Hinsicht das richtige trifft, nehmen jedoch, nachdem die in den zwanziger Jahren des vorigen Jahrhunderts verbreitete Einheitsbetrachtung des Konzern lange als überwunden galt, in jüngster Zeit wieder zu, zumal der Gesetzgeber gleichfalls in wachsendem Maße dazu übergeht, Folgerungen aus der wirtschaftlichen Einheit des Konzerns zu ziehen. Insbesondere die Vorschriften über die Konzernrechnungslegung (§§ 290 ff. HGB) und über die Konzernmitbestimmung (§ 5 MitbestG) belegen dies

---

[2] S. *Pentz,* Die Rechtsstellung der Enkel-AG in einer mehrstufigen Unternehmensverbindung, 1994; *ders.* NZG 2000, 1103; *S. Wanner,* Konzernrechtliche Probleme mehrstufiger Unternehmensverbindungen nach Aktienrecht, 1998.

[3] S. *Emmerich/Sonnenschein/Habersack*   § 4 I (S. 60) m. Nachw.; *Theisen* Konzern S. 127 ff.

[4] S. *Arbeitskreis Krähe* Konzernorganisation 1964; *A/D/S* Rdnr. 6; *Binder,* Beteiligungsführung in der

Konzernunternehmung, 1994; *Mestmäcker* Verwaltung S. 302 ff.; *E. Rehbinder* Konzernaußenrecht; *Theisen* Konzern S. 199, 259 ff.

[5] Ausführlich *Raupach,* FS für Bezzenberger, 2000, S. 327; *Theisen* Konzern S. 145 ff.

[6] S. *Emmerich/Sonnenschein/Habersack*   § 4   II 1 (S. 61 f.).

deutlich. Deshalb ist nicht auszuschließen, daß es in Zukunft in anderer Hinsicht ebenfalls geboten sein wird, den Konzern nicht nur als wirtschaftliche, sondern zugleich als *rechtliche* Einheit zu begreifen.

Der ganze Fragenkreis wird heute vor allem unter dem Stichwort Konzernorganisations- **6 b** oder *Konzernverfassungsrecht* mit zunehmender Heftigkeit diskutiert, und zwar insbesondere im Vertragsrecht, im Handelsrecht und im Arbeitsrecht.[7] Einen zweiten Schwerpunkt der Diskussion bilden die mit der Konzernbildungs- und Konzernleitungskontrolle zusammenhängenden Probleme. Bei der *Konzernbildungskontrolle* geht es in erster Linie um das Problem, wie die Gesellschafter der abhängigen Gesellschaft gegen die Einbindung ihrer Gesellschaft in einen Konzern (mit allen seinen problematischen Auswirkungen) geschützt werden können, während bei der *Konzernleitungskontrolle* die Frage im Vordergrund steht, wie die Gesellschafter der Obergesellschaft an den auf den Konzern insgesamt bezüglichen Entscheidungen ihrer Verwaltung beteiligt werden können.[8]

4. Mehrseitiges Verhältnis. Sämtliche in einem Unterordnungs- oder Gleichordnungs- **7** konzern zusammengefaßten Unternehmen sind Konzernunternehmen (§ 18 Abs. 1 S. 1 Halbs. 2 und Abs. 2 Halbs. 2). Der Konzern ist mithin – im Gegensatz zu den übrigen Unternehmensverbindungen der §§ 15 bis 17 – kein zweiseitiges, sondern ein *mehrseitiges* Verhältnis, so daß die einzelnen Konzernglieder nicht nur mit der Konzernspitze, sondern auch *untereinander* verbunden sind. Die gesetzliche Regelung hat zur Folge, daß bei Zusammentreffen eines Unterordnungskonzerns mit einem Gleichordnungskonzern, gebildet aus der Obergesellschaft des Unterordnungskonzerns und einem oder mehreren anderen Unternehmen, der Unterordnungskonzern gleichsam in dem Gleichordnungskonzern aufgeht und sämtliche beteiligten Unternehmen konzernverbunden sind. Die an den Konzern anknüpfenden Vorschriften wie zB § 100 Abs. 2 S. 2 sind dann von Fall zu Fall entsprechend anzuwenden.[9]

II. Unterordnungskonzern

Aus dem Zusammenhang der §§ 18 Abs. 1 und 17 Abs. 1 folgt, daß der Unterordnungs- **8** konzern durch drei Merkmale gekennzeichnet ist. Erstes Merkmal ist, daß es sich um eine Verbindung rechtlich selbständiger, aber voneinander abhängiger Unternehmen iSd. §§ 15 und 17 Abs. 1 handeln muß. Zweitens ist erforderlich, daß sich diese Verbindung als eine „Zusammenfassung" der verbundenen Unternehmen darstellt, und zwar drittens gerade unter der einheitlichen Leitung des herrschenden Unternehmens (§ 18 Abs. 1 S. 1 Halbs. 1). Ein Konzern iSd. § 18 besteht daher aus mindestens zwei (in- oder ausländischen) rechtlich selbständigen Unternehmen, während mehrere Niederlassungen desselben Unternehmens (mangels rechtlicher Selbständigkeit) keinen Konzern im Rechtssinne bilden. Die einzelnen Konzernglieder (§ 18 Abs. 1 S. 1 Halbs. 2) müssen außerdem die Voraussetzungen des Unternehmensbegriffs iSd. § 15 erfüllen (s. § 15 Rdnr. 6 ff.). Erforderlich ist schließlich noch, daß sie unter der einheitlichen Leitung des herrschenden Unternehmens zusammengefaßt sind (§ 18 Abs. 1 S. 1; s. Rdnr. 9 ff.).

1. Einheitliche Leitung. Mit der Betonung der einheitlichen Leitung als des zentralen **9** Tatbestandsmerkmals des Unterordnungskonzerns haben die Gesetzesverfasser in § 18 Abs. 1 an § 15 Abs. 1 AktG von 1937 angeknüpft, dabei jedoch bewußt auf eine nähere Definition des Begriffs wegen der großen Vielfalt der in der Praxis anzutreffenden Konzerngestaltungen verzichtet.[10] Auch in der nachfolgenden Diskussion konnte bisher noch keine

---

[7] S. Einl. Rdnr. 31 ff.; *Emmerich/Sonnenschein/Habersack* § 4 II 1 (S. 61 f.); MünchHdb. AG/*Krieger* § 68 Rdnr. 66; *K. Schmidt,* FS für Lutter, S. 1167.

[8] Wegen der Einzelheiten s. Einl. Rdnr. 1 ff.; sowie *Emmerich/Sonnenschein/Habersack* §§ 7–9 (S. 100 ff.).

[9] S. *Emmerich/Sonnenschein/Habersack* § 4 II 2 (S. 62); *Hüffer* Rdnr. 15; *Koppensteiner* in Kölner

Kommentar Rdnr. 24; MünchHdb. AG/*Krieger* § 68 Rdnr. 83; *Milde,* Der Gleichordnungskonzern im Gesellschaftsrecht, 1996, S. 132 ff.; *K. Schmidt* ZHR 155 (1991), 417, 443 ff.; *Windbichler* in GroßkommAktG Rdnr. 6, 60 ff.

[10] Begr. zum RegE bei *Kropff* AktG S. 33.

vollständige Einigkeit über die genauen Grenzen des Konzernbegriffs des AktG erzielt werden (Rdnr. 10 ff.). Der Grund für diesen erstaunlichen Umstand dürfte vor allem darin zu suchen sein, daß im „Konzernrecht" – anders als etwa im Mitbestimmungsrecht – die Frage nach den genauen Grenzen des Konzernbegriffs, bisher jedenfalls, nur selten praktische Bedeutung erlangt hat.

10 **a) Meinungsstand.**[11] Im Schrifttum unterscheidet man einen engeren und einen weiteren Begriff der einheitlichen Leitung, wobei es sich freilich mehr um eine unterschiedliche Akzentsetzung als um einen echten Gegensatz handelt. Der *engere* Konzernbegriff geht von dem (wirtschaftswissenschaftlichen) Vorverständnis des Konzerns als *wirtschaftlicher Einheit* aus (Rdnr. 5) und bejaht dementsprechend das Vorliegen eines Konzerns im Rechtssinne nur, wenn die Konzernspitze für die, d. h. für (fast) *alle* zentralen unternehmerischen Bereiche eine einheitliche Planung aufstellt und bei den Konzerngliedern ohne Rücksicht auf deren Selbständigkeit durchsetzt. Zu den zentralen unternehmerischen Bereichen in diesem Sinne wird in erster Linie das *Finanzwesen* gezählt. Die Folge ist, daß ein Konzern – nach dieser Sicht der Dinge – grundsätzlich nur angenommen werden kann, wenn für die Gesamtheit der verbundenen Unternehmen (auch) einheitlich festgelegt wird, welchen Beitrag jedes Unternehmen zum Konzernerfolg zu leisten hat, über welche Mittel es verfügen darf und wie diese aufzubringen sind (Paradigma: zentrales Cash-Management).[12] Dahinter steht vor allem die Überlegung, daß allein bei solchem Konzernverständnis eine einheitliche Rechnungslegung (§ 290 Abs. 1 HGB) Sinn macht und daß auch nur dann Raum für die Entwicklung einer Konzernverfassung im Sinne eines rechtlichen Rahmens für die wirtschaftliche Einheit Konzern ist (Stichwort: Konzernorganisationsrecht; s. Rdnr. 6 b). Im selben engen Sinne wird der Konzernbegriff häufig in Österreich[13] und in der Schweiz verstanden.[14]

11 Der **weitere** Konzernbegriff stimmt mit dem engeren (Rdnr. 10) nur im Ausgangspunkt überein: Erfolgt die *Finanzplanung* zentral für den ganzen Konzern durch die Konzernspitze, so handelt es sich nach ihm gleichfalls ohne Ausnahme um einen Konzern iSd. § 18 Abs. 1.[15] Die Vertreter des weiteren Konzernbegriffs begnügen sich indessen für die Annahme eines Konzerns unter Umständen auch mit einer einheitlichen Planung in einem der *anderen* zentralen Unternehmensbereiche wie etwa Einkauf, Organisation, Personalwesen und Verkauf, vorausgesetzt freilich, daß die Koordinierung der Unternehmen in den genannten Bereichen Ausstrahlungen oder Rückwirkungen auf das Gesamtunternehmen hat.[16]

---

[11] S. die Übersichten bei *A/D/S* Rdnr. 16 ff. (S. 117 ff.); MünchKommAktG/*Bayer* Rdnr. 26 ff.; *Druey* ZSR 121 II (1980), 273, 336 ff.; *Emmerich/ Sonnenschein/Habersack* § 4 III 1 (S. 62 ff.); *Hüffer* Rdnr. 8 ff.; *Koppensteiner* in Kölner Kommentar Rdnr. 12 ff.; MünchHdb. AG/*Krieger* Rdnr. 67 ff.; *Raiser* Kapitalgesellschaft § 51 Rdnr. 33 ff. (S. 826 ff.); *Theisen* Konzern S. 34 ff.; *Windbichler* in GroßkommAktG Rdnr. 19 ff.; *Zöllner*, FS für Kropff, S. 333, 337 ff.
[12] So zuletzt *A/D/S* Rdnr. 31 ff.; *Hüffer* (vorige Fn.); *Koppensteiner* (vorige Fn.); *ders* in Rowedder/Schmidt-Leithoff GmbHG § 41 Rdnr. 18 ff.; *Milde*, Der Gleichordnungskonzern im Gesellschaftsrecht, 1996, S. 70 ff.; *Möhring*, FS für Westermann, 1974, S. 427, 439; *D. Marchand* Abhängigkeit S. 89 ff.; *Krieger* und *Windbichler* (vorige Fn.); wohl auch *Tröger* Treupflicht S. 177 ff.
[13] S. *Koppensteiner* öGmbHG § 115 Rdnr. 15; anders aber offenbar MünchKommAktG/*Doralt* § 15 Rdnr. 61 ff.
[14] S. BGE 113 (1987) II, 31, 35 f.; *Handschin* Konzern § 4 II; *Neuhaus* in H. Honsell/Vogt/Wat-

ter, Obligationenrecht Bd. II, 1993, Art. 663 e Rdnr. 8 ff.; – anders aber *Slongo*, Der Begriff der einheitlichen Leitung, 1980; *Zünd* in: Druey, Konzernrechtsgespräch S. 77; wohl auch *Druey* und *Ruedin* ZSR 121 II (1980), 336 und 254 ff.; *Druey/Vogel*, Das schweizerische Konzernrecht in der Praxis der Gerichte, 1999, S. 43 ff.
[15] Ebenso BGHZ 107, 7, 20 = LM GmbHG § 30 Nr. 27 = NJW 1989, 1800 = AG 1989, 243 „Tiefbau" (unter Hinweis auf *Emmerich* GmbHR 1987, 213, 216); zustimmend BGHZ 115, 187, 191 = LM AktG § 302 Nr. 4 = NJW 1991, 3142 = AG 1991, 429 „Video".
[16] In diesem Sinne MünchKommAktG/*Bayer* Rdnr. 33; *Dierdorf* Herrschaft S. 70 ff.; *Ellerich* Bedeutung S. 133 ff.; *Emmerich/Sonnenschein/Habersack* § 4 III 1 (S. 62 ff.); *Hommelhoff* Konzernleitungspflicht S. 220 ff.; *v. Hoyningen-Huene* ZGR 1978, 515, 524 ff.; *Kleindiek* Strukturvielfalt S. 37 ff.; MünchHdb. AG/*Krieger* § 68 Rdnr. 67 ff.; *Raiser* Kapitalgesellschaften § 51 Rdnr. 40 (S. 828); *Strohn* Verfassung S. 98 ff.; *H. Werner* Abhängigkeitstatbestand S. 35 ff.; s. auch *A/D/S* Rdnr. 34.

Der *BGH* hat bisher eine generelle Festlegung vermieden. Dagegen hat das BayObLG **12** entschieden, daß es bereits als Zusammenfassung unter einheitlicher Leitung angesehen werden muß, wenn die Konzernleitung die Geschäftspolitik der Konzerngesellschaften und sonstige grundsätzliche Fragen der Geschäftsführung aufeinander abstimmt.[17] Eine einheitliche Leitung ist (erst Recht) zu bejahen,[18] wenn eine Bank im *finanziellen* Bereich die Leitung eines anderen Unternehmens, in dem fraglichen Fall die Leitung eines Bauunternehmens, vollständig an sich zieht.[19] Daraus hat der BGH sodann später den Schluß gezogen, daß ein Konzern, insbesondere bei einheitlicher Leitung im finanziellen Bereich, auch zwischen *branchenfremden* Unternehmen möglich ist, da konzernspezifische Gefährdungen selbst bei ganz unterschiedlichen Tätigkeitsbereichen der einzelnen Unternehmen denkbar seien.[20] Es ist deshalb nur folgerichtig, wenn die Gerichte als besonders wichtiges *Indiz* für das Vorliegen eines Konzerns die einheitliche Finanzplanung für die zusammengefaßten Unternehmen betonen, die sich etwa darin äußert, daß Kredite für den Konzern insgesamt aufgenommen und durch das Vermögen aller Konzernglieder gesichert werden.[21]

Generelle Festlegungen finden sich bislang, soweit ersichtlich, alleine in Entscheidungen **12 a** zu § 5 *MitbestG* (der freilich uneingeschränkt auf § 18 Abs. 1 AktG verweist). Danach ist jedenfalls hier, d. h. im Anwendungsbereich des Mitbestimmungsgesetzes, von dem *weiten* Konzernbegriff in dem vorstehend entwickelten Sinne (Rdnr. 11) auszugehen.[22]

b) Stellungnahme. Das Gesetz knüpft in § 18 Abs. 1 S. 3 an den Tatbestand der Ab- **13** hängigkeit die Vermutung der einheitlichen Leitung der verbundenen Unternehmen in einem Konzern (Rdnr. 27 ff.), wobei die Abhängigkeit nach § 17 Abs. 2 ihrerseits wieder im Falle einer Mehrheitsbeteiligung iSd. § 16 vermutet wird. Zwischen den Begriffen der Mehrheitsbeteiligung (§ 16), der Abhängigkeit (§ 17 Abs. 1) und der einheitlichen Leitung (§ 18) besteht folglich ein enger Zusammenhang, den man auch dahin ausdrücken kann, daß einheitliche Leitung iSd. § 18 Abs. 1 S. 1 nichts anderes als derjenige *aktualisierte beherrschende Einfluß* iSd. § 17 Abs. 1 ist, der im Regelfalle durch eine *Mehrheitsbeteiligung* vermittelt wird (§ 17 Abs. 2; Stichwort: mehrheitsbedingte Abhängigkeit als potentieller Konzern).

Wie schon ausgeführt (§ 17 Rdnr. 5 ff.), äußert sich der mehrheitsbedingte beherr- **14** schende Einfluß eines Unternehmens auf ein anderes in erster Linie in der Einflußnahme auf die *Personalpolitik* des anderen (abhängigen) Unternehmens, bei der AG über die Besetzung des Aufsichtsrats mit Vertrauensleuten des herrschenden Unternehmens (s. die §§ 84 und 101) und bei der GmbH über die Bestellung der Geschäftsführer durch die Gesellschafterversammlung (§ 46 Nr. 5 GmbHG). Daraus folgt, daß ein Konzern iSd. § 18 Abs. 1 S. 1 entsteht, wenn das herrschende Unternehmen *tatsächlich Einfluß auf die Personalpolitik* der abhängigen Gesellschaft nimmt, und zwar mit dem Ziel, die Politik der verbundenen Unternehmen beständig, nicht nur punktuell (Rdnr. 15), zu koordinieren (Stichwort: „einheitliche" Leitung). Entscheidend ist mit anderen Worten die Einflußnahme des herrschenden Unternehmens zu dem Zweck, über „Leute seines Vertrauens" in den verbundenen Unternehmen über den Einzelfall hinaus eine einheitliche Konzernpolitik, zumal im Finanzbereich, aber nicht nur dort, zu entwickeln *und* durchzusetzen. Diese Überlegung spricht ebenso für den *weiten* Konzernbegriff wie die, daß es nur auf seiner Grundlage möglich ist,

---

[17] BayObLGZ 1998, 85, 93 = AG 1998, 523, 524 = NZA 1998, 956; LG Mainz AG 1991, 30, 31.

[18] OLG Stuttgart AG 1990, 168, 169; LG Stuttgart AG 1989, 445 (447) in derselben Sache.

[19] Vgl. auch noch BGHZ 107, 7, 20 = LM GmbHG § 30 Nr. 27 = NJW 1989, 1800 = AG 1989, 243 „Tiefbau"; vgl. außerdem noch BGH LM GmbHG § 30 Nr. 36 = NJW 1992, 1167.

[20] Grdlg. BGHZ 115, 187, 191 = LM AktG § 302 Nr. 4 = NJW 1991, 3142 = AG 1991, 429 „Video"; zustimmend *Henze* Konzernrecht Tz. 68 (S. 25).

[21] LG Oldenburg ZIP 1992, 1632, 1636 „TBB".

[22] BayObLGZ 1998, 85, 90 f. = AG 1998, 523, 524 = NZA 1998, 956; BayObLGZ 2002, 46, 50 = AG 2002, 511 = NJW-RR 2002, 974; ebenso im Ergebnis OLG Düsseldorf AG 1979, 318, 319 = WM 1979, 956; OLG Stuttgart AG 1990, 168, 169 sowie (in derselben Sache) LG Stuttgart AG 1989, 445, 447; vgl. auch BAG AP Altersversorgung I: BGB § 242 – Ruhegehalt – Konzern Nr. 1 = AG 1974, 404 = DB 1973, 2302 = VersR 1974, 451.

den wenigen Vorschriften des AktG, die an den Konzerntatbestand anknüpfen, einen möglichst großen Anwendungsbereich zu sichern.[23]

14 a *Indizien* für das Vorliegen einer einheitlichen Leitung iSd. § 18 Abs. 1 S. 1 und damit für das Vorliegen eines Konzerns sind enge personelle Verflechtungen zwischen den fraglichen Unternehmen,[24] ihre einheitliche Leitung im finanziellen Bereich, insbesondere in Gestalt eines zentralen „Cash-managements",[25] die offenkundige, zumal gesellschaftsvertraglich abgesicherte Koordinierung der Geschäftspolitik der Unternehmen, zB durch Genehmigungsvorbehalte für die Obergesellschaft bis in die Einzelheiten des täglichen Geschäfts hinein,[26] die Erstellung eines Konzernabschlusses und eines Konzernlageberichts nach den §§ 290 ff. HGB[27] sowie das Auftreten der Unternehmen am Markt als Einheit, zB unter einem einheitlichen Logo oder unter offenkundig zusammengehörigen Firmen, insbesondere, wenn noch personelle Verflechtungen zwischen den Unternehmen hinzukommen. Auch der Bestand einer körperschaftsteuerlichen Organschaft deutet nahezu zwingend auf die Zusammenfassung der betreffenden Unternehmen in einem Konzern iSd. § 18 Abs. 1 S. 1 hin, weil die Organschaft nach § 14 KStG in der Fassung des Gesetzes vom 23. Oktober 2000[28] neben dem Abschluß eines Gewinnabführungsvertrages die „finanzielle Eingliederung" der Organgesellschaft in den Organträger voraussetzt, wozu grundsätzlich erforderlich ist, daß der Organträger mehrheitlich an der Organgesellschaft beteiligt ist (§ 14 Abs. 1 Nrn. 1 und 3 KStG).[29] Da der Abschluß eines Gewinnabführungsvertrages iSd. § 291 Abs. 1 S. 1 nahezu ausschließlich die Funktion hat, eine körperschaftsteuerliche Organschaft nach § 14 KStG zu ermöglichen, stellt auch der Abschluß eines Gewinnabführungsvertrages ein wichtiges Indiz für das Vorliegen eines Konzerns dar. Dasselbe gilt schließlich häufig für den Abschluß eines der anderen Unternehmensverträge des § 292, da erfahrungsgemäß zumal Betriebspacht- und Betriebsführungsverträge iSd. § 292 Abs. 1 Nr. 3 nur innerhalb von Konzernen anzutreffen sind.[30] Bei Vorliegen solcher Indizien steht auch die Branchenverschiedenheit der verbundenen Unternehmen der Annahme eines Konzerns nicht notwendig entgegen.[31]

15 **2. Zusammenfassung.** Das Gesetz verlangt in § 18 Abs. 1 S. 1 neben der einheitlichen Leitung als weiteres Merkmal des Unterordnungskonzerns noch eine „Zusammenfassung" der Konzernunternehmen. Ob diesem Merkmal eigenständige Bedeutung zukommt, ist zweifelhaft.[32] Überwiegend wird die Frage heute verneint, weil bereits durch die einheitliche Leitung der verbundenen Unternehmen ihre „Zusammenfassung" gewährleistet sei.[33] Dieser Meinung ist jedoch nicht zu folgen.[34] Denn mit dem zusätzlichen Tatbestandsmerkmal der Zusammenfassung der verbundenen Unternehmen unter einheitlicher Leitung will das Gesetz den Unterschied zwischen einem Konzern (als einem prinzipiell auf Dauer angelegten, einheitlichen wirtschaftlichen Gebilde) und der bloßen Koordinierung der verbundenen Unternehmen im Einzelfall zum Ausdruck bringen. Diese Unterscheidung hat vor allem für das Kartellrecht zentrale Bedeutung, das auf der deutschen wie auf der europäischen Ebene auf der strikten Trennung zwischen Kartellen (§ 1 GWB, Art. 81 EGV) und Unterneh-

---

[23] Zustimmend MünchKommAktG/*Bayer* Rdnr. 33.

[24] *Henze* Konzernrecht Tz. 59 (S. 22); *Raiser* Kapitalgesellschaften § 51 Rdnr. 40 (S. 828); anders ohne Begründung BAGE 80, 322, 327 f. = NJW 1996, 1691 = AG 1996, 367, 378 f.

[25] S. Rdnr. 8 f.; grdlg. BGHZ 107, 7, 20 = NJW 1989, 1800 „Tiefbau"; BGHZ 115, 187, 191 = NJW 1991, 3142 „Video".

[26] OLG Stuttgart AG 1990, 168, 169; LG Stuttgart AG 1989, 445, 447 ff. (in derselben Sache).

[27] *Raiser* Kapitalgesellschaften § 51 Rdnr. 40 (S. 828).

[28] BGBl. I S. 1433.

[29] S. § 291 Rdnr. 49; ebenso *Koppensteiner* in Kölner Kommentar Rdnr. 30; *Hüffer* § 291 Rdnr. 27.

[30] A/D/S Rdnr. 74; zur öffentlichen Hand s. schon § 15 Rdnr. 31.

[31] BGHZ 107, 7, 21 = NJW 1989, 1800 „Tiefbau"; BGHZ 115, 187, 191 = NJW 1991, 3142 „Video".

[32] Bejahend früher *Geßler* in Geßler/Hefermehl AktG (1. Aufl.) § 18 Rdnr. 15 ff.

[33] A/D/S Rdnr. 24; MünchKommAktG/*Bayer* Rdnr. 27; *Dierdorf* Herrschaft S. 86 f.; *Hüffer* Rdnr. 7; *Koppensteiner* in Kölner Kommentar Rdnr. 3.

[34] MünchHdb.AG/*Krieger* § 68 Rdnr. 67; *Windbichler* in GroßkommAktG Rdnr. 21, 24, 26.

menszusammenschlüssen (Konzernen) beruht (§§ 35 ff. GWB; Fusionskontrollverordnung von 1990). Die Zusammenfassung muß daher ebenso wie ihre Grundlage, die Abhängigkeit, *beständig*, d. h. über den Einzelfall hinaus für eine im voraus nicht feststehende Vielzahl von Fällen gesichert sein, weil nur dann eine einheitliche Konzernpolitik gewährleistet ist. Ihre *Grundlage* dürfte die Zusammenfassung der Konzernunternehmen jedenfalls in der Mehrzahl der Fälle in einer qualifizierten Beteiligung der Obergesellschaft an den anderen Konzerngesellschaften finden (s. §§ 17 Abs. 2, 18 Abs. 1 S. 3).[35] Eine bestimmte *Mindestdauer* der Zusammenfassung ist dagegen nicht erforderlich.[36]

3. Mittel. Die Mittel der einheitlichen Leitung sind unerheblich.[37] Neben ausdrück- **16** lichen Weisungen, die ohnehin nur bei Abschluß eines Beherrschungsvertrages oder im Falle der Eingliederung zulässig sind (§§ 308, 323 Abs. 1), stehen Formen der informellen Einflußnahme wie bloße Wünsche, Ratschläge oder Empfehlungen.[38] Weitere Mittel sind gemeinsame Beratungen, Richtlinien für die gemeinsam zu verfolgende Politik, die Einrichtung sogenannter Konzernarbeitskreise sowie insbesondere personelle Verflechtungen auf der Ebene des Vorstands oder des Aufsichtsrates, in denen folgerichtig auch eines der wichtigsten Indizien für das Vorliegen eines Konzerns gesehen wird (Rdnr. 14).[39]

4. Konzern im Konzern? Das Gesetz geht in § 18 Abs. 1 S. 1 offenkundig von der **17** Vorstellung aus, daß im Unterordnungskonzern typischerweise eine oder mehrere abhängige Gesellschaften unter der einheitlichen Leitung *einer* Obergesellschaft (als Konzernspitze) zusammengefaßt sind. Deshalb ist umstritten, ob es im Unternehmenskonzern auch eine *mehrfache* Konzernzugehörigkeit und damit gegebenenfalls sogar einen Konzern im Konzern geben kann (zu den Besonderheiten bei Gleichordnungskonzernen s. Rdnr. 33 f.).

Für den Sonderfall des **Gemeinschaftsunternehmens** ist mittlerweile – vor allem mit **18** Rücksicht auf die Notwendigkeit einer umfassenden Konzernpublizität (§ 290 HGB) – die Möglichkeit einer mehrfachen Konzernzugehörigkeit geklärt, sofern nur die Mütter gegenüber ihrer gemeinsamen Tochter koordiniert auftreten.[40] Die Möglichkeit eines Konzerns im Konzern wird außerdem verbreitet in der Praxis zum Mitbestimmungsrecht bejaht, um der Mitbestimmung der Arbeitnehmer einen möglichst breiten Anwendungsbereich zu sichern (s. § 5 MitbestG). Eine Notwendigkeit hierzu sieht man insbesondere im Falle einer mitbestimmungsfreien Konzernspitze, zB in Gestalt eines ausländischen Unternehmens, einer Personengesellschaft, eines Vereins oder einer Stiftung.[41] Voraussetzung ist aber, daß dem fraglichen, der Mitbestimmung unterliegenden, jedoch in einen Konzern eingegliederten Unternehmen *originäre*, nicht nur abgeleitete Leitungsmacht auf dem betreffenden mitbestimmungsrelevanten Sektor übertragen ist, indem ihm der Fragenkreis zur *selbständigen* Erledigung überlassen wurde.[42]

Die Richtigkeit dieser mitbestimmungsrechtlichen Erwägungen (Rdnr. 18) kann hier **19** dahinstehen. Gesellschaftsrechtlich besteht jedenfalls *kein* Anlaß, bei Unterordnungskonzernen die Möglichkeit eines Konzerns im Konzern anzuerkennen.[43] Das Gesetz sieht in § 18

---

[35] *Emmerich/Sonnenschein/Habersack* § 4 III 1 d (S. 64 f.).
[36] *A/D/S* Rdnr. 40 ff.; *Koppensteiner* in Kölner Kommentar Rdnr. 3.
[37] *Begr.* zum RegE bei *Kropff* AktG S. 33; LG Mainz AG 1991, 30, 31; LG Oldenburg ZIP 1992, 1632, 1636; MünchKommAktG/*Bayer* Rdnr. 34 f.; *Hüffer* Rdnr. 12; *Windbichler* in GroßkommAktG Rdnr. 27.
[38] So schon die Begr. zum RegE (vorige Fn.); BayObLGZ 1998, 85, 93 = AG 1998, 523, 524 f. = NZA 1998, 956.
[39] BayObLG (vorige Fn.); BayObLGZ 2002, 46, 52 = AG 2002, 511, 512; *A/D/S* Rdnr. 25 ff.; MünchKommAktG/*Bayer* Rdnr. 35; *Holtmann*, Personelle Verflechtungen; *Martens*, FS für Heinsius, S. 523.

[40] S. § 17 Rdnr. 28 ff.; BAGE 53, 187 = AG 1988, 106; BAGE 80, 322, 326 = NJW 1996, 1691 = AG 1996, 367, 368; *A/D/S* Rdnr. 45–59.
[41] Grdlg. (für das Betriebsverfassungsrecht) BAGE 34, 230, 232 ff., 235 f. = AG 1981, 227 f.; OLG Düsseldorf AG 1979, 318; OLG Zweibrücken AG 1984, 80; OLG Frankfurt AG 1987, 55; LG Frankfurt AG 1987, 53, 54; LG Hamburg AG 1996, 89 f.; LG München I AG 1996, 186, 187; offengelassen aber von OLG Düsseldorf AG 1997, 129.
[42] BAGE 34, 230, 235 f. = AG 1981, 227; *Emmerich/Sonnenschein/Habersack* § 4 III 2 b (S. 65 f.).
[43] Ebenso *A/D/S* Rdnr. 19; MünchKommAktG/*Bayer* Rdnr. 42; *Birk* ZGR 1984, 23, 56; *Henze* Konzernrecht Tz. 65 (S. 24); *v. Hoyningen-Huene* ZGR 1978, 515, 528 ff.; *Hüffer* Rdnr. 14; *Koppensteiner* in Kölner Kommentar Rdnr. 22 f.;

Abs. 1 S. 1 das Wesen des Konzerns in der den gesamten Konzern umfassenden und von der Konzernspitze ausgehenden einheitlichen Leitung. Damit ist die Vorstellung selbständiger Teilkonzerne unter der Konzernspitze kaum zu vereinbaren, die zudem etwa im Rahmen des § 290 HGB zu nur schwer erträglichen Konsequenzen führen müßte.

20   **5. Konzernvermutung.** Der Gesetzgeber hat die Konzerndefinition des § 18 Abs. 1 S. 1 um zwei Konzernvermutungen, eine widerlegliche und eine unwiderlegliche, ergänzt. Damit wurde vor allem der *Zweck* verfolgt, den Abschlußprüfern den Nachweis der einheitlichen Leitung mehrerer Unternehmen zu erleichtern. Unwiderleglich ist die Vermutung nach S. 2 des § 18 Abs. 1, wenn zwischen den verbundenen Unternehmen ein Beherrschungsvertrag besteht (§ 291 Abs. 1 S. 1) oder wenn das eine Unternehmen in das andere eingegliedert ist (§§ 319, 320), widerleglich dagegen in den sonstigen Fällen der Abhängigkeit (§ 18 Abs. 1 S. 3). Vermutet wird in beiden Fällen immer nur das Vorliegen eines Unterordnungskonzerns; eine Vermutung des Bestehens eines Gleichordnungskonzerns gibt es nicht (Rdnr. 25 ff.).

21   **a) Anwendungsbereich.** § 18 Abs. 1 S. 2 und 3 wird allgemein auch auf die *GmbH* angewandt und ist hier wegen des ausgeprägten Primats der Gesellschafterversammlung und damit der starken Betonung der Mehrheitsherrschaft sogar in besonderem Maße sinnfällig.[44] Jedenfalls der *S. 2* des § 18 Abs. 1 ist ferner auch im Falle des Abschlusses eines Beherrschungsvertrages mit *anderen* Gesellschaften anwendbar. Bei Abschluß von Beherrschungsverträgen zwischen einem Gemeinschaftsunternehmen und seinen Müttern ist gleichfalls Raum für die Anwendung des § 18 Abs. 1 S. 2.[45] Ob dasselbe in Fällen einer bloßen mehrfachen Abhängigkeit des Gemeinschaftsunternehmens für *S. 3* des § 18 Abs. 1 gilt, ist streitig, aber wohl zu bejahen.[46]

22   Die größte praktische Bedeutung haben die beiden Konzernvermutungen heute außer bei der Konzernrechnungslegung (Rdnr. 20) im *Mitbestimmungsrecht*.[47] In den ersten Jahren nach Inkrafttreten des MitbestG von 1976 war zwar vielfach die These vertreten worden, aufgrund der paritätischen Mitbestimmung der Arbeitnehmer im Aufsichtsrat abhängiger Kapitalgesellschaften sei in deren Anwendungsbereich (§ 1 MitbestG) für die Konzernvermutungen kein Raum mehr.[48] Diese Auffassung hat sich jedoch als nicht haltbar erwiesen.[49] Ebenso zu beurteilen ist die Rechtslage im Geltungsbereich des Montanmitbestimmungsgesetzes von 1951.[50] Eine abweichende Rechtslage besteht nur im Rahmen des § 76 Abs. 4 S. 1 BetrVG von 1952, weil diese Vorschrift allein auf § 18 Abs. 1 S. 2 Bezug nimmt, so daß S. 3 des § 18 Abs. 1 hier nicht gilt.[51]

23   **b) Widerlegung.** Die widerlegliche Konzernvermutung des § 18 Abs. 1 S. 3 greift nur ein, wenn *Abhängigkeit* besteht. Für ihre Anwendung ist folglich kein Raum, wenn den verbundenen Unternehmen bereits die Widerlegung der Abhängigkeitsvermutung des § 17 Abs. 2 gelingt (s. § 17 Rdnr. 35 ff.). Steht dagegen die Abhängigkeit des einen Unternehmens von dem anderen fest, so ist zur Widerlegung der Konzernvermutung (§ 18 Abs. 1

MünchHdb. AG/*Krieger* § 68 Rdnr. 74; *D. Marchand* Abhängigkeit S. 95 ff.; *Windbichler* in GroßkommAktG Rdnr. 83; anders *K. Schmidt,* FS für Lutter, S. 1167, 1189 ff.; *Raiser* Kapitalgesellschaften § 51 Rdnr. 41 (S. 828 f.).

[44] S. Scholz/*Emmerich* § 44 Anh. Rdnr. 30; *Windbichler* in GroßkommAktG Rdnr. 33, 35; *Michalski/Zeidler* GmbHG Bd. I Syst. Darst. 4 Rdnr. 46 (S. 401).

[45] BAGE 53, 187 = AG 1988, 106; MünchKommAktG/*Bayer* Rdnr. 45; *Koppensteiner* in Kölner Kommentar Rdnr. 33; MünchHdb. AG/*Krieger* § 68 Rdnr. 75 (S. 921 f.); str.

[46] *Hüffer* Rdnr. 18.

[47] S. zuletzt BayObLGZ 2002, 46, 50 ff. = NJW-RR 2002, 974 = AG 2002, 511.

[48] *M. Lutter,* Mitbestimmung im Konzern, 1975, S. 54 ff.; *Sonnenschein* Organschaft S. 208, 220 ff.; *H. Werner* ZGR 1976, 447, 470 ff.

[49] BAGE 53, 187 = AG 1988, 106; BayObLG (Fn. 47); MünchKommAktG/*Bayer* Rdnr. 44; *Giese* WPg 1974, 464; *Hüffer* Rdnr. 17 f.; *Koppensteiner* in Kölner Kommentar Rdnr. 32; *Liebs,* Gedächtnisschrift für Rödig, S. 286; *Richter* AG 1982, 261; *Hanau/Ulmer* MitbestG § 5 Rdnr. 26; *Th. Raiser* MitbestG § 5 Rdnr. 13.

[50] *Hüffer* Rdnr. 17 f.

[51] BAGE 80, 322, 325 f. = NJW 1996, 1691 = AG 1996, 367, 368; *Hüffer* Rdnr. 18; *Windbichler* in GroßkommAktG Rdnr. 69.

S. 3) der Nachweis erforderlich, daß trotz der Abhängigkeit seitens des herrschenden Unternehmens *tatsächlich* keine einheitliche Leitung praktiziert wird. Dazu müssen Umstände vorgetragen und gegebenenfalls bewiesen werden, die zeigen, daß von den Einflußmöglichkeiten aufgrund der Abhängigkeit überhaupt kein oder allenfalls ein punktueller Gebrauch gemacht wird.[52]

Die Anforderungen an den Beweis fehlender einheitlicher Leitung hängen davon ab, **24** wieweit der Konzernbegriff gefaßt wird. Bei dem hier zugrundegelegten weiten Konzernbegriff (Rdnr. 9 ff.) wird eine Widerlegung der Konzernvermutung nur in Ausnahmefällen in Betracht kommen.[53] In der Praxis wird der Versuch einer Widerlegung der Konzernvermutung des § 18 Abs. 1 S. 3 in der Regel bei den einzelnen Indizien anzusetzen haben, die typischerweise auf das Vorliegen einheitlicher Leitung hindeuten (s. im einzelnen Rdnr. 14 f.). Nur wenn keines dieser Indizien vorliegt, dürfte im Regelfall an eine Entkräftung der Konzernvermutung zu denken sein.[54] Im Mittelpunkt der Beweisführung wird dabei in der Mehrzahl der Fälle die finanzpolitische Selbständigkeit der abhängigen Gesellschaft zu stehen haben.[55]

III. Gleichordnungskonzern

Schrifttum: *A/D/S* Rdnr. 77–85 (S. 142 ff.); *MünchKommAktG/Bayer* Rdnr. 49–61; *Cahn*, Kapitalerhaltung im Konzern, 1998, S. 49 ff.; *Drygala*, Der Gläubigerschutz bei der typischen Betriebsaufspaltung, 1991; *Emmerich/Sonnenschein/Habersack* § 4 (S. 68 ff.); *Exner*, Beherrschungsvertrag und Vertragsfreiheit, 1985, S. 115 ff.; *Geßler*, Atypische Beherrschungsverträge, FS für Beitzke, 1979, S. 923; *Gromann*, Die Gleichordnungskonzerne im Konzern- und Wettbewerbsrecht, 1979; *Grüner* NZG 2000, 601; *Heermann*, Der Deutsche Fußballbund im Spannungsfeld von Kartell- und Konzernrecht, ZHR 161 (1997), 665; *Henssler*, Die Betriebsaufspaltung – Konzernrechtliche Durchgriffshaftung im Gleichordnungskonzern?, ZGR 2000, 479; *C. Hösch*, Konzernbildung und zwingende gesetzliche Kompetenzverteilung in der AG, der GmbH und bei Personengesellschaften, WiB 1997, 231; *Hüffer* Rdnr. 20 f.; *Jaschinski*, Die Haftung von Schwestergesellschaften im GmbH-Unterordnungskonzern, 1997; *Keck*, Nationale und internationale Gleichordnungskonzerne im deutschen Konzern- und Kollisionsrecht, 1998; *Koppensteiner*, Internationale Unternehmen im deutschen Gesellschaftsrecht, 1971, S. 67, 332 ff.; *Klippert*, Die wettbewerbsrechtliche Beurteilung von Konzernen, 1984; *MünchHdb. AG/Krieger* § 68 Rdnr. 77–91 (S. 933 ff.); *M. Lutter*, Die Rechte der Gesellschafter beim Abschluß fusionsähnlicher Unternehmensverbindungen, DB 1973 Beil. Nr. 21; *ders./Drygala*, Grenzen der Personalverflechtung und Haftung im Gleichordnungskonzern, ZGR 1995, 757; *Th. Milde*, Der Gleichordnungskonzern im Gesellschaftsrecht, 1996; *Raiser* Kapitalgesellschaften § 56 (S. 929 ff.); *K. Schmidt* GesR §§ 17 III 3, 39 IV (S. 503, 1237 ff.); *ders.*, Konzentrationsprivileg und Gleichordnungsvertragskonzern, FS für Rittner, 1991, S. 561; *ders.*, Gleichordnung im Konzern: terra incognita?, ZHR 155 (1991), 417; *ders.*, Konzernhaftung von freiberuflichen Mehrfachgesellschaftern?, ZIP 1994, 1741; *ders.*, Konzernunternehmen, FS für Lutter, S. 1167, 1186 ff.; *ders.*, Sternförmige GmbH und Co. KG und horizontaler Haftungsdurchgriff, FS für Wiedemann, 2002, S. 1199; *U. Schneider*, Mitbestimmung im Gleichordnungskonzern, FS für Großfeld, 1999, S. 1045; *Timm*, Die Aktiengesellschaft als Konzernspitze, 1980; *Veil*, Haftung in der Betriebsaufspaltung, in: W. Theobald, Entwicklungen zur Durchgriffs- und Konzernhaftung, 2002, S. 81; *L. Wellkamp*, Der Gleichordnungskonzern – Ein Konzern ohne Abhängigkeit?, DB 1993, 2517; *Windbichler* in GroßkommAktG Rdnr. 45 ff.; *dies.*, Arbeitsrecht im Konzern, 1989.

1. Überblick. Nach § 18 Abs. 2 Halbs. 1 bilden rechtlich selbständige Unternehmen **25** auch dann einen Konzern, wenn sie, *ohne daß das eine Unternehmen von dem anderen abhängig ist*, doch unter einheitlicher Leitung zusammengefaßt sind; die einzelnen Unternehmen sind dann ebenfalls Konzernunternehmen (§ 18 Abs. 2 Halbs. 2). Der Begriff der einheitlichen Leitung ist hier grundsätzlich in derselben Weise wie im Rahmen des § 18 Abs. 1 auszulegen (s. deshalb im einzelnen Rdnr. 9 ff.), so daß die Annahme eines Gleichordnungskonzerns voraussetzt, daß die einheitliche Leitung die verbundenen Unternehmen

---

[52] So BayObLGZ 1998, 85, 89 ff. = AG 1998, 523, 524 = NZA 1998, 956; BayObLGZ 2002, 46, 50 = NJW-RR 2002, 974 = AG 2002, 511; BAGE 80, 322, 327 = AG 1996, 367, 368 = NJW 1996, 1691.

[53] Ebenso BAG (vorige Fn.): „sehr schwierige Widerlegung der Konzernvermutung des § 18 Abs. 1 S. 3 AktG"; MünchKommAktG/*Bayer* Rdnr. 48; *Giese* WPg 1974, 464; MünchHdb. AG/

Krieger § 68 Rdnr. 72; *Richter* AG 1982, 261; wohl auch *Windbichler* in GroßkommAktG Rdnr. 36 f.; enger hingegen *A/D/S* Rdnr. 73 ff.; *Hüffer* Rdnr. 19; *Koppensteiner* in Kölner Kommentar Rdnr. 34.

[54] Ebenso im Ergebnis BayOLGZ 2002, 46, 51 ff. = NJW-RR 2002, 974 = AG 2002, 511.

[55] Ebenso MünchKommAktG/*Bayer* Rdnr. 48; MünchHdb. AG/*Krieger* § 68 Rdnr. 72.

in ihrer Gesamtheit erfaßt, während es nicht genügt, wenn sich die Koordinierung der Geschäftspolitik der betreffenden Unternehmen auf einzelne Aspekte der Unternehmenspolitik oder auf einzelne Betriebe von ihnen unter Ausklammerung anderer beschränkt.[56] Die Grenzziehung ist schwierig, vor allem bei Zugrundelegung des hier vertretenen weiten Konzernbegriffs (Rdnr. 13 f.), aber unerläßlich, wenn man verhindern will, daß schließlich jedes Kartell zugleich als Gleichordnungskonzern zu qualifizieren ist.

26   Die gesetzliche *Regelung* des Gleichordnungskonzerns beschränkt sich – neben § 18 Abs. 2 – im wesentlichen auf die Bestimmung des § 291 Abs. 2, nach dem ein Vertrag, durch den die einheitliche Leitung der in einem Gleichordnungskonzern zusammengefaßten Unternehmen begründet wird, keinen Beherrschungsvertrag iSd. § 291 Abs. 1 darstellt (s. Rdnr. 35 f. sowie § 291 Rdnr. 73 f.). Daneben erwähnt das Gesetz in § 292 Abs. 1 Nr. 1 mit der Gewinngemeinschaft noch eine jedenfalls früher offenbar recht verbreitete Sonderform des Gleichordnungskonzerns (s. § 292 Rdnr. 10 ff.). Diese eher beiläufig wirkende Regelung des Gleichordnungskonzerns ist ein deutlicher Ausdruck der bis heute andauernden Unsicherheit über die *Verbreitung* und die praktische Bedeutung von Gleichordnungskonzernen. Während man nach Inkrafttreten des neuen AktG zunächst überwiegend der Meinung war, Gleichordnungskonzerne seien ausgesprochen selten, setzt sich neuerdings unter dem Eindruck der Praxis zur Fusionskontrolle langsam die entgegengesetzte Auffassung durch, da in der Fusionskontrolle in zunehmendem Maße Fallgestaltungen hervortreten, die sich bei näherem Zusehen als Gleichordnungskonzerne iSd. § 18 Abs. 2 erweisen.[57]

27   Die in einem Gleichordnungskonzern zusammengefaßten Unternehmen sind verbundene Unternehmen iSd. § 15. Folglich sind auf die beteiligten Unternehmen zunächst diejenigen Vorschriften anzuwenden, die für alle verbundenen Unternehmen iSd. § 15 gelten (s. im einzelnen § 15 Rdnr. 4). Weitere Rechtsfolgen ergeben sich aus den verstreuten Vorschriften, die für „Konzernunternehmen" iSd. § 18 gelten. Hervorzuheben sind die §§ 134 Abs. 1 S. 4 und 145 Abs. 3 AktG. Dagegen dürfte sich der Anwendungsbereich des § 97 Abs. 1 AktG auf Unterordnungskonzerne beschränken, da die mitbestimmungsrechtlichen Regelungen, die § 97 Abs. 1 AktG im Auge hat, allein für Unterordnungskonzerne gelten (s. die §§ 76 Abs. 4 und 77 a Betriebsverfassungsgesetz von 1952; § 5 MitbestG von 1976).[58] Mitbestimmungsrechtlich wird der Gleichordnungskonzern nicht berücksichtigt; eine „Überkreuz"-Zurechnung der Arbeitnehmer der verschiedenen Konzernunternehmen im Gleichordnungskonzern gibt es nicht.[59]

28   **2. Voraussetzungen.** Der Gleichordnungskonzern wird nach § 18 Abs. 2 durch zwei Merkmale gekennzeichnet. Das erste Merkmal ist die Zusammenfassung der beteiligten, rechtlich selbständigen Unternehmen unter einheitlicher Leitung, das zweite das Fehlen einer Abhängigkeitsbeziehung zwischen den beteiligten Unternehmen. Die Unterstellung der verbundenen Unternehmen unter einheitliche Leitung kann auf einem Vertrag beruhen; notwendig ist dies jedoch nicht. Dementsprechend unterscheidet man vertragliche und faktische Gleichordnungskonzerne (Rdnr. 29 ff.). In beiden Fällen muß noch hinzukommen, daß keines der unter einheitlicher Leitung zusammengefaßten Unternehmen von einem anderen verbundenen Unternehmen abhängig ist (dazu Rdnr. 32 ff.).

29   **a) Vertragliche Gleichordnungskonzerne.** Ein *vertraglicher* Gleichordnungskonzern liegt vor, wenn die einheitliche Leitung der verbundenen Unternehmen auf einem Vertrag beruht, durch den sich die Beteiligten freiwillig einer einheitlichen Leitung unterstellen. Die

---

[56] S. Rdnr. 15 sowie MünchKommAktG/*Bayer* Rdnr. 50 f.; *Hüffer* Rdnr. 21; *Windbichler* in GroßkommAktG Rdnr. 50.

[57] S. zuletzt *Emmerich* AG 1997, 529, 533; 1999, 529, 532; 2001, 605, 610; *Gromann*, Die Gleichordnungskonzerne; *Keck*, Nationale und internationale Gleichordnungskonzerne; *Milde*, Der Gleichordnungskonzern; *K. Schmidt* ZHR 155 (1991), 417;

ders., FS für Wiedemann, S. 1199; *Windbichler* in GroßkommAktG Rdnr. 46 ff.

[58] Anders *Hüffer* Rdnr. 22.

[59] *Raiser* Kapitalgesellschaften § 56 Rdnr. 7 (S. 932); *U. Schneider*, FS für Großfeld, S. 1045, 1048 ff.; *Windbichler*, Arbeitsrecht im Konzernrecht, 1989.

Organisation dieser gemeinsamen Leitung ist beliebig. In Betracht kommen insbesondere die Unterstellung der verbundenen Unternehmen unter die Leitung durch eine oder mehrere Personen, zB durch eine herausragende Unternehmerpersönlichkeit, weiter die Übertragung der einheitlichen Leitung auf eines der beteiligten Unternehmen sowie schließlich die Schaffung eines gemeinsamen Leitungsorgans, oft in einem Gemeinschafts-unternehmen verselbständigt. Hinzu treten häufig noch personelle und kapitalmäßige Ver-flechtungen der verbundenen Unternehmen, mit denen in erster Linie der Zweck verfolgt wird, die einheitliche Leitung abzusichern.[60] Durch einen derartigen Gleichordnungskon-zern- oder kürzer: „*Gleichordnungsvertrag*" wird zwischen den beteiligten Unternehmen eine BGB-Gesellschaft begründet (§ 705 BGB; s. Rdnr. 26).

Der Vertrag, durch den ein Gleichordnungskonzern geschaffen wird, ist nach § 291 **29 a** Abs. 2 *kein* Beherrschungsvertrag (§ 291 Rdnr. 73 f.). Deshalb ist zweifelhaft, welche kon-zernrechtlichen Wirksamkeitsvoraussetzungen für solche Verträge gelten (Rdnr. 34 f.). Im Einzelfall können Verträge über die Gründung eines Gleichordnungskonzerns ferner gegen § 1 GWB oder Art. 81 EGV verstoßen. In diesem Fall sind sie nichtig (§ 134 BGB; Art. 81 Abs. 2 EGV). Für eine Anwendung der Regeln über fehlerhafte Gesellschaftsverträge ist dann kein Raum (str.). Praktizieren die Beteiligten gleichwohl den (nichtigen) Vertrag, so entsteht ein faktischer Gleichordnungskonzern.[61]

b) Faktische Gleichordnungskonzerne. Von einem faktischen Gleichordnungskon- **30** zern im Gegensatz zu einem vertraglichen (Rdnr. 28 ff.) spricht man, wenn sich eine an sich unabhängige Gesellschaft rein tatsächlich auf Dauer der gemeinsamen Leitung mit einem anderen Unternehmen unterstellt.[62] Die Annahme eines Gleichordnungskonzerns setzt in derartigen Fällen weder die Schaffung gemeinschaftlicher Leitungsorgane noch besondere Absprachen der Beteiligten voraus.[63] Es genügt vielmehr das bloße Faktum ihrer einheitli-chen Leitung, abgesichert meistens durch eine personelle Verflechtung der beteiligten Unternehmen.[64]

Die von den Beteiligten bei der Gründung faktischer Gleichordnungskonzerne gewählten **31** Konstruktionen sind in ihren Konsequenzen häufig nur schwer durchschaubar, gewiß auch zu dem Zweck, das Faktum der einheitlichen Leitung nach Möglichkeit vor den Kartellbe-hörden zu verbergen (s. § 37 Abs. 1 GWB).[65] In zahlreichen Fällen ist es deshalb nur aufgrund eines aufwendigen Indizienbeweises möglich, den Tatbestand der einheitlichen Leitung nachzuweisen, etwa im Falle der Leitung mehrerer Gesellschaften durch eine im Hintergrund stehende Unternehmerpersönlichkeit oder durch die Mitglieder einer Familie, die (im wesentlichen) gleichmäßig in sämtlichen Leitungsorganen der dadurch verbundenen Unternehmen vertreten sind. Die Annahme eines faktischen Gleichordnungskonzerns kommt ferner zB in Betracht, wenn ein Unternehmen im Ergebnis einem anderen alle wesentlichen Entscheidungen in dessen Interesse überläßt, so daß es letztlich in dessen Politik integriert ist, ohne daß doch Abhängigkeit iSd. § 17 vorläge (§ 18 Abs. 2).[66]

c) Keine Abhängigkeit. Zusätzliche Voraussetzung für die Annahme eines Gleichord- **32** nungskonzerns ist, daß keines der verbundenen Unternehmen von dem anderen *abhängig* ist (§ 18 Abs. 2). Bei der Anwendung dieser Regel muß man sorgfältig das Verhältnis zwischen den einheitlich geleiteten, gleichsam auf eine Stufe stehenden Unternehmen, häufig auch

---

[60] S. *Windbichler* in GroßkommAktG Rdnr. 53 ff.

[61] S. Rdnr. 30 f.; *Emmerich* AG 1999, 529, 532.

[62] BGHZ 121, 137, 146 ff. = NJW 1993, 2114 „WAZ/IKZ I"; BGH LM GWB § 24 Nr. 30 = NJW-RR 1999, 1047 = AG 1999, 181 = NZG 1999, 254 = WuW/E DER 243 „Tukan/Deil (Pir-masenser Zeitung)"; Bundeskartellamt AG 1996, 477 „Tukan/Deil"; AG 1999, 426 „TLZV/WAZ"; Tätigkeitsbericht 1997/98, S. 14 f., 100 „Thyssen/ Lhoest"; 1997/98, S. 15 „Lekkerland"; *Grüner* NZG 2000, 601, 602; *Henze* Konzernrecht Tz. 70 (S. 26); *Hüffer* Rdnr. 21; MünchHdb. AG/*Krieger* § 68

Rdnr. 82; *Raiser* Kapitalgesellschaften § 56 Rdnr. 2 (S. 930); *K. Schmidt* ZHR 155 (1991), 417; *U. Schneider*, FS für Großfeld, S. 1045, 1047 f.; *Windbichler* in GroßkommAktG Rdnr. 53 ff.

[63] BGH und Bundeskartellamt (vorige Fn.); *Em-merich* AG 1999, 529, 532; *Henze* (vorige Fn.).

[64] *A/D/S* Rdnr. 83; *Grüner* NZG 2000, 601, 602.

[65] Vgl. die Fälle „Tukan/Deil" und „TLZV/ WAZ" (Fn. 62).

[66] S. *Emmerich* AG 1999, 529, 532 m. Nachw.

Schwestergesellschaften genannt, von dem Verhältnis zu dem gemeinsamen Leitungsorgan unterscheiden. Solange das gemeinsame Leitungsorgan, insbesondere die die Schwestergesellschaften einheitlich leitende Person, *keine* Unternehmensqualität iSd. § 15 besitzt, steht auch eine „Abhängigkeit" der im übrigen gleichberechtigten Schwestergesellschaften nach § 18 Abs. 2 von dem gemeinsamen Leitungsorgan der Annahme eines Gleichordnungskonzerns nicht entgegen. Für die Annahme eines Gleichordnungskonzerns kommt es in diesem Fall vielmehr nur darauf an, daß keines der beteiligten Unternehmen von dem anderen abhängig ist, daß mit anderen Worten die Schwestergesellschaften gleichberechtigt sind. Dafür ist erforderlich, daß keine der Schwestern der anderen ihren Willen aufzwingen kann (§ 17 Abs. 1), daß insbesondere keine der Schwesterngesellschaften in dem gemeinsamen Leitungsorgan durch die anderen überstimmt werden kann; zumindest muß aber in solchem Fall jedes beteiligte Unternehmen ein sofortiges Kündigungsrecht haben, widrigenfalls kein Gleichordnungs-, sondern infolge der Begründung von Abhängigkeit der Schwestern *untereinander* ein Unterordnungskonzern vorliegt.[67]

33   Gleichordnungs- und Unterordnungskonzerne werden üblicherweise als sich grundsätzlich gegenseitig ausschließende Erscheinungsformen von Unternehmensverbindungen angesehen. Für den viel diskutierten Grenzfall des *Privatgesellschafters mit multiplem Beteiligungsbesitz* bedeutete dies, daß die von ihm einheitlich geleiteten Unternehmen einen Gleichordnungskonzern bilden, solange man ihm *keine* Unternehmensqualität iSd. § 15 zubilligt, während bei Bejahung seiner Unternehmensqualität ein Unterordnungskonzern anzunehmen wäre.[68] Neuerdings wird jedoch bestritten, daß dem AktG tatsächlich eine derartige strikte Trennung zwischen Gleich- und Unterordnungskonzernen zugrundeliege. Gleichordnungs- und Unterordnungskonzerne könnten vielmehr in den fraglichen Fällen auch *zusammentreffen,* so daß in dem Beispielsfall des „Privatgesellschafters" mit multiplem Beteiligungsbesitz nichts die Vorstellung hindere, daß hier mit einem Gleichordnungskonzern (zwischen den Schwestern) ein Unterordnungskonzern im Verhältnis zwischen den Schwestern und dem leitenden Gesellschafter zusammentreffe.[69] Damit wird bezweckt, einen Weg zu eröffnen, der es erlaubt, die besonderen, für Schwestergesellschaften in Gleichordnungskonzernen geltenden Regeln (Rdnr. 36 ff.) auch auf die auf einer Konzernstufe in Unterordnungskonzernen stehenden Gesellschaften, die sogenannten Konzernschwestern anzuwenden.

33a   Es gibt in der Tat Fälle, in denen ein Gleichordnungskonzern mit einem Unterordnungskonzern zusammentreffen kann. So verhält es sich etwa, wenn die Obergesellschaft eines Unterordnungskonzerns zugleich mit anderen, *nicht* seinem Konzern angehörigen Unternehmen einen Gleichordnungskonzern bildet; das hat die Konsequenz, daß dann alle den *beiden* Konzernen angehörenden Unternehmen miteinander iSd. § 18 verbunden sind. Auch der Einstufung von Schwestergesellschaften in den genannten Fällen als Gleichordnungskonzern (im Unterordnungskonzern) steht der Wortlaut des § 18 Abs. 2 nicht notwendig entgegen, weil und sofern die Schwestergesellschaften nicht voneinander abhängig sind. Die grundsätzliche Ablehnung eines „Konzerns im Konzern" (s. Rdnr. 17 ff.) muß die Annahme eines Gleichordnungskonzerns zwischen den Schwestergesellschaften in bestimmten Fallgestaltungen ebensowenig mit Notwendigkeit ausschließen, weil es bei der Figur des Konzerns im Konzern nur um Unterordnungskonzerne geht. Überwiegend wird zwar bisher noch die Vorstellung eines (zusätzlichen) Gleichordnungskonzerns zwischen den Schwestergesellschaften eines Unterordnungskonzerns abgelehnt;[70] die Vorstellung einer

---

[67] MünchKommAktG/*Bayer* Rdnr. 53, 57; *Hüffer* Rdnr. 20; MünchHdb. AG/*Krieger* § 68 Rdnr. 79–81; *Milde* Gleichordnungskonzern S. 9 ff.; *Lutter/Drygala* ZGR 1995, 557 f.; *Raiser* Kapitalgesellschaften § 56 Rdnr. 3 ff. (S. 931); *K. Schmidt* ZIP 1994, 1741, 1743; *ders.,* FS für Wiedemann, S. 1199, 1207 f.; *ders.* GesR § 17 III 3a (S. 504); *Veil* in Theobald Entwicklungen S. 81, 100 ff.

[68] S. schon *Emmerich* AG 1993, 529, 532.
[69] *K. Schmidt* GesR § 17 III 3b (S. 504 f.); *ders.,* FS für Lutter, 2000, S. 1167, 1186 f.; *ders.,* FS für Wiedemann, S. 1199, 1208; *Veil* (Fn. 67) S. 107 ff.
[70] S. *Raiser* Kapitalgesellschaften § 56 Rdnr. 5 f. (S. 931 f.).

wechselseitigen Einstandspflicht der Schwestergesellschaften eines Unterordnungskonzerns unter bestimmten zusätzlichen Voraussetzungen gewinnt aber zusehends an Boden (s. Rdnr. 38).

Von der soeben behandelten Frage, wie Schwestergesellschaften in Unterordnungskonzer- **33 b** nen zu behandeln sind (Rdnr. 33 f.), muß die andere getrennt werden, ob in einen Unterordnungskonzern einbezogene *abhängige* Gesellschaften zugleich mit *dritten* Unternehmen einen Gleichordnungskonzern begründen können.[71] Dagegen spricht, daß sich in solchen Fällen die betreffende abhängige Gesellschaft einer doppelten einheitlichen Leitung (§ 18 Abs. 1 und 2) gegenübersähe, eine nur schwer nachvollziehbare Vorstellung.

3. Gründung. Ob die Gesellschafter der beteiligten Gesellschaften der Gründung eines **34** Gleichordnungskonzerns generell oder nur in bestimmten Fallgestaltungen zustimmen müssen, ist noch nicht endgültig geklärt, weil eine gesetzliche Regelung, von der negativen Bestimmung des § 291 Abs. 2 abgesehen, fehlt. Eindeutig ist die Rechtslage nur, wenn es sich bei der fraglichen Gesellschaft um eine AG handelt und es zu einer Vermögensübertragung kommt (§ 179 a)[72] oder eine Gewinngemeinschaft begründet wird (§§ 292 Abs. 1 Nr. 1, 293 Abs. 1). Gehören zu den beteiligten Unternehmen Gesellschaften mbH oder Personengesellschaften, so dürfte für die Gründung eines Gleichordnungskonzerns grundsätzlich sogar die Zustimmung *aller* Gesellschafter erforderlich sein.[73]

Jenseits dieser Fälle (Rdnr. 34) wird dagegen bei der *AG* bisher überwiegend mit Rück- **35** sicht auf § 291 Abs. 2 die Notwendigkeit einer Zustimmung der Gesellschafter der beteiligten Unternehmen verneint.[74] Dabei wird jedoch übersehen, daß mit der Gründung von Gleichordnungskonzernen ebenso schwere Gefahren für die beteiligten Gesellschaften, ihre Gesellschafter und ihre Gläubiger verbunden sein können wie mit der von Unterordnungskonzernen. Deshalb ist auch bei der AG entsprechend § 293 Abs. 1 die Zustimmung der Gesellschafter mit qualifizierter Mehrheit für einen Vertrag zu fordern, der auf die Gründung eines Gleichordnungskonzerns hinausläuft.[75]

4. Schädigungsverbot, Haftung. a) Nachteilige Weisungen. Nach überwiegender **36** Meinung sind nachteilige Weisungen des Leitungsorgans in Gleichordnungskonzernen generell verboten (§ 76).[76] Tatsächlich muß man jedoch unterscheiden: Haben die Gesellschafter der Gründung des Gleichordnungskonzerns mit der erforderlichen Mehrheit zugestimmt (Rdnr. 35), so ist die Situation im Grunde mit der in einem Vertragskonzern vergleichbar. Dies bedeutet, daß dann nachteilige Weisungen zwar grundsätzlich zulässig sind (entsprechend § 308), jedoch analog den §§ 302 und 303 eine Verlustausgleichspflicht der verbundenen Gesellschaften nach sich ziehen.[77]

Ohne Zustimmung der Gesellschafter mit der jeweils erforderlichen Mehrheit ist der **37** Gleichordnungskonzern unzulässig (Rdnr. 34 f.). Dies hat zur Folge, daß die Verwaltungen der einzelnen Gesellschaften an einer Koordinierung der Geschäftspolitik der Unternehmen

[71] Dafür MünchHdb. AG/*Krieger* § 68 Rdnr. 83 (Abs. 2); für das herrschende Unternehmen s. schon Rdnr. 33 a.

[72] BGHZ 82, 188 = NJW 1982, 933 = AG 1982, 129 „Hoesch/Hoogovens".

[73] S. §§ 33, 311 Abs. 1, 705 BGB; *Gromann* Gleichordnungskonzerne S. 33 ff.; *Lang*, in Ebenroth/Boujong/Joost HGB § 105 Anh. Rdnr. 68 f. (S. 1331 f.); *Raiser* Kapitalgesellschaften § 56 Rdnr. 10 (S. 933); *Milde* Gleichordnungskonzern S. 230 ff.; MünchKommHGB/*Mülbert* Bd. 3 Konzernrecht Rdnr. 313 (S. 605).

[74] *A/D/S* Rdnr. 81; *Gromann* Gleichordnungskonzerne S. 33 ff.; *Hüffer* § 291 Rdnr. 34 f.; *Koppensteiner* in Kölner Kommentar Rdnr. 78 und § 291 Rdnr. 78; MünchHdb. AG/*Krieger* § 68 Rdnr. 84 f.; *Milde* Gleichordnungskonzern S. 229 f.

[75] S. § 291 Rdnr. 73 f.; ebenso *Grüner* NZG 2000, 601, 602; *Raiser* Kapitalgesellschaften § 56 Rdnr. 10 (S. 933); *K. Schmidt* GesR § 17 III 3 b (S. 505); *ders.,* FS für Rittner, S. 561, 576 f.; *ders.* ZHR 155, 417 (1991), 427 ff.; *Timm* Aktiengesellschaft S. 151 ff.; *Wellkamp* DB 1993, 2517, 2518 f.

[76] *Gromann* Gleichordnungskonzerne S. 56 ff.; *Grüner* NZG 2000, 601, 602; *Hommelhoff* Konzernleitungspflicht S. 389; *C. Hösch* WiB 1997, 291, 292; MünchHdb. AG/*Krieger* § 68 Rdnr. 86; *Lutter/Drygala* ZHR 1995, 557, 559 ff.; *Milde* Gleichordnungskonzern S. 161, 237 ff.; aA *Koppensteiner* in Kölner Kommentar § 291 Rdnr. 77; zum Teil anders offenbar auch *Wellkamp* DB 1993, 2517, 2519 ff.

[77] *Emmerich/Sonnenschein/Habersack* § 4 IV 4 (S. 72); *Raiser* Kapitalgesellschaften § 56 Rdnr. 11 ff. (S. 933 f.); anders *C. Hösch* (vorige Fn.).

nicht mitwirken dürfen (§ 76).[78] Werden gleichwohl nachteilige Weisungen erteilt, so müssen ebenso wie im faktischen Unterordnungskonzern die damit verbundenen Nachteile und Schäden ausgeglichen werden.[79] Die Begründung bereitet jedenfalls in vertraglichen Gleichordnungskonzernen keine Schwierigkeit, jedenfalls, wenn man den von den Beteiligten trotz seiner Unzulässigkeit praktizierten Gleichordnungsvertrag entsprechend den Regeln über fehlerhafte Unternehmensverträge aufrechterhält, weil unter dieser Voraussetzung nichts entgegensteht, unzulässige nachteilige Weisungen als Verstoß gegen die Treuepflicht der Gesellschafter zu qualifizieren (§§ 705, 280 Abs. 1, 276 BGB).[80] Daneben ist bei Aktiengesellschaften auch an eine Analogie zu den §§ 311 und 317 zu denken.

38   **b) Verlustausgleichspflicht.** In besonders engen („qualifizierten") Gleichordnungskonzernen kommt ferner eine Verlustausgleichspflicht der beteiligten Unternehmen analog den §§ 302 und 303 in Betracht.[81] Der Sache nach bedeutet dies eine wechselseitige Einstandspflicht von Schwestergesellschaften im engen faktischen Gleichordnungskonzern, wie sie in jüngster Zeit auch in der Rechtsprechung bereits wiederholt erwogen worden ist.[82] Im Schrifttum wird dabei zum Teil zwischen einem einseitigen Haftungsdurchgriff von der einen auf die andere Schwestergesellschaft (analog § 670 BGB) und einer Haftungsgemeinschaft aller Schwestern entsprechend den §§ 730 ff. BGB unterschieden, wobei eine Haftungsgemeinschaft in dem zuletzt genannten Sinne nur in Betracht kommen soll, wenn die Gesellschafter die gebotene Trennung zwischen den Gesellschaften nicht mehr beachten, sondern diese tatsächlich als eine Einheit behandeln.[83] Bei Aktiengesellschaften müssen die außenstehenden Gesellschafter, soweit sie der Bildung des Gleichordnungskonzerns nicht zugestimmt haben, außerdem ein Austrittsrecht analog § 305 erhalten.[84]

§ 19 Wechselseitig beteiligte Unternehmen

(1) Wechselseitig beteiligte Unternehmen sind Unternehmen mit Sitz im Inland in der Rechtsform einer Kapitalgesellschaft, die dadurch verbunden sind, daß jedem Unternehmen mehr als der vierte Teil der Anteile des anderen Unternehmens gehört. Für die Feststellung, ob einem Unternehmen mehr als der vierte Teil der Anteile des anderen Unternehmens gehört, gilt § 16 Abs. 2 Satz 1, Abs. 4.

(2) Gehört einem wechselseitig beteiligten Unternehmen an dem anderen Unternehmen eine Mehrheitsbeteiligung oder kann das eine auf das andere Unternehmen unmittelbar oder mittelbar einen beherrschenden Einfluß ausüben, so ist das eine als herrschendes, das andere als abhängiges Unternehmen anzusehen.

(3) Gehört jedem der wechselseitig beteiligten Unternehmen an dem anderen Unternehmen eine Mehrheitsbeteiligung oder kann jedes auf das andere unmittelbar oder

---

[78] Ähnlich *Drygala* Gläubigerschutz S. 120 ff.; MünchHdb. AG/*Krieger* Rdnr. 86; *Raiser* Kapitalgesellschaften § 56 Rdnr. 11 f. (S. 933 f.).
[79] S. *Emmerich/Sonnenschein/Habersack* § 4 IV 4 (S. 72 f.); *Grüner* NZG 2000, 601, 602.
[80] MünchHdb. AG/*Krieger* § 68 Rdnr. 86; *Hüffer* § 291 Rdnr. 35; *Milde* Gleichordnungskonzern S. 161 ff.; *Lutter/Drygala* ZGR 1995, 557, 565 ff.
[81] S. Rdnr. 33; *Drygala* Gläubigerschutz S. 119, 123 ff.; *Grüner* NZG 2000, 601, 602 f.; *Hüffer* Rdnr. 21 und § 291 Rdnr. 35; *Jaschinski*, Die Haftung von Schwestergesellschaften im GmbH-Unterordnungskonzern, 1997; MünchHdb. AG/*Krieger* § 68 Rdnr. 86; *Lutter/Drygala* ZGR 1995, 557, 568 ff.; *Raiser* Kapitalgesellschaften § 56 Rdnr. 12 f. (S. 934); *K. Schmidt* GesR § 39 IV 2 (S. 1240 ff.); *ders.* ZHR 155 (1991), 417, 427, 436 ff.; *ders.* ZIP

1991, 1325, 1328; *ders.* JZ 1992, 856, 865; *ders.,* FS für Wiedemann, S. 1199, 1217 f.; *Veil* in Theobald Entwicklungen S. 81, 102 ff.; *Wellkamp* DB 1993, 2517, 2520 f.; dagegen aber *Milde* Gleichordnungskonzern S. 180 ff.; *Cahn* Kapitalerhaltung S. 48 ff.
[82] S. insbesondere BAG AP AktG § 303 Nr. 12 = AG 1999, 376, 377 f. = NZG 1999, 661 = NZA 1999, 543; OLG Dresden AG 2000, 419 = NZG 2000, 598, 600 f.; AG Eisenach AG 1995, 519 f. = GmbHR 1995, 445; dazu *Grüner* NZG 2000, 601, 602; *Henssler* ZGR 1999, 478, 492, 499 f.; *K. Schmidt*, FS für Wiedemann, S. 1199, 1210 ff.; *Veil* (vorige Fn.) S. 92 ff.
[83] *K. Schmidt*, FS für Wiedemann, S. 1199, 1218 ff.; ähnlich *Veil* (Fn. 81) S. 104 ff.
[84] *Milde* Gleichordnungskonzern S. 214 ff.; *Raiser* Kapitalgesellschaften § 56 Rdnr. 12 (S. 934).

mittelbar einen beherrschenden Einfluß ausüben, so gelten beide Unternehmen als herrschend und als abhängig.

(4) § 328 ist auf Unternehmen, die nach Absatz 2 oder 3 herrschende oder abhängige Unternehmen sind, nicht anzuwenden.

Schrifttum: *M. Adams,* Die Usurpation von Aktionärsbefugnissen mittels Ringverflechtung in der „Deutschland AG", AG 1994, 148; *Th. Baums,* Die Macht der Banken, ZBB 1994, 86; *Cahn,* Kapitalerhaltung im Konzern, 1998; *ders./S. Farrenkopf,* Abschied von der qualifizierten wechselseitigen Beteiligung?, AG 1984, 178; *Emmerich,* Zur Problematik der wechselseitigen Beteiligungen, FS für Westermann, 1974, S. 55; *ders.,* Wechselseitige Beteiligungen bei AG und GmbH, NZG 1998, 622; *ders.,* in Scholz GmbHG § 44 Anh. Rdnr. 34–38; *Emmerich/Sonnenschein/Habersack* § 5 (S. 77 ff.); *Gromann,* Die Gleichordnungskonzerne im Konzern- und Wettbewerbsrecht, 1979; *Havermann,* Die verbundenen Unternehmen und ihre Pflichten nach dem AktG, WPg 1966, 66; *Hettlage,* Darf sich eine Kapitalgesellschaft durch die Begründung einer wechselseitigen Beteiligung an der Kapitalaufbringung ihrer eigenen Kapitalgeber beteiligen?, AG 1967, 259; *ders.,* Die AG als Aktionär, AG 1981, 92; *R. Klix,* Wechselseitige Beteiligungen, 1981; *Koppensteiner,* Internationale Unternehmen im deutschen Gesellschaftsrecht, 1971; *ders.,* Wechselseitige Beteiligungen im Recht der GmbH, WiBl. 1990, 1; *R. Korah,* Ringbeteiligungen von Aktiengesellschaften, 2002; MünchHdb. AG/ *Krieger* § 68 Rdnr. 92–110; *Kronstein,* Die abhängige juristische Person, 1931; *Luchterhandt,* Deutsches Konzernrecht bei grenzüberschreitenden Konzernverbindungen, 1971; *Lutter,* Kapital, Sicherung der Kapitalaufbringung und Kapitalerhaltung, 1964; *Mestmäcker,* Verwaltung, Konzerngewalt und Rechte der Aktionäre, 1958, S. 113 ff.; *Raiser* Kapitalgesellschaften § 51 V (Tz. 42 ff. [S. 829 ff.]); *K. Schmidt* GesR § 31 II 3 d (S. 946 f.); *Kerstin Schmidt,* Wechselseitige Beteiligungen im Gesellschafts- und Kartellrecht, 1995; *Verhoeven,* GmbH-Konzernrecht: Der Erwerb von Anteilen der Obergesellschaft, GmbHR 1977, 97; *U. Wastl/Fr. Wagner,* Das Phänomen der wechselseitigen Beteiligungen aus juristischer Sicht, 1997; *dies.,* Wechselseitige Beteiligungen im Aktienrecht, AG 1997, 241; *H. Winter,* Die wechselseitige Beteiligung von Aktiengesellschaften, 1960; *Zöllner,* Die Schranken mitgliedschaftlicher Stimmrechtsmacht, 1963.

Übersicht

I. Überblick

§ 19 regelt zusammen mit § 328 als letzte Form der Unternehmensverbindungen iSd. **1** §§ 15 bis 19 die sogenannten wechselseitigen Beteiligungen. Eine wechselseitige Beteiligung liegt vor, wenn Kapitalgesellschaften mit Sitz im Inland dergestalt verbunden sind, daß jedem Unternehmen mehr als der vierte Teil der Anteile des anderen Unternehmens gehört (§ 19 Abs. 1 S. 1). Für wechselseitige Beteiligungen, die bei Inkrafttreten des neuen AktG von 1965 bereits bestanden, findet sich eine Übergangsregelung in den §§ 6 und 7 EGAktG (s. § 328 Rdnr. 2). Ein enger Zusammenhang besteht weiter mit den Vorschriften über Mitteilungspflichten (§§ 20 bis 22), die nicht zuletzt den Zweck haben, wechselseitige Beteiligungen aufzudecken. Ergänzend sind noch die 1978 und 1998 neugefaßten §§ 71 bis 71 e zu beachten (Rdnr. 15, 18).

Das Gesetz unterscheidet in den §§ 19 und 328 zwei verschiedene Formen wechselsei- **2** tiger Beteiligungen, für die sich die Bezeichnungen einfache und qualifizierte eingebürgert haben. Unterscheidungsmerkmal ist nach § 19 Abs. 2 und 3, ob zwischen den wechselseitig beteiligten Unternehmen *zusätzlich* einseitige oder beiderseitige Mehrheits- oder Abhängigkeitsbeziehungen iSd. §§ 16 und 17 bestehen. Fehlt es hieran, so handelt es sich um eine *einfache* wechselseitige Beteiligung, für die das AktG in § 328 eine komplizierte Sonderregelung enthält, die letztlich auf den Mitteilungspflichten der §§ 20 und 21 aufbaut. Andernfalls, d. h. bei Hinzutreten von Mehrheits- oder Abhängigkeitsbeziehungen, liegt dagegen nach § 19 Abs. 2 und 3 eine einseitige oder beiderseitige *qualifizierte* wechselseitige Beteiligung vor, auf die § 328 keine Anwendung findet (§ 19 Abs. 4); vielmehr greifen dann allein die allgemeinen Rechtsfolgen von Mehrheits- und Abhängigkeitsbeziehungen ein, ergänzt um die Vorschriften der §§ 71 bis 71 e (s. Rdnr. 13 ff., 17 f.).

3   Unter einem anderen Gesichtspunkt unterscheidet man ferner zweiseitige und mehrseitige wechselseitige Beteiligungen, für die unterschiedliche Bezeichnungen üblich sind. Meistens spricht man von *ringförmigen* oder zirkulären Beteiligungen oder auch von Dreiecksbeteiligungen. Sie sind gekennzeichnet durch die Zwischenschaltung weiterer Unternehmen. Eine ringförmige Beteiligung liegt zB vor, wenn A an B, B an C und C sodann wiederum an A beteiligt ist. Auf derartige ringförmige Beteiligungen ist § 19 nicht generell, sondern nur von Fall zu Fall bei Erfüllung der Voraussetzungen der Abs. 2 oder 3 anwendbar (s. Rdnr. 10, 13).

II. Zweck

4   Über die genaue *Verbreitung* wechselseitiger Beteiligungen ist bisher nur wenig bekannt geworden.[1] Sie scheinen indessen vor allem in der Bank- und Versicherungswirtschaft verbreiteter zu sein, als man bislang vielfach angenommen hat, und zwar namentlich in Gestalt der nur schwer durchschaubaren ringförmigen Beteiligungen.[2] Die Mehrzahl dieser Beteiligungen dürfte bisher, trotz des ständigen Ausbaus der Mitteilungspflichten (§§ 20 f.; §§ 21 ff. WpHG), noch gar nicht aufgedeckt geworden sein.

5   Von wechselseitigen Beteiligungen drohen spezifische *Gefahren*, derentwegen überhaupt erst eine besondere gesetzliche Regelung dieser eigenartigen Unternehmensverbindungen erforderlich wurde und über die jedenfalls im Kern heute Übereinstimmung herrscht.[3] Im Vordergrund des Interesses haben dabei bisher die mit solchen Beteiligungen verbundenen Risiken für die *Kapitalaufbringung* und *Kapitalerhaltung* gestanden (s. § 57 Abs. 1 S. 1). In der Tat läuft der Aufbau wechselseitiger Beteiligungen bei wirtschaftlicher Betrachtungsweise auf eine mittelbare Einlagenrückgewähr an die eigenen Gesellschafter hinaus. Außerdem besteht die Gefahr, daß das Kapital der Gesellschaften jedenfalls in Höhe des Quotienten der wechselseitigen Beteiligungen fiktiv wird.[4] Weitere Risiken für die Kapitalaufbringung kommen bei Kapitalerhöhungen unter Beteiligung der jeweils anderen Gesellschaft hinzu, weil hier nicht ausgeschlossen werden kann, daß letztlich nur dieselbe Einlage wiederholt zwischen den verbundenen Gesellschaften hin und hergeschoben wird, um ihre Grund- oder Stammkapitalziffern künstlich aufzublähen.

6   Wichtiger noch als die erwähnten Risiken für die Kapitalaufbringung und -erhaltung (Rdnr. 5), die bereits beim Aufbau der wechselseitigen Beteiligungen aus freien Rücklagen weitgehend vermieden werden können, sind die üblicherweise unter dem Stichwort „*Verwaltungsstimmrechte*" ins Auge gefaßten Gefahren. Gemeint ist damit, daß wechselseitige Beteiligungen, jedenfalls von einer bestimmten, in der Regel deutlich unter 25% liegenden Grenze ab, unübersehbar die Gefahr heraufbeschwören, daß die Verwaltungen in beiden Gesellschaften über ihren Einfluß auf die jeweils andere, wechselseitig beteiligte Gesellschaft die Herrschaft in der eigenen Haupt- oder Gesellschafterversammlung übernehmen. Vor allem die auf diese Weise zu erreichende Verselbständigung der Verwaltungen gegenüber

---

[1] S. zum folgenden *M. Adams* AG 1994, 148; MünchKommAktG/*Bayer* Rdnr. 7 f.; *Th. Baums* ZBB 1994, 86; *Emmerich/Sonnenschein/Habersack* § 5 I (S. 78); *Wastl/Wagner*, Das Phänomen der wechselseitigen Beteiligungen, 1997; *dies.* AG 1997, 241.

[2] S. *M. Adams* (vorige Fn.); *Th. Baums* ZBB 1994, 86, 99 f.; weitere Beispiele bei *Emmerich/Sonnenschein/Habersack* (vorige Fn.).

[3] S. die Begr. zum RegE bei *Kropff* AktG S. 34 f.; MünchKommAktG/*Bayer* Rdnr. 1–6; *Emmerich*, FS

für Westermann, S. 55, 60 ff.; *ders.* NZG 1998, 622 f.; *ders./Sonnenschein/Habersack* Konzernrecht § 5 I (S. 78 f.); *Hüffer* Rdnr. 1; *Klix* Beteiligungen S. 18, 23 ff.; *Koppensteiner* WiBl. 1990, 1; *Raiser* Kapitalgesellschaften § 51 Rdnr. 43 ff. (S. 830); *K. Schmidt* GesR § 31 II 3 d (S. 946 f.); *Kerstin Schmidt*, Wechselseitige Beteiligungen, S. 51 ff.; *Wastl/Wagner* (Fn. 1); *Windbichler* in GroßkommAktG Rdnr. 2.

[4] Die Berechnung ist im einzelnen streitig, s. zuletzt MünchKommAktG/*Bayer* Rdnr. 2 f.; *Cahn* Kapitalerhaltung S. 185.

ihren Gesellschaftern dürfte in der Mehrzahl der Fälle letztlich der eigentliche Grund für den planmäßigen Aufbau zumal ringförmiger Beteiligungen gewesen sein.

Vornehmlicher Zweck der §§ 19, 71 ff. und 328 ist die Bekämpfung der genannten **7** Gefahren wechselseitiger Beteiligungen (Rdnr. 5 f.). Dieser Zweck ist indessen angesichts der problematischen Beschränkung des Anwendungsbereichs der §§ 19 und 328 auf wechselseitige Beteiligungen zwischen Kapitalgesellschaften mit Sitz im Inland jenseits einer Beteiligung von 25% allenfalls in ganz beschränktem Umfang erreicht worden.[5] Erst die Verschärfung der §§ 71 ff. im Jahre 1978 dürfte hier einen gewissen Ausgleich gebracht haben (s. Rdnr. 16, 19).

III. Begriff

Der Begriff der wechselseitigen Beteiligungen ergibt sich aus § 19 Abs. 1 S. 1. Unter **8** wechselseitig beteiligten Unternehmen sind danach (nur) Kapitalgesellschaften mit Sitz im Inland zu verstehen, die dadurch verbunden sind, daß jedem Unternehmen *mehr als 25% der Anteile* des anderen Unternehmens gehören, wobei mit Kapitalgesellschaften hier entsprechend § 3 Abs. 1 Nr. 2 UmwG allein Aktiengesellschaften, Kommanditgesellschaften auf Aktien und Gesellschaften mbH gemeint sind. Keine Anwendung findet die gesetzliche Regelung dagegen (bedauerlicherweise) auf Personengesellschaften und auf Unternehmen mit Sitz im Ausland (s. Rdnr. 25 f.), während Kapitalgesellschaften mit Sitz im Inland auf der anderen Seite ohne Ausnahme erfaßt werden. Keine Rolle spielt hier insbes. die Frage, ob im Einzelfall auch die zusätzlichen Merkmale des Unternehmensbegriffs iSd. §§ 15 ff. erfüllt sind.[6]

Aus dem Wortlaut des § 19 Abs. 1 S. 1 folgt weiter, daß es für die Annahme einer **9** wechselseitigen Beteiligung allein auf die Höhe des Anteils der einen Gesellschaft am *Kapital* der anderen Gesellschaft iSd. § 16 Abs. 2 ankommt, während der Stimmenanteil (s. § 16 Abs. 3) hier, d. h. bei der Bestimmung des Begriffs der wechselseitigen Beteiligungen (anders als im Rahmen des § 19 Abs. 2 und 3), unberücksichtigt bleibt.[7] Zur *Berechnung* der Anteilshöhe verweist das Gesetz dabei in § 19 Abs. 1 S. 2 im einzelnen auf § 16 Abs. 2 S. 1 und auf § 16 Abs. 4. Die Höhe des Anteils einer Gesellschaft am Kapital der anderen Gesellschaft berechnet sich folglich nach dem Verhältnis des gesamten Nennbetrags der dieser Gesellschaft gehörenden Anteile zum Nennkapital der anderen Gesellschaft (§ 16 Abs. 2 S. 1; s. § 16 Rdnr. 9), wobei die Zurechnungsvorschrift des *§ 16 Abs. 4* zu berücksichtigen ist (wegen der Einzelheiten s. § 16 Rdnr. 13 ff.). Als Anteile, die einer Gesellschaft gehören, gelten daher insbes. auch die Anteile, die einem von ihm abhängigen Unternehmens oder einem anderen für Rechnung des Unternehmens oder eines von diesem abhängigen Unternehmen gehören, wobei dieser andere nicht einmal Unternehmensqualität zu besitzen braucht; ebensowenig wird hier zwischen Kapitalgesellschaften und Personengesellschaften sowie zwischen in- und ausländischen Unternehmen unterschieden.[8] Keine Anwendung finden im vorliegenden Zusammenhang dagegen die Sätze 2 und 3 des § 16 Abs. 2, so daß eigene Anteile und gleichstehende Anteile bei der Berechnung des Nennkapitals der anderen Gesellschaft nicht abzuziehen sind.[9]

Die Anwendung der Zurechnungsvorschrift des *§ 16 Abs. 4* setzt hier ebensowenig wie **10** im eigentlichen Anwendungsbereich des § 16 Abs. 4 eine unmittelbare Beteiligung des herrschenden Unternehmens neben der abhängigen Gesellschaft an der dritten Gesellschaft voraus.[10] Die Folge ist, daß § 19 – unter den Voraussetzungen des § 16 Abs. 4 – auch

[5] Kritisch auch MünchKommAktG/*Bayer* Rdnr. 16.

[6] S. schon § 15 Rdnr. 22; ebenso *Windbichler* in GroßkommAktG Rdnr. 12.

[7] S. MünchKommAktG/*Bayer* Rdnr. 29 ff.; *Hüffer* Rdnr. 3; *Koppensteiner* in Kölner Kommentar Rdnr. 12 ff.; *Windbichler* in GroßkommAktG Rdnr. 12 ff.

[8] S. MünchKommAktG/*Bayer* Rdnr. 31; MünchHdb. AG/*Krieger* § 68 Rdnr. 95.

[9] MünchKommAktG/*Bayer* Rdnr. 30; *Hüffer* Rdnr. 3; *Koppensteiner* in Kölner Kommentar Rdnr. 14; MünchHdb. AG/*Krieger* § 68 Rdnr. 94.

[10] S. § 16 Rdnr. 16; MünchKommAktG/*Bayer* Rdnr. 32.

ringförmige Beteiligungen erfaßt.[11] Ist zB A an B, B an C und C wieder an A beteiligt, so kann es sich iSd. § 19 Abs. 1 um eine wechselseitige Beteiligung zwischen *A* und *C* handeln, *sofern* B von A abhängig ist.

11   Die unmittelbare Beteiligung der B an C wird in diesen Fällen (Rdnr. 10) genausowenig wie im Anwendungsbereich des § 16 Abs. 4 (s. § 16 Rdnr. 16) durch die mittelbare Beteiligung der A an C „absorbiert" wird, so daß die Folge *mehrfache* wechselseitige Beteiligungen sein können, etwa, wenn in unserem Beispielsfall die C nicht nur an A, sondern auch an B eine Beteiligung von mehr als 25% hält.[12] Sind an der ringförmigen Beteiligung noch weitere Unternehmen beteiligt, so müssen auch in den weiteren Gliedern der Kette mit Ausnahme der letzten Abhängigkeitsbeziehungen zu den bloßen Kapitalbeteiligungen hinzutreten, wenn § 19 anwendbar sein soll.[13] Unter den genannten Voraussetzungen kann dies zu einer Vervielfachung von wechselseitigen Beteiligungen führen.

IV. Einseitige qualifizierte wechselseitige Beteiligungen (§ 19 Abs. 2)

12   **1. Voraussetzungen.** Eine einseitige qualifizierte wechselseitige Beteiligung liegt nach § 19 Abs. 2 vor, wenn es sich um wechselseitig beteiligte Unternehmen iSd. § 19 Abs. 1 handelt, d. h. um Kapitalgesellschaften mit Sitz im Inland, die aneinander mit mehr als 25% der Anteile beteiligt sind (Rdnr. 8 ff.), **und** zusätzlich das eine Unternehmen an dem anderen mehrheitlich beteiligt ist *oder* das eine von dem anderen abhängig ist. Zu der wechselseitigen Beteiligung nach Maßgabe des § 19 Abs. 1 muß folglich hier noch eine Mehrheitsbeteiligung iSd. § 16 *oder* ein beherrschender Einfluß iSd. § 17 Abs. 1 hinzutreten.[14]

13   Zu beachten ist, daß *insoweit* infolge der Bezugnahme in § 19 Abs. 2 (und 3) der *ganze* § 16 anwendbar ist mit der Folge, daß *hier* bei der Berechnung der Mehrheitsbeteiligung eigene und gleichstehende Anteile abzuziehen sind (§ 16 Abs. 2 S. 2 und 3) und daß neben einer Kapitalmehrheit auch eine Stimmenmehrheit gemäß § 16 Abs. 3 für die Anwendung des § 19 Abs. 2 ausreicht. § 17 ist aufgrund der Bezugnahme in § 19 Abs. 2 (und 3) gleichfalls in seiner Gesamtheit anwendbar, so daß es zu einer einseitigen qualifizierten wechselseitigen Beteiligung selbst dann kommen kann, wenn sich nur Minderheitsbeteiligungen *über 25%* gegenüberstehen, die eine Minderheitsbeteiligung aber aufgrund weiterer Umstände wie einer niedrigen Hauptversammlungspräsenz oder der Unterstützung durch weitere Gesellschafter einen beherrschenden Einfluß auf die andere Gesellschaft begründet.[15] Ringförmige Beteiligungen werden hier wiederum unter der zusätzlichen Voraussetzung des § 16 Abs. 4 erfaßt.[16]

14   **2. Rechtsfolgen.** Nach § 19 Abs. 2 sind unter den genannten Voraussetzungen (Rdnr. 12 f.) die wechselseitig beteiligten Unternehmen als voneinander abhängig anzusehen. § 19 Abs. 2 stellt somit abweichend von den §§ 17 Abs. 2 und 18 Abs. 1 S. 3 eine *unwiderlegliche Vermutung* auf, die, soweit sie an die Abhängigkeit des einen Unternehmens von dem anderen anknüpft, tautologisch ist. Der Grund für diese eigenartige Regelung dürfte in erster Linie darin zu sehen sein, daß der Gesetzgeber hier die Rechtsfolgen einseitiger qualifizierter wechselseitiger Beteiligung durch die Verweisung auf die für verbundene und für abhängige Unternehmen geltenden Vorschriften (Rdnr. 15) abschließend regeln wollte.

[11] MünchKommAktG/*Bayer* Rdnr. 36–39; *Hüffer* Rdnr. 5, 8; MünchHdb. AG/*Krieger* § 68 Rdnr. 96; *Koppensteiner* in Kölner Kommentar Rdnr. 17 f.; s. schon Rdnr. 3.
[12] S. MünchKommAktG/*Bayer* Rdnr. 32 ff.; MünchHdb. AG/*Krieger* § 68 Rdnr. 96.
[13] S. noch *Emmerich,* FS für Westermann, S. 55, 69 f.; *Emmerich/Sonnenschein/Habersack* § 5 II (S. 79); MünchHdb. AG/*Krieger* § 68 Rdnr. 96.

[14] S. MünchKommAktG/*Bayer* Rdnr. 33 f.; *Hüffer* Rdnr. 4; *Koppensteiner* in Kölner Kommentar Rdnr. 19; *Windbichler* in GroßkommAktG Rdnr. 21–23.
[15] S. im einzelnen § 17 Rdnr. 18 ff.; *Windbichler* in GroßkommAktG Rdnr. 23.
[16] *Hüffer* Rdnr. 5; *Koppensteiner* in Kölner Kommentar Rdnr. 21.

§ 19 Abs. 2 bedeutet der Sache nach, daß auf wechselseitig beteiligte Unternehmen unter **15** den genannten Voraussetzungen zwingend die Vorschriften über verbundene und über abhängige Unternehmen sowie gegebenenfalls noch über mehrheitlich beteiligte Unternehmen anzuwenden sind (§§ 15, 16, 17).[17] Anwendbar sind außerdem die Konzernvermutung des § 18 Abs. 1 S. 3 sowie das Erwerbs- oder Übernahmeverbot des § 56 Abs. 2 S. 1. Zu beachten ist weiter § 160 Abs. 1 Nr. 7, nach dem die wechselseitige Beteiligung im Anhang zum Jahresabschluß (§ 264 Abs. 1 S. 1 HGB) offenzulegen ist. Die wichtigsten Rechtsfolgen ergeben sich jedoch aus den §§ 311 ff. sowie aus den §§ 71 ff. in der Fassung von 1978 und 1998 (Rdnr. 16):

Die **§§ 71 bis 71 e** gelten auch für wechselseitig beteiligte Unternehmen.[18] Folglich *ruhen* **16** im Falle des § 19 Abs. 2 gemäß § 71 d S. 4 iVm. § 71 b sämtliche Mitgliedschaftsrechte aus dem Anteilsbesitz der *abhängigen* wechselseitig beteiligten Gesellschaft an der anderen herrschenden Gesellschaft, wodurch vor allem der Ausschluß von Verwaltungsstimmrechten erreicht wird.[19] Außerdem muß die über 10% hinausgehende Beteiligung der *abhängigen* wechselseitig beteiligten Gesellschaft binnen eines Jahres *abgebaut* und dadurch die wechselseitige Beteiligung wieder beseitigt werden (§ 71 d S. 2 und 4 iVm. §§ 71 und 71 c Abs. 1).[20] Insoweit hat auch das Gesetz zur Kontrolle und Transparenz im Unternehmensbereich (KonTraG) von 1998 keine ins Gewicht fallenden Änderungen gebracht.[21]

V. Beiderseitige qualifizierte wechselseitige Beteiligungen (§ 19 Abs. 3)

1. Voraussetzungen. Eine beiderseitige qualifizierte wechselseitige Beteiligung liegt **17** nach § 19 Abs. 3 vor, wenn es sich um wechselseitig beteiligte Unternehmen iSd. § 19 Abs. 1 handelt *und jedem* der beiden wechselseitig beteiligten Unternehmen an dem anderen Unternehmen eine *Mehrheitsbeteiligung* gemäß § 16 gehört *oder* jedes auf das andere einen *beherrschenden Einfluß* iSd. § 17 Abs. 1 auszuüben vermag. Da der zuletzt genannte Fall nur schwer vorstellbar ist,[22] hat § 19 Abs. 3 in erster Linie Bedeutung für die Fälle der wechselseitigen Mehrheitsbeteiligungen iSd. (ganzen) § 16. Für diese Fälle enthält die Vorschrift (ebenso wie § 19 Abs. 2) eine unwiderlegliche Vermutung, so daß jedes Unternehmen zugleich als herrschendes und als abhängiges Unternehmen anzusehen ist, und zwar mit allen Rechtsfolgen, die das Gesetz neben der Mehrheitsbeteiligung an die Abhängigkeit knüpft (Rdnr. 18 f.).

2. Rechtsfolgen. Die Rechtsfolgen der beiderseitigen qualifizierten wechselseitigen **18** Beteiligung (Rdnr. 17) entsprechen im wesentlichen denen der einseitigen qualifizierten wechselseitigen Beteiligung (s. deshalb schon Rdnr. 14 ff.), nur mit dem Unterschied, daß hier die Vorschriften über abhängige Unternehmen auf **beide** wechselseitig beteiligte Unternehmen anzuwenden sind. Hinzu treten wiederum die §§ 71 ff.[23]

Die Folge ist zunächst, daß sich *beide* verbundenen Gesellschaften die schon erwähnten **19** (Rdnr. 16) Beschränkungen für abhängige Unternehmen gefallen lassen müssen, so daß *keine* von ihnen aus ihren Aktien nach den §§ 71 d S. 4 und 71 b Mitgliedschaftsrechte bei

[17] S. § 15 Rdnr. 4, § 17 Rdnr. 2; MünchKomm-AktG/*Bayer* Rdnr. 48 ff.; *Kerstin Schmidt,* Wechselseitige Beteiligungen, S. 63 ff.; *Windbichler* in GroßkommAktG Rdnr. 25 ff.

[18] MünchKommAktG/*Bayer* Rdnr. 49 f.; ausführlich *Cahn* Kapitalerhaltung S. 151, 185, 210 ff.; *Hüffer* Rdnr. 6; *Koppensteiner* in Kölner Kommentar Rdnr. 7; MünchHdb. AG/*Krieger* § 68 Rdnr. 109; *Kerstin Schmidt* (vorige Fn.); *Windbichler* in GroßkommAktG Rdnr. 28.

[19] S. außer den Genannten (vorige Fn.) noch *Lutter* in Kölner Kommentar § 71 b Rdnr. 18, § 71 d Rdnr. 47.

[20] MünchKommAktG/*Bayer* Rdnr. 50; *Cahn* (Fn. 18); *Hüffer* Rdnr. 6; *Klix* Beteiligungen

S. 36 ff.; MünchHdb. AG/*Krieger* § 68 Rdnr. 109; *Lutter* in Kölner Kommentar § 71 d Rdnr. 43, 47; *Raiser* Kapitalgesellschaften § 52 Rdnr. 49 (S. 831 f.); *Kerstin Schmidt,* Wechselseitige Beteiligungen, S. 68 ff.; *Windbichler* in GroßkommAktG Rdnr. 28; anders *Cahn/Farrenkopf* AG 1984, 178.

[21] BGBl. I S. 786; ebenso *Wastl/Wagner* AG 1997, 241, 246 f.; *Windbichler* in GroßkommAktG Rdnr. 28.

[22] *Koppensteiner* in Kölner Kommentar Rdnr. 22; anders *Hüffer* Rdnr. 7; *Windbichler* in GroßkommAktG Rdnr. 30.

[23] S. *Windbichler* in GroßkommAktG Rdnr. 31–35.

der anderen besitzt.[24] Bei *ringförmigen* Beteiligungen erfaßt das Verbot sicher die Muttergesellschaften, von ihnen abhängige Tochter- und Enkelgesellschaften dagegen wohl nur, wenn sie ihrerseits an der anderen Gesellschaft mit Mehrheit beteiligt sind oder diese von ihnen sonst abhängig ist. Anwendbar sind außerdem § 71 d S. 2 und 4 und § 71 c, so daß der *beiderseitige* Anteilsbesitz binnen eines Jahres bis auf die Obergrenze von 10% abgebaut werden muß.[25] Es ist nicht einzusehen, warum diese Vorschriften ausgerechnet in dem besonders kritischen Fall der beiderseitigen qualifizierten wechselseitigen Beteiligungen keine Anwendung finden sollten.[26]

VI. Die nicht geregelten Fälle

Schrifttum: MünchKommAktG/*Bayer* Rdnr. 23–28; *Emmerich,* FS für Westermann, S. 55; *ders.* NZG 1998, 622; *ders.* in Scholz GmbHG § 44 Anh. Rdnr. 34 ff.; *Emmerich/Sonnenschein/Habersack* § 5 V (S. 85 ff.); *Hettlage* AG 1967, 259; 1981, 92; *Klix* Beteiligungen S. 38, 44 ff.; *Koppensteiner* in Kölner Kommentar Rdnr. 23 ff.; *ders.* WiBl. 1990, 1; *R. Korah,* Ringbeteiligungen von Aktiengesellschaften, 2002; MünchHdb. AG/*Krieger* § 68 Rdnr. 105 f.; *Rowedder/Schmidt-Leithoff/Pentz* GmbHG § 33 Rdnr. 60–67 (S. 984 ff.); *Kerstin Schmidt,* Wechselseitige Beteiligungen, S. 80 ff.; *Michalski/Sosnitza* GmbHG Bd. I § 33 Rdnr. 48 ff. (S. 1922 ff.); *Verhoeven* GmbHR 1977, 97.

20   Der Anwendungsbereich der §§ 19 und 328 beschränkt sich auf wechselseitige Beteiligungen zwischen Kapitalgesellschaften mit Sitz im Inland, wobei im Fall des § 328 noch hinzukommen muß, daß wenigstens eine der beteiligten Gesellschaften eine deutsche AG oder KG aA ist. Andere wechselseitigen Beteiligungen, insbes. also wechselseitige Beteiligungen mit ausländischen Unternehmen und mit Personengesellschaften sowie einfache wechselseitige Beteiligungen zwischen Kapitalgesellschaften mit Ausnahme von Aktiengesellschaften und KGaA werden dagegen von den §§ 19 und 328 nicht erfaßt, so daß die Behandlung dieser Fälle umstritten ist. Zu beginnen ist mit einem Blick auf die GmbH (Rdnr. 21–24).

21   **1. GmbH. a) Einfache wechselseitige Beteiligungen.** Die Definition der wechselseitigen Beteiligungen in § 19 Abs. 1 erfaßt alle Kapitalgesellschaften mit Sitz im Inland, also auch die GmbH, bei der man daher ebenso wie bei der AG einfache und qualifizierte einseitige oder beiderseitige wechselseitige Beteiligungen unterscheiden muß. Von diesen Fällen ist nur die einfache wechselseitige Beteiligung mit einer GmbH bereits in § 328 geregelt, vorausgesetzt, daß das andere wechselseitig beteiligte Unternehmen eine AG oder KGaA ist. Ungeregelt ist dagegen der Fall einer einfachen wechselseitigen Beteiligung allein zwischen Gesellschaften mbH oder zwischen solchen Gesellschaften und anderen Gesellschaften mit Ausnahme einer AG oder KGaA. Für diese Fälle hat sich mittlerweile die Auffassung durchgesetzt, daß ihre Regelung dem § 33 Abs. 2 GmbHG zu entnehmen ist, so daß den verbundenen Gesellschaften mbH der weitere Ausbau der wechselseitigen Beteiligungen nur unter den in dieser Vorschrift genannten Voraussetzungen erlaubt ist. Umstritten ist jedoch, von welcher *Grenze* ab dies gilt (Rdnr. 22).

22   Nach überwiegender Meinung greift § 33 Abs. 2 GmbHG erst ein, wenn es sich um eine *qualifizierte* wechselseitige Beteiligung iSd. § 19 handelt.[27] Zur Begründung wird in erster Linie auf den Regierungsentwurf von 1977 zu der GmbH-Novelle von 1980 verwiesen, der in der Tat noch eine ausdrückliche Regelung in diesem Sinne enthielt. Dabei wird jedoch übersehen, daß auf die geplante Bestimmung später verzichtet wurde, weil man es für richtiger hielt, die Entscheidung des Fragenkreises der Rechtsprechung zu überlassen.[28]

[24] *Hüffer* Rdnr. 10; *Klix* Beteiligungen S. 37; *Lutter* in Kölner Kommentar § 71 d Rdnr. 49; *Kerstin Schmidt,* Wechselseitige Beteiligungen.

[25] MünchKommAktG/*Bayer* Rdnr. 51; MünchHdb. AG/*Krieger* § 68 Rdnr. 109; *Kerstin Schmidt* (vorige Fn.) S. 68 ff.; *Windbichler* in Großkomm-AktG Rdnr. 35.

[26] So aber *Hüffer* Rdnr. 8; *Lutter* in Kölner Kommentar § 71 d Rdnr. 48 f.

[27] *Roth/Altmeppen* GmbHG § 33 Rdnr. 29; *Koppensteiner* öGmbHG § 81 Rdnr. 15; *ders.* öWiBl. 1990, 1, 2 f.; *Lutter,* Kapital, Sicherung der Kapitalaufbringung und Kapitalerhaltung, 1964, S. 57 f.; *Serick,* Rechtsform und Realität juristischer Personen, 2. Aufl. 1980, S. 110 ff.; *Verhoeven* GmbHR 1977, 97, 100.

[28] S. den Bericht des Rechtsausschusses BT-Drucks. 8 (1980)/3908, S. 74.

Deshalb spricht mehr dafür, im GmbH-Recht an die Wertungen der §§ 19 Abs. 1 und 328 anzuknüpfen und daher im Interesse der Kapitalerhaltung in einfachen wechselseitigen Beteiligungen § 33 Abs. 2 GmbHG bereits anzuwenden, sobald die *25%-Grenze* überschritten wird.[29] Diese Auffassung hat zudem den großen Vorzug, auf *beide* verbundenen Unternehmen anwendbar zu sein, vorausgesetzt, daß es sich bei ihnen um Gesellschaften mbH handelt.[30]

Umstritten ist die Rechtslage außerdem hinsichtlich *Kapitalerhöhungen* gegen Einlagen **23** (sogenannter originärer Erwerb von Anteilen). Überwiegend wird hier § 56 Abs. 2 S. 1 entsprechend angewandt; die Folge wäre wiederum, daß sich das Zeichnungs- oder Übernahmeverbot auf die abhängige Gesellschaft in Mehrheits- und Abhängigkeitsbeziehungen beschränkte.[31] Richtigerweise sollte indessen im Interesse der Kapitalerhaltung auch hier von der 25%-Grenze der §§ 19 Abs. 1 und 328 ausgegangen werden, so daß bereits in einfachen wechselseitigen Beteiligungen für *beide* Gesellschaften mbH ein Zeichnungsverbot bei einer Kapitalerhöhung der anderen Gesellschaft besteht.[32]

b) Qualifizierte wechselseitige Beteiligungen. Qualifizierte wechselseitige Beteili- **24** gungen zwischen einer AG (oder einer KGaA) und einer GmbH fallen unmittelbar unter § 19 Abs. 2 und 3, wenn an ihnen die AG oder KGaA als herrschendes oder mit Mehrheit beteiligtes Unternehmen beteiligt ist, so daß dieser Fall hier keiner weiteren Betrachtung bedarf (s. Rdnr. 11 ff.). Nicht geregelt sind dagegen wechselseitige Beteiligungen zwischen einer AG (oder einer KGaA) und einer GmbH als herrschendem oder mit Mehrheit beteiligtem Unternehmen sowie qualifizierte wechselseitige Beteiligungen zwischen einer GmbH und einer anderen GmbH oder mit sonstigen Gesellschaften. In solchen Fällen sind unstreitig die aktienrechtlichen Vorschriften über die Beschränkung des Stimmrechts und das Zeichnungs- oder Übernahmeverbot entsprechend anzuwenden (§§ 56 Abs. 2, 71 d S. 4, 71 b AktG). Anwendbar sind außerdem die Regeln über einfache wechselseitige Beteiligungen (Rdnr. 21 f.), vor allem also § 33 Abs. 2 GmbHG, während sich die Regelung der §§ 71 d S. 4 und 71 c Abs. 1 AktG über die Veräußerungspflicht des über 10% hinausgehenden Anteilsbesitzes wohl nicht auf die GmbH übertragen läßt.[33] Dies gilt gleichermaßen für einseitige wie für beiderseitige qualifizierte wechselseitige Beteiligungen unter Einschluß einer GmbH.

2. Sonstige Gesellschaften. Wechselseitige Beteiligungen kommen außerdem zwischen **25** Personengesellschaften sowie zwischen diesen und Kapitalgesellschaften vor. Nach überwiegender Meinung bestehen gegen solche wechselseitigen Beteiligungen grundsätzlich keine Bedenken, weshalb namentlich das Stimmverbot für abhängige Gesellschaften nicht auf Personengesellschaften übertragen wird.[34] Indessen ist ein Grund für diese Privilegierung von Personengesellschaften nur schwer erkennbar. Jedenfalls in qualifizierten wechselseitigen Beteiligungen mit Personengesellschaften sollten daher die §§ 56 Abs. 2 und 71 d S. 4 iVm. §§ 71 b und 71 c AktG entsprechend angewandt werden. Dies hätte die wichtige Folge, daß sich im Rahmen einer GmbH und Co. KG die KG (an der die GmbH ihrerseits beteiligt ist)

[29] *Emmerich*, FS für Westermann, S. 55, 65 f.; *ders.* AG 1975, 282, 292; *ders.* NZG 1998, 622, 624 f.; Scholz/*Emmerich* GmbHG § 44 Anh. Rdnr. 35; *Lutter/Hommelhoff* GmbHG § 33 Rdnr. 21 f.; Rowedder/Schmidt-Leithoff/*Pentz* GmbHG § 33 Rdnr. 67; *Kerstin Schmidt,* Wechselseitige Beteiligungen, S. 82 f.; Michalski/*Sosnitza* GmbHG Bd. I § 33 Rdnr. 51.
[30] Anders *Roth/Altmeppen* GmbHG § 33 Rdnr. 30.
[31] LG Berlin GmbHR 1987, 395, 396 = ZIP 1986, 1564; *Roth/Altmeppen* GmbHG § 33 Rdnr. 29; Rowedder/Schmidt-Leithoff/*Pentz* GmbHG § 33 Rdnr. 67; *Verhoeven* GmbHR 1977, 97, 102.

[32] *Emmerich* NZG 1998, 622, 625; Scholz/*Emmerich* GmbHG § 44 Anh. Rdnr. 36; wohl auch MünchHdb. AG/*Krieger* § 68 Rdnr. 110 (S. 933).
[33] *Emmerich* NZG 1998, 622, 625 f.; Scholz/*Emmerich* GmbHG § 44 Anh. Rdnr. 37; Rowedder/Schmidt-Leithoff/*Pentz* GmbHG § 33 Rdnr. 63–66; Michalski/*Sosnitza* GmbHG Bd. I § 33 Rdnr. 52; Hachenburg/*Ulmer* GmbHG § 77 Anh. Rdnr. 41.
[34] BGHZ 119, 346, 356 f. = LM GWB § 23 Nr. 18 = NJW 1993, 1265 = AG 1993, 140 „Pinneberger Tageblatt"; s. Heymann/*Emmerich* HGB § 105 Anh. Rdnr. 6; ebenso für einfache wechselseitige Beteiligungen unter Einschluß einer Personengesellschaft MünchKommAktG/*Bayer* Rdnr. 23 f.

nicht an einer Kapitalerhöhung der GmbH beteiligen darf.[35] Auch für eine entsprechende Anwendung des § 33 Abs. 2 GmbHG ist in solchen Fällen Raum.[36]

26 Bei wechselseitigen Beteiligungen mit **ausländischen** Unternehmen kommt zunächst die Anwendung der §§ 15 bis 18 in Betracht, vorausgesetzt, daß die an der Unternehmensverbindung beteiligte deutsche AG im Mehrheitsbesitz einer ausländischen Gesellschaft steht oder von dieser abhängig ist. Die Rechtsfolgen entsprechen dann weitgehend denen des § 19 Abs. 2 und 3.[37] In weiteren Fällen ist an die Anwendung des § 57 Abs. 1 S. 1 (Verbot der Einlagenrückgewähr) zu denken und die wechselseitige Beteiligung deshalb als *unzulässig* zu behandeln, jedenfalls, soweit die 25%-Grenze des § 19 Abs. 1 überschritten wird.[38]

§ 20 Mitteilungspflichten

(1) Sobald einem Unternehmen mehr als der vierte Teil der Aktien einer Aktiengesellschaft mit Sitz im Inland gehört, hat es dies der Gesellschaft unverzüglich schriftlich mitzuteilen. Für die Feststellung, ob dem Unternehmen mehr als der vierte Teil der Aktien gehört, gilt § 16 Abs. 2 Satz 1, Abs. 4.

(2) Für die Mitteilungspflicht nach Absatz 1 rechnen zu den Aktien, die dem Unternehmen gehören, auch Aktien,
1. deren Übereignung das Unternehmen, ein von ihm abhängiges Unternehmen oder ein anderer für Rechnung des Unternehmens oder eines von diesem abhängigen Unternehmens verlangen kann;
2. zu deren Abnahme das Unternehmen, ein von ihm abhängiges Unternehmen oder ein anderer für Rechnung des Unternehmens oder eines von diesem abhängigen Unternehmens verpflichtet ist.

(3) Ist das Unternehmen eine Kapitalgesellschaft, so hat es, sobald ihm ohne Hinzurechnung der Aktien nach Absatz 2 mehr als der vierte Teil der Aktien gehört, auch dies der Gesellschaft unverzüglich schriftlich mitzuteilen.

(4) Sobald dem Unternehmen eine Mehrheitsbeteiligung (§ 16 Abs. 1) gehört, hat es auch dies der Gesellschaft unverzüglich schriftlich mitzuteilen.

(5) Besteht die Beteiligung in der nach Absatz 1, 3 oder 4 mitteilungspflichtigen Höhe nicht mehr, so ist dies der Gesellschaft unverzüglich schriftlich mitzuteilen.

(6) Die Gesellschaft hat das Bestehen einer Beteiligung, die ihr nach Absatz 1 oder 4 mitgeteilt worden ist, unverzüglich in den Gesellschaftsblättern bekanntzumachen; dabei ist das Unternehmen anzugeben, dem die Beteiligung gehört. Wird der Gesellschaft mitgeteilt, daß die Beteiligung in der nach Absatz 1 oder 4 mitteilungspflichtigen Höhe nicht mehr besteht, so ist auch dies unverzüglich in den Gesellschaftsblättern bekanntzumachen.

(7) Rechte aus Aktien, die einem nach Absatz 1 oder 4 mitteilungspflichtigen Unternehmen gehören, bestehen für die Zeit, für die das Unternehmen die Mitteilungspflicht nicht erfüllt, weder für das Unternehmen noch für ein von ihm abhängiges Unternehmen oder für einen anderen, der für Rechnung des Unternehmens oder eines von

---

[35] LG Berlin GmbHR 1987, 395 = ZIP 1986, 1564; LG Hamburg Hamburger JVBl. 1972, 67; MünchKommAktG/*Bayer* Rdnr. 25; Scholz/*Emmerich* GmbHG § 44 Anh. Rdnr. 38; *Koppensteiner* WiBl. 1990, 1, 6; *Lutter/Hommelhoff* GmbHG § 33 Rdnr. 22; *Rowedder/Schmidt-Leithoff/Pentz* GmbHG § 33 Rdnr. 66; Hachenburg/*Ulmer* GmbHG § 77 Anh. Rdnr. 48.

[36] Scholz/*Emmerich* und Hachenburg/*Ulmer* (vorige Fn.); s. noch *Emmerich*, FS für Westermann,

S. 55, 62 f.; wie hier offenbar auch MünchHdb. AG/*Krieger* § 68 Rdnr. 110.

[37] MünchKommAktG/*Bayer* Rdnr. 26–28; *Koppensteiner* in Kölner Kommentar Rdnr. 26; MünchHdb. AG/*Krieger* § 68 Rdnr. 105 f.

[38] Anders *Wastl/Wagner* (AG 1997, 241, 247 f.) sowie für Personengesellschaften BGHZ 119, 346, 356 f. = NJW 1993, 1265 = AG 1993, 140 = LM GWB § 23 Nr. 18.

diesem abhängigen Unternehmens handelt. **Dies gilt nicht für Ansprüche nach § 58 Abs. 4 und § 271, wenn die Mitteilung nicht vorsätzlich unterlassen wurde und nachgeholt worden ist.**

(8) Die Absätze 1 bis 7 gelten nicht für Aktien einer börsennotierten Gesellschaft im Sinne des § 21 Abs. 2 des Wertpapierhandelsgesetzes.

Schrifttum: *Arends,* Die Offenlegung von Aktienbesitz nach deutschem Recht, 2000; *Austmann,* Pflichten zur Offenlegung von Aktienbesitz, WiB 1994, 143; *Bernhardt,* Mitteilungs-, Bekanntmachungs- und Berichtspflichten, BB 1966, 678; *Burgard,* Die Offenlegung von Beteiligungen, Abhängigkeits- und Konzernlagen bei der Aktiengesellschaft, 1990; *ders.,* Die Offenlegung von Beteiligungen, Abhängigkeits- und Konzernlagen bei der Aktiengesellschaft, 1990; *ders.,* Die Offenlegung von Beteiligungen bei der AG, AG 1992, 41; *Diekmann,* Mitteilungspflichten nach §§ 20 ff. AktG und dem Diskussionsentwurf des WpHG, DZWiR 1994, 13; *Emmerich/Sonnenschein/Habersack* § 6 (S. 87 ff.); *v. Falkenhausen,* Abhängige Unternehmen und Mitteilungspflicht, BB 1966, 875; *Gelhausen/Bandey,* Finanzielle Folgen der Nichterfüllung von Mitteilungspflichten, Wpg 2000, 497; *Geßler,* Verlust oder nur Ruhen der Aktionärsrechte nach § 20 Abs. 7 AktG?, BB 1980, 217; *W. Groß,* Informations- und Auskunftsrecht des Aktionärs, AG 1997, 97; *Hägele,* Praxisrelevante Probleme der Mitteilungspflichten, NZG 2000, 726; *Heinsius,* Rechtsfolgen der Verletzung der Mitteilungspflichten nach § 20 AktG, FS für R. Fischer, 1979, S. 215; *ders.,* Bekanntmachungs- und Berichtspflichten über Beteiligungen nach neuem Aktienrecht, BB 1966, 678; *Henze* Konzernrecht Tz. 73 ff. (S. 27 ff.); *Hommelhoff/Hopt/Lutter* (Hrsg.), Konzernrecht und Kapitalmarktrecht, 2001; *Hüffer,* Verlust oder Ruhen von Aktionärsrechten bei Verletzung aktienrechtlicher Mitteilungspflichten?, FS für Boujong, 1996, S. 277; *Joussen,* Die Treuepflicht des Aktionärs bei feindlichen Übernahmen, BB 1992, 1075; *Junge,* Anzeigepflicht und Publizität bei Beteiligungserwerb, FS für Semler, 1993, S. 473; *Knoll,* Die Übernahme von Kapitalgesellschaften, 1992; *Koppensteiner,* Internationale Unternehmen im deutschen Gesellschaftsrecht, 1971; *ders.,* Einige Fragen zu § 20 AktG, FS für Rowedder, 1994, S. 213; MünchHdb. AG/*Krieger* § 68 Rdnr. 111–154 (S. 933 ff.); *Kropff,* 25 Jahre Aktiengesetz – Was waren die Ziele, was wurde erreicht?, in 25 Jahre Aktiengesetz, S. 19; *Luchterhand,* Deutsches Konzernrecht bei grenzüberschreitenden Konzernverbindungen, 1971; *Maul,* Mitteilungspflichten über qualifizierte Beteiligungsverhältnisse, BB 1985, 897; *Merkt,* Unternehmenspublizität, 2001; *Neye,* Harmonisierung der Mitteilungspflichten zum Beteiligungsbesitz von börsennotierten Aktiengesellschaften, ZIP 1996, 1853; *Pentz,* Mitteilungspflichten gegenüber einer mehrstufig verbundenen AG, AG 1992, 55; *ders.,* Die Rechtsstellung der Enkel-AG in mehrstufigen Unternehmensverbindungen, 1996; *Priester,* Die Beteiligungspublizität bei Gründung der Gesellschaft, AktG 1974, 212; *Quack,* Mitteilungspflichten nach § 20 AktG, FS für Semler, 1993, S. 581; *Raiser* Kapitalgesellschaften § 52 I (S. 832 ff.); *Schäfer,* Aktuelle Probleme des neuen AktG, BB 1966, 229; *U. Schneider,* Die kapitalmarktrechtlichen Offenbarungspflichten von Konzernunternehmen nach §§ 21 ff. WpHG, FS für Brandner, 1996, S. 565; *ders.,* Der Auskunftsanspruch des Aktionärs im Konzern, FS für Lutter, 2000, S. 1193; *Siebel,* Zur Auskunftspflicht des Aktionärs, FS für Heinsius, 1991, S. 771; *T. Starke,* Beteiligungstransparenz im Gesellschafts- und Kapitalmarktrecht, 2002; *Sudmeyer,* Mitteilungs- und Veröffentlichungspflichten nach §§ 20, 21 WpHG, BB 2002, 685; *Tröger,* Treupflicht im Konzernrecht, 2000; *C. Vedder,* Zum Begriff „für Rechnung" im AktG und im WpHG, 1995, S. 121 ff.; *Vonnemann,* Mitteilungspflichten gemäß §§ 20 I, 21 AktG, AG 1991, 352; *Vossel,* Auskunftsrechte im Aktienkonzern, 1996; *Wastl,* Der Handel mit größeren Aktienpaketen börsennotierter Unternehmen, NZG 2000, 505; *H. Wiedemann,* Minderheitenschutz und Aktienhandel, 1988; *Witt,* Übernahmen von Aktiengesellschaften und Transparenz der Beteiligungsverhältnisse, 1998; *ders.* Jahrbuch Junger Zivilrechtswissenschafter 1996, S. 91; *ders.,* Vorschlag für eine Zusammenfügung der §§ 21 ff. WpHG und des § 20 AktG zu einem einzigen Regelungskomplex, AG 1998, 171; *ders.,* Die Änderung der Mitteilungs- und Veröffentlichungspflichten nach §§ 21 ff. WpHG und §§ 20 f. AktG durch das 3. Finanzmarktförderungsgesetz und das KonTraG, WM 1998, 1153; *ders.,* Die Änderungen der Mitteilungs- und Veröffentlichungspflichten nach §§ 21 ff. WpHG, AG 2001, 233; *R. Wolframm,* Mitteilungspflichten familiär verbundener Aktionäre nach § 20 AktG, 1998; *Zöllner,* Schutz der Aktionärsminderheit bei einfacher Konzernierung, FS für Kropff, 1997, S. 333.

Übersicht

I. Überblick

1   Die §§ 20 und 21 regeln verschiedene Mitteilungspflichten von Unternehmen im Fall ihrer Beteiligung an einer deutschen AG oder KGaA (s. § 278 Abs. 3). Die wichtigsten Fälle sind der Erwerb einer Beteiligung von mehr als 25% an einer AG oder KGaA mit Sitz im Inland (§§ 20 Abs. 1 bis 3, 278 Abs. 3), der Erwerb einer Mehrheitsbeteiligung iSd. § 16 an einer der genannten Gesellschaften (§ 20 Abs. 4) sowie der Verlust einer derartigen Beteiligung (§ 20 Abs. 5). § 21 begründet ergänzend eine Mitteilungspflicht für Aktiengesellschaften und KGaA bei einer vergleichbaren Schachtelbeteiligung an einer anderen Kapitalgesellschaft (Abs. 1 aaO), und im Falle eine Mehrheitsbeteiligung an einem Unternehmen beliebiger Rechtsform (Abs. 2 aaO, jeweils bei Sitz der Beteiligungsgesellschaft im Inland (s. § 21 Rdnr. 5, 8). Treffen die §§ 20 und 21 zusammen, wie zB im Falle der Beteiligung einer AG an einer anderen inländischen AG, so hat der strengere § 20 den *Vorrang* vor § 21 (s. § 21 Rdnr. 4). Nach § 22 kann der Adressat der Mitteilung außerdem jederzeit den Nachweis der Beteiligung verlangen. Bei einem Verstoß gegen die Mehrzahl der genannten Mitteilungspflichten greift als Sanktion in erster Linie eine Ausübungssperre für die betroffenen Anteile ein (§§ 20 Abs. 7 und 21 Abs. 4). Der Anwendungsbereich dieser Vorschriften beschränkt sich jedoch heute auf Beteiligungen an nicht börsennotierten Gesellschaften iSd. § 21 Abs. 2 WpHG nF (§§ 20 Abs. 8, 21 Abs. 5; s. Rdnr. 3 a). Die Regelung wird ergänzt durch eine besondere Mitteilungspflicht bei wechselseitigen Beteiligungen aufgrund des § 328 Abs. 4 (dazu § 328 Rdnr. 24 f.), weiter durch eine Strafvorschrift in § 405 Abs. 3 Nr. 5 sowie durch eine Übergangsvorschrift in § 7 EGAktG.

II. Zweck

2   Mit den Vorschriften der §§ 20 bis 22 wird ein doppelter Zweck verfolgt.[1] Im Vordergrund steht ihre Aufgabe, im Interesse der betroffenen Gesellschaften, ihrer Gesellschafter und der Öffentlichkeit die Machtverhältnisse in den Gesellschaften offenzulegen. Hinzu tritt als weiterer Zweck die Förderung der Rechtssicherheit, da ohne Kenntnis der jeweiligen Beteiligungsverhältnisse große Teile des Konzernrechts nicht praktikabel sind; in besonderem Maße gilt das für die verwickelten Vorschriften über gegenseitige Beteiligungen (§§ 19, 328).

3   Beide Zwecke der §§ 20 und 21 (Rdnr. 2) wurden weitgehend *verfehlt*.[2] Der Gesetzgeber hat deshalb in den letzten Jahren an mehreren Stellen weitere, zum Teil deutlich über die §§ 20 und 21 hinausgehende Anzeige- und Mitteilungspflichten statuiert. Die größte

---

[1] Begr. zum RegE bei *Kropff* AktG S. 38; BGHZ 114, 203, 215 = NJW 1991, 2765; BGH LM AktG § 20 Nr. 2 (Bl. 2) = AG 2001, 47 = NJW 2000, 3647; KG AG 1990, 500, 501 = WM 1990, 1546; MünchKommAktG/*Bayer* Rdnr. 1; *Burgard* Offenlegung S. 44; *Hägele* NZG 2000, 726, 727; *Hüffer* Rdnr. 1; MünchHdb. AG/*Krieger* § 68 Rdnr. 111;

Siebel, FS für Heinsius, S. 771, 783 ff.; *Sudmeyer* BB 2002, 685, 686; *Windbichler* in GroßkommAktG Rdnr. 1–7; *Witt* Übernahmen S. 178.

[2] Monopolkommission, 7. Hauptgutachten 1986/87, Tz. 827, 832; *Burgard* Offenlegung S. 18 ff.; *ders.* AG 1992, 41 ff.

Bedeutung kommt dabei den besonderen Mitteilungspflichten für Beteiligungen an börsennotierten Gesellschaften aufgrund der §§ 21 ff. WpHG zu (s. dazu Rdnr. 5). Die §§ 20 und 21 AktG sind an diese Vorschriften erst 1998 durch das 3. Finanzmarktförderungsgesetz, in Kraft getreten am 1. April 1998, und zwar durch Einfügung der Vorschriften der §§ 20 Abs. 8 und 21 Abs. 5 angepaßt worden,[3] die bestimmen, daß die aktienrechtlichen Mitteilungspflichten nicht mehr für Aktien einer börsennotierten Gesellschaft iSd. § 21 Abs. 2 WpHG gelten.

§ 21 Abs. 2 WpHG wurde im Dezember 2001 erneut durch Art. 2 Nr. 1 des Gesetzes   3 a zur Regelung von öffentlichen Angeboten zum Erwerb von Wertpapieren mit Wirkung als dem 1. Januar 2002 geändert.[4] Die Vorschrift bestimmt seitdem (in sachlicher Übereinstimmung mit § 3 Abs. 2 AktG), daß **börsennotierte Gesellschaften** Gesellschaften mit Sitz im Inland sind, deren Aktien zum Handel an einen organisierten Markt in einem Mitgliedstaat der EU (bzw. des EWR) zugelassen sind. Darunter fällt anders als früher[5] nicht nur der *amtliche Handel* an einer Börse der EU oder des EWR, sondern in Deutschland auch der *geregelte Markt* (§§ 71 ff. BörsG) im Gegensatz zum Freiverkehr (§ 78 BörsG), so daß seit Beginn des Jahres 2002 die §§ 20 bis 22 AktG nur noch auf die im Freiverkehr gehandelten Aktien sowie auf die Vielzahl der überhaupt nicht an Börsen gehandelten Aktien anzuwenden sind.[6] Da dies die große Mehrzahl der Aktien ist, haben die §§ 20 bis 22 durch die Anordnung des Vorrangs des WpHG (§§ 20 Abs. 8, 21 Abs. 5) bisher insgesamt nur wenig von ihrer praktischen Bedeutung eingebüßt.[7]

Die geschilderte Lösung der Konkurrenzproblematik zwischen den Mitteilungspflichten   4 aufgrund des AktG (§§ 20 bis 22) und des WpHG (§§ 21 bis 28; Rdnr. 3) ist nicht unproblematisch, weil die Mitteilungspflichten nach den §§ 21 ff. WpHG in einzelnen Beziehungen *hinter* denen nach dem AktG zurückbleiben. Der wichtigste Punkt ist, daß § 21 WpHG (im Gegensatz zu den §§ 20 und 21 AktG) allein auf *Stimmrechte* (und nicht auch auf *Kapitalanteile*) abstellt, so daß in bestimmten Fällen seit 1998 Kapitalanteile ohne korrespondierende Stimmanteile (anders als früher nach § 20) nicht mehr mitteilungspflichtig sind. Die damit verbundene Einschränkung der Mitteilungspflichten hielt man indessen für hinnehmbar.[8]

III. Sonstige Mitteilungspflichten

Schrifttum: *Arends* Offenlegung S. 44 ff.; MünchKommAktG/*Bayer* § 22 Anh.: §§ 21 ff. WpHG (S. 451 ff.); *Burgard* WM 2000, 611; *Claussen,* Bank- und Börsenrecht, 2. Aufl. 2000, § 9 Rdnr. 102 ff. (S. 500 ff.); *Emmerich/Sonnenschein/Habersack* § 6 II (S. 89 ff.); *Fleischer* ZIP 2002, 1217; *ders.* NJW 2002, 2977; *Hildner,* Kapitalmarktrechtliche Beteiligungstransparenz verbundener Unternehmen, 2002; *Hopt* ZHR 159 (1995), 135; *Hüffer* § 22 Anh. (S. 92 ff.); MünchHdb. AG/*Krieger* § 68 Rdnr. 140 ff. (S. 944 ff.); *Kümpel,* Bank- und Kapitalmarktrecht, 2. Aufl. 2000, Tz. 16 322 (S. 1873 ff.); *Nottmeier/H. Schäfer* AG 1997, 87; *U. Schneider* in Assmann/U. Schneider WpHG, 2. Aufl. 1999, §§ 21 ff. (S. 456 ff.); *ders.,* FS für Brandner, 1996, S. 565; *ders.* AG 1997, 81; *ders.* AG 2002, 473; *ders.,* FS für Lutter, 2000, S. 1193; *T. Starke,* Beteiligungstransparenz im Gesellschafts- und Kapitalmarktrecht, 2002; *Sudmeyer* BB 2002, 685; *Tröger* ZGR 165 (2001), 593; *ders.* ZIP 2001, 2029; *C. Vedder,* Zum Begriff „für Rechnung" im AktG und im WpHG, 1999; *Wastl* NZG 2000, 505; *M. Weber* NJW 1994, 2849; *Weiler/Tollkühn* DB 2002, 1923; *Witt* AG 1998, 171; *ders.* AG 2001, 233; *ders.,* Übernahmen von Aktiengesellschaften, S. 139 ff.; *ders.* WM 1998, 1153.

1. §§ 21 ff. WpHG. Die wichtigsten Mitteilungspflichten außerhalb des AktG ergeben   5 sich aus den §§ 21 bis 30 WpHG vom 26. Juli 1994,[9] zuletzt geändert durch Art. 2 des

---

[3] BGBl. I S. 529, 567; s. dazu *Austmann* WiB 1994, 143; *Burgard* Offenlegung S. 69 ff.; *ders.* AG 1992, 41, 44 ff.; *Neye* ZIP 1996, 1853, 1856; *Pötzsch* WM 1998, 949, 957; *U. Schneider* AG 1997, 81, 82; *Siebel,* FS für Heinsius, S. 771; *Witt* Übernahmen; *ders.* AG 1998, 171 und WM 1998, 1153.

[4] BGBl. 2001 I S. 3822, 3837; s. dazu *Sudmeyer* BB 2002, 685; *Witt* AG 2001, 233.

[5] S. Voraufl. Rdnr. 3.

[6] *Hüffer* § 3 Rdnr. 6, § 21 Rdnr. 18, § 22 Anh. WpHG § 21 Rdnr. 13; *Sudmeyer* BB 2002, 685; *Witt* AG 2001, 233, 234 f., 239 f.; *Wastl* NZG 2000, 505, 511 f.

[7] S. *Witt* AG 1998, 171, 173.

[8] S. die Begr. zum 3. Finanzmarktförderungsgesetz, BT-Drucks. 13 (1997)/8933, S. 148 und dazu Rdnr. 17, 25; ebenso *Hüffer* Rdnr. 18.

[9] BGBl. 1994 I S. 1749.

Gesetzes zur Regelung von öffentlichen Angeboten vom 20. Dezember 2001.[10] Grundlage ist die Transparenzrichtlinie vom 12. Dezember 1988,[11] mit der bezweckt wurde, die Marktteilnehmer zu ihrem Schutz rechtzeitig über wesentliche Veränderungen in der Beteiligungsstruktur börsennotierter Gesellschaften (Rdnr. 3 a) zu informieren. Deshalb ist aufgrund der §§ 21 ff. WpHG (nur) bei diesen Gesellschaften seit 1995 jeder Vorgang mitteilungspflichtig, durch den ein (beliebiger) Aktionär 5%, 10%, 25%, 50% oder 75% der *Stimmrechte* an der Gesellschaft erreicht, überschreitet oder unterschreitet.

5 a Zu den Stimmrechten des Aktionärs zählen nach § 22 Abs. 1 Nr. 1 WpHG in der Fassung von 2001 auch solche, die einem „Tochterunternehmen" des Meldepflichtigen gehören. Was unter Tochterunternehmen in diesem Sinne zu verstehen ist, ergibt sich im einzelnen aus § 22 Abs. 3 WpHG. Tochterunternehmen sind danach Unternehmen, die als Tochterunternehmen iSd. § 290 HGB gelten oder auf die ein beherrschender Einfluß iSd. § 17 AktG ausgeübt werden kann, ohne daß es auf die Rechtsform oder den Sitz des Tochterunternehmens ankommt.[12] § 290 Abs. 1 HGB bezeichnet seinerseits als Tochterunternehmen solche Unternehmen, die unter der einheitlichen Leitung des Meldepflichtigen iSd. § 18 Abs. 1 AktG stehen. Zugerechnet werden nach § 22 Abs. 2 WpHG nF dem Meldepflichtigen ferner die Stimmrechte solcher Dritter aus Aktien der börsennotierten Gesellschaft, mit denen der Meldepflichtige sein Verhalten in Bezug auf die börsennotierte Gesellschaft abstimmt, in erster Linie also alle in sogenannten Pools zusammengefaßten Stimmen.[13]

5 b Die Mitteilungen werden veröffentlicht, um die gebotene Publizität der Beteiligungsverhältnisse sicherzustellen (§ 25 WpHG). Bei einem Verstoß gegen diese Mitteilungspflichten greifen dieselben Sanktionen wie nach Aktienrecht ein (§ 28 WpHG nF; s. Rdnr. 38 ff.). Hinzuweisen ist schließlich noch auf den neuen § 15 a WpHG, der durch das Vierte Finanzmarktförderungsgesetz vom 21. Juni 2002 in das Gesetz eingefügt wurde, um die Transparenz der Geschäfte von Organmitgliedern in Wertpapieren des Emittenten zu verbessern (Stichwort: „Director's Dealings").[14]

6 **2. Andere Gesetze.** Mitteilungs- und Anzeigepflichten ergeben sich unter unterschiedlichen Gesichtspunkten auch noch aus einer Reihe weiterer Gesetz.[15] Hervorzuheben sind die Anzeige- und Anmeldepflichten im Rahmen der Fusionskontrolle aufgrund des § 39 GWB sowie des Art. 4 der Fusionskontrollverordnung, weiter die verschiedenen börsenrechtlichen Offenlegungspflichten[16] und schließlich die Anzeigepflichten, die Kreditinstitute ebenso wie die Inhaber bedeutender Beteiligungen an einem Kreditinstitut aufgrund der 4. KWG-Novelle von 1992 treffen (§§ 1 Abs. 9, 2 b, 12 a Abs. 1 S. 3 und 24 Nr. 11 KWG). Zweck dieser Vorschriften ist es, nach Möglichkeit bedeutende Beteiligungen Dritter an Kreditinstituten und von Kreditinstituten an anderen Unternehmen aus aufsichtsrechtlichen Gründen aufzudecken.[17] Vergleichbare Pflichten bestehen außerdem für Versicherungsgesellschaften aufgrund des VAG.[18]

7 **3. Auskunftsrecht.** Die Verzögerung bei der Umsetzung der Transparenzrichtlinie von 1988 (s. Rdnr. 5) hatte den Gerichten vor Inkrafttreten des WpHG im Jahre 1995 Anlaß gegeben, auf anderen Gebieten nach einem Ausgleich für die vom Gesetzgeber versäumte Verstärkung der Publizität bei börsennotierten Gesellschaften zu suchen. Ihr

[10] BGBl. 2001 I S. 3822, 3837; dazu *Fleischer* ZIP 2002, 1217; *Hüffer* § 22 Anh.: § 22 WpHG (S. 92 ff.); *U. Schneider* AG 2002, 473; *Sudmeyer* BB 2002, 685; *Witt* AG 2001, 233.

[11] ABl. EG 1988 Nr. L 348/62.

[12] S. *Hüffer* § 22 Anh.: § 22 WpHG Rdnr. 9.

[13] S. im einzelnen *Hüffer* (vorige Fn.) Rdnr. 8; *Sudmeyer* BB 2002, 685, 688 f.; *Witt* AG 2001, 233, 236 ff., 240; zur früheren Fassung des § 22 WpHG s. noch *U. Schneider*, FS für Brandner, S. 565, 568 ff.; *ders.* AG 1997, 81, 83 ff.; *Nottmeier/Schäfer* AG 1997, 87.

[14] S. dazu *Fleischer* ZIP 2002, 1217; *ders.* NJW 2002, 2977; *U. Schneider* AG 2002, 473; *Weiler/Tollkühn* DB 2002, 1923.

[15] S. *Arends* Offenlegung; *Raiser* Kapitalgesellschaften § 52 Rdnr. 3 (S. 833); *Windbichler* in GroßkommAktG Rdnr. 10 ff.; zusammenfassend *Merkt* Unternehmenspublizität 2001.

[16] S. dazu *Burgard* Offenlegung S. 136 ff.

[17] S. *Emmerich* FLF 1993, 106, 107 ff.

[18] S. *C. van de Sande*, Die Unternehmensgruppe im Banken- und Versicherungsaufsichtsrecht, Diss. Bayreuth 2000, §§ 5, 6.

Blick fiel dabei zwangsläufig in erster Linie auf das Auskunftsrecht der Aktionäre nach § 131 AktG.

Von den Gerichten wurde deshalb schon vor 1995 die Auskunftspflicht der Gesell- **8** schaften über ihre Beteiligungen an *börsennotierten* Gesellschaften unter Berufung auf § 131 Abs. 1 S. 1 und 2 schrittweise ausgedehnt, wobei die Transparenzrichtlinie als Richtschnur diente. Der erste Schritt war folgerichtig die Erstreckung der Auskunftspflicht auf Beteiligungen, die mindestens 10% der Stimmrechte oder des Kapitals einer AG ausmachen oder die einen börsennotierten Wert von mindestens 100 Mio. DM haben.[19] Mit Inkrafttreten des WpHG am 1. Januar 1995 entfiel an sich der Grund für diese Praxis. Gleichwohl hielten die Gerichte an ihr fest und senkten sogar die Schwelle der auskunftspflichtigen Beteiligungen entsprechend § 21 Abs. 1 S. 1 WpHG auf 5% des Grundkapitals *oder* der Stimmrechte an börsennotierten Gesellschaften ab.[20] Auch das absolute Größenkriterium eines börsennotierten Wertes der Beteiligungen von mindestens 100 Mio. DM (50 Mio. €) wurde später aufgegeben zugunsten einer Orientierung an der Größe der betroffenen AG und der Bedeutung der eingegangenen Beteiligungen, so daß bei einer Gesellschaft mit einem Grundkapital von 13 Mio. € auch Beteiligungen in einer Größenordnung von über 10 Mio. € auf Verlangen der Aktionäre nach § 131 offenzulegen sind.[21] Im Schrifttum ist diese Praxis nach Inkrafttreten des WpHG verbreitet kritisiert worden.[22] Sie wird jedoch durch die prinzipiell zutreffende Überlegung gerechtfertigt, daß die Aktionäre nicht schlechter gestellt werden dürfen als die Öffentlichkeit aufgrund der §§ 21 ff. WpHG.[23] In dieselbe Richtung weist die Überlegung, daß die Auskunftsrechte der Aktionäre im Konzern ohnehin dringend einer Verbesserung bedürfen.[24]

4. GmbH. Für Beteiligungen einer GmbH an anderen Gesellschaften und für Beteili- **9** gungen an einer GmbH bestehen bisher – von § 40 GmbHG abgesehen – im Gegensatz zur Rechtslage bei der AG keine generellen Mitteilungspflichten aufgrund des GmbHG oder anderer Gesetze.[25] Etwas anderes gilt nur im Einzelfall, wenn die Voraussetzungen der §§ 20 und 21 AktG oder der §§ 21 ff. WpHG erfüllt sind. Mitteilungspflichtig sind hiernach insbes. Beteiligungen einer GmbH an einer nicht börsennotierten AG (§ 20) sowie Beteiligungen einer AG an einer GmbH mit Sitz im Inland (§ 21). Eine weitere Mitteilungspflicht für wechselseitige Beteiligungen folgt aus § 328 Abs. 4, wenn an der Unternehmensverbindung eine AG beteiligt ist. Diese Vorschrift ist außerdem entsprechend auf wechselseitige Beteiligungen allein zwischen einer GmbH und anderen Kapitalgesellschaften mit Sitz im Inland mit Ausnahme von Aktiengesellschaften anwendbar.[26] Jenseits dieser Sonderfälle können sich bisher nur aus der Treuepflicht der Gesellschafter von Fall zu Fall weitere Mitteilungspflichten ergeben (Rdnr. 12).

5. Treuepflicht. a) AG. Nach überwiegender Meinung sind die auf eine AG oder **10** KGaA bezüglichen Mitteilungspflichten vom Gesetzgeber im AktG (§§ 20 und 21) sowie im WpHG (§§ 21 ff.) abschließend geregelt, so daß auch aus der Treuepflicht der Aktionäre keine weitergehenden Auskunftspflichten hergeleitet werden könnten.[27] Diese Meinung ist

[19] Grdlg. KG AG 1994, 83 = NJW-RR 1994, 162 = WM 1993, 1845, 1847 ff.; AG 1994, 469 = WM 1994, 1479; AG 1996, 131 = WM 1995, 1930; WM 1995, 1920, 1923 f.; 1995, 1927, 1929 f.; AG 2001, 421; zustimmend BayObLGZ 1996, 234, 239 f. = AG 1996, 563, 564 = WM 1996, 2147 = ZIP 1996, 1945; AG 1996, 516, 517 f. = ZIP 1996, 1743; LG Berlin AG 1994, 40 = WM 1994, 227; WM 2000, 288.

[20] BayObLG (vorige Fn.); zustimmend KG AG 2001, 421 f.

[21] KG AG 2001, 421 f.

[22] *Arends* Offenlegung S. 32 ff.; *W. Groß* AG 1997, 97, 106 f.; *Hüffer* § 131 Rdnr. 19 a

m. Nachw.; *ders.* ZIP 1996, 401; differenzierend *Witt* Übernahmen S. 197 ff.; *ders.* Jb. Junger Zivilrechtswissenschaftler 1996, S. 91.

[23] *Decher* ZHR 158 (1994), 473; *Spitze/Diekmann* ZHR 158 (1994), 447; *Vossel* Auskunftsrechte.

[24] Ausführlich *U. Schneider*, FS für Lutter, 2000, S. 1193 ff.

[25] S. Scholz/*Emmerich* GmbHG § 44 Anh. Rdnr. 39 f.

[26] S. *Emmerich* (vorige Fn.) Rdnr. 37, 39; Hachenburg/*Ulmer* GmbHG § 77 Anh. Rdnr. 227.

[27] *Tröger* Treupflicht S. 308 ff.; *Wastl* NZG 2000, 505, 506 f.; *R. Wolframm* Mitteilungspflichten S. 175, 183 ff.

nicht zwingend und sollte zumindest für einzelne besonders kritische Fallgruppen im Interesse der dringend gebotene Verbesserung des Minderheitenschutzes in der AG überdacht werden.[28]

11   Der Position der Minderheitsaktionäre drohen besondere Gefahren *spätestens* bei Einbeziehung der abhängigen Gesellschaft in einen *Konzern*, da sie zur sachgerechten Ausübung ihrer Rechte, insbes. aufgrund der §§ 311 ff., offensichtlich nur in der Lage sind, wenn sie von der Konzerngründung überhaupt Kenntnis erlangen. Deshalb ergibt sich aus der Treuepflicht des herrschenden Unternehmens dessen zusätzliche Verpflichtung, die Einbeziehung der abhängigen Gesellschaft in den vom ihm geleiteten Konzern (§§ 18, 311) durch eine entsprechende Erklärung den außenstehenden Gesellschaftern kundzugeben (§ 242 BGB).[29] Dafür kommt in erster Linie eine Mitteilung an die Gesellschaft in Betracht, die in den Gesellschaftsblättern bekannt zu machen ist (§ 25). Es gibt keine legitimen Gründe zur Geheimhaltung einer Konzerngründung.

12   **b) GmbH.** Für den Fall der abhängigen GmbH fehlen, von § 21 AktG und § 40 GmbHG abgesehen, gesetzliche Mitteilungspflichten (Rdnr. 9). Das ist vor allem deshalb mißlich, weil hier vielleicht noch mehr als bereits bei der AG (Rdnr. 11) ein effektiver Schutz der Minderheit zumal in faktischen Konzernen nur möglich ist, wenn die Minderheit überhaupt über die Einflußmöglichkeiten der Mehrheit sowie über deren Beziehungen zu anderen Unternehmen unterrichtet wird. Aus diesem Grunde ist hier schon in *Abhängigkeitsverhältnissen* anzunehmen, daß das herrschende Unternehmen aufgrund seiner Treuepflicht zur Offenlegung seines Beteiligungsbesitzes und seiner Beziehungen zu anderen Unternehmen verpflichtet ist (§ 242 BGB). Die Mitteilungspflicht besteht dann nicht nur gegenüber der Gesellschaft (so wohl die herrschende Meinung), sondern auch unmittelbar gegenüber den Mitgesellschaftern.[30]

IV. Verpflichteter

13   **1. Unternehmen.** Die aktienrechtliche Mitteilungspflicht trifft nach § 20 Abs. 1 und Abs. 3 bis 5 (nur) *Unternehmen*, die an einer AG oder KG aA (s. § 278 Abs. 3) mit Sitz im Inland in einer bestimmten Höhe beteiligt sind. Den Gegensatz bilden die Privataktionäre (Rdnr. 14 f.). Der Unternehmensbegriff ist in § 20 derselbe wie in § 15 (s. deshalb § 15 Rdnr. 8 ff.). Hier genügt der Hinweis, daß nach Sinn und Zweck der gesetzlichen Regelung in den §§ 15 und 20 der Begriff des Unternehmensaktionärs ganz *weit* auszulegen ist und insbes. auch sämtliche *Formkaufleute* des § 6 HGB sowie die *öffentliche Hand* umfaßt.[31] Entgegen einer verbreiteten Meinung machte es keinen Sinn, zB bei der Beteiligung einer Kapitalgesellschaft (§ 6 Abs. 2 HGB) an einer AG oder KGaA weiter danach zu unterscheiden, ob die betreffende Gesellschaft auch noch die sonstigen Merkmale des Unternehmensbegriffs des § 15 erfüllt oder nicht; vielmehr ist *jede* Beteiligung einer Kapitalgesellschaft an einer AG oder KGaA nach § 20 mitteilungspflichtig. Dasselbe gilt auch umgekehrt für Beteiligungen einer AG oder KGaA an anderen Kapitalgesellschaften, wie sich bereits unmittelbar aus dem Wortlaut des § 21 Abs. 1 S. 1 ergibt. Keine Rolle spielt ferner der *Sitz* des an einer deutschen AG oder KGaA beteiligten Unternehmens, so daß die Mitteilungspflicht aufgrund des § 20 *ausländische* Unternehmen, die an

[28] Ebenso *Arends* Offenlegung S. 27 ff.; *Burgard* AG 1992, 41, 47 ff.; *ders.* Offenlegung S. 47, 64 ff.; *Siebel*, FS für Heinsius, S. 771, 787; im Ergebnis wohl auch *U. Schneider*, FS für Lutter, 2000, S. 1193; zu den Privataktionären s. auch Rdnr. 15.
[29] *Hommelhoff*, Die Konzernleitungspflicht, 1982, S. 408 ff.; *Tröger* Treupflicht S. 314 ff.; *Zöllner*, FS für Kropff, S. 333, 338 ff.
[30] S. § 318 Anh. Rdnr. 15; *Scholz/Emmerich* GmbHG § 13 Rdnr. 36 ff., § 44 Anh. Rdnr. 40; *Lutter/Hommelhoff* GmbHG § 13 Anh. Rdnr. 13; *Lutter/Timm* NJW 1982, 409, 419; *Schilling*, FS für

Hefermehl, 1976, S. 383, 387; *K. Schmidt* GmbHR 1979, 121, 132; *Hachenburg/Ulmer* GmbHG § 77 Anh. Rdnr. 67 f., 227 f.; *Wiedemann* Gesellschaftsrecht I S. 452 f.; wohl auch BGHZ 79, 337, 344 = NJW 1981, 1449.
[31] S. § 15 Rdnr. 22, 26 ff.; ebenso für die öffentliche Hand MünchKommAktG/*Bayer* Rdnr. 6; *Geßler* BB 1980, 217, 220; *Heinsius*, FS für R. Fischer, S. 215, 218 f.; *Siebel*, FS für Heinsius, S. 771, 800; ebenso für die §§ 21 ff. WpHG *Nottmeier/Schäfer* AG 1997, 87, 90.

einer deutschen AG oder KGaA beteiligt sind, im selben Maß wie deutsche Unternehmen trifft.[32]

2. Privataktionäre. Den Gegensatz zum Unternehmensaktionär (Rdnr. 13) bildet der **14** Privataktionär, so daß solche Aktionäre nach den §§ 20 und 21 AktG (anders als nach dem jüngeren WpHG [§§ 21 ff.]) *keine* gesetzliche Mitteilungspflicht trifft (s. § 15 Rdnr. 6 ff.). Hierdurch werden im Falle der Beteiligung von Holdinggesellschaften, Stimmrechtskonsortien, Familiengesellschaften oder bloßen „Familienstämmen" schwierige Fragen aufgeworfen, da in diesen Fällen häufig zweifelhaft ist, wer hier jeweils Unternehmensqualität besitzt und deshalb gegebenenfalls mitteilungspflichtig ist.[33] Der BGH hat insoweit einmal (mißverständlich) ausgeführt, eine BGB-Gesellschaft sei schon dann (als Unternehmen) mitteilungspflichtig, wenn bei ihr das unternehmerische Interesse ihrer Gesellschafter in der Weise durchschlägt, daß sie sich über das bloße Halten der Aktien hinaus hinsichtlich *dieser* Beteiligung wirtschaftlich planend und entscheidend betätigt.[34] Dies könnte darauf hindeuten, daß der BGH hier einen *weiteren* Unternehmensbegriff als üblicherweise im Rahmen der §§ 15 bis 19 zugrunde legen will. Meistens werden die Ausführungen des BGH jedoch (einschränkend) dahingehend interpretiert, daß wenigstens einzelne Gesellschafter wegen außerhalb ihrer Gesellschaft verfolgter unternehmerischen Interessen selbst als Unternehmen zu qualifizieren sein müßten, wenn § 20 anwendbar sein soll.[35]

Eine andere Frage ist, ob sich nicht auch für Privataktionäre aufgrund ihrer *Treuepflicht* **15** gegenüber der Gesellschaft und den Mitgesellschaftern von Fall zu Fall eine Mitteilungspflicht ergeben kann. Wie schon ausgeführt (Rdnr. 10 f.), ist dies in der Tat anzunehmen, sobald sie sich entschließen, die abhängige Gesellschaft in einen von ihnen geleiteten *Konzern* einzugliedern (sofern sie nicht hierdurch ohnehin Unternehmensqualität erwerben), nach anderen darüber hinaus auch schon dann, wenn ein Privataktionär dabei ist, ein Aktienpaket aufzubauen, von dem ein spürbarer Einfluß auf die Gesellschaft ausgehen kann.[36]

3. Eigentümer. Die Mitteilungspflicht obliegt nach Abs. 1 S. 1 und Abs. 3 bis 6 des **16** § 20 jeweils demjenigen Unternehmensaktionär (Rdnr. 13), dem die betreffenden Aktien „gehören", d. h. dem Eigentümer der Aktien, sowie außerdem demjenigen, dem nach § 16 Abs. 4 (s. § 20 Abs. 1 S. 2 und Abs. 4) die Aktien, die im Eigentum Dritter stehen, *zugerechnet* werden (s. Rdnr. 20). Die Zurechnung setzt hier ebensowenig wie sonst eine eigene Beteiligung des Mitteilungspflichtigen neben der des Dritten voraus.[37] Paradigmata sind mehrstufige Unternehmensverbindungen und Treuhandverhältnisse.[38] Gleich stehen ferner Pool-Vereinbarungen, die einem Aktionär die Verfügungsmöglichkeit über die Stimmen anderer Aktionäre verschaffen.[39] Voraussetzung ist aber in jedem Fall die *Wirksamkeit* der zugrunde liegenden Verträge; ein nichtiger Treuhandvertrag etwa erlaubt nicht die Anwendung des § 16 Abs. 4.[40] Soweit hiernach eine Zurechnung von Aktien aufgrund des § 16 Abs. 4 in Betracht kommt, hat diese nicht etwa eine „Absorption" des Anteilsbesitzes des Eigentümers der zugerechneten Aktien zur Folge (s. § 16 Rdnr. 16); vielmehr sind in

---

[32] *Koppensteiner,* Internationale Unternehmen, S. 284 ff.; *Luchterhand* Konzernrecht S. 195 ff.; *S. Maul* NZG 1999, 741, 745 f.; *Witt* Übernahmen S. 179.

[33] S. im einzelnen § 15 Rdnr. 19 f. sowie MünchKommAktG/*Bayer* Rdnr. 7; *Diekmann* DZWiR 1994, 13, 16; *Henze* Konzernrecht Tz. 75 ff. (S. 27 f.); *Koppensteiner* in Kölner Kommentar Rdnr. 30; ausführlich *R. Wolfram* Mitteilungspflichten S. 126, 130, 136 ff. sowie S. 157 ff. (für Familien).

[34] BGHZ 114, 203, 210 f. = LM AktG § 20 Nr. 1 = NJW 1991, 2765 = AG 1991, 270.

[35] So OLG Stuttgart AG 1992, 459, 460; zustimmend *Henze* Konzernrecht Tz. 75 f. (S. 28 f.); *Hüffer* Rdnr. 2.

[36] *Burgard* Offenlegung S. 47, 64 ff.; *ders.* AG 1992, 41, 47 ff.; *Siebel,* FS für Heinsius, S. 771, 787; dagegen MünchKommAktG/*Bayer* Rdnr. 6; *Joussen* BB 1992, 1075; *Wastl* NZG 2000, 505, 506 f.

[37] S. Rdnr. 20; grdlg. BGH LM AktG § 20 Nr. 2 (Bl. 2) = NJW 2000, 3647 = AG 2001, 47 „Aqua Butzke Werke"; KG AG 2000, 227 = NZG 2000, 42; AG 1999, 126; LG Berlin AG 1998, 195, 196.

[38] S. BGH, KG und LG Berlin (vorige Fn.) sowie § 16 Rdnr. 15 ff.

[39] LG Hannover AG 1993, 187, 188 f. = WM 1992, 1232 = ZIP 1992, 1236 „Pirelli/Continental"; *Henze* Konzernrecht Tz. 78 (S. 28).

[40] LG Berlin AG 1991, 34, 35 „Springer/Kirch"; *Henze* Konzernrecht Tz. 79 (S. 28).

den genannten Fällen neben der Muttergesellschaft gegebenenfalls *auch* die Tochtergesellschaft und neben dem Treugeber außerdem der Treuhänder mitteilungspflichtig.[41]

V. Die einzelnen Fälle

17   1. § 20 Abs. 1 und 2. a) § 20 Abs. 1. Mitteilungspflichtig ist zunächst nach § 20 Abs. 1 S. 1 eine sogenannte Schachtelbeteiligung, d. h. die *Kapitalbeteiligung* eines beliebigen in- oder ausländischen *Unternehmens* (Rdnr. 13 ff.) in Höhe von *mehr als 25%* an einer AG oder KG aA mit Sitz im Inland, während die bloße Innehabung von mehr als 25% der *Stimmrechte*, etwa aufgrund von Mehrstimmrechtsaktien, keine Mitteilungspflicht nach dem AktG auslöst.[42] Ausgenommen sind nach dem neuen § 20 Abs. 8 von 1998 ferner Aktien einer *börsennotierten* Gesellschaft iSd. § 21 Abs. 2 WpHG nF (s. Rdnr. 3 f.), wobei zu beachten ist, daß das WpHG im Gegensatz zum AktG auf *Stimmrechtsanteile* und nicht wie § 20 AktG auf Kapitalanteile abstellt. Deshalb sind Fälle vorstellbar, in denen aufgrund der Einfügung des § 20 Abs. 8 AktG eine vorher bestehende Mitteilungspflicht an börsennotierten Gesellschaften entfallen ist, wenn nämlich mit einem (früher mitteilungspflichtigen) Kapitalanteil von mehr als 25% kein jetzt (nur) nach dem WpHG mitteilungspflichtiger, entsprechender Stimmrechtsanteil an einer börsennotierten Gesellschaft korrespondiert (s. Rdnr. 4).

18   Bei der *Berechnung* der Kapitalquote von mehr als 25% sind eigene Aktien der Gesellschaft sowie gleichstehende Aktien *nicht* abzuziehen, weil das Gesetz in § 20 Abs. 1 S. 2 allein auf S. 1, nicht dagegen auf S. 2 und 3 des § 16 Abs. 2 verweist.[43] Zu berücksichtigen sind bei der Berechnung außerdem stimmrechtslose Vorzugsaktien sowie *vinkulierte Namensaktien*, so daß auch deren Erwerb mitteilungspflichtig ist, jedenfalls nach Zustimmung der Gesellschaft im Falle des § 68 Abs. 2 (s. Rdnr. 23), während es auf die zusätzliche Legitimation gegenüber der Gesellschaft nach § 67 Abs. 1 im vorliegenden Zusammenhang nicht ankommt.[44] Maßgebend ist mithin allein das Verhältnis des Gesamtnennbetrages der dem meldepflichtigen Unternehmen gehörenden oder ihm nach § 16 Abs. 4 oder § 20 Abs. 2 zuzurechnenden Aktien zu dem Grundkapital der Gesellschaft. Eine Obergrenze besteht dabei nicht, so daß auch eine Beteiligung von 100% mitteilungspflichtig ist.[45]

19   Gleich stehen soll nach hM eine entsprechende Beteiligung an einer *Vor-AG*, namentlich also die Übernahme von mehr als 25% des Kapitals der neuen Gesellschaft, vorausgesetzt, daß der Übernehmer Unternehmensqualität besitzt.[46] Indessen ist nicht recht erkennbar, welchen Sinn eine Mitteilung und Bekanntmachung (§ 20 Abs. 6) von Beteiligungen vor Bekanntmachung der Gesellschaft selbst (§ 40) haben soll, so daß anzunehmen ist, daß die Mitteilungspflicht in diesem Fall erst mit der Entstehung der Gesellschaft durch ihre Eintragung im Handelsregister (§ 41 Abs. 1 S. 1) ausgelöst wird.[47]

20   Bei der Berechnung der Kapitalquote von mehr als 25% ist nach § 20 Abs. 1 S. 2 außerdem die Zurechnungsvorschrift des **§ 16 Abs. 4** zu beachten (s. schon Rdnr. 16), so daß den eigenen Anteilen des mitteilungspflichtigen Unternehmens solche gleichstehen, die einem von ihm abhängigen Unternehmen oder einem anderen für Rechnung des Unternehmens oder eines von diesem abhängigen Unternehmens gehören.[48] Ergänzend ist noch

---

[41] S. Rdnr. 20; grdlg. BGHZ 114, 203, 217 = LM AktG § 20 Nr. 1 = NJW 1991, 2765 = AG 1991, 270; BGH LM AktG § 20 Nr. 2 (Bl. 2) = NJW 2000, 3647 = AG 2001, 47 „Aqua Butzke Werke"; LG Hamburg AG 2002, 525, 526 „Pinguin Haustechnik AG"; *Bayer* Anm. LM AktG § 20 Nr. 2 (Bl. 3); *Henze* Konzernrecht Tz. 81 (S. 29); *Hüffer* Rdnr. 3; *Raiser* Kapitalgesellschaften § 52 Rdnr. 2 (S. 833).

[42] BGHZ 114, 203, 216 = NJW 1991, 2765.

[43] MünchKommAktG/*Bayer* Rdnr. 13; *Burgard* Offenlegung S. 49; *Diekmann* DZWiR 1994, 13, 14; *Windbichler* in GroßkommAktG Rdnr. 24.

[44] Grdlg. KG AG 1990, 500, 501 = WM 1990, 1546 = ZIP 1990, 925 (gegen LG Berlin AG 1991, 34); *Henze* Konzernrecht Tz. 83 (S. 30); *Windbichler* in GroßkommAktG Rdnr. 20.

[45] *Hägele* NZG 2000, 726, 729; s. Rdnr. 32.

[46] *Hüffer* Rdnr. 2; *Priester* AG 1994, 212; *Diekmann* DZWiR 1994, 13, 15.

[47] Zutreffend MünchKommAktG/*Bayer* Rdnr. 40; *Windbichler* in GroßkommAktG Rdnr. 20.

[48] Wegen der Einzelheiten s. § 16 Rdnr. 15 ff. sowie *Henze* Konzernrecht Tz. 77 ff. (S. 28 f.); *C. Vedder*, Zum Begriff „für Rechnung", S. 121 ff.;

die weitere Zurechnungsnorm des § 20 Abs. 2 zu berücksichtigen (Rdnr. 21 f.). Die wichtigsten Anwendungsfälle des § 16 Abs. 4 sind Abhängigkeits- und Treuhandverhältnisse[49] sowie Pool-Vereinbarungen, aufgrund derer ein Aktionär über die Stimmen aus den anderen Aktien verfügen kann, jedenfalls, sofern er zugleich im wesentlichen die damit verbundenen Risiken trägt.[50] Wie bereits ausgeführt (Rdnr. 16), setzt auch im Rahmen des § 20 Abs. 1 diese Zurechnung keine eigene Beteiligung des meldepflichtigen Unternehmens an der Gesellschaft voraus; außerdem wird dadurch nicht die eigene Beteiligung etwa des abhängigen Unternehmens oder des Treuhänders an der Gesellschaft „absorbiert", so daß die Mitteilungspflicht gegebenenfalls *beide,* also Treuhänder und Treugeber oder herrschendes *und* abhängiges Unternehmen trifft, immer vorausgesetzt, daß sämtliche Beteiligten auch Unternehmen iSd. §§ 15 und 20 sind.[51] Weitere Voraussetzung ist, daß die zugrunde liegenden Vereinbarungen wirksam sind; bloße tatsächliche Verhältnisse begründen keine Zurechnung nach § 16 Abs. 4 iVm. § 20 Abs. 1 (Rdnr. 16).[52]

b) § 20 Abs. 2. Allein für die Mitteilungspflicht nach § 20 Abs. 1 findet sich in § 20 **21** Abs. 2 (als Ergänzung zu § 16 Abs. 4, Rdnr. 20) noch eine weitere Zurechnungsnorm, mit der vor allem bezweckt wird, sonst naheliegende Umgehungsmöglichkeiten der Mitteilungspflicht aufgrund des § 20 Abs. 1 auszuschließen. Danach sind den dem Unternehmen schon gehörenden Aktien solche hinzuzurechnen, deren *Übereignung* das Unternehmen selbst, ein von ihm abhängiges Unternehmen *oder* ein anderer für Rechnung des mitteilungspflichtigen Unternehmens oder eines von diesem abhängigen Unternehmens *verlangen* kann (*Nr. 1* des § 20 Abs. 1), sowie solche Aktien, zu deren *Abnahme* das Unternehmen, ein von ihm abhängiges Unternehmen oder ein anderer für Rechnung des mitteilungspflichtigen Unternehmens oder eines von diesem abhängigen Unternehmens *verpflichtet* ist (*Nr. 2* aaO).[53]

Verbreitet wird aus dem Wortlaut des § 20 Abs. 2 („Aktien, die dem Unternehmen **22** [bereits] *gehören*") der Schluß gezogen, anders als im Falle des § 16 Abs. 4 (Rdnr. 16, 20) setze die weitere Zurechnung von Anteilen nach § 20 Abs. 2 voraus, daß dem mitteilungspflichtigen Unternehmen daneben auch selbst Aktien gehören; Ansprüche auf Übereignung von Aktien allein könnten keine Mitteilungspflicht begründen. Zwingend ist diese Auslegung indessen nicht; sie steht auch mit der Auslegung der Parallelvorschrift des § 16 Abs. 4 im Widerspruch und wird vor allem nicht dem Zweck der Vorschrift gerecht (Rdnr. 21). Ein Unternehmen, das selbst oder über ihm zuzurechnende Dritte Anspruch auf Übereignung von mehr als 25% der Aktien hat, ist daher mitteilungspflichtig (§§ 20 Abs. 1 S. 1 und Abs. 2 Nr. 1).[54] Zu einer Absorption des Anteilsbesitzes kommt es dabei ebensowenig wie im Falle des § 16 Abs. 4, so daß neben dem Übereignungsberechtigten der Eigentümer der Aktien selbst mitteilungspflichtig sein kann.[55]

Die Voraussetzungen des § 20 Abs. 2 *Nr. 1* sind erfüllt, wenn das mitteilungspflichtige **23** Unternehmen, ein von ihm abhängiges Unternehmen oder ein beliebiger Dritter, der für Rechnung dieser Unternehmen handelt, zB aufgrund eines Geschäftsbesorgungs- oder Treuhandverhältnisses, einen *wirksamen schuldrechtlichen Anspruch auf Übereignung* der Aktien

Witt Übernahmen S. 180; *R. Wolframm* Mitteilungspflichten S. 129, 146 ff.

[49] BGHZ 114, 203, 217 = LM AktG § 20 Nr. 1 = NJW 1991, 2765 = AG 1991, 270; LG Hannover AG 1993, 187, 188 f. = WM 1992, 1232; dazu *Henze* (vorige Fn.); *Koppensteiner,* FS für Rowedder, S. 213 ff.

[50] LG Hannover AG 1993, 187, 188 f. = WM 1992, 1232 = ZIP 1992, 1236 „Pirelli/Continental".

[51] S. Rdnr. 16; BGHZ 114, 213, 217 = LM AktG § 20 Nr. 1 = NJW 1991, 2765 = AG 1991, 270; BGH LM AktG § 20 Nr. 2 (Bl. 2) = AG 2001, 47 = NJW 2000, 3647 „Aqua Butzke Werke"; LG Berlin AG 1998, 195; LG Hamburg AG 2002, 525, 526; MünchKommAktG/*Bayer* Rdnr. 9, 15; *Burgard*

Offenlegung S. 50; *Henze* Konzernrecht Tz. 81 (S. 29); *Hüffer* Rdnr. 3; *Koppensteiner* in Kölner Kommentar Rdnr. 27 f.; MünchHdb. AG/*Krieger* § 68 Rdnr. 113; *Pentz* AG 1992, 55, 57 f.; *Raiser* Kapitalgesellschaften § 52 Rdnr. 2 (S. 833); *Windbichler* in Großkomm AktG Rdnr. 27; anders *Schäfer* BB 1966, 229, 230; *Vonnemann* AG 1991, 352; enger auch *Siebel,* FS für Heinsius, S. 771, 802, 805.

[52] *Henze* Konzernrecht Tz. 79 (S. 28).

[53] S. zu dieser eigenartigen Regelung *Arends* Offenlegung S. 14 f.; *Hägele* NZG 2000, 726; *C. Vedder,* Zum Begriff „für Rechnung", S. 129 ff.; *R. Wolframm* Mitteilungspflichten S. 143 ff.

[54] Ebenso MünchKommAktG/*Bayer* Rdnr. 15; MünchHdb. AG/*Krieger* § 68 Rdnr. 114.

[55] *Hüffer* Rdnr. 4.

hat. Bei vinkulierten Namensaktien setzt dies (entgegen einer verbreiteten Meinung) die Zustimmung der Gesellschaft nach § 68 Abs. 2 voraus, weil vorher kein durchsetzbarer Anspruch auf Übereignung der Aktien besteht.[56] Ebensowenig genügt eine bloße *tatsächliche* Einflußmöglichkeit auf den fraglichen Aktienbesitz;[57] entscheidend ist vielmehr immer, ob ein *wirksamer* schuldrechtlicher Übereignungsanspruch besteht. Bei Nichtigkeit des Vertrages kommt es mithin nicht zur Zurechnung. Ausreichend sind dagegen Optionen sowie bindende Angebote,[58] während zB ein Vorkaufsrecht erst nach Eintritt des Vorkaufsfalles unter § 20 Abs. 2 Nr. 1 fällt.[59] Eine Ausnahme von der Zurechnung nach § 20 Abs. 2 Nr. 1 ist nur zu erwägen, wenn die fraglichen Aktien bereits vor ihrer Übereignung an einen Dritten weiterveräußert worden sind, so daß in diesem Fall nach Sinn und Zweck des § 20 die Mitteilungspflicht wieder entfällt.[60]

24   Eine Zurechnung kommt ferner nach § 20 Abs. 2 *Nr. 2* in Betracht, wenn das Unternehmen, um dessen Mitteilungspflicht es geht, sowie ihm zuzurechnende andere Unternehmen oder Personen zur *Abnahme* von Aktien verpflichtet sind. Gedacht ist hier an *einseitige* Abnahmepflichten, denen kein Übereignungsanspruch korrespondiert (sonst § 20 Abs. 2 Nr. 1). Beispiele sind die unechten Pensionsgeschäfte des § 340 b Abs. 3 HGB oder bindende öffentliche Übernahmeangebote.[61]

25   **2. § 20 Abs. 3.** Um wechselseitige Beteiligungen aufzudecken, begründet § 20 Abs. 3 eine weitere Mitteilungspflicht, wenn einer Kapitalgesellschaft bereits **ohne** die besondere Zurechnung aufgrund des § 20 Abs. 2 (Rdnr. 21 ff.) mehr als 25% der Anteile an einer inländischen AG oder KGaA gehören. Ausgenommen sind jedoch seit 1998 aufgrund des § 20 Abs. 8 auch hier Aktien börsennotierter Gesellschaften (s. schon Rdnr. 3 f., 17). Das ist deshalb auffällig, weil die Folge sein kann, daß es jetzt wechselseitige Kapitalbeteiligungen an börsennotierten Gesellschaften gibt, die zwar unter § 19 Abs. 1 fallen, bei denen aber keine Mitteilungspflicht nach § 20 Abs. 3 besteht, weil mit dem (nach dem WpHG nicht mitteilungspflichtigen) Kapitalanteil von mehr als 25% kein entsprechender (allein mitteilungspflichtiger) Stimmrechtsanteil verbunden ist (§ 21 Abs. 1 WpHG).[62]

26   Die Sonderregelung des § 20 Abs. 3 wurde nötig, weil die speziellen Zurechnungen aufgrund des § 20 Abs. 2 in dem Tatbestand der wechselseitigen Beteiligungen nach § 19 Abs. 1 nicht berücksichtigt sind. Aus diesem Zusammenhang mit § 19 Abs. 1 folgt zugleich, daß sich der Anwendungsbereich des § 20 Abs. 3 auf Beteiligungen an *inländischen* AG und KGaA beschränkt.[63] Unberührt bleibt die Zurechnungsvorschrift des § 16 Abs. 4, so daß Aktien, die einem von dem mitteilungspflichtigen Unternehmen abhängigen Unternehmen gehören (§ 16 Abs. 4), auch hier dem ersteren zuzurechnen sind.[64] Ergänzend zu berücksichtigen ist bei wechselseitigen Beteiligungen ferner die besondere Mitteilungspflicht der verbundenen Unternehmen aufgrund des *§ 328 Abs. 4* (s. § 328 Rdnr. 24 f.).

27   Eine Mitteilung nach § 20 Abs. 3 enthält zugleich eine solche nach § 20 Abs. 1 S. 1. Das ist wichtig, weil sich die Bekanntmachungspflicht nach § 20 Abs. 6 allein auf die Fälle des Abs. 1 bezieht (s. Rdnr. 35 f.). Daraus wird z. T. der Schluß gezogen, daß in der Mitteilung

[56] S. schon Rdnr. 18; LG Berlin AG 1991, 34, 35 „Springer/Kirch"; MünchKommAktG/*Bayer* Rdnr. 19; anders KG AG 1990, 500 f. = ZIP 1990, 925 = WM 1990, 1546 „Springer/Kirch" (gegen LG Berlin aaO); MünchHdb. AG/*Krieger* § 68 Rdnr. 114; *Siebel*, FS für Heinsius, S. 777, 787 f.

[57] LG Berlin (vorige Fn.); *Henze* Konzernrecht Tz. 79 (S. 28); *Hüffer* Rdnr. 4; R. *Wolframm* Mitteilungspflichten S. 145; anders offenbar *Hägele* NZG 2000, 726.

[58] LG Hannover AG 1993, 187, 188 f. = WM 1992, 1232 = ZIP 1992, 1236 „Pirelli/Continental"; MünchKommAktG/*Bayer* Rdnr. 18; *Burgard* Offenlegung S. 50; *Hägele* NZG 2000, 726; *Hüffer* Rdnr. 4; *Koppensteiner* in Kölner Kommentar Rdnr. 11; MünchHdb. AG/*Krieger* § 68 Rdnr. 114;

C. *Vedder*, Zum Begriff „für Rechnung", S. 130, 160 f.; R. *Wolframm* Mitteilungspflichten S. 143 ff.

[59] C. *Vedder* (vorige Fn.), S. 161; R. *Wolframm* Mitteilungspflichten S. 146, beide auch zu zahlreichen anderen, umstrittenen Grenzfällen.

[60] *Diekmann* DZWiR 1994, 13, 14.

[61] *Diekmann* (vorige Fn.); *Witt* Übernahmen S. 181 ff.

[62] S. kritisch *Windbichler* in GroßkommAktG Rdnr. 33.

[63] MünchKommAktG/*Bayer* Rdnr. 22; *Hüffer* Rdnr. 5; MünchHdb. AG/*Krieger* § 68 Rdnr. 115; *Windbichler* in GroßkommAktG Rdnr. 35; *Witt* Übernahmen S. 183 f.

[64] MünchKommAktG/*Bayer* Rdnr. 22.

klargestellt werden müsse, ob sie nach Abs. 1 oder Abs. 3 des § 20 erfolgt, damit die Gesellschaft, an die die Mitteilung gerichtet wird, zu beurteilen vermöge, ob dadurch die Bekanntmachungspflicht des § 20 Abs. 6 ausgelöst wird oder nicht.[65] Richtigerweise sollte man darauf abstellen, daß ohne zusätzlichen Hinweis auf § 20 Abs. 3 eine zutreffende Beurteilung wechselseitiger Beteiligungen nicht möglich ist (§§ 19 Abs. 1, 328; s. Rdnr. 34).

3. § 20 Abs. 4. Eine Mitteilungspflicht ist in § 20 Abs. 4 vorbehaltlich des § 20 Abs. 8 **28** außerdem für den Fall einer *Mehrheitsbeteiligung* iSd. § 16 Abs. 1 vorgesehen, worunter hier (anders als bei § 20 Abs. 1) gleichermaßen eine Kapital- wie eine Stimmenmehrheit zu verstehen ist (s. § 16 Rdnr. 2 f.). Sieht man von den verschiedenen Zurechnungsvorschriften der §§ 16 Abs. 4 und 20 Abs. 2 einmal ab, so besteht mithin eine Mitteilungspflicht nur bei Erwerb einer Schachtelbeteiligung (§ 20 Abs. 1) und einer Mehrheitsbeteiligung (§ 20 Abs. 4), während die Aufstockung einer Beteiligung zwischen den Schwellenwerten von 25% und 50% ebensowenig mitteilungspflichtig ist wie die weitere Aufstockung einer Mehrheitsbeteiligung, so daß § 20 nur eine sehr grobe Information der Gesellschaft und der Öffentlichkeit über die Aktionärsstruktur erlaubt.

Der Begriff der Mehrheitsbeteiligung ist hier derselbe wie in § 16. § 20 Abs. 4 verweist **28 a** zwar nur auf § 16 Abs. 1; gleichwohl ist anzunehmen, daß damit der ganze § 16 in Bezug genommen werden sollte, so daß hier insbes. auch die Zurechnungsvorschrift des § 16 Abs. 4 zu beachten ist.[66] Keine Anwendung findet dagegen im Rahmen des § 20 Abs. 4 die besondere Zurechnungsvorschrift des § 20 Abs. 2. Mitzuteilen ist nach § 20 Abs. 4 zudem lediglich das *Bestehen* einer (beliebigen) Mehrheitsbeteiligung, nicht deren Höhe und auch nicht deren Erwerbsgrund oder deren Art, d. h., ob es sich um eine Anteils- oder Stimmenmehrheit handelt (s. Rdnr. 34). Nichts hindert aber natürlich die Unternehmen an genaueren Angaben, zB zur Höhe des Anteilsbesitzes.[67]

4. § 20 Abs. 5. *Endet* eine mitteilungspflichtige Beteiligung iSd. § 20 Abs. 1, 3 oder 4, **29** so löst dies gleichfalls eine Mitteilungspflicht aus (§ 20 Abs. 5). Der Bestand dieser Mitteilungspflicht ist unabhängig von der vorausgegangen Erfüllung der Mitteilungspflicht aufgrund des § 20 Abs. 1, 3 oder 4 (str.), da ein Interesse der Gesellschaft wie der Öffentlichkeit an der Information über derartige Dekonzentrationsvorgänge auch dann besteht, wenn sie zuvor über den korrespondierenden Konzentrationsvorgang nicht ordnungsgemäß informiert wurden.[68] Wird eine Mehrheitsbeteiligung (§ 20 Abs. 4) (nur) so weit reduziert, daß immer noch eine Beteiligung von mehr als 25% bestehen bleibt, so löst dies außerdem zusammen mit der Mitteilungspflicht nach § 20 Abs. 5 eine solche nach § 20 Abs. 1 aus.[69] Keine Mitteilungspflicht entsteht dagegen, wenn – nach Mitteilung einer Mehrheitsbeteiligung gemäß § 20 Abs. 4 – an die Stelle einer Kapitalmehrheit eine Stimmenmehrheit tritt oder wenn eine dieser Mehrheiten entfällt, die andere jedoch bestehen bleibt; denn dies sind keine Vorgänge, die unter § 20 Abs. 4 fallen (Rdnr. 28).

VI. Mitteilung

1. Form und Frist. Die Mitteilung muß nach § 20 Abs. 1 S. 1 sowie Abs. 3 bis Abs. 5 **30** „*schriftlich*" erfolgen. Das Gesetz verweist damit auf § 126 BGB. § 126 BGB ist im Jahre 2001 durch die Einfügung eines neuen Abs. 3 geändert worden. Danach kann die schriftliche Form durch die elektronische Form ersetzt werden kann, sofern sich nicht aus dem Gesetz etwas anderes ergibt.[70] Die Einzelheiten regelt § 126 a BGB iVm. dem Signaturgesetz

[65] *Windbichler* in GroßkommAktG Rdnr. 35.

[66] MünchKommAktG/*Bayer* Rdnr. 25; *Burgard* Offenlegung S. 51 f.; *Hüffer* Rdnr. 6; *Koppensteiner* in Kölner Kommentar Rdnr. 13; MünchHdb. AG/ *Krieger* § 68 Rdnr. 116; *Raiser* Kapitalgesellschaften § 52 Rdnr. 7 (S. 834); *Windbichler* in Großkomm-AktG Rdnr. 36; *Witt* Übernahmen. S. 184 f.

[67] LG Hamburg AG 1996, 238.

[68] MünchKommAktG/*Bayer* Rdnr. 26; *Burgard* Offenlegung S. 52 f.; MünchHdb. AG/*Krieger* § 68 Rdnr. 117; anders *Hüffer* Rdnr. 5; *Diekmann* DZWiR 1994, 13, 14.

[69] *Windbichler* in GroßkommAktG Rdnr. 37.

[70] BGBl. 2001 I S. 1542.

vom 16. Mai 2001.[71] Weitergehende Erleichterungen des Schriftformerfordernisses bestehen nicht, so daß es dabei bleibt, daß eine mündliche, telefonische oder telegrafische Mitteilung unwirksam ist (§ 125 BGB), während eine Mitteilung durch eigenhändig unterschriebenes Telefax in der Regel als ausreichend angesehen wird.[72]

31 Die Mitteilung muß ferner gemäß § 20 Abs. 1 S. 1 und Abs. 3 bis Abs. 5 *unverzüglich*, d. h. ohne *schuldhaftes Zögern* (§§ 121, 276 BGB) vorgenommen werden, sobald einer der Tatbestände des § 20 Abs. 1 oder Abs. 3 bis 5 erfüllt ist, wofür es auch genügen kann, daß ein bisheriger Privataktionär nachträglich die Unternehmensqualität iSd. § 15 erwirbt. Die Pflicht entsteht, sobald, gegebenenfalls auch nur durch den Erwerb, die Zurechnung oder den Verlust einer einzigen Aktie, die Schwellenwerte des § 20 Abs. 1 bis 5 über- oder unterschritten werden.[73] Sobald dies der Fall ist, muß der Meldepflichtige folglich unverzüglich (§ 121 BGB) tätig werden. Eine etwaige Verzögerung der Mitteilung nach Entstehung der Mitteilungspflicht verstößt daher nur dann *nicht* gegen § 20 verstößt, wenn das Unternehmen weder vorsätzlich noch fahrlässig gehandelt hat, wobei ein strenger Maßstab anzulegen ist (§ 276 Abs. 1 BGB). Gleichwohl kann im Einzelfall Verschulden zu verneinen sein, wenn dem Unternehmen seine Mitteilungspflicht trotz Anwendung der im Verkehr erforderlichen Sorgfalt verborgen geblieben ist. Denkbar ist das etwa in Zurechnungsfällen.[74]

32 **2. Zwingender Charakter.** Die gesetzliche Regelung ist *zwingend*, so daß die Beteiligten nicht etwa auf die Mitteilung einer Beteiligung nach § 20 verzichten können.[75] Die Mitteilungspflicht trifft insbes. auch einen *Alleinaktionär* (Rdnr. 18).[76] Die Mitteilung ist selbst dann nicht entbehrlich, wenn der Gesellschaft die Beteiligung bereits aus anderen Quellen *bekannt* ist.[77] Denn die Bekanntmachungspflicht des § 20 Abs. 6 wird nur durch eine dem Gesetz entsprechende Mitteilung und nicht etwa durch eine sonstige Kenntniserlangung ausgelöst. Der Gesellschaft steht es zwar frei, von sich aus mitteilungspflichtige Tatsachen bekannt zu machen, von denen sie auf andere Weise Kenntnis erlangt hat;[78] indessen ändert dies dann nichts an der Anwendbarkeit des § 20 Abs. 7 auf das mitteilungspflichtige Unternehmen.[79] Gewisse Einschränkungen der Mitteilungspflicht sind aus praktischen Gründen lediglich für *Banken* zu erwägen, die nach § 186 Abs. 5 in Kapitalerhöhungen eingeschaltet sind, sowie für Wertpapierhandelshäuser, die vorübergehend fremde Aktien in ihrem Bestand halten.[80]

33 **3. Inhalt.** Mitzuteilen ist nach § 20 Abs. 1 S. 1 und Abs. 3 bis 5 jeweils „*dies*". Mit dieser knappen Formulierung nimmt das Gesetz durchweg auf die Merkmale des die Mitteilungspflicht begründenden Tatbestandes Bezug. Aus der Mitteilung muß sich folglich (mindestens) ergeben, ob es sich um eine solche gerade *nach* § 20 Abs. 1, Abs. 3, Abs. 4 *oder* Abs. 5 handelt, wobei lediglich die Mitteilung nach § 20 Abs. 3 stets zugleich die nach § 20 Abs. 1 umfaßt (Rdnr. 25 ff.). Mitzuteilen ist außerdem, *wem* die mitgeteilte Beteiligung gehört (s. § 20 Abs. 6 S. 1 Halbs. 2 und § 160 Abs. 1 Nr. 8). Die Mitteilung muß schließlich noch so *eindeutig* erfolgen, daß die Gesellschaft sie anschließend ohne weitere Aufklärung oder Korrekturen unverzüglich nach § 20 Abs. 6 S. 1 bekannt machen kann.[81]

[71] BGBl. 2001 I S. 876.
[72] MünchKommAktG/*Bayer* Rdnr. 35; *Hägele* NZG 2000, 726, 727 f.; *Hüffer* Rdnr. 8; *Windbichler* in GroßkommAktG Rdnr. 41.
[73] *Hüffer* Rdnr. 8.
[74] Ausführlich *Windbichler* in GroßkommAktG Rdnr. 48–52; s. Rdnr. 46.
[75] *Koppensteiner* in Kölner Kommentar Rdnr. 7.
[76] *Hägele* NZG 2000, 726, 729; *Koppensteiner* (vorige Fn.); *Leo* AG 1965, 353; anders MünchKommAktG/*Bayer* Rdnr. 50.
[77] S. Rdnr. 37; BGHZ 114, 203, 213 f. = LM AktG § 20 Nr. 1 = NJW 1991, 2765 = AG 1991, 270; KG AG 1990, 500, 501 = ZIP 1990, 925 = WM 1990, 1546; AG 1999, 126; AG 2000, 227, 228 = NZG 2000, 42; LG Berlin AG 1979, 109 = WM

1978, 1086; LG Oldenburg AG 1994, 137; MünchKommAktG/*Bayer* Rdnr. 10; *Hägele* NZG 2000, 726, 728; *Hüffer* Rdnr. 2, 8; MünchHdb. AG/*Krieger* § 68 Rdnr. 127; *Windbichler* in GroßkommAktG Rdnr. 54.
[78] OLG Oldenburg AG 1994, 415, 416; *Henze* Konzernrecht Tz. 88 (S. 32).
[79] S. Rdnr. 37; MünchKommAktG/*Bayer* Rdnr. 38; *Diekmann* DZWiR 1994, 13, 16; *Windbichler* in GroßkommAktG Rdnr. 57.
[80] S. im einzelnen *Windbichler* in GroßkommAktG Rdnr. 55 f.
[81] BGHZ 114, 203, 215 = LM AktG § 20 Nr. 1 = NJW 1991, 2765 = AG 1991, 270; BGH LM AktG § 20 Nr. 2 (Bl. 2 f.) = NJW 2000, 3647 = AG 2001, 47 „Aqua Butzke Werke"; KG AG 1999, 126;

Liegen die Voraussetzungen der **Abs. 1, 3 und 4** des § 20 gleichzeitig vor, so kann im 33 a Regelfall in der Mitteilung auf alle drei Tatbestände zugleich Bezug genommen werden.[82] Voraussetzung ist jedoch, daß sich aus der Mitteilung eindeutig ergibt, um welche Art von Beteiligung es sich handelt, da nur dann die Gesellschaft ihrer Mitteilungspflicht aufgrund des § 20 Abs. 6 in vollem Umfang nachzukommen vermag. Eine kumulative Bezugnahme auf die Abs. 1 und 4 des § 20 ist daher nur möglich, wenn eine Kapitalbeteiligung von mehr als 25% mit einer Stimmenmehrheit zusammentrifft, sonst dagegen nicht.[83] Nicht ausreichend ist ferner ein bloßer Antrag auf Umschreibung von Namensaktien.[84]

Die Mitteilung eines *Dritten* genügt grundsätzlich nicht den gesetzlichen Anforderun- 34 gen.[85] Anders verhält es sich nur, wenn der Dritte erkennbar im Auftrag des Mitteilungspflichtigen handelt, d. h. mit dessen Zustimmung offen für ihn tätig wird.[86] **Nicht** mitteilungspflichtig sind (bedauerlicherweise) die genaue **Höhe,** der Grund und der Zeitpunkt des Erwerbs der Beteiligung sowie im Falle der Mehrheitsbeteiligung deren *Art.*[87] Unklar ist die Situation lediglich in den Zurechnungsfällen (§§ 16 Abs. 4 und 20 Abs. 2). Der Zweck der Regelung (Rdnr. 2) verlangt hier jedoch zusätzlich die Mitteilung, daß die Beteiligung ganz oder teilweise auf einer *Zurechnung* nach § 16 Abs. 4 oder § 20 Abs. 2 beruht (Rdnr. 27), nicht zuletzt auch, um sonst naheliegende Mißverständnisse zu verhindern, wenn zugleich eine Mitteilung seitens des Eigentümers der zugerechneten Anteile erfolgt.[88]

VII. Bekanntmachung

1. Inhalt. In den Fällen des § 20 Abs. 1, 4 und 5 (Rdnr. 17 ff.), nicht dagegen im Falle 35 des § 20 Abs. 3 (Rdnr. 25 f.) sind das Bestehen der mitgeteilten Beteiligung sowie deren Beendigung von der Gesellschaft, an die die Mitteilung gerichtet worden war (s. § 22), nach § 20 Abs. 6 S. 1 und 2 unverzüglich in den Gesellschaftsblättern (§ 25) bekannt zu machen, um auch die Aktionäre und die Öffentlichkeit über die Beteiligungsverhältnisse zu unterrichten (vgl. auch § 160 Abs. 1 Nrn. 7 und 8). In der Bekanntmachung sind das beteiligte Unternehmen sowie die Art der Mitteilung (Abs. 1, 4 oder 5 des § 20), nicht jedoch die genaue Beteiligungshöhe zu bezeichnen (s. Rdnr. 34). Richtigerweise sollte auch auf den Umstand hingewiesen werden, daß die Mitteilungspflicht auf Zurechnungen nach § 20 Abs. 2 oder § 16 Abs. 4 beruht, weil andernfalls bei mehrfachen Mitteilungen, namentlich von Mutter- *und* Tochtergesellschaften, eine Verwirrung der Öffentlichkeit zu besorgen ist.[89] Bis zu einem etwaigen Nachweis der Beteiligung (§ 22) darf die Bekanntmachung nicht aufgeschoben werden.[90]

2. Sanktionen. Das Gesetz sieht keine besonderen *Sanktionen* für die Verletzung der 36 Bekanntmachungspflicht vor; insbes. findet hier § 20 Abs. 7 keine Anwendung (Rdnr. 38 ff.). Der Vorstand, der schuldhaft gegen die Bekanntmachungspflicht verstößt, kann sich jedoch nach § 93 ersatzpflichtig machen. Außerdem kommt die Anwendung des

AG 2000, 227 = NZG 2000, 42; *Hägele* NZG 2000, 726, 728; *Henze* Konzernrecht Tz. 84 (S. 30); s. Rdnr. 35 f.

[82] *Henze* Konzernrecht Tz. 85 f. (S. 30 ff.); ebenso für den Regelfall BGHZ 114, 203, 215 f. = LM AktG § 20 Nr. 1 = NJW 1991, 2765 = AG 1991, 270 (mit Ausnahmen); s. *Henze* aaO

[83] S. BGHZ 114, 203, 215 ff. = LM AktG § 20 Nr. 1 = NJW 1991, 2765 = AG 1991, 270; BGH LM AktG § 20 Nr. 2 (Bl. 2 f.) = NJW 2000, 3647 = AG 2001, 47 „Aqua Butzke Werke"; (in derselben Sache) KG AG 1999, 126, 268; AG 2000, 227 = NZG 2000, 42; *Henze* Konzernrecht Tz. 85 f. (S. 30 f.).

[84] KG AG 1990, 500 = WM 1990, 1546 = ZIP 1990, 925; *Hüffer* Rdnr. 8; *Koppensteiner* in Kölner Kommentar Rdnr. 16.

[85] BGH LM AktG § 20 Nr. 2 (Bl. 2 R) = NJW 2000, 3647 = AG 2001, 47 „Aqua Butzke Werke"; beiläufig auch schon BGHZ 114, 203, 215 = NJW 1991, 2765 = AG 1991, 270.

[86] BGH (vorige Fn.).

[87] S. Rdnr. 28; MünchKommAktG/*Bayer* Rdnr. 31; *Diekmann* DZiWR 1994, 13, 15; *Hüffer* Rdnr. 8; MünchHdb. AG/*Krieger* § 68 Rdnr. 118, 121; *Witt* Übernahmen S. 185.

[88] S. Rdnr. 35; *Windbichler* in GroßkommAktG Rdnr. 45–48; anders *Diekmann* DZWiR 1994, 13, 15; *Koppensteiner* in Kölner Kommentar Rdnr. 16.

[89] S. Rdnr. 34; ebenso *Windbichler* in GroßkommAktG Rdnr. 58.

[90] S. § 22 Rdnr. 55; *Hüffer* Rdnr. 9; MünchHdb. AG/*Krieger* § 68 Rdnr. 124.

§ 823 Abs. 2 BGB in Betracht, sofern die Verletzung der Bekanntmachungspflicht zu einer Schädigung Dritter führt.[91]

37   **3. Ausnahmen.** Ohne ordnungsmäßige Mitteilung der Beteiligung entsprechend § 20 besteht keine Bekanntmachungspflicht, auch dann nicht, wenn der Gesellschaft die fragliche Beteiligung aus anderen Quellen bekannt ist.[92] Die Gesellschaft ist freilich auch nicht an der Bekanntmachung der ihr anderweit bekanntgewordenen Beteiligung gehindert, nur, daß dadurch nichts an den Sanktionen des § 20 Abs. 7 für die Unterlassung der Mitteilung geändert wird (s. Rdnr. 32).

VIII. Sanktionen

Schrifttum: *Arends* Offenlegung S. 17 ff.; MünchKommAktG/*Bayer* Rdnr. 41 ff.; *Burgard* Offenlegung S. 55 ff.; *Gelhausen/Bandey* Wpg 2000, 497; *Diekmann* DZWiR 1994, 13; *Emmerich/Sonnenschein/Habersack* § 6 VII (S. 95 ff.); *Hägele* NZG 2000, 726; *Heinsius*, FS für Fischer, S. 215; *Henze* Konzernrecht Tz. 89 ff. (S. 32 f.); *Hüffer* Rdnr. 10–17; *ders.*, FS für Boujong, S. 277; *Koppensteiner*, FS für Rowedder, S. 213; *ders.* in Kölner Kommentar Rdnr. 35–60; MünchHdb. AG/*Krieger* § 68 Rdnr. 125 ff.; *H.-P. Müller* AG 1996, 396; *Quack*, FS für Semler, S. 581; *Raiser* Kapitalgesellschaften § 52 Rdnr. 10 ff. (S. 835 f.); *T. Starke*, Beteiligungstransparenz im Gesellschafts- und Kapitalmarktrecht, 2002, S. 247 ff.; *Vedder*, Zum Begriff „für Rechnung"; *Windbichler* in GroßkommAktG Rdnr. 64 ff.; *Witt*, Übernahmen von Aktiengesellschaften, S. 187 ff.; *ders.* WM 1998, 1153.

38   **1. Überblick.** Nach § 20 Abs. 7 S. 1 „bestehen" Rechte aus Aktien, die einem nach § 20 Abs. 1 oder § 20 Abs. 4 mitteilungspflichtigen Unternehmen gehören, für die Zeit, für die das Unternehmen die Mitteilungspflicht nicht erfüllt, weder für dieses Unternehmen selbst noch für ein von ihm abhängiges Unternehmen oder für einen anderen, der für Rechnung des Unternehmens oder eines von diesem abhängigen Unternehmens handelt (vgl. § 16 Abs. 4). Ausgenommen sind gemäß S. 2 des § 20 Abs. 7 lediglich Ansprüche nach § 58 Abs. 4 auf Dividenden und nach § 271 auf den Liquidationserlös, vorausgesetzt, daß die Mitteilung nicht vorsätzlich unterlassen wurde und (rechtzeitig) nachgeholt wurde. Vergleichbare Regelungen finden sich in § 21 Abs. 4 AktG sowie in § 28 WpHG, der die Sanktionen für die Verletzung von Mitteilungspflichten aufgrund der §§ 21 ff. WpHG regelt.

39   Die geltende Fassung der genannten Vorschriften beruht auf dem 3. Finanzmarktförderungsgesetz von 1998, mit dem bezweckt wurde, das System der Sanktionen für die Verletzung von Mitteilungspflichten im AktG (§§ 20 Abs. 7 und 21 Abs. 4) sowie im WpHG (§ 28) anzugleichen.[93] In seiner ursprünglichen Fassung hatte der § 20 Abs. 7 dagegen bestimmt, daß Rechte aus Aktien, die einem nach § 20 Abs. 1 und Abs. 4 mitteilungspflichtigen Unternehmen gehören, für die Zeit, für die das Unternehmen die Mitteilung nicht gemacht hat, durch das Unternehmen selbst, ein von ihm abhängiges Unternehmen oder einen anderen für Rechnung dieser Unternehmen „nicht ausgeübt" werden können.[94]

40   Unter der Geltung dieser Vorschrift (§ 20 Abs. 7 aF) war umstritten gewesen, ob die Rechte des Aktionärs aus seinen Aktien während der Zeit, in der er seiner Mitteilungspflicht nicht nachgekommen war, lediglich *ruhten*, so daß sie bei einer Nachholung der Mitteilung wieder aufleben, *oder* ob sie endgültig *erloschen*; in erster Linie ging es dabei um den Anspruch der Aktionäre auf Dividenden und auf das Bezugsrecht bei Kapitalerhöhungen gegen Einlagen. Diese Frage ist nunmehr durch das 3. Finanzmarktförderungsgesetz von 1998 übereinstimmend für das AktG (§§ 20 Abs. 7 und 21 Abs. 4) und das WpHG (§ 28) im Sinne eines grundsätzlichen, aber von Ausnahmen durchbrochenen *Erlöschens* der Rechte geregelt worden (Rdnr. 48).

---

[91] S. Rdnr. 64 f.; LG Mannheim AG 1988, 248, 252; *Hüffer* Rdnr. 9; *Koppensteiner* in Kölner Kommentar Rdnr. 58 f.; MünchHdb. AG/*Krieger* § 68 Rdnr. 124; *Windbichler* in GroßkommAktG Rdnr. 60.

[92] S. Rdnr. 32, 34; BGHZ 114, 203, 215 = NJW 1991, 2765 = LM AktG § 20 Nr. 1 = AG 1991, 270.

[93] S. die Begr. zum RegE des 3. Finanzmarktförderungsgesetzes, BT-Drucks. 13 (1997)/8933, S. 95, 147.

[94] S. dazu zuletzt *Diekmann* DZWiR 1994, 13.

Auch das 3. Finanzmarktförderungsgesetz von 1998 hat nichts daran geändert, daß **41** Verstöße gegen die Mitteilungspflichten aus § 20 Abs. 3 und Abs. 5 sowie aus § 21 Abs. 3 ebenso wie solche gegen die Bekanntmachungspflicht aus § 20 Abs. 6 mangels Anwendbarkeit des § 20 Abs. 7 ohne besondere Sanktionen geblieben sind. Hier kommen daher nur von Fall zu Fall *Schadensersatzansprüche* der Gesellschaft und Dritter aufgrund allgemeiner Bestimmungen in Betracht (§ 93 AktG und § 823 Abs. 2 BGB).[95] Bei einem Verstoß speziell gegen die Mitteilungspflicht aufgrund des § 20 Abs. 3 sind ferner noch die besonderen Sanktionen zu beachten, die sich für diesen Fall aus § 328 ergeben.

Ergänzend bestimmt § 405 Abs. 3 Nr. 3, daß *ordnungswidrig* handelt, wer Aktien zur **42** Ausübung von Rechten in der Hauptversammlung gegen Gewähren oder Versprechen besonderer Vorteile einem anderen überläßt. Darunter fällt auch die Überlassung von Aktien durch ein mitteilungspflichtiges Unternehmen an Dritte zur Ausübung von Rechten in der Hauptversammlung, wenn das mitteilungspflichtige Unternehmen seine Mitteilungspflichten aufgrund des § 20 Abs. 1 oder Abs. 4 verletzt hat (§ 20 Abs. 7).

2. Betroffene Aktien. Nach § 20 Abs. 7 S. 1 bestehen bei einer Verletzung der Mittei- **43** lungspflichten aus § 20 Abs. 1 oder § 20 Abs. 4 keine Rechte aus denjenigen Aktien, die dem mitteilungspflichtigen Unternehmen, einem von ihm abhängigen Unternehmen (§ 17) *oder* einem anderen *gehören*, der für Rechnung des mitteilungspflichtigen Unternehmens oder eines von diesem abhängigen Unternehmens handelt. Überwiegend wird hierin eine mittelbare Bezugnahme auf § 20 Abs. 1 S. 2 und damit auf *§ 16 Abs. 4* gesehen. Die Folge ist, daß die in § 20 Abs. 7 S. 1 vorgesehenen Sanktionen für die Verletzung der Mitteilungspflichten aus § 20 Abs. 1 und Abs. 4 nicht etwa nur das mitteilungspflichtige Unternehmen selbst, sondern außerdem von ihm abhängige Unternehmen sowie solche Dritte treffen, die für Rechnung des mitteilungspflichtigen Unternehmens oder eines von diesem abhängigen Unternehmens handeln, wobei der Begriff „für Rechnung" hier ebenso wie in § 16 Abs. 4 auszulegen ist.[96] Dies bedeutet, daß die Genannten unter den Voraussetzungen des § 20 Abs. 7 S. 1 ebenfalls keine Rechte aus ihren Aktien mehr haben.[97] Die Regelung geht in bezug auf abhängige Unternehmen und auf Dritte, die für Rechnung des herrschenden oder des abhängigen Unternehmens handeln, sehr weit und verlangt deshalb Einschränkungen an anderer Stelle (s. Rdnr. 46).

Alle genannten Unternehmen (Rdnr. 43) können nach § 20 Abs. 7 S. 1 ebenso wie **44** schon unter der früheren Fassung der Vorschrift, solange sie ihrer Mitteilungspflicht nicht nachgekommen sind, aus ihren Aktien keine Rechte mehr ausüben.[98] Dies gilt für den *gesamten* Aktienbesitz des jeweils betroffenen Aktionärs, nicht etwa nur für denjenigen Teil der Aktien, der die Schwellen nach § 20 Abs. 1 oder Abs. 4 übersteigt oder die Aktien, die ihm nach § 16 Abs. 4 zuzurechnen sind.[99] Dagegen werden solche Aktien, die dem mitteilungspflichtigen Unternehmen lediglich nach *§ 20 Abs. 2* für die Zwecke der Mitteilungspflicht zugerechnet werden, von den Sanktionen des § 20 Abs. 7 nicht erfaßt.[100] Bei einer Bevollmächtigung des mitteilungspflichtigen Unternehmens durch den dritten Eigentümer ist jedoch das gesetzliche Verbot des § 405 Abs. 3 Nr. 3 (Rdnr. 42) zu beachten.[101] Keine Anwendung findet die gesetzliche Regelung außerdem

[95] S. Rdnr. 64 f.; LG Hamburg AG 1996, 233; MünchKommAktG/*Bayer* Rdnr. 85–87; *Heinsius*, FS für Fischer, S. 215, 235; MünchHdb. AG/*Krieger* § 68 Rdnr. 134; *Windbichler* in GroßkommAktG Rdnr. 88–92.
[96] Wegen der Einzelheiten s. deshalb § 16 Rdnr. 12; Begr. zum RegE des 3. Finanzmarktförderungsgesetzes, BT-Drucks. 13/8933, S. 95, 147; *C. Vedder*, Zum Begriff „für Rechnung", S. 121, 154 ff.; *R. Wolfram* Mitteilungspflichten S. 135, 141 ff.
[97] MünchKommAktG/*Bayer* Rdnr. 48; *Hüffer* Rdnr. 10; MünchHdb. AG/*Krieger* § 68 Rdnr. 126;

enger hingegen *Windbichler* in GroßkommAktG Rdnr. 67–69.
[98] LG Hannover AG 1993, 187, 189; *Arends* Offenlegung S. 17 ff.; *Burgard* Offenlegung S. 56 f.; *Koppensteiner*, FS für Rowedder, S. 213, 225 ff.
[99] LG Hamburg AG 2002, 525, 526 f.; *Koppensteiner* in Kölner Kommentar Rdnr. 39; MünchHdb. AG/*Krieger* § 68 Rdnr. 126.
[100] MünchKommAktG/*Bayer* Rdnr. 48; MünchHdb. AG/*Krieger* § 68 Rdnr. 126.
[101] Ebenso *Krieger* (vorige Fn.).

mehr nach einer Veräußerung der Aktien an Dritte, die ihrerseits nicht mitteilungspflichtig sind.

45   **3. Voraussetzungen.** § 20 Abs. 7 greift nur ein, wenn eine Mitteilungspflicht nach § 20 Abs. 1 oder § 20 Abs. 4 verletzt wurde (s. außerdem § 21 Abs. 4). Dies ist auch der Fall, wenn die Mitteilung nicht ordnungsgemäß erfolgt ist[102] oder wenn im Falle einer Mehrheitsbeteiligung lediglich eine Mitteilung nach § 20 Abs. 4 gemacht wird, weil diese nicht immer und nicht notwendig zugleich die ebenfalls vorgeschriebene Mitteilung nach § 20 Abs. 1 umfaßt (s. Rdnr. 28).

46   Nach der bisher überwiegend vertretenen Meinung setzen die Sanktionen des § 20 Abs. 7 S. 1 (und des § 21 Abs. 4) *keinen schuldhaften* Verstoß gegen die Mitteilungspflichten aufgrund des § 20 Abs. 1 oder des § 20 Abs. 4 voraus.[103] Dabei wird jedoch übersehen, daß nach § 20 Abs. 1 S. 1 und Abs. 4 die Mitteilungspflicht „unverzüglich", d. h. ohne *schuldhaftes* Zögern zu erfüllen ist (§ 121 BGB).[104] Ist die Verzögerung der ordnungsmäßigen Mitteilung nicht verschuldet, so ist folglich auch nicht die Mitteilungspflicht verletzt. In dieselbe Richtung weist die neue Regelung des § 20 Abs. 7 S. 2 von 1998, die in zwei besonders wichtigen Fällen ebenfalls auf Verschulden abstellt (Rdnr. 49 ff.). Vor allem aber wegen der weitreichenden Konsequenzen, die sich aus einer Verletzung der Mitteilungspflichten aufgrund des § 20 Abs. 1 und Abs. 4 nach § 20 Abs. 7 S. 1 für Dritte (s. Rdnr. 43) ergeben können, ist als Voraussetzung für den Rechtsverlust grundsätzlich Verschulden zu verlangen (§ 276 BGB), so daß für die Anwendung des § 20 Abs. 7 (ausnahmsweise) kein Raum ist, wenn der Mitteilungspflichtige zB von seiner Mitteilungspflicht, die sich erst aus der Zurechnung des Anteilsbesitzes Dritter nach § 20 Abs. 1 S. 2 iVm. § 16 Abs. 4 ergibt, in entschuldbarer Weise keine Kenntnis hatte (s. Rdnr. 31).

47   **4. Betroffene Rechte.** Die Regelung des § 20 Abs. 7 S. 1 betrifft *alle* Rechte aus Aktien, d. h. gleichermaßen die Mitverwaltungs- wie die Vermögensrechte des Aktionärs, also das Recht auf Teilnahme an der Hauptversammlung, das Stimmrecht, das Auskunftsrecht, das Anfechtungsrecht, die verschiedenen Minderheitenrechte, das Dividendenrecht, das Bezugsrecht bei Kapitalerhöhungen, die Ansprüche auf Abfindung und Ausgleich sowie den Anspruch auf den Liquidationserlös.[105] Erfaßt werden außerdem Entsendungsrechte in den Aufsichtsrat, vorausgesetzt, daß sie mit bestimmten Aktien verbunden sind (§ 101 Abs. 2). Nicht betroffen sind dagegen sonstige Organrechte wie die Mitgliedschaft im Aufsichtsrat oder im Vorstand sowie das Eigentum an der Aktie selbst.[106]

48   Im Ergebnis bedeutet die gesetzliche Regelung, daß für die Zeit, für die die Mitteilung pflichtwidrig unterlassen wurde (§§ 20 Abs. 7, 21 Abs. 4), die genannten Mitverwaltungs- und Vermögensrechte des Aktionärs (Rdnr. 43, 47) *nicht mehr bestehen* und nicht etwa lediglich ruhen (§§ 20 Abs. 7 S. 1, 21 Abs. 4).[107] Die Rechte *erlöschen* mit anderen Worten für den fraglichen Zeitraum, soweit sich nicht aus § 20 Abs. 7 S. 2 etwas anderes ergibt (s. Rdnr. 52 ff.). Die Frage war früher umstritten (s. Rdnr. 40, 52). Der Gesetzgeber von 1998 hat deshalb die ohnehin nötige Anpassung der §§ 20 und 21 an das WpHG zum Anlaß

---

[102] BGHZ 114, 203, 214 ff. = NJW 1991, 2765 = AG 1991, 270; BGH LM AktG § 20 Nr. 2 (Bl. 2 f.) = NJW 2000, 3547 „Aqua Butzke Werke"; LG Hamburg AG 2002, 525, 526 „Pinguin Haustechnik"; *Windbichler* in GroßkommAktG Rdnr. 66.

[103] S. *Hägele* NZG 2000, 726, 727; offen gelassen in KG AG 1990, 500, 501 = WM 1990, 1546 = ZIP 1990, 925; LG Berlin AG 1998, 195, 196 f.

[104] S. Rdnr. 31 sowie MünchKommAktG/*Bayer* Rdnr. 49; *Henze* Konzernrecht Tz. 93 (S. 33); MünchHdb. AG/*Krieger* § 68 Rdnr. 125; *Windbichler* in GroßkommAktG Rdnr. 70; differenzierend *Hüffer* Rdnr. 11.

[105] S. Rdnr. 50 ff.; ebenso ausdrücklich die Begr. zum RegE des 3. Finanzmarktförderungsgesetzes,

BT-Drucks. 13 (1997)/8933, S. 95, 147; *Arends* Offenlegung S. 21 f.; MünchKommAktG/*Bayer* Rdnr. 51 ff.; *Hüffer* Rdnr. 12; MünchHdb. AG/*Krieger* § 68 Rdnr. 128 ff.; *Windbichler* in GroßkommAktG Rdnr. 72.

[106] Begr. (vorige Fn.); MünchKommAktG/*Bayer* Rdnr. 86; *Koppensteiner* in Kölner Kommentar Rdnr. 42 f., 46.

[107] LG Hamburg AG 2002, 525, 526 f. „Pinguin Haustechnik"; MünchKommAktG/*Bayer* Rdnr. 87; *Hüffer* Rdnr. 12; MünchHdb. AG/*Krieger* § 68 Rdnr. 127; *Windbichler* in GroßkommAktG Rdnr. 71 ff.

genommen, durch eine entsprechende Änderung der §§ 20 Abs. 7 S. 1 und 21 Abs. 4 S. 1 klarzustellen, daß der Verstoß gegen die Mitteilungspflicht grundsätzlich „zu einem endgültigen Rechtsverlust führt",[108] sofern nicht die Ausnahme für Ansprüche nach den §§ 58 Abs. 4 und 271 eingreift (§§ 20 Abs. 7 S. 2 und 21 Abs. 4 S. 2).

Der „endgültige Rechtsverlust" (Rdnr. 48) besteht nach § 20 Abs. 7 S. 1 nur „für die **49** Zeit, für die das Unternehmen die Mitteilungspflicht nicht erfüllt", so daß bei einer *rechtzeitigen* Nachholung der Mitteilung die Rechte erhalten bleiben. Außerdem kommt es gemäß § 20 Abs. 7 S. 2 in den Fällen des § 58 Abs. 4 und des § 271 nicht zu einem Erlöschen der Rechte, wenn die Mitteilung höchstens fahrlässig unterlassen wurde und rechtzeitig nachgeholt wird (Rdnr. 50 ff.).

5. Einzelfälle. a) Stimmrecht. Die Regelung der §§ 20 Abs. 7 und 21 Abs. 4 bedeutet **50** für das Stimmrecht in der Hauptversammlung, daß die Aktien des betreffenden Aktionärs und der anderen betroffenen Personen (Rdnr. 43 f.) bei der Berechnung der Kapital- und Stimmenmehrheit nicht mitgerechnet werden dürfen; kommt es auf das bei der Abstimmung vertretene Grundkapital an, so ist es so anzusehen, als ob die fraglichen Anteile nicht vertreten wären.[109]

Stimmt der Aktionär gleichwohl ab, so ist der Beschluß nicht etwa nichtig (§ 241 Nr. 3), **51** sondern nur *anfechtbar* (§ 243 Abs. 1), vorausgesetzt, daß er auf den entgegen § 20 Abs. 7 S. 1 abgegebenen Stimmen beruht.[110] Hieran ändert auch eine etwaige spätere Nachholung der Mitteilung nichts, da das Stimmrecht ebenso wie zB das *Auskunftsrecht* immer nur in einer bestimmten Hauptversammlung ausgeübt werden kann und mit deren Ende erlischt.[111] Ebenso zu behandeln wie das Stimmrecht sind ferner der Antrag auf Einberufung der Hauptversammlung (§ 122)[112] sowie das *Anfechtungsrecht* nach § 245 Nrn. 1 bis 3, wobei Stichtag im Falle des § 245 Nr. 3 der Ablauf der Anfechtungsfrist (§ 246) ist.[113]

b) Dividendenanspruch. Seit Inkrafttreten des AktG im Jahre 1966 wurde die Frage **52** diskutiert, welche Konsequenzen sich aus dem früheren Ausübungsverbot des § 20 Abs. 7 für den Dividendenanspruch der Aktionäre (§ 58 Abs. 4) ergeben. Es ging dabei vor allem um die Frage, ob der Anspruch bei einer Verletzung der Mitteilungspflicht lediglich ruht, so daß er bei einer Nachholung der Mitteilung wiederauflebt, oder ob der Anspruch in diesem Fall endgültig erlischt.[114] Um diese Zweifel zu beheben, bestimmt jetzt das Gesetz in § 20 Abs. 7 S. 2 idF von 1998 ausdrücklich, daß die Regelung des § 20 Abs. 7 S. 1, d. h. das Erlöschen der Rechte aus Aktien im Falle eines Verstoßes gegen die Mitteilungspflichten nach § 20 Abs. 1 oder Abs. 4, *nicht* für den Dividendenanspruch gilt, sofern die Mitteilung nicht vorsätzlich, sondern höchstens fahrlässig unterlassen wurde *und* außerdem (rechtzeitig) nachgeholt wurde.[115] Dies bedeutet im einzelnen:

Auszugehen ist davon, daß nach den §§ 58 Abs. 4 und 174 der Dividendenanspruch der **53** Gesellschafter als selbständiges Forderungsrecht (erst) mit der Fassung des Gewinnverwen-

---

[108] So wörtlich die Begr. zum 3. Finanzmarktförderungsgesetz, BT-Drucks. 13/8933, S. 96 (l. Sp. o.), 147.

[109] *Burgard* Offenlegung S. 58; MünchKommAktG/*Bayer* Rdnr. 53; *Hüffer* Rdnr. 14; *Koppensteiner* in Kölner Kommentar Rdnr. 44; MünchHdb. AG/*Krieger* § 68 Rdnr. 129; *Windbichler* in GroßkommAktG Rdnr. 73.

[110] KG AG 1999, 126; AG 2000, 227 = NZG 2000, 42; LG Hannover AG 1993, 187, 188; LG Oldenburg AG 1994, 137; LG Berlin AG 1998, 195; LG Hamburg AG 2002, 525, 526 f.; MünchKommAktG/*Bayer* Rdnr. 55 ff.; *Burgard* Offenlegung S. 59; *Hägele* NZG 2000, 726, 727; *Hüffer* Rdnr. 17; *ders.,* FS für Boujong, S. 277, 295; *Windbichler* in GroßkommAktG Rdnr. 84; anders (Nichtigkeit) *Geßler* BB 1980, 217, 219; *Quack,* FS für Semler, S. 581, 589.

[111] Ebenso ausdrücklich die Begr. zum RegE des 3. Finanzmarktförderungsgesetzes, BT-Drucks. 13/8933, S. 96 (l. Sp. o.), 147

[112] KG AG 1980, 78; LG Berlin AG 1979, 109 = WM 1978, 1086.

[113] *Hüffer* Rdnr. 14.

[114] S. zu der früheren Kontroverse insbes. *Burgard* Offenlegung S. 60 f.; *Hüffer,* FS für Boujong, S. 277, 290 ff.; *Koppensteiner,* FS für Rowedder, S. 213, 225.

[115] S. MünchKommAktG/*Bayer* Rdnr. 70 ff.; *Hüffer* Rdnr. 15 f.; MünchHdb. AG/*Krieger* § 68 Rdnr. 130 f. (S. 940 f.); *Windbichler* in GroßkommAktG Rdnr. 74 ff.

dungsbeschlusses durch die Hauptversammlung entsteht.[116] Der maßgebliche *Zeitpunkt*, bis zu dem der Aktionär (spätestens) seiner Mitteilungspflicht aufgrund des § 20 Abs. 1 und Abs. 4 nachgekommen sein muß, um seinen Dividendenanspruch zu erhalten, ist folglich der der Fassung des Gewinnverwendungsbeschlusses in der Hauptversammlung. Wird die Mitteilung bis zu diesem Zeitpunkt, notfalls noch in der Hauptversammlung gegenüber dem Vorstand (s. § 78 Abs. 1), abgegeben, so bleibt die vorausgegangene Verletzung der Mitteilungspflicht ohne Einfluß auf den mit der Fassung des Gewinnverwendungsbeschlusses entstehenden Dividendenanspruch des Aktionärs. Mit § 20 Abs. 7 hat dies nichts zu tun. Die Verzögerung der Mitteilung entgegen § 20 Abs. 1 und Abs. 4 kann in diesem Fall nur noch andere Rechtsfolgen, namentlich in Gestalt von Schadensersatzansprüchen, auslösen (Rdnr. 64 f.).

54   Anders ist die Rechtslage dagegen zu beurteilen, wenn der Aktionär bis zur Fassung des Gewinnverwendungsbeschlusses (nach anderen bis zum Ende der Hauptversammlung) seiner Mitteilungspflicht *nicht* nachgekommen ist. Für diesen Fall bestimmt jetzt § 20 Abs. 7 S. 2 von 1998 (§ 21 Abs. 4 S. 2), daß die Sanktion des § 20 Abs. 7 S. 1 nicht für die Ansprüche des Aktionärs auf Dividenden und auf den Liquidationserlös aus den §§ 58 Abs. 4 und 271 gilt, wenn die Mitteilung nicht vorsätzlich unterlassen wurde und nachgeholt wird (ebenso § 28 S. 2 WpHG). Zweck der Regelung ist es, dem mitteilungspflichtigen Unternehmen die Möglichkeit zu erhalten, den Verlust der genannten Ansprüche zu vermeiden, indem es darlegt und notfalls beweist, daß die Mitteilung ohne Vorsatz unterblieb und (mittlerweile) nachgeholt wurde.[117] Infolgedessen muß man heute hinsichtlich der Ansprüche aus § 58 Abs. 4 und aus § 271 weiter danach unterscheiden, ob der betreffende Aktionär vorsätzlich gegen seine Mitteilungspflicht verstoßen hat oder nicht (Rdnr. 55 f.).

55   Im Falle eines *vorsätzlichen* Verstoßes des Aktionärs gegen seine Mitteilungspflicht aufgrund des § 20 Abs. 1 oder Abs. 4 findet allein *S. 1* des § 20 Abs. 7 Anwendung. Der Dividendenanspruch geht folglich unter oder genauer: kann endgültig nicht mehr entstehen und darf daher auch im Gewinnverwendungsbeschluß nicht mehr berücksichtigt werden. Geschieht dies gleichwohl, etwa, weil die Gesellschaft zunächst keine Kenntnis von dem (vorsätzlichen) Verstoß des Aktionärs gegen seine Mitteilungspflicht aus § 20 Abs. 1 oder Abs. 4 hatte, so darf der Betrag jedenfalls nicht ausgeschüttet werden, so daß der Aktionär eine etwaige, zu Unrecht bezogene Dividende der Gesellschaft erstatten muß (§ 62 Abs. 1 S. 2; nach anderen gem. § 812 Abs. 1 BGB).[118]

56   In diesem Fall (Rdnr. 55) bedarf außerdem noch der Klärung, was mit den fraglichen (von vornherein nicht ausgeschütteten oder anschließend erstatteten) Gewinnanteilen zu geschehen hat, die auf den Aktienbesitz entfallen, der entgegen § 20 vorsätzlich nicht mitgeteilt wurde (Rdnr. 55). Früher wurde zum Teil angenommen, daß sich der Gewinn, der unter die übrigen Aktionäre zu verteilen ist, um diese Beträge erhöhe, während andere dafür eintraten, die fraglichen Beträge als außerordentlichen Ertrag der Gesellschaft zu verbuchen, so daß sie in den nächsten Jahresüberschuß eingehen.[119] Die Diskussion ist heute im wesentlich erledigt, nachdem sich mittlerweile die zuletzt genannte Meinung nahezu allgemein durchgesetzt hat, weil nur auf ihrer Basis die Regelung des § 20 Abs. 7 S. 2 überhaupt praktikabel erscheint.[120]

57   Wenn dagegen dem (beweispflichtigen) Aktionär der Nachweis gelingt, daß er, zB infolge eines Rechtsirrtums (Rdnr. 46), *nicht vorsätzlich*, sondern höchstens fahrlässig gegen seine Mitteilungspflicht aufgrund des § 20 Abs. 1 oder Abs. 4 verstoßen hat, findet seit 1998 die

---

[116] Vgl. auch § 29 GmbHG und dazu ausführlich Scholz/*Emmerich* GmbHG § 29 Rdnr. 58 ff.

[117] S. die Begr. zum RegE des 3. Finanzmarktförderungsgesetzes, BT-Drucks. 13 (1997)/8933, S. 95 f., 147.

[118] MünchKommAktG/*Bayer* Rdnr. 131; MünchHdb. AG/*Krieger* in § 68 Rdnr. 76.

[119] *Geßler* BB 1980, 217, 219 f.; *Hüffer*, FS für Boujong, S. 277, 291; anders *Koppensteiner* in Kölner Kommentar Rdnr. 49.

[120] S. MünchKommAktG/*Bayer* Rdnr. 74; *Hüffer* Rdnr. 15 a; MünchHdb. AG/*Krieger* § 68 Rdnr. 131; anders *Raiser* Kapitalgesellschaften § 52 Rdnr. 12 (S. 835 f.); s. im einzelnen *Gelhausen/Bandey* Wpg 2000, 497.

besondere Regelung des § 20 Abs. 7 S. *2* Anwendung, nach der es nicht zu einem endgültigen Erlöschen des Dividendenanspruchs infolge der Verletzung der Mitteilungspflicht
kommt, vorausgesetzt, daß die (höchstens fahrlässig unterlassene) *Mitteilung* nach Erkenntnis
der Rechtslage unverzüglich, d. h. ohne schuldhaftes Zögern (§ 20 Abs. 1 S. 1 und Abs. 4
iVm. §§ 121, 276 BGB; s. Rdnr. 46), *nachgeholt* wird; in diesem Fall *ruht* der Dividendenanspruch folglich nur bis zur Nachholung der Mitteilung. Dies gilt so lange, bis der Anspruch
auf die Dividende verjährt ist.[121] Tatsächlich dürfte jedoch in der Regel eine Nachholung
der Mitteilung wegen des Erfordernisses der Unverzüglichkeit der Mitteilung, das auch hier
(erst recht) gilt (§ 20 Abs. 1 S. 1 und Abs. 4), nur in kurzen Fristen ernsthaft in Betracht
kommen.[122] In der Zwischenzeit dürften die fraglichen Beträge als sonstige Verbindlichkeiten zu verbuchen sein; eine Einstellung in die sonstigen Erträge (Rdnr. 56) kommt nur
in Betracht, wenn der endgültige Verfall der Beträge nach § 20 Abs. 7 S. 1 feststeht, eine
Voraussetzung, die – aus der Sicht der Gesellschaft – nur selten erfüllt sein dürfte.[123]

c) Anspruch auf den Liquidationserlös. Ebenso umstritten wie die Behandlung des **58**
Dividendenanspruchs (Rdnr. 52–57) war früher die des Anspruchs auf den Liquidationserlös
(§ 271). Mit der Begründung, daß dieser Anspruch an die Stelle der Substanz des Rechts
trete, wurde vielfach die Auffassung vertreten, auf ihn passe nach ihrem Sinn und Zweck die
ganze Regelung des § 20 Abs. 7 S. 1 von vornherein nicht.[124] Diese Auffassung läßt sich
nach der Einfügung des S. 2 in § 20 Abs. 7 im Jahre 1998 nicht mehr halten.[125] Denn
danach gilt jetzt ausdrücklich das für den Dividendenanspruch Gesagte (Rdnr. 52–57) auch
für den Anspruch des Aktionärs aus § 271 auf den Liquidationserlös.

Unklar ist hier vor allem, auf welchen *Zeitpunkt* abzustellen ist, bis zu dem (spätestens) die **59**
Mitteilung nach § 20 Abs. 1 oder Abs. 4 zu erfolgen hat, wenn der Anspruch auf den
Liquidationserlös erhalten bleiben soll. In Betracht kommen der Zeitpunkt der Auflösung
nach § 262 Abs. 2[126] oder der der Aufstellung der Schlußbilanz durch den Vorstand zusammen mit dem Verteilungsplan.[127] Aus praktischen Gründen dürfte hier der zuerst genannte
Zeitpunkt vorzuziehen sein, da der zweite (Aufstellung der Schlußbilanz) den Aktionären
unbekannt ist.

d) Bezugsrecht. Die Regelung des § 20 Abs. 7 S. 1 gilt auch für das Bezugsrecht der **60**
Aktionäre bei Kapitalerhöhungen *gegen Einlagen* (§ 186 Abs. 1). Dies wird zwar neuerdings
gelegentlich mit der Begründung bestritten, das Bezugsrecht diene in erster Linie dem
Schutz der Aktionäre gegen eine Verwässerung ihrer Beteiligung und damit der (nicht unter
§ 20 Abs. 7 fallenden) Substanzerhaltung.[128] Dem ist indessen ebensowenig wie hinsichtlich
des Liquidationserlöses zu folgen, wie § 20 Abs. 7 S. 2 seit 1998 klarstellt.[129] Maßgebender
Zeitpunkt, bis zu dem spätestens die Mitteilungspflicht des Aktionärs aus § 20 Abs. 1 oder
Abs. 4 erfüllt sein muß, ist folglich der der Fassung des Kapitalerhöhungsbeschlusses durch
die Hauptversammlung (§§ 20 Abs. 7 S. 1, 21 Abs. 4, 182).[130] Wird die Mitteilungspflicht
bis dahin vom Aktionär nicht erfüllt, so erlischt das Bezugsrecht *endgültig*, weil § 20 Abs. 7
S. 2 für diesen Fall keine Nachholungsmöglichkeit eröffnet. Im Falle eines *mittelbaren* Bezugsrechts nach § 186 Abs. 5 ist die Regelung nach ihrem Sinn und Zweck entsprechend
anzuwenden.[131]

---

[121] *Heinsius*, FS für Fischer, S. 215, 224 ff.

[122] S. im einzelnen MünchKommAktG/*Bayer*
Rdnr. 81–84.

[123] Ebenso wohl MünchKommAktG/*Bayer*
Rdnr. 74 f.; *Hüffer* Rdnr. 15 a; MünchHdb. AG/
Krieger § 68 Rdnr. 130 f.; *Windbichler* in Groß-
kommAktG Rdnr. 76 f.

[124] *Hüffer*, FS für Boujong, S. 277, 285 ff., 288;
Koppensteiner in Kölner Kommentar Rdnr. 50.

[125] Zustimmend MünchKommAktG/*Bayer*
Rdnr. 77; kritisch *Hüffer* Rdnr. 13; MünchHdb.
AG/*Krieger* § 68 Rdnr. 132; *Windbichler* in Groß-
kommAktG Rdnr. 83.

[126] So *Krieger* (vorige Fn.).

[127] So wohl *Windbichler* in GroßkommAktG
Rdnr. 83; s. dazu *Hüffer* § 271 Rdnr. 3.

[128] MünchHdb. AG/*Krieger* § 68 Rdnr. 133
(S. 942).

[129] S. Rdnr. 58 f.; BGHZ 114, 203, 208, 215 =
NJW 1991, 2765 = AG 1991, 270; *Henze* Konzernrecht Tz. 90 f. (S. 32 f.); *Hüffer* Rdnr. 16; zur Kapitalerhöhung aus Gesellschaftsmitteln s. noch
Rdnr. 63.

[130] *Hüffer* Rdnr. 16.

[131] *Henze* Konzernrecht Tz. 90 f. (S. 32 f.).

61 Der Klärung bedarf zunächst die Frage, was mit den Aktien zu geschehen hat, die an sich dem mit seinem Bezugsrecht nach § 20 Abs. 7 S. 1 ausgeschlossenen Aktionär zustehen. Zum Teil wird angenommen, diese Aktien gebührten jetzt den anderen Aktionären, so daß sich deren Bezugsquote entsprechend erhöhe. Für diese Annahme bietet das Gesetz jedoch keine Grundlage; deshalb ist anzunehmen, daß die jungen Aktien der Gesellschaft zufallen und von ihr unter Berücksichtigung des § 53 a verwertet werden dürfen.[132]

62 Unklar ist weiter, was mit Aktien zu geschehen hat, die ein Aktionär unter Verstoß gegen § 20 Abs. 7 S. 1 und damit zu Unrecht bezogen hat. Überwiegend wurde bisher angenommen, diese Aktien müßten der Gesellschaft nach § 812 Abs. 1 S. 1 BGB zur Verwertung zurückgewährt werden. In jüngster Zeit setzt sich dagegen zunehmend die Auffassung durch, es reiche als Sanktion für die Verletzung der Mitteilungspflicht eines Aktionärs aus § 20 Abs. 1 oder Abs. 4 aus, wenn der Aktionär verpflichtet werde, der Gesellschaft den Gegenwert des Bezugsrechts zu vergüten.[133]

63 Dieselben Regeln sind bei der Ausgabe von *Wandelschuldverschreibungen*, Gewinnschuldverschreibungen und Genußrechten anzuwenden, weil auch insoweit den Aktionären nach § 221 Abs. 4 ein Bezugsrecht zusteht.[134] Hingegen wird ihre Übertragbarkeit auf den Fall der *Kapitalerhöhung aus Gesellschaftsmitteln* (§§ 207 ff.) häufig bestritten, zum Teil unter Berufung auf den Grundgedanken des § 215 Abs. 1, überwiegend jedoch mit der Begründung, daß es sich hier um einen Aspekt der von § 20 Abs. 7 nicht tangierten Substanzerhaltung handele.[135] Im Interesse einer effektiven Durchsetzung der Mitteilungspflichten sollte jedoch § 20 Abs. 7 S. 1 auch auf Kapitalerhöhungen aus Gesellschaftsmitteln erstreckt werden.[136]

64 **6. Schadensersatzansprüche.** Noch wenig geklärt ist die Frage, ob an die Verletzung von Mitteilungspflichten aufgrund des § 20 Abs. 1 sowie Abs. 3 bis 5, an die Verletzung der Bekanntmachungspflicht der Gesellschaft aus § 20 Abs. 6 sowie an die Ausübung von Aktionärsrechten entgegen § 20 Abs. 7 S. 1 Schadensersatzpflichten geknüpft werden können. Die Frage ist grundsätzlich zu bejahen, da nichts hindert, die genannten Vorschriften als **Schutzgesetze** iSd. § 823 Abs. 2 BGB einzustufen.[137] § 20 Abs. 7 kann wohl nicht als abschließende Regelung der Sanktionen für Verstöße gegen Mitteilungspflichten qualifiziert werden.

65 *Geschützt* ist im Falle des § 20 Abs. 1 und Abs. 3 bis 5 in erster Linie die Gesellschaft, der gegenüber die Mitteilungspflicht besteht, während die Bekanntmachungspflicht aufgrund des § 20 Abs. 6 vor allem den Schutz der übrigen Aktionäre bezweckt. Im Falle eines Verstoßes gegen § 20 Abs. 7 S. 1 kommen ebenfalls Ersatzansprüche der Gesellschaft sowie der anderen Aktionäre in Betracht. Von Fall zu Fall können sich daneben auch noch der Vorstand und der Aufsichtsrat der mitteilungspflichtigen Gesellschaft sowie derjenigen Gesellschaft, der gegenüber die Mitteilungspflicht besteht, nach den §§ 93 und 116 ersatzpflichtig machen, wenn sie bei der Prüfung der Mitteilungspflicht nicht die Sorgfalt eines ordentlichen und gewissenhaften Geschäftsleiters angewandt haben und es deshalb zB zu vertreten haben, daß ein Aktionär von dem Ausübungsverbot des § 20 Abs. 7 betroffen wird.

---

[132] S. MünchKommAktG/*Bayer* Rdnr. 64; *Geßler* BB 1980, 217, 220; *Hüffer* Rdnr. 16; *ders.*, FS für Boujong, S. 277, 292 ff.; *Koppensteiner* in Kölner Kommentar Rdnr. 45, 55; MünchHdb. AG/*Krieger* § 68 Rdnr. 133; *Quack*, FS für Semler, S. 581, 590; offengelassen in BGHZ 114, 203, 218 = NJW 1991, 2765 = LM AktG § 20 Nr. 1 = AG 1991, 270.
[133] MünchKommAktG/*Bayer* Rdnr. 66; *Hüffer* Rdnr. 16; MünchHdb. AG/*Krieger* § 68 Rdnr. 133 (Abs. 4); wieder anders *Windbichler* in Großkomm-AktG Rdnr. 86.

[134] *Windbichler* in GroßkommAktG Rdnr. 81.
[135] *Hüffer* Rdnr. 16; *Windbichler* in Großkomm-AktG Rdnr. 81.
[136] Ebenso MünchKommAktG/*Bayer* Rdnr. 67; s. Rdnr. 58.
[137] S. schon Rdnr. 36, 41; MünchKommAktG/ *Bayer* Rdnr. 85 ff.; MünchHdb. AG/*Krieger* § 68 Rdnr. 134; *Witt* Übernahmen S. 192 f.; enger *Windbichler* in GroßkommAktG Rdnr. 88 ff.

§ 21 Mitteilungspflichten der Gesellschaft

(1) Sobald der Gesellschaft mehr als der vierte Teil der Anteile einer anderen Kapitalgesellschaft mit Sitz im Inland gehört, hat sie dies dem Unternehmen, an dem die Beteiligung besteht, unverzüglich schriftlich mitzuteilen. Für die Feststellung, ob der Gesellschaft mehr als der vierte Teil der Anteile gehört, gilt § 16 Abs. 2 Satz 1, Abs. 4 sinngemäß.

(2) Sobald der Gesellschaft eine Mehrheitsbeteiligung (§ 16 Abs. 1) an einem anderen Unternehmen gehört, hat sie dies dem Unternehmen, an dem die Mehrheitsbeteiligung besteht, unverzüglich schriftlich mitzuteilen.

(3) Besteht die Beteiligung in der nach Absatz 1 oder 2 mitteilungspflichtigen Höhe nicht mehr, hat die Gesellschaft dies dem anderen Unternehmen unverzüglich schriftlich mitzuteilen.

(4) Rechte aus Anteilen, die einer nach Absatz 1 oder 2 mitteilungspflichtigen Gesellschaft gehören, bestehen nicht für die Zeit, für die sie die Mitteilungspflicht nicht erfüllt. § 20 Abs. 7 Satz 2 gilt entsprechend.

(5) Die Absätze 1 bis 4 gelten nicht für Aktien einer börsennotierten Gesellschaft im Sinne des § 21 Abs. 2 des Wertpapierhandelsgesetzes.

Schrifttum: S. bei § 20 sowie *Bungert,* Mitteilungspflichten gemäß § 21 II AktG gegenüber Beteiligungsunternehmen mit Auslandssitz?, NZG 1999, 757; *Hägele,* Praxisrelevante Probleme der Mitteilungspflichten, NZG 2000, 726; MünchHdb. AG/*Krieger* § 68 Rdnr. 135–139 (S. 943 f.).

I. Überblick

§ 21 ergänzt die Vorschrift des § 20 für Mitteilungspflichten einer AG oder KGaA (s. **1** § 278 Abs. 3) hinsichtlich sogenannter Schachtelbeteiligungen an anderen inländischen Kapitalgesellschaften (§ 21 Abs. 1), für Mehrheitsbeteiligungen an Unternehmen beliebiger Rechtsform (§ 21 Abs. 2) sowie für die Beendigung solcher Beteiligungen (§ 21 Abs. 3). Ausgenommen sind aufgrund des 3. Finanzmarktförderungsgesetzes von 1998 lediglich Beteiligungen einer AG oder KGaA an börsennotierten Gesellschaften iSd. § 21 Abs. 2 WpHG, um Überschneidungen mit den Mitteilungspflichten nach dem WpHG zu vermeiden. § 21 Abs. 2 WpHG gilt jetzt in der Fassung von Art. 2 Nr. 1 des Gesetzes zur Regelung von öffentlichen Angeboten zum Erwerb von Wertpapieren und von Unternehmensübernahmen vom 20. Dezember 2001.[1]

§ 21 entspricht im wesentlichen „spiegelbildlich" dem § 20: Während sich die zuletzt **2** genannte Vorschrift auf die Mitteilung von Beteiligungen beliebiger in- oder ausländischer Unternehmen *an* inländischen Aktiengesellschaften und KGaA bezieht, regelt § 21 den „umgekehrten" Fall, d.h. die Mitteilung von Beteiligungen *einer AG* oder KGaA an inländischen Kapitalgesellschaften (§ 21 Abs. 1) und sonstigen Unternehmen (§ 21 Abs. 2).

Die mit den beiden Vorschriften der §§ 20 und 21 verfolgten *Zwecke* sind identisch.[2] **3** Ebenso wie bei § 20 geht es folglich bei § 21 gleichermaßen um die Offenlegung der Beteiligungsverhältnisse wie um die Förderung der Rechtssicherheit (s. § 20 Rdnr. 2). *Abs. 1* des § 21 steht dabei in einem besonders engen Zusammenhang mit den §§ 19, 20 Abs. 3 und 328, während *Abs. 2* der Vorschrift vor allem bezweckt, einen Beitrag zur Ermittlung von Mehrheits- und Abhängigkeitsverhältnissen zu leisten (s. §§ 16, 17 Abs. 2 und 20 Abs. 4). Die Regelung der §§ 20 und 21 deckt sich jedoch nicht völlig. Sie unterscheidet sich vor allem dadurch, daß in § 21 eine dem § 20 Abs. 2 entsprechende Zurechnungsvorschrift fehlt und daß hier außerdem – abweichend von § 20 Abs. 6 – von

---

[1] BGBl. 2001 I S. 3822; s. dazu § 20 Rdnr. 3 f.
[2] S. die Begr. zum RegE bei *Kropff* AktG S. 38; MünchKommAktG/*Bayer* Rdnr. 1; *Hüffer* Rdnr. 1;

MünchHdb. AG/*Krieger* § 68 Rdnr. 135; *Windbichler* in GroßkommAktG Rdnr. 1, zum Teil mit unterschiedlicher Akzentsetzung.

einer Bekanntmachung der mitgeteilten Beteiligungen abgesehen wurde, dies wohl deshalb, weil es dem AktG nur um den Schutz von Aktiengesellschaften (§ 20 Abs. 6) und nicht auch um den von Unternehmen anderer Rechtsform geht (§ 21).

4   Im Falle der häufigen Beteiligung einer AG oder KGaA an einer anderen AG oder KGaA treffen die **§§ 20 und 21** zusammen. In diesem Fall wird meistens dem strengeren § 20 der Vorrang vor § 21 zugebilligt.[3] Daraus folgt zugleich, daß in jedem Fall bei Mitteilung einer Beteiligung klargestellt werden muß, ob die Mitteilung nach § 20 oder nach § 21 erfolgt.[4] Probleme ergeben sich daraus nicht, weil eine Mitteilung über die Beteiligung einer AG (oder KGaA) an einer anderen AG oder KGaA nach § 21 Abs. 1 oder 2 stets zugleich eine solche nach § 20 Abs. 1 und 3 sowie nach § 20 Abs. 4 enthält, woraus sich dann unmittelbar auch die Bekanntmachungspflicht des § 20 Abs. 6 ergibt.

II. § 21 Abs. 1

5   § 21 Abs. 1 begründet zunächst die Mitteilungspflicht einer AG oder KGaA, sofern ihr mehr als der vierte Teil der Anteile an einer anderen **Kapitalgesellschaft** mit Sitz im *Inland* gehört, vorausgesetzt, daß es sich bei der letzteren nicht um eine börsennotierte Gesellschaft iSd. § 21 Abs. 2 WpHG nF handelt (§ 21 Abs. 5). Unter Kapitalgesellschaften sind dabei allein die AG, die KGaA und die GmbH zu verstehen (s. § 3 Abs. 1 Nr. 2 UmwG). Es muß sich außerdem um Gesellschaften mit Sitz im Inland handeln, worunter hier schon aus praktischen Gründen der Satzungssitz zu verstehen ist.[5] Nach überwiegender Meinung gilt dasselbe für die mitteilungspflichtige Gesellschaft; d.h. auch sie muß ihren Sitz im Inland haben.[6] Maßgebend für diese Annahme ist vor allem der Zusammenhang des § 21 Abs. 1 mit § 19 Abs. 1, dessen Anwendungsbereich sich gleichfalls auf Kapitalgesellschaften mit Sitz im Inland beschränkt (s. Rdnr. 3).

6   Die Vorschrift des § 21 Abs. 1 entspricht im wesentlichen dem § 20 Abs. 3 (s. deshalb § 20 Rdnr. 25 ff.). Ebenso wie dort werden nur *Kapitalanteile* erfaßt. Die Berechnung richtet sich nach § 16 Abs. 2 S. 1 und § 16 Abs. 4 (§ 21 Abs. 1 S. 2), so daß die Anteile von herrschenden und abhängigen Gesellschaften zusammenzurechnen sind. Kein Raum ist hier dagegen für eine Zurechnung nach § 20 Abs. 2.

7   Die Mitteilung muß ebenso wie nach § 20 in allen drei Fällen des § 21 *unverzüglich und schriftlich* erfolgen (s. § 20 Rdnr. 30 ff.). Eine Anmeldung der Beteiligung nach § 16 Abs. 1 GmbHG ersetzt die Mitteilung nach § 21 nicht.[7]

III. § 21 Abs. 2

8   Nach § 21 Abs. 2 besteht eine Mitteilungspflicht außerdem, wenn einer Gesellschaft, d.h. einer AG oder KGaA, eine Mehrheitsbeteiligung iSd. § 16 an einem anderen *Unternehmen* gehört. Zu beachten ist, daß sich Abs. 2 des § 21 anders als Abs. 1 der Vorschrift nicht nur auf Beteiligungen an Kapitalgesellschaften (Rdnr. 5), sondern an Unternehmen beliebiger Rechtsform bezieht, so daß hier auch Mehrheitsbeteiligungen an Personengesellschaften erfaßt werden. Bei der mitteilungspflichtigen Gesellschaft (AG oder KGaA) muß es sich jedoch, wie aus dem Zusammenhang mit § 21 Abs. 1 folgt, um eine solche mit Sitz im Inland handeln (s. Rdnr. 5). Dasselbe wird überwiegend für das Beteiligungsunternehmen, d. h. das Unternehmen, an dem die Mehrheitsbeteiligung besteht, angenommen, wofür vor allem die Überlegung maßgebend ist, daß der Schutz ausländischer Unternehmen nicht Aufgabe des deutschen AktG ist.[8] Für die Richtigkeit dieser Meinung spricht, daß die

---

[3] S. § 20 Rdnr. 1; *Hägele* NZG 2000, 726 f.; *Witt* Übernahmen S. 193.

[4] *Hägele* NZG 2000, 726 f.

[5] *Bungert* NZG 1999, 757, 760.

[6] *Hüffer* Rdnr. 2; MünchHdb. AG/*Krieger* § 68 Rdnr. 136; *Windbichler* in GroßkommAktG Rdnr. 6.

[7] *Hägele* NZG 2000, 726, 728 f.

[8] MünchKommAktG/*Bayer* Rdnr. 3; *Bungert* NZG 1999, 757, 758 f.; *Hüffer* Rdnr. 3; MünchHdb. AG/*Krieger* in Rdnr. 136; anders *Koppensteiner* in Kölner Kommentar Rdnr. 3; *Windbichler* in GroßkommAktG Rdnr. 9.

Erfüllung einer Pflicht zur Mitteilung von Mehrheitsbeteiligungen an ausländischen Unternehmen kaum kontrollierbar wäre. Im übrigen entspricht § 21 Abs. 2 im wesentlichen dem § 20 Abs. 4.[9]

IV. § 21 Abs. 3

Mitteilungspflichtig ist nach § 21 Abs. 3 ferner die *Beendigung* einer Beteiligung iSd. **9** § 21 Abs. 1 oder 2, d. h. einer Schachtelbeteiligung an einer inländischen Kapitalgesellschaft oder einer Mehrheitsbeteiligung an einem Unternehmen beliebiger Rechtsform mit Sitz im Inland (Rdnr. 5 und 8). § 21 Abs. 3 entspricht dem § 20 Abs. 5 (s. deshalb § 20 Rdnr. 29). Bei einem Verstoß gegen diese Mitteilungspflicht bestehen jedoch keine besonderen Sanktionen (s. § 21 Abs. 4 und dazu Rdnr. 10). In Betracht kommen lediglich Schadensersatzpflichten nach den §§ 93 und 116 AktG oder nach § 823 Abs. 2 BGB (s. § 20 Rdnr. 64 f.).

V. § 21 Abs. 4

Nach § 21 Abs. 4 S. 1 bestehen Rechte aus Anteilen, die einer nach § 21 Abs. 1 oder **10** Abs. 2 mitteilungspflichtigen AG oder KGaA gehören, nicht für die Zeit, für die diese Gesellschaft die Mitteilungspflicht nicht erfüllt. S. 2 der Vorschrift fügt hinzu, daß § 20 Abs. 7 S. 2 entsprechend gilt. Die Sanktionen für eine Verletzung der Mitteilungspflichten aus § 21 Abs. 1 und Abs. 2 entsprechen daher denen, die sich bei einer Verletzung der Mitteilungspflichten aufgrund des § 20 Abs. 1 und Abs. 4 aus § 20 Abs. 7 ergeben.[10] Daraus wird überwiegend der Schluß gezogen, daß die Sanktionen ebenso wie in § 20 Abs. 7 S. 1 nicht nur die mitteilungspflichtige Gesellschaft selbst, sondern auch von ihr abhängige Unternehmen sowie Dritte treffen, die für Rechnung dieser beiden Unternehmen handeln, obwohl das Gesetz dies hier nicht ausdrücklich sagt.[11] Zu beachten ist außerdem § 405 Abs. 3 Nr. 5.

§ 22 Nachweis mitgeteilter Beteiligungen

Ein Unternehmen, dem eine Mitteilung nach § 20 Abs. 1, 3 oder 4, § 21 Abs. 1 oder 2 gemacht worden ist, kann jederzeit verlangen, daß ihm das Bestehen der Beteiligung nachgewiesen wird.

Schrifttum: S. bei § 20 sowie *Hirte*, Nachweis mitgeteilter Beteiligungen im Wertpapierhandelsrecht, FS für Lutter, 2000, S. 1347.

I. Zweck

Nach § 22 kann ein Unternehmen, dem eine Mitteilung entweder nach § 20 Abs. 1, **1** Abs. 3 oder Abs. 4 oder nach § 21 Abs. 1 oder Abs. 2 gemacht worden ist, von demjenigen Unternehmen, von dem die Mitteilung stammt, jederzeit verlangen, daß ihm das Bestehen der Beteiligung (in beliebiger Form) nachgewiesen wird. Damit wird vor allem bezweckt, dem Beteiligungsunternehmen, also dem Unternehmen, demgegenüber die Mitteilung erfolgt ist, Klarheit über die Rechtslage zu verschaffen, weil für dieses das Bestehen einer Schachtel- oder einer Mehrheitsbeteiligung eines anderen Unternehmens mit erheblichen

---

[9] Wegen der Einzelheiten s. deshalb § 20 Rdnr. 28.
[10] Wegen der Einzelheiten s. deshalb § 20 Rdnr. 38 ff.

[11] MünchKommAktG/*Bayer* Rdnr. 6; *Hüffer* Rdnr. 4; *Koppensteiner* in Kölner Kommentar Rdnr. 5; MünchHdb. AG/*Krieger* § 68 Rdnr. 139; enger *Windbichler* in GroßkommAktG Rdnr. 12.

Konsequenzen verbunden sein kann.[1] Der Anspruch aus § 22 auf Nachweis der Beteiligung ist einklagbar; die Vollstreckung richtet sich nach § 888 ZPO.[2] Die Bekanntmachung einer mitgeteilten Beteiligung nach § 20 Abs. 6 S. 1 kann jedoch nicht von dem vorherigen Nachweis der Beteiligung abhängig gemacht werden (s. § 20 Rdnr. 35).

2   Der *Anwendungsbereich* der Vorschrift beschränkt sich auf nicht börsennotierte Gesellschaften (§§ 20 Abs. 8, 21 Abs. 5). Für börsennotierte Gesellschaften iSd. § 21 Abs. 2 WpHG nF findet sich eine entsprechende Vorschrift in § 27 WpHG. Danach muß derjenige, der eine Mitteilung nach § 21 Abs. 1 oder 1 a WpHG abgegeben hat, auf Verlangen des Bundesanstalt oder der börsennotierten Gesellschaft das Bestehen der mitgeteilten Beteiligung nachweisen.[3]

II. Voraussetzungen

3   Die Nachweispflicht *setzt* zweierlei *voraus*, zunächst eine Mitteilung aufgrund des § 20 Abs. 1, 3 oder 4 oder des § 21 Abs. 1 oder 2 und sodann ein Verlangen des Nachweises durch den Adressaten der Mitteilung (verhaltener Anspruch). Ist für den Mitteilungspflichtigen ein Dritter tätig geworden (s. § 20 Rdnr. 34), so trifft die Nachweispflicht gleichfalls den Mitteilungspflichtigen selbst, nicht etwa den Dritten.

4   Das Verlangen auf Nachweis der Richtigkeit der Mitteilung *kann* von dem Unternehmen, dem die Mitteilung gemacht wurde, *jederzeit* gestellt werden. Eine *Pflicht* der Geschäftsführung des Adressaten dazu besteht freilich nur, wenn sie Zweifel an der Richtigkeit der Mitteilung hat.[4] Eine besondere *Form* oder *Frist* ist für das Verlangen nicht vorgeschrieben. Das Verlangen auf Nachweis der Richtigkeit der Mitteilung kann auch *wiederholt* gestellt werden, wenn sich Zweifel an der Richtigkeit der Mitteilung oder der bisher erbrachten Nachweise ergeben.[5]

III. Umfang

5   Die Nachweispflicht des mitteilenden Unternehmens bezieht sich nur auf den *Bestand* einer Beteiligung von mehr als 25% oder auf den einer Mehrheitsbeteiligung iSd. § 16 Abs. 1, so daß die genaue Höhe der Beteiligung ebensowenig wie der Erwerbsgrund oder die Zusammensetzung der Beteiligung nachgewiesen zu werden brauchen. Im Falle der *Zurechnung* von Anteilen nach den §§ 20 Abs. 1 S. 2, 16 Abs. 4 und 20 Abs. 2 kann freilich auch der Nachweis für das Vorliegen der Voraussetzungen der Zurechnung gefordert werden.[6] Treuhandverhältnisse müssen gegebenenfalls durch Vorlage entsprechender Vertragsurkunden nachgewiesen werden.[7]

6   Nicht erwähnt sind in § 22 die Fälle des § 20 Abs. 5 und des § 21 Abs. 3, nach denen auch die *Beendigung* einer mitteilungspflichtigen Beteiligung mitzuteilen ist. Aus dem Umstand, daß das Beteiligungsunternehmen „jederzeit" den Nachweis des (Fort-)Bestehens der Beteiligung verlangen kann, ergibt sich jedoch, daß es bei Zweifeln am Fortbestand einer Beteiligung von mehr als 25% oder einer Mehrheitsbeteiligung, gegebenenfalls erneut, den Nachweis der Beteiligung verlangen kann.[8] Der Mitteilungspflichtige muß dann nachweisen, daß er nach wie vor über eine Beteiligung verfügt, die nach § 20 Abs. 1, 3 oder 4 oder nach § 21 Abs. 1 oder 2 eine Mitteilungspflicht ausgelöst hätte.[9]

---

[1] S. die Begr. zum RegE bei *Kropff* AktG S. 43; *Hirte*, FS für Lutter, S. 1347, 1348.

[2] MünchKommAktG/*Bayer* Rdnr. 5; *Hirte*, FS für Lutter, S. 1358 f.; *Hüffer* Rdnr. 1; *Windbichler* in GroßkommAktG Rdnr. 8.

[3] S. dazu ausführlich *Hirte*, FS für Lutter, S. 1347.

[4] *Hirte*, FS für Lutter, S. 1347, 1351.

[5] *Hirte*, FS für Lutter, S. 1352 f.

[6] MünchKommAktG/*Bayer* Rdnr. 4; *Hirte*, FS für Lutter, S. 1347, 1355.

[7] *Bayer* (vorige Fn.); *Hirte*, FS für Lutter, S. 1357.

[8] MünchKommAktG/*Bayer* Rdnr. 2; *Hirte*, FS für Lutter, S. 1347, 1355 ff.; *Hüffer* Rdnr. 2; *Windbichler* in GroßkommAktG Rdnr. 3; zweifelnd *Koppensteiner* in Kölner Kommentar Rdnr. 3.

[9] *Hirte*, FS für Lutter, S. 1347, 1351, 1356.

IV. Nachweis

Der Nachweis kann in jeder geeigneten Form geführt werden, in erster Linie also durch 7
die Vorlage der Aktien, durch Bankbescheinigungen oder Depotauszügen sowie durch die
Vorlage von Urkunden wie Gesellschaftsverträgen oder Abtretungsurkunden.[10] Die Nachweispflicht trifft aber allein das Unternehmen, das zur Mitteilung nach den §§ 20 und 21
verpflichtet ist (Rdnr. 3), im Falle einer Zurechnung nach § 16 Abs. 4 also nicht auch das
abhängige Unternehmen oder gar Dritte, die für Rechnung des mitteilungspflichtigen oder
des von ihm abhängigen Unternehmens handeln.[11]

Eine *Frist* für die Erfüllung der Nachweispflicht besteht nicht; jedoch kann das Unter- 8
nehmen, das den Nachweis der Beteiligung verlangt, für die Erfüllung dieser Pflicht eine
angemessene Frist setzen. Die *Kosten* des Nachweises muß mangels abweichender gesetzlicher Regelung derjenige tragen, den die Nachweispflicht aufgrund des § 22 trifft.[12]

---

[10] MünchKommAktG/*Bayer* Rdnr. 4; *Hirte,* FS
für Lutter, S. 1357.

[11] *Windbichler* in GroßkommAktG Rdnr. 4.
[12] *Hirte,* FS für Lutter, S. 1347, 1358.

Drittes Buch. Verbundene Unternehmen

Erster Teil. Unternehmensverträge

Erster Abschnitt. Arten von Unternehmensverträgen

Vorbemerkungen

Übersicht

I. Überblick

1   Die konzernrechtlichen Vorschriften des AktG sind im wesentlichen auf die §§ 15 bis 22 und §§ 291 bis 328 aufgeteilt, seitdem die ursprünglich im Anschluß an § 328 geregelte Konzernrechnungslegung durch das Bilanzrichtliniengesetz von 1985 ins HGB verwiesen wurde (s. jetzt §§ 290 ff. HGB); geblieben ist lediglich die Vorschrift des § 337 über die Pflicht des Vorstandes zur Vorlage des Konzernabschlusses, des Konzernlageberichts und des Prüfungsberichts an Aufsichtsrat und Hauptversammlung.

2   Den §§ 291 bis 328 liegt zwar nicht äußerlich, wohl aber der Sache nach eine klare Gliederung in allgemeine Vorschriften über Unternehmensverträge (§§ 291 bis 299), in Vorschriften über Vertragskonzerne (§§ 300 bis 310), über Abhängigkeitsverhältnisse und faktische Konzerne (§§ 311 bis 318) sowie über die Eingliederung (§§ 319 bis 327) zugrunde. Hinzu gekommen sind im Jahre 2001 die neuen Vorschriften der §§ 327 a bis 327 f über den Ausschluß von Minderheitsaktionären (neudeutsch: squeeze-out) als Alternative zur Eingliederung.[1] Angehängt ist schließlich noch in § 328 eine eigenartige Sonderregelung für einfache wechselseitige Beteiligungen in Ergänzung zu § 19.

3   Die hier zunächst allein interessierenden allgemeinen Vorschriften über Unternehmensverträge (§§ 291 bis 299) haben durch das Umwandlungsrechtbereinigungsgesetz von 1994, durch das die §§ 293 a bis 293 g in das Gesetz eingefügt wurden, eine erhebliche Ausweitung erfahren. Vorangestellt ist in den §§ 291 und 292 eine Definition der Unternehmensverträge, wobei das Gesetz vor allem deutlich zwischen dem Beherrschungsvertrag (§ 291 Abs. 1 S. 1) und den anderen Unternehmensverträgen des § 292 unterscheidet. Der zusätzlich in § 291 Abs. 1 S. 1 geregelte Gewinnabführungsvertrag hat als Grundlage der körperschaftsteuerlichen Organschaft (§ 14 KStG) in erster Linie steuerrechtliche Relevanz. Der schließlich noch in § 291 Abs. 1 S. 2 erwähnte Geschäftsführungsvertrag ist ohne praktische Bedeutung geblieben. Während der Beherrschungsvertrag als Grundlage des Vertragskonzerns – neben der Eingliederung – primär konzernrechtliche Relevanz hat, sieht das Gesetz im Gegensatz dazu in den anderen Unternehmensverträgen des § 292 grundsätzlich normale schuldrechtliche Austauschverträge, deren Abschluß daher nur mit geringfügigen Schutzvorkehrungen zugunsten der Gesellschaft, ihrer Gesellschafter und ihrer Gläubiger verbunden wurde (s. insbesondere §§ 300 Nr. 2 und 302 Abs. 2).

---

[1] Art. 7 des Gesetzes zur Regelung von öffentlichen Angeboten zum Erwerb von Wertpapieren und von Unternehmensübernahmen vom 20. Dezember 2001, BGBl. I S. 3822, 3838.

II. Altverträge

Die Vorschriften über Unternehmensverträge (§§ 291 bis 310) sind im wesentlichen eine **4** Neuschöpfung des AktG von 1965. Das alte *AktG von 1937* enthielt in § 256 lediglich die Bestimmung, daß die Hauptversammlung einem Gewinnabführungs- oder Betriebspachtvertrag mit qualifizierter Mehrheit zustimmen muß.[2] Trotz dieser Bestimmung war unter dem alten AktG zuletzt umstritten gewesen, ob Gewinnabführungs- und Beherrschungsverträge zulässig oder wegen des Verstoßes gegen die (heutigen) §§ 57 f. und 76 nichtig sind. Die Frage sollte ursprünglich in § 19 des Regierungsentwurfs zum EGAktG im positiven Sinne geklärt werden.[3] Die Vorschrift ist jedoch später gestrichen und durch die Übergangsvorschrift des § 22 EGAktG ersetzt worden, um die Frage der Wirksamkeit der Altverträge der Rechtsprechung zu überlassen.[4]

Im Anschluß hieran hat sich inzwischen die Meinung durchgesetzt, daß die Altverträge, **5** nachdem sie nunmehr zum Teil bereits seit Jahrzehnten praktiziert worden sind, jedenfalls dann als wirksam zu behandeln sind, wenn ihnen die Hauptversammlung gemäß § 256 AktG 1937 mit qualifizierter Mehrheit zugestimmt hat und sie außerdem eine angemessene Dividendengarantie (im Sinne des heutigen § 304) für die außenstehenden Aktionäre vorsehen.[5] Hinzu kommen muß noch die nach § 22 Abs. 2 S. 1 EGAktG erforderliche Eintragung des Altvertrages ins Handelsregister. Sind diese Voraussetzungen erfüllt, so unterstehen die Altverträge seit 1966 den §§ 293 und 300 ff. sowie dem § 308.[6] Das gilt auch für die in § 256 AktG von 1937 nicht ausdrücklich mitgeregelten isolierten Beherrschungsverträge.[7] Soweit demgegenüber in der Rechtsprechung neuerdings die Auffassung vertreten wird, alte Beherrschungsverträge seien mangels Erwähnung in § 256 AktG 1937 auch ohne Zustimmung der Hauptversammlung heute noch wirksam, ist dem nicht zu folgen (s. § 70 AktG von 1937 iVm. § 134 BGB).[8]

III. GmbH

Schrifttum (Auswahl): *Roth/Altmeppen* GmbHG § 13 Anh. Rdnr. 15–90; *Bitter*, Konzernrechtliche Durchgriffshaftung bei Personengesellschaften, 2000, S. 326 ff.; *Emmerich*, Supermarkt und die Folgen, JuS 1992, 102; *ders.* in Scholz GmbHG § 44 Anh. Rdnr. 136 ff.; *Emmerich/Sonnenschein/Habersack* Konzernrecht § 32 (S. 478 ff.); *Eschenbruch* Konzernhaftung Tz. 3170 ff. (S. 233 ff.); *S. Fabian*, Inhalt und Auswirkungen des Beherrschungsvertrages, 1997; *Gäbelein*, Unternehmensverträge mit abhängigen GmbH, GmbHR 1989, 502; *Goette*, Die GmbH, 2. Aufl. 2002, § 9 (S. 327 ff.); *Halm*, Aktuelle Zweifelsfragen bei der Begründung und Beendigung von Unternehmensverträgen mit der GmbH als Untergesellschaft, NZG 2001, 728; *Henze* Konzernrecht Tz. 172 ff. (S. 63 ff.); *Hoffmann-Becking*, Gelöste und ungelöste Fragen zum Unternehmensvertrag der GmbH, WiB 1994, 57; *Kallmeyer* in GmbH-Handbuch Tz. I 868 ff.; *Rowedder/Schmidt-Leithoff/Koppensteiner* GmbHG § 53 Rdnr. 53 ff. (S. 1762 ff.); *Korth*, Der Abschluß von Beherrschungs- und Gewinnabführungsverträgen im GmbH-Recht, 1986; *Krieger*, Inhalt und Zustandekommen von Beherrschungs- und Gewinnabführungsverträgen im Aktien- und GmbH-Recht, DStR 1992, 432; *Kropff*, Der GmbH-Beherrschungsvertrag, FS für Semler, 1993, S. 517; *J. Kurz*, Der Gewinnabführungsvertrag im GmbH-Recht aus konzernverfassungsrechtlicher Sicht, 1992; *Lutter/Hommelhoff* GmbHG § 13 Anh. Rdnr. 47 ff. (S. 257 ff.); *Priester*, Bildung und Auflösung von GmbH-Vertragskonzernen, in Hommelhoff, Entwicklungen im GmbH-Konzernrecht, 1986, S. 151; *Raiser* Kapitalgesellschaften § 54 (S. 876 ff.); MünchHdb. GmbH/*Rosenbach* § 17 Rdnr. 13 ff. (S. 1174 ff.); *K. Schmidt* GesR § 38 III (S. 1190 ff.); *U. Schneider* (Hrsg.), Beherrschungs- und Gewinnabführungsverträge in der Praxis der GmbH, 1989; Hachenburg/*Ulmer* GmbHG § 53 Rdnr. 140 ff., § 77 Anh. Rdnr. 182 ff.; *Weigel*, Wirksamkeitserfordernisse für den Abschluß von Unternehmensverträgen zwischen GmbH, FS für Quack, 1991, S. 505; Michalski/*Zeidler* GmbHG Bd. I Syst. Darst. 4 Rdnr. 47 ff. (S. 435 ff.); *Zeidler*, Ausgewählte Probleme des GmbH-Vertrags-

---

[2] Ähnlich heute noch § 238 öAktG und dazu *Koppensteiner*, öGmbHG, 2. Aufl. 1999, § 49 Rdnr. 18 ff. (S. 486 ff.).

[3] S. § 19 des RegE zum EGAktG bei *Kropff* AktG S. 534 f.

[4] S. *Kropff* (vorige Fn.) S. 535 f.

[5] OLG Karlsruhe NJW 1967, 831; OLG Frankfurt AG 1988, 267, 271; MünchKommAktG/*Altmeppen* § 291 Rdnr. 231 ff.; *Ballerstedt* DB 1956, 813, 837; *Emmerich/Sonnenschein/Habersack* Kon-

zernrecht § 1 II 3 (S. 5 f.); *Flume* DB 1956, 454; *Hüffer* § 291 Rdnr. 22; *Koppensteiner* in Kölner Kommentar § 291 Rdnr. 76.

[6] MünchKommAktG/*Altmeppen* § 291 Rdnr. 234.

[7] *Emmerich/Sonnenschein/Habersack* (Fn. 5) S. 6.

[8] So zu Unrecht KG NZG 2000, 1132, 1133 = AG 2001, 186 „Allianz"; LG Berlin AG 1999, 188 f. „Allianz".

konzernrechts, NZG 1999, 692; *Zöllner*, Die formellen Anforderungen an Beherrschungs- und Gewinn-abführungsverträge bei der GmbH, DB 1989, 913; *ders.*, Inhalt und Wirkungen von Beherrschungsverträgen bei der GmbH, ZGR 1992, 173; *Baumbach/Hueck/Zöllner* GmbHG Schlußanhang I Rdnr. 36 ff. (S. 1605 ff.).

6   Der unmittelbare Anwendungsbereich der §§ 291 ff. beschränkt sich auf Unternehmens-verträge mit *abhängigen Aktiengesellschaften* und *KGaA* mit Sitz im Inland (s. § 291 Rdnr. 33 ff.). Daraus haben sich schwierige Fragen ergeben, da Unternehmensverträge (natürlich) auch mit Gesellschaften in der Rechtsform einer GmbH abgeschlossen werden können. Über die Verbreitung solcher Verträge ist zwar bisher nur wenig bekannt geworden; jedoch steht fest, daß es sie in erheblicher Zahl gibt, vor allem wohl aus steuerlichen Gründen (s. §§ 14, 17 KStG). Gleichwohl fehlen gesetzliche Regelungen bisher weithin (Rdnr. 7), so daß hier von Fall zu Fall die Frage entschieden werden muß, ob eine Analogie zu den aktienrechtlichen Vorschriften in Betracht kommt (Rdnr. 8).

7   **1. Gesetzliche Regelungen.** Unter den gesetzlichen Regelungen für Unternehmens-verträge mit Gesellschaften in der Rechtsform einer GmbH kommt die größte Bedeutung den §§ 14 ff., 17 KStG zu. Diese Vorschriften gelten im Augenblick in der Fassung des Steuersenkungsgesetzes vom 23. Oktober 2000.[9] Der Anwendungsbereich der §§ 14 ff. KStG beschränkt sich jedoch auf das Steuerrecht, so daß das Gesellschaftsrecht durch sie nicht gehindert wird, an die Gültigkeit speziell von Gewinnabführungsverträgen mit GmbHs andere, und zwar strengere Anforderungen als das Steuerrecht zu stellen, wie es mittlerweile in der Tat auch in verschiedenen Beziehungen geschehen ist.[10] Der Steuergesetzgeber sah sich infolgedessen in den letzten Jahren wiederholt veranlaßt, § 17 KStG seinerseits zu ändern, um ihn, freilich nur partiell, dem inzwischen fortentwickelten Gesellschaftsrecht anzupassen.[11]

8   **2. Analogie zum AktG?** Das heutige GmbH-Konzernrecht ist im wesentlichen ein Werk der jüngsten Rechtsprechung des BGH. Auf ihrer Grundlage hat sich inzwischen die Überzeugung durchgesetzt, daß das Recht der GmbH-Vertragskonzerne mit Rücksicht auf die bekannten strukturellen Unterschiede zwischen AG und GmbH nicht einfach durch eine pauschale „Gesamtanalogie" zu den entsprechenden aktienrechtlichen Vorschriften entwickelt werden kann.[12]

9   Davon zu trennen ist die Frage einer *entsprechenden* Anwendung der aktienrechtlichen Vorschriften auf Unternehmensverträge mit GmbHs *im Einzelfall* (§§ 291 bis 310), soweit die Situation bei der GmbH mit der bei der AG vergleichbar ist und nicht vorrangige GmbH-rechtliche Wertungen eine abweichende Entscheidung erforderlich machen. Dem-entsprechend wird im folgenden bei der Erläuterung der Vorschriften über Unternehmens-verträge (§§ 291 bis 310) durchweg gesondert zu der Frage Stellung genommen werden, ob die betreffende Vorschrift auf Unternehmensverträge mit GmbHs analog anwendbar ist oder nicht.

IV. Personengesellschaften

Schrifttum (Auswahl): *Baumgartl*, Die konzernbeherrschte Personengesellschaft, 1986; *Binnewies*, Die Konzerneingangskontrolle in der abhängigen Gesellschaft, 1996; *Bitter*, Konzernrechtliche Durchgriffshaftung bei Personengesellschaften, 2000; *Burbach*, Das Recht der konzernabhängigen Personengesellschaft, 1989; *Ebenroth*, Die Konzernierung der Personengesellschaft, FS für Boujong, 1996, S. 99; *Emmerich*, Das Konzern-recht der Personengesellschaften, FS für Stimpel, 1985, S. 743; *ders.* in Heymann, HGB, 2. Aufl. 1996, § 105 Anh.; *Emmerich/Sonnenschein/Habersack* Konzernrecht § 34 III (S. 512 ff.); *S. Fabian*, Inhalt und Auswirkun-

---

[9] BGBl. I S. 1433; weitere einschneidende Ände-rungen sind geplant.
[10] BGHZ 105, 324, 339 = LM FGG § 19 Nr. 27 = NJW 1989, 295 = AG 1989, 91 „Supermarkt"; BayObLGZ 1988, 201 = AG 1988, 379; OLG Düs-seldorf NJW-RR 1995, 233 = AG 1995, 137, 138 = GmbHR 1994, 805 „Rüttgerswerke AG"; *Henze* Konzernrecht Tz. 172 (S. 63).

[11] S. die Änderungsgesetze vom 25. 2. 1992 (BGBl. I S. 297) und vom 28. 10. 1994 (BGBl. I S. 3267).
[12] *Hoffmann-Becking* WiB 1994, 57, 59; Hachen-burg/*Ulmer* GmbHG § 77 Anh. Rdnr. 185.

gen des Beherrschungsvertrages, 1997; *Heck,* Personengesellschaften im Konzern, 1986; *Hepting,* Die Personengesellschaft als Konzernobergesellschaft, FS für Pleyer, 1986, S. 301; *Baumbach/Hopt* HGB § 105
Rdnr. 105; *U. Huber,* Betriebsführungsverträge, ZHR 152 (1988), 123; *Jäger,* Personengesellschaften als
abhängige Unternehmen, DStR 1997, 1813; *Kleindiek,* Strukturvielfalt im Personengesellschafts-Konzern,
1991; *Lange* in Ebenroth/Boujong/Joost HGB § 105 Rdnr. 38 ff. (S. 1323 ff.); *Limmer,* Die Haftung im
qualifizierten faktischen Personengesellschaftskonzern, GmbHR 1992, 265; *J. Löffler,* Die abhängige Personengesellschaft, 1988; MünchKommHGB/*Mülbert* Bd. 3 Konzernrecht Rdnr. 82, 124, 144 ff. (S. 549 ff.); *Th.
Raiser* Kapitalgesellschaften § 54 Rdnr. 12 ff. (S. 881 f.); *ders.,* Beherrschungsvertrag im Recht der Personengesellschaften, ZGR 1980, 558; *D. Reuter,* Die Personengesellschaft als abhängiges Unternehmen, ZHR 146
(1982), 1; *ders.,* Ansätze eines Konzernrechts der Personengesellschaft in der höchstrichterlichen Rechtsprechung, AG 1986, 130; *Schießl,* Die beherrschte Personengesellschaft, 1985; *K. Schmidt* GesR § 43 III
(S. 1292 ff.); *U. Schneider,* Die Personengesellschaft als verbundenes Unternehmen, ZGR 1975, 253; *ders.,* Die
Personengesellschaft als Konzernunternehmen, BB 1980, 1057; *ders.,* Konzernbildung, Konzernleitung und
Verlustausgleich im Konzernrecht der Personengesellschaften, ZGR 1980, 511; *Stehle,* Gesellschafterschutz
gegen fremdunternehmerischen Einfluß in der Personenhandelsgesellschaft, 1986; *P. Ulmer,* Grundstrukturen
eines Personengesellschaftskonzernrechts, in *ders.* (Hrsg.), Probleme des Konzernrechts, 1989, S. 26.

An Unternehmensverbindungen können sich Personengesellschaften als herrschendes wie **10**
als abhängiges Unternehmen beteiligen. Personengesellschaft können außerdem Unternehmensverträge in beiden Rollen abschließen. Für Personengesellschaften als herrschende Unternehmen steht das außer Frage. Aber auch Unternehmensverträge mit Personengesellschaften als abhängiges Unternehmen kommen vor. Bekannt geworden sind zB Betriebsführungs-
und Betriebspachtverträge mit Personengesellschaften.[13] Unklar und bis heute umstritten ist
die Situation lediglich hinsichtlich der *Beherrschungsverträge* iS des § 291 Abs. 1 S. 1. Soweit im
Schrifttum darüber hinaus auch die Zulässigkeit von Gewinnabführungsverträgen mit Personengesellschaften diskutiert wird, ist dem hier nicht weiter nachzugehen; denn solche Verträge machen offenbar keinen Sinn, da Gewinnabführungsverträge nahezu ausschließlich
steuerrechtliche Bedeutung haben (§§ 14, 17 KStG), eine steuerrechtliche Organschaft mit
Personengesellschaft indessen nicht anerkannt wird (§§ 14 Abs. 1 S. 1, 17 S. 1 KStG von
2000). Gewinnabführungsverträge mit abhängigen Personengesellschaften sind deshalb auch
bisher nicht bekannt geworden und können deshalb im folgenden vernachlässigt werden.

Obwohl der BGH in einem freilich eigenartigen Fall bereits einmal von einem „Beherr- **11**
schungsvertrag" mit einer OHG gesprochen hat,[14] ist die Auseinandersetzung um die Zulässigkeit von *Beherrschungsverträgen* mit abhängigen Personengesellschaften bis heute nicht zur
Ruhe gekommen.[15] Im Vordergrund des Interesses steht dabei die Frage, ob das Weisungsrecht des herrschenden Unternehmens aufgrund eines Beherrschungsvertrages (§ 308
Abs. 1) mit der persönlichen Haftung der anderen Gesellschafter vereinbar ist (§§ 138
Abs. 1, 714 BGB; § 128 HGB). Weitere Probleme ergeben sich aus dem Verhältnis zwischen
dem Gesellschaftsvertrag und einem (etwaigen) Beherrschungsvertrag, da feststeht, daß auch
im Gesellschaftsvertrag Weisungsrechte einzelner Gesellschafter begründet werden können,
so daß, zumindest auf den ersten Blick, nicht recht erkennbar ist, welcher eigenständige
Regelungsbereich neben dem Gesellschaftsvertrag unter diesen Umständen für einen zusätzlichen Beherrschungsvertrag mit einer BGB-Außengesellschaft, mit einer OHG oder einer
KG noch verbleiben soll (§ 311 Abs. 1 BGB; §§ 109, 161 Abs. 2 HGB). Im Schrifttum
finden sich deshalb vielfache Unterscheidungen je nach der Struktur der abhängigen Personengesellschaft, dem Inhalt des Gesellschaftsvertrags und der Natur des zusätzlich abgeschlossenen „Beherrschungsvertrages".[16]

---

[13] BGH LM HGB § 114 Nr. 7 = NJW 1982,
1817 = WM 1982, 394 = MDR 1982, 645 „Holiday-Inn I"; OLG München AG 1987, 380 „Holiday-Inn II"; OLG Hamburg NZM 2000, 421 = AG
2001, 91.
[14] LM HGB § 105 Nr. 46 = NJW 1980, 231 =
AG 1980, 47 = WM 1979, 937 = GmbHR 1979,
346 „Gervais".
[15] S. *Bitter,* Konzernrechtliche Durchgriffshaftung, S. 326 ff.; *Emmerich/Sonnenschein/Habersack*

Konzernrecht § 34 III 1 (S. 512 ff.); *S. Fabian,* Inhalt und Auswirkungen, S. 80, 93 ff.; Baumbach/
Hopt § 105 Rdnr. 105; *Lange* in Ebenroth/Bou-
jong/Joost HGB § 105 Anh. Rdnr. 44 ff.; Münch-
KommHGB/*Mülbert*   Bd. 3   Konzernrecht
Rdnr. 125, 144 (S. 560, 564 ff.); *Raiser* Kapitalgesellschaften § 54 Rdnr. 12 ff. (S. 881 ff.).
[16] S. *Mülbert* und *Raiser* (vorige Fn.).

12   Im vorliegenden Zusammenhang genügt die Bemerkung, daß das AktG offenkundig in den §§ 278 und 291 Abs. 1 von der *Zulässigkeit* von Beherrschungsverträgen mit Gesellschaften in der Rechtsform einer KGaA ausgeht, so daß die persönliche Haftung einzelner Gesellschafter schwerlich ein unüberwindliches Hindernis für die Zulässigkeit solcher Verträge sein kann. Voraussetzung ist freilich die Zustimmung aller Gesellschafter (§ 138 Abs. 1 BGB). Von diesem Erfordernis kann nur eine Ausnahme gemacht werden, wenn an der abhängigen Personengesellschaft keine natürlichen Personen beteiligt sind.[17] In derartigen Fallgestaltungen macht es dann durchaus auch Sinn, einen etwaigen Beherrschungsvertrag vom Gesellschaftsvertrag zu unterscheiden, weil der Beherrschungsvertrag, anders als der Gesellschaftsvertrag, grundsätzlich der Schriftform bedarf (§ 293 Abs. 3), im Handelsregister einzutragen ist (§ 294) und nur auf Zeit abgeschlossen wird.

V. Genossenschaften

Schrifttum: *Beuthien*, GenG, 13. Aufl. 2000, § 1 Rdnr. 83 ff. (S. 62 ff.); *ders.*, Der Geschäftsbetrieb von Genossenschaften im Verbund, 1979; *ders.*, Die eingetragene Genossenschaft als verbundenes Unternehmen, in Mestmäcker/Behrens (Hrsg.), Das Gesellschaftsrecht der Konzerne im internationalen Vergleich, 1991, S. 133; *ders.*, Die eingetragene Genossenschaft als Holdinggesellschaft, AG 1996, 349; *v. Detten*, Die eingetragene Genossenschaft im Recht der verbundenen Unternehmen, 1995; *Gaßner*, Die Genossenschaft als Pacht- und Besitzunternehmen, Rechtspfleger 1980, 409; *G. Götz*, Verbundbildung bei den Einkaufsgenossenschaften des Lebensmittelhandels und einzelgenossenschaftlicher Förderungsauftrag, 1981; *J. M. Embid Irujo*, Der Konzern im Genossenschaftsrecht, FS für Lutter, 2000, S. 1083; *Emmerich*, Konzernbildungskontrolle, AG 1991, 303; *Emmerich/Sonnenschein/Habersack* Konzernrecht § 36 (S. 521 ff.); *Großfeld/Berndt*, Die eingetragene Genossenschaft im Konzern, AG 1998, 116; *Holtkamp*, Die Genossenschaft als herrschendes Unternehmen im Konzern, 1994; *W. Merle*, Die eingetragene Genossenschaft als abhängiges Unternehmen, AG 1979, 265; *Kl. Müller*, GenG Bd. IV, 2. Aufl. 2000, § 64 c Anh.: Die Genossenschaft im Konzernverbund (S. 69–163); *Metz* in Lang/Weitmüller, GenG, 33. Aufl. 1997, § 1 Rdnr. 279 ff. (S. 130 ff.); *P. Pirner*, Beteiligungen von Genossenschaften an Unternehmen anderer Rechtsform, 1993; *A. Reul*, Das Konzernrecht der Genossenschaften, 1997; *K. Schmidt* GesR § 17 IV 4 (S. 510 f.).

13   Genossenschaften können sich gleichermaßen als herrschendes wie als abhängiges Unternehmen an Unternehmensverträgen beteiligen. In der Tat sind auch schon Unternehmensverträge mit Genossenschaften in der Rolle der abhängigen Gesellschaft bekannt geworden.[18] Im Schrifttum wird gleichwohl die Zulässigkeit von Beherrschungs- und Gewinnabführungsverträgen mit abhängigen Genossenschaften nach wie vor vielfach bezweifelt.[19] Keines der in diesem Zusammenhang üblicherweise vorgebrachten Argumente vermag jedoch letztlich zu überzeugen, sofern nur dem Vertragsabschluß *sämtliche* Genossen zustimmen und im Fall eines Beherrschungsvertrages zusätzlich in dem Vertrag sichergestellt wird, daß wenigstens das herrschende Unternehmen für die Erfüllung des Förderzwecks sorgt oder daß es doch keine Weisungen erteilt, die mit dem Förderzweck der abhängigen Gesellschaft unvereinbar sind.[20] Auch Gleichordnungskonzerne unter Beteiligung von Genossenschaften sind ohne weiteres vorstellbar.[21]

VI. Verein

Schrifttum: *Flume*, Allgemeiner Teil Bd. I/2: Die juristische Person, 1983, § 4 II (S. 111 ff.); *Emmerich/Sonnenschein/Habersack* Konzernrecht § 37 (S. 530 ff.); *Großfeld*, Der Versicherungsverein auf Gegenseitigkeit im System der Unternehmensformen, 1985; *Habersack*, Gesellschaftsrechtliche Fragen der Umwandlung von Sportvereine in Kapitalgesellschaften, in U. Scherrer (Hrsg.), Sportkapitalgesellschaften, 1997, S. 45; *H. Hemmerich*, Möglichkeiten und Grenzen wirtschaftlicher Betätigung von Idealvereinen, 1982; *dies.*, Die Ausgliederung bei Idealvereinen, BB 1983, 26; *U. Hübner*, Konzernbildung bei Versicherungsvereinen auf Gegenseitigkeit, in Lutter, UmwG, 2. Aufl. 2000, § 189 Anh. 2 (S. 1858 ff.); *T. Lettl*, Wirtschaftliche Betätigung und

---

[17] Ebenso BayObLGZ 1992, 367, 371 = NJW 1993, 1804 = AG 1993, 177 = WM 1993, 550 = ZIP 1993, 263 „BSW".

[18] RFHE 23, 91, 93; BFHE 73, 278, 288 f. = BStBl. 1961 III S. 368.

[19] Vgl. *Großfeld*, Genossenschaft und Eigentum, 1975, S. 33 ff.; *Merle* AG 1979, 265, 266 ff.

[20] Ebenso RFH und BFH (Fn. 18); *Beuthien* in Mestmäcker/Behrens Gesellschaftsrecht S. 133, 137 ff.; *Emmerich* AG 1991, 303, 311; *Emmerich/Sonnenschein/Habersack* Konzernrecht § 36 IV 1 (S. 527 f.); *v. Detten* Genossenschaft S. 62 ff.; *Reul* Konzernrecht S. 166 ff.

[21] *K. Schmidt* GesR § 17 IV 4 (S. 510 f.).

Umstrukturierung von Idealvereinen, DB 2000, 1449; *A. Müller-Wiedenhorn*, Versicherungsvereine auf Gegenseitigkeit im Unternehmensverbund, 1993; *Peiner*, Grundlagen des Versicherungsvereins auf Gegenseitigkeit, 1995; *ders*. VersWi 1992, 1; *Raupach*, Schuldvertragliche Verpflichtungen an Stelle beteiligungsgestützter Beherrschung, FS für Bezzenberger, 2000, S. 327; MünchKommBGB/*Reuter*, 4. Aufl. 2001, §§ 21, 22 Rdnr. 9–51; *ders*., Rechtliche Grenzen ausgegliederter Wirtschaftstätigkeit von Idealvereinen ZIP 1984, 1052; *K. Schmidt* GesR §§ 17 IV 5, 23 III 3 (S. 511, 670 ff.); *ders*., Verbandszweck und Rechtsfähigkeit im Vereinsrecht, 1984; *ders*., Wirtschaftstätigkeit von „Idealvereinen" durch Auslagerung auf Handelsgesellschaften, NJW 1983, 543; *U. Schneider*, Mitbestimmung im Gleichordnungskonzern, FS für Großfeld, 1999, S. 1045; *H. Sprengel*, Vereinskonzernrecht, Die Beteiligung von Vereinen an Unternehmensverbindungen, 1998; *Steding*, Zulässigkeit und Begrenzung des Einsatzes der Gesellschaft bürgerlichen Rechts und des Vereins für wirtschaftliche Zwecke, NZG 2001, 721.

Der Verein als Konzernspitze ist eine vertraute Erscheinung der heutigen Konzernpraxis. **14** Er kann in dieser Eigenschaft gewiß auch Unternehmensverträge mit den von ihm abhängigen Gesellschaften abschließen.[22] Hier interessiert indessen in erster Linie der umgekehrte Fall, d. h. der Abschluß von Unternehmensverträgen mit Vereinen als abhängigen Unternehmen.

Die Frage der Zulässigkeit solcher Verträge hat einen konzernrechtlichen und einen **15** vereinsrechtlichen Aspekt. *Vereinsrechtlich* geht es vor allem um die Frage, ob der Abschluß eines Beherrschungsvertrages zwischen einem Verein und einem anderen Unternehmen zur Folge haben kann, daß der Verein infolge der Zurechnung der wirtschaftlichen Aktivitäten der Muttergesellschaft fortan ebenfalls als wirtschaftlicher Verein zu qualifizieren ist (§ 22 BGB). *Konzernrechtlich* steht dagegen die Frage im Vordergrund, ob die Mitgliederversammlung dem Vertragsabschluß zustimmen muß, gegebenenfalls mit welcher Mehrheit. In der Vereinspraxis wird diese Frage bisher offenbar verneint und die Abschlußkompetenz allein dem Vorstand zugewiesen (§ 26 BGB). Tatsächlich ist jedoch auch hier von der entsprechenden Anwendbarkeit der §§ 293 ff. auszugehen. Die Folge ist vor allem, daß die Mitgliederversammlung des abhängigen Vereins dem Abschluß des Unternehmensvertrages zustimmen muß, wobei sich die Mehrheit nach § 33 Abs. 1 S. 2 BGB richtet, so daß die Zustimmung aller Mitglieder erforderlich ist, wenn, wie wohl im Regelfall, der Vertragsabschluß eine Zweckänderung nach sich zieht.[23]

§ 291 Beherrschungsvertrag. Gewinnabführungsvertrag

(1) Unternehmensverträge sind Verträge, durch die eine Aktiengesellschaft oder Kommanditgesellschaft auf Aktien die Leitung ihrer Gesellschaft einem anderen Unternehmen unterstellt (Beherrschungsvertrag) oder sich verpflichtet, ihren ganzen Gewinn an ein anderes Unternehmen abzuführen (Gewinnabführungsvertrag). Als Vertrag über die Abführung des ganzen Gewinns gilt auch ein Vertrag, durch den eine Aktiengesellschaft oder Kommanditgesellschaft auf Aktien es übernimmt, ihr Unternehmen für Rechnung eines anderen Unternehmens zu führen.

(2) Stellen sich Unternehmen, die voneinander nicht abhängig sind, durch Vertrag unter einheitliche Leitung, ohne daß dadurch eines von ihnen von einem anderen vertragschließenden Unternehmen abhängig wird, so ist dieser Vertrag kein Beherrschungsvertrag.

(3) Leistungen der Gesellschaft auf Grund eines Beherrschungs- oder eines Gewinnabführungsvertrags gelten nicht als Verstoß gegen die §§ 57, 58 und 60.

Schrifttum: Bundesminister der Justiz (Hrsg.), Bericht über die Verhandlungen der Unternehmensrechtskommission, 1980, Tz. 1312 ff. (S. 675 ff.); *Acher*, Vertragskonzern und Insolvenz, 1987; *Bachelin*, Der konzernrechtliche Minderheitenschutz, 1969; *Bachmann/Veil*, Grenzen atypischer stiller Beteiligung an einer AG, ZIP 1999, 348; *U. Bälz*, Verbundene Unternehmen, AG 1992, 277; *Bärwaldt/Schabacker*, Wirksamkeitser-

---

[22] Wegen der Einzelheiten s. *Emmerich/Sonnenschein/Habersack* Konzernrecht § 37 III 1 (S. 534 f.); *Sprengel* Vereinskonzernrecht S. 241 ff.

[23] S. im einzelnen *Emmerich/Sonnenschein/Habersack* Konzernrecht § 37 II 3 (S. 534); *Sprengel* Vereinskonzernrecht S. 161, 221 ff.

fordernisse grenzüberschreitender Unternehmensverträge iSd. § 291 AktG, AG 1998, 182; *Walter Bayer,* Der grenzüberschreitende Beherrschungsvertrag, 1988; *ders.,* Herrschaftsveränderungen im Vertragskonzern, ZGR 1993, 599; *Wilhelm Bayer,* Mehrstufige Unternehmensverträge, FS für Ballerstedt, 1975, S. 157; *ders.,* Europäische Vertragskonzerne und europäisches Gesellschaftsrecht, FS für Geßler, 1970, S. 227; *G. Bitter,* Konzernrechtliche Durchgriffshaftung bei Personengesellschaften, 2000; *Ebenroth,* Die verdeckten Vermögenszuwendungen im transnationalen Unternehmen, 1979; *Emmerich,* Bestandsschutz im GmbH-Vertragskonzern, in Hommelhoff, Entwicklungen im GmbH-Konzernrecht, 1986, S. 64; *ders.,* Zur Organhaftung im Vertragskonzern, Gedächtnisschr. für Sonnenschein, 2002, S. 651; *Emmerich/Sonnenschein/Habersack* §§ 11–13 (S. 157 ff.); *Erlinghagen,* Der Organschaftsvertrag mit Ergebnisausschlußklausel im Aktienrecht, 1960; *W. Exner,* Beherrschungsvertrag und Vertragsfreiheit, 1984; *S. Fabian,* Inhalt und Auswirkungen des Beherrschungsvertrages, 1997; *Flume,* Grundfragen der Aktienrechtsreform, 1960; *ders.,* Die konzernrechtliche Gestaltung im Aktienrecht, in: Zur großen Aktienrechtsreform, 1962, S. 65; *Geßler,* Probleme des neuen Konzernrechts, DB 1965, 1691, 1729; *ders.,* Atypische Beherrschungsverträge, FS für Beitzke, 1979, S. 923; *Grobecker,* Der Teilbeherrschungsvertrag, DStR 2002, 1953; *Großfeld,* Multinationale Unternehmen als Regelungsproblem, AG 1975, 1; *Habersack,* Europäisches Gesellschaftsrecht, 2. Aufl. 2002; *Henze* Konzernrecht Tz. 172, 293 ff. (S. 63, 108 ff.); *Hirte,* Bezugsrechtsausschluß und Konzernbildung, 1986; *ders.,* Grenzen der Vertragsfreiheit bei Unternehmensverträgen, ZGR 1994, 644; *Hommelhoff,* Die Konzernleitungspflicht, 1982; *ders.,* Eigenkapitalersatz im Konzern und in Beteiligungsverhältnissen, WM 1984, 1105; *Hüchting,* Abfindung und Ausgleich im aktienrechtlichen Beherrschungsvertrag, 1972; *Kleindiek,* Strukturvielfalt im Personengesellschafts-Konzern, 1991; *ders.,* Fehlerhafte Unternehmensverträge im GmbH-Recht, ZIP 1988, 613; *Koppensteiner,* Internationale Unternehmen im deutschen Gesellschaftsrecht, 1971; *Kort,* Der Abschluß von Beherrschungs- und Gewinnabführungsverträgen im GmbH-Recht, 1986; *ders.,* Zur Vertragsfreiheit bei Unternehmensverträgen, AG 2001, 337; *Priester,* Herrschaftswechsel beim Unternehmensvertrag, ZIP 1992, 293; *Raiser* Kapitalgesellschaften § 54 (S. 876 ff.); *E. Rehbinder,* Gesellschaftsrechtliche Probleme mehrstufiger Unternehmensverbindungen, ZGR 1977, 581; *Rüffler,* Zur Zulässigkeit des Beherrschungsvertrages im österreichischen Recht, FS für Koppensteiner, 2001, S. 149; *K. Schmidt* GesR § 31 III 1 (S. 948 ff.); *ders.,* Unternehmensbegriff und Vertragskonzern, FS für Koppensteiner, 2001, S. 191; *U. Schneider,* Konzernleitung als Rechtsproblem, BB 1981, 244; *ders.,* Das Recht der Konzernfinanzierung, ZGR 1984, 493; *ders.,* Die vertragliche Ausgestaltung der Konzernverfassung, BB 1986, 1993; *ders.* (Hrsg), Beherrschungs- und Gewinnabführungsverträge in der Praxis der GmbH, 1989; *W. Schön,* Deutsches Konzernprivileg und europäischer Kapitalschutz, ein Widerspruch?, FS für Kropff, 1997, S. 285; *Sonnenschein,* Organschaft und Konzerngesellschaftsrecht, 1976; *ders.,* Der aktienrechtliche Vertragskonzern im Unternehmensrecht, ZGR 1981, 429; *Timm,* Die Aktiengesellschaft als Konzernspitze, 1980; *Veelken,* Der Betriebsführungsvertrag im deutschen und amerikanischen Aktien- und Konzernrecht, 1975; *van Venrooy,* Isolierte Unternehmensverträge nach § 291 AktG?, BB 1986, 612; *S. Wanner,* Konzernrechtliche Probleme mehrstufiger Unternehmensverbindungen nach Aktienrecht, 1998; *(Wiedemann)/Hirte,* Konzernrecht, Festgabe 50 Jahre BGH Bd. II, 2000, S. 337, 367 ff.; *H. Wilhelm,* Die Beendigung des Beherrschungs- und Gewinnabführungsvertrags, 1976; *M. Winter,* Mitgliedschaftliche Treuebindungen im GmbH-Recht, 1988.

Übersicht

I. Allgemeines

§ 291 steht an der Spitze der Vorschriften über Unternehmensverträge (§§ 291 bis 307). **1** Aus ihm ergibt sich zusammen mit § 292, welche Verträge das Gesetz unter der Sammelbezeichnung „Unternehmensverträge" zusammenfaßt. Das Spektrum reicht vom Beherrschungsvertrag, dessen Wirkungen, wirtschaftlich gesehen, einer Verschmelzung der Unternehmen zumindest nahe kommen können, bis zu den Gewinngemeinschaften sowie den Betriebspacht- und Betriebsführungsverträgen, die durchaus auch zwischen voneinander unabhängigen Unternehmen abgeschlossen werden können. Mit der Zusammenfassung dieser disparaten Verträge unter einer gemeinsamen Bezeichnung verfolgten die Gesetzesverfasser vor allem den Zweck, die begrifflichen Voraussetzungen für die Aufstellung gemeinsamer Vorschriften für alle Unternehmensverträge in den §§ 293 bis 299 zu schaffen, denen dann erst spezielle Vorschriften für bestimmte Unternehmensverträge, an ihrer Spitze Beherrschungsvertrag und Gewinnabführungsvertrag, folgen (§§ 300 bis 307).

§ 291 Abs. 1 S. 1 definiert zunächst für die Zwecke des AktG den Beherrschungs- und **2** den Gewinnabführungsvertrag (Rdnr. 3, 47 ff.). Durch S. 2 der Vorschrift wird sodann der Geschäftsführungsvertrag dem Gewinnabführungsvertrag gleichgestellt (Rdnr. 67 ff.). Keinen Beherrschungsvertrag iSd. Gesetzes bildet dagegen ein Vertrag, durch den ein Gleichordnungskonzern iSd. § 18 Abs. 2 gegründet wird, wie Abs. 2 der Vorschrift zu entnehmen ist (Rdnr. 73 f.). § 291 Abs. 3 fügt schließlich noch hinzu, daß Leistungen der Gesellschaft aufgrund eines Beherrschungs- oder eines Gewinnabführungsvertrags nicht als Verstoß gegen die §§ 57, 58 und 60 gelten (Rdnr. 75 f.).

II. Beherrschungsvertrag

Im Mittelpunkt der gesetzlichen Regelung der §§ 291 bis 310 steht der Beherrschungs- **3** vertrag, den § 291 Abs. 1 S. 1 als einen Vertrag definiert, durch den eine AG oder KGaA ihre Leitung einem (beliebigen) anderen Unternehmen unterstellt. Der Beherrschungsvertrag bildet daher „als Rechtsgrundlage der Konzernleitungsmacht den herrschaftsrechtlichen Angelpunkt des Konzernrechts",[1] da neben der Eingliederung (§§ 319 ff.) nach dem Grundkonzept des Aktienkonzernrechts allein der Abschluß eines Beherrschungsvertrages dem anderen Vertragsteil ein rechtlich gesichertes Weisungsrecht (s. §§ 308 Abs. 1, 323 Abs. 1) verleiht.

1. Gesetzliche Regelung. Das AktG regelt den Beherrschungsvertrag verhältnismäßig **4** ausführlich. An der Spitze der Regelung stehen im Anschluß an die Definition des § 291 Abs. 1 S. 1 Vorschriften über den Abschluß, die Prüfung, die Änderung und die Beendigung solcher Verträge (§§ 293 bis 299). Daneben finden sich zahlreiche Vorschriften, die an den Abschluß von Beherrschungsverträgen Rechtsfolgen knüpfen. Hinzuweisen ist hier zunächst

---

[1] Begr. zum RegE bei *Kropff* AktG S. 374.

auf die §§ 15, 18 Abs. 1 S. 2 und 17 Abs. 1, aus denen sich ergibt, daß auf die Parteien eines Beherrschungsvertrages auch die Vorschriften über verbundene Unternehmen, über abhängige Unternehmen und über Konzernunternehmen Anwendung finden.[2] Weitere Rechtsfolgen normieren die §§ 300 bis 303 und 304 bis 310. Hervorzuheben sind die Pflicht des herrschenden Unternehmens zum Verlustausgleich (§ 302), zur Sicherheitsleistung bei Vertragsbeendigung (§ 303) sowie zur Entschädigung der außenstehenden Aktionäre durch Ausgleichs- und Abfindungsleistungen (§§ 304 und 305) als Gegengewicht zu dem durch den Vertrag begründeten Weisungsrecht des herrschenden Unternehmens (§ 308), an dessen Handhabung sich wieder besondere Haftungsfolgen für die Parteien knüpfen (§§ 309, 310). Alle diese Schutzmaßnahmen des Gesetzes betreffen indessen die abhängige Gesellschaft – neben den außenstehenden Aktionären (§§ 304 und 305) und den Gläubigern (§§ 300, 302 und 303) – allein *während* des Laufs des Vertrags (§§ 302 und 309), nicht dagegen in der besonders kritischen Zeit *nach* Vertragsbeendigung. Deshalb ist offen, ob und gegebenenfalls wie ein Schutz der abhängigen Gesellschaft auch in jener Zeitspanne sichergestellt werden kann (s. § 296 Rdnr. 27).

5   Weitere mit Beherrschungsverträgen zusammenhängende Fragen sind in einer Vielzahl über die ganze Rechtsordnung verstreuter Vorschriften geregelt. Die wichtigsten Beispiele finden sich im Recht der Fusionskontrolle,[3] im Mitbestimmungs- und Steuerrecht[4] sowie im Aufsichtsrecht der Banken und Versicherungen, das zahlreiche Anzeige- und Genehmigungspflichten für Beherrschungs- und Gewinnabführungsverträge kennt, auf deren Grundlage sich in der Aufsichtspraxis langsam ein eigenständiges, branchenspezifisches „Konzernrecht" entwickelt.[5]

6   Obwohl für Beherrschungsverträge Registerpublizität besteht (§ 294), ist doch bisher über ihre *Verbreitung* nur wenig bekannt geworden. Sicher ist lediglich, daß sich die Hoffnung des Gesetzgebers von 1965 nicht erfüllt hat, in der Praxis werde sich der Beherrschungsvertrag als Konzerngrundlage allgemein durchsetzen, da nach wie vor die meisten Konzerne faktische Konzerne sind. Um „totes Recht" handelt es sich bei den §§ 291 ff. gleichwohl nicht; vielmehr kommen Beherrschungsverträge in der Praxis durchaus vor. In der Mehrzahl der Fälle sind sie offenbar aus steuerlichen Gründen mit Gewinnabführungsverträgen zu sogenannten *Organschaftsverträgen* verbunden (s. §§ 14 Abs. 1 S. 1, 17 Nr. 1 KStG 1999 idF von 2000). Daneben finden sich indessen auch isolierte Beherrschungsverträge, wofür wiederum in erster Linie steuerliche Erwägungen maßgebend sein dürften.[6]

7   **2. Begriff.** Die Begriffsmerkmale eines Beherrschungsvertrages ergeben sich aus § 291 Abs. 1 S. 1 iVm. §§ 18 Abs. 1 S. 2, 291 Abs. 2, 304 Abs. 3 S. 1 und 308 Abs. 1. Ein Beherrschungsvertrag ist danach ein Vertrag, durch den eine AG oder KGaA mit Sitz im Inland die Leitung ihrer Gesellschaft einem anderen Unternehmen beliebiger Rechtsform und Nationalität unterstellt (§ 291 Abs. 1 S. 1). Wichtigste Rechtsfolge ist ein Weisungsrecht des anderen Vertragsteils (§ 308 Abs. 1). Das Gesetz hat daraus den Schluß gezogen, daß die beiden Vertragsteile in jedem Fall einen Unterordnungskonzern bilden (§ 18 Abs. 1 S. 2).

8   **a) Parteien.** Beherrschungsverträge iSd. § 291 Abs. 1 S. 1 können (nur) zwischen einer AG oder KGaA mit Sitz im Inland als abhängiger Gesellschaft und einem in- oder aus-

---

[2] S. *Koppensteiner* in Kölner Kommentar Rdnr. 8; MünchHdb. AG/*Krieger* § 70 Rdnr. 2.

[3] S. § 37 Abs. 1 Nr. 2 lit. b GWB; Art. 3 Abs. 1 lit. b Fall 2 FusionskontrollVO.

[4] S. § 5 MitbestG und §§ 14, 17 KStG 1999 idF des Gesetzes v. 20. 12. 2001 (BGBl. I S. 3858); s. dazu Einl. Rdnr. 30 ff.

[5] Vgl. *Dreher* ZVersWiss. 1988, 619; *ders.* DB 1992, 2605; *Gromann* AG 1981, 241; *Miederhoff* WM 2001, 2041; *A. Müller-Wiedenhorn*, Versicherungsvereine auf Gegenseitigkeit im Unternehmensver-

bund, 1993; *Preußner/Fett* AG 2001, 337; *C. van de Sande*, Die Unternehmensgruppe im Banken- und Versicherungsaufsichtsrecht, Diss. Bayreuth 2000, § 7; *Sasse*, FS für Sieg, 1976, S. 435; *U. Schneider* ZGR 1996, 225.

[6] Ein noch nicht ausgeglichener Verlustvortrag der Tochter aus vororganschaftlicher Zeit darf nicht das dem Organträger zuzurechnende Einkommen mindern (§ 15 Nr. 1 KStG) und ginge daher bei sofortiger Begründung einer Organschaft verloren.

ländischen Unternehmen beliebiger Rechtsform als herrschendem Unternehmen abgeschlossen werden.[7] Auf Beherrschungsverträge mit Gesellschaften *anderer* Rechtsform einschließlich der GmbH können die §§ 291 ff. immer nur von Fall zu Fall entsprechend angewandt werden (s. Vor § 291 Rdnr. 6 ff. sowie Rdnr. 41–46).

Herrschendes Unternehmen kann nach § 291 Abs. 1 S. 1 jedes beliebige *Unternehmen* **9** sein.[8] Sein Sitz und seine Rechtsform sind ohne Belang. Als herrschende Unternehmen kommen daher außer der öffentlichen Hand (§ 15 Rdnr. 26 ff.) auch Einzelkaufleute, Personengesellschaften, Stiftungen oder Vereine sowie ausländische Unternehmen in Betracht. Ein Beherrschungsvertrag mit einer *Privatperson* wäre dagegen, sollte er tatsächlich einmal vorkommen, wegen Verstoßes gegen § 76 nichtig (§ 134 BGB).[9] Das wird zwar neuerdings bestritten;[10] die Frage bedarf jedoch hier wegen ihrer geringen praktischen Bedeutung keiner Vertiefung, da der Vertragspartner eines Beherrschungsvertrages in aller Regel spätestens durch den Abschluß eines derartigen Vertrages Unternehmensqualität auch iSd. § 15 erlangen dürfte.[11] Fehlt es hieran, wird der Vertrag aber trotzdem ins Handelsregister eingetragen (§ 294), so sind die Regeln über fehlerhafte Beherrschungsverträge anzuwenden.[12]

Das Gesetz erfaßt in § 291 Abs. 1 S. 1 nur Beherrschungsverträge mit einer AG oder **10** KGaA mit Sitz im Inland als **verpflichtetem Teil,** weil der Schutz ausländischer Gesellschaften nicht Aufgabe des deutschen Rechts ist. Abhängigkeit der (inländischen) Gesellschaft ist dagegen keine Voraussetzung für den Abschluß eines Beherrschungsvertrages, obwohl sie in aller Regel im Augenblick des Vertragsabschlusses bereits vorliegen wird (s. § 293 Abs. 1 iVm. § 17 Abs. 2). In jedem Fall aber wird durch den Abschluß des Beherrschungsvertrags die Abhängigkeit der Gesellschaft begründet (§ 18 Abs. 1 S. 2 iVm. § 17).

b) Unterstellung unter fremde Leitung. Ein Beherrschungsvertrag liegt nach § 291 **11** Abs. 1 S. 1 nur vor, wenn durch ihn der eine Vertragsteil, bei dem es sich um eine AG oder KGaA mit Sitz im Inland handeln muß (Rdnr. 10), die Leitung seiner Gesellschaft einem anderen Unternehmen, meistens herrschendes Unternehmen genannt (Rdnr. 9), unterstellt. Die Unterstellung unter fremde Leistung ist daher das zentrale Tatbestandsmerkmal des Beherrschungsvertrages, durch das er sich von anderen Verträgen unterscheidet. Die Folge ist die *Unterordnung* der abhängigen Gesellschaft unter das herrschende Unternehmen, die vor allem in dem Weisungsrecht des letzteren zum Ausdruck kommt (§ 308 Abs. 1). Ein Vertrag, der an der Gleichberechtigung der Vertragsteile nichts ändert, ist aus diesem Grunde kein Beherrschungsvertrag, wie § 291 Abs. 2 für Verträge, durch die ein Gleichordnungskonzern begründet wird, nochmals unterstreicht (s. Rdnr. 73 f.).

Was das Gesetz in § 291 Abs. 1 S. 1 und in § 308 Abs. 1 mit der „*Leitung*" der Gesellschaft **12** meint, ergibt sich aus § 76 Abs. 1.[13] Die Annahme eines Beherrschungsvertrages setzt folglich voraus, daß die abhängige AG oder KGaA gerade hinsichtlich der Leitungsfunktion des Vorstandes (§ 76 Abs. 1) einem anderen Unternehmen, genauer: dessen Weisungsrecht unterstellt wird, so daß in diesen Fragen letztlich der Wille des herrschenden Unternehmens und nicht mehr der des Vorstands der abhängigen Gesellschaft den Ausschlag gibt (§ 308 Abs. 1).

---

[7] Zu den internationalen Beherrschungsverträgen s. im einzelnen Rdnr. 33–37.

[8] MünchKommAktG/*Altmeppen* Rdnr. 21 f.; *Hüffer* Rdnr. 8; *Koppensteiner* in Kölner Kommentar Rdnr. 6; MünchHdb. AG/*Krieger* § 70 Rdnr. 9; wegen der Einzelheiten s. § 15 Rdnr. 6 ff.

[9] MünchKommAktG/*Altmeppen* Rdnr. 5–10; *Koppensteiner* in Kölner Kommentar Rdnr. 7; MünchHdb. AG/*Krieger* § 70 Rdnr. 9.

[10] Anders insbes. *K. Schmidt,* FS für Koppensteiner, S. 191, bes. 206 ff.

[11] Ebenso im Ergebnis *K. Schmidt* (vorige Fn.).

[12] S. Rdnr. 28 ff.; MünchKommAktG/*Altmeppen* Rdnr. 11–14.

[13] S. MünchKommAktG/*Altmeppen* Rdnr. 76 ff.; *Bachmann/Veil* ZIP 1999, 348; *Emmerich* in Hommelhoff, Entwicklungen im GmbH-Konzernrecht, S. 64 ff.; *Emmerich/Sonnenschein/Habersack* § 11 II 1 (S. 159 f.); *Exner* Beherrschungsvertrag S. 83 ff.; *S. Fabian,* Inhalt und Auswirkungen, S. 119 ff.; *Geßler* DB 1965, 1693; *Hommelhoff* Konzernleitungspflicht S. 304 ff.; *Hüffer* Rdnr. 10 f.; *Koppensteiner* in Kölner Kommentar Rdnr. 12 ff.; MünchHdb. AG/*Krieger* § 70 Rdnr. 4 ff.; *Raiser* Kapitalgesellschaften § 54 Rdnr. 2 ff. (S. 877 f.); *van Venrooy* BB 1986, 612.

13   Das Gesetz unterscheidet in den §§ 76 und 77 die **Leitung** von der Geschäftsführung der Gesellschaft. Daraus wird überwiegend der Schluß gezogen, daß mit der „Leitung der Gesellschaft" in den §§ 76 Abs. 1 und 291 Abs. 1 S. 1 ein *herausgehobener* Ausschnitt aus der Geschäftsführung gemeint ist, die letztere verstanden als Gesamtheit der rechtlichen und tatsächlichen Maßnahmen zur Verwirklichung des Gesellschaftszweckes. In der Regel werden dementsprechend unter der Leitung der Gesellschaft im Anschluß an die betriebswirtschaftliche Begriffsbildung vor allem die Zielplanung für das Unternehmen der Gesellschaft, die Unternehmenskoordination und -kontrolle sowie die Besetzung der Führungsstellen der Gesellschaft zusammengefaßt.[14]

13 a   Folgt man dieser etwas künstlichen Unterscheidung (Rdnr. 13), so ergibt sich daraus für § 291 Abs. 1 S. 1, daß die Annahme eines Beherrschungsvertrages nur in Betracht kommt, wenn die Gesellschaft durch ihn jedenfalls *auch* hinsichtlich der genannten *zentralen* Leitungsfunktionen dem anderen Vertragsteil, d. h. dessen Weisungsrecht unterstellt wird.[15] Im Ergebnis kommt es damit letztlich darauf an, ob das herrschende Unternehmen durch die Vereinbarung in die Lage versetzt wird, in die Leitung der abhängigen Gesellschaft zumindest insoweit einzugreifen, daß es eine auf das Gesamtinteresse der verbundenen Unternehmen ausgerichtete *Zielkonzeption durchzusetzen* vermag.[16] Wichtig ist zu betonen, daß damit nur die *Mindestvoraussetzungen* für die Annahme eines Beherrschungsvertrages iSd. § 291 Abs. 1 S. 1 umschrieben sind. Die Folge ist, daß bei ihrer Erfüllung das herrschende Unternehmen dann nach *§ 308 Abs. 1* ein umfassendes Weisungsrecht bis in die Einzelheiten des Tagesgeschäftes des anderen Vertragsteils in Anspruch nehmen kann, soweit die Parteien nicht im Einzelfall zulässigerweise etwas anderes vereinbart haben (s. aber Rdnr. 19 ff.).

14   Aus der Bezugnahme auf § 76 in § 291 Abs. 1 S. 1 und in § 308 Abs. 1 folgt außerdem, daß die beiden *anderen* Organe der abhängigen Gesellschaft, d. h. Aufsichtsrat und Hauptversammlung in ihren Funktionen grundsätzlich weisungsfrei bleiben; die einzige Ausnahme findet sich in § 308 Abs. 3.[17]

15   Die Unterstellung einer Gesellschaft unter fremde Leitung ist immer nur für die Zukunft möglich. Der **rückwirkende** Abschluß von Beherrschungsverträgen scheidet aus, schon, weil es andernfalls möglich wäre, nachträglich durch Abschluß eines Beherrschungsvertrages Ansprüchen, die auf die §§ 311 und 317 gestützt werden, die Grundlage zu entziehen. Die Vereinbarung der Rückwirkung führt aber grundsätzlich nur zur Teilrichtigkeit des Vertrages.[18]

16   **c) Notwendigkeit weiterer Abreden?** Die Unterstellung der abhängigen AG oder KGaA unter fremde Leitung (Rdnr. 11 ff.) ist der notwendige Inhalt eines Beherrschungsvertrags. Unabdingbar ist gemäß § 304 Abs. 3 S. 1 schließlich noch eine Bestimmung über Ausgleichsleistungen des herrschenden Unternehmens. Weitergehende Anforderungen sind, jedenfalls auf den ersten Blick, dem Gesetz nicht zu entnehmen. Folgerichtig beschränken sich in der Gesellschaftsvertragspraxis die meisten Beherrschungsverträge auch tatsächlich im wesentlichen auf die Regelung dieser Punkte. Gleichwohl ist fraglich, ob nach dem Gesamt-

---

[14] *Fleischer* ZIP 2003, 1; *Hüffer* § 76 Rdnr. 8; MünchHdb. AG/*Krieger* § 19 Rdnr. 12 f. (S. 162 f.); *Mertens* in Kölner Kommentar § 76 Rdnr. 4 f.; *Raiser* (vorige Fn.).
[15] *Hüffer* Rdnr. 10; *Raiser* Kapitalgesellschaften § 54 Rdnr. 2 ff.
[16] KG AG 2001, 186 = NZG 2000, 1132 „Allianz"; *Hüffer* (vorige Fn.).
[17] OLG Stuttgart AG 1998, 585, 586 = NZG 1998, 601 „Dornier/DB"; für die Hauptversammlungszuständigkeit aus § 119 Abs. 2 s. MünchKommAktG/*Altmeppen* Rdnr. 83.
[18] S. § 294 Rdnr. 29; BayObLG ZIP 2002, 2257; OLG Hamburg NJW 1990, 3024 = AG 1991, 21;

AG 1991, 23; OLG München AG 1991, 358, 359; OLG Karlsruhe AG 1994, 283; LG Ingolstadt AG 1991, 24, 26; *Emmerich/Sonnenschein/Habersack* § 11 II 1 (S. 160); *S. Fabian*, Inhalt und Auswirkungen, S. 233 ff.; *Henze* Konzernrecht Tz. 302 ff. (S. 110 ff.); *Hüffer* Rdnr. 11 und § 294 Rdnr. 19; *Knepper* DStR 1994, 377, 380; MünchHdb. AG/*Krieger* § 70 Rdnr. 50; *K. Schmidt* GesR § 31 III 1 a (S. 948); offengelassen in BGHZ 122, 211, 223 f. = LM AktG § 83 Nr. 1 = NJW 1993, 1976 = AG 1993, 422 „SSI"; zur abweichenden Rechtslage bei Gewinnabführungsverträgen s. Rdnr. 55.

zusammenhang der gesetzlichen Regelung nicht doch noch weitere Abreden zu fordern sind, namentlich über den Umfang des Weisungsrechts des herrschenden Unternehmens und über dessen Schranken sowie über etwaige Wiederaufbauhilfen für die Zeit nach Vertragsende (s. § 296 Rdnr. 27). Überwiegend wird diese Frage bisher verneint.[19]

Richtig ist, daß die gelegentlich geforderte ausdrückliche **Bezeichnung** des Vertrages **17** als „Beherrschungsvertrag" in der Vertragsurkunde entbehrlich ist, weil das Gesetz in § 291 Abs. 1 S. 1 für die Annahme eines derartigen Vertrags ausschließlich auf den Inhalt und nicht auf die Bezeichnung des Vertrags abstellt.[20] Ausschlaggebend ist daher allein, ob eine „Gesamtschau" der vertraglichen Regelungen der Parteien ergibt, daß sie die Leitung der abhängigen Gesellschaft in wesentlichen unternehmerischen Bereichen wie der Geschäfts- und Personalpolitik sowie der Finanzverwaltung der Leitung des anderen Unternehmens in dem genannten Sinne unterstellen wollten.[21] Ebensowenig ist es erforderlich, in einem Vertrag mit einem ausländischen herrschenden Unternehmen die **Anwendung deutschen Rechts** festzulegen; denn dabei handelt es sich um eine zwingende Rechtsfolge des Abschlusses eines derartigen Vertrages mit einer deutschen abhängigen Gesellschaft (Rdnr. 35). Dagegen ist – entgegen der hM – tatsächlich zu fordern, daß in dem Vertrag der jeweilige Umfang des **Weisungsrechts** sowie dessen Schranken möglichst konkret umschrieben werden. Das folgt aus dem Umstand, daß dem Vertrag die Hauptversammlungen beider Gesellschaften mit qualifizierter Mehrheit zustimmen müssen (§ 293 Abs. 1 und 2), wobei die Aktionäre ein umfassendes Auskunftsrecht besitzen (§ 293 g Abs. 3). Diese Regelung macht nur Sinn, wenn die Gesellschafter überhaupt wissen, worüber sie entscheiden sollen.[22]

d) Vertragsfreiheit? Nach Meinung des BGH[23] besteht für Unternehmensverträge **18** grundsätzlich Vertragsfreiheit, so daß die Parteien in dem Vertrag beliebige weitere Regelungen treffen können, soweit dem nicht im Einzelfall zwingende gesetzliche Regelungen entgegenstehen (§ 311 Abs. 1 BGB). Dieser Meinung ist für den Beherrschungsvertrag nur mit Einschränkungen zu folgen. Sie ergeben sich daraus, daß hier vertragliche Ergänzungen und Abänderungen der gesetzlichen Regelung jenseits der wenigen ausdrücklich geregelten Fälle (s. §§ 305 Abs. 2 Nr. 2, 308 Abs. 1 S. 2) grundsätzlich nur zugelassen werden können, soweit dadurch nicht die Rechte der Gläubiger oder der außenstehenden Aktionäre über den gesetzlichen Rahmen hinaus verkürzt werden (§ 134 BGB).[24] Danach verbietet sich vor allem die Einführung zusätzlicher Kündigungs- und Rücktrittsrechte zugunsten des herrschenden Unternehmens über den engen Rahmen der §§ 296 und 297 hinaus.[25]

3. Teilbeherrschungsverträge? Nach § 308 Abs. 1 S. 2 können in einem Beherr- **19** schungsvertrag nachteilige Weisungen des herrschenden Unternehmens ausgeschlossen werden. Dies hat Anlaß zu der Frage gegeben, ob mit dem Gesetz auch sogenannte Teilbeherrschungsverträge vereinbar sind, d. h. Verträge, durch die die abhängige Gesellschaft ihre Leitung nur hinsichtlich *einzelner* Leitungsfunktionen (Rdnr. 13), zB nur hinsichtlich der Unternehmensplanung oder -koordination, des Finanzwesens, des Einkaufs oder der Personalpolitik, *oder* nur hinsichtlich einzelner Betriebe auf ein anderes Unternehmen überträgt.

[19] MünchKommAktG/*Altmeppen* Rdnr. 58–75; *Henze* Konzernrecht Tz. 300 (S. 110); *Hüffer* Rdnr. 12 f.; *Koppensteiner* in Kölner Kommentar Rdnr. 36 ff.
[20] KG NZG 2000, 1132, 1133 = AG 2001, 186, 187 „Allianz"; LG Hamburg AG 1991, 365, 366 = WM 1991, 1081; *Hüffer* Rdnr. 13; MünchHdb. AG/*Krieger* § 70 Rdnr. 7; s. § 293 Rdnr. 17.
[21] So grdlg. KG (vorige Fn.).
[22] *Hommelhoff* Konzernleitungspflicht S. 304 f.; zustimmend *Emmerich* (Fn. 13) S. 69; dagegen *S. Fabian* Inhalt S. 190 ff.
[23] BGHZ 119, 1, 5 ff. = LM AktG § 131 Nr. 3 = NJW 1992, 2760 = AG 1992, 450 „ASEA/BBC"

(für den Beitritt zu einem Beherrschungsvertrag); BGHZ 122, 211, 217 ff. = LM AktG § 83 Nr. 1 = NJW 1993, 1976 = AG 1993, 422 = WM 1993, 1087 „SSI"; ebenso OLG München AG 1991, 358, 361 „SSI"; *Exner* Eingliederung S. 20, 65 ff.; *S. Fabian*, Inhalt und Auswirkungen, S. 64 ff.; *K. Schmidt* GesR § 31 III 1 a (S. 949).
[24] MünchKommAktG/*Altmeppen* Rdnr. 29 ff.; *W. Bayer* ZGR 1993, 599; *Henze* Konzernrecht Tz. 298 (S. 109 f.); *Hirte* ZGR 1994, 643, 648 ff.; *Koppensteiner* in Kölner Kommentar Rdnr. 34 f.
[25] Anders der BGH (Fn. 23); s. auch § 297 Rdnr. 32.

20 Die Frage ist umstritten.[26] Entsprechend § 308 Abs. 1 S. 2 ist indessen nicht recht einzusehen, warum das Weisungsrecht im Beherrschungsvertrag nicht auch in *anderer* Hinsicht als gerade durch den Ausschluß nachteiliger Weisungen beschränkt werden kann. Voraussetzung ist lediglich, daß immer noch eine einheitliche Leitung der verbundenen Unternehmen iS des § 18 Abs. 1 S. 1 möglich bleibt. Im Schrifttum wird daraus zum Teil der Schluß gezogen, daß derartige „Teilbeherrschungsverträge" auch mit *getrennten* herrschenden Unternehmen abgeschlossen werden können, sofern nur die verschiedenen Leitungsfunktionen aufeinander abgestimmt werden.[27] Für den Sonderfall der Gemeinschaftsunternehmen ist dies in der Tat bereits anerkannt (s. § 17 Rdnr. 32). Entgegen der überwiegenden Meinung[28] können ferner im Einzelfall weitreichende *Zustimmungsvorbehalte* hinsichtlich der Leitungsentscheidungen des Vorstandes, etwa im Rahmen atypischer stiller Gesellschaftsverträge mit einer AG, für die Annahme eines Beherrschungsvertrages ausreichen, vorausgesetzt, daß sie dem herrschenden Unternehmen die Entwicklung einer Leitungsfunktion in dem genannten Sinne erlauben.[29] Wird das Weisungsrecht dagegen so weit eingeschränkt, daß sich im Ergebnis an der Selbständigkeit der abhängigen Gesellschaft nichts ändert, so liegt, wie den §§ 18 Abs. 1 S. 2 und 291 Abs. 2 zu entnehmen ist, kein Beherrschungsvertrag mehr vor, sondern höchstens ein Gleichordnungsvertrag.[30]

21 **4. Ausschluß des Weisungsrechts?** Das Gesetz sieht, wie ausgeführt (Rdnr. 11 ff.), den Kern eines Unternehmensvertrages in der Unterstellung der abhängigen Gesellschaft unter das Weisungsrecht des herrschenden Unternehmens (§§ 291 Abs. 1 S. 1, 308 Abs. 1). Deshalb ist fraglich, ob es auch Beherrschungsverträge *ohne* die Begründung eines Weisungsrechts für einen der Beteiligten gibt. Die Frage wird zum Teil mit der Begründung bejaht, das Weisungsrecht des herrschenden Unternehmens (§ 308 Abs. 1) sei kein wesentlicher Bestandteil des Beherrschungsvertrages, sondern lediglich das regelmäßige, aber eben nicht notwendige Mittel zur Unterstellung der abhängigen Gesellschaft unter die Leitung des herrschenden Unternehmens; nichts hindere das letztere, die mit einem Beherrschungsvertrag verbundenen Verpflichtungen (§§ 300 ff., 304 ff.) auch ohne Weisungsrecht auf sich zu nehmen.[31] Für die Beteiligten hätte das den Vorteil, daß für ihre Beziehungen das System der gesetzlichen Vermögensbindung aufgehoben wäre (s. § 291 Abs. 3 iVm. §§ 57, 58 und 60) und außerdem auch die §§ 311 ff. keine Anwendung fänden.

22 Diese Meinung ist jedoch mit den §§ 18 Abs. 1 S. 2, 291 und 308 Abs. 1 unvereinbar.[32] Ein Vertrag, durch den das Weisungsrecht des herrschenden Unternehmens *generell* ausgeschlossen wird, ist kein Beherrschungsvertrag mehr, sondern stellt einen normalen Gesellschaftsvertrag dar, durch den gegebenenfalls ein Gleichordnungskonzern begründet wird (§§ 18 Abs. 2, 291 Abs. 2).[33]

23 **5. Atypische Beherrschungsverträge?** Unter dem Stichwort „atypische Beherrschungsverträge" werden verschiedene Fragen diskutiert. Zunächst geht es um die Selbstverständlichkeit, daß sich die Rechtsnatur eines Vertrages als Beherrschungsvertrag nicht nach seinem Wortlaut oder seiner Bezeichnung, sondern nach seinem notfalls durch Auslegung zu ermittelnden „wirklichen" Inhalt richtet (§§ 133, 157 BGB).[34] Führt der Vertrag

[26] Für die Zulässigkeit MünchKommAktG/*Altmeppen* Rdnr. 86, 102 ff.; *Bachmann*/*Veil* ZIP 1999, 348, 353 f.; *Exner* Beherrschungsvertrag S. 109 ff.; *Grobecker* DStR 2002, 1953, 1954 f.; *Hüffer* Rdnr. 15; MünchHdb. AG/*Krieger* § 70 Rdnr. 5; *Raiser* Kapitalgesellschaften § 54 Rdnr. 2 f. (S. 877 f.); dagegen *Koppensteiner* in Kölner Kommentar Rdnr. 30 ff.

[27] *Raiser* Kapitalgesellschaften § 54 Rdnr. 2 f. (S. 877 f.).

[28] KG AG 2001, 186 f. = NZG 2000, 1132; *Hüffer* Rdnr. 10.

[29] *Bachmann*/*Veil* ZIP 1999, 348, 354 f.; s. § 292 Rdnr. 29.

[30] LG München I DB 2000, 1217 = AG 2001, 316 „Bayer. Brau Holding"; anders *Altmeppen* (Fn. 26).

[31] MünchKommAktG/*Altmeppen* Rdnr. 97 ff.; *Exner* Beherrschungsvertrag S. 109, 115 ff.; *Geßler*, FS für Beitzke, S. 923, 928 ff.

[32] LG München I DB 2000, 1217 = AG 2001, 316 „Bayer. Brau-Holding"; *Hüffer* Rdnr. 11; *Koppensteiner* in Kölner Kommentar Rdnr. 13; MünchHdb. AG/*Krieger* § 70 Rdnr. 6.

[33] Nur insoweit zustimmend MünchKommAktG/*Altmeppen* Rdnr. 101.

[34] S. Rdnr. 17; KG NZM 2000, 1132, 1133 = AG 2001, 186 „Alianz".

danach zur Unterstellung der Gesellschaft unter die Leitung des anderen Vertragsteils iSd. §§ 291 Abs. 1 S. 1 und 308 Abs. 1, so handelt es sich bei ihm eben um einen Beherrschungsvertrag, selbst wenn die Parteien bei Abschluß des Vertrages hieran nicht gedacht haben sollten (Rdnr. 11 ff.). Der Vertrag ist folglich nur wirksam, wenn er (auch) sämtlichen Wirksamkeitsvoraussetzungen eines Beherrschungsvertrages nach den §§ 293 ff. und 304 f. genügt.[35] Fehlt es daran, so kommt nur von Fall zu Fall eine Umdeutung in einen anderen schuldrechtlichen Vertrag in Betracht (§ 140 BGB).

Daraus ergibt sich die weitere Frage, wie zu verfahren ist, wenn sich hinter einem der **24** anderen Unternehmensverträge des § 292, zB hinter einem Betriebspacht- oder Betriebsführungsvertrag (§ 292 Abs. 1 Nr. 3), in Wirklichkeit ein Beherrschungsvertrag verbirgt, weil der Vertrag nach den ganzen Umständen zur Unterstellung der Gesellschaft unter die Leitung des anderen Vertragsteils führt. Nach dem Gesagten (Rdnr. 23) kann die Antwort nicht zweifelhaft sein: *Wenn* der Vertrag in Wirklichkeit ein Beherrschungsvertrag ist, so ist er im Interesse der Gesellschaft, ihrer Gesellschafter und ihrer Gläubiger auch als solcher zu behandeln und daher nur wirksam, wenn er (zugleich) den Wirksamkeitsvoraussetzungen eines Beherrschungsvertrages entspricht (str., s. § 292 Rdnr. 60 ff.). „Atypische" Beherrschungsverträge gibt es mit anderen Worten nicht, sondern nur (wirksame oder unwirksame) Beherrschungsverträge, sonstige Unternehmensverträge iS des § 292 und andere Verträge, die keine Unternehmensverträge sind.

6. Rechtsnatur

Schrifttum: *MünchKommAktG/Altmeppen* Rdnr. 25 ff.; *Bälz* AG 1992, 277, 285 ff.; *W. Bayer* Beherrschungsvertrag S. 13 ff.; *Emmerich/Sonnenschein/Habersack* § 11 III (S. 161 ff.); *Exner* Beherrschungsvertrag S. 35, 49 ff.; *S. Fabian*, Inhalt und Auswirkungen, S. 65 ff.; *Henze* Konzernrecht Tz. 295 ff. (S. 108 ff.); *Hüffer* Rdnr. 17 f.; *Koppensteiner* in Kölner Kommentar Vor § 291 Rdnr. 68 ff.; *Praël* Eingliederung S. 65 ff.; *Raiser* Kapitalgesellschaften § 54 Rdnr. 9 (S. 879 f.); *K. Schmidt* GesR § 31 III 1 a (S. 948 f.).

a) Organisationsvertrag. Beherrschungsverträge werden heute meistens ebenso wie die **25** Gewinnabführungsverträge als „Organisationsverträge" bezeichnet.[36] Damit soll zum Ausdruck gebracht werden, daß das Schwergewicht ihrer Wirkungen nicht in der Begründung wechselseitiger Rechte und Pflichten der Vertragsparteien, sondern in der Gestaltung der gesellschaftsrechtlichen Beziehungen zwischen ihnen sowie zwischen der abhängigen Gesellschaft und den außenstehenden Gesellschaftern liegt.

Die Frage nach der Rechtsnatur des Beherrschungsvertrages läßt sich nur an Hand seiner **26** rechtlichen Wirkungen beurteilen. Unter diesem Aspekt erlangen vor allem § 291 Abs. 1 und 3 sowie § 308 Abs. 1 Bedeutung; sie zeigen insgesamt, daß durch einen Beherrschungsvertrag in der Tat die **Verfassung** der abhängigen Gesellschaft **geändert** wird, so daß es gerechtfertigt ist, Beherrschungs- und Gewinnabführungsverträge durch ihre Qualifizierung als Organisationsverträge in einen Gegensatz zu reinen schuldrechtlichen Verträgen zu rücken (s. aber Rdnr. 27).[37] Vor allem die Notwendigkeit eines Zustimmungsbeschlusses der

---

[35] KG (vorige Fn.); *Hüffer* Rdnr. 14; *Koppensteiner* in Kölner Kommentar Rdnr. 18 ff.

[36] BGHZ 103, 1, 4 f. = LM AktG § 291 Nr. 2 = NJW 1988, 1326 = AG 1988, 133 „Familienheim"; BGHZ 105, 324, 331 = LM FGG § 19 Nr. 27 = NJW 1989, 295 = AG 1989, 91 „Supermarkt"; BGHZ 116, 37, 43 = LM AktG § 302 Nr. 5 = NJW 1992, 505 = AG 1992, 83 „Stromlieferung"; BGH LM AktG § 293 Nr. 2 = NJW 1992, 1452 = AG 1992, 192, 193 f. „Siemens/NRG"; BFHE 127, 56 = AG 1980, 309; OLG Hamm WM 1988, 1164, 1168 f.; BayObLGZ 1988, 201 = AG 1988, 375; BayObLGZ 1992, 367 = NJW 1993, 1804 = AG 1993, 177 „BSW"; OLG Frankfurt AG 1988, 267, 270; OLG Karlsruhe AG 1994, 283; OLG Hamburg NZG 2000, 421 = AG 2001, 91; OLG Stuttgart AG 1998, 585, 586 = NZG 1998, 601 „Dornier/DB";

OLG Oldenburg NZG 2000, 1138, 1139; LG Konstanz ZIP 1992, 1736, 1737 = AG 1993, 237; *MünchKommAktG/Altmeppen* Rdnr. 25 ff.; *Bälz*, FS für Raiser, 1974, S. 278, 323 ff.; *ders.* AG 1992, 277, 286 f.; *W. Bayer* Beherrschungsvertrag S. 13 ff.; *Ebenroth* Vermögenszuwendungen S. 371 ff.; *S. Fabian*, Inhalt und Auswirkungen, S. 65 ff.; *Henze* Konzernrecht Tz. 295 ff. (S. 108 ff.); *Hüffer* Rdnr. 17; *Kropff* BB 1965, 1282; *Maser* Betriebsüberlassungsverhältnisse S. 33 ff.; *Mestmäcker* Verwaltung S. 337 ff.; *Praël* Eingliederung S. 72 ff.; *Raiser* Kapitalgesellschaften § 54 Rdnr. 9; *K. Schmidt* GesR § 31 III 1 a (S. 948).

[37] Ebenso OLG Karlsruhe NJW 1967, 831, 832; LG Ingolstadt AG 1991, 24, 25; *Bälz* AG 1992, 277, 285, 299 f.; *Bayer* Beherrschungsvertrag S. 13 ff.; *Exner* Beherrschungsvertrag S. 53 ff.; *S. Fa-*

Hauptversammlung der abhängigen Gesellschaft mit qualifizierter Mehrheit (§ 293 Abs. 1) erklärt sich unmittelbar aus diesem Umstand. In dieselbe Richtung weist § 293 Abs. 1 S. 4, der deutlich macht, daß es sich bei dem Abschluß eines Beherrschungsvertrages der Sache nach um eine zeitlich befristete *Satzungsänderung* durch Änderung der Verfassung der Gesellschaft handelt (vgl. § 179).[38]

27   **b) Leistungspflichten.** Das Gesagte (Rdnr. 26) ändert nichts daran, daß sich aus einem Beherrschungsvertrag auch beiderseitige Leistungspflichten ergeben (s. §§ 302 Abs. 1, 308 Abs. 2). Der Beherrschungsvertrag begründet mithin nicht nur Zuständigkeiten, etwa des herrschenden Unternehmens zur Erteilung von Weisungen (§ 308),[39] sondern auch ein *Schuldverhältnis* mit beiderseitigen Leistungspflichten, auf die insbes. die §§ 273, 276, 280 und 320 anwendbar sind.[40] Die Anwendung des § 273 BGB oder – je nach Ausgestaltung des Vertrages – des § 320 BGB kommt vor allem in Betracht, wenn das herrschende Unternehmen gegen seine Verpflichtung zur Verlustübernahme verstößt (§ 302; s. § 308 Rdnr. 69). Die abhängige Gesellschaft kann außerdem nach § 280 Abs. 1 BGB Schadensersatz verlangen, wenn das herrschende Unternehmen die aus einem Beherrschungsvertrag resultierenden Pflichten zur Wahrung der Interessen der abhängigen Gesellschaft verletzt (s. § 309 Rdnr. 20 f.). Umgekehrt sind auch Schadensersatzansprüche des herrschenden Unternehmens vorstellbar, wenn die abhängige Gesellschaft durch eine Vertragsverletzung das herrschende Unternehmen schädigt.[41]

7. Fehlerhafte Verträge

Schrifttum: MünchKommAktG/*Altmeppen* Rdnr. 192–210; *Autenrieth* GmbHR 1990, 113; *Bredow/Tribulowsky* NZG 2002, 841; *Ebenroth/A. Müller* BB 1991, 358; *Emmerich* JuS 1992, 102; *Scholz/ders.* GmbHG § 44 Anh. Rdnr. 170 ff.; *Emmerich/Sonnenschein/Habersack* § 11 IV (S. 164 ff.); *C. Führling*, Sonstige Unternehmensverträge mit einer abhängigen GmbH, 1993, S. 319 ff.; *Grüner*, Die Beendigung von Gewinnabführungs- und Beherrschungsverträgen, Diss. Bayreuth 2001, Teil. III § 9; *Henze* Konzernrecht Tz. 211, 310 ff. (S. 77, 113 ff.); *Hüffer* Rdnr. 20 f.; *Kleindiek* ZIP 1988, 613; *Kort*, Bestandsschutz fehlerhafter Strukturänderungen, S. 130 ff.; *ders.* ZIP 1989, 1309; *H. Köhler* ZGR 1985, 307; MünchHdb. AG/*Krieger* § 70 Rdnr. 18 f., 47; *ders.* ZHR 158 (1994), 35; *Lauber-Nöll*, Die Rechtsfolgen fehlerhafter Unternehmensverträge, 1993; *B. Mertens* BB 1995, 1417; *Praël*, Eingliederung und Beherrschungsvertrag, S. 89 ff.; *Priester* in U. Schneider, Beherrschungs- und Gewinnabführungsverträge, 1989, S. 37; *Raiser* Kapitalgesellschaften § 54 Rdnr. 31 (S. 888 f.); *E. Rehbinder*, FS für Fleck, 1988, S. 235; *Stolzenberger-Wolters*, Fehlerhafte Unternehmensverträge im GmbH-Recht, 1990; *E. Strobl* in U. Schneider, Beherrschungs- und Gewinnabführungsverträge, S. 65; *Timm* GmbHR 1989, 11; 1992, 213; *ders.*, FS für Kellermann, 1991, S. 461; *P. Ulmer* BB 1989, 10.

28   Als fehlerhaft bezeichnet man einen Beherrschungsvertrag, bei dessen Abschluß nicht sämtliche gesetzlichen Wirksamkeitsvoraussetzungen eingehalten wurden oder der inhaltliche Mängel aufweist (§§ 125, 134, 138 BGB; s. § 293 Rdnr. 19 f.). Im einzelnen hat man zwischen Mängeln des Vertrages und Mängeln der beiden Zustimmungsbeschlüsse (§ 293 Abs. 1 und 2) zu unterscheiden, wobei innerhalb der letzteren weiter danach zu differenzieren ist, ob die Mängel die Nichtigkeit oder lediglich die Anfechtbarkeit des Beschlusses nach sich ziehen (§§ 241, 243). Sind die genannten Mängel nicht in der Zwischenzeit, etwa durch Zeitablauf, geheilt (s. §§ 242, 244 und 246 Abs. 1 AktG; § 140 BGB), so stellt sich die Frage, wie zu verfahren ist, wenn der Vertrag trotz seiner Mängel *vollzogen* wird, d. h., wenn die Parteien in der Praxis nach ihm verfahren, wofür es bereits genügt, daß das

---

bian, Inhalt und Auswirkungen, S. 65 ff.; *Koppensteiner* in Kölner Kommentar Vor § 291 Rdnr. 69 f.; *Oesterreich* Betriebsüberlassung S. 61 ff.; *Praël* Eingliederung S. 69, 79 ff.; *Raiser* Kapitalgesellschaften § 54 Rdnr. 9 (S. 879 f.).

[38] S. § 293 Rdnr. 23 ff.; *Emmerich/Sonnenschein/Habersack* § 11 III 1 (S. 162 m. Nachw.); zur Anwendbarkeit des § 83 s. § 293 Rdnr. 14–16).

[39] So *Bälz* AG 1992, 277, 287; *W. Bayer* Beherrschungsvertrag S. 17 f.; *Praël* Eingliederung S. 93.

[40] OLG Frankfurt NZG 2000, 603; MünchKommAktG/*Altmeppen* Rdnr. 35 ff.; *Emmerich*, Ge-

dächtnisschr. für Sonnenschein, S. 651, 653 ff.; *Emmerich/Sonnenschein/Habersack* § 11 III 2 (S. 162); *Hüffer* Rdnr. 18; *Koppensteiner* in Kölner Kommentar Vor § 291 Rdnr. 68; § 308 Rdnr. 43; ebenso für den Gewinnabführungsvertrag öOGH NZG 1999, 1216; AG 2000, 331 = WBl. 1999, 521 = öRdW 1999, 597 = EvBl. 1999 Nr. 2000 = ÖJZ 1999, 846; s. Rdnr. 53.

[41] OLG Frankfurt NZG 2000, 603, 604 f.; zur Anwendbarkeit des § 426 BGB s. noch KG AG 2002, 289, 290 im Anschluß an BGHZ 120, 50 = NJW 1993, 585 = AG 1993, 138.

herrschende Unternehmen Verluste der abhängigen Gesellschaft ausgeglichen oder in deren Geschäftsführung eingegriffen hat (§§ 302 Abs. 1, 308 Abs. 1).[42]

Die **Rechtsprechung** tendiert dahin, in den genannten Fällen (Rdnr. 28) den Beherr- **29** schungsvertrag trotz der Mängel als **wirksam** zu behandeln, vor allem wohl, um den Gläubigerschutz aufgrund der §§ 302 und 303 sicherzustellen.[43] Im Schrifttum wird dagegen je nach Art und Schwere des Mangels in vielfältiger Weise unterschieden. In der Tat erscheint es ausgeschlossen, sämtliche Mängel des Vertrags und der Zustimmungsbeschlüsse (§ 293) trotz ihres unterschiedlichen Gewichts gleichsam über einen Kamm zu scheren. Dies zeigt schon § 304 Abs. 3 S. 1, nach dem der Vertrag (nur) bei Fehlen einer Ausgleichsregelung unheilbar nichtig ist.

Umstritten ist die Rechtslage zunächst in den Fällen der *fehlenden Eintragung* des Vertrages ins **30** Handelsregister (s. § 294 Abs. 2). Für die *GmbH* hat der BGH diesem Umstand – trotz entsprechender Anwendbarkeit des § 294 Abs. 2 – wiederholt *keine* Bedeutung beigemessen und deshalb auf den Vertrag nach seinem Vollzug (entsprechend den Regeln über die fehlerhafte Gesellschaft) die Vorschriften über Beherrschungsverträge, insbes. also die §§ 302 und 303 angewandt.[44] Diese Praxis ist schon für die GmbH zweifelhaft, kann aber auf keinen Fall auf die **AG** übertragen werden, weil mit Rücksicht auf die zwingende Regelung des § 294 Abs. 2 vor Eintragung des Vertrags ins Handelsregister sinnvollerweise niemand auf dessen Bestand vertrauen kann und darf.[45] In dieselbe Richtung weist die Übergangsregelung des § 22 EGAktG.

Zweifelhaft ist die Rechtslage ferner bei Mängeln der *Zustimmungsbeschlüsse* (§ 293 Abs. 1 **30 a** und 2); teilweise wird angenommen, der Bestandsschutz zugunsten der einmal vollzogenen Verträge müssen auch hier beachtet werden.[46] Indessen erscheint es nicht vertretbar, die außenstehenden Aktionäre in derartigen Fällen um ihre Rechte aus den §§ 241, 243 und 306 zu bringen;[47] insbes. ist nicht erkennbar, was die Aktionäre an einer Anfechtung des Zustimmungsbeschlusses (§ 293) in der kurzen Frist des § 246 wegen etwaiger Mängel des Vertrages hindern sollte.[48] Allenfalls an eine entsprechende Anwendung der §§ 302 und 303 zum Schutze der Gläubiger ist hier von Fall zu Fall zu denken. Schließlich ist auch dann kein Raum für die Anerkennung des Beherrschungsvertrages, wenn ein Zustimmungsbeschluß der abhängigen Gesellschaft ganz fehlt (§ 293 Abs. 1).

Etwaige *Vertragsmängel* können gleichfalls nicht einheitlich behandelt werden;[49] vielmehr **31** gibt es so schwere Fehler, daß es vor allem der Schutz der außenstehenden Gesellschafter

[42] *Henze* Konzernrecht Tz. 217 (S. 115) m. Nachw.

[43] BGHZ 103, 1, 5 = NJW 1988, 1326 = AG 1988, 133 „Familienheim"; BGHZ 105, 168, 182 = NJW 1988, 3143 = AG 1989, 27 „HSW"; BGHZ 116, 37, 39 ff. = NJW 1992, 505 = AG 1992, 83 „Stromlieferungen/Hansa-Feuerfest"; BGH LM GmbHG § 53 Nr. 11 (Bl. 2) = NJW 2002, 822 = AG 2002, 240 (Vorinstanz: OLG Oldenburg NZG 2000, 1138); OLG Koblenz AG 1991, 142 = WM 1991, 227; OLG München AG 1991, 358, 361; LG Bochum AG 1987, 323 = GmbHR 1987, 24; LG Ingolstadt AG 1991, 24, 25; enger OLG Koblenz ZIP 2001, 1095, 1098 (s. Rdnr. 30 a); ablehnend *Köhler* ZGR 1985, 307, 310 ff.; *Koppensteiner* in Kölner Kommentar § 297 Rdnr. 37, Vor § 300 Rdnr. 11.

[44] BGHZ 116, 37, 39 = NJW 1992, 505 = LM AktG § 302 Nr. 5 „Stromlieferungen/Hansa Feuerfest" (im Anschluß an BGHZ 103, 1, 4 f. = LM AktG § 291 Nr. 2 = NJW 1988, 1326 „Familienheim"); insbes. BGH LM GmbHG § 53 Nr. 11 (Bl. 2) = NJW 2002, 822 = AG 2002, 240.

[45] S. *Emmerich* Anm. LM GmbHG § 53 Nr. 11 (Bl. 4); ausführlich *Henze* Konzernrecht Tz. 310 ff. (S. 113 ff.); *Hüffer* Rdnr. 21; *Krieger* ZHR 158

(1994), 35, 41 Rdnr. 11; ebenso auch BGH LM KapErhG Nr. 2 (Bl. 2) = NJW 1996, 659 = AG 1996, 173 = ZIP 1996, 225; – anders aber OLG Hamm, Urt. v. 28. 11. 2002 – 27 U 66/02; OLG Stuttgart, Urt. v. 6. 11. 2002 – 14 U 21/02.

[46] MünchKommAktG/*Altmeppen* Rdnr. 207 ff.; *Bredow/Tribulowsky* NZG 2002, 841, 842; *Kley*, Die Rechtsstellung der außenstehenden Aktionäre bei der vorzeitigen Beendigung von Unternehmensverträgen, 1986, S. 65 ff.; MünchHdb. AG/*Krieger* § 70 Rdnr. 47 (Abs. 2 [S. 1037]); *ders.* ZHR 158 (1994), 35, 37 ff.; *ders.* in U. Schneider, Beherrschungs- und Gewinnabführungsverträge in der Praxis der GmbH, 1989, S. 99, 110; *Kort* Bestandsschutz S. 173 ff.

[47] OLG Koblenz ZIP 2001, 1095, 1098 „Diebels/Reginari II" (jedenfalls für das Verhältnis zu den klagenden Aktionären); *Grüner* Beendigung Teil III § 9; *Gerth* BB 1978, 1497, 1499; *Hüffer* Rdnr. 21; *H. Wilhelm*, Die Beendigung des Beherrschungs- und Gewinnabführungsvertrages, 1976, S. 26 ff.; wohl auch LG Frankenthal ZIP 1988, 1460, 1463.

[48] *B. Mertens* BB 1995, 1417 ff.

[49] So aber offenbar BGHZ 116, 37, 39 ff. = NJW 1992, 505 = LM AktG § 302 Nr. 5 = AG 1992, 83 „Stromlieferungen/Hansa Feuerfest".

erfordert, an der Nichtigkeit des Vertrags festzuhalten (s. § 304 Abs. 3 S. 1).[50] Zu denken ist hier vor allem an Vertragsklauseln, durch die die Rechte der außenstehenden Aktionäre entgegen dem Gesetz in schwerwiegender Weise beschränkt werden (§§ 134, 138 BGB).

32   Auch wenn der einmal vollzogene Vertrag trotz seines Mangels für die Vergangenheit anerkannt wird (Rdnr. 29), ändert dies doch nichts an seiner fortbestehenden Fehlerhaftigkeit. Die Folge ist, daß die bloße faktische Geltung des Vertrages von beiden Parteien jederzeit *für die Zukunft* beendet werden kann.[51] Dies geschieht durch einfache Berufung auf die Nichtigkeit des Vertrages, während die Rechtsprechung (s. Rdnr. 29) hier ohne Not eine außerordentliche Kündigung aus wichtigem Grunde verlangt (§ 297 Abs. 1 S. 1).[52] Fristen bestehen dafür nicht.[53] Die Zuständigkeit liegt beim Vorstand.[54] Die Parteien sind natürlich auch nicht gehindert, den ohnehin nichtigen Vertrag unter Beachtung des Rückwirkungsverbotes des § 296 Abs. 1 S. 3, d. h. für die Zukunft aufzuheben.[55]

8. Internationale Verträge

Schrifttum: Unternehmensrechtskommission Bericht Tz. 1356 ff. (S. 694 ff.); *Altmeppen,* Die Haftung des Managers im Konzern, 1998, S. 50 ff.; MünchKommAktG/*Altmeppen* Vor § 291 Rdnr. 35–54; *Bache,* Der internationale Unternehmensvertrag nach deutschem Kollisionsrecht, 1969; *Bärwaldt/Schabacker* AG 1998, 182; *W. Bayer,* Der grenzüberschreitende Beherrschungsvertrag, 1988; *ders.* ZGR 1993, 599; *H.-G. Berg* GmbHR 1997, 1136; *Bernstein/Koch* ZHR 143 (1979), 522; *Däubler* RabelsZ 39 (1975), 444; *Duden* ZHR 141 (1977), 145; *Ebenroth,* Konzernkollisionsrecht im Wandel außenwirtschaftlicher Ziele, 1978; *Einsele* ZGR 1996, 40; *Scholz/Emmerich* GmbHG § 44 Anh. Rdnr. 225 f.; *Emmerich/Sonnenschein/Habersack* § 11 V (S. 165 ff.); *Feddersen,* Beherrschungs- und Gewinnabführungsverträge über die Grenze, in U. Schneider, Beherrschungs- und Gewinnabführungsverträge in der Praxis der GmbH, 1989, S. 127; *Immenga/Klocke* ZSR 114 (1973), 29; *Kieninger* ZGR 1999, 724; *Klocke,* Deutsches Konzernkollisionsrecht und seine Regelungsprobleme, 1974; *Koppensteiner,* Internationale Unternehmen im deutschen Gesellschaftsrecht, 1971; *ders.* in Kölner Kommentar Vor § 291 Rdnr. 78 ff.; *Kösters* NZG 1998, 241; *Kronke* ZGR 1989, 473; *Luchterhandt,* Deutsches Konzernrecht bei grenzüberschreitenden Konzernverbindungen, 1971; *Fr. Mann,* FS für Barz, 1974, S. 219; *S. Maul* NZG 1999, 741; *K. Neumayer* Zeitschrift für vergleichende Rechtswissenschaft (ZVglRWiss) 83 (1984), 129; *Prühs* AG 1973, 395; *Rohr,* Der Konzern im IPR unter besonderer Berücksichtigung des Schutzes der Minderheitsaktionäre und der Gläubiger, 1983; *M. Schubert,* Unternehmensmitbestimmung und internationale Wirtschaftsverflechtung, 1984; Staudinger/*Großfeld,* EGBGB/IPR/Internationales Gesellschaftsrecht, 13. Aufl. 1998, Rdnr. 556 ff. (S. 133 ff.); *Westermann* ZGR 1975, 68; *Wiedemann* Gesellschaftsrecht Bd. I S. 799 ff.; *ders.,* FS für Kegel, 1977, S. 187.

33   Als internationale Beherrschungsverträge bezeichnet man Verträge, die zwischen einem deutschen und einem ausländischen Unternehmen abgeschlossen werden. Die Eigenschaft einer Gesellschaft als deutsche oder ausländische, ihre sogenannte *Nationalität,* beurteilte sich in diesem Zusammenhang in Deutschland bis vor kurzem nach der sogenannten *Sitztheorie* (im Gegensatz zur Gründungstheorie), so daß es nicht darauf ankam, wo die Gesellschaft (wirksam) gegründet worden war, sondern wo sich ihr (wirklicher) Verwaltungssitz befand.[56] War dies Deutschland, so handelte es sich ohne Rücksicht auf den Ort der Gründung der Gesellschaft um eine deutsche Gesellschaft mit der Folge, daß sie im Inland – mangels Erfüllung der Erfordernisse des deutschen Rechts für die Anerkennung als juristische Person – überwiegend als nicht handlungsfähig angesehen wurde. Diese Auffassung hatte zunächst auch die Billigung des EuGH gefunden.[57] Mit den Urteilen Centros und Überseering[58] ist

---

[50] S. § 293 Rdnr. 13 f.; LG Ingolstadt AG 1991, 24, 25; *Grüner* (Fn. 47); *Kleindiek* ZIP 1988, 613; *Kort* Bestandsschutz S. 176 f.; *Priester* in U. Schneider, Beherrschungs- und Gewinnabführungsverträge, S. 37, 46 ff.; anders MünchKommAktG/*Altmeppen* Rdnr. 206; *Timm,* FS für Kellermann, S. 461, 479 ff.

[51] Ebenso für einen Organschaftsvertrag BFHE 184, 88, 90 f. = AG 1998, 491 = BStBl. 1998 II S. 33 = NZG 1998, 227.

[52] Ebenso die hM, zB *Kort* Bestandsschutz S. 169 ff.

[53] *B. Mertens* BB 1995, 1417, 1419; str.

[54] *Scholz/Emmerich* GmbHG § 44 Anh. Rdnr. 174.

[55] BGH LM GmbHG § 53 Nr. 11 (Bl. 2 f.) = NJW 2002, 822 = AG 2002, 240.

[56] BGHZ 97, 269, 271 f. = NJW 1986, 2194; OLG Frankfurt AG 1990, 494, 495; KG DB 1997, 1124; *Becker* GmbHR 1997, 1136; *Eidenmüller/G. Rehm* ZGR 1997, 89; *Hüffer* § 1 Rdnr. 25 ff.; *Kösters* NZG 1998, 241; *K. Schmidt* GesR § 1 II 8 a (S. 26 ff.); s. auch § 311 Rdnr. 21.

[57] EuGH Slg. 1988, 5505, 5511 Tz. 19 = NJW 1989, 2186 „Daily-Mail".

[58] EuGH Slg. 1999, I-1484, 1491 ff. Tz. 20 ff. = AG 1999, 226, 227 = EuZW 1999, 226 = NZG

der Gerichtshof jedoch mittlerweile ebenso wie zuvor schon der österreichische OGH[59] und jetzt auch der BGH[60] auf die Linie der *Gründungstheorie* eingeschwenkt.

Für alle praktischen Zwecke dürfte damit für die Zukunft die Frage, nach welchen 33 a Kriterien die Nationalität vor Gesellschaften zu beurteilen ist, isd. (großzügigeren) *Grün-dungstheorie* entschieden sein. Soweit absehbar, wird sich die Diskussion statt dessen fortan auf die vom Gerichtshof in Mißbrauchsfällen unter anderem zum Schutze von Minderheits-aktionären zugelassenen *Einschränkungen* der Niederlassungsfreiheit konzentrieren.[61] Von solchen nur schwer abgrenzbaren Mißbrauchsfällen abgesehen, ist jedoch fortan davon auszugehen, daß sich auch ausländische Gesellschaften trotz Sitzverlegung nach Deutschland an Unternehmensverträgen beteiligen können. Denn sie verlieren dadurch weder ihre Rechts- noch ihre Parteifähigkeit.

Nur verhältnismäßig unbedeutende kollisionsrechtliche Probleme tauchen in internatio- 34 nalen Unterordnungskonzernen auf, wenn an ihnen das *deutsche* Unternehmen in der Rolle des **herrschenden** Unternehmens beteiligt ist, da in solchen Fällen allein diejenigen Normen Anwendung finden, die wie etwa § 71 d die Verhältnisse der inländischen Ober-gesellschaft regeln;[62] dazu gehören freilich auch die auf die Obergesellschaft bezüglichen Regeln der Konzernbildungs- und Konzernleitungskontrolle (sogenannte Holzmüller-Dok-trin), selbst wenn sie durch Strukturmaßnahmen bei einer ausländischen Tochter ausgelöst werden.[63] Dagegen richten sich die Rechtsverhältnisse der ausländischen *abhängigen* Gesell-schaft ausschließlich nach ihrem Heimatrecht.[64] Unanwendbar ist nach hM außerdem § 293 Abs. 2, weil diese Vorschrift nach ihrem Sinn und Zweck nur die Beziehungen zwischen inländischen Gesellschaften im Auge hat (s. § 293 Rdnr. 6).

Ist umgekehrt eine *deutsche* Gesellschaft von einem ausländischen Unternehmen **abhän-** 35 **gig,** so sind grundsätzlich alle Vorschriften, die das deutsche Recht zum Schutze der abhängigen Gesellschaft, ihrer Gesellschafter und ihrer Gläubiger vorsieht, auf das ausländi-sche Unternehmen anzuwenden, so daß dieses im Inland gegenüber einer deutschen AG vor allem die Pflichten aus den §§ 302 bis 305 zu beachten hat.[65] Abweichende Vereinbarungen sind nicht möglich, so daß auch in dem Vertrag eine entsprechende Klarstellung entbehrlich ist.[66]

Unberührt bleibt das Personalstatut der ausländischen **Obergesellschaft.** Die Beziehun- 36 gen der Obergesellschaft zu ihren Gesellschaftern und Gläubigern richten sich daher weiter nach ihrem Heimatrecht.[67] Im übrigen beurteilt sich jedoch der Abschluß des Vertrages nach deutschem Recht, d. h. nach den §§ 291, 293 ff., weil und sofern die fraglichen

1999, 298 „Centros"; NJW 2002, 3614 = ZIP 2002, 2037, 2041 ff. Tz. 52 ff. = AG 2003, 37 = NZG 2002, 1164 „Überseering" (auf Vorlage des BGH LM ZPO § 50 Nr. 51 = AG 2000, 473); wegen der Einzelheiten s. *Heidenhain* NZG 2002, 1141; *Hüffer* § 1 Rdnr. 25 a; *Schanze/Jüttner* AG 2003, 30: Scholz/*Westermann* GmbHG Einl. Rdnr. 85 ff.; Scholz/*Emmerich* GmbHG § 4 a Rdnr. 5 f.
[59] OGH SZ Bd. 72 (1999 II) Nr. 121, S. 58, 67 f. = AG 2000, 333, 335 f.
[60] BGH ZIP 2003, 718 gegen BGH WM 2002, 1929, 1930 = ZIP 2002, 1763 = NJW 2002, 3539.
[61] Urteil Überseering (Fn. 58) Tz. 83 ff., 92.
[62] OLG Frankfurt AG 1988, 267, 272; *Koppen-steiner,* Internationale Unternehmen, S. 103, 266 ff.; *Luchterhand* Konzernrecht S. 160 ff.
[63] MünchKommAktG/*Altmeppen* Einl. §§ 291 ff. Rdnr. 41 f.; Staudinger/*Großfeld,* Internationales Gesellschaftsrecht, Rdnr. 559, 582.
[64] OLG Hamburg MDR 1976, 402 Nr. 54; ebenso für die Schweiz BGE 80 II (1954), 53, 59 „Shell"; *Bärwaldt/Schabacker* AG 1998, 182, 187.

[65] BGHZ 65, 15 = NJW 1976, 191 = WM 1975, 1152 „ITT" (ohne Begründung); MünchKomm-AktG/*Altmeppen* Einl. §§ 291 ff. Rdnr. 36 ff.; *W. Bayer* Beherrschungsvertrag S. 57, 66 ff.; *Bär-waldt/Schabacker* AG 1998, 182, 186 f.; *Bernstein/ Koch* ZHR 143 (1979), 522, 529 f.; *Ebenroth* AG 1990, 188, 195; *Einsele* ZGR 1996, 40; *Feddersen* in U. Schneider, Beherrschungs- und Gewinnabfüh-rungsverträge, S. 127, 135 ff.; *Hüffer* Rdnr. 8, 13; *Kronke* ZGR 1989, 473; *Koppensteiner,* Internationale Unternehmen, S. 136, 170, 245 ff.; *ders.* in Kölner Kommentar Vor § 291 Rdnr. 83 f.; *Luchter-hand* Konzernrecht S. 127 f.; *Mann,* FS für Barz, S. 219, 223 ff.; Staudinger/*Großfeld,* Internationales Gesellschaftsrecht, Rdnr. 557; *Wiedemann,* FS für Kegel, S. 187, 203 ff.
[66] S. Rdnr. 17; *W. Bayer* Beherrschungsvertrag S. 64; *Bärwaldt/Schabacker* AG 1998, 182, 186; an-ders nur *Neumayer* ZVglRWiss. 83 (1984), 129.
[67] *Einsele* ZGR 1996, 40, 49 f.

Vorschriften des AktG in erster Linie den Schutz der abhängigen deutschen Gesellschaft bezwecken.[68]

37   Die Durchsetzung des deutschen Konzernrechts gegen ausländische herrschende Unternehmen (Rdnr. 35) ist keineswegs gesichert. Die daraus zum Teil hergeleiteten Bedenken gegen die **Zulässigkeit** internationaler Beherrschungsverträge[69] sind indessen unbegründet. Im Rahmen der Europäischen Union steht solchen Vorbehalten bereits das Diskriminierungsverbot des Art. 12 EGV (= ex-Art. 6) entgegen.[70]

9. Mehrstufige Unternehmensverbindungen

Schrifttum: Altmeppen, Die Haftung des Managers im Konzern, 1998, S. 105 ff.; *ders.,* FS für Lutter, 2000, S. 975; *W. Bayer,* FS für Ballerstedt, 1975, S. 157; *Cahn,* Zur Anwendbarkeit der §§ 311 ff. AktG im mehrstufigen Vertragskonzern, BB 2000, 1477; *Emmerich/Sonnenschein/Habersack* §§ 21 V, 24 V 3 (S. 317, 396 f.); *H. Görling,* Die Konzernhaftung im mehrstufigen Unternehmensverbindungen, 1998; *ders.,* Die Verbreitung zwei- und mehrstufiger Unternehmensverbindungen, AG 1993, 538; *Hommelhoff* WM 1984, 1105; *Koppensteiner* in Kölner Kommentar § 291 Rdnr. 44–52; *Kronstein* BB 1967, 637; *Kropff,* Mehrstufige Abhängigkeit, in MünchKommAktG Anh.zu § 311; MünchHdb. AG/*Krieger* § 70 Rdnr. 10 f.; *Paschke* AG 1988, 196; *A. Pentz,* Die Rechtsstellung der Enkel-AG in einer mehrstufigen Unternehmensverbindung, 1994; *ders.* NZG 2000, 1103; *E. Rehbinder* ZGR 1977, 581; *Sonnenschein* BB 1975, 1088; *ders.* AG 1976, 147; *Timm* Aktiengesellschaft S. 170 ff.; *S. Wanner,* Konzernrechtliche Probleme mehrstufiger Unternehmensverbindungen nach Aktienrecht, 1998.

38   In mehrstufigen Unternehmensverbindungen, wie sie in der Praxis die Regel bilden,[71] sind Beherrschungsverträge auf allen Stufen möglich. In einer zweistufigen Unternehmensverbindung kann daher zB die Muttergesellschaft Beherrschungsverträge gleichermaßen mit der Tochter- wie mit der Enkelgesellschaft abschließen; ebenso ist es aber auch möglich, daß ein Beherrschungsvertrag allein zwischen der Tochter- und der Enkelgesellschaft oder nur zwischen der Mutter- und der Tochter- oder der Enkelgesellschaft abgeschlossen wird.[72] Vorstellbar ist außerdem, daß die Enkelgesellschaft gleichzeitig in vertraglichen Beziehungen zur Mutter- *und* zur Tochtergesellschaft steht. In diesem Fall muß zusätzlich Sorge dafür getragen werden, daß einander widersprechende Weisungen ausgeschlossen sind.[73] Das folgt aus § 308 Abs. 2 S. 1.

39   In den genannten Fällen muß vor allem entschieden werden, welche Auswirkungen der Abschluß von Beherrschungsverträgen auf einzelnen Stufen der mehrstufigen Unternehmensverbindung auf die Anwendbarkeit der §§ 311 bis 318 in denjenigen Unternehmensverbindungen hat, für die kein Beherrschungsvertrag vorliegt (s. dazu im einzelnen § 311 Rdnr. 17 ff.). Hier genügt die Bemerkung, daß jedenfalls neben einer *durchgehenden Kette* von Unternehmensverträgen für eine Anwendung der §§ 311 bis 318 kein Raum mehr ist.[74] Unklar ist die Rechtslage dagegen, wenn in der mehrstufigen Unternehmensverbindung nur auf einer Stufe, zB zwischen der Tochter- und der Enkelgesellschaft, nicht jedoch auf den anderen Stufen ein Beherrschungsvertrag abgeschlossen wird. Zum Teil wird angenommen, auch in diesem Falle schließe der Beherrschungsvertrag der Enkel- mit der Tochtergesellschaft entsprechend dem Wortlaut des § 311 Abs. 1 die Anwendung der

---

[68] S. § 293 Rdnr. 5; *W. Bayer* Beherrschungsvertrag S. 66, 71 ff.; *Koppensteiner* in Kölner Kommentar Vor § 291 Rdnr. 88 ff.

[69] *Bernstein/Koch* ZHR 143 (1979), 522, 531 ff.; *Däubler* RabelsZ 39 (1975), 444; *Duden* ZHR 141 (1977), 145; *Ebenroth,* Die verdeckte Vermögenszuwendungen im transnationalen Unternehmen, 1979, S. 420 f.; *M. Schubert* Unternehmensmitbestimmung, 1984; *Lutter/Hommelhoff* GmbHG § 13 Anh. Rdnr. 89; *Roth/Altmeppen* GmbHG § 13 Anh. Rdnr. 197 f.

[70] *W. Bayer* Beherrschungsvertrag S. 96 ff.; *ders.* ZGR 1993, 599, 612 f.; *Bärwaldt/Schabacker* AG 1998, 182, 184 ff.; *Einsele* ZGR 1996, 40, 47 ff.; *Feddersen* in U. Schneider, Beherrschungs- und Gewinnabführungsverträge, S. 127, 138 ff.; *Koppenstei-*

ner in Kölner Kommentar Vor § 291 Rdnr. 94 f.; *Wiedemann,* FS für Kegel, S. 187, 206 f.

[71] S. *Görling* AG 1993, 538 ff.

[72] BayObLGZ 1992, 367, 371 f. = NJW 1993, 1804 = AG 1993, 177, 178 = WM 1993, 550 „BSW"; LG Frankfurt AG 1999, 238, 239.

[73] Anders *Pentz* Enkel-AG S. 172 ff., der solche Gestaltungen als unzulässig ansieht; wieder anders MünchKommAktG/*Altmeppen* Rdnr. 106 ff. (Koordinierung nicht erforderlich).

[74] S. § 311 Rdnr. 18; OLG Frankfurt ZIP 2000, 926 = WM 2000, 1402 = BB 2000, 1487 = NZG 2000, 790 = AG 2001, 53; LG Frankfurt AG 1999, 238, 239 (in derselben Sache); teilweise anders *Cahn* BB 2000, 1477, 1480 f.; zu weiteren Fallgestaltungen s. § 311 Rdnr. 18 ff.

§§ 311 bis 318 auf die Beziehungen der Enkel- zur Muttergesellschaft aus.[75] Dem ist indessen zum Schutz der abhängigen Enkelgesellschaft, ihrer Aktionäre und ihrer Gläubiger nicht zu folgen.[76]

Die Rechtsfolgen, die das Gesetz an den Abschluß von Beherrschungsverträgen knüpft, **40** sind durchweg auf einstufige Unternehmensverbindungen zugeschnitten, so daß sie sich häufig nicht ohne Modifikationen auf mehrstufige Beherrschungsverträge übertragen lassen. In besonderem Maße gilt das für die Berechnung von Ausgleich und Abfindung (§§ 304 und 305). Das Gesetz nimmt darauf nur in § 305 Abs. 2 Nr. 2 Rücksicht. Die Schwierigkeiten vervielfältigen sich noch, wenn unterschiedliche Unternehmensverträge oder Unternehmensverträge mit einer Eingliederung auf anderen Stufen zusammentreffen. Die Fülle der hier auftauchenden Probleme kann nur von Fall zu Fall unter Berücksichtigung des Schutzzweckes der jeweils betroffenen Normen gelöst werden.[77]

10. GmbH

Schrifttum: S. Vor § 291 Rdnr. 6 sowie *Roth/Altmeppen* GmbHG § 13 Rdnr. 15–90; *Emmerich/Sonnenschein/Habersack* § 32 (S. 478 ff.); *Scholz/Emmerich* GmbHG § 44 Anh. Rdnr. 136 ff.; *S. Fabian*, Inhalt und Auswirkungen, S. 77, 86 ff.; *Halm* NZG 2001, 728; *Henze* Konzernrecht Tz. 172 ff.; *Rowedder/Schmidt-Leithoff/Koppensteiner* GmbHG § 52 Anh. Rdnr. 53 ff. (S. 1762 ff.); *Lutter/Hommelhoff* GmbHG § 13 Anh. Rdnr. 47–86; *Rosenbach* in Münchener Handbuch des Gesellschaftsrechts, Bd. 3: GmbH, § 17 Rdnr. 13–43 (S. 1174 ff.); *K. Schmidt* GesR § 38 III 2 (S. 1191 ff.); *Hachenburg/Ulmer* GmbHG § 53 Rdnr. 140 ff., § 77 Anh. Rdnr. 182 ff.; *Baumbach/Hueck/Zöllner* GmbHG Schlußanh. I Rdnr. 36–52 f. (S. 1605 ff.); *Michalski/Zeidler* GmbHG Bd. I Syst. Darst. Rdnr. 53, 57 ff. (S. 436, 438 ff.).

a) Begriff. Die Problematik des Beherrschungsvertrags bei der AG beruht nicht zuletzt **41** auf der mit ihm verbundenen Durchbrechung des Prinzips der eigenverantwortlichen Leitung der Gesellschaft durch den Vorstand (§ 76 Abs. 1). Eine dem § 76 Abs. 1 AktG entsprechende Bestimmung fehlt jedoch im GmbH-Recht. Aus § 37 Abs. 1 GmbHG wird vielmehr allgemein der Schluß gezogen, daß die Geschäftsführer einer GmbH grundsätzlich von den Weisungen der Gesellschafterversammlung als dem obersten Organ der Gesellschaft abhängig sind (§§ 45, 46 GmbHG). Anders als bei der AG (s. § 23 Abs. 5 AktG) besteht außerdem bei der GmbH im Innenverhältnis der Gesellschafter weitgehende Vertragsfreiheit (§ 45 GmbHG) so daß sich die Frage stellt, ob nicht bei der GmbH anders als bei der AG das vertragliche Weisungsrecht des herrschenden Unternehmens durch eine entsprechende Regelung im Gesellschaftsvertrag ersetzt werden kann mit der weiteren Folge, daß hier das Rechtsinstitut des Beherrschungsvertrages im Grunde entbehrlich wäre, jedenfalls der Beherrschungsvertrag eine andere Funktion als im Aktienrecht hätte.[78]

Für die Bejahung der Frage (Rdnr. 41) spricht zwar auf den ersten Blick § 45 GmbHG. **42** Gleichwohl sollte man zum Schutze der anderen Gesellschafter und der Gläubiger daran festhalten, daß zumindest in mehrgliedrigen Gesellschaften **nachteilige** Weisungen nur unter den Voraussetzungen und Kautelen eines *Beherrschungsvertrages* erlaubt sein können, der deshalb hier letztlich dieselbe Funktion und damit *denselben Begriff* wie im Aktienrecht hat. Das gilt selbst dann, wenn formal das Weisungsrecht des herrschenden Unternehmens in den Gesellschaftsvertrag aufgenommen wird. Der Sache nach handelt es sich in diesem Fall bei der entsprechenden Bestimmung des Gesellschaftsvertrags um einen (mit dem Gesellschaftsvertrag formal verbundenen) Beherrschungsvertrag, so daß der Gesellschaftsvertrag *insoweit* zugleich alle Voraussetzungen erfüllen muß, die für den selbständigen Abschluß eines Beherrschungsvertrags mit einer abhängigen GmbH anerkannt sind (s. § 293 Rdnr. 39 ff.). Ohnehin sollte der in aller Regel befristete Beherrschungsvertrag mit seinen jedenfalls auch

---

[75] LG Frankfurt (vorige Fn.).
[76] S. § 311 Rdnr. 19; *Cahn* BB 2000, 1477, 1478 f.
[77] S. *Pentz* Enkel-AG; *S. Wanner*, Konzernrechtliche Probleme; zu dem Sonderfall der Gemeinschaftsunternehmen s. schon § 17 Rdnr. 28 ff.

[78] S. *Bitter*, Konzernrechtliche Durchgriffshaftung, S. 326 ff.; *Scholz/Emmerich* GmbHG § 44 Anh. Rdnr. 145–147.

schuldrechtlichen Elementen grundsätzlich von der auf Dauer bestimmten Satzung getrennt werden.[79]

43   Im Ergebnis deckt sich folglich der Begriff des Beherrschungsvertrags bei der GmbH mit dem bei der AG, jedenfalls, wenn man das Schwergewicht bei der Begriffsbildung auf die Zulässigkeit *nachteiliger* Weisungen legt (§ 308 Abs. 1). Daher gilt für die GmbH ebenso wie für die AG, daß in der Regel allein der Abschluß eines Beherrschungsvertrags die Befugnis zur Ausübung einer umfassenden Leitungsmacht des herrschenden Unternehmens gegenüber der abhängigen Gesellschaft vermittelt.[80] Ob das Gesagte uneingeschränkt ebenso für Einpersonengesellschaften zu gelten hat, mag zweifelhaft sein,[81] sollte aber schon aus praktischen Gründen ebenfalls bejaht werden.[82]

b) Fehlerhafte Verträge

Schrifttum: S. Rdnr. 28 ff. sowie *Autenrieth* GmbHR 1990, 113; *Ebenroth/A. Müller* BB 1991, 358; *Emmerich* JuS 1992, 102; *Scholz/Emmerich* GmbHG § 44 Anh. Rdnr. 170 ff.; *Emmerich/Sonnenschein/Habersack* § 32 II 7 (S. 489 ff.); *C. Führling*, Sonstige Unternehmensverträge mit einer abhängigen GmbH, 1993, S. 319 ff.; *Henze* Konzernrecht Tz. 211 ff. (S. 77 ff.); *Rowedder/Schmidt-Leithoff/Koppensteiner* GmbHG § 52 Anh. Rdnr. 62 (S. 1766 f.); *Priester* in U. Schneider, Beherrschungs- und Gewinnabführungsverträge in der Praxis der GmbH, 1989, S. 37; *E. Rehbinder*, FS für Fleck, 1988, S. 235; *Stolzenberger-Wolters*, Fehlerhafte Unternehmensverträge im GmbH-Recht, 1990; *Strobl* in U. Schneider, Beherrschungs- und Gewinnabführungsverträge in der Praxis der GmbH, 1989, S. 65; *Timm*, FS für Kellermann, 1991, S. 461; *P. Ulmer* BB 1989, 10; *Michalski/Zeidler* GmbHG Bd. I Syst. Darst. 4 Rdnr. 175 ff. (S. 478 f.).

44   Das Problem der fehlerhaften Unternehmensverträge spielt im GmbH-Konzernrecht eine ungleich größere Rolle als im Aktienkonzernrecht, weil die Zulässigkeitsvoraussetzungen von Beherrschungsverträgen hier erst in den letzten Jahren durch die Rechtsprechung geklärt wurden. Die (unerwartete) Konsequenz war nämlich eine Vielzahl von Altverträgen, die auf einmal nicht mehr den (neuen) Voraussetzungen für die Wirksamkeit von Beherrschungs- und Gewinnabführungsverträgen entsprachen. Diese machte Reaktionen im Steuerrecht wie im Gesellschaftsrecht erforderlich.

44 a   **aa) Steuerrecht.** Besonders dringend war das Problem der Altverträge, d. h. solcher Beherrschungs- und Gewinnabführungsverträge, die nicht mehr den neuen verschärften Zulässigkeitsvoraussetzungen für solche Verträge entsprechen, im Steuerrecht, wenn man verhindern wollte, daß die Beteiligten aufgrund der jetzt anzunehmenden Unwirksamkeit ihrer Beherrschungs- und Gewinnabführungsverträge auf einmal rückwirkend die Vorteile der körperschaftsteuerlichen Organschaft einbüßten (§§ 14, 17 KStG). Das Steuerrecht sah sich infolgedessen seit Ende der achtziger Jahre zu einer Fülle komplizierter Übergangsregelungen für Altverträge genötigt, die durchweg auf einen vorübergehenden *Bestandsschutz* für Altverträge im Steuerrecht bis zu ihrer Anpassung an die neuen gesellschaftsrechtlichen Zulässigkeitsvoraussetzungen hinausliefen.[83] Die Finanzverwaltung beschränkte sich jedoch merkwürdigerweise nicht auf einen derartigen vorübergehenden Bestandsschutz für Altverträge, sondern dehnte diesen später mit Billigung des BFH[84] auch für eine weitere Übergangszeit auf *Neuverträge* aus, d. h. auf Verträge, die nach Bekanntwerden des Supermarktbeschlusses des BGH vom 24. Oktober 1988[85] abgeschlossen wurden.[86] Die Übergangsfrist endete jedoch endgültig am 31. Dezember 1992. Seitdem richten sich die Voraussetzungen der körperschaftsteuerlichen Organschaft (wieder) allein nach den §§ 14 und 17 KStG 1999

---

[79] Ebenso für den Gewinnabführungsvertrag OGH NZG 1999, 1216; AG 2000, 331, 332 = EvBl. 1999 Nr. 200 = ÖJZ 1999, 846 = öRdW 1999, 597 = WBl. 1999, 521.

[80] Ebenso ausdrücklich BGH (Fn. 85); *Zöllner* ZGR 1992, 173, 186 f.; *Baumbach/Hueck/Zöllner* GmbHG Schlußanh. I Rdnr. 41 f.

[81] Verneinend *Roth/Altmeppen* GmbHG § 13 Anh. Rdnr. 22 ff.

[82] Ebenso *Kropff*, FS für Semler, 1993, S. 517, 534 ff.

[83] Zuletzt BMF, Schr. v. 30. Dezember 1988, DB 1989, 21 = GmbHR 1989, 99.

[84] BFHE 196, 485 = NZG 2002, 832 = AG 2002, 680.

[85] BGHZ 105, 324 = NJW 1989, 295 = LM FGG § 19 Nr. 27 = AG 1989, 91.

[86] BMF, Schr. v. 31. Oktober 1989, GmbHG 1989, 531 = DB 1989, 2249 = BB 1990, 48; ebenso sodann Abschnitt 46 KStR 1990 (BStBl. I Sonderr. 5).

idF des Gesetzes vom 23. Oktober 2000[87] sowie nach den (vorrangigen) gesellschaftsrechtlichen Regeln (s. § 293 Rdnr. 39 ff.). Für die Anwendung der genannten Übergangsfristen war außerdem kein Raum, wenn sich eine der beteiligten Gesellschaften auf die Nichtigkeit des Organschafts- oder des Gewinnabführungsvertrags berufen hatte.[88]

bb) Gesellschaftsrecht. Gesellschaftsrechtlich werden fehlerhafte Unternehmensver- **45** träge im GmbH-Konzernrecht genauso wie im Aktienkonzernrecht behandelt. Wegen der Einzelheiten kann deshalb auf die Ausführungen zum Aktienkonzernrecht verwiesen werden (Rdnr. 28 ff.). Hervorzuheben ist, daß die Rechtsprechung bei der GmbH ebenso wie bei der AG die Regeln über fehlerhafte Gesellschaftsverträge auf vollzogene Beherrschungs- oder Gewinnabführungsverträge selbst dann anwendet, wenn die **Eintragung** des Vertrags im Handelsregister unterblieben ist.[89] Dem ist hier aus denselben Gründen wie bei der AG zu widersprechen, da auf den Bestand eines nicht im Handelsregister eingetragenen Unternehmensvertrages niemand vertrauen kann.[90] Dasselbe muß gelten, wenn die Gesellschafterversammlung dem Vertrag nicht mit der nötigen **Mehrheit** zugestimmt hat.[91]

Für die *Beendigung* des durch den Vollzug des an sich unwirksamen Beherrschungs- oder **45 a** Gewinnabführungsvertrags entstandenen Zustandes sind grundsätzlich die Geschäftsführer zuständig (§ 37 GmbHG). Eine *Verpflichtung* hierzu besteht jedenfalls dann, wenn die Minderheitsgesellschafter die nachträgliche Zustimmung zu dem Unternehmensvertrag verweigern und auch auf andere Weise eine Heilung des Mangels nicht mehr möglich ist.[92] Probleme ergeben sich daraus erst, wenn die Geschäftsführer, etwa aufgrund einer Weisung des herrschenden Unternehmens, pflichtwidrig gleichwohl untätig bleiben.

Wie in solchem Fall zu verfahren ist, ist umstritten. Einen Ausweg weist hier zunächst **46** § 50 GmbHG. Außerdem können die Minderheitsgesellschafter von dem herrschenden Unternehmen Schadensersatz durch Vertragsaufhebung verlangen, weil der von dem herrschenden Unternehmen durch den unwirksamen Vertrag geschaffene Zustand rechtswidrig ist und bleibt (§§ 249, 276, 280 Abs. 1 BGB). Schließlich kommt noch die Einräumung einer Notzuständigkeit zur Kündigung an die Minderheitsgesellschafter entsprechend § 744 Abs. 2 BGB in Betracht, so daß sie bei pflichtwidriger Untätigkeit der Geschäftsführer selbst die „Kündigung" des unwirksamen Unternehmensvertrags aussprechen können.[93]

III. Gewinnabführungsvertrag

Schrifttum: *Bacher/Braun,* Zeitpunkt der steuerlichen Wirksamkeit eines Gewinnabführungsvertrages, BB 1978, 1177; *Emmerich/Sonnenschein/Habersack* §§ 12, 13 (S. 169 ff.); *Scholz/Emmerich* GmbHG § 44 Anh. Rdnr. 203–211; *Forster,* Überlegungen zur Bildung von Rückstellungen für drohende Verluste aus Gewinnabführungsverträgen, FS für Stimpel, 1985, S. 759; *Knepper,* Bedeutung, Anwendungsformen und steuerliche Wirkungen von Unternehmensverträgen, BB 1982, 2061; *Koppensteiner,* Zum Gewinnabführungsvertrag der GmbH, öRdW 1985, 170; *Kort,* Zur Vertragsfreiheit bei Unternehmensverträgen, BB 1988, 79; MünchHdb. AG/*Krieger* § 71 (S. 1103 ff.); *H.-P. Müller,* Zur Gewinn- und Verlustermittlung bei aktienrechtlichen Gewinnabführungsverträgen, FS für Goerdeler, 1987, S. 375; *M. Müller,* Die Mindestlaufzeit des Ergebnisabführungsvertrages bei der Organschaft, GesRZ 1989, 91; *Raiser* Kapitalgesellschaften § 54 VIII (S. 920 ff.); *K. Schmidt,* Die konzernrechtliche Verlustübernahmepflicht als gesetzliches Dauerschuldverhältnis, ZGR 1983, 513; *ders.,* Die isolierte Verlustdeckungszusage unter verbundenen Unternehmen als Insolvenzabwendungsinstrument, FS für Werner, 1984, S. 777; *U. Schneider,* Das Recht der Konzernfinanzierung, ZGR 1984, 497; *Sonnenschein,* Organschaft und Konzerngesellschaftsrecht, 1976; *ders.,* Der Gewinnabführungsvertrag

---

[87] BGBl. I S. 1433, geändert durch Gesetz v. 20. 12. 2001 (BGBl. I S. 3858); s. Rdnr. 49.

[88] Grdlg. BFHE 184, 88, 90 f. = BStBl. 1998 II S. 33 = NZG 1998, 227 = AG 1998, 401.

[89] S. BGHZ 116, 37, 39 = LM AktG § 302 Nr. 5 = NJW 1995, 505 „Stromlieferungen/Hansa Feuerfest"; BGH LM GmbHG § 53 Nr. 11 (Bl. 2) = NJW 2002, 822 = AG 2002, 240.

[90] S. Rdnr. 30; *Emmerich* Anm. LM GmbHG § 53 Nr. 11 (Bl. 4); *Henze* Konzernrecht Tz. 214 (S. 78); *Koppensteiner* in Kölner Kommentar Vor § 291 Rdnr. 62.

[91] Ebenso *Koppensteiner* in Kölner Kommentar Vor § 291 Rdnr. 62.

[92] *Scholz/Emmerich* GmbHG § 44 Anh. Rdnr. 175 f.; *Lutter/Hommelhoff* GmbHG § 13 Anh. Rdnr. 78.

[93] S. *Scholz/Emmerich* (vorige Fn.); *Lutter/Hommelhoff* GmbHG § 13 Anh. Rdnr. 78; *Hachenburg/Ulmer* GmbHG § 53 Rdnr. 158; *Zöllner* in Baumbach/Hueck GmbHG Schlußanh. I Rdnr. 45.

zugunsten Dritter, AG 1976, 147; *van Venrooy,* Weisungen im Rahmen von Geschäftsführungs- und Gewinnabführungsverträgen, DB 1981, 675; *ders.,* Isolierte Unternehmensverträge nach § 291 AktG?, BB 1986, 612; Michalski/*Zeidler* GmbHG Bd. I Syst. Darst. 4 Rdnr. 181 f. (S. 481).

47   **1. Begriff.** Ein Gewinnabführungsvertrag ist nach § 291 Abs. 1 S. 1 ein Vertrag, durch den sich eine AG oder KGaA verpflichtet, ihren *ganzen* Gewinn an ein anderes Unternehmen abzuführen. Gleich steht nach S. 2 der Vorschrift der Geschäftsführungsvertrag, durch den es eine AG oder KGaA übernimmt, ihr Unternehmen für Rechnung eines anderen Unternehmens zu führen (dazu Rdnr. 67 ff.).

48   Von dem Gewinnabführungsvertrag ist der **Teilgewinnabführungsvertrag** zu unterscheiden, den das Gesetz in § 292 Abs. 1 Nr. 2 als einen Vertrag definiert, durch den sich eine AG oder KGaA verpflichtet, lediglich *einen Teil* ihres Gewinnes oder (nur) den Gewinn *einzelner* (nicht aller) ihrer Betriebe ganz oder teilweise an einen anderen abzuführen. Ein derartiger Vertrag ist in der Regel auch dann nicht als Gewinnabführungsvertrag iSd. § 291 Abs. 1 S. 1 zu behandeln, wenn er der Sache nach auf die Abführung (fast) des gesamten Gewinns der Gesellschaft hinausläuft, da der Teilgewinnabführungsvertrag vom Gesetz als Austauschvertrag konzipiert ist, so daß seine Wirksamkeit grundsätzlich voraussetzt, daß die Gesellschaft eine angemessene Gegenleistung erhält (s. § 292 Rdnr. 23 ff.). Zu berücksichtigen bleibt jedoch, daß der wichtigste Anwendungsfall der Teilgewinnabführungsverträge in der Praxis stille Gesellschaftsverträge mit einer AG oder KGaA sind, auf die die genannten Überlegungen gerade nicht zutreffen (s. § 292 Rdnr. 29). Ein stiller Gesellschaftsvertrag, der im Ergebnis (nahezu) den gesamten Gewinn der Gesellschaft erfaßt, ist daher als (verdeckter) Gewinnabführungsvertrag zu behandeln und folglich nur wirksam, wenn er – über § 292 Abs. 1 Nr. 2 – hinaus auch allen besonderen Wirksamkeitsvoraussetzungen für Gewinnabführungsverträge genügt.[94] Unter derselben Voraussetzung (Erfassung nahezu des gesamten Gewinns der Gesellschaft) sind ferner Gewinngemeinschaften iSd. § 292 Abs. 1 Nr. 1 und Gewinnbeteiligungen iSd. § 292 Abs. 2 ebenfalls als Gewinnabführungsverträge zu behandeln mit der Folge, daß sie dann in der Regel nichtig sein dürften (s. § 294 Abs. 2).[95]

49   Die Bedeutung des Gewinnabführungsvertrages liegt vornehmlich auf **steuerlichem** Gebiet, da er, wenn er mindestens auf fünf Jahre abgeschlossen ist und während dieser Zeit auch durchgeführt wird, nach *§ 14 KStG* die Grundlage der körperschaftsteuerlichen Organschaft bildet. § 14 KStG gilt vom Veranlagungszeitraum 2001 ab in der Fassung des Gesetzes vom 20. Dezember 2001.[96] Für die früheren Veranlagungszeiträume ist § 14 KStG in der Fassung der § 34 Abs. 6 Nr. 1 KStG anzuwenden. Eine wieder andere Fassung des § 14 Abs. 2 KStG gilt vom Veranlagungszeitraum 2003 ab gemäß § 34 Abs. 6 Nr. 4 in der Fassung des Gesetzes vom 19. Dezember 2001.[97] Weitere Änderungen sind im StÄndG 2003 vorgesehen. Wegen der Einzelheiten ist auf das steuerrechtliche Schrifttum zu verweisen.[98]

50   **2. Gesetzliche Regelung.** Die Regelung des Gewinnabführungsvertrages im AktG folgt in ihren Grundzügen derjenigen des Beherrschungsvertrages, so daß wegen der meisten Einzelheiten auf die Ausführungen zum Beherrschungsvertrag verwiesen werden kann (Rdnr. 4 ff.). Ein bedeutsamer Unterschied besteht jedoch insofern, als der Gewinnabführungsvertrag allein im Gegensatz zum Beherrschungsvertrag *kein* Weisungsrecht des herrschenden Unternehmens begründet (§ 308). An die Stelle der §§ 308 bis 310 tritt hier

[94] S. § 292 Rdnr. 60 ff.; MünchKommAktG/*Altmeppen* Rdnr. 160 f.; *Koppensteiner* in Kölner Kommentar Rdnr. 62.

[95] MünchKommAktG/*Altmeppen* Rdnr. 160 f.; *Hüffer* Rdnr. 29; *Koppensteiner* in Kölner Kommentar Rdnr. 67; MünchHdb. AG/*Krieger* § 71 Rdnr. 4 (Abs. 2 [S. 1105 f.]).

[96] BGBl. I S. 3858.

[97] BGBl. I S. 3922.

[98] S. aus jüngster Zeit insbes. *Crezelius,* FS für Kropff, 1997, S. 37; *Emmerich/Sonnenschein/Habersack* § 13 (S. 177 ff.); *Haun/Golücke/Franz* GmbHR

2002, 1002; *Heine* GmbHR 2003, 453; *Herlinghaus* GmbHR 2002, 989; *Jurkat,* Die Organschaft im Körperschaftsteuerrecht, 1975; MünchHdb. AG/ *Krieger* § 71 V (S. 1113 ff.); *Sauter/Heurung* GmbHR 2001, 754; *Simon* ZIP 2001, 1697; *Sonnenschein* Organschaft, passim; *Schuhmann,* Die Organschaft, 3. Aufl. 2001; Michalski/*Spünemann* GmbHG Bd. I Syst. Darst. 3 Rdnr. 370 ff. (S. 276 ff.); *Tipke/Lang* § 11 Tz. 110 ff.; *W. Walter/Stümper* GmbHR 2003, 453; *Witt,* Die Organschaft im Ertragsteuerrecht, 1999.

vielmehr die Regelung der §§ 311 bis 318, freilich mit der weiteren Besonderheit, daß nach § 316 bei Abschluß eines Gewinnabführungsvertrages die Notwendigkeit zur Aufstellung eines Abhängigkeitsberichts entfällt.[99]

Sondervorschriften für Gewinnabführungsverträge finden sich außer in dem bereits er- **51** wähnten § 316 (Rdnr. 50) vor allem noch in den §§ 300 Nr. 1, 301 und 324 Abs. 2. Der Abschluß eines Gewinnabführungsvertrages hat außerdem zur Folge, daß die Vertragsparteien verbundene Unternehmen iSd. § 15 sind. Der Gewinnabführungsvertrag setzt aber keine Abhängigkeit voraus und begründet auch für sich allein noch keine Abhängigkeit, so daß sich an seinen Abschluß nicht die unwiderlegliche Konzernvermutung des § 18 Abs. 1 S. 2 knüpft. Tatsächlich kommen Gewinnabführungsverträge wohl ausschließlich in Abhängigkeitsverhältnissen vor, so daß bei Vorliegen einer Mehrheitsbeteiligung und zusätzlichem Abschluß eines Gewinnabführungsvertrages die Vermutungen der §§ 17 Abs. 2 und 18 Abs. 1 S. 3 kaum jemals widerlegbar sein dürften (s. § 18 Rdnr. 24).

3. Anwendungsbereich. Der Anwendungsbereich der aktienrechtlichen Vorschriften **52** über den Gewinnabführungsvertrag beschränkt sich auf Verträge, an denen eine inländische AG oder KGaA als abhängiges, genauer: als gewinnabführendes, d. h. verpflichtetes Unternehmen beteiligt ist. Herrschendes oder besser: berechtigtes Unternehmen kann dagegen ein in- oder ausländisches Unternehmen beliebiger Rechtsform sein, nicht dagegen eine Privatperson (Rdnr. 8 ff.). Bei Beteiligung ausländischer Unternehmen ist § 18 KStG zu beachten. Gewinnabführungsverträge mit anderen Unternehmen als einer AG oder KGaA, insbes. also mit einer GmbH, haben bislang keine gesellschaftsrechtliche, wohl aber eine steuerrechtliche Regelung in § 17 KStG gefunden.[100] Die Vorschriften des AktG können auf derartige Verträge nur von Fall zu Fall entsprechend angewandt werden (s. Rdnr. 66).

4. Rechtsnatur. Der Gewinnabführungsvertrag wird ebenso wie der Beherrschungs- **53** vertrag allgemein als **Organisationsvertrag** bezeichnet.[101] Besonderheiten gelten insoweit nicht (s. deshalb Rdnr. 25 ff.). Hervorzuheben ist lediglich, daß (erst recht) auch der Gewinnabführungsvertrag **schuldrechtliche** Elemente enthält (s. Rdnr. 27), so daß eine Vertragsverletzung, zB bei der Ausübung von Bilanzwahlrechten (Rdnr. 65), die abhängige (verpflichtete) Gesellschaft durchaus auch schadensersatzpflichtig machen kann (§§ 276, 280 Abs. 1, 249, 252 BGB).[102] § 426 BGB kann gleichfalls je nach Fallgestaltung auf das Verhältnis der Vertragsparteien anwendbar sein, etwa, wenn die Muttergesellschaft Steuern der mit ihr durch einen Gewinnabführungsvertrag verbundenen Tochtergesellschaft bezahlt.[103] Der Vertrag begründet zwischen den Parteien ein **Dauerschuldverhältnis**, das gegebenenfalls aus wichtigem Grunde gekündigt werden kann (§ 314 BGB; § 297 AktG).[104] Für die Behandlung fehlerhafter Gewinnabführungsverträge gilt dasselbe wie bei den Beherrschungsverträgen (s. deshalb Rdnr. 28 ff.).

5. Inhalt. a) Mindestinhalt, Abreden. Der gesellschaftsrechtliche Mindestinhalt eines **54** Gewinnabführungsvertrages ergibt sich aus den §§ 291 Abs. 1 S. 1 und 304 Abs. 3 S. 1. Verbreitet sind jedoch, schon aus steuerlichen Gründen (s. §§ 14 ff. KStG), zusätzliche Abreden. Als Beispiel hebt das Gesetz in § 301 Vereinbarungen über die Berechnung des abzuführenden Gewinns hervor (s. Rdnr. 64 ff.). Weitere Beispiele sind Abreden über die Bildung von Rücklagen (s. § 300 Nr. 1), über Investitionen oder über die Verpflichtung der abhängigen Gesellschaft, ihren Betrieb tatsächlich mit dem Ziel der Gewinnerzielung zu führen. Hingegen ist es ebensowenig wie bei dem Beherrschungsvertrag (Rdnr. 17) erforderlich, daß der Vertrag in der Vertragsurkunde (§ 293 Abs. 3) ausdrücklich als Gewinnabführungsvertrag bezeichnet wird; entscheidend ist vielmehr allein der sachliche Inhalt des Vertrages (§§ 133, 157 BGB).[105]

---

[99] Zur Zulässigkeit derartiger isolierter Gewinnabführungsverträge s. Rdnr. 60 f.

[100] S. *Emmerich/Sonnenschein/Habersack* § 13 II 4 b (S. 184 f.).

[101] *Hüffer* Rdnr. 23.

[102] OLG Frankfurt NZG 2000, 603, 604 f.; *Hüffer* Rdnr. 26.

[103] KG AG 2002, 289, 290.

[104] S. § 297 Rdnr. 15 ff.; grdlg. OGH NZG 1999, 1216; AG 2000, 331 = WBl. 1999, 521 = öRdW 1999, 597 = EvBl. 1999 Nr. 200 = ÖJZ 1999, 846.

[105] S. Rdnr. 48; MünchKommAktG/*Altmeppen* Rdnr. 161; *Hüffer* Rdnr. 23.

55   **b) Rückwirkung.** Anders als ein Beherrschungsvertrag (Rdnr. 15) kann ein Gewinn-abführungsvertrag auch mit Rückwirkung für das bei Abschluß des Vertrages noch *laufende* Geschäftsjahr vereinbart werden.[106] In diesem Fall muß jedoch das herrschende (berechtigte) Unternehmen die sich aus den §§ 302 und 304 ergebenden Verpflichtungen auch für den Zeitraum der Rückwirkung übernehmen.[107] Noch nicht endgültig geklärt ist, ob für *frühere* Geschäftsjahre ebenfalls eine Rückwirkung möglich ist, entweder generell[108] oder doch für das bereits abgelaufene Geschäftsjahr, vorausgesetzt, daß der Jahresabschluß noch nicht fest-gestellt ist,[109] Die Frage hat eine steuerrechtliche und eine gesellschaftsrechtliche Seite. *Steuer-rechtlich* war zuletzt seit der Änderung des KStG im Jahre 2001 § 14 Nr. 3 S. 1 KStG maßge-bend, nach dem es für die steuerliche Anerkennung der Gewinnabführung ausreichte, wenn der Vertrag noch bis zum Ende des auf seinen Abschluß folgenden Wirtschaftsjahrs durch Eintragung in das Handelsregister wirksam wurde.[110] Durch das StÄndG 2003 soll diese Privilegierung aber aufgegeben werden. Die frühere Regelung sprach zwar auf den ersten Blick dafür, *gesellschaftsrechtlich* gleichfalls eine Rückwirkung für das bereits abgelaufene Ge-schäftsjahr zuzulassen, solange nicht der Jahresabschluß festgestellt ist.[111] Dabei würde jedoch übersehen, daß mit solcher Rückwirkung ein Eingriff in das Gewinnbezugsrecht der Gesell-schafter (§ 58 Abs. 4) sowie in ihr Wahlrecht zwischen Ausgleich und Abfindung (§§ 304 und 305) verbunden wäre, für den die gesetzliche Regelung keine Grundlage bietet.[112]

56   **c) Mehrstufige Verbindungen.** Die große Mehrzahl der Unternehmensverbindungen sind heute mehrstufige Verhältnisse, häufig sogar über die Grenzen hinweg. In derartigen Konzernen sind Gewinnabführungsverträge auf allen Stufen möglich, wodurch schwierige zusätzliche Fragen aufgeworfen werden, weil die gesetzliche Regelung des Gewinnabfüh-rungsvertrages deutlich auf einstufige Verhältnisse zugeschnitten ist.[113]

57   **6. Besondere Erscheinungsformen. a) Gemeinschaftsunternehmen.** Gewinnab-führungsverträge können auch mit mehreren Unternehmen abgeschlossen werden, jedenfalls bei Gründung eines Gemeinschaftsunternehmens.[114] Gesellschaftsrechtlich sind in diesem Fall ohne Rücksicht auf die Abreden der Parteien immer die *Mütter* als die eigentlichen Vertragspartner anzusehen, so daß auch nur diese die Pflichten aus den §§ 302 f. und 304 f. treffen und nicht etwa eine zwischen die Mütter und das Gemeinschaftsunternehmen zur Bildung des gemeinsamen Willens eingeschobene BGB-Gesellschaft. Diese Sichtweise der Dinge hatte sich zuletzt auch der BFH für das *Steuerrecht* unter Aufgabe seines früheren abweichenden Standpunkts zu eigen gemacht.[115] Der BFH war damit jedoch sofort auf den Widerspruch der Finanzverwaltung gestoßen.[116] Der Steuergesetzgeber wollte sich dadurch die Möglichkeit zu einer gesetzlichen Regelung des Fragenkreises offen halten. Diese Re-gelung erfolgte schließlich durch das Gesetz vom 20. 12. 2001.[117] § 14 Abs. 2 KStG bestimmte seitdem, daß eine Mehrmütterorganschaft weiterhin nur bei Zwischenschaltung einer Personengesellschaft und Abschluß des Gewinnabführungsvertrages mit dieser Perso-nengesellschaft möglich ist. Diese Regelung gilt vom Veranlagungszeitraum 2001 ab. Für

[106] BGHZ 122, 211, 223 f. = LM AktG § 83 Nr. 1 = NJW 1993, 1976 = AG 1993, 422 = WM 1993, 1087 „SSI"; OLG Hamburg NJW 1990, 3024 = AG 1991, 21, 22; AG 1991, 23; OLG München AG 1991, 358, 359 = ZIP 1992, 327 „SSI"; OLG Düsseldorf AG 1996, 473, 474 „Citicorp"; OLG Karlsruhe AG 2001, 536, 537; LG Kassel NJW-RR 1996, 1510 = AG 1997, 239; *Henze* Konzernrecht Tz. 301 ff. (S. 110 f.).

[107] *Henze* Konzernrecht Tz. 304 (S. 111).

[108] OLG Frankfurt GmbHR 1996, 859; *Grewe* DStR 1997, 745 f.; dagegen OLG Hamburg AG 1991, 23.

[109] LG Kassel NJW-RR 1996, 1510 = AG 1997, 239; MünchHdb. AG/*Krieger* § 71 Rdnr. 9 (Abs. 2).

[110] S. *Emmerich/Sonnenschein/Habersack* § 13 II 4 a, bb (S. 183).

[111] S. MünchHdb. AG/*Krieger* § 71 Rdnr. 9.

[112] S. *Hüffer* § 294 Rdnr. 20.

[113] S. Rdnr. 38 ff.; *E. Rehbinder* ZGR 1977, 581, 601 ff.; *A. Pentz* Enkel-AG, 1994; *Sonnenschein* AG 1976, 147; *S. Wanner,* Konzernrechtliche Probleme, 1998; zu den Gewinnabführungsverträgen zugun-sten Dritter s. Rdnr. 58 f.

[114] Wegen der Einzelheiten s. § 17 Rdnr. 28 ff.; gegen die Zulässigkeit in anderen Fällen *Pentz* En-kel-AG S. 172 ff.

[115] Grdlg. BFHE 185, 504, 507 ff. = BStBl. 1998 II S. 447; BFHE 189, 518, 521 ff. = AG 2000, 181, 182.

[116] S. den Nichtanwendungserlaß des BFM, Schr. v. 20. 11. 2000, BStBl. I S. 1571; berechtigte Kritik bei *A. Raupach,* FS für Kruse, 2001, S. 251, 258 ff.

[117] BGBl. I S. 3858; s. § 17 Rdnr. 29 b.

frühere Veranlagungszeiträume findet sich eine entsprechende Regelung in § 34 Abs. 6 KStG.[118] Durch das StÄndG 2003 soll die Mehrmütterorganschaft ganz abgeschafft werden.

b) Vertrag zugunsten Dritter. In mehrstufigen Unternehmensverbindungen wird ge-　**58** legentlich an Stelle eines direkten Gewinnabführungsvertrages zwischen der Enkel- und der Muttergesellschaft ein Gewinnabführungsvertrag zwischen der Enkel- und der Tochtergesellschaft zugunsten der Muttergesellschaft abgeschlossen (§ 328 BGB). Die Zulässigkeit solcher Verträge ist umstritten. Soweit sie bejaht wird, ist dafür vor allem die Überlegung maßgebend, für den erforderlichen Schutz der Aktionäre und Gläubiger auf sämtlichen Stufen des Konzerns sorgten bereits die §§ 302 f., 304 f. und 311 ff. in ausreichendem Maße.[119]

Ein Gewinnabführungsvertrag zugunsten eines Dritten ist mit der Regelung, die der　**59** Gewinnabführungsvertrag im AktG gefunden hat, nur schwer in Einklang zu bringen.[120] Dies zeigt vor allem ein Blick auf § 302, in dem das Gesetz offenkundig davon ausgeht, daß derjenige, der aufgrund des Vertrages den Gewinn bezieht, zugleich zum Verlustausgleich verpflichtet sein soll. Gewinnbezugsrecht und Verlustausgleichspflicht müssen sich mit anderen Worten decken. Wenn überhaupt, so könnte daher ein Gewinnabführungsvertrag zu Gunsten eines Dritten nur zugelassen werden, wenn dieser Dritte *zusätzlich* zu dem Vertragspartner, in dem Beispielsfall also die Muttergesellschaft neben der Tochtergesellschaft die Verpflichtungen aus den §§ 302 und 303 durch Vertrag mit der verpflichteten Gesellschaft (der Enkelgesellschaft) übernimmt. Wenn dem aber so ist, ist nicht ersichtlich, was dann noch einem direkten Vertragsabschluß zwischen der Enkel- und der Muttergesellschaft entgegenstehen sollte.

c) Isolierte Gewinnabführungsverträge. Als isolierte Gewinnabführungsverträge be-　**60** zeichnet man Gewinnabführungsverträge, die *nicht* mit einem Beherrschungsvertrag zu einem Organschaftsvertrag verbunden sind. Ihre Zulässigkeit ist umstritten. Soweit sie verneint wird, steht die Überlegung im Vordergrund, ohne gleichzeitigen Abschluß eines Beherrschungsvertrages verstoße die Veranlassung der abhängigen Gesellschaft zur Abführung ihres gesamten Gewinns gegen § 311 und sei deshalb verboten (s. § 317 Abs. 1).[121]

Diese Meinung ist nicht haltbar, da sowohl das AktG (§§ 300 Nrn. 1 und 3, 316, 324　**61** Abs. 2) als auch das KStG (§§ 14, 17) deutlich von der grundsätzlichen *Zulässigkeit* isolierter Gewinnabführungsverträge ausgehen, so daß dem § 291 Abs. 1 S. 1 insoweit der Vorrang vor § 311 zugebilligt werden muß.[122] Der Abschluß eines isolierten Gewinnabführungsvertrages macht vor allem Sinn, wenn die Parteien eine Rückwirkung des Vertrags beabsichtigen, die nur bei einem Gewinnabführungsvertrag, nicht jedoch bei einem Beherrschungsvertrag möglich ist.[123] Wird dagegen der Gewinnabführungsvertrag wie in der Regel mit dem Beherrschungsvertrag zu einem Organschaftsvertrag zusammengefaßt, so bildet der Vertrag eine Einheit, so daß eine Kündigung allein des Gewinnabführungs- oder des Beherrschungsvertrages nach § 297 (als bloße Teilkündigung) nicht möglich ist.[124] Für eine Anwendung des § 311 auf isolierte Gewinnabführungsverträge ist nur Raum, wenn das herrschende Unternehmen von seinem Einfluß gerade mit dem Ziel Gebrauch macht, die

[118] S. dazu auch schon MünchKommAktG/*Altmeppen* Rdnr. 151 f.

[119] S. *Koppensteiner* in Kölner Kommentar Rdnr. 70; MünchHdb. AG/*Krieger* § 71 Rdnr. 4; *Raiser* Kapitalgesellschaften § 54 Rdnr. 129 (S. 921).

[120] *Emmerich/Sonnenschein/Habersack* § 12 III 1 (S. 172); *Hüffer* Rdnr. 25; *A. Pentz* Enkel-AG S. 178 ff.; *E. Rehbinder* ZGR 1977, 581, 628; *Sonnenschein* AG 1976, 374 ff.; vermittelnd MünchKommAktG/*Altmeppen* Rdnr. 154–158.

[121] *Ebenroth* Vermögenszuwendungen S. 402 f.; *Kort,* Beherrschungs- und Gewinnabführungsverträge, S. 83 ff.; *Sonnenschein* Organschaft S. 379 f.; *ders.* AG 1976, 147 f.; *van Venrooy* BB 1986, 612.

[122] OLG Karlsruhe AG 2001, 536, 537; MünchKommAktG/*Altmeppen* Rdnr. 148–150; *Ebenroth/Parche* BB 1989, 637, 638; *Eschenbruch* Konzernhaftung, 1996, Tz. 3014 (S. 185); *Hüffer* Rdnr. 24; *Kort* BB 1988, 79; MünchHdb. AG/*Krieger* § 71 Rdnr. 1; *H.-P. Müller,* FS für Goerdeler, S. 375, 382 ff.; *Mutze* AG 1967, 254, 258; *Raiser* Kapitalgesellschaften § 54 Rdnr. 128 (S. 921); ebenso für die GmbH LG Kassel NJW-RR 1996, 1510 = AG 1997, 239.

[123] S. Rdnr. 15, 55; OLG Karlsruhe AG 2001, 536, 537.

[124] OLG Karlsruhe AG 2001, 536, 537.

abhängige Gesellschaft zur Abführung eines *überhöhten*, d. h. mit dem Gesetz, insbes. mit den §§ 300 Nr. 1 und 301, sowie den Grundsätzen ordnungsmäßiger Buchführung nicht mehr zu vereinbarenden Gewinns zu veranlassen.[125]

62   **d) Verlustdeckungszusage.** Der Pflicht der abhängigen Gesellschaft zur Abführung ihres gesamten Gewinns aufgrund eines Gewinnabführungsvertrages (§ 291 Abs. 1 S. 1) korrespondiert die Verpflichtung des herrschenden Unternehmens zur Übernahme der Verluste der abhängigen Gesellschaft (§ 302), so daß es sich bei dem Gewinnabführungsvertrag der Sache nach um einen **Ergebnisübernahmevertrag** handelt. Dies hat Anlaß zu der Frage gegeben, ob auch **reine** Verlustdeckungszusagen, wie sie in Konzernen gelegentlich zur Vermeidung der Insolvenzantragspflicht überschuldeter Töchter vorkommen, den Regeln über Gewinnabführungsverträge zu unterstellen sind.

63   Die Frage wird heute zu Recht überwiegend verneint, weil eine bloße Verlustübernahme nicht mit der Abführung des Gewinns einer AG verglichen werden kann. Auf derartige Verträge finden daher die §§ 291 und 293 keine Anwendung. Für das herrschende Unternehmen hat dies den Vorteil, daß sein Vorstand eine Verlustdeckungszusage für Tochtergesellschaften auch ohne Mitwirkung seiner Hauptversammlung abgeben kann (§§ 76, 78, 82 Abs. 1).[126]

64   **7. Gewinnermittlung.** Ein Gewinnabführungsvertrag liegt im Gegensatz zu einem Teilgewinnabführungsvertrag nur vor, wenn die abhängige Gesellschaft gerade verpflichtet ist, ihren „ganzen Gewinn" an das andere Unternehmen abzuführen (§§ 291 Abs. 1 S. 1, 292 Abs. 1 Nr. 2). Gemeint ist damit der **Bilanzgewinn.**[127] Dieser wird unter Berücksichtigung der §§ 300 Nr. 1 und 301 sowie etwaiger Vereinbarungen der Parteien über die Berechnung des Gewinns (Rdnr. 54) in einer *Vorbilanz* nach den handelsrechtlichen Bilanzierungsvorschriften ermittelt und entspricht hier dem Jahresüberschuß iS des § 275 Abs. 2 Nr. 20/Abs. 3 Nr. 19 HGB. Dagegen wird in der endgültigen Handelsbilanz der abhängigen Gesellschaft ein Gewinn nicht mehr ausgewiesen; vielmehr erscheint der abzuführende Betrag hier als Verbindlichkeit gegenüber verbundenen Unternehmen auf der Passivseite der Bilanz (§ 266 Abs. 3 Nr. C 6 HGB), nachdem er in der Gewinn- und Verlustrechnung als Aufwendung verbucht worden ist (§ 277 Abs. 3 S. 2 HGB).[128] Umgekehrt wird bei einem Fehlbetrag (aufgrund der Vorbilanz) der Anspruch aus § 302 auf Verlustübernahme in der Handelsbilanz als Aktivposten (§ 266 Abs. 2 Nr. B II 2 HGB), in der Gewinn- und Verlustrechnung dagegen als Ertrag ausgewiesen (§ 277 Abs. 3 S. 2 HGB). Der andere Vertragsteil, das herrschende Unternehmen, ist zur phasengleichen Vereinnahmung des abgeführten Gewinns verpflichtet, wenn sein Abschlußstichtag mit dem der abhängigen (verpflichteten) Gesellschaft identisch ist oder ihm nachfolgt.[129]

65   Die Ermittlung von Gewinn und Verlust nach den handelsrechtlichen Vorschriften unter Beachtung der §§ 300 Nr. 1 und 301 (Rdnr. 64) ist an sich Sache des Vorstandes der *abhängigen* Gesellschaft. Das Gesetz eröffnet dem herrschenden Unternehmen in diesem Zusammenhang jedoch vielfältige *Möglichkeiten zur Einflußnahme* auf den Vorstand der abhängigen Gesellschaft, vor allem bei der Ausübung der zahlreichen Bilanzwahlrechte.[130] Das gilt nicht nur, wenn die Parteien entsprechende Vereinbarungen getroffen haben (s. § 301 S. 1),

---

[125] Ebenso MünchKommAktG/*Altmeppen* Rdnr. 149; *Hüffer* Rdnr. 24; s. aber § 316 Rdnr. 10.
[126] OLG Celle AG 1984, 266, 268 = WM 1984, 494 „Pelikan AG"; MünchKommAktG/*Altmeppen* Rdnr. 169; *Hüffer* Rdnr. 28; *Koppensteiner* in Kölner Kommentar Rdnr. 55; MünchHdb. AG/*Krieger* § 72 Rdnr. 3; *K. Schmidt*, FS für Werner, S. 777.
[127] S. MünchKommAktG/*Altmeppen* Rdnr. 145; *Hüffer* Rdnr. 26; *Koppensteiner* in Kölner Kommentar Rdnr. 53; MünchHdb. AG/*Krieger* § 71 Rdnr. 4, 17; *H.-P. Müller*, FS für Goerdeler, S. 377 ff.; *Raiser* Kapitalgesellschaften § 54 Rdnr. 130 (S. 921 f.).

[128] S. MünchKommAktG/*Altmeppen* Rdnr. 145; *Koppensteiner* in Kölner Kommentar Rdnr. 60; MünchHdb. AG/*Krieger* § 71 Rdnr. 17; *Raiser* (vorige Fn.).
[129] MünchKommAktG/*Altmeppen* Rdnr. 145; *Hüffer* Rdnr. 26.
[130] S. BGHZ 135, 374, 378 = NJW 1997, 2242 = LM AktG § 305 Nr. 3 = AG 1997, 515 = WM 1997, 1288, 1290 „Guano"; OLG Frankfurt NZG 2000, 603, 604; MünchHdb. AG/*Krieger* § 71 Rdnr. 4; *H.-P. Müller*, FS für Goerdeler, S. 375, 380 ff.; *Raiser* Kapitalgesellschaften § 54 Rdnr. 130 (S. 922).

sondern vor allem auch dann, wenn, wie in der Regel, der Gewinnabführungsvertrag mit einem Beherrschungsvertrag zu einem Organschaftsvertrag verbunden ist (s. § 308 Abs. 1). Überläßt dagegen das herrschende Unternehmen die Ausübung der Bilanzwahlrechte der abhängigen Gesellschaft, so muß diese dabei auf die legitimen Interessen des herrschenden Unternehmens Rücksicht nehmen; sie darf daher von ihren Wahlrechten nicht in einer Weise Gebrauch machen, durch die das herrschende Unternehmen unnötig belastet wird; andernfalls macht sie sich schadensersatzpflichtig (§§ 241, 242, 280 Abs. 1 BGB; s. Rdnr. 53).

8. GmbH

Schrifttum: *Roth/Altmeppen* GmbHG § 13 Anh. Rdnr. 83 ff.; *Emmerich/Sonnenschein/Habersack* § 32 V (S. 497 f.); *Scholz/Emmerich* GmbHG § 44 Anh. Rdnr. 203–207; *Koppensteiner* öRdW 1985, 170; *Rowedder/Schmidt-Leithoff/Koppensteiner* GmbHG § 52 Anh. Rdnr. 53 ff. (S. 1762 ff.); *Lutter/Hommelhoff* GmbHG § 13 Anh. Rdnr. 47 ff.; *Rosenbach* in Münchener Handbuch des Gesellschaftsrechts, Bd. 3: GmbH, § 17 Rdnr. 74 ff. (S. 1199 ff.); *U. Schneider* (Hrsg.), Beherrschungs- und Gewinnabführungsverträge in der Praxis der GmbH, 1989; *Sonnenschein*, Organschaft und Konzerngesellschaftsrecht, 1976; *Michalski/Spönemann* GmbHG Bd. I Syst. Darst. 3 Rdnr. 397 ff. (S. 282 ff.); *Hachenburg/Ulmer* GmbHG § 77 Anh. Rdnr. 206 ff.

Gewinnabführungsverträge bilden bei der GmbH ebenso wie bei der AG die unabdingbare **66** Voraussetzung der körperschaftsteuerlichen Organschaft (§§ 14, 17 KStG). Die Folge ist, daß Gewinnabführungsverträge mit einer abhängigen GmbH ausgesprochen häufig sind, wobei sich die Praxis in erster Linie nach dem § 17 KStG richtet. § 17 KStG schreibt vor, daß Gewinnabführungsverträge mit einer GmbH nur anerkannt werden, wenn in dem Vertrag außerdem die Beachtung der §§ 301 und 302 AktG vorgesehen wird. Trotz ihrer Bezugnahme auf das Gesellschaftsrecht hat die Regelung des § 17 KStG indessen allein steuerrechtliche, dagegen *keine* gesellschaftsrechtliche Bedeutung. Gesellschaftsrechtlich folgt vielmehr die Behandlung der Gewinnabführungsverträge im GmbH-Konzernrecht in jeder Hinsicht dem aktienrechtlichen Vorbild. Besonderheiten gelten lediglich für die Mehrheit, mit der die Gesellschafter der GmbH dem Vertragsabschluß zustimmen müssen (s. § 293 Rdnr. 39 ff.).

IV. Geschäftsführungsvertrag

1. Begriff. Ein Geschäftsführungsvertrag liegt nach § 291 Abs. 1 S. 2 vor, wenn sich **67** eine AG oder KGaA verpflichtet, ihr (ganzes) Unternehmen fortan für Rechnung eines anderen Unternehmens zu führen, so daß etwaige Gewinne oder Verluste nicht mehr bei ihr, sondern bei dem anderen Unternehmen anfallen (s. §§ 667, 670 BGB). In seinen Wirkungen entspricht ein derartiger Vertrag einem Gewinnabführungsvertrag, weshalb das AktG beide Verträge gleichbehandelt (§ 291 Abs. 1). Ein Unterschied besteht lediglich insofern, als bei dem eigentlichen Gewinnabführungsvertrag Gewinn und Verlust zunächst für das verpflichtete Unternehmen entstehen und erst anschließend aufgrund des Vertrages von dem anderen Unternehmen übernommen werden, während sie hier von vornherein bei dem anderen Unternehmen anfallen.[131] Aus bilanzrechtlicher Sicht verwischt sich freilich selbst dieser „Unterschied" (Rdnr. 71).

Nach überwiegender Meinung ist § 291 Abs. 1 S. 2 auch anwendbar, wenn sich die **68** abhängige Gesellschaft verpflichtet, ihr Unternehmen zugleich *im Namen* des anderen Vertragsteils zu betreiben.[132] Der Vertrag muß jedoch *unentgeltlich* sein; **entgeltliche** Geschäftsführungsverträge (§ 675 Abs. 1 BGB) werden nicht erfaßt, weil bei ihnen der Gesellschaft eine Gegenleistung verbleibt, so daß der Vertrag mit einem Gewinnabführungsvertrag nicht vergleichbar ist.[133] Zum Teil werden derartige Verträge statt dessen dem § 292 Abs. 1

---

[131] *Hüffer* Rdnr. 30; *Koppensteiner* in Kölner Kommentar Rdnr. 57; MünchHdb. AG/*Krieger* § 71 Rdnr. 7; *Oesterreich* Betriebsüberlassung S. 58 ff.; *Schulze-Osterloh* ZGR 1974, 427, 452 f.

[132] MünchKommAktG/*Altmeppen* Rdnr. 174; *Hüffer* Rdnr. 31; *Koppensteiner* in Kölner Kommentar Rdnr. 58; MünchHdb. AG/*Krieger* § 71 Rdnr. 8.

[133] MünchKommAktG/*Altmeppen* Rdnr. 184; *Hüffer* Rdnr. 31; *Koppensteiner* in Kölner Kommentar Rdnr. 59; *Schulze-Osterloh* ZGR 1974, 427, 453, 455; *van Venrooy* DB 1981, 675, 678; anders *Geßler*, FS für Ballerstedt, 1975, S. 219, 222 f.

Nr. 3 unterstellt.[134] Aber auch das überzeugt nicht, weil die Situation bei den Verträgen des § 292 Abs. 1 Nr. 3 ganz anders als bei den Geschäftsführungsverträgen ist (s. Rdnr. 69 und § 292 Rdnr. 40, 41 f.). Es handelt sich vielmehr um eigenartige *schuldrechtliche* Verträge, bei denen jedoch wegen ihrer weitreichenden Wirkungen von Fall zu Fall an die Anwendung der Holzmüller-Doktrin zu denken ist (§ 119 Abs. 2). Kein Raum für die Anwendung des § 291 Abs. 1 S. 2 ist außerdem, wenn der Vertrag nur *einzelne* Betriebe oder Betriebsteile erfaßt.[135] Auf derartige Auftrags- oder Geschäftsbesorgungsverträge (§§ 662, 675 Abs. 1 BGB) kann gleichfalls nur unter zusätzlichen Voraussetzungen die Holzmüller-Doktrin anzuwenden sein.

69   **2. Abgrenzung.** Der Geschäftsführungsvertrag muß vor allem von dem Betriebsführungsvertrag des § 292 Abs. 1 Nr. 3 unterschieden werden. Von einem **Betriebsführungsvertrag** spricht man, wenn eine Gesellschaft ein *anderes* Unternehmen beauftragt, ihre (eigenen) Betriebe für *ihre* Rechnung, d. h. für Rechnung der auftraggebenden Gesellschaft, zu führen (s. § 292 Rdnr. 55 ff.; Stichwort: Einkauf von Managementkapazitäten). Bei diesen Verträgen ist die Situation folglich genau entgegengesetzt wie bei einem Geschäftsführungsvertrag. Während nämlich bei dem letzteren die Gesellschaft ihr Unternehmen zwar *selbst,* aber für Rechnung eines Dritten führt, verpflichtet sich bei dem Betriebsführungsvertrag ein *anderes* Unternehmen (mit freien Managementkapazitäten), die Betriebe der Gesellschaft für deren *(eigene)* Rechnung zu betreiben.

70   In der wirtschaftlichen Praxis gibt es noch andere Vertragsgestaltungen, die auf den ersten Blick Ähnlichkeiten mit Geschäftsführungsverträgen aufweisen. Ein Beispiel ist die sogenannte *Produktion für fremde Rechnung.*[136] Bei derartigen Verträgen kann nur im Einzelfall entschieden werden, welchem Vertragstyp sie letztlich zuzuordnen sind. Genauer Prüfung bedarf vor allem durchweg die Frage, ob sich nicht unter ihnen in Wirklichkeit ein Beherrschungsvertrag verbirgt.

71   **3. Rechtliche Behandlung.** Das Gesetz stellt in § 291 Abs. 1 S. 2 den Geschäftsführungsvertrag dem Gewinnabführungsvertrag gleich, so daß für ihn grundsätzlich dieselben Regeln wie für Gewinnabführungsverträge gelten (Rdnr. 47 ff.). Lediglich in einzelnen Beziehungen sind mit Rücksicht auf die Eigenart von Geschäftsführungsverträgen gewisse Modifikationen geboten.[137] *Bilanz*technisch deckt sich die Behandlung beider Verträge gleichfalls im wesentlichen, da in beiden Fällen die Geschäfte zunächst mit ihren Ergebnissen bei der abhängigen Gesellschaft erfaßt werden müssen und erst zum Ende des Geschäftsjahres der sich daraus ergebende Gewinn oder Verlust an das herrschende Unternehmen „abgeführt" werden kann. Das folgt aus § 59, der durch § 291 Abs. 3 nicht aufgehoben ist.[138] Damit verbietet sich vor allem die Abführung einzelner Ergebnisse während des Geschäftsjahrs an das andere Unternehmen.[139]

72   Zivilrechtlich gesehen handelt es sich bei einem Geschäftsführungsvertrag um einen *Auftragsvertrag,* so daß auf ihn ergänzend die *§§ 662 bis 674 BGB* anzuwenden sind. Daraus ergibt sich die Verpflichtung der abhängigen Gesellschaft, ihr Unternehmen tatsächlich im Interesse des herrschenden Unternehmens zu führen, so daß es in die Lage versetzt wird, einen möglichst hohen Gewinn „abzuführen".[140] Unanwendbar ist jedoch *§ 665 BGB* über das *Weisungsrecht* des anderen Teils, weil solches Weisungsrecht nur durch einen Beherrschungsvertrag, nicht aber durch einen anderen Unternehmensvertrag wie den Geschäftsführungsvertrag begründet werden kann (§§ 291 Abs. 1 S. 1, 308 Abs. 1).[141] Der Schutz der verpflichteten (abhängigen) Gesellschaft richtet sich nach den §§ 311 ff. **Steuerrechtlich**

---

[134] MünchKommAktG/*Altmeppen* Rdnr. 185 f., 190; MünchHdb. AG/*Krieger* § 71 Rdnr. 8.
[135] *Hüffer* Rdnr. 30.
[136] S. dazu *Hüffer* Rdnr. 33.
[137] S. § 300 Rdnr. 16, § 301 Rdnr. 6 und § 302 Rdnr. 20 (für die §§ 300, 301 und 302).
[138] *Hüffer* Rdnr. 30; MünchHdb. AG/*Krieger* § 71 Rdnr. 7; *van Venrooy* DB 1981, 675, 676 f.;

anders MünchKommAktG/*Altmeppen* Rdnr. 179 f.; *Koppensteiner* in Kölner Kommentar Rdnr. 60.
[139] *Hüffer* Rdnr. 30; anders MünchKommAktG/ *Altmeppen* Rdnr. 179 f.
[140] Ebenso *Koppensteiner* in Kölner Kommentar Rdnr. 61.
[141] Ebenso MünchKommAktG/*Altmeppen* Rdnr. 181; *Hüffer* Rdnr. 32; *Koppensteiner* in Kölner Kom-

werden Geschäftsführungsverträge von der Finanzverwaltung entgegen § 291 Abs. 1 S. 2 nicht anerkannt, so daß sie als Basis der körperschaftsteuerlichen Organschaft ausscheiden.[142] Die Folge ist, daß Geschäftsführungsverträge offenbar ausgesprochen selten sind.[143]

V. Verträge über die Bildung von Gleichordnungskonzernen (§ 291 Abs. 2)

Nach § 291 Abs. 2 handelt es sich nicht um einen Beherrschungsvertrag, wenn sich **73** mehrere voneinander unabhängige Unternehmen durch Vertrag unter einheitliche Leitung stellen, ohne daß dadurch eines der beteiligten Unternehmen von einem anderen abhängig wird. Durch einen derartigen Vertrag wird vielmehr, wie dem § 18 Abs. 2 zu entnehmen ist, ein **Gleichordnungskonzern** begründet. Der Vertrag stellt sich daher als Gesellschaftsvertrag iSd. §§ 705 ff. BGB dar, durch den im einzelnen die Modalitäten und der Umfang der einheitlichen Leitung der beteiligten Unternehmen geregelt wird (s. § 18 Rdnr. 25 ff.). Einen Sonderfall bildet die in § 292 Abs. 1 Nr. 1 erwähnte Gewinngemeinschaft.

Die überwiegende Meinung folgert aus dem Wortlaut des § 291 Abs. 2, daß Verträge **74** über die Bildung eines Gleichordnungskonzerns, häufig auch Gleichordnungskonzern- oder kürzer Gleichordnungsverträge genannt, von dem Fall des § 292 Abs. 1 Nr. 1 abgesehen, *keine* Unternehmensverträge sind, so daß ihr Abschluß in die ausschließliche Zuständigkeit des Vorstandes falle (§ 76 Abs. 1). Dem ist jedoch, wie bereits ausgeführt (§ 18 Rdnr. 34 f.), nicht zu folgen; vielmehr ist, auch wenn im Einzelfall die Voraussetzungen des § 179 a oder des § 292 Abs. 1 Nr. 1 nicht erfüllt sind, entsprechend § 293 Abs. 1 eine *Zustimmung* der Hauptversammlung der beteiligten Gesellschaften mit qualifizierter Mehrheit erforderlich. Nur unter dieser Voraussetzung können dann auch nachteilige Weisungen des Leitungsorgans an einzelne der beteiligten Gesellschaften zugelassen werden (s. § 18 Rdnr. 36 f.).

VI. Aufhebung der Vermögensbindung (§ 291 Abs. 3)

Gemäß § 291 Abs. 3 gelten Leistungen der Gesellschaft aufgrund eines Beherrschungs- **75** oder eines Gewinnabführungsvertrages nicht als Verstoß gegen die §§ 57, 58 und 60. Bei einem Gewinnabführungsvertrag besteht die Leistung der Gesellschaft iSd. § 291 Abs. 3 in der Abführung des Bilanzgewinns an das herrschende Unternehmen (Rdnr. 64), während mit Leistungen aufgrund eines Beherrschungsvertrags Vermögenszuwendungen der abhängigen Gesellschaft an das herrschende Unternehmen infolge *rechtmäßiger* Weisungen des letzteren nach § 308 gemeint sind. Ist das herrschende Unternehmen wie in der Regel Aktionär der abhängigen Gesellschaft, so könnten darin gegen die §§ 57, 58 und 60 Abs. 3 verstoßende verdeckte Gewinnausschüttungen gesehen werden. Die Vorschrift des § 291 Abs. 3 soll den sich daraus ergebenden Bedenken gegen die Zulässigkeit derartiger Verträge begegnen.[144] Unzulässig bleiben dagegen Vermögenszuwendungen der abhängigen Gesellschaft an das herrschende Unternehmen aufgrund rechtswidriger Weisungen (s. § 308 Rdnr. 59). Die Vereinbarkeit des in § 291 Abs. 3 normierten Konzernprivilegs mit den Art. 15 und 16 der Kapital-Richtlinie von 1976[145] ist zwar umstritten, im Ergebnis aber mit Rücksicht namentlich auf § 302 zu bejahen.[146]

---

mentar Rdnr. 62 f.; anders offenbar OLG Karlsruhe NJW 1967, 831, 832.

[142] *Knepper* BB 1982, 2061, 2062; dagegen MünchKommAktG/*Altmeppen* Rdnr. 177.

[143] Nach MünchHdb. AG/*Krieger* § 71 Rdnr. 1 Abs. 1 sind Geschäftsführungsverträge sogar für die Praxis bedeutungslos; ebenso *Knepper* BB 1982, 2061, 2062; ein Beispiel aber möglicherweise in KG AG 2002, 289, 290 = NZM 2001, 1084, wo von einem „Geschäftsbesorgungsvertrag" zwischen der Berliner Kraftwerke AG und einer anderen Gesellschaft des Landes Berlin berichtet wird, aufgrund

dessen die erstere ihre Erzeugnisse im eigenen Namen, jedoch für Rechnung der anderen Gesellschaft fertigte und vertrieb.

[144] Begr. zum RegE bei *Kropff* AktG S. 379 f.; MünchKommAktG/*Altmeppen* Rdnr. 228 f.; *Hüffer* Rdnr. 36; *Koppensteiner* in Kölner Kommentar Rdnr. 79.

[145] ABl. 1977 Nr. 26/1 = *Habersack*, Europäisches Gesellschaftsrecht, 2. Aufl. 2003, Tz. 206 (S. 145 ff.).

[146] *Habersack* (vorige Fn.) Tz. 172 (S. 126).

76   Nicht erwähnt ist in § 291 Abs. 3 der **§ 76,** so daß der Vorstand der abhängigen (verpflichteten) Gesellschaft selbst bei Abschluß eines Beherrschungsvertrages zur Leitung der Gesellschaft unter eigener Verantwortung verpflichtet bleibt, solange nicht das herrschende Unternehmen von seinem Weisungsrecht in rechtmäßiger Weise Gebrauch gemacht hat (§§ 308, 310). Überhaupt keinen Einschränkungen unterliegt die Fortgeltung des § 76 bei Gewinnabführungs- und Geschäftsführungsverträgen, da mit diesen Verträgen kein Weisungsrecht des herrschenden Unternehmens verbunden ist (Rdnr. 50, 72).

§ 292 Andere Unternehmensverträge

(1) Unternehmensverträge sind ferner Verträge, durch die eine Aktiengesellschaft oder Kommanditgesellschaft auf Aktien

1. **sich verpflichtet, ihren Gewinn oder den Gewinn einzelner ihrer Betriebe ganz oder zum Teil mit dem Gewinn anderer Unternehmen oder einzelner Betriebe anderer Unternehmen zur Aufteilung eines gemeinschaftlichen Gewinns zusammenzulegen (Gewinngemeinschaft),**

2. **sich verpflichtet, einen Teil ihres Gewinns oder den Gewinn einzelner ihrer Betriebe ganz oder zum Teil an einen anderen abzuführen (Teilgewinnabführungsvertrag),**

3. **den Betrieb ihres Unternehmens einem anderen verpachtet oder sonst überläßt (Betriebspachtvertrag, Betriebsüberlassungsvertrag).**

(2) Ein Vertrag über eine Gewinnbeteiligung mit Mitgliedern von Vorstand und Aufsichtsrat oder mit einzelnen Arbeitnehmern der Gesellschaft sowie eine Abrede über eine Gewinnbeteiligung im Rahmen von Verträgen des laufenden Geschäftsverkehrs oder Lizenzverträgen ist kein Teilgewinnabführungsvertrag.

(3) Ein Betriebspacht- oder Betriebsüberlassungsvertrag und der Beschluß, durch den die Hauptversammlung dem Vertrag zugestimmt hat, sind nicht deshalb nichtig, weil der Vertrag gegen die §§ 57, 58 und 60 verstößt. Satz 1 schließt die Anfechtung des Beschlusses wegen dieses Verstoßes nicht aus.

Schrifttum zu § 292 Abs. 1 Nrn. 1 und 2: Bericht über das Ergebnis einer Untersuchung der Konzentration in der Wirtschaft, BT-Drucks. IV (1964)/2320 mit Anlagenband **zu** BT-Drucks. IV/2320; *Bachmann/Veil,* Grenzen atypischer stiller Beteiligungen an einer AG, ZIP 1999, 348; *Dierdorf,* Herrschaft und Abhängigkeit einer AG auf schuldvertraglicher und tatsächlicher Grundlage, 1978; *Ebenroth,* Die verdeckten Vermögenszuwendungen im transnationalen Unternehmen, 1979; *Emmerich/Sonnenschein/Habersack* § 14 (S. 190 ff.); Scholz/*Emmerich* GmbHG § 44 Anh. Rdnr. 212–224; *Kl. Eyber,* Die Abgrenzung zwischen Genußrecht und Teilgewinnabführungsvertrag im Recht der AG, 1997; *Fikentscher,* Die Interessengemeinschaft, 1966; *Friedländer,* Konzernrecht, 2. Aufl. 1954; *Führling,* Sonstige Unternehmensverträge mit einer abhängigen GmbH, 1993; *Habersack,* Genußrechte und sorgfaltswidrige Geschäftsführung, ZHR 155 (1991), 378; *Haussmann,* Das Recht der Unternehmenszusammenfassungen, 1932; *Hirte,* Genußrecht oder verbotener Gewinnabführungsvertrag?, ZBB 1992, 50; *Hommelhoff,* Die Konzernleitungspflicht, 1982; *Jebens,* Die stille Beteiligung an einer Kapitalgesellschaft, BB 1996, 701; *Joost,* Grundlagen und Rechtsfolgen der Kapitalerhaltungsregeln im Aktienrecht, ZHR 149 (1985), 419; *Kastner,* Interessengemeinschaftsverträge als Mittel der Konzentration, ÖJZ 1969, 533; *Knepper,* Bedeutung, Anwendungsformen und steuerliche Wirkungen von Unternehmensverträgen, BB 1982, 2061; MünchHdb. AG/*Krieger* § 72 (S. 1120 ff.); *Martens,* Die existentielle Wirtschaftsabhängigkeit, 1978; *K. Mertens,* Die stille Beteiligung an einer GmbH und ihre Behandlung bei Umwandlung in eine AG, AG 2000, 32; *Mestmäcker,* Zur Systematik des Rechts der verbundenen Unternehmen, Festgabe für Kronstein, 1967, S. 129; *Paefgen,* Unternehmerische Entscheidungen und Rechtsbindung, 2002; *Raiser* Kapitalgesellschaften § 57 (S. 935 ff.); *Rosendorff,* Die rechtliche Organisation der Konzerne, 1927; *K. Schmidt* GesR § 31 III 1 b (S. 949 f.); *ders.* Konzernrechtliche Wirksamkeitsvoraussetzungen für typische stille Beteiligungen an Kapitalgesellschaften?, ZGR 1984, 295; *J. Schmidt-Ott,* Publizitätserfordernisse bei atypischen stillen Beteiligungen an dem Unternehmen einer GmbHG, GmbHR 2001, 182; *U. Schneider,* Die Mitverwaltungsrechte der Gesellschafter in der verbundenen GmbH, in Der GmbH-Konzern, 1976, S. 78; Scholz/*Emmerich* GmbHG § 44 Anh. Rdnr. 212–224; *Chr. Schulte/Waechter,* Atypische stille Beteiligungen und § 294 AktG, GmbHR 2002, 189; *Schulze-Osterloh,* Das Recht der Unternehmensverträge und die stille Beteiligung an einer AG, ZGR 1974, 427; *Veit,* Unternehmensverträge und Eingliederung als aktienrechtliche Instrumente der Unternehmensverbindung, 1974, S. 33 ff.; *M. Winter,* Die

Rechtsstellung des stillen Gesellschafters in der Verschmelzung des Geschäftsinhabers, FS für Peltzer, 2001, S. 645.

Schrifttum zu § 292 Abs. 1 Nr. 3: *Birk,* Betriebsaufspaltung und Änderung der Konzernorganisation im Arbeitsrecht, ZGR 1984, 23; *Emmerich/Sonnenschein/Habersack* § 15 (S. 201 ff.); *Fleischer,* Zur Leitungsaufgabe des Vorstands im Aktienrecht, ZIP 2003, 1; *Th. Frisch,* Die Behandlung von Betriebsführungsverträgen in der Fusionskontrolle, AG 1995, 362; *Geßler,* Atypische Beherrschungsverträge, FS für Beitzke, 1979, S. 923; *U. Huber,* Betriebsführungsverträge zwischen selbständigen Unternehmen, ZHR 152 (1988), 1; *ders.,* Betriebsführungsverträge zwischen konzernverbundenen Unternehmen, ZHR 152 (1988), 123; *W. Joachim,* Der Managementvertrag, DWiR 1992, 397, 455; *ders.,* Hotelbetreiberverträge als Pacht- und Managementverträge, NZM 2001, 162; MünchHdb. AG/*Krieger* § 72 IV und V (S. 1120 ff.); *H. Maser,* Betriebspacht- und Betriebsüberlassungsverhältnisse in Konzernen, 1985; *J. Mimberg,* Konzernexterne Betriebspachtverträge im Recht der GmbH, 2000; *J. Oesterreich,* Die Betriebsüberlassung zwischen Vertragskonzern und faktischem Konzern, 1979; *Raiser* Kapitalgesellschaften § 57 IV (S. 941 ff.); *Raupach,* Schuldvertragliche Verpflichtungen anstelle beteiligungsgestützter Beherrschung, FS für Bezzenberger, 2000, S. 327; *Schlüter,* Management- und Consulting-Verträge, 1987; *U. Schneider,* Vertragsrechtliche, gesellschaftsrechtliche, arbeitsrechtliche Probleme von Betriebspachtverträgen, Betriebsüberlassungsverträgen und Betriebsführungsverträgen, JbFStR 1982/83, S. 387; *Veelken,* Der Betriebsführungsvertrag im deutschen und amerikanischen Aktien- und Konzernrecht, 1975; *Windbichler,* Betriebsführungsverträge zur Bindung kleiner Unternehmen an große Ketten, ZIP 1987, 825; Michalski/*Zeidler* GmbHG Bd. I Syst. Darst. 4 Rdnr. 186 ff. (S. 482 f.); *Zeiger,* Der Management-Vertrag als internationales Kooperationsinstrument, 1984; *Zöllner,* Betriebs- und unternehmensverfassungsrechtliche Fragen bei konzernrechtlichen Betriebsführungsverträgen, ZfA 1983, 93.

Übersicht

I. Überblick

1. Regelungsgegenstand. § 292 regelt im Anschluß an § 291 die sogenannten „anderen Unternehmensverträge", worunter das Gesetz die Gewinngemeinschaft (§ 292 Abs. 1 Nr. 1), den Teilgewinnabführungsvertrag (aaO Nr. 2) sowie den Betriebspacht- und den **1**

Betriebsüberlassungsvertrag versteht (aaO Nr. 3). Vorläufer des § 292 war § 256 des AktG von 1937, der alle genannten Verträge noch unterschiedslos erfaßte (ebenso bis heute § 238 öAktG).

2   Die Abgrenzung der in § 292 Abs. 1 geregelten Unternehmensverträge von anderen Verträgen bereitet mitunter Schwierigkeiten. § 292 Abs. 2 bestimmt deshalb ergänzend, daß verschiedene Abreden über Gewinnbeteiligungen Dritter keine Teilgewinnabführungsverträge iSd. Nr. 2 des § 292 Abs. 1 darstellen. § 292 Abs. 3 ersetzt schließlich mit Rücksicht auf vermutete Abwicklungsschwierigkeiten bei Betriebspacht- und Betriebsüberlassungsverträgen die Nichtigkeit des Zustimmungsbeschlusses bei einem Verstoß gegen die §§ 57, 58 und 60 durch die bloße Anfechtbarkeit des Beschlusses.[1]

3   **2. Zweck.** Mit der Qualifizierung der in § 292 Abs. 1 Nrn. 1 bis 3 genannten unterschiedlichen Verträge als „Unternehmensverträge" verfolgt das Gesetz in erster Linie den Zweck, den Abschluß dieser Verträge dem Regime der §§ 293 bis 299 zu unterstellen. Im übrigen trennt das Gesetz jedoch deutlich zwischen den Verträgen des § 291 und des § 292, da nur der Abschluß der ersteren, nicht dagegen der der Verträge des § 292 mit besonderen Kautelen zugunsten der Gesellschaft, ihrer Gesellschafter und ihrer Gläubiger verbunden ist (§§ 300 ff., 304 f.). (Systemwidrige) Ausnahmen finden sich lediglich in den §§ 300 Nr. 2 und 3, 301 und 302 Abs. 2.[2]

4   Hintergrund der gesetzlichen Regelung ist die Vorstellung der Gesetzesverfasser, bei den Verträgen des § 292 handele es sich grundsätzlich um normale *schuldrechtliche* Austauschverträge zwischen voneinander unabhängigen Unternehmen, so daß sich bei ihnen weitere Schutzmaßnahmen zugunsten der Gesellschaft, ihrer Gesellschafter und ihrer Gläubiger erübrigten.[3] Folglich führen die anderen Unternehmensverträge des § 292 weder zu einer Lockerung der gesetzlichen Vermögensbindung aufgrund der §§ 57, 58 und 60 (s. aber § 292 Abs. 3) noch zu einer Durchbrechung der alleinigen Zuständigkeit des Vorstands zur Leitung der Gesellschaft gemäß § 76 Abs. 1. Ebensowenig ziehen sie automatisch die Abhängigkeit der jeweils verpflichteten Gesellschaft nach sich (§ 17).

5   **3. Organisationsrechtliche Elemente.** Die Einstufung der anderen Unternehmensverträge des § 292 Abs. 1 als schuldrechtliche Austauschverträge (Rdnr. 4) ändert nichts daran, daß mit ihnen häufig schwerwiegende Eingriffe in die Verfassung der Gesellschaft verbunden sind.[4] Das muß bei ihrer zutreffenden Würdigung ebenso beachtet werden wie der Umstand, daß sich die anderen Unternehmensverträge des § 292 nicht weniger als der Beherrschungs- und der Gewinnabführungsvertrag des § 291 zum Aufbau von Konzernen eignen. Betriebspacht- und Betriebsüberlassungsverträge dürften sogar überwiegend zwischen voneinander *abhängigen* Unternehmen abgeschlossen werden und dienen dann als Mittel zur „Eingliederung" des Unternehmens des Verpächters in den Konzern des Pächters oder Übernehmers. Gelegentlich spricht man insoweit auch von „konzerninternen" im Gegensatz zu konzernexternen Betriebspacht- oder Betriebsüberlassungsverträgen.[5]

6   Bereits diese Umstände (Rdnr. 5) rechtfertigen letztlich die Unterstellung des Abschlusses der anderen Unternehmensverträge des § 292 unter die Vorschriften der §§ 293 bis 299.[6] Sie machen zugleich deutlich, daß die anderen Unternehmensverträge des § 292 ebenso wie die des § 291 neben schuldrechtlichen auch **organisationsrechtliche Elemente** aufweisen. Von Fall zu Fall ist daher hier auch Raum für die Anwendung der Regeln über fehlerhafte Unternehmensverträge, wenn der Zustimmungsbeschluß (§ 293) oder der Vertrag selbst Mängel aufweist (s. § 291 Rdnr. 28 ff.).

---

[1] S. die Begr. zum RegE bei *Kropff* AktG S. 379.
[2] S. § 300 Rdnr. 3, § 302 Rdnr. 5, § 302 Rdnr. 21, 45 ff.
[3] Begr. zum RegE bei *Kropff* AktG S. 378 f.
[4] *Führling*, Sonstige Unternehmensverträge, S. 92 ff.

[5] S. *J. Mimberg*, Konzernexterne Betriebspachtverträge, S. 77 ff.
[6] *Führling*, Sonstige Unternehmensverträge, S. 92 ff.

4. Numerus clausus. Es steht nichts im Wege, die Nrn. 1 bis 3 des § 292 Abs. 1 in **7** geeigneten Fällen auf vergleichbare Fallgestaltungen entsprechend anzuwenden.[7] Für die sogenannten Betriebsführungsverträge ist dies bereits weithin anerkannt (s. Rdnr. 55). Die Kommentierung der Nrn. 1 bis 3 des § 292 Abs. 1 wird deutlich machen, daß eine entsprechende Anwendung des § 292 Abs. 1 auch noch in anderen Fallgestaltungen in Betracht kommt (s. Rdnr. 13, 16). Der von einer verbreiteten Meinung angenommene numerus clausus der Unternehmensverträge hindert nicht eine analoge Anwendung der §§ 291 und 292 in geeigneten Fallgestaltungen.

II. Parteien

Die Anwendung des § 292 auf die hier genannten Verträge setzt voraus, daß an ihnen **8** wenigstens eine inländische AG oder KGaA beteiligt ist, und zwar in der Rolle derjenigen Gesellschaft, die jeweils die vertragstypischen, d. h. die den Vertrag kennzeichnenden Leistungen erbringt. Das sind im Falle des Teilgewinnabführungsvertrages die zur Gewinnabführung verpflichtete Gesellschaft sowie im Falle des Betriebspacht- oder Betriebsüberlassungsvertrages die verpachtende oder überlassende Gesellschaft, während bei der Gewinngemeinschaft jede daran beteiligte Gesellschaft dazu zählt. Anderer Vertragsteil kann dagegen jedes beliebige inländische oder ausländische Unternehmen sein.

Aus § 15 wird allgemein der Schluß gezogen, daß an Unternehmensverbindungen iSd. **9** §§ 19 bis 22 und 291 bis 328 grundsätzlich nur Unternehmen (im Gegensatz zu Privatpersonen) beteiligt sein können (s. im einzelnen § 15 Rdnr. 6 ff.). Auch die Vertragsteile eines Unternehmensvertrages iSd. *§ 292* machen nach dem Wortlaut des § 15 keine Ausnahme von diesem Grundsatz. Im deutlichen Gegensatz hierzu erweckt jedoch die Formulierung der Nrn. 2 und 3 des § 292 Abs. 1 den Eindruck, als ob hier als Vertragspartner der jeweils verpflichtenden Gesellschaft jeder „andere", also auch Privatpersonen in Betracht kämen. Welche Folgerungen aus diesem Befund zu ziehen sind, ist umstritten.[8] Die Frage hat jedoch nur geringe praktische Bedeutung und soll deshalb hier nicht weiter vertieft werden. Der Grund ist einmal, daß der andere Vertragsteil insbes. im Falle des Abschlusses eines Betriebspachtvertrages, durch den Vertragsabschluß ohnehin häufig zum „Unternehmen" werden wird,[9] zum andern, daß unabhängig von dieser Streitfrage jedenfalls die Anwendbarkeit zumindest der §§ 293 ff. auch auf den Abschluß von Verträgen des § 292 mit Nichtunternehmen feststeht (Rdnr. 3). Der Wortlaut des § 15 ist insoweit, wie auch schon an verschiedenen anderen Stellen deutlich geworden ist, zu weit geraten.[10]

III. Gewinngemeinschaft (§ 292 Abs. 1 Nr. 1)

1. Begriff. Nach § 292 Abs. 1 Nr. 1 liegt eine Gewinngemeinschaft vor, wenn eine AG **10** oder KGaA mit Sitz im Inland sich verpflichtet, ihren Gewinn oder den Gewinn einzelner ihrer Betriebe ganz oder zum Teil mit dem Gewinn anderer Unternehmen oder einzelner Betriebe anderer Unternehmen zur Aufteilung eines gemeinschaftlichen Gewinns zusammenzulegen. Bei dem oder den anderen Beteiligten kann es sich um ein deutsches oder ausländisches Unternehmen beliebiger Rechtsform handeln. In jedem Fall gilt deutsches Recht und damit § 292 Abs. 1 Nr. 1,[11] so daß der Vertrag darauf gerichtet sein muß, die Gewinne der Beteiligten ganz **oder** partiell mit dem Ziel der Bildung eines gemeinschaftlichen Gewinns *und* dessen anschließender Aufteilung unter den Beteiligten zusammenzulegen. Die so definierte Gewinngemeinschaft bildet einen Sonderfall der *Interessengemeinschaften*, die jedenfalls früher recht verbreitet waren (Stichwort: „IG Farben"), während ihre praktische Bedeutung heute nur noch gering zu sein scheint, da sie nicht mehr als Grundlage

---

[7] MünchHdb. AG/*Krieger* § 72 Rdnr. 5.
[8] S. *Hüffer* Rdnr. 3, 12.
[9] MünchHdb. AG/*Krieger* § 72 Rdnr. 6 (S. 1122 f.).

[10] S. im einzelnen schon § 15 Rdnr. 22, § 16 Rdnr. 4, § 19 Rdnr. 8 und § 20 Rdnr. 13 sowie § 291 Rdnr. 9.
[11] MünchKommAktG/*Altmeppen* Rdnr. 44.

der körperschaftsteuerlichen Organschaft anerkannt sind (§ 14 KStG).[12] Mit der Vergemeinschaftung des Gewinns kann außerdem eine Vergemeinschaftung der Verluste verbunden werden; in diesem Fall spricht man auch von einer **Ergebnisgemeinschaft**.[13] Eine reine Verlustgemeinschaft fällt dagegen nicht unter die Nr. 1 des § 292 Abs. 1.[14]

11   **a) Gewinn.** Das Gesetz spricht in § 292 Abs. 1 Nr. 1 von dem „Gewinn" der Gesellschaft oder einzelner ihrer Betriebe, ohne diesen Begriff freilich zu definieren. Seine Bedeutung ist deshalb umstritten. Sinnvollerweise kann damit jedoch nur das Ergebnis einer *periodischen* Abrechnung gemeint sein, in erster Linie also der Jahresüberschuß (§ 275 Abs. 2 Nr. 20/Abs. 3 Nr. 19 HGB), der Bilanzgewinn oder der Rohertrag, weil sich andernfalls unlösbare Abgrenzungsprobleme ergäben.[15] Für die Annahme einer Gewinngemeinschaft iSd. Nr. 1 des § 292 ist dagegen *kein* Raum, wenn sich die Vereinbarung auf die Vergemeinschaftung des Gewinns aus einem oder mehreren *Geschäften* beschränkt.[16] Ein Beispiel sind die vor allem in der Bauwirtschaft verbreiteten Arbeitsgemeinschaften.[17]

12   **b) Aufteilung.** Die Annahme einer Gewinngemeinschaft iSd. Nr. 1 des § 292 Abs. 1 setzt zusätzlich voraus, daß der zunächst vergemeinschaftete Gewinn anschließend wieder unter den Beteiligten aufgeteilt wird, und zwar in der Weise, daß jeder Beteiligte wieder frei über den ihm zugewiesenen Gewinnanteil verfügen kann. Bereits im Vertrag selbst muß deshalb ein **Verteilungsschlüssel** festgelegt werden, der zur Folge hat, daß *jedes* beteiligte Unternehmen einen Teil des Gewinns zurückerhält. Sieht der Vertrag dagegen lediglich einen Ausgleich für die außenstehenden Aktionäre einer beteiligten AG oder KGaA vor, so stellt er keine Gewinngemeinschaft, sondern im Zweifel einen Gewinnabführungsvertrag dar.[18]

13   **c) Andere Zwecke.** Zweifelhaft ist die Rechtslage, wenn der vergemeinschaftete Gewinn nicht wieder aufgeteilt, sondern anderen gemeinsamen Zwecken zugeführt wird. Mit Rücksicht auf den Wortlaut des § 292 Abs. 1 Nr. 1 wird dann meistens die Annahme einer Gewinngemeinschaft abgelehnt.[19] Die (bedenkliche) Konsequenz wäre freilich, daß solche Verträge, die für die beteiligten Gesellschaften eher noch gefährlicher als eine „bloße" Gewinngemeinschaft sind, *keine* Unternehmensverträge darstellten und deshalb vom Vorstand ohne Mitwirkung der Hauptversammlung abgeschlossen werden könnten.[20] Demgegenüber bleibt zu bedenken, daß auch in derartigen Fällen der vergemeinschaftete Gewinn letztlich zumindest mittelbar den Beteiligten wieder zugute kommt, so daß gegen eine entsprechende Anwendung des § 292 Abs. 1 Nr. 1 auf solche Verträge keine Bedenken bestehen.[21] Denn nur so kann die unerläßliche Mitwirkung der Hauptversammlung nach § 293 bei dem Abschluß des Vertrages sichergestellt werden.

14   **d) BGB-Gesellschaft.** Durch eine Gewinngemeinschaft wird zwischen den beteiligten Unternehmen eine Gesellschaft iS des § 705 BGB mit dem gemeinsamen Zweck der Vergemeinschaftung und der anschließenden Wiederaufteilung des Gewinns begründet.[22]

---

[12] Ein Beispiel in BGHZ 24, 279 = NJW 1957, 1279 „IG Farben AG/Riebeck Montan-AG"; s. zu diesem Fall außerdem BGH LM AktG § 305 Nr. 1 = AG 1974, 53 = WM 1973, 858; OLG Frankfurt AG 1987, 43; ein weiteres Beispiel in OLG Frankfurt AG 1988, 267 „IG Farben AG/Interhandel AG".

[13] MünchKommAktG/*Altmeppen* Rdnr. 15; MünchHdb. AG/*Krieger* § 72 Rdnr. 10.

[14] *Hüffer* Rdnr. 7.

[15] Vgl. MünchKommAktG/*Altmeppen* Rdnr. 16; *Führling*, Sonstige Unternehmensverträge, S. 63 f.; *Hüffer* Rdnr. 7 f.; *Koppensteiner* in Kölner Kommentar Rdnr. 12, 30 ff., 37 f.; MünchHdb. AG/*Krieger* § 72 Rdnr. 10; *Raiser* Kapitalgesellschaften § 57 Rdnr. 9 (S. 938 f.); anders *Fikentscher* Interessengemeinschaft S. 19, 41.

[16] Vgl. für Vertriebsverträge mit Tochtergesellschaften LG Mainz AG 1978, 320, 322.

[17] MünchKommAktG/*Altmeppen* Rdnr. 16.

[18] MünchKommAktG/*Altmeppen* Rdnr. 20; *Hüffer* Rdnr. 9 f.; *Koppensteiner* in Kölner Kommentar Rdnr. 33; MünchHdb. AG/*Krieger* Rdnr. 11.

[19] MünchKommAktG/*Altmeppen* Rdnr. 21 f.; *Hüffer* Rdnr. 9; MünchHdb. AG/*Krieger* § 72 Rdnr. 11.

[20] So in der Tat *Hüffer* Rdnr. 9.

[21] S. Rdnr. 6; *Führling*, Sonstige Unternehmensverträge, S. 74 f.; *Koppensteiner* in Kölner Kommentar Rdnr. 33; *Raiser* Kapitalgesellschaften § 57 Rdnr. 9 (S. 938 f.).

[22] BGHZ 24, 279, 293 = NJW 1957, 1279; OLG Frankfurt AG 1988, 267, 269 f.; MünchKommAktG/*Altmeppen* Rdnr. 12; *Führling*, Sonstige Un

Folglich findet die Gewinngemeinschaft von selbst ihr Ende, wenn die Erreichung des gemeinsamen Zwecks dauernd unmöglich wird (§ 726 BGB).[23] Außerdem kommt eine Kündigung aus wichtigem Grund in Betracht (§ 723 BGB), sobald eine der beteiligten Gesellschaften aufgelöst wird.[24]

e) Verwaltungsgemeinschaft. In der Gewinngemeinschaft haben sämtliche Beteiligten, **15** ihre Gleichberechtigung vorausgesetzt, ein Interesse an der Erzielung eines möglichst hohen Gesamtgewinns. Die Gewinngemeinschaft tendiert deshalb zur Verwaltungsgemeinschaft durch Zusammenfassung der Geschäftsführung der beteiligten Unternehmen zumindest in Teilbereichen (§§ 709 ff. BGB). Geht dies so weit, daß es – ohne gegenseitige Abhängigkeit der Beteiligten – zur einheitlichen Leitung der verbundenen Unternehmen kommt, so begründet die Gewinngemeinschaft gemäß § 18 Abs. 2 zugleich einen *Gleichordnungskonzern* unter den Beteiligten.[25]

2. Anwendungsbereich. Die Anwendung des § 292 Abs. 1 Nr. 1 setzt voraus, daß der **16** Vertrag gerade den *eigenen* Gewinn der Gesellschaft betrifft. § 292 Abs. 1 Nr. 1 findet dagegen nach seinem Wortlaut keine Anwendung, wenn Gegenstand des Vertrags nicht der Gewinn der Gesellschaft selbst, sondern zB der ihrer Tochtergesellschaften ist. Daraus ergibt sich die Frage, ob der Vorstand bei der Vergemeinschaftung des Gewinns von Tochtergesellschaften freie Hand genießt (§ 76)[26] oder ob in diesen Fällen, zumindest, wenn es sich um bedeutende Tochtergesellschaften handelt, Raum für die entsprechende Anwendung des § 292 Abs. 1 Nr. 1 ist.[27] Die besseren Gründe sprechen in dieser Kontroverse nach wie vor für die zuletzt genannte Meinung, weil nur so über die §§ 293 ff. der dringend gebotene Schutz der Aktionäre gegen derartige Praktiken sichergestellt werden kann (s. Rdnr. 6), jedenfalls so lange, wie nicht die Diskussion über die Holzmüller-Doktrin auch für Fälle der hier interessierenden Art zu allseits akzeptierten Ergebnissen geführt hat, die einen mit den §§ 292 Abs. 1 Nr. 1 und 293 vergleichbaren Schutz der Aktionäre der Muttergesellschaft sicherstellen.[28]

Im Einzelfall kann die **Abgrenzung** der Gewinngemeinschaft iSd. § 292 Abs. 1 Nr. 1 **17** von anderen ähnlichen Vertragsgestaltungen Schwierigkeiten bereiten.[29] Hervorzuheben sind folgende Punkte: Führt die zwischen den Beteiligten begründete „Verwaltungsgemeinschaft" (Rdnr. 15) dazu, daß im Ergebnis einer der Beteiligten ein einseitiges *Weisungsrecht* gegenüber den anderen Beteiligten erlangt, so verbirgt sich hinter der Gewinngemeinschaft in Wirklichkeit ein Beherrschungsvertrag iSd. § 291 Abs. 1 S. 1, so daß der Vertrag alle Voraussetzungen eines Beherrschungsvertrags erfüllen muß, insbes. also *als solcher* ins Handelsregister einzutragen ist, wenn er wirksam sein soll (§§ 291, 293, 294; s. Rdnr. 60 ff.). Solche Annahme liegt besonders nahe, wenn eine der beteiligten Gesellschaften nicht mehr frei über den ihr schließlich wieder zugewiesenen Gewinnanteil verfügen kann, sondern auch hinsichtlich der Verwendung ihres Gewinnanteils einem Weisungs- oder Zustimmungsrecht anderer beteiligten Gesellschaften unterliegt (s. Rdnr. 18). Die Gewinngemeinschaft kann ferner von Fall zu Fall als Gewinn- oder Teilgewinnabführungsvertrag zu behandeln sein, wenn die Vertragsgestaltung zur Folge hat, daß im Ergebnis einer der Beteiligten seinen Gewinn ganz oder teilweise an einen anderen Beteiligten ausschütten muß (Rdnr. 61 ff.). In keinem dieser Fälle hängt die zutreffende Einordnung des Vertrags

---

ternehmensverträge, S. 64, 83 ff.; *Raiser* Kapitalgesellschaften § 57 Rdnr. 7 (S. 938).

[23] BGH (vorige Fn.); OLG Frankfurt AG 1987, 43, 45.

[24] BGHZ 24, 279, 294 f. = NJW 1957, 1279.

[25] MünchKommAktG/*Altmeppen* Rdnr. 42; *Dierdorf* Herrschaft S. 105; *Führling*, Sonstige Unternehmensverträge, S. 73.

[26] So *Koppensteiner* in Kölner Kommentar Rdnr. 41; offengelassen in BGH NJW 1982, 933, 936 = AG 1982, 129 (insoweit nicht in BGHZ 82, 188, 200 abgedruckt); vermittelnd MünchKomm-

AktG/*Altmeppen* Rdnr. 25 f.; *Paefgen,* Unternehmerische Entscheidungen, S. 519 ff.

[27] Dafür *Emmerich/Sonnenschein/Habersack* § 14 II 4 (S. 194); MünchHdb. AG/*Krieger* § 72 Rdnr. 12; *M. Lutter,* FS für Barz, 1974, S. 199, 212 ff.; *U. Schneider,* Der GmbH-Konzern, S. 78, 99 f.; s. auch § 293 Rdnr. 11.

[28] S. im einzelnen Vor § 311 Rdnr. 1, 33 ff.; *Hüffer* Rdnr. 6.

[29] S. ausführlich *Führling,* Sonstige Unternehmensverträge, S. 73 ff.

von der von den Parteien frei gewählten Bezeichnung, sondern allein von dem tatsächlichen Inhalt der Verträge ab (§§ 133, 157 BGB; s. § 291 Rdnr. 17).

18   **3. Höhe der Gegenleistung.** Die gesetzliche Regelung der Gewinngemeinschaft in den §§ 292 Abs. 1 Nr. 1 und 293 ff. beruht auf der Prämisse, daß bei dem Abschluß des zugrundeliegenden Vertrages die prinzipielle Gleichberechtigung der Vertragspartner im Regelfall für ein ausgewogenes Verhältnis von Leistung und Gegenleistung und damit vor allem dafür sorgen werde, daß der schließlich den einzelnen Gesellschaften wieder zugeteilte Gewinnanteil im wesentlichen ihrem *Beitrag* zu dem vergemeinschafteten Gewinn *entspricht*, wobei noch hinzukommen muß, daß die Gesellschaft außerdem über den ihr schließlich zugeteilten Gewinnanteil frei verfügen kann.[30] Sind die Vertragsparteien voneinander unabhängig, so werden diese Voraussetzungen auch in der Regel zutreffen. Anders dagegen bei *Abhängigkeit* einer der Parteien von einer anderen. In derartigen Fällen sind daher zusätzliche Schutzvorkehrungen für die abhängige Gesellschaft und ihre Gesellschafter unverzichtbar. In erster Linie ist dann zu prüfen, ob sich nicht unter dem Vertrag in Wirklichkeit ein Beherrschungs- oder Gewinnabführungsvertrag verbirgt (Rdnr. 17). Führt diese Prüfung nicht weiter, so ist ferner danach zu unterscheiden, ob wenigstens eines der begünstigten anderen Unternehmen an der benachteiligten Gesellschaft beteiligt ist oder nicht.

19   Im Fall der *Aktionärseigenschaft* eines der anderen beteiligten Unternehmen greift im Fall der Benachteiligung der Gesellschaft bei der Gewinnverteilung das *Verbot verdeckter Gewinnausschüttungen* ein (§§ 57, 58, 60), so daß der Vertrag, durch den die Gewinngemeinschaft begründet wurde, nach hM ebenso wie der Zustimmungsbeschluß der Hauptversammlung wegen des Verstoßes gegen ein gesetzliches Verbot nichtig sind (§ 134 BGB; §§ 241 Nr. 3, 293 Abs. 1),[31] während nach der Gegenmeinung, die sich in erster Linie auf § 62 stützt, „lediglich" eine Anpassung des Vertrages an die gesetzliche Regelung erforderlich ist.[32] Vor solcher Anpassung darf aber auch nach dieser Meinung der Vertrag nicht durchgeführt werden, so daß der Unterschied zur hM vernachlässigt werden kann. Ohne Anpassung nach § 62 ist der Vertrag auf jeden Fall rückabzuwickeln, wobei ergänzend gelegentlich die Regeln über die fehlerhafte Gesellschaft herangezogen werden, da die Gewinngemeinschaft eine BGB-Gesellschaft darstellt (Rdnr. 14).[33] Das gilt auch in Abhängigkeitsverhältnissen, weil die §§ 57, 58 und 60 durch die §§ 311 ff. nicht verdrängt werden.[34]

20   Für die Anwendung der §§ 57, 58 und 60 ist dagegen kein Raum, wenn *keine* der anderen Vertragsparteien an der benachteiligten Gesellschaft *beteiligt* ist. In solchen Fällen bietet allein die Organhaftung von Vorstand und Aufsichtsrat aufgrund der §§ 93 und 116 der benachteiligten Gesellschaft einen gewissen Schutz.[35] In (mittelbaren) Abhängigkeitsverhältnissen kommt daneben noch die Anwendung der §§ 311 und 317 in Betracht.[36]

21   **4. GmbH.** Der Begriff der Gewinngemeinschaft ist im GmbH-Recht derselbe wie im Aktienrecht (§ 292 Abs. 1 Nr. 1). Sind an einer Gewinngemeinschaft neben Gesellschaften in der Rechtsform einer GmbH Aktiengesellschaften oder KGaA beteiligt, so findet ohnehin das Aktienkonzernrecht unmittelbare Anwendung (§ 292 Abs. 1 Nr. 1). Andernfalls stellt sich als erstes die Frage, ob aus den entsprechend anwendbaren §§ 292 Abs. 1 Nr. 1, 293 und 294 zu folgern ist, daß der Vertragsabschluß auch hier der **Zustimmung der Gesellschafter** durch satzungsändernden Beschluß mit anschließender Eintragung ins Handelsregister bedarf oder ob der Abschluß des Vertrages, bei dem es sich um einen Gesellschaftsvertrag iSd. § 705 BGB handelt, von der Vertretungsmacht der Geschäftsführer gedeckt ist

---

[30] S. Rdnr. 4, 17; *Hüffer* Rdnr. 9.
[31] *Dierdorf* Herrschaft S. 102 ff.; *Ebenroth* Vermögenszuwendungen S. 421 ff.; *Hüffer* Rdnr. 11; *Koppensteiner* in Kölner Kommentar Rdnr. 23 f., 47; MünchHdb. AG/*Krieger* § 72 Rdnr. 13; *Raiser* Kapitalgesellschaften § 57 Rdnr. 9 (S. 939); *Michalski/Zeidler* GmbHG Bd. I Syst. Darst. 4 Rdnr. 185.
[32] MünchKommAktG/*Altmeppen* Rdnr. 30–35; *Joost* ZHR 149 (1985), 419.

[33] *Hüffer* Rdnr. 11; dagegen MünchKommAktG/*Altmeppen* Rdnr. 40 f.
[34] MünchKommAktG/*Altmeppen* Rdnr. 36; anders MünchHdb. AG/*Krieger* § 72 Rdnr. 13, 22 (S. 1125, 1128).
[35] MünchKommAktG/*Altmeppen* Rdnr. 38 f.; *Hüffer* Rdnr. 11.
[36] MünchHdb. AG/*Krieger* § 72 Rdnr. 13.

(§ 37 Abs. 2 GmbHG).[37] Überwiegend wird zu Recht wegen der großen Gefährlichkeit derartiger Verträge das erstere angenommen, so daß die Gewinngemeinschaft, auch wenn an ihr allein Gesellschaften in der Rechtsform einer GmbH oder einer Personengesellschaft beteiligt sind, nur wirksam wird, wenn die Gesellschafter dem Vertragsabschluß durch satzungsändernden Beschluß zugestimmt haben und der Vertrag anschließend ins Handelsregister eingetragen worden ist (§§ 53, 54 GmbHG; §§ 293, 294 AktG analog).[38]

Eine wieder andere Frage ist, mit welcher **Mehrheit** die Gesellschafter (Rdnr. 21) dem **22** Vertragsabschluß zustimmen müssen. Auch diese Frage ist umstritten.[39] Richtiger Meinung nach sollte man hier danach unterscheiden, ob die betroffene GmbH von der oder den anderen Vertragsparteien abhängig ist oder nicht. Im zuletzt genannten Fall überwiegt der Charakter des Vertrags als schuldrechtlicher Austauschvertrag, so daß es bei der Regelung der §§ 53 und 54 GmbHG sein Bewenden haben kann. Im Falle der Abhängigkeit der GmbH von den anderen Beteiligten wird man jedoch wegen des Eingriffs in das Gewinnbezugsrecht der Gesellschafter (§ 29 GmbHG) und der damit verbundenen Zweckänderung die Zustimmung *aller* Gesellschafter zu verlangen haben (§ 33 BGB).[40]

IV. Teilgewinnabführungsvertrag (§ 292 Abs. 1 Nr. 2, Abs. 2)

1. Begriff. Ein Teilgewinnabführungsvertrag liegt nach § 292 Abs. 1 Nr. 2 vor, wenn **23** sich eine AG oder KGaA verpflichtet, einen Teil ihres Gewinnes oder den Gewinn einzelner ihrer Betriebe ganz oder zum Teil an einen anderen abzuführen. Ausgenommen sind gemäß § 292 Abs. 2 jedoch Verträge über eine Gewinnbeteiligung mit Verwaltungsmitgliedern oder mit einzelnen Arbeitnehmern der Gesellschaft sowie Abreden über eine Gewinnbeteiligung im Rahmen von Verträgen des laufenden Geschäftsverkehrs oder von Lizenzverträgen. Mit der Aufnahme des § 292 Abs. 1 Nr. 2 in das Gesetz wurde *bezweckt*, im Interesse der Aktionäre jede Abführung des wie immer berechneten Gewinns des Unternehmens oder einzelner Betriebe an die Zustimmung der Hauptversammlung (§ 293) zu binden.[41] Dadurch soll in erster Linie das Gewinnverwendungsrecht der Hauptversammlung geschützt werden (§ 174). Deshalb hat das Gesetz hier auch nicht einen besonderen Vertragstyp im Auge, sondern erfaßt zum Schutze der Aktionäre und ihrer Zuständigkeit (§ 174) generell *jeden Vertrag* ohne Rücksicht auf seine rechtliche Einkleidung, der der Sache nach auf die Abführung eines *Teils* des Gewinns hinausläuft, sofern nicht im Einzelfall die Ausnahme des § 292 Abs. 2 eingreift.[42] Der Anwendungsbereich des § 292 Abs. 1 Nr. 2 ist daher an sich sehr weit; tatsächlich beschränkt er sich jedoch im wesentlichen auf stille Beteiligungen an einer AG oder KGaA sowie auf eine Reihe weiterer eigenartiger Fälle (s. Rdnr. 29 ff.). Mit der zunehmenden Verbreitung von stillen Beteiligungen an Aktiengesellschaften aus steuerlichen Gründen als (überaus gefährliche) Anlageform hat im gleichen Ausmaß auch die praktische Bedeutung des § 292 Abs. 1 Nr. 1 in jüngster Zeit wieder deutlich zugenommen.

a) Abgrenzung. Der Teilgewinnabführungsvertrag muß zunächst von dem Gewinn- **24** abführungsvertrag des § 291 Abs. 1 S. 1 abgegrenzt werden. Nach dem Gesetz ist die Abgrenzung an sich einfach: Während der Gewinnabführungsvertrag gemäß § 291 Abs. 1 S. 1 durch die Verpflichtung der Gesellschaft zur Abführung *„ihres ganzen"* Gewinns charak-

---

[37] So *Roth/Altmeppen* GmbHG § 13 Anh. Rdnr. 89.
[38] *Scholz/Emmerich* GmbHG § 44 Anh. Rdnr. 215 f.; *Emmerich/Sonnenschein/Habersack* § 32 VI 1 (S. 498 f.); *Führling*, Sonstige Unternehmensverträge, S. 131 ff.; *Rowedder/Schmidt-Leithoff/Koppensteiner* GmbHG § 52 Anh. Rdnr. 67; *U. Schneider* in ders. (Hrsg.), Beherrschungs- und Gewinnabführungsverträge in der Praxis der GmbH, S. 7, 26 ff.; *Hachenburg/Ulmer* GmbHG § 77 Anh. Rdnr. 193, 203 a; *Michalski/Zeidler* GmbHG I Syst. Darst. 4 Rdnr. 185.

[39] S. mit Nachw. *Scholz/Emmerich* (vorige Fn.) Rdnr. 216.
[40] Ebenso *Michalski/Zeidler* (Fn. 38); anders dagegen *Rowedder/Schmidt-Leithoff/Koppensteiner* GmbHG § 52 Anh. Rdnr. 67: qualifizierte Mehrheit genügt.
[41] Begr. zum RegE bei *Kropff* AktG S. 379; KG AG 2000, 183, 184 = NZG 1999, 1102.
[42] KG (vorige Fn.).

terisiert ist (s. § 291 Rdnr. 47 ff.), beschränkt sich bei dem Teilgewinnabführungsvertrag die Verpflichtung zur Gewinnabführung nach § 292 Abs. 1 Nr. 2 auf einen (beliebig großen oder kleinen) „Teil" ihres Gewinns oder den Gewinn einzelner (nicht aller) ihrer Betriebe. Ein Teilgewinnabführungsvertrag iSd. § 292 Abs. 1 Nr. 2 liegt folglich selbst dann vor, wenn der Vertrag *fast* den gesamten Gewinn der Gesellschaft, aber eben nicht den ganzen Gewinn umfaßt.[43] Eine *Untergrenze* für den abzuführenden Gewinn besteht gleichfalls nicht, da dem Gesetz jenseits des § 292 Abs. 2 keine Bagatellgrenze entnommen werden kann.[44] Die Grenzziehung ist naturgemäß schwierig, zumal mit Rücksicht auf die wenig sinnfällige strikte Trennung des Gesetzes zwischen dem Gewinnabführungsvertrag des § 291 Abs. 1 S. 1 und dem („bloßen") Teilgewinnabführungsvertrag der Nr. 2 des § 292 Abs. 1.[45] Als Leitlinie sollte hier dienen, daß die Anwendung des § 292 Abs. 1 Nr. 2 voraussetzt, daß der Gesellschaft nach *dem Vertrag* überhaupt ein (beliebig kleiner) Teil des Gewinns verbleibt, während ein Gewinnabführungsvertrag iSd. § 291 Abs. 1 S. 1 immer dann anzunehmen ist, wenn der Vertrag der Sache nach (§§ 133, 157, 242 BGB), d. h. im Ergebnis, auf die Abführung des **ganzen** Gewinns hinausläuft, weil etwa der abzuführende Gewinn bereits im Vertrag so hoch angesetzt ist, daß er mit Notwendigkeit auf unabsehbare Zeit den gesamten Gewinn der Gesellschaft abschöpfen muß. So verhält es sich zB, wenn zwar formal die Gewinne einzelner Betriebe von der Abführung ausgenommen werden, jedoch bereits bei Vertragsabschluß feststeht, daß diese Betriebe auf lange Zeit keine Gewinne abwerfen werden.[46]

25   **b) Gewinn.** Nach hM ist der Gewinnbegriff in der Nr. 2 des § 292 Abs. 1 derselbe wie bei der Nr. 1 der Vorschrift (s. Rdnr. 11), so daß § 292 Abs. 1 Nr. 2 ebenso wie die Nr. 1 allein Verträge erfaßt, die den aufgrund einer *periodischen* Abrechnung ermittelten Gewinn betreffen, mag es sich dabei um den Bilanzgewinn, den Jahresüberschuß, die Umsatzerlöse oder den Rohertrag handeln.[47] Die Frage ist jedoch umstritten, da nach anderen auch die Beteiligung Dritter am Gewinn der Gesellschaft aus *einzelnen* bedeutenden *Geschäften* unter § 292 Abs. 1 Nr. 2 fallen kann.[48]

26   Mit dem Wortlaut der Nr. 2 des § 292 Abs. 1 sind beide Auslegungen ohne weiteres vereinbar.[49] Die Parallele zu § 291 Abs. 1 S. 1 sowie zur Nr. 1 des § 292 Abs. 1 spricht aber dafür, auch hier an der Notwendigkeit eines *periodisch* ermittelten Gewinns als Abgrenzungskriterium zwischen Teilgewinnabführungsverträgen und anderen vergleichbaren Vertragsgestaltungen festzuhalten. Dem steht § 292 Abs. 2 nicht notwendig entgegen, da nichts hindert, den Gewinnbegriff hier ebenso wie in Abs. 1 der Vorschrift zu verstehen (Rdnr. 33 f.). *Partiarische* Austauschverträge, zB partiarische Miet- oder Pachtverträge, bei denen die von der Gesellschaft geschuldete Gegenleistung in einem Teil der von ihr erwirtschafteten Gewinne besteht, lassen sich daher nicht einheitlich beurteilen (s. Rdnr. 30). Meistens wird hier zwar die Ausnahme des § 292 Abs. 2 eingreifen. Eine andere Beurteilung ist aber geboten, wenn der Vertrag im Ergebnis auf eine Beteiligung des anderen Teils an den Periodengewinnen der Gesellschaft hinausläuft und es sich nicht um einen Vertrag des laufenden Geschäftsverkehrs iS des § 292 Abs. 2 handelt.[50] Keine Gewinne iSd. § 292

---

[43] *Hüffer* Rdnr. 13; *Führling*, Sonstige Unternehmensverträge, S. 60; *Koppensteiner* in Kölner Kommentar Rdnr. 48; MünchHdb. AG/*Krieger* § 72 Rdnr. 15; anders *Geßler*, FS für Ballerstedt, S. 219, 226 f.

[44] KG AG 2000, 183, 184 = NZG 1999, 1102; MünchKommAktG/*Altmeppen* Rdnr. 83; zu § 292 Abs. 2 s. Rdnr. 33 ff.

[45] Berechtigte Kritik bei *Raiser* Kapitalgesellschaften § 57 Rdnr. 10 (S. 939).

[46] MünchKommAktG/*Altmeppen* Rdnr. 54; *Führling*, Sonstige Unternehmensverträge, S. 75.

[47] KG AG 2000, 183, 184 = NZG 1999, 1102; *Kl. Eyber* Abgrenzung S. 20 ff.; *Führling*, Sonstige

Unternehmensverträge, S. 65 f.; *Hüffer* Rdnr. 13; *Koppensteiner* in Kölner Kommentar Rdnr. 49; MünchHdb. AG/*Krieger* § 72 Rdnr. 15; *Raiser* Kapitalgesellschaften § 57 Rdnr. 10 (S. 939); im wesentlichen zustimmend auch MünchKommAktG/*Altmeppen* Rdnr. 60 ff.; zu § 291 Abs. 1 S. 1 s. § 291 Rdnr. 64 f.

[48] *K. Schmidt* ZGR 1984, 295, 300 ff.; *Schulze-Osterloh* ZGR 1974, 427, 431 ff.

[49] Deshalb offengelassen in BayObLG AG 2001, 424 = NZG 2001, 408.

[50] S. einerseits für einen Lease-back-Vertrag KG NZG 1999, 1102 = AG 2000, 183, 184 f.; andererseits MünchKommAktG/*Altmeppen* Rdnr. 63 f.

Abs. 1 Nr. 2 sind außerdem *Zinsen* für die Überlassung von Kapital, wenn und solange die Höhe der Zinsen von dem Ergebnis des jeweiligen Geschäftsjahres unabhängig sind.[51] Unter dieser Voraussetzung spielt auch die Höhe der Zinsen keine Rolle.[52]

c) Gegenleistung. Das Gesetz unterscheidet in der Nr. 2 des § 292 Abs. 1 nicht zwi- **27** schen entgeltlichen und unentgeltlichen Verträgen.[53] Es liegt jedoch auf der Hand, daß unentgeltliche Teilgewinnabführungsverträge ebenso wie solche Verträge, bei denen die Gesellschaft keine angemessene Gegenleistung für den abgeführten Gewinn erhält, eine ernste *Gefahr* für die Gesellschaft darstellen. Nicht angemessen ist dabei jede Gegenleistung, die in dem maßgeblichen Zeitpunkt des Vertragsabschlusses objektiv hinter der Leistung der Gesellschaft (dem abgeführten Gewinnteil) zurückbleibt. Bei der Betrachtung der **Rechtsfolgen** muß in diesem Fall weiter nach der Person des Vertragsgegners unterschieden werden: Wird durch den Vertrag ein *Aktionär* der Gesellschaft begünstigt, so sind der Vertrag sowie der Zustimmungsbeschluß wegen des Verstoßes gegen die §§ 52, 58, 66 als verdeckte Gewinnausschüttung nichtig (§ 241 Nr. 3 AktG; § 134 BGB).[54] Gleichwohl von der Gesellschaft abgeführte Gewinne müssen ihr nach § 62 erstattet werden.[55] Wenn die Gesellschaft von dem Aktionär *abhängig* ist, ergibt sich dasselbe auch aus den §§ 311 und 317. Kein Raum ist dagegen hier für die Anwendung der §§ 304 ff., deren Geltungsbereich sich auf die Verträge des § 291 beschränkt.[56] Damit ist zugleich gesagt, daß etwaige Ausgleichsleistungen an die außenstehenden Aktionäre *nicht* als Gegenleistung für die Gewinnabführung in dem genannten Sinne anerkannt werden können.[57]

Andere Regeln gelten, wenn der Vertragspartner *nicht* an der Gesellschaft beteiligt ist. **28** Auch in diesem Fall ist die Gesellschaft aber nicht schutzlos; vielmehr kommen dann bei Fehlen einer angemessenen Gegenleistung neben der Anwendung der §§ 311 und 317 in Abhängigkeitsverhältnissen noch die Strafbarkeit des Vorstands (§ 266 StGB) sowie dessen persönliche Haftung in Betracht (§ 93 AktG, §§ 823 Abs. 2, 826 BGB).[58] Schon deshalb wird wohl kein Vorstand jemals einen derartigen Vertrag abschließen.

2. Stille Gesellschaft. Den wichtigsten Anwendungsfall des Teilgewinnabführungsver- **29** trages bildet aus den bereits genannten Gründen (Verbreitung als neue Anlageform s. Rdnr. 23) die stille Gesellschaft mit einer AG oder KGaA (§ 230 HGB). Denn jede stille Gesellschaft hat, wie immer im übrigen die Abreden der Parteien gestaltet sein mögen, und ohne Rücksicht auf den Gegenstand der Gesellschaft, eine Beteiligung des Stillen an dem periodisch ermittelten Gewinn der Gesellschaft zur Folge (s. die §§ 6 Abs. 2, 230 und 231 Abs. 2 HGB; § 3 Abs. 1 AktG).[59] Zwischen typischen und atypischen stillen Gesellschaften wird dabei nicht unterschieden.[60] Bei besonders weitgehenden Zustim-

---

[51] Grdlg. BayObLG AG 2001, 424 = NZG 2001, 408.

[52] BayObLG (vorige Fn.); *Hüffer* Rdnr. 13.

[53] KG AG 2000, 183, 184 = NZG 1999, 1102; *Hüffer* Rdnr. 14; MünchHdb. AG/*Krieger* § 72 Rdnr. 16; anders MünchKommAktG/*Altmeppen* Rdnr. 74–77 (weil die Gesellschaft ihren Gewinn nicht verschenken darf).

[54] *Dierdorf* Herrschaft S. 115 ff.; *Ebenroth* Vermögenszuwendungen S. 425 ff.; *Führling*, Sonstige Unternehmensverträge, S. 108; *Hüffer* Rdnr. 16; *Koppensteiner* in Kölner Kommentar Rdnr. 23 ff., 48, 61; MünchHdb. AG/*Krieger* § 72 Rdnr. 22; *Raiser* Kapitalgesellschaften § 57 Rdnr. 12 (S. 940).

[55] *Hüffer* Rdnr. 16.

[56] OLG Düsseldorf AG 1996, 473.

[57] OLG Düsseldorf (vorige Fn.).

[58] *Hüffer* Rdnr. 16; *Raiser* (Fn. 54); ebenso im Ergebnis MünchKommAktG/*Altmeppen* Rdnr. 75–77.

[59] Begr. zu dem Entwurf eines Gesetzes über elektronische Register, BT-Drucks. 14 (2001)/6855,

S. 21; OLG Düsseldorf AG 1996, 473 f.; OLG Celle AG 1996, 370; AG 2000, 280 = NZG 2000, 85; OLG Stuttgart NZG 2000, 93, 94 = OLGR 1999, 285; KG NZG 2002, 818, 819 f. = AG 2003, 99, 100 „Deutsche Hypothekenbank"; OLG Hamm, Urt. v. 28. 11. 2002 – 27 U 66/02; LG Berlin AG 2001, 95, 96 (in derselben Sache); *Bachmann/Veil* ZIP 1999, 348; *Kl. Eyber* Abgrenzung S. 19 f.; *Jebens* BB 1996, 701; *Hüffer* Rdnr. 12, 15; *Koppensteiner* in Kölner Kommentar Rdnr. 53 ff.; MünchHdb. AG/*Krieger* § 72 Rdnr. 14, 17; *K. Mertens* AG 2000, 32; *Raiser* Kapitalgesellschaften § 57 Rdnr. 11 (S. 939 f.); *K. Schmidt* ZGR 1984, 295, 297 ff.; *ders.* GesR § 30 IV 3 a (S. 926); *J. Schmidt-Ott* GmbHR 2001, 182, 185 f.; *Chr. Schulte/Th. Waechter* GmbHR 2002, 189, 190 f.; *Schulze-Osterloh* ZGR 1974, 427, 440 ff.; *M. Winter*, FS für Pelzer, 2001, S. 645 ff.; offengelassen aber in OLG Stuttgart, Urt. v. 6. 11. 2002 – 14 U 21/02.

[60] KG, OLG Hamm und LG Berlin (vorige Fn.); MünchKommAktG/*Altmeppen* Rdnr. 66 f.

mungsvorbehalten des Stillen kann sich aber im Einzelfall die Frage stellen, ob sich nicht hinter dem Vertrag in Wirklichkeit ein Teilbeherrschungsvertrag iSd. § 291 Abs. 1 S. 1 verbirgt.[61] Eine Ausnahme nach § 292 Abs. 2 kommt ebenfalls grundsätzlich nicht in Betracht (s. Rdnr. 33).

29 a   Aus dem Gesagten (Rdnr. 29) folgt zunächst, daß stille Gesellschaftsverträge mit einer AG oder KGaA (abweichend von den §§ 230 ff. HGB) zu ihrer Wirksamkeit ohne Ausnahme der *Schriftform* bedürfen (§ 293 Abs. 3), wobei sich das Schriftformerfordernis auf sämtliche Abreden der Beteiligten erstreckt, die nach ihrem Willen einen Teil des Gesellschaftsvertrages der stillen Gesellschaft bilden sollen.[62] Die Verträge werden außerdem nur mit *Zustimmung der Hauptversammlung* der AG oder KGaA mit qualifizierter Mehrheit wirksam (§ 293 Abs. 1). Schließt die Gesellschaft eine Vielzahl im wesentlichen gleichlautender stiller Gesellschaftsverträge mit Anlegern ab, so kann freilich über diese Verträge auch zusammen im Wege des Sammelbeschlußverfahrens abgestimmt werden, um die Hauptversammlung nicht zu überfordern.[63] Die „stillen" Gesellschaftsverträge müssen ferner, um Wirksamkeit zu erlangen, ins Handelsregister eingetragen werden (s. Rdnr. 296).[64] Werden die Verträge von dem Beteiligten trotz fehlender Eintragung ins Handelsregister praktiziert, so können sie nur im Einzelfall nach den Regeln über fehlerhafte Gesellschaften vorläufig als wirksam behandelt werden, freilich wohl nur, wenn es sich um typische stille Gesellschaften handelt.[65]

29 b   Aus der geschilderten Rechtslage (Rdnr. 29, 29 a) hatten sich in den letzten Jahren in bestimmten Fällen erhebliche Probleme ergeben, die dadurch gekennzeichnet waren, daß eine AG oder KGaA mit einer Vielzahl von Anlegern stille Gesellschaftsverträge abgeschlossen hatte.[66] Die unvermeidliche Folge war nämlich eine nicht mehr zu verkraftende Überlastung der zuständigen Handelsregister. Für den Gesetzgeber war dies der Anlaß, durch das Gesetz vom 10. Dezember 2001 in § 294 Abs. 1 S. 1 einen neuen Halbs. 2 einzufügen, der eine *vereinfachte Eintragung* derartiger in großer Zahl abgeschlossener Teilgewinnabführungsverträge mit einer AG oder KGaA erlaubt.[67]

30   **3. Sonstige Fälle.** Für die Annahme eines Teilgewinnabführungsvertrages genügt nach § 292 Abs. 1 Nr. 2 die Verpflichtung zur vollständigen oder partiellen Abführung des Gewinns *einzelner Betriebe* der Gesellschaft. Darunter können von Fall zu Fall auch partiarische Miet- und Pachtverträge mit einer AG oder KGaA fallen (s. Rdnr. 26). Weitere Beispiele sind je nach der Ausgestaltung der Gegenleistung der Gesellschaft *partiarische Darlehen,*[68] Betriebsführungsverträge, wenn die Gegenleistung der Gesellschaft in einer Gewinnbeteiligung des Betriebsführers besteht,[69] sowie unter Umständen eine Verlustübernahmepflicht der Gesellschaft, sofern sie ihrer Verpflichtung nur aus ihren laufenden periodischen Gewinnen nachkommen kann.[70]

31   Besondere Schwierigkeiten bereitet schließlich die Abgrenzung der Teilgewinnabführungsverträge von den *Genußrechten* des § 221 Abs. 3.[71] Die Schwierigkeiten rühren nicht zuletzt daher, daß die Genußrechte (mangels einer gesetzlichen Definition des Begriffs) in der Praxis eine große Bandbreite aufweisen, so daß generelle Aussagen im vorliegenden

---

[61] S. § 291 Rdnr. 20, 23 f.; *Bachmann/Veil* ZIP 1999, 348, 353 ff.

[62] OLG Celle AG 2000, 280 = NZG 2000, 85.

[63] KG und LG Berlin (Fn. 59).

[64] S. OLG Celle AG 1996, 370.

[65] OLG Stuttgart NZG 2000, 93, 94 f. = OLGR 1999, 285.

[66] S. schon Rdnr. 23 sowie die Fälle OLG Hamm und OLG Stuttgart (Fn. 59); OLG Celle AG 1996, 370 „Göttinger Vermögensanlagen AG" (55 000 Verträge); OLG Stuttgart NZG 2000, 93 = OLGR 1999, 285 (38 500 Verträge).

[67] Art. 5 des Gesetzes vom 10. 12. 2001 (BGBl. I S. 3422); Begr. zum RegE BT-Drucks. 14(2001)/

6855, S. 21 f.; *J. Schmidt-Ott* GmbHR 2001, 182; *Chr. Schulte/Th. Waechter* GmbHR 2002, 189; s. im einzelnen § 294 Rdnr. 1, 12.

[68] MünchKommAktG/*Altmeppen* Rdnr. 68 f.; *Kl. Eyber* Abgrenzung S. 13 ff.; *Koppensteiner* in Kölner Kommentar Rdnr. 59; anders bei fester Verzinsung BayObLG AG 2001, 424 = NZG 2001, 408; s. Rdnr. 26.

[69] *Koppensteiner* in Kölner Kommentar Rdnr. 59 f.; zur Anwendbarkeit des § 292 Abs. 1 Nr. 3 s. Rdnr. 55 ff.

[70] *Koppensteiner* in Kölner Kommentar Rdnr. 58; dagegen MünchKommAktG/*Altmeppen* Rdnr. 72 f.

[71] Ausführlich *Kl. Eyber* Abgrenzung S. 68 ff.

Zusammenhang von vornherein ausscheiden.[72] Im vorliegenden Zusammenhang interessieren nur solche Genußrechte, die auf schuldvertraglicher Basis dem Berechtigten eine *Teilhabe am Gewinn* der Gesellschaft verschaffen, so daß sie in mancher Hinsicht mit dem Dividenden-Bezugsrecht der Aktionäre vergleichbar sind.[73]

Jedenfalls die *gewinnorientierten* Genußrechte fallen dem Wortlaut des Gesetzes nach zwei- **31 a** fellos auch unter § 292 Abs. 1 Nr. 2, weil durch sie die Gesellschaft zur Abführung eines Teils ihres Gewinns verpflichtet wird. Bei den zugrundeliegenden Verträgen handelt es sich folglich der Sache nach um Teilgewinnabführungsverträge. Dafür spricht auch, daß es sich bei der Mehrzahl der Genußrechte ohnehin bei näherem Zusehen um stille Gesellschaftsverträge handeln dürfte, die ohnehin unter § 292 Abs. 1 Nr. 2 fallen.[74] Die überwiegende Meinung billigt gleichwohl hier bisher noch dem § 221 Abs. 3 den *Vorrang* vor § 292 Abs. 1 Nr. 2 zu, vor allem wohl, um die sonst notwendige Eintragung der Genußrechte ins Handelsregister zu vermeiden (s. § 294 Abs. 2).[75] Umgekehrt wird es auch abgelehnt, auf stille Gesellschaften trotz ihrer Austauschbarkeit mit Genußrechten ergänzend § 221 anzuwenden, wobei es vor allem um das Bezugsrecht des § 221 Abs. 4 geht.[76]

Dieser Meinung (Rdnr. 31 a) ist nicht zu folgen, weil sie den Beteiligten die Möglichkeit **31 b** zu strategischen Verhaltensweisen zum Nachteil der Aktionäre und der Gläubiger eröffnet; vielmehr ist daran festzuhalten, daß Genußrechte dem § 292 Abs. 1 Nr. 2 unterfallen, weil sie ebenso wie sonstige Teilgewinnabführungsverträge der Sache nach auf die Abführung eines Teils des Gewinns der Gesellschaft an die jeweils Begünstigten hinauslaufen.[77] Dasselbe gilt (erst recht) für Genußrechte, die einem herrschenden Unternehmen eingeräumt werden,[78] sowie für Partizipationsscheine, die wie Genußrechte ausgestaltet werden.[79] In allen diesen Fragen ist es mit Rücksicht auf die Vielgestaltigkeit der wirtschaftlichen Verhältnisse angebracht, vorschnelle Festlegungen zu vermeiden, um nicht verfrüht Umgehungsmöglichkeiten zu eröffnen.

4. Rechtsfolgen. Der Teilgewinnabführungsvertrag des § 292 Abs. 1 Nr. 2 ist ein Un- **32** ternehmensvertrag, so daß die Vertragsparteien verbundene Unternehmen iSd. § 15 sind, jedenfalls, wenn sie ohnehin Unternehmensqualität besitzen, nach der hier vertretenen Meinung aber auch sonst (Rdnr. 8 f.).[80] Ohne Rücksicht darauf sind aber auf den Vertragsabschluß in jedem Fall die §§ 293 bis 299 anwendbar, d. h. auch dann, wenn man davon ausgeht, daß der andere Vertragsteil durch den Abschluß des Vertrages nicht automatisch Unternehmensqualität iSd. § 15 erlangt.[81] Denn die Sicherstellung der Anwendbarkeit der §§ 293 bis 299 auf den Abschluß derartiger Verträge war gerade der Zweck der gesetzlichen Regelung (Rdnr. 23). Weitere Sondervorschriften für den Teilgewinnabführungsvertrag finden sich in den §§ 300 Nr. 2 und 301. Ergänzend gelten die §§ 311 bis 318, wenn zwischen den Parteien ein Abhängigkeitsverhältnis besteht. Allein durch den Abschluß eines Teilgewinnabführungsvertrags wird jedoch noch keine Abhängigkeit der einen Partei von der anderen begründet. Steuerrechtlich wird der Teilgewinnabführungsvertrag heute nicht mehr als Grundlage der Organschaft anerkannt (§ 14 KStG), so daß seine praktische Bedeu-

---

[72] S. insbes. *Kl. Eyber* (vorige Fn.); *Habersack* ZHR 155 (1991), 378; *Hüffer* § 221 Rdnr. 23 ff.; *Lindemann*, Gewinnabhängige Ansprüche im Konzern, Diss. Bayreuth 2003; *K. Schmidt* GesR §§ 18 II 2 d, 26 IV 1 g (S. 521, 779 f.).

[73] Vgl. zu diesen Fällen außer den Genannten (vorige Fn.) insbes. BGHZ 120, 141, 146 ff. = NJW 1993, 400 = AG 1993, 134 „Bankverein Bremen".

[74] S. Rdnr. 29 ff.; *Habersack* ZHR 155 (1991), 378, 395 f.; *Hüffer* § 221 Rdnr. 27; in der Tendenz auch KG NZG 2002, 817, 820 = AG 2003, 99, 100 „Deutsche Hypothekenbank"; anders die nach wie vor die hM.

[75] MünchKommAktG/*Altmeppen* Rdnr. 71; *Kl. Eyber* Abgrenzung S. 69, 163 ff.; *Koppensteiner* in Kölner Kommentar Rdnr. 52; ebenso im Ergebnis

ohne Begründung BGHZ 120, 141 = NJW 1993, 400 = AG 1993, 134 „Bankverein Bremen".

[76] KG NZG 2002, 818, 820 f. = AG 2003, 99, 100 „Deutsche Hypothekenbank" (aber zweifelnd); LG Berlin AG 2001, 95, 96 f. (in derselben Sache).

[77] *Emmerich/Sonnenschein/Habersack* § 14 III 2 b (S. 198); in der Tendenz wohl auch KG (vorige Fn.); *Hirte* ZBB 1992, 50, 51 ff.; *D. Reuter,* FS für R. Fischer, 1979, S. 605, 617.

[78] *Hirte* ZBB 1992, 50, 51 ff.

[79] *D. Reuter* (Fn. 77).

[80] Anders MünchKommAktG/*Altmeppen* Rdnr. 93; *Kl. Eyber* Abgrenzung S. 12 f.; *Führling*, Sonstige Unternehmensverträge, S. 65; *Hüffer* Rdnr. 12.

[81] Ebenso im Ergebnis *Hüffer* Rdnr. 12.

tung jenseits der Sonderfälle der stillen Gesellschaft als Anlagemodell (Rdnr. 29) und richtiger Meinung nach der gewinnorientierten Genußrechte (Rdnr. 31 ff.) meistens als gering eingestuft wird.[82]

33 **5. Ausnahmen.** Nach *§ 292 Abs. 2* ist ein Vertrag über eine Gewinnbeteiligung mit Mitgliedern von Vorstand und Aufsichtsrat oder mit einzelnen Arbeitnehmern der Gesellschaft ebensowenig wie eine Abrede über eine Gewinnbeteiligung im Rahmen von Verträgen des laufenden Geschäftsverkehrs oder im Rahmen von Lizenzverträgen ein Teilgewinnabführungsvertrag iS der Nr. 2 des § 292 Abs. 1. Vorbild der Regelung war § 256 Abs. 1 AktG von 1937, nach dem ein Gewinnabführungsvertrag der Zustimmung der Hauptversammlung (nur dann) bedurfte, wenn er sich auf mehr als drei Viertel des gesamten Gewinns der Gesellschaft bezog. Wegen der mit dieser Regelung verbundenen Berechnungsschwierigkeiten haben die Gesetzesverfasser in dem jetzigen § 292 Abs. 2 (abweichend von § 256 Abs. 1 AktG von 1937) auf quantitative Merkmale verzichtet und statt dessen zur Abgrenzung der wenigen Ausnahmen von dem Anwendungsbereich des § 292 Abs. 1 Nr. 2 nur noch (**qualitativ**) auf die Art des jeweiligen Vertrages abgestellt.[83] Die gesetzliche Regelung ist *abschließend*, so daß ihre entsprechende Anwendung auf andere Fälle, namentlich auf sogenannte Bagatellfälle, nicht in Betracht kommt.[84]

34 **a) Mitglieder von Vorstand, Aufsichtsrat, einzelne Arbeitnehmer.** Die erste Ausnahme betrifft Verträge über eine Gewinnbeteiligung mit Mitgliedern von *Vorstand* und Aufsichtsrat oder mit einzelnen Arbeitnehmern der Gesellschaft. Gedacht ist dabei in erster Linie an Abreden über **Tantiemen** iS der §§ 86 und 113 Abs. 3. Gleich stehen entsprechende Vergütungsabreden mit *„einzelnen"*, d. h. individuell bestimmten Arbeitnehmern. Den Gegensatz bilden die Gesamtheit der Arbeitnehmer oder doch nach generellen Merkmalen gebildete Arbeitnehmergruppen, so daß Abreden über die Gewinnbeteiligung der **gesamten** Arbeitnehmerschaft oder einzelner **Gruppen** von ihnen der Zustimmung der Hauptversammlung bedürfen (§ 292 Abs. 1 Nr. 2 iVm. § 293 Abs. 1).[85] Die Ausnahmeregelung des § 292 Abs. 2 erstreckt sich in den beiden erwähnten Fällen auch auf den Abschluß von stillen Gesellschaftsverträgen, zB mit Mitgliedern des Vorstands oder des Aufsichtsrats.[86]

35 **b) Verträge des laufenden Geschäftsverkehrs.** Die zweite Ausnahme betrifft Abreden über eine Gewinnbeteiligung im Rahmen von Verträgen des laufenden Geschäftsverkehrs. Dieser Begriff wird hier allgemein iS des § 116 Abs. 1 HGB interpretiert, so daß mit § 292 Abs. 2 nur für die Gesellschaft typische Verträge im Gegensatz zu ungewöhnlichen Geschäften (§ 116 Abs. 2 HGB) erfaßt werden.[87] Beispiele sind je nach dem Gegenstand der betreffenden Gesellschaft partiarische Darlehen (Rdnr. 30), nicht aber im Regelfall die Aufnahme stiller Gesellschafter, die folglich grundsätzlich der Zustimmung der Hauptversammlung bedarf (§§ 292 Abs. 1 Nr. 2, 293 Abs. 1).[88]

36 **c) Lizenzverträge.** Als letzte Ausnahme erwähnt § 292 Abs. 2 noch Abreden über eine Gewinnbeteiligung im Rahmen von Lizenzverträgen. Eine Beschränkung auf Patentlizenzverträge kann dem Gesetz dabei nicht entnommen werden, so daß auch Lizenzverträge über Know-how oder über Erfindungsideen erfaßt werden, sofern (ausnahmsweise) die Gegen-

---

[82] *Führling* (Fn. 80) S. 85; *Knepper* BB 1982, 2061, 2063; MünchHdb. AG/*Krieger* § 72 Rdnr. 14.

[83] Begr. zum RegE bei *Kropff* AktG S. 379; KG AG 2000, 183, 184 f. = NZG 1999, 1102.

[84] KG (vorige Fn.); MünchKommAktG/*Altmeppen* Rdnr. 83; *Hüffer* Rdnr. 16; *Koppensteiner* in Kölner Kommentar Rdnr. 52; s. Rdnr. 24.

[85] MünchKommAktG/*Altmeppen* Rdnr. 79; *Hüffer* Rdnr. 27; *Koppensteiner* in Kölner Kommentar Rdnr. 51.

[86] *Hüffer* Rdnr. 27; MünchHdb. AG/*Krieger* § 72 Rdnr. 18 (Abs. 2); *Koppensteiner* in Kölner Kom-

mentar Rdnr. 55 (S. 114); *K. Schmidt* ZGR 1984, 295, 301.

[87] KG AG 2000, 183, 184 f. = NZG 1999, 1102; MünchKommAktG/*Altmeppen* Rdnr. 80; *Kl. Eyber* Abgrenzung S. 23 ff.; *Hüffer* Rdnr. 28; *Koppensteiner* in Kölner Kommentar Rdnr. 51; MünchHdb. AG/*Krieger* § 72 Rdnr. 18; zu § 116 HGB s. im übrigen Heymann/*Emmerich* HGB § 116 Rdnr. 2 ff.

[88] S. Rdnr. 29; *Hüffer* Rdnr. 28; *Koppensteiner* in Kölner Kommentar Rdnr. 55; anders *Kl. Eyber* Abgrenzung S. 23 ff.

leistung der Gesellschaft für die Einräumung der Lizenz in einer Gewinnbeteiligung iSd. Nr. 2 des § 292 Abs. 1 besteht.[89]

6. GmbH. Der Begriff des Teilgewinnabführungsvertrags ist im GmbH-Konzernrecht **37** derselbe wie im Aktienkonzernrecht (s. deshalb Rdnr. 23 ff.). Noch nicht entschieden ist damit freilich über die Zulässigkeitsvoraussetzungen solcher Verträge im GmbH-Recht. Zum Teil wird angenommen, der Abschluß von Teilgewinnabführungsverträgen sei bereits durch die grundsätzlich unbeschränkte Vertretungsmacht der Geschäftsführer gedeckt (§ 37 Abs. 2 GmbHG), so daß es keiner Mitwirkung der Gesellschafter zu dem Vertragsabschluß bedürfe.[90] Nach überwiegender Meinung müssen dagegen die Gesellschafter bei dem Vertragsabschluß wegen des damit verbundenen Eingriffs in das Gewinnbezugsrecht der Gesellschafter (§ 29 GmbHG) und in die Zuständigkeit der Gesellschafterversammlung (§ 46 Nr. 1 GmbHG) in jedem Fall durch satzungsändernden Beschluß nach Maßgabe der **§§ 53 und 54 GmbHG** mitwirken.[91] Der Beschluß hat Außenwirkungen[92] und wird entsprechend § 294 Abs. 2 erst mit Eintragung ins Handelsregister wirksam.[93]

Davon zu trennen ist die Frage, ob in bestimmten Fällen oder generell – über die §§ 53 **37 a** und 54 GmbHG hinaus (Rdnr. 37) – eine Zustimmung *aller* Gesellschafter erforderlich ist. Richtiger Meinung nach ergibt sich die Antwort aus § 33 Abs. 1 S. 2 BGB.[94] Eine Zustimmung aller Gesellschafter ist danach jedenfalls dann erforderlich, wenn der Teilgewinnabführungsvertrag keine angemessene Gegenleistung für die Gesellschaft vorsieht,[95] sowie generell, wenn die Gesellschaft von dem anderen Vertragsteil abhängig ist.[96] Denn in diesen Fällen läuft der Vertrag auf eine *Zweckänderung* hinaus (§ 33 Abs. 1 S. 2 BGB). Nur die hier vertretene Meinung erlaubt zudem eine Lösung der schwierigen Frage nach dem Schicksal stiller Gesellschaftsverträge im Falle der *Umwandlung* einer GmbH in eine AG.[97]

V. Betriebspacht- und Betriebsüberlassungsverträge (§ 292 Abs. 1 Nr. 3, Abs. 3)

1. Überblick. Als dritte Erscheinungsform der anderen Unternehmensverträge erwähnt **38** das Gesetz in § 292 Abs. 1 Nr. 3 schließlich noch den Betriebspacht- und den Betriebsüberlassungsvertrag. Gleich steht nach überwiegender Meinung der Betriebsführungsvertrag (dazu Rdnr. 55 ff.). Das Gesetz sieht in den genannten Verträgen, wie aus ihrer Einreihung unter die anderen Unternehmensverträge des § 292 zu schließen ist, für den Regelfall normale (schuldrechtliche) Austauschverträge (Rdnr. 4), so daß sich – über die §§ 293 ff. hinaus – nur wenige spezielle Schutzvorschriften für derartige Verträge im Gesetz finden lassen (§§ 292 Abs. 3, 302 Abs. 2). Tatsächlich eignen sich jedoch Betriebspacht- und Betriebsüberlassungsverträge in kaum geringerem Maße als Beherrschungs- und Gewinnabführungsverträge zur „Eingliederung" der abhängigen Gesellschaft in den Konzern des herrschenden Unternehmens (sogenannte *konzerninterne* Pachtverträge).[98] In der Praxis werden aus diesem Grund Betriebspachtverträge häufig von vornherein mit Beherrschungs- oder Gewinnabführungsverträgen kombiniert.[99] Betriebsüberlassungs- und Betriebsfüh-

[89] MünchKommAktG/*Altmeppen* Rdnr. 82.

[90] *Jebens* BB 1996, 701; *J. Schmidt-Ott* GmbHR 2001, 182, 183 f.

[91] Ausführlich *Führling*, Sonstige Unternehmensverträge, S. 109, 138 ff.; *Rowedder/Schmidt-Leithoff/Koppensteiner* GmbHG § 52 Anh. Rdnr. 69 (S. 1769 f.); *K. Mertens* AG 2000, 32.

[92] *Koppensteiner* (vorige Fn.) Rdnr. 68; *Raiser* Kapitalgesellschaften § 57 Rdnr. 13 (S. 940).

[93] Ebenfalls str., anders insbes. BayObLG, Beschl. v. 18. 2. 2003 – 3 ZBR 233/02; *J. Schmidt-Ott* GmbHR 2001, 182, 184 ff.; dagegen wie hier *Chr. Schulte/Th. Waechter* GmbHR 2002, 189, 190.

[94] Scholz/*Emmerich* GmbHG § 44 Anh. Rdnr. 217 f.

[95] *Führling*, Sonstige Unternehmensverträge, S. 109, 138 ff.

[96] Scholz/*Emmerich* (Fn. 94) Rdnr. 217 f.; *Raiser* Kapitalgesellschaften § 57 Rdnr. 13 (S. 940 f.); Michalski/*Zeidler* GmbHG Bd. I Syst. Darst. 4 Rdnr. 185 (S. 482).

[97] S. dazu *K. Mertens* AG 2000, 32, 37 f.; *M. Winter*, FS für Peltzer, 2001, S. 645, 649 ff.

[98] Ausführlich *J. Mimberg* Betriebspachtverträge S. 62 ff.

[99] S. *Emmerich/Sonnenschein/Habersack* § 15 I (S. 202 f.); *Führling*, Sonstige Unternehmensverträge, S. 86 ff.; *Maser* Betriebsüberlassungsverhältnisse S. 126, 205, 215 ff.; *Knepper* BB 1982, 2061, 2064 f.; MünchHdb. AG/*Krieger* § 72 Rdnr. 24, 37,

rungsverträge können gleichfalls ohne weiteres Konzernierungszwecken dienstbar gemacht werden.[100]

39   Vorbild der gesetzlichen Regelung war § 256 Abs. 2 und 3 AktG von 1937. Nach dieser Vorschrift bedurfte ein Vertrag, durch den eine AG oder eine KGaA einem anderen den Betrieb ihres Unternehmens verpachtet oder sonst überläßt oder in dem sie ihre Unternehmen für Rechnung eines anderen zu führen übernimmt, der Zustimmung der Hauptversammlung mit qualifizierter Mehrheit.[101] Durch die Einreihung der Betriebspacht- und Betriebsüberlassungsverträge unter die anderen Unternehmensverträge des § 292 wird (in Übereinstimmung mit dem früheren § 256 Abs. 2 und 3 AktG von 1937) in erster Linie der **Zweck** verfolgt sicherzustellen, daß solche Verträge nur mit Zustimmung der Hauptversammlung mit qualifizierter Mehrheit abgeschlossen werden können (§ 293). Aus § 294 folgt ferner, daß die genannten Verträge nur mit ihrer Eintragung ins Handelsregister wirksam werden. Schließlich finden auf ihren Abschluß auch die besonderen Schutzvorkehrung der §§ 293a bis 293g in freilich umstrittenem und unklarem Umfang Anwendung.

39a   Hinter der geschilderten gesetzlichen Regelung (§§ 293 bis 294) dürfte vor allem die Einsicht der Gesetzesverfasser gestanden haben, daß Betriebspacht- und Betriebsüberlassungsverträge – trotz ihrer grundsätzlichen Qualifizierung als schuldrechtliche Austauschverträge – tatsächlich doch häufig oder sogar im Regelfall wesentlich weitergehende Wirkungen als ein „normaler" Austauschvertrag haben, da sie durch die Herabstufung der Gesellschaft zur bloßen „Rentnergesellschaft" schwerwiegend in deren Struktur eingreifen.[102] Im Schrifttum werden sie deshalb vielfach auch ebenso wie die Beherrschungs- und Gewinnabführungsverträge zu den sogenannten *Organisationsverträgen* gerechnet.[103]

40   **2. Betriebspachtvertrag.** Das Gesetz definiert den Betriebspachtvertrag ebensowenig wie seinerzeit das AktG von 1937. Aus der Formulierung des § 292 Abs. 1 Nr. 3 („oder sonst überläßt") folgt jedoch, daß es sich nach der Vorstellung der Gesetzesverfasser bei dem Betriebspachtvertrag um eine besondere Erscheinungsform der Betriebsüberlassungsverträge handelt. Der Sache nach verweist das Gesetz damit hier auf die Regelung der Gebrauchsüberlassungsverträge in den §§ 535 und 581ff. BGB, woraus sich ergibt, daß ein Betriebspachtvertrag anzunehmen ist, wenn sich eine AG oder KGaA verpflichtet, dem anderen Teil die Nutzung des Betriebs ihres *ganzen* Unternehmens für die Dauer der Pachtzeit zu gewähren, wogegen der Pächter verpflichtet ist, die vereinbarte Pacht zu zahlen (§ 581 BGB). Kennzeichnend für den Betriebspachtvertrag ist mithin, daß die Verpächterin, also die AG oder die KGaA, ihre *gesamten* betrieblichen Anlagen gegen Entgelt dem Pächter überläßt, der darin den Betrieb im **eigenen** Namen und für **eigene** Rechnung weiterführt, während sich die AG fortan auf den Einzug der Pacht, auf die Verwaltung ihres nichtbetriebsnotwendigen Vermögens, vor allem also ihres Beteiligungsbesitzes, sowie auf die Ausübung ihrer sonstigen vertraglichen Rechte beschränkt, so daß sie sich im Ergebnis tatsächlich in eine „Rentnergesellschaft" verwandelt (s. schon Rdnr. 39a).[104]

51ff.; *Oesterreich* Betriebsüberlassung S. 25ff.; *Raupach*, FS für Bezzenberger, S. 327, 332ff.; *U. Schneider* JbFStR 1982/83, S. 387, 390ff.

[100] S. *U. Huber* ZHR 152 (1988), 123; *W. Joachim* DWiR 1992, 397, 455.

[101] Eine wörtlich übereinstimmende Regelung findet sich noch heute in § 238 Abs. 2 und 3 öAktG.

[102] OLG Hamburg NZG 2000, 421, 422 = AG 2001, 91.

[103] OLG Hamburg (vorige Fn.); s. *Führling*, Sonstige Unternehmensverträge, S. 115ff.; *Hommelhoff* Konzernleitungspflicht S. 276ff.

[104] BVerwGE 34, 56, 60; MünchKommAktG/ *Altmeppen* Rdnr. 97ff.; *Führling*, Sonstige Unterneh-

mensverträge, S. 67ff.; *Hüffer* Rdnr. 18; MünchHdb. AG/*Krieger* § 72 Rdnr. 23 (S. 1129); *J. Mimberg*, Konzerninterne Betriebspachtverträge, S. 19, 26ff.; *Raiser* Kapitalgesellschaften § 57 Rdnr. 15 (S. 941); *Raupach*, FS für Bezzenberger, S. 327, 332ff.; – *Beispiele* für Betriebspachtverträge in RGZ 142, 223; BVerwGE 34, 56; OLG Frankfurt AG 1973, 136 = WM 1973, 348; OLG Hamburg AG 2001, 91 = NZG 2000, 241; LG Berlin AG 1992, 91 = ZIP 1991, 1180 „Interhotel" sowie bei *Raupach*, FS für Bezzenberger, S. 327, 336ff.; *ders./ Völker* JbFStR 1998/99, S. 383.

Aus dem Gesagten (Rdnr. 40) folgt, daß von einem Betriebspachtvertrag iSd. AktG **40 a** (§ 292 Abs. 1 Nr. 3) nicht gesprochen werden kann, wenn die Gesellschaft lediglich *einzelne* (nicht alle) Betriebe verpachtet, während sie andere noch selbst weiter betreibt. Denn dann handelt es sich nicht mehr um eine Verpachtung oder sonstige Überlassung des „Betriebs ihres (der Gesellschaft) Unternehmens" iSd. § 292 Abs. 1 Nr. 3.[105] Ebensowenig ist Raum für die Anwendung § 292 Abs. 1 Nr. 2, wenn der Vertrag unentgeltlich abgeschlossen wird;[106] in dem zuletzt genannten Fall ist jedoch immer noch die Annahme eines sonstigen Betriebsüberlassungsvertrages (Rdnr. 43 f.) oder eines Geschäftsführungsvertrages iS des § 291 Abs. 1 S. 2 möglich (§ 291 Rdnr. 67 ff.). Unanwendbar ist die gesetzliche Regelung schließlich auch auf **Liefer- und Kreditverträge,**[107] selbst wenn sie pachtähnliche Züge aufweisen, und zwar deshalb, weil die aktienrechtlichen Schutzvorschriften nur wenig geeignet erscheinen, die sich aus tatsächlichen wirtschaftlichen Abhängigkeitsverhältnissen ergebenden Probleme zu lösen (§ 17 Rdnr. 15 f.).

Als *Verpächterin* kommt in § 292 Abs. 1 Nr. 3 nur eine AG oder KGaA mit Sitz im Inland **41** in Betracht, so daß die gesetzliche Regelung auf Betriebspachtverträge mit Gesellschaften anderer Rechtsform nur von Fall zu Fall entsprechend angewandt werden kann (Rdnr. 53 f.). Unerheblich ist dagegen die Rechtsform des Pächters. Nach dem Wortlaut des § 292 Abs. 1 Nr. 3 braucht er noch *nicht* einmal ein **Unternehmen** iSd. § 15 zu sein (s. Rdnr. 8 f.). Im Regelfall erwirbt freilich der Pächter spätestens durch die Fortführung des Unternehmens der verpachtenden Gesellschaft im eigenen Namen und für eigene Rechnung die Unternehmensqualität.[108] Für die hier im Mittelpunkt des Interesses stehende Frage der Anwendbarkeit der §§ 293 bis 299 auf den Vertragsabschluß spielt diese Frage, wie bereits ausgeführt (Rdnr. 8 f.), ohnehin keine Rolle: Wer immer Vertragspartner der AG oder KGaA bei Abschluß eines Betriebspacht- oder Betriebsüberlassungsvertrages ist, muß jedenfalls die §§ 293 bis 299 beachten, während die zusätzliche Anwendbarkeit der Vorschriften über verbundene Unternehmen (§ 15) voraussetzt, daß der Vertragspartner zusätzlich auch Unternehmensqualität iSd. § 15 besitzt.

Das Pachtrecht des BGB ist weithin dispositiv (§ 311 Abs. 1 BGB).[109] Die Folge ist, daß **42** sich in der Praxis verschiedene **Abwandlungen** des geschilderten Grundtypus eines Betriebspachtvertrages herausgebildet haben (Rdnr. 40 f.). Ein Beispiel ist die auf den Vertragsabschluß folgende **Beauftragung der Verpächterin** durch den Betriebspächter, ihren Betrieb mit ihrer Belegschaft fortan in seinem, des Pächters Namen und für seine Rechnung weiterzubetreiben. Der Sache nach liegt dann die Kombination eines Betriebspachtvertrages mit einem Betriebsführungsvertrag vor.[110]

3. Betriebsüberlassungsvertrag. Der Betriebsüberlassungsvertrag unterscheidet sich **43** von dem Betriebspachtvertrag im Grunde lediglich dadurch, daß bei ihm der Übernehmer den Betrieb der überlassenden Gesellschaft zwar auf eigene Rechnung, aber nicht im eigenen Namen, sondern im Namen der **überlassenden** Gesellschaft aufgrund einer entsprechenden Vollmacht führt. Bei dieser Vollmacht wird es sich in der Regel um eine Generalvollmacht, eine Prokura (§§ 48, 49 HGB) oder um eine Generalhandlungsvollmacht iSd. § 54 HGB handeln. Vom Betriebsführungsvertrag (Rdnr. 55 ff.) unterscheidet sich der Betriebsüberlassungsvertrag vor allem dadurch, daß der Übernehmer weiterhin auf **eigene**

---

[105] *Führling* (vorige Fn.), S. 68; *Raiser* (vorige Fn.); zu den daraus resultierenden Abgrenzungsproblemen s. *Führling* S. 78; *Koppensteiner* in Kölner Kommentar Rdnr. 64 (Abs. 2); *Maser* Betriebsüberlassungsverhältnisse S. 56.

[106] Str., wie hier MünchKommAktG/*Altmeppen* Rdnr. 110 f.; *Hüffer* Rdnr. 18; anders *Koppensteiner* in Kölner Kommentar Rdnr. 65.

[107] MünchKommAktG/*Altmeppen* Rdnr. 104; *Hüffer* Rdnr. 22; *Koppensteiner* in Kölner Kommentar Rdnr. 70; MünchHdb. AG/*Krieger* § 72 Rdnr. 25.

[108] Ebenso MünchKommAktG/*Altmeppen* Rdnr. 95; *Führling*, Sonstige Unternehmensverträge, S. 68; *Hüffer* Rdnr. 17; *Maser* Betriebsüberlassungsverhältnisse S. 44 f.

[109] Zu Unternehmenspacht s. ausführlich *Krause* MittRhNotK 1990, 237; Staudinger/*Sonnenschein* (1996) § 581 BGB Rdnr. 87 ff.

[110] Vgl. MünchKommAktG/*Altmeppen* Rdnr. 100; *Dierdorf* Herrschaft S. 123 f.; *Koppensteiner* in Kölner Kommentar Rdnr. 71, 76; *U. Schneider* JbFStR 1982/83, S. 387, 389 f.; Staudinger/*Sonnenschein* (1996) § 581 BGB Rdnr. 101 ff.

Rechnung handelt. Der Vertrag kann entgeltlich oder unentgeltlich abgeschlossen werden.[111] Weitere Unterschiede zur Betriebspacht bestehen nicht, so daß in diesem Fall häufig auch von einer *Innenpacht* gesprochen wird.[112] Rechtlich gesehen handelt es sich indessen wohl eher um einen sonstigen (ungeregelten) Gebrauchsüberlassungsvertrag in Verbindung mit einem Auftrag oder einer Geschäftsbesorgung (§§ 598, 662, 675 Abs. 1 BGB). Allein diese Einordnung kommt jedenfalls bei Unentgeltlichkeit des Vertrags in Betracht.

44   Bei dem Betriebsüberlassungsvertrag gehen ebenso wie bei dem Betriebspachtvertrag die Geschäfte letztlich auf Rechnung des *Übernehmers,* so daß er gegen die überlassende Gesellschaft einen Anspruch auf Abführung des Geschäftsergebnisses erwirbt (vgl. § 667 BGB). Als Kehrseite trifft ihn die Pflicht zur Freistellung der überlassenden Gesellschaft von den eingegangenen Verbindlichkeiten sowie zum Ersatz der gemachten Aufwendungen (§ 670 BGB).[113] Im übrigen entspricht die rechtliche Behandlung des Betriebsüberlassungsvertrages der des Betriebspachtvertrages.

45   **4. Verbindung mit anderen Unternehmensverträgen. a) Beherrschungsvertrag.** Wie schon erwähnt (Rdnr. 39), kann ein Betriebspachtvertrag mit anderen Unternehmensverträgen kombiniert werden. Hervorzuheben ist die Verbindung mit einem Beherrschungsvertrag. In diesem Fall muß der Vertrag sowohl den Gültigkeitsvoraussetzungen eines Beherrschungsvertrages wie denen eines Betriebspachtvertrages genügen; vor allem muß der Vertrag gleichermaßen als Beherrschungs- wie als Betriebspachtvertrag ins Handelsregister eingetragen werden (§§ 293 Abs. 1, 294 Abs. 1).[114] Unbedenklich ist dagegen nach überwiegender Meinung eine Verbindung der Zustimmungsbeschlüsse, sofern nur deutlich gemacht wird, daß gleichzeitig über verschiedene, aber miteinander verbundene Unternehmensverträge abzustimmen ist.[115] Die besonderen Schutzvorschriften für Betriebspachtverträge (insbes. § 302 Abs. 2) werden in diesem Fall durch die weitergehenden Schutzvorschriften für Beherrschungsverträge überlagert. Problematisch sind derartige Vertragsgestaltungen vor allem, weil sie im Ergebnis zur Verdrängung des Prüfungsrechts des Vorstands der abhängigen Gesellschaft gegenüber den Weisungen des herrschenden Unternehmens aufgrund des § 308 führen können (s. § 308 Rdnr. 66).

46   **b) Teilgewinnabführungsvertrag.** Mit einem Gewinn- oder Teilgewinnabführungsvertrag iSd. §§ 291 Abs. 1 S. 1 und 292 Abs. 1 Nr. 2 dürften Betriebspacht- und Betriebsüberlassungsverträge schwerlich jemals verbunden werden, weil dies offenbar keinen Sinn macht.[116] Anders verhält es sich mit Betriebsführungsverträgen, wo es vorstellbar ist, daß die Gegenleistung der Gesellschaft in einer Gewinnbeteiligung besteht (Rdnr. 58). Für derartige Fälle wird gelegentlich angenommen, die speziellen Vorschriften über Betriebspachtverträge, insbes. also § 292 Abs. 3, verdrängten dann die für Teilgewinnabführungsverträge geltenden Regeln.[117] § 293 Abs. 3 nötigt indessen nicht zu solcher Annahme. Ein Betriebsführungsvertrag, der mit einem Teilgewinnabführungsvertrag verbunden ist und infolgedessen eine unangemessene Gegenleistung der Gesellschaft vorsieht, ist daher ebenso wie der Zustimmungsbeschluß (§ 293 Abs. 1) wegen des Verstoßes gegen die §§ 57, 58 und 60 nichtig, sofern der Betriebsführer Aktionär der Gesellschaft ist (§ 134 BGB; § 241 Nr. 3 AktG).

---

[111] Anders MünchKommAktG/*Altmeppen* Rdnr. 110 f.; s. Rdnr. 48 ff.

[112] MünchKommAktG/*Altmeppen* Rdnr. 106; *Dierdorf* Herrschaft S. 125 f.; *Hüffer* Rdnr. 19; *Koppensteiner* in Kölner Kommentar Rdnr. 66; MünchHdb. AG/*Krieger* § 72 Rdnr. 23, 27; *Maser* Betriebsüberlassungsverhältnisse S. 42; *Oesterreich* Betriebsüberlassung S. 4 f.; *Raiser* Kapitalgesellschaften § 57 Rdnr. 16 (S. 941 f.); *Raupach,* FS für Bezzenberger, S. 327, 334 f.; *U. Schneider* JbFStR 1982/83, S. 387, 389.

[113] *Geßler* DB 1965, 1691, 1692; *Haussmann* Unternehmenszusammenfassungen, 1932, S. 106 ff.,

119; MünchHdb. AG/*Krieger* § 72 Rdnr. 27; ein Beispiel bei *Schulze-Osterloh* ZGR 1974, 427, 453 ff.

[114] S. *Emmerich/Sonnenschein* Konzernrecht § 15 V (S. 208).

[115] S. *Hüffer* Rdnr. 21; MünchHdb. AG/*Krieger* § 72 Rdnr. 32.

[116] *Koppensteiner* in Kölner Kommentar Rdnr. 72 f.

[117] *Hüffer* Rdnr. 29; *Koppensteiner* in Kölner Kommentar Rdnr. 73; wie hier offenbar MünchKommAktG/*Altmeppen* Rdnr. 149, 175.

5. Rechtsfolgen. Die Parteien eines Betriebspacht- oder Betriebsüberlassungsvertrages **47** sind verbundene Unternehmen iSd. § 15, jedenfalls, wenn sie Unternehmensqualität iSd. § 15 besitzen (s. Rdnr. 8, 41). Ohne Rücksicht darauf finden aber in jedem Fall auf den Abschluß des Vertrages die §§ 293 bis 298 Anwendung, also auch dann, wenn der Pächter oder Übernehmer ausnahmsweise einmal kein Unternehmen iSd. § 15 sein sollte. Wenn die Gegenleistung des Pächters oder Übernehmers hinter dem angemessenen Entgelt zurückbleibt, sind außerdem die §§ 292 Abs. 3 und 302 Abs. 2 zu beachten (Rdnr. 48 ff.). In Abhängigkeitsverhältnissen gelten ergänzend die §§ 311 bis 318. Im übrigen richtet sich die Behandlung dieser Verträge nach dem BGB (Rdnr. 42). Der Pächter ist danach zu einer ordnungsmäßigen Wirtschaft verpflichtet.[118] Eine völlige Umgestaltung des Betriebs ist ihm nur zu mit Zustimmung der verpachtenden Gesellschaft erlaubt.[119]

6. Angemessene Gegenleistung. Ein Betriebspachtvertrag setzt begrifflich nach § 581 **48** BGB die Vereinbarung einer Gegenleistung in Gestalt einer Pacht voraus (Rdnr. 40), während Betriebsüberlassungsverträge auch als unentgeltliche Verträge vorstellbar sind (Rdnr. 43). Die Höhe der Pacht ist an sich – in den Grenzen des § 138 BGB – beliebig. Die §§ 292 Abs. 3 und 302 Abs. 2 zeigen jedoch, daß das Gesetz tatsächlich gegen Betriebspacht- und Betriebsüberlassungsverträge – als schuldrechtliche Austauschverträge (Rdnr. 4) – nur dann keine Bedenken hat, wenn die verpachtende Gesellschaft eine *angemessene* Gegenleistung erhält.[120] Fehlt es daran wie häufig bei **konzerninternen** Betriebspacht- oder Betriebsüberlassungsverträgen, so muß geklärt werden, welche Konsequenzen sich daraus für die Wirksamkeit des Vertrags ergeben. Dazu zwingt schon die eigenartige Regelung des **§ 292 Abs. 3,** nach dem ein Verstoß gegen die §§ 57, 58 und 60 zwar nicht die Nichtigkeit des Vertrags und des Zustimmungsbeschlusses zur Folge hat, jedoch die Anfechtbarkeit des Zustimmungsbeschlusses unberührt bleibt (Rdnr. 49 ff.).

Im Schrifttum werden als *Maßstäbe* für die Angemessenheit des der Gesellschaft aufgrund **49** eines Betriebspacht- oder Betriebsüberlassungsvertrags geschuldeten Entgelts, der Pacht, die bisherige Ertragslage der Gesellschaft oder die hypothetische Ertragslage ohne Vertragsabschluß genannt.[121] Indessen ist nicht erkennbar, was die Ertragslage einer Gesellschaft mit der Angemessenheit einer Gegenleistung in einem Austauschvertrag zu tun hat. Richtig kann daher, wenn man das Konzept des Gesetzes, d.h. die Einordnung der Betriebspacht- und Betriebsüberlassungsverträge als in erster Linie schuldrechtliche Austauschverträge, ernst nimmt, allein die Orientierung am *Marktpreis* und damit an der am Markt üblichen Pacht sein.[122] Notfalls ist diese zu schätzen (§ 287 ZPO).

7. § 292 Abs. 3. Ist die vereinbarte Gegenleistung *niedriger* als die angemessene Pacht **50** (Rdnr. 48 f.), so hängen die Rechtsfolgen in erster Linie davon ab, ob der andere Vertragsteil *Aktionär* der Gesellschaft ist. Ist dies nicht der Fall, so ist der Vertrag trotz seiner Nachteiligkeit für die Gesellschaft nur nichtig, wenn ausnahmsweise § 138 BGB eingreift oder ein Mißbrauch der Vertretungsmacht des Vorstandes anzunehmen ist (§§ 77, 82 AktG, §§ 177, 242 BGB). Jenseits dieser Sonderfälle kommen dagegen als Sanktionen für den Abschluß derartiger nachteiliger Verträge zum Schaden der Gesellschaft lediglich Schadensersatzansprüche gegen die Verwaltungsmitglieder aufgrund der §§ 93, 116 oder aus Delikt (§§ 823, 826 BGB) sowie im Rahmen von Abhängigkeitsverhältnissen zusätzlich Ansprüche auf Nachteilsausgleich oder Schadensersatz aus den §§ 311, 317 in Betracht (s. Rdnr. 52).

---

[118] Vgl. für die Landpacht § 586 Abs. 1 S. 3 BGB; *Raiser* Kapitalgesellschaften § 57 Rdnr. 15 (S. 941).

[119] Vgl. für die Landpacht § 590 Abs. 1 BGB; *Raiser* (vorige Fn.).

[120] *Emmerich/Sonnenschein/Habersack* § 15 II 2 b (S. 204 f.); *Oesterreich* Betriebsüberlassung; *U. Schneider* JbFStR 1982/83, S. 387, 391, 397 ff.; ebenso im

Ergebnis MünchKommAktG/*Altmeppen* Rdnr. 110 ff.

[121] S. *Hüffer* Rdnr. 25; *Koppensteiner* in Kölner Kommentar Rdnr. 80; MünchHdb. AG/*Krieger* § 72 Rdnr. 30.

[122] S. im einzelnen § 302 Rdnr. 46; ebenso im Ausgangspunkt MünchKommAktG/*Altmeppen* Rdnr. 114.

51   Anders verhält es sich im Falle des Vertragsabschlusses mit einem Aktionär, weil dann das Verbot der verdeckten Gewinnausschüttung aufgrund der §§ 57, 58 und 60 eingreift. Die deshalb an sich gebotene Nichtigkeit des Vertrags und des Zustimmungsbeschlusses (§ 134 BGB und § 241 Nr. 3 AktG) ist freilich vom Gesetz (§ 292 Abs. 3) durch die bloße Anfechtbarkeit des Zustimmungsbeschlusses nach § 243 ersetzt worden, bei deren Erfolg auch der Vertrag – mangels wirksamen Zustimmungsbeschlusses (§ 293 Abs. 1) – nichtig ist. Anfechtungsbefugt sind insbes. der Vorstand, der Aufsichtsrat und die Aktionäre (§ 245), freilich nur binnen der kurzen Klagefrist von einem Monat (§ 246 Abs. 1). Die *Anfechtung* kann gleichermaßen auf Abs. 1 des § 243 (Gesetzesverletzung) wie auf Abs. 2 der Vorschrift (Erlangung eines Sondervorteils) für den anderen Vertragsteil) gestützt werden. Ein Sondervorteil iS des § 243 Abs. 2 ist dabei nach dem Gesagten (Rdnr. 49) bereits anzunehmen, wenn die Vertragskonditionen von den marktüblichen zum Nachteil der Gesellschaft abweichen.[123] Anders verhält es sich jedoch, wenn der Beschluß den außenstehenden Aktionären einen angemessenen Ausgleich für ihren Schaden gewährt (§ 243 Abs. 2 S. 2), wobei hier ausnahmsweise der Anfechtungsausschluß auch auf den Fall des § 243 Abs. 1 erstreckt wird.[124] **Nach** Ablauf der Anfechtungsfrist bleiben immer noch Ansprüche aus § 62 sowie gegebenenfalls aus den §§ 311 und 317 möglich (s. Rdnr. 52).[125] Dasselbe gilt, wenn der Vertrag mit einem Beherrschungs- oder Gewinnabführungsvertrag verbunden ist, weil dann § 291 Abs. 3 den § 292 Abs. 3 verdrängt.[126]

52   Anwendbar sind außerdem in Abhängigkeitsverhältnissen, und zwar *ohne Rücksicht* auf die Anfechtungsmöglichkeit nach § 243 Abs. 2 und die Anfechtungsfrist des § 246 (Rdnr. 51), die §§ 311 und 317, so daß der Pächter als herrschendes Unternehmen zum Schadensersatz verpflichtet ist, wenn er ohne Ausgleich die Verpächterin zum Abschluß eines für sie nachteiligen Pachtvertrages veranlaßt.[127] Der *Schaden* der abhängigen Gesellschaft besteht dann (mindestens) in der Differenz zwischen der vereinbarten und der angemessenen (marktüblichen) Pacht (§§ 249, 252 BGB). Die Sondervorschrift für Betriebspachtverträge in § 302 Abs. 2 hat daneben nur geringe paktische Bedeutung.

8. GmbH

Schrifttum: *Emmerich/Sonnenschein/Habersack* § 32 VI 3 (S. 499 f.); *Scholz/Emmerich* GmbHG § 44 Anh. Rdnr. 219 bis 224; *Führling*, Sonstige Unternehmensverträge, S. 147, 167, 188 ff.; *Rowedder/Schmidt-Leithoff/Koppensteiner* GmbHG § 52 Anh. Rdnr. 67 ff. (S. 1769 f.); *Mimberg*, Konzernexterne Pachtverträge im Recht der GmbH, 2000; *Schneider*, Beherrschungs- und Gewinnabführungsverträge mit einer GmbH, in *ders.*, Beherrschungs- und Gewinnabführungsverträge in der Praxis der GmbH, 1989, S. 7; *Michalski/Zeidler* GmbHG Bd. I Syst. Darst. 4 Rdnr. 186 ff. (S. 482 f.).

53   Betriebspacht- und Betriebsüberlassungsverträge iSd. § 292 Abs. 1 Nr. 3 können auch mit einer GmbH abgeschlossen werden.[128] Eine gesetzliche Regelung fehl jedoch, so daß die Wirksamkeitsvoraussetzungen solcher Verträge umstritten sind. Dies betrifft zunächst die Frage, ob die grundsätzlich unbeschränkte **Vertretungsmacht der Geschäftsführer** (§ 37 Abs. 2 GmbHG) auch den Abschluß solcher Verträge umfaßt. Die Frage ist richtigerweise zu verneinen, weil Betriebspacht- und Betriebsüberlassungsverträge, wie gezeigt

---

[123] Vgl. *Hüffer* Rdnr. 30; *Koppensteiner* in Kölner Kommentar Rdnr. 19.
[124] S. OLG Frankfurt AG 1973, 136 = WM 1973, 348; *Ebenroth* Vermögenszuwendungen S. 428 ff.; *Hüffer* Rdnr. 29–31; *Koppensteiner* in Kölner Kommentar Rdnr. 19 ff.; MünchHdb. AG/ *Krieger* § 72 Rdnr. 31; *Martens* AG 1974, 9; *Maser* Betriebsüberlassungsverhältnisse S. 65 f.; *Oesterreich* Betriebsüberlassung S. 83 ff.; *Raiser* Kapitalgesellschaften § 57 Rdnr. 25 (S. 945); *Rasch* BB 1973, 856; anders MünchKommAktG/*Altmeppen* Rdnr. 122.
[125] S. Rdnr. 52; ausführlich MünchKommAktG/ *Altmeppen* Rdnr. 116–126.

[126] MünchHdb. AG/*Krieger* § 72 Rdnr. 31.
[127] Begr. zum RegE des § 302 bei *Kropff* AktG S. 391; MünchKommAktG/*Altmeppen* Rdnr. 124 ff.; *Hüffer* Rdnr. 31; *Koppensteiner* in Kölner Kommentar Rdnr. 25 ff., 79; MünchHdb. AG/*Krieger* § 72 Rdnr. 33; *Raiser* Kapitalgesellschaften § 57 Rdnr. 26 (S. 945); anders *Österreich* Betriebsüberlassung S. 102 ff.
[128] Beispiele in LG Berlin AG 1992, 92 = WM 1992, 22 = ZIP 1991, 1180 „Interhotel"; BFHE 90, 370; 127, 56; 132, 285; vgl. auch für einen Management-Vertrag LG Potsdam ZIP 1994, 460 sowie für einen Betriebspachtvertrag mit einer KG OLG Hamburg NZG 2000, 421 = AG 2001, 91.

(Rdnr. 39 f.), tiefgreifend in die Struktur der überlassenden Gesellschaft eingreifen, so daß es sich bei ihnen letztlich um Organisationsverträge handelt, auf die sich die unbeschränkte Vertretungsmacht der Geschäftsführer nicht erstreckt.[129]

Aus dem Gesagten (Rdnr. 53) ergibt sich zugleich, daß der Vertragsabschluß in jedem **54** Fall (zumindest) der **Zustimmung der Gesellschafter** mit satzungsändernder Mehrheit nach Maßgabe der *§§ 53 und 54 GmbHG* bedarf. In dieselbe Richtung weist der mit dem Vertrag verbundene Eingriff in das Gewinnbezugsrecht der Gesellschafter (§ 29 GmbHG) sowie in ihre Zuständigkeit nach § 46 GmbHG.[130] Fraglich kann nur sein, ob darüber hinaus auch *Einstimmigkeit* zu verlangen ist. Die Antwort auf diese Frage hängt letztlich davon ab, ob in dem Vertragsabschluß generell oder doch unter bestimmten Voraussetzungen eine Zweckänderung iSd. § 33 Abs. 1 S. 2 BGB zu sehen ist.[131] Diese Frage läßt sich nicht einheitlich beantworten. Unabhängig davon ist aber auf jeden Fall dann eine Zustimmung *aller* Gesellschafter zu fordern, wenn die Gesellschaft keine angemessene Gegenleistung erhält; zu dieser Annahme nötigt schon die dann in dem Vertragsabschluß liegende Verletzung des Schädigungsverbots.[132]

VI. Betriebsführungsvertrag

1. Begriff. Von einem Betriebsführungsvertrag spricht man, wenn eine Gesellschaft, in **55** diesem Zusammenhang häufig auch Eigentümergesellschaft genannt, ein anderes Unternehmen *beauftragt*, ihr (eigenes) Unternehmen für *ihre* Rechnung und (so in der Regel) in *ihrem* Namen zu führen.[133] Häufig werden derartige Verträge auch als *Managementverträge* bezeichnet, weil sie der Sache nach auf den „Einkauf" von Managementleistungen durch Gesellschaften hinauslaufen, die selbst nicht über ausreichende Managementkapazitäten verfügen.[134] Daneben gibt es freilich auch noch andere Vertragsgestaltungen, bei denen der Betriebsführer im **eigenen** Namen tätig wird, zum Ausgleich aber im Innenverhältnis Ansprüche auf Freistellung von den eingegangenen Verbindlichkeiten und auf Ersatz seiner Aufwendungen gegen die ihn beauftragende Eigentümergesellschaft erwirbt (§§ 675 Abs. 1, 611, 667 BGB).[135] Der Betriebsführungsvertrag muß vor allem von dem Geschäftsführungsvertrag des § 291 Abs. 1 S. 2 unterschieden werden, der dadurch gekennzeichnet ist, daß bei ihm – im Gegensatz zu dem Betriebsführungsvertrag – die Gesellschaft ihr Unternehmen

---

[129] LG Berlin (vorige Fn.); Scholz/*Emmerich* GmbHG § 44 Anh. Rdnr. 221; *J. Mimberg* Betriebspachtverträge S. 107 ff.; *Koppensteiner* (Fn. 127) Rdnr. 68 (S. 1769); anders *Roth/Altmeppen* GmbHG § 13 Anh. Rdnr. 89; differenzierend *Führling*, Sonstige Unternehmensverträge, S. 188 ff.

[130] Ebenso (für die KG) OLG Hamburg AG 2001, 91 = NZG 2000, 421, 422; LG Berlin AG 1992, 91 = WM 1992, 22 = ZIP 1991, 1180 „Interhotel"; Scholz/*Emmerich* GmbHG § 44 Anh. Rdnr. 221; Hachenburg/*Ulmer* GmbHG § 77 Anh. Rdnr. 197, 204; *Hommelhoff* Konzernleitungspflicht S. 278 ff.; *Koppensteiner* (Fn. 127) Rdnr. 67 (S. 1769); *Raiser* Kapitalgesellschaften § 57 Rdnr. 20 (S. 943); *J. Mimberg* Betriebspachtverträge S. 124 ff.; *U. Schneider* in: *ders.*, Beherrschungs- und Gewinnabführungsverträge in der Praxis der GmbH, 1989, S. 7, 28.

[131] Generell in diesem Sinne *Führling*, Sonstige Unternehmensverträge, S. 167 ff.; Michalski/*Zeidler* GmbHG Bd. I Syst. Darst. 4 Rdnr. 186 (S. 482); dagegen *J. Mimberg* Betriebspachtverträge S. 144 ff.

[132] Scholz/*Emmerich* GmbHG § 44 Anh. Rdnr. 221; *Emmerich/Sonnenschein/Habersack* § 32 VI 3 (S. 500); anders *Koppensteiner* (Fn. 127) Rdnr. 69 (S. 1769 f.); *Lutter/Hommelhoff* GmbHG

§ 13 Anh. Rdnr. 64, 74; zur Anwendung des § 302 Abs. 2 s. § 302 Rdnr. 25.

[133] Beispiele in RFHE 40, 185; BGH LM HGB § 114 Nr. 7 = NJW 1982, 1817 = WM 1982, 894 „Holiday-Inn I"; OLG München AG 1987, 380 „Holiday-Inn II"; s. im einzelnen MünchKomm-AktG/*Altmeppen* Rdnr. 143 ff.; *Birk* ZGR 1984, 23; *Damm* BB 1976, 294; *Emmerich/Sonnenschein/Habersack* § 15 IV (S. 206 ff.); *Frisch* AG 1995, 362; *Geßler*, FS für Hefermehl, 1976, S. 263; *U. Huber* ZHR 152 (1988), 1, 123; *Hüffer* Rdnr. 20; *W. Joachim* DWiR 1992, 397, 455; *ders.* NZM 2001, 162, 164 ff.; MünchHdb. AG/*Krieger* § 72 Rdnr. 41 ff.; *Martens* Wirtschaftsabhängigkeit S. 25 ff.; *Maser*, Betriebspacht und Betriebsüberlassungsverhältnisse im Konzern, 1985, S. 43 f., 72 ff.; *Mestmäcker* Verwaltung S. 106 ff.; *Raiser* Kapitalgesellschaften § 57 Rdnr. 17 (S. 942); *Schlüter*, Management- und Consultingverträge, 1987; *K. Schmidt* GesR § 17 I 3 d, 31 III 1 b (S. 502, 949); *Veelken* Betriebsführungsvertrag; *Windbichler* ZIP 1987, 825.

[134] *W. Joachim* und *Raiser* (vorige Fn.).

[135] *W. Joachim* DWiR 1992, 397 f.; *K. Schmidt* (Fn. 133); einschränkend MünchKommAktG/*Altmeppen* Rdnr. 144: „Unechte Betriebsführungsverträge".

zwar selbst (im eigenen Namen), aber für Rechnung eines Dritten führt (s. § 291 Rdnr. 69 ff.).

56 Die Betriebsführungsverträge werden häufig in konzerninterne und konzernexterne eingeteilt, wobei innerhalb der *konzerninternen* Verträge weiter danach unterschieden wird, in welcher Rolle das herrschende und das abhängige Unternehmen beteiligt sind.[136] Der Vertrag kann **entgeltlich** oder unentgeltlich abgeschlossen werden. Bei fehlender Gegenleistung handelt es sich um einen Auftragsvertrag iSd. §§ 662 ff., sonst um einen Geschäftsbesorgungsvertrag mit Dienstvertragscharakter (§§ 675 Abs. 1, 611 BGB).[137] Folglich hat die Eigentümergesellschaft grundsätzlich ein Weisungsrecht gegenüber dem Betriebsführer (§ 665 BGB), das jedoch vertraglich eingeschränkt werden kann,[138] soweit dem nicht § 76 AktG entgegensteht (s. Rdnr. 57). Einen Ausgleich für die häufig starke Stellung des Betriebsführers bildet das Kündigungsrecht der Eigentümergesellschaft aus § 627 BGB. Außerdem kommt eine Kündigung aus wichtigem Grund in Betracht, wenn der Betriebsführer schwerwiegend gegen die Interessen der Eigentümergesellschaft verstößt (§ 314 BGB).[139]

57 **2. Vereinbarkeit mit AktG.** Aktienrechtlich wird vor allem die Frage diskutiert, ob Betriebsführungsverträge mit der durch § 76 vorgeschriebenen, eigenverantwortlichen Leitung der Gesellschaft durch ihren Vorstand vereinbar sind.[140] Die Frage ist jedenfalls dann zu bejahen, wenn dem Betriebsführer nur die laufende Geschäftsführung übertragen wird, während dem Vorstand der Eigentümergesellschaft die grundsätzlichen Entscheidungen der Unternehmenspolitik verbleiben.[141] Anders ist die Rechtslage dagegen zu beurteilen, wenn dem Betriebsführer durch den Vertrag so weitgehende Rechte eingeräumt werden, daß es sich in Wirklichkeit um einen Beherrschungsvertrag handelt.[142]

58 **3. Anwendbarkeit des § 292 Abs. 1 Nr. 3.** Der Betriebsführungsvertrag unterscheidet sich als Auftrag oder Dienstvertrag mit Geschäftsbesorgungscharakter (Rdnr. 56) deutlich von den Gebrauchsüberlassungsverträgen Betriebspacht- oder Betriebsüberlassungsvertrag. Deshalb ist umstritten, ob auf ihn § 292 Abs. 1 Nr. 3 entsprechend angewandt werden kann. Überwiegend wird die Frage jedoch heute zum Schutze der Aktionäre (s. § 293 Abs. 1) bejaht.[143] Besteht die Gegenleistung der Eigentümergesellschaft in einem Gewinnanteil, so handelt es sich bei dem Vertrag zugleich um einen Teilgewinnabführungsvertrag iS des § 292 Abs. 1 Nr. 2 (s. Rdnr. 30, 46). Wenn der Vertrag jedoch wegen der starken Stellung des Betriebsführers in Wirklichkeit einen Beherrschungsvertrag darstellt (Rdnr. 57), sind allein die für diesen Vertrag geltenden Regeln anzuwenden (Rdnr. 60 f.).

59 Wegen der entsprechenden Anwendbarkeit des § 292 Abs. 1 Nr. 3 auf Betriebsführungsverträge (Rdnr. 58) folgt ihre rechtliche Behandlung in jeder Hinsicht den oben entwikkelten Regeln für Betriebspacht- und Betriebsüberlassungsverträge (Rdnr. 38 ff.). Bei Unangemessenheit oder völligem Fehlen einer angemessenen Gegenleistung ist auch § 292 Abs. 3 anwendbar (s. Rdnr. 48 ff.). Betriebsführungsverträge können ferner ebenso wie Be-

---

[136] S. *U. Huber* ZHR 152 (1988), 1, 123; MünchHdb. AG/*Krieger* § 72 Rdnr. 43 f.

[137] OLG München AG 1987, 380 (382); *U. Huber* ZHR 152 (1988), 1, 31 ff.; *W. Joachim* DWiR 1992, 397 ff.; MünchHdb. AG/*Krieger* § 72 Rdnr. 45; *Windbichler* ZIP 1987, 825.

[138] BGH LM HGB § 114 Nr. 7 = NJW 1982, 1817 = WM 1982, 894 „Holiday-Inn"; kritisch MünchKommAktG/*Altmeppen* Rdnr. 153 ff.; *U. Huber* ZHR 152 (1988), 1, 11 ff.

[139] BGH (vorige Fn.); OLG München AG 1987, 380; *Joachim* DWiR 1992, 397 (403).

[140] Vgl. dazu *Damm* BB 1976, 294; *Hommelhoff* Konzernleitungspflicht S. 284 ff.; *Veelken* Betriebsführungsvertrag.

[141] S. *Fleischer* ZIP 2003, 1, 9 f.; *U. Huber* ZHR 152 (1988), 1, 30 ff.; 152 (1988), 123, 156 ff.; *Joachim* DWiR 1992, 455, 457; MünchHdb. AG/*Krieger* § 72 Rdnr. 46; *Raiser* Kapitalgesellschaften § 57 Rdnr. 17 (S. 942); *Zöllner* ZfA 1983, 93, 101.

[142] S. Rdnr. 60 ff.; MünchKommAktG/*Altmeppen* Rdnr. 151 ff.; *K. Schmidt* GesR §§ 17 I 3 d, 31 III 1 b (S. 502, 950).

[143] MünchKommAktG/*Altmeppen* Rdnr. 149 ff.; *Geßler* DB 1965, 1691, 1692 ff.; *U. Huber* ZHR 152 (1988), 1, 32 f.; *Hüffer* Rdnr. 20; *Joachim* DWiR 1992, 455, 457; *Koppensteiner* in Kölner Kommentar Rdnr. 68; MünchHdb. AG/*Krieger* § 72 Rdnr. 42 ff.; *Raiser* Kapitalgesellschaften § 57 Rdnr. 17 (S. 942); anders aber *K. Schmidt* (vorige Fn.).

triebspacht- und Betriebsüberlassungsverträge mit anderen Unternehmensverträgen kombiniert werden (Rdnr. 60).[144]

VII. Verbindung von Unternehmensverträgen

Die Grenze zwischen den Unternehmensverträgen des § 292 Abs. 1 und den Verträgen **60** des § 291 Abs. 1 ist flüssig. Wird deshalb einer der anderen Unternehmensverträge des § 292 Abs. 1 mit einem Beherrschungs- oder Gewinnabführungsvertrag iS des § 291 Abs. 1 verbunden, so muß dieser *kombinierte* Vertrag, wie bereits ausgeführt (Rdnr. 45 f.), in jeder Hinsicht den Anforderungen beider im Einzelfall zusammentreffenden Vertragstypen genügen. Wichtig ist das vor allem für die offenbar recht häufige Verbindung eines Betriebspachtvertrages mit einem Beherrschungsvertrag.

VIII. Umgehungsproblematik

Schrifttum: MünchKommAktG/*Altmeppen* Rdnr. 139, 155 ff.; *Bälz*, FS für Raiser, 1974, S. 287; *Emmerich/Sonnenschein/Habersack* § 15 VI (S. 209 f.); *Dierdorf* Herrschaft S. 106 ff.; *Führling*, Sonstige Unternehmensverträge, S. 79 ff.; *Geßler* DB 1965, 1691; *ders.*, FS für Ballerstedt, S. 219; *U. Huber* ZHR 152 (1988), 123; *Hüffer* Rdnr. 24; *Koppensteiner* in Kölner Kommentar § 291 Rdnr. 15 ff.; MünchHdb. AG/*Krieger* § 72 Rdnr. 34 ff.; *Maser*, Betriebspacht- und Betriebsüberlassungsverhältnisse, S. 70 ff.; *Mestmäcker*, Festgabe Kronstein, S. 129; *J. Mimberg* Betriebspachtverträge S. 49 ff.; *Oesterreich* Betriebsüberlassung S. 14, 130 ff.

Hinter einem der anderen Unternehmensverträge des § 292 Abs. 1 kann sich von Fall zu **61** Fall durchaus ein Beherrschungs- oder Gewinnabführungsvertrag verbergen; vorstellbar ist das insbes. in Abhängigkeitsverhältnissen. Bei einem Betriebspachtvertrag liegt diese Annahme besonders nahe, wenn sich der Pächter Weisungsrechte auch hinsichtlich der pachtfreien Unternehmenssphäre der Verpächterin ausbedingt, so daß die letztere nicht einmal mehr über die Gegenleistung der Pächterin, die Pacht frei disponieren und eine eigene Anlagepolitik verfolgen kann.[145] Ebenso verhält es sich bei einem Betriebsführungsvertrag, wenn der Betriebsführer herrschendes Unternehmen ist und durch den Vertrag die Kontroll- und Einflußrechte der Eigentümergesellschaft weitgehend beschnitten werden.[146] Gelegentlich wird sogar angenommen, daß in Fällen dieser Art das Vorliegen eines Beherrschungsvertrages zu *vermuten* sei.[147]

Für diese eigenartigen Fälle werden im Schrifttum unterschiedliche Lösungen diskutiert. **62** Wie schon ausgeführt (§ 291 Rdnr. 24), kann indessen „richtig" nur die *Lösung* sein, die die Betonung auf den „wirklichen" Inhalt des Vertrages legt (§§ 137, 157 BGB).[148] Denn nach der Konzeption des AktG kann ein Vertragskonzern – von der Eingliederung abgesehen – allein durch den Abschluß eines Beherrschungsvertrages und unter den dafür im Gesetz vorgesehenen Kautelen begründet werden (§§ 291, 293 ff., 304 f., 308). Daraus folgt, daß ein Ausweichen etwa auf Betriebspacht- oder Betriebsüberlassungsverträge mit ihren wesentlich hinter dem Standard des Beherrschungsvertrages zurückbleibenden Schutzvorkehrungen grundsätzlich *nicht* möglich ist. Ein anderer Unternehmensvertrag, hinter dem sich ein Beherrschungs- oder Gewinnabführungsvertrag verbirgt, muß daher als das, was er in Wirklichkeit ist, d. h. als Beherrschungs- oder Gewinnabführungsvertrag behandelt werden, so daß der Vertrag nur wirksam ist, wenn er den besonderen Wirksamkeitsvoraussetzungen derartiger Verträge entspricht (§§ 291, 293 ff., 294, 304 f.).

---

[144] Für Gewinn- und Teilgewinnabführungsverträge s. schon Rdnr. 46; ausführlich MünchKommAktG/*Altmeppen* Rdnr. 158 ff.; MünchHdb. AG/*Krieger* § 72 Rdnr. 51 f.

[145] S. MünchKommAktG/*Altmeppen* Rdnr. 136 ff.; *Dierdorf* Herrschaft S. 117 ff.; *Führling*, Sonstige Unternehmensverträge, S. 77 f.; *Geßler*, FS für Ballerstedt, S. 219, 227 ff.; *Hüffer* Rdnr. 23 f.; *Joachim* DWiR 1992, 455, 457 f.; *Koppensteiner* in Kölner Kommentar Rdnr. 18 ff.; MünchHdb. AG/*Krie-*

ger § 72 Rdnr. 35; *Maser*, Betriebspacht- und Betriebsüberlassungsverhältnisse, S. 71 f.; *J. Mimberg* Betriebspachtverträge S. 46 ff.

[146] S. schon Rdnr. 59; eingehend MünchKommAktG/*Altmeppen* Rdnr. 153 ff.; *U. Huber* ZHR 152 (1988), 123, 128, 135 ff.; *K. Schmidt* GesR §§ 17 I 3 d, 31 III 1 b (S. 502, 950).

[147] *Hüffer* Rdnr. 24.

[148] Ebenso *Raiser* Kapitalgesellschaften § 57 Rdnr. 22 (S. 944); wohl auch *Hüffer* Rdnr. 24.

63   Die Notwendigkeit hierzu folgt seit 1995 auch aus der sonst leerlaufenden Berichtspflicht des Vorstandes (§ 293a) und der durch die §§ 293b ff vorgeschriebenen Prüfung durch Vertragsprüfer. Denn dieser Bericht des Vorstandes und die anschließende Prüfung machen ebenso wie das besondere Auskunftsrecht der Aktionäre aufgrund des § 293g Abs. 3 offenkundig nur Sinn, wenn die wahre Rechtsnatur des Vertrages von Anfang an offengelegt und der Vertrag auch *als solcher* ins Handelsregister eingetragen wird (§ 294).

64   Der Vertrag ist folglich *nichtig*, wenn die Wirksamkeitsvoraussetzungen für Beherrschungs- oder Gewinnabführungsverträge nicht erfüllt sind. Dazu gehört – entgegen der hM[149] – auch die richtige *Eintragung* des Vertrages ins Handelsregister (§ 294 Abs. 2), wie aus dem durch § 294 Abs. 1 S. 1 vorgeschriebenen Inhalt der Anmeldung zu folgern ist (s. § 294 Rdnr. 10). Wegen der unrichtigen Eintragung des Vertrages ins Handelsregister ist in diesem Fall (entgegen der Rechtsprechung)[150] auch kein Raum für die Anwendung der Regeln über fehlerhafte Unternehmensverträge. Der Schutz der abhängigen Gesellschaft richtet sich vielmehr in erster Linie nach den §§ 311 ff. sowie gegebenenfalls nach den besonderen Regeln über qualifizierte Abhängigkeit (s. § 317 Anh.). Ebenso zu lösen ist die Umgehungsproblematik im **GmbH-Konzernrecht**.[151]

Zweiter Abschnitt.
Abschluß, Änderung und Beendigung von Unternehmensverträgen

§ 293 Zustimmung der Hauptversammlung

(1) Ein Unternehmensvertrag wird nur mit Zustimmung der Hauptversammlung wirksam. Der Beschluß bedarf einer Mehrheit, die mindestens drei Viertel des bei der Beschlußfassung vertretenen Grundkapitals umfaßt. Die Satzung kann eine größere Kapitalmehrheit und weitere Erfordernisse bestimmen. Auf den Beschluß sind die Bestimmungen des Gesetzes und der Satzung über Satzungsänderungen nicht anzuwenden.

(2) Ein Beherrschungs- oder ein Gewinnabführungsvertrag wird, wenn der andere Vertragsteil eine Aktiengesellschaft oder Kommanditgesellschaft auf Aktien ist, nur wirksam, wenn auch die Hauptversammlung dieser Gesellschaft zustimmt. Für den Beschluß gilt Absatz 1 Satz 2 bis 4 sinngemäß.

(3) Der Vertrag bedarf der schriftlichen Form.

(4) *(aufgehoben)*

Schrifttum: *Altmeppen*, Zum richtigen Verständnis der neuen §§ 293a – 293g AktG, ZIP 1998, 1853; *Bärwaldt/Schabacker*, Wirksamkeitserfordernisse grenzüberschreitender Unternehmensverträge iSd. § 291 AktG, AG 1998, 182; *Barz*, Beherrschungs- oder Gewinnabführungsvertrag mit ausländischer Aktiengesellschaft, BB 1966, 1168; *Bayer*, Mehrstufige Unternehmensverträge, FS für Ballerstedt, 1975, S. 157; *Canaris*, Hauptversammlungsbeschlüsse und Haftung der Verwaltungsmitglieder im Vertragskonzern, ZGR 1978, 207; *Duden*, Zur Zustimmung in Konzernverhältnissen nach dem Mitbestimmungsgesetz, ZHR 141 (1977), 145; *Ebenroth/Müller*, Kündigung, Heilung und Mitwirkungspflichten bei fehlerhaften Organschaftsverhältnissen im GmbH-Konzernrecht, BB 1991, 358; *Ebenroth/Parche*, Konzernrechtliche Beschränkungen der Umstrukturierung des Vertragskonzerns, BB 1989, 637; *Emmerich* Konzernbildungskontrolle, AG 1991, 303; *Emmerich/Sonnenschein/Habersack* § 16 (S. 211 ff.); *Exner*, Vollmacht und Beherrschungsvertrag, AG 1981, 175; *S. Fabian*, Inhalt und Auswirkungen des Beherrschungsvertrags, 1997; *Gansweid*, Gemeinsame Tochtergesellschaften im deutschen Konzern- und Wettbewerbsrecht, 1976; *Geßler*, Bestandsschutz der beherrschten Gesellschaft im Vertragskonzern?, ZHR 140 (1976), 433; *H. Görling*, Die Konzernhaftung in mehrstufigen Unternehmensverbindungen, 1998; *Grunewald*, Rückverlagerung von Entscheidungskompetenzen der Hauptversammlung auf den Vorstand, AG 1990, 133; *Grüner*, Die Beendigung von Gewinnabführungs- und Beherrschungsverträgen, Diss. Bayreuth 2001; *Gutheil*, Die Auswirkungen von Umwandlungen auf Unter-

---

[149] Zuletzt *Altmeppen* und *Mimberg* (Fn. 145).
[150] S. § 291 Rdnr. 30; *Hüffer* Rdnr. 24.
[151] *Scholz/Emmerich* GmbHG § 44 Anh. Rdnr. 223 f.; *Führling*, Sonstige Unternehmensver-

träge, S. 80 f.; *J. Mimberg* Betriebspachtverträge S. 58 ff.

nehmensverträge nach §§ 291, 292 AktG und die Rechte außenstehender Aktionäre, 2001; *Henze*, Rechtsschutz bei Verletzung von Auskunfts- und Informationsrechten, in ders./Hoffmann-Becking (Hrsg.), Gesellschaftsrecht 2001, RWS-Forum 20, 2001, S. 39; *Hirte*, Informationsmängel und Spruchverfahren, ZHR 167 (2003), 8; *Hoffmann-Becking*, Rechtsschutz bei Informationsmängeln, in: Henze/ders., Gesellschaftsrecht 2001, RWS-Forum 20, 2001, S. 55; *Hommelhoff,* Die Konzernleitungspflicht, 1982; *ders.*, Der Beitritt zum Beherrschungsvertrag, FS für Claussen, 1997, S. 129; *Immenga*, Der Preis der Konzernierung, FS für Böhm, 1975, S. 253; *Kamprad*, Ausgleichszahlungen nach § 304 AktG in einem mehrstufigen Konzern, AG 1986, 321; *Kleindieck*, Abfindungsbezogene Informationsmängel und Anfechtungsausschluß, NZG 2001, 552; *Klöhn*, Der Abfindungsanspruch des Aktionärs als Aufopferungsanspruch, AG 2002, 443; *Köhler*, Rückabwicklung fehlerhafter Unternehmenszusammenschlüsse, ZGR 1985, 307; *Koppensteiner*, Unternehmergemeinschaften im Konzerngesellschaftsrecht, ZHR 131 (1968), 289; *Kort*, Der Abschluß von Beherrschungs- und Gewinnabführungsverträgen im GmbH-Recht, 1986; *ders.*, Zur Vertragsfreiheit bei Unternehmensverträgen, BB 1988, 79; MünchHdb. AG/*Krieger* § 70 III (S. 1024 ff.); *ders.*, Inhalt und Zustandekommen von Beherrschungs und Gewinnabführungsverträgen im Aktien- und GmbH-Recht, DStR 1992, 432; *Kühn*, Probleme mit Minderheitsaktionären in der AG, BB 1992, 291; *Lutter*, Zur Binnenstruktur des Konzerns, FS für Westermann, 1974, S. 347; *ders.*, Organzuständigkeiten im Konzern, FS für Stimpel, 1985, S. 825; *Marchand*, Abhängigkeit und Konzernzugehörigkeit von Gemeinschaftsunternehmen, 1985; *Martens*, Die Entscheidungsautonomie des Vorstands und die „Basisdemokratie" in der AG, ZHR 147 (1983), 377; *Maser*, Betriebspacht- und Betriebsüberlassungsverhältnisse in Konzernen, 1985; *W. Müller/Kraft* in WP-Hdb. 2000 Bd. I, 12. Aufl. 2000, Rdnr. T 266 ff. (S. 1955 ff.); *Pentz*, Die Rechtsstellung der Enkel-AG in einer mehrstufigen Unternehmensverbindung, 1996; *ders.*, Schutz der AG und der außenstehenden Aktionäre in mehrstufigen faktischen und unternehmensvertraglichen Unternehmensverbindungen, NZG 2000, 1103; *Praël*, Eingliederung und Beherrschungsvertrag als körperschaftliche Rechtsgeschäfte, 1978; *Priester*, Herrschaftswechsel beim Unternehmungsvertrag, ZIP 1992, 293; *Raiser* Kapitalgesellschaften § 54 II (S. 883 ff.); *E. Rehbinder*, Ausgründung und Erwerb von Tochtergesellschaften und Rechte der Aktionäre, FS für Coing II, 1982, S. 423; *ders.*, Gesellschaftsrechtliche Probleme mehrstufiger Unternehmensverbindungen, ZGR 1977, 581; *ders.*, Zum konzernrechtlichen Schutz der Aktionäre einer Obergesellschaft, ZGR 1983, 92; *Sinewe*, Keine Anfechtungsklage gegen Umwandlungsbeschlüsse bei wertbezogenen Informationsmängeln, DB 2001, 690; *Sonnenschein,* Die Eingliederung im mehrstufigen Konzern, BB 1975, 1088; *ders.*, Organschaft und Konzerngesellschaftsrecht, 1976; *ders.*, Der aktienrechtliche Vertragskonzern im Unternehmensrecht, ZGR 1981, 429; *Timm,* Die Aktiengesellschaft als Konzernspitze, 1980; *ders.*, Die Mitwirkung des Aufsichtsrates bei unternehmensstrukturellen Entscheidungen, DB 1980, 1201; *ders.*, Zur Sachkontrolle von Mehrheitsentscheidungen im Kapitalgesellschaftsrecht, ZGR 1987, 403; *Vetter*, Abfindungswertbezogene Informationsmängel und Rechtsschutz, FS für Wiedemann, 2002, S. 1323; *Vollmer*, Die Mitwirkungsrechte der Aktionäre beim Abschluß fusionsähnlicher Unternehmensverbindungen, BB 1977, Beil. 4; *S. Wanner*, Konzernrechtliche Probleme mehrstufiger Unternehmensverbindungen nach Aktienrecht, 1998; *Windbichler,* Die Rechte der Hauptversammlung bei Unternehmenszusammenschlüssen durch Vermögensübertragung, AG 1981, 169.

Speziell zur GmbH: *Altmeppen*, Zu Formfragen bei Beherrschungs- und Gewinnabführungsverträgen der GmbH, DB 1994, 1273; *Roth/Altmeppen* GmbHG § 13 Anh. Rdnr. 15–90; *Binnewies*, Die Konzerneingangskontrolle in der abhängigen Gesellschaft, 1996; *Bitter*, Konzernhaftung bei Personengesellschaften, 2000, S. 326 ff.; *ders.*, Das „TBB-Urteil" und das immer noch vergessene GmbH-Vertragskonzernrecht, ZIP 2001, 265; *Bungert*, Die Beendigung von Beherrschungs- und Gewinnabführungsverträgen im GmbH-Konzern, NJW 1995, 1118; *Dilger*, Aufhebung eines Unternehmensvertrags im GmbH-Konzernrecht, WM 1993, 935; *Ebenroth/Wilken*, Zur Aufhebung von Beherrschungs- und Gewinnabführungsverträgen mit einer Einmann-GmbH, WM 1993, 1617; *Ehlke*, Aufhebung von Beherrschungsverträgen – eine schlichte Geschäftsführungsmaßnahme?, ZIP 1995, 355; *Emmerich*, Bestandsschutz im GmbH-Vertragskonzern, in Hommelhoff, Entwicklungen im GmbH-Konzernrecht, 1986, S. 64; *ders.*, Supermarkt und die Folgen, JuS 1992, 101; *Emmerich/Sonnenschein/Habersack* § 32 (S. 478 ff.); Scholz/*Emmerich* GmbHG § 44 Anh. Rdnr. 143 ff.; *S. Fabian*, Inhalt und Wirkungen des Beherrschungsvertrages, 1997; *Gäbelein*, Unternehmensverträge mit abhängigen GmbH, GmbHR 1989, 502; *ders.*, Unternehmensverträge bei Einpersonen-GmbH, GmbHR 1992, 786; *Halm*, Aktuelle Zweifelsfragen bei der Begründung und Beendigung von Unternehmensverträgen mit der GmbH als Untergesellschaft, NZG 2001, 728; *Heisterkamp*, Die Beendigung des GmbH-Vertragskonzerns, AnwBl. 1994, 487; *Henze* Konzernrecht Tz. 172 ff. (S. 63 ff.); *Hoffmann-Becking*, Gelöste und ungelöste Fragen zum Unternehmensvertrag der GmbH, WiB 1994, 57; *Joussen*, Die Kündigung von Beherrschungsverträgen bei Anteilsveräußerung, GmbHR 2000, 221; *Kallmeyer*, Beendigung von Beherrschungs- und Gewinnabführungsverträgen, GmbHR 1995, 578; *Kleindieck*, Fehlerhafte Unternehmensverträge im GmbH-Recht, ZIP 1988, 613; *Koerfer/Selzner*, Minderheitenschutz beim Abschluß von GmbH-Beherrschungsverträgen, GmbHR 1997, 285; Rowedder/Schmidt-Leithoff/*Koppensteiner* GmbHG § 52 Anh. Rdnr. 53 ff. (S. 1762 ff.); *Kort*, Der Abschluß von Beherrschungs- und Gewinnabführungsverträgen im GmbH-Recht 1986; *Krieger*, Inhalt- und Zustandekommen von Beherrschungs- und Gewinnabführungsverträgen im Aktien- und GmbH-Recht, DStR 1992, 932; *Kurz*, Der Gewinnabführungsvertrag im GmbH-Recht aus konzernverfassungsrechtlicher Sicht, 1992; *Liebscher*, Konzernbildungskontrolle, 1995; *Lutter/Hommelhoff* GmbHG § 13 Anh. Rdnr. 47 ff.; *J. Mimberg*, Konzernexterne Betriebspachtverträge im Recht der GmbH, 2000; *Pache*, Spätlese – Die Rechtsentwicklung nach dem Supermarktbeschluß des BGH, GmbHR 1995, 90; *Priester*, Bildung und Auflösung von GmbH-Vertragskonzernen, in Hommelhoff, Entwicklungen im GmbH-

Konzernrecht, 1986, S. 151; MünchHdb.GmbH/*Rosenbach*, 2. Aufl. 2002, § 17 Rdnr. 13 ff.; *Th. Sauter/ R. Heurung*, Ausgleichszahlung iSd. § 16 KStG in Verb. mit § 304 AktG und vororganschaftliche Gewinnausschüttungen nach dem Systemwechsel, GmbHR 2001, 754; *Schlögell*, Die Beendigung von Unternehmensverträgen im GmbH-Konzern, GmbHR 1995, 401; *K. Schmidt* GesR §§ 38 III, 39 II (S. 1190, 1215 ff.); *U. Schneider* (Hrsg.), Beherrschungs- und Gewinnabführungsverträge in der Praxis der GmbH, 1989; *Timm*, Der Abschluß des Ergebnisübernahmevertrages im GmbH-Recht, BB 1981, 1491; *ders.*, Geklärte und offene Fragen im Vertragskonzernrecht der GmbH, GmbHR 1987, 8; *ders.*, Unternehmensverträge im GmbH-Recht, GmbHR 1989, 11; *ders.*, Rechtsfragen der Änderung und Beendigung von Unternehmensverträgen, FS für Kellermann, 1991, S. 461; *ders./Geuting*, Gesellschafterbeteiligung bei der Aufhebung von Beherrschungs- und Gewinnabführungsverträgen im einheitlichen GmbH-Konzern, GmbHR 1996, 229; Hachenburg/*Ulmer* GmbHG § 53 Rdnr. 137 ff., § 77 Anh. Rdnr. 182 ff.; *Vetter*, Zuständigkeit der Hauptversammlung beim Abschluß eines Beherrschungs- und Gewinnabführungsvertrages mit einer GmbH, BB 1989, 2125; *ders.*, Die Geltung des § 293 Abs. 2 AktG beim Unternehmensvertrag zwischen herrschender AG und abhängiger AG, AG 1993, 168; *ders.*, Zur Aufhebung eines Beherrschungs- und Gewinnabführungsvertrages im GmbH-Recht, ZIP 1995, 345; *ders.*, Eintragung des Unternehmensvertrags im Handelsregister des herrschenden Unternehmens?, AG 1994, 110; *Weigel*, Wirksamkeitserfordernisse für den Abschluß von Unternehmensverträgen zwischen GmbH, FS für Quack, 1991, S. 505; *Zeidler*, Ausgewählte Probleme des GmbH-Vertragskonzernrechts, NZG 1999, 692; Michalski/*Zeidler* GmbHG Bd. I Syst. Darst. 4 Rdnr. 57 ff. (S. 438 ff.); Zöllner, Die formellen Anforderungen an Beherrschungs- und Gewinnabführungsverträge bei der GmbH, DB 1989, 913; *ders.*, Inhalt und Wirkungen von Beherrschungsverträgen bei der GmbH, ZGR 1992, 173; *ders.* in Baumbach/Hueck GmbHG Schlußanh. I Rdnr. 36 ff. (S. 1605 ff.).

Übersicht

I. Einleitung

1   Die §§ 293 bis 299 regeln gleichermaßen für die Unternehmensverträge des § 291 wie für die des § 292 den Abschluß, die Änderung und die Beendigung des Vertrags. Die Einreihung der Verträge des § 292 unter die Unternehmensverträge hatte gerade vornehmlich den Zweck, ihren Abschluß dem Regime der §§ 293 bis 298 zu unterstellen.[1]

2   Vorbild des § 293 Abs. 1 war § 256 AktG von 1937. Neu ist neben dem Schriftformerfordernis des § 293 Abs. 3 vor allem die durch § 293 Abs. 2 eingeführte Mitwirkungspflicht

---

[1] § 299 betrifft trotz seiner allgemeinen Formulierung der Sache nach nur Beherrschungsverträge (s. § 299 Rdnr. 2).

der Hauptversammlung der herrschenden Gesellschaft im Falle des Abschlusses eines Be-
herrschungs- oder Gewinnabführungsvertrages, sofern diese die Rechtsform einer AG oder
KGaA hat. Maßgebend für die Einführung dieser zusätzlichen Wirksamkeitsvoraussetzung
waren in erster Linie die mit dem Abschluß derartiger Verträge für die herrschende Gesellschaft verbundenen Belastungen aufgrund der §§ 302 f. und 304 f. Streitig ist, ob das
Schwergewicht dabei in erster Linie auf § 302 (Verlustausgleichspflicht) oder auf § 305
(Abfindung in eigenen Aktien der Muttergesellschaft) zu legen ist.[2] Heute wird meistens der
erste Gesichtspunkt in den Vordergrund gerückt.[3]

Durch das Gesetz zur Bereinigung des Umwandlungsrechts von 1994[4] wurden in § 293 **3**
mit Wirkung vom 1. Januar 1995 die früheren Abs. 3 S. 2 und S. 6 sowie Abs. 4 gestrichen
und durch die weithin wörtlich übereinstimmenden Vorschriften des § 293 f und § 293 g
ersetzt. Zugleich wurden, weil Verschmelzung und Unternehmensvertrag im wesentlichen
austauschbare rechtliche Instrumente seien, nach dem Vorbild des Verschmelzungsrechts die
Berichtspflicht des Vorstandes (§ 293 a) und die Vertragsprüfung durch besondere Prüfer
(§§ 293 b bis 293 e) eingeführt.[5] Heute gelten diese Vorschriften in der Fassung, die sie 1998
durch das Gesetz zur Kontrolle und Transparenz im Unternehmensbereich erhalten haben.[6]
Weitere Änderungen sind im Zuge der Neuorganisation des Spruchverfahrens geplant.[7]

II. Anwendungsbereich

§ 293 Abs. 1 verlangt für alle Unternehmensverträge mit einer AG oder KGaA die **4**
Zustimmung der Hauptversammlung mit qualifizierter Mehrheit. Abs. 2 der Vorschrift fügt
hinzu, daß (nur) bei Beherrschungs- und Gewinnabführungsverträgen, wenn „der andere
Vertragsteil" ebenfalls eine AG oder KGaA ist, auch deren Hauptversammlung dem Vertrag
mit qualifizierter Mehrheit zustimmen muß. Aus dieser Regelung folgt, daß § 293 Abs. 1
allein diejenige Gesellschaft in der Rechtsform einer AG oder KGaA im Auge hat, die in
dem Vertrag die den Vertragstypus kennzeichnenden Verpflichtungen übernimmt (Rdnr. 5),
während sich Abs. 2 der Vorschrift auf diejenige Gesellschaft bezieht, die aus einem Beherr-
schungs- oder Gewinnabführungsvertrag nach § 291 Abs. 1 berechtigt wird (s. Rdnr. 6 f.).

1. § 293 Abs. 1. Nach dem Gesagten (Rdnr. 4) betrifft § 293 Abs. 1 bei Beherrschungs- **5**
und Gewinnabführungsverträgen (einschließlich der Geschäftsführungsverträge des § 291
Abs. 1 S. 2) allein die Zustimmungspflicht der Hauptversammlung der *abhängigen* oder zur
Gewinnabführung verpflichteten Gesellschaft, während er bei dem Teilgewinnabführungs-
vertrag des § 292 Abs. 1 Nr. 2 die zur Abführung eines Teils ihres Gewinnes verpflichtete
Gesellschaft und bei dem Betriebspacht- und Betriebsüberlassungsvertrag die verpachtende
oder überlassende Gesellschaft im Auge hat (§ 292 Abs. 1 Nr. 3). Lediglich im Falle der
Gewinngemeinschaft (§ 292 Abs. 1 Nr. 1) muß die Hauptversammlung jeder beteiligten
AG oder KGaA zustimmen (s. § 292 Rdnr. 8). Bei einer **KGaA** ist noch zusätzlich die
Zustimmung der persönlich haftenden Gesellschafter nötig, wie aus § 285 Abs. 2 S. 1 zu
folgern ist.[8] Schließlich ist noch erforderlich, daß es sich jeweils um eine *deutsche* AG oder
KGaA handelt, weil der Schutz ausländischer Gesellschaften keine Aufgabe des deutschen
Gesellschaftsrechts ist.[9]

[2] S. Rdnr. 8 sowie die Begr. zum RegE bei *Kropff*
AktG S. 381; grdlg. BGHZ 105, 324, 334 ff. = NJW
1989, 295 = AG 1989, 31 = LM FGG § 19 Nr. 27
„Supermarkt"; BGH LM AktG § 293 Nr. 2 (Bl. 3)
= NJW 1992, 1452 = AG 1992, 192 „Siemens/
NRG"; *Hüffer* Rdnr. 17; *Koppensteiner* in Kölner
Kommentar Rdnr. 37; *Pentz* Enkel-AG S. 125 ff.

[3] Dagegen MünchKommAktG/*Altmeppen* Rdnr. 102 ff.

[4] BGBl. 1994 I S. 3210, 3260 f.; s. dazu die Begr.
zum RegE, BT-Drucks. 12 (1994)/6699, S. 178 f.

[5] S. die Begr. (vorige Fn.).

[6] BGBl. 1998 I S. 786, 788.

[7] S. den RegE eines Spruchverfahrensorganisati-
onsgesetzes BT-Drucks. 15 (2003)/827.

[8] MünchKommAktG/*Altmeppen* Rdnr. 32; *Hüffer*
Rdnr. 3.

[9] S. § 291 Rdnr. 34; *Bärwaldt/Schabacker* AG
1998, 182, 187 f.; wegen möglicher Ausnahmen
s. Rdnr. 6; zur GmbH s. im einzelnen Rdnr. 39 ff.

6   2. **§ 293 Abs. 2.** Die Vorschrift verlangt zusätzlich für den Abschluß eines Beherrschungs- oder Gewinnabführungsvertrages (§ 291 Abs. 1) die Zustimmung des „anderen Vertragsteils", vorausgesetzt, daß es sich bei diesem um eine (deutsche) AG oder KGaA handelt. Damit ist, wie bereits ausgeführt (Rdnr. 4), die *herrschende* und aus dem Vertrag berechtigte Gesellschaft gemeint. Die anderen Unternehmensverträge des § 292 stehen nicht gleich, obwohl sich jedenfalls aus Betriebspacht- und Betriebsüberlassungsverträgen aufgrund des § 302 Abs. 2 im Einzelfall ebenfalls eine Verlustübernahmeverpflichtung der herrschenden Gesellschaft ergeben kann. Bei der herrschenden Gesellschaft muß es sich außerdem um eine *deutsche* Gesellschaft handeln,[10] da der Schutz ausländischer herrschender Unternehmen nicht Aufgabe des deutschen Rechts ist (vgl. Rdnr. 5).

6 a   Umstritten ist die Anwendbarkeit des § 293 Abs. 2 auf eine herrschende deutsche Gesellschaft, wenn es sich bei der **abhängigen** Gesellschaft um ein *ausländisches* Unternehmen handelt. Im Schrifttum wird für diesen Fall vielfach danach unterschieden, ob das deutsche herrschende Unternehmen aufgrund des Vertrages nach dem für die abhängige ausländische Gesellschaft maßgeblichen Recht Verpflichtungen treffen, die mit denen aufgrund der §§ 302 f. oder der §§ 304 f. vergleichbar sind; ist dies der Fall, so wird eine unmittelbare oder doch entsprechende Anwendung des § 293 Abs. 2 befürwortet, wobei überdies zum Teil die Beweislast für das Gegenteil dem herrschenden Unternehmen auferlegt wird.[11] Dies alles sind freilich sehr unbestimmte Kriterien, so daß die Entwicklung hier letztlich noch offen ist.

7   Hat die herrschende Gesellschaft die Rechtsform einer **KGaA**, so muß im Falle des § 293 Abs. 2 gemäß § 285 Abs. 2 S. 1 zu dem Zustimmungsbeschluß der Hauptversammlung noch die Zustimmung der persönlich haftenden Gesellschafter hinzukommen. Bei einem **Gemeinschaftsunternehmen** trifft die Zustimmungspflicht nach § 293 Abs. 2 jede Muttergesellschaft, ohne Rücksicht darauf, ob der Vertrag formal mit einer von den Müttern zu diesem Zweck gebildeten BGB-Gesellschaft oder direkt mit den Müttern abgeschlossen worden ist, weil in jedem Fall der Sache nach die Mütter Vertragspartner sind.[12]

8   § 293 Abs. 2 bezweckt zwar den Schutz der Gesellschafter der herrschenden Gesellschaft gegen die mit dem Abschluß von Beherrschungs- und Gewinnabführungsverträgen verbundenen Belastungen insbes. aufgrund der §§ 302 und 303 (Rdnr. 2). Der Anwendungsbereich der Vorschrift hängt indessen nicht davon ab, ob der herrschenden Gesellschaft tatsächlich derartige Belastungen drohen und ob (schutzbedürftige) außenstehende Aktionäre vorhanden sind.[13] Die Vorschrift ist vielmehr auch anwendbar, wenn es sich bei der herrschenden Gesellschaft um eine *Einpersonengesellschaft* handelt, die in einen anderen Konzern eingegliedert ist.[14]

9   § 293 Abs. 2 findet entsprechende Anwendung auf eine **GmbH** als herrschende Gesellschaft bei Abschluß eines Beherrschungs- oder Gewinnabführungsvertrages mit einer anderen Gesellschaft beliebiger Rechtsform, also auch auf derartige Verträge zwischen einer herrschenden GmbH und einer abhängigen AG.[15] Ebenso behandelt werden teilweise Beherrschungs- und Gewinnabführungsverträge zwischen Gesellschaften anderer Rechtsform wie zB zwischen einer KG und einer GmbH oder AG.[16] Das kann jedoch nur gelten,

---

[10] S. § 291 Rdnr. 34; MünchKommAktG/*Altmeppen* Rdnr. 119; *Bärwaldt/Schabacker* AG 1998, 182, 187 f.; *Hüffer* Rdnr. 18; *Koppensteiner* in Kölner Kommentar Rdnr. 38; anders *Barz* BB 1966, 1168.

[11] *Hüffer* Rdnr. 18; *Koppensteiner* in Kölner Kommentar Rdnr. 38; MünchHdb. AG/*Krieger* § 70 Rdnr. 22 (S. 1026 f.); zweifelnd MünchKomm-AktG/*Altmeppen* Rdnr. 121.

[12] S. § 17 Rdnr. 31; *Gansweid*, Gemeinsame Tochtergesellschaften, S. 92; *Hüffer* Rdnr. 19; *Marchand* Gemeinschaftsunternehmen S. 200; *Koppensteiner* ZHR 131 (1968), 289, 319; dagegen MünchKommAktG/*Altmeppen* Rdnr. 116 f.; anders auch (noch) das Steuerrecht aufgrund des § 14 Abs. 2 KStG in der Fassung von 2001.

[13] *Hüffer* Rdnr. 17.

[14] BGH LM AktG § 293 Nr. 2 (Bl. 3) = NJW 1992, 1452 = AG 1992, 1992 „Siemens/NRG".

[15] BGH (vorige Fn.); BGHZ 105, 324, 333 ff. = LM FGG § 19 Nr. 27 = NJW 1989, 295 = AG 1989, 91 „Supermarkt"; BGHZ 115, 187, 192 = LM AktG § 302 Nr. 4 = NJW 1991, 3142 = AG 1991, 429 „Video"; str., anders MünchKomm-AktG/*Altmeppen* Rdnr. 102–107; *Altmeppen* ZIP 1998, 1853, 1858 f.

[16] LG Mannheim AG 1995, 142 = Rechtspfleger 1994, 256 „Freudenberg"; s. *Hüffer* Rdnr. 17; MünchHdb. AG/*Krieger* § 70 Rdnr. 21.

wenn durch den Gesellschaftsvertrag das Mehrheitsprinzip eingeführt ist; andernfalls bleibt es jedenfalls bei der BGB-Gesellschaft, der OHG und KG bei § 311 Abs. 1 BGB und bei § 119 Abs. 1 HGB, die nicht durch § 293 Abs. 2 eingeschränkt werden sollten (str.).

3. Mehrstufige Unternehmensverbindungen

Schrifttum: MünchKommAktG/*Altmeppen* Rdnr. 108–114; *Ebenroth/Parche* BB 1989, 637, 640 ff.; *Emmerich/Sonnenschein/Habersack* § 16 VII (S. 219 ff.); *Görling*, Die Konzernhaftung in mehrstufigen Unternehmensverbindungen, 1998; *Hüffer* Rdnr. 20; MünchHdb. AG/*Krieger* § 70 Rdnr. 23; *Pentz* Enkel-AG S. 121 ff.; *ders.* NZG 2000, 1103; E. *Rehbinder* ZGR 1977, 581; *Priester* ZIP 1992, 293; *Raiser* Kapitalgesellschaften § 54 Rdnr. 28 (S. 887); *Sonnenschein* BB 1975, 1088; S. *Wanner*, Konzernrechtliche Probleme mehrstufiger Unternehmensverbindungen, 1998.

Besondere Probleme ergeben sich in mehrstufigen Unternehmensverbindungen. Aus der **10** Vielzahl der hier in Betracht kommenden Fallgestaltungen sind die folgenden hervorzuheben (s. im übrigen § 311 Rdnr. 7 ff.).

a) § 293 Abs. 1. Wenn eine Tochtergesellschaft als verpflichteter Teil einen Unterneh- **11** mensvertrag mit einem Dritten abschließt, kann dies im Ergebnis für die Gesellschafter der Muttergesellschaft im wesentlichen dieselben Wirkungen wie der Abschluß eines entsprechenden Vertrages durch die Muttergesellschaft selbst haben, zB, wenn die letztere einen erheblichen Teil ihrer unternehmerischen Aktivitäten über die betreffende Tochtergesellschaft betreibt. Besonders deutlich ist dies bei Gewinnabführungsverträgen, Teilgewinnabführungsverträgen und Gewinngemeinschaften einer wichtigen Tochter (als verpflichteter Gesellschaft) mit *Dritten*. Es liegt auf der Hand, daß die Gesellschafter der Muttergesellschaft an derartigen Entscheidungen auf der Ebene der Tochtergesellschaft ebenso beteiligt werden müssen, wie wenn die Muttergesellschaft selbst Vertragspartner wäre. Der Vorstand, der die Hauptversammlung der Tochtergesellschaft beherrscht, kann daher derartige Verträge auf der Ebene der Tochtergesellschaft nicht alleine abschließen, sondern bedarf hierzu analog § 293 Abs. 1 der Zustimmung der Hauptversammlung der Muttergesellschaft, freilich nur mit interner Wirkung.[17]

b) § 293 Abs. 2. Eine entsprechende Anwendung des § 293 Abs. 2 wird gleichfalls in **12** verschiedenen Fallgestaltungen diskutiert, insbes. dann, wenn *nach* Abschluß eines Beherrschungs- oder Gewinnabführungsvertrages zwischen einer Mutter- und einer Tochtergesellschaft diese Tochtergesellschaft ihrerseits einen derartigen Vertrag mit einer Enkelgesellschaft abschließt (sogenannter Aufbau von oben nach unten). Denn die dadurch entstehenden vermehrten Risiken der *Mutter*gesellschaft aufgrund der §§ 302 und 303 sind dann nicht mehr durch den vorausgegangenen Zustimmungsbeschluß der Hauptversammlung der Muttergesellschaft gedeckt, so daß hier in der Tat gute Gründe für eine entsprechende (erneute) Anwendung des § 293 Abs. 2 sprechen.[18]

Auf den umgekehrten Fall (Aufbau des Konzerns von unten nach oben) sind diese **12 a** Überlegungen nach hM nicht übertragbar.[19] Folgt also der Vertrag zwischen Mutter- und Tochtergesellschaft einem Vertrag zwischen der Tochter- und der Enkelgesellschaft **nach,** so entsteht keine zusätzliche Zustimmungspflicht auf irgendeiner Stufe. Der (nachfolgende) Zustimmungsbeschluß der Hauptversammlung der Mutter deckt vielmehr auch den *vorausgegangenen* Vertrag der Tochter- mit der Enkelgesellschaft.[20]

Wieder anders ist die Rechtslage möglicherweise zu beurteilen, wenn erstmals nur ein **12 b** Beherrschungs- oder Gewinnabführungsvertrag zwischen der Tochter- und der Enkelgesell-

---

[17] S. schon § 292 Rdnr. 16; jedenfalls in der Tendenz übereinstimmend BGHZ 83, 122, 131 f. = NJW 1982, 1703 = AG 1982, 158 „Holzmüller"; LG Stuttgart AG 1992, 236, 237 f.; LG Frankfurt AG 1993, 287; MünchKommAktG/*Altmeppen* Rdnr. 115 (ebenfalls unter Berufung auf die Holzmüller-Doktrin); anders die ganz hM.
[18] *Pentz* Enkel-AG S. 130; E. *Rehbinder* ZGR 1977, 581, 613; *Timm* Aktiengesellschaft S. 171; an-

ders die nach wie vor überwiegende Meinung: MünchKommAktG/*Altmeppen* Rdnr. 113 f.; *Hüffer* Rdnr. 20; MünchHdb. AG/*Krieger* § 70 Rdnr. 23; *Koppensteiner* in Kölner Kommentar Rdnr. 40.
[19] *Pentz* Enkel-AG S. 131.
[20] MünchKommAktG/*Altmeppen*   Rdnr. 28 f.; *Hüffer* Rdnr. 20.

schaft abgeschlossen wird. Es läßt sich durchaus die Auffassung vertreten, daß wenigstens in diesem Fall entsprechend § 293 Abs. 2 die Hauptversammlung der Muttergesellschaft mitwirken muß.[21] Dagegen besteht keine Mitwirkungspflicht der Aktionäre einer Tochtergesellschaft, wenn die Enkelgesellschaft einen Vertrag direkt mit der *Mutter* abschließt.[22]

III. Vertragsabschluß

Schrifttum: *Canaris* ZGR 1978, 206; *Emmerich/Sonnenschein/Habersack* § 16 II (S. 212 ff.); *S. Fabian*, Inhalt und Auswirkungen des Beherrschungsvertrags, 1997; *Henze* Konzernrecht Tz. 174 ff. (S. 63 ff.); *Hüffer* Rdnr. 22 ff.; *Koppensteiner* in Kölner Kommentar Rdnr. 4 ff.; *Kort*, Der Abschluß von Beherrschungs- und Gewinnabführungsverträgen im GmbH-Recht, 1986; *Raiser* Kapitalgesellschaften § 54 Rdnr. 18 f. (S. 884 f.); *Timm* BB 1980, 1201.

13   Über den Abschluß von Unternehmensverträgen enthält das AktG nur wenige Sondervorschriften. Einschlägig sind im Grunde lediglich § 83 Abs. 1 S. 2 über die Verpflichtung des Vorstands zum Tätigwerden aufgrund eines Verlangens der Hauptversammlung (Rdnr. 16), ferner § 293 Abs. 3 über das Schriftformerfordernis (Rdnr. 21 ff.), außerdem § 293 a über die Berichtspflicht des Vorstands und § 293 b über die Vertragsprüfung sowie schließlich noch § 299, nach dem Weisungen hinsichtlich der Änderung, der Aufrechterhaltung oder der Beendigung von Unternehmensverträgen ausgeschlossen sind. Im übrigen bleibt es bei der Geltung der allgemeinen Vorschriften über den Abschluß von Verträgen durch eine AG (§§ 145 ff. BGB, §§ 76 ff. AktG).

14   **1. Zuständigkeit. a) Vorstandspflichten.** Zuständig für die Entscheidung, ob und mit welchem Inhalt ein Unternehmensvertrag abgeschlossen werden soll, ist auf jeder Seite des Vertrages grundsätzlich der Vorstand (§§ 76, 77, 78).[23] Er muß dabei mit der Sorgfalt eines ordentlichen und gewissenhaften Geschäftsleiters vorgehen (§ 93 Abs. 1 S. 1). Verletzt er diese Sorgfaltspflicht, zB durch die mangelhafte Prüfung der Bonität des anderen Vertragsteils, so macht er sich schadensersatzpflichtig (§ 93 Abs. 2). Eine Haftungsbefreiung nach § 93 Abs. 4 S. 1 kommt nur in Betracht, wenn der Vorstand nach § 83 Abs. 1 S. 2 zu dem Abschluß angewiesen worden ist (Rdnr. 16).[24]

15   § 293 Abs. 1 und Abs. 2 beschränkt lediglich die **Vertretungsmacht** des Vorstandes der beteiligten Gesellschaften, hebt sie aber nicht völlig auf. Auch für den Abschluß des Vertrages selbst sind daher allein die Vorstände der beteiligten Gesellschaften zuständig (§ 78). Ihre Vertretungsmacht wird jedoch durch § 293 Abs. 1 und Abs. 2 in dem Sinne beschränkt, daß der von ihnen abgeschlossene Vertrag schwebend unwirksam ist, solange ihm nicht die beiden Hauptversammlungen mit der erforderlichen Mehrheit zugestimmt haben; die Zustimmungsbeschlüsse (§ 293 Abs. 1 und 2) haben mit anderen Worten *Außenwirkung* (Rdnr. 24, 36), so daß die Verweigerung der Zustimmung durch eine der beiden Hauptversammlungen die endgültige Unwirksamkeit des bis dahin nur schwebend unwirksamen Vertrages nach sich zieht. Eine Haftung des Vorstandes aufgrund des § 179 BGB kommt nicht in Betracht (§ 179 Abs. 3 S. 1 BGB).

16   **b) § 83.** Der Abschluß von Unternehmensverträgen fällt unter § 83 Abs. 1 S. 2, so daß die Hauptversammlung den Vorstand mit qualifizierter Mehrheit zur Vorbereitung und zum Abschluß von Unternehmensverträgen anweisen kann (§§ 83 Abs. 1 S. 2 und 3, 293).[25] Der Vorstand **muß** in diesem Fall tätig werden, widrigenfalls er sich ersatzpflichtig macht (§ 93 Abs. 2). Dies gilt jedenfalls für die Gesellschaft, die die vertragstypischen Leistungen erbringt, im Falle des Abschlusses eines Beherrschungs- oder Gewinnabführungsvertrages also

---

[21] *Raiser* Kapitalgesellschaften § 54 Rdnr. 28 (S. 887).

[22] *Pentz* Enkel-AG S. 131 ff. (dort auch zu weiteren Fallgestaltungen).

[23] BGHZ 122, 211, 217 = NJW 1993, 1976 = LM AktG § 83 Nr. 1 = AG 1993, 422 „SSI".

[24] *Hüffer* Rdnr. 23; *Koppensteiner* in Kölner Kommentar Rdnr. 14; anders *Canaris* ZGR 1978, 206, 214 ff.

[25] BGHZ 82, 188, 195 = NJW 1982, 933 = AG 1982, 129 „Hoesch/Hoogovens"; BGHZ 121, 211, 217 = NJW 1993, 1976 = LM AktG § 83 Nr. 1 = AG 1993, 422 „SSI"; *Hüffer* § 83 Rdnr. 3; *Mertens* in Kölner Kommentar § 83 Rdnr. 3.

für die abhängige oder zur Gewinnabführung verpflichtete Gesellschaft (§§ 83 Abs. 1 S. 2, 293 Abs. 1). Umstritten ist dagegen, ob § 83 Abs. 1 S. 2 auch auf den anderen Vertragsteil anwendbar ist, d. h. auf die herrschende Gesellschaft im Falle des Abschlusses eines Beherrschungs- oder Gewinnabführungsvertrags. Im Schrifttum wird dies zum Teil verneint.[26] Eine überzeugende Begründung für diese Einschränkung des § 83 Abs. 1 S. 2 entgegen seinem Wortlaut ist indessen nicht erkennbar.[27] Eine Weisung des herrschenden Unternehmens aufgrund eines bereits bestehenden Beherrschungsvertrags zum Abschluß eines weiteren Unternehmensvertrages zwischen den Vertragsparteien scheidet dagegen aus; zulässig ist lediglich die Weisung zum Abschluß eines Unternehmensvertrages mit einem *Dritten* (s. § 299 Rdnr. 3).

2. Inhalt. a) Bezeichnung. Entgegen einer verbreiteten Meinung ist es nicht erforder- **17** lich, daß in der Vertragsurkunde (§ 293 Abs. 3) die jeweilige Vertragsart ausdrücklich benannt wird, so daß zB ein Beherrschungsvertrag nur wirksam wäre, wenn er auch in der Urkunde gerade als solcher bezeichnet wird, da ein derartiger Formalismus dem deutschen Recht fremd ist (s. Rdnr. 19 sowie § 291 Rdnr. 17 m. Nachw.). Im Schrifttum wird zum Teil angenommen, in diesem Fall müsse dann aber zumindest in dem **Zustimmungsbeschluß** derjenigen Gesellschaft, die die vertragstypischen Leistungen erbringt, die genaue Rechtsnatur des Vertrags angegeben werden.[28] Auch dafür fehlt indessen eine überzeugende Begründung.[29] Praktische Bedeutung hat die Kontroverse freilich nicht, da seit 1995 der Unternehmensvertrags „im einzelnen" in dem Bericht des Vorstandes erläutert werden muß (§ 293 a Abs. 1 S. 1). Dazu gehört auch die Erklärung seiner „wahren" Rechtsnatur (s. § 293 a Rdnr. 15), womit sich die Frage erledigt haben dürfte. Anders ist die Rechtslage auch hinsichtlich der Eintragung ins Handelsregister zu beurteilen (§ 294 Abs. 2; s. § 294 Rdnr. 29).

b) Bedingung, Befristung. Umstritten ist, ob die Unternehmensverträge des § 291 unter **18** einer Bedingung oder Befristung abgeschlossen werden können. Die Frage ist für die *Befristung* grundsätzlich zu bejahen.[30] Dagegen spricht manches dafür, die Unternehmensverträge des § 291 als *bedingungsfeindlich* einzustufen.[31] Anders freilich die überwiegende Meinung (s. § 297 Rdnr. 29). Folgt man dem, so scheidet aber auf jeden Fall eine Eintragung des Vertrags vor Bedingungseintritt bei Vereinbarung einer *aufschiebenden* Bedingung, zB der Billigung des Vertrages durch den Aufsichtsrat, aus.[32] Kein Raum ist außerdem hier für eine *auflösende* Bedingung; an ihre Stelle tritt vielmehr die Möglichkeit zur Kündigung des Vertrages.[33] Wieder anders ist die Rechtslage in allen diesen Beziehungen bei den anderen Unternehmensverträgen des § 292 zu beurteilen. Da es sich bei ihnen grundsätzlich um schuldrechtliche Austauschverträge handelt, können die Verträge auch bedingt oder befristet abgeschlossen werden.

3. Mängel. Für Unternehmensverträge gelten ebenso wie für sonstige Verträge die all- **19** gemeinen Nichtigkeits- und Anfechtungsgründe des Privatrechts, vor allem also die §§ 117, 119, 123, 125, 134 und 138 BGB.[34] Ist ein Vertrag danach nichtig oder mit Erfolg angefochten, so wird der Mangel auch nicht durch die Zustimmung einer oder beider Hauptversammlungen nach § 293 oder durch die Eintragung ins Handelsregister nach § 294 Abs. 2 geheilt.[35] Wichtig ist das insbes. für Verstöße gegen die durch § 293 Abs. 3 vorge-

[26] *Hüffer* Rdnr. 23; *Koppensteiner* in Kölner Kommentar Rdnr. 7; *Mertens* (vorige Fn.).
[27] Ebenso MünchKommAktG/*Altmeppen* Rdnr. 7 f.; *Hommelhoff* Konzernleitungspflicht S. 327; MünchHdb. AG/*Krieger* § 70 Rdnr. 14 (Abs. 2).
[28] *Koppensteiner* in Kölner Kommentar Rdnr. 45.
[29] Ebenso *Hüffer* Rdnr. 14, 23; MünchHdb. AG/ *Krieger* § 70 Rdnr. 45 (S. 1036).
[30] *Raiser* Kapitalgesellschaften § 54 Rdnr. 19 (S. 884).
[31] MünchKommAktG/*Altmeppen* Rdnr. 26; für die Zulässigkeit einer aufschiebenden Beendigung dagegen offenbar BGHZ 122, 211, 219 f. = NJW 1993, 1976 = LM AktG § 83 Nr. 1 = AG 1993, 422 „SSI".

[32] MünchKommAktG/*Altmeppen* Rdnr. 26; *Grunewald* AG 1990, 133, 138; *Koppensteiner* in Kölner Kommentar Rdnr. 11; MünchHdb. AG/*Krieger* § 70 Rdnr. 16; *Raiser* Kapitalgesellschaften § 54 Rdnr. 19 (S. 884).
[33] *Raiser* (vorige Fn.); s. § 297 Rdnr. 29 sowie § 291 Rdnr. 18.
[34] Zu § 138 BGB s. ausführlich *S. Fabian*, Inhalt und Auswirkungen, S. 97, 106 ff.
[35] OLG Celle AG 2000, 280, 281 = NZG 2000, 85; *Koppensteiner* in Kölner Kommentar Rdnr. 54; MünchHdb. AG/*Krieger* § 70 Rdnr. 18.

schriebene Schriftform (§ 125 BGB; Rdnr. 21 f.). Weitere Nichtigkeitsgründe ergeben sich aus dem AktG. Hervorzuheben sind die fehlende Zustimmung einer Hauptversammlung, soweit nach § 293 erforderlich, sowie das Fehlen einer Ausgleichsregelung in einem Beherrschungs- oder Gewinnabführungsvertrag (§ 304 Abs. 3 S. 1). Keinen Nichtigkeitsgrund bildet dagegen die fehlende oder unrichtige Bezeichnung des Vertragstyps in der Vertragsurkunde oder in einem der Zustimmungsbeschlüsse (Rdnr. 17).

20   Ist der Vertrag *teilweise* nichtig, zB weil er einzelne unzulässige Abreden enthält (§ 134 BGB) oder weil einzelne Vertragsteile der oder den Hauptversammlungen nicht zur Billigung vorgelegt wurden oder doch nicht die Billigung einer oder beider Hauptversammlungen gefunden haben (§ 293 AktG), so zieht dies grundsätzlich die Gesamtnichtigkeit des Vertrages nach sich (§ 139 BGB). Entgegen einer verbreiteten Meinung besteht hier kein Anlaß zur Einschränkung oder gar zur Umkehrung der Regel des § 139 BGB.[36] Wird der Vertrag trotz seiner Mängel von den beteiligten Unternehmen praktiziert, so finden die Regeln über fehlerhafte Unternehmensverträge Anwendung (s. § 291 Rdnr. 28 ff.).

IV. Form

21   Nach § 293 Abs. 3 bedarf der Unternehmensvertrag der *Schriftform*. Das Gesetz verweist damit auf die §§ 125 und 126 BGB, so daß die Vertragsurkunde grundsätzlich von beiden Parteien unterzeichnet werden muß (§ 126 Abs. 1 BGB). Ein Verstoß hiergegen führt zur Nichtigkeit des Vertrages (§ 125 BGB).[37] Da § 293 Abs. 3 nichts anderes bestimmt, kann die Schriftform gemäß § 126 Abs. 3 BGB auch durch die *elektronische* Form ersetzt werden; in diesem Falle ist § 126 a BGB zu beachten. Mit Rücksicht auf die Auslegungspflichten aufgrund der §§ 293 f Abs. 1 Nr. 1 und 293 g Abs. 1 dürfte es sich dabei aber nur um eine theoretische Möglichkeit handeln, sofern man nicht ohnehin aus den genannten Vorschriften eine Beschränkung auf die Schriftform folgern will. Die Vertragsurkunde muß mit allen Anlagen und sonstigen Bestandteilen eine *Einheit* bilden, die durch die Unterschrift der jeweils vertretungsberechtigten Personen gedeckt ist. Dabei ist zu beachten, daß durch die jüngste Rechtsprechung die Anforderungen an die *Urkundeneinheit* deutlich herabgesetzt worden sind; insbes. ist jetzt nicht mehr (anders als früher) eine körperliche Verbindung aller Vertragsbestandteile erforderlich, wenn die Urkundeneinheit sich aus anderen Umständen wie zB der fortlaufenden Paginierung oder der fortlaufenden Nummerierung der Vertragsbestimmungen ergibt.[38]

22   Das Schriftformerfordernis gilt für **sämtliche** Abreden der Parteien, aus denen sich nach ihrem Willen der Unternehmensvertrag zusammensetzen soll und die deshalb eine rechtliche Einheit iSd. § 139 BGB bilden. Hieran ändert sich auch dann nichts, wenn die Parteien ihre Abreden formal auf unterschiedliche Verträge aufteilen, selbst wenn an diesen verschiedene Personen beteiligt sind (s. auch Rdnr. 22).[39] Dies folgt schon aus der Notwendigkeit, der Anmeldung den (ganzen) Vertrag in Urschrift, Ausfertigung oder öffentlich beglaubigter Abschrift beizufügen (§ 294 Abs. 1 S. 2), und wird durch das Informationsinteresse der Hauptversammlung, der einzelnen Aktionäre und der Öffentlichkeit gerechtfertigt (§§ 293 f und 293 g).

V. Die Zustimmung der Hauptversammlung der verpflichteten Gesellschaft (§ 293 Abs. 1)

23   Von dem Unternehmensvertrag müssen der oder die Zustimmungsbeschlüsse der Hauptversammlungen der beteiligten Gesellschaften nach den Abs. 1 und 2 des § 293 unter-

---

[36] Anders OLG München AG 1980, 272, 273; OLG Hamburg NJW 1990, 3024, 3025 = AG 1991, 21; *Koppensteiner* in Kölner Kommentar Rdnr. 12.

[37] OLG München AG 1991, 358, 360 (l. Sp.) „SSI"; *Hüffer* Rdnr. 12.

[38] Wegen der Einzelheiten s. Staudinger/*Emmerich* (2003) § 550 BGB Rdnr. 18 ff. m. Nachw.; für

§ 293 Abs. 3 insbes. OLG Stuttgart NZG 2000, 93, 94.

[39] BGHZ 82, 188, 196 f. = NJW 1982, 933 = AG 1982, 129 „Hoesch/Hoogovens"; OLG Celle AG 2000, 280 f. = NZG 2000, 85; OLG Stuttgart (vorige Fn.).

schieden werden. Erforderlich ist zunächst nach § 293 Abs. 1 die Zustimmung der Hauptversammlung derjenigen AG oder KGaA, die die vertragstypischen Verpflichtungen übernimmt (Rdnr. 4), wozu bei einer KGaA noch die Zustimmung der persönlich haftenden
Gesellschafter hinzukommen muß (§ 285 Abs. 2 S. 1). Der Zustimmungsbeschluß bedarf
(mindestens) einer qualifizierten Kapitalmehrheit (§ 293 Abs. 1 S. 2). Durch die Satzung
können diese Erfordernisse nur verschärft, nicht hingegen herabgesetzt werden (§§ 23
Abs. 5, 293 Abs. 1 S. 3). Keine Anwendung finden ferner die Vorschriften des Gesetzes und
der Satzung über Satzungsänderungen (§ 293 Abs. 1 S. 4). Die Gesetzesverfasser wollten
damit eine alte Streitfrage des früheren Rechts entscheiden.[40]

1. Bedeutung. § 293 Abs. 1 bedeutet eine Beschränkung der Vertretungsmacht des **24**
Vorstandes mit Außenwirkungen (§ 78; s. Rdnr. 15). Der Vertrag ist daher nichtig, wenn
ihm die Hauptversammlung nicht mit der nötigen Mehrheit zustimmt.[41] Für die Anwendung der Regeln über fehlerhafte Beherrschungsverträge ist dann kein Raum, selbst wenn
der Vertrag von den Beteiligten praktiziert wird, weil auf den Bestand eines Unternehmensvertrages, dem eine Hauptversammlung nicht mit der nötigen Mehrheit zugestimmt hat und
der deshalb auch nicht in das Handelsregister eingetragen wurde (§ 294 Abs. 2), heute
niemand mehr vertrauen kann und darf.[42] Für die *Form* des Zustimmungsbeschlusses gilt
nicht § 293 Abs. 3 (der sich allein auf den Vertrag als Gegenstand des Beschlusses bezieht),
sondern § 130, so daß der Beschluß in die notarielle Niederschrift aufzunehmen und damit
zu beurkunden ist (§ 130 Abs. 1 S. 1). Der Vertrag ist überdies der Niederschrift als Anlage
beizufügen (§ 293 g Abs. 2 S. 2).

Das Gesetz verlangt eine **Zustimmung** der Hauptversammlung (§ 293 Abs. 1 S. 1). **25**
Zustimmung ist nach den §§ 182 bis 184 BGB der Oberbegriff für Einwilligung und
Genehmigung. Folglich kann die Zustimmung der Hauptversammlung sowohl im voraus zu
einem ihr vom Vorstand vorgelegten Vertragsentwurf als auch nachträglich zu dem bereits
abgeschlossenen Vertrag erklärt werden.[43] In dem zuerst genannten Fall darf jedoch der von
der Hauptversammlung gebilligte Vertragsentwurf von den Parteien später nicht mehr abgeändert werden. Tun sie dies doch, so ist die erneute Befassung der Hauptversammlung
erforderlich.[44]

2. Gegenstand. Gegenstand des Zustimmungsbeschlusses ist der (ganze) Unternehmens- **26**
vertrag, so, wie er von den beteiligten Gesellschaften gewollt ist, also einschließlich aller
Zusätze, Nebenabreden und ergänzenden Bestimmungen. Insoweit gilt dasselbe wie für das
Schriftformerfordernis (Rdnr. 22). Der Vorstand hat nicht die Befugnis, irgendwelche ergänzenden Abreden der Hauptversammlung vorzuenthalten. Ebensowenig kann die Hauptversammlung dem Vorstand ihrerseits die Ermächtigung zu ergänzenden Abreden erteilen
(§ 23 Abs. 5); vielmehr müssen *alle* Abreden, die nach dem Willen der Parteien einen Teil
des Vertrages bilden, selbst wenn sie formal auf unterschiedliche Verträge mit verschiedenen
Parteien aufgeteilt sind, insgesamt der Hauptversammlung zur Billigung vorgelegt werden,
widrigenfalls der gesamte Vertrag mangels Zustimmung der Hauptversammlung nichtig ist
(§ 293 Abs. 1 S. 1).[45] Die Hauptversammlung kann es auch nicht dem Vorstand überlassen,
weitere Details und Ausführungsbestimmungen mit dem anderen Teil auszuhandeln.[46]
Solcher Ermächtigung des Vorstands stehen die §§ 23 Abs. 5 und 293 Abs. 1 entgegen,
ebenso aber auch die legitimen Informationsinteressen der Aktionäre (§§ 293 a, 293 f, 293 g

[40] S. die Begr. zum RegE bei *Kropff* AktG S. 381;
zur Rechtsnatur von Unternehmensverträgen s.
schon § 291 Rdnr. 25 ff.
[41] S. Rdnr. 15; KG AG 2000, 183, 185 = NZG
1999, 1102.
[42] S. § 291 Rdnr. 30 sowie Rdnr. 38; *Koppensteiner* in Kölner Kommentar Rdnr. 52; anders die
überwiegende Meinung.
[43] *Hüffer* Rdnr. 4; *Raiser* Kapitalgesellschaften
§ 54 Rdnr. 29 (S. 887); anders *Koppensteiner* in Kölner Kommentar Rdnr. 5.

[44] MünchKommAktG/*Altmeppen* Rdnr. 34;
MünchHdb. AG/*Krieger* § 70 Rdnr. 24.
[45] Grdlg. BGHZ 82, 188, 196 ff. = NJW 1982,
933 = AG 1982, 129 „Hoesch/Hoogovens";
MünchKommAktG/*Altmeppen* Rdnr. 56 f., 63; *Hüffer* Rdnr. 5, 12; *Grunewald* AG 1990, 133, 134 ff.;
Koppensteiner in Kölner Kommentar Rdnr. 11, 32;
MünchHdb. AG/*Krieger* § 70 Rdnr. 24; *Windbichler*
AG 1981, 168, 173.
[46] So MünchKommAktG/*Altmeppen* Rdnr. 58–
62.

Abs. 3). Derartige „Ausführungsbestimmungen" sind schlechthin nichtig, lassen aber wohl die Wirksamkeit des „Vertragsrestes" nach dem zu vermutenden Willen der Hauptversammlung unberührt (s. Rdnr. 27); jedoch dürfen sie nicht zur Interpretation des Vertragsrestes herangezogen werden.[47]

27   Werden entgegen dem Gesagten (Rdnr. 26) einzelne Zusatzabreden der Hauptversammlung nicht zur Billigung vorgelegt, so wird zum Teil § 139 BGB angewandt.[48] Dafür spricht, jedenfalls auf den ersten Blick, die entsprechende Behandlung der Problematik im Falle einer Teilnichtigkeit des Vertrags selbst (s. Rdnr. 20 m. Nachw.). Doch paßt hier § 139 BGB im Grunde nicht, weil es nicht um einen Fall der Teilnichtigkeit geht, sondern darum, daß der (ganze) von den Parteien geschlossene Vertrag nicht die Zustimmung der Hauptversammlung gefunden hat, so daß er (insgesamt) nichtig ist (Rdnr. 26). Dagegen ist, wie schon angeführt (Rdnr. 17), die zutreffende Bezeichnung des Vertrags in dem Zustimmungsbeschluß keine Wirksamkeitsvoraussetzung.

28   Wenn die Hauptversammlung dem Vertrag nur unter *Änderungen* zustimmt, hat jedenfalls der abgeschlossene Unternehmensvertrag keine Billigung gefunden und ist deshalb nicht in Kraft getreten. Von Fall zu Fall kann jedoch in dem fraglichen Beschluß der Hauptversammlung zugleich die Aufforderung an den Vorstand nach § 83 Abs. 1 liegen, durch Verhandlungen eine entsprechende Abänderung des Unternehmensvertrags zu erreichen. Generell wird man dies jedoch nicht annehmen können.[49]

29   **3. Vorlagepflicht?** Zum Teil wird angenommen, der Vorstand sei nach Abschluß des Unternehmensvertrages dem anderen Teil gegenüber verpflichtet, den Vertrag der nächsten Hauptversammlung zwecks Zustimmung nach § 293 Abs. 1 vorzulegen; notfalls könne der andere Vertragteil hierauf Klage erheben (§ 888 ZPO).[50] Dafür spricht nur auf den ersten Blick die Parallele zu Verträgen, die einer behördlichen Genehmigung bedürfen, wo vergleichbare Pflichten der Parteien noch vor Genehmigungserteilung aus c. i. c. hergeleitet werden (vgl. die §§ 241 Abs. 2, 311 Abs. 2, 280 Abs. 1 und 249 BGB).[51] Bei näherem Zusehen ist diese Parallele indessen nicht zwingend, weil die in § 293 Abs. 1 vorgeschriebene Zustimmung der Hauptversammlung und eine behördliche Genehmigung gänzlich unterschiedliche Zwecke verfolgen.[52] Auf keinen Fall kann jedoch angenommen werden, daß die Gesellschaft schadensersatzpflichtig wird, wenn ihre Hauptversammlung den Vertrag ablehnt. Diese Frage darf nicht mit der anderen verwechselt werden, ob **nach** dem Zustimmungsbeschluß der Hauptversammlung der Vorstand zur Anmeldung des Vertrags nach § 294 Abs. 1 verpflichtet ist (dazu Rdnr. 31).

30   **4. Die erforderliche Mehrheit.** Der Zustimmungsbeschluß bedarf nach § 293 Abs. 1 S. 2 einer Mehrheit, die mindestens drei Viertel des bei der Beschlußfassung vertretenen Grundkapitals umfaßt. Dies bedeutet, daß zu der *einfachen* Stimmenmehrheit noch eine *qualifizierte* Kapitalmehrheit hinzutreten muß, wodurch namentlich die Bedeutung von Mehrstimmrechtsaktien relativiert wird. Stimmrechtslose Vorzugsaktien müssen außerdem grundsätzlich von dem vertretenen Grundkapital abgezogen werden (vgl. § 140 Abs. 2 S. 2).[53] Durch diese Regelung sollte ebenso wie schon durch § 256 AktG von 1937 die abhängige Gesellschaft geschützt werden. Tatsächlich ist dieses Ziel indessen nicht erreicht worden, weil der andere Vertragteil mitstimmen darf.[54] Da dieser in aller Regel bereits allein oder zusammen mit verbundenen oder befreundeten Unternehmen über die erforderliche Mehrheit verfügt (sonst käme es nicht zu dem Unternehmensvertrag), handelt es sich

---

[47] *Hüffer* Rdnr. 5; *Koppensteiner* in Kölner Kommentar Rdnr. 32; str.
[48] *Hüffer* Rdnr. 12; MünchKommAktG/*Altmeppen* Rdnr. 56.
[49] S. *Hüffer* Rdnr. 13, 23; *Koppensteiner* in Kölner Kommentar Rdnr. 25; MünchKommAktG/*Altmeppen* Rdnr. 35.
[50] MünchHdb. AG/*Krieger* § 70 Rdnr. 17; *Koppensteiner* in Kölner Kommentar Rdnr. 15–17.

[51] S. MünchKommBGB/*Emmerich* Bd. 2a, 4. Aufl. 2003, § 311 Rdnr. 109 f. m. Nachw.
[52] Ebenso MünchKommAktG/*Altmeppen* Rdnr. 19 ff.
[53] MünchKommAktG/*Altmeppen* Rdnr. 37; *Hüffer* Rdnr. 8; *Koppensteiner* in Kölner Kommentar Rdnr. 30; MünchHdb. AG/*Krieger* § 70 Rdnr. 44.
[54] S. zu diesem Problem ausführlich schon die Begr. zum RegE bei *Kropff* AktG S. 380 f.

tatsächlich bei dem Zustimmungsbeschluß meistens um einen sachlich bedeutungslosen Formalakt.[55] Anders verhält es sich nur, wenn das herrschende Unternehmen ausnahmsweise auf die Mitwirkung außenstehender Aktionäre angewiesen ist. Verweigern sie aus unsachlichen, eigennützigen Gründen die im Interesse der Gesellschaft dringend gebotene Zustimmung zu dem Unternehmensvertrag, so können sie sich wegen Verletzung ihrer Treuepflicht und aus § 826 BGB schadensersatzpflichtig machen.[56]

5. Anmeldung. Sobald die Hauptversammlung dem Unternehmensvertrag zugestimmt **31** hat, ist, sofern in diesem Zeitpunkt der Vertrag bereits abgeschlossen war, der Vorstand nunmehr *seiner* Gesellschaft gegenüber verpflichtet, ihn zur Eintragung ins Handelsregister anzumelden, um ihm dadurch zur Wirksamkeit zu verhelfen (§§ 83 Abs. 2, 294; s. § 294 Rdnr. 7, 27). Hingegen besteht entgegen einer verbreiteten Meinung[57] keine derartige Pflicht gegenüber dem *anderen* Vertragsteil. Denn diesem gegenüber ist die Gesellschaft mangels Wirksamkeit des Vertrages (§ 294 Abs. 2) noch nicht gebunden.[58] Davon zu trennen ist die Frage, ob sich der andere Vertragsteil von dem schwebend unwirksamen Vertrag lösen kann, wenn sich die Zustimmung der Hauptversammlung oder die Eintragung unzumutbar verzögern.[59]

Überwiegend wird die geschilderte Rechtslage (Rdnr. 31) als zwingend angesehen, so **32** daß die Hauptversammlung nicht etwa die Anmeldung des Vertrags zur Eintragung ins Handelsregister in das Ermessen des Vorstandes stellen oder dem Vorstand sogar nachträglich durch einen weiteren Beschluß die Anmeldung untersagen kann.[60] Diese Auffassung erscheint gleichfalls nicht überzeugend. Ebenso wie die Hauptversammlung dem Vertrag die Zustimmung von vornherein versagen kann, muß sie auch in der Lage sein, ihre Zustimmung einzuschränken oder später rückgängig zu machen.[61] § 23 Abs. 5 steht nicht entgegen (s. § 294 Rdnr. 26).

6. Verschärfung. Nach § 293 Abs. 1 S. 3 kann die Satzung eine größere Kapitalmehr- **33** heit als drei Viertel des bei der Beschlußfassung vertretenen Grundkapitals und weitere Erfordernisse bestimmen. Unzulässig ist dagegen eine Herabsetzung der Anforderungen an den Zustimmungsbeschluß (§ 23 Abs. 5). **Beispiele** für eine danach zulässige Verschärfung der Anforderungen sind eine größere Stimmen- oder Kapitalmehrheit als von § 293 vorgeschrieben, das Erfordernis der Einstimmigkeit, die Verweisung auf die weitergehenden Satzungsbestimmungen über Satzungsänderungen sowie zusätzliche Formerfordernisse.[62] Dagegen soll nach überwiegender Meinung ein satzungsmäßiges *Verbot* des Abschlusses von Unternehmensverträgen an den §§ 23 Abs. 5 und 293 Abs. 1 scheitern.[63] Ein sachlicher Grund für diese Auffassung ist nicht erkennbar.

7. Zustimmung des Aufsichtsrats. Für die Frage, ob neben der Hauptversammlung **34** auch der Aufsichtsrat dem Vertrag zustimmen muß, gilt allein § 111 Abs. 4 S. 2.[64] Verweigert der Aufsichtsrat die Zustimmung, so kann der Vorstand gemäß § 111 Abs. 4 S. 3 die Hauptversammlung anrufen. Umstritten ist, welche Mehrheit in diesem Fall für den Zustimmungsbeschluß erforderlich ist. Während nach der einen Meinung von den §§ 293 Abs. 1 S. 2 und 83 Abs. 1 S. 3 auszugehen ist, so daß nur eine qualifizierte Kapitalmehrheit nötig ist,[65] rücken andere den § 111 Abs. 4 S. 4 in den Vordergrund mit der Folge, daß hier

[55] *Emmerich* AG 1991, 303, 307.

[56] S. MünchKommAktG/*Altmeppen* Rdnr. 43–46.

[57] *Hüffer* Rdnr. 15; *Koppensteiner* Rdnr. 37; MünchHdb. AG/*Krieger* § 70 Rdnr. 17, 46.

[58] Zustimmend MünchKommAktG/*Altmeppen* Rdnr. 67 ff.

[59] S. § 297 Rdnr. 31 sowie BGHZ 122, 211, 225 f. = NJW 1993, 1976 = LM AktG § 83 Nr. 1 = AG 1993, 422 „SSI"; OLG Celle AG 1990, 370, 371; OLG Hamm, Urt. v. 28. 11. 2002 – 27 U 66/02; MünchHdb. AG/*Krieger* § 70 Rdnr. 17; MünchKommAktG/*Altmeppen* Rdnr. 23, 71 ff.

[60] *Grunewald* AG 1990, 133, 138 f.

[61] Zustimmend MünchKommAktG/*Altmeppen* Rdnr. 67 ff.; anders die ganz hM, zB MünchHdb. AG/*Krieger* § 70 Rdnr. 46.

[62] S. *Emmerich/Sonnenschein/Habersack* § 16 IV 5 (S. 217 f.).

[63] MünchKommAktG/*Altmeppen* Rdnr. 39; *Hüffer* Rdnr. 8.

[64] *Hüffer* Rdnr. 25.

[65] MünchKommAktG/*Altmeppen* Rdnr. 10–15; *Koppensteiner* in Kölner Kommentar Rdnr. 6.

abweichend vom Regelfall des § 293 Abs. 1 S. 2 zusätzlich eine qualifizierte *Stimmenmehrheit* erforderlich ist.[66] In mitbestimmten Gesellschaften ist außerdem § 32 MitbestG zu beachten.[67]

35 **8. Inhaltskontrolle?** Da es sich bei dem Zustimmungsbeschluß der Hauptversammlung nach § 293 Abs. 1 in der Mehrzahl der Fälle um nicht viel mehr als um einen Formalakt handelt (Rdnr. 30), stellt sich die Frage, ob sich ein zusätzlicher Schutz der abhängigen Gesellschaft durch eine Inhaltskontrolle gegenüber dem Zustimmungsbeschluß auf seine Erforderlichkeit und Verhältnismäßigkeit erreichen läßt. Überwiegend wird solche richterliche Kontrolle von Beschlüssen zu Unternehmensverträgen bisher abgelehnt,[68] obwohl sich dafür durchaus sachliche Gründe anführen lassen.[69] Nicht zu übersehen ist freilich, daß der ganze Fragenkreis durch die Einführung der Vertragsprüfung (§ 293 b) im Jahre 1995 einen neuen Akzent erhalten hat, da sich jetzt die weitere Frage stellt, ob neben der Vertragsprüfung durch sachverständige Prüfer noch Raum für eine Inhaltskontrolle durch die Gerichte ist. Diese Frage dürfte in der Tat zu verneinen sein, schon aus praktischen Gründen.

VI. Zustimmung der Hauptversammlung der herrschenden Gesellschaft (§ 293 Abs. 2)

36 **1. Gesetzliche Regelung.** (Nur) für Beherrschungs- und Gewinnabführungsverträge (§ 291 Abs. 1) schreibt § 293 Abs. 2 S. 1 zusätzlich zur Zustimmung der Hauptversammlung der abhängigen Gesellschaft (§ 293 Abs. 1; dazu Rdnr. 23 ff.) die der Hauptversammlung der herrschenden Gesellschaft vor, sofern diese die Rechtsform einer AG oder KGaA hat. Für eine GmbH oder eine Personengesellschaft gilt die Regelung entsprechend (Rdnr. 9). Wegen der Einzelheiten verweist § 293 Abs. 2 S. 2 auf Abs. 1 S. 2 bis 4. Der Zustimmungsbeschluß der Hauptversammlung der herrschenden Gesellschaft bedarf daher ebenso wie der der abhängigen Gesellschaft (Rdnr. 30) neben der einfachen Stimmenmehrheit einer qualifizierten Kapitalmehrheit (§ 293 Abs. 1 S. 2). Durch die Satzung können diese Anforderungen nur verschärft, nicht hingegen herabgesetzt werden (§ 293 Abs. 1 S. 3; Rdnr. 33). Wegen aller Einzelheiten kann im übrigen auf die Ausführungen zu dem Zustimmungsbeschluß der abhängigen Gesellschaft verwiesen werden (Rdnr. 23 ff.). Der Beschluß hat ebenso wie der Zustimmungsbeschluß der abhängigen Gesellschaft Außenwirkungen (Rdnr. 24); seine Form richtet sich allein nach § 130 iVm. § 293 g Abs. 2 S. 2; § 294 findet keine Anwendung.

37 **2. Inhaltskontrolle.** Auch bei dem Zustimmungsbeschluß der herrschenden Gesellschaft stellt sich die Frage nach der Möglichkeit einer Inhaltskontrolle. Sie sollte hier anders als bei der abhängigen Gesellschaft (Rdnr. 35) grundsätzlich bejaht werden, da insoweit die Einführung der Vertragsprüfung durch § 293 b keine Änderung gebracht hat und weil hier außerdem ein praktisches Bedürfnis für solche zusätzliche Kontrolle nicht geleugnet werden kann.[70]

VII. Beschlußmängel

Schrifttum: MünchKommAktG/*Altmeppen* Rdnr. 74–90; *Bärwaldt* GmbHR 2001, 251; *W. Bayer*, Aktionärsrechte, in: Hommelhoff/Lutter, corporate governance, 2002, S. 137; *Emmerich/Sonnenschein/Habersack* § 16 VIII (S. 220 f.); *Henze* BB 2002, 893; *ders.*, RWS-Forum Bd. 20 (2001) S. 39; *Hirte* ZGR 1994, 644; *ders.* ZHR 167 (2003), 8; *Hoffmann-Becking* RWS-Forum Bd. 20 (2001) S. 55; *Hüffer* § 243 Rdnr. 18 a f., § 304 Rdnr. 21, § 305 Rdnr. 29; *Kallmeyer* GmbHR 2001, 204; *Kleindiek* NZG 2001, 552; *Klöhn* AG 2002, 443; *Koppensteiner* in Kölner Kommentar Rdnr. 48 ff.; MünchHdb. AG/*Krieger* § 70 Rdnr. 47; *Luttermann*

---

[66] *Hüffer* Rdnr. 25.
[67] S. dazu *Emmerich/Sonnenschein/Habersack* § 4 V 3 (S. 75 ff.); MünchKommAktG/*Altmeppen* Rdnr. 42.
[68] S. MünchKommAktG/*Altmeppen* Rdnr. 47–55; *Henze* Konzernrecht Tz. 97 f. (S. 34 f.); *Hüffer* Rdnr. 6 f.; MünchHdb. AG/*Krieger* § 70 Rdnr. 45.

[69] *Emmerich* AG 1991, 303, 307; *S. Fabian*, Inhalt und Auswirkungen, S. 110 ff., bes. 114 f.; *Martens*, FS für Fischer, S. 437, 446; *Timm* BB 1981, 1491, 1495; *ders.* ZGR 1987, 403, 426 ff.
[70] S. *Koppensteiner* in Kölner Kommentar Rdnr. 51.

BB 2001, 382; *Marsch-Barner* Anm. LM UmwG Nr. 9 (Bl. 4 R f.); *Röhricht*, Aktuelle höchstrichterliche Rechtsprechung, in Gesellschaftsrecht in der Diskussion 2001, 2002, S. 3; *H. Schmidt*, FS für P. Ulmer, 2003, S. 543; *K. Schmidt* GesR § 28 IV 5 d (S. 859); *Sinewe* DB 2001, 690 f.; *Vetter*, FS für Wiedemann, 2002, S. 1323.

Für die Nichtigkeit und die Anfechtung der beiden Zustimmungsbeschlüsse nach § 293 **38** Abs. 1 und 2 gelten die allgemeinen Regeln (§§ 241 f., 243 ff.), soweit nicht das Gesetz wie in den §§ 291 Abs. 3, 292 Abs. 3, 304 Abs. 2 S. 3 bis 4 und 305 Abs. 5 iVm. § 306 Sonderregeln enthält. Wichtig ist im vorliegenden Zusammenhang vor allem der sogenannte *Anfechtungsausschluß* nach den §§ 304 Abs. 3 S. 2 und 305 Abs. 5 S. 1. Nach § 304 Abs. 3 S. 2 kann die Anfechtung des Beschlusses, durch den die Hauptversammlung der Gesellschaft einem Gewinnabführungs- oder Beherrschungsvertrag oder einer Änderung dieser Verträge zustimmt, nicht auf § 243 Abs. 2 oder darauf gestützt werden, daß der im Vertrag bestimmte Ausgleich nicht angemessen ist (s. § 304 Rdnr. 81 f.), während der Vertrag nichtig ist, wenn er keinen Ausgleich vorsieht (§ 304 Abs. 3 S. 1). Dagegen erstreckt § 305 Abs. 5 S. 1 und 2 den Anfechtungsausschluß im Ergebnis auch auf den Fall, daß der Vertrag überhaupt keine Abfindung vorsieht, weil nach S. 2 der Vorschrift die Bestimmung der Abfindung auch in diesem Fall dem Gericht im Spruch- oder Spruchstellenverfahren obliegt (s. dazu § 305 Rdnr. 82 ff.). Im Grundsatz vergleichbare, in den Einzelheiten aber abweichende Regelungen über einen Anfechtungsausschluß finden sich für die verschiedenen Umwandlungsfälle in den §§ 14 Abs. 2, 195 Abs. 2 und 210 UmwG.

Der Anfechtungsausschluß nach den §§ 304 Abs. 3 S. 2 und 305 Abs. 5 S. 1, der im **38 a** folgenden allein interessiert, ist bis vor kurzem – als Ausnahme von dem Grundsatz des § 243 – streng auf die in den genannten Vorschriften geregelten Fälle beschränkt worden, so daß für seine Anwendung insbes. bei einer Verletzung der *Informations- und Auskunftsrechte* der Aktionäre aufgrund der §§ 131, 203, 293 f und 293 g kein Raum war.[71] Hieran will der BGH jedoch neuerdings jedenfalls für die Verletzung von Informations-, Auskunfts- oder Berichtspflichten mit Bezug auf die *Barabfindung* in Analogie zu § 305 Abs. 5 S. 1 (und § 210 UmwG) *nicht* mehr festhalten, in erster Linie mit der Begründung, wenn das Gesetz eine Anfechtung schon ausschließe, sofern der Vertrag überhaupt keine angemessene Abfindung vorsieht (so § 305 Abs. 5 S. 1 AktG) oder das Angebot der Barabfindung nicht ordnungsgemäß ist (so § 210 UmwG), könne für eine „bloße" Verletzung von Informations-, Auskunfts- und Einsichtsrechten nichts anderes gelten.[72] Die abweichende bisherige Rechtsprechung hinsichtlich der Anfechtungsmöglichkeit bei der Verletzung von Informationsrechten mit Bezug auf die Barabfindung werde deshalb aufgegeben.[73] Im Schrifttum ist die Berechtigung dieser Ausdehnung des Anfechtungsausschlusses weit über den Wortlaut der §§ 304 Abs. 3 S. 2 und 305 Abs. 5 S. 1 hinaus umstritten. Soweit die Praxis gebilligt wird, steht dahinter durchweg das Bestreben, die Möglichkeiten außenstehender Aktionäre zur Bekämpfung von Beherrschungs- und Gewinnabführungsverträgen zu beschneiden. Aus demselben Bestreben heraus wird von den Vertretern dieser Meinung der Anfechtungsausschluß außerdem auch meistens auf den Fall der Verletzung von Informations-, Auskunfts- und Einsichtsrechten hinsichtlich des *Ausgleichs* erstreckt, ungeachtet des Umstandes, daß die Regelung von Ausgleich und Abfindung gerade in diesem Punkt erhebliche Unterschiede aufweist (s. § 304 Abs. 3 S. 1 gegenüber § 305 Abs. 5 S. 1 und 2).[74]

[71] BGHZ 122, 211, 238 = LM AktG § 83 Nr. 1 = NJW 1993, 1976 = AG 1993, 422 „SSI"; BGH LM HGB § 253 Nr. 1 (bes. Bl. 3) = NJW 1994, 3115 = AG 1995, 462 = ZIP 1995, 1256 „SSI II"; LG Heilbronn AG 1971, 372; LG Nürnberg-Fürth AG 1995, 141 „Hertel"; MünchHdb. AG/*Krieger* § 70 Rdnr. 47; *Windbichler* AG 1981, 168, 173; s. § 304 Rdnr. 77 ff.

[72] Grdlg. BGHZ 146, 179, 182 ff. = LM UmwG Nr. 9 = NJW 2001, 1425 = AG 2001, 301 „MEZ"; BGH LM UmwG § 207 Nr. 2 = NJW

2001, 1428 = AG 2001, 263 = WM 2001, 467 „Aqua Butzke".

[73] BGHZ 146, 179, 188 f. = NJW 2001, 1425; BGH LM UmwG § 207 Nr. 2 (Bl. 3 R) = NJW 2001, 1428 = AG 2001, 263.

[74] S. im einzelnen *Henze*, RWS-Forum 2001, S. 39, 52 f.; *Hüffer* Rdnr. 6 f.; *Klöhn* AG 2002, 43, 49 f.; *Hirte* ZHR 167 (2003); 8; *Marsch/Barner* Anm. LM UmwG Nr. 9 (Bl. 4 R f.); *Röhricht*, in: Gesellschaftsrecht in der Diskussion 2001, 2003, S. 3, 28 ff.; *K. Schmidt* GesR § 28 IV 5 d (S. 589);

38 b   Die geschilderte neue Praxis des BGH zum Anfechtungsausschluß (Rdnr. 38 a) ist nicht nur mit dem Wortlaut des Gesetzes (§§ 243, 304 Abs. 3 S. 2 und 305 Abs. 5 S. 1 und 2) sowie mit dem dahinter stehenden Willen des Gesetzgebers unvereinbar, sondern führt auch zu einer sachlich kaum zu rechtfertigenden Beschränkung der Klagemöglichkeiten der außenstehenden Aktionäre, die sich ohnehin gegenüber einem von einem Mehrheitsaktionär durchgesetzten Zustimmungsbeschluß in einer überaus schwierigen Situation befinden.[75] Denn es ist nicht ersichtlich, wie im Spruch- oder Spruchstellenverfahren, das dafür weder geeignet noch bestimmt ist, die unterbliebene Aufklärung oder Information der außenstehenden Aktionäre noch sinnvoll nachgeholt werden kann, weil zum Zeitpunkt des Spruchstellenverfahrens die eigentlichen Entscheidungen bereits gefallen sind (§ 293 Abs. 1). Im Grunde beruht die neue Praxis des BGH auf der resignierenden Auffassung, daß das Zustimmungserfordernis der Aktionäre nach § 293 Abs. 1 im Regelfall ohnehin ohne sachliche Bedeutung ist (s. Rdnr. 30), so daß es den außenstehenden Aktionären der Sache nach – Auskunftsrechte hin, Informationspflichten her – nur darum gehen kann, möglichst viel an Abfindung und Ausgleich durchzusetzen, so daß für ihren Rechtsschutz das Spruchstellenverfahren ausreicht. Tatsächlich eröffnet jedoch der Anfechtungsausschluß so, wie er jetzt praktiziert werden soll, herrschenden Unternehmen, die die Rechte der Minderheitsaktionäre verkürzen wollen, neue Spielräume für strategische Verhaltensweisen.[76] Wird der Unternehmensvertrag trotz der Nichtigkeit des Zustimmungsbeschlusses praktiziert, so ist außerdem kein Raum für die Anwendung der Regeln über fehlerhafte Beherrschungsverträge (Rdnr. 24).

38 c   Durch die neue Praxis des BGH zum Anfechtungsausschluß (s. Rdnr. 38 a) ist die weitere Frage aufgeworfen worden, wie sich gegebenenfalls die Aktionäre der **herrschenden** Gesellschaft gegen eine **überhöhte** Festsetzung von Ausgleich und Abfindung bereits im Vertrag oder im Spruchverfahren wehren können. Der BGH hat angedeutet, daß er für diese Fälle eine analoge Anwendung der Vorschriften über das Spruch- oder Spruchstellenverfahren der Anfechtung des Zustimmungsbeschlusses (§§ 243 Abs. 1, 293 Abs. 2) gleichfalls vorzieht.[77] Solche Analogie scheitert indessen bereits daran, daß die Aktionäre der herrschenden Gesellschaft gar kein Antragsrecht im Spruchverfahren besitzen (§§ 304 Abs. 4 S. 1, 305 Abs. 5 S. 4 AktG; § 3 SpruchGE). Auch eine sachliche Notwendigkeit für eine derartige zusätzliche Antragsbefugnis besteht nicht, weil ihnen im Falle der gesetzwidrigen, weil überhöhten Festsetzung von Ausgleich oder Abfindung im Vertrag jederzeit die Anfechtung des Zustimmungsbeschlusses offen steht (§§ 243 Abs. 1, 293 Abs. 2). Müssen sie im Spruchverfahren eine überhöhte Festsetzung durch das Gericht befürchten, so hindert sie außerdem nichts, sich dem Verfahren auf der Seite ihrer Gesellschaft als Nebenintervenienten anzuschließen (entsprechend § 66 ZPO).[78] Auch in dem neuen Spruchverfahrensgesetz ist, soweit ersichtlich, keine abweichende Regelung geplant. Zu beachten bleibt freilich, daß neuerdings auch der BGH (ZIP 2003, 387, 390 f. „Macrotron") keine Bedenken mehr gegen eine entsprechende Anwendung des Spruchverfahrens in vergleichbaren Situationen hat.

VIII. GmbH

39   **1. Einleitung.** Der Anwendungsbereich des § 293 beschränkt sich auf Unternehmensverträge mit einer inländischen AG oder KGaA, wobei noch hinzukommen muß, daß die

---

Sinewe DB 2001, 690; *Vetter*, FS für Wiedemann, S. 1322, 1330, 1334, 1338 f.
[75] S. § 304 Rdnr. 82; *Bärwaldt* GmbHR 2001, 251 f.; *W. Bayer*, in: Hommelhoff/Lutter aaO, S. 137, 146 ff.; *Hoffmann-Becking* RWS-Forum 20 (2001), 55, 60, 62, 64 ff.; *Kallmeyer*, *Kleindiek* und *Luttermann* aaO.
[76] Zutreffend insbes. *Hoffmann-Becking* (vorige Fn.).
[77] BGHZ 146, 179, 189 = NJW 2001, 1425, 1427 = AG 2001, 301 „MEZ"; BGH, LM UmwG § 207 Nr. 2 (Bl. 3R f.) = NJW 2001, 1428, 1430 =

AG 2001, 263 „Aqua Butzke"; zustimmend *Henze* RWS-Forum 20 (2001), 39, 49; *Röhricht*, in: Gesellschaftsrecht in der Diskussion 2001, 2003, S. 3, 32 ff. (de lege ferenda); *Hirte* ZHR 137 (2003), 8; DAV, Stellungnahmen, WM 1993 Beil. 2 zu H. 10, S. 10 f. Tz. 50 ff., NZG 2000, 802, 803 Nr. 8, NZG 2002, 119, 124.
[78] Ebenso *Hoffmann-Becking* RWS-Forum 20 (2001), 55, 68; *Vetter*, FS für Wiedemann, S. 1323, 1340 ff.; DAV Stellungnahme NZG 2002, 119, 124 (r. Sp. u.).

AG oder KGaA in der Rolle derjenigen Gesellschaft beteiligt ist, die die jeweils vertragstypischen Verpflichtungen übernommen hat, bei einem Beherrschungs- oder Gewinnabführungsvertrag iSd. § 291 Abs. 1 S. 1 folglich auf Verträge mit einer abhängigen oder zur Gewinnabführung verpflichteten inländischen AG oder KGaA (Rdnr. 4 ff.). Sämtliche in den §§ 291 Abs. 1 und 292 Abs. 1 aufgezählten Unternehmensverträge können aber auch mit Gesellschaften in der Rechtsform einer GmbH abgeschlossen werden.[79] Eine gesetzliche Regelung solcher Verträge, die eine Zeitlang vorgesehen war, fehlt bisher, so daß sich die Frage stellt, ob und mit welchen Konsequenzen auf derartige Verträge namentlich die §§ 293 bis 299 entsprechend anzuwenden sind. Im vorliegenden Zusammenhang geht es dabei allein um die **Wirksamkeitsvoraussetzungen** für den Vertragsabschluß. Da zu dieser Frage für die anderen Unternehmensverträge des § 292 bereits im Zusammenhang Stellung genommen wurde (§ 292 Rdnr. 21 f., 37, 53 f.), beschränken sich die folgenden Ausführungen auf *Beherrschungs- und Gewinnabführungsverträge mit abhängigen* oder zur Gewinnabführung verpflichteten Gesellschaften in der Rechtsform einer *GmbH*. Zur weiteren Vereinfachung der Darstellung wird dabei im folgenden durchweg allein von Beherrschungsverträgen die Rede sein, da feststeht, daß Gewinnabführungsverträge im Konzernrecht der GmbH in jeder Hinsicht ebenso wie Beherrschungsverträge zu behandeln sind.[80]

2. Zuständigkeit. Zuständig für den Abschluß von Beherrschungsverträgen sind bei **40** einer abhängigen GmbH an sich die Geschäftsführer (§§ 35 und 37 GmbHG); jedoch findet § 37 Abs. 2 GmbHG keine Anwendung, da Beherrschungsverträge gesellschaftsrechtliche Verträge sind, für die der Grundsatz der Unbeschränkbarkeit der Vertretungsmacht nicht gilt. Der Vertrag wird daher erst wirksam, wenn ihm die Gesellschafterversammlungen der abhängigen wie der herrschenden Gesellschaft mit der jeweils erforderlichen Mehrheit zugestimmt haben.[81]

3. Form. Auf den Beherrschungsvertrag sind die §§ 293 Abs. 3 und 294 entsprechend **41** anzuwenden, so daß *Schriftform* erforderlich und genügend ist.[82] Lediglich dann, wenn der Vertrag ein Umtausch- oder Abfindungsangebot an die außenstehenden Gesellschafter enthält, dürfte mit Rücksicht auf § 15 Abs. 4 GmbHG die notarielle Beurkundung des Vertrags geboten sein.[83]

4. Zustimmungsbeschluß. Ein Beherrschungs- oder Gewinnabführungsvertrag mit **42** einer GmbH verändert den **Zweck** der Gesellschaft, indem er sie auf die Interessen des herrschenden Unternehmens ausrichtet (§ 33 Abs. 1 S. 2 BGB). Er enthält außerdem einen schwerwiegenden Eingriff in die Mitverwaltungsrechte und in das Gewinnbezugsrecht der Gesellschafter (§§ 29, 46 GmbHG). Der Sache nach kommt daher sein Abschluß einer *Satzungsänderung* zumindest so nahe, daß die Gesellschafter der abhängigen GmbH dem Abschluß der genannten Verträge durch **satzungsändernden Beschluß** entsprechend den §§ 53 und 54 GmbHG sowie § 293 Abs. 1 AktG zustimmen müssen.[84]

[79] Vgl. für den Beherrschungs- und den Gewinnabführungsvertrag § 291 Rdnr. 41 ff., 86; für die anderen Unternehmensverträge § 292 Rdnr. 21 f., 37, 53 f.

[80] Scholz/*Emmerich* GmbHG § 44 Anh. Rdnr. 206 f. m. Nachw.

[81] BGHZ 105, 324, 332 = LM FGG § 19 Nr. 27 = NJW 1989, 295 „Supermarkt"; *Emmerich* AG 1975, 285, 291; 1987, 1, 6; s. zu allem folgenden ausführlich Scholz/*Emmerich* GmbHG § 44 Anh. Rdnr. 148 ff.; *Emmerich/Sonnenschein/Habersack* § 32 II (S. 489 ff.); *Henze* Konzernrecht Tz. 174 ff. (S. 63 ff.).

[82] BGHZ 105, 324, 342 = NJW 1989, 295 = AG 1989, 91 „Supermarkt"; BGH LM AktG § 293 Nr. 2 = NJW 1992, 1452 = AG 1992, 192, 193 „Siemens/NRG"; wegen der Einzelheiten s. im übrigen Rdnr. 21 f.

[83] Baumbach/Hueck/*Zöllner* GmbHG Schlußanh. I Rdnr. 38.

[84] Richtungsweisend BGHZ 105, 324, 331 f., 338 = NJW 1989, 295 = LM FGG § 19 Nr. 27 = AG 1989, 91 = GmbHR 1989, 25 = WM 1988, 1819 „Supermarkt" (Vorinstanz: BayObLGZ 1988, 201 = AG 1988, 379); BGHZ 116, 37, 43 f. = LM AktG § 302 Nr. 5 = NJW 1992, 505 = AG 1992, 83 „Hansa Feuerfest/Stromlieferung"; BGH LM AktG § 293 Nr. 2 = NJW 1992, 1452 = AG 1992, 192 „Siemens/NRG"; OLG Zweibrücken AG 1999, 328 = GmbHR 1999, 665; OLG Oldenburg NZG 2000, 1138, 1139; *Emmerich* JuS 1992, 102, 103; *Hoffmann-Becking* WiB 1994, 57, 59; *Halm* NZG 2001, 728, 729 f.; *K. Schmidt* GesR § 38 III (S. 1190 ff.).

43 Bis heute umstritten ist die Frage, welche Folgerungen aus dem Gesagten für die **erforderliche Mehrheit** zu ziehen sind, mit der die Gesellschafter dem Vertragsabschluß zustimmen müssen (Rdnr. 42). Nach einer Meinung genügt entsprechend § 293 Abs. 1 AktG und § 53 Abs. 2 S. 1 GmbHG eine Zustimmung der Gesellschafterversammlung der abhängigen Gesellschaft mit **qualifizierter Mehrheit**.[85] In dieselbe Richtung weist unverkennbar auch die Regelung des UmwG für die in mancher Hinsicht vergleichbaren Fälle der Verschmelzung, der Spaltung und des Formwechsels, in denen sich das Gesetz gleichfalls durchweg mit einem Zustimmungsbeschluß der betroffenen Anteilsinhaber mit qualifizierter Mehrheit begnügt (s. die §§ 13 Abs. 1 S. 1, 50 Abs. 1 S. 1, 125, 193 und 240 UmwG).[86] Folgt man dem auch für den hier interessierenden Fall der Zustimmung der Gesellschafterversammlung der abhängigen GmbH zu einem Beherrschungs- oder Gewinnabführungsvertrag, so muß freilich auf andere Weise für den nötigen *Minderheitenschutz* Vorsorge getroffen werden. Weitgehend unstreitig ist für diesen Fall die entsprechende Anwendung der §§ 304 und 305 AktG auf die GmbH.[87] Zusätzlich gefordert werden häufig noch eine Inhaltskontrolle gegenüber dem Zustimmungsbeschluß und neuerdings auch Überlebenshilfen für die abhängige GmbH in der Zeit nach Beendigung des Vertrages.

43 a Selbst mit den genannten Kautelen (Rdnr. 43) ist der geschilderten Meinung indessen für den Regelfall *nicht* zu folgen, da, wie schon betont (Rdnr. 42), durch Beherrschungs- und Gewinnabführungsverträge der Zweck der abhängigen Gesellschaft geändert wird. Daraus folgt, daß dem Vertragsabschluß nach § 33 Abs. 1 S. 2 BGB grundsätzlich **alle** Gesellschafter zustimmen müssen; selbst ein einstimmiger Beschluß der Gesellschafterversammlung genügt daher nicht, wenn auf dieser nicht alle Gesellschafter vertreten waren. Dies entspricht auch der wohl immer noch überwiegenden Meinung, wobei lediglich umstritten ist, ob bereits der Zustimmungsbeschluß selbst mit den Stimmen aller Gesellschafter gefaßt werden muß oder ob es genügt, wenn nachträglich sämtliche Gesellschafter formlos dem zumindest mit qualifizierter Mehrheit gefaßten Beschluß zustimmen (s. § 33 Abs. 1 S. 2 Halbs. 2 BGB; § 53 Abs. 2 GmbHG).[88] Der Unterschied zwischen diesen beiden Meinungen ist vernachlässigenswert, nicht zuletzt aus registerrechtlichen Gründen, so daß der Frage hier nicht weiter nachgegangen werden muß.[89] Maßgebend für diese Auffassung sind letztlich die Zweifel, die nach wie vor gegen einen angemessenen Minderheitenschutz bei der GmbH auf den Weg über eine entsprechende Anwendung der §§ 304 und 305 AktG bestehen, selbst wenn man es für möglich hält, die Analogie auf § 306 zu erstrecken, so daß den GmbH-Gesellschaftern ebenso wie den Minderheitsaktionären das für sie weithin kostenlose Spruchstellenverfahren zur Durchsetzung ihrer Rechte eröffnet würde.[90]

44 Die Notwendigkeit einer Zustimmung aller Gesellschafter (Rdnr. 43) schützt zwar die Minderheit, kann aber im Einzelfall lästig sein. Deshalb stellt sich die Frage, ob im voraus im Gesellschaftsvertrag durch sogenannte Satzungs-, Konzern- oder **Ermächtigungsklauseln**

---

[85] *Eschenbruch* Konzernhaftung Tz. 3181 ff. (S. 234 f.); *Halm* (vorige Fn.); *Henze* Konzernrecht Tz. 219, bes. 223 ff. (S. 80 ff.); *Körfer/Selzner* GmbHR 1997, 285, 287 ff.; *Rowedder/Schmidt-Leithoff/Koppensteiner* GmbHG § 52 Anh. Rdnr. 55 f. (S. 1763 f.); *Lutter/Hommelhoff* GmbHG § 13 Anh. Rdnr. 63 f.

[86] Vgl. zuletzt *Halm* NZG 2001, 728, 732; *Koppensteiner* (vorige Fn.).

[87] Vgl. zuletzt *Henze* Konzernrecht Tz. 223 (S. 81 f.); *Halm* NZG 2001, 728, 733 f.; *Rowedder/Schmidt-Leithoff/Koppensteiner* GmbHG § 52 Anh. Rdnr. 58 f. (S. 1764 ff.).

[88] *Altmeppen* DB 1994, 1273; *Binnewies* Konzerneingangskontrolle S. 265 ff.; *G. Bitter*, Konzernrechtliche Durchgriffshaftung, S. 326 ff.; *Emmerich* AG 1991, 303, 308; *ders.* JuS 1992, 102, 103; *Emmerich/*

Sonnenschein/Habersack § 32 II 3 (S. 484 f.); *Scholz/Emmerich* GmbHG § 44 Anh. 155 f.; *S. Fabian*, Inhalt und Auswirkungen, S. 87 ff.; *Kleindiek* Strukturvielfalt S. 77 ff.; *Raiser* Kapitalgesellschaften § 54 Rdnr. 26 (S. 886); *K. Schmidt* GesR § 38 III 2 a (S. 1192 f.); *U. Schneider* in ders., Beherrschungs- und Gewinnabführungsvertrag, S. 7, 12; *Hachenburg/Ulmer* GmbHG § 53 Rdnr. 145; *Baumbach/Hueck/Zöllner* GmbHG Schlußanh. I Rdnr. 39; *Michalski/Zeidler* GmbHG Bd. I Syst. Darst. 4 Rdnr. 59 ff. (S. 439 f.); *Zeidler* NZG 1999, 692, 693.

[89] S. *Scholz/Emmerich* GmbHG § 44 Anh. Rdnr. 153.

[90] So in der Tat grdlg. BGH ZIP 2003, 387, 390 f. „Macroton" und *Henze* Konzernrecht Tz. 227 ff. (S. 83) gegen die bisher hM.

die geschilderten Anforderungen an den Abschluß eines wirksamen Beherrschungs- oder Gewinnabführungsvertrages mit einer abhängigen GmbH (Rdnr. 42 f.) modifiziert werden können, insbes. durch Herabsetzung der Mehrheitserfordernisse. Der Fragenkreis ist noch nicht endgültig geklärt, wobei die Stellungnahme zu dieser Frage naturgemäß auch davon abhängt, welche Mehrheit man im Regelfall für den Zustimmungsbeschluß als erforderlich ansieht.[91] Wer § 33 Abs. 1 S. 2 BGB (Zweckänderung) in den Vordergrund rückt (s. Rdnr. 43 a), wird nicht übersehen dürfen, daß diese Vorschrift (im Gegensatz freilich zu § 53 Abs. 3 GmbHG) dispositiv ist (§ 40 BGB); er wird daher den Gesellschaftern auch das Recht einräumen müssen, in der Satzung vorweg (einstimmig) das Mehrheitserfordernis herabzusetzen, und zwar entweder generell[92] oder doch jedenfalls für bestimmte Verträge oder Vertragsarten.[93] Mindesterfordernis ist aber auf jeden Fall eine qualifizierte Mehrheit, wie aus § 53 Abs. 2 S. 2 GmbHG zu folgern ist; *unter* dieses Erfordernis kann auch die Satzung nicht gehen.[94] Schon deshalb sind Klauseln unzulässig, durch die die **Geschäftsführer** generell oder im Einzelfall zum Abschluß der genannten Verträge ermächtigt werden sollen, weil sie auf eine mit § 53 GmbHG unvereinbare Ermächtigung der Geschäftsführer zur Änderung des Gesellschaftsvertrags hinauslaufen (§ 134 BGB).[95]

5. Eintragung. Für die Eintragung ins Handelsregister gelten § 294 AktG und § 54 **45** GmbHG entsprechend. Der Anmeldung müssen deshalb der Zustimmungsbeschluß und der Unternehmensvertrag als Anlagen beigefügt werden.[96] In das Handelsregister sind sodann Bestehen und Art des Vertrages, der Zustimmungsbeschluß, der Name des anderen Vertragsteils sowie das Datum des Zustimmungsbeschlusses und des Vertragsabschlusses einzutragen.[97] Die Eintragung hat konstitutive Wirkung, auch bei Einmann-Gesellschaften.[98]

6. Zustimmungsbeschluß der Gesellschafter der Obergesellschaft. Wie bereits **46** ausgeführt (Rdnr. 9, 36), wird § 293 Abs. 2 AktG im GmbH-Konzernrecht entsprechend angewandt, und zwar nicht nur, wenn die Obergesellschaft eine AG ist, sondern auch sonst, insbes. also im Verhältnis zwischen einer herrschenden GmbH und einer abhängigen *GmbH*.[99] Der notariellen Beurkundung bedarf der Zustimmungsbeschluß jedoch nur, wenn es sich bei dem herrschenden Unternehmen um eine AG handelt (§§ 293 Abs. 2, 130 Abs. 1).[100] Bei anderen Gesellschaften genügt hingegen einfache Schriftform, wobei der (schriftliche) Vertrag der Urkunde als Anlage beizufügen ist.[101] Entgegen einer verbreiteten Meinung bedarf der Vertrag auch nicht der Eintragung ins Handelsregister der herrschenden Gesellschaft.[102] Diese Regelung ist zwingendes Recht, soweit es sich um eine

[91] S. im einzelnen Scholz/*Emmerich* GmbHG § 44 Anh. Rdnr. 158 f.; *Emmerich/Sonnenschein/Habersack* § 32 II 4 (S. 418); *Henze* Konzernrecht Tz. 233 ff. (S. 84 ff.).

[92] So zuletzt Michalski/*Zeidler* GmbHG Bd. I Syst. Darst. 4 Rdnr. 61 (S. 441).

[93] Vgl. auch Hachenburg/*Ulmer* GmbHG § 53 Rdnr. 150 f.

[94] Ebenso *Henze* Konzernrecht Tz. 237 ff. (S. 85 f.).

[95] Ebenso zuletzt *Henze* Konzernrecht Tz. 234 ff. (S. 85); Michalski/*Zeidler* GmbHG Bd. I Syst. Darst. 4 Rdnr. 61 Abs. 2 (S. 441).

[96] BGHZ 105, 324, 342 f. = NJW 1989, 295 = AG 1989, 91 „Supermarkt"; BGH LM AktG § 293 Nr. 2 = NJW 1992, 1452 = AG 1992, 129 „Siemens/NRG".

[97] BGHZ 105, 324, 337, 345 f. = NJW 1989, 925 = AG 1989, 91 „Supermarkt"; LG Bonn MittRhNotK 2000, 78 = GmbHR 2000, 570; *Henze* Konzernrecht Tz. 184 ff. (S. 68).

[98] BGHZ 105, 324, 341 = NJW 1989, 295 = AG 1989, 91 „Supermarkt"; BGHZ 116, 37, 39 = NJW 1992, 505 = AG 1992, 83 „Hansa Feuerfest/Strom-

lieferung" BGH LM AktG § 293 Nr. 2 = NJW 1992, 1452 = AG 1992, 129 „Siemens/NRG"; BayObLG GmbHR 2003, 476, 477; Beschl. v. 18. 2. 2003 – 3 ZBR 233/02; *Henze* Konzernrecht Tz. 178 ff. (S. 65 f.).

[99] BGHZ 105, 324, 333 ff. = NJW 1989, 91 „Supermarkt"; BGHZ 115, 187, 192 = LM AktG § 302 Nr. 4 = AG 1991, 429= NJW 1991, 3142 „Video"; BGH LM AktG § 293 Nr. 2 = NJW 1992, 1452 = AG 1992, 192 „Siemens/NRG"; OLG Zweibrücken AG 1999, 328 = GmbHR 1999, 665; LG Mannheim AG 1995, 142 = GmbHR 1994, 810 „Freudenberg & Co."; *Henze* Konzernrecht Tz. 182 f.; Rowedder/Schmidt-Leithoff/*Koppensteiner* GmbHG § 52 Anh. Rdnr. 65 (S. 1768); Michalski/*Zeidler* GmbHG Bd. I Syst. Darst. 4 Rdnr. 65 f. (S. 442 f.).

[100] BGH LM AktG § 293 Nr. 2 = NJW 1992, 1452 = AG 1992, 192 „Siemens/NRG".

[101] BGHZ 105, 324, 336 f. = NJW 1989, 295 = AG 1989, 91 „Supermarkt".

[102] AG Duisburg AG 1994, 568 = GmbHR 1994, 811; AG Erfurt GmbHR 1997, 75 = AG 1997, 275; *Zeidler* NZG 1999, 692, 694; anders LG Bonn AG

herrschende AG handelt, während bei einer herrschenden GmbH abweichende Satzungs-bestimmungen in demselben engen Rahmen wie bei der abhängigen GmbH möglich sind.[103]

IX. Andere Gesellschaften

47 **1. Personengesellschaften.** Unternehmensverträge können auch mit abhängigen Personengesellschaften abgeschlossen werden. Zu den damit verbundenen Fragen ist bereits, soweit es um Beherrschungs- und Gewinnabführungsverträge geht, Stellung genommen worden, so daß darauf verwiesen werden kann (Vor § 291 Rdnr. 9 ff.). Deshalb ist hier lediglich daran zu erinnern, daß Beherrschungsverträge mit abhängigen Personengesellschaften nur in engen Grenzen, wenn überhaupt, möglich sind, während Gewinnabführungsverträge, die ohnehin in erster Linie steuerliche Bedeutung haben, mit abhängigen Personengesellschaften ausscheiden (§§ 14, 17 KStG). Dagegen sind die anderen Unternehmensverträge des § 292 mit abhängigen Personengesellschaften durchaus vorstellbar und kommen offenbar auch vor.[104]

48 Obwohl das Gesetz in den anderen Unternehmensverträgen des § 292 in erster Linie schuldrechtliche Austauschverträge sieht, greifen sie doch tatsächlich schwerwiegend in die Mitverwaltungs- und Vermögensrechte der Gesellschafter ein, so daß sie grundsätzlich nur mit Zustimmung aller Gesellschafter wirksam werden können (§§ 138, 311 Abs. 1 BGB; §§ 109, 116, 119, 161 Abs. 2 HGB).[105] Es bestehen auch keine Bedenken, auf den Abschluß solcher Verträge die §§ 293 Abs. 3 und 294 AktG entsprechend anzuwenden, so daß der Vertrag der Schriftform bedarf und ins Handelsregister einzutragen ist.

49 **2. Genossenschaften.** Beherrschungsverträge können unter engen Voraussetzungen ferner mit abhängigen Genossenschaften abgeschlossen werden (s. Vor § 291 Rdnr. 12). Dasselbe gilt für Gewinnabführungsverträge.[106] Der Vertrag bedarf jedoch, weil er eine Zweck-änderung bewirkt, der Zustimmung aller Genossen (§ 33 Abs. 1 S. 2 BGB). Auf den Vertragsabschluß sind dann die §§ 293 ff. entsprechend anzuwenden.[107] Dies bedeutet, daß analog § 293 Abs. 2 auch die Gesellschafterversammlung des anderen Vertragsteils dem Vertragsabschluß zustimmen muß. Nach § 294 ist der Vertrag außerdem in das Genossenschaftsregister einzutragen, um die nötige Publizität sicherzustellen. Die Änderung und die Beendigung des Vertrags richten sich gleichfalls nach §§ 295 bis 298. Bei den anderen Unternehmensverträgen des § 292 ist ebenso zu verfahren.[108]

§ 293 a Bericht über den Unternehmensvertrag

(1) Der Vorstand jeder an einem Unternehmensvertrag beteiligten Aktiengesellschaft oder Kommanditgesellschaft auf Aktien hat, soweit die Zustimmung der Hauptversammlung nach § 293 erforderlich ist, einen ausführlichen schriftlichen Bericht zu erstatten, in dem der Abschluß des Unternehmensvertrags, der Vertrag im einzelnen

---

1993, 521 = GmbHR 1993, 443 = MittRhNotK 1993, 130.
[103] S. Rdnr. 44; Scholz/*Emmerich* GmbHG § 44 Anh. Rdnr. 163 f.
[104] S. für einen Betriebspachtvertrag OLG Hamburg AG 2001, 91 = NZG 2000, 421; für einen Betriebsführungsvertrag BGH LM HGB § 114 Nr. 7 = NJW 1982, 1817 = WM 1982, 394 „Holiday-Inn I"; OLG München AG 1987, 380 „Holiday-Inn II".
[105] Ebenso wohl OLG Hamburg (vorige Fn.); *Emmerich/Sonnenschein/Habersack* § 34 IV 2 (S. 515); ausführlich MünchKommHGB/*Mülbert* Bd. 3 Konzernrecht Rdnr. 315, 320 ff. (S. 606 ff.).

[106] RFHE 23, 91, 93; BFHE 73, 278, 282 f. = BStBl. III 1961, 368; *Beuthien,* in Mestmäcker/Behrens, Das Gesellschaftsrecht der Konzerne im internationalen Vergleich, 1991, S. 133, 150 ff.; *Emmerich* AG 1991, 303, 310; *Emmerich/Sonnenschein/Habersack* § 36 IV 3 a (S. 528 f.); *Reul,* Das Konzernrecht der Genossenschaften, 1997, S. 175 ff.; str.
[107] *v. Detten,* Die eingetragene Genossenschaft im Recht der verbundenen Unternehmen, 1995, S. 111 ff.; *Emmerich/Sonnenschein/Habersack* § 36 IV 3 b (S. 529).
[108] Wegen der Einzelheiten s. *Reul,* Das Konzernrecht der Genossenschaften, S. 177 ff.

und insbesondere Art und Höhe des Ausgleichs nach § 304 und der Abfindung nach § 305 rechtlich und wirtschaftlich erläutert und begründet werden; der Bericht kann von den Vorständen auch gemeinsam erstattet werden. Auf besondere Schwierigkeiten bei der Bewertung der vertragschließenden Unternehmen sowie auf die Folgen für die Beteiligungen der Aktionäre ist hinzuweisen.

(2) In den Bericht brauchen Tatsachen nicht aufgenommen zu werden, deren Bekanntwerden geeignet ist, einem der vertragschließenden Unternehmen oder einem verbundenen Unternehmen einen nicht unerheblichen Nachteil zuzufügen. In diesem Falle sind in dem Bericht die Gründe, aus denen die Tatsachen nicht aufgenommen worden sind, darzulegen.

(3) Der Bericht ist nicht erforderlich, wenn alle Anteilsinhaber aller beteiligten Unternehmen auf seine Erstattung durch öffentlich beglaubigte Erklärung verzichten.

Schrifttum: *Aha*, Welche Fakten müssen in den Unternehmensvertragsbericht?, 1996; *Altmeppen*, Zum richtigen Verständnis der neuen §§ 293 a – 293 g AktG zu Bericht und Prüfung beim Unternehmensvertrag, ZIP 1998, 1853; *W. Bayer*, Informationsrechte bei der Verschmelzung von Aktiengesellschaften, AG 1988, 323; *ders.*, 1000 Tage neues Umwandlungsrecht, ZIP 1997, 1613; *R. Becker*, Die gerichtliche Kontrolle von Maßnahmen bei der Verschmelzung von Aktiengesellschaften, AG 1988, 233; *Bork*, Beschlußverfahren und Beschlußkontrolle nach dem Referentenentwurf eines Gesetzes zur Bereinigung des Umwandlungsrechts, ZGR 1993, 343; *Bungert*, Unternehmensvertragsbericht und Unternehmensvertragsprüfung gemäß §§ 293 a ff. AktG, DB 1995, 1384, 1449; *Emmerich/Sonnenschein/Habersack* § 17 II (S. 231 f.); *Goutier/Knopf/Tulloch (Bermel)*, Kommentar zum Umwandlungsrecht, 1995; *E. Groß*, Informations- und Auskunftsrecht des Aktionärs, AG 1997, 97; *Grunewald/Winter*, Die Verschmelzung von Kapitalgesellschaften, in: Lutter (Hrsg.), Kölner Umwandlungsrechtstage: Verschmelzung, Spaltung, Formwechsel, 1995, S. 19; *Habersack*, Europäisches Gesellschaftsrecht, 2. Aufl. 2003; *Heckschen*, Verschmelzung von Kapitalgesellschaften, 1989; *ders.*, Fusion von Kapitalgesellschaften im Spiegel der Rechtsprechung, WM 1990, 377; *Hommelhoff*, Minderheitenschutz bei Umstrukturierungen, ZGR 1993, 452; *Hügel*, Verschmelzung und Einbringung, 1993; *Hüffer*, Die gesetzliche Schriftform bei Berichten des Vorstandes gegenüber der Hauptversammlung, FS für Claussen, 1997, S. 171; *Humbeck*, Die Prüfung der Unternehmensverträge nach neuem Recht, BB 1995, 1893; *Kallmeyer*, Umwandlungsgesetz, 2. Aufl. 2001; *Keil*, Der Verschmelzungsbericht nach § 340 a AktG, 1990, S. 51 ff.; MünchHdb. AG/*Krieger* § 70 Rdnr. 25 ff. (S. 1028 ff.); *Lutter*, Umwandlungsgesetz, 2. Aufl. 2000; *Mertens*, Die Gestaltung von Verschmelzungs- und Verschmelzungsprüfungsbericht, AG 1990, 20; *Th. Möller*, Der aktienrechtliche Verschmelzungsbeschluß, 1991, S. 119 ff.; *Nirk*, Der Verschmelzungsbericht nach § 340 a AktG, FS für Steindorff, 1990, S. 187; *Priester*, Strukturänderungen – Beschlußvorbereitung und Beschlußfassung, ZGR 1990, 420; *J. Rodewald*, Zur Ausgestaltung von Verschmelzungs- und Verschmelzungsprüfungsbericht, BB 1992, 237; *Sagasser/Bula/Brünger* Umwandlungen, 3. Aufl. 2002; *Vossel*, Auskunftsrecht im Konzern, 1996; *H. P. Westermann*, Die Zweckmäßigkeit der Verschmelzung als Gegenstand des Verschmelzungsberichts, der Aktionärsentscheidung und der Anfechtungsklage, FS für Semler, 1993, S. 651; *ders./Biesinger*, Die AG im Streit mit ihren Aktionären, DWiR 1992, 13; *Zeidler*, Ausgewählte Probleme des GmbH-Vertragskonzernrechts, NZG 1999, 692.

Übersicht

I. Einleitung

1   § 293 a, der erst 1994 durch das Gesetz zur Bereinigung des Umwandlungsrechts in das Gesetz eingefügt worden ist (s. § 293 Rdnr. 3), hat nach dem Vorbild des Verschmelzungsberichts einen Unternehmensvertragsbericht eingeführt. Die Regelung steht in unmittelbarem Zusammenhang mit den gleichzeitig in Kraft getretenen §§ 293 b bis 293 g, nach denen zusätzlich noch eine Vertragsprüfung durch Wirtschaftsprüfer stattfindet (§§ 293 b Abs. 1, § 293 d Abs. 1 S. 1 AktG iVm. § 319 HGB). Die Prüfer haben über das Ergebnis ihrer Prüfung ebenfalls schriftlich zu berichten (§ 293 e). Beide Berichte, die sich nach Inhalt und Zweck ergänzen, werden sodann, um die Information der Aktionäre zu verbessern, von der Einberufung der Hauptversammlung an, die über die Zustimmung zu einem Unternehmensvertrag zu beschließen hat, in den Geschäftsräumen der beteiligten Aktiengesellschaften sowie anschließend in der Hauptversammlung selbst ausgelegt (§§ 293 f Abs. 1 Nr. 3, 293 g Abs. 1). Jeder Aktionär kann eine Abschrift (§ 293 f Abs. 2) und zusätzliche Auskünfte verlangen (§ 293 g Abs. 3). Durch das für das Jahr 2003 geplante Spruchverfahrensneuordnungsgesetz soll erstmals § 293 c geändert werden mit dem Ziel, die Bestellung der Vertragsprüfer allein dem Gericht zu übertragen, um die Akzeptanz des Prüfungsberichts und damit die des angebotenen Ausgleichs und der angebotenen Abfindung bei den außenstehenden Aktionären zu erhöhen, um die nachfolgenden Spruch- oder Spruchstellenverfahren zu entlasten.[1]

2   *Vorbild* der gesetzlichen Regelung sind die Vorschriften der §§ 8 bis 12 UmwG von 1994 und damit letztlich die früheren §§ 340 a bis 340 d, durch die die Verschmelzungsrichtlinie vom 9. Oktober 1978 in deutsches Recht umgesetzt worden war.[2] § 293 a geht auf Art. 9 dieser Richtlinie sowie auf § 340 a aF zurück und entspricht weitgehend dem heutigen § 8 UmwG. Vergleichbare Regelungen finden sich für die Eingliederung in § 319 Abs. 3 Nr. 3 und in § 320 Abs. 1 S. 3 und Abs. 3 sowie neuerdings für den Ausschluß von Minderheitsaktionären in § 327 c Abs. 2 S. 1 und 4.

3   Die neuen Vorschriften sind am 1. Januar 1995 in Kraft getreten (Art. 20 UmwBerG) und sind seitdem auf alle neuen Abschlüsse von Unternehmensverträgen anwendbar, da das Gesetz von 1994 **keine Übergangsvorschriften** enthielt. Probleme ergaben sich daraus für Unternehmensverträge, die zwar noch vor dem 1. Januar 1995 abgeschlossen, aber bis zu diesem Termin noch nicht wirksam geworden waren. Überwiegend wurde angenommen, daß auf solche Altverträge entsprechend § 318 UmwG das neue Recht noch nicht anzuwenden war.[3] Ebenso wurde bei Beschlüssen verfahren, durch die nach dem 31. Dezember 1994 frühere anfechtbare Beschlüsse nach § 244 bestätigt wurden.[4]

II. Zweck

4   Durch die §§ 293 a ff. werden die aus dem Umwandlungsrecht bekannten Rechtsinstitute des Verschmelzungsberichts und der Verschmelzungsprüfung auf Unternehmensverträge übertragen. Die Gesetzesverfasser haben dies damit begründet, Unternehmensverträge und Verschmelzung seien im wesentlichen austauschbare rechtliche Instrumente; auch die Folgen beider Vorgänge bei den Aktionären ähnelten einander weitgehend, so daß in beiden Fällen dieselben Schutzmaßnahmen für die Aktionäre geboten seien; aus diesem Grund müsse die Information der Aktionäre vor und in der Hauptversammlung nach dem Vorbild des Verschmelzungsrechts verbessert werden.[5]

---

[1] S. Art. 2 Nr. 1 des RegE des Spruchsverfahrensneuordnungsgesetzes, BR-Drucks. 827/02 = BT-Drucks. 15/827 = ZIP 2002, 2099, 2106.
[2] ABl. EG 1978 Nr. L 295/38; Gesetz vom 25. 10. 1982, BGBl. I S. 1425; s. dazu *Habersack*, Europäisches Gesellschaftsrecht, Tz. 207 ff., 258 (S. 166, 194 ff.).

[3] S. MünchKommAktG/*Altmeppen* Rdnr. 26; *Bungert* DB 1995, 1384, 1385; *Hüffer* Rdnr. 6; *Humbeck* BB 1995, 1893, 1895.
[4] OLG München AG 1997, 516, 518 f. = ZIP 1997, 1743 „Rieter/SSI".
[5] Begr. BT-Drucks. 12 (1994)/6699, S. 178 (l. Sp.).

Daraus folgt, daß mit der Einführung des Unternehmensvertragsberichts in erster Linie 5 der Zweck verfolgt wurde, die Aktionäre **durch rechtzeitige Information noch vor** der Hauptversammlung zu **schützen.** Dazu sollen ihnen die maßgeblichen Vorgänge transparent gemacht werden, so daß sie in der Lage sind, in der Hauptversammlung ihr Fragerecht (§ 293 g Abs. 3) sinnvoll zu nutzen und anschließend in Kenntnis der relevanten Umstände über die Billigung des von dem Vorstand vorgeschlagenen Unternehmensvertrags zu entscheiden.[6] Zugleich sollte auf diese Weise nach Möglichkeit das spätere Spruchstellenverfahren (§ 306) entlastet werden.[7] Da dieses Ziel bisher nur zu einem kleinen Teil erreicht wurde (s. § 306 Rdnr. 4, 37), soll, wie bereits ausgeführt (Rdnr. 1), im Jahre 2003 durch das geplante neue Spruchverfahrensneuordnungsgesetz § 293 c dahingehend geändert werden, daß die Bestellung der Vertragsprüfer fortan allein dem Gericht obliegt.

Die hinter den neuen §§ 293 a bis 293 g stehenden Überlegungen der Gesetzesverfasser 6 (Rdnr. 4) sind wenig überzeugend.[8] Der wichtigste Grund dafür ist, daß die von ihnen gezogene Parallele zur Verschmelzung allenfalls für die Eingliederung und für den Beherrschungsvertrag, von Fall zu Fall vielleicht auch noch für den Gewinnabführungsvertrag, auf keinen Fall aber mehr für die anderen Unternehmensverträge des § 292 zutrifft, die, und zwar gerade nach der Konzeption des Gesetzgebers selbst, nichts anderes als schuldrechtliche Austauschverträge sind, so daß sie schwerlich mit einer Verschmelzung auf eine Stufe gestellt werden können. Insoweit schießt daher die Regelung der §§ 293 a ff. deutlich über ihr Ziel hinaus, sofern man sie entsprechend dem Wortlaut dieser Vorschriften auch auf die anderen Unternehmensverträge des § 292 bezieht (s. Rdnr. 8).

Erschwerend kommt hinzu, daß durchaus fraglich ist, ob der umfassende Schutz der 7 Aktionäre, der mit den §§ 293 a ff. bezweckt wird (Rdnr. 5), wirklich erforderlich ist, wenn man bedenkt, daß in der Mehrzahl der Fälle der Zustimmungsbeschluß jedenfalls der abhängigen Gesellschaft (§ 293 Abs. 1) infolge des Stimmrechts des anderen Vertragsteils einen bloßen Formalakt darstellt (s. § 293 Rdnr. 30), auf dessen Ausgang der Umfang der vorherigen Information der Aktionäre ohnehin keinen Einfluß haben kann, weshalb auf der anderen Seite der BGH in jüngster Zeit den mit den §§ 293 f und 293 g Abs. 3 bezweckten zusätzlichen Schutz der Aktionäre durch die Versagung des Anfechtungsrechts bei unternehmenswertbezogenen Informationsmängeln wieder deutlich eingeschränkt hat (s. § 293 Rdnr. 38 ff.). Nicht ohne Grund ist deshalb bereits mit Rücksicht auf die §§ 293 a bis 293 g von einer unnötigen „Überregulierung" gesprochen worden.[9] Insgesamt muß daher der praktische Wert der Neuregelung für den Aktionärsschutz durchaus kritisch betrachtet werden.

III. Anwendungsbereich

1. AG und KGaA. Bei der AG und der KGaA richtet sich nach dem Wortlaut des 8 § 293 a Abs. 1 S. 1 der Anwendungsbereich der Berichtspflicht nach dem Anwendungsbereich des § 293. D. h.: *Soweit* nach dieser Vorschrift (§ 293) ein Unternehmensvertrag der Zustimmung der Hauptversammlung einer oder beider am Vertragsabschluß beteiligten Gesellschaften mit qualifizierter Mehrheit bedarf, ist auch vom Vorstand ein Unternehmensvertragsbericht zu erstatten. Hieraus wird überwiegend der Schluß gezogen, daß sich der

---

[6] Vgl. für den Verschmelzungsbericht grundlegend BGHZ 107, 296, 302 f. = LM AktG § 340 a Nr. 1 = NJW 1989, 2689 = AG 1989, 399 „Koch's Adler/Dürrkopp"; BGH LM AktG § 340 a Nr. 2 = NJW-RR 1990, 350 = AG 1990, 259, 260 „DAT/Altana"; OLG Düsseldorf AG 1999, 418, 419 f. = ZIP 1999, 793 „Thyssen/Krupp"; OLG Hamm AG 1999, 422, 424 = ZIP 1999, 798 „Idunahall/Hoesch/Krupp"; LG Essen AG 1999, 329, 330 f. „Thyssen/Krupp"; LG Frankenthal AG 1990, 549 f.; *Schmitt/Hörtnagl/Stratz* UmwR § 8 Rdnr. 4; *Grunewald* in Geßler/Hefermehl AktG § 340 a Rdnr. 2;

Hüffer Rdnr. 1; *Lutter* UmwG § 8 Rdnr. 5; *Marsch-Barner* in Kallmeyer UmwR § 8 Rdnr. 1; *Mertens* AG 1990, 20, 22.
[7] LG Ingolstadt AG 1997, 273; s. § 293 b Rdnr. 4.
[8] Ausführlich *Altmeppen* ZIP 1998, 1853 ff.; MünchKommAktG/*Altmeppen* Rdnr. 5–11; *Bungert* DB 1995, 1384, 1385 f.; *Emmerich/Sonnenschein/Habersack* § 17 I (S. 230 f.); *Hüffer* Rdnr. 2–4; MünchHdb. AG/*Krieger* § 70 Rdnr. 25.
[9] *Hüffer* Rdnr. 4.

Anwendungsbereich des § 293 a nicht etwa entsprechend seinem Zweck (s. Rdnr. 4 f.) auf die Unternehmensverträge des § 291 beschränkt, sondern auch die anderen Unternehmensverträge des § 292 umfaßt.[10] Die Frage ist freilich umstritten, weil bei den anderen Unternehmensverträgen die von den Gesetzesverfassern gezogene Parallele zu der Verschmelzung (Rdnr. 6) offenbar nicht zutrifft.[11] Es kommt hinzu, daß die ganze Regelung unverkennbar in erster Linie auf Beherrschungs- und Gewinnabführungsverträge zugeschnitten ist, wie insbes. die wiederholte Bezugnahme auf die §§ 304 und 305 in den §§ 293 a ff. zeigt, die allein für Beherrschungs- und Gewinnabführungsverträge Bedeutung haben (s. § 293 a Abs. 1 und § 293 e Abs. 1 S. 2 und 3). Vor allem der Anwendungsbereich des § 293 e wird sich deshalb tatsächlich im wesentlichen auf Beherrschungs- und Gewinnabführungsverträge beschränken.[12] Im übrigen ist jedoch daran festzuhalten, daß § 293 a ebenso wie der folgende § 293 b ohne Einschränkung für **alle** Unternehmensverträge gilt, die nach § 293 Abs. 1 und 2 der Zustimmung einer der beiden Hauptversammlungen bedürfen. Diese Folgerung erscheint angesichts des Wortlauts des § 293 a und dessen unmittelbaren Zusammenhangs mit dem § 293 unabweisbar.

9 Dies bedeutet, daß bei den Unternehmensverträgen des § 291 Abs. 1 (Beherrschungs-, Gewinnabführungs- und Geschäftsführungsvertrag) die Vorstände *beider* Vertragsparteien berichtspflichtig sind (§ 293 Abs. 1 und 2), während bei den anderen Unternehmensverträgen des § 292 die Berichtspflicht allein die Vorstände derjenigen Gesellschaften trifft, die jeweils die vertragstypischen Leistungen erbringen (s. § 293 Rdnr. 5). Nur bei einer Gewinngemeinschaft ist ein Bericht aller beteiligten AG oder KGaA erforderlich (§§ 292 Abs. 1 Nr. 1, 293 Abs. 1, 293 a Abs. 1 S. 1). Hinzu kommen muß noch in jedem Fall, daß es sich um eine deutsche Gesellschaft handelt.[13] Bei Vertragsänderungen ist außerdem § 295 Abs. 1 S. 2 zu beachten.

10 **2. Andere Gesellschaften.** Die problematische sachliche Berechtigung der §§ 293 a ff. (Rdnr. 6 f.) zwingt zu Zurückhaltung bei ihrer entsprechenden Anwendung auf Unternehmensverträge mit Gesellschaften anderer Rechtsform. Eine Analogie zu diesen Vorschriften kommt wohl nur in Betracht, wo sie durch den Zweck der Regelung (Rdnr. 4 f.) unmittelbar nahegelegt wird. Dies muß im Grunde für jede einzelne Vorschrift aus den §§ 293 a bis 293 g gesondert für die verschiedenen in Betracht kommenden Konstellationen geprüft werden. Insbes. hindert nichts, zwischen der hier in erster Linie interessierenden Berichtspflicht des Vorstandes (§ 293 a) und der Prüfung des Vertrags durch Vertragsprüfer (§ 293 b) zu unterscheiden. Es liegt auf der Hand, daß bei anderen Gesellschaften eine Berichtspflicht eher als eine Prüfungspflicht bejaht werden kann.

11 **a) GmbH.** Bei der GmbH wird zu Recht überwiegend angenommen, daß auf Unternehmensverträge mit einer **abhängigen** GmbH die §§ 293 a ff. im Regelfall *keine* entsprechende Anwendung finden können, weil und *sofern* der Abschluß eines Unternehmensvertrags mit einer abhängigen GmbH abweichend von § 293 der Zustimmung *aller* Gesellschafter bedarf (s. § 293 Rdnr. 43 f.), so daß weitergehende Schutzmaßnahmen zugunsten der Gesellschafter entbehrlich sind, zumal dann auch kein Raum für eine entsprechende Anwendung der §§ 304 und 305 ist, so daß die Berichtspflicht ohnehin im wesentlichen leerliefe.[14]

[10] *Hüffer* Rdnr. 4; MünchHdb. AG/*Krieger* § 72 Rdnr. 55.

[11] Anders deshalb *Altmeppen* ZIP 1998, 1853 ff.; MünchKommAktG/*Altmeppen* Rdnr. 5–11, 25; *Bungert* DB 1995, 1384, 1386.

[12] S. *Emmerich/Sonnenschein/Habersack* § 17 I (S. 230).

[13] S. § 293 Rdnr. 5 ff.; *Bungert* DB 1995, 1384, 1385.

[14] Ebenso *Altmeppen* ZIP 1998, 1853, 1857 ff.; MünchKommAktG/*Altmeppen* Rdnr. 13–16; *Roth/Altmeppen* GmbHG § 13 Anh. Rdnr. 42; Scholz/*Emmerich* GmbHG § 44 Anh. Rdnr. 142; *Emmerich/Sonnenschein/Habersack* § 32 I 2 b (S. 480 f.); *Hüffer* Rdnr. 5; MünchHdb. AG/*Krieger* § 70 Rdnr. 26; Michalski/*Zeidler* GmbHG Bd. I Syst. Darst. 4 Rdnr. 80 (S. 448 f.); *Zeidler* NZG 1999, 692, 694; Baumbach/Hueck/*Zöllner* GmbHG Schlußanh. I Rdnr. 43; anders *Humbeck* BB 1995, 1893 f.

Zweifelhaft ist die Rechtslage dagegen, wenn man sich, generell oder doch im Einzelfall **12** aufgrund einer entsprechenden Satzungsklausel (s. § 293 Rdnr. 44), mit einer qualifizierten **Mehrheit** für die Zustimmung zu dem Unternehmensvertrag begnügt. Jedenfalls bei Beherrschungs- und Gewinnabführungsverträgen mit einer abhängigen GmbH erscheint in diesem Ausnahmefall eine Berichts- und Prüfungspflicht entsprechend den §§ 293 a ff. durchaus sinnvoll.[15] Ebenso wird schließlich zum Teil entschieden, wenn einer abhängigen GmbH eine herrschende **AG** gegenübersteht, und zwar aus der naheliegenden Überlegung heraus, daß dann das Informationsinteresse der Aktionäre der herrschenden AG nicht geringer ist, als wenn Vertragspartner eine abhängige AG oder KGaA ist.[16]

Anders ist die Rechtslage ferner zu beurteilen, wenn sich die GmbH in der Rolle des **13** **anderen** Vertragsteils gegenüber einer AG oder KGaA befindet.[17] Da hier die §§ 293 a ff. schon unmittelbar für die AG oder KGaA als abhängige Gesellschaften gelten, sollten sie auch zusätzlich auf die herrschende GmbH angewandt werden (s. schon § 293 Rdnr. 12). Unklar ist die Situation danach vor allem dann, wenn eine herrschende GmbH nicht einer abhängigen AG, sondern einer abhängigen GmbH gegenübersteht. Gut vertretbar erscheint es mit Rücksicht auf den Zweck der gesetzlichen Regelung (Rdnr. 4), auch in diesem Fall bei Beherrschungs- und Gewinnabführungsverträgen zumindest die Berichtspflicht des § 293 a auf die herrschende GmbH zu erstrecken.[18] Noch nicht entschieden ist damit, wie bereits betont (Rdnr. 10), über die entsprechende Anwendbarkeit auch der weiteren Vorschriften der §§ 293 b ff.

b) Andere Rechtsformen. Soweit es um Unternehmensverträge mit Gesellschaften **14** anderer Rechtsform geht, sollte die Analogie zu § 293 a gleichfalls in erster Linie von der Überlegung abhängig gemacht werden, ob dadurch die dringend gebotene Information der Gesellschafter verbessert werden kann. Dies spricht vor allem bei den Unternehmensverträgen des § 291 mit *Vereinen* und *Genossenschaften* für eine Analogie jedenfalls zu § 293 a, während bei *Personengesellschaften* solche Analogie offenbar keinen Sinn macht und daher auch von keiner Seite bisher erwogen wird.

IV. Form, Verpflichteter

Nach § 293 a Abs. 1 S. 1 Halbs. 1, der insoweit weitgehend mit § 8 Abs. 1 S. 1 UmwG **15** übereinstimmt, müssen die Vorstände der beteiligten Gesellschaften in dem schriftlichen Bericht ausführlich den Abschluß des Unternehmensvertrages, den Vertrag im einzelnen und insbes. Art und Höhe des Ausgleichs und der Abfindung rechtlich und wirtschaftlich erläutern und begründen.[19]

1. Jedes Vorstandsmitglied. Die Berichtspflicht trifft nach § 293 a Abs. 1 S. 1 den **16** Vorstand jeder an dem Unternehmensvertrag beteiligten Gesellschaften, und zwar in seiner Gesamtheit, so daß jedes Vorstandsmitglied durch Unterzeichnung des Berichts mitwirken muß (Rdnr. 18). Der Vorstand muß nach § 77 Abs. 1 S. 1 über den Bericht beschließen. Vertretung ist ausgeschlossen. Auch die Geschäftsordnung (§ 77 Abs. 2) kann wegen der abweichenden gesetzlichen Regelung in § 293 a Abs. 1 S. 1 („Der Vorstand …") nichts anderes bestimmen.[20] Weigert sich ein Vorstandsmitglied, den Bericht zu unterschreiben, so bleibt nur seine Abberufung nach § 84 Abs. 3 S. 1 durch den Aufsichtsrat.[21] Bei der KGaA

---

[15] S. Scholz/*Emmerich* (vorige Fn.); Rowedder/Schmidt-Leithoff/*Koppensteiner* GmbHG § 52 Anh. Rdnr. 64, 66 (S. 1766 ff.).

[16] *Hüffer* Rdnr. 5; MünchHdb. AG/*Krieger* § 70 Rdnr. 26; anders *Bungert* DB 1995, 1449, 1452 f.

[17] Ebenso *Bungert* DB 1995, 1449, 1454 f.; Scholz/*Emmerich* GmbHG § 44 Anh. Rdnr. 142; *Hüffer* Rdnr. 5; *Humbeck* BB 1995, 1893, 1894; *Koppensteiner* (Fn. 15) Rdnr. 66; *Krieger* (vorige Fn.); anders *Altmeppen* ZIP 1998, 1853, 1858 ff.; MünchKommAktG/*Altmeppen* Rdnr. 19 f.

[18] Ebenso wohl *Hüffer* Rdnr. 5; *Koppensteiner* (vorige Fn.); MünchHdb. AG/*Krieger* § 70 Rdnr. 28.

[19] S. auch schon Art. 9 der Verschmelzungsrichtlinie sowie § 340 a von 1982.

[20] Anders nur MünchKommAktG/*Altmeppen* Rdnr. 29.

[21] S. MünchKommAktG/*Altmeppen* Rdnr. 31; *Bermel* UmwG § 8 Rdnr. 5; *Bungert* DB 1995, 1384, 1388; *Grunewald* in Geßler/Hefermehl § 340 a

treten nach § 278 Abs. 2 an die Stelle des (nicht vorhandenen) Vorstands die persönlich haftenden Gesellschafter (§§ 278 Abs. 2, 283).

17 **2. Vorstände gemeinsam.** Sind beide Gesellschaften berichtspflichtig, so können die Vorstände nach § 293 a Abs. 1 S. 1 Halbs. 2 den Bericht auch gemeinsam erstatten. Im Ergebnis genügt dann ein einziger Bericht, der jedoch in diesem Fall von sämtlichen Vorstandsmitgliedern *beider* Vertragsparteien unterzeichnet werden muß.[22]

18 **3. Schriftform.** Der Bericht muß schriftlich erstattet werden (§ 293 a Abs. 1 S. 1 Halbs. 1). Das Gesetz nimmt damit auf § 126 BGB Bezug, so daß der Bericht von sämtlichen Vorstandsmitgliedern zu unterzeichnen ist (s. Rdnr. 16).[23] Eine Ersetzung der Schriftform durch die elektronische Form dürfte nach Sinn und Zweck der ganzen Regelung (Rdnr. 4 f.), insbes. mit Rücksicht auf die Auslegungspflichten aufgrund der §§ 293 f Abs. 1 Nr. 1 und 293 g Abs. 1, ausscheiden (§ 126 Abs. 3 BGB). Kein Vorstandsmitglied kann sich bei der Unterzeichnung des schriftlichen Berichts von einem anderen vertreten lassen (Rdnr. 16). Im Schrifttum wird zwar diskutiert, ob aufgrund einer entsprechenden Satzungsbestimmung oder aufgrund der Geschäftsordnung des Vorstands die Zulassung einer sogenannter Erklärungsvertretung, etwa durch den Vorstandsvorsitzenden, denkbar ist.[24] Dem ist jedoch, wie gezeigt (Rdnr. 16), nicht zu folgen. Fehlt die hiernach erforderliche Unterschrift eines Vorstandsmitglieds, so muß es so angesehen werden, als sei kein Bericht erstattet worden (§ 125 BGB). Eine Eintragung des Vertrags ins Handelsregister scheidet dann aus (§ 294; s. im übrigen Rdnr. 40 f.).

V. Inhalt des Berichts

Schrifttum: MünchKommAktG/*Altmeppen* Rdnr. 38 ff.; *W. Bayer* AG 1988, 323; *Bermel* UmwG § 8 Rdnr. 14; *Bungert* DB 1995, 1384; *Schmitt/Hörtnagl/Stratz* UmwR § 8 Rdnr. 11; *Grunewald* in Geßler/Hefermehl AktG § 340 a Rdnr. 6 ff.; *Hüffer* Rdnr. 12 ff.; MünchHdb. AG/*Krieger* § 70 Rdnr. 29 ff.; *Lutter* UmwG § 8 Rdnr. 14 ff.; *Marsch-Barner* in Kallmeyer UmwG § 8 Rdnr. 6 ff.; *Mertens* AG 1990, 22; *H. P. Westermann*, FS für Semler, S. 651; *Grunewald/Winter* Verschmelzung S. 19, 27 ff.

19 **1. Begründung des Vertrags.** In dem Bericht sind zunächst gemäß § 293 a Abs. 1 S. 1 Halbs. 1 ausführlich der Abschluß des Unternehmensvertrages sowie der Vertrag selbst rechtlich und wirtschaftlich zu erläutern und zu begründen.[25] Dies bedeutet mit Rücksicht auf den Zweck der Regelung (Rdnr. 4 f.), daß im einzelnen die rechtlichen und wirtschaftlichen *Gründe* zu diskutieren sind, die aus der Sicht des Vorstands bei Anwendung der Sorgfalt eines ordentlichen und gewissenhaften Geschäftsleiters (§ 93 Abs. 1 S. 1) *für und gegen* den Abschluß des Vertrages sprechen. Dazu gehören auch die Erörterung möglicher Alternativen, wobei vor allem an andere Unternehmensverträge zu denken ist, sowie die Darstellung der vermutlichen Auswirkungen des Vertrags auf die Aktionäre.[26] Der Vorstand hat ferner anzugeben, auf wessen Initiative der Vertragsabschluß zurückgeht, ob ihm zB ein Verlangen der Hauptversammlung nach § 83 Abs. 1 S. 2 zugrunde liegt.[27]

20 Das Gesetz verlangt in § 293 a Abs. 1 S. 1 ausdrücklich einen „ausführlichen" Bericht. Daraus folgt, daß die Erläuterungen so weit ins einzelne gehen müssen, daß den Aktionären die Hintergründe und die Zwecke, die mit dem Vertragsabschluß verfolgt werden, **transparent** und **plausibel** gemacht werden, so daß sie zu einer eigenen sachlichen Entscheidung

---

Rdnr. 18; *Hüffer* Rdnr. 8; MünchHdb. AG/*Krieger* § 70 Rdnr. 28.

[22] Zu den Gründen für diese ausdrückliche Regelung s. *Hüffer* Rdnr. 9; *Lutter* UmwG § 8 Rdnr. 10.

[23] *Hüffer* Rdnr. 10; *ders.,* FS für Claussen, S. 171; MünchHdb. AG/*Krieger* § 70 Rdnr. 28; *Lutter* UmwG § 8 Rdnr. 8 f.; anders MünchKommAktG/*Altmeppen* Rdnr. 29.

[24] *Hüffer* Rdnr. 10; *ders.,* FS für Claussen, S. 171, 188 ff.; noch weitergehend MünchKommAktG/*Altmeppen* Rdnr. 29.

[25] Ebenso für die Verschmelzung § 8 Abs. 1 S. 1 Halbs. 1 UmwG im Anschluß an den früheren § 340 a.

[26] S. die Begr. zu § 8 UmwG, BT-Drucks. 12/6699, S. 83 f.; LG München I AG 2000, 86, 87; 2000, 87, 88 „MHM/Hucke I und II"; LG Mainz AG 2002, 247, 248 f. „Scharef AG".

[27] S. § 293 Rdnr. 16; *Mertens* AG 1990, 22, 25.

über das Für und Wider des Vertragsabschlusses in der Lage sind (s. Rdnr. 5, 23). Dabei bleibt freilich zu berücksichtigen, daß der Vertragsbericht des § 293 a noch durch die Vertragsprüfung gemäß § 293 b ergänzt wird. Zu Recht wird daraus der Schluß gezogen, daß die Berichtspflicht auf der anderen Seite auch nicht so weit zu gehen braucht, daß den Aktionären auch eine eigene **sachliche Prüfung** des Berichts auf seine Richtigkeit und Vollständigkeit und insbes. eine Überprüfung der Angemessenheit des Umtauschverhältnisses möglich würde.[28] Zusammengenommen bedeutet dies im einzelnen:

Nach § 293 Abs. 1 S. 1 Halbs. 1 muß zunächst **der Vertrag** selbst im einzelnen rechtlich **21** und wirtschaftlich erläutert und begründet werden. Hierfür genügt nach dem Gesagten nicht die bloße Wiederholung des Wortlauts des ohnehin auszulegenden Vertrags (§ 293 f Abs. 1 Nr. 1 und § 293 g Abs. 1); vielmehr gehört dazu als erstes die ausführliche Schilderung der wirtschaftlichen Ausgangslage und der zu erwartenden Auswirkungen des Vertragsabschlusses einschließlich der genauen Darstellung der beteiligten Unternehmen.[29] Als nächstes muß die rechtliche und wirtschaftliche Tragweite der einzelnen Vertragsbestimmungen in einer für die Aktionäre verständlichen Weise erläutert werden (Rdnr. 22). In diesem Rahmen ist zB auch auf erwartete Einsparungen und Synergieeffekte einzugehen, wobei freilich eine grobe Schätzung ausreicht.[30]

Einen Teil dieser Erläuterung bilden die genaue **Bezeichnung des Vertragstyps**, etwa **22** als Beherrschungsvertrag oder als Teilgewinnabführungsvertrag,[31] sowie der Hinweis auf besondere und **ungewöhnliche Regelungen,** aus denen sich für die Aktionäre möglicherweise unerwartete Konsequenzen ergeben können; ein (wichtiges) Beispiel sind zusätzliche Beendigungsgründe mit ihren oft bedenklichen Konsequenzen.[32] Auch bedeutsame **steuerliche Auswirkungen** sind zu diskutieren, wobei sich freilich der Vorstand auf verbindliche Auskünfte der Finanzverwaltung stützen kann und nicht etwa verpflichtet ist, in diesem Zusammenhang auftauchende steuerrechtliche Fragen, gleichsam vorweg abstrakt, zu diskutieren.[33]

Zu allen genannten Punkten (Rdnr. 21 f.) muß sich der Bericht nach § 293 a Abs. 1 S. 1 **23** Halbs. 1 „ausführlich" äußern. Dies bedeutet, daß der Bericht ins einzelne gehen und aus sich heraus verständlich sein muß. Daran fehlt es jedenfalls dann, wenn die Aktionäre gezwungen sind, von ihrem Auskunftsrecht Gebrauch zu machen (§ 293 g Abs. 3), um den Sinn der Ausführungen des Vorstands überhaupt erfassen zu können. Keinen Inhalt des Berichts bilden dagegen einzelne Meinungsäußerungen von Vorstandsmitgliedern oder gar Dritter im Vorfeld des Vertragsabschlusses, selbst wenn sie sich zu diesem kritisch geäußert haben.[34]

2. Art und Höhe des Ausgleichs und der Abfindung. Als letzten (und wichtigsten) **24** Punkt des Berichts nennt § 293 a Abs. 1 S. 1 Halbs. 1 die rechtliche und wirtschaftliche Erläuterung und Begründung von Art und Höhe des Ausgleichs nach § 304 und der Abfindung nach § 305. Bedeutung hat dies naturgemäß allein für Beherrschungs- und Gewinnabführungsverträge (§§ 291, 304 und 305). § 293 a Abs. 1 folgt auch insoweit seinen Vorbildern in § 340 a aF und in § 8 UmwG.

In der Praxis zu § 8 UmwG (bzw. früher zu § 340 a aF) ist anerkannt, daß sich die **25** Erläuterung von Art und Höhe des Ausgleichs und der Abfindung nicht, wie früher weithin üblich, auf die bloße verbale Darstellung der angewandten Bewertungsgrundsätze beschränken darf.[35] Die bloße Mitteilung der Bewertungsergebnisse reicht gleichfalls nicht aus.[36] Aus

---

[28] S. Rdnr. 27; OLG Düsseldorf AG 1999, 418, 419, 421 = ZIP 1999, 793 „Thyssen/Krupp"; AG 2002, 398, 400 „Kaufhof/Metro"; OLG Hamm AG 1999, 422, 424 f. = ZIP 1999, 798 „Idunahall/ Hoesch/Krupp"; LG Mainz AG 2002, 247, 248 „Schaerf".

[29] *Lutter* UmwG § 8 Rdnr. 16 f.

[30] OLG Düsseldorf AG 1999, 418, 420 = ZIP 1999, 793; OLG Hamm AG 1999, 422, 424 = ZIP 1999, 798; LG Essen AG 1999, 329, 330 f.

[31] *Hüffer* Rdnr. 12.

[32] *Bungert* DB 1995, 1384, 1388; *Schmitt/Hörtnagl/Stratz* UmwR § 8 Rdnr. 12 f.; *Hüffer* Rdnr. 13.

[33] OLG Düsseldorf AG 1999, 418, 420 = ZIP 1999, 793; OLG Hamm AG 1999, 422, 425 = ZIP 1999, 798; *Lutter* UmwG § 8 Rdnr. 17 (Abs. 2).

[34] OLG Hamm AG 1999, 422, 424 = ZIP 1999, 798; LG Essen AG 1999, 329, 331.

[35] So *Nirk,* FS für Steindorff, S. 187 ff.

[36] LG Mainz AG 2002, 247, 248 „Schaerf AG".

dem Zweck der Regelung, nach Möglichkeit ein späteres Spruchstellenverfahren zu vermeiden (Rdnr. 5), folgt vielmehr, daß der Bericht durch die Mitteilung von Tatsachen und Zahlen so weit *konkretisiert* werden muß, daß den Aktionären bereits vor der Hauptversammlung eine erste **Plausibilitätsprüfung** möglich wird, ob Art und Höhe von Ausgleich und Abfindung sachlich gerechtfertigt erscheinen, damit sie die in dem Unternehmensvertrag vorgesehene Regelung nachvollziehen können (s. Rdnr. 4, 27).[37]

26   Wird, wie heute weithin üblich, der Bewertung der beteiligten Unternehmen die **Ertragswertmethode** zugrunde gelegt (s. § 305 Rdnr. 53 ff.), so müssen nach dem Gesagten (Rdnr. 25) im einzelnen für jede beteiligte Gesellschaft folgende Punkte angegeben und erläutert werden: die Erträge der der Berechnung zugrundegelegten, vorausgegangenen Jahre (s. § 293 f Abs. 1 Nr. 2), die Bereinigung dieser Erträge um Sondereinflüsse, weiter die der Bewertung zugrundegelegten Zukunftsperspektiven, Prognosen und Planzahlen, soweit nicht im Einzelfall § 293 a Abs. 2 eingreift (Rdnr. 30 ff.), außerdem der Kapitalisierungszinsfuß einschließlich der angenommenen Zu- und Abschläge sowie schließlich die Bewertung des nicht betriebsnotwendigen Vermögens und die dabei angewandten Maßstäbe und Methoden.[38] Dazu gehört insbes. auch die sorgfältige Begründung der jeweiligen Ertragswerte, die Darstellung der Faktoren, die bei der Ergebnisbereinigung einbezogen wurden, die nachvollziehbare Begründung der Geheimhaltungsbedürftigkeit von Einzelzahlen (§ 293 a Abs. 2) sowie die plausible Darstellung der Faktoren, die für die zukünftigen Ertragsüberschüsse maßgeblich sein werden.[39] Zusätzlichen Erläuterungen sind nötig, wenn im Einzelfall von der Ertragswertmethode abgewichen wird oder wenn für beide Unternehmen unterschiedliche Bewertungsmethoden angewandt werden.[40]

27   Auf der anderen Seite brauchen die Angaben nicht so detailliert zu sein, daß den Aktionären auf ihrer Grundlage eine eigene Bewertung möglich wäre (Rdnr. 20); diese nachzuprüfen, ist vielmehr Aufgabe der Vertragsprüfer (s. § 293 e). Aber die Angaben müssen doch so ausführlich und ins einzelne gehend sein, daß sie einem Sachkundigen insgesamt zumindest eine **Plausibilitätsprüfung** ermöglichen.[41] Die Folge kann natürlich sein, daß der Bericht sehr umfangreich wird, wie die Praxis zu § 340 a aF und zu § 8 UmwG bestätigt.[42] Handelt es sich dagegen um einen der anderen Unternehmensverträge des § 292, so kann der Bericht in der Regel wohl wesentlich kürzer ausfallen.

28   **3. Hinweispflicht.** Nach § 293 a Abs. 1 S. 2 ist in dem Bericht außerdem noch auf besondere *Schwierigkeiten bei der Bewertung* der vertragsschließenden Unternehmen hinzuweisen.[43] Gemeint ist damit die Fülle der Probleme, die sich häufig, zumal bei der Anwendung

---

[37] S. BGHZ 107, 296, 302 f. = NJW 1989, 2689 = LM AktG § 340 a Nr. 1 = AG 1989, 399 „Koch's Adler/Dürrkopp" (Vorinstanz: OLG Hamm AG 1989, 31 = WM 1988, 1164); BGH LM AktG § 340 a Nr. 2 = NJW-RR 1990, 350 = AG 1990, 259, 260 f. „DAT/Altana" (Vorinstanz: OLG Köln AG 1989, 101); LM AktG § 340 a Nr. 3 = NJW-RR 1991, 358 = AG 1991, 102 f. „SEN" (Vorinstanz: OLG Karlsruhe AG 1990, 35); OLG Düsseldorf AG 1999, 418, 419 ff. = ZIP 1999, 793 „Thyssen/Krupp"; AG 2002, 398, 400 „Kaufhof/Metro"; OLG Hamm AG 1999, 422, 424 f. = ZIP 1999, 798 „Idunahall/Hoesch/Krupp"; LG Essen AG 1999, 329, 331 „Thyssen/Krupp"; LG Frankenthal AG 1990, 549 f. „Hypothekenbank-Schwestern"; LG München I AG 2000, 86, 87; 2000, 87, 88 "MHM/Hucke I und II"; LG Mainz AG 2002, 247, 248 f. „Schaerf AG"; MünchKommAktG/*Altmeppen* Rdnr. 42–44; *Bayer* AG 1988, 323, 327 ff.; *Bungert* DB 1995, 1384, 1387 f.; *Bermel* Umwandlungsrecht § 8 Rdnr. 17 ff.; *Schmitt/Hörtnagl/Stratz* UmwR § 8 Rdnr. 10, 15 ff.; *Grunewald* in Geßler/Hefermehl § 340 a Rdnr. 10 ff.; *Heckschen* WM 1990, 377,

382 f.; *Hüffer* Rdnr. 15; *Hügel* Verschmelzung S. 148 ff.; *Keil* Verschmelzungsbericht S. 51 ff.; MünchHdb. AG/*Krieger* § 70 Rdnr. 31 f.; *Lutter* UmwG § 8 Rdnr. 20 ff.; *Marsch-Barner* in Kallmeyer UmwG § 8 Rdnr. 10 ff.; *Mertens* AG 1990, 22 ff.; *Möller* Verschmelzungsbeschluß S. 119 ff.; *Sagasser/Bula/Brünger* Umwandlungen Tz. J 85 ff. (S. 188 ff.); *H. P. Westermann/Bissinger* DWiR 1992, 13, 14 f.; *Grunewald/Winter* Verschmelzung S. 19, 29 f.

[38] Ausführlich LG Mainz AG 2002, 247, 248 „Schaerf AG".

[39] LG Mainz (vorige Fn.).

[40] *Lutter* UmwG § 8 Rdnr. 21.

[41] Ebenso OLG Düsseldorf AG 2002, 398, 400 „Kaufhof/Metro"; LG Mainz AG 2002, 247, 248 „Schaerf AG"; MünchKommAktG/*Altmeppen* Rdnr. 43; *Hüffer* Rdnr. 15; *Lutter* UmwG § 8 Rdnr. 20 ff.; *Marsch-Barner* in Kallmeyer UmwG § 8 Rdnr. 6.

[42] Berichte von mehreren hundert Seiten sind keine Seltenheit mehr.

[43] Ebenso Art. 9 Abs. 2 der Verschmelzungsrichtlinie, § 340 a S. 2 aF und § 8 Abs. 1 S. 2 UmwG.

---

der Ertragswertmethode, wegen der Unsicherheit von Prognosen ergeben. Auf diese Probleme ist daher im einzelnen hinzuweisen unter Angabe der jeweils gewählten Lösung.[44] *Beispiele* für derartige Bewertungsprobleme sind ein plötzlicher, unerwarteter Ertragseinbruch bei einem der beteiligten Unternehmen, dessen Folgen noch nicht abzuschätzen sind,[45] laufende, in ihrem Erfolg ungewisse Sanierungsbemühungen bei einem Unternehmen,[46] eine besondere Unsicherheit hinsichtlich der Entwicklung der betreffenden Branche, weiter die oft unklare Abgrenzung des nicht betriebsnotwendigen Vermögens sowie schließlich die besonders kritisch zu betrachtenden Zu- und Abschläge auf den Kapitalisierungszinsfuß.

In dem Bericht ist zuletzt noch gesondert auf die *Folgen* des Unternehmensvertrages *für* **29** *die Beteiligungen* der Aktionäre hinzuweisen. Das Gesetz folgt auch insoweit dem Vorbild des § 8 Abs. 1 S. 2 UmwG, obwohl gerade in diesem Punkt die Verhältnisse bei einer Verschmelzung grundverschieden von denen bei dem bloßen Abschluß eines Unternehmensvertrages sind.[47] Als Beispiele kommen hier neben den schon in § 293 a Abs. 1 S. 1 Halbs. 1 erwähnten Punkten Art und Höhe von Abfindung und Ausgleich insbes. noch die Verlustübernahmepflicht des herrschenden Unternehmens aufgrund des § 302 sowie dessen Weisungsrecht nach § 308 in Betracht.[48]

VI. Schranken

Nach § 293 a Abs. 2 S. 1 brauchen in den Bericht solche Tatsachen nicht aufgenommen **30** zu werden, deren Bekanntwerden geeignet ist, einer der Vertragsparteien *oder* einem Unternehmen, das mit einer Partei verbunden ist, einen nicht unerheblichen Nachteil zuzufügen. Jedoch müssen in diesem Fall in dem Bericht im einzelnen die Gründe dargelegt werden, aus denen die Tatsachen nicht aufgenommen worden sind (§ 293 a Abs. 2 S. 2). Eine wörtlich nahezu übereinstimmende Regelung findet sich in § 8 Abs. 2 S. 1 und 2 UmwG.[49]

1. Voraussetzungen. Das Gesetz folgt mit der Regelung des § 293 a Abs. 2 AktG und **31** des § 8 Abs. 2 UmwG der Praxis zu dem früheren § 340 a AktG, die bereits durchweg von der entsprechenden Anwendbarkeit des **§ 131 Abs. 3 Nr. 1** auf den Verschmelzungsbericht ausgegangen war, so daß in diesem keine Tatsachen genannt zu werden brauchten, deren Offenlegung nach vernünftiger kaufmännischer Beurteilung geeignet erschien, der Gesellschaft oder einem mit ihr verbundenen Unternehmen einen nicht unerheblichen Nachteil zuzufügen; Voraussetzung war aber die Angabe konkreter Gründe für die Unterlassung bestimmter Angaben, während ein pauschaler Hinweis auf die Schädlichkeit der Publizität nicht ausreichte, um die entsprechende Anwendung der Schutzklausel zu rechtfertigen.[50]

Aus der geschilderten Entstehungsgeschichte des § 293 a Abs. 2 (Rdnr. 31) folgt, daß die **32** Vorschrift ebenso wie die *Schutzklauseln* des § 131 Abs. 3 und des § 8 Abs. 2 UmwG (= § 340 a AktG aF) auszulegen ist. Bei der Beurteilung, ob das Bekanntwerden bestimmter Tatsachen einer Vertragspartei oder einem mit dieser verbundenen Unternehmen einen nicht unerheblichen Nachteil zufügen kann, ist folglich auf einen *objektiven* Maßstab abzustellen, den § 131 Abs. 3 Nr. 1 mit „vernünftiger kaufmännischer Beurteilung" umschreibt, so daß es genügt, daß bei objektiver Betrachtung Nachteile der genannten Art im Fall des Bekanntwerdens der Tatsachen absehbar sind.[51] Beispiele für derartige gegebenenfalls geheimhaltungsbedürftige Tatsachen sind die steuerlichen Wertansätze und die Höhe der

---

[44] MünchKommAktG/*Altmeppen* Rdnr. 44; *Grunewald* in Geßler/Hefermehl § 340 a Rdnr. 14; *Hüffer* Rdnr. 16; *Kraft* in Kölner Kommentar § 340 a Rdnr. 18; *Lutter* UmwG § 8 Rdnr. 29.

[45] So BGH LM AktG § 340 a Nr. 3 = NJW-RR 1991, 358 = AG 1991, 102, 103.

[46] *Lutter* UmwG § 8 Rdnr. 29.

[47] S. einerseits *Hüffer* Rdnr. 17; andererseits *Lutter* UmwG § 8 Rdnr. 32 ff.

[48] Dagegen *Hüffer* Rdnr. 17; MünchKommAktG/*Altmeppen* Rdnr. 45 f.

[49] Dazu ausführlich *Lutter* UmwG § 8 Rdnr. 45 ff.; *Marsch-Barner* in Kallmeyer UmwG § 8 Rdnr. 30 ff.

[50] Grdlg. BGHZ 107, 296, 305 f. = LM AktG § 340 a Nr. 1 = AG 1989, 399 = NJW 1989, 2689 „Koch's Adler/Dürrkopp"; BGH LM AktG § 340 a Nr. 2 = NJW-RR 1990, 350 = AG 1990, 259, 261 „DAT/Altana"; *W. Bayer* AG 1988, 323, 329 f.; *Grunewald* in Geßler/Hefermehl § 340 a Rdnr. 3 f.

[51] MünchKommAktG/*Altmeppen* Rdnr. 60 f.; *Hüffer* Rdnr. 19; *Lutter* UmwG § 8 Rdnr. 45.

einzelnen Steuern (§ 131 Abs. 3 Nr. 2), stille Reserven (§ 131 Abs. 3 Nr. 3), die bevorstehende Erteilung wertvoller Schutzrechte, der Zugang zu besonders günstigen Bezugsquellen, die Investitionspläne sowie solche Planzahlen, aus denen Konkurrenten Rückschlüsse auf die Strategie des Unternehmens und die von ihm vorgesehenen Investitionen ziehen können.[52] Unberührt bleibt aber das weitergehende Auskunftsrecht der Gesellschafter einer GmbH aus *§ 51a GmbHG.* Soweit § 293 a auf die GmbH anwendbar ist (Rdnr. 10 ff.), verdrängt er nicht etwa den § 51 a GmbHG.[53]

33   **2. Begründung.** Die berichtspflichtige Vertragspartei kann sich nicht pauschal auf ein Geheimhaltungsinteresse berufen, sondern muß gemäß § 293 a Abs. 2 S. 2 in dem Bericht selbst im einzelnen die *Gründe* darlegen, aus denen die fraglichen Tatsachen nicht aufgenommen wurden. Das Gesetz folgt auch insoweit dem Vorbild der Praxis zu dem früheren § 340 a.[54] Mit den „Gründen" für die Berufung auf die Schutzklausel sind folglich Umstände gemeint, aus denen sich schlüssig ergibt, warum die Offenlegung bestimmter Tatsachen nach vernünftiger kaufmännischer Beurteilung geeignet erscheint, einem der Vertragsbeteiligten oder einem mit diesen verbundenen Unternehmen einen nicht unerheblichen Schaden zuzufügen. Dazu ist erforderlich, daß die durch die Berufung auf § 293 a Abs. 2 entstehende *Lücke* in dem Bericht als solche gekennzeichnet wird und daß, natürlich ohne Offenlegung der fraglichen Tatsachen selbst, konkrete Tatsachen benannt werden, die es *plausibel* erscheinen lassen, daß zB die Geheimhaltung von Planzahlen oder Prognosegrundlagen geboten ist.[55] Das muß außerdem bereits in dem Bericht selbst geschehen (§ 293 a Abs. 2 S. 2); eine spätere Nachholung in der Hauptversammlung genügt nicht.[56] Diese Anforderungen sind ernst zu nehmen und lassen daher eine Berufung auf § 293 a Abs. 2 nur in sachlich begründeten Ausnahmefällen zu, wenn der Bericht seine Funktion (Rdnr. 4 f.) überhaupt erfüllen soll.[57]

VII. Verzicht

34   Der Bericht ist nach § 293 a Abs. 3 nicht erforderlich, wenn sämtliche Anteilsinhaber aller an dem Unternehmensvertrag beteiligten Unternehmen auf seine Erstattung durch öffentlich beglaubigte Erklärung verzichten (vgl. § 8 Abs. 3 UmwG). Dies bedeutet nach § 129 Abs. 1 S. 1 BGB, daß die Verzichtserklärung schriftlich abgefaßt und die Unterschrift der verzichtenden Anteilsinhaber von einem Notar beglaubigt werden muß. Die Konsequenzen dieser eigenartigen Regelung sind umstritten.[58]

35   **1. Form.** Nimmt man das Gesetz beim Wort (§ 293 a Abs. 3 AktG iVm. § 129 Abs. 1 S. 1 BGB), so ist ein Verzicht nur durch gesonderte schriftliche Erklärung jedes Anteilsinhabers in Verbindung mit der Beglaubigung der Unterschrift des Anteilsinhabers durch einen Notar möglich. Ein Verzicht durch einen einstimmigen, notariell beurkundeten **Beschluß** aller Anteilsinhaber nach § 130 Abs. 1 S. 1 wäre dementsprechend nicht möglich. Das Schrifttum sieht hierin überwiegend ein Redaktionsversehen und tritt deshalb dafür ein, daß ein Verzicht auch durch solchen einstimmigen, notariell beurkundeten Beschluß aller Anteilsinhaber möglich ist.[59] Dies scheint in der Tat mit Rücksicht

---

[52] MünchKommAktG/*Altmeppen* Rdnr. 59, 61; *Bermel* UmwG § 8 Rdnr. 38; *Schmitt/Hörtnagl/Stratz* UmwR § 8 Rdnr. 24 f.; *Hüffer* Rdnr. 18; *Hügel* Verschmelzung S. 149 f.; MünchHdb. AG/*Krieger* § 70 Rdnr. 32; *Marsch-Barner* in Kallmeyer UmwG § 8 Rdnr. 30 f.; *Mertens* AG 1990, 22, 27 f.

[53] MünchKommAktG/*Altmeppen* Rdnr. 62.

[54] BGHZ 107, 296, 306 = LM AktG § 340 a Nr. 1 = NJW 1989, 2689 = AG 1989, 399; BGH LM AktG § 340 a Nr. 2 = NJW-RR 1990, 350 = AG 1990, 259, 261; insbes. LM AktG § 340 a Nr. 3 = NJW-RR 1991, 358 = AG 1991, 102, 103 „SEN".

[55] LG Mainz AG 2002, 247, 248 „Schaerf AG"; *Hüffer* Rdnr. 20.

[56] S. Rdnr. 40; ebenso ausdrücklich BGH LM AktG § 340 a Nr. 3 = NJW-RR 1991, 358 = AG 1991, 102, 103 „SEN"; LG Mainz (vorige Fn.); MünchKommAktG/*Altmeppen* Rdnr. 63 f.; *Bermel* UmwG § 8 Rdnr. 38; *Bungert* DB 1995, 1384, 1389; MünchHdb. AG/*Krieger* § 70 Rdnr. 32; *Lutter* UmwG § 20 Rdnr. 47.

[57] *Lutter* (vorige Fn.).

[58] S. ausführlich *Altmeppen* ZIP 1998, 1853, 1860 ff.; MünchKommAktG/*Altmeppen* Rdnr. 47–58.

[59] *Altmeppen* ZIP 1998, 1853, 1862 f.; MünchKommAktG/*Altmeppen* Rdnr. 57 f.; *Hüffer* Rdnr. 21.

auf den Zweck der ganzen Regelung, den Beteiligten unnötige Kosten zu ersparen, vertretbar.

2. Beteiligte. Eine weitere Streitfrage betrifft die genaue Abgrenzung des Kreises der **36** Anteilsinhaber, die eine Verzichtserklärung abgeben müssen, wenn die Ausnahmeregelung des § 293 a Abs. 3 eingreifen soll. Nach dem Gesetz (§ 293 a Abs. 3) müssen dies immer gleichzeitig die Anteilsinhaber „**aller**" an dem Vertragsabschluß beteiligten Gesellschaften sein, so daß etwa bei einem Beherrschungsvertrag eine Verzichtserklärung allein der Aktionäre der Muttergesellschaft **oder** der Tochtergesellschaft nicht ausreicht.[60]

Auch diese Auslegung wird neuerdings mit der Begründung bestritten, daß den Anteils- **37** inhabern einer beteiligten Gesellschaft nicht gegen ihren Willen ein Bericht aufgedrängt werden müsse, den sie ausnahmslos für entbehrlich halten.[61] Dem ist nicht zu folgen, wie auch die Parallelvorschrift des § 8 Abs. 3 S. 1 UmwG zeigt.[62] Der Verzicht kann ferner **nicht im voraus**, etwa schon in der Satzung der Gesellschaft für alle zukünftigen Fälle erklärt werden, sondern muß sich immer auf einen konkreten Vertragsabschluß beziehen, so daß er nur in Betracht kommt, wenn zumindest ein Vertragsentwurf vorliegt.[63]

3. 100%ige Tochtergesellschaften. Nach § 8 Abs. 3 S. 1 UmwG ist der Bericht ferner **38** entbehrlich, wenn sich sämtliche Anteile des übertragenden Rechtsträgers in der Hand des übernehmenden Rechtsträgers befindet. Dagegen enthält das AktG keine entsprechende Ausnahmeregelung für 100%ige Tochtergesellschaften; auch eine Analogie zu § 8 Abs. 3 S. 1 Umwandlungsgesetz verbietet sich.[64] Offenbar ist der Gesetzgeber davon ausgegangen, daß in solchen Fallgestaltungen die dann immer noch erforderlichen Verzichtserklärungen der Anteilsinhaber des herrschenden Unternehmens ohne größeren Aufwand zu erlangen sind, – eine Annahme, die jedoch bei Aktiengesellschaften häufig nicht zutreffen dürfte.[65]

4. Andere Rechtsformen. Zusätzliche Überlegungen sind erforderlich, soweit § 293 a **39** auf Gesellschaften anderer Rechtsform entsprechend angewandt wird (s. Rdnr. 10 ff.). Hier sollte man mit der Verzichtsmöglichkeit großzügiger als bei der AG verfahren, wenn die gebotene Information der Anteilsinhaber bereits auf andere Weise in ausreichendem Maße sichergestellt ist, etwa in einer kleinen GmbH aufgrund des umfassenden Auskunftsrechts der Gesellschafter nach § 51 a GmbHG (vgl. auch § 41 UmwG für Personengesellschaften).[66]

VIII. Rechtsfolgen

1. Fehlen des Berichts. Wenn der durch § 293 a vorgeschriebene Unternehmensver- **40** tragsbericht bei der nach § 293 erforderlichen Zustimmung der Hauptversammlung zu einem Unternehmensvertrag fehlt oder unvollständig ist, beruht der Zustimmungsbeschluß auf einer Gesetzesverletzung, so daß er nach § 243 Abs. 1 **anfechtbar** ist.[67] Das gilt auch, wenn sich der Mangel des Berichts allein auf das Umtauschverhältnis und insbes. auf Bewertungsfragen bezieht; entgegen einer verbreiteten Meinung hat das Spruch- oder Spruchstellenverfahren (§ 306) hier keinen Vorrang vor § 243.[68] Das Rechtsinstitut des Vertragsberichtes würde völlig entwertet, wenn Verstöße gegen § 293 a de facto – mangels Anfechtbarkeit des Zustimmungsbeschlusses in einem solchen Fall – sanktionslos blieben. Der Verweis der Aktionäre auf das Spruchstellenverfahren ist insoweit offenbar ohne Sinn (s. auch Rdnr. 41). Schon deshalb sollte es bei der grundsätzlichen Anfechtbarkeit des Zustimmungsbeschlusses im Falle eines Verstoßes gegen § 293 a bleiben. Die Anfechtung setzt zwar Kausalität zwischen dem Mangel des Berichts und dem Zustimmungsbeschluß voraus (s.

[60] *Hüffer* Rdnr. 21.
[61] *Altmeppen* ZIP 1998, 1853, 1860 ff.; Münch-KommAktG/*Altmeppen* Rdnr. 53 f.
[62] S. *Lutter* UmwG § 8 Rdnr. 48 f.
[63] MünchKommAktG/*Altmeppen* Rdnr. 50; *Lutter* UmwG § 8 Rdnr. 51.
[64] *Hüffer* Rdnr. 22.
[65] S. *Bungert* DB 1995, 1384, 1388.
[66] S. *Lutter* UmwG § 8 Rdnr. 53.
[67] So zB LG Mainz AG 2002, 247 „Scharf AG".
[68] S. im einzelnen § 293 Rdnr. 38 ff.; LG Mainz (vorige Fn.); MünchKommAktG/*Altmeppen* Rdnr. 71; anders *Marsch-Barner* in Kallmeyer UmwG § 8 Rdnr. 34.

§ 243 Abs. 4); die Kausalität wird jedoch in aller Regel ohne weiteres bejaht, da ein objektiv urteilender Aktionär bei Kenntnis des Fehlens oder der Unvollständigkeit des Berichts einem Unternehmensvertrag grundsätzlich nicht zustimmen wird.[69] Ausnahmen sind freilich denkbar.[70]

41 **2. Keine Registersperre, Heilung.** Die Anfechtung zieht keine Registersperre nach sich, so daß sich die Frage der Eintragungsfähigkeit des Vertrages trotz Anfechtung des Zustimmungsbeschlusses nach § 127 FGG beurteilt.[71] Nicht möglich ist dagegen eine Heilung der Mängel des Berichts durch Nachholung der entsprechenden Angaben in der Hauptversammlung oder sogar erst während des Spruchverfahrens.[72] Dies folgt aus der einfachen Überlegung, daß der vollständige Bericht die Aktionäre gerade erst befähigen soll, in der Hauptversammlung sachkundige Fragen zu stellen (§ 293 g Abs. 3), während eine Heilung des Mangels erst während des Spruchverfahrens schon deshalb keinen Sinn macht, weil dann längst die Entscheidungen gefallen sind, für die der Vertragsbericht den Aktionären die nötigen Informationen verschaffen sollte.

§ 293 b Prüfung des Unternehmensvertrags

(1) Der Unternehmensvertrag ist für jede vertragschließende Aktiengesellschaft oder Kommanditgesellschaft auf Aktien durch einen oder mehrere sachverständige Prüfer (Vertragsprüfer) zu prüfen, es sei denn, daß sich alle Aktien der abhängigen Gesellschaft in der Hand des herrschenden Unternehmens befinden.

(2) § 293 a Abs. 3 ist entsprechend anzuwenden.

Schrifttum: S. bei § 293 a sowie *Kl. Bitzer*, Probleme der Prüfung des Umtauschverhältnisses bei aktienrechtlichen Verschmelzungen, 1987; *H. Dirrigl*, Die Angemessenheit des Umtauschverhältnisses bei einer Verschmelzung als Problem der Verschmelzungsprüfung und der gerichtlichen Prüfung, WPg 1989, 413, 454; *ders.*, Neue Rechtsprechung zur Verschmelzung und Verschmelzungsprüfung, WPg 1989, 617; *Emmerich/Sonnenschein/Habersack* § 17 III (S. 234 f.); *Hoffmann-Becking*, Das neue Verschmelzungsrecht in der Praxis, FS für Fleck, 1988, S. 105; MünchHdb. AG/*Krieger* § 70 Rdnr. 33 ff. (S. 103 ff.); *H. Meyer zu Lösebeck*, Zur Verschmelzungsprüfung, WPg 1989, 499; *J.-P. Schmitz*, Die Verschmelzungsprüfung gemäß § 340 b AktG, 1987; *Kl. Zimmermann*, Verschmelzungsprüfung bei der GmbH-Verschmelzung, FS für Brandner, 1996, S. 167.

Übersicht

[69] So BGHZ 107, 296, 307 f. = NJW 1989, 2689 = AG 1989, 399; BGH LM AktG § 340 a Nr. 2 = NJW-RR 1990, 350 = AG 1990, 259, 262; LM AktG § 340 a Nr. 3 = NJW-RR 1991, 358 = AG 1991, 102, 103 f.; LG München I AG 2000, 86, 87; 2000, 87, 88 „MHM/Hucke I und II"; LG Mainz AG 2002, 247, 248; MünchKommAktG/*Altmeppen* Rdnr. 66–70; *W. Baier* AG 1988, 323, 330; *Schmitt/Hörtnagl/Stratz* UmwR § 8 Rdnr. 31 f.; *Grunewald* in Geßler/Hefermehl § 340 a Rdnr. 21; *Lutter* UmwG § 8 Rdnr. 54.

[70] S. LG Frankenthal AG 1990, 549, 550; LG Essen AG 1999, 329, 331 f. „Thyssen/Krupp"; *Marsch-Barner* in Kallmeyer UmwG § 8 Rdnr. 33.
[71] MünchKommAktG/*Altmeppen* Rdnr. 72; *Bungert* DB 1995, 1449, 1455; s. schon Rdnr. 13.
[72] S. Rdnr. 33; LG München I AG 2000, 86, 87; 2000, 87, 88; LG Mainz AG 2002, 247, 248; MünchKommAktG/*Altmeppen* Rdnr. 65; *Bermel* UmwG § 8 Rdnr. 40; *Grunewald* in Geßler/Hefermehl § 340 a Rdnr. 22; *Heckschen* WM 1990, 377, 383; *Lutter* UmwG § 8 Rdnr. 55; *Marsch-Barner* in Kallmeyer UmwG § 8 Rdnr. 35; anders *W. Baier* AG 1988, 322, 330; *Mertens* AG 1990, 22, 29.

I. Überblick

§ 293 b beruht ebenso wie § 293 a auf dem Umwandlungsrechtbereinigungsgesetz von **1**
1994. Die jetzige Fassung der Vorschrift geht auf das Gesetz zur Kontrolle und Transparenz
im Unternehmensbereich von 1998[1] zurück, das in Abs. 1 zur Klarstellung die Worte „einen
oder mehrere" eingefügt hat, so daß selbst bei Beteiligung mehrer prüfungspflichtiger
Gesellschaften (s. §§ 291 Abs. 1, 293 Abs. 2) auch nur ein einziger Prüfer für alle Beteiligten
bestellt werden kann (s. § 293 c Rdnr. 5). Ergänzende Bestimmungen finden sich in den
§§ 293 c bis 293 e. Vorbild der §§ 293 b bis 293 e waren die Vorschriften über die 1982
eingeführte Verschmelzungsprüfung. Einschlägig war zunächst § 340 b AktG, an dessen
Stelle seit 1995 vor allem die §§ 9 bis 12, 30, 48 und 60 UmwG getreten sind.

§ 293 b ordnet für Unternehmensverträge eine Prüfung durch sachverständige Prüfer, **2**
sogenannte **Vertragsprüfer,** an, wofür nach § 293 d Abs. 1 AktG (iVm. § 319 HGB)
grundsätzlich nur Wirtschaftsprüfer oder Wirtschaftsprüfergesellschaften in Betracht kommen. Die Prüfung muß für jede an einem Unternehmensvertrag beteiligte AG oder KG
durchgeführt werden (§ 293 b Abs. 1); bestellt werden die Prüfer jedoch bisher allein durch
den Vorstand der abhängigen Gesellschaft oder auf dessen Antrag vom Gericht (§ 293 c
Abs. 1 S. 1). Durch das für 2003 geplante Spruchverfahrensneuordnungsgesetz soll diese
Regelung geändert werden; vorgesehen ist statt dessen in Zukunft eine ausschließlich
Bestellung der Vertragsprüfer auf Antrag der Vorstände der vertragsschließenden Gesellschaften vom Gericht.[2] Die Vertragsprüfer besitzen, um ihren Prüfungsauftrag (§ 293 b)
erfüllen zu können, umfassende Einsichts- und Auskunftsrechte (§ 293 d Abs. 1 S. 1 und 2
AktG iVm. § 320 Abs. 1 S. 2 und Abs. 2 S. 1 HGB).

Nach Abschluß ihrer Prüfung müssen die Vertragsprüfer einen **Prüfungsbericht** auf- **3**
stellen, in dem sie insbes. zu der Angemessenheit der Vorschläge des Vorstands für Ausgleich
und Abfindung Stellung zu nehmen haben (§ 293 e S. 2 und 3). Der Prüfungsbericht wird
den Aktionären zugänglich gemacht und zu diesem Zweck von der Einberufung der Hauptversammlung an in den Geschäftsräumen jeder beteiligten Gesellschaft sowie während der
Hauptversammlung zur Einsicht der Aktionäre ausgelegt (§§ 293 f Abs. 1 Nr. 3, 293 g
Abs. 1). Vergleichbare Regelungen finden sich für die Eingliederung durch Mehrheitsbeschluß in § 320 Abs. 3, der ausdrücklich auf § 293 a Abs. 3 und auf die §§ 293 c bis 293 e
Bezug nimmt (s. dazu § 320 Rdnr. 13 ff.), sowie für den Ausschluß von Minderheitsaktionären in § 327 c Abs. 2 S. 2.

II. Zweck

Zweck der Vorschriften über die Vertragsprüfung ist ebenso wie in dem insoweit als **4**
Vorbild fungierenden Verschmelzungsrecht (s. Rdnr. 1) ausschließlich der Schutz der Aktionäre gegen eine Beeinträchtigung ihrer Rechte, wobei es vor allem um die Angemessenheit
von Ausgleich und Abfindung geht (s. § 293 e S. 2 und 3).[3] Hierdurch soll auch das
gerichtliche Spruchstellenverfahren nach § 306 bzw. das für die Zukunft an seiner Stelle
geplante Spruchverfahren nach dem neuen Spruchverfahrensgesetz entlastet werden.[4] Bei
den Gerichten wächst deshalb unverkennbar die Tendenz, nach einer Vertragsprüfung durch
gerichtlich bestellte Vertragsprüfer (s. § 293 c Abs. 1), wenn irgend möglich, auf die Bestellung

[1] BGBl. 1998 I S. 786, 788.
[2] S. § 293 c Abs. 1 S. 1 in der Fassung des RegE
eines Spruchverfahrensneuordnungsgesetzes, BT-
Drucks. 15 (2003)/827 = BR-Drucks. 827/02 =
ZIP 2002, 2099, 2106; wegen der Einzelheiten
s. § 293 c Rdnr. 3 a, 3 b.
[3] Grdlg. BGHZ 107, 296, 303 = LM AktG
§ 340 a Nr. 1 = NJW 1989, 2689 = AG 1989, 399
„Koch's Adler/Dürrkopp"; BGH LM AktG § 340 a
Nr. 2 = NJW-RR 1990, 350 = AG 1990, 259, 260

„DAT/Altana"; OLG Düsseldorf NZG 2000, 1079
= AG 2001, 189, 190 = BB 2000, 1108 = DB 2000,
1116 „Deutsche Centralbodenkredit AG/Frankfur-
ter Hypothekenbank AG"; AG 2001, 533 „Schumag
AG"; LG Frankfurt/M. AG 2002, 357 = NZG
2002, 395.
[4] S. § 293 a Rdnr. 5 sowie die Begr. zum RegE
des § 293 b, BT-Drucks. 12/6699, S. 178; *Hüffer*
Rdnr. 1; MünchHdb. AG/*Krieger* § 70 Rdnr. 33.

neuer Gutachter im anschließenden Spruchstellenverfahren zu verzichten und sich mit einer Anhörung und ergänzenden Begutachtung durch die zuvor bestellten Vertragsprüfer zu begnügen.[5] Durch die geplante Änderung des § 293 c (ausschließliche Bestellung der Vertragsprüfer durch das Gericht s. Rdnr. 2) soll diese Tendenz nachhaltig gefördert werden. Dabei wird jedoch übersehen (oder besser: bewußt ausgeblendet), daß die Vertragsprüfung nach den §§ 293 c bis 293 e eine völlig *andere* Aufgabe hat als eine etwaige Begutachtung der Vorschläge für Ausgleich und Abfindung durch Sachverständige im gerichtlichen Verfahren. Denn die Vertragsprüfung beschränkt sich im wesentlichen auf eine (etwas vertiefte) Plausibilitätsprüfung der den Vorschlägen der beteiligten Gesellschaften zugrunde gelegten Bewertungsgutachten, während von den Sachverständigen im gerichtlichen Verfahren die Bewertung in vollem Umfang erneut vorgenommen werden muß (s. im einzelnen Rdnr. 17 ff.). Die Zurückdrängung von Sachverständigen im gerichtlichen Verfahren (aus bloßen Kostengründen) zu Gunsten der alleinigen Vertragsprüfung (wenn auch in Zukunft durch gerichtlich bestellte Vertragsprüfer) muß unter diesen Umständen zu einer kaum vertretbaren *Beschneidung* der Rechte der außenstehenden Aktionäre führen. Eine volle Überprüfung der Bewertungsgutachten im gerichtlichen Verfahren ist auf jeden Fall dann unentbehrlich, wenn mit Rücksicht auf die im Verfahren vorgebrachten Einwände der außenstehenden Aktionäre gegen die der Berechnung von Ausgleich und Abfindung zugrundeliegenden Bewertungsgutachten im Grunde eine neue Begutachtung erforderlich ist.[6]

5   Die Unternehmensvertragsprüfung nach den §§ 293 b bis 293 e tritt als Schutzinstrument für die Aktionäre *neben* den Unternehmensvertragsbericht nach § 293 a. Beide Rechtsinstitute ergänzen sich. Da die Prüfung des Vertrags den Aktionären vor allem die Gewähr dafür geben soll, daß die Vorschläge des Vorstands für Ausgleich und Abfindung angemessen sind (Rdnr. 4), ist es auch nicht angängig, mit Rücksicht auf die Vertragsprüfung (§ 293 b) die Berichtpflicht des Vorstandes aufgrund des § 293 a einzuschränken.[7]

6   Über den offenkundigen Parallelen zur Verschmelzungsprüfung aufgrund der §§ 9 und 60 UmwG (Rdnr. 4) dürfen nicht die erheblichen **Unterschiede** übersehen werden, die tatsächlich zwischen der (durchaus sinnvollen) Verschmelzungsprüfung und der (problematischen) Unternehmensvertragsprüfung bestehen. Sie werden deutlich, wenn man sich folgendes vergegenwärtigt: Die Verschmelzungsprüfung erstreckt sich nach überwiegender Meinung vor allem auf die Richtigkeit und Vollständigkeit des Verschmelzungsvertrages sowie auf die Angemessenheit des vorgeschlagenen Umtauschverhältnisses (s. Rdnr. 16). Solche Prüfung macht im Anwendungsbereich des UmwG schon deshalb Sinn, weil sich in § 5 UmwG ein umfangreicher Katalog von Angaben findet, die der Verschmelzungsvertrag in jedem Fall enthalten muß, so daß die Prüfer hier über einen *Maßstab* verfügen, anhand dessen sie die Richtigkeit und Vollständigkeit des Verschmelzungsvertrags zu überprüfen vermögen.[8]

7   Gerade in diesem zentralen Punkt unterscheidet sich jedoch die Rechtslage bei den Unternehmensverträgen völlig von der im Verschmelzungsrecht, da das AktG im Gegensatz zum UmwG (§ 5) nur marginale Vorschriften über den Inhalt von Unternehmensverträgen enthält (s. §§ 291 Abs. 1, 292 Abs. 1, 304 Abs. 3 S. 1 und 308), deren Einhaltung von Wirtschaftsprüfern im Rahmen der Vertragsprüfung kontrolliert werden könnte. Als eigentlicher Gegenstand der Prüfung bleibt daher hier nur die *Angemessenheit der Vorschläge* des Vorstandes für die Höhe von Abfindung und Ausgleich (§ 293 e S. 2 und 3). Abfindung und

[5] S. § 293 c Rdnr. 3 a; OLG Düsseldorf AG 1999, 321, 322 (beiläufig); AG 2001, 189, 190 = NZG 2000, 1079 = BB 2000, 1108 = DB 2000, 1116; AG 2001, 533; LG Frankfurt/M. AG 2002, 357 = NZG 2002, 395; LG Mannheim AG 2002, 466 f.; zustimmend *Lutter/Bezzenberger* AG 2000, 433, 439; *Seetzen* WM 1999, 565, 567; dagegen aber MünchKommAktG/*Altmeppen* Rdnr. 10; *Bilda* NZG 2000, 296, 300; *Emmerich,* FS Tilmann, 2003; *Lutter* UmwG § 10 Rdnr. 12 ff.

[6] Grdlg. OLG Düsseldorf AG 2001, 533 „Schumag AG".
[7] BGH (Fn. 3).
[8] S. die Stellungnahme des Instituts der Wirtschaftsprüfer (IdW) WPg 1989, 43 und dazu *Dirrigl* WPg 1989, 413, 454; *ders.* WPg 1989, 617; *Meyer zu Lösebeck* WPg 1989, 499.

Ausgleich werden indessen *allein bei* Abschluß eines *Beherrschungs- oder Gewinnabführungsvertrages* geschuldet (§§ 291, 304 und 305), so daß auch nur bei diesen Verträgen die Vertragsprüfung überhaupt einen sinnvollen Anwendungsbereich hat.

Anders verhält es sich mit den **Unternehmensverträgen des § 292,** bei denen es gerade **8** *keinen* gesetzlich vorgeschriebenen Mindestinhalt des Vertrags gibt; ebensowenig kommen hier Ausgleichs- und Abfindungsregelungen in Betracht, so daß unklar ist, worauf sich bei ihnen eigentlich die Vertragsprüfung erstrecken soll.[9] Vorstellbar wäre als Gegenstand der Prüfung höchstens im Falle der Gewinngemeinschaft die Angemessenheit des Verteilungsschlüssels (§ 292 Abs. 1 Nr. 1) sowie bei den Teilgewinnabführungsverträgen und bei den Betriebspacht- und Betriebsführungsverträgen (§ 292 Abs. 1 Nr. 2 und 3) die Angemessenheit der Gegenleistung.[10] Für eine derart weitgetriebene Prüfung der Angemessenheit von schuldrechtlichen Austauschverträgen bietet das Gesetz indessen keine Grundlage, so daß sich tatsächlich bei den anderen Unternehmensverträgen die „Prüfung" des Vertrags in der Praxis im Regelfall auf einige Angaben zu den Vertragsformalien beschränken wird (s. Rdnr. 11).

III. Anwendungsbereich

1. Wie bei § 293 a. Nach § 293 b Abs. 1 ist der Unternehmensvertrag grundsätzlich für **9** *jede* vertragsschließende *AG oder KGaA* zu prüfen. Eine Beschränkung der Prüfungspflicht entsprechend § 293 a Abs. 1 S. 1 auf die Fälle, in denen nach § 293 Abs. 1 und 2 eine Zustimmung der Hauptversammlung erforderlich ist, enthält das Gesetz seinem Wortlaut nach nicht. Gleichwohl wird man daraus nicht den Schluß ziehen dürfen, daß im Gegensatz zum Vertragsbericht die Vertragsprüfung auch in solchen Fällen stattzufinden habe, in denen gar keine Zustimmung der Hauptversammlung erforderlich ist, also namentlich bei Beteiligung einer AG oder KG an einem der anderen Unternehmensverträge des § 292 Abs. 1 in der Rolle des anderen Vertragsteils, d.h. desjenigen, der nicht die vertragstypischen Leistungen erbringt.

In dieselbe Richtung weist der Sinnzusammenhang der §§ 293 b bis 293 e, da die Erstat- **10** tung des Prüfungsberichts (§ 293 e) ebenso wie dessen Auslage von der Einberufung der Hauptversammlung an sowie in der Hauptversammlung selbst (§§ 293 f, 293 g) offenkundig nur Sinn machen, wenn die Hauptversammlung überhaupt über den Unternehmensvertrag zu beschließen hat. Der Anwendungsbereich des § 293 b entspricht folglich im Ergebnis dem des § 293 a.[11] Auch für die Frage der **entsprechenden Anwendbarkeit** des § 293 b **auf Gesellschaften anderer Rechtsform** werden deshalb dieselben Erwägungen wie bei § 293 a maßgebend sein.[12] Zu beachten ist schließlich noch § 295 Abs. 1 S. 2, der heute die Unternehmensvertragsprüfung auch auf Änderungen solcher Verträge erstreckt (s. § 295 Rdnr. 11).

2. Alle Unternehmensverträge. § 293 b Abs. 1 spricht schlechthin von Unterneh- **11** mensverträgen. Die Vorschrift gilt daher gleichermaßen für die Unternehmensverträge des § 291 wie für die des § 292. Obwohl eine Prüfung der anderen Unternehmensverträge des § 292 wenig sinnvoll erscheint (Rdnr. 8), ist es doch angesichts des insoweit wohl eindeutigen Wortlauts des Gesetzes nicht angängig, diese Verträge ganz aus dem Anwendungsbereich der Vertragsprüfung auszuklammern.[13]

3. Ausnahme. Die Prüfungspflicht entfällt nach § 293 b Abs. 1 Halbs. 2, wenn sich **12** sämtliche Aktien der abhängigen Gesellschaft in der Hand des herrschenden Unternehmens befinden (vgl. § 9 Abs. 2 UmwG). Da bei derartigen 100%igen Tochtergesellschaften ein

---

[9] S. Rdnr. 19; *Bungert* DB 1995, 1384, 1391; *Hüffer* Rdnr. 5 f.

[10] So in der Tat MünchHdb. AG/*Krieger* § 70 Rdnr. 56 (S. 1139).

[11] S. deshalb im einzelnen § 293 a Rdnr. 8 ff.; zustimmend *Hüffer* Rdnr. 7.

[12] S. § 293 a Rdnr. 10 ff.; *Humbeck* BB 1995, 1893 f.; MünchHdb. AG/*Krieger* § 70 Rdnr. 33 (Abs. 2).

[13] *Hüffer* Rdnr. 2; MünchHdb. AG/*Krieger* § 72 Rdnr. 56; anders MünchKommAktG/*Altmeppen* Rdnr. 5, 12; *Bungert* DB 1995, 1384, 1381.

Schutz außenstehender Aktionäre nicht in Betracht kommt, so daß weder Ausgleich noch Abfindung erforderlich sind (s. §§ 304 Abs. 1 S. 3, 305 und 307), besteht auch keine Notwendigkeit zur Vertragsprüfung. Zu beachten ist, daß das Gesetz hier nicht auf **§ 16 Abs. 4** Bezug nimmt, so daß eine Zurechnung von Anteilen *nicht* stattfindet; die Ausnahme greift vielmehr nur ein, wenn sämtliche Anteile der abhängigen Gesellschaft dem herrschenden Unternehmen unmittelbar selbst gehören.[14] In Fällen eines **Gemeinschaftsunternehmens** ist jedoch eine entsprechende Anwendung der Ausnahmevorschrift geboten, wenn alle Anteile des Gemeinschaftsunternehmens den gemeinsam herrschenden Müttern gehören.[15]

13   **4. Verzicht.** Nach § 293 b Abs. 2 ist **§ 293 a Abs. 3** entsprechend anzuwenden, so daß die Vertragsprüfung entbehrlich ist, wenn sämtliche Anteilsinhaber der beteiligten Unternehmen auf die Vertragsprüfung durch öffentlich beglaubigte Erklärung verzichten (s. § 293 a Rdnr. 34 ff.). Dieser Fall dürfte ausgesprochen selten sein, da 100%ige Tochtergesellschaften durch § 293 b Abs. 1 Halbs. 2 ohnehin bereits vom Anwendungsbereich der Vertragsprüfung ausgeklammert sind (Rdnr. 12).

IV. Gegenstand der Prüfung

14   Gegenstand der Prüfung ist nach § 293 b Abs. 1 Halbs. 1 (nur) der *Unternehmensvertrag.* Eine entsprechende Regelung enthält § 9 Abs. 1 UmwG (im Anschluß an § 340 b Abs. 1 aF) für die Verschmelzung. Deshalb ist im Umwandlungsrecht umstritten, ob sich die Prüfung tatsächlich auf den jeweiligen Vertrag oder Vertragsentwurf zu beschränken hat[16] oder ob sie sich darüber hinaus auch auf den Verschmelzungsbericht nach § 8 UmwG beziehen muß.[17] Nach einer vermittelnden Meinung sollen die Prüfer schließlich verpflichtet sein, den Verschmelzungsbericht zumindest ergänzend zu berücksichtigen und insoweit auf seine Richtigkeit zu überprüfen, wie dies für die ihnen in erster Linie obliegende Prüfung der Angemessenheit des Umtauschverhältnisses erforderlich ist.[18]

15   Dieselbe Diskussion bahnt sich im Anwendungsbereich des § 293 b an. Während nach den einen der Vertragsbericht (nur) insoweit in die Prüfung einzubeziehen ist, wie er sich auf die Angemessenheit von Ausgleich und Abfindung bezieht,[19] lehnen andere solche Beschränkung ab.[20] Der Unterschied zwischen den beiden skizzierten Meinungen darf jedoch nicht überwertet werden. Rückt man nämlich, wie es geboten ist, den Zweck der Regelung in den Mittelpunkt (Rdnr. 4 f.), so wird deutlich, daß nur bei einer zumindest partiellen Erweiterung des Prüfungsgegenstandes auf den *Vertragsbericht* der vom Gesetz beabsichtigte, umfassende Schutz der Aktionäre überhaupt möglich erscheint, zumal sich die Prüfung hier ohnehin im wesentlichen auf die Prüfung der Angemessenheit von Abfindung und Ausgleich beschränken dürfte (s. Rdnr. 4, Rdnr. 16 f.), die ohne ergänzende Berücksichtigung des Berichts gar nicht vorstellbar ist.

---

[14] MünchKommAktG/*Altmeppen* Rdnr. 18; *Bungert* DB 1995, 1384, 1392; *Humbeck* BB 1995, 1893, 1895; *Hüffer* Rdnr. 9; MünchHdb. AG/*Krieger* § 70 Rdnr. 33.

[15] MünchKommAktG/*Altmeppen* Rdnr. 19; *Bungert* DB 1995, 1884, 1391; *Hüffer* und *Krieger* (vorige Fn.).

[16] So die wohl überwiegende Meinung: *Schmitt/Hörtnagl/Stratz* UmwR § 9 Rdnr. 1, 4; *Grunewald* in Geßler/Hefermehl § 340 b Rdnr. 10; *Humbeck* BB 1995, 1893, 1896; *Lutter* UmwG § 9 Rdnr. 12; *Mertens* AG 1990, 20, 31; *Meyer zu Lösebeck* WPg 1989, 499; *Th. Möller* Verschmelzungsbeschluß S. 138; *Müller* in Kallmeyer UmwG § 9 Rdnr. 10; *Sagasser/Bula/Brünger* Umwandlungen Tz. J 105 ff.

(S. 201 ff.); *Grunewald/Winter* Verschmelzung S. 19, 35.

[17] So *W. Bayer* ZIP 1997, 1613, 1621; *R. Becker* AG 1988, 223, 225; *Dirrigl* WPg 1989, 413, 417; 1989, 617 f.; *Kraft* in Kölner Kommentar, AktG § 340 b Rdnr. 7.

[18] S. *Bungert* DB 1995, 1384, 1390; *Hoffmann-Becking*, FS für Fleck, S. 105, 122; *Zimmermann*, FS für Brandner, S. 167, 181; dagegen *Lutter* UmwG § 9 Rdnr. 13.

[19] S. § 320 Rdnr. 15; MünchHdb. AG/*Krieger* § 70 Rdnr. 36 Abs. 1.

[20] LG Berlin AG 1996, 230, 232 f. „Brau & Brunnen" (für die Eingliederung); MünchKommAktG/*Altmeppen* Rdnr. 9–11; *Hüffer* Rdnr. 3.

V. Inhalt der Prüfung

1. Angemessenheit, Vollständigkeit und Richtigkeit. Die Verschmelzungsprüfung, **16** die als Vorbild für die Vertragsprüfung gedient hat, erstreckt sich einmal auf die Angemessenheit des Umtauschverhältnisses (§ 12 Abs. 2 UmwG) und gegebenenfalls der Abfindung (§ 30 Abs. 2 S. 1 UmwG), zum anderen auf die Vollständigkeit des Vertrages sowie die Richtigkeit der in ihm enthaltenen Angaben, während die wirtschaftliche Zweckmäßigkeit der Verschmelzung kein Prüfungsgegenstand ist.[21] Hinsichtlich der Einzelheiten folgt die Praxis durchweg einem Vorschlag des Instituts der Wirtschaftsprüfer.[22]

2. Anlehnung an das Umwandlungsrecht. Mangels abweichender gesetzlicher Vor- **17** gaben wird der Inhalt der Prüfung des Unternehmensvertrags bei § 293 b allgemein ebenso wie im Umwandlungsrecht (Rdnr. 14) bestimmt.[23] Tatsächlich bereitet jedoch die Übertragung der im Umwandlungsrecht entwickelten Grundsätze auf die Unternehmensvertragsprüfung nach § 293 b nicht unerhebliche Schwierigkeiten, vor allem, weil hier eine mit § 5 UmwG vergleichbare Regelung fehlt. Man wird deshalb zu unterscheiden haben: Bereits die Vorschrift des § 293 e S. 2 und 3 über den Inhalt des Prüfungsberichts zeigt, daß hier nicht anders als im Umwandlungsrecht die *Prüfung der Angemessenheit* des Vorschlags für Höhe und Art des *Ausgleich* und der *Abfindung* den Schwerpunkt der Tätigkeit der Vertragsprüfer zu bilden hat, zumal insoweit der umfassende Schutz der Aktionäre auch am dringendsten ist und nur so die gewünschte Entlastung des Spruchstellenverfahrens (Rdnr. 4) erreicht werden kann. Die Vertragsprüfer sind freilich nicht verpflichtet, die Bewertung der Unternehmen der Vertragsparteien erneut selbständig durchzuführen; § 293 e Abs. 1 S. 3 zeigt vielmehr, daß sie sich darauf beschränken können, die dem Vorschlag für Art und Höhe des Ausgleichs und der Abfindung zugrundeliegende Bewertung der Unternehmen einschließlich der verwandten Bewertungsgutachten auf ihre *Plausibilität* zu überprüfen.[24]

Folglich müssen die Prüfer allein der Frage nachgehen, ob die zur Unternehmensbewer- **18** tung herangezogenen Methoden in dem fraglichen Fall angemessen sind, sowie ob sie richtig angewandt wurden, so daß sich die Ergebnisse im Rahmen des danach jeweils Vertretbaren halten, wozu freilich auch die stichprobenartige Überprüfung des zugrundeliegenden Zahlenmaterials gehört. Nur so kann in der Tat eine willkürliche Benachteiligung der außenstehenden Aktionäre verhindert und das Spruchstellenverfahren entlastet werden.[25] Konkret gesprochen bedeutet dies vor allem, daß die Vertragsprüfer **keine** neue selbständige Bewertung der beteiligten Unternehmen vornehmen müssen, sondern sich darauf beschränken können, die ihnen vorliegenden Unternehmensbewertungen durch die Vorstände der beteiligten Gesellschaften und die von diesen herangezogenen Sachverständigen auf ihre Plausibilität und Vertretbarkeit zu überprüfen, wobei es vor allem um die richtige Anwendung der gewählten Bewertungsmethode und die Einhaltung der Ermessensgrenzen bei den

---

[21] BGHZ 107, 296, 303 = LM AktG § 340 a Nr. 1 = NJW 1989, 2689 = AG 1989, 399; BGH LM AktG § 340 a Nr. 2 (Bl. 2 R) = NJW 1990, 350 = AG 1990, 259, 260 (r. Sp. u.) „DAT/Altana"; *W. Bayer* AG 1988, 323, 328; *ders.* ZIP 1997, 1613, 1621; *R. Becker* AG 1988, 223, 228; *Bitzer* Probleme S. 30 ff.; *Schmitt/Hörtnagl/Stratz* UmwR § 9 Rdnr. 5; *Grunewald* in Geßler/Hefermehl § 340 b Rdnr. 10; *Hügel* Verschmelzung S. 151 f.; *Kraft* in Kölner Kommentar § 340 b Rdnr. 7; *Lutter* UmwG § 9 Rdnr. 12; *Müller* in Kallmeyer UmwG § 9 Rdnr. 16 ff.; *Grunewald/Winter* Verschmelzung S. 19, 35.
[22] IdW WPg 1989, 44.
[23] MünchKommAktG/*Altmeppen* Rdnr. 6–8; *Bungert* DB 1995, 1384, 1390; *Hüffer* Rdnr. 4–6; *Humbeck* BB 1995, 1893, 1896; MünchHdb. AG/*Krieger* § 70 Rdnr. 36.

[24] S. schon Rdnr. 4; OLG Düsseldorf AG 2001, 189, 190 = NZG 2000, 1079 = BB 2000, 1108 = DB 2000, 1116 „Deutsche Centralbodenkredit AG/ Frankfurter Hypothekenbank AG"; AG 2001, 533 „Schumag AG"; *Lutter* UmwG § 9 Rdnr. 11.
[25] Ebenso OLG Düsseldorf (vorige Fn.) sowie bei Unterschieden im einzelnen MünchKommAktG/ *Altmeppen* Rdnr. 6 ff.; *Bitzer,* Probleme der Prüfung, S. 33 ff.; *Grunewald* in Geßler/Hefermehl § 340 b Rdnr. 10 Abs. 2; *Hoffmann-Becking,* FS für Fleck, S. 105, 122; *Humbeck* BB 1995, 1893, 1896 f.; *Kraft* in Kölner Kommentar § 340 b Rdnr. 8 f.; *Lutter* UmwG § 9 Rdnr. 11 f.; *Müller* in Kallmeyer UmwG § 9 Rdnr. 22 ff.; *Sagasser/Bula/Brünger* Umwandlungen Tz. J 108 ff. (S. 172 ff.); *Schmitz* Verschmelzungsprüfung S. 191 ff.; *Grunewald/Winter* Verschmelzung S. 19, 35; weitergehend aber zB *Dirrigl* WPg 1989, 413, 454; 1989, 617.

einzelnen Wertansätzen geht.[26] Der Prüfungsauftrag der Vertragsprüfer ist deshalb wesentlich enger und beschränkter als der gerichtlicher Bewertungsgutachter im Spruchstellenverfahren, die eine vollständig *neue* Bewertung der beteiligten Unternehmen vorzunehmen haben.[27] Auf diesem Unterschied in den Aufgaben der Vertragsprüfer und gerichtlicher Sachverständiger beruhen auch die bereits angedeuteten Bedenken gegen die vom Gesetzgeber jetzt geplante Zurückdrängung von Sachverständigen im Spruchverfahren zugunsten der Vertragsprüfer (s. Rdnr. 4).

19   Unklar ist, in welcher Richtung bei Unternehmensverträgen darüber hinaus auch eine Prüfung auf *Vollständigkeit und Richtigkeit* der in den Verträgen enthaltenen *Angaben* in Betracht kommt, wie sie der BGH im Verschmelzungsrecht fordert.[28] Denn dem Gesetz können nur ganz wenige Vorgaben für einen Mindestinhalt von Unternehmensverträgen entnommen werden, die (allenfalls) als Maßstab für eine derartige Prüfung in Betracht kämen.[29] Man könnte hier zwar daran denken, den Vertragsprüfern statt dessen die Aufgabe zu übertragen, die Verträge auf ihre rechtliche **Zulässigkeit** zu überprüfen. Eine derartige Kontrolle ist indessen ausschließlich die Aufgabe der Gerichte im Streitfall und nicht die von Wirtschaftsprüfern (§ 293 d Abs. 1 AktG iVm. § 319 HGB). So bleibt hier nur die Prüfung der Vertragsformalien, der richtigen Bezeichnung des Vertrags sowie der Aufnahme von Ausgleichs- und Abfindungsregelungen, soweit erforderlich (s. § 304 Abs. 3 S. 1). Eine weitergehende Vertragsprüfung ist schwerlich vorstellbar.

VI. Rechtsfolgen

20   Wenn die Vertragsprüfung entgegen § 293 b unterblieben ist oder wenn in dem Prüfungsbericht die Angemessenheit von Ausgleich und Abfindung nicht bestätigt wird, darf das Registergericht den Unternehmensvertrag nicht ins Handelsregister eintragen (§ 294 AktG; § 12 FGG).[30] Denn dann entspricht das Verfahren nicht den gesetzlichen Vorschriften, ein Mangel, den auch das Registergericht ohne weiteres feststellen kann.

21   In den genannten Fällen (Rdnr. 20) ist der Zustimmungsbeschluß nach § 243 Abs. 1 **anfechtbar.**[31] Ein Anfechtungsausschluß analog den §§ 304 Abs. 3 S. 2 und 305 Abs. 5 S. 1, zu dem der BGH neuerdings in vergleichbaren Fallgestaltungen tendiert (s. § 293 Rdnr. 38 ff.), ist hier ebensowenig wie bei § 293 a angebracht (s. § 293 a Rdnr. 40). Wird die Klage noch vor Eintragung des Vertrags ins Handelsregister erhoben (§ 294), so hat das Registergericht nach § 127 FGG zu verfahren.[32]

§ 293 c Bestellung der Vertragsprüfer[*]

(1) Die Vertragsprüfer werden von dem Vorstand der abhängigen Gesellschaft oder auf dessen Antrag vom Gericht bestellt. Sie können für alle vertragschließenden Unternehmen gemeinsam bestellt werden. Zuständig ist das Landgericht, in dessen Bezirk die abhängige Gesellschaft ihren Sitz hat. Ist bei dem Landgericht eine Kammer für Handelssachen gebildet, so entscheidet deren Vorsitzender an Stelle der Zivilkammer. Für den Ersatz von Auslagen und für die Vergütung der vom Gericht bestellten Prüfer gilt § 318 Abs. 5 des Handelsgesetzbuchs.

(2) Die Landesregierung kann die Entscheidung durch Rechtsverordnung für die Bezirke mehrerer Landgerichte einem der Landgerichte übertragen, wenn dies der

---

[26] OLG Düsseldorf AG 2001, 533 „Schumag AG".

[27] OLG Düsseldorf (vorige Fn.).

[28] BGHZ 107, 296, 303 = NJW 1989, 2689 = LM AktG § 340 a Nr. 1 = AG 1989, 399.

[29] S. *Bungert* DB 1995, 1384, 1391; *Hüffer* Rdnr. 5 f.

[30] MünchKommAktG/*Altmeppen* Rdnr. 20; *Humbeck* BB 1995, 1893, 1898.

[31] LG Berlin AG 1996, 230, 232 f. „Brau & Brunnen"; *Humbeck* (vorige Fn.)

[32] MünchKommAktG/*Altmeppen* Rdnr. 20.

[*] Zu der durch das Spruchverfahrensneuordnungsgesetz geplanten Änderung des § 293 c für das Jahr 2003 s. Rdnr. 3 a f.; neuer Text in Rdnr. 3 b.

Sicherung einer einheitlichen Rechtsprechung dient. Die Landesregierung kann die Ermächtigung auf die Landesjustizverwaltung übertragen.

Schrifttum: S. bei den §§ 293 a und 293 b sowie *Altmeppen,* Zum richtigen Verständnis der §§ 293 a– 293 g AktG, ZIP 1998, 1853; *Bungert,* Zuständigkeit des Landgerichts bei Bestellung des Verschmelzungsprüfers im neuen UmwG, BB 1995, 1399; *Emmerich/Sonnenschein/Habersack* § 17 III 4 (S. 236 ff.); MünchHdb. AG/*Krieger* § 70 Rdnr. 34 f. (S. 1031 f.); *Neye,* Die Reform des Spruchverfahrens, NZG 2002, 23 = DStR 2002, 178; *ders.,* Auf dem Weg zu einem neuen Spruchverfahren, FS für Wiedemann, 2002, S. 1127; *ders.,* Spruchverfahrensneuordnungsgesetz, ZIP 2002, 2097; *T. Schöne,* Das Aktienrecht als „Maß aller Dinge", im neuen Umwandlungsrecht?, GmbHR 1995, 325.

Übersicht

I. Überblick, Zweck

§ 293 c regelt die *Zuständigkeit* zur Bestellung der Vertragsprüfer des § 293 b. Die Bestel- **1** lung obliegt danach bisher dem Vorstand der „abhängigen" Gesellschaft oder auf dessen Antrag dem Gericht (§ 293 c Abs. 1 S. 1). **Wer** auf diese Weise zum Vertragsprüfer bestellt werden kann, ergibt sich erst aus dem folgenden § 293 d Abs. 1 S. 1 AktG iVm. § 319 Abs. 1 HGB. Bei Aktiengesellschaften und KGaA kommen danach als Vertragsprüfer grundsätzlich nur Wirtschaftsprüfer und Wirtschaftsprüfungsgesellschaften in Betracht. § 293 c gilt nach § 320 Abs. 3 S. 3 entsprechend bei der Eingliederungsprüfung, wobei jedoch S. 2 des § 320 Abs. 3 hinzufügt, daß die Eingliederungsprüfer grundsätzlich vom Vorstand der zukünftigen Hauptgesellschaft bestellt werden (s. § 320 Rdnr. 14). Eine vergleichbare Regelung findet sich außerdem für den Ausschluß von Minderheitsaktionären in § 327 c Abs. 2 S. 3 und 4. Jedoch werden in diesem Fall die sachverständigen Prüfer (nur) auf Antrag des Hauptaktionärs vom Gericht ausgewählt und bestellt; nach S. 2 der Vorschrift ist in diesem Fall § 293 c Abs. 1 S. 3 bis 5 entsprechend anzuwenden.

Vorbild der gesetzlichen Regelung sind die §§ 10 und 60 UmwG, die ihrerseits auf **2** § 340 g Abs. 2 AktG in der Fassung von 1982 zurückgehen.[1] Die §§ 10 und 60 UmwG weichen jedoch in wichtigen Punkten von § 293 c ab. Hervorzuheben ist vor allem, daß das Gesetz in § 293 c Abs. 1 S. 1 die Bestellung der Vertragsprüfer *allein* dem Vorstand der „abhängigen Gesellschaft" (neben dem Gericht) überträgt, während nach § 10 Abs. 1 UmwG die Verschmelzungsprüfer von den Vertretungsorganen *aller* an dem Verschmelzungsvorgang beteiligten Rechtsträger bestellt werden. Dies bedeutet, wie sich aus § 60 Abs. 2 UmwG ergibt, daß für jede an einer Verschmelzung beteiligte AG die Prüfer von dem Vorstand der betreffenden beteiligten Gesellschaften, also gesondert, bestellt werden.

Die zusätzlich eröffnete Möglichkeit einer Prüferbestellung durch das *Gericht* auf Antrag **3** des Vorstandes (nur) der abhängigen Gesellschaft (§ 293 c Abs. 1 S. 1), die in anderer Form bereits in § 340 b Abs. 2 S. 2 aF vorgesehen war und sich auch in der Nachfolgebestimmung des § 10 Abs. 1 S. 1 UmwG findet, ist von den Gesetzesverfassern eingeführt worden, weil erfahrungsgemäß den gerichtlich bestellten Prüfern ein größeres Vertrauen entgegengebracht werde als solchen Prüfern, die von den Vertragsbeteiligten bestellt werden.[2] Die Gesetzesverfasser erhofften sich davon auch eine Entlastung des Spruchstellenverfahrens nach § 306.[3] In der Tat tendieren einzelne Gerichte in geeigneten Fällen dazu, im Spruchstellen-

---

[1] S. die Begr. zum RegE des § 293 c, BT-Drucks. 12 (1994)/6699, S. 178 (r. Sp. u.).
[2] S. die Begr. zum RegE des § 10 UmwG, BT-Drucks. 12/6699, S. 85.

[3] S. *Hüffer* Rdnr. 1; MünchHdb. AG/*Krieger* § 70 Rdnr. 34 Abs. 2; *Lutter* UmwG § 10 Rdnr. 10.

verfahren sich mit ergänzenden Stellungnahmen der Vertragsprüfer zu begnügen und auf die aufwendige Einholung neuer Bewertungsgutachten zu verzichten (s. § 293 b Rdnr. 4). Diese Praxis ist, wie bereits im einzelnen ausgeführt (§ 293 b Rdnr. 4) nicht unbedenklich, weil sie zu einer deutlichen Verkürzung des Rechtsschutzes der außenstehenden Aktionäre führen kann.

3 a Durch das für 2003 geplante *Spruchverfahrensneuordnungsgesetz* soll gleichwohl § 293 c dahingehend geändert werden, daß die Vertragsprüfer fortan *nur* noch vom *Gericht* auf Antrag der Vorstände der vertragsschließenden Gesellschaften vom Gericht ausgewählt und bestellt werden, wobei es den Vorständen frei stehen soll, ob sie den Antrag gesondert für jede vertragsschließende Gesellschaft oder gemeinsam für alle zugleich stellen wollen. Die Entwurfsverfasser versprechen sich von dieser Änderung vor allem eine Erhöhung der Akzeptanz der Prüfungsergebnisse für die außenstehenden Aktionäre sowie als weitere Folge die Entlastung eines etwaigen, nachfolgenden Spruchverfahrens, indem dort die Einholung eines weiteren Sachverständigengutachtens vermieden oder dieses doch auf solche Punkte beschränkt werden kann, die nach dem früheren Prüfungsbericht noch offen geblieben waren.[4] Wie bereits im einzelnen ausgeführt (s. § 293 b Rdnr. 4), treffen indessen die diesen Annahmen zugrunde liegenden Vorstellungen der Gesetzesverfasser nicht zu, weil die Aufgaben der Vertragsprüfer mit denen gerichtlicher Sachverständiger im Spruchverfahren nicht vergleichbar sind, so daß die Zurückdrängung von gerichtlichen Sachverständigen zugunsten der gerichtlich bestellten Vertragsprüfer im Ergebnis zu einer erheblichen Verkürzung der Rechte der außenstehenden Aktionäre führen muß.

3 b Durch das Spruchverfahrensneuordnungsgesetz (Art. 2 Nr. 1) soll § 293 c Abs. 1 S. 1 und 2 folgenden Wortlaut erhalten:

Die Vertragsprüfer werden jeweils auf Antrag der Vorstände der vertragsschließenden Gesellschaften vom Gericht ausgewählt und bestellt. Sie können auf gemeinsamen Antrag der Vorstände für alle vertragsschließenden Gesellschaften gemeinsam bestellt werden.

Zugleich soll Abs. 2 der Vorschrift wie folgt geändert werden:
§ 10 Abs. 3 bis 7 des Umwandlungsgesetzes gilt entsprechend. (S. dazu Rdnr. 15)

Eine entsprechende Änderung soll auch § 320 Abs. 3 S. 2 erfahren. Die Vertragsprüfer werden danach in Zukunft vom Gericht ausgewählt und bestimmt. Voraussetzung ist aber in jedem Fall ein *Antrag* der Vorstände der betroffenen Gesellschaften, wobei in Zukunft auch der Vorstand der Obergesellschaft mitwirken muß. Die Vorstände können bei dem Antrag zwar auch Vorschläge zur Person der zu bestellenden Vertragsprüfer machen; ihre Auswahl obliegt jedoch allein dem Gericht.

II. Bestellung durch den Vorstand

4 **1. Der abhängigen Gesellschaft.** Nach § 293 c Abs. 1 S. 1 werden die Vertragsprüfer bisher entweder (nur) von dem Vorstand der abhängigen Gesellschaft oder auf dessen Antrag vom Gericht bestellt, und zwar jeweils auch zugleich für den anderen Vertragsteil (str., s. Rdnr. 7). Mit der ungenauen Bezeichnung „abhängige Gesellschaft" meint das Gesetz in diesem Zusammenhang offenkundig diejenige Gesellschaft, die jeweils die vertragstypischen Leistungen erbringt, im Falle eines Beherrschungs- oder Gewinnabführungsvertrages also in der Tat die abhängige Gesellschaft, bei einem Teilgewinnabführungsvertrag (§ 292 Abs. 1 Nr. 2) dagegen die zur Abführung des Gewinns verpflichtete (abhängige oder unabhängige) Gesellschaft sowie im Falle eines Betriebspacht- oder Betriebsüberlassungsvertrages die verpachtende oder überlassende Gesellschaft (§ 292 Abs. 1 Nr. 3), während bei einer Gewinngemeinschaft wohl der Vorstand jeder beteiligten AG oder KGaA zuständig ist (§ 292

---

[4] S. die Begr. zum RegE BR-Drucks. 827/02 =
ZIP 2002, 2099; s. dazu *Neye* NZG 2002, 23 =
DStR 2002, 178; *ders.*, FS für Wiedemann, 2002,
S. 1127.

Abs. 1 Nr. 1).[5] Die ungenaue Wortwahl des Gesetzes macht deutlich, daß die gesetzliche Regelung tatsächlich in erster Linie auf Beherrschungs- und Gewinnabführungsverträge zugeschnitten ist und daher nur mit Mühe auf die anderen Unternehmensverträge des § 292 übertragen werden kann.[6]

2. Zahl, Bestellung. Die Zahl der vom Vorstand der abhängigen Gesellschaft (Rdnr. 4) **5** bestellten Vertragsprüfer ist nicht vorgeschrieben, so daß der Vorstand nach seinem Ermessen einen oder mehrere Prüfer bestellen kann.[7] Dies ist 1998 durch eine entsprechende Ergänzung des § 293 b Abs. 1 ausdrücklich klargestellt worden. Die Bestellung erfolgt durch Vertrag (§ 78). Bei diesem Vertrag handelt es sich um einen Geschäftsbesorgungsvertrag mit überwiegend werkvertraglichen Elementen, da die Hauptleistungspflicht der Vertragsprüfer in der Erstattung eines Berichts über ihre Prüfung besteht (§ 293 e AktG; §§ 675 Abs. 1, 631 BGB). In ihm wird auch die Vergütung der Vertragsprüfer geregelt; hilfsweise gilt § 632 BGB.

Soweit die gesetzliche Regelung entsprechend auf die *GmbH* anwendbar ist,[8] treten an **6** die Stelle des Vorstands die Geschäftsführer der GmbH (§ 37 GmbHG). Sie haben dabei jedoch nicht dasselbe Auswahlermessen wie der Vorstand einer AG (§ 76), sondern bleiben hinsichtlich der Zahl und der Auswahl der Vertragsprüfer von den Weisungen der Gesellschafterversammlung abhängig.[9]

3. Vertretungsmacht? Die Besonderheit der bisherigen gesetzlichen Regelung besteht **7** darin, daß nach dem Gesetz (§ 293 c Abs. 1 S. 1) allein der Vorstand der „abhängigen" Gesellschaft (s. Rdnr. 4) für die Bestellung der Vertragsprüfer zuständig ist. Überwiegend wird daraus der Schluß gezogen, daß infolgedessen eine Bestellung der Vertragsprüfer im Falle des Abschlusses eines Beherrschungs- oder Gewinnabführungsvertrages durch den Vorstand oder die Geschäftsführer des **anderen** Vertragsteils, zB einer herrschenden AG oder GmbH ausscheidet, obwohl in diesen Fällen auch eine Prüfungspflicht gegenüber der herrschenden Gesellschaft besteht.[10]

Dies wird zwar neuerdings unter Hinweis auf die abweichende Rechtslage im Umwand- **8** lungsrecht (s. §§ 10 Abs. 1, 1, 60 Abs. 2, S. 2 UmwG) bestritten; zur Begründung wird vor allem vorgebracht, eine Bestellung der Vertragsprüfer durch den Vorstand der abhängigen Gesellschaft für die herrschende Gesellschaft oder gar für beide Gesellschaften gemeinsam, wie es § 293 c Abs. 1 S. 2 seit 1998 ausdrücklich vorsieht, mache keinen Sinn, so daß das Gesetz korrigierend dahin auszulegen sei, daß die Vertragsprüfer ebenso wie im Umwandlungsrecht immer nur von dem Vorstand für die eigene Gesellschaft und im Falle des § 293 c Abs. 1 S. 2 von den Vorständen beider Gesellschaften gemeinsam bestellt werden könnten.[11] Es ist auch nicht zu leugnen, daß in der Sache viel für eine derartige „Korrektur" des Gesetzestextes spricht; sie scheitert indessen wohl an der von den Gesetzesverfassern offenbar mit Bedacht gewählten, von den §§ 10 Abs. 1 S. 1 und 2 sowie 60 Abs. 2 S. 2 UmwG abweichenden Formulierung des § 293 c Abs. 1 S. 1 und 2.[12]

Aus dem Gesagten (Rdnr. 7 f.) wird im Schrifttum zum Teil der Schluß gezogen, die **9** bisherige gesetzliche Regelung (§ 293 c Abs. 1 S. 1 und 2) bedeute, daß der Vorstand der abhängigen Gesellschaft insoweit kraft Gesetzes eine (beschränkte) **Vertretungsmacht** auch für den anderen Vertragsteil besitze, so daß er in der Lage sei, für den anderen Vertragsteil gleichfalls einen Vertrag mit einem oder mehreren Wirtschaftsprüfern (§ 293 d) über deren Bestellung zum Vertragsprüfer abzuschließen.[13] Darauf deutet in der Tat auch der 1998 in

[5] Ebenso *Hüffer* Rdnr. 2.
[6] S. *Altmeppen* ZIP 1998, 1853; MünchKomm-AktG/*Altmeppen* Rdnr. 3.
[7] So schon die Begr. zum RegE des § 10 UmwG, BT-Drucks. 12/6699, S. 85; *Schmitt/Hörtnagl/Startz* UmwR § 10 Rdnr. 4; *Lutter* UmwG § 10 Rdnr. 9.
[8] S. § 293 a Rdnr. 10 f., § 293 b Rdnr. 8; dagegen MünchKommAktG/*Altmeppen* Rdnr. 10.

[9] *Lutter* UmwG § 10 Rdnr. 7; *T. Schöne* GmbHR 1995, 325, 335.
[10] *Hüffer* Rdnr. 2; MünchHdb. AG/*Krieger* § 70 Rdnr. 34 (Abs. 1); s. im übrigen § 293 b Rdnr. 8.
[11] *Altmeppen* ZIP 1998, 1853, 1863 ff.; MünchKommAktG/*Altmeppen* Rdnr. 3–14.
[12] Ebenso *Hüffer* Rdnr. 2.
[13] *Hüffer* Rdnr. 2; zweifelnd MünchHdb. AG/*Krieger* § 70 Rdnr. 34 (Abs. 1).

das Gesetz eingefügte neue S. 2 des § 293 c Abs. 1 hin, nach dem der oder die Prüfer für alle vertragsschließenden Unternehmen „gemeinsam" bestellt werden können.[14] Folgt man dem, so wird man freilich dem vom Vorstand der abhängigen Gesellschaft für den anderen Vertragteil bestellten Vertragsprüfer zugleich einen Vergütungsanspruch gegen den anderen Vertragteil zubilligen müssen.[15] Denn es geht nicht an, die abhängige Gesellschaft allein mit den gesamten Kosten der Vertragsprüfung zu belasten, die gleichfalls im Interesse der Aktionäre der herrschenden Gesellschaft vorgenommen wird. Der oder die Prüfer werden jedoch schon im eigenen Interesse gut tun, auf einen Beitritt des anderen Vertragteils, d. h. in der Terminologie des § 293 c Abs. 1 S. 1 der „herrschenden Gesellschaft" zu bestehen, um die Durchsetzung ihres Vergütungsanspruchs sicherzustellen.

9 a   Die geschilderten Fragen, die mit der vom Gesetz in § 293 c Abs. 1 S. 1 vorgesehenen Bestellung der Vertragsprüfer durch den Vorstand der abhängigen Gesellschaft zusammenhängen (Rdnr. 7–9), werden sich mit einem Schlag erledigen, wenn die geplante Änderung des § 293 c Abs. 1 S. 1 und 2 Gesetz werden sollte (s. im einzelnen Rdnr. 3 a f.). Denn danach soll in Zukunft die Auswahl und Bestellung der Vertragsprüfer auf Antrag der Vorstände *beider* vertragsschließenden Gesellschaften dem *Gericht* obliegen, wie es bisher schon hilfsweise § 293 c Abs. 1 S. 1 Fall 2 vorsah, freilich unter Beschränkung des Antragsrechts auf den Vorstand der abhängigen Gesellschaft (s. Rdnr. 10 f.).

III. Bestellung durch das Gericht

10   **1. Zuständigkeit.** Nach § 293 c Abs. 1 S. 1 können die Vertragsprüfer bisher schon auf Antrag (nur) des Vorstandes der „abhängigen" Gesellschaft auch vom Gericht bestellt werden. Eine parallele Zuständigkeit des Vorstandes der herrschenden Gesellschaft ist nicht vorgesehen;[16] den Antrag kann daher für die herrschende Gesellschaft gleichfalls bislang nur der Vorstand der abhängigen Gesellschaft stellen, und zwar gleichermaßen in den Fällen des Satzes 1 wie des Satzes 2 des § 293 c Abs. 1.[17] Die Zuständigkeit für die Bestellung liegt ebenso wie im Falle des Spruchstellenverfahrens (§ 306 Abs. 1 S. 1) bei dem Landgericht, in dessen Bezirk die abhängige Gesellschaft ihren Sitz hat (§§ 5, 293 c Abs. 1 S. 3).

11   Durch die geschilderte Regelung (Rdnr. 10) wird erreicht, daß in dem ganzen Verfahren zur Überprüfung des Vertrages nach Möglichkeit dasselbe Gericht tätig wird, zunächst bei der Bestellung der Vertragsprüfer (§ 293 c Abs. 1 S. 3) und sodann im Spruchstellenverfahren (§ 306 Abs. 1 S. 1). Das *Verfahren* des Gerichts richtet sich nach dem FGG.[18] Besteht bei dem Landgericht eine Kammer für Handelssachen, so entscheidet deren Vorsitzender (§ 293 c Abs. 1 S. 4 idF von 1998). Rechtsmittel gegen den Beschluß des Landgerichts über den Antrag auf Bestellung eines oder mehrerer Vertragsprüfer ist die sofortige Beschwerde des § 20 FGG.[19] § 293 c S. 3 bis 5 gilt entsprechend im Falle der Berichtsprüfung als Voraussetzung für den Ausschluß von Minderheitsaktionären nach § 327 c Abs. 2 S. 4.

12   **2. Gemeinsame Vertragsprüfer.** Nach § 293 c Abs. 1 S. 2, der 1998 im Anschluß an § 10 Abs. 1 S. 2 UmwG in das Gesetz eingefügt worden ist, können die Vertragsprüfer von dem Gericht auch für alle vertragsschließenden Unternehmen „gemeinsam" (nur) auf Antrag des Vorstands der abhängigen Gesellschaft (str.) bestellt werden. Man wird dies dahin verstehen dürfen, daß der Vorstand der abhängigen Gesellschaft insoweit ebenfalls Vertretungsmacht für den anderen Vertragteil besitzt, so daß er den Antrag auf gerichtliche Bestellung zugleich im Namen des anderen Vertragteils stellen kann. Diese Annahme wird zwar gleichfalls als unsinnige und deshalb korrekturbedürftige Konsequenz des mißglückten

---

[14] Ganz anders *Altmeppen* ZIP 1998, 1853, 1864 f.; MünchKommAktG/*Altmeppen* Rdnr. 11–14.

[15] Ebenso *Hüffer* Rdnr. 2; vgl. auch für das Auskunfts- und Prüfungsrecht der Prüfer § 293 d Rdnr. 7.

[16] Anders wieder *Altmeppen* ZIP 1998, 1853, 1865; MünchKommAktG/*Altmeppen* Rdnr. 15–17.

[17] Ebenso *Hüffer* Rdnr. 4.

[18] MünchKommAktG/*Altmeppen* Rdnr. 20 ff.; *Hüffer* Rdnr. 4; *Sagasser/Bula/Brünger* Umwandlungen Tz. J 98 ff. (S. 197 f.).

[19] MünchKommAktG/*Altmeppen* Rdnr. 21 f.; *Hüffer* Rdnr. 4.

Gesetzeswortlauts bekämpft,[20] ist aber wohl nach dem Gesetzeswortlaut unabweisbar. Durch das Spruchverfahrensneuordnungsgesetz von 2003 soll die Regelung, wie bereits ausgeführt (s. Rdnr. 3 b), geändert werden.

3. Vergütung. Gemäß § 293 c Abs. 1 S. 4 gilt für den Ersatz von Auslagen und für die 13 Vergütung des oder der vom Gericht bestellten Prüfer § 318 Abs. 5 HGB entsprechend. Nach dieser Vorschrift haben die vom Gericht bestellten Prüfer Anspruch auf Ersatz angemessener barer Auslagen und auf Vergütung für ihre Tätigkeit (§ 318 Abs. 5 S. 1 HGB). Beides wird auf Antrag der Prüfer vom Gericht festgesetzt, gegen dessen Entscheidung die sofortige Beschwerde zulässig ist (§ 318 Abs. 5 S. 2 und 3 HGB). Die Entscheidung des Gerichts bildet einen Vollstreckungstitel (§ 318 Abs. 5 S. 5 HGB). Schuldner der Auslagen und Vergütung bleibt aber – trotz der gerichtlichen Festsetzung – die abhängige Gesellschaft.[21] Deshalb kann die abhängige Gesellschaft mit den gerichtlich bestellten Prüfern auch einen Vertrag über deren Vergütung abschließen, der dann den Vorrang vor der nur hilfsweise eingreifenden gerichtlichen Festsetzung hat.[22]

4. Verfahrenskonzentration. § 293 c Abs. 2 sieht die Möglichkeit der Verfahrenskon- 14 zentration bei einem Landgericht durch Verordnung der Landesregierung oder der Landesjustizverwaltung vor. Diese Regelung entspricht gleichfalls der für das Spruchstellenverfahren (s. § 306 Abs. 1 S. 2 iVm. § 132 Abs. 1 S. 3). Für die Konzentration der Verfahren bei einem Landgericht ist aber in beiden Fällen (§§ 293 c und 306) eine gesonderte Verordnung erforderlich. Die bloße Verordnung nach § 306 Abs. 1 S. 2 iVm. § 132 Abs. 1 S. 3 und 4 reicht nicht für den Fall des § 293 Abs. 2 aus.[23] Von der Möglichkeit der Verfahrenskonzentration haben bisher Bayern,[24] Niedersachsen[25] sowie Nordrhein-Westfalen Gebrauch gemacht.[26] In einer Verordnung nach § 293 c Abs. 2 kann auch die Zuständigkeit nach § 327 c Abs. 2 S. 3 (Prüferbestellung bei Ausschluß von Minderheitsaktionären) übertragen werden.

Durch das bereits mehrfach erwähnte Spruchverfahrenneuordnungsgesetz von 2003 soll 15 der bisherige Abs. 2 durch folgenden Text ersetzt werden:

§ 10 Abs. 3 bis 7 des Umwandlungsgesetzes gilt entsprechend.

Die hier in Bezug genommenen Abs. 3 bis 7 des § 10 Umwandlungsgesetz sollen zugleich folgenden Wortlaut erhalten:

(3) Auf das Verfahren ist das Gesetz über die Angelegenheit der freiwilligen Gerichtsbarkeit anzuwenden, soweit in den folgenden Absätzen nichts anderes bestimmt ist.

(4) Die Landesregierung kann die Entscheidung durch Rechtsverordnung für die Bezirke mehrerer Landgerichte einem der Landgerichte übertragen, wenn dies der Sicherung einer einheitlichen Rechtsprechung dient. Die Landesregierung kann die Ermächtigung auf die Landesjustizverwaltung übertragen.

(5) Gegen die Entscheidung findet die sofortige Beschwerde statt. Sie kann nur durch Einreichung einer von einem Rechtsanwalt unterzeichneten Beschwerdeschrift eingelegt werden.

(6) Über die Beschwerde entscheidet das Oberlandesgericht. § 28 Abs. 2 und 3 des Gesetzes über die Angelegenheiten der freiwilligen Gerichtsbarkeit gilt entsprechend. Die weitere Beschwerde ist ausgeschlossen.

(7) Die Landesregierung kann die Entscheidung über die Beschwerde durch Rechtsverordnung für die Bezirke mehrerer Oberlandesgerichte einem der Oberlandesgerichte oder dem Obersten Landesgericht übertragen, wenn dies der Sicherung einer einheitlichen Rechtsprechung dient. Die Landesregierung kann die Ermächtigung auf die Landesjustizverwaltung übertragen.

---

[20] *Altmeppen* ZIP 1998, 1853, 1864 f.; MünchKommAktG/*Altmeppen* Rdnr. 15–17.
[21] Vgl. *Hüffer* Rdnr. 5 und § 142 Rdnr. 31.
[22] MünchKommAktG/*Altmeppen* Rdnr. 23; *Grunewald* in Geßler/Hefermehl § 340 b Rdnr. 6; *Schmitt/Hörtnagl/Stratz* UmwR § 10 Rdnr. 8; *Lutter* Umwandlungsrecht § 10 Rdnr. 16.

[23] *Hüffer* Rdnr. 6; ebenso für einen vergleichbaren Fall BGH NJW-RR 1987, 1058 = AG 1987, 377.
[24] VO v. 6. 7. 1995 (GVBl. S. 343): LGe München I und Nürnberg-Fürth.
[25] VO v. 28. 5. 1996 (GVBl. S. 283): LG Hannover.
[26] VO v. 26. 11. 1996 (GVBl. S. 518): LGe Köln, Düsseldorf und Dortmund.

§ 293 d Auswahl, Stellung und Verantwortlichkeit der Vertragsprüfer

(1) Für die Auswahl und das Auskunftsrecht der Vertragsprüfer gelten § 319 Abs. 1 bis 3, § 320 Abs. 1 Satz 2 und Abs. 2 Satz 1 und 2 des Handelsgesetzbuchs entsprechend. Das Auskunftsrecht besteht gegenüber den vertragschließenden Unternehmen und gegenüber einem Konzernunternehmen sowie einem abhängigen und einem herrschenden Unternehmen.

(2) Für die Verantwortlichkeit der Vertragsprüfer, ihrer Gehilfen und der bei der Prüfung mitwirkenden gesetzlichen Vertreter einer Prüfungsgesellschaft gilt § 323 des Handelsgesetzbuchs entsprechend. Die Verantwortlichkeit besteht gegenüber den vertragschließenden Unternehmen und deren Anteilsinhabern.

Schrifttum: S. bei § 293 a bis 293 c.

Übersicht

1   **1. Überblick.** § 293 d regelt durch eine partielle Verweisung auf die §§ 319, 320 und 323 HGB neben der Auswahl der Vertragsprüfer in erster Linie das Prüfungs- und Auskunftsrecht der Vertragsprüfer sowie deren Verantwortlichkeit. Die Vorschrift entspricht im wesentlichen dem § 11 UmwG, der seinerseits auf § 340 b Abs. 3 und 5 AktG von 1982 zurückgeht. Ergänzend sind die Strafvorschriften der §§ 403 und 404 Abs. 1 S. 2 zu beachten. Nach § 403 macht sich strafbar, wer als Prüfer oder als Gehilfe eines Prüfers über das Ergebnis der Prüfung falsch berichtet oder erhebliche Umstände in dem Bericht verschweigt, während sich § 404 gegen den Geheimnisverrat durch Prüfer und ihre Gehilfen wendet. § 293 d gilt entsprechend bei der Eingliederungsprüfung (§ 320 Abs. 3 S. 3; s. dazu § 320 Rdnr. 14) sowie bei der Prüfung des Ausschlusses von Minderheitsaktionären (§ 327 c Abs. 2 S. 4).

2   Eine vergleichbare Regelung findet sich in den §§ 144 und 145 für die Sonderprüfung. § 144 verweist für die Verantwortlichkeit der Sonderprüfer gleichfalls auf § 323 HGB, während § 145 Abs. 1 bis 3 das Prüfungs- und Auskunftsrecht der Sonderprüfer in einer im wesentlichen mit § 293 d Abs. 1 übereinstimmenden Weise regelt. § 145 Abs. 4 entspricht schließlich dem § 293 e.

3   **2. Auswahl.** Die Auswahl der Vertragsprüfer richtet sich gemäß § 293 d Abs. 1 S. 1 nach § 319 Abs. 1 bis 3 HGB. Während § 319 Abs. 1 HGB bestimmt, wer Vertragsprüfer sein kann, ergeben sich die Ausschlußgründe aus § 319 Abs. 2 und 3 HGB.

4   **a) Nur Wirtschaftsprüfer.** Gemäß § 319 Abs. 1 S. 1 HGB kommen als Vertragsprüfer bei einer AG oder KGaA nur Wirtschaftsprüfer und Wirtschaftsprüfungsgesellschaften in Betracht. Dasselbe gilt für eine große GmbH, soweit auf sie § 293 b AktG entsprechend anwendbar ist.[1] Bei einer kleinen oder mittelgroßen GmbH können dagegen auch vereidigte Buchprüfer und Buchprüfungsgesellschaften Vertragsprüfer sein (§§ 319 Abs. 1 S. 2 und 267 Abs. 2 HGB).[2]

---

[1] S. dazu § 293 b Rdnr. 8 iVm. § 293 a Rdnr. 3–11; *Kraft* in Kölner Kommentar § 340 b Rdnr. 10 ff.   Rdnr. 23; *Lutter* UmwG § 11 Rdnr. 4 f.

[2] S. *Grunewald* in Geßler/Hefermehl § 340 b Rdnr. 7; *Schmitt/Hörtnagl/Stratz* UmwR § 11

b) Ausschluß. Die Ausschlußgründe richten sich nach § 319 Abs. 2 und 3 HGB **5** (§ 293 d Abs. 1 S. 1). Sie greifen nach allgemeiner Meinung auch ein, wenn der Ausschlußgrund nur in bezug auf den *anderen* Vertragsteil besteht, der nicht Auftraggeber des betreffenden Prüfers ist, in erster Linie also, wenn der Ausschlußgrund bei einem Beherrschungs oder Gewinnabführungsvertrag im Verhältnis zu dem herrschenden Unternehmen besteht und die Bestellung nach dem bisherigen § 293 c Abs. 1 S. 1 von der abhängigen Gesellschaft ausgeht.[3] Zu beachten ist, daß die vorausgegangene Tätigkeit des Prüfers als Abschlußprüfer eines der Vertragsbeteiligten ebensowenig einen Ausschlußgrund bildet[4] wie die Tätigkeit als gerichtlich bestellter Vertragsprüfer für die nachfolgende Bestellung als Gutachter im Spruchstellenverfahren, während durch die abhängige Gesellschaft vertraglich bestellte Vertragsprüfer in der Regel wegen der Besorgnis der Befangenheit als Sachverständige im nachfolgenden Spruchstellenverfahren ausscheiden dürften.[5]

c) Rechtsfolgen. § 319 Abs. 2 und 3 HGB ist ein gesetzliches Verbot, so daß die **6** Bestellung eines hiernach ausgeschlossenen Prüfers *nichtig* ist (§ 134 BGB).[6] Dasselbe gilt im Falle der Bestellung einer Person, die nach § 319 Abs. 1 HGB gar nicht Prüfer sein kann.[7] Umstritten ist dagegen die Rechtslage, wenn die Bestellung gemäß § 293 c Abs. 1 S. 1 durch das Gericht unter Verletzung des § 319 HGB erfolgt. Nach hM ist der Beschluß dann lediglich mit der Beschwerde nach dem FGG anfechtbar.[8] In der Tat liegt hier kein Nichtigkeitsgrund vor.

3. Prüfungsrecht. Das Prüfungs- und Auskunftsrecht der Vertragsprüfer richtet sich **7** gemäß § 293 d Abs. 1 S. 1 AktG nach § 320 Abs. 1 S. 2 und Abs. 2 S. 1 und 2 HGB. § 293 d Abs. 1 S. 2 AktG fügt hinzu, daß (nur) das Auskunftsrecht gleichermaßen gegenüber den Vertragsparteien wie gegenüber einem Konzernunternehmen und einem abhängigen oder herrschenden Unternehmen eines der Vertragsteile besteht (vgl. auch für die Sonderprüfung § 145 Abs. 1 bis 3).

Nach § 320 Abs. 1 S. 2 HGB haben die Vertragsprüfer in erster Linie das Recht, die **8** Bücher und Schriften ihres Auftraggebers sowie die Vermögensgegenstände und Schulden, namentlich die Kasse und die Bestände an Wertpapieren und Waren zu prüfen. Überwiegend wird angenommen, dieses Prüfungsrecht bestehe gegenüber allen Vertragsteilen, also nicht nur gegenüber der abhängigen Gesellschaft als Auftraggeber.[9] Dies ist hier in der Tat, obwohl es das Gesetz nicht ausdrücklich sagt, die notwendige Folge der bisherigen Regelung des § 293 c Abs. 1 S. 1, durch die das Bestellungsrecht allein der abhängigen Gesellschaft zugebilligt wurde (s. § 293 c Rdnr. 4, 7 ff.).

Die praktische *Bedeutung* des Prüfungsrechts wird bei der Vertragsprüfung überwiegend **8 a** als gering eingestuft.[10] Dazu trägt auch bei, daß die Prüfer keine Möglichkeit zur zwangsweisen Durchsetzung ihres Prüfungs- und Auskunftsrechts gegen die Vertragsparteien haben.[11] Werden ihnen die nötigen Prüfungen oder Auskünfte verweigert, so kann dies lediglich dazu führen, daß der Vertragsabschluß letztlich scheitert, sofern infolgedessen von ihnen kein Prüfungsbericht erstattet wird (s. §§ 293 e, 293 f Abs. 1 Nr. 3, 293 g Abs. 1, 294 Abs. 1 S. 2).

4. Auskunftsrecht. Zur Durchführung ihrer Prüfungsaufgabe haben die Vertragsprüfer **9** außerdem das Recht, von den gesetzlichen Vertretern der beteiligten Kapitalgesellschaften

[3] MünchKommAktG/*Altmeppen* Rdnr. 4; *Hüffer* Rdnr. 3; *Lutter* UmwG § 11 Rdnr. 6.

[4] MünchKommAktG/*Altmeppen* Rdnr. 4; *Hüffer* Rdnr. 3; *Lutter* UmwG § 11 Rdnr. 6.

[5] So OLG Düsseldorf AG 2001, 533 „Schumag AG"; der Sache nach auch OLG Düsseldorf AG 2001, 189, 190 = NZG 2000, 179 „Deutsche Centralbodenkredit AG/Frankfurter Hypothekenbank"; LG Frankfurt/M. AG 2002, 347 = NZG 2002, 395.

[6] BGHZ 118, 142, 144 ff. = NJW 1992, 2021 = AG 1992, 438 = LM HGB § 318 Nr. 2; Baumbach/

Hopt HGB § 319 Rdnr. 2; *Wiedemann* in Ebenroth/ Boujong/Joost HGB § 319 Rdnr. 2 ff.

[7] MünchKommAktG/*Altmeppen* Rdnr. 7.

[8] *Hüffer* Rdnr. 3 und § 143 Rdnr. 6; aA MünchKommAktG/*Altmeppen* Rdnr. 8–10.

[9] MünchKommAktG/*Altmeppen* Rdnr. 14; *Schmitt/Hörtnagl/Stratz* UmwR § 11 Rdnr. 6; *Grunewald* in Geßler/Hefermehl § 340 b Rdnr. 9; dagegen *Lutter* UmwG § 11 Rdnr. 8.

[10] *Hüffer* Rdnr. 4.

[11] MünchKommAktG/*Altmeppen* Rdnr. 13 f.

(s. Rdnr. 10) alle Aufklärungen **und** Nachweise zu verlangen, die für eine sorgfältige Prüfung notwendig sind (§ 293 d Abs. 1 S. 1 AktG iVm. § 320 Abs. 2 S. 1 HGB). Gesetzliche Vertreter in diesem Sinne sind bei der AG der Vorstand (§ 78), bei der KGaA die persönlich haftenden Gesellschafter (§§ 278 Abs. 2, 283) sowie bei der GmbH deren Geschäftsführer (§ 35 Abs. 1 GmbHG). Zweifelhaft ist, ob auch der Aufsichtsrat zu den gesetzlichen Vertretern iSd. § 320 Abs. 2 S. 1 HGB iVm. § 293 d Abs. 1 S. 1 AktG gehört; die Frage dürfte zu verneinen sein.[12]

10   Das Auskunftsrecht besteht nach § 293 d Abs. 1 S. 2 ausdrücklich gegenüber beiden Vertragsteilen und darüber hinaus gegenüber einem Konzernunternehmen (§ 18) sowie einem abhängigen und einem herrschenden Unternehmen (§ 17). Andere Unternehmensverbindungen, vor allem also bloße Mehrheitsbeteiligungen (§ 16) und wechselseitige Beteiligungen (§ 19), stehen nicht gleich.[13] § 293 d Abs. 1 S. 2 betrifft lediglich das Auskunftsrecht, nicht dagegen das Prüfungsrecht der Vertragsprüfer (Rdnr. 8). Nicht unterschieden wird jedoch zwischen inländischen und ausländischen Unternehmen, so daß auch die letzteren die Auskunftspflicht trifft.[14]

11   **5. Verantwortlichkeit.** Die Verantwortlichkeit der Vertragsprüfer, ihrer Gehilfen und der bei der Prüfung mitwirkenden gesetzlichen Vertreter einer Prüfungsgesellschaft richtet sich gemäß § 293 d Abs. 2 S. 1 AktG nach **§ 323 HGB;** aus S. 2 des § 293 d Abs. 2 AktG folgt außerdem, daß die Verantwortlichkeit gegenüber beiden Vertragsparteien **und** deren Anteilsinhabern, in erster Linie also gegenüber den Aktionären der abhängigen und der herrschenden Gesellschaft besteht. Ergänzend sind die Strafvorschriften der §§ 403 und 404 Abs. 2 zu beachten, bei denen es sich um Schutzgesetze handeln dürfte (§ 823 Abs. 2 BGB). Eine vergleichbare Regelung für die Sonderprüfung enthält § 144 AktG. Die Regelung gilt entsprechend bei der Eingliederungsprüfung nach § 320 Abs. 3 S. 3 sowie bei der Prüfung des Ausschlusses von Minderheitsaktionären (§ 327 c Abs. 2 S. 4).

12   **a) Pflichten.** Aus § 323 Abs. 1 S. 1 und 2 HGB ergibt sich zunächst, daß die Vertragsprüfer zur gewissenhaften und unparteiischen Prüfung sowie zur Verschwiegenheit verpflichtet sind; sie dürfen außerdem nicht unbefugt Geschäfts- und Betriebsgeheimnisse verwerten, die sie bei ihrer Tätigkeit erfahren haben (§ 404).[15] Bedeutung hat das natürlich vor allem für die den Vertragsprüfern obliegende sachgerechte Prüfung der Angemessenheit von Ausgleich und Abfindung im Falle des Abschlusses eines Beherrschungs- oder Gewinnabführungsvertrages (s. § 293 b Rdnr. 14 ff.).

13   **b) Haftung.** Verletzen die Vertragsprüfer schuldhaft (§ 276 BGB) die genannten Pflichten (Rdnr. 12), so sind sie den Vertragsparteien und deren Anteilsinhabern, in erster Linie also den Aktionären der abhängigen Gesellschaft, schadensersatzpflichtig (§ 323 Abs. 1 S. 3 HGB iVm. § 293 d Abs. 2 S. 2 AktG). Diese Regelung ist zwingendes Recht (§ 323 Abs. 4 HGB); jedoch ist im Falle bloßer Fahrlässigkeit die Haftung summenmäßig beschränkt (§ 323 Abs. 2 HGB). Praktische Bedeutung dürfte vor allem die Haftung der Vertragsprüfer gegenüber den Aktionären der abhängigen Gesellschaft erlangen, wenn sie schuldhaft ihre Pflichten bei der Prüfung der Angemessenheit von Ausgleich und Abfindung verletzen (Rdnr. 12) und diese infolgedessen zum Nachteil der Aktionäre zu niedrig festgesetzt werden.[16] Im besonderen Maße dürfte das zutreffen, wenn sich die vom Gesetzgeber nachhaltig geförderte, für die außenstehenden Aktionäre aber ausgesprochen schädliche Tendenz durchsetzen sollte, sich nach Möglichkeit auf die (in Zukunft vom Gericht bestellten) Vertragsprüfer zu konzentrieren und so die aufwendige und teure Bestellung gerichtlicher Sachverständiger im nachfolgenden Spruchverfahren zu vermeiden (s. dagegen § 293 b Rdnr. 4, § 293 c Rdnr. 3 ff.). Abweichend von § 323 Abs. 3 S. 3 HGB

---

[12] MünchKommAktG/*Altmeppen* Rdnr. 12; *Hüffer* Rdnr. 4.

[13] MünchKommAktG/*Altmeppen* Rdnr. 15; *Lutter* UmwG § 11 Rdnr. 8.

[14] *Lutter* UmwG § 11 Rdnr. 8.

[15] S. *Emmerich/Sonnenschein/Habersack* § 17 III 4 c (S. 239).

[16] MünchKommAktG/*Altmeppen* Rdnr. 17; *Hüffer* Rdnr. 5.

besteht aber keine Ersatzpflicht gegenüber mit den Vertragsparteien verbundenen Unternehmen.[17]

§ 293 e Prüfungsbericht

(1) Die Vertragsprüfer haben über das Ergebnis der Prüfung schriftlich zu berichten. Der Prüfungsbericht ist mit einer Erklärung darüber abzuschließen, ob der vorgeschlagene Ausgleich oder die vorgeschlagene Abfindung angemessen ist. Dabei ist anzugeben,

1. **nach welchen Methoden Ausgleich und Abfindung ermittelt worden sind;**
2. **aus welchen Gründen die Anwendung dieser Methoden angemessen ist;**
3. **welcher Ausgleich oder welche Abfindung sich bei der Anwendung verschiedener Methoden, sofern mehrere angewandt worden sind, jeweils ergeben würde; zugleich ist dazulegen, welches Gewicht den verschiedenen Methoden bei der Bestimmung des vorgeschlagenen Ausgleichs oder der vorgeschlagenen Abfindung und der ihnen zugrunde liegenden Werte beigemessen worden ist und welche besonderen Schwierigkeiten bei der Bewertung der vertragschließenden Unternehmen aufgetreten sind.**

(2) § 293 a Abs. 2 und 3 ist entsprechend anzuwenden.

Schrifttum: S. bei §§ 293 a bis 293 c.

Übersicht

I. Überblick

§ 293 e Abs. 1 regelt den Mindestinhalt des Prüfungsberichtes, in dem die Vertragsprüfer **1** (s. § 293 c und § 293 d) über das Ergebnis ihrer durch § 293 b vorgeschriebenen Prüfung des Unternehmensvertrages zu berichten haben. Dieser Bericht wird den Aktionären von der Einberufung der Hauptversammlung an zugänglich gemacht, die über den Unternehmensvertrag entscheiden soll (s. § 293 f Abs. 1 Nr. 3 und § 293 g Abs. 1), damit sie sich unter anderem auf seiner Grundlage selbst ein Urteil über den Unternehmensvertrag bilden können (s. § 293 b Rdnr. 3). Die Vorschrift ist entsprechend anwendbar auf die Eingliederungsprüfung (§ 320 Abs. 3 S. 3; dazu § 320 Rdnr. 16) und die Prüfung des Ausschlusses von Minderheitsaktionären (§ 327 c Abs. 2 S. 4).

Schranken für die Berichtspflicht ergeben sich aus den nach § 293 e Abs. 2 entsprechend **2** anwendbaren Abs. 2 und 3 des § 293 a. Danach entfällt die Pflicht zur Aufstellung eines schriftlichen Prüfungsberichts, wenn sämtliche Anteilsinhaber aller beteiligten Unternehmen auf seine Erstattung durch öffentlich beglaubigte Erklärung verzichten (§ 293 a Abs. 3 iVm. § 293 e Abs. 2). Außerdem brauchen in den Bericht nicht solche Tatsachen aufgenommen zu werden, deren Bekanntwerden geeignet ist, einem der vertragschließenden Unternehmen

---

[17] Kritisch dazu *Lutter* UmwG § 11 Rdnr. 10; MünchKommAktG/*Altmeppen* Rdnr. 19 f.

oder einem mit diesem verbundenen Unternehmen einen nicht unerheblichen Nachteil zuzufügen (§ 293 a Abs. 2 S. 1 iVm. § 293 e Abs. 2; s. Rdnr. 21 ff.).

3   Die Vorschrift des § 293 e entspricht dem § 12 UmwG von 1994, der seinerseits auf § 340 b Abs. 4 AktG von 1982 zurückgeht, mit dem der Gesetzgeber Art. 10 der Verschmelzungsrichtlinie von 1978 in deutsches Recht umgesetzt hatte. Wie der Wortlaut des § 293 e Abs. 1 zeigt, der sich nahezu ausschließlich mit der Berichtspflicht über die Angemessenheit von Ausgleich und Abfindung iSd. §§ 304 und 305 beschäftigt, ist die Vorschrift der Sache nach allein auf **Beherrschungs- und Gewinnabführungsverträge** iSd. § 291 zugeschnitten, da nur bei diesen eine Pflicht zur Leistung von Ausgleich und Abfindung besteht. Im Grunde läuft daher die Pflicht zur Erstattung eines Prüfungsberichts bei den anderen Unternehmensverträgen des § 292 leer (s. Rdnr. 20), so daß sich durchaus die Auffassung vertreten läßt, jedenfalls der **Anwendungsbereich des § 293 e** beschränke sich auf Beherrschungs- und Gewinnabführungsverträge (§ 291).[1]

4   **Zweck** der durch § 293 e AktG in Anlehnung an § 12 UmwG eingeführten Berichtspflicht der Vertragsprüfer ist der Schutz der Aktionäre gegen eine zu niedrige Festsetzung von Ausgleich und Abfindung unter Verstoß gegen die §§ 304 und 305 (Rdnr. 3). Dadurch soll zugleich nach Möglichkeit das nachfolgende Spruchstellenverfahren (§ 306) entlastet werden.[2] Dem Prüfungsbericht der Vertragsprüfer kommt in diesem Zusammenhang vor allem die Aufgabe zu, den Aktionären eine sachgerechte Entscheidung nach § 293 über den Unternehmensvertrag zu ermöglichen (s. Rdnr. 1). Danach ist auch der umstrittene Umfang der Berichtspflicht der Vertragsprüfer zu bemessen (Rdnr. 5 ff.).

II. Inhalt

5   **1. Allgemeines.** Das Gesetz enthält in § 293 e Abs. 1 im Anschluß an § 12 UmwG und § 340 b Abs. 4 AktG von 1982 im wesentlichen drei Aussagen über den Inhalt des Prüfungsberichts. An der Spitze steht der Satz (§ 293 e Abs. 1 S. 1), daß die Vertragsprüfer über das „Ergebnis der Prüfung" schriftlich zu berichten haben. Gemeint ist damit die Prüfung des Unternehmensvertrags nach § 293 b. Den (unstreitigen) Kern des Prüfungsberichts nach § 293 e bildet mithin die sogenannte **Schlußerklärung,** d. h. die schriftliche Mitteilung des Ergebnisses, zu der die Vertragsprüfer bei ihrer Prüfung des Unternehmensvertrages hinsichtlich der Angemessenheit von Ausgleich und Abfindung gelangt sind. Bericht über das *„Ergebnis"* der Prüfung bedeutet zugleich, daß nicht etwa der gesamte Prüfungsvorgang mit allen Einzelheiten zu dokumentieren ist, sondern lediglich das *abschließende Urteil,* das sich die Vertragsprüfer über den Unternehmensvertrag und insbes. über die Angemessenheit von Ausgleich und Abfindung bei ihrer Prüfung gebildet haben.

6   Folgerichtig bestimmt S. 2 des § 293 e Abs. 1, daß der Prüfungsbericht mit einer *Erklärung* darüber abzuschließen ist, ob der vorgeschlagene Ausgleich *oder* die vorgeschlagene Abfindung angemessen ist. Dieses sogenannte **Testat** kann auch unterschiedlich für Ausgleich und Abfindung ausfallen. Sein Inhalt ist im übrigen nicht gesetzlich vorgeschrieben.

6 a   Streitig ist, ob sich der Prüfungsbericht auf die genannten Angaben (Rdnr. 5 f.) beschränken kann oder ob er gegebenenfalls, soweit erforderlich, noch weitere Ausführungen im Interesse der sachgerechten Information der Aktionäre enthalten muß, in erster Linie durch die Mitteilung einzelner Tatsachen, die für die Urteilsbildung der Vertragsprüfer maßgebend waren und die daher geeignet sind, ihr Urteil den Aktionären plausibel zu machen (Rdnr. 17 f.). Diese Frage hat vor allem im Zusammenhang mit der Bezugnahme auf die Schutzklausel des § 293 a Abs. 2 S. 1 in § 293 e Abs. 2 Bedeutung.

7   **2. Form.** Für den Prüfungsbericht ist durch § 293 e Abs. 2 S. 1 Schriftform vorgeschrieben. Dies bedeutet, daß der Prüfungsbericht grundsätzlich von dem oder den Vertragsprüfern unterschrieben werden muß (§ 126 Abs. 1 BGB). Für die elektronische Form anstelle

---

[1] Insbes. MünchKommAktG/*Altmeppen* Rdnr. 2, 15–17; *ders.* ZIP 1998, 1853 ff.   [2] S. schon § 293 b Rdnr. 4; *Hüffer* Rdnr. 1.

der Schriftform dürfte hier nach dem Zweck der ganzen Regelung (Rdnr. 4) kein Raum sein (§ 126 Abs. 3 BGB). Sie verbietet sich schon aufgrund der Auslegungspflicht der §§ 293 f Abs. 1 Nr. 3 und 293 g Abs. 1. Aus § 293 e Abs. 2 iVm. § 293 a Abs. 3 ist vielmehr der Schluß zu ziehen, daß eine andere Form als die Schriftform, insbes. eine mündliche Berichterstattung nur in Betracht kommt, wenn sämtliche Anteilsinhaber aller beteiligten Unternehmen durch öffentlich beglaubigte Erklärung auf die schriftliche Abfassung des Berichts verzichten (s. Rdnr. 22). Da Auftraggeber der Vertragsprüfer die abhängige Gesellschaft ist, und zwar letzlich auch, wenn die Vertragsprüfer vom Gericht bestellt worden sind (§ 293 c Abs. 1 S. 1), ist der schriftliche Bericht nach seiner Unterzeichnung der abhängigen Gesellschaft vorzulegen, die ihn sodann dem anderen Vertragsteil zuzuleiten hat.[3] **Mehrere** Prüfer (s. §§ 293 b Abs. 1, 293 c Abs. 1) können den Bericht entsprechend § 12 Abs. 1 S. 2 UmwG auch gemeinsam erstatten.[4]

Für die äußere **Gliederung** des Prüfungsberichts sowie für den Text der Abschlußerklä- 8 rung fehlen gesetzliche Vorgaben, so daß die Prüfer darüber unter Berücksichtigung des Gesetzeszweckes (Rdnr. 4) nach ihrem Ermessen entscheiden können.[5] Das Institut der Wirtschaftsprüfer hat hierfür Vorschläge erarbeitet, die in der Praxis bei der Abfassung der Prüfungsberichte, früher nach § 340 b Abs. 4 AktG und heute nach § 12 UmwG, offenbar weitgehend befolgt werden.[6] Diese Vorschläge können auch im Rahmen des § 293 e (sinngemäß) herangezogen werden, jedenfalls, soweit es um die Prüfung von Beherrschungs- und Gewinnabführungsverträgen geht, auf die sich ohnehin die gesetzliche Regelung im wesentlichen oder sogar ganz beschränkt (Rdnr. 3, 20).

3. Bericht über die Bewertungsmethoden (§ 293 e Abs. 1 S. 3). a) Nr. 1. In dem 9
Prüfungsbericht muß nach einer Beschreibung des fraglichen Vertrages zunächst angegeben werden, nach welchen „Methoden" Ausgleich und Abfindung in dem Vertrag ermittelt worden sind (vgl. auch § 12 Abs. 2 S. 2 Nr. 1 UmwG). Der Begriff „Methoden", der sonst der Gesetzessprache fremd ist, kann in verschiedener Weise interpretiert werden. Man kann darunter zunächst (nur) die sogenannte „Wertkategorie" verstehen, d. h. die generelle Methode, nach der die Unternehmensbewertung, soweit erforderlich, erfolgt ist, wobei in erster Linie an den Gegensatz zwischen der Ertragswert-, der Substanzwert- oder der Liquidationswertmethode gedacht ist.[7] Bei solchem Verständnis des Begriffs liefe die Berichtpflicht indessen weitgehend leer, da heute im Rahmen der nach den §§ 304 und 305 erforderlichen Unternehmensbewertung die Ertragswertmethode nahezu ausschließlich das Feld behauptet.[8] Die Folge wäre nämlich, daß sich der Prüfungsbericht auf die – weithin selbstverständliche – Angabe beschränken könnte, daß (auch) im vorliegenden Fall die Ertragswertmethode angewandt worden sei, ohne daß damit für die Aktionäre irgendetwas gewonnen wäre.[9]

Zu Recht wird deshalb überwiegend verlangt, den Begriff der Methode hier in einem 10 anderen (weiteren) Sinne zu verstehen, nämlich iSd. *jeweiligen Vorgehensweise* in den vielen Zweifelsfragen, die auch die Ertragswertmethode nach wie vor aufwirft.[10] Beispiele sind die „Methoden", die bei der Abschätzung der zukünftigen Erträge angewandt wurden (pauschale oder analytische Methoden, Phasenmethoden), die Bestimmung der Zu- und Abschläge bei dem Kapitalisierungszinsfuß, die Abgrenzung des nicht betriebsnotwendigen

---

[3] *Hüffer* Rdnr. 2; aA MünchKommAktG/*Altmeppen* Rdnr. 4.

[4] MünchKommAktG/*Altmeppen* Rdnr. 3.

[5] MünchKommAktG/*Altmeppen* Rdnr. 6 f.

[6] IdW Wpg 1989, 42; *Schmitt/Hörtnagl/Stratz* UmwR § 12 Rdnr. 5; *Hannappel* in Goutier/Knopf/Tulloch Umwandlungsrecht § 12 Rdnr. 21 ff.; *Hüffer* Rdnr. 3; *Humbeck* BB 1995, 1893, 1897 f.; *Sagasser/Bula/Brünger* Umwandlungen Tz. J 110 ff. (S. 204 ff.).

[7] So *Grunewald* in Geßler/Hefermehl § 340 b Rdnr. 15; *Lutter* UmwG § 12 Rdnr. 7 f.; *Rodewald* BB 1992, 237, 240 f.

[8] S. § 305 Rdnr. 53; so in der Tat *Lutter* UmwG § 12 Rdnr. 7.

[9] So MünchKommAktG/*Altmeppen* Rdnr. 9.

[10] *Dirrigl* Wpg 1989, 454, 456 ff.; 1989, 618; *Hannappel* (Fn. 6) § 12 Rdnr. 12–15; *Hüffer* Rdnr. 4 f.; *Kraft* in Kölner Kommentar § 340 b Rdnr. 15; enger MünchKommAktG/*Altmeppen* Rdnr. 8 ff.; *Sagasser/Bula/Brünger* Umwandlungen Tz. J 114 ff. (S. 206 f.).

Vermögens, die Festlegung des Liquidationswerts als Untergrenze des Unternehmenswerts sowie die Berücksichtigung und gegebenenfalls Ermittlung der sogenannten Synergieeffekte. Es liegt auf der Hand, daß sich die Aktionäre ein eigenes Plausibilitätsurteil über die Angemessenheit von Ausgleich und Abfindung nur bilden können, wenn ihnen über diese grundlegenden Fragen gleichfalls in der gebotenen Kürze die nötigen Mitteilungen gemacht werden. Nur dann kann aber auch der Gesetzeszweck (Rdnr. 4), wenn überhaupt, erreicht werden.[11] Offenkundig geht auch das Gesetz hiervon aus, wie aus § 293 e Abs. 1 S. 3 Nr. 3 Halbs. 2 zu folgern ist, wo ausdrücklich bestimmt ist, daß im einzelnen darzulegen ist, welches Gewicht den verschiedenen Methoden bei der Bestimmung von Ausgleich und Abfindung *und* der ihnen zugrundeliegenden Werte beigemessen wurde; dies aber ist ohne Mitteilung dieser Werte unmöglich (s. Rdnr. 13). In dieselbe Richtung weist die Nr. 2 des § 293 e Abs. 1 S. 3 (Rdnr. 11).

11   **b) Nr. 2.** Nach der Nr. 2 des § 293 e Abs. 1 S. 3 (vgl. § 12 Abs. 2 S. 2 Nr. 2 UmwG) muß der Prüfungsbericht bei Beherrschungs- und Gewinnabführungsverträgen außerdem die Angabe enthalten, aus welchen Gründen die Anwendung dieser Methoden, d. h. der Methoden zur Ermittlung von Ausgleich und Abfindung nach der Nr. 1 der Vorschrift, „angemessen" ist. Dies kann, wie schon ausgeführt (Rdnr. 9 f.), nicht bedeuten, daß sich der Prüfungsbericht (wieder einmal) zur Angemessenheit der ohnehin durchweg gewählten Ertragswertmethode äußern müßte; vielmehr ist damit gesagt, daß der Prüfungsbericht Angaben darüber zu enthalten hat, aus welchen Gründen in den Augen der Vertragsprüfer die einzelnen im Rahmen der Ertragswertmethode gewählten Bewertungsverfahren nach den Umständen des Falles angemessen, d. h. **sachgerecht** sind, wobei insbes. an die Erläuterung der Höhe des Kapitalisierungszinssatzes, der Prognose der zukünftigen Erträge, der Abgrenzung des nicht betriebsnotwendigen (neutralen) Vermögens sowie der Berücksichtigung der Synergieeffekte zu denken ist (s. Rdnr. 10).[12]

12   **c) Nr. 3.** In der Nr. 3 des § 293 e Abs. 1 S. 3 verlangt das Gesetz in Übereinstimmung mit § 12 Abs. 2 Nr. 3 UmwG schließlich noch Angaben darüber, welcher Ausgleich oder welche Abfindung sich bei Anwendung verschiedener Methoden, sofern mehrere angewandt wurden, jeweils ergäbe; dabei ist zugleich darzulegen, welches Gewicht den verschiedenen Methoden bei der Bestimmung des vorgeschlagenen Ausgleichs oder der vorgeschlagenen Abfindung und der ihnen zugrundeliegenden Werte beigemessen wurde und welche besonderen Schwierigkeiten bei der Bewertung der vertragschließenden Unternehmen aufgetreten sind.

13   Auch die in der Nr. 3 des § 293 e Abs. 1 S. 3 geforderten Einzelangaben machen nur Sinn, wenn man den Begriff der Methoden in § 293 e Abs. 1 S. 3 in dem hier befürworteten weiteren Sinne versteht (Rdnr. 10). Denn da in der Praxis ohnehin fast nur noch die Ertragswertmethode angewandt wird, wäre andernfalls nicht verständlich, warum das Gesetz hier so ausführliche Angaben über die verschiedenen Methoden (Plural!) verlangt, die bei der Ermittlung von Ausgleich und Abfindung angewandt wurden. Folglich können damit nach dem Gesagten (Rdnr. 10) sinnvollerweise nur die verschiedenen Bewertungsverfahren *innerhalb* der Ertragswertmethode gemeint sein, zB zur Bestimmung des Kapitalisierungszinssatzes oder zur Abschätzung der zukünftigen Erträge. Es liegt auf der Hand, daß die Aktionäre ein legitimes Interesse daran haben, über die Vorgehensweise bei der Unternehmensbewertung in diesen Fragen ebenso wie darüber informiert zu werden, welche Unterschiede sich für die Bestimmung von Ausgleich und Abfindung bei Anwendung der alternativen Methoden ergeben.

14   Umstritten ist, ob die Prüfer außerdem gegebenenfalls Vergleichs- oder **Alternativrechnungen** vorzunehmen haben; überwiegend wird die Frage bisher verneint.[13] Tatsächlich

---

[11] So auch MünchKommAktG/*Altmeppen* Rdnr. 12 f.; im Ergebnis wohl auch *Hüffer* (vorige Fn.); s. auch Rdnr. 18.

[12] Ebenso *Dirrigl* WpG 1989, 454, 459 f.; 1989, 617, 620.

[13] *Schmitt/Hörtnagl/Stratz* UmwR § 12 Rdnr. 9; *Lutter* UmwG § 12 Rdnr. 8.

läßt sich die Frage bei Berücksichtigung des Zwecks der Regelung (Rdnr. 4) nur im Einzelfall entscheiden; danach sind Alternativrechnung jedenfalls dann erforderlich, wenn die Vertragsprüfer nur auf ihrer Grundlage den Aktionären ihr Urteil über die Angemessenheit von Ausgleich und Abfindung plausibel machen können. Darauf deutet auch der Umstand hin, daß das Gesetz in § 293 e Abs. 1 S. 3 Nr. 3 Halbs. 2 ausdrücklich die Darlegung verlangt, welches „Gewicht" den verschiedenen Methoden bei der Bestimmung von Ausgleich und Abfindung sowie bei der Bestimmung der zugrundeliegenden Werte beigemessen wurde.[14]

Das Gesetz fordert schließlich noch Angaben darüber, welche besonderen **Schwierig-** **15** **keiten** bei der Bewertung der vertragschließenden Unternehmen aufgetreten sind (§ 293 e Abs. 1 S. 3 Nr. 3 Halbs. 2 zweite Alternative). Zu denken ist hier einmal an besondere (zusätzliche) Probleme, auf die die Anwendung der Ertragswertmethode in einzelnen Branchen oder bei einzelnen Unternehmen wegen ihrer ungesicherten Perspektiven treffen kann, zum anderen an Schwierigkeiten, auf die die Prüfer bei der Beschaffung der nötigen Informationen gestoßen sind.[15]

4. Zusätzliche Angaben? Das Gesetz verlangt in § 293 e Abs. 1 einen Bericht über das **16** „Ergebnis der Prüfung" in Verbindung mit einer Erklärung der Prüfer über die Angemessenheit von Ausgleich und Abfindung (S. 1 und 2 aaO) und fügt sodann (S. 3 aaO) hinzu, daß „dabei" die bereits im einzelnen geschilderten Angaben über die Bewertungsmethoden zu machen sind (Rdnr. 9 ff.). Abweichend von vergleichbaren Bestimmungen fehlt in diesem Zusammenhang in § 293 e Abs. 1 indessen auffälligerweise der Zusatz „insbesondere". Deshalb ist umstritten, ob es sich bei dem Prüfungsbericht nach § 293 e um einen reinen *Ergebnisbericht* handelt, der sich auf die in Gesetz vorgeschriebenen Angaben beschränken kann,[16] oder ob es sich bei diesen um bloße Mindestangaben handelt, so daß die Prüfer in ihrem Bericht gegebenenfalls zu *weiteren* Erläuterungen, insbes. an Hand einzelner Planzahlen und sonstiger Daten, verpflichtet sind, soweit erforderlich, um den Aktionären ihr abschließendes Urteil über die Angemessenheit von Ausgleich und Abfindung plausibel zu machen.[17]

Die Beantwortung dieser Frage (Rdnr. 16) hängt letztlich davon ab, ob die Aktionäre **17** nach dem Zweck der gesetzlichen Regelung (Rdnr. 4) „blind" auf das Urteil der sachverständigen Prüfer über die Angemessenheit von Ausgleich und Abfindung vertrauen sollen – dann sind alle weiteren Angaben entbehrlich – oder ob ihnen der Prüfungsbericht dieses Urteil der Prüfer außerdem wenigstens in seinen Grundzügen **plausibel** machen soll. Richtig kann nur die zweite, weitergehende Meinung sein.[18] Dies folgt bereits aus der einfachen Überlegung, daß andernfalls das Gesetz ohne weiteres in der Lage gewesen wäre, sich mit dem bloßen Testat der Prüfer nach § 293 e Abs. 1 S. 2 zu begnügen, etwa als Schlußerklärung zu dem Vertragsbericht des Vorstands gemäß § 293 a. Genau dies ist indessen nicht der Inhalt der gesetzlichen Regelung; das Gesetz verlangt vielmehr einen eigenständigen Bericht der Prüfer über das „Ergebnis" ihrer Prüfung in Verbindung mit ausführlichen Angaben über die angewandten Methoden und deren Bedeutung (§ 293 e

---

[14] Ebenso wohl *Hüffer* Rdnr. 5.
[15] S. MünchKommAktG/*Altmeppen* Rdnr. 10; *Schmitt/Hörtnagl/Stratz* UmwR § 12 Rdnr. 9; *Lutter* UmwG § 12 Rdnr. 9.
[16] So insbes. OLG Hamm AG 1989, 31, 33 = WM 1988, 1164 „Kochs Adler/Dürkopp Werke" (aufgehoben durch BGHZ 107, 296 = NJW 1989, 2689 aus anderen Gründen); *Schmitt/Hörtnagl/Stratz* UmwR § 12 Rdnr. 11; *Grunewald* in Geßler/Hefermehl § 340 b Rdnr. 17; *Hüffer* Rdnr. 6; *Kraft* in Kölner Kommentar § 340 b Rdnr. 14; MünchHdb. AG/*Krieger* § 70 Rdnr. 37; *Lutter* UmwG § 12 Rdnr. 10; *Meyer zu Lösebeck* Wpg 1989, 499, 500; *Rodewald* BB 1992, 237, 240.

[17] So auch OLG Karlsruhe AG 1990, 35, 37 f. = WM 1989, 1134 „SEN" (aufgehoben durch BGH LM AktG § 340 a Nr. 3 = NJW-RR 1991, 358 = AG 1991, 102 aus anderen Gründen); LG Frankenthal AG 1990, 549, 551 „Hypothekenbank-Schwestern"; LG Berlin AG 1996, 230, 232 „Brau & Brunnen"; *W. Bayer* AG 1988, 323, 328; vgl. auch *R. Becker* AG 1988, 223, 225 f.; *Müller* in Kallmeyer UmwG § 12 Rdnr. 9.
[18] Ebenso MünchKommAktG/*Altmeppen* Rdnr. 11–13; s. schon Rdnr. 11.

Abs. 1 S. 1 und 3 Nr. 1). Solche Angaben machen jedoch offenkundig nur Sinn, wenn sie es den Aktionären ermöglichen sollen, sich ein *eigenes* Urteil über die *Plausibilität* der den Vorschlägen für Ausgleich und Abfindung zugrundeliegenden Unternehmensbewertungen zu bilden (Rdnr. 4, 10). Dazu gehört dann aber auch gegebenenfalls die *Angabe von Daten* einschließlich etwaiger Planzahlen, worauf das Gesetz selbst an zwei Stellen hindeutet, zunächst in § 293 e Abs. 1 S. 3 Nr. 3 Halbs. 2 durch die Bezugnahme auf die dem Vorschlag von Abfindung und Ausgleich zugrundeliegenden Werte und sodann durch die Schutzklausel des § 293 a Abs. 2 S. 1 iVm. § 293 e Abs. 2, die andernfalls entbehrlich wäre.[19]

18   Soweit die hiernach (Rdnr. 17) erforderlichen zusätzlichen Angaben bereits in dem Vertragsbericht des § 293 a enthalten sind (der seinerseits nicht Prüfungsgegenstand ist), können die Prüfer in ihrem Bericht darauf verweisen (s. § 293 a Rdnr. 24 ff.). Sofern jedoch die Prüfer erst aufgrund von ihnen selbst erhobener Daten zu demselben Ergebnis wie der Vorstand gelangt sind, liegt es auf der Hand, daß sie hierüber nach § 293 e die Aktionäre informieren müssen (s. auch Rdnr. 23).

19   **5. Vollständigkeit und Richtigkeit der in dem Unternehmensvertrag enthaltenen Angaben?** Anders als im Umwandlungsrecht (§ 12 UmwG) ist bei Unternehmensverträgen praktisch kein Raum für die zusätzliche Prüfung der Vollständigkeit und Richtigkeit der in dem Vertrag enthaltenen Angaben (s. § 293 b Rdnr. 15). Folglich kann hierüber auch nicht in dem Bericht nach § 293 e berichtet werden.[20] Namentlich verbietet sich von selbst ein sogenanntes juristisches Testat nach § 293 e Abs. 1 S. 2, etwa über die Wirksamkeit eines Unternehmensvertrages oder die Zulässigkeit der in ihm enthaltenen einzelnen Vertragsklauseln. Die notwendige Folge ist, daß bei den *anderen Unternehmensverträgen* des § 292 die Berichtspflicht, wie bereits betont (Rdnr. 3), im Ergebnis leerläuft. Die zum Teil geforderte Angabe, daß Ausgleich und Abfindung nicht geschuldet seien,[21] ist ohne Sinn. Auch die gelegentlich statt dessen angeregte Stellungnahme der Vertragsprüfer zu dem Vertragsbericht nach § 293 a[22] ist ohne Grundlage im Gesetz. Daraus kann man nur den Schluß ziehen, daß sich der Anwendungsbereich des § 293 e tatsächlich auf die Unternehmensverträge des § 291 beschränkt (Rdnr. 3).

III. Ausnahmen, Schranken

20   **1. 100%ige Tochtergesellschaften.** Keine Prüfungspflicht besteht nach § 293 b Abs. 1 Halbs. 2 bei 100%igen Tochtergesellschaften (s. § 293 b Rdnr. 10). Folglich entfällt bei Abschluß eines Unternehmensvertrags mit einer derartigen Tochtergesellschaft auch die Berichtspflicht nach § 293 e.

21   **2. Verzicht.** Ein besonderer schriftlicher Prüfungsbericht ist nach § 293 e Abs. 2 iVm. § 293 a Abs. 3 außerdem entbehrlich, wenn sämtliche Anteilsinhaber der beteiligten Unternehmen auf die schriftliche Erstattung eines besonderen Prüfungsberichts durch öffentlich beglaubigte Erklärung verzichten, etwa, weil ihnen ein mündlicher Bericht der Vertragsprüfer über das Ergebnis ihrer Prüfung genügt (s. Rdnr. 7). Der Gesetzgeber wollte dadurch den Beteiligten einen Weg eröffnen, die oft erheblichen Kosten eines schriftlichen Prüfungsberichts einzusparen.[23]

22   **3. Schutzklausel.** Soweit der Prüfungsbericht zusätzlich tatsächliche Angaben enthält (Rdnr. 17 ff.), ist schließlich auch Raum für die Anwendung der Schutzklausel des § 293 a Abs. 2 (§ 293 e Abs. 2; s. § 293 a Rdnr. 30 ff.). Solche Tatsachen dürfen daher in den Bericht nicht aufgenommen werden, wenn ihr Bekanntwerden geeignet ist, einem der

[19] Dagegen *Lutter* UmwG § 12 Rdnr. 10.
[20] S. *Bungert* DB 1995, 1384, 1391; *Hüffer* Rdnr. 8.
[21] So *Hüffer* Rdnr. 8.
[22] So LG Berlin AG 1996, 230, 232 f. „Brau & Brunnen"; hilfsweise auch MünchKommAktG/*Altmeppen* Rdnr. 17.

[23] S. im einzelnen § 293 a Rdnr. 34 ff., § 293 b Rdnr. 11; MünchKommAktG/*Altmeppen* Rdnr. 21 f.; *Schmitt/Hörtnagl/Stratz* UmwR § 12 Rdnr. 16; *Hüffer* Rdnr. 10; *Lutter* UmwG § 12 Rdnr. 14.

vertragschließenden Unternehmen oder einem mit diesem verbundenen Unternehmen einen nicht unerheblichen Nachteil zuzufügen; jedoch sind in diesem Fall die maßgeblichen Gründe für den Verzicht auf die Aufnahme der Tatsachen in dem Bericht im einzelnen darzulegen. Die Prüfer sind unter den Voraussetzungen der Schutzklausel des § 293 a Abs. 2 zur Geheimhaltung der fraglichen Tatsachen nicht nur berechtigt, sondern gegenüber dem Vertragsparteien auch verpflichtet, so daß sie sich bei einem Verstoß gegen diese Pflicht schadensersatzpflichtig machen können (§ 293 c Abs. 2 AktG iVm. § 323 HGB).[24]

IV. Rechtsfolgen

Die Aktionäre sind nicht an das Urteil der Vertragsprüfer über die Angemessenheit von **23** Ausgleich und Abfindung gebunden. Selbst wenn die Prüfer die Angemessenheit verneinen, können sie den Vertrag nach § 293 billigen. Die überstimmte Minderheit behält jedoch die Möglichkeit, ein Spruchstellenverfahren nach § 306 zu beantragen.[25] Der Zustimmungsbeschluß ist außerdem anfechtbar, wenn der Prüfungsbericht ganz fehlt oder dem Gesetz widerspricht, vor allem also, wenn er unvollständig ist (§ 243).[26]

Der Prüfungsbericht ist nicht dem Registergericht vorzulegen (s. § 294 Abs. 1 S. 2). Sein **24** Fehlen oder seine Unvollständigkeit löst daher nicht automatisch eine Registersperre aus. Wenn jedoch das Registergericht aufgrund der ihm von Amts wegen obliegenden Ermittlungen (§ 12 FGG) feststellt, daß der Prüfungsbericht fehlt oder unvollständig ist, steht fest, daß das Verfahren bei der Beschlußfassung über den Unternehmensvertrag nicht dem Gesetz entsprach, so daß die Eintragung des Vertrags abzulehnen ist.[27] Die Prüfer machen sich außerdem ersatzpflichtig, wenn sie bei der Erstattung des Berichts gegen ihre gesetzlichen Pflichten verstoßen (§ 293 d Abs. 2 AktG iVm. § 323 HGB; s. Rdnr. 23).

§ 293 f Vorbereitung der Hauptversammlung

(1) Von der Einberufung der Hauptversammlung an, die über die Zustimmung zu dem Unternehmensvertrag beschließen soll, sind in dem Geschäftsraum jeder der beteiligten Aktiengesellschaften oder Kommanditgesellschaften auf Aktien zur Einsicht der Aktionäre auszulegen

1. der Unternehmensvertrag;

2. die Jahresabschlüsse und die Lageberichte der vertragschließenden Unternehmen für die letzten drei Geschäftsjahre;

3. die nach § 293 a erstatteten Berichte der Vorstände und die nach § 293 e erstatteten Berichte der Vertragsprüfer.

(2) Auf Verlangen ist jedem Aktionär unverzüglich und kostenlos eine Abschrift der in Absatz 1 bezeichneten Unterlagen zu erteilen.

Schrifttum: S. bei § 293 a sowie *Altmeppen*, Zum richtigen Verständnis der neuen §§ 293 a bis 293 g AktG, ZIP 1998, 1853; *Emmerich/Sonnenschein/Habersack* Konzernrecht § 17 IV (S. 241 ff.); MünchHdb. AG/*Krieger* § 70 Rdnr. 38 ff. (S. 1033 ff.); *Leuering*, Die Erteilung von Abschriften an Aktionäre, ZIP 2000, 2053; *Vetter*, Auslegung der Jahresabschlüsse für das letzte Geschäftsjahr zur Vorbereitung von Strukturbeschlüssen, NZG 1999, 925.

1. Überblick. Die Vorschrift regelt im Interesse der umfassenden Information der **1** Aktionäre die Auslegungspflichten, die die beteiligten Gesellschaften zur Vorbereitung

---

[24] MünchKommAktG/*Altmeppen* Rdnr. 20; s. Rdnr. 25.

[25] MünchKommAktG/*Altmeppen* Rdnr. 24; *Schmitt/Hörtnagl/Stratz* UmwR § 12 Rdnr. 17; *Kraft* in Kölner Kommentar § 340 b Rdnr. 17.

[26] LG Berlin AG 1996, 230, 232 „Brau & Brunnen"; MünchKommAktG/*Altmeppen* Rdnr. 23 f.;

Schmitt/Hörtnagl/Stratz UmwR § 12 Rdnr. 18; *Grunewald* in Geßler/Hefermehl AktG § 340 b Rdnr. 21; *Humbeck* BB 1995, 1893, 1898; *Kraft* in Kölner Kommentar § 340 b Rdnr. 29; *Lutter* UmwG § 12 Rdnr. 17.

[27] MünchKommAktG/*Altmeppen* Rdnr. 22; *Humbeck* BB 1995, 1893, 1898.

derjenigen Hauptversammlung treffen, die nach § 293 über die Zustimmung zu einem Unternehmensvertrag beschließen soll (s. auch Rdnr. 9). Auszulegen sind danach grundsätzlich der Unternehmensvertrag, die Jahresabschlüsse und Lageberichte der Vertragsparteien für die letzten drei Geschäftsjahre sowie der Vertrags- und der Prüfungsbericht (Nrn. 1 bis 3 des § 293 f Abs. 1). Eine vergleichbare Regelung enthielt bereits seit 1965 § 293 Abs. 3 S. 2 und 3 aF; jedoch beschränkte sich damals noch die Vorlagepflicht auf den Unternehmensvertrag (heute Nr. 1 des § 293 f Abs. 1). Die Ausdehnung der Auslegungspflicht auf die weiteren in den Nrn. 2 und 3 des § 293 f Abs. 1 genannten Unterlagen folgte erst im Jahre 1994, wobei Vorbild diesmal der frühere § 340 b Abs. 2 und 4 AktG in der Fassung von 1982 war, an dessen Stelle jetzt § 63 UmwG getreten ist. Die sich aus § 293 f ergebenden Pflichten der Vorstandsmitglieder der beteiligten Gesellschaften können nach § 407 Abs. 1 S. 1 AktG vom Registergericht durch Festsetzung von Zwangsgeldern durchgesetzt werden. Vergleichbare Regelungen finden sich für die Eingliederung in den §§ 319 Abs. 3 und 320 Abs. 4 sowie für den Ausschluß von Minderheitsaktionären in § 327 c Abs. 3 und 4. § 293 f ist zusammen mit § 293 g ferner entsprechend anwendbar, wenn der Vorstand nach § 119 Abs. 2 die Billigung anderer Verträge der Hauptversammlung überträgt.[1]

2   Nach ihrem Wortlaut bezieht sich die Vorschrift des § 293 f auf sämtliche Unternehmensverträge der §§ 291 **und** 292. Soweit freilich die Anwendbarkeit der §§ 293 a ff. auf die anderen Unternehmensverträge des § 292 verneint wird, ist naturgemäß auch kein Raum für die Auslegung des Vertragsberichts (§ 293 a) und des Prüfungsberichts (§ 293 e).[2] Für den Prüfungsbericht dürfte dieser Meinung in der Tat zu folgen sein (s. § 293 e Rdnr. 3). Richtig ist ferner, daß die Pflicht zur Auslegung der Jahresabschlüsse und der Lageberichte nach der Nr. 2 des § 293 f Abs. 1 bei den anderen Unternehmensverträgen des § 292 in der Regel wenig Sinn machen dürfte.[3] Unberührt bleibt aber auch bei diesen die Pflicht zur Auslegung des Unternehmensvertrags selbst (§ 293 f Abs. 1 Nr. 1).

3   **2. Auslegungspflicht.** § 293 f Abs. 1 regelt die Verpflichtung jeder beteiligten AG oder KGaA zur Auslegung bestimmter Unterlagen vom Tag der Einberufung der Hauptversammlung an, die nach § 293 Abs. 1 **oder** Abs. 2 über die Zustimmung zu einem Unternehmensvertrag beschließen soll. Eine vergleichbare Regelung für die Einberufung der Hauptversammlung zur Beschlußfassung über die Verwendung des Bilanzgewinns findet sich in § 175 Abs. 2, der insoweit als Vorbild gedient haben dürfte.[4] Die *Einberufung* der Hauptversammlung selbst richtet sich nach den §§ 121 ff., wobei namentlich § 124 Abs. 2 S. 2 zu beachten ist, nach dem in der Einberufung mit der Tagesordnung auch der wesentliche Inhalt des Vertrags bekannt zu machen ist.[5] Dazu gehören insbes. alle den fraglichen Vertrag im positiven und negativen Sinne kennzeichnenden Punkte.[6] Es stellt daher einen Verstoß gegen § 124 Abs. 2 S. 2 dar, der zur Anfechtbarkeit des späteren Hauptversammlungsbeschlusses führt (§ 243 Abs. 1), wenn die Bekanntmachung wichtiger Punkte erst später nachgeschoben wird.[7]

4   **a) Auslegung.** Vom Tag der Einberufung an besteht die Auslegungspflicht aufgrund des § 293 f Abs. 1 Halbs. 1 in einem **„Geschäftsraum"** jeder der beteiligten Gesellschaften. Offen bleibt dabei aber, welcher „Geschäftsraum" von möglicherweise vielen Geschäftsräumen der Gesellschaft gemeint ist. Nach überwiegender Meinung hat das Gesetz hier nur einen Geschäftsraum am Sitz der Hauptverwaltung der Gesellschaft im Auge im Gegensatz zu Geschäftsräumen des Vorstands (die sich an einem anderen Ort befinden können) oder

---

[1] MünchKommAktG/*Altmeppen* Rdnr. 2, 15–17; *ders.* ZIP 1998, 1853 ff.

[2] So *Altmeppen* ZIP 1998, 1853, 1865.

[3] *Altmeppen* (vorige Fn.); MünchKommAktG/ *Altmeppen* Rdnr. 2; *Hüffer* Rdnr. 4.

[4] S. die Begr. zum RegE bei *Kropff* AktG S. 381 unten.

[5] S. LG Hanau AG 1996, 184, 185; LG Nürnberg-Fürth AG 1995, 141 = DB 1994, 1869 „Hertel"; *Schmitt/Hörtnagel/Stratz* Umwandlungsrecht § 63 Rdnr. 2;

[6] LG Nürnberg-Fürth (vorige Fn.).

[7] LG Nürnberg-Fürth AG 1995, 141 f. = DB 1994, 1869 „Hertel"; MünchKommAktG/*Altmeppen* Rdnr. 3.

am Sitz der Gesellschaft (§ 5).[8] Der Geschäftsraum muß außerdem für die Aktionäre während der üblichen Geschäftsstunden ohne weiteres zugänglich sein. Die Gesellschaft kann aber verlangen, daß sich der Aktionär, der dort in die in § 293 f genannten Unterlagen Einsicht nehmen will, als solcher ausweist, zB durch die Vorlage einer Hinterlegungsbescheinigung.[9]

In der Einberufung sollte zweckmäßigerweise auf die Auslegung der Unterlagen nach **5** § 293 f Abs. 1 und auf die Möglichkeit, auf Verlangen Abschriften zu erhalten (§ 293 f Abs. 2), hingewiesen werden.[10] Statt dessen kann ein kurzer Vertragsbericht (§ 293 a) oder ein kurzer Prüfungsbericht (§ 293 e) auch gleich in der Einladung zur Hauptversammlung mit abgedruckt werden, wodurch jedenfalls den Anforderungen des § 293 f Abs. 2 Genüge getan sein dürfte.[11]

b) Verpflichtete. Die Pflichten aus § 293 f treffen unter den Voraussetzungen des § 293 **6** Abs. 1 und 2 die an dem Unternehmensvertrag beteiligten Gesellschaften und sind durch deren Vorstände bzw. bei einer KGaA durch die persönlich haftenden Gesellschafter zu erfüllen (§§ 278 Abs. 2, 283, 407 Abs. 1 S. 1). Gemeint sind damit diejenigen vertragschließenden Gesellschaften, deren Hauptversammlungen nach § 293 Abs. 1 *oder* 2 zustimmen müssen (vgl. § 293 Abs. 3 S. 2 aF).[12] Dies sind in jedem Fall die abhängige Gesellschaft bzw. diejenige Gesellschaft, die die vertragstypischen Leistungen erbringt, sowie bei Abschluß eines Beherrschungs- oder Gewinnabführungsvertrages auch der andere Vertragsteil, sofern er die Rechtsform einer AG oder KGaA hat (§ 293 Abs. 2). Soweit die §§ 293 ff. auf andere Unternehmen entsprechend anwendbar sind, ist jedenfalls die Auslegung des Unternehmensvertrages von der Einberufung der Gesellschafterversammlung an zu beachten (§ 49 GmbHG; § 119 HGB, beide iVm. dem entsprechend anwendbaren § 293 f Abs. 1 Nr. 1 AktG).

c) Gegenstand. Auszulegen ist nach der *Nr. 1* des § 293 f Abs. 1 zunächst der *Unternehmensvertrag*, und zwar der gesamte Vertrag einschließlich aller Nebenabreden und Anlagen, die mit dem Vertrag eine rechtliche Einheit iSd. § 139 BGB bilden; vermeintlich unwesentliche Nebenabreden oder Anlagen dürfen nicht weggelassen werden.[13] Auszulegen sind ferner gemäß § 293 f Abs. 1 **Nr. 2** jedenfalls bei den Verträgen des § 291 (s. Rdnr. 2) die *Jahresabschlüsse* und die *Lageberichte* der vertragsschließenden Unternehmen für die letzten drei Geschäftsjahre, soweit es solche nach der Rechtsform der Vertragsparteien überhaupt gibt, nicht also, wenn herrschendes Unternehmen ein eingetragener Verein oder eine Stiftung ist.[14]

Das Gesetz spricht in § 293 f Abs. 1 Nr. 2 von den „letzten drei Geschäftsjahren", ohne **8** indessen klarzustellen, nach welchen Kriterien das letzte maßgebliche Geschäftsjahr bestimmt werden soll.[15] Gemeint sein kann gleichermaßen das letzte Geschäftsjahr, für das ein Jahresabschluß tatsächlich aufgestellt oder auch festgestellt wurde (s. § 264 Abs. 1 S. 2 HGB; §§ 172, 173 HGB), wie das letzte Jahr, für das dies nach den genannten Vorschriften geschehen mußte, mag es auch, aus welchen Gründen immer, nicht geschehen sein. Aus praktischen Gründen wird überwiegend das letztere angenommen.[16] Folgt in diesem Fall die Aufstellung oder Feststellung des letzten Jahresabschlusses der Einberufung nach, so bleibt immer noch § 293 g Abs. 1 (Auslegung in der Hauptversammlung) zu beachten.[17]

---

[8] *Grunewald* in Lutter UmwG § 63 Rdnr. 2; *Hüffer* § 175 Rdnr. 5; *Marsch-Barner* in Kallmeyer UmwG § 63 Rdnr. 2; MünchHdb. AG *Krieger* § 70 Rdnr. 39; großzügiger MünchKommAktG/*Altmeppen* Rdnr. 3.

[9] *Hüffer* § 175 Rdnr. 6; *Marsch-Barner* (vorige Fn.).

[10] S. *Humbeck* BB 1995, 1449, 1450; MünchHdb. AG/*Krieger* § 70 Rdnr. 39.

[11] S. *Humbeck* (vorige Fn.).

[12] S. Rdnr. 2; *Hüffer* Rdnr. 1, 2; *Koppensteiner* in Kölner Kommentar § 293 Rdnr. 20; MünchHdb. AG/*Krieger* § 70 Rdnr. 38.

[13] *Koppensteiner* in Kölner Kommentar § 293 Rdnr. 19.

[14] *Grunewald* in Lutter UmwG § 63 Rdnr. 3; MünchHdb. AG/*Krieger* § 70 Rdnr. 40; *Marsch-Barner* in Kallmeyer UmwG § 63 Rdnr. 3.

[15] Ausführlich *J. Vetter* NZG 1999, 925 ff.

[16] MünchKommAktG/*Altmeppen* Rdnr. 6; *J. Vetter* NZG 1999, 925, 729; anders MünchHdb. AG/*Krieger* § 70 Rdnr. 40.

[17] *J. Vetter* NZG 1999, 925, 929.

9   Auszulegen sind schließlich noch nach der *Nr. 3* des § 293 f Abs. 1 der *Vertragsbericht* (§ 293 a) und der *Prüfungsbericht* (§ 293 e), vorausgesetzt, daß solche Berichte überhaupt erstattet worden sind (s. Rdnr. 2), nicht also in den Fällen der §§ 293 a Abs. 3, 293 b Abs. 2 und 293 e Abs. 2. Die Auslegung dieser Unterlagen ist in der Tat unerläßlich, wenn bei den Verträgen des § 291 die mit der Einführung des Vertragsberichts und der Vertragsprüfung bezweckte Information der Aktionäre erreicht werden soll. **Zweck** der ganzen Regelung ist der umfassende Schutz der Aktionäre durch ihre Unterrichtung insbes. über die für die vorgeschlagene Höhe von Ausgleich und Abfindung maßgeblichen Umstände.

10   **3. Abschrift.** Nach § 293 f Abs. 2 ist jedem Aktionär auf Verlangen unverzüglich und kostenlos eine Abschrift der in § 293 f Abs. 1 Nrn. 1 bis 3 bezeichneten Unterlagen (Rdnr. 7 ff.) zu erteilen. Hierauf hat jeder Aktionär einen Anspruch gegen die Gesellschaft, den er notfalls durch Klage durchsetzen kann.[18] Die Gesellschaft kann aber auch hier verlangen, daß sich der Aktionär, der eine Abschrift fordert, als solcher ausweist.[19] Tätig werden muß die Gesellschaft erst auf solches Verlangen eines Aktionärs hin, dann aber „unverzüglich" (s. § 121 Abs. 1 S. 1 BGB).[20]

11   **4. Rechtsfolgen.** Ein Verstoß gegen § 293 f macht den Zustimmungsbeschluß der Hauptversammlung der betreffenden Gesellschaft anfechtbar (§ 243 Abs. 1).[21] Für eine Erstreckung des Anfechtungsausschlusses der §§ 304 Abs. 3 S. 2 und 305 Abs. 5 S. 1 auf den vorliegenden Fall, zu der der BGH offenbar neuerdings tendiert, besteht zum Schutz der Aktionäre kein Anlaß (s. § 293 Rdnr. 38 ff.). Anfechtungsgründe sind danach zB die Unterlassung der Auslegung vermeintlich unwesentlicher Vertragsteile, die Verspätung der Auslegung oder die Verweigerung von Abschriften (Rdnr. 10). Dabei dürfte grundsätzlich von der Kausalität des Gesetzesverstoßes für den Zustimmungsbeschluß auszugehen sein, weil kaum jemals ausgeschlossen werden kann, daß die Aktionäre bei zutreffender umfassender Information über den Unternehmensvertrag anders als geschehen über die Zustimmung entschieden hätten.[22] Ausnahmen sind freilich denkbar, etwa, wenn die Auslegung einer wenig bedeutsamen Unterlage übersehen wurde, jedoch feststeht, daß kein Aktionär von seinem Einsichtsrecht überhaupt Gebrauch gemacht hat.[23]

§ 293 g Durchführung der Hauptversammlung

(1) In der Hauptversammlung sind die in § 293 f Abs. 1 bezeichneten Unterlagen auszulegen.

(2) Der Vorstand hat den Unternehmensvertrag zu Beginn der Verhandlung mündlich zu erläutern. Er ist der Niederschrift als Anlage beizufügen.

(3) Jedem Aktionär ist auf Verlangen in der Hauptversammlung Auskunft auch über alle für den Vertragschluß wesentlichen Angelegenheiten des anderen Vertragsteils zu geben.

Schrifttum: S. bei § 293 a sowie *Altmeppen,* Zum richtigen Verständnis der neuen §§ 293 a bis 293 g AktG, ZIP 1998, 1853; *W. Bayer,* Informationsrecht bei der Verschmelzung von Aktiengesellschaften, AG 1988, 323; *R. Becker,* Die gerichtliche Kontrolle von Maßnahmen bei der Verschmelzung von Aktiengesellschaften, AG 1988, 223; *Decher,* Information im Konzern und Auskunftsrecht der Aktionäre gemäß § 131 Abs. 4 AktG, ZHR 158 (1994), 473; *Ebenroth,* Das Auskunftsrecht des Aktionärs und seine Durchsetzung im Prozeß unter besonderer Berücksichtigung des Rechts der verbundenen Unternehmen, 1970; *ders.,* Die

[18] *Grunewald* in Lutter UmwG § 63 Rdnr. 8; *Leuering* ZIP 2000, 2053; wegen Ausnahmen s. Rdnr. 2, 7 und 9.
[19] S. Rdnr. 4; *Marsch-Barner* in Kallmeyer UmwG § 63 Rdnr. 8.
[20] MünchKommAktG/*Altmeppen* Rdnr. 9.
[21] OLG München NJW-RR 1997, 544, 545 f. = AG 1996, 327.

[22] OLG München (vorige Fn.); ebenso *R. Becker* AG 1988, 223, 228 f.; *Schmitt/Hörtnagl/Stratz* UmwR § 63 Rdnr. 8; *Grunewald* in Lutter UmwG § 63 Rdnr. 7.
[23] S. *Marsch-Barner* in Kallmeyer UmwG § 63 Rdnr. 9.

Erweiterung des Auskunftsgegenstandes im Recht der verbundenen Unternehmen, AG 1970, 104; *Emmerich/Sonnenschein/Habersack* § 17 IV 2/3 (S. 242 ff.); *Kort,* Das Informationsrecht des Gesellschafters der Konzernobergesellschaft, ZGR 1987, 46; MünchHdb. AG/*Krieger* § 70 Rdnr. 41 ff. (S. 1034 f.); *Spitze/Diekmann,* Verbundene Unternehmen als Gegenstand des Interesses von Aktionären, ZHR 158 (1994), 447; *J. Vetter,* Auslegung der Jahresabschlüsse für das letzte Geschäftsjahr, NZG 1999, 925; *Vossel,* Auskunftsrechte im Aktienkonzern, 1996; *Windbichler,* Die Rechte der Hauptversammlung bei Unternehmenszusammenschlüssen durch Vermögensübertragung, AG 1981, 169.

Übersicht

I. Überblick

Die Vorschrift regelt die Durchführung der Hauptversammlung einer AG oder KGaA, **1** auf der nach § 293 Abs. 1 *oder* Abs. 2 über die Zustimmung zu einem Unternehmensvertrag iSd. §§ 291 und 292 zu entscheiden ist.[1] **Zweck** der Regelung ist ebenso wie bei § 293 f die Unterrichtung der Aktionäre der beteiligten Gesellschaft über die Umstände, die für ihre Entscheidung über die Zustimmung zu dem Unternehmensvertrag nach § 293 Abs. 1 oder Abs. 2 relevant sein können.[2] Aus diesem Grunde bestimmt § 293 g Abs. 1 zunächst, daß die in § 293 f Abs. 1 Nr. 1 bis 3 genannten Unterlagen in der Hauptversammlung *auszulegen* sind, damit die Aktionäre auch noch in der Hauptversammlung Einsicht nehmen können (Rdnr. 3 ff.). Voraussetzung ist natürlich, daß die genannten Unterlagen überhaupt erforderlich sind, woran es etwa für den Prüfungsbericht sowie für die Jahresabschlüsse und die Lageberichte der vertragsschließenden Unternehmen bei den anderen Unternehmensverträgen des § 292 fehlt (s. § 293 e Rdnr. 3, § 293 f Rdnr. 2). Nach Abs. 2 S. 1 des § 293 g hat der Vorstand außerdem den Unternehmensvertrag zu Beginn der Verhandlung über den fraglichen Tagesordnungspunkt mündlich zu *erläutern* (Rdnr. 6 ff.). Schließlich erweitert noch § 293 g Abs. 3 das *Auskunftsrecht* der Aktionäre aufgrund des § 131 auf „alle" für den Vertragsabschluß wesentlichen Angelegenheiten des anderen Vertragsteils (dazu Rdnr. 9 ff.).

§ 293 g ist 1994 mit Wirkung vom 1. Januar 1995 ab an die Stelle der früheren Vorschrif- **2** ten des § 293 Abs. 3 S. 4 bis 6 und Abs. 4 getreten. Unmittelbares Vorbild des § 293 g war der gleichzeitig eingeführte § 64 UmwG, der seinerseits den § 340 d Abs. 5 und 6 AktG von 1982 abgelöst hatte (vgl. außerdem § 49 UmwG). Entsprechende Regelungen finden sich für die Eingliederung in den §§ 319 Abs. 3 S. 3 und 4 und 320 Abs. 4 S. 3 (dazu *§* 319 Rdnr. 13–17, § 320 Rdnr. 12) sowie für den Ausschluß von Minderheitsaktionären in dem neuen § 327 d, der ebenfalls die Auslegung bestimmter Unterlagen und die Pflicht des Hauptaktionärs zur Erläuterung seines Übernahmeplanes vorsieht. Auch an § 176 ist im vorliegenden Zusammenhang zu erinnern. Praktische Bedeutung kommt vor allem der Ausdehnung des Auskunftsrechts der Aktionäre aus § 131 durch § 293 g Abs. 3 auf die für den Vertragsabschluß wesentlichen Angelegenheiten des **anderen** Vertragsteils zu, weil bei

---

[1] Enger *Altmeppen* ZIP 1998, 1853, 1865.

[2] S. § 293 f Rdnr. 9; MünchKommAktG/*Altmeppen* Rdnr. 2; *Hüffer* Rdnr. 1; *Koppensteiner* in Kölner Kommentar § 293 Rdnr. 18.

einer Verletzung dieses weitgehenden Auskunftsrechts der Aktionäre der Zustimmungsbeschluß jedenfalls nach der bisher noch hM anfechtbar ist (§ 243 Abs. 1; s. Rdnr. 26). Soweit § 293 auf die **GmbH** entsprechend angewandt wird (s. § 293 Rdnr. 39 ff.), sollte man nicht zögern, **§ 293 g** gleichfalls anzuwenden. Wichtig ist dies insbes. für die Auslegung des Unternehmensvertrages in der Gesellschafterversammlung (§ 293 g Abs. 1 AktG iVm. §§ 48, 53 GmbHG) sowie für das erweiterte Auskunftsrecht der Gesellschafter (§ 51 a Abs. 1 GmbHG iVm. § 293 g Abs. 3 AktG).

II. Auslegungspflicht

3　　**1. Gegenstand.** Nach § 293 g Abs. 1 sind im Interesse der umfassenden Information der Aktionäre zunächst sämtliche in § 293 f Abs. 1 Nr. 1 bis 3 bezeichneten Unterlagen in der Hauptversammlung auszulegen. Die Regelung geht erheblich über den früheren § 293 Abs. 3 S. 4 hinaus, nach dem sich die Auslegungspflicht noch auf den Unternehmensvertrag beschränkte, da jetzt grundsätzlich (s. aber Rdnr. 1) auch die Jahresabschlüsse und die Lageberichte der Vertragsparteien für die letzten drei Geschäftsjahre (§ 293 g Abs. 1 Nr. 2; s. § 293 f Rdnr. 8) sowie vor allem der Vertragsbericht (§ 293 a) und der Prüfungsbericht (§ 293 e) auszulegen sind (Nr. 3 aaO). Die Pflicht zur Auslegung der genannten Unterlagen besteht in jeder Hauptversammlung, die nach § 293 Abs. 1 **oder** Abs. 2 über die Zustimmung zu einem Unternehmensvertrag iSd. § 291 oder des § 292 zu beschließen hat, bei Abschluß eines Beherrschungs- oder Gewinnabführungsvertrages mithin auch in der Hauptversammlung der herrschenden Gesellschaft, sofern es sich bei dieser um eine AG oder KGaA handelt (§ 293 Abs. 2; zur GmbH s. Rdnr. 2).

4　　Mit dem **Unternehmensvertrag** sind in § 293 g Abs. 1 iVm. § 293 f Abs. 1 Nr. 1 *alle* Abreden gemeint, aus denen sich nach dem Willen der Parteien der Vertrag zusammensetzt, einschließlich der Neben- und Zusatzabreden, die mit dem Vertrag eine rechtliche Einheit bilden.[3] Der Vorstand ist nicht befugt, Nebenabreden oder Zusätze als angeblich für die Aktionäre unwesentlich von der Auslegung auszuschließen. Auch die nach § 293 g Abs. 2 S. 1 vom Vorstand geschuldete Erläuterung des Unternehmensvertrags (Rdnr. 6 f.) ist kein Ersatz für die Auslegung des Vertrags, sondern stellt eine zusätzliche Verpflichtung des Vorstandes dar.[4]

5　　**2. Auslegung.** Auslegung der in § 293 f Abs. 1 Nrn. 1 bis 3 genannten Unterlagen in der Hauptversammlung bedeutet, daß diese Unterlagen für alle Teilnehmer an der Hauptversammlung ohne weiteres zugänglich sein müssen, bei einer größeren Zahl von Aktionären daher gegebenenfalls in Gestalt einer ausreichenden Anzahl von Abschriften, und zwar bis zum Abschluß der Verhandlungen der Hauptversammlung durch die Beschlußfassung über den Unternehmensvertrag.[5] § 293 f Abs. 2 dürfte gleichfalls anwendbar sein, so daß die Aktionäre gegebenenfalls noch in der Hauptversammlung Abschriften verlangen können.[6] Die Auslegungspflicht wird nicht erfüllt, wenn die Unterlagen von einem Mitarbeiter verwahrt und nur auf Verlangen eines Aktionärs herausgegeben werden.[7] Ein Verstoß gegen die Auslegungspflicht führt zur Anfechtbarkeit des Zustimmungsbeschlusses (§ 243 Abs. 1).[8]

III. Erläuterungspflicht

6　　**1. Bedeutung.** Gemäß § 293 g Abs. 2 S. 1 hat der Vorstand (nur) den Unternehmensvertrag zu Beginn der Verhandlung der Hauptversammlung über den Tagesordnungspunkt „Zustimmung zu dem Unternehmensvertrag" mündlich zu erläutern. Die Erläuterungs-

---

[3] Grdlg. BGHZ 82, 188, 196 f. = NJW 1982, 933 = AG 1982, 129 „Hoesch/Hoogovens".

[4] BGHZ 82, 188, 198 = NJW 1982, 933 = AG 1982, 129.

[5] MünchKommAktG/*Altmeppen* Rdnr. 3 f.; *Grunewald* in Lutter UmwG § 64 Rdnr. 2; *Hüffer* § 176 Rdnr. 2.

[6] *Schmitt/Hörtnagl/Stratz* UmwR § 64 Rdnr. 2.

[7] OLG Frankfurt AG 1993, 185 = NJW-RR 1993, 298.

[8] BGHZ 82, 188, 199 f. = NJW 1982, 933 = AG 1982, 129; OLG Frankfurt (vorige Fn.); *Hüffer* § 176 Rdnr. 6; *Grunewald* in Lutter UmwG § 64 Rdnr. 2; s. im einzelnen § 293 Rdnr. 38 ff.

pflicht, die früher schon in § 293 Abs. 3 S. 5 vorgesehen war, ist an die Stelle der ursprünglich geplanten Verlesung des Unternehmensvertrages getreten, weil man davon ausging, daß den Aktionären mit einer (mündlichen) Erläuterung des möglicherweise komplizierten und umfangreichen Vertragswerks mehr gedient ist als mit der erneuten Wiedergabe des ihnen ohnehin bekannten Vertragstextes (s. § 293 f Abs. 1 Nr. 1).[9]

Unter der **Erläuterung** des Unternehmensvertrags, und zwar zu Beginn der Verhandlung 7 über die Beschlußfassung über den Vertrag, versteht man einen zusammenfassenden mündlichen Vortrag des Vorstandsvorsitzenden oder des nach der Geschäftsordnung sonst zuständigen Vorstandsmitglieds über die wesentlichen Gründe, die den Vorstand zum Abschluß des Vertrags veranlaßt haben, über die Vor- und Nachteile des Vertragsabschlusses, über die zu erwartenden Konsequenzen für die Gesellschaft sowie vor allem über die Angemessenheit von Ausgleich und Abfindung im Falle des § 291 oder über die Angemessenheit der Gegenleistung im Falle des § 292.[10]

Seit der Reform von 1994 muß die Erläuterungspflicht des Vorstandes vor allem im 7 a Zusammenhang mit seiner Berichtspflicht aufgrund des § 293 a sowie mit der Prüfung des Vertrags durch sachverständige Prüfer nach den §§ 293 b bis 293 e gesehen werden. Die Folge ist, daß sich seitdem die Erläuterung des Vertrages, weil der Vertragsbericht des Vorstandes den Aktionären bereits bekannt ist (§ 293 f Abs. 1 Nr. 3), im Regelfall auf eine kurze *Zusammenfassung und Aktualisierung* des Vertragsberichtes beschränken kann. Wichtig ist dabei vor allem der zweite Punkt, weil sich daraus die Verpflichtung des Vorstandes ergibt, auf zwischenzeitliche Entwicklungen einzugehen, insbes., wenn sie die Vor- und Nachteile des Vertragsabschlusses oder die Angemessenheit von Ausgleich und Abfindung bzw. der Gegenleistung in einem anderen Lichte als in dem Vertragsbericht dargestellt erscheinen lassen.[11]

2. Ausnahmen. Unklar ist, inwieweit sich der Vorstand im Rahmen seiner Erläute- 8 rungspflicht auf etwaige *Geheimhaltungsinteressen* der an dem Vertrag beteiligten Unternehmen berufen kann. Früher wurde insoweit häufig § 131 Abs. 3 entsprechend angewandt. Näher liegt indessen heute die Analogie zu § 293 a Abs. 2, wenn man bedenkt, daß es sich bei der vom Vorstand nach § 293 g Abs. 2 S. 1 geschuldeten Erläuterung des Unternehmensvertrages im Grunde um nichts anderes als um eine mündliche Präzisierung und Aktualisierung des ohnehin bereits vorliegenden Vertragsberichts des Vorstandes nach § 293 a handelt (Rdnr. 7 a).[12]

IV. Auskunftsrecht

1. Anwendungsbereich. Nach § 293 g Abs. 3 ist jedem Aktionär auf Verlangen in der 9 Hauptversammlung, die nach § 293 Abs. 1 *oder* Abs. 2 über die Zustimmung zu einem Unternehmensvertrag zu beschließen hat, Auskunft „auch" über „alle" für den Vertragsabschluß wesentlichen Angelegenheiten des *anderen* Vertragsteils zu geben. Vorbild dieser Regelung war § 293 Abs. 4, dessen Anwendungsbereich sich freilich noch auf die Zustimmung zu Beherrschungs- und Gewinnabführungsverträgen iSd. § 291 beschränkte, während heute das erweiterte Auskunftsrecht der Aktionäre in jedem Fall des § 293 Abs. 1 und 2, also auch bei der Entscheidung über die Zustimmung zu einem der anderen Unternehmensverträge des § 292 besteht.[13]

---

[9] Begr. zum RegE des § 293, bei *Kropff* AktG S. 382.
[10] MünchKommAktG/*Altmeppen* Rdnr. 6 f.; *Bayer* AG 1988, 323, 328 f.; *Schmitt/Hörtnagl/Stratz* UmwR § 64 Rdnr. 3 f.; *Grunewald* in Lutter UmwG § 64 Rdnr. 3 f.; *Hüffer* Rdnr. 2 und § 176 Rdnr. 3; *Kraft* in Kölner Kommentar § 340 d Rdnr. 14; *Koppensteiner* in Kölner Kommentar § 293 Rdnr. 22; MünchHdb. AG/*Krieger* § 70 Rdnr. 41; *Marsch-Barner* in Kallmeyer UmwG § 64 Rdnr. 3 f.

[11] S. *Grunewald* in Lutter UmwG § 64 Rdnr. 4; *Marsch-Barner* in Kallmeyer UmwG § 64 Rdnr. 4; *J. Vetter* NZG 1999, 925, 927.
[12] Ebenso wohl MünchKommAktG/*Altmeppen* Rdnr. 27; wegen der Einzelheiten s. deshalb § 293 a Rdnr. 21 ff.
[13] *Hüffer* Rdnr. 3; anders MünchKommAktG/*Altmeppen* Rdnr. 9; *ders.* ZIP 1988, 1853, 1865; s. Rdnr. 1.

10   **2. Zweck.** Zweck der Regelung ist die vollständige Unterrichtung der Aktionäre über die möglichen Auswirkungen des Unternehmensvertrages auf ihre Gesellschaft.[14] Dazu gehört nicht zuletzt die Beurteilung der Angemessenheit von Abfindung und Ausgleich.[15] Im selben Licht muß die Erweiterung des Auskunftsrechts auf die für den Vertragsabschluß wesentlichen Angelegenheiten des *anderen* Vertragsteils gesehen werden. Auch sie soll es den Aktionären ermöglichen, ihr Mitverwaltungsrecht bei dem Abschluß von Unternehmensverträgen aufgrund des § 293 Abs. 1 und Abs. 2 sachgerecht in Kenntnis der relevanten Umstände auszuüben.[16]

11   **3. Verhältnis zu den §§ 131 und 132.** Bei der Regelung des § 293 g Abs. 4 handelt es sich ebenso wie bei § 64 Abs. 2 UmwG um eine bloße *Erweiterung* des allgemeinen Auskunftsrechts der Aktionäre aufgrund des § 131, das sich nach § 131 Abs. 1 S. 2 ohnehin schon auf die rechtlichen und geschäftlichen Beziehungen der Gesellschaft *zu* einem verbundenen Unternehmen iSd. § 15 erstreckt. Ohne Rücksicht auf die umstrittene Frage, in welchem Umfang die Aktionäre bereits danach Auskunft über die Verhältnisse der verbundenen Unternehmen selbst verlangen können, steht jedenfalls für den Anwendungsbereich des § 293 g Abs. 3 (sowie des § 64 Abs. 2 UmwG) fest, daß das Auskunftsrecht der Aktionäre hier zugleich die für den Vertragsabschluß wesentlichen Angelegenheiten des anderen Vertragsteils sowie außerdem der mit diesem verbundenen Unternehmen umfaßt.[17] Dazu können von Fall zu Fall auch die weiteren Beziehungen der zuletzt genannten Unternehmen zu *Dritten* gehören.[18]

12   Im übrigen bleibt es bei der Anwendbarkeit der **§§ 131 und 132.**[19] Hieraus folgt zB, daß auch im Rahmen des § 293 g Abs. 3 das Auskunftsrecht voraussetzt, daß die verlangte Auskunft zur sachgemäßen Beurteilung des fraglichen Tagesordnungspunktes (Zustimmung zu dem Unternehmensvertrag) erforderlich ist (§ 131 Abs. 1 S. 1),[20] sowie, daß sich die Durchsetzung des Auskunftsrechts nach § 132 richtet. Ein Beschluß, durch den die Gesellschaft zur Auskunftserteilung verpflichtet wird, ist nach § 888 ZPO zu vollstrecken.[21] Unberührt davon bleibt die Möglichkeit der Aktionäre, den Zustimmungsbeschluß im Falle einer Verletzung ihres Auskunftsrechts anzufechten (§ 243 Abs. 1 und 4; s. Rdnr. 26). Umstritten ist lediglich die Anwendbarkeit des § 131 Abs. 3 im Rahmen des § 293 g Abs. 3 (s. dazu Rdnr. 23).

13   **4. Beteiligte.** Das Auskunftsrecht aufgrund der §§ 131 und 293 g Abs. 3 steht „jedem Aktionär" auf sein Verlangen hin zu. Auskunftsberechtigt ist mithin jeder Aktionär ohne Rücksicht auf die Höhe seines Aktienbesitzes. Selbst wenn er nur über eine einzige Aktie verfügt, kann die Gesellschaft seinem Auskunftsverlangen grundsätzlich nicht den Einwand des Rechtsmißbrauchs entgegenhalten.[22]

14   **5. Verpflichteter. a) Vorstand der Gesellschaft.** Das Auskunftsrecht der Aktionäre richtet sich allein gegen den Vorstand *ihrer* Gesellschaft und ist in der Hauptversammlung auszuüben, die über die Zustimmung zu dem Unternehmensvertrag beschließen soll. Die

---

[14] S. die Begr. zum RegE des § 293, bei *Kropff* AktG S. 382.

[15] OLG Koblenz ZIP 2001, 1093, 1094 „Diebels/Reginaris I"; ZIP 2001, 1095, 1098 „Diebels/Reginaris II".

[16] Grdlg. BGHZ 119, 1, 17 = NJW 1992, 2760 = AG 1992, 450 = LM AktG § 131 Nr. 3 „Asea/BBC"; BayObLGZ 1974, 208, 211 f. = NJW 1974, 2094 = AG 1974, 224; KG NZG 2002, 818, 821 = AG 2003, 99, 101; *Emmerich/Sonnenschein/Habersack* § 17 IV 3 (S. 243 ff.); s. Rdnr. 20 f.

[17] KG (vorige Fn.); LG Frankfurt AG 1989, 331 = WM 1989, 683 = ZIP 1989, 1062 „Nestlé"; MünchKommAktG/*Altmeppen* Rdnr. 11; *Grunewald* in Lutter UmwG § 64 Rdnr. 6.

[18] KG NZG 2002, 818, 821 = AG 2003, 99, 101.

[19] *Marsch-Barner* in Kallmeyer UmwG § 64 Rdnr. 6.

[20] BayObLGZ 1974, 208, 210 = NJW 1974, 2094 = AG 1974, 224; BayObLGZ 1975, 239, 242 = WM 1975, 1016 = AG 1975, 325; KG 2003, 99, 101 = NZG 2002, 818, 821; OLG Koblenz ZIP 2001, 1093, 1094 f.; 2001, 1095, 1098 f.; LG Frankfurt a. M. (Fn. 17).

[21] BayObLGZ 1974, 208, 214 = NJW 1974, 2094; BayObLGZ 1974, 484, 486 f. = NJW 1975, 740 = AG 1975, 78; BayObLGZ 1975, 239, 243 = WM 1975, 1016 = AG 1975, 325.

[22] BGHZ 119, 1, 17 = NJW 1992, 2760 = AG 1992, 450 „Asea/BBC"; BayObLGZ 1974, 208, 213 = NJW 1974, 2094 = AG 1974, 224.

§§ 131 und 293 g Abs. 3 (§ 64 Abs. 2 UmwG) begründen nicht etwa ein Auskunftsrecht auch gegen den *anderen* Vertragsteil (Rdnr. 16 f.). Die Gesetzesverfasser haben dies damit begründet, ein mit pflichtgemäßer Sorgfalt handelnder Vorstand müsse in der Lage sein, über alle für den Vertragsabschluß wesentlichen Angelegenheiten des anderen Vertragsteils von sich aus Auskunft zu geben.[23] Der Vorstand der Gesellschaft muß sich deshalb bereits vor der Hauptversammlung darum bemühen, sämtliche etwa erforderlichen Informationen über den anderen Vertragsteil zu erhalten (§ 93 Abs. 1 S. 1).[24] Tut er dies nicht, so macht er sich schadensersatzpflichtig (§ 93 Abs. 2). Außerdem kann sich der Vorstand dann nicht in der nachfolgenden Vollstreckung nach § 888 ZPO (Rdnr. 12) auf eine etwaige Unmöglichkeit der Auskunftserteilung berufen.[25]

Unklar ist die Rechtslage, wenn der andere Vertragsteil trotz pflichtgemäßer Bemühungen des Vorstandes (Rdnr. 14) die erforderlichen Informationen verweigert. Zwei Fragen müssen hier unterschieden werden, einmal die Frage, ob der Vorstand unter bestimmten Voraussetzungen doch einen Anspruch gegen den anderen Teil auf Auskunftserteilung hat (Rdnr. 16 f.), zum anderen die Frage, welche Auswirkungen die (berechtigte oder unberechtigte) Auskunftsverweigerung des anderen Vertragsteils auf das Auskunftsrecht der Aktionäre nach § 293 g Abs. 3 hat (Rdnr. 18): **15**

b) Auskunftspflicht des anderen Teils? Aus den §§ 131 und 293 g Abs. 3 folgt **kein** **16** Auskunftsrecht der Gesellschaft oder ihrer Aktionäre gegen den anderen Vertragsteil (Rdnr. 14); ein solches besteht vielmehr nur im Einzelfall nach § 131 AktG oder § 51 a GmbHG im Falle der Beteiligung der Gesellschaft an dem anderen Vertragsteil.[26] Aus anderen Rechtsgründen ergibt sich ein derartiges Auskunftsrecht gleichfalls nur ausnahmsweise. Der wichtigste Fall ist der Abschluß eines Beherrschungsvertrages, jedenfalls für das Verhältnis des *herrschenden* Unternehmens zu der abhängigen Gesellschaft, da dann das herrschende Unternehmen der abhängigen Gesellschaft nach § 308 Abs. 1 auch die Weisung erteilen kann, ihm alle nötigen Informationen zu geben.[27] Freilich gilt dies erst nach Wirksamwerden des Vertrags durch Eintragung im Handelsregister (§ 294 Abs. 2), während vorher nur entsprechende Ansprüche aus c. i. c. in Betracht kommen (§§ 241 Abs. 2, 311 Abs. 2 BGB).

Umgekehrt wird man dasselbe (Rdnr. 16) annehmen dürfen, so daß spätestens nach **17** Abschluß eines Beherrschungsvertrages die *abhängige* Gesellschaft gleichfalls nach Treu und Glauben von dem herrschenden Unternehmen die Erteilung der Informationen verlangen kann, die es benötigt, um dem Auskunftsrecht ihrer Aktionäre aufgrund der §§ 131 und 293 g Abs. 3 nachkommen zu können.[28] Dies folgt einfach aus den gravierenden Auswirkungen des Abschlusses eines Beherrschungsvertrages für die abhängige Gesellschaft *und* ihre Aktionäre (§§ 291 Abs. 3, 304, 305, 308 AktG iVm. §§ 241 Abs. 2, 242 und 311 Abs. 2 BGB). Bei den anderen Unternehmensverträgen kann sich hingegen ein solches Auskunftsrecht einer Partei gegen die andere immer nur im Einzelfall aus besonderen Umständen ergeben. Unproblematisch ist dies lediglich bei der Gewinngemeinschaft des § 292 Abs. 1 Nr. 1 aufgrund der weitgehenden Treuepflicht der Gesellschafter untereinander (§§ 705, 242, 241 Abs. 2 BGB). In einer Vielzahl von Fällen fehlt es dagegen nach dem Gesagten an der Grundlage für ein Auskunftsrecht des einen Vertragsteils gegen den anderen. In diesen Fällen muß geklärt werden, welche Konsequenzen dies für das Auskunftsrecht der Aktionäre hat (s. Rdnr. 18).

---

[23] Begr. zum RegE des § 293, bei *Kropff* AktG S. 382 oben.
[24] BayObLGZ 1975, 239, 242 f. = WM 1975, 1016 = AG 1975, 325; OLG Koblenz ZIP 2001, 1093, 1094; 2001, 1095, 1098; MünchKommAktG/ *Altmeppen* Rdnr. 17; *Hüffer* Rdnr. 4; MünchHdb. AG/*Krieger* § 70 Rdnr. 43.
[25] S. Rdnr. 18; BayObLG (vorige Fn.); *Altmeppen* (vorige Fn.).

[26] S. *Grunewald* in Lutter UmwG § 64 Rdnr. 7.
[27] *Decher* ZHR 158 (1994), 473, 480 f.; *Schmitt/ Hörtnagl/Stratz* UmwG § 64 Rdnr. 6.
[28] Str., wie hier BayObLGZ 1974, 484, 488 = NJW 1975, 740 = AG 1975, 78; enger *Grunewald* in Lutter UmwG § 64 Rdnr. 7; *Schmitt/Hörtnagl/Stratz* UmwR § 64 Rdnr. 6.

18   **c) Unmöglichkeit?** Die Unfähigkeit des Vorstandes einer der am Vertragsabschluß beteiligten Gesellschaft, einem Aktionär auf Verlangen auch Auskunft über die für den Vertragsabschluß wesentlichen Angelegenheiten des anderen Vertragsteils zu geben (§ 293 g Abs. 3), kann verschiedene Ursachen haben. In erster Linie ist hier natürlich an den Fall zu denken, daß es dem Vorstand trotz pflichtgemäßer Bemühungen (Rdnr. 14) nicht gelingt, von dem anderen Teil die Informationen zu erlangen, die er benötigt, um dem Auskunftsrecht der Aktionäre nach § 293 g Abs. 3 nachzukommen. Dieselbe Situation kann sich aber auch ergeben, wenn die Fragen des Aktionärs so unerwartet sind, daß ein sorgfältiger und gewissenhafter Vorstand darauf nicht vorbereitet zu sein brauchte.

18 a   Häufig wird angenommen, in den genannten Fällen (Rdnr. 18) stoße das Auskunftsrecht der Aktionäre auf immanente Schranken, so daß ebenso wie etwa bei einem sonst drohenden Verstoß gegen die Verschwiegenheitspflicht des Vorstandes (§ 93 Abs. 1 S. 2) das Auskunftsrecht der Aktionäre entfalle (§§ 242, 275 Abs. 1 BGB).[29] Dies ist indessen nur richtig, wenn der Vorstand der Gesellschaft nach dem Gesagten (Rdnr. 16 f.) über kein Mittel verfügt, sich die nötigen Informationen bei dem anderen Vertragsteil zu beschaffen; andernfalls bleibt er zur Auskunft verpflichtet, weil dann weder von Unmöglichkeit noch von Unvermögen die Rede sein kann (§ 275 BGB).[30] Zudem darf ein pflichtgemäß handelnder Vorstand seinen Aktionären die Zustimmung zu einem Unternehmensvertrag wohl kaum mehr vorschlagen, wenn der andere Vertragsteil bereits die Erteilung der zur Beurteilung des Vertrags erforderlichen Auskünfte verweigert (§ 93 Abs. 1).[31]

19   **6. Umfang.** Der Umfang des Auskunftsrechts der Aktionäre richtet sich nach § 131 Abs. 1 iVm. § 293 g Abs. 3. Bereits nach § 131 Abs. 1 S. 2 kann der Aktionär Auskunft über alle Angelegenheiten der Gesellschaft einschließlich der rechtlichen und geschäftlichen Beziehungen zu einem verbundenen Unternehmen iSd. § 15 verlangen, soweit zur sachgemäßen Beurteilung des Gegenstands der Tagesordnung erforderlich (s. schon Rdnr. 11 f.). Durch § 293 g Abs. 3 wird in Übereinstimmung mit den §§ 319 Abs. 3 S. 4 und 320 Abs. 4 S. 3 AktG sowie mit § 64 Abs. 2 UmwG dieses Auskunftsrecht auf „alle" für den Vertragsabschluß wesentlichen Angelegenheiten des **anderen** Vertragsteils selbst erweitert, im Falle des Abschlusses eines Beherrschungs- oder Gewinnabführungsvertrages also des herrschenden Unternehmens sowie außerdem der mit diesem verbundenen Unternehmen (Rdnr. 11).

20   **a) Alle Angelegenheiten.** Durch die Erweiterung des Auskunftsrechts der Aktionäre auf alle für den Vertragsabschluß wesentlichen Angelegenheiten des anderen Vertragsteils durch § 293 g Abs. 3 sollen nicht allein ihre Vermögensinteressen gewahrt werden; vielmehr dient das umfassende Auskunftsrecht der Aktionäre auch der sachgemäßen Ausübung ihres Mitverwaltungsrechts bei dem Abschluß von Unternehmensverträgen (Rdnr. 10), so daß sich das Auskunftsrecht nicht etwa auf die Bonität des herrschenden Unternehmens beschränkt.[32] Aus demselben Grund brauchen sich die Aktionäre nicht mit der Beurteilung der Angemessenheit von Abfindung und Ausgleich durch den Vorstand abspeisen zu lassen, sondern können selbst einen *umfassenden Einblick* in die Verhältnisse des herrschenden Unternehmens an Hand von Fakten verlangen.[33] Insgesamt ist das Auskunftsrecht der Aktionäre aufgrund der §§ 131 Abs. 1 und 293 g Abs. 3 daher **weit** auszulegen, weil es vermutlich das wichtigste Schutzinstrument der außenstehenden Aktionäre darstellt (Stich-

---

[29] BayObLGZ 1974, 484, 486 f. = NJW 1975, 740 = AG 1975, 78; BayObLGZ 1975, 239, 243 = WM 1975, 1016 = AG 1975, 325; OLG Hamm AG 1999, 422, 425 f. = ZIP 1999, 798 „Idunahall/Hoesch/Krupp"; *Grunewald* in Lutter UmwG § 64 Rdnr. 7; *Hüffer* Rdnr. 4; *Kort* ZGR 1987, 46, 70 ff.; *Marsch-Barner* in Kallmeyer UmwG § 64 Rdnr. 7.

[30] *Koppensteiner* in Kölner Kommentar § 293 Rdnr. 26; *Wälde* AG 1975, 328 ff.

[31] Anders BayObLGZ 1974, 484; NJW 1975, 740 = AG 1975, 78; BayObLGZ 1975, 239, 243 = AG 1975, 325; *Hüffer* Rdnr. 4; MünchHdb. AG/*Krieger* § 70 Rdnr. 43.

[32] BGHZ 119, 1, 17 = NJW 1992, 2760 = AG 1992, 450 „Asea/BBC".

[33] BayObLGZ 1974, 208, 211 f. = NJW 1974, 2094 = AG 1974, 224; OLG Koblenz ZIP 2001, 1093, 1094; 2001, 1095, 1098.

wort: Schutz der Aktionäre durch Information).[34] Das Gesetz bringt dies dadurch zum Ausdruck, daß es das Auskunftsrecht in § 293 g Abs. 3 ausdrücklich auf „alle" für den Vertragsabschluß wesentlichen Angelegenheiten des anderen Vertragsteils erstreckt.

b) Beispiele. Das Auskunftsrecht umfaßt nach dem Gesagten (Rdnr. 20) ohne Aus- **21** nahme sämtliche Angelegenheiten des anderen Vertragsteils, vor allem des herrschenden Unternehmens bei einem Beherrschungs- oder Gewinnabführungsvertrag, die in irgendeiner Hinsicht für eine sachgerechte Entscheidung der Aktionäre über den Unternehmensvertrag bedeutsam sein können.[35] *Beispiele* sind neben der Zusammensetzung des Aktionärskreises insbes. die *Vermögenslage* des anderen Vertragsteils im weitesten Sinne einschließlich seiner satzungsmäßigen Kapitalverhältnisse sowie seiner Ertragslage, wozu etwa auch eine geplante Kapitalerhöhung oder die Bewertung von Sacheinlagen sowie die Ergebnisse anderer Beteiligungsunternehmen gehören,[36] ferner die wichtigsten Bilanzpositionen der letzten Geschäftsjahre[37] sowie gegebenenfalls stille Reserven.[38] Weitere Beispiele sind von Fall zu Fall die Beziehungen des anderen Vertragsteils zu Dritten, sofern für die Entscheidung der Aktionäre erheblich,[39] der Wertansatz in der Bilanz des herrschenden Unternehmens für die Beteiligung an der abhängigen Gesellschaft,[40] die Ertragsentwicklung des herrschenden Unternehmens, die von ihm erzielten Überschüsse, die geplanten zukünftigen Erträge sowie der Wert des nicht betriebsnotwendigen Vermögens.[41] Im Ergebnis erstreckt sich damit das Auskunftsrecht im Grunde auf sämtliche Angaben, die nach den §§ 264 ff. HGB in den Anhang zum Jahresabschluß und in den Lagebericht aufzunehmen sind.[42]

Die Aktionäre können darüber hinaus Auskunft über alle Punkte verlangen, die zur **22** Beurteilung der *Angemessenheit* von Ausgleich und Abfindung bei Beherrschungs- und Gewinnabführungsverträgen sowie bei den anderen Unternehmensverträgen zur Beurteilung der Angemessenheit von Leistung und Gegenleistung erforderlich sind.[43] Bei einer Abfindung in Aktien des anderen Vertragsteils (§ 305 Abs. 2 Nr. 1) gehört dazu auch der Buchwert der Aktien.[44] Weitere Beispiele sind die Unternehmenspolitik des anderen Vertragsteils, seine mit dem Vertragsabschluß verfolgten unternehmerischen Ziele sowie überhaupt die Struktur und die Lage des Konzerns, zu dem der andere Vertragteil gehört. Davon zu trennen sind jedoch die Verhältnisse der *Gesellschafter* des anderen Vertragsteils; auf ihre Verhältnisse erstreckt sich das Auskunftsrecht der Aktionäre nur, sofern sie sich ausnahmsweise zugleich in den Verhältnissen des anderen Vertragsteils niederschlagen.[45] Dasselbe gilt für die Beziehungen des anderen Vertragsteils zu Dritten, insbes., wenn diese in gesellschaftsrechtlichen Beziehungen zu einer der Vertragsparteien stehen.[46]

7. Schranken. Bei dem Auskunftsrecht der Aktionäre nach § 293 g Abs. 3 handelt es **23** sich um eine bloße Erweiterung des Auskunftsrechts der Aktionäre aufgrund des § 131 Abs. 1 (Rdnr. 11). Daher rührt der Streit, ob auch im Rahmen des § 293 g Abs. 3 Raum

---

[34] MünchKommAktG/*Altmeppen* Rdnr. 15 f.; *Ebenroth* Auskunftsrecht; *ders.* AG 1970, 104; *Grunewald* in Lutter UmwG § 64 Rdnr. 6; *Hüffer* Rdnr. 3; *Koppensteiner* in Kölner Kommentar § 293 Rdnr. 25, 28.

[35] Ebenso BayObLGZ 1974, 208, 212 f. = NJW 1974, 2094 = AG 1994, 224; BayObLGZ 1975, 239, 242 = WM 1975, 1016 = AG 1975, 326.

[36] Grdlg. BGHZ 119, 1, 15 f. = NJW 1992, 2760 = AG 1992, 450 „Asea/BBC"; BGHZ 122, 211, 238 f. = NJW 1993, 1976 = AG 1993, 422 „SSI"; BayObLGZ 1974, 208, 210 f. = NJW 1974, 2094 = AG 1974, 224; BayObLGZ 1975, 239, 242 = WM 1975, 1016 = AG 1975, 326; OLG Karlsruhe AG 1991, 144, 147 f. „Asea/BBC"; LG Frankfurt AG 1989, 331 = WM 1989, 683 = ZIP 1989, 1062 „Nestlé"; MünchKommAktG/*Altmeppen* Rdnr. 16 f; MünchHdb. AG/*Krieger* § 70 Rdnr. 42.

[37] BayObLGZ 1974, 208, 210 = NJW 1974, 2094 = AG 1974, 224.

[38] OLG Karlsruhe AG 1991, 144, 147 f.

[39] KG NZG 2002, 818, 821 = AG 2003, 99, 101.

[40] OLG Koblenz ZIP 2001, 1093, 1094; 2001, 1095, 1098.

[41] OLG Koblenz (vorige Fn.).

[42] LG Frankfurt AG 1989, 331 = WM 1989, 683 = ZIP 1989, 1062 „Nestlé".

[43] BGHZ 122, 211, 238 = NJW 1993, 1976 = AG 1993, 422 = LM AktG § 83 Nr. 1 „SSI"; OLG Koblenz ZIP 2001, 1093, 1094; 2001, 1095, 1098 „Diebels/Reginaris I und II".

[44] LG Hanau AG 1996, 184, 185 „Schwab Versand".

[45] BGHZ 122, 211, 237 = NJW 1993, 1976 = AG 1993, 422 „SSI"; LG Hanau (vorige Fn.).

[46] KG NZG 2002, 818, 821 = AG 2003, 99. 101.

für das *Auskunftsverweigerungsrecht* des Vorstands nach **§ 131 Abs. 3** ist.[47] Während der BGH heute offenbar zur Verneinung der Frage tendiert,[48] wird in der Begründung zu dem dem § 293 g Abs. 3 entsprechenden § 64 Abs. 2 UmwG ausdrücklich die gegenteilige Auffassung vertreten.[49] Gleichwohl sprechen nach wie vor die besseren Gründe für die *Unanwendbarkeit* jedenfalls des § 131 Abs. 3 **Nr. 1** im Rahmen des § 293 g Abs. 3 (s. § 319 Rdnr. 17). Wichtig sind vor allem die fehlende Bezugnahme auf § 131 Abs. 3 in § 293 g Abs. 3 sowie der Zweck des Auskunftsrechts der Aktionäre (Rdnr. 10), der in der Tat nur verwirklicht werden kann, wenn hier zumindest kein Raum für das Auskunftsverweigerungsrecht nach § 131 Abs. 3 Nr. 1 ist. In krassen Fällen genügt die entsprechende Anwendung der §§ 93 Abs. 1 S. 2 und 293 a Abs. 2 S. 1.[50]

24 **8. Art der Auskunftserteilung.** Für die Art der Auskunftserteilung gilt im Rahmen des § 293 g Abs. 3 dasselbe wie im Rahmen des § 131. Die Aktionäre haben daher nur Anspruch auf mündliche Erteilung der Auskunft im Rahmen der Hauptversammlung, dagegen nicht auf schriftliche Beantwortung ihrer Fragen. Ebensowenig steht ihnen ein Anspruch auf Vorlage von Urkunden oder auf Einsicht in Urkunden der Gesellschaft zu.[51] Derartiger Rechte bedürfen die Aktionäre auch nicht, da ohnehin von der Einberufung der Hauptversammlungen an alle wesentlichen Urkunden zu ihrer Einsichtnahme auszulegen sind (§§ 293 f Abs. 1, 293 g Abs. 1, Rdnr. 3 ff.).

V. Anlage zur Niederschrift

25 Nach § 293 g Abs. 2 S. 1 ist der Unternehmensvertrag, sofern ihm die Hauptversammlung mit der nötigen Mehrheit nach § 293 Abs. 1 oder 2 zugestimmt hat, der Niederschrift über die Hauptversammlung als Anlage beizufügen. Bei dieser Niederschrift handelt es sich immer um ein notarielles Protokoll (s. § 130 Abs. 1 S. 3 iVm. § 293 Abs. 1 und 2). Durch die Beifügung des Unternehmensvertrages soll sichergestellt werden, daß die Vertragsfassung, der die Hauptversammlung zugestimmt hat, eindeutig identifiziert werden kann.[52] Über § 294 Abs. 1 S. 2 AktG iVm. § 9 Abs. 1 HGB wird auf diese Weise zugleich für die nötige Publizität der Unternehmensverträge gesorgt.

VI. Rechtsfolgen

26 Wenn einem Aktionär entgegen § 293 g Abs. 3 eine Auskunft verweigert wird, kann er nach § 132 vorgehen (Rdnr. 12, 14). Unabhängig davon ist das Recht der Aktionäre, den Zustimmungsbeschluß (§ 293 Abs. 1 und 2) im Falle eines Verstoßes gegen § 293 g Abs. 1 bis 3 nach § 243 Abs. 1 anzufechten; das Verfahren nach § 132 verdrängt nicht etwa die Anfechtungsklage.[53] Dieses Anfechtungsrecht besteht auch (und gerade), wenn es um Auskünfte über Fragen der Angemessenheit von Ausgleich und Abfindung geht.[54] Der Anfechtungsausschluß der §§ 304 Abs. 3 S. 2 und 305 Abs. 5 S. 1 darf im Interesse des umfassenden Minderheitenschutzes entgegen der jüngsten Tendenz der Rechtsprechung nicht auf die

[47] Dafür BayObLGZ 1974, 208, 212 f. = NJW 1974, 2094 = AG 1974, 224; LG Frankfurt AG 1989, 331 = WM 1989, 683 „Nestlé"; *Bungert* DB 1995, 1449, 1451; *Grunewald* in Lutter UmwG § 64 Rdnr. 8; *Kraft* in Kölner Kommentar § 340 d Rdnr. 15; MünchHdb. AG/*Krieger* § 70 Rdnr. 43; *Marsch-Barner* in Kallmeyer UmwG § 64 Rdnr. 6.

[48] S. BGHZ 119, 1, 16 f. = NJW 1992, 2760 = AG 1992, 450 „Asea/BBC"; zustimmend wohl OLG München AG 1996, 327 = NJW-RR 1997, 544, 545; ebenso MünchKommAktG/*Altmeppen* Rdnr. 21; *Decher* ZHR 158 (1994), 473, 492; *Hüffer* Rdnr. 4; *Koppensteiner* in Kölner Kommentar § 293 Rdnr. 29; *Wälde* AG 1975, 328, 329.

[49] S. Begr. zum RegE des § 64 UmwG, BT-Drucks. 12 (1994)/6699, S. 103 (l. Sp. u.).

[50] Ebenso MünchKommAktG/*Altmeppen* Rdnr. 21.

[51] BGHZ 122, 211, 236 f. = NJW 1993, 1976 = AG 1993, 422 „SSI"; OLG Frankfurt AG 1989, 330; LG Ingolstadt AG 1991, 24 „SSI".

[52] BGH LM AktG § 293 Nr. 2 (Bl. 2) = NJW 1992, 1452 = AG 1992, 192 „Siemens/NRG" im Anschluß an die Begr. zum RegE des § 293, bei *Kropff* AktG S. 381 unten.

[53] MünchKommAktG/*Altmeppen* Rdnr. 22–25; *Becker* AG 1988, 223, 228 f.; *Grunewald* in Lutter UmwG § 64 Rdnr. 9; *Hüffer* Rdnr. 4; Nachw. aus der Rspr. in den folgenden Fn.

[54] So zuletzt ausdrücklich OLG Koblenz ZIP 2001, 1093, 1094; 2001, 1095, 1098 f.

Verletzung des Auskunftsrechts der Aktionäre aus den §§ 131 und 293 g erstreckt werden.[55] Die Anfechtung setzt jedoch voraus, daß sich die Verweigerung der Auskunft gerade auf den betreffenden Tagesordnungspunkt der Hauptversammlung (Zustimmung zu dem Unternehmensvertrag) bezieht.[56] Ist diese Voraussetzung erfüllt, so ist die Kausalität der Auskunftsverweigerung für den Zustimmungsbeschluß grundsätzlich zu bejahen (s. § 243 Abs. 4).[57]

§ 294 Eintragung. Wirksamwerden

(1) Der Vorstand der Gesellschaft hat das Bestehen und die Art des Unternehmensvertrages sowie den Namen des anderen Vertragsteils zur Eintragung in das Handelsregister anzumelden; beim Bestehen einer Vielzahl von Teilgewinnabführungsverträgen kann anstelle des Namens des anderen Vertragsteils auch eine andere Bezeichnung eingetragen werden, die den jeweiligen Teilgewinnabführungsvertrag konkret bestimmt. Der Anmeldung sind der Vertrag sowie, wenn er nur mit Zustimmung der Hauptversammlung des anderen Vertragsteils wirksam wird, die Niederschrift dieses Beschlusses und ihrer Anlagen in Urschrift, Ausfertigung oder öffentlich beglaubigter Abschrift beizufügen.

(2) Der Vertrag wird erst wirksam, wenn sein Bestehen in das Handelsregister des Sitzes der Gesellschaft eingetragen worden ist.

Schrifttum: S. bei §§ 291 bis 293 sowie *Emmerich/Sonnenschein/Habersack* § 16 IX (S. 221 ff.); *Hommelhoff,* Die Konzernleitungspflicht, 1982; MünchHdb. AG/*Krieger* § 70 Rdnr. 48 ff. (S. 1038 f.); *J. Schmidt-Ott,* Publizitätserfordernisse bei atypisch stillen Beteiligungen an dem Unternehmen einer GmbH?, GmbHR 2001, 182; *Chr. Schulte/Th. Waechter,* Atypische stille Beteiligungen und § 294 AktG, GmbHR 2002, 189; *U. Schneider,* Die Fortentwicklung des Handelsregisters zum Konzernregister, WM 1986, 181; *J. Vetter,* Eintragung des Unternehmensvertrages im Handelsregister des herrschenden Unternehmens?, AG 1994, 110.

Übersicht

I. Überblick

Nach § 294 Abs. 1 S. 1 Halbs. 1 hat der Vorstand der Gesellschaft das Bestehen und die **1** Art des Unternehmensvertrages sowie den Namen des anderen Vertragsteils zur Eintragung

---

[55] S. § 293 Rdnr. 38 ff. m. Nachw.; anders *Hüffer* Rdnr. 4.

[56] BGHZ 119, 1, 13 ff. = NJW 1992, 2760 = AG 1992, 450 „Asea/BBC“.

[57] BGHZ 82, 188, 199 f. = NJW 1982, 933 = AG 1982, 129 „Hoesch/Hoogovens“; BGHZ 119, 1, 18 f. = NJW 1992, 2760 = AG 1992, 450 „Asea/BBC“; BGHZ 122, 211, 238 f. = NJW 1993,

1976 = AG 1993, 422 „SSI“; OLG Koblenz ZIP 2001, 1093, 1094 f.; 2001, 1094, 1098 f.; LG Frankfurt AG 1989, 331 = WM 1989, 683 = ZIP 1989, 1062 „Nestlé“; LG Hanau AG 1996, 184, 185; *W. Bayer* AG 1988, 323, 330; anders nach den Umständen des Falles KG NZG 2002, 818, 821 = AG 2003, 99, 101.

in das Handelsregister anzumelden. Der Anmeldung sind gemäß § 294 Abs. 1 S. 2 der Unternehmensvertrag sowie gegebenenfalls die Niederschrift über die Zustimmung der Hauptversammlung des anderen Vertragsteils nach § 293 Abs. 2 beizufügen. Die Eintragung hat konstitutive Wirkung (§ 294 Abs. 2). § 294 Abs. 1 S. 1 ist 2001 durch das Gesetz über elektronische Register vom 10. Dezember 2001 durch Einfügung eines neuen Halbs. 2 geändert worden.[1] Ursprünglich hatte § 294 Abs. 1 S. 1 bestimmt, daß bei *Teilgewinnabfüh-rungsverträgen* „außerdem die Vereinbarung über die Höhe des abzuführenden Gewinns" zur Eintragung ins Handelsregister anzumelden war. Diese Regelung hatte zu erheblichen Schwierigkeiten geführt, als einzelne Gesellschaften dazu übergingen, massenweise stille Geschäftsverträge, d. h. Teilgewinnabführungsverträge iSd. § 292 Abs. 1 Nr. 2, mit Anlegern abzuschließen, so daß sich auf einmal die Notwendigkeit ergab, tausende derartiger Verträge einzutragen.[2] Um dies zu verhindern, bestimmt jetzt der neue § 294 Abs. 1 S. 1 Halbs. 2 (in einer wenig gelungenen Formulierung), daß im Falle des Bestehens einer „Vielzahl" von Teilgewinnabführungsverträgen anstelle des Namens des anderen Vertragsteils auch eine sonstige Bezeichnung eingetragen werden kann, die den jeweiligen Teilgewinn-abführungsvertrag konkret bestimmt (wegen der Einzelheiten s. Rdnr. 12).

2 Das AktG von 1937 enthielt noch keine mit dem heutigen § 294 vergleichbare Bestimmung, so daß nach damals überwiegender Meinung Unternehmensverträge keiner Eintragung ins Handelsregister bedurften.[3] § 22 Abs. 2 EGAktG ordnete deshalb für **Altverträge** eine nachträgliche Eintragungspflicht an. Mit der seitdem geltenden Registerpublizität für Unternehmensverträge ist vor allem die Information der Aktionäre, der Gläubiger und der Öffentlichkeit über den Bestand von Unternehmensverträgen wegen ihrer häufig weitreichenden Wirkungen (s. insbes. die §§ 302 und 308) **bezweckt** (§ 9 HGB); zugleich wird durch die konstitutive Bedeutung der Eintragung (§ 294 Abs. 2) die Rechtssicherheit gewährleistet.[4]

3 Die in § 294 getroffene Regelung unterscheidet sich von der Rechtslage, die sich für die Eingliederung aus § 319 Abs. 4 bis 7 ergibt, vor allem durch das Fehlen der **Registersperre** (s. § 319 Abs. 5 und 6), an deren Stelle hier die allgemeine Regelung des § 127 FGG tritt (Rdnr. 18 ff.). Bei der **GmbH** entspricht die Rechtslage heute im wesentlichen der der AG.[5]

II. Anwendungsbereich

4 **1. Abhängige Gesellschaft.** § 294 Abs. 1 regelt die Anmeldung von Unternehmensverträgen zur Eintragung ins Handelsregister durch den „Vorstand der Gesellschaft". Gemeint ist damit der Vorstand derjenigen Gesellschaft, die jeweils die vertragstypischen Leistungen erbringt.[6] Das sind im Falle des Abschlusses eines Beherrschungs-, Gewinn-abführungs- oder Teilgewinnabführungsvertrages der Vorstand bzw. die persönlich haftenden Gesellschafter der abhängigen oder zur Gewinnabführung verpflichteten AG oder KGaA sowie bei Betriebspacht- oder Betriebsüberlassungsverträgen der Vorstand oder die persönlich haftenden Gesellschafter der verpachtenden oder überlassenden Gesellschaft (§§ 291 Abs. 1, 292 Abs. 1 Nrn. 2 und 3). Lediglich im Falle der Gewinngemeinschaft iSd. § 292 Abs. 1 Nr. 1 betrifft die Regelung *jede* an der Gewinngemeinschaft beteiligte AG oder KGaA.[7] Geht auf eine AG oder KGaA im Wege der Gesamtrechtsnachfolge, zB durch

---

[1] BGBl. I S. 3422; s. dazu die Begr., BT-Drucks. 14 (2001)/6855, S. 21 f.

[2] S. schon § 292 Rdnr. 27; die Begr. zum ÄnderungsG vom 10. 12. 2001 (vorige Fn.) sowie noch *Schulte/Waechter* GmbHR 2002, 189, 190 f.

[3] Ebenso noch heute für Österreich OGH EvBl. 1999 Nr. 200 = ÖJZ 1999, 846 = RdW 1999, 597 = WBl. 1999, 521 = AG 2000, 331 f.; NZG 1999, 1216.

[4] S. die Begr. zum RegE bei *Kropff* AktG S. 382; zustimmend BGHZ 105, 324, 344 = LM FGG § 19 Nr. 27 = NJW 1989, 295 = AG 1989, 91 = WM

1988, 1819 (Vorinstanz: BayObLGZ 1988, 201 = AG 1988, 379) „Supermarkt"; MünchKommAktG/ *Altmeppen* Rdnr. 1 f.; *Hüffer* Rdnr. 1.

[5] S. § 293 Rdnr. 45 f.; ebenso für den Abschluß und die Aufhebung von Beherrschungs- und Gewinnabführungsverträgen zuletzt BayObLG GmbHR 2003, 476, 477 f.; anders für Teilgewinnabführungsverträge BayObLG, Beschl. v. 18. 2. 2003 – 3 ZBR 233/02; kritisch auch *J. Schmidt-Ott* GmbHR 2001, 182.

[6] *Hüffer* Rdnr. 2.

[7] MünchKommAktG/*Altmeppen* Rdnr. 14.

Verschmelzung mit einer abhängigen oder überlassenden Gesellschaft, der Unternehmensvertrag über, so wird dadurch die Anmeldepflicht nach § 294 erneut ausgelöst.[8] Die Anmeldepflicht trifft dann den übernehmenden Rechtsträger; die Eintragung hat in diesem Fall
aber keine konstitutive Bedeutung.

2. Herrschende Gesellschaft? Aus dem Gesagten (Rdnr. 4) wird überwiegend der **5**
Schluß gezogen, daß § 294 Abs. 1 keine Bedeutung für den **anderen** Vertragsteil hat, so daß
für diesen **keine** Anmelde- und Eintragungspflicht besteht, selbst wenn es sich bei ihm
gleichfalls um eine AG oder KGaA handelt, deren Hauptversammlung dem Vertragsabschluß
nach § 293 Abs. 2 zustimmen mußte.[9] Für die Richtigkeit dieses Gesetzesverständnisses
spricht vor allem, daß die Gesetzesverfasser bei § 294 seinerzeit offenkundig nur an diejenige
Gesellschaft gedacht haben, die die vertragstypischen Leistungen erbringt, in erster Linie also
an die abhängige Gesellschaft im Falle des § 291.[10] In dieselbe Richtung weist der systematische Zusammenhang der §§ 293 ff. Unabhängig hiervon bleiben jedoch die Vorschriften
der *§§ 293 g Abs. 2 S. 1 und 130 Abs. 5* zu beachten, aus denen sich ergibt, daß auch bei
einer herrschenden AG oder KGaA im Falle des § 293 Abs. 2 der Vorstand unverzüglich
nach der Hauptversammlung die Niederschrift über den Zustimmungsbeschluß der Hauptversammlung mit dem gebilligten Unternehmensvertrag als Anlage zum Handelsregister
einzureichen hat.

III. Anmeldung

1. Verpflichteter. Die Anmeldung ist nach § 294 Abs. 1 S. 1 Sache des Vorstandes der **6**
jeweils anmeldepflichtigen AG (Rdnr. 4), an dessen Stelle bei einer KGaA die persönlich
haftenden Gesellschafter treten (§ 283 Nr. 1). Die Anmeldung muß von so vielen Vorstandsmitgliedern ausgehen, wie nach § 78 iVm. der Satzung zur Vertretung der Gesellschaft
erforderlich sind. Unechte Gesamtvertretung nach § 78 Abs. 3 S. 1 und Ermächtigung
einzelner Gesamtvertreter nach § 78 Abs. 4 S. 1 sind hierbei ebenso möglich wie eine
Bevollmächtigung Dritter, sofern sie sich gerade auf die Anmeldung bezieht und § 12
Abs. 2 S. 1 HGB beachtet wird.[11] Die Vorstandsmitglieder werden im Namen der AG
tätig.[12] Für die Form der Anmeldung gilt § 12 HGB.

2. Anmeldepflicht? Aus der Formulierung des § 294 Abs. 1 S. 1 darf *keine* öffentlich- **7**
rechtliche, mit Zwangsgeldern nach § 14 HGB durchsetzbare Anmeldepflicht der Gesellschaft oder des Vorstands hergeleitet werden, wie sich aus § 407 Abs. 2 S. 1 ergibt (s. auch
Rdnr. 22). Eine Anmeldepflicht obliegt dem Vorstand vielmehr allein gegenüber seiner
Gesellschaft aufgrund des § 83 Abs. 2.[13] Eine wieder andere Frage ist, ob der Vorstand bzw.
die von ihm vertretene Gesellschaft auch gegenüber dem anderen Vertragsteil zur Anmeldung verpflichtet sind (s. dazu Rdnr. 29 f. und § 293 Rdnr. 31).

3. Inhalt. Den Inhalt der Anmeldung regelt § 294 Abs. 1 S. 1 Halbs. 1; Besonderheiten **8**
gelten für Teilgewinnabführungsverträge nach dem neuen Halbs. 2 der Vorschrift in der
Fassung von 2001 (s. Rdnr. 1, 12). Im Regelfall sind nach Halbs. 1 der Vorschrift (nur) das
Bestehen und die Art des Unternehmensvertrages sowie der Name des anderen Vertragsteils
anzumelden (Rdnr. 9 ff.). Außerdem sind gemäß § 294 Abs. 1 S. 2 der Anmeldung der
Unternehmensvertrag selbst sowie gegebenenfalls die Niederschrift über die Zustimmung

[8] *Koppensteiner* in Kölner Kommentar Rdnr. 2.
[9] AG Erfurt AG 1997, 275 = GmbHR 1997, 75;
AG Duisburg AG 1994, 568 = GmbHR 1994, 811
(GmbH); MünchKommAktG/*Altmeppen* Rdnr.
12 f.; *Koppensteiner* in Kölner Kommentar Rdnr. 3;
MünchHdb. AG/*Krieger* § 70 Rdnr. 48 (Abs. 2); *J.
Vetter* AG 1994, 110, 111 f.; anders LG Bonn AG
1993, 521 = GmbHR 1993, 443 = MittRhNotK
1993, 130 (GmbH); *Hommelhoff* Konzernleitungspflicht S. 319 f.; *U. Schneider* WM 1986, 181, 186 f.;
für die GmbH s. § 293 Rdnr. 46.

[10] S. die Begr. und den Ausschußbericht zu § 294
bei *Kropff* AktG S. 382 ff.
[11] MünchKommAktG/*Altmeppen* Rdnr. 8; *Hüffer*
Rdnr. 2; MünchHdb. AG/*Krieger* § 70 Rdnr. 48
(S. 1038).
[12] BGHZ 105, 324, 327 f. = LM FGG § 19
Nr. 27 = NJW 1989, 295 = AG 1989, 91 „Supermarkt".
[13] S. § 293 Rdnr. 31; MünchKommAktG/*Altmeppen* Rdnr. 7, 9; *Hüffer* Rdnr. 2.

der Hauptversammlung des anderen Vertragsteils mit ihren Anlagen beizufügen (dazu Rdnr. 13 ff.).

9 **a) Bestehen und Art des Vertrags.** Mit Bestehen und Art des Unternehmensvertrages meint § 294 Abs. 1 S. 1, daß sich die Anmeldung ausdrücklich auf einen wirksam abgeschlossenen Unternehmensvertrag iSd. § 291 Abs. 1 oder des § 292 Abs. 1 beziehen muß. Der Vertrag muß folglich, wenn eine ordnungsgemäße Anmeldung vorliegen soll, sämtliche Wirksamkeitsvoraussetzungen, von der Eintragung nach § 294 Abs. 2 abgesehen, bereits erfüllen; und er muß außerdem nach seiner Bezeichnung in der Anmeldung einem der Vertragstypen des § 291 Abs. 1 oder des § 292 Abs. 1 zugeordnet sein, da ein Unternehmensvertrag nur unter dieser Bezeichnung ins Handelsregister eingetragen werden kann.[14]

10 Jeder Vertrag muß daher, wie immer er sonst heißen mag, im Falle seiner Anmeldung nach § 294 **auch** nach einer der Vertragskategorien des § 291 Abs. 1 oder des § 292 Abs. 1 benannt werden. Eine Interessengemeinschaft muß folglich auch als Gewinngemeinschaft, eine Verlustübernahmepflicht oder eine stille Gesellschaft zugleich als Teilgewinnabführungsvertrag (s. § 292 Rdnr. 29 f.) sowie ein Betriebsführungsvertrag als Betriebsüberlassungsvertrag bezeichnet werden (s. § 292 Rdnr. 55 ff.), jeweils iVm. der genannten anderen Bezeichnung, damit die Rechtsnatur des Vertrages eindeutig festgelegt und durch seine Eintragung ins Handelsregister verlautbart wird. Erfüllt ein konkreter Vertrag zugleich die Voraussetzungen verschiedener Kategorien von Unternehmensverträgen, etwa im Falle der Verbindung eines Betriebspachtvertrages mit einem Beherrschungsvertrag, so ist gleichfalls eine entsprechende Eintragung im Handelsregister erforderlich.[15] Würde in dem genannten Fall der Vertrag zB nur als Betriebspachtvertrag eingetragen, so wäre der zugleich vorliegende Beherrschungsvertrag mangels Eintragung ins Handelsregister nichtig (§ 294 Abs. 2 AktG; § 139 BGB).[16]

11 **b) Name.** Anzumelden und infolgedessen ins Handelsregister einzutragen ist weiter der Name des anderen Vertragsteils, in aller Regel also dessen **Firma** (§ 17 HGB). Schon mit Rücksicht auf § 30 HGB wird dazu in aller Regel außerdem die Angabe des Wohnorts oder des **Sitzes** bzw. der Hauptniederlassung des anderen Vertragsteils gehören, dies auch deshalb, um den Aktionären und den Gläubigern der Gesellschaft zu verdeutlichen, mit wem sie es gegebenenfalls zu tun haben und an wen sie sich, namentlich in den Fällen der §§ 302 bis 305, zu wenden haben.[17] Im Falle eines **Gemeinschaftsunternehmens** beziehen sich diese Anforderungen auf sämtliche Mütter, und zwar ohne Rücksicht darauf, ob formal zwischen die Mütter und das Gemeinschaftsunternehmen eine BGB-Gesellschaft, etwa aus steuerlichen Gründen oder zur Koordinierung der Herrschaftsausübung der Mütter, eingeschaltet ist oder nicht.[18]

12 **c) Teilgewinnabführungsvertrag.** Für die Anmeldung und Eintragung von Teilgewinnabführungsverträgen iSd. § 292 Abs. 1 Nr. 2 enthielt das Gesetz von Anfang an eine Sonderregelung (s. Rdnr. 1). Die jetzige Fassung der Vorschrift geht auf das bereits erwähnte Änderungsgesetz vom 10. Dezember 2001 zurück.[19] In seiner ursprünglichen Fassung bestimmte § 294 Abs. 1 S. 1, daß bei einem Teilgewinnabführungsvertrag „außerdem" die Vereinbarung über die Höhe des abzuführenden Gewinns „anzumelden" und ins Handelsregister einzutragen war. Es genügte also nicht allein die Angabe der Quote des abzuführenden Gewinns; vielmehr waren die auf die Höhe des abzuführenden Gewinns bezüglichen Vertragsklauseln im einzelnen in der Anmeldung zu zitieren und ihrem wesentlichen Inhalt nach ins Handelsregister einzutragen (s. Voraufl. Rdnr. 12). Diese Regelung hatte zu großen Schwierigkeiten in Fällen geführt, in denen Gesellschaften mit einer Vielzahl von Anlegern,

[14] *Hüffer* Rdnr. 5; *Koppensteiner* in Kölner Kommentar Rdnr. 7; z. T. abweichend MünchKommAktG/*Altmeppen* Rdnr. 18 f.

[15] MünchKommAktG/*Altmeppen* Rdnr. 18; *Hüffer* Rdnr. 5; MünchHdb. AG/*Krieger* § 72 Rdnr. 60 (S. 1140).

[16] S. zu dieser Umgehungsproblematik im einzelnen § 292 Rdnr. 60 ff.; anders MünchKommAktG/*Altmeppen* Rdnr. 18.

[17] MünchKommAktG/*Altmeppen* Rdnr. 20; *Hüffer* Rdnr. 3.

[18] MünchKommAktG/*Altmeppen* Rdnr. 20.

[19] BGBl. I S. 3422.

in einzelnen Fällen mit mehreren zehntausend, stille Gesellschaftsverträge abgeschlossen hatten, bei denen es sich um Teilgewinnabführungsverträge iSd. § 292 Abs. 1 Nr. 2 handelte (s. schon Rdnr. 1). Denn es liegt auf der Hand, daß die Registergerichte mit der Aufgabe, tausende solcher Verträge ins Handelsregister einzutragen, schlicht überfordert sind. Deshalb bestimmt § 294 Abs. 1 S. 1 Halbs. 2 jetzt, daß in den genannten Fällen anstelle des Namens des anderen Vertragsteils, d. h. des stillen Gesellschafters und Anlegers, auch eine andere Bezeichnung eingetragen werden kann, die den jeweiligen Teilgewinnabführungsvertrag konkret bestimmt.[20]

Zur *Begründung* haben die Gesetzesverfasser ausgeführt, in den erwähnten Fällen sei in **12 a** Zukunft die Eintragung der Vereinbarung über die Höhe des abzuführenden Gewinns entbehrlich; außerdem könne anstelle des Namens des anderen Vertragsteils eine Bezeichnung gewählt werden, mit deren Hilfe der jeweilige Teilgewinnabführungsvertrag bestimmbar ist, etwa im Wege einer fortlaufenden Nummerierung der Verträge und eines entsprechenden Vermerks im Handelsregister; die Zwecke des § 294 (Gewährleistung der Publizität und der Rechtssicherheit) würden durch diese Änderung nicht tangiert.[21]

Reduziert man die umständliche Begründung (Rdnr. 12 a) und die wenig gelungene **12 b** Gesetzesformulierung auf ihren Kern, so ergibt sich, daß fortan bei Abschluß einer „Vielzahl von Teilgewinnabführungsverträgen" auf die *namentliche Bezeichnung* der Vertragspartner der Gesellschaft, d. h. der *stillen* Gesellschafter verzichtet und statt dessen eine zusammenfassende Bezeichnung der Verträge gewählt werden kann, die bei Einsicht in die Handelsregisterakten ihre Individualisierung ermöglicht. In Betracht kommt dafür wohl nur eine fortlaufende Nummerierung der zusammenfassend bezeichneten Verträge, etwa unter dem Namen des jeweiligen Anlageobjekts. Von einer „*Vielzahl*" von Teilgewinnabführungsverträgen iSd. § 294 Abs. 1 S. 1 Halbs. 2 ist dabei immer schon dann auszugehen, wenn die große Zahl der in zeitlichem und sachlichem Zusammenhang angemeldeten Teilgewinnabführungsverträge zu Schwierigkeiten bei dem Registergericht führen.[22] Eindeutig ist dies jedenfalls, wenn die Zahl der Verträge in die hunderte oder gar tausende geht,[23] dürfte aber auch schon anzunehmen sein, wenn es sich nur um mehrere dutzend Verträge handelt.

4. Anlagen. Der Anmeldung sind gemäß § 294 Abs. 1 S. 2 der Vertrag selbst sowie, **13** wenn dieser nach § 292 Abs. 2 nur mit Zustimmung der Hauptversammlung des anderen Vertragsteils wirksam wird, außerdem die Niederschrift dieses Beschlusses und ihre Anlagen, und zwar beides in Urschrift, Ausfertigung oder öffentlich beglaubigter Abschrift (s. § 129 BGB) beizufügen. Auch diese Regelung bezieht sich nur auf die Anmeldung des Vertrags zur Eintragung ins Handelsregister durch den Vorstand derjenigen Gesellschaft, die jeweils die vertragstypischen Leistungen erbringt, in den Fällen des § 291 Abs. 1 also durch den Vorstand der *abhängigen* oder verpflichteten Gesellschaft (Rdnr. 4).

Das Gesetz verlangt als erstes die Beifügung des **Vertrags** als Anlage zu der Anmeldung **14** durch den Vorstand der abhängigen oder sonst verpflichteten Gesellschaft (§ 294 Abs. 1 S. 2; s. Rdnr. 4, 13). Zumindest im Regelfall dürfte solche Beifügung indessen entbehrlich sein, da bereits nach § 130 Abs. 5 iVm. § 293 g Abs. 2 S. 2 der Vorstand verpflichtet ist, unverzüglich nach der Hauptversammlung (der „abhängigen" Gesellschaft) eine Abschrift der Niederschrift über den Zustimmungsbeschluß *mit* dem *Vertrag* als Anlage zum Handelsregister einzureichen, so daß sich der Vorstand in der nachfolgenden Anmeldung nach § 294 Abs. 1 unbedenklich auf eine bloße *Bezugnahme* auf diese schon eingereichten Unterlagen beschränken kann.[24] Lediglich wenn der Vorstand bisher nicht seiner Anmeldepflicht nach § 130 Abs. 5 nachgekommen ist, hat die Regelung des § 294 Abs. 1 S. 2 daher eigenständige Bedeutung.

---

[20] S. dazu *Hüffer* Rdnr. 6; *Chr. Schulte/Th. Waechter* GmbHR 2002, 189, 190.
[21] S. die Begr. zum RegE BT-Drucks. 14 (2001)/ 6855, S. 21 f.
[22] Ebenso *Hüffer* Rdnr. 6.

[23] S. die Begr. zum RegE, BT-Drucks. 14 (2001)/6855, S. 21 (r. Sp.).
[24] Ebenso MünchKommAktG/*Altmeppen* Rdnr. 22; *Hüffer* Rdnr. 7; *Koppensteiner* in Kölner Kommentar Rdnr. 10.

15 Der Anmeldung ist außerdem nach § 294 Abs. 1 S. 2, wenn der Vertrag nach § 293 Abs. 2 nur mit **Zustimmung** der Hauptversammlung des **anderen** Vertragsteils wirksam wird, also in den Fällen des § 291 Abs. 1, die Niederschrift dieses Beschlusses mit ihren Anlagen, wobei es sich wiederum um den Vertrag handelt, beizufügen. Auch hier sind die §§ 130 Abs. 5 und 293 g Abs. 2 S. 2 zu beachten. Die danach ohnehin erforderliche Einreichung der Niederschrift über den Zustimmungsbeschluß mit Anlagen macht die erneute Beifügung dieser Niederschrift mit Anlagen nach § 294 Abs. 1 S. 2 indessen nur entbehrlich, wenn zufällig beide an dem Vertrag beteiligten Gesellschaften ihren Sitz im selben Amtsgerichtsbezirk haben.[25]

16 Sofern der Unternehmensvertrag ausnahmsweise einer staatlichen **Genehmigung** bedarf, ist (trotz des § 293 Abs. 1 S. 4) die Vorschrift des *§ 181 Abs. 1 S. 3* entsprechend anzuwenden, so daß der Anmeldung außerdem die Genehmigungsurkunde beizufügen ist.[26] Solche Fälle sind indessen bisher nicht hervorgetreten. Selbst nach dem **VAG** und dem **KWG** gibt es keine Genehmigungsvorbehalte, sondern lediglich Beanstandungsrechte der Aufsichtsbehörden.[27] Diese Behörden können nicht von sich aus ohne gesetzliche Grundlage, wie es teilweise geschieht, wirksam Genehmigungsvorbehalte einführen (s. im übrigen auch Rdnr. 21).

17 Soweit der Abschluß des Unternehmensvertrages einen Zusammenschluß iSd. **Fusionskontrolle** darstellt (s. § 37 Abs. 1 Nr. 2 GWB; Art. 3 FusionskontrollVO), ist ergänzend das *Vollzugsverbot* des § 41 Abs. 1 GWB bzw. des Art. 7 Abs. 1 FusionskontrollVO zu beachten, und zwar nicht nur von den Parteien des Unternehmensvertrages, sondern ebenso von dem Registergericht im Eintragungsverfahren. Der Vertrag darf daher, solange das Vollzugsverbot besteht, weder von den Parteien zur Eintragung ins Handelsregister angemeldet noch vom Registergericht auf eine hiernach unzulässige Anmeldung hin eingetragen werden.[28] Diese Rechtslage ist vom Registergericht selbständig zu prüfen (§ 12 FGG). Wird der Unternehmensvertrag gleichwohl unter Verstoß gegen das Vollzugsverbot im Handelsregister eingetragen, so greift freilich § 41 Abs. 1 S. 3 GWB ein, so daß der Vertrag wirksam wird.

IV. Verfahren

18 **1. Zuständigkeit.** Sachlich und örtlich zuständig ist das Amtsgericht, in dessen Bezirk die Gesellschaft nach § 5 ihren Sitz hat (§ 14 AktG; § 8 HGB). Funktional zuständig ist beim Amtsgericht der Richter, nicht der Rechtspfleger (§ 17 Abs. 1 Nr. 1 lit. d RPflG).

19 **2. Prüfung. a) Gegenstand.** Das Registergericht hat die Anmeldung nicht nur in formeller, sondern auch in materieller Hinsicht zu prüfen, weil das Gericht an das geltende Recht gebunden ist und keinen danach unwirksamen Unternehmensvertrag ins Handelsregister eintragen darf.[29] Entspricht die Anmeldung nicht den gesetzlichen Vorschriften (§ 294 Abs. 1 AktG; § 12 HGB), so ist die Eintragung ebenfalls abzulehnen. Dasselbe gilt, wenn die Prüfung des Registergerichts ergibt, daß die Anmeldung des Vertrags gegen das Vollzugsverbot des § 41 Abs. 1 GWB oder des Art. 7 Abs. 1 der FusionskontrollVO verstößt (Rdnr. 17).

---

[25] MünchKommAktG/*Altmeppen* Rdnr. 23; *Hüffer* Rdnr. 8.

[26] *Hüffer* Rdnr. 9; *Koppensteiner* in Kölner Kommentar Rdnr. 11; anders MünchKommAktG/*Altmeppen* Rdnr. 24.

[27] S. dazu ausführlich *C. van de Sande*, Die Unternehmensgruppe im Banken- und Versicherungsaufsichtsrecht, Diss. Bayreuth 2000, §§ 5, 6.

[28] S. Rdnr. 19 f.; *Bechtold*, GWB, 3. Aufl. 2002, § 41 Rdnr. 3 f.; *Hüffer* Rdnr. 11; *Mestmäcker/Veelken* in Immenga/Mestmäcker, GWB, 3. Aufl. 2001, § 41 Rdnr. 15 (unter Hinweis auf § 81 Abs. 1 Nr. 1 GWB iVm. § 14 OWiG); *Ruppelt* in Langen/Bunte Kartellrecht, 9. Aufl. 2001, § 41 Rdnr. 2; *Windbichler*, Unternehmensverträge und Zusammenschlußkontrolle, 1977, S. 20 ff.; auch insoweit anders MünchKommAktG/*Altmeppen* Rdnr. 24.

[29] MünchKommAktG/*Altmeppen* Rdnr. 26; MünchKommHGB/*Bokelmann* § 8 Rdnr. 56 ff.; Baumbach/*Hopt* HGB § 8 Rdnr. 6 ff.; *Hüffer* Rdnr. 11; Staub/*Hüffer* HGB § 8 Rdnr. 52 ff.; MünchHdb. AG/*Krieger* § 70 Rdnr. 49; Heymann/*Sonnenschein* HGB § 8 Rdnr. 12 ff.

Ergeben sich **Bedenken** gegen die materielle Wirksamkeit des Unternehmensvertrages 20 und können diese bei der dem Gericht von Amts wegen obliegenden Ermittlung des Sachverhalts (§ 12 FGG) nicht ausgeräumt werden, so kann das Gericht nach seinem Ermessen die Eintragung ablehnen oder nach § 127 FGG verfahren. **Beispiele** sind die Formnichtigkeit, die Gesetzwidrigkeit oder die Sittenwidrigkeit des Unternehmensvertrages (§§ 125, 134, 138 BGB), das Fehlen einer Ausgleichsregelung (§ 304 Abs. 3 S. 1), die unrichtige Bezeichnung des Vertrags, etwa (nur) als Betriebspachtvertrag, obwohl es sich zugleich um einen Beherrschungsvertrag handelt, das Fehlen oder die Nichtigkeit eines nach § 293 Abs. 1 oder 2 erforderlichen Zustimmungsbeschlusses oder ein Verstoß gegen das fusionskontrollrechtliche Vollzugsverbot (Rdnr. 17).[30] Sofern bei einem der anderen Unternehmensverträge des § 292 dessen Wirksamkeit von der Angemessenheit der Gegenleistung abhängt, gehört deren Prüfung gleichfalls zur Zuständigkeit des Registergerichts.[31]

b) Registersperre? Zusätzliche Probleme ergeben sich im Falle der **Anfechtung** eines 21 Zustimmungsbeschlusses. Für diesen Fall war im Regierungsentwurf ursprünglich eine Registersperre vorgesehen gewesen, auf die jedoch später verzichtet wurde, um unzumutbare Verzögerungen der Eintragung von Unternehmensverträgen zu verhindern, vor allem bei mißbräuchlichen Anfechtungsklagen.[32] Folglich hat das Registergericht auch in diesem Fall nach § 127 FGG zu verfahren, so daß es die Entscheidung über den Eintragungsantrag aussetzen kann, aber nicht muß, bis über die Anfechtungsklage rechtskräftig entschieden ist.[33] An dieser Rechtslage hat auch der Gesetzgeber des UmwG von 1994 nichts geändert, obwohl durch dieses Gesetz für die vergleichbaren Fälle der Eingliederung und der Verschmelzung die besonderen Rechtsinstitute der Negativverklärung und der Registersperre bei Fehlen einer derartigen Erklärung eingeführt wurden (§ 319 Abs. 5 und 6 AktG; § 16 Abs. 2 und 3 UmwG; s. § 319 Rdnr. 20 ff.).

Hieraus wird überwiegend der Schluß gezogen, daß im Rahmen des § 294 Abs. 1 **kein** 22 Raum für eine entsprechende Anwendung des § 319 Abs. 6 AktG bzw. des § 16 Abs. 3 UmwG (Registersperre) ist.[34] Es bleibt vielmehr bei dem Ermessen des Registergerichts nach **§ 127 FGG.** Dies bedeutet nicht etwa, daß der Vertrag vom Registergericht trotz Erhebung der Anfechtungsklage gegen einen der Zustimmungsbeschlüsse grundsätzlich einzutragen sei.[35] Denn das Registergericht darf nicht sehenden Auges einen möglicherweise sich später als nichtig erweisenden Unternehmensvertrag ins Handelsregister eintragen. Eine Eintragung trotz Erhebung der Anfechtungsklage gegen einen der Zustimmungsbeschlüsse kommt vielmehr nur in Betracht, wenn die Klage unzulässig, offensichtlich unbegründet oder mißbräuchlich und die Eintragung im Interesse der Gesellschaft dringend erforderlich ist.[36]

Anwendbar bleibt außerdem **§ 16 Abs. 2 HGB,** so daß die Eintragung des Unterneh- 23 mensvertrages grundsätzlich zu unterbleiben hat, wenn durch eine rechtskräftige oder vollstreckbare Entscheidung des Prozeßgerichts die Vornahme der Eintragung für unzulässig erklärt ist. Darunter fällt auch eine **einstweilige Verfügung,** die der Anfechtungskläger erwirkt hat.[37] Anders ist die Rechtslage, wenn das Registergericht von sich aus nach § 127

[30] *Hüffer* Rdnr. 11 f.; *Koppensteiner* in Kölner Kommentar Rdnr. 13–16, 18.
[31] Anders MünchKommAktG/*Altmeppen* Rdnr. 29.
[32] S. die Begr. und den Ausschußbericht zum RegE bei *Kropff* AktG S. 383 f.
[33] S. den Ausschußbericht (vorige Fn.).
[34] LG Hanau AG 1996, 60, 61; MünchKomm-AktG/*Altmeppen* Rdnr. 32; *Hüffer* Rdnr. 13 f.; MünchHdb. AG/*Krieger* § 70 Rdnr. 49 (S. 1039).
[35] So aber MünchHdb. AG/*Krieger* § 70 Rdnr. 49; in der Tendenz auch MünchKomm-AktG/*Altmeppen* Rdnr. 30 ff.
[36] Grdlg. BGHZ 112, 9, 23 ff. = NJW 1990, 2747 = AG 1990, 538 = LM AktG § 345 Nr. 1 „Deut-

sche Hypothekenbank/Pfälzische Hypothekenbank"; OLG Nürnberg AG 1996, 229, 230; s. MünchKommHGB/*Bokelmann* § 8 Rdnr. 74 f.; *Hüffer* Rdnr. 14; *Koppensteiner* in Kölner Kommentar Rdnr. 19; vgl. auch für die Amtslöschung nach Erhebung einer Anfechtungsklage OLG Zweibrücken AG 1989, 251, 252 f. = WM 1988, 1826 „Pegulan".
[37] LG Heilbronn AG 1971, 372; MünchKomm-AktG/*Altmeppen* Rdnr. 33; MünchKommHGB/*Bokelmann* § 16 Rdnr. 12; Baumbach/*Hopt* HGB § 16 Rdnr. 3; *Hüffer* Rdnr. 15; MünchHdb. AG/*Krieger* § 70 Rdnr. 49.

HGB die Eintragung ablehnt. Nach überwiegender Meinung ist dann kein Raum für eine einstweilige Verfügung der Gesellschaft auf Eintragung des Vertrages.[38]

24   **3. Eintragung.** Der Inhalt der Eintragung richtet sich nach dem Inhalt der durch § 294 Abs. 1 S. 1 vorgeschriebenen Anmeldung.[39] Einzutragen sind mithin Bestehen und Art des Unternehmensvertrages, der Name und gegebenenfalls die Firma des anderen Vertragsteils sowie dessen Sitz, Hauptniederlassung oder Wohnort, jedenfalls, soweit erforderlich, um die Identität des anderen Vertragsteils zweifelsfrei feststellen zu können (Rdnr. 11). Die Eintragung erfolgt in der Abteilung B Spalte 6 des Handelsregisters (s. § 43 Abs. 1 Nr. 6 lit. g HRV).[40]

25   Bei *Teilgewinnabführungsverträgen* iSd. § 292 Abs. 1 Nr. 2 war nach der früheren Fassung des § 294 Abs. 1 S. 1 außerdem die Vereinbarung über die Höhe des abzuführenden Gewinns einzutragen. Diese Regelung ist durch das Änderungsgesetz vom 10. Dezember 2001[41] gestrichen worden, um dem Registergericht fortan generell, nicht nur bei Vorliegen einer Vielzahl von Teilgewinnabführungsverträgen die Eintragung der Berechnungsgrundlage und des Berechnungsmodus zu ersparen.[42] Für Teilgewinnabführungsverträge gilt seitdem keine Besonderheit hinsichtlich der Eintragung mehr. Handelt es sich um eine *Vielzahl* solcher Verträge, so genügt außerdem jetzt zur Entlastung des Handelsregisters ihre zusammenfassende Bezeichnung (s. Rdnr. 12). Bei einem Unternehmensvertrag mit einem *Gemeinschaftsunternehmen* (Stichwort: Mehrmütterorganschaft) sind dagegen konzernrechtlich (nicht steuerlich) sämtliche Mütter Vertragspartner und folglich als solche im Handelsregister einzutragen (Rdnr. 11). Für die Bekanntmachung der Eintragung gilt **§ 10 HGB,** für die Einsicht in das Handelsregister und in die Handelsregisterakten (einschließlich des Unternehmensvertrages) **§ 9 HGB.** Für Unternehmensverträge besteht infolgedessen umfassende *Registerpublizität,* da jedermann von ihrem Inhalt nach den §§ 130 Abs. 5, 293 g Abs. 2 S. 2 und 294 Abs. 1 S. 2 AktG iVm. § 9 HGB Kenntnis nehmen kann.

V. Wirksamkeit

26   **1. Konstitutive Wirkung.** Der Unternehmensvertrag erlangt erst Wirksamkeit mit seiner Eintragung ins Handelsregister (§ 294 Abs. 2). Maßgeblicher Zeitpunkt ist der der Eintragung, deren Datum daher jeweils im Handelsregister zu vermerken ist (§ 130 Abs. 1 FGG). Die Eintragung hat *keine heilende Kraft,* sofern der Vertrag nichtig ist, etwa, weil er gegen das Gesetz verstößt (§ 134 BGB) oder weil ein Zustimmungsbeschluß fehlt oder nichtig ist.[43] Das Registergericht kann dann nach seinem Ermessen gemäß § 142 FGG das Amtslöschungsverfahren einleiten.[44] Bis zur Amtslöschung wird jedoch der Unternehmensvertrag nach seinem Vollzug in bestimmten Fällen als wirksam behandelt (s. § 291 Rdnr. 28 ff.). Einen weitergehenden Schutz Dritter in ihrem Vertrauen auf die Wirksamkeit des Unternehmensvertrages, etwa nach **§ 15 Abs. 3 HGB,** gibt es nicht, da es sich bei Unternehmensverträgen nicht um eintragungspflichtige Tatsachen iSd. § 15 HGB handelt.[45]

27   Maßgeblich ist allein die Eintragung des Vertrages ins Handelsregister derjenigen AG oder KGaA, die die vertragstypischen Leistungen erbringt, in erster Linie also bei der *abhängigen* Gesellschaft (Rdnr. 3), während im Handelsregister des anderen Vertragsteils keine Eintragung vorgenommen wird (Rdnr. 4). Eine scheinbare Ausnahme bilden nur **Gewinnge-**

---

[38] *Hüffer* und *Krieger* (vorige Fn.); dagegen MünchKommAktG/*Altmeppen* Rdnr. 34 f.

[39] S. Rdnr. 6 ff.; MünchKommAktG/*Altmeppen* Rdnr. 37.

[40] Abgedruckt bei Baumbach/*Hopt* HGB Anh. 4 (S. 1218).

[41] BGBl. I S. 3422.

[42] So die Begr. zum RegE, BT-Drucks. 14 (2001)/6855, S. 21 (r. Sp. 4. Abs.); zustimmend *Chr. Schulte/Th. Waechter* GmbHR 2002, 189, 191; anders *Hüffer* Rdnr. 16.

[43] MünchKommAktG/*Altmeppen* Rdnr. 40; *Hüffer* Rdnr. 17, 21; *Koppensteiner* in Kölner Kommentar Rdnr. 25.

[44] OLG Zweibrücken AG 1989, 251, 252 f. = WM 1988, 1826 „Pegulan"; *Hüffer* Rdnr. 21.

[45] S. Rdnr. 7; ebenso im Ergebnis MünchKommAktG/*Altmeppen* Rdnr. 40–46; *Hüffer* Rdnr. 21; *Koppensteiner* in Kölner Kommentar Rdnr. 28.

meinschaften nach § 292 Abs. 1 Nr. 1 unter Beteiligung mehrerer AG oder KGaA, da hier der Vertrag nach § 294 Abs. 2, und zwar in seiner Gesamtheit, erst mit der Eintragung bei der letzten beteiligten AG oder KGaA wirksam wird.[46]

Nach überwiegender Meinung ist es möglich, in dem Vertrag einen **nach** dem Zeitpunkt **28** der Eintragung liegenden Zeitpunkt als **Zeitpunkt der Wirksamkeit** des Vertrags zu bestimmen.[47] Dies ist indessen ausgesprochen mißlich, so daß das Registergericht in solchen Fällen nach Möglichkeit gemäß § 127 FGG die Eintragung bis zum Eintritt dieses Zeitpunkts aufschieben sollte. Auf jeden Fall ist so zu verfahren, wenn der Vertrag unter einer aufschiebenden Bedingung abgeschlossen ist (s. § 297 Rdnr. 21 f.).

2. Rechtslage vor Eintragung.[48] Das Gesetz schreibt keine bestimmte Reihenfolge von **29** Vertragsabschluß und Zustimmungsbeschluß vor. Der **Zustimmungsbeschluß** kann daher dem Vertragsabschluß vorausgehen oder nachfolgen (s. § 293 Rdnr. 25). **Geht** er (ausnahmsweise) dem Vertragsabschluß **voraus,** so muß freilich in der Hauptversammlung bereits der Entwurf eines Unternehmensvertrages vorliegen, weil sich die Hauptversammlung nur zu einem konkreten Vertrag äußern kann. Der Vorstand ist in diesem Fall der Gesellschaft gegenüber verpflichtet, einen entsprechenden Vertrag abzuschließen (§ 83 Abs. 2) und ihn, sobald dies geschehen ist, nach § 294 Abs. 1 zum Handelsregister anzumelden (Rdnr. 7). Für die zusätzlich vielfach angenommene Verpflichtung des Vorstandes auch gegenüber dem anderen Vertragteil zur Anmeldung des Vertrags ist dagegen keine Rechtsgrundlage zu erkennen, da nach dem Gesamtzusammenhang der gesetzlichen Regelung (§§ 292 ff., 407 Abs. 2) die Gesellschaft in jedem Zeitpunkt frei darüber entscheiden können soll, ob sie den Unternehmensvertrag in Kraft treten lassen will oder nicht (s. § 293 Rdnr. 31).

Im umgekehrten Fall, dann also, wenn der **Vertragsabschluß** der Zustimmung der **30** Hauptversammlung **vorausgeht,** hat der Vorstand bei Abschluß des Vertrages als Vertreter ohne Vertretungsmacht gehandelt. In diesem Fall besteht gleichfalls keine Bindung der Gesellschaft bis zum Zeitpunkt der Eintragung des Unternehmensvertrages ins Handelsregister (§ 294 Abs. 2). Weder ist der Vorstand verpflichtet, nach Abschluß des Vertrages diesen der Hauptversammlung zur Genehmigung vorzulegen (s. § 293 Rdnr. 29), noch besteht eine Bindung der Hauptversammlung, so daß diese selbst nach ursprünglicher Zustimmung zu dem Vertrag bis zur Eintragung ins Handelsregister immer noch einen gegenteiligen Beschluß fassen kann. Zustimmungsbeschlüsse erwachsen nicht in Rechtskraft (s. § 293 Rdnr. 32).

3. Rückwirkung. Die konstitutive Wirkung der Eintragung nach § 294 Abs. 2 schließt **31** es nicht aus, daß sich der Unternehmensvertrag selbst schuldrechtlich Rückwirkung beilegt.[49] Die Frage, wieweit dies tatsächlich möglich ist, hängt von der Natur des Vertrages ab. Generell ausgeschlossen ist eine Rückwirkung allein bei dem Beherrschungsvertrag.[50]

Bei Gewinnabführungsverträgen bestehen gegen eine Rückwirkung bis zum Beginn des **32** laufenden Geschäftsjahres keine Bedenken, während die weitergehende Regelung in § 14 Nr. 4 KStG gesellschaftsrechtlich keine Anerkennung finden kann.[51] Ebenso zu beurteilen ist die Rechtslage schließlich bei den anderen Unternehmensverträgen des § 292, wo durchweg jedenfalls eine Rückwirkung für das laufende Geschäftsjahr unbedenklich ist.[52]

---

[46] MünchKommAktG/*Altmeppen* Rdnr. 39; *Hüffer* Rdnr. 17.

[47] MünchKommAktG/*Altmeppen* Rdnr. 65; *Hüffer* Rdnr. 18; *Koppensteiner* in Kölner Kommentar Rdnr. 21.

[48] Zum folgenden s. *Emmerich/Sonnenschein/Habersack* § 16 IX 4 (S. 226 f.) sowie § 293 Rdnr. 31 ff.

[49] So schon die Begr. und den Ausschußbericht bei *Kropff* AktG S. 383 und 384; ausführlich MünchKommAktG/*Altmeppen* Rdnr. 51–64.

[50] S. § 291 Rdnr. 15; anders MünchKommAktG/*Altmeppen* Rdnr. 52–56.

[51] S. § 291 Rdnr. 55; *Hüffer* Rdnr. 20; *Koppensteiner* Kölner Kommentar Rdnr. 22; anders MünchKommAktG/*Altmeppen* Rdnr. 57–63.

[52] MünchKommAktG/*Altmeppen* Rdnr. 64.

§ 295 Änderung

(1) Ein Unternehmensvertrag kann nur mit Zustimmung der Hauptversammlung geändert werden. §§ 293 bis 294 gelten sinngemäß.

(2) Die Zustimmung der Hauptversammlung der Gesellschaft zu einer Änderung der Bestimmungen des Vertrags, die zur Leistung eines Ausgleichs an die außenstehenden Aktionäre der Gesellschaft oder zum Erwerb ihrer Aktien verpflichten, bedarf, um wirksam zu werden, eines Sonderbeschlusses der außenstehenden Aktionäre. Für den Sonderbeschluß gilt § 293 Abs. 1 Satz 2 und 3. Jedem außenstehenden Aktionär ist auf Verlangen in der Versammlung, die über die Zustimmung beschließt, Auskunft auch über alle für die Änderung wesentlichen Angelegenheiten des anderen Vertragsteils zu geben.

Schrifttum: *W. Bayer,* Herrschaftsveränderungen im Vertragskonzern, ZGR 1993, 599; *Bungert,* Unternehmensvertragsbericht und Unternehmensvertragsprüfung gemäß §§ 293 a ff. AktG, DB 1995, 1449; *Ebenroth/Parche,* Konzernrechtliche Beschränkungen der Umstrukturierung des Vertragskonzerns, BB 1989, 637; *Emmerich/Sonnenschein/Habersack* § 18 (S. 247 ff.); *Grüner,* Die Beendigung von Gewinnabführungs- und Beherrschungsverträgen, Diss. Bayreuth 2001; *Henze* Konzernrecht Tz. 319 ff. (S. 116 ff.); *Hommelhoff,* Die Konzernleitungspflicht, 1982, S. 437 ff.; *Hüchting,* Abfindung und Ausgleich im aktienrechtlichen Beherrschungsvertrag, 1972, S. 101 ff.; *Humbeck,* Die Prüfung der Unternehmensverträge nach neuem Recht, BB 1995, 1893; *Kley,* Die Rechtsstellung der außenstehenden Aktionäre bei der vorzeitigen Beendigung von Unternehmensverträgen, 1986; *Kort,* Ausgleichs- und Abfindungsrechte beim Beitritt eines herrschenden Unternehmens zu einem Beherrschungsvertrag, ZGR 1999, 402; *MünchHdb.* AG/*Krieger* § 70 Rdnr. 155 ff. (S. 1087 ff.); *ders.,* Änderung und Beendigung von Beherrschungs- und Gewinnabführungsverträgen, in U. Schneider (Hrsg.), Beherrschungs- und Gewinnabführungsverträge in der Praxis der GmbH, 1989, S. 99; *ders./Jannot,* Änderung und Beendigung von Beherrschungs- und Gewinnabführungsverträgen im Aktien- und GmbH-Recht, DStR 1995, 1473; *Pentz,* Die verbundene Aktiengesellschaft als außenstehender Aktionär, AG 1996, 97; *Priester,* Herrschaftswechsel beim Unternehmensvertrag, ZIP 1992, 293; *ders.,* Hinzutritt außenstehender Gesellschafter beim GmbH-Unternehmensvertrag, FS für Peltzer, 2001, S. 327; *Th. Raiser,* Kapitalgesellschaften § 54 VI (S. 910 ff.); *Röhricht,* Die Rechtsstellung der außenstehenden Aktionäre beim Beitritt zum Beherrschungsvertrag, ZHR 162 (1998), 249; *Säcker,* Die Rechte der Aktionäre bei konzerninternen Umstrukturierungen gemäß §§ 304 f. AktG, DB 1988, 271; *Schwarz,* Änderung und Beendigung von Unternehmensverträgen, MittRhNotK 1994, 49; *Timm,* Rechtsfragen der Änderung und Beendigung von Unternehmensverträgen, FS für Kellermann, 1991, S. 461.

Übersicht

I. Überblick

1   § 295 Abs. 1 regelt die Änderung von Unternehmensverträgen durch die Klarstellung, daß hierfür entsprechend § 311 Abs. 1 BGB grundsätzlich dieselben Erfordernisse wie für den Abschluß derartiger Verträge gelten.[1] Seit 1994 nimmt das Gesetz in § 295 Abs. 1 S. 2 außerdem Bezug auf die neuen §§ 293 a bis 293 g, so daß durch eine Vertragsänderung auch die Berichtspflicht des Vorstandes (§ 293 a) sowie die Pflicht zur Prüfung der Änderung durch sachverständige Prüfer nach den §§ 293 b bis 293 e ausgelöst werden. Für die Hauptversammlung, die über die Änderung des Unternehmensvertrages mit qualifizierter Mehrheit zu beschließen hat, gelten ferner die §§ 293 f und 293 g entsprechend. Durch diese Regelung sollen vor allem sonst naheliegende Umgehungen der Vorschriften über den Abschluß eines Unternehmensvertrages verhindert werden.[2]

Wenn die Änderung eine Bestimmung des Vertrags über die Leistung von Ausgleich oder **2** Abfindung an außenstehende Aktionäre betrifft, ist zusätzlich nach § 295 Abs. 2 iVm. § 293 Abs. 1 S. 2 und 3 ein **Sonderbeschluß** der außenstehenden Aktionäre iSd. § 138 mit qualifizierter Mehrheit erforderlich. Mit dieser Regelung wird ein doppelter **Zweck** verfolgt. Im Vordergrund steht der Schutz der außenstehenden Aktionäre gegen eine Beeinträchtigung ihrer Rechte durch eine nachträgliche Änderung der Bestimmungen über Ausgleich und Abfindung. Zugleich werden jedoch, indem sich das Gesetz bei dem Sonderbeschluß der außenstehenden Aktionäre mit einer **qualifizierten Mehrheit** begnügt, die Interessen der Vertragsparteien an der Durchführbarkeit von Vertragsänderungen geschützt, weil ohne die Sonderregelung **alle** außenstehenden Aktionäre zustimmen müßten (§§ 35, 311, 328 BGB; s. im einzelnen Rdnr. 24 ff.). Außerdem billigt das Gesetz hier den außenstehenden Aktionären zu ihrem Schutz nach dem Vorbild des § 293 g Abs. 3 ein erweitertes Auskunftsrecht zu (§ 295 Abs. 2 S. 3).

Vergleichbare Regelungen finden sich für die Aufhebung eines Unternehmensvertrages **3** in § 296 Abs. 2 sowie für die ordentliche Kündigung des Unternehmensvertrages (nur) durch den Vorstand der abhängigen Gesellschaft in § 297 Abs. 2. **Keines** Sonderbeschlusses der außenstehenden Aktionäre bedürfen dagegen die ordentliche Kündigung durch den *anderen* Vertragsteil sowie eine außerordentliche Kündigung des Vertrags aus wichtigem Grund, gleich durch welchen Vertragsteil (§ 297 Abs. 1).[3] Ergänzend ist **§ 299** zu beachten, nach dem aufgrund eines Beherrschungsvertrages der abhängigen Gesellschaft von dem herrschenden Unternehmen nicht die Weisung erteilt werden kann, den Vertrag zu ändern, aufrechtzuerhalten oder zu beenden.

II. GmbH

Schrifttum: *Bungert* NJW 1995, 1118; *Emmerich* JuS 1992, 1902; *Emmerich/Sonnenschein/Habersack* § 32 IV (S. 493 ff.); *Dilger* WM 1993, 936; *Ebenroth/Wilken* WM 1993, 1617; *Ehlke* ZIP 1995, 355; *Halm* NZG 2001, 728; *Heisterkamp* AnwBl. 1994, 487; *Henze* Konzernrecht Tz. 187 ff. (S. 68 ff.); *Hoffmann-Becking* WiB 1994, 57; *Kallmeyer* GmbHR 1995, 578; *Kropff,* FS für Semler, 1993, S. 517; *Krieger* in U. Schneider, Beherrschungs- und Gewinnabführungsverträge in der Praxis der GmbH, 1989, S. 99; *ders./Jannot* DStR 1995, 1473; *Priester* in Hommelhoff, Entwicklungen im GmbH-Konzernrecht, 1986, S. 151; *Schloegell* GmbHR 1995, 401; *Sonnenschein,* Organschaft und Konzerngesellschaftsrecht, 1976, 401 ff.; *Timm* GmbHR 1987, 8; 1989, 11; *ders.,* FS für Kellermann, 1991, 461; *ders./Geuting* GmbHR 1996, 229; *Vetter* ZIP 1995, 345; *H. Wilhelm,* Die Beendigung des Beherrschungs- und Gewinnabführungsvertrages, 1976; *G. Wirth* DB 1990, 2105; *Zeidler* NZG 1999, 692.

Gesetzliche Vorschriften über die Abänderung oder Beendigung eines Unternehmens- **4** vertrages mit einer abhängigen GmbH gibt es ebensowenig wie Vorschriften über den Abschluß solcher Verträge. Deshalb ist umstritten, ob hier Raum für eine entsprechende Anwendbarkeit der §§ 295 bis 299 ist.[4] Für § 295 über die Abänderung von Unternehmensverträgen wird jedoch mittlerweile die entsprechende Anwendbarkeit überwiegend bejaht.

---

[1] S. *Emmerich/Sonnenschein/Habersack* § 18 II 1 (S. 248 f.).
[2] *Hüffer* Rdnr. 1; *Raiser* Kapitalgesellschaften § 54 Rdnr. 96 (S. 911).
[3] BGH LM AktG § 295 Nr. 1 = NJW 1979, 2103 = AG 1979, 289 „Salzgitter-Peine".

[4] S. *Roth/Altmeppen* GmbHG § 13 Anh. Rdnr. 74 ff.; *Scholz/Emmerich* GmbHG § 44 Anh. Rdnr. 191–194; *Rowedder/Schmidt-Leithoff/Koppensteiner* GmbHG § 52 Anh. Rdnr. 118 (S. 1790 f.); *Hachenburg/Ulmer* GmbHG § 53 Rdnr. 153 ff.; *Michalski/Zeidler* GmbHG Bd. I Syst. Darst. 4 Rdnr. 122 ff. (S. 463 ff.).

Ebenso wie der Neuabschluß eines Unternehmensvertrages (s. § 293 Rdnr. 42 ff.) bedarf folglich die Änderung des Vertrages jedenfalls auf der Seite derjenigen Gesellschaft, die die vertragstypischen Leistungen erbringt, d. h. bei der „abhängigen" GmbH (zumindest) eines satzungsändernden Zustimmungsbeschlusses mit qualifizierter Mehrheit (s. die §§ 295 Abs. 1 S. 2, 293 Abs. 1 S. 1 AktG und § 53 Abs. 2 GmbHG). Umstritten ist aber auch hier, ob diese Mehrheit ausreicht oder ob darüber hinaus die Zustimmung aller Gesellschafter erforderlich ist.

4 a   Soweit sich das Schrifttum für den Zustimmungsbeschluß zu einer Vertragsänderung ebenso wie bei dem Neuabschluß eines Unternehmensvertrages mit einer *qualifizierten* Mehrheit der Gesellschafter begnügt, wird meistens noch zusätzlich analog § 295 Abs. 2 ein Sonderbeschluß der Minderheitsgesellschafter der abhängigen GmbH gefordert, sofern der Vertrag (ausnahmsweise) Bestimmungen über einen Ausgleich oder eine Abfindung enthält, in die durch die Änderung eingegriffen wird.[5] Dieser Meinung ist nicht zu folgen, weil dadurch ohne Not Umgehungsmöglichkeiten zum Nachteil der Minderheit eröffnet würden. Deshalb erscheint es richtiger, insbes. für die Änderung eines Beherrschungs- oder Gewinnabführungsvertrages mit einer abhängigen GmbH genauso wie für den Abschluß eines derartigen Vertrages die Zustimmung **aller** Gesellschafter der abhängigen Gesellschaft zu fordern, und zwar nach denselben Regeln, die bei dem Abschluß solcher Verträge zu beachten sind.[6]

5   Umstritten ist ferner, ob im GmbH-Recht entsprechend den §§ 295 Abs. 1 S. 2 und 293 Abs. 2 auch die Zustimmung der Gesellschafter der **herrschenden** Gesellschaft zur Änderung eines Beherrschungs- oder Gewinnabführungsvertrages mit qualifizierter Mehrheit erforderlich ist.[7] Die Frage ist auf jeden Fall dann zu bejahen, wenn an der Unternehmensverbindung als herrschende Gesellschaft eine **AG** beteiligt ist, richtiger Meinung nach aber auch, wenn beide Vertragsparteien die Rechtsform einer **GmbH** haben, da die Gründe, die zur Einführung des Zustimmungserfordernisses der Gesellschafter der herrschenden Gesellschaft geführt haben, letztlich von deren Rechtsform unabhängig sind. Aus denselben Gründen können auf beiden Seiten nur in engen Grenzen Ermächtigungsklauseln zugunsten der Geschäftsführer für die Änderung des Vertrags anerkannt werden; sie kommen wohl nur für sogenannte redaktionelle Änderungen in Betracht.[8]

III. Vertragsänderung

6   **1. Begriff.** Das Gesetz unterscheidet in den §§ 295 bis 297 die Änderung des Unternehmensvertrages von seiner Aufhebung und seiner Kündigung. Daraus folgt, daß dem § 295 derselbe Begriff der Vertragsänderung wie dem bürgerlichen Recht (§ 311 Abs. 1 BGB) zugrunde liegt. Unter einer Änderung des Unternehmensvertrags iSd. § 295 Abs. 1 S. 1 ist daher jede einverständliche *inhaltliche* Abänderung des Vertrags zu verstehen, die noch *während* seiner Laufzeit wirksam werden soll, und zwar im weitesten Sinne.[9] Zwischen wesentlichen und unwesentlichen Änderungen wird dabei ebensowenig wie zwischen inhaltlichen und „bloß" redaktionellen Änderungen unterschieden, schon, weil für derartige

[5] *Roth/Altmeppen* (vorige Fn.) Rdnr. 79; *Hoffmann-Becking* WiB 1994, 57; *Koppensteiner* (vorige Fn.); *Lutter/Hommelhoff* GmbHG § 13 Anh. Rdnr. 87; *Hachenburg/Ulmer* GmbHG § 53 Rdnr. 156.

[6] S. § 293 Rdnr. 39 ff.; *Scholz/Emmerich* GmbHG § 44 Anh. Rdnr. 193; *Krieger/Jannot* DStR 1995, 1473 f.; *Raiser* Kapitalgesellschaften § 54 Rdnr. 96 (S. 911); *Michalski/Zeidler* GmbHG Bd. I Syst. Darst. 4 Rdnr. 122 f. (S. 463).

[7] Dafür *Scholz/Emmerich* GmbHG § 44 Anh. Rdnr. 194; *Krieger* in U. Schneider, Beherrschungs- und Gewinnabführungsverträge, S. 99, 101 ff.; *Wirth* DB 1990, 2105; *Michalski/Zeidler* (vorige Fn.); da-

gegen *Roth/Altmeppen* GmbHG § 13 Anh. Rdnr. 81.

[8] *Lutter/Hommelhoff* GmbHG § 13 Anh. Rdnr. 80; *Baumbach/Hueck/Zöllner* GmbHG Schlußanh. I Rdnr. 46; dagegen *Michalski/Zeidler* GmbHG Bd. 1 Syst. Darst. 4 Rdnr. 123.

[9] BGH LM AktG § 295 Nr. 1 (Bl. 1 R) = NJW 1979, 2103 = AG 1979, 289 „Salzgitter-Peine"; LG Mannheim AG 1991, 26, 27 = ZIP 1990, 379 „Asea/BBC"; *MünchKommAktG/Altmeppen* Rdnr. 3, 13; *Hüffer* Rdnr. 3 f.; *Hüchting* Abfindung S. 102 f.; MünchHdb. AG/*Krieger* § 70 Rdnr. 155.

Unterscheidungen operationale Kriterien fehlen.[10] Eine Ausnahme ist lediglich für reine Textberichtigungen zu machen (Rdnr. 7).

Änderungen des Vertrages stellen insbes. die Aufhebung einzelner Bestimmungen,[11] die **7** Änderung der Vertragsdauer (Rdnr. 10 ff.) sowie der Parteiwechsel dar (Rdnr. 13 ff.). Den Gegensatz bilden (s. Rdnr. 6) die Aufhebung (§ 296) und die Kündigung des Vertrages (§ 297). Auch sonstige *einseitige* Rechtsgeschäfte, die auf den Vertragsinhalt einwirken wie namentlich die Anfechtung oder der Rücktritt, fallen nicht unter § 295. Aus praktischen Gründen sind von seiner Anwendbarkeit außerdem noch reine Textänderungen *ohne* sachlichen Gehalt auszunehmen, wobei vor allem an die Änderung des Namens, der Firma oder des Sitzes einer der Parteien zu denken ist.[12]

2. Änderungskündigung. Die gesetzliche Regelung, die auf einer deutlichen Unter- **8** scheidung zwischen der Änderung oder Aufhebung des Vertrages auf der einen Seite und dessen Kündigung durch den anderen Vertragteil auf der anderen Seite beruht (s. die §§ 295 und 296 gegenüber § 297 Abs. 1), bringt es mit sich, daß die besonderen Kautelen für eine Vertragsänderung aufgrund des § 295 „umgangen" werden können, indem die Vertragsänderung nach § 295 durch eine sogenannte Änderungskündigung ersetzt wird. Man versteht darunter die Kündigung des Unternehmensvertrages nach § 297 Abs. 1 iVm. dem nachfolgenden Neuabschluß des Vertrages nach § 293. Der Vorteil dieser Vorgehensweise besteht darin, daß bei ihr ein möglicherweise auf Hindernisse stoßender Sonderbeschluß der außenstehenden Aktionäre entbehrlich ist. Überwiegend werden bislang gegen derartige Änderungskündigungen keine Bedenken erhoben, weil das Gesetz dem anderen Vertragteil eben beide Wege zur Verwirklichung desselben wirtschaftlichen Ziels (Abänderung des Vertrags) zur Verfügung gestellt habe.[13] Dies ist indessen nur richtig, wenn der andere Vertragteil tatsächlich den Weg einer Kündigung des Vertrages iVm. dessen nachfolgendem **Neuabschluß** wählt. Hingegen bleibt § 295 bereits nach seinem Wortlaut anwendbar, wenn er statt dessen die Kündigung des Vertrages unter der auflösenden Bedingung der Zustimmung der abhängigen Gesellschaft zu einer Vertragsänderung ausspricht.[14]

3. Tatsächliche Änderungen. Die streng formalisierten Anforderungen des Gesetzes an **9** eine wirksame Vertragsänderung (§ 295) haben zu der Frage Anlaß gegeben, wie zu verfahren ist, wenn die Parteien ohne Beachtung der Förmlichkeiten des § 295 lediglich „tatsächlich" ihre Vertragspraxis ändern. Die Antwort ergibt sich aus § 311 Abs. 1 BGB: Beruht die geänderte Vertragspraxis auf dem Willen *beider* Parteien, so handelt es sich der Sache nach um einen Änderungsvertrag (§ 311 Abs. 1 BGB), auf den dann auch § 295 Anwendung findet. Werden die hier vorgeschriebenen Förmlichkeiten für eine Vertragsänderung nicht beachtet, so ist der auf die geschilderte Weise zustande gekommene Änderungsvertrag nichtig (§§ 125, 134 BGB). Wenn die Vertragsparteien gleichwohl fortan den Vertrag in seiner (unwirksamen) geänderten Fassung praktizieren, sind die Regeln über fehlerhafte Unternehmensverträge anzuwenden, da jetzt der praktizierte Vertrag nicht mehr den gesetzlichen Anforderungen entspricht. Wenn dagegen nur *eine* Partei ihre Praxis unter Verstoß gegen den fortbestehenden Vertrag ändert, greifen zunächst die üblichen Sanktionen des Gesetzes für Vertragsverletzungen ein (s. §§ 309, 310 AktG und § 280 BGB). Außerdem ist je nach Fallgestaltung an die Anwendung der §§ 93, 297 Abs. 1, 317 und 318 zu denken;

---

[10] Ebenso schon die Begr. zum RegE bei *Kropff* AktG S. 384; LG Mannheim (vorige Fn.); anders nur *Hommelhoff* Konzernleitungspflicht S. 440.

[11] S. § 296 Rdnr. 5; *Hüchting* Abfindung S. 102 f.

[12] *Emmerich/Sonnenschein/Habersack* § 18 II 1 (S. 248).

[13] Grdlg. BGHZ 122, 211, 233 f. = LM AktG § 83 Nr. 1 = NJW 1993, 1976 = AG 1993, 422 „SSI"; BGH LM AktG § 295 Nr. 1 = NJW 1979, 2103 = AG 1979, 289 „Salzgitter-Peine" (Vorinstanzen OLG Celle AG 1978, 218; LG Hildesheim AG 1978, 27); OLG Düsseldorf AG 1990, 490, 491

„DAB/Hansa"; *Ebenroth/Parche* BB 1989, 637, 641; *Hüffer* Rdnr. 7; *Kley* Rechtsstellung S. 93; MünchHdb. AG/*Krieger* § 70 Rdnr. 155; *Priester* ZGR 1992, 293, 299; *Raiser* Kapitalgesellschaften § 54 Rdnr. 100 (S. 912); *Timm*, FS für Kellermann, S. 461, 462; zur Kritik s. *Hirte* ZGR 1994, 644, 655 ff.

[14] MünchKommAktG/*Altmeppen* Rdnr. 14; MünchHdb. AG/*Krieger* § 70 Rdnr. 155; *Windbichler*, Unternehmensverträge und Zusammenschlußkontrolle, 1977, S. 77 ff.

schließlich kann noch solches Verhalten eines Unternehmens zur Einschränkung oder Versagung des Testats seitens der Abschlußprüfer führen.[15]

10   **4. Änderung der Vertragsdauer.** Abreden über die Änderung der Dauer eines Unternehmensvertrages werden unterschiedlich beurteilt. Was zunächst die *Verkürzung* der ursprünglich vorgesehenen Vertragsdauer angeht, so steht sie der Sache nach einer späteren (vorzeitigen) Aufhebung des Vertrages so nahe, daß es gerechtfertigt ist, auf diesen Fall § 296 (zumindest entsprechend) anzuwenden, zumal nach § 296 die Aufhebung eines Unternehmensvertrages ohnehin nur zum Ende eines Geschäftsjahres zulässig ist, so daß es sich bei jeder vor Ende eines Geschäftsjahres vereinbarten Vertragsaufhebung ohnehin der Sache nach um nichts anderes als um eine Verkürzung der Vertragsdauer handelt; dies rechtfertigt es, beide Fälle gleich zu behandeln.[16] Auch an der Notwendigkeit eines Sonderbeschlusses der außenstehenden Aktionäre ändert sich dadurch nichts (§ 296 Abs. 2). Entsprechend zu behandeln ist eine nachträgliche *Befristung* des Vertrages. Anders wird dagegen überwiegend die *Verlängerung* der ursprünglich vorgesehenen Vertragsdauer behandelt. Nach überwiegender Meinung soll darin die Aufhebung des alten Vertrages iVm. einem neuen Vertragsabschluß zu sehen sein, der allein dem § 293 unterfalle, so daß ein Sonderbeschluß der außenstehenden Aktionäre nach § 295 Abs. 2 entbehrlich sei;[17] an dessen Stelle sollen vielmehr die Neufestsetzung von Ausgleich und Abfindung nach den §§ 304 und 305 treten.[18]

11   Dem ist nicht zu folgen.[19] Das Gesetz eröffnet den Parteien in den §§ 295 bis 297 die Wahl zwischen der Änderung der Vertragsdauer (§ 295) und der Aufhebung des alten Vertrages (§§ 296 und 297) iVm. dem Abschluß eines neuen Vertrages. Entscheiden sie sich für die Änderung des Vertrags durch die bloße Verlängerung dessen Geltungsdauer, so müssen sie auch den dafür gesetzlich vorgeschriebenen Weg des § 295 beachten, wozu nach § 295 Abs. 2 insbes. das Erfordernis eines Sonderbeschlusses der außenstehenden Aktionäre gehört.

12   **5. Änderung des Vertragstypus.** Ebenso wie eine Änderung der Vertragsdauer (Rdnr. 10 f.) ist eine Änderung des Vertragstypus zu beurteilen, zB die Ersetzung eines Betriebspachtvertrages durch einen Beherrschungsvertrag. Entgegen einer verbreiteten Meinung liegt darin keineswegs in jedem Fall eine Aufhebung des alten Vertrags nach § 296 iVm. dem Abschluß eines neuen Vertrages gemäß § 293.[20] Die Parteien haben vielmehr die Wahl zwischen dem genannten Weg (Aufhebung des alten und Abschluß eines neuen Vertrages) oder der inhaltlichen Umgestaltung des alten Vertrages nach § 295.[21] Der sachliche Unterschied zwischen beiden Verfahren ist freilich gering, weil in jedem Fall ein Sonderbeschluß erforderlich sein kann, entweder nach § 296 Abs. 2 oder nach § 295 Abs. 2. Wenn die überwiegende Meinung gleichwohl die ausschließliche Anwendung des Wegs über § 296 vorzieht (durch Aufhebung des alten und Abschluß eines neuen Vertrages), so deshalb, weil man nur auf diesem Weg eine Möglichkeit zur Anwendung der §§ 304 und 305 sieht. Es liegt jedoch auf der Hand, daß das herrschende Unternehmen einen Betriebs-

---

[15] MünchKommAktG/*Altmeppen* Rdnr. 15; *Hüffer* Rdnr. 4; *Hüchting* Abfindung S. 103; *Koppensteiner* in Kölner Kommentar Rdnr. 3; MünchHdb. AG/*Krieger* § 70 Rdnr. 157.

[16] MünchHdb. AG/*Krieger* § 70 Rdnr. 154 (3. Abs.): *Raiser* Kapitalgesellschaften § 54 Rdnr. 100 (S. 912); anders noch Voraufl. Rdnr. 10: Entsprechende Anwendung des § 295.

[17] LG München I AG 2001, 318, 319 = DB 2000, 1217 „Bayer. Brauholding"; MünchKommAktG/*Altmeppen* Rdnr. 10–13; *Hüffer* Rdnr. 7; *Humbeck* BB 1995, 1893, 1894; *Koppensteiner* in Kölner Kommentar Rdnr. 9; MünchHdb. AG/*Krieger* § 70 Rdnr. 154; *Raiser* Kapitalgesellschaften § 54 Rdnr. 100 (S. 912).

[18] S. § 297 Rdnr. 33; LG München I (vorige Fn.); *Krieger* (vorige Fn.).

[19] *Bungert* DB 1995, 1449; *Grüner*, Die Beendigung von Gewinnabführungs- und Beherrschungsverträgen, Teil III § 7.

[20] So BayObLG AG 2003, 42, 43 (Vorinstanz: LG München I AG 2001, 318, 319 = DB 2000, 1217) „Schörghuberstiftung/Bayer. Brau Holding"; MünchKommAktG/*Altmeppen* Rdnr. 7, 9; *Hüffer* Rdnr. 7, 9; MünchHdb. AG/*Krieger* § 72 Rdnr. 64; *Raiser* Kapitalgesellschaften § 54 Rdnr. 105 (S. 913 f.); *Säcker* DB 1988, 271, 272.

[21] Ebenso *Koppensteiner* in Kölner Kommentar Rdnr. 4; s. § 296 Rdnr. 5.

pachtvertrag nicht in einen Beherrschungsvertrag oder in einen Gewinnabführungsvertrag umwandeln darf, ohne den außenstehenden Aktionären jetzt ein neues Ausgleichs- und Abfindungsangebot zu machen, sei es in unmittelbarer, sei es in entsprechender Anwendung der §§ 304 und 305.[21a]

6. Parteiwechsel

Schrifttum: *W. Bayer* ZGR 1993, 599; *Ebenroth/Parsche* BB 1989, 637; *Emmerich/Sonnenschein/Habersack* § 18 II 4 (S. 250 f.); *Henze* Konzernrecht Tz. 319 ff. (S. 116 ff.); *Hommelhoff,* FS für Claussen, S. 129; *Kort* ZGR 1999, 402; MünchHdb. AG/*Krieger* § 70 Rdnr. 162 f.; *ders./Jannott* DStR 1995, 1473; *Pentz,* FS für Kropff, S. 225; *ders.* NZG 1998, 380; *Priester,* FS für Peltzer, 2001, S. 327; *ders.* ZIP 1992, 293; *Raiser* Kapitalgesellschaften § 54 Rdnr. 101 ff. (S. 913 f.); *Röhricht* ZHR 162 (1998), 249; *Säcker* DB 1988, 271.

a) Durch Vertrag. Unternehmensverträge sind jedenfalls auch schuldrechtliche Verträge **13** und unterliegen deshalb grundsätzlich denselben Regeln wie andere Schuldverträge (s. § 291 Rdnr. 25 ff.). Bei ihnen ist deshalb ein Parteiwechsel nach denselben Grundsätzen wie bei anderen Schuldverträgen möglich.[22] Üblicherweise unterscheidet man in diesem Zusammenhang zwischen der Vertragsübernahme und dem Vertragsbeitritt eines Dritten.[23] Beides ist gleichermaßen durch Vertrag zwischen der alten und der neuen Partei mit Zustimmung des anderen Teils wie durch dreiseitigen Vertrag möglich (s. §§ 311, 398 f., 414 f. BGB). In jedem Fall handelt es sich dabei um eine **Vertragsänderung** iSd. § 295, solange der Vertrag nicht seine Identität ändert (s. Rdnr. 14).[24] Das gilt auch dann, wenn der Vertragsbeitritt eines Dritten im Ergebnis zum Übergang des Weisungsrechts aus einem Beherrschungsvertrag auf den Beitretenden führt.[25] Die Rechtslage ist selbst dann nicht anders zu beurteilen, wenn das bisher herrschende Unternehmen zugleich seine Beteiligung an der abhängigen Gesellschaft auf die beitretende Gesellschaft überträgt und infolgedessen zu einem außenstehenden Aktionär wird, außer wenn der Fall des § 307 vorliegt.[26] Ebenso zu behandeln ist ferner der Fall, daß bei einem **Gemeinschaftsunternehmen** ein Wechsel im Kreis der Mütter eintritt.[27] Umstritten ist in diesen Fällen nur, wann zusätzlich nach § 295 Abs. 2 ein Sonderbeschluß der außenstehenden Aktionäre erforderlich ist und ob diese Vorgänge die erneute Anwendbarkeit der §§ 304 und 305 nach sich ziehen (s. Rdnr. 27).

Anders ist die Rechtslage dagegen zu beurteilen, wenn die Parteien an Stelle einer **14** Vertragsübernahme oder eines Vertragsbeitritts den ihnen ebenfalls zur Verfügung stehenden Weg der *Aufhebung* des alten Vertrags iVm. dem Abschluß eines neuen Unternehmensvertrages mit der oder den neuen Parteien wählen. In diesem Fall sind allein die §§ 296 und 293 anzuwenden.[28]

Von den geschilderten Regeln (Rdnr. 13 ff.) wird gelegentlich eine Ausnahme für soge- **15** nannte *konzerninterne* Umstrukturierungen gemacht, insbes. also für die Übertragung eines Beherrschungs- oder Gewinnabführungsvertrages mit einer Enkelgesellschaft von der Mutter- auf die Tochtergesellschaft oder umgekehrt.[29] Für eine derartige Einschränkung des § 295 fehlt indessen eine gesetzliche Grundlage.

[21a] BayObLG AG 2003, 42, 43 (s. Fn. 20).

[22] BGHZ 119, 1, 6 ff., 16 = LM AktG § 131 Nr. 3 = NJW 1992, 2760 = AG 1992, 450 „Asea/BBC I" (ebenso zuvor OLG Karlsruhe AG 1991, 144 = NJW-RR 1991, 553; LG Mannheim AG 1991, 26); OLG Karlsruhe AG 1997, 270, 271 f. „ASEA/BBC"; LG Essen AG 1996, 189, 190 „RAG Immobilien-AG"; vgl. außerdem BGHZ 138, 136 = LM AktG § 304 Nr. 3 = NJW 1998, 1866 = AG 1998, 286 = NZG 1998, 379 „ASEA/BBC II".

[23] S. Staudinger/*Emmerich* (2003) § 540 BGB Rdnr. 39 ff.; *Emmerich* JuS 1998, 495.

[24] BGH, OLG Karlsruhe, LG Mannheim und LG Essen (Fn. 22) sowie außer den Genannten noch MünchKommAktG/*Altmeppen* Rdnr. 4 f.; *Henze*

Konzernrecht Tz. 319 ff. (S. 116 ff.); *Hüffer* Rdnr. 5; *Koppensteiner* in Kölner Kommentar Rdnr. 5; *Krieger/Jannott* DStR 1995, 1473, 1478; *Raiser* Kapitalgesellschaften § 54 Rdnr. 101 (S. 913).

[25] *Henze* (vorige Fn.).

[26] *Henze* Konzernrecht Tz. 320 (S. 116 f.).

[27] Ebenso MünchKommAktG/*Altmeppen* Rdnr. 6; *Hüffer* Rdnr. 5; *Koppensteiner* in Kölner Kommentar Rdnr. 5; *Priester* ZIP 1992, 293, 301; s. § 17 Rdnr. 28 ff.

[28] LG Essen AG 1995, 189, 190 „RAG Immobilien-AG".

[29] *Säcker* DB 1988, 271; zum Teil auch *Ebenroth/Parche* BB 1989, 637; anders LG Hannover DB 2000, 1607.

16   **b) Kraft Gesetzes.** Von der Vertragsübernahme oder dem Vertragsbeitritt eines Dritten durch Vertrag (Rdnr. 13 ff.) ist der Parteiwechsel auf einer Seite des Vertrages kraft Gesetzes zu unterscheiden, zu dem es insbes. im Falle der Verschmelzung einer Vertragspartei mit einem dritten Unternehmen oder bei ihrer übertragenden Umwandlung auf ein drittes Unternehmen kommen kann (s. dazu § 297 Rdnr. 38 ff.). Auch der Fall der Eingliederung gehört in den vorliegenden Zusammenhang (s. § 297 Rdnr. 34 ff.). Nach überwiegender Meinung ist in solchen Fällen für die Anwendung des § 295 kein Raum.[30] Dem ist schon deshalb zuzustimmen, weil, wie die §§ 295 bis 297 zeigen, der gesetzlichen Regelung eben nicht der Grundsatz zugrunde liegt, daß die außenstehenden Aktionäre an *allen* Vorgängen im Wege eines Sonderbeschlusses zu beteiligen sind, durch die ihre Ansprüche auf Ausgleich und Abfindung tangiert werden, sondern lediglich dann, wenn die besonderen Voraussetzungen der §§ 295 Abs. 2, 296 Abs. 2 und 297 Abs. 2 vorliegen. Eine andere Frage ist die nach dem Schicksal des Unternehmensvertrages sowie der dadurch begründeten Ausgleichs- und Abfindungsansprüche der außenstehenden Aktionäre in derartigen Fällen (s. dazu § 296 Rdnr. 17, § 297 Rdnr. 27, 34 ff.).

IV. Zustimmungsbeschluß der Hauptversammlung (§ 295 Abs. 1)

17   **1. Überblick.** Liegt eine Vertragsänderung in dem genannten Sinne vor (Rdnr. 6 ff.), so gelten für den dann erforderlichen Änderungsvertrag iSd. § 311 Abs. 1 BGB der Sache nach dieselben Wirksamkeitsvoraussetzungen wie für den Abschluß des ursprünglichen Vertrages (§ 295 Abs. 1 S. 1 und S. 2 iVm. §§ 293 bis 294). Dies bedeutet zunächst, daß der Vertragsänderung zumindest die Hauptversammlung derjenigen Gesellschaft mit qualifizierter Mehrheit zustimmen muß, die die vertragstypischen Leistungen erbringt, bei einem Beherrschungs- oder Gewinnabführungsvertrag also die Hauptversammlung der abhängigen AG oder KGaA (§ 295 Abs. 1 iVm. § 293 Abs. 1). In dem zuletzt genannten Fall muß außerdem noch die Zustimmung der Hauptversammlung der herrschenden Gesellschaft, ebenfalls mit qualifizierter Mehrheit hinzutreten, wenn diese die Rechtsform einer AG oder KGaA hat (§ 295 Abs. 1 S. 2 iVm. § 293 Abs. 2). Schließlich bedarf der Änderungsvertrag noch der Schriftform (§ 295 Abs. 1 S. 2 iVm. § 293 Abs. 3 AktG; §§ 125, 126 BGB).

18   Die Vertragsänderung wird erst mit ihrer **Eintragung** im Handelsregister wirksam (§ 295 Abs. 1 S. 2 iVm. § 294; s. im einzelnen Rdnr. 36 f.). In den Fällen des § 295 Abs. 2 (Rdnr. 24 ff.) muß außerdem noch der Sonderbeschluß der außenstehenden Aktionäre hinzutreten (s. Rdnr. 29 ff.). Vergleichbare Regeln gelten bei der GmbH (Rdnr. 4 f.).

19   **2. Einberufung.** Für die Einberufung, die Vorbereitung und die Durchführung der Hauptversammlung, in der über die Zustimmung zu der Vertragsänderung zu beschließen ist, verweist § 295 Abs. 1 S. 2 auf die Vorschriften des § 293 f und des § 293 g; anwendbar ist außerdem § 124. Dies bedeutet im einzelnen: Bei der Einberufung der Hauptversammlung ist bereits nach § 124 Abs. 2 S. 2 der wesentliche Inhalt „des Vertrages" bekanntzumachen. Gemeint ist damit im vorliegenden Zusammenhang der Änderungsvertrag, nicht der ganze ursprüngliche Vertrag, so daß sich die Bekanntmachung grundsätzlich auf den wesentlichen Inhalt der vorgeschlagenen Änderung beschränken kann.[31] Eine weitergehende Bekanntmachungspflicht besteht nur, wenn sie zum Verständnis der vorgeschlagenen Änderung unerläßlich ist.[32]

20   **3. Auslegung.** Von der Einberufung der Hauptversammlung an ist außerdem die vorgeschlagene Änderung in dem Geschäftsraum jeder beteiligten AG oder KGaA zur Einsicht

---

[30] OLG Karlsruhe AG 1995, 139 = WM 1994, 2023; LG Mannheim AG 1991, 26, 27 = ZIP 1990, 379 „Asea/BBC"; AG 1995, 89 = ZIP 1994, 1024 „Klöckner/SEN"; LG Bonn GmbHR 1996, 774 f.; MünchKommAktG/*Altmeppen* Rdnr. 16; *Hüffer* Rdnr. 6; *Koppensteiner* in Kölner Kommentar Rdnr. 5; MünchHdb. AG/*Krieger* § 70 Rdnr. 173;

Priester ZIP 1992, 293, 301; dagegen *W. Bayer* ZGR 1993, 599, 604 f.

[31] BGHZ 119, 1, 11 f. = LM AktG § 131 Nr. 3 = NJW 1992, 2760 = AG 1992, 450 „Asea/BBC I" (ebenso schon zuvor OLG Karlsruhe AG 1991, 144, 147 = NJW-RR 1991, 553).

[32] Offengelassen in BGH (vorige Fn.).

der Aktionäre auszulegen (§ 293 f Abs. 1 Nr. 1). Dazu gehört im Regelfall auch die Auslegung des ursprünglichen vollständigen Vertragstextes, um den Aktionären eine eigene Beurteilung der Tragweite der Änderung zu ermöglichen. Dasselbe gilt entsprechend für die Erteilung von Abschriften nach § 293 f Abs. 2.[33] Ebenso zu verstehen ist die Auslegungspflicht während der Hauptversammlung nach § 293 g Abs. 1. In allen diesen Beziehungen wird eine Beschränkung auf Textauszüge nur in Betracht kommen, wenn das Gesamtverständnis dadurch in keiner Hinsicht erschwert wird, in erster Linie also bei bloßen redaktionellen Änderungen.[34]

4. Erläuterung, Auskunftsrecht. Die vom Vorstand geschuldete Erläuterung der Ver **21** tragsänderung (§ 293 g Abs. 2 S. 1) muß sich vor allem auf Grund und Zweck, den Inhalt und die Tragweite sowie die wirtschaftlichen Auswirkungen der vorgeschlagenen Vertragsänderung beziehen, um den Aktionären eine sachgerechte Entscheidung zu ermöglichen. Entsprechend weit ist das Auskunftsrecht der Aktionäre aufgrund der §§ 131 Abs. 1 und 293 g Abs. 3 zu verstehen. Im Falle eines Parteiwechsels (Rdnr. 13 ff.) erstreckt es sich daher auch auf die Verhältnisse der neuen Vertragspartei.[35]

Der notariellen Niederschrift über den Zustimmungsbeschluß der Hauptversammlung **22** (§ 130 Abs. 1 S. 3) ist nach § 293 g Abs. 2 S. 2 der Änderungsvertrag als Anlage beizufügen und nach § 294 Abs. 1 zum Handelsregister anzumelden (s. Rdnr. 36). In den Fällen des § 295 Abs. 2 (Rdnr. 24 ff.) erlangt der Zustimmungsbeschluß erst Wirksamkeit, wenn der Sonderbeschluß der außenstehenden Aktionäre vorliegt (Rdnr. 29 ff.).

5. Vertragsbericht und Vertragsprüfung. Seit der Änderung des § 295 Abs. 1 S. 2 **23** von 1994 verweist diese Vorschrift auch auf die §§ 293 a bis 293 e. Die Folge ist, daß die Vorstände derjenigen Gesellschaften, deren Hauptversammlungen dem Änderungsvertrag nach den §§ 295 Abs. 1 und 293 Abs. 1 und 2 zustimmen müssen (Rdnr. 17), einen Bericht über den vorgeschlagenen Änderungsvertrag erstatten müssen (§ 293 a) und daß der Änderungsvertrag ferner durch sachverständige Prüfer zu prüfen ist (§ 293 b), die hierüber schriftlich zu berichten haben (§ 293 e). Dies stellt, zumal bei kleineren Vertragsänderungen, einen erheblichen, sachlich nur schwer zu rechtfertigenden Aufwand dar.[36] Deshalb werden sich in derartigen Fällen der Vertragsbericht (§ 293 a) und der Prüfungsbericht (§ 293 e) häufig auf wenige Sätze zu Inhalt und Zweck der Vertragsänderung beschränken können.[37] Anders dagegen bei weitreichenden Änderungen, vor allem der Bestimmungen über Ausgleich und Abfindung sowie im Falle des Parteiwechsels.

V. Sonderbeschluß der außenstehenden Aktionäre (§ 295 Abs. 2)

1. Zweck. Nach § 295 Abs. 2 S. 1 und 2 bedarf die Zustimmung der Hauptversamm **24** lung der Gesellschaft zu einer Änderung der Bestimmungen des Vertrags über Ausgleichsoder Abfindungsleistungen an außenstehende Aktionäre eines Sonderbeschlusses der außenstehenden Aktionäre mit qualifizierter Mehrheit. Der Grund für diese eigenartige Regelung ist darin zu sehen, daß der Änderungsvertrag unter den genannten Voraussetzungen in Rechte der außenstehenden Aktionäre eingreift, die sie aufgrund der ursprünglichen Fassung des Unternehmensvertrags bereits erworben hatten (§ 328 BGB). An sich bedürfte die Änderung deshalb sogar der Zustimmung *aller* außenstehenden Aktionäre (§§ 35, 311 Abs. 1, 328 BGB); aus praktischen Gründen begnügt sich das Gesetz indessen hier mit einer *qualifizierten Mehrheit,* um Änderungsverträge nicht übermäßig zu erschweren.[38]

[33] MünchKommAktG/*Altmeppen* Rdnr. 22; *Koppensteiner* in Kölner Kommentar Rdnr. 9.
[34] *Hüffer* Rdnr. 8.
[35] BGHZ 119, 1, 16 = LM AktG § 131 Nr. 3 = NJW 1992, 2760 = AG 1992, 450 „Asea/BBC I".
[36] Ablehnend deshalb MünchKommAktG/*Altmeppen* Rdnr. 20 f.; *Bungert* DB 1995, 1449.

[37] *Hüffer* Rdnr. 8.
[38] S. schon Rdnr. 2 sowie die Begr. zum RegE bei *Kropff* AktG S. 348 f.; BGHZ 119, 1, 8 = LM AktG § 131 Nr. 3 = NJW 1992, 2760 = AG 1992, 450 „Asea/BBC I"; *Hüchting* Abfindung S. 105 f.; *Koppensteiner* in Kölner Kommentar Rdnr. 12 f.

25 **2. Anwendungsbereich. a) Ausgleich oder Abfindung.** Die Notwendigkeit eines Sonderbeschlusses der außenstehenden Aktionäre besteht nach § 295 Abs. 2 S. 1 nur, wenn der Unternehmensvertrag Bestimmungen enthält, die zur Leistung eines Ausgleichs an die außenstehenden Aktionäre der Gesellschaft oder zum Erwerb ihrer Aktien verpflichten. Gedacht ist dabei naturgemäß in erster Linie an Beherrschungs- und Gewinnabführungsverträge (s. §§ 291, 304, 305). Der Anwendungsbereich der Vorschrift beschränkt sich jedoch nicht streng auf diese Verträge, sondern erfaßt auch die anderen Unternehmensverträge des § 292, vorausgesetzt, daß sie ebenfalls Abreden der fraglichen Art enthalten. Ein Beispiel ist ein Betriebspachtvertrag (§ 292 Abs. 1 Nr. 3), der Ausgleichs- oder Abfindungsleistungen für die außenstehenden Aktionäre vorsieht, um einer Anfechtung des Zustimmungsbeschlusses nach § 243 Abs. 2 iVm. § 292 Abs. 3 S. 2 wegen der Unangemessenheit der Gegenleistung des Betriebspächters zu entgehen.[39]

26 **b) Änderung.** Zweite Voraussetzung für die Notwendigkeit eines Sonderbeschlusses der außenstehenden Aktionäre ist nach § 295 Abs. 2 S. 1, daß gerade die Bestimmungen über die Leistung eines Ausgleichs oder einer Abfindung für die außenstehenden Aktionäre geändert werden sollen. Die Art der Änderung spielt keine Rolle. Ein Sonderbeschluß der außenstehenden Aktionäre ist auch erforderlich, wenn die Ausgleichs- oder Abfindungsleistungen **verbessert** werden sollen oder wenn es sich um (auf den ersten Blick) unwesentliche Änderungen handelt.[40] Zu dieser Auslegung zwingt schon der Zweck der Regelung, der nicht zuletzt darin besteht, die außenstehenden Aktionäre nach Möglichkeit umfassend gegen Eingriffe der Vertragsparteien in ihre Ansprüche auf Ausgleich und Abfindung zu schützen (Rdnr. 2, 24), so daß auch nur **mittelbare** Auswirkungen einer Vertragsänderung auf die Ausgleichs- oder Abfindungsansprüche der außenstehenden Aktionäre zur Anwendbarkeit des § 295 Abs. 2 führen müssen.[41]

27 Entscheidend ist folglich allein die materielle Veränderung der Rechtsstellung der außenstehenden Aktionäre durch die Vertragsänderung. Für den Fall des **Parteiwechsels** (Rdnr. 13 ff.) bedeutet dies, daß jedenfalls die *Vertragsübernahme* durch ein neues herrschendes Unternehmen der Zustimmung der außenstehenden Aktionäre durch einen Sonderbeschluß bedarf (§ 295 Abs. 2), da es einen (schwerwiegenden) Eingriff in ihre materielle Rechtsstellung bedeutet, wenn ihr Schuldner wechselt (vgl. § 415 Abs. 1 BGB); eine Ausnahme für sogenannte konzerninterne Umstrukturierungen gibt es nicht.[42]

27 a Von dem Fall der Vertragsübernahme durch ein neues herrschendes Unternehmen (Rdnr. 27) muß der Fall des *Vertragsbeitritts* einer neuen Partei neben der bisherigen Vertragspartei unterschieden werden (Rdnr. 13). In diesem Fall wird vielfach ein Sonderbeschluß der außenstehenden Aktionäre nach § 295 Abs. 2 deshalb als entbehrlich angesehen, weil durch solchen Beitritt einer neuen Partei ihre Rechtstellung nicht verschlechtert, sondern im Ergebnis verbessert werde, da sie einen weiteren Schuldner erhielten.[43] Indessen stellt jedenfalls dann, wenn ein Abfindungsangebot noch läuft oder ein variabler Ausgleich festgesetzt wurde, der Beitritt einer neuen Partei eine so schwerwiegende Veränderung der Position der außenstehenden Aktionäre dar, daß ein Sonder-

[39] S. § 292 Rdnr. 51; so schon die Begr. zum RegE bei *Kropff* AktG S. 384.
[40] MünchKommAktG/*Altmeppen* Rdnr. 29 f.; *Ebenroth/Parche* BB 1989, 637, 639; *Hüffer* Rdnr. 10; MünchHdb. AG/*Krieger* § 70 Rdnr. 158; *Priester* ZIP 1992, 293, 296 f.
[41] *Priester* ZIP 1992, 293, 296.
[42] Str., wie hier MünchKommAktG/*Altmeppen* Rdnr. 31–33; *Bayer* ZGR 1993, 599, 608; *Hüffer* Rdnr. 11; MünchHdb. AG/*Krieger* § 70 Rdnr. 158; *ders./Jannot* DStR 1995, 1473, 1479; anders offenbar *Priester* ZIP 1992, 293, 296 f.; *Säcker* DB 1988, 271.

[43] BGHZ 119, 1, 7 f. = LM AktG § 131 Nr. 3 = NJW 1992, 2760 = AG 1992, 450 „ASEA/BBCI" (ebenso zuvor schon LG Mannheim AG 1991, 26 = ZIP 1990, 379; OLG Karlsruhe AG 1991, 144, 145 f. = NJW-RR 1991, 553); im Ergebnis wohl auch BGHZ 138, 136, 138 ff. = LM AktG § 304 Nr. 3 = NJW 1998, 1866 = NZG 1998, 379 = AG 1998, 286 = ZIP 1998, 690 = WM 1998, 867 „ASEA/BBC II"; MünchKommAktG/*Altmeppen* Rdnr. 34–37; *Henze* Konzernrecht Tz. 323 (S. 117 f.); *Hüffer* Rdnr. 11; *Kort* ZGR 1999, 402, 418 ff.; *Priester* ZIP 1992, 293, 300 f.

beschluß, in entsprechender Anwendung des § 295 Abs. 2, unerläßlich ist.[44] Dasselbe gilt, wenn als Abfindung Aktien der Obergesellschaft angeboten wurden (§ 305 Abs. 2 Nr. 2).[45]

Von der Frage der Notwendigkeit eines Sonderbeschlusses im Falle des Beitritts einer **27 b** neuen Partei zu dem Vertrag neben der bisherigen herrschenden Partei ist die Frage zu trennen, ob in diesem Fall den außenstehenden Aktionären wegen der veränderten Situation ein *neues* Abfindungsangebot, wohl zu den ursprünglichen Bedingungen, zu machen ist. Überwiegend wird diese Frage heute bejaht.[46] Auch ein **variabler** Ausgleich muß der neuen Situation angepaßt werden, während bei dem **festen** Ausgleich eine entsprechende Anpassungsnotwendigkeit bisher noch meistens verneint wird.[47]

3. Außenstehende Aktionäre. a) Begriff. Zuständig für den nach § 295 Abs. 2 er- **28** forderlichen Sonderbeschluß sind die „außenstehenden Aktionäre". Denselben Begriff verwendet das Gesetz noch an mehreren anderen Stellen, ohne ihn aber an irgendeiner Stelle zu definieren (s. §§ 296 Abs. 2 S. 1, 297 Abs. 2 S. 1 sowie die §§ 304 und 305).[48] Maßgebend für die genaue Abgrenzung des Kreises der außenstehenden Aktionäre ist der Zweck der jeweiligen Vorschrift, in der auf diesen Begriff abgestellt wird. Daraus folgt, daß zu den außenstehenden Aktionären iSd. *§§ 295 Abs. 2, 296 Abs. 2 und 297 Abs. 2* grundsätzlich alle Aktionäre gehören, die in dieser Eigenschaft nach den §§ 304 und 305 Ansprüche auf Ausgleich oder Abfindung haben. Denn in *ihre* Ansprüche wird durch den Änderungsvertrag eingegriffen, so daß *sie* es sind, die dem Eingriff durch einen Sonderbeschluß zustimmen müssen. Maßgebender Zeitpunkt ist der der Abstimmung über den Sonderbeschluß.[49] Im Kern dürfte sich daher der Begriff der außenstehenden Aktionäre in den §§ 295 Abs. 2, 296 Abs. 2 S. 1 und 297 Abs. 2 S. 1 mit dem in den §§ 304 und 305 decken. Wegen der unterschiedlichen Zielsetzung dieser beiden Gruppen von Normen bestehen jedoch auch Unterschiede (Rdnr. 29 f.).

b) Frühere Aktionäre. Frühere Aktionäre der Gesellschaft, die bis zu dem maßgeben- **29** den Zeitpunkt (Rdnr. 28) bereits gegen Abfindung aus der Gesellschaft ausgeschieden sind, nehmen an dem Sonderbeschluß nicht mehr teil.[50] Umstritten ist die Rechtslage lediglich dann, wenn noch ein Spruchstellenverfahren nach § 306 anhängig ist, weil dieses auch zur Erhöhung der Abfindung für die bereits abgefundenen Aktionäre führen kann (s. § 305 Rdnr. 86). Infolge einer Änderung der Vertragsbestimmungen über die Abfindung kann es daher auch zu einem Eingriff in ihren Abfindungsergänzungsanspruch kommen. Dies sollte – entgegen der überwiegenden Meinung – für eine entsprechende Anwendbarkeit des § 295 Abs. 2 auf diese bereits abgefundenen Aktionäre ausreichen.[51]

c) Nicht bei Abhängigkeit. Nach dem Zweck der gesetzlichen Regelung (Rdnr. 2, **30** 24) zählen zu den außenstehenden Aktionären iSd. § 295 Abs. 2 ferner solche Aktionäre nicht, die im weitesten Sinne von dem anderen Vertragsteil, rechtlich oder rein tatsächlich, abhängig sind, um zu verhindern, daß dieser über solche Aktionäre entgegen dem Zweck der gesetzlichen Regelung doch Einfluß auf den Sonderbeschluß der außenstehenden Aktionäre erlangt, selbst wenn sie als außenstehende Aktionäre iSd. §§ 304 und 305 anerkannt sind und deshalb Ausgleichs- oder Abfindungsansprüche besitzen.[52] Der bloße

[44] Ebenso *Hommelhoff*, FS für Claussen, S. 129; MünchHdb. AG/*Krieger* § 70 Rdnr. 163; *Pentz*, FS für Kropff, S. 225; *Röhricht* ZHR 162 (1998), 249, 252 f.; *Raiser* Kapitalgesellschaften § 54 Rdnr. 103 (S. 913).

[45] *Röhricht* ZHR 162 (1998), 249, 251 f.

[46] OLG Karlsruhe AG 1997, 270, 271 „ASEA/BBC II"; zustimmend offenbar BGHZ 138, 136, 141 f. = LM AktG § 304 Nr. 3 = NJW 1998, 1866 = AG 1998, 286 „ASEA/BBC II"; *Hommelhoff* und *Krieger* (Fn. 44); *Kort* ZGR 1999, 402, 424 f.; *Raiser* Kapitalgesellschaften § 54 Rdnr. 102 f. (S. 913); *Röhricht* ZHR 162 (1998), 249, 253 ff.; anders noch

BGHZ 119, 1, 10 f. = LM AktG § 131 Nr. 3 = NJW 1992, 2760 = AG 1992, 450 „ASEA/BBC I".

[47] *Röhricht* ZHR 162 (1998), 249, 254 ff.; *Raiser* (vorige Fn.).

[48] Wegen der Einzelheiten s. § 304 Rdnr. 15 ff.

[49] MünchKommAktG/*Altmeppen* Rdnr. 40–54; *Hüffer* Rdnr. 12.

[50] MünchKommAktG/*Altmeppen* Rdnr. 52; *Hüffer* Rdnr. 13; *Röhricht* ZHR 162 (1998), 249, 252.

[51] MünchKommAktG/*Altmeppen* Rdnr. 54.

[52] Ebenso OLG Nürnberg AG 1996, 226, 227 „Tucherbräu"; LG Essen AG 1995, 189, 190 f. „RAG Immobilien-AG"; MünchKommAktG/*Alt-*

Umstand, daß der Aktionär seine Aktien von dem herrschenden Unternehmen erworben hat, reicht dafür zwar nicht aus,[53] wohl aber eine sonstige Beziehung, die es dem herrschenden Unternehmen gestattet, auf die Stimmabgabe des Aktionärs Einfluß zu nehmen, wobei insbes. an Treuhandverhältnisse zu denken ist.[54]

31   **4. Verfahren.** In den Fällen des § 295 Abs. 2 S. 1 (Rdnr. 24 ff.) bedarf der Sonderbeschluß der außenstehenden Aktionäre einer *qualifizierten* Mehrheit, wofür § 293 Abs. 1 S. 2 und 3 entsprechend gilt, so daß (mindestens) eine Mehrheit von drei Vierteln des bei der Beschlußfassung vertretenen Grundkapitals nötig ist, soweit es auf die außenstehenden Aktionäre entfällt. Die Satzung kann nur eine größere Kapitalmehrheit und weitere Erfordernisse bestimmen (§ 293 Abs. 1 S. 3 iVm. § 295 Abs. 2 S. 2).

32   Für den Sonderbeschluß gilt **§ 138 AktG**, so daß er entweder in einer gesonderten Versammlung der außenstehenden Aktionäre oder in einer gesonderten Abstimmung im Rahmen der ohnehin nach § 295 Abs. 1 erforderlichen Hauptversammlung zu fassen ist.[55] In beiden Fällen steht den außenstehenden Aktionären dabei nach dem Vorbild des § 293 g Abs. 3 ein erweitertes *Auskunftsrecht* zu (§ 295 Abs. 2 S. 3); insbes. ist ihnen auf Verlangen auch Auskunft über die für die Änderung wesentlichen Angelegenheiten des anderen Vertragsteils zu geben ist, wozu im Falle eines Parteiwechsels namentlich die Verhältnisse des neuen Vertragspartners gehören.[56] Diese Erweiterung des Auskunftsrechts ist ernst zu nehmen, da sie wohl das wichtigste Schutzinstrument für die außenstehenden Aktionäre gegen sie benachteiligende Vertragsänderungen darstellt.

33   **5. Rechtsfolgen.** Der Sonderbeschluß der außenstehenden Aktionäre mit qualifizierter Mehrheit ist in den Fällen des § 295 Abs. 2 *Wirksamkeitsvoraussetzung* für den Änderungsvertrag. Fehlt der Sonderbeschluß, so darf das Registergericht die Vertragsänderung nicht ins Handelsregister eintragen. Keine Rolle spielt dabei die Reihenfolge von Sonderbeschluß und Hauptversammlungsbeschluß.[57] Notwendig sind vielmehr immer *beide* Beschlüsse, so daß der Anmeldung der Vertragsänderung zum Handelsregister (§ 294 Abs. 1 S. 1) die Niederschrift über den Sonderbeschluß entsprechend § 294 Abs. 1 S. 2 als Anlage beizufügen ist.[58] Gegebenenfalls muß das Registergericht von Amts wegen ermitteln, ob ein Sonderbeschluß erforderlich ist und tatsächlich gefaßt wurde (§ 12 FGG). Trägt das Registergericht die Vertragsänderung ein, obwohl der an sich erforderliche Sonderbeschluß der außenstehenden Aktionäre nicht vorliegt, so erlangt die Vertragsänderung keine Wirksamkeit, da die Eintragung ins Handelsregister keine heilende Kraft hat.[58 a]

34   Der Sonderbeschluß ist ebenso wie ein Hauptversammlungsbeschluß unter den Voraussetzungen des § 243 *anfechtbar* (§ 138 S. 2). Dies kommt vor allem bei einer Verletzung des Auskunftsrechts der außenstehenden Aktionäre aufgrund der §§ 131, 293 g Abs. 3 und 295 Abs. 2 S. 3 in Betracht. Entgegen der Tendenz in der jüngsten Rechtsprechung des BGH besteht kein Anlaß den Anfechtungsausschluß der §§ 304 Abs. 3 S. 2 und 305 Abs. 5 S. 1 auf diesen Fall zu erstrecken. Anders soll es sich freilich nach inzwischen bereits überwiegender Meinung verhalten, wenn sich infolge der Vertragsänderung der Ausgleich oder die Abfindung als zu niedrig erweisen; an die Stelle der Anfechtung soll dann vielmehr entsprechend § 306 die Möglichkeit der außenstehenden Aktionäre treten, ein neues Spruchstellenverfahren einzuleiten.[59] Auch hier bleibt der Zweifel, ob dadurch

---

meppen Rdnr. 45–50; *Hüffer* Rdnr. 12; *Hüchting* Abfindung S. 110 f.; *Koppensteiner* in Kölner Kommentar Rdnr. 23; MünchHdb. AG/*Krieger* § 70 Rdnr. 159; *Pentz* AG 1996, 97, 108 f.; *Priester* ZIP 1992, 293, 296.
[53] OLG Nürnberg (vorige Fn.).
[54] LG Essen AG 1995, 189, 190 f. „RAG Immobilien AG"; MünchKommAktG/*Altmeppen* Rdnr. 49; *Hüffer* Rdnr. 12; anders MünchHdb. AG/*Krieger* § 70 Rdnr. 159.
[55] S. *Hüffer* Rdnr. 14; MünchHdb. AG/*Krieger* § 70 Rdnr. 160.

[56] BGHZ 119, 1, 16 = LM AktG § 131 Nr. 3 = NJW 1992, 2760 = AG 1990, 450 „Asea/BBC".
[57] BayObLG AG 2003, 42, 43 „Bayer. Brauholding/Schörghuberstiftung"; *Hüchting* Abfindung S. 106 f.
[58] Ebenso MünchKommAktG/*Altmeppen* Rdnr. 60; *Hüffer* Rdnr. 15.
[58 a] BayObLG AG 2003, 42, 43 „Bayer. Brauholding/Schörghuberstiftung".
[59] Grdlg. BayObLG ZIP 2002, 2257 „PKV/Philips"; LG München I AG 2001, 318 = DB 2000, 1217 „Bayerische Brau Holding"; MünchKomm-

nicht ohne Not der Rechtsschutz der außenstehenden Aktionäre übermäßig beschränkt wird. Besonderheiten gelten außerdem im Falle des Beitritts einer neuen Vertragspartei (s. Rdnr. 27).

VI. Wirksamwerden der Vertragsänderung

Nach § 295 Abs. 1 S. 2 gilt auch § 294 sinngemäß. Dies bedeutet, daß der Vorstand **35** derjenigen Gesellschaft, die die vertragstypischen Leistungen erbringt, die Änderung des Unternehmensvertrags zur Eintragung in das Handelsregister anzumelden hat. Der Anmeldung sind die in § 294 Abs. 1 S. 2 erwähnten Unterlagen sowie im Falle des § 295 Abs. 2 die Niederschrift über den Sonderbeschluß (Rdnr. 32) beizufügen. Die Vertragsänderung wird erst mit ihrer Eintragung in das Handelsregister wirksam (§ 294 Abs. 2); vorher ist die Vertragsänderung schwebend unwirksam.

Im Handelsregister wird nur die Tatsache der Vertragsänderung, nicht dagegen ihr Inhalt **36** eingetragen.[60] Etwas anderes gilt nur im Fall des Parteiwechsels. Ebenso sollte entsprechend den §§ 295 Abs. 1 S. 2 und 294 Abs. 1 S. 1 in den Fällen der Gesamtrechtsnachfolge (Rdnr. 14) verfahren werden, da sich offenbar die Person der Vertragsparteien immer eindeutig aus dem Handelsregister ergeben muß.[61]

Die Parteien können einer Vertragsänderung unter den gleichen Voraussetzungen wie **37** dem Vertragsabschluß rückwirkende Kraft beilegen (s. § 294 Rdnr. 29 f.). Wird eine nach den gesellschaftsrechtlichen Regeln unwirksame Vertragsänderung von den Parteien de facto durchgeführt, so gelten für Beherrschungs- und Gewinnabführungsverträge die Regeln über die fehlerhafte Gesellschaft (s. § 291 Rdnr. 28 ff.).

§ 296 Aufhebung

(1) **Ein Unternehmensvertrag kann nur zum Ende des Geschäftsjahrs oder des sonst vertraglich bestimmten Abrechnungszeitraums aufgehoben werden. Eine rückwirkende Aufhebung ist unzulässig. Die Aufhebung bedarf der schriftlichen Form.**

(2) **Ein Vertrag, der zur Leistung eines Ausgleichs an die außenstehenden Aktionäre oder zum Erwerb ihrer Aktien verpflichtet, kann nur aufgehoben werden, wenn die außenstehenden Aktionäre durch Sonderbeschluß zustimmen. Für den Sonderbeschluß gilt § 293 Abs. 1 Satz 2 und 3, § 295 Abs. 2 Satz 3 sinngemäß.**

Schrifttum: *Emmerich/Sonnenschein/Habersack* §§ 19, 32 IV (S. 256, 493 ff.); *Gerth,* Die Beendigung des Gewinnabführungs- und Beherrschungsvertrages, BB 1978, 1497; *Grüner,* Die Beendigung von Gewinnabführungs- und Beherrschungsverträgen, Diss. Bayreuth 2001; *Gutheil,* Die Auswirkungen von Umwandlungen auf Unternehmensverträge nach §§ 291, 292 AktG und die Rechte außenstehender Aktionäre, 2001; *Halm,* Aktuelle Zweifelsfragen bei der Begründung und Beendigung von Unternehmensverträgen mit der GmbH als Untergesellschaft, NZG 2001, 728; *Henze* Konzernrecht Tz. 187 ff. (S. 68 ff.); *Hüchting,* Abfindung und Ausgleich im aktienrechtlichen Beherrschungsvertrag, 1972; *Kley,* Die Rechtsstellung der außenstehenden Aktionäre bei der vorzeitigen Beendigung von Unternehmensverträgen, 1986; MünchHdb. AG/*Krieger* § 70 Rdnr. 164 ff., § 72 Rdnr. 65 ff. (S. 1091, 1141 ff.); *ders.,* Änderung und Beendigung von Beherrschungs- und Gewinnabführungsverträgen, in U. Schneider (Hrsg.), Beherrschungs- und Gewinnabführungsverträge in der Praxis der GmbH, 1989, S. 99; *ders./Jannott,* Änderung und Beendigung von Beherrschungs- und Gewinnabführungsverträgen in Aktien- und GmbH-Recht, DStR 1995, 1473; *Raiser* Kapitalgesellschaften § 54 VII (Tz. 106 ff. [S. 914 ff.]); *Werth,* Auswirkungen und Möglichkeiten bei der Aufhebung eines Ergebnisabführungsvertrages, DB 1975, 1140; *H. Wilhelm,* Die Beendigung des Beherrschungs- und Gewinnabführungsvertrages, 1976; *Windbichler,* Unternehmensverträge und Zusammenschlußkontrolle, 1977.

AktG/*Altmeppen* Rdnr. 58; *Henze* Konzernrecht Tz. 324 (S. 118); *Hüffer* Rdnr. 15; *Hüchting* Abfindung S. 107; *Koppensteiner* in Kölner Kommentar Rdnr. 29; MünchHdb. AG/*Krieger* § 70 Rdnr. 161 (2. Abs.).

[60] MünchKommAktG/*Altmeppen* Rdnr. 26; *Hüffer* Rdnr. 9; *Koppensteiner* in Kölner Kommentar Rdnr. 9.

[61] Ebenso *Altmeppen, Hüffer* und *Koppensteiner* (vorige Fn.).

Übersicht

I. Überblick

1 § 296 leitet die verstreuten Vorschriften des AktG über die Beendigung von Unternehmensverträgen ein (s. §§ 296 bis 299, 303 und 307). Seinem Wortlaut nach kennt das Gesetz danach lediglich drei Beendigungsgründe, nämlich die einverständliche Aufhebung des Vertrages (§ 296), die Kündigung des Vertrages (§ 297) sowie den Hinzutritt eines außenstehenden Aktionärs nach Abschluß eines Beherrschungs- oder Gewinnabführungsvertrages mit einer 100%igen Tochtergesellschaft (§ 307). Nach § 298 ist die Beendigung des Unternehmensvertrages außerdem ebenso wie der Abschluß des Vertrages (§ 294) ins Handelsregister einzutragen; anders als im Falle des § 294 hat die Eintragung hier indessen nur deklaratorische Bedeutung. § 299 fügt hinzu, daß sich ein etwaiges Weisungsrecht des anderen Teils nicht auf die Frage der Vertragsbeendigung bezieht. Wegen der Rechtsfolgen der Beendigung ist schließlich noch § 303 zu beachten.

2 Die geschilderte gesetzliche Regelung (Rdnr. 1) ist nicht erschöpfend.[1] Als weitere Beendigungsgründe sind hervorzuheben der Zeitablauf bei einem befristeten Unternehmensvertrag, Rücktritt und Anfechtung, soweit zulässig, weiter die Insolvenz einer der Vertragsparteien (s. § 297 Rdnr. 50 f.), die Nichtigkeit oder die erfolgreiche Anfechtung des Zustimmungsbeschlusses einer der Vertragsparteien (s. §§ 241, 243, 293 Abs. 1 und 2), die Eingliederung einer der Parteien in die andere oder auch in ein drittes Unternehmen sowie je nach den Umständen des Falles die Umwandlung oder die Verschmelzung einer der Parteien mit der anderen oder mit einem dritten Unternehmen.[2] Ungeregelt geblieben sind außerdem, von § 303 abgesehen, die Rechtsfolgen der Beendigung eines Unternehmensvertrages.[3] Ungeklärt ist vor allem die Frage, wie die Überlebensfähigkeit der abhängigen Gesellschaft im Fall der Vertragsbeendigung sichergestellt werden kann (s. Rdnr. 25).

3 Die einverständliche Aufhebung eines Unternehmensvertrages ist auf dem Boden der Vertragsfreiheit (§ 311 Abs. 1 BGB) an sich jederzeit möglich. Davon geht auch § 296 aus, der in Abs. 1 lediglich im Interesse der Rechtssicherheit einige Restriktionen enthält und in Abs. 2 nach dem Vorbild des § 295 Abs. 2 das zusätzliche Erfordernis eines Sonderbeschlusses der außenstehenden Aktionäre aufstellt, wenn der aufzuhebende Unternehmensvertrag Ausgleichs- oder Abfindungsleistungen für die außenstehenden Aktionäre vorsieht. Der damit bezweckte Schutz der außenstehenden Aktionäre ist jedoch nicht erreicht worden, da das Erfordernis eines Sonderbeschlusses dieser Aktionäre (§ 296 Abs. 2) ohne weiteres durch eine

---

[1] Übersicht über die Gesamtheit der Beendigungsgründe bei *Grüner*, Die Beendigung von Gewinnabführungs- und Beherrschungsverträgen, 2001, Teil III.
[2] S. im einzelnen § 297 Rdnr. 27, 34 ff. sowie *Gerth* BB 1978, 1497; *Gutheil* Auswirkungen; *Kley*

Rechtsstellung S. 53, 119 f.; MünchHdb. AG/*Krieger* § 70 Rdnr. 172 ff.; *H. Wilhelm* Beendigung S. 15 ff.; *Windbichler* Unternehmensverträge S. 67 ff.
[3] Übersicht bei *Emmerich/Sonnenschein/Habersack* § 19 IX (S. 276 ff.); *Grüner* Beendigung Teil VI; *H. Wilhelm* Beendigung S. 37 ff.

ordentliche oder außerordentliche Kündigung des Unternehmensvertrages umgangen werden kann (s. Rdnr. 17). Die praktische Bedeutung des § 296 ist ferner deshalb gering, weil sich sein Anwendungsbereich auf die *vertragliche* Aufhebung von Unternehmensverträgen beschränkt, während er keine Anwendung findet, wenn die Beendigung eines Unternehmensvertrages die *gesetzliche* Folge eines anderen gesellschaftsrechtlichen Vorganges ist, zB der Eingliederung der einen Partei in die andere oder der Verschmelzung beider Parteien (s. Rdnr. 5).

II. Anwendungsbereich

1. AG. Der primäre Anwendungsbereich des § 296 beschränkt sich auf die einverständ- 4 liche Aufhebung eines Unternehmensvertrages *im ganzen* durch die Vertragsparteien gemäß § 311 Abs. 1 BGB, vorausgesetzt, daß an dem Vertrag eine AG oder KGaA beteiligt ist, und zwar in der Rolle derjenigen Gesellschaft, die die vertragstypischen Leistungen erbringt, bei einem Beherrschungs- oder Gewinnabführungsvertrag also als abhängige Gesellschaft. Andere Unternehmensverträge, vor allem solche mit einer abhängigen GmbH werden dagegen unmittelbar nicht erfaßt (s. aber Rdnr. 7).

Eine **Vertragsaufhebung** iSd. § 296 liegt auch vor, wenn zugleich mit der Aufhebung 5 des Unternehmensvertrages, aber durch einen rechtlich gesonderten Vertrag ein neuer Unternehmensvertrag mit einem anderen Unternehmen abgeschlossen wird, zB seitens einer Enkelgesellschaft statt mit der Tochtergesellschaft mit der Muttergesellschaft, während die Vertragsübernahme durch ein anderes Unternehmen – als einheitlicher, gegebenenfalls mehrseitiger Vertrag – unter § 295 fällt.[4] Die Aufhebung des Vertrages insgesamt (Rdnr. 4) muß ferner von der Aufhebung *einzelner* Vertragsbestimmungen unter Aufrechterhaltung des Vertrages im übrigen unterschieden werden; sie fällt als Vertragsänderung ebenso unter § 295 wie – entgegen einer verbreiteten Meinung – die Änderung des Vertragstypus, zB die Umwandlung eines Betriebspacht- in einen Beherrschungsvertrag (s. § 295 Rdnr. 12). Voraussetzung der Anwendbarkeit des § 296 ist schließlich noch, daß es sich gerade um eine *vertragliche* Aufhebung des Unternehmensvertrages handelt (§ 311 Abs. 1 BGB), da gesetzliche Beendigungsgründe nicht erfaßt werden (Rdnr. 2).[5]

In bestimmten Fällen ist die Wirksamkeit des Aufhebungsvertrages von einem **Sonder-** 6 **beschluß** der außenstehenden Aktionäre nach § 296 Abs. 2 abhängig. Der Anwendungsbereich dieser Vorschrift deckt sich mit dem des § 295 Abs. 2 (s. § 295 Rdnr. 25 ff.). Der wichtigste hierher gehörende Fall sind Beherrschungs- und Gewinnabführungsverträge mit einer abhängigen AG oder KGaA (s. Rdnr. 17).

2. GmbH. Fraglich ist, ob § 296 entsprechend auf Unternehmensverträge mit einer 7 abhängigen GmbH angewandt werden kann.[6] Von einer verbreiteten, inzwischen wohl überwiegenden Meinung wird die Frage bejaht mit der Folge, daß zur Aufhebung des Unternehmensvertrages mit einer abhängigen GmbH die Einigung der Vertragsparteien als ausreichend angesehen wird, für die bei der GmbH die Geschäftsführer zuständig sind (§ 311 Abs. 1 BGB; §§ 35, 37 GmbHG; §§ 77, 78 AktG, s. Rdnr. 8). Ein Sonderbeschluß der Minderheitsgesellschafter der abhängigen GmbH wird lediglich dann als erforderlich angesehen, wenn der aufzuhebende Vertrag (ausnahmsweise) Ausgleichs- und Abfindungsleistungen zu ihren Gunsten vorsieht.[7] Auch der BGH tendiert offenbar zu dieser Meinung,

---

[4] S. § 295 Rdnr. 13 ff.; LG Essen AG 1995, 189, 190 „RAG Immobilien AG"; MünchKommAktG/*Altmeppen* Rdnr. 5; *Hüffer* Rdnr. 2.
[5] Grdlg. BGH LM AktG § 320 Nr. 4 (Bl. 3 R f.) = AG 1974, 320, 323 = WM 1974, 713, 715; ebenso zuvor schon OLG Celle AG 1972, 283 = WM 1972, 1004.
[6] Übersicht über den Meinungsstand bei *Emmerich/ Sonnenschein/Habersack* § 32 IV 3 (S. 495 f.); *Grüner* Beendigung Teil III § 1; *Halm* NZG 2001, 728, 734 ff.
[7] OLG Frankfurt OLGZ 1994, 286, 287 f. = AG 1994, 85 = NJW-RR 1994, 296; OLG Karlsruhe

AG 1995, 38 = NJW-RR 1994, 106 = GmbHR 1994, 807 „Mannesmann/Kienzle" (gegen LG Konstanz AG 1993, 237); LG Essen AG 1999, 135 = NZG 1998, 860; MünchKommAktG/*Altmeppen* Rdnr. 15–17; *Roth/Altmeppen* GmbHG § 13 Anh. Rdnr. 76; *Bungert* NJW 1995, 1118; *Eschenbruch* Konzernhaftung Tz. 3189 (S. 237); *Halsterkamp* AnwBl. 1994, 487, 491 ff.; *Kallmeyer* GmbHR 1995, 578; Rowedder/Schmidt-Leithoff/*Koppensteiner* GmbHG § 52 Anh. Rdnr. 118; *Timm* GmbHR 1987, 8, 14; *Vetter* ZIP 1995, 345, 346 ff.; Michalski/*Zeidler* GmbHG Bd. I Syst. Darst. 4 Rdnr. 129–

wie aus dem Umstand zu folgern ist, daß er das Rückwirkungsverbot des § 296 Abs. 1 S. 2 (s. Rdnr. 12 ff.) ohne weiteres auf die Aufhebung eines Organschaftsvertrages mit einer GmbH angewandt hat.[8] Nach anderen handelt es sich dagegen bei der Aufhebung eines Unternehmensvertrages grundsätzlich um eine außerordentliche Geschäftsführungsmaßnahme, zu der deshalb die Zustimmung der Gesellschafterversammlung (mit einfacher Mehrheit) erforderlich ist, wobei wieder umstritten ist, ob das herrschende Unternehmen bei solcher Abstimmung ein Stimmrecht hat oder nicht (§ 47 Abs. 4 GmbHG); der Zustimmung der Gesellschafterversammlung soll aber lediglich interne Bedeutung zukommen, während eine Mitwirkung der Gesellschafter auf der Ebene des anderen Vertragsteils grundsätzlich als entbehrlich angesehen wird.[9]

7a   Die Aufhebung eines Unternehmensvertrages hat für die abhängige GmbH in zahlreichen Fällen dieselbe Bedeutung wie dessen Abschluß. Deutlich ist dies vor allem bei Fortfall der Verlustausgleichspflicht des herrschenden Unternehmens im Fall der Aufhebung eines Beherrschungs- oder Gewinnabführungsvertrages, weil dadurch die Überlebensfähigkeit der abhängigen Gesellschaft in der Regel unmittelbar bedroht wird. Dies spricht dafür, von einer Analogie zu dem ohnehin mißglückten § 296 (s. Rdnr. 3 und Rdnr. 9) im GmbH-Konzernrecht abzusehen; auf die Aufhebung eines Unternehmensvertrages mit einer „abhängigen“ GmbH sind vielmehr ebenso wie auf dessen Abschluß jedenfalls auf der Seite der abhängigen Gesellschaft die **§§ 53 und 54 GmbHG** entsprechend anzuwenden.[10] Eine andere Beurteilung ist (analog § 307) nur für Unternehmensverträge mit 100%igen Tochtergesellschaften angebracht.[11] Die entsprechende Anwendbarkeit des § 54 GmbHG hat zur Folge, daß anders als im Aktienkonzernrecht (s. § 298) die Eintragung der Aufhebung des Vertrags ins Handelsregister konstitutive Bedeutung hat (§ 54 Abs. 3 GmbHG).[12] Unter den Voraussetzungen des § 296 Abs. 2 ist außerdem ein Sonderbeschluß der Minderheitsgesellschafter erforderlich.[13]

7b   Eine wieder andere Frage ist, ob der Aufhebung eines Unternehmensvertrages im GmbH-Konzernrecht auch die Gesellschafterversammlung des anderen Vertragsteils, in den Fällen des § 291 also die der herrschenden Gesellschaft zustimmen muß. Überwiegend wird die Frage bisher noch verneint.[14] Die Frage ist aber auf jeden Fall dann anders zu beurteilen, wenn es sich um eine außergewöhnliche Geschäftsführungsmaßnahme handelt, die nur mit Zustimmung der Gesellschafter möglich ist.[15]

III. Abschluß des Aufhebungsvertrages

8   **1. Zuständigkeit.** Die Aufhebung eines Unternehmensvertrages nach § 296 setzt den Abschluß eines Vertrages voraus, der auf die vollständige Beendigung des Unternehmensvertrages zwischen den Vertragsparteien zu einem zulässigen Termin (s. § 296 Abs. 1 S. 1 und 2 und dazu Rdnr. 12 ff.) gerichtet ist (§ 311 Abs. 1 BGB). Bei einer AG oder KGaA handelt es sich dabei um einen Akt der *Geschäftsführung* und Vertretung, so daß dafür der Vorstand bzw. die persönlich haftenden Gesellschafter zuständig sind (§§ 77, 78, 283).[16]

---

133 (S. 465 ff.); offengelassen in BayObLG GmbHR 2003, 476, 477.

[8] LM GmbH § 53 Nr. 11 (Bl. 2 f.) = NJW 2002, 822 = AG 2002, 240 = WM 2002, 77; s. dazu *Emmerich* Anm. LM aaO, Bl. 3 R. f.

[9] So *Grüner* Beendigung Teil III § 1; Baumbach/Hueck/*Zöllner* GmbHG Schlußanhang I Rdnr. 52 c; hilfsweise so auch *Lutter/Hommelhoff* GmbHG § 13 Anh. Rdnr. 83.

[10] OLG Oldenburg NZG 2000, 1138, 1139; Scholz/*Emmerich* GmbHG § 44 Anh. Rdnr. 201 f.; *Ehlke* ZIP 1995, 355, 357 f.; *Ebenroth/Wilken* WM 1993, 1617; *Fleischer/Rentsch* NZG 2000, 1141; *Halm* NZG 2001, 728, 736 ff.; *Henze* Konzernrecht Tz. 196–199 (S. 71 f.); *Hoffmann-Becking* WiB 1994, 57, 62 f.; *Lutter/Hommelhoff* GmbHG § 13 Anh.

Rdnr. 83; *Krieger/Jannott* DStR 1995, 1473, 1477; *Raiser* Kapitalgesellschaften § 54 Tz. 110 (S. 915); *Schlögell* GmbHR 1995, 401, 403 ff.; *O. Schwarz* DNotZ 1996, 68, 75 ff.; Hachenburg/*Ulmer* GmbHG § 77 Anh. Rdnr. 154.

[11] *Henze* Konzernrecht Tz. 199 (S. 72).

[12] *Halm* NZG 2001, 728, 737 f.; anders BayObLG (Fn. 7).

[13] *Halm* (vorige Fn.).

[14] *Henze* Konzernrecht Tz. 196 (S. 71).

[15] *Grüner* Beendigung Teil IV.

[16] S. die Begr. zum RegE bei *Kropff* AktG S. 385; MünchKommAktG/*Altmeppen* Rdnr. 8; *Hüffer* Rdnr. 5; *Koppensteiner* in Kölner Kommentar Rdnr. 4; für die GmbH s. Rdnr. 7 ff.

Lediglich in den Fällen des § 296 Abs. 2 (Rdnr. 6) ist die Vertretungsmacht des Vorstandes gesetzlich durch die Notwendigkeit eines zustimmenden Sonderbeschlusses der außenstehenden Aktionäre beschränkt, so daß der vom Vorstand abgeschlossene Aufhebungsvertrag so lange unwirksam ist, wie kein Zustimmungsbeschluß der außenstehenden Aktionäre vorliegt (Rdnr. 19).

2. Keine Mitwirkung der Hauptversammlung. Anders als der Abschluß oder die **9** Änderung eines Unternehmensvertrages (s. §§ 293 Abs. 1 und 2 und 295 Abs. 1) und auch anders als im GmbH-Konzernrecht (s. Rdnr. 7) bedarf im Aktienkonzernrecht nach § 296 der Abschluß eines Aufhebungsvertrages in keinem Fall der Zustimmung der Hauptversammlung einer an dem Vertrag beteiligten AG oder KGaA. Das gilt gleichermaßen für die AG oder KGaA, die die vertragstypischen Leistungen erbringt, wie für eine AG oder KGaA in der Rolle des anderen Vertragsteils. Die Gesetzesverfasser haben diese Regelung, die in deutlichem Gegensatz zu der für den Abschluß von Unternehmensverträgen getroffenen Regelung steht (s. § 293 Abs. 1 und 2), damit gerechtfertigt, daß die Aufhebung des Vertrags in wesentlich geringerem Maße als sein Abschluß die Interessen der Aktionäre berühre.[17] Diese Überlegung erscheint mit Rücksicht auf die ungesicherte Überlebensfähigkeit vieler abhängiger Gesellschaften nach Beendigung eines Beherrschungs- oder Gewinnabführungsvertrages keineswegs zwingend, weshalb § 296 restriktiv gehandhabt werden sollte.[18]

Der Verzicht des Gesetzes auf die Mitwirkung der Hauptversammlung bei dem Abschluß **10** eines Aufhebungsvertrages (Rdnr. 9) hat zur Folge, daß hier auch kein Raum für die Anwendung des § 83 ist, so daß die Hauptversammlung den Vorstand nicht zum Abschluß eines Aufhebungsvertrages verpflichten kann.[19] Der Vorstand ist jedoch nicht gehindert, von sich aus die Frage des Abschlusses eines Aufhebungsvertrages der Hauptversammlung nach **§ 119 Abs. 2** vorzulegen. Bei Abschluß eines Beherrschungsvertrages kann er zu solcher Vorlage außerdem vom herrschenden Unternehmen angewiesen werden (§ 308).[20] Offen ist, ob der Vorstand im Einzelfall auch nach der Holzmüller-Doktrin *verpflichtet* sein kann, die Frage des Abschlusses eines Aufhebungsvertrages von sich aus nach § 119 Abs. 2 der Hauptversammlung zu unterbreiten; für den Regelfall dürfte angesichts der gesetzlichen Regelung (§ 296) für solche Annahme kein Raum sein.[21] Die Frage schließlich, ob der Abschluß eines Aufhebungsvertrages der Zustimmung des Aufsichtsrats bedarf, richtet sich allein nach **§ 111 Abs. 4 S. 2.** Der Aufsichtsrat besitzt genausowenig wie die Hauptversammlung die Möglichkeit, seinerseits den Vorstand zum Abschluß eines derartigen Vertrags zu verpflichten.

3. Form. Nach § 296 Abs. 1 S. 3 bedarf der Aufhebungsvertrag aus Gründen der **11** Rechtssicherheit der Schriftform.[22] Das Gesetz verweist damit auf § 126 BGB. Ob die elektronische Form ausreicht, ist offen (§ 126 Abs. 3 BGB), mit Rücksicht auf den Zweck der Regelung aber wohl eher zu verneinen (s. § 298). Wird die Schriftform nicht beachtet, so ist der Vertrag nichtig (§ 125 BGB).[23] Dadurch wird die Möglichkeit einer mündlichen oder gar konkludenten Aufhebung eines Unternehmensvertrages ausgeschlossen.[24]

IV. Rückwirkungsverbot

Für den Inhalt eines Aufhebungsvertrages gilt an sich Vertragsfreiheit (§ 311 Abs. 1 **12** BGB). Aus Gründen der Rechtssicherheit enthält das Gesetz jedoch in § 296 Abs. 1 verschiedene Restriktionen, mit denen zugleich ein Schutz der außenstehenden Aktionäre und der Gläubiger bezweckt wird.[25] § 296 Abs. 1 S. 1 bestimmt deshalb zunächst, daß der

[17] S. die Begr. zum RegE bei *Kropff* AktG S. 385.
[18] Ebenso *Hüffer* Rdnr. 5; anders aber *Kley* Rechtsstellung S. 77 ff.
[19] *Hüffer* Rdnr. 5; *Kley* Rechtsstellung S. 97 ff.; MünchHdb. AG/*Krieger* § 70 Rdnr. 164.
[20] Die Frage ist str.; s. § 299 Rdnr. 7.

[21] S. dazu MünchKommAktG/*Altmeppen* Rdnr. 18; *Grüner* Beendigung Teil IV; *Kley* Rechtsstellung S. 72, 79 ff.; *Krieger/Jannot* DStR 1995, 1473, 1477;.
[22] S. die Begr. zum RegE bei *Kropff* AktG S. 385.
[23] *Hüffer* Rdnr. 6.
[24] *Koppensteiner* in Kölner Kommentar Rdnr. 3.
[25] S. die Begr. zum RegE bei *Kropff* AktG S. 385.

Unternehmensvertrag (frühestens) zum Ende des laufenden Geschäftsjahrs oder des sonst vertraglich bestimmten (laufenden) Abrechnungszeitraums aufgehoben werden kann, nicht hingegen zu einem früheren Zeitpunkt (Rdnr. 13 f.). S. 2 der Vorschrift fügt hinzu, daß eine rückwirkende Aufhebung unzulässig ist (Rdnr. 15). Dieses sogenannte Rückwirkungsverbot findet auch im GmbH-Konzernrecht im Fall der Aufhebung von Unternehmensverträgen mit einer abhängigen GmbH Anwendung.[26]

13   **1. Termin.** Frühester zulässiger Beendigungszeitpunkt für einen Unternehmensvertrag ist im Fall seiner vertraglichen Aufhebung nach § 296 Abs. 1 S. 1 das Ende des laufenden *Geschäftsjahres* (im folgenden immer pars pro toto für Geschäftsjahr und sonstigen Abrechnungszeitraum iSd. § 296 Abs. 1 S. 1). Dadurch sollte möglichen Abrechnungsschwierigkeiten und Gewinnmanipulationen vorgebeugt werden.[27] Mit dem Geschäftsjahr ist in diesem Zusammenhang das Geschäftsjahr derjenigen Gesellschaft gemeint, die die vertragstypischen Leistungen erbringt, bei einem Beherrschungs- oder Gewinnabführungsvertrag daher das Geschäftsjahr der *abhängigen* Gesellschaft.[28] Handelt es sich um eine Gewinngemeinschaft iSd. § 292 Abs. 1 Nr. 1, an der mehrere Aktiengesellschaften oder KGaA beteiligt sind, so kann das Ende des Geschäftsjahrs einer beliebigen beteiligten AG oder KGaA gewählt werden, sofern die Beteiligten nicht ein einheitliches Geschäftsjahr vereinbart haben.[29]

14   Das Ende des laufenden Geschäftsjahres (Rdnr. 13) ist nur der **früheste** zulässige Beendigungstermin. Den Parteien steht es daher frei, statt dessen auch einen **späteren** Beendigungstermin zu wählen, zB das Ende des nächsten oder des übernächsten Geschäftsjahrs.[30] Der Sache nach handelt es sich dann bei dem Aufhebungsvertrag um eine nachträgliche Befristung des Unternehmensvertrages (s. dazu schon 295 Rdnr. 10 f.). Fehlt in dem Aufhebungsvertrag eine Angabe des Zeitpunkts, zu dem der Unternehmensvertrag sein Ende finden soll, so wird in aller Regel davon auszugehen sein, daß der nächste zulässige Termin, d. h. das Ende des laufenden Geschäftsjahrs gemeint ist (§§ 133, 157 BGB).[31] Dasselbe ist anzunehmen, wenn die Parteien den Unternehmensvertrag aufheben wollen, weil eine Untersagung des durch ihn bewirkten Zusammenschlusses seitens der Kartellbehörden droht (§ 36 Abs. 1 GWB; Art. 2 FusionskontrollVO).[32] § 296 Abs. 1 S. 1 und 2 gilt auch in diesem Fall (s. aber auch Rdnr. 15).

15   **2. Keine Rückwirkung.** Nach § 296 Abs. 1 S. 2 ist eine rückwirkende Aufhebung unzulässig. Dadurch soll an sich nur verhindert werden, daß etwaigen bereits entstandenen Ansprüchen der Gesellschaft auf Verlustausgleich (§ 302) und der außenstehenden Aktionäre auf Abfindung und Ausgleich (§§ 304 und 305) nachträglich von den Vertragsparteien die Grundlage entzogen wird.[33] Wie schon ausgeführt (Rdnr. 12), gilt die Regelung deshalb entsprechend im GmbH-Konzernrecht, und zwar selbst dann, wenn es sich bei der abhängigen Gesellschaft um eine 100%ige Tochtergesellschaft handelt.[34] Aus demselben Grund findet das Rückwirkungsverbot ferner bei der (freilich jederzeit möglichen) „Aufhebung" eines an sich nichtigen, von den Beteiligten aber vollzogenen und deshalb für die Vergangenheit als wirksam zu behandelnden Unternehmensvertrages Anwendung, da insbes. die Ansprüche der Gläubiger aus § 302 dann ebenfalls schutzwürdig sind, und zwar gleichermaßen im Aktien- wie im GmbH-Konzernrecht.[35] Die Reichweite des Rückwirkungsver-

[26] BGH LM GmbHG § 53 Nr. 11 (Bl. 2 f.) = NJW 2002, 822 = WM 2002, 77 = AG 2002, 240.

[27] *Hüffer* Rdnr. 2; *Windbichler* Unternehmensverträge S. 64.

[28] *Koppensteiner* in Kölner Kommentar Rdnr. 6.

[29] MünchKommAktG/*Altmeppen* Rdnr. 22; *Hüffer* Rdnr. 2; *Koppensteiner* in Kölner Kommentar Rdnr. 6.

[30] *Hüffer* Rdnr. 2.

[31] Ebenso MünchKommAktG/*Altmeppen* Rdnr. 26; *Hüffer* Rdnr. 2; MünchHdb. AG/*Krieger* § 70 Rdnr. 165.

[32] MünchKommAktG/*Altmeppen* Rdnr. 24; *Hüffer* Rdnr. 2.

[33] S. die Begr. zum RegE bei *Kropff* AktG S. 385; BGH LM GmbHG § 53 Nr. 11 (Bl. 2 f.) = NJW 2002, 822 = AG 2002, 240 (Vorinstanz: OLG Oldenburg NZG 2000, 1138, 1140).

[34] Grdsl. BGH (vorige Fn.).

[35] BGH LM GmbHG § 53 Nr. 11 (Bl. 2 f.) = NJW 2002, 822 = AG 2002, 240.

bots des § 296 Abs. 1 S. 2 geht freilich deutlich über den beschränkten Zweck der Regelung hinaus und erfaßt vor allem auch die Aufhebung eines der anderen Unternehmensverträge des § 292, selbst wenn ein Verlustausgleich nicht in Betracht kommt und der Vertrag außerdem keine Ausgleichs- oder Abfindungsleistung für außenstehende Aktionäre vorsieht. In solchen Fällen ist eine vorsichtige Einschränkung des Rückwirkungsverbots zu erwägen, vorausgesetzt, daß dadurch nicht in bereits begründete Rechte der Gesellschaft oder Dritter eingegriffen wird.[36]

3. Rechtsfolgen. Die Vorschriften des § 296 Abs. 1 S. 1 und S. 2 sind gesetzliche **16** Verbote, so daß der Aufhebungsvertrag nichtig ist, wenn er unter Verstoß gegen § 296 Abs. 1 S. 1 einen zu frühen Beendigungszeitpunkt festsetzt oder sich entgegen § 296 Abs. 1 S. 2 rückwirkende Kraft beilegt, und zwar auch im GmbH-Konzernrecht (§ 134 BGB).[37] Die Rechtsfolgen der deshalb anzunehmenden Teilnichtigkeit des Aufhebungsvertrages sind umstritten: Während die einen hier *§ 139 BGB* in den Vordergrund rücken,[38] wollen andere in erster Linie *§ 140 BGB* anwenden.[39] Der Unterschied zwischen beiden Meinungen ist freilich gering,[40] da es sich bei den §§ 139 und 140 BGB um bloße Auslegungsregeln handelt, die hier zum selben Ergebnis führen werden, wenn anzunehmen ist, daß die Parteien die Aufhebung des Vertrags auf jeden Fall gewollt haben, ohne dem Zeitpunkt der Beendigung eine ausschlaggebende Bedeutung beizumessen. In diesem Fall kann in der Tat angenommen werden, daß sie bei Kenntnis der gesetzlichen Regelung eine Beendigung des Vertrages zu dem frühesten *zulässigen* Termin gewollt hätten,[41] so zB, wenn der Unternehmensvertrag mit Rücksicht darauf aufgehoben wird, daß das bisher herrschende Unternehmen seine Mehrheit verloren hat oder die Kartellbehörden Bedenken gegen den mit dem Vertrag bezweckten Unternehmenszusammenschluß geäußert haben.[42]

V. Sonderbeschluß

1. Anwendungsbereich. Nach § 296 Abs. 2 kann ein Vertrag, der zur Leistung eines **17** Ausgleichs an die außenstehenden Aktionäre oder zum Erwerb ihrer Aktien verpflichtet, nur aufgehoben werden, wenn die außenstehenden Aktionäre der Aufhebung durch einen Sonderbeschluß zustimmen, für den die Vorschriften des § 293 Abs. 1 S. 2 und 3 über die erforderliche qualifizierte Mehrheit und des § 295 Abs. 2 S. 3 über das erweiterte Auskunftsrecht entsprechend gelten. Die Vorschrift hat denselben Anwendungsbereich wie § 295 Abs. 2 (s. Rdnr. 6).

Keine Anwendung findet § 296 Abs. 2 nach dem Gesamtzusammenhang der gesetzlichen **18** Regelung bei **sonstigen** Beendigungsgründen (s. schon Rdnr. 5). Beispiele sind die Kündigung des Unternehmensvertrages, soweit nicht § 297 Abs. 2 eingreift,[43] weiter die Anfechtung des Vertrags oder der Rücktritt von ihm[44] sowie vor allem die Beendigung des Unternehmensvertrages kraft Gesetzes, etwa durch die Eingliederung der einen Partei in die andere oder durch die Verschmelzung der Parteien.[45] Die Folge dieser widersprüchlichen Regelung ist, daß der mit § 296 Abs. 2 bezweckte Schutz der außenstehenden Aktionäre

---

[36] S. *Koppensteiner* in Kölner Kommentar Rdnr. 7; *Werth* DB 1975, 1140.

[37] BGH LM GmbHG § 53 Nr. 11 (Bl. 2 f.) = NJW 2002, 822 = AG 2002, 240.

[38] *Hüffer* Rdnr. 3 f.

[39] S. Vorаufl. Rdnr. 16.

[40] Deshalb offengelassen von BGH LM GmbHG § 53 Nr. 11 (Bl. 2 R) = NJW 2002, 822 = AG 2002, 240.

[41] Grdlg. BGH (vorige Fn.); MünchKommAktG/ *Altmeppen* Rdnr. 25; *Emmerich* Anm. LM GmbHG § 53 Nr. 11 (Bl. 4 f.); MünchHdb. AG/*Krieger* § 70 Rdnr. 165; *Windbichler* Unternehmensverträge S. 65.

[42] BGH (Fn. 40).

[43] *Kley* Rechtsstellung S. 85 ff.

[44] *Kley* Rechtsstellung S. 82 ff.; s. § 297 Rdnr. 30 ff.

[45] S. schon Rdnr. 5 sowie im einzelnen § 297 Rdnr. 34 ff.; BGH LM AktG § 320 Nr. 1 (Bl. 3 R f.) = AG 1974, 320, 323 = WM 1974, 713, 715 (insoweit nicht in NJW 1974, 1557 abgedruckt; ebenso zuvor schon OLG Celle AG 1972, 283 = WM 1972, 1004); LG Bonn GmbHR 1996, 774 f.; *Hüffer* Rdnr. 7; *Koppensteiner* in Kölner Kommentar Rdnr. 12.

nicht erreicht wurde, da die Parteien das Ziel einer Aufhebung des Vertrags jederzeit auch *ohne* Mitwirkung der außenstehenden Aktionäre erreichen können.

19   **2. Verfahren.** § 296 Abs. 2 ist dem § 295 Abs. 2 nachgebildet. Der Begriff der außenstehenden Aktionäre ist deshalb hier derselbe wie in § 295 Abs. 2 (s. § 295 Rdnr. 28 f.). Auch die erforderliche qualifizierte Mehrheit berechnet sich ebenso wie im Falle des § 295 Abs. 2 (§ 296 Abs. 2 S. 2 iVm. § 293 Abs. 1 S. 2 und 3; s. § 295 Rdnr. 30). Für den Sonderbeschluß gilt § 138. Das erweiterte Auskunftsrecht der außenstehenden Aktionäre (§ 296 Abs. 2 S. 2 iVm. § 295 Abs. 2 S. 3) bezieht sich im vorliegenden Zusammenhang auf alle für die Vertragsaufhebung wesentlichen Angelegenheiten des anderen Vertragsteils (s. § 295 Rdnr. 31).

20   **3. Bedeutung, Zeitpunkt. a) Gesetzliche Beschränkung der Vertretungsmacht.** Das Erfordernis eines Sonderbeschlusses der außenstehenden Aktionäre nach § 296 Abs. 2 S. 1 bedeutet eine gesetzliche Beschränkung der Vertretungsmacht des Vorstandes, so daß ein vom Vorstand abgeschlossener Aufhebungsvertrag so lange **unwirksam** ist, wie ihm nicht die außenstehenden Aktionäre durch Sonderbeschluß mit der erforderlichen Mehrheit zugestimmt haben (Rdnr. 8). Der Sonderbeschluß kann dem Aufhebungsvertrag vorausgehen oder nachfolgen.

21   **b) Schwebende Unwirksamkeit.** Liegt bei Abschluß des Aufhebungsvertrages durch den Vorstand noch **kein** Sonderbeschluß vor, so handelt der Vorstand als Vertreter ohne Vertretungsmacht mit der Folge, daß der Aufhebungsvertrag schwebend unwirksam ist (§ 177 BGB). Die Gesellschaft ist in diesem Fall durch den bereits abgeschlossenen, aber schwebend unwirksamen Aufhebungsvertrag nicht gebunden.[46] Es besteht nicht einmal eine Verpflichtung gegenüber dem anderen Vertragsteil, den Aufhebungsvertrag den außenstehenden Aktionären zur Billigung vorzulegen. Die außenstehenden Aktionäre können jedoch selbst nach § 138 S. 2 und 3 iVm. § 122 die Einberufung einer Sonderversammlung verlangen, um in dieser über den Aufhebungsvertrag abzustimmen.

22   Der **andere** Vertragsteils ist gebunden, bis die außenstehenden Aktionäre eine Entscheidung getroffen haben. Billigerweise kann dem anderen Vertragsteil diese Bindung freilich nur **so lange** zugemutet werden, wie mit einer Entscheidung der außenstehenden Aktionäre noch zu rechnen ist, d. h. im Regelfall bis zur nächsten ordentlichen Hauptversammlung.[47] Nach diesem Zeitpunkt kann er analog § 178 BGB den (schwebend unwirksamen) Aufhebungsvertrag widerrufen. Lehnen die außenstehenden Aktionäre den Aufhebungsvertrag ab, so kann der andere Teil grundsätzlich auch keinen Schadensersatz verlangen.[48]

23   **c) Zeitliche Reihenfolge.** Im Regelfall wird der Sonderbeschluß dem Aufhebungsvertrag nachfolgen. Umstritten ist, ob die außenstehenden Aktionäre den Sonderbeschluß auch noch zu einem Zeitpunkt fassen können, der *nach* dem im Aufhebungsvertrag festgelegten Beendigungszeitpunkt für den Unternehmensvertrag liegt.[49] Zwar bezieht sich das gesetzliche Rückwirkungsverbot des § 296 Abs. 1 S. 2 nur auf den Aufhebungsvertrag und nicht auf den Sonderbeschluß. Da jedoch der Aufhebungsvertrag erst mit dem Sonderbeschluß wirksam wird (Rdnr. 20), wäre auch das für den Aufhebungsvertrag geltende Rückwirkungsverbot des § 296 Abs. 1 S. 2 verletzt, wenn der zunächst unwirksame Aufhebungsvertrag jetzt *rückwirkend* durch den nachfolgenden Sonderbeschluß Geltung erlangte. Der Vertrag kann jedoch wohl im Regelfall dahin umgedeutet werden, daß die Aufhebung zum nächsten zulässigen Beendigungszeitpunkt wirken soll (§ 140 BGB).[50]

24   **4. Anfechtung.** Die Nichtigkeit und die Anfechtung des Sonderbeschlusses richten sich gemäß § 138 S. 2 nach den §§ 241 und 243. Für eine Einschränkung der Anfechtbarkeit

---

[46] MünchKommAktG/*Altmeppen* Rdnr. 33.
[47] MünchKommAktG/*Altmeppen* Rdnr. 34.
[48] *Kley* Rechtsstellung S. 94; *Altmeppen* (vorige Fn.).
[49] Dafür *Hüffer* Rdnr. 8; *Koppensteiner* in Kölner Kommentar Rdnr. 12; dagegen MünchKomm-

AktG/*Altmeppen* Rdnr. 36 f.; *Grüner* Beendigung Teil III § 1; MünchHdb. AG/*Krieger* § 70 Rdnr. 166; *Raiser* Kapitalgesellschaften § 54 Rdnr. 108 (S. 915).
[50] *Krieger* (vorige Fn.); s. Rdnr. 16.

wie bei dem Sonderbeschluß nach § 295 Abs. 2 (s. § 295 Rdnr. 33) besteht kein Anlaß, weil im Falle der Aufhebung eines Unternehmensvertrages anders als in dem seiner bloßen Änderung ein Spruchstellenverfahren nach § 306 nicht mehr in Betracht kommt.[51]

VI. Rechtsfolgen

Im Falle des Abschlusses eines wirksamen Aufhebungsvertrages nach § 296 Abs. 1 endet **25** der Unternehmensvertrag zu dem im Vertrag vereinbarten (zulässigen) Zeitpunkt.[52] Die Eintragung ins Handelsregister hat nur deklaratorische Bedeutung (§ 298).[53] Ist die eine Partei von der anderen abhängig, so gelten fortan zum Schutz einer abhängigen AG oder KGaA für das Verhältnis der Parteien die **§§ 311 ff.**[54] An die Stelle der Verlustübernahmepflicht des herrschenden Unternehmens nach § 302 tritt die Regelung des § 303. Soweit aber etwaige Verluste bereits während der Vertragsdauer entstanden sind, müssen sie noch ausgeglichen werden (§ 302).

Wenn der aufgehobene Vertrag eine **Ausgleichs- oder Abfindungspflicht** des einen **26** Vertragsteils zugunsten der außenstehenden Aktionäre des anderen Vertragsteils begründet hatte, enden diese Pflichten gleichfalls mit Aufhebung des Vertrags für die Zukunft. Bereits *erbrachte* Ausgleichs- und Abfindungsleistungen müssen jedoch nicht zurückerstattet werden, weil ihr Rechtsgrund nicht rückwirkend, sondern nur für die Zukunft entfällt.[55] Lediglich, wenn ausnahmsweise bei Aufhebung des Vertrages die Frist für die Annahme des Abfindungsangebots noch läuft (s. § 305 Abs. 4), endet auch diese Frist mit der Aufhebung des Unternehmensvertrages, so daß die außenstehenden Aktionäre fortan das nunmehr erloschene Abfindungsangebot des herrschenden Unternehmens nicht mehr annehmen können. Ein Verstoß gegen das Rückwirkungsverbot des § 296 Abs. 1 S. 2 liegt darin nicht, weil die Rechtsfolgen nur für die Zukunft umgestaltet werden.[56]

Wie schon ausgeführt (Rdnr. 2), hat das Gesetz, von § 303 abgesehen, keine Vorsorge **27** für die Zeit nach Beendigung eines Unternehmensvertrages getroffen, obwohl die **Überlebensfähigkeit** einer abhängigen Gesellschaft, vor allem nach Beendigung eines Beherrschungs- oder Gewinnabführungsvertrages, häufig zweifelhaft ist.[57] Im Schrifttum hat dies zu einer Diskussion über die Frage geführt, ob und wie hier für **Abhilfe** gesorgt werden kann.[58] In Betracht kommen namentlich eine Beschränkung des Weisungsrechts des herrschenden Unternehmens (§ 308), die Verschärfung der Pflichten des herrschenden Unternehmens bei der Konzernleitung (Stichwort: Grundsätze ordnungsmäßiger Konzerngeschäftsführung) sowie die Begründung zusätzlicher Pflichten des herrschenden Unternehmens bei Vertragsende, in erster Linie in Gestalt von Wiederaufbauhilfen oder eines erneuten Abfindungsangebots an die außenstehenden Aktionäre.[59] Von allen diesen Wegen verspricht jedoch angesichts der Gesetzeslage (§ 303) im Augenblick allein die Entwicklung substantieller Schranken des Weisungsrechts einen gewissen, wiewohl beschränkten Erfolg.[60]

[51] MünchKommAktG/*Altmeppen* Rdnr. 39; *Hüchting* Abfindung S. 113; *Hüffer* Rdnr. 7; *Koppensteiner* in Kölner Kommentar Rdnr. 10.

[52] S. *Grüner* Beendigung Teil V.

[53] Zur abweichenden Rechtslage bei der GmbH s. Rdnr. 7a.

[54] S. *Kley* Rechtsstellung S. 113 ff.

[55] MünchKommAktG/*Altmeppen* Rdnr. 41; *Hüffer* Rdnr. 9; *Kley* Rechtsstellung S. 99 ff.

[56] *Hüffer* Rdnr. 9; *Koppensteiner* in Kölner Kommentar Rdnr. 9.

[57] So schon die Begr. zum RegE des § 303 und des § 305 bei *Kropff* AktG S. 393 oben, 397; s. auch § 300 Rdnr. 2 f.

[58] S. MünchKommAktG/*Altmeppen* § 291 Rdnr. 58 ff.; *Emmerich* in Hommelhoff, Entwicklungen im

GmbH-Konzernrecht, 1986, S. 64 ff.; *Grüner* Beendigung Teil I; *Kleindiek*, Strukturvielfalt im Personengesellschafts-Konzern, 1991; *Kley* Rechtsstellung S. 108 ff.; *Priester* ZIP 1989, 1301; *H. Wilhelm* Beendigung S. 109 ff.; s. auch OLG Düsseldorf AG 1990, 490, 492 „DAB/Hansa"; zur GmbH s. Rdnr. 7a.

[59] S. OLG Düsseldorf AG 1990, 490, 492 „DAB/Hansa"; *Grüner* Beendigung Teil I; *Hüffer* Rdnr. 9; *Kleindiek* (vorige Fn.) S. 209 ff.; MünchHdb. AG/*Krieger* § 70 Rdnr. 193 f.; *H. Wilhelm* Beendigung S. 116 ff.; skeptisch *Koppensteiner* in Kölner Kommentar § 297 Rdnr. 40.

[60] S. im einzelnen § 308 Rdnr. 55 ff.; ebenso *Hüffer* Rdnr. 9; weitergehend *Grüner* Beendigung Teil I.

§ 297 Kündigung

(1) **Ein Unternehmensvertrag kann aus wichtigem Grunde ohne Einhaltung einer Kündigungsfrist gekündigt werden. Ein wichtiger Grund liegt namentlich vor, wenn der andere Vertragsteil voraussichtlich nicht in der Lage sein wird, seine auf Grund des Vertrags bestehenden Verpflichtungen zu erfüllen.**

(2) **Der Vorstand der Gesellschaft kann einen Vertrag, der zur Leistung eines Ausgleichs an die außenstehenden Aktionäre der Gesellschaft oder zum Erwerb ihrer Aktien verpflichtet, ohne wichtigen Grund nur kündigen, wenn die außenstehenden Aktionäre durch Sonderbeschluß zustimmen. Für den Sonderbeschluß gilt § 293 Abs. 1 Satz 2 und 3, § 295 Abs. 2 Satz 3 sinngemäß.**

(3) **Die Kündigung bedarf der schriftlichen Form.**

Schrifttum: *Acher,* Vertragskonzern und Insolvenz, 1987; *Ebenroth/Parche,* Konzernrechtliche Beschränkungen der Umstrukturierung des Vertragskonzerns, BB 1989, 637; *U. Ehricke,* Das abhängige Konzernunternehmen in der Insolvenz, 1998; *Emmerich/Sonnenschein/Habersack* § 19 III–IX (S. 262 ff.); *Gerth,* Die Beendigung des Gewinnabführungs- und Beherrschungsvertrages, BB 1978, 1497; *Grüner,* Die Beendigung von Gewinnabführungs- und Beherrschungsverträgen, Diss. Bayreuth 2001; *St. Gutheil,* Die Auswirkungen von Umwandlungen auf Unternehmensverträge nach §§ 291, 292 AktG und die Rechte außenstehender Aktionäre, 2001; *Heesing,* Bestandsschutz des Beherrschungs- und Gewinnabführungsvertrages in der Unternehmenskrise und im Konkurs, 1988; *Henze* Konzernrecht Tz. 187, 423 ff. (S. 68, 148 ff.); *Hirte,* Grenzen der Vertragsfreiheit bei aktienrechtlichen Unternehmensverträgen, ZGR 1994, 644; *Hohner,* Beherrschungsvertrag und Verschmelzung, DB 1973, 1487; *Hüchting,* Abfindung und Ausgleich im aktienrechtlichen Beherrschungsvertrag, 1972; *Kley,* Die Rechtsstellung der außenstehenden Aktionäre bei der vorzeitigen Beendigung von Unternehmensverträgen, 1986; *Knott/Rodewald,* Beendigung der handels- und steuerrechtlichen Organschaft bei unterjähriger Anteilsveräußerung, BB 1996, 472; *MünchHdb. AG/Krieger* § 70 Rdnr. 167 ff. (S. 1092 ff.); *ders.,* Änderung und Beendigung von Beherrschungs- und Gewinnabführungsverträgen, in U. Schneider (Hrsg.), Beherrschungs- und Gewinnabführungsverträge in der Praxis der GmbH, 1989, S. 99; *ders./Jannott,* Änderung und Beendigung von Beherrschungs- und Gewinnabführungsverträgen, DStR 1995, 1473; *Laule,* Die Beendigung eines Beherrschungsvertrages aus wichtigem Grund und korrespondierende Handlungspflichten der Verwaltung einer beherrschten AG, AG 1990, 145; *Lutter,* Umwandlungsgesetz, 2. Aufl. 2000; *Naraschewski,* Verschmelzung im Konzern: Ausgleichs- und Abfindungsansprüche außenstehender Aktionäre bei Erlöschen eines Unternehmensvertrages, DB 1997, 1653; 1998, 762; *Peltzer,* Die Haftung der Konzernmutter für die Schulden der Tochter, AG 1975, 309; *Priester,* Herrschaftswechsel beim Unternehmensvertrag, ZIP 1992, 293; *Raiser* Kapitalgesellschaften § 54 VII (Tz. 106 ff. [S. 914 ff.]); *Riegger/Mutter,* Wann muß der Vorstand einer beherrschten AG den Beherrschungsvertrag kündigen?, DB 1997, 1603; *Samer,* Beherrschungs- und Gewinnabführungsverträge gemäß § 291 Abs. 1 AktG im Konkurs und Vergleich der Untergesellschaft, 1990; *Scheel* Konzerninsolvenzrecht, 1995; *O. Schwarz,* Änderung und Beendigung von Unternehmensverträgen, MittRhNotK 1994, 49; *ders.,* Beendigung von Organschaftsverträgen anläßlich der Veräußerung der Beteiligung an der hauptverpflichteten GmbH, DNotZ 1996, 68; *Th. Schubert,* Verschmelzung: Ausgleichs- und Abfindungsansprüche außenstehender Aktionäre bei vorhergehendem Unternehmensvertrag, DB 1998, 761; *Timm,* Geklärte und offene Fragen im Vertragskonzernrecht der GmbH, GmbHR 1987, 8; *ders.,* Rechtsfragen der Änderung und Beendigung von Unternehmensverträgen, FS für Kellermann, 1991, S. 461; *Vossius,* Unternehmervertrag und Umwandlung, FS für Widmann, 2000, S. 133; *H. Westermann,* Die Folgen von Verschmelzung und Umwandlung von Aktiengesellschaften für Beherrschungsverträge, FS für Schilling, 1973, S. 271; *H. Wilhelm,* Die Beendigung der Beherrschungs- und Gewinnabführungsvertrags, 1976; *Chr. Windbichler,* Unternehmensverträge und Zusammenschußkontrolle, 1977; *Zeidler,* Ausgewählte Probleme des GmbH-Vertragskonzernrechts, NZG 1999, 629; *Michalski/Zeidler* GmbHG Bd. I Syst. Darst. 4 Rdnr. 134 ff. (S. 468 ff.).

Überblick

I. Überblick

Das Gesetz regelt die Voraussetzungen und Folgen der Beendigung von Unternehmens- **1** verträgen nur lückenhaft (s. schon § 296 Rdnr. 1 f.). Eine nähere Regelung haben im Gesetz lediglich die vertragliche Aufhebung (§ 296) sowie die außerordentliche (fristlose) Kündigung eines Unternehmensvertrages aus wichtigem Grund gefunden (s. die §§ 297 Abs. 1, 304 Abs. 5 und 305 Abs. 5 S. 4). Aus § 297 Abs. 2 kann man außerdem noch entnehmen, daß Unternehmensverträge unter im einzelnen freilich nicht geregelten Voraussetzungen auch ordentlich, d. h. ohne wichtigen Grund und idR mit Frist, gekündigt werden können. Alle anderen Fragen wurden hingegen bewußt offengelassen.[1]

Nach § 297 Abs. 1 S. 1 kann ein Unternehmensvertrag von *jeder* Partei *fristlos* gekündigt **2** werden, wenn ein wichtiger Grund vorliegt. Dies kommt, wie S. 2 des § 297 Abs. 1 hinzufügt, namentlich in Betracht, wenn der andere Vertragsteil voraussichtlich nicht in der Lage sein wird, seine aufgrund des Vertrages bestehenden Verpflichtungen (s. §§ 302 bis 305) zu erfüllen. Im übrigen läßt das Gesetz offen, wann ein wichtiger Grund iSd. § 297 Abs. 1 S. 1 anzunehmen sein soll. Statt dessen knüpft § 297 Abs. 2 eine etwaige *ordentliche* Kündigung des Vertrages durch den Vorstand (nur) der (abhängigen oder sonst verpflichteten) Gesellschaft unter bestimmten Voraussetzungen nach dem Vorbild der §§ 295 Abs. 2 und 296 Abs. 2 an einen Sonderbeschluß der außenstehenden Aktionäre mit qualifizierter Mehrheit. Aus § 297 Abs. 3 folgt schließlich noch, daß die ordentliche wie die außerordentliche Kündigung der *Schriftform* bedürfen. Weitere Einzelheiten ergeben sich aus den §§ 298 und 299: Nach § 298 ist die Beendigung des Unternehmensvertrages infolge der Kündigung zur Eintragung ins Handelsregister anzumelden, während § 299 bestimmt, daß das herr-

---

[1] S. die Begr. und den Ausschußbericht zu § 297 bei *Kropff* S. 386 f.

schende Unternehmen aufgrund eines Beherrschungsvertrages der abhängigen Gesellschaft nicht die Weisung erteilen darf, den Vertrag zu kündigen.

II. Anwendungsbereich

3   Der unmittelbare Anwendungsbereich des § 297 entspricht dem der §§ 295 und 296 (s. § 296 Rdnr. 4, 7). Es muß sich mithin um einen Unternehmensvertrag iSd. §§ 291 und 292 handeln, an dem eine deutsche AG oder KGaA in der Rolle derjenigen Gesellschaft beteiligt ist, die die vertragstypischen Leistungen erbringt, während die Rechtsform und der Sitz des anderen Vertragsteils ebenso wie durchweg im Anwendungsbereich der §§ 291 bis 299 unerheblich sind. § 297 ist außerdem auf Unternehmensverträge mit Gesellschaften anderer Rechtsform, namentlich mit einer abhängigen *GmbH* entsprechend anwendbar.[2] Auf die nach wie vor umstrittenen Einzelheiten wird jeweils im Zusammenhang eingegangen.

III. Ordentliche Kündigung

4   **1. Voraussetzungen.** Das Gesetz hat die ordentliche, d. h. nicht vom Vorliegen eines wichtigen Grundes abhängige und in der Regel fristgebundene Kündigung von Unternehmensverträgen bewußt nicht im einzelnen geregelt,[3] sondern beschränkt sich in § 297 Abs. 2 auf die Bestimmung, daß (nur) die ordentliche Kündigung eines Unternehmensvertrages (gerade) seitens der abhängigen Gesellschaft, sofern der Vertrag Ausgleichs- oder Abfindungsleistungen zugunsten der außenstehenden Gesellschafter vorsieht (s. §§ 304 und 305), eines Sonderbeschlusses der außenstehenden Aktionäre mit qualifizierter Mehrheit bedarf.

5   Nach überwiegender, aber nach wie vor bestrittener Meinung kommt die ordentliche Kündigung eines Unternehmensvertrages nur in Betracht, wenn das Kündigungsrecht ausdrücklich im Vertrag vorgesehen ist (s. § 293 Abs. 3) oder wenn es sich wie bei den meisten anderen Unternehmensverträgen des § 292 aus der gesetzlichen Regelung des betreffenden Vertragstypus ergibt.[4] Nach anderen sollen sich dagegen zumindest bei langfristigen Unternehmensverträgen ein ordentliches Kündigungsrecht in der Regel im Wege ergänzender Vertragsauslegung aus dem Vertrag ergeben.[5] Der Fragenkreis soll hier nicht weiter vertieft werden, da sich die Vertragspraxis mittlerweile auf die überwiegende Meinung eingestellt hat. Dies bedeutet, daß bei Fehlen ausdrücklicher Absprachen über ein ordentliches Kündigungsrecht der Parteien ein solches immer nur von Fall zu Fall aus den ergänzenden gesetzlichen Regelungen der einzelnen Vertragstypen entnommen werden kann. Zu denken ist dabei in erster Linie für die Geschäftsführungsverträge des § 291 Abs. 1 S. 2 AktG an § 671 BGB (s. § 291 Rdnr. 72), bei der Gewinngemeinschaft des § 292 Abs. 1 Nr. 1 AktG an § 723 Abs. 1 S. 1 BGB (s. § 292 Rdnr. 14), bei den Betriebspacht- und Betriebsüberlassungsverträgen des § 292 Abs. 1 Nr. 3 AktG an § 584 BGB (s. § 292 Rdnr. 40 ff.) sowie

---

[2] OLG Düsseldorf AG 1995, 137, 138 = NJW-RR 1995, 233; OLG Oldenburg NZG 2000, 1138, 1140; LG Bochum AG 1987, 323 = GmbHR 1987, 24, 25; MünchKommAktG/*Altmeppen* Rdnr. 6; *Emmerich/Sonnenschein/Habersack* § 32 IV 2 (S. 494 f.); Scholz/*Emmerich* GmbHG § 44 Anh. Rdnr. 196 ff.; *Krieger* in U. Schneider, Beherrschungs- und Gewinnabführungsverträge in der Praxis der GmbH, S. 99; *Timm* GmbHR 1987, 8, 14 f.; ders., FS für Kellermann, 1991, S. 461; Michalski/*Zeidler* GmbHG Bd. I Syst. Darst. 4 Rdnr. 134–148 (S. 468 ff.).

[3] S. die Begr. zum RegE bei *Kropff* AktG S. 386; wegen der Einzelheiten s. *Emmerich/Sonnenschein/Habersack* § 19 III (S. 262 ff.); *Grüner* Beendigung Teil III § 2.

[4] So *Gerth* BB 1978, 1497, 1498; *Grüner* (vorige Fn.); *Henze* Konzernrecht Tz. 189 (S. 69); *Hüffer* Rdnr. 12 f.; *Koppensteiner* in Kölner Kommentar Rdnr. 2; MünchHdb. AG/*Krieger* § 70 Rdnr. 167; *ders.* in U. Schneider, Beherrschungs- und Gewinnabführungsvertrag S. 99, 106; *ders./Jannott* DStR 1995, 1473, 1475; anders insbes. *Hüchting* Abfindung S. 115; *Kley* Rechtsstellung S. 57; *Timm*, FS für Kellermann, S. 461, 469 ff.; *Windbichler* Unternehmensverträge S. 68 ff.; Michalski/*Zeidler* GmbHG Bd. I Syst. Darst. 4 Rdnr. 143 f. (S. 470).

[5] S. MünchKommAktG/*Altmeppen* Rdnr. 52–73; *Raiser* Kapitalgesellschaften § 54 Rdnr. 111 (S. 916).

bei den Betriebsführungsverträgen, die entgeltliche Geschäftsbesorgungsverträge mit Dienstvertragscharakter sind, an die §§ 675 Abs. 1 und 621 BGB (s. § 292 Rdnr. 56). Bei den Teilgewinnabführungsverträgen des § 292 Abs. 1 Nr. 2 AktG, die unterschiedlichen Vertragstypen zuzuordnen sind, kommt es darauf an, was im einzelnen vorliegt; handelt es sich zB um eine stille Gesellschaft, so gelten für die ordentliche Kündigung des Vertrages mangels abweichender Vereinbarungen der Parteien die §§ 132, 134 und 234 HGB sowie § 723 BGB (s. § 292 Rdnr. 29).

Die Folge des geschilderten Gesetzesverständnisses (Rdnr. 5) ist vor allem, daß – jedenfalls **6** nach hM – Beherrschungs- und Gewinnabführungsverträge, die keinem gesetzlich geregelten Vertragstypus zugeordnet werden können, ordentlich nur kündbar sind, wenn dies bereits in dem schriftlichen Vertrag ausdrücklich vorgesehen ist (§ 293 Abs. 3), andernfalls also nicht. Die Parteien genießen insoweit **Vertragsfreiheit,** so daß sie die ordentliche Kündigung auch ganz oder vorübergehend ausschließen oder von zusätzlichen Voraussetzungen abhängig machen können (§ 311 Abs. 1 BGB).[6] Am meisten verbreitet ist offenbar im Anschluß an § 14 Abs. 1 Nr. 3 KStG 1999 in der Fassung von 2001 die Abrede, daß Beherrschungs- und Gewinnabführungsverträge nach Ablauf einer festen Vertragsdauer von fünf Jahren aufgrund des Vertrags ordentlich kündbar sind (s. Rdnr. 33; zur Kündigungsfrist s. Rdnr. 11). Ebenso ist die Rechtslage bei der *GmbH* zu beurteilen.[7]

2. Zuständigkeit. a) Vorstand. Die Kündigung ist Sache des Vorstandes der Gesell- **7** schaft (§§ 77, 78, 297 Abs. 2 S. 1).[8] Für die Zustimmung des Aufsichtsrats gilt § 111 Abs. 4 S. 2. Da durch den Unternehmensvertrag das ordentliche Kündigungsrecht auch ganz ausgeschlossen werden kann (Rdnr. 6; Rdnr. 14), ist es ferner zulässig, den Vorstand bei dem Ausspruch der Kündigung an die Mitwirkung anderer Organe, zB eines Beirats, oder an die Mitwirkung Dritter zu binden.[9] § 76 Abs. 1 steht nicht entgegen (§ 311 Abs. 1 BGB).

b) Sonderbeschluß. aa) Bedeutung. Nach § 297 Abs. 2 S. 1 bedarf (nur) die ordent- **8** liche Kündigung des Unternehmensvertrages durch den Vorstand der abhängigen Gesellschaft der Zustimmung der außenstehenden Aktionäre durch einen Sonderbeschluß iSd. § 138 mit qualifizierter Mehrheit, sofern der Vertrag Ausgleichs- oder Abfindungsleistungen für die außenstehenden Aktionäre vorsieht. Die Regelung entspricht der der §§ 295 Abs. 2 und 296 Abs. 2, so daß wegen der Einzelheiten auf die Ausführungen zu diesen Vorschriften verwiesen werden kann.[10] Hervorzuheben ist lediglich, daß der Sonderbeschluß der außenstehenden Aktionäre hier ebenso wie in den Fällen der §§ 295 Abs. 2 und 296 Abs. 2 **Wirksamkeitsvoraussetzung** der Kündigung ist, so daß diese nichtig ist, wenn im Augenblick ihres Zugangs beim anderen Teil (Rdnr. 10) kein zustimmender Sonderbeschluß vorlag.[11]

bb) Anwendungsbereich. Die Beschränkung des Anwendungsbereichs des § 297 **9** Abs. 2 auf die ordentliche Kündigung gerade durch den Vorstand der abhängigen Gesellschaft ist seinerzeit bewußt getroffen worden,[12] so daß eine ordentliche Kündigung des Vertrags durch den *anderen* Vertragsteil ebenso wie die *außerordentliche* Kündigung des Vertrags, gleich durch welche Partei, *keiner* Zustimmung der außenstehenden Aktionäre durch einen Sonderbeschluß bedarf.[13] Das gilt selbst dann, wenn die Parteien im unmittel-

---

[6] *Hüffer* Rdnr. 11 sowie die in Fn. 4 Genannten; ebenso im Ergebnis MünchKommAktG/*Altmeppen* Rdnr. 68–71; s. auch Rdnr. 14.

[7] *Scholz/Emmerich* GmbHG § 44 Anh. Rdnr. 197; *Emmerich/Sonnenschein/Habersack* § 32 IV 2 (S. 494 f.); *Grüner* Beendigung (Fn. 3); *Henze* Konzernrecht Tz. 188 ff. (S. 69 ff.); *Michalski/Zeidler* GmbHG Bd. I Syst. Darst. 4 Rdnr. 143 f. (S. 470); anders *Roth/Altmeppen* GmbHG § 13 Anh. Rdnr. 77 f.; *Timm,* FS für Kellermann, S. 461, 469 ff.

[8] *Kley* Rechtsstellung S. 56, 58; *Windbichler* Unternehmensverträge S. 80.

[9] Anders *Hüffer* Rdnr. 19; *Timm,* FS für Kellermann, S. 461, 472 ff.

[10] S. § 295 Rdnr. 24 ff., § 296 Rdnr. 16 ff.; *Emmerich/Sonnenschein/Habersack* § 19 III 2 b (S. 264 f.).

[11] MünchKommAktG/*Altmeppen* Rdnr. 80.

[12] S. die Begr. zum RegE bei *Kropff* AktG S. 386.

[13] So schon die Begr. zum RegE (vorige Fn.); BGHZ 122, 211, 232 = LM AktG § 83 Nr. 1 = NJW 1993, 1976 = AG 1993, 422 „SSI"; BGH LM AktG § 295 Nr. 1 (Bl. 1 R f.) = NJW 1979, 2103 = AG 1979, 289 „Salzgitter-Peine" (Vorinstanzen: OLG Celle AG 1978, 318; LG Hildesheim AG

baren Anschluß an die (ordentliche oder außerordentliche) Kündigung des Vertrages einen neuen Unternehmensvertrag abschließen.[14] Die Folge ist freilich, daß der mit den §§ 295 Abs. 2, 296 Abs. 2 und 297 Abs. 2 bezweckte Schutz der außenstehenden Aktionäre praktisch leerläuft, weil er jederzeit dadurch „umgangen" werden kann, daß die ordentliche Kündigung von dem anderen Vertragsteil ausgesprochen wird.[15]

10   **3. Form.** Nach § 297 Abs. 3 bedarf die Kündigung der schriftlichen Form (§ 126 BGB). Die elektronische Form dürfte ausreichen (§§ 126 Abs. 3, 126 a BGB). Ein Verstoß gegen die vorgeschriebene Form hat die Nichtigkeit der Kündigung zur Folge (§ 125 BGB). Die Regelung ist zwingend (§ 23 Abs. 5 S. 1), so daß durch die Satzung das Formerfordernis des § 297 Abs. 3 nicht abgeschwächt, wohl aber verschärft werden kann.[16] Die Kündigung muß außerdem eindeutig und unbedingt sein und vom Vorstand ausgehen. Eine Begründung ist nicht erforderlich.[17] Die Kündigung wird wirksam mit Zugang bei dem anderen Vertragsteil (§ 130 BGB; s. Rdnr. 12).

11   **4. Kündigungsfrist.** Die Kündigungsfrist ist im Gesetz nicht geregelt, so daß sie sich in erster Linie nach den Abreden der Parteien richtet.[18] Fehlen Abreden hierüber, so bestimmt sie sich bei den Unternehmensverträgen des § 292 nach den jeweils einschlägigen Vorschriften (s. Rdnr. 5), während bei den Beherrschungs- und Gewinnabführungsverträgen lediglich eine Analogie zu § 584 Abs. 1 BGB, zu § 723 Abs. 1 S. 1 BGB oder zu *§ 132 HGB* in Betracht kommt. Überwiegend wird das letztere angenommen, so daß die Kündigung in diesem Fall nur mit halbjähriger Frist zum Ende des Geschäftsjahrs möglich ist.[19] Vertraglich können die Parteien auf eine Kündigungsfrist auch ganz verzichten (s. Rdnr. 17).[20]

12   **5. Kündigungstermin.** Der Kündigungstermin sollte sich nach der Vorstellung der Gesetzesverfasser ebenso wie die Kündigungsfrist (Rdnr. 11) in erster Linie nach den Abreden der Parteien richten.[21] Eine verbreitete Meinung nimmt jedoch an, auf den Kündigungstermin sei *§ 296 Abs. 1 S. 1* entsprechend anzuwenden, so daß die ordentliche Kündigung grundsätzlich nur zum Ende des Geschäftsjahres oder des sonst vertraglich bestimmten Abrechnungszeitraums ausgesprochen werden könnte.[22] Dieser Meinung ist nicht zu folgen, da mangels einer Gesetzeslücke kein Raum für eine Analogie zu § 296 Abs. 1 S. 1 ist; maßgeblich ist vielmehr die jeweilige vertragliche oder gesetzliche Kündigungsfrist (Rdnr. 11), mit deren Ablauf der Vertrag sein Ende findet, gegebenenfalls daher auch während des laufenden Geschäftsjahrs.[23] Nicht möglich ist dagegen eine **rückwirkende** Kündigung. Hat eine Partei einen vereinbarten Kündigungstermin verstreichen lassen, so ist eine ordentliche Kündigung erst wieder zum nächsten zulässigen Kündigungstermin möglich.[24] Dies alles gilt auch für Unternehmensverträge mit einer **GmbH.**

1998, 27); LG Berlin AG 2000, 284, 287; MünchKommAktG/*Altmeppen* Rdnr. 81; *Henze* Konzernrecht Tz. 191 (S. 69); *Hüffer* Rdnr. 18; MünchHdb. AG/*Krieger* § 70 Rdnr. 167 (2. Abs.); *Raiser* Kapitalgesellschaften § 54 Tz. 112 (S. 916).

[14] S. § 295 Rdnr. 8; BGH (vorige Fn.); *Henze* Konzernrecht Tz. 431 (S. 150).

[15] S. die Kritik bei *Hüffer* Rdnr. 18; *Koppensteiner* in Kölner Kommentar Rdnr. 2; *Krieger* (Fn. 13); zustimmend aber MünchKommAktG/*Altmeppen* Rdnr. 7 ff.; *Hüchting* Abfindung S. 116 ff.; *Raiser* (Fn. 13); *H. Wilhelm* Beendigung S. 10 f.

[16] *Hüffer* Rdnr. 20.

[17] Anders MünchKommAktG/*Altmeppen* Rdnr. 88.

[18] S. die Begr. zum RegE bei *Kropff* AktG S. 386.

[19] S. MünchKommAktG/*Altmeppen* Rdnr. 75 f.; *Grüner* Beendigung (Fn. 3); *Hüffer* Rdnr. 16; MünchHdb. AG/*Krieger* § 70 Rdnr. 167; anders *Windbichler* Unternehmensverträge S. 75; s. auch Rdnr. 12.

[20] MünchKommAktG/*Altmeppen* Rdnr. 76; *Grüner* Beendigung (Fn. 3).

[21] S. die Begr. zum RegE bei *Kropff* AktG S. 386.

[22] S. § 296 Rdnr. 12 f.; in diesem Sinne *Gerth* BB 1978, 1497, 1498; *Koppensteiner* in Kölner Kommentar Rdnr. 3; *Krieger* in U. Schneider, Beherrschungs- und Gewinnabführungsverträge, S. 99, 106.

[23] BGHZ 122, 211, 228 ff. = LM AktG § 83 Nr. 1 = NJW 1993, 1976 = AG 1993, 422 „SSI"; MünchKommAktG/*Altmeppen* Rdnr. 78 f.; *Raiser* Kapitalgesellschaften § 54 Rdnr. 112 (S. 916); *Timm*, FS für Kellermann, S. 461, 467, 469; *H. Wilhelm* Beendigung S. 71.

[24] *Krieger/Jannott* DStR 1995, 1473, 1475.

6. Teilkündigung. Die Teilkündigung eines Vertrages läuft der Sache nach auf einseitige 13
Vertragsänderung gegen den Willen des anderen Teils hinaus und gilt deshalb allgemein als
grundsätzlich unzulässig.[25] Daran hatte selbst bei der Raummiete früher die auf den ersten
Blick abweichende gesetzliche Regelung (s. §§ 543 S. 1, 469 ff. BGB aF) nichts geändert.
Nach der ersatzlosen Streichung dieser Vorschriften steht die grundsätzliche Unzulässigkeit
von Teilkündigungen auch hier (erst recht) außer Frage.[26] Für Unternehmensverträge gilt
nichts anderes.[27] Bei einem als Einheit zu betrachtenden Organschaftsvertrag kann daher
nicht allein der Gewinnabführungsteil (unter Aufrechterhaltung des beherrschungsvertraglichen Teils) gekündigt werden.[28] Ebenso zu beurteilen ist die Rechtslage bei der Verbindung
eines Unternehmensvertrages des § 291 mit einem anderen Unternehmensvertrag iSd.
§ 292, zB bei der Verbindung eines Beherrschungs- mit einem Betriebspachtvertrag. Eine
abweichende Beurteilung kommt nur im Einzelfall nach dem Willen der Parteien bei den
anderen Unternehmensverträgen des § 292 in Betracht, soweit hier wie etwa bei einer
Gewinngemeinschaft oder einem Teilgewinnabführungsvertrag der Vertragsgegenstand ohnehin von vornherein auf einen Teil des Unternehmens beschränkt werden kann.

7. Abweichende Vereinbarungen. Die ordentliche Kündbarkeit von Unternehmens- 14
verträgen ist durch das Gesetz nicht zwingend vorgeschrieben und kann deshalb durch den
Vertrag ausgeschlossen oder beliebig beschränkt werden (§ 311 Abs. 1 BGB; s. schon
Rdnr. 6 f.). Ein Ausschluß liegt zB in der Vereinbarung einer festen Vertragsdauer
(s. Rdnr. 33). Ebenso möglich ist die Beschränkung der ordentlichen Kündigung des Vertrages auf bestimmte Gründe.[29]

IV. Außerordentliche Kündigung

Nach § 297 Abs. 1 S. 1 kann ein Unternehmensvertrag (außerordentlich) ohne Einhal- 15
tung einer Kündigungsfrist gekündigt werden, wenn ein wichtiger Grund vorliegt. S. 2 der
Vorschrift fügt hinzu, daß ein wichtiger Grund „namentlich" anzunehmen ist, wenn der
andere Vertragsteil voraussichtlich nicht in der Lage sein wird, seine aufgrund des Vertrages
bestehenden Verpflichtungen (s. die §§ 302 bis 305) zu erfüllen. Die Kündigung bedarf der
schriftlichen Form (§ 297 Abs. 3; s. Rdnr. 25), während ein Sonderbeschluß der außenstehenden Aktionäre entbehrlich ist (Rdnr. 9). Dies alles gilt auch für Unternehmensverträge mit einer abhängigen **GmbH**.[30] Eine ergänzende steuerrechtliche Sonderregelung
findet sich für Organschafts- und Gewinnabführungsverträge in *§ 14 Abs. 1 Nr. 3 S. 3
KStG*. Danach ist eine vorzeitige Beendigung des Organschafts- oder Gewinnabführungsvertrages durch Kündigung unschädlich, wenn ein wichtiger Grund die Kündigung rechtfertigt. Die steuerlichen Vorteile der Organschaft bleiben also in diesem Fall selbst dann
erhalten, wenn die Kündigung zur Folge hat, daß die vorgeschriebene Mindestdauer der
Organschaft von fünf Jahren nicht eingehalten werden kann (s. § 14 Abs. 1 Nr. 3 S. 1
KStG).

1. Zwingendes Recht. a) Ausschluß. Die Vorschrift des § 297 Abs. 1 enthält zwin- 16
gendes Recht (§ 23 Abs. 5 S. 1), so daß weder ein vertraglicher Ausschluß des außerordentlichen Kündigungsrechts noch seine vertragliche Einschränkung in Betracht kommen
(§ 134 BGB).[31] Beispiele für danach unzulässige Abreden sind die abschließende Aufzählung

---

[25] BGH LM BRAGO § 51 Nr. 21 = NJW 1993,
1320 = WM 1993, 610, 614.
[26] S. Staudinger/*Emmerich* (2003) § 543 BGB
Rdnr. 85 f.
[27] OLG Karlsruhe AG 2001, 536, 537; Münch-
KommAktG/*Altmeppen* Rdnr. 73; *Windbichler* Unternehmensverträge S. 77.
[28] OLG Karlsruhe AG 2001, 536, 537.
[29] MünchKommAktG/*Altmeppen* Rdnr. 13, 60 f.;
Grüner Beendigung (Fn. 3); *Hüffer* Rdnr. 11; zu der
sachlich in jeder Hinsicht entsprechenden vertragli-

chen Ausdehnung der außerordentlichen Kündigung
s. Rdnr. 17.
[30] S. OLG Oldenburg NZG 2000, 1138, 1140;
Scholz/*Emmerich* GmbHG § 44 Anh. Rdnr. 198;
Emmerich/Sonnenschein/Habersack § 32 IV 2 (S. 495);
Henze Konzernrecht Tz. 193–195 (S. 70 f.); *Krieger/
Jannott* DStR 1995, 1473, 1475 f.; Michalski/*Zeidler*
GmbHG Bd. I Syst. Darst. 4 Rdnr. 134–142
(S. 468 ff.).
[31] BGHZ 122, 211, 228 = LM AktG § 83 Nr. 1
= NJW 1993, 1976 = AG 1993, 422 „SSI"; Münch-

der Gründe, die eine außerordentliche Kündigung zu rechtfertigen vermögen, die Bestimmung von Kündigungsfristen oder -terminen (s. Rdnr. 26) sowie die Bindung der außerordentlichen Kündigung an die Mitwirkung Dritter wie zB anderer Organe oder anderer Personen.[32]

17 **b) Ausdehnung.** Von der nach dem Gesagten (Rdnr. 16) grundsätzlich nicht möglichen Einschränkung des außerordentlichen Kündigungsrechts der Parteien (§ 297 Abs. 1 S. 1) ist dessen vertragliche Ausdehnung auf beliebige **sonstige** Gründe zu unterscheiden, die an sich **keinen** wichtigen Grund iSd. § 297 Abs. 1 S. 1 darstellen. Die Problematik solcher Abreden besteht darin, daß bei ihrer unbeschränkten Zulassung die Mitwirkung der außenstehenden Aktionäre an einer ordentlichen Kündigung durch Sonderbeschluß nach § 297 Abs. 2 umgangen werden könnte (s. Rdnr. 9). Dies ruft notwendig Zweifel an der Zulässigkeit derartiger Abreden hervor.[33] Auf der anderen Seite bleibt jedoch zu beachten, daß die Parteien bei einer ordentlichen Kündigung gleichfalls auf eine Kündigungsfrist verzichten können (Rdnr. 11). Deshalb dürfte es wohl genügen, den zwingenden **§ 297 Abs. 2** immer dann ohne Rücksicht auf die Abreden der Parteien anzuwenden, wenn eine Kündigung aufgrund des Vertrags auf Gründe gestützt wird, die an sich keine wichtigen Gründe iSd. § 297 Abs. 1 darstellen.[34] *Sonderfälle* der Kündigung eines Unternehmensvertrages aus wichtigem Grunde nach § 297 Abs. 1 finden sich schließlich noch in den §§ 304 Abs. 5 und 305 Abs. 5 S. 4 (s. § 304 Rdnr. 94 f.). Anwendbar sind außerdem in jedem Fall einer Kündigung des Unternehmensvertrages aus wichtigem Grunde § 297 Abs. 3 und § 298.

18 **2. Konkurrenzen.** Das außerordentliche Kündigungsrecht der Vertragsparteien aus § 297 Abs. 1 konkurriert mit einer Vielzahl anderer vergleichbarer Regelungen. An erster Stelle ist hier der neue **§ 314 BGB** zu nennen. Nach Abs. 1 S. 1 dieser Vorschrift kann jeder Vertragsteil ein Dauerschuldverhältnis (wie es auch durch Unternehmensverträge begründet wird) aus wichtigem Grund ohne Einhaltung einer Kündigungsfrist kündigen (S. 1 aaO). Ein wichtiger Grund in diesem Sinne liegt nach S. 2 des § 314 Abs. 1 BGB vor, wenn dem kündigenden Teil unter Berücksichtigung aller Umstände des Einzelfalls und unter Abwägung der beiderseitigen Interessen die Fortsetzung des Vertragsverhältnisses bis zur vereinbarten Beendigung oder bis zum Ablauf einer Kündigungsfrist nicht mehr zugemutet werden kann.

18 a § 314 BGB ist erst durch das Schuldrechtsmodernisierungsgesetz von 2001 mit Wirkung zum 1. Januar 2002 in das BGB eingefügt worden. Nach dem Willen der Gesetzesverfasser sollen freilich Vorschriften, die wie § 297 Abs. 1 AktG die Kündigung aus wichtigem Grund bei den einzelnen Dauerschuldverhältnissen besonders regeln, grundsätzlich den *Vorrang* vor dem allgemeinen.§ 314 BGB haben.[35] Dies ändert aber nichts daran, daß auf jeden Fall auf § 314 BGB *neben* § 297 AktG insoweit zurückgegriffen werden kann, wie das AktG keine eigene Regelung enthält. Das ist wichtig insbes. für die in den Abs. 2 bis 3 des § 314 BGB enthaltenen Regelungen: Nach *Abs. 2* des § 314 BGB ist die Kündigung erst nach erfolglosem Ablauf einer zur Abhilfe bestimmten Frist oder nach erfolgloser Abmahnung zulässig, wenn der wichtige Grund in der Verletzung einer Pflicht aus dem Vertrag besteht, wobei § 323 Abs. 2 BGB entsprechende Anwendung findet, der die Fälle aufzählt, in denen eine

---

KommAktG/*Altmeppen* Rdnr. 15; „SSI"; *Krieger/ Jannott* DStR 1995, 1473, 1475; MünchHdb. AG/ *Krieger* § 70 Rdnr. 168; *Raiser* Kapitalgesellschaften § 54 Rdnr. 115 (S. 917); Michalski/*Zeidler* GmbHG Bd. I Syst. Darst. 4 Rdnr. 141 (S. 469).

[32] MünchKommAktG/*Altmeppen* Rdnr. 15, 50; *Hüffer* Rdnr. 19.

[33] *Koppensteiner* in Kölner Kommentar Rdnr. 10; wohl auch *Hirte* ZGR 1994, 644, 651 ff.

[34] Ebenso im Ergebnis BGHZ 122, 211, 227, 231 = LM AktG § 83 Nr. 1 = NJW 1993, 1976 = AG 1993, 422 „SSI" (Vorinstanzen: LG Ingolstadt AG

1991, 24; OLG München AG 1991, 358 = ZIP 1992, 327); MünchKommAktG/*Altmeppen* Rdnr. 49; *Grüner* Beendigung Teil III § 3; *Henze* Konzernrecht Tz. 434 ff. (S. 152 f.); *Hüffer* Rdnr. 8; MünchHdb. AG/*Krieger* § 70 Rdnr. 169 (2. Abs.); *ders./Jannott* DStR 1995, 1473, 1476; *Knott/Rodewald* BB 1996, 472, 475 f.; *Raiser* Kapitalgesellschaften § 54 Rdnr. 115 (S. 917); *O. Schwarz* DNotZ 1996, 68, 82 f.

[35] S. die Begr. zum RegE des Schuldrechtsmodernisierungsgesetzes BT-Drucks. 14 (2001)/6040 S. 177 (r. Sp. 4. Abs.).

Fristsetzung oder Abmahnung entbehrlich ist. § 314 *Abs. 3* BGB fügt hinzu, daß der Berechtigte nur innerhalb einer angemessenen Frist kündigen kann, nachdem er vom Kündigungsgrund Kenntnis erlangt hat (s. Rdnr. 26). Aus § 314 *Abs. 4* BGB folgt schließlich noch, daß die Kündigung aus wichtigem Grund die Berechtigung, Schadensersatz wegen einer Vertragsverletzung zu verlangen, nicht ausschließt.

§ 297 Abs. 1 konkurriert außerdem mit denjenigen Bestimmungen, aus denen sich bei **18 b** den anderen Unternehmensverträgen des *§ 292* gleichfalls das Recht einer Partei ergibt, den betreffenden Vertrag fristlos zu kündigen. Zu denken ist hier in erster Linie bei der Gewinngemeinschaft und den Teilgewinnabführungsverträgen in Form einer stillen Gesellschaft an § 723 Abs. 1 S. 2 BGB sowie bei den Betriebspacht- und Betriebsüberlassungsverträgen an § 581 Abs. 2 BGB iVm. § 543 BGB. Da sich die Voraussetzungen und die Rechtsfolgen der genannten Vorschriften im wesentlichen decken, dürfte grundsätzlich von ihrer parallelen Anwendbarkeit auszugehen sein.

3. Wichtiger Grund. a) Begriff. Wichtigste Voraussetzung der außerordentlichen **19** (fristlosen) Kündigung eines Unternehmensvertrages ist nach § 297 Abs. 1 S. 1 das Vorliegen einer wichtigen Grundes. Ein solcher ist nach § 314 Abs. 1 S. 2 BGB anzunehmen, wenn der kündigenden Vertragspartei infolge einer *nicht* zu ihrer Risikosphäre gehörenden Veränderung der Verhältnisse die *Fortsetzung* des Vertrages nach den Umständen des Falles unter Abwägung der Interessen der Parteien bis zum Ablauf der ordentlichen Kündigungsfrist oder bis zum vereinbarten Beendigungstermin *nicht mehr zuzumuten* ist (s. Rdnr. 18). Dies kommt insbes. in Betracht, wenn infolge einer unvoraussehbaren, nachteiligen Veränderung der wirtschaftlichen Verhältnisse ihre wirtschaftliche Existenz bei Fortbestand des Vertrages bedroht wäre.[36] Vorausgesetzt wird dabei, daß die aufgetretenen Schwierigkeiten nicht auf eine andere, weniger einschneidende Weise behebbar sind.

Der Begriff des wichtigen Grundes wird im Kontext des § 297 Abs. 1 üblicherweise **weit 20** ausgelegt, um die abhängige Gesellschaft bei Bestand eines Beherrschungs- oder Gewinnabführungsvertrages gegen übermäßige Risiken aus dem Bereich des anderen Vertragsteils, des herrschenden Unternehmens zu schützen.[37] So erklärt sich auch die großzügige steuerrechtliche Sonderregelung für Gewinnabführungsverträge in § 14 Abs. 1 Nr. 3 S. 3 KStG (Rdnr. 17). Trotz grundsätzlich weiter Auslegung des Begriffs des wichtigen Grundes bilden aber nach überwiegender Meinung **keinen** wichtigen Grund iSd. § 297 Abs. 1 eine bloße allgemeine negative Entwicklung der wirtschaftlichen Verhältnisse, die Verschlechterung der Ertragslage der abhängigen Gesellschaft oder des herrschenden Unternehmens, der bloße Nichteintritt der mit dem Vertragsabschluß verbundenen, wirtschaftlichen Erwartungen der Parteien sowie der Umstand, daß sich der vereinbarte Ausgleich für die außenstehenden Aktionäre nachträglich als zu niedrig oder als zu hoch erweist (s. aber § 304 Abs. 5).[38] Problematisch ist dies vor allem, wenn sich nachträglich die Ertragsprognose für die abhängige Gesellschaft als Basis für die Berechnung des Ausgleichs (s. § 304 S. 2 S. 1) als zu niedrig erweist. Von Fall zu Fall kommt dann aber zumindest eine Anpassung des Ausgleichs in Betracht (s. § 304 Rdnr. 67 ff.).

---

[36] BGHZ 122, 211, 232 = LM AktG § 83 Nr. 1 = NJW 1993, 1976 = AG 1993, 422 „SSI"; OLG Oldenburg NZG 2000, 1138, 1140; LG Frankenthal AG 1989, 253, 254; MünchKommAktG/*Altmeppen* Rdnr. 18; *Ebenroth/Parche* BB 1989, 637, 641; *Grüner* Beendigung Teil III § 3; *Henze* Konzernrecht Tz. 428 (S. 149); *Hüffer* Rdnr. 3; *Koppensteiner* in Kölner Kommentar Rdnr. 10; MünchHdb. AG/ *Krieger* § 70 Rdnr. 169; *ders./Jannott* DStR 1995, 1473, 1475 f.; *Laule* AG 1990, 145, 150 ff.; *Raiser* Kapitalgesellschaften § 54 Rdnr. 113 f. (S. 916 f.); *Timm* GmbHR 1987, 8, 13; Michalski/*Zeidler*

GmbHG Bd. I Syst. Darst. 4 Rdnr. 134 ff. (S. 468 f.).

[37] *Grüner* Beendigung Teil III § 3; *Krieger* in U. Schneider, Beherrschungs- und Gewinnabführungsverträge, S. 99, 107; *Laule* AG 1990, 145, 155.

[38] OLG Karlsruhe AG 2001, 536, 537; *Hüffer* Rdnr. 7; *Koppensteiner* in Kölner Kommentar Rdnr. 7; *Riegger/Mutter* DB 1997, 1603, 1604; *Raiser* Kapitalgesellschaften § 54 Rdnr. 114; Michalski/ *Zeidler* GmbHG Bd. I Syst. Darst. 4 Rdnr. 136; viel weiter dagegen *Laule* und *Krieger* (vorige Fn.).

21 **b) Beispiele. aa) Unfähigkeit zur Erfüllung der Pflichten.**[39] Nach § 297 Abs. 1 S. 2 liegt ein wichtiger Grund namentlich vor, wenn der andere Vertragsteil voraussichtlich nicht in der Lage sein wird, seine aufgrund des Vertrages bestehenden Verpflichtungen zu erfüllen. Bei den Verpflichtungen des anderen Vertragsteils, die § 297 Abs. 1 S. 2 im Auge hat, ist in erster Linie an die Verpflichtungen eines herrschenden Unternehmens aufgrund eines Beherrschungs- oder Gewinnabführungsvertrages gegenüber der abhängigen Gesellschaft aufgrund der §§ 302 und 309, gegenüber den Gläubigern aufgrund des § 303 und gegenüber den außenstehenden Aktionären aufgrund der §§ 304 und 305 zu denken. Zeichnet sich die *dauernde* Unerfüllbarkeit dieser Verpflichtungen ab, so braucht der Vorstand der abhängigen Gesellschaft nicht etwa den Zeitpunkt der Unerfüllbarkeit abzuwarten, sondern kann nach § 297 Abs. 1 S. 2 bereits dann fristlos kündigen, wenn es *„voraussichtlich"*, d. h. nach einer vernünftigen Prognose zu dieser Situation kommen wird. Vorausgesetzt wird dabei freilich eine längerfristige, in ihrer Dauer nicht absehbare oder doch unzumutbar lange Störung der Leistungsfähigkeit des anderen Teils, während *kurzfristige* Leistungsstockungen, wie sie immer vorkommen können, keine Kündigung aus wichtigem Grund zu rechtfertigen vermögen.[40]

21 a Sind diese Voraussetzungen (Rdnr. 21) erfüllt, so beschränkt sich das Kündigungsrecht nicht etwa auf die abhängige Gesellschaft; vielmehr kann in solcher Situation auch der **andere** Vertragsteil, d. h. das herrschende Unternehmen, fristlos kündigen, jedenfalls, wenn es durch die fernere Erfüllung der genannten Verpflichtungen unmittelbar in seiner wirtschaftlichen Existenz bedroht wäre und der eingetretene bedrohliche Zustand nicht von ihm zu vertreten ist, sondern etwa auf einer allgemeinen wirtschaftlichen Entwicklung oder auf höherer Gewalt beruht (Rdnr. 19). Denn § 297 Abs. 1 gilt für beide Parteien gleichermaßen.[41]

22 **bb) Veränderung der wirtschaftlichen Verhältnisse.**[42] Bei der Frage, wann eine sonstige negative Veränderung der wirtschaftlichen Verhältnisse einen wichtigen Kündigungsgrund für eine Partei darstellt, ist von dem Grundsatz auszugehen, daß eine Entwicklung, die die kündigende Partei selbst im weitesten Sinne zu vertreten hat und die deshalb zu ihrem *Risikobereich* gehört, *dieser* Partei kein Recht gibt, sich durch fristlose Kündigung von dem lästig gewordenen Vertrag zu lösen.[43] Die Situation kann deshalb für die Vertragsparteien unterschiedlich zu beurteilen sein. Klar ist zunächst, daß die bloße Verschlechterung der wirtschaftlichen Verhältnisse der *abhängigen* Gesellschaft, die im Zweifel von dem herrschenden Unternehmen selbst zu verantworten ist, allein nicht für eine fristlose Kündigung des letzteren, des *herrschenden* Unternehmens nach § 297 Abs. 1 ausreicht. Eine andere Beurteilung kommt höchstens in Betracht, wenn sich auch die wirtschaftliche Situation allgemein negativ entwickelt oder wenn es sich um Fälle höherer Gewalt handelt **und** das weitere Festhalten an dem Vertrag für das herrschende Unternehmen unzumutbar, weil existenzbedrohend erscheint.[44] Die Verschlechterung der **eigenen** wirtschaftlichen Situation wird einer Partei gleichfalls nur in Ausnahmefällen der bezeichneten Art ein außerordentliches Kündigungsrecht geben, im Regelfall also nicht.

---

[39] S. dazu MünchKommAktG/*Altmeppen* Rdnr. 19–21; *Emmerich/Sonnenschein/Habersack* § 19 IV 4 a (S. 268); *Hüffer* Rdnr. 4; MünchHdb. AG/*Krieger* § 70 Rdnr. 169; *Laule* AG 1990, 145, 146, 152 ff.; *Peltzer* AG 1975, 309, 310; *H. Wilhelm* Beendigung S. 13.

[40] *Hüffer* Rdnr. 4; MünchHdb. AG/*Krieger* § 70 Rdnr. 169; anders *Altmeppen* (vorige Fn.).

[41] *Hüffer* Rdnr. 5; *Krieger* in U. Schneider, Beherrschungs- und Gewinnabführungsverträge, S. 99, 106 f.; MünchHdb. AG/*Krieger* § 70 Rdnr. 169; *ders./Jannott* DStR 1995, 1473, 1475; *Raiser* Kapitalgesellschaften § 54 Rdnr. 114.

[42] S. MünchKommAktG/*Altmeppen* Rdnr. 24–26, 31–36.

[43] S. Rdnr. 19 sowie die Begr. zum RegE des Schuldrechtsmodernisierungsgesetzes BT-Drucks. 14 (2002)/6040 S. 178; BGH LM BGB § 242 (Bb) Nr. 164 = NJW 1996, 714; ZMR 1996, 309, 311.

[44] S. schon Rdnr. 21 sowie MünchKommAktG/*Altmeppen* Rdnr. 31 ff.; *Grüner* Beendigung Teil III § 3; *Hüffer* Rdnr. 7; *Raiser* Kapitalgesellschaften § 54 Rdnr. 114; *Timm* GmbHR 1997, 8, 13; *Michalski/Zeidler* GmbHG Bd. I Syst. Darst. 4 Rdnr. 136 f.; großzügiger wohl MünchHdb. AG/*Krieger* § 70 Rdnr. 169; *Krieger/Jannott* DStR 1995, 1473, 1475 f.

cc) Weitere Fälle. Weitere Beispiele für einen wichtigen Grund sind je nach Umständen 23
des Einzelfalls eine fortgesetzte schwere *Vertragsverletzung* des anderen Teils trotz Abmahnung
(§ 314 As. 2 BGB), insbes. die wiederholte hartnäckige Überschreitung der gesetzlichen
oder vertraglichen Grenzen des Weisungsrechts aufgrund eines Beherrschungsvertrages
seitens des herrschenden Unternehmens (s. § 308 Rdnr. 55 ff., 66), sowie die ernsthafte und
endgültige Verweigerung der Erfüllung wesentlicher vertraglicher Pflichten.[45] Schließlich
gehören hierher noch die *Auflösung* des anderen Vertragsteils (s. § 262), sofern sie nicht
bereits die automatische Beendigung des Vertrages nach sich zieht (s. Rdnr. 50 f.), sowie
Verfügungen der Kartellbehörden, durch die der mit dem Abschluß eines Unternehmensvertrags verbundene Unternehmenszusammenschluß untersagt oder seine Auflösung angeordnet wird (s. §§ 36, 41 Abs. 3 GWB; Art. 8 Abs. 3 und 4 der FusionskontrollVO).[46]

dd) Veräußerung der Beteiligung. Zweifelhaft ist, insbes. bei Abschluß eines Beherr- 24
schungs-, eines Gewinnabführungs- oder eines Betriebspachtvertrages, wie die Veräußerung
der Beteiligung des herrschenden Unternehmens an der abhängigen Gesellschaft zu beurteilen ist. Das Problem rührt vor allem daher, daß dem herrschenden Unternehmen infolge
der Veräußerung seiner Aktien an außenstehende Dritte bei Verneinung einer Kündigungsmöglichkeit uU eine Vervielfältigung seiner Ausgleichs- und Abfindungspflichten droht.[47]
Dies mag hier auf den ersten Blick für die Anwendbarkeit des § 297 Abs. 1 sprechen. Dabei
würde jedoch übersehen, daß die bedrohliche Situation in diesen Fällen von dem herrschenden Unternehmen durch die Veräußerung der Anteile *selbst* aus freien Stücken herbeigeführt worden ist, so daß schon deshalb ein Kündigungsrecht ausscheidet (Rdnr. 19,
22). Zutreffend wird daher in derartigen Fallgestaltungen heute ein Recht des *herrschenden*
Unternehmens zur fristlosen Kündigung des Unternehmensvertrages aus wichtigem Grund
überwiegend verneint,[48] während eine außerordentliche Kündigung seitens der *abhängigen*
Gesellschaft, die sich auf einmal mit einem neuen herrschenden Unternehmen konfron-
tiert sieht, in einer solchen Situation durchaus in Betracht kommt.[49] Im Gegensatz zur abhängigen Gesellschaft ist das herrschende Unternehmen dagegen mangels Kündigungsmöglichkeit
darauf angewiesen, sich rechtzeitig mit der abhängigen Gesellschaft über eine Aufhebung des
Unternehmensvertrags nach § 296 zu einigen, wozu es in aller Regel in der Lage sein
dürfte.[50]

4. Kündigungserklärung. Bei einer AG ist für die Kündigung ausschließlich der Vor- 25
stand zuständig (§§ 77, 78, 297 Abs. 1). Eine Mitwirkung der Hauptversammlung oder der
außenstehenden Aktionäre durch Sonderbeschluß ist nicht vorgesehen.[51] Die Kündigungserklärung bedarf der Schriftform (§ 297 Abs. 3 AktG iVm. §§ 125 und 126 BGB), an deren
Stelle auch die elektronische Form treten kann (§§ 126 Abs. 3, 126 a BGB), und muß
gegenüber dem anderen Vertragsteil erklärt werden. Die Kündigung wird wirksam mit
Zugang bei dem anderen Vertragsteil (§ 130 BGB). Eine Begründung der Kündigungserklä-

[45] MünchKommAktG/*Altmeppen* Rdnr. 22, 27 f.;
Hüffer Rdnr. 6.
[46] S. MünchKommAktG/*Altmeppen* Rdnr. 45;
Hüffer Rdnr. 6; *Koppensteiner* in Kölner Kommentar
Rdnr. 32; *Windbichler* Unternehmensverträge
S. 84 ff.
[47] S. *H. Wilhelm* Beendigung S. 22 f.
[48] OLG Düsseldorf NJW-RR 1995, 233 = AG
1995, 137, 138 = DNotZ 1995, 240 = WM 1994,
2020 = GmbHR 1994, 805 „Rütgers Werke AG";
OLG Oldenburg NZG 2000, 1138, 1140; LG Duisburg AG 1994, 379; LG Dortmund AG 1994, 85, 86
= DB 1993, 1916 „Guano AG"; LG Frankenthal
AG 1989, 253, 254 f.; MünchKommAktG/*Altmeppen* Rdnr. 39 f.; *Ebenroth/Parche* BB 1989, 637,
642 f.; *Scholz/Emmerich* GmbHG § 44 Anh.
Rdnr. 198; *Fleischer/Rentsch* NZG 2000, 1141; *Grüner* Beendigung Teil III § 3; *Henze* Konzernrecht

Tz. 195, 429 (S. 70, 149 f.); *Heisterkamp*
AnwBl. 1994, 487, 490 f.; *Hüffer* Rdnr. 7; *Kallmeyer*
GmbHR 1995, 578, 580; *O. Schwarz* DNotZ 1995,
243, 244 f.; 1996, 68, 71; *Timm* GmbHR 1987, 8,
14 f.; *Timm/Geuting* GmbHR 1996, 229, 236 ff.; –
anders LG Bochum AG 1987, 323 = GmbHR
1987, 24, 25; *Knott/Rodewald* BB 1996, 472, 473 f.;
MünchHdb. AG/*Krieger* § 70 Rdnr. 169; *Krieger/
Jannott* DStR 1995, 1473, 1476; *Schlögell* GmbHR
1995, 401, 408 ff.; *Michalski/Zeidler* GmbHG Bd. I
Syst. Darst. 4 Rdnr. 140 (S. 469).
[49] MünchKommAktG/*Altmeppen* Rdnr. 30.
[50] Vgl. den Fall BGH LM GmbHG § 53 Nr. 11
= NJW 2002, 822 = AG 2002, 240.
[51] BGHZ 122, 211, 232 f. = NJW 1993, 1976 =
LM AktG § 83 Nr. 1 = AG 1993, 422 = WM 1993,
1087 „SSI".

rung ist rechtlich nicht vorgeschrieben, so daß im Rechtsstreit auch noch andere Kündigungsgründe nachgeschoben werden können.[52] Die §§ 569 Abs. 4 und 626 Abs. 2 S. 3 BGB enthalten Sonderregelungen für Wohnraummiet-, Dienst- und Arbeitsverträge, die nicht verallgemeinert werden dürfen (vgl. § 314 Abs. 1 BGB). Für die grundsätzliche Unzulässigkeit der Teilkündigung gilt dasselbe wie bei der ordentlichen Kündigung (s. deshalb Rdnr. 13).

26   **5. Frist.** Nach § 314 Abs. 3 BGB kann der Berechtigte nur innerhalb einer angemessenen Frist kündigen, nachdem er vom Kündigungsgrund Kenntnis erlangt hat, wobei sich die Dauer der Frist nach den Umständen des Einzelfalls bemißt.[53] Diese Regelung dürfte auch für die fristlose Kündigung des § 297 Abs. 1 gelten (s. Rdnr. 18 a). Die (rechtzeitige) fristlose Kündigung nach § 297 Abs. 1 führt grundsätzlich zur Beendigung des Vertrages mit Zugang der Kündigungserklärung bei dem anderen Vertragsteil (s. Rdnr. 25). Jedoch ist der Kündigende nicht gezwungen, die Kündigung tatsächlich fristlos zu erklären; er kann vielmehr dem anderen Teil auch von sich aus eine Kündigungsfrist einräumen. In bestimmten Fällen ist außerdem eine außerordentliche *befristete* Kündigung bereits im Gesetz vorgesehen. Hervorzuheben sind bei den Betriebspacht- und Betriebsüberlassungsverträge des § 292 Abs. 1 Nr. 3 die Fälle des § 544 und des § 580 BGB iVm. §§ 581 Abs. 1, 584 und 584 a Abs. 2 BGB.[54] Dagegen kann nicht vertraglich *im voraus* die fristlose Kündigung in eine befristete Kündigung umgewandelt werden (§ 23 Abs. 5 S. 1; s. Rdnr. 16).[55]

V. Weitere vertragliche Beendigungsgründe[56]

27   Ein Vertrag kann noch aus anderen als den in den §§ 296 und 297 geregelten Gründen nichtig sein oder vorzeitig sein Ende finden. Im wesentlichen handelt es sich dabei um zwei Fallgruppen. Die erste betrifft Gründe, die mit dem Vertrag selbst zusammenhängen (Rdnr. 28 ff.), während die zweite Fallgruppe solche Umstände umfaßt, die auf bestimmten gesellschaftsrechtlichen Vorgängen bei einer der Vertragsparteien beruhen (Rdnr. 34 ff.). Hinzuweisen ist außerdem noch auf die in den §§ 304 Abs. 3 S. 1 und 307 geregelten Nichtigkeitsgründe.

28   **1. Nichtigkeit.** Für Unternehmensverträge gelten die allgemeinen Nichtigkeitsgründe des bürgerlichen Rechts (s. insbes. die §§ 125, 134 und 138 BGB).[57] Gewisse Einschränkungen bei den Nichtigkeitsfolgen können sich lediglich von Fall zu Fall aus den Regeln über fehlerhafte Unternehmensverträge ergeben (s. § 291 Rdnr. 28 ff.).

29   **2. Bedingung.** Unternehmensverträge können nach überwiegender Meinung – trotz unübersehbarer Bedenken (s. § 293 Rdnr. 18) – ebenso wie andere Verträge unter einer **aufschiebenden** Bedingung abgeschlossen werden (§ 158 Abs. 1 BGB).[58] Dagegen wird die Zulässigkeit einer **auflösenden** Bedingung (§ 158 Abs. 2 BGB) bei den Beherrschungs- und Gewinnabführungsverträgen des § 291 wegen der damit verbundenen Rechtsunsicherheit überwiegend kritisch beurteilt,[59] während bei den anderen Unternehmensverträgen des § 292 auch die Vereinbarung einer auflösenden Bedingung unbedenklich ist. Soweit die Vereinbarung einer auflösenden Bedingung danach unzulässig ist, dürfte sie gewöhnlich in die Vereinbarung eines ordentlichen Kündigungsrechts umzudeuten sein (§ 140 BGB).[60]

---

[52] MünchHdb. AG/*Krieger* § 70 Rdnr. 170; anders MünchKommAktG/*Altmeppen* Rdnr. 88; *Koppensteiner* in Kölner Kommentar Rdnr. 11.

[53] S. die Begr. zum RegE des Schuldrechtsmodernisierungsgesetzes BT-Drucks. 14/6040 S. 178 (r. Sp. o.).

[54] MünchKommAktG/*Altmeppen* Rdnr. 50; *Hüffer* Rdnr. 9.

[55] Wegen der Rechtsfolgen der Kündigung s. im einzelnen Rdnr. 54 ff.

[56] S. *Emmerich/Sonnenschein/Habersack* § 19 V (S. 270 ff.); *Grüner* Beendigung Teil III §§ 6–10.

[57] S. *Wilhelm* Beendigung S. 28 f.

[58] BGHZ 122, 211, 219 f. = LM AktG § 83 Nr. 1 = NJW 1993, 1976 = AG 1993, 422 „SSI"; *Henze* Konzernrecht Tz. 439 (S. 154).

[59] *Grüner* Beendigung Teil III § 8; *Raiser* Kapitalgesellschaften § 54 Rdnr. 117; *Michalski/Zeidler* GmbHG Bd. 1 Syst. Darst. 4 Rdnr. 150; anders *Timm*, FS für Kellermann, S. 461, 468.

[60] *Grüner* Beendigung Teil III § 8; s. § 291 Rdnr. 18, § 293 Rdnr. 18.

3. Anfechtung. Unternehmensverträge können wegen eines Willensmangels nach den **30**
§§ 119, 120 und 123 BGB angefochten werden, nach ganz überwiegender Meinung freilich
nur bis zum Wirksamwerden des Vertrages durch Eintragung ins Handelsregister (§ 294
Abs. 2), dagegen nicht mehr später wegen der mit der Rückwirkung der Anfechtung (§ 142
BGB) verbundenen Abwicklungsprobleme.[61] Das ist in dieser Allgemeinheit ebensowenig
zwingend wie bei Miete und Pacht.[62] Sollten sich tatsächlich einmal, insbes. bei den
Verträgen des § 291 nach ihrem Vollzug unlösbare Abwicklungsprobleme ergeben, so
genügt es, von Fall zu Fall die Regeln über fehlerhafte Unternehmensverträge heranzuziehen (s. § 291 Rdnr. 28 ff.).[63]

4. Rücktritt. a) Gesetzliche Rücktrittsrechte. Gesetzliche Rücktrittsrechte ergeben **31**
sich vor allem aus den §§ 323 und 326 BGB, etwa bei einem Betriebspacht- oder Betriebsüberlassungsvertrag im Falle der Unmöglichkeit der Erfüllung oder des Verzugs einer Partei.
Die Zulässigkeit eines auf solche Gründe gestützten Rücktritts, die die Gesetzesverfasser
offengelassen haben,[64] ist nach denselben Regeln wie bei Miete und Pacht zu beurteilen,
wobei sich hier freilich Modifikationen aus § 294 Abs. 2 ergeben. *Vor* Wirksamwerden des
Vertrages durch Eintragung ins Handelsregister kommt daher nur eine entsprechende Anwendung des § 323 Abs. 4 BGB in Betracht, insbes., wenn sich die Zustimmung der
Hauptversammlung des anderen Vertragsteils, ein Sonderbeschluß der außenstehenden Aktionäre oder die Eintragung des Vertrags ins Handelsregister unvertretbar verzögern; in der
Praxis spielt gerade diese Frage in der jüngsten Zeit eine erhebliche Rolle, seitdem sich
allgemein die Erkenntnis durchgesetzt hat, daß stille Beteiligungen von Anlegern an Aktiengesellschaften als Teilgewinnabführungsverträge zu behandeln sind, die folglich den §§ 292
Abs. 1 Nr. 2, 293 und 294 unterliegen, die jedoch tatsächlich in einer Vielzahl von Fällen
nicht beachtet worden sind.[65] *Nach* Eintragung des Vertrags sind die §§ 323 und 326 BGB
dagegen jedenfalls *bis* zu dessen *Vollzug* unmittelbar anwendbar.[66] Erst danach, nicht schon
ab Eintragung des Vertrages im Handelsregister (so die hM), wird das Rücktrittsrecht durch
das Kündigungsrecht aus wichtigem Grund aufgrund des § 297 Abs. 1 ersetzt.[67]

b) Vertraglich vorbehaltene Rücktrittsrechte. Vertraglich vorbehaltene Rücktritts- **32**
rechte können ebenfalls unbedenklich bis zum Vollzug des Vertrages ausgeübt werden
(Rdnr. 31), nicht nur (so die hM) bis zur Eintragung des Vertrages ins Handelsregister.[68]
Eine Ausnahme gilt nur nach der hier vertretenen Meinung für Beherrschungsverträge
(s. § 291 Rdnr. 18). Läßt man dagegen mit der überwiegenden Meinung auch bei diesen
Verträgen die Vereinbarung eines besonderen Rücktrittsrechtes zu, so dürfte dieses nach
Vollzug des Vertrages wohl durchweg in ein ordentliches Kündigungsrecht kraft Vereinba-
rung umzudeuten sein (§ 140 BGB), während bei den anderen Unternehmensverträgen des
§ 292 von Fall zu Fall auch weiterhin ein „echter" Rücktritt möglich bleibt.[69] Wird der
„Rücktritt" von einem Vertrag des § 291 von der abhängigen Gesellschaft aus einem
Grunde erklärt, der keinen wichtigen Grund iSd. § 297 Abs. 1 darstellt, so ist die Wirksam-

[61] *Gerth* BB 1978, 1497, 1498; *Kley* Rechtsstellung S. 62; *H. Wilhelm* Beendigung S. 24 ff.
[62] S. *Emmerich* JuS 1998, 495; *ders.* NZM 1998,
692.
[63] Ebenso in der Tendenz MünchKommAktG/
Altmeppen Rdnr. 100 f.
[64] S. den Ausschußbericht zu § 297 bei *Kropff*
S. 387 oben.
[65] Wie hier OLG Braunschweig, Urt. v. 28. 1.
2002 – 3 U 137/01; dagegen für Anwendung des
§ 178 BGB LG Göttingen, Urt. v. 28. 8. 2002 –
3 O 5/02; offengelassen in OLG Celle AG 1996,
370, 371; OLG Hamm NZG 2003, 228, 229 f.;
OLG Stuttgart ZIP 2003, 763.
[66] Zum Begriff des Vollzugs s. § 291 Rdnr. 28.
[67] S. MünchKommAktG/*Altmeppen* Rdnr. 92 f.;
Grüner Beendigung Teil III § 6; *Hirte* ZGR 1994,

644, 663; *Hüffer* Rdnr. 23; *Kley* Rechtsstellung
S. 61 f.; *Koppensteiner* in Kölner Kommentar
Rdnr. 15 f.; MünchHdb. AG/*Krieger* § 70
Rdnr. 172; *H. Wilhelm* Beendigung S. 18; *Michal-
ski/Zeidler* GmbHG Bd. I Syst. Darst. 4 Rdnr. 151
(S. 472).
[68] Ebenso für die Zeit bis zum Wirksamwerden
des Vertrags BGHZ 122, 211, 225 f. = LM AktG
§ 83 Nr. 1 = NJW 1993, 1976 = AG 1993, 422
„SSI" (Vorinstanzen: LG Ingolstadt AG 1991, 24;
OLG München AG 1991, 358).
[69] MünchKommAktG/*Altmeppen* Rdnr. 92 f.;
Hirte ZGR 1994, 644, 663; *Hüffer* Rdnr. 23; *Kley*
Rechtsstellung S. 61 f.; *Koppensteiner* in Kölner
Kommentar Rdnr. 15 f.; MünchHdb. AG/*Krieger*
§ 70 Rdnr. 172; *H. Wilhelm* Beendigung S. 18.

keit des Rücktritts, d. h. der Kündigung von einem Sonderbeschluß der außenstehenden Aktionäre nach § 297 Abs. 2 S. 1 abhängig (s. Rdnr. 17).

33   **5. Zeitablauf.** Ebenso wie andere Verträge, die ein Dauerschuldverhältnis begründen, können Unternehmensverträge auf bestimmte Zeit abgeschlossen werden.[70] Eine derartige Abrede bedeutet nur ganz ausnahmsweise die Festlegung einer Höchstdauer (so daß der Vertrag schon vorher im Zweifel ordentlich kündbar ist), sondern in aller Regel die Vereinbarung einer **Mindestdauer** mit der Folge, daß während des fraglichen Zeitraums die ordentliche Kündigung ausgeschlossen ist (s. Rdnr. 14), während der Vertrag mit Ablauf der vorgesehenen Vertragsdauer automatisch sein Ende findet. Solche Abreden sind schon aus steuerlichen Gründen verbreitet (s. § 14 Abs. 1 Nr. 3 S. 1 KStG). Es bestehen auch keine Bedenken dagegen, die Mindestdauer des Vertrages mit einer *Verlängerungsklausel* zu verbinden, die bewirkt, daß sich der Vertrag nach Ablauf der Mindestzeit automatisch verlängert, falls nicht eine Partei rechtzeitig ordentlich kündigt.[71] Problematisch ist in diesem Fall freilich die Situation der außenstehenden Aktionäre, die den Ausgleich nach § 304 gewählt haben (s. § 304 Rdnr. 67 ff.).

33 a   Von einer Verlängerungsklausel zu unterscheiden ist die *nachträgliche einverständliche Verlängerung* der ursprünglich zB auf fünf Jahre befristeten Vertragsdauer. Entgegen der überwiegenden Meinung liegt darin, sofern sich die Parteien über die Vertragsverlängerung noch *während* des Laufs der ursprünglichen Vertragsdauer einig werden, *kein* Neuabschluß des Vertrages iSd. §§ 293 und 294, sondern eine Vertrags*änderung* iSd. § 295, so daß die Vertragsverlängerung nur mit einem Sonderbeschluß der außenstehenden Aktionäre nach § 295 Abs. 2 wirksam werden kann (s. § 295 Rdnr. 10 f.).

VI. Eingliederung

34   **1. Eingliederung der abhängigen Gesellschaft in das herrschende Unternehmen.** Die Eingliederung der abhängigen Gesellschaft in das herrschende Unternehmen (§§ 319 oder 320) beendet einen zwischen den Unternehmen bestehenden *Beherrschungsvertrag*, weil dieser dadurch gegenstandslos wird.[72] § 296 Abs. 2 findet nach hM auch keine entsprechende Anwendung, so daß die Eingliederung nicht einen Sonderbeschluß der außenstehenden Aktionäre der abhängigen Gesellschaft voraussetzt.[73] Ein noch anhängiges Spruchstellenverfahren ist jedoch fortzuführen (Rdnr. 55).

35   Ein *Gewinnabführungsvertrag*, ein Teilgewinnabführungsvertrag oder eine Gewinngemeinschaft werden durch die nachfolgende Eingliederung der einen Gesellschaft in die andere nicht aufgehoben, wie aus § 324 Abs. 2 zu folgern ist.[74] Unklar ist lediglich das Schicksal von Betriebspacht- und Betriebsüberlassungsverträgen; gegen ihren Fortbestand bestehen aber wohl gleichfalls keine Bedenken.

36   **2. Eingliederung der abhängigen Gesellschaft in ein drittes Unternehmen.** Durch die Eingliederung der abhängigen Gesellschaft in ein drittes Unternehmen wird ein Beherrschungsvertrag nur dann nicht beendet, wenn eine koordinierte Herrschaft beider Obergesellschaften sichergestellt ist, so daß der Sache nach ein Fall der Mehrmütterorganschaft entsteht.[75] Andernfalls endet der Beherrschungsvertrag. Ein Gewinnabführungsvertrag und

---

[70] OLG München AG 1991, 358, 360 = ZIP 1992, 327 „SSI"; *Grüner* Beendigung Teil III § 7; *Henze* Konzernrecht Tz. 440 (S. 155); *H. Wilhelm* Beendigung S. 19; Michalski/*Zeidler* GmbHG Bd. I Syst. Darst. 4 Rdnr. 149 (S. 471).

[71] *Emmerich/Sonnenschein/Habersack* § 19 V 4 (S. 271).

[72] S. § 320 Rdnr. 5; BGH LM AktG § 320 Nr. 1 (Bl. 3 R f.) = NJW 1974, 1557 = AG 1974, 320 = WM 1974, 713 (Vorinstanz: OLG Celle AG 1972, 283 = WM 1972, 1004); MünchKommAktG/*Altmeppen* Rdnr. 141; *Gerth* BB 1978, 1500; *Grüner*

Beendigung Teil III § 12; *Henze* Konzernrecht Tz. 441 (S. 155); *Kley* Rechtsstellung S. 119 ff.; *Koppensteiner* in Kölner Kommentar Rdnr. 23 f.; MünchHdb. AG/*Krieger* § 70 Rdnr. 182; *Raiser* Kapitalgesellschaften § 54 Rdnr. 117 (S. 917 f.).

[73] S. § 320 Rdnr. 5; MünchHdb. AG/*Krieger* § 70 Rdnr. 183 (3. Abs.).

[74] MünchKommAktG/*Altmeppen* Rdnr. 141.

[75] MünchKommAktG/*Altmeppen* Rdnr. 142; *Henze* Konzernrecht Tz. 443 (S. 155); *Hüffer* § 295 Rdnr. 6; MünchHdb. AG/*Krieger* § 70 Rdnr. 182; *Raiser* Kapitalgesellschaften § 54 Rdnr. 117.

die anderen Unternehmensverträge können dagegen auch hier bestehen bleiben.[76] Da die Eingliederung der abhängigen Gesellschaft in ein drittes Unternehmen notwendigerweise mit der Veräußerung der Aktien durch das bisher herrschende Unternehmen verbunden ist, gelten hierfür die weiter oben entwickelten Regeln (Rdnr. 24). Wird eine Eingliederung nach § 327 beendet, so verliert schließlich ein Gewinnabführungsvertrag seine Wirksamkeit, sofern er unter den erleichterten Voraussetzungen des § 324 Abs. 2 abgeschlossen wurde.[77]

3. Eingliederung des herrschenden Unternehmens. Die Eingliederung des anderen **37** Vertragsteils, des herrschenden Unternehmens, in ein drittes Unternehmen hat grundsätzlich *keine* Auswirkungen auf bestehende Unternehmensverträge.[78] Die §§ 295 und 296 sind hier nicht, auch nicht entsprechend, anwendbar (s. § 295 Rdnr. 16). Von Fall zu Fall kommt jedoch eine Kündigung aus wichtigem Grund in Betracht (§ 297). Die Rechtslage ist im übrigen mit der im Fall einer *Vertragsübernahme* vergleichbar, so daß wegen der Anpassung eines variablen Ausgleichs und der Notwendigkeit eines erneuten Abfindungsangebots auf die Ausführung zur Vertragsübernahme zu verweisen ist.[79]

VII. Umwandlung

Schrifttum: MünchKommAktG/*Altmeppen* Rdnr. 125–138; *Schmitt/Hörtnagl/Stratz* UmwR § 20 Rdnr. 44 f.; *Emmerich/Sonnenschein/Habersack* § 19 VII (S. 272 ff.); *Grunewald* in Lutter UmwG § 20 Rdnr. 34–40 (S. 413 ff.); *Gutheil*, Die Auswirkungen von Umwandlungen auf Unternehmensverträge nach §§ 291, 292 AktG, 2001; *Henze* Konzernrecht Tz. 442 f. (S. 155); MünchHdb. AG/*Krieger* § 70 Rdnr. 173–183 (S. 1095 ff.); *Marsch-Barner* in Kallmeyer UmwG, 2. Aufl. 2001, § 20 Rdnr. 18–22 (S. 221 ff.); *Naraschewski* DB 1997, 1653; 1998, 762; *Rieble* ZIP 1997, 301; *Sagasser/Ködderitzsch* in Sagasser/Bula/Brünger, Umwandlungen, 3. Aufl. 2002, Tz. J 146 ff. (S. 224 ff.); *Th. Schubert* DB 1998, 761; *Vossius*, FS für Widmann, 2000, S. 133; *H. Westermann*, FS für Schilling, 1973, S. 271; *Michalski/Zeidler* GmbHG Bd. I Syst. Darst. 4 Rdnr. 163–171 (S. 476 f.).

Die Umwandlung einer der beiden Parteien eines Unternehmensvertrages kann von Fall **38** zu Fall ebenso wie die Eingliederung (Rdnr. 34 ff.) zur automatischen Beendigung des Vertrages führen, ohne daß in diesem Fall Raum für die Anwendung der §§ 296 und 297 wäre. Davon zu trennen sind die Auswirkungen solcher Vorgänge auf eine Eingliederung iSd. § 319. Sie haben eine zumindest partielle Regelung in § 327 gefunden, weshalb wegen der Einzelheiten auf die Erläuterungen zu dieser Vorschrift zu verweisen ist (s. § 327 Rdnr. 7 f.).

1. Verschmelzung der Parteien. Noch verhältnismäßig einfache Fragen tauchen auf, **39** wenn die **Parteien** eines Unternehmensvertrages durch Aufnahme oder Neugründung nach den §§ 2 und 60 ff. UmwG verschmolzen werden. Ohne Rücksicht auf die Art des Unternehmensvertrages (§ 291 oder § 292) erlischt in diesem Fall der Vertrag mit Wirksamwerden der Verschmelzung durch Konfusion.[80] Die §§ 295 und 296 sind hier nicht anwendbar, weil es sich um eine kraft Gesetzes eintretende Rechtsänderung handelt. Ein noch anhängiges Spruchstellenverfahren ist jedoch fortzuführen.[81] Dies bedeutet, daß ein noch nicht durch Zeitablauf erloschenes Abfindungsangebot aufgrund des (früheren) Unternehmensvertrages fortbesteht, so daß die Aktionäre zwischen beiden Abfindungsangeboten (aufgrund des Vertrages und infolge der Verschmelzung) die Wahl haben; der Sache nach läuft dies darauf

---

[76] MünchKommAktG/*Altmeppen* Rdnr. 142 f.
[77] *Sonnenschein* Organschaft S. 418.
[78] MünchKommAktG/*Altmeppen* Rdnr. 140; *Grüner* Beendigung Teil III § 12; *Henze* Konzernrecht Tz. 443 (S. 155); *Hüffer* § 295 Rdnr. 6; *Michalski/Zeidler* GmbHG Bd. I Syst. Darst. 4 Rdnr. 165 (S. 176).
[79] S. § 295 Rdnr. 27; ebenso MünchHdb. AG/*Krieger* § 70 Rdnr. 162, 182.
[80] MünchKommAktG/*Altmeppen* Rdnr. 130; *Schmitt/Hörtnagl/Stratz* UmwR § 20 Rdnr. 44; *Gru*-

newald in Lutter UmwG § 20 Rdnr. 39; *Gutheil* Auswirkungen S. 270 ff.; *Henze* Konzernrecht Tz. 442 (S. 155); *Koppensteiner* in Kölner Kommentar Rdnr. 20; MünchHdb. AG/*Krieger* § 70 Rdnr. 173, 183; *Marsch-Barner* in Kallmeyer UmwG § 20 Rdnr. 18; *Naraschewski* DB 1997, 1653; 1998, 762; *Th. Schubert* DB 1998, 761; *Westermann*, FS für Schilling, S. 271, 279 f.
[81] S. Rdnr. 55; anders nur *Naraschewski* DB 1997, 1653, 1657 f.; 1998, 762 f.

hinaus, daß das Abfindungsangebot aufgrund des Unternehmensvertrages immer den Mindestbetrag für die Abfindung infolge der Verschmelzung bezeichnet.[82] Zu einem Erlöschen des Unternehmensvertrages infolge der Verschmelzung kommt es nur dann nicht, wenn an dem Vertrag auch noch **dritte** Parteien **beteiligt** sind, insbes. also im Fall einer Gewinngemeinschaft unter Beteiligung Dritter, bei der die Verschmelzung zweier Mitglieder lediglich zur Folge hat, daß sich die Zahl der Mitglieder verringert.[83]

40　　**2. Verschmelzung der abhängigen Gesellschaft mit einem dritten Unternehmen.** Im Fall der Verschmelzung oder der übertragenden Umwandlung derjenigen Gesellschaft, die die vertragstypischen Leistungen erbringt, bei einem Beherrschungs- oder Gewinnabführungsvertrag also der **abhängigen** Gesellschaft **mit** einem **dritten** Rechtsträger muß man unterscheiden: Ein von ihr abgeschlossener Beherrschungs- oder Gewinnabführungsvertrag **(§ 291)** endet in diesem Fall mit Untergang der Gesellschaft, weil die Belastungen aus einem derartigen Vertrag auf den neuen Rechtsträger nicht gegen dessen Willen, vor allem ohne Mitwirkung seiner Gesellschafter (s. § 293 Abs. 1), erstreckt werden können.[84] In diesem Fall ist auch weder für die Anwendung des § 295 noch für die der §§ 296 und 297 Raum.[85] Trotz der Beendigung des Beherrschungs- oder Gewinnabführungsvertrags bleiben aber noch nicht durch Zeitablauf erloschene Abfindungsansprüche der außenstehenden Aktionäre bestehen; ein etwa anhängiges Spruchstellenverfahren ist daher ohne Rücksicht auf die Verschmelzung der abhängigen Gesellschaft mit einem dritten Unternehmen fortzuführen (s. Rdnr. 55), während Ausgleichsansprüche wohl erlöschen.[86]

41　　Anders zu beurteilen ist die Rechtslage gegebenenfalls bei den *anderen* Unternehmensverträgen des **§ 292,** bei denen wegen ihres schuldrechtlichen Austauschcharakters eine Gesamtrechtsnachfolge und damit ein Übergang des Vertrages auf den neuen Rechtsträger (trotz des § 293 Abs. 1) durchaus denkbar ist, jedenfalls, sofern dies nicht zu einer Erweiterung des Vertragsgegenstandes und damit zu einer Vertragsänderung iSd. § 295 führt. Ein Übergang des Vertrags kommt daher namentlich in Betracht bei einer betriebsbezogenen Gewinngemeinschaft oder einem entsprechenden Teilgewinnabführungsvertrag.[87] Betriebspacht- und Betriebsführungsverträge können gleichfalls auf den neuen Unternehmensträger übergehen. Weil sie dann nur noch betriebsbezogen sind, verlieren sie freilich ihren Charakter als Unternehmensverträge iSd. § 292 Abs. 1 Nr. 3 und bestehen als einfache bürgerlich-rechtliche Pachtverträge fort.[88] Die Folge ist außerdem, daß sie jetzt im Handelsregister gelöscht werden müssen, weil einfache bürgerlich-rechtliche Pachtverträge nicht eintragungsfähig sind.

42　　**3. Abhängige Gesellschaft als übernehmender Rechtsträger.** Wieder andere Fragen stellen sich, wenn die abhängige Gesellschaft im Fall einer Verschmelzung oder übertragenden Umwandlung mit einem anderen Unternehmen der übernehmende Rechtsträger ist. Zum Teil wird in diesem Fall gleichfalls ein Erlöschen jedenfalls von übergehenden Beherrschungs- und Gewinnabführungsverträgen angenommen;[89] nach anderen soll dagegen der Vertrag fortbestehen, jedoch gegebenenfalls nach § 297 Abs. 1 gekündigt werden

[82] *Gutheil* Auswirkungen S. 276 f.; *Grunewald* in Lutter UmwG § 20 Rdnr. 39; *Th. Schubert* DB 1998, 761 f.; anders *Naraschewski* DB 1997, 1653, 1654 ff.; 1998, 762, 763 f.

[83] *Grunewald* in Lutter UmwG § 20 Rdnr. 39.

[84] OLG Karlsruhe AG 1995, 139 f. = NJW-RR 1995, 354 = WM 1994, 2023 „SEN/KHS" (Vorinstanz LG Mannheim AG 1995, 89 = ZIP 1994, 1024); MünchKommAktG/*Altmeppen* Rdnr. 131; *Schmitt/Hörtnagl/Stratz* UmwR § 20 Rdnr. 44; *Gerth* BB 1978, 1497, 1499; *Grunewald* in Lutter UmwG § 20 Rdnr. 36; *Gutheil* Auswirkungen S. 176 ff.; *Henze* Konzernrecht Tz. 443 (S. 155); *Koppensteiner* in Kölner Kommentar Rdnr. 21; MünchHdb. AG/*Krieger* § 70 Rdnr. 179; *Marsch-Barner* in Kallmeyer

UmwG § 20 Rdnr. 21 f.; *Raiser* Kapitalgesellschaften § 54 Rdnr. 118; anders aber Michalski/*Zeidler* GmbHG Bd. I Syst. Darst. 4 Rdnr. 168.

[85] S. § 295 Rdnr. 16; OLG Karlsruhe (vorige Fn.).

[86] *Grunewald* in Lutter UmwG § 20 Rdnr. 36; *Gutheil* Auswirkungen S. 182 ff.

[87] *Grunewald* in Lutter UmwG § 20 Rdnr. 36; *Gutheil* Auswirkungen S. 192 ff.

[88] Zustimmend MünchKommAktG/*Altmeppen* Rdnr. 132; *Grunewald* in Lutter UmwG § 20 Rdnr. 36.

[89] *Schmitt/Hörtnagl/Stratz* UmwG § 20 Rdnr. 45; *H. Westermann*, FS für Schilling, S. 231, 281 ff.; *H. Wilhelm* Beendigung S. 31.

können.[90] Zu folgen ist der zuletzt genannten Meinung. Sorgfältiger Betrachtung bedarf in diesem Fall lediglich der Schutz der außenstehenden Gesellschafter der übernehmenden Gesellschaft. Sicher ist, daß ihnen jetzt ebenso wie den außenstehenden Aktionären des übernommenen Rechtsträgers Ausgleichsansprüche zustehen; fraglich ist nur, in welcher Höhe. Richtiger Meinung nach sollte man zu ihrem Schutz eine Neufestsetzung des Ausgleichs verlangen.[91] Außerdem sollte – entgegen der hM – zu ihren Gunsten erneut § 305 angewandt werden.[92] Kein Raum ist hingegen für eine erneute Zustimmung der außenstehenden Gesellschafter durch Sonderbeschluß, weil auf diese Fälle die §§ 295 und 296 nicht anwendbar sind.[93] Gegebenenfalls kann dann aber das herrschende Unternehmen den Unternehmensvertrag nach § 297 Abs. 1 aus wichtigem Grund kündigen.

4. Erlöschen des herrschenden Unternehmens. Wieder anders zu beurteilen sind **43** vergleichbare Vorgänge auf der Seite des **anderen** Vertragsteils, insbes. des herrschenden Unternehmens bei einem Beherrschungs- oder Gewinnabführungsvertrag. Erlischt dieses Unternehmen infolge seiner Verschmelzung oder übertragenden Umwandlung mit einem anderen Unternehmen, so geht der Unternehmensvertrag im Wege der Gesamtrechtsnachfolge auf den neuen Rechtsträger über.[94] Für die Anwendung der §§ 295 und 296 ist wiederum kein Raum, so daß die abhängige Gesellschaft oder deren außenstehende Aktionäre nicht zuzustimmen brauchen.[95] Die Ausgleichsansprüche der außenstehenden Aktionäre sind jedoch der neuen Rechtslage anzupassen; außerdem ist ihnen entsprechend § 305 erneut ein Abfindungsangebot zu machen. Für das (neue) herrschende Unternehmen kommt dagegen gegebenenfalls eine Kündigung des Vertrags aus wichtigem Grund nach § 297 Abs. 1 in Betracht.[96] Hat die aufnehmende Gesellschaft die Rechtsform einer GmbH, so ist schließlich nur noch eine Barabfindung möglich.[97]

Ist der **andere** Vertragsteil der **übernehmende Rechtsträger**, der ein drittes Unter- **44** nehmen im Wege der Verschmelzung oder der übertragenden Umwandlung aufnimmt, so hat dies *keine* Auswirkungen auf einen von ihm abgeschlossenen Unternehmensvertrag, da sich lediglich sein Vermögen vergrößert.[98] Die §§ 295 und 296 finden keine Anwendung.[99] Außerdem haben nach überwiegender Meinung die außenstehenden Aktionäre in diesem Fall keinen Anspruch auf Neufestsetzung des Ausgleichs oder auf ein erneutes Abfindungsangebot (§§ 304 und 305).[100] In Betracht kommt lediglich eine Kündigung des Vertrages seitens der abhängigen Gesellschaft aus wichtigem Grund nach § 297 Abs. 1.

5. Formwechsel. Die bloße formwechselnde Umwandlung einer der beiden Vertrags- **45** parteien nach den §§ 190, 202 und 226 ff. UmwG dürfte grundsätzlich ohne Einfluß auf einen von ihr abgeschlossenen Unternehmensvertrag sein, da sich an solchen Verträgen, auch an denen des § 291, nach heutigem Verständnis auf beiden Seiten Unternehmen jeder

[90] MünchKommAktG/*Altmeppen* Rdnr. 133; *Gerth* BB 1978, 1497, 1499; *Grunewald* in Lutter UmwG § 20 Rdnr. 33; *Gutheil* Auswirkungen S. 250 ff.; MünchHdb. AG/*Krieger* § 70 Rdnr. 176; *Marsch-Barner* in Kallmeyer UmwG § 20 Rdnr. 19; *Raiser* Kapitalgesellschaften § 54 Rdnr. 118.

[91] *Grunewald* in Lutter UmwG § 20 Rdnr. 35; *Gutheil* Auswirkungen S. 250 ff.; MünchHdb. AG/*Krieger* § 70 Rdnr. 176; *Marsch-Barner* in Kallmeyer UmwG § 20 Rdnr. 20.

[92] *Gutheil* (vorige Fn.).

[93] S. § 295 Rdnr. 16; *Marsch-Barner* in Kallmeyer UmwG § 20 Rdnr. 20.

[94] OLG Karlsruhe AG 1991, 144, 146 = NJW-RR 1991, 553 „ASEA/BBC"; LG Mannheim DB 1990, 379, 380; LG Bonn GmbHR 1996, 774 f.; MünchKommAktG/*Altmeppen* Rdnr. 125; *Schmitt/Hörtnagl/Stratz* UmwR § 20 Rdnr. 45; *Grunewald* in Lutter UmwG § 20 Rdnr. 37; *Gutheil* Auswirkungen S. 155 ff.; *Henze* Konzernrecht Tz. 442

(S. 155); MünchHdb. AG/*Krieger* § 70 Rdnr. 174; *Marsch-Barner* in Kallmeyer UmwG § 20 Rdnr. 20; *Priester* ZIP 1992, 293, 301; *Raiser* Kapitalgesellschaften § 54 Rdnr. 118; *H. Westermann*, FS für Schilling, S. 271, 283; Michalski/*Zeidler* GmbHG Bd. I Syst. Darst. 4 Rdnr. 165.

[95] LG Mannheim und LG Bonn (vorige Fn.).

[96] S. *Grunewald* in Lutter UmwG § 20 Rdnr. 37; *Gutheil* Auswirkungen S. 155 ff.; MünchHdb. AG/*Krieger* § 70 Rdnr. 174.

[97] *Gutheil* Auswirkungen S. 175 f.

[98] MünchKommAktG/*Altmeppen* Rdnr. 124; *Schmitt/Hörtnagl/Stratz* UmwR § 20 Rdnr. 45; *Grunewald* in Lutter UmwG § 20 Rdnr. 35; *Gutheil* Auswirkungen S. 262 ff.; *Koppensteiner* in Kölner Kommentar Rdnr. 19; *Marsch-Barner* in Kallmeyer UmwG § 20 Rdnr. 19; Michalski/*Zeidler* GmbHG Bd. I Syst. Darst. 4 Rdnr. 164.

[99] LG Bonn GmbHR 1996, 774, 775.

[100] MünchHdb. AG/*Krieger* § 70 Rdnr. 175.

Rechtsform beteiligen können.[101] Das gilt auch bei Umwandlung einer AG in eine Personenhandelsgesellschaft, sofern hier nicht im Einzelfall wegen der persönlichen Haftung der Gesellschafter § 138 BGB entgegensteht. Außerdem müssen von Fall zu Fall die Rechte der außenstehenden Aktionäre der neuen Situation angepaßt werden.[102] Wird zB eine herrschende AG in eine GmbH umgewandelt, so erlöschen Ansprüche auf einen variablen Ausgleich; in Betracht kommt statt dessen fortan nur noch eine Barabfindung. Lediglich bei den anderen Unternehmensverträgen des § 292 bestehen keine vergleichbaren Schwierigkeiten.[103] Für die Eingliederung ist schließlich die Sonderregelung in § 327 Abs. 1 Nr. 2 zu beachten (s. § 327 Rdnr. 7 f.).

46   **6. Spaltung.** Bei der Spaltung iSd. §§ 123 ff. UmwG stellt sich die schwierige Frage, ob Unternehmensverträge überhaupt im Wege der Spaltung auf einen neuen Rechtsträger übertragen werden können.[104] Man wird hier je nach der Art der Spaltung (Aufspaltung, *Abspaltung* und Ausgliederung gem. § 123 UmwG), nach der betroffenen Gesellschaft und nach der Art des Vertrages unterscheiden müssen. Was zunächst die Ebene des **herrschenden** Unternehmens angeht, so dürften Unternehmensverträge grundsätzlich von einer Abspaltung oder Ausgliederung unberührt bleiben. Der Vertrag kann aber auch einem der neuen Rechtsträger zugewiesen werden. Bei einer *Aufspaltung* des herrschenden Unternehmens muß ebenso verfahren werden.[105]

47   Anders zu beurteilen ist die Rechtslage im Regelfall bei einer Spaltung derjenigen Partei, die die vertragstypischen Leistungen erbringt, bei einem Beherrschungs- oder Gewinnabführungsvertrag also der **abhängigen** Gesellschaft. Hier ist anzunehmen, daß die *Aufspaltung* grundsätzlich zum Erlöschen der Unternehmensverträge des § 291 führt, außer im Falle der Aufspaltung zur Neugründung. Ausgliederung und Abspaltung lassen hingegen die Unternehmensverträge, auch die des § 291 grundsätzlich unberührt; dies führt jedoch zur Erstrekkung des Vertrages nur im Falle einer *Abspaltung* oder Ausgliederung zur Neugründung. Dagegen wird bei einer Abspaltung oder Ausgliederung zur Aufnahme der neue Rechtsträger ohne seine Mitwirkung (§ 293) nicht gebunden, während sich an der Bindung der abspaltenden oder ausgliedernden Gesellschaft nichts ändert. Gegebenenfalls kommt jedoch eine Kündigung des Vertrags aus wichtigem Grund nach § 297 Abs. 1 in Betracht.[106] Soweit es um eine Eingliederung geht, ist die Sonderregelung in § 327 zu beachten (s. dazu § 327 Rdnr. 7 f.).

VIII. Sonstige Beendigungsgründe

48   **1. Vermögensübertragung.** Die Vermögensübertragung nach § 179 a ist auf beiden Seiten eines Unternehmensvertrags grundsätzlich ohne Folgen für den Vertrag, da der Rechtsträger bestehen bleibt. Macht er sich durch die Vermögensübertragung die Erfüllung des Vertrags selbst unmöglich, so kann dies lediglich für den anderen Teil ein Kündigungsrecht nach § 297 Abs. 1 begründen oder die allgemeinen Rechtsfolgen einer nachträglichen zu vertretenden Unmöglichkeit auslösen (§§ 283, 326 BGB).[107]

---

[101] MünchKommAktG/*Altmeppen* Rdnr. 137; *Gerth* BB 1978, 1497, 1499; *Decher* in Lutter UmwG § 202 Rdnr. 43; *Gutheil* Auswirkungen S. 120 ff.; *Koppensteiner* in Kölner Kommentar Rdnr. 18; MünchHdb. AG/*Krieger* § 70 Rdnr. 181; *Meister/Klöcker* in Kallmeyer UmwG § 202 Rdnr. 18 (S. 798 f.); enger Michalski/*Zeidler* GmbHG Bd. I Syst. Darst. 4 Rdnr. 171.

[102] S. im einzelnen *Gutheil* Auswirkungen S. 120 ff.

[103] *Gutheil* Auswirkungen S. 150 ff.

[104] Wegen der Einzelheiten s. MünchKommAktG/*Altmeppen* Rdnr. 126, 134 f.; *Gutheil* Auswirkungen S. 202, 216 ff.; *Heidenhain* NJW 1995, 2873, 2877; Kallmeyer UmwG § 126 Rdnr. 26; Münch-

Hdb. AG/*Krieger* § 70 Rdnr. 177–179; *Rieble* ZIP 1997, 301, 307; *M. Seibold*, Die Spaltung von Aktiengesellschaften nach dem UmwG, 2001; *Teichmann* in Lutter UmwG § 132 Rdnr. 52 f.

[105] Ebenso MünchKommAktG/*Altmeppen* Rdnr. 126–129; *Gutheil* Auswirkungen S. 223 ff.; *Kallmeyer* UmwG § 126 Rdnr. 26 (S. 557 f.); MünchHdb. AG/*Krieger* § 70 Rdnr. 177–179; anders *Teichmann* in Lutter UmwG § 132 Rdnr. 53.

[106] S. MünchKommAktG/*Altmeppen* Rdnr. 134–136; *Gutheil* Auswirkungen S. 211 ff.; *Heidenhain* NJW 1995, 2873, 2877; *Kallmeyer* (vorige Fn.); MünchHdb. AG/*Krieger* § 70 Rdnr. 177–179.

[107] *Kley* Rechtsstellung S. 143 f.; MünchHdb. AG/*Krieger* § 70 Rdnr. 180.

2. Mängel des Zustimmungsbeschlusses. Wenn einer der nach § 293 Abs. 1 oder 2 **49** erforderlichen Zustimmungsbeschlüsse nichtig ist (§ 241) oder nachträglich auf Anfechtungsklage hin für nichtig erklärt wird (§§ 243, 248), hat dies zur Folge, daß eine der Voraussetzungen für den Unternehmensvertrag fehlt, so daß dieser keine Wirksamkeit erlangt.[108] Für eine Anwendung der Regeln über fehlerhafte Unternehmensverträge ist hier (entgegen der hM)[109] selbst dann kein Raum, wenn der Vertrag bis zur rechtskräftigen Feststellung der Nichtigkeit des Zustimmungsbeschlusses bereits praktiziert worden sein sollte (s. § 291 Rdnr. 30). Zu beachten ist in diesem Zusammenhang jedoch die Tendenz der jüngsten Rechtsprechung, den Anfechtungsausschluß der §§ 304 Abs. 3 S. 2 und 305 Abs. 5 S. 1 nach Möglichkeit auf alle Fälle von unternehmenswertbezogenen Auskunfts-, Auslegungs- und Informationsmängeln zu erstrecken (s. im einzelnen § 293 Rdnr. 38 ff.). Soweit man dieser Tendenz folgt, nimmt naturgemäß auch die Bedeutung der Mängel des Zustimmungsbeschlusses als Nichtigkeitsgründe für Unternehmensverträge ab.

3. Auflösung.[110] Die Auflösung der Gesellschaft aus den Gründen des *§ 262 Abs. 1* hat **50** die Änderung ihres Zwecks zur Folge (§ 264 Abs. 1). Aus einer werbenden Gesellschaft wird eine Abwicklungsgesellschaft, die durch Abwickler geleitet wird (§§ 264 f.), deren Aufgabe in erster Linie darin besteht, das Vermögen zu versilbern und die Schulden zu tilgen (§ 268). Daraus wird überwiegend der Schluß gezogen, daß Unternehmensverträge, jedenfalls in der Mehrzahl der Fälle, automatisch ihr Ende finden, wenn eine der beiden Vertragsparteien, die herrschende oder die abhängige Gesellschaft, aufgelöst wird, weil sich die Pflichten der Abwickler nicht mit denen aufgrund eines Unternehmensvertrages vertragen.[111] Tatsächlich muß man jedoch zwischen den Auslösungsgründen (§ 262 Abs. 1), den betroffenen Gesellschaften und den verschiedenen Unternehmensverträgen unterscheiden:

Auszuklammern ist zunächst der Fall der Insolvenz (§ 262 Abs. 1 Nrn. 3, 4 und 6; dazu **51** Rdnr. 52). Von den verbleibenden Fällen kann jedenfalls der bloße Auflösungsbeschluß des *herrschenden* Unternehmens ebensowenig wie ein reiner Zeitablauf (§ 262 Abs. 1 Nrn. 1 und 2) zur automatischen Beendigung der Verträge des § 291 sowie von Betriebspacht- und Betriebsüberlassungsverträgen führen, und zwar schon mit Rücksicht auf § 302 nicht, während die Verträge des § 292 Abs. 1 Nrn. 1 und 2 in der Tat wohl fortan keinen Sinn mehr machen.[112] Dasselbe dürfte – insofern in Übereinstimmung mit der hM – bei einer Auflösung der *abhängigen* Gesellschaft aus den genannten Gründen gelten, an der zudem wohl immer das herrschende Unternehmen maßgeblich beteiligt sein wird (s. §§ 262 Abs. 1 Nr. 2, 293 Abs. 1). Von Fall zu Fall kann daher hier auch eine entsprechende Anwendung des § 296 zu erwägen sein.

4. Insolvenz

Schrifttum: *Acher,* Vertragskonzern und Insolvenz, 1987; MünchKommAktG/*Altmeppen* § 297 Rdnr. 102–124; *Bous,* Die Konzernleitungsmacht im Insolvenzverfahren konzernverbundener Kapitalgesellschaften, 2001; *Ehricke,* Das abhängige Konzernunternehmen in der Insolvenz, 1998; *Grüner,* Die Beendigung von Gewinnabführungs- und Beherrschungsverträgen, Diss. Bayreuth 2001, Teil III § 11; *Heesing,* Bestandschutz des Beherrschungs- und Gewinnabführungsvertrages in der Unternehmenskrise und im Konzern, 1988; *Henze,* Konzernrecht Tz. 447–452 (S. 156 ff.); *Kübler* ZGR 1984, 560; *Noack* ZIP 2002, 1873; *Peltzer* AG 1975, 309; *Samer,* Beherrschungs- und Gewinnabführungsverträge gemäß § 291 Abs. 1 AktG im Konkurs und Vergleich der Untergesellschaft, 1990; *Scheel* Konzerninsolvenzrecht 1995; *K. Schmidt* GesR § 31 III 5 (S. 957 f.); *H. Trendelenburg* NJW 2002, 647; *H. Wilhelm,* Die Beendigung des Beherrschungs- und Gewinnabführungsvertrags, 1976, S. 31 ff.; *Zeidler* NZG 1999, 692; Michalski/*Zeidler* GmbHG Bd. I Syst. Darst. 4 Rdnr. 154–162 (S. 473 ff.).

---

[108] *Grüner* Beendigung Teil III § 9; *Kley* Rechtsstellung S. 65 ff.; *Koppensteiner* in Kölner Kommentar Rdnr. 34 f.; *H. Wilhelm* Beendigung S. 26 ff.

[109] *Krieger* in U. Schneider, Beherrschungs- und Gewinnabführungsverträge, S. 99, 110.

[110] S. *Emmerich/Sonnenschein/Habersack* § 19 VIII (S. 274 ff.); *Grüner* Beendigung Teil III § 10.

[111] *Raiser* Kapitalgesellschaften § 54 Rdnr. 119 (S. 918).

[112] MünchKommAktG/*Altmeppen* Rdnr. 113–115.

52   Das Schicksal von Unternehmensverträgen in der Insolvenz einer der Vertragsparteien ist noch nicht geklärt. Unter dem früheren Recht ging die Praxis überwiegend davon aus, daß die Eröffnung des **Konkursverfahrens** über das Vermögen einer der Vertragsparteien jedenfalls zur automatischen Beendigung eines Beherrschungs- oder Gewinnabführungsvertrages iSd. § 291 Abs. 1 S. 1 führt.[113] Zur Begründung wurde vor allem auf die mit der Eröffnung des Konkursverfahrens verbundene Zweckänderung (§ 262 Abs. 1 Nr. 3 AktG) sowie darauf abgestellt, daß ein Konkursverwalter – bei Insolvenz der herrschenden Gesellschaft – nicht die Aufgabe habe, einen Konzern zu leiten (vgl. § 327 Abs. 1 Nr. 4 AktG), und daß der Konkursverwalter der abhängigen Gesellschaft nicht an die Weisungen des herrschenden Unternehmens gebunden werden könne. Anders entschieden wurde dagegen für die Eröffnung des Vergleichsverfahrens über das Vermögen des herrschenden Unternehmens, weil sie nicht die Auflösung der Gesellschaft bewirke und dem herrschenden Unternehmen noch genügend Raum zur Ausübung seiner Leitungsmacht gegenüber der abhängigen Gesellschaft bleibe.[114] Dieser Auffassung hatte sich auch überwiegend das Schrifttum angeschlossen.[115]

52 a   Die Rechtslage blieb jedoch unumstritten. Gegen die hM wurde vor allem eingewandt, selbst bei Abschluß eines Beherrschungsvertrages verblieben dem Vorstand neben dem Verwalter gewisse Restzuständigkeiten, so daß in beiden Fällen, im Konkurs der herrschenden wie in dem der abhängigen Gesellschaft, selbst ein Beherrschungsvertrag, wenn auch weitgehend suspendiert, fortbestehe und daher gegebenenfalls nach Aufhebung des Verfahrens wiederaufleben könne.[116] Davon zu trennen war die Frage, ob die Eröffnung des Konkurs- oder Vergleichsverfahrens über das Vermögen der einen Vertragspartei der anderen ein Recht zur außerordentlichen (fristlosen) Kündigung nach § 297 Abs. 1 gibt. Diese Frage wurde selbst für das Vergleichverfahren in der Regel bejaht.[117]

52 b   Nach Inkrafttreten der **Insolvenzordnung** hat die Diskussion neue Akzente bekommen. Überwiegend wird zwar auch unter der Geltung des neuen Rechts die Auffassung vertreten, daß die mit der Eröffnung des Insolvenzverfahrens verbundene Zweckänderung (§ 262 Abs. 1 Nr. 3 AktG) jedenfalls zur automatischen *Beendigung* von Beherrschungs- und Gewinnabführungsverträgen führen müsse, weil der Zweck der Liquidation einer Gesellschaft nicht mit dem Fortbestand dieser Verträge vereinbar sei.[118] Daneben findet sich jetzt aber auch vielfach die Auffassung, die neue Zielsetzung des Insolvenzverfahrens, die im Kern mit der der früheren Vergleichsordnung vergleichbar sei, lasse durchaus Raum für den *Fortbestand* von Beherrschungs- und Gewinnabführungsverträgen, freilich in wichtigen Punkten entsprechend den Besonderheiten des Insolvenzverfahrens modifiziert und ergänzt durch ein außerordentliches Kündigungsrecht des anderen Vertragsteils.[119] Nach wieder anderen soll die einzige angemessene Lösung in einer *Suspendierung* der Verträge während der Dauer des Insolvenzverfahrens bestehen, um Raum für eine Fortführung der Verträge im Falle der Sanierung der insolventen Gesellschaft zu schaffen.[120]

52 c   Die besseren Gründe sprechen nach wie vor – trotz der neuen Akzentsetzung der Insolvenzordnung – im Regelfall für die hM, d. h. für die automatische *Beendigung* des Unternehmensvertrages in den genannten Fällen, und zwar in erster Linie mit Rücksicht auf

---

[113] Grdlg. BGHZ 103, 1, 6 f. = LM AktG § 291 Nr. 2 = NJW 1988, 1326 = AG 1988, 133 = GmbHR 1988, 174 „Familienheim" (Vorinstanz OLG Schleswig ZIP 1987, 1488 = AG 1988, 382); BayObLGZ 1998, 231, 234 = AG 1999, 43 = NJW-RR 1999, 109 „EKU/März"; OLG Hamburg AG 2002, 406, 407 = NZG 2002, 189 „Bavaria/März".

[114] BGHZ 103, 1, 8 = LM AktG § 291 Nr. 2 = NJW 1988, 1326 = AG 1988, 133 „Familienheim".

[115] S. *Krieger* in U. Schneider, Beherrschungs- und Gewinnabführungsverträge, S. 99, 110; *Peltzer* AG 1975, 309, 310 f.; *H. Wilhelm* Beendigung S. 31 ff.

[116] So BFHE 90, 370, 373 = WM 1968, 409, 410; *Acher* Vertragskonzern S. 95 ff.; *Heesing* Be-

standschutz S. 234 ff.; *Koppensteiner* in Kölner Kommentar Rdnr. 29 f.; *Samer*, Beherrschungs- und Gewinnabführungsverträge.

[117] BGHZ 103, 1, 8 = LM AktG § 291 Nr. 2 = NJW 1988, 1326 = AG 1988, 133 „Familienheim".

[118] MünchKommAktG/*Altmeppen* Rdnr. 103, 116 ff.; *Hüffer* Rdnr. 22; MünchHdb. AG/*Krieger* § 70 Rdnr. 172; *Raiser* Kapitalgesellschaften § 54 Rdnr. 119 (S. 918).

[119] *Henze* Konzernrecht Tz. 452 (S. 158); *H. Trendelenburg* NJW 2002, 647, 649 f.; *Zeidler* NZG 1999, 692, 696 f.; Michalski/*Zeidler* GmbHG Bd. I Syst. Darst. 4 Rdnr. 155 ff. (S. 473 ff.).

[120] *Grüner* Beendigung Teil III § 11; *K. Schmidt* GesR § 31 III 5 (S. 957 f.).

die zumal in der Insolvenz des herrschenden Unternehmens nicht mehr praktikable Regelung des § 302. Anders mag in den Fällen der *Eigenverwaltung* (§§ 270 ff. InsO) zu entscheiden sein, während derer eine Suspendierung des Unternehmensvertrages wohl in der Tat die angemessenste Lösung sein dürfte.[121] Bei den anderen Unternehmensverträgen des § 292 wird man dagegen je nach der Art des Vertrages und der von der Insolvenz betroffenen Partei zu differenzieren haben. Insbes. Betriebspacht- und Betriebsüberlassungsverträge dürften danach grundsätzlich bestehen bleiben (§ 292 Abs. 1 Nr. 3).

5. Verlust der Unternehmenseigenschaft. Die meisten Unternehmensverträge kön- **53** nen nur zwischen Unternehmen iSd. § 15 abgeschlossen werden (Ausnahmen in § 292 Abs. 1 Nrn. 2 und 3). Soweit in diesen Fällen eine der Vertragsparteien, aus welchen Gründen immer, die Unternehmenseigenschaft einbüßt, findet folglich der Unternehmensvertrag kraft Gesetzes sein Ende.[122] Von Fall zu Fall kommt jedoch ein Fortbestand des Vertrages als anderer bürgerlich-rechtlicher Vertrag in Betracht (§ 140 BGB), vor allem in den Fällen des § 292, dagegen wohl nicht in denen des § 291.

IX. Rechtsfolgen

Schrifttum: *Ehricke*, Das abhängige Konzernunternehmen; *Emmerich/Sonnenschein/Habersack* § 19 IX (S. 276 f.); *Grüner* Beendigung Teil V–VII; MünchHdb. AG/*Krieger* § 70 Rdnr. 184 ff.; *Scheel* Konzerninsolvenzrecht; *H. Wilhelm* Beendigung S. 37 ff.

Die Rechtsfolgen der Beendigung eines Unternehmensvertrages sind im Gesetz nur **54** bruchstückhaft geregelt (s. bes. §§ 298 und 303). Im übrigen sind daher die allgemeinen Regeln heranzuziehen, die für den jeweiligen Vertragstypus gelten (s. Rdnr. 105). Hervorzuheben sind folgende Punkte: Der Vertrag endet in dem jeweils maßgeblichen Zeitpunkt, im Fall der fristlosen Kündigung des Vertrages nach § 297 folglich grundsätzlich mit Zugang der Kündigung bei dem anderen Teil oder sonst mit Ablauf der Kündigungsfrist oder mit Eintritt des sonstigen Beendigungsgrundes (Rdnr. 27 ff.). Die vertraglichen Rechte und Pflichten der Parteien finden in diesem Augenblick ihr Ende. Im Falle eines Beherrschungs- oder Gewinnabführungsvertrags tritt folglich an die Stelle der Verlustausgleichspflicht des herrschenden Unternehmens (§ 302) die Pflicht zur Sicherheitsleistung gegenüber den Gläubigern nach § 303. Kommt es zur Beendigung des Vertrages während des Laufs eines Geschäftsjahrs, so müssen aufgrund einer Stichtagsbilanz die bis dahin entstandenen Verluste ebenfalls noch übernommen werden (s. § 302 Rdnr. 38 f.). Im Fall der Abhängigkeit der einen Gesellschaft von der anderen sind ferner in Zukunft die §§ 311 ff. zu beachten.

Ausgleichsleistungen (§ 304) werden nur bis zum Augenblick der Beendigung des **55** Vertrags geschuldet. Schwierigkeiten bereitet vor allem die Berechnung eines etwaigen variablen Ausgleichs im Falle der Auflösung der abhängigen Gesellschaft. Hier bleibt nichts anderes übrig, als zu unterstellen, daß der Bilanzgewinn, gegebenenfalls unter Bildung angemessener Rücklagen, auch ausgeschüttet worden wäre, so daß auf seiner Grundlage dann zeitanteilig der Ausgleich zu berechnen ist.[123] Eine **Abfindung** der außenstehenden Aktionäre nach § 305 kommt dagegen fortan nicht mehr in Betracht (s. aber Rdnr. 56).

Umstritten war lange Zeit das Schicksal etwa anhängiger **Spruchstellenverfahren** nach **56** § 306. Inzwischen ist jedoch geklärt, daß solche Verfahren ungeachtet der Beendigung des Unternehmensvertrages zum Schutz der außenstehenden Aktionäre fortzuführen sind (s. § 306 Rdnr. 61 ff.). In diesem Fall ist dann gegebenenfalls auch noch Raum für die Annahme eines Abfindungsangebots des herrschenden Unternehmens.[124] In Betracht kom-

---

[121] So auch andeutungsweise AG Duisburg ZIP 2002, 1636, 1640 „Babcock-Borsig"; *H. Trendelenburg* NJW 2002, 647, 648 f.; zur Zulässigkeit der Eigenverwaltung in solchen Fallgestaltungen s. im einzelnen AG Duisburg aaO; *Noack* ZIP 2002, 1873.

[122] *Hüffer* Rdnr. 22; *Koppensteiner* in Kölner Kommentar Rdnr. 33.
[123] MünchHdb. AG/*Krieger* § 70 Rdnr. 186.
[124] S. aber Rdnr. 55; *Bredow/Tribulowsky* NZG 2002, 841, 843 ff.; MünchHdb. AG/*Krieger* § 70 Rdnr. 187; anders *Naraschewski* DB 1997, 1653, 1657 f.; 1998, 762 f.

men schließlich noch gewisse nachwirkende Pflichten des herrschenden Unternehmens gegenüber der abhängigen Gesellschaft, um deren Überlebensfähigkeit sicherzustellen.[125]

§ 298 Anmeldung und Eintragung

Der Vorstand der Gesellschaft hat die Beendigung eines Unternehmensvertrags, den Grund und den Zeitpunkt der Beendigung unverzüglich zur Eintragung in das Handelsregister anzumelden.

1   **1. Überblick.** § 298 regelt als Gegenstück zu § 294 die Anmeldung und Eintragung der Beendigung eines Unternehmensvertrages. *Zweck* der Regelung ist einmal die Berichtigung des durch die Beendigung des Unternehmensvertrages unrichtig gewordenen Handelsregisters, zum anderen die Information der Öffentlichkeit über den Bestand und die Aufhebung von Unternehmensverträgen.[1] Anders als die Eintragung des Bestehens eines Unternehmensvertrages (s. § 294 Abs. 2) hat die Eintragung seiner Beendigung jedoch keine konstitutive, sondern lediglich **deklaratorische** Bedeutung, weil die Beendigung unabhängig von der Eintragung bereits mit der Verwirklichung des jeweiligen Beendigungstatbestandes eingetreten ist.[2] Für die Eingliederung findet sich in § 327 Abs. 3 eine entsprechende Regelung (s. dazu § 327 Rdnr. 10).

2   **2. Anwendungsbereich.** § 298 gilt entsprechend seinem Wortlaut für **jede Beendigung** eines Unternehmensvertrages, nicht nur für die Beendigungstatbestände der §§ 296 und 297, sondern auch für alle sonstigen Beendigungsgründe (§ 297 Rdnr. 27 ff.). Ebenso zu behandeln ist die von Anfang an bestehende **Nichtigkeit** des Vertrages (s. § 297 Rdnr. 28, 49). Ist der Unternehmensvertrag trotz seiner Nichtigkeit bereits ins Handelsregister eingetragen worden, so muß § 298 nach seinem Zweck (Rdnr. 1) zumindest entsprechend angewandt werden, trotz der gleichzeitig gegebenen Möglichkeit der Amtslöschung nach § 142 FGG.[3] Lediglich für die Anwendung des § 14 HGB (s. Rdnr. 6) dürfte hier kein Raum sein.[4]

3   Nach überwiegender Meinung findet § 298 keine Anwendung, wenn ein Unternehmensvertrag dadurch beendet wird, daß eine der Parteien in ein anderes Unternehmen *eingegliedert oder* mit einem anderen Unternehmen *verschmolzen,* umgewandelt oder gespalten wird (§ 297 Rdnr. 34 ff.), weil sich in diesem Fall die Beendigung des Unternehmensvertrages bereits aus der ohnehin erforderlichen Eintragung dieser Vorgänge ins Handelsregister bei der betroffenen Vertragspartei ergebe (s. § 327 Abs. 3 sowie die §§ 16 und 17 UmwG).[5]

4   Dieser Auffassung ist nicht zu folgen. § 298 bezweckt die umfassende Information der Öffentlichkeit über das Bestehen und die Beendigung von Unternehmensverträgen (Rdnr. 1). Dieser Zweck wird in den hier interessierenden Fällen (Rdnr. 3) am besten dadurch verwirklicht, daß entsprechend dem Wortlaut des § 298 neben der Eingliederung, der Verschmelzung oder der Umwandlung auch die Beendigung des Unternehmensvertrages ins Handelsregister eingetragen wird.[6] Dies muß schon deshalb so sein, weil der Vertrag bei dem anderen Vertragsteil nicht eingetragen ist (§ 294 Rdnr. 4). Auf jeden Fall ist so zu verfahren, wenn die abhängige Gesellschaft nicht erlischt, sondern, in welcher Form immer, fortbesteht.

5   Die Anmeldepflicht trifft nach § 298 den **Vorstand** „der Gesellschaft“. Damit ist ebenso wie durchweg im Kontext der §§ 293 bis 299 der Vorstand derjenigen Gesellschaft gemeint,

---

[125] S. § 296 Rdnr. 25; ausführlich *Grüner* Beendigung Teil II.
[1] S. die Begr. zum RegE bei *Kropff* AktG S. 387.
[2] BGHZ 116, 37, 43 f. = LM AktG § 302 Nr. 5 = NJW 1992, 505 = AG 1992, 83 „Stromlieferungen/Hansa-Feuerfest"; BayObLG GmbHR 2003, 476, 477; OLG Frankfurt AG 1994, 85 = NJW-RR 1994, 296 = GmbHR 1994, 809 = ZIP 1993, 1790 = BB 1993, 2474 (GmbH); *Henze* Konzernrecht Tz. 200, 444 (S. 72, 155 f.), *Hüffer* Rdnr. 5.

[3] Ebenso MünchKommAktG/*Altmeppen* Rdnr. 5; *Koppensteiner* in Kölner Kommentar Rdnr. 5; MünchHdb. AG/*Krieger* § 70 Rdnr. 184; zweifelnd *Hüffer* Rdnr. 2.
[4] Anders MünchKommAktG/*Altmeppen* Rdnr. 8.
[5] MünchKommAktG/*Altmeppen* Rdnr. 4; *Koppensteiner* in Kölner Kommentar Rdnr. 2; MünchHdb. AG/*Krieger* § 70 Rdnr. 184.
[6] Insoweit zustimmend *Hüffer* Rdnr. 3.

die die vertragstypischen Leistungen erbringt, bei einem Beherrschungs- oder Gewinnabführungsvertrag also der Vorstand der *abhängigen* AG.[7] Aus dem Gesagten folgt zugleich, daß den **anderen** Vertragsteil keine Anmeldepflicht trifft. Lediglich bei einer Gewinngemeinschaft nach § 292 Abs. 1 Nr. 1 obliegt die Anmeldepflicht jeder an der Gewinngemeinschaft beteiligten AG oder KGaA.

§ 298 wird entsprechend auf die **GmbH** angewandt, soweit bei ihr für die Beendigung **6** von Unternehmensverträgen vergleichbare Regeln wie bei der AG gelten.[8] Dies trifft zwar für die Kündigung des Vertrags zu, nicht jedoch für dessen Aufhebung, auf die richtiger Meinung nach abweichend von § 296 AktG die §§ 53 und 54 GmbHG anzuwenden sind.[9]

3. Anmeldung. a) Verpflichteter. Die Anmeldepflicht obliegt jedem Vorstandsmit **7** glied der jeweils verpflichteten Gesellschaft sowie bei einer KGaA den persönlich haftenden Gesellschaftern (Rdnr. 5). Mitwirken müssen an der Anmeldung jeweils so viele Vorstandsmitglieder, wie zur Vertretung der Gesellschaft erforderlich sind (s. § 294 Rdnr. 6). Die Anmeldung hat unverzüglich nach Eintritt der Vertragsbeendigung (nicht schon vorher) zu erfolgen, d. h. ohne schuldhaftes Zögern (§ 121 BGB). Kommt der Vorstand der betroffenen Gesellschaft dieser Verpflichtung nicht nach, so kann er zur Anmeldung vom Registergericht durch die Festsetzung von Zwangsgeld angehalten werden (§ 14 HGB). Insoweit unterscheidet sich die Rechtslage bei § 298 grundlegend von der bei § 294 (s. § 294 Rdnr. 7). Für die Form der Anmeldung ist § 12 HGB zu beachten.

b) Inhalt. Nach § 298 sind anzumelden die Beendigung des Unternehmensvertrages, **8** der Grund sowie der Zeitpunkt der Beendigung. Dabei ist der Unternehmensvertrag **konkret** entsprechend seiner Eintragung im Handelsregister zu bezeichnen (§ 43 Nr. 6 lit. g HRV).[10] Der Grund der Beendigung, zB der Abschluß eines Aufhebungsvertrages (§ 296), die Kündigung des Vertrages (§ 297) oder seine Nichtigkeit sind gleichfalls im einzelnen anzugeben, schon wegen der Prüfungspflicht des Registergerichts (Rdnr. 10). Der Zeitpunkt der Beendigung muß ebenfalls genannt werden, weil die Eintragung nur deklaratorische Wirkung hat (Rdnr. 1). Daraus folgt zugleich, daß die Anmeldepflicht erst durch den Eintritt der Vertragsbeendigung ausgelöst wird (Rdnr. 7), nicht also schon vorher etwa durch den Abschluß des Aufhebungsvertrages.[10a]

c) Anlagen. Anders als in § 294 Abs. 1 S. 2 (s. § 294 Rdnr. 13 ff.) sagt das Gesetz in **9** § 298 nichts über die der Anmeldung beizufügenden Anlagen. Deshalb ist hier § 294 Abs. 1 S. 2 entsprechend anzuwenden.[11] Dies bedeutet, daß der Anmeldung die Urkunden, aus denen sich die Beendigung des Unternehmensvertrages ergibt, in Urschrift, Ausfertigung oder öffentlich beglaubigter Abschrift beizufügen sind (s. § 12 Abs. 1 HGB). Beispiele sind der Aufhebungsvertrag (s. § 296 Abs. 1 S. 3), das Kündigungsschreiben (s. § 297 Abs. 3) oder das Urteil, das die Nichtigkeit des Unternehmensvertrages feststellt, zB infolge wirksamer Anfechtung eines Zustimmungsbeschlusses (§§ 243, 248). Setzt die Beendigung einen Sonderbeschluß der außenstehenden Aktionäre nach den §§ 296 Abs. 2 oder 297 Abs. 2 voraus, so genügt dagegen grundsätzlich die Bezugnahme auf die Niederschrift des Beschlusses, da diese sich ohnehin in aller Regel bei den Akten befindet (s. §§ 138 S. 2 und 130 Abs. 5).[12] Lediglich wenn das ausnahmsweise nicht der Fall ist, muß der Anmeldung auch die Niederschrift über den Sonderbeschluß beigefügt werden.

[7] S. im einzelnen Rdnr. 7; *Hüffer* Rdnr. 2; *Koppensteiner* in Kölner Kommentar Rdnr. 2.

[8] BGHZ 116, 37, 43 f. = LM AktG § 302 Nr. 5 = NJW 1992, 505 = AG 1992, 83 „Stromlieferungen/Hansa-Feuerfest"; *Henze* Konzernrecht Tz. 200 (S. 72 f.); *Michalski/Zeidler* GmbHG Bd. I Syst. Darst. 4 Rdnr. 128, 133.

[9] S. § 296 Rdnr. 7; OLG Oldenburg NZG 2000, 1138, 1139; *Fleischer/Rentsch* NZG 2000, 1141; *Scholz/Emmerich* GmbHG § 44 Anh. Rdnr. 195–202; anders eine verbreitete Meinung, insbes.

BayObLG GmbHR 2003, 476 f.; OLG Frankfurt AG 1994, 85 = NJW-RR 1994, 296 = GmbHR 1994, 809; OLG Karlsruhe AG 1995, 38 = NJW-RR 1994, 1062 = ZIP 1994, 1022 „Mannesmann/Kienzle"; s. auch MünchKommAktG/*Altmeppen* Rdnr. 3.

[10] Abgedruckt bei *Baumbach/Hopt* (S. 1228).

[10a] BayObLG (Fn. 9).

[11] MünchKommAktG/*Altmeppen* Rdnr. 7; *Hüffer* Rdnr. 4; *Koppensteiner* in Kölner Kommentar Rdnr. 3.

[12] *Altmeppen* und *Hüffer* (vorige Fn.).

10   **d) Verfahren.** Für die Zuständigkeit, das Verfahren und die Prüfungspflicht des Registergerichts gilt hier dasselbe wie bei § 294 (s. deshalb § 294 Rdnr. 18 f.). Daher hat das Registergericht auch hier (nur) bei Anhaltspunkten für die Unrichtigkeit der Anmeldung den Zweifeln nachzugehen und den Sachverhalt gegebenenfalls von Amts wegen zu ermitteln (§ 12 FGG).[13] Dies bedeutet zB, daß das Registergericht, wenn Anhaltspunkte für das Fehlen eines wichtigen Grundes iS des § 297 Abs. 1 bestehen, in die materielle Prüfung der Wirksamkeit der Kündigung eintreten muß.[14]

11   **4. Eintragung.** Der Inhalt der Eintragung entspricht dem Inhalt der Anmeldung (Rdnr. 8). Einzutragen sind mithin die Beendigung des Unternehmensvertrages, der Grund sowie der Zeitpunkt der Beendigung, und zwar in der Abteilung B Spalte 6 (s. § 43 Nr. 6 lit. g HRV). Eine Eintragung vor diesem Zeitpunkt, etwa unmittelbar nach Abschluß des Aufhebungsvertrages, scheidet aus.[15] Die Eintragung wird nach § 10 HGB bekanntgemacht und löst die Fristen der §§ 302 Abs. 3 S. 1 und 303 Abs. 1 S. 1 aus.

§ 299 Ausschluß von Weisungen

Auf Grund eines Unternehmensvertrags kann der Gesellschaft nicht die Weisung erteilt werden, den Vertrag zu ändern, aufrechtzuerhalten oder zu beenden.

1   **1. Zweck.** Nach § 299 kann aufgrund eines Unternehmensvertrages der abhängigen Gesellschaft nicht die Weisung erteilt werden, den Vertrag zu ändern, aufrechtzuerhalten oder zu beenden. Die Gesetzesverfasser haben damit den Zweck verfolgt, der abhängigen Gesellschaft und ihrem Vorstand die freie, eigenverantwortliche Entscheidung über die Vertragsdauer zu ermöglichen.[1] Hierbei ist jedoch übersehen worden, daß bei Beherrschungsverträgen, auf die sich der Sache nach der Anwendungsbereich des § 299 beschränkt (Rdnr. 2), das herrschende Unternehmen ohne Rücksicht auf § 299 doch immer in der Lage ist, seinen Einfluß hinsichtlich der Änderung, der Aufrechterhaltung oder der Beendigung des Vertrages geltend zu machen, notfalls auf dem Weg über die §§ 83 und 119 Abs. 2 (s. Rdnr. 6 f.). § 299 hat aus diesem Grund allenfalls begrenzte **haftungsrechtliche** Bedeutung, da sich der Vorstand, wenn er wegen einer für die Gesellschaft nachteiligen Änderung oder Beendigung eines Beherrschungsvertrages in Anspruch genommen wird (§§ 93 Abs. 2, 310 Abs. 1), zu seiner Entlastung mit Rücksicht auf § 299 **nicht** auf eine Weisung des herrschenden Unternehmens berufen kann (s. § 310 Abs. 3; s. Rdnr. 5).

2   **2. Anwendungsbereich.** § 299 spricht zwar ganz allgemein von Unternehmensverträgen, meint aber der Sache nach allein *Beherrschungsverträge* iSd. § 291 Abs. 1, da nur diese dem anderen Vertragsteil ein Weisungsrecht verleihen (§ 308).[2] Auch für die Eingliederung hat § 299 (trotz des § 323) keine Bedeutung, weil sie nicht auf einem Unternehmensvertrag iSd. § 299 beruht. Keine Rolle spielt dagegen, ob der Beherrschungsvertrag allein steht oder mit einem anderen Unternehmensvertrag verbunden ist. In jedem Fall greift § 299 ein. Die Vorschrift muß ihrem Sinn und Zweck nach ferner Anwendung finden, wenn die Parteien rechtlich unverbunden neben dem Beherrschungsvertrag noch andere Unternehmensverträge abgeschlossen haben, weil die Reichweite des § 299 nicht davon abhängen kann, ob die Parteien die verschiedenen Verträge verbunden haben oder nicht.[3]

3   Die Anwendung des § 299 setzt weiter voraus, daß der Beherrschungsvertrag gerade **zwischen** dem die Weisung aussprechenden Unternehmen und dem Adressaten der Weisung besteht. Nicht erfaßt werden dagegen Verträge, die die abhängige Gesellschaft (als Adressat der Weisung) **mit dritten Unternehmen** abgeschlossen hat, so daß das herrschende Unternehmen hinsichtlich solcher Verträge der abhängigen Gesellschaft nach § 308

---

[13] OLG Düsseldorf AG 1995, 137, 138 = NJW-RR 1995, 233 = WM 1994, 2020.
[14] OLG Düsseldorf (vorige Fn.); MünchKomm-AktG/*Altmeppen* Rdnr. 12.
[15] BayObLG GmbHR 2003, 476, 478.

[1] S. die Begr. zum RegE bei *Kropff* AktG S. 387.
[2] Ebenso MünchKommAktG/*Altmeppen* Rdnr. 3; *Hüffer* Rdnr. 2.
[3] MünchKommAktG/*Altmeppen* Rdnr. 4 f.; *Hüffer* Rdnr. 2; *Koppensteiner* (Fn. 7)

durchaus auch Weisungen iSd. § 299 erteilen kann.[4] Folglich kann zB in mehrstufigen Konzernen die Muttergesellschaft ihre Tochtergesellschaft durchaus anweisen, einen Unternehmensvertrag mit einer Schwester- oder Enkelgesellschaft zu ändern, aufrechtzuerhalten oder zu beenden (§ 308 Abs. 1). Darin liegt kein Verstoß gegen § 299.[5] Auf die **GmbH** kann § 299 unbedenklich entsprechend angewandt werden.

3. Verbotene Weisungen. In den genannten Fällen (Rdnr. 2 f.) verbietet § 299 Weisun- **4** gen über die Änderung, die Aufrechterhaltung oder die Beendigung des zwischen den *Parteien* bestehenden Beherrschungsvertrages. Beispiele sind die Weisung an die abhängige Gesellschaft, mit dem herrschenden Unternehmen einen Aufhebungsvertrag iSd. § 296 abzuschließen (s. § 296 Rdnr. 1) oder eine Kündigung des Vertrags nach § 297 auszusprechen oder zu unterlassen (zur Vertragsänderung s. Rdnr. 6).

§ 299 ist ein gesetzliches Verbot iSd. § 134 BGB, so daß entgegenstehende Weisungen **5** *nichtig* sind und vom Vorstand nicht beachtet werden dürfen. Verstößt der Vorstand der abhängigen Gesellschaft durch die Befolgung der Weisung gegen dieses Verbot, so macht er sich nach den §§ 93 Abs. 2 und 310 Abs. 2 **ersatzpflichtig.**[6] Dieselbe Ersatzpflicht trifft nach § 309 Abs. 2 die gesetzlichen Vertreter des herrschenden Unternehmens sowie dieses selbst (s. § 309 Rdnr. 20 f.), sofern sie entgegen § 299 Weisungen erteilen.

4. Hauptversammlung. Aufgrund eines Beherrschungsvertrages kann das herrschende **6** Unternehmen allein dem *Vorstand* der abhängigen Gesellschaft Weisungen erteilen (§ 308 Abs. 1 S. 1). Die Hauptversammlung ist dagegen, soweit ihre Zuständigkeit reicht, weisungsfrei (§ 308 Rdnr. 42) Wichtig ist das vor allem für **Vertragsänderungen,** da diese nach den §§ 295 Abs. 1 S. 2 und 293 Abs. 1 und 2 der Zustimmung der Hauptversammlung bedürfen. Die Folge ist, daß hier Raum für die Anwendung des § 83 ist, so daß das herrschende Unternehmen über seine regelmäßige Hauptversammlungsmehrheit den Vorstand der abhängigen Gesellschaft trotz des § 299 im Ergebnis doch anweisen kann, eine Änderung des Vertrages vorzubereiten (§ 83 Abs. 1 S. 2) und durchzuführen (§ 83 Abs. 2).[7] Sollte der Hauptversammlungsbeschluß für die Gesellschaft nachteilig sein, so muß ihn der Vorstand freilich anfechten (§§ 243, 245 Nr. 4), widrigenfalls er sich wiederum ersatzpflichtig macht (§ 93 Abs. 2).[8]

Im Gegensatz zur Vertragsänderung (Rdnr. 6) sind die **Aufhebung und die Kündigung** **7** des Vertrags Geschäftsführungsmaßnahmen, die in die alleinige Zuständigkeit des Vorstands fallen (s. §§ 77, 296, 297). Folglich kann die Hauptversammlung insoweit dem Vorstand keine Weisungen erteilen. Der Vorstand ist jedoch nicht gehindert, von sich aus die Frage der Aufhebung oder der Kündigung des Vertrages der Hauptversammlung nach § 119 Abs. 2 zur Entscheidung vorzulegen, so daß er anschließend an den Beschluß der Hauptversammlung gebunden ist (§ 83 Abs. 2). Hierzu kann er auch von dem herrschenden Unternehmen nach § 308 Abs. 1 angewiesen werden.[9]

5. Aufsichtsrat. Im Gegensatz zur Hauptversammlung (Rdnr. 6 f.) hat der Aufsichtsrat **8** in keinem Fall ein Weisungsrecht gegenüber dem Vorstand. Der Aufsichtsrat kann jedoch die Änderung, die Aufrechterhaltung oder die Beendigung von Unternehmensverträgen nach § 111 Abs. 4 S. 2 von seiner Zustimmung abhängig machen; auch dem steht § 299 nicht entgegen.[10]

[4] MünchKommAktG/*Altmeppen* Rdnr. 5, 12–15; *Hüffer* Rdnr. 3; *Koppensteiner* in Kölner Kommentar Rdnr. 3; MünchHdb. AG/*Krieger* § 70 Rdnr. 164; wohl auch OLG Karlsruhe AG 1991, 144, 146 = NJW-RR 1991, 553 „ASEA/BBC".
[5] OLG Karlsruhe (vorige Fn.).
[6] S. schon Rdnr. 1; MünchKommAktG/*Altmeppen* Rdnr. 20; *Hüffer* Rdnr. 4.
[7] *Hüffer* Rdnr. 6; anders MünchKommAktG/*Altmeppen* Rdnr. 7–9.

[8] MünchKommAktG/*Altmeppen* Rdnr. 17; *Koppensteiner* in Kölner Kommentar Rdnr. 4; MünchHdb. AG/*Krieger* § 70 Rdnr. 164.
[9] S. § 296 Rdnr. 10; MünchHdb. AG/*Krieger* § 70 Rdnr. 164; anders *Hüffer* Rdnr. 6; MünchKommAktG/*Altmeppen* § 296 Rdnr. 20, § 299 Rdnr. 18.
[10] MünchKommAktG/*Altmeppen* Rdnr. 16; *Hüffer* Rdnr. 5.

Dritter Abschnitt. Sicherung der Gesellschaft und der Gläubiger

§ 300 Gesetzliche Rücklage

In die gesetzliche Rücklage sind an Stelle des in § 150 Abs. 2 bestimmten Betrags einzustellen,

1. wenn ein Gewinnabführungsvertrag besteht, aus dem ohne die Gewinnabführung entstehenden, um einen Verlustvortrag aus dem Vorjahr geminderten Jahresüberschuß der Betrag, der erforderlich ist, um die gesetzliche Rücklage unter Hinzurechnung einer Kapitalrücklage innerhalb der ersten fünf Geschäftsjahre, die während des Bestehens des Vertrags oder nach Durchführung einer Kapitalerhöhung beginnen, gleichmäßig auf den zehnten oder den in der Satzung bestimmten höheren Teil des Grundkapitals aufzufüllen, mindestens aber der in Nummer 2 bestimmte Betrag;

2. wenn ein Teilgewinnabführungsvertrag besteht, der Betrag, der nach § 150 Abs. 2 aus dem ohne die Gewinnabführung entstehenden, um einen Verlustvortrag aus dem Vorjahr geminderten Jahresüberschuß in die gesetzliche Rücklage einzustellen wäre;

3. wenn ein Beherrschungsvertrag besteht, ohne daß die Gesellschaft auch zur Abführung ihres ganzen Gewinns verpflichtet ist, der zur Auffüllung der gesetzlichen Rücklage nach Nummer 1 erforderliche Betrag, mindestens aber der in § 150 Abs. 2 oder, wenn die Gesellschaft verpflichtet ist, ihren Gewinn zum Teil abzuführen, der in Nummer 2 bestimmte Betrag.

Schrifttum: *Adler/Düring/Schmaltz (ADS),* Rechnungslegung und Prüfung von Unternehmen Bd. 4, 6. Aufl. 1997, AktG § 300 (S. 669 ff.); *Emmerich/Sonnenschein/Habersack* § 20 I–II (S. 278 ff.); *Grüner,* Die Beendigung von Gewinnabführungs- und Beherrschungsverträgen, Diss. Bayreuth 2001; *Henze* Konzernrecht Tz. 326 ff. (S. 119 ff.); *Kleindiek,* Strukturvielfalt im Personengesellschafts-Konzern, 1991; *R. Kohl,* Die Kompetenz zur Bildung von Gewinnrücklagen im Aktienkonzern, 1991; *MünchHdb. AG/Krieger* § 70 Rdnr. 51 ff., § 71 Rdnr. 15 f. (S. 1039, 1109); *Limmer,* Die Haftungsverfassung des faktischen GmbH-Konzerns, 1992; *Raiser* Kapitalgesellschaften § 54 IV 1 (Tz. 46 ff. [S. 894 f.]); *U. Schneider,* Das Recht der Konzernfinanzierung, ZGR 1984, 493; *St. Simon,* Steuerumlagen im mehrstufigen Vertragskonzern, ZIP 2001, 1697; *Veit,* Unternehmensverträge und Eingliederung als aktienrechtliche Instrumente der Unternehmensverbindung, 1974, S. 83 ff.; *ders.,* Die obligatorische Rücklagenbildung einer gewinnabführenden im Vergleich zu der einer selbständigen Aktiengesellschaft, DB 1974, 1245.

Übersicht

I. Überblick

1 Mit § 300 beginnen die Vorschriften des AktG zur Sicherung der Gesellschaft, ihrer Gläubiger und ihrer außenstehenden Aktionäre im Vertragskonzern (§§ 300 bis 307). Diese Vorschriften zerfallen deutlich in drei Gruppen. Den Anfang bildet die Regelung der §§ 300 bis 303, mit der in erster Linie der Zweck verfolgt wird, der Gesellschaft bei

Abschluß eines Beherrschungs- oder Gewinnabführungsvertrages im Interesse ihrer Gläubiger ihr *bilanzmäßiges Anfangsvermögen*, vermehrt um die gesetzliche Rücklage des § 150, zu erhalten, wodurch das Gesetz einen Beitrag zur Sicherung der durch den Abschluß eines Beherrschungs- oder Gewinnabführungsvertrags bedrohten Überlebensfähigkeit der Gesellschaft nach Beendigung dieser Verträge leisten will.[1] Aus diesem Grunde trifft das Gesetz in § 300 zunächst Vorsorge für die ordnungsmäßige Dotierung der gesetzlichen Rücklage des § 150 während der üblichen Dauer von Beherrschungs- und Gewinnabführungsverträgen von fünf Jahren (s. § 14 Abs. 1 Nr. 3 S. 1 KStG). Im Anschluß daran bestimmt § 301 eine Obergrenze für die Gewinnabführung aufgrund eines Gewinnabführungs- oder Teilgewinnabführungsvertrages, während § 302 das herrschende Unternehmen zur Übernahme jedes *während* des Bestandes des Vertrags entstehenden Jahresfehlbetrages verpflichtet, so daß die abhängige Gesellschaft während der Dauer des Vertrages stets mit einem zumindest ausgeglichenen Ergebnis abschließt. Für den Schutz (nur) der Gläubiger in der Zeit *nach* Beendigung des Vertrages sorgt schließlich § 303.

Die folgenden §§ 304 bis 307 dienen dagegen vorrangig dem Schutz der außenstehen- **1 a** den Aktionäre, denen durch die Statuierung besonderer Ausgleichs- und Abfindungsansprüche eine Entschädigung dafür geboten wird, daß ihr Unternehmen im Vertragskonzern fortan nicht mehr in ihrem gemeinsamen Interesse betrieben wird. Abgerundet wird die Regelung durch die gesetzliche Festlegung des Umfangs des Weisungsrechts des herrschenden Unternehmens (§ 308) sowie durch eine besondere Organhaftung der Vertreter des herrschenden Unternehmens (§ 309) und der abhängigen Gesellschaft (§ 310). Hintergrund der gesetzlichen Regelung ist die Überlegung der Gesetzesverfasser, daß die Zulassung des Vertragskonzerns nur vertretbar ist, wenn das Gesetz zugleich für einen wirksamen Schutz der außenstehenden Aktionäre gegen eine Beeinträchtigung ihres Mitgliedschaftsrechtes auf Gewinnbeteiligung und für einen Schutz der Gläubiger gegen einen Verlust der ihnen haftenden Vermögensmasse durch eine Aushöhlung der Gesellschaftssubstanz sorgt. Denn das Interesse des herrschenden Unternehmens, die abhängige Gesellschaft seinen Zwecken nutzbar zu machen, verdient unter keinem rechtlichen Gesichtspunkt den Vorrang vor den Interessen der Minderheit und der Gläubiger, da es sich bei diesen Interessen ohne Ausnahme um Vermögensinteressen handelt, die prinzipiell gleichwertig sind.[2]

Bereits den Gesetzesverfassern war jedoch klar gewesen, daß die geschilderten Maßnah- **2** men (Rdnr. 1 f.) *nicht* ausreichen, um tatsächlich die *Überlebensfähigkeit* der abhängigen Gesellschaft nach Beendigung eines Beherrschungs- oder Gewinnabführungsvertrages zu gewährleisten.[3] Der Grund hierfür ist in erster Linie darin zu sehen, daß das herrschende Unternehmen durch die §§ 300 bis 302 nicht daran gehindert wird, vorvertragliche stille Reserven der abhängigen Gesellschaft nach ihrer Auflösung an sich abzuführen oder deren Vermögenssubstanz zu ihrem Nachteil umzuschichten, solange nur eben das *bilanzmäßige* Anfangsvermögen erhalten bleibt.[4] Ebensowenig hat das Gesetz für die Ausstattung der abhängigen Gesellschaft mit der erforderlichen Liquidität sowie für ihre Fortentwicklung, etwa durch die Bildung zusätzlicher Rücklagen und die Vornahme von Investitionen gesorgt.[5]

---

[1] Vgl. die Begr. zum RegE des § 300, bei *Kropff* AktG S. 388.

[2] S. *Emmerich / Sonnenschein / Habersack* § 20 I 1 (S. 279 f.); *Filbinger*, Die Schranken der Mehrheitsherrschaft im Aktienrecht und Konzernrecht, 1942, S. 15, 57, 130 ff.; *Mestmäcker*, Festgabe für Kronstein, 1967, S. 129, 131.

[3] S. die Begr. zum RegE des § 303 und des § 305, bei *Kropff* S. 393 o., 397 o.; *Emmerich / Sonnenschein / Habersack* § 20 I 1 (S. 280 f.); *Grüner* Beendigung Teil II.

[4] Dies betont auch das BVerfG: NJW 1999, 1701 = AG 1999, 217 = NZG 1999, 397 „Tarkett/Pegulan"; NJW 1999, 1699 = AG 1999, 218 = NZG 1999, 302 „SEN/KHS"; ebenso BGHZ 105, 168, 182 ff. = NJW 1988, 3143 = AG 1989, 27 „HSW" (Vorinstanz: OLG Hamburg AG 1988, 22, 24 = WM 1987, 1163, 1169); *Hommelhoff* WM 1984, 1105; *Kleindiek* Strukturvielfalt S. 162, 203 ff.; *Limmer* Haftungsverfassung S. 213 ff.; *Priester* ZIP 1989, 1301; *U. Schneider* ZGR 1984, 493.

[5] S. BGH (vorige Fn.); *Emmerich / Sonnenschein / Habersack* § 20 I 2 (S. 280 f. m. Nachw.).

2a   Geht man nun von der regelmäßigen Dauer von Beherrschungs- und Gewinnabführungsverträgen von (mindestens) fünf Jahren aus (s. § 14 Abs. 1 Nr. 3 S. 1 KStG), so liegt es angesichts der geschilderten Rechtslage auf der Hand, daß die Aktionäre hier durchweg **Gefahr** laufen, bei Vertragsende trotz Beachtung der §§ 300 bis 303 durch das herrschende Unternehmen eine nicht mehr lebensfähige, weil ihrer Substanz beraubte, illiquide oder durch die Unterlassung der erforderlichen Investitionen nicht mehr konkurrenzfähige Gesellschaft zurückzuerhalten. Wie man hier gegensteuern kann, ist angesichts des Umstandes, daß die Gesetzesverfasser bewußt nur für einen Schutz der *Gläubiger* durch § 303 gesorgt haben, nach wie vor ungeklärt. Nach dem gegenwärtigen Stand der Diskussion verspricht aber noch den größten Erfolg die Entwicklung substantieller Schranken des Weisungsrechts zum Schutz der abhängigen Gesellschaft.[6]

3   Der **Anwendungsbereich** der §§ 300 bis 303 beschränkt sich nicht strikt auf Beherrschungsverträge sowie auf die mit ihnen in der Regel zu Organschaftsverträgen verbundenen Gewinnabführungsverträge; vielmehr finden sich daneben in § 300 Nrn. 2 und 3 sowie in § 302 Abs. 2 auch noch Vorschriften für Teilgewinnabführungsverträge sowie für Betriebspacht- und Betriebsüberlassungsverträge, die im Ergebnis wenig überzeugende Durchbrechungen des gesetzlichen Regelungskonzepts darstellen.[7] Denn entweder handelt es sich bei diesen Verträgen, wie die Gesetzesverfasser angenommen haben, um normale schuldrechtliche Austauschverträge, – dann sind die erwähnten Schutzmaßnahmen entbehrlich; oder diese Verträge sind eben doch regelmäßig Instrumente der Eingliederung der abhängigen Gesellschaft in den Konzern des herrschenden Unternehmens, – dann aber reichen die sporadischen gesetzlichen Schutzmaßnahmen in § 300 Nr. 2 und Nr. 3 sowie in § 302 Abs. 2 zugunsten der abhängigen Gesellschaft, ihrer Aktionäre und ihrer Gläubiger schwerlich aus (s. § 292 Rdnr. 3f.).

II. Zweck

4   Bei Abschluß eines Beherrschungs- oder Gewinnabführungsvertrages ist die regelmäßige Dotierung der gesetzlichen Rücklage des § 150 nicht mehr gewährleistet. Aus diesem Grund trifft das Gesetz in § 300 durch besondere, über § 150 hinausgehende Regeln Vorsorge dafür, daß bereits *während der üblichen Dauer* dieser Verträge von *fünf Jahren* (s. § 14 Abs. 1 Nr. 3 S. 1 KStG) die gesetzliche Rücklage nach Möglichkeit (vorzeitig) aufgefüllt wird (s. Rdnr. 1). Lediglich bei den Teilgewinnabführungsverträgen des § 292 Abs. 1 Nr. 2 verfolgt das Gesetz statt dessen den bescheideneren Zweck, jedenfalls die Beachtung des § 150 sicherzustellen.[8]

5   Die gesetzliche Regelung krankt daran, daß die Anwendung des § 300 ebenso wie die des § 150 voraussetzt, daß bei der abhängigen Gesellschaft (ohne den Vertrag) überhaupt ein Jahresüberschuß entsteht, aus dem die gesetzliche Rücklage dotiert werden kann. Dies ist indessen keineswegs gewährleistet, da das herrschende Unternehmen über zahlreiche Mittel verfügt, die Entstehung eines Jahresüberschusses bei der abhängigen Gesellschaft von vornherein zu verhindern, insbes. durch Weisungen hinsichtlich der Ausübung der verschiedenen Bilanzierungswahlrechte sowie durch nachteilige Konzernverrechnungspreise oder Konzernumlagen, wodurch der Gewinn bei der abhängigen Gesellschaft vorweg abgeschöpft wird.[9] Die Folge ist, daß dann die gesetzliche Regelung weitgehend leerläuft (s. aber Rdnr. 21).

6   § 300 bezweckt den Schutz der abhängigen Gesellschaft durch die Sicherstellung der regelmäßigen Dotierung der gesetzlichen Rücklage des § 150. Daraus folgt, daß die Vorschrift zu Gunsten der abhängigen Gesellschaft **zwingendes Recht** ist mit der Folge, daß von § 300 weder durch die Satzung noch durch den Unternehmensvertrag **zum Nachteil** der abhängigen Gesellschaft abgewichen werden darf (§ 134 BGB; § 23 Abs. 5 AktG).

---

[6] Wegen der Einzelheiten s. § 296 Rdnr. 2, 25, § 308 Rdnr. 55 ff.; *Grüner* Beendigung Teil II und VII.

[7] Ebenso *Koppensteiner* in Kölner Kommentar Vor § 300 Rdnr. 3 ff.

[8] S. *ADS* Rdnr. 1 ff.

[9] S. schon § 291 Rdnr. 65; BVerfG (Fn. 4).

Satzungsklauseln oder sonstige Abreden, durch die die Anforderungen an die Auffüllung der gesetzlichen Rücklage gegenüber dem Standard des § 300 *herabgesetzt* werden, sind daher nichtig.[10] Dasselbe gilt für Weisungen des herrschenden Unternehmens, die mit § 300 unvereinbar sind (§ 134 BGB). Ebenso zu behandeln ist schließlich ein Jahresabschluß, der auf einer Verletzung des § 300 beruht (§ 256 Abs. 1 Nrn. 1 und 4).[11]

§ 300 soll nur eine Benachteiligung der abhängigen Gesellschaft gegenüber der gesetz-　**6 a** lichen Regelung hinsichtlich der Dotierung der gesetzlichen Rücklage verhindern. Unbedenklich sind dagegen Abreden, durch die die Lage der abhängigen Gesellschaft gegenüber der gesetzlichen Regelung (§§ 150, 300) *verbessert* wird. Die §§ 300 und 301 regeln nur den *Höchstbetrag* einer zulässigen Gewinnabführung im Rahmen eines Gewinnabführungsvertrages (s. § 301 Rdnr. 7 ff.), so daß es den Parteien jederzeit freisteht, sich auch mit der Abführung eines niedrigeren Betrages als nach den §§ 300 Nr. 1 und 301 zulässig zu begnügen. Dabei kann auch zugleich geregelt werden, daß diese zwar nach dem Gesetz abführungsfähigen, nach dem Vertrag aber nicht abzuführenden Beträge in *Rücklagen* eingestellt werden sollen, um die Substanz der abhängigen Gesellschaft zu stärken. § 300 steht solchen Abreden der Parteien nicht entgegen.

III. Anwendungsbereich

Der Anwendungsbereich des § 300 beschränkt sich auf Beherrschungs-, Gewinnabfüh-　**7** rungs- und Teilgewinnabführungsverträge mit einer deutschen AG oder KGaA, während die Rechtsform und die Nationalität des herrschenden Unternehmens keine Rolle spielen. Erfaßt werden insbes. auch Verträge mit 100%igen Tochtergesellschaften.[12] Dagegen kann § 300 auf die **GmbH** nicht entsprechend angewandt werden, weil das deutsche GmbH-Recht anders als etwa das österreichische (bisher) keine gesetzliche Rücklage kennt.[13] Unanwendbar ist § 300 außerdem im Falle der Eingliederung der abhängigen Gesellschaft in die Hauptgesellschaft, selbst wenn zwischen den Parteien zusätzlich ein Gewinnabführungsvertrag abgeschlossen wurde (§ 324 Abs. 1; s. § 324 Rdnr. 3 ff.).

§ 300 unterscheidet im einzelnen *fünf* Fälle. Es sind dies der Reihe nach der Abschluß　**8** eines Gewinnabführungsvertrages, und zwar allein (Nr. 1 des § 300) oder zusammen mit einem Beherrschungsvertrag (Nrn. 1 und 3 des § 300), der Abschluß eines Teilgewinnabführungsvertrages (Nr. 2 des § 300), der Abschluß eines isolierten oder auch reinen Beherrschungsvertrages (Nr. 3 des § 300 Fall 1) sowie die wohl ausgesprochen seltene Kombination eines Beherrschungs- mit einem Teilgewinnabführungsvertrag (Nr. 3 des § 300 Fall 2). Diese Fälle sind im folgenden im einzelnen zu betrachten (Rdnr. 9 ff.).

IV. Gewinnabführungsvertrag (§ 300 Nr. 1)

Schrifttum: MünchKommAktG/*Altmeppen* Rdnr. 13–19; *Emmerich/Sonnenschein/Habersack* § 20 II 2 (S. 283 f.); *Henze* Konzernrecht Tz. 326 ff. (S. 119 ff.); *Hüffer* Rdnr. 4, 9; *Koppensteiner* in Kölner Kommentar Rdnr. 12; MünchHdb. AG/*Krieger* § 71 Rdnr. 15; *Veit* Unternehmensverträge S. 90 ff.; *ders.* DB 1974, 1245.

1. Allgemeines. Nach der Nr. 1 des § 300 ist im Fall des Abschlusses eines Gewinn-　**9** abführungsvertrages an Stelle des in § 150 Abs. 2 bestimmten Betrages derjenige Betrag aus dem ohne die Gewinnabführung entstehenden, um einen Verlustvortrag aus dem Vorjahr geminderten Jahresüberschuß in die gesetzliche Rücklage einzustellen, der erforderlich ist, um diese unter Hinzurechnung einer Kapitalrücklage *innerhalb* der ersten *fünf* Geschäftsjahre, die während des Bestehens des Vertrags oder nach Durchführung einer Kapitalerhöhung beginnen, gleichmäßig auf den zehnten *oder* den in der Satzung bestimmten höheren Teil des Grundkapitals aufzufüllen, *mindestens* aber der in Nr. 2 bestimmte Betrag. Wie der Vergleich

[10] *Hüffer* Rdnr. 1.
[11] *ADS* Rdnr. 5 f.; MünchKommAktG/*Altmeppen* Rdnr. 9.
[12] *Koppensteiner* in Kölner Kommentar Vor § 300 Rdnr. 8.

[13] *Scholz/Emmerich* GmbHG § 44 Anh. Rdnr. 208–211; *Raiser* Kapitalgesellschaften § 54 Rdnr. 47.

mit der Nr. 3 des § 300 ergibt, erfaßt das Gesetz hier *zwei* Fälle, einmal den häufigen Abschluß eines kombinierten Beherrschungs- und Gewinnabführungsvertrags (sog. Organschaftsvertrag; s. Rdnr. 20), zum andern den (ausgesprochen seltenen) Fall des Abschlusses eines isolierten Gewinnabführungsvertrages mit einer AG oder KGaA.[14] Gleich steht der Abschluß eines (unentgeltlichen) Geschäftsführungsvertrages iSd. § 291 Abs. 1 S. 2 (Rdnr. 17).

10 Das Gesetz bestimmt in § 300 Nr. 1 für die beiden geregelten Fälle (Rdnr. 9), wie sich aus der Bezugnahme auf die Nr. 2 der Vorschrift und damit auf § 150 Abs. 2 ergibt, im einzelnen **zwei Untergrenzen** der Rücklagendotierung. Die **eine** Untergrenze folgt aus dem *immer* anwendbaren § 150 Abs. 2 (s. die Nr. 1 des § 300 iVm. der Nr. 2), die **andere** aus der zusätzlich eingreifenden Vorschrift des § 300 Nr. 1 (Rdnr. 11 ff.). Maßgeblich ist die jeweils *höhere* Untergrenze, womit, wie schon betont (Rdnr. 4 ff.), der Zweck verfolgt wird, nach Möglichkeit während der üblichen Laufzeit eines Gewinnabführungsvertrages von fünf Jahren (s. § 14 Abs. 1 Nr. 3 S. 1 KStG) die Dotierung der gesetzlichen Rücklage in der vom Gesetz (§ 150) oder der Satzung vorgeschriebenen Höhe sicherzustellen. Die notwendige Folge dieses Regelungskonzepts ist, daß die Anwendung des § 300 Nr. 1 nur zu einer *Verschärfung* der Rücklagendotierung gegenüber der allgemeinen Regelung des § 150 Abs. 2 führen kann, nicht dagegen zu einer Abmilderung. Zu demselben Ergebnis führen beide Vorschriften nur unter der Voraussetzung, daß bei Beginn des Vertrags noch keine gesetzliche Rücklage gebildet war und der (fiktive) Jahresüberschuß 40% des Grundkapitals beträgt.[15] Bestand bereits bei Vertragsbeginn eine gesetzliche Rücklage, so verschiebt sich diese Grenze entsprechend nach unten.[16]

11 **2. Erste Untergrenze (§ 150 Abs. 2).** Ausgangspunkt ist nach dem Gesagten (Rdnr. 10) § 150 Abs. 2, wonach in die gesetzliche Rücklage der zwanzigste Teil (5%) des um einen Verlustvortrag aus dem Vorjahr geminderten sogenannten *berichtigten* Jahresüberschusses einzustellen ist, bis die gesetzliche Rücklage und die Kapitalrücklagen nach § 272 Abs. 2 Nr. 1 bis 3 HGB zusammen den zehnten *oder* den in der Satzung bestimmten höheren Teil des Grundkapitals erreichen.[17] Der Begriff der gesetzlichen *Rücklage* ist in § 300 derselbe wie in § 150. Gemeint ist mithin der *Passivposten des § 266 Abs. 3 Nr. A III 1 HGB*, so daß darunter in erster Linie diejenigen Teile des Eigenkapitals fallen, die aufgrund gesetzlicher Verpflichtung (§§ 150, 300) aus nichtverteilten Gewinnen in Rücklagen eingestellt werden.[18] Mit dem Begriff des um einen Verlustvortrag aus dem Vorjahr geminderten (berichtigten) *Jahresüberschusses* nimmt das Gesetz dagegen Bezug auf die Bilanzpositionen des § 275 Abs. 2 Nr. 20 und Abs. 3 Nr. 19 HGB.[19] Bei Bestehen eines Gewinnabführungsvertrages weist die abhängige Gesellschaft freilich keinen derartigen Jahresüberschuß mehr aus, so daß das Gesetz hier letztlich einen *fiktiven Jahresüberschuß* im Auge hat, der in einer Vorbilanz ermittelt wird.[20] Der zwanzigste Teil (5%) davon ist also gemäß § 150 Abs. 2 in jedem Fall (*mindestens*) in die gesetzliche Rücklage einzustellen (§ 300 Nrn. 1 und 2 iVm. § 150 Abs. 2).[21]

---

[14] Zur Zulässigkeit s. § 291 Rdnr. 60 f.; ebenso *ADS* Rdnr. 48; *Hüffer* Rdnr. 5; *Koppensteiner* in Kölner Kommentar Rdnr. 17; MünchHdb. AG/ *Krieger* § 70 Rdnr. 51.

[15] In diesem Fall muß nach § 150 Abs. 2 der zwanzigste Teil des Jahresüberschusses in die Rücklage eingestellt werden; das sind hier 2% des Grundkapitals (s. auch Rdnr. 11 mit Fn. 22); dasselbe Ergebnis ergibt sich nach § 300 Nr. 1, nach dem in fünf Jahren eine Rücklage von 10% des Grundkapitals zu bilden ist; das ist wiederum ein Betrag von 2% des Grundkapitals.

[16] S. die Berechnungen bei MünchKommAktG/ *Altmeppen* Rdnr. 13 f.; *Veit* Unternehmensverträge S. 90 f.; *ders.* DB 1974, 1245 ff.

[17] Zur Vereinfachung der Darstellung wird im folgenden durchweg darauf verzichtet, zusätzlich auf die Kapitalrücklagen nach § 272 Abs. 2 Nrn. 1 bis 3

HGB sowie die gegebenenfalls höhere satzungsmäßige Rücklage hinzuweisen.

[18] S. *Brönner* in GroßkommAktG § 150 Rdnr. 1 ff.; *Henze* Konzernrecht Tz. 327 (S. 120); MünchHdb. AG/*Hoffmann-Becking* § 43 Rdnr. 2 ff.; *Hüffer* Rdnr. 3 und § 150 Rdnr. 2 f.

[19] *Koppensteiner* in Kölner Kommentar Rdnr. 5; *Veit* Unternehmensverträge S. 89; *ders.* DB 1974, 1245.

[20] S. § 291 Rdnr. 64 sowie *ADS* Rdnr. 14 ff.; MünchKommAktG/*Altmeppen* Rdnr. 9; *Hüffer* Rdnr. 4; *Koppensteiner* in Kölner Kommentar Rdnr. 4.

[21] *Hüffer* Rdnr. 9; MünchHdb. AG/*Krieger* § 71 Rdnr. 15; in dem oben erwähnten Beispiel (s. Rdnr. 10 bei Fn. 16) sind das, wie gezeigt, 2% des Grundkapitals, d. h. der zwanzigste Teil des Jahresüberschusses in Höhe von 40% des Grundkapitals.

3. Zweite Untergrenze (§ 300 Nr. 1). Für die Rücklagendotierung ist in § 150 Abs. 2 **12**
kein zeitlicher Rahmen vorgegeben, so daß die Auffüllung der gesetzlichen Rücklage nach
§ 150 Abs. 2 (Rdnr. 11), wenn die Gesellschaft keine oder nur sehr niedrige Gewinne
ausweist, gegebenenfalls erhebliche Zeit in Anspruch nehmen kann. Diese Gefahr ist naturgemäß bei Abschluß eines Beherrschungs- oder Gewinnabführungsvertrages besonders
groß. Deshalb enthält das Gesetz in der Nr. 1 des § 300 eine **zweite** Untergrenze für den in
die gesetzliche Rücklage einzustellenden Betrag, die, wie gezeigt (Rdnr. 9), eingreift, wenn
die Gesellschaft einen Gewinnabführungsvertrag allein oder zusammen mit einem Beherrschungsvertrag abgeschlossen hat.

Die zweite Untergrenze der Nr. 1 des § 300 knüpft gleichfalls an den fiktiven Jahresüber- **13**
schuß an (Rdnr. 11) und beläuft sich auf den Betrag, der erforderlich ist, um die gesetzliche
Rücklage des § 150 Abs. 2 (unter Hinzurechnung einer Kapitalrücklage) **innerhalb** der
ersten **fünf Geschäftsjahre** während des Bestehens des Vertrages oder nach Durchführung
einer Kapitalerhöhung *gleichmäßig* auf den zehnten (oder den in der Satzung bestimmten
höheren) Teil des Grundkapitals *aufzufüllen*. Dies bedeutet im einzelnen: Besteht in dem
maßgeblichen Zeitpunkt (erstes Geschäftsjahr während des Bestehens des Unternehmensvertrages; s. Rdnr. 14) überhaupt noch keine gesetzliche Rücklage, so beträgt der in die
Rücklage einzustellende Betrag mindestens ein Fünftel der gesetzlichen Rücklage von 10%
des Grundkapitals, d. h. 2% des Grundkapitals, vorausgesetzt, daß der fiktive Jahresüberschuß
mindestens die Höhe von 2% des Grundkapitals erreicht.[22] Wenn dagegen bereits eine
gesetzliche Rücklage vorhanden war, so beläuft sich der in die Rücklage einzustellende
Betrag auf ein Fünftel (20%) der Differenz zwischen der bei Vertragsabschluß bestehenden
und der gesetzlichen Rücklage.[23]

Reicht der fiktive Jahresüberschuß hierzu **nicht** aus, ist er zB bei gänzlichem Fehlen einer **14**
gesetzlichen Rücklage im Augenblick des Vertragsbeginns niedriger als 2% des Grundkapitals (s. Rdnr. 13), so muß die Dotierung in den folgenden Geschäftsjahren entsprechend
gleichmäßig *erhöht* werden. Reicht auch dies nicht aus, um innerhalb der vom Gesetz als
regelmäßiger Vertragsdauer ins Auge gefaßten fünf Jahre die gesetzliche Rücklage auf den in
§ 150 Abs. 2 oder in der Satzung vorgeschriebenen Betrag aufzufüllen, so muß nach Sinn
und Zweck der gesetzlichen Regelung in den Folgejahren so lange der **gesamte** Gewinn in
die Rücklage eingestellt werden, bis diese die gesetzlich oder satzungsmäßig vorgeschriebene
Höhe erreicht hat (sogenanntes **Nachholungsgebot**).[24]

4. Fristen. Das Gesetz verlangt die Auffüllung der Rücklage in § 300 Nr. 1 in den **15**
ersten fünf Geschäftsjahren, die während des Bestehens des Vertrages oder nach Durchführung einer Kapitalerhöhung beginnen. Schwierigkeiten ergeben sich daraus zunächst,
wenn der Vertragsbeginn nicht mit dem Beginn des Geschäftsjahres zusammenfällt, sondern
während des Laufs eines Geschäftsjahres stattfindet. In diesem Fall muß entschieden werden,
ob die Fünfjahresfrist sofort zu laufen beginnt, so daß die gegebenenfalls erhöhte Dotierungspflicht nach § 300 Nr. 1 bereits während des noch laufenden Rumpfgeschäftsjahres zu
erfüllen ist,[25] oder ob die Fünfjahresfrist erst vom Beginn des nächsten ordentlichen Geschäftsjahres ab zu rechnen ist. Die überwiegende Meinung nimmt aus praktischen Gründen
das zweite an.[26] Dem Wortlaut des Gesetzes dürfte gleichwohl die zuerst genannte Meinung
eher entsprechen. Tritt der Vertrag dagegen, *rückwirkend* in Kraft (s. § 291 Rdnr. 55), so ist
§ 300 Nr. 1 ebenfalls rückwirkend anzuwenden.[27] Gesellschaftsrechtlich ist eine solche

[22] Vgl. dazu auch nochmals das Berechnungsbeispiel Rdnr. 10 bei Fn. 16.
[23] MünchKommAktG/*Altmeppen* Rdnr. 13; *Henze* Konzernrecht Tz. 328 (S. 120); *Hüffer* Rdnr. 7.
[24] *ADS* Rdnr. 25; MünchKommAktG/*Altmeppen* Rdnr. 21 f.; *Hüffer* Rdnr. 6; *Koppensteiner* in Kölner Kommentar Rdnr. 11; MünchHdb. AG/*Krieger* § 70 Rdnr. 53; *Raiser* Kapitalgesellschaften § 54 Rdnr. 46; *Veit* Unternehmensverträge S. 87 ff.; Be-

rechnungsbeispiele bei *ADS* Rdnr. 22 ff.; *Veit* Unternehmensverträge S. 85 ff.; *ders.* DB 1974, 1245 ff.
[25] So *Raiser* Kapitalgesellschaften § 54 Rdnr. 48; ebenso wohl *Hüffer* Rdnr. 7.
[26] *ADS* Rdnr. 33; MünchKommAktG/*Altmeppen* Rdnr. 16; *Koppensteiner* in Kölner Kommentar Rdnr. 9; MünchHdb. AG/*Krieger* § 70 Rdnr. 52, § 71 Rdnr. 15.
[27] *ADS* Rdnr. 32; MünchKommAktG/*Altmeppen* Rdnr. 16; *Hüffer* Rdnr. 7.

Rückwirkung freilich nur für das laufende Geschäftsjahr zulässig, so daß sich aus der rückwirkenden Anwendung des § 300 Nr. 1 keine Probleme ergeben.

16   Zusätzliche Probleme entstehen im Falle einer **Kapitalerhöhung.** Nach ihrer Durchführung, d. h. nach ihrer Eintragung ins Handelsregister (§§ 189, 203 Abs. 1),[28] beginnt nämlich nach dem Wortlaut der Nr. 1 des § 300 eine neue Fünfjahresfrist für die Auffüllung der jetzt erhöhten gesetzlichen Rücklage zu laufen. Dies gilt auch, wenn die Kapitalerhöhung während der ersten mit Vertragsabschluß begonnenen Fünfjahresfrist (Rdnr. 15) durchgeführt worden ist, so daß diese sich dann entsprechend verlängert. In diesem Fall bestehen zwei Lösungsmöglichkeiten:[29] Denkbar ist zunächst, vom Wirksamwerden der Kapitalerhöhung an eine **neue** Fünfjahresfrist zu rechnen, in der entsprechend dem erhöhten Grundkapital einheitlich der erhöhte Auffüllungsbetrag in die gesetzliche Rücklage einzustellen ist. Statt dessen kann aber auch an der bisherigen Fünfjahresfrist festgehalten und nur für den sich aus der Kapitalerhöhung ergebenden **Differenzbetrag** eine **neue** Fünfjahresfrist berechnet werden. Der zweite Weg hat den Vorteil, daß er zu einer schnelleren Auffüllung der gesetzlichen Rücklage führt, woraus zum Teil der Schluß gezogen wird, daß überhaupt nur der zweite Weg letztlich dem Gesetz entspreche.[30] Wird das Grundkapital dagegen **herabgesetzt,** so ist für die Berechnung der gesetzlichen Rücklage das neue Grundkapital maßgebend. Läuft die Fünfjahresfrist noch, so sind die Auffüllungsbeträge entsprechend zu verringern.[31]

16 a   **5. Ausgleichsansprüche?** Im Gewerbesteuerrecht wird bei Bestehen eines Gewinnabführungsvertrages der Ertrag der abhängigen Gesellschaft dem herrschenden Unternehmen zugerechnet und dort einheitlich zusammen mit den Erträgen des herrschenden Unternehmens der Gewerbesteuer unterworfen. Dabei kann der dem herrschenden Unternehmen zuzurechnende Ertrag der abhängigen Gesellschaft höher als der aufgrund der §§ 300 Nr. 1 und 301 maximal abführbare Jahresüberschuß sein, weil ein Teil der Rückstellungen aufgrund des § 300 Nr. 1 gewerbesteuerrechtlich nicht anerkannt wird. In besonders ungünstigen Fällen kann die Folge sein, daß dann die vom herrschenden Unternehmen für die abhängige Gesellschaft zu zahlende Gewerbesteuer höher als der ganze abführbare Jahresüberschuß ist. Nach überwiegender Meinung hat das herrschende Unternehmen jedoch auch in einem derartigen Fall keine Ausgleichsansprüche gegen die abhängige Gesellschaft, weil es handelsrechtlich ohnehin den gesamten Jahresüberschuß der abhängigen Gesellschaft erhält.[32]

V. Geschäftsführungsvertrag

17   Der Geschäftsführungsvertrag wird durch § 291 Abs. 1 S. 2 dem Gewinnabführungsvertrag gleichgestellt (§ 291 Rdnr. 67 ff.). Daraus ist der Schluß zu ziehen, daß auf ihn ebenfalls § 300 Nr. 1 anzuwenden ist. Entgegen einer verbreiteten Meinung bereitet dies auch keine unüberwindlichen Schwierigkeiten, da bei den Geschäftsführungsverträgen nicht anders als bei den Gewinnabführungsverträgen der abzuführende Gewinn zunächst vorweg in einer Vorbilanz ermittelt werden muß, so daß hier ebenfalls ein fiktiver Jahresüberschuß zur Verfügung steht, aus dem dann der jeweilige Auffüllungsbetrag abgeleitet werden kann.[33] Zu beachten bleibt, daß sich der Anwendungsbereich des § 291 Abs. 1 S. 2 auf **unentgeltliche** Geschäftsführungsverträge beschränkt (§ 291 Rdnr. 68), so daß bei entgeltlichen Geschäftsführungsverträgen kein Raum für die Anwendung des § 300 Nr. 1 ist.[34] Anders mag es sich nur in eindeutigen Umgehungsfällen verhalten.[35]

---

[28] S. *ADS* Rdnr. 29.

[29] S. ADS Rdnr. 27 ff.; MünchKommAktG/*Altmeppen* Rdnr. 17–19; *Henze* Konzernrecht Tz. 128 f. (S. 120); *Hüffer* Rdnr. 8; MünchHdb. AG/*Krieger* § 70 Rdnr. 54.

[30] So *Henze* und *Hüffer* (vorige Fn.).

[31] *ADS* Rdnr. 30; MünchKommAktG/*Altmeppen* Rdnr. 20.

[32] OLG Oldenburg NZG 2001, 413 f. = AG 2001, 96; LG Berlin, Urt. v. 12. 11. 1998 – 90 O

130/98; anders zum Teil *St. Simon* ZIP 2001, 1697, 1699 f.

[33] S. § 291 Rdnr. 71; *ADS* Rdnr. 17 f.; MünchKommAktG/*Altmeppen* Rdnr. 39–41; *Hüffer* Rdnr. 5; *Koppensteiner* in Kölner Kommentar Rdnr. 5; MünchHdb. AG/*Krieger* § 71 Rdnr. 16.

[34] MünchKommAktG/*Altmeppen* Rdnr. 39; anders *ADS* Rdnr. 13.

[35] S. *Hüffer* Rdnr. 5.

VI. Teilgewinnabführungsvertrag (§ 300 Nr. 2)

Für die Teilgewinnabführungsverträge des § 292 Abs. 1 Nr. 2 beschränkt sich das Gesetz **18** in der Nr. 2 des § 300 auf die Bestimmung, daß in die gesetzliche Rücklage an Stelle des in § 150 Abs. 2 bestimmten Betrages der Betrag einzustellen ist, der nach § 150 Abs. 2 aus dem **ohne** die (partielle) Gewinnabführung entstehenden, um einen Verlustvortrag aus dem Vorjahr geminderten *(fiktiven)* Jahresüberschuß einzustellen wäre. Der Regelungsgehalt der Vorschrift reduziert sich mithin darauf, für die Berechnung der gesetzlichen Rücklage nach § 150 Abs. 2 den fiktiven Jahresüberschuß, d. h. den Jahresüberschuß *ohne* den abzuführenden Gewinnanteil, für maßgeblich zu erklären (s. Rdnr. 11); eine weitergehende Bedeutung hat die Vorschrift nicht.[36] Vor allem ergibt sich für Teilgewinnabführungsverträge aus § 300 Nr. 2 *keine Frist* für die Auffüllung der gesetzlichen Rücklage.

Die Regelung des § 300 Nr. 2 erfaßt nach ihrem Wortlaut sämtliche Teilgewinnabfüh- **19** rungsverträge iSd. § 292 Abs. 1 Nr. 2, mögen sie betriebsbezogen oder unternehmensbezogen sein.[37] Ebensowenig wird danach unterschieden, wie der abzuführende Gewinn zu berechnen ist, solange es sich dabei nur um das Ergebnis einer periodischen Abrechnung handelt (§ 292 Rdnr. 25). § 300 Nr. 2 findet daher auch Anwendung, wenn sich der Vertrag auf den Bilanzgewinn bezieht.[38] Gleichfalls erfaßt werden entgeltliche Verträge, dies schon deshalb, weil unentgeltliche Teilgewinnabführungsverträge grundsätzlich unzulässig sind (§ 292 Rdnr. 27 f.). Für § 300 Nr. 2 folgt daraus, daß die von dem anderen Teil geschuldete Gegenleistung den fiktiven Jahresüberschuß erhöht, aus dem die gesetzliche Rücklage zu berechnen ist.[39] Kein Raum für die Anwendung des § 300 Nr. 2 ist dagegen in den Fällen des § 292 Abs. 2 (s. § 292 Rdnr. 33 ff.), weil dann kraft Gesetzes (§ 292 Abs. 2) gar kein Teilgewinnabführungsvertrag vorliegt.[40]

VII. Beherrschungsvertrag (§ 300 Nr. 3)

Die nur schwer durchschaubare Vorschrift der Nr. 3 des § 300 erfaßt drei verschiedene **20** Fallgestaltungen. Der erste Fall ist die verbreitete Verbindung eines Beherrschungsvertrages mit einem Gewinnabführungsvertrag zu einem Organschaftsvertrag. In diesem Fall findet (unstreitig) allein die *Nr. 1* des § 300 Anwendung (Rdnr. 9). Die anderen beiden Fälle sind der Abschluß eines isolierten Beherrschungsvertrages (Rdnr. 21 f.) sowie der eines kombinierten Beherrschungs- und Teilgewinnabführungsvertrages (Rdnr. 23). Für diese beiden Fälle verweist die Nr. 3 des § 300 wieder auf die Nrn. 1 und 2 der Vorschrift zurück. Das bedeutet im einzelnen:

1. Isolierter (reiner) Beherrschungsvertrag. Bei Abschluß eines isolierten oder reinen **21** Beherrschungsvertrages, d. h. eines Beherrschungsvertrages, der weder mit einem Gewinnabführungs- noch mit einem Teilgewinnabführungsvertrag verbunden ist, verweist § 300 Nr. 3 auf die *Nr. 1* der Vorschrift. Für die Dotierung der gesetzlichen Rücklage sind daher hier ebenfalls die *beiden* Untergrenzen des § 300 Nr. 1 zu beachten, so daß in die Rücklage entweder ein Fünftel der Differenz zwischen der bei Vertragsbeginn vorhandenen und der gesetzlichen Rücklage (§ 300 Nr. 1) *oder* der sich aus § 150 Abs. 2 ergebende (höhere) Betrag einzustellen ist.

[36] *ADS* Rdnr. 42; MünchKommAktG/*Altmeppen* Rdnr. 26; *Hüffer* Rdnr. 11; *Koppensteiner* in Kölner Kommentar Rdnr. 16; MünchHdb. AG/*Krieger* § 72 Rdnr. 20.

[37] *ADS* Rdnr. 40; MünchKommAktG/*Altmeppen* Rdnr. 24; *Hüffer* Rdnr. 10; MünchHdb. AG/*Krieger* § 72 Rdnr. 20; *Veit* Unternehmensverträge S. 85; anders ohne ersichtlichen Grund die Begr. zum RegE bei *Kropff* AktG S. 389; zustimmend *Koppensteiner* in Kölner Kommentar Rdnr. 13.

[38] Ebenso *ADS* Rdnr. 41; MünchKommAktG/*Altmeppen* Rdnr. 25; *Hüffer* Rdnr. 10; *Koppensteiner* in Kölner Kommentar Rdnr. 14; MünchHdb. AG/*Krieger* § 72 Rdnr. 20.

[39] *ADS* Rdnr. 43; *Koppensteiner* in Kölner Kommentar Rdnr. 15; dagegen für Abzug MünchHdb. AG/*Krieger* § 72 Rdnr. 20.

[40] *Hüffer* Rdnr. 10.

22   Die Formulierung der Nr. 3 des § 300 weicht insofern von der der Nrn. 1 und 2 der Vorschrift ab, als hier (auffälligerweise) die Bezugnahme auf den *fiktiven Jahresüberschuß* als Berechnungsgrundlage für die Dotierungspflicht *fehlt.* Daraus wird zum Teil der Schluß gezogen, in dem hier interessierenden Fall des isolierten Beherrschungsvertrages sei die Verpflichtung zur Dotierung der Rücklage (ausnahmsweise) von dem Ausweis eines Jahresüberschusses unabhängig, so daß der gegebenenfalls durch die Auffüllung der gesetzlichen Rücklage entstehende Verlust nach § 302 von dem herrschenden Unternehmen zu übernehmen sei.[41] Dieser Auffassung ist nicht zu folgen, da nach dem Gesamtzusammenhang der §§ 150 und 300 die Verpflichtung zur Auffüllung der Rücklage in jedem Fall einen zumindest fiktiven Jahresüberschuß bei der abhängigen Gesellschaft voraussetzt.[42] Die Folge ist, daß bei Fehlen eines Jahresüberschusses lediglich in den Folgejahren, sobald wieder ein Jahresüberschuß anfällt, die Dotierungspflicht entsprechend zu erhöhen ist, bis die gesetzliche oder die höhere satzungsmäßige Rücklage in der vorgeschriebenen Frist erreicht ist; notfalls muß dafür der gesamte vorhandene Jahresüberschuß verwandt werden.[43]

23   **2. Beherrschungs- und Teilgewinnabführungsvertrag.** Für den (wohl hypothetischen) Fall der Verbindung eines Beherrschungs- mit einem Teilgewinnabführungsvertrag enthält das Gesetz in § 300 Nr. 3 eine nur schwer verständliche Verweisung auf die Nr. 2 der Vorschrift. Dies kann zweierlei bedeuten, entweder, daß ebenso wie bei Abschluß eines isolierten Beherrschungsvertrages (Rdnr. 21 f.) die Nr. 1 **und** zusätzlich die Nr. 2 des § 300 zu beachten sind, wobei letztlich der jeweils höhere Betrag maßgebend ist,[44] **oder** daß allein die Nr. 2 des § 300 anzuwenden ist, so daß in diesem Fall letztlich § 150 Abs. 2, bezogen auf den fiktiven Jahresüberschuß (ohne Teilgewinnabführung), maßgebend wäre.[45] Zu folgen ist der erstgenannten Meinung, weil die Situation der abhängigen Gesellschaft bei zusätzlichem Abschluß eines Teilgewinnabführungsvertrages schwerlich schlechter als bei alleinigem Abschluß eines Beherrschungsvertrages (Rdnr. 21) sein kann.[46]

§ 301 Höchstbetrag der Gewinnabführung

Eine Gesellschaft kann, gleichgültig welche Vereinbarungen über die Berechnung des abzuführenden Gewinns getroffen worden sind, als ihren Gewinn höchstens den ohne die Gewinnabführung entstehenden Jahresüberschuß, vermindert um einen Verlustvortrag aus dem Vorjahr und um den Betrag, der nach § 300 in die gesetzliche Rücklage einzustellen ist, abführen. Sind während der Dauer des Vertrags Beträge in andere Gewinnrücklagen eingestellt worden, so können diese Beträge den anderen Gewinnrücklagen entnommen und als Gewinn abgeführt werden.

Schrifttum: *Emmerich,* Bestandsschutz im GmbH-Vertragskonzern, in Hommelhoff (Hrsg.), Entwicklungen im GmbH-Konzernrecht, 1986, S. 64; *Emmerich/Sonnenschein/Habersack* § 20 III (S. 285 f.); *Geßler,* Rücklagenbildung bei Gewinnabführungsverträgen, FS für Meilicke, 1985, S. 18; *Grüner,* Die Beendigung von Gewinnabführungs- und Beherrschungsverträgen, Diss. Bayreuth 2001; *Henze* Konzernrecht Tz. 334 ff. (S. 121 f.); *Hoffmann-Becking,* Gelöste und ungelöste Fragen zum Unternehmensvertrag der GmbH, WiB 1994, 57; MünchHdb. AG/*Krieger* § 71 Rdnr. 17 ff. (S. 1110 ff.); *H.-P. Müller,* Zur Gewinn- und Verlustermittlung bei aktienrechtlichen Gewinnabführungsverträgen, FS für Goerdeler, 1987, S. 375; *W. Müller/Kraft,* in WP-Handbuch 2000, Tz. 292 ff. (S. 1962 f.); *Priester,* Rücklagenauskehrung bei Gewinnabführungsvertrag, ZIP 2001, 725; *Sonnenschein,* Der aktienrechtliche Vertragskonzern im Unternehmensrecht, ZGR 1981, 429; *Sünner,* Grenzen der Gewinnführung von AG und GmbH aufgrund Gewinnabführungsvertrags nach dem Inkrafttreten des Bilanzrichtlinien-Gesetzes, AG 1989, 414; *Veit,* Unternehmensverträge und Eingliederung

[41] So *ADS* Rdnr. 49, 53; MünchKommAktG/ *Altmeppen* Rdnr. 29–34; *Henze* Konzernrecht Tz. 332 (S. 121); *Hüffer* Rdnr. 13.

[42] *Koppensteiner* in Kölner Kommentar Rdnr. 12; MünchHdb. AG/*Krieger* § 70 Rdnr. 53; *Veit* Unternehmensverträge S. 93 f.

[43] *Emmerich/Sonnenschein/Habersack* § 20 II 3 (S. 285).

[44] S. *Hüffer* Rdnr. 15; *Koppensteiner* in Kölner Kommentar Rdnr. 18; *Krieger* Handbuch § 70 Rdnr. 51; *Veit* Unternehmensverträge S. 92 f.

[45] So *ADS* Rdnr. 55; MünchKommAktG/*Altmeppen* Rdnr. 36–38.

[46] Ebenso *Koppensteiner* in Kölner Kommentar Rdnr. 19.

als aktienrechtliche Instrumente der Unternehmensverbindung, 1974, S. 96 ff.; *Willenberg/Welte*, Ausschüttung vororganschaftlicher Gewinnrücklagen, DB 1994, 1688.

Übersicht

I. Zweck

§ 301 regelt die Obergrenze des Gewinns, der aufgrund eines Gewinn- oder Teilgewinn- **1** abführungsvertrages mit einer AG oder KGaA an den anderen Vertragsteil, das „herrschende" Unternehmen, abgeführt werden darf. Das Gesetz überläßt zwar grundsätzlich Definition und Ermittlung des abzuführenden Gewinns den Parteien (§ 311 Abs. 1 BGB). Um jedoch zu verhindern, daß aufgrund derartiger Abreden letztlich die Substanz der abhängigen Gesellschaft auf das herrschende Unternehmen übertragen wird, wodurch entgegen dem Zweck der §§ 300 bis 302 doch ihr bilanzmäßiges Anfangsvermögen geschmälert würde, bestimmt das Gesetz zugleich eine zwingende *Obergrenze* für die Gewinnabführung.[1] Dahinter steht auch die Überlegung, daß die *Substanz* der Gesellschaft anteilig etwaigen außenstehenden Gesellschaftern gehört, so daß sie schon deshalb nicht aufgrund eines Gewinnabführungsvertrages in voller Höhe an das herrschende Unternehmen abgeführt werden darf.[2]

II. Überblick

Zur Bestimmung der Obergrenze für die zulässige Gewinnabführung knüpft das Gesetz **2** in § 301 S. 1 ebenso wie schon in § 300 an den *fiktiven Jahresüberschuß* an, der grundsätzlich in einer Vorbilanz ermittelt werden muß, vermindert um einen Verlustvortrag aus dem Vorjahr sowie um die nach § 300 in die gesetzliche Rücklage einzustellenden Beträge. Das Gesetz nimmt damit ebenso wie in § 300 (s. § 300 Rdnr. 11) auf den Betrag nach **§ 275 Abs. 2 Nr. 20 und Abs. 3 Nr. 19 HGB** in der Gewinn- und Verlustrechnung Bezug, der vor allem, wie aus § 158 Abs. 1 zu folgern ist, von dem *Bilanzgewinn* unterschieden werden muß. Die Folge ist, daß man auch bei der Anwendung des § 301 genau zwischen den aufgrund des Gewinnabführungsvertrages im Rahmen der §§ 300 und 301 (höchstens) *abzuführenden* Beträgen und den darüber hinaus gegebenenfalls noch aufgrund eines Beschlusses der Hauptversammlung *auszuschüttenden* Beträgen zu trennen hat.[3] Der Gewinnabführungsvertrag bedeutet *nicht* etwa eine vollständige *Ausschüttungssperre*, sondern läßt eine Ausschüttung aufgrund eines Hauptversammlungsbeschlusses (§ 174 AktG) immer noch hinsichtlich derjenigen Beträge zu, um die der Bilanzgewinn aufgrund des § 158 den Jahresüberschuß übersteigt, der nach den §§ 300 und 301 aufgrund des Gewinnabführungsvertrages höchstens (allein) an das herrschende Unternehmen abgeführt werden darf.[4]

Eine *Ausnahme* von dem Grundsatz, daß höchstens der Jahresüberschuß iSd. § 275 Abs. 2 **3** Nr. 20 oder Abs. 3 Nr. 19 HGB (vermindert um einen Verlustvortrag aus dem Vorjahr und um die nach § 300 Nr. 1 in die gesetzliche Rücklage einzustellenden Beträge) aufgrund des

---

[1] S. die Begr. zum RegE bei *Kropff* AktG S. 389 f.; BFHE 196, 485, 489 f. = NZG 2002, 832, 833 = AG 2002, 680; BFH NZG 2003, 398, 399; *Priester* ZIP 2001, 725, 727.

[2] BFH (Fn. 1).

[3] Grdlg. BFH (Fn. 1); *Priester* ZIP 2001, 725, 727 f.; *Willenberg/Welte* DB 1994, 1688, 1690.

[4] BFH (Fn. 1); *Priester* ZIP 2001, 725, 727 f.; *Willenberg/Welte* DB 1994, 1688, 1690.

Gewinnabführungsvertrages an den anderen Vertragsteil *abgeführt* werden darf, enthält das Gesetz lediglich in S. 2 des § 301 für solche Beträge, die *während* der Dauer des Vertrags in andere Gewinnrücklagen eingestellt worden sind. Daraus folgt zugleich, daß sonstige Rücklagen grundsätzlich von der Abführung an das herrschende Unternehmen ausgeschlossen sind; umstritten ist dies lediglich für die sogenannte Kapitalrücklage (s. im einzelnen Rdnr. 11 ff.). Eine ergänzende Bestimmung für den Fall der Eingliederung findet sich in § 324 Abs. 2 S. 3 (s. dazu § 324 Rdnr. 7).

3 a   301 wird ergänzt durch verschiedene *steuerrechtliche Sonderregelungen.* Hervorzuheben sind die Vorschriften der §§ 14 Abs. 1 Nr. 4 und 17 S. 2 Nr. 1 KStG. Nach der zuerst genannten Vorschrift darf die Organgesellschaft aus dem Jahresüberschuß nur insoweit Beträge in die Gewinnrücklagen des § 272 Abs. 3 HGB mit Ausnahme der gesetzlichen Rücklagen einstellen, wie dies bei vernünftiger kaufmännischer Beurteilung wirtschaftlich begründet ist. § 17 S. 2 Nr. 1 KStG fügt für Gewinnabführungsverträge mit einer abhängigen *GmbH* hinzu, daß sie als Grundlage einer körperschaftsteuerlichen Organschaft nur anerkannt werden, wenn die Gewinnabführung den in § 301 genannten Betrag nicht überschreitet. Im übrigen aber knüpft das Steuerrecht in den §§ 14 und 17 KStG unmittelbar an die §§ 291 und 301 an, so daß auch steuerrechtlich für den Umfang der Gewinnabführungspflicht allein der handelsbilanzielle Jahresüberschuß maßgegend ist; eine Trennung in vororganschaftliche und organschaftliche Gewinnabführung findet nicht statt.[4a]

4   Die praktische Bedeutung des § 301 ist gering.[5] Dies hängt vor allem damit zusammen, daß das Gesetz die Gewinnermittlung – innerhalb der Grenzen des § 301 S. 1 – den Parteien überläßt (Rdnr. 7) und außerdem keinen Schutz der abhängigen Gesellschaft gegen die Auflösung und Abführung stiller Rücklagen vorsieht (Rdnr. 19). § 301 bietet ferner keinen Ansatzpunkt für die Lösung des schwierigen Fragenkreises der *Rücklagenbildung im Konzern.* Es geht dabei einmal um die Frage, wie die außenstehenden Aktionäre der abhängigen Gesellschaft, die den variablen Ausgleich nach § 304 Abs. 2 S. 2 gewählt haben, dagegen geschützt werden können, daß durch Thesaurierung der Gewinne bei der abhängigen Gesellschaft der an die Gewinne der herrschenden Gesellschaft geknüpfte, variable Ausgleich künstlich geschmälert wird, zum anderen um den Schutz der Aktionäre der herrschenden Gesellschaft gegen eine übermäßige Rücklagenbildung in den verbundenen Gesellschaften.[6] Zu denken ist hier vornehmlich an eine Anwendung des § 58 Abs. 2 auf sämtlichen Konzernstufen.

III. Anwendungsbereich

5   § 301 betrifft in erster Linie **Gewinnabführungsverträge** iSd. § 291 Abs. 1 S. 1 mit einer abhängigen deutschen AG oder KGaA. Der Anwendungsbereich der Vorschrift umfaßt außerdem die **Teilgewinnabführungsverträge** des § 292 Abs. 1 Nr. 2, nach überwiegender Meinung freilich nur, wenn es sich um einen sogenannten unternehmensbezogenen Vertrag handelt, während die betriebsbezogenen Verträge nicht unter § 301 fallen sollen.[7] Der Wortlaut der Vorschrift bietet indessen für eine derartige Einschränkung ihres Anwendungsbereichs keine Grundlage.[8]

[4a] Grdlg. BFH NZG 2003, 398, 399 f. gegen die Finanzverwaltung.

[5] *Koppensteiner* in Kölner Kommentar Rdnr. 3.

[6] S. dazu *Geßler,* FS für Meilicke, S. 18; *ders.* AG 1985, 257; *Gollnick,* Gewinnverwendung im Konzern, 1991; *Götz* AG 1984, 85; *Hüffer* § 58 Rdnr. 14–17; *Kohl,* Die Kompetenz zur Bildung von Gewinnrücklagen im Aktienkonzern, 1991; *Lutter,* FS für Goerdeler, 1997, S. 327; *ders.* in Kölner Kommentar § 58 Rdnr. 38–60; *Theisen* ZHR 156 (1992), 174; *Thomas* ZGR 1985, 365; *Warschkow,* Schutz der Aktionäre der Konzernobergesellschaft, 1991, S. 89 ff.; *H. P. Westermann,* FS für Pleyer, 1986, S. 421.

[7] So schon die Begr. zum RegE bei *Kropff* AktG S. 390; ebenso im Anschluß daran MünchKomm-AktG/*Altmeppen* Rdnr. 7–9; *Hüffer* Rdnr. 2; *Koppensteiner* in Kölner Kommentar Rdnr. 6.

[8] Ebenso MünchHdb. AG/*Krieger* § 72 Rdnr. 21 (S. 1128); *Veit* Unternehmensverträge S. 96.

Vom Anwendungsbereich der Vorschrift werden ferner meistens die **Geschäftsfüh- 6 rungsverträge** des § 291 Abs. 1 S. 2 ausgeklammert, weil diese Verträge zur Folge hätten, daß bei der abhängigen Gesellschaft mit Rücksicht auf § 667 BGB von vornherein gar kein abzuführender Gewinn mehr entstehe.[9] Auch diese Einschränkung des Anwendungsbereichs des § 301 steht im Widerspruch zum Wortlaut des Gesetzes, diesmal zu § 291 Abs. 1 S. 2, und ist auch von der Sache her nicht zwingend, da bei den Geschäftsführungsverträgen nicht anders als bei den Gewinnabführungsverträgen die Ermittlung eines fiktiven Jahresüberschusses erforderlich ist, an den dann § 301 genauso wie schon § 300 anknüpfen kann.[10]

Auf die **GmbH** kann die Vorschrift des § 301 ebenfalls entsprechend angewandt werden, **6 a** freilich nur partiell, nämlich mit Ausnahme der Verweisung auf § 300, weil es bei der GmbH bisher keine gesetzliche Rücklage gibt.[11] Steuerrechtlich ist die Beachtung des § 301 sogar Voraussetzung für die Anerkennung der Organschaft mit einer abhängigen GmbH (§ 17 S. 2 Nr. 1 KStG; s. dazu schon Rdnr. 3 a). Die Folge ist, daß bei der Ermittlung des abzuführenden Jahresüberschusses bei der GmbH auch die Kapitalerhaltungsregeln des GmbHG zu beachten sind (§§ 30 ff.).[12]

IV. Höchstbetrag der Gewinnabführung

1. Vertragsfreiheit. In der Frage der Ermittlung des abzuführenden Gewinns besteht (im **7** Rahmen des § 301, s. Rdnr. 8) grundsätzlich Vertragsfreiheit (§ 311 Abs. 1 BGB).[13] Zulässig sind insbes. Abreden darüber, wie die abhängige Gesellschaft von etwaigen *Bilanzwahlrechten* Gebrauch zu machen hat.[14] Fehlen solche Abreden, so kann das herrschende Unternehmen außerdem, wenn (wie in aller Regel) der Gewinnabführungsvertrag mit einem Beherrschungsvertrag verbunden ist, von seinem Weisungsrecht (§ 308 Abs. 1) mit dem Ziel Gebrauch machen, die abhängige Gesellschaft zu einer bestimmten Bilanzierungspolitik zu veranlassen.[15]

Ohne verbindliche Vorgaben des herrschenden Unternehmens in dem genannten Sinne **7 a** (Rdnr. 7) ist die Ausübung von Bilanzwahlrechten grundsätzlich Sache des Vorstands der abhängigen Gesellschaft. Er muß dabei aber die gebotene Rücksicht auf die Interessen des herrschenden Unternehmens nehmen (§§ 241 Abs. 2, 242 BGB). Verstößt er gegen diese Pflicht, indem er zB sein Bilanzwahlrecht in einer Weise ausübt, die für das herrschende Unternehmen ohne Not zur Verlustausgleichspflicht führt (§ 302 Abs. 1), so macht sich die abhängige Gesellschaft schadensersatzpflichtig (§ 280 Abs. 1 BGB) und kann sich deshalb später nicht mehr auf § 302 Abs. 1 berufen (§ 249 BGB).[16] Unberührt bleibt aber nach Vertragsende die Anwendung des § 303.

2. Obergrenze. Die Vertragsfreiheit der Parteien (Rdnr. 7) ist nicht schrankenlos, da das **8** Gesetz in § 301 S. 1 im Interesse der Erhaltung des bilanzmäßigen Vermögens der Gesellschaft eine zwingenden Obergrenze für den abzuführenden Gewinn eingeführt hat. Zur Bestimmung dieser Obergrenze knüpft es ebenso wie in § 300 an den *(fiktiven)* Jahresüberschuß der abhängigen Gesellschaft an, der grundsätzlich in einer Vorbilanz zu ermitteln ist und den *Positionen des § 275 Abs. 2 Nr. 20 und Abs. 3 Nr. 19 HGB* in der Gewinn- und

[9] *Hüffer* Rdnr. 2; *Koppensteiner* in Kölner Kommentar Rdnr. 4; MünchHdb. AG/*Krieger* § 71 Rdnr. 21.
[10] S. schon § 300 Rdnr. 16; ebenso Münch-KommAktG/*Altmeppen* Rdnr. 6.
[11] S. *Emmerich* in Hommelhoff, Entwicklungen im GmbH-Konzernrecht, S. 64, 81 f.; Scholz/*Emmerich* GmbHG § 44 Anh. Rdnr. 209; *Hoffmann-Becking* WiB 1994, 57, 61; *Priester* ZIP 2001, 725, 729; *Sünner* AG 1989, 414, 417 ff.; kritisch Münch-KommAktG/*Altmeppen* Rdnr. 11.
[12] *Roth/Altmeppen* GmbHG § 13 Anh. Rdnr. 84; *Brandes*, FS für Kellermann, 1991, S. 25, 32 ff.; Scholz/*Emmerich* (vorige Fn.); *Sonnenschein* Organ-

schaft S. 345; Baumbach/Hueck/*Zöllner* GmbHG Schlußanh. I Rdnr. 77.
[13] Begr. zum RegE bei *Kropff* AktG S. 389; s. Rdnr. 1.
[14] MünchKommAktG/*Altmeppen* Rdnr. 1, 12–14; *Koppensteiner* in Kölner Kommentar Rdnr. 8; *H.-P. Müller*, FS für Goerdeler, S. 375, 385 ff.
[15] Grdlg. BGHZ 135, 374, 378 = NJW 1997, 2242 = LM AktG § 305 Nr. 3 = WM 1997, 1288, 1290 „Guano"; zustimmend BVerfG NJW 1999, 1701 = NZG 1999, 397 = AG 1999, 217 „Tarkett/Pegulan"; NJW 1999, 1699 = NZG 1999, 302 = AG 1999, 218 „SEN/KHS"; OLG Frankfurt NZG 2000, 603, 604 f.; *H.-P. Müller* (vorige Fn.) S. 380 ff.
[16] OLG Frankfurt NZG 2000, 603, 604 f.

Verlustrechnung entspricht.[17] Dieser fiktive Jahresüberschuß muß außerdem um einen Verlustvortrag aus dem Vorjahr (s. Rdnr. 9) sowie um den nach § 300 Nr. 1 in die gesetzliche Rücklage einzustellenden Betrag gekürzt werden (s. § 300 Rdnr. 9 ff.). Erst der sich nach diesen Rechenoperationen ergebende sogenannte *berichtigte (fiktive) Jahresüberschuß* kann dann je nach den Abreden der Parteien *höchstens* aufgrund eines Gewinn- oder Teilgewinnabführungsvertrages an das herrschende Unternehmen abgeführt werden.

9   **3. Verlustvortrag.** Ein Verlustvortrag ist bei einem Gewinnabführungsvertrag mit Rücksicht auf § 302 nur im ersten Geschäftsjahr nach Abschluß des Vertrages denkbar, weil die Gesellschaft später stets ein ausgeglichenes Ergebnis ausweisen muß. Anders kann es sich allein bei einem Teilgewinnabführungsvertrag verhalten, weil auf diesen § 302 (anders als § 301, s. Rdnr. 5) keine Anwendung findet.[18] Die Folge ist, daß ohne Rücksicht auf die Gegenleistung des anderen Teils eine Gewinnabführung bei den genannten Verträgen ausscheidet, wenn das Ergebnis der abhängigen Gesellschaft *insgesamt* negativ oder höchstens ausgeglichen ist, da eine Gewinnabführung aufgrund des § 301 S. 1 erst in Betracht kommt, wenn die abhängige Gesellschaft ein positives Ergebnis erzielt hat.

10   **4. Rechtsfolgen.** § 301 S. 1 enthält zwingendes Recht, so daß entgegenstehende Abreden oder Weisungen des herrschenden Unternehmens nichtig sind (§ 134 BGB).[19] Mit § 301 unvereinbare Weisungen des herrschenden Unternehmens stellen zugleich eine Verletzung des Gewinnabführungsvertrages dar, die das herrschende Unternehmen schadensersatzpflichtig machen, so daß zu Unrecht bezogene Beträge der abhängigen Gesellschaft erstattet werden müssen (§§ 276 Abs. 1, 280 Abs. 1, 249 BGB). Des Rückgriffs auf die §§ 812 Abs. 1 S. 1 und 819 Abs. 1 BGB bedarf es daneben nicht (anders noch Voraufl. Rdnr. 10). Ergänzend ist der § 309 zu beachten, wenn das herrschende Unternehmen Weisungen unter Verletzung des § 301 erteilt. Befolgt der Vorstand der abhängigen Gesellschaft derartige unzulässige Weisungen des herrschenden Unternehmens, so macht er sich gleichfalls ersatzpflichtig nach § 310. Dasselbe gilt im Ergebnis, wenn der Vorstand der abhängigen Gesellschaft von sich aus unter Verstoß gegen § 301 einen zu hohen Gewinn an das herrschende Unternehmen abführt (§§ 93 Abs. 1, 310 Abs. 1; s. § 310 Rdnr. 6 ff.).

V. Rücklagen

11   **1. Allgemeines.** Nach § 301 S. 2 in der Fassung des Bilanzrichtliniengesetzes von 1985 können außer dem berichtigten fiktiven Jahresüberschuß (Rdnr. 8) nur noch solche Beträge als Gewinn abgeführt werden, die *während* der Dauer des betreffenden Gewinn- oder Teilgewinnabführungsvertrags (also nicht vorher) in *andere Gewinnrücklagen* eingestellt worden sind. Welche Rücklagen das Gesetz damit im Auge hat, ergibt sich im einzelnen aus den *§§ 272 und 273 HGB*.

12   Nach den genannten Vorschriften des HGB hat man zwischen der Kapitalrücklage (§ 272 Abs. 2 HGB), den verschiedenen Gewinnrücklagen (§ 272 Abs. 3 HGB), der Rücklage für eigene Anteile (§ 272 Abs. 4 HGB) sowie den Sonderposten mit Rücklagenanteil (§ 273 HGB) zu unterscheiden, wobei innerhalb der hier zunächst interessierenden Gewinnrücklagen nach § 272 Abs. 3 S. 2 HGB weiter zwischen der gesetzlichen oder satzungsmäßigen Rücklage (dazu § 300) und den *anderen Gewinnrücklagen* unterschieden wird, auf die sich § 301 S. 2 allein bezieht.[20] Zum Verständnis der gesetzlichen Regelung muß man sich außerdem vergegenwärtigen, daß nach den Bilanzierungsvorschriften des Gesetzes die genannten Rücklagen

---

[17] S. schon § 300 Rdnr. 11 sowie BFH NZG 2003, 398, 399; MünchKommAktG/*Altmeppen* Rdnr. 15–21; *Henze* Konzernrecht Tz. 335 (S. 122); *Hüffer* Rdnr. 3; *Koppensteiner* in Kölner Kommentar Rdnr. 8; MünchHdb. AG/*Krieger* § 71 Rdnr. 17; *Sünner* AG 1989, 414, 415; *Veit* Unternehmensverträge S. 98.

[18] *Hüffer* Rdnr. 5; *Veit* Unternehmensverträge S. 98.

[19] Teilweise anders MünchKommAktG/*Altmeppen* Rdnr. 22.

[20] Ebenso für die Bilanz § 266 Abs. 3 Nr. A III 4 HGB sowie für die Gewinn- und Verlustrechnung § 158 Abs. 1 S. 1 Nr. 4 lit. a bis lit. d AktG; wegen der Einzelheiten s. MünchHdb. AG/*Krieger* § 71 Rdnr. 18; *Raiser* Kapitalgesellschaften § 17 Rdnr. 2 (S. 291 f.); *Priester* ZIP 2001, 725; *Sünner* AG 1989, 414; *Willenberg/Th. Welte* DB 1994, 1688.

ebensowenig wie etwa ein Gewinnvortrag einen Teil des Jahresüberschusses bilden, weil sie in der Gewinn- und Verlustrechnung gemäß § 158 Abs. 1 S. 1 Nrn. 1 und 4 erst auf den Jahresüberschuß folgen (ebenso § 275 Abs. 4 HGB). Sie bilden jedoch einen Teil des (verteilungsfähigen) *Bilanzgewinnes* der Gesellschaft (§§ 158 Abs. 1 S. 1 Nr. 5, 174 Abs. 2 Nr. 2).

Die geschilderte gesetzliche Regelung hat zur Folge, daß Entnahmen aus den Rücklagen **12 a** grundsätzlich *nicht* den Jahresüberschuß erhöhen. Folglich können sie auch grundsätzlich nicht aufgrund eines Gewinn- oder Teilgewinnabführungsvertrags an das herrschende Unternehmen abgeführt werden, da die Obergrenze für die Gewinnabführung nach § 301 S. 1 eben der (fiktive berichtigte) Jahresüberschuß (ohne Entnahmen aus Rücklagen) ist.[21] Genau aus diesem Grund wurde die Sonderregelung des § 301 S. 2 erforderlich (s. dazu Rdnr. 13). Wohl aber können derartige Entnahmen aus den Rücklagen zusammen mit dem Bilanzgewinn nach § 174 *ausgeschüttet* werden, wodurch sichergestellt wird, daß etwaige außenstehende Aktionäre anteilig an denen ihnen ebenfalls gehörenden Rücklagen beteiligt werden, während die fraglichen Beträge bei Einbeziehung in den abzuführenden Jahresüberschuß *allein* dem herrschenden Unternehmen zugute kämen.[22]

2. Andere Gewinnrücklagen. Das Gesagte (Rdnr. 11 f.) gilt ohne Einschränkung nur **13** für die gesetzliche und die satzungsmäßige Rücklage sowie für die Rücklage für eigene Anteile. Hingegen macht § 301 S. 2 für die *anderen Gewinnrücklagen des § 272 Abs. 3 S. 2 HGB* eine Ausnahme, vorausgesetzt, daß sie *während* der Dauer des betreffenden Gewinn- oder Teilgewinnabführungsvertrags gebildet worden sind, während *vorvertragliche* andere Gewinnrücklagen gleichfalls von der Abführung als Gewinn ausgeschlossen sind (Rdnr. 15). Mit dieser Regelung soll ein Anreiz geschaffen werden, trotz des Abschlusses eines Gewinnabführungsvertrages andere Gewinnrücklagen zu bilden und dadurch die Substanz der abhängigen Gesellschaft zu stärken.[23]

§ 301 S. 2 regelt nicht die Frage, *ob* bei der abhängigen Gesellschaft andere Gewinnrück- **14** lagen zu bilden sind. Diese Frage richtet sich allein nach § 58 Abs. 2 sowie den Abreden der Parteien.[24] Nichts hindert außerdem das herrschende Unternehmen, von Fall zu Fall über den Vertrag hinaus auf die Abführung des Gewinns ganz oder teilweise zu verzichten, so daß die betreffenden Beträge dann, wenn sie nicht ausgeschüttet werden, als Gewinn vorzutragen oder in andere Gewinnrücklagen einzustellen sind, wobei sich das herrschende Unternehmen außerdem vorbehalten kann, die spätere Abführung dieser Beträge zu verlangen.[25]

Die **Auflösung** der anderen Gewinnrücklagen ist Sache des Vorstandes, der bei Bestehen **15** eines Beherrschungsvertrages hierzu vom herrschenden Unternehmen auch angewiesen werden kann (§ 308 Abs. 1).[26] Nach Auflösung sind die fraglichen Beträge in den Jahresüberschuß einzustellen und sodann mit diesem gegebenenfalls an das herrschende Unternehmen abzuführen. Voraussetzung ist aber immer, daß die anderen Gewinnrücklagen gerade *während* der Dauer des Vertrags gebildet worden sind; vorvertragliche andere Gewinnrücklagen können nicht abgeführt werden,[27] wohl aber gegebenenfalls, wie bereits ausgeführt (Rdnr. 12), im Rahmen der Ergebnisverwendung an *alle* Aktionäre ausgeschüttet werden.

3. Gewinnvorträge. Das Gesetz enthält keine Regelung für die Gewinnvorträge des **16** § 158 Abs. 1 S. 1 Nr. 1. Nach allgemeiner Meinung sind sie jedoch ebenso wie die anderen Gewinnrücklagen des § 272 Abs. 3 S. 2 HGB zu behandeln, so daß auf sie § 301 S. 2 entsprechend anzuwenden ist.[28]

---

[21] Ebenso die Begr. zum RegE bei *Kropff* AktG S. 390; *MünchHdb. AG/Krieger* § 71 Rdnr. 19 (1. Abs.).

[22] BFHE 196, 485, 490 f. = AG 2002, 680 = NZG 2002, 832, 834; *Priester* ZIP 2001, 725, 727 f.; *Willenberg/Th. Welte* DB 1994, 1688, 1690.

[23] So die Begr. zum RegE (Fn. 21); BFH (Fn. 22).

[24] MünchKommAktG/*Altmeppen* Rdnr. 27; *Geßler,* FS für Meilicke, S. 18 ff.; *Hüffer* § 58 Rdnr. 15;

Koppensteiner in Kölner Kommentar Rdnr. 15; MünchHdb. AG/*Krieger* § 71 Rdnr. 18.

[25] *Altmeppen, Geßler* und *Krieger* (vorige Fn.).

[26] OLG Frankfurt NZG 2000, 603, 604 f.; MünchKommAktG/*Altmeppen* Rdnr. 28; *Koppensteiner* in Kölner Kommentar Rdnr. 16; MünchHdb. AG/*Krieger* § 71 Rdnr. 18.

[27] S. Rdnr. 13; *Hüffer* Rdnr. 6; *Sünner* AG 1989, 414, 416.

[28] *Henze* Konzernrecht Tz. 337 (S. 122); *Hüffer* Rdnr. 7; *Koppensteiner* in Kölner Kommentar

17   **4. Sonstige Rücklagen.** Von den anderen Gewinnrücklagen (Rdnr. 13 ff.) einschließlich der Gewinnvorträge (Rdnr. 16) sind die übrigen Rücklagen des § 272 HGB zu unterscheiden. Die Kapitalrücklage, die gesetzliche oder die satzungsmäßige Rücklage sowie die Rücklage für eigene Anteile (§ 272 Abs. 2 bis 4 HGB) sind daher *ohne Ausnahme* von einer Abführung an das herrschende Unternehmen **ausgeschlossen,** und zwar auch, wenn sie erst während des Laufs des Vertrages gebildet worden sind (s. Rdnr. 18). Werden Rücklagen für eigene Anteile wieder aufgelöst, etwa nach Veräußerung der eigenen Aktien, so müssen die freigewordenen Beträge statt dessen in die satzungsmäßige oder in andere Gewinnrücklagen eingestellt werden;[29] andernfalls erhöhen sie den Bilanzgewinn (§ 158 Abs. 1 S. 1 Nr. 3 lit. b) und können mit diesem an die Aktionäre ausgeschüttet werden.

18   **5. Sonderposten mit Rücklagenanteil, Zuzahlungen.** Für die Sonderposten mit Rücklagenanteil wird überwiegend angenommen, daß ihre Auflösung den Jahresüberschuß beeinflußt, so daß die entsprechenden Beträge mit dem Jahresüberschuß abgeführt werden können.[30] Dafür kann man sich auf § 281 Abs. 2 S. 2 HGB stützen, nach dem Erträge aus der Auflösung des Sonderpostens mit Rücklagenanteil in dem Posten „sonstige betriebliche Erträge" der Gewinn- und Verlustrechnung auszuweisen sind, so daß sie in der Tat in den Jahresüberschuß eingehen (s. § 275 Abs. 2 Nr. 4 und Abs. 3 Nr. 6 HGB).

18 a   Ebenso wie die Sonderposten mit Rücklagenanteil (Rdnr. 18) wurden bisher überwiegend freiwillige **Zuzahlungen** in das Eigenkapital der Gesellschaft iSd. § 272 Abs. 2 Nr. 4 HGB während der Laufzeit des Vertrages behandelt.[31] Das entsprach auch der bisherigen Praxis der Finanzverwaltung.[32] Diese Praxis hat jedoch nicht die Billigung des BFH gefunden. Zur Begründung stellt der BFH vor allem darauf ab, daß es sich bei den fraglichen Beträgen um Kapitalrücklagen handele (§ 292 Abs. 2 Nr. 4 HGB). Daraus zieht er den Schluß, daß sie nach § 301 S. 1 *generell* von der Abführung an das herrschende Unternehmen (mangels Zugehörigkeit zum Jahresüberschuß) ausgeschlossen seien; statt dessen könnten sie nur (als Teil des Bilanzgewinnes gemäß § 158 Abs. 1 S. 1 Nr. 2) an die Aktionäre im Rahmen der Ergebnisverwendung ausgeschüttet werden können.[33]

VI. Stille Rücklagen

19   Das Gesetz enthält keine Regelung für die Behandlung der stillen Rücklagen oder Reserven. Auch § 301 ist auf sie nicht anwendbar. Daraus wird allgemein der Schluß gezogen, daß selbst vorvertragliche stille Rücklagen während des Bestehens eines Gewinn- oder Teilgewinnabführungsvertrages jederzeit, etwa durch Veräußerung unterbewerteter Grundstücke, aufgelöst und die dabei erzielten außergewöhnlichen Erträge zur Erhöhung des abgeführten Gewinns verwandt werden können.[34] Ein Schutz der außenstehenden Aktionäre hiergegen ist nach geltendem Recht allein durch die angemessene Berücksichtigung der stillen Rücklagen bei der Berechnung von Abfindung und Ausgleich möglich.[35]

Rdnr. 18; MünchHdb. AG/*Krieger* § 71 Rdnr. 20; *Veit* Unternehmensverträge S. 100.
[29] *Hüffer* Rdnr. 7; MünchHdb. AG/*Krieger* § 71 Rdnr. 19; *Sünner* AG 1989, 414, 416 f.
[30] MünchKommAktG/*Altmeppen* Rdnr. 30; *Hüffer* Rdnr. 3; *Koppensteiner* in Kölner Kommentar Rdnr. 20; MünchHdb. AG/*Krieger* § 71 Rdnr. 20.
[31] OLG Frankfurt NZG 2000, 603, 604; *Hoffmann-Becking* WiB 1994, 57, 61; *Hüffer* Rdnr. 8; MünchHdb. AG/*Krieger* § 71 Rdnr. 19.
[32] S. BMF, Schr. v. 11. 10. 1990, DB 1990, 2142.
[33] BFHE 196, 485, 489 ff. = NZG 2002, 832, 833 f. = AG 2002, 680; *Priester* ZIP 2001, 725, 727 f.; *Willenberg/Th. Welte* DB 1994, 1688, 1690.

[34] BVerfG (Fn. 15); BGHZ 135, 374, 378 f. = NJW 1997, 2242 = WM 1997, 1288, 1290 = ZIP 1997, 1193 „Guano"; BFH NZG 2003, 398, 399; OLG Düsseldorf AG 1990, 490, 493 „DAB/Hansa"; MünchKommAktG/*Altmeppen* Rdnr. 32–35; *Henze* Konzernrecht Tz. 335 (S. 122); *Hüffer* Rdnr. 4; *Koppensteiner* in Kölner Kommentar Rdnr. 21; MünchHdb. AG/*Krieger* § 71 Rdnr. 20; *H. P. Müller,* FS für Goerdeler, S. 375, 389 ff.; dagegen aber *Grüner,* Die Beendigung von Gewinnabführungs- und Beherrschungsverträgen, Teil II.
[35] *Sonnenschein* ZGR 1981, 429, 441 f.; s. § 305 Rdnr. 41, 72 f.

§ 302 Verlustübernahme

(1) Besteht ein Beherrschungs- oder ein Gewinnabführungsvertrag, so hat der andere Vertragsteil jeden während der Vertragsdauer sonst entstehenden Jahresfehlbetrag auszugleichen, soweit dieser nicht dadurch ausgeglichen wird, daß den anderen Gewinnrücklagen Beträge entnommen werden, die während der Vertragsdauer in sie eingestellt worden sind.

(2) Hat eine abhängige Gesellschaft den Betrieb ihres Unternehmens dem herrschenden Unternehmen verpachtet oder sonst überlassen, so hat das herrschende Unternehmen jeden während der Vertragsdauer sonst entstehenden Jahresfehlbetrag auszugleichen, soweit die vereinbarte Gegenleistung das angemessene Entgelt nicht erreicht.

(3) Die Gesellschaft kann auf den Anspruch auf Ausgleich erst drei Jahre nach dem Tage, an dem die Eintragung der Beendigung des Vertrags in das Handelsregister nach § 10 des Handelsgesetzbuchs als bekanntgemacht gilt, verzichten oder sich über ihn vergleichen. Dies gilt nicht, wenn der Ausgleichspflichtige zahlungsunfähig ist und sich zur Abwendung des Insolvenzverfahrens mit seinen Gläubigern vergleicht oder wenn die Ersatzpflicht in einem Insolvenzplan geregelt wird. Der Verzicht oder Vergleich wird nur wirksam, wenn die außenstehenden Aktionäre durch Sonderbeschluß zustimmen und nicht eine Minderheit, deren Anteile zusammen den zehnten Teil des bei der Beschlußfassung vertretenen Grundkapitals erreichen, zur Niederschrift Widerspruch erhebt.

Schrifttum: Unternehmensrechtskommission Bericht, 1980, Tz. 1340 ff. (S. 688 ff.); *Acher,* Vertragskonzern und Insolvenz, 1987; *Albers-Schönberg,* Haftungsverhältnisse im Konzern, 1980; *Altmeppen,* Zur Entstehung, Fälligkeit und Höhe des Verlustausgleichsanspruchs nach § 302 AktG, DB 1999, 2453; *ders.,* Die Haftung des Managers im Konzern, 1998; *ders.,* Der Verlustausgleichsanspruch nach § 302 AktG, DB 2002, 879; *J. E. Antunes,* Neue Wege im Konzernhaftungsrecht, FS für Lutter, 2000, S. 995; *Bitter,* Konzernrechtliche Durchgriffshaftung bei Personengesellschaften, 2000, S. 386 ff.; *ders.,* Das „TBB-Urteil" und das immer noch vergessene GmbH-Vertragskonzernrecht, ZIP 2001, 265; *ders.,* Der Anfang vom Ende des qualifiziert faktischen GmbH-Konzerns, WM 2001, 2133; *R. Bork,* Zurechnung im Konzern, ZGR 1994, 237; *Brandes,* Grundsätze der Kapitalerhaltung im Vertragskonzern, FS für Kellermann, 1991, S. 25; *Cahn,* Vergleichsverbote im Gesellschaftsrecht, 1996; *Drüke,* Die Haftung der Muttergesellschaft für Schulden der Tochtergesellschaft, 1990; *Druey,* „Konzernvertrauen", FS für Lutter, 2000, S. 1069; *Ehricke,* Das abhängige Konzernunternehmen in der Insolvenz, 1998, S. 383 ff.; *Emmerich,* Bestandsschutz im GmbH-Vertragskonzern, in Hommelhoff, Entwicklungen im GmbH-Konzernrecht, 1986, S. 64 ff.; *ders.,* Zur Organhaftung im Vertragskonzern, Gedächtnisschrift für Sonnenschein, 2002, S. 651; *Emmerich/Sonnenschein/Habersack* § 20 IV–V (S. 289 ff.); *Eschenbruch,* Konzernhaftung, 1996, Tz. 3001 ff. (S. 179 ff.); *Exner,* Beherrschungsvertrag und Vertragsfreiheit, 1984; *Filbinger,* Die Schranken der Mehrheitsherrschaft im Aktienrecht und Konzernrecht, 1942; *Fleischer,* Konzernvertrauenshaftung und corporate advertising, NZG 1999, 685; *ders.,* Konzernrechtliche Vertrauenshaftung, ZHR 163 (1999), 461; *Goette,* Die GmbH, 2. Aufl. 2002, § 9 (S. 327 ff.); *Görling,* Die Konzernhaftung in mehrstufigen Unternehmensverbindungen, 1998, S. 121 ff.; *Grüner,* Zur Beendigung von Gewinnabführungs- und Beherrschungsverträgen, Diss. Bayreuth 2001, Teil V; *Handschin,* Der Konzern im geltenden schweizerischen Privatrecht, 1994; *Hengeler,* Probleme der Verschmelzung bei Bestehen eines Organvertrages, (2.) FS für Möhring, 1975, S. 197; *ders./Hoffmann-Becking,* Insolvenz im Vertragskonzern, FS für Hefermehl, 1976, S. 283; *Henze* Konzernrecht Tz. 338 ff. (S. 123 ff.); *Hohner,* Beherrschungsvertrag und Verschmelzung, DB 1973, 1487; *Holtmann,* Verbotene Kapitalrückzahlung und verdeckte Gewinnausschüttung durch Dritte im Recht der AG, BB 1988, 1538; *Hommelhoff,* Eigenkapitalersatz im Konzern und in Beteiligungsverhältnissen, WM 1984, 1105; *ders.,* Der Verlustausgleich im Mehrmütter-Vertragskonzern, FS für Goerdeler, 1987, S. 221; *Kleindiek,* Strukturvielfalt im Personengesellschafts-Konzern, 1991; *ders.,* Entstehung und Fälligkeit des Verlustausgleichsanspruchs, ZGR 2001, 479; *Kort,* Die konzerngebundene GmbH in der Insolvenz, ZIP 1988, 681; *MünchHdb. AG/Krieger* § 70 Rdnr. 55 ff. (S. 1040 ff.); *Limmer,* Die Haftungsverfassung des faktischen GmbH-Konzerns, 1992; *Lutter,* Haftungsfragen in der Holding, in ders. (Hrsg.), Holding-Handbuch, 3. Aufl. 1998, S. 248; *ders.,* Haftung aus Konzernvertrauen?, Gedächtnisschrift für Knobbe-Keuk, 1997, S. 229; *Lwowski/Groeschke,* Die Konzernhaftung der §§ 302, 303 AktG als atypische Sicherheit?, WM 1994, 613; *W. Meister,* Der Ausgleichsanspruch nach § 302 Abs. 1 AktG bei Beherrschungs- und Gewinnabführungsverträgen als Kreditsicherheit, WM 1976, 1182; *Mestmäcker,* Verwaltung, Konzerngewalt und Rechte der Aktionäre, 1958; *Mimberg,* Konzernexterne Betriebspachtverträge im Recht der GmbH, 2000, S. 33 ff.; *H.-P. Müller,* Zur Gewinn- und Verlustmittlung bei aktienrechtlichen Gewinnabführungsverträgen, FS für Goerdeler, 1987, S. 375; *Kl. Müller,* Die Haftung der Muttergesellschaft für die Verbindlichkeiten der Tochtergesellschaft im Aktienrecht, ZGR 1977, 1; *W. Müller/Kraft,* WP-Handbuch 2000 Bd. I, 12. Aufl. 2000, Tz. T 286 ff. (S. 1961 ff.); *Paulus,* Konzernrecht und Konkursanfechtung, ZIP 1996, 2141; *Peltzer,* Die Haftung der Konzernmutter für die Schulden ihrer Tochter, AG 1975, 309; *Pentz,* Die Rechtsstellung der Enkel-AG in einer mehrstufigen Unternehmensverbindung, 1994; *Priester,* Liquiditätsausstattung der abhängigen Gesellschaft und unterjährige Verlustdeckung bei Unternehmensverträgen, ZIP 1989, 1301; *Raiser* Kapitalgesellschaft § 54 IV 3 (Tz. 51 ff. [S. 895 ff.]; *Röhricht,* Die GmbH im Spannungsfeld zwischen wirtschaftlicher Dispositionsfreiheit ihrer Gesellschafter und Gläubigerschutz, FS 50 Jahre BGH, 2000, S. 83; *ders.,* Die aktuelle höchstrichterliche Rechtsprechung, in Ekkenga/Röder u. a. (Hrsg.), Gesellschaftsrecht in der Diskussion 2000, 2001, S. 3; *Schanze,* Konzernspezifischer Gläubigerschutz, in Mestmäcker/Behrens, Das Gesellschaftsrecht der Konzerne im internationalen Vergleich, 1991, S. 473; *H. Scheel* Konzerninsolvenzrecht, 1995; *K. Schmidt* GesR §§ 31 III 2 d, 39 III 4 (S. 953, 1232 ff.); *ders.,* Die konzernrechtliche Verlustübernahmepflicht als gesetzliches Dauerschuldverhältnis, ZGR 1983, 513; *ders.,* Zwingend gesamtschuldnerischer Verlustausgleich bei der Mehrmütterorganschaft?, DB 1984, 1181; *ders.,* Insolvenzrisiko und gesellschaftsrechtliche Haftung, JZ 1985, 301; *U. Schneider,* Das Recht der Konzernfinanzierung, ZGR 1984, 497; *Sonnenschein,* Organschaft und Konzerngesellschaftsrecht, 1976, S. 330 ff.; *ders.,* Der aktienrechtliche Vertragskonzern im Unternehmensrecht, ZGR 1981, 429; *U. Stein,* Haftung aus in Anspruch genommenem Marktvertrauen?, FS für Peltzer, 2001, S. 557; *Stimpel,* Bemerkungen zur BGH-Rechtsprechung zum Gläubigerschutz, in Hommelhoff, Entwicklungen im GmbH-Konzernrecht, 1986, S. 39; *Teubner,* Die „Politik des Gesetzes" im Recht der Konzernhaftung, FS für Steindorff, 1990, S. 261; *Theisen,* Der Konzern, 2. Aufl. 2000; *Ulmer,* Verlustübernahmepflicht des herrschenden Unternehmens als konzernspezifischer Kapitalerhaltungsschutz, AG 1986, 123; *Veit,* Unternehmensverträge und Eingliederung als aktienrechtliche Instrumente der Unternehmensverbindung, 1974, S. 102 ff.; *Vogel,* Die Haftung der Muttergesellschaft als Organ der Tochtergesellschaft, 1997; *Wiechmann,* Verlustausgleich bei Mehrmütterorganschaft, DB 1985, 2031; *H. Wiedemann,* Die Unternehmensgruppe im Privatrecht, 1988; *H. Wilhelm,* Die Beendigung des Beherrschungs- und Gewinnabführungsvertrages, 1976; *J. Wilhelm,* Rechtsform und Haftung bei der juristischen Person, 1981; *F. Zeidler,* Zentrales Cashmanagment in faktischen Aktienkonzernen, 1999.

Übersicht

I. Einleitung

Nach § 302 Abs. 1 ist das herrschende Unternehmen (der andere Vertragsteil) bei **1** Bestehen eines Beherrschungs- oder Gewinnabführungsvertrages mit einer deutschen AG oder KGaA zum Ausgleich jedes während der Vertragsdauer sonst, d. h. ohne § 302 Abs. 1 entstehenden Jahresfehlbetrags verpflichtet, vorausgesetzt, daß dieser nicht dadurch ausgeglichen wird, daß den anderen Gewinnrücklagen des § 272 Abs. 3 S. 2 HGB Beträge entnommen werden, die während der Vertragsdauer in sie eingestellt wurden. Dadurch wird im Ergebnis während des Laufs der genannten Verträge eine *mittelbare* Haftung des herrschenden Unternehmens für die Verbindlichkeiten der abhängigen Gesellschaft begründet (Rdnr. 4).

§ 302 Abs. 1 stellt die wichtigste Sicherung der vermögensrechtlichen Interessen der **2** abhängigen Gesellschaft, ihrer Aktionäre und ihrer Gläubiger während des Bestehens eines Beherrschungs- oder Gewinnabführungsvertrages dar. Dies erklärt zugleich die wachsende Tendenz zur entsprechenden Anwendung des § 302 in anderen Fallgestaltungen (Rdnr. 26).

Durch § 302 Abs. 2 wird die Verpflichtung zum Verlustausgleich unter bestimmten Vor- **3** aussetzungen auf Betriebspacht- oder Betriebsüberlassungsverträge iSd. § 292 Abs. 1 Nr. 3 erstreckt. Abs. 3 der Vorschrift zieht schließlich nach dem Vorbild anderer vergleichbarer Bestimmungen (s. besonders § 93 Abs. 4 S. 3 bis 4 und § 116) dem Verzicht der abhängigen Gesellschaft auf den Ausgleichsanspruch sowie einem Vergleich über ihn zum Schutz der abhängigen Gesellschaft enge Grenzen. Die heutige Fassung des § 302 Abs. 3 S. 2 beruht auf dem Einführungsgesetz zur Insolvenzordnung vom 5. Oktober 1994.[1]

§ 302 Abs. 1 und 2 begründet lediglich eine sogenannte *Innenhaftung* des herrschenden **4** Unternehmens gegenüber der abhängigen Gesellschaft. Unmittelbare Ansprüche der Gläubiger der abhängigen Gesellschaft gegen das herrschende Unternehmen sind dem Gesetz dagegen grundsätzlich fremd (s. aber §§ 309 Abs. 4 S. 3, 317 Abs. 4). Eine abweichende Regelung enthält lediglich § 322 Abs. 1 für die Eingliederung nach dem Vorbild des § 128 HGB (s. § 322 Rdnr. 3 ff.). Im Vertragskonzern haben dagegen die Gläubiger im Regelfall (s. aber Rdnr. 8 ff.) mangels einer mit § 322 vergleichbaren Vorschrift nur die Möglichkeit, in den Ausgleichsanspruch der abhängigen Gesellschaft aus § 302 Abs. 1 zu vollstrecken und sodann gegen das herrschende Unternehmen vorzugehen (Rdnr. 44). Erst *nach* Beendigung eines Beherrschungs- oder Gewinnabführungsvertrages billigt ihnen das Gesetz in § 303 einen Anspruch auf Sicherheitsleistung gegen das herrschende Unternehmen zu, der sich unter bestimmten Voraussetzungen in einen unmittelbaren Zahlungsanspruch verwandeln kann (§ 303 Rdnr. 24 f.).

Aus der geschilderten Regelung der Haftung im Vertragskonzern folgt ebenso wie aus der **5** ausdrücklichen abweichenden Regelung (nur) für die Eingliederung in § 322 Abs. 1, daß eine generelle Einstandspflicht von Konzernunternehmen für die Verbindlichkeiten anderer Konzernunternehmen **(Konzernhaftung)** dem deutschen Recht für den Regelfall **fremd** ist. Nach diesem sogenannten **Trennungsprinzip** haften vielmehr selbst im Vertragskonzern für die Verbindlichkeiten der einzelnen Konzernglieder grundsätzlich *nur diese*, nicht dagegen die anderen Konzernunternehmen einschließlich der Muttergesellschaft.[2] Nicht zuletzt hierauf beruht zB die Möglichkeit, das Vermögen einzelner Konzerngesellschaften als Sicherheit für Kredite zu verwenden, die anderen Konzerngesellschaften einschließlich der

---

[1] BGBl. 1994 I S. 2911, 2931. Zur Vereinbarkeit der §§ 291 Abs. 3 und 302 mit der Kapital-Richtlinie von 1976 (ABl. EG 1977 Nr. 26/1) s. § 291 Rdnr. 75; *Habersack*, Europäisches Gesellschaftsrecht, 2. Aufl. 2003, Tz. 172 (S. 126).

[2] So insbes. BGHZ 81, 311, 317 = NJW 1982, 383 = AG 1982, 72 „Sonnenring"; BGH NJW 1979, 1823, 1828 = AG 1979, 258, 263 (insoweit nicht in BGHZ 75, 96, 116 abgedruckt) „Herrstadt"; BAG AP GmbHG § 13 Nr. 2 = AG 1979,

108; AP BetrAVG § 7 – Widerruf Nr. 7 = AG 1994, 371, 372; NZG 2003, 120, 121; OLG Köln AG 1978, 17, 18; LG Frankfurt AG 1977, 321; BSGE 75, 82, 87 ff. = AG 1995, 279 = NJW-RR 1995, 730; *R. Bork* ZGR 1994, 237, 250 ff.; *Drüke*, Haftung der Muttergesellschaft; *Emmerich* in Hommelhoff, Entwicklungen im GmbH-Konzernrecht, 1986, S. 64, 85 ff.; *Emmerich/Sonnenschein/Habersack* § 20 IV 1 (S. 287 f.); *Lutter* Holding-Handbuch Tz. F 1 ff. (S. 229 ff.); *Paschke* AG 1988, 196, 199 f.

Muttergesellschaft gewährt werden.[3] Ebenso ist die Rechtslage in unseren Nachbarländern.[4] Lediglich in der Schweiz zeichnet sich in jüngster Zeit eine abweichende Entwicklung ab (Stichwort: Konzernvertrauenshaftung; s. Rdnr. 15).

6   Eine unmittelbare Inanspruchnahme der Muttergesellschaft für Verbindlichkeiten einer Tochtergesellschaft im Wege der sogenannten **Konzernhaftung** kommt nach dem Gesagten (Rdnr. 5) grundsätzlich nur in Ausnahmefällen in Betracht. Im Vordergrund des Interesses stehen dabei entsprechende Abreden der Parteien, für die sich in der Praxis unterschiedliche Gestaltungen herausgebildet haben (s. Rdnr. 9 ff.). Darüber hinaus ist bisher nur in verstreuten gesetzlichen Bestimmungen, allen voran in § 322 für die Eingliederung, eine Haftung der Muttergesellschaft für Verbindlichkeiten der Tochtergesellschaft vorgesehen. Ein *Haftungsdurchgriff* auf die Muttergesellschaft ist schließlich noch zu erwägen, wenn im Einzelfall die engen Voraussetzungen erfüllt sind, unter denen auch sonst ein Haftungsdurchgriff bei juristischen Personen auf die hinter ihnen stehenden Gesellschafter zugelassen wird, in erster Linie also in Mißbrauchsfällen sowie bei Vermögensvermischung.[5] Diese Fälle haben durch die jüngste Rechtsprechung des BGH (Stichwort: Bremer-Vulkan-Urteil), gekennzeichnet durch die Aufgabe des Konzepts des qualifizierten faktischen Konzerns jedenfalls für das GmbH-Konzernrecht und durch dessen Ersetzung durch den Rückgriff auf den herkömmlichen Haftungsdurchgriff bei existenzgefährdenden Eingriffen in die Vermögenssubstanz 100%iger Tochtergesellschaften, wieder unerwartete Aktualität gewonnen.[6]

7   Im folgenden ist zunächst ein kurzer Überblick über die wichtigsten Fälle der Konzernhaftung jenseits der §§ 302, 303 und 322 zu geben, weil sich bei Beschränkung des Blickfeldes auf § 302 ein unvollständiges Bild ergäbe (Rdnr. 8 ff.). Die allgemeine Durchgriffshaftung wird dabei ausgeklammert, weil sie keinen spezifischen konzernrechtlichen Bezug aufweist.[7] Erst im Anschluß daran ist im einzelnen auf § 302 einzugehen (Rdnr. 16 ff.).

II. Überblick über die Konzernhaftung außerhalb des § 302

8   Eine Haftung von Konzernunternehmen einschließlich des herrschenden Unternehmens in einem Vertragskonzern für die Verbindlichkeiten anderer Konzernunternehmen kann sich nach dem Gesagten (Rdnr. 6) immer nur im Einzelfall aus Gesetz oder Vertrag ergeben. Während auf rechtsgeschäftlichem Wege die Einbeziehung anderer Konzernunternehmen in den Haftungsverbund jederzeit möglich ist (Rdnr. 9 ff.), bildet eine gesetzliche Erstreckung der Haftung für die Verbindlichkeiten von Konzerngesellschaften auf das herrschende Unternehmen oder auf Schwestergesellschaften nach wie vor die besonders zu begründende Ausnahme (Rdnr. 14 f.).

---

[3] S. § 311 Rdnr. 47 f., 84; grdlg. BGH LM GesO Nrn. 36–38 (Bl. 3 R f.) = NJW 1998, 2593 = AG 1998, 342 = NZG 1998, 427 = WM 1998, 968; *B. Bastuck* WM 2000, 1091.

[4] S. für Österreich OGH SZ Bd. 54 (1981) Nr. 94 S. 452 = JBl. 1982, 257; SZ Bd. 56 (1983) Nr. 101 S. 450, 454 = GesRZ 1983, 156; OGH GesRZ 1973, 82, 83, sowie für die Schweiz *Handschin*, Der Konzern, §§ 28 ff. (S. 283 ff.); *Schanze* in Mestmäcker/Behrens, Das Gesellschaftsrecht der Konzerne, S. 473; *Schluep*, FS für Mayer-Hayoz, 1982, S. 345, 359 f.; rechtsvergleichend *Antunes*, FS für Lutter, S. 995 ff.

[5] BGH LM GmbHG § 13 Nr. 11 = NJW 1979, 2104; BSGE 75, 82, 84 ff. = AG 1995, 279; OLG Karlsruhe GmbHR 1990, 303; *Goette* GmbH § 9 Rdnr. 40 ff. (S. 344 ff.); Scholz/*Emmerich* GmbHG § 13 Rdnr. 55 bis 98; *Handschin*, Der Konzern,

S. 311 ff.; *Lutter* ZGR 1982, 244, 247 f.; *ders.* Holding-Handbuch Tz. F 64 ff. (S. 279 ff.); *K. Schmidt* BB 1985, 2074; *U. Schneider* BB 1981, 249, 254 f.; *H. Wiedemann* Unternehmensgruppe S. 18 ff.; *J. Wilhelm* Rechtsform S. 285 ff.; kritisch *Teubner*, FS für Steindorff, S. 261, 265 ff.

[6] Wegen der Einzelheiten s. § 317 Anh.; grdlg. BGHZ 149, 10, 16 = LM AktG § 309 Nr. 1 = NJW 2001, 3622 = AG 2002, 43 „Bremer Vulkan" (Vorinstanz: OLG Bremen AG 1999, 466); BGH NJW 2002, 3024, 3025; BGH LM GmbHG § 6 Nr. 3 (Bl. 2 R f.) = NJW 2002, 1803 = NZG 2002, 520; *Altmeppen* ZIP 2001, 1837; *Bitter* WM 2001, 2133; *Goette* GmbH § 9 Rdnr. 10, 29 ff. (S. 330, 339 ff.); *Röhricht*, FS 50 Jahre BGH, 2000, S. 83, 118 ff.; *K. Schmidt* GesR § 39 III 4 (S. 1232 ff.).

[7] Nachw. s. Fn. 5 und 6.

1. Rechtsgeschäft. Auf rechtsgeschäftlichem Wege ist die Einbeziehung anderer Kon- 9
zernunternehmen in den Haftungsverbund jederzeit möglich.[8] Als Mittel hierzu kommen
neben der Bürgschaft (§ 765 BGB), dem Schuldbeitritt und der Garantie (§ 311 Abs. 1
BGB)[9] vor allem noch Patronatserklärungen, Liquiditätszusagen und Organschaftserklärungen in Betracht (Rdnr. 10–13).

a) Patronatserklärungen

Schrifttum: *v. Bernuth* ZIP 1999, 1501; *Druey,* FS für Lutter, 2000, S. 1069; *ders./Vogel,* Das schweizerische Konzernrecht in der Praxis der Gerichte, 1999, S. 114 ff.; *Emmerich/Sonnenschein/Habersack* § 20 IV 2 a
(S. 289); *Fleischer* WM 1999, 666; *ders.* ZHR 163 (1999), 461, 467 ff.; *Fried,* Die weiche Patronatserklärung,
1998; *Habersack* ZIP 1996, 257; MünchKommBGB/*Habersack* (1997) Vor § 765 BGB Rdnr. 44 ff.; BankR-
Hdb./*Merkel* Bd. II, 2. Aufl. 2001, § 98 Rdnr. 8 ff. (S. 3041 ff.); *Michalski* WM 1994, 1229; *Kl. Müller* ZGR
1977, 1; *Rümker* WM 1974, 990; *Schaffland* BB 1977, 1021; Staudinger/*Horn* (1997) Vor § 765 BGB
Rdnr. 405 ff.; *Wiegand,* Personalsicherheiten, Patronatserklärungen und ähnliche Erscheinungen, 1997.

Als Patronatserklärungen bezeichnet man Erklärungen der Muttergesellschaft eines Kon- 10
zerns gegenüber den **Gläubigern,** durch die sie verspricht, für die Erfüllung der Verbindlichkeiten eines Konzernunternehmens dadurch sorgen zu wollen, daß sie dieses stets mit
der erforderlichen Liquidität ausstattet. Das rechtliche Gewicht solcher Erklärungen ist
unterschiedlich. Es reicht je nach ihrer Formulierung von rechtsgeschäftlichen Garantieer-
klärungen bis zu bloßen unverbindlichen Absichtserklärungen. In der heutigen Praxis unterscheidet man vor allem harte und weiche Patronatserklärungen (Rdnr. 11). Was im Einzelfall
vorliegt, ist eine Frage der Auslegung der Parteierklärungen (§§ 133, 157, 242 BGB).[10]

Harte Patronatserklärungen begründen eine rechtlich bindende Verpflichtung der Mut- 11
tergesellschaft gegenüber den angesprochenen Gläubigern, jederzeit für die Ausstattung der
fraglichen Tochtergesellschaft mit den zur Erfüllung ihrer Verbindlichkeiten erforderlichen
Mitteln zu sorgen, so daß die Muttergesellschaft bei einem Verstoß gegen diese Verpflichtung den Gläubigern zum Schadensersatz verpflichtet ist (§§ 280 Abs. 1, 311 Abs. 1
BGB).[11] Es handelt sich dabei um einen einseitig verpflichtenden, garantieähnlichen Vertrag,
der in der Regel nach § 151 BGB zustande kommt.[12] Der Umfang der Patronatserklärung
hängt dann ganz von dem notfalls durch Auslegung zu ermittelnden Inhalt der Erklärung
der Muttergesellschaft gegenüber den Gläubigern ab (§§ 133, 157 BGB). Die Erklärung
kann sich auch je nach den Umständen des Falles auf einen Teil der *zukünftigen* Verpflichtungen einer Tochtergesellschaft gegenüber bestimmten oder allen Gläubigern beziehen.[13]
Bedenken gegen die rechtliche Zulässigkeit derartiger Patronatserklärungen bestehen nicht
(§ 311 Abs. 1 BGB).[14] *Weiche* Patronatserklärungen stellen dagegen nichts anderes als unverbindliche Absichtserklärungen des herrschenden Unternehmens zur Ausstattung der Tochtergesellschaft mit der erforderlichen Liquidität dar.[14a]

b) Liquiditätszusage. Eine Liquiditätszusage richtet sich anders als eine Patronatserklä- 12
rung nicht an die Gläubiger einer Tochtergesellschaft (Rdnr. 10 f.), sondern an diese selbst.
Bei einer Liquiditätszusage handelt es sich deshalb um die rechtlich bindende Erklärung der
Muttergesellschaft gegenüber ihrer **Tochtergesellschaft,** sie in jedem Fall mit den Mitteln

---

[8] S. dazu *Emmerich/Sonnenschein/Habersack* § 20
IV 2 (S. 288 ff.); *Handschin,* Der Konzern, S. 284 ff.;
Lutter Holding-Handbuch Tz. F 19 ff. (S. 255 ff.);
Kl. Müller ZGR 1977, 1.
[9] Zur Garantie s. SchweizBGE 120 (1994) II,
331, 334 = AG 1996, 44 „Wibru-Holding/Swiss-
air".
[10] S. BGHZ 117, 127, 130, 132 ff. = LM BGB
§ 305 Nr. 57 = NJW 1992, 2093 = AG 1992, 447;
OGH SZ Bd. 58 (1985) Nr. 127, S. 606, 609 ff. =
JBl. 1986, 173 „Eumig"; OLG Düsseldorf NJW-
RR 1989, 1116 = WM 1989, 1642; OLG Karlsruhe
WM 1992, 2088 = AG 1993, 89; KG WM 2002,
1190, 1191; OLG Düsseldorf GmbHR 2003, 179;

Geimer Anm. LM BGB § 305 Nr. 57 (Bl. 5 f.); *Raiser* Kapitalgesellschaften § 54 Rdnr. 49 (S. 895).
[11] Zuletzt KG WM 2002, 1190, 1191.
[12] KG WM 2002, 1190, 1191.
[13] KG WM 2002, 1190, 1191.
[14] KG WM 2002, 1190, 1191; LG Berlin WM
2000, 1060, 1061; *v. Bernuth* ZIP 1999, 1501; *Fleischer* WM 1999, 666; anders einmal LG München I
WM 1998, 1285 = ZIP 1998, 1956; aufgehoben
(durch Versäumnisurteil) durch OLG München
WM 1999, 686.
[14a] Strenger aber OLG Düsseldorf GmbHR
2003, 179: gegebenenfalls Haftung aus c. i. c.
(§§ 241 Abs. 2, 311 Abs. 2 und 3 BGB).

auszustatten, die zu einer vollständigen Befriedigung aller oder bestimmter Gläubiger nötig sind (§ 311 Abs. 1 BGB).[15] In die sich aus solchen Erklärungen der Mutter ergebenden Ansprüche der Tochtergesellschaft können die begünstigten Gläubiger notfalls vollstrecken, so daß sich die Wirkungen einer Liquiditätszusage weitgehend mit denen des § 302 decken.

13 **c) Organschaftserklärungen.** Organschaftserklärungen haben im Gegensatz zu Patronatserklärungen (Rdnr. 10 f.) ausnahmslos rechtsgeschäftlichen Charakter. Ihre Aufgabe ist es, die Adressaten der Erklärung dagegen zu sichern, daß die Muttergesellschaft Maßnahmen ergreift, durch die der Verlustausgleichsanspruch der Tochtergesellschaft aufgrund des § 302 beeinträchtigt werden könnte. Dadurch soll vor allem die Verwertbarkeit des Anspruchs der abhängigen Gesellschaft auf Verlustausgleich nach § 302 als Kreditsicherheit verbessert werden.[16]

14 **2. Gesetz.** Ein Haftungsdurchgriff auf das herrschende Unternehmen kommt bei Fehlen entsprechender Abreden der Parteien (Rdnr. 10–13) nur ausnahmsweise unter besonderen Voraussetzungen in Betracht (s. Rdnr. 6, 8). In erster Linie ist hier natürlich an die §§ 302 und 322 zu denken, wobei, zumindest eine Zeitlang, die Tendenz der Praxis unverkennbar in die Richtung ging, § 302 auch jenseits von Vertragskonzernen, seinem eigentlichen Anwendungsbereich, in vergleichbaren Konzernlagen entsprechend anzuwenden (Stichwort: qualifizierter faktischer Konzern).[17] Aber auch unabhängig von den §§ 302 und 323 werden in zunehmendem Maße Rechtsinstitute entwickelt, die in der einen oder anderen Form einen „Durchgriff" der Gläubiger von Konzernunternehmen auf die Muttergesellschaft oder auch Schwestergesellschaften erlauben.[18] Im Vordergrund des Interesses steht dabei im Augenblick die sich abzeichnende Tendenz, unter bestimmten engen Voraussetzungen einen Haftungsdurchgriff auf Schwestergesellschaften nach den Regeln über den Gleichordnungskonzern zuzulassen (s. § 18 Rdnr. 28, 36 ff.). Jenseits dieser eigenartigen Fälle reicht das Spektrum möglicher Fallgestaltungen einer „Durchgriffshaftung" von besonderen produzenten- und umwelthaftungsrechtlichen Tatbeständen[19] über die allgemeine Durchgriffshaftung, neuerdings insbes. auch wegen existenzgefährdender Eingriffe des einzigen oder aller Gesellschafter in die Substanz jedenfalls einer GmbH,[20] bis hin zur Umqualifizierung von Darlehen der Muttergesellschaft an Tochtergesellschaften zu Gesellschafterdarlehen mit den entsprechenden haftungsrechtlichen Konsequenzen (s. §§ 32 a und 32 b GmbHG).[21]

15 Als weiterer Gesichtspunkt, der zumindest in bestimmten Fallgestaltungen einen Haftungsdurchgriff im Konzern auf das herrschende Unternehmen gestatten soll, hat das *Schweizerische Bundesgericht* neuerdings den Gedanken einer **Konzernvertrauenshaftung** in die Diskussion eingeführt.[22] Die Muttergesellschaft eines Konzerns, die durch ihr Verhalten

---

[15] *Lutter* Holding-Handbuch Tz. F 20 (S. 255 f.).
[16] S. *Gerth* AG 1984, 94; *ders.,* Atypische Kreditsicherheiten, 2. Aufl. 1980; *Stützle* in U. Schneider (Hrsg.), Beherrschungs- und Gewinnabführungsverträge in der Praxis der GmbH, 1989, S. 81, 86 ff.
[17] S. Rdnr. 25 f. und Anh. nach § 317 sowie für den qualifizierten faktischen GmbH-Konzern auch schon Rdnr. 7 sowie § 318 Anh. Rdnr. 33 ff.
[18] Übersicht bei *Emmerich* in Hommelhoff, Entwicklungen im GmbH-Konzernrecht, 1986, S. 64, 83 ff.; *Fleischer* ZHR 163 (1999), 461; *Lutter* Holding-Handbuch Tz. F 13 ff. (S. 254 ff.).
[19] S. dazu *Fleischer* ZHR 163 (1999), 461, 482 ff.; *Oehler* ZIP 1990, 1445, 1450 ff.; *K. Schmidt,* in Umweltschutz und technische Sicherheit im Unternehmen, Umwelt- und Technikrecht Bd. 26, 1993, S. 69, 80 ff.; *H. P. Westermann* ZHR 155 (1991), 223.
[20] S. Rdnr. 7 sowie § 317 Anh. und § 318 Anh. Rdnr. 33 ff.
[21] Dazu *Jula/Breitbarth* AG 1997, 256; *R. Eichholz,* Das Recht der konzerninternen Darlehen,

1993; *U. Kühbacher,* Darlehen an Konzernunternehmen, Besicherung und Vertragsanpassung, 1993; *Lutter* Holding-Handbuch Tz. F 32 ff. (S. 263 ff.); *U. Wilken,* Kapitalersetzende Nutzungsüberlassungen im internationalen Unterordnungskonzern, 1993.
[22] BGE 120 (1994) II, 331, 335 ff. = AG 1996, 44, 45 „Wibru–Holding/Swissair"; BGE 124 (1998) II, 297, 303 f. „Musikvertrieb/Motor-Columbus AG"; besonders weitgehend für Banken BGE 116 (1990) I b, 331, 339 ff. „Schweizerische Kreditanstalt-CS Holding" m. Anm. *Druey/Vogel,* Das schweizerische Konzernrecht in der Praxis der Gerichte, 1999, S. 131 ff.; ausführlich *Brechbühl,* Haftung aus erwecktem Konzernvertrauen, Diss. Zürich 1998; *Druey,* FS für Lutter, 2000, S. 1069; *Fleischer* NZG 1999, 685; *H. Honsell,* Gedächtnisschr. für Sonnenschein, 2003, S. 651; *Kuzmic,* Haftung aus „Konzernvertrauen", 1998; *Theisen* Konzern S. 632 ff.

ein berechtigtes Vertrauen der Gläubiger einer Tochtergesellschaft in ihre „Konzernverantwortung" erweckt, soll hiernach, wenn sie später in treuwidriger Weise dieses Vertrauen
enttäuscht, den Gläubigern der Tochtergesellschaft entsprechend den Grundgedanken über
die Haftung aus c. i. c. zum Schadensersatz verpflichtet sein; dies freilich nur dann, wenn die
Muttergesellschaft durch ihr Verhalten ganz bestimmte (konkrete) Erwartungen der Gläubiger in ihre Konzernverantwortung erweckt hat, wofür das bloße einheitliche Auftreten der
Gruppe nicht genügen soll.

Ob entsprechende Überlegungen auch für das **deutsche Recht** fruchtbar gemacht **15 a**
werden können, ist noch offen.[23] Die Tendenz dazu nimmt offenkundig zu.[24] In dieselbe
Richtung weist jetzt auch unverkennbar der neue, durch das Schuldrechtsmodernisierungsgesetz von 2001 in das **BGB** eingefügte **§ 311 Abs. 3,** nach dem ein Schuldverhältnis mit
Schutz- und Rücksichtspflichten iSd. § 241 Abs. 2 BGB auch zu Personen entstehen kann,
die nicht selbst Vertragspartei sind. Die Gesetzesverfasser haben dabei zwar in erster Linie
neben der Eigenhaftung von Vertretern an das Rechtsinstitut der Sachwalterhaftung gedacht,
wie aus S. 2 der Vorschrift zu folgern ist.[25] Der Anwendungsbereich des ganz allgemein
gefaßten § 311 Abs. 3 S. 1 BGB beschränkt sich jedoch nicht auf diese eigenartigen Fallgestaltungen; vielmehr können in ihn, wenn man denn will, durchaus auch Fälle, wie sie mit
dem Stichwort der Konzernvertrauenshaftung umschrieben werden, einbezogen werden.[26]

III. Grundgedanke des § 302

Nach § 302 Abs. 1 ist das herrschende Unternehmen bei Bestehen eines Beherrschungs- **16**
oder Gewinnabführungsvertrages grundsätzlich verpflichtet, *jeden* während der Vertragsdauer
bei der abhängigen Gesellschaft entstehenden *Jahresfehlbetrag auszugleichen.* Der innere Grund
für diese Regelung wird überwiegend in der Notwendigkeit gesehen, einen Ausgleich für
die weitgehenden Eingriffsrechte zu schaffen, die Beherrschungs- und Gewinnabführungsverträge dem herrschenden Unternehmen nach den §§ 291 und 308 eröffnen.[27] Dahinter
steht letztlich die Vorstellung, Herrschaft und Haftung müßten sich grundsätzlich entsprechen. Aber dieser sehr allgemeine Gedanke vermag schwerlich allein die weitreichende
Regelung des § 302 zu tragen; hinter der gesetzlichen Regelung müssen vielmehr auch
noch andere Gedanken stehen.[28]

In erster Linie ist hier daran zu erinnern, daß für Vertragskonzerne ebenso wie für **17**
Eingliederungskonzerne das Versagen des gesetzlichen Systems der Kapitalerhaltung kennzeichnend ist (s. §§ 291 Abs. 3, 323 Abs. 2). Die strikte Beachtung der Kapitalerhaltungsvorschriften ist jedoch die Voraussetzung für die Anerkennung der Haftungsbeschränkung
bei der juristischen Person.[29] Wo dies wie im Eingliederungs- und im Vertragskonzern für
den Regelfall nicht gewährleistet ist, ist auch kein Raum mehr für eine Beschränkung der
Haftung auf das Vermögen der abhängigen juristischen Person. Die gesetzlichen Folgerungen hieraus ziehen – mit unterschiedlicher Akzentsetzung – die §§ 302, 303, 321 und
322 für den Vertrags- und den Eingliederungskonzern.[30] Daneben ist schließlich auch noch

[23] S. § 311 Rdnr. 91; *Emmerich/Sonnenschein/Ha-
bersack* § 20 IV 1 (S. 288).
[24] Dafür *Druey* (Fn. 22); *Fleischer* NZG 1999,
685, 690 ff.; *ders.* ZHR 163 (1999), 461, 474 ff.;
dagegen *Lutter,* Gedächtnisschrift für Knobbe-Keuk,
1997, S. 229; *U. Stein,* FS für Peltzer, S. 557.
[25] S. die Begr. zum RegE des Schuldrechtsmodernisierungsgesetzes BT-Drucks. 14 (2001)/6040
S. 163 f.
[26] Wegen der Einzelheiten s. MünchKommBGB/
Emmerich Bd. 2 a, 4. Aufl. 2003, § 311 Rdnr. 201 ff.
[27] So die Begr. zum RegE bei *Kropff* AktG
S. 391; BGHZ 116, 37, 41 f. = NJW 1992, 505 =
LM AktG § 302 Nr. 5 = AG 1992, 83 „Strom-
lieferungen/Hansa-Feuerfest"; *Altmeppen* DB 1999,
2453; *Drüke,* Haftung der Muttergesellschaft,

S. 175 ff.; *Hommelhoff,* FS für Goerdeler, S. 221,
226 ff.; *Koppensteiner* in Kölner Kommentar
Rdnr. 4; *ders.* in Ulmer (Hrsg.), Probleme des Kon-
zernrechts, S. 87, 94 ff.; *Limmer* Haftungsverfassung
S. 295 ff.; *W. Müller,* FS für Roweder, 1994,
S. 277, 279 ff.; *K. Schmidt* GesR § 31 III 2 d
(S. 953); *Sonnenschein* Organschaft S. 331; s. dazu
Zöllner in 59. DJT 1992, S. R 35, 42 ff.
[28] S. MünchKommAktG/*Altmeppen* Rdnr. 10 ff.;
Bitter, Konzernrechtliche Durchgriffshaftung bei
Personengesellschaften, 2000, S. 386 ff.; *Ehricke,* Das
abhängige Konzernunternehmen in der Insolvenz,
1998, S. 430, 445 ff.
[29] Grdlg. BGHZ NJW 2002, 3024, 3025.
[30] BGHZ 103, 1, 10 = LM AktG § 291 Nr. 2 =
NJW 1988, 1326 = AG 1988, 133 „Familienheim";

an die Parallele zu den §§ 670 und 683 BGB zu denken, da unübersehbar ist, daß Beherrschungs- und Gewinnabführungsverträge Geschäftsbesorgungsverträgen zumindest nahe stehen (§§ 675 Abs. 1, 662 BGB).[31]

IV. Anwendungsbereich

18　　**1. § 302 Abs. 1. a) Beherrschungs- und Gewinnabführungsverträge.** § 302 Abs. 1 findet seinem Wortlaut nach unmittelbar nur auf Beherrschungs- und Gewinnabführungsverträge iSd. § 291 Abs. 1 S. 1 mit einer abhängigen deutschen AG oder KGaA Anwendung. Die Rechtsform und die Nationalität des herrschenden Unternehmens spielen dagegen keine Rolle, so daß die Pflicht zur Verlustübernahme gegebenenfalls auch ein ausländisches Unternehmen oder die öffentliche Hand treffen kann.[32]

19　　Handelt es sich bei der abhängigen Gesellschaft um ein Gemeinschaftsunternehmen, das in vertraglichen Beziehungen zu mehreren Muttergesellschaften steht, so führt § 302 Abs. 1 zu einer gesamtschuldnerischen Haftung der Muttergesellschaften für den Ausgleich eines etwaigen Jahresfehlbetrags ihrer gemeinsamen Tochter. Eine bloße pro-rata-Haftung der Mütter je entsprechend ihrer Beteiligung an der gemeinsamen Tochter ist zum Schutz der Gläubiger abzulehnen.[33] Auf **mehrstufige** Unternehmensverbindungen lassen sich diese Überlegungen dagegen nicht übertragen; hier bleibt alleiniger Schuldner des Verlustausgleichs der jeweilige Vertragspartner.[34]

20　　**b) Geschäftsführungsverträge.** Geschäftsführungsverträge stehen nach § 291 Abs. 1 S. 2 grundsätzlich den Gewinnabführungsverträgen gleich. Das müßte an sich auch für § 302 Abs. 1 gelten. Gleichwohl soll nach überwiegender Meinung § 302 Abs. 1 auf diese Verträge keine Anwendung finden, weil das herrschende Unternehmen hier bereits aufgrund des Vertrages selbst zum Ausgleich aller Aufwendungen der abhängigen Gesellschaft verpflichtet sei (§ 670 BGB; s. § 291 Rdnr. 67, 71), so daß für § 302 daneben kein eigener Anwendungsbereich mehr verbleibe.[35] Dabei wird jedoch übersehen, daß auch bei den Geschäftsführungsverträgen ein etwaiger Jahresfehlbetrag zunächst in einer Vorbilanz ermittelt werden muß, an den anschließend § 302 Abs. 1 ohne weiteres anknüpfen kann (§ 291 Rdnr. 71).

21　　**2. § 302 Abs. 2.** Das Gesetz ordnet in § 302 Abs. 2 unter engen Voraussetzungen auch bei Betriebspacht- und Betriebsüberlassungsverträgen iSd. § 292 Abs. 1 Nr. 3 eine Verlustübernahmepflicht des herrschenden Unternehmens an. Für die beteiligten Gesellschaften gilt insoweit dasselbe wie bei § 302 Abs. 1 (s. Rdnr. 18). Hinzu kommen muß hier aber, daß die überlassende AG oder KGaA von dem anderen Vertragsteil, dem Pächter, *abhängig* iSd. § 17 ist *und* daß die von diesem gezahlte Gegenleistung kein angemessenes Entgelt darstellt (dazu Rdnr. 45 f.).

BGHZ 107, 7, 18 = LM GmbHG § 30 Nr. 27= NJW 1989, 1800 = WM 1989, 528 „Tiefbau"; BGHZ 115, 187, 197 = LM AktG § 302 Nr. 4 = NJW 1991, 3142 = AG 1991, 429 „Video"; *Henze* Konzernrecht Tz. 338 f. (S. 123); *Hüffer* Rdnr. 3; *Kleindiek* Strukturvielfalt S. 141 ff.; *Mestmäcker* Verwaltung S. 366 ff.; *Raiser* Kapitalgesellschaften § 54 Rdnr. 52; *K. Schmidt* in Konzernrechtstage S. 109, 115 ff.; *Sonnenschein/Holdorf* JZ 1992, 715, 718 ff.; *Stimpel,* FS für Goerdeler, S. 601, 614 ff., 620; *ders.* ZGR 1991, 144, 151 ff.; *Ulmer* NJW 1986, 1579; *ders.* AG 1986, 123; anders aber MünchKommAktG/*Altmeppen* Rdnr. 8 f.; *Basten* GmbHR 1990, 442, 445 ff.; *Koppensteiner* (Fn. 27).
[31] S. *Emmerich* in Hommelhoff, Entwicklungen im GmbH-Konzernrecht, 1986, S. 64, 92 ff.; *ders.,* Gedächtnisschrift für Sonnenschein, 2002, S. 651, 654 ff.; ebenso im Ansatz MünchKommAktG/*Altmeppen* Rdnr. 12; s. auch Rdnr. 20.

[32] S. § 15 Rdnr. 29; *Hüffer* Rdnr. 21; *Koppensteiner* in Kölner Kommentar Rdnr. 24.
[33] S. § 17 Rdnr. 32; MünchKommAktG/*Altmeppen* Rdnr. 80; *Exner* Beherrschungsvertrag S. 285 ff.; *Hommelhoff,* FS für Goerdeler, S. 221 ff.; *Hüffer* Rdnr. 21; *Koppensteiner* in Kölner Kommentar Rdnr. 24; MünchHdb. AG/*Krieger* § 70 Rdnr. 59; *Wiechmann* DB 1985, 2031; anders insbes. *K. Schmidt* DB 1984, 1181; *ders.* GesR § 31 III 2 d (S. 954).
[34] MünchKommAktG/*Altmeppen* Rdnr. 97–99; *Görling* Konzernhaftung S. 122 ff.; *Hüffer* Rdnr. 21; z. T. anders *Pentz* Rechtsstellung S. 44 ff.
[35] MünchKommAktG/*Altmeppen* Rdnr. 14; *Hüffer* Rdnr. 10; MünchHdb. AG/*Krieger* § 71 Rdnr. 22.

Hintergrund der eigenartigen gesetzlichen Regelung ist die (naheliegende) Befürchtung **22** der Gesetzesverfasser, daß unter den genannten Voraussetzungen (Rdnr. 21) keine Gewähr mehr für ein ausgewogenes Verhältnis von Leistung und Gegenleistung bestehe.[36] Daraus wird allgemein der Schluß gezogen, daß die Abhängigkeit der überlassenden Gesellschaft bereits im Augenblick des *Vertragsabschlusses* vorgelegen haben muß.[37] Eine *spätere* Abhängigkeit führt nicht mehr zur Anwendung des § 302 Abs. 2.

Ist der Betriebspacht- oder Betriebsüberlassungsvertrag mit einem Beherrschungs- oder **23** Gewinnabführungsvertrag verbunden, so gilt allein § 302 Abs. 1.[38] § 302 Abs. 2 findet außerdem keine Anwendung, wenn der Vertrag nicht mit dem herrschenden Unternehmen, sondern mit einer *Schwestergesellschaft* desselben Konzerns abgeschlossen wird.[39] Schließlich kann die Vorschrift auch nicht auf **Betriebsführungsverträge** angewandt werden, weil bei diesen die überlassende („geführte") Gesellschaft nicht eine möglicherweise unangemessene Gegenleistung erhält, sondern ihrerseits zur Zahlung eines Entgelts an den anderen Teil verpflichtet ist.[40]

3. Gewinngemeinschaft und Teilgewinnabführungsvertrag.

Auf die Unterneh- **24** mensverträge des § 292 Abs. 1 Nrn. 1 und 2 ist weder Abs. 1 noch Abs. 2 des § 302 anwendbar.[41] Dies ist vor allem dann problematisch, wenn ein Teilgewinnabführungsvertrag nahezu den gesamten Gewinn der abhängigen Gesellschaft umfaßt, so daß er der Sache nach einem Gewinnabführungsvertrag iSd. §§ 291 Abs. 1 S. 1 und 302 Abs. 1 entspricht. In derartigen Fallgestaltungen ist deshalb an eine entsprechende Anwendung des § 302 Abs. 1 zu denken (s. § 292 Rdnr. 24).

4. Entsprechende Anwendung. a) GmbH.

Die erhebliche praktische Bedeutung des **25** § 302 beruht nicht zuletzt darauf, daß er gemäß seinem Grundgedanken (Rdnr. 16 f.) heute in wachsendem Maße in weiteren Fallgestaltungen entsprechende Anwendung findet. Weithin anerkannt ist dies mittlerweile bereits für Beherrschungs- und Gewinnabführungsverträge mit Gesellschaften anderer Rechtsform, von der GmbH[42] über die Personengesellschaften und Genossenschaften bis zu den Vereinen.[43] Eine partielle gesetzliche Regelung existiert freilich bisher nur für Gewinnabführungsverträge mit einer GmbH oder mit einer Genossenschaft in *§ 17 S. 2 Nr. 2 KStG*, nach dem die (steuerrechtliche) Anerkennung der Organschaft mit einer der genannten Kapitalgesellschaften voraussetzt, daß eine Verlustübernahme entsprechend § 302 *vereinbart* wird (s. Rdnr. 30).

Soweit das Steuerrecht (§ 17 S. 2 Nr. 2 KStG) für die Anerkennung der Organschaft **25 a** mit einer GmbH oder Genossenschaft die ausdrückliche Vereinbarung einer Verlustübernahme entsprechend § 302 verlangt, steht es im Widerspruch zum Konzernrecht, nach

---

[36] S. die Begr. zum RegE bei *Kropff* AktG S. 391; zur Kritik s. § 292 Rdnr. 48 ff.; zur GmbH s. Rdnr. 25.
[37] MünchKommAktG/*Altmeppen* Rdnr. 56; *Hüffer* Rdnr. 23; *Koppensteiner* in Kölner Kommentar Rdnr. 30; MünchHdb. AG/*Krieger* § 72 Rdnr. 32.
[38] *Koppensteiner* in Kölner Kommentar Rdnr. 31; MünchHdb. AG/*Krieger* § 72 Rdnr. 32.
[39] *Koppensteiner* in Kölner Kommentar Rdnr. 31; anders MünchKommAktG/*Altmeppen* Rdnr. 57.
[40] S. § 292 Rdnr. 55 ff.; MünchKommAktG/*Altmeppen* Rdnr. 52; *Hüffer* Rdnr. 22; *Koppensteiner* in Kölner Kommentar Rdnr. 31.
[41] MünchKommAktG/*Altmeppen* Rdnr. 15.
[42] BGHZ 95, 330, 345 f. = NJW 1986, 188 „Autokran/Heidemann"; BGHZ 105, 168, 182 = NJW 1988, 3143 „HSW"; BGHZ 105, 324, 336 = NJW 1989, 295 „Supermarkt"; BGHZ 116, 37, 39 = NJW 1992, 505 „Stromlieferungen/Hansa Feuerfest"; BGH LM § 53 GmbHG Nr. 11 = NJW 2002, 822 = WM 2002, 77 = AG 2002, 240; BAGE 61, 94 = AP BetrAVG Nr. 22 = AG 1991, 274, 275;

Roth/Altmeppen GmbHG § 13 Anh. Rdnr. 63 ff.; *Emmerich/Sonnenschein/Habersack* § 32 III 2 (S. 492); *Scholz/Emmerich* GmbHG § 44 Anh. Rdnr. 187, 210 f.; *Goette* GmbH § 9 Rdnr. 13 (S. 331 f.); *Rowedder/Schmidt-Leithoff/Koppensteiner* GmbHG § 52 Anh. Rdnr. 112 f.; *Michalski/Zeidler* GmbHG Bd. I Syst. Darst. 4 Rdnr. 110 ff. (S. 459 ff.); − anders aber *G. Bitter*, Konzernrechtliche Durchgriffshaftung bei Personengesellschaften, 2000, S. 386 ff.; ders. ZIP 2001, 265, 270, 274 ff.; *U. Ehricke*, Das abhängige Konzernunternehmen in der Insolvenz, S. 430 ff.; *Kübler*, FS für Heinsius, 1991, S. 397.
[43] BGH LM HGB § 105 Nr. 46 = NJW 1980, 231 = AG 1980, 47 „Gervais"; *Emmerich/Sonnenschein/Habersack* §§ 34 III 4, 36 II 2, 37 II, 38 III (S. 515, 524, 533 f., 539); *Baumbach/Hopt* HGB § 105 Rdnr. 105; MünchKommHGB/*Mülbert* Bd. 3 Konzernrecht Rdnr. 173 ff. (S. 571 ff.); *Lange* in Ebenroth/Boujong/Joost HGB § 105 Anh. Rdnr. 52 ff. (S. 1327 ff.); *A. Reul*, Das Konzernrecht der Genossenschaften, 1997, S. 192 ff.; *A. Sprengel* Vereinskonzernrecht, 1998, S. 165 ff.

dem in jedem Fall die Verlustübernahmepflicht des herrschenden Unternehmens bei Abschluß eines Beherrschungs- oder Gewinnabführungsvertrages mit einer abhängigen Gesellschaft beliebiger Rechtsform entsprechend § 302 Abs. 1 bereits unmittelbar aus dem *Gesetz* folgt.[44] Anwendbar ist im Regelfall ferner im GmbH-Konzernrecht das Verbot der Auflösung vorvertraglicher Rücklagen zur Deckung eines Jahresfehlbetrags (ebenso aus steuerrechtlicher Sicht § 17 S. 2 Nr. 2 KStG). Eine andere Beurteilung kommt konzernrechtlich nur in Betracht, wenn sämtliche Gesellschafter in dem Vertrag ausdrücklich zugestimmt haben, sowie bei Einmanngesellschaften.[45] Schließlich läßt sich auch der Gedanke des § 302 Abs. 2 auf Betriebspachtverträge mit einer abhängigen GmbH übertragen, sofern man in diesem Fall nicht sogar die Zustimmung aller Gesellschafter zu dem Vertragsabschluß verlangt.[46]

26   **b) Qualifizierte faktische Aktien- und GmbH-Konzerne.** Nach bisher überwiegender Meinung ist § 302 Abs. 1 außerdem gemäß seinem Grundgedanken (Rdnr. 16 f.) in qualifizierten faktischen Aktien-Konzernen entsprechend anzuwenden.[47] Der Grund ist einfach der, daß hier im Regelfall die besonderen Schutzvorkehrungen für die abhängige Gesellschaft aufgrund der §§ 311 und 317 versagen, so daß der notwendige Ausgleich nur durch die entsprechende Anwendung des § 302 Abs. 1 (und des § 303) geschaffen werden kann. Die Rechtslage ist freilich neuerdings zweifelhaft geworden, seitdem der BGH jedenfalls die bisherige Rechtsprechung zur Anwendung der §§ 302 und 303 auf qualifizierte faktische *GmbH*-Konzerne aufgegeben hat. Wie schon ausgeführt (Rdnr. 7), verfolgt er statt dessen jetzt das Konzept einer allgemeinen Durchgriffshaftung des einzigen Gesellschafters oder der Gesamtheit der Gesellschafter bei existenzgefährdenden Eingriffen in die Substanz der von ihnen abhängigen GmbH.[48] Wegen der sich daraus für die weitere Behandlung von qualifizierten Aktien- und GmbH-Konzernen ergebenden Konsequenzen ist auf die Ausführungen an anderer Stelle zu verweisen (s. Anh. zu § 317).

V. Verlustübernahmepflicht im Vertragskonzern (§ 302 Abs. 1)

27   Nach § 302 Abs. 1 muß der andere Vertragsteil bei Abschluß eines Beherrschungs- oder Gewinnabführungsvertrages *jeden* während der Vertragsdauer sonst entstehenden Jahresfehlbetrag ausgleichen, soweit dieser nicht durch Entnahmen aus anderen Gewinnrücklagen gedeckt werden kann, die während der Vertragsdauer gebildet wurden. Als erstes bedarf hier der Klärung, was das Gesetz in § 302 Abs. 1 mit dem „während der Vertragsdauer sonst entstehenden Jahresfehlbetrag" meint, auf den sich nach dem Gesetz die Ausgleichspflicht des herrschenden Unternehmens beschränkt (s. Rdnr. 28 ff.).

28   **1. Jahresfehlbetrag. a) Begriff.** Mit der ungenauen Bezeichnung „sonst entstehender Jahresfehlbetrag" meint das Gesetz in § 302 Abs. 1 den (fiktiven) Jahresfehlbetrag, der ohne die gesetzliche Verlustausgleichspflicht des herrschenden Unternehmens nach § 302 Abs. 1 entstände. Der „sonst" entstehende Jahresfehlbetrag ist mithin das Pendant zu dem fiktiven *Jahresüberschuß*, auf den das Gesetz in § 300 Nr. 1 und in § 301 S. 1 abstellt, d. h. – genauer – der Betrag, der in der Gewinn- und Verlustrechnung nach *§ 275 Abs. 2 Nr. 20 oder Abs. 3 Nr. 19 HGB* ohne § 302 auszuweisen wäre und der deshalb in einer *Vorbilanz* ermittelt werden muß.[49] In der endgültigen Gewinn- und Verlustrechnung sind die Erträge

[44] Statt aller *Röhricht* in: Gesellschaftsrecht in der Diskussion, 2000, S. 3, 16; *K. Schmidt* GesR § 31 III 2 d (S. 953 f.).

[45] S. *Roth/Altmeppen* GmbHG § 13 Anh. Rdnr. 86 f.; *Basten* GmbHR 1990, 442, 447 f.; *Scholz/Emmerich* GmbHG § 44 Anh. Rdnr. 188, 210; *Hachenburg/Ulmer* GmbHG § 77 Anh. Rdnr. 207 f.

[46] S. § 292 Rdnr. 54; *Scholz/Emmerich* GmbHG § 44 Anh. Rdnr. 222; *Mimberg*, Konzernexterne Betriebspachtverträge, S. 33 ff.

[47] S. Anh. zu § 317; anders aber OLG Düsseldorf AG 2000, 567 = NJW-RR 2000, 1132, 1133 f.

[48] Grdlg. BGHZ 149, 10, 16 = LM AktG § 309 Nr. 1 = NJW 2001, 3622 = AG 2002, 43 „Bremer Vulkan" (Vorinstanz OLG Bremen AG 1999, 466); BGH NJW 2002, 3024, 3025; BGH LM GmbHG § 6 Nr. 3 (Bl. 2 R f.) = NJW 2002, 1803 = NZG 2002, 520; s. *Altmeppen* ZIP 2001, 1837; *Bitter* WM 2001, 2133 sowie schon Rdnr. 6.

[49] S. schon § 300 Rdnr. 11, § 301 Rdnr. 8 sowie MünchKommAktG/*Altmeppen* Rdnr. 16–22;

aus der Verlustübernahme sodann nach § 277 Abs. 3 S. 2 HGB gesondert unter entsprechender Bezeichnung *vor* den genannten Bilanzpositionen auszuweisen, so daß die abhängige Gesellschaft in jedem Fall (mindestens) mit einem ausgeglichenen Ergebnis abschließt.[50]

b) Höhe. Die Höhe der Ausgleichspflicht des herrschenden Unternehmens richtet sich **29** nach der *ordnungsgemäß* aufgestellten Bilanz der abhängigen Gesellschaft.[51] Das herrschende Unternehmen kann zwar auf die Bilanzaufstellung durch die abhängige Gesellschaft vielfältig Einfluß nehmen und dadurch den Umfang der zu übernehmenden Verluste in gewissem Umfang steuern.[52] Durch eine *Verfälschung* der Bilanz unter Verstoß gegen zwingende gesetzliche Bestimmungen oder gegen die Grundsätze ordnungsmäßiger Buchführung (GOB, § 243 Abs. 1 HGB) kann der Anspruch der abhängigen Gesellschaft auf Verlustausgleich gegen das herrschende Unternehmen dagegen *nicht* künstlich verringert werden; maßgebend ist dann vielmehr derjenige Betrag, der sich als Verlust bei ordnungsmäßiger Bilanzierung ergibt.[53] Dem steht auch nicht § 256 (Nichtigkeit des Jahresabschlusses) entgegen, weil insoweit im Interesse des gebotenen umfassenden Gläubigerschutzes dem § 302 der *Vorrang vor § 256* zukommt.[54] Ergibt sich der Fehlbetrag erst *später* durch die Vornahme notwendiger Rückstellungen für ungewisse Verbindlichkeiten, so muß dieser Verlust ebenfalls noch von dem herrschenden Unternehmen übernommen werden.[55] In allen diesen Beziehungen ist die Rechtslage daher nicht anders als in dem Fall, daß überhaupt kein wirksamer Jahresabschluß vorliegt (s. Rdnr. 40).

Die **Ursache** des Fehlbetrages spielt keine Rolle. Das Gesetz bringt dies dadurch zum **30** Ausdruck, daß es in § 302 Abs. 1 ausdrücklich die Ausgleichspflicht des herrschenden Unternehmens auf „*jeden* während der Vertragsdauer" entstehenden Jahresfehlbetrag erstreckt. Das herrschende Unternehmen kann sich daher der Verlustausgleichspflicht nicht durch den Nachweis entziehen, die Verluste seien nicht von ihm verursacht worden; soweit § 302 (unmittelbar oder entsprechend) anwendbar ist, muß das herrschende Unternehmen vielmehr das *volle Unternehmensrisiko* der abhängigen Gesellschaft tragen.[56] Es ist gerade der Zweck des eigenartigen § 17 S. 2 Nr. 2 KStG, dies für die Zwecke des Steuerrechts im Fall eines Organschaftsvertrages mit einer abhängigen GmbH jenseits aller Zweifel klarzustellen (s. Rdnr. 25). Zahlungsfähigkeit des herrschenden Unternehmens unterstellt, bedeutet dies der Sache nach, daß eine **Insolvenz** der abhängigen Gesellschaft nicht mehr denkbar ist.[57]

Eschenbruch Konzernhaftung Tz. 3016 (S. 185); *Henze* Konzernrecht Tz. 340 (S. 123); *Hüffer* Rdnr. 11; *Koppensteiner* in Kölner Kommentar Rdnr. 9; MünchHdb. AG/*Krieger* § 70 Rdnr. 55; *Limmer* Haftungsverfassung S. 328 ff.; *Lwowski/ Groeschke* WM 1994, 613, 614; *Raiser* Kapitalgesellschaften § 54 Rdnr. 53 (S. 896); *Sonnenschein* Organschaft S. 331; *Michalski/Zeidler* GmbHG Bd. I Syst. Darst. 4 Tz. 110 (S. 459).

[50] S. *Altmeppen*, *Hüffer* und *Krieger* (vorige Fn.); *Koppensteiner* in Kölner Kommentar Rdnr. 10.

[51] LG Hamburg ZIP 1985, 805, 806; *Emmerich* in Hommelhoff, Entwicklungen im GmbH-Konzernrecht, 1986, S. 64, 81 f.; *Henze* Konzernrecht Tz. 341 (S. 123); *Meister* WM 1976, 1182, 1184 f.; *Stützle* in U. Schneider, Beherrschungs- und Gewinnabführungsverträge, S. 81, 90; *Schöneberg* BB 1978, 1646.

[52] S. *Koppensteiner* in Kölner Kommentar Rdnr. 11; *Lwowski/Groeschke* WM 1994, 613, 615 f.; *H.-P. Müller*, FS für Goerdeler, S. 375 ff., bes. 381, 388.

[53] *Röhricht* in: Gesellschaftsrecht in der Diskussion 2000, S. 3, 17 f.

[54] Grdlg. BGHZ 142, 382, 385 f. = LM AktG § 302 Nr. 12 (Bl. 2) = NJW 2000, 210 = AG 2000, 129 = ZIP 1999, 1965; *Altmeppen* DB 1999, 2453; *Henze* Konzernrecht Tz. 340 (S. 123 f.); *Röhricht* in: Gesellschaft in der Diskussion, 2000, S. 3, 15 ff.; *K. Schmidt* in: Konzernrechtstage S. 109, 122; *Spindler* Anm. LM AktG § 302 Nr. 12 (Bl. 3 R f.); enger *Meister* WM 1976, 1182, 1184 f.

[55] BGH LM AktG § 152 Nr. 4 = NJW-RR 1989, 1198 = AG 1989, 358 = ZIP 1989, 1324; *Henze* Konzernrecht Tz. 344 (S. 124 f.).

[56] BGHZ 116, 37, 41 f. = LM AktG § 302 Nr. 5 = NJW 1992, 505 = AG 1992, 83 „Stromlieferungen/Hansa-Feuerfest"; *Henze* Konzernrecht Tz. 217, 345 (S. 79, 125); *Hüffer* Rdnr. 11; MünchHdb. AG/*Krieger* § 70 Rdnr. 55; *K. Schmidt* in: Konzernrechtstage S. 107, 119 f.

[57] *Altmeppen*, Die Haftung des Managers, S. 23; MünchKommAktG/*Altmeppen* Rdnr. 35 ff., § 306 Rdnr. 119 ff.; *ders.* DB 1999, 453, 456; 2002, 879; s. Rdnr. 41.

31   **c) Verlustvorträge.** Verlustvorträge aus der Zeit **vor** Abschluß des Vertrags braucht das herrschende Unternehmen nach § 302 Abs. 1 nicht zu übernehmen, da die Ausgleichspflicht ausdrücklich auf einen „während der Vertragsdauer" sonst entstehenden Jahresfehlbetrag begrenzt ist.[58] Solche Verlustvorträge müssen jedoch nach § 301 S. 1 zunächst ausgeglichen werden, bevor aufgrund des Gewinnabführungsvertrages überhaupt ein Jahresüberschuß an das herrschende Unternehmen abgeführt werden darf (s. § 301 Rdnr. 9). Außerdem hindert die Beteiligten nichts, eine gesetzliche oder satzungsmäßige Rücklage sowie andere Gewinnrücklagen zum Ausgleich des Verlustvortrags heranzuziehen, soweit dies nach § 150 Abs. 3 und 4 zulässig ist; § 302 Abs. 1 Halbs. 2 steht nicht entgegen.[59]

32   **2. Ausgleich des Jahresfehlbetrags durch Entnahmen aus anderen Gewinnrücklagen. a) Begriff.** Die Verlustausgleichspflicht des herrschenden Unternehmens entfällt nach § 302 Abs. 1 (nur), wenn der (fiktive) Jahresfehlbetrag dadurch ausgeglichen wird, daß (nur) den anderen *Gewinnrücklagen* Beträge entnommen werden, die **während** der Vertragsdauer in sie eingestellt wurden. Unter den anderen Gewinnrücklagen sind hier ebenso wie in § 301 S. 2 (s. § 301 Rdnr. 11 ff.) die Rücklagen iSd. § 272 Abs. 3 S. 2 HGB und des § 158 Abs. 1 S. 1 Nr. 4 lit. d AktG zu verstehen, so daß allein diese Rücklagen (sowie Gewinnvorträge Rdnr. 33) zum Ausgleich des fiktiven Jahresfehlbetrags herangezogen werden dürfen, und auch dies nur, wenn sie gerade *während* der Vertragsdauer gebildet wurden; *vorvertragliche* andere Gewinnrücklagen (und Gewinnvorträge) dürfen dagegen hierfür nicht verwandt werden, wohl aber gegebenenfalls zum Ausgleich eines Verlustvortrags.[60]

33   Ebenso wie im Rahmen des § 301 sind den anderen Gewinnrücklagen hier **Gewinnvorträge** gleichzustellen, wiederum unter der Voraussetzung, daß sie während der Vertragsdauer gebildet wurden.[61] Vorvertragliche Gewinnvorträge dürfen dagegen nur zum Ausgleich von Verlustvorträgen verwandt werden (Rdnr. 31 f.).

34   **b) Andere Rücklagen.** § 302 Abs. 1 hat den Vorrang vor § 150 Abs. 3 und 4, so daß nach Abschluß eines Beherrschungs- oder Gewinnabführungsvertrags der gesetzlichen Rücklage keine Beträge zum Ausgleich des Jahresfehlbetrages entnommen werden dürfen.[62] Ebenso zu behandeln sind satzungsmäßige Gewinnrücklagen iSd. § 272 Abs. 3 S. 2 HGB[63] sowie für bestimmte Zwecke bestimmte Rücklagen, da nach dem Grundgedanken des § 302 Abs. 1 alle diese Rücklagen nach Möglichkeit der abhängigen Gesellschaft zur Stärkung ihrer Substanz verbleiben sollen.[64] Das gilt nach der jetzt überwiegend vertretenen Meinung sogar für freiwillige Zuzahlungen in das Eigenkapital, die in Kapitalrücklagen eingestellt wurden (§ 272 Abs. 2 Nr. 4 HGB); über sie darf nur im Rahmen der allgemeinen Ergebnisverwendung verfügt werden.[65]

35   Bei Bestehen eines Beherrschungs- oder Gewinnabführungsvertrages kann der etwaige Jahresfehlbetrag auch nicht im Wege einer vereinfachten *Kapitalherabsetzung* nach den §§ 229 und 234 ausgeglichen werden. Das folgt unmittelbar aus § 240 und entspricht allein dem Zweck der Vorschrift.[66]

36   **c) Zuständigkeit.** Soweit nach dem Gesagten (Rdnr. 32 f.) andere Gewinnrücklagen sowie entsprechende Gewinnvorträge zum Ausgleich des Jahresfehlbetrags herangezogen werden dürfen, ist die Entscheidung darüber Sache des Vorstands der abhängigen Gesell-

---

[58] *Hüffer* Rdnr. 12; MünchHdb. AG/*Krieger* § 70 Rdnr. 56.
[59] S. Rdnr. 32 f.; *Hüffer* Rdnr. 12; *Koppensteiner* in Kölner Kommentar Rdnr. 12, 16.
[60] S. Rdnr. 31; *Eschenbruch* Konzernhaftung Tz. 3018 (S. 185 f.); *Limmer* Haftungsverfassung S. 330 f.; zur Rechtslage bei der GmbH s. Rdnr. 25.
[61] S. § 301 Rdnr. 16; MünchKommAktG/*Altmeppen* Rdnr. 47; *Hüffer* Rdnr. 14; *Koppensteiner* in Kölner Kommentar Rdnr. 12; MünchHdb. AG/*Krieger* § 70 Rdnr. 58; *Raiser* Kapitalgesellschaften § 54 Rdnr. 56; *K. Schmidt* in: Konzernrechtstage S. 107, 122 ff.

[62] So schon die Begr. zum RegE bei *Kropff* AktG S. 391; MünchKommAktG/*Altmeppen* Rdnr. 44; *Koppensteiner* in Kölner Kommentar Rdnr. 12; MünchHdb. AG/*Krieger* § 70 Rdnr. 58.
[63] Anders nur MünchHdb. AG/*Krieger* § 70 Rdnr. 58.
[64] Begr. zum RegE bei *Kropff* AktG S. 391.
[65] S. § 301 Rdnr. 18; anders noch Michalski/*Zeidler* GmbHG Bd. I Syst. Darst. 4 Rdnr. 115 (S. 460 f.).
[66] MünchKommAktG/*Altmeppen* Rdnr. 50; *Koppensteiner* in Kölner Kommentar Rdnr. 13; MünchHdb. AG/*Krieger* § 70 Rdnr. 58 (4. Abs.).

schaft (§ 77). Jedoch erstreckt sich auch darauf das Weisungsrecht des herrschenden Unternehmens (§ 308 Abs. 1), wodurch die praktische Bedeutung des § 302 deutlich relativiert wird.[67]

3. Dauer. a) Beginn. Die Verlustübernahmepflicht des herrschenden Unternehmens **37** aufgrund des § 302 Abs. 1 beginnt mit Wirksamwerden des Beherrschungs- oder Gewinnabführungsvertrages durch dessen Eintragung ins Handelsregister (§ 294 Abs. 2) und besteht während der ganzen Vertragsdauer. Kommt es zum Wirksamwerden des Vertrags *während* des Laufs des Geschäftsjahres, so muß das herrschende Unternehmen folglich nach § 302 Abs. 1 sämtliche Verluste ausgleichen, die in den ersten Jahresfehlbetrag (s. Rdnr. 28) nach Vertragsbeginn eingehen, und zwar ohne Rücksicht darauf, ob die betreffenden Verluste aus der Zeit vor oder nach Wirksamwerden des Vertrages stammen.[68] Als Ausweg wird vielfach vorgeschlagen, ein **Rumpfgeschäftsjahr** bis zum Stichtag des Inkrafttretens des Beherrschungs- oder Gewinnabführungsvertrages zu bilden, so daß es sich dann bei den vorher entstandenen Verlusten um Verlustvorträge handelte, die nicht übernommen zu werden brauchen.[69] Keine Rolle spielt, ob die Verluste vom herrschenden Unternehmen überhaupt veranlaßt sind (Rdnr. 30). Ist einem Gewinnabführungsvertrag in zulässiger Weise *rückwirkende* Kraft beigelegt (s. § 291 Rdnr. 55), so erstreckt sich die Ausgleichspflicht des herrschenden Unternehmens auch auf Jahresfehlbeträge aus den in den Vertrag einbezogenen früheren Geschäftsjahren.

b) Ende. Wenn der Vertrag wie in der Regel *mit Ablauf* eines Geschäftsjahres endet, **38** muß der in diesem Jahr entstandene Verlust insgesamt übernommen werden, ohne Rücksicht darauf, daß die Bilanz erst nach Vertragsende festgestellt wird, weil dies offenkundig keinen Einfluß auf die Verlustübernahmepflicht des herrschenden Unternehmens haben darf (s. Rdnr. 40). Umstritten ist die Rechtslage lediglich, wenn der Vertrag **während** des Laufs eines Geschäftsjahres sein Ende findet, etwa durch Kündigung aus wichtigem Grund nach § 297 Abs. 1 oder durch die Eröffnung des Insolvenzverfahrens über das Vermögen einer der Vertragsparteien (s. § 297 Rdnr. 51). Für diesen Fall wurde früher häufig aus dem Wortlaut des § 302 der Schluß gezogen, die Verluste aus dem bei Vertragsende noch laufenden Geschäftsjahr bräuchten dann vom herrschenden Unternehmen nicht mehr übernommen zu werden.[70] Indessen würde diesem dadurch die Möglichkeit eröffnet, sich durch vorzeitige Beendigung des Vertrages während des Laufs eines (schlechten) Geschäftsjahres der Verpflichtung zur Übernahme der letztlich von ihm verursachten Verluste zu entziehen. Deshalb steht heute fest, daß in derartigen Fällen für das Rumpfgeschäftsjahr eine Zwischen- oder **Stichtagsbilanz** aufzustellen ist. Ergibt sich dabei ein Fehlbetrag, so muß dieser vom herrschenden Unternehmen gleichfalls ausgeglichen werden.[71]

[67] Ebenso MünchKommAktG/*Altmeppen* Rdnr. 49; MünchHdb. AG/*Krieger* § 70 Rdnr. 58 (3. Abs.); *Raiser* Kapitalgesellschaften § 54 Rdnr. 56 (S. 897).
[68] MünchKommAktG/*Altmeppen* Rdnr. 20 f.; *Koppensteiner* in Kölner Kommentar Rdnr. 15; MünchHdb. AG/*Krieger* § 70 Rdnr. 56; *Raiser* Kapitalgesellschaften § 54 Rdnr. 54; *Sonnenschein* Organschaft S. 335.
[69] MünchKommAktG/*Altmeppen* Rdnr. 21; *Hüffer* Rdnr. 12; MünchHdb. AG/*Krieger* § 70 Rdnr. 56 (S. 1041).
[70] So OLG Schleswig AG 1988, 382 = ZIP 1987, 1448 „Familienheim"; *Meister* WM 1976, 1182, 1184; *Peltzer* AG 1975, 308, 311 f.; *Werner* AG 1967, 124.
[71] S. schon § 297 Rdnr. 53 sowie Rdnr. 40; ebenso BGHZ 103, 1, 9 f. = LM AktG § 291 Nr. 2 = NJW 1988, 1326 = AG 1988, 133 = GmbHR

1988, 174 „Familienheim"; BGHZ 105, 168, 182 = LM GmbHG § 32a Nr. 4 = NJW 1988, 3143 = AG 1989, 29 = GmbHR 1989, 19 „HSW"; BGH LM GmbHG § 53 Nr. 11 (Bl. 3) = NJW 2002, 822 = AG 2002, 240; MünchKommAktG/*Altmeppen* Rdnr. 24 ff.; *ders.* DB 1999, 2453, 2455; *Grüner* Beendigung Teil V; *Henze* Konzernrecht Tz. 346 (S. 125); *Hüffer* Rdnr. 13; *Koppensteiner* in Kölner Kommentar Rdnr. 18; MünchHdb. AG/*Krieger* § 70 Rdnr. 57; *Limmer* Haftungsverfassung S. 331 ff.; *H.-P. Müller*, FS für Goerdeler, S. 375, 391 ff.; *Raiser* Kapitalgesellschaften § 54 Rdnr. 54; *Röhricht* in: Gesellschaftsrecht in der Diskussion 2000, S. 3, 19 f.; *K. Schmidt* in: Konzernrechtstage S. 107, 121 f.; *Sonnenschein* Organschaft S. 336 f.; *Timm* GmbHR 1987, 9, 16 ff.; *H. Wilhelm* Beendigung S. 48 ff.; *Michalski/Zeidler* GmbHG Bd. I Syst. Darst. 4 Rdnr. 114 (S. 460).

39   c) **Abwicklungsverluste.** Die *Auflösung* einer der Vertragsparteien führt grundsätzlich zur Beendigung des Beherrschungs- oder Gewinnabführungsvertrages (§ 297 Rdnr. 50 ff.). Folglich ist auf diesen Zeitpunkt ebenfalls eine Schlußbilanz aufzustellen, so daß das herrschende Unternehmen den sich dabei ergebenden Jahresfehlbetrag ausgleichen muß.[72] Umstritten ist allein die Behandlung der sogenannten Abwicklungsverluste. Man versteht darunter die Unterbilanz, die sich **nach** Auflösung der Gesellschaft bei der Abwicklung ergibt und den endgültigen Vermögensverlust der Aktionäre anzeigt. Nach bisher überwiegender Meinung braucht das herrschende Unternehmen diesen Verlust nicht zu übernehmen, weil Abwicklungsverluste nicht mit dem Jahresfehlbetrag iSd. § 302 Abs. 1 vergleichbar seien.[73] Die Gegenmeinung, die eine Verlustübernahmepflicht jedenfalls insoweit bejaht, wie die Verluste aufgrund einer negativen Überlebensprognose von vornherein in die Abwicklungseröffnungsbilanz nach § 252 Abs. 1 Nr. 2 HGB aufzunehmen sind, gewinnt jedoch unverkennbar an Boden.[74] Auch § 303 deutet in diese Richtung (s. auch Rdnr. 30 und Rdnr. 41).

40   **4. Entstehung und Fälligkeit des Anspruchs.** Der Anspruch der abhängigen Gesellschaft auf Ausgleich des (fiktiven) Jahresfehlbetrages gegen das herrschende Unternehmen ist auf Geldzahlung gerichtet, so daß sich die Vollstreckung nach den §§ 803 ff. ZPO richtet.[75] Der Anspruch *entsteht* mit *Ende des Geschäftsjahres*, in dem der Jahresfehlbetrag eingetreten ist, nicht erst mit Feststellung der Bilanz.[76] Muß wegen vorzeitiger Beendigung des Unternehmensvertrags eine Zwischen- oder Stichtagsbilanz aufgestellt werden (Rdnr. 38), so ist dieser Stichtag der maßgebliche Zeitpunkt, in dem der Anspruch entsteht. Umstritten ist dagegen der Zeitpunkt der *Fälligkeit* des Ausgleichsanspruchs der abhängigen Gesellschaft. Nach einer Meinung tritt die Fälligkeit des Anspruchs erst mit Feststellung der Bilanz ein, weil der Anspruch vorher nicht beziffert werden könne, so daß auch eine Leistungsklage oder eine Vollstreckung in den Anspruch unmöglich seien.[77] Dies ist jedoch kein Grund, von der gesetzlichen Regel abzuweichen, daß ein Anspruch mit seiner Entstehung auch fällig wird (§ 271 Abs. 1 BGB). Zu Recht nimmt deshalb die überwiegende Meinung an, daß der Ausgleichsanspruch grundsätzlich mit seiner Entstehung (mit Ende des Geschäftsjahrs) zugleich fällig wird, schon, um zu verhindern, daß das herrschende Unternehmen die Möglichkeit erhält, durch Verzögerung der Bilanzfeststellung den Verlustausgleich hinauszuzögern.[78] Notfalls muß deshalb der Ausgleichsanspruch vorläufig anhand des bereits vorliegenden Zahlenmaterials berechnet werden, wobei sich zugleich aus dem Vertrag für die abhängige Gesellschaft die Verpflichtung ergibt, etwaige Überzahlungen des herrschenden Unternehmens bei endgültiger Feststellung der Bilanz zu erstatten.[79]

[72] *Altmeppen* DB 1999, 2453, 2455 f.; MünchHdb. AG/*Krieger* § 70 Rdnr. 57.

[73] So wohl BFHE 90, 370 = WM 1968, 409; OLG Düsseldorf AG 1999, 89, 91 = DB 1998, 1454 „Guano"; *Koppensteiner* in Kölner Kommentar § 302 Rdnr. 19; *Krieger* (vorige Fn.); *Lwowski/ Groeschke* WM 1994, 613, 615 f.; *Michalski/Zeidler* GmbHG Bd. I, Syst.Darst. 4 Rdnr. 113; offengelassen in BGHZ 105, 168, 183 = LM GmbHG § 32 a Nr. 4 = NJW 1988, 3143 = AG 1989, 29 = GmbHG 1989, 19 „HSW".

[74] S. MünchKommAktG/*Altmeppen* Rdnr. 27–42; *ders.* DB 1999, 2453, 2456; *ders.* Haftung S. 24 f.; *Grüner* Beendigung Teil V; *Meister* WM 1976, 1182, 1186 ff.; *H.-P. Müller*, FS für Goerdeler, S. 375, 391 ff.; *Raiser* Kapitalgesellschaften § 54 Rdnr. 55; *K. Schmidt* GmbHG 1983, 513, 531 ff.; *ders.*, FS für Werner, S. 777, 793 ff.; *H. Wilhelm* Beendigung S. 55 ff.

[75] *Koppensteiner* in Kölner Kommentar Rdnr. 25.

[76] Früher str., s. den Überblick über den Meinungsstand bei *Kleindiek* ZGR 2001, 479, 485 ff.

[77] OLG Schleswig AG 1988, 382 = ZIP 1987, 1448 „Familienheim"; *Eschenbruch* Konzernhaftung Tz. 3019 (S. 186); *Koppensteiner* in Kölner Kommentar Rdnr. 26 f.; MünchHdb. AG/*Krieger* § 70 Rdnr. 60; *Lwowski/Groeschke* WM 1994, 613, 614.

[78] Grdlg. BGHZ 142, 382, 385 f. = LM AktG § 302 Nr. 12 (Bl. 1 R f.) = NJW 2000, 210 = AG 2000, 129 = ZIP 1999, 1965; ebenso schon BFHE 127, 56 = AG 1980, 309; LG Bochum GmbHR 1987, 24, 26 = AG 1987, 323, 324; MünchKomm-AktG/*Altmeppen* Rdnr. 68–73; *ders.* DB 1999, 2453 ff.; *Henze* Konzernrecht Tz. 342 f. (S. 124); *Hüffer* Rdnr. 15; *Kleindiek* ZGR 2001, 479, 488 ff.; *Raiser* Kapitalgesellschaften § 54 Rdnr. 58; *Röhricht* in Gesellschaftsrecht in der Diskussion 2000, S. 3, 18 ff.; *Spindler* Anm. LM AktG § 302 Nr. 12 (Bl. 3 f.); *Michalski/Zeidler* GmbHG Bd. I Syst. Darst. 4 Rdnr. 116 (S. 461).

[79] *Kleindiek* ZGR 2001, 479, 488 ff.; sehr zurückhaltend dagegen *Röhricht* (vorige Fn.).

Vom Augenblick der Fälligkeit an ist der Anspruch außerdem nach den §§ 353 S. 1 und **40 a**
352 Abs. 1 HGB zu verzinsen.[80] Wartet das herrschende Unternehmen mit der Ausgleichsleistung bis zur endgültigen Feststellung der Bilanz zu, so dürfte es sich nach dem Gesagten
regelmäßig in *Verzug* befinden (§ 286 Abs. 2 Nr. 1 BGB), so daß es außerdem zur Leistung
der wesentlich höheren Verzugszinsen verpflichtet ist (acht Prozentpunkte über dem Basiszinssatz nach § 288 Abs. 2 BGB). Eine Stundung des Verlustausgleichs scheidet aus (§ 302
Abs. 1 AktG iVm. § 134 BGB). Dasselbe gilt für eine etwaige Weisung des herrschenden
Unternehmens, den als Ausgleich gezahlten Betrag „vorübergehend" als Darlehen an das
herrschende Unternehmen zurückzugewähren, weil dies der Sache nach gleichfalls auf eine
Stundung des Ausgleichs hinausliefe (§§ 302 Abs. 1, 308 Abs. 1 AktG iVm. § 134 BGB).[81]

Solange das herrschende Unternehmen seiner Ausgleichspflicht aufgrund des § 302 Abs. 1 **40 b**
nicht nachkommt, hat die abhängige Gesellschaft ein Zurückbehaltungsrecht (§ 273 BGB und
gegebenenfalls § 320 BGB), so daß sie fortan die Befolgung von Weisungen des herrschenden
Unternehmens verweigern kann, bis dieses wieder seiner Ausgleichspflicht nachkommt
(s. § 291 Rdnr. 27, 53 und insbes. § 308 Rdnr. 69). Macht der Vorstand der abhängigen
Gesellschaft von dieser Möglichkeit zur Verweigerung der Befolgung nachteiliger Weisungen
zum Schaden der Gesellschaft keinen Gebrauch, so ist er ersatzpflichtig (§ 93 Abs. 1).

5. Abschlagszahlungen. § 302 Abs. 1 begründet ein *Dauerschuldverhältnis*, dessen Be- **41**
sonderheit lediglich darin besteht, daß die hieraus entstehenden Ansprüche der abhängigen
Gesellschaft grundsätzlich erst mit Abschluß der jeweiligen Rechnungsperiode fällig werden
(§ 271 BGB; s. Rdnr. 40).[82] Daraus ist im Interesse des umfassenden Schutzes der Lebensfähigkeit der abhängigen Gesellschaft der Schluß zu ziehen, daß sie schon *während* des Laufs
des Geschäftsjahres Abschlagszahlungen auf den mit Ende des Geschäftsjahres fällig werdenden Verlustausgleich verlangen kann, sofern ihre Zahlungsfähigkeit oder Kreditwürdigkeit
ernsthaft bedroht ist.[83] Beruht die Krise der abhängigen Gesellschaft auf einer rechtswidrigen, weil existenzgefährdenden Weisung des herrschenden Unternehmens (s. § 308
Rdnr. 60 ff.), so ergibt sich dieser Anspruch bereits unmittelbar aus § 280 Abs. 1 BGB und
§ 309 Abs. 2 AktG.[84] Der Sache nach bedeutet dies, daß bei korrekter Handhabung des
§ 302 Abs. 1 und Zahlungsfähigkeit des herrschenden Unternehmens eine Insolvenz der
abhängigen Gesellschaft während des Bestehens eines Beherrschungs- oder Gewinnabführungsvertrages ausgeschlossen ist.[85]

6. Verjährung. Eine besondere gesetzliche Regelung der Verjährung des Ausgleichs- **42**
anspruchs fehlt. Eine im Gesetzgebungsverfahren erwogene Abkürzung der Verjährungsfrist auf drei Jahre *nach Beendigung* des Vertrags ist nicht Gesetz geworden.[86] Maßgeblich
sind folglich die allgemeinen Vorschriften über die Verjährung von Ansprüchen. Daraus
wurde bisher die Anwendbarkeit des (früheren) § 195 BGB gefolgert, so daß die
Verjährungsfrist für den Ausgleichsanspruch der abhängigen Gesellschaft 30 Jahre betrug,
womit zugleich erreicht wurde, daß die (lange) Verjährungsfrist nicht mit der Sperrfrist
von drei Jahren **nach** Vertragsende für einen Vergleich oder einen Verzicht (Rdnr. 49 ff.)

[80] OLG Oldenburg NZG 2000, 1138, 1140; *Hüf-fer* Rdnr. 16; *Röhricht* in Gesellschaftsrecht in der Diskussion 2000, S. 3, 19; *Koppensteiner* in Kölner Kommentar Rdnr. 28; MünchHdb. AG/*Krieger* § 70 Rdnr. 60.

[81] MünchHdb. AG/*Krieger* § 70 Rdnr. 60.

[82] BGHZ 103, 1, 10 = LM AktG § 291 Nr. 2 = NJW 1988, 1326 = AG 1988, 133 „Familienheim"; *Hüffer* Rdnr. 4; *Koppensteiner* in Kölner Kommentar Rdnr. 7; *K. Schmidt* ZGR 1983, 513; *ders.* GesellschaftsR § 31 III 2 d (S. 953 f.).

[83] MünchKommAktG/*Altmeppen* Rdnr. 36, 71; *ders.* DB 1999, 2453, 2456; *Kleindiek* ZGR 2001, 479, 492 ff.; *Priester* ZIP 1989, 1301, 1307 f.; anders die überwiegende Meinung, zB MünchHdb. AG/

Krieger § 70 Rdnr. 60; *Lwowski/Groeschke* WM 1994, 613, 615; offen gelassen bei *Röhricht* in Gesell-schaftsrecht in der Diskussion 2000, S. 3, 19 unter Bezugnahme auf BGHZ 105, 168, 183 f. = LM GmbHG § 32 a Nr. 4 = NJW 1988, 3143 = AG 1989, 27 „HSW" (Vorinstanz: OLG Hamburg AG 1988, 22).

[84] Ebenso Michalski/*Zeidler* GmbHG Bd. I Syst. Darst. 4 Rdnr. 117 (S. 461); *F. Zeidler*, Zentrales Cashmanagement, S. 47 ff.

[85] S. schon Rdnr. 30 sowie *Altmeppen* (Fn. 78); *ders.* DB 2002, 879.

[86] S. den Ausschußbericht zu § 302 bei *Kropff* AktG S. 392.

kollidierte.[87] Durch das Schuldrechtsmodernisierungsgesetz von 2001 ist jedoch in § 195 BGB die regelmäßige Verjährungsfrist auf *drei* Jahre verkürzt worden, beginnend mit Ende des Jahres, in dem der Ausgleichsanspruch entstanden und zur Kenntnis der abhängigen Gesellschaft gelangt ist (§ 199 Abs. 1 BGB nF). Es ist unverkennbar, daß diese Regelung mit der nicht angepaßten Regelung des § 302 Abs. 3 S. 1 für die Sperrfrist von drei Jahren nach Vertragsende in Widerspruch geraten kann.[88] Denn es kann schwerlich zutreffen, daß sich die Gesellschaft über einen Anspruch erst vergleichen oder auf ihn erst verzichten kann, wenn er bereits verjährt ist (§§ 195, 199 Abs. 1 BGB). Welche Folgerungen aus dieser widersprüchlichen Regelung zu ziehen sind, ist noch offen.[89]

43   **7. Geltendmachung. a) Vorstand.** Der Anspruch steht der abhängigen Gesellschaft zu und ist von ihren Organen unverzüglich nach Fälligkeit (Rdnr. 40) geltend zu machen.[90] Das bedeutet zwar nicht, daß der Vorstand sofort nach Ende des Geschäftsjahres aufgrund einer (vorläufigen) Zwischenbilanz tätig werden muß; er kann vielmehr im Regelfall die ordnungsgemäße Bilanzaufstellung abwarten.[91] Verzögert sich diese jedoch unvertretbar, so muß er sehr wohl unverzüglich tätig werden, widrigenfalls er sich ersatzpflichtig macht (§ 93 Abs. 2). Widersprechende Weisungen des herrschenden Unternehmens sind rechtswidrig und deshalb unbeachtlich (§ 308 AktG; § 134 BGB).[92] Auch eine Vereinbarung oder Weisung, daß die abhängige Gesellschaft den bezogenen Verlustausgleich aus späteren Gewinnen zurückzuzahlen habe, verstößt gegen § 302 Abs. 1 und ist deshalb nichtig (§ 134 BGB).[93] In der Insolvenz der abhängigen Gesellschaft gehört der Anspruch nach § 35 InsO zur Masse und ist vom Insolvenzverwalter zu verfolgen.[94]

44   **b) Aktionäre und Gläubiger.** Wird der Anspruch von den Organen der abhängigen Gesellschaft pflichtwidrig nicht geltend gemacht, so können die §§ 317 Abs. 4 und 309 Abs. 4 entsprechend angewandt werden, so daß (nur) die außenstehenden Aktionäre die Möglichkeit erhalten, den Anspruch mit dem Antrag auf Leistung an die Gesellschaft zu verfolgen.[95] Unmittelbare Ansprüche der Gläubiger der abhängigen Gesellschaft gegen das herrschende Unternehmen bestehen dagegen nicht; sie können lediglich aufgrund eines Titels gegen die Gesellschaft deren Anspruch gegen das herrschende Unternehmen auf Ausgleich des Fehlbetrages (Rdnr. 44) pfänden und sich überweisen lassen (§ 829 ZPO).[96] Eine **Abtretung** des Verlustausgleichsanspruchs durch die abhängige Gesellschaft an ihre Gläubiger ist möglich (§ 398 BGB), jedoch nur, wenn die abhängige Gesellschaft eine vollwertige Gegenleistung erhält, weil sonst der Zweck des § 302 gefährdet wäre (§ 134 BGB).[97] Eine Sicherungszession des Anspruchs ist unter der genannten Voraussetzung gleichfalls zulässig, wobei die Gegenleistung in diesem Fall in der Kreditgewährung zu angemessenen, marktüblichen Konditionen besteht.[98]

---

[87] OLG Oldenburg NZG 2000, 1138, 1140; *Hüffer* Rdnr. 16; *Koppensteiner* in Kölner Kommentar Rdnr. 42; *K. Schmidt* in: Konzernrechtstage, S. 109, 123 f.; anders offenbar *D. Joost* in: Konzernrechtstage S. 133, 158 ff.

[88] S. Rdnr. 49 f.; ausführlich *Altmeppen* DB 2002, 879.

[89] S. *Altmeppen* (vorige Fn.).

[90] LG Bochum AG 1987, 324, 325; MünchKommAktG/*Altmeppen* Rdnr. 72; *K. Schmidt* in: Konzernrechtstage S. 109, 123 f.

[91] *Röhricht* in: Gesellschaftsrecht in der Diskussion, 2000, S. 3, 18 ff.

[92] *Koppensteiner* in Kölner Kommentar Rdnr. 27.

[93] MünchKommAktG/*Altmeppen* Rdnr. 94 f.; *Hüffer* Rdnr. 19; MünchHdb. AG/*Krieger* § 70 Rdnr. 61; str.

[94] BGHZ 115, 187, 200 = LM AktG § 302 Nr. 4 = NJW 1991, 3142 = AG 1991, 429 = WM 1991, 1837 „Video"; *Hüffer* Rdnr. 18.

[95] *H. Görling* Konzernhaftung S. 139 f.; *Koppensteiner* in Kölner Kommentar Rdnr. 22; *Stützle* in U. Schneider, Beherrschungs- und Gewinnabführungsverträge, S. 81, 91; *H. Wilhelm* Beendigung S. 54; Michalski/*Zeidler* GmbHG Bd. I Syst. Darst. 4 Rdnr. 120 (S. 462); dagegen MünchKommAktG/*Altmeppen* Rdnr. 76–78; *Hüffer* Rdnr. 20; MünchHdb. AG/*Krieger* § 70 Rdnr. 59 (3. Abs.).

[96] *Hüffer* Rdnr. 18; *Koppensteiner* in Kölner Kommentar Rdnr. 20, 23.

[97] MünchKommAktG/*Altmeppen* Rdnr. 93; *Hüffer* Rdnr. 17; *Koppensteiner* in Kölner Kommentar Rdnr. 20; MünchHdb. AG/*Krieger* § 70 Rdnr. 59; *Lwowski*/*Groeschke* WM 1994, 613, 617; anders Michalski/*Zeidler* GmbHG Bd. I Syst. Darst. 4 Rdnr. 119.

[98] S. *Hüffer* Rdnr. 17; *Koppensteiner* in Kölner Kommentar Rdnr. 20.

VI. Verlustübernahme bei Betriebspacht- und Betriebsüberlassungsverträgen (§ 302 Abs. 2)

1. Voraussetzungen. Durch § 302 Abs. 2 wird die Pflicht zur Verlustübernahme unter **45** engen Voraussetzungen auf Betriebspacht- und Betriebsüberlassungsverträge iSd. § 292 Abs. 1 Nr. 3 erstreckt. Erste Voraussetzung ist die *Abhängigkeit* der verpachtenden oder überlassenden Gesellschaft von dem anderen Vertragsteil bereits im Augenblick des Vertragsabschlusses (s. dazu Rdnr. 20 ff.). Hinzu kommen muß außerdem, daß die vereinbarte Gegenleistung das angemessene Entgelt nicht erreicht sowie daß während der Vertragsdauer ein Jahresfehlbetrag in dem genannten Sinne (Rdnr. 28 ff.) entstanden ist.

Das Gesetz sagt in § 302 Abs. 2 nicht, anhand welchen Maßstabs die Gegenleistung des **46** herrschenden Unternehmens auf ihre *Angemessenheit* zu überprüfen ist (s. schon § 292 Rdnr. 49). In der Regel wird hierzu im Anschluß an eine Bemerkung der Gesetzesverfasser[99] auf eine angemessene Verzinsung des eingesetzten Eigenkapitals oder auf vergleichbare, nichtssagende und buchstäblich aus der Luft gegriffene Maßstäbe abgestellt.[100] Indessen gibt es keinen Rechtssatz, der einem Verpächter einen Anspruch auf die „angemessene" Verzinsung seines Kapitals zubilligte, ganz abgesehen davon, daß dafür jeder Maßstab fehlt.[101] Maßgebend kann vielmehr allein die *marktübliche Pacht* sein, die gegebenenfalls zu schätzen ist (§ 287 ZPO).[102] Bleibt die vereinbarte Gegenleistung hinter dieser Pacht zurück, so ist sie eben unangemessen mit der Folge, daß nach § 302 Abs. 2 die Pflicht des herrschenden Unternehmens zur (partiellen) Verlustübernahme ausgelöst wird, nämlich sofern und soweit während der Vertragsdauer ein Jahresfehlbetrag entstanden ist. Dasselbe gilt, wenn das herrschende Unternehmen als Gegenleistung lediglich eine Dividendengarantie gegenüber den außenstehenden Aktionären übernommen hat, weil es dann iSd. § 302 Abs. 2 sogar ganz an einer Gegenleistung des herrschenden Unternehmens für die abhängige Gesellschaft fehlt.[103]

2. Rechtsfolgen. Unter den in § 302 Abs. 2 genannten Voraussetzungen (Rdnr. 45 f.) **47** ist das herrschende Unternehmen zum Ausgleich des (fiktiven) Jahresfehlbetrages der abhängigen Gesellschaft verpflichtet, *soweit* die vereinbarte Gegenleistung das angemessene Entgelt, d. h. die marktübliche Pacht nicht erreicht. Die Ausgleichspflicht des herrschenden Unternehmens umfaßt hier folglich anders als im Falle des § 302 Abs. 1 *nicht* den gesamten während der Vertragsdauer entstandenen Jahresfehlbetrag, sondern beschränkt sich – im Rahmen des etwaigen Jahresfehlbetrages – auf die *Differenz* zwischen der vereinbarten und der marktüblichen Pacht.[104] Eine Abwendung dieser eingeschränkten Ausgleichspflicht durch Entnahmen aus anderen Gewinnrücklagen wie im Falle des § 302 Abs. 1 (Rdnr. 32 ff.) ist hier freilich nicht möglich, wie aus dem von § 302 Abs. 1 betont abweichenden Wortlaut des § 302 Abs. 2 zu folgern ist.[105] Im übrigen bleibt es bei den vorstehend zu § 302 Abs. 1 entwickelten Regeln (Rdnr. 27–44).

§ 302 Abs. 2 hat bisher keine praktische Bedeutung erlangt, in erster Linie wohl deshalb, **48** weil es bei richtiger Handhabung des Gesetzes zu der hier ins Auge gefaßten Situation gar nicht kommen darf, da § 292 Abs. 1 Nr. 3 auf der Vorstellung beruht, daß die verpachtende oder überlassende Gesellschaft grundsätzlich eine angemessene Gegenleistung erhält.[106] Die Vorschrift schließt daher auch die übrigen Rechtsfolgen nicht aus, die an die Vereinbarung einer unangemessenen, weil zu niedrigen Gegenleistung geknüpft sind. Hervorzuheben sind

---

[99] S. die Begr. zum RegE bei *Kropff* AktG S. 391.

[100] MünchKommAktG/*Altmeppen* Rdnr. 60–62; *Hüffer* Rdnr. 24; MünchHdb. AG/*Krieger* § 72 Rdnr. 30.

[101] Grdlg. BGHZ 141, 257, 263 ff. = LM BGB § 138 (Bb) Nr. 94 = NJW 1999, 3187; BGH NZM 2002, 822, 823; Staudinger/*Emmerich* (2003) Vor § 535 BGB Rdnr. 120 m. Nachw.

[102] Ebenso der BGH (vorige Fn.) für die Angemessenheitsprüfung im Rahmen des § 138 BGB.

[103] MünchKommAktG/*Altmeppen* Rdnr. 64; *Hüffer* Rdnr. 24; *Koppensteiner* in Kölner Kommentar Rdnr. 33; MünchHdb. AG/*Krieger* § 70 Rdnr. 32 (3. Abs.).

[104] *Hüffer* Rdnr. 26; *Krieger* (vorige Fn.).

[105] So schon die Begr. zum RegE bei *Kropff* AktG S. 391 unten; *Hüffer* Rdnr. 26; *Koppensteiner* in Kölner Kommentar Rdnr. 32; einschränkend MünchKommAktG/*Altmeppen* Rdnr. 66.

[106] S. § 292 Rdnr. 48 ff.; ebenso MünchKommAktG/*Altmeppen* Rdnr. 63.

die Anfechtbarkeit des Zustimmungsbeschlusses nach den §§ 243 Abs. 2 und 292 Abs. 3 S. 2 sowie die Schadensersatzpflicht des herrschenden Unternehmens aufgrund des § 317 (s. § 292 Rdnr. 50 ff.). Aus § 317 Abs. 5 iVm. § 309 Abs. 4 S. 1 und 3 ergibt sich außerdem unmittelbar ein Klagerecht der Aktionäre und der Gläubiger der abhängigen Gesellschaft, so daß es hier auf die Frage einer entsprechenden Anwendbarkeit der §§ 309 Abs. 4 und 317 Abs. 4 (s. Rdnr. 44) nicht ankommt.

VII. Verzicht und Vergleich (§ 302 Abs. 3)

49   **1. Sperrfrist.** Nach § 302 Abs. 3 S. 1 kann die Gesellschaft erst **drei Jahre** nach dem Tag auf den Ausgleichsanspruch verzichten oder sich über ihn vergleichen, an dem die Eintragung der Beendigung des Vertrags in das Handelsregister nach § 298 AktG iVm. § 10 HGB als bekanntgemacht gilt. Stichtag ist daher gemäß § 10 Abs. 2 HGB der Ablauf des Tages, an dem das letzte der Gesellschaftsblätter (§ 25) erschienen ist, das die Bekanntmachung der Vertragsbeendigung enthält, so daß die Dreijahresfrist mit dem nächsten Tag zu laufen beginnt (§ 187 Abs. 1 BGB). Ihre Berechnung richtet sich nach § 188 Abs. 2 BGB.[107] Mit dieser Regelung wird bezweckt, die Gesellschaft an einer voreiligen Verfügung über ihren Anspruch gegen das herrschende Unternehmen zu hindern. Die gesetzliche Regelung stellt ein gesetzliches Verbot dar, so daß ein Verzicht oder Vergleich vor Ablauf der Sperrfrist von drei Jahren nichtig ist (§ 134 BGB).[108]

49 a   Der Regelung des § 302 Abs. 3 S. 1 liegt offenkundig die Vorstellung zugrunde, daß bei Ablauf der Sperrfrist von drei Jahren (§ 302 Abs. 3 S. 1) die Ausgleichsansprüche der abhängigen Gesellschaft in der Regel noch *nicht verjährt* sind. Diese Vorstellung der Gesetzesverfasser traf früher mit Rücksicht auf die regelmäßige Verjährungsfrist von dreißig Jahren auch tatsächlich wohl in der großen Mehrzahl der Fälle zu (§ 195 BGB aF). Durch die Abkürzung der gesetzlichen Verjährungsfrist auf drei Jahre durch das Schuldrechtsmodernisierungsgesetz von 2001 ist das ganze gesetzliche Konzept jedoch brüchig geworden (s. dazu Rdnr. 42).

50   Mit einem **Verzicht** ist in § 302 Abs. 3 S. 1 in erster Linie ein Erlaßvertrag iSd. § 397 BGB gemeint. Darunter fällt aber auch jedes sonstige Verhalten der abhängigen Gesellschaft, das zu einem Verlust des Anspruchs führen kann; Beispiele sind der Verzicht auf die Klage nach Klageerhebung gegen das herrschende Unternehmen (§ 306 ZPO)[109] oder die Mitwirkung der abhängigen Gesellschaft bei der Übernahme der Verlustausgleichspflicht des herrschenden Unternehmens seitens eines Dritten (§§ 414, 415 BGB).[110] Gleich steht eine etwaige Weisung des herrschenden Unternehmens an die abhängige Gesellschaft, von einer Geltendmachung des Anspruchs abzusehen oder eine bereits erhobene Klage zurückzunehmen (§§ 302 Abs. 3 S. 1, 308 Abs. 1 AktG iVm. § 134 BGB).[111] Ebensoweit ist der Begriff des **Vergleichs** in § 302 Abs. 3 S. 1 auszulegen. Er umfaßt gleichermaßen einen Vergleich iSd. § 779 BGB wie einen Prozeßvergleich. Unter beiden Gesichtspunkten scheidet daher auch die Rücknahme einer Klage auf Ausgleich des Jahresfehlbetrages gegen das herrschende Unternehmen aufgrund eines Vergleichs aus.[112]

51   **2. Ausnahme.** Die Sperrfrist des § 302 Abs. 3 S. 1 von drei Jahren findet nach S. 2 der Vorschrift keine Anwendung, wenn der Ausgleichspflichtige, das *herrschende* Unternehmen, zahlungsunfähig ist und sich zur Abwendung des Insolvenzverfahrens mit seinen Gläubigern vergleicht oder wenn die Ersatzpflicht in einem Insolvenzplan geregelt wird. Vergleichbare Regelungen finden sich zB in den §§ 50 S. 2, 93 Abs. 4 S. 4 und 309 Abs. 3 S. 2. Unerheb-

---

[107] So der Ausschußbericht zu § 351 bei *Kropff* AktG S. 395 Fn. 1; die Begr. zum RegE des § 351 bei *Kropff* aaO S. 464.
[108] OLG Oldenburg NZG 2000, 1138, 1140; *Hüffer* Rdnr. 27; *Koppensteiner* in Kölner Kommentar Rdnr. 39; kritisch MünchKommAktG/*Altmeppen* Rdnr. 85.

[109] LG Bochum AG 1987, 324, 325 „Salzgitter/Still II"; *Henze* Konzernrecht Tz. 347 (S. 125).
[110] MünchKommAktG/*Altmeppen* Rdnr. 86.
[111] MünchHdb. AG/*Krieger* § 70 Rdnr. 61.
[112] LG Bochum AG 1987, 323 = GmbHR 1987, 24; AG 1987, 324, 325 „Salzgitter/Still I und II"; wegen der Einzelheiten s. *Cahn*, Vergleichsverbote im Gesellschaftsrecht, 1996.

lich ist dabei, von wem der Insolvenzplan vorgelegt wird. Die Regelung hat zur Folge, daß ein Verzicht oder Vergleich bereits während des Laufs des Unternehmensvertrages oder unmittelbar danach zulässig ist.[113] Da zu den Gläubigern des herrschenden Unternehmens aufgrund des § 302 Abs. 1 nicht zuletzt die abhängige Gesellschaft gehört, bedarf der Vergleich zur Abwendung des Insolvenzverfahrens auch der Mitwirkung der abhängigen Gesellschaft, wobei § 302 Abs. 3 S. 3 zu beachten ist (Rdnr. 52 f.). Der abhängigen Gesellschaft wird dadurch die Möglichkeit eröffnet, einen Beitrag zur Rettung der Konzernobergesellschaft in der drohenden Insolvenz zu leisten.[114]

3. Sonderbeschluß der außenstehenden Aktionäre. Für den Verzicht auf den An- **52** spruch gegen das herrschende Unternehmen ist ebenso wie für den Abschluß eines Vergleichs bei der abhängigen Gesellschaft der Vorstand zuständig (§§ 77 f.). Seine Vertretungsmacht ist jedoch in beiden Fällen des § 302 Abs. 3 (Rdnr. 49 f., 51) gesetzlich beschränkt durch die Notwendigkeit einer Zustimmung der außenstehenden Aktionäre durch Sonderbeschluß nach § 138 (§ 302 Abs. 3 S. 3). Der Grund für diese eigenartige Regelung ist darin zu sehen, daß das herrschende Unternehmen in der Regel über die Mehrheit bei der abhängigen Gesellschaft verfügt (s. § 293 Abs. 1), so daß es letztlich selbst über den Verzicht oder den Vergleich entscheiden könnte, wenn nicht das Gesetz durch § 302 Abs. 3 S. 3 Vorsorge getroffen hätte.[115] Dem § 302 Abs. 3 S. 3 liegt damit letztlich derselbe Gedanke wie etwa § 136 Abs. 1 S. 1 zugrunde.

Der Begriff der **außenstehenden Aktionäre** ist hier derselbe wie in den §§ 295 Abs. 2, **53** 296 Abs. 2 und 297 Abs. 2.[116] Für den Sonderbeschluß genügt die einfache Mehrheit der bei der Beschlußfassung vertretenen außenstehenden Aktionäre. Hinzu kommen muß jedoch nach § 302 Abs. 3 S. 3 Halbs. 2, daß nicht eine Minderheit, deren Anteile zusammen den zehnten Teil des bei der Beschlußfassung (§ 302 Abs. 3 S. 2) *vertretenen* Grundkapitals erreichen, gegen den Sonderbeschluß Widerspruch zur Niederschrift erhebt. Geschieht dies, so ist der Sonderbeschluß unwirksam, ohne daß es einer besonderen Anfechtung des Beschlusses bedürfte.[117]

§ 303 Gläubigerschutz

(1) **Endet ein Beherrschungs- oder ein Gewinnabführungsvertrag, so hat der andere Vertragsteil den Gläubigern der Gesellschaft, deren Forderungen begründet worden sind, bevor die Eintragung der Beendigung des Vertrags in das Handelsregister nach § 10 des Handelsgesetzbuchs als bekanntgemacht gilt, Sicherheit zu leisten, wenn sie sich binnen sechs Monaten nach der Bekanntmachung der Eintragung zu diesem Zweck bei ihm melden. Die Gläubiger sind in der Bekanntmachung der Eintragung auf dieses Recht hinzuweisen.**

(2) **Das Recht, Sicherheitsleistung zu verlangen, steht Gläubigern nicht zu, die im Fall des Insolvenzverfahrens ein Recht auf vorzugsweise Befriedigung aus einer Deckungsmasse haben, die nach gesetzlicher Vorschrift zu ihrem Schutz errichtet und staatlich überwacht ist.**

(3) **Statt Sicherheit zu leisten, kann der andere Vertragsteil sich für die Forderung verbürgen. § 349 des Handelsgesetzbuchs über den Ausschluß der Einrede der Vorausklage ist nicht anzuwenden.**

---

[113] MünchKommAktG/*Altmeppen* Rdnr. 87; *Hüffer* Rdnr. 28; *Koppensteiner* in Kölner Kommentar Rdnr. 40.
[114] MünchKommAktG/*Altmeppen* Rdnr. 91; *Hüffer* (vorige Fn.).

[115] S. die Begr. zum RegE bei *Kropff* AktG S. 392.
[116] S. deshalb im einzelnen § 295 Rdnr. 28 ff.; *Mertens*, FS für Fleck, 1988, S. 209, 217.
[117] *Hüffer* Rdnr. 29; *Koppensteiner* in Kölner Kommentar Rdnr. 41.

Schrifttum: S. bei § 302 sowie *Assmann,* Der faktische GmbH-Konzern, in Lutter/Ulmer/Zöllner (Hrsg.), FS für 100 Jahre GmbHG, 1992, S. 657; *Chr. Eberl-Borges,* Die Haftung des herrschenden Unternehmens für Schulden einer konzernabhängigen Personengesellschaft, WM 2003, 105; *Emmerich/Sonnenschein/Habersack* § 20 VI (S. 296 ff.); *Eschenbruch* Konzernhaftung, 1996, Tz. 3133 ff. (S. 221 ff.); *Görling,* Die Konzernhaftung in mehrstufigen Unternehmensverbindungen, 1998; *Grüner,* Die Beendigung von Gewinnabführungs- und Beherrschungsverträgen, Diss. Bayreuth 2001; *Habersack,* Der persönliche Schutzbereich des § 303 AktG, FS für Koppensteiner, 2001, S. 31; *Henze* Konzernrecht Tz. 286, 444 ff. (S. 105, 155 ff.); *C. Jaeger,* Sicherheitsleistung für Ansprüche aus Dauerschuldverhältnissen bei Kapitalherabsetzung, Verschmelzung und Beendigung eines Unternehmensvertrages, DB 1996, 1069; *Joost,* Ausfallhaftung im qualifizierten faktischen GmbH-Konzern, in Hommelhoff/Stimpel/Ulmer (Hrsg.), Heidelberger Konzernrechtstage: Der qualifizierte faktische GmbH-Konzern, 1992, S. 133; MünchHdb. AG/*Krieger* § 60 Rdnr. 35 ff., § 70 Rdnr. 188 ff. (S. 823, 1100 f.); *ders.,* Sicherheitsleistung für Versorgungsrechte?, FS für Nirk, 1992, S. 551; *Lutter*/*Marsch-Barner* in Kallmeyer UmwG, 2. Aufl. 2000; *Marsch-Barner* in Kallmeyer UmwG, 2. Aufl. 2001, § 22 (S. 234 ff.); *Pentz,* Die Rechtsstellung der Enkel-AG in einer mehrstufigen Unternehmensverbindung, 1994, S. 161 ff.; *Raiser* Kapitalgesellschaften § 54 VII 5 (Tz. 120 ff. [S. 918]); *Rittner,* Die Sicherheitsleistung bei der ordentlichen Kapitalherabsetzung, FS für Oppenhoff, 1985, S. 317; *K. Schmidt,* Gläubigerschutz bei Umstrukturierungen, ZGR 1993, 366; *Schröer,* Sicherheitsleistung für Ansprüche aus Dauerschuldverhältnissen bei Unternehmensumwandlungen, DB 1999, 317; *Stimpel,* Bemerkungen zur BGH-Rechtsprechung zum Gläubigerschutz im faktischen GmbH-Konzern, in Hommelhoff, Entwicklungen im GmbH-Konzernrecht, 1986, S. 37; *Ströhmann,* Haftungsfalle §§ 302, 303 AktG – Kein Ende mit der Endloshaftung?, NZG 1999, 1030; *van Venrooy,* Probleme der Gläubigersicherung nach § 303 AktG, BB 1981, 1003; *Veit,* Unternehmensverträge und Eingliederung als aktienrechtliche Instrumente der Unternehmensverbindung, 1974, S. 108 ff.; *W. Werner,* Probleme der Anwendung des § 303 AktG im qualifizierten faktischen GmbH-Konzern, FS für Goerdeler, 1987, S. 677.

Übersicht

I. Überblick

1   § 303 Abs. 1 begründet für die Gläubiger einer abhängigen AG oder KGaA bei Beendigung eines Beherrschungs- oder Gewinnabführungsvertrages iSd. § 291 Abs. 1 einen Anspruch auf Sicherheitsleistung gemäß den §§ 232 ff. BGB gegen den anderen Vertragsteil, d. h. gegen das herrschende Unternehmen. Vergleichbare Regelungen finden sich für die ordentliche und die vereinfachte Kapitalherabsetzung in den §§ 225 und 233 Abs. 2, für die Eingliederung in § 321 sowie wie für die verschiedenen Formen der Umwandlung in den §§ 22, 125 und 204 UmwG von 1994. In dem speziellen Fall der Beendigung eines Beherrschungs- oder Gewinnabführungsvertrages rechtfertigt sich die vom Gesetzgeber gewählte Lösung aus der Überlegung heraus, daß mit der Beendigung der genannten Verträge auch die Verlustübernahmepflicht des herrschenden Unternehmens aufgrund des § 302 ihr Ende findet (s. § 302 Rdnr. 37 f.), so daß den Gläubigern der abhängigen Gesellschaft fortan wieder allein deren Vermögen haftet, ohne daß indessen die Überlebensfähigkeit dieser Gesellschaft gewährleistet wäre.[1] Den deshalb zum Schutz der Gläubiger nötigen Ausgleich schafft die Vorschrift des § 303 Abs. 1.[2]

---

[1] So schon die Begr. zum RegE bei *Kropff* AktG S. 392 f.; s. auch § 296 Rdnr. 2, 25.

[2] BGHZ 95, 330, 346 = NJW 1986, 188 = LM GmbHG § 13 Nr. 15 = AG 1986, 15 „Autokran/ Heidemann"; BGHZ 115, 187, 198 = LM AktG § 302 Nr. 4 = NJW 1991, 3142 = AG 1991, 429 „Video"; *Henze* Konzernrecht Tz. 287 (105 f.); *Sonnenschein/Holdorf* JZ 1992, 715, 721.

Durch § 303 Abs. 2 werden bestimmte Gläubiger, die bereits anderweitig ausreichend **2** gesichert sind, von dem Anwendungsbereich des § 303 ausgenommen, um zu verhindern, daß sie zu Lasten der anderen Gläubiger eine doppelte Sicherheit erlangen. Entsprechend diesem Grundgedanken ist die Vorschrift in einer Reihe vergleichbarer Fallgestaltungen entsprechend anzuwenden (Rdnr. 26 f.). § 303 Abs. 3 gestattet es dem herrschenden Unternehmen schließlich noch, die Sicherheitsleistung nach den §§ 232 ff. BGB durch die Übernahme einer Bürgschaft abzuwenden. Damit wird der Zweck verfolgt, das herrschende Unternehmen, das nicht in jedem Fall die Verantwortung für die Beendigung des Unternehmensvertrages trägt, vor unerwarteten, übermäßigen Belastungen infolge der Sicherheitsforderungen der Gläubiger der abhängigen Gesellschaft zu bewahren.[3] Diese Regelung hat es mit sich gebracht, daß in der Gesellschaftspraxis mittlerweile die Sicherheitsleistung gemäß § 303 Abs. 1 gänzlich von der Bürgschaft des herrschenden Unternehmens nach § 303 Abs. 3 verdrängt worden ist.[4]

II. Anwendungsbereich

Der Anwendungsbereich des § 303 deckt sich im wesentlichen mit dem des § 302, so **3** daß wegen der Einzelheiten auf die Ausführungen zu § 302 verwiesen werden kann (§ 302 Rdnr. 18 ff.). Hervorzuheben sind lediglich folgende Punkte: Der Anwendungsbereich des § 303 beschränkt sich auf die Beendigung eines Beherrschungs- oder Gewinnabführungsvertrages iSd. § 291 Abs. 1 S. 1; gleich steht der Geschäftsführungsvertrag des § 291 Abs. 1 S. 2.[5] Auch im **GmbH-Konzernrecht** ist Raum für eine entsprechende Anwendung des § 303 bei Beendigung eines Beherrschungs- oder Gewinnabführungsvertrages mit einer abhängigen GmbH.[6] § 303 Abs. 1 wird ferner entsprechend auf die Beendigung eines **qualifizierten faktischen Konzerns** angewandt, soweit hier für eine entsprechende Anwendung der Vorschriften über den Vertragskonzern (§ 302 f) nach der jüngsten Rechtsprechung des BGH (Stichwort: Bremer-Vulkan-Urteil) noch Raum ist (s. Anh. zu § 317). Auf die anderen Unternehmensverträge des § 292 findet die Vorschrift dagegen keine Anwendung. Auffällig ist das wegen der sachlich nicht zu erklärenden Abweichung von § 302 Abs. 2 für Betriebspacht- und Betriebsüberlassungsverträge.

In **mehrstufigen** Unternehmensverbindungen kann § 303 nach seinem Wortlaut jeweils **4** nur auf derjenigen Konzernstufe angewandt werden, auf der es gerade zur Beendigung eines Beherrschungs- oder Gewinnabführungsvertrages gekommen ist.[7] Im Falle der Beendigung eines Beherrschungsvertrages zwischen der Mutter- und einer Tochtergesellschaft können die Gläubiger einer Enkelgesellschaft folglich vom herrschenden Unternehmen keine Sicherheitsleistung verlangen. Das gilt wohl auch im Falle mehrerer hintereinander geschalteter Verträge auf sämtlichen Konzernstufen, da selbst dann keine unmittelbare Haftung der Muttergesellschaft gegenüber den Gläubigern der Enkelgesellschaft besteht, an die § 303 anknüpfen könnte.[8] Zu beachten bleibt aber, daß in dem genannten Fall zu den Gläubigern der **Tochtergesellschaft** (die folglich nach § 303 Sicherheitsleistung verlangen können) sehr wohl auch die Enkelgesellschaft selbst (§ 302) sowie **deren** außenstehenden Aktionäre nach den §§ 304 und 305 gehören – im Gegensatz aber zu den sonstigen Gläubigern der Enkelgesellschaft.[9]

[3] So die Begr. zum RegE bei *Kropff* AktG S. 393; kritisch dazu *van Venrooy* BB 1981, 1003.
[4] *Lwowski/Groeschke* WM 1994, 613, 618 f.; *van Venrooy* BB 1981, 1003; *Werner,* FS für Goerdeler, S. 677, 685 f.
[5] *Hüffer* Rdnr. 2; für fehlerhafte Verträge s. § 291 Rdnr. 28 ff.
[6] S. BGH (Fn. 2); KG AG 2001, 529 = NZG 2001, 80; Scholz/*Emmerich* GmbHG § 44 Anh. Rdnr. 187 f., 211; *Emmerich/Sonnenschein/Habersack*

§ 32 III 2 (S. 492); *Henze* Konzernrecht Tz. 286 ff. (S. 105 ff.); Michalski/*Zeidler* GmbHG Bd. I Syst. Darst. 4 Rdnr. 126 f. (S. 464 f.).
[7] Ebenso MünchKommAktG/*Altmeppen* Rdnr. 36; *Görling* Konzernhaftung S. 145; *Koppensteiner* in Kölner Kommentar Rdnr. 4; MünchHdb. AG/*Krieger* § 70 Rdnr. 188; *Pentz* Enkel-AG S. 165 f.
[8] Str.; anders *Pentz* Enkel-AG S. 161 ff.
[9] MünchKommAktG/*Altmeppen* Rdnr. 37.

5   Nach einer verbreiteten Meinung führen die Eröffnung des Insolvenzverfahrens über das Vermögen einer der Vertragsparteien sowie verschiedene andere Auflösungsfälle lediglich zu einer **Suspendierung** von Unternehmensverträgen, nicht jedoch zu deren Beendigung.[10] Soweit man dem folgt, muß für die Anwendung des § 303 in den genannten Fällen die Suspendierung des Beherrschungs- oder Gewinnabführungsvertrages genügen.[11]

III. Voraussetzungen (§ 303 Abs. 1)

6   Nach § 303 Abs. 1 S. 1 hat der Anspruch eines Gläubigers der abhängigen Gesellschaft gegen das herrschende Unternehmen auf Sicherheitsleistung **drei Voraussetzungen,** nämlich erstens die Beendigung (gerade) eines Beherrschungs- oder Gewinnabführungsvertrages (Rdnr. 5; Rdnr. 7), zweitens die Begründung einer Forderung gegen die abhängige Gesellschaft, bevor die Eintragung der Beendigung des Vertrags in das Handelsregister der Gesellschaft (§ 298) nach § 10 Abs. 2 HGB als bekanntgemacht gilt (Rdnr. 8 ff.), sowie drittens die Meldung des Gläubigers binnen sechs Monaten nach dem Stichtag bei dem herrschenden Unternehmen (Rdnr. 15 ff.).

7   **1. Vertragsbeendigung.** Erste Voraussetzung des Anspruchs eines Gläubigers der abhängigen Gesellschaft gegen das herrschende Unternehmen auf Sicherheitsleistung ist die Beendigung eines Beherrschungs- oder Gewinnabführungsvertrages iSd. § 291 Abs. 1 S. 1. Gleich steht gemäß § 291 Abs. 1 S. 2 ein Geschäftsführungsvertrag (s. Rdnr. 3 f.). *Keine* Rolle spielt der *Grund,* aus dem es zur Beendigung eines der genannten Unternehmensverträge gekommen ist. Der Anwendungsbereich des § 303 beschränkt sich nicht etwa auf die Fälle der §§ 296 und 297, sondern umfaßt ohne Ausnahme alle denkbaren Beendigungsgründe (s. § 297 Rdnr. 27, 34 ff.). Richtiger Meinung nach gehört dazu auch die Auflösung einer der Vertragsparteien, insbes. durch Eröffnung des Insolvenzverfahrens über ihr Vermögen (s. Rdnr. 5). Der Anspruch der Gläubiger auf Sicherheitsleistung ist in diesen Fällen unabhängig davon, ob das herrschende Unternehmen zuvor seiner Ausgleichpflicht aufgrund des § 302 nachgekommen war oder nicht.[12] Erforderlich ist aber eine **wirksame** Beendigung des Vertrags. Die Bekanntmachung einer „Beendigung", die sich später als unwirksam erweist, zB einer Kündigung aus wichtigem Grund nach § 297 Abs. 1, bei der es tatsächlich an einem wichtigen Grund fehlte, löst nicht die Folgen des § 303 Abs. 1 aus; vielmehr bleibt es dann bei der Regelung des § 302 Abs. 1.[13]

8   **2. Begründung der Forderung vor Bekanntmachung der Eintragung. a) Stichtag.** Anspruch auf Sicherheitsleistung haben nach § 303 Abs. 1 S. 1 nur solche Gläubiger der abhängigen Gesellschaft, deren Forderungen *begründet* worden sind, *bevor* die Eintragung der Beendigung des Vertrags in das Handelsregister nach § 298 AktG gemäß § 10 Abs. 2 HGB als *bekanntgemacht* gilt. Stichtag ist mithin hier ebenso wie im Falle des § 302 Abs. 3 S. 1 der Ablauf des Tages, an dem das letzte die Bekanntmachung enthaltende Gesellschaftsblatt (§ 25 AktG) erschienen ist (s. § 302 Rdnr. 49). § 15 Abs. 1 und Abs. 2 HGB findet in diesem Zusammenhang keine Anwendung (s. Rdnr. 12, 16). Soweit § 303 entsprechend auf qualifizierte faktische Aktienkonzerne angewandt wird (Rdnr. 3), tritt als Stichtag an die Stelle der Bekanntmachung der Eintragung (die es hier nicht gibt) die tatsächliche Beendigung des fraglichen Beherrschungsverhältnisses.[14]

9   **b) Forderungen.** Anspruch auf Sicherheitsleistung haben nach § 303 Abs. 1 S. 1 nur die Gläubiger von „Forderungen". Überwiegend werden darunter allein **schuldrechtliche** Ansprüche (§ 241 Abs. 1 BGB) verstanden, diese freilich ohne Rücksicht auf ihren Rechts-

---

[10] Dagegen § 297 Rdnr. 51; s. auch Rdnr. 7.
[11] Ebenso *Eschenbruch* Konzernhaftung Tz. 3135 (S. 222); *Hüffer* Rdnr. 2; *Koppensteiner* in Kölner Kommentar Rdnr. 3.
[12] BGHZ 115, 187, 202 = NJW 1991, 3142 = LM AktG § 302 Nr. 4 = AG 1991, 429 „Video"; *Henze* Konzernrecht Tz. 292 (S. 107 f.).

[13] *Ströhmann* NZG 1999, 1030, 1032 f.
[14] S. BGHZ 95, 330, 347 = NJW 1986, 188 = LM GmbHG § 13 Nr. 15 = AG 1989, 15 „Autokran/Heidemann"; BGHZ 115, 187, 202 = NJW 1991, 3142 = LM AktG § 302 Nr. 2 = AG 1991, 429 „Video"; BAGE 76, 79, 88 = NJW 1994, 3244; KG AG 2001, 529, 530 = NZG 2001, 80.

grund, also gleichermaßen vertragliche wie gesetzliche Ansprüche.[15] Nicht erforderlich ist außerdem, daß die Forderung gerade auf Geldzahlung gerichtet ist; vielmehr sind die Gläubiger von Lieferungs- und Dienstleistungsansprüchen ebenso schutzbedürftig wie die Gläubiger von Geldforderungen. Nicht erfaßt werden dagegen **dingliche** Ansprüche, *sofern* der Gläubiger hier bereits anderweitig gesichert ist (s. Rdnr. 26). Andernfalls steht nichts im Wege, auf derartige dingliche Ansprüche ebenfalls § 303 anzuwenden, vorausgesetzt, daß sich die fraglichen Ansprüche in ihrer Struktur nicht von (schuldrechtlichen) Forderungen unterscheiden.[16] Zu denken ist hier in erster Linie an Ansprüche aus den §§ 987 ff. BGB.[17] Mitgesichert sind außerdem die **Nebenforderungen** auf Zinsen und Kostenersatz, selbst wenn sie erst nach Vertragsbeendigung, aber eben vor dem Stichtag entstanden sind.[18] Inhaber **nachrangiger** Forderungen dürften dagegen von dem Anwendungsbereich des § 303 auszuschließen sein.[19]

c) Begründung. Weitere Voraussetzung für den Anspruch auf Sicherheitsleistung ist, **10** daß die fragliche Forderung (Rdnr. 9) bereits vor dem Stichtag (Rdnr. 8) „begründet" wurde. Vergleichbare Regelungen finden sich namentlich noch in den §§ 25 Abs. 1 S. 1 und 160 Abs. 1 S. 1 HGB, in § 225 Abs. 1 S. 1 AktG sowie in § 22 Abs. 1 S. 1 UmwG (vgl. auch § 322 Abs. 1 AktG). In allen diesen Vorschriften genügt es für die Begründung einer Forderung, wenn ihr (vertraglicher oder gesetzlicher) **Entstehungsgrund** vor dem Stichtag im wesentlichen abgeschlossen ist, während es nicht erforderlich ist, daß die Höhe der Forderung bereits feststeht; erst recht spielt es keine Rolle, ob die Forderung schon fällig ist.[20] Deshalb muß das herrschende Unternehmen den Gläubigern der abhängigen Gesellschaft auch für aufschiebend und auflösend *bedingte* Forderungen, für betagte und *befristete* Forderungen sowie für Schadensersatzansprüche aus Delikt Sicherheit leisten, selbst wenn im zuletzt genannten Fall deren Höhe noch nicht feststeht oder – bei aufschiebend bedingten Forderungen – die Bedingung noch nicht eingetreten ist.[21]

Auch zukünftige *Rentenansprüche* aus (noch) verfallbaren Versorgungsanwartschaften be- **10 a** gründen nach dem Gesagten (Rdnr. 10) grundsätzlich einen Anspruch auf Sicherheitsleistung des Versorgungsberechtigten.[22] Ebensowenig kommt es bei gegenseitigen Verträgen darauf an, ob der Sicherheit verlangende Gläubiger seinerseits seine Leistung bereits erbracht hat. *Keine* Sicherheitsleistung ist dagegen geschuldet für Forderungen, deren Entstehungsgrund *nach* dem Stichtag liegt. Für *Wiederkehrschuldverhältnisse* bedeutet dies, sofern man an dieser Rechtsfigur überhaupt festhält, daß für Teilleistungen, die nach dem Stichtag erbracht werden, keine Sicherheitsleistung verlangt werden kann.[23]

d) Endloshaftung? Aus der gesetzlichen Regelung, die auf die Begründung, nicht **11** auf die möglicherweise weit später liegende Fälligkeit der Forderung abstellt (§ 303 Abs. 1 S. 1 und dazu Rdnr. 10 f.), ergeben sich besondere Probleme bei **Dauerschuld-verhältnissen** einschließlich Ruhegeldzusagen, weil bei derartigen Rechtsverhältnissen allgemein angenommen wird, daß die Anspruchsbegründung bereits im *Vertragsabschluß*

---

[15] MünchKommAktG/*Altmeppen* Rdnr. 13; *Schmitt/Hörtnagl/Stratz* UmwR § 22 Rdnr. 5; *Koppensteiner* in Kölner Kommentar Rdnr. 6; *Marsch-Barner* in Kallmeyer UmwG § 22 Rdnr. 2.
[16] Ebenso *Grunewald* in Lutter UmwG § 22 Rdnr. 24; *Habersack*, FS für Koppensteiner, S. 31, 33 ff.
[17] S. *Habersack* (vorige Fn.).
[18] BGHZ 115, 187, 202 = NJW 1991, 3142 = LM AktG § 302 Nr. 4 = AG 1991, 429 „Video".
[19] S. *Habersack*, FS für Koppensteiner, S. 31, 40 f.
[20] BGHZ 116, 37, 46 f. = NJW 1992, 505 = LM AktG § 302 Nr. 5 = AG 1992, 83 „Stromlieferungen/Hansa-Feuerfest"; BAGE 83, 356, 362 = AG 1997, 268 = ZIP 1997, 289 = NZA 1997, 436; OLG Frankfurt NZG 2000, 933, 934 = AG 2001, 139, 140; LAG Frankfurt AG 1989, 256, 257;

MünchKommAktG/*Altmeppen* Rdnr. 14–18; *Habersack*, FS für Koppensteiner, S. 31, 37 f.; *Hüffer* Rdnr. 3; *Schröer* DB 1999, 317, 318 ff.; wegen der Einzelheiten s. Heymann/*Emmerich* HGB § 128 Rdnr. 50 ff.
[21] BGH, BAG und LAG Frankfurt (vorige Fn.); BGHZ 115, 187, 202 = LM AktG § 302 Nr. 4 = NJW 1991, 3142 = AG 1991, 429 „Video"; MünchKommAktG/*Altmeppen* Rdnr. 16; *Grunewald* in Lutter UmwG § 22 Rdnr. 6 f.; *Habersack* (vorige Fn.); *Krieger*, FS für Nirk, S. 551, 555; *Schröer* DB 1999, 317, 319 f.; *Ströhmann* NZG 1999, 1030, 1031.
[22] Str., wie hier *Grunewald* in Lutter UmwG § 22 Rdnr. 7; s. auch sogleich Rdnr. 11; zu unverfallbaren Versorgungsanwartschaften s. Rdnr. 27.
[23] *Henze* Konzernrecht Tz. 445 (S. 156).

liegt,[24] so daß bei wörtlicher Auslegung des § 303 Abs. 1 die jeweiligen Gläubiger für sämtliche möglicherweise erst Jahre oder Jahrzehnte nach Beendigung des Unternehmensvertrags fällig werdenden Forderungen Sicherheit verlangen könnten. Auch dem Gesetzgeber ist die hieraus resultierende Problematik einer de facto drohenden endlosen Haftung nicht verborgen geblieben; er ist ihr jedoch bisher nur im Handelsrecht im Jahre 1994 durch die Neufassung der §§ 26 und 160 HGB (iVm. § 736 Abs. 2 BGB) entgegengetreten.[25] Eine Anpassung des § 303 Abs. 1 (sowie der gleichstehenden anderen Vorschriften des § 225 Abs. 1 AktG und des § 22 UmwG) ist dagegen seinerzeit nicht einmal erwogen worden.

11 a   Die auf das Handelsrecht beschränkte Reform von 1994 hat die Problematik der Endloshaftung bei § 303 und den genannten anderen gleichstehenden Vorschriften (Rdnr. 11) erheblich verschärft, weil jetzt offen ist, ob im Rahmen dieser Vorschriften überhaupt noch der Gefahr der Endloshaftung durch eine restriktive Auslegung entgegengetreten werden darf. Überwiegend wird die Frage bejaht, weil sich aus der Entstehungsgeschichte des Nachhaftungsbegrenzungsgesetzes von 1994 nichts dafür entnehmen läßt, daß der Gesetzgeber mit der Beschränkung auf die Änderung der §§ 26 und 160 HGB zugleich jede Begrenzung der Nachhaftung bei den anderen genannten Vorschriften einschließlich des hier interessierenden § 303 abgelehnt habe. In Literatur und Rechtsprechung werden seitdem für § 303 vor allem zwei Wege zur Begrenzung der Nachhaftung erörtert, einmal die Einführung einer *Fünfjahresfrist* in Analogie zu den §§ 26 und 160 HGB,[26] zum andern eine sachgerechte *Begrenzung des Anspruchs* auf Sicherheitsleistung entsprechend dem Sicherungsbedürfnis des Gläubigers, bei Ansprüchen aus Dauerschuldverhältnissen wie Miet- oder Pachtverträgen daher etwa auf die Ansprüche, die in den nächsten drei bis vier Jahren fällig werden (s. Rdnr. 19). Die überwiegende Meinung tendiert deutlich zu der zuletzt genannten Lösung.[27] Indessen handelt es sich bei dem danach maßgebenden „Sicherungsbedürfnis" des Gläubigers um einen sehr unbestimmten, nur im Einzelfall zu konkretisierenden Maßstab (Rdnr. 17). Die besseren Gründe sprechen daher nach wie vor doch wohl für die ohnehin naheliegende Analogie zu den §§ 26 und 160 HGB und damit für die Einführung einer **Fünfjahresfrist.** Bei der Eingliederung wird – trotz des § 327 Abs. 4 – ebenso entschieden (s. § 327 Rdnr. 12).

12   **e) Stichtagsregelung.** § 303 Abs. 1 enthält eine strenge Stichtagsregelung, die keine weitere Differenzierung zwischen den in Betracht kommenden Forderungen erlaubt. Insbes. spielt es keine Rolle, *wann* die Forderung des Gläubigers vor dem Stichtag begründet worden ist. Anspruch auf Sicherheitsleistung haben daher auch solche Gläubiger, deren Forderungen noch aus der Zeit *vor* Abschluß des Unternehmensvertrages stammen,[28] ebenso aber auch die, deren Forderungen in der Zeitspanne zwischen der Vertragsbeendigung und dem Stichtag begründet wurden, da eben das Gesetz allein auf die Begründung der Forderung *vor* dem *Stichtag* abstellt.[29]

12 a   Für eine Anwendung des **§ 15 Abs. 1 HGB** ist hier nach überwiegender Meinung *kein* Raum, obwohl es sich bei der Beendigung eines Beherrschungs- oder Gewinnabführungsvertrages an sich um eine eintragungspflichtige Tatsache handelt, wie sich aus § 298 ergibt.

[24] Ebenso für § 303 ausdrücklich BGH LM KapErhG Nr. 3 = NJW 1996, 1539 = AG 1996, 321, 322; LAG Frankfurt AG 1989, 256.

[25] Nachhaftungsbegrenzungsgesetz von 1994, BGBl. I S. 560.

[26] *Emmerich/Sonnenschein/Habersack* § 20 VI 2 c (S. 300); *Habersack*, FS für Koppensteiner, S. 31, 38 f.; im Ergebnis wohl auch *C. Jaeger* DB 1996, 1069, 1070 f.; MünchHdb. *AG/Krieger* § 60 Rdnr. 36 (2. Abs.).

[27] BGH LM KapErhG Nr. 3 (Bl. 2 f.) = NJW 1996, 1539 = AG 1996, 321, 322 = WM 1996, 816 = ZIP 1996, 705; OLG Frankfurt NZG 2000, 933,

934 = AG 2001, 139, 141; MünchKommAktG/ *Altmeppen* Rdnr. 26–32; *Grunewald* in Lutter UmwG § 22 Rdnr. 22; *Hüffer* Rdnr. 3 und § 225 Rdnr. 4; *Marsch-Barner* in Kallmeyer UmwG § 22 Rdnr. 12 (S. 238); *Schröer* DB 1999, 317, 321 f.

[28] BGHZ 115, 187, 199 = LM AktG § 302 Nr. 4 = NJW 1991, 3142 = AG 1991, 429 „Video"; *Assmann* in Lutter/Ulmer/Zöllner (Hrsg.), 100 Jahre GmbHG, 1992, S. 657, 732 f.; *Ebenroth/Wilken* BB 1991, 2229, 2233; MünchHdb. AG/*Krieger* § 70 Rdnr. 189; *Sonnenschein/Holdorf* JZ 1992, 715, 720.

[29] MünchKommAktG/*Altmeppen* Rdnr. 19.

Folgt man gleichwohl der hM, so schadet es dem Gläubiger auch nicht, wenn er vor dem Stichtag, der Bekanntmachung der Vertragsbeendigung (§ 303 Abs. 1 S. 1 AktG iVm. § 10 HGB), von der Beendigung des Unternehmensvertrages auf andere Weise bereits positive Kenntnis erlangt hatte.[30] Ebensowenig ändert es aber etwas an dem Fristbeginn, wenn er von der Bekanntmachung keine Kenntnis erhält (s. Rdnr. 16). Hieraus können sich zwar unbestreitbar Schwierigkeiten ergeben, insbes., wenn zwischen den Beteiligten Streit über die Beendigung eines Unternehmensvertrages besteht,[31] wenn es bei dem Registergericht zu einer Verzögerung der Bekanntmachung kommt oder wenn die Bekanntmachung inhaltlich unrichtig ist.[32] Diese Schwierigkeiten sind indessen mit Rücksicht auf den klaren Wortlaut des § 303 Abs. 1 hinzunehmen. In den zuletzt genannten Fällen bieten zudem Amtshaftungsansprüche einen Ausweg (§ 839 BGB iVm. Art. 34 GG).

13 Keine Rolle spielt außerdem, ob die Forderung des Gläubigers bereits **fällig** ist. Auch wenn sich der Gläubiger deshalb gleichzeitig an die abhängige Gesellschaft halten könnte, ändert dies doch unter den genannten Voraussetzungen (Rdnr. 6 ff.) nichts an seinem Anspruch auf Sicherheitsleistung gegen das herrschende Unternehmen nach § 303 Abs. 1.[33] Von daher erklärt sich auch die sonst nur schwer verständliche Regelung des § 303 Abs. 3.[34] Lediglich dann, wenn sich der Gläubiger ohne weiteres durch **Aufrechnung** gegenüber der abhängigen Gesellschaft selbst befriedigen könnte, sollte man eine Ausnahme machen, weil der Gläubiger in diesem Fall keines besonderen Schutzes nach § 303 bedarf.[35]

14 **3. Verpflichteter.** In Fällen der **Mehrmütterorganschaft** trifft die Verpflichtung zur Sicherheitsleistung aus § 303 Abs. 1 sämtliche Mütter gesamtschuldnerisch gegenüber den Gläubigern der gemeinsamen Tochtergesellschaft, weil in der Person jeder Mutter der volle Tatbestand der §§ 302 und 303 Abs. 1 erfüllt ist.[36] Für eine bloße pro-rata-Haftung der Mütter ist kein Raum (s. schon § 302 Rdnr. 19). Dasselbe gilt im Ergebnis, wenn dem Vertrag später ein weiteres herrschendes Unternehmen beigetreten ist.[37] Umgekehrt führt das Ausscheiden eines von mehreren herrschenden Unternehmen ebenfalls zur Anwendung des § 303 auf den Ausscheidenden, und zwar auch im Fall der Vertragsübernahme seitens eines dritten Unternehmens.[38]

15 **4. Anmeldung.** Der Anspruch eines Gläubigers der abhängigen Gesellschaft auf Sicherheitsleistung für seine vor dem Stichtag begründeten Forderungen gegen das herrschende Unternehmen nach § 303 Abs. 1 S. 1 setzt als letztes voraus, daß sich der Gläubiger binnen sechs Monaten nach dem Stichtag, d. h. *nach* der *Bekanntmachung* der Eintragung der Vertragsbeendigung (Rdnr. 8), bei dem herrschenden Unternehmen „zu diesem Zweck" meldet. In der Bekanntmachung der Eintragung (§ 10 HGB) sind die Gläubiger aus diesem Grunde auf ihr Recht auf Sicherheitsleistung hinzuweisen (§ 303 Abs. 1 S. 2). Eine entsprechende Ausschlußfrist von sechs Monaten findet sich für die Fälle der Kapitalherabsetzung in den §§ 225 Abs. 1 und 233 Abs. 2 AktG sowie für die Umwandlungsfälle in § 22 Abs. 1 UmwG. Anders als in den Umwandlungsfällen (s. § 22 Abs. 1 S. 2 UmwG) ist jedoch hier der Anspruch der Gläubiger auf Sicherheitsleistung bei § 303 unabhängig davon, ob sie glaubhaft machen, daß durch die Vertragsbeendigung die Erfüllung ihrer Forderungen gefährdet wird.

16 Die Sechsmonatsfrist des § 303 Abs. 1 S. 1 ist eine *Ausschlußfrist*, die an dem Tag beginnt, der auf den Stichtag (Rdnr. 8) folgt (§ 187 Abs. 1 BGB), und deren Berechnung

---

[30] MünchKommAktG/*Altmeppen* Rdnr. 19; *Hüffer* Rdnr. 4; *Koppensteiner* in Kölner Kommentar Rdnr. 7; MünchHdb. AG/*Krieger* § 70 Rdnr. 189; *Ströhmann* NZG 1999, 1030, 1032 f.; aA *Peltzer* AG 1975, 309, 312 f.

[31] S. *Koppensteiner* und *Peltzer* (vorige Fn.).

[32] Ausführlich *Ströhmann* NZG 1999, 1030, 1033 ff.

[33] MünchKommAktG/*Altmeppen* Rdnr. 14; *Habersack*, FS für Koppensteiner, S. 31, 35 f.; *Koppen*-

steiner in Kölner Kommentar Rdnr. 9; MünchHdb. AG/*Krieger* § 70 Rdnr. 189.

[34] S. Rdnr. 20 ff.; *Habersack* (vorige Fn.).

[35] MünchHdbAG/*Krieger* § 70 Rdnr. 189; s. auch Rdnr. 27.

[36] *Koppensteiner* in Kölner Kommentar Rdnr. 12.

[37] Zu den verschiedenen Fällen des Parteiwechsels s. § 295 Rdnr. 13–16.

[38] S. MünchKommAktG/*Altmeppen* Rdnr. 7–11.

sich nach § 188 Abs. 2 BGB richtet. Keine Rolle spielt, ob der Gläubiger Kenntnis von dem Lauf der Frist hat; neben § 303 Abs. 1 mit seinem strengen Stichtagsprinzip ist für eine Anwendung des **§ 15 Abs. 2 HGB** ebensowenig Raum wie für die des § 15 Abs. 1 HGB (Rdnr. 12 a).[39] Auch wenn der Gläubiger ohne sein Verschulden keine Kenntnis von dem Ablauf der Sechsmonatsfrist erlangt, verliert er daher in diesem Fall endgültig den Anspruch auf Sicherheitsleistung gegen das herrschende Unternehmen.[40] Eine „Wiedereinsetzung in den vorigen Stand" gibt es bei derartigen materiell-rechtlichen Ausschlußfristen nicht.[41] Dies alles gilt selbst dann, wenn das Registergericht in der Bekanntmachung der Eintragung entgegen § 303 Abs. 1 S. 2 die Gläubiger nicht auf ihr Recht auf Sicherheitsleistung hingewiesen hat; in Betracht kommen in solchem Fall wiederum allein Amtshaftungsansprüche nach § 839 BGB iVm. Art. 34 GG.[42] Nichts hindert das herrschende Unternehmen aber an einer freiwilligen *Verlängerung* der Meldefrist, weil dadurch die Position der Gläubiger nur gegenüber dem Gesetz (§ 303 Abs. 1) verbessert werden kann.[43]

17   Die Meldung des Gläubigers ist *rechtzeitig*, wenn sie vor Fristablauf dem herrschenden Unternehmen zugeht (§ 130 Abs. 1 BGB).[44] Keine Rolle spielt, wann der Gläubiger die Meldung erstattet. Dies kann auch schon **vor** Fristbeginn, d. h. zwischen Vertragsbeendigung und Stichtag geschehen.[45] Eine besondere *Form* ist für Meldung nicht vorgeschrieben, so daß sie auch mündlich erfolgen kann.[46] Aus der Meldung muß sich jedoch nach § 303 Abs. 1 S. 1 ihr „Zweck" ergeben. Dies bedeutet, daß für das herrschende Unternehmen erkennbar sein muß, daß der meldende Gläubiger von ihm Sicherheitsleistung für eine bestimmte Forderung verlangt; nicht erforderlich ist dagegen, daß die Forderung bereits der Höhe nach beziffert wird.[47]

IV. Sicherheitsleistung

18   **1. §§ 232 ff. BGB.** Die Art und Weise, in der das herrschende Unternehmen unter den Voraussetzungen des § 303 Abs. 1 Sicherheit leisten muß, richtet sich nach den §§ 232 ff. BGB.[48] Unter bestimmten Voraussetzungen kommt daher als Sicherheit auch die **Bürgschaft eines** tauglichen **Dritten,** zB einer Bank in Betracht (s. §§ 232 Abs. 2, 239 BGB), wovon jedoch in der Praxis mit Rücksicht auf § 303 Abs. 3 offenbar kein Gebrauch gemacht wird (s. Rdnr. 20 ff.). Der Anspruch des Gläubigers auf Sicherheitsleistung ist ein normaler schuldrechtlicher Anspruch, der notfalls durch Leistungsklage gegen das herrschende Unternehmen durchgesetzt werden muß.[49] § 306 findet hier keine Anwendung.[50] Die Vollstreckung des Urteils richtet sich nach § 887 Abs. 1 ZPO.[51]

19   Die **Höhe** der Sicherheitsleistung bemißt sich nach dem Wert des zu sichernden Rechts unter Berücksichtigung des Zwecks der gesetzlichen Regelung, durch die jeweils Sicher-

---

[39] BGHZ 116, 37, 44 = LM AktG § 302 Nr. 5 = NJW 1992, 505 = AG 1992, 83 „Stromlieferungen/Hansa-Feuerfest"; MünchKommAktG/*Altmeppen* Rdnr. 21; *Grunewald* in Lutter UmwG § 22 Rdnr. 19; *Hüffer* Rdnr. 4 f.; *Koppensteiner* in Kölner Kommentar Rdnr. 10; MünchHdb. AG/*Krieger* § 70 Rdnr. 189; *Marsch-Barner* in Kallmeyer UmwG § 22 Rdnr. 5 (S. 235); *Ströhmann* NZG 1999, 1030, 1032 ff.

[40] *Marsch-Barner* (vorige Fn.).

[41] *Marsch-Barner* in Kallmeyer UmwG § 22 Rdnr. 5.

[42] S. schon Rdnr. 12 a; *Schmitt/Hörtnagl/Stratz* UmwR § 22 Rdnr. 10 f.; *Grunewald* in Lutter UmwG § 22 Rdnr. 18; *Hüffer* Rdnr. 5; *Koppensteiner* in Kölner Kommentar Rdnr. 10; MünchHdb. AG/*Krieger* § 60 Rdnr. 42, § 70 Rdnr. 191; *Marsch-Barner* in Kallmeyer UmwG § 22 Rdnr. 6.

[43] *Marsch-Barner* in Kallmeyer UmwG § 22 Rdnr. 5.

[44] *Hüffer* Rdnr. 5.

[45] *Grunewald* in Lutter UmwG § 22 Rdnr. 18; MünchHdb. AG/*Krieger* § 60 Rdnr. 42, § 70 Rdnr. 191.

[46] LAG Frankfurt AG 1989, 256, 257.

[47] MünchKommAktG/*Altmeppen* Rdnr. 22; *Eschenbruch* Konzernhaftung Tz. 3140 (S. 223); anders die überwiegende Meinung, zB *Koppensteiner* in Kölner Kommentar Rdnr. 10.

[48] S. dazu *Rittner*, FS für Oppenhoff, S. 317, 320 ff.

[49] OLG Düsseldorf AG 1996, 426; ein Beispiel in BGH LM KapErhG Nr. 3 = NJW 1996, 1539 = AG 1996, 321.

[50] OLG Düsseldorf (vorige Fn.); *Pentz* Enkel-AG S. 162.

[51] S. Palandt/*Heinrichs* BGB § 232 Rdnr. 1.

heitsleistung angeordnet wird, hier also des § 303 Abs. 1.[52] Dies erlangt im vorliegenden Zusammenhang vor allem dann Bedeutung, wenn man eine generelle Beschränkung des Anspruchs der Gläubiger auf Sicherheitsleistung durch Einführung einer Fünfjahresfrist entsprechend den §§ 26 und 160 HGB ablehnt (Rdnr. 11). Denn in diesem Fall ist jedenfalls der Anspruch auf Sicherheitsleistung der Höhe nach entsprechend dem Zweck des § 303 Abs. 1 (Rdnr. 1) sachgemäß zu begrenzen, bei Dauerschuldverhältnissen wie der Miete oder der Pacht nach Meinung der Gerichte im Regelfall wohl auf diejenigen Ansprüche, die in den nächsten drei bis vier Jahren fällig werden können.[53]

2. Bürgschaft des herrschenden Unternehmens. Nach § 303 Abs. 3 kann das herr- **20** schende Unternehmen, anstatt Sicherheit zu leisten, sich auch **selbst** für die Forderung des Gläubigers *verbürgen*; in diesem Fall findet nach S. 2 der Vorschrift § 349 HGB keine Anwendung, so daß dem herrschenden Unternehmen die Einrede der Vorausklage verbleibt (§ 771 BGB). Neben dieser Sonderregelung ist für die Anwendung des § 239 Abs. 2 BGB (Notwendigkeit des *Verzichts* auf die Einrede der Vorausklage durch den sicherheitsleistenden Bürgen) wohl kein Raum.[54]

Auch im Falle des § 303 Abs. 3 S. 1 wird die Bürgschaft entsprechend § 765 Abs. 1 BGB **21** durch Vertrag zwischen dem zur Sicherheitsleistung verpflichteten herrschenden Unternehmen und dem Gläubiger begründet. Die Entscheidung zwischen der Sicherheitsleistung (§ 303 Abs. 1) und der Übernahme einer Bürgschaft (§ 303 Abs. 3) ist dabei allein Sache des herrschenden Unternehmens, so daß es sich hier im Ergebnis um eine *Wahlschuld* mit Wahlrecht des Schuldners nach den §§ 262 ff. BGB handelt.[55] (Nur) unter den Voraussetzungen des § 264 Abs. 1 BGB geht folglich das Wahlrecht auf den Gläubiger über. Der Bürgschaftsvertrag wird für das herrschende Unternehmen in aller Regel ein Handelsgeschäft sein (§ 343 HGB), so daß die Formvorschrift des § 766 BGB hier keine Anwendung findet (§ 350 HGB).

Lehnt der Gläubiger das Bürgschaftsangebot des herrschenden Unternehmens *ab*, so **22** verliert er seine Rechte aus § 303,[56] da er nach Wahl der Bürgschaft durch das herrschende Unternehmen (Rdnr. 21) nur noch diese beanspruchen kann (§ 263 Abs. 2 BGB). Der Gläubiger hat daher jetzt nur noch die „Wahl" zwischen der Annahme und der Ablehnung des Antrags des herrschenden Unternehmens gemäß § 765 BGB. Im zweiten Fall erlischt der Antrag des herrschenden Unternehmens auf Abschluß eines Bürgschaftsvertrages (§§ 146, 765 BGB). Zu einem neuen Antrag ist es nicht verpflichtet (§ 303 Abs. 3).

3. Schutzgesetz? Die Parallelvorschrift des § 22 UmwG wird häufig als Schutzgesetz **23** iSd. § 823 Abs. 2 BGB interpretiert.[57] Das hätte zwar für den Gläubiger den Vorteil, daß er bei einem Verstoß des herrschenden Unternehmens gegen seine Pflicht zur Sicherheitsleistung auch gegen die verantwortlichen Organmitglieder des herrschenden Unternehmens direkt aufgrund des § 823 Abs. 2 BGB mit der Forderung auf Schadensersatz vorgehen könnte. Gegen solches Verständnis des § 303 spricht jedoch, daß die Vorschrift *kein* gesetzliches Gebot oder Verbot enthält, sondern lediglich bestimmte Ansprüche begründet, so daß sie schwerlich als Schutzgesetze interpretiert werden kann.[58]

---

[52] So noch ausdrücklich § 199 E I zum BGB; Staudinger/*Werner* (2001) Vor § 232 BGB Rdnr. 8.

[53] BGH LM KapErhG Nr. 3 (Bl. 2 f.) = NJW 1996, 1539 = AG 1996, 321 = WM 1996, 816 = ZIP 1996, 705; OLG Frankfurt AG 2001, 139, 141 = NZG 2000, 933 (Parallele zu § 160 HGB bei Mietverträgen); ebenso *Grunewald* in Lutter UmwG § 22 Rdnr. 22; *Hüffer* Rdnr. 3, § 225 Rdnr. 4; *Marsch-Barner* im Kallmeyer UmwG § 22 Rdnr. 12; *Schröer* DB 1999, 317, 321 ff.; *Ströhmann* NZG 1999, 1030, 1038.

[54] Offengelassen bei *Hüffer* Rdnr. 9.

[55] Ebenso *Schmitt/Hörtnagl/Stratz* UmwR § 22 Rdnr. 20; s. schon Rdnr. 21.

[56] MünchKommAktG/*Altmeppen* Rdnr. 60; *Koppensteiner* in Kölner Kommentar Rdnr. 13.

[57] *Schmitt/Hörtnagl/Stratz* UmwR § 22 Rdnr. 22; *Marsch-Barner* im Kallmeyer UmwG § 22 Rdnr. 13 (S. 238); anders *Grunewald* in Lutter UmwG § 22 Rdnr. 25; *Schröer* DB 1999, 317, 323.

[58] MünchKommAktG/*Altmeppen* Rdnr. 63.

V. Ausfallhaftung

24   Eine bloße Sicherheitsleistung des herrschenden Unternehmens, sei es nach den §§ 232 ff. BGB (§ 303 Abs. 1), sei es durch Übernahme einer Bürgschaft (§ 303 Abs. 3), macht keinen Sinn mehr, sobald die Inanspruchnahme des herrschenden Unternehmens an Stelle der abhängigen Gesellschaft *endgültig* feststeht. Das ist (spätestens) dann der Fall, wenn die Eröffnung eines Insolvenzverfahrens über das Vermögen der abhängigen Gesellschaft mangels Masse abgelehnt oder das Verfahren aus diesem Grunde eingestellt worden ist oder wenn die Gesellschaft wegen Vermögenslosigkeit im Handelsregister gelöscht wurde (s. auch Rdnr. 25). Entsprechend § 322 verwandelt sich dann der Anspruch des Gläubigers auf Sicherheitsleistung in einen direkten *Zahlungsanspruch* gegen das herrschende Unternehmen. Aus der regelmäßigen Innenhaftung des herrschenden Unternehmens gegenüber der abhängigen Gesellschaft (§ 302) wird in diesem Fall folglich (ausnahmsweise) eine echte **Außenhaftung** gegenüber den Gläubigern der abhängigen Gesellschaft, wie sie das Gesetz sonst nur für die Eingliederung kennt (§§ 322 Abs. 1, 327 Abs. 4).[59] Auch Abs. 2 und 3 des § 322 AktG sind dann entsprechend anwendbar.[60]

25   Umstritten ist, ob dasselbe zu gelten hat, wenn die abhängige Gesellschaft noch *eigene Ansprüche* gegen das herrschende Unternehmen besitzt, sei es auch nur auf Verlustausgleich nach § 302 oder auf Schadensersatz nach § 309 AktG iVm. § 31 BGB.[61] Die Frage ist zu bejahen, da es einen unnötigen, lediglich kostenverursachenden Umweg bedeutete, den Gläubiger in einem derartigen Fall zu zwingen, zunächst in die Ansprüche der abhängigen Gesellschaft gegen das herrschende Unternehmen zu vollstrecken (§ 829 ZPO), um anschließend gegen dieses vorgehen zu können. Umstritten ist ferner der Fall, daß es „erst" zur *Eröffnung des Insolvenzverfahrens* über das Vermögen der abhängigen Gesellschaft gekommen ist. Aber auch in diesem Fall sollte grundsätzlich die Ausfallhaftung des herrschenden Unternehmens bejaht werden, einfach, weil damit für den Regelfall bereits seine Inanspruchnahme feststeht.

VI. Ausnahmen

26   Nach § 303 Abs. 2 steht das Recht auf Sicherheitsleistung solchen Gläubigern *nicht* zu, die im Falle der Insolvenz ein Recht auf vorzugsweise Befriedigung aus einer Deckungsmasse haben, die nach gesetzlicher Vorschrift zu ihrem Schutz errichtet und staatlich überwacht ist (ebenso §§ 225 Abs. 1 S. 3 und 233 Abs. 2 S. 3 AktG sowie § 22 Abs. 2 UmwG). Gemeint sind damit in erster Linie die Inhaber der von Hypothekenbanken ausgegebenen Pfandbriefe (§ 35 Hypothekenbankgesetz) und der von Schiffspfandbriefbanken ausgegebenen Schiffspfandbriefe (§ 26 Schiffbankgesetz) sowie die Gläubiger der mit Versicherungs-

[59] Ebenso, freilich meistens zum qualifizierten faktischen GmbH-Konzern, BGHZ 95, 330, 347 = NJW 1986, 188 = AG 1986, 15 „Autokran"; BGHZ 105, 168, 183 = LM GmbHG § 32 a Nr. 4 = NJW 1988, 3143 = AG 1989, 27 „HSW"; BGHZ 115, 187, 200 = LM AktG § 302 Nr. 4 = NJW 1991, 3142 = AG 1991, 429 „Video"; BGHZ 116, 37, 42 = LM AktG § 305 Nr. 2 = NJW 1992, 505 = AG 1992, 83 „Stromlieferungen"; BAGE 76, 79, 87 = NJW 1994, 3244 = AG 1994, 510; BAG NJW 1991, 2923 = AG 1991, 434, 437 = AP BetrVerfG 1972 § 113 Nr. 21 „Hettler"; NJW 1996, 1491 = AG 1996, 222, 223 = GmbHR 1996, 113; OLG Köln AG 1991, 140 = GmbHR 1990, 456; OLG Koblenz WM 1991, 227 = AG 1991, 142; OLG Dresden GmbHR 1997, 215, 219 = WiB 1997, 466 = AG 1997, 330; OLG Frankfurt AG 2001, 139, 140 = NZG 2000, 933 f.; KG AG 2001, 529, 520 = NZG 2001, 80; LAG Frankfurt AG

1989, 256, 257; BSGE 75, 82, 87 = NJW-RR 1995, 730; *Altmeppen*, Die Haftung des Managers im Konzern, 1998, S. 25 ff.; *Assmann* in Lutter/Ulmer/Zöllner (Hrsg.), 100 Jahre GmbHG, 1992, S. 657, 730 ff.; *Habersack*, FS für Koppensteiner, S. 31, 21; *Joost* in Konzernrechtstage S. 133; *Kleindiek* Strukturvielfalt S. 236 ff.; *Limmer* Haftungsverfassung S. 336 ff.; *Kübler*, FS für Heinsius, 1991, S. 397, 419 ff.; *Lwowski/Groeschke* WM 1994, 613, 619; *Stimpel* in Hommelhoff Entwicklungen S. 39, 48 ff.; *ders.*, FS für Goerdeler, S. 601, 616 ff.

[60] BGH LM AktG § 302 Nr. 8 = NJW 1994, 3288 = AG 1995, 35, 37; KG (vorige Fn.).

[61] Bejahend MünchKommAktG/*Altmeppen* Rdnr. 47; *Eschenbruch* Konzernhaftung Tz. 3143 (S. 223); *Habersack*, FS für Koppensteiner, S. 31, 32; MünchHdb. AG/*Krieger* § 70 Rdnr. 192; dagegen *Hüffer* Rdnr. 7.

aktiengesellschaften abgeschlossenen Lebens-, Unfall- und Krankenversicherungen (§§ 77, 79 VAG).[62] Dahinter steht letztlich der **Gedanke,** daß Gläubiger, für deren Sicherheit im Insolvenzfall gesetzlich bereits auf andere Weise Sorge getragen ist, keines weiteren Schutzes durch Sicherheitsleistung nach § 303 bedürfen.

Der dem § 303 Abs. 2 zugrundeliegende Gedanke (Rdnr. 26) ist auch in anderen Fällen **27** einer ausreichenden Sicherung des Gläubigers entsprechend anzuwenden. Dies gilt insbes. für unverfallbare **Ruhegeldanwartschaften** sowie für Ansprüche von Betriebsrentnern auf **Ruhegelder,** soweit sie Insolvenzschutz nach den §§ 7 f. BetrAVG genießen, d. h., soweit die genannten Ansprüche von Arbeitnehmer durch den Pensionssicherungsverein gedeckt sind, der seinerseits keine Sicherheitsleistung nach § 303 Abs. 1 verlangen kann.[63] Dasselbe ist darüber hinaus für Gläubiger anzunehmen, die bereits ausreichend durch **Grundpfandrechte,** durch sonstige dingliche Rechte oder durch eine Sicherungsübereignung gesichert sind (s. Rdnr. 26); ihre Forderung nach zusätzlichen Sicherheiten aufgrund des § 303 wäre mißbräuchlich (§ 242 BGB).[64] Zweifelhaft ist, ob man noch weiter gehen kann und auch solchen Gläubigern, die über **Insolvenzvorrechte** verfügen, einen Anspruch auf Sicherheitsleistung nach § 303 verweigern darf.[65] Die Frage dürfte jedenfalls dann zu bejahen sein, wenn das Insolvenzvorrecht dem Gläubiger bereits eine ausreichende Sicherheit für seine Forderung gewährt. Dasselbe gilt, wenn sich der Gläubiger ohne weiteres durch Aufrechnung gegen die abhängige Gesellschaft befriedigen kann (Rdnr. 13).

Vierter Abschnitt. Sicherung der außenstehenden Aktionäre bei Beherrschungs- und Gewinnabführungsverträgen

§ 304 Angemessener Ausgleich*

(1) Ein Gewinnabführungsvertrag muß einen angemessenen Ausgleich für die außenstehenden Aktionäre durch eine auf die Anteile am Grundkapital bezogene wiederkehrende Geldleistung (Ausgleichszahlung) vorsehen. Ein Beherrschungsvertrag muß, wenn die Gesellschaft nicht auch zur Abführung ihres ganzen Gewinns verpflichtet ist, den außenstehenden Aktionären als angemessenen Ausgleich einen bestimmten jährlichen Gewinnanteil nach der für die Ausgleichszahlung bestimmten Höhe garantieren. Von der Bestimmung eines angemessenen Ausgleichs kann nur abgesehen werden, wenn die Gesellschaft im Zeitpunkt der Beschlußfassung ihrer Hauptversammlung über den Vertrag keinen außenstehenden Aktionär hat.

(2) Als Ausgleichszahlung ist mindestens die jährliche Zahlung des Betrags zuzusichern, der nach der bisherigen Ertragslage der Gesellschaft und ihren künftigen Er-

---

[62] S. BGHZ 90, 161, 165 f. = LM BGB § 247 Nr. 9 = NJW 1984, 1681; BAGE 83, 356, 364 = NZA 1997, 436 = AG 1997, 268, 269 = ZIP 1997, 289; *Eschenbruch* Konzernhaftung Tz. 3141; *Grunewald* in Lutter UmwG § 22 Rdnr. 23; *Hüffer* Rdnr. 8 und § 225 Rdnr. 10; *Koppensteiner* in Kölner Kommentar Rdnr. 11; MünchHdb. AG/*Krieger* § 60 Rdnr. 38; *ders.,* FS für Nirk, S. 551, 558; *Marsch-Barner* in Kallmeyer UmwG § 22 Rdnr. 9.

[63] Grdlg. BAGE 83, 356, 367 ff. = NZA 1997, 436 = ZIP 1997, 289 = AG 1997, 268 ff.; *Schmitt/Hörtnagl/Stratz* UmwR § 22 Rdnr. 19; *Grunewald* in Lutter UmwG § 22 Rdnr. 23; MünchHdb. AG/*Krieger* § 60 Rdnr. 38; *ders.,* FS für Nirk, S. 551, 559 ff.; *Marsch-Barner* (vorige Fn.); kritisch *Hüffer* § 225 Rdnr. 10; *Rittner,* FS für Oppenhoff, S. 317, 327 f.

[64] *Grunewald* in Lutter UmwG § 22 Rdnr. 24; *Habersack,* FS für Koppensteiner, S. 31, 34 f.;

MünchHdb. AG/*Krieger* § 60 Rdnr. 40; *Krieger,* FS für Nirk, S. 551, 558; *Lwowski/Groeschke* WM 1994, 613, 619 f.; *Rittner,* FS für Oppenhoff, S. 317, 322, 324.

[65] Dafür MünchKommAktG/*Altmeppen* Rdnr. 58; *Grunewald* in Lutter UmwG § 22 Rdnr. 24; *Koppensteiner* in Kölner Kommentar Rdnr. 11; dagegen *Eschenbruch* Konzernhaftung Tz. 3141; *Hüffer* Rdnr. 8, § 225 Rdnr. 11; MünchHdb. AG/*Krieger* § 60 Rdnr. 40; *Rittner,* FS für Oppenhoff, S. 317, 324 f.

* Durch das für das Jahr 2003 geplante **Spruchverfahrensneuordnungsgesetz** (Art. 2 Nr. 2) soll in § 304 Abs. 3 S. 3 die Angabe „§ 306" durch die Angabe „§ 2 des Spruchverfahrensgesetzes" ersetzt werden; außerdem soll Abs. 4 aufgehoben werden, so daß der bisherige Abs. 5 zu Abs. 4 wird (s. den RegE, BR-Drucks. 827/02 = ZIP 2002, 2099, 2106).

tragsaussichten unter Berücksichtigung angemessener Abschreibungen und Wertbe-richtigungen, jedoch ohne Bildung anderer Gewinnrücklagen, voraussichtlich als durchschnittlicher Gewinnanteil auf die einzelne Aktie verteilt werden könnte. Ist der andere Vertragsteil eine Aktiengesellschaft oder Kommanditgesellschaft auf Aktien, so kann als Ausgleichszahlung auch die Zahlung des Betrags zugesichert werden, der unter Herstellung eines angemessenen Umrechnungsverhältnisses auf Aktien der ande-ren Gesellschaft jeweils als Gewinnanteil entfällt. Die Angemessenheit der Umrechnung bestimmt sich nach dem Verhältnis, in dem bei einer Verschmelzung auf eine Aktie der Gesellschaft Aktien der anderen Gesellschaft zu gewähren wären.

(3) Ein Vertrag, der entgegen Absatz 1 überhaupt keinen Ausgleich vorsieht, ist nichtig. Die Anfechtung des Beschlusses, durch den die Hauptversammlung der Gesell-schaft dem Vertrag oder einer unter § 295 Abs. 2 fallenden Änderung des Vertrags zugestimmt hat, kann nicht auf § 243 Abs. 2 oder darauf gestützt werden, daß der im Vertrag bestimmte Ausgleich nicht angemessen ist. Ist der im Vertrag bestimmte Aus-gleich nicht angemessen, so hat das in § 306 bestimmte Gericht auf Antrag den vertraglich geschuldeten Ausgleich zu bestimmen, wobei es, wenn der Vertrag einen nach Absatz 2 Satz 2 berechneten Ausgleich vorsieht, den Ausgleich nach dieser Vor-schrift zu bestimmen hat.

(4) Antragsberechtigt ist jeder außenstehende Aktionär. Der Antrag kann nur binnen zwei Monaten seit dem Tage gestellt werden, an dem die Eintragung des Bestehens oder einer unter § 295 Abs. 2 fallenden Änderung des Vertrags im Handelsregister nach § 10 des Handelsgesetzbuchs als bekanntgemacht gilt.

(5) Bestimmt das Gericht den Ausgleich, so kann der andere Vertragsteil den Vertrag binnen zwei Monaten nach Rechtskraft der Entscheidung ohne Einhaltung einer Kün-digungsfrist kündigen.

Schrifttum: *Unternehmensrechtskommission* Bericht, 1980, Tz. 1345 ff. (S. 690 ff.); *van Aerssen,* Die Antragsbefugnis im Spruchstellenverfahren des AktG, AG 1999, 249; *Aha,* Aktuelle Aspekte der Unter-nehmensbewertung im Spruchstellenverfahren, AG 1997, 26; *Ammon,* Rechtsprechungsübersicht zum aktienrechtlichen Spruchstellenverfahren, FGPrax 1997, 26; 1998, 121; *Bachelin,* Der konzernrechtliche Minderheitenschutz, 1969; *W. F. Bayer,* Mehrstufige Unternehmensverträge, FS für Ballerstedt, 1975, S. 157; *Kl. Beckmann/St. Simon,* Ist ein Ausgleich nach der Unternehmenssteuerreform anzupassen?, ZIP 2001, 1906; *Beuthien,* Unternehmenskonzentration und Kleinaktionärsschutz, JuS 1970, 53; *Boëtius,* Gro-ßaktionäre als außenstehende Aktionäre, DB 1972, 1220; *T. Busch,* Der Zinsanspruch des Aktionärs bei unangemessenen Barkompensationsansprüchen gemäß §§ 304 Abs. 4 S. 3, 305 Abs. 5 S. 5 AktG, AG 1993, 1; *Ebenroth,* Die verdeckten Vermögenszuwendungen im transnationalen Unternehmen, 1979; *Emmerich/Sonnenschein/Habersack* Konzernrecht § 21 (S. 303 ff.); *Eschenbruch,* Konzernhaftung, 1996, Tz. 3105 (S. 213 ff.); *Exner,* Beherrschungsvertrag und Vertragsfreiheit, 1984; *S. Fabian,* Inhalt und Aus-wirkungen des Beherrschungsvertrags, 1997; *M. Forst,* Zur Bemessung der Sicherung außenstehender Aktionäre gemäß §§ 304, 305 AktG, AG 1994, 321; *Großfeld,* Unternehmens- und Anteilsbewertung im Gesellschaftsrecht, 4. Aufl. 2002; *G. und A. Hartmann,* Zur Frage eines „Null-Ausgleichs" nach § 304 AktG, FS für Pleyer, 1986, S. 287; *R. Hecker/E. Wenger,* Der Schutz von Minderheiten im Vertragskon-zern, ZBB 1995, 321; *Hennrichs,* Unternehmensbewertung und persönliche Ertragsteuern, ZHR 164 (2000), 453; *Henze* Konzernrecht Tz. 350–375 (S. 126 ff.); *Hüchting,* Abfindung und Ausgleich im aktien-rechtlichen Beherrschungsvertrag, 1972; *Hüffer,* Dividendenabhängige Vorstandstantiemen nach der Be-gründung von Gewinnabführungspflichten, FS für Kruse, 2001, S. 651; *Kley,* Die Rechtsstellung der außenstehenden Aktionäre bei der vorzeitigen Beendigung von Unternehmensverträgen, 1986; *Komp,* Zweifelsfragen des aktienrechtlichen Abfindungsanspruchs nach §§ 305, 320b AktG, 2002; *Koppensteiner,* Ordentliche Kapitalerhöhungen und dividendenabhängige Ansprüche Dritter, ZHR 139 (1975), 191; *Kort,* Ausgleichs- und Abfindungsrechte beim Beitritt eines herrschenden Unternehmens zu einem Beherrschungsvertrag, ZGR 1999, 402; *MünchHdb. AG/Krieger* § 70 Rdnr. 62 ff. (S. 1045 ff.); *Krieger,* Vorzugsaktien und Umstrukturierung, FS für Lutter, 2000, S. 497; *Kübler,* Gerichtliche Entscheidungen als Spielsteine der Konzernstrategie?, FS für Goerdeler, 1987, S. 279; *Lieb,* Abfindungsansprüche im faktischen Konzern, FS für Lutter, 2000, S. 1151; *H. Lindemann,* Gewinnabhängige Ansprüche im Konzern, Diss. Bayreuth 2003; *Lutter/Drygala,* Wie fest ist der feste Ausgleich?, AG 1995, 49; *dies.,* Die übertragende Auflösung, FS für Kropff, 1997, S. 191; *Lutter/Leinekugel,* Planmäßige Unterschiede im umwandlungs-rechtlichen Minderheitenschutz, ZIP 1999, 261; *Cl. Luttermann,* Unternehmen, Kapital und Genußrecht, 1998; *H. Maier-Reimer,* Verbesserung des Umtauschverhältnisses im Spruchverfahren, ZHR 164 (2000), 563; *Marchand,* Abhängigkeit und Konzernzugehörigkeit von Gemeinschaftsunternehmen, 1985; *Meilicke,*

Die Berechnung der Ausgleichszahlung nach § 304 Abs. 2 S. 1 AktG, DB 1980, 2121; *ders.*, Das Verhältnis von Ausgleichs- und Abfindungsansprüchen nach §§ 304, 305 AktG, AG 1999, 103; *Mestmäcker*, Verwaltung, Konzerngewalt und Rechte der Aktionäre, 1958; *ders.*, Zur Systematik des Rechts der verbundenen Unternehmen, Festgabe Kronstein, 1967, S. 129; *W. Müller/Kraft*, WP-Handbuch 2000, Tz. 309 ff. (S. 1967 ff.); *Neye*, Die Reform des Spruchverfahrens, NZG 2002, 23 = DStR 2002, 178; *ders.*, Auf dem Weg zu einem neuen Spruchverfahren, FS für Wiedemann, 2002, S. 1127; *Nonnenmacher*, Das Umtauschverhältnis bei der Verschmelzung von Kapitalgesellschaften, AG 1982, 153; *Pentz*, Die Rechtsstellung der Enkel-AG in der mehrstufigen Unternehmensverbindung, 1994; *ders.*, Die verbundene AG als außenstehender Aktionär, AG 1996, 97; *Raiser* Kapitalgesellschaften § 54 V (Tz. 60 ff. [S. 898 ff.]; *E. Rehbinder*, Gesellschaftsrechtliche Probleme mehrstufiger Unternehmensverbindungen, ZGR 1977, 581; *Röhricht*, Die Rechtsstellung der außenstehenden Aktionäre beim Beitritt zum Beherrschungsvertrag, ZHR 162 (1998), 249; *ders.*, Aktuelle höchstrichterliche Rechtsprechung, in: Gesellschaftsrecht in der Diskussion 2001, 2002, S. 3; *Rühland*, Die Abfindung von ausgeschlossenen Minderheitsaktionären, WM 2000, 1884; *Säcker*, Die Rechte der Aktionäre bei konzerninternen Umstrukturierungen gemäß § 304 AktG, DB 1988, 271; *Sauter/Heurung*, Ausgleichszahlungen und vororganschaftliche Gewinnausschüttungen nach dem Systemwechsel, GmbHR 2001, 754; *J. Schmidt*, Das Recht der außenstehenden Aktionäre, 1979; *Schulenberg*, Die Antragsberechtigung gemäß §§ 15, 305 UmwG, AG 1998, 74; *D. Schwenn*, Der Ausgleichs- und Abfindungsanspruch der außenstehenden Aktionäre im Unternehmensvertrag bei Eintritt neuer Umstände, 1998; *Seetzen*, Die Bestimmung des Verschmelzungswertverhältnisses im Spruchstellenverfahren, WM 1994, 45; *Stimpel*, Zum Verhältnis von Ausgleichs- und Barabfindungsansprüchen, AG 1998, 259; *Veit*, Unternehmensverträge und Eingliederung als aktienrechtliche Instrumente der Unternehmensverbindung, 1974, S. 113 ff.; *Vetter*, Die Entschädigung der Minderheitsaktionäre erneut vor dem BVerfG, ZIP 2000, 561; *Wanner*, Konzernrechtliche Probleme mehrstufiger Unternehmensverbindungen nach Aktienrecht, 1998; *Wilm*, Abfindung zum Börsenkurs, NZG 2000, 234.

Übersicht

I. Überblick, Zweck

1   § 304 leitet die Vorschriften des AktG über die Sicherung der außenstehenden Aktionäre bei Abschluß eines Beherrschungs- oder Gewinnabführungsvertrages ein (§§ 304 bis 307). § 304 ist zuletzt 1998 geändert worden, um ihn der Zulassung von Stückaktien anzupassen.[1] Die Bestimmung muß vor allem im Zusammenhang mit den §§ 305 und 306 gesehen werden, weil sich erst aus diesen drei Vorschriften zusammen ergibt, wie sich die Gesetzesverfasser einen angemessenen Schutz der außenstehenden Aktionäre im Vertragskonzern vorgestellt haben. Die Aktionäre sollen danach wählen können, ob sie gegen angemessenen Ausgleich für ihre Nachteile in der Gesellschaft verbleiben (§ 304) oder gegen Abfindung aus ihr ausscheiden wollen (§ 305). Der Schutz dieses Wahlrechts der Aktionäre wurde zugleich einem für die Aktionäre grundsätzlich kostenlosen sogenannten Spruch- oder Spruchstellenverfahren übertragen. Dessen Regelung befindet sich bisher in § 306. An dessen Stelle soll aufgrund des für das Jahr 2003 geplanten **Spruchverfahrensneuordnungsgesetz** eine eigenständige gesetzliche Regelung in einem neuen *Spruchverfahrensgesetz* (SpruchG) treten, durch das in einzelnen Beziehungen auch § 304 geändert werden soll.[2] Hervorzuheben ist lediglich die ersatzlose Streichung des Abs. 4 des § 304, in dem die Antragsberechtigung der außenstehenden Aktionäre geregelt ist. An dessen Stelle soll in Zukunft der inhaltlich übereinstimmende § 3 Nr. 1 SpruchG treten.

2   Bereits vor Inkrafttreten des neuen AktG von 1965 hatten sich bei Abschluß eines Organschaftsvertrages Ausgleichszahlungen für die außenstehenden Aktionäre weithin eingebürgert, meistens in der Form sogenannter *Dividendengarantien,* weil es allgemein als notwendig angesehen wurde, den außenstehenden Aktionären einen Ausgleich dafür zu gewähren, daß die Organgesellschaft aufgrund des Vertrages ihr Eigenleben aufgibt, eine Gewinnabführungsverpflichtung übernimmt und sich fremder Leitung unterstellt.[3] Hieran hat das neue Gesetz in § 304 angeknüpft und als weitere Form der Entschädigung der außenstehenden Aktionäre durch § 305 die Abfindung in Aktien hinzugefügt. Entsprechende Regelungen finden sich für die Eingliederung durch Mehrheitsbeschluß in § 320 b, für den Ausschluß von Minderheitsaktionären in § 327 b sowie für die verschiedenen Umwandlungsfälle in den §§ 15, 29 und 207 UmwG. Auch an § 31 des neuen WpÜG von 2001 ist in diesem Zusammenhang zu erinnern.

3   Für die in den genannten Vorschriften (Rdnr. 1 f.) zum Ausdruck kommende, kontinuierliche Verbesserung der Stellung der außenstehenden Aktionäre waren nicht zuletzt *verfassungsrechtliche Überlegungen* maßgebend. Denn wenn es die Rechtsordnung einem herrschenden Unternehmen schon gestattet, durch den Abschluß eines Beherrschungs- oder Gewinnabführungsvertrags in die Vermögens- und Mitverwaltungsrechte der anderen Aktionäre einzugreifen, muß sie zugleich mit Rücksicht auf **Art. 14 Abs. 1 GG** für eine **volle** Entschädigung der außenstehenden Aktionäre sorgen. Ausgleichszahlungen des herrschenden Unternehmens nach dem Muster der früher üblichen Dividendengarantien reichen dafür nicht immer aus, woraus sich seinerzeit die Notwendigkeit ergab, den außenstehenden Aktionären zusätzlich die Möglichkeit zu eröffnen, im Falle des Abschlusses eines Beherrschungs- oder Gewinnabführungsvertrages gegen Abfindung aus ihrer Gesellschaft auszuscheiden, um über ihr Investment neu entscheiden zu können (§ 305).[4]

[1] BGBl. 1998 I S. 590; s. dazu die Begr. zum RegE, BR-Drucks. 871/91.
[2] S. den RegE, BR-Drucks. 827/02 = ZIP 2002, 2099; wegen der Einzelheiten s. Rdnr. 83 ff.

[3] Grdlg. BGH LM AktG 1937 § 256 Nr. 1 = NJW 1960, 721 = WM 1960, 314, 315; *Mestmäcker* Verwaltung S. 342, 354 ff.
[4] BVerfGE 14, 263, 276 ff. = NJW 1962, 1667 „Feldmühle"; BVerfGE 100, 289, 303, 305 = NJW

Das Gesagte (Rdnr. 3) bedeutet zugleich, daß die gesetzliche Regelung *und* ihre Hand- **3 a** habung durch die Gerichte grundsätzlich nicht hinter dem jetzigen Standard der §§ 304 bis 306 zurückbleiben darf, wenn sich die Regelung der Entschädigung der außenstehenden Aktionäre im Rahmen der verfassungsrechtlichen Vorgaben halten soll.[5] Auf der anderen Seite halten die Gerichte aber auch einen über die §§ 304 bis 306 hinausgehenden Schutz der Aktionäre nicht für erforderlich. Bedeutung hat das vor allem im **Insolvenzfall.** Der in diesem Fall den außenstehenden Aktionären drohende weitgehende Verlust ihrer Ausgleichs- und Abfindungsansprüche ist deshalb nach Meinung der Rechtsprechung grundsätzlich unbedenklich.[6]

Zweck des § 304 ist mithin nach dem Gesagten (Rdnr. 1–3 a) – zusammen mit § 305 – **4** eine **volle Entschädigung** der außenstehenden Aktionäre für die Beeinträchtigung ihrer Vermögens- und Herrschaftsrechte, wie sie typischerweise mit dem Abschluß von Beherrschungs- oder Gewinnabführungsverträgen verbunden ist.[7] Speziell durch die in § 304 vorgeschriebenen Ausgleichszahlungen des herrschenden Unternehmens soll dabei erreicht werden, daß die außenstehenden Aktionäre, *sofern* sie sich für den *Verbleib* in der Gesellschaft entscheiden, im Ergebnis so gestellt werden, wie wenn der Vertrag nicht zustande gekommen wäre, d. h. *als ob* ihre Gesellschaft *unabhängig* geblieben wäre und weiter im gemeinsamen Interesse *aller* Aktionäre (und nicht nur in dem des herrschenden Unternehmens) geführt würde.[8] Für den Regelfall wird dies durch feste Ausgleichszahlungen des herrschenden Unternehmens bewirkt, die an die Stelle der früheren Gewinnausschüttung treten (§ 304 Abs. 2 S. 1). Lediglich im Falle des variablen Ausgleichs werden die außenstehenden Aktionäre statt dessen im Ergebnis so gestellt, als hätten die beteiligten Gesellschaften fusioniert (§ 304 Abs. 2 S. 2 und 3). Der Sache nach handelt es sich folglich bei den Ausgleichszahlungen um eine wirtschaftlich an die Stelle der jetzt nicht mehr geschuldeten Dividenden tretende Verzinsung des von den außenstehenden Aktionären eingezahlten Kapitals, während es im Gegensatz hierzu bei der Abfindung gerade um die Rückzahlung dieses Kapitals geht.[9]

Die Situation der außenstehenden Aktionäre ist besonders kritisch bei Abschluß eines **5** *Gewinnabführungsvertrages,* weil hier die abhängige Gesellschaft von vornherein keine Gewinne mehr erwirtschaftet, aus denen allein Ausschüttungen an die außenstehenden Aktionäre vorgenommen werden können (§ 291 Abs. 1 S. 1). Folgerichtig leitet § 304 Abs. 1 S. 1 die gesetzliche Regelung mit der Bestimmung ein, daß der Vertrag in diesem Fall einen angemessenen Ausgleich für die außenstehenden Aktionäre durch eine auf die Anteile am Grundkapital bezogene wiederkehrende Geldleistung vorsehen muß. Die Einzelheiten regelt § 304 Abs. 2. Danach hat man zwei verschiedene Formen des Ausgleichs zu unterscheiden,

---

1999, 3769 = LM § 304 Nr. 3 a = AG 1999, 567, „DAT/Altana"; BVerfG NJW 1999, 1701 = AG 1999, 217 = WM 1999, 433 = NZG 1999, 397 „Tarkett/Pekulan"; NJW 1999, 1699 = AG 1999, 218 = WM 1999, 218 = NZG 1999, 302 „SEN/KHS"; AG 2000, 321, 322; BGHZ 119, 1, 10 = NJW 1992, 2760 = LM § 131 Nr. 3 = AG 1992, 450 „Asea/BBC"; BGHZ 135, 374, 378 f. = NJW 1997, 2242 = LM § 305 Nr. 3 = AG 1997, 515 „Guano"; BGHZ 138, 136, 138 f. = LM § 304 Nr. 3 = NJW 1998, 1866 = AG 1998, 286 „Asea/BBC II"; BGHZ 147, 108 (112 ff.) = LM Art. 14 (Ca) GG Nr. 45 = NJW 2001, 2080 = AG 2001, 417 „DAT/Altana IV"; BGH ZIP 2003, 387, 390 = NJW 2003, 1032 m. Anm. *Emmerich* JuS 2003, 501 „Macrotron" (Vorinstanz: OLG München AG 2001, 364); OLG Köln AG 2002, 94 f „Kulmbacher Aktienbrauerei/März"; *Mestmäcker* JuS 1963, 417; *Raiser* Kapitalgesellschaften § 54 Rdnr. 60 ff. (S. 898 f.).
5 BGHZ 147, 108 (112 ff.) = NJW 2001, 2080 = AG 2001, 417 „DAT/Altana IV" mit Anm. *Emme-*

rich JuS 2001, 922; *Röhricht,* in Gesellschaftsrecht in der Diskussion 2001, S. 3.
6 Grdlg. OLG Köln AG 2002, 94 f. „Erste Kulmbacher Aktienbrauerei/März".
7 Grdlg. BGHZ 138, 136, 139 = NJW 1998, 1866 = AG 1998, 286 „ASEA/BBC II"; BayObLGZ 1998, 231, 235 = NJW-RR 1999, 109 = AG 1999, 43 f. „EKU/März"; ebenso schon 1960 noch unter dem AktG von 1937 BGH LM AktG § 256 Nr. 1 = NJW 1960, 721 = WM 1960, 314, 315; zustimmend *Ammon* FGPrax 1998, 121, 123; *Kort* ZGR 1999, 402, 406 ff.; *Röhricht* ZHR 162 (1998), 249, 256 ff.
8 So die Begr. zum RegE bei *Kropff* AktG S. 394 f.; ebenso BGH (vorige Fn.); OLG Düsseldorf AG 1977, 168, 171; *Exner* Beherrschungsvertrag S. 179 ff.
9 Grdlg. BGH NJW 2002, 3467 = AG 2003, 40 = WM 2002, 2153, 2155 = ZIP 2002, 1892 „Rütgers" (Vorinstanz: OLG Hamm AG 2002, 413 = NZG 2002, 51).

für die sich die (sachlich nicht ganz zutreffenden) Bezeichnungen fester und variabler Ausgleich eingebürgert haben (s. § 304 Abs. 2 S. 1 und S. 2).

6   Dieselben Regeln sind zu beachten, wenn mit dem Gewinnabführungsvertrag wie in der Regel ein *Beherrschungsvertrag* zu einem Organschaftsvertrag verbunden ist.[10] Besonderheiten gelten nach § 304 Abs. 1 S. 2 dagegen für *isolierte* Beherrschungsverträge, da es sich bei ihnen auch so verhalten kann, daß die abhängige Gesellschaft tatsächlich noch Gewinne ausschüttet. Weil darauf jedoch kein Verlaß ist, muß in diesem Fall den außenstehenden Aktionären durch den Unternehmensvertrag zumindest der Betrag garantiert werden, der bei Abschluß eines Gewinnabführungsvertrages als fester oder variabler Ausgleich geschuldet wäre (§ 304 Abs. 1 S. 2).

7   Sieht der Vertrag unter Verstoß gegen § 304 überhaupt keinen Ausgleich vor, so ist er nichtig (§ 304 Abs. 3 S. 1). Anders ist die Rechtslage nur bei 100%igen Tochtergesellschaften (§ 304 Abs. 1 S. 3). Wieder anders gestaltet sich die Rechtslage, wenn der im Vertrag für die außenstehenden Aktionäre vorgesehene Ausgleich „lediglich" nicht angemessen, weil zu niedrig ist. In diesem Fall scheidet nach dem sogenannten Anfechtungsausschluß des § 304 Abs. 3 S. 2 eine Anfechtung des Zustimmungsbeschlusses aus (vgl. außerdem § 305 Abs. 5 S. 1 und dazu schon ausführlich § 293 Rdnr. 38 ff.). Der Sache nach bedeutet dies, daß der Vertrag trotz des Verstoßes gegen § 304 in diesem Fall grundsätzlich wirksam bleibt. Das Gesetz eröffnet statt dessen jedem außenstehenden Aktionär die Möglichkeit, binnen einer Frist von zwei Monaten bei dem Landgericht am Sitz der Gesellschaft (s. § 306 Abs. 1 S. 1) die Festsetzung des angemessenen Ausgleichs zu beantragen (§ 304 Abs. 3 S. 3 und Abs. 4). Das Gericht ist dabei an die von den Vertragsparteien gewählte Form des Ausgleichs gebunden (§ 304 Abs. 3 S. 3 Halbs. 2), hat aber im übrigen die Angemessenheit des Ausgleichs von Amts wegen in vollem Umfang zu überprüfen (§ 306). An die Stelle der genannten Vorschriften soll ab Juli 2003 das neue **SpruchG** treten, ohne daß damit freilich sachliche Änderungen verbunden wären (s. Rdnr. 1 und Rdnr. 83 ff.).

II. Anwendungsbereich

8   **1. Grundsatz.** Der unmittelbare Anwendungsbereich des § 304 entspricht grundsätzlich dem des § 291. Er beschränkt sich mithin auf Beherrschungs- und Gewinnabführungsverträge iSd. § 291 Abs. 1 S. 1 mit einer abhängigen deutschen AG oder KGaA einschließlich der Geschäftsführungsverträge des § 291 Abs. 1 S. 2. Keine Rolle spielt dagegen die Rechtsform oder die Nationalität des herrschenden Unternehmens, so daß die Ausgleichspflicht gegebenenfalls auch die öffentliche Hand oder ein ausländisches Unternehmen in der Rolle des herrschenden Unternehmens trifft.[11] Wenn wie namentlich im Fall der *Mehrmütterorganschaft* an dem Vertragsabschluß mehrere Unternehmen als herrschende Unternehmen beteiligt sind, haften sie für den Ausgleich gesamtschuldnerisch (s. § 17 Rdnr. 32; Rdnr. 22). Wird der Vertrag später hinsichtlich der Ausgleichsregelung geändert oder wird er aufgehoben oder gekündigt, so sind ergänzend die §§ 295 bis 297 zu beachten. Umstritten sind in diesem Zusammenhang vor allem die Fälle des Beitritts einer neuen Partei zu dem Vertrag, der Verlängerung des Vertrages sowie der Änderung des Vertragstyps, zB der „Umwandlung" eines bloßen Betriebspachtvertrages in einen Beherrschungsvertrag (s. § 295 Rdnr. 12 ff.).

9   **2. Andere Unternehmensverträge.** Keine Anwendung findet § 304 auf die anderen Unternehmensverträge des § 292, auch nicht auf Teilgewinnabführungsverträge iSd. § 292 Abs. 1 Nr. 2, selbst wenn sie im Ergebnis einem Gewinnabführungsvertrag gleichkommen. Der sachliche Grund für diese auf den ersten Blick überraschende Regelung liegt darin, daß die anderen Unternehmensverträge grundsätzlich nur bei Leistung einer angemessenen *Gegenleistung* zulässig sind, aus der dann auch Gewinnausschüttungen an die außenstehenden

---

[10] S. dazu schon grdlg. 1960 BGH LM AktG 1937 § 256 Nr. 1 = NJW 1960, 721 = WM 1960, 314.

[11] Ebenso *Koppensteiner* in Kölner Kommentar Rdnr. 19; wegen der Situation bei dem variablen Ausgleich s. aber Rdnr. 45 f.

Aktionäre möglich sind.[12] Im Falle einer sogenannten **übertragenden Auflösung,** d. h. bei Veräußerung des Vermögens der abhängigen Gesellschaft an das herrschende Unternehmen (§ 179 a) und anschließender Auflösung (§ 262 Abs. 1 Nr. 2), wurde bislang gleichfalls überwiegend eine entsprechende Anwendung der §§ 304 und 305 abgelehnt, so daß den dadurch betroffenen Minderheitsaktionären allein die Anfechtung des Zustimmungsbeschlusses nach § 179 a Abs. 1 aufgrund des § 243 Abs. 2 blieb (s. aber § 179 a Abs. 3). Dieser Auffassung ist indessen nicht zu folgen, da die übertragende Auflösung sachlich einer Eingliederung oder dem Ausschluß von Minderheitsaktionären zumindest nahe kommt, so daß in solchen Fällen ebenso wie in vergleichbaren Fallgestaltungen durchaus eine *Analogie* zu den §§ 305, 320 b und 327 b zu erwägen ist, wie das BVerfG in dem Motometer/Bosch-Fall entschieden hat.[13]

3. Fehlen außenstehender Aktionäre. Eine besondere Ausgleichsregelung zum Schutz **10** außenstehender Aktionäre ist entbehrlich, wenn die abhängige Gesellschaft keine außenstehenden Aktionäre hat (§ 304 Abs. 1 S. 3; vgl. auch § 305 Abs. 5 S 1, 2). Jedoch endet in diesem Fall nach § 307 der Vertrag spätestens mit Ende des Geschäftsjahrs, in dem erstmals wieder außenstehende Aktionäre an der abhängigen Gesellschaft beteiligt sind (s. Rdnr. 77, § 307 Rdnr. 5). Dies gilt selbst dann, wenn der Vertrag – überflüssigerweise – eine Ausgleichsregelung enthielt.

4. GmbH. Wieweit § 304 auf Beherrschungs- und Gewinnabführungsverträge mit Ge- **11** sellschaften anderer Rechtsform entsprechend angewandt werden kann, ist offen. Dies hängt mit der nach wie vor umstrittenen Frage zusammen, mit welcher Mehrheit bei den anderen Gesellschaften einschließlich insbes. der GmbH die Gesellschafter dem Abschluß von Beherrschungs- und Gewinnabführungsverträgen zustimmen müssen. Verlangt man dafür richtigerweise Einstimmigkeit (s. § 293 Rdnr. 42 ff.), so erübrigt sich für den Regelfall die entsprechende Anwendung des § 304 ebenso wie die des § 305.[14]

Eine abweichende Beurteilung ist nur angebracht, wenn man sich – entgegen der hier **12** vertretenen Meinung (Rdnr. 11) – generell mit einer qualifizierten Mehrheit begnügt (§ 293 AktG; § 53 GmbHG) *oder* wenn solche Mehrheit ausnahmsweise aufgrund entsprechender Satzungsbestimmungen ausreichend ist. Gleich steht der Fall, daß die außenstehenden Gesellschafter aufgrund ihrer Treuepflicht zur Zustimmung zu dem Beherrschungs- oder Gewinnabführungsvertrag mit einer abhängigen GmbH verpflichtet sind. In derartigen Fallgestaltungen ist eine Analogie zu den §§ 304 und 305 unverzichtbar.[15] Im wesentlichen unstreitig ist dies mittlerweile für die Verpflichtung des herrschenden Unternehmens zum Angebot einer **Barabfindung** entsprechend § 305 Abs. 2 Nr. 3, während eine **Ausgleichspflicht** des herrschenden Unternehmens analog § 304 bislang häufig noch (zu Unrecht) verneint wird, meistens mit der Begründung, die Anfechtbarkeit des Zustimmungsbeschlusses bei Abschluß eines Beherrschungs- oder Gewinnabführungsvertrags ohne angemessene Abfindungsleistung gewährleiste bereits ausreichend den Schutz der Minderheitsgesellschafter (§ 243 Abs. 1).[16]

---

[12] Zu den besonders problematischen Umgehungsfällen s. im einzelnen § 292 Rdnr. 60 ff.
[13] BVerfG NJW 2001, 279 = AG 2001, 42 = NZG 2000, 1117 (1118 f.); s. im einzelnen § 305 Rdnr. 9; vgl. für das sog. Delisting grdlg. BGH NJW 2003, 1032 = ZIP 2003, 387 m. Anm. *Streit* und *Emmerich* JuS 2003, 501 „Macrotron".
[14] Wegen der Einzelheiten s. *Scholz/Emmerich* GmbHG § 44 Anh. Rdnr. 165–169.
[15] *Roth/Altmeppen* GmbHG § 13 Anh. Rdnr. 71 ff.; *Emmerich/Sonnenschein/Habersack* Konzernrecht § 32 II 6 (S. 487); *Hoffmann-Becking* WiB 1994, 57, 59 f.; *Kleindiek* ZIP 1988, 613, 617 f.; Rowedder/Schmidt-Leithoff/*Koppensteiner* GmbHG

§ 52 Anh. Rdnr. 58 f. (S. 1764 f.); *Lutter/Hommelhoff* GmbHG § 13 Anh. Rdnr. 64, 66; *Raiser* Kapitalgesellschaften § 54 Rdnr. 64 (S. 900); Hachenburg/*Ulmer* GmbHG § 77 Anh. Rdnr. 211 ff.; Michalski/*Zeidler* GmbHG Bd. I Syst. Darst. 4 Rdnr. 77 f. (S. 447 f.); anders freilich (ohne Begr.) BGHZ 105, 324, 335 = NJW 1989, 295 = LM FGG § 19 Nr. 27 = AG 1989, 91 „Supermarkt".
[16] Hachenburg/*Ulmer* (vorige Fn.) Rdnr. 213; kritisch aber *Roth/Altmeppen* GmbHG § 13 Anh. Rdnr. 73; Scholz/*Emmerich* GmbHG § 44 Anh. Rdnr. 168; *Lutter/Hommelhoff* GmbHG § 13 Anh. Rdnr. 66; Rowedder/Schmidt-Leithoff/*Koppensteiner* GmbHG § 52 Anh. Rdnr. 59.

13   Wenn der Beherrschungs- oder Gewinnabführungsvertrag mit einer abhängigen GmbH in einem der genannten Fälle (Rdnr. 12) überhaupt *kein* Ausgleichs- oder Abfindungsangebot enthält, sollte man ihn zum Schutze der Minderheitsgesellschafter entsprechend § 304 Abs. 3 S. 1 als nichtig behandeln.[17] Ist das Angebot dagegen nicht angemessen, so ist der Zustimmungsbeschluß analog § 243 Abs. 2 anfechtbar. Für eine entsprechende Anwendung des § 306 bzw. in Zukunft des geplanten SpruchG (s. die §§ 1 und 3 dieses Gesetzes) ist im GmbH-Konzernrecht, jedenfalls nach bisher überwiegender Meinung, kein Raum.[18] Auch insoweit zeichnet sich indessen mittlerweile ein Meinungswandel ab, der jedenfalls unter Kostengesichtspunkten im Interesse der Verbesserung des Schutzes außenstehender Gesellschafter nur zu begrüßen wäre (s. § 306 Abs. 7 S. 7).[19]

14   **5. Andere Gläubiger.** Zusätzliche Probleme wirft die Behandlung solcher Gläubiger der abhängigen Gesellschaft auf, die ebenso wie die Aktionäre über **gewinnabhängige** Ansprüche verfügen, in erster Linie also der Inhaber gewinnabhängiger Schuldverschreibungen (§ 221) oder Genußrechte, weiter der stillen Gesellschafter sowie der Organmitglieder oder Mitarbeiter der abhängigen Gesellschaft, denen Ansprüche auf Tantiemen zustehen (s. für Vorstands- und Aufsichtsratsmitglieder die §§ 86 und 113 Abs. 3). Die in den genannten Fällen insbes. durch den Abschluß eines Gewinnabführungsvertrages aufgeworfenen Fragen sind von einer Klärung noch weit entfernt, zumal die Gerichte bisher nur selten Gelegenheit hatten, dazu Stellung zu nehmen.[20] Für den Fall der **Tantieme** eines Vorstandsmitglieds, die an die Höhe der von der Gesellschaft ausgeschütteten Dividende gekoppelt war, hat der BGH noch unter der Geltung des AktG von 1937 entschieden, daß sich die Höhe der Tantieme dann eben – mangels anderer Anhaltspunkte – (mindestens) an der Höhe des abgeführten Gewinnes zu orientieren habe.[21] In einem anderen Fall, der die Ausgabe von **Genußrechten** betraf, hat der BGH dagegen die betroffenen Genußscheininhaber auf die herkömmlichen Wege der ergänzenden Vertragsauslegung oder des Wegfalls der Geschäftsgrundlage verwiesen.[22] Das Schrifttum setzt sich ebenfalls überwiegend für derartige Lösungsansätze ein, wobei zusätzlich noch Schadensersatzansprüche wegen Pflichtverletzung seitens der abhängigen Gesellschaft erwogen werden (§ 280 Abs. 1 BGB).[23]

14 a   Eine *Analogie zu § 304* wird in den genannten Fällen (Rdnr. 14) meistens abgelehnt.[24] Richtig ist, daß sich die abhängige Gesellschaft nicht durch den bloßen Abschluß eines Gewinnabführungsvertrages ihren Verpflichtungen aus Abreden über die Erbringung gewinnabhängiger Gegenleistungen aufgrund von Verträgen mit anderen Parteien zu entziehen vermag.[25] Es liegt daher sicher nahe, eine Lösung dieser in sich durchaus unterschiedlichen Fälle in erster Linie mit dem herkömmlichen Instrumentarium der Schadensersatzpflicht, der ergänzenden Vertragsauslegung und des Wegfalls der Geschäftsgrundlage zu versuchen (§§ 280 Abs. 1, 313 BGB). Dadurch wird jedoch in geeigneten Fällen eine Analogie zu § 304 nicht ausgeschlossen, wobei insbes. an die Genußscheininhaber des § 211 Abs. 3 zu denken ist.[26] Aus denselben Erwägungen kommt im Fall der Eingliederung eine entsprechende Anwendung des § 23 UmwG in Betracht.[27]

---

[17] Scholz/*Emmerich* GmbHG § 44 Anh. Rdnr. 169; anders die überwiegende Meinung.
[18] Hachenburg/*Ulmer* GmbHG § 77 Anh. Rdnr. 12.
[19] BGH NJW 2003, 1032 = ZIP 2003, 387, 391 f. „Macrotron"; BayObLGZ 1998, 211, 215 f. = NJW-RR 1999, 1559 = NZG 1998, 1001 = AG 1999, 185, 186: Analogiefähigkeit des § 306; zustimmend *Lutter/Leinekugel* ZIP 1999, 264, 266.
[20] S. dazu *Lindemann*, Gewinnabhängige Ansprüche im Konzern, Diss. Bayreuth 2003.
[21] LM AktG 1937 § 256 Nr. 1 = NJW 1960, 721 = WM 1960, 314, 315; kritisch dazu *Hüffer* § 86 Rdnr. 3; *ders.*, FS für Kruse, 2001, S. 651, 658 ff.
[22] BGHZ 119, 305, 309 ff. = NJW 1993, 400 = AG 1993, 125 „Klöckner".

[23] MünchKommAktG/*Bilda* Rdnr. 26 f.; *Hüffer*, FS für Kruse, 2001, S. 651, 662, 665 ff.; *Koppensteiner* in Kölner Kommentar Rdnr. 13; MünchHdb. AG/*Krieger* § 63 Rdnr. 57 (S. 877); ausführlich *Lindemann* (Fn. 20).
[24] Nachw. s. vorige Fn.
[25] Grdlg. BGH LM AktG 1937 § 256 Nr. 1 = NJW 1960, 721 = WM 1960, 314, 315.
[26] *Emmerich/Sonnenschein/Habersack* Konzernrecht § 21 II 2 (vgl. 309 f.); *Hüffer* § 221 Rdnr. 68 a; *Konzen* RdA 1984, 65, 71, 80 ff.; *Luttermann* Unternehmen S. 536 ff.; *Martens*, 25 Jahre BAG, 1979, S. 367, 382 ff.
[27] MünchHdb. AG/*Krieger* § 63 Rdnr. 57 (S. 877); *Luttermann* (vorige Fn.); anders *Hüffer* § 221 Rdnr. 68 a: Analogie zu § 320 b.

III. Außenstehende Aktionäre

Schrifttum: S. § 295 Rdnr. 28 ff. sowie *Bachelin* Minderheitenschutz S. 18 ff.; MünchKommAktG/*Bilda* Rdnr. 17–30; *Böetius* DB 1972, 1220; *Emmerich/Sonnenschein/Habersack* Konzernrecht § 21 II 1 (S. 308 f.); *Henze* Konzernrecht Tz. 351 ff. (S. 126 ff.); *Hüchting,* Abfindung und Ausgleich, S. 7 ff.; *Kley* Rechtstellung S. 29 ff.; MünchHdb. AG/*Krieger* § 70 Rdnr. 63 ff.; *Pentz* Rechtstellung S. 55 ff.; *ders.* AG 1996, 97; *Raiser* Kapitalgesellschaften § 54 Rdnr. 65 ff. (S. 900 ff.); *J. Schmidt,* Außenstehende Aktionäre, S. 36 ff.

Der Anspruch auf Ausgleich steht nach § 304 Abs. 1 S. 1 nur den „außenstehenden **15** Aktionären" zu. Dasselbe bestimmt § 305 Abs. 1 für den Anspruch auf Abfindung. Folgerichtig billigen auch (noch) die Vorschriften der §§ 304 Abs. 4 S. 1 und 305 Abs. 5 S. 4 das Antragsrecht im Spruch- oder Spruchstellenverfahren allein den „außenstehenden Aktionären" zu (s. Rdnr. 84). Für die geplanten neuen Vorschriften des SpruchG gilt nichts anderes.[28] Der Begriff „außenstehende Aktionäre", den das Aktiengesetz auch noch an mehreren anderen Stellen verwendet, ist eine Neuschöpfung des Gesetzes von 1965.[29] Daraus darf jedoch nicht der Schluß gezogen werden, daß der Begriff in allen genannten Vorschriften mit Notwendigkeit im selben Sinne verstanden werden müßte; Modifikationen sind vielmehr von Fall zu Fall je nach der unterschiedlichen Zielsetzung der einzelnen Vorschriften denkbar. Im vorliegenden Zusammenhang interessiert allein die Abgrenzung des Kreises der außenstehenden Aktionäre gegenüber dem anderen Vertragsteil im Rahmen der §§ 304 bis 307. Wegen des zum Teil abweichenden Verständnisses des Begriffes in den §§ 295 Abs. 2, 296 Abs. 2, 297 Abs. 2 und 302 Abs. 3 S. 3 ist auf die Ausführungen an anderer Stelle zu verweisen (§ 295 Rdnr. 28 ff.).

1. Begriff. Das Gesetz unterscheidet in den §§ 304 bis 307 zwischen dem anderen **16** Vertragsteil (dem herrschenden Unternehmen) sowie den außenstehenden Aktionären. Außenstehende Aktionäre sind mithin grundsätzlich *alle* Aktionäre der abhängigen Gesellschaft *mit der einen Ausnahme* eben des anderen Vertragsteils. Im Rahmen der §§ 304 bis 307 kann sich angesichts dessen im Grunde nur die Frage stellen, welche Aktionäre der abhängigen Gesellschaft rechtlich oder wirtschaftlich in so *engen Beziehungen zu* dem *anderen* Vertagsteil stehen, daß sie in bezug auf den Beherrschungs- oder Gewinnabführungsvertrag als in dessen „Lager" befindlich angesehen werden müssen, so daß es gerechtfertigt erscheint, ihnen gleichfalls Ausgleichs- und Abfindungsansprüche aufgrund der §§ 304 und 305 zu versagen, und zwar deshalb, weil sie letztlich im selben Maße wie das herrschende Unternehmen von den Vorteilen des fraglichen Vertrages *profitieren.*

Von dieser Sicht der Dinge sind bereits die **Gesetzesverfasser** ausgegangen.[30] Sie haben **17** daraus den Schluß gezogen, dem anderen Vertragsteil dürften (nur) diejenigen Aktionäre gleichgestellt werden, deren Vermögen wirtschaftlich mit dem Vermögen des anderen Vertragsteils eine Einheit bildet *oder* deren Erträge dem anderen Vertragsteil *oder* denen die Erträge des anderen Vertragsteils zufließen. Diese Voraussetzungen seien allein bei solchen Aktionären erfüllt, die mit dem anderen Vertragsteil unmittelbar oder mittelbar durch den Besitz **aller** Anteile **oder** durch einen Gewinnabführungs- oder Beherrschungsvertrag verbunden sind.

Hieran hat die überwiegende Meinung bis heute festgehalten. Dem anderen Vertragsteil **18** sind deshalb nach herrschender, aber nach wie vor bestrittener Meinung (s. Rdnr. 19) im Rahmen der §§ 304 bis 307 (nur) diejenigen Aktionäre gleichzustellen, die an dem anderen Vertragsteil zu **100%** beteiligt sind *oder* an denen dieser seinerseits mit 100% beteiligt ist, sowie *außerdem* noch solche Aktionäre, die mit dem anderen Vertragsteil unmittelbar oder mittelbar durch einen Beherrschungs- oder Gewinnabführungsvertrag verbunden sind.[31]

---

[28] S. den geplanten § 3 Nr. 1 SpruchG und dazu die Begr. zum RegE BR-Drucks. 827/02, S. 23 = ZIP 2002, 2100.

[29] S. außer den §§ 304 und 305 noch die §§ 295 Abs. 2, 296 Abs. 2, 297 Abs. 2, 302 Abs. 3 S. 3, 306 und 307.

[30] So schon ausdrücklich die Begr. zum RegE des § 295 bei *Kropff* AktG S. 385.

[31] KG OLGZ 1971, 260, 264 = AG 1971, 158 = WM 1971, 764; OLG Nürnberg AG 1996, 228 f. „Tucherbräu"; *Bachelin* Minderheitsschutz S. 18 ff.; *W. Bayer,* FS für Ballerstedt, 1975, S. 157, 171 ff.;

Darüber hinaus können zu den außenstehenden Aktionären auch solche nicht gerechnet werden, die in den anderen Vertragsteil eingegliedert sind oder in die er seinerseits *eingegliedert* ist, weil die Eingliederung zu einer wirtschaftlichen und weithin auch rechtlichen Einheit der verbundenen Unternehmen führt.[32]

19   Die von der überwiegenden Meinung befürwortete Abgrenzung des Kreises der außenstehenden Aktionäre im Rahmen der §§ 304 bis 307 (und damit in Zukunft auch im Rahmen des § 3 Nr. 1 SpruchG) hat infolge ihrer Anknüpfung an formale, leicht feststellbare Kriterien (Beteiligung von 100%, Eingliederung oder Abschluß eines Beherrschungs- oder Gewinnabführungsvertrages) den unbestreitbaren Vorteil, im Streitfall eine leichte und sichere Entscheidung über die Zugehörigkeit eines Aktionärs zu dem Kreis der außenstehenden Aktionäre zu ermöglichen. Auf der anderen Seite ist naturgemäß nicht recht einzusehen, warum in diesem Zusammenhang eine Beteiligung von fast 100% anders als eine Beteiligung von genau 100% behandelt werden soll. Deshalb gibt es im Schrifttum auch nach wie abweichende Stimmen. Während ein Teil des Schrifttums den Kreis der außenstehenden Aktionäre wesentlich enger als von der hM (Rdnr. 18) befürwortet fassen will,[33] wollen andere den Kreis der außenstehenden Aktionäre auf alle verbundenen Unternehmen iSd. § 15 oder doch auf alle Konzernunternehmen iSd. § 18 ausdehnen.[34] Keinem dieser Vorschläge zur Abgrenzung des Kreises der außenstehenden Aktionäre sollte Folge geleistet werden. Eine Beschränkung auf den anderen Vertragsteil hätte unweigerlich zur Folge, daß mit ihm wirtschaftlich im wesentlichen identische Aktionäre zum Kreis der außenstehenden Aktionäre gerechnet werden müßten und deshalb zB ein Antragsrecht im Spruch- oder Spruchstellenverfahren erhielten. Auf der anderen Seite gibt es aber auch gute Gründe gegen eine weitere Ausdehnung des Kreises der außenstehenden Aktionäre über die von der hM befürworteten Grenzen hinaus (Rdnr. 18). Am wichtigsten ist hier der Aspekt der Rechtssicherheit, der am besten bei der Orientierung an formalen, leicht feststellbaren Kriterien gewährleistet ist, wie sie von der überwiegenden Meinung favorisiert werden.

19 a   Die notwendige Folge der hier vertretenen Meinung (Rdnr. 18 f.) ist, daß im vorliegenden Zusammenhang – anders als im Rahmen der §§ 295 Abs. 2, 296 Abs. 2, 297 Abs. 2 und 302 Abs. 3 S. 3 (s. § 295 Rdnr. 30) – die Eigenschaft eines Aktionärs als außenstehender nicht dadurch beeinträchtigt wird, daß er **mit dem anderen** Vertragsteil, dem herrschenden Unternehmen, *sonst* iSd. §§ 15 bis 18 *verbunden* ist. Weder eine Mehrheitsbeteiligung noch eine Abhängigkeits- oder eine faktische Konzernbeziehung begründen in der Tat für sich allein zwischen dem anderen Vertragsteil und dem mit ihm verbundenen Aktionär eine so enge Beziehung, daß es gerechtfertigt wäre, den fraglichen Aktionär *in bezug* auf die §§ 304 bis 307 mit dem anderen Vertragsteil zu identifizieren.[35]

20   Im Extremfall können infolgedessen auch **alle** Aktionäre außenstehende sein, nämlich dann, wenn der Beherrschungs- oder Gewinnabführungsvertrag mit einem Unternehmen abgeschlossen worden ist, das nicht unmittelbar an der abhängigen Gesellschaft beteiligt ist.[36] Ein Beispiel ist ein Beherrschungs- oder Gewinnabführungsvertrag zwischen einer Enkel- und der an ihr nicht unmittelbar beteiligten Muttergesellschaft, vorausgesetzt freilich, daß zwischen Mutter- und Tochtergesellschaft nur ein Abhängigkeitsverhältnis besteht (s. Rdnr. 60 ff.).

21   **2. Zeitpunkt.** Keine Rolle spielt, *wann* der außenstehende Aktionär Gesellschafter der abhängigen Gesellschaft geworden ist.[37] Auch ein Aktionär, der seine Aktien erst **nach**

MünchKommAktG/*Bilda* Rdnr. 21 ff.; *Boëtius* DB 1972, 1220; *Eschenbruch* Konzernhaftung Tz. 3116; *Henze* Konzernrecht Tz. 351 (S. 126); *Hüffer* Rdnr. 2 f.; *Koppensteiner* in Kölner Kommentar § 295 Rdnr. 17 ff.; MünchHdb. AG/*Krieger* § 70 Rdnr. 64.
[32] S. *Kley* Rechtsstellung S. 37, 40.
[33] *Kley* Rechtsstellung S. 29 ff.; *Pentz* Enkel-AG S. 55 ff.; *ders.* AG 1996, 97 ff.
[34] *Raiser* Kapitalgesellschaften § 54 Rdnr. 65 f. (S. 900 f.); *J. Schmidt,* Außenstehende Aktionäre, S. 38 ff.

[35] MünchKommAktG/*Bilda* Rdnr. 22; *Eschenbruch* Konzernhaftung Tz. 3116; *Hüffer* Rdnr. 3; *Kley* Rechtsstellung S. 36 ff., 39 f.; *Koppensteiner* in Kölner Kommentar Rdnr. 25.
[36] OLG Nürnberg AG 1996, 228, 229 „Tucherbräu"; *Henze* Konzernrecht Tz. 352 (S. 127).
[37] OLG Nürnberg (vorige Fn.); MünchKommAktG/*Bilda* Rdnr. 28; *Hüffer* Rdnr. 2; MünchHdb. AG/*Krieger* § 70 Rdnr. 64 (4. Abs.).

Abschluß des Beherrschungs- oder Gewinnabführungsvertrags erworben hat, ist nicht etwa vom Ausgleich ausgeschlossen, und zwar selbst dann nicht, wenn ihm der andere Vertragsteil, das herrschende Unternehmen, die Aktien veräußert hat (§ 53 a).[38] Der Ausgleichsanspruch des Aktionärs erlischt jedoch, sobald er seine Aktien veräußert, zB das Abfindungsangebot des herrschenden Unternehmens annimmt,[39] nicht jedoch, wenn später die abhängige Gesellschaft mit dem herrschenden Unternehmen verschmolzen oder in diese eingegliedert wird.[40] Damit ist zugleich gesagt, daß die bloße Inanspruchnahme von Ausgleichszahlungen keinen Verzicht auf den Abfindungsanspruch bedeutet.[41] Auch der Ausschluß der Minderheitsaktionäre nach § 327 a beendet ihnen gegenüber die Ausgleichspflicht der herrschenden Gesellschaft erst mit Wirksamwerden des Ausschlusses durch Eintragung (§ 327 c).[42]

IV. Verpflichteter

Anders als in § 305 Abs. 1 sagt das Gesetz in § 304 nicht ausdrücklich, wer zur Zahlung **22** des Ausgleichs verpflichtet ist. Deshalb wurde früher gelegentlich die Auffassung vertreten, ausgleichspflichtig sei gegenüber den außenstehenden Aktionären die abhängige Gesellschaft, nicht dagegen das herrschende Unternehmen.[43] Mittlerweile hat sich jedoch mit Rücksicht auf § 57 Abs. 1 allgemein die Auffassung durchgesetzt, daß die Ausgleichspflicht ebenso wie die Abfindungspflicht nach § 305 Abs. 1 allein das **herrschende Unternehmen** trifft. Im Ergebnis erweist sich damit der jeweilige Unternehmensvertrag unter diesem Gesichtspunkt als echter Vertrag zugunsten der außenstehenden Aktionäre iSd. **§ 328 BGB**.[44] Im Falle *mehrfacher* Abhängigkeit obliegt die Ausgleichspflicht *allen* herrschenden Unternehmen, und zwar gesamtschuldnerisch (Rdnr. 8).

Die Parteien werden hierdurch nicht gehindert, in den Zahlungsvorgang die abhängige **23** Gesellschaft einzuschalten, vorausgesetzt, daß dieser durch den Vertrag ein unbedingter Anspruch auf die für die Ausgleichsleistungen erforderlichen Mittel eingeräumt wird. Auf diese Weise wurde unter dem alten Recht meistens im Falle einer sogenannten Dividendengarantie verfahren.[45] Jedoch kann durch eine derartige Abrede nicht etwa zugleich der unmittelbare Anspruch der außenstehenden Aktionäre gegen das herrschende Unternehmen ausgeschlossen werden.[46] Dies folgt aus dem zwingenden Charakter der gesetzlichen Regelung, der keine von § 304 zum Nachteil der außenstehenden Aktionäre abweichenden Vereinbarungen zuläßt (§ 134 BGB).[47]

V. Fester Ausgleich

1. Anwendungsbereich. Das Gesetz kennt, wie sich aus § 304 Abs. 2 ergibt, *zwei* **24** verschiedene Formen des Ausgleichs, für die sich die Bezeichnungen fester und variabler Ausgleich eingebürgert haben. In beiden Fällen muß man weiter danach unterscheiden, welcher Art der Unternehmensvertrag ist (§ 304 Abs. 1 S. 2).

[38] OLG Nürnberg AG 1996, 228, 229.

[39] Grdlg. BGH NJW 2002, 3467 = WM 2002, 2153, 2154 = ZIP 2002, 1892 = AG 2003, „Rütgers AG"; LG Dortmund AG 2001, 204.

[40] S. im einzelnen § 306 Rdnr. 60 ff.; zuletzt grdlg. BGHZ 147, 108, 112 f. = LM GG Art. 14 (Ca) Nr. 45 = NJW 2001, 2080 = AG 2001, 417 „DAT/Altana IV".

[41] BGH (Fn. 39) „Rügers AG"; zur Anrechnung s. § 305 Rdnr. 33 ff.

[42] LG Hamburg AG 2003, 109 „Philips/PKV".

[43] *Möhring*, FS für Hengeler, 1972, S. 216 ff.; offengelassen in OLG Celle BB 1973, 721.

[44] BGHZ 135, 374, 380 = NJW 1997, 2242 = LM AktG § 305 Nr. 3 = AG 1997, 515 = WM 1997, 1288, 1290 „Guano" (für § 305); OLG Düs-

seldorf AG 1990, 490; 1992, 200, 201; 1998, 39; LG Mannheim AG 1995, 89, 90 = ZIP 1994, 1024 „Klöckner/SEN"; MünchKommAktG/*Bilda* Rdnr. 32 ff., 100; *Eschenbruch* Konzernhaftung Tz. 3118; *Exner* Beherrschungsvertrag S. 173 ff.; *Hüchting* Abfindung S. 11 ff.; *Hüffer* Rdnr. 4; *Koppensteiner* in Kölner Kommentar Rdnr. 15; MünchHdb. AG/*Krieger* § 70 Rdnr. 65; *Raiser* Kapitalgesellschaften § 54 Rdnr. 67 (S. 901 f.); *U. Schneider* AG 1976, 19, 21; *D. Schwenn*, Der Ausgleichs- und Abfindungsanspruch, S. 62 ff.; s. auch Rdnr. 24.

[45] S. BGH LM AktG 1937 § 256 Nr. 1 = NJW 1960, 721 = WM 1960, 314.

[46] So aber *Hüchting* Abfindung S. 11 f.

[47] MünchKommAktG/*Bilda* Rdnr. 34; MünchHdb. AG/*Krieger* § 70 Rdnr. 65.

25   Handelt es sich um einen reinen **Gewinnabführungsvertrag** oder um einen mit einem Beherrschungsvertrag zu einem **Organschaftsvertrag** verbundenen Gewinnabführungsvertrag, so besteht nach § 304 Abs. 1 S. 1 und Abs. 2 S. 1 der feste Ausgleich mindestens aus der jährlichen Zahlung desjenigen Betrages, der nach der bisherigen Ertragslage der Gesellschaft und ihren künftigen Ertragsaussichten unter Berücksichtigung angemessener Abschreibungen und Wertberichtigungen, jedoch ohne Bildung anderer Gewinnrücklagen iSd. § 272 Abs. 3 S. 2 HGB, voraussichtlich als durchschnittlicher Gewinnanteil auf die einzelne Aktie des außenstehenden Aktionärs verteilt werden könnte. Nur im Falle eines reinen oder isolierten, d. h. nicht mit einem Gewinnabführungsvertrag verbundenen Beherrschungsvertrages können sich die Parteien nach *S. 2* des § 304 Abs. 1 statt dessen auch darauf beschränken, den außenstehenden Aktionären einen bestimmten jährlichen Gewinnanteil nach der für die Ausgleichszahlung bestimmten (festen oder variablen) Höhe zu **garantieren** (s. dazu sogleich Rdnr. 26).

26   Die Regelung des § 304 Abs. 1 S. 2 hat ihren Grund darin, daß es sich bei einem reinen oder *isolierten* Beherrschungsvertrag anders als im Fall des Abschlusses eines Organschafts- oder Gewinnabführungsvertrags von Fall zu Fall auch so verhalten kann, daß die abhängige Gesellschaft immer noch Gewinne ausschüttet. Da dies jedoch letztlich allein vom Willen des herrschenden Unternehmens abhängt (§ 308), muß den außenstehenden Aktionären hier zu ihrem Schutz durch den Beherrschungsvertrag *zusätzlich* zu dem möglicherweise noch ausgeschütteten Gewinn mindestens derjenige Betrag *garantiert* werden, der bei Abschluß eines Organschafts- oder Gewinnabführungsvertrags als fester oder variabler Ausgleich geschuldet wäre.

27   Die **Garantie** (Rdnr. 26) muß von dem herrschenden Unternehmen ausgehen (§ 311 Abs. 1 BGB; s. Rdnr. 22) und hat zur Folge, daß bei einer Ausschüttung der abhängigen Gesellschaft, die hinter der Garantie zurückbleibt, die **Differenz** von dem herrschenden Unternehmen **aufzufüllen** ist.[48] Verteilt die abhängige Gesellschaft dagegen mehr als vom herrschenden Unternehmen garantiert, so hat es dabei sein Bewenden, weil die vertragliche Fixierung einer **Höchstdividende** mit dem Gesetz unvereinbar wäre (s. § 58 Abs. 4),[49] während eine höhere Ausschüttung der herrschenden Gesellschaft als garantiert allein deren Gesellschaftern zugute kommt. Mehr als die Garantie können folglich die außenstehenden Aktionäre der abhängigen Gesellschaft in keinem Fall von der herrschenden Gesellschaft (wohl aber gegebenenfalls von ihrer eigenen, der abhängigen Gesellschaft) verlangen.[50] Damit ist zugleich gesagt, daß sich auch in diesem Sonderfall die Bemessung der Garantiehöhe nach den Regeln für den festen oder variablen Ausgleich, d. h. nach § 304 Abs. 2 richtet.[51]

28   Die **Wahl** zwischen dem festen und dem variablen Ausgleich ist allein Sache der Vertragsparteien.[52] Die außenstehenden Aktionäre haben darauf keinen Einfluß. Wie sich aus § 304 Abs. 3 S. 3 Halbs. 2 ergibt, ist selbst das Gericht im Spruch(stellen)verfahren nach § 306 an die einmal von den Vertragsparteien getroffene Wahl gebunden.[53] In der Praxis hat dies zu einer deutlichen Bevorzugung des für das herrschenden Unternehmen in vieler Hinsicht vorteilhaften (und für die außenstehenden Aktionäre entsprechend nachteiligen) variablen Ausgleichs geführt (Rdnr. 45 ff.).

2. Berechnung

Schrifttum: MünchKommAktG/*Bilda* Rdnr. 57, 75 ff.; *Emmerich/Sonnenschein/Habersack* Konzernrecht § 21 III 1 (S. 310 f.); *Henze* Konzernrecht Tz. 354 ff. (S. 127 ff.); *Hüffer* Rdnr. 8 ff.; *Komp,* Zweifelsfragen des aktienrechtlichen Abfindungsanspruchs nach §§ 305, 320 b AktG, 2002; *Koppensteiner* in Kölner Kommentar Rdnr. 32 ff.; MünchHdb. AG/*Krieger* § 70 Rdnr. 69 ff. (S. 1048 ff.); *Raiser* Kapitalgesellschaften § 54 Rdnr. 68 ff. (S. 902 ff.); *J. Schmidt,* Außenstehende Aktionäre, S. 62 ff.; *D. Schwenn,* Der Ausgleichs- und Abfindungsanspruch, S. 70 ff.

---

[48] *Hüchting* Abfindung S. 14 f.; *Hüffer* Rdnr. 6.
[49] MünchKommAktG/*Bilda* Rdnr. 44; MünchHdb. AG/*Krieger* § 70 Rdnr. 67.
[50] S. *Hüffer* Rdnr. 6; *Koppensteiner* in Kölner Kommentar Rdnr. 20.

[51] MünchKommAktG/*Bilda* Rdnr. 42: Notwendigkeit einer Vergleichsrechnung.
[52] OLG Düsseldorf AG 2000, 323, 326.
[53] S. *Hüffer* Rdnr. 14; *Koppensteiner* in Kölner Kommentar Rdnr. 21.

Als *fester* Ausgleich ist nach § 304 Abs. 2 S. 1 vom herrschenden Unternehmen 29
(Rdnr. 22) mindestens die jährliche Zahlung desjenigen Betrages zuzusichern, der nach der
bisherigen Ertragslage der Gesellschaft und ihren zukünftigen Ertragsaussichten voraussichtlich als durchschnittlicher Gewinnanteil auf die einzelne Aktie verteilt werden könnte; dabei
sind zwar angemessene Abschreibungen und Wertberichtigungen, nicht jedoch die Bildung
anderer Gewinnrücklagen iSd. § 272 Abs. 3 S. 2 HGB zu berücksichtigen, so daß in der
Regel der Ausgleich *höher* als die bei fortbestehender Unabhängigkeit zu erwartende Dividende liegen dürfte. In der bisherigen Gesellschaftspraxis hatte die vom Gesetz vorgeschriebene Methode zur Berechnung des festen Ausgleichs in einzelnen Fällen sogar zur Folge,
daß der Ausgleich die bisher gezahlte Dividende um ein Vielfaches überstieg.[54]

a) Korrigierter Jahresüberschuß. Für die Berechnung des festen Ausgleichs sind nach 30
§ 304 Abs. 2 S. 1 in erster Linie die bisherige Ertragslage sowie die zukünftigen Ertragsaussichten der Gesellschaft maßgebend, so daß der Berechnung des festen Ausgleichs der in der
Vergangenheit, d. h. in den letzten drei bis fünf Jahren tatsächlich *erzielte* Gewinn zugrunde
zu legen ist, während der ausgeschüttete Gewinn unerheblich ist.[55] Maßgeblich ist mit
anderen Worten der in der Gewinn- und Verlustrechnung ausgewiesene *Jahresüberschuß*
(§ 275 Abs. 2 Nr. 20 und Abs. 3 Nr. 19 HGB), *korrigiert* um außerordentliche Erträge und
Verluste sowie die Nachteile der schon vor Vertragsabschluß bestehenden Abhängigkeit. Die
Folge ist, daß *Ausgleichs- und Schadensersatzansprüche* der Gesellschaft aufgrund der §§ 311
und 317 ebenfalls in die Berechnung eingehen müssen.[56] Dasselbe gilt für *stille Rücklagen*
(Reserven), soweit sie aus dem Ertrag gebildet wurden und nicht auf bloßen Wertstei-
gerungen beruhen,[57] sowie für andere Gewinnrücklagen im Gegensatz zu den gesetzlichen
Rücklagen.[58]

b) Zukünftige Erträge. Der sogenannte bereinigte oder korrigierte Jahresüberschuß 31
(Rdnr. 30) dient als Basis für die Schätzung der letztlich ausschlaggebenden *zukünftigen*
Erträge, wobei meistens zur Vereinfachung der Berechnung ein tendenziell gleichbleibendes
Ertragspotential der Gesellschaft unter der Bedingung fortbestehender Unabhängigkeit un-
terstellt wird (sog. **Pauschalmethode**).[59] Eine ausgesprochene Umsatz- oder *Gewinndyna-
mik* der abhängigen Gesellschaft darf aber nicht generell zum Nachteil der außenstehenden
Aktionäre aus der Betrachtung ausgeklammert werden.[60] Denn § 304 bezweckt, wie gezeigt
(Rdnr. 7), die außenstehenden Aktionäre im Ergebnis hinsichtlich des Gewinnbezugs so zu
stellen, wie wenn der Vertrag nicht zustande gekommen wäre, d. h. *als ob* ihre Gesellschaft
unabhängig geblieben wäre und daher weiter im gemeinsamen Interesse aller Aktionäre
geführt würde. Folglich ist – auf der Basis der Erträge der letzten drei bis fünf Jahre
(Rdnr. 30) – zu ermitteln, welche Erträge die Gesellschaft vermutlich bei Unterstellung
ihrer fortbestehenden Unabhängigkeit in Zukunft erzielt hätte.[61] In diesem Zusammenhang
setzt sich in der jüngsten Praxis immer mehr die sogenannte **„Phasenmethode"** durch
(s. Rdnr. 34). Nach wie vor unklar ist dagegen, in welchem Umfang dabei auch die

---

[54] S. *Hüffer*, FS für Kruse, 2001, S. 651, 660
m. Nachw.

[55] Vgl. OLG Frankfurt AG 2002, 404 „Nestlé";
LG München I AG 2002, 563, 566 f. „Frankona"
(für ein Rückversicherungsunternehmen).

[56] OLG Hamburg AG 1980, 163, 164 „Hambur-
ger Verkehrsbetriebe"; OLG Frankfurt AG 1989,
444, 445; OLG Düsseldorf AG 1991, 106, 107 f.
„Wicküler-Küpper Brauerei"; *Großfeld*, Unterneh-
mens- und Anteilsbewertung, S. 88 f.; *Hüffer*
Rdnr. 9; MünchHdb. AG/*Krieger* § 70 Rdnr. 70;
Meilicke/Heidel AG 1989, 117, 121; – anders aber
OLG Düsseldorf AG 2000, 323, 325; OLG Stuttgart
AG 2000, 428, 430 = NZG 2000, 744 „Schwaben
Zell/Hannover Papier"; LG Düsseldorf AG 1989,
138, 139.

[57] MünchKommAktG/*Bilda* Rdnr. 76; *Hüffer*
Rdnr. 9; *Koppensteiner* in Kölner Kommentar
Rdnr. 34; *J. Schmidt*, Außenstehende Aktionäre,
S. 62; anders OLG Düsseldorf AG 2000, 323, 325;
LG Dortmund AG 1996, 278, 279; LG Berlin AG
2000, 284, 287; *Krieger* (vorige Fn.).

[58] MünchKommAktG/*Bilda* Rdnr. 77, 85.

[59] OLG Celle AG 1981, 234 f.; LG Hannover AG
1979, 234 f.; *Großfeld* Anteilsbewertung S. 92 f.;
Henze Konzernrecht Tz. 357 (S. 128); kritisch *Lut-
ter/Drygala* AG 1995, 49, 54 ff.

[60] BayObLG AG 2002, 390, 391 „Rieter II";
MünchKommAktG/*Bilda* Rdnr. 84.

[61] OLG Düsseldorf AG 1977, 168, 171; 1990,
397; 1990, 490 „DAB/Hansa"; 1999, 89 f. „Guano
AG"; LG Berlin AG 2000, 284, 287 „Aluminiumwerk Unna".

Planungen der Geschäftsführung der abhängigen Gesellschaft für die Zukunft berücksichtigt werden dürfen. Während einzelne Gerichte keine Bedenken haben, jedenfalls für die erste Phase der Schätzung solche Planungen, sofern sie ernst gemeint sind, zugrunde zu legen,[62] wird in anderen Entscheidungen – mit gutem Grund – das Hochspekulative aller derartigen Prognosen betont, zumal unter der Bedingung sich ständig ändernder, ökonomischer Rahmendaten.[63] Erschwerend kommt hinzu, daß nach wie vor eine Fülle von Fragen umstritten ist, deren Beantwortung jedoch einen erheblichen Einfluß auf das Ergebnis haben kann (Rdnr. 33 ff.). Alle diese Fragen können bei dem gegenwärtigen Stand der Bewertungslehre im Grunde nur von Fall zu Fall entschieden werden, da ihre Beantwortung letztlich von der Eigenart des jeweiligen Bewertungsfalles abhängt.

32   Bei der Schätzung der zukünftigen Erträge ist nach § 304 Abs. 2 S. 1 von der *Fiktion der Vollausschüttung* auszugehen, d. h. von dem Verzicht auf die Bildung anderer Gewinnrücklagen iSd. § 272 Abs. 3 S. 2 HGB; lediglich die gesetzlichen Rücklagen sowie die zur Substanzerhaltung erforderlichen, angemessenen Abschreibungen sind im Rahmen der §§ 253, 279 ff. HGB abzusetzen,[64] nicht also zB steuerlich bedingte Sonderabschreibungen, die folglich den Ertrag erhöhen.[65] Die Problematik dieser Regelung besteht darin, daß sie, zumal bei einer langen Vertragsdauer, praktisch zur weitgehenden Entblößung der abhängigen Gesellschaft von den zum Überleben unerläßlichen anderen Gewinnrücklagen führen muß. Versuche zur Korrektur der gesetzlichen Regelung, wie sie immer wieder erwogen werden, müssen jedoch an dem insoweit eindeutigen Wortlaut des § 304 Abs. 2 S. 1 scheitern.[66]

33   **c) Wertsicherung?** Die gesetzliche Regelung beruht offenkundig auf der Vorstellung, daß die Prognose auf der Basis des maßgeblichen Stichtags (Rdnr. 40 f.) für die gesamte Vertragsdauer *einheitlich* zu erfolgen hat, ungeachtet der mit der Dauer des Prognosezeitraumes naturgemäß wachsenden Ungewißheit über die zukünftige Entwicklung. Daraus wird überwiegend der Schluß gezogen, daß die außenstehenden Aktionäre *keinen* Anspruch auf eine Wertsicherung des Ausgleichs haben, daß sie mit anderen Worten die Inflationsgefahr allein tragen müssen.[67] Dies kann jedoch nicht uneingeschränkt gelten; vielmehr ist den außenstehenden Aktionären unter bestimmten Voraussetzungen zumindest ein Anspruch auf *Anpassung* des Ausgleichs an völlig veränderte wirtschaftliche Verhältnisse einzuräumen (Rdnr. 67 ff.). Außerdem kommt eine Staffelung des Ausgleichs in Betracht, wenn sich bei der Prognose unterschiedliche Gewinnphasen abzeichnen (Rdnr. 34).

34   **d) Staffelung?** Im Schrifttum wird seit längerem in geeigneten Fällen eine Staffelung des „festen" Ausgleichs gefordert, insbes., wenn sich bei der Prognose in dem maßgeblichen Zeitpunkt unterschiedliche Gewinnperioden abzeichnen, da andernfalls den außenstehenden Aktionären bei späteren Gewinnsteigerungen, die am Stichtag (Rdnr. 40 f.) bereits erkennbar waren, ohne Grund eine erhebliche Benachteiligung zugunsten des herrschenden Unternehmens drohte.[68] Nicht zu übersehen ist freilich, daß mit solcher Staffelung des Ausgleichs entsprechend den sich bei der Schätzung der zukünftigen Erträge zum Stichtag abzeichnenden Gewinnphasen eine erneute erhebliche Erschwerung der Prognose verbun-

---

[62] S. Rdnr. 34; insbes. OLG Frankfurt AG 2002, 404, 405 „Nestlé".

[63] OLG Hamburg AG 2001, 479, 481 = NZG 2001, 471 „Bauverein zu Hamburg/Wünsche AG": „Spekulatives Element . . . Vortäuschung von Prognosegenauigkeit"; s. im einzelnen *Großfeld*, Unternehmens- und Anteilsbewertung, S. 93 ff.

[64] OLG Stuttgart AG 1994, 564, 565 „Schwaben Zell/Hannover Papier"; OLG Karlsruhe AG 1998, 288, 289 „SEN/KHS"; LG Frankfurt AG 1985, 310; 1996, 187, 189 f. „Nestlé"; LG Nürnberg-Fürth AG 2000, 89, 91 „Philips"; MünchKommAktG/*Bilda* Rdnr. 85 ff.; *Henze* Konzernrecht Tz. 357 ff. (S. 128 f.); *Koppensteiner* in Kölner Kom-

mentar Rdnr. 34 f.; J. *Schmidt*, Außenstehende Aktionäre, S. 63.

[65] LG Berlin AG 2000, 284, 287 „Aluminiumwerk Unna".

[66] MünchKommAktG/*Bilda* Rdnr. 87; *Koppensteiner* in Kölner Kommentar Rdnr. 30; MünchHdb. AG/*Krieger* § 70 Rdnr. 71; J. *Schmidt*, Außenstehende Aktionäre, S. 65 f.

[67] *Koppensteiner* in Kölner Kommentar Rdnr. 35.

[68] LG Berlin AG 2000, 284, 287; MünchKommAktG/*Bilda* Rdnr. 92; *Eschenbruch* Konzernhaftung Tz. 3110; *Exner* Beherrschungsvertrag S. 179 ff.; *Lutter/Drygala* AG 1995, 49, 54 ff.; aA MünchHdb. AG/*Krieger* § 70 Rdnr. 72 (2. Abs.).

den ist. Die Praxis verhielt sich deshalb zunächst ablehnend.[69] In jüngster Zeit sind die Gerichte jedoch, zumindest in geeigneten Fällen eindeutig unterschiedlicher Gewinnerwartungen für die Zukunft, nahezu durchweg bereit, den Ausgleich entsprechend den sich abzeichnenden unterschiedlichen Phasen der zukünftigen Erträge zu staffeln, wobei häufig für die erste Phase von ungefähr vier bis fünf Jahren die Planungen der Geschäftsführung der abhängigen Gesellschaft der Ertragsschätzung zugrunde gelegt werden, während für die folgenden Phasen ohnehin nur noch ganz grobe Prognosen nach Maßgabe der erwarteten allgemeinen wirtschaftlichen Entwicklung in Betracht kommen.[70]

e) Neutrales Vermögen. Es steht außer Frage, daß bei der Abfindung nach § 305 in die **34 a** Schätzung des Unternehmenswertes das sogenannte neutrale, d. h. nichtbetriebsnotwendige Vermögen einfließen muß (s. § 305 Rdnr. 72 f.). Für die Berechnung des Ausgleichs ist dagegen bisher überwiegend eine Berücksichtigung des neutralen Vermögens *abgelehnt* worden, und zwar mit der naheliegenden Begründung, daß dieses Vermögen eben gerade keinen Einfluß auf die zu erwartenden, laufenden Erträge der Gesellschaft unter der Bedingung fortbestehender Unabhängigkeit hat.[71] Die Frage ist jedoch neuerdings streitig geworden. Eingewandt wird vor allem, daß auch diejenigen Aktionäre, die den Ausgleich wählen, in irgendeiner Form an dem neutralen Vermögen partizipieren müssen, weil sie andernfalls gegenüber der Situation bei Unabhängigkeit der Gesellschaft benachteiligt würden.[72]

Die Einbeziehung des neutralen Vermögens in die Ertragsschätzung hätte unbestreitbar **34 b** den Vorteil, daß die Schätzung der zukünftigen Erträge der Gesellschaft (§ 304 Abs. 2 S. 1) erheblich vereinfacht werden könnte, indem dann nämlich aus dem ohnehin zu berechnenden Unternehmenswert (§ 305) unter Zugrundelegung des bei § 305 angewandten Kapitalisierungszinsfußes die Erträge unmittelbar abgeleitet werden könnten, wie tatsächlich bereits vielfach in der Bewertungspraxis verfahren wird (s. im einzelnen Rdnr. 37 f.). Im Ergebnis liefe dies (vereinfacht) auf die Gleichung hinaus: Abfindung = Barwert des als ewige Rente verstandenen Ausgleichs. Jedenfalls dem Gebot der Gleichwertigkeit von Ausgleich und Abfindung (Rdnr. 37) wäre damit, soweit überhaupt möglich, Genüge getan.

f) Nachsteuerbewertung? Ein weiterer Diskussionspunkt ist die Berücksichtigung der **34 c** jeweiligen Steuerbelastung der außenstehenden Aktionäre. Überwiegend wird bisher bei der Berechnung des Ausgleichs eine Berücksichtigung der individuellen Steuerbelastung der Aktionäre abgelehnt, weil überhaupt nicht zu ermitteln.[73] Aber auch hier gibt es neuerdings abweichende Stimmen, die sich im Anschluß an neue Tendenzen in der Betriebswirtschaftslehre für eine *Nachsteuerbewertung* aufgrund eines angenommenen durchschnittlichen Einkommensteuersatzes der Aktionäre von 30 bis 40% oder generell 35% einsetzen.[74]

In diesem Punkt sollte an der bisherigen Bewertungspraxis festgehalten werden, und dies **34 d** gleich aus mehreren Gründen, zunächst weil jede Annahme einer Durchschnittsbelastung der Aktionäre reine Spekulation darstellt, zum anderen, weil angesichts der sich ständig ändernden steuerlichen Regelungen die Berechnung des Ausgleichs bei Berücksichtigung der Besteuerung der Aktionäre mit einer unerträglichen Unsicherheit belastet würde. Die

---

[69] LG Hamburg AG 1995, 517, 518.
[70] BayObLG AG 2002, 388; 2002, 390, 391 „Rieter Ingolstadt I + II"; OLG Frankfurt AG 2002, 404, 405 „Nestlé"; zurückhaltender OLG Hamburg AG 2001, 479, 481 = NZG 2001, 471 „Bauverein zu Hamburg/Wünsche AG"; *Großfeld* Anteilsbewertung S. 93 ff.
[71] So zuletzt BayObLG AG 2002, 390, 391 „Rieter Ingolstadt II"; AG 2002, 392, 394 = NZG 2001, 1137 „Ytong"; wohl auch OLG Hamburg AG 2002, 406, 408 = NZG 2002, 189 „Bavaria und St. Pauli (Jever)/März".
[72] OLG Hamburg AG 2001, 479, 480 = NZG 2001, 471 „Bauverein zu Hamburg/Wünsche AG".

[73] BayObLG AG 2002, 392, 394 = NZG 2001, 1137 „Ytong"; OLG Hamburg AG 2001, 479, 481 = NZG 2001, 471 „Bauverein zu Hamburg/Wünsche AG"; AG 2002, 409, 412 = ZIP 2002, 754 „Philips"; LG München I AG 2002, 563, 567 „Francona Rückversicherung".
[74] So (freilich z. T. für die Abfindung) LG Frankfurt AG 2002, 357, 358 = NZG 2001, 395; LG Mannheim AG 2002, 467, 468; LG Bremen AG 2003, 218 „Gestra/Foxboro"; ebenso der IDW-Standard Wpg 2000, 829; im Ergebnis auch *Großfeld*, Unternehmens- und Anteilsbewertung, S. 100 ff.; *Komp* Zweifelsfragen S. 93 ff.

Annahme einer Durchschnittsbelastung von 35% grenzt an Willkür. Ebenso wie die frühere Dividende ist der an ihre Stelle getretene Ausgleich vielmehr ein Bruttobetrag, zumal nach Einführung des (problematischen) Halbeinkünfteverfahrens.[75]

35   **g) Null-Ausgleich.** Sind die Ertragsaussichten der Gesellschaft negativ, so entfällt ein fester Ausgleich, da die Garantie einer Mindestdividende dem Gesetz nicht zu entnehmen ist (s. Rdnr. 54).[76] Freilich wird man in derartigen Fällen nach § 242 BGB zu verlangen haben, daß der „Null-Ausgleich" regelmäßig überprüft wird, vor allem, wenn sich in der Zukunft die Ertragsaussichten der Gesellschaft wieder deutlich verbessern.[77]

36   **h) Unterschiedliche Aktiengattungen.** Hat die Gesellschaft unterschiedliche Aktiengattungen ausgegeben, die mit Vorzügen bei der Gewinnverteilung verbunden wird, so muß dies jedenfalls im Rahmen des Festausgleichs bei der Bemessung der Ausgleichshöhe berücksichtigt werden.[78] Wie das geschehen soll, ist jedoch nach wie vor offen und macht schlagartig deutlich, auf welche Schwierigkeiten eine Berechnung des Ausgleichs unter dem Gebot der Vermeidung jeder Benachteiligung der außenstehenden Aktionäre stößt. Beim variablen Ausgleich dürften ohnehin die Berechnungsschwierigkeiten unüberwindlich sein, so daß hier für eine Berücksichtigung unterschiedliche Aktiengattungen kein Raum ist.[79]

37   **3. Verhältnis zu § 305.** Das Gesetz betrachtet offenbar in den §§ 304 und 305 Ausgleich und Abfindung als prinzipiell *gleichwertige* Methoden zur Entschädigung der außenstehenden Aktionäre für die Verluste, die ihnen bei Abschluß eines Beherrschungs- oder Gewinnabführungsvertrages iSd. § 291 Abs. 1 drohen. Auch das BVerfG hat dementsprechend in jüngster Zeit wiederholt die Notwendigkeit der *Gleichwertigkeit von Ausgleich und Abfindung* betont.[80] Das bedeutet, konkret gesprochen, daß Abfindung und Ausgleich, wie immer sie im einzelnen berechnet werden mögen, für die Aktionäre im wesentlichen finanziell auf **dasselbe Ergebnis** hinauslaufen müssen, weil andernfalls von einer echten Gleichwertigkeit beider vom Gesetz vorgesehenen Methoden der Entschädigung der außenstehenden Aktionäre keine Rede sein könnte. Maßstab kann dabei nur die ohnehin für die Aktionäre in vieler Hinsicht vorzugswürdige Abfindung sein, hinter der folglich der Ausgleich des § 304 jedenfalls nicht spürbar zurückbleiben darf, jedenfalls, solange man daran festhält, daß entsprechend der gesetzlichen Konzeption Ausgleich und Abfindung sinnvolle Alternativen für die außenstehenden Aktionäre sein müssen – ungeachtet der bekannten Probleme, die sich für die außenstehenden Aktionäre bei Wahl des Ausgleich allein daraus ergeben, daß sie neben dem Insolvenzrisiko des herrschenden Unternehmens (Rdnr. 3 a) auch noch die Inflationsgefahr tragen müssen, ohne einen Anspruch auf Wertsicherung zu besitzen (Rdnr. 33).

38   In der Bewertungspraxis hat diese Überlegung dazu geführt, daß vielfach, wenn nicht sogar in der Regel, der Ausgleich einfach im Wege der *Verrentung* aus der Abfindung

---

[75] S. § 305 Rdnr. 64; OLG Hamburg (Fn. 73) „Philips".

[76] Str., wie hier BayObLGZ 1998, 231, 241 = NJW-RR 1999, 109 = AG 1999, 43, 46 = ZIP 1998, 1872 „EKU/März"; BayObLG AG 1995, 509, 511 f. = WM 1995, 1580; OLG Düsseldorf AG 1999, 89 ff. = DB 1998, 1454 „Guano AG"; OLG Frankfurt AG 2002, 404, 405 „Nestlé"; LG Frankfurt AG 1996, 187, 189 „Nestlé"; MünchKommAktG/*Bilda* Rdnr. 91; *Eschenbruch* Konzernhaftung Tz. 3109; *G.* und *A. Hartmann*, FS für Pleyer, S. 287, 292 ff.; *Henze* Konzernrecht Tz. 360 (S. 128 f.); *Hüffer* Rdnr. 12; MünchHdb. AG/*Krieger* § 70 Rdnr. 72; *Lutter/Drygala* AG 1995, 49, 51; *Raiser* Kapitalgesellschaften § 54 Rdnr. 69 (S. 902); – anders *Koppensteiner* in Kölner Kommentar Rdnr. 35; zur steuerlichen Seite s. noch OLG Nürnberg AG 1996, 137.

[77] S. Rdnr. 67 ff.; *G.* und *A. Hartmann* (vorige Fn.) S. 298 f.; *Lutter/Drygala* AG 1995, 49, 54 ff.; *Weiss*, FS für Semler, S. 631, 646.

[78] BVerfG AG 2000, 40, 41 f. = NJW-RR 2000, 842 = ZP 1999, 1804 „Hartmann u. Braun/Mannesmann"; MünchKommAktG/*Bilda* Rdnr. 61 f.; *Henze* Konzernrecht Tz. 361 (S. 129); *Koppensteiner* in Kölner Kommentar Rdnr. 31; *Krieger*, FS für Lutter S. 497, 499 ff.; MünchHdb. AG/*Krieger* Rdnr. 67; *Vetter* ZIP 2000, 561, 566; ebenso offenbar die Begr. zum RegE des § 306 bei *Kropff* AktG S. 401 (2. Abs.).

[79] OLG Frankfurt AG 1989, 442, 443; kritisch *Krieger* (vorige Fn.) S. 503 ff.

[80] BVerfGE 100, 289, 305, 310 f. = NJW 1999, 3769 = AG 1999, 566 „DAT/Altana"; BVerfG AG 2000, 40, 41 = NJW-RR 2000, 842 = ZIP 1999, 1804 „Hartmann u. Braun/Mannesmann"; s. dazu *Vetter* ZIP 2000, 561; s. auch Rdnr. 48.

abgeleitet wird (s. schon Rdnr. 34 b), und zwar unter Zugrundelegung des Kapitalisierungs-zinsfußes, der auch bei der Ermittlung der Abfindung Anwendung gefunden hatte und der heute meistens in der Gegend zwischen 7,5% und 9% liegt (s. § 305 Rdnr. 66 ff.).[81] Auch in der Praxis der unteren Gerichte setzt sich diese stark vereinfachte Berechnungsmethode zunehmend durch.[82] Für solche Vorgehensweise spricht in der Tat der Umstand, daß bei der heute im Rahmen des § 305 üblichen Zugrundelegung der Ertragswertmethode (s. § 305 Rdnr. 51 ff.) die Basis der Berechnung der Abfindung letztlich ebenfalls die geschätzten zukünftigen Erträge der Gesellschaft sind, nicht anders als bei der Ermittlung des Ausgleichs nach § 304 Abs. 1 S. 2. Es ist zudem nicht gut vorstellbar, daß bei der Ermittlung der Abfindung von einer prinzipiell anderen Schätzung der zukünftigen Erträge der abhängigen Gesellschaft auszugehen sein sollte als bei der Berechnung des Ausgleichs nach § 304 Abs. 1 S. 2. Unter diesen Umständen müssen sich notwendigerweise Abfindung und Ausgleich im Prinzip entsprechen.

Richtig bleibt aber auch, daß nach wie vor unübersehbare Unterschiede zwischen dem **39** kapitalisierten Ausgleich iSd. § 304 und der Abfindung nach § 305 bestehen, wie etwa an der Möglichkeit eines Null-Ausgleichs (Rdnr. 35) deutlich wird. Weitere Unterschiede ergeben sich, wenn man mit der bisher noch hM das sogenannte neutrale (nicht betriebs-notwendige) Vermögen (nur) bei der Abfindung des § 305 und nicht auch beim Ausgleich des § 304 berücksichtigt (s. Rdnr. 34 a f. und § 305 Rdnr. 51 ff.). Aufs ganze gesehen darf das Gewicht dieser „Unterschiede" zwischen dem (kapitalisierten) Ausgleich und der Abfin-dung indessen nicht überbewertet werden. Wäre es anders, so müßte in der Tat unverständ-lich bleiben, mit welcher Berechtigung das Gesetz in den §§ 304 und 305 Ausgleich und Abfindung als prinzipiell *gleichwertige* Alternativen zur Entschädigung der außenstehenden Aktionäre nebeneinander stellen konnte.

4. Stichtag. Der maßgebliche Zeitpunkt für die Schätzung der zukünftigen Ertragsaus- **40** sichten der Gesellschaft ist nach überwiegender Meinung der der Hauptversammlung der abhängigen Gesellschaft, die gemäß § 293 Abs. 1 über die Zustimmung zu dem Unterneh-mensvertrag zu beschließen hat.[83] Für die Richtigkeit dieser Meinung spricht vor allem § 305 Abs. 3 S. 2, der für die Berechnung der Barabfindung ausdrücklich die Maßgeblichkeit der Verhältnisse der Gesellschaft im Zeitpunkt der Beschlußfassung ihrer Hauptversammlung über den Vertrag vorschreibt (Stichtagsprinzip, s. § 305 Rdnr. 41 ff.). Eine **Vorverlegung** dieses Zeitpunkts wird vereinzelt lediglich für den Fall erwogen, daß bereits vor Abschluß des Vertrags zwischen den Vertragsparteien eine so enge Verflechtung bestand, daß eine Schätzung der Ertragsaussichten der als unabhängig gedachten (tatsächlich abhängigen) Gesellschaft zu dem Zeitpunkt der Hauptversammlung nicht mehr möglich ist (Stichwort: „qualifizierter faktischer Konzern").[84] In derartigen Fällen mag es sich in der Tat empfehlen, zum Schutz der außens-tehenden Aktionäre auf den letzten Zeitpunkt auszuweichen, an dem eine Schätzung der Ertragsaussichten der als *unabhängig* gedachten Gesellschaft (vielleicht) noch möglich war. Über die damit verbundenen Schwierigkeiten darf man sich indessen keinen Illusionen hingeben.[85]

---

[81] S. insbes. *W. Meilicke* AG 1999, 103; ebenso in der Tendenz *Hennrichs* ZHR 164 (2000), 453, 473; *Hüchting* Abfindung S. 55; *Koppensteiner* in Kölner Kommentar Rdnr. 32, 37, § 305 Rdnr. 48; *J. Schmidt,* Außenstehende Aktionäre, S. 70.
[82] LG Frankfurt AG 1983, 136, 138; LG Ham-burg AG 1995, 517, 518; LG Nürnberg-Fürth AG 2000, 89, 91; LG Bremen AG 2003, 2183 „Gestra/ Foxboro"; dagegen aber OLG Frankfurt Beschl. v. 9. 1. 2003 – 20 W 434/93 und 425/93 „Henninger Bräu".
[83] BGHZ 138, 136, 139 ff. = LM AktG § 304 Nr. 3 = NJW 1998, 1866 = WM 1998, 867 = NZG 1998, 379, 380 = AG 1998, 286 „Asea/BBC II"; BayObLG AG 2002, 392 = NZG 2001, 1137; OLG Celle AG 1981, 234; 1999, 128, 129; OLG

Stuttgart AG 1994, 564 „Schwäbische Zellstoff/ Hannover Papier I"; OLG Düsseldorf AG 1998, 236 f.; OLG Frankfurt AG 2002, 404 „Nestlé"; OLG Hamburg AG 2001, 479, 480 = NZG 2001, 471 „Bauverein zu Hamburg/Hanseatic"; MünchKommAktG/*Bilda* Rdnr. 69 ff.; *Hüffer* Rdnr. 10; *Komp* Zweifelfragen S. 141 ff.; *Koppensteiner* in Kölner Kommentar Rdnr. 30; MünchHdb. AG/ *Krieger* § 70 Rdnr. 73; *Raiser* Kapitalgesellschaften § 54 Rdnr. 69, 72 (S. 902 f.).
[84] OLG Stuttgart AG 2000, 428, 430 = NZG 2000, 744 „Schwaben Zell/Han-nover Papier II"; s. § 305 Rdnr. 56 ff.
[85] Deshalb für Herausrechnung der Effekte der unzulässigen qualifizierten Konzernierung Münch-

41   Die Folge dieses sogenannten Stichtagsprinzips ist, daß bei der Prognose der zukünftigen Erträge (Rdnr. 31) grundsätzlich nur solche positiven und negativen Entwicklungen berücksichtigt werden dürfen, die bereits in dem fraglichen Zeitpunkt zumindest in ihrem Kern angelegt und absehbar sind (sogenannte Wurzeltheorie).[86] Spätere Entwicklungen, die seinerzeit noch nicht absehbar waren, wie zB die Gesellschaft erheblich begünstigende Steueränderungen, dürfen dagegen (zum offenkundigen Nachteil der außenstehenden Aktionäre) *nicht* berücksichtigt werden, selbst wenn sich infolge dieser Entwicklungen die zugrunde gelegte Ertragsprognose als völlig falsch erweist.[87] Daraus ergeben sich erhebliche Schwierigkeiten vor allem im Spruch(stellen)verfahren, weil Sachverständige und Gerichte folgerichtig die Ertragsaussichten der abhängigen Gesellschaft häufig erst nach vielen Jahren rückblickend von einem längst vergangenen Zeitpunkt aus beurteilen müssen, ohne die zwischenzeitliche Entwicklung berücksichtigen zu dürfen. Die unvermeidliche Folge sind gänzlich realitätsferne Bewertungsergebnisse, so daß die ganze Praxis dringend der **Überprüfung** bedarf (s. § 305 Rdnr. 59). Das räumen heute auch die Gerichte ausdrücklich ein, ohne indessen eine Möglichkeit zur Korrektur der in ihren Augen eindeutigen Gesetzeslage zu sehen.[88]

42   **5. Fälligkeit, Verjährung.** Der Ausgleich wird von dem Tag ab geschuldet, in dem der Vertrag durch Eintragung ins Handelsregister wirksam geworden ist (§ 294 Abs. 2).[89] In diesem Augenblick entsteht mithin der Anspruch. Tritt der Vertrag erst später in Kraft, so verschiebt sich im selben Umfang der Beginn der Ausgleichspflicht. Entsprechendes gilt im Fall der Rückwirkung des Gewinnabführungsvertrages, ohne daß sich hierdurch etwas an dem Stichtag (Rdnr. 40 f.) änderte.[90] Umstritten ist aber, wann der Ausgleichsanspruch **fällig** wird. Meistens wird auf den Zeitpunkt der Feststellung des Jahresabschlusses der abhängigen Gesellschaft abgestellt.[91]

42a   Das Gesetz verlangt in § 304 Abs. 2 S. 1 die „jährliche Zahlung" eines bestimmten Betrages an die außenstehenden Aktionäre. Es knüpft damit offenkundig an das **Ende der jeweiligen Rechnungsperiode,** des Geschäftsjahres der abhängigen Gesellschaft an, so daß mit deren Ende automatisch auch der von der Feststellung des Jahresabschlusses unabhängige Anspruch der außenstehenden Aktionäre auf die Ausgleichszahlungen gegen das herrschende Unternehmen fällig wird (§ 271 Abs. 1 BGB).[92] Der Vertrag kann grundsätzlich nichts anders bestimmen (§ 134 BGB). Allein in dem Sonderfall des § 304 Abs. 1 S. 2 kann eine abweichende Beurteilung in Betracht kommen (Rdnr. 55). Die **Verjährung** des Anspruchs auf Ausgleichszahlungen richtet sich nach den allgemeinen Vorschriften (§§ 195, 199 BGB).

43   **6. Zinsen.** Im Regelfall ist der Fälligkeitszeitpunkt nach dem Gesagten (Rdnr. 42a) zumindest an Hand des Kalenders bestimmbar, so daß das herrschende Unternehmen in **Verzug** gerät, wenn es nicht sofort nach Abschluß des Geschäftsjahres der abhängigen Gesellschaft die Ausgleichszahlungen erbringt (§ 286 Abs. 2 Nr. 1 BGB). Dies ist vor allem

---

Hdb. AG/*Krieger* § 70 Rdnr. 73; ganz ablehnend aus diesem Grund MünchKommAktG/*Bilda* Rdnr. 70 f., 89.

[86] BGHZ 138, 136, 140 = LM AktG § 304 Nr. 3 = NJW 1998, 1866 „ASEA/BBC II"; OLG Düsseldorf AG 1998, 236, 237; 2000, 323 f.; OLG Karlsruhe AG 1998, 288, 289 „SEN/KHS"; OLG Celle AG 1999, 128, 129 f. „Wolters/Gilde"; LG München I AG 1990, 404, 405; LG Mannheim AG 2000, 85 „EURAG/Deere"; LG Nürnberg-Fürth AG 2000, 89, 90 „Philips"; LG Berlin AG 2000, 284, 285 „Aluminiumwerk Unna"; *Eschenbruch* Konzernhaftung Tz. 3109; *Hüffer* Rdnr. 10; *Raiser* Kapitalgesellschaften § 54 Rdnr. 69, 72; anders *J. Schmidt*, Außenstehende Aktionäre, S. 64 f.

[87] BayObLG AG 2002, 392, 394 = NZG 2001, 1137 „Ytong"; OLG Hamburg NZG 2003, 89, 91 f. = „Texaco/RWE-DEA".

[88] So ausdrücklich OLG Hamburg AG 2001, 479, 480 = NZG 2001, 471 „Bauverein zu Hamburg/ Wünsche AG".

[89] OLG Hamburg AG 2002, 490, 411 = ZIP 2002, 754 „Philips"; LG Hamburg AG 1991, 365, 366 = WM 1991, 1081 „Bauverein Hamburg"; MünchKommAktG/*Bilda* Rdnr. 96; *Henze* Konzernrecht Tz. 363 (S. 129).

[90] S. § 291 Rdnr. 15, 55; § 294 Rdnr. 31 f.; MünchKommAktG/*Bilda* Rdnr. 98 f.

[91] OLG Hamburg (Fn. 89) „Philips"; *Hüffer* Rdnr. 13; *Koppensteiner* in Kölner Kommentar Rdnr. 5 ff.; MünchHdb. AG/*Krieger* § 70 Rdnr. 68; wieder anders MünchKommAktG/*Bilda* Rdnr. 104 ff.

[92] Zustimmend *Henze* Konzernrecht Tz. 363 (S. 129).

wichtig für die Frage der Verzinsung der Ausgleichsleistungen. Nach überwiegender Meinung haben zwar die außenstehenden Aktionäre keinen Anspruch auf „Fälligkeitszinsen", weil Ausgleichsansprüche grundsätzlich keine Forderungen aus beiderseitigen Handelsgeschäften unter Kaufleuten iSd. § 353 S. 1 HGB sind.[93] Unberührt bleibt jedoch die Anwendbarkeit des § 288 Abs. 1 S. 1 BGB, so daß den außenstehenden Aktionären auf jeden Fall Verzugszinsen zustehen, da nach dem Gesagten das herrschende Unternehmen grundsätzlich bei jeder Verzögerung der Ausgleichszahlungen nach Abschluß der Rechnungsperiode (Rdnr. 42) in Verzug gerät.[94]

7. Abtretung. Der Anspruch der Aktionäre auf die Ausgleichszahlungen des herrschen- **44** den Unternehmens stellt eine normale schuldrechtliche Forderung dar, die abgetreten, verpfändet und gepfändet werden kann (§§ 398, 1273, 1280 BGB; § 829 ZPO). Jedoch erstreckt sich die *Pfändung* des Dividendenanspruchs eines Aktionärs nicht automatisch auf seine etwaigen späteren Ausgleichsforderungen, weil es sich dabei um unterschiedliche Forderungen handelt.[95]

VI. Variabler Ausgleich

1. Anwendungsbereich. Statt des festen Ausgleichs (Rdnr. 24 ff.) können die Vertrags- **45** parteien in *beiden* Fällen des § 304 auch den variablen Ausgleich wählen, vorausgesetzt, daß der andere Vertragsteil, das herrschende Unternehmen, die Rechtsform einer AG oder KGaA hat (§ 304 Abs. 2 S. 2). Keine Rolle spielt dagegen, ob es sich um eine deutsche oder ausländische Gesellschaft handelt, weil das Gesetz darauf hier anders als in § 305 Abs. 2 Nr. 1 und 2 nicht abstellt.[96] Da gilt auch im Falle eines **isolierten,** d. h. nicht mit einem Gewinnabführungsvertrag verbundenen Beherrschungsvertrags (Rdnr. 25), so daß dann die Höhe des variablen Ausgleichs *jeweils* die Höhe der vom herrschenden Unternehmen geschuldeten „Dividendengarantie" markiert (§ 304 Abs. 1 S. 2). Folglich muß das herrschende Unternehmen in diesem Fall notfalls Jahr für Jahr die Ausschüttungen der abhängigen Gesellschaft aus der Garantie bis zur wechselnden Höhe des variablen Ausgleichs auffüllen. Vor allem hieran wird deutlich, wie sehr der variable Ausgleich die außenstehenden Aktionäre letztlich von der Politik des herrschenden Unternehmens *abhängig* macht (Rdnr. 47). Lediglich bei mehrfacher Abhängigkeit, insbes. also in Fällen der **Mehrmütterorganschaft,** scheidet mit Rücksicht auf die in solchen Fällen nahezu unüberwindlichen Berechnungs- und Umrechnungsprobleme die Vereinbarung eines variablen Ausgleichs aus, so daß hier wohl nur der feste Ausgleich in Betracht kommt (§ 134 BGB).[97]

Der variable Ausgleich umfaßt gemäß § 304 Abs. 2 S. 2 den Betrag, der „unter Her- **46** stellung eines angemessenen Umrechnungsverhältnisses" auf die Aktien der herrschenden Gesellschaft „jeweils als Gewinnanteil" entfällt. Wegen des „angemessenen Umrechnungsverhältnisses" verweist das Gesetz zugleich in S. 3 des § 304 Abs. 2 auf die Vorschriften über die Verschmelzung von Aktiengesellschaften, d. h. auf die sogenannte **Verschmelzungswertrelation.** Wirtschaftlich gesehen bedeutet die Regelung daher, daß die außenstehenden Aktionäre bei Vereinbarung eines variablen Ausgleichs in einzelnen Beziehungen so gestellt werden, *als ob* es zu einer *Verschmelzung* der beiden Gesellschaften gekommen wäre.[98] Anders als im Falle der „echten" Verschmelzung erlangen die außenstehenden Aktionäre der

---

[93] LG Frankfurt/M. AG 1996, 187, 190 „Nestlé"; LG Berlin AG 2000, 284, 287 „Aluminiumwerk Unna"; LG Bremen AG 2003, 213 „Gestra/Foxboro"; MünchKommAktG/*Bilda* Rdnr. 108; *Hüffer* Rdnr. 13; MünchHdb. AG/*Krieger* § 70 Rdnr. 68; wohl auch LG Nürnberg-Fürth AG 2000, 89, 91 „Philips".
[94] Ebenso im Ergebnis *T. Busch* AG 1993, 1, 4 f.; anders MünchKommAktG/*Bilda* Rdnr. 110 f.
[95] MünchKommAktG/*Bilda* Rdnr. 177; *Hüffer* Rdnr. 13; *Koppensteiner* in Kölner Kommentar Rdnr. 14; MünchHdb. AG/*Krieger* § 70 Rdnr. 68.

[96] MünchKommAktG/*Bilda* Rdnr. 48, 93; *Hüffer* Rdnr. 14; MünchHdb. AG/*Krieger* § 70 Rdnr. 76; anders *Koppensteiner* in Kölner Kommentar Rdnr. 28.
[97] *Eschenbruch* Konzernhaftung Tz. 3111; *Hüffer* Rdnr. 14; *Koppensteiner* in Kölner Kommentar Rdnr. 19, 22; MünchHdb. AG/*Krieger* § 70 Rdnr. 76.
[98] S. *Koppensteiner* in Kölner Kommentar Rdnr. 39.

abhängigen Gesellschaft jedoch *keinen* Einfluß auf die Dividendenpolitik der herrschenden Gesellschaft, wodurch sich für die letztere die Möglichkeit eröffnet, durch eine restriktive Ausschüttungspolitik ihre Belastung mit Ausgleichsansprüchen der außenstehenden Aktionäre in engen Grenzen zu halten. Für die dadurch aufgeworfenen Fragen ist bisher keine befriedigende Lösung gefunden worden.[99]

47   2. **Gewinnanteil.** Das Gesetz koppelt den variablen Ausgleich in § 304 Abs. 2 S. 2 an den Betrag, der „unter Herstellung eines angemessenen Umrechnungsverhältnisses" (dazu Rdnr. 50 f.) jeweils als „Gewinnanteil" auf Aktien der herrschenden Gesellschaft entfällt. Das Gesetz verwendet denselben Begriff insbes. noch in den §§ 60 Abs. 1 und 288 Abs. 1 S. 2, ohne ihn indessen an einer Stelle zu definieren, so daß seine Auslegung umstritten ist. Im Rahmen des § 304 Abs. 2 S. 2 wird darunter meistens die von der herrschenden Gesellschaft tatsächlich ausgeschüttete *Dividende* verstanden.[100] Für die außenstehenden Aktionäre hätte dies indessen die nachteilige Folge, daß sie letztlich, wie schon angedeutet (Rdnr. 46), gänzlich von der Dividendenpolitik der herrschenden Gesellschaft abhängig würden, ohne doch darauf irgendeinen Einfluß zu besitzen.[101] Aus diesem Grund soll nach anderen unter dem Gewinnanteil in § 304 Abs. 2 S. 2 der anteilige Jahresüberschuß,[102] der anteilige Bilanzgewinn[103] oder die langjährige durchschnittliche Dividende der herrschenden Gesellschaft zu verstehen sein.[104]

48   Eine wieder andere Lösung favorisiert das *BVerfG*.[105] Es will zwar offenbar grundsätzlich an der von der überwiegenden Meinung befürworteten Gleichsetzung des Gewinnanteils in § 304 Abs. 4 S. 2 mit der von der herrschenden Gesellschaft ausgeschütteten Dividende festhalten, verlangt aber in Fällen einer *mißbräuchlichen Dividendenpolitik* der herrschenden Gesellschaft „gemäß § 162 Abs. 1 BGB" eine **Anpassung** des Ausgleichs. Solcher Mißbrauch soll namentlich dann vorliegen, wenn der variable Ausgleich infolge seiner Bindung an die Dividende der herrschenden Gesellschaft hinter dem Betrag zurückbleibt, den die außenstehenden Aktionäre ohne den Abschluß des Vertrages als Dividende oder Wertsteigerung ihres mit Gewinn abschließenden Unternehmens erhalten hätten.[106] Nach wieder anderen soll dann eine Pflichtverletzung der herrschenden Gesellschaft anzunehmen sein (§ 280 Abs. 1 BGB).[107]

49   Der vom BVerfG empfohlene Ausweg aus dem Dilemma, in das unverkennbar die Gleichsetzung des Gewinnanteils iSd. § 304 Abs. 2 S. 2 mit der tatsächlich ausgeschütteten Dividende der herrschenden Gesellschaft führt (Rdnr. 47 f.), erlaubt nur in besonders krassen Mißbrauchsfällen eine Korrektur eindeutig zu niedriger Ausgleichsleistungen zugunsten der außenstehenden Aktionäre.[108] Eine generelle Lösung der mit dem variablen Ausgleich verbundenen Probleme ist dagegen auf diesem Weg schwerlich möglich. Vorzugswürdig bleibt daher die Aufgabe der Gleichsetzung des Gewinnanteils mit der Dividende der

---

[99] S. Rdnr. 47 ff. sowie BVerfG AG 2000, 40 f. = NJW-RR 2000, 842 = ZIP 1999, 1804 „Hartmann u. Braun/Mannesmann"; MünchKommAktG/*Bilda* Rdnr. 66, 114 ff.; *Vetter* ZIP 2000, 561.

[100] OLG Düsseldorf AG 1978, 238 = NJW 1978, 827; AG 1984, 216, 219 = WM 1984, 237 = ZIP 1984, 586 „ATH/Rheinstahl I und II"; LG Frankfurt AG 1987, 315, 317 f. = WM 1987, 559; LG Dortmund AG 1981, 236, 239 f.; MünchKommAktG/*Bilda* Rdnr. 95; *Exner* Beherrschungsvertrag S. 184 ff.; *Hennrichs* ZHR 164 (2000), 453, 472 f. (nach KSt, vor ESt); *Henze* Konzernrecht Tz. 364 ff. (S. 129 f.); *Hüffer* Rdnr. 15; MünchHdb. AG/*Krieger* § 70 Rdnr. 78 (3. Abs.); *Mestmäcker*, Festgabe für Kronstein, S. 129, 137; *Pentz* Enkel-AG S. 67 ff.; *J. Schmidt*, Außenstehende Aktionäre, S. 61; *D. Schwenn*, Der Ausgleichs- und Abfindungsanspruch, S. 66 ff.; im Ergebnis wohl auch *Vetter* ZIP 2000, 561, 563 f.

[101] S. Rdnr. 46; ebenso BVerfG AG 2000, 40 f. = NJW-RR 2000, 842 = ZIP 1999, 1804 „Hartmann u. Braun/Mannesmann".

[102] *Emmerich/Sonnenschein/Habersack* Konzernrecht § 21 IV 3 (S. 316 f.); *Koppensteiner* in Kölner Kommentar Rdnr. 44; *Raiser* Kapitalgesellschaften § 54 Rdnr. 71 (S. 903).

[103] So *Hüchting* Abfindung S. 60 ff.

[104] So *J. Schmidt,* Außenstehende Aktionäre, S. 111 ff.

[105] NJW-RR 2000, 842 = AG 2000, 40, 41 = ZIP 1999, 1804 „Hartmann u. Braun/Mannesmann"; zustimmend *Henze* Konzernrecht Tz. 366 (S. 130).

[106] S. dazu *Vetter* ZIP 2000, 561, 563 ff.; *Henze* (vorige Fn.).

[107] MünchKommAktG/*Bilda* Rdnr. 117.

[108] Ausführlich *Vetter* ZIP 2000, 561, 563 ff.

herrschenden Gesellschaft zugunsten der Orientierung am **anteiligen** Jahresüberschuß der herrschenden Gesellschaft iSd. § 275 Abs. 2 Nr. 20 und Abs. 3 Nr. 19 HGB (s. Rdnr. 47). Diese Lösung macht auf der einen Seite die außenstehenden Aktionäre der abhängigen Gesellschaft von einer strikten Thesaurierungspolitik der herrschenden Gesellschaft unabhängig und bietet auf der anderen Seite einen praktikablen Maßstab für die Berechnung des variablen Ausgleichs. Freilich sind auch auf diesem Wege nicht alle Probleme lösbar, mit denen der variable Ausgleich seiner Art nach nun einmal belastet ist. Besonders kritisch ist etwa der Fall, daß die herrschende Gesellschaft ihre Gewinne nicht bei sich selbst, sondern bei der abhängigen Gesellschaft oder bei anderen Tochtergesellschaften thesauriert und selbst nur noch einen ganz geringen Jahresüberschuß ausweist. In solchen Fällen muß auf anderen Wegen geholfen werden (Rdnr. 67 ff.).

3. Umrechnungsverhältnis. Der variable Ausgleich wird aus dem Gewinnanteil **50** (Rdnr. 49) abgeleitet, der „unter Herstellung eines angemessenen Umrechnungsverhältnisses" auf Aktien der herrschenden Gesellschaft entfällt, wobei sich seit der Neufassung der Sätze 2 und 3 des § 304 Abs. 2 durch das Stückaktiengesetz von 1998[109] die „Angemessenheit der Umrechnung" nach dem Verhältnis bestimmt, in dem bei einer Verschmelzung auf eine Aktie der abhängigen Gesellschaft Aktien der herrschenden Gesellschaft zu gewähren wären (§ 304 Abs. 2 S. 2 und 3). Früher stellte das Gesetz statt dessen auf den „entsprechenden Nennbetrag" ab. Eine sachliche Änderung war mit dieser Änderung nicht bezweckt, so daß für die Umrechnung letztlich ebenso wie bisher die sogenannte **Verschmelzungswertrelation** zwischen den Aktien der beiden verbundenen Gesellschaften maßgebend ist.

Das Umtauschverhältnis der Aktien muß nach den S. 2 und 3 des § 304 Abs. 2 nF ebenso **51** wie nach dem UmwG (s. §§ 12 Abs. 2 S. 2 Nr. 2, 15 UmwG) **„angemessen"** sein. Daraus wird allgemein der Schluß gezogen, daß für die Bemessung der Verschmelzungswertrelation und damit auch für das Umrechnungsverhältnis im Rahmen des § 304 Abs. 2 S. 3 von dem „wahren inneren Wert" beider Gesellschaften auszugehen ist, so daß die Festsetzung des variablen Ausgleichs neben der *Bewertung* der abhängigen Gesellschaft zusätzlich noch die *der herrschenden Gesellschaft* erforderlich macht.[110]

Für die **Unternehmensbewertung** gelten hier dieselben Grundsätze wie im Rahmen **52** des § 305, so daß wegen der Einzelheiten auf die Ausführungen zu § 305 zu verweisen ist (s. § 305 Rdnr. 38 ff.). Hier genügt der Hinweis, daß gemäß der Rechtsprechung des BVerfG bei der Ermittlung des Wertes der abhängigen Gesellschaft der **Börsenkurs** – entgegen der früheren Praxis – nicht mehr außer acht gelassen werden darf, sondern grundsätzlich die Untergrenze des Wertes der abhängigen Gesellschaft bezeichnet.[111] Davon geht jetzt auch die Rechtsprechung bei der Berechnung des Ausgleichs nach § 304 aus.[112] Das muß dann aber richtiger Meinung nach für *beide* Gesellschaften, für die abhängige Gesellschaft wie für die herrschende Gesellschaft gelten, weil die Verschmelzungswertrelation offenbar nur angemessen iSd. § 304 Abs. 2 S. 2 ist, wenn bei beiden Gesellschaften *dieselben* Bewertungsmaßstäbe angelegt werden (str.; s. § 305 Rdnr. 48 f.).

Ist nach den geschilderten Grundsätzen (Rdnr. 51 ff.) die Wertrelation zwischen den **53** beiden Vertragsparteien ermittelt, so ergibt sich daraus zugleich das *Umrechnungsverhältnis* zwischen den Aktien beider Gesellschaften. Der variable Ausgleich besteht dann in dem

[109] BGBl. I S. 590.
[110] OLG Düsseldorf AG 1984, 216 f. = WM 1984, 732; LG Franfurt AG 1987, 315 = WM 1987, 559; *Henze* Konzernrecht Tz. 367 (S. 130); *Hüffer* Rdnr. 16; *Hoffmann-Becking*, FS für Fleck, S. 105, 114 ff.; *Hüchting* Abfindung S. 56 f.; *Nonnenmacher* AG 1982, 153; *Raiser* Kapitalgesellschaften § 54 Rdnr. 70.
[111] Grdlg. BVerfGE 100, 289, 307 ff. = NJW 1999, 3769 = AG 1999, 566, 569 „DAT/Altana"; wegen der Einzelheiten s. § 305 Rdnr. 42 ff.

[112] Grdlg. BGHZ 147, 108, 114 ff. = LM GG Art. 14 (Ca) Nr. 45 = NJW 2001, 2080 = AG 2001, 417 „DAT/Altana IV"; OLG Hamburg AG 2002, 406, 408 = NZG 2002, 189 „Bavaria und St. Pauli Brauerei (Jever)/März"; LG Nürnberg-Fürth AG 2000, 89 „Philips"; LG Dortmund AG 2001, 544, 547 = NZG 2001, 1145 „Siemens/SNI"; ebenso sodann für das „Delisting" BGH ZIP 2003, 387, 389 f. „Macrotron".

„Gewinnanteil" (Rdnr. 49), der auf die (gemäß dem Umrechnungsverhältnis ermittelten) Aktien der herrschenden Gesellschaft entfällt (§ 304 Abs. 2 S. 2).

54   **4. Mindestgarantie?** Wegen der bereits erwähnten Mängel des *variablen* Ausgleichs (Rdnr. 46) wird im Schrifttum gelegentlich vorgeschlagen, die Vereinbarung eines variablen Ausgleichs in einem Beherrschungs- oder Gewinnabführungsvertrag nur zuzulassen, wenn die Parteien in dem Vertrag zugleich den außenstehenden Aktionären den **festen** Ausgleich des § 304 Abs. 2 S. 1 **als Untergrenze** des Ausgleichs garantieren.[113] Es ist nicht zu verkennen, daß auf diese Weise zahlreiche Mängel des variablen Ausgleichs behoben werden könnten. Gleichwohl ist der genannte Vorschlag mit dem Wortlaut des Gesetzes kaum zu vereinbaren, da in § 304 Abs. 2 S. 1 und 2 der feste und der variable Ausgleich deutlich als zwei verschiedene (alternative) Möglichkeiten des Ausgleichs geregelt sind.[114]

55   **5. Fälligkeit.** Der Gewinnanteil iSd. § 304 Abs. 2 S. 2 bemißt sich, wie gezeigt (Rdnr. 49), nach dem Jahresüberschuß der herrschenden Gesellschaft iSd. § 275 Abs. 2 Nr. 20 und Abs. 3 Nr. 19 HGB. Folglich kann der variable Ausgleich im Gegensatz zum festen Ausgleich (Rdnr. 42) erst in dem Augenblick fällig werden, in dem der Jahresüberschuß feststeht, d. h. mit Feststellung des Jahresabschlusses der herrschenden Gesellschaft, während die überwiegende Meinung (Rdnr. 48) gezwungen ist, statt dessen auf den Zeitpunkt abzustellen, in dem der Gewinnverwendungsbeschluß der herrschenden Gesellschaft gefaßt wird (§§ 172 und 174).[115] Umstritten ist, ob die herrschende Gesellschaft von den genannten Zeitpunkten ab Fälligkeitszinsen nach den §§ 352 und 353 HGB schuldet. Die Frage wird zu Recht überwiegend verneint (s. Rdnr. 43), so daß ein Zinsanspruch der außenstehenden Aktionäre hier erst in Betracht kommt, wenn die herrschende Gesellschaft mit der Zahlung des von ihr geschuldeten Ausgleichs in Verzug gerät (§§ 286, 288 BGB).

VII. Mehrstufige Konzerne

Schrifttum: *W. Bayer*, FS für Ballerstedt, 1975, S. 157; *Bachelin* Minderheitenschutz S. 71, 80 ff.; Münch-KommAktG/*Bilda* Rdnr. 50 ff.; *Emmerich/Sonnenschein/Habersack* Konzernrecht § 21 V (S. 317 ff.); *Exner* Beherrschungsvertrag S. 193 ff.; *H. Görling*, Die Konzernhaftung in mehrstufigen Unternehmensverbindungen, 1998, S. 132 ff.; *Hüchting* Abfindung S. 66, 131 ff.; *Kamprad* AG 1986, 321; *Koppensteiner* in Kölner Kommentar Rdnr. 23 ff.; MünchHdb. AG/*Krieger* § 70 Rdnr. 80, 83 (S. 1052 ff.); *Pentz*, Die Rechtsstellung der Enkel-AG, S. 57 ff.; *ders.* AG 1996, 97; *ders.* NZG 2000, 1103; *Raiser* Kapitalgesellschaften § 54 Rdnr. 74 (S. 904 f.); *E. Rehbinder* ZGR 1977, 581; *Säcker* DB 1988, 271; *J. Schmidt*, Das Recht der außenstehenden Aktionäre, S. 38, 116 ff.; *S. Wanner*, Konzernrechtliche Probleme mehrstufiger Unternehmensverbindungen nach Aktienrecht, 1998.

56   Die Berechnung des Ausgleichs bereitet zusätzliche Schwierigkeiten in mehrstufigen Unternehmensverbindungen. Die Zahl der hier in Betracht kommenden Fallgestaltungen ist nur schwer überschaubar, wobei auch eine erhebliche Rolle spielt, in welcher **Reihenfolge** sich der Abschluß etwaiger Unternehmensverträge auf den verschiedenen Stufen des Konzerns vollzieht. Üblicherweise unterscheidet man einen Aufbau „von oben nach unten" und einen solchen „von unten nach oben", je nachdem, ob in den durchweg als Modell dienenden zweistufigen Verhältnissen zwischen Mutter-, Tochter- und Enkelgesellschaften der Vertragsabschluß zwischen der Mutter- und der Tochtergesellschaft oder derjenige zwischen der Tochter- und der Enkelgesellschaft vorausgeht. Als besonders problematisch hat sich der Aufbau von unten nach oben erwiesen (Rdnr. 58 f.).

57   **1. Koordinierte Verträge zwischen allen Beteiligten. a) Aufbau von oben nach unten.** In mehrstufigen Unternehmensverbindungen kann es sich zunächst so verhalten, daß auf sämtlichen Konzernstufen „koordinierte", d. h. von vornherein aufeinander bezogene und abgestimmte Beherrschungs- oder Gewinnabführungsverträge bestehen. Geht hier der Vertrag zwischen Mutter- und Tochtergesellschaft voran, so scheidet in dem nachfolgen-

---

[113] *Hüchting* Abfindung S. 62 ff.
[114] MünchKommAktG/*Bilda* Rdnr. 39; *Koppensteiner* in Kölner Kommentar Rdnr. 42.

[115] S. MünchKommAktG/*Bilda* Rdnr. 106; *Hüffer* Rdnr. 15; *Koppensteiner* in Kölner Kommentar Rdnr. 5.

den Vertrag zwischen der Tochter- und der Enkelgesellschaft jedenfalls die Vereinbarung eines *variablen* Ausgleichs nach den Gewinnen der *Tochter*gesellschaft aus, da diese dann in aller Regel gar keine Gewinne mehr ausschütten wird (§ 304 Abs. 3 S. 1; s. Rdnr. 78). Möglich bleibt aber ohne weiteres die Vereinbarung eines *festen* Ausgleichs.[116] Statt dessen sollte aber auch die Orientierung des *variablen* Ausgleichs an den Gewinnen der **Mutter**gesellschaft zugelassen werden, da damit nur die gebotenen Folgerungen aus der wirtschaftlichen Einheit des Konzerns gezogen würden (§§ 18 Abs. 1 S. 2, 304 Abs. 2 S. 2, 305 Abs. 2 Nr. 2 analog).[117] Der Wortlaut des § 304 Abs. 2 steht schon deshalb nicht entgegen, weil der Gesetzgeber die Problematik der mehrstufigen Konzerne im Grunde – von dem Sonderfall des § 305 Abs. 2 Nr. 2 abgesehen – ungeregelt gelassen hat.[118] Schuldner des variablen Ausgleichs bleibt aber auch in diesem Fall gemäß § 304 die Tochtergesellschaft; eine besondere Garantie der von ihr geschuldeten Ausgleichsleistungen durch die Muttergesellschaft ist mit Rücksicht auf § 302 wohl entbehrlich.[119]

b) Aufbau von unten nach oben. Zusätzliche Schwierigkeiten entstehen bei einem **58** Aufbau des Konzerns von unten nach oben, d.h. dann, wenn der Beherrschungs- oder Gewinnabführungsvertrag zwischen der Enkel- und der Tochtergesellschaft vorangeht und erst *anschließend* zwischen Tochter- und Muttergesellschaft ein derartiger Vertrag abgeschlossen oder die Tochter- in die Muttergesellschaft eingegliedert wird. Für diese Fälle steht nur fest, daß die Vereinbarung eines *festen* Ausgleichs in dem zuerst abgeschlossenen Vertrag zwischen Tochter- und Enkelgesellschaft durch den späteren Vertragsabschluß zwischen Mutter- und Tochtergesellschaft nicht tangiert wird (s. § 302). Umstritten ist dagegen die Frage, was mit der Vereinbarung eines *variablen* Ausgleichs in dem vorausgegangenen Vertrag zwischen Tochter- und Enkelgesellschaft geschieht.[120]

Für diesen Fall werden im wesentlichen vier Lösungen diskutiert, erstens eine Beteili- **59** gung der außenstehenden Aktionäre der Enkelgesellschaft an dem Vertragsabschluß zwischen Tochter- und Muttergesellschaft im Wege eines Sonderbeschlusses analog § 295 Abs. 2,[121] zweitens eine automatische Beendigung des fraglichen Vertrags mit der Enkelgesellschaft analog § 307, drittens dessen Kündigung aus wichtigem Grund nach § 297 Abs. 1 sowie schließlich viertens eine im Spruch(stellen)verfahren durchzusetzende Anpassung des Vertrags an die veränderten Verhältnisse.[122] Von diesen Lösungen spricht bei der gegenwärtigen Gesetzeslage am meisten für die Annahme, daß im Falle der Vereinbarung eines *variablen* Ausgleichs der Beherrschungs- oder Gewinnabführungsvertrag zwischen der Enkel- und der Tochtergesellschaft **analog § 307** sein Ende findet, sobald später ein derartiger Vertrag zwischen Tochter- und Muttergesellschaft abgeschlossen wird.[123] Die Tochtergesellschaft muß folglich jetzt den außenstehenden Aktionären ein **neues** Ausgleichs- und Abfindungsangebot machen, wobei wiederum vorrangig an die Orientierung eines etwaigen variablen Ausgleichs an den Gewinnen der *Mutter*gesellschaft zu denken ist. Die statt dessen vorgeschlagene Anpassung scheitert meistens bereits an dem Fehlen eines geeigneten Maßstabes. Und die Lösung über einen Sonderbeschluß der außenstehenden

---

[116] Allg. Meinung: *Eschenbruch* Konzernhaftung Tz. 3114; *Hüchting* Abfindung S. 66 f.; *Koppensteiner* in Kölner Kommentar Rdnr. 23; MünchHdb. AG/ *Krieger* § 70 Rdnr. 81 (3. Abs.); *Pentz* Enkel-AG S. 67 f.; *S. Wanner* Probleme S. 68 ff.

[117] OLG Düsseldorf AG 1992, 200, 204 f.; MünchKommAktG/*Bilda* Rdnr. 51; *Exner* Beherrschungsvertrag S. 195 ff.; *Görling* Konzernhaftung S. 135 f.; *Henze* Konzernrecht Tz. 369 (S. 131); *Kamprad* AG 1984, 321, 325; *Krieger* (vorige Fn.); *Raiser* Kapitalgesellschaften § 54 Rdnr. 74; *E. Rehbinder* ZGR 1977, 581, 605 ff.; *S. Wanner* Probleme S. 73 ff.

[118] Anders *Hüffer* Rdnr. 17; *Pentz* Enkel-AG S. 70 ff.; wieder anders *J. Schmidt,* Außenstehende Aktionäre, S. 116 ff.

[119] *Görling* Konzernhaftung S. 136; MünchHdb. AG/*Krieger* § 70 Rdnr. 81 (S. 1052 f.); str.

[120] S. *Görling* Konzernhaftung S. 136 ff.; *Pentz* Enkel-AG S. 88 ff.; *Wanner* Probleme S. 77 ff.; offengelassen in OLG Frankfurt AG 2001, 53, 54 = NZG 2000, 790, 791 = NJW-RR 2000, 1131 (am Ende).

[121] So *Görling* (vorige Fn.); *Pentz* Enkel-AG S. 88 ff.

[122] So MünchKommAktG/*Bilda* Rdnr. 52, 168 ff.

[123] *Koppensteiner* in Kölner Kommentar Rdnr. 25; MünchHdb. AG/*Krieger* § 70 Rdnr. 87; *Raiser* Kapitalgesellschaften § 54 Rdnr. 74 (S. 904); vgl. auch *Hüchting* Abfindung S. 132 ff.

Aktionäre stößt ebenfalls in vielstufigen Konzernen wohl schnell auf kaum überwindliche praktische Schwierigkeiten.

60   **2. Vertrag nur zwischen Mutter- und Enkelgesellschaft.** Wenn die Muttergesellschaft einen Beherrschungs- oder Gewinnabführungsvertrag allein mit der *Enkel*gesellschaft abschließt, werden die außenstehenden Aktionäre der *Tochtergesellschaft* bereits nach den §§ 311 und 317 gegen für sie nachteilige Einwirkungen der Muttergesellschaft geschützt.[124] Für zusätzliche Ausgleichsansprüche dieser Aktionäre entsprechend § 304 ist daneben nach der gesetzlichen Regelung kein Raum.[125]

61   Umstritten ist, ob in diesem Fall die „übersprungene" *Tochter*gesellschaft selbst gleichfalls zu den außenstehenden Aktionären der *Enkel*gesellschaft gehört, so daß die Muttergesellschaft auch ihrer Tochtergesellschaft nach § 304 ausgleichspflichtig wird.[126] Die Entscheidung dieser Frage hängt von der Stellungnahme zu der Frage ab, wie der Kreis der außenstehenden Aktionäre in den §§ 304 und 305 abzugrenzen ist. Nach der hier vertretenen Meinung (Rdnr. 13 ff.) kommt es darauf an, wie das Verhältnis zwischen Mutter- und Tochtergesellschaft gestaltet ist. Die Tochtergesellschaft kann danach nur dann (ausnahmsweise) *nicht* als außenstehender Aktionär der Enkelgesellschaft angesehen werden, wenn es sich bei ihr um eine 100%ige Tochtergesellschaft handelt oder wenn sie in die Muttergesellschaft eingegliedert ist. Jenseits dieser engen Voraussetzungen gehört auch die Tochtergesellschaft zu den außenstehenden Aktionären der Enkelgesellschaft und ist deshalb gegenüber ihrer Muttergesellschaft ausgleichsberechtigt.[127]

62   Wieder anders gestaltet sich die Rechtslage, wenn der Unternehmensvertrag zwischen Mutter- und Enkelgesellschaft aufgehoben und durch gesonderte Verträge zwischen Mutter- und Tochtergesellschaft sowie zwischen Tochter- und Enkelgesellschaft ersetzt wird. In diesem Fall sind auf beiden Stufen die §§ 304 ff. erneut anwendbar, so daß jetzt auch wieder ein Spruch(stellen)verfahren möglich ist.[128]

63   **3. Vertrag nur zwischen Tochter- und Enkelgesellschaft.** Schließt allein die Tochtergesellschaft mit der Enkelgesellschaft einen Beherrschungs- oder Gewinnabführungsvertrag ab, so liegt im Verhältnis zwischen Tochter- und Muttergesellschaft – mangels Vertragsabschlusses – ein faktischer Konzern vor. Problematisch ist in derartigen Fallgestaltungen vor allem der Schutz der außenstehenden Aktionäre der *Enkelgesellschaft* gegen die Auswirkungen einer nachteiligen Einflußnahme der Mutter- auf die Tochtergesellschaft.[129]

64   Zweifelhaft ist ferner die Rechtsstellung der **Muttergesellschaft,** wenn sie – neben ihrer Tochtergesellschaft – an der Enkelgesellschaft beteiligt ist. Die Frage, ob sie dann zu den außenstehenden Aktionären gehört,[130] ist nach denselben Kriterien zu entscheiden, die auch sonst für die Beurteilung dieser Frage maßgebend sind (s. Rdnr. 13 ff.). Entscheidend ist mithin, ob die Muttergesellschaft zu 100% (auch) an der Tochtergesellschaft beteiligt ist oder ob diese in die Muttergesellschaft eingegliedert ist. Nur unter diesen Voraussetzungen kann die Muttergesellschaft nicht als außenstehender Aktionär behandelt werden, sondern bildet aus dem Blickwinkel des § 304 eine wirtschaftliche Einheit mit der vertragsschließenden Tochtergesellschaft.[131]

65   **4. Vertrag nur zwischen Mutter- und Tochtergesellschaft.** Schließt die Muttergesellschaft einen Beherrschungs- oder Gewinnabführungsvertrag allein mit ihrer

---

[124] S. *Raiser* Kaptialgesellschaften § 54 Rdnr. 74; *E. Rehbinder* ZGR 1977, 581, 621 ff.

[125] *Eschenbruch* Konzernhaftung Tz. 3115; *Koppensteiner* in Kölner Kommentar Rdnr. 13; Münch-Hdb. AG/*Krieger* § 70 Rdnr. 82; str.

[126] Bejahend MünchKommAktG/*Bilda* Rdnr. 53; *Pentz* Enkel-AG S. 66 ff.; *ders.* AG 1996, 97, 99 ff.

[127] *W. Bayer,* FS für Ballerstedt, S. 169 ff.; *Hüffer* Rdnr. 18; *Koppensteiner* in Kölner Kommentar Rdnr. 20; MünchHdb. AG/*Krieger* § 70 Rdnr. 82; wesentlich weitergehend *Raiser* Kapitalgesellschaften § 54 Rdnr. 74 (S. 904).

[128] OLG Düsseldorf AG 1992, 200, 201 f.

[129] S. § 311 Rdnr. 19; *W. Bayer,* FS für Ballerstedt, S. 181 ff.; MünchKommAktG/*Bilda* Rdnr. 54; *Exner* Beherrschungsvertrag S. 205 f.; *Koppensteiner* in Kölner Kommentar Rdnr. 26; MünchHdb. AG/*Krieger* § 70 Rdnr. 83; *Raiser* Kapitalgesellschaften § 54 Rdnr. 74; *E. Rehbinder* ZGR 1977, 581, 618 ff.; *Wanner* Probleme S. 152 ff.

[130] Bejahend *Pentz* Enkel-AG S. 57 ff.; *ders.* AG 1996, 97, 99 ff.

[131] MünchHdb. AG/*Krieger* § 70 Rdnr. 83.

Tochtergesellschaft ab, so liegt im Verhältnis zu der Enkelgesellschaft ein faktischer Konzern vor. Folglich sind hier an Stelle der §§ 304 und 305 allein die §§ 311 ff. anzuwenden.[132]

5. Verträge der Enkelgesellschaft gleichzeitig mit Mutter- und Tochtergesell- 66 **schaft.** Ein mehrstufiger Konzern kann auch dergestalt aufgebaut werden, daß die Muttergesellschaft gleichzeitig Beherrschungs- oder Gewinnabführungsverträge mit der Tochter- **und** mit der Enkelgesellschaft abschließt. In diesem Fall gelten die §§ 304 und 305 für beide Verhältnisse,[133] soweit nicht die Tochtergesellschaft zu 100% an der Enkelgesellschaft beteiligt ist (vgl. § 304 Abs. 1 S. 3).

VIII. Anpassung

Schrifttum: *Bachelin* Minderheitenschutz S. 77 ff.; *Kl. Beckmann/St. Simon* ZIP 2001, 1906; MünchKomm-AktG/*Bilda* Rdnr. 119–175; *Emmerich/Sonnenschein/Habersack* Konzernrecht § 21 VI (S. 319 ff.); *Exner* Beherrschungsvertrag S. 207 ff.; *Henze* Konzernrecht Tz. 370 ff. (S. 131 f.); *Hüchting* Abfindung S. 121 ff.; *Koppensteiner* in Kölner Kommentar Rdnr. 46 ff.; MünchHdb. AG/*Krieger* § 70 Rdnr. 84 ff.; *Raiser* Kapitalgesellschaften § 54 Rdnr. 72 (S. 903); *Th. Sauter/R. Heurung* GmbHR 2001, 754; *J. Schmidt,* Außenstehende Aktionäre, S. 107 ff.; *D. Schwenn,* Der Ausgleichs- und Abfindungsanspruch der außenstehenden Aktionäre im Unternehmensvertrag bei Eintritt neuer Umstände, 1998, S. 107 ff.

1. Grundsatz. Der feste wie der variable Ausgleich wird zum Stichtag (Rdnr. 40 f.) im 67 Regelfall für die gesamte Vertragsdauer gleichmäßig festgesetzt; nur in Ausnahmefällen ist Raum für einen gestaffelten Ausgleich (Rdnr. 34). Das ist vor allem dann problematisch, wenn sich nachträglich die für die Festsetzung des Ausgleichs (und der Abfindung) seinerzeit maßgeblichen Umstände in einer Weise verändern, die zur Folge hat, daß der Ausgleich nicht mehr als angemessene, d. h. als vollständige Entschädigung der außenstehenden Aktionäre erscheint, *und* die Parteien auch nicht für diesen Fall durch die Vereinbarung einer hinreichend konkreten und praktikablen Anpassungsklausel bereits im Vertrag Vorsorge getroffen haben.[134] Zu einer für die Ausgleichshöhe relevanten Veränderung der Verhältnisse kann es aus unterschiedlichen Gründen kommen. Eine erste Fallgruppe bildet der **Parteiwechsel** auf der Seite der herrschenden Gesellschaft einschließlich des Beitritts eines neuen Unternehmens zu dem Beherrschungs- oder Gewinnabführungsvertrag. Die zweite Fallgruppe betrifft Vorgänge wie die **Eingliederung** oder die Umwandlung einer der Vertragsparteien (Rdnr. 68). Eine dritte Fallgruppe wird unter dem Stichwort **Kapitalmaßnahmen** bei der herrschenden oder der abhängigen Gesellschaft diskutiert (Rdnr. 70 f.). Die vierte Fallgruppe umfaßt schließlich sonstige **Veränderungen** der für die Höhe und die Art des Ausgleichs relevanten Faktoren in den Verhältnissen der Parteien, wobei eine besonders intrikate Fallgruppe die Auswirkungen der ständigen und nicht mehr vorhersehbaren Änderungen der Steuergesetzgebung auf den Ausgleich bilden (Rdnr. 69 f.).

Zu den beiden ersten Fallgruppen ist bereits weiter oben Stellung genommen.[135] Für die 68 beiden verbleibenden Fallgruppen der **Kapitalmaßnahmen** bei einer Vertragspartei und der sonstigen **Veränderungen** der Verhältnisse wird überwiegend aus dem Stichtagsprinzip (Rdnr. 40 f.) der Schluß gezogen, daß im Grundsatz weder eine Anpassungspflicht noch ein Anpassungsrecht des herrschenden Unternehmens bestehe, da beide Parteien das Risiko für sie nachträglicher Veränderungen der Verhältnisse freiwillig übernommen hätten, das herrschende Unternehmen durch Abschluß des Vertrags und die außenstehenden Aktionäre durch die ihnen freistehende Wahl des Ausgleichs anstatt der Abfindung.[136] Richtig hieran ist, daß es tatsächlich zum Risikobereich des herrschenden Unternehmens gehört, wenn sich die wirtschaftlichen Verhältnisse der Beteiligten nach Vertragsabschluß *schlechter* als von

---

[132] S. *Wanner* Probleme S. 169 ff.
[133] *Koppensteiner* in Kölner Kommentar Rdnr. 27; *Wanner* Probleme S. 133 ff.
[134] Dazu MünchKommAktG/*Bilda* Rdnr. 120–131 m. Nachw.

[135] Zum Parteiwechsel s. § 295 Rdnr. 13 ff.; zur Eingliederung und zur Umwandlung einer Partei s. § 297 Rdnr. 34 ff.
[136] OLG Frankfurt AG 1989, 442, 443; MünchHdb. AG/*Krieger* § 70 Rdnr. 86.

ihm erwartet entwickeln (§ 313 BGB). Im übrigen ist jedoch je nach Fallgestaltung zu unterscheiden (Rdnr. 69 ff.).[137]

69   **2. Grundstürzende Veränderungen.** Wenn es zu grundstürzenden und unvorhersehbaren Veränderungen der Verhältnisse kommt, die dazu führen, daß fortan der feste wie der variable Ausgleich unter keinem Gesichtspunkt mehr als „angemessen" iSd. § 304 Abs. 1 S. 1 bezeichnet werden kann, ist anzunehmen, daß die **Geschäftsgrundlage** des Vertrages **entfallen** ist, so daß das herrschende Unternehmen schon aufgrund seiner Treuepflicht, um den Anforderungen des § 304 Abs. 1 S. 1 zu genügen, zu einer Anpassung des Ausgleichs an die veränderten Verhältnisse verpflichtet ist (§ 313 Abs. 1 BGB).[138] Dabei kann durchaus eine Parallele zu den Fällen gezogen werden, die im Rahmen der Grundlagenlehre unter dem Stichwort „Äquivalenzstörungen" diskutiert zu werden pflegen, so daß die dort entwickelten Maßstäbe auch hier fruchtbar zu machen sind.[139]

69 a   Die Frage ist in jüngster Zeit vor allem durch den am 1. 1. 2001 vollzogenen Übergang vom körperschaftsteuerlichen Anrechnungsverfahren zum **Halbeinkünfteverfahren** durch das Steuersenkungsgesetz vom 23. Oktober 2000[140] aktuell geworden, weil die Aktionäre dadurch ihre bisherigen Steuergutschriften im Rahmen der Ausgleichszahlungen verloren haben, womit im Ergebnis eine Verringerung des Ausgleichs verbunden war. Die Frage, ob deshalb der Ausgleich wegen Wegfalls der Geschäftsgrundlage anzupassen ist (§ 313 Abs. 1 BGB), wird im Schrifttum unterschiedlich beantwortet.[141] Die Frage sollte aufgrund der nicht abreißenden, unvoraussehbaren und unkalkulierbaren Steueränderungen – je nach der Haushaltslage des Bundes – grundsätzlich *verneint* werden, weil unter den gegebenen Umständen angenommen werden muß, daß jeder Aktionär, der anstelle der Abfindung den Ausgleich wählt, damit das Risiko späterer Steueränderungen auf sich genommen hat (§ 313 Abs. 1 BGB).[142] Ohnehin ändern sich auch die Einkommensteuersätze ständig.

69 b   Von Fall zu Fall kann in derartigen Fallgestaltungen statt dessen auch an eine *Kündigung* des Vertrags aus wichtigem Grund nach § 297 Abs. 1 oder nach den §§ 313 Abs. 3 und 314 BGB gedacht werden, vorausgesetzt, daß die außenstehenden Aktionäre dadurch nicht übermäßig belastet werden.[143] Soweit hiernach und nach den folgenden Ausführungen eine Anpassungspflicht besteht, werden die außenstehenden Aktionäre für die Durchsetzung ihrer Ansprüche freilich in der Regel auf die allgemeine **Leistungs- oder Feststellungsklage** verwiesen, weil das besondere Spruch(stellen)verfahren des § 306 dafür nicht geeignet sei.[144] Zwingend ist diese Annahme nicht, seitdem die Rechtsprechung von der grundsätzlichen Analogiefähigkeit der Vorschriften über das Spruch(stellen)verfahren ausgeht.[145] *Für die* Zulassung des Spruch(stellen)verfahrens auch in den hier interessierenden Fällen spricht zudem die grundsätzliche Kostenfreiheit des Verfahrens für die außenstehenden Aktionäre (§ 306 Abs. 7 S. 7) sowie die Wirkung der Entscheidungen für und gegen jedermann

---

[137] Übersicht über den Meinungsstand bei MünchKommAktG/*Bilda* Rdnr. 132–147; *D. Schwenn,* Der Ausgleichs- und Abfindungsanspruch der außenstehenden Aktionäre bei Eintritt neuer Umstände, 1998.
[138] *Hüchting* Abfindung S. 121 ff.; *Raiser* Kapitalgesellschaften § 54 Rdnr. 73; ausführlich *D. Schwenn* (vorige Fn.) S. 124, 177 ff.; ebenso im Ergebnis im Wege der ergänzenden Vertragsauslegung MünchKommAktG/*Bilda* Rdnr. 154 ff.
[139] S. *Emmerich,* Das Recht der Leistungsstörungen, 5. Aufl. 2003, § 28 II 3 (S. 434 ff.); *D. Schwenn* (vorige Fn.); anders MünchKommAktG/*Bilda* Rdnr. 155.
[140] BGBl. I S. 1433.
[141] Bejahend *Th. Sauter/R. Heurung* GmbHR 2001, 754; verneinend *Kl. Beckmann/St. Simon* ZIP 2001, 1906, 1909.
[142] Ebenso schon für die vorausgegangene Herabsetzung der Ausschüttungsbelastung von 36% auf

30% durch das Standortsicherungsgesetz von 1993 (BGBl. I S. 1569): BayObLG AG 2002, 392, 394 = NZG 2001, 1137 „Ytong"; OLG Düsseldorf AG 2000, 322, 326; anders OLG Zweibrücken AG 1995, 421, 422 = WM 1995, 980, 982; offengelassen in BGH AG 2002, 85, 86.
[143] MünchKommAktG/*Bilda* Rdnr. 159; MünchHdb. AG/*Krieger* § 70 Rdnr. 86.
[144] So BVerfG AG 2000, 40, 41 = NJW-RR 2000, 842 = ZIP 1999, 1804 „Hartmann und Braun/Mannesmann"; AG 2000, 321, 322; zustimmend *Beckmann/Simon* ZIP 2001, 1906, 1909 f.; *Vetter* ZIP 2000, 561, 567 f.
[145] BGH ZIP 2003, 387, 390 f. „Macrotron"; BayObLGZ 1998, 211, 215 f. = NJW-RR 1999, 1559 = AG 1999, 185, 186 = NZG 1998, 1001 „Magna Media/WEKA"; zustimmend MünchKommAktG/*Bilda* Rdnr. 158; *Lutter/Leinekugel* ZIP 1999, 261, 264, 265 f.

(§ 306 Abs. 2 iVm. § 99 Abs. 5 S. 2).[146] Offen ist freilich, ob im Falle des Inkrafttretens des geplanten SpruchG an dieser Meinung noch festgehalten werden kann, da dieses Gesetz in seinem § 1 eine offenbar als abschließend gedachte Aufzählung der Fälle enthält, in denen es im Anschluß an die entsprechenden früheren Bestimmungen des AktG und des UmwG Anwendung findet, so daß dann wohl für eine entsprechende Anwendung des fortan sogenannten Spruchverfahrens in vergleichbaren Fallgestaltungen kaum mehr Raum sein dürfte.[147]

3. Kapitalerhöhungen. a) Bei der herrschenden Gesellschaft. Durch eine Kapital- **70** erhöhung bei der herrschenden Gesellschaft wird der **feste** Ausgleich in keinem Fall berührt.[148] Anders verhält es sich jedoch mit dem **variablen** Ausgleich, der sowohl durch eine Kapitalerhöhung aus Gesellschaftsmitteln als auch durch eine solche gegen Einlagen verwässert werden kann. Für die Kapitalerhöhung aus Gesellschaftsmitteln liegt das auf der Hand, gilt aber ebenso für die Kapitalerhöhung gegen Einlagen, wenn der Ausgabekurs der jungen Aktien hinter dem Wert der alten Aktien zurückbleibt. Schon mit Rücksicht auf Art. 14 Abs. 1 GG ist daher in derartigen Fällen eine *Anpassung* des variablen Ausgleichs geboten.[149]

Bei Kapitalerhöhungen aus **Gesellschaftsmitteln** besteht Übereinstimmung, daß der **71** variable Ausgleich entsprechend erhöht werden muß, sei es aufgrund des § 216 Abs. 3, sei es nach dem Grundgedanken des § 304.[150] Schwieriger zu beurteilen ist die Situation bei Kapitalerhöhungen gegen **Einlagen,** wenn der Ausgabekurs der jungen Aktien hinter dem Wert der alten Aktien zurückbleibt. Um hier eine Verwässerung des variablen Ausgleichs zu verhindern, muß angenommen werden, daß das Umrechnungsverhältnis für den variablen Ausgleich so zu *verbessern* ist, daß eine Benachteiligung der außenstehenden Aktionäre verhindert wird. Das folgt schon aus der ergänzenden Auslegung des Beherrschungsvertrages unter Berücksichtigung der Treuepflicht des herrschenden Unternehmens und ist zwingendes Recht, so daß der Unternehmensvertrag nichts anderes bestimmen kann (§§ 134, 157, 242 BGB).[151] Als Maßstab für die Anpassung wird dabei zum Teil auf das Verhältnis zwischen dem Wert des Bezugsrechts und dem Börsenkurs nach Kapitalerhöhung abgestellt.[152]

b) Bei der abhängigen Gesellschaft. Bei einer Kapitalerhöhung gegen Einlagen sind **72** die jungen Aktien ebenso ausgleichsberechtigt wie die alten Aktien (Rdnr. 19).[153] Bei einer Kapitalerhöhung aus Gesellschaftsmitteln kommt es dagegen nur zu einer nominellen Veränderung der Anzahl der Aktien in der Hand der außenstehenden Aktionäre. Dem müssen die Ausgleichszahlungen, die sich insgesamt nicht ändern, im Verhältnis der neuen zu den alten Aktien angepaßt werden.[154]

4. Kapitalherabsetzungen. Eine Kapitalherabsetzung bei der herrschenden Gesellschaft **73** verändert den Ausgleich nicht. Lediglich, wenn der Nennbetrag der Aktien herabgesetzt

[146] *Emmerich/Sonnenschein/Habersack* Konzernrecht § 21 VI 3 (S. 321).
[147] Text in ZIP 2002, 2099, anders wohl BGH (Fn. 145).
[148] OLG Frankfurt AG 1989, 442, 443; *Hüffer* Rdnr. 19; MünchHdb. AG/*Krieger* § 70 Rdnr. 84; *Raiser* Kapitalgesellschaften § 54 Rdnr. 73; *D. Schwenn,* Der Ausgleichs- und Abfindungsanspruch, S. 109.
[149] BVerfG AG 2000, 40, 41 = NJW-RR 2000, 842 = ZIP 1999, 1804 „Hartmann und Braun/Mannesmann"; *Henze* Konzernrecht Tz. 372–374 (S. 132); *D. Schwenn* (vorige Fn.), S. 109 ff.; *Vetter* ZIP 2000, 561, 566.
[150] Statt aller *Henze* (vorige Fn.); *Hüffer* Rdnr. 19; MünchHdb. AG/*Krieger* § 70 Rdnr. 84 (S. 154); ebenso im Ergebnis MünchKommAktG/*Bilda* Rdnr. 160.

[151] *Bilda* (vorige Fn.); *Exner* Beherrschungsvertrag S. 211 ff.; *Henze* Konzernrecht Tz. 374 (S. 132); *Hüffer* Rdnr. 19, § 189 Rdnr. 9; *Hüchting* Abfindung S. 136 f.; *H. Köhler* AG 1984, 197; *Koppensteiner* in Kölner Kommentar Rdnr. 50; MünchHdb. AG/ *Krieger* § 70 Rdnr. 84; *D. Schwenn,* Der Ausgleichs- und Abfindungsanspruch, S. 115 f.; *Vetter* ZIP 2000, 561, 566; vgl. auch schon RGZ 147, 42.
[152] *S. Krieger* (vorige Fn.); *D. Schwenn* (vorige Fn.) S. 117 f.
[153] MünchKommAktG/*Bilda* Rdnr. 162; *Hüchting* Abfindung S. 135; *Koppensteiner* in Kölner Kommentar Rdnr. 47.
[154] *Koppensteiner* in Kölner Kommentar Rdnr. 46; MünchHdb. AG/*Krieger* § 70 Rdnr. 85 (S. 1055); *D. Schwenn,* Der Ausgleichs- und Abfindungsanspruch, S. 121 f.

wird, muß im selben Verhältnis der variable Ausgleich angepaßt werden.[155] Dasselbe gilt im Fall eines Aktiensplits bei der herrschenden Gesellschaft.[156] Kommt es bei der *Untergesell-schaft*, etwa zur Deckung eines Verlustvortrags oder zur Kapitalrückzahlung, zu einer Kapitalherabsetzung, so bleibt dies gleichfalls ohne Einfluß auf den festen Ausgleich, während der variable Ausgleich gegebenenfalls der Veränderung der Aktiennennbeträge anzupassen ist.[157]

IX. Beendigung

74   Die Ausgleichsberechtigung der außenstehenden Aktionäre beruht in erster Linie auf dem Unternehmensvertrag und ihrer Aktionärseigenschaft.[158] Der Ausgleichsanspruch erlischt folglich, sobald ein Aktionär seine Aktien veräußert, zB das Abfindungsangebot des herrschenden Unternehmens annimmt (§ 305),[159] oder wenn der Unternehmensvertrag sein Ende findet (§§ 296, 297). Tritt die Beendigung des Unternehmensvertrags während des Laufs eines Geschäftsjahres ein, zB infolge der Kündigung des Vertrags durch den anderen Vertragsteil gemäß § 297 Abs. 1, so haben die außenstehenden Aktionäre für das Rumpfgeschäftsjahr einen anteiligen Anspruch auf Ausgleichszahlungen.[160]

75   Anders als die genannten Fälle ist die **Eingliederung** oder **Verschmelzung** der herrschenden Gesellschaft mit ihrer Muttergesellschaft oder mit einem anderen Unternehmen zu beurteilen. Weil in diesem Fall der Unternehmensvertrag bestehen bleibt (§ 297 Rdnr. 37), wird auch die Verpflichtung zur weiteren Zahlung des Ausgleichs nicht berührt. Im Falle der Eingliederung haftet vielmehr für die Ausgleichzahlungen jetzt neben der eingegliederten Tochtergesellschaft die Muttergesellschaft (§ 322). Ebenso verhält es sich im Ergebnis im Fall der Verschmelzung (§§ 20 ff. UmwG).[161]

X. Mängel des Vertrages und des Zustimmungsbeschlusses

76   Die gesetzliche Regelung des § 304 ist zwingend, so daß ein Beherrschungs- oder Gewinnabführungsvertrag, der auch nur in einem einzigen Punkt gegen § 304 verstößt, an sich nichtig sein müßte (§§ 134, 139 BGB). Die Gesetzesverfasser waren indessen der Meinung, daß mit diesem Ergebnis den Beteiligten nicht gedient sei.[162] Sie haben deshalb die Nichtigkeit auf den Fall beschränkt, daß der fragliche Vertrag entgegen Abs. 1 des § 304 überhaupt *keinen* Ausgleich für im Augenblick der Beschlußfassung vorhandene außenstehende Aktionäre vorsieht (s. § 304 Abs. 1 S. 3 und Abs. 3 S. 1 iVm. § 307 und dazu Rdnr. 77 ff.). Diesem Fall wird eine Reihe weiterer vergleichbarer Fallgestaltungen gleichgestellt, in denen der Vertrag gleichfalls so schwere Mängel aufweist, daß er so behandelt werden muß, als ob er überhaupt keinen Ausgleich vorsehe, so daß die Rechtsfolge Nichtigkeit ist (Rdnr. 78 f.). Ohne Einfluß auf die Wirksamkeit des Vertrages bleibt es dagegen, wenn der in dem Vertrag bestimmte Ausgleich *nicht angemessen* ist. An die Stelle der Nichtigkeit des Vertrages tritt in diesem Falle die Befugnis des in § 306 bzw. im SpruchG bestimmten Gerichts, auf Antrag eines außenstehenden Aktionärs den vertraglich geschuldeten Ausgleich zu bestimmen (§ 304 Abs. 3 S. 3 und Abs. 4). Dieser sogenannte Anfechtungsausschluß ist durch die jüngste Rechtsprechung in dem Bestreben, angeblich miß-

[155] *Koppensteiner* in Kölner Kommentar Rdnr. 54; *D. Schwenn,* Der Ausgleichs- und Abfindungsanspruch, S. 120 f.; anders MünchHdb. AG/*Krieger* § 70 Rdnr. 84 (S. 1055).

[156] MünchKommAktG/*Bilda* Rdnr. 174; MünchHdb. AG/*Krieger* § 70 Rdnr. 84 (3. Abs.).

[157] S. MünchKommAktG/*Bilda*   Rdnr. 142; *Hüchting* Abfindung S. 139 ff.; *Koppensteiner* in Kölner Kommentar Rdnr. 48; MünchHdb. AG/*Krieger* § 70 Rdnr. 85; *D. Schwenn,* Der Ausgleichs- und Abfindungsanspruch, S. 122 f.

[158] Die Frage ist neuerdings streitig geworden, wird aber in erster Linie für die Abfindung disku-

tiert; s. deshalb § 305 Rdnr. 7 ff. sowie § 306 Rdnr. 37 ff.

[159] S. Rdnr. 87; BGH NJW 2002, 3467 = WM 2002, 2153, 2154 = ZIP 2002, 1892 = AG 2003, 40 „Rütgers AG"; OLG Düsseldorf AG 2001, 596.

[160] MünchKommAktG/*Bilda*   Rdnr. 183–191; *Koppensteiner* in Kölner Kommentar Rdnr. 8.

[161] OLG Düsseldorf AG 1990, 490 f.; 1996, 475; s. § 297 Rdnr. 38 ff.

[162] S. die Begr. zum RegE bei *Kropff* AktG S. 395.

bräuchlichen Anfechtungsklagen einzelner Aktionäre von vornherein einen Riegel vorzuschieben, in unvertretbarer Weise zum Nachteil der außenstehenden Aktionäre ausgedehnt
worden (s. schon § 293 Rdnr. 38 ff. und Rdnr. 82 f.).

1. Nichtigkeit. Nichtigkeit des Beherrschungs- oder Gewinnabführungsvertrages wegen **77**
Verstoßes gegen § 304 tritt nach § 304 Abs. 3 S. 1 iVm. Abs. 1 S. 3 nur ein, wenn in dem
Vertrag entgegen § 304 Abs. 1 S. 1 und 2 überhaupt kein Ausgleich für *vorhandene* außenstehende Aktionäre vorgesehen ist. Maßgebender **Zeitpunkt,** in dem diese Wirksamkeitsvoraussetzung (vertragliche Ausgleichsregelung) erfüllt sein muß, ist der der Beschlußfassung
der Hauptversammlung nach § 293 Abs. 1 und nicht der des Wirksamwerdens des Vertrags
durch Eintragung ins Handelsregister (§ 294 Abs. 2), wie aus dem Wortlaut der §§ 304
Abs. 1 S. 3 und 307 zu folgern ist.

Dem völligen Fehlen einer Ausgleichsregelung in dem Vertrag (§ 304 Abs. 3 S. 1; **78**
s. Rdnr. 77) ist der Fall gleichzustellen, daß der Vertrag entgegen § 304 (s. Rdnr. 20 f.) die
Ausgleichspflicht der **abhängigen** Gesellschaft und nicht dem herrschenden Unternehmen
auferlegt, da in diesem Fall der Vertrag gleichfalls keine Ausgleichspflicht des *herrschenden*
Unternehmens enthält.[163] Ebenso zu behandeln ist, wie schon ausgeführt (Rdnr. 57), ferner
der Fall, daß in einem **mehrstufigen** Konzern eine Tochtergesellschaft, die durch einen
Beherrschungs- oder Gewinnabführungsvertrag mit ihrer Muttergesellschaft verbunden oder
in diese eingegliedert ist, anschließend einen Beherrschungs- oder Gewinnabführungsvertrag mit einer Enkelgesellschaft abschließt, in dem ein *variabler* Ausgleich nach § 304 Abs. 2
S. 2 vorgesehen wird. Denn eine solche Regelung läuft der Sache nach gleichfalls darauf
hinaus, daß der Vertrag tatsächlich keine Ausgleichsregelung vorsieht. Entsprechend ist im
Ergebnis im „umgekehrten" Fall des Aufbaus des Konzerns von unten nach oben zu
entscheiden (Rdnr. 58 f.). Dasselbe gilt schließlich bei ersatzloser **Aufhebung** der Ausgleichsregelung durch einen Änderungsvertrag iSd. § 295.

Bei **sonstigen** Verstößen gegen § 304 geht die überwiegende Meinung unter Berufung **79**
auf den problematischen Anfechtungsausschluß des § 304 Abs. 3 S. 2 (Rdnr. 81 ff.) durchweg von der grundsätzlichen Wirksamkeit des Vertrages aus.[164] Dem kann jedoch nur für
den Regelfall zugestimmt werden. § 304 Abs. 3 S. 1, der die Nichtigkeit des Vertrags bei
Fehlen einer Ausgleichsregelung anordnet (Rdnr. 77), ist zumindest dann entsprechend
anwendbar, wenn der Vertrag eine vom Gesetz nicht zugelassene Form des Ausgleichs
vorsieht, zB einen von § 304 Abs. 2 S. 2 abweichenden variablen Ausgleich oder einen
variablen Ausgleich, obwohl das herrschende Unternehmen keine AG oder KGaA ist, weil
dann in Wirklichkeit ebenfalls keine Ausgleichsregelung iSd. Gesetzes (§ 304) vorliegt. Die
Bestimmung der Ausgleichsart obliegt in diesem Fall nach § 304 Abs. 3 S. 3 letztlich dem
Gericht im Spruch(stellen)verfahren.[165] Unberührt bleiben außerdem die sonstigen Nichtig-
keits- und Anfechtungsgründe des bürgerlichen Rechts (§§ 119, 123, 125, 134, 138 BGB)
sowie des Aktienrechts (zB § 293 Abs. 1; s. § 293 Rdnr. 19 f., 38 ff.).

An der Nichtigkeit des Vertrages ändert in den genannten Fällen (Rdnr. 77 ff.) auch die **80**
etwaige Eintragung ins Handelsregister nichts (§ 294). Ebensowenig ist hier Raum für die
Anwendung der Regeln über fehlerhafte Verträge (§ 291 Rdnr. 28 ff.).

2. Anfechtungsausschluß. Von der Nichtigkeit oder Anfechtbarkeit des Unterneh- **81**
mensvertrages (Rdnr. 77 ff.) muß genau die des Zustimmungsbeschlusses der Hauptversammlung der abhängigen Gesellschaft unterschieden werden (§ 293 Abs. 1). Maßgebend
sind insoweit an sich grundsätzlich die **§§ 241 und 243.** Jedoch enthält das Gesetz hier in
§ 304 Abs. 3 S. 2 eine abweichende Regelung durch einen sogenannten Anfechtungsausschluß für bestimmte Fälle (s. dazu schon ausführlich § 293 Rdnr. 38 ff.). § 304 Abs. 3 S. 2

---

[163] MünchKommAktG/*Bilda* Rdnr. 195; *Hüffer*
Rdnr. 20; *Hüchting* Abfindung S. 69 f.; *Koppensteiner*
in Kölner Kommentar Rdnr. 59; MünchHdb. AG/
Krieger § 70 Rdnr. 88.

[164] MünchKommAktG/*Bilda* Rdnr. 195; *Hüchting* Abfindung S. 69; *Koppensteiner* in Kölner Kommentar Rdnr. 59; anders nur *Beyerle* BB 1978, 784,
787 f.
[165] *Hüffer* Rdnr. 22.

bestimmt, daß die Anfechtung des Zustimmungsbeschlusses (§§ 293 Abs. 1, 295) nicht auf § 243 Abs. 2 oder darauf gestützt werden kann, daß der im Vertrag bestimmte Ausgleich nicht angemessen, insbes. also, gemessen an den gesetzlichen Vorgaben, zu niedrig ist (vgl. auch § 305 Abs. 5 S. 1). Das gilt gleichermaßen für die Anfechtung nach § 243 Abs. 1 wie nach Abs. 2.[166] An die Stelle der Anfechtung tritt in diesen Fällen das Spruch- oder Spruchstellenverfahren nach § 306 (§ 304 Abs. 3 S. 3; 305 Abs. 5 S. 2) bzw. in Zukunft nach dem geplanten SpruchG (s. Rdnr. 83 ff.).

82   Im übrigen aber bleiben die §§ 241 und 243 grundsätzlich unberührt. Wichtig war das nach früher hM vor allem für die Anfechtung des Zustimmungsbeschlusses durch die außenstehenden Aktionäre wegen der *Verletzung ihres Auskunftsrechts* aufgrund der §§ 131 und 293 g, das sich auch auf alle für die Angemessenheit des Ausgleichs maßgebenden Umstände erstreckt.[167] Im Schrifttum war allerdings bereits früher vereinzelt eine *Erstreckung des Anfechtungsausschlusses* der §§ 304 Abs. 3 S. 2 und 305 Abs. 5 S. 1 auf die Fälle der Verletzung des Auskunftsrechts hinsichtlich der Angemessenheit von Abfindung und Ausgleich gefordert worden.[168] Wie schon ausgeführt (§ 293 Rdnr. 38), hat sich dieser restriktiven Auffassung mittlerweile der BGH für die Verletzung unternehmenswertbezogener Auskunfts-, Auslegungs- und Informationspflichten angeschlossen,[169] einmal wohl deshalb, weil er dem Anfechtungsrecht der außenstehenden Aktionäre hier ohnehin angesichts der üblichen qualifizierten Hauptversammlungsmehrheit des herrschenden Unternehmens (s. § 293 Abs. 1) nur geringe Bedeutung beimißt, zum andern gewiß aber auch deshalb, um von ihm befürchteten mißbräuchlichen Anfechtungsklagen einzelner „berufsmäßiger" Kläger von vornherein einen Riegel zum Schutz der konzentrationswilligen Unternehmen vorzuschieben (s. im einzelnen § 293 Rdnr. 38 ff. m. Nachw.).

82 a   Tatsächlich führt jedoch die vom BGH befürwortete Ausdehnung des Anfechtungsausschlusses nur zu einer durchaus problematischen, mit dem Wortlaut und dem Zweck der gesetzlichen Regelung nur schwer zu vereinbarenden Verkürzung der Aktionärsrechte (s. § 293 Rdnr. 38 ff.). Es sollte deshalb dabei bleiben, daß die außenstehenden Aktionäre den Zustimmungsbeschluß nach § 243 auch wegen der Verletzung ihres Auskunftsrechts aufgrund der §§ 131 und 293 g,[170] ferner wegen einer Verletzung der Auslegungspflichten nach den §§ 293 f Abs. 1 und 293 g Abs. 1 sowie wegen einer Verletzung der Erläuterungspflicht des Vorstandes aus § 293 g Abs. 2 anfechten können.

82 b   § 304 Abs. 3 S. 2 bezieht sich lediglich auf den Zustimmungsbeschluß der **abhängigen** Gesellschaft nach den §§ 293 Abs. 1 und 295 Abs. 2. Keine Bedeutung hat die gesetzliche Regelung für die Möglichkeit zur Anfechtung des Zustimmungsbeschlusses der *herrschenden* Gesellschaft aufgrund des § 293 Abs. 2. Dies hat das merkwürdige Ergebnis, daß zwar nicht die außenstehenden Aktionäre der abhängigen Gesellschaft, wohl aber die der herrschenden Gesellschaft den Zustimmungsbeschluß mit der Begründung anfechten können, der Ausgleich sei unangemessen.[171] Für die auch vom BGH jetzt erwogene Ausdehnung des Spruch- oder Spruchstellenverfahrens auf diese Fälle fehlt die gesetzliche Grundlage (s. § 293 Rdnr. 38 c).

XI. Spruchstellenverfahren (Spruchverfahren)

83   **1. Reform.** Die Gesetzesverfasser haben aus praktischen Erwägungen sowohl die Anfechtung des Zustimmungsbeschlusses der abhängigen Gesellschaft als auch die Nichtigkeit

---

[166] *Hüffer* Rdnr. 21; *Koppensteiner* in Kölner Kommentar Rdnr. 60; MünchHdb. AG/*Krieger* § 70 Rdnr. 88 (2. Abs.).
[167] Grdlg. BGHZ 122, 211, 238 = LM AktG § 83 Nr. 1 = NJW 1993, 1976 = AG 1993, 422 „SSI"; LG Heilbronn AG 1971, 372; LG Nürnberg-Fürth AG 1995, 141 „Hertel"; MünchKommAktG/*Bilda* Rdnr. 199; *Henze* Konzernrecht Tz. 375 (S. 132 f.).
[168] *Hirte* ZGR 1994, 644, 659 f.; s. jetzt *ders.* ZHR 167 (2003), 8.

[169] BGHZ 146, 179, 182 ff. = NJW 2001, 1452 = AG 2001, 301 „MEZ AG"; BGH LM UmwG § 207 Nr. 2 = NJW 2001, 1428 = AG 2001, 263 „Aqua Butzkewerke".
[170] S. § 293 Rdnr. 38; grdlg. BGHZ 122, 211, 238 = LM AktG § 83 Nr. 1 = NJW 1993, 1976 = AG 1993, 422 „SSI"; LG Heilbronn AG 1971, 372; LG Nürnberg-Fürth AG 1995, 141 „Hertel"; MünchKommAktG/*Bilda* Rdnr. 199.
[171] Kritisch MünchHdb. AG/*Krieger* § 70 Rdnr. 88 (2. Abs.); ebenfalls str.

des Vertrages wegen der Festsetzung eines zu niedrigen Ausgleichs durch das besondere Spruchstellenverfahren (oder auch Spruchverfahren) nach § 306 ersetzt, an dessen Stelle ab Sommer 2003 das Spruchverfahren nach dem geplanten neuen Spruchverfahrensgesetz (SpruchG) treten soll (s. Rdnr. 76 und Rdnr. 83 a). Der Vertrag bleibt in den genannten Fällen folglich wirksam; jedoch geht die Befugnis zur Bestimmung des angemessenen Ausgleichs auf das Gericht über (§ 304 Abs. 3 S. 3). Das dabei zu beachtende Verfahren richtet sich nach den §§ 306 und 99 sowie ergänzend nach dem FGG (s. § 306 Abs. 2 iVm. § 99 Abs. 1). Die praktische Bedeutung dieser Spruchstellenverfahren ist erheblich. Gerügt werden jedoch allgemein die hohen Kosten sowie die übermäßige Dauer der Verfahren, die sich durchweg nach Jahren, in Einzelfällen sogar nach Jahrzehnten bemißt (s. § 306 Rdnr. 5 f.).

Die Bundesregierung plant deshalb nach entsprechenden Vorarbeiten des Schrifttums[172] **83 a** eine zusammenfassende Neuregelung der verschiedenen aktien- und umwandlungsrechtlichen Spruchstellenverfahren, in Zukunft einheitlich **Spruchverfahren** genannt, in einem Spruchverfahrensgesetz **(SpruchG)**, durch das zugleich das AktG und das UmwG in verschiedenen Punkten geändert werden sollen. Nachdem im November 2001 ein Referentenentwurf vorgelegt worden war,[173] folgte aufgrund der Stellungnahmen der Verbände[174] ein Jahr später im November 2002 der RegE eines neuen Spruchverfahrensneuordnungsgesetzes, als dessen Art. 1 das neue Spruchverfahrensgesetz (SpruchG) geplant ist.[175] Der Entwurf dieses neuen SpruchG ist im Anhang zu § 306 abgedruckt. Auf die gleichzeitig geplanten geringfügigen Änderungen des AktG in den §§ 293 c, 304, 305, 306, 320, 320 b und 327 f ist jeweils bei den genannten Vorschriften bereits hingewiesen worden. Hervorzuheben ist vor allem die Ersetzung des § 306 durch das neue SpruchG.

2. Antragsberechtigung. a) Jeder außenstehende Aktionär. Antragsberechtigt ist **84** nach § 304 Abs. 4 S. 1 jeder außenstehende Aktionär (zum Begriff s. Rdnr. 13 ff.). Die Höhe seines Anteilsbesitzes spielt keine Rolle; antragsberechtigt ist auch, wer nur über eine einzige Aktie verfügt, selbst wenn es sich dabei um eine stimmrechtslose Vorzugsaktie handelt (§ 304 Abs. 4 S. 1).[176] Ebensowenig ändert es etwas an der Antragsberechtigung des außenstehenden Aktionärs, wenn er in der Hauptversammlung der abhängigen Gesellschaft dem Vertrag nach § 293 Abs. 1 zugestimmt oder zunächst den von ihm als zu niedrig gerügten Ausgleich widerspruchslos entgegengenommen hat.[177] Denn antragsberechtigt ist ganz allgemein jede Person, deren materielle Berechtigung die gerichtliche Überprüfung des Umtauschverhältnisses rechtfertigt.[178] Aus diesem Grund verbietet sich der Vergleich der Antragsbefugnis im Spruch- oder Spruchstellenverfahren mit der Befugnis zur Erhebung einer Anfechtungsklage, die nach § 245 Nrn. 1 bis 3 immer eine Beschwer des Klägers voraussetzt, während im vorliegenden Zusammenhang solche Beschwer entbehrlich ist. Eine abweichende Beurteilung der Rechtslage kommt nur in Mißbrauchsfällen in Betracht.[179]

b) Zeitpunkt. Das Gesetz sagt nicht, *wann* die Eigenschaft als außenstehender Aktionär **85** gegeben sein muß, um das Antragsrecht eines Aktionärs zu begründen. Im wesentlichen werden hierzu *drei Meinungen* vertreten: Nach der engsten sind nur solche außenstehenden Aktionäre antragsberechtigt, die diese Eigenschaft bereits im Augenblick der Beschlußfassung nach § 293 Abs. 1 besaßen; begründet wird dies damit, daß das Antragsrecht an die

[172] S. *Bilda* NZG 2000, 296; *Lutter/Bezzenberger* AG 2000, 432.

[173] S. *Neye* DStR 2002, 178 = NZG 2002, 23 (mit Abdruck des RefE).

[174] S. insbes. DAV Stellungnahme NZG 2002, 119.

[175] BR-Drucks. 827/02 = ZIP 2002, 2099; s. dazu *Neye*, FS für Wiedemann, 2002, S. 1124; *ders.* ZIP 2002, 2097.

[176] KG OLGZ 1971, 260, *268* f. = AG 1971, 158 = WM 1971, 764; *Hüffer* Rdnr. 23; MünchHdb. AG/*Krieger* § 70 Rdnr. 114.

[177] Grdlg. BayObLGZ 2002, 56, 62 = AG 2002, 559, 561 = NZG 2002, 877 = ZIP 2002, 935; MünchKommAktG/*Bilda* Rdnr. 210 f.; *Hüchting* Abfindung S. 72; *J. Schmidt*, Außenstehende Aktionäre, S. 43 f.

[178] So grdlg. OLG Düsseldorf AG 2001, 596 (Vorinstanz: LG Dortmund AG 2001, 204).

[179] S. MünchHdb. AG/*Krieger* § 70 Rdnr. 114 (1. Abs.).

Stelle des sonst gegebenen Anfechtungsrechts nach § 243 Abs. 1 trete, das gleichfalls an die Aktionärseigenschaft bei der Beschlußfassung gebunden sei.[180] Nach anderen ist dagegen das Antragsrecht außerdem solchen Aktionären zuzusprechen, die der Gesellschaft spätestens bei Bekanntmachung des Wirksamwerdens des Unternehmensvertrages angehört haben (§ 294 Abs. 2 AktG iVm. § 10 HGB), gegebenenfalls unter zusätzlicher Anwendung des § 15 Abs. 2 HGB.[181] Nach wieder anderen soll es schließlich schon genügen, wenn die Aktionäre ihre Aktien spätestens bis zum Ablauf der Zweimonatsfrist des § 304 Abs. 4 S. 2 (s. Rdnr. 88) erworben haben, so daß es ausreicht, wenn der Antragsteller *im Augenblick der Antragstellung* außenstehender Aktionär ist *oder* er doch diese Eigenschaft spätestens bis zum Ablauf der in den §§ 304 Abs. 4 S. 2 und 306 Abs. 3 S. 2 bestimmten Ausschlußfristen erwirbt.[182]

86   Zu folgen ist der zuletzt genannten Meinung (Rdnr. 85), weil das Gesetz in § 304 Abs. 4 die Antragsberechtigung ohne Ausnahme sämtlichen außenstehenden Aktionären bis zum Ablauf der Fristen der §§ 304 Abs. 4 S. 2 und 306 Abs. 3 S. 2 zubilligt. Handelt es sich um vinkulierte Namensaktien, so genügt es folglich, wenn die zur Übertragung nach § 68 Abs. 2 erforderliche Genehmigung der Gesellschaft bis zur Antragstellung vorliegt;[183] gleich stehen muß nach dem Gesagten (Rdnr. 85) der Fall, daß die Genehmigung bis zum Ablauf der Fristen der §§ 304 Abs. 4 S. 2 und 306 Abs. 3 S. 2 nachgeholt wird. Es kommt hinzu, daß die in dem Spruchstellenverfahren ergehende Entscheidung für und gegen alle wirkt (§ 306 Abs. 2 iVm. § 99 Abs. 5 S. 2), also auch für und gegen solche Aktionäre, die ihre Aktien erst während des Laufs der Frist des § 304 Abs. 4 S. 2 erworben haben, so daß kein Grund zu erkennen ist, ihnen das Antragsrecht zu verweigern. Fehlt dem Antragsteller jedoch die Antragsbefugnis und erlangt er diese auch nicht bis zum Ablauf der Fristen der §§ 304 Abs. 4 S. 2 und 306 Abs. 3 S. 2, so ist der Antrag unzulässig.[184]

87   c) **Veräußerung.** Das Antragsrecht nach § 304 Abs. 4 S. 1 ist an den Besitz einer Aktie geknüpft. Im Fall der Veräußerung der Aktie geht es auf den Erwerber über, sofern er außenstehender Aktionär ist.[185] Hieran ändert auch die Anhängigkeit eines Spruchstellenverfahrens nach § 306 nichts. Dieses Verfahren hat nicht etwa eine Veräußerungssperre für die außenstehenden Aktionäre zur Folge, mögen sie selbst einen Antrag gestellt haben oder nicht (§ 265 Abs. 1 ZPO). Damit ist zugleich gesagt, daß ein außenstehender Aktionär mit der Veräußerung seiner Aktien die Antragsbefugnis verliert; gleich steht der Fall, daß er uneingeschränkt das Abfindungsangebot des herrschenden Unternehmens annimmt.[186] Antragsberechtigt ist an seiner Statt dann innerhalb der Fristen der §§ 304 Abs. 4 S. 2 und 306 Abs. 3 S. 2 der *Erwerber* der Aktien.

87 a   Umstritten ist die Rechtslage, wenn der Veräußerer vor der Veräußerung bereits einen Antrag nach § 304 Abs. 3 S. 3 oder § 305 Abs. 5 S. 2 auf gerichtliche Überprüfung des Ausgleichs oder der Abfindung gestellt *hatte*. Teilweise werden auf diesen Fall die §§ 265 Abs. 2 und 325 Abs. 1 ZPO entsprechend angewandt.[187] Diese Vorschriften passen jedoch wenig auf das Spruchstellenverfahren (s. § 306 Rdnr. 1, 24 ff.). Deshalb spricht mehr für die

[180] KG OLGZ 1971, 260, 263 f. = WM 1971, 764 = AG 1971, 158.

[181] So OLG Frankfurt NJW 1972, 641, 643 f.; LG Köln AG 1998, 537 „AMV"; *Hüffer* Rdnr. 24; MünchHdb. AG/*Krieger* § 70 Rdnr. 114 (2. Abs.).

[182] So jetzt grdlg. BayObLGZ 2002, 56, 61 ff. = AG 2002, 559, 561 f. = NZG 2002, 877 = ZIP 2002, 935; *van Aerssen* AG 1999, 249, 252 f. f.; MünchKommAktG/*Bilda* Rdnr. 217 f. f.; *Hüchting* Abfindung S. 73 f.; *Koppensteiner* in Kölner Kommentar Rdnr. 63; *J. Schmidt,* Das Recht der außenstehenden Aktionäre, S. 40 f. f.; *M. Schulenberg* AG 1998, 74, 79 f.; im wesentlichen auch *U. Schneider* NJW 1971, 1109.

[183] LG Köln AG 1998, 537 „AMV".

[184] BayObLGZ 2002, 56, 59 = AG 2002, 559, 560.

[185] S. Rdnr. 15 ff.; BayObLGZ 2002, 56, 62 f. = AG 2002, 559, 561; *van Aerssen* (Fn. 182); *Hüchting* Abfindung S. 73; *Koppensteiner* in Kölner Kommentar Rdnr. 63; *J. Schmidt,* Außenstehende Aktionäre, S. 40 f.

[186] OLG Düsseldorf AG 2001, 596 f. (Vorinstanz: LG Dortmund AG 2001, 204); s. BGH NJW 2002, 3467 = AG 2003, 40 = WM 2002, 2153 = ZIP 2002, 1892 „Rütgers AG".

[187] OLG Düsseldorf AG 1999, 321 = DB 1999, 681; AG 2001, 596, 297; LG Köln AG 1998, 538 „Kaufhof/Metro"; MünchKommAktG/*Bilda* Rdnr. 221.

Meinung, daß bei Veräußerung der Aktien durch den Antragsteller der Erwerber anstelle des Veräußerers in das Verfahren als Antragsteller *eintritt.*[188]

d) Reform. Das geplante Spruchgesetz bringt in § 3 (s. den Abdruck im Anhang zu **87 b** § 306 Rdnr. 64) in der Frage der Antragsbefugnis der außenstehenden Aktionäre nur wenige Änderungen. § 3 S. 1 Nr. 1 des Entwurfs übernimmt zunächst uneingeschränkt die Regelung der §§ 304 Abs. 4 S. 1 und 305 Abs. 5 S. 4. Antragsberechtigt ist danach in den Fällen der §§ 304 und 305 „jeder außenstehende Aktionär". In den Sätzen 2 und 3 der Vorschrift ist ergänzend folgende Regelung geplant:

> In den Fällen der Nummer 1 und 3 ist die Antragsberechtigung nur gegeben, wenn der Antragsteller zum Zeitpunkt der Antragstellung Anteilsinhaber ist. Die Stellung als Aktionär ist dem Gericht ausschließlich durch Urkunden nachzuweisen.

Durch S. 2 der geplanten Vorschrift soll in Übereinstimmung mit dem Text (Rdnr. 86) klargestellt werden, daß es ausreicht, wenn der Antragsteller zum Zeitpunkt der Antragstellung Anteilsinhaber ist.[189] S. 3 der Vorschrift verpflichtet den Antragsteller, seine Eigenschaft bei Antragstellung durch Urkunden zu belegen, wobei in erster Linie an einen Depotauszug seiner Bank oder die Vorlage der effektiven Aktienstücke gedacht ist, um die Verfahren von der Prüfung der Antragsberechtigung der Antragsteller zu entlasten.[190]

3. Frist. Für den Antrag auf Einleitung eines Spruchstellenverfahrens nach § 306 be- **88** stimmt das Gesetz in § 304 Abs. 4 S. 2 eine Ausschlußfrist von zwei Monaten, die an dem Tag zu laufen beginnt, der auf den Tag folgt, an dem die Eintragung des Bestehens oder einer unter § 295 Abs. 2 fallenden Änderung des Vertrags ins Handelsregister nach § 10 Abs. 2 HGB als bekanntgemacht gilt (§ 187 Abs. 1 BGB). Die Berechnung der Frist richtet sich dann nach § 188 Abs. 2 BGB. Bei dieser Frist handelt es sich um eine materiellrechtliche Ausschlußfrist, gegen deren Versäumung es keine Wiedereinsetzung in den vorigen Stand gibt.[191] Die Frist ist gewahrt, wenn der Antrag (Rdnr. 89) rechtzeitig bei Gericht eingeht.[192] Die Fristversäumung ist zudem unschädlich, wenn ein anderer Aktionär rechtzeitig den Antrag gestellt und dadurch die zusätzliche Frist des § 306 Abs. 3 S. 2 ausgelöst hatte (s. § 306 Rdnr. 11 ff.). Der an sich verspätete Antrag ist dann als (noch) zulässiger Anschlußantrag nach § 306 Abs. 3 S. 2 zu behandeln.[193] Bestehen mehrere Aktiengattungen, so beschränkt sich das Antragsrecht des einzelnen Aktionärs auf die Bestimmung des Ausgleichs für diejenige Aktiengattung, der er angehört.[194]

Durch das Spruchgesetz soll die Antragsfrist auf drei Monate verlängert, gleichzeitig aber **88 a** die bisher bestehende Möglichkeit, einen Anschlußantrag zu stellen (s. § 306 Rdnr. 11 ff.), im Interesse der Beschleunigung des Verfahrens gestrichen werden (§ 4 Abs. 1 des Entwurfs des SpruchG). Zugleich soll, ebenfalls im Interesse der Beschleunigung des Verfahrens, eine Begründungspflicht eingeführt werden (Rdnr. 89).

4. Antrag, Vergleich. Für den Antrag schreibt das Gesetz keine besondere Form vor. **89** Der Antrag braucht daher nicht begründet zu werden; es genügt vielmehr, daß der Antragsteller den Ausgleich als nicht angemessen rügt.[195] In dem geplanten SpruchG soll dagegen ausdrücklich auch eine **Verfahrensförderungspflicht** der Antragsteller festgeschrieben werden (§ 9 des Entwurfs). Dazu gehört als erster Schritt die Verpflichtung, den Antrag innerhalb der Antragsfrist zu begründen, wozu nach § 4 Abs. 2 S. 2 des Entwurfs verschie-

---

[188] *Hüffer* Rdnr. 25; *Koppensteiner* in Kölner Kommentar Rdnr. 63; MünchHdb. AG/*Krieger* § 70 Rdnr. 114; *J. Schmidt,* Außenstehender Aktionär, S. 44 ff.; im Ergebnis auch *M. Schulenberg* AG 1998, 74, 80 f.

[189] S. die Begr. BR-Drucks. 827/02, S. 23 = ZIP 2002, 2100.

[190] S. die Begr. BR-Drucks. 827/02, S. 23 = ZIP 2002, 2100.

[191] BayObLGZ 2002, 56, 59 = AG 2002, 559, 560; OLG Düsseldorf AG 1993, 39, 40; Münch-

KommAktG/*Bilda* Rdnr. 223 f.; *Hüffer* Rdnr. 26; *Koppensteiner* in Kölner Kommentar Rdnr. 62.

[192] BayObLGZ 2002, 56, 64 = AG 2002, 559, 562.

[193] BayObLGZ 2002, 56, 60 = AG 2002, 559, 561.

[194] MünchHdb. AG/*Krieger* § 70 Rdnr. 116.

[195] KG OLGZ 1971, 260, 265 = AG 1971, 158 = WM 1971, 764.

dene Mindestangaben gehören. Hervorzuheben ist die Darlegung der Stellung als Anteilsinhaber zum Zeitpunkt der Antragstellung (Nr. 2 aaO) sowie die Vorbringung konkreter Einwendungen gegen den als Grundlage für die Kompensation ermittelten Unternehmenswert des Antragsgegners, soweit er sich aus den in § 7 Abs. 3 des Entwurfs genannten Unterlagen ergibt, womit der Unternehmensvertragsbericht des § 293 a und der Prüfungsbericht des § 293 e gemeint sind. In dem Antrag müssen folglich konkrete Bewertungsrügen mit Bezug auf die genannten Berichte vorgebracht werden, um von vornherein das Verfahren auf die wesentlichen Punkte zu konzentrieren.[196]

90   Ein gerichtlicher **Vergleich** ist in dem Spruchstellenverfahren bisher nicht vorgesehen.[197] Dadurch werden die Antragsteller indessen nicht gehindert, sich außergerichtlich mit dem herrschenden Unternehmen zu einigen und anschließend ihren Antrag zurückzunehmen (s. § 306 Abs. 7 S. 4), wovon in der Praxis zum Nachteil der übrigen außenstehenden Aktionäre zumindest früher offenbar in erheblichem Umfang Gebrauch gemacht wurde.[198] Um dem zu begegnen, ist 1994 durch das Umwandlungsrechtsbereinigungsgesetz § 306 entsprechend geändert worden (s. § 306 Abs. 4 S. 10 AktG iVm. § 308 Abs. 3 UmwG). In dem geplanten SpruchG soll die Möglichkeit einer gütlichen Einigung ausdrücklich vorgesehen werden (§ 11 Abs. 2 des Entwurfs). Vorbild ist § 53 a FGG.

91   **5. Entscheidung des Gerichts.** Die Entscheidung des Landgerichts am Sitz der Gesellschaft (§ 306 Abs. 1) ergeht durch begründeten Beschluß, gegen den (nur) die sofortige Beschwerde an das OLG möglich ist (§ 306 Abs. 2 iVm. § 99 Abs. 3 S. 1 und 2). Die Beschwerde kann auf neue Tatsachen oder Beweise gestützt werden (§ 23 FGG). Eine weitere Beschwerde zum BGH ist ausgeschlossen.[199] Eine Ausnahme wurde bisher lediglich in den Fällen der sogenannten greifbaren Gesetzwidrigkeit erwogen, d. h. dann, wenn die Entscheidung des Beschwerdegerichts mit der geltenden Rechtsordnung schlechthin unvereinbar ist, weil sie jeder gesetzlichen Grundlage entbehrte und inhaltlich dem Gesetz fremd war.[200] Nach der Reform des Beschwerderechts durch das ZPO-Reformgesetz vom 27. Juli 2001[201] ist jedoch zweifelhaft geworden, ob an dieser Praxis festgehalten werden kann, da § 321 a ZPO jetzt dem betreffenden Gericht selbst die Korrektur solcher schwerwiegenden Mängel ermöglicht.[202]

92   Die Entscheidung kann nur zugunsten, nicht zu Lasten der Antragsteller ausfallen, so daß eine Herabsetzung des Ausgleichs durch den Beschluß ausscheidet.[203] Dies folgt einfach aus dem Umstand, daß die beteiligten Unternehmen nicht ihrerseits antragsbefugt sind (§§ 304 Abs. 4 S. 1 und 305 Abs. 5 S. 4 AktG; § 3 S. 1 Nr. 1 SpruchGE). Das Gericht ist bei seiner Entscheidung an die von den Parteien gewählte Art des Ausgleichs gebunden. Das sagt § 304 Abs. 3 S. 3 Halbs. 2 zwar nur für den variablen Ausgleich, muß aber sinngemäß auch für den festen Ausgleich gelten.[204] Haben die Parteien in dem Vertrag eine andere, vom Gesetz generell nicht zugelassene Form des Ausgleichs gewählt, so kann das Gericht schließlich nur den festen Ausgleich des § 304 Abs. 2 S. 1 als gesetzliche Regelform wählen.[205]

---

[196] S. die Begr. BR-Drucks. 827/02, S. 24 = ZIP 2002, 2101.

[197] Stellungnahme der BReg. bei *Kropff* AktG S. 401; BayObLGZ 1978, 209 = AG 1980, 76, 77; *Hüffer* § 306 Rdnr. 18; *Koppensteiner* in Kölner Kommentar § 306 Rdnr. 18; MünchHdb. AG/*Krieger* § 70 Rdnr. 117; anders *J. Schmidt,* Außenstehende Aktionäre, S. 103 ff.

[198] S. dazu *Emmerich/Sonnenschein/Habersack* Konzernrecht § 22 VII (S. 353 ff.).

[199] BGH AG 1986, 291, 292; LM AktG § 99 Nr. 1 = NJW 2001, 224 = AG 2001, 129 = NZG 2001, 75; AG 2002, 85 f.; MünchHdb. AG/*Krieger* § 70 Rdnr. 129.

[200] BGH AG 2002, 85, 86.

[201] BGBl. I S. 1887.

[202] S. § 306 Rdnr. 47 a; BGH LM ZPO § 574 Nr. 1 = NJW 2002, 1577; OLG Celle ZIP 2002, 2058 = NJW 2002, 3175; KG MDR 2002, 1086; BVerwG NJW 2002, 2657.

[203] BayObLG AG 1996, 127 = WM 1996, 526 „Paulaner"; LG Dortmund AG 1977, 234, 235 „ATH/Rheinstahl"; MünchKommAktG/*Bilda* Rdnr. 228; *Hüchting* Abfindung S. 78; *Koppensteiner* in Kölner Kommentar Rdnr. 65; MünchHdb. AG/*Krieger* § 70 Rdnr. 128; s. aber auch Rdnr. 82.

[204] Begr. zum RegE bei *Kropff* AktG S. 395 u.; LG Nürnberg-Fürth AG 2000, 89, 91 „Philips"; *Hüffer* Rdnr. 22; *Koppensteiner* in Kölner Kommentar Rdnr. 65; MünchHdb. AG/*Krieger* § 70 Rdnr. 128.

[205] So schon die Begr. zum RegE bei *Kropff* AktG S. 395 u.; LG Nürnberg-Fürth (vorige Fn.);

Wird der Unternehmensvertrag während des Verfahrens abgeändert, so erfaßt die Ent- **93** scheidung automatisch auch den geänderten Vertrag.[206] Mit Rechtskraft wirkt die Entscheidung für und gegen jedermann (§ 306 Abs. 2 iVm. § 99 Abs. 5 S. 2), so daß sie rückwirkend den Beherrschungs- oder Gewinnabführungsvertrag umgestaltet, soweit durch sie der Ausgleich zum Vorteil der außenstehenden Aktionäre verändert wird. Hierauf können sich auch diejenigen außenstehenden Aktionäre berufen, die sich am Verfahren nicht beteiligt haben. Soweit die bisherigen Ausgleichszahlungen des herrschenden Unternehmens hinter dem gerichtlich festgesetzten Betrag zurückblieben, steht den außenstehenden Aktionären ein Nachzahlungsanspruch in Höhe der Differenz zu.[207] Das gilt auch im Falle der Kündigung des Vertrages durch das herrschende Unternehmen nach § 304 Abs. 5 (Rdnr. 95) und ist zwingendes Recht, so daß die Parteien in dem Vertrag nichts anderes vereinbaren können, etwa in Gestalt der Rückwirkung der Kündigung oder ihrer Ersetzung durch einen rückwirkenden Rücktritt.[208]

Durch das geplante **SpruchG** (Abdruck im Anhang zu § 306 Rdnr. 64) soll es in den **93 a** genannten Punkten bei der bisherigen Rechtslage verbleiben (Rdnr. 91–93). Die Einzelheiten ergeben sich aus den §§ 11 bis 14 des Entwurfs. Nach § 11 Abs. 1 des Entwurfs entscheidet das Gericht wie bisher durch einen mit Gründen versehenen Beschluß. Die Möglichkeit (nur) der sofortigen Beschwerde zum OLG eröffnet § 12 des Entwurfs im Anschluß an die bisherige Rechtslage. Die Wirkung der Entscheidung gegenüber jedermann wird in § 13 des Entwurfs festgeschrieben. Die Verpflichtung des Vorstandes zur Bekanntmachung der rechtskräftigen Entscheidung ergibt sich schließlich aus § 14 des Entwurfs. Es bleibt auch dabei, daß die Entscheidung im Spruchverfahren keinen Titel darstellt, so daß die Antragsteller, wenn das herrschende Unternehmen seinen Verpflichtungen aus der Entscheidung im Spruchverfahren nicht nachkommt, anschließend Leistungsklage erheben müssen. Eine Erleichterung bringt insoweit jedoch § 16 des Entwurfs durch die Bestimmung, daß für Klagen auf Leistung des Ausgleichs, der Zuzahlung oder der Abfindung, die im Spruchverfahren bestimmt worden sind, das Gericht des Spruchverfahrens zuständig sein soll. Damit soll erreicht werden, daß für die nachfolgende Leistungsklage dasselbe Gericht und derselbe Spruchkörper zuständig ist, der zuvor mit dem Spruchverfahren befaßt war.[209]

XII. Sonderkündigungsrecht

Nach § 304 Abs. 5 kann das herrschende Unternehmen den Vertrag binnen zweier **94** Monate nach Rechtskraft der Entscheidung ohne Einhaltung einer Kündigungsfrist kündigen (vgl. § 297 Abs. 1), wenn das Gericht den Ausgleich neu, d. h. höher als vereinbart (Rdnr. 92), bestimmt. Durch diese (problematische) Regelung, die dem herrschenden Unternehmen strategische Verhaltensweisen zum Nachteil der außenstehenden Aktionäre ermöglicht,[210] wollten die Gesetzesverfasser dem herrschenden Unternehmen einen Weg eröffnen, sich von dem Beherrschungs- oder Gewinnabführungsvertrag wieder kurzfristig zu lösen, wenn sich aus ihm infolge des Spruchstellenverfahrens unerwartete Belastungen ergeben.[211] Durch das bereits mehrfach erwähnte Spruchverfahrensneuordnungsgesetz (Art. 2 Nr. 2 lit. c) soll aus dem bisherigen Abs. 5 der neue Abs. 4 werden.

Die Kündigungsfrist beträgt zwei Monate nach Rechtskraft der Entscheidung des LG **95** oder des OLG im Spruch(stellen)verfahren (s. §§ 187 Abs. 1, 188 Abs. 2 BGB). Die Kündi-

MünchKommAktG/*Bilda* Rdnr. 229; *Koppensteiner* in Kölner Kommentar Rdnr. 65.
[206] OLG Celle AG 1988, 141; OLG Karlsruhe AG 1991, 144 „Asea/BBC".
[207] MünchKommAktG/*Bilda* Rdnr. 231; *Hüffer* Rdnr. 22; *Koppensteiner* in Kölner Kommentar Rdnr. 66; s. § 305 Rdnr. 66.
[208] *Hüffer* Rdnr. 27; *Koppensteiner* in Kölner Kommentar Rdnr. 67.

[209] S. die Begr. BR-Drucks. 827/02, S. 36 = ZIP 2002, 2106.
[210] S. *Hecker/Wenger* ZBB 1995, 321, 331 f.; *Kübler*, FS für Goerdeler, 1987, S. 279; *W. Meilicke* AG 1995, 181.
[211] So die Begr. zum RegE bei *Kropff* AktG S. 396 oben.

gung wirkt **ex nunc,** so daß es für die Vergangenheit bei dem gerichtlich festgesetzten Ausgleich bleibt mit der weiteren Folge, daß die außenstehenden Aktionäre gegebenenfalls weiterhin eine Nachzahlung verlangen können.[212] Das ist zwingendes Recht, so daß der Vertrag nichts anderes bestimmen kann (s. Rdnr. 93).

§ 305 Abfindung

(1) Außer der Verpflichtung zum Ausgleich nach § 304 muß ein Beherrschungs- oder ein Gewinnabführungsvertrag die Verpflichtung des anderen Vertragsteils enthalten, auf Verlangen eines außenstehenden Aktionärs dessen Aktien gegen eine im Vertrag bestimmte angemessene Abfindung zu erwerben.

(2) Als Abfindung muß der Vertrag,

1. wenn der andere Vertragsteil eine nicht abhängige und nicht in Mehrheitsbesitz stehende Aktiengesellschaft oder Kommanditgesellschaft auf Aktien mit Sitz im Inland ist, die Gewährung eigener Aktien dieser Gesellschaft,
2. wenn der andere Vertragsteil eine abhängige oder in Mehrheitsbesitz stehende Aktiengesellschaft oder Kommanditgesellschaft auf Aktien und das herrschende Unternehmen eine Aktiengesellschaft oder Kommanditgesellschaft auf Aktien mit Sitz im Inland ist, entweder die Gewährung von Aktien der herrschenden oder mit Mehrheit beteiligten Gesellschaft oder eine Barabfindung,
3. in allen anderen Fällen eine Barabfindung

vorsehen.

(3) Werden als Abfindung Aktien einer anderen Gesellschaft gewährt, so ist die Abfindung als angemessen anzusehen, wenn die Aktien in dem Verhältnis gewährt werden, in dem bei einer Verschmelzung auf eine Aktie der Gesellschaft Aktien der anderen Gesellschaft zu gewähren wären, wobei Spitzenbeträge durch bare Zuzahlungen ausgeglichen werden können. Die angemessene Barabfindung muß die Verhältnisse der Gesellschaft im Zeitpunkt der Beschlußfassung ihrer Hauptversammlung über den Vertrag berücksichtigen. Sie ist nach Ablauf des Tages, an dem der Beherrschungs- oder Gewinnabführungsvertrag wirksam geworden ist, mit jährlich zwei vom Hundert über dem jeweiligen Basiszinssatz nach § 247 des Bürgerlichen Gesetzbuchs zu verzinsen; die Geltendmachung eines weiteren Schadens ist nicht ausgeschlossen.

(4) Die Verpflichtung zum Erwerb der Aktien kann befristet werden. Die Frist endet frühestens zwei Monate nach dem Tage, an dem die Eintragung des Bestehens des Vertrags im Handelsregister nach § 10 des Handelsgesetzbuchs als bekanntgemacht gilt. Ist ein Antrag auf Bestimmung des Ausgleichs oder der Abfindung durch das in § 306 bestimmte Gericht gestellt worden, so endet die Frist frühestens zwei Monate nach dem Tage, an dem die Entscheidung über den zuletzt beschiedenen Antrag im Bundesanzeiger bekanntgemacht worden ist.

(5) Die Anfechtung des Beschlusses, durch den die Hauptversammlung der Gesellschaft dem Vertrag oder einer unter § 295 Abs. 2 fallenden Änderung des Vertrags zugestimmt hat, kann nicht darauf gestützt werden, daß der Vertrag keine angemessene Abfindung vorsieht. Sieht der Vertrag überhaupt keine oder eine den Absätzen 1 bis 3 nicht entsprechende Abfindung vor, so hat das in § 306 bestimmte Gericht auf Antrag die vertraglich zu gewährende Abfindung zu bestimmen. Dabei hat es in den Fällen des Absatzes 2 Nr. 2, wenn der Vertrag die Gewährung von Aktien der herrschenden oder mit Mehrheit beteiligten Gesellschaft vorsieht, das Verhältnis, in dem diese Aktien zu gewähren sind, wenn der Vertrag nicht die Gewährung von Aktien der herrschenden

---

[212] LG Stuttgart AG 1998, 103, 104 „Gestra/Foxboro".

oder mit Mehrheit beteiligten Gesellschaft vorsieht, die angemessene Barabfindung zu bestimmen. § 304 Abs. 4 und 5 gilt sinngemäß.[1]

Schrifttum: S. bei § 304 sowie Institut der Wirtschaftsprüfer (IdW), Grundsätze zur Durchführung von Unternehmensbewertungen, WPg 1983, 468; IDW-Standard, FN-IDW 2000, 415; *Ammon,* Rechtsprechungsübersicht zum aktienrechtlichen Spruchstellenverfahren, FGPrax 1998, 121; *Bernhardt,* Die Abfindung von Aktionären nach neuem Recht, BB 1966, 257; *Beyerle,* Zur Regelabfindung im Konzernrecht gemäß § 305 Abs. 2 Nr. 1 AktG, AG 1980, 317; *Bilda,* Zur Dauer der Spruchstellenverfahren, NZG 2000, 296; *Böcking,* Das Verbundberücksichtigungsprinzip als Grundsatz ordnungsmäßiger Unternehmensbewertung, FS für Moxter, 1994, S. 1407; *Bodewig,* Abfindungsergänzungsanspruch bereits abgefundener Aktionäre aufgrund einer Gerichtsentscheidung nach § 305 Abs. 5 S. 2 AktG, BB 1978, 1694; *Bungert,* DAT/Altana: Der BGH gibt Rätsel auf, BB 2001, 1163; *W. Busse von Colbe,* Berücksichtigung von Synergien versus Stand-alone-Prinzip, ZGR 1994, 595; *ders.,* Der Vernunft eine Gasse, FS für Lutter, 2000, S. 1053; *Decher,* Bedeutung und Grenzen des Börsenkurses bei Zusammenschlüssen zwischen unabhängigen Unternehmen, FS für Wiedemann, 2002, S. 787; *H. Dielmann/A. König,* Der Anspruch ausscheidender Minderheitsaktionäre auf angemessene Abfindung, AG 1984, 57; *Dörfler/Gahler/Unterstraßer/Wirichs,* Probleme der Wertermittlung von Abfindungsangeboten, BB 1994, 156; *Drukarczyk,* Zum Problem der angemessenen Barabfindung, AG 1973, 357; *ders.,* Unternehmensbewertung, 1996; *Emmerich/Sonnenschein/Habersack* Konzernrecht § 22 (S. 325 ff.); *Eschenbruch* Konzernhaftung, 1996, Tz. 3179 ff. (S. 217 ff.); *S. Fabian,* Inhalt und Auswirkungen des Beherrschungsvertrags, 1997; *Fleischer,* Die Barabfindung der außenstehenden Aktionäre: Stand-alone-Prinzip oder Verbundberücksichtigungsprinzip, ZGR 1997, 368; *Forster,* Zur Ermittlung der angemessenen Abfindung nach § 305 AktG, AG 1980, 45; *ders.,* Zur angemessenen Barabfindung, FS für Claussen, 1997, S. 91; *Gansweid,* Zur gerichtlichen Überprüfung der angemessenen Barabfindung nach § 305 AktG, AG 1977, 334; *H. Görling,* Die Konzernhaftung in mehrstufigen Unternehmensverbindungen, 1998; *Großfeld,* Unternehmens- und Anteilsbewertung im Gesellschaftsrecht, 4. Aufl. 2002; *ders.,* Unternehmensbewertung als Rechtsproblem, JZ 1981, 641; *ders.,* Bewertung von Anteilen an Unternehmen, JZ 1981, 769; *ders.,* Europäische Unternehmensbewertung, NZG 2002, 353; *Haase,* Das Recht des aktienrechtlichen Abfindungsergänzungsanspruchs, AG 1995, 7; *Hennrichs,* Unternehmensbewertung, ZHR 164 (2000), 453; *Henze,* Die Berücksichtigung des Börsenkurses, FS für Lutter, 2000, S. 1101; *ders.* Konzernrecht Tz. 376 ff. (S. 133 ff.); *H. Hügel,* Verschmelzung und Einbringung, 1993; *Hülsmann,* Gesellschafterabfindung und Unternehmensbewertung, ZIP 2001, 450; *Hüttemann,* Unternehmensbewertung als Rechtsproblem, ZHR 162 (1998), 563; *ders.,* Börsenkurs und Unternehmensbewertung, ZGR 2001, 454; *Klöhn,* Der Abfindungsanspruch des Aktionärs als Aufopferungsanspruch, AG 2002, 443; *Komp,* Zweifelsfragen des aktienrechtlichen Abfindungsanspruchs nach §§ 305, 320 b AktG, 2002; *Koppensteiner,* Abfindungsergänzungsanspruch bereits abgefundener Aktionäre aufgrund einer gerichtlichen Entscheidung gemäß § 305 S. 2 AktG?, BB 1978, 769; *Korth* Unternehmensbewertung BB 1992, Beil. 19 zu H. 33; *Liebscher,* Einschränkung der Verzinslichkeit des Abfindungsanspruchs dissentierender Gesellschafter, AG 1996, 455; *Lutter,* Aktienerwerb von Rechts wegen: Aber welche Aktien?, FS für Mestmäcker, 1996, S. 943; *Luttermann,* Zum Börsenkurs als gesellschaftsrechtliche Bewertungsgrundlage, ZIP 1999, 45; *ders.,* Der „durchschnittliche" Börsenkurs bei Barabfindung, ZIP 2001, 869; *Maier-Reiner/Kolb,* Abfindung und Börsenkurs, FS für Müller, 2001, S. 93; *Maul,* Zur Verrechnung von Ausgleichszahlungen und Zinsen auf Abfindungen, DB 2002, 1423; *W. Meilicke,* Die Barabfindung für den ausgeschlossenen oder ausscheidungsberechtigten Minderheitskapitalgesellschafter, 1975; *ders.,* Rechtsgrundsätze zur Unternehmensbewertung, DB 1980, 2121; *ders.,* Beendigung des Spruchstellenverfahrens nach Beendigung des Unternehmensvertrages?, AG 1995, 181; *ders.,* Zum Verhältnis von Ausgleichs- und Abfindungsanspruch, AG 1999, 103; *ders./Th. Heidel,* Berücksichtigung von Schadensersatzansprüchen gemäß §§ 117, 317 AktG bei der Bestimmung der angemessenen Abfindung für ausscheidende Aktionäre, AG 1989, 117; *Mertens,* Zur Geltung des Stand-alone-Prinzips für die Unternehmensbewertung bei der Zusammenführung von Unternehmen, AG 1992, 321; *W. Müller,* Die Unternehmensbewertung in der Rechtsprechung, FS für Bezzenberger, 2000, S. 705; *Piltz,* Die Unternehmensbewertung in der Rechtsprechung, 3. Aufl. 1994; *Raiser* Kapitalgesellschaften § 54 V 4 (Tz. 75 ff. [S. 904 ff.]); *Ränsch,* Die Bewertung von Unternehmen als Problem der Rechtswissenschaften, AG 1984, 202; *A. Reuter,* Börsenkurs und Unternehmenswertvergleich, DB 2001, 2483; *Rodloff,* Börsenkurs statt Unternehmensbewertung, DB 1999, 1149; *Röhricht,* Die Rechtsstellung der außenstehenden Aktionäre beim Beitritt zum Beherrschungsvertrag, ZHR 162 (1998), 249; *ders.,* Aktuelle höchstrichterliche Rechtsprechung, in: Gesellschaftsrecht in der Diskussion 2001, 2000, S. 3; *Seetzen,* Die Bestimmung des Verschmelzungsverhältnisses im Spruchstellenverfahren, WM 1994, 45; *ders.,* Spruchverfahren und Unternehmensbewertung im Wandel, WM 1999, 565; *D. Schwenn,* Der Ausgleichs- und Abfindungsanspruch der außenstehenden Aktionäre im Unternehmensvertrag bei Eintritt neuer Umstände, 1998; *Fr. Schwörer,* Kein Austrittsrecht nach § 305 AktG im qualifizierten faktischen Aktienkonzern, NZG 2001, 550; *C. Steinhauer,* Der Börsenpreis als Bewertungsgrundlage für den Abfindungsanspruch von Aktionären, AG 1999, 299; *Stilz,* Börsenkurs und Verkehrswert, ZGR 2001, 875; *Timm/Schöne,* Abfin-

---

[1] Durch das geplante **SpruchG** soll in Abs. 4 S. 3 und Abs. 5 S. 2 die Angabe „§ 306" durch die Angabe „§ 2 des Spruchverfahrensgesetzes" ersetzt werden; außerdem soll in Abs. 5 S. 4 die Angabe „und 5" gestrichen werden, dies deshalb, weil durch das SpruchG aus dem bisherigen § 304 Abs. 5 der neue § 304 Abs. 4 werden soll.

dung in Aktien: Das Gebot der Gattungsgleichheit, FS für Kropff, 1997, S. 315; *Vetter,* Zum Ausgleich von Spitzen(-beträgen) bei der Abfindung von Aktien, AG 1997, 6; *ders.*, Verpflichtung zur Schaffung von 1 Euro-Aktien?, AG 2000, 193; *ders.*, Die Verzinsung der Barabfindung nach § 305 Abs. 3 S. 3 AktG und die Ausgleichszahlung, AG 2002, 383; *ders.*, Börsenkurs und Unternehmensbewertung, DB 2001, 1347; *Weiss,* Die Berücksichtigung des nicht betriebsnotwendigen Vermögens, FS für Semler, 1993, S. 631; *Werner,* Die Behandlung von Verbundeffekten bei Abfindungen nach den §§ 305 und 320 AktG, FS für Steindorff, 1990, S. 303; *Westerfeldhaus,* IDW-Unternehmensbewertung verkennt Anforderungen der Praxis, NZG 2001, 673; *H. P. Westermann,* Zum Verhalten des Großaktionärs bei Umtauschangeboten gemäß § 305 AktG, AG 1976, 309; *H. Wiedemann,* Das Abfindungsrecht, ZGR 1978, 477; *D. Wilm,* Abfindung zum Börsenkurs, NZG 2000, 234; *D. Zimmermann,* Unternehmensverträge und körperschaftsteuerliches Anrechnungsverfahren, FS für Moxter, 1994, S. 1503.

Übersicht

I. Überblick

1   Nach § 305 Abs. 1 muß ein Beherrschungs- oder Gewinnabführungsvertrag zusätzlich zu dem Ausgleich des § 304 eine angemessene Abfindung für die außenstehenden Aktionäre vorsehen. Maßgebend für diese Entscheidung des Gesetzgebers waren vor allem zwei Überlegungen, einmal die Erwägung, daß die außenstehenden Aktionäre in einem Vertragskonzern ihre *Mitverwaltungsrechte* weitgehend einbüßen (s. § 308), und zum anderen die Annahme, daß die Zahlung eines bloßen Ausgleichs nach § 304 nicht immer eine angemessene Entschädigung für die außenstehenden Aktionäre darstelle.[2] Hinzu kommen (mit wachsen-

---

[2] So die Begr. zum RegE bei *Kropff* AktG S. 397; ebenso BGH LM AktG § 305 Nr. 1 = AG 1974, 53; BGHZ 138, 136, 138 f. = NJW 1998, 1866 = LM AktG § 304 Nr. 3 = NZG 1998, 379 = AG

dem Gewicht) verfassungsrechtliche Erwägungen, da mit der Eigentumsgarantie des Art. 14 Abs. 1 GG nur eine volle *Entschädigung* der Aktionäre für die mit dem Abschluß von Beherrschungs- und Gewinnabführungsverträgen verbundenen Eingriffe in ihre Vermögens- und Mitverwaltungsrechte vereinbar ist.[3] Alle diese Gründe zusammen waren letztlich der Anlaß, durch § 305 *zusätzlich* zu der Ausgleichspflicht des § 304 eine Abfindungspflicht des herrschenden Unternehmens einzuführen, die es den außenstehenden Aktionären ermöglichen soll, entweder – bei der Abfindung in Aktien – ihre Herrschaftsrechte weiterhin in einer unabhängigen Gesellschaft auszuüben oder – bei der Barabfindung – über ihr Investment erneut frei zu entscheiden.[4] In der jüngsten Rechtsprechung wird folgerichtig mit zunehmendem Nachdruck die Notwendigkeit einer *vollen Entschädigung* der außenstehenden Aktionäre für ihre Verluste durch den Abschluß eines Beherrschungs- oder Gewinnabführungsvertrages nach Maßgabe des (wie immer ermittelten) Verkehrswertes ihrer Anteile betont.[5]

Die Einzelheiten ergeben sich in erster Linie aus § 305 Abs. 2. Danach kommen als **2** *Formen* der Abfindung je nach Fallgestaltung (nur) die Gewährung von Aktien der herrschenden Gesellschaft (Nr. 1 aaO) oder deren Muttergesellschaft (Nr. 2 aaO) sowie die Barabfindung (Nr. 3 aaO) in Betracht. Zumindest *eine* dieser Abfindungsformen *muß* daher in dem Unternehmensvertrag den außenstehenden Aktionären in jedem Fall angeboten werden, ohne daß die Parteien hierdurch daran gehindert würden, den außenstehenden Aktionären auch *beide* Abfindungsformen nach ihrer Wahl oder *zusätzlich* noch eine weitere, andere Abfindung anzubieten, etwa in Gestalt der zumindest früher häufigen Substanzkoppelung, die von den Gesetzesverfassern lediglich als *Regelform* der Abfindung verworfen wurde.[6]

Die *Höhe* der Abfindung bemißt sich nach Abs. 1 iVm. Abs. 3 des § 305. § 305 Abs. 3 **3** S. 2 ist 1994 durch das **Gesetz zur Bereinigung des Umwandlungsrechts** geändert worden;[7] zugleich wurde S. 3 der Vorschrift eingefügt. In seiner ursprünglichen Fassung hatte § 305 Abs. 3 S. 2 bestimmt, daß die angemessene Barabfindung „die Vermögens- und Ertragslage der Gesellschaft" im Zeitpunkt der Beschlußfassung ihrer Hauptversammlung über den Vertrag berücksichtigen muß. Daraus war früher gelegentlich eine Entscheidung der Gesetzesverfasser zugunsten einer Verbindung von Substanz- und Ertragswertmethode gefolgert worden. Um diesen „Fehlschluß" zu vermeiden, stellt das Gesetz jetzt nur noch allgemein auf die „Verhältnisse der Gesellschaft" in dem genannten Zeitpunkt ab (ebenso § 327 b Abs. 1 S. 1 Halbs. 2).[8] Mit der Einfügung des S. 3 des § 305 Abs. 3 über die Verpflichtung zur Verzinsung der Barabfindung wurde zugleich eine alte Streitfrage geklärt.[9] An die Stelle des Diskontsatzes der Deutschen Bundesbank, auf den das Gesetz früher in Halbs. 1 der Vorschrift Bezug nahm, ist mittlerweile aufgrund des Art. 5 Abs. 1 Nr. 1 der **Verordnung zur Ersetzung von Zinssätzen** vom 5. April 2002[10] der „Basiszinssatz nach § 247 BGB" getreten. Durch das **Spruchverfahrensneuordnungsgesetz** von 2003 soll

1998, 286 „Asea/BBC II"; zustimmend *Koppensteiner*, FS für Ostheim, S. 403, 421 f.; anders *Klöhn* AG 2002, 443, 447 (Abfindung ist Ausgleich für die Aufopferung des an sich nach § 33 Abs. 1 S. 2 BGB wegen Zweckänderung gegebenen Widerspruchsrechts).

[3] S. im einzelnen § 304 Rdnr. 3 f.; grdlg. BVerfGE 100, 289, 303, 305 = NJW 1999, 3769 = AG 1999, 566 „DAT/Altana I"; BVerfG AG 1999, 217 = NJW 1999, 1701 = NZG 1999, 397 „Tarkett/Pegulan"; AG 1999, 218 = NJW 1999, 1699 = NZG 1999, 302 „SEN/KHS"; AG 2000, 40, 41 = NJW-RR 2000, 842 = ZIP 1999, 1804 „Hartmann und Braun/Mannesmann".

[4] BGHZ 147, 108, 113 = LM GG Art. 14 (Ca) Nr. 45 – NJW 2001, 2080 = AG 2001, 417 „DAT/Altana IV".

[5] BGH NJW 2003, 1032 = ZIP 2003, 387, 390 „Macrotron"; BayObLG AG 2002, 390 „Rieter II"; 2002, 392, 393 „Ytong"; OLG Düsseldorf AG 2002, 398, 399 „Kaufhof/Metro"; OLG Frankfurt AG 2002, 404, 405 „Nestlé".

[6] S. die Begr. zum RegE bei *Kropff* AktG S. 397; Rdnr. 12 f.

[7] BGBl. I S. 3210.

[8] S. die Begr. zum RegE des Umwandlungsrechtbereinigungsgesetzes, BT-Drucks. 12 (1994)/6699, S. 94.

[9] S. die Begr. (vorige Fn.) S. 88, 179; dazu grdlg. das Rütgers-Urteil BGH NJW 2002, 3467 = NZG 2002, 1057 = ZIP 2002, 1892 = WM 2002, 2153 = BB 2002, 2243 = AG 2003, 40 (Vorinstanz: OLG Hamm AG 2002, 413 = NZG 2002, 51).

[10] BGBl. I S. 1250, 1252.

§ 305 erneut geändert werden, indem in Abs. 4 S. 3 und in Abs. 5 S. 2 der Verweis auf § 306 durch die Angabe „§ 2 des Spruchverfahrensgesetzes" ersetzt wird; außerdem soll in Abs. 5 S. 4 die Angabe „und 5" gestrichen werden.[11]

4　　Die Abfindung muß in jedem Fall **„angemessen"** sein (§ 305 Abs. 1), d. h. dem „wirklichen" Wert des Anteils entsprechen und zu einer vollen Entschädigung des ausscheidenden Aktionärs führen (Rdnr. 1; ebenso §§ 320 b Abs. 1 S. 1 und 327 a Abs. 1 S. 1). Dies setzt bei der Abfindung in Aktien voraus, daß sie der sogenannten Verschmelzungswertrelation entspricht (§ 305 Abs. 3 S. 1; vgl. auch § 304 Abs. 2 S. 2 sowie § 320 b Abs. 1 S. 4). Hinsichtlich der Barabfindung beschränkt sich das Gesetz dagegen seit 1994 auf die Bestimmung, daß die angemessene Barabfindung die Verhältnisse der Gesellschaft im Zeitpunkt der Beschlußfassung ihrer Hauptversammlung über den Vertrag (s. § 293 Abs. 1) berücksichtigen muß (ebenso §§ 320 b Abs. 1 S. 5, 327 Abs. 1 S. 1 Halbs. 2). Mit dieser Bestimmung ist zugleich das Stichtagsprinzip im Gesetz festgeschrieben worden (Rdnr. 56 ff.).

5　　Bei der Abfindung handelt es sich im Kern um einen **Kauf- oder Tauschvertrag** zwischen dem herrschenden Unternehmen und den außenstehenden Aktionären über deren Aktien, wobei die Gegenleistung des herrschenden Unternehmens entweder in anderen Aktien oder in Geld besteht (§ 305 Abs. 2 AktG iVm. §§ 433, 480 BGB). Die Regelung des § 305 bedeutet mithin im Zusammenhang, daß das herrschende Unternehmen in dem Beherrschungs- oder Gewinnabführungsvertrag mit der abhängigen Gesellschaft den außenstehenden Aktionären neben dem Ausgleich des § 304 den Abschluß eines derartigen Kauf- oder Tauschvertrages über ihre Aktien anbieten muß, so daß sich der Unternehmensvertrag insoweit als echter Vertrag zugunsten der außenstehenden Aktionäre iSd. **§ 328 Abs. 1 BGB** darstellt. Die Aktionäre erwerben dadurch ein **Wahlrecht** zwischen Ausgleich und Abfindung, verbunden mit dem Recht, bei Wahl der Abfindung den Kauf- oder Tauschvertrag mit dem herrschenden Unternehmen durch ihre Annahmeerklärung zustande zu bringen. Diese Position der außenstehenden Aktionäre wird häufig auch plastisch als **Optionsrecht,** der Unternehmensvertrag dementsprechend zugleich als Optionsvertrag bezeichnet.[12] Nach § 305 Abs. 4 kann die Option in dem Vertrag jedoch befristet werden.

6　　Das Optionsrecht der außenstehenden Aktionäre beruht im Regelfall gemäß § 305 Abs. 1 S. 1 auf dem Beherrschungs- oder Gewinnabführungs**vertrag** (§§ 328 Abs. 1, 433, 480 BGB). Dadurch wird es jedoch nicht ausgeschlossen, daß die Aktionäre dieses Recht in Ausnahmefällen auch ohne solche vertragliche Grundlage, d. h. unmittelbar **kraft Gesetzes** erwerben können. Der erste Fall ergibt sich unmittelbar aus § 305 Abs. 5 S. 2, nach dem anders als beim Ausgleich (s. § 304 Abs. 3 S. 1) sogar das völlige *Fehlen* einer Abfindungsregelung in dem Vertrag nicht dessen Nichtigkeit oder Anfechtbarkeit nach sich zieht (§ 305 Abs. 5 S. 1 und 2; s. Rdnr. 82 f.). An die Stelle dieser Rechtsbehelfe tritt vielmehr ebenso wie bei fehlender Angemessenheit der vom herrschenden Unternehmen angebotenen Abfindung die Befugnis außenstehender Aktionäre, ein Spruch(stellen)verfahren einzuleiten, in dem dann, trotz fehlender vertraglicher Grundlage, die angemessene Abfindung vom Gericht festzusetzen ist (§ 305 Abs. 5 S. 2 und 3 iVm. § 306 bzw. dem geplanten SpruchG von 2003). Diesem Fall ist später noch der andere gleichgestellt worden, daß der Unternehmensvertrag während eines anhängigen Spruch(stellen)verfahrens *vorzeitig* sein Ende findet, etwa aufgrund einer Kündigung seitens des herrschenden Unternehmens nach den §§ 297, 304 Abs. 5 und 305 Abs. 5 S. 4, durch Aufhebung des Vertrages, durch Eingliederung der abhängigen Gesellschaft in die herrschende Gesellschaft oder durch die Insolvenz einer der Vertragsparteien.[13]

---

[11] S. Art. 2 Nr. 3 des Entwurfs eines Spruchverfahrensneuordnungsgesetzes, BR-Drucks. 827/02 = ZIP 2002, 2099, 2106.
[12] S. Rdnr. 25; ebenso MünchKommAktG/*Bilda* Rdnr. 8, 25; *Koppensteiner* in Kölner Kommentar Rdnr. 4.

[13] S. § 297 Rdnr. 34 ff. und § 306 Rdnr. 61 f.; zuletzt BGHZ 147, 108, 112 f. = NJW 2001, 2080 = AG 2001, 417 „DAT/Altana IV"; BayObLG AG 2002, 388 „Rieter I"; OLG Hamburg AG 2002, 406 = NZG 2002, 189 „Bavaria (Jever)/März".

Dies hat Anlaß zu neuen Überlegungen hinsichtlich der **Rechtsnatur** des Abfindungs- **7** und Ausgleichsanspruchs gegeben. Unbestreitbar ist, daß in den genannten Fällen (Rdnr. 6) dieser Anspruch der außenstehenden Aktionäre seine Grundlage letztlich nicht mehr in dem Unternehmensvertrag zwischen der herrschenden und der abhängigen Gesellschaft, sondern unmittelbar im Gesetz findet (§§ 304 und 305). Damit deckt sich die heute überwiegend vertretene Erklärung der Ausgleichs- und Abfindungsansprüche der außenstehenden Aktionäre als verfassungsrechtlich bedingter **Entschädigung** für die mit dem Abschluß des Beherrschungs- oder Gewinnabführungsvertrags verbundenen Eingriffe in ihre Vermögens- und Mitverwaltungsrechte (Rdnr. 1). Zum Teil wird deshalb angenommen, daß mit dem Abschluß eines derartigen Unternehmensvertrages zugleich ein *gesetzliches Schuldverhältnis* (§§ 241 Abs. 2, 276, 311a Abs. 3 und 328 BGB) mit dem Inhalt der §§ 304 und 305 zugunsten der außenstehenden Aktionäre begründet wird, das zwar in der Mehrzahl der Fälle durch die vertragliche Regelung überlagert wird, bei deren Fehlen oder vorzeitigem Wegfall aber an ihre Stelle tritt.[14] Entscheidend ist jedenfalls die Einsicht, daß das Gesetz das Fehlen oder den vorzeitigen Wegfall einer sachlich gebotenen Abfindung nicht zum Anlaß nimmt, dem Unternehmensvertrag die Wirksamkeit zu versagen (§ 305 Abs. 5 S. 2 AktG in Abweichung von § 134 BGB), so daß dann eben der Abfindungsanspruch der außenstehenden Aktionäre (mangels vertraglicher Grundlage) unmittelbar aus dem Gesetz (§ 305) hergeleitet werden muß.[15]

§ 305 Abs. 5 S. 4 regelt schließlich (im Augenblick) noch durch Bezugnahme auf § 304 **8** Abs. 4 und 5 die **Antragsberechtigung** der außenstehenden Aktionäre sowie das (problematische) Sonderkündigungsrecht des herrschenden Unternehmens bei einer Erhöhung der Abfindung durch das Gericht im Spruch(stellen)verfahren. Durch das für 2003 geplante SpruchG soll die Antragsberechtigung der außenstehenden Aktionäre gesondert in § 3 des Gesetzes (ohne sachliche Änderung) geregelt werden (s. dazu im einzelnen § 304 Rdnr. 84 ff.). Deshalb soll § 304 Abs. 4 ersatzlos aufgehoben werden. Folgerichtig ist vorgesehen in § 305 Abs. 5 S. 4 die Bezugnahme auf den früheren Abs. 5 des § 304 (in Zukunft Abs. 4 der Vorschrift) zu streichen. Mit § 305 in jeder Hinsicht vergleichbare Regelungen finden sich schließlich noch für die Eingliederung durch Mehrheitsbeschluß in § 320b sowie für den Ausschluß von Minderheitsaktionären in den neuen §§ 327a Abs. 1 und 327b Abs. 1 und 2; außerdem kennt noch das UmwG verschiedene Abfindungsfälle (s. §§ 29 ff., 125, 207 UmwG).

II. Anwendungsbereich

Der Anwendungsbereich des § 305 entspricht dem des § 304 (s. deshalb § 304 **9** Rdnr. 8 ff.). Eine entsprechende Anwendung des § 305 jenseits der gesetzlich geregelten Fälle wird bislang überwiegend abgelehnt.[16] Nach hM sollte dies sogar für die Fälle der sogenannten *übertragenden Auflösung* gelten, obwohl sie sachlich einer Eingliederung zumindest nahekommen.[17] Dem ist jedoch nicht zu folgen; zum Schutz der außenstehenden Aktionäre ist vielmehr in den genannten Fällen sowie in vergleichbaren Fallgestaltungen eine *Analogie* zu den §§ 305, 320b und 327a geboten.[18]

---

[14] MünchKommAktG/*Bilda* Rdnr. 5–8, 28–30; *Hüffer* Rdnr. 4a, 4b.
[15] S. schon § 304 Rdnr. 74 bei Fn. 117 sowie grdlg. BGHZ 138, 136, 138f. = LM AktG § 304 Nr. 3 = NJW 1998, 1866 = AG 1998, 286 = NZG 1998, 379 „ASEA/BBC II"; ebenso zuvor schon BGHZ 135, 374, 380 = LM AktG § 305 Nr. 3 = NJW 1997, 2242 = AG 1997, 515 „Guano"; *Ammon* FGPrax 1998, 121, 122f. (unter II 3); *Luttermann* JZ 1997, 1183f.; *Korth* ZGR 1999, 402, 408f.; *Henze* Konzernrecht Tz. 384 (S. 136); *Röhricht* ZHR 162 (1998), 249, 256ff.

[16] *Hüffer* Rdnr. 1; *Fr. Schwörer* NZG 20 021, 550; anders *Lieb,* FS für Lutter, 2000, S. 1151ff.; zur GmbH s. § 293 Rdnr. 43, § 304 Rdnr. 11f.
[17] BayObLGZ 1998, 211, 214ff., 219 = NJW-RR 1999, 1559 = AG 1999, 185, 186ff. = NZG 1998, 1001 = ZIP 1998, 2002 „Magna Media Verlag/WKA"; OLG Stuttgart, AG 1994, 411, 412f.; 1997, 136, 137f. „Motometer/Bosch"; BGH, Beschl. v. 5. 12. 1994 – II ZR 8/94; offengelassen noch in BGHZ 82, 188, 193 = NJW 1982, 933 = AG 1982, 129 „Hoesch/Hoogovens".
[18] BVerfG NZG 2000, 1117, 1118f. = AG 2001, 42 = NJW 2001, 279 „Moto Meter/Bosch"; ebenso

10   Die Abfindungspflicht aufgrund des § 305 bei Abschluß eines Beherrschungs- oder Gewinnabführungsvertrages mit einer abhängigen deutschen AG oder KGaA trifft *jedes* herrschende Unternehmen ohne Rücksicht auf seine Rechtsform und seinen Sitz, daher zB auch die öffentliche Hand oder ausländische Unternehmen. Lediglich die Pflicht zur Abfindung in *Aktien* beschränkt sich nach § 305 Abs. 2 Nrn. 1 und 2 auf herrschende Aktiengesellschaften und KGaA mit Sitz im Inland, vor allem wohl deshalb, weil bei ausländischen herrschenden Gesellschaften die Nachprüfung der Angemessenheit der Abfindung im Spruchstellenverfahren auf erhebliche Schwierigkeiten stoßen müßte. Ob sich diese Entscheidung des Gesetzgebers in der Europäischen Union nach Einführung des Euro noch aufrechterhalten läßt, ist mit Rücksicht auf das Diskriminierungsverbot des Art. 12 EGV (früher Art. 6) zweifelhaft.[19]

III. Abfindungsformen

11   Das Gesetz kennt in § 305 Abs. 2 Nrn. 1 bis 3 nur zwei verschiedene Formen der Abfindung, nämlich die Abfindung in Aktien als Regelform (Rdnr. 12 ff.) sowie die subsidiär geschuldete Barabfindung (Rdnr. 17 f.). Eine vergleichbare Regelung enthält für die Eingliederung § 320 b Abs. 1 S. 2 und 3, während bei dem Ausschluß von Minderheitsaktionären naturgemäß nur eine (angemessene) Barabfindung in Betracht kommt (§ 327 a Abs. 1 S. 1).

12   **1. Abfindung in Aktien. a) Anwendungsbereich.** Bei der Abfindung in Aktien muß man nach § 305 Abs. 2 Nrn. 1 und 2 zwei Fälle unterscheiden. *Allein* eine Abfindung in Aktien kommt in Betracht, wenn der andere Vertragsteil eine *unabhängige inländische* AG oder KGaA ist (Nr. 1 des § 305 Abs. 2). In diesem Fall **muß** also die Abfindung zumindest *auch* in Aktien der herrschenden Gesellschaft bestehen, ohne daß die Parteien dadurch gehindert wären, den außenstehenden Aktionären zusätzlich noch eine andere Abfindung anzubieten (Rdnr. 2). Dies ist vor allem dann sinnvoll, wenn die herrschende Gesellschaft nach Möglichkeit eine Abfindung der außenstehenden Aktionäre in eigenen Aktien vermeiden will, etwa, um die bestehenden Mehrheitsverhältnisse nicht zu beeinflussen oder weil die Beschaffung eigener Aktien in der nötigen Anzahl auf Schwierigkeiten trifft.

13   Hatte die abhängige Gesellschaft *unterschiedliche Aktiengattungen* ausgegeben, so müssen die als Abfindung angebotenen Aktien grundsätzlich der Aktiengattung entsprechen, die die außenstehenden Aktionäre innehaben (sogenanntes Prinzip der **Gattungsgleichheit** oder der Gleichbehandlung). Dies bedeutet, daß Stammaktionäre der abhängigen Gesellschaft nach Möglichkeit mit Stammaktien der herrschenden Gesellschaft und Vorzugsaktionäre mit Vorzugsaktien der herrschenden Gesellschaft abzufinden sind, wobei Wertunterschiede zwischen den Aktien bei der Bemessung der Höhe der Abfindung zu berücksichtigen sind.[20] Zusätzliche Schwierigkeiten ergeben sich, wenn es unterschiedliche Aktiengattungen nur bei der abhängigen oder nur bei der herrschenden Gesellschaft gibt. Grundsätzlich ist es in solchen Fällen Sache der herrschenden Gesellschaft, die Voraussetzung für die Einhaltung des Gleichbehandlungsgebots zu schaffen, notfalls im Wege der Satzungsänderung (§ 242 BGB). Wegen der Einzelheiten ist auf die Ausführungen zu § 320 b zu verweisen.[21]

14   Ist der andere Vertragsteil eine *abhängige* oder in Mehrheitsbesitz stehende AG oder KGaA und das herrschende oder mit Mehrheit beteiligte Unternehmen seinerseits eine *inländische* AG oder KGaA, so kommen als Abfindung *entweder* die Gewährung von Aktien der herr-

---

für das sog. „Delyting" BGH NJW 2003, 1032 = ZIP 2003, 387 „Macrotron"; *P. Bauer* NZG 2000, 1214; *Lutter/Drygala,* FS für Kropff, S. 191; *Lutter/Leinekugel* ZIP 1999, 261, 263; *Emmerich* AG 1998, 151, 152; kritisch zur hM auch *Hüffer* § 179a Rdnr. 12 a; anders MünchKommAktG/*Bilda* Rdnr. 3.

[19] Kritisch auch MünchKommAktG/*Bilda* Rdnr. 39.

[20] Vgl. OLG Düsseldorf AG 2002, 398, 402 „Kaufhof/Metro" (Abschlag von 20% auf die Vor-

zugsaktien, weil sie am Markt entsprechend niedriger als die Stammaktien bewertet werden).

[21] S. § 320 b Rdnr. 6 f. sowie MünchKommAktG/*Bilda* Rdnr. 42–46; *Hüffer* Rdnr. 11; Münch-Hdb. AG/*Krieger* § 70 Rdnr. 97; *ders.,* FS für Lutter, 2000, S. 497, 506, 511 ff.; *M. Lutter,* FS für Mestmäcker, S. 943 ff.; *Timm/Schöne,* FS für Kropff, S. 314, 322 ff.

schenden oder mit Mehrheit beteiligten Gesellschaft *oder* eine Barabfindung in Betracht (Nr. 2 des § 305 Abs. 2),[22] wobei es in diesem Fall keine Rolle spielt, ob der andere Vertragsteil eine inländische oder ausländische Gesellschaft ist.[23] Auch in diesem Fall sind die Parteien zudem nicht gehindert, den Aktionären zusätzlich noch andere Formen der Abfindung anzubieten. § 305 Abs. 2 Nr. 2 ist in drei- oder **mehrstufigen** Konzernen entsprechend anzuwenden, so daß dann jeweils Aktien der (deutschen) Muttergesellschaft des Konzerns oder eine Barabfindung anzubieten sind.[24] Abfindungs*schuldner* bleibt aber auch in diesen Fällen der andere Vertragsteil, der sich deshalb notfalls die zur Abfindung benötigten Aktien der Obergesellschaft des Konzerns erst noch besorgen muß; die Möglichkeit hierzu eröffnet ihm § 71 d S. 2 iVm. § 73 Abs. 1, 3.[25] Die Nr. 2 des § 305 Abs. 2 sollte ferner entsprechend angewandt werden, wenn der andere Vertragsteil zwar eine *GmbH* ist, die Obergesellschaft des Konzerns aber die Rechtsform einer (inländischen) **AG** oder KGaA hat. Ebenso ist in drei- oder mehrstufigen Konzernen zu verfahren.

b) Wahlrecht. Anders als im Falle der Eingliederung durch Mehrheitsbeschluß (s. **15** § 320 b Abs. 1 S. 3 und dazu § 320 b Rdnr. 9–11) bestimmt das Gesetz in § 305 Abs. 2 Nr. 2 (Rdnr. 14) nicht ausdrücklich, *wem* das Wahlrecht zustehen soll. In Betracht kommen die Vertragsparteien oder die außenstehenden Aktionäre. Billigt man das Wahlrecht den Vertragsparteien zu, so können sie sich in dem Vertrag darauf beschränken, den außenstehenden Aktionären allein eine Abfindung in Aktien *oder* eine Barabfindung anzubieten, während sie im zweiten Fall ebenso wie bei der Eingliederung in dem Vertrag *beide* Abfindungsformen nach Wahl der außenstehenden Aktionäre vorsehen müssen.

Die überwiegende Meinung billigt das Wahlrecht bislang den *Vertragsparteien* zu.[26] Maß- **16** gebend sind dafür vor allem der von § 320 b Abs. 1 S. 3 abweichende Wortlaut des § 305 Abs. 2 Nr. 2 sowie die in § 305 Abs. 5 S. 3 ausgesprochene Bindung des Gerichts an die Wahl einer der Abfindungsformen durch die Parteien in dem Vertrag. Durch diese Praxis wird jedoch das herrschende Unternehmen zum Nachteil der außenstehenden Aktionäre ohne Not begünstigt. Deshalb ist, da mit dem Wortlaut des Gesetzes auch die abweichende Auffassung vereinbar ist, das Wahlrecht den außenstehenden *Aktionären* zuzubilligen.[27]

2. Barabfindung. a) Grundsatz. Für sämtliche nicht durch die Nrn. 1 und 2 des **17** § 305 Abs. 2 erfaßten Fälle (Rdnr. 12 ff.) sieht das Gesetz in der Nr. 3 des § 305 Abs. 2 allein eine Barabfindung vor, in erster Linie also, wenn weder der andere Vertragteil noch die ihn beherrschende Gesellschaft eine inländische AG oder KGaA ist, sondern zB eine GmbH oder eine ausländische AG.[28] Hierher gehört außerdem der Fall, daß als herrschendes Unternehmen eine Körperschaft des öffentlichen Rechts fungiert oder daß der andere Vertragsteil im Mehrheitsbesitz der öffentlichen Hand steht oder von dieser abhängig ist.[29]

b) Mehrmütterorganschaft. Allein eine Barabfindung kommt nach hM ferner im Fall **18** mehrfacher Abhängigkeit in Betracht, insbes. also bei der *Mehrmütterorganschaft,* in erster Linie wegen der bei einer Mehrzahl von herrschenden Gesellschaften nur schwer lösbaren Umrechnungsprobleme bei einer Abfindung in Aktien.[30] Statt dessen könnte man freilich

[22] Diese Vorschrift bezieht sich zwar ihrem Wortlaut nach zunächst nur auf den Fall eines „herrschenden Unternehmens" (§ 17); der weitere Text der Nr. 2 des § 305 Abs. 2 zeigt jedoch, daß damit auch die Mehrheitsbeteiligung (§ 16) erfaßt werden sollte (unstr.).

[23] MünchHdb. AG/*Krieger* § 70 Rdnr. 98; zum Wahlrecht s. Rdnr. 15 f.

[24] MünchKommAktG/*Bilda* Rdnr. 48; *Koppensteiner* in Kölner Kommentar Rdnr. 22; MünchHdb. AG/*Krieger* § 70 Rdnr. 98; *Pentz* Enkel-AG S. 102 ff.; s. auch Rdnr. 59 ff.

[25] *Hüffer* Rdnr. 13; MünchHdb. AG/*Krieger* § 70 Rdnr. 98 (2. Abs.); s. Rdnr. 24.

[26] MünchKommAktG/*Bilda* Rdnr. 51; *Exner* Beherrschungsvertrag S. 239 ff.; *Henze* Konzernrecht Tz. 376 (S. 133); *Hüffer* Rdnr. 15; *Koppensteiner* in Kölner Kommentar Rdnr. 23; MünchHdb. AG/*Krieger* § 70 Rdnr. 98; *Pentz* Enkel-AG S. 96.

[27] Ebenso *Hüchting* Abfindung S. 17 ff.; wegen der Einzelheiten s. § 320 b Rdnr. 11.

[28] Zu der darin möglicherweise liegenden vertragswidrigen Diskriminierung von Aktiengesellschaften aus der Europäischen Union s. Rdnr. 10.

[29] Grdlg. BGHZ 69, 334, 335 ff. = NJW 1978, 104 = AG 1978, 50 „Veba/Gelsenberg".

[30] MünchKommAktG/*Bilda* Rdnr. 54 f.; *Emmerich/Gansweid* JuS 1975, 294, 298; *Hüffer* Rdnr. 12; *Koppensteiner* in Kölner Kommentar Rdnr. 16, 21.

auch daran denken, die Verpflichtung zur Abfindung in Aktien allen Müttern gleichmäßig aufzuerlegen, die die Rechtsform einer AG oder KGaA haben, während andere Mütter nur eine Barabfindung schuldeten. Die Folge wäre freilich, daß die außenstehenden Aktionäre gleich ein vielfaches Wahlrecht erhielten.[31] Nichts hindert jedenfalls die Beteiligten, neben der in jedem Fall geschuldeten Barabfindung zusätzlich eine Abfindung in Aktien einer oder mehrerer Mütter anzubieten.

IV. Der Abfindungsanspruch

19   **1. Gläubiger.** Abfindung können nach § 305 Abs. 1 nur die außenstehenden Aktionäre verlangen. Den Gegensatz bilden das herrschende Unternehmen sowie die ihm gleichstehenden, weil mit ihm eng verbundenen Aktionäre. Für die (schwierige) Abgrenzung gilt hier dasselbe wie bei § 304, so daß wegen der Einzelheiten auf die Erläuterungen zu dieser Vorschrift verwiesen werden kann (§ 304 Rdnr. 13 ff.).

19 a   Die bloße Entgegennahme der Ausgleichsleistungen des anderen Vertragsteils stellt, solange die Frist für die Geltendmachung des Abfindungsrechts (§ 305 Abs. 4) noch läuft, *keinen Verzicht* auf die Abfindung dar.[32] Jeder Aktionär ist vielmehr befugt, sich mit seiner Entscheidung zwischen Ausgleich und Abfindung bis zum Ende der Frist des § 305 Abs. 4 und daher möglicherweise viele Jahre Zeit zu lassen. Wählt er später die Abfindung, so muß er sich freilich die von ihm bereits empfangenen Ausgleichsleistungen auf die jetzt vom herrschenden Unternehmen geschuldeten Abfindungszinsen nach § 305 Abs. 3 S. 3 anrechnen lassen (s. Rdnr. 33 f.).

20   *Veräußert* der Aktionär vor Ablauf der Frist seine Aktien, so geht das Wahlrecht zwischen Ausgleich und Abfindung auf den Erwerber über, sofern er ebenfalls außenstehender Aktionär ist, während der Veräußerer sein Wahlrecht ebenso wie das Recht zur Beantragung eines Spruchstellenverfahrens einbüßt.[33] Nur wenn der Veräußerer sich zuvor schon für die Abfindung entschieden hatte, wodurch ein Kauf- oder Tauschvertrag mit dem anderen Vertragsteil zustande gekommen war (Rdnr. 25), ist auch der Erwerber der Aktien hieran gebunden. Nach dem Gesamtzusammenhang der gesetzlichen Regelung muß man wohl annehmen, daß in diesem Fall der Aktienerwerber kraft Gesetzes an Stelle des Veräußerers in den Kauf- oder Tauschvertrag eintritt.[34] Eindeutig ist das jedenfalls bei Gesamtrechtsnachfolge (§ 1922 BGB), während in anderen Fällen zum Teil auch eine Vertragsübernahme als nötig angesehen wird.[35] Dies erscheint indessen hier (ausnahmsweise) als sinnloser Umweg, da nicht vorstellbar ist, daß das herrschende Unternehmen jemals seine zu einer Vertragsübernahme an sich erforderliche Zustimmung verweigern könnte (§§ 242, 398, 415 BGB). Zweifelhaft kann daher die Rechtslage allenfalls sein, wenn der Erwerber *nicht* in den von dem Veräußerer bereits abgeschlossenen Kauf- oder Tauschvertrag über die Aktien mit der herrschenden Gesellschaft eintreten möchte.

21   Das Abfindungsrecht steht jedem außenstehenden Aktionär ohne Rücksicht darauf zu, *wann* er seine Aktien erworben hat. Selbst die Inhaber junger Aktien, die aus einer von der abhängigen Gesellschaft nach Wirksamwerden des Unternehmensvertrags durchgeführten Kapitalerhöhung gegen Einlagen stammen, können von dem Abfindungsrecht nicht ausgeschlossen werden (§ 53 a).[36] Dasselbe gilt von Aktionären, die nach dem genannten Zeitpunkt durch Eingliederung oder Verschmelzung Aktionäre der abhängigen Gesellschaft geworden sind.[37]

[31] So MünchHdb. AG/*Krieger* § 70 Rdnr. 100.

[32] BGHZ 138, 136, 142 = NJW 1998, 1866 = LM AktG § 304 Nr. 3 = NZG 1998, 379, 380 = AG 1998, 286 „ASEA/BBC II"; BGH NJW 2002, 3467 = WM 2002, 2153 = ZIP 2002, 1892 = AG 2003, 40 „Rütgers AG"; OLG Hamburg AG 2002, 409, 410 = ZIP 2002, 754 „Philips"; OLG Celle AG 1974, 405; *Stimpel* AG 1998, 259, 260.

[33] S. OLG Hamburg AG 2001, 596 (Vorinstanz: LG Dortmund AG 2001, 204); MünchKommAktG/

Bilda Rdnr. 14; MünchHdb. AG/*Krieger* § 70 Rdnr. 90; *Stimpel* AG 1998, 259, 263.

[34] *Koppensteiner* in Kölner Kommentar Rdnr. 14; *Krieger* und *Stimpel* (vorige Fn.); str.

[35] MünchKommAktG/*Bilda* Rdnr. 15 f.

[36] LG München I AG 1998, 147 „Paulaner/Hakker-Pschorr".

[37] *Koppensteiner* in Kölner Kommentar Rdnr. 15; MünchHdb. AG/*Krieger* § 70 Rdnr. 90.

2. Schuldner. Die Abfindungspflicht trifft nach § 305 Abs. 1 den „anderen Vertragsteil". **22** Angesichts dieser ausdrücklichen gesetzlichen Regelung ist die Frage hier anders als beim Ausgleich des § 304 (s. § 304 Rdnr. 20 f.) nicht umstritten.[38] Die Parteien können auch nichts Abweichendes vereinbaren. Wird gleichwohl in dem Vertrag die abhängige Gesellschaft als Schuldner der Abfindung bezeichnet, so ist es so anzusehen, als ob der Vertrag überhaupt keine Abfindungsregelung enthielte (§ 305 Abs. 5 S. 2). Die abhängige Gesellschaft kann in die Abwicklung lediglich als Bote oder Vertreter des herrschenden Unternehmens eingeschaltet werden.[39]

Es ist allein Sache des anderen Vertragsteils, wie er sich bei einer Abfindung in Aktien **23** nach § 305 Abs. 2 Nrn. 1 und 2 (Rdnr. 12 f.) die *erforderlichen Aktien* verschafft (s. Rdnr. 13). Im Fall der Abfindung in eigenen Aktien (**Nr. 1** des § 305 Abs. 2) muß er dabei § 71 Abs. 1 Nr. 3 beachten. Ist es der herrschenden Gesellschaft aus diesem Grund nicht möglich, sich die erforderliche Anzahl eigener Aktien auf dem Markt zu beschaffen, so kommen als Auswege in erster Linie die Ausnutzung eines genehmigten Kapitals oder – so in der Regel – eine bedingte Kapitalerhöhung nach § 192 Abs. 2 Nr. 2 in Betracht.[40]

Im Fall des § 305 Abs. 2 **Nr. 2** obliegt es gleichfalls allein dem anderen Vertragsteil, sich, **24** gleichgültig auf welchem Weg, Aktien der Obergesellschaft in der nötigen Anzahl oder Gattung zu beschaffen (Rdnr. 43). Hierbei ist § 71 d S. 2 zu beachten. Scheitert der Erwerb der nötigen Anzahl von Aktien der Obergesellschaft hieran, so bleibt nur die Barabfindung.[41]

3. Vertrag zugunsten der außenstehenden Aktionäre. Der Beherrschungs- oder **25** Gewinnabführungsvertrag stellt, soweit er den außenstehenden Aktionären den Erwerb ihrer Aktien gegen Aktien oder Barabfindung anbietet, einen Vertrag zugunsten Dritter iSd. § 328 Abs. 1 BGB dar, durch den die außenstehenden Aktionäre das Recht auf Abschluß eines Tausch- oder Kaufvertrags mit dem herrschenden Unternehmen durch Annahme des ihnen gemachten Vertragsantrags erwerben (sogenanntes Optionsrecht; s. schon Rdnr. 5). Mit der Ausübung dieses Rechts kommt zwischen dem herrschenden Unternehmen und dem von seinem Recht Gebrauch machenden außenstehenden Aktionär ein unbedingter Kauf- oder Tauschvertrag über seine Aktien zustande (§§ 433, 480 BGB).[42] Jede andere vertragliche Gestaltung ist mit § 305 Abs. 1 unvereinbar. Fehlt eine vertragliche Regelung ganz oder findet der Vertrag während eines anhängigen Spruchstellenverfahrens vorzeitig sein Ende, so ändert dies allerdings nichts an dem Bestand oder Fortbestand des Abfindungsanspruchs der außenstehenden Aktionäre, so daß der Anspruch in diesen Fällen letztlich auf *Gesetz* beruht (§ 305 Abs. 5 S. 2; s. Rdnr. 7).

4. Frist. Nach § 305 Abs. 4 S. 1 kann die Verpflichtung des herrschenden Unterneh- **26** mens zum Erwerb der Aktien der abhängigen Gesellschaft, d.h. die Abfindung der außenstehenden Aktionäre, in dem Unternehmensvertrag befristet werden. Die Frist beträgt *mindestens* zwei Monate seit dem Tag, an dem die Eintragung des Bestehens des Vertrags ins Handelsregister (§ 294 Abs. 2) nach § 10 Abs. 2 HGB als bekanntgemacht gilt (§ 305 Abs. 4 S. 2). Die Parteien können keine kürzere, wohl aber eine längere Frist als zwei Monate im Vertrag vorsehen.[43] Die Frist verlängert sich, möglicherweise um Jahre, wenn ein Spruch(stellen)verfahren nach § 306 bzw. nach dem SpruchG eingeleitet wird, da in diesem Fall die Frist nach S. 3 des § 305 Abs. 4 frühestens zwei Monate nach dem Tag endet, an

---

[38] S. OLG Hamm AG 1976, 19.

[39] *Hüffer* Rdnr. 5; MünchHdb. AG/*Krieger* § 70 Rdnr. 91.

[40] *Hüffer* Rdnr. 11; *Koppensteiner* in Kölner Kommentar Rdnr. 25; *Kowalski* AG 2000, 555; MünchHdb. AG/*Krieger* § 70 Rdnr. 97.

[41] S. Rdnr. 14; MünchHdb. AG/*Krieger* § 70 Rdnr. 98 (2. Abs.).

[42] RGZ 147, 42, 47; BGHZ 135, 374, 380 = NJW 1997, 2242 = LM AktG § 305 Nr. 3 = WM 1997, 1288, 1290 = AG 1997, 515 „Guano"; BGH

NJW 2002, 3467 = WM 2002, 2153, 2154 = ZIP 2002, 1892 = AG 2003, 40 „Rütgers AG"; BayObLGZ 1978, 209 = AG 1980, 76, 77; OLG Celle AG 1974, 405 = DB 1973, 1118; OLG Hamburg AG 2002, 409, 410 = ZIP 2002, 754 „Philips"; LG Stuttgart AG 1998, 103 „Gestra/Foxboro"; *Haase* AG 1995, 8, 10 ff.; *Henze* Konzernrecht Tz. 379 (S. 134); s. auch Rdnr. 27, 82 ff.; kritisch *Luttermann* JZ 1997, 1183 f.: „Vertrag zu Lasten Dritter".

[43] MünchHdb. AG/*Krieger* § 70 Rdnr. 92.

dem die (rechtskräftige) Entscheidung über den zuletzt beschiedenen Antrag auf Bestimmung von Ausgleich oder Abfindung im Bundesanzeiger bekanntgemacht worden ist (§ 306 Abs. 6 AktG iVm. § 10 Abs. 2 HGB bzw. § 14 Nr. SpruchGE). Gleich steht eine Beendigung des Verfahrens durch Rücknahme des Antrags der Antragsteller nach Abschluß eines außergerichtlichen Vergleichs.[44]

27   Durch diese Regelung (§ 305 Abs. 4 S. 3; Rdnr. 26) soll den außenstehenden Aktionären die Möglichkeit erhalten werden, sich erst in Kenntnis des Ausgangs des Spruchstellenverfahrens zwischen Ausgleich und Abfindung zu entscheiden. Daraus wird heute überwiegend der Schluß gezogen, daß der Abfindungsanspruch, sobald erst einmal ein Spruchstellenverfahren anhängig geworden ist, auch im Fall der vorzeitigen Beendigung des Vertrags nicht mehr wegfallen kann (s. Rdnr. 7, § 306 Rdnr. 61 f.). Wichtig ist dies vor allem bei Kündigung des Vertrags nach § 297 oder nach den §§ 305 Abs. 5 S. 4 und 304 Abs. 5. Ist indessen kein Spruchstellenverfahren anhängig, so führt die Beendigung des Vertrags auch zum Erlöschen des Anspruchs auf Abfindung.[45] Eine andere Beurteilung kommt nur in Betracht, wenn bei Vertragsbeendigung die Antragsfrist noch läuft (§ 304 Abs. 4 S. 2).[46] Denn diese Frist muß den außenstehenden Aktionären voll erhalten bleiben.

28   Im Falle der Befristung des Abfindungsangebots nach § 305 Abs. 4 S. 1 genügt es zur *Fristwahrung,* wenn die Erklärung, durch die der außenstehende Aktionär das Abfindungsangebot annimmt, dem herrschenden Unternehmen binnen der Frist zugeht (§§ 130 Abs. 1, 148 BGB). Die Aktien brauchen hingegen nicht innerhalb der Frist beim herrschenden Unternehmen oder der von ihm sonst bezeichneten Stelle eingereicht zu werden (s. Rdnr. 30). Eine bestimmte *Form* ist für die Ausübung des Abfindungsrechts nicht vorgeschrieben, so daß auch eine mündliche Annahme des Angebots genügt. Bei der Frist des § 305 Abs. 4 handelt es sich um eine materiell-rechtliche **Ausschlußfrist,** so daß eine Wiedereinsetzung in den vorigen Stand bei Versäumung der Frist nicht in Betracht kommt.[47]

29   **5. Entstehung, Fälligkeit. a) Entstehung.** Der Anspruch eines außenstehenden Aktionärs gegen das herrschende Unternehmen auf Abnahme seiner Aktien entsteht mit Abschluß des Kauf- oder Tauschvertrags, d. h. in dem Augenblick, in dem die Erklärung, durch die er das Abfindungsangebot des herrschenden Unternehmens annimmt und damit von seinem Wahlrecht Gebrauch macht, dem anderen Vertragsteil nach § 130 Abs. 1 BGB zugeht (Rdnr. 28). Denn dadurch kommt zwischen den Parteien, dem herrschenden Unternehmen und dem außenstehenden Aktionär, ein Kauf- oder Tauschvertrag über seine Aktien gegen Aktien oder Barzahlung zustande (§§ 148, 328, 433, 480 BGB).[48] Der Anspruch verjährt in der Frist des § 195 BGB.[49]

30   **b) Fälligkeit.** Fällig wird der Anspruch des außenstehenden Aktionärs auf Abfindung in Geld oder in Aktien erst, wenn er nach Abschluß des Kauf- oder Tauschvertrags mit dem herrschenden Unternehmen (Rdnr. 25, 29) seine Aktien bei dem herrschenden Unternehmen oder der von diesem bezeichneten Stelle einreicht (§§ 433 Abs. 2, 480, 320 BGB).[50] Im selben Augenblick erlischt sein Ausgleichsanspruch.[51] Das herrschende Unternehmen schuldet statt dessen jetzt in dem sich aus § 305 AktG ergebenden Umfang die

---

[44] BGHZ 112, 382, 384 ff. = LM AktG § 305 Nr. 2 = NJW 1991, 566 = AG 1991, 104 „Langenbrahm/Dr. Rüger"; *Henze* Konzernrecht Tz. 383 (S. 135 f.); vgl. in diesem Zusammenhang auch § 11 Abs. 2 des geplanten SpruchG.

[45] S. Rdnr. 34; MünchHdb. AG/*Krieger* § 70 Rdnr. 92.

[46] MünchKommAktG/*Bilda* Rdnr. 7.

[47] BayObLGZ 2002, 56, 59 = AG 2002, 559, 560 = NZG 2002, 877; *Hüffer* Rdnr. 28; *Koppensteiner* in Kölner Kommentar Rdnr. 7.

[48] S. Rdnr. 25; LG München I AG 1998, 147 „Paulaner"; LG Stuttgart AG 1998, 103 „Gestra/

Foxboro"; *Hüffer* Rdnr. 7 f.; *Koppensteiner* in Kölner Kommentar Rdnr. 10.

[49] MünchKommAktG/*Bilda* Rdnr. 26.

[50] OLG Hamburg AG 2002, 409, 413 = ZIP 2002, 754 „Philips"; LG Stuttgart (Fn. 48); MünchKommAktG/*Bilda* Rdnr. 11–13; *Eschenbruch* Konzernhaftung Tz. 3122; *Henze* Konzernrecht Tz. 380 f. (S. 134 f.); MünchHdb. AG/*Krieger* § 70 Rdnr. 93; *Raiser* Kapitalgesellschaften § 54 Rdnr. 79 (S. 905).

[51] BGH NJW 2002, 3467 = WM 2002, 2153, 2154 f. = NZG 2002, 1057 = AG 2003, 40 = ZIP 2002, 1892 „Rütgers AG".

Leistung eigener Aktien oder Aktien der Obergesellschaft **einschließlich** der darauf für die Zwischenzeit entfallenden **Dividenden.** Diese Dividenden verbleiben dem außenstehenden Aktionär auch dann, wenn er in der Zwischenzeit, möglicherweise über Jahre hinweg, bereits Ausgleichsleistungen empfangen hat.[52] Ist ein Spruchstellenverfahren anhängig, so hat das herrschende Unternehmen während des Verfahrens auch nicht mit Rücksicht auf das Sonderkündigungsrecht aus den §§ 305 Abs. 5 S. 4 und 304 Abs. 6 ein Leistungsverweigerungsrecht (§ 273 BGB); es bleibt vielmehr bis zum Ablauf der Frist des § 305 Abs. 4 S. 3 zur Erfüllung aller Abfindungsanträge verpflichtet.[53] Dieser Pflicht kann es sich nur für die *Zukunft* durch eine Kündigung nach den genannten Vorschriften entziehen (§ 304 Rdnr. 94 f.). Der Vertrag kann nichts abweichendes bestimmen.

6. Zinsen. Nach § 305 Abs. 3 S. 3 Halbs. 1 ist die **Barabfindung** (nur diese) nach **31** Ablauf des Tages, an dem der Beherrschungs- oder Gewinnabführungsvertrag durch Eintragung ins Handelsregister wirksam geworden ist (§ 294 Abs. 2), mit jährlich 2% über dem jeweiligen *Basiszinssatz* nach § 247 BGB zu *verzinsen* (Rdnr. 3). Die Geltendmachung eines weiteren Schadens ist nicht ausgeschlossen (Halbs. 2 aaO). Für eine etwaige bare Zuzahlung im Fall der Abfindung in Aktien nach § 305 Abs. 3 S. 1 Halbs. 2 gilt diese Regelung nicht entsprechend.[54] Nur wenn sich das herrschende Unternehmen in **Verzug** befindet, kann auch noch ein weitergehender Zinsschaden geltend gemacht werden (§ 305 Abs. 3 S. 3 Halbs. 2 AktG iVm. den §§ 286 und 288 BGB).[55] Das gilt dann auch für eine etwaige bare Zuzahlung.

Durch die erst 1994 in das Gesetz eingefügte Bestimmung des § 305 Abs. 3 S. 3 ist eine **32** alte Streitfrage geklärt worden. Bezweckt wurde damit vor allem, einer absichtlichen Verzögerung des Spruchstellenverfahrens durch das herrschenden Unternehmen entgegenzuwirken.[56] Jedoch ist dieses Ziel, bisher jedenfalls, offenkundig nicht erreicht worden, wie die immer wieder gerügte, übermäßige Dauer der Spruchstellenverfahren zeigt, die sich meistens nach Jahren, in Einzelfällen sogar nach Jahrzehnten bemißt.

7. Anrechnung

Schrifttum: *Ammon* FGPrax 1998, 121; *Bilda* NZG 2000, 296; MünchKommAktG/*Bilda* Rdnr. 94–99; *Emmerich/Sonnenschein/Habersack* Konzernrecht § 22 II 2 b (S. 330 f.); *Hüffer* Rdnr. 26 b; *Jungmann* ZIP 2002, 760; MünchHdb. AG/*Krieger* § 70 Rdnr. 94; *Liebscher* AG 1996, 455; *Maul* DB 2002, 1423; *W. Meilicke* AG 1999, 103, 106 f.; *Stimpel* AG 1998, 259; *Vetter* AG 2002, 383.

Hatten die außenstehenden Aktionäre zunächst *Ausgleichszahlungen* entgegengenommen, **33** bevor sie sich für eine Barabfindung (nebst Zinsen!) entschieden, so scheidet nach überwiegender Meinung eine Kumulierung von Ausgleichszahlungen und Verzinsung der Barabfindung aus (s. schon Rdnr. 19); umstritten war jedoch lange, wie solche Kumulierung zu verhindern ist, bis der BGH die Frage im September 2002 in dem **„Rütgers-Fall"** in dem aktionärsfreundlichsten Sinne geklärt hat.[57] Ein Teil der Gerichte hatte bis dahin einfach angenommen, daß der Zinsanspruch ruhe, solange der Aktionär den Ausgleich verlangt,[58] während andere eine Anrechnung der bezogenen Ausgleichsleistungen nur auf die Zinsen[59] oder auch auf die Barabfindung forderten,[60] während wieder andere die Ausgleichszahlun-

---

[52] Grdlg. BGH (s. vorige Fn.) „Rütgers AG"; LG Dortmund AG 2001, 544, 547 = NZG 2001, 1145 „Siemens/SNI".

[53] LG Stuttgart AG 1998, 103 „Gestra/Foxboro"; *Ammon* FGPrax 1998, 121, 123; *Krieger* (Fn. 50).

[54] MünchHdb. AG/*Krieger* § 70 Rdnr. 93 (2. Abs.).

[55] Beispiel in LG Stuttgart AG 1998, 103 „Gestra/Foxboro".

[56] S. die Begr. zum RegE des Umwandlungsrechtbereinigungsgesetzes, BT-Drucks. 12 (1994)/6699, S. 88, 179.

[57] BGH NJW 2002, 3467 = WM 2002, 2153 = ZIP 2002, 1892 = NZG 2002, 1057 = BB 2002,

2243 = AG 2003, 40 = GmbHR 2002, 1120 (Vorinstanz OLG Hamm AG 2002, 413 = NZG 2002, 51) dazu *Kort* NZA 2002, 1139.

[58] OLG Celle AG 1999, 128, 131 = DB 1998, 2006 „Wolters/Gilde".

[59] OLG Stuttgart AG 2000, 428, 432 (unter 4.) = NZG 2000, 744 = DB 2000, 709 „Schwaben Zell/Hannover Papier"; OLG Hamm NZG 2002, 51 = AG 2002, 413, 414 „Rütgers Werke AG"; LG Bremen AG 2003, 213 „Gestra/Foxboro".

[60] S. BayObLGZ 1998, 231, 241 = NJW-RR 1999, 109 = AG 1999, 43, 46 = ZIP 1998, 1872 „EKU/März"; BayObLG AG 1995, 509, 511 =

gen als *Vorauszahlungen* auf die später geschuldete Abfindung behandeln wollten.[61] Umstritten war ferner, ob Sonderdividenden aus der Auflösung von Gewinnrücklagen nach denselben Regeln zu behandeln sind.[62]

33 a   Im *Schrifttum* fand sich dieselbe Meinungsvielfalt: Ruhen des Zinsanspruchs, solange die Ausgleichsleistungen in Anspruch genommen wird,[63] Verrechnung der Zinsen mit den Ausgleichsleistungen, d. h. Behandlung der Ausgleichsleistungen (nur) als Vorauszahlungen auf die Zinsen, und zwar auch dann, wenn sie ausnahmsweise höher sind als die später ermittelten Zinsen auf die Barabfindung,[64] statt dessen Verrechnung hilfsweise auf die geschuldete Abfindung[65] oder Verrechnung der Ausgleichszahlung allein auf die Abfindung, so daß diese sich kontinuierlich mindert mit entsprechenden Folgen für die Zinsbelastung.[66] Jedenfalls die zuletzt genannte Meinung führte indessen zu einer mit Händen zu greifenden Benachteiligung der außenstehenden Aktionäre, die bei Berücksichtigung der üblichen Dauer der Spruchstellenverfahren auf diese Weise praktisch um die Barabfindung gebracht werden könnten, in direktem Widerspruch zu dem Zweck des § 305 Abs. 3 S. 3 Halbs. 1 (Rdnr. 32).

33 b   Vertretbar ist es daher allein, den Ausgleich generell (nur) auf die **Zinsen** zu verrechnen. Dies bedeutet, daß der Ausgleich, wenn er höher ist als die Zinsen, den außenstehenden Aktionären verbleibt,[67] während die Differenz nachzuzahlen ist, wenn der Ausgleich niedriger als die Zinsen ist (s. § 304 Rdnr. 40 f.). Dieser Auffassung hat sich mittlerweile auch der *BGH* angeschlossen.[68] Zu Recht hat er vor allem die rückwirkende Verrechnung der Ausgleichszahlungen mit der Abfindung abgelehnt, weil dadurch die außenstehenden Aktionäre entgegen dem Gesetz massiv benachteiligt würden (s. Rdnr. 33 a) und weil die Ausgleichszahlungen der Sache nach nichts anderes als eine *Verzinsung* der Einlage und nicht etwa eine Abfindung auf Raten darstellen. Der BGH hält es auch für unbedenklich, den außenstehenden Aktionären die Ausgleichszahlungen zu belassen, selbst wenn sie ausnahmsweise einmal höher als die Zinsen auf die Abfindung sind.[69]

34   **8. Erlöschen.** Der Abfindungsanspruch der außenstehenden Aktionäre beruht letztlich auf dem Beherrschungs- oder Gewinnabführungsvertrag (s. § 305 Abs. 5 S. 2; Rdnr. 7, 25). Dies hat zur Folge, daß der Anspruch im Regelfall von dem Schicksal des Vertrages abhängig ist. Ausnahmslos kann dies freilich nicht gelten, wie § 305 Abs. 5 S. 2 zeigt, nach dem die Festsetzung der Abfindung auch dann Sache des Gerichts ist, wenn der Vertrag selbst überhaupt keine Abfindung vorsieht, so daß als Anspruchsgrundlage in diesem Fall tatsächlich nur noch das Gesetz (§ 305 Abs. 1) übrig bleibt. Daher rührt die Frage, ob im Einzelfall der Abfindungsanspruch auch trotz *vorzeitiger* Beendigung des Vertrages, insbes. durch Kündigung seitens des herrschenden Unternehmens (§§ 297, 305 Abs. 5 S. 4 und 304 Abs. 5), fortbestehen kann, in diesem Fall dann ebenfalls unmittelbar aufgrund des Gesetzes. Geklärt ist dies mittlerweile im positiven Sinne für den Fall einer vorzeitigen Beendigung des Vertrages *während* eines anhängigen Spruchstellenverfahrens (s. Rdnr. 7, 25; § 306 Rdnr. 61 ff.). Bei einer Beendigung des Vertrages außerhalb eines derartigen Verfahrens dürfte indessen entsprechend der primär vertraglichen Struktur des Abfindungsanspruchs

---

WM 1995, 1580; AG 1996, 127, 131 = DB 1995, 2590 = WM 1996, 526 „Paulaner".

[61] So insbes. OLG Hamburg AG 1996, 176, 180 = BB 1996, 687 „Hacker-Pschorr"; OLG München AG 1998, 239; LG München I AG 1998, 147 „Paulaner".

[62] Dafür OLG Hamburg AG 2002, 409, 411 = ZIP 2002, 754 gegen LG Hamburg AG 2002, 100 „Philips".

[63] *Liebscher* AG 1996, 455, 457 ff.

[64] *Bilda* NZG 2000, 296, 301; MünchKomm-AktG/*Bilda* Rdnr. 99; *W. Meilicke* AG 1999, 103, 106 f.

[65] MünchHdb. AG/*Krieger* § 70 Rdnr. 94.

[66] *Ammon* FGPrax 1998, 121, 122; *Hüffer* Rdnr. 26 b; *Stimpel* AG 1998, 259, 263; *Vetter* AG 2002, 383, 385 f.; wohl auch *Jungmann* ZIP 2002, 760 f.

[67] Dagegen auch *Maul* DB 2002, 1423.

[68] Grdlg. BGH NJW 2002, 3467 = AG 2003, 40 = WM 2002, 2153 „Rütgers AG" m. Anm. *Emmerich* JuS 2003, 198 f.; ebenso zuvor schon (in derselben Sache) OLG Hamm NZG 2002, 51 = AG 2002, 413 sowie sodann LG Hamburg AG 2003, 109, 110 „Philips/PKV".

[69] Ebenso schon in jeder Hinsicht Voraufl. Rdnr. 33.

grundsätzlich weiterhin von dessen Erlöschen auszugehen sein, außer wenn in diesem Augenblick die Antragsfrist des § 304 Abs. 4 S. 2 (bzw. § 4 Abs. 1 SpruchGE) noch läuft (Rdnr. 25, 27).[70]

9. Anpassung

Schrifttum: MünchKommAktG/*Bilda* Rdnr. 19–23; *Görling* Konzernhaftung S. 138 f.; MünchHdb. AG/*Krieger* § 70 Rdnr. 95; *D. Schwenn*, Der Ausgleichs- und Abfindungsanspruch, S. 197 ff.

Noch wenig geklärt ist die Frage, unter welchen Voraussetzungen ein Abfindungsangebot an **35** eine spätere Veränderung der Verhältnisse bei dem herrschenden Unternehmen „anzupassen" ist. Es geht dabei in erster Linie um Fälle wie den Beitritt eines neuen herrschenden Unternehmens zu dem Vertrag, die Übertragung des Vertrags auf ein anderes herrschendes Unternehmen sowie die Eingliederung des herrschenden Unternehmens in oder seine Verschmelzung mit einem anderen Unternehmen.[71] In der Mehrzahl dieser Fälle ist eine *Wiederholung* des Abfindungsangebots geboten, weil und sofern sich die außenstehenden Aktionäre jetzt einer völlig neuen Situation gegenübersehen, so daß ihnen, sei es nach den Regeln über den Wegfall der Geschäftsgrundlage (§ 313 BGB), sei es im Wege ergänzender Vertragsauslegung (§§ 133, 157, 242 BGB), erneut die Möglichkeit eröffnet werden muß, über ihr Ausscheiden gegen Abfindung oder über den Fortbestand ihres Investments in der abhängigen Gesellschaft (gegen Ausgleichszahlungen, § 304) nachzudenken. Bedeutung hat dies vor allem für Aktionäre, die sich für den Ausgleich entschieden hatten (§ 304), weniger dagegen für solche, die bereits abgefunden *sind.* Wegen der Einzelheiten ist auf die Ausführungen an anderer Stelle zu verweisen (s. Rdnr. 78 ff. sowie schon § 295 Rdnr. 13 ff.; § 297 Rdnr. 34 ff.). Jenseits dieser eigenartigen Fallgestaltungen wird jedoch bislang eine spätere („echte") *Anpassung* der Abfindung an veränderte Verhältnisse (im Sinne ihrer Aufstockung) überwiegend abgelehnt.[72]

V. Volle Entschädigung

1. Überblick. Die zentrale Frage, die die Anwendung des § 305 (ebenso wie die des **36** § 304) aufwirft, ist die nach der *Höhe* der Abfindung. Das Gesetz beschränkt sich in § 305 Abs. 1 insoweit auf die Bestimmung, daß die Abfindung „*angemessen*" sein muß; Abs. 3 S. 1 der Vorschrift fügt noch hinzu, daß eine Abfindung *in Aktien* nur dann als angemessen anzusehen ist, wenn das Umtauschverhältnis der *Verschmelzungswertrelation* entspricht, während die *Barabfindung* gemäß § 305 Abs. 3 S. 2 die Verhältnisse der abhängigen Gesellschaft im Zeitpunkt der Beschlußfassung ihrer Hauptversammlung über den Vertrag (s. § 293 Abs. 1) zu berücksichtigen hat.

Vergleichbare Regelungen finden sich noch an mehreren anderen Stellen innerhalb und **36 a** außerhalb des Aktiengesetzes. Die engste Verwandtschaft mit § 305 weist die Regelung der *Eingliederung* durch Mehrheitsbeschluß (§ 320) auf (s. § 320 b S. 1, 4 und 5 und dazu § 320 b Rdnr. 12). Die entsprechende Regelung für den im Jahre 2001 eingeführten *Ausschluß* von Minderheitsaktionären findet sich in den §§ 327 a Abs. 1 S. 1 und 327 b Abs. 1 S. 1. Auch danach ist ein Ausschluß der Minderheitsaktionäre nur gegen „angemessene" Barabfindung „zulässig", wobei von den Verhältnissen der Gesellschaft im Zeitpunkt der Beschlußfassung der Hauptversammlung auszugehen ist. Eine ausführliche Regelung des Fragenkreises findet sich ferner in dem neuen Wertpapiererwerbs- und Übernahmegesetz **(WpÜG)** vom 20. Dezember 2001[73] iVm. der WpÜG-Angebotsverordnung vom 27. De-

---

[70] *Emmerich/Sonnenschein/Habersack* Konzernrecht § 22 II 5 (S. 332); *Eschenbruch* Konzernhaftung Tz. 3124; *Koppensteiner* in Kölner Kommentar Rdnr. 12, 52; dagegen *Luttermann* JZ 1997, 1183 ff.; anders für den Fall der Insolvenz der abhängigen Gesellschaft auch *Beyerle* AG 1979, 306, 308 ff.; *Koppensteiner* in Kölner Kommentar Rdnr. 9; offengelassen in BayObLGZ 1978, 209 = AG 1980, 76, 77; s. dazu § 297 Rdnr. 51.

[71] Zu weiteren Fallgestaltungen in mehrstufigen Unternehmensverbindungen s. Rdnr. 78–81; zum nachträglichen Wegfall der Abhängigkeit des anderen Vertragsteils s. Rdnr. 56, 81.

[72] *Krieger* und *D. Schwenn* (aaO).

[73] BGBl. I S. 3822.

zember 2001.[74] Sowohl bei freiwilligen Übernahmeangeboten als auch bei Pflichtangeboten muß der Bieter danach den Aktionären der Zielgesellschaft eine „angemessene Gegenleistung" anbieten, bei deren Bestimmung grundsätzlich der durchschnittliche *Börsenkurs* der Aktien der Zielgesellschaft ebenso wie *Erwerbe* von Aktien der Zielgesellschaft durch den Bieter und ihm nahestehende Dritte zu berücksichtigen sind (§§ 31 Abs. 1, 39 WpÜG). Nach § 31 Abs. 4 und 5 WpÜG sind dabei in bestimmtem Umfang auch sogenannte Paketzuschläge zu berücksichtigen.

36 b Ergänzende Bestimmungen enthält die bereits erwähnte **WpÜG-Angebotsverordnung** vom 27. Dezember 2001 (s. § 31 Abs. 7 WpÜG). Danach muß die Gegenleistung für Aktien der Zielgesellschaft mindestens dem Wert der *höchsten* vom Bieter oder ihm nahestehender Dritter gewährten oder vereinbarten *Gegenleistung* für den Erwerb von Aktien der Zielgesellschaft innerhalb der letzten drei Monate vor der Veröffentlichung der Angebotsunterlage (§ 14 Abs. 2 S. 1 WpÜG) oder des Pflichtangebots (§ 35 Abs. 2 S. 1 WpÜG) entsprechen (§ 4 der Verordnung). § 5 Abs. 1 der Verordnung fügt hinzu, daß dann, wenn die Aktien der Zielgesellschaft zum Handel an einer inländischen Börse zugelassen sind, die Gegenleistung *mindestens* dem gewichteten durchschnittlichen inländischen *Börsenkurs* dieser Aktien während der letzten drei Monate vor der Bekanntgabe der Entscheidung zur Abgabe eines Angebots (§ 10 Abs. 1 S. 1 WpÜG) oder des Kontrollerwerbs (§ 35 Abs. 1 S. 1 WpÜG) entsprechen muß. Die Verordnung versteht darunter den nach Umsätzen gewichteten *Durchschnittskurs* der dem Bundesaufsichtsamt nach § 9 WpHG als börslich gemeldeten Geschäfte (§ 5 Abs. 3 der Verordnung). Nur in Fällen der Ineffizienz des Kapitalmarktes tritt an die Stelle des Börsenkurses der anhand einer Bewertung der Zielgesellschaft ermittelte Wert des Unternehmens (§ 5 Abs. 4 der Verordnung).

37 Als „angemessen" im Sinne aller genannten Bestimmungen (Rdnr. 36–36 b) ist eine Abfindung nur dann anzusehen, wenn sie den außenstehenden Aktionären eine **volle Entschädigung** für ihr Ausscheiden aus der abhängigen Gesellschaft bietet, die dem „wirklichen Wert" ihrer Beteiligung an dem lebenden (arbeitenden) Unternehmen ihrer Gesellschaft unter Einschluß namentlich der stillen Reserven entspricht. Dies erfordert schon die Gewährleistung des Eigentums durch Art. 14 Abs. 1 GG (s. Rdnr. 1 ff.) und folgt im übrigen aus der einfachen Überlegung, daß unter keinem rechtlichen Gesichtspunkt die Interessen des herrschenden Unternehmens einen Vorrang vor denen der außenstehenden Aktionäre verdienen.[75] Das gilt gleichermaßen für die Abfindung in Aktien wie für die Barabfindung. Aus der unterschiedlichen Formulierung der Sätze 1 und 2 des § 305 Abs. 3 darf nichts Gegenteiliges gefolgert werden, weil die Abfindung in beiden Fällen nach § 305 Abs. 1 zugleich „angemessen", d. h. vollständig sein muß.

38 Die somit in jedem Fall erforderliche „volle Entschädigung" der außenstehenden Aktionäre entspricht nach Meinung des BGH grundsätzlich dem sogenannten „Grenzwert" (oder besser: **„Grenzpreis"**). Man meint damit den Preis, den die außenstehenden Aktionäre (mindestens) erhalten müssen, um aus ihrer Gesellschaft ohne Nachteile für sie ausscheiden zu können.[76] Dieser Preis ist identisch mit dem Betrag, den der außenstehende Aktionär

---

[74] BGBl. I S. 4263; s. dazu im einzelnen *Liebscher* ZIP 2001, 853, 864 f.; *Tröger* DZWiR 2002, 353, 397, 398 ff.

[75] BGHZ 71, 40, 51 = NJW 1978, 1316 = AG 1978, 196 „Kali & Salz"; BGHZ 138, 136, 140 = LM AktG § 304 Nr. 3 = NJW 1998, 1866 = AG 1998, 286 „ASEA/BBC II"; BGHZ 147, 108, 115 f. = LM GG Art. 14 (Ca) Nr. 45 = NJW 2001, 280 = AG 2001, 417 „DAT/Altana IV"; BGH LM AktG § 305 Nr. 1 = AG 1974, 53; LM UmwG Nr. 2 = NJW 1967, 1464; BB 1977, 616; NJW 2003, 1032 = ZIP 2003, 387 „Macroton"; BayObLGZ 1998, 231, 235 f. = AG 1999, 43 „EKU/März"; BayObLG AG 1995, 409 = WM 1995, 1580; AG 1996, 127 = DB 1995, 2590 = WM 1996, 526 „Paulaner"; AG 1996, 176,

177 = BB 1996, 687 „Hacker-Pschorr"; AG 2002, 390 „Rieter II"; AG 2002, 392 „Ytong"; OLG Düsseldorf AG 2002, 398, 399 „Kaufhof/Metro"; Beschl. v. 31. 1. 2003 – 19 W 9/00 „Siemens/SNI"; OLG Frankfurt AG 2002, 404 „Nestlé"; s. *Emmerich/Sonnenschein/Habersack* Konzernrecht § 22 III (S. 332 ff.).

[76] Grdlg. BGHZ 138, 136, 140 = NJW 1998, 1866 = AG 1998, 286 „ASEA/BBC II"; BGH NJW 2003, 1032 = ZIP 2003, 387, 389 f. „Macrotron"; BayObLG AG 2002, 390 „Rieter II"; zustimmend MünchKommAktG/*Bilda* Rdnr. 59; *Hüffer* Rdnr. 18; MünchHdb. AG/*Krieger* § 70 Rdnr. 105; *Korth* ZGR 1999, 402, 413, 416; wohl auch *Hüttemann* ZHR 162 (1998), 563, 578 ff.

benötigt, um bei einer Ersatzinvestition in öffentlichen Anleihen *genauso* dazustehen, wie wenn er weiterhin an seiner *unabhängigen* Gesellschaft beteiligt wäre.[77] Den Gegensatz soll der sogenannte **„Schiedspreis"** bilden, d. h. derjenige Preis (und damit Wert) des Anteils, den der außenstehende Aktionär im Fall eines Verkaufs am Markt erzielen könnte. Hinter diese Begriffsbildung ist ebenso wie hinter die ihr offenbar zugrundeliegenden Vorstellungen mehr als ein Fragezeichen zu setzen.[78]

Durch die Ausklammerung des sogenannten Schiedspreises als Maßstab für die Bewertung **39** der Anteile der außenstehenden Aktionäre an ihrer jetzt (abhängigen) Gesellschaft soll erreicht werden, daß die Unternehmens- und Anteilsbewertung im Rahmen der §§ 304 und 305 nach Möglichkeit von „subjektiven Elementen", d. h. Elementen aus der besonderen Situation des einzelnen Aktionärs freigehalten wird. Nur so erklärt es sich überhaupt, daß lange Zeit die überwiegende Meinung davon ausging, der *Börsenkurs* sei ebenso wie die tatsächlich etwa vom herrschenden Unternehmen für Anteile außenstehender Aktionäre am Markt gezahlten Preise für deren Bewertung im Rahmen der §§ 304 und 305 irrelevant (s. Rdnr. 42 ff.). Diese Auffassung hat sich indessen als *nicht haltbar* erwiesen, so daß auch die zugrundeliegenden theoretischen Annahmen zu Recht in zunehmendem Maße in Frage gestellt werden.[79]

Tatsächlich gibt es gar keinen „wahren", „wirklichen" oder „objektiven" Wert eines **40** Unternehmens oder der Anteile an der Gesellschaft, die das Unternehmen betreibt, wie die Gerichte bisher eigentlich immer, ausgesprochen oder unausgesprochen, angenommen haben. Ein Anteil und ein Unternehmen sind vielmehr in einer Marktwirtschaft immer nur genau so viel wert, wie am Markt *tatsächlich* dafür *gezahlt* wird.[80] Einziger ernstzunehmender Maßstab für die Bemessung der angemessenen Abfindung iSd. § 305 ebenso wie für die Festsetzung des Ausgleichs iSd. § 304 können daher die Preise sein, die sich an den in Betracht kommenden Märkten für die fraglichen Anteile herausgebildet haben. Denn genau das ist der Wert, den der fragliche Anteil für den betreffenden außenstehenden Aktionär hat, und nichts sonst. Zu Recht setzt sich deshalb immer mehr die Überzeugung durch, daß die Wertermittlung bei einer AG ihren Ausgangspunkt, wenn vorhanden, von den *Börsenkursen* der Anteile der außenstehenden Aktionäre zu nehmen hat, weil in erster Linie diese anzeigen, wie die Märkte die fraglichen Anteile bewerten (Rdnr. 43 ff.).

Nur wo – aus unterschiedlichen Gründen – ein derartiger Rückgriff auf Börsenkurse als **40 a** Maßstab ausscheidet, ist überhaupt Raum für die vielfältigen, zum Teil hochkomplexen Überlegungen, die heute im Rahmen der Unternehmens- und Anteilsbewertung bei den §§ 304 und 305 angestellt zu werden pflegen und mit denen eine Rationalität der Unternehmensbewertung *vorgetäuscht* wird, die tatsächlich überhaupt nicht erreichbar ist, wie auch die Rechtsprechung zunehmend – selbstkritisch – einräumt.[81] In diese Bewertung fließen zudem in jedem Fall derartig viele allemal unsichere Prognosen und Wertungen ein, daß das Ergebnis immer ein theoretisches „Konstrukt"[82] ist, das man nur dann als den „wahren" oder „wirklichen" Wert des Unternehmens und der Anteile an ihm bezeichnen kann, wenn man sich zuvor über die anzuwendende Methode, die den Prognosen zugrunde zu legenden Annahmen und die vielen anderen jeweils nötigen Wertungen geeinigt hat.

---

[77] S. *Krieger* und *Hüttemann* (vorige Fn.).
[78] Zu den zugrundeliegenden betriebswirtschaftlichen Vorstellungen s. *Komp* Zweifelsfragen S. 38 ff.
[79] Zutreffend *Komp* (vorige Fn.); *W. Müller*, FS für Bezzenberger, 2000, S. 705, 712, 714 ff.; *Luttermann* ZIP 1999, 45; *ders.* JZ 1999, 945; *C. Steinhauer* AG 1999, 299, 302 ff.; *Stilz* ZGR 2001, 875, 881 ff.; *D. Wilm* NZG 2000, 234.
[80] S. zuletzt *Coenenberg/Schultze* FAZ Nr. 215 v. 16. 9. 2002, S. 24; *Stilz* (vorige Fn.).
[81] Grdlg. BayObLGZ 1998, 231, 238 f. = NJW-RR 1999, 109 = AG 1999, 43 „EKU/März"; OLG Hamburg NZG 2001, 471 = AG 2001, 479, 481

„Bauverein zu Hamburg/Wünsche AG"; vor allem BVerfGE 100, 289, 305 ff. = NJW 1999, 3769 = LM AktG § 304 Nr. 3 a = AG 1999, 566 „DAT/Altana I"; ebenso zB LG München I AG 2002, 523 „Frankona"; LG Bremen AG 2003, 213 „Gestra/Foxboro"; *Hennrichs* ZHR 164 (2000), 453, 476 ff.; *Luttermann* ZIP 1999, 45; *ders.* JZ 1999, 945; *W. Müller*, FS für Bezzenberger, S. 705, 714 ff.; *C. Steinhauer* AG 1999, 299, 306 f; *Stilz* ZGR 2001, 875, 883 ff.
[82] So zutreffend *Stilz* (vorige Fn.), S. 885; ebenso *Komp* Zweifelsfragen S. 381: „Fiktion"; *Emmerich* AG 2003, 168.

41   **2. Buchwert.** Aus dem Gesagten (Rdnr. 36 ff.) folgt zunächst, daß die angemessene Abfindung der außenstehenden Aktionäre iSd. § 305 nicht aus dem Buch- oder Bilanzwert der abhängigen Gesellschaft abgeleitet werden kann, da die außenstehenden Aktionäre andernfalls von der Beteiligung an den oft hohen stillen Reserven ausgeschlossen würden.[83] Eine Abfindung zu Buchwerten hätte deshalb mit einer *vollen* Entschädigung der außenstehenden Aktionäre (Rdnr. 36 f.) nichts mehr zu tun.[84]

3. Börsenkurs

Schrifttum: *Ammon* FGPrax 1998, 121; *Behnke* NZG 1999, 934; *Bilda* NZG 2002, 296; *Bungert* BB 2001, 1163; *Busse v. Colbe,* FS für Lutter, 2000, S. 1053; *Decher,* FS für Wiedemann, 2002, S. 787; *Emmerich/Sonnenschein/Habersack* Konzernrecht § 22 III 2 (S. 334 ff.); *Großfeld,* Unternehmens- und Anteilsbewertung, S. 180 ff.; *Hennrichs* ZHR 164 (2000), 453; *Henze* Konzernrecht Tz. 392 ff. (S. 138 ff.); *ders.,* FS für Lutter, 2000, S. 1101; *Hüffer* Rdnr. 20 a, 24 a ff.; *Hüttemann,* ZGR 2001, 454; *Komp,* Zweifelsfragen des aktienrechtlichen Abfindungsanspruchs, 2002, S. 350 ff.; *MünchHdb. AG/Krieger* § 70 Rdnr. 106 (S. 1064 ff.); *Luttermann* ZIP 1999, 45; *ders.* JZ 1999, 945; *ders.* ZIP 2001, 869; *Maier-Reimer/Kolb,* FS für W. Müller, 2001, S. 93; *W. Müller,* FS für Bezzenberger, 2000, S. 705; *A. Reuter* DB 2001, 2483; *Röhricht* in: Gesellschaftsrecht in der Diskussion 2001, 2002, S. 3, 20 ff.; *Rodloff* DB 1999, 1149; *Steinhauer* AG 1999, 299; *Stilz* ZGR 2001, 875; *Vetter* AG 1999, 569; *ders.* ZIP 2000, 561; *ders.* DB 2001, 1347; *Wilken* ZIP 1999, 1443; *W. Wilm* NZG 2000, 234.

42   **a) Frühere Praxis.** Jedenfalls für einen außenstehenden Aktionär ohne nennenswerten Einfluß auf die Geschicke seiner Gesellschaft spiegelt normalerweise der Börsenkurs (wenn vorhanden) den Wert seiner Beteiligung exakt wider, da seine Aktien für ihn genau so viel wert sind, wie er dafür bei einer Veräußerung an der Börse erlösen kann (Rdnr. 40 f.). Gleichwohl wurde es bis 1999 überwiegend *abgelehnt,* die Abfindung der außenstehenden Aktionäre am Börsenkurs ihrer Aktien am Stichtag (Rdnr. 56 ff.) oder in den letzten Monaten davor zu orientieren, weil der Börsenkurs von zahlreichen Zufälligkeiten abhängig sei und weil sich nur so verhindern lasse, daß interessierte Kreise, das herrschende Unternehmen oder Gruppen außenstehender Aktionäre, vor dem Stichtag gezielt die Börsenkurse manipulierten, um eine möglichst niedrige oder möglichst hohe Abfindung durchzusetzen.[85] Als ebensowenig maßgebend wird außerdem nach wie vor überwiegend der sogenannte *Paketpreis* angesehen, d. h. ein von dem herrschenden Unternehmen außerhalb der Börse an Dritte gezahlter, möglicherweise hoher Preis für größere Aktienpakete, um die für den Vertragsabschluß nötige Mehrheit (s. § 293 Abs. 1) zu erlangen (s. Rdnr. 49 f.).[86]

43   Diese Auffassung hatte zu dem nur schwer erträglichen Ergebnis geführt, daß in der Mehrzahl der Fälle die von dem herrschenden Unternehmen angebotene Abfindung deutlich *hinter* dem Börsenkurs zurückblieb.[87] Es konnte nun aber nicht ernstlich zweifelhaft sein, daß der Börsenkurs das *mindeste* ist, was eine Aktie ihrem Inhaber wert ist, da er sie zu diesem Preis jederzeit zu Geld machen kann. Im Schrifttum war daraus bereits früher wiederholt der Schluß gezogen worden, daß der Börsenkurs auf jeden Fall die *Untergrenze*

---

[83] MünchKommAktG/*Bilda* Rdnr. 65; *Hüffer* Rdnr. 20; *Hüchting* Abfindung S. 28 f., 30; *Koppensteiner* in Kölner Kommentar Rdnr. 37; unstr.

[84] Zur Notwendigkeit der Berücksichtigung der stillen Reserven s. schon § 301 Rdnr. 19.

[85] So schon der Ausschußbericht zu § 305, bei *Kropff* AktG S. 399; ebenso BGHZ 71, 40, 51 = NJW 1978, 1316 = AG 1978, 196 „Kali & Salz"; BGH LM UmwG Nr. 2 = NJW 1967, 1464; BayObLG AG 1996, 127, 128 = DB 1995, 2590 = WM 1996, 526; AG 1996, 176, 177; OLG Düsseldorf AG 1977, 168 = DB 1977, 296; WM 1988, 1052 = AG 1988, 275; AG 1990, 490, 491 f.; 1995, 84; 1995, 85, 86 = WM 1995, 756; zuletzt OLG Celle AG 1999, 128, 129 = DB 1998, 2006 „Wolters/Gilde"; *Eschenbruch* Konzernhaftung Tz. 3121; *Hüchting* Abfindung S. 39, 44 ff.; *Koppensteiner* in

Kölner Kommentar Rdnr. 37; *Korth* BB 1992, Beil. 19, S. 4 f.; *J. Schmidt,* Außenstehende Aktionäre, S. 71 f.

[86] OLG Düsseldorf AG 1995, 85, 86 f. = WM 1995, 756; AG 1998, 236, 237; OLG Celle (vorige Fn.); LG Stuttgart AG 1994, 136; LG Nürnberg-Fürth AG 2000,89 „Philips"; MünchKommAktG/*Bilda* Rdnr. 65; *Hüffer* Rdnr. 21; ebenso BVerfGE 100, 289, 306 ff. = NJW 1999, 3769 = AG 1999, 566, 568 „DAT/Altana I".

[87] S. *Aha* AG 1997, 26, 27 f.; *Dörfler/Gahler/Unterstraßer/Wirichs* BB 1994, 156; *H. N. Götz* DB 1996, 259; *Hecker/Wenger* ZBB 1995, 321, 326 f.; *Hügel,* Verschmelzung und Einbringung, S. 200 ff; *Komp* Zweifelsfragen S. 350 ff.; *Rühland* WM 2000, 1884.

markiere, die bei dem Angebot der Abfindung nicht unterschritten werden darf.[88] Hinzu trat in jüngster Zeit die (naheliegende) Überlegung, daß, funktionierende Märkte vorausgesetzt, der Börsenpreis als ein tatsächlich in einer Vielzahl von Fällen geforderter und gezahlter Preis an Rationalität bei weitem jedem anderen Maßstab zur Bewertung der Anteile überlegen ist, schlicht deshalb, weil kein sogenannter Sachverständiger (im Regelfall) mehr als die Märkte wissen kann, so daß im Grunde die Vorstellung, Sachverständige könnten den Wert eines Anteils „genauer" als die Märkte, sprich die Börse beurteilen, nur schwer nachzuvollziehen ist.[89]

b) BVerfG. Diese Auffassung hat sich mittlerweile allgemein durchgesetzt, nachdem sich **44** das BVerfG ihr in mehreren bahnbrechenden Beschlüssen aus dem Jahre 1999 angeschlossen hat. Bei der Ermittlung des Verkehrswertes (als des Maßstabs für die volle Entschädigung der außenstehenden Aktionäre) darf danach der Börsenkurs nicht außer Betracht bleiben, weil der Vermögensverlust eines Aktionärs infolge des Abschlusses eines Unternehmensvertrages in der Regel für ihn mit dem Börsenkurs seiner Aktie identisch sei.[90] Nicht maßgeblich sei freilich unbedingt der Börsenkurs gerade am Bewertungsstichtag, sondern gegebenenfalls der *Durchschnittskurs* aus der letzten Zeit vor Bekanntgabe des Unternehmensvertrages.[91] In Ausnahmefällen, zB bei einer ausgesprochenen Marktenge, dürfe der Börsenkurs auch unterschritten werden, wenn er nicht den „Verkehrswert der Aktie widerspiegele".[92] Von solchen Ausnahmefällen abgesehen, bilde jedoch der Börsenkurs grundsätzlich (nur) die *Untergrenze* der Bewertung der abhängigen Gesellschaft, während die außerhalb der Börse gezahlten Preise für die Aktien der abhängigen Gesellschaft unberücksichtigt bleiben müßten, weil sie regelmäßig keine Beziehung zum Verkehrswert hätten.[93]

Der vom BVerfG in der Bewertungspraxis verlangte *Paradigmenwechsel* hat eine Fülle neuer **45** Fragen aufgeworfen. Im Mittelpunkt des Interesses stehen dabei die Fragen, ob der Börsenkurs nur die *Untergrenze* des Wertes oder im Regelfall den ausschlaggebenden Maßstab darstellt, *welche* Börsenkurse konkret zugrunde zu legen sind, welche Anforderungen an eine funktionierende Börse gestellt werden müssen, damit die (wie immer ermittelten) Börsenkurse als repräsentativ gelten können, ob es, anders gewendet, auch Fälle gibt, in denen die Börsenkurse (mangels jeglicher Aussagekraft) *unterschritten* werden dürfen, ferner, welche Bedeutung in diesem Zusammenhang den vom herrschenden Unternehmen tatsächlich gezahlten Preisen, dem sogenannten Paketzuschlag, zukommt und wie schließlich insoweit hinsichtlich der herrschenden Gesellschaft zu verfahren ist. Über alle diese Fragen hat sich mittlerweile eine lebhafte Diskussion entwickelt, wobei offenbar langsam diejenige Auffassung die Oberhand zu gewinnen scheint, die den durchschnittlichen Börsenkurs innerhalb eines im einzelnen umstrittenen Referenzzeitraums nur als *zweiten* Maßstab für die Angemessenheit der Abfindung *neben* dem nach den herkömmlichen Methoden ermittelten Unternehmens- und Anteilswert zu akzeptieren bereit ist.[94]

c) Untergrenze oder Obergrenze? Die Frage, welche Bedeutung den Börsenkursen **46** konkret zukommt, hat *mehrere* Aspekte, die sorgfältig getrennt werden müssen: Nur verhältnismäßig geringes Interesse hat bisher die Frage gefunden, ob der (wie immer ermittelte) Börsenkurs der Anteile der außenstehenden Aktionäre den **Mindestwert** (die Untergrenze)

---

[88] S. die Genannten (vorige Fn.) sowie OLG Hamm AG 1963, 219; dagegen insbes. *Hüchting* Abfindung S. 44 ff.

[89] S. insbes. *Busse von Colbe,* FS für Lutter, S. 1053, 1057 ff.; *Hüttemann* ZGR 2001, 454; *Komp* Zweifelsfragen S. 350, bes. 380 ff.; *Luttermann* ZIP 1999, 45; *ders.* JZ 1999, 945; *ders.* ZIP 2001, 869; *Maier-Reimer/Kolb,* FS für W. Müller, 2001, S. 93; *W. Müller,* FS für Bezzenberger, S. 705, 708, 714 ff.; *C. Steinhauer* AG 1999, 299, 302, 306 f.; *Stilz* ZGR 2001, 875; ebenso sodann BayObLGZ 1998, 231, 238 ff. = NJW-RR 1999, 109 = AG 1999, 43 = ZIP 1998, 1872 „EKU/März".

[90] Grdlg. BVerfGE 100, 289, 305 ff. = NJW 1999, 3769 = AG 1999, 566, 567 f. „DAT/Altana I"; BVerfG AG 2000, 178 = NZG 2000, 420; ebenso zuvor schon BayObLG (vorige Fn.).

[91] BVerfGE 100, 289, 309 f. (s. vorige Fn.).

[92] BVerfG (vorige Fn.).

[93] So BVerfGE 100, 289, 306 f. „DAT/Altana I".

[94] Überblick über den Meinungsstand bei *Großfeld,* Unternehmens- und Anteilsbewertung S. 180 ff.; *Hüffer* Rdnr. 20 a, 24 a ff.; *Hüttemann* ZGR 2001, 454; *Komp* Zweifelsfragen S. 383 ff.; *Stilz* ZGR 2001, 875.

des Anteilswerts bezeichnet, so daß diese Grenze selbst dann nicht unterschritten werden darf, wenn der nach einer der herkömmlichen Methoden, insbes. also nach der Ertragswertmethode ermittelte, Unternehmens- und Anteilswert *niedriger* als der Börsenwert ist. Der BGH hat sich in dieser Frage eindeutig für den Vorrang des Börsenwertes ausgesprochen, den er für den Regelfall, aussagekräftige Börsenkurse vorausgesetzt (dazu Rdnr. 47 ff.), mit dem Verkehrwert gleichsetzt und dem er den *Vorrang* vor dem sogenannten Schätzwert (ermittelt nach der Ertragswertmethode oder einer anderen gleichstehenden Methode) zubilligt, wenn er höher als der Schätzwert ist.[95]

46a   Im Schrifttum ist die Frage umstritten.[96] Teilweise wird der Börsenkurs oder Börsenwert der Anteile (ihr „Verkehrswert") auch nur als ein Maßstab *unter anderen* für die Angemessenheit der Abfindung verstanden, so daß der Börsenkurs *unterschritten* werden dürfe, wenn die Unternehmensbewertung nach der Ertragswertmethode oder einer gleichstehenden anderen Methode einen niedrigeren Wert als den aus den Börsenkursen abgeleiteten Verkehrswert ergibt.[97] Dieser Meinung ist jedoch nicht zu folgen. Die zusätzliche Berücksichtigung der Börsenkurse wurde im vorliegenden Zusammenhang gerade zu dem Zweck verlangt und schließlich vom BVerfG durchgesetzt, um zu verhindern, daß die außenstehenden Aktionäre unter Berufung auf einen angeblich niedrigeren Ertragswert zu Kursen unter den Börsenkursen abgefunden werden können.

46b   Diese Frage darf nicht mit der anderen verwechselt werden, ob die Börsenkurse im Einzelfall *mangels Aussagekraft* unterschritten werden dürfen. Nur dies hat das BVerfG bejaht (Rdnr. 44), so daß die Frage im Grunde nur lauten darf, welche *Voraussetzungen* ein bestimmter Börsenkurs tatsächlich erfüllen muß, damit ihm die Bedeutung als Mindestwert der Abfindung zugebilligt werden kann, wann mit anderen Worten der Börsenkurs hinreichend aussagekräftig oder repräsentativ ist, um der Unternehmensbewertung zugrunde gelegt werden zu können (Rdnr. 47 ff.).

46c   Von der soeben behandelten Frage, ob der (aussagekräftige) Börsenwert die Untergrenze der Abfindung markiert (Rdnr. 46–46b), muß die Frage getrennt werden, ob und gegebenenfalls unter welchen Voraussetzungen die Abfindung den Börsenwert (Verkehrswert) **überschreiten** muß, um „angemessen" iSd. § 305 Abs. 1 zu sein. Auch hier ist die Stellungnahme des BGH eindeutig. Der vom BGH unter den genannten Voraussetzungen (Rdnr. 46) mit dem Verkehrswert der Aktie gleichgesetzte (durchschnittliche) Börsenkurs bezeichnet grds. **nur** die *Untergrenze* der angemessenen Abfindung, die folglich zu überschreiten ist, wenn die Unternehmens- und Anteilsbewertung einen höheren „Schätzwert" ergibt, worunter der grds. nach der Ertragswertmethode (Rdnr. 53 ff.) ermittelte Wert zu verstehen ist.[98] Dieser Auffassung haben sich die Rspr. ohne Ausnahme und das Schrifttum ganz überwiegend angeschlossen.[99]

---

[95] Grdlg. BGHZ 147, 108, 115 ff., bes. 117 (1. Abs.) = NJW 2001, 2080 = AG 2001, 417 „DAT/Altana IV"; ebenso OLG Frankfurt, Beschl. v. 9. 1. 2003 – 20 W 425 und 434/93; ebenso ausdrücklich OLG Düsseldorf, Beschl. v. 31. 1. 2003 – 19 W 9/00 „Siemens/SNI" (mit ausführlicher Begr.). LG Dortmund AG 2001, 554, 545 = NZG 2001, 1145 „Siemens/SNI".

[96] Ebenso wie der BGH *Hüttemann* ZGR 2001, 454, 458 f., 470 ff.; *Komp* Zweifelsfragen S. 391 ff.; *Raiser* Kapitalgesellschaften § 54 Rdnr. 83 (S. 907); *Röhricht* in: Gesellschaftsrecht in der Diskussion 2001, 2002, S. 3, 21 f.

[97] So insbes. *Großfeld*, Unternehmens- und Anteilsbewertung, S. 190; *Henze* Konzernrecht Tz. 398 (140); vermittelnd *Maier-Reimer/Kolb*, FS für W. Müller, S. 93, 111; vgl. auch *Decher*, FS für Wiedemann, S. 787 (für die Verschmelzung bisher unabhängiger Unternehmen); ebenso für das Umwandlungrecht BayObLG, Beschl. v. 18. 12. 2002 – 3 ZBR 116/00.

[98] BGHZ 147, 108, 117 = NJW 2001, 2080 = AG 2001, 417 „DAT/Altana IV". OLG Düsseldorf, Beschl. v. 31. 1. 2003 – 19 W 9/00 „Siemens/SNI"; LG Mannheim AG 2003, 216, 217 „Brau und Brunnen AG".

[99] BayObLG AG 2000, 390, 391 „Rieter II"; AG 2000, 392, 394 „Ytong"; OLG Stuttgart AG 2000, 428 = NZG 2000, 744 „Schwaben Zell/Hannover Papier"; OLG Frankfurt AG 2002, 404, 405 „Nestlé"; OLG Hamburg AG 2001, 479, 480 = NZG 2001, 471 „Bauverein zu Hamburg/Wünsche"; OLG Düsseldorf (Fn. 98); LG Frankfurt AG 2002, 358, 360 „VDO/Mannesmann"; Münch-KommAktG/*Bilda* Rdnr. 66; *ders.* NZG 2000, 296, 298; *Großfeld*, Unternehmens- und Anteilsbewertung, S. 191 f.; *Henze* Konzernrecht Tz. 398 (S. 140); *Hüffer* Rdnr. 20 d, 24 b f.; *Hüttemann* ZGR 2001, 454, 456 ff.; *Komp* Zweifelsfragen S. 391 ff.; *Maier-Reimer/Kolb*, FS für W. Müller, S. 93, 110; *Raiser* Kapitalgesellschaften § 54 Rdnr. 83 (S. 907); *A. Reuter* DB 2001, 2483, 2485; *Röhricht* (Fn. 96).

In der Vorauflage (Rdnr. 46) ist dagegen hier die Auffassung vertreten worden, daß (nur) **46 d** Börsenpreise echte Marktpreise seien, so daß die Preisermittlung der Börse grds. jedem anderen Verfahren der Unternehmensbewertung überlegen sei. Kein Sachverständiger könne über größeres Wissen als die Börse verfügen. Für den Regelfall sei deshalb eine zusätzliche Bewertung der abhängigen Gesellschaft durch Sachverständige überflüssig, wodurch die Spruchstellenverfahren bei börsennotierten Gesellschaften erheblich entlastet würden.[100] Dagegen wird üblicherweise eingewandt, die Börsenkurse seien volatil und weithin unkontrollierbaren psychologischen und manipulativen Einflüssen ausgesetzt; wegen des bekannten Informationsdefizits bei den meisten Börsenteilnehmern blieben sie zudem häufig hinter dem wirklichen oder wahren inneren Wert der Unternehmensanteile zurück, so daß zum Schutz der außenstehenden Aktionäre grds. in jedem Fall eine *Doppelbewertung* der Anteile einmal anhand der (durchschnittlichen) Börsenkurse und zum anderen nach den üblichen Bewertungsmethoden, insbes. also der Ertragswertmethode geboten sei.[101]

Die Gerichte haben sich in dieser Frage (Börsenkurs als Untergrenze?) offenbar bereits **46 e** festgelegt (s. Rdnr. 46 c), wobei den dafür vorgebrachten Argumenten die Berechtigung nicht von vornherein abgesprochen werden kann. Dennoch bleibt hier daran zu erinnern, daß auch eine Unternehmens- und Anteilsbewertung etwa nach der Ertragswertmethode in der Regel auf ganz unsicheren Prognosen und Wertungen beruht, so daß die Annahme, ihr komme notwendigerweise eine höhere Rationalität als der Bewertung an funktionierenden Börsen zu, auf schwachen Füßen steht. Es sollte deshalb daran festgehalten werden, daß grundsätzlich von der Bewertung des Unternehmens und der Anteile durch eine (funktionierende) Börse in einem etwaigen Spruch- oder Spruchstellenverfahren auszugehen ist, solange nicht deutliche *Indizien für eine Unterbewertung* des Unternehmens und der Anteile durch die Börse vorgetragen werden, insbes. aufgrund eines offenkundigen Informationsdefizits bei den Börsenteilnehmern.[102] Letztlich handelt es sich damit um eine Frage der Darlegungs- und Beweislast im Spruchstellenverfahren.

d) Welcher Börsenkurs? Setzt man, wie es der BGH jetzt will (Rdnr. 46 ff.), den **47** Börsenkurs für den Regelfall mit dem für die Abfindung in erster Linie maßgebenden Verkehrswert der Aktien der abhängigen Gesellschaft gleich, so muß man als nächstes entscheiden, von **welchem** Börsenkurs man dabei auszugehen hat. In Betracht kommen der (aussagekräftige, s. Rdnr. 47 d) Kurs am Stichtag (Rdnr. 56 ff.) oder ein (wie immer ermittelter) Durchschnittskurs aus einem Referenzzeitraum vor dem Stichtag, wobei wieder umstritten ist, von wann ab dieser Referenzzeitraum zurückzurechnen ist. Weitere Schwierigkeiten entstehen dabei, wenn Aktien, wie es häufiger der Fall ist, gleichzeitig an mehreren Börsen gehandelt werden. Auch zu diesen Fragen werden die unterschiedlichsten Auffassungen vertreten.[103] Der BGH hat sich mit ihnen in dem Beschluß vom 12. März 2001 in der Sache „DAT/Altana IV" ausführlich auseinandergesetzt und die Auffassung vertreten, um Manipulationen des maßgeblichen Börsenkurses nach Möglichkeit zu vermeiden, müsse auf einen durchschnittlichen Referenzkurs abgestellt werden, ermittelt in einem Zeitraum von drei Monaten, der unmittelbar *vor* dem *Stichtag,* d. h. vor der Hauptversammlung der abhängigen Gesellschaft beginnt, freilich unter Ausklammerung außergewöhnlicher Tagesausschläge oder sprunghafter Entwicklungen binnen weniger Tage, die sich nicht verfestigen (was immer das heißen mag).[104] Der BGH hat hinzugefügt, es spiele keine Rolle, ob sich in

---

[100] Ebenso *Busse v. Colbe,* FS für Lutter, S. 153, 164 f.; MünchHdb. AG/*Krieger* § 70 Rdnr. 106 (S. 1064 f.); *Stilz* ZGR 2001, 875, 892 ff.; in der Tendenz wohl auch *Röhricht* (vorige Fn.).

[101] So insbes. *Großfeld* und *Hüffer* (Fn. 99); ebenso offenbar OLG Hamburg AG 2002, 406, 407 f. = NZG 2002, 189 „Bavaria (Jever)/März".

[102] Ebenso *Komp* Zweifelsfragen S. 391 ff.

[103] Übersicht bei *Großfeld* (Fn. 99) S. 192 ff.; *Hüffer* Rdnr. 24 d ff.; *Komp* Zweifelsfragen S. 383 ff.; *Stilz* ZGR 2001, 875, 887 ff., 900.

[104] BGHZ 147, 108, 118 = NJW 2001, 2080 = AG 2001, 417; ebenso sodann OLG Hamburg AG 2002, 406, 407 f.; NZG 2003, 89, 90; „Texaco/RWE-DEA"; OLG Stuttgart AG 2000, 428, 429 = NZG 2000, 744; OLG Frankfurt AG. v. 9. 1. 2003 – 20 W 425 und 434/93 „Heininger"; OLG Düsseldorf, Beschl. v. 31. 1. 2003 – 19 W 9/00 „Siemens/SNI"; LG Mannheim AG 2003, 216, 217 „Brau und Brunnen AG"; LG Köln, Beschl. v. 15. 1. 2003 – 91 O 204/88 „DAT/Altana V"; LG Frankfurt/M. AG 2002, 358, 360 „VDC/Mannes-

den danach maßgeblichen Kursen des Referenzzeitraums von der Börse angenommene Verbundvorteile oder die Erwartung einer besonders günstigen Abfindung widerspiegelten, da solche Preisentwicklungen letztlich auf den Marktgesetzen beruhten.[105] Werden die Aktien schließlich an *mehreren* Börsen gehandelt, so will der BGH auf einen Durchschnittskurs aus den Kursfestsetzungen jeder der in Betracht kommenden Börsen abstellen.[106]

47 a Im Schrifttum findet die Heranziehung von Durchschnittskursen aus einem Referenzzeitraum überwiegend Billigung, nicht dagegen die Anknüpfung dieses Referenzzeitraums an den Stichtag. Eingewandt wird vor allem, die Kurse der abhängigen Gesellschaft seien in dem Zeitraum zwischen dem Bekanntwerden des bevorstehenden Abschlusses eines Unternehmensvertrages (s. insbes. § 15 WpHG) und dem Tag ihrer Hauptversammlung (§ 293 Abs. 1) in besonderem Maße der Gefahr von Manipulationen ausgesetzt; dieser Gefahr können man nur begegnen, wenn man den Referenzzeitraum von einem *früheren* Zeitpunkt ab zurückrechne, etwa vom Zeitpunkt des *Bekanntwerdens* des bevorstehenden Vertragsabschlusses ab, weil sich dieser Zeitpunkt mit Rücksicht auf § 15 WpHG meistens exakt fixieren lasse, wobei dann freilich wieder zweifelhaft ist, wie mit allgemeinen Kursentwicklungen nach diesem Zeitpunkt, zB mit einer auf breiter Front einsetzenden Baisse oder Hausse zu verfahren ist.[107] Auch die *Dauer* des Referenzzeitraums von drei Monaten, von der der BGH in aller Regel keine Ausnahmen zulassen will,[108] ist umstritten; vielfach wird statt dessen ein Referenzzeitraum von mindestens sechs Monaten oder mehr gefordert, um zu möglichst aussagekräftigen Durchschnittskursen zu gelangen.[109]

47 b Ob man einen Stichtagskurs oder einen Durchschnittskurs aus einem Referenzzeitraum wählt und wie lange dieser Referenzzeitraum gegebenenfalls zu bemessen ist, ist rational nicht zu entscheiden. Für das eine wie für das andere lassen sich gute Gründe anführen. Nachdem sich die Gerichte auf einen Durchschnittskurs in einem **Referenzzeitraum** von in der Regel **drei Monaten** festgelegt haben, sollte deshalb grundsätzlich davon ausgegangen werden. Eine ganz andere Frage ist jedoch, von welchem *Zeitpunkt* ab der Referenzzeitraum zurückzurechnen ist. Wie gezeigt (Rdnr. 47), soll nach Meinung des BGH der Referenzzeitraum unmittelbar vor dem *Stichtag* enden, also von diesem aus zurückgerechnet werden. Das ist *unhaltbar,* einmal, weil solche Berechnung des Durchschnittskurses von den Beteiligten Unmögliches verlangt, zum anderen, weil die Fixierung des Endpunktes des Referenzzeitraums auf den letzten Tag vor dem Stichtag mit den Vorstellungen des Gesetzgebers unvereinbar ist, wie sie klar in dem neuen WpÜG vom 20. Dezember 2001 zum Ausdruck kommen. Das zeigen folgende Überlegungen:

47 c Wie sich im einzelnen aus den §§ 123 Abs. 1, 124 Abs. 2 S. 2 und Abs. 3 S. 1 iVm. den §§ 293 a Abs. 1 S. 1 und 293 f Abs. 1 Nrn. 3 ergibt, muß der Vorstand zusammen mit der Einberufung der Hauptversammlung, die über den Unternehmensvertrag abstimmen soll (§ 293 Abs. 1), d. h. mindestens einen Monat *vor* dieser Hauptversammlung, den Aktionären **Vorschläge** unter anderem zur Höhe der Abfindung machen und diese in dem zugleich auszulegenden Unternehmensvertragsbericht erläutern (s. § 293 a Rdnr. 24 ff.). Das ist aber offenkundig *unmöglich,* wenn sich die Höhe der Abfindung (unter anderem oder sogar allein) nach dem Durchschnittskurs der Aktien der Gesellschaft in einem Referenzzeitraum richten

---

mann"; anders dagegen zuvor OLG Düsseldorf AG 2002, 422, 423 f. = ZIP 2001, 1525 „DAT/Altana III"; s. dazu ausführlich *Röhricht* in: Gesellschaftsrecht in der Diskussion 2001, S. 3, 22 ff.

[105] BGHZ 147, 108, 120 f. „DAT/Altana IV"; *Röhricht* (vorige Fn.) S. 26.

[106] BGHZ 147, 108, 124 f. „DAT/Altana IV"; zustimmend *Großfeld*, Unternehmens- und Anteilsbewertung, S. 196; anders *P. Bauer* NZG 2001, 892, 893 (allein Kurs des Börsenplatzes mit dem höchsten Umsatz).

[107] Für den Zeitpunkt des Bekanntwerdens des bevorstehenden Vertragsabschlusses als maßgeblich

insbes. *Bungert* BB 2001, 1163, 1166; *Großfeld*, Unternehmens- und Anteilsbewertung, S. 192 ff.; *Hüffer* Rdnr. 24 e; *Maier-Reimer/Kolb*, FS für W. Müller, S. 93, 102 ff.; *Stilz* ZGR 2001, 875, 888 ff.; ebenso offenbar auch BVerfGE 100, 289 (309 f.) „DAT/Altana I"; differenzierend *Vetter* DB 2001, 1347, 1349 f.; für die Maßgeblichkeit eines Stichtagskurses dagegen *P. Bauer* NZG 2001, 892 f.; *Hüttemann* ZGR 2001, 454, 462 ff.; wie der BGH jedoch ausführlich *Röhricht* (Fn. 104).

[108] BGHZ 47, 108, 123 „DAT/Altana IV".

[109] So zuletzt *Hüffer* Rdnr. 24 f.; *Vetter* DB 2001, 1347, 1351.

soll, der erst einen Monat *später* endet; denn selbst der beste Vorstand kann nicht voraussagen, wie sich der Kurs der Aktien der Gesellschaft in den nächsten Wochen und Monaten exakt entwickeln wird. Ebensowenig sind unter diesen Umständen die Vertragsprüfer in der Lage, zu der Höhe der Abfindung Stellung zu nehmen, wie es § 293 e Abs. 1 S. 3 Nrn. 1 bis 3 von ihnen verlangt.

Schon daran muß die vom BGH zu dem Endzeitpunkt des Referenzzeitraums vertretene **47 d** Auffassung scheitern. Sie widerspricht zudem den **Vorstellungen des Gesetzgebers,** wie sie für den vergleichbaren Fall freiwilliger und Pflichtangebote in § 31 Abs. 1 WpÜG iVm. § 5 Abs. 1 der WpÜG-Angebotsverordnung vom 27. Dezember 2001 zum Ausdruck kommen. Denn danach muß die Gegenleistung gleichfalls mindestens dem gewichteten durchschnittlichen inländischen Börsenkurs der fraglichen Aktien während der letzten drei Monate *vor der Bekanntmachung* der Übernahmeabsicht (§§ 10 Abs. 1 S. 1 und 35 Abs. 1 S. 1 WpÜG) entsprechen. Für die hier interessierende Frage kann aus dem Gesagten nur der Schluß gezogen werden, daß der Referenzzeitraum jedenfalls nicht bis zum Tag vor der Hauptversammlung reichen kann, sondern früher enden muß, nämlich zu einem Zeitpunkt noch vor der Einladung zu der maßgebenden Hauptversammlung (s. § 293 Abs. 1), am besten an dem Zeitpunkt, zu dem der **Plan** des Vertragsabschlusses **bekannt geworden** ist, insbes. durch eine ad-hoc-Mitteilung nach § 15 WpHG.[110]

e) Welcher Durchschnittskurs? Der BGH verlangt die Ermittlung „durchschnittlicher **47 e** Referenzkurse", um Manipulationen nach Möglichkeit auszuschließen.[111] Aber es gibt unterschiedliche Kurse und unterschiedliche Methoden, um einen Durchschnittskurs zu ermitteln.[112] § 5 Abs. 1 der **WpÜG-Angebotsverordnung** stellt deshalb, wie bereits gezeigt (Rdnr. 47 d), auf gewichtete durchschnittliche, inländische Börsenkurse ab. Entsprechend wird hier zu verfahren sein, wobei die Einzelheiten erst durch die weitere Praxis geklärt werden können. Dabei geht es vor allem um die Frage, welche Kurse nur berücksichtigt werden dürfen und nach welchen Parametern bei der Durchschnittsermittlung gewichtet werden soll. Am meisten spricht hierfür die Gewichtung nach den Börsenumsätzen unter Abschneidung von Ausschlägen nach oben und unten, vergleichbar der Ermittlung der Vergleichsmiete des § 558 BGB.[113]

f) Ausnahmen. Gegen die Berücksichtigung der Börsenkurse als Maßstab für die Höhe der **47 f** Abfindung wird vor allem eingewandt, daß es in zahlreichen Fällen für die betreffenden Aktien (mangels eines funktionierenden Marktes) gar keine repräsentativen Kurse gebe (Stichwort: Kapitalmarkteffizienz).[114] Als Gründe werden neben einer ausgesprochenen Marktenge noch sonstige Marktstörungen wie Währungskrisen und Kriegsausbrüche, aber auch Kursmanipulationen durch Insider in engen Märkten genannt. Der **BGH** hat zu dieser Frage ausgeführt, der Börsenwert spiegle nur dann (ausnahmsweise) *nicht* den Verkehrswert der Aktien wider, wenn über einen längeren Zeitraum mit Aktien der Gesellschaft praktisch kein Handel stattgefunden hat, ferner, wenn aufgrund einer Marktenge der einzelne außenstehende Aktionär nicht in der Lage sei, seine Aktien tatsächlich zum Börsenpreis zu veräußern, sowie schließlich, wenn der Börsenpreis manipuliert worden sei.[115] Das **BVerfG** hat für derartige Fälle ebenfalls eine Unterschreitung des Börsenkurses als zulässig bezeichnet (s. Rdnr. 44, 46 a). Dem haben sich in der Zwischenzeit mit unterschiedlichen Formulierungen mehrere Gerichte angeschlossen und deshalb die Berücksichtigung des Börsenkurses abgelehnt, wenn in den letzten Monaten in den fraglichen Aktien nahezu **kein Handel** mehr stattgefunden hatte.[116] Eine weitere Quantifizie-

[110] Ebenso die nahezu einhellige Meinung des Schrifttums (Fn. 107).
[111] BGHZ 147, 108, 118 = NJW 2001, 2080 = AG 2001, 417 „DAT/Altana IV".
[112] S. *Bungert* BB 2001, 1163, 1166; *Komp* Zweifelsfragen S. 383 ff.
[113] S. *Staudinger/Emmerich* (2003) § 558 BGB Rdnr. 17 ff.

[114] S. zu dieser viel diskutierten Frage *Steinhauer* AG 1999, 299, bes. 304 ff.; sowie speziell zu § 305 *Komp* Zweifelsfragen S. 362 ff. m. Nachw.
[115] BGHZ 147, 108, 116 (3. Abs.) = NJW 2001, 2080 = AG 2001, 417 „DAT/Altana IV".
[116] OLG Düsseldorf AG 2000, 421, 422 „DAT/Altana II"; AG 2000, 422, 424 = ZIP 2000, 1525 „DAT/Altana III"; LG Dortmund AG 2001, 544, 545 = NZG 2001, 1145 „Siemens/SNI"; LG Mün-

rung der danach für die Annahme einer hinreichenden Kapitalmarkteffizienz maßgebenden Kriterien, wie sie im Schrifttum verschiedentlich gefordert wurde, zB durch die Festlegung eines Mindesthandelsvolumens und des Erfordernisses einer bestimmten Anzahl von Tagen mit Handel in den Aktien, hat der BGH freilich abgelehnt.[117] Vor allem deshalb sind die einschlägigen Überlegungen des BGH im Schrifttum überwiegend auf Ablehnung gestoßen.[118] In der Tat kann es hier im Grunde nur darum gehen, offenkundige **Mißbräuche** durch Kursmanipulationen zu verhindern (s. sogleich Rdnr. 47 g).

47 g   **g) Börsenkurs ist gleich Börsenkurs.** Hat man sich einmal entschieden, den Börsenkurs bei der Bemessung der Abfindung (ausschlaggebend) zu berücksichtigen, so sollte man von diesem Grundsatz nur noch in wirklich schwerwiegenden Fällen abgehen, in denen die **Gefahr einer Manipulation** der Kurse zumindest plausibel gemacht worden ist *und* in denen diese Gefahr nicht auf andere Weise verhindert werden kann.[119] Richtig ist, daß die Kurse um so volatiler und die Manipulationsgefahr um so größer ist, je geringer das Handelsvolumen ist. Den daraus resultierenden Problemen kann man jedoch meistens bereits durch eine angemessene *Verlängerung des Referenzzeitraums* begegnen. Nur wenn sich auch auf diese Weise der naheliegende Verdacht einer Kursmanipulation nicht ausräumen läßt, sollte in der Tat (ausnahmsweise) auf die Berücksichtigung der dann nicht mehr aussagekräftigen Börsenkurse ganz verzichtet werden.

48   **h) Herrschende Gesellschaft.** Die letzte Frage, die im vorliegenden Zusammenhang der Klärung bedarf, ist die nach der Bewertung der *herrschenden* Gesellschaft. Das BVerfG tendiert in dieser Frage zu der Auffassung, daß der Börsenkurs für die Bewertung der Anteile an der herrschenden Gesellschaft jedenfalls *nicht dieselbe* Bedeutung wie bei der abhängigen Gesellschaft hat.[120] Dagegen soll nach dem BGH bei der Obergesellschaft grundsätzlich ebenso wie bei der abhängigen Gesellschaft der (durchschnittliche) Börsenwert den für die Festsetzung der Verschmelzungswertrelation im Regelfall maßgeblichen Verkehrswert repräsentieren; eine Ausnahme komme nur in Betracht, wenn Umstände *bewiesen* würden, aus denen auf die Abweichung des Börsenkurses vom Verkehrswert zu schließen sei, zB bei einer „schlechten Verfassung der Kapitalmärkte", die sich auch in den Kursen der verschiedenen Indices niederschlage.[121]

48 a   Die Frage, unter welchen Voraussetzungen man (nur) bei der *herrschenden* Gesellschaft statt des Börsenwertes (= Verkehrswert) den *höheren* Schätzwert ansetzen darf, ist deshalb von einiger Brisanz, weil jede Erhöhung des Wertes der herrschenden Gesellschaft die Verschmelzungswertrelation zum Nachteil der außenstehenden Gesellschafter der abhängigen Gesellschaft (und zum Vorteil der Gesellschafter der herrschenden Gesellschaft) verändert. Der vom BGH offenbar beabsichtigte Druck auf den Wertansatz für die herrschende Gesellschaft (in Richtung des gegebenenfalls unter dem Schätzwert liegenden Börsen- oder Verkehrswerts) kommt daher tendenziell den außenstehenden Gesellschaftern der abhängigen Gesellschaft zugute, benachteiligt aber im gleichen Ausmaß die Aktionäre der herrschenden Gesellschaft. Im Schrifttum überwiegt deshalb deutlich die Kritik an dieser unerwarteten Wendung der Dinge,[122] ohne daß sich freilich bislang eine Präferenz für eine andere

chen I AG 2002, 301 „Bayerische Brauholding/Schörghuber"; LG Frankfurt/M. AG 2002, 358, 360 „VDO/Mannesmann".

[117] BGHZ 147, 108, 123 „DAT/Altana IV"; s. *Röhricht* in: Gesellschaftsrecht in der Diskussion 2001, 2002, S. 3, 26 ff.

[118] Zustimmend offenbar im wesentlichen nur *Großfeld*, Unternehmens- und Anteilsbewertung, S. 188; ablehnend dagegen aus unterschiedlichen Gründen *Bungert* BB 2001, 1163, 1164; *Maier-Reimer/Kolb*, FS für W. Müller, S. 93, 98, 100 f.; *Stilz* ZGR 2001, 875, 891; *Vetter* BB 2001, 1347, 1351 f.; anders auch *Hüttemann* ZGR 2001, 454, 470 ff.

[119] Ebenso *Stilz* (vorige Fn.); s. auch Rdnr. 47 d.

[120] BVerfGE 100, 289, 310 f. = NJW 1999, 3769 = AG 1999, 566, 569 „DAT/Altana I"; ebenso OLG Düsseldorf AG 2000, 422 „DAT/Altana III"; s. auch LG München I AG 2001, 99, 100 „Hypobank/Vereinsbank".

[121] BGHZ 147, 108, 121 f. = NJW 2001, 2080 = AG 2001, 417 „DAT/Altana IV"; OLG Düsseldorf, Beschl. v. 31. 1. 2003 – 19 W 9/00 „Siemens/SNI" (mit ausführlicher Begr.); ebenso zuvor schon LG Dortmund AG 2001, 544, 546 f. = NZG 2001, 1145 „Siemens/SNI"; LG Köln, Beschl. v. 15. 1. 2003 – 91 O 204/88 „DAT/Altana V".

[122] S. schon Voraufl. Rdnr. 48.

Emmerich

Lösung abzeichnete. Während einerseits verlangt wird, beide Gesellschaften in jedem Fall *nach derselben* Methode zu bewerten, also nur Börsenkurse mit Börsenkursen und Schätzwerte mit Schätzwerten zu vergleichen sog. Grundsatz der *Methodengleichheit*)[123] betonen andere, daß es keine Notwendigkeit gebe, den Wert beider Gesellschaften nach derselben Methode zu ermitteln, so daß jeweils der *höhere* Wert (als wirklicher oder wahrer Wert) bei der Ermittlung der Verschmelzungswertrelation anzusetzen sei.[124]

Es geht hier um eine grundsätzliche Frage, um die Frage nämlich, *welche Bedeutung* man **48 b** den verschiedenen Methoden zur Ermittlung des Unternehmens- und Anteilswertes jeweils beimißt. Sieht man in ihnen nichts anderes als grundsätzlich gleichberechtigte Wege zu demselben Ziel der Ermittlung des „wirklichen" oder „wahren" Wertes der beiden Gesellschaften und damit der jeweiligen Anteile, wobei obendrein stillschweigend immer der wirkliche oder wahre Wert mit dem jeweils *höchsten* Wert gleichgesetzt wird, der sich bei Anwendung der verschiedenen Methoden ergibt, so bleibt in der Tat nichts anderes übrig, als den jeweils höchsten Wert, d. h. den sogenannten Verkehrswert (Börsenkurs) oder den sogenannten Schätzwert (aufgrund der Ertragswertmethode oder einer gleichstehenden Methode), bei der Festlegung der Verschmelzungswertrelation anzusetzen. Die Folge wäre freilich, daß in jedem Fall *beide* Werte ermittelt werden müßten – mit den unvermeidlichen Konsequenzen insbes. für die Länge etwaiger Spruchstellenverfahren. Es sind wohl vor allem diese Weiterungen, die den BGH zu der nachdrücklichen Betonung des Verkehrswerts als des jedenfalls vorrangigen Maßstabs für die Bewertung des *herrschenden* Unternehmens veranlaßt haben (Rdnr. 48). Diesem Bestreben ist sicher zuzustimmen. Nur folgt daraus dann mit Notwendigkeit, daß man für die *abhängige* Gesellschaft nicht anders verfahren darf (Rdnr. 46 ff.).

4. Paketzuschläge. Die letzte Frage, die sich im vorliegenden Zusammenhang stellt, ist **49** die, ob neben den Börsenkursen auch auf *außerbörslich* gezahlte Preise zur Ermittlung des Wertes der Anteile an der abhängigen Gesellschaft zurückgegriffen werden kann oder muß. Ohne weiteres zu bejahen ist diese Frage, wenn die fragliche Gesellschaft überhaupt nicht börsennotiert ist oder ihre Aktien vorwiegend außerbörslich gehandelt werden. Umstritten ist die Situation dagegen, wenn zwar Börsenkurse existieren, das herrschende Unternehmen aber trotzdem außerhalb der Börse und zu einem *höheren* Kurs als an der Börse Aktien zusammengekauft hat, um die nötige Mehrheit für die Zustimmung zu dem Unternehmensvertrag zu erlangen (§ 293 Abs. 1). Wie ausgeführt, lehnt die Praxis bislang in diesem Fall einhellig die Berücksichtigung derartiger Paketzuschläge im Rahmen der Bewertung der Anteile an der abhängigen Gesellschaft ab (Rdnr. 42 f.). Anders als bei dem Börsenkurs hat dies auch die Billigung des BVerfG gefunden, und zwar mit der „Begründung", solche außerbörslich gezahlten Preise hätten zu dem „wahren Wert" des Anteilseigentums der Minderheitsaktionäre regelmäßig keine Beziehung.[125]

Diese Begründung ist, wie im Schrifttum schon wiederholt zu Recht bemerkt worden **50** ist, angreifbar.[126] In der Tat kommt es allein darauf an, ob „Marktpreise" existieren. Gleichgültig ist hingegen, welche Qualität die betreffenden Märkte haben, ob es sich bei ihnen insbes. um eine staatlich organisierte Börse handelt oder nicht. Daher ist nicht einzusehen, warum ein von dem herrschenden Unternehmen selbst gezahlter, *über* dem *Börsenkurs* liegender Preis (im Gegensatz zu einem höheren Schätzwert) unbeachtlich sein soll. Denn damit hat das herrschende Unternehmen selbst gezeigt, was *ihm* die Aktien der abhängigen

[123] Ebenso OLG Düsseldorf (Fn. 121); *Busse von Colbe,* FS für Lutter, 2000, S. 1053, 1062 f.; *Bungert* BB 2001, 1163 f.; *Hüffer* Rdnr. 24 d; *Hüttemann* ZGR 2001, 454, 464 f.; MünchHdb. AG/*Krieger* § 70 Rdnr. 106 (S. 1065); *Stilz* ZGR 2001, 875, 894 f.; *Vetter* DB 2001, 1347, 1352 f.

[124] So wohl *Großfeld,* Unternehmens- und Anteilsbewertung, S. 191 f.; ausdrücklich *A. Reuter* DB 2001, 2483, 2485 f., 2487.

[125] BVerfGE 100, 289, 306 f. = NJW 1999, 3769 = AG 1999, 566, 568 „DAT/Altana I" (s. Rdnr. 44);

ebenso MünchKommAktG/*Bilda* Rdnr. 65; *Hüffer* Rdnr. 21; zu den Hintergründen solcher Zuschläge (neudeutsch: „premium") s. *Decher,* FS für Wiedemann, S. 787, 791 ff.

[126] *Behnke* NZG 1999, 934; *Busse von Colbe,* FS für Lutter, 2000, S. 1053, 1061; *Großfeld,* Unternehmens- und Anteilsbewertung, S. 200 ff.; *Komp* Zweifelsfragen S. 328–348; *W. Müller,* FS für Bezzenberger, S. 705, 713 f.

Gesellschaft tatsächlich wert sind.[127] Diese Auffassung hat mittlerweile auch, wie besonderer Hervorhebung bedarf, die Billigung des Gesetzgebers für den Anwendungsbereich des **WpÜG** vom 20. Dezember 2001 gefunden. Denn nach **§ 31 Abs. 6** dieses Gesetzes müssen sowohl bei freiwilligen als auch bei Pflichtangeboten Paketzuschläge unter gewissen Voraussetzungen auch den anderen Inhabern von Aktien, die das Angebot angenommen haben, zugute kommen. Das zwingt dazu, die Frage der Paketzuschläge auch im vorliegenden Zusammenhang neu zu überdenken.[128] Das Ergebnis kann nur sein, daß Paketzuschläge in Zukunft ebenso bei der Bemessung der Abfindung zu berücksichtigen sind wie die (durchschnittlichen) Börsenkurse.

VI. Unternehmensbewertung

Schrifttum: Institut der Wirtschaftsprüfer (IdW) WPg 1983, 468; 1999, 200; 2000, 825; Fachnachrichten (FN)-IDW 2000, 415; *Aha* AG 1997, 26; *Ammon* FGPrax 1998, 121; *Beyerle* AG 1980, 317; *Ballwieser* WPg 1998, 81; *ders.,* FS für Schneider, 1995, S. 15; MünchKommAktG/*Bilda* Rdnr. 67–101; *Böcking* FS für Moxter, 1994, S. 1407; *Bungert* BB 2001, 1163; *W. Busse von Colbe* ZGR 1994, 595; *Coenenberg/Schultze* FAZ Nr. 215 v. 16. 9. 2002, S. 24; *Dielmann/König* AG 1994, 57; *Dörfler/Gahler/Unterstraßer/Wirichs* BB 1994, 156; *Drukarczyk* Unternehmensbewertung, 1996; *Emmerich/Sonnenschein/Habersack* Konzernrecht § 22 III (S. 337 ff.); *Fleischer* ZGR 1997, 368; *Forster* AG 1980, 45; *Gansweid* AG 1977, 334; *H. N. Götz* DB 1996, 259; *Großfeld,* Unternehmens- und Anteilsbewertung im Gesellschaftsrecht, 4. Aufl. 2002; *ders.* JZ 1981, 641, 769; *ders.* NZG 2002, 353; *M. Habersack/B. Lüssow* NZG 1999, 629; *R. Hecker/E. Wenger* ZBB 1995, 321; *Hennrichs* ZHR 164 (2000), 453; *Henze* Konzernrecht Tz. 402 ff. (S. 141 ff.); *Hüchting* Abfindung S. 30 ff.; *Hüffer* Rdnr. 19–25; *Hügel,* Verschmelzung und Einbringung, 1993, S. 184 ff.; *Hülsmann* ZIP 2001, 450; *Hüttemann* ZHR 162 (1998), 563; *ders.* ZGR 2001, 454; *Jacobs,* Die Bedeutung der Unternehmenssubstanz und die Bedeutung der anderweitigen Kapitalanlage- und Kapitalaufnahmemöglichkeiten für den Wert eines Unternehmens, 1972; *Komp,* Zweifelsfragen des aktienrechtlichen Abfindungsanspruchs, 2002, S. 54 ff.; *Korth* BB 1992 Beil. 19 zu H. 33; *ders.* ZGR 1999, 403; MünchHdb. AG/*Krieger* § 70 Rdnr. 108 ff. (S. 1066 ff.); *Maier-Reimer/Kolb,* FS für Müller, 2001, S. 93; *Meilicke,* Die Barabfindung für den ausgeschlossenen oder ausscheidungsberechtigten Minderheits-Kapitalgesellschafter, 1975; *Mertens* AG 1992, 321; *Moxter,* Grundsätze ordnungsmäßiger Unternehmensbewertung, 2. Aufl. 1983; *W. Müller,* Der Wert der Unternehmung, JuS 1973, 603, 745; 1974, 147, 288, 422, 558; 1975, 489, 553; *ders.,* FS für Bezzenberger, 2000, S. 705; *Peemöller* (Hrsg.), Hdb. der Unternehmensbewertung, 2001; *Piltz,* Die Unternehmensbewertung in der Rechtsprechung, 3. Aufl. 1994; *ders.* ZGR 2001, 185; *Ränsch* AG 1984, 202; *Rühland* WM 2000, 1884; *J. Schmidt,* Das Recht der außenstehenden Aktionäre, 1979; *U. Seetzen* WM 1994, 45; 1999, 655; *Sieben,* FS für Münstermann, 1969, S. 401; *Siepe* Wpg 1997, 1; *Stilz* ZGR 2001, 875; *Vetter* DB 201, 1347; *Westerfeldhaus* NZG 2001, 673.

51   **1. Überblick.** Auch wenn man bei der Berechnung von Ausgleich und Abfindung nach den §§ 304 und 305 richtigerweise dem Börsenkurs der Anteile ebenso wie dem vom herrschenden Unternehmen selbst gezahlten Preis vorrangige Bedeutung beimißt (Rdnr. 43 ff., 49 f.), wird doch häufig nicht ohne die Ermittlung des Werts der abhängigen Gesellschaft sowie – beim variablen Ausgleich und bei der Abfindung in Aktien – außerdem des Werts einer weiteren Gesellschaft auszukommen sein, insbes. dann, wenn die betreffende Gesellschaft nicht börsennotiert ist oder der Börsenkurs, aus welchen Gründen immer, keine Aussagekraft besitzt (Rdnr. 47 ff., 49 f.). Dasselbe gilt natürlich (erst recht), wenn man mit der ganz überwiegenden Meinung dem höheren Schätzwert einer Gesellschaft in jedem Fall oder doch bei der abhängigen Gesellschaft grundsätzlich den Vorrang vor dem (gegebenenfalls niedrigeren) Verkehrs- oder Börsenwert zubilligt (Rdnr. 46 ff.).[129]

52   In den genannten Fällen (Rdnr. 51) ist daher die Bewertung des Unternehmens einer oder sogar beider Vertragsparteien nicht zu umgehen. Der Wert einer Gesellschaft oder genauer: des von ihr betriebenen Unternehmens ist indessen keine Größe, die ohne weiteres an den auf einem Markt geforderten und gezahlten Preisen abgelesen werden könnte. Nahezu ausnahmslos ist daher die Unternehmensbewertung auf mittelbare Verfahren ange-

---

[127] Ebenso *Komp* (vorige Fn.).
[128] Ebenso *Großfeld,* Unternehmens- und Anteilsbewertung, S. 202.
[129] Wobei freilich anzumerken bleibt, daß nach den bisherigen Erfahrungen die von Wirtschaftsprü-

fern nach welcher Methode auch immer ermittelten „Schätzwerte" weit *unter,* nicht etwa *oberhalb* der Börsenwerte liegen. Nach Schätzungen beträgt die durchschnittliche Differenz 20 bis 30% (Nachw. in der folgenden Fn.).

wiesen, wodurch sich zugleich die häufig erhebliche Dauer ebenso wie die hohen Kosten der Mehrzahl der Spruchstellenverfahren erklären.[130]

Es gibt eine Vielzahl von Wertbegriffen und eine entsprechend große Zahl von Metho- **52 a** den zur Ermittlung des wie immer umschriebenen Wertes eines Gegenstandes.[131] Von diesen Wertbegriffen und Methoden interessieren im vorliegenden Zusammenhang freilich von vornherein allein diejenigen, die in Literatur und Rechtsprechung ernsthaft zur Ausfüllung der Vorgaben der §§ 304 und 305 sowie ergänzend der §§ 320 b und 327 a diskutiert werden. Es sind dies nach dem gegenwärtigen Stand der Diskussion nur (noch) die Ertragswertmethode und die Discounted Cashflow-(DCF)-Methode, von denen es freilich jeweils wieder eine Vielzahl von Spielarten und Versionen gibt, während die Buchwert- und die früher verbreitete Substanzwertmethode (mit ihren Abarten) von vornherein als überholt aus der weiteren Diskussion ausgeschieden werden können (s. schon Rdnr. 41). Die folgenden Ausführungen konzentrieren sich deshalb auf einen kurzen Überblick über die Ertragswert- und die DCF-Methode (Rdnr. 53, 53 a ff.). Wegen der Einzelheiten muß auf das Spezialschrifttum verwiesen werden, da es sich dabei weithin um Fragen handelt, die in der primär zuständigen Betriebswirtschaftslehre noch nicht ausdiskutiert sind.

a) Ertragswertmethode

Schrifttum: *Drukarczyk* Unternehmensbewertung S. 24, 209 ff.; *Emmerich/Sonnenschein/Habersack* Konzernrecht § 22 III 3–8 (S. 337 ff.); *Großfeld*, Unternehmens- und Anteilsbewertung, S. 54, 152 ff.; *Henze* Konzernrecht Tz. 402 ff. (S. 141 ff.); *Hüchting* Abfindung S. 30 ff.; *Hüffer* Rdnr. 19, 21 ff.; *Hülsmann* ZIP 2001, 450; *Komp* Zweifelsfragen S. 72 ff.; *Koppensteiner* in Kölner Kommentar Rdnr. 35 ff.; *Piltz* Unternehmensbewertung S. 7–63.

Hinter der Ertragswertmethode steht letztlich die einfache Überlegung, daß sich ein **53** Unternehmenskäufer im Zweifel bei seinen Preisüberlegungen vorrangig daran orientieren wird, mit welchen *Erträgen* aus dem Unternehmen er in Zukunft nachhaltig rechnen kann. Die verschiedenen Versionen der Ertragswertmethode stehen deshalb ohne Ausnahme vor der Aufgabe, Methoden zur möglichst realitätsnahen *Prognose* der *zukünftigen* Erträge eines Unternehmens zu entwickeln, die alsdann auf ihren Gegenwartswert diskontiert werden. Neben den vermuteten zukünftigen Erträgen können freilich in die Preisberechnung der Parteien auch noch zahlreiche andere Überlegungen einfließen, dies ein weiterer Grund für die Komplexität der Unternehmensbewertung. Wichtig sind in diesem Zusammenhang vor allem noch der Wert des sogenannten neutralen, d. h. nicht betriebsnotwendigen Vermögens, sowie die (angeblich) erwarteten, meistens aber nur schwer nachweisbaren Synergieeffekte. Daraus ergibt sich die Notwendigkeit, Verfahren zu entwickeln, die im Rahmen der Ertragswertmethode die Berücksichtigung dieser zusätzlichen wertbildenden Faktoren erlauben.

b) DCF-Methoden

Schrifttum: *Großfeld*, Unternehmens- und Anteilsbewertung, S. 159 ff.; *ders.* NZG 2002, 353, 355 ff.; *ders./Egert*, FS für Ludewig, 1996, S. 365; *Habersack/Lüssow* NZG 1999, 629, 632 f.; *Komp* Zweifelsfragen S. 82 ff.

Die verschiedenen DCF-Methoden knüpfen anders als die Ertragswertmethode **53 a** (Rdnr. 53) nicht allgemein an die zukünftigen Erträge der betreffenden Gesellschaft, sondern speziell an die von den Kapitaleignern aus der Gesellschaft zu erwartenden Einnahmenüberschüsse, den sogenannten *Cashflow* an und diskontieren sodann diese nach der Rentenformel auf ihren Gegenwartswert. Richtig angewandt müssen beide Methoden im Grunde zum selben Ergebnis führen. Im Mittelpunkt der DCF-Methoden steht dabei die zu erwar-

---

[130] S. die Fallstudien bei *Dörfler/Gahler/Unterstraßer/Wirichs* BB 1994, 156; *H. N. Götz* DB 1996, 259; *Hecker/Wenger* ZBB 1995, 321; *Emmerich/Sonnenschein/Habersack* Konzernrecht § 22 VII (S. 353 ff.); *Komp* Zweifelsfragen; *Rühland* WM 2000, 1884.

[131] S. statt aller zuletzt *Großfeld*, Unternehmens- und Anteilsbewertung, S. 22, 36, 50 ff.; *Komp* (vorige Fn.) S. 54 ff.

tende Verzinsung des von den Gesellschaftern eingesetzten Eigenkapitals, so daß dessen genaue Abgrenzung von dem Fremdkapital und den dadurch verursachten Kosten hier der zentrale Punkt ist.

53 b   Nach dem Standesrecht der Wirtschaftsprüfer, die nach § 293 d Abs. 1 S. 1 AktG iVm. § 319 Abs. 1 S. 1 HGB in erster Linie zu Unternehmensbewertung im Rahmen der §§ 304 und 305 berufen sind (s. § 293 d Rdnr. 4), sind seit dem Jahre 2000 beide Verfahren, die Ertragswertmethode und DCF-Methoden gleichberechtigt zugelassen.[132] Tatsächlich behauptet jedoch nach wie vor in der gerichtlichen Praxis die herkömmliche Ertragswertmethode ganz das Feld (Rdnr. 54), so daß wir uns im folgenden im wesentlichen auf diese Methode beschränken können.

54   c) **Rechtswissenschaft.** Wie ein Unternehmen und im Anschluß daran die Anteile an dem Unternehmen zu bewerten, ist zunächst einmal eine *Rechts*frage, da der Gesetzgeber frei darin ist zu bestimmen, welche Faktoren in die Bewertung eingehen sollen und wie sie jeweils zu gewichten sind.[133] Auch im Rahmen der §§ 304 und 305 sowie der §§ 320 b und 327 a bleibt es daher dabei, daß sich die Bewertung in erster Linie an den gesetzlichen Vorgaben in den genannten Vorschriften zu orientieren hat.[134] Mit gutem Grund enthält deshalb das neue WpÜG von 2001 iVm. der WpÜG-Angebotsverordnung aus demselben Jahr erstaunlich präzise Vorgaben für die Vorgehensweise bei der Unternehmensbewertung (s. Rdnr. 36 a ff., 47 d). Ebenso präzise Vorgaben fehlen freilich im Rahmen der genannten Vorschriften des Aktiengesetzes. Die Gerichte hatten es deshalb ursprünglich, nicht zuletzt mit Rücksicht auf die frühere Fassung des § 305 Abs. 3 S. 2, wiederholt abgelehnt, einer der verschiedenen Bewertungsmethoden im Rahmen der §§ 304 und 305 den Vorrang zuzubilligen.[135] Mittlerweile hat jedoch die eindeutige Bevorzugung der Ertragswertmethode durch die Wirtschaftsprüfer (die durch ihr Standesrecht auf die Ertragswertmethode sowie neuerdings auf die DCF-Methode festgelegt sind) ebenso wie die Plausibilität der hinter der Ertragswertmethode stehenden Überlegungen (Rdnr. 53) auch in der Rechtsprechung zu einer eindeutigen Bevorzugung der **Ertragswertmethode** geführt, freilich ergänzt um die gesonderte Bewertung des Beteiligungsbesitzes und des sonstigen nicht betriebsnotwendigen (neutralen) Vermögens sowie mit dem Liquidationswert der Gesellschaft als Untergrenze, während der früher häufig favorisierte Substanzwert daneben nur noch in eigenartigen Fallgestaltungen wie zB bei der Bewertung auf Dauer ertragsloser Gesellschaften eine gewisse Rolle spielt.[136]

[132] S. IdW WPg 1983, 468; 1999, 2000; 2000, 825; FN-IDW 2000, 415.

[133] BayObLG AG 1996, 127, 128 = WM 1996, 526 = DB 1995, 2590 „Paulaner"; AG 2002, 390 f. „Rieter II"; OLG Celle AG 1999, 128, 130 = DB 1998, 2006 „Wolters/Gilde"; LG Frankfurt/M. AG 2002, 358, 359; *Fleischer* ZGR 1997, 368, 374 ff.; *Großfeld,* Unternehmens- und Anteilsbewertung, S. 15 f.; *Hennrichs* ZHR 164, 457 ff.; *Hügel* Verschmelzung S. 184 ff.; *Mertens* AG 1992, 321; z. T. abweichend *Piltz* Unternehmensbewertung S. 1 ff.

[134] Ebenso nachdrücklich *Großfeld* (vorige Fn.).

[135] BGH NJW 1978, 1316, 1317 = AG 1978, 196, 199 f. = WM 1978, 401, 405 ff. „Kali & Salz" (insoweit nicht in BGHZ 71, 40, 52 abgedruckt); BGHZ 129, 136, 165 = NJW 1995, 1739 „Girmes"; BayObLG AG 1995, 509 = WM 1995, 1580; AG 1996, 127 = WM 1996, 526 = DB 1995, 2590 „Paulaner"; AG 1996, 176 = BB 1996, 687 „Hacker-Pschorr"; OLG Düsseldorf AG 1977, 168 = DB 1977, 296; LG Dortmund AG 1972, 354; 1996, 427, 428; ebenso in jüngster Zeit wieder LG Frankfurt/M. AG 2002, 358, 359 „VDO/Mannesmann".

[136] BayObLGZ 1998, 231, 235 f. = NJW-RR 1999, 109 = AG 1999, 43 „EKU/März";

BayObLG AG 1995, 509 = WM 1995, 1580; AG 1996, 127 = WM 1996, 526 = DB 1995, 2590 „Paulaner"; AG 1996, 176, 177 = BB 1996, 687 „Hacker-Pschorr"; AG 2002, 388, 389 „Rieter I"; AG 2002, 390 f. „Rieter II"; AG 2002, 392, 393 „Ytong"; OLG Düsseldorf AG 1984, 216 = WM 1984, 732 = ZIP 1984, 596; WM 1988, 1052 = AG 1988, 275; AG 1990, 397, 398 f.; 1990, 490, 492 f.; 1991, 106; 1992, 200, 203; 1995, 85, 87 = WM 1995, 756; AG 1997, 866, 869 „Lippe-Weser-Zucker AG"; AG 2000, 323 = NZG 2000, 693 „Hoffmann's Stärkefabriken"; NZG 2000, 1079, 1080 = AG 2001, 189 = BB 2000, 1108 „Deutsche CentralbodenkreditAG/Frankfurter Hypothekenbank"; AG 2002, 398, 399 f. „Kaufhof/Metro"; OLG Zweibrücken AG 1995, 421 = WM 1995, 980; OLG Frankfurt AG 1989, 442; 1989, 444; OLG Celle AG 1979, 230; AG 1999, 128, 129 = DB 1998, 2006 „Wolters/Gilde"; OLG Hamburg AG 1980, 163 = DB 1980, 77; AG 2001, 479 f. = NZG 2001, 471 „Bauverein zu Hamburg/Wünsche"; AG 2002, 406, 407 = NZG 2002, 189 „Bavaria Brauerei (Jever)/März"; NZG 2003, 89, 90 „Texaco/RWE-DEA"; OLG Stuttgart AG 2000, 428, 429 = NZG 2000, 744 = DB 2000, 709

Nur eine Variante der Ertragswertmethode ist die heute besonders beliebte *Mehrphasen-* **54a** *methode,* wobei der Prognose der zukünftigen Erträge während der ersten Phase von in der Regel drei bis fünf Jahren grundsätzlich die Planungen des betreffenden Unternehmens zugrunde gelegt werden, während bei der Betrachtung der späteren Zeiträume allgemeine Überlegungen zur Entwicklung der Märkte im Vordergrund stehen.[137] Das **BVerfG** hat die Bevorzugung der Ertragswertmethode als grundsätzlich unbedenklich bezeichnet, ergänzend freilich, wie bereits ausgeführt (Rdnr. 43 ff.), die Berücksichtigung der Börsenkurse verlangt.[138] Auch der **BGH** hat in jüngster Zeit, wiederholt, wenn auch in anderem Zusammenhang seine Präferenz für die Ertragswertmethode unter (unzutreffender) Berufung auf die Stellungnahmen des Instituts der Wirtschaftsprüfer (IdW) zum Ausdruck gebracht.[139] Es verwundert deshalb nicht, daß sich das rechtswissenschaftliche Schrifttum mittlerweile gleichfalls nahezu einhellig auf den Boden der Ertragswertmethode gestellt hat.[140]

Die Ertragswertmethode beruht im Kern auf einer Diskontierung der *zukünftigen* Erträge **55** eines Unternehmens.[141] Diese sind jedoch – wie die ganze Zukunft – prinzipiell *unbekannt,* so daß die Ertragswertmethode immer mit allemal unsicheren Prognosen operieren muß. Nichts anderes gilt im übrigen für die neuerdings so hochgepriesenen DCF-Methoden, nur, daß hier an die Stelle der Prognose zukünftiger Erträge die der zukünftigen Einnahmeüberschüsse (Cashflow) tritt (Rdnr. 53a). Die dadurch aufgeworfenen Probleme werden noch (erheblich) durch das in § 305 Abs. 3 S. 2 festgeschriebene *Stichtagsprinzip* verschärft, jedenfalls, wenn man in diesem, wie es überwiegend geschieht, (ohne Not) ein unüberwindliches Hindernis für die korrigierende Berücksichtigung der tatsächlichen späteren Entwicklung erblickt, die nur allzu häufig von den Prognosen der sogenannten Sachverständigen abweicht (s. Rdnr. 56 ff.). So erklärt sich nicht nur, warum die Ertragswertgutachten erstaunlich oft zu völlig unterschiedlichen Ergebnissen gelangen,[142] sondern auch, warum die Unternehmensbewertung auf der Basis der Ertragswertmethode in der jüngsten Rechtsprechung eine **Komplexität** erreicht hat, die für Außenstehende kaum mehr vorstellbar ist (und in gleichem Ausmaß die Kontrolle der Bewertungsgutachten durch die außenstehenden Aktionäre und die Gerichte erschwert, wenn nicht verhindert), zumal durch diese Komplexität oft genug nur eine Rationalität vorgetäuscht wird, die angesichts der unvermeidlichen Unsicherheit aller Prognosen überhaupt nicht erreichbar ist.[143] Es ist nicht zuletzt dies der Grund, der dazu nötigt, nach *Alternativen* Ausschau zu halten.[144] Solche Alternativen stehen, wie gezeigt (Rdnr. 42 ff.), in der Tat in Gestalt der vorrangigen Berücksichtigung der am Markt gezahlten Preise (Stichwort: **Börsenkurse**) zur Verfügung. Auf die ganze überaus

„Schwaben Zell/Hannover Papier"; OLG Karlsruhe WM 1984, 656, 659 ff.

[137] S. statt aller BayObLG (vorige Fn.) sowie Rdnr. 60, 63.

[138] BVerfGE 100, 289, 307 = NJW 1999, 3769 = AG 1999, 566, 568 = NZG 1999, 931 „DAT/Altana I".

[139] Grdlg. BGHZ 140, 35, 36 ff., 38 = LM GmbHG § 11 Nr. 49 = NJW 1999, 283 = NZG 1999, 70 (dagegen *Habersack/Lüssow* NZG 1999, 629, 633); BGH NJW 2002, 2787 = LM Nr. 80–83 zu § 19 BNotO = WM 2002, 2210, 2215.

[140] *Aha* AG 1997, 26, 28 ff.; *Ammon* FGPrax 1998, 121 f.; *Beyerle* AG 1980, 317, 324 ff.; Münch-KommAktG/*Bilda* Rdnr. 70 ff.; *Dielmann/König* AG 1984, 57; *Forster* AG 1980, 45; *Gansweid* AG 1977, 334; *Großfeld,* Unternehmens- und Anteilsbewertung, S. 36, 50 ff.; *ders.* JZ 1981, 641, 769; *Hennrichs* ZHR 164 (2000), 453; *Henze* Konzernrecht Tz. 406 ff. (S. 142 ff.); *Hüffer* Rdnr. 19; *Hügel* Verschmelzung S. 191 ff.; *Hülsmann* ZIP 2001, 450; *Hüttemann* ZHR 162 (1998), 563, 584 f.; *Komp*

Zweifelsfragen S. 67, 72 ff.; *Koppensteiner* in Kölner Kommentar Rdnr. 35; *Korth* BB 1992 Beil. 19, S. 4 ff.; MünchHdb. AG/*Krieger* § 70 Rdnr. 108 ff.; *W. Meilicke* Barabfindung, 1975; *ders.* DB 1980, 2121; *Piltz* Unternehmensbewertung S. 136 ff.; *Raiser* Kapitalgesellschaften § 54 Rdnr. 82 (S. 906); *Ränsch* AG 1984, 202; *Seetzen* WM 1994, 45; 1999, 565, 570; *J. Schmidt,* Das Recht der außenstehenden Aktionäre, S. 71.

[141] S. Rdnr. 53; ebenso zB BGHZ 140, 35, 38 = NJW 1999, 283 = NZG 1999, 70.

[142] Merke: Die Auswahl des Sachverständigen entscheidet über das Ergebnis (wie jeder Richter weiß).

[143] Ebenso ausdrücklich BayObLGZ 1998, 231, 238 = NJW-RR 1999, 109 = AG 1999, 43 „EKU/März"; OLG Hamburg AG 2001, 479, 481 = NZG 2001, 471 „Bauverein zu Hamburg/Wünsche"; *Emmerich* AG 2003, 168; *Hennrichs* ZHR 164 (2000), 476 ff.

[144] Ebenso betont *W. Müller,* FS für Bezzenberger, S. 705, 707 ff.

unsichere und problematische Unternehmensbewertung anhand der DCF- oder der Ertragswertmethode sollte daher nur dort zurückgegriffen werden, wo – ausnahmsweise – Marktpreise in Gestalt aussagekräftiger Börsenkurse nicht zu ermitteln sind.

56 **2. Stichtagsprinzip.** Nach § 305 Abs. 3 S. 2 muß die angemessene Barabfindung die Verhältnisse der Gesellschaft „im Zeitpunkt der Beschlußfassung ihrer Hauptversammlung über den Vertrag" nach § 293 Abs. 1 berücksichtigen. Daraus wird ebenso wie im Rahmen des § 304 (§ 304 Rdnr. 40 f.) ganz überwiegend eine Entscheidung des Gesetzgebers zugunsten des Stichtagsprinzips gefolgert. Dieses Prinzip besagt, daß bei der Bewertung der abhängigen wie der herrschenden Gesellschaft allein von den in dem maßgeblichen Zeitpunkt (§ 293 Abs. 1) erkennbaren Verhältnissen auszugehen ist, während spätere, abweichende Entwicklungen außer Betracht zu bleiben haben.[145] Keine Rolle spielt dabei, ob die aus dem Unternehmensvertrag verpflichtete Gesellschaft in diesem Augenblick noch selbständig oder, wie in aller Regel, bereits abhängig war, obwohl dadurch naturgemäß die Schätzung ihrer zukünftigen Erträge bei *unterstellter* Unabhängigkeit weiter (erheblich) erschwert wird. Eine Ausnahme wird nur unter engen Voraussetzungen erwogen, wenn in diesem Zeitpunkt bereits ein *qualifizierter* faktischer Konzern bestand; jedoch gibt es dafür noch keine gesicherte Grundlage (s. Rdnr. 61).

57 Die starke Betonung des Stichtagsprinzips durch die gegenwärtige Praxis hat eine ganze Reihe nur als überaus *mißlich* zu bezeichnender Konsequenzen. *Eine* derartige Konsequenz ist zB, daß es in den Fällen der Nrn. 2 und 3 des § 305 Abs. 2 auch dann bei einer bloßen Barabfindung bleibt, wenn später, noch während des Spruchstellenverfahrens (§ 306), die Abhängigkeit des anderen Vertragsteils von einem dritten Unternehmen endet.[146] Selbst, wenn später ein Bestätigungsbeschluß erforderlich wird (§ 244), tendieren die Gerichte dazu, an dem ersten Stichtag (§ 293 Abs. 1) festzuhalten.[147] Eine *weitere,* nicht minder problematische Konsequenz des Stichtagsprinzips ist, daß sich die Sachverständigen im Spruchstellenverfahren, auch wenn sie erst Jahre später hinzugezogen werden, – *rückblickend* – auf den Zeitpunkt des *Stichtags* stellen und *von dort aus* die Unternehmensbewertung vornehmen müssen. Dabei sind nach hM alle, aber auch nur diejenigen Entwicklungen zu berücksichtigen, die am Stichtag bereits *angelegt* und deshalb für den „Fachmann" erkennbar waren, während andere, „spätere" Entwicklungen außer Betracht zu bleiben haben. Bei der (schwierigen) Frage, ob eine Entwicklung am Stichtag schon „angelegt" war, können (und müssen) freilich auch erst nachträglich gewonnene Erkenntnisse rückblickend, gleichsam als Bestätigung, verwertet werden, insbes., wenn sie sich mit den Planungen des betreffenden Unternehmens decken (sogenannte Wurzeltheorie).[148] Spätere Entwicklungen, die diese Voraussetzungen nicht erfüllen, bleiben dagegen außer Betracht, selbst wenn sie – an sich – aus heutiger Sicht zu einer gänzlich anderen Bewertung des Unternehmens nötigten.[149]

---

[145] BGHZ 138, 136, 139 f. = NJW 1998, 1866 = LM AktG § 304 Nr. 3 = AG 1998, 286 = NZG 1998, 379 „ASEA/BBC II"; BayObLGZ 1998, 231, 235 f. = NJW-RR 1999, 101 = AG 1999, 43 „EKU/März"; AG 2002, 390, 391 „Rieter II"; 2002, 392, 393 „Ytong"; OLG Karlsruhe AG 1998, 288, 289 „SEN/KHS"; OLG Düsseldorf AG 2000, 323 f. = NZG 2000, 693 „Hoffmann's Stärkefabriken"; OLG Celle AG 1999, 128 = DB 1998, 2006 „Wolters/Gilde"; LG Frankfurt AG 1996, 187, 188; LG Dortmund AG 1998, 142, 143 „Sinalco"; LG München I AG 1999, 476 = DB 1999, 684 „Ytong"; LG Mannheim AG 2000, 85 f. „EURAG/ Deere"; LG Nürnberg-Fürth AG 2000, 89, 90 „Philips"; LG Berlin AG 2000, 284, 285 „Aluminiumwerk Unna"; MünchKommAktG/*Bilda* Rdnr. 67 ff.; *Großfeld,* Unternehmens- und Anteilsbewertung, S. 57 ff.; *Hüffer* Rdnr. 23; *Komp* Zweifelsfragen S. 141 ff.; *Koppensteiner* in Kölner Kommentar Rdnr. 28; *Kort* ZGR 1999, 401, 405, 418 f.

[146] *Pentz* Enkel-AG S. 104 ff.; s. Rdnr. 81.
[147] LG München I AG 2000, 230 „Rieter Ingolstadt".
[148] BGHZ 138, 136, 139 f. = LM AktG § 304 Nr. 3 = NJW 1998, 1866 = AG 1998, 379 „Asea/ BBC II"; BGHZ 140, 35, 38 = LM GmbH § 11 Nr. 49 = NJW 1999, 283 = NZG 1999, 70; OLG Zweibrücken AG 1995, 421, 422 = WM 1995, 980 „Saint Gobain/Grünzweig und Hartmann"; OLG Düsseldorf AG 2000, 323 f. = NZG 2000, 693 „Hoffmann's Stärkefabriken"; OLG Celle AG 1999, 128 = DB 1998, 2006 „Wolters/Gilde"; BayObLG AG 2001, 138 = ZIP 2000, 885, 886 „MBB/DAS"; LG Nürnberg-Fürth AG 2000, 89, 90 „Philips"; LG Berlin AG 2000, 284, 285 „Aluminiumwerk Unna".
[149] OLG Düsseldorf AG 1977, 168, 170; 1984, 216; WM 1988, 1052, 1055 = AG 1988, 275; AG 2000, 323 = NZG 2000, 693; OLG Celle AG 1979, 230, 231; 1981, 234; 1999, 128, 129 f. = DB 1998, 2006; OLG Zweibrücken AG 1995, 421, 422 =

Die **Wurzeltheorie** „erlaubt" zB die Berücksichtigung einer ausgeprägten Umsatz- oder 58
Ertragsdynamik schon zum Stichtag,[150] ebenso wie die einer Umsatz- oder Ertragssteigerung
infolge des Erwerbs von Beteiligungen, jedenfalls, wenn über den Erwerb schon am Stichtag
verhandelt wurde.[151] Auf der anderen Seite haben die Gerichte aber aus dem Stichtagsprinzip auch immer wieder nur noch als erstaunlich zu bezeichnende „*Schlüsse*" gezogen. So
soll es zB nicht zulässig sein, eine „unerwartete", für die abhängige Gesellschaft günstige
Änderung der Steuergesetzgebung unternehmenswerterhöhend zugunsten der außenstehenden Aktionäre zu berücksichtigen.[152] Ebenso wurde für eine erhebliche Steigerung der
Umsätze und Erträge der abhängigen Gesellschaft infolge der Wiedervereinigung bei einem
im März 1989 (!) abgeschlossenen Unternehmensvertrag entschieden, weil damals (angeblich) niemand den wenige Monate später folgenden Mauerfall voraussehen konnte, obwohl
feststeht, daß keine Diktatur ewig lebt.[153] Selbst solche Entwicklungen, die an sich noch vor
dem Stichtag lagen, aber im Grunde nur durch den *bevorstehenden* Abschluß des Unternehmensvertrages hervorgerufen wurden, sollen – zum Nachteil der außenstehenden Aktionäre
– außer Betracht bleiben.[154] Letztlich hierauf beruht auch die von der überwiegenden
Meinung vertretene Nichtberücksichtigung von Verbundeffekten (Rdnr. 70 f.).

Jedenfalls die zuletzt genannte „Schlußfolgerung" ist jedoch mit der Stellungnahme des 59
BGH zur Bemessung des Referenzzeitraums (Rückrechnung ab Stichtag!) unvereinbar
(s. Rdnr. 47 ff.). Aber auch die anderen aus dem Stichtagsprinzip abgeleiteten Konsequenzen (Rdnr. 58) zeigen deutlich, daß dieses Prinzip häufig zu wenig befriedigenden Ergebnissen führt, zumal die Abgrenzung der relevanten von den irrelevanten Entwicklungen zum
Stichtag angesichts der Interdependenz aller wirtschaftlichen Vorgänge vielfach nicht ohne
Willkür möglich ist.[155] Dies sollte Anlaß geben, das Stichtagsprinzip **kritisch** zu **überdenken,** zumindest jedoch bei der Berücksichtigung späterer Entwicklungen *wesentlich
großzügiger* als bisher üblich zu verfahren, wenn anders man eine gravierende Benachteiligung
der außenstehenden Aktionäre ebenso wie gänzlich unrealistische Ergebnisse vermeiden
will. Nichts hindert insbes., eine normale Entwicklung der Dinge unterstellt, die *späteren
Entwicklungen* grundsätzlich als bereits am Stichtag angelegt anzusehen und deshalb bei der
Unternehmensbewertung durchgängig umfassend zu berücksichtigen.[156] Die Bedeutung des
Stichtagsprinzips reduzierte sich damit auf die Ausklammerung ganz außergewöhnlicher,
schlechterdings von niemandem vorauszusehender Entwicklungen aus dem Spektrum der
bei der Unternehmensbewertung zu berücksichtigenden Faktoren. Bei der Abgrenzung
dieser Faktoren sollte man zudem ganz restriktiv verfahren. Das läge nur auf der Linie der
inzwischen allgemein befürworteten Hinwendung zu den wirklichen Marktverhältnissen,
ausgedrückt in den Marktpreisen (Rdnr. 42 ff.). Es hat etwas Unwirkliches an sich, wenn
sich viele Gerichte mit großem Aufwand bemühen, ihre gänzlich unrealistischen Schätzungen unter Berufung auf das Stichtagsprinzip gegen die abweichende tatsächliche, spätere
Entwicklung zu immunisieren.

3. Schätzung der zukünftigen Erträge.[157] Kern der Ertragswertmethode (Rdnr. 53 f.) 60
ist die Schätzung der vermutlichen zukünftigen Erträge des zu bewertenden Unternehmens

WM 1995, 980; LG Frankfurt AG 1996, 187, 188 f.
„Nestlé"; LG München I AG 1990, 404, 405; 1999,
476; LG Dortmund AG 1996, 278, 279; LG Nürnberg-Fürth AG 2000, 89, 90; *Korth* BB 1992 Beil.
19, S. 7; *Seetzen* WM 1994, 45, 46.

[150] BayObLG AG 2002, 390, 391 „Rieter II".
[151] *Großfeld,* Unternehmens- und Anteilsbewertung, S. 61.
[152] OLG Hamburg NZG 2003, 89, 90 f. „Te-
xaco/RWE/DEA"; LG Frankfurt AG 1996, 187,
189 „Nestlé"; LG Mannheim AG 2000, 85 f. „EU-
RAG/Deere".
[153] OLG Celle AG 1999, 128 f. = DB 1998, 2006
„Wolters/Gilde"; skeptisch auch *Großfeld,* Unter-
nehmens- und Anteilsbewertung, S. 62.

[154] OLG Düsseldorf AG 2000, 323 f. = NZG
2000, 693 „Hoffmann's Stärkefabriken".
[155] Ebenso ausführlich *Großfeld,* Unternehmens-
und Anteilsbewertung, S. 57 ff., bes. 62 f.; *Komp*
Zweifelsfragen S. 141 ff.; *Koppensteiner* in Kölner
Kommentar Rdnr. 31; *J. Schmidt,* Außenstehende
Aktionäre, S. 64 f.
[156] Ebenso insbes. *Großfeld* (vorige Fn.).
[157] Überblick über die Bewertungspraxis bei *Aha*
AG 1997, 26; *Dörfler/Gahler/Unterstraßer/Wirichs* BB
1994, 156; *Götz* DB 1996, 259; *Großfeld,* Unter-
nehmens- und Anteilsbewertung, S. 77 ff.; *Hecker/Wen-
ger* ZBB 1995, 321; *Komp* Zweifelsfragen S. 73 ff.

aus der Sicht des Stichtages (Rdnr. 56 f.). Dafür gelten prinzipiell dieselben Grundsätze wie für die Schätzung der zukünftigen Erträge im Rahmen der Ermittlung des Ausgleichs, da es auf der Hand liegt, daß für die Ermittlung von Ausgleich und Abfindung nicht von unterschiedlichen Prognosen über die zukünftigen Erträge der Gesellschaft ausgegangen werden kann. Wegen der Einzelheiten kann daher zunächst auf die Ausführungen zur Berechnung des Ausgleichs verwiesen werden (§ 304 Rdnr. 30 ff.). Hier genügt es, daran zu erinnern, daß die bisherige Praxis bei der Schätzung der zukünftigen Erträge überwiegend der sogenannten *Pauschalmethode* gefolgt ist. Dies bedeutet, daß sich die Gerichte wegen der großen Schwierigkeit jeder Prognose vorrangig an den *früheren* Erträgen der Gesellschaft orientieren, meistens aus den letzten drei bis fünf Jahren, und diese sodann „einfach" in die Zukunft fortschreiben, wobei eine gleichmäßige Weiterentwicklung der Gesellschaft unter der Bedingung fortbestehender Unabhängigkeit unterstellt wird.[158] Den Gegensatz bildet die *Phasenmethode,* die die Zukunft in unterschiedliche Abschnitte (Phasen) aufteilt, entsprechend der abnehmenden „Genauigkeit" von Ertragsprognosen, je weiter der Prognosezeitraum in die Zukunft reicht.[159] In der jüngsten Praxis erfreut sich diese Phasenmethode zunehmender Beliebtheit, wobei nach Möglichkeit für die erste Schätzphase von ungefähr vier bis sechs Jahren die vorhandenen Unternehmensplanungen und -daten zugrunde gelegt werden.[160] Nur wenn aussagekräftige Unternehmensplanungen lediglich für eine kürzere Periode vorliegen, kann die *erste* Phase auch entsprechend kürzer bemessen werden.[161] Bei der Berücksichtigung der *Unternehmensplanungen* für die Zukunft bleibt außerdem zu beachten, daß solche Planungen häufig übertrieben optimistisch sind, so daß sie gegebenenfalls, soweit möglich, auf ihr realistisches Maß zurückzuführen sind.[162]

61   Die den Kern der Ertragswertmethode bildende Schätzung der zukünftigen Erträge eines Unternehmens stößt vor allem dann auf erhebliche Schwierigkeiten, wenn der Zustand der *Abhängigkeit* der zu bewertenden Gesellschaft schon längere Zeit vor dem Stichtag (§ 293 Abs. 1) bestand, so daß im Grunde heute keine Grundlage mehr für eine Ertragsprognose der als unabhängig gedachten, tatsächlich seit langem abhängigen Gesellschaft existiert. In solchen Fällen fragt es sich in erster Linie, ob an dem strikten Stichtagsprinzip festzuhalten ist oder ob dann (ausnahmsweise) der für die Bewertung maßgebende Zeitpunkt auf das letzte Jahr der Unabhängigkeit der fraglichen Gesellschaft vorverlegt werden soll (s. schon Rdnr. 56). Die Gerichte sind früher tatsächlich gelegentlich so verfahren;[163] in jüngster Zeit wird solche Abweichung vom Stichtagsprinzip jedoch nur noch, wenn überhaupt, unter ganz engen Voraussetzungen zugelassen.[164]

61 a   Hält man bei der Bewertung bereits abhängiger Gesellschaften am Stichtagsprinzip fest (Rdnr. 61), so stellt sich die weitere Frage, ob dann nicht wenigstens etwaige *Schadensersatzansprüche* der abhängigen Gesellschaft, sei es aufgrund des § 309 bei Bestehen eines anderen, jetzt abgelösten Beherrschungsvertrages, sei es sonst aufgrund der §§ 311 und 317, bei der

---

[158] BGHZ 140, 35, 38 = NJW 1999, 283 = NZG 1999, 70; OLG Celle AG 1981, 234; OLG Karlsruhe AG 1998, 96 f.; OLG Düsseldorf AG 2000, 323 = NZG 2000, 693 „Hoffmann's Stärkefabriken"; AG 2001, 189, 190 f. = NZG 2000, 1079, 1080 f. = DB 2000, 116 = BB 2000, 1108 „Deutsche Centralbodenkredit/Frankfurter Hypothekenbank"; *Aha* AG 1997, 26, 29 ff.; MünchKommAktG/*Bilda* Rdnr. 70 ff.; *Großfeld,* Unternehmens- und Anteilsbewertung, S. 92 f.; *Hüchting* Abfindung S. 37 f.; *Koppensteiner* in Kölner Kommentar Rdnr. 38 ff.; *Seetzen* WM 1994, 45, 47 f.; 1999, 565 ff.
[159] Wegen der Einzelheiten s. schon § 304 Rdnr. 31, 34, Rdnr. 54 a und Rdnr. 63 sowie *Großfeld,* Unternehmens- und Anteilsbewertung, S. 93 ff.
[160] S. Rdnr. 54 a; BayObLG AG 2002, 388, 389 „Rieter I"; AG 2002, 390 f. „Rieter II"; AG 2002, 392, 393 „Ytong"; OLG Düsseldorf AG 2002, 398,

399 f. „Kaufhof/Metro"; OLG Frankfurt AG 2002, 404, 405 „Nestlé"; OLG Hamburg NZG 2003, 89, 90 „Texaco/RWE-DEA"; LG Mannheim AG 2002, 466 f. „Rheinelektra"; LG München I AG 2002, 563, 465 f. „Frankona".
[161] BayObLG AG 2002, 392, 393 „Ytong".
[162] OLG Düsseldorf AG 1990, 490, 493 „DAB/Hansa"; LG Berlin AG 2000, 284, 285 „Aluminiumwerk Unna"; *Großfeld,* Unternehmens- und Anteilsbewertung, S. 82 f.; tendenziell anders OLG Frankfurt AG 2002, 404, 405 „Nestlé"; *Aha* AG 1997, 26, 30 f.
[163] OLG Düsseldorf AG 1990, 490, 492 „DAB/Hansa".
[164] OLG Stuttgart AG 2000, 428, 430 (unter 3 b) = NZG 2000, 744 = DB 2000, 709 „Schwaben Zell/Hannover Papier"; *Großfeld* S. 58.

Bewertung zu berücksichtigen sind. Diese Frage sollte grundsätzlich bejaht werden, da solche Ansprüche zu dem zu bewertenden Vermögen der abhängigen Gesellschaft gehören.[165] Auch an diesen Kontroversen (Rdnr. 61 f.) wird im übrigen deutlich, in welchem Ausmaß die Ertragsschätzung und damit die Unternehmensbewertung letztlich von Werturteilen abhängig sind.

Die bisher von der Gesellschaft ausgewiesenen Erträge (Rdnr. 60 ff.) dürfen der Prognose **62** nicht unbesehen zugrunde gelegt werden, sondern müssen zunächst durch die Eliminierung außerordentlicher Erträge und Aufwendungen „bereinigt", d. h. sozusagen auf ihr „**Normalmaß**" zurückgeführt werden.[166] Auf der anderen Seite sind ausschüttungsfähige **stille Reserven** und überhöhte steuerliche Sonderabschreibungen ertragserhöhend zu berücksichtigen.[167] Von den danach prognostizierten Erträgen sind schließlich noch im Rahmen einer Investitionsrechnung (nur) die zur Substanzerhaltung notwendigen Abschreibungen abzuziehen, wobei – anders als nach Steuerrecht – Wiederbeschaffungswerte zugrunde zu legen sein dürften.[168] Dasselbe gilt für unterlassene Zuführungen zu den Pensionsrückstellungen.[169] Im übrigen ist jedoch von dem Grundsatz der **Vollausschüttung** auszugehen.[170]

Selbst bei Berücksichtigung dieser Grundsätze (Rdnr. 60 ff.) bleibt die Abschätzung der **63** zukünftigen Erträge der Gesellschaft mit erheblichen Unsicherheiten behaftet. In der Praxis der Unternehmensbewertung wird dem, wie schon betont (Rdnr. 60 f.), neuerdings häufig dadurch Rechnung getragen, daß die Schätzung für verschiedene **Phasen** erfolgt, naturgemäß mit abnehmender Genauigkeit,[171] oder daß gleichzeitig – je nach den unterschiedlichen Entwicklungsmöglichkeiten – mehrere Schätzungen aufgestellt und diese anschließend mit ihrer relativen Wahrscheinlichkeit *gewichtet* werden. Erst das gewogene Mittel der verschiedenen Schätzungsreihen, gegebenenfalls für unterschiedliche Phasen, ergibt dann die Höhe der vermutlichen, zukünftigen Erträge der Gesellschaft.[172]

4. Nachsteuerbewertung? Zusätzliche Schwierigkeiten entstehen, wenn ergänzend **64** *steuerliche Aspekte* in die Ertragswertermittlung einbezogen werden, wie es neuerdings häufig gefordert wird.[173] Dabei muß man die steuerliche Belastung der Erträge bei der betreffenden Gesellschaft und bei den Aktionären nach ihrer Ausschüttung unterscheiden. Angesichts der ständigen Änderungen der Steuergesetze und der unterschiedlichen steuerlichen Verhältnisse der Aktionäre sollte man auf jeden Fall daran festhalten, daß die steuerlichen Auswirkungen bei den Aktionären *nicht* berücksichtigt werden, weil man andernfalls auf ganz grobe Schätzungen im Rahmen einer unterstellten Pauschalbesteuerung angewiesen ist.[174] Geht man – wie heute häufig gefordert – anders vor, entscheidet man sich also für eine **Nachsteuerbewertung,** so muß auf jeden Fall die durchschnittliche Steuerbelastung der Aktionäre auch bei dem *Kapitalisierungszinssatz,* diesen entsprechend *mindernd,* berücksichtigt werden, weil

---

[165] S. OLG Düsseldorf AG 1991, 106, 107 „Wikküler-Küpper-Brauerei"; anders dann aber OLG Düsseldorf AG 2000, 323, 326 (unter 4) = NZG 2000, 693 „Hoffmann's-Stärke-Fabriken"; OLG Stuttgart AG 2000, 428, 430 f. = NZG 2000, 744 „Schwaben Zell/Hannover Papier".

[166] Zustimmend BayObLG AG 2002, 390, 391 „Rieter II"; *Großfeld,* Unternehmens- und Anteilsbewertung, S. 78.

[167] LG Berlin AG 2000, 284, 285 f. „Aluminiumwerk Unna"; *Aha* AG 1997, 26, 30 f.

[168] OLG Düsseldorf AG 2000, 323, 324 = NZG 2000, 693 „Hoffmann's Stärkefabriken"; LG Berlin AG 2000, 284, 285 „Aluminiumwerk Unna"; MünchKommAktG/*Bilda* Rdnr. 75; *Hügel* Verschmelzung S. 192; *Korth* BB 1992, Beil. 19, S. 8.

[169] LG Berlin (vorige Fn.).

[170] OLG Stuttgart AG 2000, 428, 432 (unter 3 f) = NZG 2000, 744; MünchKommAktG/*Bilda* Rdnr. 73 ff.; dagegen *Komp* Zweifelsfragen S. 104 f.; s. auch Rdnr. 64 a.

[171] OLG Zweibrücken AG 1995, 421 = WM 1995, 980; LG Frankfurt AG 1996, 187, 188 f.; LG München I AG 1999, 476 = DB 1999, 684 „Ytong"; LG Nürnberg-Fürth AG 2000, 89, 90 „Philips"; *Aha* AG 1997, 26, 30; MünchKommAktG/*Bilda* Rdnr. 71; *Drukarczyk* S. 221 ff.; *Großfeld,* Unternehmens- und Anteilsbewertung, S. 93 f.; *Seetzen* WM 1994, 45, 47.

[172] S. *Großfeld,* Unternehmens- und Anteilsbewertung, S. 96 ff.; *Korth* BB 1992 Beil. 19, S. 7 ff.

[173] S. § 304 Rdnr. 34 c f.; *Großfeld,* Unternehmens- und Anteilsbewertung, S. 100 ff. (im Anschluß an den neuen IDW-Standard, Wpg 2000, 829); *Hennrichs* ZHR 164 (2000), 453; *Komp* Zweifelsfragen S. 93 ff.; *Seetzen* WM 1999, 565, 572 f.

[174] Zutreffend OLG Düsseldorf AG 2000, 323, 325 = NZG 2000, 693 „Hoffmann's Stärkefabriken"; MünchKommAktG/*Bilda* Rdnr. 83; *Hennrichs* (vorige Fn.) S. 471 ff.; *Seetzen* (vorige Fn.); str.

andernfalls die Steuerbelastung doppelt zum Nachteil der Aktionäre berücksichtigt würde. Dies bedeutet zB einen Abschlag von 3,5 Prozentpunkte bei dem Kapitalisierungszinssatz, wenn man eine Durchschnittsbelastung der Aktionäre von 35% unterstellt, alles im Grunde weithin willkürliche Annahmen.[175]

64 a   Anders steht es dagegen mit der steuerlichen Situation der abhängigen Gesellschaft. Soweit nach den vorstehenden Ausführungen zukünftige Erträge bei der Ertragswertermittlung nicht berücksichtigt werden (Rdnr. 62), muß auf jeden Fall die Belastung mit Körperschaftsteuer und Gewerbeertragssteuer in die Ermittlung des Ertragswertes einbezogen werden. Dasselbe gilt, soweit eine Veräußerung des nicht betriebsnotwendigen Vermögens unterstellt wird.[176] Nichts anderes gilt aber heute nach Einführung des **Halbeinkünfteverfahrens** ab dem Steuerjahr 2001 für die ausgeschütteten Erträge, da sie seitdem gleichfalls endgültig, wenn auch im geringerem Umfang als die einbehaltenen Erträge, mit Körperschaftsteuer belastet werden, wodurch die ausgeschütteten Erträge *endgültig* entsprechend gekürzt werden. Ein weiteres intrikates Problem stellt in diesem Zusammenhang die Bewertung von **Verlustvorträgen** bei der abhängigen Gesellschaft dar. In der Praxis bilden sie offenbar häufig einen erheblichen Faktor bei der Wertfindung. Deshalb können sie auch bei der Unternehmensbewertung im Rahmen der §§ 304 und 305 nicht völlig unterschlagen werden, wobei freilich die Quantifizierung erhebliche, bis heute nicht gelöste Probleme aufwirft.[177] Problematisch ist außerdem die Vereinbarkeit einer Berücksichtigung der Verlustvorträge mit dem sonst grundsätzlich festgehaltenen Prinzip der Vollausschüttung (Rdnr. 62).

5. Abzinsung

Schrifttum: *Aha* AG 1997, 26; MünchKommAktG/*Bilda* Rdnr. 77 ff.; *Drukarczyk* S. 275 ff.; *Emmerich/Sonnenschein/Habersack* Konzernrecht § 22 III 6–8 (S. 342 ff.); *Großfeld*, Unternehmens- und Anteilsbewertung, S. 107 ff.; *ders.* NZG 2002, 353; *Götz* DB 1996, 259; *Komp* Zweifelsfragen S. 148 ff.; *Koppensteiner* in Kölner Kommentar Rdnr. 40; *Korth* BB 1992, Beil. 19, S. 11 f.; *J. Schmidt,* Außenstehende Aktionäre, S. 70 f.; *Seetzen* WM 1994, 45, 48 f.

65   **a) Berechnung.** Der zweite Schritt der Unternehmensbewertung (nach der „Ermittlung" der zukünftigen Erträge) besteht in der Ableitung des Ertragswertes aus der Summe der zukünftigen Erträge der Gesellschaft (Rdnr. 60 ff.) durch ihre Abzinsung (Diskontierung) nach der Rentenformel auf den Bewertungsstichtag, wobei in der Regel, nicht immer zwecks Vereinfachung der Rechnung von einer unbegrenzten Lebensdauer des betreffenden Unternehmens ausgegangen wird, gleichfalls eine gänzlich unrealistische Annahme.[178] Auf dieser Grundlage werden sodann die Erträge als *Verzinsung* des eingesetzten Kapitals betrachtet und geprüft, welches Kapital *bei einer Anlage* in langfristigen festverzinslichen Wertpapieren vermutlich dieselben Erträge wie berechnet erbrächte.[179] Geht man nach der Phasenmethode vor, so muß diese Berechnung gegebenenfalls für jede Phase gesondert erfolgen, möglicherweise sogar unter Zugrundelegung unterschiedlicher Kapitalisierungszinssätze für die einzelnen Phasen.[180] Da bei der Berechnung des festen Ausgleichs im Prinzip ebenso zu verfahren ist, muß sich, zumindest tendenziell, der kapitalisierte feste Ausgleich mit dem Ertragswert der abhängigen Gesellschaft im Rahmen des § 305 decken; das gilt jedenfalls dann, wenn man auch bei dem Ausgleich die (angenom-

---

[175] Wegen der Einzelheiten s. *Großfeld,* Unternehmens- und Anteilsbewertung, S. 141 ff.

[176] S. Rdnr. 72 f.; LG Berlin AG 2000, 284, 286 „Aluminiumwerk Unna"; *Hennrichs* ZHR 164 (2000), 453; *Seetzen* WM 1999, 565, 573.

[177] S. BGH NJW 1978, 1316, 1319 = AG 1978, 176, 179 f. „Kali & Salz" (insoweit nicht in BGHZ 71, 40, 52 abgedruckt); OLG Düsseldorf WM 1988, 1052, 1056 = AG 1988, 275; 276 f.; NZG 2000, 1079, 1081; OLG Stuttgart AG 2000, 428, 432 = NZG 2000, 744; *Großfeld,* Unternehmens- und Anteilsbewertung, S. 118 f.; *Drukarczyk* Unterneh-

mensbewertung S. 298 f.; *Fleischer* ZGR 1997, 368, 378 ff.; *Komp* Zweifelsfragen S. 93–110.

[178] S. *Großfeld,* Unternehmens- und Anteilsbewertung, S. 108 ff.

[179] OLG Düsseldorf AG 1992, 200, 203; 1999, 321, 323 „Lippe-Weser-Zucker"; 2000, 323, 324 f. = NZG 2000, 323, 324; OLG Stuttgart AG 2000, 428, 429 = NZG 2000, 744.

[180] So in der Tat OLG Frankfurt AG 2002, 404, 405 „Nestlé"; LG München I AG 2002, 563, 566 „Frankona"; *Großfeld,* Unternehmens- und Anteilsbewertung, S. 110 ff.

menen) Erträge des neutralen Betriebsvermögens ertragswerterhöhend berücksichtigt (s. § 304 Rdnr. 37 ff.).

Kern der Rentenformel[181] ist der **Kapitalisierungszinssatz,** der sich aus einem Basis- **66** zinssatz und verschiedenen Zu- und Abschlägen zusammensetzt. Dabei gilt, daß der Ertragswert um so niedriger ist, je höher der Kapitalisierungszinssatz angesetzt wird, und umgekehrt, wie unmittelbar einleuchtet. Jeder Sparer weiß, daß man, um einen bestimmten Ertrag zu erzielen, um so weniger Kapital benötigt, je höher der Zinssatz ist. Weit weniger bekannt ist indessen, daß schon geringfügige Veränderungen des Kapitalisierungszinssatzes erhebliche Auswirkungen auf den Ertragswert besitzen. So hat zB eine Veränderung des Kapitalisierungszinssatzes um lediglich 2% eine Verringerung oder Erhöhung des Ertragswertes um rund *ein Viertel* zur Folge! In den Spruchstellenverfahren wird deshalb in aller Regel mit besonderer Hartnäckigkeit über den zugrundezulegenden Kapitalisierungszinssatz gestritten, weil vor allem von seiner Fixierung der Ausgang der Verfahren abhängt. Um so problematischer ist die *große Unsicherheit,* die gerade hier herrscht.

Der Basiszinssatz wird aus dem sogenannten landesüblichen Zinssatz abgeleitet. Man **67** versteht darunter den durchschnittlichen Zinssatz für öffentliche Anleihen oder für langfristige festverzinsliche Wertpapiere in den letzten ein bis zwei Jahrzehnten in Deutschland, während die „Entwicklung" in den anderen Mitgliedstaaten der Europäischen Union oder doch in den Euroländern – wiederum zur Vereinfachung der Berechnung – durchweg ausgeklammert wird, obwohl auch dies heute nicht mehr realistisch ist.[182] Wegen dieser langfristigen, auf Deutschland konzentrierten Betrachtungsweise wird der Umstand, daß wir uns seit den neunziger Jahren in einer Niedrigzinsphase befinden, ebenfalls in der Regel nicht berücksichtigt,[183] und zwar unbeschadet des Umstandes, daß es letztlich nicht um den früheren, sondern um den zukünftigen Kapitalisierungszinssatz geht.[184] Die Gerichte kommen so meistens zu einem Basiszinssatz zwischen 7,5 und 8%.[185] Dieser Basiszinssatz wird sodann gewöhnlich durch verschiedene **Zu- und Abschläge** „korrigiert". *Abschläge* (mit der Folge einer entsprechenden Erhöhung des Unternehmenswertes) sind namentlich üblich für das Inflations- oder Geldentwertungsrisiko, da Unternehmenserträge dem Inflationsrisiko in geringerem Maße als bloße Geldrenten ausgesetzt seien. Die Berechnung dieses Abschlags ist freilich ausgesprochen schwierig ist.[186] Als *Maßstab* wird gelegentlich der Preisindex für die Gesamtlebenshaltung aller privaten Haushalte aus den letzten fünf Jahren vor und nach dem Stichtag (§ 293 Abs. 1) gewählt; ergibt sich hierbei eine steigende oder sinkende Tendenz der Inflation, so wird ein gewogener Durchschnittssatz der Indices für den Stichtag zugrunde gelegt.[187] Es gibt aber auch andere Maßstäbe. In der Praxis sind Abschläge zwischen ein und maximal drei Prozent üblich. Wegen der großen Unsicherheit, die hier herrscht, wächst aber die Tendenz, nach Möglichkeit auf einen Inflationsabschlag zu verzichten.[188]

[181] S. *Großfeld,* Unternehmens- und Anteilsbewertung S. 108 ff.; *Korth* BB 1992 Beil. 19, S. 13.

[182] S. *Großfeld* NZG 2002, 353, 356.

[183] Dagegen zu Recht LG Berlin AG 2000, 284, 286 „Aluminiumwerk Unna"; anders aber OLG Düsseldorf AG 1999, 321, 323 „Lippe-Weser-Zucker AG"; 2000, 323, 324 f. = NZG 2000, 693 „Hoffmann's Stärkefabriken".

[184] Wegen aller Einzelheiten s. *Großfeld,* Unternehmens- und Anteilsbewertung, S. 117 ff.; *Komp* Zweifelsfragen S. 153 ff.

[185] OLG Düsseldorf AG 1992, 200, 203; 1995, 84; 1995, 85, 87 = WM 1995, 756; AG 1999, 321, 323; 2000, 323, 324 f. = NZG 2000, 693; AG 2001, 189, 192 = NZG 2000, 1079, 1082 „Deutsche Centralbodenkredit AG/Frankfurter Hypothekenbank"; OLG Stuttgart AG 2000, 428, 431 = NZG 2000, 744; BayObLG AG 1996, 127, 129 = DB 1995, 2590 = WM 1996, 526; AG 1996, 176, 178 = BB 1996, 687; AG 2002, 398, 401 f. „Kaufhof/Metro";

AG 2002, 388, 389 „Rieter I"; AG 2002, 390, 391 „Rieter II"; AG 2002, 392, 393 f. „Ytong"; OLG Frankfurt AG 2002, 404, 405 „Nestlé"; LG Frankfurt/M. AG 2002, 357, 358 = NZG 2002, 395; AG 2002, 358, 360 „VDO/Mannesmann"; LG Mannheim AG 2002, 466, 467 „Rheinelektra"; LG München I AG 2002, 563, 565 „Frankona"; LG Bremen AG 2003, 213 „Gestra/Foxboro"; dagegen *Götz* DB 1996, 259, 263.

[186] Wegen der Einzelheiten s. *Aha* AG 1997, 26, 32 f.; *Drukarczyk* S. 275 ff.; *Großfeld,* Unternehmens- und Anteilsbewertung, S. 146 ff.; *Komp* Zweifelsfragen S. 200 ff.

[187] So BayObLG AG 1996, 127, 129 = WM 1996, 526 = DB 1995, 2590 „Paulaner"; AG 1996, 176, 179 = BB 1996, 687 „Hacker-Pschorr"; LG Nürnberg-Fürth AG 2000, 89, 90 „Philips".

[188] S. *Großfeld,* Unternehmens- und Anteilsbewertung, S. 146 ff.

68 Auf der anderen Seite wird jedoch das *Insolvenzrisiko* der Unternehmenseigner signifikant höher als das von Anleihegläubigern eingeschätzt, weshalb dem Abschlag für das Inflationsrisiko häufig ein Zuschlag für das *allgemeine* Unternehmensrisiko gegenübergestellt wird, während das *spezielle* Unternehmensrisiko der abhängigen Gesellschaft, wenn überhaupt, so bereits bei der Prognose der zukünftigen Erträge berücksichtigt wird. Freilich ist dieses allgemeine Unternehmensrisiko kaum zu quantifizieren, und zwar um so weniger, als ihm auch die besonderen Chancen erfolgreicher Unternehmen gegenüberstehen.[189] Im Schrifttum ist der Risikozuschlag deshalb zu Recht geradezu als „Manipulationsinstrument erster Ordnung" bezeichnet worden.[190] In der Rechtsprechung wird der Risikozuschlag gelegentlich aus der Differenz zwischen dem zugrundegelegten Basiszinssatz und dem durchschnittlichem Zinssatz für Großkredite in den letzten zehn Jahren vor dem Stichtag – unter Berücksichtigung der Besonderheiten der abhängigen Gesellschaft – abgeleitet.[191] Indessen ist nicht erkennbar, welcher Zusammenhang zwischen dem ohnehin wenig aussagekräftigen durchschnittlichen Zinssatz für Großkredite in der Vergangenheit und dem wie immer definierten allgemeinen zukünftigen Unternehmensrisiko bestehen soll. Im Grunde handelt es sich deshalb bei dem Risikozuschlag, meistens in einer Größenordnung von ein bis zwei Prozentpunkten, um eine nahezu willkürlich gegriffene Zahl, durch deren Ansatz die außenstehenden Aktionäre (erneut) erheblich benachteiligt werden. Das gilt erst recht, wenn der Kapitalisierungszinssatz noch durch weitere Zuschläge, etwa für besondere Risiken erhöht wird.

68 a Das Unbehagen an der **Willkürlichkeit von Risikozuschlägen** ist allgemein. In der Literatur ist deshalb ein weiteres Verfahren entwickelt worden, mit dem versucht wird zu ermitteln, welche Zuschläge am *Markt* für eine Anlage von Kapital zunächst in der betreffenden Branche und sodann speziell in dem betreffenden Unternehmen verlangt wurden. Man vergleicht dazu die Entwicklung der Börsenkurse und ermittelt dergestalt einen sogenannten „Beta-Faktor" und nennt das ganze (hochtrabend) ein *Capital Asset Pricing Model* (CAPM).[192] Obwohl diese Methode bereits in einzelnen Fällen die Billigung der Gerichte erfahren hat,[193] bleibt doch auch hier der Einwand, daß die bisherige Entwicklung der Börsenkurse *nichts* über die allein entscheidende *zukünftige* Entwicklung der Kurse aussagt (wie jeder Spekulant bereits schmerzhaft erfahren mußte). Deshalb dürfte auf diesem Weg gleichfalls schwerlich eine größere Rationalität der Unternehmensbewertung als bisher zu erreichen sein.

68 b Die auf die geschilderte Weise von den Gerichten ermittelten *Kapitalisierungszinssätze* bewegen sich im Augenblick in einer Größenordnung zwischen 7,5 und 9%.[194] Folgen die Gerichte jedoch der neuerdings von den Wirtschaftsprüfern favorisierten *Nachsteuerbewertung,* so ist ein zusätzlicher Abschlag in Höhe von 3,5 Prozentpunkten (wegen einer angenommenen Durchschnittsbesteuerung von 35%) vorzunehmen, so daß der Kapitalisierungszinssatz entsprechend niedriger ausfällt.[195] Auch die Berücksichtigung der anhaltenden *Niedrigzinsphase* kann (und sollte) zu niedrigeren Kapitalisierungszinssätzen als bisher üblich in der Gegend von 6% führen.[196]

---

[189] Wegen der Einzelheiten s. *Großfeld,* Unternehmens- und Anteilsbewertung, S. 122 ff.; *Komp* Zweifelsfragen S. 170 ff.

[190] *Großfeld,* Unternehmens- und Anteilsbewertung, S. 128.

[191] So BayObLG AG 1996, 127, 129 = WM 1996, 526 „Paulaner"; AG 1996, 176, 179 = BB 1996, 687 „Hacker-Pschorr"; LG Nürnberg-Fürth AG 2000, 89, 90 „Philips".

[192] Wegen der Einzelheiten s. *Großfeld,* Unternehmens- und Anteilsbewertung, S. 134 ff.; *Komp* Zweifelsfragen S. 186 ff.

[193] So LG München I AG 2002, 563, 566 „Frankona".

[194] S. zuletzt BayObLG 2002, 388, 389 „Rieter I" (8, 22%); AG 2002, 390 „Rieter II" (7%); AG

2002, 392 „Ytong" (9,5%); OLG Düsseldorf AG 2002, 398, 401 f. „Kaufhof/Metro" (8–9,5%); OLG Frankfurt AG 2002, 404, 405 „Nestlé" (7,3–8,8%); LG Frankfurt/M. AG 2002, 358, 360 „VDO/Mannesmann" (8%); LG Mannheim AG 2002, 466, 467 „Rheinelektra" (9–9,5%); LG München I AG 2002, 563, 565 f. „Frankona" (8,25 und 8,9%). Eine Zusammenstellung aller in den letzten Jahren von den Gerichten ausgesprochenen Kapitalisierungszinssätze bei *Komp* Zweifelsfragen S. 472–477.

[195] So in der Tat LG Bremen AG 2003, 213 „Gestra/Foxboro".

[196] So LG Berlin AG 2000, 284, 286 „Aluminiumwerk Unna".

b) Stellungnahme. Die geschilderte Bewertungspraxis (Rdnr. 65 ff.) ist unnötig kom- **69** pliziert. Schon auf den ersten Blick ist erkennbar, daß sich die Zu- und Abschläge im Grunde ausgleichen, so daß auf beide ohne Bedenken *verzichtet* werden kann.[197] Abzulehnen sind auf jeden Fall die weithin üblichen Zuschläge für das *allgemeine Unternehmensrisiko,* weil dieses bereits unvermeidlich in der einen oder anderen Weise bei der Prognose der Zukunftserträge berücksichtigt wird, so daß sein erneuter Ansatz bei dem Kapitalisierungszinssatz auf eine Doppelberücksichtigung zum Nachteil der außenstehenden Aktionäre hinausliefe.[198] Die verbreitete Unterscheidung zwischen dem speziellen Unternehmensrisiko, das (nur) in die Ertragswertprognose eingehe, und dem allgemeinen Unternehmensrisiko, das durch einen Zuschlag bei dem Kapitalisierungszinsfuß berücksichtigt werden müsse, ist künstlich und rational gar nicht durchzuführen. Zudem fehlen sämtliche Maßstäbe zu seiner Quantifizierung.

6. Verbundvorteile

Schrifttum: *Böcking,* FS für Moxter, S. 1407; *Busse von Colbe* ZGR 1994, 595; *Drukarczyk* Unternehmensbewertung S. 298 f.; *Fleischer* ZGR 1997, 368; *Forster,* FS für Claussen, S. 91; *Großfeld,* Unternehmens- und Anteilsbewertung, S. 63 ff.; *Hüttemann* ZHR 162 (1998), 563; *Komp* Zweifelsfragen S. 244 ff.; *Korth* ZGR 1999, 402; *Mertens* AG 1992, 321; *A. Reuter* DB 2001, 2483; *Stilz* ZGR 2001, 875; *Werner,* FS für Steindorff, S. 303.

Unter Verbundvorteilen versteht man die von der Unternehmensverbindung erhofften **70** *Synergieeffekte,* d. h. die aus der Verbindung der Unternehmen erwarteten Rationalisierungsvorteile, wobei vor allem an die Ersparnis bestimmter Kosten zu denken ist, die jetzt in dem Verbund nur noch einmal anfallen. Im einzelnen unterscheidet man, insbes. unter betriebswirtschaftlichen Aspekten, mehrere Erscheinungsformen von Verbundvorteilen; wichtig ist namentlich die Unterscheidung zwischen echten und unechten Verbundvorteilen, je nachdem, ob die Vorteile auch durch eine bloße Kooperation mit anderen Unternehmen oder allein durch den konkreten Unternehmensverbund zu erreichen sind. Die Berücksichtigung der so umschriebenen (echten und unechten) Verbundvorteile bei der Unternehmensbewertung im Rahmen der §§ 304 und 305 ist umstritten. Soweit ihre Berücksichtigung gefordert wird, geschieht dies vor allem, um eine Benachteiligung der außenstehenden Aktionäre zu verhindern, da es sich bei den möglichen Verbundvorteilen um einen wertsteigernden Faktor handele, der durchaus auch vom Markt bei seiner Bewertung des Unternehmens berücksichtigt werde.[199] Dagegen haben sich Rechtsprechung und Literatur zu den §§ 304 und 305 bisher unter Führung des BGH überwiegend *gegen* die Berücksichtigung der Verbundeffekte bei der Unternehmensbewertung ausgesprochen.[200] Ausnahmen wurden jedoch

---

[197] Ebenso BayObLG AG 2002, 390, 391 „Rieter II"; OLG Zweibrücken AG 1995, 421, 423 = WM 1995, 980; OLG Stuttgart AG 2000, 428, 431 f. = NZG 2000, 744; im Ergebnis auch LG Berlin AG 2000, 284, 286; ganz ähnlich auch *Komp* Zweifelsfragen S. 213 ff.

[198] OLG Celle AG 1999, 128, 130 f. = DB 1998, 2006 „Wolters/Gilde"; OLG Stuttgart (vorige Fn.); anders die ganz hM, zB *Aha* AG 1997, 26, 33; *Großfeld,* Unternehmens- und Anteilsbewertung, S. 122, 134 ff. (aber sehr skeptisch); *Seetzen* WM 1994, 45, 49.

[199] So *Böcking,* FS für Moxter, S. 1407, 1423; *Busse von Colbe* ZGR 1994, 595, 603 ff.; *Drukarczyk* Unternehmensbewertung S. 298 f.; *Fleischer* ZGR 1997, 368, 376 ff.; *Großfeld,* Unternehmens- und Anteilsbewertung, S. 67 f.; *Hüttemann* ZHR 162 (1998), 563, 586 ff.; *Komp* Zweifelsfragen S. 244 ff.; *Moxter* Grundsätze S. 91 ff.; *A. Reuter* DB 2001, 2483, 2487 f.

[200] Grdlg. BGHZ 138, 136, 140 = NW 1998, 1866 = LM AktG § 304 Nr. 3 = NZG 1998, 379,

380 = AG 1998, 286 = ZIP 1998, 690 „Asea/BBC II"; BayObLG AG 1996, 127, 128 = DB 1995, 2590 = WM 1996, 526; AG 1996, 176, 178 = BB 1996, 687; OLG Karlsruhe WM 1984, 656, 659 ff.; OLG Stuttgart AG 2000, 428, 429 = NZG 2000, 422; OLG Frankfurt AG 1989, 442, 443; OLG Düsseldorf AG 1991, 106; 2000, 323 f. = NZG 2000, 693; OLG Köln AG 1998, 37, 38; OLG Celle AG 1999, 128, 130 = DB 1998, 2006; LG Düsseldorf AG 1989, 138, 139; LG Dortmund AG 1996, 277, 279; LG Frankfurt/M. AG 2002, 357, 358 = NZG 2002, 395; AG 2002, 358, 359 f. „VDO/Mannesmann"; MünchKommAktG/*Bilda* Rdnr. 82; *Forster,* FS für Claussen, S. 91, 92; *Hüffer* Rdnr. 22; *Koppensteiner* in Kölner Kommentar Rdnr. 34, 48; *ders.,* FS für Ostheim, S. 403, 424; *Kort* ZGR 1999, 402, 416 ff.; *Mertens* AG 1992, 321 ff.; *Seetzen* WM 1994, 45, 49; 1999, 565, 572 f.; *Werner,* FS für Steindorff, S. 303, 316 ff.; wohl auch *Stilz* ZGR 2001, 875, 889 ff.

bisher schon gelegentlich für *unechte* Verbundvorteile erwogen, die sich praktisch mit jedem anderen Unternehmen, also nicht nur gerade mit dem herrschenden Unternehmen, realisieren lassen, so daß die Chance ihrer Verwirklichung einen objektiv wertsteigernden Faktor darstelle.[201] In Übereinstimmung damit heißt es in dem „DAT/Altana IV"-Beschluß des **BGH** vom 12. März 2001, unechte Verbundvorteile, die vom Markt in den Börsenkursen vorweggenommen würden, könnten nicht anschließend wieder herausgerechnet werden und mußten deshalb wertsteigernd berücksichtigt werden.[202]

71   Die Frage der Berücksichtigungsfähigkeit von echten wie unechten Verbundvorteilen im Rahmen der Unternehmensbewertung im Kontext der §§ 304 und 305 ist noch nicht ausdiskutiert. Läßt man die üblichen Hinweise auf das Stichtagsprinzip (Rdnr. 56 ff.) und auf das Stand-alone-Prinzip (s. Rdnr. 36 ff.) beiseite, so werden die wirklichen Gründe für die von der überwiegenden Meinung bisher abgelehnte Berücksichtigung der Verbundvorteile im Rahmen der Unternehmensbewertung schnell deutlich: Es sind dies zum einen der Umstand, daß sich echte wie unechte Synergieeffekte praktisch einer Quantifizierung entziehen, sowie zum anderen der Umstand, daß für ihre Aufteilung auf die Beteiligten bislang operationale Maßstäbe fehlen, so daß bei ihrer Einbeziehung in die Unternehmensbewertung diese nur noch weiter (erheblich) kompliziert würde. Auch in die Börsenkurse dürften daher (vermutete) Synergieeffekte (entgegen dem BGH) kaum jemals eingehen.[203] Dies alles hindert indessen die Berücksichtigung der Verbundvorteile zugunsten der außenstehenden Aktionäre in solchen Fällen nicht, in denen sie ausnahmsweise identifiziert und quantifiziert und außerdem einem der verbundenen Unternehmen, notfalls halbteilig, zugeordnet werden können.[204] Das muß schon deshalb so sein, weil andernfalls eindeutig werterhöhende Faktoren entgegen dem Zweck der gesetzlichen Regelung (Rdnr. 1 ff.) zum Nachteil der außenstehenden Aktionäre aus der Bewertung ihrer Gesellschaft ausgeklammert würden.

7. Neutrales Vermögen

Schrifttum: *Aha* AG 1997, 26; *Forster*, FS für Claussen, S. 91; *Großfeld*, Unternehmens- und Anteilsbewertung, S. 168 ff.; *Hüttemann* ZHR 162 (1998), 563; *Komp* Zweifelsfragen S. 223 ff.; *Lutter/Drygala* AG 1995, 49; *Weiss*, FS für Semler, S. 631.

72   In einem dritten Schritt muß der Ertragswert schließlich noch in verschiedenen Richtungen korrigiert werden. Die erste Korrektur besteht darin, daß zu dem Ertragswert der Veräußerungswert (Verkehrswert) des nicht betriebsnotwendigen (neutralen) Vermögens hinzuzurechnen ist. Denn das sind Vermögenswerte, die zwar nur eine geringe Bedeutung für die zukünftigen Erträge der Gesellschaft haben, jedoch bei der Bewertung durch einen etwaigen Unternehmenskäufer häufig erheblich ins Gewicht fallen.[205]

73   Als nicht betriebsnotwendig (*neutral*) bezeichnet man solche Vermögensgegenstände, die dem Betriebszweck nicht dienen, die mit anderen Worten für die Erzielung der der Unternehmensbewertung zugrundegelegten Erträge nicht erforderlich sind und die deshalb ohne weiteres veräußert werden können, ohne daß deshalb der prognostizierte Ertrag beeinträchtigt würde.[206] Dabei kommt es nicht auf den Standpunkt eines objektiven Betrachters, sondern auf die tatsächliche Funktion des betreffenden Vermögensgegenstandes nach der

---

[201] OLG Celle AG 1999, 128, 130 = DB 1998, 2006 „Wolters/Gilde"; s. *Hüttemann* ZHR 162 (1998), 563, 586 ff.; *Kort* ZGR 1999, 402, 416 ff.

[202] BGHZ 147, 108, 119 f. = NJW 2001, 2080 = AG 2001, 417; s. dazu im einzelnen *A. Reuter* DB 2001, 2483, 2487 f.; *Stilz* ZGR 2001, 875, 889 ff.

[203] Ebenso *Stilz* ZGR 2001, 875, 889 ff.

[204] Für hälftige Aufteilung aus praktischen Gründen auch *Komp* Zweifelsfragen S. 314 ff.

[205] BayObLG AG 1996, 127 = WM 1996, 526 = DB 1995, 2590 „Paulaner"; BB 1996, 687 = AG 1996, 176 „Hacker-Pschorr"; AG 2002, 388, 389

„Rieter I"; OLG Düsseldorf AG 1988, 275; 1990, 397, 399; 2000, 323, 324 = NZG 2000, 693; AG 2002, 398, 400 f. „Kaufhof/Metro"; OLG Frankfurt AG 1989, 442 u. 444; OLG Celle AG 1979, 230 ff.; LG Dortmund AG 1982, 257; LG Berlin AG 2000, 284, 286; LG Bremen AG 2003, 213 „Gestra/Foxboro"; s. auch schon § 301 Rdnr. 19 zur Berücksichtigung der stillen Rücklagen.

[206] OLG Düsseldorf AG 2002, 398, 400 „Kaufhof/Metro"; *Großfeld*, Unternehmens- und Anteilsbewertung, S. 168 ff.

betrieblichen Organisation des zu bewertenden Unternehmens an.[207] *Beispiele* sind vor allem Reservegrundstücke, stillgelegte und nicht mehr benötigte Anlagen sowie Finanzanlagen und sonstige überschüssige Mittel, die angelegt werden können.

Im Einzelfall kann die **Abgrenzung** Schwierigkeiten bereiten.[208] Maßgebend sollte dann **73 a** allein der tatsächliche Beitrag des fraglichen Vermögensgegenstandes zum Unternehmensertrag sein. Ist dieser im Verhältnis zu dessen Verkehrswert gering, so ist der Gegenstand gesondert zu bewerten, um die sonst unvermeidliche Begünstigung des herrschenden Unternehmens auf Kosten der außenstehenden Aktionäre zu vermeiden.[209] Der Begriff ist deshalb grundsätzlich *weit* auszulegen.[210] Neutrales Vermögen sind daher bei einer Brauerei zB auch die Gaststättengrundstücke, weil der Getränkeabsatz über brauereieigene Gaststätten heute nur noch eine untergeordnete Rolle spielt,[211] während bei einer Kaufhausgesellschaft die mit Kaufhäusern bebauten Grundstücke als betriebsnotwendig anzusehen und deshalb nicht gesondert zu bewerten sind.[212] In den vielen Zweifelsfällen sollte zum Schutz der außenstehenden Aktionäre von dem Vorliegen neutralen Vermögens ausgegangen und der fragliche Gegenstand deshalb gesondert bewertet werden.[213]

Das neutrale Vermögen wird grundsätzlich zum Verkehrs- oder Veräußerungswert ange- **73 b** setzt. In geeigneten Fällen, etwa bei vermieteten Reservegrundstücken oder ertragsreichen Finanzanlagen, kann statt dessen auch, sofern höher, der Ertragswert gewählt werden. Geht man vom Veräußerungswert aus, so sind die Kosten der Veräußerung sowie die dabei anfallenden Ertragssteuern, zB die Gewerbeertragsteuer auf bei der Veräußerung offengelegte stille Reserven, von dem Wert des betreffenden Vermögensgegenstandes wieder abzuziehen.[214] Der verbleibende Wert der neutralen Vermögensgegenstände ist schließlich dem Ertragswert des Unternehmens hinzuzurechnen. Die Summe beider Werte ergibt den Unternehmenswert.

8. Liquidationswert. Eine letzte Korrektur des Ertragswertes (Rdnr. 53 ff.) ergibt sich **74** daraus, daß der Liquidationswert der Gesellschaft – ebenso wie der Börsenkurs (Rdnr. 42 ff.) –, zumindest im Regelfall, eine weitere *Untergrenze* der Bewertung bildet. Denn selbst eine Gesellschaft, deren Ertragsaussichten auf Dauer negativ sind, ist gewöhnlich noch so viel wert wie die Summe ihrer einzelnen Vermögensgegenstände, abzüglich freilich der Schulden und der Aufwendungen für ihre Veräußerung sowie der dabei anfallenden Steuern (Rdnr. 73 b).[215] Anders wird freilich entschieden, wenn nach den Umständen eine Liquidation der Gesellschaft ausscheidet, diese vielmehr unter allen Umständen fortgeführt wird.[216] Doch kann dies nur richtig sein, wenn die Ertragsaussichten der fraglichen Gesellschaft *positiv* sind, weil andernfalls die Nichtberücksichtigung des Liquidationswertes dazu führt, daß die außenstehenden Aktionäre weder eine Abfindung noch einen Ausgleich erhalten, obwohl ihre Gesellschaft möglicherweise einen hohen Liquidationswert repräsentiert, der auf diese Weise allein dem herrschenden Unternehmen zufiele. Unberücksichtigt bleiben dagegen bei der Ermittlung des Liquidationswerts Vermögensgegenstände, die im

---

[207] *Großfeld* (vorige Fn.); str.

[208] S. *Aha* AG 1997, 26, 35 f.; *Forster,* FS für Claussen, S. 91, 93 ff.; *Großfeld,* Unternehmens- und Anteilsbewertung, S. 168 ff.; *Hüttemann* ZHR 162 (1998), 563, 592 f.; *Komp* Zweifelsfragen S. 224 ff.; *Seetzen* WM 1994, 45, 50; *Weiss,* FS für Semler, S. 631, 640 ff.

[209] *Hüttemann* (vorige Fn.); MünchHdb. AG/ *Krieger* § 70 Rdnr. 110.

[210] BayObLG AG 1996, 127, 128, 130 = DB 1995, 2590 = WM 1996, 526 „Paulaner"; AG 1996, 176, 178, 180 = BB 1996, 687 „Hacker-Pschorr"; dagegen *Aha* AG 1997, 26, 35 f.; *Forster,* FS für Claussen, S. 91, 93 ff.

[211] BayObLG (vorige Fn.); anders *Aha* und *Forster* (vorige Fn.).

[212] OLG Düsseldorf AG 2002, 398, 401 „Kaufhof/Metro".

[213] Ebenso im Ergebnis *Großfeld,* Unternehmens- und Anteilsbewertung, S. 170.

[214] OLG Düsseldorf AG 2000, 323, 324 = NZG 2000, 693 „Hoffmann's Stärkefabriken"; LG Berlin AG 2000, 284, 286 „Aluminiumwerke Unna".

[215] BayObLG AG 1995, 509, 510 = WM 1995, 1580; OLG Düsseldorf AG 1990, 397, 399; Münch-KommAktG/*Bilda* Rdnr. 85; *Großfeld,* Unternehmens- und Anteilsbewertung, S. 203 ff.; *Komp* Zweifelsfragen S. 214 ff.; *Koppensteiner* in Kölner Kommentar Rdnr. 44; MünchHdb. AG/*Krieger* § 70 Rdnr. 110.

[216] OLG Düsseldorf AG 1999, 321, 324 f. „Lippe-Weser-Zucker-AG"; AG 2002, 398, 400, 402 f. (unter 4.) „Kaufhof/Metro".

Fall einer Liquidation der Gesellschaft jeden Wert einbüßen; ein Beispiel ist die sogenannte Zuckerquote, die bei Stillegung einer Zuckerfabrik keinen Wert mehr hat.[217]

75   **9. Ableitung des Anteilswertes. a) Allgemeines.** Der letzte Schritt, der zur Berechnung der Höhe von Abfindung und Ausgleich erforderlich ist, besteht in der Ableitung des Anteilwertes aus dem nach den vorstehenden Grundsätzen ermittelten Unternehmenswert.[218] Dabei ist gemäß § 53 a von der grundsätzlichen Gleichberechtigung der Aktionäre ohne Rücksicht auf die Höhe ihrer Beteiligung auszugehen, so daß sich der jeweilige Anteilswert einfach aus dem Verhältnis der Aktiennennbeträge zum Grundkapital ergibt. Ein Abschlag für den Minderheitsbesitz der außenstehenden Aktionäre (gleichsam als Kehrseite der Paketzuschläge für Großaktionäre) verbietet sich dabei ebenso wie ein gelegentlich diskutierter Minderheitsaufschlag von selbst.[219]

75 a   **b) Unterschiedliche Aktiengattungen.** Zusätzliche Schwierigkeiten ergeben sich, wenn unterschiedliche Aktiengattungen ausgegeben wurden, wobei vor allem an *Vorzugsaktien* ohne Stimmrecht zu denken ist (§§ 11, 12). In diesen Fällen zeigt die Erfahrung, daß die Stammaktien (mit Stimmrecht) an der Börse in der Regel *höher* bewertet werden als die Vorzugsaktien ohne Stimmrecht. In der Bewertungspraxis wird daraus die Konsequenz gezogen, im Rahmen der Anteilsbewertung bei den Vorzugsaktien einen Abschlag in Höhe der üblichen Kursdifferenz zwischen Stamm- und Vorzugsaktien zu machen.[220] Werden nur die Vorzugsaktien an der Börse gehandelt, so kann es umgekehrt angebracht sein, bei den Stammaktien einen freilich nur grob zu schätzenden Zuschlag vorzunehmen. Mindestens sind jedoch die Stammaktien mit demselben Wert wie die Vorzugsaktien anzusetzen.[221]

76   **c) Spitzenbeträge.** Bei der Abfindung in Aktien folgt aus dem Verhältnis zwischen den Wertansätzen für die beteiligten Gesellschaften die Relation, die dem Umtausch der Aktien der außenstehenden Aktionäre in die der herrschenden Gesellschaft oder der Konzernobergesellschaft gemäß § 305 Abs. 3 S. 1 zugrunde zu legen ist. Ergibt sich hierbei kein glattes Umtauschverhältnis (wie 1:2 oder 1:3), so sind nach § 305 Abs. 3 S. 1 Halbs. 2 Spitzenbeträge durch bare Zuzahlungen auszugleichen.[222]

77   Der **Ausgleich** von Spitzenbeträgen durch bare Zuzahlungen steht entgegen dem insoweit mißverständlichen Wortlaut des § 305 Abs. 3 S. 1 Halbs. 2 nicht im Belieben der Vertragsparteien, sondern stellt unter dem Postulat voller Entschädigung der außenstehenden Aktionäre (Rdnr. 36 f.) eine gesetzliche *Pflicht* des herrschenden Unternehmens dar.[223] Die Ausgleichspflicht trifft allein das herrschende Unternehmen, so daß nicht etwa in dem Vertrag statt dessen den außenstehenden Aktionären eine Verpflichtung zum Spitzenausgleich auferlegt werden kann, um ihnen den Aktienaustausch zu ermöglichen.[224] Im Gegenteil spricht viel für die Annahme, daß das herrschende Unternehmen aufgrund seiner Treuepflicht verpflichtet ist, bei der Ausgabe junger Aktien zum Zweck der Abfindung der außenstehenden Aktionäre auf eine Stückelung der Aktien zu achten, bei der ein Spitzenausgleich nach Möglichkeit vermieden wird (§ 242 BGB).[225]

[217] LG Dortmund AG 2000, 84 f. „Zuckerfabrik Soest/Südzucker".
[218] Gegen diese Vorgehensweise W. Müller, FS für Bezzenberger, S. 705, 714 ff.
[219] Großfeld, Unternehmens- und Anteilsbewertung, S. 230; Hüchting Abfindung S. 35; Hüffer Rdnr. 24; Komp Zweifelsfragen S. 395 ff.; Koppensteiner in Kölner Kommentar Rdnr. 48; Korth ZGR 1999, 402, 412 ff.
[220] OLG Düsseldorf AG 1973, 282, 284 = BB 1973, 910; AG 2002, 398, 402 „Kaufhof/Metro"; LG Frankfurt AG 1987, 315, 317 = WM 1987, 559; ebenso schon die Begr. zum RegE des § 306 bei Kropff AktG S. 401.
[221] BFHE 173, 561, 563 ff. = BStBl. II 1994, 394; BFHE 183, 224, 227 ff. = DStR 1997, 1163; BFHE 188, 431, 433 = NZG 2000, 109, 110 = BStBl. II

1999, 811, 812; Großfeld, Unternehmens- und Anteilsbewertung, S. 234 ff.; Komp Zweifelsfragen S. 406 ff.
[222] Dazu Vetter AG 1997, 6 ff.; 2000, 193 ff., bes. 200, 205 ff.
[223] OLG Düsseldorf AG 1995, 85, 88 = WM 1995, 756; LG Berlin AG 1996, 230, 232; Hüffer Rdnr. 25.
[224] MünchKommAktG/Bilda Rdnr. 91; Koppensteiner in Kölner Kommentar Rdnr. 19.
[225] LG Berlin AG 1996, 230, 232 „Brau & Brunnen"; MünchKommAktG/Bilda Rdnr. 90; Henze Konzernrecht Tz. 401 (S. 141); Hüffer Rdnr. 25; offenbar auch BGHZ 142, 167, 169 ff. = LM AktG § 8 Nr. 1 = NJW 1999, 3197 = AG 1999, 517 „Hilgers"; dagegen Koppensteiner in Kölner Kommentar Rdnr. 20; Vetter (Fn. 222).

VII. Mehrstufige Unternehmensverbindungen

Mehrstufige Unternehmensverbindungen werfen im Rahmen des § 305 prinzipiell die- **78** selben Fragen wie bei § 304 auf, so daß wegen der Einzelheiten auf die Ausführungen zu § 304 verwiesen werden kann.[226] Hier ist nur noch auf wenige zusätzliche Fragen einzugehen:

(1) Wenn in einer zwei- oder mehrstufigen Unternehmensverbindung **allein** zwischen **79** der Tochter- und der Enkelgesellschaft ein Unternehmensvertrag abgeschlossen wird, stellt sich die Frage, ob dann die ebenfalls an der Enkelgesellschaft beteiligte *Muttergesellschaft* als außenstehende Aktionärin iSd. § 305 zu behandeln ist. Diese Frage ist nach denselben Kriterien wie bei § 304 zu beurteilen (§ 304 Rdnr. 13 ff., 63 f.). Von den Ausnahmefällen einer 100%igen Beteiligung der Mutter- an der Tochtergesellschaft oder der Eingliederung der Tochter- in die Muttergesellschaft abgesehen, sind danach der Mutter gleichfalls Ausgleichs- und Abfindungsansprüche zuzubilligen.

(2) Ebenso ist zu entscheiden, wenn die Mutter- mit der Enkelgesellschaft *unmittelbar* **80** einen Vertrag abschließt mit der Folge, daß dann in der Regel die Tochtergesellschaft im Falle ihrer Beteiligung an der Enkelgesellschaft zu den außenstehenden Aktionären zu rechnen ist, außer im Fall einer 100%igen Beteiligung der Mutter- an der Tochtergesellschaft oder der Eingliederung der Tochter in die Mutter (§ 304 Rdnr. 60 ff.). In beiden Fallgestaltungen (Rdnr. 79, 80) scheitert freilich eine Abfindung in Aktien, im ersten Fall der Muttergesellschaft, im zweiten Fall der Tochtergesellschaft, an den §§ 71 und 71 d S. 2, so daß in diesem Fall lediglich eine Barabfindung nach § 305 Abs. 2 Nr. 3 in Betracht kommt.[227]

(3) Zusätzliche Probleme tauchen ebenso wie im Anwendungsbereich des § 304 bei **81** einem Aufbau des Konzerns *von unten nach oben auf*, d. h. dann, wenn der Vertragsabschluß zwischen der Mutter- und der Tochtergesellschaft dem zwischen der Tochter- und der Enkelgesellschaft *nachfolgt* oder wenn der andere Vertragsteil überhaupt erst nachträglich in die Abhängigkeit von einem *dritten* Unternehmen gerät, so daß erst *jetzt* die Voraussetzungen des § 305 Abs. 2 Nr. 2 erfüllt sind.[228] Für diese Fälle werden zugunsten der noch verbliebenen außenstehenden Aktionäre der (neuen) Enkelgesellschaft unterschiedliche Lösungen erwogen. In Betracht kommen vor allem ein erneutes Abfindungsangebot, jetzt unter Beachtung des § 305 Abs. 2 Nr. 2, oder die Einschaltung der außenstehenden Aktionäre in einen etwaigen Vertragsabschluß zwischen dem anderen Vertragsteil und dem neuen herrschenden Unternehmen entsprechend § 295 Abs. 2.[229] Vorzugswürdig ist die erste Lösung, da nur sie den außenstehenden Aktionären die Möglichkeit eröffnet, über ihr Investment erneut frei zu entscheiden.

VIII. Mängel des Vertrags und des Zustimmungsbeschlusses

1. Keine Nichtigkeit. § 305 ist zwingendes Recht, so daß ein gegen § 305 verstoßender **82** Beherrschungs- oder Gewinnabführungsvertrag an sich nichtig sein müßte (§ 134 BGB). Dem steht jedoch entgegen, daß das Gesetz in § 305 Abs. 5 S. 2 anordnet, daß das in § 306 AktG (bzw. in Zukunft: § 2 SpruchG) bezeichnete Gericht auf Antrag eines außenstehenden Aktionärs die Abfindung zu bestimmen hat, wenn der Vertrag entweder überhaupt keine *oder* eine dem § 305 Abs. 1 bis 3 widersprechende Abfindung vorsieht. Dies kann nur bedeuten, daß das Gesetz auch in den genannten Fällen – trotz des Verstoßes gegen § 305 –

[226] S. schon Rdnr. 35 sowie § 304 Rdnr. 56–66; MünchKommAktG/*Bilda* Rdnr. 19–23; *Görling* Konzernhaftung S. 138 f.; *Pentz* Enkel-AG S. 93 ff.; *S. Wanner*, Konzernrechtliche Probleme mehrstufiger Unternehmensverbindungen, 1998; wegen der entsprechenden Anwendbarkeit des § 305 Abs. 2 Nr. 2 auf drei- und mehrstufige Unternehmensverbindungen s. bereits Rdnr. 12.

[227] S. *Pentz* Enkel-AG S. 94, 97 ff.
[228] S. schon Rdnr. 56; § 304 Rdnr. 58 f. sowie *Görling* Konzernhaftung S. 138 f.; *Pentz* Enkel-AG S. 104 ff.; zum umgekehrten Fall des nachträglichen Wegfalls der Abhängigkeit s. schon Rdnr. 56.
[229] So *Görling* (vorige Fn.).

von der *Wirksamkeit* des Beherrschungs- oder Gewinnabführungsvertrags ausgeht, da sonst die Anordnung eines Spruch(stellen)verfahrens keinen Sinn machte.[230] Folgerichtig scheidet in den genannten Fällen auch eine *Anfechtung* des Zustimmungsbeschlusses der abhängigen Gesellschaft nach § 243 Abs. 1 oder 2 aus, wie aus § 305 Abs. 5 S. 1 zu folgern ist, der damit im Ergebnis dasselbe besagt wie § 304 Abs. 3 S. 2 (sogenannter Anfechtungsausschluß, s. Rdnr. 83). Die Folge dieser eigenartigen Regelung kann sein, daß ein Beherrschungs- oder Gewinnabführungsvertrag trotz fehlender oder mangelhafter Abfindungsregelung wirksam werden kann, wenn kein außenstehender Aktionär fristgerecht einen Antrag nach § 306 bzw. nach dem SpruchG stellt.

83   **2. Anfechtungsausschluß.** § 305 Abs. 5 S. 1 schließt die Anfechtung des Zustimmungsbeschlusses nur aus, soweit sie auf einen Verstoß gegen § 305 Abs. 1 bis 3 gestützt wird. Eine Anfechtung aus *anderen* Gründen, zB wegen der Verletzung des Auskunftsrechts der außenstehenden Aktionäre aus den §§ 131 und 293 g, bleibt dagegen möglich (§ 243 Abs. 1). Der abweichenden neueren Rechtsprechung des BGH ist nicht zu folgen (s. § 293 Rdnr. 38 ff., § 304 Rdnr. 82).

84   **3. Spruchverfahren.** Die Bestimmung der angemessenen Abfindung obliegt bisher auf Antrag eines außenstehenden Aktionärs dem in § 306 Abs. 1 bezeichneten Gericht im sogenannten Spruch- oder (so früher meistens) Spruchstellenverfahren, sofern der Vertrag überhaupt keine Abfindungsregelung enthält oder die Abfindung nicht angemessen ist (§ 305 Abs. 5 S. 2). Für die Antragsberechtigung der außenstehenden Aktionäre gilt dabei bislang § 304 Abs. 4 entsprechend (§ 305 Abs. 5 S. 4).[231] Aufgrund des für den Sommer 2003 geplanten SpruchG sollen an die Stellen der genannten Vorschriften (§§ 304 Abs. 4 und 306) die entsprechenden Bestimmungen des SpruchG treten (§§ 2 und 3 des Entwurfs, abgedruckt im Anhang zu § 306). Auf die geplanten Änderungen bei der Antragsbefugnis der außenstehenden Aktionäre ist schon weiter oben im Rahmen der Erläuterungen des (früheren) § 304 Abs. 4 eingegangen worden (§ 304 Rdnr. 84 ff.).

84 a   Sobald ein Aktionär das Abfindungsangebot des herrschenden Unternehmens angenommen hat, verliert er mit dem Umtausch seiner Aktien seine Aktionärseigenschaft und damit auch die Antragsbefugnis.[232] In den Fällen des § 305 Abs. 2 Nr. 2 ist das Gericht an die von den Vertragsparteien getroffene Wahl zwischen einer Abfindung in Aktien oder einer Barabfindung gebunden und kann nicht etwa eine Barabfindung durch eine Abfindung in Aktien ersetzen (§ 305 Abs. 5 S. 3).[233] Überläßt der Vertrag dagegen richtigerweise die Wahl zwischen Abfindung in Aktien und Barabfindung den außenstehenden Aktionären (s. Rdnr. 15 f.), so muß es auch im Spruchverfahren dabei verbleiben, so daß das Gericht gegebenenfalls beide Formen der Abfindung, die in Aktien und die Barabfindung, neu zu bestimmen hat.

85   **4. Kündigung.** Kommt es in dem Spruchverfahren zu einer Erhöhung der Abfindung, so steht nach § 305 Abs. 5 S. 4 iVm. § 304 Abs. 5 dem herrschenden Unternehmen ein außerordentliches Kündigungsrecht zu (§ 304 Rdnr. 95 f.).[234] Die Kündigung wirkt nur *ex nunc* und ändert daher nichts an den bereits entstandenen Abfindungsansprüchen außenstehender Aktionäre aufgrund des bis zum Wirksamwerden der Kündigung fortbestehenden Vertrages. Das ist zwingendes Recht, so daß abweichende Vereinbarungen nicht möglich sind, auch nicht in Gestalt eines schon im Vertrag vorbehaltenen Rücktrittrechts des herrschenden Unternehmens.[235]

---

[230] Ebenso MünchKommAktG/*Bilda* Rdnr. 109; *Hüffer* Rdnr. 29; *Koppensteiner* in Kölner Kommentar Rdnr. 50.

[231] Wegen der Einzelheiten s. deshalb § 304 Rdnr. 84 ff.

[232] MünchKommAktG/*Bilda* Rdnr. 115; *Hüffer* Rdnr. 33.

[233] S. *Hüffer* Rdnr. 30; *Koppensteiner* in Kölner Kommentar Rdnr. 54.

[234] Durch das SpruchG soll § 304 Abs. 4 AktG durch § 2 SpruchG ersetzt werden, so daß der bisherige Abs. 5 zu § 304 zum neuen Abs. 4 der Vorschrift wird; entsprechend soll die Verweisung in § 305 Abs. 5 S. 4 geändert werden.

[235] Grdlg. BGHZ 135, 374, 377 ff. = NJW 1997, 2242 = LM AktG § 305 Nr. 3 = AG 1997, 415 „Guano"; BayObLG AG 1996, 127, 130 = WM 1996, 526 „Paulaner"; LG Stuttgart AG 1998, 103

5. Abfindungsergänzungsanspruch. Wenn einzelne Aktionäre gerichtlich eine hö- **86** here Festsetzung der Abfindung als im Unternehmensvertrag vorgesehen durchsetzen, andere jedoch zuvor schon das erste Abfindungsangebot des herrschenden Unternehmens angenommen hatten, stellt sich die Frage, ob die letzteren einen Anspruch auf nachträgliche Erhöhung der Barabfindung oder auf nachträgliche Gewährung weiterer Aktien besitzen. Die Frage ist im Gesetz nicht ausdrücklich geregelt. In den Unternehmensverträgen wird heute auf Druck der Banken meistens ausdrücklich ein Ergänzungsanspruch für den Fall vorgesehen, daß die Abfindung nachträglich erhöht wird. Aber auch in Fällen, in denen eine solche Regelung fehlt, ist den außenstehenden Aktionären der Ergänzungsanspruch zuzubilligen. Das folgt schon daraus, daß alle Aktionäre Anspruch auf „angemessene" Abfindung haben (§ 305 Abs. 1 S. 1), letztlich aber erst mit der für und gegen jedermann wirkenden gerichtlichen Entscheidung (s. § 306 Abs. 2 iVm. § 99 Abs. 5 S. 2) feststeht, welche Abfindung überhaupt „angemessen" ist.[236] Nach überwiegender Meinung kann der Ergänzungsanspruch jedoch nicht im Spruchstellenverfahren, sondern nur durch Klage verfolgt werden.[237]

Beide Fragen sollen durch das geplante SpruchG iSd. Textes geklärt werden: Während **87** § 13 S. 2 SpruchGE die Wirkung der Entscheidungen im Spruchverfahren auch zu Gunsten der bereits *ausgeschiedenen* außenstehenden Aktionäre klarstellt,[238] beschränkt sich § 16 SpruchGE darauf, für die nachfolgende Leistungsklage die Zuständigkeit des nach § 2 SpruchGE zuständigen Gerichts zu bestimmen, womit sichergestellt werden soll, daß in beiden Fällen, im Spruchverfahren wie im nachfolgenden Leistungsklageverfahren, dasselbe Gericht und derselbe Spruchkörper tätig werden.[239]

§ 306 Verfahren

(1) Zuständig ist das Landgericht, in dessen Bezirk die Gesellschaft, deren außenstehende Aktionäre antragsberechtigt sind, ihren Sitz hat. § 132 Abs. 1 Satz 2 bis 4 sowie § 306 Abs. 2 Satz 2 und 3 des Umwandlungsgesetzes sind anzuwenden.

(2) § 99 Abs. 1, Abs. 3 Satz 1, 2, 4 bis 9, Abs. 5 gilt sinngemäß.

(3) Das Landgericht hat den Antrag in den Gesellschaftsblättern der Gesellschaft, deren außenstehende Aktionäre antragsberechtigt sind, bekanntzumachen. Außenstehende Aktionäre können noch binnen einer Frist von zwei Monaten nach dieser Bekanntmachung eigene Anträge stellen. Auf dieses Recht ist in der Bekanntmachung hinzuweisen.

(4) Das Landgericht hat die Vertragsteile des Unternehmensvertrags zu hören. Es hat den außenstehenden Aktionären, die nicht Antragsteller nach § 304 Abs. 4 oder § 305 Abs. 5 sind oder eigene Anträge nach Absatz 3 Satz 2 gestellt haben, zur Wahrung ihrer Rechte einen gemeinsamen Vertreter zu bestellen, der die Stellung eines gesetzlichen Vertreters hat. Werden die Festsetzung des angemessenen Ausgleichs und die Festsetzung der angemessenen Abfindung beantragt, so hat es für jeden Antrag einen gemeinsamen Vertreter zu bestellen. Die Bestellung kann unterbleiben, wenn die Wahrung der

„Gestra/Foxboro"; MünchKommAktG/*Bilda* Rdnr. 132 ff.; *Hüffer* Rdnr. 33; MünchHdb. AG/*Krieger* § 70 Rdnr. 131 (2. Abs.); anders *Koppensteiner* in Kölner Kommentar Rdnr. 57.

[236] BGH AG 2002, 559; BayObLG AG 1996, 127, 130 = DB 1995, 2590 = WM 1996, 526 „Paulaner"; AG 1996, 176, 180 = BB 1996, 687 „Hacker-Pschorr"; OLG Düsseldorf AG 1990, 397, 401 f.; OLG Celle AG 1979, 230, 233; LG Berlin AG 1979, 207; LG Dortmund AG 1996, 278, 280; LG Nürnberg-Fürth AG 2000, 89, 91; MünchKommAktG/*Bilda* Rdnr. 125 ff.; *Exner* Beherr-

schungsvertrag S. 249 ff.; *Haase* AG 1995, 7, 18 ff.; *Hoffmann-Becking* ZGR 1990, 482, 499 f.; *Komp* Zweifelsfragen S. 426 ff.; *Raiser* Kapitalgesellschaften § 54 Rdnr. 88 (S. 908); *J. Schmidt*, Außenstehende Aktionäre, S. 95 f.; – anders früher *Hüchting* Abfindung S. 86 ff.; *Koppensteiner* BB 1978, 769.

[237] BayObLG und LG Nürnberg-Fürth (vorige Fn.); MünchKommAktG/*Bilda* Rdnr. 129; *Haase* AG 1995, 7, 23 f.

[238] S. dazu die Begr. des RegE BR-Drucks. 827/02, S. 32 = ZIP 2002, 2104.

[239] Begr. (vorige Fn.) S. 35 f = ZIP 2002, 2106.

Rechte dieser außenstehenden Aktionäre auf andere Weise sichergestellt ist. Die Bestellung des gemeinsamen Vertreters hat das Landgericht in den Gesellschaftsblättern bekanntzumachen. Der Vertreter kann von der Gesellschaft den Ersatz angemessener barer Auslagen und eine Vergütung für seine Tätigkeit verlangen. Die Auslagen und die Vergütung setzt das Landgericht fest. Es kann der Gesellschaft auf Verlangen des Vertreters die Zahlung von Vorschüssen aufgeben. Aus der Festsetzung findet die Zwangsvollstreckung nach der Zivilprozeßordnung statt. § 308 Abs. 3 des Umwandlungsgesetzes ist anzuwenden.

(5) Das Landgericht hat seine Entscheidung den Vertragsteilen des Unternehmensvertrags sowie den Antragstellern nach § 304 Abs. 4, § 305 Abs. 5, den außenstehenden Aktionären, die eigene Anträge nach Absatz 3 Satz 2 gestellt haben, und, wenn ein gemeinsamer Vertreter bestellt ist, diesem zuzustellen.

(6) Der Vorstand der Gesellschaft hat die rechtskräftige Entscheidung ohne Gründe in den Gesellschaftsblättern bekanntzumachen.

(7) Für die Kosten des Verfahrens gilt die Kostenordnung. Für das Verfahren des ersten Rechtszugs wird das Doppelte der vollen Gebühr erhoben. Für den zweiten Rechtszug wird die gleiche Gebühr erhoben; dies gilt auch dann, wenn die Beschwerde Erfolg hat. Wird der Antrag oder die Beschwerde zurückgenommen, bevor es zu einer Entscheidung kommt, so ermäßigt sich die Gebühr auf die Hälfte. Der Geschäftswert ist von Amts wegen festzusetzen. Er bestimmt sich nach § 30 Abs. 1 der Kostenordnung. Schuldner der Kosten sind die Vertragsteile des Unternehmensvertrags. Die Kosten können jedoch ganz oder zum Teil einem anderen Beteiligten auferlegt werden, wenn dies der Billigkeit entspricht.

Schrifttum: S. bei §§ 304 und 305 sowie zu § 306: *van Aerssen,* Die Antragsbefugnis im Spruchstellenverfahren, AG 1999, 249; *Ammon,* Rechtsprechungsübersicht zum aktienrechtlichen Spruchstellenverfahren, FGPrax 1998, 121; *Altmeppen,* Zeitliche und sachliche Begrenzung von Abfindungsansprüchen gegen das herrschende Unternehmen im Spruchstellenverfahren, FS für P. Ulmer, 2003, S. 3; *Beyerle,* Erfahrungen mit dem Spruchstellenverfahren nach § 306 AktG, ZGR 1977, 650; *ders.,* Notwendige Änderungen im Verfahren der freiwilligen Gerichtsbarkeit nach § 306 AktG, BB 1978, 784; *ders.,* Der Konkurs des Antragsgegners während des aktienrechtlichen Spruchstellenverfahrens, AG 1979, 306; *Bilda,* Zur Dauer des Spruchstellenverfahrens, NZG 2000, 296; *Bork,* Zuständigkeitsprobleme im Spruchverfahren, ZIP 1998, 550; *ders.,* Gerichtszuständigkeit für Spruchverfahren, NZG 2002, 163; *Bredow/Tribulowsky,* Auswirkungen von Anfechtungsklage und Squeeze-Out auf ein laufendes Spruchstellenverfahren, NZG 2002, 841; *Diekgräf,* Sonderzahlungen an opponierende Kleinaktionäre im Rahmen von Anfechtungs- und Spruchverfahren, 1990; *Emmerich/Sonnenschein/Habersack* Konzernrecht §§ 21 III, 22 VI (S. 323, 347 ff.); *G. Erb,* Der Gegenstandswert der Anwaltsgebühren im aktienrechtlichen Spruchstellenverfahren, NZG 2001, 161; *Geßler,* Zur Stellung des gemeinsamen Vertreters nach §§ 304 ff. AktG, BB 1975, 289; *H. N. Götz,* Entschädigung von Aktionären jenseits der Kapitalmarktbewertung?, DB 1996, 259; *Happ/Pfeifer,* Der Streitwert gesellschaftsrechtlicher Klagen und Gerichtsverfahren, ZGR 1991, 103; *Hirte,* Informationsmängel und Spruchverfahren, ZHR 167 (2003), 8; *Hoffmann-Becking,* Der materielle Gesellschafterschutz: Abfindung und Spruchverfahren, ZGR 1990, 482; *R. Hecker/E. Wenger,* Der Schutz von Minderheiten im Vertragskonzern, ZBB 1995, 321; *Hüchting,* Abfindung und Ausgleich, S. 71 ff.; *Kapp,* Die Sicherung der außenstehenden Aktionäre durch das Spruchstellenverfahren nach §§ 304 ff. AktG, BB 1973, 1514; *Kley,* Die Rechtsstellung der außenstehenden Aktionäre, 1986; *Kley/Lehmann,* Zur Stellung des gemeinsamen Vertreters im Verfahren nach § 304 ff. AktG, BB 1973, 1076; *MünchHdb. AG/Krieger* § 70 Rdnr. 111 ff. (S. 1068 ff.); *ders.* in Lutter UmwG, 2. Aufl. 2000, §§ 305–312 (S. 2619 ff.); *Lentfer,* Die Vergütung des gemeinsamen Vertreter gemäß § 306 Abs. 4 AktG, BB 1998, 655; *Lutter/Bezzenberger,* Für eine Reform des Spruchverfahrens, AG 2000, 433; *Martens,* Die Vergleichs- und Abfindungsbefugnis des Vorstands gegenüber opponierenden Aktionären, AG 1988, 118; *H. und W. Meilicke,* Die Rechtsstellung der nicht antragstellenden Aktionäre im Verfahren nach § 306 AktG, ZGR 1974, 296; *W. Meilicke,* Beendigung des Spruchstellenverfahrens nach Beendigung des Unternehmensvertrags?, AG 1995, 181; *ders.,* Der Wert des Gegenstandes des aktienrechtlichen Spruchstellenverfahrens, AG 1985, 46; *Meister/Klöcker* in Kallmeyer UmwG, 2. Aufl. 2001, §§ 305–312 (S. 991 ff.); *Pentz,* Geschäftswert, Gegenstandswert und Rechtsstellung des gemeinsamen Vertreters im Spruchstellenverfahren nach § 306 AktG, DB 1993, 621; *Rowedder,* Der gemeinsame Vertreter gemäß § 306 Abs. 4 AktG, FS für Rittner, 1991, S. 509; *Rühland,* Die Abfindung von aus der AG ausgeschlossenen Minderheitsaktionären, WM 2000, 1884; *J. Schmidt,* Das Recht der außenstehenden Aktionäre, 1979; *J. Schmittmann,* Vorschußpflicht im Spruchverfahren, AG 1998, 514; *U. Schneider,* Antragsberechtigung des außenstehenden Aktionärs nach den §§ 304, 305 AktG, NJW 1991, 1109; *M. Schulenberg,* Die Antragsberechtigung gemäß §§ 15, 305 ff. UmwG, AG 1998, 74; *Seetzen,* Spruchstellenverfahren und Unternehmensbewertung im Wandel, WM

1999, 565; *Stürner,* Aktienrechtliches Spruchstellenverfahren und Insolvenz, FS für Uhlenbruck, 2000, S. 669; *Timm* (Hrsg.), Mißbräuchliches Aktionärsverhalten, 1990; *ders.,* Treuepflichten im Aktienrecht, WM 1991, 481; *Wiesen,* Der materielle Gesellschafterschutz: Abfindung und Spruchverfahren, ZGR 1990, 503.

Zu der geplanten Reform des Spruchverfahrens: *Bilda,* Zur Dauer der Spruchstellenverfahren, NZG 2000, 296; *Bork,* Zuständigkeitsprobleme im Spruchverfahren, ZIP 1998, 550; *ders.,* Gerichtszuständigkeit für Spruchverfahren, NZG 2002, 163; *Emmerich,* Das neue Spruchverfahrensgesetz, FS für Tilmann, 2003; *Hirte,* Informationsmängel und Spruchverfahren, ZHR 167 (2003), 8; *Lutter/Bezzenberger,* Für eine Reform des Spruchverfahrens, AG 2000, 433; *Neye,* Die Reform des Spruchverfahrens, NZG 2002, 23 = DStR 2002, 178; *ders.,* Auf dem Weg zu einem neuen Spruchverfahren, FS für Wiedemann 2000, 2002, S. 1127; *ders.,* Spruchverfahrensneuordnungsgesetz, ZIP 2002, 2079; Puszkajler, Diagnose und Therapie von aktienrechtlichen Spruchverfahren, ZIP 2003, 518.

Übersicht

I. Überblick

§ 306 regelt das gerichtliche Verfahren, in dem über die Anträge außenstehender Aktionäre auf Festsetzung des angemessenen Ausgleichs oder der angemessenen Abfindung nach den §§ 304 Abs. 4 und 305 Abs. 5 S. 2 zu entscheiden ist. § 306 gilt entsprechend in den Fällen der Eingliederung durch Mehrheitsbeschluß (§ 320) und des Ausschlusses von Minderheitsaktionären (§ 327 a), wenn ausgeschiedene Aktionäre eine Überprüfung der ihnen angebotenen Abfindung beantragen (§§ 320 b Abs. 2 S. 2 und 3, 327 f Abs. 1 S. 2 und 3). Eine weithin mit § 306 übereinstimmende Regelung findet sich ferner seit 1994 für Umwandlungsfälle in den §§ 305 bis 312 UmwG. Nach beiden Regelungen (§ 306 AktG und §§ 305 ff. UmwG) lösen die Anträge der außenstehenden Aktionäre ein eigenartiges Spruch- oder Spruchstellenverfahren aus (s. Rdnr. 1 a), bei dem es sich im Kern um ein **Streitverfahren der freiwilligen Gerichtsbarkeit** handelt, auf das in erster Linie die Vorschriften des AktG (§§ 306, 99) bzw. des UmwG (§§ 305 bis 312) und des FGG (§ 99

Abs. 1 AktG, § 307 Abs. 1 UmwG) sowie ergänzend die der ZPO anzuwenden sind, soweit nicht das AktG oder das UmwG und das FGG Sonderregelungen enthalten (s. Rdnr. 36 ff.). Für die Gerichtskosten gilt zusätzlich nach § 306 Abs. 7 die Kostenordnung von 1957 (ebenso § 312 UmwG).

1 a   Für dieses Verfahren hatte sich in den Jahren nach Inkrafttreten des AktG im Anschluß an das alte Umwandlungsgesetz von 1956 die **Bezeichnung „Spruchstellenverfahren"** eingebürgert, obwohl das AktG selbst diesen Begriff nicht verwendet.[1] Mit dem Umwandlungsgesetz von 1994 ging der Gesetzgeber jedoch zu der Bezeichnung **„Spruchverfahren"** über.[2] Auch das für den Sommer 2003 geplante Spruchverfahrensgesetz, das an die Stelle des § 306 treten soll (s. Rdnr. 6 a f.), verwendet nur noch den neuen Begriff „Spruchverfahren", der deshalb auch im folgenden durchgängig die bisherige Bezeichnung „Spruchstellenverfahren" ersetzen soll.

2   Zuständig für das Spruchverfahren ist nach bisherigem Recht ausschließlich das Landgericht, in dessen Bezirk die abhängige Gesellschaft ihren Sitz hat (§ 306 Abs. 1). Verfahrensbeteiligte sind neben den Antragstellern (§§ 304 Abs. 4, 305 Abs. 5 S. 4) bislang noch die sogenannten Folge- oder Anschlußantragsteller des § 306 Abs. 3 S. 2, die Vertragsparteien (§ 306 Abs. 4 S. 1) sowie im Regelfall ferner der gemeinsame Vertreter der nicht am Verfahren beteiligten außenstehenden Aktionäre (§ 306 Abs. 4 S. 2 bis 9). Ebenso ist die Rechtslage nach dem UmwG (§§ 306, 308).

3   Über die Anträge entscheidet das Landgericht durch begründeten Beschluß, gegen den die sofortige Beschwerde an das übergeordnete OLG stattfindet (§ 306 Abs. 2 iVm. § 99 Abs. 3 S. 1 und 2). Eine weitere Beschwerde zum BGH ist ausgeschlossen (§ 99 Abs. 3 S. 7). An ihre Stelle tritt das Vorlageverfahren nach § 28 Abs. 2 und 3 FGG (§ 99 Abs. 3 S. 6 AktG). Die rechtskräftige Entscheidung wirkt für und gegen jedermann (§ 306 Abs. 2 iVm. § 99 Abs. 5 S. 1 und 2 AktG) und gestaltet den Beherrschungs- oder Gewinnabführungsvertrag rückwirkend um, soweit das Gericht dem Antrag stattgibt (s. § 305 Rdnr. 86). Zustellung und Bekanntmachung der Entscheidung richten sich nach den Abs. 5 und 6 des § 306 (für das UmwG s. §§ 307 Abs. 5, 309 bis 311).

4   § 306 AktG ist erstmals durch das Umwandlungsrechtsbereinigungsgesetz von 1994 **geändert** worden. Hervorzuheben ist die Verweisung auf § 308 Abs. 3 UmwG in § 306 Abs. 4 S. 10 AktG, durch die die Position des gemeinsamen Vertreters der außenstehenden Aktionäre gestärkt wurde. In denselben Zusammenhang gehört die Einführung eines Vertragsberichts und der Vertragsprüfung durch die §§ 293 a und 293 b AktG von 1994, womit nicht zuletzt der Zweck verfolgt wurde, nachfolgende Spruchverfahren nach Möglichkeit zu entlasten (s. § 293 b Rdnr. 2, 4 und § 306 Rdnr. 37 f.). Dieses Ziel ist indessen bisher nicht erreicht worden.[3] Nach wie vor wird in ungefähr der Hälfte der in Betracht kommenden Fälle ein Spruchverfahren eingeleitet, in dem es meistens auch zu einer deutlichen Verbesserung von Ausgleich und Abfindung kommt.[4]

II. Reform

5   Der Ablauf der Spruchverfahren in der Praxis ist in letzter Zeit auf verbreitete **Kritik** gestoßen.[5] Gerügt wird in erster Linie die übermäßige *Dauer* der Verfahren. Verfahren, die zehn Jahre und mehr dauern, sind keine Seltenheit,[6] so daß 1999 das BVerfG Anlaß sah, auf

[1] *Geßler* BB 1975, 289 f.; *Seetzen* WM 1999, 565.
[2] S. die Überschrift zum 6. Buch des Umwandlungsgesetzes von 1994.
[3] Ebenso statt aller *Hüffer* Rdnr. 1.
[4] Quelle: MünchHdb. AG/*Krieger* § 70 Rdnr. 111 (S. 1068); *Lutter/Bezzenberger* AG 2000, 433; *Rühland* WM 2000, 1884.
[5] S. insbes. *Beyerle* ZGR 1977, 560; *ders.* BB 1978, 784; *Bilda* NZG 2000, 296; *Dörfler/Gahler/Unterstraßer/Wirichs* BB 1994, 156; *Emmerich/*

Sonnenschein/Habersack Konzernrecht § 22 VII (S. 353 f.); *H. N. Götz* DB 1996, 259; *Hecker/Wenger* ZBB 1995, 321; MünchHdb. AG/*Krieger* § 70 Rdnr. 111; *Lutter/Bezzenberger* AG 2000, 433; *Rühland* (vorige Fn.).
[6] Zusammenstellung der Dauer sämtlicher Spruchverfahren der letzten Jahre bei *Komp*, Zweifelsfragen des aktienrechtlichen Abfindungsanspruchs nach §§ 305, 320 b AktG, 2002, S. 472–477.

die sich aus dem Rechtsstaatprinzip ergebende Verpflichtung der Gerichte hinzuweisen, Spruchverfahren nach Möglichkeit zügig abzuwickeln.[7]

Weitere Probleme sind die hohen *Kosten* der Spruchverfahren und die nahezu vollständige **6** *Abhängigkeit* der Gerichte von den Sachverständigen, beides eine Folge des Umstandes, daß die Gerichte mit den erforderlichen Bewertungsgutachten nahezu ausschließlich (meistens ohnehin überlastete) Wirtschaftsprüfer beauftragen,[8] die aber immer seltener bereit sind, zu den niedrigen Sätzen des Zeugen- und Sachverständigenentschädigungsgesetzes (ZSEG) tätig zu werden.[9] Nicht unerwähnt bleiben darf im vorliegenden Zusammenhang schließlich noch die verbreitete Unsitte, die antragstellenden Aktionäre „auszukaufen", um sie zu einer Rücknahme ihrer Anträge zu bewegen. In diesem besonders dringlichen Punkt hat jedoch der Gesetzgeber bereits 1994 den Versuch unternommen, durch die Einfügung des § 308 Abs. 3 UmwG, auf den das AktG in § 306 Abs. 4 S. 10 Bezug nimmt, gegenzusteuern.[10]

Nicht zuletzt, um die genannten Mängel der bisherigen Spruchverfahrenspraxis **6 a** (Rdnr. 5 f.) wirksamer als bisher bekämpfen zu können, plant der Gesetzgeber, wie schon weiter oben im einzelnen ausgeführt (s. § 304 Rdnr. 83 a), eine Zusammenfassung der verstreuten Vorschriften über Spruchverfahren im AktG (§§ 306, 320 b Abs. 2 und 327 f Abs. 1) und im UmwG (§§ 306 ff.) in einem neuen **Spruchverfahrensgesetz (SpruchG),** das im Sommer 2003 in Kraft treten soll.[11] § 306 soll zugleich ebenso wie das ganze sechste Buch des UmwG (§§ 305 bis 312) ersatzlos gestrichen werden.[12]

Soweit nach dem RegE des SpruchG abzusehen, werden sich die mit diesem Gesetz **6 b** verbundenen sachlichen **Änderungen** in verhältnismäßig engen Grenzen halten. Als Neuerung hervorzuheben sind vor allem die verschiedenen Maßnahmen zur Beschleunigung der Spruchverfahren (s. die §§ 4 und 7 bis 10 SpruchGE), deren Kern eine deutlich verschärfte Verfahrensförderungspflicht der Beteiligten darstellt (§§ 9 und 10 SpruchGE), verbunden mit umfassenden Befugnissen des zuständigen Gerichts zur Vorbereitung der mündlichen Verhandlung (§ 7 SpruchGE). Im folgenden wird bei der Kommentierung des bisherigen § 306 in jedem Punkt zusätzlich auf die entsprechende, im SpruchGE geplante Regelung eingegangen werden. Auf weitere Änderungen, insbes. hinsichtlich der Antragsbefugnis der außenstehenden Aktionäre, der Antragsfrist, der Möglichkeit eines Vergleichsabschlusses im Spruchverfahren sowie hinsichtlich der gerichtlichen Entscheidung ist schon weiter oben eingegangen worden. Darauf kann verwiesen werden (s. § 304 Rdnr. 87 b, 88 a, 90 und 93 a).

III. Zuständigkeit

Die Zuständigkeit richtet sich bisher nach § 306 Abs. 1 iVm. § 132 Abs. 1 S. 2 bis 4 **7** AktG und § 306 Abs. 2 S. 2 und 3 UmwG. Zuständig ist danach in erster Instanz das **Landgericht,** in dessen Bezirk „die Gesellschaft" ihren Sitz hat (§ 306 Abs. 1 S. 1 iVm. § 5). Gemeint ist damit die abhängige Gesellschaft genauer: diejenige Gesellschaft, die jeweils die vertragstypischen Leistungen erbringt. Die Zuständigkeit des Landgerichts am Sitz dieser Gesellschaft ist eine ausschließliche; abweichende Vereinbarungen der Vertragsparteien sind nicht möglich.[13] Hat die Gesellschaft ausnahmsweise einen **Doppelsitz,** so

[7] BVerfG AG 1999, 370 = NZG 1999, 711 „Siemens/SNI" (ein Fall, in dem das Verfahren in der ersten Instanz schon seit sieben Jahren anhängig ist, ohne daß eine Entscheidung bisher ergangen wäre).
[8] Ursache ist in erster Linie die Regelung des § 293 d Abs. 1 S. 1 AktG iVm. § 319 Abs. 1 S. 1 HGB, wonach als Vertragsprüfer grundsätzlich nur Wirtschaftsprüfer in Betracht kommen (s. § 293 d Rdnr. 3 ff.).
[9] S. *Bilda* NZG 2000, 296, 300; *Seetzen* WM 1999, 565, 567 f.; *Lutter/Bezzenberger* AG 2000, 433, 437.
[10] S. die Begr. zum RegE des § 308 UmwG, BT-Drucks. 12 (1994)/6699, S. 170; dazu zuletzt *Bilda*

NZG 2000, 296, 297 f.; *Lutter/Bezzenberger* AG 2000, 433, 440 f.
[11] S. den RegE BR-Drucks. 827/02 = ZIP 2002, 2099 = NZG 2002 Beil. zu H. 24; BR-Drucks. 272/03; Abdruck § 306 Rdnr. 64; s. dazu zuletzt die Stellungnahme des Handelsrechtsausschusses des DAV ZIP 2003, 552; *Puszkajler* ZIP 2003, 518.
[12] S. Art. 2 Nr. 4 und Art. 4 Nr. 8 des geplanten Spruchverfahrensneuordnungsgesetzes, dessen Art. 1 das SpruchG bildet.
[13] *MünchKommAktG/Bilda* Rdnr. 8; *Hüchting* Abfindung S. 72; *J. Schmidt,* Außenstehende Aktionäre, S. 32.

kann sich daraus auch eine doppelte Zuständigkeit ergeben – mit der Folge möglicherweise konkurrierender Spruchverfahren. Dieselbe Situation kann in Fällen der **Mehrmütterorganschaft,** d.h. bei Abschluß von Organschaftsverträgen mit mehreren Müttern, sowie dann entstehen, wenn dieselbe herrschende Gesellschaft gleichzeitig mit mehreren abhängigen Gesellschaften übereinstimmende Verträge abgeschlossen hat. Anders aber, wenn nach Anfechtung des Zustimmungsbeschlusses (§ 293 Abs. 1) ein wirksamer Bestätigungsbeschluß nach § 244 ergeht, da in diesem Fall, wenn bereits ein Spruchverfahren nach dem ersten Zustimmungsbeschluß anhängig ist, kein Raum mehr für ein erneutes Verfahren im Anschluß an den Bestätigungsbeschluß ist.[14] Umstritten ist dagegen bisher die Behandlung der anderen genannten Fälle einer mehrfachen Zuständigkeit im Spruchverfahren.

7a   Es geht dabei vor allem um die Frage, ob hier Raum für die entsprechende Anwendung der **§§ 4 oder 5 FGG** ist.[15] Nach § 4 FGG gebührt unter mehreren zuständigen Gerichten demjenigen der Vorzug, das zuerst in derselben Sache tätig geworden ist. Die entsprechende Anwendbarkeit dieser Vorschrift in den hier interessierenden Fällen (Rdnr. 7) ist vor allem deshalb zweifelhaft, weil die verschiedenen konkurrierenden Spruchverfahren nicht denselben Streitgegenstand haben.[16] Statt dessen wird häufig auf § 5 FGG zurückgegriffen, nach dem bei Streit oder Ungewißheit über die Frage, welches von mehreren Gerichten örtlich zuständig ist, das zuständige Gericht durch das gemeinschaftliche obere Gericht oder durch das zuerst befaßte OLG bestimmt wird. Für die entsprechende Anwendbarkeit dieser Vorschrift jedenfalls auf Vorlage eines der Landgerichte, bei denen die konkurrierenden Spruchverfahren anhängig sind, hat sich vor allem wiederholt das BayObLG eingesetzt,[17] ist damit aber auf Widerspruch bei anderen Gerichten gestoßen.[18] Durch das geplante SpruchG soll deshalb die Frage ausdrücklich geregelt werden (s. § 2 Abs. 1 S. 1 und 2 SpruchGE iVm. §§ 4 und 5 FGG und dazu Rdnr. 8b).

8   Besteht bei dem Landgericht eine **Kammer für Handelssachen,** so tritt die letztere an die Stelle der Zivilkammer (§ 132 Abs. 1 S. 2). Auch diese Zuständigkeit ist eine ausschließliche, so daß ein bei einer Zivilkammer anhängiges Verfahren an die Kammer für Handelssachen zu verweisen ist.[19] § 98 GVG findet keine Anwendung. In den in § 306 Abs. 2 S. 2 und 3 UmwG genannten Fällen entscheidet an Stelle der ganzen Kammer der *Vorsitzende* (§ 306 Abs. 1 S. 2).

8a   Die geschilderte Regelung (Rdnr. 8) findet keine Anwendung, wenn bei dem betreffenden Landgericht keine Kammer für Handelssachen besteht, so daß dann die Zivilkammer zuständig ist.[20] Nach § 306 Abs. 1 S. 2 iVm. § 132 Abs. 1 S. 3 und 4 können die Landesregierungen schließlich die Entscheidung über die Anträge der außenstehenden Aktionäre im Spruchverfahren durch Rechtsverordnung für die Bezirke mehrerer Landgerichte einem der Landgerichte übertragen. Hiervon haben bisher, soweit ersichtlich, Baden-Württemberg,[21] Bayern,[22] Hessen,[23] Niedersachsen,[24] Nordrhein-Westphalen,[25] Sachsen[26] und Mecklenburg-Vorpommern[27] Gebrauch gemacht.

[14] LG München I AG 2000, 330 = NJW-RR 2000, 1483 „Rieter Ingolstadt" (Einwand der Rechtshängigkeit).
[15] S. dazu im einzelnen *Bork* ZIP 1998, 550; *ders.* NZG 2002, 163; *Neye,* FS für Wiedemann, 2000, S. 87.
[16] Anders aber LG Dortmund AG 2000, 48 = NZG 1999, 1175 „Krupp/Thyssen".
[17] Grdlg. BayObLGZ 2001, 285, 287ff. = AG 2002, 395 = NZG 2002, 96 „Degussa"; BayObLG ZIP 2002, 671 = NZG 2002, 840; NZG 2002, 981.
[18] OLG Frankfurt NJW-RR 2002, 1611 = ZIP 2002, 1950; ebenso *Bork* (Fn. 15).
[19] Heute allg. Meinung: MünchKommAktG/ *Bilda* Rdnr. 9; *Hüffer* Rdnr. 3; *Koppensteiner* in Kölner Kommentar Rdnr. 5; MünchHdb. AG/*Krieger* § 70 Rdnr. 83.

[20] MünchHdb. AG/*Krieger* § 70 Rdnr. 112.
[21] Verordnung vom 10. 10. 1967, GBl. 1967 S. 218 (LG Mannheim und LG Stuttgart).
[22] Verordnung vom 2. 2. 1988, GVBl. 1988 S. 6 (LG München I und LG Nürnberg-Fürth).
[23] Verordnung vom 8. 5. 1995, GVBl. 1995 I S. 216 (LG Frankfurt).
[24] Verordnung vom 28. 5. 1996, GVBl. 1996 S. 283 (LG Hannover).
[25] Verordnung vom 26. 11. 1996, GVBl. 1996 S. 518 (LG Dortmund, LG Düsseldorf und LG Köln).
[26] Verordnung vom 14. 7. 1994, GVBl. 1994 S. 1313 (LG Leipzig).
[27] LG Rostock.

In dem geplanten neuen **SpruchG** sollen die mit der ausschließlichen Zuständigkeit des **8 b** Landgerichts im Spruchverfahren zusammenhängenden Fragen in § 2 zusammengefaßt werden.[28] Sachliche Änderungen gegenüber dem bisherigen Rechtszustand sind damit nur in untergeordneten Punkten verbunden. Hervorzuheben ist lediglich die bereits erwähnte (s. Rdnr. 7 a) ausdrückliche Verweisung auf die §§ 4 und 5 FGG in Zweifelsfragen hinsichtlich der Zuständigkeit. Nach S. 2 des § 2 Abs. 1 SpruchGE soll **§ 4 FGG** entsprechend anzuwenden sein, wenn mehrere Landgerichte örtlich zuständig sind. S. 3 der Vorschrift fügt noch hinzu, daß im Fall des Streits oder der Ungewißheit über das zuständige Gericht (S. 2 des § 2 Abs. 1 SpruchGE) **§ 5 FGG** entsprechend anzuwenden ist. Bei S. 2 haben die Gesetzesverfasser die schon erwähnten Fälle eines Doppelsitzes der abhängigen Gesellschaft sowie des gleichzeitigen Abschlusses übereinstimmender Unternehmensverträge mit mehreren abhängigen Gesellschaften im Auge.[29] Als erstes Tätigwerden iSd. § 4 FGG soll dabei bereits die Zustellung der Anträge genügen.

IV. Antragsteller

Das AktG kennt bisher **zwei Gruppen** von Antragstellern. Die erste Gruppe wird von **9** denjenigen außenstehenden Aktionären gebildet, die durch ihre Anträge nach den §§ 304 Abs. 4 und 305 Abs. 5 S. 4 das Verfahren auslösen (s. § 304 Rdnr. 84 ff.), die zweite Gruppe von den Anschlußantragstellern des § 306 Abs. 3 S. 2 (Rdnr. 11 ff.). Allein der erste Antrag der zuerst genannten Gruppe von Antragstellern ist nach § 306 Abs. 3 S. 1 in den Gesellschaftsblättern der abhängigen Gesellschaft (§ 25) **bekannt zu machen** (ebenso § 307 Abs. 3 S. 1 UmwG). Spätere Anträge sind nur bekannt zu machen, wenn sie einen abweichenden Gegenstand haben.[30]

1. Rechtsschutzbedürfnis. Der Antrag muß zwar bislang nicht begründet werden **10** (s. § 304 Rdnr. 89), setzt jedoch wie jeder gerichtliche Antrag ein Rechtsschutzbedürfnis voraus.[31] Ein solches fehlt vor allem, wenn der Antrag nur gestellt wird, um sich anschließend dessen „Lästigkeitswert" vom herrschenden Unternehmen wieder „abkaufen" zu lassen.[32] In solchen **Mißbrauchsfällen** ist umstritten, ob der Antrag als unzulässig oder als unbegründet zurückzuweisen ist. Zutreffend dürfte die Zurückweisung als *unzulässig* sein, weil die Antragsbefugnis zu den Sachurteilsvoraussetzungen gehört, die in jedem Stadium des Verfahrens von Amts wegen zu prüfen sind.[33]

In der Praxis haben diese Fälle bislang keine Bedeutung erlangt, nicht zuletzt infolge **10 a** der Stärkung der Stellung des gemeinsamen Vertreters der außenstehenden Aktionäre aufgrund der Reform von 1994 (Rdnr. 6). Ebensowenig stellt schon für sich allein eine neue Antragstellung nach einer Änderung des Vertrages während des Spruchverfahrens einen Mißbrauch dar.[34] Unbedenklich ist unter den allgemeinen Voraussetzungen ferner eine Prozeß- oder genauer **Verfahrensstandschaft** im Spruchverfahren aufgrund ferner einer entsprechenden Ermächtigung eines außenstehenden Aktionärs bei Vorliegen eines legitimen Interesses, wofür schon die wirtschaftlichen Interessen von Eheleuten genügen.[35]

Die Bedeutung der genannten Mißbrauchsfälle dürfte nach Inkrafttreten des SpruchG **10 b** noch weiter zurückgehen, weil durch § 4 Abs. 2 S. 1 des Entwurfs erstmals eine **Begrün-**

---

[28] Text s. im Anh. zu § 306 Rdnr. 64.

[29] S. die Begr. zum RegE des § 2, BR-Drucks. 827/02, S. 22 f. = ZIP 2002, 2100; *Neye,* FS für Widmann, 2000, S. 87, 94 ff.

[30] *Krieger* in Lutter UmwG § 307 Rdnr. 6; *Meister/Klöcker* in Kallmeyer UmwG § 307 Rdnr. 10; zur geplanten Reform s. Rdnr. 14 a.

[31] *Krieger* in Lutter UmwG § 307 Rdnr. 6; *Meister/Klöcker* in Kallmeyer UmwG § 307 Rdnr. 10; zur geplanten Reform s. Rdnr. 14 a.

[32] S. MünchKommAktG/*Bilda* Rdnr. 68 ff.; *Hüffer* Rdnr. 7, 9; MünchHdb. AG/*Krieger* § 70 Rdnr. 114.

[33] S. *M. Schulenberg* AG 1998, 74 ff.; anders *Hüffer* Rdnr. 8.

[34] BVerfG NJW 1992, 2076 = AG 1991, 428 f. gegen OLG Celle AG 1986, 141, 142 m. abl. Anm. *Th. Schubert;* ebenso im Ergebnis LG München I AG 2001, 318 = DB 2000, 1217 „Bayerische Brau Holding".

[35] OLG Stuttgart AG 2002, 353, 354 f. „Schloßgartenbau AG".

dung des Antrags vorgeschrieben werden soll. § 4 Abs. 2 S. 2 SpruchGE zählt zu diesem Zweck einen Katalog von Mindestangaben auf, bei deren Fehlen der Antrag unzulässig ist; außerdem soll der Antragsteller in dem Antrag die Zahl der von ihm gehaltenen Aktien angeben, um die Berechnung des Geschäfts- und Gebührenwerts zu erleichtern (§ 4 Abs. 2 S. 3 SpruchGE).[36]

11   **2. Anschlußantragsteller. a) Frist.** Nach § 306 Abs. 3 S. 2 können bisher außenstehende Aktionäre noch binnen einer Frist von zwei Monaten nach der Bekanntmachung der Anträge des ersten Antragstellers (Rdnr. 9) eigene Anträge stellen (ebenso § 307 Abs. 3 S. 2 UmwG). Dasselbe gilt (erst recht) vor Bekanntmachung des ersten Antrags.[37] Den außenstehenden Aktionären, die durch die etwaige Entscheidung im Spruchverfahren unmittelbar betroffen werden (s. § 99 Abs. 5 S. 2), soll auf diese Weise die Möglichkeit eröffnet werden, ihre Rechte in dem Verfahren selbst wahrzunehmen. Die Anschlußfrist beträgt zwei Monate und beginnt mit Bekanntmachung des das Verfahren auslösenden Antrags (§ 306 Abs. 3 S. 2), wofür § 10 Abs. 2 HGB entsprechend gilt.[38] Deshalb sind die außenstehenden Aktionäre in der Bekanntmachung auf die Anschlußmöglichkeit hinzuweisen (§ 306 Abs. 3 S. 3). Die Frist beginnt freilich auch zu laufen, wenn in der Bekanntmachung dieser Hinweis fehlt; einen Ausgleich bieten in solchem Fall lediglich Amtshaftungsansprüche nach § 839 BGB iVm. Art. 34 GG.[39] Die Frist ist eine Ausschlußfrist; bei ihrer Versäumung ist, da es sich um eine Verfahrensfrist handelt, eine Wiedereinsetzung in den vorigen Stand möglich.[40]

12   Erfolgt die Bekanntmachung erst, nachdem der das Verfahren einleitende Antrag bereits wieder *zurückgenommen* worden ist, so ist die gleichwohl erfolgte Bekanntmachung (Rdnr. 9) an sich gegenstandslos. Sie eröffnete deshalb nach bisher hM anderen außenstehenden Aktionären fortan nicht mehr die Möglichkeit einer eigenen Antragstellung.[41] Indessen ist seit der Aufwertung der Rechtsstellung des gemeinsamen Vertreters der außenstehenden Aktionäre durch die Novelle von 1994 zweifelhaft, ob an dieser Meinung noch festgehalten werden kann, sofern man mit einer im Vordringen begriffenen Meinung annimmt, daß auch noch nach Rücknahme der ursprünglichen Anträge die Bestellung des gemeinsamen Vertreters aufgrund des § 306 Abs. 4 S. 10 AktG iVm. § 308 Abs. 3 UmwG möglich ist (s. Rdnr. 19). Folgt man dieser Auffassung, so ist es nur folgerichtig anzunehmen, daß nach wie vor ein Verfahren anhängig ist, an dem sich dann auch andere außenstehende Aktionäre im Wege des Anschlußantrags beteiligen können.[42]

13   **b) Rechtsstellung.** Die Anschlußantragsteller sind in jeder Hinsicht selbständige Verfahrensbeteiligte, so daß sie auch für sich antrags- und beschwerdebefugt sind.[43] Nach überwiegender Meinung ist es ihnen lediglich verwehrt, den Verfahrensgegenstand zu erweitern. Betreffen die ursprünglichen Anträge zB nur die Festsetzung des angemessenen Ausgleichs nach § 304, so können die Anschußantragsteller nicht auch die Festsetzung der angemessenen Abfindung nach § 305 beantragen.[44] Dieser Rechtssatz läßt sich indessen nicht auf den Fall übertragen, daß die ursprünglichen Antragsteller einer bestimmten Aktiengattung angehören; außenstehende Aktionäre einer anderen Aktiengattung werden dadurch nicht an Folgeanträgen gehindert.[45]

[36] S. dazu die Begr. zum RegE § 4, BR-Drucks. 827/02, S. 24 = ZIP 2002, 2100 f. sowie § 304 Rdnr. 87 h, 88 a f.

[37] OLG Düsseldorf AG 1986, 293, 294 = ZIP 1986, 778.

[38] MünchKommAktG/*Bilda* Rdnr. 62; *Hüffer* Rdnr. 11; *Koppensteiner* in Kölner Kommentar Rdnr. 8.

[39] MünchKommAktG/*Bilda* Rdnr. 62; *Koppensteiner* in Kölner Kommentar Rdnr. 8; *Krieger* in Lutter UmwG § 307 Rdnr. 9; *J. Schmidt*, Außenstehende Aktionäre, S. 33.

[40] OLG Düsseldorf AG 1993, 39 f.; MünchHdb. AG/*Krieger* § 70 Rdnr. 119.

[41] MünchKommAktG/*Bilda* Rdnr. 66.

[42] MünchHdb. AG/*Krieger* § 70 Rdnr. 118 f., 121 (S. 1070 f., 1072); *ders.* in Lutter UmwG § 307 Rdnr. 8; *Meister/Klöcker* in Kallmeyer UmwG § 307 Rdnr. 11.

[43] *Hüffer* Rdnr. 11.

[44] *Koppensteiner* in Kölner Kommentar Rdnr. 8; MünchHdb. AG/*Krieger* 70 Rdnr. 119; *J. Schmidt*, Außenstehende Aktionäre, S. 33.

[45] *Krieger* (vorige Fn.).

Als selbständige Verfahrensbeteiligte sind die Anschlußantragsteller nicht gehindert, ihre **14** Anträge weiter zu verfolgen, auch wenn die ursprünglichen Antragsteller ihre Anträge *zurücknehmen* (Rdnr. 15).[46] Dies gilt selbst dann, wenn sie ihre Aktien erst nachträglich, d. h. nach Abschluß des Unternehmensvertrages erworben haben (§ 53 a).[47]

c) Reform. Durch das SpruchG soll die Antragsfrist auf drei Monate verlängert werden **14 a** (§ 4 Abs. 1 SpruchGE). Mit Rücksicht darauf soll auf der anderen Seite das Rechtsinstitut des Anschlußantragstellers ersatzlos gestrichen werden. Die weitere Folge ist, daß auch eine Bekanntmachung der Anträge entbehrlich wird, wovon man sich eine Beschleunigung der Spruchverfahren erhofft.[48]

3. Antragsrücknahme. Ebenso wie die Einleitung eines Spruchverfahrens der Disposi- **15** tionsmaxime unterliegt, gilt dies auch für dessen Durchführung. Die Antragsteller können daher jederzeit ihre Anträge zurücknehmen, so daß das Verfahren beendet wird (vgl. § 306 Abs. 7 S. 4).[49] Dies kann auch noch in der Beschwerdeinstanz geschehen.[50] Voraussetzung der Verfahrensbeendigung ist jedoch, daß tatsächlich *alle* Anträge zurückgenommen werden, auch die etwaiger Anschlußantragsteller. Nicht erforderlich ist dagegen die Einwilligung der anderen Verfahrensbeteiligten, namentlich der Vertragsparteien; § 269 ZPO findet ebensowenig Anwendung[51] wie im zweiten Rechtszug § 516 ZPO.[52] Unberührt bleibt aber seit 1995 das Recht des gemeinsamen Vertreters der außenstehenden Aktionäre, das Verfahren gegebenenfalls selbständig weiter zu betreiben (§ 306 Abs. 4 S. 10 AktG iVm. § 308 Abs. 3 UmwG; s. Rdnr. 28 f.). Eine Verfahrensbeendigung durch gerichtlichen **Vergleich** ist nach überwiegender Meinung bisher nicht möglich (s. § 304 Rdnr. 90). Deshalb soll durch das SpruchG ausdrücklich die Möglichkeit einer „echten" Beendigung des Verfahrens durch Vergleich („gütliche Einigung") nach dem Vorbild des § 53 a FGG in § 11 Abs. 2 des Entwurfs vorgesehen werden.[53]

V. Sonstige Verfahrensbeteiligte

1. Vertragsparteien. An dem Spruchverfahren sind außer den Antragstellern (Rd- **16** nr. 9 ff.) weiter die Parteien des Beherrschungs- oder Gewinnabführungsvertrages beteiligt, da es in dem Verfahren der Sache nach um *ihre* Verpflichtungen geht.[54] Das Gesetz bringt dies dadurch zum Ausdruck, daß nach § 306 Abs. 4 S. 1 in dem Verfahren die Vertragsparteien vom Gericht zu hören sind. Im Ergebnis erlangt dadurch in dem Streitverfahren jedenfalls das herrschende Unternehmen die Stellung eines Antragsgegners.[55] Materiell beteiligt sein können ferner solche Unternehmen, die durch die Entscheidung in ihren Rechten und Pflichten unmittelbar betroffen werden, zB in mehrstufigen Unternehmensverbindungen die Konzernobergesellschaft, die die Leistungen des anderen Vertragsteils aus dem Beherrschungs- oder Gewinnabführungsvertrag garantiert.[56] Am Verfahren sind schließlich noch ein dem Unternehmensvertrag beitretendes Unternehmen[57] sowie im Regelfall der gemeinsame Vertreter beteiligt (Rdnr. 17 ff.). Durch das **SpruchG** soll im

---

[46] BGH AG 1986, 291, 292; OLG Celle AG 1986, 293 f.; OLG Düsseldorf AG 1993, 39, 40.

[47] OLG Frankfurt AG 1990, 393; OLG Düsseldorf AG 1990, 396.

[48] S. die Begr. zum RegE des § 4, BR-Drucks. 827/02, S. 23 f. = ZIP 2002, 2100.

[49] KG OLGZ 1972, 64, 66 = NJW 1971, 2270; OLGZ 1974, 430, 432 = WM 1974, 1121; OLG Düsseldorf AG 1986, 293 = ZIP 1986, 778; MünchKommAktG/*Bilda* Rdnr. 35; *Hüffer* Rdnr. 6, 16; MünchHdb. AG/*Krieger* § 70 Rdnr. 114; *ders.* in Lutter UmwG § 307 Rdnr. 4.

[50] KG OLGZ 1972, 64 ff. = NJW 1971, 2270; BayObLG AG 2001, 592, 593 „Philips"; *Hüchting* Abfindung S. 82.

[51] MünchKommAktG/*Bilda* Rdnr. 35; *Hüffer* Rdnr. 6; *Krieger* (Fn. 49); *Meister/Klöcker* in Kallmeyer UmwG § 307 Rdnr. 17.

[52] BayObLG AG 2001, 592, 593 „Philips".

[53] S. die Begr. zum RegE des § 11, ZIP 2002, 2104; zu der Rechtslage bei Erledigungserklärungen der Beteiligten s. Rdnr. 43.

[54] *Hüffer* Rdnr. 12; *Koppensteiner* in Kölner Kommentar Rdnr. 15; *J. Schmidt,* Außenstehende Aktionäre, S. 57; im einzelnen str.

[55] Ebenso OLG Düsseldorf AG 1992, 200, 201; MünchKommAktG/*Bilda* Rdnr. 52.

[56] OLG Düsseldorf (vorige Fn.).

[57] S. BGHZ 119, 1, 9 f. = LM AktG § 131 Nr. 3 = NJW 1992, 2760 = AG 1992, 450, 452 „Asea/BBC I".

Anschluß an die geschilderte Rechtslage erstmals ausdrücklich klargestellt werden, daß der Antrag im Falle des § 304 wie in dem des § 305 gegen den anderen Vertragsteil, das herrschende Unternehmen, zu richten ist (§ 5 Nr. 1 des Entwurfs).[58]

2. Der gemeinsame Vertreter.

Schrifttum: MünchKommAktG/*Bilda* Rdnr. 77–100; *Emmerich/Sonnenschein/Habersack* Konzernrecht § 22 VI 2b (S. 350f.); *Geßler* BB 1975, 289; *Hüffer* Rdnr. 13–17; *Koppensteiner* in Kölner Kommentar Rdnr. 9–14; *Kley/Lehmann* BB 1973, 1076; MünchHdb. AG/*Krieger* § 70 Rdnr. 120–124 (S. 1071 ff.); *ders.* in Lutter UmwG § 308 (S. 2634 ff.); *Lentfer* BB 1998, 655; *H. Meilike/W. Meilike* ZGR 1974, 296; *Meister/Klöcker* in Kallmeyer UmwG § 308 (S. 1005 ff.); *Pentz* DB 1993, 621; *Rowedder*, FS für Rittner, 1991, S. 509; *Stürner*, FS für Uhlenbruck, 2000, S. 669.

17   Als regelmäßigen Verfahrensbeteiligten hat das AktG in § 306 Abs. 4 S. 2 bis 10 ferner den gemeinsamen Vertreter derjenigen außenstehenden Aktionäre eingeführt, die sich nicht am Verfahren beteiligt haben, auch nicht durch Anschlußantrag nach § 306 Abs. 3 S. 2. Eine mit § 306 Abs. 4 S. 2 bis 10 AktG weithin übereinstimmende Regelung findet sich seit 1994 in § 308 UmwG. Das Rechtsinstitut des gemeinsamen Vertreters stammt aus dem alten Umwandlungsrecht. In das aktienrechtliche Spruchverfahren wurde die Figur in erster Linie übernommen, um sicherzustellen, daß die nicht am Verfahren beteiligten außenstehenden Aktionäre, die von einer etwaigen Entscheidung in dem Verfahren letztlich ebenso wie die Antragsteller betroffen werden (s. § 99 Abs. 5 S. 1 und 2), rechtliches Gehör erhalten.[59] Aus denselben Gründen will auch das geplante SpruchG an dem gemeinsamen Vertreter festhalten (s. § 6 SpruchGE), obwohl der praktische Nutzen dieses Rechtsinstituts bislang überwiegend gering veranschlagt wurde.[60]

18   a) **Bestellung.** Die Bestellung des gemeinsamen Vertreters der nicht am Verfahren beteiligten außenstehenden Aktionäre obliegt dem Gericht unverzüglich, spätestens nach Ablauf der Frist des § 306 Abs. 3 S. 2 von Amts wegen ohne Bindung an Anträge der Beteiligten (§ 306 Abs. 4 S. 2). Ist die Kammer für Handelssachen zuständig, so entscheidet der Vorsitzende allein (§ 306 Abs. 1 S. 2 AktG iVm. § 306 Abs. 2 Nr. 5 UmwG). Vor der Bestellung hat das Gericht zu prüfen, ob überhaupt außenstehende Aktionäre vorhanden sind, weil andernfalls für die Bestellung eines gemeinsamen Vertreters kein Raum ist.[61] Die Bestellung durch das Landgericht wirkt grundsätzlich auch für die zweite Instanz.[62]

19   Betrifft das Verfahren gleichzeitig die Festsetzung des angemessenen Ausgleichs *und* der angemessenen Abfindung, so muß das Gericht für beide Anträge **je einen** gemeinsamen Vertreter der außenstehenden Aktionäre bestellen (§ 306 Abs. 4 S. 3), um möglichen Interessenkollisionen vorzubeugen. Hingegen nötigt das Vorhandensein verschiedener Aktiengattungen das Gericht nicht zur Bestellung weiterer Vertreter, etwa für jede Aktiengattung gesondert.[63]

20   Unklar ist die Rechtslage, wenn im Falle der jederzeit möglichen **Rücknahme der Anträge** der Antragsteller (Rdnr. 15) die Bestellung des gemeinsamen Vertreters noch nicht abgeschlossen ist. In solchen Fällen wurde früher meistens angenommen, daß die Bestellung gegenstandslos geworden sei, da sich das Verfahren mit Rücknahme der Anträge der Antragsteller erledigt habe. Seit 1994 kann hieran indessen mit Rücksicht auf § 308 Abs. 3 UmwG iVm. § 306 Abs. 4 S. 10 AktG nicht mehr festgehalten werden; vielmehr ist auch noch in einem solchen Fall der gemeinsame Vertreter vom Gericht von Amts wegen zu bestellen,

---

[58] S. dazu die Begr. zum RegE § 5, BR-Drucks. 827/02, S. 24 = ZIP 2002, 2101.

[59] BayObLGZ 1991, 358, 359 = AG 1992, 59, 60; *J. Schmidt*, Außenstehende Aktionäre, S. 51.

[60] *Hoffmann-Becking* ZGR 1990, 482, 500; *Wiesen* ZGR 1990, 503, 509; anders *Lutter/Bezzenberger* AG 2000, 433, 440 f.; zu den geplanten Änderungen durch § 6 SpruchGE s. Rdnr. 35 a.

[61] MünchKommAktG/*Bilda* Rdnr. 78; *Hüffer* Rdnr. 13.

[62] BayObLGZ 1991, 358, 359 = AG 1992, 59, 60.

[63] MünchKommAktG/*Bilda* Rdnr. 82; *Koppensteiner* in Kölner Kommentar Rdnr. 9; MünchHdb. AG/*Krieger* § 70 Rdnr. 120; *J. Schmidt*, Außenstehende Aktionäre, S. 55.

weil nur so der mit der Neuregelung verfolgte Zweck (Schutz der außenstehenden Aktionäre gegen das „Auskaufen" der Antragsteller) erreicht werden kann.[64]

Vor der Bestellung des gemeinsamen Vertreters muß das Gericht die Beteiligten **21** anhören.[65] In der **Auswahl** und der Bestellung des gemeinsamen Vertreters, die von Amts wegen zu erfolgen haben, ist es jedoch frei. In der Regel werden Rechtsanwälte oder Steuerberater mit dieser Aufgabe betraut. Das Gericht kann den gemeinsamen Vertreter ferner jederzeit wieder *abberufen*, wenn er sich als ungeeignet erweist oder sonst ein wichtiger Grund für seine Abberufung vorliegt, zB die Notwendigkeit für seine Bestellung (Rdnr. 22) endgültig entfallen ist (s. § 306 Abs. 4 S. 4).[66]

Die Bestellung kann nach § 306 Abs. 4 S. 4 (nur) **unterbleiben,** wenn die Wahrung der **22** Rechte der nicht am Verfahren beteiligten außenstehenden Aktionäre auf andere Weise sichergestellt ist. Dies kommt nur in Ausnahmefällen in Betracht, etwa, wenn und solange sich das Verfahren auf bloße Verfahrensfragen beschränkt, wenn ausschließlich über Rechtsfragen gestritten wird oder wenn sämtliche außenstehenden Aktionäre die Antragsteller mit der Vertretung ihrer Rechte beauftragt oder auf die Bestellung eines gemeinsamen Vertreters verzichtet haben.[67] Nicht ausreichend für den Verzicht auf die Bestellung eines gemeinsamen Vertreters sind dagegen das (angeblich) fehlende Interesse der außenstehenden Aktionäre an dem Verfahren, der fehlende Interessengegensatz zwischen den Antragstellern und den außenstehenden Aktionären oder die Zusage des herrschenden Unternehmens, die Ergebnisse des Verfahrens auch den außenstehenden Aktionären zugute kommen zu lassen (s. § 99 Abs. 5 S. 2). Umstritten ist die Rechtslage lediglich im Fall der Beteiligung einer Aktionärsschutzvereinigung.[68]

b) Beschwerde. Die Beschwerde gegen den Beschluß, durch den das Landgericht einen **23** gemeinsamen Vertreter bestellt oder seine Bestellung abgelehnt hat, richtet sich nach den §§ 20 und 21 FGG. Ein Fall des § 306 Abs. 2 iVm. § 99 Abs. 3 S. 2 AktG liegt nicht vor, so daß es sich um eine *einfache* Beschwerde handelt, die auf neue Beweise und Tatsachen gestützt werden kann (§ 23 FGG). Beschwerdebefugt sind gemäß § 20 Abs. 1 FGG nur die am Verfahren *nicht* beteiligten außenstehenden Aktionäre sowie die abhängige Gesellschaft, die letztere mit Rücksicht auf § 306 Abs. 4 S. 6.[69] **Kein** Beschwerderecht steht dagegen dem herrschenden Unternehmen[70] sowie den am Verfahren beteiligten außenstehenden Aktionären zu, weil ihre Rechte durch die Bestellung oder die Unterlassung der Bestellung eines gemeinsamen Vertreters nicht beeinträchtigt werden können.[71] Die Beschwerde ist begründet, wenn das Landgericht zu Unrecht von der Bestellung eines gemeinsamen Vertreters abgesehen hat oder wenn es bei dessen Auswahl oder Abberufung sein Ermessen verletzt hat.[72]

Wenn der gemeinsame Vertreter vom Gericht **abberufen** wird (Rdnr. 21), steht ihm **24** dagegen ebenso wie den anderen außenstehenden Aktionären die einfache (str.) Beschwerde

---

[64] MünchHdb. AG/*Krieger* § 70 Rdnr. 121; *ders.* in Lutter UmwG § 308 Rdnr. 5; *Meister/Klöcker* in Kallmeyer UmwG § 308 Rdnr. 9; anders Münch-KommAktG/*Bilda* Rdnr. 80.

[65] *Meister/Klöcker* in Kallmeyer UmwG § 308 Rdnr. 11.

[66] BayObLGZ 1991, 358, 360 = AG 1992, 59, 60; MünchKommAktG/*Bilda* Rdnr. 88 ff.; *Krieger* in Lutter UmwG § 308 Rdnr. 8; *Meister/Klöcker* in Kallmeyer UmwG § 308 Rdnr. 16 ff.; *J. Schmidt,* Außenstehende Aktionäre, S. 52; zur Beschwerde s. Rdnr. 24.

[67] S. BayObLGZ 1991, 358, 359 f. = AG 1992, 59, 60; OLG Düsseldorf OLGZ 1971, 279, 281 f. = AG 1971, 121; OLG Frankfurt NJW 1972, 641, 644; MünchKommAktG/*Bilda* Rdnr. 81; *Hüffer* Rdnr. 13; *Koppensteiner* in Kölner Kommentar Rdnr. 12; MünchHdb. AG/*Krieger* § 70 Rdnr. 120; *ders.* in Lutter UmwG § 308 Rdnr. 4; *Meister/Klök-*

ker in Kallmeyer UmwG § 308 Rdnr. 6; *J. Schmid,* Außenstehende Aktionäre, S. 54 f.

[68] Für die Entbehrlichkeit der Bestellung des gemeinsamen Vertreters dann BayObLGZ 1991, 359 = AG 1992, 59, 60; dagegen die hM.

[69] OLG Düsseldorf OLGZ 1971, 279, 280 f. = AG 1971, 121; BayObLGZ 1975, 305, 307 f. = AG 1975, 276; KG OLGZ 1972, 146, 147 f. = AG 1972, 50 = DB 1972, 38; MünchKommAktG/*Bilda* Rdnr. 86 f.; *Hüffer* Rdnr. 14; *Koppensteiner* in Kölner Kommentar Rdnr. 10; MünchHdb. AG/*Krieger* § 70 Rdnr. 122; *ders.* in Lutter UmwG § 308 Rdnr. 7; *J. Schmid,* Außenstehende Aktionäre, S. 53; aA (sofortige Beschwerde) *Meister/Klöcker* in Kallmeyer UmwG § 308 Rdnr. 15.

[70] KG OLGZ 1972, 146, 148 f. = AG 1972, 50.

[71] BayObLGZ 1975, 305, 307 f. = AG 1975, 276 f.

[72] BayObLG (vorige Fn.).

zu. Hat ein am Verfahren Beteiligter vergeblich die Abberufung des gemeinsamen Vertreters beantragt, so ist er gleichfalls beschwerdeberechtigt.[73]

25 **c) Rechtsstellung. aa) Gesetzlicher Vertreter.** Der gemeinsame Vertreter hat nach § 306 Abs. 4 S. 2 AktG (ebenso wie nach § 308 Abs. 1 S. 1 UmwG) die Aufgabe, die Rechte der nicht am Verfahren beteiligten (**anderen**) außenstehenden Aktionäre in dem anhängigen Spruchverfahren zu wahren. Damit er diese Aufgabe erfüllen kann, hat ihm das AktG in § 306 Abs. 4 S. 2 die Stellung eines gesetzlichen Vertreters dieser Aktionäre eingeräumt, so daß er verpflichtet ist, in dem anhängigen Verfahren und im Rahmen der von den Antragstellern gestellten Anträge alles zu tun, damit die legitimen Interessen der am Verfahren nicht beteiligten außenstehenden Aktionäre im vollem Umfang „gewahrt", d. h. bei der Entscheidung des Gerichts beachtet werden. Er ist hierbei – als gesetzlicher Vertreter der anderen außenstehenden Aktionäre – nicht an Weisungen gebunden, sondern handelt nach pflichtgemäßem Ermessen.

26 **bb) Pflichten.** Nach überwiegender Meinung ist der gemeinsame Vertreter den außenstehenden Aktionären **schadensersatzpflichtig,** wenn er schuldhaft ihre Interessen verletzt (§§ 276, 280 Abs. 1, 675 Abs. 1 BGB),[74] während umstritten ist, ob er ihnen auch nach den §§ 675 Abs. 1 und 666 BGB **rechenschaftspflichtig** ist. Meistens wird diese Frage bisher mangels vertraglicher Beziehungen zwischen den Beteiligten verneint. Der gemeinsame Vertreter der außenstehenden Aktionäre besitzt außerdem nicht die Befugnis, Verpflichtungen zu Lasten dieser Aktionäre zu begründen.[75] Sie haften daher auch nicht für die ihm zustehende Vergütung und für den Ersatz seiner Kosten; ebensowenig sind sie ihm vorschußpflichtig (§§ 675 Abs. 1, 669, 670 BGB; § 306 Abs. 4 S. 6 AktG; s. Rdnr. 55, 32).

27 **cc) Rechte.** Der gemeinsame Vertreter hat als Verfahrensbeteiligter Anspruch auf rechtliches Gehör und kann **Anträge stellen.** Außerdem hat er das Recht zur Mitwirkung bei der Beweisaufnahme.[76] Überwiegend wird ihm auch das Recht zugebilligt, außergerichtlich einen **Vergleich** mit den Vertragsparteien abzuschließen, wenn dies nach seinem pflichtgemäßen Ermessen im Interesse der von ihm vertretenen außenstehenden Aktionäre liegt, etwa, damit sie schneller in den Genuß einer erhöhten Abfindung oder eines erhöhten Ausgleichs gelangen.[77] In der Praxis wurde die sich daraus ergebende Rechtsstellung der anderen außenstehenden Aktionäre früher gelegentlich mit der Rechtsstellung streitgenössischer Nebenintervenienten verglichen (§§ 69 ff. ZPO).[78]

28 **dd) Nach Rücknahme der Anträge.** Nach früher hM hatte der gemeinsame Vertreter **nicht** das Recht, das Verfahren auch noch nach Rücknahme der Anträge der am Verfahren beteiligten außenstehenden Aktionäre (Rdnr. 15) selbständig **weiterzubetreiben.** Die mißliche Folge war, daß die Antragsteller einschließlich der Anschlußantragsteller des § 306 Abs. 3 S. 2 seiner Tätigkeit jederzeit durch Antragsrücknahme *ohne* seine Mitwirkung den Boden entziehen konnten, insbes., wenn sie sich zuvor außergerichtlich mit dem herrschenden Unternehmen geeinigt hatten.[79] Vor allem in dieser Praxis hatte man den Grund

---

[73] MünchKommAktG/*Bilda* Rdnr. 90; *Krieger* in Lutter UmwG § 308 Rdnr. 8; *Meister/Klöcker* in Kallmeyer UmwG § 308 Rdnr. 19.
[74] *Krieger* in Lutter UmwG § 308 Rdnr. 9; *Meister/Klöcker* in Kallmeyer UmwG § 308 Rdnr. 20.
[75] S. MünchKommAktG/*Bilda* Rdnr. 92; *Hüffer* Rdnr. 15; *Koppensteiner* in Kölner Kommentar Rdnr. 14; *J. Schmidt,* Außenstehende Aktionäre, S. 56.
[76] BVerfG NJW 1992, 2076 = AG 1991, 428, 429.
[77] So schon die Begr. zum RegE des § 308 UmwG, BT-Drucks. 12 (1994)/6699, S. 170 (r. Sp. o.); MünchKommAktG/*Bilda* Rdnr. 92; *Meister/Klöcker* in Kallmeyer UmwG § 308 Rdnr. 22.

[78] BVerfG NJW 1992, 2076 = AG 1991, 428, 429; BGH AG 1999, 181 = DB 1999, 272 = NZG 1999, 346; BayObLGZ 1991, 235, 239 = AG 1991, 356; BayObLGZ 1992, 91, 94 f. = AG 1992, 266, 267; KG OLGZ 1974, 430, 431 ff. = WM 1994, 1121; kritisch OLG Düsseldorf AG 2000, 77 „Guano"; *Pentz* Anm. NZG 1999, 346 f.; aufgegeben durch BayObLGZ 2002, 169, 176 = NZG 2002, 880; dagegen wie bisher die Begr. zum RegE des Art. 6 des geplanten Spruchverfahrensneuordnungsgesetzes, BR-Drucks. 827/02, S. 40 = ZIP 2002, 2108.
[79] BayObLGZ 1973, 106, 108 f.; 1975, 305, 307 ff.; 1979, 364 = AG 1981, 51, 52; BayObLGZ 1991, 235 = AG 1991, 356; BayObLGZ 1992, 91, 95 = AG 1992, 266, 267; OLG Düsseldorf AG

---

dafür zu suchen, daß die Stellung des gemeinsamen Vertreters in den Spruchverfahren früher ausgesprochen schwach blieb, so daß er die ihm vom Gesetzgeber zugedachte Aufgabe (Rdnr. 17, 25) in der Mehrzahl der Fälle kaum ausfüllen konnte.[80]

Um diesem Übelstand abzuhelfen, bestimmt das AktG seit 1994 in § 306 Abs. 4 S. 10 **29** iVm. § 308 Abs. 3 UmwG, daß der gemeinsame Vertreter das Verfahren auch nach Rücknahme des oder der Anträge der Antragsteller **weiterführen** kann (nicht muß), wobei er in diesem Fall einem (selbständigen) Antragsteller gleichsteht.[81] Die Folge ist vor allem, daß der gemeinsame Vertreter seitdem im Falle eines Vergleichsabschlusses zwischen dem herrschenden Unternehmen und den Antragstellern nicht mehr übergangen werden kann. Der Gesetzgeber wollte damit erreichen, daß die Vorteile aus einem solchen Vergleich auch den am Verfahren nicht beteiligten außenstehenden Aktionären zugute kommen, vorausgesetzt, daß sich der gemeinsame Vertreter nach pflichtgemäßem Ermessen dem Vergleich anschließt und nicht das Verfahren, wozu er jederzeit befugt ist, nach § 308 Abs. 3 UmwG iVm. § 306 Abs. 4 S. 10 AktG weiterbetreibt, etwa, weil er den Vergleich als nachteilig für die von ihm vertretenen außenstehenden Aktionäre ansieht.[82]

ee) Beschwerderecht. Im Anschluß an die geschilderte Neuregelung (Rdnr. 29) bedarf **30** ferner die hM der Überprüfung, die dem gemeinsamen Vertreter das selbständige Beschwerderecht verweigert, außer wenn er selbständig das Verfahren nach Antragsrücknahme aufgrund des § 306 Abs. 4 S. 10 AktG iVm. § 308 Abs. 3 UmwG weiterbetreibt.[83] Wenn ihm das Gesetz jetzt ausdrücklich die Rechtsstellung eines selbständigen Antragstellers im Fall der Rücknahme der anderen Anträge zubilligt (§ 306 Abs. 4 S. 10 AktG iVm. § 308 Abs. 3 S. 2 UmwG), steht nichts mehr im Wege, ihm außerdem ein eigenes Beschwerderecht nach § 20 Abs. 1 FGG einzuräumen (Rdnr. 50).[84]

d) Vergütung und Auslagen

Schrifttum: MünchKommAktG/*Bilda* Rdnr. 96–100; *Hüffer* Rdnr. 17; *Krieger* in Lutter UmwG § 308 Rdnr. 12 f.; *Lentfer* BB 1998, 655; *Meister/Klöcker* im Kallmeyer UmwG § 308 Rdnr. 27–32; *Pentz* DB 1993, 621; *J. Schmidt,* Außenstehende Aktionäre, S. 57 ff.

aa) Allgemeines. Der gemeinsame Vertreter kann von der abhängigen Gesellschaft den **31** Ersatz angemessener barer Auslagen sowie eine Vergütung für seine Tätigkeit verlangen (§ 306 Abs. 4 S. 6 AktG; ebenso § 308 Abs. 2 UmwG). Die Festsetzung der Vergütung und der Auslagen obliegt nach § 306 Abs. 4 S. 7 dem Landgericht, an dessen Stelle im zweiten Rechtszug das Beschwerdegericht tritt.[85] Entscheidet beim Landgericht die Kammer für Handelssachen, so ist für die Festsetzung der Vorsitzende allein zuständig (§ 306 Abs. 1 S. 2 AktG iVm. § 306 Abs. 2 Nr. 6 UmwG). Gegen die Festsetzung, die durch Beschluß erfolgt, steht dem gemeinsamen Vertreter ebenso wie der abhängigen Gesellschaft die sofortige Beschwerde zu (§ 13 a Abs. 3 FGG).[86]

1972, 248; 1992, 200, 202; KG OLGZ 1974, 430, 431 ff. = WM 1974, 1121; OLG Celle AG 1979, 230, 231; OLG Hamburg AG 1980, 163; *Koppensteiner* in Kölner Kommentar Rdnr. 13 f.

[80] S. die Kritik bei *Diekgräf* Sonderzahlungen S. 280 ff.; *Geßler* BB 1975, 289, 291 f.; *Hüchting* S. 82 f.; *Kropff* in 25 Jahre Aktiengesetz, S. 19, 42; *Rowedder,* FS für Rittner, S. 509; *J. Schmidt,* Außenstehende Aktionäre, S. 98 ff.

[81] S. die Begr. zum RegE des § 308 Abs. 3 UmwG, BT-Drucks. 12 (1994)/6699, S. 170; MünchKommAktG/*Bilda* Rdnr. 94; *Lutter/Bezzenberger* AG 2000, 433, 440 f.; kritisch dazu *Hüffer* Rdnr. 16.

[82] S. *Bilda* (vorige Fn.); *Hüffer* Rdnr. 16; Münch-Hdb. AG/*Krieger* § 70 Rdnr. 124; *ders.* in Lutter UmwG § 308 Rdnr. 11; *Meister/Klöcker* in Kallmeyer UmwG § 308 Rdnr. 22 ff.

[83] BayObLGZ 1991, 235, 236 ff. = AG 1991, 356, 357; BayObLGZ 1992, 91, 94 f. = AG 1992, 266, 267; KG OLGZ 1974, 430, 431 ff.; OLG Hamburg AG 1980, 163; *Hüffer* Rdnr. 19.

[84] Ebenso OLG Karlsruhe NJW-RR 1995, 354 = AG 1995, 139 = WM 1994, 2023 „SEN/KHS"; wohl auch BayObLG 2002, 169, 176 = NZG 2002, 880; MünchKommAktG/*Bilda* Rdnr. 118; *Diekgräf, Kropff* und *Rowedder* (Fn. 80); *Koppensteiner* in Kölner Kommentar Rdnr. 25; MünchHdb. AG/*Krieger* § 70 Rdnr. 93, 129.

[85] BayObLG AG 1996, 183; *Ammon* FGPrax 1998, 121, 124.

[86] MünchKommAktG/*Bilda* Rdnr. 96; Münch-Hdb. AG/*Krieger* § 70 Rdnr. 124; *ders.* in Lutter UmwG § 308 Rdnr. 13; *Meister/Klöcker* in Kallmeyer UmwG § 308 Rdnr. 31.

32   Verpflichtet ist in jedem Fall allein die „Gesellschaft" (§ 306 Abs. 4 S. 6), d. h. diejenige Gesellschaft, die die vertragstypischen Leistungen erbringt, in erster Linie also die abhängige Gesellschaft. Das herrschende Unternehmen trifft eine Haftung für die Ansprüche des gemeinsamen Vertreters nur im Rahmen des § 302. Keinerlei Ansprüche hat der gemeinsame Vertreter gegen die Staatskasse oder gegen die von ihm vertretenen, am Verfahren aber nicht beteiligten (anderen) außenstehenden Aktionäre.[87]

33   **bb) Vorschüsse.** Das zuständige Gericht (Rdnr. 31) kann der abhängigen Gesellschaft auf Verlangen des gemeinsamen Vertreters die Zahlung von Vorschüssen aufgeben (§ 306 Abs. 4 S. 8). Das gilt selbst in der Insolvenz der abhängigen Gesellschaft, so daß dann die Masse verpflichtet ist.[88] Die Festsetzung des Gerichts ist ein Vollstreckungstitel nach der ZPO (§ 306 Abs. 4 S. 9 AktG).

34   **cc) Auslagen.** Zu den angemessenen baren Auslagen, deren Ersatz der gemeinsame Vertreter nach § 306 Abs. 4 S. 6 AktG verlangen kann, gehören in erster Linie Porto-, Schreib- und Reisekosten sowie Übersetzungskosten, die Kosten eines von ihm eingeholten Privatgutachtens dagegen nur, wenn es zur zweckentsprechenden Rechtsverfolgung unerläßlich ist. Ist der gemeinsame Vertreter (ausnahmsweise) kein Rechtsanwalt, so darf er außerdem einen Rechtsanwalt beauftragen und kann dann Ersatz für dessen Honorar verlangen.[89]

35   **dd) Vergütung.** Der gemeinsame Vertreter hat ferner Anspruch auf eine Vergütung für seine Tätigkeit (§ 306 Abs. 4 S. 6). Die Berechnung dieser Vergütung ist umstritten.[90] Nach überwiegender Meinung ist, wenn als gemeinsamer Vertreter wie in der Regel ein Rechtsanwalt oder Steuerberater bestellt wird, bei der Bemessung ihrer Vergütung von den betreffenden Gebührenordnungen auszugehen, bei Rechtsanwälten mithin von **§ 118 BRAGO,** nach dem der Rechtsanwalt in sonstigen Angelegenheiten grundsätzlich fünf Zehntel bis zehn Zehntel der Geschäfts-, Besprechungs- und Beweisaufnahmegebühr erhält, wobei freilich meistens von einem deutlich niedrigeren Gebührenwert als dem gerichtlich festgesetzten Geschäftswert ausgegangen wird (s. Rdnr. 58).[91] Nach der Gegenmeinung, angeführt von dem BayObLG, bietet dagegen die Gebühr nach § 118 BRAGO nur einen *Anhalt* für die Vergütung des gemeinsamen Vertreters, die sich im übrigen nach dem Umfang seiner Verantwortung, der von ihm geleisteten Arbeit, deren Schwierigkeit sowie der Dauer des Verfahrens und der Verwertung seiner besonderen Kenntnisse richtet, wobei die Praxis häufig von einem fiktiven Geschäftswert ausgeht.[92] Der so ermittelte Betrag soll in der Regel auch die Mehrwertsteuer umfassen.[93]

35 a   Mit Rücksicht auf diese Kontroverse soll die Frage in dem geplanten **SpruchG** erstmals ausdrücklich geregelt werden. § 6 Abs. 2 S. 1 SpruchGE bestimmt deshalb, daß der gemeinsame Vertreter von dem Antragsgegner (s. § 5 des Entwurfs) in entsprechender Anwendung der BRAGO Ersatz seiner Auslagen und eine Vergütung verlangen kann, wobei das Gericht den für die Gerichtsgebühren maßgeblichen Geschäftswerts zugrunde zu legen hat (S. 2 aaO). Die Gesetzesverfasser gehen hierbei davon aus, daß als gemeinsame Vertreter in der

---

[87] *Hüffer* Rdnr. 17; *Krieger* in Lutter UmwG § 308 Rdnr. 12; *Meister/Klöcker* in Kallmeyer UmwG § 308 Rdnr. 27; s. Rdnr. 55.

[88] BayObLG ZIP 1998, 1876 f.; 1998, 1877; *Hüffer* (vorige Fn.); *Stürner,* FS für Uhlenbruck, S. 669.

[89] S. Rdnr. 57; MünchKommAktG/*Bilda* Rdnr. 97; *Krieger* in Lutter UmwG § 308 Rdnr. 12; *Meister/Klöcker* in Kallmeyer UmwG § 308 Rdnr. 28.

[90] S. zuletzt insbes. *Hüffer* Rdnr. 17; *Lentfer* BB 1998, 655; *Meister/Klöcker* in Kallmeyer UmwG § 308 Rdnr. 29 (S. 1011).

[91] OLG Celle WM 1974, 555; OLG Düsseldorf AG 1984, 294 ff. = DB 1984, 2188 „ATH/Rheinstahl"; OLG Hamburg AG 1980, 282; OLG Frank-

furt AG 1987, 47; KG AG 2001, 590; Münch-KommAktG/*Bilda* Rdnr. 98; *Hüffer* Rdnr. 17; MünchHdb. AG/*Krieger* § 70 Rdnr. 124; *ders.* in Lutter UmwG § 308 Rdnr. 12; *Meister/Klöcker* in Kallmeyer UmwG § 308 Rdnr. 29.

[92] BayObLGZ 1992, 91, 94 ff. = AG 1992, 266, 267; BayObLG AG 1991, 241, 242; 1996, 183; 1991, 592, 594 „Philips"; 2002, 390, 392 „Rieter II"; NJW-RR 2002, 1116; Beschl. v. 18. 12. 2002 – 3 ZBR 116/00; wohl auch OLG Frankfurt AG 2002, 404, 406 „Nestlé"; *Ammon* FGPrax 1998, 121, 124; dagegen *Pentz* DB 1993, 621.

[93] BayObLG NJW-RR 2002, 1116, 1117; Beschl. v. 18. 12. 2002 – 3 ZBR 116/00.

Regel Rechtsanwälte bestellt werden, so daß sich ihre Vergütung grundsätzlich nach **§ 118 BRAGO** richte.[94]

e) Reform. Das geplante **SpruchG** will grundsätzlich an dem Rechtsinstitut des ge- 35 b
meinsamen Vertreters festhalten, modifiziert dessen Rechtsstellung jedoch in einzelnen
Punkten (s. den geplanten § 6 des Gesetzes).[95] Hervorzuheben ist: Der gemeinsame Vertreter ist möglichst frühzeitig zu bestellen (§ 6 Abs. 1 S. 1 Halbs. 1 SpruchGE). Bei parallelen Anträgen auf Ausgleich und Abfindung soll jedoch in Zukunft anders als bisher
grundsätzlich nur *ein* Vertreter bestellt werden; eine Ausnahme soll nur noch in Betracht
kommen, wenn die Wahrung der Rechte aller betroffenen Antragsberechtigten durch einen
einzigen gemeinsamen Vertreter nicht sichergestellt ist (§ 6 Abs. 1 S. 2 SpruchGE). Die
Bekanntmachung seiner Bestellung soll fortan grundsätzlich im elektronischen Bundesanzeiger erfolgen (§ 6 Abs. 1 S. 4 SpruchGE). In Übereinstimmung mit dem geltenden Recht
bestimmt schließlich noch § 6 Abs. 3 des Entwurfs, daß der gemeinsame Vertreter das
Verfahren auch nach Rücknahme eines Antrags fortführen kann; er steht in diesem Fall
einem Antragsteller gleich. Durch diese Regelung soll weiterhin der Praxis begegnet werden, die Antragsteller „auszukaufen".[96]

VI. Verfahren

Schrifttum: MünchKommAktG/*Bilda* Rdnr. 14–49; *Emmerich,* FS für Tilmann, 2003; *Krieger* in Lutter
UmwG § 307; *Münch.HandbuchAG/Krieger* § 70 Rdnr. 125 ff.; *Lutter/Bezzenberger* AG 2000, 433; *Meister/
Klöcker* in Kallmeyer UmwG § 307.

1. Bisherige Rechtslage. a) Beweisaufnahme. Das Verfahren richtet sich (bislang) 36
gemäß § 306 Abs. 2 iVm. § 99 Abs. 1 AktG in erster Linie nach dem **FGG** und hilfsweise
nach der ZPO (ebenso § 307 Abs. 1 UmwG). Das Gericht hat folglich das Verfahren gemäß
§ 12 FGG ohne Bindung an die Anträge der Beteiligten von Amts wegen zu betreiben und
die nötigen Beweise zu erheben. Es kann insbes. Zeugen vernehmen und Sachverständige
bestellen. Anwendbar sind außerdem § 258 HGB sowie die Vorschriften über den
Urkundenbeweis.[97] Die Beteiligten werden hierdurch jedoch nicht davon befreit, nach ihrer
Möglichkeit an dem Verfahren mitzuwirken und die ihnen bekannten Tatsachen und Beweise dem Gericht zu unterbreiten.[98] Tragen die Beteiligten für sie günstige Umstände nicht
vor, so braucht das Gericht nicht von Amts wegen in entsprechende Ermittlungen
einzutreten.[99] Und wenn bestimmte Tatsachen zwischen den Parteien unstreitig sind, erübrigt sich aus demselben Grund eine Beweisaufnahme. Denn es handelt sich um ein echtes
Streitverfahren (zu der geplanten Reform s. im einzelnen Rdnr. 42 a ff.).

Ausgangspunkt der Beweiserhebung sollte nach den Vorstellungen der Verfasser der 37
Novelle von 1994 grundsätzlich der Vertragsbericht des § 293 a iVm. dem Prüfungsbericht
des § 293 e sein, weil der Vertragsbericht und dessen Prüfung gerade zu dem Zweck
eingeführt wurden, nach Möglichkeit das nachfolgende Spruchverfahren zu entlasten
(Rdnr. 4). Dies wird besonders deutlich an den in § 293 e Abs. 1 S. 2 und 3 genannten
Gegenständen der Prüfung (s. § 293 e Rdnr. 5, 10 ff.). Folglich kann sich das Gericht im
Spruchverfahren zunächst darauf beschränken, substantiierten **Einwendungen** der Antragsteller und des gemeinsamen Vertreters **gegen** die Ansätze in dem **Vertrags-** und **Prüfungsbericht** nachzugehen, wobei vor allem die angewandten Bewertungsmethoden einer
kritischen Überprüfung bedürfen.[100] Tatsächlich wurde jedoch bisher das Ziel einer nach-

---

[94] S. die Begr. zum RegE des § 6, BR-Drucks.
827/02, S. 26 = ZIP 2002, 2101 f.; im Anschluß
Lutter/Bezzenberger AG 2000, 433, 441.
[95] S. dazu die Begr. zum RegE des § 6, BR-
Drucks. 827/02, S. 25 f. = ZIP 2002, 2101; zu den
geplanten Änderungen bei der Vergütung des gemeinsamen Vertreters s. schon Rdnr. 35 a.
[96] S. die Begr. zum RegE des § 6, ZIP 2002,
2102; *Lutter/Bezzenberger* (Fn. 94).

[97] BayObLG AG 1993, 338 f.
[98] S. OLG Köln AG 1998, 37, 38; OLG Düsseldorf AG 2000, 421, 422 „DAT/Altana II"; Münch-
KommAktG/*Bilda* Rdnr. 16; *Hüchting* Abfindung
S. 16.
[99] OLG Düsseldorf und *Bilda* (vorige Fn.); s. auch
sogleich Rdnr. 37.
[100] Ebenso betont MünchKommAktG/*Bilda*
Rdnr. 17–21.

haltigen Entlastung der Spruchverfahren durch die vorausgegangene Vertragsprüfung nach § 293 e nicht erreicht (§ 293 b Rdnr. 4).[101] Die mit dem SpruchG geplanten Änderungen bezwecken deshalb in erster Linie, die Spruchverfahren in Zukunft nach Möglichkeit auf konkrete Einwände gegen den Vertrags- und Prüfungsbericht zu konzentrieren und die überaus zeitraubende vollständige Neubewertung der Unternehmen im Spruchverfahren durch neue Sachverständige zu vermeiden (Rdnr. 42 a ff.).

38   Zusätzliche Schwierigkeiten ergeben sich, wenn die von dem Gericht beauftragten **Sachverständigen** – in der Mehrzahl der Fälle Wirtschaftsprüfer gemäß § 319 Abs. 1 HGB – nicht bereit sind, zu den niedrigen Sätzen der §§ 3 ff. des Zeugen- und Sachverständigenentschädigungsgesetzes **(ZSEG)** von 1969 tätig zu werden,[102] die Beteiligten aber auch nicht nach § 7 ZSEG eine höhere Vergütung bewilligen, wobei es sich oft um Beträge von mehreren 100 000,– € handelt.[103] Wie in solchen Fällen zu verfahren ist, ist umstritten. Auf keinen Fall darf jedenfalls das Gericht resignieren und eine Entscheidung ablehnen,[104] sondern muß versuchen, die Entscheidungsgrundlagen auf anderen Wegen zu beschaffen.

38 a   Die bisher noch überwiegende Meinung geht dahin, daß das Gericht die Sachverständigen dann eben notfalls von Amts wegen zu den Sätzen des ZSEG bestellen kann **(§ 407 Abs. 1 ZPO)** oder, wenn sich dies als unmöglich erweist, versuchen muß, ohne neue Sachverständige auszukommen, wobei sich dann vornehmlich der Rückgriff auf den Vertrags- und Prüfungsbericht (Rdnr. 37) sowie auf die Börsenkurse, soweit vorhanden, empfiehlt, notfalls im Weg der Schätzung nach § 287 ZPO.[105] Unklar ist aber, was geschehen soll, wenn, wie häufig, auf diesem Weg keine angemessene Lösung möglich ist. Fest steht jedenfalls, daß dies – entgegen einer verbreiteten Meinung – nicht zu Lasten der außenstehenden Aktionäre gehen darf, obwohl sie als Antragsteller im Spruchverfahren die materielle Beweislast (Feststellungslast) tragen.[106] In solchen Fällen ist vielmehr anzunehmen, daß das Gericht entsprechend **§ 7 Abs. 2 S. 1 ZSEG** die Zustimmung des Antragsgegners zu einer wesentlichen Erhöhung der Stundensätze ersetzen kann, weil nur so der nötige Rechtsschutz für die außenstehenden Aktionäre gewährleistet werden kann.[107] Dieser Auffassung haben sich mittlerweile auch die Verfasser des Entwurfs des SpruchG angeschlossen.[108] Weigert sich daraufhin der Antragsgegner, die entsprechend erhöhten Vorschüsse einzuzahlen, so ist dies als Beweisvereitelung zu würdigen.[109]

39   **b) Rechtliches Gehör, Geschäftsgeheimnisse.** In dem Verfahren vor dem Landgericht besteht **kein Anwaltszwang**.[110] Sämtliche Beteiligte einschließlich des gemeinsamen Vertreters (Rdnr. 25) haben Anspruch auf **rechtliches Gehör** (Art. 103 Abs. 1 GG; § 306 Abs. 4 S. 1 AktG), so daß ihnen Gelegenheit gegeben werden muß, zu allen vom Gericht verwerteten Unterlagen Stellung zu nehmen, bei einer etwaigen Beweisaufnahme mitzuwirken und den Zeugen und Sachverständigen in der mündlichen Verhandlung Fragen zu stellen.[111] Haben andere Beteiligte ein legitimes Interesse an der **Geheimhaltung** der vom

---

[101] S. *Bilda* NZG 2000, 296, 300; MünchHdb. AG/*Krieger* § 70 Rdnr. 125; *ders.* in Lutter UmwG § 307 Rdnr. 10 f.; *Meister/Klöcker* in Kallmeyer UmwG § 307 Rdnr. 3.

[102] Maximal 50,– bis 75,– € je Stunde (§ 3 Abs. 2 und 3 ZSEG).

[103] In dem Fall „Kolbenschmidt/Pierburg AG" betrugen die von dem Sachverständigen geschätzten Kosten über 3,3 Mio. DM; die vom Gericht bewilligten Vorschüsse beliefen sich auf fast eine Mio. DM (s. OLG Stuttgart AG 2001, 603 = DB 2001, 1926 = NZG 2001, 1097)!

[104] So merkwürdigerweise LG Köln AG 1997, 187.

[105] S. Rdnr. 54; OLG Düsseldorf AG 1998, 37 f. = BB 1997, 2371; BayObLGZ 1998, 231, 237 f. = NJW-RR 1999, 109 = AG 1999, 43 „EKU/März"; BayObLG ZIP 2000, 855, 856 „Dt. Aerospace";

Bilda NZG 2000, 296, 300; MünchHdb. AG/*Krieger* § 70 Rdnr. 125 (2. Abs.); *ders.* in Lutter UmwG § 307 Rdnr. 11; *Lutter/Bezzenberger* AG 2000, 433, 437, 440; *Seetzen* WM 1999, 565, 567 f.

[106] MünchKommAktG/*Bilda* Rdnr. 24; *Koppensteiner* in Kölner Kommentar Rdnr. 16; *Krieger* in Lutter UmwG § 307 Rdnr. 12; *Meister/Klöcker* in Kallmeyer UmwG § 307 Rdnr. 3.

[107] So grdlg. OLG Stuttgart AG 2001, 603 f. = DB 2001, 1926, 1927 f. = NZG 2001, 1097; zustimmend *Hüffer* Rdnr. 23; *Lutter/Bezzenberger* (Fn. 105).

[108] S. die Begr. zum RegE des § 15, BR-Drucks. 827/02, S. 34 f. = ZIP 2002, 2105 (r.Sp.).

[109] Grdlg. OLG Stuttgart (Fn. 107).

[110] OLG Düsseldorf AG 1995, 85, 86.

[111] S. MünchKommAktG/*Bilda* Rdnr. 26 f.; MünchHdb. AG/*Krieger* § 70 Rdnr. 126; *ders.* in

Gericht verwerteten Unterlagen, so kann das Gericht freilich die Einsichtnahme durch die übrigen Beteiligten davon abhängig machen, daß diese sich unter Übernahme einer Vertragsstrafe zur Geheimhaltung verpflichten.[112]

Umstritten ist die Rechtslage, wenn die Bewertungsgutachten **Geschäftsgeheimnisse** 40 enthalten. Handelt es sich dabei um (nur) von den *Sachverständigen* ausgewertete Unterlagen der Vertragsparteien, so wird den anderen Beteiligten, in erster Linie also den Antragstellern und dem gemeinsamen Vertreter, meistens ein Einblick in diese und in die betreffenden Teile des Gutachtens verweigert.[113] Diese Praxis ist bedenklich, weil nicht auszuschließen ist, daß durch sie die Verteidigungsmöglichkeiten der außenstehenden Aktionäre im Einzelfall nachhaltig beschnitten werden.[114] Zumindest sollte hier mehr als bisher üblich von der Möglichkeit Gebrauch gemacht werden, zur Verschwiegenheit verpflichtete *Wissensmittler* einzuschalten. Stellt sich später heraus, daß ein Sachverständigengutachten vorsätzlich unrichtig erstattet worden ist, so ist schließlich auch Raum für die entsprechende Anwendung der §§ 578 ff. ZPO.[115]

Das Verfahren wird mündlich oder schriftlich geführt. Für die Selbstablehnung eines 41 Richters gelten § 6 Abs. 2 FGG und § 148 ZPO entsprechend; jedoch begründet die bloße Tatsache, daß ein Richter Aktionär eines der Antragsgegner ist, noch nicht die Besorgnis seiner Befangenheit.[116]

c) Aussetzung, Vergleich, Erledigung. Analog § 148 ZPO können die Gerichte das 41 a Verfahren wegen der Vorgreiflichkeit eines anderen Rechtsstreits **aussetzen,** sollten hiervon jedoch zum Schutz der außenstehenden Aktionäre nur sparsam Gebrauch machen.[117] Kein Raum ist hingegen für eine **Nebenintervention** anderer Gesellschafter der Vertragsparteien auf der Seite der Antragsteller oder der Vertragsparteien (§ 66 ZPO), weil die Entscheidung ohnehin für und gegen alle Beteiligten wirkt (§ 306 Abs. 5 iVm. § 99 Abs. 5 S. 2).[118]

Die Möglichkeit zu einem gerichtlichen **Vergleich** mit der Folge, daß das Gericht 42 anschließend nur noch über die Kosten zu entscheiden hat, besteht nach überwiegender Meinung im Spruchverfahren bisher nicht (s. § 304 Rdnr. 90). § 11 Abs. 2 SpruchGE sieht deshalb ausdrücklich die Möglichkeit einer gütlichen Einigung vor.[119] Vorbild ist § 53 a FGG. Auch von dieser Änderung wird eine weitere Erleichterung und Beschleunigung des Verfahrens erhofft.

An übereinstimmende **Erledigungserklärungen** der Verfahrensbeteiligten ist das Ge- 42 a richt gebunden. Anschließend ist § 91 a ZPO entsprechend anzuwenden.[120] Im Rahmen der Kostenentscheidung bleiben jedoch § 306 Abs. 7 S. 1 AktG und § 13 a FGG maßgebend. Die Erledigungserklärung steht nicht einer Beschwerderücknahme gleich, so daß, gegebenenfalls für beide Instanzen, zwei volle Gebühren anfallen.[121] Mit Rücksicht auf das Fortsetzungsrecht des gemeinsamen Vertreters nach § 306 Abs. 4 S. 10 AktG iVm. § 308 Abs. 3 UmwG setzt die Erledigung voraus, daß sich der **gemeinsame Vertreter** den Erledigungserklärungen der anderen Beteiligten anschließt.[122] Vergleichen sich sämtliche Beteiligten, ohne Erledigungserklärungen abzugeben, so kann das Gericht das Verfahren von

---

Lutter UmwG § 307 Rdnr. 13; *Meister/Klöcker* in Kallmeyer UmwG § 307 Rdnr. 16.

[112] S. *Bilda, Krieger* und *Meister/Klöcker* (vorige Fn.).

[113] OLG Zweibrücken AG 1995, 421, 422 f. = WM 1994, 980; LG Frankfurt AG 1996, 187, 188; zu den vom Gericht verwerteten Unterlagen s. Rdnr. 39.

[114] Deshalb zu Recht aA LG Düsseldorf AG 1998, 98.

[115] LG Frankenthal AG 1997, 381, 382.

[116] BayObLG AG 2002, 396, 397 = NZG 2002, 485.

[117] OLG Düsseldorf AG 1995, 467, 468; MünchKommAktG/*Bilda* Rdnr. 31; zur Zulässigkeit von Zwischenverfahren s. noch LG München I AG

2001, 318 = DB 2000, 1217; zum Einwand der Rechtshängigkeit bei Anhängigkeit eines anderen Verfahrens mit demselben Gegenstand (§ 261 Abs. 3 Nr. 1 ZPO) s. Rdnr. 7.

[118] OLG Schleswig AG 1999, 575 (gegen LG Lübeck AG 1999, 575 f.); anders offenbar BayObLG AG 2003, 42 f.

[119] S. dazu die Begr. zum RegE des § 11, BR-Drucks. 827/02, S. 32 = ZIP 2002, 2104.

[120] BayObLG AG 1997, 182; OLG Stuttgart AG 2001, 314 = NZG 2001, 174 „Thüga/WEAG"; *Ammon* FGPrax 1998, 121, 123; MünchKommAktG/*Bilda* Rdnr. 41, 106 f.

[121] OLG Stuttgart (vorige Fn.).

[122] *Bilda* (Fn. 120); *Meister/Klöcker* in Kallmeyer UmwG § 307 Rdnr. 21.

Amts wegen für erledigt erklären und nach denselben Regeln über die Kosten entscheiden.[123]

42 b Keine Anwendung findet nach hM *§ 240 ZPO,* so daß die Eröffnung des **Insolvenzverfahrens** über das Vermögen einer Vertragspartei nicht zur Unterbrechung des Verfahrens führt.[124] Zutreffend ist das sicher für die abhängige Gesellschaft, weil ihr Vermögen durch das Verfahren nur am Rande betroffen werden kann.[125] Hinsichtlich der herrschenden Gesellschaft ist die Frage aber durchaus zweifelhaft, je mehr das Spruchverfahren einem Streitverfahren der ZPO angenähert wird.[126] Lehnt man eine Unterbrechung ab, so richtet sich das Verfahren fortan gegen den Insolvenzverwalter, nicht mehr gegen die von ihren Organen vertretenen Gesellschaften.[127] Alle Kosten müßten dann wohl Masseforderungen sein.[128]

42 c **2. Reform.** Das wichtigste Ziel des geplanten SpruchG ist die Vereinfachung und Beschleunigung der bisher übermäßig langen und teuren Spruchverfahren.[129] Deshalb sind die wichtigsten Änderungen beim Verfahren beabsichtigt, durchweg mit dem Ziel, die Verfahren nach Möglichkeit auf die wirklichen **Streitpunkte** zwischen den Beteiligten zu **konzentrieren,** die überaus aufwendige und zeitraubende Neubewertung der beteiligten Unternehmen durch gerichtliche Sachverständige zu vermeiden und die Verfahren so insgesamt zu beschleunigen. Zur Erreichung dieses anspruchsvollen Ziels ist gleich ein ganzes Bündel aufeinander abgestimmter Reformmaßnahmen vorgesehen. Zu erinnern ist hier als erstes an die geplante Änderung des § 293 c Abs. 1 S. 1, nach der die Vertragsprüfer in Zukunft ausschließlich vom Gericht bestellt werden sollen, um die Akzeptanz ihrer Gutachten zu erhöhen und ihre Verwertbarkeit im nachfolgenden Spruchverfahren zu erleichtern (s. schon § 293 c Rdnr. 3 a). Auf dieser Änderung beruht sodann unmittelbar **§ 4** Abs. 2 S. 2 Nr. 4 **SpruchGE,** der bestimmt, daß zu dem Mindestinhalt der Antragsbegründung die Vorbringung konkreter Einwände gegen den Vertrags- und Prüfungsbericht gehört.

42 d Zusätzlich erlegt der zentrale **§ 7 des Entwurfs** den Verfahrensbeteiligten und dem Gericht umfangreiche **Pflichten zur Vorbereitung** der mündlichen Verhandlung auf, damit das Verfahren nach Möglichkeit in einer frühen mündlichen Verhandlung erledigt werden kann. Hervorzuheben ist zunächst die Pflicht des Antragsgegners (nach § 5 Nr. 1 SpruchGE das herrschende Unternehmen), binnen einer Frist von höchstens drei Monaten auf die mit dem Antrag vorgebrachten konkreten Einwände (Rdnr. 42 c) zu erwidern (§ 7 Abs. 2 SpruchGE im Anschluß an die §§ 275 und 277 ZPO). Der Antragsgegner muß außerdem den Vertrags- und Prüfungsbericht zu den Gerichtsakten einreichen (§ 7 Abs. 3 SpruchGE). Zu diesem Vortrag des Antragsgegners und zu den von ihm eingereichten Unterlagen müssen sodann die Antragsteller binnen einer weiteren Frist von gleichfalls höchstens drei Monaten Stellung nehmen (§ 7 Abs. 4 SpruchGE). Das Gericht kann außerdem **vorbereitende Maßnahmen** erlassen (§ 7 Abs. 5 SpruchGE), und zwar einschließlich einer Beauftragung von Sachverständigen zur Klärung von Vorfragen (§ 7 Abs. 6 SpruchGE).

42 e Anders als nach bisherigem Recht soll in Zukunft eine **mündliche Verhandlung** die Regel bilden (§ 8 Abs. 1 SpruchGE). Zu dieser sind die Vertragsprüfer zu laden, um allen Beteiligten die Gelegenheit zu geben, ihnen Fragen zu ihrem Prüfungsbericht zu stellen (§ 8 Abs. 2 SpruchGE). Ergeben sich dabei einzelne Punkte, die nur durch weitere Sachverständigengutachten geklärt werden können, so soll es fortan zulässig sein, mit der Erstattung

---

[123] MünchKommAktG/*Bilda* Rdnr. 106, 111.
[124] BayObLGZ 1978, 209, 211 f. = AG 1980, 76, 77; *Beyerle* AG 1979, 306; anders MünchKommAktG/*Bilda* Rdnr. 32; *Stürner,* FS für Uhlenbruck, S. 669, 673 ff.
[125] S. *Stürner* (vorige Fn.) S. 677.
[126] S. *Bilda* und *Stürner* (Fn. 124).
[127] BayObLG AG 2001, 594, 595 „EKU/Mäz III".

[128] Dagegen *Stürner,* FS für Uhlenbruck, S. 669, 679 ff.
[129] S. die Begr. zum RegE des SpruchG, BR-Drucks. 827/02, S. 26 ff. = ZIP 2002, 2099 ff.; *Bilda* NZG 2002, 296; *Emmerich,* FS für Tilmann, 2003; *Lutter/Bezzenberger* AG 2000, 433, 437 ff.; *Neye* NZG 2002, 23 = DStR 2002, 178; *ders.,* FS für Wiedemann, 2002, S. 127; *ders.* ZIP 2002, 2097; *ders.,* FS für Widmann, 2000, S. 87.

dieser Gutachten wiederum gleich die Vertragsprüfer als Sachverständige zu beauftragen.[130] Die **Bedenken** jedenfalls gegen diese Regelung liegen indessen auf der Hand. Es ist schwer vorstellbar, daß die Vertragsprüfer, zu gerichtlichen Sachverständigen ernannt, auf einmal eine andere Meinung als in ihrem Prüfungsbericht vertreten sollten. Im Interesse der außenstehenden Aktionäre kann man nur hoffen, daß die Gerichte von dieser Möglichkeit keinen Gebrauch machen werden, sondern nach Möglichkeit andere Sachverständige hinzuziehen werden, mag das auch das Verfahren verteuern und verlängern (Art. 103 GG).

Für das Verfahren soll weiterhin ergänzend das **FGG** gelten (§ 17 Abs. 1 SpruchGE). **42 f** Gleichzeitig wird jedoch durch zahlreiche Maßnahmen das Verfahren weiter deutlich einem **Streitverfahren** nach der ZPO **angenähert** und in gleichem Ausmaß der Amtsermittlungsgrundsatz des § 12 FGG zurückgedrängt (so § 10 Abs. 3 SpruchGE). Diesem Zweck dient zunächst die durch § 8 Abs. 3 SpruchGE angeordnete entsprechende Anwendung der §§ 138, 279 Abs. 2, 3 und 283 ZPO. Außerdem wird allen Verfahrensbeteiligten nach dem Vorbild des § 282 ZPO eine weitgehende **Verfahrensförderungspflicht** auferlegt (§ 9 SpruchGE), bei deren Verletzung das Gericht dieselben Sanktionsmöglichkeiten wie nach § 296 ZPO haben soll (§ 10 SpruchGE), wobei für die **Zurückweisung** verspäteten Vorbringens hier über § 296 Abs. 2 ZPO hinaus sogar einfaches Verschulden eines Verfahrenbeteiligten genügen soll.[131]

VII. Entscheidung

1. Inhalt. Die Entscheidung des Gerichts ergeht durch einen mit Gründen versehenen **43** **Beschluß** (§ 306 Abs. 2 iVm. § 99 Abs. 3 S. 1). Das Gericht ist dabei zwar nicht an die Anträge der Verfahrensbeteiligten gebunden (Rdnr. 36), wohl aber an die von den Vertragsparteien gewählte Form des Ausgleichs und der Abfindung (§§ 304 Abs. 3 S. 3 Halbs. 2, 305 Abs. 5 S. 3). Soweit das Gericht den Anträgen stattgibt, setzt es zugleich den Ausgleich oder die Abfindung einschließlich gegebenenfalls der baren Zuzahlung nach § 305 Abs. 3 S. 1 selbst neu fest.[132] Zugleich entscheidet es von Amts wegen über die Verzinsung der Barabfindung nach § 305 Abs. 3 S. 3.[133]

Der stattgebende Beschluß stellt **keinen Vollstreckungstitel** dar (Rdnr. 45), so daß **44** notfalls von den außenstehenden Aktionären aufgrund des Beschlusses anschließend noch *Leistungsklage* gegen den anderen Vertragsteil, das herrschende Unternehmen, erhoben werden muß, wenn es nicht freiwillig dem Beschluß nachkommt, durch den der Ausgleich oder die Abfindung neu festgesetzt werden.[134] Der Beschluß kann *nur* auf *Heraufsetzung* des Ausgleichs bzw. der Abfindung oder auf Abweisung der Anträge lauten.[135] Eine Herabsetzung der Abfindung oder des Ausgleichs ist ausgeschlossen, weil antragsberechtigt allein die außenstehenden Aktionäre sind, nicht dagegen die Vertragsteile.[136] Den Ausgleich bildet für das herrschende Unternehmen das Sonderkündigungsrecht des § 304 Abs. 5 iVm. § 305 Abs. 5 S. 4 (s. § 304 Rdnr. 95 f., § 305 Rdnr. 85).

2. Wirkung. Die Entscheidung erlangt Wirksamkeit erst mit ihrer **Rechtskraft** (§ 99 **45** Abs. 5 S. 1). Rechtskraft tritt ein mit Ablauf der Beschwerdefrist (§ 99 Abs. 3 S. 2 AktG iVm. § 22 Abs. 1 S. 1 FGG) oder mit Erlaß der Entscheidung des OLG als Beschwerdegericht (s. Rdnr. 47 f.). Eine vorläufige Vollstreckbarkeit gibt es nicht. Mit Rechtskraft wirkt die Entscheidung für und gegen jedermann (§ 99 Abs. 5 S. 2) und **gestaltet** daher rück-

---

[130] So jedenfalls die Begr. zum RegE des § 8, BR-Drucks. 827/02, S. 29 f. = ZIP 2002, 2103; dagegen zutreffend schon *Lutter/Bezzenberger* AG 2000, 433, 439.

[131] So die Begr. zum RegE des § 10, BR-Drucks. 827/02, S. 30 f. = ZIP 2002, 2104.

[132] S. *Hüchting* Abfindung S. 79.

[133] MünchKommAktG/*Bilda* Rdnr. 113; *Krieger* in Lutter UmwG § 307 Rdnr. 14; MünchHdb. AG/ *Krieger* § 70 Rdnr. 128.

[134] BayObLGZ 1978, 209, 212 = AG 1980, 76, 77; BayObLG AG 1999, 273; *Meister/Klöcker* in Kallmeyer UmwG § 307 Rdnr. 23.

[135] LG Stuttgart AG 1998, 103.

[136] BayObLG AG 1996, 127 = WM 1996, 526; LG Dortmund AG 1977, 234, 235; LG Stuttgart AG 1998, 103; *Hüchting* Abfindung S. 78; MünchHdb. AG/*Krieger* § 70 Rdnr. 128; *Meister/Klöcker* in Kallmeyer UmwG § 307 Rdnr. 23.

wirkend den Unternehmensvertrag iSd. Entscheidung **um** (s. § 304 Rdnr. 94). Der Beschluß hat jedoch lediglich Feststellungswirkung; einen Vollstreckungstitel stellt er nicht dar (Rdnr. 44).

46   **3. Zustellung.** Die Entscheidung des Landgerichts wird den Vertragsparteien, sämtlichen Antragstellern einschließlich der Anschlußantragsteller des § 306 Abs. 3 S. 2 und dem gemeinsamen Vertreter von Amts wegen zugestellt (§ 306 Abs. 5). Der Vorstand der abhängigen Gesellschaft hat anschließend die Entscheidung unverzüglich zum Handelsregister einzureichen (§ 306 Abs. 2 iVm. § 99 Abs. 5 S. 3) und ohne Gründe in den Gesellschaftsblättern **bekannt zu machen** (§§ 306 Abs. 6, 25). Das Registergericht kann die Erfüllung dieser Bekanntmachungspflicht durch die Festsetzung von Zwangsgeldern durchsetzen (§ 407 Abs. 1 S. 1). Mit der Bekanntmachung des Beschlusses beginnt die Frist von mindestens zwei Monaten zu laufen, binnen derer die außenstehenden Aktionäre jetzt immer noch das Abfindungsangebot des herrschenden Unternehmens annehmen können (§ 305 Abs. 4 S. 3; s. dazu § 305 Rdnr. 26 ff.).

47   **4. Rechtsmittel. a) Sofortige Beschwerde.** Gegen die Entscheidung des Landgerichts findet unter den Voraussetzungen des § 20 FGG die sofortige Beschwerde des § 22 FGG an das OLG statt (§ 306 Abs. 2 iVm. § 99 Abs. 3 S. 2 und 5). Die Länder können die Zuständigkeit für die Entscheidung über die Beschwerde nach § 306 Abs. 2 iVm. § 99 Abs. 3 S. 8 für die Bezirke mehrerer Oberlandesgerichte bei einem Gericht konzentrieren. Von dieser Befugnis haben bisher Gebrauch gemacht Bayern,[137] Nordrhein-Westfalen[138] und Rheinland-Pfalz.[139]

47 a   Eine **weitere Beschwerde** an den BGH ist ausgeschlossen (§ 99 Abs. 3 S. 7).[140] An ihre Stelle tritt das Vorlageverfahren des § 28 Abs. 2 und 3 FGG (§ 99 Abs. 3 S. 6). Der Ausschluß der weiteren Beschwerde zum BGH greift auch dann ein, wenn das OLG als Beschwerdegericht erstmals eine Nebenentscheidung trifft, zB durch die Anordnung von Vorschüssen für den gemeinsamen Vertreter nach § 306 Abs. 4 S. 8.[141] Eine **Ausnahme** wurde jedoch früher in den Fällen sogenannter „greifbarer Gesetzwidrigkeit" der Entscheidung des OLG als Beschwerdegericht gemacht, d. h. dann, wenn die angefochtene Entscheidung des OLG mit der geltenden Rechtsordnung schlechthin unvereinbar ist, weil sie jeder Grundlage entbehrt und inhaltlich dem Gesetz fremd ist.[142] An dieser Praxis hält der BGH indessen seit der Reform des Rechtsmittelwesens durch das Zivilprozeßreformgesetz vom 27. Juli 2001[143] nicht mehr fest. Eine Rechtsbeschwerde zum BGH kommt seitdem nur noch unter den (hier nicht vorliegenden) Voraussetzungen des neuen § 574 ZPO in Betracht. Die Fälle greifbarer Gesetzwidrigkeit der Beschwerdeentscheidung des OLG sind dagegen innerhalb der Instanz, wohl entsprechend § 321 a ZPO zu korrigieren.[144]

48   **b) Voraussetzungen.** Gemäß § 23 FGG kann die Beschwerde auf neue Tatsachen und Beweise gestützt werden.[145] Das OLG prüft den Sachverhalt von Amts wegen neu. Auch hier finden die Vorschriften der ZPO entsprechende Anwendung, so daß sich zB weitere Antragsteller der sofortigen Beschwerde eines von ihnen anschließen können (§§ 521, 556 ZPO).[146] Für die Erledigung des Verfahrens durch übereinstimmende Erledigungserklärungen der Verfahrensbeteiligten gilt dasselbe wie im ersten Rechtszug (s. Rdnr. 43). Die

[137] Verordnung vom 2. 2. 1988, GVBl. 1988 S. 8 (BayObLG).
[138] Verordnung vom 26. 11. 1996, GVBl. 1996 S. 518 (OLG Düsseldorf).
[139] Verordnung vom 19. 4. 1995, GVBl. 1995 S. 125 (OLG Zweibrücken).
[140] BGH AG 1986, 291, 292; LM AktG § 99 Nr. 1 = NJW 2001, 224 = AG 2001, 1029 = NZG 2001, 75 = WM 2000, 2317 = ZIP 2000, 2066.
[141] BGH LM AktG § 99 Nr. 1 = NJW 2001, 224 = AG 2001, 129.
[142] BGH (vorige Fn.); AG 2002, 85, 86 (Vorinstanz: OLG Düsseldorf AG 2000, 323).

[143] BGBl. I S. 1887.
[144] S. § 304 Rdnr. 91; grdlg. BGHZ 150, 133 = LM ZPO § 574 Nr. 1 (Bl. 2) = NJW 2002, 1577 = WM 2002, 775; BVerwG NJW 2002, 2657; BFH NJW 2003, 919, 920; KG MDR 2002, 2086; OLG Celle NJW 2002, 3715 = ZIP 2002, 2058; s. dazu *J. Braun* Anm. LM ZPO § 574 Nr. 1 (Bl. 2 R ff.); *Lipp* NJW 2002, 1700.
[145] S. die Begr. zum RegE bei *Kropff* AktG S. 400; ausführlich MünchKommAktG/*Bilda* Rdnr. 116–126.
[146] BayObLG AG 1996, 127 = WM 1996, 526 = DB 1995, 2590 „Paulaner".

Entscheidung des OLG wird mit ihrer Bekanntmachung rechtskräftig (§ 16 FGG; § 306 Abs. 5 AktG) und wirkt dann für und gegen jedermann (§ 99 Abs. 5 S. 2).[147]

Die **Beschwerdebefugnis** richtet sich nach § 20 Abs. 1 FGG, so daß die Beschwerde **49** jedem Verfahrensbeteiligten zusteht, dessen Recht durch die Entscheidung des Landgerichts beeinträchtigt wird. Dazu gehören die Antragsteller und die Vertragsparteien[148] sowie richtiger Meinung nach auch der gemeinsame Vertreter der übrigen außenstehenden Aktionäre (str., s. Rdnr. 30). Die Beschwerdefrist beträgt zwei Wochen (§ 22 Abs. 1 FGG); die Form der Beschwerde richtet sich nach § 99 Abs. 3 S. 4 (§ 306 Abs. 2), so daß für ihre Einlegung Anwaltszwang besteht.

5. Reform. Der RegE des SpruchG will hinsichtlich der Entscheidung des Landge- **49 a** richts, hinsichtlich ihrer Wirkungen und hinsichtlich des Rechtsmittelzuges im wesentlichen an der bisherigen Rechtslage (Rdnr. 43 ff.) festhalten (s. die §§ 11 bis 14 und 16 SpruchGE).[149] Hervorzuheben sind deshalb hier lediglich folgende Punkte: § 11 Abs. 2 SpruchGE sieht fortan ausdrücklich die Möglichkeit eines gerichtlichen Vergleichs auch im Spruchverfahren vor (s. schon § 304 Rdnr. 90). Es bleibt außerdem bei der sofortigen Beschwerde zum OLG als einzigem Rechtsmittel gegen den Beschluß des LG, wobei die Beschwerde weiterhin auf neue Tatsachen und Beweise gestützt werden kann (§ 23 FGG). Die Pläne, die Beschwerde zum OLG als reine Rechtsbeschwerde nach dem Vorbild der Revision auszugestalten,[150] sind aus guten Gründen wieder aufgegeben worden.[151] Durch § 13 S. 2 SpruchGE soll ferner klargestellt werden, daß bereits gegen Abfindung ausgeschiedene Aktionäre einen Abfindungsergänzungsanspruch haben, wenn im Spruchverfahren die Abfindung erhöht wird (s. schon § 305 Rdnr. 86). Die Bekanntmachung rechtskräftiger Entscheidungen hat in Zukunft grundsätzlich im elektronischen Bundesanzeiger zu erfolgen (§§ 14 Nr. 1, 6 Abs. 1 S. 4 SpruchGE). § 16 SpruchGE sieht schließlich noch eine besondere Zuständigkeit des mit dem Spruchverfahren befaßten LG für eine nachfolgende Leistungsklage vor.

VIII. Kosten

Schrifttum: Begr. z. RegE des neuen SpruchG, BR-Drucks. 827/02, S. 33 ff. = ZIP 2002, 2105 f.; *Ammon* FGPrax 1998, 121; MünchKommAktG/*Bilda* Rdnr. 129–173; *Emmerich*, FS für Tilmann, 2003; *Erb* NZG 2001, 161; *Happ/Pfeiffer* ZGR 1991, 103; *Hüffer* Rdnr. 21–23; *Korintenberg/Lappe/Bengel/Reimann* KostenO, 15. Aufl. 2002; MünchHdb. AG/*Krieger* § 70 Rdnr. 132; *ders.* in Lutter UmwG § 312 (S. 2646 ff.); *Lentfer* BB 1998, 655; *Lutter/Bezzenberger* AG 2000, 433; *W. Meilicke* AG 1985, 46; *Meister/Klöcker* in Kallmeyer UmwG § 312 (S. 1019 ff.); *Pentz* DB 1993, 621; *ders.* NZG 1999, 346; *H. Schmitt* BB 1981, 1243; *J. Schmittmann* AG 1998, 514; *Seetzen* WM 1999, 565.

1. Gerichtskosten. Die Regelung der Gerichtskosten ergibt sich aus § 306 Abs. 7 AktG **50** iVm. der **Kostenordnung** von 1957 in der Fassung von 2001.[152] Für das umwandlungsrechtliche Spruchverfahren findet sich eine mit § 306 Abs. 7 im wesentlichen übereinstimmende Regelung in § 312 UmwG. Ergänzende Regelungen enthalten die Sätze 2 bis 7 des § 306 Abs. 7 AktG (ebenso § 312 Abs. 2 bis Abs. 4 UmwG). In dem geplanten neuen **SpruchG** ist eine in einzelnen Punkten abweichende Regelung der Kostenfrage in § 15 SpruchGE vorgesehen.[153]

In beiden Rechtszügen wird danach grundsätzlich das Doppelte der vollen Gebühr **51** erhoben, auch wenn die Beschwerde Erfolg hat (§ 306 Abs. 7 S. 2 und 3). Bei Rücknahme der Beschwerde vor einer Entscheidung ermäßigt sich die Gebühr auf die Hälfte (§ 306

---

[147] S. *Hüchting* Abfindung S. 80 ff.; *J. Schmidt*, Außenstehende Aktionäre, S. 122 ff.

[148] MünchKommAktG/*Bilda* Rdnr. 118; *Hüffer* Rdnr. 13; *Koppensteiner* in Kölner Kommentar Rdnr. 25; MünchHdb. AG/*Krieger* § 70 Rdnr. 129.

[149] Abgedruckt im Anh. zu § 306 Rdnr. 64; s. außerdem dazu die Begr. zum RegE, BR-Drucks. 827/02, S. 32 ff. = ZIP 2002, 2104 f.

[150] So § 13 Abs. 1 des RefE des SpruchG (s. NZG 2002, 26) im Anschluß an *Lutter/Bezzenberger* AG 2000, 433, 441.

[151] S. die Begr. zum RegE § 12, ZIP 2002, 2104.

[152] BGBl. 1957 I S. 96; 2001 I S. 1206.

[153] Abdruck im Anh. zu § 306 Rdnr. 64; wegen der Einzelheiten s. Rdnr. 58 b f.

Abs. 7 S. 4; s. Rdnr. 54). Der Geschäftswert bestimmt sich nach § 30 Abs. 1 KostenO (§ 306 Abs. 7 S. 6; s. Rdnr. 53 f.) und wird von Amts durch Beschluß nach § 31 KostenO festgesetzt (§ 306 Abs. 7 S. 5 AktG; s. § 312 Abs. 3 UmwG), gegen den die Beschwerde nach § 31 Abs. 3 KostenO stattfindet.[154] Kostenschuldner sind grundsätzlich die Vertragsparteien (§ 306 Abs. 7 S. 7); jedoch können die Kosten ganz oder zum Teil einem anderen Beteiligten auferlegt werden, wenn dies der Billigkeit entspricht (§ 306 Abs. 7 S. 8 AktG; ebenso § 312 Abs. 4 UmwG; s. Rdnr. 56).

52   **a) Geschäftswert.** Der Geschäftswert ist nach § 306 Abs. 7 S. 6 AktG iVm. § 30 Abs. 1 Halbs. 1 KostenO nach freien Ermessen zu bestimmen. Überwiegend wird, **sofern** der Antrag der außenstehenden Aktionäre ganz oder teilweise **Erfolg** hatte, als Geschäftswert der Unterschiedsbetrag zwischen den im Vertrag angebotenen Ausgleichs- oder Abfindungsleistungen und den im Spruchstellenverfahren schließlich zugesprochenen Leistungen, multipliziert mit der Zahl der, d. h. aller außenstehenden Aktionäre im Augenblick der Entscheidung bestimmt.[155] Geht es in dem Verfahren gleichermaßen um die Erhöhung von Abfindung und Ausgleich, so werden die sich danach ergebenden Geschäftswerte nicht addiert; maßgebend ist vielmehr allein der höhere Teilwert von beiden, grundsätzlich also der Wert der Barabfindung.[156] Als Nebenforderung unberücksichtigt bleiben dabei die Zinsen auf die Barabfindung sowie der Abfindungsergänzungsanspruch.[157]

52 a   Das geschilderte Verfahren zur Bestimmung des Geschäftswerts (Rdnr. 52) versagt, wenn die Anträge der außenstehenden Aktionäre **erfolglos** bleiben. In diesem Fall ist nach § 30 Abs. 1 Halbs. 1 KostenO der Geschäftswert nach freiem Ermessen zu bestimmen, wobei je nach der Eigenart des einzelnen Falles unterschiedliche Maßstäbe Anwendung finden.[158] Hervorzuheben sind das Volumen der (erfolglos) beantragten Erhöhung von Abfindung und Ausgleich, sofern nicht gänzlich unvernünftig,[159] oder das Nominalkapital der Anteile der außenstehenden Aktionäre.[160] Ebenso ist zu verfahren, wenn es in dem Spruchverfahren nur zu einer ganz geringfügigen Erhöhung von Ausgleich und Abfindung kommt.[161]

53   Für die Verpflichtung zur Zahlung von **Vorschüssen** gilt § 8 KostenO. Auch in diesem Rahmen ist jedoch die Sonderregelung des § 306 Abs. 7 S. 7 (= § 312 Abs. 4 UmwG) zu beachten, so daß Vorschüsse *nur* von den *Vertragsparteien,* dagegen nicht von den Antragstellern oder dem gemeinsamen Vertreter verlangt werden dürfen.[162] Die Erhebung von **Auslagen,** für die ebenfalls allein die Vertragsparteien haften (§ 306 Abs. 7 S. 7), richtet sich

[154] OLG Düsseldorf AG 1987, 314; Münch-KommAktG/*Bilda* Rdnr. 145–152.

[155] Grdlg. BGH AG 1999, 181 = DB 1999, 272 = NZG 1999, 346 „Asea/BBC"; BayObLGZ 2002, 169, 172 = NZG 2002, 880; BayObLG AG 1996, 275; 1996, 276 f.; 1999, 273; 2001, 592, 593 „Philips"; 2002, 390–392 „Rieter II"; 2002, 559; OLG Karlsruhe AG 1995, 88; 1998, 96, 98; 1998, 141; OLG Düsseldorf AG 1987, 314; 1998, 236, 238; 1999, 89, 92 = DB 1998, 1454 „Guano"; AG 1999, 321, 325 „Lippe-Weser-Zucker AG"; AG 2000, 323–326 = NZG 2000, 693, 697 „Hoffmann's Stärkefabriken"; AG 2002, 396, 403 „Kaufhof/Metro I"; 2002, 403 f. „Kaufhof/Metro II"; OLG Stuttgart AG 2001, 314, 315 = NZG 2001, 1074 „Thüga/WEAG"; OLG Frankfurt AG 2002, 404, 406 „Nestlé"; OLG Hamburg AG 2002, 406 = NZG 2002, 189 „Bavaria/März"; AG 2001, 479, 482 = NZG 2001, 471 „Bauverein zu Hamburg/Wünsche AG"; LG Dortmund AG 2001, 544, 547 = NZG 2001, 1145 „Siemens/SNI"; *Ammon* FGPrax 1998, 121, 123; MünchKommAktG/*Bilda* Rdnr. 136–144; *Hüffer* Rdnr. 21; *Koppensteiner* in Kölner Kommentar Rdnr. 27; *Krieger* in Lutter UmwG § 312

Rdnr. 4; *Meister/Klöcker* in Kallmeyer UmwG § 312 Rdnr. 20; *Seetzen* WM 1999, 568, 569.

[156] BayObLG AG 2001, 592, 593 „Philips"; OLG Düsseldorf AG 2000, 693, 697; OLG Hamburg AG 2001, 479, 482 = NZG 2001, 471 „Bauverein zu Hamburg/Wünsche"; MünchKommAktG/*Bilda* Rdnr. 144.

[157] BGH AG 2002, 559; OLG Düsseldorf (vorige Fn.); anders BayObLG (vorige Fn.); s. Rdnr. 44.

[158] OLG Düsseldorf AG 1998, 236, 238; 1999, 89, 92 = BB 1998, 1454 „Guano"; AG 2002, 396, 403 „Kaufhof/Metro"; 2002, 403.

[159] BayObLGZ 2002, 169, 172 = NZG 2002, 880; BayObLG AG 1996, 275; 1996, 276 f.; 1999, 273; OLG Karlsruhe AG 1998, 141; LG Frankfurt AG 2002, 357, 358 = NZG 2002, 395; LG Dortmund AG 1998, 142, 144; *Ammon* FGPrax 1998, 121, 123.

[160] So generell LG Hamburg AG 1994, 332; 1995, 517, 518.

[161] BayObLGZ 2002, 169, 173 = NZG 2002, 880.

[162] OLG Düsseldorf AG 1998, 525 = ZIP 1998, 1109; MünchKommAktG/*Bilda* Rdnr. 133.

nach den §§ 136 ff. KostenO.[163] Gemäß § 137 Nr. 6 KostenO gehören zu den zu erstattenden Auslagen insbes. auch die nach den §§ 3 ff. ZSEG an Sachverständige zu zahlenden, oft sehr hohen **Entschädigungen**.[164]

In beiden Rechtszügen wird grundsätzlich das **Doppelte** der vollen Gebühr erhoben, **54** und zwar auch, wenn die Beschwerde Erfolg hatte (§ 306 Abs. 7 S. 2 und 3). Lediglich dann, wenn der Antrag oder die Beschwerde zurückgenommen wird, bevor eine Entscheidung ergangen ist, ermäßigt sich die Gebühr auf die Hälfte (§ 306 Abs. 7 S. 4 AktG; ebenso § 312 Abs. 2 UmwG). Voraussetzung ist, daß es infolge der **Rücknahme** des Antrags oder der Beschwerde tatsächlich zu einer Erledigung des Verfahrens kommt. Die Gebührenermäßigung tritt mithin nur ein, wenn *sämtliche* Anträge oder Beschwerden zurückgenommen werden, bevor die Entscheidung des Landgerichts oder des OLG wirksam geworden ist.[165] Die **Erledigung** des Rechtsstreits nach einem außergerichtlichen Vergleich der Beteiligten steht nicht gleich.[166]

b) Kostenschuldner. Grundsätzlich müssen die Kosten einschließlich der unter Um- **55** ständen hohen Auslagen (Rdnr. 53) von den *Vertragsparteien* getragen werden (§ 306 Abs. 7 S. 7). Den antragstellenden **außenstehenden** Aktionären können die Kosten nach § 306 Abs. 7 S. 8 ganz oder teilweise nur dann auferlegt werden, wenn dies der *Billigkeit* entspricht. Von dieser Regelung wird in der Praxis zum Schutz der außenstehenden Aktionäre nur in Ausnahmefällen Gebrauch gemacht, namentlich bei Mißbrauch des Antragsrechts sowie bei eindeutiger Unzulässigkeit oder Unbegründetheit des Antrags oder der Beschwerde.[167] Eine Auferlegung auf den gemeinsamen Vertreter oder die nicht am Verfahren beteiligten außenstehenden Aktionäre kommt nicht in Betracht (Rdnr. 26, 32).

2. Außergerichtliche Kosten. a) § 13 a FGG. § 306 Abs. 7 (= § 312 UmwG) betrifft **56** allein die gerichtlichen Kosten, nicht die außergerichtlichen Kosten. Auch für eine Analogie zu § 306 Abs. 7 ist hier kein Raum (str.); vielmehr greift unmittelbar **§ 13 a FGG** ein, nach dem das Gericht anordnen kann, daß die zur zweckentsprechenden Erledigung der Angelegenheit notwendigen Kosten (einschließlich der Auslagen) von einem Beteiligten ganz oder teilweise zu erstatten sind, wenn dies der Billigkeit entspricht (§ 13 a Abs. 1 S. 1 FGG). Die Folge ist, daß die *Vertragsparteien* außer den gerichtlichen Kosten (Rdnr. 55) grundsätzlich auch die außergerichtlichen Kosten aller Verfahrensbeteiligten tragen müssen, sofern nicht der Ausnahmefall des § 13 a Abs. 1 S. 2 FGG vorliegt, der der Sache nach dem § 306 Abs. 7 S. 8 entspricht.[168] Selbst in diesem Ausnahmefall müssen die Antragsteller freilich nur für ihre eigenen Kosten aufkommen, nicht etwa auch für diejenigen der Vertragsparteien, und zwar selbst in Mißbrauchsfällen.[169] Dieselbe Regelung gilt in der Beschwerdeinstanz.

Erstattungsfähig sind grundsätzlich die *Anwaltskosten* sowie die sonstigen zur Rechts- **57** verfolgung notwendigen Kosten einschließlich der Reisekosten. Dagegen werden die Kosten eines Privatgutachtens nur in Ausnahmefällen erstattet, grundsätzlich also nicht.[170] Ferner gehören hierher die Anwaltskosten, die dem gemeinsamen Vertreter entstehen, wenn er

[163] S. dazu *Lappe* in Korintenberg/Lappe/Bengel/Reimann KostenO §§ 136 ff. (S. 855 ff.); *Meister/Klökker* in Kallmeyer UmwG § 312 Rdnr. 5 ff.
[164] Wegen der Einzelheiten s. *Lappe* (vorige Fn.) § 137 Rdnr. 14 ff.; zur Höhe s. Rdnr. 38.
[165] S. Rdnr. 45, 47 f.; *Krieger* in Lutter UmwG § 312 Rdnr. 3; *Meister/Klökker* in Kallmeyer UmwG § 312 Rdnr. 4.
[166] OLG Stuttgart AG 2001, 314, 315 = NZG 2001, 174 „Thüga/WEAG".
[167] BayObLGZ ZIP 2002, 2257, 2260 f. „PKV/Philips"; OLG Düsseldorf AG 1996, 88; 1998, 236; OLG Karlsruhe AG 1998, 288, 289; LG Dortmund AG 1995, 468; MünchKommAktG/*Bilda* Rdnr. 168; *Krieger* in Lutter UmwG § 312 Rdnr. 5; *Lutter/Bezzenberger* AG 2000, 433, 442; *Meister/Klökker* in Kallmeyer UmwG § 312 Rdnr. 9.

[168] BayObLG AG 2001, 532, 593 „Philips"; ZIP 2002, 2257, 2259 f.; OLG Stuttgart AG 2001, 314, 315 = NZG 2001, 174 „Thüga/WEAG"; OLG Düsseldorf AG 1996, 88; LG Frankfurt AG 1985, 310, 311; MünchKommAktG/*Bilda* Rdnr. 169 ff.; *Hüffer* Rdnr. 22; *Koppensteiner* in Kölner Kommentar Rdnr. 28; *Krieger* in Lutter UmwG § 312 Rdnr. 6, *Meister/Klökker* in Kallmeyer UmwG § 312 Rdnr. 10 ff.; – anders aber für das Umwandlungsrecht BayObLG, Beschl. v. 18. 12. 2002 – 3 ZBR 116/00.
[169] *Meister/Klökker* in Kallmeyer UmwG § 312 Rdnr. 13.
[170] OLG Zweibrücken AG 1997, 182; *Ammon* FGPrax 1998, 121, 124; MünchKommAktG/*Bilda* Rdnr. 173; *Krieger* in Lutter UmwG § 312 Rdnr. 8; *Meister/Klökker* in Kallmeyer UmwG Rdnr. 15 ff.

nicht selbst Anwalt ist und mit seiner Vertretung im Spruchverfahren einen Anwalt beauftragt (Rdnr. 34).

58   **b) Geschäftswert.** Schwierigkeiten bereitet mangels einer ausdrücklichen gesetzlichen Regelung vor allem die Festsetzung des Geschäftswertes, nach dem sich gegebenenfalls die Anwaltsgebühren richten. Zu dieser Frage werden unterschiedliche Meinungen in Literatur und Rechtsprechung vertreten.[171] Während nach einer vor allem früher vertretenen Meinung hier von demselben Geschäftswert wie für die Gerichtskosten auszugehen ist (s. Rdnr. 52),[172] fordern andere, für die einzelnen Antragsteller jeweils entsprechend ihrem Interesse einen gesonderten Geschäftswert festzusetzen, wobei wiederum unterschiedliche Maßstäbe Anwendung finden.[173] Erwogen werden vor allem eine Aufteilung des gerichtlichen Geschäftswertes (allein) auf die Antragsteller nach dem Verhältnis (nur) ihres, der Antragsteller Anteilsbesitzes (prozentual) oder (hilfsweise), wenn der Anteilsbesitz wie in der Regel unbekannt ist, nach *Köpfen*[174] *oder statt dessen eine Aufteilung entsprechend dem Verhältnis* des Aktienbesitzes der einzelnen Antragsteller zu der Gesamtzahl der Aktien, der, d. h. aller außenstehenden Aktionäre.[175] Ist der Aktienbesitz des Antragstellers nicht bekannt, so legen die Vertreter der zuletzt genannten Meinung den Besitz einer einzigen Aktie der Berechnung des Geschäftswertes zugrunde[176] mit der Folge freilich, daß man dann zu ganz niedrigen Geschäftswerten gelangt, die in keinem Verhältnis zu dem Arbeitsaufwand des anwaltlichen Vertreters eines Antragstellers stehen.[177]

58 a   Vor allem wohl deshalb hat sich der **BGH** mittlerweile der auch von der Mehrzahl der Oberlandesgerichte vertretenen Auffassung angeschlossen, daß der gerichtlich festgesetzte Geschäftswert für die Berechnung der Anwaltsgebühren nach *Köpfen* (nur) auf die Antragsteller aufzuteilen ist.[178] Dagegen hat das **BayObLG** in jüngster Zeit diese Linie wieder aufgegeben und vertritt jetzt in Übereinstimmung mit dem OLG Düsseldorf[179] die Auffassung, daß der Geschäftswert in jedem Fall, auch wenn nur ein einziger Antragsteller vorhanden ist, nach dem Verhältnis des Anteilsbesitzes des oder der Antragsteller zu der Gesamtzahl der Aktien außenstehender Aktionäre auf den oder die Antragsteller aufzuteilen ist.[180] Wegen dieser nicht abreißenden Kontroverse ist geplant, die Frage im Zusammenhang mit dem Erlaß des SpruchG durch die Einfügung eines neuen **Abs. 1 a in § 8 der BRAGO** ausdrücklich iSd. BGH-Rechtsprechung zu regeln (s. Rdnr. 58 f).

58 b   **3. Reform.** Die geschilderte Kostenproblematik (Rdnr. 50, 56 ff.) soll im Zuge des geplanten Erlasses eines neuen SpruchG in zwei Vorschriften geregelt werden. Für die gerichtlichen Kosten ist in § 15 SpruchGE eine Regelung vorgesehen, die die bisherige Regelung des § 306 Abs. 7 AktG und des § 312 UmwG in einzelnen Punkten modifiziert,[181] während für den Gegenstandswert der Rechtsanwaltsgebühren im Spruchverfahren erstmals eine ausdrückliche Regelung im Anschluß an die Rechtsprechung des BGH (s. Rdnr. 58 a) in einem neuen Abs. 1 a des § 8 BRAGO vorgesehen ist (s. Rdnr. 58 f).

---

[171] S. zuletzt *Erb* NZG 2001, 161; *Hüffer* Rdnr. 23.

[172] So früher OLG Düsseldorf AG 1987, 314; LG Hamburg AG 1994, 332; 1995, 517, 518; *Koppensteiner* in Kölner Kommentar Rdnr. 28.

[173] KG AG 1986, 80 f.; OLG Frankfurt AG 1987, 47; OLG Karlsruhe AG 1990, 83; 1998, 288, 289; OLG München AG 1999, 279; OLG Zweibrücken AG 1995, 41; *Ammon* FGPrax 1998, 121, 1223 f.; *Hüffer* Rdnr. 22; *Krieger* in Lutter UmwG § 312 Rdnr. 7; kritisch *Seetzen* WM 1999, 565, 568 f.

[174] Grdlg. BayObLGZ 1991, 84, 87 ff. = AG 1991, 239, 240 f.; BayObLG AG 2001, 592, 594 „Philips"; 2001, 594, 595 „EKU/März II"; 2001, 595, 596 „Rieter III"; 2002, 619; OLG Frankfurt AG 2002, 404, 406 „Nestlé"; OLG Hamburg AG 2001, 479, 482 = NZG 2001, 471; OLG Karlsruhe AG 2000, 281; zustimmend *Erb* NZG 2001, 161,

162 f.; *Hüffer* Rdnr. 23; aufgegeben jedoch wieder durch BayObLGZ 2002, 169, 175 f. = NZG 2002, 880; s. bei Fn. 180.

[175] OLG Düsseldorf AG 2000, 77, 78 „Guano"; 2002, 403 f. „Kaufhof/Metro"; KG AG 2001, 590; MünchKommAktG/*Bilda* Rdnr. 153–160.

[176] OLG Düsseldorf und KG (vorige Fn.); dagegen BayObLG (Fn. 174).

[177] S. *Erb* NZG 2001, 161, 162 f.

[178] AG 1999, 181 = DB 1999, 272 = NZG 1999, 346 „Asea/BBC"; kritisch dazu *Bilda* (Fn. 175); *Pentz* NZG 1999, 346 f.; zustimmend aber *Erb* NZG 2001, 161, 162 f.

[179] S. OLG Düsseldorf (Fn. 175).

[180] Grdlg. BayObLGZ 2002, 169, 175 = NZG 2002, 880.

[181] S. die Begr. zum RegE des § 15, BR-Drucks. 827/02, S. 33 ff. = ZIP 2002, 2105.

a) Gerichtskosten. § 15 Abs. 1 S. 2 SpruchGE bestimmt, daß als Geschäftswert der   58 c
Betrag anzunehmen ist, der von allen Antragsberechtigten (§ 3 des Entwurfs) nach der
Entscheidung des Gerichts zusätzlich zu dem ursprünglich angebotenen Betrag gefordert
werden kann. Das entspricht der bisherigen Praxis, so daß als Geschäftswert weiterhin von
der Differenz zwischen dem angebotenen und dem festgesetzten Betrag für Abfindung oder
Ausgleich, multipliziert mit der Zahl der Aktien der außenstehenden Aktionäre auszugehen
ist.[182] Maßgeblicher Zeitpunkt für die Berechnung soll aber fortan anders als nach der
gegenwärtigen Praxis (Rdnr. 52) der Tag nach Ablauf der Antragsfrist sein (§ 15 Abs. 1 S. 3
SpruchGE); diese Regelung muß im Zusammenhang mit dem geplanten § 4 Abs. 2 S. 2 des
Entwurfs gesehen werden, nach dem in der Antragsbegründung in Zukunft die Zahl der
von dem Antragsteller gehaltenen Anteile anzugeben ist. Eine weitere Neuerung besteht in
der Festsetzung eines Mindestgeschäftswertes von 200 000 € und eines Höchstwertes von
7,5 Mio. € (so § 15 Ab. 1 S. 2 Halbs. 2 des Entwurfs). Damit erledigt sich in Zukunft die
Problematik, die bisher im Fall der Erfolglosigkeit der Anträge bestand (s. Rdnr. 52 a).

Nach § 15 Abs. 2 des Entwurfs soll es ferner dabei bleiben, daß *Schuldner* der Gerichts-   58 d
kosten grundsätzlich nur der Antragsgegner, das herrschende Unternehmen ist, daß aber in
Ausnahmefällen die Kosten den Antragstellern auferlegt werden können, wenn dies der
Billigkeit entspricht (s. Rdnr. 55). Die Pflicht zur Zahlung von *Vorschüssen* soll gleichfalls in
Zukunft ausdrücklich geregelt werden (Abs. 3 des § 15 SpruchGE; s. Rdnr. 63).

b) Außergerichtliche Kosten. Bisher müssen grundsätzlich die Vertragsparteien gem.   58 e
§ 13 a Abs. 1 S. 2 FGG auch die außergerichtlichen Kosten der Antragsteller tragen
(Rdnr. 56). Davon weicht der Entwurf durch die Bestimmung ab, daß fortan die Antragsteller ihre außergerichtlichen Kosten **grundsätzlich selbst** tragen müssen; das Gericht
kann jedoch anordnen, daß die Kosten ganz oder zum Teil vom Antragsgegner, dem
herrschenden Unternehmen zu erstatten sind, wenn dies unter Berücksichtigung des Ausgangs des Verfahrens der Billigkeit entspricht (§ 15 Abs. 4 SpruchGE). Die Folge ist, daß die
Antragsteller in Zukunft ihre Kosten vor allem dann selbst tragen müssen, wenn ihr Antrag
ganz oder doch im wesentlichen *erfolglos* blieb, eine weitere schwer verständliche Verschlechterung der Rechtsstellung der außenstehenden Aktionäre durch das geplante SpruchG.

Im Zuge der Einführung des SpruchG ist in der BRAGO mit dem neuen § 8 Abs. 1 a[183]   58 f
eine spezielle Regelung für den Gebührenstreitwert im Spruchverfahren vorgesehen. Nach
dieser Vorschrift bestimmt sich in Zukunft der Gegenstandswert für die Rechtsanwaltsgebühren im Spruchverfahren nach dem Bruchteil des für die Gerichtsgebühren geltenden
Geschäftswertes, der sich aus dem Verhältnis der Anzahl der Anteile des Auftraggebers zu der
Gesamtzahl der Anteile **aller Antragsteller** (nicht: aller außenstehenden Aktionäre) ergibt
(§ 8 Abs. 1 a S. 1 des Entwurfs). Maßgeblich ist folglich fortan im Regelfall im Anschluß an
die Rspr. des BGH (Rdnr. 58 a) der gerichtliche Geschäftswert, dividiert durch die Zahl
aller Anteile der Antragsteller und multipliziert mit der Zahl der Anteile des einzelnen
Antragstellers,[184] während es auf die Gesamtzahl aller Aktien der außenstehenden Aktionäre
nicht ankommen soll. Nur wenn die Zahl der Aktien des Antragstellers (ausnahmsweise)
nicht bekannt ist, soll vermutet werden, daß er nur eine Aktie hat (S. 3 aaO). Zugleich soll
aber ein Mindestwert von 5000 € für solche Fälle eingeführt werden, um zu verhindern,
daß es infolgedessen zu ganz geringfügigen Geschäftswerten kommt (S. 4 aaO).

IX. Beendigung des Verfahrens

Schrifttum: *Ammon* FGPrax 1998, 121; *Bredow/Tribulowsky* NZG 2002, 841; *Emmerich/Sonnenschein/
Habersack* Konzernrecht § 22 VI 6 (S. 353); *Hecker/Wenger* ZBB 1995, 321; *Kley,* Die Rechtsstellung der
außenstehenden Aktionäre, 1986, S. 49 ff.; *Luttermann* JZ 1997, 1183; *W. Meilicke* AG 1995, 181; *Pentz* NZG
1999, 304; *J. Schmidt,* Das Recht der außenstehenden Aktionäre, 1979, S. 165 ff.

---

[182] S. Rdnr. 52; die Begr. zum RegE des § 15,
ZIP 2002, 2105 (l.Sp.).

[183] Art. 6 des Spruchverfahrensneuordnungsgesetzes, BR-Drucks. 827/02, S. 40 f. = ZIP 2002, 2108.
[184] S. die Begr. (vorige Fn.).

59   Das Verfahren wird beendet durch rechtskräftige Entscheidung des LG oder des OLG (Rdnr. 45, 47), durch jederzeit mögliche Rücknahme des Antrags der Antragsteller oder der von einem Antragsteller eingelegten Beschwerde (Rdnr. 15) sowie durch übereinstimmende Erledigungserklärungen der Beteiligten (s. Rdnr. 42 a), nicht hingegen bisher durch gerichtlichen Vergleich (s. § 304 Rdnr. 91; anders § 11 Abs. 2 SpruchGE).

60   Der Beherrschungs- oder Gewinnabführungs**vertrag** kann **während** des oft langwierigen Spruchverfahrens auf unterschiedliche Weise sein **Ende finden,** zB durch Aufhebung (§ 296), durch Kündigung § (297), durch Eingliederung der abhängigen Gesellschaft in die herrschende Gesellschaft oder in ein anderes Unternehmen (§§ 319, 320) sowie durch Verschmelzung der Parteien untereinander oder mit Dritten (s. § 297 Rdnr. 27, 34 ff.). In derartigen Fällen fragt es sich, ob mit der Beendigung des Unternehmensvertrages auch die Ausgleichs- und Abfindungsansprüche der Aktionäre aufgrund dieses Vertrages entfallen, so daß sich ein anhängiges Spruchverfahren – mangels Gegenstandes – erledigte. Dieselben Fragen stellen sich, wenn die Minderheitsaktionäre nachträglich und noch während des Spruchverfahrens nach § 327 a ausgeschlossen werden oder wenn der Zustimmungsbeschluß einer der beteiligten Gesellschaften erfolgreich angefochten wird (§ 243), so daß sich der Unternehmensvertrag nachträglich – mangels der erforderlichen Zustimmung einer der beteiligten Gesellschaften (§ 293 Abs. 1 und 2) – als nichtig erweist.[185]

61   Die **Auswirkungen** der genannten Vorgänge auf ein anhängiges Spruchverfahren waren lange Zeit umstritten: Während sich nach der einen Meinung das Verfahren in diesen Fällen erledigte, weil die außenstehenden Aktionäre jetzt keinen Ausgleichs- und Abfindungsanspruch (mangels Fortbestandes des Unternehmensvertrages) mehr hätten,[186] wurde nach anderer Ansicht das Verfahren fortgesetzt, weil in ihm auf jeden Fall über die Höhe von Ausgleich und Abfindung bis zu dem erledigenden Ereignis, zB der Beendigung des Vertrages oder dem Ausschluß der Minderheitsaktionäre zu entscheiden war.[187] Durchgesetzt hat sich die zuletzt genannte Meinung (keine Erledigung des Verfahrens), von der offenbar auch das Gesetz für den Abfindungsanspruch in § 305 Abs. 4 S. 3 ausgeht.[188] Es handelt sich hier um einen derjenigen Fälle, in denen nach inzwischen überwiegender Meinung der (fortbestehende) Abfindungsanspruch seine Grundlage letztlich unmittelbar im Gesetz findet, so daß er vom Bestand oder Fortbestand des Unternehmensvertrages unabhängig ist (s. im einzelnen § 305 Rdnr. 7, 25, 34).

62   Das Ergebnis leuchtet zunächst unmittelbar ein für die **bis** zur Vertragsbeendigung oder dem Ausschluß der Minderheitsaktionäre fällig gewordenen *Ausgleichsansprüche:* Selbst wenn der Ausgleichsanspruch infolge der genannten Ereignisse für die Zukunft fortfallen sollte, muß doch immer noch in dem anhängigen Verfahren seine Höhe für die Vergangenheit geklärt werden. Entsprechendes gilt für solche Aktionäre, die bereits vor dem erledigenden Ereignis gegen *Abfindung* ausgeschieden sind. Auch die Höhe der ihnen zustehenden Abfindung bedarf noch der endgültigen Klärung in dem anhängigen Spruchverfahren. Es liegt auf

---

[185] S. zu diesen Fällen *Bredow/Tribulowsky* NZG 2002, 841.

[186] So OLG Zweibrücken AG 1994, 563 = WM 1994, 1801 „Tarkett/Pegulan"; OLG Karlsruhe AG 1995, 139 = WM 1994, 2023 „SEN/KHS"; beide aufgehoben auf Verfassungsbeschwerde durch BVerfG AG 1999, 217 = NJW 1999, 1701 = WM 1999, 433 = NZG 1999, 397 „Tarkett/Pegulan"; AG 1999, 218 = NJW 1999, 1699 = NZG 1999, 302 = WM 1999, 435 „SEN/KHS".

[187] So OLG Celle AG 1973, 405 = DB 1973, 1118; OLG Düsseldorf AG 1990, 490 „DAB/Hansa"; AG 1995, 85, 86 = WM 1995, 756; AG 1996, 475 = ZIP 1996, 1610 „Guano"; *Hecker/Wenger* ZBB 1995, 321, 333 f.; *W. Meilicke* AG 1995, 181; *J. Schmidt,* Außenstehende Aktionäre, S. 49 ff.; differenzierend *Kley* Rechtsstellung S. 165 ff.

[188] BGHZ 135, 374, 377 ff. = LM AktG § 305 Nr. 3 = NJW 1997, 2242 = AG 1997, 515 = „Guano"; BGHZ 147, 108, 112 f. = NJW 2001, 2080 = AG 2001, 417 „DAT/Altana IV" (für die Eingliederung der abhängigen in die herrschende Gesellschaft); BVerfG AG 1999, 217 = NJW 1999, 1701 = NZG 1999, 397 = WM 1999, 433 „Tarkett/Pegulan"; AG 1999, 218, 219 = NJW 1999, 1699 = NZG 1999, 302 = WM 1999, 435 „SEN/KHS"; ebenso BayObLGZ 1998, 231, 234 f. = NJW-RR 1999, 101 = AG 1999, 43 = ZIP 1998, 1872 „EKU/März"; LG Hamburg AG 2003, 109 „Philips/PKW" (für die Ausschließung nach § 327 a); zustimmend *Ammon* FGPrax 1998, 121, 122 f.; *Bredow/Tribulowsky* NZG 2002, 841, 843 ff.; *Luttermann* JZ 1997, 1183; *Pentz* NZG 1999, 304; *Wiedemann/Hirte,* FS 50 Jahre BGH Bd. II, 2000, S. 337, 382.

der Hand, daß das herrschende Unternehmen solche Klärung nicht etwa durch die Kündigung des Vertrags oder den Ausschluß der Minderheitsaktionäre verhindern kann (Art. 14 Abs. 1 GG). Problematisch kann daher überhaupt nur die Situation derjenigen Aktionäre sein, die bisher allein Ausgleichsleistungen bezogen haben, sich aber nach der gerichtlichen Festsetzung der Abfindung noch für diese entscheiden möchten. Hier ließe sich einwenden, daß für einen *Abfindungsanspruch* nach Wegfall des Vertrages oder Ausschluß der betreffenden Aktionäre kein Raum mehr ist. Gegen diese Lösung spricht jedoch § 305 Abs. 4 S. 3, der den außenstehenden Aktionären zwingend ihr Abfindungsrecht bei Anhängigkeit eines Spruchverfahrens bis zu einem Zeitpunkt erhält, der mindestens zwei Monate *nach* Rechtskraft der abschließenden Entscheidung liegt.

In dem zuletzt genannten Fall (Rdnr. 62) kann das herrschende Unternehmen die außen- **63** stehenden Aktionäre, die jetzt noch die **Abfindung wählen** wollen, auch nicht auf eine zweite, erneut etwa nach den §§ 320 b oder 327 a Abs. 1 geschuldete Abfindung verweisen, schon weil bei deren Berechnung ein anderer Zeitpunkt als bei der nach § 305 geschuldeten Abfindung zugrunde zu legen ist, so daß sich in beiden Fällen unterschiedliche Werte ergeben können. Wird wegen des zweiten erledigenden Vorgangs, zB wegen der Eingliederung der abhängigen Gesellschaft in die herrschende Gesellschaft oder wegen des Ausschlusses der Minderheitsaktionäre ein **weiteres Spruchverfahren** anhängig gemacht, so sind die beiden Verfahren daher, weil sie sich auf unterschiedliche gesellschaftsrechtliche Vorgänge beziehen, grds. *nebeneinander* weiterzubetreiben, so daß die außenstehenden Aktionäre gegebenenfalls erst aufgrund des Ausgangs der beiden Verfahren entscheiden können, von welchem der konkurrierenden Abfindungsangebote sie Gebrauch machen wollen.

Anhang zu § 306: Entwurf eines Gesetzes über das gesellschaftsrechtliche   **64** Spruchverfahren (Spruchverfahrensgesetz – SpruchG)

§ 1 Anwendungsbereich. Dieses Gesetz ist anzuwenden auf das gerichtliche Verfahren für die Bestimmung

1. des Ausgleichs für außenstehende Aktionäre und der Abfindung solcher Aktionäre bei Beherrschungs- und Gewinnabführungsverträgen (§§ 304 und 305 des Aktiengesetzes);
2. der Abfindung von ausgeschiedenen Aktionären bei der Eingliederung von Aktiengesellschaften (§ 320 b des Aktiengesetzes);
3. der Barabfindung von Minderheitsaktionären, deren Aktien durch Beschluss der Hauptversammlung auf den Hauptaktionär übertragen worden sind (§§ 327 a bis 327 f des Aktiengesetzes);
4. der Zuzahlung an Anteilsinhaber oder der Barabfindung von Anteilsinhabern anlässlich der Umwandlung von Rechtsträgern (§§ 15, 34, 176 bis 181, 184, 186, 196 oder § 212 des Umwandlungsgesetzes).

§ 2 Zuständigkeit. (1) Zuständig ist das Landgericht, in dessen Bezirk der Rechtsträger, dessen Anteilsinhaber antragsberechtigt sind, seinen Sitz hat. Sind nach Satz 1 mehrere Landgerichte zuständig oder sind bei verschiedenen Landgerichten Spruchverfahren nach Satz 1 anhängig, die in einem sachlichen Zusammenhang stehen, so ist § 4 des Gesetzes über die Angelegenheiten der freiwilligen Gerichtsbarkeit entsprechend anzuwenden. Besteht Streit oder Ungewissheit über das zuständige Gericht nach Satz 2, so ist § 5 des Gesetzes über die Angelegenheiten der freiwilligen Gerichtsbarkeit entsprechend anzuwenden.

(2) Ist bei dem Landgericht eine Kammer für Handelssachen gebildet, so entscheidet diese an Stelle der Zivilkammer.

(3) Der Vorsitzende einer Kammer für Handelssachen entscheidet

1. über die Abgabe von Verfahren;
2. im Zusammenhang mit öffentlichen Bekanntmachungen;
3. über Fragen, welche die Zulässigkeit des Antrags betreffen;
4. über alle vorbereitenden Maßnahmen für die Beweisaufnahme und in den Fällen des § 7;
5. in den Fällen des § 6;
6. über Geschäftswert, Kosten, Gebühren und Auslagen;

7. über die einstweilige Einstellung der Zwangsvollstreckung;
8. über die Verbindung von Verfahren.

Im Einverständnis der Beteiligten kann der Vorsitzende auch im übrigen an Stelle der Kammer entscheiden.

(4) Die Landesregierung kann die Entscheidung durch Rechtsverordnung für die Bezirke mehrerer Landgerichte einem der Landgerichte übertragen, wenn dies der Sicherung einer einheitlichen Rechtsprechung dient. Die Landesregierung kann die Ermächtigung auf die Landesjustizverwaltung übertragen.

§ 3 Antragsberechtigung. Antragsberechtigt für Verfahren nach § 1 ist in den Fällen
1. der Nummer 1 jeder außenstehende Aktionär;
2. der Nummern 2 und 3 jeder ausgeschiedene Aktionär;
3. der Nummer 4 jeder in den dort angeführten Vorschriften des Umwandlungsgesetzes bezeichnete Anteilsinhaber.

In den Fällen der Nummer 1 und 3 ist die Antragsberechtigung nur gegeben, wenn der Antragsteller zum Zeitpunkt der Antragstellung Anteilsinhaber ist. Die Stellung als Aktionär ist dem Gericht ausschließlich durch Urkunden nachzuweisen.

§ 4 Antragsfrist und Antragsbegründung. (1) Der Antrag auf gerichtliche Entscheidung in einem Verfahren nach § 1 kann nur binnen drei Monaten seit dem Tag gestellt werden, an dem in den Fällen
1. der Nummer 1 die Eintragung des Bestehens oder einer unter § 295 Abs. 2 des Aktiengesetzes fallenden Änderung des Unternehmensvertrags im Handelsregister nach § 10 des Handelsgesetzbuchs;
2. der Nummer 2 die Eintragung der Eingliederung im Handelsregister nach § 10 des Handelsgesetzbuchs;
3. der Nummer 3 die Eintragung des Übertragungsbeschlusses im Handelsregister nach § 10 des Handelsgesetzbuchs;
4. der Nummer 4 die Eintragung der Umwandlung im Handelsregister nach den Vorschriften des Umwandlungsgesetzes
als bekannt gemacht gilt.

Die Frist wird in den Fällen des § 2 Abs. 1 Satz 2 und 3 durch Einreichung bei jedem zunächst zuständigen Gericht gewahrt.

(2) Der Antragsteller muss den Antrag innerhalb der Frist nach Absatz 1 begründen. Die Antragsbegründung hat zu enthalten:
1. die Bezeichnung des Antragsgegners;
2. die Darlegung der Antragsberechtigung nach § 3;
3. Angaben zur Art der Strukturmaßnahme und der vom Gericht zu bestimmenden Kompensation nach § 1;
4. konkrete Einwendungen gegen den als Grundlage für die Kompensation ermittelten Unternehmenswert des Antragsgegners,
soweit er sich aus den in § 7 Abs. 3 genannten Unterlagen ergibt. Macht der Antragsteller glaubhaft, dass er im Zeitpunkt der Antragstellung aus Gründen, die er nicht zu vertreten hat, über diese Unterlagen nicht verfügt, so kann auf Antrag die Frist zur Begründung angemessen verlängert werden, wenn er gleichzeitig Abschrifterteilung gemäß § 7 Abs. 3 verlangt.

Aus der Antragsbegründung soll sich außerdem die Zahl der von dem Antragsteller gehaltenen Anteile ergeben.

§ 5 Antragsgegner. Der Antrag auf gerichtliche Entscheidung in einem Verfahren nach § 1 ist in den Fällen
1. der Nummer 1 gegen den anderen Vertragsteil des Unternehmensvertrags;
2. der Nummer 2 gegen die Hauptgesellschaft;
3. der Nummer 3 gegen den Hauptaktionär;
4. der Nummer 4 gegen die übernehmenden oder neuen Rechtsträger oder gegen den Rechtsträger neuer Rechtsform
zu richten.

§ 6 Gemeinsamer Vertreter. (1) Das Gericht hat den Antragsberechtigten, die nicht selbst Antragsteller sind, zur Wahrung ihrer Rechte frühzeitig einen gemeinsamen Vertreter zu bestellen; dieser hat die Stellung eines gesetzlichen Vertreters. Werden die Festsetzung des angemessenen Ausgleichs und die Festsetzung der angemessenen Abfindung beantragt, so hat es für jeden Antrag einen gemeinsamen Vertreter zu bestellen, wenn aufgrund der konkreten Umstände davon auszugehen ist, dass die Wahrung der Rechte aller betroffenen Antragsberechtigten durch einen einzigen gemeinsamen Vertreter nicht sichergestellt ist. Die Bestellung eines gemeinsamen Vertreters kann vollständig unterbleiben, wenn die Wahrung der Rechte der Antragsberechtigten auf andere Weise sichergestellt ist. Das Gericht hat die Bestellung des gemeinsamen Vertreters im elektronischen Bundesanzeiger bekannt zu machen. Wenn in den Fällen des § 1 Nr. 1 bis 3 die Satzung der Gesellschaft, deren außenstehende oder ausgeschiedene Aktionäre antragsberechtigt sind, oder in den Fällen des § 1 Nr. 4 der Gesellschaftsvertrag, der Partnerschaftsvertrag, die Satzung oder das Statut des übertragenden oder formwechselnden Rechtsträgers noch andere Blätter oder elektronische Informationsmedien für die öffentlichen Bekanntmachungen bestimmt hatte, so hat es den Antrag auch dort bekanntzumachen.

(2) Der gemeinsame Vertreter kann von dem Antragsgegner in entsprechender Anwendung der Bundesgebührenordnung für Rechtsanwälte den Ersatz seiner Auslagen und eine Vergütung für seine Tätigkeit verlangen; mehrere Antragsgegner haften als Gesamtschuldner. Die Auslagen und die Vergütung setzt das Gericht fest. Gegenstandswert ist der für die Gerichtsgebühren maßgebliche Geschäftswert. Das Gericht kann den Zahlungsverpflichteten auf Verlagen des Vertreters die Leistung von Vorschüssen aufgeben. Aus der Festsetzung findet die Zwangsvollstreckung nach der Zivilprozessordnung statt.

(3) Der gemeinsame Vertreter kann das Verfahren auch nach Rücknahme eines Antrags fortführen. Er steht in diesem Falle einem Antragsteller gleich.

§ 7 Vorbereitung der mündlichen Verhandlung. (1) Das Gericht stellt dem Antragsgegner und dem gemeinsamen Vertreter die Anträge der Antragsteller unverzüglich zu.

(2) Das Gericht fordert den Antragsgegner zugleich zu einer schriftlichen Erwiderung auf. Darin hat der Antragsgegner insbesondere zur Höhe des Ausgleichs, der Zuzahlung oder der Barabfindung oder sonstigen Abfindung Stellung zu nehmen. Für die Stellungnahme setzt das Gericht eine Frist, die mindestens einen Monat beträgt und drei Monate nicht überschreiten soll.

(3) Außerdem hat der Antragsgegner den Bericht über den Unternehmensvertrag, den Eingliederungsbericht, den Bericht über die Übertragung der Aktien auf den Hauptaktionär oder den Umwandlungsbericht nach Zustellung der Anträge bei Gericht einzureichen. In den Fällen, in denen der Beherrschungs- oder Gewinnabführungsvertrag, die Eingliederung, die Übertragung der Aktien auf den Hauptaktionär oder die Umwandlung durch sachverständige Prüfer geprüft worden ist, ist auch der jeweilige Prüfungsbericht einzureichen. Auf Verlangen des Antragstellers oder des gemeinsamen Vertreters gibt das Gericht dem Antragsgegner auf, dem Antragsteller oder dem gemeinsamen Vertreter unverzüglich und kostenlos eine Abschrift der genannten Unterlagen zu erteilen.

(4) Die Stellungnahme nach Absatz 2 wird dem Antragsteller und dem gemeinsamen Vertreter zugeleitet. Sie haben Einwendungen gegen die Erwiderung und die in Absatz 3 genannten Unterlagen binnen einer vom Gericht gesetzten Frist, die mindestens einen Monat beträgt und drei Monate nicht überschreiten soll, schriftlich vorzubringen.

(5) Das Gericht kann weitere vorbereitende Maßnahmen erlassen. Es kann den Beteiligten die Ergänzung oder Erläuterung ihres schriftlichen Vorbringens sowie die Vorlage von Aufzeichnungen aufgeben, insbesondere eine Frist zur Erklärung über bestimmte klärungsbedürftige Punkte setzen. In jeder Lage des Verfahrens ist darauf hinzuwirken, dass sich die Beteiligten rechtzeitig und vollständig erklären. Die Beteiligten sind von jeder Anordnung zu benachrichtigen.

(6) Das Gericht kann bereits vor dem ersten Termin eine Beweisaufnahme durch Sachverständige zur Klärung von Vorfragen, insbesondere zu Art und Umfang einer folgenden Beweisaufnahme, für die Vorbereitung der mündlichen Verhandlung anordnen oder dort zu eine schriftliche Stellungnahme des sachverständigen Prüfers einholen.

(7) Sonstige Unterlagen, die für die Entscheidung des Gerichts erheblich sind, hat der Antragsgegner auf Verlangen des Antragstellers oder des Vorsitzenden dem Gericht und gegebenenfalls einem vom Gericht bestellten Sachverständigen unverzüglich vorzulegen. Der Vorsitzende kann auf Antrag des Antragsgegners anordnen, dass solche Unterlagen den Antragstellern nicht zugänglich gemacht werden dürfen, wenn die Geheimhaltung aus wichtigen Gründen, insbesondere zur Wahrung von Fabrikations-, Betriebs- oder Geschäftsgeheimnissen, nach Abwegung mit den Interessen der Antragsteller, sich zu den Unterlagen äußern zu können, geboten ist. Gegen die Entscheidung des Vorsitzenden kann das Gericht angerufen werden; dessen Entscheidung ist nicht anfechtbar.

(8) Für die Durchsetzung der Verpflichtung des Antragsgegners nach Absatz 3 und 7 ist § 33 Abs. 1 Satz 1 und 3 sowie Abs. 3 Satz 1 und 2 des Gesetzes über die Angelegenheiten der freiwilligen Gerichtsbarkeit entsprechend anzuwenden.

§ 8 Mündliche Verhandlung. (1) Das Gericht soll aufgrund mündlicher Verhandlung entscheiden. Sie soll so früh wie möglich stattfinden.

(2) In den Fällen des § 7 Abs. 3 Satz 2 soll das Gericht das persönliche Erscheinen der sachverständigen Prüfer anordnen, wenn nicht nach seiner freien Überzeugung deren Anhörung als sachverständige Zeugen zur Aufklärung des Sachverhalts entbehrlich erscheint. Den sachverständigen Prüfern sind mit der Ladung die Anträge der Antragsteller, die Erwiderung des Antragsgegners sowie das weitere schriftliche Vorbringen der Beteiligten mitzuteilen. In geeigneten Fällen kann das Gericht die mündliche oder schriftliche Beantwortung von einzelnen Fragen durch den sachverständigen Prüfer anordnen.

(3) Die §§ 138 und 139 sowie für die Durchführung der mündlichen Verhandlung § 279 Abs. 2 und 3 und § 283 der Zivilprozessordnung gelten entsprechend.

§ 9 Verfahrensförderungspflicht. (1) Jede Beteiligte hat in der mündlichen Verhandlung und bei deren schriftlicher Vorbereitung seine Anträge sowie sein weiteres Vorbringen so zeitig vorzubringen, wie es nach der Verfahrenslage einer sorgfältigen und auf Förderung des Verfahrens bedachten Verfahrensführung entspricht.

(2) Vorbringen, auf das andere Beteiligte oder in den Fällen des § 8 Abs. 2 die in der mündlichen Verhandlung anwesenden sachverständigen Prüfer voraussichtlich ohne vorhergehende Erkundigung keine Erklärungen abgeben können, ist vor der mündlichen Verhandlung durch vorbereitenden Schriftsatz so zeitig mitzuteilen, dass die Genannten die erforderliche Erkundigung noch einziehen können.

(3) Rügen, welche die Zulässigkeit der Anträge betreffen, hat der Antragsgegner innerhalb der ihm nach § 7 Abs. 2 gesetzten Frist geltend zu machen.

§ 10 Verletzung der Verfahrensförderungspflicht. (1) Stellungnahmen oder Einwendungen, die erst nach Ablauf einer hierfür gesetzten Frist (§ 7 Abs. 2 Satz 3, Abs. 4) vorgebracht werden, sind nur zuzulassen, wenn nach der freien Überzeugung des Gerichts ihre Zulassung die Erledigung des Rechtsstreits nicht verzögern würde oder wenn der Beteiligte die Verspätung entschuldigt.

(2) Vorbringen, das entgegen § 9 Abs. 1 oder 2 nicht rechtzeitig erfolgt, kann zurückgewiesen werden, wenn die Zulassung nach der freien Überzeugung des Gerichts die Erledigung des Verfahrens verzögern würde und die Verspätung nicht entschuldigt wird.

(3) § 12 des Gesetzes über die Angelegenheiten der freiwilligen Gerichtsbarkeit ist insoweit nicht anzuwenden.

(4) Verspätete Rügen, die die Zulässigkeit der Anträge betreffen und nicht von Amts wegen zu berücksichtigen sind, sind nur zuzulassen, wenn der Beteiligte die Verspätung genügend entschuldigt.

§ 11 Gerichtliche Entscheidung; gütliche Einigung. (1) Das Gericht entscheidet durch einen mit Gründen versehenen Beschluss.

(2) Das Gericht soll in jeder Lage des Verfahrens auf eine gütliche Einigung bedacht sein. Kommt eine solche Einigung aller Beteiligten zustande, so ist hierüber eine Niederschrift aufzunehmen; die Vorschriften, die für die Niederschrift über einen Vergleich in bürgerlichen Rechtsstreitigkeiten gelten, sind entsprechend anzuwenden. Die Vollstreckung richtet sich nach den Vorschriften der Zivilprozessordnung.

(3) Das Gericht hat seine Entscheidung oder die Niederschrift über einen Vergleich den Beteiligten zuzustellen.

(4) Ein gerichtlicher Vergleich kann auch dadurch geschlossen werden, dass die Beteiligten einen schriftlichen Vergleichsvorschlag des Gerichts durch Schriftsatz gegenüber dem Gericht annehmen. Das Gericht stellt das Zustandekommen und den Inhalt eines nach Satz 1 geschlossenen Vergleichs durch Beschluss fest. § 164 der Zivilprozessordnung gilt entsprechend. Der Beschluss ist den Beteiligten zuzustellen.

§ 12 Sofortige Beschwerde. (1) Gegen die Entscheidung nach § 11 findet die sofortige Beschwerde statt. Die Beschwerde kann nur durch Einreichung einer von einem Rechtsanwalt unterzeichneten Beschwerdeschrift eingelegt werden.

(2) Über die Beschwerde entscheidet das Oberlandesgericht. § 28 Abs. 2 und 3 des Gesetzes über die Angelegenheiten der freiwilligen Gerichtsbarkeit gilt entsprechend. Die weitere Beschwerde ist ausgeschlossen.

(3) Die Landesregierung kann die Entscheidung über die Beschwerde durch Rechtsverordnung für die Bezirke mehrerer Oberlandesgerichte einem der Oberlandesgerichte oder dem Obersten Landgericht übertragen, wenn dies zur Sicherung einer einheitlichen Rechtsprechung dient. Die Landesregierung kann die Ermächtigung auf die Landesjustizverwaltung übertragen.

§ 13 Wirkung der Entscheidung. Die Entscheidung wird erst mit der Rechtskraft wirksam. Sie wirkt für und gegen alle, einschließlich derjenigen Anteilsinhaber, die bereits gegen die ursprünglich angebotene Barabfindung oder sonstige Abfindung aus dem betroffenen Rechtsträger ausgeschieden sind.

§ 14 Bekanntmachung der Entscheidung. Die rechtskräftige Entscheidung in einem Verfahren nach § 1 ist ohne Gründe nach Maßgabe des § 6 Abs. 1 Satz 4 und 5 in den Fällen
1. der Nummer 1 durch den Vorstand der Gesellschaft, deren außenstehende Aktionäre antragsberechtigt waren;
2. der Nummer 2 durch den Vorstand der Hauptgesellschaft;
3. der Nummer 3 durch den Hauptaktionär der Gesellschaft und
4. der Nummer 4 durch die gesetzlichen Vertreter jedes übernehmenden oder neuen Rechtsträgers oder des Rechtsträgers neuer Rechtsform
bekannt zu machen.

§ 15 Kosten. (1) Für die Gerichtskosten sind die Vorschriften der Kostenordnung anzuwenden, soweit nachfolgend nichts anderes bestimmt ist. Als Geschäftswert ist der Betrag anzunehmen, der von allen in § 3 genannten Antragsberechtigten nach der Entscheidung des Gerichts zusätzlich zu dem ursprünglich angebotenen Betrag insgesamt gefordert werden kann; er beträgt mindestens 200 000 und höchstens 7,5 Millionen Euro. Maßgeblicher Zeitpunkt für die Bestimmung des Werts ist der Tag nach Ablauf der Antragsfrist (§ 4 Abs. 1). Der Geschäftswert ist von Amts wegen festzusetzen. Für das Verfahren des ersten Rechtszugs wird die volle Gebühr erhoben. Kommt es in der Hauptsache zu einer gerichtlichen Entscheidung, erhöht sich die Gebühr auf das Vierfache der vollen Gebühr; dies gilt nicht, wenn lediglich ein Beschluss nach § 11 Abs. 4 Satz 2 ergeht. Für den zweiten Rechtszug wird die gleiche Gebühr erhoben; dies gilt auch dann, wenn die Beschwerde Erfolg hat.

(2) Schuldner der Gerichtskosten ist nur der Antragsgegner. Diese Kosten können ganz oder zum Teil den Antragstellern auferlegt werden, wenn dies der Billigkeit entspricht; die Haftung des Antragsgegners für die Gerichtskosten bleibt hiervon unberührt.

(3) Der Antragsgegner hat einen zur Deckung der Auslagen hinreichenden Vorschuss zu zahlen. § 8 der Kostenordnung ist nicht anzuwenden.

(4) Das Gericht ordnet an, dass die Kosten der Antragsteller, die zur zweckentsprechenden Erledigung der Angelegenheit notwendig waren, ganz oder zum Teil vom Antragsgegner zu erstatten sind, wenn dies unter Berücksichtigung des Ausgangs des Verfahrens der Billigkeit entspricht.

§ 16 Zuständigkeit bei Leistungsklage. Für Klagen auf Leistung des Ausgleichs, der Zuzahlung oder der Abfindung, die im Spruchverfahren bestimmt worden sind, ist das Gericht des ersten Rechtszuges und der gleiche Spruchkörper ausschließlich zuständig, der gemäß § 2 mit dem Verfahren zuletzt inhaltlich befasst war.

§ 17 Allgemeine Bestimmungen; Übergangsvorschrift. (1) Sofern in diesem Gesetz nichts anderes bestimmt ist, finden auf das Verfahren die Vorschriften des Gesetzes über die Angelegenheiten der freiwilligen Gerichtsbarkeit Anwendung.

(2) Für Verfahren, in denen ein Antrag auf gerichtliche Entscheidung vor dem 1. September 2003 gestellt worden ist, sind weiter die entsprechenden bis zu diesem Tag geltenden Vorschriften des Aktiengesetzes und des Umwandlungsgesetzes anzuwenden. Auf Beschwerdeverfahren, in denen die Beschwerde nach dem 1. September 2003 eingelegt wird, sind die Vorschriften dieses Gesetzes anzuwenden.

§ 307 Vertragsbeendigung zur Sicherung außenstehender Aktionäre

Hat die Gesellschaft im Zeitpunkt der Beschlußfassung ihrer Hauptversammlung über einen Beherrschungs- oder Gewinnabführungsvertrag keinen außenstehenden Aktionär, so endet der Vertrag spätestens zum Ende des Geschäftsjahrs, in dem ein außenstehender Aktionär beteiligt ist.

Schrifttum: S. bei § 304 sowie *Grüner*, Die Beendigung von Gewinnabführungs- und Beherrschungsverträgen, Diss. Bayreuth 2001; MünchHdb. AG/*Krieger* § 70 Rdnr. 171 (S. 1094 f.); *H. Wilhelm*, Die Beendigung des Beherrschungs- und Gewinnabführungsvertrags, 1976.

1   **1. Überblick.** § 307 enthält in Ergänzung zu den §§ 296 und 297 einen weiteren Beendigungsgrund (nur) für Beherrschungs- oder Gewinnabführungsverträge iSd. § 291 Abs. 1, sofern an der abhängigen Gesellschaft im Augenblick der Beschlußfassung ihrer Hauptversammlung über den Vertrag (§ 293 Abs. 1) *kein außenstehender* Aktionär beteiligt war. In diesem Fall endet der Vertrag nach § 307 spätestens zum Ende desjenigen Geschäftsjahres, in dem ein außenstehender Aktionär erstmals wieder an der abhängigen Gesellschaft beteiligt ist. Eine vergleichbare Regelung findet sich für die Eingliederung in § 327 Abs. 1 Nr. 3 (s. dazu § 327 Rdnr. 6).

2   § 307 muß im Zusammenhang mit § 304 Abs. 1 S. 3 und Abs. 3 S. 1 gelesen werden: Nach § 304 Abs. 3 S. 1 ist ein Beherrschungs- oder Gewinnabführungsvertrag grundsätzlich nichtig, wenn er überhaupt keinen Ausgleich für die außenstehenden Aktionäre vorsieht. Eine Ausnahme gilt jedoch gemäß Abs. 1 S. 3 der Vorschrift, wenn die abhängige Gesellschaft im Zeitpunkt der Beschlußfassung ihrer Hauptversammlung über den Vertrag **keinen** außenstehenden Aktionär hatte. Auch eine Abfindungsregelung ist in diesem Fall entbehrlich (s. § 305 Abs. 5 S. 2).[1] Verzichtet mit Rücksicht auf diese Bestimmungen der Vertrag tatsächlich auf eine Ausgleichs- oder Abfindungsregelung, so ergeben sich jedoch Probleme, wenn später an der abhängigen Gesellschaft doch wieder ein außenstehender Aktionär beteiligt ist. Deshalb bestimmt § 307 zum Schutz solcher Aktionäre, daß dann eben der Vertrag spätestens zum Ende des Geschäftsjahrs sein Ende findet, in dem der außenstehende Aktionär sich beteiligt hat.

2 a   **Zweck** des § 307 ist es, die Vertragsparteien im Falle der erstmaligen Beteiligung eines außenstehenden Aktionärs zum Abschluß eines neuen Vertrags zu veranlassen, der dann auch eine dem Gesetz (§§ 304 und 305) entsprechende Ausgleichs- und Abfindungsregelung enthält.[2] Trotz dieses Schutzzwecks ist die Regelung nicht unproblematisch, weil sie zur Folge hat, daß sich ein herrschendes Unternehmen in dem hier geregelten Sonderfall ohne Rücksicht auf die §§ 296 und 297 jederzeit durch bloße Veräußerung einer einzigen Aktie von einem lästig gewordenen Beherrschungs- oder Gewinnabführungsvertrag zu lösen vermag (s. § 302).[3] Die praktische Bedeutung des § 307 scheint freilich gering geblieben zu sein.

3   **2. Anwendungsbereich.** Der Anwendungsbereich des § 307 beschränkt sich auf Beherrschungs- und Gewinnabführungsverträge iSd. § 291 Abs. 1 einschließlich der Geschäftsführungsverträge des § 291 Abs. 1 S. 2. Nach § 22 Abs. 1 S. 1 EGAktG gilt die Vorschrift außerdem für Altverträge. Keine Anwendung findet sie dagegen auf die anderen Unternehmensverträge des § 292, sofern sich nicht hinter ihnen in Wirklichkeit ein Beherrschungs- oder Gewinnabführungsvertrag verbirgt.[4]

---

[1] Nach § 305 Abs. 5 S. 2 ist die Bestimmung der Abfindung auch dann Sache des Gerichts im Spruch- oder Spruchstellenverfahren, wenn der Vertrag überhaupt keine Abfindung vorsieht. Dies bedeutet, daß der Vertrag trotz völligen Fehlens einer Abfindungsregelung wirksam ist; sind keine außenstehenden Aktionäre vorhanden, so scheidet auch die Einleitung eines Spruchverfahrens aus (s. §§ 305 Abs. 5 S. 4 iVm. § 304 Abs. 4 AktG bzw. in Zukunft § 2 SpruchG; s. § 305 Rdnr. 82 f.).

[2] S. die Begr. zum RegE und den Ausschußbericht bei *Kropff* AktG S. 401 f.
[3] MünchKommAktG/*Bilda* Rdnr. 3; *Grüner* Beendigung Teil III § 13; MünchHdb. AG/*Krieger* § 70 Rdnr. 171.
[4] Ebenso für Teilgewinnabführungsverträge OLG Düsseldorf AG 1997, 478; zur Umgehungsproblematik s. § 292 Rdnr. 60 ff.

3. Voraussetzungen. Erste Voraussetzung für die Anwendung des § 307 ist, daß der **4** Vertrag *zunächst* trotz fehlender Ausgleichs- oder Abfindungsregelung mangels des Vorhandenseins außenstehender Aktionäre durch seine Eintragung ins Handelsregister *wirksam* geworden war (§ 294 Abs. 2). § 307 ist dagegen unanwendbar ist, wenn der Vertrag ohnehin nichtig ist, insbes., weil von Anfang an wenigstens ein außenstehender Aktionär an der abhängigen Gesellschaft beteiligt war (s. § 304 Abs. 3 S. 1), wozu es angesichts der unscharfen Abgrenzung des Kreises der außenstehenden Aktionäre in den §§ 304 und 305 von Fall zu Fall durchaus kommen kann (s. § 304 Rdnr. 15 ff.). Besonderheiten gelten ferner, wenn bereits in der Zeit *zwischen* der Beschlußfassung der Hauptversammlung der abhängigen Gesellschaft (§ 293 Abs. 1) und der Eintragung des Vertrags ins Handelsregister (§ 294) ein außenstehender Aktionär beteiligt wird. Denn in diesem Fall darf das Registergericht den Vertrag nicht eintragen,[5] weil er dem Gesetz (§§ 304 und 305) widerspricht.[6] Bei richtiger Handhabung des Gesetzes kann es folglich in diesem Sonderfall nicht zu einer Anwendbarkeit des § 307 kommen. Anders jedoch, wenn das Registergericht den Vertrag, möglicherweise unter Verkennung der Rechtslage, trotz der zwischenzeitlichen Beteiligung wenigstens eines außenstehenden Aktionärs ins Handelsregister einträgt. Dann bewendet es bei der Regelung des § 307, so daß der Vertrag (erst) mit Beendigung des laufenden Geschäftsjahres wieder außer Kraft tritt.

Zweite Voraussetzung für die Anwendbarkeit des § 307 ist, daß an der abhängigen Gesell- **5** schaft *im Zeitpunkt* der Beschlußfassung ihrer Hauptversammlung über den Vertrag nach § 293 Abs. 1 kein außenstehender Aktionär beteiligt war. Der Begriff ist hier derselbe wie in den §§ 304 und 305 (s. deshalb § 304 Rdnr. 15 ff.). Unerheblich ist im vorliegenden Zusammenhang, ob der Vertrag entsprechend den §§ 304 Abs. 1 S. 3 und 305 Abs. 5 S. 2 tatsächlich keine Ausgleichs- oder Abfindungsregelung enthält oder ob in ihn vorsorglich eine derartige Regelung aufgenommen worden war. Auch im zweiten Fall führt die nachträgliche Beteiligung eines außenstehenden Aktionärs zur Nichtigkeit des Vertrages nach § 307, weil die ursprünglich im Vertrag vorgesehene Regelung mangels außenstehender Aktionäre nicht auf ihre Angemessenheit hin überprüft werden konnte (s. § 304 Rdnr. 10, 77). Ebenso ist schließlich zu entscheiden, wenn der Vertrag nur eine Ausgleichs- oder nur eine Abfindungsregelung enthält.[7]

Letzte Voraussetzung für die Anwendbarkeit des § 307 ist die **nachträgliche Beteili- 6 gung** eines außenstehenden Aktionärs. Unerheblich ist, wie es dazu gekommen ist. Denkbar ist gleichermaßen die Veräußerung einer Aktie durch das herrschende Unternehmen an einen außenstehenden Aktionär wie der Erwerb eines Anteils in einer Kapitalerhöhung oder durch die Bedienung einer Option (s. § 327 Rdnr. 6). Ebenso vorstellbar ist die Umwandlung der Rechtsstellung eines bisher „zum Lager" des herrschenden Unternehmens gerechneten Aktionärs in einen außenstehenden Aktionär, etwa durch die Beendigung des Beherrschungs- oder Gewinnabführungsvertrags zwischen ihm und dem herrschenden Unternehmen.[8] Anders zu behandeln ist lediglich ein Effektenaustausch innerhalb des Konzerns, vorausgesetzt, daß alle Beteiligten keine außenstehenden Aktionäre sind.

4. Rechtsfolgen. Unter den Voraussetzungen des § 307 endet der Beherrschungs- oder **7** Gewinnabführungsvertrag kraft Gesetzes „spätestens" zum Ende des Geschäftsjahres, in dem erstmals wieder ein außenstehender Aktionär an der abhängigen Gesellschaft beteiligt ist. Das ist zwingendes Recht, so daß abweichende Vereinbarungen nicht möglich sind (§ 134 BGB). Die Regelung bedeutet zugleich, daß der Vertrag bis zu dem genannten Zeitpunkt (Ende des Geschäftsjahres) wirksam bleibt, so daß zB bei einem Gewinnabführungsvertrag noch der Gewinn für das laufende Geschäftsjahr an das herrschende Unternehmen abzuführen ist (§ 291 Abs. 1 S. 1).[9]

---

[5] MünchKommAktG/*Bilda* Rdnr. 4.
[6] S. § 294 Rdnr. 19 ff.; *Bilda* (vorige Fn.).
[7] S. MünchKommAktG/*Bilda* Rdnr. 5; MünchHdb. AG/*Krieger* § 70 Rdnr. 171; *H. Wilhelm* Beendigung S. 21.

[8] S. § 304 Rdnr. 18 f.; MünchKommAktG/*Bilda* Rdnr. 7; *Hüffer* Rdnr. 2; *Krieger* (vorige Fn.).
[9] MünchKommAktG/*Bilda* Rdnr. 12–14.

8   Nach § 307 endet der Vertrag *„spätestens"* zum Ende des fraglichen Geschäftsjahres (Rdnr. 7). Diesem Tatbestandsmerkmal kommt keine eigenständige Bedeutung zu; das Gesetz will damit vielmehr lediglich die Selbstverständlichkeit zum Ausdruck bringen, daß der Vertrag aus anderen Gründen (s. §§ 296 f.) auch schon früher sein Ende finden kann.[10]

Zweiter Teil. Leitungsmacht und Verantwortlichkeit bei Abhängigkeit von Unternehmen

Erster Abschnitt. Leitungsmacht und Verantwortlichkeit bei Bestehen eines Beherrschungsvertrags

§ 308 Leitungsmacht

(1) Besteht ein Beherrschungsvertrag, so ist das herrschende Unternehmen berechtigt, dem Vorstand der Gesellschaft hinsichtlich der Leitung der Gesellschaft Weisungen zu erteilen. Bestimmt der Vertrag nichts anderes, so können auch Weisungen erteilt werden, die für die Gesellschaft nachteilig sind, wenn sie den Belangen des herrschenden Unternehmens oder der mit ihm und der Gesellschaft konzernverbundenen Unternehmen dienen.

(2) Der Vorstand ist verpflichtet, die Weisungen des herrschenden Unternehmens zu befolgen. Er ist nicht berechtigt, die Befolgung einer Weisung zu verweigern, weil sie nach seiner Ansicht nicht den Belangen des herrschenden Unternehmens oder der mit ihm und der Gesellschaft konzernverbundenen Unternehmen dient, es sei denn, daß sie offensichtlich nicht diesen Belangen dient.

(3) Wird der Vorstand angewiesen, ein Geschäft vorzunehmen, das nur mit Zustimmung des Aufsichtsrats der Gesellschaft vorgenommen werden darf, und wird diese Zustimmung nicht innerhalb einer angemessenen Frist erteilt, so hat der Vorstand dies dem herrschenden Unternehmen mitzuteilen. Wiederholt das herrschende Unternehmen nach dieser Mitteilung die Weisung, so ist die Zustimmung des Aufsichtsrats nicht mehr erforderlich; die Weisung darf, wenn das herrschende Unternehmen einen Aufsichtsrat hat, nur mit dessen Zustimmung wiederholt werden.

Schrifttum: Unternehmensrechtskommission Bericht Tz. 1324 ff. (S. 682 ff.); *Altmeppen*, Die Haftung des Managers im Konzern, 1998, S. 11, 105 ff.; *ders.*, Delegation des Weisungsrechts, FS für Lutter, 2000, S. 975; *Ballerstedt*, Schranken der Weisungsbefugnis aufgrund eines Beherrschungsvertrages, ZHR 137 (1973), 388; *W. Bayer*, Der grenzüberschreitende Beherrschungsvertrag, 1988; *Cahn*, Zur Anwendbarkeit der §§ 311 ff. AktG im mehrstufigen Vertragskonzern, BB 2000, 1477; *Clemm*, Die Grenzen der Weisungsfolgepflicht des Vorstandes der beherrschten AG bei bestehendem Beherrschungsvertrag, ZHR 141 (1977), 197; *Decher*, Personelle Verflechtungen im Aktienkonzern, 1990; *Drüke*, Die Haftung der Muttergesellschaft für Schulden der Tochtergesellschaft, 1990; *Ehricke*, Zur Teilnehmerhaftung von Geschäftsführern bei Verletzungen von Organpflichten mit Außenwirkung, ZGR 2000, 351; *Eichholz*, Das Recht konzerninterner Darlehen, 1993; *Emmerich*, Bestandsschutz im GmbH-Vertragskonzern, in Hommelhoff, Entwicklungen im GmbH-Konzernrecht, 1986, S. 64; *ders.*, Zur Organhaftung im Vertragskonzern, Gedächtnisschrift für Sonnenschein, 2002, S. 651; *ders.*, Das Wirtschaftsrecht der öffentlichen Unternehmen, 1969; *Emmerich/Sonnenschein/Habersack* Konzernrecht § 23 (S. 357 ff.); *Eschenbruch*, Konzernhaftung, 1996, Tz. 3025 ff. (S. 187 ff.); *Exner*, Beherrschungsvertrag und Vertragsfreiheit, 1984; *S. Fabian*, Inhalt und Auswirkungen des Beherrschungsvertrags, 1997, S. 119 ff.; *Filbinger*, Die Schranken der Mehrheitsherrschaft im Aktienrecht und Konzernrecht, 1942; *E. Geßler*, Bestandsschutz der beherrschten Gesellschaft im Vertragskonzern?, ZHR 140 (1976), 433; *Glaser*, Grenzen des Weisungsrechts im Vertragskonzern, Diss. München 1982; *H. Götz*, Leitungssorgfalt und Leitungskontrolle der AG hinsichtlich abhängiger Unternehmen, ZGR 1998, 524; *Großfeld*, Aktiengesellschaft, Unternehmenskonzentration und Kleinaktionär, 1968; *Hommelhoff*, Die Konzernleitungspflicht, 1982; *ders./D. Mattheus*, Risikomanagement im Konzern, BFuP 2000, 217; *Immenga*, Bestandsschutz der beherrschten Gesellschaft im

---

[10] MünchKommAktG/*Bilda* Rdnr. 10; *Hüffer* Rdnr. 4; Handbuch AG *Krieger* § 70 Rdnr. 171 Rdnr. 3; *Koppensteiner* in Kölner Kommentar (2. Abs.).

Vertragskonzern?, ZHR 140 (1976), 301; *ders.*, Schutz abhängiger Gesellschaften durch Bindung oder Unterbindung beherrschenden Einflusses?, ZGR 1978, 269; *Jula/Breitbarth,* Liquiditätsausgleich im Konzern, AG 1997, 256; *Kantzas,* Das Weisungsrecht im Vertragskonzern, 1988; MünchHdb. AG/*Krieger* § 70 Rdnr. 133 ff. (S. 1077 ff.); *U. Kühbacher,* Darlehen an Konzernunternehmen, Besicherung und Vertragsanpassung, 1993; *Oesterreich,* Die Betriebsüberlassung zwischen Vertragskonzern und faktischem Konzern, 1979; *A. Pentz,* Die Rechtsstellung der Enkel-AG in einer mehrstufigen Unternehmensverbindung, 1994; *ders.,* Mehrstufige Unternehmensverbindungen, NZG 2000, 1103; *Preußner/Fett,* Hypothekenbanken als abhängige Konzernunternehmen, AG 2001, 337; *Priester,* Liquiditätsausstattung der abhängigen Gesellschaft und unterjährige Verlustdeckung bei Unternehmensverträgen, ZIP 1989, 1303; *Raiser* Kapitalgesellschaften § 54 III (Tz. 33 ff. [S. 889 ff.]); *E. Rehbinder,* Gesellschaftsrechtliche Probleme mehrstufiger Unternehmensverbindungen, ZGR 1977, 581; *Rowedder,* Die Rechte des Aufsichtsrats in der beherrschten Gesellschaft, FS für Duden, 1977, S. 501; *Scheffler,* Konzernmanagement, 1992; *K. Schmidt* Gesellschaftsrecht § 31 III 2 c (S. 951 ff.); *Semler,* Leitung und Überwachung der AG, 2. Aufl. 1996; *ders.,* Doppelmandats-Verbund im Konzern, FS für Stiefel, 1987, S. 719; *J. v. Schwabe,* Abgrenzung der weisungsfesten Regelungsbereiche im Vertragskonzern, Diss. Mannheim 1986; *Sina,* Grenzen des Konzernweisungsrechts nach § 308 AktG, AG 1991, 1; *Sonnenschein,* Organschaft und Konzerngesellschaftsrecht, 1976; *ders.,* Der Schutz von Minderheitsgesellschaftern und Gläubigern der abhängigen Gesellschaft, in Mestmäcker/Behrens (Hrsg.), Das Gesellschaftsrecht der Konzerne im internationalen Vergleich, 1991, S. 49; *Streyl,* Zur konzernrechtlichen Problematik von Vorstands-Doppelmandaten, 1992; *Theisen,* Der Konzern, 2. Aufl. 2000; *Timm,* Mehrfachvertretung im Konzern, AcP 193 (1993), 423; *G. Turner,* Zur Stellung des Aufsichtsrats im beherrschten Unternehmen, DB 1991, 583; *Wellkamp,* Die Haftung von Geschäftsleitern im Konzern, WM 1993, 2155; *H. Wilhelm,* Die Beendigung des Beherrschungs- und Gewinnabführungsvertrages, 1976; Michalski/*Zeidler* GmbHG Bd. I, Syst. Darst. 4 Rdnr. 85 ff. (S. 451 ff.); *Zöllner,* Inhalt und Wirkungen von Beherrschungsverträgen bei der GmbH, ZGR 1992, 173.

Übersicht

I. Überblick

Nach § 308 Abs. 1 S. 1 ist das herrschende Unternehmen bei Bestehen eines Beherr- **1** schungsvertrages berechtigt, dem Vorstand der abhängigen Gesellschaft hinsichtlich der Leitung seiner Gesellschaft iSd. § 76 Weisungen zu erteilen. S. 2 der Vorschrift fügt hinzu, daß, wenn der Vertrag nichts anderes bestimmt, auch nachteilige Weisungen zulässig sind, vorausgesetzt, daß sie den Belangen des herrschenden Unternehmens oder der mit ihm und der Gesellschaft konzernverbundenen Unternehmen (s. § 18 Abs. 1 S. 1) dienen. Der Vorstand der abhängigen Gesellschaft ist verpflichtet, die Weisungen zu befolgen (§ 308 Abs. 2 S. 1); etwas anderes gilt nur unter den engen Voraussetzungen des § 308 Abs. 2 S. 2, d. h. dann, wenn die fragliche Weisung *offensichtlich* nicht den Belangen des herrschenden Unternehmens *oder* der mit ihm und der Gesellschaft konzernverbundenen Unternehmen dient. Kollidiert das Weisungsrecht des herrschenden Unternehmens mit dem Zustimmungsrecht des Aufsichtsrats der abhängigen Gesellschaft aufgrund des § 111 Abs. 4 S. 2, so setzt sich nach der eigenartigen Regelung des § 308 Abs. 3 letztlich das Weisungsrecht des herrschenden Unternehmens gegen das Zustimmungsrecht des Aufsichtsrates durch, sofern die Weisung wiederholt wird. Für die Eingliederung findet sich eine vergleichbare Regelung in § 323 Abs. 1 S. 1 und 2 (s. dazu § 323 Rdnr. 2–7).

2   Der Zusammenhang der Vorschriften der §§ 18 Abs. 1 S. 2, 291, 308, 309 und 310 macht deutlich, daß das Gesetz als Mittel der einheitlichen Leitung der durch einen Beherrschungsvertrag in einem Vertragskonzern verbundenen Unternehmen *allein* die von dem herrschenden Unternehmen an den Vorstand der abhängigen Gesellschaft gerichtete Weisung hinsichtlich der Leitung seiner Gesellschaft iSd. § 308 Abs. 1 kennt (vgl. auch § 323 Abs. 1 S. 1). *Andere* Leitungsmittel werden dadurch zwar nicht ausgeschlossen; sie begründen aber im Gegensatz zur Weisung mangels Anwendbarkeit des § 308 Abs. 2 S. 1 *keine* Folgepflicht des Vorstandes der abhängigen Gesellschaft oder der anderen Organe dieser Gesellschaft.

3   Aus § 309 Abs. 1 ergibt sich ferner, daß in einem Vertragskonzern die Weisungsbefugnis, wenn es sich bei dem herrschenden Unternehmen um ein einzelkaufmännisches Unternehmen handelt, grundsätzlich von dem Kaufmann selbst und sonst von den gesetzlichen Vertretern des herrschenden Unternehmens auszuüben ist, wobei diese Personen die Sorgfalt eines ordentlichen und gewissenhaften Geschäftsleiters anzuwenden haben, widrigenfalls sie sich *ersatzpflichtig* machen (§ 309 Abs. 2; vgl. die Parallele zu § 93 Abs. 1 und 2). Dieselbe Sorgfalt müssen die Mitglieder des Vorstands und des Aufsichtsrats der abhängigen Gesellschaft beachten, soweit es um die Befolgung von Weisungen des herrschenden Unternehmens geht (§ 310 Abs. 1). Die Gesetzesverfasser haben mit diesen Vorschriften in erster Linie das **Ziel** verfolgt, in einem durch einen Beherrschungsvertrag begründeten Vertragskonzern Leitungsmacht und Verantwortlichkeit in Übereinstimmung zu bringen.[1]

II. Anwendungsbereich

4   **1. Wirksamer Beherrschungsvertrag.** Der unmittelbare Anwendungsbereich des § 308 beschränkt sich auf den Fall, daß zwischen einer abhängigen deutschen AG oder KGaA und einem beliebigen anderen Unternehmen ein wirksamer Beherrschungsvertrag iSd. § 291 Abs. 1 S. 1 besteht. Da Sitz und Rechtsform des herrschenden Unternehmens keine Rolle spielen, ist § 308 zB auch auf Beherrschungsverträge mit der öffentlichen Hand oder mit ausländischen Unternehmen anzuwenden. Voraussetzung für die Anwendung des § 308 ist aber in jedem Fall, daß der Beherrschungsvertrag tatsächlich zustande gekommen und noch in Kraft ist. *Frühester* Zeitpunkt, von dem ab § 308 angewandt werden kann, ist infolgedessen die Eintragung des Vertrages ins Handelsregister (§ 294 Abs. 2). Eine rückwirkende Kraft von Beherrschungsverträgen, etwa zwecks Legitimierung der Wirksamkeit dem Vertrag vorausgegangener und deshalb rechtswidriger Weisungen, ist ausgeschlossen (s. § 291 Rdnr. 15).

5   Unerheblich ist, ob es sich um einen isolierten Beherrschungsvertrag handelt oder ob der Beherrschungsvertrag mit einem anderen Unternehmensvertrag verbunden ist. Auf Gewinnabführungsverträge und die anderen Unternehmensverträge des § 292 allein ist § 308 dagegen nicht, auch nicht entsprechend anwendbar. Leitungsmacht des herrschenden Un-

---

[1] Vgl. die Begr. zum RegE Vor § 308 bei *Kropff* AktG S. 402; *Emmerich,* Gedächtnisschrift für Sonnenschein, S. 651.

ternehmens im Vertragskonzern wird vielmehr nach der Konzeption des AktG, von der Eingliederung abgesehen, ausschließlich durch den Abschluß eines Beherrschungsvertrages iSd. § 291 Abs. 1 S. 1 begründet (§§ 308, 323 Abs. 1 S. 1).

2. Mehrstufige Unternehmensverbindungen

Schrifttum: Altmeppen, Die Haftung des Managers im Konzern, 1998, S. 105 ff.; *ders.,* FS für Lutter, S. 975; *Cahn* BB 2000, 1477; *Emmerich/Sonnenschein/Habersack* Konzernrecht § 23 II (S. 359); MünchKomm-AktG/*Kropff* Rdnr. 311 Anh.; *Pentz* NZG 2000, 1103; *ders.,* Die Rechtsstellung der Enkel-AG in einer mehrstufigen Unternehmensverbindung, 1994; *E. Rehbinder* ZGR 1977, 581; *S. Wanner,* Konzernrechtliche Probleme mehrstufiger Unternehmensverbindungen nach Aktienrecht, 1998.

In mehrstufigen Unternehmensverbindungen besteht ein Weisungsrecht des herrschen- **6** den Unternehmens allein in denjenigen Beziehungen, die durch einen Beherrschungsvertrag geregelt sind.[2] Das gilt selbst im Falle einer Aufeinanderfolge mehrerer Beherrschungsverträge. Auch wenn in einem mehrstufigen Konzern sämtliche Unternehmen auf den verschiedenen Stufen durch Beherrschungsverträge verbunden sind, folgt daraus nicht etwa ein direktes Weisungsrecht der Mutter- gegenüber der Enkelgesellschaft; die Muttergesellschaft ist vielmehr darauf beschränkt, die Tochtergesellschaft gegebenenfalls anzuweisen, ihrerseits der Enkelgesellschaft nach § 308 bestimmte Weisungen zu erteilen.[3] Dies folgt bereits aus dem zwingenden Charakter des § 308 AktG iVm. § 134 BGB, an dem auch eine etwaige „Übertragung" des Weisungsrechts der Tochter- auf ihre Muttergesellschaft nichts zu ändern vermag (s. Rdnr. 16). Will die Mutter ein eigenes Weisungsrecht gegenüber der Enkelgesellschaft erlangen, so muß sie deshalb mit dieser einen direkten Beherrschungsvertrag abschließen, gegebenenfalls zusätzlich zu einem entsprechenden Vertrag mit der Tochter- oder zwischen dieser und der Enkelgesellschaft.[4]

3. Mehrmütterorganschaft.

Im Falle der Mehrmütterorganschaft steht das Weisungs- **7** recht grundsätzlich den Müttern gemeinsam zu, so daß sie sich über dessen Ausübung zuvor verständigen müssen. Nichts hindert die Mütter jedoch, eine abweichende Regelung zu treffen und das Weisungsrecht im Verhältnis zum Gemeinschaftsunternehmen einer von ihnen *allein* einzuräumen.[5] Soweit es um die Zulässigkeit nachteiliger Weisungen geht, genügt es dabei, wenn die Weisung den Belangen wenigstens *einer* der verschiedenen Mütter iSd. § 308 Abs. 1 S. 2 dient.[6]

Unklar ist, was zu geschehen hat, wenn die Mütter die Ausübung ihres Weisungsrechts **8** gegenüber der gemeinsamen Tochter *nicht* koordinieren. In diesem Fall wird man zu unterscheiden haben: Soweit nur die Weisung *einer* der Mütter vorliegt, ist sie aufgrund des Beherrschungsvertrages für die gemeinsame Tochter im Rahmen des § 308 verbindlich. Werden dagegen *widersprüchliche Weisungen* der Mütter gegenüber der letzteren ausgesprochen, so heben sie sich gegenseitig auf, so daß von der gemeinsamen Tochter keine der Weisungen mehr beachtet werden darf. Die Lage ist hier nicht anders als bei Vereinbarung von Einzelgeschäftsführung in Personengesellschaften im Falle der Ausübung des Widerspruchsrechts durch einen der Geschäftsführer nach § 711 BGB oder § 115 Abs. 1 HGB.

4. GmbH.

§ 308 ist entsprechend anwendbar auf Beherrschungsverträge mit Gesell- **9** schaften anderer Rechtsform.[7] Es liegt auf der Hand, daß das Weisungsrecht des herr-

---

[2] S. zum folgenden schon § 291 Rdnr. 38–40 und § 311 Rdnr. 17 ff.

[3] BGH LM GmbHG § 35 Nr. 23 = NJW-RR 1990, 1313 = AG 1990, 459, 460; *Altmeppen* Haftung S. 110 ff.; *Cahn* BB 2000, 1477; *Eschenbruch* Konzernhaftung Tz. 3047; *Exner* Beherrschungsvertrag S. 161 ff.; *Hüffer* Rdnr. 3; *Koppensteiner* in Kölner Kommentar Rdnr. 4, 8; MünchHdb. AG/*Krieger* § 70 Rdnr. 137; *Pentz* Enkel-AG S. 114 ff.; *E. Rehbinder* ZGR 1977, 581, 609 ff.; *S. Wanner,* Konzernrechtliche Probleme, S. 50 ff.

[4] S. zu diesen Fällen *Altmeppen* Haftung S. 105, 109, 121 ff.; *Cahn* (vorige Fn.).

[5] S. § 17 Rdnr. 32; *Hüffer* Rdnr. 3; MünchHdb. AG/*Krieger* § 70 Rdnr. 137.

[6] *Koppensteiner* in Kölner Kommentar Rdnr. 4, 28.

[7] OLG Stuttgart AG 1998, 585 = NZG 1998, 601 „Dornier/DB"; OLG Nürnberg AG 2000, 228 „WBG"; *Emmerich/Sonnenschein/Habersack* Konzernrecht §§ 32 III 1, 34 III 3, 36 VI 1, 37 II 3 (S. 481, 514, 527 und 435); *Scholz/Emmerich* GmbHG § 44 Anh. Rdnr. 177–186; *Heymann/Emmerich* HGB § 105 Anh. Rdnr. 24; *S. Fabian,* Inhalt und Auswirkungen, S. 121, 132 ff.; Münch-

schenden Unternehmens aufgrund eines Beherrschungsvertrages mit einer GmbH, mit einer Personengesellschaft oder mit einer Genossenschaft nicht weiter gehen kann als im Verhältnis zu einer AG oder KGaA.

10   Das Weisungsrecht des herrschenden Unternehmens gegenüber den Geschäftsführern oder Vertretern der abhängigen Gesellschaft kann bei der GmbH im Einzelfall mit dem Weisungsrecht der Gesellschafter gegenüber den Geschäftsführern auf dem Weg über die *Gesellschafterversammlung* kollidieren (§ 37 Abs. 1 GmbHG). In diesem Fall ist davon auszugehen, daß, nachdem einmal die Gesellschafter mit der erforderlichen Mehrheit dem Beherrschungsvertrag zugestimmt haben (s. § 293 Rdnr. 42 ff.), das Weisungsrecht des herrschenden Unternehmens den **Vorrang** vor dem Weisungsrecht der Gesellschafter hat.[8] Bedeutung hat dies indessen nur für den Bereich der Leitung der abhängigen GmbH iSd. § 308 Abs. 1 S. 1 (s. Rdnr. 38 ff.), nicht dagegen für solche Fragen, die kraft zwingenden Rechts der Gesellschafterversammlung übertragen sind wie namentlich die Änderung des Gesellschaftsvertrags (§ 53 GmbHG) einschließlich der Kapitalveränderungen (§§ 55 ff. GmbHG).[9] Dieselben Regeln gelten für das Verhältnis des herrschenden Unternehmens zu einem fakultativen *Aufsichtsrat*,[10] während ein obligatorischer Aufsichtsrat bei der GmbH im Rahmen seiner gesetzlichen Zuständigkeiten aufgrund des Mitbestimmungsgesetzes oder der Montanmitbestimmungsgesetze weisungsfrei ist (s. Rdnr. 42, 70 ff.).

III. Weisungsberechtigter

11   **1. Grundsatz.** Das Weisungsrecht steht als Mittel zur Durchsetzung der einheitlichen Leitung der verbundenen Unternehmen aufgrund des Beherrschungsvertrages gemäß § 308 Abs. 1 S. 1 dem anderen Vertragsteil zu. Ausgeübt wird das Weisungsrecht folglich bei einem einzelkaufmännischen Unternehmen durch den Kaufmann selbst und sonst durch die **gesetzlichen Vertreter** des anderen Vertragsteils (s. § 309 Abs. 1). Gemeint ist damit im weitesten Sinne jedes vertretungsberechtigte Organ des herrschenden Unternehmens einschließlich der vertretungsberechtigten Gesellschafter bei den Personengesellschaften und der Organe der Körperschaften des öffentlichen Rechts.[11] Denn bei der Ausübung des Weisungsrechts handelt es sich, wie § 309 Abs. 1 deutlich macht, um einen Akt der *Vertretung*, der folglich den Regeln über die Vertretungsmacht unterliegt, bei der OHG mithin den Bestimmungen der §§ 125 und 126 HGB, bei der GmbH dem § 37 GmbHG sowie bei der AG dem § 78 AktG.

2. Ausübung durch Dritte

Schrifttum: *Altmeppen,* Die Haftung des Managers, S. 12 ff.; *ders.,* FS für Lutter, S. 975; MünchKommAktG/*Altmeppen* Rdnr. 34 ff.; *Cahn* BB 2000, 1477; *Emmerich/Sonnenschein/Habersack* Konzernrecht § 23 III 1 b (S. 360); *Exner* Beherrschungsvertrag S. 154 ff.; *S. Fabian,* Inhalt und Grenzen, S. 199 ff.; *Hüffer* Rdnr. 4–6; *Kantzas* Weisungsrecht S. 81 ff.; *Veelken,* Der Betriebsführungsvertrag, 1975, S. 197 ff.

12   Die gesetzliche Regelung der §§ 308 Abs. 1 und 309 Abs. 1 hat Anlaß zu der Frage gegeben, ob und in welchem Umfang das herrschende Unternehmen bzw. seine gesetzlichen Vertreter (Rdnr. 11) befugt sind, ihr Weisungsrecht auf Dritte zu übertragen, wobei man zwei unterschiedliche Gestaltungen unterscheidet, für die sich die (wenig passenden) Bezeichnungen Delegation und („echte") Übertragung des Weisungsrechts eingebürgert haben. Unter einer Delegation des Weisungsrechts versteht man die bloße Hinzuziehung

---

KommHGB/*Mülbert* Bd. 3 Konzernrecht Rdnr. 237 ff. (S. 588 f.).

[8] OLG Stuttgart (vorige Fn.); *Roth/Altmeppen* GmbHG § 13 Anh. Rdnr. 43; *S. Fabian,* Inhalt und Auswirkungen, S. 126 ff.; *Rowedder/Schmidt-Leithoff/Koppensteiner* GmbHG § 52 Anh. Rdnr. 109 (S. 1787); *Raiser* Kapitalgesellschaften § 54 Rdnr. 40 (S. 892); *Zöllner* ZGR 1992, 173, 177 ff.; *Baumbach/Hueck/Zöllner* GmbHG Schlußanh. I Rdnr.

48; *Michalski/Zeidler* GmbHG Bd. I Syst. Darst. 4 Rdnr. 103 (S. 457).

[9] *Raiser* (vorige Fn.).

[10] *Roth/Altmeppen* GmbHG § 13 Anh. Rdnr. 46; *Scholz/Emmerich* GmbHG § 44 Anh. Rdnr. 180; *Lutter/Hommelhoff* GmbHG § 13 Anh. Rdnr. 50.

[11] S. die Begr. zum RegE des § 309 bei *Kropff* AktG S. 404.

Dritter zur Wahrnehmung des Weisungsrechts durch die eigentlich dazu nach § 309 Abs. 1 berufenen Personen (und grundsätzlich *neben* diesen; s. Rdnr. 13), während mit Übertragung des Weisungsrechts die „Ermächtigung" Dritter zur Ausübung des Weisungsrechts *anstelle* des herrschenden Unternehmens bezeichnet wird (Rdnr. 16). Nicht hierher gehört dagegen die jederzeit mögliche Ermächtigung einzelner Mitglieder eines mehrköpfigen Vertretungsorgans zur Ausübung des Weisungsrechts anstelle des gesamten Vertretungsorgans, wenn Gesamtvertretung angeordnet ist (§ 92 Abs. 4 AktG; § 125 Abs. 2 S. 2 HGB).

a) Delegation. Die gesetzlichen Vertreter des herrschenden Unternehmens brauchen **13** das Weisungsrecht nicht persönlich auszuüben, sondern können sich hierzu der *Mithilfe beliebiger Dritter* bedienen, wobei vor allem an Prokuristen und sonstige leitende Angestellte des herrschenden Unternehmens zu denken ist (§§ 48, 54 HGB). Erforderlich ist dazu lediglich eine *Bevollmächtigung* der genannten Personen zur Ausübung des Weisungsrechts, weil es sich dabei um einen Vertretungsakt handelt (Rdnr. 11; str.). Die sogenannten Delegatare sind in diesem Fall *Erfüllungsgehilfen des herrschenden Unternehmens* bei der Ausübung seiner Rechte und der Wahrnehmung seiner Pflichten aus dem Beherrschungsvertrag, so daß das letztere bei einer schuldhaften Verletzung des Beherrschungsvertrages durch die Delegatare selbst haften muß (§ 309 AktG iVm. §§ 31 und 278 BGB).

Umstritten ist, ob im Fall der Delegation *neben* dem herrschenden Unternehmen **14** (Rdnr. 13) gesamtschuldnerisch auch dessen gesetzlichen Vertreter selbst nach **§ 309** haften oder ob letztere nur eine Haftung für Auswahlverschulden trifft (§ 664 Abs. 1 S. 2 BGB).[12] In dieser Frage ist davon auszugehen, daß das Gesetz in § 309 offenkundig auf der Annahme eines gesetzlichen Schuldverhältnisses zwischen den Vertretern des herrschenden Unternehmens persönlich und der abhängigen Gesellschaft beruht.[13] Die notwendige Folge ist die Anwendbarkeit des § 278 BGB auf sie.

Der Anwendungsbereich der Delegation iSd. (Unter-)Bevollmächtigung Dritter zur Ausübung des Weisungsrechts anstelle (besser: *neben*) den Vertretungsorganen des herrschenden **15** Unternehmens beschränkt sich nicht auf Mitarbeiter des herrschenden Unternehmens; vielmehr können ohne weiteres auch **Dritte** zu diesem Zweck unterbevollmächtigt werden.[14] Der Sache nach handelt es sich dann entweder um einen Auftrag oder um einen Geschäftsbesorgungsvertrag in Verbindung mit einer Vollmacht (§§ 662, 675 Abs. 1, 665, 167 BGB; §§ 48, 54 HGB). Für die Haftung der Beteiligten gilt in diesem Fall dasselbe wie in den Fällen der Delegation des Weisungsrechts an Mitarbeiter des herrschenden Unternehmens (Rdnr. 13 f.). Schranken für die Zulässigkeit einer derartigen Delegation des Weisungsrechts durch Unterbevollmächtigung eines Dritten ergeben sich aus der Unzulässigkeit einer „echten" Übertragung des Weisungsrechts auf Dritte (s. Rdnr. 16). Die Delegation darf deshalb nicht der Sache nach auf eine Übertragung des Weisungsrechts auf einen Dritten hinauslaufen, sondern muß in jedem Fall sachlich und zeitlich so *beschränkt* werden, daß die Verantwortung für die Ausübung des Weisungsrechts letztlich weiterhin bei demjenigen liegt, dem das Weisungsrecht nach dem Beherrschungsvertrag zusteht. Zu dieser Restriktion zwingt schon die Haftungsregelung des § 309.[15]

b) Übertragung. Die Übertragung des Weisungsrechts auf einen Dritten unterscheidet **16** sich von der „bloßen" Delegation (Rdnr. 13–15) vor allem dadurch, daß hier der Dritte (als „Zessionar") *an die Stelle* des herrschenden Unternehmens als Weisungsberechtigter iSd.

---

[12] In dem zuletzt genannten Sinne *Altmeppen* Haftung S. 13 f.; MünchKommAktG/*Altmeppen* Rdnr. 41 ff.; *Koppensteiner* in Kölner Kommentar Rdnr. 7; dagegen für persönliche Haftung der gesetzlichen Vertreter die überwiegende Meinung: *Eschenbruch* Konzernhaftung Tz. 3030; *Exner* Beherrschungsvertrag S. 154 ff.; *S. Fabian*, Inhalt und Grenzen, S. 202 ff.; *Hüffer* Rdnr. 5; *Kantzas* Weisungsrecht S. 80 ff.; MünchHdb. AG/*Krieger* § 70 Rdnr. 145.

[13] S. § 309 Rdnr. 1 ff.; *Emmerich*, Gedächtnisschrift für Sonnenschein, S. 651, 652 ff.; anders wohl *Altmeppen* (vorige Fn.); zur persönlichen Haftung der Delegatare s. § 309 Rdnr. 15 f.; vgl. im übrigen auch noch Rdnr. 18.

[14] *Altmeppen* Haftung S. 14 ff.; MünchKommAktG/*Altmeppen* Rdnr. 51 ff.; *Hüffer* Rdnr. 5; MünchHdb. AG/*Krieger* § 70 Rdnr. 137; anders *Cahn* BB 2000, 1477, 1483.

[15] Ebenso *Hüffer* Rdnr. 6.

§§ 308 und 309 treten soll. Solche Zession ist nicht möglich, da das „Weisungsrecht" kein selbständiges (übertragbares) subjektives Recht iSd. §§ 398 und 413 BGB darstellt.[16] Der Sache nach geht es hier vielmehr um eine Auswechslung des herrschenden Unternehmens im Beherrschungsvertrag, die als *Vertragsänderung* nur unter den Kautelen des § 295 möglich ist (§ 295 Rdnr. 13 ff.). Daraus ergeben sich auch Schranken für eine besonders weitgehende „Delegation" des Weisungsrechts auf Dritte (s. Rdnr. 15). Dies alles gilt in mehrstufigen Konzernen ebenfalls, so daß zB im Fall des Abschlusses eines Beherrschungsvertrages allein zwischen Tochter- und Enkelgesellschaft die erstere ihr daraus resultierendes Weisungsrecht nicht auf die Muttergesellschaft „übertragen" kann (Rdnr. 7).

IV. Adressat

17   **1. Vorstand.** Nach § 308 Abs. 2 S. 1 trifft die Verpflichtung zur Befolgung der Weisungen des herrschenden Unternehmens unmittelbar die Vorstandsmitglieder der abhängigen Gesellschaft. Dies ist deshalb überraschend, weil Vertragspartner des herrschenden Unternehmens nicht etwa diese Vorstandsmitglieder, sondern die von ihnen lediglich vertretene abhängige Gesellschaft ist (§ 291 Abs. 1 S. 1). Das Gesetz macht durch diese Regelung die Überlagerung des Normalstatuts der abhängigen Gesellschaft (s. § 76) durch den Beherrschungsvertrag deutlich und stellt zugleich klar, daß der Beherrschungsvertrag allein in die Kompetenz des Vorstandes eingreift, während die anderen Gesellschaftsorgane im Rahmen ihrer gesetzlichen Zuständigkeiten weisungsfrei bleiben, soweit nicht ausnahmsweise § 308 Abs. 3 eingreift.[17]

18   Die geschilderte gesetzliche Regelung (Rdnr. 17) hat zur Folge, daß neben den Beherrschungsvertrag zwischen dem herrschenden Unternehmen und der abhängigen Gesellschaft ein *gesetzliches Schuldverhältnis* zwischen dem herrschenden Unternehmen und den Vorstandsmitgliedern der abhängigen Gesellschaft tritt, so daß bei einer Verletzung des Beherrschungsvertrags auch die Vorstandsmitglieder der abhängigen Gesellschaft neben dieser dem herrschenden Unternehmen ersatzpflichtig werden können (§§ 280, 249 BGB).[18]

19   **2. Mitarbeiter.** Aus der gesetzlichen Regelung (§ 308 Abs. 2 S. 1) folgt weiter, daß das herrschende Unternehmen *kein* direktes Weisungsrecht gegenüber den Mitarbeitern der abhängigen Gesellschaft besitzt.[19] Deshalb ist fraglich, ob der **Vorstand** der abhängigen Gesellschaft seinerseits seine Mitarbeiter **anweisen** kann, unmittelbar an sie gerichtete Weisungen des herrschenden Unternehmens zu befolgen. Eine solche Regelung kann zumal in Großunternehmen durchaus sinnvoll sein und dürfte im Regelfall auch durch das Direktionsrecht des Vorstands als „Arbeitgeber" gedeckt werden.[20] Wenn gleichwohl Zweifel bestehen, so mit Rücksicht auf das unerläßliche Prüfungsrecht des Vorstands gegenüber den Weisungen des herrschenden Unternehmens (Rdnr. 66).

20   Eine Anweisung der Mitarbeiter zur Befolgung von Weisungen des herrschenden Unternehmens ist daher (nur) zulässig, wenn zugleich Sorge für die **Beachtung des Prüfungsrechts** des Vorstands getragen wird, in erster Linie durch die Verpflichtung der Mitarbeiter zur unverzüglichen Information des Vorstands über die vom herrschenden Unternehmen an sie gerichteten Weisungen, um dem Vorstand, wo er dies für geboten hält, die Möglichkeit zur Intervention zu geben.[21] Ob man darüber hinaus auch eine *Delegation* dieses Prüfungs-

---

[16] Ebenso *Exner* Beherrschungsvertrag S. 163 ff.; S. *Fabian*, Inhalt und Grenzen, S. 200 ff.; *Hüffer* Rdnr. 6; *Kantzas* Weisungsrecht S. 81 ff.; *Pentz* Enkel-AG S. 110 ff.; *Sina* AG 1991, 1, 4; *Veelken* Betriebsführungsvertrag S. 197 ff.; im Ergebnis auch *Cahn* BB 2000, 1477, 1482 f.

[17] OLG Karlsruhe AG 1991, 144 „Asea/BBC"; *Kantzas* Weisungsrecht S. 83 ff.

[18] S. Rdnr. 68; zu dem ergänzenden gesetzlichen Schuldverhältnis zwischen den gesetzlichen Vertretern des herrschenden Unternehmens und der abhängigen Gesellschaft s. schon Rdnr. 14 und § 309 Rdnr. 1 ff.

[19] Begr. zum RegE bei *Kropff* AktG S. 403; *Hüffer* Rdnr. 7.

[20] *Altmeppen*, Die Haftung des Managers, S. 17 ff.; MünchKommAktG/*Altmeppen* Rdnr. 75 ff.

[21] *Ballerstedt* ZHR 137 (1973), 388, 399 ff.; *Exner* Beherrschungsvertrag S. 131 ff.; *Hüffer* Rdnr. 8; *Kantzas* Weisungsrecht S. 85 f.; *Koppensteiner* in Kölner Kommentar Rdnr. 10; MünchHdb. AG/*Krieger* § 70 Rdnr. 138; großzügiger *Altmeppen* (vorige Fn.).

rechts des Vorstandes selbst auf andere Mitarbeiter zulassen kann, erscheint fraglich.[22] Soweit hiernach im Rahmen des § 308 die Mitarbeiter der abhängigen Gesellschaft vom Vorstand zur Befolgung von Weisungen des herrschenden Unternehmens angewiesen werden können, ist auch im voraus eine entsprechende Regelung im Beherrschungsvertrag selbst möglich.

V. Weisung

Das AktG kennt in den §§ 308 und 323 Abs. 1 S. 1 als Mittel zur Unterstellung der 21 Leitung der abhängigen Gesellschaft unter das herrschende Unternehmen allein die *Weisung* des letzteren an den Vorstand der abhängigen Gesellschaft; eine Definition der Weisung wird man jedoch in den konzernrechtlichen Vorschriften vergeblich suchen. Aus dem Gesetz folgt lediglich, daß die Weisung von den gesetzlichen Vertretern des herrschenden Unternehmens ausgehen muß (§§ 308 Abs. 1 S. 1, 309 Abs. 1, 323 Abs. 1 S. 2) und an den Vorstand der abhängigen Gesellschaft zu richten ist, der grundsätzlich zu ihrer Befolgung verpflichtet ist (§§ 308 Abs. 2 S. 1, 323 Abs. 1 S. 2).

Der Ausspruch einer Weisung hat zur Folge, daß an die Stelle der Leitung der abhängigen 22 Gesellschaft durch ihren eigenen Vorstand (§ 76 Abs. 1) die durch das herrschende Unternehmen tritt, womit diesem die einheitliche Leitung des von ihm geführten Konzerns ermöglicht werden soll (§ 18 Abs. 1 S. 2). Soweit hingegen das herrschende Unternehmen von seinem Weisungsrecht keinen Gebrauch macht, bleibt es bei der Anwendbarkeit der §§ 76 ff., so daß der Vorstand der abhängigen Gesellschaft diese weiterhin unter eigener Verantwortung zu leiten hat (Rdnr. 54).

1. Begriff. Aus dem Gesagten (Rdnr. 22) folgt, daß unter einer Weisung **jede Maß-** 23 **nahme** des herrschenden Unternehmens zu verstehen ist, durch die dieses über den Vorstand der abhängigen Gesellschaft **Einfluß** auf deren Leitung **nehmen** will (§§ 18 Abs. 1 S. 2, 291 Abs. 1 S. 1, 308 Abs. 1 S. 1, 323 Abs. 1 S. 1). Aus § 308 Abs. 2 S. 1 ist außerdem zu folgern, daß die fragliche Maßnahme für den Vorstand der abhängigen Gesellschaft zumindest faktisch in dem Sinne *verbindlich* sein muß, daß seine erneute Bestellung gefährdet ist, wenn er der Weisung des herrschenden Unternehmens nicht nachkommt.[23] Denn das Gesetz spricht hier von einer „Verpflichtung" des Vorstands zur Befolgung der Weisungen. Bloße Empfehlungen und Ratschläge des herrschenden Unternehmens, die tatsächlich so gemeint und vom Vorstand der abhängigen Gesellschaft auch so verstanden werden, können daher nicht als Weisungen iSd. § 308 behandelt werden, weil sie keine Folgepflicht des Vorstandes iSd. § 308 Abs. 2 S. 1 auslösen.[24]

Auf die äußere **Einkleidung** der Weisung kommt es nicht an; vielmehr stellen bloße 24 „Ratschläge" oder „Empfehlungen" des herrschenden Unternehmens gleichfalls Weisungen iSd. § 308 dar, sofern sie als verbindlich gedacht sind und vom Vorstand der abhängigen Gesellschaft auch so verstanden werden. Ebensowenig wird zwischen speziellen und generellen Weisungen unterschieden; maßgebend für die Anwendung der §§ 308 bis 310 ist vielmehr allein, ob in dem genannten Sinne (Rdnr. 23) eine zumindest faktisch bindende Weisung vorliegt.[25]

Aus dem Gesagten (Rdnr. 23 f.) folgt weiter, daß entgegen der überwiegenden 25 Meinung[26] auch „bloße" Zustimmungsvorbehalte des herrschenden Unternehmens aufgrund des Beherrschungsvertrages von Fall zu Fall als Weisungen zu qualifizieren sein *können*. Gleich stehen ferner Zustimmungsvorbehalte der öffentlichen Hand aufgrund des Haushaltsrechts im Verhältnis zu ihren Unternehmen. Voraussetzung ist in beiden Fällen, daß die Vorbehalte eine solche Dichte annehmen, d. h. ein so breites Spektrum von Geschäftsführungsmaßnahmen der abhängigen Gesellschaft abdecken, daß deren Vorstand eine eigenverantwortliche Leitung seiner Gesellschaft iSd. § 76 nicht mehr möglich ist, die

---

[22] Anders *Altmeppen* (Fn. 20).
[23] Vgl. *Eschenbruch* Konzernhaftung Tz. 3028 ff.; *Hüffer* Rdnr. 10; *Koppensteiner* in Kölner Kommentar Rdnr. 13; *Wellkamp* WM 1993, 2155, 2156.

[24] MünchKommAktG/*Altmeppen* Rdnr. 9.
[25] MünchKommAktG/*Altmeppen* Rdnr. 14.
[26] *Hüffer* Rdnr. 10; *Koppensteiner* in Kölner Kommentar Rdnr. 14.

Leitung vielmehr letztlich beim herrschenden Unternehmen liegt; hinzu kommen muß noch, daß der Vorstand der abhängigen Gesellschaft Sanktionen zu befürchten hat, falls er die Zustimmungsvorbehalte nicht beachtet.[27]

26   **2. Rechtsnatur.** Weisungen sind rechtsgeschäftsähnliche Handlungen, für die die Vorschriften über Rechtsgeschäfte (unmittelbar oder entsprechend) gelten.[28] Die Weisung wird daher erst mit Zugang bei einem der Vorstandsmitglieder der abhängigen Gesellschaft wirksam (§ 130 Abs. 1 S. 1 BGB; § 78 Abs. 2 S. 2 AktG); bis zu diesem Zeitpunkt kann sie noch widerrufen werden und ist dann unbeachtlich (§ 130 Abs. 1 S. 2 BGB).

27   Eine bestimmte *Form* ist für die Weisung nicht vorgeschrieben, kann aber durch den Beherrschungsvertrag eingeführt werden.[29] Dagegen dürfte eine Anfechtung von Weisungen nach den §§ 119 und 123 BGB schwerlich in Betracht kommen, dies auch mit Rücksicht auf § 309 Abs. 2.

3. Besondere Erscheinungsformen

Schrifttum: *Berkenbrock* AG 1981, 69; *Emmerich/Sonnenschein/Habersack* Konzernrecht § 23 IV 2/3 (S. 362 f.); *Eschenbruch* Konzernhaftung Tz. 3031 ff.; *Exner* AG 1981, 175; *Kantzas* Weisungsrecht S. 52, 148 ff.; *Michalski* AG 1980, 261; *Streyl* Vorstands-Doppelmandate S. 28 ff.; *Wellkamp* WM 1993, 2155.

28   Ein herrschendes Unternehmen verfügt neben der Weisung im Vertragskonzern noch über verschiedene andere Mittel zur Gewährleistung der einheitlichen Leitung der verbundenen Unternehmen iSd. § 18 Abs. 1 (s. § 18 Rdnr. 16). Das Spektrum derartiger Lenkungsinstrumente reicht von personellen Verflechtungen bis zur Einflußnahme über die Hauptversammlung oder den Aufsichtsrat der abhängigen Gesellschaft. Inwieweit auch derartige Formen der Einflußnahme auf die abhängige Gesellschaft unter die §§ 308, 309 und 323 zu subsumieren sind, ist umstritten, weil in diesen Fällen in der Tat häufig nur noch mit Mühe die oben (Rdnr. 23 f.) genannten Merkmale einer Weisung des herrschenden Unternehmens an den Vorstand der abhängigen Gesellschaft iSd. §§ 308 und 309 ausgemacht werden können. Man wird deshalb, nicht zuletzt unter dem Gesichtspunkt des Prüfungsrechts des Vorstands (Rdnr. 66), zu unterscheiden haben:

29   **a) Vorstands-Doppelmandate.** Was zunächst die verbreiteten Vorstands-Doppelmandate angeht, so hindert nichts die auch von der Sache her gebotene Anwendung der §§ 308 und 309. Denn in der Tätigkeit eines Verwaltungsmitglieds des herrschenden Unternehmens in dem Vorstand der abhängigen Gesellschaft kann unbedenklich zugleich die generelle Weisung des herrschenden Unternehmens an die abhängige Gesellschaft gesehen werden, die „Vorschläge" des „entsandten" Verwaltungsmitglieds zu befolgen.[30] Die Folge ist die Anwendbarkeit der §§ 308 bis 310.

30   **b) Einflußnahme über Hauptversammlung oder Aufsichtsrat.** Anders als bei Vorstands-Doppelmandaten (Rdnr. 29) wird bei der Einflußnahme des herrschenden Unternehmens auf die abhängige Gesellschaft über deren Hauptversammlung oder Aufsichtsrat häufig das Vorliegen einer Weisung des herrschenden Unternehmens verneint und dann für dessen Haftung statt dessen auf die Verletzung der Treuepflicht verwiesen.[31] Doch steht auch in diesen Fällen letztlich nichts der Annahme wenigstens einer *mittelbaren* Weisung des herrschenden Unternehmens an den Vorstand der abhängigen Gesellschaft über deren andere Organe entgegen (s. § 311 Rdnr. 28 ff.).[32]

---

[27] MünchKommAktG/*Altmeppen* Rdnr. 10 ff.; *Emmerich* Wirtschaftsrecht S. 218 ff.; *Sina* AG 1991, 1 ff.

[28] *Hüffer* Rdnr. 11; *Koppensteiner* in Kölner Kommentar Rdnr. 12.

[29] *Exner* Beherrschungsvertrag S. 85; *Kantzas* Weisungsrecht S. 65 f.; *Koppensteiner* in Kölner Kommentar Rdnr. 38; *Sina* AG 1991, 1 f.

[30] *Decher*, Personelle Verflechtungen; *Eschenbruch* (Fn. 23); *Hoffmann-Becking* ZHR 150 (1986), 570;

Hommelhoff in Druey, Das St. Galler-Konzernrechtsgespräch, 1988, S. 107, 121 ff.; *Lindermann* AG 1987, 225; *U. Schneider* ZHR 150 (1986), 609; *Semler*, FS für Stiefel, 1987, S. 719; *Streyl* Vorstands-Doppelmandate S. 26 ff. u. passim; *Wellkamp* WM 1993, 2155, 2156; s. auch § 311 Rdnr. 35.

[31] *Eschenbruch* Konzernhaftung Tz. 3036 ff.

[32] *Wellkamp* WM 1993, 2155, 2156; ebenso schon die Begr. zum RegE des § 310 bei *Kropff* AktG S. 406.

c) Bevollmächtigung. Aus dem Weisungsrecht folgt keine Vertretungsmacht des herr- 31
schenden Unternehmens für die abhängige Gesellschaft; diese wird vielmehr weiterhin
aufgrund der §§ 76 und 78 allein durch ihre eigenen Organe vertreten.[33] Daher ist umstritten, ob es zulässig ist, die besonderen Kautelen, mit denen das Gesetz in den §§ 308 und
309 die Ausübung des Weisungsrechts umgeben hat, durch das Ausweichen auf eine Bevollmächtigung des herrschenden Unternehmens zum Handeln anstelle der abhängigen Gesellschaft zu umgehen.

Nach überwiegender Meinung muß man unterscheiden: Mit den §§ 308 und 309 unver- 32
einbar ist zunächst mit Rücksicht auf das unabdingbare Prüfungsrecht des Vorstandes der
abhängigen Gesellschaft (Rdnr. 66) eine **generelle Bevollmächtigung** des herrschenden
Unternehmens durch die abhängige Gesellschaft, sei es „freiwillig", sei es aufgrund einer
entsprechenden Weisung, weil andernfalls die gesetzliche Regelung zum Schutz der abhängigen Gesellschaft im Vertragskonzern leerliefe; zulässig ist vielmehr allein eine (freiwillige
oder unfreiwillige) Bevollmächtigung des herrschenden Unternehmens **im Einzelfall** oder
doch für einen begrenzten und überschaubaren Kreis von Geschäften, um die unabdingbare
Prüfungspflicht des Vorstandes der abhängigen Gesellschaft sicherzustellen.[34] Es sind hier
letztlich dieselben Überlegungen maßgebend wie bei der ebenso schwierigen Abgrenzung
zwischen der zulässigen Delegation und der unzulässigen Übertragung des Weisungsrechts
auf einen Dritten (Rdnr. 15).

Gegen diese Abgrenzung wird zum Teil eingewandt, daß die abhängige Gesellschaft 32 a
jederzeit einem Dritten und damit auch dem herrschenden Unternehmen von sich aus
(**„freiwillig"**) jede beliebige Vollmacht einschließlich sogar einer Generalvollmacht erteilen
könne, so daß es nur darauf ankomme, ob die (umfassende oder auf einen Einzelfall
beschränkte) Bevollmächtigung des herrschenden Unternehmens „freiwillig" erfolgt oder
auf einer Weisung des herrschenden Unternehmens beruht.[35] Dem ist jedoch schon deshalb
nicht zu folgen, weil es unmöglich sein dürfte, in der Praxis zwischen einer „freiwilligen"
und einer auf einer Weisung des herrschenden Unternehmens beruhenden Bevollmächtigung zu unterscheiden.

Wieder anders zu beurteilen ist die Rechtslage, wenn das herrschende Unternehmen als 33
Vertreter ohne Vertretungsmacht für die abhängige Gesellschaft tätig geworden ist und
anschließend den Vorstand der abhängigen Gesellschaft zur Genehmigung des Geschäfts
nach § 177 BGB anweist. Derartige Praktiken können nicht zugelassen werden, weil unter
den gegebenen Verhältnissen die Genehmigung durch die abhängige Gesellschaft ein bloßer
Formalakt wäre, so daß das herrschende Unternehmen hier der Sache nach eine ihm nicht
zustehende Vertretungsmacht in Anspruch nimmt.[36]

4. Keine Weisungspflicht. Die Ausübung des Weisungsrechts liegt im unternehmeri- 34
schen Ermessen des herrschenden Unternehmens (§ 76). Weder die abhängige Gesellschaft
noch Dritte haben im Regelfall einen Anspruch auf die Erteilung bestimmter Weisungen.[37]
Ausnahmen können sich nur im Einzelfall aus § 309 ergeben, wenn zur Vermeidung einer
Haftung des herrschenden Unternehmens und seiner gesetzlichen Vertreter eine bestimmte
(erneute) Weisung an die abhängige Gesellschaft unerläßlich ist.[38] Dies kommt insbes. in
Betracht, wenn sich nachträglich die übermäßig nachteilige Wirkung einer vorausgegangenen Weisung des herrschenden Unternehmens herausstellt, so daß sich die Weisung jetzt als
unzulässig erweist und deshalb rückgängig gemacht werden muß (§ 309 Abs. 2 AktG iVm.

[33] BGH LM GmbHG § 35 Nr. 23 = AG 1990,
459, 460 = NJW-RR 1990, 1313; *Kantzas* Weisungsrecht S. 67 f.
[34] *Berkenbrock* AG 1981, 69; *Exner* Beherrschungsvertrag S. 117 ff.; *ders.* AG 1981, 175; *Hüffer*
Rdnr. 9; *Michalski* AG 1980, 261; *Koppensteiner* in
Kölner Kommentar Rdnr. 15 f.; MünchHdb. AG/
Krieger § 70 Rdnr. 138; s. auch § 311 Rdnr. 31.
[35] *Altmeppen*, Die Haftung des Managers, S. 16 f.;
MünchKommAktG/*Altmeppen* Rdnr. 21–28.

[36] *Berkenbrock* AG 1981, 69; *Hüffer* Rdnr. 9; *Koppensteiner* in Kölner Kommentar Rdnr. 16; anders
OLG München AG 1980, 272, 273; MünchHdb.
AG/*Krieger* § 70 Rdnr. 138.
[37] LAG Hamm AG 1977, 323 (für die Durchsetzung der Mitbestimmung bei einer Tochtergesellschaft); *Kantzas* Weisungsrecht S. 73 ff.; *Koppensteiner*
in Kölner Kommentar Rdnr. 41.
[38] S. *Wellkamp* WM 1993, 2154, 2155; *Emmerich*,
Gedächtnisschrift für Sonnenschein, S. 651, 653 ff.

§ 249 Abs. 1 BGB). Damit ist zugleich gesagt, daß die abhängige Gesellschaft in diesem Fall einen Anspruch auf Widerruf der Weisung hat (s. Rdnr. 49).

35   Davon zu unterscheiden ist die Frage, ob die gesetzlichen Vertreter des herrschenden Unternehmens, namentlich also der Vorstand einer herrschenden AG oder die Geschäftsführer einer herrschenden GmbH, **dieser,** d. h. ihrer **eigenen** Gesellschaft gegenüber verpflichtet sind, von einem vertraglich begründeten Weisungsrecht in bezug auf eine abhängige Gesellschaft im Interesse der Konzernbegründung, Konzernleitung und Konzernkontrolle auch tatsächlich Gebrauch zu machen. Es handelt sich dabei um einen Aspekt des schwierigen Fragenkreises, der üblicherweise unter dem Stichwort **„Konzernleitungspflicht"** diskutiert wird.[39] Hier genügt die Bemerkung, daß sich die Frage einer internen Weisungspflicht der gesetzlichen Vertreter des herrschenden Unternehmens schwerlich pauschal beantworten läßt; entscheidend sind vielmehr von Fall zu Fall die je unterschiedlichen Pflichten, die sich für die gesetzlichen Vertreter des herrschenden Unternehmens jeweils aus Gesetz und Vertrag ergeben.

VI. Umfang

36   Das Weisungsrecht des herrschenden Unternehmens erstreckt sich nach § 308 Abs. 1 S. 1 auf den gesamten weiten Bereich der „Leitung" der abhängigen Gesellschaft durch ihren Vorstand iSd. *§ 76 Abs. 1.* Unerheblich ist, ob die Weisung speziell oder generell, vorteilhaft oder nachteilig ist (§ 308 Abs. 1 S. 2), vorausgesetzt, daß der Beherrschungsvertrag nichts anderes bestimmt (Rdnr. 37) *und* daß eine nachteilige Weisung den Belangen des herrschenden Unternehmens oder der mit ihm und der Gesellschaft konzernverbundenen Unternehmen dient (Rdnr. 45 ff.). Den Ausgleich für diese weitgehenden Befugnisse des herrschenden Unternehmens bilden die Pflichten, die sich für das letztere aus den §§ 302 bis 305 sowie aus § 309 ergeben.

37   Aus dem Gesagten (Rdnr. 36) darf nicht der Schluß gezogen werden, das Weisungsrecht des herrschenden Unternehmens sei praktisch schrankenlos. Das Gegenteil ist der Fall, wie sich bereits aus § 308 Abs. 1 S. 2 ergibt. Weitere Schranken für das Weisungsrecht des herrschenden Unternehmens können sich von Fall zu Fall aus dem Beherrschungsvertrag (s. § 291 Rdnr. 16 f.), aus der Satzung der abhängigen Gesellschaft, aus § 138 BGB sowie aus dem zwingenden Gesetzesrecht ergeben (§ 134 BGB; Rdnr. 55 ff.).

38   **1. Leitung der Gesellschaft.** Das Weisungsrecht erstreckt sich nach § 308 Abs. 1 S. 1 ebenso wie nach § 323 Abs. 1 S. 1 grundsätzlich auf die „Leitung" der abhängigen Gesellschaft durch ihren Vorstand. Das Gesetz verweist damit auf die §§ 76 bis 78, so daß die „Leitung der Gesellschaft" durch den Vorstand iSd. § 308 Abs. 1 den gesamten Bereich der Geschäftsführung und Vertretung der Gesellschaft umfaßt.

39   Das herrschende Unternehmen kann folglich dem Vorstand der abhängigen Gesellschaft Weisungen hinsichtlich aller **Fragen der Geschäftsführung und der Vertretung** seiner Gesellschaft erteilen, freilich auch nur dem Vorstand und allein hinsichtlich der Fragen der Geschäftsführung und der Vertretung, wobei jedoch nicht weiter danach unterschieden wird, ob es sich um grundsätzliche Fragen oder Einzelfragen des laufenden Tagesgeschäfts handelt. Das Gesetz stellt auf diese Weise sicher, daß das herrschende Unternehmen über die nötigen Mittel verfügt, um im Konzern (§ 18 Abs. 1 S. 2) die von ihm gewünschte Geschäftspolitik bei denjenigen Tochtergesellschaften durchzusetzen, mit denen es einen Beherrschungsvertrag abgeschlossen hat.[40] Aus dem Gesagten folgt zugleich, daß das Weisungsrecht des herrschenden Unternehmens, da es nur auf der Basis einer umfassenden Information über die Verhältnisse der abhängigen Gesellschaft sinnvoll ausgeübt werden

---

[39] S. im einzelnen § 309 Rdnr. 35 sowie Vor § 311 Rdnr. 7; zuletzt *Altmeppen,* Die Haftung des Managers, S. 31 ff.; *Emmerich* (vorige Fn.); *H. Götz* ZGR 1998, 524; *Hommelhoff/Matteus* BFuP 2000, 217, 222 ff.

[40] S. MünchKommAktG/*Altmeppen* Rdnr. 83 ff.; *Hüffer* Rdnr. 12; *Koppensteiner* in Kölner Kommentar Rdnr. 17 f.; MünchHdb. AG/*Krieger* § 70 Rdnr. 133.

kann, zugleich ein **Auskunftsrecht** des herrschenden Unternehmens über sämtliche für die Ausübung des Weisungsrechts relevanten Umstände umfaßt.[41] Soweit das herrschende Unternehmen von diesem Recht Gebrauch macht, ist auch kein Raum für die Anwendung des § 131 Abs. 4 S. 1, weil die fraglichen Auskünfte dem herrschenden Unternehmen nicht in seiner Eigenschaft als Aktionär, sondern aufgrund des Beherrschungsvertrages erteilt werden.[42]

2. Innerkorporativer Bereich. Zur Leitung der Gesellschaft iSd. §§ 76 Abs. 1, 291 **40** Abs. 1 S. 1 und 308 Abs. 1 S. 1 gehören nach hM auch Maßnahmen im sogenannten innerkorporativen Bereich. Man versteht darunter Maßnahmen wie die Einberufung der Hauptversammlung, die Ausübung von Bewertungswahlrechten bei der Aufstellung des Jahresabschlusses sowie die Bildung anderer Gewinnrücklagen iSd. § 272 Abs. 3 S. 2 HGB.[43] Für die Vorbereitung solcher Maßnahmen, die wie Kapitalmaßnahmen oder der Abschluß von Unternehmensverträgen zur ausschließlichen Zuständigkeit der Hauptversammlung oder des Aufsichtsrats gehören, gilt nichts anders. § 83 kommt in diesem Zusammenhang keine Bedeutung zu.[44]

Unzulässig ist dagegen eine etwaige Weisung des herrschenden Unternehmens an den **41** Vorstand der abhängigen Gesellschaft, die Hauptversammlung nach den *§§ 111 Abs. 4 S. 3* und *119 Abs. 2* einzuberufen, weil das herrschende Unternehmen andernfalls auf dem Weg über die Einschaltung der Hauptversammlung der abhängigen Gesellschaft allzu leicht seine Verantwortlichkeit nach § 309 verwischen könnte.[45] Die Haftung nach § 117 bleibt deutlich hinter der nach § 309 zurück. Entscheidet man anders, so ist deshalb auf jeden Fall die entsprechende Anwendung des § 309 auf die fragliche Weisung zur Anrufung der Hauptversammlung aufgrund der §§ 111 Abs. 4 S. 3 und 119 Abs. 2 unabdingbar.[46] Unbedenklich ist dagegen die Weisung des herrschenden Unternehmens an den Vorstand der abhängigen Gesellschaft, auf eine Befassung der Hauptversammlung mit Fragen der Geschäftsführung nach § 119 Abs. 2 zu *verzichten*, weil insoweit durch § 308 Abs. 1 S. 1 die Zuständigkeit ausschließlich auf das herrschende Unternehmen verlagert worden ist.[47]

3. Andere Organe. Aus § 308 Abs. 1 folgt ferner, daß der Beherrschungsvertrag dem **42** herrschenden Unternehmen, von § 308 Abs. 3 abgesehen (dazu Rdnr. 70 ff.), *keine* Möglichkeiten eröffnet, in die zwingenden Zuständigkeiten von Aufsichtsrat und Hauptversammlung einzugreifen.[48] Ausgeschlossen sind namentlich Weisungen in Fragen, die wie Satzungsänderungen (§ 179), Kapitalmaßnahmen (§§ 182, 222) oder der Abschluß, die Änderung oder die Aufhebung von Unternehmensverträgen (§§ 293, 295, 296) der Zuständigkeit der **Hauptversammlung** unterliegen, weil all dies nicht mehr zur „Leitung" der Gesellschaft iSd. §§ 76 und 308 Abs. 1 gehört.[49] Für die Änderung, Aufrechterhaltung oder Beendigung des Beherrschungsvertrages wiederholt § 299 diesen Grundsatz nochmals ausdrücklich zur Klarstellung (s. § 299 Rdnr. 4 ff.). Lediglich zur *Vorbereitung* solcher Maßnahmen kann nach dem Gesagten (Rdnr. 40) das herrschende Unternehmen den Vorstand der abhängigen Gesellschaft nach § 308 Abs. 1 anweisen.

4. Gewinnabführung. Das herrschende Unternehmen kann aufgrund eines Beherr- **43** schungsvertrags die abhängige Gesellschaft **nicht** zur Abführung ihres *Gewinnes* anweisen. Soweit es um die Abführung des Bilanzgewinns geht, ergibt sich dies bereits aus der

[41] MünchHdb. AG/*Krieger* § 70 Rdnr. 136.

[42] LG München I AG 1999, 138 „Vereinte Versicherungs AG"; *H. Götz* ZGR 1998, 524, 527.

[43] BGHZ 135, 374, 377 f. = NJW 1997, 2242 = LM AktG § 305 Nr. 3 = AG 1997, 515 „Guano" (für die Ausübung von Bewertungswahlrechten); MünchKommAktG/*Altmeppen* Rdnr. 88 ff.; *Exner* Beherrschungsvertrag S. 100 ff.; *S. Fabian*, Inhalt und Auswirkungen, S. 137 ff.; *Hüffer* Rdnr. 12; *Koppensteiner* in Kölner Kommentar Rdnr. 21; MünchHdb. AG/*Krieger* § 70 Rdnr. 133; *Sina* AG 1991, 1, 7; enger hingegen *Kantzas* Weisungsrecht S. 66 f.

[44] OLG Karlsruhe AG 1991, 144 „Asea/BBC".

[45] Ebenso MünchKommAktG/*Altmeppen* Rdnr. 90; *Koppensteiner* in Kölner Kommentar Rdnr. 22.

[46] S. § 309 Rdnr. 24; *S. Fabian*, Inhalt und Grenzen, S. 142 ff.

[47] MünchKommAktG/*Altmeppen* Rdnr. 91.

[48] S. Rdnr. 39; OLG Karlsruhe AG 1991, 144, 146 „Asea/BBC"; *Eschenbruch* Konzernhaftung Tz. 3052; *Hüffer* Rdnr. 12; *Semler* Leitung Tz. 330.

[49] OLG Karlsruhe (vorige Fn.).

Zuständigkeit der Hauptversammlung aufgrund des § 174 (Rdnr. 42). Aber auch im übrigen ist für eine derartige Weisung kein Raum, wie aus der Trennung zwischen Beherrschungs- und Gewinnabführungsverträgen in § 291 folgt.[50] Sämtliche Kautelen, mit denen das Gesetz den Abschluß eines Gewinnabführungsvertrages umgibt, wären gegenstandslos und überflüssig, wenn das herrschende Unternehmen bereits aufgrund eines Beherrschungsvertrages allein in der Lage wäre, den Gewinn der abhängigen Gesellschaft auf sich überzuleiten. In dieselbe Richtung weist die Überlegung, daß das Gesetz in § 304 Abs. 1 zwischen Beherrschungs- und Gewinnabführungsverträgen hinsichtlich der Ausgleichspflicht unterscheidet; diese Unterscheidung darf nicht zum Nachteil der außenstehenden Aktionäre durch Umfunktionierung eines Beherrschungs- in einen Gewinnabführungsvertrag unterlaufen werden.

44   Die Bedeutung der Streitfrage (Rdnr. 43) darf nicht überschätzt werden. Zunächst ist nicht zu erkennen, was das herrschende Unternehmen nach Abschluß eines *Beherrschungsvertrages* an dem zusätzlichen Abschluß eines Gewinn- oder Teilgewinnabführungsvertrages hindern sollte (s. §§ 291 Abs. 1 S. 1, 292 Abs. 1 Nr. 2, 293). Vor allem aber verfügt ein herrschendes Unternehmen auch aufgrund des Abschlusses eines Beherrschungsvertrages allein über zahlreiche Möglichkeiten, sich die Gewinne der abhängigen Gesellschaft *verdeckt* ausschütten zu lassen (§ 291 Abs. 3). Dabei ist in erster Linie an Konzernverrechnungspreise oder Konzernumlagen zu denken, alles Maßnahmen, die grundsätzlich von dem Weisungsrecht des herrschenden Unternehmens gedeckt sind, wie sich aus den Vorschriften des § 291 Abs. 3 und des § 308 Abs. 1 und 2 ergibt.[51]

45   **5. Nachteilige Weisungen. a) Überblick.** Sofern der Beherrschungsvertrag nichts anderes bestimmt, sind nach § 308 Abs. 1 S. 2 auch nachteilige Weisungen zulässig, vorausgesetzt, daß sie den Belangen des herrschenden Unternehmens *oder* der mit ihm (und der Gesellschaft)[52] iSd. § 18 Abs. 1 S. 1 konzernverbundenen Unternehmen dienen. Der Begriff der *Nachteiligkeit* ist hier derselbe wie in den §§ 311 und 317 Abs. 2. Nachteilig sind daher solche Weisungen, die Maßnahmen betreffen, die der ordentliche und gewissenhafte Geschäftsleiter einer unabhängigen Gesellschaft, der sich ausschließlich an den Interessen seiner Gesellschaft orientiert, nicht vorgenommen hätte (§§ 76, 93 Abs. 1 S. 1, 311, 317 Abs. 2).[53]

46   Bei der Zulassung nachteiliger Weisungen ist der Gesetzgeber davon ausgegangen, daß sich im Vertragskonzern letztlich die Vor- und Nachteile solcher Weisungen **ausgleichen,** weil derartige Konzerne im Grunde ein einziges Unternehmen (im wirtschaftlichen Sinne) darstellen (Stichwort: wirtschaftliche Fusion aufgrund des Beherrschungsvertrages).[54] Das ist der Grund, warum § 308 Abs. 1 S. 2 ausdrücklich bestimmt, daß die nachteilige Weisung, wenn sie zulässig sein soll, zugleich wenigstens mittelbar *Vorteile* für das herrschende Unternehmen *oder* für ein mit diesem (und der abhängigen Gesellschaft) *konzernverbundenes* Unternehmen haben muß. Das Gesetz verweist damit auf § 18 Abs. 1 S. 1, nach dem der Konzern im Gegensatz zu den anderen Unternehmensverbindungen der §§ 15 ff. ein *mehrseitiges* Verhältnis darstellt (§ 18 Rdnr. 7). Durch die Regelung des § 308 Abs. 1 S. 2 werden vor allem zwei **Fragen** aufgeworfen, zunächst die Frage, welche Unternehmen im einzelnen zu dem Kreis der begünstigten Konzernunternehmen gehören, so daß Vorteile für sie nachteilige Weisungen an andere Konzerngesellschaften zu rechtfertigen vermögen (Rdnr. 47), zum anderen die Frage, welche Vorteile für andere Konzernunternehmen einschließlich insbes. des herrschenden Unternehmens das Gesetz hier (§ 308 Abs. 1 S. 2) überhaupt im Auge hat (Rdnr. 48).

[50] Ebenso MünchKommAktG/*Altmeppen* Rdnr. 98; S. *Fabian*, Inhalt und Grenzen, S. 156 ff.; *Koppensteiner* in Kölner Kommentar Rdnr. 23; anders *Semler* Leitung Tz. 334.

[51] Ebenso MünchKommAktG/*Altmeppen* Rdnr. 95 ff.

[52] Dieser Zusatz ist überflüssig und pleonastisch, wie aus § 18 Abs. 1 S. 1 folgt.

[53] S. § 311 Rdnr. 39 ff.; *Emmerich/Sonnenschein/Habersack* Konzernrecht § 23 V 2 a (S. 365 f.); *Eschenbruch* Konzernhaftung Tz. 3025; *Hüffer* Rdnr. 15; *Kantzas* Weisungsrecht S. 98 ff.; *Koppensteiner* in Kölner Kommentar Rdnr. 26; *Sina* AG 1991, 1, 5.

[54] S. *Altmeppen*, Die Haftung des Managers im Konzern, S. 20 f.

b) Begünstigte Unternehmen. Vorteile für das herrschende und für andere Konzern- **47** unternehmen stehen nach § 308 Abs. 1 S. 2 gleich. Die dieser Regelung zugrunde liegende Annahme einer wirtschaftlichen Einheit der Beteiligten (Rdnr. 46) rechtfertigt sich hinsichtlich des herrschenden Unternehmens aus dem Bestand des Beherrschungsvertrages, in mehrstufigen Unternehmensverbindungen gegebenenfalls aus einer ununterbrochenen Kette hintereinander geschalteter Beherrschungsverträge. Weniger eindeutig ist die Situation dagegen hinsichtlich der **anderen** Konzernunternehmen, zB hinsichtlich Schwestergesellschaften der abhängigen Gesellschaft. Der Grundgedanke der gesetzlichen Regelung (Rdnr. 46) trifft aber jedenfalls dann auch auf sie zu, wenn sie mit dem herrschenden Unternehmen gleichfalls unmittelbar oder mittelbar durch Beherrschungs- oder Gewinnabführungsverträge verbunden sind, weil die konzernverbundenen Unternehmen in diesem Fall in der Tat eine wirtschaftliche Einheit bilden (§ 18 Abs. 1 S. 2).[55] Zweifelhaft ist die Rechtslage dagegen im Fall einer bloßen *faktischen* Konzernverbindung zwischen dem herrschenden Unternehmen und dem begünstigten anderen Konzernunternehmen. Die überwiegende Meinung läßt auch eine derartige faktische Konzernverbindung für die Anwendung des § 308 Abs. 1 S. 2 ausreichen, wofür in der Tat der Wortlaut des § 308 Abs. 1 S. 2 iVm. §§ 18 Abs. 1 S. 1 und 311 spricht.[56] Im Rahmen faktischer Konzerne sollen zwar die verbundenen Unternehmen nach den §§ 311 und 317 grundsätzlich wie selbständige Gesellschaften geführt werden (s. § 311 Rdnr. 39 ff.); jedoch wird es durch die Beachtung dieses Grundsatzes offenkundig nicht ausgeschlossen, daß Nachteile für eine andere Konzerngesellschaft aufgrund einer beherrschungsvertraglichen Weisung mit Vorteilen für die nur faktisch verbundenen Konzerngesellschaften verbunden sind.

c) Konzerninteresse. Ob die nachteilige Weisung in dem genannten Sinne dem Kon- **48** zerninteresse, genauer: den Belangen des herrschenden Unternehmens *oder* der mit ihm konzernverbundenen anderen Unternehmen (Rdnr. 47) iSd. § 308 Abs. 1 S. 2 dient, müssen die gesetzlichen Vertreter des herrschenden Unternehmens bei der Weisungserteilung nach pflichtgemäßem Ermessen beurteilen. **Maßstab** ist nach § 309 die Sorgfalt eines ordentlichen und gewissenhaften Geschäftsleiters, der insbes. die dem Weisungsrecht durch Gesetz und Satzung gezogenen Grenzen beachtet (Rdnr. 55 ff.).[57] Nur innerhalb dieser Grenzen sind daher nachteilige Weisungen zulässig, sofern sie außerdem im sogenannten Konzerninteresse liegen.

§ 308 Abs. 1 S. 2 verlangt, daß die fragliche nachteilige Weisung „den Belangen" des **49** Konzerns dient. Die nachteilige Weisung muß mit anderen Worten für den Konzern **insgesamt** in irgendeiner Hinsicht unmittelbar oder mittelbar **vorteilhaft** sein, wobei dieser Begriff hier grundsätzlich genausoweit wie in § 311 Abs. 2 S. 1 zu verstehen sein dürfte.[58] Es genügt deshalb grundsätzlich jeder positive Effekt der Weisung auf die Vermögens- *oder* Ertragslage des herrschenden Unternehmens *oder* eines anderen mit ihm konzernverbundenen Unternehmens (Rdnr. 47), so daß der Konzern trotz der weisungsbedingten Schädigung der abhängigen Gesellschaft *insgesamt* letztlich besser oder doch zumindest ebensogut wie zuvor dasteht. Darunter können ausnahmsweise auch nachteilige Geschäfte mit **Dritten** fallen, sofern davon der Konzern einen Nutzen hat.[59] Unklar ist nur, ob die Frage der Vorteilhaftigkeit einer Weisung – objektiv – aus der Situation bei Erteilung der Weisung (ex ante) oder aus jetziger Sicht (ex nunc) zu beurteilen ist. § 309 und die Parallele zu § 311 sprechen hier doch wohl für die Vorzugswürdigkeit einer *ex-ante-Sicht* (s. § 311 Rdnr. 44).[60]

Da nur Konzerninteressen nachteilige Weisungen nach § 308 Abs. 1 S. 2 zu rechtfertigen **50** vermögen, sind Weisungen unzulässig, die *ausschließlich* den Interessen **beliebiger Dritter**

---

[55] *Koppensteiner* in Kölner Kommentar Rdnr. 29; *Mestmäcker,* Festgabe Kronstein, S. 129, 134 f.

[56] *Altmeppen,* Die Haftung des Managers, S. 21; MünchKommAktG/*Altmeppen* Rdnr. 108 f. (aber sehr restriktiv); *Eschenbruch* Konzernhaftung Tz. 3054; *Hüffer* Rdnr. 18; *Kantzas* Weisungsrecht S. 100; MünchHdb. AG/*Krieger* § 70 Rdnr. 134.

[57] *Sina* AG 1991, 1, 7 f.

[58] S. § 311 Rdnr. 62 ff. sowie *Emmerich/Sonnenschein/Habersack* Konzernrecht § 25 IV (S. 415 f.).

[59] S. aber Rdnr. 50; MünchKommAktG/*Altmeppen* Rdnr. 106.

[60] *Immenga* ZHR 140 (1976), 301, 304 ff.; s. aber auch Rdnr. 34.

einschließlich des Mehrheitsgesellschafters des herrschenden Unternehmens dienen (Rdnr. 49, 59). Solchen Interessen Dritter stehen bei Unternehmen, die von der öffentlichen Hand abhängig sind, **öffentliche Interessen** gleich, die daher ebenfalls als Rechtfertigungsgrund für eine Schädigung der abhängigen Gesellschaft und ihrer außenstehenden Aktionäre ausscheiden.[61]

51   **d) Verhältnismäßigkeit.** Die Nachteile für die abhängige Gesellschaft müssen in einem vernünftigen Verhältnis zu den Vorteilen für den Gesamtkonzern stehen (§ 242 BGB). Eine *unverhältnismäßige Schädigung* der abhängigen Gesellschaft, der keine vergleichbaren Vorteile für andere Konzernunternehmen gegenüberstehen, ist verboten (Rdnr. 61).[62] An der Folgepflicht des Vorstandes ändert dies freilich nur unter den engen Voraussetzungen des § 308 Abs. 2 S. 2 etwas, d. h. dann, wenn die Unverhältnismäßigkeit *offensichtlich* ist (Rdnr. 52 f.).[63]

52   **e) Folgepflicht des Vorstandes (§ 308 Abs. 2).** Nach § 308 Abs. 2 *S. 1* ist der Vorstand der abhängigen Gesellschaft grundsätzlich verpflichtet, die Weisungen des herrschenden Unternehmens zu befolgen, selbst wenn sie für seine Gesellschaft nachteilig sind (s. § 308 *Abs. 1* S. 2). Vorausgesetzt ist dabei, daß es sich um *zulässige* Weisungen handelt. Eine Folgepflicht des Vorstandes für rechtswidrige und deshalb nichtige Weisungen scheidet offenbar aus. Das müßte an sich auch für nachteilige Weisungen gelten, die gegen § 308 Abs. 1 S. 2 verstoßen (Rdnr. 45 ff.). Jedoch bestimmt § 308 *Abs. 2 S. 2,* daß der Vorstand der abhängigen Gesellschaft **nicht** berechtigt ist, die Befolgung einer Weisung zu verweigern, weil sie seiner Ansicht nach nicht den Konzerninteressen dient, außer wenn dies „offensichtlich" ist. Die Gesetzesverfasser haben diese eigenartige Regelung damit gerechtfertigt, daß der Vorstand einer einzelnen abhängigen Konzerngesellschaft häufig nicht in der Lage sei zu beurteilen, ob eine Weisung tatsächlich den Belangen des herrschenden Unternehmens oder der mit ihm konzernverbundenen anderen Unternehmen dient.[64] Dahinter steht die Auffassung, die Beurteilung des Konzerninteresses sei grundsätzlich allein Sache der Konzernleitung, d. h. der gesetzlichen Vertreter des herrschenden Unternehmens. Anders soll es nach § 308 Abs. 2 S. 2 nur bei einem „*offensichtlichen*" Verstoß der nachteiligen Weisung gegen das grundsätzlich vom herrschenden Unternehmen definierte Konzerninteresse, d. h. in *evidenten Mißbrauchsfällen* sein, wohl deshalb, weil man deren Beurteilung auch außenstehenden Dritten einschließlich eben des Vorstands der abhängigen Gesellschaft zutraute.

53   Hieraus folgt, daß die Unvereinbarkeit einer nachteiligen Weisung mit dem Konzerninteresse bereits dann als *offensichtlich* iSd. § 308 Abs. 2 S. 2 anzusehen ist, wenn sie für jeden Sachkenner ohne weitere Nachforschungen auf der Hand liegt.[65] In diesem Fall bleibt es daher bei der grundsätzlichen Unbeachtlichkeit unzulässiger Weisungen (Rdnr. 52); an die Stelle der Folgepflicht des Vorstands der abhängigen Gesellschaft (§ 308 Abs. 2 S. 2) tritt statt dessen wieder seine alleinige Verpflichtung auf das Wohl der abhängigen Gesellschaft (§§ 76, 93).[66]

53 a   Der Anwendungsbereich des § 308 Abs. 2 S. 2 Halbs. 2 beschränkt sich auf Fälle eines **evidenten Mißbrauchs** der Leitungsmacht des herrschenden Unternehmens, d. h. auf Fälle, in denen, jedenfalls für Sachkundige, die Rechtslage nicht zweifelhaft sein kann (Rdnr. 52). Damit stellt sich die Frage, wie zu verfahren ist, wenn der Vorstand der abhängigen Gesellschaft zwar *Zweifel* hinsichtlich der Vereinbarkeit der für seine Gesellschaft

---

[61] Grdlg. BGHZ 135, 107, 113 f. = LM AktG § 17 Nr. 12 = NJW 1997, 1855, 1856 = AG 1997, 374 „VW/Niedersachsen".

[62] *Altmeppen,* Die Haftung des Managers, S. 21; *Eschenbruch* Konzernhaftung Tz. 3055; *Emmerich* in Hommelhoff Entwicklungen S. 64, 69 f.; *Hüffer* Rdnr. 17; *Kantzas* Weisungsrecht S. 101 f.; *Koppensteiner* in Kölner Kommentar Rdnr. 30, 46; MünchHdb. AG/*Krieger* § 70 Rdnr. 134; *Sina* AG 1991, 1, 7 f.

[63] MünchKommAktG/*Altmeppen* Rdnr. 110 bis 114.

[64] Begr. zum RegE des § 308 und des § 310 bei *Kropff* AktG S. 403, 406; s. dazu *Emmerich* in Hommelhoff Entwicklungen S. 64, 73 f.; *Kantzas* Weisungsrecht S. 126 ff.

[65] *Altmeppen,* Die Haftung des Managers, S. 28; MünchKommAktG/*Altmeppen* Rdnr. 148; *Hüffer* Rdnr. 22.

[66] Ebenso schon die Begr. zum RegE bei *Kropff* AktG S. 403.

nachteiligen Weisung mit dem „übergeordneten" Konzerninteresse iSd. § 308 Abs. 2 S. 2 hat, die Situation jedoch unklar ist, so daß nicht von Offensichtlichkeit iSd. genannten Vorschrift die Rede sein kann. Für diese Fälle folgt schon aus den §§ 93 und 310, daß der Vorstand der abhängigen Gesellschaft auf jeden Fall verpflichtet ist, das herrschende Unternehmen über seine Zweifel zu informieren, um dieses zu einer *Überprüfung* seiner für die abhängige Gesellschaft nachteiligen Weisung zu veranlassen.[67]

Beharrt das herrschende Unternehmen trotz der Einwände der abhängigen Gesellschaft **53 b** auf seiner nachteiligen Weisung, weil es davon ausgeht, daß die Nachteile der Weisung für die abhängige Gesellschaft durch Vorteile für andere Konzernunternehmen aufgewogen werden, so muß entschieden werden, wessen Sicht der Dinge dann letztlich den Ausschlag geben soll, d. h. wem hier, wenn man so will, die Beurteilungsprärogative zustehen soll. Überwiegend wird aus der Formulierung des § 308 Abs. 2 S. 2 („es sei denn, daß") der Schluß gezogen, daß dies das herrschende Unternehmen ist. Die Folge wäre, daß die **Beweislast** für das Vorliegen eines offensichtlichen Mißbrauchs bei dem Vorstand der *abhängigen* Gesellschaft liegt, so daß er trotz fortbestehender Zweifel einer (wiederholten) nachteiligen Weisung folgen müßte, außer wenn er in der Lage ist, das Vorliegen eines offensichtlichen Mißbrauchs nachzuweisen.[68] Dem ist nicht zu folgen. Es sollte sich von selbst verstehen, daß das herrschende Unternehmen, wenn es von dem Vorstand der abhängigen Gesellschaft auf die zweifelhafte Zulässigkeit einer nachteiligen Weisung hingewiesen wird, verpflichtet ist, seinerseits darzulegen und gegebenenfalls zu beweisen, warum die Weisung gleichwohl zulässig ist. § 308 Abs. 2 S. 2 zwingt nicht zu einem gegenteiligen Schluß.

6. Weisungsfreier Raum. § 308 bedeutet lediglich eine Einschränkung, keine Aufhe- **54** bung des § 76. Soweit das herrschende Unternehmen von Weisungen absieht, bleibt es bei der Maßgeblichkeit des § 76, so daß sich der Vorstand der abhängigen Gesellschaft in dem weisungsfreien Raum weiterhin allein an den Interessen seiner Gesellschaft zu orientieren hat. Entgegen einer verbreiteten Meinung braucht er dabei auf das „Konzerninteresse" *keine* Rücksicht zu nehmen (§ 93).[69] Lediglich Maßnahmen, die direkt gegen das herrschende Unternehmen oder gegen andere Konzernunternehmen gerichtet sind, dürften ihm nach dem Sinn des Beherrschungsvertrages verboten sein, so daß solche Maßnahmen die abhängige Gesellschaft schadensersatzpflichtig machen (§§ 280, 249, 252 BGB). In Zweifelsfällen ergibt sich aus dem Beherrschungsvertrag ferner die Verpflichtung des Vorstands der abhängigen Gesellschaft, das herrschende Unternehmen vor der Durchführung der fraglichen Maßnahmen zu *konsultieren* (§ 242 BGB).[70]

VII. Weitere Schranken

Schrifttum: *Altmeppen,* Die Haftung des Managers im Konzern, 1998, S. 22 ff.; MünchKommAktG/ *Altmeppen* Rdnr. 115–138; *Clemm* ZHR 141 (1977), 197; *Ehricke* ZGR 2000, 351; *Eichholz,* Konzerninterne Darlehen, 1995; *Emmerich* in Hommelhoff Entwicklungen S. 64; *ders.,* Gedächtnisschrift für Sonnenschein, 2002, S. 651; *Emmerich/Sonnenschein/Habersack* Konzernrecht § 23 V 3 (S. 368 ff.); *Eschenbruch* Konzernhaftung Tz. 3039, 3050 ff.; *S. Fabian,* Inhalt und Grenzen, S. 185 ff.; *Geßler* ZHR 140 (1976), 443; *Glaser,* Grenzen des Weisungsrechts im Vertragskonzern, Diss. München 1982; *Hüffer* Rdnr. 17 ff.; *Immenga* ZHR 140 (1976), 301; *Kantzas* Weisungsrecht S. 87 ff.; *Kühlbacher,* Darlehen an Konzernunternehmen, 1993; *Preußner/Fett* AG 2001, 337; *Raiser* Kapitalgesellschaften § 54 Rdnr. 34 (S. 890); *J. Schwabe,* Abgrenzung der weisungsfesten Regelungsbereiche im Vertragskonzern, Diss. Mannheim 1986; *Semler* Leitung Tz. 335 ff.; *Sina* AG 1991, 1; *Streyl* Vorstands-Doppelmandate S. 39 ff.; *Versteegen,* Konzernverantwortlichkeit und Haftungsprivileg, 1993; *Wellkamp* WM 1993, 2155; *Zöllner* ZGR 1992, 173; Michalski/*Zeidler* GmbHG Bd. I Syst. Darst. 4 Rdnr. 89–109 (S. 452 ff.); *Zeidler,* Zentrales Cashmanagement in faktischen Aktienkonzernen, 1999.

---

[67] MünchKommAktG/*Altmeppen* Rdnr. 145; *Hüffer* Rdnr. 21.
[68] *Altmeppen* und *Hüffer* (vorige Fn.).

[69] Ebenso MünchKommAktG/*Altmeppen* Rdnr. 154; anders *Koppensteiner* in Kölner Kommentar Rdnr. 48 f.
[70] MünchKommAktG/*Altmeppen* Rdnr. 155; *Hüffer* Rdnr. 20.

55   Das Weisungsrecht des herrschenden Unternehmens aufgrund eines Beherrschungsvertrages ist nicht schrankenlos (s. Rdnr. 37); vielmehr zieht ihm bereits das AktG in den §§ 299 und 308 Abs. 1 S. 2 gewisse äußerste Grenzen (vgl. demgegenüber für die Eingliederung § 323 Abs. 1 S. 2).[71] Weitere Schranken können sich aus dem Beherrschungsvertrag, aus der Satzung der abhängigen Gesellschaft sowie aus den §§ 134 und 138 BGB ergeben (Rdnr. 56 ff.). Eine Weisung ist schließlich auch dann noch unzulässig, wenn sie sorgfaltswidrig ist, wie aus § 309 Abs. 1 zu folgern ist (s. § 309 Rdnr. 28 ff.).

55 a   Befolgt der Vorstand der abhängigen Gesellschaft eine rechtswidrige und deshalb unzulässige Weisung, durch die die abhängige Gesellschaft geschädigt wird, so richtet sich die Ersatzpflicht des herrschenden Unternehmens und seiner gesetzlichen Vertreter sowie die der gesetzlichen Vertreter der abhängigen Gesellschaft gegenüber dieser nach den §§ 309 Abs. 2 und 310 Abs. 1. Zusätzlich Haftungsfolgen können sich für alle Beteiligte ergeben, wenn durch die Befolgung der rechtswidrigen Weisung Dritte deliktisch geschädigt werden. Neben der abhängigen Gesellschaft und ihren gesetzlichen Vertretern (§§ 823, 826, 31 BGB) kommt in diesem Fall durchaus auch eine deliktische Haftung des herrschenden Unternehmens und seiner gesetzlichen Vertreter als Anstifter oder Mittäter in Betracht (§§ 830 Abs. 2, 31 BGB).[72]

56   **1. Satzung.** Die Geschäftsführungsbefugnis des Vorstandes beschränkt sich nach den §§ 76 Abs. 1 und 82 Abs. 2 auf den satzungsmäßigen Gegenstand der Gesellschaft. Solange die Satzung nicht geändert ist, bleibt daher der Vorstand der abhängigen Gesellschaft ohne Rücksicht auf den Beherrschungsvertrag an den satzungsmäßigen **Gegenstand** der Gesellschaft **gebunden** (§ 179). Das gilt gleichermaßen für die Aufnahme von Tätigkeiten außerhalb des Gegenstandes der Gesellschaft wie für die Einstellung zentraler, zum bisherigen Gegenstand gehörender Tätigkeitsbereiche. Derartige Satzungsänderungen fallen in die alleinige Zuständigkeit der Hauptversammlung (§ 179) und sind damit dem Weisungsrecht des herrschenden Unternehmens entzogen.[73] Auch aufgrund des § 308 Abs. 1 ist das herrschende Unternehmen nicht befugt, sich über die Satzung der abhängigen Gesellschaft hinwegzusetzen.

57   Das herrschende Unternehmen darf daher den Vorstand der abhängigen Gesellschaft nicht dazu anweisen, neue Tätigkeiten außerhalb ihres bisherigen Gegenstandes aufzunehmen oder wichtige derartige Tätigkeitsbereiche einzustellen, ohne daß zuvor die Satzung geändert wird.[74] Ebenso verboten sind Weisungen, die zur Folge haben, daß die abhängige Gesellschaft ihre Geschäftätigkeit ganz oder im wesentlichen einstellen muß. Durch Weisung kann nicht eine bisher produktiv tätige Tochtergesellschaft in eine bloße Zwischenholding verwandelt werden.[75] Wohl aber kann der Geschäftsführer einer abhängigen Gesellschaft, deren Tätigkeit erheblich reduziert wurde, angewiesen werden, zusätzliche Sachbearbeitertätigkeiten in der Gesellschaft zu übernehmen, damit er wieder ausgelastet ist.[76]

58   **2. Gesetz.** Gesetzwidrige oder sittenwidrige Weisungen sind nichtig (**§§ 134, 138 BGB**). Das herrschende Unternehmen ist daher nicht befugt, den Vorstand der abhängigen Gesellschaft zu Verstößen gegen Vorschriften etwa des Wettbewerbs-, des Kartelloder des Steuerrechts anzuweisen. Ebenso verboten sind Weisungen, die gegen zwingende Vorschriften des AktG oder des HGB verstoßen.[77] Unbeachtlich wäre daher zB eine Weisung, den Anspruch auf Verlustausgleich aus § 302 nicht geltend zu machen oder das

---

[71] Wegen der Einzelheiten s. schon Rdnr. 45 ff.

[72] S. im einzelnen *Ehricke* ZGR 2000, 351, 355 ff.; *Hüffer* Rdnr. 14.

[73] OLG Düsseldorf AG 1990, 490, 492; OLG Nürnberg AG 2000, 228, 229 „WBG"; Münch-KommAktG/*Altmeppen* Rdnr. 130 f.; *Eschenbruch* Konzernhaftung Tz. 3051; *Emmerich* in Hommelhoff Entwicklungen S. 64, 70 f.; *S. Fabian,* Inhalt und Grenzen, S. 185 ff.; *Koppensteiner* in Kölner Kommentar Rdnr. 36.

[74] S. außer den Genannten (vorige Fn.) noch *Hommelhoff* Konzernleitungspflicht S. 149, 316 ff.; *Kantzas* Weisungsrecht S. 103 ff.

[75] *Kantzas* Weisungsrecht S. 106 f.

[76] OLG Nürnberg AG 2000, 228 f. „WBG".

[77] *Hüffer* Rdnr. 14; *Kantzas* Weisungsrecht S. 98; *Koppensteiner* in Kölner Kommentar Rdnr. 19; *Streyl* Vorstands-Doppelmandate S. 60; zu § 291 Abs. 3 s. sogleich Rdnr. 59.

geltende Bilanzrecht bei der Aufstellung des Jahresabschlusses unberücksichtigt zu lassen. Weitergehende Schranken des Weisungsrechts können sich in einzelnen Wirtschaftszweigen ferner aus dem jeweiligen **Aufsichtsrecht** ergeben. Bedeutung hat das vor allem für Banken und Versicherungen, bei denen das Aufsichtsamt aufgrund des KWG und des VAG dem Weisungsrecht des herrschenden Unternehmens enge Schranken gezogen hat, um unter allen Umständen die durchgängige Beachtung des Bank- und Versicherungsrechts auch durch abhängige Gesellschaften sicherzustellen und sachfremde Einflüsse auf abhängige Kreditinstitute oder Versicherungen auszuschließen, durch die die Interessen der Anleger oder Versicherten gefährdet werden könnten.[78]

Eine Ausnahme von der durchgängigen Gesetzesbindung des herrschenden Unternehmens bei der Ausübung seines Weisungsrechts aufgrund des § 308 Abs. 1 ergibt sich aus **59** **§ 291 Abs. 3,** nach dem Leistungen der abhängigen Gesellschaft aufgrund eines Beherrschungsvertrages nicht als Verstoß gegen die §§ 57, 58 und 60 gelten (s. § 291 Rdnr. 75 f.). Eine vergleichbare Regelung enthält für den Eingliederungskonzern die Vorschrift des § 323 Abs. 2 (s. dazu § 323 Rdnr. 3). Das herrschende Unternehmen kann daher von der abhängigen Gesellschaft in den Grenzen des § 308 Abs. 1 S. 2 die **verdeckte Ausschüttung von Gewinnen** verlangen; die üblichen Mittel hierzu sind ungünstige Konzernverrechnungspreise oder Konzernumlagen (s. aber Rdnr. 43). Unzulässig wäre dagegen zB eine Weisung, Gewinne verdeckt an *Dritte* auszuschütten, d. h. an Personen, die nicht im Konzernverbund mit der abhängigen Gesellschaft stehen, wozu auch der Mehrheitsgesellschafter des herrschenden Unternehmens gehört (s. Rdnr. 49 f.).

3. Lebensfähigkeit der Gesellschaft. a) Begriff. Als weitere substantielle Schranke **60** des Weisungsrechts des herrschenden Unternehmens aufgrund des § 308 wird im Schrifttum insbes. noch die Lebensfähigkeit der abhängigen Gesellschaft diskutiert. Es geht dabei um die Frage, ob auch solche Weisungen zulässig sind, durch die *aktuell* die Existenz der abhängigen Gesellschaft *oder* doch ihre Überlebensfähigkeit *nach* Beendigung des Beherrschungsvertrages bedroht wird, etwa durch Abzug der zum Weiterbetrieb der Geschäfte erforderlichen Liquidität oder durch Wegnahme der wichtigsten Ressourcen. Die Stellungnahmen des Schrifttums zu diesen Fragen sind widersprüchlich; operationale Kriterien zeichnen sich bisher nur in wenigen eigenartigen Fallgruppen ab.

Ein Teil des Schrifttums hält selbst existenzgefährdende Weisungen im Regelfall für **61** zulässig, weil die abhängige Gesellschaft als bloße juristische Person keinen Eigenwert besitze.[79] Die überwiegende Meinung sieht dagegen derartige Weisungen grundsätzlich als **unzulässig** an.[80] Begründet wird diese Auffassung vor allem mit der Erwägung, daß das Gesetz in den §§ 302 bis 305 offenkundig von einem *Fortbestand* der abhängigen Gesellschaft trotz des Abschlusses eines Beherrschungs- oder Gewinnabführungsvertrages ausgeht (s. § 304). Daraus wird der Schluß gezogen, daß zumindest solche Weisungen mit der Sorgfalt eines ordentlichen und gewissenhaften Geschäftsleiters iSd. § 309 Abs. 1 unvereinbar sind, durch die die abhängige Gesellschaft übermäßig geschädigt und deshalb in ihrer Lebens-

[78] S. *Dreher* ZVersWiss. 1988, 619; *ders.* DB 1992, 2605; *Gromann* AG 1981, 241; *Preußner/Fett* AG 2001, 337, 339 ff.; *C. van de Sande,* Die Unternehmensgruppe im Banken- und Versicherungsaufsichtsrecht, Diss. Bayreuth 2000, § 7; *Sasse,* FS für Sieg, 1976, S. 435; *U. Schneider* in Büschgen/ U. Schneider (Hrsg.), Der europäische Binnenmarkt 1992, 1990, S. 95, 107 ff., *Streyl* Vorstands-Doppelmandate S. 145 ff.

[79] *Koppensteiner* in Kölner Kommentar Rdnr. 32 ff.; *ders.,* FS für Ostheim, S. 403, 432; *ders.* AG 1995, 96; *Wellkamp* WM 1993, 2155, 2156 f.

[80] OLG Düsseldorf AG 1990, 490, 492 „DAB/ Hansa“; *Autenrieth* GmbHR 1984, 198; *Clemm* ZHR 141 (1977), 197, 204 ff.; *Eschenbruch* Konzernhaftung Tz. 3056 ff.; *Geßler* ZHR 140 (1976), 443;

Emmerich in Hommelhoff Entwicklungen S. 64, 71 ff.; *S. Fabian,* Inhalt und Grenzen, S. 227 ff.; *Hommelhoff* Konzernleitungspflicht S. 148, 307 ff.; *Hüffer* Rdnr. 19; *Immenga* ZHR 140 (1976), 301; *Kantzas* Weisungsrecht S. 109 ff.; *Kleindiek,* Strukturvielfalt im Personengesellschafts-Konzern, 1991, S. 168 ff.; *MünchHdb.* AG/*Krieger* § 70 Rdnr. 134; *Raiser* Kapitalgesellschaften § 54 Rdnr. 34 (S. 890); *Schulze-Osterloh* ZHR 142 (1978), 519, 523 f.; *Semler* Leitung Tz. 335 ff.; *ders.,* FS für Stiefel, S. 750 f.; *Sina* AG 1991, 1, 7 f.; *Streyl* Vorstands-Doppelmandate S. 49 ff.; *Vanis* GesRZ 1987, 132, 141 f.; *Wiedemann/Hirte,* Festgabe 50 Jahre BGH Bd. II, 2000, S. 337, 383; *H. Wilhelm* Beendigung S. 139 ff.; Michalski/Zeidler GmbHG Syst. Darst. 4 Rdnr. 94 ff. (S. 454 ff.).

oder Überlebensfähigkeit bedroht würde (Rdnr. 51). Nach ganz hM gibt es kein denkbares Konzerninteresse, das die Vernichtung einzelner Konzernglieder zu rechtfertigen vermag, jedenfalls, wenn an ihnen noch außenstehende Aktionäre beteiligt sind.

62   Als **Beispiele** für danach unzulässige, weil existenzgefährdende Weisungen werden vor allem genannt der übermäßige Abzug von Liquidität, der etwa bei zentralen Cashmanagement-Systemen drohe,[81] die Einstellung lebenswichtiger Produktionen oder vielversprechender Entwicklungen,[82] die Übertragung der ertragreichsten Betriebszweige auf andere Konzernunternehmen sowie die Unterlassung der für den Fortbestand der Gesellschaft am Markt unerläßlichen Erneuerungsinvestitionen. Folgt man dieser Auffassung, so können von Fall zu Fall ferner ein die abhängige Gesellschaft besonders benachteiligender Effektenaustausch, Kredite an andere Konzernunternehmen ohne ausreichende Sicherheiten oder zu ungünstigen Konditionen sowie die Aufnahme von Krediten unter Belastung des Gesellschaftsvermögens im Interesse anderer Konzernunternehmen als unzulässig anzusehen sein.[83]

63   **b) Während des Vertrages.** Wie eingangs bereits betont (Rdnr. 60), muß man vor allem zwischen Weisungen, die die Existenzfähigkeit der abhängigen Gesellschaft während des Bestandes des Beherrschungsvertrages bedrohen, und solchen unterscheiden, die „nur" die Überlebensfähigkeit der Gesellschaft *nach* Beendigung des Vertrags gefährden. *Während des Bestandes* des Vertrages dürfte bei der Lösung der aufgeworfenen Fragen in erster Linie bei § 302 anzusetzen sein, da diese Vorschrift gerade den Zweck hat, der abhängigen Gesellschaft im Vertragskonzern ihr bilanzielles Anfangsvermögen zu sichern (s. § 302 Rdnr. 1 ff.). Die Folge ist, daß – unter der Voraussetzung der *Zahlungsfähigkeit* des herrschenden Unternehmens – eine Insolvenz der abhängigen Gesellschaft für den Regelfall ausgeschlossen ist, gleichgültig, wie nachteilig auch immer bestimmte Weisungen des herrschenden Unternehmens sein mögen (s. § 302 Rdnr. 30, 41).

64   Damit sind zugleich die **äußersten Grenzen** des Weisungsrechts des herrschenden Unternehmens bezeichnet: Sie werden überschritten, sobald auch die Verlustausgleichspflicht des herrschenden Unternehmens aufgrund des § 302 die aktuelle Bedrohung der Lebensfähigkeit der abhängigen Gesellschaft nicht mehr zu verhindern mag. Die wichtigsten Fälle sind die drohende Insolvenz des herrschenden Unternehmens sowie der übermäßige Abzug von Liquidität, insbes. im Rahmen der bereits erwähnten Cashmanagement-Systeme, wenn die Folge die unmittelbar drohende Zahlungsunfähigkeit der abhängigen Gesellschaft ist.[84] In derartigen Fällen folgt in der Tat aus dem Zusammenhang der gesetzlichen Regelung (§§ 302 und 308) die zusätzliche Verpflichtung des Vorstands der abhängigen Gesellschaft, sobald er insoweit auch nur Zweifel hat, entsprechend § 311 auf einem **vorherigen Nachteilsausgleich** seitens des herrschenden Unternehmens zu bestehen, bevor er die Weisung befolgt (§§ 93, 302, 310).[85]

64 a   Kommt das herrschende Unternehmen dem Verlangen des Vorstandes der abhängigen Gesellschaft nach vorherigem Nachteilsausgleich (Rdnr. 64) **nicht** nach, so erweist sich die Weisung als unzulässig (§ 134 BGB). Der Vorstand der abhängigen Gesellschaft darf die Weisung dann nicht mehr befolgen. Tut er dies doch, so machen sich alle Beteiligten, das herrschende Unternehmen, dessen gesetzliche Vertreter sowie der Vorstand der abhängigen

---

[81] S. § 311 Rdnr. 48 sowie *Eschenbruch* Konzern-haftung Tz. 3057; *Hommelhoff* WM 1984, 1105, 1112 ff.; *Kantzas* Weisungsrecht S. 105 ff.; *Kleindiek* Strukturvielfalt (vorige Fn.) S. 162, 186 ff.; *Jula/Breitbarth* AG 1997, 256, 258 ff.; *Priester* ZIP 1989, 1301, 1303 ff.; *F. Zeidler*, Zentrales Cashmanagement; Michalski/*Zeidler* (vorige Fn.) Rdnr. 97 f.

[82] OLG Düsseldorf AG 1990, 490, 492 „DAB/Hansa".

[83] Vgl. § 311 Rdnr. 47 sowie OLG München AG 1980, 272; OLG Düsseldorf (vorige Fn.); *Autenrieth* GmbHR 1984, 198 f.; *Clemm* ZHR 141 (1977), 197; *Emmerich* in Hommelhoff Entwicklungen

S. 64, 74 ff.; *Eichholz*, Konzerninterne Darlehen, 1993; *Kühlbacher*, Darlehen an Konzernunternehmen, 1993; Michalski/*Zeidler* (Fn. 80) Rdnr. 99 f.

[84] Vgl. insbes. den Bremer-Vulkan-Fall BGHZ 149, 11 = NJW 2001, 3622 = LM AktG § 309 Nr. 1 = AG 2002, 43 (Vorinstanz: OLG Bremen AG 1999, 466).

[85] *Eschenbruch* Konzernhaftung Tz. 3057; *Emmerich* in Hommelhoff Entwicklungen S. 64, 75 f.; *H. Wilhelm* Beendigung S. 140 ff.; zur Verpflichtung des herrschenden Unternehmens, die Solvenz der abhängigen Gesellschaft notfalls durch Abschlagszahlungen sicherzustellen, s. schon § 302 Rdnr. 41.

Gesellschaft, schadensersatzpflichtig (§§ 309 Abs. 2, 310 Abs. 1). Außerdem muß der Vorstand der abhängigen Gesellschaft in diesem Fall mit der gebotenen Sorgfalt die Frage prüfen, ob er jetzt nicht mit Rücksicht auf das rechtswidrige Verhalten des herrschenden Unternehmens den Beherrschungsvertrag aus wichtigem Grund kündigen muß (s. §§ 93, 297 Abs. 1 S. 2, 310 Abs. 1; s. § 297 Rdnr. 21). Der Bestand eines Beherrschungsvertrages ändert ferner nichts an den Pflichten des Vorstandes der abhängigen Gesellschaft aus **§ 92 Abs. 2**, so daß er bei Eintritt der Zahlungsunfähigkeit oder der Überschuldung der Gesellschaft weiterhin verpflichtet bleibt, ohne schuldhaftes Zögern die Eröffnung des Insolvenzverfahrens zu beantragen, und zwar auch dann, wenn die Zahlungsunfähigkeit oder die Überschuldung letztlich ihren Grund in nachteiligen Weisungen des herrschenden Unternehmens finden (s. § 323 Rdnr. 2).

c) Nach Vertragsende. Von der bisher behandelten Frage der Sicherstellung der Le- **65** bensfähigkeit der Gesellschaft *während* des Bestandes eines Beherrschungsvertrages (Rdnr. 60–64 a) ist die Frage zu trennen, ob auch Gefahren für die **Überlebensfähigkeit** der Gesellschaft nach Vertragsende von Fall zu Fall dem Weisungsrecht des herrschenden Unternehmens Grenzen ziehen können. Wie bereits ausgeführt (§ 296 Rdnr. 27), wird diese Frage bisher überwiegend verneint, dies auch deshalb, weil man hier letztlich auf ganz unsichere Prognosen angewiesen ist, die als Grundlage für eine praktikable Schrankenziehung offenbar ausscheiden. Einen gewissen Ausgleich schafft in diesem Zusammenhang die Berücksichtigung der Abwicklungsverluste bei der Berechnung des ausgleichspflichtigen Jahresfehlbetrages im Fall der Vertragsbeendigung.[86]

4. Prüfungspflicht. Der Vorstand der abhängigen Gesellschaft ist verpflichtet, die Wei- **66** sungen des herrschenden Unternehmens zu befolgen (§ 308 Abs. 2 S. 1). Dies gilt jedoch nur für zulässige, nicht dagegen für unzulässige Weisungen (§ 76 AktG, §§ 134, 138 BGB).[87] Eine beschränkte Ausnahme besteht nur für bestimmte nachteilige Weisungen aufgrund des § 308 Abs. 2 S. 2 (Rdnr. 52 f.). Daraus folgt, daß der Vorstand der abhängigen Gesellschaft die Weisungen des herrschenden Unternehmens *vor* ihrer Ausführung mit der Sorgfalt eines ordentlichen und gewissenhaften Geschäftsleiters (s. §§ 93 Abs. 1, 310 Abs. 1) auf ihre Zulässigkeit *überprüfen* muß.[88] Diese Prüfungspflicht des Vorstandes der abhängigen Gesellschaft ist die wohl wichtigste Garantie für die fortbestehende Lebensfähigkeit der abhängigen Gesellschaft. Auf sie kann daher auch dann nicht verzichtet werden, wenn das herrschende Unternehmen unter weitgehendem Verzicht auf ausdrückliche Weisungen zu anderen Lenkungsmitteln im Konzern greift (s. Rdnr. 28 ff.). Zu denken ist hier in erster Linie an personelle Verflechtungen, etwa in Gestalt der bereits erwähnten Vorstands-Doppelmandate.[89]

VIII. Durchsetzung

1. Erfüllung. Die abhängige Gesellschaft ist aufgrund des Beherrschungsvertrages zur **67** Befolgung zulässiger Weisungen verpflichtet (§§ 291 Abs. 1 S. 1, 308 Abs. 1). Dieselbe Pflicht trifft die Mitglieder des Vorstandes der abhängigen Gesellschaft persönlich aufgrund des § 308 Abs. 2 S. 1.[90] Folglich kann das herrschende Unternehmen, wenn der Vorstand der abhängigen Gesellschaft seinen Weisungen nicht nachkommt, von *beiden*, der abhängigen Gesellschaft wie den Mitgliedern des Vorstandes, Erfüllung durch Ausführung der Weisungen verlangen.[91] Die Vollstreckung eines etwaigen Leistungsurteils richtet sich nach § 888 ZPO.

---

[86] S. § 302 Rdnr. 39, zum ganzen auch *Altmeppen,* Die Haftung des Managers, S. 22 ff.; Münch-KommAktG/*Altmeppen* Rdnr. 115 ff.
[87] So schon die Begr. zum RegE bei *Kropff* AktG S. 403; s. Rdnr. 52 f.
[88] *Hüffer* Rdnr. 20–22; *Kantzas* Weisungsrecht S. 120 ff.; *Sina* AG 1991, 1, 8 f.
[89] S. Rdnr. 18; anders *Streyl* Vorstands-Doppelmandate S. 41, 55, 60 ff.; ähnlich wie hier offenbar

OLG Köln AG 1993, 86, 89 = ZIP 1993, 110 „Winterthur/Nordstern".
[90] Anders *Altmeppen,* Die Haftung des Managers im Konzern, S. 28 f.
[91] *Kantzas* Weisungsrecht S. 45 ff.; *Koppensteiner* in Kölner Kommentar Rdnr. 43; dagegen *Altmeppen* (vorige Fn.).

68   **2. Schadensersatz.** Kommt der Vorstand der abhängigen Gesellschaft einer wirksamen Weisung nicht nach oder führt er diese schlecht aus, so kann das herrschende Unternehmen von der abhängigen Gesellschaft und von den Mitgliedern ihres Vorstandes persönlich wegen der Verletzung ihrer Pflichten (Rdnr. 67) Schadensersatz verlangen (§§ 276, 280 Abs. 1, 249, 252 BGB).[92] Vor allem hieran wird der jedenfalls auch schuldrechtliche Charakter des Beherrschungsvertrages deutlich (§ 291 Rdnr. 27).

69   **3. Zurückbehaltungsrecht.** Auf die Beziehungen der abhängigen Gesellschaft zum herrschenden Unternehmen aufgrund des Beherrschungsvertrages finden unter anderem die §§ 273 und 320 BGB Anwendung. Die abhängige Gesellschaft und ihr Vorstand können daher die Befolgung wirksamer Weisungen verweigern, wenn das herrschende Unternehmen seinen Pflichten nicht nachkommt, zB entgegen § 302 keinen Verlustausgleich leistet oder die verschiedenen Schranken des Weisungsrechts nicht einhält (s. § 291 Rdnr. 27). In dem zuletzt genannten Fall ist die abhängige Gesellschaft außerdem befugt, den Beherrschungsvertrag nach § 297 Abs. 1 fristlos aus wichtigem Grund zu kündigen. Dies gilt jedenfalls bei schwerwiegenden und wiederholten Verstößen des herrschenden Unternehmens gegen den Beherrschungsvertrag (§ 297 Rdnr. 23).

IX. Zustimmungsbedürftige Geschäfte

70   In § 308 Abs. 3 enthält das Gesetz noch eine (rechtspolitisch umstrittene) Regelung für den Fall, daß das Weisungsrecht des herrschenden Unternehmens mit dem Zustimmungsrecht des Aufsichtsrats aufgrund des § 111 Abs. 4 S. 2 kollidiert.[93] Die Regelung wurde erforderlich, weil ein etwaiges Zustimmungsrecht des (weisungsfreien) Aufsichtsrats auch im Vertragskonzern fortbesteht (Rdnr. 42), so daß der Aufsichtsrat seine Zustimmung zu einer bestimmten Maßnahme selbst dann verweigern kann, wenn das herrschende Unternehmen dem Vorstand aufgrund des Beherrschungsvertrages insoweit eine (zulässige) Weisung erteilt hat. Durch die Regelung, deren praktische Bedeutung gering zu sein scheint, soll vor allem die Information der Aufsichtsräte der abhängigen Gesellschaft und des herrschenden Unternehmens sichergestellt werden. Noch offen ist, ob die Vorschrift auf eine **GmbH,** bei der aufgrund des Mitbestimmungsgesetzes oder der Montanmitbestimmungsgesetze ein obligatorischer Aufsichtsrat gebildet wurde, entsprechend angewandt werden kann.[94]

71   § 308 Abs. 3 S. 1 regelt der Fall, daß die nach § 111 Abs. 4 S. 2 erforderliche Zustimmung des Aufsichtsrats zur Vornahme eines Geschäfts, zu dem das herrschende Unternehmen die abhängige Gesellschaft wirksam nach § 308 Abs. 1 angewiesen hat, nicht innerhalb einer angemessenen Frist erteilt wird. Für diesen Fall bestimmt die Vorschrift, daß der Vorstand der abhängigen Gesellschaft dies dem herrschenden Unternehmen unverzüglich mitzuteilen hat (§ 308 Abs. 3 S. 1). Gleich steht die ausdrückliche Verweigerung der Zustimmung seitens des Aufsichtsrats.[95] Das herrschende Unternehmen muß darauf hin entscheiden, ob es an seiner Weisung festhalten will oder nicht. Im ersten Fall muß es die Weisung wiederholen mit der Folge, daß dann die Zustimmung des Aufsichtsrats der abhängigen Gesellschaft zu der angewiesenen Maßnahme entbehrlich ist (§ 308 Abs. 3 S. 2 Halbs. 1) und der Vorstand der abhängigen Gesellschaft die Weisung nunmehr unbedingt befolgen muß (§ 308 Abs. 2 S. 1). Handelt es sich bei dem herrschenden Unternehmen um ein solches, das kraft Gesetzes einen Aufsichtsrat hat, so bedarf die Wiederholung der Weisung freilich zusätzlich dessen Zustimmung (§ 308 Abs. 3 S. 2 Halbs. 2; s. Rdnr. 72).

72   Durch **§ 308 Abs. 3 S. 2 Halbs. 2** soll sichergestellt werden, daß in mitbestimmten Gesellschaften die Arbeitnehmer des Konzerns wenigstens auf der Ebene des herrschenden Unternehmens an der fraglichen Maßnahme mitwirken können. Wenn es sich bei dem

---

[92] S. Rdnr. 18; *Koppensteiner* in Kölner Kommentar Rdnr. 43.

[93] Zur Kritik s. MünchKommAktG/*Altmeppen* Rdnr. 159; *Hüffer* Rdnr. 23; *Rowedder*, FS für Duden, S. 504 ff.; *Turner* DB 1991, 583.

[94] S. Scholz/*Emmerich* GmbHG § 44 Anh. Rdnr. 180; Michalski/*Zeidler* Bd. I Syst. Darst. 4 Rdnr. 106 (S. 457 f.).

[95] MünchKommAktG/*Altmeppen* Rdnr. 158.

herrschenden Unternehmen um ein ausländisches Unternehmen handelt, läuft indessen auch dieser eigenartige Schutz der deutschen Mitbestimmung leer, ohne daß dies an der Weisungsbefugnis des herrschenden Unternehmens etwas änderte.[96] Unklar ist, ob die Zustimmung des Aufsichtsrats des herrschenden Unternehmens (§ 308 Abs. 3 S. 2 Halbs. 2) lediglich interne Bedeutung hat (so daß die Wirksamkeit der wiederholten Weisung des herrschenden Unternehmens im Außenverhältnis gegenüber der abhängigen Gesellschaft nicht von der Zustimmung seines Aufsichtsrats abhängt) oder ob ohne solche Zustimmung die wiederholte Weisung wiederum unverbindlich ist.[97] Der Wortlaut des § 308 Abs. 3 S. 2 Halbs. 2 („darf") spricht hier wohl mehr für eine bloß *interne Wirkung* der Zustimmung des Aufsichtsrats des herrschenden Unternehmens.

§ 309 Verantwortlichkeit der gesetzlichen Vertreter des herrschenden Unternehmens

(1) Besteht ein Beherrschungsvertrag, so haben die gesetzlichen Vertreter (beim Einzelkaufmann der Inhaber) des herrschenden Unternehmens gegenüber der Gesellschaft bei der Erteilung von Weisungen an diese die Sorgfalt eines ordentlichen und gewissenhaften Geschäftsleiters anzuwenden.

(2) Verletzen sie ihre Pflichten, so sind sie der Gesellschaft zum Ersatz des daraus entstehenden Schadens als Gesamtschuldner verpflichtet. Ist streitig, ob sie die Sorgfalt eines ordentlichen und gewissenhaften Geschäftsleiters angewandt haben, so trifft sie die Beweislast.

(3) Die Gesellschaft kann erst drei Jahre nach der Entstehung des Anspruchs und nur dann auf Ersatzansprüche verzichten oder sich über sie vergleichen, wenn die außenstehenden Aktionäre durch Sonderbeschluß zustimmen und nicht eine Minderheit, deren Anteile zusammen den zehnten Teil des bei der Beschlußfassung vertretenen Grundkapitals erreichen, zur Niederschrift Widerspruch erhebt. Die zeitliche Beschränkung gilt nicht, wenn der Ersatzpflichtige zahlungsunfähig ist und sich zur Abwendung des Insolvenzverfahrens mit seinen Gläubigern vergleicht oder wenn die Ersatzpflicht in einem Insolvenzplan geregelt wird.

(4) Der Ersatzanspruch der Gesellschaft kann auch von jedem Aktionär geltend gemacht werden. Der Aktionär kann jedoch nur Leistung an die Gesellschaft fordern. Der Ersatzanspruch kann ferner von den Gläubigern der Gesellschaft geltend gemacht werden, soweit sie von dieser keine Befriedigung erlangen können. Den Gläubigern gegenüber wird die Ersatzpflicht durch einen Verzicht oder Vergleich der Gesellschaft nicht ausgeschlossen. Ist über das Vermögen der Gesellschaft das Insolvenzverfahren eröffnet, so übt während dessen Dauer der Insolvenzverwalter oder der Sachwalter das Recht der Aktionäre und Gläubiger, den Ersatzanspruch der Gesellschaft geltend zu machen, aus.

(5) Die Ansprüche aus diesen Vorschriften verjähren in fünf Jahren.

Schrifttum: S. bei § 308 sowie *Abeltshauser*, Leitungshaftung im Kapitalgesellschaftsrecht, 1998, S. 243 ff.; *Altmeppen*, Die Haftung des Managers im Konzern, 1998, S. 30, 105 ff.; *ders.*, Die Delegation des Weisungsrechts, FS für Lutter, 2000, S. 975; *M. Becker*, Verwaltungskontrolle durch Gesellschafterrechte, 1998; *Beuthien*, Art und Grenzen der aktienrechtlichen Haftung herrschender Unternehmen für Leitungsmachtmißbrauch, DB 1969, 1781; *Cahn*, Zur Anwendbarkeit der §§ 311 ff. AktG im mehrstufigen Vertragskonzern, BB 2000, 1477; *Canaris*, Hauptversammlungsbeschlüsse und Haftung der Verwaltungsmitglieder im Vertragskonzern, ZGR 1978, 207; *Emmerich*, Das Wirtschaftsrecht der öffentlichen Unternehmen, 1969; *ders.*, Zur

---

[96] S. § 291 Rdnr. 33 ff.; MünchKommAktG/*Altmeppen* Rdnr. 161; *ders.*, FS für Lutter, 2000, S. 975; *W. Bayer* Beherrschungsvertrag S. 106 ff.; *Hüffer* Rdnr. 24; *Koppensteiner* in Kölner Kommentar Rdnr. 52.

[97] S. MünchKommAktG/*Altmeppen* Rdnr. 162; *Hüffer* Rdnr. 24.

Organhaftung im Vertragskonzern, Gedächtnisschrift für Sonnenschein, 2002, S. 651; *Emmerich/Sonnenschein/Habersack* Konzernrecht § 23 VI (S. 372 ff.); *Eschenbruch* Konzernhaftung Tz. 3031 ff. (S. 190 ff.); *Görling,* Die Konzernhaftung in mehrstufigen Unternehmensverbindungen, 1998, S. 140 ff.; *Goette,* Leistung, Aufsicht, Haftung, FS 50 Jahre BGH, 2000, S. 123; *P. Hommelhoff/D. Mattheus,* Risikomanagement im Konzern, BFuP 2000, 217; *Hopt,* Die Haftung von Vorstand und Aufsichtsrat, FS für Mestmäcker, 1996, S. 909; *Kantzas,* Das Weisungsrecht im Vertragskonzern, 1988, S. 155 ff.; MünchHdb. AG/*Krieger* § 70 Rdnr. 143 ff. (S. 1082 ff.); *Kropff,* Der konzernrechtliche Ersatzanspruch – ein zahnloser Tiger?, FS für Bezzenberger, 2000, S. 233; *Langen,* Zur Haftung des herrschenden Unternehmens aus erteilter Weisung, DB 1977, 151; *Mertens,* Die Haftung wegen Mißbrauchs der Leitungsmacht nach § 309 AktG in schadensersatzrechtlicher Sicht, AcP 168 (1968), 225; *ders.,* Die gesetzliche Einschränkung der Disposition bei Ersatzansprüchen der Gesellschaft durch Verzicht und Vergleich in der aktien- und konzernrechtlichen Organhaftung, FS für Fleck, 1988, 209; *Mestmäcker,* Zur Systematik des Rechts der verbundenen Unternehmen, Festgabe Kronstein, 1967, S. 129; *Möhring,* Zur Systematik der §§ 311, 317 AktG, FS für Schilling, 1973, S. 253; *Paefgen,* Unternehmerische Entscheidungen und Rechtsbindung der Organe in der AG, 2002; *Pentz,* Die Rechtsstellung der Enkel-AG in einer mehrstufigen Unternehmensverbindung, 1996, S. 115 ff.; *ders.,* Schutz der AG und der außenstehenden Aktionäre in mehrstufigen faktischen und unternehmensvertraglichen Unternehmensverbindungen, NZG 2000, 1103; *Raiser* Kapitalgesellschaften § 54 Rdnr. 43 ff. (S. 893); *Sonnenschein,* Der Schutz von Minderheitsgesellschaftern und der abhängigen Gesellschaft nach deutschem Recht, in Mestmäcker/Behrens (Hrsg.), Das Gesellschaftsrecht der Konzerne im internationalen Vergleich, 1991, S. 49; *Wellkamp,* Die Haftung von Geschäftsleitern im Konzern, WM 1993, 2155; *Wirth,* Neue Entwicklungen bei der Organhaftung, in Henze/Hoffmann-Becking (Hrsg.), Gesellschaftsrecht 2001, RWS-Forum 20, 2001, S. 99; *Zimmermann,* Vereinbarungen über die Erledigung von Ersatzansprüchen gegen Vorstandsmitglieder von Aktiengesellschaften, FS für Duden, 1977, S. 773.

Übersicht

I. Überblick

1   § 309 regelt in erster Linie einzelne Aspekte aus dem Fragenkreis der Haftung für die Erteilung von Weisungen aufgrund eines Beherrschungsvertrages. Abs. 1 der Vorschrift bestimmt zunächst, daß die gesetzlichen Vertreter des herrschenden Unternehmens sowie bei einem Einzelkaufmann der Inhaber des Geschäfts gegenüber der abhängigen Gesellschaft bei der Erteilung von Weisungen aufgrund eines Beherrschungsvertrages die Sorgfalt eines ordentlichen und gewissenhaften Geschäftsleiters anzuwenden haben. Abs. 2 der Vorschrift fügt hinzu, daß die genannten Personen bei einer Verletzung ihrer Pflichten aus einem Beherrschungsvertrag der abhängigen Gesellschaft zum Ersatz des daraus entstehenden Schadens als Gesamtschuldner verpflichtet sind, wobei sie die Beweislast trifft, wenn streitig ist, ob sie die Sorgfalt eines ordentlichen und gewissenhaften Geschäftsleiters angewandt haben. Die Besonderheit dieser Regelung besteht darin, daß sie sich, wenn man einmal von dem überflüssigerweise in die Regelung einbezogenen Inhaber eines einzelkaufmännischen

Geschäfts absieht, auf die gesetzlichen Vertreter des herrschenden Unternehmens bezieht, obwohl *Partei* des Beherrschungsvertrages (natürlich) nicht die gesetzlichen Vertreter des herrschenden Unternehmens, sondern dieses selbst ist (s. § 308 Rdnr. 11). Die gesetzliche Regelung bedeutet daher der Sache nach, daß der Abschluß eines Beherrschungsvertrages die Entstehung eines gesetzlichen Schuldverhältnisses zwischen den gesetzlichen Vertretern des herrschenden Unternehmens und der abhängigen Gesellschaft nach sich zieht. Damit wird in erster Linie **bezweckt,** den Schutz der abhängigen Gesellschaft durch Einbeziehung der gesetzlichen Vertreter des herrschenden Unternehmens in den Haftungsverbund zu verbessern. Auf derselben Linie liegt die Regelung der Abs. 3 und 4 des § 309. Abs. 3 der Vorschrift zieht einem Verzicht oder einem Vergleich über die Ersatzansprüche der abhängigen Gesellschaft enge Grenzen, während Abs. 4 des § 309 die Aktivlegitimation zur Geltendmachung der Ersatzansprüche der abhängigen Gesellschaft auf deren Aktionäre und Gläubiger ausdehnt. Abs. 5 der Vorschrift fügt noch hinzu, daß die Ersatzansprüche der Gesellschaft in fünf Jahren verjähren (s. Rdnr. 52).

Die geltende Fassung des § 309 Abs. 3 und 4 beruht auf dem Einführungsgesetz zur **2** Insolvenzordnung vom 5. Oktober 1994.[1] Die praktische **Bedeutung** des § 309 ist bisher offenbar gering geblieben. Gerichtsentscheidungen zu § 309 sind jedenfalls, soweit ersichtlich, nicht bekannt geworden. Die *Gründe* für diese Entwicklung sind umstritten.[2] *Ein* (wichtiger) Grund für die Zurückhaltung zumal der Aktionäre der abhängigen Gesellschaft bei Klagen aufgrund des § 309 dürfte aber wohl das unkalkulierbare Kostenrisiko solcher Klagen sein; es kommt hinzu, daß die Aktionäre nur auf Leistung an die Gesellschaft, also nicht an sich selbst klagen können, so daß ihnen sogar ein Erfolg ihrer Klage allenfalls mittelbar zugute kommt (§ 309 Abs. 4 S. 2; s. dazu Rdnr. 49). Die Position der außenstehenden Gesellschafter wird weiter dadurch erschwert, daß sie nach hM im wesentlichen auch noch die Beweislast für die Voraussetzungen etwaiger Ersatzansprüche der Gesellschaft tragen müssen (s. dagegen Rdnr. 36, 42 f.).

Vorbild der gesetzlichen Regelung war in erster Linie § 93 (vgl. weiter die §§ 116 und **3** 117). Abs. 3 S. 1 des § 309 orientiert sich zusätzlich an § 302 Abs. 3 S. 3. § 309 findet entsprechende Anwendung im Fall der Eingliederung (§ 323 Abs. 1 S. 2; dazu § 323 Rdnr. 8 f.). Auf die Abs. 3 bis 5 des § 309 wird außerdem noch in den §§ 310 Abs. 4, 317 Abs. 4 und 318 Abs. 4 Bezug genommen.

§ 309 zieht letztlich die **Konsequenzen** aus dem Umstand, daß im Vertragskonzern die **4** Leitung der abhängigen Gesellschaft zumindest partiell auf das herrschende Unternehmen übergeht, so daß die gesetzlichen Vertreter des herrschenden Unternehmens, soweit sie von dessen Weisungsrecht Gebrauch machen, in der Organisation der abhängigen Gesellschaft deren Vorstand verdrängen (§§ 291 Abs. 1 S. 1, 308 Abs. 1).[3] Um hier keine Schutzlücke entstehen zu lassen, mußte das Gesetz folgerichtig die Haftung des Vorstandes aus § 93 auf die gesetzlichen Vertreter des herrschenden Unternehmens ausdehnen. Dies ist durch § 309 Abs. 1 geschehen, der deshalb häufig auch als weiterer Fall der Organhaftung (neben den §§ 93 und 116) interpretiert wird.[4]

Der **Anwendungsbereich** des § 309 beschränkt sich entsprechend der Zielrichtung der **5** Regelung (Rdnr. 1) auf die gesetzlichen Vertreter des herrschenden Unternehmens (s. Rdnr. 7). Dagegen enthält das Gesetz auffälligerweise keine ausdrückliche Regelung der Haftung des *herrschenden Unternehmens* selbst, weil die Gesetzesverfasser eine entsprechende Regelung für entbehrlich hielten (s. Rdnr. 20 f.). Nicht geregelt ist in § 309 außerdem die Haftung der gesetzlichen Vertreter für die Erteilung sorgfaltswidriger Weisungen gegenüber ihrem *eigenen,* dem herrschenden Unternehmen. Wird das letztere mittelbar (über die Schädigung der abhängigen Gesellschaft) durch die Erteilung sorgfaltswidriger Weisungen geschädigt, so richtet sich folglich die Haftung der gesetzlichen Vertreter des **herrschenden**

---

[1] BGBl. 1994 I S. 2911, 2931.
[2] S. *Kropff,* FS für Bezzenberger, S. 233, 236 ff.
[3] S. *Emmerich,* Gedächtnisschrift für Sonnenschein, S. 651, 653 ff.; *Koppensteiner* in Kölner Kommentar Rdnr. 2.
[4] S. die Begr. zum RegE bei *Kropff* AktG S. 404.

Unternehmens diesem gegenüber für die Erteilung solcher Weisungen nach den allgemeinen Vorschriften, d. h. bei der AG nach § 93 AktG, bei der GmbH nach § 43 GmbHG sowie bei den Personengesellschaften nach den §§ 705, 708, 713 und 280 BGB. Soweit jedoch der Schaden der abhängigen Gesellschaft gemäß § 309 AktG ausgeglichen wird, entfällt auch die Ersatzpflicht gegenüber dem herrschenden Unternehmen.

6   Seinem Zweck entsprechend (Rdnr. 1, 4) enthält § 309 durchgängig **zwingendes Recht,** so daß in dem Beherrschungsvertrag nichts anderes bestimmt werden kann (§ 134 BGB).[5] Dadurch wird es jedoch nicht ausgeschlossen, daß sich intern das herrschende Unternehmen gegenüber seinen gesetzlichen Vertretern verpflichtet, sie von einer etwaigen Haftung nach § 309 Abs. 2 freizustellen. Eine ergänzende Regelung für die Haftung der Organmitglieder der abhängigen Gesellschaft findet sich in § 310.

II. Anwendungsbereich

7   **1. GmbH.** Der Anwendungsbereich des § 309 deckt sich mit dem des § 308. Wegen der Einzelheiten kann daher auf die Ausführungen zu § 308 verwiesen werden (§ 308 Rdnr. 4 ff.). § 309 kann außerdem entsprechend auf Beherrschungsverträge mit Gesellschaften anderer Rechtsform, insbes. also mit einer **GmbH** angewandt werden; das gilt auch für die persönliche Haftung der gesetzlichen Vertreter des herrschenden Unternehmens (§ 309 Abs. 2).[6] Einschränkungen sind lediglich für das Verhältnis des herrschenden Unternehmens zu *Einpersonengesellschaften* zu erwägen. Ebenso wie sich hier die Verlustausgleichspflicht des herrschenden Unternehmens entsprechend § 302 auf das zur Erhaltung des Stammkapitals erforderliche Vermögen beschränkt (§ 30 GmbHG), sind auch die Sorgfaltspflichten des herrschenden Unternehmens bei der Erteilung von Weisungen gegenüber den Geschäftsführern von Einpersonengesellschaften aufgrund eines Beherrschungsvertrags sinngemäß zu beschränken.[7] Solange das zur Erhaltung des Stammkapitals erforderliche Vermögen nicht tangiert wird, begründen selbst sorgfaltswidrige Weisungen keine Haftung des herrschenden Unternehmens und seiner gesetzlichen Vertreter.

2. Mehrstufige Unternehmensverbindungen

Schrifttum: S. § 291 Rdnr. 38 ff., § 308 Rdnr. 6 und § 311 Rdnr. 7 ff. sowie *Altmeppen,* Die Haftung des Managers, S. 105 ff.; MünchKommAktG/*Altmeppen* Rdnr. 22–45; *Cahn,* BB 2000, 1477; *Emmerich/Sonnenschein/Habersack* Konzernrecht § 23 VI 2 (S. 374 f.); *Görling* Konzernhaftung S. 140 ff.; *Hüffer* Rdnr. 7; MünchKommAktG/*Kropff* § 311 Anh.; *Pentz* Enkel-AG S. 115 ff.; *ders.* NZG 2000, 1103; *S. Wanner,* Konzernrechtliche Probleme mehrstufiger Unternehmensverbindungen nach Aktienrecht, 1998, S. 57 ff.

8   **a) Vertrag zwischen Mutter- und Enkelgesellschaft.** In mehrstufigen Unternehmensverbindungen kann es zum Abschluß von Beherrschungsverträgen (und damit zur Anwendbarkeit des § 309) auf den unterschiedlichsten Stufen kommen. Um dies zu erkennen, hat man vor allem die folgenden Fallgestaltungen zu unterscheiden, wobei als Modell durchweg ein *zweistufiger* Konzernaufbau dienen mag: Unproblematisch ist zunächst der Fall, daß zwischen der Mutter- und der Enkelgesellschaft (allein oder zusätzlich zu Verträgen mit der Tochtergesellschaft) ein **unmittelbarer** Beherrschungsvertrag abgeschlossen wird. Weisungen der gesetzlichen Vertreter der Muttergesellschaft an die Enkelgesellschaft führen hier ohne weiteres zur Anwendbarkeit des § 309 auf die Muttergesellschaft. Unberührt bleibt davon die eigene Haftung der Tochtergesellschaft und ihrer gesetzlichen Vertreter aufgrund des § 309, sofern auch zwischen ihr und der Enkelgesellschaft ein Beherrschungsvertrag besteht und die Tochtergesellschaft auf dessen Grundlage der Enkelge-

---

[5] So schon die Begr. zum RegE bei *Kropff* AktG S. 404 u.; *Kantzas* Weisungsrecht S. 164.

[6] *Altmeppen,* Die Haftung des Managers, S. 73 f.; MünchKommAktG/*Altmeppen* Rdnr. 11; Scholz/*Emmerich* GmbHG § 44 Anh. Rdnr. 189 f.; Rowedder/Schmidt-Leithoff/*Koppensteiner* GmbHG § 52 Anh. Rdnr. 109 (S. 1787); Hachenburg/*Ulmer*

GmbHG § 77 Anh. Rdnr. 220; Michalski/*Zeidler* GmbHG Bd. I Syst. Darst. 4 Rdnr. 107 (S. 458); str., anders insbes. *Kort,* Der Abschluß von Beherrschungs- und Gewinnabführungsverträgen im GmbH-Recht, 1986, S. 143 f.

[7] *Altmeppen* (vorige Fn.); Scholz/*Emmerich* GmbHG § 44 Anh. Rdnr. 128 f., 187 f.

sellschaft gleichfalls Weisungen erteilt, selbst wenn diese letztlich vom herrschenden Unternehmen veranlaßt sind.[8]

b) Verträge auf allen Stufen. Probleme wirft als erstes der Fall *mehrerer hintereinander* **9** *geschalteter* Beherrschungsverträge zwischen der Mutter- und der Tochtergesellschaft sowie zwischen dieser und der Enkelgesellschaft auf. Weist in einem derartigen Fall die Muttergesellschaft, die hier kein direktes Weisungsrecht gegenüber der Enkelgesellschaft besitzt (§ 308 Rdnr. 6), ihre Tochter an, der Enkelgesellschaft eine bestimmte Weisung zu erteilen, so stellt sich bei sorgfaltswidriger Erteilung der Weisung durch die Mutter und sorgfaltswidriger Weitergabe der Weisung durch die Tochter sowohl die Frage nach einer Haftung der Tochtergesellschaft wie die nach einer Haftung der Muttergesellschaft und ihrer gesetzlichen Vertreter. Die Haftung der Tochtergesellschaft wird hier zum Teil verneint, wenn die Weisung der Muttergesellschaft aufgrund des § 308 Abs. 2 für sie *bindend* war.[9] Folgt man dem, so ist jedenfalls die entsprechende Anwendung des § 309 auf die gesetzlichen Vertreter der *Mutter*gesellschaft ebenso wie auf diese selbst unabdingbar.[10]

Dasselbe muß im Ergebnis gelten, wenn die Weisung für die Tochtergesellschaft, etwa **10** wegen eines Verstoßes gegen § 308 Abs. 1 S. 2, *nicht bindend* war. In diesem Fall tritt lediglich zu der Haftung der Muttergesellschaft und ihrer Vertreter (Rdnr. 9) die der Tochtergesellschaft nebst ihrer gesetzlichen Vertreter nach § 309 hinzu.[11] Außerdem ist in beiden genannten Fällen *§ 309 Abs. 4* auf die Aktionäre und Gläubiger der Enkelgesellschaft entsprechend anzuwenden, so daß sie die Ersatzansprüche der Enkelgesellschaft auch gegen die Muttergesellschaft und ihre gesetzlichen Vertreter verfolgen können.[12]

c) Verträge nur auf einer Stufe. Ebenso wie im Fall mehrerer hintereinander geschal- **11** teter Verträge (Rdnr. 9 f.) wird ferner überwiegend die Rechtslage beurteilt, wenn ein Beherrschungsvertrag *allein* zwischen der *Tochter- und der Enkelgesellschaft* abgeschlossen wird, während in dem Verhältnis zwischen der Mutter- und der Tochtergesellschaft nur ein sonstiges Abhängigkeitsverhältnis besteht.[13] Begründet wird dies mit der (angeblichen) Unanwendbarkeit der §§ 311 und 317 in derartigen mehrstufigen Unternehmensverbindungen, die zur Folge habe, daß im Fall einer von der Mutter veranlaßten Weisung der Tochter (neben dieser) auch die Mutter entsprechend § 309 haften müsse. Dieser Meinung ist nicht zu folgen (s. schon § 291 Rdnr. 39); vielmehr ergibt sich hier die Haftung der Mutter als herrschendes Unternehmen bereits aus den §§ 311 und 317, so daß daneben für eine entsprechende Anwendung des § 309 kein Raum ist.[14] Ebenso zu beurteilen ist im Ergebnis die Rechtslage, wenn ein Beherrschungsvertrag lediglich zwischen der *Mutter- und der Tochtergesellschaft* besteht. Auf die Beziehungen der Mutter- zu der Enkelgesellschaft finden dann ebenfalls allein die §§ 311 und 317 Anwendung mit der Folge, daß die Mutter nach diesen Vorschriften gleichermaßen im Fall einer unmittelbaren Einflußnahme auf die Enkelgesellschaft wie im Fall einer mittelbaren Einflußnahme über die Tochtergesellschaft haftet.[15]

3. Mehrmütterorganschaft. Im Fall der Mehrmütterorganschaft haften die gesetzlichen **12** Vertreter sämtlicher Muttergesellschaften gesamtschuldnerisch, wenn sie gemeinsam Einfluß auf ihr Gemeinschaftsunternehmen nehmen (§ 308 Rdnr. 7 f.). Überlassen die Mütter dagegen die Ausübung des Weisungsrechts einer von ihnen zur ausschließlichen Wahrnehmung gegenüber dem Gemeinschaftsunternehmen, so trifft die Haftung aus § 309 grund-

---

[8] Anders offenbar *Hüffer* Rdnr. 7.
[9] MünchKommAktG/*Altmeppen* Rdnr. 31 ff.; *Koppensteiner* in Kölner Kommentar Rdnr. 19; *Pentz* Enkel-AG S. 116 ff.
[10] MünchKommAktG/*Altmeppen* Rdnr. 34 ff.; *Eschenbruch* Konzernhaftung Tz. 3047; *Hüffer* Rdnr. 7; *Koppensteiner* und *Pentz* (vorige Fn.); anders *Görling* Konzernhaftung S. 140.
[11] Anders MünchKommAktG/*Altmeppen* Rdnr. 32 f.

[12] *Koppensteiner* in Kölner Kommentar Rdnr. 36; s. Rdnr. 50.
[13] MünchKommAktG/*Altmeppen* Rdnr. 41 ff.; *Hüffer* Rdnr. 7; *Koppensteiner* in Kölner Kommentar Rdnr. 19.
[14] Ebenso *Görling* Konzernhaftung S. 140; *Pentz* Enkel-AG S. 119 f.; vermittelnd *S. Wanner*, Konzernrechtliche Probleme, S. 156 ff.
[15] Ebenso MünchKommAktG/*Altmeppen* Rdnr. 45; *ders.*, Die Haftung des Managers, S. 123 ff.

sätzlich nur die gesetzlichen Vertreter dieser Muttergesellschaft, während die der anderen Mütter allein für Auswahlverschulden haften.[16]

III. Verpflichteter

13　　Die Haftung gegenüber der abhängigen Gesellschaft wegen der Erteilung sorgfaltswidriger Weisungen obliegt nach § 309 Abs. 1 den „gesetzlichen Vertretern" des herrschenden Unternehmens sowie ergänzend bei einem Einzelkaufmann dem Inhaber des Geschäfts, d. h. diesem selbst.

14　　**1. Gesetzliche Vertreter. a) Gesellschaften.** § 309 Abs. 1 und 2 wendet sich in erster Linie an „die gesetzlichen Vertreter" des herrschenden Unternehmens. Dieser Begriff umfaßt hier entsprechend dem Zweck der Regelung (Rdnr. 1 f., 4) **jedes** vertretungsberechtigte **Organ** des herrschenden Unternehmens im weitesten Sinne, daher bei den Personengesellschaften einschließlich der BGB-Gesellschaften auch deren vertretungsberechtigte Gesellschafter.[17] Nimmt diese Stellung wie bei einer GmbH und Co. KG eine juristische Person ein, so sind als gesetzliche Vertreter gleichermaßen diese juristische Person wie deren Geschäftsführer oder Vorstandsmitglieder anzusehen.[18] Es liegt auf der Hand, daß nicht durch derartige jederzeit mögliche Konstruktionen die Haftung des herrschenden Unternehmen und seiner gesetzlichen Vertreter aus § 309 umgangen werden kann.

15　　**b) Delegation.** Die sogenannte Delegation des Weisungsrechts auf Dritte ändert nichts an den Pflichten und der Haftung der gesetzlichen Vertreter des herrschenden Unternehmens, weil es sich dabei der Sache nach lediglich um die Hinzuziehung Dritter als Erfüllungsgehilfen bei der Ausübung des Weisungsrechts des herrschenden Unternehmens durch dessen gesetzliche Vertreter handelt; besonders deutlich ist das etwa, wenn die gesetzlichen Vertreter des herrschenden Unternehmens ihre leitenden Mitarbeiter mit dieser Aufgabe betrauen (§§ 31, 278 BGB).[19] Davon zu trennen ist die Frage, ob die sogenannten Delegatare gleichfalls nach dem entsprechend anwendbaren § 309 oder nach den allgemeinen Vorschriften (insbes. § 117 Abs. 3) haften (dazu Rdnr. 26).

16　　Wenig geklärt ist die Rechtslage im Fall der ohnehin grundsätzlich unzulässigen *Übertragung* des Weisungsrechtes auf selbständige Dritte (§ 308 Rdnr. 16). Solches Verhalten stellt jedenfalls eine Verletzung des Beherrschungsvertrages dar, die das herrschende Unternehmen selbst ersatzpflichtig macht (§§ 31, 278, 280, 249, 252 BGB). Zum Schutz der abhängigen Gesellschaft ist daneben aber auch § 309 entsprechend anzuwenden, und zwar gleichermaßen auf das sein Weisungsrecht „übertragende" herrschende Unternehmen einschließlich seiner gesetzlichen Vertreter wie auf die begünstigten Dritten. Dasselbe gilt im Falle einer unzulässigen *Bevollmächtigung* des herrschenden Unternehmens durch die abhängige Gesellschaft.[20]

17　　**2. Aufsichtsrat.** Die Mitglieder eines etwaigen Aufsichtsrates des herrschenden Unternehmens zählen grundsätzlich **nicht** zu den gesetzlichen Vertretern iSd. § 309 Abs. 1, und zwar nach überwiegender Meinung auch nicht im Fall des § 308 Abs. 3 S. 2 Halbs. 2, d. h. bei Zustimmung des Aufsichtsrats des herrschenden Unternehmens zur Wiederholung einer Weisung.[21] Dafür spricht, daß die Zustimmung des Aufsichtsrats des herrschenden

[16] S. MünchKommAktG/*Altmeppen* Rdnr. 13; *Hüffer* Rdnr. 7; str.

[17] S. schon § 308 Rdnr. 11; MünchKommAktG/ *Altmeppen* Rdnr. 13; *Hüffer* Rdnr. 4; *Kantzas* Weisungsrecht S. 157 ff.; *Koppensteiner* in Kölner Kommentar Rdnr. 15.

[18] MünchKommAktG/*Altmeppen* Rdnr. 15 f.; *Hüffer* Rdnr. 3; *Kantzas* Weisungsrecht S. 158 f.; *Koppensteiner* in Kölner Kommentar Rdnr. 17.

[19] S. § 308 Rdnr. 13 ff.; *Eschenbruch* Konzernhaftung Tz. 3030; *Hüffer* Rdnr. 4; MünchHdb. AG/ *Krieger* § 70 Rdnr. 145; *Mertens* AcP 168 (1968),

225, 227 f.; ganz anders MünchKommAktG/*Altmeppen* Rdnr. 149 ff.; *ders.*, Haftung des Managers, S. 13 ff.

[20] S. § 308 Rdnr. 31 f.; *Hüffer* Rdnr. 12; *Koppensteiner* in Kölner Kommentar Rdnr. 4; MünchHdb. AG/*Krieger* § 70 Rdnr. 144.

[21] MünchKommAktG/*Altmeppen* Rdnr. 19; *Eschenbruch* Konzernhaftung Tz. 3036; *Hüffer* Rdnr. 4; *Koppensteiner* in Kölner Kommentar Rdnr. 23; MünchHdb. AG/*Krieger* § 70 Rdnr. 145; anders *Kantzas* Weisungsrecht S. 171.

Unternehmens in dem genannten Fall wohl nur interne Bedeutung hat (s. § 308 Rdnr. 71).

3. Öffentliche Hand. Ist herrschendes Unternehmen eine Gebietskörperschaft oder **18** eine sonstige Gliederung der öffentlichen Hand (§ 15 Rdnr. 26 ff.), so ist nach bisher überwiegenden Meinung kein Raum für die Anwendung des § 309 auf die für die öffentliche Hand gegenüber der abhängigen Gesellschaft tätig gewordenen Beamten oder Angestellten; vielmehr soll § 309 in diesem Fall durch die Regeln über die Staatshaftung verdrängt werden (§§ 31, 89 Abs. 1, 278, 839 BGB mit Art. 34 GG).[22] Anwendbar bleibt aber auf jeden Fall § 309 Abs. 3 bis 5. Und auch darüber hinaus spricht aus heutiger Sicht eigentlich alles für und nichts mehr gegen eine persönliche Haftung der für die öffentliche Hand bei der Leitung ihrer Unternehmen tätig werdenden Beamten und Angestellten nach Maßgabe des § 309 Abs. 1 und 2 im Interesse der Verstärkung des Schutzes der abhängigen Gesellschaft, und zwar auch und gerade gegen die besonders gefährlichen Einflüsse der öffentlichen Hand.

4. Einzelkaufmann. Bei einem Einzelkaufmann tritt an die Stelle der (hier gar nicht **19** vorhandenen) gesetzlichen Vertreter nach einem Klammerzusatz in § 309 Abs. 1 dessen Inhaber, d. h. der Einzelkaufmann selbst. Die Regelung dürfte *überflüssig* sein, jedenfalls, wenn man davon ausgeht, daß sich die Haftung des herrschenden Unternehmens selbst im Ergebnis ebenfalls nach § 309, insbes. nach dessen Abs. 3 bis 5 richtet (Rdnr. 20 f.).

5. Herrschendes Unternehmen. § 309 regelt allein die Haftung der gesetzlichen *Ver-* **20** *treter* des herrschenden Unternehmens für sorgfaltswidrige Weisungen gegenüber der abhängigen Gesellschaft, nicht dagegen die (wohl wichtigere) Haftung des herrschenden Unternehmens selbst (s. Rdnr. 6). Die Gesetzesverfasser haben dies damit gerechtfertigt, das herrschende Unternehmen hafte für sorgfaltswidrige Weisungen bereits „nach allgemeinen Rechtsgrundsätzen aufgrund des Vertrages", so daß eine besondere aktienrechtliche Regelung entbehrlich sei.[23] In dieselbe Richtung weist die ausdrückliche Erstreckung des § 309 Abs. 1 auf Einzelkaufleute (Rdnr. 19).

Im Anschluß an die erwähnte Bemerkung der Gesetzesverfasser (Rdnr. 20) ist heute **21** anerkannt, daß das herrschende Unternehmen – neben seinen Vertretern (§ 309) – ebenfalls für sorgfaltswidrige Weisungen gegenüber der abhängigen Gesellschaft ersatzpflichtig ist.[24] Bei einer **Personengesellschaft** als herrschendem Unternehmen erfaßt die Haftung außerdem die persönlich haftenden Gesellschafter, mögen sie vertretungsberechtigt sein (dann auch § 309 Abs. 1) oder nicht (§§ 705, 714 BGB; § 128 HGB).[25] Umstritten ist lediglich, ob diese Haftung auf Vertrag, auf Gesetz (als nicht geschriebener Fall der Organhaftung analog § 309) oder auf § 309 AktG iVm. § 31 BGB beruht. Der Streit ist müßig, da sich jedenfalls aus heutiger Sicht angesichts des auch schuldrechtlichen Charakters des Beherrschungsvertrages (s. § 291 Rdnr. 27) das Ergebnis zwanglos aus **§ 280 BGB** (idF des Schuldrechtsmodernisierungsgesetzes von 2001) ergibt, ganz entsprechend den Vorstellungen des Gesetzgebers von 1965.[26] Wie immer man aber auch diese Frage beurteilt, *inhaltlich* richtet sich die Haftung des herrschenden Unternehmens auf jeden Fall (unstreitig) nach dem unmittelbar oder entsprechend anwendbaren § 309, insbes. nach dessen Abs. 3 bis 5.[27]

---

[22] *Emmerich* Wirtschaftsrecht S. 220 f.; *Hüffer* Rdnr. 6; *Koppensteiner* in Kölner Kommentar Rdnr. 20; zweifelnd MünchKommAktG/*Altmeppen* Rdnr. 20 ff.

[23] S. die Begr. zum RegE bei *Kropff* AktG S. 404 f.

[24] MünchKommAktG/*Altmeppen* Rdnr. 136–139; *Bachelin,* Der konzernrechtliche Minderheitenschutz, 1969, S. 56; *Beuthien* JuS 1970, 53, 55; *Exner* Beherrschungsvertrag S. 85 ff.; *Emmerich* in Hommelhoff Entwicklungen S. 64, 78; *ders.,* Gedächtnisschrift für Sonnenschein, S. 651, 652 f.; *Hüffer*

Rdnr. 26 f.; *Kantzas* Weisungsrecht S. 188 ff.; *Koppensteiner* in Kölner Kommentar Rdnr. 25 ff.; MünchHdb. AG/*Krieger* § 70 Rdnr. 145; *Mertens* AcP 168 (1968), 225, 228 f.; *Mestmäcker,* Festgabe für Kronstein, S. 129, 135 f.; *Möhring,* FS für Schilling, S. 253, 257 f.; *P. Ulmer,* FS für Stimpel, S. 705, 712; *Wellkamp* WM 1993, 2155, 2157.

[25] S. *Heymann/Emmerich* HGB § 128 Rdnr. 13 f.

[26] Begr. zum RegE bei *Kropff* AktG S. 404/405.

[27] MünchKommAktG/*Altmeppen* Rdnr. 137; *Hüffer* Rdnr. 27.

22   **6. Organverflechtung.** Zusätzliche Schwierigkeiten bereiten ebenso wie im Anwendungsbereich des § 308 (s. § 308 Rdnr. 29) die Fälle der Organverflechtung (Paradigma: Vorstands-Doppelmandate). Die Beurteilung dieser Fälle anhand des § 309 hängt, jedenfalls bei dem überwiegend vertretenen Verständnis des § 309 Abs. 1 und 2, vor allem davon ab, ob es möglich ist, in ihnen von einer Weisung des herrschenden Unternehmens iSd. § 308 Abs. 1 zu sprechen (s. aber Rdnr. 30).

23   **a) Vorstands-Doppelmandate.** Wie schon im einzelnen ausgeführt (s. § 308 Rdnr. 29), steht der Annahme einer Weisung jedenfalls in der Mehrzahl der Fälle von Vorstandsdoppelmandaten nichts im Wege mit der Folge, daß das entsandte Vorstandsmitglied die Haftung nach § 309 trifft.[28] Es besteht keine Notwendigkeit, die Haftung allein auf § 93 zu stützen,[29] schon mit Rücksicht auf § 309 Abs. 3 bis 5. Nichts hindert zudem die parallele Anwendung der §§ 93 und 309, wobei neben die Haftung des entsandten Vorstandsmitglieds noch die des herrschenden Unternehmens aus Pflichtverletzung tritt, ebenfalls entsprechend § 309 AktG iVm. den §§ 31, 278 und 280 BGB.[30]

24   **b) Sonstige Fälle.** Eine Weisung des herrschenden Unternehmens an den Vorstand der abhängigen Gesellschaft, die *Hauptversammlung* nach den §§ 111 Abs. 4 S. 3 und 119 Abs. 2 *einzuberufen,* ist grundsätzlich unzulässig (§ 308 Rdnr. 41). Verfährt das herrschende Unternehmen gleichwohl auf diese Weise, so steht außer Frage, daß § 309 zum Schutz der abhängigen Gesellschaft entsprechend angewandt werden muß. Es liegt dann eine unzulässige Weisung über die Hauptversammlung der abhängigen Gesellschaft vor, die zur Anwendung des § 309 führt.[31]

25   Wieder andere Fragen stellen sich, wenn gesetzliche Vertreter des herrschenden Unternehmens im *Aufsichtsrat* oder in der *Hauptversammlung* der abhängigen Gesellschaft tätig werden. Nach einer verbreiteten Meinung ist dann kein Raum mehr für die (entsprechende) Anwendung des § 309 AktG, auch nicht iVm. §§ 31 oder 278 BGB, so daß weder die Vertreter des herrschenden Unternehmens noch dieses selbst über § 309 (wohl aber gegebenenfalls aus anderen Gründen) haften.[32] Dieser Meinung ist nicht zu folgen.[33] Nichts hindert hier die Annahme einer mittelbaren Weisung des herrschenden Unternehmens über die genannten Organe der abhängigen Gesellschaft an deren Vorstand mit der Folge der Anwendbarkeit des § 309 (§ 308 Rdnr. 30). Richtiger Meinung nach findet in solchen Fällen § 309 Abs. 2 ohnehin unmittelbare Anwendung.[34]

26   **7. Sonstige Vertreter.** Im Fall der Delegation des Weisungsrechts an die Mitarbeiter des herrschenden Unternehmens ändert sich nichts an der Haftung dessen gesetzlicher Vertreter aus § 309 (Rdnr. 15). Diese Mitarbeiter selbst können dagegen für unzulässige Weisungen nur aus § 117 Abs. 3 oder aus unerlaubter Handlung (§ 823 Abs. 2 BGB iVm. § 266 StGB; §§ 826, 830 BGB) persönlich in Anspruch genommen werden.[35] Für die gelegentlich befürwortete entsprechende Anwendung des § 309 auf sie besteht keine Notwendigkeit.[36]

---

[28] *Hüffer* Rdnr. 29; *Kantzas* Weisungsrecht S. 160 f.; *Koppensteiner* in Kölner Kommentar Rdnr. 6; MünchHdb. AG/*Krieger* § 70 Rdnr. 145; *Mestmäcker,* Verwaltung, Konzerngewalt und Rechte der Aktionäre, 1958, S. 259 ff.; *ders.,* Festgabe für Kronstein, S. 129, 135 f.; *Semler,* FS für Stiefel, S. 719, 739, 750; *Streyl* Vorstands-Doppelmandate S. 64 ff.; *P. Ulmer,* FS für Stimpel, S. 705, 712; anders *Hoffmann-Becking* ZHR 150 (1986), 570, 577; *Lindermann* AG 1987, 225.

[29] So MünchKommAktG/*Altmeppen* Rdnr. 61–63; wieder anders *Eschenbruch* Konzernhaftung Tz. 3035; *Kantzas* Weisungsrecht S. 160 f.; s. § 308 Rdnr. 41.

[30] S. Rdnr. 20 f.; *Hüffer* Rdnr. 29; *Koppensteiner* in Kölner Kommentar Rdnr. 27; str.

[31] MünchKommAktG/*Altmeppen* Rdnr. 64; *Hüffer* Rdnr. 12.

[32] BGHZ 36, 296, 309 f. = NJW 1962, 864; BGHZ 90, 381, 397 f. = NJW 1984, 1893 = AG 1984, 181 „BuM"; BGH LM AktG § 116 Nr. 4 = NJW 1980, 1629 = AG 1980, 111; MünchKommAktG/*Altmeppen* Rdnr. 140 ff.; *Eschenbruch* Konzernhaftung Tz. 3036 ff.; *Hüffer* Rdnr. 28 f.

[33] S. *Kantzas* Weisungsrecht S. 161 f.; *Koppensteiner* in Kölner Kommentar Rdnr. 7.

[34] S. Rdnr. 30; *Emmerich,* Gedächtnisschrift für Sonnenschein, 2003, S. 651, 655.

[35] *Hüffer* Rdnr. 4; *Koppensteiner* in Kölner Kommentar Rdnr. 24.

[36] Anders MünchKommAktG/*Altmeppen* Rdnr. 150 ff.; *ders.,* Die Haftung des Managers, S. 14 ff.

IV. Haftungstatbestand

Die genannten Personen (Rdnr. 13 ff.), in erster Linie also die gesetzlichen Vertreter des **27** herrschenden Unternehmens, müssen nach § 309 Abs. 1 bei der Erteilung von Weisungen an die abhängige Gesellschaft (§ 308 Abs. 1) die Sorgfalt eines ordentlichen und gewissenhaften Geschäftsleiters anwenden (vgl. § 93 Abs. 1 S. 1). Bei einer Verletzung „ihrer Pflichten" sind sie der abhängigen Gesellschaft gemäß § 309 Abs. 2 S. 1 zum Schadensersatz verpflichtet (vgl. § 93 Abs. 2 S. 1 AktG und § 280 Abs. 1 BGB). Ersatzpflichtig ist jeweils der durch die Erteilung einer Weisung tätig gewordene gesetzliche Vertreter.[37] Mehrere, gemeinsam handelnde gesetzliche Vertreter haften als **Gesamtschuldner** (§ 309 Abs. 2 S. 1). § 309 Abs. 2 S. 1 bedeutet nicht etwa, daß im Fall der Pflichtverletzung eines gesetzlichen Vertreters stets alle zusammen als Gesamtschuldner haften müßten (vgl. § 840 BGB); gesagt ist vielmehr lediglich, daß (nur) alle *diejenigen* gesetzlichen Vertreter, die ihre Pflichten aus dem auf sie erstreckten Beherrschungsvertrag verletzt haben, zusammen als Gesamtschuldner nach § 309 Abs. 2 haften. Weitere gesetzliche Vertreter trifft eine Haftung nur, wenn in ihrer Person ein besonderer Haftungstatbestand erfüllt ist.

1. Bedeutung.[38] Die genaue Reichweite der durch § 309 Abs. 2 S. 1 angeordneten **28** Haftung der gesetzlichen Vertreter des herrschenden Unternehmens (und dieses Unternehmens selbst) für die Verletzung ihrer Pflichten ist umstritten. Der Meinungsstreit hängt vor allem mit dem unterschiedlichen Verständnis des Zusammenhangs zwischen den Abs. 1 und 2 des § 309 zusammen. Nach einer Meinung ist § 309 Abs. 2 S. 1 im Ergebnis so zu lesen, als ob es dort hieße: „Verletzen sie *diese* Pflichten . . .", nämlich die Pflichten iSd. Abs. 1 des § 309 bei der Erteilung von Weisungen, so sind die gesetzlichen Vertreter des herrschenden Unternehmens schadensersatzpflichtig, sofern sie schuldhaft gehandelt haben, wobei dann der Verschuldensmaßstab aus § 309 Abs. 1 (insofern vergleichbar mit § 276 Abs. 1 BGB) zu entnehmen sein soll. Die notwendige Folge solchen Verständnisses des § 309 Abs. 1 ist, daß die Haftung der gesetzlichen Vertreter des herrschenden Unternehmens aus § 309 Abs. 2 noch zusätzlich die Erfüllung eines besonderen Haftungs**tatbestandes** voraussetzt, wobei als solcher hier wohl allein die **Erteilung einer rechtswidrigen,** weil nach dem Beherrschungsvertrag, dem Gesetz oder der Satzung unzulässigen **Weisung** in Betracht kommt. Zu denken ist hier wohl in erster Linie an nachteilige Weisungen unter Verstoß gegen § 308 Abs. 1 S. 2.[39]

Nach der im Schrifttum wohl überwiegenden Meinung hat § 309 *Abs. 2* dagegen die **28 a** *weitergehende* Bedeutung, daß auch die Erteilung an sich „erlaubter", d. h. grundsätzlich mit § 308 vereinbarer Weisungen ersatzpflichtig macht, *sofern* die gesetzlichen Vertreter des herrschenden Unternehmens dabei die nach § 309 *Abs. 1 geschuldete* Sorgfalt verletzen und *dadurch* der abhängigen Gesellschaft Schaden zufügen.[40] Man spricht insoweit auch von der **„Doppelfunktion"** des § 309 Abs. 1, nämlich zugleich als Haftungstatbestand *und* Haftungsmaßstab. Wieder andere sehen schließlich den geschilderten Meinungsstreit im wesentlichen als gegenstandslos an.[41]

Die Lehre von der Doppelfunktion der Sorgfaltspflichtverletzung in § 309 Abs. 1 trifft **29** insofern das richtige, als sie den schon durch den Aufbau des Gesetzes nahegelegten engen Zusammenhang zwischen den §§ 308 und 309 betont, aus dem sich in der Tat ergibt, daß § 309 Abs. 1 als **zusätzliche Schranke** für das Weisungsrecht des herrschenden Unternehmens zu begreifen ist.[42] Die Verletzung der erforderlichen Sorgfalt bei der Erteilung von

---

[37] *Kantzas* Weisungsrecht S. 169.
[38] S. zum folgenden *Emmerich,* Gedächtnisschrift für Sonnenschein, 2003, S. 651.
[39] *Koppensteiner* in Kölner Kommentar Rdnr. 8 f.; *ders.* AG 1995, 95, 96; MünchHdb. AG/*Krieger* § 70 Rdnr. 144.
[40] So *Emmerich,* Gedächtnisschrift für Sonnenschein, S. 651, 656 f.; *Eschenbruch* Konzernhaftung

Tz. 3041; *Hüffer* Rdnr. 2, 13 ff.; *Kantzas* Weisungsrecht S. 166 f.; *Mertens* AcP 168 (1968), 225, 229 f.; ebenso für § 93 *Wirth* RWS-Forum 20, 2001, S. 99, 104 f.
[41] MünchKommAktG/*Altmeppen* Rdnr. 68 ff.; *ders.,* Die Haftung des Managers, S. 34 ff.
[42] S. im einzelnen § 308 Rdnr. 55.

Weisungen iSd. § 309 Abs. 1 begründet mithin *gleichzeitig* die Rechtswidrigkeit der Weisungserteilung *und* das Verschulden der gesetzlichen Vertreter des herrschenden Unternehmens. Eine sorgfaltswidrige und *deshalb* gegen § 309 Abs. 1 verstoßende Weisung ist mit anderen Worten ebenso verboten wie eine Weisung unter Verletzung des § 308, der Satzung oder des Beherrschungsvertrags.

30 Selbst mit dem Verständnis der Sorgfaltspflichtverletzung sowohl als Haftungstatbestand als auch als Haftungsmaßstab (Rdnr. 29) ist der Bedeutungsgehalt des § 309 *Abs. 2* noch nicht ausgeschöpft.[43] Bisher ist § 309 Abs. 2 zwar überwiegend allein im Zusammenhang mit § 309 Abs. 1 gesehen worden. Tatsächlich nimmt jedoch Abs. 2 des § 309 zumindest ausdrücklich überhaupt nicht Bezug auf Abs. 1 der Vorschrift; er ordnet vielmehr ganz **allgemein** eine **Haftung** der gesetzlichen Vertreter des herrschenden Unternehmens bei einer Verletzung „ihrer (nicht: dieser) Pflichten" aus dem Beherrschungsvertrag gegenüber der abhängigen Gesellschaft an. Nichts hindert deshalb die Erstreckung des § 309 Abs. 2 S. 1 auf eine Verletzung **aller** sich möglicherweise für das herrschende Unternehmen (und damit auch seine gesetzlichen Vertreter) aus dem Beherrschungsvertrag ergebenden **Pflichten** gegenüber der abhängigen Gesellschaft.[44]

30 a Die hier befürwortete Sicht der Dinge (Rdnr. 30), d. h. die Erstreckung des Abs. 2 des § 309 auf die Verletzung aller Pflichten des herrschenden Unternehmens und seiner gesetzlichen Vertreter aus dem Beherrschungsvertrag hätte vor allem den Vorteil, eine einfache Lösung der Probleme zu ermöglichen, die sich bei der Anwendung des § 309 in anderen Fällen der Einflußnahme des herrschenden Unternehmens auf die abhängige Gesellschaft jenseits der Weisungserteilung ergeben haben (Rdnr. 22, 24 f.). Auch die *Unterlassung* von Weisungen könnte dann unbedenklich von Fall zu Fall mit § 309 Abs. 2 erfaßt werden (s. Rdnr. 35). Vor allem aber steht bei der hier vertretenen Sicht der Dinge nichts im Wege, die immer wieder geforderte Haftung des herrschenden Unternehmens und seiner Vertreter für **ordnungsmäßige Konzerngeschäftsführung** gleichfalls auf § 309 Abs. 2 S. 1 zu stützen.[45] Noch nichts gesagt ist damit freilich über die genaue Reichweite dieser Konzerngeschäftsführungspflicht.[46] Aber *soweit* solche Pflichten anerkannt werden und die gesetzlichen Vertreter des herrschenden Unternehmens schuldhaft gegen diese Pflichten verstoßen (§ 276 Abs. 1 BGB; § 309 Abs. 1 AktG), richtet sich ihre Haftung nach der hier vertretenen Auffassung (Rdnr. 30) nach § 309 Abs. 2, so daß auch Raum für die ergänzende Anwendung der Abs. 3 bis 5 des § 309 auf diese Fälle ist.

30 b § 309 Abs. 2 begründet folglich eine Haftung des herrschenden Unternehmens und seiner gesetzlichen Vertreter für **jede** denkbare Verletzung der sich für sie aus dem Beherrschungsvertrag ergebenden Pflichten. Dies ändert aber nichts daran, daß die Haftung für Pflichtverletzungen gerade bei der *Erteilung von Weisungen* – insoweit in Übereinstimmung mit der überwiegenden Meinung – einen besonders wichtigen, vielleicht sogar den wichtigsten Anwendungsfall des § 309 Abs. 2 darstellt. Dementsprechend sollen sich auch die folgenden Ausführungen im wesentlichen auf diesen Fall konzentrieren.

31 Mit der Bestimmung, daß die Vertreter des herrschenden Unternehmens bei der Erteilung von Weisungen die Sorgfalt eines ordentlichen und gewissenhaften Geschäftsleiters anzuwenden haben, zieht das Gesetz in § 309 Abs. 1 im Grunde die Konsequenzen aus dem Umstand, daß im Vertragskonzern aufgrund der §§ 18 Abs. 1 S. 2, 291 Abs. 1 S. 1 und 308 Abs. 1 die Leitung der abhängigen Gesellschaft partiell auf das herrschende Unternehmen übergeht. Folgerichtig legt das Gesetz hier dessen gesetzlichen Vertretern dieselbe Verantwortlichkeit für ihre Leitungstätigkeit gegenüber der abhängigen Gesellschaft auf wie dem Vorstand in der unabhängigen Gesellschaft nach § 93 Abs. 1 (s. Rdnr. 3).

---

[43] S. *Emmerich,* Gedächtnisschrift für Sonnenschein, S. 651, 653 ff.; ähnlich auch *Eschenbruch* Konzernhaftung Tz. 3039 ff.; *Hommelhoff/Mattheus* BFuP 2000, 217, 225 f.

[44] S. *Emmerich* (vorige Fn.).

[45] S. *Emmerich* (Fn. 43).

[46] S. im einzelnen *Emmerich/Sonnenschein/Habersack* Konzernrecht § 35 III (S. 519 f.); *Hommelhof/Mattheus* BFuP 2000, 217, 225.

Emmerich

2. Die geschuldete Sorgfalt. Soweit es um die Haftung der gesetzlichen Vertreter des **32** herrschenden Unternehmens (und des herrschenden Unternehmens selbst) für die Erteilung von Weisungen geht, muß man im einzelnen zwei Tatbestände unterscheiden. Der erste umfaßt die Verletzung allgemeiner Sorgfaltspflichten bei dem Ausspruch von Weisungen (§ 309 Abs. 1), der zweite die Mißachtung der sonstigen Schranken des Weisungsrechts, wie sie sich insbes. aus § 308 Abs. 1 S. 2, aus der Satzung der abhängigen Gesellschaft und aus den §§ 134 und 138 BGB ergeben (s. § 308 Rdnr. 35 ff. und Rdnr. 34). Bei der Anwendung des ersten genannten Tatbestandes, d. h. bei der Verletzung allgemeiner Sorgfaltspflichten bei dem Ausspruch von Weisungen (§ 309 Abs. 1), ist Zurückhaltung geboten. Das ergibt sich aus der Notwendigkeit, bei dem Ausspruch von Weisungen den gesetzlichen Vertretern des herrschenden Unternehmens – im Rahmen der allgemeinen Schranken des Weisungsrechts – wegen der prinzipiellen Ungewißheit der Zukunft einen breiten geschäftspolitischen **Ermessensspielraum** einzuräumen.[47] Es verhält sich hier nicht anders als im Rahmen des § 93, bei dem gleichfalls anerkannt ist, daß dem Vorstand ein breiter Raum haftungsfreien unternehmerischen Ermessens belassen werden muß, so daß – vergleichbar der amerikanischen *business judgement rule*[48] – eine Haftung erst bei Überschreitung der Grenzen dieses unternehmerischen Ermessens in Betracht kommt (Stichwort: haftungsfreie Fehlentscheidung).[49] Eine Haftung der gesetzlichen Vertreter des herrschenden Unternehmens für die Verletzung allgemeiner kaufmännischer Sorgfaltspflichten bei der Erteilung von Weisungen ist deshalb erst bei einer Überschreitung des ihnen zuzubilligenden unternehmerischen Ermessensspielraums durch geschäftspolitisch in keiner Weise mehr zu rechtfertigende Maßnahmen gegeben, bei denen elementare kaufmännische Vorsichtsmaßnahmen und betriebswirtschaftliche Erkenntnisse vernachlässigt wurden.[50]

Als Bezugsrahmen für die von den gesetzlichen Vertretern des herrschenden Unterneh- **33** mens bei dem Ausspruch von Weisungen geschuldete Sorgfalt (§ 309 Abs. 1) kommen theoretisch die abhängige Gesellschaft, das herrschende Unternehmen oder der durch den Beherrschungsvertrag gebildete Konzern (als ein einziges Unternehmen im wirtschaftlichen Sinne) in Betracht (s. § 18 Abs. 1 S. 2). Für jede dieser Alternativen lassen sich Gründe anführen. Insgesamt deutet der Zusammenhang der gesetzlichen Regelung aber doch wohl am meisten darauf hin, die bei dem Ausspruch von Weisungen geschuldete Sorgfalt in erster Linie auf den insoweit als Einheit gedachten *Konzern* zu beziehen; dafür spricht vor allem § 308 Abs. 1 S. 2, nach dem (nur) *im Konzerninteresse* Weisungen erlaubt sind, die für die abhängige Gesellschaft nachteilig sind (s. § 308 Rdnr. 45 ff.).

Die gesetzlichen Vertreter des herrschenden Unternehmens haften *ferner*, wenn sie bei **34** der Erteilung von Weisungen die **Schranken,** die dem Weisungsrecht durch den Beherrschungsvertrag, die Satzung der abhängigen Gesellschaft und das Gesetz gezogen werden, schuldhaft mißachten (s. § 308 Rdnr. 55 ff.). Das ist insbes. dann anzunehmen, wenn nachteilige Weisungen nicht durch Belange des herrschenden Unternehmens oder der mit ihm konzernverbundenen Unternehmen gerechtfertigt werden können (§ 308 Abs. 1 S. 2; s. Rdnr. 33) oder wenn durch solche Weisungen die Lebensfähigkeit der abhängigen Gesellschaft grundlos beeinträchtigt wird (§ 308 Rdnr. 45, 60 ff.). Dasselbe gilt, wenn nachteilige Weisungen gegen den Grundsatz der Verhältnismäßigkeit verstoßen (§ 308 Rdnr. 50), etwa, weil sich dasselbe Ziel auch auf eine weniger nachteilige Weise für die abhängige Gesellschaft erzielen ließe. § 308 Abs. 2 S. 2 hat in diesem Zusammenhang keine Bedeutung.

---

[47] *Altmeppen,* Die Haftung des Managers, S. 35 f.; MünchKommAktG/*Altmeppen* Rdnr. 71; *Emmerich,* Gedächtnisschrift für Sonnenschein, S. 651, 655 f.; *Eschenbruch* Konzernhaftung Tz. 3042; *Mertens* AcP 168 (1968), 225, 232 f.

[48] S. dazu ausführlich *Paefgen,* Unternehmerische Entscheidungen, S. 151 ff.

[49] Grdlg. BGHZ 135, 244, 253 ff. = NJW 1997, 1926 = LM AktG § 93 Nr. 10 = AG 1997, 377

„ARAG/Garmenbeck"; *Goette,* FS 50 Jahre BGH, 2000, S. 123; *Hopt,* FS Mestmäcker, 1996, S. 909; *Paefgen* (vorige Fn.) passim, bes. S. 26, 176, 222 ff.; *Wirth* in Henze/Hoffmann-Becking (Hrsg.), Gesellschaftsrecht 2001, RWS-Forum 20, 2001, S. 99, 106, 111, 119 f.

[50] Ebenso *Eschenbruch* Konzernhaftung Tz. 3041.

35 **3. Unterlassung von Weisungen.** § 309 Abs. 1 und 2 begründet eine Haftung für die „Erteilung von Weisungen", also für den *Ausspruch* von Weisungen iSd. § 308 Abs. 1. Daraus wird überwiegend der Schluß gezogen, daß aus § 309 nicht auch umgekehrt eine Haftung für die bloße *Unter*lassung von Weisungen seitens des herrschenden Unternehmens hergeleitet werden kann.[51] Ausnahmen sind nur denkbar, wenn sich erst nachträglich die Unzulässigkeit einer nachteiligen Weisung herausstellt, weil das herrschende Unternehmen dann bereits aufgrund seiner Ersatzpflicht (s. § 309 Abs. 2 S. 1 AktG iVm. §§ 280 Abs. 1 und 249 S. 1 BGB) zur Beseitigung der Folgen dieser unzulässigen Weisung durch die Erteilung einer entgegengesetzten Weisung verpflichtet ist, sowie allgemein dann, wenn das herrschende Unternehmen eine für die abhängige Gesellschaft nachteilige und schädliche Situation geschaffen hat, zu deren Bereinigung eine Weisung nötig ist.[52] Anders ist die Rechtslage dagegen bei dem hier vertretenen weitergehenden Verständnis des § 309 Abs. 2 zu beurteilen (Rdnr. 30 ff.), weil dann überhaupt *jede* Sorgfaltspflichtverletzung bei der Durchführung des Beherrschungsvertrages eine Haftung des herrschenden Unternehmens *und* seiner gesetzlichen Vertreter nach sich ziehen kann, einschließlich der Unterlassung an sich gebotener Weisungen (Rdnr. 30 a).

36 **4. Kausalität.** Die Haftung der gesetzlichen Vertreter des herrschenden Unternehmens setzt Kausalität zwischen der sorgfaltswidrigen Weisungserteilung (oder der sonstigen Sorgfaltspflichtverletzung, s. Rdnr. 30 ff.) und dem bei der abhängigen Gesellschaft eingetretenen Schaden voraus (§ 309 Abs. 2 S. 1). Die *Beweislast* hierfür trifft nach überwiegender Meinung den Kläger, d. h. entweder die abhängige Gesellschaft oder ihre Aktionäre und Gläubiger (§ 309 Abs. 4).[53] Über die erheblichen Schwierigkeiten, auf die Aktionäre und Gläubiger bei dem Versuch stoßen werden, diesen Beweis zu führen, und die zu einem guten Teil die praktische Bedeutungslosigkeit des § 309 erklären (s. Rdnr. 1), darf man sich indessen keinen Illusionen hingeben, da Außenstehende in aller Regel keinen Einblick in die sorgsam vor ihren Augen verborgenen Konzerninterna besitzen. Dies sollte Anlaß geben, die bisherigen Vorstellungen zur Verteilung der Beweislast nochmals zu überdenken.[54]

37 **5. Schaden.** Letzte Haftungsvoraussetzung ist, daß der abhängigen Gesellschaft durch den Ausspruch der sorgfaltswidrigen Weisung ein Schaden iSd. §§ 249 bis 252 BGB entstanden ist (§ 309 Abs. 2 S. 1). Das ist der Fall, wenn sich im jeweils maßgeblichen Zeitpunkt, im Rechtsstreit also im Augenblick der letzten mündlichen Verhandlung vor der letzten Tatsacheninstanz, bei einer Saldierung der Vor- und Nachteile der fraglichen Weisung ein negatives Ergebnis zeigt, wenn also der jetzige tatsächliche Vermögensstand der Gesellschaft infolge der nachteiligen Weisung negativ von dem hypothetischen Stand ohne Weisung abweicht (sog. Differenzhypothese).

38 Die Durchführung dieses Vermögensvergleichs stößt im Fall des § 309 auf besondere Schwierigkeiten, die vor allem damit zusammenhängen, daß die abhängige Gesellschaft neben § 309 noch *weitere* Ansprüche gegen das herrschende Unternehmen besitzt, durch die ihr Vermögen im Vertragskonzern geschützt werden soll. In erster Linie ist hier an den Anspruch auf Verlustausgleich nach § 302 zu denken. Diese Schwierigkeiten steigern sich noch, wenn wie in der Regel mit dem Beherrschungsvertrag ein Gewinnabführungsvertrag verbunden ist, da die dann von der abhängigen Gesellschaft ohnehin geschuldete Gewinnabführung (§§ 291 Abs. 1 S. 1, 301) ebenfalls bei der Ermittlung des Schadens nicht außer Betracht gelassen werden darf. Im einzelnen geht es dabei um folgende Fragen:

39 Als erstes muß entschieden werden, ob der Anspruch der abhängigen Gesellschaft auf **Verlustausgleich** (§ 302) sowie – im Rahmen eines Organschaftsvertrages – die Verpflichtung der abhängigen Gesellschaft zur **Abführung ihres Gewinns** an das herrschende

---

[51] S. schon § 308 Rdnr. 34 f.; *Eschenbruch* Konzernhaftung Tz. 3028; *Kantzas* Weisungsrecht S. 165; MünchHdb. AG/*Krieger* § 70 Rdnr. 144.

[52] S. § 308 Rdnr. 34, 49; *Hüffer* Rdnr. 10; *Koppensteiner* in Kölner Kommentar Rdnr. 3.

[53] *Eschenbruch* Konzernhaftung Tz. 3044 Abs. 2; *Hüffer* Rdnr. 16.

[54] Ebenso schon *Bachelin,* Der konzernrechtliche Minderheitenschutz, 1969, S. 62; *Kantzas* Weisungsrecht S. 170; s. im einzelnen Rdnr. 42 f.

Unternehmen aufgrund der §§ 291 Abs. 1 S. 1 und 301 in die Saldierung miteinzubeziehen sind. Bejaht man dies, so hat eine Schädigung der abhängigen Gesellschaft durch eine sorgfaltswidrige Weisung in zahlreichen Fällen lediglich zur Folge, daß sich entweder ihr Anspruch auf Verlustausgleich entsprechend erhöht oder doch der von ihr abzuführende Gewinn im gleichen Ausmaß mindert. Die abhängige Gesellschaft stände sich mit anderen Worten trotz Schädigung durch die sorgfaltswidrige oder sonst unzulässige Weisung im Ergebnis vermögensmäßig nicht anders als ohne solche Weisung, so daß es letztlich an einem Schaden fehlte – mit der weiteren Folge, daß in einer Vielzahl von Fällen die in § 309 angeordnete Haftung der gesetzlichen Vertreter des herrschenden Unternehmens ebenso wie die des herrschenden Unternehmens selbst im Ergebnis leerliefe.[55] In Betracht käme höchstens von Fall zu Fall eine Schädigung des herrschenden Unternehmens, eben durch die Erhöhung seiner Verlustausgleichspflicht (§ 302) oder die Verminderung des an es abzuführenden Gewinns (§§ 291 Abs. 1 S. 1, 301), für die *ihm* dann *seine* gesetzlichen Vertreter nach allgemeinen Regeln haftbar wären (s. insbes. § 93 AktG; § 43 GmbHG; §§ 705, 708, 709, 713, 280 BGB; s. Rdnr. 5).

Es liegt auf der Hand, daß eine Interpretation des § 309, die im Ergebnis dazu führt, daß **40** der Vorschrift kein nennenswerter Anwendungsbereich mehr verbleibt (s. Rdnr. 39), schwerlich richtig sein kann. Aus diesem Grund wird heute im Rahmen des § 309 Abs. 2 überwiegend eine Berücksichtigung der „Vorteile" der abhängigen Gesellschaft aufgrund des Verlustausgleichs und der „Nachteile" infolge eines Gewinnabführungsvertrags bei der Schadensermittlung abgelehnt (§ 242 BGB).[56] Dagegen kann nicht eingewandt werden, daß die deshalb anzunehmende Haftung des herrschenden Unternehmens und seiner gesetzlichen Vertreter nach § 309 Abs. 3 im Ergebnis nur auf eine Verminderung der Verlustausgleichspflicht des herrschenden Unternehmens oder auf eine Erhöhung des an dieses abzuführenden Gewinns hinausliefe, schon, weil der Schaden *sofort* und nicht erst zum Ende des Geschäftsjahres auszugleichen ist (§§ 280 Abs. 1, 249, 252, 271 BGB). Es spielt ferner keine Rolle, wenn der Schaden bei der abhängigen Gesellschaft erst *nach* Beendigung des Beherrschungsvertrages eintritt, sofern nur der Haftungstatbestand durch Erteilung einer sorgfaltswidrigen oder sonst unzulässigen Weisung seitens der gesetzlichen Vertreter des herrschenden Unternehmens bereits *vor* Vertragsbeendigung erfüllt wurde.[57]

Eine wieder andere Frage ist, ob **Vorteile,** die *für den Konzern* insgesamt und insbes. für **41** das herrschende Unternehmen mit einer weisungsbedingten Schädigung der abhängigen Gesellschaft verbunden sind, bei der Schadensermittlung im Wege der *Vorteilsausgleichung* berücksichtigt werden können oder müssen. Die Antwort auf diese Frage ergibt sich unmittelbar aus den §§ 308 Abs. 1 S. 2 und 309 Abs. 1. Denn entscheidend ist danach immer nur, ob die Schädigung der abhängigen Gesellschaft zulässig ist oder nicht. Ist sie erlaubt, so fehlt es bereits am Haftungstatbestand. Andernfalls ist die Weisung rechtswidrig und verpflichtet zum Ersatz des vollen Schadens, der der abhängigen Gesellschaft entstanden ist.[58] Zu bedenken ist hier außerdem, daß eine Saldierung der Vor- und Nachteile einer Weisung für den Gesamtkonzern uferlos wäre und endgültig dazu führen müßte, daß § 309 nicht mehr praktikabel ist.

6. Beweislast. Nach § 309 Abs. 2 S. 2 trifft im Rechtsstreit die gesetzlichen Vertreter **42** des herrschenden Unternehmens die Beweislast, wenn streitig ist, ob sie die Sorgfalt eines ordentlichen und gewissenhaften Geschäftsleiters angewandt haben (vgl. § 93 Abs. 2 S. 2). Bei der Würdigung dieser gesetzlichen Regelung muß man die Doppelfunktion der Sorgfaltspflichtverletzung in § 309 Abs. 1 als Haftungsvoraussetzung *und* als Sorgfaltsmaßstab im Auge behalten (Rdnr. 28 f.). S. 2 des § 309 Abs. 2 besagt folglich, daß bis zum Beweis des

---

[55] So in der Tat *Koppensteiner* in Kölner Kommentar Rdnr. 10; MünchHdb. AG/*Krieger* § 70 Rdnr. 143.

[56] *Altmeppen* Haftung S. 36 ff.; MünchKommAktG/*Altmeppen* Rdnr. 84 ff.; *Emmerich,* Gedächtnisschrift für Sonnenschein, 2002, S. 651, 657 f.;

Eschenbruch Konzernhaftung Tz. 3043; *Hüffer* Rdnr. 18; *Mertens* AcP 168 (1968), 225, 231 f.

[57] MünchKommAktG/*Altmeppen* Rdnr. 110.

[58] Ebenso im Ergebnis MünchKommAktG/*Altmeppen* Rdnr. 93 ff.

Gegenteils in *beiden* Beziehungen, d. h. gleichermaßen hinsichtlich der Haftungsvorausset-zung wie des Sorgfaltsmaßstabes, von der *Erfüllung* der Voraussetzungen der Ersatzpflicht des herrschenden Unternehmens und seiner gesetzlichen Vertreter (und nicht von deren Fehlen) auszugehen ist.[59] Keine besondere Regelung hat dagegen die Beweislast hinsichtlich der übrigen Haftungsvoraussetzungen gefunden (Rdnr. 36 ff.). Daraus wird überwiegend der Schluß gezogen, daß es **insoweit** bei den allgemeinen Regeln über die Beweislastverteilung bleibt, so daß im Streitfall die Kläger, die abhängige Gesellschaft oder im Rahmen des § 309 Abs. 4 ihre Aktionäre und Gläubiger, zunächst den Beweis für die kausale Schädigung der abhängigen Gesellschaft insbes. durch eine für sie nachteilige Weisung führen müßten, bevor die Beweislastumkehr aus § 309 Abs. 2 S. 2 eingreift.[60] Solche Verteilung der Beweislast ist jedoch für die Kläger im Grunde unzumutbar (Rdnr. 36), so daß man unterscheiden muß:[61]

43   Der Kläger muß im Streitfalle lediglich vortragen und gegebenenfalls beweisen, daß die abhängige Gesellschaft einen Schaden erlitten hat, der *typischerweise* insbes. auf eine nachtei-lige Weisung des herrschenden Unternehmens zurückzuführen ist, weil das fragliche Ver-halten aus dem eigenen Interesse der abhängigen Gesellschaft heraus ganz unverständlich erscheinen muß, während es offenkundig mit Vorteilen für das herrschende Unternehmen oder andere konzernverbundene Unternehmen verbunden ist, so daß als Erklärung – rationales Handeln des Vorstandes der abhängigen Gesellschaft unterstellt – letztlich nur eine nachteilige Weisung des herrschenden Unternehmens übrig bleibt. Ist dem Kläger dieser unter Berücksichtigung ökonomischer Gesetzmäßigkeiten und Erfahrungssätze allenfalls noch mögliche Beweis gelungen, so ist es nunmehr Sache des herrschenden Unternehmens, die dann eingreifende **Kausalitätsvermutung** zu widerlegen (Rdnr. 36); jede andere Ver-teilung der Beweislast ist für die abhängige Gesellschaft (§ 309 Abs. 2) ebenso wie für die Aktionäre und die Gläubiger (§ 309 Abs. 4) unzumutbar, weil Außenstehende über keinen Einblick in die meistens streng geheimgehaltenen Konzerninterna verfügen (§ 242 BGB).

44   Gelingt dem herrschenden Unternehmen nicht die Widerlegung der Kausalitätsvermu-tung (Rdnr. 43), so greift jetzt die **Beweislastumkehr** aufgrund des § 309 Abs. 2 S. 2 ein. § 309 Abs. 2 S. 2 ist außerdem entsprechend anzuwenden, wenn sich das herrschende Unternehmen zur Rechtfertigung einer nachteiligen Weisung auf § 308 Abs. 1 S. 2 beruft.[62]

V. Verzicht und Vergleich

45   Nach § 309 Abs. 3 S. 1 kann die abhängige Gesellschaft erst drei Jahre nach der Entste-hung des Anspruchs und nur dann auf Ersatzansprüche wegen sorgfaltswidriger nachteiliger Weisungserteilung verzichten oder sich über solche Ansprüche vergleichen, wenn die außenstehenden Aktionäre durch Sonderbeschluß zustimmen und nicht eine Minderheit, deren Anteile zusammen den zehnten Teil des bei der Beschlußfassung vertretenen Grund-kapitals erreichen, Widerspruch zur Niederschrift erklärt. Gemeint ist damit das bei der Fassung des Sonderbeschlusses der außenstehenden Aktionäre vertretene Grundkapital *dieser* Aktionäre, so daß insgesamt schon ein sehr kleiner Teil des gesamten Grundkapitals durch seinen Widerspruch einen Verzicht oder Vergleich über die Ansprüche der Gesellschaft verhindern kann. Die Sperrfrist von drei Jahren für Verzicht und Vergleich gilt gemäß § 309 Abs. 3 S. 2 nur dann nicht, wenn der ersatzpflichtige gesetzliche Vertreter des herrschenden Unternehmens zahlungsunfähig ist und sich zur Abwendung des Insolvenzverfahrens mit seinen Gläubigern vergleicht oder wenn die Ersatzpflicht in einem Insolvenzplan geregelt wird (s. §§ 217 ff. InsO). § 309 Abs. 3 S. 2 entspricht insoweit den §§ 50 S. 2, 93 Abs. 4 S. 4 und 302 Abs. 3 S. 2 (s. deshalb § 302 Rdnr. 51).

---

[59] *Hüffer* Rdnr. 16.
[60] S. *Altmeppen*, Die Haftung des Managers, S. 46; MünchKommAktG/*Altmeppen* Rdnr. 113; *Eschenbruch* Konzernhaftung Tz. 3044 ff.; *Hüffer* Rdnr. 16; *Koppensteiner* in Kölner Kommentar Rdnr. 13.

[61] S. im einzelnen *Emmerich*, Gedächtnisschr. f. Sonnenschein, S. 651, 658 ff.
[62] S. § 308 Rdnr. 52 f.; MünchKommAktG/*Alt-meppen* Rdnr. 115 f.; *Hüffer* Rdnr. 16; *Koppensteiner* in Kölner Kommentar Rdnr. 13.

Die Vorschrift des § 309 Abs. 3 S. 1 ist dem § 93 Abs. 4 S. 3 nachgebildet, freilich mit **46** dem Unterschied, daß an die Stelle der Zustimmung der Hauptversammlung (s. § 93 Abs. 4 S. 3) ein **Sonderbeschluß der außenstehenden Aktionäre** tritt. Diese Besonderheit wurde aus § 302 Abs. 3 S. 3 übernommen, um dem herrschenden Unternehmen mit seiner regelmäßigen Hauptversammlungsmehrheit bei der abhängigen Gesellschaft die Möglichkeit zu nehmen, sich letztlich selbst zu entlasten.[63] Die Regelung gilt entsprechend, soweit es um Ansprüche wegen sorgfaltswidriger Weisungserteilung gegen das herrschende Unternehmen selbst geht (Rdnr. 20 f.).

Wegen der Einzelheiten ist auf die Erläuterungen zu § 302 Abs. 3 S. 3 zu verweisen.[64] Hier **47** genügt der Hinweis, daß die **Sperrfrist** von drei Jahren (§ 309 Abs. 3 S. 1) zwingendes Recht ist, so daß ein vorheriger Verzicht oder Vergleich einschließlich einer Abfindungsvereinbarung zwischen der abhängigen Gesellschaft und einem ausgeschiedenen gesetzlichen Vertreter gemäß § 134 BGB *nichtig* ist.[65] Dasselbe gilt für einen Prozeßvergleich oder für einen Verzicht nach § 306 ZPO.[66] Zu beachten ist schließlich, daß § 309 Abs. 3 S. 2 für den Fall der Zahlungsunfähigkeit lediglich auf die Einhaltung der Sperrfrist des § 309 Abs. 3 S. 1, nicht dagegen auch auf einen Sonderbeschluß der außenstehenden Aktionäre verzichtet, so daß es in diesem Fall ebenfalls bei der Notwendigkeit eines derartigen Sonderbeschlusses bleibt.[67]

VI. Geltendmachung

1. Abhängige Gesellschaft. Der Schadensersatzanspruch aus § 309 Abs. 2 S. 1 steht **48** der abhängigen Gesellschaft zu. Seine Geltendmachung ist daher in erster Linie Sache des Vorstandes der abhängigen Gesellschaft (§ 78), der insoweit kein Ermessen besitzt, so daß er sich schadensersatzpflichtig macht, wenn er pflichtwidrig die Geltendmachung des Ersatzanspruches gegen das herrschende Unternehmen unterläßt (§ 93 Abs. 2).[68] Eine in diese Richtung zielende Weisung des herrschenden Unternehmens wäre rechtswidrig und daher unbeachtlich (§ 134 BGB).

2. Aktionäre. Nach § 309 Abs. 4 S. 1 kann der Ersatzanspruch der Gesellschaft ferner – **49** neben dem Vorstand (Rdnr. 48) – von jedem einzelnen Aktionär, nicht etwa nur von den außenstehenden Aktionären, geltend gemacht werden. Jedoch kann der Aktionär gemäß § 309 Abs. 4 S. 2 nur Leistung an die Gesellschaft fordern. In der Insolvenz der Gesellschaft tritt der Insolvenzverwalter oder der Sachwalter an die Stelle der Aktionäre (§ 309 Abs. 4 S. 5). Entsprechendes hat für die Geltendmachung von Ersatzansprüchen der abhängigen Gesellschaft gegen das herrschende Unternehmen selbst zu gelten.[69] § 309 Abs. 4 enthält eine bemerkenswerte Abweichung von § 147 und erklärt sich aus dem üblichen Einfluß des herrschenden Unternehmens auf die Hauptversammlung der abhängigen Gesellschaft.[70] Der Sache nach handelt es sich bei § 309 Abs. 4 S. 1 um einen gesetzlich geregelten Fall der *actio pro societate* und, da der Aktionär nur Leistung an die Gesellschaft verlangen kann (§ 309 Abs. 4 S. 2), zugleich um einen gesetzlichen Fall der **Prozeßstandschaft**.[71]

---

[63] S. § 317 Rdnr. 31 sowie die Begr. zum RegE bei *Kropff* AktG S. 405.
[64] S. § 302 Rdnr. 52 f. sowie *Kantzas* Weisungsrecht S. 182 ff.; *Mertens*, FS für Fleck, S. 209 ff.
[65] *Mertens*, FS für Fleck, S. 209, 212 f.; kritisch *Zimmermann*, FS für Duden, S. 773.
[66] *Hüffer* (vorige Fn.); *Mertens* (vorige Fn.) S. 213.
[67] *Hüffer* § 93 Rdnr. 30.
[68] *Kantzas* Weisungsrecht S. 171 f.; ebenso BGHZ 135, 244, 254 ff. = LM AktG § 93 Nr. 10 = NJW 1997, 1926 = AG 1997, 377 „ARAG/Garmenbeck" (für den Aufsichtsrat u. § 93); s. dazu *Goette*, FS 50 Jahre BGH, 2000, S. 123, 130, 138 ff.; *Wirth* in Henze/Hoffmann-Becking (Hrsg.), Gesellschaftsrecht 2001, RWS-Forum 20, 2001, S. 99, 110 ff.

[69] S. Rdnr. 20 f.; MünchKommAktG/*Altmeppen* Rdnr. 139; *Koppensteiner* in Kölner Kommentar Rdnr. 30.
[70] So die Begr. zum RegE bei *Kropff* AktG S. 405; zu der deshalb naheliegenden Frage einer entsprechenden Anwendbarkeit des § 309 Abs. 4 in vergleichbaren Situationen s. (zurückhaltend) *Paefgen*, Unternehmerische Entscheidungen, S. 260, 310, 329 ff.
[71] S. § 317 Rdnr. 27; *M. Becker* Verwaltungskontrolle, 1998, S. 664 ff.; *Hüffer* Rdnr. 21; *Kantzas* Weisungsrecht S. 173; dagegen MünchKommAktG/*Altmeppen* Rdnr. 123 f.

49a   Umstritten sind die Folgerungen, die sich aus dem Gesagten (Rdnr. 49) für die **Kosten-verteilung** ergeben. Teilweise wird angenommen, als Prozeßstandschafter sei der klagende Aktionär mit dem gesamten Kostenrisiko belastet, ohne von der Gesellschaft Ersatz verlangen zu können.[72] Diese Auffassung ist gleichbedeutend mit der endgültigen Verurteilung der gesetzlichen Regelung zur praktischen Bedeutungslosigkeit. Als Ausweg wird deshalb im Schrifttum zutreffend die entsprechende Anwendbarkeit des § 247 Abs. 2 befürwortet.[73] Das Einzelklagerecht der Aktionäre aus § 309 Abs. 4 S. 1 verdrängt zudem nicht die Minderheitsrechte aus § 147, so daß eine Minderheit gegebenenfalls die abhängige Gesellschaft selbst zur Klageerhebung zwingen kann.[74]

50   Der Aktionär verfolgt als Prozeßstandschafter materiell einen Anspruch der *Gesellschaft*, so daß ein nach § 309 Abs. 3 wirksamer Verzicht oder Vergleich der Gesellschaft über den Anspruch auch ihn bindet (vgl. § 309 Abs. 4 S. 4).[75] Die gesetzliche Regelung hat außerdem zur Folge, daß ein gegen die Gesellschaft ergangenes Urteil *Rechtskraft* gegen den Aktionär wirkt, nicht jedoch umgekehrt.[76] Daraus ergibt sich zugleich, daß die Klage eines Aktionärs die Gesellschaft nicht an einer eigenen Klage hindert, wohl aber umgekehrt die Klage der Gesellschaft einen Aktionär. Die Klage eines Aktionärs erledigt sich daher, wenn anschließend die Gesellschaft Klage erhebt.[77] In mehrstufigen Konzernen greift § 309 Abs. 4 ein, soweit hier überhaupt Raum für Ansprüche aus § 309 Abs. 2 ist (Rdnr. 8 ff.).

51   **3. Gläubiger.** Die Gesetzesverfasser haben in realistischer Einschätzung der Verhältnisse nicht mit einer Klage der Gesellschaft oder ihrer Aktionäre gegen das herrschende Unternehmen gerechnet (s. Rdnr. 49 f.). Deshalb bestimmt § 309 Abs. 4 S. 3 ergänzend, daß der Ersatzanspruch der Gesellschaft auch von den Gläubigern der Gesellschaft geltend gemacht werden kann, *soweit* sie von dieser keine Befriedigung zu erlangen vermögen, und zwar in diesem Fall durch Antrag auf Leistung an sich selbst (vgl. § 93 Abs. 5 S. 1).[78] § 93 Abs. 5 S. 2 findet hier (mangels Bezugnahme in § 309 Abs. 4) keine Anwendung. Ebensowenig wird das Klagerecht der Gläubiger durch einen Verzicht oder Vergleich der Gesellschaft berührt (§ 309 Abs. 4 S. 4). In der **Insolvenz** der abhängigen Gesellschaft wird es jedoch allein durch den Insolvenzverwalter oder den Sachwalter ausgeübt (§ 309 Abs. 4 S. 5), so daß die Gläubiger mit der Eröffnung des Insolvenzverfahrens ihr Klagerecht einbüßen.[79] Ein bereits anhängiger Rechtsstreit wird analog § 240 ZPO unterbrochen, kann aber vom Insolvenzverwalter wieder aufgenommen werden.[80] Mit dem Hinweis auf den Sachwalter berücksichtigt das Gesetz die Möglichkeit der Eigenverwaltung durch den Schuldner aufgrund der §§ 270 ff. InsO.

VII. Verjährung

52   Die Ansprüche aus § 309 verjähren gemäß Abs. 5 der Vorschrift in fünf Jahren. Durch das Schuldrechtsmodernisierungsgesetz von 2001 ist die Frist nicht der neuen gesetzlichen Regelverjährungsfrist von drei Jahren angepaßt worden (s. § 195 BGB). Dieselbe Frist gilt für das Klagerecht der Aktionäre und der Gläubiger aufgrund des § 309 Abs. 4. Die Vorschrift entspricht § 93 Abs. 6. Ebensowenig wie dieser erfaßt daher § 309 Abs. 5 etwaige *konkurrierende* Ansprüche aus Vertrag oder Delikt, so daß diese selbständig verjähren (Rdnr. 53). Für den Verjährungsbeginn, für die Hemmung der Verjährung und für den

---

[72] So die Begr. zum RegE bei *Kropff* AktG S. 405; *Hüffer* Rdnr. 22 (unter Hinweis auf einen Ausweg über § 3 ZPO).
[73] MünchKommAktG/*Altmeppen* Rdnr. 127 f.; *M. Becker* Verwaltungskontrolle S. 666; *Kantzas* Weisungsrecht S. 176; *Koppensteiner* in Kölner Kommentar Rdnr. 32 f.; MünchHdb. AG/*Krieger* § 70 Rdnr. 146; *Kropff,* FS für Bezzenberger, S. 233, 241 ff.; *Mertens* AcP 168 (1968), 225, 227.
[74] S. § 317 Rdnr. 27; *Altmeppen,* Die Haftung des Managers, S. 47; *Kropff* (vorige Fn.), S. 244 ff.

[75] MünchKommAktG/*Altmeppen* Rdnr. 125; *Hüffer* Rdnr. 21; *Kantzas* Weisungsrecht S. 174 f., 185; anders *Mertens,* FS für Fleck, S. 209, 218.
[76] *Altmeppen* und *Mertens* (vorige Fn.); anders *Kantzas* Weisungsrecht S. 179; s. Heymann/*Emmerich* HGB § 109 Rdnr. 25 a.
[77] Heymann/*Emmerich* HGB § 109 Rdnr. 25 a.
[78] S. § 317 Rdnr. 28; MünchKommAktG/*Altmeppen* Rdnr. 131; *Hüffer* Rdnr. 23.
[79] S. *Kantzas* Weisungsrecht S. 177 ff.
[80] S. *Hüffer* § 93 Rdnr. 35.

Neubeginn der Verjährung (Unterbrechung) gelten die neuen Regeln der §§ 197, 202 ff. und 212 BGB idF des Schuldrechtsmodernisierungsgesetzes.

VIII. Konkurrenzen

§ 309 verdrängt nicht andere Haftungstatbestände, weder im Verhältnis zu den gesetz- **53** lichen Vertretern des herrschenden Unternehmens noch im Verhältnis zu diesem selbst. Das ist wichtig insbes. wegen der unterschiedlichen Verjährungsfristen für die einzelnen Ansprüche (Rdnr. 52). Neben die Haftung der gesetzlichen Vertreter des herrschenden Unternehmens aus § 309 kann deren Haftung aus § 117 oder aus Delikt treten (§ 823 Abs. 2 BGB iVm. § 266 StGB und §§ 826, 830 Abs. 2 BGB). § 117 Abs. 7 Nr. 2 betrifft nur rechtmäßige Weisungen, die weder gegen § 308 noch gegen § 309 verstoßen.[81] Das herrschende Unternehmen haftet daneben, wie schon ausgeführt (Rdnr. 20 f.), jedenfalls wegen der Verletzung des Beherrschungsvertrages (§ 280 BGB).[82]

§ 310 Verantwortlichkeit der Verwaltungsmitglieder der Gesellschaft

(1) Die Mitglieder des Vorstands und des Aufsichtsrats der Gesellschaft haften neben dem Ersatzpflichtigen nach § 309 als Gesamtschuldner, wenn sie unter Verletzung ihrer Pflichten gehandelt haben. Ist streitig, ob sie die Sorgfalt eines ordentlichen und gewissenhaften Geschäftsleiters angewandt haben, so trifft sie die Beweislast.

(2) Dadurch, daß der Aufsichtsrat die Handlung gebilligt hat, wird die Ersatzpflicht nicht ausgeschlossen.

(3) Eine Ersatzpflicht der Verwaltungsmitglieder der Gesellschaft besteht nicht, wenn die schädigende Handlung auf einer Weisung beruht, die nach § 308 Abs. 2 zu befolgen war.

(4) § 309 Abs. 3 bis 5 ist anzuwenden.

Schrifttum: S. bei den §§ 308 und 309 sowie *Altmeppen*, Die Haftung des Managers im Konzern, 1998, S. 47 ff.; *Canaris*, Hauptversammlungsbeschlüsse und Haftung der Verwaltungsmitglieder im Vertragskonzern, ZGR 1978, 207; *Emmerich/Sonnenschein/Habersack* Konzernrecht § 23 VII (S. 383 ff.); *Kantzas*, Das Weisungsrecht im Vertragskonzern, 1988, S. 195 ff.; MünchHdb. AG/*Krieger* § 70 Rdnr. 148 (S. 1084 f.).

Übersicht

I. Überblick

Die Vorschriften des ersten Abschnitts des Zweiten Teils des AktG über Leitungsmacht **1** und Verantwortlichkeit bei Bestehen eines Beherrschungsvertrages (§§ 308 bis 310) enden mit einer dem § 117 Abs. 2 nachgebildeten Bestimmung[1] über die Verantwortlichkeit der Verwaltungsmitglieder der (abhängigen) Gesellschaft, die inhaltlich weitgehend mit den §§ 93 und 116 übereinstimmt. Nach § 310 Abs. 1 S. 1 sind die Mitglieder des Vorstandes

---

[81] *Koppensteiner* in Kölner Kommentar Rdnr. 41.
[82] *Eschenbruch* Konzernhaftung Tz. 3095 ff.; *Görling* Konzernhaftung S. 141 f.; *Henze*, FS für Kellermann, 1991, S. 141; *Sonnenschein* in Mestmäcker/Behrens, Das Gesellschaftsrecht der Konzerne im

internationalen Vergleich, 1991, S. 49, 83 ff.; zur Haftung wegen Treuepflichtverletzung s. § 311 Rdnr. 89 f.
[1] S. die Begr. zum RegE bei *Kropff* AktG S. 406.

und des Aufsichtsrates der abhängigen Gesellschaft neben den nach § 309 ersatzpflichtigen Personen als Gesamtschuldner schadensersatzpflichtig, wenn sie unter Verletzung „ihrer Pflichten" gehandelt haben. S. 2 der Vorschrift fügt hinzu, daß die Beweislast die Verwaltungsmitglieder der abhängigen Gesellschaft trifft, wenn streitig ist, ob sie die Sorgfalt eines ordentlichen und gewissenhaften Geschäftsleiters angewandt haben. Die Haftung von Vorstand und Aufsichtsrat wird auch nicht dadurch ausgeschlossen, daß der Aufsichtsrat der abhängigen Gesellschaft die fragliche Handlung gebilligt hat (Abs. 2 des § 310). Nur wenn die schädigende Handlung der Verwaltungsmitglieder der abhängigen Gesellschaft auf einer Weisung beruht, die für die abhängige Gesellschaft nach § 308 Abs. 2 verbindlich ist, entfällt die Ersatzpflicht der Verwaltungsmitglieder (§ 310 Abs. 3). Ergänzend ordnet Abs. 4 des § 310 sodann noch die entsprechende Anwendbarkeit der Abs. 3 bis 5 des § 309 über die Grenzen von Vergleich und Verzicht, die Klagebefugnis der Aktionäre und der Gläubiger sowie die Verjährung auf die Ersatzansprüche der abhängigen Gesellschaft gegen ihre Verwaltungsmitglieder aus § 310 an.

2   Die selbständige Bedeutung des § 310 neben den §§ 93 und 116 liegt in erster Linie in der Anordnung der gesamtschuldnerischen Haftung der Verwaltungsmitglieder der abhängigen Gesellschaft *neben* dem herrschenden Unternehmen und dessen gesetzlichen Vertretern nach § 309 (§ 310 Abs. 1 S. 1) sowie in der entsprechenden Anwendbarkeit der Abs. 3 bis 5 des § 309 (§ 310 Abs. 4). Die Folge ist vor allem, daß die Ersatzansprüche der abhängigen Gesellschaft gegen ihre Verwaltungsmitglieder auch von ihren Aktionären und Gläubigern geltend gemacht werden können (s. § 309 Abs. 4 S. 1 und 3).

3   Aus der Entstehungsgeschichte der Vorschrift (Rdnr. 1) folgt, daß sie *lex specialis* zu § 117 Abs. 2 ist.[2] Soweit es um die Schädigung der abhängigen Gesellschaft durch die Befolgung unzulässiger Weisungen seitens ihrer Verwaltungsmitglieder geht, verdrängt die Vorschrift ferner die §§ 93 und 116 (s. Rdnr. 12, 22). Mit Ansprüchen aus § 310 können von Fall zu Fall Deliktsansprüche konkurrieren (§ 823 Abs. 2 BGB iVm. § 266 StGB; §§ 826, 830 BGB). Außerdem kommen noch Ansprüche aus dem Anstellungsvertrag gegen die Vorstandsmitglieder in Betracht.[3]

II. Anwendungsbereich

4   Der Anwendungsbereich des § 310 entspricht dem des § 309 (s. deshalb § 309 Rdnr. 7–12). Namentlich setzt auch § 310, wie sich aus der Stellung der Vorschrift im Rahmen der §§ 308 bis 310 über die Leitungsmacht und Verantwortlichkeit bei Bestehen eines Beherrschungsvertrages ergibt, den Bestand eines wirksamen *Beherrschungsvertrags* mit einem anderen Unternehmen voraus, aufgrund dessen das herrschende Unternehmen der abhängigen Gesellschaft eine Weisung erteilt hat.[4]

5   § 310 ist entsprechend anwendbar auf die Geschäftsführer einer abhängigen **GmbH**. § 310 verdrängt insoweit auch den § 43 GmbHG.[5] Wichtig ist das wiederum wegen der durch § 310 Abs. 4 angeordneten entsprechenden Anwendbarkeit des § 309 Abs. 3 bis 5.

III. Bedeutung des § 310 Abs. 1

6   Die Mitglieder des Vorstands sind bei Bestehen eines Beherrschungsvertrags (Rdnr. 4) ihrer (abhängigen) Gesellschaft neben den gesetzlichen Vertretern des herrschenden Unternehmens (und diesem selbst) (§ 309) gesamtschuldnerisch zum Schadensersatz verpflichtet, wenn sie unter Verletzung „ihrer Pflichten" gehandelt haben (§ 310 Abs. 1 S. 1; vgl. § 93 Abs. 2 S. 1). Durch die Billigung der fraglichen Handlung seitens des Aufsichtsrats oder der Hauptversammlung wird die Haftung nicht ausgeschlossen (s. § 310 Abs. 2), wohl aber

---

[2] MünchKommAktG/*Altmeppen* Rdnr. 40; *Hüffer* Rdnr. 1; *Koppensteiner* in Kölner Kommentar Rdnr. 9; MünchHdb. AG/*Krieger* § 70 Rdnr. 148 (3. Abs.).

[3] S. hierzu *Hüffer* § 93 Rdnr. 11 m. Nachw.

[4] S. Rdnr. 1; *Kantzas* Weisungsrecht S. 199.

[5] S. Scholz/*Emmerich* GmbHG § 44 Anh. Rdnr. 190 m. Nachw.; Michalski/*Zeidler* GmbHG Bd. I Syst. Darst. 4 Rdnr. 107 (S. 458).

dadurch, daß die Handlung auf einer nach § 308 Abs. 2 verbindlichen Weisung beruht (§ 310 Abs. 3).

§ 310 Abs. 1 S. 1 sagt nicht ausdrücklich, **welche Pflichten** der Verwaltungsmitglieder 7 der abhängigen Gesellschaft das Gesetz hier im Auge hat. Erst aus der Stellung der Vorschrift im Rahmen der §§ 308 bis 310 läßt sich der Schluß ziehen, daß das Gesetz hier die Pflichten der Verwaltungsmitglieder gerade *mit Bezug* auf den von der abhängigen Gesellschaft abgeschlossenen und sie bindenden Beherrschungsvertrag meint, und zwar *gegenüber* ihrer, d. h. der abhängigen Gesellschaft.

Diese Zusammenhänge legen die Annahme nahe, daß das Gesetz in § 310 Abs. 1 S. 1 7 a ohne Ausnahme **alle Pflichten** meint, die die Verwaltungsmitglieder der abhängigen Gesellschaft nach Abschluß eines wirksamen Beherrschungsvertrags bei dessen Durchführung mit Bezug auf *ihre* Gesellschaft treffen. § 310 Abs. 1 ist daher im Ergebnis *ebensoweit* auszulegen wie schon § 309 Abs. 2 (s. § 309 Rdnr. 28 ff.). Davon zu trennen ist eine etwaige Haftung der Verwaltungsmitglieder der abhängigen Gesellschaft gegenüber dem *herrschenden* Unternehmen. Diese Haftung richtet sich – mangels Anwendbarkeit des § 310 – nach den allgemeinen Vorschriften, wobei insbes. an die §§ 823, 826 und 830 BGB, daneben aber von Fall zu Fall auch an die der §§ 280 Abs. 1 und 311 Abs. 3 BGB, jeweils iVm. den §§ 249, 252 und 276 BGB zu denken ist.

Die ganz überwiegende Meinung im Schrifttum folgert dagegen aus dem Zusammen- 8 hang des § 310 mit den §§ 308 und 309, daß das Gesetz hier allein die Schädigung der abhängigen Gesellschaft gerade durch die sorgfaltswidrige *Befolgung unzulässiger* schädigender *Weisungen* seitens ihrer Verwaltungsmitglieder geregelt habe. Darunter fällt zwar auch die Verletzung der Prüfungspflicht des Vorstandes der abhängigen Gesellschaft gegenüber den Weisungen des herrschenden Unternehmens (s. § 308 Rdnr. 53, 66), jedoch nicht mehr die schuldhafte Schädigung der abhängigen Gesellschaft bei der Durchführung *zulässiger* Weisungen.[6] In derartigen Fällen sollen vielmehr wieder die allgemeinen Vorschriften der §§ 93 und 116 anstelle des § 310 Abs. 1 Anwendung finden.

Für die von der überwiegenden Meinung befürwortete restriktive Interpretation des 8 a § 310 Abs. 1 (Rdnr. 8) besteht indessen keine Notwendigkeit; entsprechend seinem Wortlaut erfaßt § 310 Abs. 1 vielmehr die Verletzung jeder Pflicht der Verwaltungsmitglieder der abhängigen Gesellschaft gegenüber *dieser* bei der Durchführung eines Beherrschungsvertrages, also auch die schuldhafte Schädigung der abhängigen Gesellschaft bei der Durchführung an sich zulässiger Weisungen. Dieses Gesetzesverständnis hat zudem den Vorteil, daß in den genannten Fällen über § 310 Abs. 4 auch die Abs. 3 bis 5 des § 309 anwendbar werden. Damit wird nicht bestritten, daß das Gesetz bei § 310 Abs. 1 in erster Linie Schädigungen der abhängigen Gesellschaft gerade durch die Befolgung unzulässiger Weisungen seitens des herrschenden Unternehmen im Auge hat; gesagt ist vielmehr lediglich, daß sich der Anwendungsbereich der Vorschrift nicht auf diese Fälle beschränkt.

IV. Haftung des Vorstands

1. Anwendungsbereich. Der wichtigste Anwendungsfall des § 310 Abs. 1 mit Bezug 9 auf die Vorstandsmitglieder der abhängigen Gesellschaft ist nach dem Gesagten (Rdnr. 8 a) die Schädigung der abhängigen Gesellschaft durch die Befolgung unverbindlicher, weil unzulässiger Weisungen seitens des herrschenden Unternehmens. Der Schadensersatzanspruch der abhängigen Gesellschaft setzt in diesem Fall der Reihe nach den Ausspruch einer unzulässigen Weisung seitens der gesetzlichen Vertreter des herrschenden Unternehmens aufgrund eines bestehenden Beherrschungsvertrags (§§ 308, 309), die Schädigung der abhängigen Gesellschaft durch die Befolgung dieser Weisung seitens des Vorstandes der abhängigen Gesellschaft sowie die Verletzung der Sorgfalt eines ordentlichen und gewissen-

---

[6] So MünchKommAktG/*Altmeppen* Rdnr. 31; *Hüffer* Rdnr. 3; *Kantzas* Weisungsrecht S. 196, 215 f.; *Koppensteiner* in Kölner Kommentar Rdnr. 11; MünchHdb. AG/*Krieger* § 70 Rdnr. 148 (3. Abs.).

haften Geschäftsleiters dabei voraus (s. § 310 Abs. 1 S. 2; s. Rdnr. 15 ff.). Der Begriff der *Weisung* ist hier im Interesse des umfassenden Schutzes der abhängigen Gesellschaft ebensoweit wie im Rahmen des § 308 auszulegen (s. deshalb § 308 Rdnr. 23 ff.). Er umfaßt daher auch (nicht anders als bei § 309) die unzulässige Bevollmächtigung des herrschenden Unternehmens zum Handeln anstelle der abhängigen Gesellschaft, die Tätigkeit von gesetzlichen Vertretern des herrschenden Unternehmens im Rahmen von Vorstandsdoppelmandaten bei der abhängigen Gesellschaft sowie eine Reihe vergleichbarer eigenartiger Fallgestaltungen (s. § 309 Rdnr. 16, 22 ff.). Bei dem hier zugrundegelegten weiten Verständnis des § 310 Abs. 1 (Rdnr. 8 f.) bereitet die Anwendung der Vorschrift in den genannten Fällen ohnehin keine Schwierigkeiten.

10   Unverbindlich, weil unzulässig in dem genannten Sinne (Rdnr. 9) sind vor allem Weisungen, die rechtswidrig sind, sowie noch solche nachteiligen Weisungen, die *offensichtlich* nicht im Konzerninteresse liegen, die also, wie es häufig ausgedrückt wird, einen evidenten Machtmißbrauch seitens des herrschenden Unternehmens darstellen (s. § 308 Rdnr. 45 ff.).[7] Fehlt es hieran, ist der Machtmißbrauch seitens des herrschenden Unternehmens mit anderen Worten nicht offensichtlich iSd. § 308 Abs. 2 S. 2, so muß der Vorstand der abhängigen Gesellschaft grundsätzlich auch an sich unzulässige, weil nicht vom Konzerninteresse gedeckte, *nachteilige* Weisungen befolgen (§ 308 Abs. 2 S. 1). Die Folgerungen hieraus zieht *§ 310 Abs. 3* durch die Bestimmung, daß die Vorstandsmitglieder der abhängigen Gesellschaft in diesem Fall auch keine Haftung gegenüber ihrer Gesellschaft nach § 310 trifft.

11   Eine Haftung der Vorstandsmitglieder der abhängigen Gesellschaft kommt außerdem insbes. noch bei einer **Verletzung ihrer Prüfungspflicht** gegenüber den Weisungen des herrschenden Unternehmens in Betracht (s. § 308 Rdnr. 53, 66). Aus § 310 Abs. 3 iVm. § 308 Abs. 2 S. 2 darf nicht etwa der Schluß gezogen werden, daß der Vorstand der abhängigen Gesellschaft unbedenklich an sich unzulässige nachteilige Weisungen befolgen dürfte; er hat vielmehr *jede* Weisung gemäß § 310 Abs. 1 mit der gebotenen Sorgfalt zunächst auf ihre Zulässigkeit, d. h. auf ihre Vereinbarkeit mit dem Gesetz und dem Vertrag, zu überprüfen **und,** wenn sich dabei Zweifel an der Zulässigkeit der Weisung ergeben, diese dem herrschenden Unternehmen mitzuteilen (§ 308 Rdnr. 43). Erst wenn das herrschende Unternehmen in einem solchen Fall gleichwohl auf seiner Weisung beharrt, kann und muß der Vorstand der abhängigen Gesellschaft auch eine etwaige nachteilige Weisung befolgen (§ 308 Abs. 2) mit der Folge, daß ihm dann auch keine Ersatzpflicht droht (§ 310 Abs. 3), *solange* nicht der Mißbrauch des Weisungsrechts „offensichtlich" iSd. § 308 Abs. 2 S. 2 ist (s. § 308 Rdnr. 52 f.). § 310 Abs. 1 ist (entgegen der überwiegenden Meinung), wie gezeigt (Rdnr. 8 f.), schließlich noch anwendbar, wenn die Vorstandsmitglieder der abhängigen Gesellschaft bei **Durchführung zulässiger Weisungen** ihre Sorgfaltspflicht verletzen und die abhängige Gesellschaft *dadurch* schädigen.

12   **2. § 93.** Jenseits des Anwendungsbereichs des § 310 bleibt § 93 anwendbar (Rdnr. 3). Eine Haftung der Vorstandsmitglieder nach § 93 Abs. 2 kommt bei dem hier zugrunde gelegten weiten Verständnis des § 310 Abs. 1 (Rdnr. 8 f.) vornehmlich im *weisungsfreien* Bereich in Betracht, in dem sich der Vorstand der abhängigen Gesellschaft weiterhin ausschließlich an den Interessen seiner Gesellschaft zu orientieren hat (§ 308 Rdnr. 54), sowie nach hM ferner noch bei der sorgfaltswidrigen Ausführung zulässiger Weisungen (s. dagegen Rdnr. 11).

13   **3. Kausalität, Schaden.** Für die Kausalität zwischen der Befolgung der Weisungen und der Schädigung der abhängigen Gesellschaft sowie für den Schaden der Gesellschaft gilt sinngemäß dasselbe wie bei § 309 (§ 309 Rdnr. 31 ff.). Insbesondere entfällt auch hier nicht etwa der Schaden der abhängigen Gesellschaft, wenn gleichzeitig ein Gewinnabführungsvertrag besteht, so daß die Befolgung der unzulässigen Weisung "nur" zur Minderung des abzuführenden Gewinns führt (§ 309 Rdnr. 39 f.); genausowenig kann mit Rücksicht auf

---

[7] MünchKommAktG/*Altmeppen* Rdnr. 12 ff.; *Kantzas* Weisungsrecht S. 196 ff.

die Verlustausgleichspflicht des herrschenden Unternehmens aufgrund des § 302 in derartigen Fällen ein Schaden verneint werden.[8]

4. Verschulden. Die Haftung der Vorstandsmitglieder der abhängigen Gesellschaft setzt **14** in den genannten Fällen (Rdnr. 9 ff.) schließlich noch voraus, daß sie die Sorgfalt eines ordentlichen und gewissenhaften Geschäftsleiters verletzt haben (§ 310 Abs. 1 S. 1 und 2). Die Regelung entspricht § 93 Abs. 1 S. 1, so daß die Vorstandsmitglieder bei der Prüfung und Durchführung von Weisungen mit derselben Sorgfalt zu verfahren haben, die sie auch sonst bei ihrer Geschäftsführung nach § 93 Abs. 1 S. 1 anwenden müssen. Dazu gehört auch das „Recht auf Irrtum", solange sie nicht die Grenzen ihres unternehmerischen Ermessens überschreiten (s. § 309 Rdnr. 32). Lediglich, wenn es um die Befolgung nachteiliger und an sich dem Konzerninteresse widersprechender Weisungen geht, ist der Sache nach die von ihnen geschuldete Sorgfalt durch die eigenartige Regelung des § 310 Abs. 3 iVm. § 308 Abs. 2 S. 2 überlagert (Rdnr. 10).

5. Beweislast. Nach **§ 310 Abs. 1 S. 2** trifft die Verwaltungsmitglieder der abhängigen **15** Gesellschaft die Beweislast, wenn streitig ist, ob sie im Rahmen ihrer Pflichten aufgrund der §§ 308 und 310 die Sorgfalt eines ordentlichen und gewissenhaften Geschäftsleiters angewandt haben (Rdnr. 14). Dies legt auf den ersten Blick den Schluß nahe, daß sämtliche anderen Haftungsvoraussetzungen vom jeweiligen Kläger, also entweder von der abhängigen Gesellschaft oder von ihren Aktionären oder Gläubigern (s. § 310 Abs. 4 iVm. § 309 Abs. 4 S. 1 und 3), zu beweisen sind.[9] Im Falle der Schädigung der abhängigen Gesellschaft *durch* eine *unzulässige* nachteilige Weisung bedeutete dies, daß der Kläger im Streitfall vortragen und gegebenenfalls beweisen müßte, daß die abhängige Gesellschaft durch eine unzulässige, weil dem Konzerninteresse widersprechende Weisung geschädigt wurde, daß dies für die Vorstandsmitglieder „offensichtlich" *und* der Vorstand der abhängigen Gesellschaft *deshalb* nicht mehr zur Befolgung der Weisung nach § 308 Abs. 2 S. 2 verpflichtet war.[10]

Dieser Meinung ist nicht zu folgen, weil sie zur Folge haben muß, daß die ohnehin schon **16** erheblich eingeschränkte Haftung der Vorstandsmitglieder der abhängigen Gesellschaft endgültig leerliefe. Auszugehen ist vielmehr von einer **Kausalitätsvermutung** im Falle einer Schädigung der abhängigen Gesellschaft unter Umständen, die auf die Erteilung einer nachteiligen Weisung seitens des herrschenden Unternehmens hindeuten.[11] Solche Umstände liegen insbes. vor, wenn das Verhalten der abhängigen Gesellschaft – rationales Handeln der Vorstandsmitglieder der abhängigen Gesellschaft unterstellt – aus deren Interessenlage heraus unverständlich erscheinen muß und wegen der damit verbundenen Vorteile für das herrschende Unternehmen oder andere Konzernunternehmen nur aufgrund einer nachteiligen Weisung des herrschenden Unternehmens erklärlich ist (s. § 309 Rdnr. 43). Gelingt den Vorstandsmitgliedern der abhängigen Gesellschaft in solchen Fällen nicht die Widerlegung der Kausalitätsvermutung durch den Nachweis, daß seitens des herrschenden Unternehmens keine Weisung ausgesprochen worden ist, so greift dann ferner § 310 Abs. 1 S. 2 ein, so daß zugleich die Verletzung ihrer Sorgfaltspflichten vermutet wird.

Diese Verteilung der Beweislast ist nur billig, wenn man bedenkt, daß allein den Vor- **17** standsmitgliedern der abhängigen Gesellschaft die Umstände bekannt sind, die tatsächlich zur Schädigung der abhängigen Gesellschaft geführt haben. Sie können sich deshalb nur durch den Vortrag **entlasten,** daß entweder keine Weisung vorlag oder daß sie doch bei der Befolgung der Weisung, namentlich bei der Prüfung ihrer Zulässigkeit, die geschuldete Sorgfalt beobachtet haben. Im Falle nachteiliger und dem Konzerninteresse widersprechender Weisungen genügt dafür bereits der Nachweis, daß dieser Zusammenhang für sie nicht offensichtlich war (§§ 310 Abs. 3 iVm. § 308 Abs. 2 S. 2). Unter diesen Umständen ist

---

[8] S. § 309 Rdnr. 32 f.; anders *Kantzas* Weisungsrecht S. 202.

[9] So in der Tat *Altmeppen,* Die Haftung des Managers, S. 48 f.; MünchKommAktG/*Altmeppen* Rdnr. 22–28.

[10] So MünchKommAktG/*Altmeppen* Rdnr. 27 f.

[11] *Kantzas* Weisungsrecht S. 201 f., 205 f.

nicht erkennbar, daß die hier befürwortete Beweislastverteilung zu einem übermäßigen Haftungsrisiko für die Vorstandsmitglieder der abhängigen Gesellschaft führen müßte.

18   **6. § 310 Abs. 2.** Nach § 310 Abs. 2 wird die Ersatzpflicht der Vorstandsmitglieder nicht dadurch ausgeschlossen, daß der **Aufsichtsrat** die fragliche Handlung, in erster Linie also die pflichtwidrige Befolgung einer unzulässigen Weisung des herrschenden Unternehmens, gebilligt hat (vgl. §§ 93 Abs. 4 S. 2, 117 Abs. 2 S. 4). Diese Regelung erklärt sich daraus, daß in dem genannten Fall die Mitglieder des Aufsichtsrats nach § 310 Abs. 1 S. 1 ebenfalls eine Ersatzpflicht treffen kann (Rdnr. 21 f.), so daß sie nicht gut zugleich ihre etwaige Haftung durch Billigung der Handlung des Vorstands wieder ausschließen können.[12] Es kommt hinzu, daß der Aufsichtsrat der abhängigen Gesellschaft im Vertragskonzern ohnehin in der Regel von Vertretern des herrschenden Unternehmens dominiert sein dürfte, so daß die Billigung einer Maßnahme der Vorstandsmitglieder der abhängigen Gesellschaft durch den Aufsichtsrat der Sache nach häufig nichts anderes als eine Wiederholung oder Bekräftigung der Weisung des herrschenden Unternehmens darstellte.

19   § 310 wiederholt nicht § 117 Abs. 2 S. 3, nach dem eine Haftung der Mitglieder des Vorstands und des Aufsichtsrats im Falle der Verletzung ihrer Pflichten ausgeschlossen ist, wenn die fragliche Handlung auf einem gesetzmäßigen Beschluß der Hauptversammlung beruht. Die Gesetzesverfasser wollten dadurch klarstellen, daß die etwaige Billigung der Befolgung der Weisung durch die **Hauptversammlung** auf Vorlage durch den Vorstand nach § 119 Abs. 2 ebenfalls *keine* haftungsausschließende Wirkung hat.[13] Dem hat sich mittlerweile die überwiegende Meinung angeschlossen, da andernfalls mit Rücksicht auf die regelmäßige Hauptversammlungsmehrheit des herrschenden Unternehmens die gesetzliche Regelung über die Haftung der Verwaltungsmitglieder der abhängigen Gesellschaft in § 310 zur Disposition der Beteiligten stände.[14]

20   **7. Mitarbeiter.** Soweit Mitarbeiter der abhängigen Gesellschaft aufgrund einer sogenannten *Delegation* des Weisungsrechts verpflichtet sind, Weisungen des herrschenden Unternehmens zu befolgen (s. § 308 Rdnr. 13 ff.), haften sie bei Befolgung unzulässiger Weisungen ihrer Gesellschaft nur aus dem Anstellungsvertrag und aus Delikt.[15] Unberührt bleibt jedoch die eigene Haftung der Vorstandsmitglieder nach § 310 Abs. 1, sofern sie ihre Pflicht verletzen, die den Mitarbeitern direkt erteilten Weisungen ebenso wie die unmittelbar an sie gerichteten Weisungen auf ihre Zulässigkeit zu überprüfen (§ 308 Rdnr. 14, 66).

V. Haftung des Aufsichtsrats

21   Nach § 310 Abs. 1 S. 1 haften neben den Mitgliedern des Vorstandes auch die des Aufsichtsrats der abhängigen Gesellschaft gesamtschuldnerisch im Fall einer Schädigung ihrer Gesellschaft durch die Verletzung ihrer Pflichten. Die praktische Bedeutung dieser Regelung ist gering, da der Aufsichtsrat der abhängigen Gesellschaft grundsätzlich *nicht* Adressat der Weisungen des herrschenden Unternehmens ist (§ 308 Rdnr. 42). Infolgedessen beschränkt sich die Haftung der Aufsichtsratsmitglieder nach § 310 Abs. 1 im wesentlichen auf **zwei Fallgestaltungen,** einmal auf Pflichtverstöße bei der allgemeinen Überwachung der Geschäftsführung des Vorstandes, wozu auch die Verhinderung der Befolgung unzulässiger Weisungen gehört (§ 111 Abs. 1), zum anderen auf Pflichtverletzungen bei der Erteilung der Zustimmung nach § 111 Abs. 4 S. 2 zu einem Geschäft, zu dem das herrschende Unternehmen die abhängige Gesellschaft angewiesen hat, obwohl die Weisung unzulässig

[12] *Kantzas* Weisungsrecht S. 209.
[13] S. die Begr. zum RegE bei *Kropff* AktG S. 406.
[14] *Altmeppen*, Die Haftung des Managers, S. 49 f.; MünchKommAktG/*Altmeppen* Rdnr. 15–19; *Hüffer* Rdnr. 5; *Kantzas* Weisungsrecht S. 208; *Koppensteiner* in Kölner Kommentar Rdnr. 8; MünchHdb.

AG/*Krieger* § 70 Rdnr. 148 (2. Abs.); anders *Canaris* ZGR 1978, 207, 211 ff.
[15] *Hüffer* Rdnr. 2; *Koppensteiner* in Kölner Kommentar Rdnr. 4; anders MünchKommAktG/*Altmeppen* Rdnr. 34.

war und die Mitglieder des Aufsichtsrats dies bei Anwendung der gebotenen Sorgfalt (§ 310 Abs. 1 S. 2) erkennen konnten und mußten.[16]

In den Fällen des **§ 310 Abs. 3**, d. h. bei Erteilung nachteiliger, aber nicht offensichtlich 22 dem Konzerninteresse widersprechender Weisungen ist auch die Haftung der Aufsichtsratsmitglieder ausgeschlossen.[17] Im übrigen bleibt **§ 116** unberührt. Eine Haftung der Aufsichtsratsmitglieder nach dieser Vorschrift kommt zB bei einer mangelhaften Kontrolle des Vorstands im weisungsfreien Raum oder bei der Ausführung zulässiger Weisungen in Betracht,[18] sofern man nicht, wie hier befürwortet (Rdnr. 8), § 310 Abs. 1 auch auf den zuletzt genannten Fall erstreckt.

Zweiter Abschnitt. Verantwortlichkeit bei Fehlen eines Beherrschungsvertrags

Vorbemerkungen

Konzernbildungskontrolle

Schrifttum: *Adolff/Meister/Randell/Stephan*, Public Company Takeovers in Germany, 2002; *Aha*, Rechtsschutz der Zielgesellschaft bei mangelhaften Übernahmeangeboten, AG 2002, 160; *Altmeppen*, Ausgliederung zwecks Organschaftsbildung gegen die Sperrminorität?, DB 1998, 49; *ders.*, Neutralitätspflicht und Pflichtangebot nach dem neuen Übernahmerecht, ZIP 2001, 1073; *Armbrüster*, Wettbewerbsverbote im Kapitalgesellschaftsrecht, ZIP 1997, 1269; *Assmann*, Erwerbs-, Übernahme- und Pflichtangebote nach dem Wertpapiererwerbs- und Übernahmegesetz aus der Sicht der Bietergesellschaft, AG 2002, 114; *ders./Bozenhardt*, Übernahmeangebote als Regelungsproblem zwischen gesellschaftsrechtlichen Normen und zivilrechtlich begründeten Verhaltensgeboten, in Assmann/Basaldua/Bozenhardt/Peltzer, Übernahmeangebote, 1990, S. 1; *Baums*, Vorzugsaktien, Ausgliederung und Konzernfinanzierung, AG 1994, 1; *ders.*, Empfiehlt sich eine Neuregelung des aktienrechtlichen Anfechtungs- und Organhaftungsrechts, insbes. der Klagemöglichkeiten von Aktionären?, Gutachten F für den 63. DJT, 2000; *ders./Stöcker*, Rückerwerb eigener Aktien und WpÜG, FS für Wiedemann, 2002, S. 703 ff.; *Bayer*, Aktionärsklage de lege lata und de lege ferenda, NJW 2000, 2609; *ders.*, Vorsorge- und präventive Abwehrmaßnahmen gegen feindliche Übernahmen, ZGR 2002, 588; *Becker/Fett*, Börsengang im Konzern – Über ein „Zuteilungsprivileg" zum Schutz der Aktionärsinteressen, WM 2001, 549; *Bernhardt*, Unternehmensführung und Hauptversammlung – Holzmüller und die Folgen, DB 2000, 1873; *Beusch*, Die Aktiengesellschaft – eine Kommanditgesellschaft in der Gestalt einer juristischen Person?, FS für Werner, 1984, S. 1; *B. Binnewies*, Die Konzerneingangskontrolle in der abhängigen Gesellschaft, 1996; *Bungert*, Ausgliederung durch Einzelrechtsübertragung und analoge Anwendung des Umwandlungsgesetzes, NZG 1998, 367; *Burgard*, Die Offenlegung von Beteiligungen bei der Aktiengesellschaft, AG 1992, 41; *ders.*, Das Wettbewerbsverbot des herrschenden Aktionärs, FS für Lutter, 2000, S. 1033; *Busch/Groß*, Vorerwerbsrechte der Aktionäre beim Verkauf von Tochtergesellschaften über die Börse?, AG 2000, 503; *Drinkuth*, Formalisierte Informationsrechte bei Holzmüller-Beschlüssen, AG 2001, 256; *Drygala*, Die neue deutsche Übernahmeskepsis und ihre Auswirkungen auf die Vorstandspflichten nach § 33 WpÜG, ZIP 2001, 1861; *Eckert*, Konzerneingangsschutz im Aktienkonzernrecht auf der Ebene der Untergesellschaft, 1998; *Ekkenga/Hofschroer*, Das Wertpapiererwerbs- und Übernahmegesetz, DStR 2002, 724, 768; *Emmerich*, Konzernbildungskontrolle, AG 1991, 303; *Feddersen/Kiem*, Die Ausgliederung zwischen „Holzmüller" und neuem Umwandlungsrecht, ZIP 1994, 1078; *Fleischer*, Börseneinführung von Tochtergesellschaften, ZHR 165 (2001), 513; *ders.*, Schnittmengen des WpÜG mit benachbarten Rechtsmaterien – eine Problemskizze, NZG 2002, 545; *ders.*, Konkurrenzangebote und Due Diligence, ZIP 2002, 651; *ders./Kalss*, Das neue Wertpapiererwerbs- und Übernahmegesetz – Einführende Gesamtdarstellung und Materialien, 2002; *Forum Europaeum Konzernrecht*, Konzernrecht für Europa, ZGR 1998, 672; *Franck*, Die Stimmrechtszurechnung nach § 22 WpHG und § 30 WpÜG, BKR 2002, 709; *A. Fuchs*, Der Schutz der Aktionäre beim Börsengang der Tochtergesellschaft, in Henze/Hoffmann-Becking (Hrsg.), Gesellschaftsrecht 2001, RWS-Forum 20, 2001, S. 259; *Geibel/Süßmann* (Hrsg.), WpÜG, 2002; *dies.*, Erwerbsangebote nach dem Wertpapiererwerbs- und Übernahmegesetz, BKR 2002, 52; *M. Geiger*, Wettbewerbsverbote im Konzernrecht, 1996; *Geßler*, Einberufung und ungeschriebene Hauptversammlungszuständigkeiten, FS für Stimpel, 1985, S. 771; *H. Götz*, Die Sicherung der Rechte der Aktionäre der Konzernobergesellschaft bei Konzernbildung und Konzernleitung, AG 1984, 85; *Groß*, Zuständigkeit der Hauptversammlung bei Erwerb und Veräußerung von Unternehmensbeteiligungen, AG 1994, 266; *ders.*, Vorbereitung und Durchführung von Hauptversammlungsbeschlüs-

---

[16] *Kantzas* Weisungsrecht S. 209 ff.; *Koppensteiner* in Kölner Kommentar Rdnr. 5; MünchHdb. AG/*Krieger* § 70 Rdnr. 148 (1. Abs.); anders *Altmeppen*, Die Haftung des Managers, S. 50; MünchKomm-AktG/*Altmeppen* Rdnr. 35 f.

[17] *Altmeppen* (vorige Fn.); *Kantzas* Weisungsrecht S. 212.

[18] *Kantzas* Weisungsrecht S. 213.

sen zu Erwerb oder Veräußerung von Unternehmensbeteiligungen, AG 1996, 111; *Grundmann,* Der Treuhandvertrag, 1997; *Haarmann/Riehmer/Schüppen,* Öffentliche Übernahmeangebote, Kommentar zum WpÜG, 2002; *Habersack,* Die Mitgliedschaft – subjektives und „sonstiges" Recht, 1996; *ders.,* Die Aktionärsklage – Grundlagen, Grenzen und Anwendungsfälle, DStR 1998, 533; *ders.,* „Holzmüller" und die schönen Töchter – Zur Frage eines Vorerwerbsrechts der Aktionäre beim Verkauf von Tochtergesellschaften, WM 2001, 545; *ders.,* Reformbedarf im Übernahmerecht!, ZHR 166 (2002), 619; *ders./Mayer,* Der neue Vorschlag einer Takeover-Richtlinie – Überlegungen zur Umsetzung in das nationale Recht, ZIP 1997, 2141; *Harbarth,* Kontrollerlangung und Pflichtangebot, ZIP 2002, 321; *Heinsius,* Organzuständigkeiten bei Bildung, Erweiterung und Umorganisation des Konzerns, ZGR 1984, 383; *Heiser,* Interessenkonflikte in der Aktiengesellschaft und ihre Lösung am Beispiel des Zwangsangebots, 1999; *Henssler,* Minderheitenschutz im faktischen GmbH-Konzern – Zugleich ein Plädoyer für die Aufwertung des Konzernabschlusses, FS für Zöllner, Bd. I, 1998, S. 203; *Henze,* Die Treupflicht im Aktienrecht, BB 1996, 489; *ders.,* Leitungsverantwortung des Vorstands – Überwachungspflicht des Aufsichtsrats, BB 2000, 209; *ders.,* Entscheidungen und Kompetenzen der Organe in der AG: Vorgaben der höchstrichterlichen Rechtsprechung, BB 2001, 53; *ders.,* Holzmüller vollendet das 21. Lebensjahr, FS für Ulmer, 2003, S. 211; *Hirte,* Bezugsrechtsausschluß und Konzernbildung, 1986; *ders.,* Verteidigung gegen Übernahmeangebote und Rechtsschutz des Aktionärs gegen die Verteidigung, ZGR 2002, 623; *Hommelhoff,* Die Konzernleitungspflicht, 1982; *ders.,* Empfiehlt es sich, das Recht faktischer Unternehmensverbindungen neu zu regeln?, Gutachten G für den 59. Deutschen Juristentag, 1992; *Hopt,* Europäisches und deutsches Übernahmerecht, ZHR 161 (1997), 368; *ders.,* Verhaltenspflichten des Vorstands der Zielgesellschaft bei feindlichen Übernahmen – Zur aktien- und übernahmerechtlichen Rechtslage in Deutschland und Europa, FS für Lutter, 2000, S. 1361; *ders.,* Übernahmen, Geheimhaltung und Interessenkonflikte: Probleme für Vorstände, Aufsichtsräte und Banken, ZGR 2002, 333; *ders.,* Grundsatz- und Praxisprobleme nach dem Wertpapiererwerbs- und Übernahmegesetz, ZHR 166 (2002), 383; *Horbach,* Verfahrensfragen bei Holzmüller-Beschlüssen der Hauptversammlung, BB 2001, 893; *Hüffer,* Zur Holzmüller-Problematik: Reduktion des Vorstandsermessens oder Grundlagenkompetenz der Hauptversammlung?, FS für Ulmer, 2003, S. 279; *Jilg,* Die Treuepflicht des Aktionärs, 1996; *Joost,* „Holzmüller 2000" vor dem Hintergrund des Umwandlungsgesetzes, ZHR 163 (1999), 164; *Kiem,* Der Hauptversammlungsentscheid zur Legitimation von Abwehrmaßnahmen nach dem neuen Übernahmegesetz, ZIP 2000, 1509; *Kindler,* Hauptfragen des Konzernrechts in der internationalen Diskussion, ZGR 1997, 449; *Kleindiek,* Funktion und Geltungsanspruch des Pflichtangebots nach dem WpÜG, ZGR 2002, 546; Kölner Kommentar zum WpÜG, 2003; *Kort,* Bezugsrechtsfragen und „Holzmüller"-Fragen einer Tochter-Kapitalerhöhung aus Sanierungsgründen, AG 2002, 369; *Krause,* Zur „Pool- und Frontenbildung" im Übernahmekampf und zur Organzuständigkeit für Abwehrmaßnahmen gegen „feindliche" Übernahmeangebote, AG 2000, 217; *ders.,* Prophylaxe gegen feindliche Übernahmeangebote, AG 2002, 133; *ders.,* Die Abwehr feindlicher Übernahmeangebote auf der Grundlage von Ermächtigungsbeschlüssen der Hauptversammlung, BB 2002, 1053; *Krieger,* Aktionärsklage zur Kontrolle des Vorstands- und Aufsichtsratshandelns, ZHR 163 (1999), 343; *ders.,* Das neue Übernahmegesetz: Preisfindung beim Übernahmeangebot und Neutralitätspflicht des Vorstands der Zielgesellschaft, in Henze/Hoffmann-Becking (Hrsg.), Gesellschaftsrecht 2001, RWS-Forum 20, 2001, S. 289; *Kropff,* Über die „Ausgliederung", FS für Geßler, 1971, S. 111; *R. Leinekugel,* Die Ausstrahlungswirkungen des Umwandlungsgesetzes, 2000; *Letzel,* Das Pflichtangebot nach dem WpÜG, BKR 2002, 293; *Lieb,* Abfindungsansprüche im (qualifizierten?) faktischen Konzern, FS für Lutter, 2000, S. 1151; *Liebscher,* Konzernbildungskontrolle, 1995; *ders.,* Die Zurechnungstatbestände des WpHG und WpÜG, ZIP 2002, 1005; *Lüders/Wulff,* Rechte der Aktionäre der Muttergesellschaft beim Börsengang des Tochterunternehmens, BB 2001, 1209; *Lutter,* Zur Binnenstruktur des Konzerns, FS für H. Westermann, 1974, S. 347; *ders.,* Teilfusionen im Gesellschaftsrecht, FS für Barz, 1974, S. 199; *ders.,* Organzuständigkeiten im Konzern, FS für Stimpel, 1985, S. 825; *ders.,* Treupflichten und ihre Anwendungsprobleme, ZHR 162 (1998), 164; *ders.,* Das Vor-Erwerbsrecht/Bezugsrecht der Aktionäre beim Verkauf von Tochtergesellschaften über die Börse, AG 2000, 342; *ders.,* Noch einmal: Zum Vorerwerbsrecht der Aktionäre beim Verkauf von Tochtergesellschaften über die Börse, AG 2001, 349; *ders./Leinekugel,* Kompetenzen von Hauptversammlung und Gesellschafterversammlung beim Verkauf von Unternehmensteilen, ZIP 1998, 225; *dies.,* Der Ermächtigungsbeschluß der Hauptversammlung zu grundlegenden Strukturmaßnahmen – zulässige Kompetenzübertragung oder unzulässige Selbstentmündigung?, ZIP 1998, 805; *Maier-Reimer,* Verhaltenspflichten des Vorstands der Zielgesellschaft bei feindlichen Übernahmen, ZHR 165 (2001), 258; *Martens,* Die Entscheidungsautonomie des Vorstands und die „Basisdemokratie" in der Aktiengesellschaft, ZHR 147 (1983), 377; *Mecke,* Konzernstruktur und Aktionärsentscheid, 1992; *Merkt,* Verhaltenspflichten des Vorstands der Zielgesellschaft bei feindlichen Übernahmen, ZHR 165 (2001), 224; *Michalski,* Abwehrmechanismen gegen unfreundliche Übernahmeangebote („unfriendly takeovers") nach deutschem Aktienrecht, AG 1997, 152; *Mülbert,* Aktiengesellschaft, Unternehmensgruppe und Kapitalmarkt, 2. (unveränderte) Aufl. 1996; *ders.,* Übernahmerecht zwischen Kapitalmarktrecht und Aktien(konzern)recht – die konzeptionelle Schwachstelle des RegE WpÜG, ZIP 2001, 1221; *Noack,* „Holzmüller" in der Eigenverwaltung – Zur Stellung von Vorstand und Hauptversammlung im Insolvenzverfahren, ZIP 2002, 1873; *Priester,* Die klassische Ausgliederung – ein Opfer des Umwandlungsgesetzes 1994?, ZHR 163 (1999), 187; *Raiser,* Wettbewerbsverbote als Mittel des konzernrechtlichen Präventivschutzes, FS für Stimpel, 1985, S. 855; *v. Rechenberg,* Holzmüller – Auslaufmodell oder Grundpfeiler der Kompetenzverteilung in der AG?, FS für Bezzenberger, 2000, S. 359; *Rehbinder,* Zum konzernrechtlichen Schutz der Aktionäre einer Obergesellschaft, ZGR 1983, 92; *Reichert,* Ausstrahlungswirkungen der Ausgliederungsvoraussetzungen nach UmwG auf andere Strukturänderungen, in Habersack/Koch/Winter (Hrsg.), Die Spaltung im neuen Umwandlungsrecht und ihre Rechtsfolgen, 1999, S. 25; *Renner,* Holzmüller-Kompetenz der Hauptversammlung beim Erwerb einer Unternehmensbeteiligung?, NZG 2002, 1091; *Reul,* Die Pflicht zur Gleichbehandlung der Aktionäre bei privaten Kontrolltransaktionen, 1991; *v. Riegen,* Gesellschafterschutz bei Ausgliederungen durch Einzelrechtsnachfolge, 1999; *Röhricht,* Die aktuelle höchstrichterliche Rechtsprechung zum Gesellschaftsrecht, in: Gesellschaftsrechtliche Vereinigung (VGR), Band 5: Gesellschaftsrecht in der Diskussion 2001, 2002, S. 3; *Schindler,* Das Austrittsrecht in Kapitalgesellschaften, 1999; *Schlitt* in Semler/Volhard, Arbeitshandbuch für Unternehmensübernahmen, Bd. I, 2002, § 23: Gang an die Börse; *ders.,* in Semler/Stengel, UmwG, 2003, Anh. § 173: Einbringung im Wege der Einzelrechtsnachfolge; *H. Schmidt,* Die Ausgliederung als Unterfall der Spaltung nach neuem Umwandlungsrecht, in Habersack/Koch/Winter (Hrsg.), Die Spaltung im neuen Umwandlungsrecht und ihre Rechtsfolgen, 1999, S. 10; *U. H. Schneider,* Zur Wahrnehmung von Mitgliedschaftsrechten an Tochtergesellschaften einer Personengesellschaft, FS für Bärmann, 1975, S. 873; *ders.,* Konzernleitung als Rechtsproblem, BB 1981, 249; *ders.,* Gesetzliches Verbot von Stimmrechtsbeschränkungen bei der Aktiengesellschaft?, AG 1990, 56; *ders.,* Die Zielgesellschaft nach Abgabe eines Übernahme- oder Pflichtangebots, AG 2002, 125; *ders./Burgard,* Übernahmeangebote und Konzerngründung – Zum Verhältnis von Übernahmerecht, Gesellschaftsrecht und Konzernrecht, DB 2001, 963; *Schockenhoff,* Informationsrechte der HV bei Veräußerung eines Tochterunternehmens, NZG 2001, 921; *Semler/Volhard* (Hrsg.), Arbeitshandbuch für Unternehmensübernahmen, Band 1, 2001; *Seydel,* Konzernbildungskontrolle bei der Aktiengesellschaft, 1995; *Sieger/Hasselbach,* Die Holzmüller-Entscheidung im Unterordnungskonzern, AG 1999, 241; *Steinmeyer/Häger,* WpÜG, 2002; *Sünner,* Aktionärsschutz und Aktienrecht, AG 1983, 169; *Thoma,* Das Wertpapiererwerbs- und Übernahmegesetz im Überblick, NZG 2002, 105; *Tieves,* Der Unternehmensgegenstand der Kapitalgesellschaft, 1998; *Timm,* Die Aktiengesellschaft als Konzernspitze, 1980; *Trapp/Schick,* Die Rechtsstellung des Aktionärs der Obergesellschaft beim Börsengang von Tochtergesellschaften, AG 2001, 381; *Tröger,* Treupflicht im Konzernrecht, 2000; *ders.,* Vorbereitung von Zustimmungsbeschlüssen bei Strukturmaßnahmen, ZIP 2001, 2029; *ders.,* Informationsrechte der Aktionäre bei Beteiligungsveräußerungen, ZHR 165 (2001), 593; *ders.,* Unternehmensübernahmen im deutschen Recht, DZWIR 2002, 353, 397; *Ulmer,* Richterrechtliche Entwicklungen im Gesellschaftsrecht 1971–1985, 1986; *Veil,* Aktuelle Probleme im Ausgliederungsrecht, ZIP 1998, 361; *Wackerbarth,* Grenzen der Leitungsmacht in der internationalen Unternehmensgruppe, 2001; *ders.,* Aktionärsrechte beim Börsengang einer Tochter – obey the law, if not the spirit, AG 2002, 14; *Wahlers,* Konzernbildungskontrolle durch die Hauptversammlung der Obergesellschaft, 1995; *M. Weber,* Vormitgliedschaftliche Treubindungen, 1999; *Weißhaupt,* Der „eigentliche" Holzmüller-Beschluß, NZG 1999, 804; *Werner,* Zuständigkeitsverlagerung in der Aktiengesellschaft durch Richterrecht?, ZHR 147 (1983), 429; *Westermann,* Organzuständigkeit bei Bildung, Erweiterung und Umorganisation des Konzerns, ZGR 1984, 352; *ders.,* Die Holzmüller-Doktrin – 19 Jahre danach, FS für Koppensteiner, 2001, S. 259; *Wiedemann,* Minderheitenschutz und Aktienhandel, 1968; *ders.,* Die Unternehmensgruppe im Privatrecht, 1988; *Winter/Harbarth,* Verhaltenspflichten von Vorstand und Aufsichtsrat der Zielgesellschaft bei feindlichen Übernahmeangeboten nach dem WpÜG, ZIP 2002, 1; *M. Wolf,* Konzerneingangsschutz bei Übernahmeangeboten, AG 1998, 212; *Wollburg/Gehling,* Umgestaltung des Konzerns – Wer entscheidet über die Veräußerung von Beteiligungen einer Aktiengesellschaft?, FS für O. Lieberknecht, 1997, S. 133; *Wymeersch,* Übernahmeangebote und Pflichtangebote, ZGR 2002, 520; *Zeidler,* Die Hauptversammlung der Konzernmutter – ungeschriebene Zuständigkeiten und Information der Aktionäre, NZG 1998, 91; *Ziemons/Jaeger,* Treupflichten bei der Veräußerung einer Beteiligung an einer Aktiengesellschaft, AG 1996, 358; *Zimmermann/Pentz,* „Holzmüller" – Ansatzpunkt, Klagefristen, Klageantrag, FS für W. Müller, 2001, S. 151; *Zinser,* Das neue Gesetz zur Regelung von öffentlichen Angeboten zum Erwerb von Wertpapieren und von Unternehmensübernahmen vom 1. Januar 2002, WM 2002, 15; *Zöllner,* Treupflichtgesteuertes Aktienkonzernrecht, ZHR 162 (1998), 235; *ders.,* Schutz der Aktionärsminderheit bei einfacher Konzernierung, FS für Kropff, 1997, S. 333.

Übersicht

I. Sicherung der Unabhängigkeit der Aktiengesellschaft

1   **1. Grundsatz.** Die §§ 311 ff. setzen bei der bereits abhängigen oder konzernierten Gesellschaft an und suchen den in diesem Fall gebotenen Schutz der Gläubiger und außenstehenden Aktionäre (§ 311 Rdnr. 1) durch ein System des Einzelausgleichs nebst Berichts- und Prüfungspflichten zu erreichen. Dagegen enthalten sie keine Vorschriften zum Schutz der unabhängigen[1] Gesellschaft und ihrer Aktionäre gegen abhängigkeits- und konzernbegründende Maßnahmen. Nach der Konzeption der §§ 311 ff.[2] haben deshalb die außenstehenden Aktionäre die Begründung des Abhängigkeitsverhältnisses und die einfache faktische Konzernierung ihrer Gesellschaft grundsätzlich hinzunehmen.[3] Über die rechtspolitische Bewertung dieser aktienrechtlichen Ausgangslage mag man streiten.[4] De lege lata hat es jedoch dabei zu bewenden, daß die Aktionäre der Untergesellschaft erst bei Begründung eines **Vertragskonzerns** zur **Mitwirkung** berufen und zum **Austritt** aus der Gesellschaft berechtigt sind,[5] die Begründung eines Abhängigkeitsverhältnisses und die einfache Konzernierung nach §§ 311 ff. also weder eine „Konzernierungserklärung" des herrschenden Unternehmens[6] noch gar einen Hauptversammlungsbeschluß der abhängigen Gesellschaft[7]

---

[1] Ist die AG bereits bei ihrer Gründung abhängig, so erübrigt sich ein Präventivschutz, s. Anh. § 317 Rdnr. 12; Anh. § 318 Rdnr. 9.

[2] Zu möglichen Maßnahmen de lege ferenda s. *Hommelhoff* Gutachten S. 43 ff.; zur Rechtsvergleichung s. den Überblick bei *Kindler* ZGR 1997, 449, 451 ff.

[3] *Emmerich/Sonnenschein/Habersack* § 8 III; MünchKommAktG/*Kropff* Rdnr. 44; MünchHdb. AG/*Krieger* § 69 Rdnr. 14, 22; *Mülbert* S. 453 ff.; wohl auch BGHZ 119, 1, 7 = NJW 1992, 2760 (freilich im Zusammenhang mit dem Vertragskonzern und deshalb wohl nur in dem Sinne, daß dieser nicht der Zustimmung der außenstehenden Aktionäre bedarf). Zu personellen Verflechtungen s. § 311 Rdnr. 28, 35 f.; Anh. § 317 Rdnr. 22.

[4] Im Fehlen eines Konzerneingangsschutzes wird verbreitet ein gravierender Mangel der §§ 311 ff. gesehen, s. *Lutter/Timm* NJW 1982, 409, 411; *Wiedemann* ZGR 1978, 477, 487; *Immenga* ZGR 1978, 269, 271.

[5] Vgl. die Nachw. in Fn. 3; speziell zum Nichtbestehen eines Austrittsrechts MünchHdb. AG/*Krieger* § 69 Rdnr. 18, *Mülbert* S. 456 und *Schindler* S. 188 ff., jew. gegen *Wiedemann* Unternehmensgruppe S. 68 ff., der ein solches Recht für geschlossene Gesellschaften bejaht; dafür jetzt auch *Lieb*, FS für Lutter, S. 1151, 1155 ff. – Zu den Rechten der Aktionäre bei qualifizierter Nachteilszufügung s. aber Anh. § 317 Rdnr. 27 ff.

[6] So aber (freilich mit Blick auf die Interessen der Mitglieder der Konzernspitze) *Hommelhoff* S. 408 ff.; ferner *Forum Europaeum Konzernrecht* ZGR 1998, 672, 740 ff.; befürwortend mit Blick auf die abhängige Gesellschaft und deren Außenseiter *Tröger* S. 314 ff.; *Zöllner*, FS für Kropff, S. 333, 340 f.; ablehnend die ganz hM, s. MünchHdb. AG/*Krieger* § 69 Rdnr. 22; *Koppensteiner* in Kölner Kommentar Rdnr. 29; MünchKommAktG/*Kropff* Rdnr. 47; *ders.* ZGR 1984, 112, 120 ff.; *Westermann* ZGR 1984, 352, 354.

[7] So tendenziell *Emmerich* AG 1991, 303, 305 f.; *Wiedemann* Unternehmensgruppe S. 64; de lege fe-

voraussetzen. Hieran hat sich durch das Inkrafttreten des WpÜG nichts geändert; im Gegenteil haben die Regulierung freiwilliger Übernahmeangebote und die Einführung eines Pflichtangebots des die Gesellschaft kontrollierenden Aktionärs die konzernrechtliche Ausgangslage stabilisiert (Rdnr. 10, 26).

2. Satzungsmäßige Vorkehrungen. Mit Blick auf den Grundsatz der Satzungsstrenge **2** (§ 23 Abs. 5) bieten sich nach dem AktG nur wenig Möglichkeiten, die Unabhängigkeit der Gesellschaft durch satzungsmäßige Vorkehrungen zu sichern.[8] So können insbes. *Vorkaufsrechte* und Andienungspflichten nur mit schuldrechtlicher Wirkung vereinbart werden. Entsprechendes gilt für ein Verbot, beherrschenden Einfluß zu begründen; ein *statutarisches Konzernierungsverbot* muß angesichts der konzernrechtlichen Ausgangslage (Rdnr. 1) an § 23 Abs. 5 scheitern.[9] Anderes gilt dagegen für ein **Wettbewerbsverbot** zu Lasten des beherrschenden Gesellschafters; seiner Verankerung in der Satzung stehen weder kartellrechtliche noch aktienrechtliche Erwägungen entgegen (Rdnr. 8).

Darüber hinaus ist an die **Vinkulierung von Namensaktien** zu denken. Nach § 68 **3** Abs. 2 hat sie zur Folge, daß die Übertragung der Aktien an die Zustimmung der Gesellschaft gebunden ist, die wiederum durch den Vorstand oder, wenn dies in der Satzung bestimmt ist, durch den Aufsichtsrat oder die Hauptversammlung zu erteilen ist. Die nachträgliche Aufnahme oder Verschärfung der Vinkulierung erfordert allerdings eine Satzungsänderung, die nach § 180 Abs. 2 zudem der Zustimmung aller betroffenen Aktionäre bedarf. In Betracht kommen ferner die **Erhöhung des Mehrheitserfordernisses** für Hauptversammlungsbeschlüsse, das Recht zur **Zwangseinziehung** von Aktien[10] und die Einführung von Entsendungsrechten gemäß § 101 Abs. 2.[11] **Höchststimmrechte** können nach § 134 Abs. 1 S. 2 bis 4 nur bei nichtbörsennotierten Gesellschaften[12] eingeführt werden;[13] die Einführung von Mehrfachstimmrechten ist gänzlich ausgeschlossen.[14] Auch der satzungsmäßige *Unternehmensgegenstand* vermag nicht vor der Abhängigkeit zu schützen; er setzt vielmehr allein der nachfolgenden Einflußnahme durch das herrschende Unternehmen Grenzen.[15]

3. Kapitalmaßnahmen. Der Erwerb einer beherrschenden Stellung kann sowohl durch **4** eine Kapitalerhöhung, zumal in Verbindung mit einem Ausschluß des Bezugsrechts, als auch durch den Erwerb eigener Aktien nach § 71 Abs. 1 Nr. 8 erschwert werden.[16] Namentlich die Ausnutzung eines genehmigten Kapitals nach §§ 202 ff. und einer Ermächtigung zum Erwerb eigener Aktien nach § 71 Abs. 1 Nr. 8 steht allerdings unter dem Vorbehalt ihrer

renda *U. H. Schneider/Burgard* DB 2001, 963, 969; ablehnend die ganz hM, s. neben den Nachw. in Fn. 3 noch *Koppensteiner* in Kölner Kommentar Rdnr. 29.

[8] Eingehend zum folgenden *Adolff/Meister/Randell/Stephan* S. 207 ff.; *Bayer* ZGR 2002, 588, 589 ff.; *Binnewies* S. 291 ff.; *Eckert* S. 27 ff.; *Krause* AG 2002, 133 ff.; *Liebscher* S. 352 ff.; *Röh* in Haarmann/Riehmer/Schüppen § 33 WpÜG Rdnr. 54 ff.; aus dem Blickwinkel des WpÜG ferner *U. H. Schneider/Burgard* DB 2001, 963, 966 ff.

[9] Vgl. BGHZ 119, 1, 7 = NJW 1992, 2760; MünchKommAktG/*Kropff* Rdnr. 80; *Krause* AG 2002, 133, 141; *Mülbert* S. 455; aA – für Zulässigkeit eines entsprechenden satzungsmäßigen Verbots – *U. H. Schneider* AG 1990, 56, 62.

[10] Die nachträgliche Zulassung der Zwangseinziehung bedarf der Zustimmung der betroffenen Aktionäre, s. MünchHdb. AG/*Krieger* § 62 Rdnr. 6; die nachträgliche Erhöhung des Mehrheitserfordernisses für Hauptversammlungsbeschlüsse kann durch gewöhnliche Satzungsänderung erfolgen.

[11] Zur Frage, inwieweit persönliche Voraussetzungen für Aufsichtsratmitglieder aufgestellt werden

können, s. *Hüffer* § 100 Rdnr. 9 f. Zu weitergehenden Vorschlägen betreffend die Stärkung des Aufsichtsrats s. § 314 Rdnr. 2 (Fn. 1).

[12] Für börsennotierte Gesellschaften iSv. § 3 Abs. 2 ist die Einführung von Höchststimmrechten durch das KonTraG (Einl. Rdnr. 21) beseitigt worden.

[13] Nach BGHZ 70, 117, 121 ff. und OLG Celle AG 1993, 178, 180 kann die Einführung auch nachträglich erfolgen, selbst wenn bereits einzelne Aktionäre die Höchstgrenze überschreiten.

[14] Die Aufhebung des § 12 Abs. 2 S. 2 betr. die Einführung von Mehrstimmrechten und die Schaffung der Übergangsregelung in § 5 EGAktG sind durch das KonTraG (Einl. Rdnr. 21) erfolgt; zu § 5 EGAktG s. BayObLG ZIP 2002, 1765; *St. Schulz* NZG 2002, 996.

[15] § 311 Rdnr. 9; näher *Zöllner*, FS für Kropff, S. 333, 342 f.; zur Frage, ob die Konzernbildung durch die Satzung des herrschenden Unternehmens gedeckt sein muß, s. Rdnr. 31.

[16] Eingehend zum folgenden *Michalski* AG 1997, 152 ff.; *Mülbert* IStR 1999, 83, 89 ff.; *M. Wolf* AG 1998, 212 ff.

Vereinbarkeit mit der dem Vorstand und dem Aufsichtsrat gegenüber der AG obliegenden „Neutralitätspflicht". Für den Bereich öffentlicher Übernahmeangebote hat die Frage nunmehr in § 33 WpÜG eine (abschließende, s. Rdnr. 15) Regelung erfahren (Rdnr. 14 ff.). Die überwiegende Meinung geht indes davon aus, daß es den Organwaltern schon nach §§ 93, 116 und damit unabhängig von § 33 WpÜG im Grundsatz untersagt ist, ein an die Aktionäre adressiertes Erwerbsangebot durch das Ergreifen von Abwehrmaßnahmen zu vereiteln.[17] Von Bedeutung ist dies für nicht öffentliche Übernahmeangebote sowie für das Angebot zum Erwerb von nicht zum Handel an einem organisierten Markt zugelassenen Aktien, mithin für nicht vom WpÜG erfaßte Sachverhalte, des weiteren für nicht auf Kontrollerwerb gerichtete und damit von § 33 WpÜG nicht erfaßte öffentliche Erwerbsangebote gem. §§ 10 ff. WpÜG.

5   **4. Treupflicht. a) Grundlagen.** Vor dem Hintergrund, daß der Aktionär sowohl im Verhältnis zur AG als auch im Verhältnis zu seinen Mitaktionären der mitgliedschaftlichen Treupflicht unterliegt,[18] ist auch für das Aktienrecht eine auf der Treupflicht basierende Kontrolle der Abhängigkeitsbegründung nicht grundsätzlich ausgeschlossen. Zu berücksichtigen ist dabei allerdings, daß der Gesetzgeber die AG bewußt als konzernoffen ausgestaltet hat (Rdnr. 1); diese Grundwertung darf nicht durch Rückgriff auf die mitgliedschaftliche Treupflicht in ihr Gegenteil verkehrt werden. Darüber hinaus ist auch im Zusammenhang mit der Frage eines Konzerneingangsschutzes[19] auf spezielle Vorkehrungen zum Schutz der Minderheit, mögen diese im AktG oder in sonstigen Gesetzen enthalten sein, Rücksicht zu nehmen. Demgemäß haben insbes. die in § 20, § 21 WpHG geregelten Mitteilungspflichten und das in §§ 35 ff. WpÜG vorgesehene Pflichtangebot (Rdnr. 24 ff.) eine weitgehende Verdrängung der mitgliedschaftlichen Treupflicht zur Folge (Rdnr. 9 f.).

6   **b) Beschlußkontrolle.** Wie im Recht der GmbH unterliegt auch im Aktienrecht ein Beschluß der Anteilseigner, der die Gefahr der Abhängigkeit oder Konzernierung der Gesellschaft begründet, einer gerichtlichen Inhaltskontrolle.[20] Davon betroffen ist zunächst der *Ausschluß des Bezugsrechts:*[21] Begründet oder verstärkt er die Gefahr der Abhängigkeit der Gesellschaft, so fehlt es ihm regelmäßig an der sachlichen Rechtfertigung;[22] umgekehrt kann er insbes. deshalb sachlich gerechtfertigt sein, weil er zur Erhaltung der Selbständigkeit der Gesellschaft und zur Abwehr von Fremdeinfluß eingesetzt wird.[23] Entsprechendes gilt für

---

[17] *Adams* AG 1990, 243 ff.; *Altmeppen* ZIP 2001, 1073, 1074 ff.; *Hopt* ZGR 1993, 534 ff.; *ders.,* FS für Lutter, S. 1361, 1379 ff.; *ders.* in GroßkommAktG § 93 Rdnr. 122 ff.; *Bayer* ZGR 2002, 588, 598 ff.; *Mertens* in Kölner Kommentar § 76 Rdnr. 26; *Mülbert* IStR 1999, 83, 87 ff.; *Krause* AG 2000, 217, 218 ff. mwN; zu Recht einschränkend *Hüffer* § 76 Rdnr. 15 d; *Kort,* FS für Lutter, 2000, S. 1421, 1426 ff.; *Martens,* FS für Beusch, 1993, S. 529, 539 ff.; *Krieger* in Henze/Hoffmann-Becking S. 289, 303 ff.; zum US-amerikanischen Recht s. *Harbarth* ZvglRWiss 100 (2001), 275, 282 ff.; *Schaefer/Eichner* NZG 2003, 150 ff.

[18] BGHZ 103, 184 = NJW 1988, 1579; 129, 136 = NJW 1995, 1739; *Lutter* ZHR 153 (1989), 446, 452 ff.; *ders.* ZHR 162 (1998), 164 ff.; *Henze,* FS für Kellermann, 1991, S. 141 ff.; *ders.* ZHR 162 (1998), 186 ff.; *Timm* WM 1991, 481 ff. – Zum Vorrang der Treupflicht gegenüber der Gesellschaft s. Anh. § 318 Rdnr. 27.

[19] Zur entsprechenden Problematik im Zusammenhang mit dem Verhältnis zwischen §§ 311 ff. und der mitgliedschaftlichen Treupflicht s. § 311 Rdnr. 89 f.

[20] Näher zu Grundlage und Maßstab der Inhaltskontrolle Anh. § 318 Rdnr. 12 f.; für Übertragung der in BGHZ 80, 69 = NJW 1981, 1512 für die

GmbH entwickelten Grundsätze auch *Henze* BB 1996, 489, 497; MünchHdb. AG/*Krieger* § 69 Rdnr. 16; *Emmerich/Sonnenschein/Habersack* § 8 III 4; *Seydel* S. 183 ff.; einschränkend *Binnewies* S. 381 ff.

[21] Vgl. BGHZ 71, 40 = NJW 1978, 1316; 83, 319 = NJW 1982, 2444; 120, 141 = NJW 1993, 400; 125, 239 = NJW 1994, 1410; s. nunmehr für das genehmigte Kapital aber auch BGHZ 136, 133, 138 ff. = NJW 1997, 2815 – Siemens/Nold; zur Nichtgeltung für die reguläre Kapitalerhöhung s. *Hüffer* § 186 Rdnr. 1, aber auch *Kindler* ZGR 1998, 35 ff. S. ferner § 186 Abs. 3 S. 4 und dazu *Hüffer* § 186 Rdnr. 39 a ff.; *Lutter* AG 1994, 429, 440 ff.

[22] Vgl. aber auch BGHZ 83, 319, 323 = NJW 1982, 2444; LG Heidelberg ZIP 1988, 1257, jeweils zum Einsatz des Bezugsrechtsausschlusses zu Sanierungszwecken; s. im übrigen die Nachw. in Fn. 20.

[23] So im Ansatz bereits BGHZ 33, 175, 186 = NJW 1961, 26 (für den Fall der Vernichtung); wie im Text *Lutter/Timm* NJW 1982, 409, 415; *Lutter* in Kölner Kommentar § 186 Rdnr. 71; *Martens,* FS für R. Fischer, 1979, S. 437, 452.; *Hüffer* § 186 Rdnr. 32; MünchHdb. AG/*Krieger* § 69 Rdnr. 16; aA *Hirte* S. 50 ff. – Zur „Neutralitätspflicht" von Vorstand und Aufsichtsrat s. aber Rdnr. 4, 14 ff.

die Zustimmung zur Übertragung vinkulierter Aktien, für die Aufhebung der Vinkulierung oder von Stimmrechtsbeschränkungen,[24] ferner für die Befreiung von einem Wettbewerbsverbot (Rdnr. 8) und für die abhängigkeitsbegründende Verschmelzung.[25]

c) Wettbewerbsverbot. Noch nicht abschließend geklärt ist die Frage, ob und, wenn ja, 7 unter welchen Voraussetzungen der Mehrheitsaktionär einem Wettbewerbsverbot unterliegt. Als Ausprägung der mitgliedschaftlichen Treupflicht läßt sich ein solches Wettbewerbsverbot auch über den unmittelbaren Anwendungsbereichs des § 112 HGB hinaus begründen;[26] es kommt deshalb, da auch der Aktionär der Treupflicht unterliegt,[27] auch im Aktienrecht durchaus in Betracht. Die Vorschriften der §§ 311 ff. enthalten, denn auch keine erschöpfende, einen Rückgriff auf die mitgliedschaftliche Treupflicht gänzlich ausschließende Regelung (§ 311 Rdnr. 90). Zwar bewendet es auch innerhalb der abhängigen oder konzernierten AG bei dem Leitungsermessen des Vorstands (§ 311 Rdnr. 77 f.); der Einflußnahme des konkurrierenden Mehrheitsgesellschafters sind somit *de iure* Grenzen gesetzt. Indes ist es schon im allgemeinen fraglich, ob der Vorstand der abhängigen Gesellschaft tatsächlich in jeder Hinsicht von seinem Leitungsermessen Gebrauch macht und bei nachteiligen Maßnahmen auf Nachteilsausgleich besteht. Jedenfalls in den Fällen, in denen herrschendes Unternehmen und abhängige Gesellschaft konkurrieren, sind entsprechende Gefahren für die abhängige Gesellschaft nicht von der Hand zu weisen. Es kommt hinzu, daß die §§ 311 ff. nur den Gefahren Rechnung tragen, die der abhängigen Gesellschaft aus der Verfolgung eines *beliebigen unternehmerischen Interesses* durch das herrschende Unternehmen erwachsen; die besonderen Gefahren, die mit der Aufnahme einer *Konkurrenztätigkeit* durch das herrschende Unternehmen verbunden sind, werden dagegen von diesen Vorschriften nicht berücksichtigt. Es sprechen somit die besseren Gründe für die Ansicht, daß das *herrschende Unternehmen* einem – auf den Handelszweig der Gesellschaft beschränkten – Wettbewerbsverbot unterliegt; auf die **Realstruktur der abhängigen Gesellschaft** kommt es dabei nicht an.[28]

Nach § 23 Abs. 5 S. 2 steht das Wettbewerbsverbot zur Disposition der Haupt- 8 versammlung.[29] Ein Beschluß über die *Befreiung* des herrschenden Unternehmens vom Wettbewerbsverbot ist einer Inhaltskontrolle zu unterziehen. Er ist nur unter der Voraussetzung rechtmäßig, daß die Befreiung im Interesse der Gesellschaft geboten ist (Rdnr. 6, Anh. § 318 Rdnr. 12 f.). Das herrschende Unternehmen ist bei der Beschlußfassung nach § 136 Abs. 1 S. 1, 2. Fall vom Stimmrecht ausgeschlossen.[30] Hinsichtlich des Mehrheitserfordernisses findet § 179 Abs. 2 Anwendung. Sofern die Satzung nicht etwas anderes bestimmt, bedarf der Befreiungsbeschluß der 3/4-Mehrheit.[31] Satzungsbestimmungen, die sich in der Konkretisierung des gesetzlichen Wettbewerbs erschöpfen, begegnen weder unter dem Gesichtspunkt der §§ 23 Abs. 5, 55 noch unter demjenigen des § 1 GWB Bedenken.[32]

[24] So auch MünchHdb. AG/*Krieger* § 69 Rdnr. 16.

[25] *Lutter* in Lutter UmwG § 13 Rdnr. 38.

[26] S. für die GmbH Anh. § 318 Rdnr. 16 ff.

[27] Vgl. die Nachw. in Fn. 18.

[28] Zutr. *Henze* BB 1996, 489, 497; *Geiger* S. 75 ff., 146 ff.; *Burgard,* FS für Lutter, S. 1033, 1039 ff.; *Armbrüster* ZIP 1997, 1269, 1271; zumindest für die personalistisch strukturierte AG wohl MünchHdb. AG/*Krieger* § 69 Rdnr. 17; auch insoweit zurückhaltend bis ablehnend MünchKommAktG/*Kropff* Rdnr. 65 ff.; *Binnewies* S. 340 ff.; *Immenga* JZ 1984, 578, 579 f.; *Tröger* S. 241 ff.; *Seydel* S. 171 ff.; *U. H. Schneider* BB 1981, 249, 258; *Koppensteiner* in Kölner Kommentar Rdnr. 28.

[29] Näher dazu *Geiger* S. 146 ff.; *Burgard* (Fn. 28) S. 1050 f.

[30] Vgl. für das GmbH-Recht Anh. § 318 Rdnr. 18; kritisch zum Stimmverbot MünchKommAktG/*Kropff* Rdnr. 67, dessen Hinweis auf

einen Wertungswiderspruch zur Rechtslage nach § 293 Abs. 1 freilich nicht berücksichtigt, daß es vorliegend um § 136 Abs. 1 S. 1, 2. Fall (Befreiung von einer Verbindlichkeit) geht, wohingegen sich das Stimmverbot bei Abschluß des Beherrschungsvertrags für das Aktienrecht überhaupt nicht und für das GmbH-Recht allenfalls aus § 47 Abs. 4 S. 2, 1. Fall (Vornahme eines Rechtsgeschäfts) herleiten läßt.

[31] Anh. § 318 Rdnr. 18.

[32] Vgl. zu § 23 Abs. 5 AktG zutr. *Binnewies* S. 319 ff.; aA *Koppensteiner* in Kölner Kommentar Rdnr. 27; im Ergebnis auch *Seydel* S. 172 f., der §§ 54, 55 anführt, dabei aber nicht die Grundlage des Wettbewerbs in der mitgliedschaftlichen Treupflicht berücksichtigt. Zur Vereinbarkeit von treupflichtimmanenten Wettbewerbsverboten mit § 1 GWB s. BGHZ 38, 306, 314 f. = NJW 1963, 646; 70, 331, 335 = NJW 1978, 1001; 89, 162, 169 = NJW 1984, 1351; 120, 161, 166 = NJW 1993, 1710; BGH NJW 1994, 384; *Zimmer* in Immenga/

9 **d) Verhaltenspflichten im Zusammenhang mit dem Anteilshandel.** Ein auf Verhaltenspflichten im Zusammenhang mit dem Erwerb von Anteilen gestützter Präventivschutz läßt sich **nach geltendem Aktienrecht grundsätzlich nicht** begründen. Insbes. *Informationspflichten* desjenigen Aktionärs, der beabsichtigt, eine beherrschende Stellung aufzubauen, sind in §§ 20 ff., §§ 15, 21 ff. WpHG abschließend geregelt.[33] Davon betroffen ist auch der Übergang zur einheitlichen Leitung; die Annahme, daß herrschende Unternehmen sei zur Abgabe einer „Konzernierungserklärung" verpflichtet,[34] ist mit der konzernoffenen Konzeption der §§ 311 ff. nicht zu vereinbaren. Aber auch der *Anteilserwerb als solcher* unterliegt, selbst wenn der Erwerber bereits an der Untergesellschaft beteiligt ist, nicht der – auf den Schutz des mitgliedschaftlichen Bereichs zielenden und damit nur verbandsintern wirkenden – Treupflicht.[35] Nicht begründen läßt sich deshalb eine Verpflichtung zur *Rücksichtnahme auf die Person des Erwerbers,*[36] ferner eine solche zur Beteiligung der Mitaktionäre an einem vom Erwerber zu zahlenden *Paketzuschlag,* sei es, daß der Veräußerer dafür zu sorgen hätte, daß der Erwerber auch die Aktien der Minderheit übernimmt, oder der Erwerber unmittelbar die Abgabe eines entsprechenden Angebots schuldete.[37] Allein für öffentliche Erwerbs- und Übernahmeangebote auf zum Handel an einem organisierten Markt zugelassene Aktien statuiert das WpÜG besondere kapitalmarktrechtliche Verhaltenspflichten des Bieters und der auf Seiten der Zielgesellschaft agierenden Personen (Rdnr. 10 ff.).

II. Verhaltenspflichten nach dem WpÜG

10 **1. Überblick.** Die in Rdnr. 9 dargestellte Rechtslage hat sich mit dem Inkrafttreten des WpÜG[38] am 1. 1. 2002 insoweit geändert, als dieses nunmehr für **öffentliche**[39] **Kauf- oder Tauschangebote** zum Erwerb von Wertpapieren, die von der Zielgesellschaft (nach § 2 Abs. 3 WpÜG also einer AG oder KGaA mit Sitz im Inland) ausgegeben wurden und zum Handel an einem **organisierten Markt** zugelassen sind,[40] besondere Verhaltenspflich-

Mestmäcker, GWB, 3. Aufl. 2001, § 1 Rdnr. 282 ff. mwN.

[33] *Binnewies* S. 337; *Henze* BB 1996, 489, 498; MünchHdb. AG/*Krieger* § 69 Rdnr. 18; MünchKommAktG/*Kropff* Rdnr. 50; aA § 20 Rdnr. 10 f. (*Emmerich*); *Burgard* AG 1992, 41, 48 f.; wohl auch *Ziemons/Jäger* AG 1996, 358, 364. – Zur Rechtslage im GmbH-Recht s. Anh. § 318 Rdnr. 15.

[34] S. die Nachw. in Fn. 6.

[35] Vgl. BGH NJW 1992, 3167, 3171; im Ergebnis zutr. auch BGH JZ 1976, 561; s. ferner MünchHdb. AG/*Krieger* § 6 Rdnr. 16; MünchKommAktG/*Kropff* Rdnr. 50 f., 59 ff.; *Lutter* ZHR 153 (1989), 446, 460 f.; *ders.* ZHR 162 (1998), 164, 171 ff.; *Assmann/Bozenhardt* S. 1, 72 ff., die freilich Ansprüche aus c. i. c. bejahen; im Grundsatz auch *Jilg* S. 101 ff.; aA *Grundmann* S. 458 ff.; *Reul* S. 251 ff.; *Schwark* ZGR 1976, 271, 302; *Weber* S. 347 ff., 379 ff.; *Wiedemann* Minderheitenschutz S. 53 ff., 60 ff.; *Ziemons/Jaeger* AG 1996, 358, 360 ff. – Zur entsprechenden Rechtslage im GmbH-Recht s. § 318 Rdnr. 20 f.

[36] So auch MünchHdb. AG/*Krieger* § 69 Rdnr. 18, MünchKommAktG/*Kropff* Rdnr. 60 f., *Lutter* ZHR 162 (1998), 164, 172 ff., jew. mit Vorbehalt für die beabsichtigte qualifizierte Nachteilszufügung, gegen die sich die Außenseiter freilich anderweitig zur Wehr setzen können (Anh. § 317 Rdnr. 27 ff.); s. ferner *Binnewies* S. 338 ff.; *Seydel* S. 99.

[37] *Krieger, Kropff* und *Lutter,* jew. aaO (Fn. 36); *Baums* ZIP 1989, 1376, 1379; *Binnewies* S. 336 ff.;

im Ergebnis auch *Mülbert* S. 457 ff., dem zufolge sich allerdings das Pflichtgebot durchaus aus der Treupflicht herleiten läßt; aA *Grundmann* S. 458 ff.; *Reul* S. 303 ff.; *Weber* S. 347 ff., 379 ff.; *Wiedemann* Minderheitenschutz S. 64 ff.

[38] Art. 1 des Gesetzes zur Regelung von öffentlichen Angeboten zum Erwerb von Wertpapieren und von Unternehmensübernahmen vom 20. 12. 2001, BGBl. I S. 3822; s. ferner Verordnung über den Inhalt der Angebotsunterlage, die Gegenleistung bei Übernahmeangeboten und Pflichtangeboten und die Befreiung von der Verpflichtung zur Veröffentlichung und zur Abgabe eines Angebots (WpÜG-Angebotsverordnung) vom 27. 12. 2001, BGBl. I S. 4263; beide – WpÜG und WpÜG-Angebotsverordnung – auch abgedruckt in NZG 2002, Sonderbeilage zu Heft 3. Zu dem (freilich unverbindlichen) Übernahmekodex (AG 1995, 572 ff.) und zum Vollzug desselben durch die Börsensachverständigenkommission s. *Assmann* AG 1995, 563 ff.; *Diekmann* WM 1997, 897 ff.; *Weisgerber* ZHR 161 (1997), 421 ff.

[39] Speziell hierzu *Baum* AG 2003, 144 ff.; *Fleischer* ZIP 2001, 1653 ff.; *Assmann* AG 2002, 114, 115; *Tröger* DZWIR 2002, 353, 355.

[40] Darunter fallen nach § 2 Abs. 7 WpÜG der amtliche und der geregelte Markt an einer inländischen Börse und der geregelte Markt iSd. Art. 1 Nr. 13 der Richtlinie 93/22/EWG des Rates vom 10. 5. 1993 über Wertpapierdienstleistungen (ABl. EG Nr. L 141, S. 27) in einem anderen Staat des Europäischen Wirtschaftsraums (welcher nach § 2

ten statuiert.[41] Aus Sicht des Aktien(konzern)rechts interessieren allein die in §§ 29 ff. WpÜG geregelten freiwilligen Übernahmeangebote und die in §§ 35 ff. WpÜG geregelten Pflichtangebote;[42] auf sie ist im folgenden, soweit im vorliegenden Zusammenhang von Interesse, näher einzugehen (Rdnr. 12 ff., 24 ff.). Dem WpÜG liegt ein spezifisch **kapitalmarktrechtlicher Ansatz** zugrunde. So erfaßt es nur den Erwerb solcher Wertpapiere, die zum Handel an einem organisierten Markt[43] zugelassen sind. Zudem unterstellt es das Übernahmeverfahren der Aufsicht durch die Bundesanstalt für Finanzdienstleistungsaufsicht (BAFin), die die ihr zugewiesenen Aufgaben und Befugnisse nach § 4 Abs. 2 WpÜG überdies nicht im Interesse der Aktionäre der Zielgesellschaft, sondern „nur im öffentlichen Interesse" wahrnimmt.[44] Auf das Gesellschaftsrecht im allgemeinen und die §§ 311 ff. im besonderen strahlt das WpÜG deshalb grundsätzlich nicht aus. Für die börsennotierte AG bedeutet dies, daß Aktienkonzernrecht und WpÜG nebeneinander Anwendung finden.[45] Umgekehrt hat es für die börsenferne AG[46] bei der Geltung allein des Aktienkonzernrechts der §§ 291 ff., 311 ff. zu bewenden, mithin dabei, daß die außenstehenden Aktionäre, solange nicht ein Beherrschungs- oder Gewinnabführungsvertrag geschlossen oder die Gesellschaft eingegliedert ist, den Kontrollerwerb und den Kontrollwechsel hinzunehmen haben, ohne hierauf durch Austritt aus der AG oder Andienung ihrer Aktien reagieren zu können (Rdnr. 1).[47]

Mit Erlaß des WpÜG ist die Bundesrepublik Deutschland der Regulierung von Über- **11** nahmeangeboten auf europäischer Ebene zuvorgekommen. Beflügelt durch die Urteile des EuGH zur grundsätzlichen Unvereinbarkeit „goldener Aktien" mit der Kapitalverkehrsfreiheit,[48] hat allerdings die Kommission am 2. 10. 2002 erneut[49] einen **Vorschlag für eine Richtlinie betreffend Übernahmeangebote** vorgelegt.[50] Dieser zielt in seinem Art. 9 auf die Statuierung des Grundsatzes, daß die Entscheidung über die Annahme eines Übernahmeangebots und über die Vornahme von Abwehrmaßnahmen allein den Aktionären (nicht dagegen dem Management) der Zielgesellschaft vorbehalten ist und zudem nur nach Ankündigung des Angebots (und damit nicht im Wege eines Vorratsbeschlusses) erfolgen kann; aus deutscher Sicht hätte dies die Notwendigkeit zur Änderung des § 33 WpÜG (Rdnr. 14 ff.) zur Folge.[51] Der zweite Baustein des Vorschlags besteht in der Durchbruchs-

---

Abs. 8 WpÜG die Staaten der Europäischen Gemeinschaften und diejenigen des Abkommens über den Europäischen Wirtschaftsraum erfaßt); näher dazu, insbes. zur Nichteinbeziehung von Freiverkehrswerten *Tröger* DZWIR 2002, 353, 355; *Angerer* in Geibel/Süßmann § 1 WpÜG Rdnr. 45 ff.

[41] Überblick etwa bei *Ekkenga/Hofschroer* DStR 2002, 724 ff., 768 ff.; *Krause* NJW 2002, 705 ff.; *Thoma* NZG 2002, 105 ff.; *Zinser* WM 2002, 15 ff.; aus der Kommentarliteratur: *Geibel/Süßmann* WpÜG; *Haarmann/Riehmer/Schüppen* Öffentliche Übernahmeangebote; Kölner Kommentar zum WpÜG; *Steinmeyer/Häger* WpÜG. Speziell zur Frage der Anwendbarkeit auf den Rückerwerb eigener Aktien s. *Baums/Stöcker*, FS für Wiedemann, S. 703 ff.; *Berrar/Schnorbus* ZGR 2003, 59 ff.; *Fleischer/Körber* BB 2001, 2589 ff.; *Oechsler* NZG 2001, 817, 818 f.; zum Einfluß kartellrechtlicher Vorschriften *Holzborn/Israel* BKR 2002, 982 ff.

[42] Zu den einfachen, d. h. nicht auf Erlangung der Kontrolle gerichteten Erwerbsangebot gem. §§ 10 ff. WpÜG s. die Nachw. in Fn. 41.

[43] Dazu Fn. 40.

[44] Dazu *Habersack* ZHR 166 (2002), 619, 620 f.; s. ferner zu § 6 Abs. 4 KWG die Vorlage an den EuGH durch BGH ZIP 2002, 1136; dazu auch OLG Köln WM 2001, 1372; *Nüssgens*, FS für Gelzer, 1991, S. 293, 299 ff.; MünchKommBGB/*Papier* § 839 Rdnr. 251.

[45] Hieran ist auch de lege ferenda festzuhalten, zutr. *Kleindiek* ZGR 2002, 546, 561 ff. mit weit. Nachw.; s. dazu noch Rdnr. 26.

[46] Im Sinne des § 2 Abs. 7 WpÜG (Fn. 40).

[47] Wie hier *Kleindiek* ZGR 2002, 546, 557 ff. (562 f.); aA *Mülbert* ZIP 2001, 1221, 1227 f., der in § 35 WpÜG eine Art „gesetzgeberisches Mißtrauensvotum gegenüber der Wirksamkeit der §§ 311 ff." sieht und sich de lege lata für einen Abfindungsanspruch der Minderheitsaktionäre gegenüber dem Mehrheitsaktionär ausspricht; s. dazu noch Rdnr. 26.

[48] EuGH NZG 2002, 624, 628 und 632 = BKR 2002, 773, 778 und 783; dazu *Grundmann/Möslein* BKR 2002, 758 ff.; *Krause* NJW 2002, 2747; *Müller-Graff*, FS für Ulmer, 2003, S. 929 ff.

[49] Näher zur Entwicklung auf europäischer Ebene, insbes. zum Scheitern der bisherigen Kommissionsvorschläge, *Krause* ZGR 2002, 500 ff.; *Habersack* Rdnr. 339 ff.; *Hirte* in Kölner Kommentar z. WpÜG, Einl. Rdnr. 60 ff.

[50] Abdruck in ZIP 2002, 1863 ff. und NZG 2002, 1144 ff. (mit Einführung von *Neye*); dazu *Wiesner* ZIP 2002, 1967; *Seibt/Heiser* ZIP 2002, 2193 ff.; *Krause* BB 2002, 2341 ff.

[51] Dazu sowie zu weiterem Änderungsbedarf s. *Seibt/Heiser* und *Krause* (jew. vorige Fn.); *Habersack* ZHR 166 (2002), 619 ff.

regel des Art. 11, der zufolge Stimmrechts- und Übertragungsbeschränkungen während des Übernahmeverfahrens und nach erfolgreichem Übernahmeangebot außer Kraft zu setzen sind. Hiervon nicht erfaßt sind allerdings die – hierzulande abgeschafften (Rdnr. 3) – Mehrfachstimmrechte, weshalb das weitere Schicksal des Vorschlags als offen bezeichnet werden muß.[52] Nicht mehr umstritten ist freilich die Einführung eines Pflichtangebots. Wie bereits der im Jahr 2001 gescheiterte Vorschlag verzichtet deshalb auch der zuletzt vorgelegte Vorschlag auf eine sog. Gleichwertigkeitsklausel,[53] mithin das Recht der Mitgliedstaaten, das Pflichtangebot durch „gleichwertige Vorkehrungen" zum Schutz der außenstehenden Aktionäre und damit insbes. durch Schutzvorschriften nach Art der §§ 311 ff. zu ersetzen.

12 **2. Freiwillige Übernahmeangebote. a) Überblick.** Was zunächst das in §§ 29 ff. WpÜG geregelte (freiwillige) Übernahmeangebot betrifft, so unterscheidet es sich von dem einfachen Erwerbsangebot der §§ 10 ff. WpÜG allein dadurch, daß es **auf den Erwerb der Kontrolle** (iSv. §§ 29 Abs. 2, 30 WpÜG, dazu Rdnr. 27 ff.) über die Zielgesellschaft **gerichtet ist.**[54] Aus einer bereits vorhandenen Kontrollposition heraus abgegebene und deren Aufstockung dienende öffentliche Erwerbsangebote sind demnach keine Übernahmeangebote, sondern einfache Erwerbsangebote.[55] Liegt dagegen ein Übernahmeangebot im Rechtssinne vor, gelangen die speziellen Vorschriften der §§ 31 ff. WpÜG zur Anwendung; ergänzend, d.h. soweit sich aus §§ 31 ff. WpÜG nichts anderes ergibt, gelten nach § 34 WpÜG die Vorschriften der §§ 10 ff. WpÜG über einfache Erwerbsangebote.[56]

13 Im einzelnen sehen § 31 WpÜG, §§ 3 ff. WpÜG-Angebotsverordnung[57] besondere Anforderungen an die Ausgestaltung der vom Bieter anzubietenden **Gegenleistung** vor;[58] für einfache Erwerbsangebote fehlt es dagegen an entsprechenden Vorgaben. Zudem bestimmt § 32 WpÜG, daß ein Übernahmeangebot, das sich nur auf einen Teil der Aktien der Zielgesellschaft erstreckt, vorbehaltlich der in § 24 WpÜG vorgesehenen Befreiungsmöglichkeit unzulässig ist.[59] Dieses (im Vorschlag einer Übernahmerichtlinie nicht vorgesehene[60]) Erfordernis eines **Vollangebots** ist vor dem Hintergrund zu sehen, daß die Zielgesellschaft, den Erfolg des Übernahmeangebots unterstellt, in die Abhängigkeit gerät. Es handelt sich mithin um einen der Pflichtangebotsregel vorgelagerten Präventivschutz, weshalb § 35 Abs. 3 WpÜG die Verpflichtung des die Zielgesellschaft kontrollierenden Aktionärs zur Abgabe eines Angebots entfallen läßt, wenn die Kontrolle aufgrund eines

[52] Zur Kritik an der derzeitigen Fassung des Vorschlags s. *Wiesner* ZIP 2002, 1967.

[53] Eine solche war noch in dem Vorschlag aus dem Jahre 1997 (ABl. Nr. C 23/1 v. 13. 12. 1997, auch abgedruckt in ZIP 1997, 2173) enthalten und hätte die Mitgliedstaaten berechtigt, das Pflichtangebot durch „gleichwertige Vorkehrungen" zum Schutz der außenstehenden Aktionäre zu ersetzen; für Unzulänglichkeit der §§ 311 ff. und für Einführung eines Pflichtangebots aber bereits *Baums* ZIP 1997, 1310 ff.; *Hopt* ZHR 161 (1997), 368, 379 ff.; *Habersack/Mayer* ZIP 1997, 2141, 2143 ff.; s. ferner Einl. Rdnr. 29.

[54] Zur Beschwerdebefugnis im Rahmen von Anfechtungs- und Verpflichtungsbeschwerden s. *Aha* AG 2002, 160 ff.; *Schnorbus* ZHR 166 (2002), 72, 94 ff.; allgemein zu den Rechtsmitteln und Sanktionen *Möller* AG 2002, 170 ff.; zur aufsichtsrechtlichen Praxis *Lenz/Linke* AG 2002, 361 ff. Zu den sich aus § 3 Abs. 5 WpÜG und dem WpHG ergebenden Verhaltenspflichten s. *Assmann* ZGR 2002, 697 ff.; speziell zum Insiderrecht *Hopt* ZGR 2002, 333, 335 ff.

[55] Wohl unstreitig, s. nur *Thoma* NZG 2002, 105, 106.

[56] Näher zum Angebotsverfahren, insbes. zur Angebotsunterlage, *Liebscher* ZIP 2001, 853 ff.; *Thoma*

NZG 2002, 105, 107 ff.; *Riehmer/Schröder* BB 2001, Beil. 5.

[57] Verordnung über den Inhalt der Angebotsunterlage, die Gegenleistung bei Übernahmeangeboten und Pflichtangeboten und die Befreiung von der Verpflichtung zur Veröffentlichung und zur Abgabe eines Angebots vom 27. 12. 2001, BGBl. I S. 4263, auch abgedruckt in NZG 2002, Sonderbeilage zu Heft 3.

[58] Näher *Geibel/Süßmann* BKR 2002, 52, 58 ff.; *Rodewald/Siems* ZIP 2002, 926 ff.; *Tröger* DZWIR 2002, 397, 398 ff.; *Fleischer/Kalss* S. 115 ff.; zur rechtspolitischen Kritik s. *Mülbert* ZIP 2001, 1221, 1223 f.; *Habersack* ZHR 166 (2002), 619, 624; ferner Rdnr. 30 im Zusammenhang mit dem Pflichtangebot.

[59] Näher zu § 32 WpÜG, insbes. zur Einbeziehung von Vorzugsaktien einerseits, zur analogen Anwendung des § 35 Abs. 2 S. 3 WpÜG andererseits, *Thun* in Geibel/Süßmann § 32 WpÜG Rdnr. 2 ff.

[60] Nach Art. 2 Abs. 1 lit. a des Vorschlags vom 2. 10. 2002 (Fn. 50) umfaßt der Begriff des Übernahmeangebots auch Teilangebote, vorausgesetzt, sie haben den Erwerb der Kontrolle über die Zielgesellschaft zum Ziel.

Übernahmeangebots (und damit unter Beachtung des § 32 WpÜG) erlangt worden ist.[61] Auch das Übernahmeangebot kann allerdings nach Maßgabe des § 18 WpÜG mit **Bedingungen** versehen, insbes. also von einer Mindestannahmequote abhängig gemacht werden.[62] Im WpÜG nicht vorgesehen ist ein Andienungsrecht der Minderheitsaktionäre der durch erfolgreiches Übernahmeangebot unter die Kontrolle durch den Bieter gelangten Zielgesellschaft;[63] die „**Zaunkönigregelung**" des § 16 Abs. 2 WpÜG gewährt den Minderheitsaktionären statt dessen eine weitere zweiwöchige Überlegungsfrist.

b) Abwehrmaßnahmen. aa) Grundsatz. Das Übernahmeangebot richtet sich zwar an **14** die Aktionäre der Zielgesellschaft, spricht diese jedoch in ihrer Rolle als Teilnehmer des Kapitalmarktes an, indem es ihnen die Gelegenheit zur Veräußerung ihrer Anteile bietet. Sie sollen deshalb in Kenntnis der Sachlage über die Annahme des Angebots entscheiden. Hieraus erklärt sich der – nach hM auch im allgemeinen Aktienrecht angesiedelte (Rdnr. 4) – Grundsatz des § 33 Abs. 1 S. 1 WpÜG, daß der Vorstand[64] der Zielgesellschaft nach Veröffentlichung der Entscheidung zur Abgabe eines Angebots bis zur Veröffentlichung des Ergebnisses nach § 23 Abs. 1 S. 1 Nr. 2 WpÜG keine Handlungen vornehmen darf, durch die der Erfolg des Angebots verhindert werden könnte.[65] Dieser gemeinhin als „Neutralitätsgebot" bezeichnete, schon mit Blick auf §§ 27, 34 WpÜG allerdings besser als **Vereitelungs- oder Obstruktionsverbot** zu bezeichnende[66] Grundsatz ist allerdings vor dem Hintergrund zu sehen, daß das Übernahmeangebot zwar die Rechte der Anteilseigner zum Gegenstand hat, letztlich aber auf den Erwerb der Kontrolle über die Zielgesellschaft zielt. Vorstand und Aufsichtsrat der Zielgesellschaft müssen indes, wie § 3 Abs. 3 WpÜG noch einmal ausdrücklich klarstellt, auch während des Übernahmeverfahrens im Interesse der Zielgesellschaft handeln. Zudem statuiert § 3 Abs. 4 WpÜG in Anerkennung der Tatsache, daß Übernahmeangebote in der Regel eine erhebliche Belastung für die Zielgesellschaft darstellen, neben dem Beschleunigungsgrundsatz das Gebot der geringstmöglichen Behinderung der Zielgesellschaft. Schließlich hat das Gesetz zu berücksichtigen, daß sich Vorstand und Aufsichtsrat der Zielgesellschaft mit Blick auf ihr Eigeninteresse an Bewahrung ihrer Organstellung häufig in einem Interessenkonflikt befinden. In Anbetracht dieses Bündels an widerstreitenden Interessen hat der Gesetzgeber den Grundsatz des § 33 Abs. 1 S. 1 WpÜG durch die Ausnahmetatbestände des § 33 Abs. 1 S. 2, Abs. 2 WpÜG (Rdnr. 16 ff.) nicht unerheblich relativiert.[67] Flankiert werden die Abs. 1 und 2 des § 33 WpÜG durch das in Abs. 3 der Vorschrift geregelte Verbot ungerechtfertigter Vorteilsgewährungen.

---

[61] § 35 Abs. 3 WpÜG befreit allerdings nur von dem auf die Zielgesellschaft bezogenen Pflichtangebot; hat der Bieter mit der Erlangung der Kontrolle über die Zielgesellschaft zugleich (mittelbar) die Kontrolle über börsennotierte (iSv. § 2 Abs. 7 WpÜG, dazu Fn. 40) Tochtergesellschaften erlangt, ist er deren außenstehenden Aktionären zur Abgabe eines Pflichtangebots verpflichtet; s. dazu noch Rdnr. 29.

[62] Näher dazu *Busch* AG 2002, 145 ff.; speziell zu Kartellbedingungen *Holzborn/Israel* BKR 2002, 982, 986 ff.

[63] Demgegenüber sieht der Vorschlag einer Übernahmerichtlinie vom 2. 10. 2002 (Rdnr. 11) ein solches Andienungsrecht der Restminderheit vor; zur rechtspolitischen Kritik an der deutschen Regelung s. § 327 a Rdnr. 5.

[64] Zur Frage der Anwendbarkeit des § 33 WpÜG auch auf den Aufsichtsrat der Zielgesellschaft s. *Winter/Harbarth* ZIP 2002, 11; *Hirte* in Kölner Kommentar z. WpÜG § 33 Rdnr. 48 ff.; s. ferner Rdnr. 19. Zur Anwendbarkeit auf die Organwalter verbundener Unternehmen *Hirte* aaO § 33 Rdnr. 52 ff.

[65] Entscheidend ist allein die objektive Eignung zur Verhinderung des Erfolgs, s. Begr. RegE, BT-Drucks. 14/7034, S. 141; zu den einzelnen in Betracht kommenden Abwehrinstrumenten s. die Nachw. in Fn. 8. Zur Entstehungsgeschichte des § 33 WpÜG s. *Röh* in Haarmann/Riehmer/Schüppen ZIP WpÜG Rdnr. 20 ff.

[66] S. *Emmerich/Sonnenschein/Habersack* § 1 IV 1; *Grunewald* AG 2001, 288, 290; *Maier-Reimer* ZHR 165 (2001), 258, 260; *Mülbert/Birke* WM 2001, 705 ff.

[67] Zur Entstehungsgeschichte und rechtspolitischen Beurteilung s. – überwiegend kritisch – *Bayer* ZGR 2002, 588, 605 ff.; *Drygala* ZIP 2001, 1861 ff.; *Hopt* ZHR 166 (2002), 383, 421 ff.; *Hüffer* § 76 Rdnr. 15 f; *Winter/Harbarth* ZIP 2002, 1, 3 ff.; eher befürwortend *Schneider* AG 2002, 125, 127 ff.; s. ferner *dens./Burgard* DB 2001, 963 ff. Zur von § 33 Abs. 1 S. 2, Abs. 2 WpÜG abweichenden Konzeption des Vorschlags einer Übernahmerichtlinie (Rdnr. 11) und dem bei Verabschiedung der Richtlinie bestehenden Änderungsbedarf s. *Krause* BB 2002, 2341 f.

15 **bb) Verhältnis zum AktG.** Von entscheidender Bedeutung für die Auslegung des § 33 Abs. 1 und 2 WpÜG ist dessen Verhältnis zum allgemeinen Aktienrecht. Klar ist zunächst, daß § 33 WpÜG das allgemeine Aktienrecht nur insoweit verdrängen kann, als sein Anwendungs- und Regelungsbereich reicht. Dies bedeutet insbes., daß sich die Verhaltenspflichten des Vorstands und des Aufsichtsrats bei nicht öffentlichen Übernahmeangeboten, bei auf den Erwerb von Freiverkehrswerten oder gänzlich unnotierten gerichteten öffentlichen Übernahmeangeboten und bei sämtlichen einfachen Erwerbsangeboten vollumfänglich nach allgemeinem Aktienrecht beurteilen.[68] Zudem regelt § 33 WpÜG, von den Vorratsbeschlüssen des Abs. 2 abgesehen, allein das Verhalten *während der Übernahmephase;* außerhalb derselben bewendet es deshalb – vorbehaltlich einer analogen Anwendung des § 33 Abs. 1 S. 2, Abs. 2 WpÜG[69] – auch für die vom WpÜG erfaßten Gesellschaften bei §§ 93, 116.[70] Schließlich sollte nicht zweifelhaft sein, daß die Ausnahmetatbestände des § 33 Abs. 1 S. 2, Abs. 2 WpÜG nur von dem Vereitelungsverbot als solchem befreien. Die sich aus dem allgemeinen Aktienrecht ergebenden Schranken im Zusammenhang mit dem **Vollzug einzelner Abwehrmaßnahmen,** darunter insbes. die Kompetenzordnung (einschließlich der „Holzmüller"-Grundsätze) und die Verpflichtung der Organwalter auf das Interesse der Gesellschaft, bleiben dagegen unberührt.[71] Entsprechendes gilt für die Vorschriften des Aktienrechts über das Zustandekommen und den Inhalt von Hauptversammlungsbeschlüssen, insbes. über die Zulässigkeit von Vorstandsermächtigungen (Rdnr. 21). Alles in allem verdrängt deshalb § 33 Abs. 1, 2 WpÜG innerhalb seines Anwendungsbereichs allein eine etwaige aktienrechtliche „Neutralitätspflicht".[72]

16 **cc) Die Tatbestände des § 33 Abs. 1 S. 2, Abs. 2 WpÜG im Überblick.** Nach § 33 Abs. 1 S. 2 WpÜG gilt das Vereitelungsverbot des § 33 Abs. 1 S. 1 WpÜG nicht (1.) für Handlungen, die auch ein ordentlicher und gewissenhafter Geschäftsleiter einer Gesellschaft, die nicht von einem Übernahmeangebot betroffen ist, vorgenommen hätte (Rdnr. 17), (2.) für die Suche nach einem konkurrierenden Angebot (Rdnr. 18) und (3.) für Handlungen, denen der Aufsichtsrat der Zielgesellschaft zugestimmt hat (Rdnr. 19). Gemeinsam ist diesen drei Ausnahmetatbeständen, daß sie Maßnahmen im **Zuständigkeitsbereich des Vorstands** betreffen; hierzu gehört auch die Ausübung einer dem Vorstand allgemein, d. h. nicht zu Verteidigungszwecken erteilten Ermächtigung, etwa zur Ausgabe neuer oder zum Erwerb eigener Aktien (Rdnr. 17, 19). Demgegenüber sieht § 33 Abs. 2 WpÜG für Maßnahmen, die in die **Zuständigkeit der Hauptversammlung** fallen, die Möglichkeit eines vorab im Wege eines sogenannten „Vorratsbeschlusses" erteilten und dann vom Vorstand gezielt zur Abwehr des Übernahmeangebots in Anspruch genommenen Dispenses von dem Grundsatz des § 33 Abs. 1 S. 1 WpÜG vor (Rdnr. 20 f.). Hiervon unberührt bleibt schließlich die in § 33 WpÜG nicht eigens geregelte, in § 16 Abs. 3 und 4 WpÜG allerdings vorausgesetzte Möglichkeit einer ad hoc erteilten Zustimmung der Hauptversammlung zum Ergreifen von Abwehrmaßnahmen (Rdnr. 22); sie umfasst sowohl in die Zuständigkeit der Hauptversammlung fallende Maßnahmen als auch vom Vorstand nach § 119 Abs. 2 vorgelegte Maßnahmen der Geschäftsführung.

17 **dd) Handlungen eines ordentlichen Geschäftsleiters einer nicht von einem Übernahmeangebot betroffenen Gesellschaft.** § 33 Abs. 1 S. 2, 1. Fall WpÜG gestattet zunächst Handlungen, die auch ein ordentlicher und gewissenhafter Geschäftsleiter einer

---

[68] AA – für analoge Anwendung des § 33 Abs. 1 und 3 WpÜG auf einfache Erwerbsangebote – *Hirte* ZGR 2002, 623, 625 f. – Zur Frage einer insoweit bestehenden „Neutralitätspflicht" s. Rdnr. 4.
[69] Dafür zu Recht *Bayer* ZGR 2002, 588, 618 f.; *Krause* AG 2002, 133, 136.
[70] Speziell zu der Frage einer „Neutralitätspflicht" außerhalb von Übernahmesituationen *Merkt* ZHR 165 (2001), 224, 250 f. mit weit. Nachw., aber

auch *Hopt,* FS für Lutter, S. 1361, 1399 f.; s. ferner Rdnr. 4.
[71] Vgl. etwa *Krause* AG 2002, 133, 136; *Hopt* ZHR 166 (2002), 383, 425 ff.; näher dazu in Rdnr. 17 ff.
[72] Zutr. *Krause* AG 2002, 133, 136; *Röh* in Haarmann/Riehmer/Schüppen § 33 WpÜG Rdnr. 45 f.; zur Frage eines aktienrechtlichen Vereitelungsverbots s. Rdnr. 4.

nicht von einem Übernahmeangebot betroffenen Gesellschaft vorgenommen hätte. Dieser Ausnahmetatbestand trägt dem – allgemein in § 3 Abs. 4 WpÜG anerkannten – Interesse der Zielgesellschaft Rechnung, ihren Geschäftsbetrieb auch während der Übernahmephase aufrechtzuerhalten.[73] Dabei haben es sowohl der Bieter als auch die Aktionäre der Zielgesellschaft nicht nur hinzunehmen, daß der Vorstand das Tagesgeschäft fortführt. Von § 33 Abs. 1 S. 2, 1. Fall WpÜG gedeckt sind vielmehr auch Maßnahmen außergewöhnlichen Charakters, soweit sie sich im Rahmen der bereits vor Bekanntwerden des Angebots eingeschlagenen, hinreichend verlautbarten und konkretisierten[74] Unternehmensstrategie bewegen;[75] hierzu zählt gegebenenfalls auch die Ausübung einer dem Vorstand allgemein erteilten Ermächtigung, etwa einer solchen zum Rückerwerb eigener Aktien oder zur Ausgabe neuer Aktien unter Ausschluß des Bezugsrechts der Aktionäre.[76] Indem somit an im Vorfeld des Übernahmeangebots getroffene unternehmerische Entscheidungen angeknüpft wird, muß dem Vorstand, wiewohl er sich während der Übernahmephase in einem Interessenkonflikt befinden mag (Rdnr. 14), auch im Rahmen des § 33 Abs. 1 S. 2, 1. Fall WpÜG die in der ARAG-Entscheidung[77] anerkannte **business judgment rule** zugute kommen.[78] Nicht von § 33 Abs. 1 S. 2, 1. Fall WpÜG gedeckt sind deshalb zum einen Maßnahmen, die zur Vereitelung des Angebots geeignet sind und schon aufgrund ihres Inhalts (d. h. unabhängig davon, zu welchem Zeitpunkt sie vorgenommen werden) außerhalb des unternehmerischen Ermessens liegen; durch sie macht sich der Vorstand zugleich schadensersatzpflichtig nach § 93. Dem Vorstand untersagt sind zum anderen Maßnahmen, die als solche durchaus vertretbar sind, die aber außergewöhnlichen Charakter haben und nicht schon vor Abgabe des Übernahmeangebots angelegt sind. Bei Lichte betrachtet gebietet § 33 Abs. 1 S. 1, S. 2, 1. Fall WpÜG somit vor allem strategische Enthaltsamkeit während der Übernahmephase.

ee) Suche nach konkurrierendem Angebot. Nach § 33 Abs. 1 S. 2, 2. Fall WpÜG **18** ist dem Vorstand die Suche nach einem konkurrierenden Angebot gestattet. Durch das Einspringen eines weiteren Bieters, des sogenannten „white knight", kann zwar die Übernahme als solche nicht verhindert, wohl aber den Aktionären die Wahl zwischen mehreren Erwerbsangeboten ermöglicht und durch den solchermaßen erzeugten Wettbewerbsdruck die Chance auf attraktive Konditionen, insbes. eine höhere Abfindung, verschafft werden. Da die Letztentscheidung bei den Aktionären liegt,[79] kann bei teleologischer Betrachtung in der Suche nach einem „white knight" eine Ausnahme von dem Verbot des § 33 Abs. 1 S. 1 WpÜG nicht gesehen werden;[80] in § 33 Abs. 1 S. 2, 2. Fall WpÜG ist deshalb allein die Klarstellung zu sehen, daß, obschon das Einspringen des „white knight" wie kaum eine andere Maßnahme sonst geeignet sein kann, das Erstangebot zu vereiteln, eine Vereitelung im Rechtssinne nicht vorliegt. Auch im Rahmen des § 33 Abs. 1 S. 2, 2. Fall WpÜG bewendet es allerdings bei den aktienrechtlichen Verhaltenspflichten des Vorstands (Rdnr. 15). Der Vorstand darf sich deshalb bei der Suche nach einem „white knight" zwar durchaus von dem Interesse der Aktionäre leiten lassen; zugleich muß er aber auch das Interesse der Gesellschaft im Auge behalten, was bedeutet, daß die Übernahme durch den

---

[73] Vgl. *Hopt*, FS für Lutter, S. 1361, 1391; *Maier-Reimer* ZHR 165 (2001), 258, 274; *Hirte* in Kölner Kommentar z. WpÜG § 33 Rdnr. 66; kritisch *Drygala* ZIP 2001, 1861, 1865 ff.

[74] Zu den Anforderungen s. *Hirte* ZGR 2002, 623, 636 f.; *Winter/Harbarth* ZIP 2002, 1, 7.

[75] Begr. RegE, BT-Drucks. 14/7034, S. 58; ferner *Drygala* ZIP 2001, 1861, 1865 f.; *Hirte* ZGR 2002, 623, 636 f.; *ders.* in Kölner Kommentar z. WpÜG § 33 Rdnr. 70 f.; *Winter/Harbarth* ZIP 2002, 1, 6; krit. *Steinmeyer/Häger* § 33 WpÜG Rdnr. 15 f.

[76] So auch *Winter/Harbarth* ZIP 2002, 1, 7 f.; aA *Bayer* ZGR 2002, 588, 616 f.

[77] BGHZ 135, 244, 253 = NJW 1997, 1926; s. ferner BGHZ 141, 79, 89 = NJW 1999, 1706.

[78] *Hirte* ZGR 2002, 623, 635 f.; *Tröger* DZWIR 2002, 397, 402 f.; *Winter/Harbarth* ZIP 2002, 1, 6 f.; *Steinmeyer/Häger* § 33 WpÜG Rdnr. 16.

[79] Die Suche nach einem konkurrierenden Angebot ist deshalb als solche keine „Holzmüller"-Maßnahme, zutr. *Winter/Harbarth* ZIP 2002, 1, 5; *Hirte* ZGR 2002, 623, 639; *ders.* in Kölner Kommentar z. WpÜG § 33 Rdnr. 75.

[80] *Hopt* in GroßkommAktG § 93 Rdnr. 126; *ders.* ZGR 1993, 534, 557; s. ferner *Mülbert* IStR 1999, 83, 89.

konkurrierenden Bieter aus Sicht der Gesellschaft der Übernahme durch den Erstbieter zumindest gleichwertig zu sein hat. Auch die Zulässigkeit der Weitergabe von Informationen an den „white knight" beurteilt sich im Ausgangspunkt nach allgemeinem Aktienrecht;[81] übernahmerechtlich ist der Vorstand insoweit allerdings grundsätzlich zur Bietergleichbehandlung verpflichtet.[82]

19   **ff) Handlungen mit Zustimmung des Aufsichtsrats.** In rechtspolitischer Hinsicht überaus fragwürdig[83] ist der Ausnahmetatbestand des § 33 Abs. 1 S. 2, 3. Fall WpÜG, wonach dem Vorstand die Vornahme von Handlungen gestattet ist, denen der Aufsichtsrat zugestimmt hat. Die Problematik rührt daher, daß § 33 Abs. 1 S. 2, 3. Fall WpÜG vor allem solche Maßnahmen im Auge hat, die weder zum laufenden Geschäft zählen noch von der bisherigen Unternehmensstrategie gedeckt sind. Erlaubt sind mithin von § 33 Abs. 1 S. 2, 1. Fall WpÜG nicht erfaßte **gezielte Abwehrmaßnahmen,**[84] und zwar nicht nur solche im originären Zuständigkeitsbereich des Vorstands (mithin Maßnahmen der Geschäftsführung), sondern auch die Ausnutzung allgemeiner, d. h. nicht zu Verteidigungszwecken eingeräumter **Ermächtigungen** des Vorstands durch die Hauptversammlung,[85] darunter neben der Ermächtigung zum Rückerwerb eigener Aktien und zur Ausgabe neuer Aktien unter Ausschluß des Bezugsrechts der Altaktionäre auch die Ermächtigung zu „Holzmüller"-Maßnahmen (Rdnr. 46). Insoweit besteht ein enger Zusammenhang mit dem in § 33 Abs. 2 WpÜG geregelten Vorratsbeschluß (s. noch Rdnr. 21). Vorstand und Aufsichtsrat[86] sind zwar auch im Rahmen des § 33 Abs. 1 S. 2, 3. Fall WpÜG nicht nur an die organisationsrechtlichen Vorgaben des allgemeinen Aktienrechts (darunter insbes. die Kompetenzordnung und den satzungsmäßigen Unternehmensgegenstand) gebunden,[87] sondern auch auf das Gesellschaftsinteresse verpflichtet (Rdnr. 14), weshalb sie Kronjuwelen nicht verschleudern und neue Aktien nicht unter Wert ausgeben dürfen. Zudem unterliegen Vorstand und Aufsichtsrat in der Übernahmephase einem Interessenkonflikt, so daß ihnen das nach der ARAG-Entscheidung im allgemeinen zustehende weite unternehmerische Ermessen insoweit nicht ohne weiteres zukommt, vielmehr von Fall zu Fall plausibel darzulegen ist, daß das Interesse der Gesellschaft an der Durchführung der Abwehrmaßnahme die Veräußerungsinteressen der Aktionäre eindeutig überwiegt.[88] Gleichwohl dürfte dem Ausnahmetatbestand des § 33 Abs. 1 S. 1, 3. Fall WpÜG große praktische Bedeutung zukommen.

20   **gg) Vorratsbeschluß.** Nach § 33 Abs. 2 S. 1 WpÜG kann die Hauptversammlung den Vorstand auch schon vor Veröffentlichung der Entscheidung des Bieters zur Abgabe eines Angebots ermächtigen, angebotsvereitelnde Handlungen, die in ihre Zuständigkeit fallen und die in dem Ermächtigungsbeschluß nur „der Art nach", d. h. in abstrakter Form, zu bestimmen sind, vorzunehmen. Die Zulässigkeit solcher Vorratsbeschlüsse ist vor dem Hintergrund zu sehen, daß die Konzernierung der Gesellschaft im allgemeinen weder der Zustimmung durch die Hauptversammlung bedarf noch durch die Satzung der AG aus-

---

[81] Näher dazu im vorliegenden Zusammenhang *Hopt,* FS für Lutter, S. 1361, 1384 ff., *Maier-Reimer* ZHR 165 (2001), 258, 264, *Winter/Harbarth* ZIP 2002, 1, 5, jew. mit weit. Nachw.

[82] Zutr. *Fleischer* ZIP 2002, 651, 652 ff.

[83] Berechtigt die Kritik etwa von *Lutter* Handelsblatt v. 20. 12. 2001, S. 10; *Hopt* F. A. Z. v. 16. 1. 2002; dagegen *Schneider* AG 2002, 125, 129.

[84] S. statt aller *Schneider* AG 2002, 125, 129; *Winter/Harbarth* ZIP 2002, 1, 8.

[85] *Hüffer* § 76 Rdnr. 15 g; *Röh* in Haarmann/Riehmer/Schüppen § 33 WpÜG Rdnr. 112; *Krause* NJW 2002, 705, 712; *Schneider* AG 2002, 125, 128 f.; *Thoma* NZG 2002, 105, 110; *Tröger* DZWIR 2002, 397, 403; *Winter/Harbarth* ZIP 2002, 1, 9; *Zschocke* DB 2002, 79, 83; aA *Bayer* ZGR 2002, 588, 612 ff.; *Hirte* ZGR 2002, 623, 647 f.

[86] Näher dazu *Hirte* ZGR 2002, 623, 642 ff.; *Winter/Harbarth* ZIP 2002, 1, 11 f.

[87] Speziell zur Ausübung eines genehmigten Kapitals zu Abwehrzwecken *Altmeppen* ZIP 2001, 1073, 1079 f., *Hopt* ZHR 166 (2002), 383, 427 f. und *Kort,* FS für Lutter, S. 1421, 1430 ff., aber auch *Hüffer* § 186 Rdnr. 32 und *Krause* BB 2002, 1053, 1056, jew. mit weit. Nachw.

[88] So auch *Hopt* ZHR 166 (2002), 383, 427 f.; *Winter/Harbarth* ZIP 2002, 1, 9 ff.; *Hirte* ZGR 2002, 623, 642; *Steinmeyer/Häger* § 33 WpÜG Rdnr. 22; aA *Tröger* DZWIR 2002, 397, 403. Allgemein zum Nichteingreifen der business judgment rule in Konfliktlagen s. BGHZ 135, 244, 253 = NJW 1997, 1926 („ausschließlich am Unternehmenswohl orientiertes . . . Handeln"); *Henze* NJW 1998, 3309, 3310 f.

geschlossen werden kann (Rdnr. 1 ff.).[89] Um allerdings der Gefahr einer Selbstentmündigung der Aktionäre zu begegnen, sieht § 33 Abs. 2 S. 2–4 WpÜG eine Reihe von Einschränkungen vor. So kann die Ermächtigung nach § 33 Abs. 2 S. 2 WpÜG nur für höchstens 18 Monate erteilt werden. Zudem bedarf der Beschluß nach § 33 Abs. 2 S. 3 WpÜG einer Mehrheit von mindestens 3/4 des vertretenen Kapitals, wobei der Bieter allerdings nicht vom Stimmrecht ausgeschlossen ist (Rdnr. 22). Die Ausübung der Ermächtigung durch den Vorstand unterstellt § 33 Abs. 2 S. 4 WpÜG schließlich der Zustimmung des Aufsichtsrats.

Die praktische Bedeutung des § 33 Abs. 2 WpÜG dürfte nicht allzu hoch sein.[90] So **21** signalisiert ein Vorratsbeschluß, daß sich die Gesellschaft selbst als Übernahmekandidat ansieht. Vor allem ist es dem Vorstand bereits unter den Voraussetzungen des § 33 Abs. 1 S. 2, 3. Fall WpÜG gestattet, ihm allgemein erteilte Ermächtigungen zu Abwehrzwecken einzusetzen (Rdnr. 19). Allerdings brauchen Vorstand und Aufsichtsrat, wenn sie sich auf einen Vorratsbeschluß nach § 33 Abs. 2 WpÜG stützen können, ein die Veräußerungsinteressen der Aktionäre überragendes Gesellschaftsinteresse nicht darzulegen: Da nämlich die Aktionäre selbst ihre Veräußerungsinteressen dem Gesellschaftsinteresse untergeordnet und Vorstand und Aufsichtsrat zur einseitigen Durchsetzung des wohlverstandenen Gesellschaftsinteresses[91] ermächtigt haben, erübrigt sich eine diesbezügliche Abwägung durch die Organwalter. Jenseits der in §§ 71 Abs. 1 Nr. 8, 202 Abs. 1, 203 Abs. 2 geregelten Fälle ist allerdings zu bedenken, daß § 33 Abs. 2 WpÜG, nicht anders als die Ausnahmetatbestände des § 33 Abs. 1 S. 2 WpÜG, allein die Außerkraftsetzung des Vereitelungsverbots des § 33 Abs. 1 S. 1 WpÜG regelt, das allgemeine Aktienrecht und damit insbes. die Kompetenzordnung also nicht antastet (Rdnr. 15). Dies schließt es zwar keineswegs aus, daß der Vorstand etwa allgemein zur Übertragung des gesamten Gesellschaftsvermögens oder zum Vollzug einer Spaltung ermächtigt wird. Ihm ist es dann allerdings nur sub specie des übernahmerechtlichen Vereitelungsgebots gestattet, die entsprechenden Maßnahmen einzuleiten. Die Notwendigkeit einer nochmaligen, diesmal durch das Aktienrecht vorgegebenen Beschlußfassung bleibt demgegenüber unberührt. Entsprechendes gilt für „Holzmüller"-Maßnahmen, da die Ermächtigung nach § 33 Abs. 2 WpÜG kaum jemals den Anforderungen an die Bestimmtheit der aktienrechtlichen Vorab-Zustimmung (Rdnr. 46) genügen dürfte.

hh) Ad hoc-Zustimmung. Durch § 33 Abs. 2 WpÜG keineswegs ausgeschlossen, in **22** § 16 Abs. 3 und 4 WpÜG vielmehr stillschweigend vorausgesetzt ist die Befugnis der Aktionäre, den Vorstand in einer nach Ankündigung des Übernahmeangebots eigens einberufenen Hauptversammlung zur Durchführung von Abwehrmaßnahmen zu ermächtigen.[92] Das WpÜG sieht besondere Anforderungen an das Zustandekommen des Ermächtigungsbeschlusses nicht vor, weshalb es bei den aktienrechtlichen Vorgaben zu bewenden hat. Der Beschluß bedarf deshalb der im Aktienrecht vorgesehenen Mehrheit;[93] soll der Vorstand zur Durchführung einer das Übernahmeangebot vereitelnden Geschäftsführungsmaßnahme ermächtigt werden, genügt mithin die einfache Mehrheit.[94] Der Bieter ist nicht vom Stimmrecht ausgeschlossen.[95]

---

[89] S. in diesem Zusammenhang auch den Vorschlag von *Schneider/Burgard* DB 2001, 963, 969, Übernahmeangebote unter die aufschiebende Bedingung zu stellen, daß sie von der Mehrheit der freien Aktionäre angenommen werden; dagegen aber *Merkt* ZHR 165 (2001), 224, 252 f.

[90] So auch *Geibel/Süßmann* BKR 2002, 52, 66; *Krause* NJW 2002, 705, 712; *Schneider* AG 2002, 125, 131.

[91] Hieran muß der Vorstand seine Entscheidung über die Ausübung der Ermächtigung ausrichten, s. § 3 Abs. 3 WpÜG, ferner *Röh* in Haarmann/Riehmer/Schüppen § 33 WpÜG Rdnr. 109.

[92] Im Grundsatz wohl unstreitig, s. *Bayer* ZGR 2002, 588, 606; *Hirte* ZGR 2002, 623, 646; *ders.* in

Kölner Kommentar z. WpÜG § 33 Rdnr. 88 ff.; *Hopt* ZHR 166 (2002), 383, 423; *Schneider* AG 2002, 125, 131; *Tröger* DZWIR 2002, 397, 403 f.; *Winter/Harbarth* ZIP 2002, 1, 13 f.; eingehend *Kiem* ZIP 2000, 1509 ff.

[93] Zum „Holzmüller"-Beschluß s. Rdnr. 45 f.

[94] S. *Hirte, Hopt, Tröger* und *Winter/Harbarth,* jew. vorige Fn.; aA – Abwehrmaßnahmen enthielten eine Bestätigung des bisherigen Gesellschaftszwecks, weshalb stets eine „Holzmüller"-Maßnahme vorliege – *Mülbert* IStR 1999, 83, 88.

[95] *Krieger* in Henze/Hoffmann-Becking S. 289, 315; *Hirte* ZGR 2002, 623, 646; *Hopt* ZHR 166 (2002), 383, 423; *Winter/Harbarth* ZIP 2002, 1, 14; aA *Maier-Reimer* ZHR 165 (2001), 258, 276 f.

23   **ii) Rechtsschutz.** Handeln Vorstand und Aufsichtsrat dem Vereitelungsverbot des § 33 Abs. 1 S. 1 WpÜG zuwider, ohne hierzu nach § 33 Abs. 1 S. 2, Abs. 2 WpÜG berechtigt zu sein, haften sie der Gesellschaft nach §§ 93, 116 auf Schadensersatz. Leichtfertiges oder gar vorsätzliches Verhalten begründet nach § 60 Abs. 1 Nr. 8 WpÜG eine Ordnungswidrigkeit. Schließlich greifen Vorstand und Aufsichtsrat, wenn sie dem § 33 Abs. 1, 2 WpÜG zuwiderhandeln, in die **Zuständigkeit der Hautpversammlung** ein, so daß jeder Aktionär die Gesellschaft und die verantwortlichen Organwalter nach Maßgabe der „Holzmüller"-Grundsätze (Rdnr. 31 ff., 49) auf Unterlassung und Beseitigung in Anspruch nehmen kann.[96]

24   **3. Pflichtangebote. a) Überblick.** Das – hierzulande rechtspolitisch lange Zeit umstrittene[97] – Pflichtangebot ist nunmehr in §§ 35 ff. WpÜG geregelt.[98] Nach § 35 Abs. 1 S. 1 WpÜG ist zunächst derjenige, der unmittelbar oder mittelbar die Kontrolle über eine Zielgesellschaft (mithin über eine AG oder KGaA mit Sitz im Inland, § 2 Abs. 3 WpÜG), deren Wertpapiere zum Handel an einem organisierten Markt (Rdnr. 10) zugelassen sind, erlangt, verpflichtet, dies unverzüglich, spätestens innerhalb von sieben Kalendertagen, gemäß § 10 Abs. 3 S. 1, 2 WpÜG zu veröffentlichen. Innerhalb von vier Wochen nach der Veröffentlichung hat der die Gesellschaft kontrollierende Aktionär (der „Bieter") nach § 35 Abs. 2 S. 1 WpÜG der BAFin sodann eine Angebotsunterlage zu übermitteln und nach Maßgabe des § 14 Abs. 2 S. 1 WpÜG ein Angebot zu veröffentlichen. Dieses Pflichtangebot kann zwar nach Maßgabe der §§ 39, 18 WpÜG unter Bedingungen gestellt werden (Rdnr. 13), hat aber nach §§ 39, 32 WpÜG grundsätzlich ein Vollangebot zu sein; ausgenommen sind jedoch eigene Aktien der Zielgesellschaft und diesen nach § 35 Abs. 2 S. 3 gleichstehende Aktien. In § 36 WpÜG ist die Nichtberücksichtigung bestimmter Stimmrechte, in § 37 WpÜG iVm. §§ 8 ff. WpÜG-Angebotsverordnung (Rdnr. 10) die Befreiung des Bieters von den sich aus § 35 Abs. 1 S. 1, Abs. 2 S. 1 WpÜG ergebenden Verpflichtungen vorgesehen. Bei einem Verstoß gegen § 35 Abs. 1, 2 WpÜG sehen §§ 38, 59, 60 Abs. 1 Nr. 1 lit. a, Nr. 2 lit. a WpÜG weitreichende Sanktionen vor. Die Frage, ob darüber hinaus die Möglichkeit besteht, die Einhaltung des § 35 Abs. 1, 2 WpÜG durch Verwaltungszwang oder durch zivilrechtliche Erfüllungs- oder Schadensersatzansprüche der Minderheitsaktionäre durchzusetzen, ist zwar umstritten, de lege lata aber wohl zu verneinen.[99]

25   **b) Kapitalmarktrechtlicher Charakter.** Die Vorschriften über das Pflichtangebot bezwecken den Schutz der Minderheitsaktionäre; ihnen soll die Möglichkeit gegeben werden, ihre Aktien an der unter die Kontrolle durch den Bieter geratenen Gesellschaft zu einem angemessenen, von der Übernahme nicht negativ beeinflussten Preis zu veräußern.[100] Ein Konzerneingangsschutz, verstanden im Sinne einer Sicherung der Unabhängigkeit der Zielgesellschaft, ist hiermit allerdings nicht verbunden; in Übereinstimmung mit dem AktG (Rdnr. 1) nimmt vielmehr auch das WpÜG den Kontrollerwerb hin und knüpft an ihn die

---

[96] Für Einordnung des § 33 Abs. 1 S. 1 WpÜG als Kompetenznorm auch *Hirte* ZGR 2002, 623, 649 ff.; *ders.* in Kölner Kommentar z. WpÜG § 33 Rdnr. 147 ff.; *Hopt* ZHR 166 (2002), 383, 425; *Fleischer* NZG 2002, 545, 547; *Winter/Harbarth* ZIP 2002, 1, 17.

[97] S. namentlich *Grunewald* WM 1989, 1233, 1238; *Hommelhoff,* FS für Semler, 1993, S. 455 ff.; *ders./Kleindiek* AG 1990, 106, 108 ff.; aus neuerer Zeit *Altmeppen* ZIP 2001, 1073, 1082 f.; *Letzel* BKR 2002, 293, 294 ff. (299). Zur Entwicklung auf europäischer Ebene s. *Habersack* Rdnr. 339 ff.

[98] Eingehend hierzu *Harbarth* ZIP 2002, 321 ff.; *Kleindiek* ZGR 2002, 546 ff.; *Letzel* BKR 2002, 293 ff.; rechtsvergleichend *v. Bülow* in Kölner Kommentar z. WpÜG § 35 Rdnr. 17 ff.; *Hommelhoff/ Witt* in Haarmann/Riehmer/Schüppen Vor § 35

WpÜG Rdnr. 6 ff.; *Wymeersch* ZGR 2002, 520, 525 ff.; *Zinser* NZG 2000, 573 ff.

[99] AA – für unmittelbare Ansprüche der Minderheitsaktionäre – *Hommelhoff/Witt* in Haarmann/Riehmer/Schüppen § 35 WpÜG Rdnr. 61 ff. (§ 823 Abs. 2 BGB); *Steinmeyer/Häger* § 35 WpÜG Rdnr. 25 ff., 28 f. (Erfüllungsanspruch). Eingehend zur Problematik *Cahn, Ihrig* und *Möller,* ZHR 167 (2003), 262 ff., 301 ff., 315 ff. Zur Frage der Beschwerdebefugnis im Rahmen von Anfechtungs- und Verpflichtungsbeschwerden s. *Aha* AG 2002, 160 ff.; *Schnorbus* ZHR 166 (2002), 72, 94 ff.; zu Forderungen de lege ferenda *Habersack* ZHR 166 (2002), 619, 621 f.

[100] Begr. RegE, BT-Drucks. 14/7034, S. 30; *Meyer* in Geibel/Süßmann § 35 Rdnr. 1; *Hommelhoff/Witt* in Haarmann/Riehmer/Schüppen Vor § 35 WpÜG Rdnr. 26 ff.

Verpflichtung zur Abgabe eines Erwerbsangebots. Auch ist das Recht der Minderheitsaktionäre zum Ausscheiden aus der Gesellschaft nicht im Sinne eines – mit dem Grundsatz der Kapitalerhaltung des europäischen[101] und deutschen Rechts ohnehin unvereinbaren – Austrittsrechts, sondern im Sinne einer Erwerbsverpflichtung des Bieters und damit im Sinne einer **Transaktion auf Aktionärsebene** konzipiert. In funktionaler und systematischer Hinsicht zielt das Pflichtangebot in seiner Ausgestaltung durch das WpÜG nicht auf einen dem Aktienkonzernrecht zuzuschlagenden präventiven Minderheitenschutz;[102] es versteht sich vielmehr als wesentlicher Bestandteil des kapitalmarktrechtlichen Anlegerschutzes.[103] Hierfür spricht schon der Umstand, daß die Pflichten aus § 35 WpÜG unabhängig von der Unternehmenseigenschaft des Bieters bestehen, ferner, daß sie nicht nur bei erstmaliger Erlangung der Kontrolle über die bis dahin unabhängige Zielgesellschaft, sondern auch bei jedem nachfolgen Kontrollwechsel entstehen (Rdnr. 28). Hinzu kommt der auf zum Handel an einem organisierten Markt zugelassenen Papieren beschränkte Anwendungsbereich der §§ 35 ff. WpÜG (Rdnr. 24). Schließlich lässt sich die durch das Pflichtangebot sichergestellte Partizipation des Minderheitsaktionärs an einer vom Bieter gezahlten Kontrollprämie und das dadurch verwirklichte „Prinzip der Meistbegünstigung"[104] (Rdnr. 30) gesellschaftsrechtlich nicht überzeugend begründen.[105]

c) Verhältnis zum Aktienkonzernrecht und zu §§ 327 a ff. Die Vorschriften über **26** das Pflichtangebot ergänzen diejenigen des Aktienkonzernrechts, so daß es – die in §§ 35 ff. WpÜG nicht vorausgesetzte Unternehmenseigenschaft des über die Kontrollmehrheit verfügenden Aktionärs unterstellt – ungeachtet des Pflichtangebots und unabhängig von dem Verbleib einer Restminderheit bei der uneingeschränkten Geltung der §§ 311 ff. sowie gegebenenfalls der §§ 291 ff. bewendet.[106] Werden somit die konzernrechtlichen Schutzvorschriften mit Einführung des Pflichtangebots keineswegs entbehrlich,[107] so strahlen umgekehrt die §§ 35 ff. WpÜG nicht auf die §§ 311 ff. aus. Insbes. geben sie keinen Anlaß, hinsichtlich der nicht dem WpÜG unterliegenden Gesellschaften von dem konzernoffenen Charakter der §§ 311 ff. (Rdnr. 1) abzurücken und den außenstehenden Aktionären einer in die Abhängigkeit geratenen Gesellschaft einen Abfindungsanspruch gegen das herrschende Unternehmen einzuräumen;[108] dies folgt schon aus dem kapitalmarktrechtlichen Charakter der §§ 35 ff. WpÜG (Rdnr. 25). Auch was das Verhältnis zwischen §§ 35 ff. WpÜG und dem in §§ 327 a ff. geregelten Squeeze out betrifft, ist von einem ergänzenden Nebeneinander beider Normenkomplexe auszugehen. Vorbehaltlich einer Befreiung nach § 37 Abs. 1 WpÜG erübrigt sich deshalb ein Pflichtangebot nicht dadurch, daß der Bieter über die Möglichkeit eines Squeeze out verfügt.

d) Kontrollerwerb. aa) Grundlagen. Nach § 35 Abs. 2 S. 1 WpÜG ist die Angebots- **27** pflicht daran geknüpft, daß der Bieter unmittelbar oder mittelbar die Kontrolle über eine

---

[101] Art. 15 der Zweiten Richtlinie 77/91/EWG vom 13. 12. 1976, ABl. Nr. L 26/1; dazu *Habersack* Rdnr. 164 ff. mit Abdruck der Richtlinie in Rdnr. 206.
[102] So aber *Hopt*, FS für Rittner, 1991, S. 187, 201; *Mülbert* ZIP 2001, 1221, 1226; *Ekkenga/Hofschroer* DStR 2002, 768, 771; *Letzel* BKR 2002, 293, 299; *Steinmeyer/Häger* § 35 WpÜG Rdnr. 2, 21 ff.
[103] Zutr. *Heiser* S. 47 ff., 350 ff.; *Houben* WM 2000, 1873, 1877; *Kleindiek* ZGR 2002, 546, 558 ff. (mit rechtsvergleichenden Hinweisen); *Krause* WM 1996, 893, 899; *Meyer* in Geibel/Süßmann § 35 WpÜG Rdnr. 7 ff.; offengelassen von *Fleischer* NZG 2002, 545, 548 (allerdings mit starker Betonung der kapitalmarktrechtlichen Funktionszusammenhänge).
[104] So treffend *Doralt* GesRZ 2000, 197, 202.
[105] Zu den einzelnen Erklärungsversuchen s. *Heiser* S. 307 ff.; *M. Weber* S. 178 ff., 328 ff. (der vormit-

gliedschaftliche Treupflichten bemüht); s. dazu auch Rdnr. 9 mit weit. Nachw.
[106] *Kleindiek* ZGR 2002, 546, 561 ff., *Fleischer* NZG 2002, 545, 548 f., jeweils auch zu überholten Bestrebungen, das Pflichtangebot durch konzernrechtliche Schutzinstrumentarien ersetzen zu können; dazu auch *Habersack/Mayer* ZIP 1997, 2141, 2143 ff.
[107] Hieran wird auch eine künftige Übernahmerichtlinie nichts ändern; der Vorschlag vom 2. 10. 2002 (Rdnr. 11) bestimmt in seinem 8. Erwägungsgrund ausdrücklich, daß die Mitgliedstaaten weitere Vorkehrungen zum Schutz der Interessen der Wertpapierinhaber vorsehen dürfen.
[108] So aber *Mülbert* ZIP 2001, 1221, 1228, der in der Einführung des Pflichtangebots eine „Art gesetzgeberisches Mißtrauensvotum gegenüber der Wirksamkeit der §§ 311 ff. erblickt"; dagegen zu Recht *Kleindiek* ZGR 2002, 546, 557 ff. (562 f.).

Zielgesellschaft erlangt. Nach §§ 39, 29 Abs. 2 WpÜG muß deshalb der Bieter **mindestens 30% der Stimmrechte** an der Zielgesellschaft halten, wobei ihm die in § 30 Abs. 1 und 2 WpÜG genannten Stimmrechte zuzurechnen sind.[109] Mit dem Kontrollbegriff des § 29 Abs. 2 WpÜG hat sich der Gesetzgeber bewusst von dem – über die Anwendbarkeit der §§ 311 ff. bestimmenden – Abhängigkeitstatbestand des § 17 Abs. 1 distanziert.[110] Für den Fall, daß der Bieter, obschon er 30% oder mehr der Stimmrechte hält, die Gesellschaft deshalb nicht kontrollieren kann, weil ein anderer Aktionär über einen höheren Stimmrechtsanteil verfügt, sieht § 9 S. 2 Nr. 1 WpÜG-Angebotsverordnung[111] zwar die Möglichkeit der **Befreiung** von den Pflichten aus § 35 WpÜG vor; Entsprechendes gilt nach § 9 S. 2 Nr. 2 WpÜG-Angebotsverordnung für den Fall, daß aufgrund des in den zurückliegenden drei ordentlichen Hauptversammlungen vertretenen stimmberechtigten Kapitals nicht zu erwarten ist, daß der Bieter in der Hauptversammlung der Zielgesellschaft über mehr als 50% der vertretenen Stimmrechte verfügen wird.[112] Dagegen vermag die Pflichtangebotsregelung Fälle, in denen ein **beherrschender Einfluss unterhalb der Schwelle des § 29 Abs. 2 WpÜG** aufgebaut oder übertragen wird, nicht zu erfassen.[113] Entsprechendes gilt, wenn ein mit 30% oder mehr beteiligter Aktionär einen beherrschenden Einfluss deshalb nicht ausüben kann, weil ein **weiterer Aktionär eine höhere Beteiligung** hält, er deshalb zur Abgabe eines Erwerbsangebots nicht verpflichtet ist,[114] und er sodann von dem Mehrheitsaktionär oder von dritter Seite Anteile hinzuerwirbt und so die tatsächliche Kontrolle über die Gesellschaft erlangt.[115]

28 **bb) Erwerbstatbestände.** §§ 35 Abs. 1, 2, 29 Abs. 2 WpÜG stellen allein darauf ab, *daß* der Bieter (unmittelbar oder mittelbar, s. Rdnr. 29) die Kontrolle über die Zielgesellschaft erlangt, und zwar nach dem Inkrafttreten der §§ 35 ff. WpÜG am 1. 1. 2002.[116] Ausgenommen ist nach § 35 Abs. 3 WpÜG allein der Erwerb der Kontrolle aufgrund eines **Übernahmeangebots**; denn in diesem Fall hatten die Minderheitsaktionäre bereits die Gelegenheit zum Ausscheiden, so daß es eines nachfolgenden Pflichtangebots nicht mehr bedarf (Rdnr. 13). Im übrigen ist es für das Eingreifen des § 35 WpÜG **unerheblich, auf welche Weise** die Kontrolle erlangt worden ist. Erfasst wird somit jede Form des rechtsgeschäftlichen Erwerbs von Stimmrechte verkörpernden Aktien (sei es über die Börse oder außerbörslich), vorbehaltlich des § 36 WpÜG (Rdnr. 24) ferner der Erwerb kraft Gesetzes[117] und darüber hinaus (vorbehaltlich des § 9 S. 1 Nr. 6 WpÜG) die nicht auf Wertpapiererwerb, sondern auf *Passivität* zurückgehende Kontrollerlangung.[118] Soweit die

---

[109] Eingehend zu den Zurechnungstatbeständen des § 30 WpÜG *Franck* BKR 2002, 709 ff.; *Liebscher* ZIP 2002, 1005 ff.

[110] Zur rechtspolitischen Kritik hieran s. *Mülbert* ZIP 2001, 1221, 1225 f.; *Harbarth* ZIP 2002, 321, 323; *Habersack* ZHR 166 (2002), 619, 622 ff.; aus österreichischer Sicht *Diregger/Winner* WM 2002, 1583, 1585 f.

[111] S. Fn. 57.

[112] Näher zu den einzelnen Befreiungstatbeständen sowie zu den Tatbeständen des § 36 WpÜG *Harbarth* ZIP 2002, 321, 327 ff.; *Holzborn/Blank* NZG 2002, 948 ff.

[113] Hierzu im vorliegenden Zusammenhang *Mülbert* ZIP 2001, 1221, 1225 f.; *Habersack* ZHR 166 (2002), 619, 623; allgemein zum Abhängigkeitsbegriff § 17 Rdnr. 5 ff. (18 f.).

[114] Entweder weil es sich um einen Altfall handelt (Rdnr. 28) oder weil Befreiung gem. § 9 S. 2 Nr. 1 WpÜG-Angebotsverordnung (Fn. 57) erteilt worden ist.

[115] S. bereits *Habersack* ZHR 166 (2002), 619, 623 f.; *Diregger/Winner* WM 2002, 1583, 1585 f.; ferner *Harbarth* ZIP 2002, 321, 324 f., der freilich nicht hinreichend berücksichtigt, daß die einmal er-

teilte Befreiung vom Pflichtangebot nur nach Maßgabe verwaltungsrechtlicher Grundsätze und damit grundsätzlich nur bei Widerrufsvorbehalt zurückgenommen werden kann (s. §§ 35 ff., 48 VwVfG, ferner *Steinmeyer/Häger* § 35 WpÜG Rdnr. 9).

[116] Altfälle sind also ausgeklammert, s. statt aller *Hommelhoff/Witt* in Haarmann/Riehmer/Schüppen § 35 WpÜG Rdnr. 22, dort auch zu dem entsprechend zu behandelnden Fall, daß die Kontrollposition bereits bei erstmaliger Zulassung der Aktien der Zielgesellschaft zum Handel an einem organisierten Markt bestand; s. ferner die Übergangsregelung in § 68 Abs. 3 WpÜG.

[117] Zur Frage der Anwendbarkeit auf den umwandlungsrechtlich begründeten Erwerb einer Kontrollmehrheit s. *Seibt/Heiser* ZHR 165 (2001), 466 ff.; *Fleischer* NZG 2002, 545, 549 f.; *Weber-Rey/ Schütz* AG 2001, 325 ff.; *Technau* AG 2002, 260 ff.; *Vetter* WM 2002, 1999 ff.; *v. Bülow* in Kölner Kommentar z. WpÜG § 35 Rdnr. 67 ff.; *Hommelhoff/ Witt* in Haarmann/Riehmer/Schüppen § 35 WpÜG Rdnr. 25 ff.; *Adolff/Meister/Randell/Stephan* S. 240 ff.

[118] Näher *v. Bülow* in Kölner Kommentar z. WpÜG § 35 Rdnr. 57 ff.; *Fleischer/Körber* BB 2001,

Erlangung der Kontrolle, wie im Regelfall, auf Aktienerwerb zurückgeht, ist für das Eingreifen der Pflichtangebotsregelung der dingliche Erwerb maßgebend.[119] Nicht erforderlich ist, daß die Zielgesellschaft erstmals unter die Kontrolle eines Aktionärs gerät; von § 35 WpÜG erfaßt ist vielmehr auch der **Kontrollwechsel**,[120] mithin der Fall, daß die Zielgesellschaft bereits unter der Kontrolle durch einen anderen Aktionär stand. Auch setzt die Pflichtangebotsregelung nicht voraus, daß die Kontrolle durch den Bieter erstmalig erlangt wird. Hatte also der Bieter bereits eine Kontrollmehrheit inne, so ist er nach § 35 Abs. 1, 2 WpÜG verpflichtet, wenn er die 30%-Schwelle unterschreitet und sodann wieder überschreitet.[121]

Von § 35 WpÜG ausdrücklich erfaßt ist der **mittelbare Erwerb** der Kontrolle. Hierbei **29** sind zwei Fallgruppen zu unterscheiden. Die erste betrifft Fallgestaltungen, bei denen die *Zielgesellschaft eine oder mehrere Tochtergesellschaften kontrolliert* und diese ihrerseits die Voraussetzungen der §§ 2 Abs. 3 und 7 WpÜG erfüllen, mithin über die Rechtsform der AG oder KGaA verfügen, ihren Sitz im Inland haben und zum Handel an einem organisierten Markt zugelassene Wertpapiere iSd. § 2 Abs. 2 WpÜG ausgegeben haben. In diesem Fall hat der Bieter auch den Minderheitsaktionären der Tochtergesellschaft (nicht dagegen der Zielgesellschaft in ihrer Eigenschaft als Tochteraktionärin[122]) ein Erwerbsangebot zu unterbreiten,[123] sofern ihm nicht nach § 9 S. 2 Nr. 3 WpÜG-Angebotsverordnung (Rdnr. 13) Befreiung erteilt wird. Die zweite Fallgruppe (die mit der ersten zusammenfallen kann) erfaßt Konstellationen, in denen der Bieter die Kontrolle über die Zielgesellschaft aufgrund eines *schon zuvor verwirklichten* Zurechnungstatbestands des § 30 WpÜG erlangt. In Betracht kommt dabei vor allem der Kontrollerwerb durch eine schon zuvor kontrollierte Tochtergesellschaft iSd. §§ 30 Abs. 1 S. 1 Nr. 1, 2 Abs. 6 WpÜG, wobei – dies im Unterschied zur ersten Fallgruppe – Rechtsform, Sitz und Börsennotierung der Tochter unerheblich sind. Vorbehaltlich einer Befreiung gem. § 37 WpÜG, §§ 8 ff. WpÜG-Angebotsverordnung ist in diesem Fall nicht nur die Mutter, der die Stimmrechte der Tochter zugerechnet werden, sondern auch die Tochtergesellschaft zur Veröffentlichung und Angebotsabgabe verpflichtet.[124]

e) Gegenleistung. Was die vom Bieter anzubietende Gegenleistung betrifft, so finden **30** nach § 39 WpÜG auch auf Pflichtangebote die §§ 31 WpÜG, 3 ff. WpÜG-Angebotsverordnung Anwendung, was nach § 4 WpÜG-Angebotsverordnung bedeutet, daß den Minderheitsaktionären zumindest der bei Vorerwerben und damit insbes. bei einem der Kontrollerlangung dienenden Paketerwerb gezahlte Preis zu bieten ist. Nach § 31 Abs. 2 S. 1 WpÜG kann die Gegenleistung grundsätzlich[125] in liquiden,[126] zum Handel an einem organisierten Markt zugelassenen Aktien bestehen. Hiernach ist dem Bieter auch gestattet, **Aktien von Tochtergesellschaften** anzubieten.[127] Der Schutz der Minderheitsaktionäre

---

2589, 2593 ff.; ferner *Letzel* BKR 2002, 293, 300 f.; *Harbarth* ZIP 2002, 321, 325, dem allerdings für den Fall der Teilabgabe durch den stimmenstärksten Aktionär und dem damit einher gehenden Erwerb der tatsächlichen Kontrolle durch den seit jeher mit mindestens 30% beteiligten Aktionär nicht gefolgt werden kann (s. bereits Fn. 115).
[119] Näher hierzu *Harbarth* ZIP 2002, 321, 323 f.
[120] *Hommelhoff/Witt* in Haarmann/Riehmer/Schüppen § 35 WpÜG Rdnr. 16; *v. Bülow* in Kölner Kommentar z. WpÜG § 35 Rdnr. 87; *Harbarth* ZIP 2002, 321, 323.
[121] *v. Bülow* in Kölner Kommentar z. WpÜG § 35 Rdnr. 90; *Steinmeyer/Häger* § 35 WpÜG Rdnr. 8 mit zutr. Hinweis auf die Möglichkeit der Befreiung gem. § 37 Abs. 1 WpÜG.
[122] Dies ist zwar nicht in § 35 Abs. 2 S. 3 WpÜG geregelt, wohl aber für den Zurechnungstatbestand des § 30 Abs. 1 S. 1 Nr. 1, 2 WpÜG zu Recht allseits anerkannt, s. *Meyer* in Geibel/Süßmann § 35

WpÜG Rdnr. 49; *Hommelhoff/Witt* in Haarmann/Riehmer/Schüppen § 35 WpÜG Rdnr. 49, dort auch zur Rechtslage bei den sonstigen Zurechnungstatbeständen.
[123] Im Ergebnis wohl unstreitig, s. Begr. RegE, BT-Drucks. 14/7034, S. 59; *Hopt* ZHR 166 (2002), 383, 417; *Hommelhoff/Witt* in Haarmann/Riehmer/Schüppen § 35 WpÜG Rdnr. 20; ferner Fn. 61.
[124] Zutr. *Hommelhoff/Witt* in Haarmann/Riehmer/Schüppen § 35 WpÜG Rdnr. 33 f.; *Hopt* ZHR 166 (2002), 383, 416 f.; aA *Meyer* in Geibel/Süßmann § 35 WpÜG Rdnr. 27, die sich für ein Wahlrecht aussprechen.
[125] Ausnahmen sind in § 31 Abs. 3, Abs. 5 S. 1 WpÜG vorgesehen.
[126] Eingehend zu diesem Erfordernis *Krause* ZGR 2002, 500, 514 ff. mit weit. Nachw.
[127] *Thun* in Geibel/Süßmann § 31 WpÜG Rdnr. 9; *Haarmann* in Haarmann/Riehmer/Schüppen § 31 WpÜG Rdnr. 81.

erschöpft sich in diesem Fall in dem Recht, von einer in die Abhängigkeit geratenen Gesellschaft in eine andere abhängige Gesellschaft zu wechseln; in Ermangelung einer Vorschrift nach Art des § 305 Abs. 2 Nr. 2 ist dies de lege lata hinzunehmen.[128]

III. Kontrolle der Gruppen(um)bildung und Gruppenleitung auf der Ebene der Obergesellschaft

31 **1. Satzungsmäßige Ermächtigung.** Handelt es sich bei dem herrschenden Unternehmen um einen Verband, so bestimmt das jeweils maßgebliche Organisationsrecht, ob und in welchem Umfang die Verbandsmitglieder an der Begründung des Abhängigkeits- oder Konzernverhältnisses zu beteiligen sind.[129] Für das Aktienrecht kann sich die Notwendigkeit einer Beteiligung der Aktionäre zunächst aus der satzungsmäßigen Festlegung des **Unternehmensgegenstands** ergeben. Ihn darf der Vorstand *nicht überschreiten*. Andererseits muß er ihn grundsätzlich[130] *ausfüllen*,[131] und zwar in Ermangelung einer entsprechenden Ermächtigung unmittelbar.[132] Grundsätzlich bedarf somit jede Maßnahme der Gruppenbildung und der Beteiligungsabgabe, wenn mit ihr der Unternehmensgegenstand über- oder unterschritten wird, einer Ermächtigung durch die Satzung.[133] Davon betroffen sind der Erwerb und die Abgabe einer unternehmerischen Beteiligung,[134] die Ausgliederung von bislang selbst betriebenen Geschäftszweigen und die Gründung einer Tochtergesellschaft. Erst recht gilt dies für die „Umwandlung" der Obergesellschaft in eine *Vollholding;* sie muß als solche[135] in der Satzung vorgesehen sein, kann also nicht auf eine die eigene unternehmerische Betätigung der Gesellschaft voraussetzende Konzernklausel gestützt werden.[136]

32 **2. Vermögensveräußerung.** Des weiteren kann die Vorschrift des § 179 a der Gruppenbildung durch den Vorstand Grenzen setzen. Danach nämlich bedarf ein Vertrag, durch den sich die Gesellschaft zur Übertragung des gesamten Gesellschaftsvermögens verpflichtet, auch dann eines Beschlusses der Hauptversammlung nach § 179,[137] wenn damit nicht eine Änderung des Unternehmensgegenstandes verbunden ist. Die Vorschrift gelangt auch dann zur Anwendung, wenn die Gesellschaft einen „unwesentlichen" Teil ihres Vermögens behält, wobei sich allerdings die Frage der Wesentlichkeit danach bestimmt, ob die Gesellschaft mit

---

[128] Zur rechtspolitischen Kritik s. *Diregger/Winner* WM 2002, 1583, 1587; *Habersack* ZHR 166 (2002), 619, 624.

[129] Vgl. für die GmbH als herrschendes Unternehmen Anh. § 318 Rdnr. 41 ff.; für die Personengesellschaft *Emmerich/Sonnenschein/Habersack* § 9 II; Staub/*Ulmer* Anh. § 105 Rdnr. 83 ff.

[130] Namentlich bei weiter Gegenstandsbestimmung kann allerdings die Auslegung der Satzung ergeben, daß lediglich eine Obergrenze für die Geschäftsführungsbefugnis des Vorstands geregelt sein soll, zutr. OLG Stuttgart DB 2001, 854, 856 f.; *Münch*Hdb. AG/*Krieger* § 69 Rdnr. 3 (Fn. 1); *Hüffer* § 179 Rdnr. 9 a.

[131] Heute hM, s. *Groß* AG 1994, 266, 269; *Hommelhoff* S. 58 ff., 54 ff.; *Lutter/Leinekugel* ZIP 1998, 225, 227 f.; *Priester* ZHR 162 (1998), 187, 193; *Tieves* S. 300 ff.; *Münch*Hdb. AG/*Krieger* § 69 Rdnr. 3 (mit zutreffenden Vorbehalt für nur kurzfristige Unterschreitung); *Wiedemann* in GroßkommAktG § 179 Rdnr. 60; einschränkend *Hüffer* § 179 Rdnr. 9 a; *Mertens* in Kölner Kommentar § 82 Rdnr. 25.

[132] Zur Notwendigkeit einer Konzernklausel s. *Lutter*, FS für Stimpel, S. 825, 847; *Martens* ZHR 147 (1983), 377, 389 f.; *Münch*Hdb. AG/*Krieger* § 69 Rdnr. 4 f.; *Koppensteiner* in Kölner Kommentar Vor § 291 Rdnr. 18 ff. (26); *Wiedemann* in Groß-

kommAktG § 179 Rdnr. 64; *Tieves* S. 479 ff.; *Wahlers* S. 142 ff.; wohl auch OLG Stuttgart DB 2001, 854, 856 f.; aA OLG Hamburg ZIP 1980, 1000, 1006; *Henze*, FS für Ulmer, S. 211, 217; *Mülbert* S. 374 ff.; *Reichert* in Habersack/Koch/Winter S. 25, 40 f.; *Westermann* ZGR 1984, 352, 362; für die Ausgliederung auch *Hüffer* § 179 Rdnr. 9 a; offengelassen in BGHZ 83, 122, 130 = NJW 1982, 1703. S. ferner die Nachw. in Fn. 136.

[133] S. die Nachw. in Fn. 131, 132; dazu, daß diese Ermächtigung schon bei Vornahme der Maßnahme vorhanden sein muß, s. *Münch*Hdb. AG/*Krieger* § 69 Rdnr. 3 mwN.

[134] Anderes gilt für bloße Finanzanlagen, s. *Wiedemann* in GroßkommAktG § 179 Rdnr. 63.

[135] Etwa in der Form, daß es dem Vorstand gestattet wird, die unternehmerische Betätigung „ganz oder teilweise" auf Tochtergesellschaften zu verlagern.

[136] Für Erfordernis einer Holdingklausel die hM, s. *Groß* AG 1994, 266, 269 f.; *Timm* S. 131; *Tieves* S. 447 ff.; *Geßler/Hefermehl* in *Geßler/Hefermehl* § 179 Rdnr. 99; aA *Götz* AG 1984, 85, 90; *Hommelhoff* S. 273; *Mertens* in Kölner Kommentar § 76 Rdnr. 51.

[137] Mithin eines Beschlusses mit qualifizierter Mehrheit iSd. § 179 Abs. 2, s. *Hüffer* § 179 a Rdnr. 8.

dem zurückbehaltenen Betriebsvermögen „noch ausreichend in der Lage bleibt, ihre in der Satzung festgelegten Unternehmensziele weiterhin, wenn auch in eingeschränktem Umfang, selbst zu verfolgen" (s. noch Rdnr. 39).[138] Unerheblich ist die Person des Erwerbers; neben der Veräußerung an einen Dritten wird also insbes. auch eine solche an das herrschende Unternehmen erfaßt.[139]

3. „Holzmüller"-Grundsätze. a) Grundlagen. aa) Überblick. Das Erfordernis ei- **33** ner Zustimmung der Hauptversammlung zu der konzernbildenden oder -umbildenden Maßnahme kann sich schließlich aus der „Holzmüller"-Entscheidung des BGH ergeben. In ihr hat der BGH für die durch Ausgliederung entstandene 100%ige Tochtergesellschaft[140] entschieden, daß grundlegende Entscheidungen, die mit einem wesentlichen Eingriff in die Mitgliedsrechte und in die mitgliedschaftlich vermittelten Vermögensinteressen der Aktionäre verbunden sind, auch dann der Zustimmung durch die Hauptversammlung bedürfen, wenn sie durch die Satzung des herrschenden Unternehmens gedeckt sind und die Voraussetzungen des § 179 a nicht vorliegen.[141] Nachdem die instanzgerichtliche Rechtsprechung dem BGH gefolgt ist[142] und im Schrifttum nunmehr eindeutig die zustimmenden Stellungnahmen dominieren,[143] läßt sich zwar durchaus behaupten, daß die Existenz ungeschriebener Hauptversammlungszuständigkeiten anerkannt ist. Einige zum Teil grundsätzliche Fragen sind jedoch weiterhin ungeklärt. So stellt sich zunächst die Frage nach dem die Zuständigkeit der Hauptversammlung begründenden *Schutzzweck:* Soll die Zuständigkeit der Hauptversammlung einem Schutzbedürfnis auf seiten der Aktionäre Rechnung tragen oder ist sie Ausdruck einer spezifisch konzernrechtlichen Sichtweise, der es darum geht, der Hauptversammlung der Obergesellschaft die Rolle eines „Grundorgans des Konzerns"[144] mit konzernweiten Mitspracherechten zuzuweisen (Rdnr. 34 f.)? Damit im Zusammenhang steht die weitere Frage nach der normativen Grundlage ungeschriebener Hauptversammlungszuständigkeiten (Rdnr. 36). Sieht man sie mit dem BGH in § 119 Abs. 2, so scheint ein mit einfacher Mehrheit gefaßter Zustimmungsbeschluß zu genügen; orientiert man sich dagegen an geschriebenen Zuständigkeiten, so lieg es nahe, die dort vorgesehenen Mehrheitserfordernisse auf den „Holzmüller"-Entscheid zu übertragen (Rdnr. 45). Die textliche

[138] So zu § 361 AktG aF (= § 179 a) BGHZ 83, 122, 128 = NJW 1982, 1703; *Henze,* FS für Boujong, 1996, S. 233, 244 f.; *Hüffer* § 179 a Rdnr. 5; aA – für Maßgeblichkeit einer wertmäßigen Betrachtung – *Mertens,* FS für Zöllner, 1998, S. 385, 386 ff.

[139] Zur „übertragenden Auflösung" s. § 311 Rdnr. 30 (mit Nachw. in Fn. 84), § 327 a Rdnr. 10.

[140] Betonung dieses Umstands bei *Henze* Rdnr. 110 und BB 2001, 53, 61.

[141] BGHZ 83, 122, 131 f. = NJW 1982, 1703; s. dazu auch die Ausführungen von *Henze* (Mitglied des zuständigen *II. Zivilsenats* des BGH) in BB 2000, 209, 211 f. und in FS für Ulmer, S. 211 ff.; ferner BGH DB 2003, 544, 546.

[142] OLG Celle ZIP 2001, 613, 615; OLG Karlsruhe DB 2002, 1094; OLG Köln ZIP 1993, 110; OLG München AG 1995, 232, 233; LG Stuttgart WM 1992, 58, 61 f.; LG Frankfurt/M. ZIP 1993, 830, 832 ff. und ZIP 1997, 1698; LG Köln AG 1992, 238, 239; LG Heidelberg AG 1999, 135, 137; LG Hannover DB 2000, 1607.

[143] Grundlegend *Lutter,* FS H. Westermann, S. 347 ff.; *ders.,* FS für Barz, S. 199 ff.; *U. H. Schneider,* FS für Bärmann, S. 873, 881 ff.; *Timm* S. 135 ff., 165 ff.; dem BGH zust. auch *Emmerich* AG 1991, 303, 307; *Geßler,* FS für Stimpel, S. 771 ff.; *Henze* BB 2000, 209, 211 f.; *ders.,* FS für Ulmer, S. 211 ff.; *Hirte* S. 160 ff.; *Hüffer* § 119 Rdnr. 18; *ders.,* FS für Ulmer, S. 279 ff.; *Joost* ZHR 163 (1999), 164,

179 ff.; MünchHdb. AG/*Krieger* § 69 Rdnr. 7 f.; *Leinekugel* S. 71 ff.; *Mecke* S. 129 ff.; *Priester* ZHR 163 (1999), 187, 194 ff.; *v. Rechenberg,* FS für Bezzenberger,* S. 359; *Rehbinder* ZGR 1983, 92, 98 f.; *Reichert* in Habersack/Koch/Winter S. 25, 42 ff.; *Schlitt* in Semler/Stengel UmwG Anh. § 173 Rdnr. 29 ff.; *Wahlers* S. 66 ff., 93 ff.; *Wiedemann* Unternehmensgruppe S. 50 ff.; *Zimmermann/Pentz,* FS für Müller, S. 151 ff.; *Sieger/Hasselbach* 2000, 241, die nach einer Begrenzung des Weisungsrechts aus § 308 durch die „Holzmüller"-Grundsätze fragen; stark einschränkend *Mülbert* S. 416 ff., 430 ff. (Schutz nur bei Beeinträchtigung in vermögensrechtlicher Hinsicht und damit bei Aufnahme neuer Gesellschafter; dazu noch Rdnr. 34); ablehnend namentlich *Beusch,* FS für Werner, 1984, S. 1, 21; *Flume* JurPerson § 8 V 4; *Götz* AG 1984, 85, 90; *Heinsius* ZGR 1984, 383, 398; *Martens* ZHR 147 (1983), 377, 404 ff.; *Sünner* AG 1983, 169, 171 ff.; *Ulmer,* Richterrechtliche Entwicklungen, S. 47 ff.; *Werner* ZHR 147 (1983), 429, 450 ff.; *Westermann* ZGR 1984, 352, 371 ff.; aus neuerer Zeit *Bernhardt* DB 2000, 1873 ff. (1881) mit empirischer Studie zu „Holzmüller"-Vorlagen. – Näher zur Entwicklung des in BGHZ 83, 122 anerkannten Rechts des Einzelaktionärs auf Entscheidungsteilhabe und zum Meinungsstand *Habersack* S. 297 ff.; *Tieves* S. 450 ff.; *Wahlers* S. 11 ff.

[144] So namentlich *Lutter,* FS für Stimpel, S. 825, 832 ff.

Verortung der Mitwirkungsbefugnisse gibt wiederum Aufschluß über die sachliche Reichweite der „Holzmüller"-Regeln; insoweit fragt sich nicht nur, ob sich die zur Ausgliederung ergangenen „Holzmüller"-Grundsätze auf sonstige Maßnahmen übertragen lassen (Rdnr. 38 f., 42 ff.), sondern auch und vor allem, welches wirtschaftliche Gewicht der jeweiligen Maßnahme zukommen muß (Rdnr. 40 f.).

34   **bb) Schutzzweck.** Was zunächst die Frage nach dem Schutzzweck der „Holzmüller"-Grundsätze betrifft, so ist dem BGH darin zuzustimmen, daß die Zuständigkeit der Hauptversammlung nicht Ausdruck einer spezifischen Konzernverfassung ist, sondern der mit der jeweiligen Maßnahme verbundenen **Gefährdung von Aktionärsrechten** Rechnung trägt.[145] Daraus wiederum folgt, daß die „Holzmüller"-Grundsätze keineswegs auf Konzernsachverhalte beschränkt sind. Sie setzen vielmehr allgemein bei dem Schutz der durch die fragliche Maßnahme *betroffenen Aktionäre* an und gelangen deshalb, wie das Beispiel des Börsengangs (Rdnr. 44) oder das der Abwehrmaßnahme gegen Übernahmeangebote (Rdnr. 23) zeigt, durchaus *auch in der unverbundenen AG* zur Anwendung.[146] Das Hauptanwendungsfeld der „Holzmüller"-Grundsätze liegt jedoch im Bereich der Gruppenbildung und der ihr nachfolgenden Maßnahmen der Gruppenumbildung und Gruppenleitung. Dies folgt nicht zuletzt aus dem Katalog des § 119 Abs. 1 selbst: Er ist auf die unverbundene AG zugeschnitten und nimmt auf die besondere Gefährdung der Aktionäre einer Konzernobergesellschaft keine Rücksicht.[147] Grundlage der zuständigkeitsbegründenden Gefährdung von Aktionärsinteressen ist denn auch vor allem[148] der sogenannte **Mediatisierungseffekt**.[149] Er hat seine Grundlage in der mit jeder *Gruppenbildung* (Rdnr. 31) verbundenen Zuständigkeitsverlagerung: Unterlag das für die Gruppenbildung eingesetzte Kapital bislang der Kontrolle und Beeinflussung durch die Aktionäre, so ist es nunmehr Sache des Vorstands, die Rechte aus der − an die Stelle des investierten Vermögens getretenen − Beteiligung auszuüben. Den Aktionären droht mithin eine Verkürzung ihrer mitgliedschaftlichen *Herrschaftsbefugnisse,* die es gegebenenfalls durch die Begründung ungeschriebener Zuständigkeiten zu kompensieren gilt. Zudem besteht die Gefahr einer *Vermögensverlagerung:* Erwirbt nämlich die AG die Anteile gegen eine den Anteilswert übersteigende Einlage, so geht mit dem Erwerb der Beteiligung eine Subventionierung der außenstehenden Mitglieder der Tochter durch die AG und damit letztlich durch deren Aktionäre einher. Verfügt die AG über **sämtliche Anteile** an der Tochter, so besteht diese Gefahr zwar nicht unmittelbar; ganz abgesehen davon, daß es auch in diesem Fall zu einer Verwässerung der mitgliedschaftlichen Herrschaftsrechte kommt, läßt es sich jedoch nicht ausschließen, daß im nachhinein weitere Gesellschafter aufgenommen werden.[150]

---

[145] S. neben BGHZ 83, 122, 131 f. = NJW 1982, 1703 insbes. *Emmerich, Hirte, Hüffer, Krieger, Priester, Schlitt, Wahlers,* jew. aaO (Fn. 143); ferner *Henze* BB 2001, 53, 61: „Die Entwicklung einer konzernspezifischen Binnenordnung durch den BGH ist nach dem gegenwärtigen Stand der Dinge nicht zu erwarten"; aA namentlich *Lutter, Schneider, Timm,* jew. aaO (Fn. 143 f.), die von dem Konzern als rechtlich gegliederter Wirtschaftseinheit ausgehen und denen es darum geht, die Hauptversammlung der Obergesellschaft zu dem Grundorgan des Konzerns aufzuwerten.

[146] So jetzt auch *Lutter/Leinekugel* ZIP 1998, 805 f.; s. ferner LG Frankfurt/M. ZIP 1997, 1698; LG Stuttgart ZIP 2000, 2110, 2112 f.; *Mülbert* in GroßkommAktG § 119 Rdnr. 30 mit Auflistung der im Schrifttum genannten, zu einem Gutteil auch für die unverbundene AG bedeutsamen zuständigkeitsbegründenden Maßnahmen.

[147] Vgl. *Geßler,* FS für Stimpel, S. 771, 780 f.; *Henze* Rdnr. 107; *Hüffer,* FS für Ulmer, S. 279, 284 f.

[148] Daneben kann sich die Zuständigkeit aus der wirtschaftlichen Bedeutung der Maßnahme ergeben, s. Rdnr. 39 sowie allgemein *Zimmermann/Pentz,* FS für Müller, S. 151, 166 ff.

[149] So zu Recht BGHZ 83, 122, 136 ff. = NJW 1982, 1703; aus dem Schrifttum namentlich *Hirte* S. 180 ff.; *v. Riegen* S. 17 ff.; *Schlitt* in Semler/Stengel UmwG Anh. § 173 Rdnr. 30; *Wiedemann* Unternehmensgruppe S. 50 ff.; *Zimmermann/Pentz,* FS für Müller, S. 151, 166 ff.; *Wahlers* S. 66 ff. mwN; aA *Mülbert* S. 416 ff. mwN.

[150] So für die Mitwirkung an einer nachfolgenden Kapitalerhöhung zu Recht BGHZ 83, 122, 143 = NJW 1982, 1703; MünchHdb. AG/*Krieger* § 69 Rdnr. 6; aA − gegen Notwendigkeit der Zustimmung bei Ausgliederung auf eine 100 %ige Tochtergesellschaft − *Mülbert* S. 430 ff. in Umsetzung seiner allgemein auf einen Schutz der Vermögensinteressen der Aktionäre beschränkten Konzeption (näher dazu *Habersack* S. 326 ff.; *Hirte* WM 1997, 1001, 1006 ff.; *Hüffer,* FS für Kropff, 1997, S. 127 ff.).

Entsprechendes gilt für Maßnahmen der **Gruppenumbildung.** Namentlich die Ein- 35
bringung von Anteilen an einer Tochtergesellschaft in eine andere Beteiligungsgesellschaft
führt zu einer Verstärkung des Mediatisierungseffekts und kann deshalb dem Erfordernis der
Zustimmung durch die Aktionäre der Mutter-AG unterliegen (Rdnr. 42). Maßnahmen der
Gruppenleitung schließlich können sich, wiewohl sie unmittelbar die Tochtergesellschaft
betreffen, reflexartig auch auf die Rechtsstellung der Aktionäre der Muttergesellschaft auswirken, so daß sich deren Mitspracherechte gegebenenfalls bis in das abhängige Unternehmen verlängern (Rdnr. 43 f.).[151] Die Zuständigkeit der Hauptversammlung der herrschenden AG tritt dann gegebenenfalls neben die – geschriebene oder ungeschriebene
(Rdnr. 33) – Zuständigkeit der Gesellschafter der abhängigen Gesellschaft. Keine Anwendung finden die „Holzmüller"-Grundsätze in der Insolvenz der Gesellschaft, und zwar
sowohl im Regelinsolvenzverfahren als auch bei der Anordnung von Eigenverwaltung.[152]

cc) Analoge Anwendung zuständigkeitsbegründender Normen. Der BGH hat in 36
der „Holzmüller"-Entscheidung die Grundlage für die Zuständigkeit der Hauptversammlung in § 119 Abs. 2 erblickt. Diese Vorschrift gebe dem Vorstand zwar nur das *Recht,*
Fragen der Geschäftsführung der Hauptversammlung vorzulegen; bei Maßnahmen, die tief
in die Mitgliedsrechte der Aktionäre eingreifen, könne sich dieses Recht jedoch zu einer
Vorlagepflicht verdichten.[153] Im Schrifttum dominiert dagegen eine Begründung, die an
geschriebenen Zuständigkeiten der Hauptversammlung ansetzt und diese im Wege der
Analogie auf vergleichbare Sachverhalte erstreckt.[154] Dem ist zu folgen. Gegen die Heranziehung des § 119 Abs. 2 spricht bereits dessen Normzweck, besteht dieser doch im
wesentlichen darin, dem Vorstand im Zusammenhang mit *Geschäftsführungsmaßnahmen* die
Möglichkeit einer *Haftungsausschlusses* nach § 93 Abs. 4 S. 1 zu verschaffen.[155] Demgegenüber geht es bei der Begründung ungeschriebener Hauptversammlungszuständigkeiten nicht
um den Schutz des Vorstands, sondern umgekehrt um den Schutz der Aktionäre vor dem
Vorstand, der, sei es eigenmächtig oder im Zusammenwirken mit dem Mehrheitsaktionär,
eine Maßnahme mit strukturänderndem Charakter vollzieht und dadurch nicht nur den
Bereich der Geschäftsführung verläßt,[156] sondern zugleich die mitgliedschaftlichen Rechte
und Interessen der Aktionäre gefährdet. Es kommt hinzu, daß der auf § 119 Abs. 2 gestützte
Begründungsansatz äußerst konturenlos ist. Demgegenüber gewährleistet der im Schrifttum
vorherrschende Ansatz, die Mitwirkungsbefugnisse der Hauptversammlung in Anlehnung
an geschriebene Zuständigkeiten zu entwickeln, ein gewisses Maß an Rechtssicherheit.
Dabei ist dem Verfahren der **Einzelanalogie** der Vorzug vor einer (ihrerseits konturenlosen)
Gesamtanalogie zu den geschriebenen Zuständigkeitstatbeständen zu geben und – entsprechend allgemeinen Grundsätzen der Methodenlehre – nach dem Vorliegen einer Regelungslücke und der Vergleichbarkeit des ungeregelten mit dem geregelten Sachverhalt zu
fragen.[157]

[151] BGHZ 83, 122, 137 ff. = NJW 1982, 1703; zu
weit. Nachw. s. Fn. 193.
[152] Überzeugend *Noack* ZIP 2002, 1873, 1874 ff.
[153] BGHZ 83, 122, 131 f. = NJW 1982, 1703.
[154] So (mit Unterschieden im Detail) *Henze,* FS
für Ulmer, S. 211, 218 ff.; *ders.* BB 2001, 53, 60;
Joost ZHR 163 (1999), 164, 179 ff.; *Koppensteiner* in
Kölner Kommentar Vor § 291 Rdnr. 21;
MünchHdb. AG/*Krieger* § 69 Rdnr. 6; *Lutter,* FS für
Fleck, 1988, S. 169, 182 f.; *Martens* ZHR 147
(1983), 377, 380 ff.; *Mülbert* S. 395 ff.; *ders.* in GroßkommAktG § 119 Rdnr. 23; *Priester* ZHR 163
(1999), 187, 195; *K. Schmidt* GesR § 28 V 2 b;
Wiedemann Unternehmensgruppe S. 52; *Weißhaupt*
NZG 1999, 804, 807; *Westermann,* FS für Koppen-
steiner, S. 259, 270 ff.; *Leinekugel* S. 156 ff.; *v. Riegen*
S. 56 ff. mwN; ähnlich *Zimmermann/Pentz,* FS für
Müller, S. 151, 160 ff.; aA – für § 119 Abs. 2 – *Hüf-*

fer § 119 Rdnr. 18; *Reichert* in Habersack/Koch/
Winter S. 25, 45 f.
[155] So zu Recht *Martens* ZHR 147 (1983), 377,
383 f.; *Werner* ZHR 147 (1983), 429, 438 ff
[156] So im wesentlichen die in Fn. 154 genannten
Befürworter einer analogen Anwendung zuständigkeitsbegründender Vorschriften; dezidiert aA *Hüffer,*
FS für Ulmer, S. 279, 286 ff., der in dem durch
„Holzmüller" anerkannten Beschlußerfordernis
(und der damit einhergehenden Möglichkeit der Beschlußkontrolle) vor allem eine Verbesserung des
Rechtsschutzes der Aktionäre gegen Leitungs-, d. h.
Geschäftsführungsmaßnahmen des Vorstands erblickt.
[157] Gegen eine Gesamtanalogie im Zusammenhang mit der Pflicht zur Offenlegung von Verträgen
BGHZ 146, 288, 295 ff. = NJW 2001, 1277 (dazu
noch Rdnr. 47); für vorliegenden Zusammenhang s.

37   b) **Reichweite. aa) Gruppenbildung.** Für die Fälle der **Ausgliederung** von Unternehmensteilen haben die §§ 123 Abs. 3, 125, 13, 65 UmwG insoweit eine klare gesetzliche Regelung der Problematik geschaffen, als es danach zur Wirksamkeit der Ausgliederung der Zustimmung der Hauptversammlung mit einer Mehrheit von mindestens 3/4 des bei der Beschlußfassung vertretenen Kapitals bedarf. Die genannten Vorschriften betreffen allerdings allein die Ausgliederung im Wege der partiellen Gesamtrechtsnachfolge. Daneben besteht weiterhin die Möglichkeit, die Ausgliederung im Wege der *Einzelrechtsnachfolge* und damit außerhalb des Anwendungsbereichs der §§ 123 Abs. 3, 125, 13 UmwG zu vollziehen.[158] In diesen Fällen kann sich die Zuständigkeit der Hauptversammlung aus dem *strukturändernden Charakter* der Maßnahme und den mit ihr verbundenen Gefahren für die Aktionäre der ausgliedernden Gesellschaft ergeben.[159] Unerheblich ist, ob durch die Ausgliederung erstmals ein Abhängigkeits- oder Konzernverhältnis begründet wird. Auch wenn die ausgliedernde Gesellschaft bereits herrschendes Unternehmen ist, beurteilt sich die Zulässigkeit der Ausgliederung nach den nachfolgend darzustellenden Grundsätzen; der Gruppenausbau steht also, was die Frage der Zuständigkeit betrifft, der Gruppenbildung gleich.[160]

38   Für die **Bargründung** gelten die Grundsätze über die Einbringung von Unternehmensteilen sinngemäß. Dagegen ist die Frage der Anwendbarkeit der „Holzmüller"-Grundsätze auf den **Beteiligungserwerb** umstritten; Stimmen, die für ein Zustimmungserfordernis von vornherein keinen Raum sehen,[161] stehen solche gegenüber, die die Vergleichbarkeit des Beteiligungserwerbs mit der Ausgliederung betonen und demgemäß die Anwendbarkeit der „Holzmüller"-Grundsätze bejahen.[162] Letzteren Stimmen ist schon deshalb zu folgen, weil der Beteiligungserwerb aus Sicht der Aktionäre die nämlichen Wirkungen und Gefahren zeitigt wie die Ausgliederung von Gesellschaftsvermögen; insbes. kommt es auch durch den Beteiligungserwerb zu dem erwähnten (Rdnr. 34) Mediatisierungseffekt.[163] Soweit demgegenüber darauf hingewiesen wird, daß die Aktionäre bei Vorhandensein einer satzungsmäßigen Ermächtigung zum Beteiligungserwerb (Rdnr. 31) mit entsprechenden Vorgängen rechnen müssten und schon dadurch ihrem Schutzbedürfnis Rechnung getragen sei,[164] vermag dies nicht zu überzeugen. Die „Holzmüller"-Grundsätze betreffen vielmehr gerade den Fall, daß sich der Vorstand im Rahmen der Satzung bewegt, und fragen nach der Notwendigkeit einer einzelfallbezogenen Zustimmung der Aktionäre. Zwar trifft es zu, daß der Erwerb von Tochtergesellschaften im Grundsatz in den gewöhnlichen Rahmen von Handlungen der Geschäftsführung fällt.[165] Hiervon zu unterscheiden sind indes Erwerbsvorgänge von besonderer Tragweite für Gesellschaft und Aktionäre (Rdnr. 40 f.). Sie können selbst dann dem Zustimmungserfordernis unterliegen, wenn es sich bei der erwerbenden Gesellschaft um eine **Holding-AG** handelt. Allerdings sollte die satzungsmäßige Gegenstandsbestimmung (und damit das Ausmaß des dem Vorstand eingeräumten Freiraums) bei Beurteilung der „Wesentlichkeit" der Maßnahme Berücksichtigung finden (Rdnr. 41).

ferner *Henze* Rdnr. 111; *Mülbert* in Großkomm-AktG § 119 Rdnr. 23; *Westermann*, FS für Koppensteiner, S. 259, 272 f.; *Zimmermann/Pentz*, FS für Müller, S. 151, 160 ff.

[158] Im Ausgangspunkt wohl einhM, s. etwa *Priester* ZHR 163 (1999), 187 ff.; MünchHdb. AG/*Krieger* § 69 Rdnr. 7 f.; eingehend zu den mit der Einbringung im Wege der Einzelübertragung verbundenen Fragen *Schlitt* in Semler/Stengel UmwG Anh. § 177 Rdnr. 4 ff.; zur Frage der analogen Anwendung umwandlungsrechtlicher Vorschriften s. aber Rdnr. 45 ff., 50.

[159] Vgl. die Nachw. in Fn. 141–143; zur Notwendigkeit einer satzungsmäßigen Ermächtigung für die Ausgliederung s. Rdnr. 31.

[160] Wohl allgM, s. statt aller MünchHdb. AG/*Krieger* § 69 Rdnr. 8.

[161] *Mertens* in Kölner Kommentar § 76 Rdnr. 51 f.; MünchHdb. AG/*Krieger* § 69 Rdnr. 7;

Joost ZHR 163 (1999), 164, 183; *Renner* NZG 2002, 1091 ff.; *Timm* ZIP 1993, 114, 117; *Werner* ZHR 147 (1983), 429, 447; *Wollburg/Gehling*, FS für Lieberknecht, S. 133, 152.

[162] LG Stuttgart AG 1992, 236, 237 f. (obiter); *Gessler*, FS für Stimpel, S. 771, 786 f.; *Henze*, FS für Ulmer, S. 211, 229 f.; *Hirte* S. 177 f.; *Wahlers* S. 94 ff.; s. ferner *Koppensteiner* in Kölner Kommentar Vor § 291 Rdnr. 24 ff.

[163] Die tragenden Erwägungen der „Holzmüller"-Entscheidung (BGHZ 83, 122, 136 f. = NJW 1982, 1703) lassen sich denn auch ohne jede Einschränkung auf den Beteiligungserwerb übertragen.

[164] So MünchHdb. AG/*Krieger* § 69 Rdnr. 7; *Joost* ZHR 163 (1999), 164, 183.

[165] BGHZ 83, 122, 132 = NJW 1982, 1703.

bb) Beteiligungsabgabe. Die Beteiligungsabgabe macht den Effekt der Mediatisierung 39
rückgängig: Während bislang ein Teil des Gesellschaftsvermögens in der Beteiligung gebunden und durch den Vorstand namens der AG zu verwalten war, fließt nunmehr der Kaufpreis in das Gesellschaftsvermögen. Eine strukturändernde, die Zuständigkeit der Hauptversammlung begründende Maßnahme liegt deshalb allein unter der Voraussetzung vor, daß infolge der Veräußerung der satzungsmäßige *Unternehmensgegenstand nicht mehr ausgefüllt* und somit die Satzung durchbrochen wird (Rdnr. 31).[166] Dabei wird man insbes. in Fällen, in denen die satzungsmäßige Gegenstandsbestimmung die tatsächliche Struktur und die tatsächlichen Betätigungsfelder der Gesellschaft nur unzureichend wiedergibt, weniger auf den Wortlaut der Satzung als auf die tatsächliche Prägung der Gesellschaft abzustellen und eine – der Gegenstandsänderung vergleichbare – Strukturmaßnahme auch in der Aufgabe eines eigenständigen und im Kernbereich des Unternehmens angesiedelten Geschäftszweigs zu erblicken haben.[167] Im übrigen ist der allgemein bestehenden Gefahr einer mittelbaren Schädigung der Aktionäre infolge verbilligter Abgabe der Beteiligung durch Rückgriff auf die schadensersatzbewehrten Verhaltenspflichten der Organwalter, mithin durch §§ 93, 116, Rechnung zu tragen;[168] für ein **Vorerwerbsrecht** der Mutteraktionäre auf die Tochter-Aktien ist de lege lata kein Raum.[169] Auch in der **erstmaligen Aufnahme von Minderheitsgesellschaftern** in die Tochtergesellschaft[170] kann jedenfalls dann keine Strukturänderung gesehen werden, wenn die Tochter die Rechtsform der AG aufweist; dies deshalb, weil der konzernrechtliche Status der Tochter-AG durch die Aufnahme von Minderheitsaktionären keine Änderung erfährt.[171] Was schließlich die Teilabgabe einer **unternehmerischen Einfluss** vermittelnden Beteiligung, insbesondere der Verlust einer qualifizierten oder einfachen Mehrheit, betrifft, so vermag sie schon vor dem Hintergrund, daß dem Vorstand eine Konzernleitungspflicht nicht obliegt (§ 311 Rdnr. 12), *als solche* (d. h. unab-

---

[166] *Groß* AG 1994, 266, 271 f., 275 f.; *Joost* ZHR 163 (1999), 164, 185 f.; *Koppensteiner* in Kölner Kommentar Vor § 291 Rdnr. 41; *Schlitt* in Semler/Volhard § 23 Rdnr. 139; *Seydel* S. 441; *Sünner* AG 1983, 169, 170; *Habersack* DStR 1998, 533, 535 f.; aA – für Eingreifen der „Holzmüller"-Grundsätze – die hM, s. OLG München AG 1995, 232, 233; LG Düsseldorf AG 1999, 94; LG Duisburg NZG 2002, 643 f.; LG Frankfurt/M. ZIP 1997, 1698, 1701 f.; LG Stuttgart AG 1992, 236, 237 f.; *Lutter*, FS für Westermann, S. 347, 365; *ders.*, FS für Stimpel, S. 825, 840, 849; *ders./Leinekugel* ZIP 1998, 225, 230 f.; *Henze*, FS für Ulmer, S. 211, 230 f.; *Hirte* S. 182 ff.; *Hüffer*, FS für Ulmer, S. 279, 294 f.; *Fuchs* in Henze/Hoffmann-Becking S. 259, 268 f.; *Fleischer* ZHR 165 (2001), 513, 524 f.; *Mülbert* S. 434 f.; MünchHdb. AG/*Krieger* § 69 Rdnr. 8; *Reichert* in Habersack/Koch/Winter S. 25, 69 f.; *Wollburg/Gehling*, FS für O. Lieberknecht, S. 133, 155 ff.; *Timm* S. 138 f.; *ders.* ZIP 1993, 114, 117; *Wackerbarth* S. 469 ff.; *ders.* AG 2002, 14, 16; *Wiedemann* Unternehmensgruppe S. 57; *ders.* in GroßkommAktG § 179 Rdnr. 75; *Zimmermann/Pentz*, FS für Müller, S. 151, 167 f.; zur Unternehmenspraxis s. ferner den instruktiven Bericht von *Bernhardt* DB 2000, 1873, 1876 f.

[167] So zu Recht *Wollburg/Gehling*, FS für Lieberknecht, S. 133, 156 f.; *Reichert* in Habersack/Koch/Winter S. 25, 69 f.; *Lutter/Leinekugel* ZIP 1998, 225, 229 f.; *Zimmermann/Pentz*, FS für Müller, S. 153, 168; *Wiedemann* in GroßkommAktG § 179 Rdnr. 75; enger noch Voraufl. Rdnr. 20.

[168] *Groß* AG 1994, 266, 275 f.; *Wollburg/Gehling*, FS für Lieberknecht, S. 133, 153 f.; *Habersack* WM 2001, 545, 546 ff.

[169] *Busch/Groß* AG 2000, 503, 505 ff.; *Fuchs* in Henze/Hoffmann-Becking S. 259, 271 ff.; *Fleischer* ZHR 165 (2001), 513, 514 ff.; *Habersack* WM 2001, 545, 546 ff.; *Henze*, FS für Ulmer, S. 211, 237 f.; *Hüffer* § 119 Rdnr. 18, § 186 Rdnr. 5 a; *Lüders/Wulff* BB 2001, 1209, 1213 f.; *Schlitt* in Semler/Volhard § 23 Rdnr. 142 f.; *Trapp/Schick* AG 2001, 381, 388 ff.; *Wackerbarth* AG 2002, 14, 20 (freilich basierend auf der unzutreffenden Prämisse, daß die erstmalige Aufnahme Dritter in die Tochtergesellschaft stets der Zustimmung der Mutteraktionäre bedarf); aA *Lutter* AG 2000, 342, 343 f.; *ders.* AG 2001, 349, 351; für ein „Zuteilungsprivileg" *Becker/Fett* WM 2001, 549, 555 f.

[170] Hierauf wird das Zustimmungserfordernis gegründet von *Lutter,* FS für Westermann, S. 347, 365 f.; *Hirte* S. 182 ff.; *Fuchs* in Henze/Hoffmann-Becking S. 259, 269; *Fleischer* ZHR 165 (2001), 513, 524 f.; *Mülbert* S. 434 f.: auf der Basis einer (nicht überzeugenden, weil die Eigenständigkeit der Einpersonen-Gesellschaft ausblendenden) „rechtsträgerübergreifenden" Betrachtung von Mutter und 100%iger Tochter, der ein Durchgriff der unternehmensbezogenen Gesellschafterrechte von oben nach unten, mithin eine Verlängerung sämtlicher mitgliedschaftlicher Rechte der Aktionäre der Obergesellschaft in die Tochter hinein entspreche, auch *Wackerbarth* AG 2002, 14, 16 f.; *ders.* S. 469 ff., 489 ff.

[171] S. § 311 Rdnr. 13; § 312 Rdnr. 6; Anh. § 317 Rdnr. 5, dort und in Anh. § 318 Rdnr. 33 ff. auch zur abweichenden Rechtslage im GmbH-Recht; s. ferner *Habersack* ZIP 2001, 1230, 1234.

hängig von dem Betroffensein eines im Kernbereich des Unternehmens angesiedelten Geschäftszweigs) ein Zustimmungserfordernis nicht zu begründen.[172] Die zur Beteiligungsveräußerung getroffenen Feststellungen beanspruchen schließlich für die **Veräußerung sonstiger Vermögensgegenstände,** insbes. unselbständiger Unternehmensbereiche, entsprechende Geltung.[173] Vorbehaltlich einer mit ihr verbundenen „faktischen" Gegenstandsänderung (Rdnr. 31) greift auch sie grundsätzlich nicht in die mitgliedschaftlichen Befugnisse der Aktionäre ein.

40   cc) **Wesentlichkeitserfordernis.** Eine die Zuständigkeit der Hauptversammlung begründende Strukturmaßnahme liegt nur unter der Voraussetzung vor, daß die Konzernbildung einen „wesentlichen" Teil des Gesellschaftsvermögens betrifft. Andernfalls erscheint die Hinzuziehung der Hauptversammlung als verzichtbar.[174] Der Vorschrift des § 123 Abs. 3 UmwG läßt sich nichts Gegenteiliges entnehmen. Zwar bedarf danach jede und damit auch eine wirtschaftlich völlig unbedeutende Ausgliederung der Zustimmung nach §§ 125, 13, 65 UmwG; indes erklärt sich dies zum einen aus der in § 131 Abs. 1 Nr. 1 UmwG vorgesehenen partiellen Gesamtrechtsnachfolge, zum anderen aus der auch an formalen Ordnungsprinzipien und den Vorgaben des europäischen Rechts orientierten Regelungstechnik des UmwG.[175] Allerdings sprechen die genannten Vorschriften des UmwG durchaus dafür, daß sich zumindest für die **Ausgliederung** (Rdnr. 37) das Regel-Ausnahme-Verhältnis verschoben hat: War die „Holzmüller"-Entscheidung noch so zu verstehen, daß nur krasse, im Vorfeld der Vermögensübertragung angesiedelte Fälle zustimmungspflichtig sein sollten,[176] so sollte es nunmehr, nachdem der Gesetzgeber mit den Vorschriften der §§ 123 Abs. 3, 125, 13 UmwG auch einem Schutzbedürfnis der Anteilseigner des sich spaltenden Rechtsträgers Rechnung tragen wollte,[177] nur noch um die Herausbildung von Ausnahmetatbestanden und damit eines Bagatellvorbehalts gehen.[178] Gute Gründe sprechen denn auch für die analoge Anwendung des § 62 UmwG.[179] Die Mitwirkung der Hauptversammlung wäre danach entbehrlich, wenn sich der Unternehmenswert der Untergesellschaft – bei Beteiligung Dritter: der Wert der erworbenen Beteiligung – auf weniger als 10% des Gesamtwerts des Konzerns beläuft. Auch die Vorschrift des § 186 Abs. 3 S. 4 deutet in diese Richtung, ist doch die Ausgliederung in ihren Wirkungen einem Bezugsrechtsausschluß durchaus vergleichbar (Rdnr. 34).[180]

41   Die ganz überwiegende Ansicht, darunter insbes. wesentliche Teile der Instanzrechtsprechung,[181] ist indes gegenteiliger Ansicht und sieht das Zustimmungserfordernis erst in

[172] So aber (konsequenter Weise) *Hommelhoff* S. 447; *Timm* S. 142; *ders.* ZIP 1993, 114, 117; ebenso *Fuchs* in Henze/Hoffmann-Becking S. 259, 269; *Lüders/Wulff* BB 2001, 1209, 1212.

[173] Gegen ein Zustimmungserfordernis auch *Joost* ZHR 163 (1999), 164, 185 f.; aA *Lutter/Leinekugel* ZIP 1998, 225, 230; *dies.* ZIP 1998, 805, 806; *Reichert* in Habersack/Koch/Winter S. 25, 69 f.

[174] Im Grundsatz wohl unstreitig, s. BGHZ 83, 122, 131 f., 139 ff. = NJW 1982, 1703; MünchHdb. AG/*Krieger* § 69 Rdnr. 8; eingehend *Lutter*, FS für Stimpel, S. 825, 846 ff.; *Wahlers* S. 203 ff. mit umfangr. Nachw.; s. aber auch *Joost* ZHR 163 (1993), 164, 179 ff.; *Veil* ZIP 1998, 361, 368.

[175] So auch *Mülbert* in GroßkommAktG § 119 Rdnr. 28; *Reichert* in Habersack/Koch/Winter S. 25, 46; zu den im Text genannten, nicht die Ausgliederung, sondern nur die Verschmelzung und die Auf- und Abspaltung betreffenden Vorgaben des europäischen Rechts s. *Habersack* Rdnr. 207 ff.

[176] So auch heute noch *Hüffer* § 119 Rdnr. 18.

[177] *H. Schmidt* in Habersack/Koch/Winter S. 10, 19 f.

[178] Eingehend zu diesem Ansatz *Lutter*, FS für Stimpel, S. 825, 846 ff.; *Mecke* S. 185 ff.; *Wahlers*

S. 203 ff.; s. ferner LG Frankfurt/M. NZG 1998, 113, 115; s. ferner die Nachw. in Fn. 179 ff.

[179] Für Maßgeblichkeit der 10%-Grenze auch *Mülbert* S. 436 f., *Seydel* S. 433 ff.; vor Erlaß des UmwG bereits LG Frankfurt/M. ZIP 1993, 830, 832; s. ferner bereits *Kropff*, FS für Geßler, S. 111, 124; *Hefermehl/Bungeroth* in Geßler/Hefermehl § 182 Rdnr. 116.

[180] Darauf bereits hinweisend *Lutter*, FS für Westermann, S. 347, 365; eingehend *Hirte* S. 182 ff.

[181] So namentlich OLG Karlsruhe DB 2002, 1094 (kein Zustimmungserfordernis bei Einbringung einer zwar wirtschaftlich bedeutsamen, aber nicht im Kernbereich des Unternehmens angesiedelten Beteiligung); OLG München AG 1995, 232, 233 (bejaht bei Veräußerung des einzigen werthaltigen Vermögensgegenstands); OLG Celle ZIP 2001, 613, 615 f. (Veräußerung des gesamten Vermögens der einzigen Beteiligungsgesellschaft einer Holding-AG); ebenso LG Hannover 2000, 1607; s. ferner LG Düsseldorf AG 1999, 94 (betreffend die Beteiligungsveräußerung: keine Mitwirkung bei Verkauf einer Beteiligung in einem Wert von 50% der Aktiva); OLG Köln ZIP 1993, 110, 113 f. (Ausgliederung wesentlicher Betriebsteile eines Versicherungs-

Fällen begründet, in denen nicht nur ein Bagatellvorbehalt überschritten, sondern umgekehrt ein wesentlicher Teil des Gesellschaftsvermögens betroffen ist. Dabei schwanken die Angaben überwiegend zwischen 25 und 50%, wobei allerdings schon hinsichtlich der Bezugsgröße – genannt werden unter anderem das Aktivvermögen, der Umsatz und das Eigenkapital, die wiederum entweder auf die ausgliedernde Gesellschaft oder auf den Gesamtkonzern bezogen werden – keine Einigkeit besteht.[182] Auch der BGH scheint – in grundsätzlicher Übereinstimmung mit der in der „Holzmüller"-Entscheidung[183] verfolgten Linie – das Zustimmungserfordernis weiterhin davon abhängig machen zu wollen, daß zumindest 50% des Gesellschaftsvermögens betroffen sind; hierauf deuten Stellungnahmen von Mitgliedern des II. Zivilsenats zur – eine freiwillige Vorlage betreffenden[184] – Senatsentscheidung in Sachen Altana/Milupa hin.[185] Dem kann für **Veräußerungsvorgänge** (Rdnr. 39) schon mit Blick auf die Wertung des § 179 a gefolgt werden.[186] Dabei sollte einer auf den Einzelfall abstellenden Wertung der Vorzug vor einer schematischen Lösung gegeben und neben dem Anteil der abzugebenden Vermögensgegenstands am Ertrag (und sekundär an Umsatz, Aktiva und Bilanzsumme) der Gesellschaft auch die Frage der Zugehörigkeit zum Kerngeschäft und die Bedeutung für Strategie und Image des Unternehmens berücksichtigt werden.[187] Zu berücksichtigen ist darüber hinaus, daß die Aktionäre den Verantwortungsbereich des Vorstands insbes. durch die Ausgestaltung des Unternehmensgegenstands beeinflussen können;[188] namentlich in der **Holding-AG** müssen deshalb die „Holzmüller"-Grundsätze im Zusammenhang mit dem Erwerb und der Veräußerung von Beteiligungen restriktiv zur Anwendung gebracht werden. Was den Anteil an Ertrag und sonstigen Kennzahlen betrifft, so ist auf die abgebende Gesellschaft (nicht dagegen auf den Konzern) abzustellen. Bei der Teilabgabe einer Beteiligung ist die „Wesentlichkeit" in Bezug auf die abzugebende Beteiligung, nicht dagegen in Bezug auf die Tochtergesellschaft insgesamt zu

unternehmens, verneint bei Ausgliederung von 8,25 % des Beitragsaufkommens); großzügiger LG Frankfurt/M. ZIP 1997, 1698, 1701 (Verkauf eines Tochter-Geschäftsbetriebs, der 23% der Konzernbilanzsumme und 30% des Konzernumsatzes erwirtschaftet, ist zustimmungspflichtig; dazu noch Fn. 185).

[182] S. insbes. *Lutter,* FS für Fleck, 1988, S. 169, 179 f. (ca. 20–25% der Aktivseite der Bilanz oder der gemittelten Erträge der vergangenen 20 Jahre); *Liebscher* S. 89 (25% des Gesamtvermögens oder -umsatzes der Muttergesellschaft); *Wollburg/Gehling,* FS für O. Lieberknecht, S. 133, 159 (20–25% des Vermögens der Obergesellschaft); *Henssler,* FS für Zöllner, S. 203, 213 (Zustimmungspflicht, wenn Anteil der ausgegliederten Bereiche mindestens 25% des Jahresergebnisses der ausgründenden Gesellschaft beisteuern); ferner *Veil* ZIP 1998, 361, 369, und *Wahlers* aaO S. 203 ff. (jew. 50% des Grundkapitals); *Krieger* in MünchHdb. AG § 69 Rdnr. 8 (unterhalb einer Quote von ca. einem Drittel der Konzern-Bilanzsumme grundsätzlich keine Zustimmungspflicht; *Priester* ZHR 163 (1999), 187, 196 f. (Teilbetrieb von erheblichem Gewicht, wobei Umsatz, Ertrag und Wert, aber auch die Bedeutung für das Kerngeschäft des Unternehmens zu berücksichtigen sind); *Zimmermann/Pentz,* FS für Müller, S. 151, 168 f. (Vermutung der Wesentlichkeit bei 50% des Gesellschaftsvermögens); *Reichert* in Habersack/Koch/Winter S. 25, 44 f., 51 (in der Regel über 50% des Aktivvermögens und zugleich Eingriff in den Kernbereich der unternehmerischen Tätigkeit erforderlich); so auch *Schlitt* in Semler/Stengel UmwG Anh. § 173 Rdnr. 33; für die Veräußerung von Unternehmensteilen ebenso *Lutter/Leinekugel* ZIP 1998,

225, 230; *Hüffer* § 119 Rdnr. 18 ("krasse, in die Nähe der Vermögensübertragung geratende Fälle"); *ders.,* FS für Ulmer, S. 279, 295 f. (75% des Buchvermögens oder des Umsatzes).

[183] BGHZ 83, 122, 131 f. = NJW 1982, 1703; in casu ging es um die Ausgliederung eines Teilbetriebs, dessen Aktiva sich auf 80% der gesamten Aktiva der ausgliedernden AG beliefen, s. die Angaben im Berufungsurteil des OLG Hamburg ZIP 1980, 1000, 1005.

[184] *Röhricht* VGR 5 (2002), S. 3, 35 f.

[185] BGHZ 146, 288 = NJW 2001, 1277 (betreffend die Veräußerung des Geschäftsbetriebs einer Konzerntochter mit einem Volumen von 23% der Konzernbilanzsumme und 30% des Gesamtumsatzes); hierzu *Röhricht* VGR 5 (2002), S. 3, 35 ff.; *Kurzwelly* in Henze/Hoffmann/Becking S. 1, 19 (wonach „Holzmüller" „eher fern lag"); s. ferner *Henze,* FS für Ulmer, S. 211, 223 f. (nicht weniger als 50%, zudem besondere Bedeutung des auszugliedernden Betriebsteils erforderlich); *ders.* Rdnr. 153 (Vorstandsmaßnahmen, die denen im „Holzmüller"-Fall vergleichbar sind).

[186] Die hM (Fn. 181 ff.) unterscheidet insoweit allerdings nicht, spricht sich also für eine sowohl die Ausgliederung als auch Veräußerungsvorgänge umfassende Einheitslösung aus.

[187] In diesem Sinne zu Recht *Henze,* FS für Ulmer, S. 211, 222 ff.; MünchHdb. AG/*Krieger* § 69 Rdnr. 8; *Priester* ZHR 163 (1999), 187, 196; *Reichert* in Habersack/Koch/Winter S. 25, 44 f., 72 f.; *Zimmermann/Pentz,* FS für Müller, S. 151, 168 f.

[188] Hierauf zu Recht hinweisend *Reichert* in Habersack/Koch/Winter S. 25, 44 f.

bestimmen.[189] Allgemein (d. h. nicht nur für Veräußerungsvorgänge, sondern auch für Ausgliederungen und vergleichbare Sachverhalte) gilt, daß **mehrere Einzelmaßnahmen** zusammenzurechnen sind, wenn zwischen ihnen ein zeitlicher und wirtschaftlicher Zusammenhang besteht;[190] davon ist insbes. in Fällen auszugehen, in denen die Einzelmaßnahmen Bestandteil einer allgemeinen Umstrukturierung des Konzerns sind.

42   **dd) Gruppenumbildung.** Die Zuständigkeit der Hauptversammlung kommt nicht nur bei der Begründung eines Abhängigkeits- oder Konzernverhältnisses in Betracht. Zustimmungspflichtig können vielmehr auch Maßnahmen sein, die nicht auf die Bildung neuer Abhängigkeits- oder Konzernverhältnisse, sondern auf die Umgestaltung der bereits vorhandenen Konzernstrukturen zielen. Paradigmatisch ist zunächst die – in der Praxis als „Umhängung" bezeichnete – **Einbringung einer Beteiligung** an einer Tochtergesellschaft in eine andere Konzerngesellschaft. Die mit ihr einhergehende Tiefenstaffelung verstärkt den bereits durch die Ausgliederung oder den Beteiligungserwerb begründeten Mediatisierungseffekt, indem die bisherige Tochter nunmehr noch weiter dem Einflußbereich der Aktionäre der Obergesellschaft entzogen wird und es sowohl auf der Ebene der Tochter- als auch auf derjenigen der Enkelgesellschaft zur Vermögensverlagerung auf außenstehende Aktionäre kommen kann.[191] Die Einbringung kann deshalb, das Überschreiten der Wesentlichkeitsschwelle unterstellt (Rdnr. 40 f.), nicht ohne Mitwirkung der Hauptversammlung erfolgen, und zwar auch dann, wenn die Hauptversammlung bereits dem Erwerb der Beteiligung durch die Mutter zugestimmt hat. Entsprechendes gilt für Ausgliederungen auf Tochterebene, ferner für sonstige **umwandlungsrechtliche Vorgänge auf der Ebene von Tochter- oder Enkelgesellschaften,** sofern die Maßnahme Haftungsrisiken der Mutter oder die Gefahr einer Vermögensverlagerung auf außenstehende Dritte begründet.[192]

43   **ee) Gruppenleitung.** In der Konsequenz des „Holzmüller"-Ansatzes liegt es, daß die Hauptversammlung der herrschenden AG auch an Maßnahmen zu beteiligen ist, die der Vorstand in einer *bereits ausgegliederten* oder anderweitig in die Unternehmensgruppe eingebundenen Gesellschaft ergreift.[193] Denn auch solche Maßnahmen der Konzernleitung können die Konzernstruktur nachhaltig verändern und die Mitgliedsrechte und Vermögensinteressen der Aktionäre der Obergesellschaft beeinträchtigen. Die Frage einer Mitwirkung der Aktionäre stellt sich allerdings nur unter der Voraussetzung, daß die Tochtergesellschaft von *„wesentlicher"* Bedeutung ist (Rdnr. 40 f.), und selbst insoweit vor allem für den Fall, daß das Abhängigkeits- oder Konzernverhältnis aufgrund einer entsprechenden Satzungsermächtigung (Rdnr. 31) und der gegebenenfalls erforderlichen Zustimmung der Hauptversammlung (Rdnr. 37 ff.) begründet wurde; andernfalls ist bereits die Gruppenbildung als solche

[189] So auch *Lüders/Wulff* BB 2001, 1209, 1212; *Busch/Groß* AG 2000, 503, 507; wohl auch *Wollburg/Gehling,* FS für Lieberknecht, S. 159, 161; aA MünchHdb. AG/*Krieger* § 69 Rdnr. 39 (betr. die Kapitalerhöhung); *Lutter* AG 2000, 349, 350; *Fuchs* in Henze/Hoffmann-Becking S. 259, 269.
[190] So auch *Zimmermann/Pentz,* FS für Müller, S. 153, 169; *Schlitt* in Semler/Stengel UmwG Anh. § 173 Rdnr. 34; MünchHdb. AG/*Krieger* § 69 Rdnr. 8 mwN; s. ferner für die zum 31. 12. 1998 erfolgte Umstrukturierung des Metro-Konzerns *Westermann,* FS für Koppensteiner, S. 259, 261.
[191] OLG Karlsruhe DB 2002, 1094, 1095. – Unerheblich ist, ob die Tochter- oder Enkelgesellschaft bereits über außenstehende Gesellschafter verfügt, s. Rdnr. 34.
[192] S. Rdnr. 44 betreffend den Abschluß von Unternehmensverträgen, ferner LG Köln AG 1992, 238, 239 und OLG Köln AG 1993, 86, 88 (die Vorlagepflicht allerdings jeweils in Ermangelung der Wesentlichkeit der Maßnahme ablehnend); *Lutter,*

FS für Stimpel, S. 825, 849; *Henze,* FS für Ulmer, S. 211, 225; *Mülbert* S. 437 f.; s. auch § 319 Rdnr. 16, § 327 Rdnr. 4.
[193] BGHZ 83, 122, 136 ff., 141 ff. = NJW 1982, 1703; LG Frankfurt/M. ZIP 1997, 1698; *Emmerich/Sonnenschein/Habersack* § 9 VI 2; *Henze* BB 2000, 209, 211 f.; *Hirte* S. 163 ff., 177 f.; *Koppensteiner* in Kölner Kommentar Vor § 291 Rdnr. 35 ff.; *Lutter,* FS für Stimpel, S. 825, 845 ff.; *Timm* ZIP 1993, 114, 116 ff.; *Wiedemann* Unternehmensgruppe S. 52 ff., 72 ff.; aA *Baums* AG 1994, 1, 10; weniger weit *Altmeppen* DB 1998, 49, 51. – Zur Problematik der Gewinnverwendung im Konzern, insbes. zur Frage einer Zurechnung der in der abhängigen Gesellschaft gebildeten Rücklagen gegenüber der herrschenden AG, s. namentlich *Geßler* AG 1985, 257 ff.; *Lutter,* FS für Goerdeler, 1987, S. 327 ff.; *Werner,* FS für Stimpel, 1985, S. 935 ff.; *Westermann,* FS für Pleyer, 1986, S. 421, 437 ff.; *Gollnick,* Gewinnverwendung im Konzern, 1991.

rechtswidrig und rückgängig zu machen (Rdnr. 49). Ist die Gruppenbildung durch Satzung und Hauptversammlung legitimiert, so gilt dies auch für *gewöhnliche* Maßnahmen der Gruppenleitung; *wesentliche*[194] Strukturentscheidungen auf der Ebene der beherrschten (und ihrerseits „wesentlichen", s. Rdnr. 40 f.) Gesellschaft lösen dagegen ungeachtet der Zustimmung der Hauptversammlung zur gruppenbildenden Maßnahme die Zuständigkeit der Hauptversammlung der herrschenden AG aus.[195]

Welche Maßnahmen im einzelnen dem Zustimmungserfordernis unterliegen, ist nicht **44** abschließend geklärt. Klar ist zunächst, daß Maßnahmen, die auf der Ebene der Obergesellschaft ohne Mitwirkung der Aktionäre vorgenommen werden können, auch bei Vollzug auf der Tochterebene[196] mitwirkungsfrei sind; nach hier vertretener Ansicht gilt dies grundsätzlich für die Veräußerung von Beteiligungen und Unternehmensteilen (Rdnr. 39).[197] Zu weit ginge es auch, wollte man sämtliche Maßnahmen, die auf der Ebene der Tochtergesellschaft nur mit qualifizierter Mehrheit beschlossen werden können, dem Mitwirkungserfordernis unterstellen.[198] Über gewöhnliche *Satzungsänderungen,* aber auch über auf Tochterebene angesiedelte Aktienoptionspläne,[199] über den *Börsengang*[200] und das *Delisting*[201] von Tochtergesellschaften kann deshalb der Vorstand in seiner Eigenschaft als organschaftlicher Vertreter der beteiligten Obergesellschaft ohne Mitwirkung „seiner" Aktionäre befinden. Dagegen unterliegen insbes. auf der Tochterebene angesiedelte **Kapitalerhöhungen** dem Zustimmungserfordernis, entgegen der Ansicht des BGH[202] allerdings nur dann, wenn die Obergesellschaft ihr Bezugsrecht[203] nicht vollumfänglich ausübt.[204] Dementsprechend bedarf die Einräumung eines genehmigten Kapitals nur dann der Zustimmung, wenn der Tochter-Vorstand auch zum Bezugsrechtsausschluß ermächtigt wird.[205] Zustimmungspflichtig sind des weiteren auf Tochterebene angesiedelte **Gesamtvermögensgeschäfte** (iSd. § 179 a)

---

[194] Nicht zu verwechseln mit dem Erfordernis der „wesentlichen" Bedeutung der Tochtergesellschaft, s. soeben im Text.

[195] S. die Nachw. zum Schrifttum in Fn. 193; ferner *Henze,* FS Ulmer, S. 211, 226; offengelassen dagegen in BGHZ 83, 122, 140 = NJW 1982, 1703.

[196] Die Ausführungen gelten gleichermaßen für Vorgänge auf der Ebene einer Enkelgesellschaft usw.

[197] Für Erstreckung des Beschlußerfordernisses aus § 179 a (Rdnr. 32) auf entsprechende Veräußerungsvorgänge auf der Ebene von Tochtergesellschaften dagegen zu Recht LG Frankfurt/M. ZIP 1997, 1698, 1701; LG Hannover DB 2000, 1607.

[198] So zu Recht BGHZ 83, 122, 140 f. = NJW 1982, 1703.

[199] Hierbei handelt es sich auch auf Tochterebene nicht um eine „Holzmüller"-Maßnahme, s. OLG Stuttgart ZIP 2001, 1367, 1371.

[200] So auch *Fuchs* in Henze/Hoffmann-Becking S. 259, 270 f.; *Henze,* FS für Ulmer, S. 211, 236. – Zum davon zu unterscheidenden Erfordernis eines Beschlusses der Aktionäre der Tochtergesellschaft, s. *Lutter/Drygala,* FS für Raisch, 1995, S. 239, 240 f.; *Lutter/Leinekugel* ZIP 1998, 805, 806; *Vollmer/Grupp* ZGR 1995, 459, 466 f.; ablehnend *Halasz/Kloster* ZBB 2001, 474, 477 f.

[201] Zur Notwendigkeit eines Beschlusses der Aktionäre der Tochtergesellschaft bei vollständigem Rückzug vom organisierten Markt s. BGH DB 2003, 544, 546 (einfache Mehrheit); *Hellwig* ZGR 1999, 781, 799; *Kleindiek,* FS für Bezzenberger, 2000, S. 653, 664; *Lutter,* FS für Zöllner, Bd. I, 1998, S. 363, 378 f.; *Schwark/Geiser* ZHR 161 (1997), 739, 758 ff.; *Vollmer/Grupp* ZGR 1995, 459, 475; *de Vries* Delisting, 2001, S. 91 ff.; *Zetsche* NZG 2000, 1065, 1066; aA *Bungert* BB 2000, 53, 55; *Groß*

ZHR 165 (2001), 141, 163 ff.; *Halasz/Kloster* ZBB 2001, 474, 481 f.; *Henze,* FS für Ulmer, S. 211, 242; *Meyer-Landruth/Kiem* WM 1997, 1361, 1367; *Mülbert* ZHR 165 (2001), 104, 129 ff.; *Wirth/Arnold* ZIP 2000, 111, 113 ff. – Zur Neuregelung des börsenrechtlichen Delistingverfahrens in § 38 Abs. 4 BörsG, § 54 a BörsO Frankfurt/M. s. (zu Recht kritisch) *Hellwig/Bormann* ZGR 2002, 465 ff., *Wilsing/Kruse* NZG 2002, 807, 811 f., *Harrer/Wilsing* DZWiR 2002, 485 ff., *Beck/Hedtmann* BKR 2003, 190 ff. und *Streit* ZIP 2002, 1279, 1283 ff.; zur Klagebefugnis der Aktionäre hinsichtlich der Delistingentscheidung der Börse s. VG Frankfurt/M. ZIP 2002, 1446.

[202] BGHZ 83, 122, 141 ff. = NJW 1982, 1703; so auch *Rehbinder* ZGR 1983, 92, 102; *Hirte* S. 175 ff.

[203] S. dazu BGHZ 83, 122, 142 f. = NJW 1982, 1703; LG Kassel AG 2002, 414, 415 f.; *Busch/Groß* AG 2000, 503, 505 ff.; *Habersack* WM 2001, 545, 546; *Kort* AG 2002, 369, 370 ff.; *Koppensteiner* in Kölner Kommentar Vor § 291 Rdnr. 44; aA – für Bezugsrecht der Aktionäre der Muttergesellschaft oder zumindest Pflicht derselben, ihr Bezugsrecht an die Aktionäre weiterzureichen – *Lutter* AG 2000, 342, 343 f. und AG 2001, 349, 350; s. ferner *Martens* ZHR 147 (1983), 377, 406 ff. Zur Frage eines Vorerwerbsrechts der Mutteraktionäre bei der Beteiligungsabgabe durch die Mutter s. Rdnr. 39 mit weit. Nachw.

[204] Zutr. *Lutter,* FS für Westermann, S. 347, 357 ff.; *Götz* AG 1984, 85 87 f.; *Westermann* ZGR 1984, 352, 376; MünchHdb. AG/*Krieger* § 69 Rdnr. 39.

[205] Ebenso MünchHdb. AG/*Krieger* § 69 Rdnr. 40.

und Auflösungsbeschlüsse,[206] ferner der Abschluß eines **Beherrschungs- oder Gewinn-abführungsvertrags** auf Tochter- oder Enkelebene, sofern hierdurch über §§ 302 f., 322, 324 Abs. 3 Haftungsrisiken der Mutter begründet werden, mithin bei einer durchgehenden Kette von Eingliederungen oder Unternehmensverträgen iSd. § 302;[207] auch insoweit ist allerdings das Zustimmungserfordernis von der „Wesentlichkeit" (Rdnr. 40 f.) der Beteiligungsgesellschaft abhängig zu machen.[208] Zustimmungspflichtig ist schließlich (wiederum die „Wesentlichkeit" der Tochtergesellschaft unterstellt) der Abschluß eines Unternehmensvertrags zwischen der Tochter und einem Dritten.[209]

45   **c) Rechtsfolgen. aa) Beschlußerfordernis.** Umstritten ist, welcher Mehrheit der Zustimmungsbeschluß bedarf. Die vom BGH in der „Holzmüller"-Entscheidung befürwortete Heranziehung des § 119 Abs. 2 (Rdnr. 36) mag zwar darauf hindeuten, daß die einfache Mehrheit genügen solle.[210] Freilich hat der BGH in Bezug auf Maßnahmen der Konzernleitung zu Recht betont, daß die Aktionäre daran so zu beteiligen seien, wie wenn es sich um Angelegenheiten der Obergesellschaft selbst handelte; insbes. Kapitalerhöhungen innerhalb der Tochtergesellschaft (Rdnr. 44) bedürfen danach also auch einer qualifizierten Mehrheit der Aktionäre der Obergesellschaft.[211] Vor dem Hintergrund, daß sich die Heranziehung des § 119 Abs. 2 grundsätzlichen Bedenken ausgesetzt sieht, die Zuständigkeit der Hauptversammlung vielmehr in analoger Anwendung geschriebener Zuständigkeiten zu entwickeln ist (Rdnr. 36), kann für die Maßnahme der Gruppenbildung oder -umbildung schwerlich etwas anderes gelten. Namentlich die Ausgliederung durch Einzelrechtsnachfolge, aber auch die ihr vergleichbaren Maßnahmen (Rdnr. 38, 42) dürfen deshalb entsprechend §§ 123 Abs. 3, 125, 65 UmwG nur auf der Grundlage eines mit einer **Mehrheit von 3/4** des bei der Beschlußfassung vertretenen (und stimmberechtigten) Kapitals zustande gekommenen Beschlusses vorgenommen werden,[212] und zwar auch bei Vorhandensein einer Konzern- oder Holdingklausel.[213] Nichts anderes gilt mit Blick auf § 179 a Abs. 1, sollte ein Veräußerungsvorgang zustimmungsbedürftig sein (Rdnr. 39). Die Vorschrift des § 130 Abs. 1 S. 3 betreffend die Entbehrlichkeit der notariellen Niederschrift findet keine Anwendung. Vorbehaltlich des § 140 Abs. 2 sind Vorzugsaktionäre auch im Zusammenhang mit der Beschlußfassung über „Holzmüller"-Sachverhalte vom Stimmrecht ausgeschlossen; insbes. bedarf es keines Sonderbeschlusses.

46   Erforderlich ist die Zustimmung zu der konkreten Maßnahme der Gruppenbildung oder -leitung; eine satzungsmäßige Konzernklausel erlaubt zwar dem Vorstand die Verlagerung von Aktivitäten auf Tochtergesellschaften (Rdnr. 31), legitimiert aber nicht den mit der

---

[206] BGHZ 83, 122, 140 = NJW 1982, 1703; OLG Celle ZIP 2001, 613, 615 f.; LG Hannover DB 2000, 1607; LG Frankfurt/M. ZIP 1997, 1698, 1701 f.; *Henze* Rdnr. 109.

[207] § 319 Rdnr. 16; *Henze*, FS für Ulmer, S. 211, 225; MünchHdb. AG/*Krieger* § 69 Rdnr. 37; MünchKommAktG/*Altmeppen* § 293 Rdnr. 115; aA *Koppensteiner* in Kölner Kommentar Vor § 291 Rdnr. 47.

[208] S. die Nachw. in voriger Fn.; weitergehend § 293 Rdnr. 10 ff. *(Emmerich)*; *Rehbinder* ZGR 1977, 581, 613; *Timm* S. 171.

[209] BGHZ 83, 122, 137, 140 = NJW 1982, 1703; *Raiser* § 53 Rdnr. 19; *Götz* AG 1984, 85, 88; *Lutter*, FS für Stimpel, S. 825, 849; *ders.*, FS für H. Westermann, S. 347, 367; *Westermann* ZGR 1984, 352, 373; *Koppensteiner* in Kölner Kommentar Vor § 291 Rdnr. 47.

[210] In diesem Sinne wird das Urteil interpretiert etwa von *Wollburg/Gehling,* FS für Lieberknecht, S. 133, 137; *Westermann* ZGR 1984, 352, 362; dagegen zu Recht *Altmeppen* DB 1998, 49, 50 f.

[211] BGHZ 83, 122, 139 ff. = NJW 1982, 1702.

[212] So auch LG Karlsruhe ZIP 1998, 385; *Altmeppen* DB 1998, 49, 50 f.; *Geßler*, FS für Stimpel, S. 771, 786; *Henze*, FS für Ulmer, S. 211, 220 f.; MünchHdb. AG/*Krieger* § 69 Rdnr. 11; *Lutter*, FS für Fleck, S. 169, 182; *ders./Leinekugel* ZIP 1998, 225, 231; *Mecke* S. 231; *Mülbert* S. 438 f.; *Priester* ZHR 163 (1999), 187, 199 f.; *Rehbinder* ZGR 1983, 92, 98; *Timm* S. 66 ff.; *Leinekugel* S. 76 ff.; *Wahlers* S. 177 ff.; *Weißhaupt* NZG 1999, 804, 810; trotz der von ihm befürworteten Heranziehung des § 119 Abs. 2 (s. Fn. 154) auch *Reichert* in Habersack/Koch/Winter S. 50 f.; aA OLG Karlsruhe DB 2002, 1094, 1095; *Hüffer* § 119 Rdnr. 20; *ders.*, FS für Ulmer, S. 279, 297 ff.; *Horbach* BB 2001, 893, 894 ff.; *Immenga* BB 1992, 2446, 2448; *Liebscher* S. 92 f.; *Schlitt* in Semler/Stengel UmwG Anh. § 173 Rdnr. 44; *Wasmann* DB 2002, 1096 f.; zu weit. abw. Ansichten s. Nachw. in Fn. 213.

[213] AA *Lutter*, FS für Stimpel, S. 825, 847 f., *Wiedemann* Unternehmensgruppe S. 57, die in diesem Fall die einfache Mehrheit genügen lassen wollen; s. dazu noch Rdnr. 46.

einzelnen Maßnahme gegebenenfalls verbundenen Eingriff in die Mitgliedsrechte der Aktionäre.[214] Zumal mit Blick auf die „Siemens/Nold"-Entscheidung betreffend den Bezugsrechtsausschluß beim genehmigten Kapital[215] begegnet es aber keinen Bedenken, daß der Vorstand **vorab zu einer bestimmten Maßnahme ermächtigt** wird.[216] Nicht erforderlich ist also, daß der Vorstand die Zustimmung zu einem konkreten Vertrag erbittet; er kann sich vielmehr allgemein und ohne, daß bereits vorbereitende Ausführungshandlungen vorgenommen wären, eine hinreichend bestimmte und damit zumindest in konzeptioneller Hinsicht klar umrissene[217] Maßnahme, etwa die Ausgliederung eines Unternehmensteils, der Erwerb einer Beteiligung oder die Einbringung einer Beteiligung in eine Tochtergesellschaft, bis zur nächsten ordentlichen Hauptversammlung[218] genehmigen lassen, um so rasch auf sich ändernde Marktverhältnisse oder eine Änderung der steuerlichen Rahmenbedingungen reagieren zu können.[219] Umgekehrt handelt der Vorstand zwar rechtswidrig, wenn er eine zustimmungspflichtige Maßnahme ohne Mitwirkung der Aktionäre vollzieht. Der Eingriff in die Zuständigkeit der Aktionäre kann jedoch durch deren **nachträgliche Zustimmung** geheilt werden; einer etwaigen Abwehr- und Beseitigungsklage (Rdnr. 49) wird auf diese Weise die Grundlage entzogen.[220] Der Einwand rechtmäßigen Alternativverhaltens ist dagegen dem Vorstand versagt; der Vorstand kann also nicht geltend machen, daß er die erforderliche Zustimmung angesichts der Mehrheitsverhältnisse unzweifelhaft erhalten hätte.[221] Die Beschlußfassung folgt im übrigen allgemeinen Grundsätzen. Eine allgemeine **Inhaltskontrolle,** die die Maßnahme auf ihre Angemessenheit und Erforderlichkeit (oder gar auf ihre Zweckmäßigkeit) überprüft, erscheint **nicht veranlasst.**[222] Davon unberührt bleiben allerdings etwaige Verstöße gegen die Treupflicht und den Gleichbehandlungsgrundsatz.

bb) Information der Aktionäre. Nicht abschließend geklärt ist die Frage, welche Infor- 47
mation die zur Mitwirkung berufenen Aktionäre beanspruchen können. Vor dem Hintergrund, daß „Holzmüller"-Sachverhalte strukturändernden Charakter haben, bietet sich zunächst die **entsprechende Anwendung des § 124 Abs. 2 S. 2** an.[223] In der Bekanntmachung ist deshalb der wesentliche Inhalt der Maßnahme darzustellen.[224] Wird die

[214] S. die Nachw. in Fn. 212 f.
[215] BGHZ 136, 133, 138 ff. = NJW 1997, 2815; s. ferner BGH DB 2003, 544, 547; auf den Zusammenhang mit „Holzmüller" bereits hinweisend *Zeidler* NZG 1998, 91, 93; MünchHdb. AG/*Krieger* § 69 Rdnr. 9.
[216] So zu Recht LG Frankfurt/M. DB 2001, 751, 752; *Lutter/Leinekugel* ZIP 1998, 805, 811 ff.; *Henze,* FS für Ulmer, S. 211, 233 f.; MünchHdb. AG/*Krieger* § 69 Rdnr. 9; *Schlitt* in Semler/Stengel UmwG Anh. § 173 Rdnr. 38 f.; *Bungert* NZG 1998, 367, 370; aA offensichtlich LG Stuttgart WM 1992, 58, 61 f.; LG Karlsruhe ZIP 1998, 385, 387 f.; *Veil* ZIP 1998, 361, 368; ferner *Mülbert* in GroßkommAktG § 119 Rdnr. 63 f., 67 f.; wohl auch *Zeidler* NZG 1998, 91, 92 f.; einschränkend *Tröger* ZIP 2001, 2029, 2039 f.
[217] Speziell dazu *Lutter/Leinekugel* ZIP 1998, 805, 815 f.; *Henze,* FS für Ulmer, S. 211, 234 (mit zutr. Hinweis darauf, daß der Vorstand verschiedene Konzeptionen vorlegen und sich ein Auswahlermessen einräumen lassen kann); *Westermann,* FS für Koppensteiner, S. 259, 273 ff. Zu den Informationspflichten s. Rdnr. 47.
[218] So zu Recht *Lutter/Leinekugel* ZIP 1998, 805, 816; ihnen folgend LG Frankfurt/M. DB 2001, 751, 753; *Henze,* FS für Ulmer, S. 211, 233 f.; *Tröger* ZIP 2001, 2029, 2041; *Westermann,* FS für Koppensteiner, S. 259, 275; aA für das Delisting aber BGH DB 2003, 544, 547.

[219] Hieraus folgt, daß für eine Vorabermächtigung (mit eingeschränkten Informationspflichten, s. Rdnr. 47) kein Raum mehr ist, wenn die fragliche Maßnahme bereits hinreichend konkretisiert ist, insbes. die ausführenden Verträge bereits geschlossen sind, s. LG Frankfurt/M. DB 2001, 751, 752.
[220] BGHZ 83, 122, 135 = NJW 1982, 1703; *Hommelhoff* S. 468; *Habersack* S. 331 f.; *Bayer* NJW 2000, 2609, 2612 mit zutr. Hinweis darauf, daß etwaige Schadensersatzverpflichtungen des Vorstands unberührt bleiben.
[221] Näher *Habersack* S. 330 f. mwN.
[222] So auch *Westermann,* FS für Koppensteiner, S. 259, 276; für die Eingliederung s. § 320 Rdnr. 6; aA MünchHdb. AG/*Krieger* § 69 Rdnr. 10.
[223] Dafür auch OLG München AG 1995, 232, 233; LG Frankfurt/M. ZIP 1997, 1698, 1701 f.; *Lutter,* FS für Fleck, S. 169, 176; *Hüffer* § 119 Rdnr. 19, § 124 Rdnr. 11; MünchHdb. AG/*Krieger* § 69 Rdnr. 11; tendenziell auch LG Frankfurt/M. WM 1999, 1881, 1884 („liegt nahe"); für analoge Anwendung des § 124 Abs. 2 S. 2 (Vereinbarung eines Rücktrittsvorbehalts) auch BGHZ 146, 288, 294, 297 = NJW 2001, 1277, freilich eine freiwillige Vorstandsvorlage betr. § 119 Abs. 2 AktG betreffend; dazu *Schockenhoff* NZG 2001, 921, 922; krit. *Drinkuth* AG 2001, 256, 258; *Kort* ZIP 2002, 685, 686 f.; *Tröger* ZHR 165 (2001), 593, 596 ff.
[224] Zu den diesbezüglichen Anforderungen s. etwa OLG München ZIP 2002, 1353.

Zustimmung zu einem konkreten Vertrag eingeholt,[225] so ist dieser auszulegen.[226] Weitergehende Informationspflichten lassen sich aus dem UmwG herleiten; es strahlt, wie bereits im Zusammenhang mit der Frage nach der erforderlichen Beschlußmehrheit festzustellen war (Rdnr. 45), auf vergleichbare Strukturmaßnahmen aus und kann die analoge Anwendung einzelner Vorschriften gebieten.[227] Eine generelle „Ausstrahlungswirkung" in dem Sinne, daß die Ausgliederung durch Einzelrechtsnachfolge vollumfänglich den §§ 123 ff. UmwG zu unterstellen wäre, ist zwar nicht veranlaßt (s. noch Rdnr. 50).[228] Anderes gilt dagegen für die **Berichtspflicht** nach §§ 127, 8 Abs. 1 S. 2 bis 4, Abs. 2 und 3 UmwG, §§ 186 Abs. 4 S. 1, 293 a; in entsprechender Anwendung der genannten Vorschriften ist sie auch im Zusammenhang mit der Ausgliederung durch Einzelrechtsübertragung und vergleichbaren Strukturmaßnahmen (Rdnr. 37 ff.) geboten.[229] Der Bericht ist entsprechend §§ 125 S. 1, 63 Abs. 1 Nr. 4, Abs. 3 UmwG, §§ 293 f., 293 g Abs. 1 und 2 auszulegen, zu erläutern und gegebenenfalls den Aktionären auszuhändigen. Entsprechend §§ 125 S. 1, 63 Abs. 1 Nr. 2 und 3 UmwG sollten mit ihm bei Beteiligung Dritter die Jahresabschlüsse und Lageberichte der Tochter und im Fall der Ausgliederung, Bargründung und Einbringung (Rdnr. 37 f., 42) eine spezielle *Einbringungsbilanz* ausgelegt werden.[230] Hat schließlich die Hauptversammlung nach § 124 Abs. 2 S. 2 (sei es in unmittelbarer oder in entsprechender[231] Anwendung der Vorschrift) über einen (zumindest ausgehandelten)[232] Vertrag der AG zu entscheiden, so ist die Gesellschaft, wenn dem Vertrag eine zustimmungspflichtige Strukturmaßnahme iSv. „Holzmüller" zugrunde liegt, verpflichtet, den **Vertrag auszulegen** und den Aktionären auf Verlangen in Abschrift auszuhändigen.[233] Ist der Vertrag nicht in deutscher Sprache abgefasst, ist (neben der Originalfassung) eine deutsche Übersetzung vorzulegen.[234] – Auf die Beschlußfassung über die Erteilung einer **Vorab-Ermächtigung** (Rdnr. 46) lassen sich die vorstehend dargestellten Grundsätze nur mit Vorbehalt übertragen. Auch insoweit bewendet es zwar bei der Informationspflicht entsprechend § 124 Abs. 2 S. 2. Das Ausmaß der geschuldeten Information hängt jedoch nicht unwesentlich von der Art der in Frage stehenden Maßnahme ab; insbes. bei Beteiligung Dritter ist auf berechtigte Geheimhaltungsinteressen Rücksicht zu nehmen.[235] Ein schriftlicher Vorstandsbericht ist entbehrlich,[236] die Auslage von Verträgen in Ermangelung eines zur Abschlußreife gediehenen Entwurfs nicht möglich.

---

[225] Was nicht erforderlich ist, s. Rdnr. 46; näher zu den Informationspflichten bei Ermächtigungsbeschlüssen *Tröger* ZIP 2001, 2029, 2041.

[226] OLG Frankfurt/M. WM 1999, 1881, 1883 f.; OLG München AG 1995, 232, 233; LG Frankfurt/M. ZIP 1997, 1698, 1702; LG Karlsruhe ZIP 1998, 385, 387 ff.; MünchHdb. AG/*Krieger* § 69 Rdnr. 11.

[227] *Lutter* in Lutter UmwG § 1 Rdnr. 24.

[228] LG Hamburg AG 1997, 238, *Aha* AG 1997, 345 ff.; *Bungert* NZG 1998, 367 ff.; *Kallmeyer* ZIP 1994, 1746, 1749; *Nagel* DB 1996, 1221, 1225; *Reichert* in Habersack/Koch/Winter S. 25, 35 ff.; *Schlitt* im Semler/Stengel UmwG Anh. § 173 Rdnr. 10, 48 ff.; *Westermann*, FS für Koppensteiner, S. 259, 264 ff.; *Zöllner* ZGR 1993, 334, 337; dagegen zumindest in der Tendenz für weitgehende Gleichbehandlung LG Karlsruhe ZIP 1998, 385, 387 ff.; *Feddersen/Kiem* ZIP 1994, 1078 ff.; *Veil* ZIP 1998, 361, 366 ff.; eingehend *Leinekugel*, insbes. S. 191 ff., 222 ff.

[229] So zu Recht LG Frankfurt/M. ZIP 1997, 1698, 1702; LG Karlsruhe ZIP 1998, 385, 387 ff.; *Groß* AG 1996, 111, 116 f.; MünchHdb. AG/*Krieger* § 69 Rdnr. 11; *Lutter*, FS für Fleck, S. 169, 176 ff.; *Lutter/Leinekugel* ZIP 1998, 805, 814 ff.; *Leinekugel* S. 228 ff.; *Reichert* in Habersack/Koch/Winter S. 25, 60 f.; *v. Riegen* S. 131 f.; *Zeidler* NZG 1998, 91, 93; aA LG Hamburg AG 1997, 238; *Priester* ZHR 163

(1999), 187, 200 f.; *Zeidler* NZG 1998, 91, 93; *Hüffer* § 119 Rdnr. 19. – Zur Entbehrlichkeit einer Vertragsprüfung s. § 125 S. 2 UmwG, ferner *Schlitt* (Fn. 228) Anh. § 173 Rdnr. 19.

[230] So für die Ausgliederung auch *Reichert* in Habersack/Koch/Winter S. 25, 61; für analoge Anwendung des § 63 Abs. 1 Nr. 2, 3 UmwG LG Karlsruhe ZIP 1998, 385, 387 ff.

[231] Zur analogen Anwendung bei Aufnahme eines Rücktrittsvorbehalts in den der Hauptversammlung vorgelegten Vertrag s. BGHZ 146, 288, 294, 297 = NJW 2001, 1277; dazu die Nachw. in Fn. 223.

[232] Vgl. BGHZ 146, 288, 294 = NJW 2001, 1277; *Schockenhoff* NZG 2001, 921, 924 f.; zur Anwendbarkeit insbes. der §§ 179 a Abs. 2, 293 f. Abs. 1 Nr. 1 auch auf Vertragsentwürfe s. auch BGH NJW 1982, 933.

[233] So für die freiwillige Vorlage eines auf Tochterebene angesiedelten Veräußerungsvorgangs und in zutr. analoger Anwendung des § 179 a Abs. 2 BGHZ 146, 288, 294, 295 ff. = NJW 2001, 1277; dazu neben den Nachw. in Fn. 223 noch *Röhricht* VGR 5 (2002), S. 3, 35 ff.

[234] So auch *Hüffer* § 119 Rdnr. 19; für Pflicht zur Vorlage einer deutschen Übersetzung auch LG München I ZIP 2001, 1148, 1150 (im übrigen offengelassen).

[235] Zutr. *Henze*, FS für Ulmer, S. 211, 234.

[236] Zutr. *Henze* (vorige Fn.).

cc) Vertretungsmacht. Nach ganz hM soll es für für zustimmungspflichtige Maßnah- **48** men der Gruppenbildung und -leitung bei dem Grundsatz der unbeschränkten und unbeschränkbaren **Vertretungsmacht** des Vorstands bewenden. Mißachtet also der Vorstand die an sich gebotene Zuständigkeit der Hauptversammlung, so soll dies – vorbehaltlich des § 179a (Rdnr. 32) – die Wirksamkeit der von ihm vorgenommenen Rechtsgeschäfte unberührt lassen.[237] Vor dem Hintergrund, daß die Zuständigkeit der Hauptversammmlung dem strukturändernden Charakter der Maßnahme Rechnung trägt und somit der Bereich der Geschäftsführung verlassen ist, erscheint dies freilich keineswegs als selbstverständlich.[238] Jedenfalls gelangen auch im Rahmen des § 82 Abs. 1 und damit im vorliegenden Zusammenhang die Grundsätze über den *Mißbrauch der Vertretungsmacht* zur Anwendung.[239] Zudem gilt es zu berücksichtigen, daß *konzerninterne* Maßnahmen ohnehin im weitem Umfang vom Grundsatz der unbeschränkten und unbeschränkbaren Vertretungsmacht ausgenommen sind, interne Begrenzungen der Vertretungsmacht also insoweit auch unabhängig von den besonderen Voraussetzungen eines Mißbrauchs der Vertretungsmacht auf das Außenverhältnis durchschlagen;[240] dies gilt zumal im Falle personeller Verflechtungen auf der Vorstandsebene.

dd) Abwehr- und Beseitigungsanspruch. Mißachtet der Vorstand die Zuständigkeit **49** der Hauptversammlung,[241] so hat jeder Aktionär einen eigenen Abwehr- und Beseitigungsanspruch.[242] Dieser Anspruch gründet zunächst auf dem *mitgliedschaftlichen Rechtsverhältnis* zwischen dem Aktionär und der Gesellschaft und richtet sich insoweit gegen jene.[243] Darüber hinaus ist die Mitgliedschaft *„sonstiges" Recht iSd. § 823 Abs. 1 BGB* und genießt als solches auch im Verbandsinnenverhältnis quasi-negatorischen und deliktischen Schutz.[244] Auf der Grundlage der §§ 823 Abs. 1, 1004 BGB kann deshalb jeder außenstehende Gesellschafter sämtliche an dem Kompetenzübergriff beteiligte Personen – neben der Gesellschaft mithin auch deren Vorstandsmitglieder – auf Unterlassung und Beseitigung in Anspruch nehmen.[245] Sowohl der Anspruch aus dem mitgliedschaftlichen Rechtsverhältnis als auch derjenige aus §§ 823 Abs. 1, 1004 BGB stehen unter dem Vorbehalt der mitgliedschaftlichen Treupflicht und des aus ihr folgenden Gebots der Rücksichtnahme. Zutreffend betont deshalb der BGH, daß die Ansprüche nicht „ohne unangemessene Verzögerung" geltend zu machen sind, weshalb die Zeit, die zwischen dem Vollzug der Maßnahme und der Klageerhebung vergeht, „nicht außer Verhältnis" zur Monatsfrist des § 246 Abs. 1 stehen dürfe.[246]

---

[237] BGHZ 83, 122, 128ff., 132 = NJW 1982, 1703; OLG Celle ZIP 2001, 613, 616; *Henze*, FS für Ulmer, S. 211, 221; MünchHdb. AG/*Krieger* § 69 Rdnr. 12; *Koppensteiner* in Kölner Kommentar Vor § 291 Rdnr. 22.

[238] Zur entsprechenden Einschränkung des § 126 HGB s. Staub/*Habersack* § 126 Rdnr. 12ff. mwN.

[239] Dazu *Hüffer* § 82 Rdnr. 6f.; *Habersack* in GroßkommAktG § 82 Rdnr. 9ff.

[240] Näher dazu *Habersack* in GroßkommAktG § 82 Rdnr. 18.

[241] S. zum folgenden auch den Praxisbericht von *Bernhardt* DB 2000, 1873, 1879ff.

[242] Der Klageantrag braucht nur den angestrebten Erfolg (Rückgängigmachung), nicht dagegen auch die dazu notwendigen Maßnahmen zu bezeichnen; zutr. *Zimmermann/Pentz*, FS für Müller, S. 151, 179f.

[243] So der Ansatz des BGH in BGHZ 83, 122, 133ff. = NJW 1982, 1703; s. ferner BGHZ 106, 54, 64 = NJW 1989, 979 – Opel; BGHZ 136, 133, 141 = NJW 1997, 2815 – Siemens/Nold; zustimmend etwa OLG Köln ZIP 1993, 110, 113; *Bayer* NJW 2000, 2609, 2610f., 2614; *Baums* Gutachten S. 199ff. (209f.); *K. Schmidt* GesR § 21 V 3; *Mülbert* in GroßkommAktG Vor § 118 Rdnr. 212ff.;

näher *Habersack* S. 305ff.; *ders.* DStR 1998, 533ff.; kritisch *Krieger* ZHR 163 (1999), 343, 355f.; ablehnend *H. Roth*, FS für Henckel, 1995, S. 707, 713ff.

[244] Vgl. für die Mitgliedschaft im Idealverein BGHZ 110, 323, 327f. = NJW 1990, 2877; näher dazu (verbandstypenübergreifend) *Habersack* S. 117ff., 171ff. (allg. zum Schutz der Mitgliedschaft im Verbandsinnenverhältnis), S. 297ff. (zur Verletzung der Mitgliedschaft bei Übergriffen in die Zuständigkeit der Hauptversammlung); für die AG LG Bonn AG 2001, 484, 485; *Bayer* NJW 2000, 2609, 2611f. mwN; aA namentlich *Hadding*, FS für Kellermann, 1991, S. 91ff.; *Reuter*, FS für Lange, 1992, S. 707, 721ff.; *Beuthien*, FS für Wiedemann, 2002, S. 755ff.

[245] Näher zu Inhalt und Geltendmachung des Anspruchs *Habersack* S. 355ff.; zur analogen Anwendung des § 247 s. OLG Düsseldorf NZG 2000, 1078; s. ferner § 317 Rdnr. 27; zur Möglichkeit einstweiligen Rechtsschutzes s. LG Duisburg NZG 2002, 643; allg. hierzu *Schlitt/Seiler* ZHR 166 (2002), 544ff.

[246] So BGHZ 83, 122, 136 = NJW 1982, 1703, wo zweieinhalb Jahre vergangen waren, was vom BGH zu Recht als verspätet angesehen wurde; s. ferner LG Koblenz DB 2001, 1660 (Verfristung der

Dies ist eindeutig im Sinne einer flexiblen, auf die Umstände des Einzelfalls abstellenden Betrachtungsweise zu verstehen.[247] *Schadensersatzansprüche der Gesellschaft* können sich aus §§ 93, 116, 117 ergeben; sie setzen allerdings einen Vermögensschaden und damit den nachteiligen Charakter der Maßnahme voraus.

50   **ee) Keine analoge Anwendung der §§ 133, 325 UmwG.** Kommt es zu einer Ausgliederung im Wege der Einzelrechtsnachfolge, so beurteilen sich die Rechte der Gläubiger der ausgliedernden Gesellschaft nach allgemeinen Grundsätzen. Für die entsprechende Anwendung des § 133 UmwG betreffend die Spaltungshaftung ist dagegen kein Raum. Diese Vorschrift steht vielmehr im Zusammenhang mit dem in § 131 Abs. 1 Nr. 1 UmwG angeordneten, ohne Mitwirkung des Gläubigers möglichen *Übergang der Verbindlichkeiten* auf den neuen Rechtsträger.[248] Bei der Ausgliederung im Wege der Einzelrechtsübertragung bedarf es dagegen zur Übertragung der Verbindlichkeiten und ganzer Rechtsverhältnisse auf die Tochtergesellschaft der Zustimmung des Gläubigers. Erteilt dieser die Zustimmung, so ist kein Grund für eine Forthaftung der ausgliedernden Gesellschaft ersichtlich; nach §§ 414, 415 BGB haftet dann vielmehr allein die aufnehmende Gesellschaft als neuer Schuldner. Auch die analoge Anwendung des § 325 UmwG betreffend die Beibehaltung der Mitbestimmung erscheint nicht veranlaßt; für die Ausgliederung im Wege der Einzelrechtsnachfolge hat es vielmehr bei § 5 MitbestG zu bewenden.

§ 311 Schranken des Einflusses

(1) Besteht kein Beherrschungsvertrag, so darf ein herrschendes Unternehmen seinen Einfluß nicht dazu benutzen, eine abhängige Aktiengesellschaft oder Kommanditgesellschaft auf Aktien zu veranlassen, ein für sie nachteiliges Rechtsgeschäft vorzunehmen oder Maßnahmen zu ihrem Nachteil zu treffen oder zu unterlassen, es sei denn, daß die Nachteile ausgeglichen werden.

(2) Ist der Ausgleich nicht während des Geschäftsjahrs tatsächlich erfolgt, so muß spätestens am Ende des Geschäftsjahrs, in dem der abhängigen Gesellschaft der Nachteil zugefügt worden ist, bestimmt werden, wann und durch welche Vorteile der Nachteil ausgeglichen werden soll. Auf die zum Ausgleich bestimmten Vorteile ist der abhängigen Gesellschaft ein Rechtsanspruch zu gewähren.

Schrifttum: *Altmeppen,* Zur Vermögensbindung in der faktisch abhängigen AG, ZIP 1996, 693; *ders.,* Die Haftung des Managers im Konzern, 1998; *Bachmayr,* Der reine Verlustübernahmevertrag, ein Unternehmensvertrag iSd. Aktiengesetzes, BB 1967, 135; *Bälz,* Einheit und Vielheit im Konzern, FS für L. Raiser, 1974, S. 287; *ders.,* Verbundene Unternehmen, AG 1992, 277; *W. F. Bayer,* Mehrstufige Unternehmensverträge, FS für Ballerstedt, 1975, S. 157; *W. Bayer,* Zentrale Konzernfinanzierung, Cash Management und Kapitalerhaltung, FS für Lutter, 2000, S. 1011; *Becker/Grazé,* Schrifttum und Rechtsprechung zu den Verrechnungspreisen zwischen verbundenen Unternehmen, DB 1985, Beil. 15; *Beuthien,* Art und Grenzen der aktienrechtlichen Haftung herrschender Unternehmen für Leitungsmachtmißbrauch, DB 1969, 1781; *Brüggemeier,* Die Einflußnahme auf die Verwaltung einer Aktiengesellschaft, AG 1988, 93; *Cahn,* Kapitalerhaltung im Konzern, 1998; *ders.,* Zur Anwendbarkeit der §§ 311 ff. AktG im mehrstufigen Vertragskonzern, BB 2000, 1477; *Decher,* Personelle Verflechtungen im Aktienkonzern, 1990; *Dettling,* Die Entstehungsgeschichte des Konzernrechts im Aktiengesetz von 1965, 1997; *Drexl,* Wissenszurechnung im Konzern, ZHR 161 (1997), 491; *Ehricke,* Gedanken zu einem allgemeinen Konzernorganisationsrecht zwischen Markt und Regulierung, ZGR 1996, 300; *ders.,* Das abhängige Konzernunternehmen in der Insolvenz, 1998; *Eichholz,* Das Recht konzerninterner Darlehen, 1993; *Endres,* Organisation der Unternehmensleitung aus der Sicht der Praxis,

---

20 Monate nach Abschluß des Kaufvertrags erhobenen Feststellungsklage).

[247] So denn auch *Binge,* Gesellschafterklagen gegen Maßnahmen der Geschäftsführer in der GmbH, 1994, S. 151 ff.; *Zimmermann/Pentz,* FS für Müller, S. 151, 172 ff.; *Zöllner* ZGR 1988, 392, 432; aA – für analoge Anwendung des § 246 Abs. 1, freilich in dem Sinne, daß zunächst innerhalb eines Monats bei der Gesellschaft der Anspruch geltend zu machen sei –

und sodann, wiederum innerhalb eines Monats, ggf. die Klage zu erheben sei – *Flume* JurPerson § 8 V 4 (S. 311 f.); *Altmeppen* DB 1998, 49, 51; für § 246 Abs. 1 als Richtschnur, freilich unter Betonung, daß subjektive Elemente in die Wertung einflössen, *Brondics,* Die Aktionärsklage, 1988, S. 119.

[248] Näher zur Spaltungshaftung *Habersack,* FS für Bezzenberger, 2000, S. 93 ff.

ZHR 163 (1999), 441; *Eschenbruch,* Konzernhaftung, 1996; *Feddersen,* Gewerbesteuerumlage im faktischen Konzern, ZGR 2000, 523; *Fleischer,* Konzernrechtliche Vertrauenshaftung, ZHR 163 (1999), 461; *Flume,* Der Referentenentwurf eines AktG, 1958; *ders.,* Die abhängige AG und die Aktienrechtsreform, DB 1959, 190; *Forum Europaeum Konzernrecht,* Konzernrecht für Europa, ZGR 1998, 672; *Gansweid,* Gemeinsame Tochtergesellschaften im deutschen Konzern- und Wettbewerbsrecht, 1976; *Geßler,* Der Schutz der abhängigen Gesellschaft, FS für W. Schmidt, 1959, S. 247; *ders.,* Probleme des neuen Aktienrechts, DB 1965, 1729; *ders.,* Leitungsmacht und Verantwortlichkeit im faktischen Konzern, FS für H. Westermann, 1974, S. 145; *ders.,* Überlegungen zum faktischen Konzern, FS für Flume, Bd. II, 1978, S. 55; *ders.,* Schutz vor Fremdeinflüssen im Aktienrecht, ZHR 145 (1981), 457; *H. Götz,* Leitungssorgfalt und Leitungskontrolle der Aktiengesellschaft hinsichtlich abhängiger Unternehmen, ZGR 1998, 524; *Haarmann,* Der Begriff des Nachteils nach § 311 AktG, in Hommelhoff/Rowedder/Ulmer (Hrsg.), Max Hachenburg – Vierte Gedächtnisvorlesung 2000, 2001, S. 45; *Habersack,* Die Mitgliedschaft – subjektives und „sonstiges" Recht, 1996; *Haesen,* Der Abhängigkeitsbericht im faktischen Konzern, 1970; *Henze,* Die Treupflicht im Aktienrecht, BB 1996, 489; *Hoffmann-Becking,* Vorstands-Doppelmandate im Konzern, ZHR 150 (1986), 570; *ders.,* Der Aufsichtsrat im Konzern, ZHR 159 (1995), 325; *Hommelhoff,* Die Konzernleitungspflicht, 1982; *ders.,* Eigenkapital-Ersatz im Konzern und in Beteiligungsverhältnissen, WM 1984, 1105; *ders.,* Zum revidierten Entwurf einer Konzernrechtsrichtlinie, FS für Fleck, 1988, S. 125; *ders.,* Empfiehlt es sich, das Recht faktischer Unternehmensverbindungen neu zu regeln?, Gutachten G für den 59. Deutschen Juristentag, 1992; *ders.,* Praktische Erfahrungen mit dem Abhängigkeitsbericht, ZHR 156 (1992), 295; *ders.,* Vernetzte Aufsichtsratsüberwachung im Konzern?, ZGR 1996, 144; *ders./Mattheus,* Risikomanagement im Konzern – ein Problemaufriß, BFuP 2000, 217; *Hormuth,* Recht und Praxis des konzernweiten Cash Managements, 1997; *Jula/Breitbarth,* Liquiditätsausgleich im Konzern durch konzerninterne Darlehen, AG 1997, 256; *Kellmann,* Schadensersatz und Ausgleich im faktischen Konzern, BB 1969, 1509; *ders.,* Zum „faktischen Konzern", ZGR 1974, 220; *Kleindiek,* Steuerumlagen im gewerbesteuerlichen Organkreis – Anmerkungen aus aktienrechtlicher Perspektive, DStR 2000, 559; *Köhler,* Der Schutz des abhängigen Unternehmens im Schnittpunkt von Kartell- und Konzernrecht, NJW 1978, 2473; *Koppensteiner,* Abhängige Gesellschaften aus rechtspolitischer Sicht, FS für Steindorff, 1990, S. 79; *Krag,* Konzepte für die Durchführung von Sonderprüfungen gem. § 315 AktG, BB 1988, 1850; *Kronstein,* Die Anwendbarkeit der §§ 311 ff. über die Verantwortlichkeit im „faktischen" Konzern bei mehrstufigen Unternehmensverbindungen, BB 1967, 637; *ders.,* Aktienrechtliche und wettbewerbsrechtliche Aspekte der Konzentration, FS für Geßler, 1971, S. 219; *Kropff,* Der „faktische Konzern" als Rechtsverhältnis, DB 1967, 2147, 2204; *ders.,* Zur Anwendung des Rechts der verbundenen Unternehmen auf den Bund, ZHR 144 (1980), 74; *ders.,* Zur Konzernleitungsmacht, ZGR 1984, 112; *ders.,* Konzerneingangskontrolle bei der qualifiziert konzerngebundenen Aktiengesellschaft, FS für Goerdeler, 1987, S. 259; *ders.,* Außenseiterschutz in der faktisch abhängigen „kleinen Aktiengesellschaft", ZGR 1988, 558; *ders.,* Benachteiligungsverbot und Nachteilsausgleich im faktischen Konzern, FS für Kastner, 1992, S. 279; *ders.,* Ausgleichspflichten bei passiven Konzernwirkungen?, FS für Lutter, 2000, S. 1133; *Kühbacher,* Darlehen an Konzernunternehmen – Besicherung und Vertragsanpassung, 1993; *Lieb,* Abfindungsansprüche im (qualifizierten?) faktischen Konzern, FS für Lutter, 2000, S. 1151; *Luchterhandt,* Leitungsmacht und Verantwortlichkeit im faktischen Konzern, ZHR 133 (1970), 1; *Lutter,* 100 Bände BGHZ: Konzernrecht, ZHR 151 (1987), 444; *ders.,* Vermögensveräußerungen einer abhängigen AG, FS für Steindorff, 1990, S. 125; *ders.,* Haftung aus Konzernvertrauen?, Gedächtnisschrift für Knobbe-Keuk, 1997, S. 229; *ders.,* Grenzen zulässiger Einflußnahme im faktischen Konzern – Nachbetrachtung zum Mannesmann/Vodafone-Takeover, FS für Peltzer, 2001, S. 241; *Lutter/Scheffler/Schneider* (Hrsg.), Handbuch der Konzernfinanzierung, 1998; *Lutter/Timm,* Zum VEBA/Gelsenberg-Urteil des Bundesgerichtshofs, BB 1978, 836; *Martens,* Die Organisation des Konzernvorstands, FS für Heinsius, 1991, S. 523; *Marx,* Rechtfertigung, Bemessung und Abbildung von Steuerumlagen, DB 1996, 950 ff.; *Maul,* Der Abhängigkeitsbericht im künftigen Konzernrecht – Ein Vergleich zwischen der Regelung des Vorentwurfs zur 9. EG-Richtlinie und der des geltenden Aktienrechts, DB 1985, 1749; *S. Maul,* Die faktische abhängige SE (Societas Europaea) im Schnittpunkt zwischen deutschem und europäischem Recht, 1998; *dies.,* Probleme im Rahmen von grenzüberschreitenden Unternehmensverbindungen, NZG 1999, 741; *dies.,* Aktienrechtliches Konzernrecht und Gemeinschaftsunternehmen, NZG 2000, 470; *Mertens,* Der Nachteilsausgleich im faktischen Konzern – Nachlese zu Mannesmann/Vodafone, in Hommelhoff/Rowedder/Ulmer (Hrsg.), Max Hachenburg – Vierte Gedächtnisvorlesung 2000, 2001, S. 27; *Messer,* Kreditbesicherung im Konzern, ZHR 159 (1995), 375; *Mestmäcker,* Verwaltung, Konzerngewalt und Rechte der Aktionäre, 1958; *ders.,* Zur Systematik des Rechts der verbundenen Unternehmen im neuen Aktiengesetz, Festgabe für Kronstein, 1967, S. 129; *Michalski,* Ungeklärte Fragen bei der Einlagenrückgewähr im Aktienrecht, AG 1980, 261; *Möhring,* Zur Systematik der §§ 311, 317, FS für Schilling, 1973, S. 253; *Mülbert,* Aktiengesellschaft, Unternehmensgruppe und Kapitalmarkt, 2. (unveränderte) Aufl. 1996; *ders.,* Unternehmensbegriff und Konzernorganisationsrecht, ZHR 163 (1999), 1; *ders.,* Kapitalschutz und Gesellschaftszweck bei der Aktiengesellschaft, FS für Lutter, 2000, S. 535; *H.-P. Müller,* Zur Gewinn- und Verlustermittlung bei aktienrechtlichen Gewinnabführungsverträgen, FS für Goerdeler, 1987, S. 375; *K. Müller,* Die Haftung der Muttergesellschaft für die Verbindlichkeiten der Tochtergesellschaft im Aktienrecht, ZGR 1977, 1; *W. Müller,* Die Begrenzung der Zulässigkeit von Konzernumlagen durch die Vorschriften des Aktiengesetzes, FS für Beisse, 1997, S. 363; *Neuhaus,* Die Grenzen der Konzernleitungsgewalt im faktischen Konzern und der Nachteilsbegriff des § 311 AktG 65, DB 1970, 1913; *ders.,* Die zivilrechtliche Organhaftung des Vorstandes einer beherrschten Aktiengesellschaft im sogenannten „faktischen" Konzern und im Vertragskonzern, 1970; *Noll,* Haftungsbeschränkung im Konzern – Eine ökonomische Analyse, Ordo 1992, 205; *Paschke,* Rechtsfragen der Durchgriffsproblematik im mehrstufigen Unternehmensverbund, AG 1988, 196; *Paehler,* Die Zulässigkeit des faktischen Konzerns, 1972; *Pentz,* Die Rechtsstellung der Enkel-AG in einer mehrstufigen Unternehmensverbindung, und der außenstehenden Aktionäre in mehrstufigen faktischen und unternehmensvertraglichen Unternehmensverbindungen, NZG 2000, 1103; *Philipp,* Die UMTS-Lizenzen der Deutschen Telekom AG – Ein nachteiliges Geschäft mit dem Mehrheitsaktionär?, AG 2001, 463; *Pickardt,* Die zivilrechtliche Haftung des Vorstands abhängiger Aktiengesellschaften nach dem Aktiengesetz vom 6. 9. 1965, 1973; *Pöppl,* Aktienrechtlicher Minderheitenschutz durch den „Abhängigkeits-bericht", 1972; *Pyszka,* Verdeckte Gewinnausschüttungen bei Gewerbesteuerumlagen im Organkreis, GmbHR 1999, 646; *Ransiek,* Strafrecht im Unternehmen und Konzern, ZGR 1999, 613; *Rehbinder,* Gesell-schaftsrechtliche Probleme mehrstufiger Unternehmensverbindungen, ZGR 1977, 581; *Rittner,* Konzernorga-nisation und Privatautonomie, AcP 183 (1983), 295; *ders.,* Gesellschaftsrecht und Unternehmenskonzentration – Zu den Vorschlägen der Monopolkommission, ZGR 1990, 203; *Röhricht,* Die aktuelle höchstrichterliche Rechtsprechung zum Gesellschaftsrecht, in Gesellschaftsrecht in der Diskussion 1999, Schriftenreihe der Gesellschaftsrechtlichen Vereinigung (VGR), 2000, S. 3; *Säcker,* Zur Problematik von Mehrfachfunktionen im Konzern, ZHR 151 (1987), 59; *Schilling,* Grundlagen eines GmbH-Konzernrechts, FS für Hefermehl, 1976, S. 383; *ders.,* Bemerkungen zum Europäischen Konzernrecht, ZGR 1978, 415; *K. Schmidt,* Abhängigkeit und faktischer Konzern als Aufgaben der Rechtspolitik, JZ 1992, 856; *ders.,* Konzernunternehmen, Unterneh-mensgruppe und Konzern-Rechtsverhältnis, FS für Lutter, 2000, S. 1167; *Schön,* Kreditbesicherung durch abhängige Kapitalgesellschaften, ZHR 159 (1995), 351; *ders.,* Deutsches Konzernprivileg und europäischer Kapitalschutz – ein Widerspruch?, FS für Kropff, 1997, S. 285; *Sonnenhol/Groß,* Besicherung von Krediten Dritter an Konzernunternehmen, ZHR 159 (1995), 388; *Strohn,* Die Verfassung der Aktiengesellschaft im faktischen Konzern, 1977; *Theisen,* Der Konzern, 2. Aufl. 2000; *H. Timmann,* Die Durchsetzung von Kon-zerninteressen in der Satzung der abhängigen Gesellschaft, 2001; *Tröger,* Treupflicht im Konzernrecht, 2000; *Ulmer,* Zur Haftung der abordnenden Körperschaft nach § 31 BGB für Sorgfaltsverstöße des von ihr benann-ten Aufsichtsratsmitglieds, FS für Stimpel, 1985, S. 705; *Wackerbarth,* Grenzen der Leitungsmacht in der internationalen Unternehmensgruppe, 2001; *Wälde,* Die Angemessenheit konzerninterner Transfergeschäfte bei multinationalen Unternehmen nach Konzernrecht, AG 1974, 370; *Wiedemann/Strohn,* Die Zulässigkeit einer Konzernumlage im Aktienrecht, AG 1979, 113; *J. Wilhelm,* Rechtsform und Haftung bei der juristi-schen Person, 1981; *Wilken,* Cash-Management und qualifiziert faktische Konzernierung, DB 2001, 2383; *Zöllner,* Die Schranken mitgliedschaftlicher Stimmrechtsmacht bei den privatrechtlichen Personenverbänden, 1963; *ders.,* Empfiehlt es sich, das Recht faktischer Unternehmensverbindungen neu zu regeln?, Referat zum 59. DJT 1992, Bd. II (Sitzungsbericht), S. R 35; *ders.,* Schutz der Aktionärsminderheit bei einfacher Konzernierung, FS für Kropff, 1997, S. 333.; *ders.,* Treupflichtgesteuertes Aktienkonzernrecht, ZHR 162 (1998), 235.

Übersicht

I. Einführung

1. Grundlagen. Die §§ 311 ff. enthalten Vorschriften für den Fall der Abhängigkeit **1** einer AG oder KGaA von einem Unternehmen. Sie knüpfen damit an die Vorschriften der §§ 15, 17 an.[1] und tragen dem Umstand Rechnung, daß es bei Bestehen eines Abhängigkeitsverhältnisses eines **besonderen Schutzes der abhängigen Gesellschaft sowie ihrer Gläubiger und außenstehenden Aktionäre** bedarf. Kann nämlich das herrschende Unternehmen auf die AG oder KGaA einen beherrschenden Einfluß ausüben, so ist nicht auszuschließen, daß es von diesem Einflußpotential tatsächlich Gebrauch macht und sein anderweitig verfolgtes unternehmerisches Interesse innerhalb der abhängigen Gesellschaft zur Geltung bringt. Das Vorliegen eines Abhängigkeitstatbestands iSv. §§ 17, 311 droht mit anderen Worten den – bei einer unabhängigen Gesellschaft typischerweise gegebenen – *Gleichlauf von Gesellschafter- und Gesellschaftsinteresse* und damit die Richtigkeitsgewähr der verbandsinternen Willensbildung und die unternehmerische Autonomie der Gesellschaft zu beeinträchtigen; dies wiederum geht einher mit der Gefahr, daß das herrschende Unternehmen das Vermögen der abhängigen Gesellschaft zu deren Nachteil und zum Nachteil der Gesellschaftsgläubiger und der außenstehenden Aktionäre für seine eigenen Belange einsetzt. Die §§ 311 ff. begegnen diesen Gefahren dadurch, daß sie dem herrschenden Unternehmen und seinen gesetzlichen Vertretern, aber auch den Mitgliedern des Vorstands und des Aufsichtsrats der abhängigen Gesellschaft, besondere Verhaltenspflichten auferlegen, deren Verletzung zum Schadensersatz verpflichtet (s. aber auch Rdnr. 2).

Freilich verbieten die §§ 311 ff. auch die der abhängigen Gesellschaft zum Nachteil **2** gereichende Einflußnahme des herrschenden Unternehmens nicht schlechthin; vielmehr erlaubt § 311 die Durchführung von nachteiligen Rechtsgeschäften oder Maßnahmen, sofern nur der Nachteil ausgeglichen oder Nachteilsausgleich rechtsverbindlich versprochen wird. Zudem hat der Gesetzgeber bewußt und mit gutem Grund darauf verzichtet, den (einfachen) *faktischen Konzern* vom Anwendungsbereich der – an das Bestehen eines *Abhängigkeitsverhältnisses* iSv. § 17 anknüpfenden – §§ 311 ff. auszunehmen.[2] Dem in § 311

---

[1] Zum Begriff des Unternehmens s. § 15 Rdnr. 6 ff.; zum Tatbestand der Abhängigkeit s. § 17 Rdnr. 5 ff.

[2] Vgl. demgegenüber den Alternativvorschlag von *Geßler* (in: Bundesministerium der Justiz, Bericht über die Verhandlungen der Unternehmensrechts-

geregelten System des Nachteilsausgleichs läßt sich darüber hinaus sogar die Entscheidung des Gesetzgebers für die **Zulässigkeit des einfachen faktischen Konzerns** entnehmen (Rdnr. 8): Sofern nur die *Vermögensinteressen* der abhängigen Gesellschaft gewahrt werden, ist es dem herrschenden Unternehmen gestattet, im Einvernehmen mit dem Vorstand der abhängigen Gesellschaft seine außerhalb der Gesellschaft verfolgten Interessen auch gegenüber einem gegenläufigen *Eigenwillen* der abhängigen Gesellschaft durchzusetzen. Bei Lichte betrachtet ist den §§ 311 ff. deshalb, soweit sie dem herrschenden Unternehmen auch eine nachteilige Einflußnahme (unter hinausgeschobenem Ausgleich, s. Rdnr. 7) und damit die Einbindung der abhängigen Gesellschaft in das Konzerninteresse gestatten, ein **organisationsrechtlicher Gehalt** eigen.[3] Dieser kommt nicht zuletzt in den *Rechtsfolgen* einer nachteiligen Einflußnahme zum Ausdruck. Sofern nämlich das herrschende Unternehmen den Nachteil ausgleicht, treten nicht nur die Kapitalerhaltungsregeln, sondern auch die allgemeinen Haftungstatbestände zurück (Rdnr. 82 ff., 87 ff.). Diese den Aufbau dezentral geführter Konzerne fördernde **Privilegierungsfunktion**[4] der §§ 311 ff. (Rdnr. 4 f.) versteht sich allerdings nur als Kehrseite[5] der den §§ 311 ff. primär zukommenden Schutzfunktion (Rdnr. 1): Das herrschende Unternehmen darf von seinem Einfluß nur unter der Voraussetzung Gebrauch machen, daß sich die der abhängigen Gesellschaft entstehenden Nachteile isolieren und gem. § 311 ausgleichen lassen (Rdnr. 9).

3   In der Erfassung sowohl von bloßen Abhängigkeitsverhältnissen als auch von Konzernlagen (Rdnr. 2, 8) unterscheidet sich die Konzeption der §§ 311 ff. schon im Ansatz von dem Modell einer **organischen Konzernverfassung.** Letzteres lag noch dem zweiteiligen Vorentwurf einer Konzernrechtsrichtlinie der Kommission aus dem Jahre 1974 zugrunde[6] und zeichnet sich dadurch aus, daß es nicht an einzelne nachteilige Einflußnahmen, sondern an den Tatbestand der *einheitlichen Leitung* anknüpft. Konzernrechtliche Schutzvorschriften nach Art der §§ 302 f., 304 f. finden danach unabhängig davon Anwendung, ob es sich um einen faktischen Konzern oder um einen Vertragskonzern handelt. Demgegenüber unterscheidet das dritte Buch des AktG – ebenso wie der im Jahre 1984 vorgelegte revidierte Vorentwurf einer Konzernrechtsrichtlinie[7] – zwischen (1.) den Tatbeständen der Abhängigkeit und des einfachen faktischen Konzerns gem. §§ 311 ff., (2.) dem Vertragskonzern gem. §§ 291 ff. und (3.) der Eingliederung gem. §§ 319 ff. Während bei Abhängigkeit und einfacher Konzernierung der Schutz der abhängigen Gesellschaft und ihrer Außenseiter durch Kontrolle der seitens des herrschenden Unternehmens veranlaßten *einzelnen Maßnahmen* erfolgen

kommission, 1980, Tz. 1418 ff.; s. ferner *Geßler,* FS für Flume, S. 55 ff.; *ders.* ZHR 145, 457, 465 ff.), die §§ 311 ff. auf bloße Abhängigkeitslagen zu beschränken und für Konzernsachverhalte weitergehende Schutzinstrumentarien (insbes. das Erfordernis einer „Konzernierungserklärung" [dazu jetzt auch *Forum Europaeum Konzernrecht,* ZGR 1998, 672, 740 ff.], ferner die Verpflichtung des herrschenden Unternehmens zum Verlust- und „Ertragswertausgleich") zu entwickeln; dazu *Sura* ZHR 145 (1981), 436 ff.; *K. Schmidt* JZ 1992, 856, 858 f.; *Hommelhoff* Gutachten S. 28 ff.

[3] Vgl. bereits Begr. zum RegE bei *Kropff* S. 407; ferner insbes. *K. Schmidt* GesR § 17 II 1; weiterführend *ders.,* FS für Lutter, S. 1167, 1179 ff.; *Mülbert* S. 281 ff., 453 ff.; *ders.* ZHR 163 (1999), 1, 22 ff.; MünchKommAktG/*Kropff* Rdnr. 19 f.; verkannt von *Altmeppen* S. 56 ff. – Zu den Auswirkungen der §§ 311 ff. auf die Verfassung der abhängigen Gesellschaft s. im einzelnen unter Rdnr. 77 ff.

[4] So auch *Koppensteiner* in Kölner Kommentar Vor § 311 Rdnr. 3; *Hommelhoff* S. 124 f.; *Lutter/ Timm* BB 1978, 836, 838 f.; *Mülbert* ZHR 163 (1999), 1, 22 ff. in Auseinandersetzung mit der – durch Herausbildung der mitgliedschaftlichen Treu-

pflicht des Aktionärs (Fn. 9) – überholten Vorstellung des Gesetzgebers, die §§ 311 ff. liefen angesichts der §§ 117 Abs. 7, 243 Abs. 2 auf eine Verschärfung der allgemeinen Regeln hinaus.

[5] Den Primat der Privilegierungsfunktion und damit des organisationsrechtlichen Elements betont *Mülbert* ZHR 163 (1993), 1, 24 ff.; dagegen zu Recht *K. Schmidt,* FS für Lutter, S. 1167, 1179 ff.

[6] Abdruck des zweiteiligen Vorentwurfs bei *Lutter,* Europäisches Gesellschaftsrecht, 2. Aufl. 1984, S. 187 ff.; dazu *Schilling* ZGR 1978, 415 ff. S. ferner VII. Hauptgutachten der Monopolkommission, BT-Drucks. 11/2677 v. 19. 7. 1988, Tz. 839 ff. (857); dazu *Rittner* ZGR 1990, 203, 211 ff.; ferner Verordnungsvorschlag über ein Statut für Europäische Aktiengesellschaften vom 30. 6. 1970 sowie geänderter Vorschlag vom 30. 4. 1975, jeweils abgedruckt bei *Lutter,* Europäisches Gesellschaftsrecht, 1. Aufl. 1979, S. 278 ff., 329 ff.; zur davon abweichenden Konzeption des schließlich verabschiedeten Statuts der SE s. Einl. Rdnr. 28.

[7] Abdruck in ZGR 1985, 444 ff. und bei *Lutter,* Europäisches Unternehmensrecht, 4. Aufl. 1996, S. 244 ff.; dazu *Hommelhoff,* FS für Fleck, 1988, S. 125 ff.; *Maul* DB 1985, 1749 ff.

soll, greifen bei Vorliegen eines Vertragskonzerns oder einer Eingliederung weitergehende, dem umfassenden Einwirkungs- und Gefährdungspotential Rechnung tragende Mechanismen zum Schutz der Außenseiter; hierzu zählen namentlich die Verpflichtung zum Verlustausgleich, die Außenhaftung der Mutter für die Tochterverbindlichkeiten und Abfindungsverpflichtungen.

2. Inhalt und Zweck der §§ 311 ff. im Überblick. Der Schutz- und Privilegierungs- 4 funktion der §§ 311 ff. (Rdnr. 1 f.) tragen vor allem die Vorschriften der §§ 311, 317 Rechnung. Während § 311 jede nachteilige Einflußnahme verbietet, davon aber eine Ausnahme macht, wenn das herrschende Unternehmen Nachteilsausgleich gewährt oder rechtsverbindlich zusagt und damit die Vermögensinteressen der abhängigen AG wahrt (Rdnr. 5), knüpft § 317 an die *Nichterfüllung der Ausgleichspflicht* an und begründet für diesen Fall die Verpflichtung des herrschenden Unternehmens und seiner gesetzlichen Vertreter zum Schadensersatz gegenüber der abhängigen Gesellschaft und der außenstehenden Aktionäre. Was zunächst § 311 betrifft, so geht er zwar über die allgemeine Vorschrift des § 117 hinaus, der zufolge nur bestimmte *vorsätzliche* Einflußnahmen zum Schaden der Gesellschaft verboten sind.[8] Dahinter steht die Erwägung, daß es bei Abhängigkeit der Gesellschaft von einem Unternehmen eines besonderen Schutzes der Gesellschaft und der Außenseiter bedarf (Rdnr. 1). Vor dem Hintergrund der nach Erlaß der §§ 311 ff. erfolgten Anerkennung weitreichender *mitgliedschaftlicher Treupflichten* des Aktionärs sowohl im Verhältnis zur AG als auch im Verhältnis zu seinen Mitgesellschaftern[9] käme dem Verbot der nachteiligen Einflußnahme als solchem freilich nur dann eigenständige, über die allgemeinen Haftungstatbestände hinausgehende Bedeutung zu, wenn man das *Vorsatzerfordernis* des § 117 auf die Haftung wegen Treupflichtverletzung erstrecken und somit auch letztere nur bei vorsätzlichem Handeln oder Unterlassen eingreifen lassen wollte.[10]

Zumal vor dem Hintergrund der zwischenzeitlich erfolgten Anerkennung mitgliedschaft- 5 licher Treupflichten des Aktionärs (Rdnr. 4) besteht denn auch die wesentliche Funktion der §§ 311 ff. zumindest gleichermaßen in der **Außerkraftsetzung des Verbots nachteiliger Einflußnahme** und, damit einhergehend, der Verdrängung der allgemeinen Haftungstatbestände (Rdnr. 87 ff.) für den Fall, daß das herrschende Unternehmen den durch die nachteilige Maßnahme entstehenden Nachteil nach Maßgabe des Abs. 2 ausgleicht.[11] Nach zutreffender Ansicht hat nämlich der *Nachteilsausgleich die Rechtfertigung der Maßnahme* zur Folge.[12] Der damit einhergehenden *Privilegierung* des herrschenden Unternehmens entspricht auf seiten der abhängigen Gesellschaft eine *punktuelle Überlagerung ihres Eigenwillens* durch einen fremden Willen:[13] Dem herrschenden Unternehmen sind nachteilige Einflußnahmen gestattet, sofern es nur die Voraussetzungen des § 311 Abs. 2 erfüllt und damit die *Vermögensinteressen* der abhängigen Gesellschaft wahrt. Liegen dagegen die Voraussetzun-

---

[8] Zum Verhältnis zwischen §§ 311, 317 einerseits, §§ 117 Abs. 7, 243 Abs. 2 andererseits s. noch Rdnr. 85 f.

[9] BGHZ 103, 184 = NJW 1988, 1579; 129, 136 = NJW 1995, 1739; s. zuvor bereits (freilich ohne erkennbare Folgen) BGHZ 14, 25, 38 = NJW 1954, 1401. Näher zum Verhältnis zwischen §§ 311 ff. und mitgliedschaftlicher Treupflicht in Rdnr. 89 f.

[10] So für die treuwidrige Stimmrechtsausübung BGHZ 129, 136, 162 = NJW 1995, 1739 (im übrigen offengelassen).

[11] S. dazu aber auch MünchKommAktG/*Kropff* Rdnr. 14 ff., dessen Hinweis auf etwaige Unsicherheiten hinsichtlich der Reichweite und Grenzen der mitgliedschaftlichen Treupflicht zwar nicht verfängt, dem aber darin zu folgen ist, daß ungeachtet der genannten Entwicklung der telos der §§ 311 ff. weiterhin primär im Schutz der abhängigen Gesellschaft und ihrer Außenseiter besteht; s. dazu bereits Rdnr. 1 f. Gänzlich ohne Einfluß auf die Auslegung

ist der im Text genannte Aspekt freilich nicht (s. etwa Rdnr. 89 f. betreffend das Verhältnis zwischen §§ 311, 317 und der mitgliedschaftlichen Treupflicht).

[12] Heute hM, s. *Flume* JurPerson § 4 IV; *Hüffer* Rdnr. 6 f., 42; *K. Schmidt* GesR § 31 IV 2b; *Mülbert* ZHR 163 (1999), 1, 22 ff.; *Strohn* S. 109 ff.; offengelassen von BGHZ 124, 111, 118 f. = NJW 1994, 520; aA namentlich *Würdinger* in Großkomm-AktG, 3. Aufl., § 311 Anm. 5, 69; *Altmeppen* S. 56 ff.; *Bälz*, FS für Raiser, S. 287, 308; *Kellmann* ZGR 1974, 220, 221 ff. S. ferner Rdnr. 8 (mit Nachw. in Fn. 21) zur Frage der Zulässigkeit des einfachen faktischen Konzerns.

[13] Betont von *Mülbert* S. 281 f.; *ders.* ZHR 163 (1999), 1, 26. – Zum Verhältnis zwischen §§ 311 ff. und allgemeinen Haftungstatbeständen sowie zum Grundsatz der Kapitalerhaltung s. im einzelnen unter Rdnr. 78 ff., 87 ff.

gen des § 311 Abs. 2 nicht vor – sei es, daß eine dem Nachteilsausgleich zugängliche Maßnahme nicht ausgeglichen wird (Rdnr. 59 ff.) oder die nachteilige Maßnahme ihrer Art nach nicht ausgleichsfähig ist (Rdnr. 9, 43, 64 f.) –, so bewendet es bei der *Rechtswidrigkeit* der Maßnahme. Eine nicht durch Nachteilsausgleich gerechtfertige Einflußnahme verpflichtet nach § 317 das herrschende Unternehmen und seine gesetzlichen Vertreter zum **Schadensersatz,** ohne daß es auf das Vorliegen der besonderen Voraussetzungen des § 117 ankommt.[14] Die Organwalter der abhängigen Gesellschaft haften nach Maßgabe der §§ 318, 93, 116 (Rdnr. 78 ff.).

6   In Ergänzung zu §§ 311, 317 bestimmen §§ 312 bis 316, daß der Vorstand der abhängigen AG einen Bericht über die Beziehungen zwischen der Gesellschaft und dem herrschenden Unternehmen zu erstellen hat. Dieser **Abhängigkeitsbericht** ist Gegenstand der Prüfung durch den Abschlußprüfer und den Aufsichtsrat der abhängigen Gesellschaft und soll die Geltendmachung von Schadensersatzansprüchen gem. § 317 erleichtern. Als *fleet in being* soll er jedenfalls die Stellung des Vorstands der abhängigen AG stärken und damit dazu beitragen, daß es erst gar nicht zur Verwirklichung des Tatbestands des § 317 kommt (näher § 312 Rdnr. 2 ff.). Nach § 318 sind schließlich die Mitglieder des Vorstands und des Aufsichtsrats der abhängigen AG dieser und den außenstehenden Aktionären gegenüber zum Schadensersatz verpflichtet, wenn sie ihre Berichts- und Prüfungspflicht schuldhaft verletzen.

7   **3. Entstehungsgeschichte.** Unter Geltung des AktG 1937 wurden der Einflußnahme des herrschenden Unternehmens auf die abhängige Gesellschaft allein durch die – im wesentlichen dem heutigen § 117 entsprechende – Vorschrift des § 101 Grenzen gesetzt.[15] Auch auf der Grundlage dieser Vorschrift hatte sich freilich die Ansicht durchgesetzt, daß eine nachteilige Einflußnahme rechtswidrig und allenfalls gegen Gewährung eines Ausgleichs zulässig sei.[16] Die Vorarbeiten zum AktG 1965 wurden denn auch durch die Vorstellung geprägt, daß nachteilige Einflußnahmen nur bei Vorliegen eines Beherrschungsvertrags gerechtfertigt seien.[17] Der Referentenentwurf aus dem Jahre 1958 sah gar noch eine strikte Erfolgshaftung des herrschenden Unternehmens vor (Einl. Rdnr. 18). Doch hat die Bundesregierung im Anschluß insbes. an *Flume*[18] von diesem Vorschlag Abstand genommen und nachteilige Einzelmaßnahmen unter der Voraussetzung erlaubt, daß sich das herrschenden Unternehmen vertraglich zum Nachteilsausgleich verpflichtet; zugleich wurde im Interesse der Transparenz die Verpflichtung zur Erstellung eines Abhängigkeitsberichts eingeführt. Im weiteren Verlauf des Gesetzgebungsverfahrens ist die Konzeption des Einzelausgleichs schließlich dahin gehend abgeändert worden, daß das herrschende Unternehmen auch noch am Ende des Geschäftsjahrs, in dem der Nachteil zugefügt worden ist, Art und Zeitpunkt des Ausgleichs bestimmen kann. Mit dieser – sodann Gesetz gewordenen – Regelung des Nachteilsausgleichs hat der Gesetzgeber den §§ 311 ff. zwar ein hohes Maß an Flexibilität verliehen, zugleich aber die Interessen der Gesellschaft und der Außenseiter erheblichen Gefahren ausgesetzt.[19]

II. Die Zulässigkeit des einfachen faktischen Konzerns und ihre Grenzen

8   **1. Grundsatz.** Die §§ 311 ff. knüpfen zwar an das Bestehen eines Abhängigkeitsverhältnisses iSv. § 17 an, doch kann dies nicht dahin gehend interpretiert werden, daß der Gesetzgeber mit diesem Ansatz den Übergang von einfacher Abhängigkeit zu einheitlicher Leitung iSv. § 18 Abs. 1 S. 1 mißbilligt habe. Der heute ganz hM ist vielmehr darin zu folgen, daß

---

[14] Zum Verhältnis zwischen §§ 311, 317 einerseits, § 117 und der mitgliedschaftlichen Treupflicht andererseits s. Rdnr. 87 ff., § 317 Rdnr. 33 f.
[15] Näher dazu *Emmerich/Sonnenschein/Habersack* § 24 III; *Geßler,* FS für W. Schmidt, S. 247, 256 ff.
[16] Vgl. *Geßler* (Fn. 15); *Mestmäcker* S. 275 ff.
[17] Näher zum folgenden MünchKommAktG/ *Kropff* Vor § 311 Rdnr. 9 ff.; eingehend zum ganzen

Dettling, passim, insbes. S. 132 ff.; dazu die Besprechung von *Kropff* ZHR 161 (1997), 857 ff.
[18] Der Referentenentwurf, S. 19 ff.; DB 1959, 190.
[19] Vgl. denn auch *Kropff,* FS für Kastner, S. 279, 290 ff., und *Hommelhoff* Gutachten S. 49, die mit guten Gründen für die Abschaffung des hinausgeschobenen Ausgleichs plädieren; s. ferner Rdnr. 12.

die §§ 311 ff. iSd. sog. „Faktizitätsprinzips"[20] zu verstehen sind und von der **Zulässigkeit (einfacher) faktischer Konzernierung** ausgehen (Rdnr. 13).[21] Auf der Grundlage dieser Auffassung hat das herrschende Unternehmen demnach die *Wahl* zwischen (1.) dem Verzicht auf die Ausübung einheitlicher Leitung (was freilich an der Geltung der §§ 311 ff. nichts zu ändern vermag, s. Rdnr. 13), (2.) der Begründung eines *faktischen Konzerns,* auf den dann gleichfalls die §§ 311 ff. Anwendung finden, (3.) dem Abschluß eines *Beherrschungsvertrags* gem. §§ 18 Abs. 1 S. 2, 291 Abs. 1, dessen Voraussetzungen und Rechtsfolgen sich nach §§ 293 ff. beurteilen, und (4.) der *Eingliederung* der abhängigen Gesellschaft gem. §§ 319 ff. Die §§ 311 ff. betreffend die faktische Abhängigkeit auf der einen und die §§ 291 ff., 319 ff. betreffend den Beherrschungsvertrag und die Eingliederung auf der anderen Seite begründen freilich einen strikten **numerus clausus** der Konzernierungsformen; Typenvermischungen sind nicht zulässig. Während also der Abschuß eines *Beherrschungsvertrags* und die Eingliederung nach §§ 308, 323 nicht nur die rechtliche Absicherung der Konzernleitungsmacht und damit die Möglichkeit zentraler Konzernleitung begründen, sondern – als Kehrseite dazu – das herrschende Unternehmen zu Ausgleichs- und Abfindungsleistungen nach §§ 302 ff. verpflichten bzw. der gesamtschuldnerischen Haftung nach § 322 unterstellen, kann im *faktischen Konzern* einheitliche Leitung nur nach Maßgabe der §§ 311 ff. ausgeübt werden; der nach diesen Vorschriften allein zulässigen dezentralen Konzernführung (s. Rdnr. 9) entspricht freilich – wiederum spiegelbildlich – eine abgeschwächte Verantwortlichkeit des herrschenden Unternehmens (s. bereits Rdnr. 3).

2. Grenzen. Die Vorschriften der §§ 311 ff. setzen der Konzernleitung durch das herr- **9** schende Unternehmen in verschiedener Hinsicht Grenzen. So versteht es sich von selbst, daß das herrschende Unternehmen – nicht anders als Vorstand und Aufsichtsrat der abhängigen Gesellschaft – an den satzungsmäßigen **Unternehmensgegenstand** der abhängigen Gesellschaft gebunden ist (s. auch § 308 Rdnr. 56 f.). Veranlaßt also das herrschende Unternehmen die abhängige Gesellschaft zu einer Geschäftsführungsmaßnahme, die jenseits des satzungsmäßigen Gegenstands liegt, so ist dies von vornherein rechtswidrig. Entsprechendes gilt für Maßnahmen, die strukturändernden Charakter haben, indem sie faktisch eine Änderung – sei es eine Ausweitung oder ein Unterschreiten – des satzungsmäßigen Gegenstands herbeiführen. Aber auch eine durch das herrschende Unternehmen veranlaßte Änderung der satzungsmäßigen Gegenstandsbestimmung ist nicht uneingeschränkt zulässig (Rdnr. 30, 41, 57 f., 64 f.). Entsprechendes gilt für den – typischerweise auf Gewinnerzielung (s. aber Rdnr. 41) gerichteten – **Gesellschaftszweck.** Zwar wird der Eigenwille der abhängigen Gesellschaft infolge des Abhängigkeitsverhältnisses durch ein anderweitiges unternehmerisches Interesse überlagert (Rdnr. 5). Doch darf die Einflußnahme nicht so weit gehen, daß der abhängigen Gesellschaft eine dem herrschenden Unternehmen oder dem Konzern dienende Funktion beigelegt und dadurch die Verwirklichung ihres satzungsmäßigen Zwecks in Frage gestellt wird (Rdnr. 57 f.; Anh. § 317 Rdnr. 12, 14). Des weiteren darf das herrschende Unternehmen seinen Einfluß nur im Rahmen der **Funktionsfähigkeit des Systems des Einzelausgleichs** ausüben. Insbes. eine Einflußnahme, die sich nicht in Einzelmaßnahmen zerlegen läßt und damit auch dem Einzelausgleich nicht zugänglich ist, bewegt sich außerhalb des Bereichs erlaubter faktischer Konzernherrschaft und kann somit

---

[20] Dazu sowie zum sog. „Vertragsprinzip", dem zufolge (im Unterschied zum „Faktizitätsprinzip") nur der Abschluß eines Beherrschungsvertrags zur Beherrschung und einheitlichen Leitung legitimiere, s. *Schilling,* FS für Hefermehl, 1976, S. 383, 391.

[21] Vgl. namentlich OLG Hamm NJW 1987, 1030 („Banning"); LG Mannheim WM 1990, 760, 764; *Flume* JurPerson S. 122; *Hommelhoff* S. 109 ff.; *Luchterhandt* ZHR 133 (1970), 1, 5 ff.; *Lutter* AG 1990, 179; *Mülbert* S. 285 ff.; *ders.* ZHR 163 (1999), 1, 20 ff.; *Scheffler* AG 1990, 173; *Schlieper* S. 79 ff.; *Timm* NJW 1987, 977, 982; *K. Schmidt* GesR

§ 31 IV 2 b; *Koppensteiner* in Kölner Kommentar Vor § 311 Rdnr. 6 ff., § 311 Rdnr. 103; MünchKommAktG/*Kropff* Rdnr. 21 ff. (30 f.); *Hüffer* § 311 Rdnr. 6 f.; *Emmerich/Sonnenschein/Habersack* § 24 IV 2; MünchHdb. AG/*Krieger* § 69 Rdnr. 19; im Sinne bloßer Duldung *Geßler,* FS für H. Westermann, 1974, S. 145, 150 ff.; *Tröger* S. 166 ff. mwN; aA *Würdinger* in GroßkommAktG, 3. Aufl., § 311 Rdnr. 5; *Bälz,* FS für Raiser, S. 287, 308 ff.; *ders.* AG 1992, 277, 303 f.; *Reuter* ZHR 146 (1982), 1, 10; tendenziell auch *Lieb,* FS für Lutter, S. 1151, 1156 f., 1163 f.

nur durch Abschluß eines Beherrschungsvertrags legalisiert werden. Das herrschende Unternehmen ist in diesem Fall nach § 317 zum Schadensersatz verpflichtet (Rdnr. 41, 43); bei fehlender Quantifizierbarkeit des Schadens kommen die Grundsätze über die qualifizierte Nachteilszufügung und mit ihnen die Vorschriften der §§ 302 ff. zur Anwendung (Anh. § 317 Rdnr. 16 ff., 23 ff.; s. ferner Rdnr. 41, 43). Zudem handelt der Vorstand der abhängigen Gesellschaft pflichtwidrig, wenn er eine nicht dem Nachteilsausgleich zugängliche Maßnahme ergreift (Rdnr. 78 f.). Umstritten ist das Verhältnis des § 311 zum Grundsatz der *Vermögensbindung* gemäß §§ 57, 62 (Rdnr. 82 ff.) und zur Möglichkeit der *Beschlußanfechtung* nach § 243 (Rdnr. 85 f.); auch aus diesen Vorschriften können sich Schranken der Einflußnahme ergeben.

10   Darüber hinaus bewendet es auch innerhalb der abhängigen oder konzernierten AG bei Geltung des § 76 Abs. 1 und damit bei der *eigenverantwortlichen Leitung der Tochtergesellschaft durch deren Vorstand* (Rdnr. 78 f.).[22] Unter den Voraussetzungen des § 311 ist der Vorstand deshalb zwar berechtigt, nicht aber verpflichtet, „Weisungen" des herrschenden Unternehmens zu befolgen, mögen sie für die abhängige Gesellschaft von Vorteil oder Nachteil sein. Die Vorschriften der §§ 311 ff. begründen demnach **kein Weisungsrecht** und damit auch *keine rechtlich abgesicherte Konzernleitungsmacht* des herrschenden Unternehmens gegenüber der abhängigen Gesellschaft in dem Sinne, daß das Konzerninteresse auch gegenüber widerstreitenden Interessen der abhängigen Gesellschaft und der Außenseiter durchgesetzt werden könnte.[23] Erst recht obliegt dem herrschenden Unternehmen keine Konzernleitungspflicht gegenüber der abhängigen Gesellschaft.[24] Dem herrschenden Unternehmen, dem an einer weitergehenden, von §§ 76, 311 nicht mehr gedeckten Durchsetzung des Konzerninteresses gelegen ist, verbleibt nur die Möglichkeit des Abschlusses eines Beherrschungsvertrags oder der Eingliederung der Tochter-AG.

11   Davon zu unterscheiden ist die Frage einer **Konzernleitungspflicht** (verstanden im Sinne einer Verpflichtung zur einheitlichen und zudem umfassenden Leitung auch der abhängigen Gesellschaft) des Vorstands einer herrschenden AG gegenüber seiner *eigenen (der herrschenden) Gesellschaft.*[25] Auch wenn man mit Rücksicht auf die Aktionäre der Obergesellschaft eine entsprechende Einschränkung des aus § 76 Abs. 1 folgenden Leitungsermessens des Vorstands annehmen wollte,[26] ließe sich die Frage doch allenfalls insoweit bejahen, als das Konzernrecht der abhängigen Gesellschaft die *Möglichkeit der Konzernleitung* begründet; im Fall einer abhängigen AG stehen somit die §§ 311, 76 jedenfalls der Annahme einer Pflicht zur breitflächigen und intensiven Konzernleitung von vornherein entgegen.[27] Davon unberührt bleiben allerdings die Pflicht zur gewissenhaften Ausübung der Beteiligungsrechte für das herrschende Unternehmen[28] und die Pflicht zur Kontrolle der abhängigen Gesell-

[22] Ganz hM, s. *Beuthien* DB 1969, 1781, 1793; *Flume* JurPerson S. 121; *Geßler,* FS für Flume, S. 55, 65; MünchKommAktG/*Kropff* § 311 Rdnr. 281; *Koppensteiner* in Kölner Kommentar § 311 Rdnr. 90; *Hüffer* § 311 Rdnr. 48; MünchHdb. AG/ *Krieger* § 69 Rdn. 31, 34; aA *Luchterhandt* ZHR 133 (1970), 1, 8 ff. (12); *J. Wilhelm* S. 227, 243 ff. (auf der Grundlage einer Qualifizierung des faktischen Konzerns als Innengesellschaft bürgerlichen Rechts).

[23] Ganz hM, s. bereits *Mestmäcker,* Festgabe für Kronstein, S. 129, 145 ff.; *Geßler,* FS für H. Westermann, S. 145, 146 ff.; ferner MünchKommAktG/ *Kropff* Rdnr. 281; *Koppensteiner* in Kölner Kommentar Rdnr. 6, 16; *Hüffer* § 311 Rdnr. 8; s. ferner *Ehricke* ZGR 1996, 300; aA – für Konzernleitungsmacht des herrschenden Unternehmens ggf. auch bei widerstreitenden Außenseiter-Interessen – *Luchterhandt* ZHR 133 (1970), 1, 6 ff., 13; mit Einschränkungen auch *Hommelhoff* S. 109 ff., 132 ff. (139): Konzernleitungsmacht nur im Rahmen der Funktionsfähigkeit des Systems des Einzelausgleichs.

[24] Vgl. neben den Nachw. zur hM in Fn. 23 insbes. noch MünchKommAktG/*Kropff* Rdnr. 280; aA – für Konzernleitungspflicht gegenüber der abhängigen Gesellschaft – *U. H. Schneider* BB 1981, 249, 256 ff.

[25] Dafür namentlich *Hommelhoff* S. 43 ff., 165 ff., 184 ff.; s. ferner *Timm* S. 95 ff.; s. ferner die Nachw. in Fn. 27; zurückhaltend bis ablehnend *Mertens* in Kölner Kommentar § 76 Rdnr. 55; *Hüffer* § 76 Rdnr. 17 f.; *Martens,* FS für Heinsius, S. 523, 531; *H. Götz* ZGR 1998, 524, 526 ff.; *Mülbert* S. 28 ff.

[26] Dagegen aber zutr. *Martens* (Fn. 25); *Hüffer* § 76 Rdnr. 17; *H. Götz* ZGR 1998, 524, 527 ff.

[27] Nur unter diesem Vorbehalt eine Konzernleitungspflicht bejahend MünchKommAktG/*Kropff* Rdnr. 273 f.; *ders.* ZGR 1984, 112, 116; *Rittner* AcP 183 (1983), 295, 301 ff.; *Rehbinder* ZHR 147 (1983), 464, 467 f.; weitergehend *Hommelhoff* (Fn. 25).

[28] Dazu *Hüffer* § 76 Rdnr. 17 a. – Nach den Grundsätzen der „Holzmüller"-Entscheidung kann allerdings die vorherige Zustimmung der Hauptver-

schaft; jene Pflicht verdichtet sich bei Einbindung der abhängigen Gesellschaft in den Konzern des herrschenden Unternehmens zu einer Pflicht, ein konzernweites Controlling-System einzuführen (Rdnr. 87).

3. Rechtspolitische Würdigung. Waren das System des Einzelausgleichs und die **12** Pflicht zur Erstellung eines Abhängigkeitsberichts über lange Zeit bevorzugter Gegenstand rechtspolitischer Kritik,[29] so lassen sich in jüngerer Zeit eine Reihe von Stimmen verzeichnen, die der Konzeption der §§ 311 ff. aufgeschlossen bis durchaus positiv gegenüber stehen.[30] Mag auch nicht zu bezweifeln sein, daß ein auf dem Ausgleich einzelner nachteiliger Maßnahmen basierendes System mit zum Teil beträchtlichen Abgrenzungs- und Durchsetzungsproblemen zu leben hat,[31] so darf andererseits nicht übersehen werden, daß von den §§ 311 ff., macht man nur mit den ihnen immanenten Grenzen einheitlicher Leitung (Rdnr. 9, 41, 43; Anh. § 317 Rdnr. 7 ff.) Ernst, eine Tendenz zur **dezentralen Konzernführung** ausgehen kann; dies ist aus Sicht der Außenseiter, aber vor allem auch aus wettbewerbspolitischer Sicht durchaus zu begrüßen.[32] Vor diesem Hintergrund ist systemimmanenten Korrekturen[33] der Vorzug vor einer Totalrevision des Rechts des einfachen faktischen Aktienkonzerns zu geben (s. noch § 312 Rdnr. 3, § 313 Rdnr. 6 f., § 318 Rdnr. 2). Zur Frage eines Präventivschutzes s. Vor § 311 Rdnr. 1 ff., 31 ff.

III. Anwendungsbereich

1. Abhängigkeit iSv. § 17. Die Vorschriften der §§ 311 ff. setzen voraus, daß eine *AG* **13** *oder KGaA* von einem **Unternehmen** (§ 15 Rdnr. 6 ff.) abhängig ist. Auf das Vorhandensein von Minderheitsaktionären kommt es nicht an; auch die abhängige **Einpersonen-AG** unterliegt also den §§ 311 ff. ohne jede Einschränkung (s. noch § 312 Rdnr. 6, § 315 Rdnr. 7). Die Voraussetzungen der Abhängigkeit bestimmen sich nach § 17. Nach § 17 Abs. 2 wird das Bestehen eines Abhängigkeitsverhältnisses bei Vorliegen einer Mehrheitsbeteiligung iSv. § 16 **vermutet.** Demjenigen, der sich auf die Nichtanwendbarkeit der §§ 311 ff. beruft, obliegt dann die Darlegung und ggf. der Nachweis, daß ein beherrschender Einfluß nicht ausgeübt werden kann (§ 17 Rdnr. 35 ff.). Dies ist nicht zwangsläufig das herrschende Unternehmen. Will beispielsweise die in Mehrheitsbesitz stehende Gesellschaft keinen Abhängigkeitsbericht aufstellen, so hat *sie* die Abhängigkeitsvermutung zu widerlegen. Bilden die abhängige Gesellschaft und das herrschende Unternehmen einen sog. **faktischen Konzern** iSv. § 18 Abs. 1 S. 1, 3, Abs. 2, so steht dies der Anwendbarkeit der §§ 311 ff. nicht entgegen (Rdnr. 3, 8 ff.). Keine Anwendung finden die §§ 311 ff. dagegen

sammlung erforderlich sein, s. Vor § 311 Rdnr. 33 ff.

[29] S. insbes. Monopolkommission (Fn. 6) Tz. 842; *Großfeld,* Aktiengesellschaft, Unternehmenskonzentration und Kleinaktionär, 1968, S. 218 f.; *Kronstein,* FS für Geßler, S. 219, 222; *Koppensteiner* ZGR 1973, 1, 11 f.; *Koppensteiner* in Kölner Kommentar § 312 Rdnr. 2 ff.; *Reul* S. 278 ff.; s. ferner die Darstellung der Reformvorschläge bei *Koppensteiner,* FS für Steindorff, S. 79 ff. – Vgl. ferner BGHZ 65, 15 und BGHZ 95, 330, 340, jew. betreffend die Nichtübertragbarkeit der §§ 311 ff. auf die abhängige GmbH; dem zust. namentlich *Stimpel* AG 1986, 117, 119; *Westermann* GmbHR 1976, 77, 80, s. dazu Anh. § 318 Rdnr. 6.

[30] Insbes. *Hommelhoff* Gutachten S. 19 ff.; *Hüffer* § 311 Rdnr. 9; *MünchKommAktG/Kropff* Vor § 311 Rdnr. 28 ff.; *ders.,* FS für Kastner, S. 279, 283 ff.; *Lutter* ZHR 151 (1987), 444, 460; *Rittner* ZGR 1990, 203, 211 ff.; *K. Schmidt* JZ 1992, 856, 858 f.; allgemein zur rechtspolitischen und ökonomischen Bewertung der Haftungsbeschränkung im Konzern *Noll* Ordo 1992, 205, 208 ff.

[31] Prägnante Zusammenfassung der Kritik bei MünchKommAktG/*Kropff* Vor § 311 Rdnr. 24 ff. mwN.

[32] Zum zuletzt genannten Gesichtspunkt s. insbes. *Rittner* ZGR 1990, 203, 214 ff. in Auseinandersetzung mit dem Vorschlag der Monopolkommission betreffend die organische Konzernverfassung (Fn. 6).

[33] Vgl. bereits Fn. 19, ferner § 313 Rdnr. 3 f.; s. ferner die Vorschläge von *Hommelhoff* Gutachten S. 48 ff.; zum Alternativvorschlag von *Geßler* s. bereits Fn. 2. Auf eine Erweiterung der Möglichkeit des nachträglichen Ausgleichs zielen die – mit Blick auf eine Harmonisierung des Konzernrechts und in dem Bewußtsein, daß das Modell der §§ 311 ff. auf europäischer Ebene keine Akzeptanz finden wird, formulierten – Vorschläge des *Forum Europaeum Konzernrecht,* ZGR 1998, 672 ff., insbes. S. 704 ff. (zur dort favorisierten „Rozenblum"-Doktrin des französischen Rechts s. ferner *Lutter,* FS für Kellermann, 1991, S. 254, 261; *S. Maul* NZG 1998, 965, 966 f.); s. dazu allerdings die berechtigte Kritik von MünchKommAktG/*Kropff* Vor § 311 Rdnr. 38.

bei Bestehen eines Beherrschungsvertrags und bei Eingliederung der abhängigen Gesellschaft (Rdnr. 8). Besonderheiten gelten schließlich für die Treuhandanstalt und deren Nachfolgeorganisation; nach **§ 28 a EGAktG** sind die Vorschriften des AktG über herrschende Unternehmen und damit auch die §§ 311 ff. auf sie nicht anzuwenden (§ 312 Rdnr. 8). Zur Unzulässigkeit und zu den Rechtsfolgen einer qualifizierten Nachteilszufügung s. Rdnr. 9, Anh. § 317.

14   Bei **mehrfacher Abhängigkeit** der Gesellschaft, wie sie insbes. im Fall eines Gemeinschaftsunternehmens begegnet, gelangen die §§ 311 ff. gegenüber jedem an der *koordinierten Beherrschung* beteiligten Unternehmen zur Anwendung.[34] In dem nach § 312 zu erstellenden *Abhängigkeitsbericht* ist dann über die Beziehungen zu beiden Muttergesellschaften zu berichten (§ 312 Rdnr. 9). *Nachteilsausgleich* gem. § 311 oder *Schadensersatz* gem. § 317 ist von demjenigen Unternehmen zu leisten, das die fragliche Maßnahme veranlaßt hat. Bei (aus Sicht der abhängigen Gesellschaft, s. Rdnr. 24) gemeinsamer Veranlassung sowie bei jeder durch die Grundvereinbarung[35] gedeckten Veranlassung durch ein Unternehmen haften die Mütter als **Gesamtschuldner**.[36] Eine *eigenmächtige,* also erkennbar (Rdnr. 24 f.) nicht von der Grundvereinbarung gedeckte Veranlassung begründet dagegen schon deshalb keine Verpflichtung des an der Einflußnahme unbeteiligten herrschenden Unternehmens,[37] weil die Grundvereinbarung nur als Innengesellschaft bürgerlichen Rechts zu qualifizieren ist,[38] eine Zurechnung der Einflußnahme und damit eine Haftung der GbR und ihrer Mitglieder also schon in Ermangelung eines Handelns für die GbR ausscheidet. Zu den Fällen mittelbarer und mehrstufiger Abhängigkeit s. Rdnr. 17 ff.

15   **2. Verhältnis zu §§ 291 ff., 319 ff.** In § 311 Abs. 1 ist ausdrücklich bestimmt, daß die Vorschrift des § 311 und damit auch die Folgevorschriften der §§ 312 bis 318 keine Anwendung finden, wenn zwischen dem herrschenden Unternehmen und der abhängigen Gesellschaft ein **Beherrschungsvertrag** besteht. Der Grund für die Nichtanwendbarkeit der §§ 311 ff. ist insbes. in der Vorschrift des § 308 zu sehen, wonach der Abschluß eines Beherrschungsvertrags das herrschende Unternehmen zur Erteilung nachteiliger Weisungen und damit zur Konzernleitung berechtigt. Mit diesem Weisungsrecht wäre die Geltung des § 311 unvereinbar. Die Vorschriften der §§ 300 ff. tragen denn auch der Befugnis zur Konzernleitung durch ein von §§ 311 ff. abweichendes Schutzsystem Rechnung. Entsprechendes gilt gem. ausdrücklicher Anordnung in § 323 Abs. 1 S. 3 bei **Eingliederung** der Gesellschaft.

16   Bei **qualifizierter Nachteilszufügung** bewendet es zwar bei der Nichtgeltung des § 308 und damit bei dem Leitungsermessen des Vorstands der abhängigen Gesellschaft. Da jedoch ein solcher Tatbestand durch das Versagen des Einzelausgleichssystems gekennzeichnet ist (Anh. § 317 Rdnr. 16 ff.), treten die §§ 302 bis 305 an die Stelle der §§ 311, 317, soweit ein Einzelausgleich mangels Isolierbarkeit der nachteiligen Einflußnahme oder mangels Quantifizierbarkeit des bei der abhängigen Gesellschaft eingetretenen Schadens ausgeschlossen ist. Die §§ 312 bis 316, 318 bleiben uneingeschränkt anwendbar. Besteht zwischen der abhängigen Gesellschaft und dem herrschenden Unternehmen ein **Gewinnabführungsvertrag**, so sind nach § 316 die §§ 312 bis 315 betreffend den Abhängigkeitsbericht und mit ihnen der § 318 (s. § 316 Rdnr. 8) unanwendbar; die §§ 311, 317 kommen dagegen auch in diesem Fall zur Anwendung. Der Abschluß eines anderen **Unternehmens-**

---

[34] BGHZ 62, 193, 197 f. = NJW 1974, 855; 74, 359, 366 = NJW 1979, 2401; *Koppensteiner* in Kölner Kommentar Vor § 311 Rdnr. 31; MünchKommAktG/*Kropff* Rdnr. 62 ff.; *Hüffer* Rdnr. 13; eingehend *S. Maul* NZG 2000, 470 ff. Näher zum Tatbestand der mehrfachen Abhängigkeit § 17 Rdnr. 28 ff.

[35] Eine solche ist zwar nicht erforderlich, wird aber häufig vorliegen, s. § 17 Rdnr. 30.

[36] Zutr. *Koppensteiner* in Kölner Kommentar § 317 Rdnr. 31; MünchKommAktG/*Kropff* Rdnr.

130 f.; enger wohl *S. Maul* NZG 2000, 470, 472 f.: gesamtschuldnerische Haftung nur bei gemeinsamer Veranlassung.

[37] *Koppensteiner* in Kölner Kommentar § 317 Rdnr. 31; *Marchand*, Abhängigkeit und Konzernzugehörigkeit von Gemeinschaftsunternehmen, 1985, S. 144, 150 f.; aA *Gansweid* S. 174 f.

[38] Vgl. MünchKommBGB/*Ulmer* Vor § 705 Rdnr. 50.

vertrags iSv. § 292 steht dagegen der Anwendbarkeit der §§ 311 ff. insgesamt nicht entgegen.

3. Mehrstufige Unternehmensverbindungen. Nach § 17 Abs. 1 liegt ein Abhängig- **17** keitsverhältnis auch dann vor, wenn ein Unternehmen lediglich *mittelbar* einen beherrschenden Einfluß auf die Gesellschaft ausüben kann. Die §§ 311 ff. sind deshalb grundsätzlich auch bei **mittelbarer Abhängigkeit** anwendbar.[39] Ist der den beherrschenden Einfluß vermittelnde Dritte seinerseits von dem herrschenden Unternehmen abhängig iSv. § 17, so liegt ein **mehrstufiges Abhängigkeitverhältnis** vor. Die §§ 311 ff. kommen dann sowohl in den unmittelbaren Abhängigkeitsverhältnissen, also im Verhältnis zwischen Mutter und Tochter und in demjenigen zwischen Tochter und Enkel-AG, als auch in dem zwischen der Mutter und der Enkel-AG bestehenden mittelbaren Abhängigkeitsverhältnis zur Anwendung.[40] Besteht innerhalb der mehrstufigen Unternehmensverbindung ein **Beherrschungsvertrag,** so steht dies der Anwendbarkeit der §§ 311 ff. nur insoweit entgegen, als der Vorrang der §§ 291 ff. (Rdnr. 15) reicht. Zwar entfaltet die mit dem Abschluß eines Beherrschungsvertrags verbundene Statusänderung (§ 291 Rdnr. 25 f.) Wirkungen nicht nur gegenüber der anderen Vertragspartei, sondern gegenüber jedermann und damit insbes. auch gegenüber sonstigen übergeordneten Unternehmen.[41] Dies schließt die Geltung der §§ 311 ff. im Verhältnis zwischen der vertraglich konzernierten Gesellschaft und einem Drittunternehmen jedoch nicht von vornherein aus; maßgebend ist vielmehr, ob der Schutzzweck dieser Vorschriften deren Anwendung gebietet.[42] Im einzelnen ist wie folgt zu unterscheiden:

Bei einer **durchgehenden Kette** von Beherrschungsverträgen sind die §§ 311 ff. *insge-* **18** *samt* und damit auch im (vertragslosen) Verhältnis zwischen der Mutter und der Enkel-AG unanwendbar.[43] Die Mutter hat in diesem Fall zwar kein eigenes Weisungsrecht gegenüber der Enkel-AG. Sie darf jedoch mittelbar, nämlich über die Tochter, auf die Enkel-AG Einfluß nehmen (§ 308 Rdnr. 6); auch darf sie sich von der Tochter zu unmittelbaren Weisungen gegenüber der Enkel-AG ermächtigen lassen. In beiden Fällen erfolgt der Schutz der Enkel-AG und ihrer Außenseiter mittelbar, nämlich über die Ansprüche der Tochter gegen die Mutter.[44] Bei Ausübung des Weisungsrechts der Tochter haften die Mutter und ihre gesetzlichen Vertreter zudem nach §§ 308, 309 (§ 309 Rdnr. 9 f.); dies hat auch dann zu gelten, wenn es an einer entsprechenden Ermächtigung durch die Tochter fehlt. Angesichts dieser Ausgangslage erscheint die Anwendung der §§ 311 ff. im Verhältnis Mutter/ Enkel-AG, wiewohl der Einflußnahme weder die Kapitalerhaltungsvorschriften noch die allgemeinen Haftungstatbestände entgegenstehen, als entbehrlich. Im übrigen gilt der Grundsatz, daß die *§§ 311 ff. nur zwischen den Parteien des Beherrschungsvertrags unanwendbar* sind.[45] Bei einem Beherrschungsvertrag zwischen *Mutter und Tochter-AG* bleiben deshalb die §§ 311 ff. sowohl im Verhältnis zwischen Mutter und Enkel-AG als auch in demjenigen zwischen Tochter und Enkel-AG anwendbar.[46] Ein Beherrschungsvertrag zwischen *Mutter und Enkel-AG* läßt im Verhältnis zwischen Mutter und Tochter die Anwendbarkeit der §§ 311 ff. unberührt.[47] Im Verhältnis zwischen Tochter und Enkel-AG finden die §§ 311 ff.

[39] Vgl. statt aller *Hüffer* Rdnr. 13.

[40] Wohl unstr., s. MünchKommAktG/*Kropff* Anh. § 311 Rdnr. 5 ff.; zum Inhalt des Abhängigkeitsberichts in diesem Fall s. § 312 Rdnr. 9.

[41] Zutr. LG Frankfurt AG 1999, 238, 239; MünchKommAktG/*Kropff* Anh. § 311 Rdnr. 12 ff.

[42] So zu Recht auch MünchKommAktG/*Kropff* Anh. § 311 Rdnr. 15; im Ergebnis auch die ganz hM, s. die Nachw. in der folgenden Fn., ferner § 291 Rdnr. 38 ff.

[43] Ganz hM, s. OLG Frankfurt/M. ZIP 2000, 926, 927; *Koppensteiner* in Kölner Kommentar Vor § 311 Rdnr. 34; MünchKommAktG/*Kropff* Anh. § 311 Rdnr. 21 ff.; *Hüffer* Rdnr. 15; *A/D/S* Rdnr. 13; *Rehbinder* ZGR 1977, 581, 601 f.; diffe-

renzierend *Pentz* S. 214 ff.; *ders.* NZG 2000, 1103, 1105 f.; aA *Cahn* BB 2000, 1477, 1481 ff.; *Mülbert* WuB II A. § 312 AktG 1.00, S. 991, 994.

[44] S. dazu § 308 Rdnr. 6, § 309 Rdnr. 9 f. – Anders verhält es sich, wenn nur ein Beherrschungsvertrag zwischen Tochter und Enkel-AG besteht, s. Rdnr. 19.

[45] *Koppensteiner* in Kölner Kommentar Vor § 311 Rdnr. 34; *Hüffer* Rdnr. 15; MünchHdb. AG/*Krieger* § 69 Rdnr. 60.

[46] Vgl. die Nachw. in Fn. 45.

[47] MünchKommAktG/*Kropff* Anh. § 311 Rdnr. 49 ff.; *Koppensteiner* in Kölner Kommentar Vor § 311 Rdnr. 34; *Hüffer* Rdnr. 15; MünchHdb. AG/ *Krieger* § 69 Rdnr. 60.

dagegen deshalb keine Anwendung, weil die Mutter das ihr nach § 308 zustehende Weisungsrecht auch über die Tochter ausüben kann; zudem sind die Enkel-AG und ihre Außenseiter hinreichend durch Ansprüche der Enkel-AG gegen die Mutter geschützt.[48] Besteht zusätzlich zu dem Beherrschungsvertrag zwischen Mutter und Enkel-AG ein Beherrschungsvertrag zwischen *Mutter und Tochter,* so finden die §§ 311 ff. auch in diesem Verhältnis keine Anwendung. Ist die *Enkel-AG* sowohl mit der *Mutter* als auch mit der *Tochter* durch einen Beherrschungsvertrag verbunden,[49] so ist für die §§ 311 ff. nur im Verhältnis zwischen Mutter und Tochter Raum.[50]

19 Umstritten ist, ob ein Beherrschungsvertrag **zwischen Tochter und Enkel-AG** die §§ 311 ff. auch im *Verhältnis der Enkel-AG zur Mutter* verdrängt. Die hM bejaht dies unter Hinweis auf § 305 Abs. 2 Nr. 2 und auf das Übermaß an Schutz, das die Enkel-AG bei gleichzeitiger Anwendbarkeit der §§ 300 ff. (im Verhältnis zur Tochter) und §§ 311 ff. (im Verhältnis zur Mutter) erfahren würde.[51] Dem kann *nicht* gefolgt werden. Ist nämlich die Tochter zur Erfüllung ihrer Verpflichtungen aus §§ 302 f. nicht imstande, so wären die Enkel-AG und ihre Gläubiger bei Nichtgeltung der §§ 311 ff. weitgehend rechtlos gestellt. Zwar mag es sein, daß der Tochter, wenn sie auf Veranlassung der Mutter auf die Enkel-AG einwirkt, ihrerseits Ausgleichs- oder Schadensersatzansprüche gegen die Mutter zustehen; auf diese Ansprüche könnten die Enkel-AG oder ihre Gläubiger im Wege der Pfändung zugreifen. Indes laufen in diesem Fall die Enkel-AG und die Gläubiger Gefahr, daß das im Verhältnis zwischen Tochter und Mutter anzuwendende Organisationsrecht hinter dem Schutzstandard der §§ 311 ff. zurückbleibt; dies kann insbes. bei ausländischem Sitz der Tochter- und Muttergesellschaft der Fall sein (vgl. dazu auch Rdnr. 21). Aber auch bei Geltung der §§ 311 ff. im Verhältnis zwischen Mutter und Tochter geht es nicht an, die Enkelgesellschaft und ihre Gläubiger und Aktionäre auf die überaus ungewisse Pfändung etwaiger Ansprüche der Tochter aus § 317 zu verweisen.[52] Vollends muß ein mittelbarer Schutz der Enkel-AG und ihrer Gläubiger ausscheiden, wenn die Mutter unmittelbaren Einfluß auf die Enkel-AG nimmt.[53] Auch der Vorschrift des § 305 Abs. 2 Nr. 2 lassen sich keine gegenteiligen Anhaltspunkte entnehmen; denn sie kommt auch in den Fällen zur Anwendung, in denen die Tochter nur in Mehrheitsbesitz (iSv. § 16 Abs. 1) steht oder ihrerseits beherrschungsvertraglich eingebunden ist. – Unzweifelhaft anwendbar sind die §§ 311 ff. im Verhältnis zwischen *Mutter und Tochter-AG.*

20 Bei **Eingliederung** einer Gesellschaft sowie bei Bestehen eines **Gewinnabführungsvertrags** gelten die in Rdnr. 17 ff. getroffenen Feststellungen entsprechend (s. noch § 316 Rdnr. 7, § 323 Rdnr. 11). Der Vorrang der §§ 291 ff. bezieht sich allerdings gem. § 316 im Fall eines Gewinnabführungsvertrags nur auf die Vorschriften der §§ 312 bis 315, 318 betreffend die Aufstellung eines Abhängigkeitsberichts (Rdnr. 16); die §§ 311, 317 finden dagegen stets Anwendung. Eine qualifizierte Nachteilszufügung (Anh. § 317) schließt die Anwendung der §§ 311, 317 keineswegs generell, sondern nur insoweit aus, als die fragliche Maßnahme einem Einzelausgleich nicht zugänglich ist (Rdnr. 16).

21 **4. Internationaler Anwendungsbereich.** Die §§ 311 ff. bezwecken den Schutz der inländischen abhängigen Gesellschaft, ihrer Gläubiger und ihrer außenstehenden Aktionäre.

---

[48] Im Ergebnis hM, s. Nachw. in Fn. 47; einschränkend *Pentz* S. 201 ff., 218 aE; differenzierend *Rehbinder* ZGR 1977, 581, 619 f. (Anwendbarkeit der §§ 311 ff. bei autonomer Einflußnahme durch die Tochter).

[49] Zur Zulässigkeit s. § 291 Rdnr. 38.

[50] MünchKommAktG/*Kropff* Anh. § 311 Rdnr. 39.

[51] LG Frankfurt/M. AG 1999, 238, 239; MünchKommAktG/*Kropff* Anh. § 311 Rdnr. 61 f.; *Koppensteiner* in Kölner Kommentar Vor § 311 Rdnr. 35; *A/D/S* Rdnr. 15; *Bayer,* FS für Ballerstedt, S. 157, 181 f. (s. aber auch Fn. 53);

Rehbinder ZGR 1977, 581, 628 ff. (s. aber auch Fn. 53); *Paschke* AG 1988, 196, 201 f.; zust. auch MünchHdb. AG/*Krieger* § 69 Rdnr. 60; *Hüffer* Rdnr. 15. AA – für Anwendbarkeit der §§ 311 ff. – *Kronstein* BB 1967, 637, 640; *Haesen* S. 57 ff.; *Pentz* S. 201, 208 ff.; *ders.* NZG 2000, 1103, 1106 f.

[52] Anders liegt es bei einer durchgehenden Kette von Beherrschungsverträgen, s. Rdnr. 18.

[53] Insoweit für Anwendung der §§ 311 ff. auch *Bayer,* FS für Ballerstedt, S. 157, 181 f., und *Rehbinder* ZGR 1977, 581, 633.

Sie kommen deshalb, aber auch mit Blick darauf, daß die §§ 311 ff. auf der Beteiligung des herrschenden Unternehmens an der abhängigen Gesellschaft basieren, nur unter der Voraussetzung zur Anwendung, daß die *abhängige Gesellschaft* ihren **Verwaltungssitz im Inland** hat; andernfalls ist ihr Schutz durch das deutsche Recht der Unternehmensverbindungen nicht veranlaßt.[54] Auf der Grundlage der bislang herrschenden Sitztheorie und im Hinblick auf das nach § 311 bestehende Erfordernis eines inländischen Verwaltungssitzes handelt es sich bei der abhängigen Gesellschaft grundsätzlich um eine nach deutschem Recht gegründete AG oder KGaA.[55] Sollte das Internationale Gesellschaftsrecht allerdings zur Anerkennung einer nach ausländischem Recht gegründeten und der deutschen AG oder KGaA entsprechenden Gesellschaft führen,[56] so wäre auch sie – einen inländischen Verwaltungssitz unterstellt – nach §§ 311 ff. geschützt. Das *herrschende Unternehmen* unterliegt dagegen den §§ 311 ff. auch dann, wenn es seinen Sitz im Ausland hat;[57] auch kommt es nicht auf die Rechtsform des herrschenden Unternehmens an.[58]

IV. Veranlassung zu Rechtsgeschäft oder Maßnahme

1. Begriff der Veranlassung. Nach Abs. 1 darf das herrschende Unternehmen seinen **22** Einfluß nicht dazu benutzen, die abhängige Gesellschaft zur Vornahme eines nachteiligen Rechtsgeschäfts oder einer nachteiligen Maßnahme zu veranlassen, sofern es nicht die Nachteile nach Maßgabe des Abs. 2 ausgleicht. Damit trägt das Gesetz dem Umstand Rechnung, daß die AG oder KGaA unter dem beherrschenden Einfluß eines Unternehmens steht und es aus Sicht dieses Unternehmens naheliegt, unter Ausnutzung dieser Machtstellung seinen anderweitig verfolgten Interessen auch innerhalb der AG oder KGaA Geltung zu verschaffen. So wie der beherrschende Einfluß nach § 17 Abs. 1 gesellschaftsrechtlich vermittelt sein muß (§ 17 Rdnr. 15 ff.), kann auch von einer Veranlassung iSd. Abs. 1 nur dann die Rede sein, wenn zwischen dem Einfluß des herrschenden Unternehmens auf die Gesellschaft und dem Verhalten der Gesellschaft (Rdnr. 37) eine kausale Verknüpfung besteht (Rdnr. 38). Eine Veranlassung setzt mithin voraus, daß das herrschende Unternehmen, gestützt auf seinen Einfluß, das Verhalten der abhängigen Gesellschaft zu bestimmen versucht.

Im übrigen genügt **jede Form der Verlautbarung** des auf Vornahme der Maßnahme **23** gerichteten Willens des herrschenden Unternehmens, mag dieser Wunsch in Form eines Ratschlags, einer Anregung, einer Weisung oder auf sonstige Weise zum Ausdruck gebracht werden.[59] Unerheblich ist, ob sich die Veranlassung in einer Vereinbarung zwischen dem herrschenden Unternehmen und der abhängigen Gesellschaft manifestiert; weder setzt eine Veranlassung das Vorliegen einer solchen Vereinbarung voraus, noch wird sie durch eine solche ausgeschlossen.[60] Nicht erforderlich ist des weiteren, daß die Einflußnahme mit einer gewissen Nachdrücklichkeit erfolgt oder der abhängigen Gesellschaft für den Fall der Nicht-

---

[54] Wohl einhM, s. *Kropff* in Geßler/Hefermehl Vorb. Rdnr. 39; *Hüffer* Rdnr. 12; MünchHdb. AG/ *Krieger* § 69 Rdnr. 58; s. ferner OLG Frankfurt/M. AG 1988, 267, 272; allgemein zur Maßgeblichkeit des Personalstatuts der abhängigen Gesellschaft für die Anknüpfung im Rahmen des internationalen Unterordnungskonzerns MünchKommBGB/*Kindler* IntGesR Rdnr. 258 ff.; auch zur abweichenden Rechtslage bei zustimmungspflichtigen Maßnahmen der Konzernbildung iSd. „Holzmüller"-Entscheidung (dazu Vor § 311 Rdnr. 13 ff.); zur internationalen Zuständigkeit nach der EG-VO Nr. 44/2001 s. (am Beispiel der GmbH) *dens.,* FS für Ulmer, 2003, S. 305 ff.

[55] Vgl. zum ganzen Staudinger/*Großfeld* IntGesR Rdnr. 26 ff., 556 ff.; MünchKommBGB/*Kindler* IntGesR Rdnr. 258 ff., 549 ff.; zur Überseering-Entscheidung des EuGH (ZIP 2002, 2037) s. § 291

Rdnr. 33, 33 a; *Forsthoff* DB 2002. 2471 ff.; *Eidenmüller* ZIP 2002, 2233 ff.; *Habersack* Rdnr. 11 ff.

[56] Zum Einfluß von Rück- und Weiterverweisungen auf das Personalstatut der Gesellschaft s. MünchKommBGB/*Kindler* IntGesR Rdnr. 378 ff.

[57] Vgl. die Nachw. in Fn. 54; zur Durchsetzung von Ansprüchen gegen ein ausländisches herrschendes Unternehmen s. *S. Maul* NZG 1999, 741, 742 ff.

[58] Vgl. die Nachw. in Fn. 54.

[59] Heute wohl einhM, vgl. *Koppensteiner* in Kölner Kommentar Rdnr. 49; MünchKommAktG/ *Kropff* Rdnr. 73 („Kamingespräch"); *Hüffer* Rdnr. 16; MünchHdb. AG/*Krieger* § 69 Rdnr. 64.

[60] Vgl. am Beispiel der Konzernumlage (Rdnr. 49) BGHZ 141, 79, 83 = NJW 1999, 1706 = NZG 1999, 658 m. Anm. *S. Maul.*

---

befolgung gar Nachteile angedroht werden.[61] Die Veranlassung muß sich auch nicht auf eine Einzelmaßnahme beziehen; von Abs. 1 werden mithin auch **allgemeine Anweisungen** oder „Richtlinien" erfaßt.[62] Der Begriff der Veranlassung entspricht damit grundsätzlich (s. aber auch Rdnr. 27) demjenigen der Weisung iSd. § 308.[63] Die unterschiedliche Terminologie soll allein zum Ausdruck bringen, daß § 311 im Unterschied zu § 308 kein Weisungs*recht* des herrschenden Unternehmens und damit auch keine Befolgungspflicht der abhängigen Gesellschaft statuiert.

24　　Maßgebend für das Vorliegen einer Veranlassung ist die **Perspektive der abhängigen Gesellschaft.** An einer Veranlassung fehlt es deshalb nur in den Fällen, in denen das herrschende Unternehmen auch aus Sicht der abhängigen Gesellschaft einen Vorschlag oder eine Anregung macht, ohne damit die Erwartung zu verbinden, die abhängige Gesellschaft werde sich dem Vorschlag entsprechend verhalten.[64] Ein „Veranlassungsbewußtsein" des herrschenden Unternehmens ist nicht erforderlich.[65] Die Veranlassung zielt im übrigen auf ein tatsächliches Verhalten und nicht auf die – von Rechts wegen ohnehin nicht bestehende (Rdnr. 10) – Bindung der abhängigen Gesellschaft; sie ist deshalb **nicht** als **Willenserklärung** zu qualifizieren.[66] Werden etwaige Willensmängel des herrschenden Unternehmens nicht im Wege des actus contrarius korrigiert, so sind sie unbeachtlich und stehen dem Eintritt der gesetzlichen Rechtsfolgen des § 311 nicht entgegen.

25　　**2. Urheber und Adressat der Veranlassung. a) Urheber.** Die Veranlassung muß vom **herrschenden Unternehmen** ausgehen. Nicht erforderlich ist, daß der Inhaber oder der gesetzliche Vertreter des herrschenden Unternehmens handelt. Vielmehr kann die Einflußnahme auch von einer **nachgeordneten Stelle,** etwa einem Angestellten, von einem sonstigen Organ oder von einem außenstehenden Dritten ausgehen, sofern sie nur aus Sicht der abhängigen Gesellschaft (Rdnr. 24) dem herrschenden Unternehmen zuzurechnen ist.[67] Auf das Vorliegen einer (Anscheins-)Vollmacht kommt es schon in Ermangelung einer Willenserklärung nicht an.[68] Zu *personellen Verflechtungen* sowie zur Veranlassung durch *Hauptversammlungsbeschluß* s. Rdnr. 28 ff.

26　　Bei **mehrfacher Abhängigkeit** (Rdnr. 14) kommt es darauf an, ob es sich um eine eigenmächtige oder im Einvernehmen der gemeinschaftlich herrschenden Unternehmen erfolgende Veranlassung handelt. Erfolgt die Veranlassung aus Sicht der abhängigen Gesellschaft (Rdnr. 24) in Vollzug der zwischen den Gesellschaftern bestehenden Grundvereinbarung oder aufgrund einer anderweitigen Koordinierung, so sind sämtliche an der gemeinschaftlichen Beherrschung beteiligten Unternehmen als Urheber anzusehen.[69] Bei erkennbar eigenmächtigem Vorgehen eines herrschenden Unternehmens kommt eine Zurechnung dagegen nicht in Betracht. Bei **mehrstufiger Abhängigkeit** (Rdnr. 17 ff.) kann die *von der Tochter ausgehende Veranlassung* nicht ohne weiteres auch der Mutter zugerechnet werden.[70]

---

[61] Heute hM, s. MünchKommAktG/*Kropff* Rdnr. 73; *Koppensteiner* in Kölner Kommentar Rdnr. 2; *Hüffer* Rdnr. 16; aA noch *Leo* AG 1965, 352, 356.

[62] *Koppensteiner* in Kölner Kommentar Rdnr. 9; *Hüffer* Rdnr. 16; MünchHdb. AG/*Krieger* § 69 Rdnr. 64; *Haesen* S. 90.

[63] *Koppensteiner* in Kölner Kommentar Rdnr. 2; der Sache nach auch MünchKommAktG/*Kropff* Rdnr. 73 (Fn. 150), dessen Bedenken primär terminologischer Natur sind und nicht berücksichtigen, daß es sich auch bei den von ihm genannten „Bitten" und „Empfehlungen" um Weisungen iSd. § 308 handeln kann (s. § 308 Rdnr. 24).

[64] *Koppensteiner* in Kölner Kommentar Rdnr. 2; MünchHdb. AG/*Krieger* § 69 Rdnr. 64.

[65] Umstr., wie hier *Koppensteiner* in Kölner Kommentar Rdnr. 3; *Hüffer* Rdnr. 16; aA *Neuhaus* DB 1970, 1913, 1915 f.; für den Fall, daß das Veranlassungsbewußtsein trotz pflichtgemäßer Sorgfalt fehlt,

auch MünchKommAktG/*Kropff* Rdnr. 75; wohl auch *A/D/S* Rdnr. 22, 28.

[66] *Koppensteiner* in Kölner Kommentar Rdnr. 5; *Hüffer* Rdnr. 16; jetzt auch MünchKommAktG/*Kropff* Rdnr. 73; aA noch *ders.* in Geßler/Hefermehl Rdnr. 90.

[67] So oder ähnlich auch *Koppensteiner* in Kölner Kommentar Rdnr. 10; *Hüffer* Rdnr. 17; MünchHdb. AG/*Krieger* § 69 Rdnr. 65.

[68] Vgl. Rdnr. 24; auf eine Bevollmächtigung oder den Anschein, für das herrschende Unternehmen handeln zu können, abstellend dagegen MünchKommAktG/*Kropff* Rdnr. 76.

[69] So auch MünchKommAktG/*Kropff* Rdnr. 129; *Koppensteiner* in Kölner Kommentar Rdnr. 12; *Hüffer* Rdnr. 18; näher *Gansweid* S. 174 ff.

[70] So aber *Würdinger* in GroßkommAktG, 3. Aufl., § 312 Anm. 3 und *Kronstein* BB 1967, 637, 640, jew. unter Hinweis auf § 18 Abs. 1 S. 3; wie hier dagegen *Koppensteiner* in Kölner Kommentar

Entscheidend ist vielmehr, ob die Enkel-AG im Hinblick auf die konkrete Führungsstruktur der Unternehmensverbindung davon ausgehen durfte, die Veranlassung durch die Tochter sei zugleich Ausdruck des Willens der Mutter. Umgekehrt kann eine unmittelbar von der Mutter ausgehende Veranlassung grundsätzlich nicht der Tochter zugerechnet werden.[71]

b) Adressat. Veranlassungsadressat ist die abhängige Gesellschaft. Allerdings muß sich **27** eine Veranlassung iSd. Abs. 1 nicht zwangsläufig an den **Vorstand** der Gesellschaft richten. Eine Veranlassung liegt vielmehr, wie bereits ein Vergleich des Wortlauts des § 311 mit demjenigen des § 308 Abs. 1 S. 1 zeigt, auch dann vor, wenn sich das herrschende Unternehmen (Rdnr. 25 f.) an den **Aufsichtsrat** (s. Rdnr. 36) oder an eine dem Vorstand **nachgeordnete Stelle** wendet.[72] Der Vorstand der abhängigen Gesellschaft hat zwar sicherzustellen, daß er über die an nachgeordnete Stellen gerichteten Veranlassungen informiert wird, um gegebenenfalls deren Vollzug verhindern zu können (Rdnr. 80). Eine Verletzung dieser **Organisationspflicht** ändert jedoch nichts am Vorliegen einer Veranlassung iSd. § 311.

3. Besondere Formen der Veranlassung.[73] **a) Personelle Verflechtungen.** Es ist im **28** Ergebnis unbestritten, daß eine Veranlassung auch durch einen Organwalter oder leitenden Angestellten der abhängigen Gesellschaft erfolgen kann, sofern dieser zugleich als Organwalter bzw. leitender Angestellter im herrschenden Unternehmen tätig oder gar mit diesem identisch ist.[74] Zwar begründen personelle Verflechtungen als solche nicht den Tatbestand einer qualifizierten Nachteilszufügung (Anh. § 317 Rdnr. 13). Ungeachtet dessen sind solche „von innen" kommenden Veranlassungen aus Sicht der abhängigen Gesellschaft und ihrer Außenseiter besonders gefährlich, erlauben sie doch die unmittelbare Umsetzung des außerhalb der abhängigen Gesellschaft verfolgten unternehmerischen Interesses des herrschenden Unternehmens. Eine am Schutzzweck des § 311 orientierte Auslegung hat deshalb den Umstand zu berücksichtigen, daß im Fall personeller Verflechtungen der „entsandte" Organwalter oder Angestellte weiterhin Bindungen gegenüber dem herrschenden Unternehmen unterliegt, die seine Tätigkeit innerhalb der abhängigen Gesellschaft beeinflussen können. Am Vorliegen einer Veranlassung ist deshalb nicht zu zweifeln. Es fragt sich denn auch allein, ob im Fall einer personellen Verflechtung unwiderleglich von einer Veranlassung der nachteiligen Maßnahme durch das herrschende Unternehmen auszugehen ist oder ob es auch insoweit bei den allgemeinen Grundsätzen der Darlegungs- und Beweislast bewendet (Rdnr. 35 f.).

b) Hauptversammlungsbeschluß. Eine Veranlassung iSd. § 311 kann auch durch Aus- **29** übung des Stimmrechts des herrschenden Unternehmens und damit durch Beschluß der Hauptversammlung erfolgen; die Vorschrift des § 117 Abs. 7 Nr. 1 findet keine entsprechende Anwendung (s. noch Rdnr. 86).[75] Dies gilt unzweifelhaft für den Fall, daß die Hauptversammlung über Fragen der *Geschäftsführung* entscheidet, also bei Beschlüssen gem. § 119 Abs. 2 sowie bei der Zustimmung zu einem Unternehmensvertrag iSd. § 292.[76] Des weiteren lässt sich §§ 27, 125 UmwG entnehmen, daß auch *Verschmelzungs- und Spaltungsbe-*

Rdnr. 11; MünchKommAktG/*Kropff* Rdnr. 133; MünchHdb. AG/*Krieger* § 69 Rdnr. 67; *Hüffer* Rdnr. 18; *Rehbinder* ZGR 1977, 581, 589, 593.

[71] So auch MünchKommAktG/*Kropff* Rdnr. 135.

[72] Wohl einhM, s. *Koppensteiner* in Kölner Kommentar Rdnr. 13; MünchHdb. AG/*Krieger* § 69 Rdnr. 65; *Hüffer* Rdnr. 19.

[73] Zu den durch personelle Verflechtungen aufgeworfenen Fragen s. neben den in Fn. 97 Genannten insbes. *Hoffmann-Becking* ZHR 150 (1986), 570 ff.; ferner *Aschenbeck* NZG 2000, 1015; zu Besonderheiten der Veranlassung durch Gebietskörperschaften s. MünchKommAktG/*Kropff* Rdnr. 125 ff.; *ders.* ZHR 144 (1980), 74, 90 ff.

[74] Vgl. die Nachw. in Fn. 97.

[75] Wohl einhM, s. Begr. zum RegE bei *Kropff* S. 408; MünchKommAktG/*Kropff* Rdnr. 110 f.;

Koppensteiner in Kölner Kommentar Rdnr. 16 f. Zur ohnehin gebotenen einschränkenden Auslegung des § 117 Abs. 7 Nr. 1, der zufolge die Haftung nur insoweit ausgeschlossen ist, als die Möglichkeit der Beschlußanfechtung den Eintritt des Schadens verhindern kann, s. BGHZ 129, 136, 158 ff. im Anschluß an *Zöllner/Winter* ZHR 158 (1994), 59, 74; *Henssler* ZHR 157 (1993), 91, 121. Zum Verhältnis zwischen Beschlußanfechtung und Schadensersatzverpflichtung, insbes. zur Frage, ob die Bestandskraft des Beschlusses die Geltendmachung von Schadensersatz ausschließt, s. *Habersack* S. 231 ff. mwN.

[76] Vgl. *Kropff* und *Koppensteiner*, jew. aaO (Fn. 38).

schlüsse vom Anwendungsbereich des § 311 erfaßt sind.[77] Da es für das Vorliegen einer Veranlassung nicht auf eine Ungleichbehandlung der Aktionäre oder eine tatsächliche Beeinträchtigung von Gläubigerinteressen ankommt, müssen aber auch *alle sonstigen Beschlüsse* als Veranlassung iSd. § 311 qualifiziert werden.[78] Eine **Ausnahme** ist allein insoweit veranlaßt, als die Hauptversammlung der abhängigen Gesellschaft dem Abschluß eines Beherrschungs- oder Gewinnabführungsvertrags oder der Eingliederung der Gesellschaft zustimmt (s. Rdnr. 15).[79]

30 Um eine *Veranlassung* handelt es sich deshalb auch bei dem mit den Stimmen des herrschenden Unternehmens zustande gekommenen Gewinnverwendungsbeschluß,[80] ferner bei dem Beschluß über die Auflösung oder Umwandlung der Gesellschaft oder über die Änderung des Unternehmensgegenstands.[81] Eine andere Frage ist es, ob Maßnahmen dieser Art, sofern sie überhaupt auf der Einflußnahme des herrschenden Unternehmens beruhen (Rdnr. 38), *nachteiligen Charakter* haben. Dabei kann nicht unberücksichtigt bleiben, daß das AktG der Mehrheit der Aktionäre das Recht zugesprochen hat, auch unabhängig vom Vorliegen eines sachlichen Grundes die Auflösung der Gesellschaft zu beschließen und – im Rahmen der §§ 58 Abs. 3, 254 – frei über die Verwendung des Bilanzgewinns zu entscheiden.[82] **Auflösungs- und Gewinnverwendungsbeschlüsse** sind deshalb nach der Wertung des AktG *grundsätzlich nicht nachteilig*.[83] Anders liegt es, wenn sich mit dem Beschluß eine Verletzung der mitgliedschaftlichen Treupflicht verbindet (Rdn. 4);[84] in diesen Fällen ist eine Maßnahme mit nachteiligem Charakter gegeben und damit das Eingreifen des § 311 denkbar (Rdn. 89 f.). Eine **Änderung des Unternehmensgegenstands** ist zwar nicht per se, wohl aber zumindest dann nachteilig, wenn sie die Eigenständigkeit der abhängigen Gesellschaft in Frage stellt (s. Rdnr. 41, 43, 57 f.; 64 f.; Anh. § 317 Rdnr. 12, 14). Entsprechendes gilt für die **Umwandlung** der abhängigen Gesellschaft;[85] namentlich durch das herrschende Unternehmen veranlaßte Spaltungen und Verschmelzungen bergen aus Sicht der abhängigen Gesellschaft erhebliche Risiken. Zum Verhältnis zwischen § 311 und den Vorschriften über die *Beschlußanfechtung*, insbes. § 243 Abs. 2, s. Rdnr. 85 f.

31 **c) Bevollmächtigung des herrschenden Unternehmens.** Eine Veranlassung kann auch dadurch erfolgen, daß die abhängige Gesellschaft dem herrschenden Unternehmen Vollmacht erteilt und dieses daraufhin ein für die abhängige Gesellschaft nachteiliges Rechts-

---

[77] So auch *Hüffer* Rdnr. 17; *Grunewald* in Lutter UmwG § 27 Rdnr. 9, dort auch zu den weiteren Rechtsfolgen; vgl. zum alten Recht *Immenga* BB 1970, 629, 632.

[78] Zustimmend MünchKommAktG/*Kropff* Rdnr. 110 ff.

[79] So auch MünchKommAktG/*Kropff* Rdnr. 117.

[80] Wohl hM, s. MünchKommAktG/*Kropff* Rdnr. 113; *Werner*, FS für Stimpel, 1985, S. 935, 943; aA *Koppensteiner* in Kölner Kommentar Rdnr. 17 mwN.

[81] Im wesentlichen zust. MünchKommAktG/*Kropff* Rdnr. 113 ff.; aA *Koppensteiner* in Kölner Kommentar Rdnr. 17; s. dazu noch Rdnr. 41, 43, Anh. § 317 Rdnr. 12.

[82] Ausgleichspflichtige Veranlassungen sind dagegen weiteres denkbar, soweit es um Maßnahmen im Rahmen der Aufstellung des Jahresabschlusses durch die Verwaltung geht, s. Rdnr. 51.

[83] Zur Wirksamkeit von Auflösungsbeschlüssen auch unabhängig vom Vorliegen eines sachlichen Grundes (und damit zum Verzicht auf eine Inhaltskontrolle des Beschlusses) s. BGHZ 76, 352, 353 = NJW 1980, 1278; 103, 184, 190 = NJW 1988, 1579 mit Anm. *Timm*; s. ferner im Zusammenhang mit §§ 311, 317 LG Stuttgart AG 1993, 471; OLG Stuttgart AG 1994, 411, 412 f.; zur „übertragenden

Auflösung" s. aber auch die Nachw. in Fn. 84, ferner § 327 a Rdnr. 10.

[84] Dazu BGHZ 103, 184, 193 ff. = NJW 1988, 1579; vgl. des weiteren OLG Stuttgart ZIP 1995, 1515 ff., ZIP 1997, 362 und BayObLG ZIP 1998, 2002 betr. die Übertragung des Vermögens auf den Mehrheitsgesellschafter unter gleichzeitiger Auflösung der übertragenden Gesellschaft („übertragende Auflösung"); dazu *Henze*, FS für Peltzer, 2001, S. 181 ff.; *Lutter/Drygala*, FS für Kropff, 1997, S. 191 ff., *Lutter/Leinekugel* ZIP 1999, 261 ff. und *Wiedemann* ZGR 1998, 857 ff.; zur Notwendigkeit einer gerichtlichen Überprüfung des vom herrschenden Unternehmen gezahlten Kaufpreises, sei im Wege eines Spruchverfahrens entsprechend § 306 (bzw. entsprechend dem SpruchG, s. § 306 Rdnr. 5 f.) oder im Rahmen einer gegen den Auflösungsbeschluß gerichteten Anfechtungsklage s. BVerfG NJW 2001, 279, 281 = ZIP 2000, 1670, 1672 f.; s. ferner BGH DB 2003, 544, 546 f. betr. das Delisting; zur Rechtslage nach Inkrafttreten der §§ 327 a ff. s. § 327 a Rdnr. 10.

[85] Zur Frage einer Inhaltskontrolle von Verschmelzungsbeschlüssen s. *Lutter* in Lutter UmwG § 13 Rdnr. 31 ff.; zur Eingliederung s. § 320 b Rdnr. 21.

geschäft vornimmt.[86] In einem solchen Fall sind die im Namen der abhängigen Gesellschaft getätigten Rechtsgeschäfte *stets* durch das herrschende Unternehmen veranlaßt; unerheblich ist also, ob bereits die Erteilung der Vollmacht auf eine Veranlassung zurückzuführen ist. Entsprechendes gilt, wenn das herrschende Unternehmen zugleich gesetzlicher Vertreter der abhängigen Gesellschaft ist, wie dies im Fall einer KGaA der Fall sein kann.[87]

4. Darlegungs- und Beweislast. Die §§ 311, 317 und damit der Schutz der abhängigen **32** Gesellschaft, ihrer außenstehenden Aktionäre und ihrer Gläubiger drohten weitgehend leerzulaufen, würde es hinsichtlich des Tatbestandsmerkmals der Veranlassung bei den allgemeinen Grundsätzen der Darlegungs- und Beweislast bewenden. Denn häufig erfolgt die Einflußnahme durch das herrschende Unternehmen auf eher informellem Wege; insbes. allgemein gehaltene Anweisungen oder Richtlinien (Rdnr. 23) können das Handeln der Organe der abhängigen Gesellschaft prägen, ohne daß eine außenstehende Person in der Lage wäre, die konkrete Ursache einer im fremden Interesse ergriffenen und damit für die abhängige Gesellschaft nachteiligen Maßnahme darzutun. Zu Recht geht deshalb die ganz hM davon aus, daß der abhängigen Gesellschaft, ihren Gläubigern und ihren außenstehenden Aktionären Beweiserleichterungen zugute kommen.[88]

Sämtliche Einzelheiten sind freilich umstritten. Dies gilt bereits hinsichtlich des *Mittels* **33** der Beweiserleichterung. Insoweit sollte man nicht von einer Veranlassungsvermutung,[89] sondern – entsprechend der Rechtslage bei qualifizierter Nachteilszufügung (Anh. § 317 Rdnr. 21 f.) – von einem **Beweis des ersten Anscheins** ausgehen.[90] Dem herrschenden Unternehmen ist es mithin zu gestatten, die ernsthafte Möglichkeit eines atypischen Geschehensablaufs, etwa eine „autonome", d. h. nicht vom herrschenden Unternehmen veranlaßte Pflichtverletzung darzulegen und damit den Anscheinsbeweis durch einfachen Gegenbeweis zu erschüttern.[91] Des weiteren ist umstritten, ob die Beweiserleichterung bereits bei Vorliegen einer *nachteiligen* Maßnahme[92] oder nur unter der weiteren Voraussetzung eingreift, daß das herrschende Unternehmen oder ein anderes verbundenes Unternehmen **Vorteile** aus der Maßnahme gezogen hat.[93] Vor dem Hintergrund, daß die §§ 311 ff. dem herrschenden Unternehmen nicht die Verantwortung für jegliches Fehlverhalten der Organwalter der abhängigen Gesellschaft auferlegen, eine Beeinträchtigung der Vermögens- oder Ertragslage der abhängigen Gesellschaft aber auch auf einer „autonomen" Pflichtverletzung des Vorstands beruhen kann, sprechen die besseren Gründe dafür, das Eingreifen der Beweiserleichterung von einem Vorteil des herrschenden oder verbundenen Unternehmens abhängig zu machen. Der vom herrschenden oder einem verbundenen Unternehmen gezogene Vorteil ist danach das Indiz, auf dem der Anscheinsbeweis gründet.

Der prima-facie-Beweis gilt bereits bei einfacher **Abhängigkeit;** auf das Vorliegen eines **34** Konzerns kommt es also nicht an.[94] Im Fall mehrfacher Abhängigkeit (Rdnr. 14) greift der prima-facie-Beweis im Verhältnis zu sämtlichen herrschenden Unternehmen.[95] Was schließlich **mehrstufige Unternehmensverbindungen** (Rdnr. 17 ff.) betrifft, so spricht der Beweis des ersten Anscheins dafür, daß eine von der Tochtergesellschaft ausgehende Einfluß-

---

[86] So bereits *Würdinger* in GroßkommAktG, 3. Aufl., Anm. 3; s. ferner *Koppensteiner* in Kölner Kommentar Rdnr. 15; *Hüffer* Rdnr. 17; zum Vertragskonzern s. § 308 Rdnr. 31 ff.

[87] So zu Recht MünchKommAktG/*Kropff* Rdnr. 108. Zur Komplementärfähigkeit der juristischen Person s. BGHZ 134, 392 = NJW 1997, 1923; ferner § 279 Abs. 2 und dazu *Hüffer* § 278 Rdnr. 9.

[88] Vgl. die Nachw. in Fn. 89 ff.; aA – gegen jegliche Beweiserleichterung – *Haesen* S. 90 f.; *Säcker* ZHR 151 (1987), 59, 63.

[89] So aber im Ausgangspunkt (d. h. mit Unterschieden hinsichtlich der Vermutungsbasis) die hM, s. MünchHdb. AG/*Krieger* § 69 Rdnr. 66; *Hüffer* Rdnr. 20 f.

[90] Zutr. *Koppensteiner* in Kölner Kommentar Rdnr. 6 f.

[91] Dazu BGHZ 100, 31, 34; *Rosenberg/Schwab/Gottwald* Zivilprozeßrecht § 115 III mwN.

[92] So *Krieger* und *Hüffer*, jew. aaO (Fn. 89).

[93] So MünchKommAktG/*Kropff* Rdnr. 84, 86 f.; ähnlich *Koppensteiner* in Kölner Kommentar Rdnr. 6 f.

[94] So auch *Würdinger* in GroßkommAktG, 3. Aufl., § 312 Anm. 3; *Koppensteiner* in Kölner Kommentar Rdnr. 6; aA *Kropff, Krieger* und *Hüffer*, jew. aaO (Fn. 89).

[95] So für Gemeinschaftsunternehmen zutr. *S. Maul* NZG 2000, 470, 471.

nahme auf die Enkel-AG die Vorgaben der Konzernmutter umsetzt und deshalb auch von dieser veranlaßt ist; vorbehaltlich des Beweises des Gegenteils ist die Maßnahme dann sowohl durch die Mutter als auch durch die Tochter veranlaßt, so daß, die Nachteilhaftigkeit der Maßnahme unterstellt, beide nach §§ 311, 317 haften.[96]

35   Bei Vorliegen personeller Verflechtungen (Rdnr. 28) auf der Geschäftsführungsebene und damit insbes. im Fall sog. **Vorstandsdoppelmandate** geht die hM von einer *unwiderlegbaren Veranlassungsvermutung* aus; bereits das Vorliegen einer nachteiligen Maßnahme hat danach die Anwendung der §§ 311, 317 zur Folge.[97] Damit wird nun allerdings das Merkmal der Veranlassung für überflüssig erklärt. Aber auch in der Sache vermag die Auffassung der hM nicht zu überzeugen, läßt es sich doch auch bei Wahrnehmung eines Doppelmandats nicht ausschließen, daß die nachteilige Maßnahme schlicht auf sorgfaltswidriger Geschäftsführung innerhalb der abhängigen Gesellschaft beruht. Dem herrschenden Unternehmen ist deshalb der Gegenbeweis (Rdnr. 33) zu gestatten, daß die nachteilige Maßnahme auf Umständen beruht, die mit dem Abhängigkeitsverhältnis nichts zu tun haben.

36   Entsprechend verhält es sich bei **Verflechtungen über den Aufsichtsrat.** Ist das herrschende Unternehmen, ein Mitglied der Geschäftsleitung oder ein leitender Angestellter *im Aufsichtsrat der abhängigen Gesellschaft* vertreten, so verschafft ihm dies keine Möglichkeit der *unmittelbaren* Umsetzung der Interessen des herrschenden Unternehmens. Die Präsenz im Aufsichtsrat begründet deshalb als solche keine wesentliche Steigerung des Einflußpotentials des herrschenden Unternehmens, so daß es schon deshalb bei den allgemeinen Beweisregeln – nach der hier vertretenen Ansicht also bei dem Anscheinsbeweis (Rdnr. 33) – bewendet.[98] Davon ist auch dann auszugehen, wenn der Aufsichtsrat nach § 111 Abs. 4 S. 2 über Fragen der Geschäftsführung entscheidet. Nichts anderes gilt schließlich für den Fall, daß ein Mitglied des *Aufsichtsrats des herrschenden Unternehmens* als Mitglied des Vorstands oder als leitender Angestellter in der abhängigen Gesellschaft tätig ist. Soweit einer entsprechenden Verflechtung nicht bereits die Vorschrift des § 100 Abs. 2 S. 1 Nr. 2 entgegensteht, kommt die Annahme einer über den allgemeinen Anscheinsbeweis hinausgehenden Beweiserleichterung angesichts der fehlenden Geschäftsführungskompetenz des Aufsichtsrats innerhalb des herrschenden Unternehmens nicht in Betracht. Eine Veranlassung ist freilich auch in diesem Fall durchaus denkbar.[99]

37   **5. Veranlassungswirkung.** Nach Abs. 1 muß sich die Veranlassung durch das herrschende Unternehmen in der Vornahme eines Rechtsgeschäfts oder in dem Ergreifen oder Unterlassen einer Maßnahme manifestieren. Der Wortlaut der Vorschrift bringt nur unzureichend zum Ausdruck, daß es sich bei dem Begriff der **Maßnahme** um den **Oberbegriff** handelt; das Rechtsgeschäft ist mithin eine bestimmte Form der Maßnahme (s. noch § 312 Rdnr. 22).[100] Daraus, aber auch aus dem Schutzzweck des § 311 folgt, daß auch das **Unterlassen** eines *Rechtsgeschäfts* Gegenstand der Veranlassung sein kann.[101] Für §§ 311, 317 kommt es denn auch nicht auf die Abgrenzung zwischen Rechtsgeschäft und (sonstiger) Maßnahme an; anders verhält es sich im Zusammenhang mit § 312 (s. § 312 Rdnr. 22 ff.). Als „Maßnahme" iSv. §§ 311, 317 ist deshalb jeder Akt der Geschäftsführung anzusehen, der sich auf die Vermögens- oder Ertragslage der abhängigen Gesellschaft auswirken kann.[102]

38   **6. Kausalität.** Eine von der abhängigen Gesellschaft getroffene Maßnahme wird schließlich nur unter der Voraussetzung von §§ 311 ff. erfaßt, daß sie auf der Veranlassung durch

---

[96] *Pentz* S. 197 f.

[97] In diesem Sinne *Koppensteiner* in Kölner Kommentar Rdnr. 18; *Hüffer* Rdnr. 22; *Neuhaus* DB 1970, 1913, 1916; s. ferner *Säcker* ZHR 151 (1987), 59, 65 ff.; *Semler*, FS für Stiefel, S. 719, 760; *Ulmer*, FS für Stimpel, S. 705, 712 ff.; wohl auch *Würdinger* in GroßkommAktG, 3. Aufl., Anm. 4; aA *Decher* S. 174; *Paehler* S. 36; MünchKommAktG/*Kropff* Rdnr. 100 f.; wohl auch MünchHdb. AG/*Krieger* § 69 Rdnr. 65, 66.

[98] So auch *Hüffer* Rdnr. 23; zur Rechtslage im Vertragskonzern s. § 308 Rdnr. 30.

[99] AA *Koppensteiner* in Kölner Kommentar Rdnr. 20.

[100] MünchKommAktG/*Kropff* Rdnr. 136; *Koppensteiner* in Kölner Kommentar Rdnr. 8; *Hüffer* Rdnr. 24; *Emmerich/Sonnenschein/Habersack* § 25 I 4.

[101] Vgl. die Nachw. in Fn. 100.

[102] Vgl. die Nachw. in Fn. 100.

das herrschende Unternehmen beruht.[103] Zwischen der Veranlassung seitens des herrschenden Unternehmens und der Maßnahme muß deshalb Kausalität bestehen; **Mitursächlichkeit genügt** allerdings.[104] An der Kausalität der Veranlassung fehlt es deshalb nur in dem Fall, daß sich die abhängige Gesellschaft andernfalls genauso verhalten hätte.

V. Nachteil

1. Begriff. Nach Abs. 1 ist es dem herrschenden Unternehmen untersagt, die abhängige **39** Gesellschaft zu einer *nachteiligen* Maßnahme zu veranlassen. Darin kommt der auf die Vermögensinteressen der abhängigen Gesellschaft bezogene Ansatz der §§ 311 ff. (Rdnr. 2) zum Ausdruck: Das Gesetz nimmt die Überlagerung des Eigenwillens der Gesellschaft durch das anderweitig verfolgte unternehmerische Interesse des beherrschenden Aktionärs hin, soweit die *Vermögensinteressen* der abhängigen Gesellschaft und die daran anknüpfenden Interessen der außenstehenden Aktionäre und der Gläubiger unangetastet bleiben. Vor dem Hintergrund dieses Schutzzwecks des § 311 ist unter einem Nachteil **jede Minderung oder konkrete Gefährdung der Vermögens- oder Ertragslage der Gesellschaft** zu verstehen, soweit *sie auf die Abhängigkeit zurückzuführen* ist (Rdnr. 40).[105] Auf die *Quantifizierbarkeit* des Nachteils kommt es nicht an (Rdnr. 43, 60, 64 ff.). Wohl aber setzt das Vorliegen eines Nachteils (und damit die Möglichkeit des Nachteilsausgleichs) voraus, dass die Maßnahme im Interesse des herrschenden Unternehmens oder eines mit diesem verbundenen Unternehmens liegt (Rdnr. 60).

Ein Nachteil iSv. Abs. 1 liegt nach dem in Rdnr. 39 Gesagten nur unter der Voraus- **40** setzung vor, daß die negativen Auswirkungen auf die Vermögens- oder Ertragslage der Gesellschaft ihre **Ursache in der Abhängigkeit** haben.[106] Nach heute ganz hM fehlt es deshalb an einem Nachteil, wenn ein ordentlicher und gewissenhafter Geschäftsleiter einer unabhängigen Gesellschaft sich ebenso verhalten hätte wie der Vorstand der abhängigen Gesellschaft.[107] Dem Begriff des Nachteils ist damit eine **Sorgfaltspflichtverletzung** iSd. § 93 Abs. 1 S. 1 immanent: Hätte auch der pflichtgemäß handelnde Vorstand einer unabhängigen Gesellschaft die Maßnahme (iwS, s. Rdnr. 37) getroffen,[108] so entfällt nicht erst die Ersatzpflicht gem. § 317 Abs. 2, sondern bereits der nachteilige Charakter.[109] Die §§ 311 ff. setzen zwar dem Einfluß des herrschenden Unternehmens Schranken; das **allgemeine unternehmerische Risiko** ist dagegen von der abhängigen Gesellschaft, ihren Gläubigern und *sämtlichen Aktionären* gleichermaßen zu tragen. An einem *Nachteil* kann es demnach fehlen, obschon das herrschende Unternehmen die abhängige Gesellschaft zur Vornahme einer die Vermögens- oder Ertragslage beeinträchtigenden Maßnahme *veranlaßt* hat; im Unterschied zum Erfordernis der *Kausalität* der Veranlassung (Rdnr. 38) geht es nämlich im

[103] *Koppensteiner* in Kölner Kommentar Rdnr. 4; MünchHdb. AG/*Krieger* § 69 Rdnr. 64; *Hüffer* Rdnr. 24.
[104] Vgl. die Nachw. in Fn. 103; enger noch *Neuhaus* DB 1970, 1913, 1915, *A/D/S* Rdnr. 35, wonach es darauf ankommen soll, daß die Veranlassung durch das herrschende Unternehmen als Ursache überwiegt.
[105] In diesem Sinne BGHZ 141, 79, 84 = NJW 1999, 1706 = NZG 1999, 658 m. Anm. *S. Maul*; MünchKommAktG/*Kropff* Rdnr. 138; *Koppensteiner* in Kölner Kommentar Rdnr. 28; *Hüffer* Rdnr. 25; MünchHdb. AG/*Krieger* § 69 Rdnr. 65.
[106] Vgl. neben den Nachw. in Fn. 107 noch *Kleindiek* DStR 2000, 559, 561 f.; *Haarmann* in Hommelhoff/Rowedder/Ulmer S. 45, 59 ff.; am Beispiel der Mannesmann-Übernahme durch Vodafone auch *Lutter*, FS für Peltzer, S. 241, 245 ff.
[107] MünchKommAktG/*Kropff* Rdnr. 139 f.; *Koppensteiner* in Kölner Kommentar Rdnr. 22; *Hüffer*

Rdnr. 27; MünchHdb. AG/*Krieger* § 69 Rdnr. 65; *Emmerich/Sonnenschein/Habersack* § 25 II 1 a; *Hommelhoff* S. 118 f.; *Köhler* NJW 1978, 2473, 2477 f.; *Wilhelm* S. 233 ff.; im Ergebnis auch *Haarmann* in Hommelhoff/Rowedder/Ulmer S. 45, 60 f., der fragt, ob der Vorstand der abhängigen Gesellschaft die fragliche Maßnahme auch hätte vornehmen dürfen, wenn bei seiner Entscheidung Konzerninteressen unberücksichtigt geblieben wären. AA – für Entbehrlichkeit einer Pflichtverletzung – noch *Baumbach/Hueck* Rdnr. 8; *Kellmann* BB 1969, 1509, 1512 f.; ders. ZGR 1974, 220, 222 ff.
[108] Und zwar unter Berücksichtigung der business judgment rule, s. BGHZ 135, 244, 253 = NJW 1997, 1926.
[109] Näher zum Zusammenhang mit § 317 Abs. 2 *Kropff* und *Koppensteiner*, jew. aaO (Fn. 107); ferner § 317 Rdnr. 7.

Rahmen des Nachteilsbegriffs um die *Bewertung des Verhaltens* der abhängigen Gesellschaft und damit um die *am Schutzzweck orientierte Begrenzung* der Rechtsfolgen der §§ 311, 317.

41   **2. Maßgeblichkeit der besonderen Verhältnisse der abhängigen Gesellschaft.** Maßgeblich für das Vorliegen eines Nachteils ist das *fiktive Verhalten* einer – im Rahmen der Sorgfaltsanforderungen des § 93 Abs. 1 geführten – Gesellschaft, die zwar nicht in einem Abhängigkeitsverhältnis (iSd. § 17 Abs. 1) zu dem herrschenden Unternehmen steht, die aber im übrigen unter gleichen tatsächlichen und rechtlichen Bedingungen wie die abhängige Gesellschaft zu agieren hat. Der Begriff des Nachteils ist mit anderen Worten auf die besonderen Verhältnisse der abhängigen Gesellschaft zu beziehen.[110] Ist die Gesellschaft von dem herrschenden Unternehmen auch **wirtschaftlich abhängig,** so mag es also sein, daß durch das herrschende Unternehmen veranlaßte Maßnahmen auch bei *rechtlicher* Unabhängigkeit getroffen worden wären und deshalb nicht als nachteilig angesehen werden können.[111] Freilich gilt dies nur unter dem Vorbehalt, daß die wirtschaftliche Abhängigkeit nicht gerade auf der rechtlichen Abhängigkeit beruht. Dem herrschenden Unternehmen ist es deshalb nicht nur verwehrt, der vormals unabhängigen Gesellschaft durch **Zweck- oder Gegenstandsänderung** eine den Konzerninteressen dienende Funktion zuzuweisen (Rdnr. 30, 57 f., 64 f.; Anh. § 317 Rdnr. 12, dort auch zu § 33 Abs. 1 S. 2 BGB); vielmehr lassen auch entsprechende *tatsächliche Maßnahmen,* soweit sie nicht bereits als solche nachteilig iSd. § 311 sind (Rdnr. 57 f.; Anh. § 317 Rdnr. 9 ff.), den Schutz der nunmehr auch wirtschaftlich abhängigen Gesellschaft und ihrer Außenseiter unberührt.[112] Im übrigen aber beurteilt sich das Vorliegen eines Nachteils anhand des **satzungsmäßigen Unternehmensgegenstands und Zwecks** der abhängigen Gesellschaft.[113] Verfügt diese über einen atypischen, nicht auf Gewinnerzielung und -maximierung gerichteten Zweck,[114] so ist auch das Vorliegen (und die Höhe, s. Rdnr. 54) eines Nachteils nicht am Maßstab einer gesetzestypischen, sondern einer zwar unabhängigen, aber atypischen Gesellschaft zu ermitteln.[115] Zur nachträglichen Änderung des Zwecks oder Unternehmensgegenstands der abhängigen Gesellschaft sowie zur Gründung satzungsmäßig abhängiger Gesellschaften s. noch Rdnr. 30, 57 f., 64 f., Anh. § 317 Rdnr. 12; Anh. § 318 Rdnr. 9, 37.

42   Das Leitbild einer unabhängigen Gesellschaft versagt, soweit es um Maßnahmen geht, die der Vorstand einer unabhängigen Gesellschaft in berechtigter Erwartung eines **Kompensationsgeschäfts** nach § 93 Abs. 1 hätte vornehmen dürfen.[116] Im Unterschied zum Geschäftspartner einer unabhängigen Gesellschaft ist nämlich das herrschende Unternehmen zur Fortsetzung der Geschäftsverbindung mit der abhängigen Gesellschaft nicht auf die Gewährung einer Kompensation angewiesen. Zudem stünde die Annahme, die mehr oder weniger berechtigte Erwartung eines Kompensationsgeschäfts lasse den nachteiligen Charak-

---

[110] So auch BGHZ 141, 79, 84, 88 = NJW 1999, 1706; MünchKommAktG/*Kropff* Rdnr. 151; zu etwaigen Modifikationen dieses Ansatzes s. noch Rdnr. 49 f.

[111] Zutr. *Koppensteiner* in Kölner Kommentar Rdnr. 25 f.; s. ferner *Wilhelm* S. 236; *Strohn* S. 73 ff.

[112] Zustimmend MünchKommAktG/*Kropff* Rdnr. 155; *Kleindiek* DStR 2000, 559, 561 f. (Fn. 29).

[113] *Mülbert,* FS für Lutter, S. 535, 543 f.; *Timmann* S. 74 ff. mit weit. Nachw.; zum konkreten Gesellschaftszweck als Maßstab und Zielrichtung der mitgliedschaftlichen Treupflicht s. *Zöllner* ZHR 162 (1998), 235, 238 f.

[114] Eingehend zu solchen Gebilden *Eberth,* Die Aktiengesellschaft mit atypischer Zwecksetzung, 2000, insbes. S. 34 ff.; *Timmann* S. 102 ff.

[115] Näher dazu, insbes. zur Vereinbarkeit dieses Ansatzes mit Art. 15, 16 der Kapitalrichtlinie (77/

91/EWG, ABl. EG Nr. L 26/1) *Mülbert,* FS für Lutter, S. 535, 543 ff., 550 ff., dessen weitergehende Folgerung – Unvereinbarkeit des § 302 mit Art. 15, 16 der Kapitalrichtlinie deshalb, weil diese für zweckkonforme Leistungen an die Aktionäre das Höchstniveau des Gläubigerschutzes abschließend regele – freilich auch beim Fehlen von Minderheitsaktionären deutlich zu weit geht (s. dazu auch Rdnr. 82 sowie § 323 Rdnr. 3): Die qua Beherrschungsvertrag konzernierte Gesellschaft verfügt nicht a priori, sondern aufgrund ihrer Abhängigkeit über einen dienenden Zweck (s. noch Anh. § 318 Rdnr. 9, 37, Anh. § 317 Rdnr. 12); s. ferner *Timmann* S. 74 ff., 84 ff.

[116] MünchKommAktG/*Kropff* Rdnr. 159; *Koppensteiner* in Kölner Kommentar Rdnr. 42; *Hüffer* Rdnr. 27; s. dazu auch *Strohn* S. 82 f.; *Mertens* in Hommelhoff/Rowedder/Ulmer S. 27, 37 f.

ter der Maßnahme entfallen, in Widerspruch zu § 311 Abs. 2 S. 2. Läßt nämlich die Erwartung künftiger Kompensation nicht schon den nachteiligen Charakter der Maßnahme entfallen, so bedarf es, will das herrschende Unternehmen der Ersatzpflicht aus § 317 entgehen, eines Nachteilsausgleichs nach Maßgabe des § 311 Abs. 2, etwa durch tatsächliche Durchführung eines Kompensationsgeschäfts.

3. Nicht quantifizierbare Nachteile. Nach zutreffender Ansicht entfällt der nachteilige **43** Charakter einer Maßnahme nicht dadurch, daß der Nachteil nicht quantifiziert werden kann.[117] Solche nicht quantifizierbaren Nachteile sind allerdings im allgemeinen einem Ausgleich nach § 311 Abs. 2 nicht zugänglich (Rdnr. 53 ff., 64 ff.) und machen deshalb die Einflußnahme von vornherein *rechtswidrig.* Die Rechtsfolgen einer solchen Veranlassung bestimmen sich danach, ob ein etwaiger *Schaden* der Gesellschaft *bezifferbar ist.* Soweit dies der Fall ist, haften das herrschende Unternehmen nach Maßgabe des § 317 (Rdnr. 58 f.; § 317 Rdnr. 15 f.) und der Vorstand der abhängigen Gesellschaft nach § 93 Abs. 2 (Rdnr. 78 ff., § 318 Rdnr. 10 ff.) auf **Schadensersatz.** Läßt sich dagegen der (drohende) Schaden der Gesellschaft auch unter Berücksichtigung des § 287 ZPO nicht beziffern, so finden die Grundsätze über die **qualifizierte Nachteilszufügung** Anwendung (Anh. § 317 Rdnr. 7 ff., 28 ff.). Etwaige Unterlassungs- und Beseitigungsansprüche der abhängigen Gesellschaft (§ 317 Rdnr. 19 f.) stehen dem nicht entgegen; mit Geltendmachung dieser Ansprüche und vollständiger Beseitigung der nachteiligen Folgen entfällt allerdings der Tatbestand der qualifizierten faktischen Abhängigkeit mit Wirkung ex nunc.

4. Maßgebender Zeitpunkt. Für die Beurteilung des nachteiligen Charakters und der **44** Höhe des Nachteils[118] ist der Zeitpunkt der **Vornahme** des Rechtsgeschäfts oder der Maßnahme maßgeblich. Dies läßt sich schon dem § 312 Abs. 3 S. 1 entnehmen, folgt aber jedenfalls aus dem Erfordernis einer Sorgfaltspflichtverletzung (Rdnr. 40): Auch der Geschäftsleiter einer unabhängigen Gesellschaft kann trotz Aufbringung aller erdenklichen Sorgfalt die Entscheidung über die Durchführung einer Maßnahme nur auf der Grundlage der zu diesem Zeitpunkt verfügbaren Informationen treffen. Demgemäß ist auch im Rahmen des § 311 eine **ex-ante-Prognose** anzustellen, wobei sämtliche Umstände zu berücksichtigen sind, die einem ordentlichen und gewissenhaften Geschäftsleiter zum damaligen Zeitpunkt erkennbar gewesen wären.[119] Durfte danach die Maßnahme getroffen werden, so wird sie auch dann nicht nachteilig iSd. § 311, wenn sich die entscheidungsrelevanten Umstände im nachhinein anders entwickeln und die Gesellschaft eine Vermögenseinbuße erleidet.[120] Umgekehrt entfällt der nachteilige Charakter einer Maßnahme nicht durch eine zugunsten der Gesellschaft verlaufende Entwicklung.[121] Ein Risikogeschäft, das ein gewissenhafter Geschäftsleiter nicht vorgenommen hätte, verliert somit seinen nachteiligen Charakter nicht dadurch, daß sich das Risiko nicht realisiert (s. noch Rdnr. 45, ferner § 317 Rdnr. 17).

5. Nachteil, Schaden und Verlust. Der Begriff des Nachteils deckt sich nach dem in **45** Rdnr. 44 Gesagten nicht mit dem Begriff des Schadens.[122] Während die Bestimmung des auszugleichenden **Schadens ex post** und damit auf der Grundlage des nunmehr bekannten

---

[117] BGHZ 141, 79, 84 = NJW 1999, 1706 = NZG 1999, 658 m. Anm. *S. Maul;* MünchKomm-AktG/*Kropff* Rdnr. 138; *Koppensteiner* in Kölner Kommentar Rdnr. 31; *Hüffer* Rdnr. 25; Münch-Hdb. AG/*Krieger* § 69 Rdnr. 70; *K. Schmidt* GesR § 31 IV 2 b; *Mertens* in Hommelhoff/Rowedder/Ulmer S. 27, 29 ff.; *Strohn* S. 83 f.; *Zöllner,* FS für Kropff, S. 333, 345 f.; aA noch *Baumbach/Hueck* Rdnr. 8; *Haesen* S. 98 f., 103, 129 f.

[118] MünchKommAktG/*Kropff* Rdnr. 142.

[119] Ganz hM, s. MünchKommAktG/*Kropff* Rdnr. 141; *Koppensteiner* in Kölner Kommentar Rdnr. 23; *Hüffer* Rdnr. 28; MünchHdb. AG/*Krieger* § 69 Rdnr. 69; *Emmerich/Sonnenschein/Habersack*

§ 25 II 1 c; *Hommelhoff* S. 119 f.; *Wilhelm* S. 236 ff.; am Beispiel der Mannesmann-Übernahme durch Vodafone *Lutter,* FS für Peltzer, S. 241, 246 ff.; aA *Kellmann* ZGR 1974, 220, 221 ff.; *Haesen* S. 102 ff.

[120] Vgl. die Nachw. in Fn. 119.

[121] *Hüffer* Rdnr. 28; MünchHdb. AG/*Krieger* § 69 Rdnr. 69.

[122] Heute ganz hM, s. MünchKommAktG/*Kropff* Rdnr. 143 f.; *Koppensteiner* in Kölner Kommentar Rdnr. 30; *Hüffer* Rdnr. 28; MünchHdb. AG/*Krieger* § 69 Rdnr. 65; *Strohn* S. 85; aA *Kellmann* ZGR 1974, 220, 222 f.; ders. BB 1969, 1509, 1512 f.; *Möhring,* FS für Schilling, S. 253, 264 f.

Geschehensablaufs zu erfolgen hat, bemißt sich die Höhe des Nachteils nach der im Zeitpunkt der Vornahme der Maßnahme (Rdnr. 44) abzusehenden Beeinträchtigung der Vermögens- oder Ertragslage der abhängigen Gesellschaft. Ein Nachteil kann deshalb gegeben sein, auch wenn es nicht zum Eintritt eines entsprechend hohen Schadens kommt oder die abhängige Gesellschaft gar einen Gewinn erzielt; auch in diesen Fällen ist der ex ante zu beurteilende Nachteil auszugleichen (s. ferner § 317 Rdnr. 17).[123] Umgekehrt geht ein nicht abzusehender oder den Nachteil übersteigender Schaden zu Lasten der abhängigen Gesellschaft; fehlt es an einem Nachteil oder wird der Nachteil ausgeglichen, so haben die abhängige Gesellschaft und die außenstehenden Aktionäre keinen Anspruch auf Schadensersatz gem. § 317 Abs. 1.[124] Entsprechendes gilt für das Verhältnis zwischen Nachteil und Verlust.[125] Eine Maßnahme, die zwar nicht zur Entstehung eines Verlusts führt, durch die aber der abhängigen Gesellschaft ein andernfalls erzielbarer (höherer) Gewinn entgeht, ist nachteilig iSd. § 311. Umgekehrt sind verlustbringende Geschäfte nicht zwangsläufig nachteilig.

46   **6. Beispiele. a) Umsatzgeschäfte.** Der Begriff des Nachteils ist so weit wie derjenige der Pflichtverletzung iSd. § 93 (s. Rdnr. 40) und läßt sich deshalb nur unzureichend präzisieren (s. bereits Rdnr. 30). Nachteiligen Charakter haben aber jedenfalls solche Leistungen der abhängigen Gesellschaft, denen *keine gleichwertige Leistung* des herrschenden Unternehmens gegenübersteht. Dies gilt zunächst für die Veräußerung von Gegenständen des Anlage- oder Umlaufvermögens sowie für die Erbringung von Leistungen unter Wert;[126] ihnen gleich steht der Erwerb solcher Gegenstände und Leistungen über Wert. Namentlich die sog. **Konzernverrechnungspreise** unterliegen mithin einer Überprüfung auf ihre Angemessenheit.[127]

47   **b) Maßnahmen der Konzernfinanzierung.** Nachteiligen Charakter können ferner Maßnahmen der Konzernfinanzierung haben (s. dazu noch Rdnr. 82 ff.). Was zunächst die Vergabe oder Aufnahme konzerninterner **Darlehen** betrifft, so muß namentlich die Verzinsung einem Drittvergleich standhalten; im Falle der Vergabe des Darlehens kann aber auch das Fehlen ausreichender Sicherheiten einen Nachteil begründen.[128] Die Bestellung von **Sicherheiten** für Verbindlichkeiten des herrschenden Unternehmens oder anderer Konzernunternehmen[129] kann nicht nur nachteilig sein, wenn im Zeitpunkt der Bestellung der Sicherheit[130] die Inanspruchnahme derselben nicht unwahrscheinlich ist und der abhängigen Gesellschaft kein vollwertiger Rückgriffsanspruch zusteht; vielmehr kann bereits der Umstand, daß die Gesellschaft den Gegenstand nicht mehr als Sicherheit für eigene Verbindlichkeiten einsetzen kann, einen Nachteil begründen.[131] Umgekehrt wird es allerdings an einem Nachteil fehlen, wenn die Konzerngesellschaften untereinander ihre jeweiligen Ver-

---

[123] MünchKommAktG/*Kropff* Rdnr. 145 f.; einschränkend MünchHdb. AG/*Krieger* § 69 Rdnr. 69: kein Nachteilsausgleich, wenn sich bereits zum Ende des Geschäftsjahres zeigt, daß ein Schaden nicht entstehen wird; aA *Kellmann* BB 1969, 1509, 1516, der darin eine Privilegierung der abhängigen Gesellschaft sieht, dabei aber nicht berücksichtigt, daß eine unabhängige Gesellschaft das fragliche Geschäft nicht ohne Risikoprämie vorgenommen hätte.

[124] MünchKommAktG/*Kropff* Rdnr. 146.

[125] MünchKommAktG/*Kropff* Rdnr. 147 ff.

[126] Zur Veräußerung einer Beteiligung s. *Lutter,* FS für Steindorff, S. 125, 135 ff.; zum Erwerb der UMTS-Lizenzen durch die Deutsche Telekom AG s. *Philipp* AG 2001, 463 ff. (mit durchaus zweifelhaften Schlussfolgerungen). Zur Veräußerung an Dritte und zur damit verbundenen Frage, ob die nachteilige Maßnahme im Interesse des herrschenden Unternehmens liegen muß, s. noch Rdnr. 60.

[127] Vgl. BGHZ 124, 111, 118 f. = NJW 1994, 520. Näher zur Frage der Angemessenheit von Konzernverrechnungspreisen *Becker/Grazé* DB 1985, Beil. 15; *Krag* BB 1988, 1850, 1852 ff.; *Sieker* in Lutter/Scheffler/Schneider § 28 Rdnr. 10 ff.; *Wiedemann/Fleischer* ebenda § 29 Rdnr. 15 ff.

[128] *Jula/Breitbarth* AG 1997, 256, 260; *Eichholz* insbes. S. 106 ff.

[129] Zur Verpfändung von Aktien zur Sicherung eines dem herrschenden Unternehmen gewährten Darlehens, s. LG Düsseldorf AG 1979, 290, 291 f. (aufgehoben durch OLG Düsseldorf AG 1980, 273 f.).

[130] Allg. dazu Rdnr. 44; speziell im Zusammenhang mit der Bestellung von Sicherheiten MünchKommAktG/*Kropff* Rdnr. 192 sowie unten Rdnr. 84.

[131] MünchKommAktG/*Kropff* Rdnr. 191.

bindlichkeiten gegenüber Dritten sichern und auf diese Weise die Kreditwürdigkeit der abhängigen Gesellschaft steigt.[132]

Die Einbindung der abhängigen Gesellschaft in ein *zentrales* **Cash-Management**[133] ist **48 nicht per se nachteilig.**[134] Die mit einem solchen System verbundene Unterordnung unter die konzernweite Liquiditätssteuerung darf aber die abhängige Gesellschaft nicht mit den auf die Betreibergesellschaft durchschlagenden Liquiditätsproblemen anderer Konzerngesellschaften belasten; vielmehr muß sichergestellt sein, daß die abhängige Gesellschaft über die von ihr benötigte (und ihr zustehende)[135] Liquidität verfügt.[136] Zudem sind die der abhängigen Gesellschaft gebührenden Mittel angemessen zu verzinsen und die mit der Zentralisierung verbundenen *Synergieeffekte* in sachgerechter Weise an die abhängige Gesellschaft weiterzureichen (s. Rdnr. 49). Des weiteren ist etwaigen Risiken aus der Vergabe von Darlehen oder der Bestellung von Sicherheiten Rechnung zu tragen. Auch darf die abhängige Gesellschaft nicht restlos von eigenen Bankverbindungen und Kreditlinien abgeschnitten werden.[137] Schließlich ist sicherzustellen, daß die einzelnen Geschäftsvorfälle ordnungsgemäß erfaßt werden; andernfalls kann das Cash-Management den Tatbestand einer qualifizierten Nachteilszufügung begründen (Anh. § 317 Rdnr. 16 ff.).

c) Konzernumlagen. Die vorstehenden Ausführungen gelten entsprechend für sog. **49** Konzernumlagen, d. h. für Zuwendungen der abhängigen Gesellschaft, die Leistungen der Konzernleitung vergüten sollen.[138] Nachteiligen Charakter haben solche Umlagen nur dann nicht, wenn sie *Leistungen* des herrschenden Unternehmens (und nicht nur den passiven Konzerneffekt, s. Rdnr. 52, 62) vergüten und diese im Interesse nicht nur des Gesamtkonzerns, sondern speziell der abhängigen Gesellschaft liegen. Daran fehlt es bei konzernbezogenen Aufwendungen, etwa solchen der allgemeinen Konzernkontrolle, der Konzernleitung und der Öffentlichkeitsarbeit.[139] Liegt eine im Grundsatz umlagefähige Leistung vor (was etwa bei den Kosten eines angemessenen Cash-Managements der Fall ist, s. Rdnr. 48), so muss die Höhe der Umlage einem Drittvergleich standhalten, soll nicht in der Leistung der Umlage ein Nachteil liegen (Rdnr. 40). Da sich der Vorstand einer unabhängigen Gesellschaft an einer entsprechenden „Zentralisierung" von Gesellschaftsangelegenheiten nur gegen **Partizipation an etwaigen Synergieeffekten** beteiligen würde, muß das herrschende Unternehmen nach § 311 auch die abhängige Gesellschaften an diesen Effekten teilhaben lassen. Es darf deshalb nur die Gesamtkosten anhand eines sachgerechten Verteilungsschlüssels auf die einzelnen Konzerngesellschaften umlegen.[140] Der Vereinnahmung eines Gewinnzuschlags steht dies allerdings nicht entgegen.[141]

d) Steuerumlagen. Steuerumlagen[142] sind vor dem Hintergrund zu sehen, dass im Falle **50** einer steuerlichen Organschaft die Körperschaft- und Gewerbesteuerpflicht der abhängigen

[132] MünchKommAktG/*Kropff* Rdnr. 191; s. ferner BGHZ 138, 291, 302 = NJW 1998, 2592; *Schön* ZHR 159 (1995), 351, 368.

[133] Dazu namentlich die Beiträge von *Wehlen* und *U. H. Schneider* in Lutter/Scheffler/Schneider §§ 23, 25; ferner *Bayer,* FS für Lutter, S. 1011 ff.; *Hormuth* insbes. S. 51 ff.; *Morsch* NZG 2003, 97 ff.; speziell zur Kapitalaufbringung *Cahn* ZHR 166 (2002), 278 ff.

[134] So auch *U. H. Schneider* (Fn. 133) § 25 Rdnr. 55; MünchKommAktG/*Kropff* Rdnr. 184 ff.; für die GmbH auch BGHZ 149, 10, 17 ff. = ZIP 2001, 1874, 1876 = DStR 1853 m. Anm. *Goette* („Schwarz/Weiß-Lösungen … verwirft der Senat"); dazu im vorliegenden Zusammenhang *Wilken* DB 2001, 2383, 2385 f.

[135] Eine darüber hinausgehende Verpflichtung des herrschenden Unternehmens zur Sicherung ausreichender Liquidität der abhängigen Gesellschaft besteht allerdings nicht, s. § 302 Rdnr. 41; MünchHdb. AG/*Krieger* § 69 Rdnr. 57; *Koppenstei-*

ner in Kölner Kommentar § 302 Rdnr. 8; aA *Jula/ Breitbarth* AG 1997, 256, 262.

[136] *Hommelhoff/Kleindiek* in Lutter/Scheffler/ Schneider § 21 Rdnr. 20; MünchHdb. AG/*Krieger* § 69 Rdnr. 56; näher *Hormuth* S. 125 ff., dort auch zu Möglichkeiten des Nachteilsausgleichs.

[137] So zu Recht die in der vorigen Fn. Genannten.

[138] BGHZ 141, 79, 85 = NJW 1999, 1706; *Wiedemann/Strohn* AG 1979, 113, 119; eingehend zu Konzernumlagen *Sieker* und *Wiedemann/Fleischer,* jew. aaO (Fn. 127); *Theisen* S. 472 ff. S. ferner für den GmbH Konzern BGHZ 65, 15, 18 ff. = NJW 1976, 791 und dazu Anh. § 318 Rdnr. 27 ff.

[139] Näher *Wiedemann/Fleischer* (Fn. 127) § 29 Rdnr. 30 ff.

[140] Zutr. *Mülbert* S. 470; *Wiedemann/Fleischer* (Fn. 127) § 29 Rdnr. 27, 44; *dies.* JZ 2000, 159, 161.

[141] *Wiedemann/Fleischer* (Fn. 127) § 29 Rdnr. 28.

[142] Eingehend zu ihnen *Marx* DB 1996, 950 ff.; *W. Müller,* FS für Beisse, S. 363 ff.

Gesellschaft entfällt (Einl. Rdnr. 30) und der das Konzernergebnis versteuernde Organträger entsprechend § 426 Abs. 1 BGB einen *Ausgleichsanspruch* gegen die Organgesellschaft erlangt.[143] Die Geltendmachung dieses Ausgleichsanspruchs im Wege einer sog. Steuerumlage vermag als solche unzweifelhaft noch keinen Nachteil iSd. § 311 zu begründen. Fraglich ist vielmehr allein, in welcher Höhe die abhängige Gesellschaft in Anspruch genommen werden darf. Beurteilt man das Vorliegen eines Nachteils und dessen Höhe am Maßstab des *fiktiven Verhaltens* einer Gesellschaft, die zwar nicht in einem Abhängigkeitsverhältnis zu dem herrschenden Unternehmen steht, die aber im übrigen der abhängigen Gesellschaft entspricht (Rdnr. 41), so scheint dies dafür zu sprechen, dass die abhängige Gesellschaft nach Maßgabe des sog. „Stand-alone-Verfahrens" und damit mit dem Betrag belastet werden darf, den diese Gesellschaft zu zahlen hätte, wenn sie selbst Steuerschuldner wäre.[144] Dabei würde indes verkannt, dass es sich bei den steuerlichen Folgen der Organschaft um einen typischen *passiven Konzerneffekt* handelt.[145] Ein solcher begründet aber im allgemeinen und so auch hier weder einen ausgleichspflichtigen Nachteil auf seiten der abhängigen Gesellschaft (Rdnr. 52) noch einen zugunsten des herrschenden Unternehmens zu veranschlagenden Vorteil (Rdnr. 62); er vermag deshalb auch keinen eigenständigen Ausgleichsanspruch des herrschenden Unternehmens zu begründen. Es kommt hinzu, dass ein pflichtgemäß handelnder Vorstand einen steuerlich relevanten Verlust nur gegen Gewährung eines adäquaten Vorteils übertragen dürfte. Für Steuerumlagen gilt deshalb das zu sonstigen Konzernumlagen Gesagte (Rdnr. 49) entsprechend: Das herrschende Unternehmen darf nur seinen **tatsächlichen Steuermehraufwand** geltend machen; die Auferlegung des darüber hinausgehenden fiktiven Steueraufwandes der abhängigen Gesellschaft begründet dagegen einen Nachteil iSd. § 311.[146] Ist somit von dem sogenannten **Verteilungsverfahren** auszugehen,[147] so kann allerdings die Umlage so bemessen werden, daß sie auf die Gesamtdauer der Organschaft dem tatsächlichen Aufwand des Organträgers entspricht.[148]

51 **e) Sonstige.** Allgemein kommt es für die Anwendbarkeit der §§ 311, 317 nicht auf eine Verminderung des Gesellschaftsvermögens oder auf die bilanzielle Erfaßbarkeit der Maßnahme an. Nachteiligen Charakter können deshalb auch Maßnahmen der **Personalpolitik** haben, etwa die „Abordnung" eines Vorstandsmitglieds der abhängigen Gesellschaft an das herrschende Unternehmen,[149] ferner **organisatorische Maßnahmen** (dazu auch Rdnr. 41, 43, 57 f., 64 f., Anh. § 317 Rdnr. 12, 14) wie etwa die Übertragung der gesamten EDV auf ein verbundenes Unternehmen,[150] des weiteren Maßnahmen der **Bilanzierung**, die Umlenkung von **Geschäftschancen** der abhängigen Gesellschaft auf das herrschende Unternehmen oder ein sonstiges Konzernunternehmen[151] und allgemein die Erteilung von

---

[143] BGHZ 120, 50, 59 f. = NJW 1993, 585; BGHZ 141, 79, 85 = NJW 1999, 1706 = NZG 1999, 658 m. Anm. *S. Maul.* Zur Frage weitergehender Ausgleichspflichten aus ungerechtfertigter Bereicherung s. einerseits – zu Recht ablehnend – *Kleindiek* DStR 2000, 559, 563 f.; *Röhricht* in VGR, S. 3, 12; andererseits *Pyszka* GmbHR 1999, 646, 648 f.; *ders.* GmbHR 1999, 812.

[144] Demgegenüber ist nach BGHZ 141, 79, 84 der Maßstab einer zwar unabhängigen, im übrigen aber vergleichbaren Gesellschaft ungeeignet; kritisch dazu, freilich in anderer Richtung, *Wiedemann/Fleischer* JZ 2000, 159, 160; wie hier bereits *Mülbert* S. 470 (betreffend die allgemeine Frage, ob die abhängige Gesellschaft an Synergieeffekten zu beteiligen ist).

[145] So auch *Röhricht* in VGR, S. 3, 12.

[146] So zu Recht BGHZ 141, 79, 85 ff. = NJW 1999, 1706 = NZG 1999, 658 m. Anm. *S. Maul*; *Röhricht* in VGR, S. 3, 10 ff.; *Henze* Rdnr. 453 ff.; zuvor bereits *Marx* DB 1996, 950, 954; *W. Müller*, FS für Beisse, S. 363, 371; dem BGH zust. auch

MünchKommAktG/*Kropff* Rdnr. 204 f.; *Kleindiek* DStR 2000, 559, 561 ff.; *S. Maul* NZG 1999, 660 f.; *U. H. Schneider/Singhof* WuB II A. § 317 AktG 1.99; *Wiedemann/Fleischer* JZ 2000, 159 f.; ablehnend *Feddersen* ZGR 2000, 523, 529 ff.; *Pyszka* GmbHR 1999, 812.

[147] Näher zu Verteilungs- und Stand-alone-Verfahren *Marx* und *W. Müller*, jew. aaO (Fn. 142).

[148] So zu Recht *W. Müller*, FS für Beisse, S. 363, 371; *Kleindiek* DStR 2000, 559, 562; tendenziell auch BGHZ 141, 79, 86 = NJW 1999, 1706 = NZG 1999, 658 m. Anm. *S. Maul.*

[149] OLG Stuttgart AG 1979, 200, 202.

[150] Vgl. LG Darmstadt AG 1987, 218, 220, das freilich einen Nachteil verneint aufgrund der mit der Übertragung verbundenen Kostenersparnis (aus anderen Gründen aufgehoben durch OLG Frankfurt AG 1988, 109); dagegen zutr. *Stein* ZGR 1988, 163, 181 ff.

[151] Zur Bilanzierung s. im Zusammenhang mit der gewinnmaximierenden Ausübung von Bewertungswahlrechten *H.-P. Müller*, FS für Goerdeler,

Informationen. Ein Nachteil kann weiter in der Begründung einer *Schadensersatz- oder Ausgleichsverpflichtung* der abhängigen Gesellschaft gesehen werden. Veranlaßt das herrschende Unternehmen etwa die abhängige Tochtergesellschaft, der von ihr abhängigen (Enkel-)Gesellschaft einen Nachteil zuzufügen, so hat es der Tochter die von ihr an die Enkel-Gesellschaft zu leistenden Ausgleichs- oder Schadensersatzleistungen nach Maßgabe der §§ 311, 317 zu erstatten.[152] Nachteilig kann ferner eine Maßnahme sein, durch die das Gesellschaftsvermögen in seiner *Zusammensetzung* geändert wird.[153] Auch der *Abschluß eines langfristigen Vertrags* kann bereits als solcher nachteilig sein; davon ist insbes. auszugehen, wenn es der Vertrag an Vorkehrungen zum Schutz der abhängigen Gesellschaft wie etwa Preisanpassungs- oder Nachverhandlungsklauseln fehlen läßt.[154] Nachteiligen Charakter können schließlich auch **von der Hauptversammlung beschlossene Maßnahmen** wie etwa die Änderung des Unternehmensgegenstands oder die Umwandlung der abhängigen Gesellschaft haben (Rdnr. 29 f.).

f) Passiver Konzerneffekt. Die sogenannten passiven Konzerneffekte, d. h. die mit der **52** Begründung des Abhängigkeits- oder Konzernverhältnisses als solcher verbundenen Folgen, beruhen nicht auf einer – in § 311 vorausgesetzten – Einwirkung auf die Willensbildung der bereits abhängigen Gesellschaft; sie können deshalb nicht als Nachteil qualifiziert werden.[155] Erhält etwa die abhängige Gesellschaft infolge ihrer Einbindung in den Konzern des herrschenden Unternehmens von einem mit diesem konkurrierenden Unternehmen keine Aufträge mehr, so schuldet das herrschende Unternehmen insoweit keinen Ausgleich nach §§ 311, 317. Umgekehrt können passive Konzerneffekte, soweit sie (wie etwa die Änderung der steuerlichen Rahmenbedingungen, s. Rdnr. 50) der abhängigen Gesellschaft zum Vorteil gereichen, nicht zum Ausgleich anderer Nachteile oder als Grundlage für einen Ausgleichsanspruch herangezogen werden (Rdnr. 50, 62). Zu den Kosten des Abhängigkeitsberichts s. noch § 312 Rdnr. 17.

7. Ermittlung des nachteiligen Charakters. a) Problemstellung. Zur Ermittlung **53** des nachteiligen Charakters eines Rechtsgeschäfts oder einer Maßnahme ist es erforderlich, das Verhalten des Vorstands der abhängigen Gesellschaft mit dem fiktiven Verhalten des Vorstands einer unabhängigen Gesellschaft zu vergleichen (Rdnr. 39 ff.). Die dabei auftretenden Probleme resultieren zum einen daraus, daß auf das fiktive Verhalten des Geschäftsleiters einer Gesellschaft abzustellen ist, die sich, abgesehen vom Bestehen eines Abhängigkeitsverhältnisses, in der rechtlichen und wirtschaftlichen *Situation der abhängigen Gesellschaft* befindet (Rdnr. 41 f.). Zum anderen kommt auch dem ordentlichen und gewissenhaften Geschäftsleiter einer unabhängigen Gesellschaft ein **unternehmerisches Ermessen** zu,[156] so daß regelmäßig nicht nur eine, sondern *mehrere Verhaltensweisen* sorgfaltsgemäß sind. Aufgabe des Nachteilsbegriffs ist es in Fällen dieser Art, die pflichtgemäße von der pflichtwidrigen Ermessensausübung abzugrenzen. Dies bereitet oftmals große Schwierigkeiten; doch sind diese dem auf einen globalen Verlustausgleich verzichtenden (Rdnr. 3) Ansatz der §§ 311 ff. immanent. De lege lata hat es deshalb bei der skizzierten Methode zu bewenden.[157] Im übrigen laufen das herrschende Unternehmen und der Vorstand der abhängigen Gesellschaft Gefahr, bei zu Lasten der abhängigen Gesellschaft gehender Bewertung des nachteiligen Charakters aus §§ 317, 93 Abs. 2 in Anspruch genommen zu werden

S. 375, 384 f.; zust. auch *Hüffer* Rdnr. 26; s. auch Rdnr. 30; zur Umlenkung von Geschäftschancen s. für die GmbH BGH GmbHR 1977, 129; BGH NJW 1979, 2104; BGH NJW 1986, 584, 585.

[152] *Rehbinder* ZGR 1977, 581, 595 ff. Zur mehrstufigen Abhängigkeit s. bereits Rdnr. 17 ff.

[153] *Koppensteiner* in Kölner Kommentar Rdnr. 4.

[154] MünchKommAktG/*Kropff* Rdnr. 211; *ders.* DB 1967, 2204, 2205 ff.

[155] *Kropff*, FS für Lutter, 2000, S. 1133, 1142 f. (s. aber auch Fn. 249); MünchKommAktG/*ders.*

Rdnr. 346 f.; *Koppensteiner* in Kölner Kommentar Rdnr. 21; *Strohn* S. 81; *Kiehne* DB 1974, 321, 323.

[156] BGHZ 135, 244, 253 = NJW 1997, 1926; BGHZ 141, 79, 89 = NJW 1999, 1706; dazu *Mertens* in Hommelhoff/Rowedder/Ulmer S. 27, 38 ff.; *Haarmann* ebenda S. 45, 59 ff.

[157] Zutr. *Koppensteiner* in Kölner Kommentar Rdnr. 33 ff. mit Hinweisen zu Alternativkonzeptionen (insbes. *Albach* NB 1966, 203; *Kirchner* ZGR 1985, 214, 233); zur Problematik s. auch *Wackerbarth* S. 308 ff.

(Rdnr. 9, 78 f.); dies mag die Beteiligten zu sorgfältiger Bewertung der jeweiligen Maßnahme veranlassen.

54 **b) Rechtsgeschäft.** Ist der nachteilige Charakter eines Rechtsgeschäfts zu ermitteln, so können – vorbehaltlich eines atypischen Gesellschaftszwecks (Rdnr. 41) – die steuerrechtlichen **Grundsätze über die sog. verdeckte Gewinnausschüttung** herangezogen werden.[158] Das Rechtsgeschäft ist somit einem *Drittvergleich* zu unterziehen; von einer verdeckten Gewinnausschüttung und damit auch von einem Nachteil iSd. § 311 ist auszugehen, wenn *zwischen Leistung und Gegenleistung ein objektives Mißverhältnis* besteht.[159] Zwar geht es bei der Problematik der verdeckten Gewinnausschüttung um die Erfassung von *Vorteilen* auf seiten des *Gesellschafters,* während nach § 311 der von der abhängigen *Gesellschaft* erlittene *Nachteil* auszugleichen ist.[160] Indes ist dies nur eine Frage der Perspektive; auch im unmittelbaren Anwendungsbereich der Grundsätze über die verdeckte Gewinnausschüttung wird das *Rechtsgeschäft als solches* einem Drittvergleich unterzogen. Eine *sinngemäße Anwendung* dieser Grundsätze ist deshalb selbst dann geboten, wenn sich Vor- und Nachteil nicht decken sollten. Häufig aber entspricht der Nachteil der Gesellschaft dem Vorteil des Gesellschafters oder eines anderen verbundenen Unternehmens, zumal Maßnahmen, die zwar durch das herrschende Unternehmen veranlaßt sind, aber einem Dritten zugute kommen, ohnehin dem Nachteilsausgleich nicht zugänglich sind (Rdnr. 60).

55 Besteht für die zu beurteilende Lieferung oder Leistung der abhängigen Gesellschaft oder des herrschenden Unternehmens ein **Marktpreis,** so bildet dieser den wesentlichen Vergleichsmaßstab; Entsprechendes gilt für den Fall, daß der Gesellschaft ein **Angebot eines Dritten** vorliegt.[161] Die Differenz zwischen dem Marktpreis bzw. dem vom Dritten gebotenen Preis und dem tatsächlich gezahlten oder vereinnahmten Preis ergibt dann den Nachteil. Freilich ermöglicht der Rückgriff auf einen etwaigen Marktpreis zumeist allenfalls eine erste Annäherung. Denn zum einen fehlt es häufig an einem *einheitlichen* Marktpreis. Zum anderen fließen in die Bemessung des Marktpreises die Nebenbedingungen des Geschäfts ein; eine diesbezügliche Abweichung vom typischen Inhalt des Vertrags kommt mit anderen Worten in einem entsprechend niedrigeren oder höheren Endpreis zum Ausdruck und ist somit vom Marktpreis abzuziehen bzw. diesem hinzuzurechnen. Davon betroffen sind insbes. Vereinbarungen über die Zahlungsmodalitäten, über den Transport und Vertrieb der Ware und über die Gewährleistungshaftung. Abgesehen von diesen Schwierigkeiten im Zusammenhang mit der Ermittlung des „richtigen" Marktpreises kann sich bei Vorliegen besonderer Umstände – etwa in dem Bestreben, einen Großkunden zu binden (Rdnr. 42), aber auch bei wirtschaftlicher Schieflage oder bei Überkapazitäten – auch ein gewissenhafter und ordentlicher Geschäftsleiter einer unabhängigen Gesellschaft (Rdnr. 40) veranlaßt sehen, zu anderen als zu Marktpreisen abzuschließen.[162] Dies läßt sich freilich umkehren: Auch ein Abschluß zu Marktpreisen kann nachteilig sein (s. Rdnr. 45).

56 Sind Marktpreise nicht vorhanden oder nicht zu ermitteln und läßt sich zudem nicht auf für *vergleichbare Leistungen* Dritter gezahlte Preise zurückgreifen, so kommen im wesentlichen zwei Berechnungsverfahren in Betracht.[163] Nach dem **Kostenaufschlagsverfahren** be-

[158] HM, s. BGHZ 141, 79, 84 ff. = NJW 1999, 1706; MünchKommAktG/*Kropff* Rdnr. 160 ff.; *Koppensteiner* in Kölner Kommentar Rdnr. 37; MünchHdb. AG/*Krieger* § 69 Rdnr. 71; *Döllerer* BB 1967, 1437 ff.; *Neuhaus* DB 1970, 1913, 1918; im Grundsatz auch *Hüffer* Rdnr. 30. Skeptisch ablehnend A/D/S Rdnr. 47; *Godin/Wilhelmi* Anm. 3; *Goerdeler* WPg 1966, 113, 125.

[159] Vgl. zur verdeckten Gewinnausschüttung namentlich *Döllerer,* Verdeckte Gewinnausschüttungen und verdeckte Einlagen bei Kapitalgesellschaften, 1975; *Fiedler,* Verdeckte Vermögensverlagerungen bei Kapitalgesellschaften, 1994; *Lange,* Verdeckte Gewinnausschüttung, 5. Aufl. 1987; *Knobbe-Keuk,* Bilanz- und Unternehmensteuerrecht, 9. Aufl.

1993, § 19; *Schulze-Osterloh* StuW 1994, 131; *Wassermeyer* FR 1989, 218; *ders.* DStR 1990, 549; *ders.* GmbHR 1998, 157 ff.; weitere Nachw. bei *Scholz/ Emmerich* § 29 Rdnr. 96 f.

[160] Vgl. nur *Koppensteiner* in Kölner Kommentar Rdnr. 37.

[161] Vgl. dazu sowie zum folgenden MünchKommAktG/*Kropff* Rdnr. 164 ff.; *Koppensteiner* in Kölner Kommentar Rdnr. 38, jew. mwN; s. ferner A/D/S Rdnr. 49; OLG Frankfurt/M. WM 1973, 348, 350 f.

[162] *Hüffer* Rdnr. 31.

[163] Näher zum Folgenden A/D/S Rdnr. 50 ff.; WP-Handbuch Bd. I Rdnr. F 902 ff.; *Koppensteiner* in Kölner Kommentar Rdnr. 40; MünchKomm-

stimmt sich die angemessene Gegenleistung nach den *Selbstkosten* der Gesellschaft *zuzüglich eines branchenüblichen Gewinnaufschlags.*[164] Das **Absatzpreisverfahren** setzt dagegen bei dem *Endverkaufspreis* des marktgängigen Produkts an und zieht von diesem die auf die zwischengeschalteten Konzernunternehmen entfallenden Anteile ab.[165] Beide Verfahren ermöglichen allenfalls die Ermittlung einer gewissen *Bandbreite* für die Angemessenheit der Gegenleistung. Zudem stehen sie unter dem *Vorbehalt,* daß auch der Vorstand einer unabhängigen Gesellschaft gelegentlich zu (oder gar unter) Selbstkosten leistet (Rdnr. 55). Regelmäßig ungeeignet zur Ermittlung des Nachteils ist dagegen der **Buchwert** des Vertragsgegenstands.[166]

c) Sonstige Maßnahme. Bei Veranlassung der abhängigen Gesellschaft zu einer sonsti- **57** gen Maßnahme (Rdnr. 37) ist zunächst deren nachteiliger Charakter festzustellen. Zu fragen ist also, ob der Vorstand einer unabhängigen, im übrigen aber vergleichbaren Gesellschaft von der Maßnahme Abstand genommen hätte (Rdnr. 40 f.; s. ferner Anh. § 317 Rdnr. 11 f.). Schon diese Feststellung bereitet erhebliche Schwierigkeiten. Denn in einem wettbewerblich geprägten System handelt es sich bei Investitions-, Organisations- oder Personalmaßnahmen um unternehmerische Entscheidungen, die in der bloßen Hoffnung auf eine bestimmte künftige Entwicklung getroffen werden müssen und die deshalb naturgemäß Ausfluß des **unternehmerischen Ermessens** sind. Demgemäß können nur solche vom herrschenden Unternehmen veranlaßte Maßnahmen als nachteilig angesehen werden, bei denen eine ex-ante-Betrachtung (Rdnr. 44) ergibt, daß die aus der Maßnahme resultierenden Chancen und Risiken in einem nicht mehr vertretbaren Verhältnis zueinander stehen und deshalb ein **Ermessensfehlgebrauch** vorliegt.[167] Davon betroffen sind zum einen unvertretbare *Investitionsentscheidungen,*[168] zum anderen Maßnahmen der Konzernintegration, darunter insbes. solche, die den Bestand oder die Rentabilität der abhängigen Gesellschaft und damit deren Existenzfähigkeit nach Beendigung des Abhängigkeitsverhältnisses ernsthaft in Frage stellen.[169] Zu weiteren Beispielen s. Rdnr. 48, 51.

Läßt sich im Einzelfall eine Ermessensüberschreitung feststellen (Rdnr. 57), so kann doch **58** die **Quantifizierung** des Nachteils Probleme bereiten. Denn im Hinblick auf die Maßgeblichkeit einer ex-ante-Beurteilung (Rdnr. 44) bedarf es nicht nur der Ermittlung der möglichen Auswirkungen der getroffenen Maßnahme auf die Vermögens- und Ertragslage der Gesellschaft; vielmehr ist zugleich festzustellen, wie sich die Gesellschaft entwickelt hätte, hätte der Vorstand sein Leitungsermessen nicht überschritten.[170] Der Umstand, daß der Nachteil zukunftsbezogen und unter Berücksichtigung der tatsächlichen und fiktiven Ertragslage der abhängigen Gesellschaft zu ermitteln ist, ist zwar dem System der §§ 311 ff. immanent und macht als solcher die Einflußnahme noch nicht rechtswidrig. Insbes. bei **konzernintegrativen Maßnahmen** wie etwa dem vollständigen oder teilweisen Rückzug der abhängigen Gesellschaft vom Markt, der Aufgabe einzelner unternehmerischer Funktionen, aber auch der Aufnahme neuer Aktivitäten können und werden indes die gängigen Bewertungsmethoden bisweilen überfordert sein.[171] Dem Nachteilsausgleich iSd. § 311 nicht zugängliche nachteilige Maßnahmen dieser Art sind grundsätzlich (s. aber Rdnr. 64 f.)

AktG/*Kropff* Rdnr. 170 ff.; *Pöppl* S. 60 ff.; *Wälde* AG 1974, 370; *Wackerbarth* S. 309 ff.; s. ferner die Nachw. in Fn. 127.
[164] Vgl. die Nachw. in Fn. 163, ferner *Hüffer* Rdnr. 33; zur entsprechenden Konzernpraxis s. *Hommelhoff* ZHR 156 (1992), 295, 307.
[165] Vgl. die Nachw. in Fn. 163, 164.
[166] *Hüffer* Rdnr. 32; weitergehend („schon theoretisch ausgeschlossen") *Koppensteiner* in Kölner Kommentar Rdnr. 40.
[167] So oder ähnlich *Koppensteiner* in Kölner Kommentar Rdnr. 44 ff.; *Hüffer* Rdnr. 34 f.; MünchHdb. AG/*Krieger* § 69 Rdnr. 72; *A/D/S* Rdnr. 56; *Emmerich/Sonnenschein/Habersack* § 25 II 3; *Paehler* S. 141 ff.; *Pöppl* S. 67 ff.; allgemein zum unterneh-

merischen Ermessen des Vorstands s. die Nachw. in Fn. 156.
[168] Näher dazu MünchKommAktG/*Kropff* Rdnr. 178 (Wirtschaftlichkeitsrechnung, bei der die Differenz der zu erwartenden Einnahmen und Ausgaben auf den Beurteilungszeitpunkt abgezinst wird).
[169] Dazu noch Rdnr. 58; Anh. § 317 Rdnr. 12; ferner MünchKommAktG/*Kropff* Rdnr. 155, 158, 178; *Koppensteiner* in Kölner Kommentar Rdnr. 45; MünchHdb. AG/*Krieger* § 69 Rdnr. 72.
[170] *Koppensteiner* in Kölner Kommentar Rdnr. 47; näher *Pöppl* S. 67 ff.
[171] Vgl. neben den Nachw. in Fn. 170 insbes. *Haarmann* in Hommelhoff/Rowedder/Ulmer S. 45,

rechtswidrig und haben entweder Schadensersatzverpflichtungen gem. §§ 93 Abs. 2, 317 oder – bei fehlender Quantifizierbarkeit des Schadens – das Eingreifen der Grundsätze über die qualifizierte Nachteilszufügung (Rdnr. 43; Anh. § 317 Rdnr. 23 ff.) zur Folge. Dies gilt zumal (jedoch nicht nur) in Fällen, in denen eine Fortführung des Unternehmens durch die aus der Abhängigkeit entlassene Gesellschaft unmöglich ist.

VI. Nachteilsausgleich

59   **1. Grundlagen.** Nach § 311 Abs. 1 ist die nachteilige Einflußnahme durch das herrschende Unternehmen *gerechtfertigt* (s. Rdnr. 5), wenn die Nachteile (Rdnr. 39 ff.) durch Gewährung gleichwertiger Vorteile (Rdnr. 62 ff.) ausgeglichen und damit die Vermögensinteressen der abhängigen Gesellschaft gewahrt werden. Zeit und Form des Nachteilsausgleichs sind in § 311 Abs. 2 geregelt. Dem herrschenden Unternehmen obliegt es danach lediglich,[172] die Nachteile noch innerhalb des Geschäftsjahres auszugleichen, und zwar entweder *tatsächlich* (Rdnr. 70 f.) oder dadurch, daß es der abhängigen Gesellschaft einen *Rechtsanspruch* auf Nachteilsausgleich einräumt (Rdnr. 72 ff.). Kommt es nicht zum Nachteilsausgleich, so bewendet es bei der *Rechtswidrigkeit* der Nachteilszufügung; das herrschende Unternehmen haftet dann gem. § 317 auf Schadensersatz.[173] Künftigen nachteiligen Einflußnahmen darf der Vorstand der abhängigen Gesellschaft nur noch gegen die Verpflichtung des herrschenden Unternehmens zum Nachteilsausgleich nachgehen (Rdnr. 78 f.).

60   Aus dem Zusammenhang zwischen § 311 und § 317 lassen sich auch die **Grenzen des Systems des Nachteilsausgleichs** ableiten. Von § 311 ist zunächst nur eine für die *abhängige Gesellschaft* nachteilige Maßnahme erfaßt. Demzufolge kommt ein Nachteilsausgleich gem. Abs. 2 nicht in Betracht, soweit die durch das herrschende Unternehmen veranlaßte Maßnahme einen **Nachteil zu Lasten eines Dritten** begründet und dieser Nachteil nicht lediglich als Reflex des der abhängigen Gesellschaft zugefügten Nachteils anzusehen ist. Ob und inwieweit der Dritte das herrschende Unternehmen auf Ausgleich oder Schadensersatz in Anspruch nehmen kann, bestimmt sich nach allgemeinen Regeln (s. auch § 317 Rdnr. 26 f.). Umgekehrt muß die nachteilige Maßnahme entsprechend § 308 Abs. 1 S. 2 im **Interesse des herrschenden Unternehmens** oder eines mit diesem verbundenen Unternehmens (bei Vorliegen einheitlicher Leitung: im Konzerninteresse) liegen.[174] Die Schädigung der abhängigen Gesellschaft zugunsten eines Dritten ist nicht Ausfluß des anderweitig verfolgten unternehmerischen Interesses des herrschenden Unternehmens und damit vom Zweck der Ausgleichsmöglichkeit nicht erfaßt; entsprechende Maßnahmen sind deshalb per se rechtswidrig und verpflichten das herrschende Unternehmen zum Schadensersatz gem. § 317. Schließlich kommt ein Nachteilsausgleich grundsätzlich nur bei **Quantifizierbarkeit** des Nachteils in Betracht (Rdnr. 43, 58, aber auch Rdnr. 64 ff.).

61   **2. Rechtsnatur.** Das Zusammenspiel zwischen §§ 311, 317 (Rdnr. 59) gibt des weiteren Aufschluß über die Rechtsnatur der Ausgleichspflicht. Geht man nämlich davon aus, daß die Gewährung des Ausgleichs zur *Rechtfertigung der Einflußnahme* führt (Rdnr. 5), so ist es ausgeschlossen, den Nachteilsausgleich als Leistung auf eine *Schadensersatzverpflichtung* des herrschenden Unternehmens zu qualifizieren.[175] Zur Entstehung des Schadensersatzan-

59 ff.; ferner MünchHdb. AG/*Krieger* § 69 Rdnr. 72; MünchKommAktG/*Kropff* Rdnr. 155, 158, 178; *Zöllner*, FS für Kropff, S. 333, 345 f.; am Beispiel der Mannesmann-Übernahme durch Vodafone *Lutter*, FS für Peltzer, S. 241, 244 ff., 250 ff., *Mertens* in Hommelhoff/Rowedder/Ulmer S. 27, 29 ff.; s. ferner Rdnr. 41 und Anh. § 317 Rdnr. 12, 14 mwN.

172 Zur rechtspolitischen Kritik an der Möglichkeit des gestreckten Nachteilsausgleichs s. Rdnr. 7 mit Nachw. in Fn. 19; s. ferner Rdnr. 12.

173 *Koppensteiner* in Kölner Kommentar Rdnr. 76; MünchHdb. AG/*Krieger* § 69 Rdnr. 68.

174 HM, s. MünchKommAktG/*Kropff* Rdnr. 217; *Koppensteiner* in Kölner Kommentar Rdnr. 61; *Hüffer* Rdnr. 43; *K. Schmidt* GesR § 31 IV 2 b; *Beuthien* DB 1969, 1781, 1784; *Möhring*, FS für Schilling, S. 253, 265 f.; aA *Würdinger* in GroßkommAktG, 3. Aufl., Anm. 2 e; *Gansweid* S. 177; *Neuhaus* S. 30 ff.

175 So aber die zunächst hL, s. *Würdinger* in GroßkommAktG, 3. Aufl., Anm. 5, 6, 9, und *Bälz*, FS für Raiser, S. 287, 308 (Gedanke der Vorteilsanrech-

spruchs kommt es nach § 317 nämlich überhaupt nur unter der Voraussetzung, daß das herrschende Unternehmen nicht frist- und formgerecht Nachteilsausgleich gewährt. Erfolgt der Nachteilsausgleich nach Maßgabe des § 311 Abs. 2, so fehlt es mit anderen Worten an einer Schadensersatzverpflichtung, auf die die Leistung angerechnet werden könnte.[176] Es kommt hinzu, daß sich der Begriff des Nachteils und derjenige des Schadens nicht decken (Rdnr. 45): Auch unabhängig von der Frage der Rechtswidrigkeit der Einflußnahme nimmt § 311 dieselbe hin, sofern nur die Vermögensinteressen der abhängigen Gesellschaft gewahrt werden. Das herrschende Unternehmen kann mithin die drohende Schadensersatzverpflichtung dadurch abwenden, daß es die mit der Einflußnahme einhergehenden Nachteile kompensiert. So gesehen handelt es sich bei der Ausgleichspflicht um eine **Kompensationsleistung sui generis.**[177] Wenn auch die abhängige Gesellschaft *keinen durchsetzbaren Anspruch* auf Nachteilsausgleich hat (Rdnr. 75), so begründet § 311 doch **nicht lediglich** eine **Obliegenheit** des herrschenden Unternehmens. Vielmehr ist das herrschende Unternehmen, wenn es die abhängige Gesellschaft zur Vornahme nachteiliger Maßnahmen veranlaßt, zum Nachteilsausgleich *verpflichtet.*[178] Diese Verpflichtung tritt dann an die Stelle der – durch § 311 verdrängten – allgemeinen und schadensersatzbewehrten Verpflichtung eines jeden Gesellschafters, sich jeder schädigenden Einflußnahme auf die Gesellschaft zu enthalten; darin kommt die Privilegierungsfunktion des § 311 (Rdnr. 2, 5) zum Ausdruck.

3. Vorteil. a) Erfordernis eines konkreten Vorteils. Das herrschende Unternehmen **62** kann seiner Ausgleichsverpflichtung (Rdnr. 61) nur dadurch nachkommen, daß es der abhängigen Gesellschaft einen Vorteil gewährt, der den erlittenen Nachteil zumindest aufwiegt. Unabhängig von der Art und Weise der Ausgleichsgewährung (Rdnr. 69 ff.) gilt, daß nur **konkrete Vorteile** zur Erfüllung der Ausgleichsverpflichtung geeignet sind. So wie die Abhängigkeit oder Konzernierung als solche und die mit ihnen einhergehenden „**passiven" Abhängigkeits- oder Konzerneffekte** noch keinen *Nachteil* begründen (Rdnr. 52), handelt es sich bei ihnen auch nicht um ausgleichsfähige *Vorteile.*[179] Entsprechendes gilt für die Kontrolle und Leitung der abhängigen Gesellschaft durch das herrschende Unternehmen. Soweit allerdings entsprechende Leistungen des herrschenden Unternehmens der abhängigen Gesellschaft eigene Aufwendungen ersparen und demgemäß die Erhebung einer Konzernumlage gestatten (Rdnr. 48 f.), wird man in ihnen – bzw. in dem Verzicht auf die Erhebung einer Umlage – einen ausgleichsfähigen Vorteil sehen können.[180] Allgemein ist es unerheblich, ob der (konkrete) Vorteil vom herrschenden Unternehmen oder – auf dessen Veranlassung – von einem **Dritten,** insbes. einem anderen verbundenen Unternehmen, gewährt wird.[181] Nicht erforderlich ist des weiteren, daß zwischen dem Nachteil und dem Vorteil ein **innerer Zusammenhang** besteht.[182]

b) Neutralisierung der bilanziellen Folgen. Im übrigen kann der Nachteil durch **63** *jeden Vermögensvorteil* kompensiert werden; in Betracht kommen Sacheigentum, sonstige Rechte, aber auch Dienstleistungen. Der Vorteil muß *bewertbar* sein.[183] *Bilanzierungsfähigkeit* des Vorteils ist nur insoweit erforderlich, als etwaige bilanziellen Auswirkungen des Nachteils zu neutralisieren sind, und zwar in dem Jahresabschluß, in dem sich auch der Nachteil bilanziell auswirkt.[184] Hat der Nachteil keine bilanziellen Auswirkungen, kommt es dem-

nung); *Kellmann* BB 1969, 1509, 1512 ff., und *Mertens* in Kölner Kommentar (1. Aufl.) § 117 Rdnr. 37 (Ersetzungsbefugnis); *Geßler,* FS für Westermann, S. 145, 160 f. (vertragliche Vereinbarung einer Art Ersetzungsbefugnis). Näher dazu MünchKommAktG/*Kropff* Rdnr. 218 ff. mwN.
[176] Zutr. MünchKommAktG/*Kropff* Rdnr. 221; *Hüffer* Rdnr. 37; s. ferner *Koppensteiner* in Kölner Kommentar Rdnr. 74.
[177] MünchKommAktG/*Kropff* Rdnr. 222 f.; *Hüffer* Rdnr. 37.
[178] MünchKommAktG/*Kropff* Rdnr. 263, 343.

[179] S. bereits Begr. zum RegE bei *Kropff* AktG S. 409; ferner MünchKommAktG/*Kropff* Rdnr. 236 f.; *Hüffer* Rdnr. 39; großzügiger *Leo* AG 1965, 357, 358 (Fn. 23 a).
[180] AA MünchKommAktG/*Kropff* Rdnr. 237.
[181] Wohl einhM, s. MünchKommAktG/*Kropff* Rdnr. 239; *Hüffer* Rdnr. 39; MünchHdb. AG/*Krieger* § 69 Rdnr. 74.
[182] MünchKommAktG/*Kropff* Rdnr. 239 f.
[183] Vgl. die Nachw. in Fn. 184.
[184] Heute hM, s. *Koppensteiner* in Kölner Kommentar Rdnr. 68 ff.; MünchHdb. AG/*Krieger* § 69

nach auf die Bilanzierungsfähigkeit des Vorteils nicht an. Die Verpflichtung zum Ausgleich wird dadurch allerdings nicht berührt. Stellt etwa die abhängige Gesellschaft auf Veranlassung des herrschenden Unternehmens Sicherheiten (Rdnr. 47) und müssen diese gem. § 251 HGB lediglich „unter dem Strich" vermerkt werden, so hat das herrschende Unternehmen gleichwohl zumindest eine angemessene Avalprovision zu entrichten (s. noch Rdnr. 67).

64   **c) Nicht quantifizierbare Vorteile.** Nicht quantifizierbare *Nachteile* sind einem Nachteilsausgleich nicht zugänglich (Rdnr. 43, 58). Die Veranlassung zu einer entsprechenden Maßnahme hat deshalb grundsätzlich das Eingreifen des § 317 oder der Grundsätze über die qualifizierte faktische Abhängigkeit zur Folge (Rdnr. 43). Nach hM besteht allerdings die Möglichkeit, einen nicht quantifizierbaren Nachteil durch einen *nicht quantifizierbaren Vorteil* auszugleichen.[185] Voraussetzung soll sein, daß sich – ex-ante betrachtet – Chancen und Risiken nicht zu Lasten der abhängigen Gesellschaft verschieben und deshalb auch ein ordentlicher und gewissenhafter Geschäftsleiter (Rdnr. 40) einem entsprechenden Austausch hätte zustimmen können. Bei Licht betrachtet fehlt es allerdings bei Vorliegen der genannten Voraussetzungen zumeist bereits an einem *Nachteil* (Rdnr. 39 f.).[186] So verhält es sich insbes. in dem häufig angeführten Fall, daß die abhängige Gesellschaft eine konkrete Geschäftschance zugunsten einer gleichwertigen, ihr vom herrschenden Unternehmen zugewiesenen Geschäftschance aufgibt; selbst wenn sich im nachhinein die zugewiesene Geschäftschance nicht realisieren sollte, kann doch in dem Tausch angesichts der Maßgeblichkeit einer ex ante-Prognose (Rdnr. 44 f.) ein Nachteil nicht gesehen werden. Dann aber kommt es nicht darauf an, ob, wann und wie sich die Maßnahme bilanziell auswirkt.[187] Ist dagegen ein Nachteil gegeben, etwa weil die abhängige Gesellschaft zur Vorleistung veranlaßt und dies bei Bemessung der Gegenleistung nicht berücksichtigt wird, so hat es dabei zu bewenden, daß die Maßnahme zu unterbleiben hat; der Ausgleich eines nicht quantifizierbaren Nachteils durch einen entsprechenden Vorteil kommt also nicht in Betracht.

65   Von Bedeutung sind die vorstehend getroffenen Feststellungen auch im Zusammenhang mit **Strukturmaßnahmen.** Gegebenenfalls kann deshalb etwa die Aufgabe eines ganzen Produktionszweiges durch Zuweisung eines gleichwertigen Zweiges neutralisiert werden. In Fällen dieser Art sind allerdings die Schranken, die der **satzungsmäßige Gegenstand und der Zweck** der abhängigen Gesellschaft einer jeden Einflußnahme durch das herrschende Unternehmen setzen (Rdnr. 9, 30, 41; Anh. § 317 Rdnr. 12), zu berücksichtigen: Die Zuweisung eines neuen Geschäftsfeldes muß entweder durch die bisherige Satzung der abhängigen Gesellschaft gedeckt sein[188] oder mit einer zulässigen (Rdnr. 30, 41; Anh. § 317 Rdnr. 12) Satzungsänderung einhergehen.

66   Eine weitere Möglichkeit, nicht quantifizierbare Nachteile auszugleichen, soll darin bestehen, daß das herrschende Unternehmen **Ausgleich der später entstehenden Nachteile zusagt.** Voraussetzung sei allerdings, daß sich der Nachteil später konkretisieren und ausgleichen lasse, so daß diese Form des Nachteilsausgleichs etwa bei der Bestellung von Sicherheiten, wohl aber kaum jemals bei strukturverändernden Maßnahmen in Betracht komme.[189] Auch dem kann zwar im Ergebnis zugestimmt werden, indes wiederum mit der

Rdnr. 75; *Hüffer* Rdnr. 39. Näher dazu und mwN zum älteren Schrifttum MünchKommAktG/*Kropff* Rdnr. 242 ff., dem zufolge allerdings auch eine spätere Neutralisierung genügt; in dem von *Kropff* angeführten Beispiel wird man indes eine Ausgleich nach Maßgabe der Ausführungen in Rdnr. 65 zulassen können.

[185] Vgl. *Koppensteiner* in Kölner Kommentar Rdnr. 67; 86 f.; MünchKommAktG/*Kropff* Rdnr. 241; MünchHdb. AG/*Krieger* § 69 Rdnr. 76; *Strohn* S. 91 ff.; aA *Müller* ZGR 1977, 1, 15; *Lutter, FS für Peltzer,* S. 241, 254 f.; *Mertens* in Hommelhoff/Rowedder/Ulmer S. 27, 34 f.

[186] Zutr. *Mertens* in Hommelhoff/Rowedder/Ulmer S. 27, 34 f. in Auseinandersetzung mit der hier

noch in der 1. Aufl. (Rdnr. 42) vertretenen und bereits in der Voraufl. (Rdnr. 64) aufgegebenen gegenteiligen Ansicht.

[187] Für Ausnahme von dem Erfordernis einer Neutralisierung der bilanziellen Folgen (Rdnr. 63) dagegen *Koppensteiner* in Kölner Kommentar Rdnr. 69.

[188] Zu Recht auf dieses allgemeine Erfordernis des Nachteilsausgleichs hinweisend MünchKommAktG/*Kropff* Rdnr. 225.

[189] *Hommelhoff* S. 127 f.; MünchHdb. AG/*Krieger* § 69 Rdnr. 76; weitergehend – für entsprechenden Nachteilsausgleich auch bei Strukturmaßnahmen – *Koppensteiner* in Kölner Kommentar Rdnr. 86 ff.

Maßgabe und unter dem Vorbehalt, daß es im Fall einer entsprechenden Garantie schon an einem Nachteil fehlt.

d) Wert des Vorteils. Was den Wert des Vorteils betrifft, so muß dieser zumindest dem **67** Wert des Nachteils entsprechen. Bleibt der Wert des Vorteils hinter dem des Nachteils zurück, so ist das herrschende Unternehmen seiner Ausgleichspflicht auch dann nicht nachgekommen, wenn die bilanziellen Auswirkungen des Nachteils neutralisiert worden sind (Rdnr. 63). Es ist somit zunächst die Höhe des Nachteils zu ermitteln (Rdnr. 39 ff., 53 ff.); dabei ist auf den Zeitpunkt der Vornahme der Maßnahme abzustellen (Rdnr. 44). In einem zweiten Schritt ist der Vorteil zu bewerten und dem Nachteil gegenüberzustellen. Die Bewertung des Vorteils hat grundsätzlich nach Maßgabe der Ausführungen in Rdnr. 39 ff., 53 ff. betreffend die Bewertung des Nachteils zu erfolgen (s. noch Rdnr. 68).

e) Maßgebender Zeitpunkt. Maßgebend für die Bewertung des Vorteils und die **68** Kompensation des Nachteils ist der Zeitpunkt der **Vorteilsgewährung**.[190] Ein Nachteil, der nach Vornahme der nachteiligen Maßnahme und *vor Gewährung des Ausgleichs* (d. h. entweder vor tatsächlicher Ausgleichsleistung oder vor Einräumung eines Rechtsanspruchs, Rdnr. 69 ff.) eintritt, ist somit zu berücksichtigen. Der durch die „Vorleistung" der abhängigen Gesellschaft entstehende „**Verzögerungsnachteil**" ist gar insoweit zu berücksichtigen, als das herrschende Unternehmen der abhängigen Gesellschaft zwar einen Anspruch auf Nachteilsausgleich einräumt, die Erfüllung desselben aber hinausgeschoben ist (Rdnr. 72).[191] Im übrigen gilt auch für die Vorteilsgewährung, daß für einen gewissenhaften Geschäftsleiter nicht vorhersehbare Entwicklungen, mögen sie zugunsten oder zu Lasten der abhängigen Gesellschaft gehen,[192] außer Betracht zu bleiben haben.[193] Durfte also der Vorstand der abhängigen Gesellschaft eine gegen einen Dritten gerichtete Forderung als einen den Nachteil ausgleichenden Vorteil annehmen, so ist das herrschende Unternehmen seiner Ausgleichsverpflichtung auch dann nachgekommen, wenn sich die Forderung nunmehr als undurchsetzbar erweist. Zu Leistungsstörungen s. noch Rdnr. 76.

4. Erfüllung der Ausgleichsverpflichtung. a) Allgemeines. Nach § 311 Abs. 2 hat **69** das herrschende Unternehmen die **Wahl** zwischen dem tatsächlichen Ausgleich des Nachteils (Rdnr. 70 f.) und der Begründung eines Rechtsanspruchs der abhängigen Gesellschaft auf Nachteilsausgleich (Rdnr. 72 ff.). Sowohl der tatsächliche Ausgleich als auch die Begründung eines Rechtsanspruchs auf Nachteilsausgleich müssen **bis zum Ende des Geschäftsjahres** erfolgt sein, soll die Einflußnahme rechtmäßig sein. Bis zum Ende des Geschäftsjahres muß deshalb feststehen, ob Nachteilsausgleich erfolgt, wann dies der Fall ist und welcher Art der Vorteil ist. Das herrschende Unternehmen hat die Möglichkeit der **Verrechnung von früher gewährten Vorteilen** mit später entstandenen Nachteilen,[194] sofern es sich anläßlich der Vorteilsgewährung das Recht einer entsprechenden Verrechnung vorbehalten hat.[195]

b) Tatsächlicher Ausgleich. Ein tatsächlicher Ausgleich iSd. § 311 Abs. 2 S. 1, 1. **70** Halbs. setzt voraus, daß der Vorteil (Rdnr. 62 ff.) *spätestens zum Bilanzstichtag* (Rdnr. 69) dem Vermögen der abhängigen Gesellschaft zugeführt wird. Nicht erforderlich ist, daß jeder einzelne Nachteil durch einen entsprechenden Vorteil ausgeglichen wird. Zulässig ist vielmehr auch die **kontokorrentartige Zusammenstellung** der während des Geschäftsjahres

---

[190] HM, s. MünchKommAktG/*Kropff* Rdnr. 229 f.; *Koppensteiner* in Kölner Kommentar Rdnr. 63 f.; *Hüffer* Rdnr. 40; MünchHdb. AG/*Krieger* § 69 Rdnr. 75; *Möhring*, FS für Schilling, S. 253, 265.
[191] MünchKommAktG/*Kropff* Rdnr. 227.
[192] Zu einseitig auf das von der abhängigen Gesellschaft zu tragende Risiko der späteren Entwicklung abstellend noch *Kellmann* BB 1969, 1509, 1515; *Würdinger* in GroßkommAktG, 3. Aufl., Anm. 11, § 317 Rdnr. 4.

[193] S. bereits Rdnr. 44 f. sowie im vorliegenden Zusammenhang insbes. MünchKommAktG/*Kropff* Rdnr. 229 f., 265 f.
[194] Vgl. *Koppensteiner* in Kölner Kommentar Rdnr. 80; *Baumbach/Hueck* Rdnr. 10; *Hüffer* Rdnr. 41; MünchHdb. AG/*Krieger* § 69 Rdnr. 77.
[195] Zutr. *Krieger* MünchHdb. AG § 69 Rdnr. 77; aA – für Erfordernis einer Verrechnungsabrede – die in Fn. 197 genannten, auch im allgemeinen ein Einvernehmen hinsichtlich der Art und Weise des Nachteilsausgleichs fordernden Gegenstimmen, ferner *Hüffer* Rdnr. 41 a. E.

entstandenen Vor- und Nachteile, sofern nur gewährleistet ist, daß die Durchführung des Einzelausgleichs nachprüfbar ist.[196] Ein sich zu Lasten des herrschenden Unternehmens ergebender Negativsaldo kann durch einmalige Schlußzahlung ausgeglichen werden; der Begründung eines Rechtsanspruchs (Rdnr. 72 ff.) bedarf es in diesem Fall nicht. Ein Überschuß zugunsten des herrschenden Unternehmens kann stehengelassen und nach Maßgabe der Ausführungen in Rdnr. 69 zur Verrechnung mit künftigen Nachteilen eingesetzt werden.

71 Die Modalitäten des Ausgleichs, insbes. dessen Art und Höhe, können vom herrschenden Unternehmen **einseitig bestimmt** werden.[197] Auf das *Einverständnis* der abhängigen Gesellschaft mit dem vom herrschenden Unternehmen angebotenen Ausgleich oder gar auf das Vorliegen eines *Vertrags* im zivilrechtlichen Sinne kann es schon mit Blick auf die Privilegierungsfunktion des § 311 nicht ankommen. Denn danach darf das herrschende Unternehmen, sofern es auf die Vermögensinteressen der abhängigen Gesellschaft Rücksicht nimmt, sein anderweitig verfolgtes unternehmerisches Interesse auch *gegen den Eigenwillen* der abhängigen Gesellschaft verfolgen (Rdnr. 2, 5); es muß deshalb auch Art und Weise des Ausgleichs bestimmen können. Maßgebend ist mithin allein, ob der vom herrschenden Unternehmen gewährte Vorteil bei objektiver Betrachtung (Rdnr. 67) zur Kompensation des erlittenen Nachteils geeignet ist. Bleibt die Höhe des Vorteils hinter derjenigen des Nachteils zurück, so ist die Einflußnahme rechtswidrig und nach § 317 zu beurteilen.

72 **c) Begründung eines Rechtsanspruchs.** Werden die Nachteile nicht tatsächlich ausgeglichen (Rdnr. 70 f.), so muß nach § 311 Abs. 2 S. 1 bis zum Ende des Geschäftsjahres bestimmt werden, wann und durch welche Vorteile der Ausgleich erfolgen soll. Nach § 311 Abs. 2 S. 2 ist der abhängigen Gesellschaft ein Rechtsanspruch auf Nachteilsausgleich einzuräumen. Dazu bedarf es des **Abschlusses eines Vertrags** zwischen der abhängigen Gesellschaft und dem herrschenden Unternehmen oder einem Dritten (Rdnr. 41).[198] Einhaltung der Schriftform schreibt das Gesetz nicht vor,[199] empfiehlt sich aber schon mit Blick auf das Erfordernis der Erstellung und Prüfung des Abhängigkeitsberichts. Der Abschluß des Vertrags hat *spätestens am Bilanzstichtag* und damit vor Aufstellung und Prüfung des Abhängigkeitsberichts zu erfolgen (Rdnr. 69).[200] Die *Erfüllung* des Vertrags durch das herrschende Unternehmen kann dagegen auf einen späteren Zeitpunkt aufgeschoben werden (Rdnr. 73; s. ferner Rdnr. 7).

73 Was den **Inhalt des Vertrags** betrifft, so verlangt § 311 Abs. 2 S. 1 zunächst die Angabe der **Leistungszeit.** Der Fälligkeitszeitpunkt braucht freilich nicht kalendermäßig bestimmt zu sein; es genügt vielmehr jede Vereinbarung, der sich der Leistungszeitpunkt entnehmen läßt, mag dies auch nur unter Rückgriff auf äußere Umstände wie etwa die Realisierung eines näher bezeichneten Risikos, möglich sein.[201] Bei der Bewertung des Vorteils ist der hinausgeschobene Fälligkeitszeitpunkt angemessen zu berücksichtigen.[202] Der tatsächlich zufließende Vorteil ist deshalb zumindest entsprechend abzuzinsen (Rdnr. 68). Gegebenenfalls ist aber der hinausgeschobenen Fälligkeit durch weitergehende Abschläge Rechnung zu tragen. So ist etwa das sich konkret abzeichnende Risiko der Insolvenz des herrschenden Unternehmens dadurch zu berücksichtigen, daß der abhängigen Gesellschaft entweder

---

[196] MünchKommAktG/*Kropff* 240; *Koppensteiner* in Kölner Kommentar Rdnr. 81; *Hüffer* Rdnr. 45.
[197] So die hM, s. *Würdinger* in Großkomm AktG, 3. Aufl., Anm. 10; *Hüffer* Rdnr. 41; MünchHdb. AG/*Krieger* § 69 Rdnr. 77; *Beuthien* DB 1969, 1781, 1783; *Kellmann* BB 1969, 1509, 1512 (Fn. 41); *Möhring*, FS für Schilling, S. 253, 265; aA MünchKommAktG/*Kropff* Rdnr. 250 ff.; *ders.*, FS für Kastner, S. 279, 287; *Geßler*, FS für Westermann, S. 145, 161; *A/D/S* Rdnr. 69; *Altmeppen* ZIP 1996, 693, 696; hinsichtlich der Art des Ausgleichs auch *Koppensteiner* in Kölner Kommentar Rdnr. 77 f.

[198] *Koppensteiner* in Kölner Kommentar Rdnr. 82.
[199] OLG Köln DB 1999, 1697.
[200] Ganz hM, s. MünchKommAktG/*Kropff* Rdnr. 256; *Koppensteiner* in Kölner Kommentar Rdnr. 79; MünchHdb. AG/*Krieger* § 69 Rdnr. 77; aA *Kellmann* BB 1969, 1509, 1517.
[201] MünchKommAktG/*Kropff* Rdnr. 238; *ders.* DB 1967, 2204, 2207; *Koppensteiner* in Kölner Kommentar Rdnr. 83; *A/D/S* Rdnr. 72; *Hüffer* Rdnr. 47.
[202] MünchKommAktG/*Kropff* Rdnr. 227; *A/D/S* Rdnr. 72; s. ferner Rdnr. 68.

Sicherheiten gewährt werden oder der versprochene Vorteil mit einem weiteren Risikoabschlag versehen wird.[203]

Neben der Leistungszeit muß der Vertrag **Art und Umfang** der als Ausgleich zugesagten **74** Vorteile bestimmen. Die Vereinbarung einer Wahlschuld, die gem. § 262 BGB der *abhängigen Gesellschaft* das Bestimmungsrecht beläßt, genügt diesen Anforderungen.[204] Mit Rücksicht auf die Notwendigkeit einer vertraglichen Vereinbarung (Rdnr. 72) und das Erfordernis der Vollwertigkeit im Zeitpunkt der Vorteilsgewährung (Rdnr. 68) bestehen auch keine Bedenken gegen eine Wahlschuld mit Bestimmungsrecht des *herrschenden Unternehmens* oder eines Dritten.[205] Gleichfalls zulässig ist die Vereinbarung, daß das Bestimmungsrecht *einvernehmlich* auszuüben ist.[206] Voraussetzung ist jedoch stets, daß der Vertrag die alternativ zu gewährenden Vorteile konkret bezeichnet. Eine Vereinbarung, der zufolge der Ausgleich nach Wahl des herrschenden Unternehmens oder eines Dritten erfolgt, ohne daß der Vertrag bereits die wahlweise zu erbringenden Leistungen festlegt, verschafft dagegen der abhängigen Gesellschaft keine Planungssicherheit und vermag deshalb die Einflußnahme nicht zu rechtfertigen.[207] Entsprechenden Bedenken sieht sich eine vor Ablauf des Geschäftsjahres (Rdnr. 72) getroffene Vereinbarung ausgesetzt, die der abhängigen Gesellschaft zunächst einen unbezifferten Anspruch auf Ausgleich der erst später festzustellenden Nachteile einräumt;[208] anders verhält es sich allein bei fehlender Quantifizierbarkeit des auf eine *konkrete Maßnahme* zurückgehenden Nachteils (Rdnr. 64 ff.).

5. Undurchsetzbarkeit der Ausgleichsverpflichtung. Wenn auch das herrschende **75** Unternehmen nach § 311 zum Nachteilsausgleich verpflichtet ist (Rdnr. 61), so geht doch mit dieser gesetzlichen[209] Verpflichtung kein durchsetzbarer Anspruch der abhängigen Gesellschaft einher.[210] Vor dem Hintergrund nämlich, daß es nach § 311 Abs. 2 dem herrschenden Unternehmen gestattet ist, mit dem Nachteilsausgleich bis zum Ende des Geschäftsjahres zuzuwarten (Rdnr. 69), und mit Ablauf des Geschäftsjahres die Ausgleichsverpflichtung entfällt und an ihre Stelle die Verpflichtung zum Schadensersatz gem. § 317 tritt (Rdnr. 59, 61), ist für die Annahme eines durchsetzbaren Anspruchs auf Nachteilsausgleich weder unter rechtlichen noch unter praktischen Gesichtspunkten Raum. Vor allem aber steht die Privilegierungsfunktion des § 311 der Annahme eines Anspruchs auf Nachteilsausgleich entgegen: Die Verpflichtung zum Nachteilsausgleich verdrängt zwar vorübergehend die – durch § 317 verschärfte – Schadensersatzhaftung des treuwidrig handelnden Aktionärs, gibt aber der abhängigen Gesellschaft keinen Anspruch gegen das herrschende Unternehmen auf Ausnutzung dieser Privilegierung. In Ermangelung eines Anspruchs der abhängigen Gesellschaft ist die Verpflichtung des herrschenden Unternehmens auch nicht einer Pfändung durch Gesellschaftsgläubiger zugänglich.[211]

6. Leistungsstörungen. Verspricht das herrschende Unternehmen einen zum maßge- **76** benden Zeitpunkt (Rdnr. 68) vollwertigen Vorteil, vermag es diesen sodann aber nicht zu leisten, so beurteilen sich die Rechtsfolgen nach allgemeinem Schuldrecht. Mit Blick auf die Rechtsnatur der Ausgleichsverpflichtung (Rdnr. 61) bietet es sich an, die §§ 280 ff., 323 ff. BGB zur Anwendung zu bringen. Bei vom herrschenden Unternehmen zu vertretender

---

[203] MünchKommAktG/*Kropff* Rdnr. 228.
[204] Wohl einhM, s. *Koppensteiner* in Kölner Kommentar Rdnr. 84; MünchKommAktG/*Kropff* Rdnr. 238; *Hüffer* Rdnr. 47.
[205] So zu Recht MünchKommAktG/*Kropff* Rdnr. 238; *Koppensteiner* in Kölner Kommentar Rdnr. 84; aA *Hüffer* Rdnr. 47.
[206] So auch *Hüffer* Rdnr. 47.
[207] MünchKommAktG/*Kropff* Rdnr. 238.
[208] MünchKommAktG/*Kropff* Rdnr. 257; aA *A/D/S* Rdnr. 71.
[209] Anderes gilt bei vertraglicher Vereinbarung des Nachteilsausgleichs (Rdnr. 72 ff.), s. MünchKommAktG/*Kropff* Rdnr. 264.

[210] MünchKommAktG/*Kropff* Rdnr. 263; *Koppensteiner* in Kölner Kommentar Rdnr. 76; MünchHdb. AG/*Krieger* § 69 Rdnr. 74; *Henze* BB 1996, 489, 499; *Luchterhandt* ZHR 133 (1970), 1, 38; *Kellmann* BB 1969, 1509, 1511; aA *Geßler,* FS für Westermann, S. 145, 162.
[211] *Hüffer* Rdnr. 38, der im übrigen zu Recht darauf hinweist, daß auch bei Annahme eines Anspruchs eine Pfändung im Hinblick auf die Zweckbindung des Nachteilsausgleichs gem. § 399 1. Fall BGB ausgeschlossen wäre.

Unmöglichkeit ist dieses deshalb nach § 283 BGB zum Schadensersatz verpflichtet, wobei allerdings allein der eigentliche Nichterfüllungsschaden zu ersetzen ist; für einen – unter Umständen weitergehenden – Anspruch auf Ersatz des sich nunmehr aufgrund der nachteiligen Einflußnahme abzeichnenden Schadens der Gesellschaft iSd. § 317 ist dagegen angesichts der rechtfertigenden Wirkung der Ausgleichsvereinbarung kein Raum. Allerdings kann die abhängige Gesellschaft nach § 323 BGB statt dessen oder neben der Geltendmachung von Schadensersatz (§ 325 BGB) von der Ausgleichsvereinbarung zurücktreten; die Folge ist, daß die rechtfertigende Wirkung entfällt und die Verpflichtung aus § 317 zur Entstehung gelangt (Rdnr. 59, 61). Bei weder von dem herrschenden Unternehmen noch von der abhängigen Gesellschaft zu vertretender Unmöglichkeit kann die abhängige Gesellschaft in entsprechender Anwendung des § 326 Abs. 4 BGB ihre Zustimmung zum Nachteilsausgleich widerrufen und nach § 317 Schadensersatz verlangen.[212]

VII. Auswirkungen auf die Verfassung der abhängigen Gesellschaft

77   **1. Grundlagen.** Wiewohl die §§ 311 ff. **keine Leitungsmacht** des herrschenden Unternehmens begründen (Rdnr. 10), kann nicht geleugnet werden, daß diesen Vorschriften, indem sie die Einbindung der abhängigen Gesellschaft in das Konzerninteresse gestatten, ein organisationsrechtlicher Gehalt eigen ist (s. bereits Rdnr. 2 sowie Rdnr. 87). Dieser nimmt seinen Ausgangspunkt bei der den Konzern kennzeichnenden, durch §§ 311 ff. erlaubten (Rdnr. 8 ff.) einheitlichen Leitung der Untergesellschaft durch die Obergesellschaft auf der einen und dem – in Ermangelung eines Weisungsrechts gleichermaßen geltenden – Gebot der eigenverantwortlichen Leitung der abhängigen Gesellschaft durch deren Vorstand (Rdnr. 78) auf der anderen Seite. Die §§ 311 ff. suchen diesen Konflikt dadurch zu bewältigen, daß sie dem herrschenden Unternehmen eine aus Sicht der abhängigen Gesellschaft zwar nachteilige, aber dem Konzerninteresse dienende Einflußnahme gestatten, sofern nur der Vermögensnachteil ausgeglichen wird. Die damit einhergehende Überlagerung des Interesses der abhängigen Gesellschaft durch das Konzerninteresse schlägt sich zwar auch in der Organisations- und Finanzverfassung der abhängigen Gesellschaft nieder, weicht diese doch nicht unerheblich von derjenigen der unverbundenen AG ab (Rdnr. 78 ff.).[213] Da allerdings der Vorstand der abhängigen Gesellschaft nicht verpflichtet ist, der Einflußnahme nachzugehen, ihm es vielmehr weiterhin obliegt, auf die Interessen der abhängigen Gesellschaft Rücksicht zu nehmen, tritt an die Stelle rechtlich abgesicherter Konzernleitungsmacht die Notwendigkeit einer Abstimmung und **Kooperation** zwischen den verbundenen Unternehmen (Rdnr. 78, 80).

78   **2. Pflichten des Vorstands.** Nach dem in Rdnr. 77 Gesagten bewendet es ungeachtet des Abhängigkeitsverhältnisses bei der Geltung der §§ 76, 93 (s. auch § 318 Rdnr. 10 ff.). Der Vorstand der abhängigen Gesellschaft ist deshalb *nicht verpflichtet,* einer Veranlassung durch das herrschende Unternehmen zu folgen.[214] Anders kann es sich zwar bei einer für die abhängige Gesellschaft *vorteilhaften* Maßnahme verhalten. Doch besteht die Verpflichtung des Vorstands auch in diesem Fall allein im Verhältnis zur abhängigen Gesellschaft, nicht dagegen im Verhältnis zum herrschenden Unternehmen. Einer *nachteiligen* Veranlassung *darf* der Vorstand unter den Voraussetzungen des § 311 nachgehen. Er hat deshalb zu prüfen, ob die Maßnahme im Konzerninteresse liegt (Rdnr. 60), der Nachteil ausgleichsfähig und das herrschende Unternehmen zum Ausgleich bereit und imstande ist.[215] Stellt der Vorstand fest, daß

---

[212] So im Ergebnis auch MünchKommAktG/*Kropff* Rdnr. 266.

[213] Heute hM, s. namentlich MünchKommAktG/*Kropff* Rdnr. 326 ff.; *Koppensteiner* in Kölner Kommentar Rdnr. 105 ff.; *Hüffer* Rdnr. 48 f.; *Mülbert* S. 280 ff.; aA – gegen jegliche Modifizierung der für die unabhängige AG geltenden Regeln – *Würdinger* in GroßkommAktG, 3. Aufl., § 318 Anm. 1; *Bälz,* FS für Raiser, S. 287, 302 ff.

[214] Die Einführung eines Zustimmungsvorbehalts zugunsten des herrschenden Unternehmens ist nach §§ 23 Abs. 5, 76 nicht möglich, s. MünchKommAktG/*Kropff* Rdnr. 287.

[215] Vgl. *Geßler,* FS für Westermann, S. 145, 156 f.; MünchHdb. AG/*Krieger* § 69 Rdnr. 24. Zur Bewältigung des Interessenkonflikts bei Vorstands-Doppelmandaten s. *Hoffmann-Becking* ZHR 150 (1986), 570, 579 ff., 583 ff.

die begehrte Maßnahme nachteiligen Charakter hat und sich der Nachteil ausgleichen ließe, so hat er das herrschende Unternehmen auf den drohenden Nachteil hinzuweisen und sich die Bereitschaft zum Nachteilsausgleich erklären zu lassen. Bestreitet das herrschende Unternehmen den nachteiligen Charakter der Maßnahme, erklärt es sich nicht ausgleichsbereit oder erscheint seine Fähigkeit zur Leistung des Ausgleichs als ungewiß, so hat die Maßnahme zu unterbleiben; andernfalls macht sich der Vorstand schadensersatzpflichtig gem. § 93.[216] Erklärt sich dagegen das herrschende Unternehmen zum Ausgleich bereit und ist auch mit dem Nachteilsausgleich zu rechnen, so darf der Vorstand die Maßnahme ergreifen; die Vorschrift des **§ 311 verdrängt insoweit** diejenige des § 93.[217] Der Begründung eines Rechtsanspruchs (Rdnr. 72 ff.) vor Vollzug der Maßnahme bedarf es nicht, zumal sich der Inhalt der Ausgleichspflicht in diesem Stadium regelmäßig noch nicht bestimmen läßt.[218]

Kommt es zum Vollzug einer dem Nachteilsausgleich zugänglichen Maßnahme, wird **79** aber der Nachteil **wider Erwarten nicht ausgeglichen,** so haftet das herrschende Unternehmen nach § 317. Der Vorstand der abhängigen Gesellschaft haftet in diesem Fall zwar nicht, doch darf er künftigen Veranlassungen zu nachteiligen Maßnahmen regelmäßig nur noch gegen sofortigen Nachteilsausgleich oder Begründung eines entsprechenden Anspruchs (für die ggf. Sicherheiten zu stellen sind) nachgehen.[219] Ist die fragliche Maßnahme einem Nachteilsausgleich nicht zugänglich, so haftet das herrschende Unternehmen nach § 317 oder nach den Grundsätzen über die qualifizierte Nachteilszufügung (Rdnr. 43); der Vorstand der abhängigen Gesellschaft haftet nach § 93 Abs. 2. Zur Überlagerung des § 93 durch § 318 s. § 318 Rdnr. 11 f.

Vor dem Hintergrund, daß auch nachgeordnete Stellen Adressat nachteiliger Veranlassun- **80** gen sein können (Rdnr. 27), obliegt dem Vorstand der abhängigen Gesellschaft nach § 93 die Erfüllung von **Organisationspflichten.** Insbes. hat der Vorstand sicherzustellen, daß er von sämtlichen Veranlassungen erfährt, die nachteiligen Charakter haben und bei denen die Bereitschaft zum Nachteilsausgleich nicht gesichert ist.[220] Des weiteren hat er dafür zu sorgen, daß sämtliche im Abhängigkeitsbericht darzustellenden Vorgänge (§ 312 Rdnr. 21 ff.) **dokumentiert** werden. Schließlich hat der Vorstand ggf. **Verhandlungen** über Art und Umfang des Nachteilsausgleichs zu führen und dabei auf die Gewährung des Ausgleichs hinzuwirken.[221]

3. Pflichten des Aufsichtsrats. Der Aufsichtsrat hat, nicht anders als der Vorstand, seine **81** Tätigkeit an den Interessen der abhängigen Gesellschaft auszurichten. Seine Pflichten werden **durch die §§ 311 ff. nicht berührt** (s. auch § 318 Rdnr. 10 ff., 15). Insbes. hat der Aufsichtsrat darauf zu achten, daß nachteilige Maßnahmen nur unter den in Rdnr. 78 ff. genannten Voraussetzungen ergriffen werden, daß also Nachteilsausgleich zu erwarten ist und dem Nachteilsausgleich nicht zugängliche Maßnahmen unterbleiben. Hat sich der Aufsichtsrat gem. § 111 Abs. 4 S. 2 die Zustimmung zu Geschäftsführungsmaßnahmen vorbehalten, so darf er die Zustimmung nach Maßgabe der Ausführungen in Rdnr. 78 ff. erteilen; insoweit verdrängt also § 311 auch § 116.[222] Zur Überlagerung des § 116 durch § 318 s. § 318 Rdnr. 11 f., 15.

[216] OLG Hamm AG 1995, 512, 516; Münch-KommAktG/*Kropff* Rdnr. 334, 335; *ders.* DB 1967, 2147, 2151 f.; *Koppensteiner* in Kölner Kommentar Rdnr. 106; *Hüffer* Rdnr. 48; MünchHdb. AG/*Krieger* § 69 Rdnr. 112; *Maul* S. 25 ff.; *Strohn* S. 30 ff.; aA *Bälz,* FS für Raiser, S. 287, 316; *Kronstein* BB 1967, 637, 642. Zur Freistellung des Vorstandsmitglieds von seiner Haftung durch das herrschende Unternehmen s. *Habersack,* FS für Ulmer, 2003, S. 151, 169 ff.; *Westermann,* FS für Beusch, 1993, S. 871, 888 ff.

[217] Vgl. die Nachw. in Fn. 216.

[218] MünchKommAktG/*Kropff* Rdnr. 338.

[219] *Emmerich/Sonnenschein/Habersack* § 25 III 2; *Altmeppen* ZIP 1996, 693, 696 f.; weitergehend

Henze BB 1996, 489, 499, dem zufolge das herrschende Unternehmen, das für das Vorjahr keinen Nachteilsausgleich geleistet hat, wegen Treupflichtverletzung (dazu Rdnr. 89 f.) haftet, wenn es nicht sofort, also bereits vor Ablauf des Geschäftsjahres, ausgleicht.

[220] Näher *Koppensteiner* in Kölner Kommentar Rdnr. 95.

[221] *Geßler,* FS für Westermann, S. 145, 156 f.; *Koppensteiner* in Kölner Kommentar Rdnr. 97.

[222] MünchKommAktG/*Kropff* Rdnr. 293 mit zutr. Hinweis darauf, daß die Abstimmung mit dem herrschenden Unternehmen (Rdnr. 78, 80) auch bei Zustimmungsvorbehalt zugunsten des Aufsichtsrats Sache des Vorstands der abhängigen Gesellschaft

82   **4. Kapitalerhaltung.** Die Veranlassung zu einer nachteiligen Maßnahme geht regelmäßig mit einer nicht durch einen Gewinnverwendungsbeschluß gedeckten und damit an sich gem. §§ 57, 60, 62 unzulässigen Vermögensverlagerung auf das herrschende Unternehmen einher. Die Anwendung dieser Vorschriften, darunter namentlich derjenigen des § 62 betreffend die Verpflichtung des Aktionärs zur Rückgewähr entsprechender Zuwendungen, würde indes die in § 311 Abs. 2 vorgesehene Möglichkeit des hinausgeschobenen Nachteilsausgleichs in Frage stellen. Mit der heute hM ist deshalb davon auszugehen, daß die **§§ 57, 60, 62 durch § 311 verdrängt** werden.[223] Von Bedeutung ist dies insbes. für den Fall, daß das herrschende Unternehmen nicht im unmittelbaren zeitlichen Zusammenhang mit der Einflußnahme, sondern erst am Ende des Geschäftsjahres Ausgleich gewährt oder verspricht (Rdnr. 70 ff.). Berücksichtigt man, daß das herrschende Unternehmen zum Ersatz auch des „Verzögerungsnachteils" verpflichtet ist (Rdnr. 68, 72), so bleiben allerdings auch in diesem Fall die Vermögensinteressen der abhängigen Gesellschaft gewahrt (s. auch Rdnr. 2). Einzuräumen ist zwar, dass die abhängige Gesellschaft, wenn es nicht sogleich zum Nachteilsausgleich kommt, mit dem Risiko einer Insolvenz des herrschenden Unternehmens belastet ist. Dies allein vermag indes den Vorrang des § 311 nicht in Frage zu stellen,[224] zumal eine nachteile Maßnahme ohnehin zu unterbleiben hat, wenn es als ungewiß erscheint, daß das herrschende Unternehmen seiner Ausgleichsverpflichtung nachkommt (Rdnr. 78). Auch mit **Art. 15 und 16 der Kapitalrichtlinie**[225] ist es durchaus vereinbar, daß die Verpflichtung zum Nachteilsausgleich einstweilen (Rdnr. 83) an die Stelle des allgemeinen Rückgewähranspruchs aus § 62 (Art. 16 der Kapitalrichtlinie) tritt.[226]

83   Die Freistellung vom Verbot der Einlagenrückgewähr steht und fällt allerdings mit der Rechtfertigung der nachteiligen Einflußnahme. Unterbleibt der nach § 311 Abs. 2 gebotene Nachteilsausgleich (Rdnr. 69 ff.) oder darf der Vorstand der abhängigen Gesellschaft einer nachteiligen Veranlassung nicht nachkommen (Rdnr. 78), so finden die Vorschriften der §§ 57, 60, 62 mithin *neben* denjenigen der **§§ 317, 117** (Rdnr. 87) Anwendung.[227] Entsprechendes gilt zwar an sich bei Vornahme einer dem *Nachteilsausgleich nicht zugänglichen Maßnahme* (Rdnr. 60) auf Veranlassung durch das herrschende Unternehmen; die fehlende Quantifizierbarkeit des Nachteils wird jedoch in aller Regel auch der Geltendmachung eines Rückforderungsanspruchs aus § 62 entgegenstehen.

84   Bestellt die abhängige Gesellschaft für ein *dem herrschenden Unternehmen von einem Dritten*[228] gewährtes Darlehen **Sicherheiten** (Rdnr. 47), so finden die vorstehend dargeleg-

---

ist. Zur Freistellung des Aufsichtsratsmitglieds durch das herrschende Unternehmen s. die Nachw. in Fn. 216.

[223] OLG Stuttgart AG 1994, 411, 412; LG Düsseldorf AG 1979, 290, 291 f.; *MünchKommAktG/ Kropff* Rdnr. 326 ff.; *Koppensteiner* in Kölner Kommentar Rdnr. 107; *Hüffer* Rdnr. 49; MünchHdb. AG/*Krieger* § 69 Rdnr. 47, 61; *Henze* BB 1996, 489, 498 f.; *Michalski* AG 1980, 261, 264 f.; *Strohn* S. 24 ff.; einschränkend *Bayer,* FS für Lutter, S. 1011, 1030 f.; aA *Würdinger* in GroßkommAktG, 3. Aufl., Anm. 5; *Flume* JurPerson S. 127; *Cahn* S. 64 ff.; *Bälz,* FS für Raiser, S. 287, 314 f.; *Altmeppen* ZIP 1996, 693, 695 ff.; *ders.* S. 57 ff.; *Wackerbarth* S. 126 ff. – BGHZ 141, 79, 87 f. = NJW 1999, 1706 ist insoweit unergiebig, da Nachteilsausgleich nicht geleistet war.

[224] So auch MünchKommAktG/*Kropff* Rdnr. 329.

[225] Zweite Richtlinie auf dem Gebiet des Gesellschaftsrechts (Kapitalrichtlinie) vom 13. 12. 1976 (77/191/EWG), ABl. EG Nr. L 26 v. 31. 1. 1977, S. 1 ff.; geändert durch die Richtlinie 92/101/EWG v. 23. 11. 1992; Abdruck der Richtlinie bei *Habersack* Rdnr. 206.

[226] *Habersack* Rdnr. 171; aA *Schön,* FS für Kropff, S. 285, 295 ff.

[227] OLG Frankfurt/M. AG 1996, 324, 327; OLG Hamm AG 1995, 512, 516; *Koppensteiner* in Kölner Kommentar § 317 Rdnr. 40; *Hüffer* Rdnr. 49; MünchHdb. AG/*Krieger* § 69 Rdnr. 47, 61; aA *Michalski* AG 1980, 261, 264 (unter Hinweis darauf, daß die Anwendung des § 62 neben § 317 überflüssig sei, was freilich schon im Hinblick auf die unterschiedlichen Anspruchsvoraussetzungen nicht zutrifft).

[228] Einem außenstehenden Kreditgeber gegenüber ist die Bestellung von Sicherheiten für Darlehen anderer Konzerngesellschaften grundsätzlich wirksam, zutr. für die GmbH BGHZ 138, 291, 298 ff. = NJW 1998, 2592; *Röhricht,* in Gesellschaftsrecht in der Diskussion 1998, Schriftenreihe der Gesellschaftsrechtlichen Vereinigung (VGR), 1999, S. 1, 12 ff.; *Sonnenhol/Groß* ZHR 159 (1995), 388, 405 f.; – für Erstreckung der gesellschaftsrechtlichen Rückgewähransprüche auf Leistungen an den Sicherungsnehmer oder für (zu) großzügige Annahme der Sittenwidrigkeit der Sicherheitenbestellung – namentlich *Meister* WM 1980, 390, 395; *Messer* ZHR 159 (1995), 371, 377; *Peltzer* GmbHR

ten Grundsätze entsprechende Anwendung.[229] Für die Beurteilung nach §§ 311, 317 ist es unerheblich, ob bereits in der Bestellung oder erst in der drohenden Inanspruchnahme der Sicherheit eine nach § 57 unzulässige Einlagenrückgewähr zu sehen ist.[230] Die Rechtsfolgen einer nachteiligen (Rdnr. 47) Sicherheitenbestellung beurteilen sich vielmehr zunächst nach § 311. Unterbleibt allerdings der Nachteilsausgleich, so erwächst der abhängigen Gesellschaft neben dem Schadensersatzanspruch aus § 317 ggf. ein Rückgewähranspruch aus § 62 (Rdnr. 83). Ein vom herrschenden Unternehmen gewährtes Darlehen unterliegt in der Krise der abhängigen Gesellschaft den Regeln über den **Kapitalersatz**.[231]

5. Beschlußfassung. Vor dem Hintergrund, daß eine nachteilige Veranlassung auch **85** durch Hauptversammlungsbeschluß erfolgen kann (Rdnr. 29.), stellt sich die Frage nach dem Verhältnis des § 311 zur Möglichkeit der Beschlußanfechtung nach § 243. Der Frage kommt zunächst im Zusammenhang mit **§ 243 Abs. 2** Bedeutung zu. Insoweit rührt die Problematik daher, daß der in § 243 Abs. 2 S. 2 vorgesehene, zur Beseitigung der Anfechtbarkeit des Beschlusses führende Ausgleich zugunsten der Gesellschaft[232] bereits *im Beschluß selbst* festzuhalten ist; demgegenüber sieht § 311 die Möglichkeit des hinausgeschobenen Nachteilsausgleichs vor (Rdnr. 69 ff.). Bei Anwendbarkeit des § 243 Abs. 2 wäre mithin der Beschluß, sofern er nicht selbst eine Ausgleichsregelung enthält, stets anfechtbar; die nachteilige Maßnahme hätte zu unterbleiben. Ungeachtet der Privilegierungsfunktion des § 311 Abs. 2 (Rdnr. 2, 4 f.) erscheint dies freilich aus Gründen des Gesellschafts- und Aktionärsschutzes auch als geboten. Wollte man nämlich einen Sondervorteil iSd. § 243 Abs. 2 S. 1 nicht bereits darin sehen, daß das herrschende Unternehmen den Nachteil nicht sofort ausgleicht, so würde der für die Gesellschaft nachteilige Beschluß auch dann in *Bestandskraft* erwachsen, wenn das herrschende Unternehmen seiner Ausgleichspflicht aus § 311 Abs. 2 nicht nachkommt. Es bliebe dann zwar die Haftung nach § 317. Ganz abgesehen davon, daß im Rahmen der Geltendmachung dieses Anspruchs eine *Inzidentkontrolle* des (bestandskräftigen) Beschlusses zu erfolgen hätte, käme jedenfalls ein Anspruch auf Beseitigung der Maßnahme nicht in Betracht (s. demgegenüber § 317 Rdnr. 15 ff.). Mit der hM[233] ist deshalb

1995, 15, 20 ff.; *Peltzer/Bell* ZIP 1993, 1757, 1762; *Schön* ZHR 159 (1995), 351, 366 f. Zur Anwendung der §§ 57, 62 AktG auf Leistungen an eine dem Aktionär nahestehende Person (etwa ein verbundenes Unternehmen) *Hüffer* § 57 Rdnr. 15 mwN – Selbstverständlich kann es sich bei der durch das herrschende Unternehmen veranlaßten Bestellung einer Sicherheit zugunsten eines außenstehenden Dritten um eine nach § 311 ausgleichspflichtige Maßnahme handeln, s. Rdnr. 47.

[229] Zutr. *Sonnenhol/Groß* ZHR 159 (1995), 388, 410; *Hüffer* Rdnr. 49; aA *Schön* ZHR 159 (1995), 351, 371 f.; s. ferner LG Dortmund EWiR 1994, 1049.

[230] Im erstgenannten Sinne die hM, s. *Lutter* in Kölner Kommentar § 57 Rdnr. 28; *Hüffer* § 57 Rdnr. 1; weiterführend *Mülbert* ZGR 1995, 578, 594 ff.; *Bayer*, FS für Lutter, S. 1011, 1024 ff. Für das GmbH-Recht ist die Frage angesichts der von § 57 AktG abweichenden Kapitalerhaltungskonzeption des § 30 GmbHG umstritten, s. einerseits (Auszahlung iSd. § 30 GmbHG liege erst in der drohenden Inanspruchnahme der Sicherheit) *Lutter/Hommelhoff* § 30 Rdnr. 32 ff.; *Sonnenhol/Groß* ZHR 159 (1995), 388, 396 ff.; *Steinbeck* WM 1999, 885, 887; andererseits (Auszahlung sei bereits die Bestellung der Sicherheit) *Stimpel*, FS 100 Jahre GmbH-Gesetz, 1992, S. 335, 354 ff.; *Schön* ZHR 159 (1995), 351, 359 ff.; *Kühbacher* S. 37 ff.; für eine einheitliche, sowohl das GmbH- als auch das Aktienrecht umfassende Konzeption *Mülbert* aaO.

[231] Zur Anwendung der Regeln über den Kapitalersatz bei Abhängigkeit und im einfachen Konzern s. *Hommelhoff* WM 1984, 1105, 1110 ff.; *Hommelhoff/Kleindiek* in Lutter/Scheffler/Schneider § 21 Rdnr. 38 f.; *Jula/Breitbarth* AG 1997, 256, 264 f.; aA – für Verdrängung durch §§ 311 ff. – *Eichholz* S. 164 f. Allgemein zu kapitalsetzenden Aktionärsdarlehen *Habersack* ZHR 162 (1998), 201, 218 ff., *Veil* ZGR 2000, 223 ff., jew. mwN; aus der Rechtsprechung namentlich BGHZ 90, 381, 390 ff. = NJW 1984, 1893; zur Erstreckung der Regeln über den Kapitalersatz auf mit dem Gesellschafter verbundene Unternehmen s. BGH NZG 1999, 939 m. Anm. *Schlitt*.

[232] Zu der diesbezüglichen Korrektur des Wortlauts des § 243 Abs. 2 S. 2 s. *K. Schmidt* in GroßkommAktG § 243 Rdnr. 60; *Zöllner* in Kölner Kommentar § 243 Rdnr. 242 ff.; *Hüffer* § 243 Rdnr. 40; aA *Geßler*, FS für Barz, 1974, S. 97, 99 f.; *Mülbert* S. 290 f.

[233] OLG Frankfurt/M. WM 1973, 348, 350 f.; LG München I NZG 2002, 826, 827; MünchKommAktG/*Kropff* Rdnr. 120 ff.; *Hüffer* § 243 Rdnr. 43; *K. Schmidt* in GroßkommAktG § 243 Rdnr. 58; *Zöllner* in Kölner Kommentar § 243 Rdnr. 255 ff.; aA OLG Stuttgart AG 1994, 411, 412; *Koppensteiner* in Kölner Kommentar Rdnr. 109 (unter Ausklammerung der in § 292 Abs. 1 Nr. 3 genannten Verträge, bei denen es freilich schon an der Quantifizierbarkeit des Nachteils fehlt); *Mülbert* S. 288 ff.; *Abrell* BB 1974, 1463, 1467.

davon auszugehen, daß der Anfechtungsgrund des § 243 Abs. 2 nicht durch § 311 verdrängt wird, so wie umgekehrt die Möglichkeit zur Beschlußanfechtung nach § 243 Abs. 2 nicht der Anwendbarkeit des § 311 entgegensteht.

86 Entsprechendes hat für die Beschlußanfechtung nach § 243 Abs. 1 zu gelten, soweit diese auf eine Verletzung der mitgliedschaftlichen **Treupflicht** gestützt wird.[234] Die Vorschrift des § 117 Abs. 7 Nr. 1 findet auch insoweit keine entsprechende Anwendung, als die Beschlußanfechtung den Eintritt eines Schadens oder Nachteils verhindert hätte (Rdnr. 29). Abweichend von den für die unabhängige AG geltenden Grundsätzen[235] bewendet es vielmehr auch bei Bestandskraft des Beschlusses bei Geltung der §§ 311, 317.

VIII. Haftung des herrschenden Unternehmens und seiner Organwalter

87 **1. Konzerndimensionaler Charakter von Sorgfalts- und Verkehrspflichten.** Indem die Vorschriften der §§ 311 ff. dem herrschenden Unternehmen die nachteilige Einflußnahme auf die abhängige Gesellschaft gestatten, suspendieren sie nicht nur die Kapitalerhaltungsvorschriften und die allgemeinen Haftungtatbestände (Rdnr. 82 ff., 88 ff.). Vielmehr haben sie auch Rückwirkungen auf die Organisationsverfassung des als Kapital- oder Personengesellschaft verfaßten herrschenden Unternehmens. So unterliegt zunächst der Akt der Konzernbildung dem Erfordernis der Zustimmung durch die Anteilseigner (Vor § 311 Rdnr. 11 ff.). Entsprechendes gilt für wesentliche Maßnahmen der Konzernleitung, insbes. für Kapitalerhöhungen innerhalb der abhängigen Gesellschaft (Vor § 311 Rdnr. 22 f.). Vor allem aber spiegeln sich die Befugnisse des herrschenden Unternehmens in dem **Aufgaben- und Pflichtenkreis** seiner **Organwalter** wider. Zwar besteht keine Konzernleitungspflicht des Vorstands der herrschenden AG, verstanden im Sinne einer Pflicht zur Ausübung einheitlicher Leitung oder gar zur breitflächigen und intensiven Einflußnahme auf die abhängige Gesellschaft (Rdnr. 11); entsprechendes gilt, vorbehaltlich einer entsprechenden Weisung der Gesellschafter, für den Geschäftsführer der herrschenden GmbH. Nicht zu bezweifeln ist jedoch, daß die Verwaltung des Beteiligungsbesitzes Bestandteil der Geschäftsführungsbefugnis ist, ferner, daß die Organwalter, mögen sie weisungsfrei (§ 76 Abs. 1) oder weisungsgebunden (§ 37 Abs. 1 GmbHG) sein, *im Verhältnis zur herrschenden Gesellschaft* zumindest zur *Kontrolle* der Geschäftsführung innerhalb der abhängigen oder konzernierten Gesellschaft verpflichtet sind.[236] Dürfen somit entsprechende Beteiligungen nicht als bloße Finanzanlagen gehalten werden, so erlangen die eigentlichen Leitungsaufgaben der Organwalter des herrschenden Unternehmens – entsprechendes gilt für die Kontrollpflichten des Aufsichtsrats[237] – durchaus eine konzernweite Dimension.[238] Der organisationsrechtliche Gehalt der §§ 311 ff. (Rdnr. 2) kommt darüber hinaus in der „Verlängerung" der dem herrschenden Unternehmen obliegenden Verkehrspflichten, namentlich solchen aus dem Bereich der **Produkt- und Umwelthaftung,** zum Ausdruck.[239] Entsprechendes läßt sich schließlich im Zusammenhang mit der **Wissenszurechnung** feststellen.[240]

88 **2. § 117.** Die Veranlassung zu einer nachteiligen Maßnahme iSv. § 311 erfüllt häufig zugleich den Tatbestand des § 117. Die Anwendbarkeit dieser Vorschrift ließe freilich die Möglichkeit des gestreckten Nachteilsausgleichs gem. § 311 Abs. 2 weitgehend leerlaufen. Mit der hM ist deshalb davon auszugehen, daß die Vorschrift des § 311 den allgemeinen

---

[234] Dazu *K. Schmidt* in GroßkommAktG § 243 Rdnr. 42, 45 ff.; zur Treupflicht des Aktionärs s. Rdnr. 4.
[235] Zur Reichweite des Vorrangs der Anfechtungs- vor der Schadensersatzklage s. *Habersack* S. 225 ff., 231 ff.
[236] Näher *H. Götz* ZGR 1998, 524, 526 ff.; *Hommelhoff/Mattheus* BFuP 2000, 217 ff.; *Mertens* in Kölner Kommentar § 76 Rdnr. 54; *K. Schmidt,* FS für Lutter, S. 1167, 1175 ff.
[237] Näher *Hoffmann-Becking* ZHR 159 (1995), 325 ff.; *Hommelhoff* ZGR 1996, 144 ff.

[238] S. dazu neben den in Fn. 236 Genannten etwa *Endres* ZHR 163 (1999), 441 ff.; eingehend zur Organisation der Konzernführung und -überwachung *Theisen* S. 199 ff., 259 ff.
[239] S. dazu § 302 Rdnr. 14 mit Nachw.; zur strafrechtlichen Verantwortlichkeit *Ransiek* ZGR 1999, 613 ff.
[240] Näher dazu *Drexl* ZHR 161 (1997), 491 ff.; *W. Schüler*, Die Wissenszurechnung im Konzern, 2000; allg. zur Zurechnung im Konzern *Bork* ZGR 1994, 237 ff.

Haftungstatbestand des § 117 verdrängt.[241] Kommt es allerdings nicht zum Nachteilsausgleich gem. § 311 Abs. 2, sei es, daß die Maßnahme einem Nachteilsausgleich nicht zugänglich ist oder ein an sich möglicher Ausgleich unterbleibt (Rdnr. 43, 58, 69 ff.), so haftet das herrschende Unternehmen nicht nur aus § 317 Abs. 1; vielmehr lebt dann, wie nicht zuletzt auch aus einem Umkehrschluß aus § 117 Abs. 7 Nr. 2 und 3 folgt, auch die Haftung nach § 117 wieder auf.[242] Praktische Bedeutung kommt der Geltung des § 117 neben § 317 freilich nur insoweit zu, als es um die Haftung des **Nutznießers** der Einflußnahme gemäß § 117 Abs. 3 geht; sie betrifft insbes. eine Schwestergesellschaft, auf die Vermögen der abhängigen Gesellschaft verlagert wurde. Was dagegen die **gesetzlichen Vertreter,** sonstige Organwalter und Angestellte des herrschenden Unternehmens betrifft, so kommt ihre Haftung nach § 117 Abs. 1 überhaupt nur in Betracht, soweit sie in ihrer Person die Voraussetzungen dieser Vorschrift erfüllen. Daran fehlt es, soweit sie lediglich den Einfluß des herrschenden Unternehmens geltend machen.[243] Im übrigen haften die gesetzlichen Vertreter des herrschenden Unternehmens bereits nach § 317 Abs. 3 (§ 317 Rdnr. 22 ff.); soweit einer Haftung des herrschenden Unternehmens die Vorschrift des § 317 Abs. 2 entgegensteht (§ 317 Rdnr. 7 f.), kommt auch den gesetzlichen Vertretern der Vorrang des § 311 gegenüber § 117 zugute.[244] Die Organwalter der abhängigen Gesellschaft schließlich haften nach § 117 Abs. 2. Ihre Haftung nach §§ 93, 116 (Rdnr. 78 ff.) wird dadurch nicht berührt.

3. Treupflicht. Der in §§ 311 ff. vorausgesetzte beherrschende Einfluß iSd. § 17 **89** Abs. 1 muß gesellschaftsrechtlich vermittelt sein (§ 17 Rdnr. 15 ff.); er gründet mithin auf der Mitgliedschaft des herrschenden Unternehmens in der abhängigen Gesellschaft.[245] Wie nicht zuletzt die Rechtslage bei der abhängigen oder konzernierten GmbH zeigt (dazu Anh. § 318 Rdnr. 12, 22 ff.), ließe sich der Schutz der Gesellschaft und ihrer Außenseiter mithin auch unter Rückgriff auf die mitgliedschaftliche Treupflicht erreichen (Rdnr. 4). Dies gilt auch bei lediglich mittelbarer Abhängigkeit (Rdnr. 17). Da nämlich die mitgliedschaftliche Treupflicht dem Einwirkungspotential des Gesellschafters Rechnung tragen und Schranken setzen soll,[246] muß sie auch gegenüber der mittelbar, nämlich über eine zwischengeschaltete Tochtergesellschaft Einfluß nehmenden Muttergesellschaft zur Geltung gebracht werden.[247] Demgegenüber mag zwar der Gesetzgeber bei Kodifikation des Aktienkonzernrechts geglaubt haben, eine gesetzliche Ausgestaltung des mitgliedschaftlichen Rechtsverhältnisses zwischen dem herrschenden Unternehmen und der abhängigen Gesellschaft sei zum Schutz der abhängigen Gesellschaft *unerläßlich*.[248] Diese Fehleinschätzung darf jedoch nicht zu einem Nebeneinander von §§ 311 ff. und mitgliedschaftlicher Treupflicht führen. Mit Blick auf die vom Gesetzgeber mit Bedacht vorgesehene (s. Rdnr. 2, 5, 8) Möglichkeit des gestreckten Nachteilsausgleichs ist vielmehr davon auszugehen, daß im

[241] MünchKommAktG/*Kropff* § 317 Rdnr. 106; *ders.* DB 1967, 2147, 2150 ff.; *Koppensteiner* in Kölner Kommentar R dnr. 108; *Mertens* in Kölner Kommentar § 117 Rdnr. 46; *Hüffer* Rdnr. 50, § 117 Rdnr. 14; *Strohn* S. 32 ff. mwN; aA *Würdinger* in GroßkommAktG, 3. Aufl., Anm. 5.

[242] Vgl. MünchKommAktG/*Kropff* § 317 Rdnr. 108; *Koppensteiner* in Kölner Kommentar § 317 Rdnr. 41; *Mertens* in Kölner Kommentar § 117 Rdnr. 46; *Hüffer* Rdnr. 50, § 117 Rdnr. 14; aA – für Verdrängung des § 117 durch § 317 – *Brüggemeier* AG 1988, 93, 101 f.; *Geßler* DB 1965, 1729, 1730; *Leo* AG 1965, 352, 355; *Möhring,* FS für Schilling, 1973, S. 253, 265 f.

[243] *Mertens* in Kölner Kommentar § 117 Rdnr. 12.

[244] Vgl. § 317 Rdnr. 7 f. (kein Nachteil); im Ergebnis auch *Geßler* DB 1965, 1729, 1730.

[245] Zutreffende Betonung dieses Gedankens durch *Zöllner* ZHR 162 (1998), 235, 237 f. (mit berechtigtem Hinweis auf den irreführenden Charakter der Bezeichnung „faktischer" Konzern); *Tröger* S. 7 ff. – Zur mittelbaren Abhängigkeit s. sogleich im Text.

[246] Grdlg. *Zöllner,* Die Schranken mitgliedschaftlicher Stimmrechtsmacht bei den privatrechtlichen Personenverbänden, 1963, S. 339 ff.; s. die weiteren *M. Winter,* Mitgliedschaftliche Treubindungen im GmbH-Recht, 1988, S. 63 ff ; *Hüffer,* FS für Steindorff, 1990, S. 59, 73 f.; *ders.* § 53 a Rdnr. 17 mwN.

[247] Im Ergebnis ganz hM, s. *Emmerich,* FS für Stimpel, 1985, S. 743, 748 ff.; Hachenburg/*Ulmer* Anh. § 77 Rdnr. 74; eingehend *Tröger* S. 37 ff.; näher dazu Anh. § 318 Rdnr. 28.

[248] Zur Entstehungsgeschichte der §§ 311 ff. s. Rdnr. 7 sowie Einl. Rdnr. 16 ff.; zur Anerkennung der mitgliedschaftlichen Treupflicht des Aktionärs s. die Nachw. in Fn. 9.

Anwendungsbereich des § 311 ein Rückgriff auf die Haftung wegen Treupflichtverletzung grundsätzlich (s. aber Rdnr. 86, 90) ausgeschlossen ist.[249] Der von einem Teil des Schrifttums[250] befürworteten Überlagerung der §§ 311 ff. durch die mitgliedschaftliche Treupflicht ist deshalb im Grundsatz (s. aber Rdnr. 86, 90) eine klare Absage zu erteilen.[251] Gefahren für die abhängige Gesellschaft und ihre Außenseiter sind mit der weitgehenden Verdrängung der Haftung aus Treupflichtverletzung durch § 311 nicht verbunden, wenn man nur mit den Grenzen einer nach § 311 erlaubten Einflußnahme (Rdnr. 9, 43, 58, 64 f.; Anh. § 317 Rdnr. 9 ff.) Ernst macht.[252] Kommt es nicht zum Nachteilsausgleich, so tritt die Haftung aus Treupflichtverletzung neben diejenige aus § 317 (Rdnr. 88); die in der Vorauflage (Rdnr. 89) gegen eine solche Konkurrenz angemeldeten Bedenken haben sich mit der zum 1. 1. 2002[253] erfolgten Verkürzung der Regelverjährung des § 195 BGB[254] erledigt.

90   Für die Heranziehung der mitgliedschaftlichen Treupflicht ist nach den Ausführungen in Rdnr. 89 nur außerhalb des Regelungsbereichs der §§ 311 ff. Raum. So läßt sich aus der Treupflicht ein *Wettbewerbsverbot* des beherrschenden Aktionärs ableiten (Vor § 311 Rdnr. 7 f.). Des weiteren erscheint es nicht von vornherein ausgeschlossen, daß das herrschende Unternehmen aufgrund der mitgliedschaftlichen Treupflicht gehalten ist, die Begründung eines Abhängigkeitsverhältnisses oder die Einbeziehung der abhängigen Gesellschaft in den von ihm geleiteten Konzern den übrigen Aktionären mitzuteilen (§ 20 Rdnr. 10 f.; s. aber auch Vor § 311 Rdnr. 1, 9). Schließlich sprechen gute Gründe für die Annahme, daß das herrschende Unternehmen verpflichtet ist, die konzernierte Gesellschaft in angemessener Weise am Konzernerfolg zu beteiligen.[255]

91   **4. „Konzernvertrauen".** Dem deutschen Recht ist eine allein auf dem Tatbestand des Konzerns oder dem einheitlichen Auftreten als Gruppe gründende Haftung aus „Konzernvertrauen"[256] fremd.[257] Auch das deutsche Recht kennt jedoch eine Reihe von Haftungstatbeständen, die auf die dem herrschenden Unternehmen zurechenbare Begründung eines konkreten Vertrauenstatbestands in der Person eines Gläubigers der abhängigen Gesellschaft abstellen;[258] zu nennen sind namentlich die culpa in contrahendo (§§ 311 Abs. 2, 280 Abs. 1 BGB), die Duldungs- und Anscheinsvollmacht, aber auch die Haftung für eine weiche Patronatserklärung, soweit diese den (unzutreffenden) Eindruck erweckt, die Tochtergesellschaft sei solvent.[259] Eine solche Haftung gründet dann allerdings nicht auf der Einflußnahme auf die abhängige Gesellschaft. Sie ist vielmehr eine Haftung unmittelbar gegenüber dem in seinem Vertrauen enttäuschten Gläubiger und besteht unabhängig von den Voraussetzungen der §§ 311 ff., wird also nicht durch § 311 verdrängt.[260]

---

[249] So auch MünchKommAktG/*Kropff* § 317 Rdnr. 111 f; am Beispiel der passiven Konzerneffekte (Rdnr. 52) *ders.,* FS für Lutter, S. 1133, 1144 ff., dort allerdings mit Vorbehalt für zu erheblichen Beeinträchtigungen führenden passiven Konzernwirkungen.

[250] *Henze* BB 1996, 489, 499 (s. dazu Fn. 219); *Zöllner* ZHR 162 (1998), 235 ff.; *Tröger* S. 210 ff., 252 ff.; *Ehricke* S. 439 ff.

[251] So auch *Mülbert* ZHR 163 (1999), 1, 26 (Fn. 96).

[252] *Zöllner* (ZHR 162 [1998] 235, 245) hat denn auch primär Maßnahmen im Auge, die sich einem Nachteilsausgleich entziehen und nach hier vertretener Ansicht (Rdnr. 9, 43, 58, 64 ff.) entweder zur Haftung aus § 317 oder zur Annahme einer qualifizierten Nachteilszufügung (dazu Anh. § 317) führen; *Tröger* (S. 314 ff.) geht es um einen auf der Treupflicht gründenden Präventivschutz (dazu Vor § 311 Rdnr. 1 ff.).

[253] Gesetz zur Modernisierung des Schuldrechts vom 26. 11. 2001, BGBl. I S. 3138.

[254] Der zehnjährigen Verjährung nach § 199 Abs. 3 BGB dürfte im vorliegenden Zusammenhang keine praktische Bedeutung zukommen.

[255] So zu Recht MünchKommAktG/*Kropff* Rdnr. 345; aA *Geßler,* FS für Kunze, S. 159, 172; *Kirchner* ZGR 1985, 214, 231. – Vgl. auch Rdnr. 48 ff. betreffend die Verpflichtung zur Weitergabe von Synergieeffekten.

[256] Vgl. dazu § 302 Rdnr. 15 f. mit Nachw.

[257] *Lutter,* Gedächtnisschrift für Knobbe-Keuk, S. 229 ff.

[258] Eingehend *Fleischer* ZHR 163 (1999), 461, 467 ff.

[259] Speziell dazu MünchKommBGB/*Habersack* Vor § 765 Rdnr. 49.

[260] So auch MünchKommAktG/*Kropff* § 317 Rdnr. 114.

§ 312 Bericht des Vorstands über Beziehungen zu verbundenen Unternehmen

(1) Besteht kein Beherrschungsvertrag, so hat der Vorstand einer abhängigen Gesellschaft in den ersten drei Monaten des Geschäftsjahrs einen Bericht über die Beziehungen der Gesellschaft zu verbundenen Unternehmen aufzustellen. In dem Bericht sind alle Rechtsgeschäfte, welche die Gesellschaft im vergangenen Geschäftsjahr mit dem herrschenden Unternehmen oder einem mit ihm verbundenen Unternehmen oder auf Veranlassung oder im Interesse dieser Unternehmen vorgenommen hat, und alle anderen Maßnahmen, die sie auf Veranlassung oder im Interesse dieser Unternehmen im vergangenen Geschäftsjahr getroffen oder unterlassen hat, aufzuführen. Bei den Rechtsgeschäften sind Leistung und Gegenleistung, bei den Maßnahmen die Gründe der Maßnahme und deren Vorteile und Nachteile für die Gesellschaft anzugeben. Bei einem Ausgleich von Nachteilen ist im einzelnen anzugeben, wie der Ausgleich während des Geschäftsjahrs tatsächlich erfolgt ist, oder auf welche Vorteile der Gesellschaft ein Rechtsanspruch gewährt worden ist.

(2) Der Bericht hat den Grundsätzen einer gewissenhaften und getreuen Rechenschaft zu entsprechen.

(3) Am Schluß des Berichts hat der Vorstand zu erklären, ob die Gesellschaft nach den Umständen, die ihm in dem Zeitpunkt bekannt waren, in dem das Rechtsgeschäft vorgenommen oder die Maßnahme getroffen oder unterlassen wurde, bei jedem Rechtsgeschäft eine angemessene Gegenleistung erhielt und dadurch, daß die Maßnahme getroffen oder unterlassen wurde, nicht benachteiligt wurde. Wurde die Gesellschaft benachteiligt, so hat er außerdem zu erklären, ob die Nachteile ausgeglichen worden sind. Die Erklärung ist auch in den Lagebericht aufzunehmen.

Schrifttum: *Bachmann*, Die Einmann-AG, NZG 2001, 961; *Bode*, Abhängigkeitsbericht und Kostenlast im einstufigen faktischen Konzern, AG 1995, 261; *Dielmann*, Die Beteiligung der öffentlichen Hand an Kapitalgesellschaften und die Anwendung des Rechts der verbundenen Unternehmen, 1977; *Döllerer*, Der Abhängigkeitsbericht und seine Prüfung bei einem Vorstandswechsel, FS für Semler, 1993, S. 441; *Enßlin*, Bilanzierung von Ausgleichsforderungen und -verbindlichkeiten gem. § 311 AktG – Abhängigkeitsverhältnis –, DB 1968, 1190; *Goerdeler*, Geschäftsbericht, Konzerngeschäftsbericht und „Abhängigkeitsbericht" aus der Sicht des Wirtschaftsprüfers, WPg 1966, 113; *J. Götz*, Der Abhängigkeitsbericht für die 100%igen Tochtergesellschaft, AG 2000, 498; *ders.*, Anfechtungsklage gegen Entlastungsbeschlüsse wegen unterlassener Aufstellung eines Abhängigkeitsberichts – OLG Düsseldorf NZG 2000, 314, JuS 2000, 1054; *ders.*, Der Abhängigkeitsbericht der 100%igen Tochtergesellschaft, AG 2000, 498; *Haesen*, Der Abhängigkeitsbericht im faktischen Konzern, 1970; *Hommelhoff*, Praktische Erfahrungen mit dem Abhängigkeitsbericht, ZHR 156 (1992), 295; *ders.*, Empfiehlt es sich, das Recht der faktischen Unternehmensverbindungen – auch im Hinblick auf das Recht anderer EG-Staaten – neu zu regeln?, Gutachten G für den 59. Deutschen Juristentag, 1992; *IdW*, Zur Aufstellung und Prüfung des Berichts über die Beziehungen zu verbundenen Unternehmen (Abhängigkeitsbericht nach § 312 AktG), Stellungnahme HFA 3/1991, Sammlung IdW/HFA S. 227 = WPg 1992, 91; *Klussmann*, Einzelfragen zu Inhalt und Gliederung des Abhängigkeitsberichts nach § 312 AktG 1965, DB 1967, 1487; *Kropff*, Zur Anwendung des Rechts der verbundenen Unternehmen auf den Bund, ZHR 144 (1980), 74; *ders.*, Außenseiterschutz in der faktisch abhängigen „kleinen" Aktiengesellschaft, ZGR 1988, 558; *ders.* Die Beschlüsse des Aufsichtsrats zum Jahresabschluß und zum Abhängigkeitsbericht, ZGR 1994, 628; *Kupsch*, Die Auswirkungen einer fehlenden Schlußerklärung nach § 312 Abs. 3 AktG im Lagebericht auf den Bestätigungsvermerk des Abschlußprüfers, DB 1993, 493; *Maul*, Der Abhängigkeitsbericht im künftigen Konzernrecht – Ein Vergleich zwischen der Regelung des Vorentwurfs und dem geltenden Aktienrechts, DB 1985, 1749; *S. Maul*, Die faktisch abhängige SE (Societas Europaea) im Schnittpunkt zwischen deutschem und europäischem Recht, 1998; *dies.*, Aktienrechtliches Konzernrecht und Gemeinschaftsunternehmen, NZG 2000, 470; *A. Meier*, Inhalt und Prüfung des Abhängigkeitsberichts, WPg 1968, 64; *Mertens*, Verpflichtung der Volkswagen AG, einen Bericht gemäß § 312 AktG über ihre Beziehungen zum Land Niedersachsen zu erstatten?, AG 1996, 241; *ders.*, Abhängigkeitsbericht bei „Unternehmenseinheit" in der Handelsgesellschaft KGaA?, FS für Claussen, 1997, S. 297; *Pöppl*, Aktienrechtlicher Minderheitenschutz durch den „Abhängigkeitsbericht", 1972; *Rasner*, Der Abhängigkeitsbericht des § 312 des Aktiengesetzes, BB 1966, 1043; *Schenk*, Ökonomische Analyse des Minderheitenschutzes im Konzern, Zfbf 49 (1997), 652; *Schiessl*, Abhängigkeitsbericht bei Beteiligungen der öffentlichen Hand – Besprechung des Beschlusses BGHZ 135, 107 – VW/Niedersachsen, ZGR 1998, 871; *U. H. Schneider*, Der Auskunftsanspruch des Aktionärs im Konzern, FS für Lutter, 2000, S. 1193; *Singhof*, Zur Weitergabe von Insiderinformationen im Unterordnungskonzern, ZGR 2001, 146; *Ulmer*, Begriffsvielfalt im Recht der verbundenen

Unternehmen als Folge des Bilanzrichtlinien-Gesetzes, FS für Goerdeler, 1987, S. 623; *van Venrooy,* Erfüllungsgeschäfte im Abhängigkeitsbericht der Aktiengesellschaft, DB 1980, 385; *Weimar,* Wegfall des Abhängigkeitsberichts bei treuhandeigenen Aktiengesellschaften?, DB 1992, 1969; *H. Wieland,* Die Abbildung von Fremdeinfluß im Abhängigkeitsbericht: Eine ökonomische Betrachtung der Berichterstattung über faktische Abhängigkeitsverhältnisse, 1998; *Zöllner,* Schutz der Aktionärsminderheit bei einfacher Konzernierung, FS für Kropff, 1997, S. 333.

Übersicht

I. Einführung

1   **1. Inhalt und Zweck der Vorschrift.** Nach Abs. 1 S. 1 der Vorschrift hat der Vorstand der abhängigen Gesellschaft in den ersten drei Monaten des Geschäftsjahres einen Bericht über die Beziehungen der Gesellschaft zu verbundenen Unternehmen aufzustellen. Der *Inhalt dieses sog. Abhängigkeitsberichts* ist in Abs. 1 S. 2 bis 4 geregelt. Zu berichten ist danach vor allem über die auf Veranlassung des herrschenden Unternehmens vorgenommenen Rechtsgeschäfte und Maßnahmen. Abs. 2 umschreibt generalklauselartig die *Sorgfaltsanforderungen,* die der Vorstand im Zusammenhang mit der Erstellung des Berichts einzuhalten hat; danach muß die Berichterstattung insbes. wahrheitsgemäß und vollständig sein. Nach Abs. 3 hat der Bericht eine *Schlußerklärung* des Vorstands zu enthalten, die in den Lagebericht aufzunehmen und somit gem. § 175 Abs. 2 der Hauptversammlung vorzulegen und gem. § 325 HGB bekanntzumachen ist. § 312 enthält durchweg zwingendes Recht (s. noch Rdnr. 4).

2   Die Verpflichtung zur Erstellung eines Abhängigkeitsberichts steht in unmittelbarem Zusammenhang mit §§ 311, 317 und soll zunächst dazu beitragen, daß nachteilige Veranlassungen *dokumentiert* werden und zudem nur gegen Nachteilsausgleich und damit in Übereinstimmung mit § 311 erfolgen. Zugleich sollen den außenstehenden Aktionären und Gläubigern **Informationen** verschafft werden, damit sie von ihrer nach **§§ 317 Abs. 4,**

318 Abs. 4 (jew. iVm. § 309 Abs. 4) bestehenden Möglichkeit zur Geltendmachung von Ansprüchen der abhängigen Gesellschaft gegen das herrschende Unternehmen und die Organwalter der Gesellschaft auch tatsächlich Gebrauch machen können.[1] Das zuletzt genannte Ziel sucht das Gesetz freilich, da der Abhängigkeitsbericht *nicht* der *Publizität* unterliegt (Rdnr. 4 f.), auf mittelbarem Weg zu erreichen: Zur Verwirklichung des auf Effektivierung der §§ 311, 317 gerichteten Schutzzwecks binden nämlich die §§ 312 bis 314, 318 neben dem Vorstand auch den *Abschlußprüfer* (s. aber auch § 313 Rdnr. 3 f. betr. die sog. kleine AG) und den *Aufsichtsrat* der abhängigen Gesellschaft in das Pflichtenprogramm im Zusammenhang mit der Erstellung und Prüfung des Berichts ein. Die damit verbundenen **Haftungsrisiken aller Beteiligten** sowie das Recht des Aktionärs, unter den Voraussetzungen des § 315 die Bestellung eines *Sonderprüfers* zu beantragen, sollen letztlich nicht nur eine wahrheitsgemäße Berichterstattung und damit die Einhaltung der sich aus § 311 ergebenden Schranken der legitimen Einflußnahme durch das herrschende Unternehmen gewährleisten. Sie sollen vielmehr den Aktionären und Gläubigern auch Gewißheit darüber verschaffen, daß, sofern nichts anderes verlautbart wird, Ansprüche gem. §§ 317, 318 nicht bestehen und somit die Ausübung der Klagebefugnisse gem. §§ 317 Abs. 4, 318 Abs. 4 iVm. § 309 Abs. 4 nicht veranlaßt ist.

Der Verpflichtung zur Erstellung eines Abhängigkeitsberichts kommt mithin eine Schlüs- **3** selrolle innerhalb des Systems der §§ 311 ff. zu.[2] Das rechtspolitische Urteil über die Konzeption des Gesetzgebers des Jahres 1965 fällt allerdings überwiegend negativ aus (vgl. § 311 Rdnr. 12). Dabei wird insbes. darauf hingewiesen, daß die Geltendmachung von Schadensersatzansprüchen gegen das herrschende Unternehmen durch Aktionäre oder Gläubiger der abhängigen Gesellschaft (Rdnr. 2), wiewohl §§ 317 Abs. 4, 309 Abs. 4 entsprechende Klagemöglichkeiten vorsehen, schon *mangels Publizität* des Berichts tatsächlich kaum jemals in Betracht kommt (s. noch Rdnr. 4); zudem sei von dem zur Aufstellung verpflichteten Vorstand der abhängigen Gesellschaft angesichts seiner persönlichen Abhängigkeit vom herrschenden Unternehmen eine Umsetzung der sich aus §§ 311 f. ergebenden Schranken der Einflußnahme und der Berichtspflichten nicht zu erwarten.[3] Neuerdings wird freilich zunehmend auf die **präventive Wirkung** hingewiesen, die von der – sämtliche beteiligten Personen einbeziehenden und schadensersatzbewehrten (Rdnr. 2) – Verpflichtung zur Erstellung und Prüfung des Abhängigkeitsberichts ausgeht.[4] Nicht zu bestreiten ist in der Tat, daß die Verpflichtung aus § 312 die Stellung des Vorstands der abhängigen Gesellschaft gegenüber dem herrschenden Unternehmen zu stärken und die Beachtung der sich aus § 311 ergebenden Schranken der legitimen Einflußnahme sicherzustellen vermag. Berücksichtigt man, daß die Verpflichtung zur Offenlegung des Berichts zum Nachteil der Gesellschaft und damit letztlich auch zum Nachteil der außenstehenden Aktionäre ginge (Rdnr. 4), ferner, daß gerade die Vertraulichkeit des Berichts den Vorstand zur offenen Information ermutigen sollte, so sprechen gute Gründe dafür, auf die Funktionsfähigkeit des internen Berichtssystems zu vertrauen und von einer Totalrevision[5] der §§ 312 ff. abzusehen.[6]

---

[1] Begr. zum RegE bei *Kropff* S. 410 f.; BGHZ 135, 107, 109 f. = NJW 1997, 1855.

[2] Vgl. bereits § 311 Rdnr. 6.; ferner BGHZ 135, 107, 111 f. = NJW 1997, 1855; OLG Braunschweig AG 1996, 271, 272; LG Traunstein ZIP 1993, 1551.

[3] Vgl. namentlich Bundesministerium der Justiz (Hrsg.), Bericht über die Verhandlungen der Unternehmensrechtskommisson, 1980, Rdnr. 1387 f.; *Koppensteiner* in Kölner Kommentar Rdnr. 3; *Haesen* S. 121 f.

[4] Vgl. § 311 Rdnr. 12 mit Nachw. in Fn. 30 sowie namentlich *Hommelhoff* ZHR 156 (1992), 295 ff.; WP-Handbuch Bd. I Rdnr. F 831; zust. BGHZ 135, 107, 112 = NJW 1997, 1855; LG Traunstein ZIP 1993, 1511.

[5] Beachte aber auch die das System der §§ 312 ff. im Kern unangetastet lassenden Vorschläge von *Hommelhoff* Gutachten S. 52 ff. (Steigerung der Aussagekraft des Berichts); *Zöllner*, FS für *Kropff*, S. 333, 339 (Einsichtsrecht eines zur Verschwiegenheit verpflichteten Treuhänders der Minderheit); *Wieland* S. 330 (inhaltliche Wiedergabe des Berichts in einem besonderen Abschnitt des Lageberichts). Zur Notwendigkeit systemimmanenter Korrekturen s. im übrigen § 311 Rdnr. 12; § 313 Rdnr. 3; § 318 Rdnr. 2.

[6] Vgl. Fn. 4, ferner *Hommelhoff* Gutachten S. 59; *Schiessl* ZGR 1998, 871, 873; s. aber auch *Koppensteiner*, FS für Steindorff, S. 79, 109; aus ökonomischer Sicht *Schenk* Zfbf 49 (1997), 652, 656 ff.

4   **2. Zur Frage der Publizität des Berichts. a) Grundsatz.** Mit Rücksicht auf die Geheimhaltungsinteressen der abhängigen Gesellschaft verlangt das Gesetz keine Offenlegung des Berichts.[7] Im Unterschied zur Schlußerklärung nach Abs. 3 (Rdnr. 44, 47) und zu dem unter den Voraussetzungen des § 315 zu erstellenden Sonderprüfungsbericht (§ 315 Rdnr. 2) ist der Abhängigkeitsbericht vielmehr ausschließlich für den Abschluß- bzw. Sonderprüfer und für den Aufsichtsrat der abhängigen Gesellschaft bestimmt; auch das herrschende Unternehmen soll von seinem Inhalt allenfalls über seine Repräsentanten im Aufsichtsrat der abhängigen Gesellschaft Kenntnis erlangen. Die Satzung der Gesellschaft kann davon nicht abweichen; die §§ 312 ff. enthalten vielmehr auch insoweit eine – iSv. § 23 Abs. 5 S. 2 abschließende und damit – **zwingende Regelung** der Problematik.[8] Auch Gläubiger und außenstehende Aktionäre, die nach §§ 317 Abs. 4, 309 Abs. 4 das herrschende Unternehmen auf Schadensersatz in Anspruch nehmen, haben keinen Anspruch auf Vorlage des Berichts.[9] Anders verhält es sich allerdings bei **Insolvenz** der abhängigen Gesellschaft. Dann kann zumindest der *Insolvenzverwalter* der abhängigen Gesellschaft über den Abhängigkeitsbericht verfügen.[10] Darüber hinaus wird man nach § 69 S. 2 InsO auch den Mitgliedern eines Gläubigerausschusses das Recht auf Einsichtnahme in den Abhängigkeitsbericht zusprechen müssen. Nach § 145 Abs. 1 können schließlich auch die nach § 315 zu bestellenden **Sonderprüfer** den Bericht einsehen, was über § 145 Abs. 4 auch den außenstehenden Aktionären und Gläubigern zugute kommt (§ 315 Rdnr. 3, 18).

5   **b) Auskunftsrecht des Aktionärs.** Die Verpflichtung zur Erstellung eines Abhängigkeitsberichts läßt sowohl die sonstigen Publizitäts- und Mitteilungspflichten des herrschenden Unternehmens als auch das allgemeine Auskunftsrecht des Aktionärs unberührt.[11] Andererseits begründen dem herrschenden Unternehmen außerhalb der Hauptversammlung gegebene Informationen regelmäßig **kein erweitertes Auskunftsrecht** des außenstehenden Aktionärs iSd. § 131 Abs. 4. Denn die hM geht zu Recht davon aus, daß bei Bestehen eines *faktischen Konzerns* solche Informationen nicht mit Rücksicht auf die Aktionärseigenschaft des herrschenden Unternehmens erteilt werden, sondern die – in §§ 311 ff. als zulässig erachtete (Vor § 311 Rdnr. 6 ff.) – *einheitliche Leitung* der Konzernunternehmen ermöglichen sollen. Die Möglichkeit einheitlicher Leitung wäre aber dem herrschenden Unternehmen genommen, würde jede ihm erteilte Information ein erweitertes Informationsrecht und damit die Verpflichtung zur Offenlegung von Unternehmensinterna begründen.[12] Der (klarstellenden) Vorschrift des § 131 Abs. 4 S. 3 läßt sich nichts Gegenteiliges entnehmen.[13] Anderes gilt bei bloßer *Abhängigkeit* gem. § 17 oder bei Mehrheitsbeteiligung gem. § 16; in diesen Fällen begründen dem herrschenden Unternehmen gewährte Informationen ein erweitertes Auskunftsrecht der außenstehenden Aktionäre.[14]

[7] Wohl einhM, s. OLG Frankfurt/M. NZG 2003, 224, 225; MünchKommAktG/*Kropff* Rdnr. 7 ff.; MünchHdb. AG/*Krieger* § 69 Rdnr. 78; *Hüffer* Rdnr. 38; *Schiessl* ZGR 1998, 871, 873; rechtspolitische Kritik bei *Koppensteiner* in Kölner Kommentar Rdnr. 3; *Peltzer* AG 1997, 145, 151; *Schneider*, FS für Lutter, S. 1193, 1197 f. – Zu der in dem Entwurf einer 9. Richtlinie (Konzernrichtlinie) vorgesehenen Pflicht zur Veröffentlichung des sog. Sonderberichts s. *Maul* DB 1985, 1749, 1751 f.

[8] MünchKommAktG/*Kropff* Rdnr. 11; Münch-Hdb. AG/*Krieger* § 69 Rdnr. 78.

[9] OLG Düsseldorf AG 1988, 275, 277; MünchKommAktG/*Kropff* Rdnr. 11; *Hüffer* Rdnr. 38.

[10] MünchKommAktG/*Kropff* Rdnr. 11.

[11] OLG Düsseldorf DB 1991, 2532, 2533; MünchKommAktG/*Kropff* Rdnr. 16; *Koppensteiner* in Kölner Kommentar Rdnr. 4; *Schneider*, FS für Lutter, S. 1193, 1198 f.; *Strohn* S. 144 ff.; aA KG NJW 1972, 2307, 2309 f. (kein Auskunftsrecht hinsichtlich solcher Vorgänge, über die im Abhängig-

keitsbericht zu berichten ist); OLG Frankfurt/M. NZG 2003, 224, 225.

[12] Zutr. *Zöllner* in Kölner Kommentar § 131 Rdnr. 69; *Hüffer* § 131 Rdnr. 38; *Decher* ZHR 158 (1994), 473, 483 ff.; MünchKommAktG/*Kropff* § 311 Rdnr. 306 f.; ders. DB 1967, 2204, 2205; *Singhof* ZGR 2001, 146, 160; aA namentlich *Eckardt* in Geßler/Hefermehl § 131 Rdnr. 48 und *Koppensteiner* in Kölner Kommentar Rdnr. 5, jew. mwN; ferner *Schneider*, FS für Lutter, S. 1193, 1200 ff. – Zum Einfluß des Weitergabeverbots des § 14 Abs. 1 Nr. 2 WpHG auf den konzerninternen Informationsfluß s. *Schneider*, FS für Wiedemann, 2002, S. 1255 ff.; *Singhof* ZGR 2001, 146, 148 ff.

[13] *Decher* ZHR 158 (1994), 473, 485 f.; *Hüffer* § 131 Rdnr. 39; s. ferner *Hoffmann-Becking*, FS für Rowedder, 1994, S. 155, 169.

[14] *Zöllner* in Kölner Kommentar § 131 Rdnr. 68; *Hüffer* § 131 Rdnr. 38; MünchKommAktG/*Kropff* § 311 Rdnr. 307.

II. Voraussetzungen der Berichtspflicht

1. Abhängigkeit. Die Berichtspflicht steht im Zusammenhang mit der Verpflichtung **6** zum Nachteilsausgleich gem. § 311 und knüpft wie diese an das Bestehen eines Abhängigkeitsverhältnisses iSd. § 17 oder eines Konzerns iSd. § 18 an (§ 311 Rdnr. 8; s. noch Rdnr. 11 f.). Auf das Vorhandensein außenstehender Aktionäre kommt es nicht an, so daß auch im Fall einer abhängigen **Einpersonen-AG** ein Bericht zu erstellen ist.[15] Eine Ausnahme von der Berichtspflicht ist auch nicht für den Fall anzuerkennen, daß durch die Satzung eine „vollständige Interesseneinheit" zwischen herrschendem Unternehmen und abhängiger Gesellschaft hergestellt wird.[16] Schließlich läßt auch die **Auflösung** der Gesellschaft die Berichtspflicht nicht entfallen.[17]

Gemäß ausdrücklicher Klarstellung in Abs. 1 S. 1 entfällt die Berichtspflicht bei Bestehen **7** eines *Beherrschungsvertrags* (§ 311 Rdnr. 15). § 323 Abs. 1 S. 3 bestimmt darüber hinaus, daß die §§ 311 bis 318 auch bei *Eingliederung* der abhängigen Gesellschaft unanwendbar sind (s. § 311 Rdnr. 15). Bei *qualifizierter Nachteilszufügung* (Anh. § 317) sowie bei Bestehen eines Unternehmensvertrags iSd. § 292 bewendet es dagegen bei der Anwendbarkeit der §§ 312 ff. (§ 311 Rdnr. 16). Bei Vorliegen eines *Gewinnabführungsvertrags* schließlich sind die §§ 312 bis 315 und damit auch § 318 (s. § 316 Rdnr. 8) gem. ausdrücklicher Bestimmung in § 316 unanwendbar.

Was die Person des **herrschenden Unternehmens** betrifft, so gilt auch im Anwen- **8** dungsbereich der §§ 312 ff. der funktionale Unternehmensbegriff des § 15. Ein Abhängigkeitsbericht ist deshalb auch in den Fällen zu erstellen, in denen die Gesellschaft von einer natürlichen Person oder von einer juristischen Person des öffentlichen Rechts abhängig ist.[18] Im zuletzt genannten Fall gelten freilich Besonderheiten hinsichtlich des *Inhalts* des Berichts (Rdnr. 32). Gem. § 28 a S. 1 EGAktG sind die Vorschriften über herrschende Unternehmen und damit auch die §§ 312 ff. betr. die Berichtspflicht allerdings nicht auf die (vormalige) Treuhandanstalt anzuwenden. Entsprechendes gilt für die Bundesanstalt für vereinigungsbedingte Sonderaufgaben; auch deren Beteiligungsunternehmen sind keine mit ihr oder mit dem Bund verbundenen Unternehmen und damit nicht berichtspflichtig gem. § 312.[19]

Bei **mehrfacher Abhängigkeit** (§ 311 Rdnr. 14, § 17 Rdnr. 28 ff.) ist über die Bezie- **9** hungen zu jedem herrschenden Unternehmen zu berichten (Rdnr. 30). Für den Regelfall der koordinierten Beherrschung eines Gemeinschaftsunternehmens genügt zwar ein *einheitlicher Bericht;* ihm muß sich aber entnehmen lassen, auf Veranlassung und im Interesse welches Unternehmens die berichtspflichtigen Vorgänge erfolgten.[20] Entsprechendes gilt bei mittelbarer Abhängigkeit (§ 311 Rdnr. 17). Bei **mehrstufigen Abhängigkeitsverhältnissen** (§ 311 Rdnr. 17 ff.) ist für jedes Abhängigkeitsverhältnis ein Bericht zu erstellen. Doch gilt auch insoweit, daß die von der Mutter und der Tochter abhängige Enkel-AG einen *einheitlichen Bericht* erstellen kann, sofern dieser das veranlassende und das begünstigte Unternehmen konkret benennt.[21] Soweit innerhalb der mehrstufigen Unternehmensverbindung

[15] Ganz hM, s. nur MünchKommAktG/*Kropff* Rdnr. 27; *Koppensteiner* in Kölner Kommentar Rdnr. 6; WP-Handbuch Bd. I Rdnr. F 837. Kritisch *J. Götz* AG 2000, 498 ff.; dagegen zu Recht *Bachmann* NZG 2001, 961, 970.

[16] So aber *Mertens*, FS für Claussen, S. 297 ff.; wie hier MünchKommAktG/*Kropff* Rdnr. 27; s. ferner Rdnr. 10 betr. die abhängige KGaA.

[17] MünchKommAktG/*Kropff* Rdnr. 27; s. noch § 313 Rdnr. 8.

[18] Vgl. für Unternehmen der öffentlichen Hand BGHZ 69, 334, 338 ff. = NJW 1978, 104; BGHZ 135, 107, 113 f. = NJW 1997, 1855; *Koppensteiner* in Kölner Kommentar Rdnr. 39; *Hüffer* Rdnr. 3. Näher zur Unternehmenseigenschaft von juristischen

Personen des öffentlichen Rechts und von natürlichen Personen § 15 Rdnr. 11, 26 ff.

[19] Vgl. § 1 VO v. 20. 12. 1994, BGBl. I S. 3913 (Ausführungs VO zum Gesetz zur abschließenden Erfüllung der verbliebenen Aufgaben der Treuhandanstalt, BGBl. 1994 I S. 2062).

[20] MünchKommAktG/*Kropff* Rdnr. 127; *Koppensteiner* in Kölner Kommentar Rdnr. 8; MünchHdb. AG/*Krieger* § 69 Rdnr. 80; *Gansweid* S. 184; *Haesen* S. 53 f.; unbegründet die von *S. Maul* (S. 111 ff. und NZG 2000, 470, 471) vorgetragenen Bedenken gegen eine einheitliche Berichterstattung.

[21] MünchKommAktG/*Kropff* Rdnr. 129; *Koppensteiner* in Kölner Kommentar Rdnr. 8; MünchHdb. AG/*Krieger* § 69 Rdnr. 80; *Rehbinder* ZGR 1977,

ein Beherrschungs- oder Gewinnabführungsvertrag besteht oder eine Gesellschaft eingegliedert ist, entfällt die Berichtspflicht (s. Rdnr. 7 sowie näher § 311 Rdnr. 17 ff.).

10   **2. Abhängige KGaA.** Wiewohl § 312 lediglich vom „Vorstand" der abhängigen Gesellschaft spricht, finden §§ 312 ff. nicht nur auf die abhängige AG, sondern auch auf die abhängige[22] KGaA Anwendung.[23] Dafür spricht namentlich der auf Effektivierung der – unzweifelhaft für die KGaA geltenden – §§ 311, 317 gerichtete Schutzzweck der §§ 312 ff. (Rdnr. 2); ihm kommt im Fall einer abhängigen KGaA gleichermaßen Bedeutung zu. Entsprechend § 283 ist der Abhängigkeitsbericht in diesem Fall von den persönlich haftenden Gesellschaftern bzw. von deren Organwaltern[24] aufzustellen.[25]

11   **3. Eintritt oder Wegfall von Voraussetzungen während des Geschäftsjahres.** Ein Abhängigkeitsbericht ist grundsätzlich auch dann zu erstellen, wenn die Voraussetzungen der Berichtspflicht nur während eines Teils des Geschäftsjahres vorgelegen haben. Die Berichtspflicht besteht dann allerdings nur für den *(Rumpf-)Zeitraum*, in dem die Voraussetzungen des § 312 vorgelegen haben. Für die Begründung oder den Wegfall der **Abhängigkeit** ist dies weithin anerkannt,[26] doch hat Entsprechendes hat auch bei einem Wechsel der **Rechtsform** zu gelten.[27] Die Umwandlung der AG in eine KGaA (oder umgekehrt der KGaA in eine AG) läßt zwar die Berichtspflicht unberührt.[28] Kommt es dagegen zum Formwechsel einer (abhängigen) GmbH in eine AG, so ist vom Zeitpunkt der Eintragung desselben an die Berichtspflicht gegeben; für die Zeit bis zur Eintragung des Formwechsels gelangen dagegen die Grundsätze über die abhängige GmbH zur Anwendung (Anh. § 318 Rdnr. 6, 22 ff.). Umgekehrt entfällt die Berichtspflicht mit Wirkung ex nunc, wenn eine abhängige AG die Rechtsform einer GmbH annimmt; zu berichten ist dann nur über die bis zur Eintragung des Formwechsels vorgenommenen oder unterlassenen Maßnahmen und Rechtsgeschäfte. Entsprechendes gilt bei *Verschmelzung* einer abhängigen Gesellschaft. Erlischt also eine abhängige AG durch Verschmelzung auf einen nicht berichtspflichtigen Rechtsträger, so erlischt vom Verschmelzungsstichtag (§ 5 Abs. 1 Nr. 6 UmwG) an auch die Berichtspflicht.[29] Unterliegt dagegen die aufnehmende Gesellschaft ihrerseits der Berichtspflicht nach § 312, so bleibt diese durch die Verschmelzung unberührt.

12   Hinsichtlich des Verhältnisses der §§ 312 ff. zu §§ 291 ff., 319 ff. (Rdnr. 7) ist zu differenzieren (s. noch § 316 Rdnr. 5). Was zunächst die *Beendigung* eines **Beherrschungs- oder Gewinnabführungsvertrags** oder einer **Eingliederung** (Rdnr. 7) während des laufenden Geschäftsjahres betrifft, so wird auch in diesem Fall die Berichtspflicht mit Wirkung ex nunc begründet; zu berichten ist also über die Vorgänge nach Beendigung des Vertrags bzw. der Eingliederung.[30] Bei *Abschluß* eines entsprechenden Vertrags oder Ein-

---

581, 594 f.; *Haesen* S. 48; aA *Bayer,* FS für Ballerstedt, S. 157, 181.

[22] Auch insoweit gelten die allg. Grundsätze, s. § 15 Rdnr. 22; s. aber auch *Mertens,* FS für Claussen, S. 297 ff., der zufolge eine KGaA mit einer anderweitig unternehmerisch tätigen Personengesellschaft als Komplementärin dann nicht berichtspflichtig sein soll, wenn die KGaA satzungsmäßig am Ergebnis der Komplementärin so beteiligt wird, als hätte diese ihr gesamtes Vermögen in die KGaA eingebracht; s. dazu bereits Rdnr. 6.

[23] Heute ganz hM, s. *Koppensteiner* in Kölner Kommentar Rdnr. 7; MünchKommAktG/*Kropff* Rdnr. 23; *Hüffer* Rdnr. 5; *Mertens,* FS für Claussen, S. 297 f.; aA noch *Gail* WPg 1966, 425, 429; *Werner* NB 1967 Heft 4 S. 1, 12.

[24] Zur Komplementärfähigkeit von juristischen Personen s. BGHZ 134, 392 = NJW 1997, 1923; ferner § 279 Abs. 2 und dazu *Hüffer* § 278 Rdnr. 9.

[25] *Hüffer* Rdnr. 5; *Mertens* (Fn. 23).

[26] OLG Düsseldorf DB 1993, 2222; MünchKommAktG/*Kropff* Rdnr. 30 ff. (mit zutr. Ausfüh-

rungen auch zur Rechtslage bei vor- und nachwirkender Abhängigkeit); *Koppensteiner* in Kölner Kommentar Rdnr. 11 ff.; *A/D/S* Rdnr. 23 ff.; *Hüffer* Rdnr. 6; MünchHdb. AG/*Krieger* § 69 Rdnr. 81; s. ferner IdW/HFA WPg 1992, 91, 92 (Nr. 14); WP-Handbuch Bd. I Rdnr. F 850.

[27] Vgl. *Koppensteiner, Hüffer* und *Krieger,* jew. aaO (Fn. 26); aA aber MünchKommAktG/*Kropff* Rdnr. 43 ff., der in diesem Fall einen Bericht (bzw. bei einer Umwandlung der AG bzw. KGaA in eine Gesellschaft anderer Rechtsform: den Wegfall der Berichtspflicht) für das gesamte Geschäftsjahr fordert.

[28] MünchKommAktG/*Kropff* Rdnr. 42.

[29] So auch MünchKommAktG/*Kropff* Rdnr. 45.

[30] *Koppensteiner* in Kölner Kommentar Rdnr. 14; *Hüffer* Rdnr. 7; für den Beherrschungsvertrag auch MünchKommAktG/*Kropff* Rdnr. 49 (anders für den Gewinnabführungsvertrag *ders.* § 316 Rdnr. 10, s. dazu noch § 316 Rdnr. 5 f.).

gliederung der Gesellschaft während des laufenden Geschäftsjahres hat das herrschende Unternehmen nach §§ 302, 322 Abs. 1, 324 Abs. 3 auch für die vor Vertragsschluß bzw. Eingliederung begründeten Verluste bzw. Verbindlichkeiten einzustehen (§ 302 Rdnr. 37, § 322 Rdnr. 5, § 324 Rdnr. 9). Die Berichtspflicht entfällt deshalb für das gesamte Geschäftsjahr.[31] Voraussetzung ist allerdings, daß die Maßnahme bis zum Ende des Geschäftsjahres in das Handelsregister eingetragen und damit wirksam geworden ist oder ein Gewinnabführungsvertrag mit *Rückwirkung* für das bereits abgelaufene Geschäftsjahr geschlossen wird (§ 316 Rdnr. 5).

4. Negativbericht. Ein Abhängigkeitsbericht ist auch dann aufzustellen, wenn für das abgelaufene Geschäftsjahr keine berichtspflichtigen Vorgänge zu verzeichnen sind. In diesem Fall haben der Bericht und die Schlußerklärung eine entsprechende Negativerklärung zu enthalten.[32] Dieser Bericht ist dann Gegenstand der Prüfung nach §§ 313, 314 und ggf. Grundlage der Haftung des Vorstands und des Aufsichtsrats nach § 318. Zur Schlußerklärung s. Rdnr. 45.   **13**

III. Adressat, zeitlicher Rahmen und Kosten der Berichtspflicht

1. Adressat. Nach Abs. 1 S. 1 ist der Abhängigkeitsbericht vom Vorstand der **abhängigen Gesellschaft** aufzustellen. Ihm gleich steht der Komplementär der KGaA;[33] handelt es sich bei diesen um eine juristische Person oder Personengesellschaft, so obliegt die Erstellung des Berichts ihren gesetzlichen Vertretern. Wie in § 91 ist auch in § 312 der Vorstand *als Organ* der abhängigen Gesellschaft angesprochen; der Bericht ist maW von der abhängigen Gesellschaft aufzustellen, die sich dazu ihres Vorstands zu bedienen hat. Die Erstellung des Abhängigkeitsberichts fällt in die **Gesamtverantwortung des Vorstands.**[34] Der Vorstand kann sich zwar der Hilfe anderer Personen bedienen; eine Delegation kommt jedoch nicht in Betracht (s. noch § 313 Rdnr. 10).[35] Der Bericht ist, wie aus §§ 318 Abs. 1, 407 Abs. 1 folgt, von sämtlichen Mitgliedern des Vorstands und damit auch von stellvertretenden Mitgliedern (§ 94) zu unterzeichnen.[36] Maßgebend ist die Zusammensetzung des Vorstands in dem nach Abs. 1 S. 1 relevanten (Rdnr. 15) *Zeitpunkt der Berichterstellung.*[37] *Bei einem* **Vorstandswechsel** ist also das zuvor ausgeschiedene Mitglied befreit. Umgekehrt kann das neue Mitglied des Vorstands nicht geltend machen, es sei über die berichtspflichtigen Vorgänge nicht informiert. Dies gilt auch bei vollständigem Vorstandswechsel.[38]   **14**

2. Frist. Nach Abs. 1 S. 1 ist der (auf das abgelaufene Geschäftsjahr bezogene) Abhängigkeitsbericht in den ersten drei Monaten des Geschäftsjahres aufzustellen; Stichtag ist grundsätzlich (s. aber auch Rdnr. 11 f.) derjenige des Jahresabschlusses. Der enge, sowohl in § 264 Abs. 1 S. 2 HGB als auch in §§ 313, 314 zum Ausdruck kommende Zusammenhang zwischen der Verpflichtung zur Aufstellung des Jahresabschlusses und derjenigen zur Aufstellung des Abhängigkeitsberichts sowie die in § 312 Abs. 3 S. 3 vorgesehene Aufnahme der Schlußerklärung in den Lagebericht sprechen allerdings für eine **Anpassung der Frist** des Abs. 1 S. 1 an eine von § 264 Abs. 1 S. 2 HGB abweichende Frist betreffend die Erstellung des Jahresabschlusses.[39] Von Bedeutung ist dies zunächst für Versicherungsunternehmen, für die in § 341a Abs. 1 und 5 HGB eine Verlängerung der Frist zur Erstellung des Jahresabschlusses vorgesehen ist. Aber auch *kleine Aktiengesellschaften iSv. § 267 Abs. 1 HGB*   **15**

---

[31] MünchKommAktG/*Kropff* Rdnr. 47 f.; *Koppensteiner* in Kölner Kommentar Rdnr. 13 (s. aber auch *dens.* § 316 Rdnr. 2); MünchHdb. AG/*Krieger* § 69 Rdnr. 81; *Hüffer* Rdnr. 7; IdW/HFA WPg 1992, 91, 92 (Nr. 12); WP-Handbuch Bd. I Rdnr. F 852.

[32] Wohl einhM, s. *Koppensteiner* in Kölner Kommentar Rdnr. 10; MünchKommAktG/*Kropff* Rdnr. 28; MünchHdb. AG/*Krieger* § 69 Rdnr. 89; *Hüffer* Rdnr. 8; IdW/HFA WPg 1992, 91, 92 (Nr. 17).

[33] Vgl. Rdnr. 10; im folgenden ist nur vom Vorstand die Rede, doch gelten die Ausführungen entsprechend für die Komplementäre der KGaA.

[34] *A/D/S* Rdnr. 78; *Hüffer* Rdnr. 2.

[35] *Koppensteiner* in Kölner Kommentar Rdnr. 21.

[36] *A/D/S* Rdnr. 78; *Hüffer* Rdnr. 2.

[37] BGHZ 135, 107, 110 f. = NJW 1997, 1855; MünchKommAktG/*Kropff* Rdnr. 51.

[38] *Döllerer*, FS für Semler, S. 441, 448 ff.

[39] Zutr. *Hüffer* Rdnr. 9; MünchKommAktG/*Kropff* Rdnr. 54; s. ferner *A/D/S* Rdnr. 5.

können den Abhängigkeitsbericht innerhalb der – von § 264 Abs. 1 S. 2 HGB – abweichenden Frist des § 264 Abs. 1 S. 3 HGB erstellen (s. noch § 313 Rdnr. 6 f.).

16   **3. Feststellung des Jahresabschlusses.** Die Pflicht zur Aufstellung eines Abhängigkeitsberichts entfällt nicht mit Feststellung des Jahresabschlusses der abhängigen Gesellschaft.[40] Dies folgt schon daraus, daß der Abhängigkeitsbericht trotz der in Abs. 3 S. 3 vorgesehenen Aufnahme der Schlußerklärung in den Lagebericht kein Bestandteil des Jahresabschlusses ist (s. Rdnr. 20, 47) und auch im übrigen der zwischen Abhängigkeitsbericht und Jahresabschluß bestehende Zusammenhang (Rdnr. 15) keineswegs umfassender Natur ist. Vor allem aber spricht der auf die erleichterte Geltendmachung etwaiger Ansprüche aus §§ 317 f. gerichtete Zweck des Abhängigkeitsberichts (Rdnr. 2) gegen einen Wegfall der Pflicht aus § 312 bereits mit Feststellung des Jahresabschlusses. Die Aufstellung des Abhängigkeitsberichts kann deshalb auch für **frühere Geschäftsjahre** erzwungen werden, und zwar von jedem Aktionär (Rdnr. 18).

17   **4. Kosten.** Die Aufstellung und Prüfung des Abhängigkeitsberichts hat nach §§ 312 ff. durch die abhängige Gesellschaft selbst oder auf deren Veranlassung zu erfolgen. Ihr fallen deshalb auch die Kosten der Aufstellung und Prüfung des Berichts zur Last. Ob und auf welcher Grundlage die abhängige Gesellschaft das herrschende Unternehmen auf Ausgleich der ihr entstehenden Kosten in Anspruch nehmen kann, ist noch nicht abschließend geklärt. Klar ist zunächst, daß es an einer *Veranlassung* iSd. § 311 Abs. 1 fehlt (s. § 311 Rdnr. 22 ff.). Da sonstige Anspruchsgrundlagen nicht ersichtlich sind,[41] bliebe allein eine entsprechende Anwendung der §§ 311, 317.[42] Sie widerspräche indes der Tatsache, daß es sich bei den mit der Verpflichtung aus § 312 verbundenen Kosten um einen typischen „**passiven**" **Konzerneffekt** (§ 311 Rdnr. 52) handelt,[43] und ist deshalb abzulehnen.

IV. Rechtsfolgen fehlender oder fehlerhafter Berichterstattung

18   **1. Zwangsgeld.** Nach § 407 Abs. 1 ist die Verpflichtung des Vorstands (Rdnr. 14) zur Aufstellung des Abhängigkeitsberichts durch Festsetzung von Zwangsgeld seitens des Registergerichts durchzusetzen. Die Möglichkeit zur Festsetzung von Zwangsgeld entfällt nicht bereits mit der Feststellung des Jahresabschlusses (Rdnr. 16).[44] Vor dem Hintergrund des auf die erleichterte Geltendmachung von Ansprüchen der abhängigen Gesellschaft durch die Aktionäre gerichteten Schutzzwecks des § 312 (Rdnr. 2) ist vielmehr davon auszugehen, daß das Zwangsgeldverfahren in der Regel bis zur **Verjährung etwaiger Ansprüche** aus §§ 317, 318 betrieben werden kann.[45] Die Festsetzung des Zwangsgeldes kann auch von **jedem außenstehenden Aktionär** der abhängigen Gesellschaft beantragt werden; im Fall einer ablehnenden Verfügung des Registergerichts hat jeder außenstehende

---

[40] BGHZ 135, 107, 111 f. = NJW 1997, 1855; OLG Braunschweig AG 1996, 271, 272; LG Traunstein ZIP 1993, 1551; *Henze* Rdnr. 468; MünchKommAktG/*Kropff* Rdnr. 62; *Koppensteiner* in Kölner Kommentar Rdnr. 23; *Hüffer* Rdnr. 10; MünchHdb. AG/*Krieger* § 69 Rdnr. 82; *Schiessl* ZGR 1998, 871, 875; aA AG Bremen DB 1976, 1760; *A/D/S* Rdnr. 103; *Mertens* AG 1996, 241, 247 ff.; s. ferner OLG Köln AG 1978, 171, 172; vermittelnd – für analoge Anwendung des § 256 Abs. 6 S. 1, 1. Fall – *J. Götz* JuS 2000, 1054, 1057 f.; *ders.* NZG 2001, 68, 69 f.

[41] Ein Anspruch aus §§ 683 S. 1, 670 BGB scheitert daran, daß die Gesellschaft die Aufwendungen im eigenen Interesse tätigen muß, so auch *Bode* AG 1995, 261, 263. Für einen Anspruch aus Treuepflichtverletzung fehlt es auch unabhängig von der Frage nach dem Verhältnis zu §§ 311, 317 (§ 311 Rdnr. 89 f.) an einem pflichtwidrigen Verhalten, so

im Ergebnis auch MünchKommAktG/*Kropff* Rdnr. 57.

[42] So denn auch *Bode* AG 1995, 261, 269 ff.; ihm zust. *Hüffer* Rdnr. 39; ablehnend MünchKommAktG/*Kropff* Rdnr. 56 ff.

[43] Zutr. MünchKommAktG/*Kropff* § 311 Rdnr. 346 f., § 312 Rdnr. 56, dort auch zum fehlenden Zusammenhang zwischen den Kosten des Abhängigkeitsberichts und der Möglichkeit des gestreckten Nachteilsausgleichs; s. ferner *dens.,* FS für Lutter, 2000, S. 1133, 1141 ff.

[44] BGHZ 135, 107, 111 = NJW 1997, 1855; weitere Nachw. s. in Fn. 40.

[45] OLG Braunschweig, LG Traunstein, *Koppensteiner, Hüffer* und *Schiessl*, jew. aaO (Fn. 40); s. ferner BGHZ 135, 107, 112 f. = NJW 1997, 1855 („auf jeden Fall bis zum Ablauf der fünfjährigen Verjährungsfrist").

Aktionär die Möglichkeit der Beschwerde und der Rechtsbeschwerde gem. §§ 20, 27 FGG.[46]

2. Sonstige. Unterbleibt die Aufstellung eines Abhängigkeitsberichts oder entspricht der **19** vom Vorstand aufgestellte Bericht nicht den Anforderungen des § 312, so haften die Mitglieder des *Vorstands* nach Maßgabe des § 318 Abs. 1, 3 und 4 auf Schadensersatz. Der *Aufsichtsrat* hat in dem nach § 171 Abs. 2 zu erstattenden Bericht über die Prüfung des Jahresabschlusses und des Lageberichts auf das Fehlen eines Abhängigkeitsberichts hinzuweisen.[47] Ist der *Abschlußprüfer* der Ansicht, daß ein Abhängigkeitsbericht aufzustellen ist, so hat er nach § 323 Abs. 3 HGB das Testat einzuschränken;[48] zudem hat er im Rahmen des den *Jahresabschluß* betreffenden Bestätigungsvermerks den Vermerk iSd. § 313 Abs. 3 ausdrücklich zu versagen, um so die Voraussetzungen für eine Sonderprüfung nach § 315 Nr. 1 zu schaffen.[49] Sowohl der Vorstand als auch der Abschlußprüfer können eine Entscheidung nach § 324 HGB herbeiführen (§ 313 Rdnr. 13).

Ein Beschluß, der dem Vorstand trotz Nichterstellung eines Abhängigkeitsberichts **Entlas-** **20** **stung** erteilt, kann von einem Aktionär nach § 243 Abs. 1 angefochten werden,[50] und zwar ungeachtet der Möglichkeit, die Aufstellung des Abhängigkeitsberichts nach Maßgabe der Ausführungen in Rdnr. 18 zu erzwingen.[51] Da der Abhängigkeitsbericht keinen Bestandteil des Jahresabschlusses bildet (Rdnr. 47), hat sein Fehlen oder seine Unvollständigkeit zwar nicht per se die **Nichtigkeit des Jahresabschlusses** zur Folge.[52] Ist aber der Jahresabschluß ebenfalls unvollständig, was nach Ansicht des BGH insbes. bei fehlender Aktivierung eines Schadensersatzanspruchs aus § 317 der Fall ist,[53] so kann sich seine Nichtigkeit aus § 256 Abs. 1 Nr. 1 iVm. Abs. 5 S. 1 Nr. 2, S. 3 ergeben (dazu noch § 317 Rdnr. 18);[54] die Nichtigkeit des Jahresabschlusses kann dann wiederum nach § 139 BGB die Nichtigkeit der *Vorlage* desselben durch den Vorstand, der den Jahresabschluß und den Abhängigkeitsbericht billigenden *Aufsichtsratsbeschlüsse* und der zu den Prüfungsberichten abgegebenen *Schlußerklärungen* des Aufsichtsrats gem. § 171 Abs. 2 S. 4, Abs. 3, § 314 Abs. 3 nach sich ziehen.[55] Auch unabhängig von den genannten Voraussetzungen kann die Feststellung des Jahresabschlusses durch die *Hauptversammlung* (§ 173) angefochten werden, wenn ein nach § 312 erforderlicher Abhängigkeitsbericht fehlt und damit der Lagebericht unvollständig ist.[56] Die Nichterstellung eines Abhängigkeitsberichts kann schließlich den Tatbestand einer *qualifizierten Nachteilszufügung* begründen (Anh. § 317 Rdnr. 19). Zu den Rechtsfolgen mangelhafter Berichterstattung s. noch §§ 313 Abs. 2 und 4 (§ 313 Rdnr. 29, 34 ff.), 314 Abs. 2 und 3 (§ 314 Rdnr. 14 ff.) und 318 (§ 318 Rdnr. 3 ff., 14).

---

[46] Überzeugend BGHZ 135, 107, 109 f. = NJW 1997, 1855 mwN; s. ferner die weiteren Nachw. in Fn. 40.

[47] MünchKommAktG/*Kropff* Rdnr. 70; *Koppensteiner* in Kölner Kommentar Rdnr. 22; MünchHdb. AG/*Krieger* § 69 Rdnr. 82; *Hüffer* Rdnr. 10.

[48] *Koppensteiner, Krieger* und *Hüffer*, jew. aaO (Fn. 47); MünchKommAktG/*Kropff* Rdnr. 65 ff., dort auch zur Rechtslage vor Inkrafttreten des Bilanzrichtliniengesetzes und des KonTraG; *Kupsch* DB 1993, 493 ff.; s. ferner IdW/HFA WPg 1992, 91, 93 (Nr. 3); aA OLG Köln ZIP 1993, 110, 113.

[49] MünchKommAktG/*Kropff* Rdnr. 67 ff., der allerdings zu Recht darauf hinweist, daß auch bei fehlendem Versagungsvermerk die Sonderprüfung nach § 315 S. 1 Nr. 1 eröffnet ist; s. ferner *Kupsch* DB 1993, 493, 496.

[50] BGHZ 62, 193, 194 f. = NJW 1974, 855; OLG Karlsruhe NZG 1999, 953, 954; OLG Frankfurt/M. ZIP 2000, 926, 927; LG Berlin AG 1997, 183, 184 f.; MünchHdb. AG/*Krieger* § 69 Rdnr. 82; MünchKommAktG/*Kropff* Rdnr. 74; offengelassen von BGHZ 148, 123, 124 = NJW 2001, 2973 (dazu

Bayer ZGR 2002, 933, 952 f.); s. sodann aber auch BGH DB 2003, 544, 545 (betr. § 314). Zur Frage, ob die Verpflichtung zur Aufstellung des Abhängigkeitsberichts auch nach Feststellung des Jahresabschlusses fortbesteht, s. Rdnr. 16 mit Nachw. in Fn. 40.

[51] OLG Düsseldorf NZG 2000, 314; s. zu dieser Entscheidung *J. Götz* JuS 2000, 1054 ff.

[52] BGHZ 124, 111, 121 f. = NJW 1994, 520; OLG Köln AG 1993, 86, 87.

[53] BGHZ 124, 111, 119 = NJW 1994, 520; zu Recht enger – Durchsetzung des Anspruchs müsse wahrscheinlich sein – *Kropff* ZGR 1994, 628, 635 ff.; MünchKommAktG/*ders.* Rdnr. 23 f.; MünchHdb. AG/*Krieger* § 69 Rdnr. 82; *Schön* JZ 1994, 684; *H. P. Müller* AG 1994, 410 f.

[54] BGHZ 124, 111, 119 = NJW 1994, 520; BGHZ 137, 378, 384 = NJW 1998, 1559; *Hüffer* § 256 Rdnr. 26 mwN.

[55] BGHZ 124, 111, 116, 119 ff. = NJW 1994, 520.

[56] MünchKommAktG/*Kropff* Rdnr. 74.

V. Inhalt des Abhängigkeitsberichts (Abs. 1)

21   **1. Überblick.** Nach Abs. 1 S. 1 ist ein Bericht über die „Beziehungen der Gesellschaft zu verbundenen Unternehmen" aufzustellen. Der Inhalt des Berichts wird in Abs. 1 S. 2 bis 4 präzisiert: Abs. 1 S. 2 benennt zunächst die *berichtspflichtigen Vorgänge* und konkretisiert damit den Begriff der in Abs. 1 S. 1 genannten „Beziehungen". In Abs. 1 S. 3 und 4 werden sodann bestimmte *Einzelangaben* angeführt, deren Aufnahme in den Abhängigkeitsbericht die Beurteilung des nachteiligen Charakters der berichtspflichtigen Vorgänge und des Ausgleichs ermöglichen soll. Die berichtspflichtigen Vorgänge gehen deutlich über die nach § 311 ausgleichspflichtigen Rechtsgeschäfte und Maßnahmen hinaus. Insbesondere kommt es nach § 312 Abs. 1 **weder** auf den **nachteiligen Charakter** des Rechtsgeschäfts oder der Maßnahme **noch** auf die **Veranlassung** durch das herrschende Unternehmen an. Damit soll insbes. die *Transparenz* der Beziehungen der abhängigen Gesellschaft zu den mit ihr verbundenen Unternehmen gesteigert werden. Zugleich trägt das Gesetz dem Umstand Rechnung, daß bei Bestehen eines Abhängigkeitsverhältnisses eine gewisse Wahrscheinlichkeit für die tatsächliche Ausnutzung des Verhandlungs- und Machtungleichgewichts durch das herrschende Unternehmen spricht. Gegenstand der Prüfung gem. §§ 313 ff. und der an diese anknüpfenden Verhaltenspflichten sollen deshalb auch solche Rechtsgeschäfte und Maßnahmen sein, die nach Einschätzung durch das herrschende Unternehmen oder durch die abhängige Gesellschaft nicht nachteilig oder nicht veranlaßt und damit auch nicht ausgleichspflichtig sind. In der Tat vermag der Abhängigkeitsbericht nur so die ihm zugedachten Funktionen (Rdnr. 2 f.) zu erfüllen.

22   **2. Berichtspflichtige Vorgänge (S. 2). a) Verhältnis zwischen „Rechtsgeschäft"
und „Maßnahme".** Anders als § 311 unterscheidet § 312 auch in der Sache zwischen „Rechtsgeschäften" und „Maßnahmen". So muß zwar sowohl über Rechtsgeschäfte als auch über Maßnahmen immer dann berichtet werden, wenn diese auf Veranlassung oder im Interesse des herrschenden oder eines mit ihm verbundenen Unternehmens getätigt werden. Über *Rechtsgeschäfte* muß jedoch unabhängig von Veranlassung und Interesse auch dann berichtet werden, wenn sie mit dem herrschenden oder einem mit ihm verbundenen Unternehmen vorgenommen werden. Darüber hinaus ist nach dem Wortlaut des Abs. 1 S. 2 zwar über unterlassene Maßnahmen, nicht aber über unterlassene Rechtsgeschäfte zu berichten. Unterschiede bestehen schließlich hinsichtlich der nach Abs. 1 S. 3 erforderlichen Einzelangaben (Rdnr. 37 ff.). Aus diesen Gründen bedarf es nicht nur der Abgrenzung zwischen Rechtsgeschäft und Maßnahme. Es stellt sich vielmehr die Frage nach dem Verhältnis beider Begriffe zueinander. Diese Frage ist mit Blick auf den Wortlaut des Abs. 1 S. 2, der von „anderen Maßnahmen" spricht, dahin gehend zu beantworten, daß der Begriff der **Maßnahme der Oberbegriff** und das Rechtsgeschäft mithin eine besondere Art der Maßnahme ist.[57] Daraus wiederum folgt zunächst, daß auch über *unterlassene Rechtsgeschäfte* zu berichten ist (Rdnr. 28). Darüber hinaus erlaubt es die getroffene Feststellung, die auf „Maßnahmen" bezogenen *Einzelangaben* iSd. Abs. 1 S. 3 auf „Rechtsgeschäfte" zu erstrecken, wenn die Angabe von Leistung und Gegenleistung nicht ausreicht, um den nachteiligen Charakter des Rechtsgeschäfts verläßlich zu klären (Rdnr. 38).

23   **b) Rechtsgeschäfte. aa) Begriff.** Der Begriff des Rechtsgeschäfts iSd. Abs. 1 S. 2 stimmt mit demjenigen des Bürgerlichen Rechts überein und umfaßt jeden Tatbestand, der aus mindestens einer Willenserklärung besteht und an den die Rechtsordnung den Eintritt des gewollten rechtlichen Erfolgs knüpft.[58] Neben Verträgen (Rdnr. 25) und anderen mehrseitigen Rechtsgeschäften (Rdnr. 24) werden mithin **auch einseitige Rechtsgeschäfte** erfaßt, etwa die Anfechtung, Kündigung, Aufrechnung oder die Ausübung eines sonstigen

---

[57] Vgl. bereits § 311 Rdnr. 37; ferner Münch-KommAktG/*Kropff* Rdnr. 78; *Koppensteiner* in Kölner Kommentar Rdnr. 27; *A/D/S* Rdnr. 41 a; *Haesen* S. 80 f.

[58] *Koppensteiner* in Kölner Kommentar Rdnr. 31; *Hüffer* Rdnr. 13.

Gestaltungsrechts.[59] Der Vorschrift des Abs. 1 S. 3, der zufolge im Fall eines Rechtsgeschäfts Leistung und Gegenleistung anzugeben sind, läßt sich schon mit Rücksicht auf das Verhältnis zwischen dem Begriff des Rechtsgeschäfts und dem der Maßnahme nichts Gegenteiliges entnehmen (Rdnr. 17). Jedenfalls gebietet es der Schutzzweck des § 312, über einseitige Rechtsgeschäfte unabhängig von einer „Veranlassung" und einem „Nachteil" zu berichten (Rdnr. 22). Unerheblich ist, ob das einseitige Rechtsgeschäft nur gegenüber dem herrschenden (oder einen mit ihm verbundenen) Unternehmen vorgenommen wird.[60] Von einseitigen Rechtsgeschäften zu unterscheiden ist das **Angebot**. Es ist ggf. Bestandteil eines mehrseitigen Rechtsgeschäfts und als solches nicht berichtspflichtig. Wird das Angebot angenommen, so ist der Vertrag als Rechtsgeschäft berichtspflichtig. Dies gilt auch im Rahmen von Übernahmeangeboten.[61] *Rechtsgeschäftsähnliche Handlungen* stehen auch im Rahmen des § 312 den Rechtsgeschäften gleich.

Von dem herrschenden Unternehmen und der abhängigen Gesellschaft gefaßte **Be- 24 schlüsse** sind gleichfalls berichtspflichtige Rechtsgeschäfte, vorausgesetzt, die Beschlußfassung erfolgt aufgrund einer entsprechenden Koordination des Stimmverhaltens (mag diese Koordination auch aufgrund der Einflußnahme des herrschenden Unternehmens zustande gekommen sein). So kann es sich insbes. bei der Beschlußfassung in einer gemeinsam beherrschten Tochter- bzw. Enkelgesellschaft verhalten. Die Stimmabgabe des herrschenden Unternehmens in der Hauptversammlung der abhängigen Gesellschaft ist dagegen Bestandteil der Willensbildung und als solche kein berichtspflichtiges Rechtsgeschäft. Davon zu unterscheiden ist die beschlossene Maßnahme. Sie kann berichtspflichtig sein, und zwar je nach ihrem Charakter als Rechtsgeschäft oder Maßnahme (s. auch § 311 Rdnr. 29 f.).

Was zwischen dem herrschenden Unternehmen und der abhängigen Gesellschaft ge- 25 schlossene **Verträge** betrifft, so ist sowohl über gegenseitige Verträge als auch über **einseitig verpflichtende** und unvollkommen zweiseitig verpflichtende Verträge zu berichten.[62] Die Vorschrift des Abs. 1 S. 3 steht dem nicht entgegen (Rdnr. 22). Vielmehr gilt gerade für einseitig und unvollkommen zweiseitig verpflichtende Verträge, daß sie aus Sicht der abhängigen Gesellschaft nachteiligen Charakter haben können; der Schutzzweck des § 312 gebietet deshalb, daß über sie als Rechtsgeschäft berichtet wird. Auch auf den **Inhalt** des Vertrags kommt es nicht an. Neben Zuwendungsgeschäften unterliegen deshalb auch Tätigkeits- oder Unterlassungspflichten begründende Verträge der Berichtspflicht.[63] Im Fall eines **Rahmenvertrags** ist sowohl über diesen als auch über das die konkrete Leistungsverpflichtung begründende Ausführungsgeschäft zu berichten.[64]

Bloße **Erfüllungsgeschäfte** sind dagegen mit Rücksicht auf den Schutzzweck des § 312 26 grundsätzlich (s. aber auch Rdnr. 33) von der Berichtspflicht auszunehmen, soweit sie sich in dem Vollzug des bereits im Verpflichtungsgeschäft vereinbarten Pflichtenprogramms erschöpfen und deshalb keinen darüber hinausgehenden Nachteil begründen können.[65] Anderes gilt für *rechtsgrundlose* Verfügungen.[66] Verfügungsgeschäfte, die – etwa infolge der

[59] HM, s. *Koppensteiner* in Kölner Kommentar Rdnr. 34; *A/D/S* Rdnr. 41 a; MünchHdb. AG/ *Krieger* § 69 Rdnr. 84; *Hüffer* Rdnr. 13; *Goerdeler* WPg 1966, 113, 125; IdW/HFA WPg 1992, 91, 92 (Nr. 3); jetzt auch MünchKommAktG/*Kropff* Rdnr. 84; aA – gegen die Einbeziehung von Gestaltungserklärungen – wohl *Rasner* BB 1966, 1043, 1044 und *Meier* WPg 1968, 64, 65 (jew. für Beschränkung auf gegenseitige Verträge).
[60] Für Beschränkung auf solche einseitigen Rechtsgeschäfte aber MünchKommAktG/*Kropff* Rdn. 84 f. unter Abgrenzung von „einseitigen Willenserklärungen gegenüber einem unbestimmten Personenkreis".
[61] Hingegen rechnet MünchKommAktG/*Kropff* Rdnr. 85 solche Angebote den einseitigen Rechtsgeschäften zu und hält sie, sofern sie gegenüber

einem unbestimmten Personenkreis vorgenommen, für nicht berichtspflichtig (s. Fn. 60).
[62] HM, s. MünchKommAktG/*Kropff* Rdnr. 83; *Koppensteiner* in Kölner Kommentar Rdnr. 32; *Haesen* S. 72 f.; *Klussmann* DB 1967, 1487, 1488; aA *Rasner* BB 1966, 1043, 1044; *Meier* WPg 1968, 64, 65.
[63] *Koppensteiner* in Kölner Kommentar Rdnr. 33; *A/D/S* Rdnr. 41 a; *Hüffer* Rdnr. 13.
[64] Zutr. *Koppensteiner* in Kölner Kommentar Rdnr. 48 mwN.
[65] HM, s. *Koppensteiner* in Kölner Kommentar Rdnr. 49; MünchKommAktG/*Kropff* Rdnr. 86; *Hüffer* Rdnr. 14; IdW/HFA WPg 1992, 91, 92 (Nr. 4); aA *van Venrooy* DB 1980, 385 ff.
[66] *Koppensteiner* in Kölner Kommentar Rdnr. 50.

Mangelhaftigkeit der gelieferten Sache – nicht als vollständige oder ordnungsgemäße Erfüllung der Leistungsverpflichtung des herrschenden Unternehmens angesehen werden können, sind dagegen unter dem Gesichtspunkt einer *unterlassenen Maßnahme* berichtspflichtig.[67] Davon zu unterscheiden ist der Fall, daß das Verpflichtungsgeschäft keine Vorkehrungen gegen eine Veränderung der tatsächlichen Umstände enthält, ein gewissenhafter Geschäftsleiter aber auf einer entsprechenden Abrede – etwa einer Preisanpassungsklausel – bestanden hätte. Dann entspricht die Leistung des herrschenden Unternehmens dem unverändert fortbestehenden Vertrag, so daß sich ein Bericht über die Erfüllung erübrigt; freilich kann in einem solchen Fall das Verpflichtungsgeschäft nachteiligen Charakter haben.[68]

27 **bb) Vornahme durch abhängige Gesellschaft.** Zu berichten ist nur über die durch die abhängige Gesellschaft vorgenommenen Rechtsgeschäfte. Voraussetzung ist, daß die abhängige Gesellschaft selbst eine Willenserklärung abgegeben hat. Von § 312 nicht erfaßt sind deshalb zum einen einseitige Rechtsgeschäfte des herrschenden Unternehmens gegenüber der abhängigen Gesellschaft,[69] zum anderen Rechtsgeschäfte, die von einer **Tochtergesellschaft der berichtspflichtigen Gesellschaft** vorgenommen werden und an denen letztere nicht beteiligt ist.[70] Allerdings kann eine berichtspflichtige *Maßnahme* (Rdnr. 34) vorliegen, wenn die Repräsentanten der berichtspflichtigen (Tochter-)Gesellschaft die Vornahme des Rechtsgeschäfts durch die Enkelgesellschaft aktiv oder durch Nichtausübung von Einwirkungsmöglichkeiten gefördert haben.[71] So verhält es sich insbes., wenn der mit Repräsentanten der berichtspflichtigen Tochtergesellschaft besetzte Aufsichtsrat der Enkelgesellschaft gem. § 111 Abs. 4 S. 2 der Vornahme des Rechtsgeschäfts zustimmt. Das Rechtsgeschäft zwischen der Enkel- und der Muttergesellschaft ist in diesem Fall unabhängig von einer direkten Einflußnahme der Muttergesellschaft berichtspflichtig; es genügt vielmehr, daß die Enkelgesellschaft von sich aus im Konzerninteresse gehandelt hat und die Tochtergesellschaft hiergegen nicht eingeschritten ist.[72]

28 Wiewohl der Wortlaut des § 312 Abs. 1 S. 2 nur „unterlassene Maßnahmen" erfaßt, ist auch über **unterlassene Rechtsgeschäfte** zu berichten. Dies ist als solches unstreitig und folgt schon aus dem in Rdnr. 22 aufgezeigten Verhältnis zwischen dem Begriff des Rechtsgeschäfts und dem der Maßnahme. Der Schutzzweck des § 312 gebietet es darüber hinaus, daß der Bericht entsprechend den für *Rechtsgeschäfte* geltenden Grundsätzen und damit unabhängig von einer Veranlassung oder einem Interesse des herrschenden Unternehmens erfolgt.[73] Die Berichterstattung selbst erfolgt allerdings im Rahmen der sonstigen Maßnahmen (Rdnr. 38, 39). Zu den berichtspflichtigen Rechtsgeschäften zählt etwa das Unterlassen einer Wandelung oder einer Kündigung.

29 **cc) Beteiligung, Veranlassung durch oder Interesse des herrschenden oder eines mit ihm verbundenen Unternehmens.** Abs. 1 zieht den Kreis der berichtspflichtigen Rechtsgeschäfte sehr weit. Erfaßt werden zum einen sämtliche Rechtsgeschäfte der abhängigen Gesellschaft *mit dem herrschenden Unternehmen oder einem mit ihm verbundenen Unternehmen,* zum anderen sämtliche Rechtsgeschäfte, die die abhängige Gesellschaft zwar *mit einem Dritten,* aber auf Veranlassung oder im Interesse des herrschenden oder eines mit ihm verbundenen Unternehmens vornimmt. Dahinter steht der Gedanke, daß in all' diesen Fällen die Umstände des Vertragsschlusses den **Verdacht einer Benachteiligung** der abhängigen Gesellschaft nahelegen. Die Aufzählung ist abschließend. Rechtsgeschäfte der

---

[67] WP-Handbuch Bd. I Rdnr. F 870; s. ferner IdW/HFA WPg 1992, 91, 92 (Nr. 4).
[68] MünchKommAktG/*Kropff* Rdnr. 87; *Hüffer* Rdnr. 14.
[69] MünchKommAktG/*Kropff* Rdnr. 96.
[70] Im Grundsatz hM, s. MünchKommAktG/*Kropff* Rdnr. 97; *Koppensteiner* in Kölner Kommentar Rdnr. 47; *Hüffer* Rdnr. 15; eingehend *Götz* AG 2000, 498, 500 ff.; weitergehend – für generelle Dokumentation der Rechtsgeschäfte zwischen herrschendem Unternehmen und Tochtergesellschaften

der berichtspflichtigen Gesellschaft – *Förschle/Kropp* in Beck'scher Bilanzkommentar, 4. Aufl. 1999, § 289 HGB Rdnr. 114.
[71] So auch MünchKommAktG/*Kropff* Rdnr. 97; *Koppensteiner* in Kölner Kommentar Rdnr. 47; *Hüffer* Rdnr. 15.
[72] Zutr. MünchKommAktG/*Kropff* Rdnr. 97.
[73] MünchKommAktG/*Kropff* Rdnr. 95; *Koppensteiner* in Kölner Kommentar Rdnr. 28, 37; MünchHdb. AG/*Krieger* § 69 Rdnr. 84; *Hüffer* Rdnr. 16.

abhängigen Gesellschaft mit einem Unternehmen, das nur mit ihr und nicht mit dem herrschenden Unternehmen verbunden ist, sind somit nur unter der Voraussetzung erfaßt, daß sie im Interesse oder auf Veranlassung des herrschenden Unternehmens vorgenommen werden.[74]

Was den Kreis der mit dem herrschenden Unternehmen **verbundenen Unternehmen** **30** betrifft, so bestimmt sich dieser nicht nach § 271 Abs. 2 HGB, sondern nach § 15.[75] Erfaßt ist insbes. auch der Tatbestand der *mehrstufigen Abhängigkeit* (Rdnr. 9; § 311 Rdnr. 17), so daß – die Anwendbarkeit der §§ 311 ff. im jeweiligen Abhängigkeitsverhältnis unterstellt (dazu § 311 Rdnr. 18 ff.) – auch über Rechtsgeschäfte (iSd. Abs. 1 S. 2) der berichtspflichtigen Tochtergesellschaft mit der von ihr (und von der Muttergesellschaft) abhängigen Enkelgesellschaft zu berichten ist.[76] Bei *mehrfacher Abhängigkeit* (Rdnr. 9; § 311 Rdnr. 14) ist über die Beziehungen zu allen herrschenden und mit ihnen verbundenen Unternehmen zu berichten.[77] Ob und inwieweit im Fall einer Abhängigkeit von einer *juristischen Person des öffentlichen Rechts* (Rdnr. 8) bereits der Kreis der mit dieser verbundenen Unternehmen (und nicht erst derjenige der betroffenen Rechtsgeschäfte, s. Rdnr. 32) einzuschränken ist, ist umstritten, dürfte jedoch grundsätzlich zu verneinen sein.[78]

Neben den mit dem herrschenden oder einem mit ihm verbundenen Unternehmen **31** *vorgenommenen* (Rdnr. 27) Rechtsgeschäften erfaßt Abs. 1 S. 2 auch *Drittgeschäfte* der abhängigen Gesellschaft, sofern sie von ihr auf Veranlassung oder im Interesse eines dieser Unternehmen vorgenommen werden. Was zunächst den Begriff der **Veranlassung** iSd. Abs. 1 S. 2 betrifft, so entspricht er demjenigen des § 311 Abs. 1 (dazu § 311 Rdnr. 22 ff.).[79] Auch auf Hauptversammlungsbeschlüsse zurückgehende Rechtsgeschäfte und Maßnahmen sind deshalb einzubeziehen (§ 311 Rdnr. 29 f.).[80] Das der Veranlassung gleichstehende **Interesse** des herrschenden oder eines mit ihm verbundenen Unternehmens an der Vornahme des Rechtsgeschäfts ist nach zutr., freilich umstrittener Ansicht sowohl bei entsprechender *objektiver Interessenlage*[81] als auch bei *Vorliegen einer Begünstigungsabsicht* der abhängigen Gesellschaft[82] anzunehmen.[83] In beiden Fällen erfordert der Schutzzweck des § 312 (Rdnr. 2 f.) die Aufnahme des Rechtsgeschäfts in den Bericht. Der Berichtspflicht steht es auch nicht entgegen, daß das Rechtsgeschäft zugleich im objektiv verstandenen Interesse der abhängigen Gesellschaft liegt;[84] andernfalls würde man die Berichtspflicht, abweichend von der

---

[74] MünchKommAktG/*Kropff* Rdnr. 101; *Koppensteiner* in Kölner Kommentar Rdnr. 41; *Hüffer* Rdnr. 19.

[75] MünchKommAktG/*Kropff* Rdnr. 98; *Hüffer* Rdnr. 18; MünchHdb. AG/*Krieger* § 69 Rdnr. 85; näher dazu *Ulmer*, FS für Goerdeler, 1987, S. 623, 637 f.

[76] *Koppensteiner* in Kölner Kommentar Rdnr. 42; WP-Handbuch Bd. I Rdnr. F 861; *Hüffer* Rdnr. 19; *Haesen* S. 30 ff.; aA *Klussmann* DB 1967, 1487; J. *Götz* AG 2000, 498, 501 ff. Zur Frage, ob ein einheitlicher Bericht erstellt werden kann, s. Rdnr. 9.

[77] *Koppensteiner* in Kölner Kommentar Rdnr. 43; *Hüffer* Rdnr. 19. Zur Frage, ob ein einheitlicher Bericht erstellt werden kann, s. Rdnr. 9.

[78] So auch MünchKommAktG/*Kropff* Rdnr. 125 mit erwägenswertem Vorbehalt für ausschließlich der Wirtschaftsförderung dienende Anstalten; s. ferner *dens.* ZHR 144 (1980), 74, 95 f.; enger – für Beschränkung auf erwerbswirtschaftlich tätige Unternehmen sowie auf solche, die derselben Stelle angehören bzw. von ihr abhängig sind wie die abhängige Gesellschaft selbst – *Koppensteiner* in Kölner Kommentar Rdnr. 44; s. ferner *Lutter/Timm* BB 1978, 836, 841. Allg. dazu § 15 Rdnr. 26 ff.

[79] MünchHdb. AG/*Krieger* § 69 Rdnr. 85; im Grundsatz auch *Koppensteiner* in Kölner Kommentar Rdnr. 40, *Hüffer* Rdnr. 20, die freilich die von ihnen für Vorstandsdoppelmandate befürwortete unwiderlegbare Veranlassungsvermutung (dazu § 311 Rdnr. 23) im Rahmen des § 312 nicht zur Anwendung bringen wollen.

[80] So auch *Koppensteiner*, *Krieger* und *Hüffer*, jew. aaO (Fn. 79); aA MünchKommAktG/*Kropff* Rdnr. 111 f. unter Hinweis u. a. auf die Möglichkeit zur Beschlußanfechtung, die freilich beim Fehlen außenstehender Aktionäre versagt.

[81] Für Beschränkung auf diesen Fall *Koppensteiner* in Kölner Kommentar Rdnr. 38.

[82] Für Beschränkung auf diesen Fall *A/D/S* Rdnr. 47; IdW/HFA WPg 1992, 91, 93 (Nr. 9); für Erfordernis beider Merkmale WP-Handbuch Bd. I Rdnr. F 884.

[83] MünchHdb. AG/*Krieger* § 69 Rdnr. 85; ihm folgend auch *Hüffer* Rdnr. 21 sowie jetzt auch MünchKommAktG/*Kropff* Rdnr. 106.

[84] Zutr. MünchHdb. AG/*Krieger* § 69 Rdnr. 85; im Grundsatz auch *Koppensteiner* in Kölner Kommentar Rdnr. 38; aA – für Berichtspflicht nur, wenn das Interesse des herrschenden Unternehmens überwog – die hM, s. namentlich MünchKommAktG/*Kropff* Rdnr. 110, *A/D/S* Rdnr. 49.

Konzeption des § 312 (Rdnr. 21), auf *nachteilige* Rechtsgeschäfte und sonstige Maßnahmen beschränken.

32 Bei Abhängigkeit von einer **juristischen Person des öffentlichen Rechts** gelten freilich Besonderheiten (s. bereits Rdnr. 30). Insoweit folgt die Berichtspflicht nicht bereits daraus, daß die Vornahme des Rechtsgeschäfts (oder die Maßnahme, s. Rdnr. 34 ff.) *zugleich* im *öffentlichen Interesse* liegt. Vor dem Hintergrund, daß die Berichtspflicht an das Vorliegen eines gewissen Nachteilsverdachts geknüpft ist (Rdnr. 29), und in Übereinstimmung mit einer entsprechenden (durch den VW/Niedersachsen-Beschluß[85] nicht in Frage gestellten) Andeutung im VEBA/Gelsenberg-Urteil des BGH[86] wird man vielmehr verlangen müssen, daß nach den Gesamtumständen begründete Zweifel bestehen, ob der Vorstand einer unabhängigen Gesellschaft das Geschäft unter Berücksichtigung des § 93 Abs. 1 vorgenommen hätte.[87] Auf durch die öffentliche Hand *veranlaßte* Rechtsgeschäfte oder Maßnahmen läßt sich dies freilich ebensowenig übertragen[88] wie auf Eigengeschäfte der öffentlichen Hand oder der mit ihr verbundenen Unternehmen (Rdnr. 22) mit der abhängigen Gesellschaft; insoweit ist umfassend zu berichten.

33 **dd) Abgelaufenes Geschäftsjahr.** Berichtspflichtig sind die im abgelaufenen Geschäftsjahr vorgenommenen und unterlassenen (s. Rdnr. 28) Rechtsgeschäfte. Maßgebend ist der Zeitpunkt des **Zustandekommens des jeweiligen Rechtsgeschäfts,** bei Verträgen also der Eintritt der Bindungswirkung, bei einseitigen Rechtsgeschäften die Abgabe der Willenserklärung durch die abhängige Gesellschaft.[89] Für *unterlassene* Rechtsgeschäfte ist auf den Zeitpunkt abzustellen, in dem der gewissenhafte Geschäftsleiter einer unabhängigen Gesellschaft gehandelt hätte.[90] Auf die bilanzielle Erfassung des Rechtsgeschäfts oder auf den Zeitpunkt derselben kommt es nicht an.[91] Zeitigt das Rechtsgeschäft auch noch im Folgejahr Auswirkungen, so ist gleichwohl nicht mehr zu berichten. Lagen die Voraussetzungen der Berichtspflicht zwar noch nicht bei Vornahme des Verpflichtungsgeschäfts, wohl aber bei Vornahme des Erfüllungsgeschäfts (Rdnr. 26) vor, so ist ausnahmsweise über das Erfüllungsgeschäft zu berichten.[92] Wurde über ein berichtspflichtiges Rechtsgeschäft nicht berichtet, so kann der Vorstand gem. §§ 76 Abs. 1, 93 Abs. 1 S. 1 verpflichtet sein, das Rechtsgeschäft in den für das Folgejahr zu erstellenden Bericht aufzunehmen.[93]

34 **c) Maßnahmen.** Neben Rechtsgeschäften sind nach Abs. 1 S. 2 auch „andere Maßnahmen" berichtspflichtig. Der **Begriff** umfaßt jede Handlung oder Unterlassung, die, ohne rechtsgeschäftlichen Charakter zu haben, *Auswirkungen auf die Vermögens- oder Ertragslage* der abhängigen Gesellschaft haben *kann*.[94] In diesem weiten Begriff der Maßnahme kommt der Zweck der Berichtspflicht zum Ausdruck: Der Bericht soll ein möglichst vollständiges Bild der Beziehungen der abhängigen Gesellschaft zum herrschenden Unternehmen und der mit ihm verbundenen Unternehmen vermitteln und damit eine geeignete Grundlage für die Ermittlung des nachteiligen Charakters und der Vollwertigkeit des Ausgleichs schaffen. Unter den Begriff der Maßnahme fallen beispielsweise[95] Investitionsentscheidungen, Änderungen in der Produktion, Finanzierungsentscheidungen, die Stillegung von Betriebsteilen,

---

[85] BGHZ 135, 107, 113 f. = NJW 1997, 1855.

[86] BGHZ 69, 334, 343 = NJW 1978, 104: Beschränkung des Abhängigkeitsberichts „auf das nach dem Zweck der Vorschrift tatsächlich Erforderliche".

[87] Zutr. *Kropff* ZHR 144 (1980), 74, 96; MünchKommAktG/*Kropff* Rdnr. 126; *Koppensteiner* in Kölner Kommentar Rdnr. 39; *Hüffer* Rdnr. 22; s. ferner *Emmerich*, Das Wirtschaftsrecht der öffentlichen Unternehmen, 1970, S. 228; *Lutter/Timm* BB 1978, 836, 841; *Schiessl* ZGR 1998, 871, 879 ff.

[88] So auch *Schiessl* ZGR 1998, 871, 880 f.

[89] Vgl. MünchHdb. AG/*Krieger* § 69 Rdnr. 86; *Hüffer* Rdnr. 17; aA MünchKommAktG/*Kropff* Rdnr. 113 (stets Abgabe der Willenserklärung der abhängigen Gesellschaft).

[90] MünchHdb. AG/*Krieger* § 69 Rdnr. 86; MünchKommAktG/*Kropff* Rdnr. 113.

[91] *A/D/S* Rdnr. 55; *Hüffer* Rdnr. 17.

[92] MünchHdb. AG/*Krieger* § 69 Rdnr. 86.

[93] Zutr. *Hüffer* Rdnr. 17.

[94] MünchKommAktG/*Kropff* Rdnr. 89 ff.; *A/D/S* Rdnr. 42; MünchHdb. AG/*Krieger* § 69 Rdnr. 84; *Hüffer* Rdnr. 23; *Goerdeler* WPg 1966, 113, 125; aA *Koppensteiner* in Kölner Kommentar Rdnr. 35, dem zufolge auf das Merkmal der Vermögensgefährdung zu verzichten ist.

[95] Vgl. IdW/HFA WPg 1992, 91, 92 (Nr. 6), wo freilich auch einige Maßnahmen mit rechtsgeschäftlichem Charakter (nämlich Kündigung, Vertragsanpassung und Unterlassen eines Rechtsgeschäfts) genannt werden.

die Informationsweitergabe[96] und die Durchführung oder das Unterlassen von Forschungsvorhaben. Auch Personalmaßnahmen gehören hierher (§ 311 Rdnr. 51);[97] regelmäßig geht mit ihnen allerdings der Abschluß eines Dienst- oder Aufhebungsvertrags einher, so daß es sich ggf. um ein berichtspflichtiges Rechtsgeschäft handelt.

Nach Abs. 1 S. 2, 2. Alt. besteht die Berichtspflicht nur unter der Voraussetzung, daß die **35** abhängige Gesellschaft die Maßnahme auf **Veranlassung** oder im **Interesse** des herrschenden Unternehmens oder eines mit ihm *verbundenen Unternehmens* getroffen oder unterlassen (s. dazu Rdnr. 22, 28) hat. Daraus ergibt sich allerdings keine Einschränkung der Berichtspflicht; denn anders als ein Rechtsgeschäft kann eine Maßnahme schon begrifflich nicht „mit" einem Unternehmen getroffen werden.[98] Hinsichtlich der Tatbestandsmerkmale Veranlassung, Interesse und verbundene Unternehmen kann im übrigen auf die Ausführungen in Rdnr. 30 ff. betr. die entsprechenden Voraussetzungen berichtspflichtiger Rechtsgeschäfte verwiesen werden.

Wie das Rechtsgeschäft (Rdnr. 27) muß auch die Maßnahme *von der abhängigen Gesell-* **36** *schaft* selbst getroffen worden sein; eine Maßnahme des herrschenden Unternehmens oder eines mit ihm verbundenen Unternehmens *gegenüber* der abhängigen Gesellschaft genügt nicht. Was schließlich den zeitlichen Rahmen betrifft, so ist entsprechend der Rechtslage bei Rechtsgeschäften (Rdnr. 33) auf den Zeitpunkt abzustellen, in dem die Willensbildung der abhängigen Gesellschaft abgeschlossen und die Entscheidung für die Durchführung der Maßnahme getroffen ist.[99] Über die Durchführung ist dann nur in dem Fall zu berichten, daß sie von der Ausgangsentscheidung abweicht.[100] Fehlt es an einem die fragliche Maßnahme betreffenden Beschluß der Hauptversammlung, des Vorstands oder des Aufsichtsrats der abhängigen Gesellschaft, so kommt es auf den Zeitpunkt der *ersten Ausführungshandlung* an.[101] Bei einer *unterlassenen* Maßnahme ist schließlich auf den Zeitpunkt abzustellen, in dem der gewissenhafte Geschäftsleiter einer unabhängigen Gesellschaft gehandelt hätte (Rdnr. 33).

3. Einzelangaben. a) Rechtsgeschäfte (S. 3). Auf der Grundlage des Berichts soll **37** festgestellt werden können, ob eine von der abhängigen Gesellschaft getroffene oder unterlassene Maßnahme (im weiten Sinne, s. Rdnr. 22) nachteiligen Charakter hat und die Nachteile ausgeglichen worden sind. Zu diesem Zweck schreibt das Gesetz in Abs. 1 S. 3 bestimmte Einzelangaben vor, wobei es sich hinsichtlich der getroffenen oder unterlassenen (Rdnr. 28) Rechtsgeschäfte vom Regelfall des **gegenseitigen Vertrags** hat leiten lassen. Insoweit muß die Angabe von **Leistung und Gegenleistung** so detailliert sein, daß Abschlußprüfer und Aufsichtsrat zur Überprüfung der Angemessenheit des Leistungsaustauschs imstande sind. Anzugeben sind deshalb sämtliche Umstände, die für die Beurteilung der Angemessenheit von Relevanz sind, hinsichtlich der *Leistung* also insbes. deren Art, Umfang, Menge und Vorkosten, hinsichtlich des *Preises* dessen Höhe, etwaige Nachlässe und die Modalitäten der Erbringung.[102] Je nach Lage des Falles hat der Vorstand darüber hinaus darzulegen, aus welchen Gründen er das Verhältnis zwischen Leistung und Gegenleistung als angemessen erachtet;[103] umgekehrt muß der Bericht Angaben über die nach Ansicht des Vorstands nachteiligen Rechtsgeschäfte enthalten.[104]

---

[96] Speziell hierzu MünchHdb. AG/*Krieger* § 69 Rdnr. 23; *Singhof* ZGR 2001, 146, 159 f.; zur Frage eines erweiterten Auskunftsrechts der Minderheitsaktionäre s. Rdnr. 5.

[97] Zurückhaltend MünchKommAktG/*Kropff* Rdnr. 91.

[98] *Koppensteiner* in Kölner Kommentar Rdnr. 26.

[99] Zutr. A/D/S Rdnr. 56; *Hüffer* Rdnr. 25; MünchKommAktG/*Kropff* Rdnr. 113; MünchHdb. AG/*Krieger* § 69 Rdnr. 86.

[100] *Hüffer* Rdnr. 25; s. ferner Rdnr. 26 zur Frage, ob das Erfüllungsgeschäft der Berichtspflicht unterliegt.

[101] Vgl. *Hüffer* und *Kropff*, jew. aaO (Fn. 99).

[102] So im Grundsatz und mit Unterschieden im Detail MünchKommAktG/*Kropff* Rdnr. 115; *Koppensteiner* in Kölner Kommentar Rdnr. 58; MünchHdb. AG/*Krieger* § 69 Rdnr. 87; A/D/S Rdnr. 66 f.; *Hüffer* Rdnr. 27; IdW/HFA WPg 1992, 91, 93 (Nr. 10).

[103] MünchKommAktG/*Kropff* Rdnr. 116; MünchHdb. AG/*Krieger* § 69 Rdnr. 87.

[104] *Koppensteiner* in Kölner Kommentar Rdnr. 58.

38 Bei **einseitig verpflichtenden** und unvollkommen zweiseitig verpflichtenden Verträgen (Rdnr. 25) ist zunächst anzugeben, daß es an einer Gegenleistung fehlt; des weiteren ist ggf. darzulegen, weshalb das Rechtsgeschäft gleichwohl als angemessen anzusehen ist.[105] Soweit ausnahmsweise über *Erfüllungsgeschäfte* zu berichten ist (Rdnr. 26), sind Ursache und Ausmaß der nicht vollständigen Erfüllung bzw. die Gründe für die rechtsgrundlose Leistung darzulegen. *Einseitige Rechtsgeschäfte* sind unter Angabe von Gründen zu erläutern.[106] Über **unterlassene Rechtsgeschäfte** (Rdnr. 22, 28) ist dagegen im Rahmen der sonstigen Maßnahmen (Rdnr. 39) zu berichten.

39   **b) Maßnahmen (S. 3).** Bei sonstigen Maßnahmen (hierzu zählen auch unterlassene Rechtsgeschäfte, s. Rdnr. 38) sind zunächst die **Gründe** anzugeben, die die Gesellschaft zur Vornahme bzw. zum Unterlassen der Maßnahme bewogen haben. Maßgebend sind die *Motive der abhängigen Gesellschaft.* Darüber hinaus sind die **Vor- und Nachteile** für die Gesellschaft anzugeben, und zwar jeweils für sich und nach Möglichkeit *beziffert.*[107] Maßgebend sind zwar die im Zeitpunkt der Vornahme der Maßnahme erwarteten Vor- und Nachteile.[108] Haben sich die Erwartungen des Vorstands nicht erfüllt, so ist allerdings auch dies anzugeben und zu begründen.[109] Der Begriff des Nachteils iSd. § 312 Abs. 1 S. 3 ist nicht mit dem Nachteilsbegriff des § 311 (§ 311 Rdnr. 39 ff.) identisch, denn er besagt noch nichts hinsichtlich des Gesamtcharakters der Maßnahme. Insgesamt müssen die Angaben dem Abschlußprüfer und dem Aufsichtsrat eine verläßliche Grundlage für die Beurteilung der Maßnahme liefern.

40   **c) Nachteilsausgleich (S. 4).** Für den Fall, daß ein Rechtsgeschäft oder eine Maßnahme nachteiligen Charakter iSd. § 311 Abs. 1 hat (dazu § 311 Rdnr. 39 ff.), ist schließlich nach § 312 Abs. 1 S. 4 anzugeben, wie der Nachteil ausgeglichen worden ist. Anzugeben ist zunächst, ob der Nachteil *tatsächlich* (§ 311 Rdnr. 70 f.) oder durch Begründung eines *Rechtsanspruchs* (§ 311 Rdnr. 72 ff.) ausgeglichen worden ist. Darüber hinaus müssen Einzelangaben gemacht werden, die die Beurteilung der Angemessenheit des Ausgleichs erlauben; regelmäßig bedarf es deshalb einer **Bezifferung der** der abhängigen Gesellschaft gewährten **Vorteile.**[110]

VI. Allgemeine Grundsätze der Berichterstattung (Abs. 2)

41   **1. Grundsätze einer „gewissenhaften und getreuen Rechenschaft".** Abs. 2 bestimmt, daß der Bericht den Grundsätzen einer „gewissenhaften und getreuen Rechenschaft" zu entsprechen hat, und enthält damit eine selbstverständliche Regelung. Daß nämlich der Abhängigkeitsbericht wahrheitsgemäß zu erstellen ist und eine vollständige und übersichtliche Darstellung der Beziehungen innerhalb des Unternehmensverbunds zu enthalten hat (s. Rdnr. 42), ergibt sich schon aus dessen Zweck: Soll der Bericht dem Abschlußprüfer und dem Aufsichtsrat eine Überprüfung der Verbundbeziehungen ermöglichen, so müssen nicht nur *sämtliche* berichtspflichtigen Vorgänge erfaßt sein; vielmehr darf der Informationsgehalt des Berichts nicht durch die Art der Darstellung beeinträchtigt werden.[111] Das Problem liegt denn auch weniger in der Bestimmung der aus der Generalklausel des Abs. 2 abzuleitenden Einzelgrundsätze als vielmehr darin, diese Grundsätze in das rechte Verhältnis zueinander zu bringen. So liegt es auf der Hand, daß eine detaillierte und getrennte Berichterstattung über eine Vielzahl von Bagatell- und Routinevorgängen auf Kosten der Übersichtlichkeit geht; umgekehrt vermag eine zusammenfassende Berichterstattung, soweit sie sich auch auf komplexere Vorgänge bezieht, die an sich gebotene Überprüfung einer jeden Einzelmaßnahme nicht zu gewährleisten.

---

[105] *Koppensteiner* in Kölner Kommentar Rdnr. 58.

[106] *Koppensteiner* in Kölner Kommentar Rdnr. 58; *Hüffer* Rdnr. 28.

[107] *Koppensteiner* in Kölner Kommentar Rdnr. 60; MünchKommAktG/*Kropff* Rdnr. 119; *Hüffer* Rdnr. 29.

[108] MünchKommAktG/*Kropff* Rdnr. 119.

[109] MünchKommAktG/*Kropff* Rdnr. 119.

[110] *Koppensteiner* in Kölner Kommentar Rdnr. 62; *Hüffer* Rdnr. 30.

[111] Zutr. *Koppensteiner* in Kölner Kommentar Rdnr. 16.

2. Konkretisierung. Dem **Vollständigkeitsgebot** kommt im Hinblick auf den Zweck   42
des § 312 (Rdnr. 2, 41) besondere Bedeutung zu. Es gebietet, daß der Bericht *aus sich heraus*
verständlich ist und dem Abschlußprüfer oder dem Aufsichtsrat eine zutreffende Beurteilung
sämtlicher berichtpflichtiger Vorgänge ermöglicht.[112] Gegebenenfalls muß der Vorstand
über die nach Abs. 1 der Vorschrift gebotenen Angaben hinausgehende Ausführungen
machen. Eine *Verweisung* auf andere Unterlagen ist nur insoweit statthaft, als diese dem
Prüfer bzw. dem Aufsichtsrat zur Verfügung stehen.[113] Aufgrund des Vollständigkeitsgebots
obliegt dem Vorstand eine *Dokumentations- und Organisationspflicht* (s. bereits § 311
Rdnr. 80); insbes. hat er durch geeignete Vorkehrungen dafür Sorge zu tragen, daß sich die
im Bericht enthaltenen Angaben anhand der Aufzeichnungen der Gesellschaft nachprüfen
lassen.[114]

Der Abhängigkeitsbericht muß **klar und übersichtlich** gegliedert sein; denn eine unge-   43
gliederte Zusammenstellung der nach Abs. 1 berichtpflichtigen Vorgänge ermöglicht keine
zuverlässige Überprüfung der Verbundbeziehungen.[115] Bei einem verzweigten Unternehmensverbund ist dem Bericht über die Einzelmaßnahmen eine *Verbundübersicht* voranzu-
stellen.[116] In jedem Fall bedarf es der genauen Bezeichnung des herrschenden Unternehmens; soweit für die Überprüfung des Berichts erforderlich, sind ferner die mit dem
herrschenden Unternehmen verbundenen Unternehmen zu benennen.[117] Eine **zusammenfassende Berichterstattung** ist immer dann zulässig, wenn und soweit eine weitere
Aufgliederung keinen zusätzlichen Informationswert hätte. Davon betroffen sind namentlich
wiederkehrende, stets zu gleichen Bedingungen vorgenommene Rechtsgeschäfte und Maßnahmen; diesbezüglich erhöht eine Gruppenbildung die Übersichtlichkeit und ist zumindest
zulässig, wenn nicht sogar geboten.[118] Entsprechendes gilt für sog. Bagatellfälle.[119]

VII. Schlußerklärung (Abs. 3)

1. Zweck. Gem. Abs. 3 S. 1 hat der Vorstand am Schluß des Berichts zu erklären, ob die   44
Gesellschaft bei Rechtsgeschäften stets eine angemessene Gegenleistung erhielt und durch
andere Maßnahmen nicht benachteiligt wurde, des weiteren, ob ein etwaiger Nachteil
ausgeglichen worden ist. Dieses Erfordernis einer Schlußerklärung soll den Vorstand zu einer
eindeutigen und **zusammenfassenden persönlichen Bewertung** der im Abhängigkeitsbericht mitgeteilten Tatsachen zwingen. Dies wiederum soll dem Vorstand in Erinnerung
rufen, daß er ungeachtet des Abhängigkeitsverhältnisses zur eigenverantwortlichen Leitung
der Gesellschaft (s. § 311 Rdnr. 10, 78 ff.) und zur Wahrung von deren Interessen verpflichtet ist. Das Erfordernis einer Schlußerklärung soll es dem Vorstand also letztlich erleichtern,
einem unangemessenen Verlangen des herrschenden Unternehmens *nicht* nachzukommen,
und damit zur Verwirklichung des auf **Prävention** gerichteten Zwecks des Abhängigkeitsberichts (Rdnr. 3) beitragen.[120] Die in Abs. 3 S. 3 vorgeschriebene Aufnahme in den
Lagebericht (Rdnr. 47) stellt die **Publizität** der Schlußerklärung sicher. Sie steht damit im
unmittelbaren Zusammenhang mit dem Recht eines jeden Aktionärs, gem. § 315 S. 1 Nr. 3
eine Sonderprüfung zu beantragen: Da der Abhängigkeitsbericht auch Angaben über nicht
durch das herrschende Unternehmen *veranlaßte* Rechtsgeschäfte und Maßnahmen enthält,
ergibt sich zwar aus einer Schlußerklärung des Inhalts, daß Nachteile eingetreten und nicht
ausgeglichen worden sind, nicht zwangsläufig die Ausgleichs- und Schadensersatzverpflich-

---

[112] MünchKommAktG/*Kropff* Rdnr. 134; *Koppensteiner* in Kölner Kommentar Rdnr. 18.

[113] *Kropff* und *Koppensteiner*, jew. aaO (Fn. 112).

[114] *Koppensteiner* in Kölner Kommentar Rdnr. 17;
A/D/S Rdnr. 102; *Hüffer* Rdnr. 32.

[115] Wohl einhM, s. *Koppensteiner* in Kölner Kommentar   Rdnr. 16;   MünchKommAktG/*Kropff*
Rdnr. 136, 139.

[116] Zutr.   MünchKommAktG/*Kropff*   Rdnr. 137;
Hüffer Rdnr. 33; de lege ferenda für Generalbe-
richtsteil *Hommelhoff* Gutachten S. 54 f.

[117] Vgl. die Nachw. in Fn. 116.

[118] Wohl einhM, s. *Koppensteiner* in Kölner Kommentar   Rdnr. 54;   MünchKommAktG/*Kropff*
Rdnr. 139; MünchHdb. AG/*Krieger* § 69 Rdnr. 87;
Hüffer Rdnr. 34; aus der frühen Diskussion s. *Goerdeler* WPg 1966, 113, 124; *Rasner* BB 1966, 1043,
1044 f.

[119] Vgl. die Nachw. in Fn. 118.

[120] Begr. zum RegE bei *Kropff* S. 412.

tung des herrschenden Unternehmens nach §§ 311, 317. Doch besteht dann Anlaß für eine erneute Prüfung der Verbundbeziehungen.

45   **2. Inhalt (S. 1 und 2).** Der Inhalt der Schlußerklärung ist in Abs. 3 S. 1 und 2 bestimmt. Anders als § 313 Abs. 3 betr. die Erklärung des Abschlußprüfers schreibt § 312 Abs. 3 keine bestimmte Erklärungsformel vor;[121] dadurch ist es möglich, Sondersituationen auch durch den Inhalt der Schlußerklärung Rechnung zu tragen.[122] Im einzelnen muß der Vorstand gem. Abs. 3 S. 1 erklären, ob die Gesellschaft bei *Rechtsgeschäften* stets eine angemessene *Gegenleistung* erhielt und durch sonstige *Maßnahmen* nicht **benachteiligt** wurde. Was die Beurteilung der von der abhängigen Gesellschaft vorgenommenen oder unterlassenen (s. Rdnr. 22, 28) Rechtsgeschäfte betrifft, so hat Abs. 3 S. 1 ebenso wie Abs. 2 S. 3 (dazu Rdnr. 37 f.) den gegenseitigen Vertrag im Auge. Eine sachliche Einschränkung der Schlußerklärung geht damit allerdings nicht einher; hinsichtlich sonstiger Rechtsgeschäfte ist der nachteilige Charakter vielmehr auf andere Weise festzustellen (Rdnr. 38; § 311 Rdnr. 53 ff.) und die Schlußerklärung entsprechend zu formulieren. Hat die Erklärung iSd. Abs. 3 S. 1 den Inhalt, daß die Gesellschaft benachteiligt wurde, so hat der Vorstand gem. Abs. 3 S. 2 zu erklären, ob die **Nachteile ausgeglichen** worden sind oder nicht. Fehlt es nach der Erklärung des Vorstands an einem Ausgleich, so zieht dies die Rechtsfolgen der §§ 313 Abs. 2 S. 4, 315 S. 1 Nr. 3 nach sich (§ 313 Rdnr. 36, § 315 Rdnr. 5 f.). Im Rahmen des Abs. 3 S. 2 sind insbes. auch dem Einzelausgleich nicht zugängliche nachteilige Maßnahmen zu berücksichtigen (§ 311 Rdnr. 37, 58); der Vorstand hat dann zu erklären, daß nicht sämtliche Nachteile ausgeglichen worden sind.[123] Sind keine berichtspflichtigen Rechtsgeschäfte oder Maßnahmen angefallen, so ist dies in der Schlußerklärung anzugeben (vgl. Rdnr. 13).

46   In der Schlußerklärung ist nach Abs. 3 S. 1 darauf hinzuweisen, daß die Beurteilung aufgrund der dem Vorstand bei Vornahme oder Unterlassung des Rechtsgeschäfts oder der anderen Maßnahme **bekannten Umstände** erfolgt. Was den *Zeitpunkt* der Vornahme oder der Unterlassung des Rechtsgeschäfts oder der Maßnahme betrifft, deckt sich dies mit dem Nachteilsbegriff des § 311 (§ 311 Rdnr. 44). Dem Vorstand bei Vornahme oder Unterlassung der Maßnahme unbekannte, für ihn aber *erkennbare* Umstände können dagegen zwar den nachteiligen Charakter des Rechtsgeschäfts oder der Maßnahme begründen (§ 311 Rdnr. 39 ff.), sind aber nach dem Wortlaut des Abs. 3 S. 1 auch dann nicht in der Schlußerklärung zu berücksichtigen, wenn sie dem Vorstand nunmehr bekannt sind. Dem Vorstand bleibt es danach erspart, sich in der Schlußerklärung mangelnder Sorgfalt bezichtigen zu müssen.[124] Vor dem Hintergrund des Schutzzwecks der Schlußerklärung (Rdnr. 44) erscheint dies zwar als wenig glücklich; angesichts der Entstehungsgeschichte der Vorschrift[125] muß jedoch die Annahme eines Redaktionsversehens ausscheiden.[126]

47   **3. Aufnahme in den Lagebericht (S. 3).** Die Schlußerklärung des Vorstands ist nach Abs. 3 S. 3 in den nach §§ 264 Abs. 1, 289 HGB aufzustellenden Lagebericht aufzunehmen; sie erlangt damit Publizität nach Maßgabe der §§ 325 ff. HGB und bildet die Grundlage für einen Antrag auf Sonderprüfung gem. § 315 S. 1 Nr. 3 (Rdnr. 44). Handelt es sich um eine **kleine AG iSd. § 267 Abs. 1 HGB,** die gem. § 264 Abs. 1 S. 3 HGB zur Aufstellung eines Lageberichts nicht verpflichtet ist, so ist die Schlußerklärung in den *Anhang* aufzunehmen.[127] Wird die Schlußerklärung nicht in den Lagebericht (im Fall der

---

[121] Zu Formulierungsvorschlägen s. *A/D/S* Rdnr. 91.

[122] Etwa bei komplettem Vorstandswechsel (dazu Rdnr. 14), näher zum Inhalt der Erklärung in diesem Fall *Döllerer,* FS für Semler, S. 441, 450 f.

[123] So auch *Koppensteiner* in Kölner Kommentar Rdnr. 69.

[124] Vgl. MünchKommAktG/*Kropff* Rdnr. 146; *Haesen* S. 102.

[125] Nach MünchKommAktG/*Kropff* Rdnr. 146 (Fn. 284) ist die Frage im Anschluß an die Ausfüh-

rungen von *Semler* WPg 1960, 553, 554, 556 beraten worden.

[126] So neben den Nachw. in Fn. 124 noch *Hüffer* Rdnr. 36; MünchHdb. AG/*Krieger* § 69 Rdnr. 88; aA – für Annahme eines Redaktionsversehens – *Koppensteiner* in Kölner Kommentar Rdnr. 65.

[127] Zutr. *A/D/S* Rdnr. 88; WP-Handbuch Bd. I Rdnr. F 893; zustimmend auch MünchKommAktG/*Kropff* Rdnr. 152; aA MünchHdb. AG/*Krieger* § 69 Rdnr. 88. Zur Rechtslage, wenn die Gesell-

kleinen AG iSd. § 267 Abs. 1 HGB: in den Anhang) aufgenommen, so hat der Abschluß-prüfer sein Testat (iSd. § 322 HGB) einzuschränken.[128] Dagegen hat ein Verstoß gegen Abs. 3 S. 3 schon deshalb nicht die Nichtigkeit des Jahresabschlusses zur Folge, weil der Lagebericht keinen Bestandteil des Jahresabschlusses, sondern einen eigenständigen Teil der Rechnungslegung bildet.[129]

§ 313 Prüfung durch den Abschlußprüfer

(1) Ist der Jahresabschluß durch einen Abschlußprüfer zu prüfen, so ist gleichzeitig mit dem Jahresabschluß und dem Lagebericht auch der Bericht über die Beziehungen zu verbundenen Unternehmen dem Abschlußprüfer vorzulegen. Er hat zu prüfen, ob
1. die tatsächlichen Angaben des Berichts richtig sind,
2. bei den im Bericht aufgeführten Rechtsgeschäften nach den Umständen, die im Zeitpunkt ihrer Vornahme bekannt waren, die Leistung der Gesellschaft nicht unangemessen hoch war; soweit sie dies war, ob die Nachteile ausgeglichen worden sind,
3. bei den im Bericht aufgeführten Maßnahmen keine Umstände für eine wesentlich andere Beurteilung als die durch den Vorstand sprechen.
§ 320 Abs. 1 Satz 2 und Abs. 2 Satz 1 und 2 des Handelsgesetzbuchs gilt sinngemäß. Die Rechte nach dieser Vorschrift hat der Abschlußprüfer auch gegenüber einem Konzernunternehmen sowie gegenüber einem abhängigen oder herrschenden Unternehmen.

(2) Der Abschlußprüfer hat über das Ergebnis der Prüfung schriftlich zu berichten. Stellt er bei der Prüfung des Jahresabschlusses, des Lageberichts und des Berichts über die Beziehungen zu verbundenen Unternehmen fest, daß dieser Bericht unvollständig ist, so hat er auch hierüber zu berichten. Der Abschlussprüfer hat seinen Bericht zu unterzeichnen und dem Aufsichtsrat vorzulegen; dem Vorstand ist vor der Zuleitung Gelegenheit zur Stellungnahme zu geben.

(3) Sind nach dem abschließenden Ergebnis der Prüfung keine Einwendungen zu erheben, so hat der Abschlußprüfer dies durch folgenden Vermerk zum Bericht über die Beziehungen zu verbundenen Unternehmen zu bestätigen:
Nach meiner/unserer pflichtmäßigen Prüfung und Beurteilung bestätige ich/bestätigen wir, daß
1. die tatsächlichen Angaben des Berichts richtig sind,
2. bei den im Bericht aufgeführten Rechtsgeschäften die Leistung der Gesellschaft nicht unangemessen hoch war oder Nachteile ausgeglichen worden sind,
3. bei den im Bericht aufgeführten Maßnahmen keine Umstände für eine wesentlich andere Beurteilung als die durch den Vorstand sprechen.
Führt der Bericht kein Rechtsgeschäft auf, so ist Nummer 2, führt er keine Maßnahme auf, so ist Nummer 3 des Vermerks fortzulassen. Hat der Abschlußprüfer bei keinem im Bericht aufgeführten Rechtsgeschäft festgestellt, daß die Leistung der Gesellschaft unangemessen hoch war, so ist Nummer 2 des Vermerks auf diese Bestätigung zu beschränken.

(4) Sind Einwendungen zu erheben oder hat der Abschlußprüfer festgestellt, daß der Bericht über die Beziehungen zu verbundenen Unternehmen unvollständig ist, so hat er die Bestätigung einzuschränken oder zu versagen. Hat der Vorstand selbst erklärt, daß die Gesellschaft durch bestimmte Rechtsgeschäfte oder Maßnahmen benachteiligt

---

schaft nach § 264 Abs. 3 HGB von der Aufstellung eines Anhangs befreit ist, s. § 316 Rdnr. 4.
[128] *Koppensteiner* in Kölner Kommentar Rdnr. 70; *Hüffer* Rdnr. 37.

[129] BGHZ 124, 111, 121 f. = NJW 1994, 520; BGH NJW 1997, 1855, 1856; OLG Köln ZIP 1993, 110, 112.

worden ist, ohne daß die Nachteile ausgeglichen worden sind, so ist dies in dem Vermerk anzugeben und der Vermerk auf die übrigen Rechtsgeschäfte oder Maßnahmen zu beschränken.

(5) Der Abschlußprüfer hat den Bestätigungsvermerk mit Angabe von Ort und Tag zu unterzeichnen. Der Bestätigungsvermerk ist auch in den Prüfungsbericht aufzunehmen.

Schrifttum: *Bezzenberger,* Die Überwachungsaufgabe des Aufsichtsrats und die Durchführung besonderer Prüfungshandlungen unter Einschaltung des Abschlußprüfers, FS für Brönner, 2000, S. 35; *Deilmann,* Die Entstehung des qualifizierten faktischen Konzerns, 1990; *Döllerer,* Der Abhängigkeitsbericht und seine Prüfung bei einem Vorstandswechsel, FS für Semler, 1993, S. 441; *Habersack,* Alte und neue Ungereimtheiten im Rahmen der §§ 311 ff. AktG, FS für Peltzer, S. 139; *Haesen,* Der Abhängigkeitsbericht im faktischen Konzern, 1970; *Hommelhoff,* Praktische Erfahrungen mit dem Abhängigkeitsbericht, ZHR 156 (1992), 295; *ders.,* Empfiehlt es sich, das Recht faktischer Unternehmensverbindungen – auch im Hinblick auf das Recht anderer EG-Staaten – neu zu regeln?, Gutachten G für den 59. Deutschen Juristentag, 1992; *ders.,* Die neue Position des Abschlußprüfers im Kraftfeld der aktienrechtlichen Organisationsverfassung, BB 1998, 2567, 2625; *ders./Mattheus,* Corporate Governance nach dem KonTraG, AG 1998, 259; IdW, Zur Aufstellung und Prüfung des Berichts über die Beziehungen zu verbundenen Unternehmen (Abhängigkeitsbericht nach § 312 AktG), Stellungnahme HFA 3/1991, Sammlung IdW/HFA S. 227 = WPg 1992, 91; *Kropff,* Außenseiterschutz in der faktisch abhängigen „kleinen" Aktiengesellschaft, ZGR 1988, 558; *Kupsch,* Die Auswirkungen einer fehlenden Schlußerklärung nach § 312 Abs. 3 AktG im Lagebericht auf den Bestätigungsvermerk des Abschlußprüfers, DB 1993, 493; *S. Maul,* Probleme im Rahmen von grenzüberschreitenden Unternehmensverbindungen, NZG 1999, 741; *A. Meier,* Inhalt und Prüfung des Abhängigkeitsberichts, WPg 1968, 64; *Pöppl,* Aktienrechtlicher Minderheitenschutz durch den „Abhängigkeitsbericht", 1972.

Übersicht

I. Einführung

1   **1. Inhalt und Zweck der Vorschrift.** Die Vorschrift regelt die Prüfung des Abhängigkeitsberichts durch den Abschlußprüfer der Gesellschaft. Im einzelnen nennt Abs. 1 zunächst die *Voraussetzungen* der Prüfungspflicht; zugleich konkretisiert er den *Umfang* der Prüfung. Abs. 2 bestimmt sodann, daß über das Ergebnis der Prüfung schriftlich zu *berichten* ist. Abs. 3 bis 5 der Vorschrift schließlich regeln die Erteilung, Einschränkung oder Versagung des *Bestätigungsvermerks* des Prüfers sowie die Aufnahme des Vermerks in den nach Abs. 2 zu erstellenden Prüfungsbericht. Die Vorschrift enthält zwingendes Recht; von ihr kann weder durch Satzung noch durch Beschluß abgewichen werden.

2   Ausweislich der Gesetzesmaterialien dient die Prüfung durch den Abschlußprüfer der *Vorbereitung und Ergänzung* der nach § 314 obligatorischen Prüfung des Berichts durch den *Aufsichtsrat* der Gesellschaft. Zur Einführung einer zusätzlichen Prüfung sah sich der Gesetzgeber nicht allein aufgrund der möglicherweise fehlenden Sachkunde der Mitglieder des Aufsichtsrats veranlaßt. Im Vordergrund stand vielmehr die nicht von der Hand zu weisende Befürchtung, daß der zumeist mit Repräsentanten des herrschenden Unternehmens besetzte Aufsichtsrat ungeachtet der in § 314 angelegten Haftungsrisiken befangen und damit zu einer unabhängigen, aus Sicht der abhängigen Gesellschaft erfolgenden Prüfung schwerlich in der Lage ist.[1] Die Vorschrift soll demnach vor allem die Verwirklichung der dem Abhängigkeitsbericht zugedachten Funktionen gewährleisten, d. h. die Stellung des Vorstands der abhängigen Gesellschaft stärken und damit die Einhaltung der sich aus § 311 ergebenden *Schranken der Einflußnahme* durch das herrschende Unternehmen sichern. Damit im Zusammenhang steht auch die Vorschrift des § 315 S. 1 Nr. 1, die im Fall einer Einschränkung oder Versagung des Bestätigungsvermerks des Abschlußprüfers jedem Aktionär das Recht gibt, eine Sonderprüfung zu beantragen; dadurch soll zum einen die Durchsetzung etwaiger Schadensersatzansprüche durch die Aktionäre ermöglicht (§ 312 Rdnr. 2), zum anderen die Verwirklichung des Tatbestands des § 317 von vornherein unterbunden werden (§ 312 Rdnr. 2 f.). Steht somit der **Präventionsgedanke** durchaus im Vordergrund,[2] so erschöpft sich der Zweck des § 313 doch nicht darin. Vielmehr geht es der Vorschrift auch darum, eine begrenzte Publizität des Abhängigkeitsberichts zu gewährleisten. Dies geschieht im Zusammenspiel mit § 314 Abs. 2 S. 2, wonach der Aufsichtsrat in seinem Bericht an die Hauptversammlung auch zu dem Ergebnis der Prüfung nach § 313 Stellung zu nehmen hat.

Bereits im Rahmen des Gesetzgebungsverfahrens wurde erkannt, daß die Vorschrift des **3** § 313 an Person und Tätigkeit des Abschlußprüfers hohe Erwartungen knüpft.[3] So befindet sich der Abschlußprüfer im Rahmen seiner Aufgaben nach § 313 in der auch im Zusammenhang mit der Prüfung des Jahresabschlusses bekannten Abhängigkeitslage: Der von ihm erhofften Erteilung weiterer Prüfungsaufträge ist eine allzu kritische Prüfung des Abhängigkeitsberichts gewiß nicht förderlich.[4] Mit dem KonTraG (Einleitung Rdnr. 21) und, daran anknüpfend, dem KapCoRiLiG (Rdnr. 5) hat der Gesetzgeber dieser Problematik zwar zu begegnen versucht;[5] es bleibt jedoch abzuwarten, ob diese Maßnahmen die Stellung des Abschlußprüfers nachhaltig stärken werden. Darüber hinaus muß auch der Abschlußprüfer mit der dem § 311 immanenten Problematik leben, daß die Verbundbeziehungen am Maßstab des Verhaltens eines ordentlichen Geschäftsleiters einer unabhängigen Gesellschaft und damit auf ihre wirtschaftliche Vertretbarkeit hin zu kontrollieren sind (§ 311 Rdnr. 39 ff.).

2. Änderung durch Art. 2 BiRiLiG. Die Vorschrift hat durch Art. 2 BiRiLiG[6] eine **4** Reihe von Änderungen erfahren. Die wesentliche Änderung ist *mittelbar* erfolgt, nämlich durch die Vorschrift des § 316 Abs. 1 S. 1 HGB. Sie ist deshalb von Bedeutung für § 313 Abs. 1, weil die Pflicht zur Prüfung des Abhängigkeitsberichts an diejenige zur Prüfung des *Jahresabschlusses* gebunden ist. Infolge der Neufassung des § 316 Abs. 1 S. 1 HGB, wonach nur der *Jahresabschluß* einer großen oder mittelgroßen Kapitalgesellschaft iSd. § 267 Abs. 2, 3 HGB zu prüfen ist, sind nunmehr **kleine Gesellschaften** iSd. § 267 Abs. 1 HGB dem Anwendungsbereich des § 313 entzogen. Dies begegnet gravierenden Bedenken und sollte alsbald korrigiert werden (Rdnr. 6 f.). Unproblematisch sind dagegen die Änderungen, die § 313 unmittelbar erfahren hat. So ist die in der alten Fassung des § 313 enthaltene Verweisung auf die (durch das BiRiLiG aufgehobenen) §§ 162, 165 aF durch eine solche auf § 320

---

[1] Begr. zum RegE bei *Kropff* AktG S. 413; s. ferner MünchKommAktG/*Kropff* Rdnr. 3; *Haesen* S. 120 ff.

[2] S. bereits § 312 Rdnr. 3; ferner MünchKommAktG/*Kropff* Rdnr. 2 mit zutr. Hinweis auf die „Scheu vor Diskussionen mit dem Abschlußprüfer".

[3] Vgl. Begr. zum RegE bei *Kropff* AktG S. 413, 414.

[4] Dazu namentlich *Koppensteiner* in Kölner Kommentar Rdnr. 3; *Hommelhoff* Gutachten S. 55, 65, 85, u. a. mit dem Vorschlag, den Abhängigkeitsbe-richt zwingend durch einen anderen als den Jahres-

abschlußprüfer prüfen zu lassen (dagegen allerdings *Hoffmann-Becking*, Verhandlungen des 59. Deutschen Juristentages 1992, Bd. II (Sitzungsbericht). S. R 23, 24, 33; *K. Schmidt* JZ 1992, 857, 862; MünchKommAktG/*Kropff* Rdnr. 5 f., 13 ff.

[5] Vgl. §§ 319 Abs. 2 Nr. 8, Abs. 3 Nr. 6 HGB, § 111 Abs. 2 S. 3 AktG; s. dazu noch Rdnr. 9, 25 ff. sowie § 314 Rdnr. 3; ferner *Bezzenberger,* FS für Brönner, S. 35, 46 ff.; *Hommelhoff* BB 1998, 2567, 2568 ff.; *ders./Mattheus* AG 1998, 249, 256 ff.

[6] Gesetz v. 16. 12. 1985, BGBl. I S. 2355.

HGB ersetzt und das Auskunftsrecht, welches sich zuvor aus § 165 Abs. 4 aF ergab, in Abs. 1 S. 4 geregelt worden.

5   **3. Änderung durch Art. 3 KapCoRiLiG.** Eine weitere Änderung hat § 313 durch Art. 3 Nr. 2 KapCoRiLiG (Einleitung Rdnr. 26) erfahren. Nunmehr bestimmt Abs. 2 S. 3 der Vorschrift, daß der Abschlußprüfer seinen Bericht unmittelbar dem Aufsichtsrat vorzulegen hat und dem Vorstand vor der Zuleitung Gelegenheit zur Stellungnahme zu geben ist. Dadurch wird dem Umstand Rechnung getragen, daß das KonTraG (Einleitung Rdnr. 21) die Zusammenarbeit von Abschlußprüfer und Aufsichtsrat neu geregelt und in § 321 Abs. 5 S. 2 HGB (iVm. § 111 Abs. 2 S. 3) den Aufsichtsrat als unmittelbaren Adressaten des den *Jahresabschluß* betreffenden Prüfungsberichts des Abschlußprüfers bestimmt hat.

II. Prüfungspflicht (Abs. 1)

6   **1. Anwendungsbereich (S. 1).** Vor dem Hintergrund des Normzwecks des § 313 (Rdnr. 2) wäre es an sich konsequent, entspräche der Anwendungsbereich der in Abs. 1 normierten Prüfungspflicht demjenigen des § 312. Im Grundsatz ist dem auch so.[7] Da allerdings die Pflicht zur Prüfung des Abhängigkeitsberichts nach der Konzeption des Abs. 1 S. 1 *unselbständiger Bestandteil der gesetzlichen* Verpflichtung zur Prüfung des Jahresabschlusses ist (Rdnr. 9), letztere aber gem. § 316 Abs. 1 S. 1 HGB nur bezüglich mittelgroßer und großer Kapitalgesellschaften iSd. § 267 Abs. 2 und 3 HGB besteht, sind die **kleine Aktiengesellschaft und die kleine KGaA** (jew. iSd. § 267 Abs. 1 HGB) dem Anwendungsbereich des § 313 entzogen. Einen sachlich einleuchtenden Grund für die Beschränkung der Prüfungspflicht des § 313 Abs. 1 auf Gesellschaften, deren *Jahresabschluß* prüfungspflichtig ist, ist nicht ersichtlich.[8] Vielmehr liegt es auf der Hand, daß die aus der Abhängigkeit resultierenden Gefahren für die Gläubiger und außenstehenden Aktionäre größenunabhängig sind und deshalb bei kleinen Gesellschaften iSd. § 267 Abs. 1 HGB (zumindest) gleichermaßen begegnen.[9] Bedenkt man, daß die Prüfung des Abhängigkeitsberichts durch den Abschlußprüfer eine *zentrale Funktion* innerhalb des Schutzsystems der §§ 311 ff. einnimmt, indem sie nicht nur die fehlende Publizität des Abhängigkeitsberichts ausgleichen (§ 312 Rdnr. 2, 4), sondern vor allem die Einhaltung der sich aus §§ 311, 317 ergebenden Schranken der Einflußnahme durch das herrschende Unternehmen sicherstellen soll (Rdnr. 2; s. ferner § 315 Rdnr. 2), so erscheint es geboten, bereits de lege lata[10] nach Möglichkeiten zur Beseitigung dieses – bei Schaffung der §§ 316 Abs. 1 S. 1, 267 Abs. 1 HGB offensichtlich übersehenen und in §§ 313, 314 schlicht nachvollzogenen[11] – Schutzdefizits zu suchen (Rdnr. 7).

7   Zunächst bietet es sich an, die Verpflichtung zur Prüfung des Abhängigkeitsberichts auch auf den Fall zu erstrecken, daß eine *satzungsmäßige Verpflichtung* zur Prüfung des *Jahresabschlusses* besteht.[12] Fehlt es an einer entsprechenden Satzungsbestimmung, so sollte der Vorzug einer Lösung gegeben werden, die die *Vertraulichkeit* des Abhängigkeitsberichts wahrt (s. § 312 Rdnr. 4). In Anlehnung an §§ 253, 254 des Referentenentwurfs eines GmbH-Gesetzes von 1969[13] sollte deshalb für die kleine AG eine Verpflichtung zur **eigenständigen,** also unabhängig von der Prüfung des Jahresabschlusses erfolgenden **Prüfung des Abhängigkeitsberichts** angenommen werden.[14] Hinsichtlich des Gegenstands, des Um-

---

[7] S. deshalb im einzelnen § 312 Rdnr. 6 ff.
[8] So auch MünchKommAktG/*Kropff* Rdnr. 13.
[9] Zutr. *Hommelhoff* Gutachten G S. 55 f.; s. ferner bereits *Kropff*, FS für Goerdeler, S. 259, 271 f.; *ders.* ZGR 1988, 558, 560 ff.
[10] Zu entsprechenden Vorschlägen de lege ferenda s. die Nachw. in Fn. 9; ferner *K. Schmidt* JZ 1992, 857, 862; *Hüffer* Rdnr. 2; s. ferner den Beschluß der Wirtschaftsrechtlichen Abteilung in Verhandlungen des 59. Deutschen Juristentags 1992, Bd. II (Sitzungsbericht), S. R. 188.

[11] Näher dazu *Kropff*, FS für Goerdeler, S. 259, 272.
[12] Zutr. *Kropff* ZGR 1988, 558, 561 f.; *ders.* in MünchKommAktG Rdnr. 22.
[13] BMJ (Hrsg.), RefE eines Gesetzes über Gesellschaften mit beschränkter Haftung, 1969.
[14] Näher *Habersack*, FS für Peltzer, S. 139, 142 ff.; aA *Kropff* ZGR 1988, 558, 565 ff., der sich statt dessen für ein Einsichtsrecht der außenstehenden Aktionäre analog § 51 a GmbHG ausspricht.

fangs und der Durchführung der Prüfung sollten die Vorschriften des § 313 entsprechend herangezogen werden;[15] die Frage der Bestellung und der Haftung des Prüfers ließe sich in entsprechender Anwendung der § 111 Abs. 2, § 323 HGB lösen (s. noch Rdnr. 11). Die gegen die hier vorgeschlagene Lösung vorgetragenen Bedenken[16] vermögen nicht zu überzeugen. Zugegeben sei, daß der Wortlaut des § 313 Abs. 1 eindeutig ist, ferner, daß sich die Prüfung des Abhängigkeitsberichts nach der Konzeption des § 313 als Teil der Abschlußprüfung versteht (Rdnr. 6, 9). Ebenso eindeutig ist aber, daß die durch Art. 2 BiRiLiG (Rdnr. 4) entstandene Lücke nicht nur planwidrig entstanden ist, sondern einen nach der ursprünglichen Konzeption des Gesetzgebers zentralen Baustein des Außenseiterschutzes zum Wegfall gebracht und damit die Berechtigung der Privilegierung, die das herrschende Unternehmen durch § 311 erfährt (§ 311 Rdnr. 2, 4 f., 8), rechtspolitisch und -dogmatisch sehr in Frage gestellt hat. Soll es auch für die kleine AG (iSd. § 267 HGB) bei Geltung der §§ 311, 317 und damit insbes. bei der Möglichkeit des hinausgeschobenen Nachteilsausgleichs bewenden, so erscheint ein Korrektiv und damit die entsprechende Anwendung des § 313 als unabdingbar. Zur analogen Anwendung des § 270 Abs. 3 s. Rdnr. 8.

Abweichend von der Rechtslage vor Inkrafttreten des BiRiLiG[17] findet § 313 auch auf **8** die **Liquidationsgesellschaft** Anwendung. Nach § 270 Abs. 3 kann allerdings das gem. § 14 iVm. § 145 FGG zuständige Amtsgericht von der Verpflichtung zur Prüfung des Jahresabschlusses befreien. Soweit es sich um eine große oder mittelgroße Gesellschaft handelt, entfällt damit zwar auch die Verpflichtung zur Erstellung des Abhängigkeitsberichts; doch darf das Gericht die Befreiung nicht erteilen, wenn die Voraussetzungen des § 270 Abs. 3 zwar hinsichtlich des Jahresabschlusses, nicht aber hinsichtlich des Abhängigkeitsberichts vorliegen. Handelt es sich um eine kleine Gesellschaft, so liegt es nahe, im Falle ihrer Auflösung die Vorschrift des § 270 Abs. 3 auf die hier befürwortete (Rdnr. 7) Pflicht zur eigenständigen Prüfung des Abhängigkeitsberichts analog anzuwenden.

2. Einleitung des Prüfungsverfahrens (S. 1). a) Prüfungsauftrag. Die Prüfung des **9** Abhängigkeitsberichts ist im unmittelbaren Anwendungsbereich des § 313 (s. noch Rdnr. 10) stets und ausnahmslos unselbständiger Bestandteil der Abschlußprüfung und damit **Aufgabe des Abschlußprüfers.** Vorbehaltlich der kleinen Kapitalgesellschaft (Rdnr. 7) wird ein gesonderter Prüfungsauftrag nicht erteilt. Nach Abs. 1 S. 1 ist die Verpflichtung zur Prüfung des Abhängigkeitsberichts vielmehr Bestandteil des dem Abschlußprüfer erteilten Auftrags[18] zur Prüfung des Jahresabschlusses.[19] Die Vorschrift des Abs. 1 S. 1 ergänzt mithin diejenige des § 317 HGB betreffend den Gegenstand und den Umfang der Abschlußprüfung. Demgemäß bestimmt sich auch die **Verantwortlichkeit und Haftung des Prüfers** nach §§ 403, 404 Abs. 1 Nr. 2, §§ 323, 333 HGB.[20]

Die Zuständigkeit des Abschlußprüfers ist zwingend; die Erteilung eines gesonderten **10** Auftrags zur Prüfung des Abhängigkeitsberichts, sei es an den Abschlußprüfer oder an einen Dritten, ist nicht möglich.[21] Da die abhängige Gesellschaft nach hier vertretener Ansicht das herrschende Unternehmen nicht auf Ersatz der im Zusammenhang mit den §§ 312 ff. getätigten *Aufwendungen* in Anspruch nehmen kann (§ 312 Rdnr. 17), bedarf es auch keines gesonderten Ausweises der Kosten der Prüfung des Abhängigkeitsberichts.[22] Entsprechend **§ 319 Abs. 2 Nr. 5 HGB** ist es nicht nur ausgeschlossen, daß der Prüfer beauftragt wird, den Abhängigkeitsbericht aufzustellen.[23] Ihm ist vielmehr auch jede sonstige gestalterische Einflußnahme auf den Inhalt des Abhängigkeitsberichts untersagt;[24] insbes. ist ihm auch

---

[15] Die Vorschrift des Abs. 2 S. 2 ist im Fall der isolierten Prüfung des Abhängigkeitsberichts allerdings weitgehend gegenstandslos, s. noch Rdnr. 21.

[16] MünchKommAktG/*Kropff* Rdnr. 20.

[17] Dazu *Kropff* in Geßler/Hefermehl Rdnr. 8.

[18] Die Beauftragung des Prüfers erfolgt nach § 111 Abs. 2 S. 3 durch den Aufsichtsrat; dieser handelt dabei im Namen der Gesellschaft.

[19] MünchKommAktG/*Kropff* Rdnr. 29; *A/D/S* Rdnr. 5; *Kupsch* DB 1993, 493.

[20] AllgM, s. statt aller MünchKommAktG/*Kropff* Rdnr. 104; zur Anwendung des § 324 HGB s. noch Rdnr. 13.

[21] MünchKommAktG/*Kropff* Rdnr. 27; *Hüffer* Rdnr. 4.

[22] AA – konsequenterweise – *Hüffer* Rdnr. 3.

[23] Wohl einhM, s. MünchKommAktG/*Kropff* Rdnr. 35; *A/D/S* Rdnr. 7; *Hüffer* Rdnr. 4.

[24] Vgl. im Zusammenhang mit der Prüfung des Jahresabschlusses BGH NJW 1997, 2178 = AG

unabhängig davon, daß der Nachteilsausgleich nach § 311 Abs. 2 spätestens zum Schluß des Geschäftsjahres festgelegt werden muß (Rdnr. 17; § 311 Rdnr. 69 ff.), ein Aushandeln des Ausgleichs mit dem herrschenden Unternehmen verboten.[25] Wohl aber ist es zulässig, daß über den gesetzlichen Auftrag des § 313 hinaus besondere Prüfungsschwerpunkte festgelegt werden.[26]

11   Besonderheiten gelten für die **kleine AG oder KGaA** (Rdnr. 7). Sofern nicht deren *Satzung* die Prüfung des *Jahresabschlusses* vorsieht,[27] ist ein Auftrag speziell zur Prüfung des Abhängigkeitsberichts zu erteilen. Entsprechend § 111 Abs. 2 S. 3 hat dies durch den Aufsichtsrat der abhängigen Gesellschaft zu geschehen. Mit der Prüfung des Abhängigkeitsberichts ist eine *zur Abschlußprüfung befähigte Person* zu beauftragen. Deren Verantwortlichkeit richtet sich nach §§ 403, 404 Abs. 1 Nr. 2, § 323 HGB.

12   **b) Vorlage des Abhängigkeitsberichts.** Nach Abs. 1 S. 1 hat der Vorstand den von ihm aufgestellten Abhängigkeitsbericht *gleichzeitig mit dem Jahresabschluß* und dem Lagebericht dem Abschlußprüfer zu übergeben. Nach § 320 Abs. 1 S. 1 HGB hat dies „unverzüglich nach der Aufstellung" zu geschehen. Die Aufstellung der Unterlagen hat nach § 312 Abs. 1 S. 1 iVm. § 264 Abs. 1 S. 2 HGB grundsätzlich innerhalb der ersten drei Monate des neuen Geschäftsjahres zu erfolgen. Ausnahmen gelten jedoch für Versicherungsunternehmen und für kleine Kapitalgesellschaften (§ 312 Rdnr. 15; Rdnr. 7).

13   Die Verpflichtung zur Aushändigung des Abhängigkeitsberichts kann gem. § 407 Abs. 1 im **Zwangsgeldverfahren** durchgesetzt werden (s. § 312 Rdnr. 18 ff., dort auch zu weiteren Sanktionen). Bestehen Meinungsverschiedenheiten über die *Notwendigkeit eines Abhängigkeitsberichts,* so können Vorstand und Abschlußprüfer, da die Schlußerklärung des Vorstands in den Lagebericht aufzunehmen ist (§ 312 Rdnr. 47), eine **Entscheidung gem. § 324 HGB** herbeiführen.[28] Meinungsverschiedenheiten, die sich auf den *Inhalt* und die *Vollständigkeit* des Berichts beziehen, können dagegen nicht mittels des Verfahrens nach § 324 HGB beigelegt werden.[29] Verweigert der Vorstand die Vorlage eines nach Ansicht des Abschlußprüfers erforderlichen Abhängigkeitsberichts, so ist der Vermerk zum Jahresabschluß entsprechend einzuschränken (§ 312 Rdnr. 19).

14   **3. Gegenstand der Prüfung (S. 2). a) Richtigkeit der tatsächlichen Angaben.** Abs. 1 S. 2 Nr. 1 definiert den Gegenstand der Prüfung zunächst dahin gehend, daß die tatsächlichen Angaben des Abhängigkeitsberichts auf ihre Richtigkeit zu überprüfen sind. Unter „tatsächlichen Angaben" sind **in der Vergangenheit liegende und objektiv nachprüfbare Vorgänge** zu verstehen; im Abhängigkeitsbericht enthaltene Bewertungen und Prognosen sind somit von S. 2 Nr. 1 nicht erfaßt.[30] Die Grenzen zwischen Tatsachenangaben und Werturteilen sind allerdings fließend. In Zweifelsfällen hat der Prüfer auf Klarstellung hinzuwirken.[31] Zu prüfen ist insbes., ob die im Bericht genannten *Rechtsgeschäfte* wirklich und zu den angegebenen Konditionen vorgenommen und die im Bericht genannten *Maßnahmen* wirklich und unter den genannten Umständen getroffen oder unterlassen worden sind.[32] Eine Überprüfung des Berichts auf die **Vollständigkeit** der tatsächlichen Angaben gehört dagegen, wie sich namentlich dem Wortlaut des S. 2 Nr. 1–3 („richtig",

1997, 415 (Beratung in wirtschaftlichen und steuerlichen Angelegenheiten ist mit Abschlußprüfung durch denselben Wirtschaftsprüfer grundsätzlich vereinbar, kann jedoch nach Art und Umfang im Einzelfall eine unzulässige Mitwirkung iSd. § 319 Abs. 2 Nr. 5 HGB darstellen); BGH NZG 2003, 216, 217 ff. = ZIP 2003, 290; *Röhricht* WPg 1998, 153.

[25] MünchKommAktG/*Kropff* Rdnr. 36.
[26] Vgl. Begr. zum RegE des KonTraG, BR-Drucks. 872/97, S. 41.
[27] In diesem Fall sollte es bei der in § 313 Abs. 1 S. 1 vorgesehenen Prüferidentität bewenden, aA MünchKommAktG/*Kropff* Rdnr. 28.

[28] HM, s. MünchKommAktG/*Kropff* Rdnr. 105; MünchHdb. AG/*Krieger* § 69 Rdnr. 82; *Hüffer* Rdnr. 3; für analoge Anwendung *Koppensteiner* in Kölner Kommentar Rdnr. 3.
[29] Vgl. bereits Begr. zum RegE bei *Kropff* S. 415; ferner MünchKommAktG/*Kropff* Rdnr. 105.
[30] Wohl einhM, s. *Koppensteiner* in Kölner Kommentar Rdnr. 11; MünchKommAktG/*Kropff* Rdnr. 37 f.; MünchHdb. AG/*Krieger* § 69 Rdnr. 91; *Hüffer* Rdnr. 5.
[31] So wohl auch MünchKommAktG/*Kropff* Rdnr. 39 (Prüfer habe auf Vervollständigung zu dringen).
[32] *Hüffer* Rdnr. 5.

„im Bericht aufgeführten Rechtsgeschäften" bzw. „Maßnahmen") entnehmen läßt, nicht zum Prüfungsgegenstand.[33] Stößt der Prüfer allerdings auf Lücken im Bericht, so ist er gehalten, ihnen nach Maßgabe des Abs. 2 S. 2 nachzugehen (Rdnr. 21).

b) Rechtsgeschäfte. Die im Bericht aufgeführten Rechtsgeschäfte sind nach Abs. 1 S. 2 **15** Nr. 2 zunächst darauf zu überprüfen, ob „die Leistung der Gesellschaft nicht unangemessen hoch war". Insoweit obliegt dem Abschlußprüfer mithin die **Bewertung** der im Abhängigkeitsbericht dokumentierten Rechtsgeschäfte. Dabei hat die Vorschrift des Abs. 1 S. 2 Nr. 2 ebenso wie diejenige des § 312 Abs. 1 S. 3 (§ 312 Rdnr. 37 f.) den praktischen Regelfall des Austauschvertrags im Auge. Eine Begrenzung des Prüfungsumfangs läßt sich dem allerdings nicht entnehmen (s. bereits § 312 Rdnr. 23). Vielmehr bezieht sich Abs. 1 S. 2 Nr. 2 auf *sämtliche Rechtsgeschäfte* (s. im einzelnen § 312 Rdnr. 23 ff.), im Unterschied zu § 312 Abs. 1 freilich nur auf die im Abhängigkeitsbericht *dokumentierten* (Rdnr. 14). Dem Abschlußprüfer obliegt denn auch nach Abs. 1 S. 2 Nr. 2 die Prüfung, ob das Rechtsgeschäft **nachteiligen Charakter** iSd. § 311 Abs. 1 hat. Zu prüfen ist demnach, ob das Rechtsgeschäft auch vom gewissenhaften und sorgfältigen Vorstand einer unabhängigen AG hätte vorgenommen werden dürfen (§ 311 Rdnr. 39 ff.).[34] Über *unterlassene Rechtsgeschäfte* ist im Rahmen der sonstigen Maßnahmen zu berichten (§ 312 Rdnr. 28, 38 f.); die Prüfung beurteilt sich demzufolge nach § 313 Abs. 1 S. 2 Nr. 3 (Rdnr. 18 f.).

Aus der Anknüpfung an den Nachteilsbegriff erklärt sich zunächst die – in Abs. 1 S. 2 **16** Nr. 2 ausdrücklich betonte – Maßgeblichkeit des **Zeitpunkts der Vornahme des Rechtsgeschäfts.** Der nachteilige Charakter des Rechtsgeschäfts ist demnach auf der Grundlage der dem Vorstand bekannten und *erkennbaren*[35] Umstände zu ermitteln; erst später auftretende und bei pflichtgemäßer Sorgfalt nicht erkennbare Entwicklungen bleiben außer Betracht.[36] Des weiteren ist den Bewertungsschwierigkeiten, die dem Nachteilsbegriff und damit auch dem in Abs. 1 S. 2 Nr. 2 enthaltenen Prüfungsauftrag immanent sind (§ 311 Rdnr. 53 ff.), durch Anerkennung eines gewissen **Beurteilungsspielraums** Rechnung zu tragen.[37] Der Wortlaut des Gesetzes bringt dies dadurch zum Ausdruck, daß allein zu prüfen ist, ob die Leistung der Gesellschaft „nicht unangemessen hoch" war. Entscheidend ist danach, ob die Vornahme des Rechtsgeschäfts bei vernünftiger kaufmännischer Betrachtung als vertretbar erscheint. Geringfügige Abweichungen können außer Betracht bleiben.

Ergibt sich aus dem Inhalt des Abhängigkeitsberichts (§ 312 Rdnr. 40, 45) oder aufgrund **17** der Prüfung durch den Abschlußprüfer, daß die Leistung der Gesellschaft „unangemessen hoch" ist, das Rechtsgeschäft also nachteiligen Charakter hat (Rdnr. 16), so ist nach Abs. 1 S. 2 Nr. 2, 2. Halbs. zu prüfen, ob der Nachteil ausgeglichen worden ist.[38] Mit dem Begriff des **Nachteilsausgleichs** nimmt Abs. 1 S. 2 Nr. 2 auf § 311 Abs. 2 Bezug. Zu berücksichtigen sind demnach ein tatsächlich erfolgter Ausgleich und die Begründung eines entsprechenden Rechtsanspruchs.[39] Erst nach Schluß des Geschäftsjahres eingeräumte Vorteile berechtigen dagegen nicht zur Erteilung des uneingeschränkten Bestätigungsvermerks iSd. Abs. 3 S. 2 Nr. 2; dies gilt insbes. für einen erst auf Veranlassung des Abschlußprüfers gewährten Ausgleich (s. auch Rdnr. 10).[40] Da im Ausgleichsvertrag iSd. § 311 Abs. 2 Art und Umfang der als Ausgleich zugesagten Vorteile bestimmt werden müssen (§ 311

---

[33] Vgl. bereits Begr. zum RegE bei *Kropff* S. 414; ferner MünchKommAktG/*Kropff* Rdnr. 39, 56; *Koppensteiner* in Kölner Kommentar Rdnr. 11, 17; MünchHdb. AG/*Krieger* § 69 Rdnr. 91; *Hüffer* Rdnr. 5; mißverständlich *Baumbach/Hueck* Rdnr. 6.

[34] MünchKommAktG/*Kropff* Rdnr. 41; A/D/S Rdnr. 22 f.

[35] *Döllerer*, FS für Semler, S. 441, 445; MünchKommAktG/*Kropff* Rdnr. 42; *Koppensteiner* in Kölner Kommentar Rdnr. 12; *Hüffer* Rdnr. 7; zur entsprechenden (dort freilich umstrittenen) Rechtslage im Zusammenhang mit der Berichtspflicht des Vorstands s. § 312 Rdnr. 46.

[36] Vgl. die Nachw. in Fn. 35.

[37] Vgl. bereits Begr. zum RegE bei *Kropff* AktG S. 414; ferner MünchKommAktG/*Kropff* Rdnr. 43; A/D/S Rdnr. 22; WP-Handbuch Bd. I Rdnr. F 925.

[38] Zum weiteren Verfahren für den Fall, daß der Prüfer der Ansicht ist, eine vom Vorstand als nicht nachteilig qualifizierte Maßnahme sei nachteilig, s. MünchKommAktG/*Kropff* Rdnr. 52.

[39] Vgl. statt aller *Koppensteiner* in Kölner Kommentar Rdnr. 14.

[40] *Koppensteiner* in Kölner Kommentar Rdnr. 14; *Hüffer* Rdnr. 8.

Rdnr. 74), ist es ausgeschlossen, daß die Konkretisierung des Ausgleichsanspruchs von den Feststellungen des Abschlußprüfers abhängig gemacht wird.[41] Auch im Zusammenhang mit dem Nachteilsausgleich kommt dem Abschlußprüfer ein *Bewertungsspielraum* zu. Zu prüfen ist also, ob der Nachteil im Hinblick auf den gewährten Vorteil nicht unangemessen hoch war (Rdnr. 16).[42] Maßgebend ist der Zeitpunkt der Vorteilsgewährung (§ 311 Rdnr. 68). Ist das Rechtsgeschäft einem Einzelausgleich nicht zugänglich, so ist das Testat einzuschränken (s. Rdnr. 19).

18   **c) Maßnahmen.** Soweit der Bericht sonstige Maßnahmen anführt (§ 312 Rdnr. 34 f.), hat der Abschlußprüfer nach Abs. 1 S. 2 Nr. 3 nur zu prüfen, ob keine Umstände für eine wesentlich andere Beurteilung als die des Vorstands sprechen. Dadurch trägt das Gesetz bewußt[43] dem Umstand Rechnung, daß im Fall sonstiger Maßnahmen die Beurteilung des nachteiligen Charakters und die Bezifferung des Nachteils mit besonderen Schwierigkeiten verbunden ist. Der Abschlußprüfer soll deshalb nicht gezwungen werden, sein Ermessen an die Stelle des **unternehmerischen Ermessens des Vorstands** zu setzen. Zugleich begrenzt das Gesetz die Verantwortlichkeit des Prüfers (s. Rdnr. 9). Im einzelnen hat der Abschlußprüfer zunächst die Angaben, die der Vorstand nach § 312 Abs. 1 S. 3 zu machen hat (§ 312 Rdnr. 39), auf ihre Schlüssigkeit und Überzeugungskraft hin zu überprüfen.[44] Zu fragen ist also, ob die Angaben des Vorstands die Maßnahme als *vertretbar* erscheinen lassen. In einem zweiten Schritt hat der Abschlußprüfer im Bericht nicht angegebene, ihm aber bekannte Gründe und Erwägungen in die Betrachtung einzubeziehen; insoweit geht es weniger um die Ermittlung weiterer Tatsachen (Rdnr. 21 f.) als um die Einbringung der besonderen Sachkunde des Prüfers.[45] Sind solche zusätzlichen Umstände gegeben, so ist zu prüfen, ob die Vornahme der Maßnahme gleichwohl als noch vertretbar erscheint. Insoweit ist die persönliche Einschätzung des Prüfers gefragt. Im Abhängigkeitsbericht nicht angeführte, bei der Beurteilung aber berücksichtigte Umstände braucht der Prüfer nicht zu beweisen.[46]

19   In die Prüfung nach Abs. 1 S. 2 Nr. 3 ist auch ein etwaiger **Nachteilsausgleich** einzubeziehen. Ist also die Maßnahme nach der Erklärung des Vorstands oder nach dem Ergebnis der Prüfung nachteilig, so ist zu prüfen, ob Ausgleich in Übereinstimmung mit § 311 Abs. 2 erfolgt ist. Insoweit findet Abs. 1 S. 2 Nr. 2 entsprechende Anwendung; zu untersuchen ist also, ob der Nachteil im Verhältnis zu dem gewährten Vorteil nicht unangemessen hoch war.[47] Läßt sich der Nachteil nicht quantifizieren und ist somit die nachteilige Maßnahme dem Einzelausgleich nach § 311 nicht zugänglich (§ 311 Rdnr. 9, 43, 53 ff.), so ist der Bestätigungsvermerk entsprechend einzuschränken. Jedenfalls in Fällen dieser Art kommt deshalb dem Abschlußprüfer durchaus die Aufgabe zu, auf das Vorliegen einer (rechtswidrigen, s. Anh. § 317 Rdnr. 2, 27 f.) qualifizierten Nachteilszufügung aufmerksam zu machen.[48] Was den für die Prüfung maßgeblichen **Zeitpunkt** betrifft, so ist auch im Rahmen des Abs. 1 S. 2 Nr. 3 auf denjenigen der Vornahme bzw. des Unterlassens der Maßnahme sowie ggf. auf denjenigen der Vorteilsgewährung abzustellen (Rdnr. 11 f.).

[41] So aber *A/D/S* § 311 Rdnr. 71; dagegen auch *Koppensteiner* in Kölner Kommentar Rdnr. 14; *Hüffer* Rdnr. 8, der statt dessen vorschlägt, den bezifferten Ausgleichsvertrag unter der auflösenden Bedingung einer beanstandungsfreien Prüfung des Rechtsgeschäfts abzuschließen (wodurch freilich die Beteiligten nicht von der Bezifferung des Ausgleichs entlastet werden, sollte das Rechtsgeschäft nachteilig sein).

[42] MünchKommAktG/*Kropff* Rdnr. 51; MünchHdb. AG/*Krieger* § 69 Rdnr. 91; *Hüffer* Rdnr. 8.

[43] Vgl. Begr. zum RegE bei *Kropff* AktG S. 414 f.

[44] MünchKommAktG/*Kropff* Rdnr. 46; *Koppensteiner* in Kölner Kommentar Rdnr. 15.

[45] MünchKommAktG/*Kropff* Rdnr. 47.

[46] *Koppensteiner* in Kölner Kommentar Rdnr. 15.

[47] *Koppensteiner* in Kölner Kommentar Rdnr. 16; MünchKommAktG/*Kropff* Rdnr. 49; MünchHdb. AG/*Krieger* § 69 Rdnr. 91.

[48] Weitergehend *Kropff*, FS für Goerdeler, S. 259, 273 (Hinweis auf qualifizierte faktische Konzernierung auch in den Fällen, in denen aufgrund des nur eingeschränkten Prüfungsmaßstabs die Prüfung gem. § 313 Abs. 1 S. 2 noch durchführbar ist, obschon der Einzelausgleich aufgrund der Breite und Vielfalt der Konzerneinwirkungen nicht mehr nachprüfbar ist); dagegen *Deilmann* S. 113 ff. – Zum Vorliegen einer qualifizierten Nachteilszufügung bei Versagen des Einzelausgleichssystems s. Anh. § 317 Rdnr. 7 ff.

4. Umfang der Prüfung. Dem Abschlußprüfer obliegt nicht die Prüfung, ob der Ab- **20** hängigkeitsbericht den Vorgaben des § 312 entsprechend aufgestellt wurde; insbes. gebietet Abs. 1 S. 2 Nr. 1 grundsätzlich **keine Vollständigkeitsprüfung** (s. Rdnr. 14, aber auch Rdnr. 21). Gegenstand der Prüfung sind vielmehr der Abhängigkeitsbericht und die in ihm dokumentierten Verbundbeziehungen.[49] Die Prüfung erfolgt somit retrograd. Bei umfangreichen Geschäftsbeziehungen darf der Prüfer die nach Abs. 1 S. 2 Nr. 1 erforderliche Überprüfung der Richtigkeit der Tatsachen (Rdnr. 14) auf **Stichproben** beschränken.[50] Davon darf freilich nur im Zusammenhang mit Routinevorgängen Gebrauch gemacht werden. Vorfälle von außergewöhnlicher Bedeutung sind dagegen stets einer Einzelprüfung zu unterziehen.

Der Vorschrift des Abs. 2 S. 2 läßt sich entnehmen, daß der Abschlußprüfer über ihm **21** bekannte Lücken des Abhängigkeitsberichts nicht hinweggehen darf.[51] Nach dem Wortlaut dieser Vorschrift besteht eine entsprechende Verpflichtung des Prüfers zwar nur für den Fall, daß er bei Prüfung des Jahresabschlusses, des Lageberichts und des Abhängigkeitsberichts die Unvollständigkeit des Letzteren feststellt. Kraft seiner Treupflicht und vorbehaltlich etwaiger Verschwiegenheitspflichten gegenüber Dritten hat der Prüfer jedoch auch sein in sonstiger Weise (etwa aufgrund früherer Prüfungstätigkeit) erlangtes Wissen heranzuziehen.[52] Er hat deshalb **allen Verdachtsmomenten gezielt nachzugehen.** Davon betroffen sind zum einen die im Abhängigkeitsbericht *dokumentierten* Rechtsgeschäfte und Maßnahmen. Insoweit ist zu überprüfen, ob alle für die Beurteilung wesentlichen Umstände angegeben sind.[53] Erlauben die im Bericht angegebenen Tatsachen keine verläßliche Überprüfung der verzeichneten Rechtsgeschäfte und Maßnahmen, so muß der Prüfer auf Ergänzung bestehen. Zum anderen hat der Abschlußprüfer allen ihm aus seiner Tätigkeit für die abhängige Gesellschaft bekannten, im Abhängigkeitsbericht aber *nicht dokumentierten* Rechtsgeschäften und Maßnahmen bzw. entsprechenden Verdachtsmomenten nachzugehen.[54] In beiden Fällen haben Mängel des Berichts die Einschränkung oder Versagung des Testats zur Folge (Rdnr. 34 ff.).

5. Einsichts- und Auskunftsrecht (S. 3 und 4). Nach § 313 Abs. 1 S. 3 hat der **22** Abschlußprüfer auch im Zusammenhang mit der Prüfung des Abhängigkeitsberichts die in § 320 Abs. 1 S. 2, Abs. 2 S. 1 und 2 HGB genannten Einsichts- und Auskunftsrechte. Der Vorstand der abhängigen Gesellschaft hat danach dem Abschlußprüfer sämtliche prüfungsrelevanten Unterlagen und Gegenstände zur Verfügung zu stellen (Abs. 1 S. 3 iVm. § 320 Abs. 1 S. 2 HGB) und ihm die für eine sorgfältige Prüfung des Berichts notwendigen Auskünfte und Nachweise zu erteilen (Abs. 1 S. 3 iVm. § 320 Abs. 2 S. 1 HGB). Die Verweisung in § 313 Abs. 1 S. 3 auf § 320 Abs. 2 S. 2 HGB stellt zudem klar, daß der Abschlußprüfer die Rechte aus § 320 Abs. 1 S. 2 und Abs. 2 S. 1 HGB, soweit es die Vorbereitung der Prüfung erfordert, auch schon *vor Aufstellung des Abhängigkeitsberichts* hat. Eine entsprechende **Zwischenprüfung** kommt namentlich im Hinblick auf die vom Vorstand ergriffenen Maßnahmen zur vollständigen Erfassung und Dokumentation der Verbundbeziehungen (§ 311 Rdnr. 80) in Betracht. Des weiteren kann der Abschlußprüfer auf der Grundlage des § 320 Abs. 2 S. 2 HGB einen Überblick über den Kreis der verbundenen Unternehmen beanspruchen, sofern nicht bereits der Abhängigkeitsbericht eine entsprechende Verbundübersicht enthält (§ 312 Rdnr. 43).[55] Die Erfüllung der aus Abs. 1 S. 3 folgenden Pflichten kann nach § 407 Abs. 1 mittels Zwangsgeld durchgesetzt

---

[49] MünchKommAktG/*Kropff* Rdnr. 56; *Hüffer* Rdnr. 10.

[50] Begr. zum RegE bei *Kropff* AktG S. 414; *Koppensteiner* in Kölner Kommentar Rdnr. 20; MünchHdb. AG/*Krieger* § 69 Rdnr. 91; zur entsprechenden Praxis s. *A/D/S* Rdnr. 45.

[51] MünchKommAktG/*Kropff* Rdnr. 57 ff.; *Koppensteiner* in Kölner Kommentar Rdnr. 17; *Hüffer* Rdnr. 11; *A/D/S* Rdnr. 46 ff.; zur entsprechen-

den Praxis s. *Hommelhoff* ZHR 156 (1992), 295, 304 f.

[52] MünchKommAktG/*Kropff* Rdnr. 58; *Koppensteiner* in Kölner Kommentar Rdnr. 17. Zur Treupflicht des Abschlußprüfers s. BGHZ 16, 17, 25.

[53] *Koppensteiner* in Kölner Kommentar Rdnr. 18.

[54] *Koppensteiner* in Kölner Kommentar Rdnr. 17.

[55] *Koppensteiner* in Kölner Kommentar Rdnr. 9; *Hüffer* Rdnr. 12; *A/D/S* Rdnr. 56.

werden. Die unrichtige oder verschleiernde Darstellung ist nach § 400 Abs. 1 Nr. 2 mit Strafe bedroht.

23   Nach der durch das BiRiLiG (Rdnr. 4) eingefügten Vorschrift des Abs. 1 S. 4 hat der Abschlußprüfer die in § 320 Abs. 1 S. 2, Abs. 2 S. 1 und 2 HGB geregelten Rechte (Rdnr. 21) auch gegenüber einem **Konzernunternehmen** sowie gegenüber einem **abhängigen oder herrschenden Unternehmen.** Damit geht § 313 zwar insoweit über § 320 Abs. 3 HGB hinaus, als dem Prüfer nicht lediglich ein Auskunftsrecht, sondern die Befugnis zur Prüfung der in § 320 Abs. 1 S. 2 HGB genannten Bücher und Schriften zusteht.[56] Der Kreis der informationspflichtigen Unternehmen bestimmt sich dagegen – ausgehend von der Sicht der *abhängigen* Gesellschaft – nach §§ 17, 18 und deckt sich deshalb nicht mit den berichtsrelevanten Unternehmensverbindungen (§ 312 Rdnr. 29 ff.). So werden von § 313 Abs. 1 S. 4 Unternehmen, die zwar von dem herrschenden Unternehmen abhängig sind (§ 17), mit diesem aber keinen Konzern bilden, nicht erfaßt. Zudem versagt die Vorschrift gegenüber Konzerngesellschaften des herrschenden Unternehmens, wenn die abhängige Gesellschaft selbst nicht in den Konzern eingebunden, sondern lediglich abhängig ist. De lege lata ist die fehlende Abstimmung des Abs. 1 S. 4 mit § 312 Abs. 1 S. 2 und 3 freilich hinzunehmen.[57]

24   Nach § 407 Abs. 1 kann auch gegenüber den nach Abs. 1 S. 4 auskunftspflichtigen Unternehmen das Zwangsgeldverfahren betrieben werden;[58] die unrichtige oder verschleiernde Darstellung ist auch insoweit nach § 400 Abs. 1 Nr. 2 strafbar. Handelt es sich um ein *ausländisches verbundenes Unternehmen,* so kann zwar die zwangsweise Durchsetzung des Einsichts- und Auskunftsrechts Schwierigkeiten bereiten; insbes. kann insoweit kein Zwangsgeld festgesetzt werden.[59] Da jedoch der Abschlußprüfer für den Fall, daß sich prüfungsrelevante Tatsachen nicht feststellen lassen, sein Testat einzuschränken hat (Rdnr. 34 ff.), was wiederum eine Sonderprüfung gem. § 315 S. 1 Nr. 1 zur Folge haben kann, wird sich die Frage einer zwangsweisen Durchsetzung regelmäßig nicht stellen.

III. Berichtspflicht (Abs. 2)

25   **1. Berichtsempfänger.** Nach Abs. 2 S. 1 hat der Abschlußprüfer über das Ergebnis der Prüfung zu berichten. Was den Adressaten betrifft, so bestimmt Abs. 2 S. 3, 1. Halbs. nunmehr (Rdnr. 5), daß der Bericht unmittelbar dem **Aufsichtsrat** vorzulegen ist. Dies trägt nicht nur dem Umstand Rechnung, daß einer der Zwecke des § 313 in der Vorbereitung und Unterstützung der nach § 314 obligatorischen Prüfung des Abhängigkeitsberichts durch den Aufsichtsrat besteht (Rdnr. 2). Die Neuregelung hat vielmehr auch die erforderliche Abstimmung zwischen § 313 und § 321 Abs. 5 S. 2 HGB (iVm. § 111 Abs. 2 S. 3) hergestellt (Rdnr. 5). Die Notwendigkeit eines Gleichlaufs von § 313 und § 321 Abs. 5 S. 2 HGB besteht seit Inkrafttreten des KonTraG (Einleitung Rdnr. 21). Gleichwohl bestimmt der durch Art. 9 Nr. 3 KapCoRiLiG eingefügte § 16 EGAktG, daß §§ 313 Abs. 2 S. 3, 314 Abs. 1 und 4 in der vom Inkrafttreten des KapCoRiLiG (Einleitung Rdnr. 26) an geltenden Fassung erstmals auf Jahresabschlüsse und Abhängigkeitsberichte für das *nach dem 31. Dezember 1999 beginnende Geschäftsjahr* anzuwenden sind. Ungeachtet dieser klaren Regelung erscheint es zwar unabdingbar, die Vorschrift des § 313 Abs. 2 S. 3 bereits auf Abschlüsse und Abhängigkeitsberichte für die Zeit nach dem Inkrafttreten des KonTraG anzuwenden;[60] denn nur so kann der Vorschrift des § 321 Abs. 5 S. 2 HGB und dem (vom Gesetzgeber des § 16 EGAktG wohl nicht hinreichend bedachten) Umstand, daß die Prüfung des Abhängig-

---

[56] Dies ist durchaus zu begrüßen, so auch MünchKommAktG/*Kropff* Rdnr. 71 (Fn. 169).

[57] MünchKommAktG/*Kropff* Rdnr. 72 f.; *Koppensteiner* in Kölner Kommentar Rdnr. 9; MünchHdb. AG/*Krieger* § 69 Rdnr. 92; *Hüffer* Rdnr. 13.

[58] MünchKommAktG/*Kropff* Rdnr. 74.

[59] Näher *Koppensteiner* in Kölner Kommentar Rdnr. 10, WP-Handbuch Bd. I Rdnr. 929, jew. mwN; aA – für Zwangsgeldfestsetzung – S. *Maul* NZG 1999, 741, 745.

[60] So auch MünchKommAktG/*Kropff* Rdnr. 85 (Fn. 202); bereits vor Verabschiedung des KapCoRiLiG für berichtigende Auslegung des § 314 aF *Hüffer* § 314 Rdnr. 1 (s. dazu noch § 314 Rdnr. 3).

keitsberichts einen unselbständigen Bestandteil der Prüfung des Jahresabschlusses bildet (Rdnr. 9), Rechnung getragen werden. Zwischenzeitlich dürfte sich die Problematik jedoch durch Zeitablauf erledigt haben.

Empfänger des Prüfungsberichts ist der Aufsichtsrat als Organ der Gesellschaft; denn er **26** ist es, der nach § 314 den Abhängigkeitsbericht des Vorstands zu prüfen hat. Die Vorlage kann (und sollte) zu Händen des **Aufsichtsratsvorsitzenden** erfolgen.[61] Dieser hat sodann nach § 314 Abs. 1 S. 2 nF zu verfahren, also den Prüfungsbericht jedem Aufsichtsratsmitglied oder den Mitgliedern eines etwaigen Ausschusses auszuhändigen. Der Abschlußprüfer kann zwar den Bericht auch unmittelbar den einzelnen Aufsichtsrats- oder Ausschußmitgliedern aushändigen; ist ein Ausschuß gebildet, so hat er allerdings sicherzustellen, daß die übrigen Mitglieder des Aufsichtsrats kein Exemplar des Berichts erhalten.

2. Stellungnahme des Vorstands. Nach § 313 Abs. 2 S. 3, 2. Halbs. ist dem Vorstand **27** vor der Zuleitung des Berichts an den Aufsichtsrat **Gelegenheit zur Stellungnahme** zu geben. Dies deckt sich mit § 321 Abs. 5 S. 2, 2. Halbs. HGB betreffend den Bericht über die Prüfung des Jahresabschlusses und ist vor dem Hintergrund zu sehen, daß die Prüfung nach § 313 Teil der Jahresabschlußprüfung ist. Beide Vorschriften tragen dem Umstand Rechnung, daß nunmehr der Aufsichtsrat als Organ der Gesellschaft den Prüfungsauftrag erteilt und Berichtsempfänger ist (Rdnr. 5, 25). Der Vorstand soll sich deshalb, bevor der Aufsichtsrat seine Prüfungs- und Berichtstätigkeit nach § 314 aufnimmt, insbes. in den Fällen des § 313 Abs. 4 S. 1 mit der Beurteilung der Verbundbeziehungen durch den Prüfer auseinandersetzen können. Die Stellungnahme des Vorstands ist kein Bestandteil des Prüfungsberichts. Sie ist jedoch entsprechend § 314 Abs. 1 S. 1 vom Vorstand unmittelbar dem Aufsichtsrat vorzulegen.[62]

3. Eingeschränkte Publizität. Wie der Abhängigkeitsbericht (§ 312 Rdnr. 4) wird **28** auch der Prüfungsbericht nicht offengelegt. Nach § 314 Abs. 2 S. 3 ist allerdings in den Bericht des Aufsichtsrats an die Hauptversammlung auch ein vom Abschlußprüfer erteilter **Bestätigungsvermerk** (Rdnr. 30 ff.) aufzunehmen und eine Versagung des Vermerks ausdrücklich mitzuteilen. Auf diesem Weg erlangt das *Ergebnis der Prüfung* Publizität (Rdnr. 30; § 315 Rdnr. 6).

4. Form und Inhalt des Berichts. Der Prüfungsbericht ist gem. Abs. 2 S. 1 und 3 **29** schriftlich abzufassen und vom Prüfer – entsprechend § 313 Abs. 5 S. 1 mit Angabe von Ort und Datum[63] – zu unterzeichnen. Was den Inhalt des Berichts betrifft, so umschreibt Abs. 2 S. 1 diesen nur dahin gehend, daß über das **Ergebnis der Prüfung** zu berichten ist. Die Anforderungen, die § 321 HGB an den Bericht über den Jahresabschluß stellt, lassen sich allerdings ohne weiteres auf den Bericht gemäß § 313 übertragen.[64] Die Vorschrift des Abs. 2 S. 2 stellt klar, daß die vom Abschlußprüfer festgestellte **Unvollständigkeit** des Abhängigkeitsberichts gleichfalls zum Ergebnis der Prüfung zählt und damit berichtspflichtig ist (Rdnr. 21). Im übrigen empfiehlt es sich, den Bericht entsprechend den in Abs. 1 S. 2 bestimmten Prüfungsgegenständen zu gliedern.[65] Das Ergebnis der Prüfung ist zu begründen; anzugeben ist, worauf sich die Beurteilung des Prüfers stützt.[66] Zu berichten ist auch über die Kooperationsbereitschaft des Vorstands,[67] ferner über die Abgrenzung der in die Berichterstattung einbezogenen Verbundunternehmen.[68]

---

[61] MünchKommAktG/*Kropff* § 314 Rdnr. 14; zu § 170 *Hüffer* § 170 Rdnr. 4; zu § 321 HGB *Baumbach/Hopt* HGB § 321 Rdnr. 11.

[62] MünchKommAktG/*Kropff* § 314 Rdnr. 13; für bloßes Vorlagerecht dagegen *Hüffer* § 170 Rdnr. 2 betr. § 321 Abs. 5 S. 2 HGB.

[63] So zu Recht MünchKommAktG/*Kropff* Rdnr. 85 (Fn. 200), dort auch der zutreffende Hinweis, daß mit Blick auf § 313 Abs. 5 S. 1 das Datum

des Bestätigungsvermerks auch für den Prüfungsbericht zu wählen ist.

[64] MünchKommAktG/*Kropff* Rdnr. 80 ff.

[65] *Koppensteiner* in Kölner Kommentar Rdnr. 21; näher zum Inhalt *A/D/S* Rdnr. 67 ff.

[66] IdW/HFA WPg 1992, 91, 93 (Nr. III. 8).

[67] WP-Handbuch Bd. I Rdnr. 932.

[68] IdW/HFA WPg 1992, 91, 93 (Nr. III. 8).

IV. Bestätigungsvermerk (Abs. 3–5)

30   **1. Funktion und Verfahren.** Nach Abs. 3 und 4 hat die Abschlußprüfung in die Erteilung eines uneingeschränkten oder eingeschränkten Bestätigungsvermerks oder in die Versagung eines solchen Vermerks zu münden. Der Inhalt des Bestätigungsvermerks ist in Abs. 3 detailliert geregelt; dadurch soll sichergestellt sein, daß das Prüfungsergebnis möglichst vollständig auch im Bestätigungsvermerk zum Ausdruck kommt. Die besondere Bedeutung des Bestätigungsvermerks resultiert daraus, daß er, anders als der Prüfungsbericht (Rdnr. 28), nach § 314 Abs. 2 S. 3 in den *Bericht des Aufsichtsrats an die Hauptversammlung* aufzunehmen ist und auf diese Weise Publizität erlangt (§ 314 Rdnr. 15). Dadurch wird zugleich sichergestellt, daß die Aktionäre von ihrem Recht aus § 315 S. 1 Nr. 1, im Falle einer Einschränkung oder Versagung des Bestätigungsvermerks eine **Sonderprüfung** zu beantragen, auch tatsächlich Gebrauch machen können (Rdnr. 34). Der Bestätigungsvermerk – Entsprechendes gilt für den Versagungsvermerk (Rdnr. 34) – ist nach Abs. 5 S. 1 vom Abschlußprüfer unter Angabe von Ort und Tag zu **unterzeichnen.** Sind mehrere Abschlußprüfer bestellt worden, so müssen sie alle unterschreiben.[69] Nach Abs. 5 S. 2 ist der Vermerk in den *Prüfungsbericht* aufzunehmen. Als dessen Bestandteil ist er nach Maßgabe des § 313 Abs. 2 S. 3, 314 Abs. 1 S. 1 dem Aufsichtsrat vorzulegen (Rdnr. 25 f., § 314 Rdnr. 4). Entsprechend den zur Jahresabschlußprüfung geltenden Grundsätzen ist der Abschlußprüfer zum **Widerruf** des Bestätigungsvermerks schon dann berechtigt und verpflichtet, wenn er im nachhinein dessen Unrichtigkeit erkennt.[70]

31   **2. Erteilung (Abs. 3).** Der Abschlußprüfer ist nach Abs. 3 S. 1 zur Erteilung eines uneingeschränkten Bestätigungsvermerks verpflichtet, wenn nach dem Prüfungsergebnis keine Einwendungen zu erheben sind. Anders als § 322 HGB betreffend die Prüfung des Jahresabschlusses sieht § 313 Abs. 3 weiterhin ein **Formaltestat** vor. Dessen Wortlaut ist in Abs. 3 S. 2 vorgeschrieben. Er lehnt sich an den Gegenstand der Prüfung an (Rdnr. 14 ff.) und soll auf diese Weise das Prüfungsergebnis vollständig zum Ausdruck bringen (Rdnr. 30). Vorbehaltlich der in Abs. 3 S. 3 und 4 genannten Textabwandlungen (Rdnr. 33) kommt eine generelle Ergänzung des formalisierten Textes nicht in Betracht.[71]

32   Denkbar sind jedoch **Zusätze,** die der besonderen Problematik des Einzelfalls, etwa der Beurteilung einer Maßnahme, Rechnung tragen.[72] Anders als eine Einschränkung oder Versagung des Vermerks begründen sie nicht das Recht aus § 315 S. 1 Nr. 1.[73] Schon deshalb müssen sie als solche erkennbar sein;[74] zudem dürfen sie weder den Positivbefund des Vermerks in Frage stellen noch an die Stelle einer gebotenen Einschränkung oder Versagung (Rdnr. 34 ff.) treten.[75] Eine Einbeziehung des Grades der Leitungsdichte in den Inhalt des Vermerks ist auch de lege ferenda entbehrlich,[76] wenn man nur mit den Grenzen

---

[69] *Hüffer* Rdnr. 16.

[70] So zu Recht MünchKommAktG/*Kropff* Rdnr. 103; für den Jahresabschluß *Baumbach/Hopt* HGB § 322 Rdnr. 12; enger – Widerruf nur, wenn der Prüfer durch unzutreffende Unterlagen oder Erklärungen des Vorstands zur Erteilung des Vermerks veranlaßt worden ist – *Koppensteiner* in Kölner Kommentar Rdnr. 30; *A/D/S* Rdnr. 102; *Haesen* S. 141 f.

[71] MünchKommAktG/*Kropff* Rdnr. 92; *A/D/S* Rdnr. 83; MünchHdb. AG/*Krieger* § 69 Rdnr. 87 (Fn. 305); *Hüffer* Rdnr. 17; aA *Koppensteiner* in Kölner Kommentar Rdnr. 22 (für Ergänzung des Inhalts, daß die Folgen nachteiliger Maßnahmen ausgeglichen sind).

[72] *A/D/S* Rdnr. 83; WP-Handbuch Bd. I Rdnr. F 935; IdW/HFA WPg 1992, 91, 94 (Nr. III. 10); MünchKommAktG/*Kropff* Rdnr. 100; *Hüffer* Rdnr. 17.

[73] Je nach Lage des Falles können sie aber einen „Verdacht" iSd. § 315 S. 2 begründen.

[74] Zur Abgrenzung gegenüber einer Einschränkung des Testats s. auch AG Köln DB 1999, 271 = EWiR 1999, 145 (*Dreher/Schnorbus*): Der mit „Zusätzlich weisen wir darauf hin . . ." eingeleitete Hinweis darauf, daß das Zustandekommen einer mündlichen Vereinbarung über einen Nachteilsausgleich noch im Berichtsjahr nur durch schriftliche Bestätigungen des darauf folgenden Jahres belegt worden ist, enthält keine Einschränkung, sondern lediglich einen Zusatz; bestätigt durch LG Köln DB 1999, 685; OLG Köln AG 1999, 519.

[75] MünchKommAktG/*Kropff* Rdnr. 101; IdW/HFA WPg 1992, 91, 94 (Nr. III. 10).

[76] Dafür aber *Hommelhoff* Gutachten G S. 56, wonach in den Vermerk die Erklärung aufgenommen werden soll, daß die Gesellschaft nach der pflichtgemäß gebildeten Überzeugung des Abschlußprüfers nicht unzulässig eng in den Konzernverbund einbe-

einer nach § 311 zulässigen Einflußnahme Ernst macht (§ 311 Rdnr. 43, 60); insbes. der Problematik der **qualifizierten Nachteilszufügung** kann durch die – im Hinblick auf die Unmöglichkeit des Einzelausgleichs (Anh. § 317 Rdnr. 16 ff.) gebotene – Einschränkung oder Versagung des Bestätigungsvermerks Rechnung getragen werden.

Der in Abs. 3 S. 2 vorgeschriebene, sich an die Prüfungsgegenstände des Abs. 1 S. 2　**33** anlehnende Wortlaut des Testats ist nach *Abs. 3 S. 3* dem **Inhalt des Abhängigkeitsberichts** und der damit verbundenen Einschränkung des Prüfungsgegenstands (s. Rdnr. 20 f.) anzupassen. So ist der in Abs. 3 S. 2 Nr. 2 enthaltene Teil des Vermerks wegzulassen, wenn der Abhängigkeitsbericht kein Rechtsgeschäft aufführt; führt der Vorstandsbericht keine Maßnahme auf, so ist Abs. 3 S. 2 Nr. 3 fortzulassen. Werden weder Rechtsgeschäfte noch Maßnahmen aufgeführt und bestehen im übrigen keine Einwendungen gegen den **Negativbericht** des Vorstands, so hat das Testat nach Abs. 3 S. 2 Nr. 1 die Richtigkeit der tatsächlichen Angaben zu bestätigen.[77] *Abs. 3 S. 4* schließlich betrifft den Fall, daß der Vorstandsbericht zwar Rechtsgeschäfte aufführt, der Abschlußprüfer aber deren *Angemessenheit* bestätigen kann. Dann ist der mit „oder" beginnende Teil des Vermerks gem. Abs. 3 S. 2 Nr. 2 fortzulassen. Die negative Schlußerklärung des Vorstands schließlich (§ 312 Rdnr. 45) hat die Einschränkung des Testats zur Folge (Rdnr. 36).

3. Einschränkung oder Versagung (Abs. 4). Hat die Prüfung ergeben, daß Einwen-　**34** dungen gegen den Abhängigkeitsbericht zu erheben sind oder der Bericht *unvollständig* ist (Rdnr. 21; zur Rechtslage bei fehlendem Abhängigkeitsbericht s. Rdnr. 13, § 312 Rdnr. 19), so ist der Bestätigungsvermerk nach Abs. 4 S. 1 einzuschränken oder gar zu versagen. Während im Fall der Einschränkung die Formel des Abs. 3 S. 2 um einen **einschränkenden Zusatz**[78] zu erweitern ist, bleibt unklar, wie im Fall der Versagung zu verfahren ist. Nach bislang hM ist ein Versagungsvermerk entbehrlich; es soll vielmehr genügen, daß sich die Versagung dem Prüfungsbericht entnehmen läßt.[79] Die besseren Gründe sprechen jedoch für die entsprechende Anwendung der den Vermerk zum Jahresabschluß betreffenden Vorschriften des **§ 322 Abs. 4 und 5 HGB**.[80] § 314 Abs. 2 S. 3, dem zufolge der Aufsichtsrat in seinem Bericht an die Hauptversammlung die Versagung ausdrücklich mitzuteilen hat, läßt sich nichts Gegenteiliges entnehmen. Schon im Interesse einer Effektivierung des Rechts aus § 315 S. 1 Nr. 1, aber auch mit Blick auf die durch das KapCoRiLiG (Rdnr. 5) zwar im Grundsatz bestätigte, aber nicht detailgetreu durchgeführte Verzahnung von Jahresabschluß- und Abhängigkeitsberichtsprüfung erscheint es vielmehr geboten, daß die Aktionäre die Gründe für die Versagung erfahren, und zwar in der Form, in der sie der Abschlußprüfer selbst zusammengefaßt hat. Entsprechend § 322 Abs. 4 S. 2 HGB ist somit die Versagung in einen **Versagungsvermerk** aufzunehmen; dieser darf nicht als Bestätigungsvermerk bezeichnet werden. Einschränkung und Versagung sind entsprechend § 322 Abs. 4 S. 3 HGB zu begründen;[81] für die Einschränkung gilt zudem § 322 Abs. 4 S. 4 HGB. Einschränkung und Versagung rechtfertigen nach § 315 S. 1 Nr. 1 jeweils für sich die Anordnung der **Sonderprüfung**.

Verlangt man mit der hier vertretenen Ansicht einen begründeten Versagungsvermerk　**35** (Rdnr. 34), so braucht sich der Abschlußprüfer bei der **Entscheidung zwischen der Einschränkung und der Versagung** nicht von dem Informationsinteresse der außenstehenden Aktionäre und der Gläubiger leiten zu lassen; denn diese erfahren auch im Fall der Versagung, welcher Art die Einwendungen sind.[82] Der Abschlußprüfer wird vielmehr zu berücksichtigen haben, ob sich die Einwendungen (einschließlich etwaiger Unvollständig-

---

zogen worden ist; s. ferner *Kropff*, FS für Goerdeler, S. 259, 277 f.; skeptisch *Hüffer* Rdnr. 17.

[77] *Koppensteiner* in Kölner Kommentar Rdnr. 25; *A/D/S* Rdnr. 84 f.; *Hüffer* Rdnr. 18.

[78] Der den einschränkenden Charakter deutlich zum Ausdruck bringen muß, s. Rdnr. 32.

[79] *Koppensteiner* in Kölner Kommentar Rdnr. 29; *Hüffer* Rdnr. 21.

[80] So zu Recht MünchKommAktG/*Kropff* Rdnr. 98 f.

[81] So bereits *Koppensteiner* in Kölner Kommentar Rdnr. 26.

[82] Vgl. demgegenüber *Koppensteiner* in Kölner Kommentar Rdnr. 27; *A/D/S* Rdnr. 88.

keiten, Rdnr. 21, 34) auf einzelne *abgrenzbare Teilgebiete oder Sachverhalte* beziehen, ohne die Ordnungsmäßigkeit der Berichterstattung im übrigen in Frage zu stellen, oder ob die Einwendungen so zahlreich oder umfangreich sind, daß sie sich nicht in einem einschränkenden Zusatz ausdrücken lassen. Im ersten Fall ist die Bestätigung einzuschränken, im zweiten dagegen zu versagen.[83]

36   Der Fall einer **negativen Schlußerklärung** des Vorstands ist in Abs. 4 S. 2 besonders geregelt. Hat der Vorstand gemäß § 312 Abs. 3 S. 2 erklärt, daß die Gesellschaft benachteiligt und der Nachteil nicht vollständig ausgeglichen worden sei (§ 312 Rdnr. 45), so ist dies auch in dem Bestätigungsvermerk des Abschlußprüfers anzugeben. Der Bestätigungsvermerk ist sodann auf die übrigen Rechtsgeschäfte oder Maßnahmen zu beschränken; einer Überprüfung der von der negativen Schlußerklärung des Vorstands betroffenen Rechtsgeschäfte und Maßnahmen bedarf es nicht. Die Vorschrift erklärt sich daraus, daß für eine Einschränkung des Testats kein Raum ist, wenn der Vorstand selbst einzelne Rechtsgeschäfte oder Maßnahmen beanstandet. Seiner Funktion nach enthält deshalb Abs. 4 S. 2 einen *besonderen Fall der Vermerkseinschränkung*. Die Aufnahme der negativen Schlußerklärung des Vorstands in den Bestätigungsvermerk des Prüfers verschafft dem aller Wahrscheinlichkeit vorliegenden (s. § 312 Rdnr. 44) Verstoß gegen § 311 **Publizität**; nach § 314 Abs. 2 S. 3 hat nämlich der Aufsichtsrat den Bestätigungsvermerk und damit auch die negative Schlußerklärung in seinen Bericht an die Hauptversammlung aufzunehmen. Da das Testat keine Einschränkung enthält, begründet die negative Schlußerklärung als solche das Recht auf *Sonderprüfung* nach § 315 S. 1 Nr. 3, nicht dagegen nach § 315 S. 1 Nr. 1.

§ 314 Prüfung durch den Aufsichtsrat

(1) Der Vorstand hat den Bericht über die Beziehungen zu verbundenen Unternehmen unverzüglich nach dessen Aufstellung dem Aufsichtsrat vorzulegen. Dieser Bericht und, wenn der Jahresabschluss durch einen Abschlussprüfer zu prüfen ist, der Prüfungsbericht des Abschlussprüfers sind auch jedem Aufsichtsratsmitglied oder, wenn der Aufsichtsrat dies beschlossen hat, den Mitgliedern eines Ausschusses zu übermitteln.

(2) Der Aufsichtsrat hat den Bericht über die Beziehungen zu verbundenen Unternehmen zu prüfen und in seinem Bericht an die Hauptversammlung (§ 171 Abs. 2) über das Ergebnis der Prüfung zu berichten. Ist der Jahresabschluß durch einen Abschlußprüfer zu prüfen, so hat der Aufsichtsrat in diesem Bericht ferner zu dem Ergebnis der Prüfung des Berichts über die Beziehungen zu verbundenen Unternehmen durch den Abschlußprüfer Stellung zu nehmen. Ein von dem Abschlußprüfer erteilter Bestätigungsvermerk ist in den Bericht aufzunehmen, eine Versagung des Bestätigungsvermerks ausdrücklich mitzuteilen.

(3) Am Schluß des Berichts hat der Aufsichtsrat zu erklären, ob nach dem abschließenden Ergebnis seiner Prüfung Einwendungen gegen die Erklärung des Vorstands am Schluß des Berichts über die Beziehungen zu verbundenen Unternehmen zu erheben sind.

(4) Ist der Jahresabschluss durch einen Abschlussprüfer zu prüfen, so hat dieser an den Verhandlungen des Aufsichtsrats oder eines Ausschusses über den Bericht über die Beziehungen zu verbundenen Unternehmen teilzunehmen und über die wesentlichen Ergebnisse seiner Prüfung zu berichten.

Schrifttum: *Döllerer,* Der Abhängigkeitsbericht und seine Prüfung bei einem Vorstandswechsel, FS für Semler, 1993, S. 441; *Emde,* Das Sonderwissen des Aufsichtsratsmitglieds und die Pflicht zur Informationsweitergabe, DB 1999, 1486; *Forster,* Zur Teilnahme des Abschlußprüfers an der Bilanzsitzung des Aufsichtsrats und zur Berichterstattung in der Sitzung, FS für Sieben, 1998, S. 375; *Haesen,* Der Abhängigkeitsbericht im

---

[83] So im Ergebnis auch *A/D/S* Rdnr. 88; WP-Handbuch Bd. I Rdnr. F 935; *Hüffer* Rdnr. 19, 21.

faktischen Konzern, 1970; *Hommelhoff,* Praktische Erfahrungen mit dem Abhängigkeitsbericht, ZHR 156 (1992), 295; *ders.,* Empfiehlt es sich, das Recht faktischer Unternehmensverbindungen – auch im Hinblick auf das Recht anderer EG-Staaten – neu zu regeln?, Gutachten G für den 59. Deutschen Juristentag, 1992; *ders.,* Die neue Position des Abschlußprüfers im Kraftfeld der aktienrechtlichen Organisationsverfassung, BB 1998, 2567, 2625; *Immenga,* Schutz abhängiger Gesellschaften durch Bindung oder Unterbindung beherrschenden Einflusses?, ZGR 1978, 269; *Koppensteiner,* Abhängige Aktiengesellschaften aus rechtspolitischer Sicht, FS für Steindorff, 1990, S. 79; *Kropff,* Die Beschlüsse des Aufsichtsrats zum Jahresabschluß und zum Abhängigkeitsbericht, ZGR 1994, 628.

Übersicht

I. Einführung

1. Inhalt und Zweck der Vorschrift. Die Vorschrift regelt die Prüfung des Abhängig- **1** keitsberichts durch den Aufsichtsrat der abhängigen Gesellschaft. Sie ist den §§ 170 f. betreffend die Vorlage und Prüfung des Jahresabschlusses und des Lageberichts nachgebildet. In Abs. 1 ist zunächst die Vorlage des Abhängigkeitsberichts und eines etwaigen Prüfungsberichts des Abschlußprüfers geregelt. Zugleich wird dafür gesorgt, daß die Mitglieder des Aufsichtsrats oder eines die Prüfungsentscheidung vorbereitenden Ausschusses über die zur Prüfung erforderlichen Informationen verfügen. Die Prüfungspflicht selbst ist zusammen mit der Pflicht zur Berichterstattung in Abs. 2 und 3 geregelt. Abs. 4 der Vorschrift regelt schließlich die Teilnahme des Abschlußprüfers an den Verhandlungen des Aufsichtsrats oder Ausschusses über den Abhängigkeitsbericht.

Die obligatorische Prüfung des Abhängigkeitsberichts soll zunächst den Vorstand zu **2** **ordnungsgemäßer Berichterstattung** veranlassen. Wenn auch der Aufsichtsrat zumeist mit Repräsentanten des herrschenden Unternehmens besetzt sein wird,[1] so läßt doch die *Mitverantwortung der Aufsichtsratsmitglieder* erwarten, daß diese, zumal die mit den Gegebenheiten des Unternehmensverbunds vertrauten Repräsentanten des herrschenden Unternehmens, auf die zutreffende Wiedergabe der Verbundbeziehungen hinwirken. Zwar wird es bei Solvenz der Gesellschaft kaum jemals zur Geltendmachung von Schadensersatzansprüchen gegen die Mitglieder des Vorstands und Aufsichtsrats kommen, wenn der Aufsichtsrat an sich bestehende Einwendungen gegen die Schlußerklärung nicht erhebt und somit das Recht auf Sonderprüfung nach § 315 S. 1 Nr. 2 vereitelt wird. Dies kann sich aber in der Insolvenz der abhängigen Gesellschaft ändern. Dann nämlich kann der Insolvenzverwalter über den Abhängigkeitsbericht verfügen (§ 312 Rdnr. 4) und etwaige Schadensersatzansprüche verfolgen. Die in Abs. 2 der Vorschrift geregelte Berichtspflicht soll darüber hinaus für die **Publizität** des *Prüfungsergebnisses* und des *Bestätigungsvermerks des Abschlußprüfers* sorgen. Die Vorschrift steht deshalb in unmittelbarem Zusammenhang mit dem Recht auf Sonderprüfung gem. § 315 S. 1 Nr. 1–3.

---

[1] Die Forderung, dem Aufsichtsrat müsse zwingend ein Vertreter der außenstehenden Aktionäre angehören (so namentlich *Hommelhoff* Gutachten S. 63 ff.; ferner OLG Hamm NJW 1987, 1030 = AG 1987, 38; *Koppensteiner,* FS für Steindorff, S. 79, 106 ff.) ist ebenso wie diejenige, das herrschende Unternehmen bei der Wahl des Aufsichtsrats vom Stimmrecht auszuschließen (*Immenga* ZGR 1978, 269, 281 ff.), zu Recht auf Ablehnung gestoßen, s. MünchKommAktG/*Kropff* Rdnr. 8 mwN; ferner Vor § 311 Rdnr. 1 ff.

3   **2. Entstehungsgeschichte.** Die Vorschrift ist zunächst durch **Art. 2 BiRiLiG** (§ 313 Rdnr. 4) geändert worden. Dabei ist sie allerdings nur dem § 267 Abs. 1 HGB, die die kleine AG dem Anwendungsbereich des § 313 entzogen hat (§ 313 Rdnr. 6 f.), angepaßt worden. Eine weitere Änderung ist durch **Art. 3 KapCoRiLiG** (Einl. Rdnr. 26; § 313 Rdnr. 5) erfolgt. Sie hat die im Rahmen des KonTraG (Einl. Rdnr. 21) versäumte Anpassung des § 314 an die Änderungen der §§ 170 f. nachgeholt. Im einzelnen berücksichtigt Abs. 1 nunmehr, daß der Abschlußprüfer nach § 313 Abs. 2 S. 3 seinen Prüfungsbericht unmittelbar dem Aufsichtsrat zuleitet. Des weiteren gleicht Abs. 1 S. 2 die Informationsrechte innerhalb des Aufsichtsrats denjenigen nach § 170 Abs. 3 S. 2 an. Die durch das KonTraG eingeführte obligatorische Teilnahme des Abschlußprüfers an den Verhandlungen des Aufsichtsrats über den Jahresabschluß ist schließlich in § 314 Abs. 4 auf die Verhandlungen über den Abhängigkeitsbericht erstreckt worden. Wie die Änderungen des § 313 sind auch diejenigen des § 314 nur deklaratorischer Natur und ungeachtet des § 16 EGAktG mit dem Inkrafttreten des KonTraG anzuwenden (§ 313 Rdnr. 25).[2] Die jüngste Änderung schließlich geht auf **Art. 1 Nr. 6 TransPuG** (Einl. Rdnr. 27 a) zurück. Er hat § 314 Abs. 1 S. 2 dahin geändert, daß der Abhängigkeitsbericht und der Prüfungsbericht den Mitgliedern des Aufsichtsrats nicht mehr „auszuhändigen", sondern „zu übermitteln" sind. Dadurch ist klargestellt, daß es einer Übergabe der entsprechenden Dokumente auf materialisierten Medien nicht bedarf, vielmehr Übermittlung auf elektronischem Wege, insbes. per e-mail, genügt.

II. Prüfungsverfahren

4   **1. Vorlage der Unterlagen.** Nach Abs. 1 S. 1 ist der Vorstand der abhängigen Gesellschaft verpflichtet, den von ihm aufgestellten **Abhängigkeitsbericht** dem Aufsichtsrat vorzulegen. Der **Prüfungsbericht** des Abschlußprüfers ist dagegen nach § 313 Abs. 2 S. 3 nF dem Aufsichtsrat nicht durch den Vorstand, sondern unmittelbar durch den Abschlußprüfer zuzuleiten. Zusammen mit den Änderungen des § 314 Abs. 1 S. 2, Abs. 4 (Rdnr. 3) soll diese Neuerung betonen, daß der Abschlußprüfer vom Vorstand unabhängig ist und den *Aufsichtsrat* bei Wahrnehmung der Prüfungspflicht aus § 314 *zu unterstützen* hat (§ 313 Rdnr. 2, 5, 25).[3] Was den **Zeitpunkt der Vorlage** betrifft, so war nach § 314 Abs. 1 S. 1 aF (iVm. § 170 Abs. 1 S. 1 und 2 aF) unverzüglich nach Aufstellung des Jahresabschlusses und des Abhängigkeitsberichts, im Fall einer Prüfung unverzüglich nach Eingang des Prüfungsberichts des Abschlußprüfers vorzulegen.[4] Nach § 314 Abs. 1 S. 1 nF ist dagegen der Abhängigkeitsbericht unverzüglich, d. h. ohne schuldhaftes Zögern (§ 121 Abs. 1 S. 1 BGB) nach Aufstellung durch den Vorstand vorzulegen. Ein Zuwarten bis zum Abschluß der *Prüfung* des Jahresabschlusses und des Abhängigkeitsberichts ist damit nicht vereinbar.[5] Nicht zu beanstanden ist dagegen, wenn der Vorstand Jahresabschluß, Lagebericht und Abhängigkeitsbericht gemeinsam vorlegt.[6]

5   Zur Vorlage verpflichtet ist der Vorstand als Organ.[7] Nach § 407 Abs. 1 S. 1 kann die Verpflichtung zur Vorlage im Zwangsgeldverfahren durchgesetzt werden (§ 312 Rdnr. 18). Hat der Vorstand von seinem Recht aus § 313 Abs. 2 S. 3 Halbs. 2 Gebrauch gemacht und zum Bericht des Abschlußprüfers eine Stellungnahme abgegeben, so ist auch diese vorzulegen (§ 313 Rdnr. 27). Im Hinblick auf die Vorschrift des Abs. 1 S. 2 (Rdnr. 5) empfiehlt sich die Vorlage zu Händen des *Aufsichtsratsvorsitzenden;* doch spricht auch nichts dagegen,

---

[2] So auch MünchKommAktG/*Kropff* 10; bereits vor Verabschiedung für berichtigende Auslegung des § 314 *Hüffer* Rdnr. 1.
[3] Vgl. für § 321 Abs. 5 S. 2 HGB, §§ 111 Abs. 2 S. 3, 170 Abs. 3, 171 Abs. 1 S. 2 Begr. zum RegE des KonTraG, BT-Drucks. 13/9712, S. 22; *Clemm,* FS für Havermann, 1995, S. 84, 97; *Lutter* ZHR 159 (1995), 287, 299 f.

[4] *Koppensteiner* in Kölner Kommentar Rdnr. 3.
[5] So auch MünchKommAktG/*Kropff* Rdnr. 12; *Hüffer* Rdnr. 2.
[6] So auch MünchKommAktG/*Kropff* Rdnr. 12.
[7] Erforderlich ist ein Vorstandsbeschluß mit mindestens einfacher Mehrheit, s. zu § 124 Abs. 3 S. 1 OLG Dresden AG 1999, 517.

daß der Vorstand den Bericht den einzelnen Aufsichtsrats- oder Ausschußmitgliedern zuleitet (§ 313 Rdnr. 26).

2. Informationsrecht. Nach § 314 Abs. 1 S. 2 in der Fassung durch Art. 3 Nr. 3 **6** KapCoRiLiG (Rdnr. 3) und Art. 1 Nr. 6 TransPuG (Rdnr. 3) sind der Abhängigkeitsbericht und der Prüfungsbericht des Abschlußprüfers (§ 313 Rdnr. 6 ff., 25 ff.) jedem Mitglied des Aufsichtsrats zu übermitteln, sofern nicht der Aufsichtsrat beschließt, die Aushändigung auf die Mitglieder eines Ausschusses zu beschränken. Dies entspricht der Rechtslage nach § 170 Abs. 3 S. 2 betreffend den Jahresabschluß und dessen Prüfung (Rdnr. 3). Einem durch Beschluß des Aufsichtsrats gebildeten Ausschuß kann nach § 107 Abs. 3 S. 2 nur die *Vorbereitung der Prüfung,* nicht dagegen die abschließende Prüfung selbst übertragen werden. Die Bildung eines Ausschusses verschafft damit der Gesellschaft zwar die Möglichkeit, der Gefahr einer Weitergabe vertraulicher Dokumente gegenzusteuern. Nicht aber vermag sie die Verantwortung eines jeden Aufsichtsratsmitglieds für die Prüfung des Abhängigkeitsberichts in Frage zu stellen (Rdnr. 11, 17); dem ist durch Zubilligung eines individuellen Einsichtsrechts Rechnung zu tragen (Rdnr. 7).

Auch durch das KapCoRiLiG ist freilich keine vollständige Angleichung des § 314 an **7** § 170 Abs. 3 herbeigeführt worden. Während nämlich § 170 Abs. 3 S. 1 jedem Mitglied des Aufsichtsrats (und damit auch denjenigen, die nicht dem Ausschuß angehören) das Recht einräumt, von den Vorlagen und Prüfungsberichten Kenntnis zu nehmen, fehlt es in § 314 Abs. 1 an einer entsprechenden Bestimmung. Dies hindert jedoch nicht daran, den nicht im (vorbereitenden, Rdnr. 11) Ausschuß vertretenen Mitgliedern des Aufsichtsrats in entsprechender Anwendung des § 170 Abs. 3 S. 1 ein **Einsichtsrecht** einzuräumen.[8] Dies folgt schon aus der Mitverantwortung eines jeden Aufsichtsratsmitglieds für den Inhalt des Abhängigkeitsberichts (Rdnr. 6, 11, 17). Zudem ging es dem Gesetzgeber mit dem KonTraG (und damit zugleich mit Art. 3 KapCoRiLiG) um eine *Stärkung* der Stellung des Aufsichtsrats. Bedenkt man, daß § 314 Abs. 1 S. 2 aF noch ausdrücklich ein Einsichtsrecht eines jeden Aufsichtsratsmitglieds vorsah (1. Aufl. Rdnr. 4), muß Entsprechendes für die Neufassung gelten. In der unterbliebenen Verweisung auf § 170 Abs. 3 S. 1 kann deshalb nur ein Redaktionsversehen erblickt werden.

Das Einsichtsrecht kann – ebenso wie das Recht auf Aushändigung an die Mitglieder des **8** Aufsichtsrats oder eines Ausschusses (Rdnr. 6) – weder durch die Satzung der Gesellschaft noch durch Beschluß des Aufsichtsrats eingeschränkt werden. Im Hinblick auf die mögliche Haftung der Aufsichtsratsmitglieder (Rdnr. 17) obliegt es diesen, von dem Einsichtsrecht Gebrauch zu machen; eine durchsetzbare Verpflichtung zur Einsichtnahme besteht dagegen nicht. Auch unabhängig von der Bildung eines Ausschusses (Rdnr. 6) wird allerdings die aus § 93 Abs. 1 S. 2, 116 folgende **Verschwiegenheitspflicht** der Aufsichtsratsmitglieder durch die Vorschrift des § 314 nicht berührt.

3. Teilnahme- und Berichtspflicht des Abschlußprüfers. Für den Fall, daß der **9** Jahresabschluß – und mit ihm der Abhängigkeitsbericht – prüfungspflichtig ist (§ 313 Rdnr. 6 ff.), sieht § 314 Abs. 4 nF nunmehr die obligatorische Teilnahme des Abschlußprüfers[9] an den Verhandlungen des Aufsichtsrats oder eines Ausschusses über den Abhängigkeitsbericht vor; zudem hat der Prüfer über die wesentlichen Ergebnisse seiner Prüfung zu berichten. Auch insoweit ist erst durch Art. 3 KapCoRiLiG der erforderliche Gleichlauf zwischen § 314 und den Vorschriften über die Prüfung des Jahresabschlusses wiederhergestellt worden (Rdnr. 3): Während § 171 Abs. 1 S. 2 seit dem Inkrafttreten des KonTraG (Einl. Rdnr. 21) die Teilnahme- und Berichtspflicht des Abschlußprüfers vorsieht, ist in § 314 eine entsprechende Pflicht erst durch **Art. 3 KapCoRiLiG** aufgenommen worden

---

[8] So auch MünchKommAktG/*Kropff* Rdnr. 16; zur Frage eines über § 170 Abs. 3 S. 1 hinausgehenden Informationsrechts des nicht im Bilanzausschuß vertretenen Ratsmitglieds s. *Hommelhoff* BB 1998, 2567, 2572 f.

[9] Im Fall einer Wirtschaftsprüfungsgesellschaft hat der mandatsbetreuende Wirtschaftsprüfer teilzunehmen, s. zu § 171 Abs. 1 S. 2 *Hüffer* § 171 Rdnr. 11 a.

(Rdnr. 3). Dies hinderte jedoch auch vor Verabschiedung des KapCoRiLiG nicht an einer korrigierenden Auslegung des § 314 (1. Aufl. Rdnr. 5). Bei *isolierter Prüfung des Abhängigkeitsberichts* (§ 313 Rdnr. 6 f.) ist Abs. 4 entsprechend anwendbar.

10   Ausweislich des klaren Wortlauts des § 314 Abs. 4 und in Übereinstimmung mit der Rechtslage nach § 171 Abs. 1 S. 2¹⁰ kann der Aufsichtsrat wählen, ob der Prüfer an der Sitzung des Aufsichtsrats oder an der eines etwaigen Ausschusses (oder an beiden) teilnehmen soll. Der Aufsichtsrat kann den Abschlußprüfer nicht von der Teilnahme- und Berichtspflicht entbinden. Faßt der Aufsichtsrat gleichwohl einen entsprechenden Beschluß, so handelt zwar nicht der den Sitzungen fernbleibende Abschlußprüfer, wohl aber der Aufsichtsrat pflichtwidrig.¹¹ Das eigenmächtige Fernbleiben des Abschlußprüfers ist dagegen eine Verletzung des Prüfungsauftrags und verpflichtet zum Schadensersatz gegenüber der Gesellschaft. Ob das Fernbleiben die **Wirksamkeit des Beschlusses** über den Abhängigkeitsbericht (Rdnr. 11) berührt, ist noch nicht abschließend geklärt. Entgegen der hM¹² sollte die Frage mit Rücksicht auf den Schutzzweck des § 314 Abs. 4 jedenfalls dann zu bejahen sein, wenn das Fernbleiben dem Aufsichtsrat zurechenbar ist. Was die in § 314 Abs. 4 geregelte Berichtspflicht betrifft, so ist zu berücksichtigen, daß den Mitgliedern des Aufsichtsrats oder Ausschusses der schriftliche Prüfungsbericht des Abschlußprüfers bereits vorliegt (§ 313 Rdnr. 25 f.). § 314 Abs. 4 meint deshalb eine zusammenfassende mündliche Berichterstattung und die Bereitschaft, auf Nachfragen – ggf. unter Heranziehung von Mitarbeitern – zu antworten.

11   **4. Beschluß des Aufsichtsrats.** Die Prüfungs- und Berichtspflicht obliegt dem Gesamtaufsichtsrat. Einem Ausschuß (Rdnr. 6) kann nach § 107 Abs. 3 S. 2 nur die Vorbereitung, nicht aber die abschließende Erledigung der in § 314 Abs. 2 und 3 genannten Aufgaben übertragen werden.¹³ Die Wirksamkeit des Beschlusses über den Abhängigkeitsbericht beurteilt sich nach allgemeinen Grundsätzen.¹⁴ Neben inhaltlichen Verstößen gegen Gesetz oder Satzung können auch **wesentliche Verfahrensfehler** die Nichtigkeit des Beschlusses begründen;¹⁵ einen solchen wird man in dem dem Aufsichtsrat zurechenbaren Fernbleiben des Abschlußprüfers erblicken müssen (Rdnr. 9 f.). Ist die Unwirksamkeit des Beschlusses rechtskräftig festgestellt, so begründet dies jedenfalls das Recht auf Sonderprüfung nach § 315 S. 2; gute Gründe sprechen zudem für eine entsprechende Anwendung des § 315 S. 1 Nr. 2.¹⁶

III. Prüfungs- und Berichtspflicht

12   **1. Prüfung.** Nach Abs. 2 S. 1 besteht die Pflicht des Aufsichtsrats zunächst in der Prüfung des Abhängigkeitsberichts. Im Unterschied zu der in § 313 geregelten Prüfungspflicht des Abschlußprüfers (§ 313 Rdnr. 20 f.) bezieht sich die Prüfungspflicht des Aufsichtsrats auch auf die **Vollständigkeit und Richtigkeit** des Berichts.¹⁷ Was die Intensität der Prüfung betrifft, so braucht der Aufsichtsrat grundsätzlich **keine eigenen Recherchen** vorzunehmen. Er genügt seiner Prüfungspflicht vielmehr grundsätzlich schon dadurch, daß er den Abhängigkeitsbericht unter Zugrundelegung des *Prüfungsberichts des Abschlußprüfers* und seiner *eigenen Informationen,* Kenntnisse und Erfahrungen einer sorgfältigen Würdigung

---

¹⁰ *Hüffer* § 171 Rdnr. 11 a (allerdings mit berechtigtem Hinweis darauf, daß sich ein Ausschluß von der Plenarsitzung nicht empfiehlt); aA – für Pflicht zur Teilnahme auch an Plenarsitzung, wenn der Abschlußprüfer zuvor an der Ausschußsitzung teilgenommen hat – *Hommelhoff* BB 1998, 2625, 2627.
¹¹ S. für § 171 Abs. 1 S. 2 zu Recht *Forster,* FS Sieben, 1998, S. 375, 377; *Hüffer* § 171 Rdnr. 11 a.
¹² So für § 171 Abs. 1 S. 2 *Forster,* FS für Sieben, S. 375, 381; *Hüffer* § 171 Rdnr. 11 a.
¹³ Dazu im Zusammenhang mit der Prüfung des Jahresabschlusses und des Lageberichts *Hommelhoff* BB 1998, 2567, 2570.

¹⁴ Zur Unanwendbarkeit der §§ 243 ff. s. BGHZ 122, 342, 347 ff. = NJW 1993, 2307; BGHZ 124, 111, 115 = NJW 1994, 520; *Hüffer* § 108 Rdnr. 18 ff., dort (Rdnr. 20) auch zur Frage einer Verwirkung des Rechts, Nichtigkeit geltend zu machen.
¹⁵ Vgl. neben den Nachw. in Fn. 14 noch BGHZ 135, 244, 247 = NJW 1997, 1926.
¹⁶ Zutr. MünchKommAktG/*Kropff* Rdnr. 30.
¹⁷ Wohl einhM, s. MünchKommAktG/*Kropff* Rdnr. 18; *Koppensteiner* in Kölner Kommentar Rdnr. 5; *Hüffer* Rdnr. 4; MünchHdb. AG/*Krieger* § 69 Rdnr. 95.

unterzieht.[18] Soweit sich danach Beanstandungen ergeben, ist diesen allerdings durch das Ergreifen weiterer Prüfungsmaßnahmen nachzugehen.

Bei der Prüfung des Abhängigkeitsberichts müssen sich die Aufsichtsratsmitglieder von **13** den **Interessen der abhängigen Gesellschaft** leiten lassen; insbes. müssen sie den nachteiligen Charakter der im Abhängigkeitsbericht erfaßten Rechtsgeschäfte und Maßnahmen sowie die Angemessenheit von Ausgleichsleistungen aus der Sicht der abhängigen Gesellschaft beurteilen. Dies gilt auch für die **Repräsentanten** des herrschenden Unternehmens. Ein etwaiges Sonderwissen müssen sie auch dann berücksichtigen, wenn dies den Interessen des herrschenden Unternehmens zuwiderläuft.[19] Schon während des laufenden Geschäftsjahres hat der Aufsichtsrat darauf hinzuwirken, daß der Vorstand seiner Pflicht zur **Erfassung und Dokumentation** aller berichtspflichtigen Vorgänge nachkommt (§ 311 Rdnr. 80 f.).

2. Bericht. Nach Abs. 2 S. 1 hat der Aufsichtsrat der Hauptversammlung über das **14** Ergebnis seiner Prüfung des Abhängigkeitsberichts zu berichten. Dieser Bericht ist Bestandteil des schriftlichen Berichts, den der Aufsichtsrat nach § 171 Abs. 2 über den Jahresabschluß, den Lagebericht, den Gewinnverwendungsvorschlag und die Prüfung der Geschäftsführung zu erstatten hat. Als solcher unterliegt der Abhängigkeitsbericht zugleich den Vorschriften der §§ 171 Abs. 3, 175 Abs. 2.[20] Der Bericht ist mithin binnen eines Monats nach Zugang der Vorlagen (Rdnr. 4) dem Vorstand zuzuleiten, der ihn wiederum auszulegen und jedem Aktionär auf Verlangen eine Abschrift zu erteilen hat.

Der Inhalt des Aufsichtsratsberichts ergibt sich zum einen aus Abs. 2 S. 1 – danach hat **15** der Aufsichtsrat das Ergebnis seiner eigenen Prüfung darzulegen –, zum anderen aus Abs. 2 S. 2 und 3. Nach Abs. 2 S. 2 hat der Aufsichtsrat zu dem Ergebnis der Prüfung des Abhängigkeitsberichts durch die Abschlußprüfer Stellung zu nehmen, vorausgesetzt, eine solche Prüfung ist nach Gesetz oder Satzung vorgeschrieben (§ 313 Rdnr. 6 ff.). Darüber hinaus ist gem. Abs. 2 S. 3 ein vom Abschlußprüfer erteilter **Bestätigungsvermerk** in den Aufsichtsratsbericht aufzunehmen;[21] die Versagung des Testats ist ausdrücklich mitzuteilen. Auf diesem Weg erfahren die Aktionäre von dem *Ergebnis* der Prüfung durch den Abschlußprüfer; damit werden sie zugleich über die Möglichkeit unterrichtet, nach **§ 315 S. 1 Nr. 1 und 3** Antrag auf **Sonderprüfung** zu stellen (s. § 315 Rdnr. 6). Der Prüfungsbericht selbst wird nicht offengelegt (§ 313 Rdnr. 28). Hat der Vorstand keinen Abhängigkeitsbericht aufgestellt, ist der Aufsichtsrat aber der Meinung, die Voraussetzungen des § 312 lägen vor, so ist über diesen Umstand an die Hauptversammlung zu berichten (§ 318 Rdnr. 14).

3. Schlußerklärung. Der Bericht des Aufsichtsrats über die Prüfung des Abhängigkeits- **16** berichts hat nach Abs. 3 mit einer Erklärung zu schließen, in der mitgeteilt wird, ob gegen die *Schlußerklärung des Vorstands* (§ 312 Rdnr. 44 ff.) Einwendungen zu erheben sind. Die Notwendigkeit einer eindeutigen Schlußerklärung des Aufsichtsrats ergibt sich aus dem Recht auf Beantragung einer **Sonderprüfung nach § 315 S. 1 Nr. 2.** Aus diesem Zusammenhang sowie aus der entsprechenden Rechtslage nach § 313 (§ 313 Rdnr. 16, 18) folgt, daß **kleinere Beanstandungen** zwar in den Bericht des Aufsichtsrats aufzunehmen sind,[22] aber nicht zur Erhebung von Einwendungen in der Schlußerklärung selbst verpflichten.[23]

4. Sanktionen. Die schuldhafte Verletzung der in § 314 geregelten Pflichten verpflichtet **17** die Mitglieder des Aufsichtsrats nach § 318 Abs. 2 zum **Schadensersatz** (näher § 318 Rdnr. 14). Die Wirksamkeit eines Aufsichtsratsbeschlusses über den Abhängigkeitsbericht

---

[18] Näher MünchKommAktG/*Kropff* Rdnr. 20 ff.; s. ferner *Koppensteiner* in Kölner Kommentar Rdnr. 5; MünchHdb. AG/*Krieger* § 69 Rdnr. 95; *Haesen* S. 67 f.

[19] *Koppensteiner* in Kölner Kommentar Rdnr. 6; MünchKommAktG/*Kropff* Rdnr. 24; *Hüffer* Rdnr. 4; s. für § 90 Abs. 1 und 2 *Emde* DB 1999, 1486 ff.

[20] MünchKommAktG/*Kropff* Rdnr. 25; *Hüffer* Rdnr. 5.

[21] Zum Erfordernis der wörtlichen Wiedergabe s. BGH DB 2003, 544, 545.

[22] Dagegen muß der Aufsichtsrat in der Schlußerklärung darauf hinweisen, daß dem Vorstand für die Beurteilung von Maßnahmen nach § 311 relevante Umstände zwar nicht bekannt waren, aber hätten bekannt sein müssen, s. *Döllerer*, FS für Semler, S. 441, 447; ferner § 311 Rdnr 39 ff.; § 312 Rdnr. 46.

[23] Zutr. *Hüffer* Rdnr. 6.

beurteilt sich nach allgemeinen Grundsätzen (Rdnr. 11). Ist der Beschluß des Aufsichtsrats über die Feststellung des *Jahresabschlusses* unwirksam,[24] so kann dies nach § 139 BGB auch die **Unwirksamkeit des Beschlusses** über den Abhängigkeitsbericht zur Folge haben.[25] Die Verletzung der Berichtspflicht kann schließlich die Anfechtbarkeit des Beschlusses über die Entlastung des Aufsichtsrats zur Folge haben.[26]

§ 315 Sonderprüfung

Auf Antrag eines Aktionärs hat das Gericht Sonderprüfer zur Prüfung der geschäftlichen Beziehungen der Gesellschaft zu dem herrschenden Unternehmen oder einem mit ihm verbundenen Unternehmen zu bestellen, wenn
1. **der Abschlußprüfer den Bestätigungsvermerk zum Bericht über die Beziehungen zu verbundenen Unternehmen eingeschränkt oder versagt hat,**
2. **der Aufsichtsrat erklärt hat, daß Einwendungen gegen die Erklärung des Vorstands am Schluß des Berichts über die Beziehungen zu verbundenen Unternehmen zu erheben sind,**
3. **der Vorstand selbst erklärt hat, daß die Gesellschaft durch bestimmte Rechtsgeschäfte oder Maßnahmen benachteiligt worden ist, ohne daß die Nachteile ausgeglichen worden sind.**

Wenn sonstige Tatsachen vorliegen, die den Verdacht einer pflichtwidrigen Nachteilszufügung rechtfertigen, kann der Antrag auch von Aktionären gestellt werden, deren Anteile zusammen den zwanzigsten Teil des Grundkapitals oder den anteiligen Betrag von 500 000 Euro erreichen, wenn sie glaubhaft machen, daß sie seit mindestens drei Monaten vor dem Tage der Antragstellung Inhaber der Aktien sind. Gegen die Entscheidung ist die sofortige Beschwerde zulässig. Hat die Hauptversammlung zur Prüfung derselben Vorgänge Sonderprüfer bestellt, so kann jeder Aktionär den Antrag nach § 142 Abs. 4 stellen.

Schrifttum: *Bode,* Abhängigkeitsbericht und Kostenlast im einstufigen faktischen Konzern, AG 1995, 261; *Forum Europaeum Konzernrecht,* Konzernrecht für Europa, ZGR 1998, 672; *Habersack,* Zweck und Gegenstand der Sonderprüfung nach § 142 AktG, FS für Wiedemann, 2002, S. 889; *Hirte,* Die Nichtbestellung von Sonderprüfern im Feldmühle-Verfahren, ZIP 1988, 953; *Hommelhoff/Mattheus,* Corporate Governance nach dem KonTraG, AG 1998, 249; *Krag,* Konzepte für die Durchführung von Sonderprüfungen gem. § 315 AktG, BB 1988, 1850; *S. Maul,* Aktienrechtliches Konzernrecht und Gemeinschaftsunternehmen, NZG 2000, 470; *Noack,* Die konzernrechtliche Sonderprüfung nach § 315 AktG, WPg 1994, 225.

Übersicht

---

[24] Dies wiederum ist bereits bei Nichtigkeit des Jahresabschlusses gem. § 256 Abs. 1 Nr. 1, Abs. 5 S. 1 Nr. 2, S. 3 der Fall, s. BGHZ 124, 111, 116 = NJW 1994, 520; BGH WM 1998, 510, 512; dazu noch § 312 Rdnr. 20; § 317 Rdnr. 18.

[25] BGHZ 124, 111, 122 f. = NJW 1994, 520; näher dazu *Kropff* ZGR 1994, 628, 639 ff. sowie § 312 Rdnr. 20.

[26] Vgl. BGH DB 2003, 544, 545; OLG Hamburg AG 2001, 359, 362; LG München I ZIP 2001, 1415, 1417; allg. zur Problematik der Beschlußanfechtung wegen Informationsmängeln § 319 Rdnr. 18 mwN.

I. Einführung

1. Inhalt und Zweck der Vorschrift. Nach § 315 S. 1 hat jeder Aktionär das Recht, **1** bei Vorliegen eines der in Nr. 1–3 genannten Tatbestände die gerichtliche Bestellung eines Sonderprüfers zur Prüfung der geschäftlichen Beziehungen der Gesellschaft zu dem herrschenden Unternehmen oder einem mit ihm verbundenen Unternehmen zu beantragen. Der durch Art. 1 Nr. 31 KonTraG (Einleitung Rdnr. 21) eingefügte und durch Art. 3 § 1 Nr. 8 EuroEG (Einl. Rdnr. 25) geänderte § 315 S. 2 ergänzt den Katalog des S. 1 um einen generalklauselartigen Sonderprüfungstatbestand. Gegen die Entscheidung des Gerichts ist nach § 315 S. 3 die sofortige Beschwerde zulässig. Die Vorschrift des § 315 S. 4 schließlich ist vor dem Hintergrund zu sehen, daß die §§ 142 ff. *neben* § 315 anwendbar sind (Rdnr. 3) und es deshalb bereits zur Bestellung eines Sonderprüfers durch die *Hauptversammlung* gekommen sein kann; in diesem Fall soll jeder Aktionär Antrag auf Bestellung eines *anderen Sonderprüfers* durch das Gericht stellen können.

Die Vorschrift des § 315 bezweckt, die **Durchsetzung von Schadensersatzansprü- 2 chen** aus §§ 317, 318 zu **erleichtern;**[1] mittelbar will sie dazu beitragen, daß die in §§ 311, 312 bestimmten Verhaltensanforderungen eingehalten werden und es deshalb erst gar nicht zur Entstehung von Schadensersatzansprüchen kommt.[2] Einer Vorschrift nach Art des § 315 bedarf es vor dem Hintergrund, daß der Abhängigkeitsbericht und der Prüfungsbericht des Abschlußprüfers nicht offengelegt und somit darin dokumentierte Beanstandungen nicht publik werden (s. § 312 Rdnr. 4, § 313 Rdnr. 28). § 315 S. 1 gewährt deshalb *jedem Aktionär* bei Vorliegen eines näher bezeichneten Anfangsverdachts die Möglichkeit, eine erneute Überprüfung der Verbundbeziehungen durchzusetzen. Der Antrag nach S. 2 kann dagegen nur von einer *qualifizierten Minderheit* von Aktionären gestellt werden. Kommt es zur Sonderprüfung, so ist der Sonderprüfungsbericht nach § 145 Abs. 4 S. 3 zum Handelsregister einzureichen, wo er gem. § 9 HGB von jedermann und damit auch von den Gläubigern und außenstehenden Aktionären eingesehen werden kann. Der Sonderprüfungsbericht verschafft mithin den Aktionären und Gläubigern[3] die zur Geltendmachung der Ansprüche aus §§ 317, 318 erforderlichen **Informationen;** er kompensiert das infolge der Vertraulichkeit des Abhängigkeits- und Prüfungsberichts bestehende Informationsdefizit.

2. Verhältnis zu §§ 142 ff. Bei den Sonderprüfungstatbeständen des § 315 S. 1 und 2 **3** handelt es sich um **besondere Anwendungsfälle** der allgemeinen Sonderprüfung nach §§ 142 ff.[4] Die Vorschriften der §§ 142 ff. sind deshalb *insoweit* anwendbar, als § 315 keine spezielle Regelung enthält. Letzteres ist freilich in verschiedener Hinsicht der Fall. So ist nach § 315 S. 1 *jeder Aktionär* antragsberechtigt, ohne daß es des in § 142 Abs. 2 S. 1 vorausgesetzten Quorums bedarf. Entsprechendes gilt für den Antrag nach § 315 S. 2; auch das danach erforderliche Quorum bleibt hinter demjenigen des § 142 Abs. 2 S. 1 zurück. Des weiteren ist nach § 315 – wiederum abweichend von § 142 Abs. 2 – ein vorgeschalteter *Beschluß der Hauptversammlung* nicht erforderlich. Ferner unterscheiden sich §§ 142, 315

---

[1] BGHZ 135, 107, 109 f. = NJW 1997, 1855; OLG Hamm ZIP 2000, 1299; MünchKommAktG/*Kropff* Rdnr. 1; *Koppensteiner* in Kölner Kommentar Rdnr. 1; *Hüffer* Rdnr. 1; *Noack* WPg 1994, 225; allgemein dazu sowie zur Frage einer schadensersatzunabhängigen Sonderprüfung *Habersack,* FS für Wiedemann, 2002, S. 889, 892 ff.

[2] Zu dieser präventiven Funktion s. – auch rechtsvergleichend – *Forum Europaeum Konzernrecht* ZGR 1998, 672, 717 f.

[3] Vgl. aber auch Rdnr. 7 zur Rechtslage bei der Einpersonen-AG.

[4] Wohl einhM, s. OLG Hamm ZIP 2000, 1299; LG Münster AG 2001, 54; MünchKommAktG/*Kropff* Rdnr. 8.

hinsichtlich des Prüfungsgegenstands (s. Rdnr. 16 f., 22). Schließlich typisiert § 315 S. 1 die *Voraussetzungen,* bei deren Vorliegen eine Sonderprüfung beantragt werden kann; „Tatsachen" iSd. § 142 Abs. 2 S. 1 müssen also insoweit nicht zusätzlich dargelegt werden.

4   Die §§ 142 ff. finden allerdings nicht nur subsidiär, sondern auch *neben* § 315 Anwendung. Dies bedeutet, daß sowohl bei Vorliegen als auch bei Nichtvorliegen der Voraussetzungen des § 315 ein Sonderprüfer nach § 142 bestellt werden kann. Ist bereits eine Sonderprüfung nach § 142 in Gang gesetzt, so schließt dies zwar eine weitere Sonderprüfung nach § 315 nicht von vornherein aus. Um allerdings eine doppelte Sonderprüfung zu vermeiden, gewährt § 315 S. 4 jedem Aktionär das Recht, die Bestellung eines anderen Sonderprüfers und ggf. eine Erweiterung des Prüfungsauftrags zu beantragen (s. noch Rdnr. 20 ff.).

II. Voraussetzungen der Sonderprüfung

5   **1. Tatbestände des S. 1. a) Erklärung gem. Nr. 1 bis 3.** Nach § 315 S. 1 hat das Gericht einen Sonderprüfer immer dann zu bestellen, wenn dies von einem *Aktionär* beantragt wird (Rdnr. 7) und *einer der in Nr. 1–3 geregelten Tatbestände* gegeben ist. Was die in S. 1 Nr. 1–3 genannten Tatbestände betrifft, so kommt es allein auf die Abgabe einer der dort genannten Erklärungen an; dagegen hat das Gericht nicht zu prüfen, ob die Erklärung zutrifft.[5] Liegen die genannten Voraussetzungen vor, so ist dem Antrag stattzugeben; vorbehaltlich der Verjährung etwaiger Ansprüche der Gesellschaft (Rdnr. 8) hat das Gericht keinen Ermessensspielraum.

6   Das Vorliegen einer Erklärung iSd. S. 1 Nr. 1–3 läßt sich dem **Bericht des Aufsichtsrats** an die Hauptversammlung (§ 314 Rdnr. 14 f.) entnehmen. Denn in diesen Bericht ist nach § 314 Abs. 2 S. 3 ein vom *Abschlußprüfer* erteilter Bestätigungsvermerk und damit auch eine *Einschränkung*[6] desselben aufzunehmen; eine Versagung des Testats ist zumindest mitzuteilen.[7] Dies verschafft die Information über den Tatbestand des *S. 1 Nr. 1* (§ 314 Rdnr. 15). Die negative Schlußerklärung des *Vorstands,* die nach *S. 1 Nr. 3* die Sonderprüfung rechtfertigt, ist nach § 313 Abs. 4 S. 2 in den Bestätigungsvermerk des Abschlußprüfers aufzunehmen, so daß auch sie über § 314 Abs. 2 S. 3 Eingang in den Bericht des Aufsichtsrats findet (§ 313 Rdnr. 36, § 314 Rdnr. 15). Zudem ist sie nach § 312 Abs. 3 S. 3 Teil des Lageberichts (§ 312 Rdnr. 44, 47). Der Tatbestand des *S. 1 Nr. 2* schließlich knüpft unmittelbar an die Schlußerklärung des *Aufsichtsrats* an, die wiederum nach § 314 Abs. 3 Bestandteil des Aufsichtsratsberichts ist (§ 314 Rdnr. 16).[8]

7   **b) Weitere Voraussetzungen.** Nach § 315 S. 1 kann der Antrag auf Sonderprüfung von **jedem Aktionär,** aber auch nur von einem Aktionär gestellt werden. Den Gesellschaftsgläubigern hat das Gesetz aus gutem Grund[9] kein Antragsrecht eingeräumt; mag dies auch im Fall der Einpersonen-Gesellschaft zum Leerlaufen des § 315 führen,[10] so ist der Schutz der Gläubiger doch in erster Linie durch den Insolvenzverwalter der abhängigen Gesellschaft zu besorgen (§ 312 Rdnr. 4). Der Besitz einer Aktie genügt. Im Unterschied zu § 315 S. 2, § 142 Abs. 2 S. 2 bedarf es für den Antrag nach § 315 S. 1 keiner **Mindestbesitzzeit.**[11] Dies erklärt sich aus der genauen Umschreibung der Sonderprüfungstatbestände: Liegen die Voraussetzungen eines Tatbestands des S. 1 Nr. 1 bis 3 vor, so besteht

---

[5] MünchKommAktG/*Kropff* Rdnr. 11; *Dreher/ Schnorbus* EWiR 1999, 145, 146.

[6] Erläuternde Zusätze begründen dagegen nicht das Recht aus § 315 S. 1 Nr. 1, s. dazu AG Köln DB 1999, 271 = EWiR 1999, 145 (*Dreher/Schnorbus*); LG Köln DB 1999, 685; OLG Köln AG 1999, 519; § 313 Rdnr. 32.

[7] Zur Frage eines besonderen Versagungsvermerks s. § 313 Rdnr. 34; zur Rechtslage bei Fehlen eines nach Ansicht des Abschlußprüfers erforderlichen Abhängigkeitsberichts s. § 312 Rdnr. 19.

[8] Zur analogen Anwendung des § 315 S. 1 Nr. 2 bei rechtskräftiger Feststellung der Unwirksamkeit des den Abhängigkeitsbericht billigenden Aufsichtsratsbeschlusses s. § 314 Rdnr. 11.

[9] MünchKommAktG/*Kropff* Rdnr. 10.

[10] Näher dazu *Koppensteiner* in Kölner Kommentar Rdnr. 3.

[11] *Koppensteiner* in Kölner Kommentar Rdnr. 3; MünchKommAktG/*Kropff* Rdnr. 9; *Hüffer* Rdnr. 2; MünchHdb. AG/*Krieger* § 69 Rdnr. 98; *Noack* WPg 1994, 225, 234 f.; aA *Würdinger* in GroßkommAktG, 3. Aufl., Anm. 4.

auch unabhängig von der Dauer des Aktienbesitzes und den Motiven des Aktienerwerbs Anlaß für eine neuerliche Prüfung der Verbundbeziehungen. Auch bedarf es gem. § 315 S. 1 – wiederum in Abweichung von § 142 Abs. 2 S. 2 – nicht der **Hinterlegung** der Aktie.[12] Denn das Hinterlegungserfordernis des § 142 Abs. 2 S. 2 dient allein der Ermittlung und Erhaltung des nach § 142 Abs. 2 S. 1 erforderlichen Quorums, ist also im Rahmen des § 315 S. 1 gegenstandslos (zur Rechtslage nach § 315 S. 2 s. Rdnr. 8). Dem Antragsteller obliegt es freilich, seine Eigenschaft als Aktionär nachzuweisen, sei es durch Hinterlegungs-urkunde oder anderweitig, etwa durch Depotauszug. Mit Veräußerung seiner Aktien wäh-rend des Antragsverfahrens verliert er die Antragsbefugnis.[13]

Die **Begründung des Antrags** kann sich in dem Hinweis auf das Vorliegen eines der **8** Tatbestände des S. 1 erschöpfen. Eine **Befristung** des Antragsrechts ist in § 315 zwar nicht vorgesehen. Mit Blick auf den Zweck der Vorschrift (Rdnr. 2) wird man aber davon auszu-gehen haben, daß der Antrag nur bis zum Eintritt der Verjährung etwaiger Ansprüche aus §§ 317, 318 gestellt werden kann (s. auch § 312 Rdnr. 18).[14] Eine *Verwirkung* des Antrags-rechts und damit eine weitere Verkürzung der Antragsfrist kommt dagegen im Hinblick auf die Formalisierung der Sonderprüfungstatbestände ebenso wenig in Betracht[15] wie der Ein-wand der rechtsmißbräuchlichen Antragstellung (Rdnr. 13). Zuständig ist das Amtsgericht des Gesellschaftssitzes, s. § 14 iVm. § 145 Abs. 1 FGG und dazu noch Rdnr. 14.

2. Tatbestand des S. 2. a) Allgemeines. Die neue (Rdnr. 1) Vorschrift des § 315 S. 2 **9** gewährt einer qualifizierten Minderheit von Aktionären (Rdnr. 11) das Recht, auch unab-hängig vom Vorliegen einer der in S. 1 Nr. 1 bis 3 genannten Tatbestände die gerichtliche Bestellung von Sonderprüfern zu beantragen.[16] Die in der Praxis so gut wie nie gegebenen[17] Einzeltatbestände des S. 1 werden mithin um einen generalklauselartigen Tatbestand ergänzt, um dadurch die Effektivität des Rechts auf Sonderprüfung zu steigern und damit letztlich die Durchsetzung von Schadensersatzansprüchen nach §§ 317, 318 (Rdn. 2) noch mehr zu erleichtern.[18] Wie § 315 S. 1 setzt auch § 315 S. 2 einen Antrag und einen verdachtsbe-gründenden Sachverhalt voraus; letzterer begründet entgegen dem Wortlaut der Vorschrift nicht erst die Antragsbefugnis, sondern gemeinsam mit dem Antrag das Recht auf Sonderprüfung.[19]

b) Verdacht pflichtwidriger Nachteilszufügung. Wesentliche Voraussetzung ist nach **10** § 315 S. 2 das Vorliegen von **Tatsachen,** die den Verdacht einer pflichtwidrigen Nachteils-zufügung rechtfertigen. Der Gesetzgeber hat insoweit bewußt auf den Wortlaut des § 142 Abs. 2 S. 1 aE zurückgegriffen, so daß die zu dieser Vorschrift entwickelten Grundsätze auch im Rahmen des § 315 S. 2 herangezogen werden können. Auch nach § 315 S. 2 müssen also die Antragsteller *Tatsachen* behaupten, die den Verdacht – im Fall des § 315 S. 2 den Verdacht einer ausgleichspflichtigen, aber nicht ausgeglichenen Maßnahme nachteiligen Charakters – rechtfertigen. Der Glaubhaftmachung oder des Beweises bedarf es allerdings nicht. Es genügt vielmehr, daß die Tatsachen den genannten Verdacht zur Überzeugung des

---

[12] Vgl. die Nachw. in Fn. 11.

[13] MünchKommAktG/*Kropff* Rdnr. 16.

[14] So auch MünchHdb. AG/*Krieger* § 69 Rdnr. 97; für Rechtsmißbrauch bei offensichtlicher Verjährung etwaiger Ansprüche der abhängigen Ge-sellschaft MünchKommAktG/*Kropff* Rdnr. 22.

[15] AA *Noack* WPg 1994, 225, 234 f.: Verwirkung des Antragsrechts, wenn Antrag erst gestellt wird, nachdem bereits der nächsten Hauptversammlung über das Ergebnis der Prüfung des Abhängigkeits-berichts für das folgende Geschäftsjahr berichtet wurde.

[16] Zu dem zunächst gleichfalls mit § 315 S. 2 verfolgten, mit Inkrafttreten der §§ 33 WpÜG (Vor § 311 Rdnr. 14 ff.) allerdings gegenstandslos gewor-denen Zweck, die §§ 311 ff. zu einer „gleichwer-tigen Vorkehrung" iSd. Art. 3 Abs. 1 des 1997er Ent-

wurfs einer Richtlinie über Übernahmeangebote (Einl. Rdnr. 29; Vor § 311 Rdnr. 11) aufzuwerten, s. 1. Aufl. Rdnr. 6.

[17] *Hommelhoff/Mattheus* AG 1998, 249, 259: Bis-lang keine Sonderprüfung auf der Grundlage des § 315 S. 1; s. ferner Fn. 6 zur Unanwendbarkeit des § 315 S. 1 Nr. 1 bei erläuternden Zusätzen.

[18] Vgl. dazu auch die Beschlußempfehlung der Abteilung Wirtschaftsrecht des 59. DJT, in Verhand-lungen des 59. DJT Hannover 1992, Band II, S. R 186/188; ferner die Stellungnahme des Gemeinsa-men Arbeitsausschusses des BDI und weiterer Ver-bände zum vorangegangenen, auf die Glaubhaftma-chung der Vorbesitzzeit noch verzichtenden Refe-rentenentwurf eines KonTraG (ZIP 1996, 2129, 2138 f.), WM 1997, 490, 496.

[19] *Hüffer* Rdnr. 3 a.

Gerichts indizieren oder das Gericht zur Amtsermittlung nach § 12 FGG veranlassen.[20] „Sonstige" Tatsachen sind alle außer den in § 315 S. 1 Genannten. Doch schließt der Antrag nach § 315 S. 2 auch denjenigen nach § 315 S. 1 ein.[21]

11   c) **Weitere Voraussetzungen.** Der Antrag nach S. 2 kann nicht von jedem Aktionär gestellt werden. Wie § 258 Abs. 2 setzt vielmehr auch § 315 S. 2 voraus, daß die antragstellenden Aktionäre mindestens **5% des Grundkapitals** oder den *anteiligen*[22] *Betrag von 500 000 Euro* auf sich vereinigen. Unerheblich ist, ob das Quorum von einem oder von mehreren Aktionären erreicht wird. Auch kommt es nicht darauf an, daß die Aktionäre eine entsprechende *Stimmrechtsmacht* auf sich vereinigen. Insbes. sind Vorzugsaktien und aus sonstigen Gründen, etwa nach §§ 71 b, 134, 135 vom Stimmrecht ausgeschlossene Aktien zu berücksichtigen, und zwar sowohl bei Berechnung des Quorums als auch im Rahmen des Grundkapitals.

12   Wie §§ 142 Abs. 2 S. 2, 258 Abs. 2 S. 4 setzt auch § 315 S. 2 eine **Vorbesitzzeit von drei Monaten** voraus. Dadurch soll verhindert werden, daß Aktien eigens zu dem Zweck gekauft werden, eine Sonderprüfung zu veranlassen (s. noch Rdnr. 13). Maßgebend ist der Tag der Antragstellung, von dem ab die Mindestbesitzzeit nach §§ 187 Abs. 1, 188 Abs. 2 BGB zu berechnen ist. Nach § 142 Abs. 2 S. 3 (Rdnr. 3) *genügt* zur **Glaubhaftmachung** eine eidesstattliche Versicherung vor einem Notar; doch kann die Glaubhaftmachung auch anderweitig erfolgen. In § 315 S. 2 nicht vorgesehen ist die **Hinterlegung** der Aktien. Doch ist dies nicht im Sinne eines Dispenses von § 142 Abs. 2 S. 2 zu verstehen (s. Rdnr. 3). Vielmehr ist auch im Rahmen des § 315 S. 2 sicherzustellen, daß die Antragsbefugnis *während des gerichtlichen Verfahrens* erhalten bleibt; dies aber hat nach Maßgabe des § 142 Abs. 2 S. 2 zu geschehen.[23]

13   d) **Mißbrauch.** Auch für den Antrag nach S. 2 ist eine *Befristung* nicht vorgesehen; grundsätzlich kann er deshalb bis zum Eintritt der Verjährung etwaiger Ansprüche aus §§ 317, 318 gestellt werden (Rdnr. 8). Anders als der Antrag nach S. 1 kann freilich der Antrag nach S. 2 auch unabhängig von der Verjährung der Ansprüche aus §§ 317, 318 dem Einwand des Rechtsmißbrauchs ausgesetzt sein.[24] Im Hinblick auf das nach § 315 S. 2 erforderliche Quorum (Rdnr. 11) werden Fälle dieser Art zwar nicht häufig vorkommen. Doch hindert dies nicht daran, nach Lage des Falles die Grundsätze über den **Mißbrauch des Anfechtungsrechts** nach § 245 Nr. 1 entsprechend heranzuziehen.[25] Mißbrauch liegt demnach insbes. dann vor, wenn der Aktionär mit dem Antrag einen Lästigkeitswert aufbaut und ausschließlich gesellschaftsfremde Interessen verfolgt, mithin einen Sondervorteil[26] anstrebt. Ein danach mißbräuchlicher Antrag ist unbegründet.[27]

III. Bestellung des Sonderprüfers

14   1. **Bestellung durch das Gericht.** Liegen die Voraussetzungen des S. 1 oder diejenigen des S. 2 vor (Rdnr. 4 ff.), so muß das Gericht einen oder mehrere Sonderprüfer bestellen. Die **Auswahl** der Sonderprüfer erfolgt durch das Gericht. Dabei ist die Vorschrift des § 143 zu beachten. Im Hinblick auf den Prüfungsgegenstand (Rdnr. 16) wird daher zwar

---

[20] *Hüffer* Rdnr. 3 c und § 142 Rdnr. 20; für ein Beispiel aus der Praxis s. LG Münster AG 2001, 54.

[21] Zutr. *Hüffer* Rdnr. 3 c.

[22] Der Wortlaut berücksichtigt das (bei Erlaß des § 315 S. 2 bereits verabschiedete) Gesetz über die Zulassung von Stückaktien, s. Einl. Rdnr. 22.

[23] Zustimmend OLG Hamm ZIP 2000, 1299 = EWiR 2000, 801 (*Fleischer*); LG Münster AG 2001, 54; *Hüffer* Rdnr. 3 b.

[24] Vgl. zu § 142 AG Düsseldorf ZIP 1988, 970 – Feldmühle; *Hirte* ZIP 1988, 953, 954 ff.; *Hüffer* § 142 Rdnr. 21.

[25] Grdlg. BGHZ 107, 296, 308 ff. = NJW 1989, 2689; BGH NJW 1990, 322; 1992, 569; ZIP 1992,

1391; *K. Schmidt* in GroßkommAktG § 245 Rdnr. 47 ff.; *Hüffer* § 245 Rdnr. 22 ff.; *Boujong,* FS für Kellermann, 1991, S. 1 ff.

[26] Daß der Antragsteller an der Geltendmachung etwaiger Schadensersatzansprüche mittelbar (nämlich über seine Mitgliedschaft) partizipiert, genügt selbstredend nicht; verkannt von AG Frankfurt/M., Beschluß vom 17. 7. 2002 (Az. 72 HRB 8433).

[27] So zu § 142 Abs. 2 zutr. *Hirte* ZIP 1988, 953, 956; *Hüffer* § 142 Rdnr. 21; aA AG Düsseldorf ZIP 1988, 970 – Feldmühle. Zur Unbegründetheit der mißbräuchlich erhobenen Anfechtungsklage s. BGH ZIP 1992, 1391.

nicht zwangsläufig, wohl aber in aller Regel ein Wirtschaftsprüfer oder eine Wirtschaftsprüfergesellschaft bestellt werden.[28] Nicht bestellt werden darf der zunächst mit der Prüfung des Abhängigkeitsberichts Beauftragte, in der Regel (s. aber § 313 Rdnr. 7) also der Abschlußprüfer der Gesellschaft. Nach § 143 Abs. 2 finden zudem die Bestellungsverbote des § 319 Abs. 2 und 3 HGB Anwendung. Wird dem Antrag stattgegeben, so sind die Sonderprüfer namentlich zu bezeichnen. Nach § 142 Abs. 5 sind vor der Entscheidung der Antragsteller und die Gesellschaft als *Beteiligte* und zudem der *Aufsichtsrat* der Gesellschaft anzuhören.[29]

2. Verfahren. Zuständig ist das Amtsgericht des Gesellschaftssitzes, s. § 14 iVm. § 145 **15** Abs. 1 FGG. Nach § 17 Nr. 2 a RpflG ist die Entscheidung dem Richter vorbehalten. Der Richter entscheidet im FGG-Verfahren. Wird dem Antrag stattgegeben, so trägt nach § 146 die Gesellschaft die **Kosten** des Verfahrens.[30] Gegen die Entscheidung ist nach S. 3 die **sofortige Beschwerde** nach § 22 FGG gegeben. Zur Anhörung der Beteiligten und des Aufsichtsrats der Gesellschaft s. Rdnr. 14.

IV. Gegenstand und Durchführung der Sonderprüfung

1. Gegenstand. Gegenstand der Sonderprüfung sind nach § 315 S. 1 die Beziehungen **16** der abhängigen Gesellschaft „zu dem herrschenden Unternehmen oder einem mit ihm verbundenen Unternehmen". Dem läßt sich entnehmen, daß sich die Prüfung nicht notwendigerweise auf die gesamten Verbundbeziehungen erstreckt. Gegenstand der Prüfung sind vielmehr die Beziehungen der abhängigen Gesellschaft zu dem oder den **vom Gericht bestimmten Unternehmen**.[31] Dies können, müssen aber nicht sämtliche mit dem herrschenden Unternehmen verbundenen Unternehmen sein; selbst die Beziehungen zu dem oder den[32] herrschenden Unternehmen selbst sind nicht zwangsläufig Gegenstand der Sonderprüfung.[33]

Innerhalb dieses Rahmens sind allerdings *sämtliche Sachverhalte* zu überprüfen, aus denen **17** sich ein Nachteil iSd. § 311 ergeben kann.[34] § 315 S. 1 und 2 verlangt dabei eine Bewertung dieser Sachverhalte im Hinblick auf §§ 311, 317. Der Prüfer hat also zunächst zu ermitteln, ob es sich um eine durch das herrschende Unternehmen veranlaßte nachteilige Maßnahme handelt (§ 311 Rdnr. 22 ff., 39 ff.). Daran schließt sich die Prüfung an, ob der Nachteil vollumfänglich ausgeglichen worden ist (§ 311 Rdnr. 59 ff.). Ist dies nicht der Fall, so ist zu fragen, ob und, wenn ja, in welcher Höhe der Gesellschaft ein Schaden entstanden ist (§ 317 Rdnr. 15 ff.). Zu prüfen ist mithin, ob der Abhängigkeitsbericht die Beziehungen zu dem im Prüfungsauftrag bezeichneten Unternehmen **richtig und vollständig** wiedergibt. Insoweit geht § 315 zwar über § 313 Abs. 1 S. 2 hinaus (s. § 313 Rdnr. 14 ff.).[35] In *zeitlicher Hinsicht* beschränkt sich die Prüfung jedoch auf das Geschäftsjahr, auf das sich der – nach S. 1 Nr. 1 bis 3 oder S. 2 beanstandete – Abhängigkeitsbericht bezieht. Dies schließt es freilich nicht aus, Vorgänge aus früheren Geschäftsjahren zu berücksichtigen, soweit sie auf das Prüfungsjahr fortwirken oder auch nur für die Beurteilung späterer Maßnahmen von

---

[28] *Koppensteiner* in Kölner Kommentar Rdnr. 5; MünchKommAktG/*Kropff* Rdnr. 25; *Hüffer* Rdnr. 4.

[29] MünchKommAktG/*Kropff* Rdnr. 21, 23; *Hüffer* Rdnr. 4; aA hinsichtlich des Aufsichtsrats *Würdinger* in GroßkommAktG, 3. Aufl., Anm. 3.

[30] Zu den Kosten der Prüfung s. noch Rdnr. 18.

[31] MünchHdb. AG/*Krieger* § 69 Rdnr. 102; *Hüffer* Rdnr. 6; weitergehend – Gegenstand der Prüfung seien ohne weiteres die Beziehungen zum herrschenden Unternehmen und zu allen sonst mit der Gesellschaft verbundenen Unternehmen – MünchKommAktG/*Kropff* Rdnr. 31; wohl auch *Noack* WPg 1994, 225, 226 ff.

[32] Weitergehend wohl *Maul* NZG 2000, 470, 471 f., der zufolge sich die Prüfung bei mehrfacher Abhängigkeit zwangsläufig auf sämtliche herrschenden Unternehmen erstreckt.

[33] So auch *Krieger* und *Hüffer*, jew. aaO (Fn. 31).

[34] MünchKommAktG/*Kropff* Rdnr. 31; *Koppensteiner* in Kölner Kommentar Rdnr. 7; MünchHdb. AG/*Krieger* § 69 Rdnr. 102; *Hüffer* Rdnr. 6; *Noack* WPg 1994, 224, 227 ff. Zur Überprüfbarkeit einzelner Positionen des Jahres- oder Konzernabschlusses s. *Habersack*, FS für Wiedemann, S. 889, 899 ff.

[35] MünchKommAktG/*Kropff* Rdnr. 29 f.; aA *Krag* BB 1988, 1850, 1856.

Bedeutung sind.[36] Im übrigen gelten die allgemeinen Grundsätze über die Bewertung von Rechtsgeschäften und Maßnahmen durch den Abschlußprüfer (§ 313 Rdnr. 15 ff.) entsprechend.[37]

18 **2. Durchführung.** Die Durchführung der Sonderprüfung beurteilt sich nach §§ 142 ff. **Aufklärungen und Nachweise** können die Sonderprüfer nach Maßgabe des § 145 Abs. 2 und 3 verlangen, also von der abhängigen Gesellschaft, von Konzernunternehmen und von abhängigen oder herrschenden Unternehmen. Dabei geht § 142 Abs. 2 und 3 insoweit über § 313 Abs. 1 S. 3 iVm. § 320 Abs. 2 S. 1 HGB (dazu § 313 Rdnr. 23) hinaus, als er die Informationsrechte auch gegenüber dem Aufsichtsrat der jeweiligen Gesellschaft einräumt.[38] Hinsichtlich des Anspruchs auf Vergütung und Ersatz von Auslagen gilt § 142 Abs. 6. Die **Kostenlast** beurteilt sich nach § 146. Danach ist die Gesellschaft Kostenschuldnerin, doch kann sie ggf. bei ihren *Organwaltern oder bei dem herrschenden Unternehmen (§ 317) Regreß* nehmen.[39] Ein Regreß beim Antragsteller kommt dagegen im Hinblick auf die Tatbestandsvoraussetzungen des § 315 S. 1 und 2 regelmäßig nicht in Betracht.

19 Nach § 145 Abs. 4 S. 1 ist über das Ergebnis der Sonderprüfung **schriftlich zu berichten**.[40] § 145 Abs. 4 S. 2 bestimmt ausdrücklich, daß von der Berichtspflicht auch solche zur Beurteilung des Vorgangs erforderlichen Tatsachen nicht ausgenommen sind, deren Bekanntwerden geeignet ist, der Gesellschaft oder einem verbundenen Unternehmen einen nicht unerheblichen Nachteil zuzufügen. Dem Grundsatz der **Vollständigkeit** des Berichts gebührt also der Vorrang gegenüber dem Geheimhaltungsinteresse der abhängigen Gesellschaft oder eines verbundenen Unternehmens. Die durch § 145 Abs. 4 S. 3–5 sichergestellte **Publizität** des Prüfungsberichts (Rdnr. 2) soll alle Beteiligten motivieren, den – nicht offenzulegenden (§ 312 Rdnr. 4) – Abhängigkeitsbericht entsprechend den gesetzlichen Vorschriften aufzustellen. Hinsichtlich der **Verantwortlichkeit** der Sonderprüfer verweist § 144 auf § 323 HGB.

V. Gerichtliche Bestellung eines anderen Sonderprüfers (S. 4)

20 **1. Normzweck und Verhältnis zu § 142 Abs. 4.** Die Vorschrift des § 315 schließt es nicht aus, daß die **Hauptversammlung** von sich aus nach § 142 Abs. 1 Sonderprüfer bestellt (Rdnr. 3). Im Hinblick auf das Stimmrecht des herrschenden Unternehmens kann es deshalb zur Bestellung eines der Gesellschaft genehmen Sonderprüfers und damit letztlich zur Vereitelung des Rechts aus § 315 kommen. Um dem vorzubeugen, spricht S. 4 das nach § 142 Abs. 4 im allgemeinen an ein bestimmtes Quorum gebundene Recht, die Bestellung eines anderen Sonderprüfers zu beantragen, **jedem Aktionär** zu (s. aber noch Rdnr. 21). Bereits vor Einfügung des § 315 S. 2 war es unerheblich, ob einer der Tatbestände des § 315 S. 1 Nr. 1–3 gegeben ist, der Aktionär also seinerseits den Antrag nach § 315 S. 1 stellen könnte. Voraussetzung war und ist vielmehr allein, daß die Hauptversammlung zur Überprüfung derselben Vorgänge (Rdnr. 22) Sonderprüfer bestellt hat und einer der **in § 142 Abs. 4 S. 1 genannten Gründe** für die Bestellung eines anderen Sonderprüfers vorliegt (s. noch Rdnr. 21). Dabei wird allerdings „Besorgnis der Befangenheit" im Zweifel anzunehmen sein, wenn eine Sonderprüfung nach § 315 S. 1 oder S. 2 erzwungen werden könnte (Rdnr. 4).[41]

21 Bis zur Einfügung des § 315 S. 2 durch das KonTraG (Rdnr. 1) korrespondierte das Recht aus § 315 S. 4 mit dem Individualantragsrecht aus § 315 S. 1. Nunmehr bezieht sich dagegen § 315 S. 4 unzweifelhaft auch auf § 315 S. 2. Fraglich ist jedoch, ob in den Fällen des **§ 315 S. 2** der Antrag auf Bestellung eines anderen Sonderprüfers gleichfalls von jedem

---

[36] Zutr. MünchKommAktG/*Kropff* Rdnr. 32.
[37] Eingehend dazu *Krag* BB 1988, 1850 ff.
[38] MünchKommAktG/*Kropff* Rdnr. 33.
[39] Näher *Noack* WPg 1994, 225, 236, *Bode* AG 1995, 261, 264 f., jew. mwN; für Regreß bei dem

herrschenden Unternehmen auch MünchKommAktG/*Kropff* Rdnr. 39.
[40] Näher *Noack* WPg 1994, 224, 234.
[41] So auch MünchKommAktG/*Kropff* Rdnr. 37.

Aktionär[42] oder nur von Aktionären, deren Anteile zusammen 5% des Grundkapitals oder den anteiligen Betrag von 500 000 Euro erreichen,[43] gestellt werden kann. Bedenkt man, daß nach § 142 Abs. 2 und 4, § 315 aF das Recht, Sonderprüfung zu beantragen, und das Recht, die Bestellung eines anderen Sonderprüfers zu beantragen, jeweils an identische Voraussetzungen geknüpft sind, ferner, daß sich den Materialien kein Hinweis auf eine bewußte Abkehr von diesem Grundsatz entnehmen läßt,[44] so spricht dies an sich für die zuletzt genannte Ansicht. Dabei würde indes verkannt, daß auch nach § 315 aF das Recht, die Bestellung eines anderen Sonderprüfers zu beantragen, nicht von dem Vorliegen eines der Formaltatbestände des § 315 S. 1 abhängig war (Rdnr. 20). Da das KonTraG die Rechte der außenstehenden Aktionäre stärken wollte, kann dies nur bedeuten, daß es bei dem Wortlaut des § 315 S. 4 zu bewenden hat und der Antrag in jedem Fall von einem einzelnen Aktionär gestellt werden kann (s. noch Rdnr. 22).

2. Prüfung derselben Vorgänge. Nach S. 4 setzt das Antragsrecht des Einzelaktionärs **22** voraus, daß die Hauptversammlung Sonderprüfer „zur Prüfung derselben Vorgänge" bestellt hat. Da allerdings eine Sonderprüfung nach § 142 nur zur Prüfung *bestimmter Vorgänge* angeordnet werden kann, die Sonderprüfung nach § 315 dagegen die gesamten geschäftlichen Beziehungen zu einem oder mehreren anderen Unternehmen erfaßt (Rdnr. 16 f.), kann der Antrag nach S. 4 immer dann gestellt werden, wenn der von der Hauptversammlung bestimmte Prüfungsgegenstand auch Gegenstand der umfassenden Prüfung nach § 315 wäre.[45] Des weiteren ist davon auszugehen, daß ein gegenständlich beschränkter Prüfungsauftrag der Hauptversammlung das Recht, eine umfassende Sonderprüfung nach S. 1 und 2 zu beantragen, nicht ausschließt. Das Gericht muß dann durch Auslegung des Antrags oder Rückfrage beim Aktionär klären, ob *nur die Auswechslung des Sonderprüfers* (Antrag nach S. 4 iVm. § 142 Abs. 4) oder *auch die Erweiterung des Prüfungsgegenstands* auf die gesamten geschäftlichen Beziehungen zum herrschenden Unternehmen oder einem mit ihm verbundenen Unternehmen (Antrag nach S. 1, 2) gewollt ist.[46]

3. Verfahren. Der Antrag ist nach § 142 Abs. 4 S. 2 binnen zwei Wochen seit dem **23** Tage der Hauptversammlung zu stellen. Bei Vorliegen einer der in § 142 Abs. 4 S. 1 genannten Gründe ist ihm stattzugeben. Das Verfahren richtet sich im übrigen nach § 142 Abs. 5. Beschwerdeberechtigt (§ 142 Abs. 5 S. 2) sind bei erfolgreichem Antrag die Gesellschaft und der zunächst bestellte Prüfer,[47] bei erfolglosem Antrag der Antragsteller.

§ 316 Kein Bericht über Beziehungen zu verbundenen Unternehmen bei Gewinnabführungsvertrag

§§ 312 bis 315 gelten nicht, wenn zwischen der abhängigen Gesellschaft und dem herrschenden Unternehmen ein Gewinnabführungsvertrag besteht.

Schrifttum: *Bachmayr,* Der reine Verlustübernahmevertrag, ein Unternehmensvertrag iSd. Aktiengesetzes 1965, BB 1967, 135; *Habersack,* Alte und neue Ungereimtheiten im Rahmen der §§ 311 ff. AktG, FS für Peltzer, 2001, S. 139; *Haesen,* Der Abhängigkeitsbericht im faktischen Konzern, 1970.

---

[42] So MünchKommAktG/*Kropff* Rdnr. 36.
[43] So MünchHdb. AG/*Krieger* § 69 Rdnr. 101.
[44] Vgl. Begr. zum RegE des KonTraG, BR-Drucks. 872/97, S. 65 f.
[45] Vgl. dazu sowie zum folgenden MünchKommAktG/*Kropff* Rdnr. 38.
[46] Nach MünchKommAktG/*Kropff* Rdnr. 38 soll auch in den Fällen des § 315 S. 2 jeder Aktionär

eine Erweiterung des Prüfungsauftrags beantragen können; dies aber ist, da es sich in diesem Fall der Sache nach um einen Antrag nach § 315 S. 1 oder 2 handelt, mit der Konzeption des § 315 kaum vereinbar.
[47] *Hüffer* § 142 Rdnr. 30.

Übersicht

I. Inhalt und Zweck der Vorschrift

1   Die Vorschrift erklärt die §§ 312 bis 315 betreffend die Aufstellung und Prüfung eines Abhängigkeitsberichts für unanwendbar, wenn zwischen der abhängigen Gesellschaft und dem herrschenden Unternehmen ein Gewinnabführungsvertrag besteht. Sie ergänzt damit §§ 311 Abs. 1, 323 Abs. 1 S. 3, wonach die §§ 311 bis 318 bei Bestehen eines Beherrschungsvertrags und bei Eingliederung der abhängigen Gesellschaft unanwendbar sind (s. § 311 Rdnr. 15 f.). Eigenständige Bedeutung kommt der Vorschrift deshalb nur im Zusammenhang mit dem Abschluß eines **isolierten Gewinnabführungsvertrags** zu (dazu § 291 Rdnr. 60 f.). Da das herrschende Unternehmen auch in diesem Fall den Vorschriften der **§§ 300 bis 307** unterliegt, die abhängige Gesellschaft, ihre Aktionäre und Gläubiger also in gleichem Maße wie bei Bestehen eines Beherrschungsvertrags geschützt sind, erübrigt sich die mit Aufwendungen verbundene Aufstellung und Prüfung eines Abhängigkeitsberichts.[1] Die §§ 311, 317 finden dagegen Anwendung (Rdnr. 10).

II. Tatbestand

2   **1. Gewinnabführungsvertrag.** Die Vorschrift setzt das Bestehen eines isolierten (Rdnr. 1) Gewinnabführungsvertrags zwischen der abhängigen Gesellschaft und dem herrschenden Unternehmen voraus. Die Grundsätze über die **fehlerhafte Gesellschaft** sind anwendbar; auch ein fehlerhafter, aber durchgeführter Gewinnabführungsvertrag (§ 291 Rdnr. 28 ff.) hat also die Unanwendbarkeit der §§ 312 bis 315 zur Folge.[2] Auf **andere Unternehmensverträge** iSd. § 292, insbes. auf die Gewinngemeinschaft und den Teilgewinnabführungsvertrag, findet § 316 keine Anwendung; mit Rücksicht auf die Unanwendbarkeit der §§ 300 ff. (Rdnr. 1) hat es insoweit vielmehr bei Geltung der §§ 312 ff. zu bewenden.[3]

3   Auch auf den **Verlustübernahmevertrag** (§ 291 Rdnr. 62 f.) ist § 316 nicht anwendbar.[4] Diesem Vertrag fehlt schon die Eigenschaft als Unternehmensvertrag, so daß eine Eintragung in das Handelsregister, wie sie nach § 294 für Unternehmensverträge vorgeschrieben ist, nicht in Betracht kommt. Dies wiederum hat nicht nur zur Folge, daß eine registergerichtliche Kontrolle des Vertrags unterbleibt. Vielmehr ist auch nicht gewährleistet, daß die Gläubiger von der Verlustübernahmepflicht und der Befreiung von der Verpflichtung zur Aufstellung eines Abhängigkeitsberichts Kenntnis nehmen können. Beide Gesichtspunkte sprechen je für sich gegen die entsprechende Anwendung des § 316. Bei der *mehrgliedrigen AG* kommt hinzu, daß jedenfalls das in § 306 vorgesehene Spruchstellenverfahren nicht durch vertragliche Abrede zugunsten der außenstehenden Aktionäre eröffnet werden kann; auch der Schutz der außenstehenden Aktionäre gebietet deshalb die Anwendung der §§ 311 ff.

---

[1] Vgl. Begr. zum RegE bei *Kropff* AktG S. 418.
[2] MünchKommAktG/*Kropff* Rdnr. 6.
[3] Statt aller *Hüffer* Rdnr. 2.

[4] Ganz hM, s. MünchKommAktG/*Kropff* Rdnr. 7; *Koppensteiner* in Kölner Kommentar Rdnr. 4; *Hüffer* Rdnr. 2; *Haesen* S. 62 ff.; aA *Bachmayr* BB 1967, 135 ff.

Ein Abhängigkeitsbericht ist auch dann zu erstellen, wenn im Hinblick auf die vertrag- **4**
liche Verpflichtung des herrschenden Unternehmens zur Übernahme der Tochter-Verluste
nach **§ 264 Abs. 3 HGB** verfahren wird, die abhängige Gesellschaft also insbes. von der
Prüfung und Offenlegung ihres Jahresabschlusses und Lageberichts absieht und statt dessen
die Verpflichtung des herrschenden Unternehmens nach Maßgabe der §§ 264 Abs. 3
Nr. 5, 325 HGB offengelegt wird.[5] In diesem Fall muß zwar die in § 312 Abs. 3 S. 3
vorgesehene Aufnahme der Schlußerklärung des Vorstands in den Lagebericht oder Anhang
(§ 312 Rdnr. 47) unterbleiben; auch braucht der Bericht des Aufsichtsrats an die Hauptversammlung nach § 264 Abs. 3 HGB nicht offengelegt zu werden. Der Prüfung des Abhängigkeitsberichts steht dies dagegen nicht von vornherein entgegen; entsprechend der
Rechtslage bei der kleinen AG (§ 313 Rdnr. 7) hat vielmehr eine isolierte Prüfung zu
erfolgen.

2. Vertragsbeginn oder -ende während des Geschäftsjahres. Fällt der Beginn oder **5**
das Ende des Gewinnabführungsvertrags in das laufende Geschäftsjahr, so beurteilt sich die
Anwendbarkeit des § 316 danach, ob und inwieweit die Gläubiger und die außenstehenden
Aktionäre der abhängigen Gesellschaft nach §§ 300 ff. geschützt sind und sich deshalb die
Aufstellung eines Abhängigkeitsberichts erübrigt (s. Rdnr. 1 sowie bereits § 312
Rdnr. 11 f.). Was zunächst den **Abschluß des Vertrags** während des laufenden Geschäfts-
jahres betrifft, so ist das herrschende Unternehmen nach §§ 302, 303 auch insoweit zu
Verlustübernahme oder Sicherheitsleistung verpflichtet, als der Jahresfehlbetrag auf die *vor
Vertragsbeginn begründeten Verluste* zurückzuführen ist (§ 302 Rdnr. 37). Da die außenstehenden Aktionäre den Schutz der §§ 304 ff. erfahren,[6] sind die §§ 312 bis 315, 318 in diesem
Fall für das *gesamte Geschäftsjahr* unanwendbar.[7] Voraussetzung ist, daß der Gewinnabführungsvertrag bis zum Ende des Geschäftsjahres in das Handelsregister eingetragen ist.[8] Dem
gleich steht der Fall, daß der Gewinnabführungsvertrag mit **Rückwirkung** für das bereits
abgelaufene Geschäftsjahr geschlossen wird.[9]

Fällt das **Ende des Vertrags** in das laufende Geschäftsjahr, so ist das herrschende Unter- **6**
nehmen nur insoweit nach §§ 302, 303 verpflichtet, als die Verluste und Verbindlichkeiten
vor Beendigung des Gewinnabführungsvertrags begründet worden sind (§ 302 Rdnr. 38).
Demzufolge muß die Berichtspflicht mit Wirkung ex nunc aufleben; zu berichten ist dann
über die nach Beendigung des Vertrags und damit im weiteren Verlauf des Geschäftsjahres
anfallenden Rechtsgeschäfte und Maßnahmen (§ 312 Rdnr. 12).[10]

3. Mehrstufige Unternehmensverbindung. Bei einer mehrstufigen Unternehmens- **7**
verbindung hat § 316 die Unanwendbarkeit der § 312 bis 315, 318 (nur) im Verhältnis
zwischen der abhängigen Gesellschaft und dem am Gewinnabführungsvertrag beteiligten
Unternehmen zur Folge (näher § 311 Rdnr. 17 ff., 20). Anderes gilt nur bei einer *durchgehenden Kette von Gewinnabführungsverträgen;* dann finden die §§ 312 ff., 318 insgesamt und
damit auch im vertragslosen Verhältnis zwischen der Mutter und der Enkel-AG keine
Anwendung (§ 311 Rdnr. 18, 20). Bei Abschluß eines **Gewinnabführungsvertrags zwischen Tochter- und Enkelgesellschaft** hat es dagegen bei der Anwendbarkeit der §§ 312
bis 315, 318 im Verhältnis zwischen der Enkel- und der Muttergesellschaft zu bewenden

---

[5] So auch MünchKommAktG/*Kropff* Rdnr. 7.
[6] Etwaige Ausgleichs- oder Schadensersatzansprüche der abhängigen Gesellschaft können im
Rahmen der §§ 304 ff. erfaßt werden, s. § 304
Rdnr. 60; ferner MünchKommAktG/*Kropff* Rdnr.
9; *Koppensteiner* in Kölner Kommentar § 312
Rdnr. 13.
[7] MünchKommAktG/*Kropff* Rdnr. 8 f.; *Koppensteiner* in Kölner Kommentar § 312 Rdnr. 13 (s.
aber auch *dens.* § 316 Rdnr. 2); *Hüffer* Rdnr. 4;
MünchHdb. AG/*Krieger* § 69 Rdnr. 81; IdW/HFA
WPg 1992, 91, 92 (Nr. 12); WP-Handbuch Bd. I
Rdnr. F 852.

[8] So auch *Hüffer* § 312 Rdnr. 7; aA Münch-
KommAktG/*Kropff* Rdnr. 6, der es genügen läßt,
daß die Eintragung im Zeitpunkt der Vorlage der
Abschlußunterlagen an den Abschlußprüfer erfolgt
ist.
[9] *Koppensteiner* und *Hüffer*, jew. aaO (Fn. 7); zur
Möglichkeit, den Gewinnabführungsvertrag mit
Rückwirkung zu schließen, s. § 294 Rdnr. 32.
[10] *Koppensteiner* in Kölner Kommentar Rdnr. 2;
Hüffer Rdnr. 5; aA MünchKommAktG/*Kropff*
Rdnr. 10 (Berichtspflicht hinsichtlich des gesamten
Geschäftsjahres).

(§ 311 Rdnr. 19, 20).[11] Soweit demgegenüber von der hM auf die Geltung der §§ 311, 317 im Verhältnis zwischen der Enkel-AG auf der einen Seite und der Tochter- und Muttergesellschaft auf der anderen Seite hingewiesen wird,[12] vermag dies nicht zu überzeugen. Denn es ist anerkannt, daß die Aufstellung und Prüfung des Abhängigkeitsberichts die Geltendmachung von Ansprüchen aus § 317 erleichtern, wenn nicht gar erst ermöglichen soll (§ 312 Rdnr. 2 f.); bei isolierter Geltung der §§ 311, 317 wird es dagegen kaum zur Geltendmachung von Schadensersatzansprüchen kommen (s. Rdnr. 10).

III. Rechtsfolgen

8 **1. Unanwendbarkeit der §§ 312 bis 315, 318. a) Grundsatz.** Besteht zwischen der abhängigen Gesellschaft und dem herrschenden Unternehmen ein isolierter (Rdnr. 1) Gewinnabführungsvertrag, so finden die §§ 312 bis 315 betreffend die Verpflichtung zur Aufstellung und Prüfung des Abhängigkeitsberichts keine Anwendung. Dies wiederum hat die Unanwendbarkeit des § 318 zur Folge.[13] Fehlt es nämlich an einer Verpflichtung zur Aufstellung eines Abhängigkeitsberichts, so ist ein an diese Verpflichtung anknüpfender Haftungstatbestand gegenstandslos.

9 **b) Ausnahme.** Was dagegen die Vorschrift des § 315 S. 2 betrifft, so knüpft sie, anders als § 315 S. 1, nicht an das Vorliegen eines Abhängigkeitsberichts an. Im Interesse einer erleichterten Durchsetzung etwaiger Ansprüche aus § 317 (Rdnr. 10) ist die Vorschrift deshalb auch bei Bestehen eines isolierten Gewinnabführungsvertrags anwendbar.[14] Entsprechendes gilt für § 315 S. 4, soweit danach die in § 315 S. 2 bezeichnete Minderheit die Bestellung eines anderen Sonderprüfers beantragen kann (§ 315 Rdnr. 21).

10 **2. Anwendbarkeit der §§ 311, 317.** Die Anwendbarkeit der §§ 311, 317 wird durch § 316 nicht berührt (s. auch § 291 Rdnr. 60 f.).[15] Zwar kann nicht geleugnet werden, daß die Geltendmachung von Ansprüchen aus § 317 außerhalb der Insolvenz der abhängigen Gesellschaft von eher theoretischer Bedeutung ist. Denn im Hinblick auf die Verpflichtung des herrschenden Unternehmens zum Verlustausgleich sind ohnehin nur etwaige Ansprüche gegen die *gesetzlichen Vertreter* des herrschenden Unternehmens (§ 317 Rdnr. 22 ff.) von Interesse. Zudem sehen sich die Gläubiger und außenstehenden Aktionäre der abhängigen Gesellschaft bei Fehlen eines Abhängigkeitsberichts zumeist schon aus praktischen Gegebenheiten außerstande, Schadensersatzansprüche gem. § 317 Abs. 4 iVm. § 309 Abs. 4 geltend zu machen. Gleichwohl ist kein Grund dafür ersichtlich, die §§ 311, 317 von vornherein für unanwendbar zu erklären. Denn zumindest bei Insolvenz der abhängigen Gesellschaft mag es zur Geltendmachung von Ansprüchen aus § 317 Abs. 1 und 3 kommen. Zudem mag es sein, daß die Vorschrift des § 315 S. 2 (Rdnr. 9) eine gewisse Effektivierung des § 317 herbeizuführen vermag.

§ 317 Verantwortlichkeit des herrschenden Unternehmens und seiner gesetzlichen Vertreter

(1) Veranlaßt ein herrschendes Unternehmen eine abhängige Gesellschaft, mit der kein Beherrschungsvertrag besteht, ein für sie nachteiliges Rechtsgeschäft vorzuneh-

---

[11] Zutr. *Kronstein* BB 1967, 637, 641; aA die hM, s. *Koppensteiner* in Kölner Kommentar Rdnr. 3; MünchKommAktG/*Kropff* Rdnr. 11; *Hüffer* Rdnr. 3.
[12] Vgl. die in Fn. 11 genannten Vertreter der Gegenansicht, darunter auch *Koppensteiner,* der freilich in anderem Zusammenhang (Rdnr. 1) die isolierte (also unabhängig von einem Abhängigkeitsbericht anzunehmende) Geltung der §§ 311, 317 als „systemwidrig, überflüssig und praktisch obsolet" bezeichnet.

[13] EinhM, s. MünchKommAktG/*Kropff* Rdnr. 12; *Hüffer* Rdnr. 6.
[14] So zu Recht MünchKommAktG/*Kropff* Rdnr. 13; näher *Habersack,* FS für Peltzer, S. 139, 147 ff.
[15] MünchKommAktG/*Kropff* Rdnr. 12; *Würdinger* in GroßkommAktG, 3. Aufl., Anm. 1; *Hüffer* Rdnr. 6; aA *Koppensteiner* in Kölner Kommentar Rdnr. 1.

men oder zu ihrem Nachteil eine Maßnahme zu treffen oder zu unterlassen, ohne daß es den Nachteil bis zum Ende des Geschäftsjahrs tatsächlich ausgleicht oder der abhängigen Gesellschaft einen Rechtsanspruch auf einen zum Ausgleich bestimmten Vorteil gewährt, so ist es der Gesellschaft zum Ersatz des ihr daraus entstehenden Schadens verpflichtet. Es ist auch den Aktionären zum Ersatz des ihnen daraus entstehenden Schadens verpflichtet, soweit sie, abgesehen von einem Schaden, der ihnen durch Schädigung der Gesellschaft zugefügt worden ist, geschädigt worden sind.

(2) Die Ersatzpflicht tritt nicht ein, wenn auch ein ordentlicher und gewissenhafter Geschäftsleiter einer unabhängigen Gesellschaft das Rechtsgeschäft vorgenommen oder die Maßnahme getroffen oder unterlassen hätte.

(3) Neben dem herrschenden Unternehmen haften als Gesamtschuldner die gesetzlichen Vertreter des Unternehmens, die die Gesellschaft zu dem Rechtsgeschäft oder der Maßnahme veranlaßt haben.

(4) § 309 Abs. 3 bis 5 gilt sinngemäß.

Schrifttum: *Altmeppen,* Die Haftung des Managers im Konzern, 1998; *Baums,* Empfiehlt sich eine Neuregelung des aktienrechtlichen Anfechtungs- und Organhaftungsrechts, insbes. der Klagemöglichkeiten von Aktionären?, Gutachten F für den 63. Deutschen Juristentag, 2000; *Beuthien,* Art und Grenzen der aktienrechtlichen Haftung herrschender Unternehmen für Leitungsmachtmißbrauch, DB 1969, 1781; *Brandes,* Ersatz von Gesellschafts- und Gesellschafterschaden, FS für Fleck, 1988, S. 13; *Brosius-Gersdorf,* Zum Schadensersatzanspruch der Aktionäre einer Bank gegen ein Presseunternehmen wegen unwahrer Presseberichte, NZG 1999, 664; *Brüggemeier,* Die Einflußnahme der Verwaltung einer Aktiengesellschaft, AG 1988, 93; *Geßler,* Leitungsmacht und Verantwortlichkeit im faktischen Konzern, FS für Westermann, 1974, S. 145; *Hommelhoff,* Empfiehlt es sich, das Recht faktischer Unternehmensverbindungen – auch im Hinblick auf das Recht anderer EG-Staaten – neu zu regeln?, Gutachten G für den 59. Deutschen Juristentag, 1992; *Kellmann,* Schadensersatz und Ausgleich im faktischen Konzern, BB 1969, 1509; *Krieger,* Aktionärsklage zur Kontrolle des Vorstands- und Aufsichtsratshandelns, ZHR 163 (1999), 343; *Kropff,* Der konzernrechtliche Ersatzanspruch – ein zahnloser Tiger?, FS für Bezzenberger, 2000, S. 233; *Luchterhandt,* Leitungsmacht und Verantwortlichkeit im faktischen Konzern, ZHR 133 (1970), 1; *Lutter,* Grenzen zulässiger Einflussnahme im faktischen Konzern, FS für Peltzer, 2001, S. 241; *S. Maul,* Aktienrechtliches Konzernrecht und Gemeinschaftsunternehmen, NZG 2000, 470; *Mertens,* Die gesetzliche Einschränkung der Disposition über Ersatzansprüche der Gesellschaft durch Verzicht oder Vergleich in der aktien- und konzernrechtlichen Organhaftung, FS für Fleck, 1988, S. 209; *Möhring,* Zur Systematik der §§ 311, 317 AktG, FS für Schilling, 1973, S. 253; *G. Müller,* Gesellschafts- und Gesellschafterschaden, FS für Kellermann, 1991, S. 317; *Trescher,* Aufsichtsratshaftung zwischen Norm und Wirklichkeit, DB 1995, 661; *Ulmer,* Die Aktionärsklage als Instrument zur Kontrolle des Vorstands- und Aufsichtsratshandelns, ZHR 163 (1999), 290; *Wälde,* Die Anwendbarkeit des § 31 BGB und der Begriff des „gesetzlichen Vertreters" im Rahmen konzernrechtlicher Haftungstatbestände des faktischen Konzerns, DB 1972, 2289; *Wellkamp,* Die Haftung von Geschäftsleitern im Konzern, WM 1993, 2155.

Übersicht

I. Einführung

1   **1. Inhalt der Vorschrift.** Die Vorschrift regelt die Verantwortlichkeit des herrschenden Unternehmens und seiner gesetzlichen Vertreter bei Verletzung der aus § 311 folgenden Verhaltenspflichten. Nach Abs. 1 ist das herrschende Unternehmen der Gesellschaft und den unmittelbar betroffenen außenstehenden Aktionären zum **Schadensersatz** verpflichtet, wenn es die abhängige Gesellschaft zu einer nachteiligen Maßnahme iSd. § 311 veranlaßt hat, ohne den Nachteil nach § 311 Abs. 2 auszugleichen. Die Haftung entfällt nach Abs. 2, wenn sich ein ordentlicher und gewissenhafter Geschäftsleiter einer unabhängigen Gesellschaft nicht anders verhalten hätte; in diesem Fall fehlt es freilich bereits an einem Nachteil iSd. § 311 (Rdnr. 7 f.). Der Haftung wegen kompensationsloser nachteiliger Einflußnahme unterliegen nach Abs. 3 auch die für die Einflußnahme verantwortlichen *gesetzlichen Vertreter* des herrschenden Unternehmens. Sie haften gemeinsam mit dem herrschenden Unternehmen als Gesamtschuldner. Abs. 4 nimmt schließlich die Vorschriften des § 309 Abs. 3–5 betreffend die Möglichkeit eines Verzichts und Vergleichs, die Verjährung und die Geltendmachung des Schadensersatzanspruchs in Bezug. Zum internationalen Anwendungsbereich des § 317 s. § 311 Rdnr. 21.

2   **2. Schutzzweck.** Die Vorschrift des § 317 knüpft an diejenige des § 311 an und verfolgt den Zweck, Verstöße gegen letztere zu sanktionieren und damit zum Schutz der Gesellschaft, der außenstehenden Aktionäre (s. aber Rdnr. 4) und der Gläubiger gegen die aus der Abhängigkeit resultierenden Gefahren beizutragen.[1] Insbes. die in Abs. 3 angeordnete persönliche Haftung der gesetzlichen Vertreter soll bewirken, daß von einer nachteiligen Einflußnahme auf die abhängige Gesellschaft abgesehen, jedenfalls aber ein Nachteil nach Maßgabe des § 311 Abs. 2 ausgeglichen wird. Besondere Bedeutung kommt dabei der in Abs. 4 iVm. § 309 Abs. 4 vorgesehenen Möglichkeit der Gläubiger und außenstehenden Aktionäre zu, die Schadensersatzansprüche der Gesellschaft geltend zu machen. Sie steht wiederum im Zusammenhang mit der Vorschrift des § 315, der zufolge die Aktionäre bei begründetem Anlaß eine Sonderprüfung der Verbundbeziehungen beantragen und (nur) dadurch zur Offenlegung von Haftungstatbeständen beitragen können (s. § 315 Rdnr. 2). Die den §§ 312 ff. eigenen, auch durch § 315 S. 2 nicht substantiell behobenen Schwächen schlagen indes auf § 317 durch und sind wohl die wesentliche Ursache für die geringe praktische Bedeutung der Vorschrift.[2]

3   **3. Reformvorschläge.** Der Gesetzgeber des Jahres 1965 hatte sich vor allem von der in § 317 Abs. 4 S. 1 iVm. § 309 Abs. 4 S. 1 geregelten Klagebefugnis des einzelnen Aktionärs eine effektive Durchsetzung der sich aus §§ 311, 317 ergebenden Schranken der nachteiligen Einflußnahme durch das herrschende Unternehmen versprochen.[3] Tatsächlich ist jedoch bislang, soweit ersichtlich, in keinem Fall von der Klagebefugnis aus §§ 317 Abs. 4, 309 Abs. 4 S. 1 Gebrauch gemacht worden.[4] Reformvorschläge setzen denn auch bei diesem Institut an. So ist zunächst die Umgestaltung des auf Initiative des Einzelaktionärs in Gang gesetzten Verfahrens in ein FGG-Verfahren vorgeschlagen worden;[5] dieser Vorschlag ist indes nicht weiter verfolgt worden. Erfolgversprechender scheinen denn auch Bestrebungen zu sein, das **Kostenrisiko,** welches derzeit den Aktionär von der Verfolgung etwaiger Ansprü-

---

[1] Zu diesem – heute ganz überwiegend anerkannten – Zusammenhang zwischen § 311 und § 317 s. noch Rdnr. 4, 9 f. sowie MünchKommAktG/*Kropff* Rdnr. 5 f.

[2] Vgl. die Nachw. bei *Emmerich/Sonnenschein/Habersack* § 27 I (Fn. 2) und *Kropff,* FS für Bezzenber-

ger, S. 233, 235 (Fn. 13); zur Aktionärsklage s. noch Rdnr. 3.

[3] Begr. zum RegE bei *Kropff* AktG S. 405.

[4] So auch die Feststellung von *Kropff,* FS für Bezzenberger, S. 233, 235.

[5] *Hommelhoff* Gutachten S. 67.

che der Gesellschaft abhält, substantiell zu verringern. De lege lata[6] bietet sich diesbezüglich die *analoge Anwendung des § 247 Abs. 2* an (Rdnr. 27; s. ferner § 309 Rdnr. 1, 36, 49).

II. Haftung des herrschenden Unternehmens (Abs. 1 und 2)

1. Anspruchsvoraussetzungen. a) Tatbestand des § 311 Abs. 1. Nach Abs. 1 ist das **4** herrschende Unternehmen der Gesellschaft und ihren außenstehenden Aktionären zum Schadensersatz verpflichtet, wenn es den Tatbestand des § 311 Abs. 1 verwirklicht, ohne den nach § 311 Abs. 2 gebotenen Nachteilsausgleich zu erbringen. Voraussetzung für die Anwendbarkeit des § 317 ist demnach zunächst, daß **§ 311 anwendbar** ist (Rdnr. 2), mithin das Bestehen eines *Abhängigkeitsverhältnisses* iSd. § 17 (§ 311 Rdnr. 13 ff.).[7] Des weiteren darf zwischen der abhängigen Gesellschaft und dem herrschenden Unternehmen kein Beherrschungsvertrag bestehen (§ 311 Rdnr. 15). Zudem darf die abhängige Gesellschaft nicht in das herrschende Unternehmen eingegliedert sein (§ 311 Rdnr. 15). Ein isolierter Gewinnabführungsvertrag läßt dagegen die Geltung der §§ 311, 317 unberührt (§ 316 Rdnr. 10). Wie § 311 setzt auch § 317 nicht voraus, daß die Gesellschaft über außenstehende Aktionäre verfügt. Ist das herrschende Unternehmen Alleinaktionär, so sind allerdings Abs. 1 S. 2 und Abs. 4 iVm. § 309 Abs. 4 S. 1 gegenstandslos.

Die Haftung nach § 317 setzt des weiteren voraus, daß das herrschende Unternehmen **5** den **Tatbestand des § 311** verwirklicht hat. Es muß also die abhängige Gesellschaft dazu *veranlaßt* haben (§ 311 Rdnr. 22 ff.), ein Rechtsgeschäft oder eine Maßnahme zu ihrem Nachteil vorzunehmen oder zu unterlassen (§ 311 Rdnr. 37 ff.), ohne daß es zum Nachteilsausgleich nach § 311 Abs. 2 gekommen ist (Rdnr. 9 f.; § 311 Rdnr. 59 ff.). Auf ein **Verschulden** des herrschenden Unternehmens kommt es nicht an (Rdnr. 7).

Wie § 311 kommt § 317 auch in den Fällen **mehrfacher oder mittelbarer Abhängig- 6 keit** zur Anwendung (§ 311 Rdnr. 14, 17 ff.). Haftungsschuldner ist das herrschende Unternehmen, das die nachteilige Maßnahme veranlaßt hat (§ 311 Rdnr. 14); dies beurteilt sich aus der Sicht der abhängigen Gesellschaft (§ 311 Rdnr. 24). Geht die Veranlassung von mehreren herrschenden Unternehmen aus und kommt es nicht zum Nachteilsausgleich, so haften diese – gemeinsam mit den verantwortlichen gesetzlichen Vertretern (Rdnr. 22 ff.) – als **Gesamtschuldner.** So kann es sich insbes. bei einem Gemeinschaftsunternehmen verhalten (§ 311 Rdnr. 14).[8] Doch kommt eine Veranlassung durch mehrere Unternehmen auch im Rahmen einer mehrstufigen Unternehmensverbindung (§ 311 Rdnr. 17 ff.) in Betracht (s. noch Rdnr. 24).

b) Nachteil im besonderen (Abs. 2). Nach Abs. 2 entfällt die Ersatzpflicht des herr- **7** schenden Unternehmens und mit ihr diejenige der gesetzlichen Vertreter aus Abs. 3, wenn auch der Vorstand einer unabhängigen Gesellschaft das für den Schadenseintritt kausale Rechtsgeschäft oder die sonstige Maßnahme getroffen oder unterlassen hätte. Nach zutr. Ansicht versteht sich die in Abs. 2 ausgesprochene Rechtsfolge allerdings von selbst, fehlt es doch unter den genannten Voraussetzungen schon an einem *Nachteil* iSd. § 311 Abs. 1 (s. § 311 Rdnr. 39 f.) und damit am objektiven Haftungstatbestand des Abs. 1.[9] Daraus ergibt sich zugleich, daß Abs. 2 *keine Exkulpationsmöglichkeit* begründet. Aber auch im übrigen haftet das herrschende Unternehmen ohne Rücksicht auf sein **Verschulden.**[10] Maßgebend

---

[6] Die Überlegungen de lege ferenda konzentrieren sich bislang auf das Verfolgungsrecht nach § 147, lassen sich jedoch auf § 317 Abs. 4 übertragen; s. namentlich *Ulmer* ZHR 163 (1999), 290, 329 ff., 338 ff. mwN; ferner *Baums* S. 245 ff., *Trescher* DB 1995, 661, 665, aber auch *Krieger* ZHR 163 (1999), 343, 344 ff. – Zum Verhältnis zwischen § 317 Abs. 4 und § 147 s. noch Rdnr. 27.

[7] Vgl. OLG Düsseldorf AG 1991, 106, 108 (nur herrschendes Unternehmen kann Schuldner gem. Abs. 1 sein).

[8] Näher *S. Maul* NZG 2000, 470, 472 f.

[9] *Koppensteiner* in Kölner Kommentar Rdnr. 14; im Ergebnis auch *Hüffer* Rdnr. 11 (Nachteil als unter Voraussetzungen des Abs. 2 keine Abhängigkeitsfolge); ebenso wohl BGHZ 141, 79, 88 = NJW 1999, 1706.

[10] *Koppensteiner* in Kölner Kommentar Rdnr. 14; *Hüffer* Rdnr. 5; im Grundsatz auch MünchKomm-AktG/*Kropff* Rdnr. 25 f., der allerdings Veranlassungsbewußtsein des herrschenden Unternehmens verlangt; aA – für Verschuldenserfordernis – *Würdinger* in GroßkommAktG, 3. Aufl., Anm. 5; *Brüggemeier* AG 1988, 93, 100.

ist allein die *Veranlassung* zu der nachteiligen Maßnahme, die wiederum nicht einmal ein entsprechendes Bewußtsein des herrschenden Unternehmens erfordert (§ 311 Rdnr. 24). Eine Pflichtverletzung ist demgegenüber zwar auf seiten des *Vorstands* der abhängigen Gesellschaft erforderlich, doch geht diese in dem – in Abs. 2 definierten – Nachteilsbegriff der §§ 311, 317 auf.

8   Von Bedeutung ist die Vorschrift des Abs. 2 freilich im Zusammenhang mit der Verteilung der **Darlegungs- und Beweislast** (Rdnr. 21, 25). Insoweit stellt sie sicher, daß das herrschende Unternehmen und seine gesetzlichen Vertreter nicht besser stehen als der Vorstand der abhängigen Gesellschaft, der seinerseits bei Vorliegen der Voraussetzungen des § 317 Abs. 1 S. 1 regelmäßig nach § 93 Abs. 2 S. 1 und 2 aufgrund vermuteter Pflichtverletzung haftet (s. § 311 Rdnr. 78 ff.). Auch im Verhältnis zum herrschenden Unternehmen braucht der Kläger also die Pflichtverletzung des Vorstands der abhängigen Gesellschaft nicht darzulegen und zu beweisen.

9   **c) Unterbliebener Nachteilsausgleich.** Die Haftung des herrschenden Unternehmens setzt des weiteren voraus, daß die der abhängigen Gesellschaft zugefügten Nachteile nicht bis zum Ende des Geschäftsjahres ausgeglichen werden, sei es tatsächlich oder durch Begründung eines entsprechenden Rechtsanspruchs der abhängigen Gesellschaft (s. § 311 Rdnr. 59 ff.). Vor dem Hintergrund der *Privilegierungsfunktion* des § 311, der zufolge es dem herrschenden Unternehmen gestattet ist, sein anderweitiges unternehmerisches Interesse auch gegenüber einem gegenläufigen Eigenwillen der abhängigen Gesellschaft durchzusetzen, sofern nur deren Vermögensinteressen gewahrt werden (§ 311 Rdnr. 2, 4 f., 8 ff.), handelt es sich bei dem unterbliebenen Nachteilsausgleich um das zentrale, die *Rechtswidrigkeit* der Maßnahme und damit die **Haftung begründende Tatbestandsmerkmal** des § 317.[11] Dem Wortlaut des Abs. 3 läßt sich nichts Gegenteiliges entnehmen. Wenn dort auf die Veranlassung als solche abgestellt wird, so dient dies allein der Bestimmung der verantwortlichen und deshalb neben dem herrschenden Unternehmen haftenden gesetzlichen Vertreter; hinsichtlich des Haftungsgrundes dagegen knüpft auch Abs. 3 an Abs. 1 S. 1 und damit an den unterbliebenen Nachteilsausgleich an.

10   Erblickt man mit der hier vertretenen Ansicht den Haftungsgrund in dem unterbliebenen Nachteilsausgleich (Rdnr. 9), so ist dabei allerdings vorausgesetzt, daß es zur Rechtfertigung der Maßnahme durch Ausgleichsleistung nach § 311 Abs. 2 kommen kann. Daran fehlt es insbes. bei Maßnahmen, die ihrer Art nach dem **Einzelausgleich nicht zugänglich** sind (§ 311 Rdnr. 9, 41, 43), ferner bei solchen, die nicht dem Konzerninteresse dienen (§ 311 Rdnr. 60). In beiden Fällen hat das herrschende Unternehmen den Bereich der nach § 311 erlaubten Einflußnahme verlassen. Es ist dann schon die Veranlassung als solche rechtswidrig, so daß das herrschende Unternehmen ohne weiteres, d. h. auch schon vor dem Ende des Geschäftsjahres (§ 311 Abs. 2), nach § 317 oder nach den Grundsätzen über die qualifizierte Nachteilszufügung (Anh. § 317) in Anspruch genommen werden kann (Rdnr. 18).[12]

11   **d) Rechtsnatur der Haftung.** Die Haftung des herrschenden Unternehmens – Entsprechendes gilt für die Haftung seiner gesetzlichen Vertreter (Rdnr. 22 ff.) – ist in Abs. 1 und 2 im Sinne einer verschuldensunabhängigen, an den unterbliebenen Nachteilsausgleich anknüpfenden Veranlassungshaftung konzipiert (Rdnr. 7, 9). Entgegen der hM handelt es sich allerdings nicht um eine Organhaftung.[13] Dem steht bereits entgegen, daß das herrschende Unternehmen und seine Vertreter *weder die Stellung eines Organs noch Leitungsmacht* in Form eines Weisungsrechts haben (s. § 311 Rdnr. 10, 78 f.). Diese Voraussetzungen einer

---

[11] Zutr. MünchKommAktG/*Kropff* Rdnr. 17 ff.; *Hüffer* Rdnr. 6; *Brüggemeier* AG 1988, 93, 100; *Luchterhandt* ZHR 133 (1970), 1, 36 ff.; aA – für Veranlassung der nachteiligen Maßnahme als Haftungsgrund – *Koppensteiner* in Kölner Kommentar Rdnr. 8; *Beuthien* DB 1969, 1781, 1783; *Möhring*, FS für Schilling, S. 253, 265; *Kellmann* ZGR 1974, 220, 221 ff.

[12] S. § 311 Rdnr. 9, 41, 43; ferner MünchKommAktG/*Kropff* Rdnr. 20 f.

[13] So aber MünchKommAktG/*Kropff* Rdnr. 8; *Koppensteiner* in Kölner Kommentar Rdnr. 5; *Baumbach/Hueck* Rdnr. 6; *Möhring*, FS für Schilling, S. 253, 263; *Altmeppen* S. 63 (Geschäftsführerhaftung).

Organhaftung lassen sich auch nicht unter Hinweis auf § 317 Abs. 2 begründen. Denn diese Vorschrift nimmt auf das Verhalten des *Leitungsorgans der abhängigen Gesellschaft* Bezug, um daran die Haftung des herrschenden Unternehmens und seiner gesetzlichen Vertreter zu knüpfen (Rdnr. 7); nicht aber geht es ihr darum, den Adressaten des § 317 eine dem Vorstand der abhängigen Gesellschaft entsprechende Stellung zuzusprechen. Mag auch § 309 angesichts des dort vorausgesetzten Weisungsrechts und der damit verbundenen Außerkraftsetzung des § 76 den Charakter einer Organhaftung haben (§ 309 Rdnr. 4), so kann doch § 317 nur als Verschärfung gegenüber § 117 und damit wie dieser[14] als besonderer **Deliktstatbestand** qualifiziert werden.

2. Gläubiger. a) Gesellschaft (Abs. 1 S. 1). Der Ersatzanspruch aus Abs. 1 S. 1 steht **12** der Gesellschaft zu. Die Geltendmachung des Anspruchs ist zunächst Sache der Gesellschaft, die dabei entweder vom Vorstand oder – im Fall des § 112 – vom Aufsichtsrat vertreten wird. Darüber hinaus kann der Anspruch der Gesellschaft nach Maßgabe des Abs. 4 iVm. § 309 Abs. 4 sowohl von jedem Aktionär als auch von den Gläubigern geltend gemacht werden (Rdnr. 27 ff.). Zudem besteht die Möglichkeit der Geltendmachung nach § 147 (Rdnr. 27). Während es im Belieben der Aktionäre und Gläubiger steht, ob sie von ihrer Befugnis zur Geltendmachung Gebrauch machen, sind die Organwalter der abhängigen Gesellschaft nach §§ 93, 116 grundsätzlich zur Geltendmachung des Anspruchs verpflichtet (s. noch Rdnr. 26).[15]

b) Aktionäre (Abs. 1 S. 2). Nach Abs. 1 S. 2 ist das herrschende Unternehmen **13** unter den Voraussetzungen des Abs. 1 S. 1 (Rdnr. 4 ff.) auch gegenüber den Aktionären ersatzpflichtig, soweit ihnen ein eigener, nicht auf der Minderung des Gesellschaftsvermögens beruhender und damit durch Geltendmachung des Anspruchs der Gesellschaft zu kompensierender Schaden erwächst. Auch für den Schaden der Aktionäre haften zudem die für die Einflußnahme verantwortlichen *gesetzlichen Vertreter* des herrschenden Unternehmens (Rdnr. 22 ff.). Die Vorschrift des Abs. 1 S. 2 ist derjenigen des § 117 Abs. 1 S. 2 nachgebildet. Sie versteht sich als Ausprägung der Grundsätze der Kapitalerhaltung und der Zweckbindung des Gesellschaftsvermögens, denen zufolge der Ausgleich eines am Gesellschaftsvermögen entstandenen Schadens nur durch Leistung an die Gesellschaft beansprucht werden kann.[16] Nach Abs. 1 S. 2 zu ersetzen ist deshalb nur der *unmittelbare, über den* durch die Mitgliedschaft vermittelten *Reflexschaden hinausgehende* **Eigenschaden** des Aktionärs, etwa ein solcher, der auf einen durch die Nachteilszufügung und den damit verbundenen Kursverfall veranlaßten überstürzten Verkauf der Aktie zurückzuführen ist.[17]

Maßgebend ist die Aktionärseigenschaft bei Begründung des Anspruchs, im Regelfall also **14** im Zeitpunkt der nachteiligen Veranlassung. Die Veräußerung der Aktie läßt die Aktivlegitimation des Geschädigten unberührt. Die Geltendmachung des Anspruchs ist Sache des Anspruchsinhabers, mithin des Aktionärs; dieser kann Leistung an sich selbst verlangen (Rdnr. 30). Was den *Reflexschaden* betrifft, so wird dieser durch den Anspruch der *Gesellschaft* kompensiert. Die Geltendmachung dieses Anspruchs kann zwar nach §§ 317 Abs. 4, 309 Abs. 4 auch durch die Aktionäre erfolgen (Rdnr. 27). Einen eigenen, wenn auch auf Leistung an die Gesellschaft gerichteten Anspruch auf Ersatz des Reflexschadens haben die Aktionäre dagegen nicht.[18] Handelt es sich um eine dem Einzelausgleich nicht zugängliche

---

[14] Vgl. BGH NJW 1992, 3167, 3172.
[15] Die vom BGH in der „ARAG“-Entscheidung (BGHZ 135, 244, 256) entwickelten Grundsätze lassen sich ohne weiteres übertragen; so auch MünchKommAktG/*Kropff* Rdnr. 46 mit berechtigtem Hinweis darauf, daß die Geltendmachung häufig schon wegen der eigenen Haftung der Organwalter der abhängigen Gesellschaft (§ 311 Rdnr. 78 ff.) unterbleiben wird.
[16] Näher BGH NJW 1987, 1077; BGHZ 105, 121, 130 ff.; BGH NJW 1995, 1739, 1746 f.; LG Hamburg

ZIP 1997, 1409, 1410 f.; *Brandes*, FS für Fleck, S. 13 ff.; *G. Müller*, FS für Kellermann, S. 317 ff.
[17] Vgl. dazu im Zusammenhang mit § 117 Abs. 1 S. 2 BGH NJW 1992, 3167, 3171 f.; BGHZ 94, 55, 58 f. = NJW 1985, 1777; ferner BGH AG 1987, 126, 128; OLG Düsseldorf ZIP 1997, 27 ff.; *Brosius-Gersdorf* NZG 1998, 664, 668 f.
[18] Die Rechtslage unterscheidet sich somit von derjenigen bei Verletzung der Treupflicht, s. BGHZ 129, 136, 165 f., aber auch Anh. § 318 Rdnr. 27; zu § 826 BGB s. ferner LG Hamburg ZIP 1997, 1409,

Maßnahme (§ 311 Rdnr. 9, 41, 43), so tritt der Anspruch aus § 317 Abs. 1 S. 2 neben den Anspruch der Gesellschaft auf Verlustausgleich (Anh. § 317 Rdnr. 23) und den Anspruch der Aktionäre auf Ausgleich oder Abfindung entsprechend §§ 304, 305 (Anh. § 317 Rdnr. 29 f.).[19]

15   **3. Rechtsfolgen. a) Schadensersatz.** Nach Abs. 1 S. 1 und 2 haftet das herrschende Unternehmen auf Schadensersatz. Handelt es sich bei dem herrschenden Unternehmen um eine *Gesellschaft,* so beurteilt es sich nach deren Organisations- und Haftungsverfassung, ob und inwieweit die *Mitglieder* für die Verbindlichkeit aus § 317 Abs. 1 einzustehen haben. Der **Inhalt** des Anspruchs aus § 317 Abs. 1 bestimmt sich nach §§ 249 ff. BGB. Grundsätzlich schuldet das herrschende Unternehmen deshalb Wiederherstellung des ursprünglichen Zustands (§ 249 Abs. 1 BGB).[20] Gegebenenfalls ist es also zur Rückabwicklung eines nachteiligen Rechtsgeschäfts oder zur Rückgängigmachung einer sonstigen Maßnahme verpflichtet. Soweit Naturalrestitution unmöglich ist, ist nach § 251 Abs. 1 S. 1 BGB **Geldersatz** zu leisten (s. noch Rdnr. 17).

16   Die Höhe des zu ersetzenden Schadens kann zwar nach Maßgabe des **§ 287 ZPO** geschätzt werden.[21] Namentlich bei nachteiligen Maßnahmen strukturändernder Art kann jedoch eine richterliche Schadensschätzung schon in Ermangelung hinreichender Anhaltspunkte für die Bemessung des Schadens ausgeschlossen sein. In diesem Fall ist das herrschende Unternehmen nach den Grundsätzen über die **qualifizierte Nachteilszufügung** der abhängigen Gesellschaft zum Verlustausgleich und den außenstehenden Aktionären zu Abfindungs- und Ausgleichsleistungen verpflichtet (Anh. § 317 Rdnr. 23 ff.).[22] Ist dagegen eine nachteilige Maßnahme oder ein nachteiliges Rechtsgeschäft zwar nicht dem *Nachteilsausgleich* nach § 311, wohl aber dem Einzelausgleich nach § 317, § 287 ZPO zugänglich, so ist für die Annahme einer qualifizierten faktischen Abhängigkeit kein Raum (§ 311 Rdnr. 43, 58).

17   Der Schaden der Gesellschaft ist zunächst anhand allgemeiner Grundsätze zu ermitteln. Er ist auch insoweit zu ersetzen, als er den – aus der Sicht ex ante zu bestimmenden (§ 311 Rdnr. 44) – Nachteil übersteigt.[23] Bleibt der Schaden infolge günstiger Entwicklung hinter dem Nachteil zurück, so ist als **Mindestschaden** der **Betrag des Nachteils** zu ersetzen.[24] Dies folgt aus dem Normzweck des § 317 (Rdnr. 2) und aus dem – auch im Rahmen dieser Vorschrift maßgeblichen – normativen Schadensbegriff. Beide schließen es aus, eine im Zeitpunkt der nachteiligen Einflußnahme nicht vorhersehbare Entwicklung zugunsten des herrschenden Unternehmens zu berücksichtigen.[25] Für den Einwand *rechtmäßigen Alternativverhaltens* ist im Rahmen des § 317 kein Raum.[26] Zwar mag es sein, daß sich das herrschende Unternehmen den Vorteil auch auf rechtmäßige Weise, etwa mittels einer Kapitalherabsetzung, hätte beschaffen können.[27] Es hätte dabei jedoch zumindest[28] gläubigerschützende

---

1410 ff.; dazu *Brosius-Gersdorf* NZG 1998, 664, 668 f.

[19] MünchKommAktG/*Kropff* Rdnr. 81.

[20] *Koppensteiner* in Kölner Kommentar Rdnr. 18; MünchKommAktG/*Kropff* Rdnr. 28; *Hüffer* Rdnr. 9.

[21] MünchHdb. AG/*Krieger* § 69 Rdnr. 104; MünchKommAktG/*Kropff* Rdnr. 28.

[22] MünchKommAktG/*Kropff* Rdnr. 29; *Ulmer* ZHR 148 (1984), 391, 425; *Hüffer* Rdnr. 9; im Grundsatz auch *Koppensteiner* in Kölner Kommentar Rdnr. 19; aA noch *Lutter* ZGR 1982, 244, 267; *Schulze-Osterloh* ZGR 1983, 123, 152 ff. – Zum Anspruch der Aktionäre aus § 317 Abs. 1 S. 2 s. Rdnr. 14.

[23] Heute ganz hM, s. namentlich *Koppensteiner* in Kölner Kommentar Rdnr. 16; *Hüffer* Rdnr. 7; aA *Möhring,* FS für Schilling, S. 253, 265. – Zur Unterscheidung zwischen Nachteil und Schaden s. § 311 Rdnr. 45.

[24] *Beuthien* DB 1969, 1781, 1783 ff.; MünchKommAktG/*Kropff* Rdnr. 32 f.; *Hüffer* Rdnr. 7; MünchHdb. AG/*Krieger* § 69 Rdnr. 104; aA *Koppensteiner* in Kölner Kommentar Rdnr. 17.

[25] Zutr. *Hüffer* Rdnr. 7; unter Rückgriff auf Überlegungen zum Grund der Haftung nach § 317 (Rdnr. 9) auch *Beuthien* und *Kropff,* jew. aaO (Fn. 24).

[26] MünchKommAktG/*Kropff* Rdnr. 35 f.; s. dazu auch Vor § 311 Rdnr. 46.

[27] Mit Blick auf § 76 (§ 311 Rdnr. 78 f.) ist dies gegen den Willen des Vorstands der abhängigen Gesellschaft nur mittels eines Hauptversammlungsbeschlusses und damit im Anwendungsbereich des § 119 Abs. 1 möglich (s. § 83 Abs. 2).

[28] Zudem hätten außenstehende Aktionäre nach §§ 53 a, 243 Abs. 2 nicht von den Vorteilen ausgeschlossen werden dürfen.

Verfahrensvorschriften beachten müssen; schon dies steht der Geltendmachung des besagten Einwands entgegen.

Was den **Zeitpunkt der Entstehung** des Schadensersatzanspruchs betrifft, so ist zu **18** differenzieren.[29] Ist die nachteilige Maßnahme dem Nachteilsausgleich nach § 311 Abs. 2 zugänglich, so entsteht der Anspruch erst mit fruchtlosem Ablauf des Geschäftsjahres (Rdnr. 9). Handelt es sich dagegen um eine *dem Nachteilsausgleich nicht zugängliche* Maßnahme, so kann sofort Schadensersatz verlangt werden (Rdnr. 10); denn in diesem Fall ist die nachteilige Einflußnahme per se rechtswidrig (§ 311 Rdnr. 41, 43, 58, 60). Auch wenn der Schadensersatzanspruch erst mit Ende des Geschäftsjahres entsteht, kann er doch bereits in dem **Jahresabschluß** für das Jahr der Veranlassung zu aktivieren sein. Voraussetzung ist allerdings, daß mit der Durchsetzung des Anspruchs gerechnet werden kann.[30] Unterbleibt die gebotene Aktivierung, so führt dies unter den weiteren Voraussetzungen des § 256 Abs. 5 S. 1 Nr. 2, S. 3 zur *Nichtigkeit des Jahresabschlusses*; die Nichtigkeit des Jahresabschlusses kann nach § 139 BGB wiederum die Nichtigkeit der den Jahresabschluß und den Abhängigkeitsbericht billigenden Aufsichtsratsbeschlüsse nach sich ziehen (§ 312 Rdnr. 20).[31]

b) Unterlassung. Im Ergebnis ist es weithin anerkannt, daß die abhängige Gesellschaft **19** das herrschende Unternehmen auf Unterlassung solcher nachteiliger Einflussnahmen in Anspruch nehmen kann, die ihrer Art nach dem **Nachteilsausgleich nach § 311 Abs. 2 nicht zugänglich** sind und deren Rechtswidrigkeit somit von vornherein feststeht (§ 311 Rdnr. 9, 41, 43).[32] Entsprechendes gilt, wenn das herrschende Unternehmen *offensichtlich zum Nachteilsausgleich nicht bereit oder nicht imstande* ist,[33] ferner, wenn die Maßnahme nicht dem Konzerninteresse dient (§ 311 Rdnr. 60). Die Grundlage des Unterlassungsanspruchs ist freilich nicht geklärt. Als zutreffend erscheint es, den Anspruch unmittelbar aus § 317 herzuleiten:[34] Ist nämlich in den genannten Fällen der Geltungsbereich des § 311 und damit der Bereich erlaubter Einflußnahme verlassen, so gebieten es der Schutzzweck des § 317 und das Zusammenspiel dieser Vorschrift mit § 311 (Rdnr. 2), der abhängigen Gesellschaft die Abwehr einer per se rechtswidrigen Einflußnahme zu ermöglichen. Der Annahme eines zusätzlichen **Beseitigungsanspruchs** bedarf es dagegen nicht.[35] Da nämlich in den genannten Fällen die abhängige Gesellschaft unabhängig von einem Verschulden des herrschenden Unternehmens (Rdnr. 7, 11) Schadensersatz beanspruchen kann und dieser Anspruch primär auf Naturalrestitution gerichtet ist (Rdnr. 15), käme einem Beseitigungsanspruch jedenfalls dann keine eigenständige Bedeutung zu, wenn die Wiederherstellung des ursprünglichen Zustands möglich ist. Aber auch bei Unmöglichkeit der Naturalrestitution wäre mit einem zusätzlichen Beseitigungsanspruch nichts gewonnen; in diesem Fall ist Geldersatz zu leisten, und zwar zumindest in Höhe des Nachteils (Rdnr. 17).

Was die **Geltendmachung** des Unterlassungsanspruchs betrifft, so kann sie nach Abs. 4 **20** iVm. § 309 Abs. 4 auch durch die außenstehenden Aktionäre erfolgen.[36] Soweit die

---

[29] Wie hier auch MünchKommAktG/*Kropff* Rdnr. 17 ff.

[30] Für diese Einschränkung zu Recht *Kropff* ZGR 1994, 628, 635 ff.; *ders.* in MünchKommAktG Rdnr. 23 ff.; MünchHdb. AG/*Krieger* § 69 Rdnr. 82; *Schön* JZ 1994, 684; *H. P. Müller* AG 1994, 410 f.

[31] BGHZ 124, 111, 119 ff. = NJW 1994, 520; BGH WM 1998, 510, 512.

[32] MünchKommAktG/*Kropff* Rdnr. 42; *Koppensteiner* in Kölner Kommentar Rdnr. 21; *Hüffer* Rdnr. 10; *Emmerich/Sonnenschein/Habersack* § 27 II 2.

[33] *Hüffer* Rdnr. 10; MünchKommAktG/*Kropff* Rdnr. 42.

[34] Zustimmend *Lutter,* FS für Peltzer, S. 241, 257; für § 311 iVm. § 823 Abs. 2 BGB *Koppensteiner* in

Kölner Kommentar Rdnr. 21; MünchHdb. AG/*Krieger* § 69 Rdnr. 104; wohl auch MünchKommAktG/*Kropff* Rdnr. 41; für Herleitung aus der mitgliedschaftlichen Treupflicht *Hüffer* Rdnr. 10.

[35] Dafür aber *Koppensteiner* in Kölner Kommentar Rdnr. 23; MünchKommAktG/*Kropff* Rdnr. 43, der auf Maßnahmen hinweist, bei denen nur Teilaspekte nachteilig sind, dabei aber nicht berücksichtigt, daß über den Unterlassungs- und Schadensersatzanspruch eben der Teilaspekt angegriffen werden kann (so in dem von *Kropff* aaO Fn. 89 gebildeten Beispielsfall der Zugriff der Schwestergesellschaft auf die Daten der abhängigen Gesellschaft).

[36] MünchKommAktG/*Kropff* Rdnr. 44 mit zutr. Hinweis, daß der Vorstand der abhängigen Gesellschaft der Veranlassung ohnehin nicht folgen darf (§ 311 Rdnr. 78 ff.) und deshalb auf die Unterlas-

Aktionäre Gefahr laufen, *unmittelbar* geschädigt zu werden, können sie zudem nach Abs. 1 S. 2 aus eigenem Recht auf Unterlassung klagen (Rdnr. 13). Ein Unterlassungsanspruch der *Gläubiger* läßt sich dagegen aus Abs. 4 iVm. § 309 Abs. 4 nicht herleiten (Rdnr. 28). Ist die fragliche Maßnahme auch einem Einzelausgleich nach § 317, § 287 ZPO nicht zugänglich, so können sich die außenstehenden Aktionäre hiergegen durch Geltendmachung von Unterlassungs- und Beseitigungsansprüchen zur Wehr setzen (Anh. § 317 Rdnr. 27 f.).

21   **4. Beweislast.** Die in Abs. 1 genannten Anspruchsvoraussetzungen (Rdnr. 4 f.) sind vom Kläger darzulegen und ggf. zu beweisen. Das Bestehen eines *Abhängigkeitsverhältnisses* wird allerdings unter den Voraussetzungen des § 17 Abs. 2 vermutet. Hinsichtlich der *Veranlassung* durch das herrschende Unternehmen kommen dem Kläger Beweiserleichterungen nach Maßgabe der Ausführungen in § 311 Rdnr. 32 ff. zugute, hinsichtlich des durch die nachteilige Einflußnahme verursachten *Schadens*[37] die Vorschrift des § 287 ZPO. Nach Abs. 2 obliegt es dagegen dem herrschenden Unternehmen bzw. dem nach Abs. 3 in Anspruch genommenen gesetzlichen Vertreter, den nachteiligen Charakter des Rechtsgeschäfts bzw. der Maßnahme zu widerlegen (Rdnr. 7 f.). Will oder kann der Beklagte diesen Nachweis nicht erbringen, so kann er seiner Inanspruchnahme dadurch entgehen, daß er die Gewährung eines Ausgleichs gem. § 311 Abs. 2 darlegt und beweist.[38] Klagt ein Aktionär oder Gläubiger, so finden die im „TBB"-Urteil entwickelten Erleichterungen hinsichtlich der Substantiierungslast (Anh. § 317 Rdnr. 21 f.) Anwendung.[39]

III. Haftung der gesetzlichen Vertreter (Abs. 3)

22   **1. Schuldner.** Neben dem herrschenden Unternehmen unterliegen nach § 317 Abs. 3 auch die gesetzlichen Vertreter, die die Gesellschaft zu dem nachteiligen Rechtsgeschäft oder der nachteiligen Maßnahme veranlaßt haben, der deliktischen (Rdnr. 11) Haftung für unerlaubte Einflußnahme auf die abhängige Gesellschaft. Wiewohl der Wortlaut des Abs. 3 nicht eindeutig ist, ist mit der hM davon auszugehen, daß es sich um die gesetzlichen Vertreter des *herrschenden Unternehmens* handeln muß; die gesetzlichen Vertreter des davon ggf. zu unterscheidenden veranlassenden Unternehmens haften allenfalls aus § 117.[40] Der Begriff des gesetzlichen Vertreters entspricht demjenigen des § 309 Abs. 1; auf die Ausführungen in § 309 Rdnr. 14 ff. kann somit verwiesen werden. Anders als § 309 Abs. 1 erwähnt § 317 Abs. 3 den Einzelkaufmann nicht besonders; dies deshalb, weil der Einzelkaufmann bereits nach § 317 Abs. 1 haftet. Auch in § 317 Abs. 3 umfaßt der Begriff des gesetzlichen Vertreters diejenigen Personen, die für die **organschaftliche Geschäftsführung** des herrschenden Unternehmens zuständig sind. Im Fall einer GmbH oder AG sind dies die Geschäftsführer oder die Mitglieder des Vorstands, im Fall einer *Personengesellschaft* die geschäftsführenden Gesellschafter. Auf die Vertretungsbefugnis des Veranlassers kommt es schon deshalb nicht an, weil die Veranlassung iSd. §§ 311, 317 nicht als Willenserklärung zu qualifizieren ist und somit Vertretungsmacht nicht voraussetzt (§ 311 Rdnr. 24). Ist also ein Gesellschafter des als Personengesellschaft verfaßten herrschenden Unternehmens zwar zur Geschäftsführung, nicht aber zur organschaftlichen Vertretung berechtigt, so unterliegt auch er der Haftung nach Abs. 3.

23   Dem Normzweck des Abs. 3 (Rdnr. 2) entspricht es, in den Fällen, in denen es sich bei dem gesetzlichen Vertreter um eine juristische Person oder um eine atypische Personengesellschaft handelt, die Haftung auf die mittelbar handelnden **natürlichen Personen** zu erstrecken. Im Fall einer GmbH & Co. KG haftet also neben der Komplementär-GmbH

---

sungsklage nicht angewiesen ist; ferner *Lutter*, FS für Peltzer, S. 241, 258.

[37] Für Darlegungs- und Beweislast des Klägers auch die hM, s. MünchKommAktG/*Kropff* Rdnr. 72; *Hüffer* Rdnr. 12; aA wohl *Koppensteiner* in Kölner Kommentar Rdnr. 26.

[38] *Hüffer* Rdnr. 12.

[39] So auch MünchKommAktG/*Kropff* Rdnr. 75 f.

[40] Begr. zum RegE bei *Kropff* AktG S. 419; *Koppensteiner* in Kölner Kommentar Rdnr. 32.

auch deren Geschäftsführer (§ 309 Rdnr. 14). Nicht zu den gesetzlichen Vertretern zählen die Mitglieder des **Aufsichtsrats,**[41] ferner Prokuristen, Handlungsbevollmächtigte und sonstige Personen, die aufgrund **abgeleiteter Vertretungsmacht** zur Vertretung des herrschenden Unternehmens berechtigt sind.[42] Diese Personen können jedoch ggf. nach § 117 in Anspruch genommen werden.[43] Zudem läßt der Umstand, daß die Einflußnahme auf die abhängige Gesellschaft durch Bevollmächtigte oder sonstige Angestellte erfolgt, die Haftung des *gesetzlichen Vertreters* nach Abs. 3 grundsätzlich unberührt (Rdnr. 24).

2. Haftungsgrund. Nach Abs. 3 haften nur diejenigen gesetzlichen Vertreter des herr- **24** schenden Unternehmens, die die abhängige Gesellschaft zu dem Rechtsgeschäft oder der sonstigen Maßnahme veranlaßt haben. Die übrigen gesetzlichen Vertreter bleiben also haftungsfrei.[44] Der Begriff der **Veranlassung** entspricht demjenigen in Abs. 1 und in § 311 Abs. 1 S. 1 (§ 311 Rdnr. 22 ff.). Eine unmittelbar durch den gesetzlichen Vertreter erfolgende Einflußnahme auf die abhängige Gesellschaft ist nicht erforderlich. Es genügt vielmehr jede Form der **mittelbaren Einflußnahme,** sei es, daß der gesetzliche Vertreter *Angestellte* des herrschenden Unternehmens sehenden Auges gewähren läßt oder gar – im Einzelfall oder allgemein – anweist, auf die abhängige Gesellschaft Einfluß zu nehmen, oder daß er im Rahmen einer *mehrstufigen Unternehmensverbindung* (§ 311 Rdnr. 17 ff.) das Leitungsorgan einer zwischengeschalteten Gesellschaft zur Einflußnahme auf die Enkel-AG veranlaßt; im zuletzt genannten Fall haften dann Mutter- und Tochtergesellschaft nach Abs. 1 S. 1, die verantwortlichen gesetzlichen Vertreter beider Gesellschaften nach Abs. 3. Die nur unzureichende **Organisation oder Überwachung** der nachgeordneten Stellen begründet dagegen als solche noch keine Haftung des gesetzlichen Vertreters aus Abs. 3.[45] Sie kann und wird allerdings die Haftung gegenüber dem herrschenden Unternehmen begründen, so daß der gesetzliche Vertreter mittelbar für den Schaden der abhängigen Gesellschaft aufzukommen hat.

3. Rechtsfolgen. Die Haftung der gesetzlichen Vertreter tritt nach Abs. 3 neben die **25** Haftung des herrschenden Unternehmens sowie ggf. diejenige seiner Mitglieder (Rdnr. 15). Herrschendes Unternehmen und gesetzliche Vertreter haften der abhängigen Gesellschaft als *Gesamtschuldner* gem. §§ 421 ff. BGB. Die Vorschriften des **Abs. 1 S. 2, Abs. 2 und 4** finden auch auf die Haftung der gesetzlichen Vertreter Anwendung: Die gesetzlichen Vertreter sind also unter Umständen auch den *Aktionären* zum Schadensersatz verpflichtet (Rdnr. 13 f.). Sie haben den nachteiligen Charakter der Maßnahme zu widerlegen sowie ggf. die Ausgleichsgewährung darzulegen und zu beweisen (Rdnr. 21). Die Gläubiger und Aktionäre können die Ansprüche der abhängigen Gesellschaft gegen die gesetzlichen Vertreter nach Maßgabe des Abs. 4 iVm. § 309 Abs. 4 geltend machen (Rdnr. 27 ff.). Verjährung, Verzicht und Vergleich beurteilen sich nach den Ausführungen in Rdnr. 31 f. Auch die gesetzlichen Vertreter haften der abhängigen Gesellschaft und den Aktionären auf **Unterlassung** (Rdnr. 19 f.).

IV. Aktivlegitimation und Geltendmachung der Ansprüche (Abs. 4)

1. Ansprüche der Gesellschaft. Die Geltendmachung der Ansprüche der Gesellschaft **26** gegen das herrschende Unternehmen und seine gesetzlichen Vertreter erfolgt grundsätzlich durch den **Vorstand** (Rdnr. 12). Dieser ist grundsätzlich zur Geltendmachung des Anspruchs verpflichtet, mag er sich bei Vollzug der nachteiligen Maßnahme auch seinerseits nach § 93 Abs. 2 schadensersatzpflichtig gemacht haben (Rdnr. 12). Bei Insolvenz der

[41] MünchKommAktG/*Kropff* Rdnr. 94; *Hüffer* Rdnr. 13; aA *Wälde* DB 1972, 2289, 2292.
[42] HM, s. MünchKommAktG/*Kropff* Rdnr. 92; *Koppensteiner* in Kölner Kommentar Rdnr. 36; aA *Altmeppen* S. 64.
[43] Vgl. dazu Begr. zum RegE bei *Kropff* S. 419.

[44] MünchKommAktG/*Kropff* Rdnr. 85; *Koppensteiner* in Kölner Kommentar Rdnr. 32; *Hüffer* Rdnr. 14; MünchHdb. AG/*Krieger* § 69 Rdnr. 108.
[45] HM, s. MünchKommAktG/*Kropff* Rdnr. 90; MünchHdb. AG/*Krieger* § 69 Rdnr. 108; *Hüffer* Rdnr. 14; aA *Koppensteiner* in Kölner Kommentar Rdnr. 33; *Altmeppen* S. 65.

Gesellschaft ist die Geltendmachung Sache des **Insolvenzverwalters,** der dabei auf den Abhängigkeitsbericht zurückgreifen kann (§ 312 Rdnr. 4).

27   Nach Abs. 4 iVm. § 309 Abs. 4 S. 1 und 2 können die Ansprüche zudem vom einzelnen **Aktionär** geltend gemacht werden, der allerdings nur *Leistung an die Gesellschaft* verlangen kann. Die Geltendmachung erfolgt mittels Leistungs- oder Feststellungsklage; das Spruchstellenverfahren ist insoweit nicht eröffnet.[46] Nach zutreffender Ansicht handelt es sich dabei um einen Fall **gesetzlicher Prozeßstandschaft.**[47] Die Einzelklagebefugnis des Aktionärs verdrängt nicht das **Klageerzwingungsverfahren** nach § 147.[48] Auf der Grundlage der hier vertretenen Ansicht folgt dies schon daraus, daß es sich bei den Ansprüchen aus § 317 um spezielle Ausprägungen des in § 147 ausdrücklich genannten Anspruchs aus § 117 handelt (Rdnr. 11). Es kommt hinzu, daß der Schutzzweck des § 317 (Rdnr. 2) und die regelmäßig gegebene Befangenheit des an sich zur Geltendmachung berufenen Vorstands der abhängigen Gesellschaft (Rdnr. 12, 26) es gebieten, daß das Klageerzwingungsverfahren auch insoweit zur Verfügung steht. Dies gilt zumal vor dem Hintergrund, daß das Einzelklagerecht aus § 317 Abs. 4 vor allem[49] aufgrund des – auch durch entsprechende Anwendung des § 247 Abs. 2[50] nicht nachhaltig zu begrenzenden[51] – Prozeßkostenrisikos zur praktischen Bedeutungslosigkeit verdammt ist. Jedenfalls der Weg über einen Hauptversammlungsbeschluß nach § 147 Abs. 1[52] mag den Ausfall des im System der §§ 311 ff. durchaus bedeutsamen Einzelklagerechts ein wenig zu kompensieren.[53] Die Entstehungsgeschichte des § 317 Abs. 4 steht der Anwendung des § 147 auf die Ansprüche aus § 317 jedenfalls nicht entgegen.[54] Zur Darlegungs- und Beweislast s. Rdnr. 21.

28   Nach Abs. 4 iVm. § 309 Abs. 4 S. 3 können die Ansprüche des weiteren durch die **Gläubiger** der Gesellschaft geltend gemacht werden, soweit sie von dieser keine Befriedigung erlangen können (§ 309 Rdnr. 51). Anders als der Aktionär kann der Gläubiger Leistung an sich selbst verlangen; er klagt aus eigenem Recht (§ 309 Rdnr. 51). Schon deshalb, aber auch wegen des primär auf vermögensmäßige Befriedigung gerichteten Interesses des Gläubigers bezieht sich sein Verfolgungsrecht nicht auf etwaige *Unterlassungsansprüche* der Gesellschaft (Rdnr. 19 f.).

29   Bei **Insolvenz der abhängigen Gesellschaft** werden nach Abs. 4 iVm. § 309 Abs. 4 S. 5 nicht nur die Ansprüche der Gesellschaft, sondern auch das Klagerecht der Aktionäre und das *Verfolgungsrecht der Gläubiger* durch den Insolvenzverwalter ausgeübt. Dies bedeutet insbes., daß die Vorschrift des § 309 Abs. 4 S. 4 betr. die Unbeachtlichkeit eines Verzichts oder Vergleichs (Rdnr. 31) auch *zugunsten des Insolvenzverwalters* zur Anwendung gelangt. Der Insolvenzverwalter kann sich allerdings seinerseits vergleichen (Rdnr. 31). Zur Darlegungs- und Beweislast s. Rdnr. 21.

30   **2. Ansprüche der außenstehenden Aktionäre.** Die Geltendmachung der Ansprüche aus Abs. 1 S. 2, Abs. 3 iVm. Abs. 1 S. 2 gegen das herrschende Unternehmen (Rdnr. 13) und die gesetzlichen Vertreter (Rdnr. 25) ist Sache der Aktionäre. Diese klagen insoweit nicht als Prozeßstandschafter, sondern aus **eigenem Recht;** § 309 Abs. 4 S. 1 und 2 (Rdnr. 27) findet keine Anwendung.

---

[46] OLG Stuttgart NZG 2000, 744, 746 unter Hinweis auf den vermeintlich gegenteiligen, freilich nur die Heranziehung von Ansprüchen nach § 317 im Rahmen des Verfahrens nach § 306 befürwortenden Beschluß des OLG Düsseldorf, AG 1991, 106.

[47] § 309 Rdnr. 49 f.; *Hüffer* Rdnr. 16, § 309 Rdnr. 21; aA – für Klage aus eigenem Recht – *Mertens,* FS für Fleck, 1988, S. 209, 218.

[48] Überzeugend MünchKommAktG/*Kropff* Rdnr. 57 ff.; *ders.,* FS für Bezzenberger, S. 233, 244 ff.; s. ferner § 309 Rdnr. 49; aA *Koppensteiner* in Kölner Kommentar Rdnr. 27; *Hüffer* Rdnr. 16.

[49] Zudem verliert der klagende Aktionär seine Aktivlegitimation durch die nachfolgende Klage der

Gesellschaft, s. § 309 Rdnr. 49; OLG Hamburg AG 1999, 380.

[50] S. bereits Rdnr. 3; § 309 Rdnr. 49 mwN; eingehend zu § 317 Abs. 4 MünchKommAktG/*Kropff* Rdnr. 52 ff.; *ders.,* FS für Bezzenberger, S. 233, 240 ff.

[51] So auch die Einschätzung von *Ulmer* ZHR 163 (1999) 290, 338; skeptisch auch MünchKommAktG/*Kropff* Rdnr. 55.

[52] Das herrschende Unternehmen ist nach § 136 Abs. 1 S. 1 vom Stimmrecht ausgeschlossen; s. dazu auch MünchKommAktG/*Kropff* Rdnr. 65.

[53] Zur rechtspolitischen Kritik an § 147 und zu Vorschlägen de lege ferenda s. die Nachw. in Fn. 6.

[54] Vgl. Begr. zum RegE bei *Kropff* S. 405.

V. Verzicht, Vergleich und Verjährung (Abs. 4)

1. Verzicht und Vergleich. Ein Verzicht auf und ein Vergleich über die Ansprüche der **31** *Gesellschaft* aus Abs. 1 und 3 ist nach Abs. 4 nur unter den in § 309 Abs. 3 genannten Voraussetzungen möglich. Voraussetzung ist danach zunächst der Ablauf einer **Frist von drei Jahren** seit Entstehung des Anspruchs; dies entspricht dem § 93 Abs. 4 S. 3. Zudem ist ein **Sonderbeschluß** der außenstehenden Aktionäre erforderlich;[55] ihm darf nicht eine Minderheit von 10% des vertretenen Grundkapitals widersprochen haben. Die Dreijahresfrist (nur sie) gilt gem. Abs. 4 iVm. § 309 Abs. 3 S. 2 nicht, wenn der Ersatzpflichtige, also das herrschende Unternehmen oder sein gesetzlicher Vertreter, *zahlungsunfähig* ist und sich zur Abwendung oder Beseitigung des Insolvenzverfahrens mit seinen Gläubigern vergleicht oder wenn die Ersatzpflicht in einem Insolvenzplan geregelt wird (§ 309 Rdnr. 47). Soweit nach Abs. 4 iVm. § 309 Abs. 3 S. 1 ein Verzicht oder Vergleich vereinbart werden kann, berührt dies zwar nach Abs. 4 iVm. § 309 Abs. 4 S. 4 nicht das Verfolgungsrecht der Gläubiger (Rdnr. 29). Der *Insolvenzverwalter* ist allerdings auch insoweit, als er das Verfolgungsrecht der Gläubiger ausübt, nicht an die Beschränkungen des § 309 Abs. 3 S. 2, Abs. 4 S. 4 gebunden.[56] Er kann sich vielmehr nach Abs. 4 iVm. § 309 Abs. 4 S. 5 auch mit Wirkung gegenüber den Gläubigern und den Aktionären vergleichen.

2. Verjährung. Die Ansprüche der abhängigen Gesellschaft und der außenstehenden **32** Aktionäre gegen das herrschende Unternehmen und seine gesetzlichen Vertreter verjähren nach Abs. 4 iVm. § 309 Abs. 5 in **fünf Jahren.** Davon betroffen sind die Ansprüche der Gesellschaft aus § 317 Abs. 1 und 3, auch soweit sie durch den Insolvenzverwalter geltend gemacht werden (Rdnr. 29), ferner das Klagerecht der Aktionäre und das Verfolgungsrecht der Gläubiger (Rdnr. 27 f.), schließlich der auf Ersatz des Eigenschadens gerichtete Ersatzanspruch der Aktionäre nach Abs. 1 S. 2 (Rdnr. 13 f.). Fristbeginn und Fristberechnung beurteilen sich nach §§ 198, 187 Abs. 1, 188 Abs. 2 BGB.[57]

VI. Verhältnis zu anderen Vorschriften

1. Grundsatz. Die Haftung des herrschenden Unternehmens und seiner gesetzlichen **33** Vertreter nach § 317 hat **keinen Einfluß auf die Organisations- und Finanzverfassung** der abhängigen Gesellschaft. Dies beruht darauf, daß im Anwendungsbereich des § 317 die Nichtgewährung des Nachteilsausgleichs und damit die Rechtswidrigkeit der Einflußnahme feststeht (s. Rdnr. 9 f.); auf die Privilegierungsfunktion des § 311 (§ 311 Rdnr. 2, 4 f., 8 ff.) ist mithin keine Rücksicht mehr zu nehmen. Die zu § 311 getroffene Feststellung, daß die Kapitalerhaltungsvorschriften und die allgemeinen Haftungstatbestände verdrängt werden (§ 311 Rdnr. 77 ff., 82 ff., 88 ff.), läßt sich deshalb auf § 317 grundsätzlich nicht übertragen.[58]

2. Konkretisierung. Sobald die Rechtswidrigkeit der Maßnahme feststeht, finden **34** §§ 76, 93, 116 uneingeschränkt Anwendung (s. § 311 Rdnr. 77 ff.). Vorstand und Aufsichtsrat der abhängigen Gesellschaft haften mithin neben den nach § 317 Verantwortlichen (§ 318 Rdnr. 3 ff.). Auch die Vorschriften der §§ 57, 60, 62 betreffend das Verbot der Einlagenrückgewähr und die Kapitalbindung finden neben § 317 Anwendung (§ 311 Rdnr. 82 ff.). Das herrschende Unternehmen und seine gesetzlichen Vertreter haften ggf. auch aus § 117 (Rdnr. 88), das herrschende Unternehmen zudem unter dem Gesichtspunkt der Treupflichtverletzung (§ 311 Rdnr. 89). Die Vorschrift des § 243 findet schon neben § 311 und erst recht neben § 317 Anwendung (§ 311 Rdnr. 85 f.).

---

[55] Dazu *Mertens*, FS für Fleck, S. 208, 217.
[56] Vgl. zu § 93 Abs. 5 RGZ 74, 428, 430; *Hefermehl* in Geßler/Hefermehl § 93 Rdnr. 82.
[57] Näher dazu BGHZ 100, 228, 231 ff. = NJW 1987, 1887; 124, 27, 29 f. = NJW 1994, 323.

[58] *Koppensteiner* in Kölner Kommentar Rdnr. 39; *Hüffer* Rdnr. 17; MünchHdb. AG/*Krieger* § 69 Rdnr. 110.

Anhang zu § 317
Die qualifizierte Nachteilszufügung

Schrifttum:[*] *Beinert,* Die Konzernhaftung für die satzungsgemäß abhängig gegründete GmbH, 1995; *G. Bitter,* Das „TBB"-Urteil und das immer noch vergessene GmbH-Vertragskonzernrecht, ZIP 2001, 265; *Bruns,* Das „TBB"-Urteil und die Folgen, WM 2001, 1497; *Büscher,* Die qualifizierte faktische Konzernierung – eine gelungene Fortbildung des Rechts der GmbH?, 1999; *Cahn,* Verlustübernahme und Einzelausgleich im qualifizierten faktischen Konzern, ZIP 2001, 2159; *Decher,* Personelle Verflechtungen im Aktienkonzern, 1990; *ders.,* Die Zulässigkeit des qualifizierten faktischen Aktienkonzerns, DB 1990, 2005; *Deilmann,* Die Entstehung des qualifizierten faktischen Konzerns, 1990; *Eberth,* Die Aktiengesellschaft mit atypischer Zwecksetzung, 2000; *Emmerich,* Nachlese zum Autokran-Urteil des BGH zum GmbH-Konzernrecht, GmbHR 1987, 213; *Geuting,* Ausgleichs- und Abfindungsansprüche der Minderheitsgesellschafter im qualifizierten faktischen GmbH-Konzern, BB 1994, 365; *Haarmann,* Der Begriff des Nachteils nach § 311 AktG, in Hommelhoff/Rowedder/Ulmer (Hrsg.), Max Hachenburg – Vierte Gedächtnisvorlesung 2000, 2001, S. 45; *Habersack,* Die Mitgliedschaft – subjektives und „sonstiges" Recht, 1996; *ders.,* Die Aktionärsklage – Grundlagen, Grenzen und Anwendungsfälle, DStR 1998, 533; *Henssler,* Die Betriebsaufspaltung – Konzernrechtliche Durchgriffshaftung in Gleichordnungskonzern?, ZGR 2000, 479; *Heyder,* Der qualifizierte faktische Aktienkonzern, 1997; *Hoffmann-Becking,* Der qualifizierte faktische AG-Konzern – Tatbestand und Abwehransprüche, in Ulmer (Hrsg.), Probleme des Konzernrechts, 1989, S. 68; *Hommelhoff,* Empfiehlt es sich, das Recht faktischer Unternehmensverbindungen – auch im Hinblick auf das Recht anderer EG-Staaten – neu zu regeln?, Gutachten G für den 59. Deutschen Juristentag, 1992; *Hommelhoff/Stimpel/Ulmer* (Hrsg.), Heidelberger Konzernrechtstage: Der qualifizierte faktische GmbH-Konzern, 1992; *Koppensteiner,* Über die Verlustausgleichspflicht im qualifizierten faktischen AG-Konzern, in Ulmer (Hrsg.), Probleme des Konzernrechts, 1989, S. 87; *Kropff,* Das „TBB"-Urteil und das Aktienkonzernrecht, AG 1993, 485; *ders.,* Konzerneingangskontrolle bei der qualifiziert konzerngebundenen Aktiengesellschaft, FS für Goerdeler, 1987, S. 259; *Lieb,* Abfindungsansprüche im (qualifizierten?) faktischen Konzern, FS für Lutter, 2000, S. 1151; *Lutter,* Der qualifizierte faktische Konzern, AG 1990, 179; *Mülbert,* Aktiengesellschaft, Unternehmensgruppe und Kapitalmarkt, 2. (unveränderte) Aufl. 1996; *Reiner,* Unternehmerisches Gesellschaftsinteresse und Fremdsteuerung, 1995; *Röhricht,* Die GmbH im Spannungsfeld zwischen wirtschaftlicher Dispositionsfreiheit ihrer Gesellschafter und Gläubigerschutz, FS für BGH, Bundesanwaltschaft und Rechtsanwaltschaft beim BGH, 2000, S. 83; *ders.,* Die aktuelle höchstrichterliche Rechtsprechung zum Gesellschaftsrecht, in: Gesellschaftsrecht in der Diskussion 2001, Schriftenreihe der Gesellschaftsrechtlichen Vereinigung (VGR), Bd. 5, 2002, S. 3; *K. Schmidt,* Gleichordnung im Konzern – terra incognita?, ZHR 155 (1991), 417; *Schulze-Osterloh,* Vermeidung der Konzernhaftung nach dem „TBB"-Urteil durch ordnungsmäße Buchführung, ZIP 1993, 1838; *Schwörer,* Kein Austrittsrecht nach § 305 AktG im qualifizierten faktischen Aktienkonzern, NZG 2001, 550; *U. Stein,* Konzernherrschaft durch EDV?, ZGR 1988, 163; *Stimpel,* Die Rechtsprechung des Bundesgerichtshofes zur Innenhaftung des herrschenden Unternehmens im GmbH-Konzern, AG 1986, 117; *ders.,* „Durchgriffshaftung" bei der GmbH: Tatbestände, Verlustausgleich, Ausfallhaftung, FS für Goerdeler, 1987, S. 601; *ders.,* Haftung im qualifizierten faktischen GmbH-Konzern, ZGR 1991, 144; *Timm,* Grundfragen des „qualifizierten" faktischen Konzerns im Aktienrecht, NJW 1987, 977; *Ulmer,* Verlustübernahmepflicht des herrschenden Unternehmens als konzernspezifischer Kapitalerhaltungsschutz, AG 1986, 123; *ders.,* Gläubigerschutz im „qualifizierten" faktischen GmbH-Konzern, NJW 1986, 1579; *G. Weigl,* Die Haftung im (qualifizierten) faktischen Konzern, 1996; *Werner,* Probleme der Anwendung des § 303 AktG im qualifizierten faktischen GmbH-Konzern, FS für Goerdeler, 1987, S. 677; *Wilken,* Cash Management und qualifiziert faktische Konzernierung, DB 2001, 2383; *Zöllner,* Empfiehlt es sich, das Recht faktischer Unternehmensverbindungen neu zu regeln?, Referat für den 59. Deutschen Juristentag, 1992, Bd. II (Sitzungsbericht), S. R 35; *ders.,* Qualifizierte Konzernierung im Aktienrecht, Gedächtnisschrift für Knobbe-Keuk, 1997, S. 369.

Übersicht

[*] Auswahl; zu weiteren Nachweisen, insbes. für die Zeit vor „Bremer-Vulkan", s. die Nachw. in der Vorauflage (Anh. II zu § 318) und bei Hachenburg/ *Ulmer* GmbHG Anh. § 77 vor Rdnr. 97; zur Kommentar- und Handbuchliteratur s. die Nachw. im Anh. zu § 318.

I. Einführung

1. Überblick. Der durch das System des Einzelausgleichs (§ 311 Rdnr. 9 f., 59 ff.) **1** bezweckte Schutz der abhängigen Gesellschaft und ihrer Außenseiter kann naturgemäß nicht verwirklicht werden, wenn das herrschende Unternehmen die abhängige Gesellschaft in einer Weise leitet, daß sich einzelne Nachteilszufügungen nicht mehr isolieren oder in ihren nachteiligen Folgen für die abhängige Gesellschaft bewerten lassen.[1] Im Grundsatz ist es denn auch weithin anerkannt, daß sich solchermaßen „qualifizierte Nachteilszufügungen"[2] allein auf der Grundlage eines *Beherrschungsvertrags*[3] vornehmen lassen (Rdnr. 27 f.; § 311 Rdnr. 8 f.). Fehlt es an einem solchen Vertrag, so fragt sich, ob die – im Vergleich zur Haftung aus §§ 311, 317 oder wegen Treupflichtverletzung sehr viel schärferen – **Rechtsfolgen der §§ 302 ff.** gleichwohl zur Anwendung gelangen. Dafür spricht bereits die Überlegung, daß andernfalls das herrschende Unternehmen, das jenseits der Funktionsvoraussetzungen des aktienrechtlichen Systems des Einzelausgleichs Leitungsmacht in Anspruch nimmt, gegenüber einem Unternehmen, das den gesetzlich vorgegebenen Weg des Abschlusses eines Beherrschungsvertrags mit all seinen Konsequenzen wählt (§ 311 Rdnr. 8 f.), in unerträglicher Weise privilegiert würde. Auch die jüngsten Entwicklungen auf dem Gebiet des GmbH-Rechts (Anh. § 318 Rdnr. 33 ff.) geben für das Aktienrecht keinen Anlaß, diese Wertung in Frage zu stellen (Rdnr. 5).

Die Erkenntnis, daß jede durch das System des Einzelausgleichs nicht mehr erfaß- oder **2** kompensierbare nachteilige Einflußnahme nur auf der Grundlage eines Beherrschungsvertrags erfolgen darf, ist denn auch im Zusammenhang mit der Herausbildung des Tatbestands der qualifizierten Nachteilszufügung von Bedeutung. Aus ihr ergibt sich zunächst, daß die entsprechende Anwendung der §§ 302 ff. nicht erst bei einheitlicher Leitung, sondern schon bei *Abhängigkeit* in Betracht kommt (Rdnr. 7). Zudem wird deutlich, daß die entsprechende Anwendung der §§ 302 ff. nicht nur bei umfassender und dichter Leitung, sondern auch bei der Veranlassung zu Einzelmaßnahmen und damit bei dezentraler, aber dem Einzelausgleich nicht zugänglicher Leitung in Betracht zu ziehen ist (Rdnr. 10, 14 f.). Auch mit der entsprechenden Anwendung der §§ 302 ff. geht freilich nicht die rechtliche Billigung dieses – nicht unternehmensvertraglich legitimierten – Beherrschungsverhältnisses einher. Vielmehr haben die abhängige Gesellschaft und jeder außenstehende Gesellschafter unabhängig vom Eingreifen der Rechtsfolgen der §§ 302 ff. das Recht, das herrschende Unternehmen auf **Unterlassung und Beseitigung** in Anspruch zu nehmen (Rdnr. 27 f.).

2. Die Entwicklung im GmbH-Recht. Tatbestand und Rechtsfolgen der qualifizier- **3** ten Nachteilszufügung gehen auf entsprechende Überlegungen zum Recht der abhängigen GmbH zurück.[4] Während im Schrifttum bereits in den siebziger Jahren eine lebhafte

---

[1] Deutliche Betonung dieses Zusammenhangs bei *Stimpel* AG 1986, 117, 122.

[2] So auch zur Terminologie bei MünchKomm-AktG/*Kropff* Anh. § 317; ferner *Emmerich/Sonnenschein/Habersack* § 28 III 1, § 31 I 3; *Bitter/Bitter* BB 1996, 2153, 2156.

[3] Dem Beherrschungsvertrag steht die Eingliederung gleich.

[4] Näher zur Entwicklung Hachenburg/*Ulmer* GmbHG Anh. § 77 Rdnr. 100 ff.; *Emmerich/Sonnenschein/Habersack* § 31; *Holzwarth*, Konzernrechtlicher Gläubigerschutz bei der klassischen Betriebsaufspaltung, 1994, S. 135 ff.

Diskussion über den sogenannten qualifizierten faktischen Konzern aufkam,[5] war es die **„Autokran"-Entscheidung** des *II. Zivilsenats* des BGH vom 16. 9. 1985, die diesen Überlegungen zum praktischen Durchbruch verholfen hat.[6] In dieser Entscheidung bejahte der BGH in „entsprechender Anwendung" des § 303 eine allein unter dem Vorbehalt des Gedankens des § 317 Abs. 2 stehende *Ausfallhaftung* des herrschenden Unternehmens gegenüber den Gläubigern der abhängigen und vermögenslosen GmbH für den Fall, daß das herrschende Unternehmen die Geschäfte der abhängigen GmbH dauernd und umfassend selbst geführt hat. Im **„Tiefbau"-Urteil** vom 20. 2. 1989 präzisierte der Senat den Tatbestand der dauernden und umfassenden Leitung und bejahte zudem als Rechtsfolge die *Verlustübernahmepflicht* des herrschenden Unternehmens gegenüber der abhängigen (mehrgliedrigen) GmbH;[7] zugleich wurde der noch im Autokran-Urteil bemühte § 317 Abs. 2 durch einen neu eingeführten Kausalitätsgegenbeweis ersetzt und damit dem herrschenden Unternehmen der Einwand gestattet, daß die eingetretenen Verluste auf Umstände zurückzuführen sind, die mit der einheitlichen Leitung nichts zu tun haben.[8] Das **„Video"-Urteil** vom 23. 9. 1991 erstreckte die Haftung nach §§ 302, 303 auf Sachverhalte, in denen der geschäftsführende Alleingesellschafter der GmbH zugleich ein einzelkaufmännisches Unternehmen betrieb und weitere GmbH-Beteiligungen hielt.[9] Ein zu weit formulierter Leitsatz,[10] vor allem aber einige weitreichende Vermutungsregeln lösten eine heftige, sehr kontrovers geführte Diskussion aus,[11] deren vorläufiger Schlußpunkt das als bloße „Klarstellung" bezeichnete, in der Sache aber eine Wende einleitende **„TBB"-Urteil** vom 29. 3. 1993 bildet.[12] Die herausragende Bedeutung dieses Urteils lag in der *Auswechslung des die Qualifikation begründenden Tatbestands.* Danach sollte die Haftung entsprechend §§ 302, 303 nicht auf der dauernden und umfassenden Leitung der abhängigen Gesellschaft, sondern auf einem – grundsätzlich vom Kläger darzulegenden und ggf. zu beweisenden (Rdnr. 21 f.) – objektiven Mißbrauch der Leitungsmacht durch das herrschende Unternehmen gründen. Ein solcher Mißbrauch sollte vorliegen, „wenn der die GmbH beherrschende Unternehmensgesellschafter die Konzernleitungsmacht in einer Weise ausübt, die keine angemessene Rücksicht auf die eigenen Belange der abhängigen Gesellschaft nimmt, ohne daß sich der ihr insgesamt zugefügte Nachteil durch Einzelausgleichsmaßnahmen kompensieren ließe."[13]

[5] Vgl. namentlich den vom Arbeitskreis GmbH-Reform unterbreiteten Gesetzgebungsvorschlag (Arbeitskreis GmbH-Reform, Hueck/Lutter/Mertens/Rehbinder/Ulmer/Wiedemann/Zöllner, Thesen und Vorschläge zur GmbH-Reform, Bd. 2, 1972, S. 49 ff.); s. ferner *Schilling*, FS für Hefermehl, 1976, S. 383, 393 f., 398 f.; *Martens* DB 1970, 865, 868 f.; *Emmerich* AG 1975, 285, 288 f.
[6] BGHZ 95, 330, 339, 345 ff. = NJW 1986, 188; s. zuvor bereits BGH WM 1979, 937, 941 (Gervais): Verlustübernahmepflicht bei umfassender Eingliederung einer GmbH & Co. KG im Einvernehmen aller Gesellschafter. Zu BGHZ 95, 330 s. namentlich *Assmann* JZ 1986, 881 ff.; *Emmerich* GmbHR 1987, 213 ff.; *Lutter* ZIP 1985, 1425 ff.; *K. Schmidt* ZIP 1986, 146 ff.; *ders.* BB 1985, 2074 ff.; *Stimpel* AG 1986, 117 ff.; *ders., FS* für Goerdeler, 1987, S. 601 ff.; *Ulmer* NJW 1986, 1579 ff.; *ders.* AG 1986, 123 f.; *J. Wilhelm* DB 1986, 2113 ff.
[7] BGHZ 107, 7, 15 ff. = NJW 1989, 1800; dazu *Decher* DB 1989, 965 ff.; *K. Schmidt* ZIP 1989, 545 ff.; *Stimpel* ZGR 1991, 144 ff.; *Ziegler* WM 1989, 1041 ff., 1077 ff.
[8] BGHZ 107, 7, 18 = NJW 1989, 1800; ferner BGHZ 116, 37, 42 = NJW 1992, 505 (Stromlieferung); näher dazu *Hommelhoff* DB 1992, 309, 310, 314; *Ulmer* AG 1986, 123, 128; *Stimpel*, FS für Goerdeler, 1987, S. 601, 618 f.

[9] BGHZ 115, 187, 189 = NJW 1991, 3142; dazu insbes. die Beiträge in Hommelhoff/Stimpel/Ulmer; ferner *Altmeppen* DB 1991, 2225 ff.; *Drygala* ZIP 1992, 1797 ff.; *Flume* ZIP 1992, 817 ff.; *Hommelhoff* Gutachten S. 69 ff.; *Kleindiek* ZIP 1991, 1330 ff.; *ders.* GmbHR 1992, 574 ff.; *K. Schmidt* ZIP 1991, 1325 ff.; *Stodolkowitz* ZIP 1992, 1517 ff.; *Westermann* DWiR 1992, 197 ff.; *Zöllner*, Sitzungsbericht 59. DJT, 1992, S. R 35, 41 ff. Zur Frage der Vereinbarkeit der Video-Doktrin mit der 12. Richtlinie (Einpersonen-Gesellschaft-Richtlinie) und mit dem GG s. Rdnr. 6.
[10] Dazu *Stodolkowitz* ZIP 1992, 1517, 1523; ferner *Goette* DStR 2000, 1066, 1067.
[11] Vgl. die Nachw. in Fn. 8.
[12] BGHZ 122, 123 = NJW 1993, 1200 = JZ 1993, 575 m. Anm. *Lutter*; Vorinstanzen: LG Oldenburg ZIP 1992, 1632 und OLG Oldenburg ZIP 1992, 1631 f.; näher zum „TBB"-Urteil *Altmeppen* DB 1994, 1912 ff.; *Burgard* WM 1993, 925 ff.; *Drygala* GmbHR 1993, 317 ff.; *Goette* DStR 1993, 568; *Hommelhoff* ZGR 1994, 395 ff.; *Krieger* ZGR 1994, 375 ff.; *Kleindiek* DZWiR 1993, 177 ff.; *K. Schmidt* ZIP 1993, 549; *U. H. Schneider* WM 1993, 782 ff.; *Westermann* ZIP 1993, 554 ff.; verkannt von OLG Rostock NZG 1999, 170 m. Anm. *Habersack.*
[13] BGHZ 122, 123, 130 = NJW 1993, 1200; zust. namentlich Hachenburg/*Ulmer* GmbHG Anh. § 77 Rdnr. 130 ff.; *Emmerich/Sonnenschein/Habersack*

Der neue Ansatz des „TBB"-Urteils wurde zwar zunächst vom BGH mehrfach **4** bestätigt,[14] freilich stets nur obiter und zudem im Zusammenhang mit der Einpersonen-GmbH.[15] Für die Einpersonen-GmbH enthielt allerdings schon das „TBB"-Urteil selbst die Einschränkung, daß ein Mißbrauch der Leitungsmacht erst dann anzunehmen sei, wenn die abhängige Gesellschaft infolge des Eingriffs ihren Verbindlichkeiten nicht mehr nachkommen kann.[16] Der Sache nach lief deshalb der „TBB"-Ansatz auf die Anerkennung eines nicht zur Disposition des Gesellschafters stehenden Bestandsinteresses der abhängigen Einpersonen-GmbH oder, anders gewendet, auf die Etablierung eines Verbots existenzvernichtender Eingriffe hinaus,[17] wie es von Teilen des Schrifttums auch unabhängig von Konzernsachverhalten propagiert worden war (Anh. § 318 Rdnr. 34). In seinem **„Bremer-Vulkan"**-Urteil hat deshalb der BGH den konzernrechtlichen Ansatz der „TBB"-Formel aufgegeben und diese zu einer *allgemeinen* Haftung des Alleingesellschafters für existenzvernichtende Eingriffe fortentwickelt;[18] die **„KBV"-Entscheidung** hat den Zusammenhang dieser Haftung mit der allgemeinen Durchgriffslehre hergestellt und damit zugleich das Modell einer Binnenhaftung verworfen (Anh. § 318 Rdnr. 34 ff.).[19]

3. Die Ausgangslage im Aktienrecht. Bis in das Jahr 2001 hinein entsprach es der **5** ganz hM, daß sich die für das GmbH-Recht entwickelten Grundsätze über die qualifizierte faktische Unternehmensverbindung auf das Aktienrecht übertragen lassen.[20] Hieran hat sich durch die zur Einpersonen-GmbH ergangenen Urteile in Sachen „Bremer Vulkan" und „KBV" (Rdnr. 4) nichts geändert.[21] Zurückzuführen ist dies vor allem darauf, daß die §§ 311 ff. und damit das – allein unter dem Vorbehalt des Ausgleichs stehende – Verbot der Nachteilszufügung auch für die Einpersonen-AG uneingeschränkt Geltung beanspruchen (§ 311 Rdnr. 13, § 312 Rdnr. 6). Dem entspricht es, daß auch der über Unternehmensqualität verfügende Alleinaktionär ein Weisungsrecht gegenüber dem Vorstand nur durch Abschluß eines *Beherrschungsvertrags* erlangt, oder, anders gewendet, auch der Vorstand der abhängigen Einpersonen-AG dieselbe nach Maßgabe der §§ 76 Abs. 1, 311 ff. (§ 311 Rdnr. 77 ff.) zu leiten hat. In beidem unterscheidet sich das Aktienrecht schon im Aus-

---

§ 28 II 2, § 31; *Baumbach/Hueck/Zöllner* GmbHG Schlußanh. I Rdnr. 87 ff.; *Lutter/Hommelhoff* GmbHG Anh. § 13 Rdnr. 25 ff.; *Hommelhoff* ZGR 1994, 395 ff.; *Krieger* ZGR 1994, 375 ff.; ablehnend etwa *Roth/Altmeppen* (3. Aufl.) GmbHG Anh. § 13 Rdnr. 117 ff., 170; *Rowedder/Koppensteiner* (3. Aufl.) GmbHG Anh. § 52 Rdnr. 74 ff.; *W. Müller*, FS für Rowedder, 1994, S. 277, 287 ff.; *Bitter* ZIP 2001, 265, 266 ff.; *Büscher* S. 153 ff.

[14] BGH NJW 1994, 446; 1994, 3288, 3290; NJW 1995, 1544, 1545; NJW 1995, 2989, 2990 (X. Zivilsenat); NJW 1997, 943; ZIP 2000, 2163; s. ferner BAGE 76, 79, 86 ff. = NJW 1994, 3244; BAG NJW 1996, 1491, 1492; BSGE 75, 82, 90 f. = NJW-RR 1995, 730; OLG München NJW 1994, 2900, 2901; OLG Köln BB 1997, 169, 170; OLG Celle ZIP 2000, 1981, 1984 f.; OLG Düsseldorf AG 2001, 90.

[15] Vgl. die sorgfältige Rechtsprechungsanalyse von *Goette* in Ulmer (Hrsg.), Haftung im qualifizierten faktischen GmbH-Konzern – Verbleibende Relevanz nach dem TBB-Urteil?, S. 11 ff.

[16] BGHZ 122, 123, 130 = NJW 1993, 1200; dazu Voraufl. Anh. II § 318 Rdnr. 8.

[17] Herausarbeitung dieser Zusammenhänge bei *Röhricht,* FS BGH, S. 83, 103 ff.

[18] BGHZ 149, 10, 16 f. = NJW 2001, 3622 = NZG 2002, 38.

[19] BGHZ 151, 181, 186 ff. = NZG 2002, 914.

[20] OLG Hamm NJW 1987, 1030 = AG 1997, 38; Voraufl. Anh. II § 318 Rdnr. 5, 12 ff.; *Emmerich/*

Sonnenschein/Habersack § 28; *Hommelhoff* Gutachten S. 14 f., 32 ff.; *Hüffer* (4. Aufl.) § 302 Rdnr. 30, § 303 Rdnr. 7, § 311 Rdnr. 11; MünchHdb. AG/ *Krieger* § 69 Rdnr. 113 ff.; *Lutter* ZGR 1982, 244, 262 ff.; *Stimpel* AG 1986, 117, 121 f.; *Timm* NJW 1987, 977, 978 ff.; *Wiedemann* S. 77 ff.; *Zöllner,* Gedächtnisschrift für Knobbe-Keuk, S. 369 ff.; *Deilmann* S. 125 ff.; *Heyder* S. 175 ff.; *Weigl* S. 179 ff.; wohl auch § 20 a III 4 b; der Sache nach auch MünchKommAktG/*Kropff* Anh. zu § 317 Rdnr. 50 ff. (einschränkend – Verlustausgleich nur bei nachhaltiger und dauernder Einwirkung – noch *ders.* AG 1993, 485, 493 f.); *Mülbert* S. 476 ff., 487 ff. mwN. AA – gegen Vorliegen einer Regelungslücke – OLG Düsseldorf NJW-RR 2000, 1132, 1133; für Stärkung und Modifizierung der §§ 311 ff. *Bälz* AG 1992, 277, 291 ff.; *Koppensteiner* in Kölner Kommentar Rdnr. 24; *ders.* in Ulmer, Probleme des Konzernrechts, S. 87, 90 ff.; *W. Müller,* FS für Rowedder, 1994, S. 277, 287 f.; für Durchgriffshaftung *Reiner* S. 263 ff.

[21] So auch *Cahn* ZIP 2001, 2159, 2160; *Eberl-Borges* Jura 2002, 761, 764; *dies.* WM 2003, 105; *K. Schmidt* GesR § 31 IV 4; aA *Hüffer* § 302 Rdnr. 30, dem zufolge sich besondere Rechtsfolgen bei qualifizierter faktischer Konzernierung einer AG „jedenfalls nicht mehr in Anlehnung an den Vertragskonzern entwickeln lassen". Zur Fortgeltung der Grundsätze auch für die mehrgliedrige GmbH s. Anh. § 318 Rdnr. 3.

gangspunkt vom Recht der GmbH. Die „Bremer Vulkan"- und „KBV"-Rechtsprechung basiert denn auch auf der Prämisse, daß die Einpersonen-GmbH – vorbehaltlich existenzvernichtender Eingriffe – offen für kompensationslose Nachteilszufügungen durch den Gesellschafter ist.[22] Bedenkt man weiter, daß sich jedenfalls für das Aktienrecht angesichts der Existenz der §§ 291 ff., 311 ff. die Berechtigung eines Sonderrechts der abhängigen Gesellschaft kaum wird leugnen lassen, ferner, daß die Funktionsfähigkeit des in §§ 311, 317 geregelten Schutzsystems unter dem Vorbehalt steht, daß die jeweilige Maßnahme dem Einzelausgleich zugänglich ist, so sollte es für die abhängige AG, mag sie über außenstehende Aktionäre verfügen oder nicht, dabei bewenden, daß das herrschende Unternehmen nach Maßgabe der §§ 302 ff. haftet, wenn es der Gesellschaft in qualifizierter, d. h. nicht dem Einzelausgleich zugänglicher Weise Nachteile zufügt.[23] Die praktische Folge ist, daß die AG und mit ihr die Gesellschaftsgläubiger bereits gegen **existenzgefährdende Maßnahmen** geschützt ist, das herrschende Unternehmen also schon **im Vorfeld der Existenzvernichtung** von den Minderheitsaktionären auf Unterlassung und von der abhängigen Gesellschaft auf Verlustausgleich in Anspruch genommen werden kann; von Bedeutung ist dies namentlich im Zusammenhang mit konzernintegrativen Maßnahmen (Rdnr. 23, 27 ff.).

6   **4. Vereinbarkeit mit der Einpersonen-Gesellschaft-Richtlinie.** Die Grundsätze über die qualifizierte faktische Unternehmensverbindung sahen sich, zumal in ihrer Ausprägung durch das (zwischenzeitlich überholte) „Video"-Urteil, wiederholt dem Vorwurf ihrer Unvereinbarkeit mit der Einpersonen-Gesellschaft-Richtlinie[24] ausgesetzt.[25] Geltend gemacht wurde, daß Art. 2 Abs. 2 der Richtlinie die zulässigen Beschränkungen des Zugangs zur Rechtsform der Einpersonen-Gesellschaft mit beschränkter Haftung abschließend regele. Zumal nach der durch das „TBB"-Urteil erfolgten, für das Aktienrecht weiterhin maßgebenden (Rdnr. 5, 9 ff.) Kurskorrektur sind diese Stimmen heute freilich verstummt. In der Tat regelt Art. 2 Abs. 2 der Richtlinie nur *allgemeine* Beschränkungen des Zugangs zur Rechtsform der Einpersonen-Gesellschaft. Gesetzliche oder richterrechtliche Haftungsregeln, denen zufolge der Alleingesellschafter nicht schlechthin, sondern nur unter besonderen Voraussetzungen und im Einzelfall für die Verbindlichkeiten der Gesellschaft einzustehen hat, sind dagegen durch Art. 2 Abs. 2 der Richtlinie auch dann nicht verboten, wenn sie konzernrechtlicher Natur sind.[26]

II. Tatbestand

7   **1. Abhängigkeit.** Die wohl hM war unter Geltung der „TBB"-Grundsätze der Auffassung, daß die Haftung entsprechend §§ 302, 303 (Rdnr. 28 ff.) das Vorliegen eines Konzerns iSv. § 18 voraussetzt und somit bei (qualifizierter) Abhängigkeit nicht in Betracht kommt.[27]

---

[22] So in aller Deutlichkeit und unter Betonung der im Text genannten Unterschiede zum Aktienrecht *Röhricht* VGR 5 (2002), S. 3, 13 f.; s. ferner dessen Äußerung im Rahmen der sich an den Vortrag anschließenden Diskussion, wiedergegeben im Diskussionsbericht von *Grahn* S. 39, 43, wonach man den grundlegenden strukturellen Unterschied zwischen GmbH und AG auch beim Schutz der Gläubiger der Ein-Mann-Gesellschaften berücksichtigen müsse und eine Gleichbehandlung aller Ein-Mann-Gesellschaften unabhängig von der Rechtsform deshalb nicht zwingend geboten sei.

[23] Diese Zusammenhänge verkennt das OLG Düsseldorf NJW-RR 2000, 1132, 1133, wenn es ausführt, daß der Gesetzgeber bei Redaktion der §§ 311 ff. nur den „gelegentlichen Einzeleingriff" vor Augen gehabt habe und deshalb die §§ 311 ff. eine Verlustausgleichspflicht nicht vorsähen.

[24] Zwölfte Richtlinie 89/667/EWG auf dem Gebiet des Gesellschaftsrechts betreffend Gesellschaften mit beschränkter Haftung mit einem einzigen Gesellschafter vom 21. 12. 1989, ABl. EG Nr. L 395/40; abgedruckt auch in *Habersack* Rdnr. 338; zur Geltung der Richtlinie auch für die AG s. dens. Rdnr. 321.

[25] S. namentlich *Kindler* ZHR 157 (1993), 1 ff.; *W. H. Roth* ZIP 1992, 1054 ff.

[26] BGHZ 122, 123, 135 f. = NJW 1993, 1200; *Drygala* ZIP 1992, 1528 ff.; *Stodolkowitz* ZIP 1992, 1517, 1526 ff.; *Habersack* Rdnr. 328 ff. mwN.

[27] BAG ZIP 1994, 1378, 1379; OLG Bremen NZG 1999, 724; Hachenburg/*Ulmer* GmbHG Anh. § 77 Rdnr. 126; Baumbach/Hueck/*Zöllner* GmbHG Schlußanh. I Rdnr. 87; *Zöllner* Referat S. 35, 37 f., 52; *Krieger* in Hommelhoff/Stimpel/Ulmer S. 41, 43 f.; *ders.* in MünchHdb. AG § 69 Rdnr. 115; *Michalski/Zeidler* NJW 1996, 224, 225.

Dem konnte schon seinerzeit nicht gefolgt werden.[28] Zu berücksichtigen ist vielmehr, daß die Gefährdung der außenstehenden Aktionäre und Gläubiger, der die §§ 311 ff. Rechnung tragen wollen, allein auf der Verfolgung eines anderweitigen unternehmerischen Interesses des herrschenden Gesellschafters und damit auf der Abhängigkeit beruhen (§ 311 Rdnr. 1). Nimmt aber das herrschende Unternehmen in der Weise Einfluß, daß der Schutz der Außenseiter durch Einzelausgleich versagt, so kann dieser Gefährdungslage nur durch Rückgriff auf die für diese Art der Einflußnahme konzipierten Vorschriften der §§ 302 ff. begegnet werden. Mittelbare Abhängigkeit genügt.[29] Auf die **Einpersonen-AG** finden die Grundsätze über die qualifizierte Nachteilszufügung – ebenso wie die §§ 311 ff. – ohne jede Einschränkung Anwendung (Rdnr. 5).[30] – Zum Sonderfall der **statutarischen Abhängigkeit** s. Rdnr. 12 und § 311 Rdnr. 41.

Die Grundsätze über die qualifizierte Nachteilszufügung verstehen sich als Ergänzung des **8** in §§ 311, 317 geregelten Systems des Einzelausgleichs und gelangen deshalb auch gegenüber einer **natürlichen Person** zur Anwendung, die neben ihrer Beteiligung an der Gesellschaft ein einzelkaufmännisches Unternehmen betreibt oder eine anderweitige unternehmerische Beteiligung hält und damit als Unternehmen iSv. § 15 zu qualifizieren ist (dazu § 15 Rdnr. 11).[31] Die Annahme eines *Haftungsprivilegs* hinsichtlich des *Privatvermögens* der natürlichen Person ist schon deshalb nicht veranlaßt, weil in den einschlägigen Fällen häufig auch die Schwestergesellschaften insolvent sind; es kommt hinzu, daß sich ein solches Privileg ohnehin nicht auf den (konzernrechtlich relevanten) Beteiligungsbesitz der natürlichen Person erstrecken würde und damit eine unter vollstreckungsrechtlichen Gesichtspunkten gebotene Vermögensseparierung nicht gewährleistet wäre.[32] Auch durch *Zwischenschaltung einer Holding* kann der Gesellschafter die persönliche Haftung nur unter der Voraussetzung abwenden, daß die Mitgliedschaftsrechte rechtlich und tatsächlich durch die Holding selbst ausgeübt werden.[33] Daran fehlt es regelmäßig, wenn der frühere Aktionär persönlich die Geschäfte der Holding führt.

2. Nachteilszufügung und unterlassener Ausgleich. a) Grundlagen. Für das GmbH- **9** Recht hatte das „TBB"-Urteil (Rdnr. 3) eine **mit Strukturelementen versehene Verhaltenshaftung** des herrschenden Unternehmens etabliert.[34] Hieran ist für das Aktienrecht anzuknüpfen.[35] Dabei liegt das Verhaltenselement in der Anknüpfung der Haftung an einen

---

[28] Voraufl. Anh. II § 318 Rdnr. 7; *Emmerich/Sonnenschein/Habersack* 31 I 3; *Kropff* AG 1993, 485, 488; *ders.* in MünchKommAktG Anh. § 317 Rdnr. 32 f.; *K. Schmidt* in Hommelhoff/Stimpel/Ulmer S. 109, 111 ff.; *ders.* ZIP 1989, 545, 548; *Bruns* WM 2001, 1497, 1498 f.; *Drygala* GmbHR 1993, 317, 321 f.; *Hommelhoff* ZGR 1994, 395, 400; *Versteegen* DB 1993, 1225; wohl auch OLG Düsseldorf NZG 1999, 502, 503; OLG Frankfurt/M. AG 1998, 139, 140.

[29] Dazu § 17 Rdnr. 26 f.; ferner Voraufl. Anh. I § 318 Rdnr. 31.

[30] So auch *Zöllner*, Gedächtnisschrift für Knobbe-Keuk, S. 369, 377.

[31] So unter Geltung von „TBB" auch (jew. die GmbH betreffend) BGH NJW 1994, 446; NJW 1997, 943; ZIP 2000, 2163; OLG Köln BB 1997, 169, 170 f.; OLG Naumburg NZG 2001, 850, 851; *Hachenburg/Ulmer* GmbHG Anh. § 77 Rdnr. 115; *Scholz/Emmerich* GmbHG Anh. Konzernrecht Rdnr. 15; *Hüffer* § 302 Rdnr. 9; *Boujong*, FS für Odersky, 1996, S. 739, 750 f.; offengelassen von BGHZ 122, 123, 128 = NJW 1993, 1200; 115, 187, 190 f. = NJW 1991, 3142; aA *K. Schmidt* ZHR 155 (1991), 417, 432 ff., 440 ff. (Verlustausgleich zwischen gleichstufigen Schwestergesellschaften); ähnlich bereits *Ehlke* DB 1986, 523, 526. Zur Frage

[32] Zu dem zuletzt genannten Gesichtspunkt s. BGH NJW 1994, 446; im übrigen vgl. die Nachw. in Fn. 31.

[33] In diesem Sinne die wohl hM, s. § 15 Rdnr. 17; *Hüffer* § 15 Rdnr. 10; *Lutter* ZIP 1985, 1425, 1435 (s. aber *ders.* in Hommelhoff/Stimpel/Ulmer S. 183, 193 f.); *Priester* ZIP 1986, 137, 144 f.; *Stimpel* ZGR 1991, 144, 157; *Ulmer* NJW 1986, 1579, 1586; *Hachenburg/Ulmer* Anh. § 77 Rdnr. 115 mwN; aA – für persönliche Haftung auch in diesem Fall – *K. Schmidt* ZIP 1986, 146, 149; *Sigle* in Hommelhoff/Stimpel/Ulmer S. 167, 172.

[34] BGHZ 122, 123, 130 = NJW 1993, 1200; BGH NJW 1997, 943; zutr. Interpretation der „TBB"-Grundsätze bei *Baumbach/Hueck/Zöllner* GmbHG Schlußanh. I Rdnr. 89; *Hachenburg/Ulmer* GmbHG Anh. § 77 Rdnr. 113 mwN und zutr. Abgrenzung zu der von *Lutter* (JZ 1993, 580 f.; *ders.* ZIP 1995, 1425, 1433 ff.) propagierten Haftung für nicht ordnungsgemäße Konzerngeschäftsführung; aA – „verbundspezifische Erfolgshaftung" – *Hommelhoff* ZGR 1994, 395, 415 ff.

[35] So auch MünchKommAktG/*Kropff* Anh. § 317 Rdnr. 34 ff., 40 ff.

objektiven, d. h. verschuldensunabhängigen[36] Mißbrauch der Leitungsmacht und damit letztlich in der *nachteiligen und nicht nach Maßgabe des § 311 ausgeglichenen Einflußnahme* durch das herrschende Unternehmen (Rdnr. 11 ff.). Das Strukturelement ist demgegenüber in dem Vorliegen eines Abhängigkeitsverhältnisses (Rdnr. 7 f.) und in der durch Zufügung eines dem Einzelausgleich nicht zugänglichen Nachteils geschaffenen Gefährdungslage zu sehen. Qualifizierendes Element ist demnach die Unmöglichkeit des Einzelausgleichs (Rdnr. 16 ff.),[37] weshalb die Haftung auf einer „qualifizierten Nachteilszufügung" bzw. – bei der mehrgliedrigen GmbH (Anh. § 318 Rdnr. 3) – auf einer „qualifizierten Treupflichtverletzung" beruht.[38]

10   Indem das qualifizierende Element darauf abstellt, daß wegen der Art der Einflußnahme ein Einzelausgleich nicht möglich ist, bringt es – im Sinne eines negativen Tatbestandsmerkmals[39] – den subsidiären Charakter der Haftung zum Ausdruck: Für sie ist kein Raum, wenn und soweit sich der der abhängigen Gesellschaft zugefügte Nachteil im Wege des Einzelausgleichs kompensieren läßt.[40] Des weiteren unterstreicht das den Vorrang der Schadensersatzhaftung und sonstiger Einzelausgleichsmechanismen betonende Tatbestandsmerkmal noch einmal, daß die Haftung entsprechend §§ 302 f. weder durch die Ausübung von (umfassender) *Leitungsmacht* noch durch die *Unmöglichkeit des Einzelausgleichs als solche* begründet wird, sondern an eine Verletzung der dem herrschenden Unternehmen obliegenden Verhaltenspflichten anknüpft.[41] Umgekehrt wird deutlich, daß eine Haftung entsprechend §§ 302 f. Verschulden nicht voraussetzt (§ 317 Rdnr. 7) und zudem nicht nur bei breitflächiger, nicht mehr in Einzelmaßnahmen zerlegbarer Einflußnahme in Betracht kommt; können vielmehr auch einzelne, als solche **isolierbare Maßnahmen,** insbes. solche konzernintegrativer Art, kompensationsunfähig sein und damit die Verpflichtung zum Verlustausgleich und die Ausfallhaftung begründen (Rdnr. 14).[42]

11   **b) Nachteilige Einflußnahme. aa) Maßgeblichkeit des Nachteilsbegriffs.** Was zunächst das Verhaltenselement der Konzernhaftung betrifft, so deckt es sich mit dem Nachteilsbegriff des § 311 Abs. 1.[43] Erfaßt wird demnach jede auf die Abhängigkeitslage zurückzuführende Beeinträchtigung der Vermögens- oder Ertragslage der Gesellschaft, sofern diese nicht durch einen bewertbaren und zumindest gleichwertigen Vorteil ausgeglichen wird.[44] Auch nachteilige Maßnahmen, die *nicht im Interesse des herrschenden Unternehmens* oder eines anderen abhängigen Unternehmens liegen und somit dem Anwendungsbereich des § 311 entzogen sind, können die Konzernhaftung nach sich ziehen.[45]

[36] Deutlich BGH NJW 1994, 3288, 3290; NJW 1997, 943; s. ferner *Bruns* WM 2001, 1497, 1505 f.; Hachenburg/*Ulmer* GmbHG Anh. § 77 Rdnr. 113; Baumbach/Hueck/*Zöllner* GmbHG Schlußanh. I Rdnr. 86; MünchKommAktG/*Kropff* Anh. § 317 Rdnr. 39; *Hüffer* § 302 Rdnr. 8 a.

[37] So in aller Deutlichkeit OLG Düsseldorf NZG 1999, 502, 504; OLG München NZG 1998, 350; OLG Bremen NZG 1999, 724, 725; MünchKommAktG/*Kropff* Anh. zu § 317 Rdnr. 40; MünchHdb. AG/*Krieger* § 69 Rdnr. 117; *Röhricht*, FS BGH, S. 83, 87 ff.

[38] S. die Nachw. in Fn. 2.

[39] Zutr. *Bruns* WM 2001, 1497, 1503; *Ulmer* in Ulmer, Haftung im qualifizierten faktischen GmbH-Konzern – Verbleibende Relevanz nach dem TBB-Urteil?, S. 41, 58 f.

[40] BGHZ 122, 123, 130, 131 f. = NJW 1993, 1200; BGH NJW 1994, 3288, 3290; NJW 1995, 1544, 1545; für das Aktienrecht *Kropff* AG 1993, 485, 492 f.; MünchKommAktG/*Kropff* Anh. § 317 Rdnr. 101 ff.

[41] Vgl. die Nachw. in Fn. 36.

[42] S. bereits § 311 Rdnr. 9, 41, 43 sowie Hachenburg/*Ulmer* GmbHG Anh. § 77 Rdnr. 137; *Burgard* WM 1993, 925, 928; s. ferner *U. H. Schneider* WM

1993, 782, 783; *Westermann* ZIP 1993, 554, 557; im Grundsatz auch *Krieger* ZGR 1994, 375, 385 f.; aA noch *Krieger* in Hommelhoff/Stimpel/Ulmer S. 41, 47 ff.; s. ferner *Lutter* DB 1994, 129, 130; wohl auch Michalski/*Zeidler* NJW 1996, 224, 225; speziell für das Aktienrecht *Emmerich/Sonnenschein* (Konzernrecht, 6. Aufl.) § 20 a III 2.

[43] So auch MünchKommAktG/*Kropff* Anh. § 317 Rdnr. 34 ff.; MünchHdb. AG/*Krieger* § 69 Rdnr. 116; *Zöllner*, Gedächtnisschrift für Knobbe-Keuk, S. 369, 375 f.; *Heyder* S. 39 ff., 53 ff.; zu entsprechenden Parallelen im GmbH-Recht: Anh. § 318 Rdnr. 29; *Kropff* AG 1993, 485, 489 f.; *Krieger* ZGR 1994, 375, 379 ff.; *Lutter* DB 1994, 129, 130; *Schulze-Osterloh* ZIP 1993, 1838, 1840.

[44] Näher dazu sowie zur Unbeachtlichkeit allgemeiner (passiver) Konzerneffekte s. § 311 Rdnr. 39 ff.; zur GmbH s. Hachenburg/*Ulmer* GmbHG Anh. § 77 Rdnr. 141 a mit zutr. Hinweis auf die insoweit nicht bestehende Möglichkeit des hinausgeschobenen Nachteilsausgleichs; s. dazu auch Anh. § 318 Rdnr. 6, 23, 29.

[45] Vgl. § 311 Rdnr. 60; aA für das GmbH-Recht Baumbach/Hueck/*Zöllner* GmbHG Schlußanh. I Rdnr. 89.

Wie für die Beurteilung des nachteiligen Charakters im allgemeinen kommt es auch für 12 die Frage einer qualifizierten Nachteilszufügung im Grundsatz auf die Interessen der konkret betroffenen Gesellschaft und damit vor allem auf deren **statutarischen Zweck und Unternehmensgegenstand** an (§ 311 Rdnr. 9, 41). Dem herrschenden Unternehmen ist es allerdings nicht ohne weiteres gestattet, der abhängigen Gesellschaft durch Änderung des vor Begründung des Abhängigkeitsverhältnisses bestehenden Unternehmensgegenstands eine dem Konzerninteresse oder den eigenen Interessen des herrschenden Unternehmens dienende Funktion zuzuweisen.[46] Hierin kann vielmehr eine nachteilige Einflußnahme iSd. § 311 Abs. 1 zu sehen sein (Rdnr. 14; § 311 Rdnr. 30, 41). Auch kann eine entsprechende Satzungsänderung einer *Änderung* des Gesellschaftszwecks gleichkommen, was bedeutet, daß sie entsprechend § 33 Abs. 1 S. 2 BGB der Zustimmung aller Aktionäre bedarf.[47] Im übrigen begründet allerdings die statutarische Ausrichtung der Tochtergesellschaft auf das Konzerninteresse (sei es bei Gründung oder im nachhinein durch Satzungsänderung) als solche noch keine Haftung des herrschenden Unternehmens: Solange die Gesellschaft unter Wahrung ihres – durch den konkreten Zweck und Gegenstand definierten – Eigeninteresses geleitet wird,[48] hat ihre satzungsmäßige Indienstnahme für die Belange des Konzerns weder die Verpflichtung zum Verlustausgleich noch gar eine unmittelbare Einstandspflicht des herrschenden Unternehmens zur Folge.[49] Eine Ausnahme gilt allein für den Fall, daß der Gesellschaft bereits durch die Satzung die Fähigkeit vorenthalten wird, als Haftungsträger für die gewöhnlichen Geschäftsverbindlichkeiten zu dienen. In Ermangelung einer die abhängigen Gesellschaft zu einer nachteiligen Maßnahme veranlassenden Einflußnahme finden dann zwar weder §§ 311 ff. noch die Grundsätze über die qualifizierte Nachteilszufügung Anwendung; wohl aber kommt auch im Aktienrecht ein Haftungsdurchgriff auf die Gesellschafter in Betracht (Anh. § 318 Rdnr. 37).

bb) Einzelfälle. Mit Blick auf die Maßgeblichkeit des Nachteilsbegriffs lassen sich die 13 Ausführungen in § 311 Rdnr. 39 f., 46 ff. auch vorliegend heranziehen. Eine nachteilige Einflußnahme ist deshalb namentlich dann anzunehmen, wenn das herrschende Unternehmen die abhängige Gesellschaft zu Lieferungen oder Leistungen veranlaßt, denen keine angemessenen Gegenleistungen gegenüberstehen,[50] ferner dann, wenn der abhängigen Gesellschaft Liquidität entzogen oder diese zur Übernahme unangemessener Haftungsrisiken oder zum Verzicht auf Forderungen veranlaßt wird (§ 311 Rdnr. 47 ff.).[51] Regelmäßig sind Nachteilszufügungen dieser Art allerdings einem Einzelausgleich zugänglich, so daß es an dem die Anwendbarkeit der §§ 302 f. begründenden *qualifizierenden Element* fehlt (Rdnr. 16 ff.). Aus der Anknüpfung an den Nachteilsbegriff des § 311 ergibt sich des

---

[46] Zutr. *Kropff,* FS für Semler, 1993, S. 520, 532; aA für die GmbH (für die freilich eine dem § 23 Abs. 5 entsprechende Vorschrift nicht existiert, s. dazu auch *K. Schmidt* GesR § 39 II 1) *Hommelhoff* ZGR 1994, 395, 403 ff.; s. ferner *Lutter/Hommelhoff* Anh. § 13 Rdnr. 28.

[47] So auch *H. Timmann,* Die Durchsetzung von Konzerninteressen in der Satzung der abhängigen Aktiengesellschaft, 2001, S. 162 ff. Allg. zur Geltung des § 33 Abs. 1 S. 2 BGB bei Zweckänderungen *Hüffer* § 179 Rdnr. 33 mwN; für die GmbH Hachenburg/*Ulmer* GmbHG § 1 Rdnr. 10; *Lutter/Hommelhoff* § 1 Rdnr. 11.

[48] Selbstverständlich sind auch in einer solchen Gesellschaft nachteilige Einflußnahmen denkbar; sind sie dem Einzelausgleich nicht zugänglich, greifen die Grundsätze über die qualifizierte Nachteilszufügung ein.

[49] *Eberth* S. 101 ff., 141 ff.; *Mülbert,* FS für Lutter, 2000, S. 535, 543 f.; *Timmann* (Fn. 47) S. 265 ff. (der für die Fälle der Gegenstands- und Zweckänderung einen Anspruch der Altgläubiger auf Sicher-

heitsleistung bejaht); für die GmbH BGH NJW 1994, 3288, 3290; OLG Köln NZG 1998, 820, 821; Scholz/*Emmerich* GmbHG Anh. Konzernrecht Rdnr. 104; *Lutter/Hommelhoff* GmbHG Anh. § 13 Rdnr. 28; *Krieger* in Hommelhoff/Stimpel/Ulmer S. 41, 47 ff.; *Beinert* S. 89 ff., 135 ff., 167 ff. mwN; aA namentlich *Fleck* ZGR 1988, 104, 134 f.; deutlich zu weitgehend auch *Schön* ZGR 1996, 429, 454 ff., der sich generell für die Anwendung der Grundsätze über die Unterkapitalisierung auf Kapitalgesellschaften mit ideeller oder gemischtwirtschaftlicher Zielsetzung ausspricht.

[50] Vgl. BGH NJW 1995, 1544, 1545. Abtretung von Forderungen der abhängigen Gesellschaft an ein anderes Konzernunternehmen zur Sicherung von Ansprüchen, die diesem seinerseits gegen die abhängige Gesellschaft zustehen.

[51] Näher dazu BGH ZIP 2000, 2163 f. (Forderungsverzicht); BGHZ 122, 123, 131 ff. = NJW 1993, 1200; s. aber auch BGH NJW 1994, 3288, 3290 f.

---

weiteren, daß die **Vermögenslosigkeit oder Insolvenz** der abhängigen Gesellschaft als solche weder notwendige noch hinreichende Voraussetzung für das Eingreifen der §§ 302 f. ist; maßgebend ist vielmehr die unangemessene Einwirkung auf die abhängige Gesellschaft als solche.[52] Hierdurch unterscheidet sich die Konzernhaftung von derjenigen für die Existenz der Einpersonen-GmbH vernichtende Eingriffe (Anh. § 318 Rdnr. 33 ff.). An einem Nachteil iSv. § 311 fehlt es ferner bei *Veräußerung der Beteiligung an der abhängigen Gesellschaft* und der dadurch bewirkten Beendigung des Abhängigkeitsverhältnisses;[53] eine vor der Veräußerung begründete Haftung wird dadurch allerdings nicht berührt. Auch **personelle Verflechtungen** (§ 311 Rdnr. 28, 35 f.) begründen als solche noch keinen Nachteil; auf sie läßt sich somit die Konzernhaftung nicht stützen.[54] Die **Betriebsaufspaltung** schließlich ist als solche gleichfalls nicht geeignet, die §§ 302 f. zur Anwendung zu bringen.[55] Auch bei ihr bedarf es vielmehr des Nachweises konkreter schädigender und dem Einzelausgleich nicht zugänglicher Leitungsmaßnahmen;[56] im übrigen erfolgt der notwendige Schutz der Gläubiger mittels der Grundsätze über die kapitalersetzenden Gesellschafterhilfen.

14   Besonderer Betrachtung bedürfen **Maßnahmen der Umstrukturierung** der abhängigen Gesellschaft. Sie lassen sich zwar regelmäßig *als solche isolieren*, sind aber bisweilen in ihren *Folgen für die abhängige Gesellschaft* nicht sicher zu beurteilen und (ihren nachteiligen Charakter unterstellt) einem Einzelausgleich nach § 317 nicht zugänglich (Rdnr. 20; § 311 Rdnr. 43, 58, 64). Davon betroffen sind etwa die Ausgliederung und Zentralisierung wichtiger Unternehmensfunktionen oder sonstige Maßnahmen zur Verringerung oder *Einstellung bestehender Aktivitäten*, ferner der *Abzug von Ressourcen*, die für den Fortbestand der Gesellschaft als unabhängiges oder einfach abhängiges Unternehmen notwendig wären, oder der Verkauf einer unternehmerischen Beteiligung, die für die Ausrichtung der abhängigen Gesellschaft von wesentlicher Bedeutung ist und deren Position am Markt bereits geprägt hat. In allen diesen Fällen ist zunächst zu fragen, ob die jeweilige Maßnahme auch vom Leiter einer unabhängigen Gesellschaft ergriffen worden wäre und damit *nachteiligen Charakter* iSv. § 311 hat (§ 311 Rdnr. 39 f.). Dies ist bei strukturändernden oder konzernintegrativen Maßnahmen keineswegs zwangsläufig der Fall.[57] Nachteilig ist eine solche Maßnahme aber dann, wenn sie bei vernünftiger kaufmännischer Beurteilung und unter Berücksichtigung des gebotenen unternehmerischen Ermessens eindeutig zu Lasten der abhängigen Gesellschaft geht, insbes. weil den der Gesellschaft auferlegten Risiken oder entzogenen Chancen keine adäquaten Vorteile gegenüberstehen (§ 311 Rdnr. 30, 41, 58, 62 ff.). Stellt also die Maßnahme den Bestand der Gesellschaft oder die Rentabilität des von dieser

---

[52] So für die GmbH zutr. BGH NJW 1997, 943, 944; s. ferner BGH DStR 1997, 1937: keine Haftung aus qualifizierter faktischer Konzernierung, wenn die abhängige Gesellschaft schon vor Einbindung in den Konzern in Vermögensverfall geraten war; OLG München DB 1999, 614; OLG Celle ZIP 2000, 1981, 1984 f.; OLG Celle AG 2001, 474, 476 (kein Mißbrauch von Leitungsmacht dadurch, daß Gebietskörperschaft als herrschendes Unternehmen die finanzielle Stützung ihrer Eigengesellschaft beendet; zur Abgrenzung s. aber auch BGH NJW 1997, 943, 944 und OLG Düsseldorf AG 2001, 476, 478, jew. zum „Auslaufenlassen" der abhängigen Gesellschaft ohne ordnungsgemäße Liquidation.

[53] So für die GmbH zutr. BGH NJW 1997, 943, 944.

[54] Zutr. *Krieger* ZGR 1994, 375, 386; *Drygala* GmbHR 1993, 317, 322; *Kowalski* GmbHR 1993, 253, 255; MünchKommAktG/*Kropff* Anh. § 317 Rdnr. 84. Zum Stand der Diskussion vor BGHZ 122, 123 – „TBB" s. *Decher* S. 31 ff.; ferner *Krieger* in Hommelhoff/Stimpel/Ulmer S. 41, 49 ff.

[55] Hachenburg/*Ulmer* GmbHG Anh. § 77 Rdnr. 155; *Lutter/Hommelhoff* GmbHG Anh. § 13 Rdnr. 29; *Drygala*, Der Gläubigerschutz bei der typischen Betriebsaufspaltung, 1991, S. 78 ff.; *Priester* in Hommelhoff/Stimpel/Ulmer, S. 223, 241 ff.; *D. Wittich*, Die Betriebsaufspaltung als Mitunternehmerschaft, 2002, S. 303 ff., 321 ff.; aA – für indizielle Wirkung – Scholz/*Emmerich* GmbHG Anh. Konzernrecht Rdnr. 124; tendenziell auch *Holzwarth*, Konzernrechtlicher Gläubigerschutz bei der klassischen Betriebsaufspaltung, 1993, S. 131, 191 ff.; *Sigle* in Hommelhoff/Stimpel/Ulmer S. 167, 172.

[56] AA – für „konzernrechtliche Durchgriffshaftung" – BAG NZG 1999, 661, 662 = AG 1999, 376; dagegen zu Recht *Henssler* ZGR 2000, 479, 487 ff.; s. ferner Anh. § 318 Rdnr. 36, 38.

[57] MünchHdb. AG/*Krieger* § 69 Rdnr. 117; *ders.* ZGR 1994, 375, 386; MünchKommAktG/*Kropff* Anh. § 317 Rdnr. 91.

betriebenen Unternehmens ernsthaft in Frage[58] oder weist sie der Gesellschaft unkalkulierbare oder erhebliche Risiken zu, so rechtfertigt dies die Annahme einer qualifizierten Nachteilszufügung, sofern nicht ausnahmsweise ein Einzelausgleich nach § 317, und sei es auch nur unter Berücksichtigung der Möglichkeit der Schadensschätzung nach § 287 ZPO, in Betracht kommt.[59]

Maßgebend für die Beurteilung des nachteiligen Charakters ist der Zeitpunkt der Vor-   **15** nahme der Maßnahme (§ 311 Rdnr. 44); erscheint die Maßnahme aus der Sicht ex ante vertretbar, so haftet das herrschende Unternehmen auch dann nicht, wenn die Umstrukturierung die abhängige Gesellschaft ihrer Existenzfähigkeit beraubt (Rdnr. 18).[60] Andererseits steht der Umstand, daß eine Maßnahme unzulässig ist und das herrschende Unternehmen von der abhängigen Gesellschaft und den außenstehenden Gesellschaftern auf Unterlassung und Beseitigung in Anspruch genommen werden kann (§ 317 Rdnr. 19 f.), der Annahme einer qualifizierten Nachteilszufügung weder im allgemeinen (s. Rdnr. 2, 27 f.) noch im Zusammenhang mit Umstrukturierungen entgegen (s. auch § 311 Rdnr. 43). Den strukturändernden Maßnahmen stehen **sonstige Einzelmaßnahmen** gleich, deren nachteilige Folgen für die abhängige Gesellschaft sich auch nicht unter Rückgriff auf § 287 ZPO erfassen lassen. Zu denken ist dabei insbes. an die Veranlassung zur Übernahme übermäßiger, in ihren Auswirkungen auf Vermögenslage und Bestand der Gesellschaft nicht kalkulierbarer finanzieller Risiken,[61] sei es durch das Stellen von Sicherheiten (§ 311 Rdnr. 47),[62] durch die Verlagerung (nur) der Geschäftschancen auf das herrschende oder ein sonstiges abhängiges Unternehmen[63] oder durch unvertretbare Investitionsentscheidungen.[64] Der Sache nach geht es hierbei sowie im Falle von Strukturänderungen um Maßnahmen, die über kurz oder lang die Existenzvernichtung der Gesellschaft zur Folge haben; das Aktienkonzernrecht – Entsprechendes gilt für den Fall, daß Minderheitsinteressen involviert sind,[65] für das GmbH-Recht – vermag hierauf bereits im Stadium der **Bestandsgefährdung** zu reagieren. – Zur Annahme eines Mißbrauchs bei Undurchsichtigkeit der Verhältnisse sowie bei fehlerhafter oder fehlender Buchführung s. Rdnr. 18 f.

3. Unmöglichkeit des Einzelausgleichs. a) Allgemeines. Die entsprechende An-   **16** wendung der §§ 302 ff. ist nur unter der Voraussetzung veranlaßt, daß zwar eine *nachteilige Einflußnahme* vorliegt, diese aber einem Einzelausgleich nicht zugänglich ist. Dabei besteht die Möglichkeit des Einzelausgleichs immer dann, wenn sich die nachteilige Einflußnahme bestimmten schädlichen Folgen zuordnen läßt und der *abhängigen Gesellschaft*[66] deshalb ein Anspruch auf Schadloshaltung zusteht. Dabei genügt es für das Eingreifen der Grundsätze über die qualifizierte Nachteilszufügung keineswegs, daß die fragliche Maßnahme dem Nachteilsausgleich nach § 311 nicht zugänglich ist.[67] Entscheidend ist vielmehr, ob die Möglichkeit des Einzelausgleichs durch **Schadensersatz gemäß § 317** (im Fall der mehr-

---

[58] Zu einem besonders drastischen Fall s. BGH NJW 1996, 1283, 1284 (betr. die GmbH).

[59] *Kropff* AG 1993, 485, 493; MünchKomm-AktG/*Kropff* Anh. § 317 Rdnr. 92 ff. (94); enger wohl *Hüffer* § 302 Rdnr. 8 a („Abzug aller Ressourcen"); s. ferner für das GmbH-Recht BGH NJW 1997, 943, 944 (obiter); NJW 1994, 446, 447; Hachenburg/*Ulmer* GmbHG Anh. § 77 Rdnr. 137; *Burgard* WM 1993, 925, 928; *Hommelhoff* ZGR 1994, 395, 413 f.; *Westermann* ZIP 1993, 554, 557; enger *Krieger* ZGR 1994, 375, 382 ff.; *ders.* in Hommelhoff/Stimpel/Ulmer S. 31, 47 ff.; relativierend jetzt MünchHdb. AG/*Krieger* § 69 Rdnr. 117. – Zur Frage der Ausgleichsfähigkeit s. Rdnr. 20.

[60] *Bitter/Bitter* BB 1996, 2153, 2157; Münch-KommAktG/*Kropff* Anh. § 317 Rdnr. 99.

[61] So auch *Kropff* AG 1993, 485, 493; MünchHdb. AG/*Krieger* § 69 Rdnr. 117.

[62] Vgl. BGHZ 122, 123, 131 f. = NJW 1993, 1200, wo freilich auf die nicht ordnungsgemäße Buchung (insbes. auf die unterbliebene Bildung von Rückstellungen) abgestellt wird.

[63] In diesem Sinne BGH NJW 1994, 3288, 3290 f.; s. ferner BGH NJW 1994, 446, 447; NJW 1995, 1544, 1545; OLG Dresden AG 1997, 330, 332 (Verlagerung noch rentabler Unternehmensteile auf unterkapitalisierte Tochter).

[64] Dazu BGH NJW 1994, 446, 447.

[65] Zur Rechtslage in der Einpersonen-GmbH s. dagegen Anh. § 318 Rdnr. 33 ff.

[66] Direktansprüche des Gläubigers gegen das herrschende Unternehmen (etwa solche aus Insolvenzverschleppung) verdrängen die Grundsätze über die qualifizierte Nachteilszufügung nicht, vgl. Hachenburg/*Ulmer* GmbHG Anh. § 77 Rdnr. 142.

[67] Wohl unstreitig, s. MünchKommAktG/*Kropff* Anh. § 317 Rdnr. 40.

gliedrigen GmbH: nach Treupflichtgrundsätzen, s. Anh. § 318 Rdnr. 27 ff.) besteht; dabei ist die Möglichkeit der Schadensschätzung nach **§ 287 ZPO** auszuschöpfen,[68] weshalb Verlustübernahme vor allem dann geschuldet ist, wenn es an einer überschaubaren Basis für die Schadensschätzung fehlt (Rdnr. 18 f.). Dem Einzelausgleich durch Schadensersatz nach § 317 steht derjenige durch Erstattung zu Unrecht empfangener Leistungen nach § 62 gleich;[69] nennenswerte praktische Bedeutung kommt dem indes schon deshalb nicht zu, weil auf Veranlassung des herrschenden Unternehmens zurückgehende Vermögensverlagerungen stets nachteiligen Charakter haben (§ 311 Rdnr. 46) und damit bei unterlassenem Nachteilsausgleich die Haftung nach § 317 nach sich ziehen. Die Haftung des herrschenden Unternehmens aus Delikt sollte dagegen den Rückgriff auf §§ 302 f. nicht ausschließen.[70]

17   **b) Einzelfälle.** Die Voraussetzungen, unter denen ein Einzelausgleich ausgeschlossen ist, differieren je nach Art der nachteiligen Maßnahme. An der Möglichkeit des Einzelausgleichs fehlt es jedenfalls dann, wenn sich die *unzweifelhaft vorliegendenden nachteiligen Maßnahmen* infolge der **Dichte der Einflußnahme** schon objektiv nicht mehr isolieren lassen und auch eine ordnungsgemäße Buchführung sowie die pflichtgemäße Erstellung des Abhängigkeitsberichts nicht zur vollständigen Erfassung der Nachteile beitragen können.[71]

18   Entsprechendes gilt für die – treffend als „**Waschkorblage**" bezeichneten – Sachverhalte, bei denen der abhängigen Gesellschaft erwiesenermaßen Nachteile zugefügt worden sind und diese Nachteile an sich auch isolierbar und dem Einzelausgleich zugänglich sind, eine vollständige Kompensation der von der abhängigen Gesellschaft erlittenen Nachteile aber an der fehlenden oder nicht ordnungsgemäßen *Buchführung oder Dokumentation im Abhängigkeitsbericht scheitert*[72] und dies dem herrschenden Unternehmen zurechenbar ist (Rdnr. 19). So liegt es insbes., wenn die abhängige Gesellschaft im Rahmen des konzerninternen[73] Geschäfts- und Abrechnungsverkehrs permanent unangemessene *Konzernverrechnungspreise oder Konzernumlagen* zu erbringen hat und nicht sämtliche Geschäftsvorfälle ordnungsgemäß verbucht oder dokumentiert sind. Entsprechendes kann bei zentralem cash-management anzunehmen sein. Soweit nicht bereits die Zentralisierung dieser Unternehmensfunktion als solche eine nachteilige Strukturveränderung darstellt (Rdnr. 14; § 311 Rdnr. 48), kann jedenfalls die nicht ordnungsgemäß dokumentierte Durchführung eines solchen Systems *zum Nachteil der abhängigen Gesellschaft*[74] den Tatbestand der qualifizierten faktischen Unternehmensverbindung begründen.[75]

19   Lassen sich einzelne nachteilige Maßnahmen nicht mit Gewißheit feststellen und ist diese Ungewißheit auf die fehlerhafte oder gar fehlende **Buchführung** zurückzuführen, so wird man in Fortentwicklung der vom BGH im „TBB"-Urteil anerkannten Erleichterungen hinsichtlich der Substantiierungslast (Rdnr. 21 f.) vom Vorliegen einer qualifizierten Nachteilszufügung auszugehen haben, wenn nur feststeht, daß es überhaupt zur Einflußnahme des

[68] § 317 Rdnr. 16; ferner MünchHdb. AG/*Krieger* § 69 Rdnr. 117.

[69] S. für die GmbH BGH ZIP 2000, 2163, 2164; ferner Anh. § 318 Rdnr. 38.

[70] So auch *Röhricht*, FS BGH, S. 83, 115 f.; *Ulmer* in ders., Haftung im qualifizierten faktischen GmbH-Konzern – Verbleibende Relevanz nach dem TBB-Urteil?, ZHR-Beiheft 70, 2002, S. 41, 59 f.; aA *Goette* ebenda S. 11, 16, 18; *Bruns* WM 2001, 1497, 1503.

[71] Vgl. *Hommelhoff* ZHR 156 (1992), 295, 312 f.; *Kropff* AG 1993, 485, 488, 493; MünchKommAktG/*Kropff* Anh. § 317 Rdnr. 69; *Krieger* ZGR 1994, 375, 384 f.; MünchHdb. AG/*Krieger* § 69 Rdnr. 117; *Schulze-Osterloh* ZIP 1993, 1838, 1841; *Weigl* S. 29, 183; krit. *Röhricht*, FS BGH, S. 83, 90 ff.

[72] Dazu *Kropff* AG 1993, 485, 493; MünchKommAktG/*Kropff* Anh. § 317 Rdnr. 71 ff.;

MünchHdb. AG/*Krieger* § 69 Rdnr. 117; für die GmbH *Drygala* GmbHR 1993, 317, 320 mit zutr. Vorbehalt für Bagatellverstöße; *Hommelhoff* in Hommelhoff/Stimpel/Ulmer S. 245, 252; *Röhricht*, FS BGH, S. 83, 89 f.

[73] Zur Frage, ob es einer Konzernierung der abhängigen Gesellschaft bedarf, s. Rdnr. 7.

[74] Etwa infolge systematischen Entzugs von Geschäftschancen oder Anlagegewinnen; s. auch OLG Bremen NZG 1999, 724, 725: keine qualifizierte faktische Unternehmensverbindung bei korrekter Buchung der Geschäftsvorfälle.

[75] Dies räumt auch *Krieger* (ZGR 1994, 375, 386) ein; s. ferner *Bayer*, FS für Lutter, 2000, S. 1011, 1030 f.; *Timm* NJW 1987, 977, 983; *Weigl* S. 190 ff.; *Wilken* DB 2001, 2383, 2385 ff.; aA *Koppensteiner* in Kölner Kommentar Rdnr. 24; *ders.* in Ulmer, Probleme des Konzernrechts, S. 87, 92 f.

herrschenden Unternehmens auf die abhängige Gesellschaft oder zum konzerninternen Leistungsaustausch gekommen ist.[76] Dem steht auch nicht entgegen, daß die nicht ordnungsgemäße Buchführung *als solche keinen Nachteil* iSv. § 311 begründet.[77] Entscheidend ist, daß das herrschende Unternehmen die Funktionsfähigkeit des Systems des Einzelausgleichs aufhebt und dadurch die – vor dem Hintergrund des allgemeinen Schutzzwecks der Regeln über die abhängige Gesellschaft (§ 311 Rdnr. 1) durchaus naheliegende – Gefahr begründet, daß etwaige Nachteilszufügungen in dem *von ihm zu verantwortenden Zustand der Unkontrollierbarkeit*[78] kompensationslos versichern. Entsprechendes gilt bei Fehlen oder nicht ordnungsgemäßer Erstellung des **Abhängigkeitsberichts,** sofern das Vorliegen der Voraussetzungen der §§ 312 ff., nämlich ein Abhängigkeitsverhältnis iSd. § 17, evident ist und infolge personeller Verflechtungen zwischen herrschendem Unternehmen und abhängiger Gesellschaft davon ausgegangen werden kann, daß die Nichterstellung des Abhängigkeitsberichts vom herrschenden Unternehmen veranlaßt worden ist.[79]

Was schließlich die Frage der Ausgleichsfähigkeit von nachteiligen **Einzelmaßnahmen** 20 (Rdnr. 14 f.) betrifft, so kommt es darauf an, ob sich die *Auswirkungen* der konkreten Maßnahme auf die *Vermögens- und Ertragslage* der abhängigen Gesellschaft ermitteln lassen. Wenn auch in diesen Fällen von der Möglichkeit der *Schadensschätzung* nach § 287 ZPO Gebrauch gemacht werden kann (Rdnr. 16), wird es gleichwohl bisweilen an der Quantifizierbarkeit des der abhängigen Gesellschaft zugefügten Nachteils oder Schadens fehlen.[80] Die Annahme einer qualifizierten Nachteilszufügung gründet dann letztlich auf der durch die (nachteilige, s. Rdnr. 10 ff., 19 f.) Einzelmaßnahme hervorgerufenen, in ihren möglichen Auswirkungen *nicht abzuschätzenden* und damit auch durch entsprechenden Vermögensausgleich nicht zu behebenden Beeinträchtigung der Entfaltungsmöglichkeiten der abhängigen Gesellschaft. Vor dem Hintergrund, daß selbst die §§ 311 ff. die Ausübung von Leitungsmacht durch das herrschende Unternehmen nur insoweit legitimieren, als die Vermögensinteressen der abhängigen Gesellschaft gewahrt bleiben,[81] ist dies nur konsequent.

4. Darlegungs- und Beweislast. Auch für die Haftung aus qualifizierter Nachteilszufü- 21 gung ist von dem allgemeinen Grundsatz auszugehen, daß es dem Kläger obliegt, die anspruchsbegründenden Umstände darzulegen und ggf. zu beweisen.[82] Das „TBB"-Urteil[83] hat allerdings für das Recht der GmbH dem Umstand, daß insbes. ein außenstehender Gläubiger – Entsprechendes hat für den außenstehenden Gesellschafter, nicht aber für den Insolvenzverwalter zu gelten[84] – kaum jemals in der Lage ist, seiner Darlegungs- und Beweislast voll zu genügen, durch Anerkennung von **Erleichterungen hinsichtlich der Substantiierungslast** Rechnung getragen.[85] Danach genügt es, daß der Kläger Umstände darlegt und ggf. beweist, „die die Annahme zumindest nahelegen, daß bei der Unternehmensführung im Hinblick auf das Konzerninteresse die eigenen Belange der GmbH über

[76] In diesem Sinne für die GmbH bereits *Kleindiek* ZIP 1991, 1330, 1335; s. ferner *Drygala* GmbHR 1993, 317, 325 f.; im Ergebnis auch BGHZ 122, 123, 331 f. = NJW 1993, 1200.

[77] Dazu MünchKommAktG/*Kropff* Anh. § 317 Rdnr. 74; insoweit aA *Drygala* GmbHR 1993, 317, 325 f.

[78] Dies verlangt auch MünchKommAktG/*Kropff* Anh. § 317 Rdnr. 72.

[79] Ähnlich MünchKommAktG/*Kropff* Anh. § 317 Rdnr. 77 f.; weitergehend *Weigl* S. 195 ff., dem zufolge das Fehlen des Abhängigkeitsberichts stets eine Vermutung für das Vorliegen von nachteiligen Maßnahmen begründet.

[80] In diesem Sinne auch *Hüffer* § 311 Rdnr. 35; *Kropff* AG 1993, 485, 493; MünchKommAktG/*Kropff* Anh. § 317 Rdnr. 97; für die GmbH Hachenburg/*Ulmer* GmbHG Anh. § 77 Rdnr. 137; zu großzügig in der Annahme der Ausgleichsfähigkeit *Haarmann* in Hommelhoff/Rowedder/Ulmer S. 45,

65 ff.; *Krieger* ZGR 1994, 375, 385; MünchHdb. AG/*Krieger* § 69 Rdnr. 117. Vgl. auch BGH NJW 1996, 1283, 1284: An der Möglichkeit des Einzelausgleichs fehlt es stets mit Auflösung der Gesellschaft durch Abweisung des Antrags auf Eröffnung des Insolvenzverfahrens mangels Masse.

[81] Näher in § 311 Rdnr. 5; zur Rechtslage bei der mehrgliedrigen GmbH s. Anh. I § 318 Rdnr. 23, zu derjenigen bei der Einpersonen-GmbH s. Rdnr. 8 sowie Anh. I § 318 Rdnr. 34 ff.

[82] BGHZ 122, 123, 132 f. – NJW 1993, 1200; s. dazu auch BGH NJW 1997, 943, 944 (kurze Dauer der faktischen Konzernierung spricht gegen einen Mißbrauch der Konzernleitungsmacht).

[83] Zum „Tiefbau"- und zum „Video"-Urteil s. Rdnr. 3.

[84] Vgl. *Krieger* ZGR 1994, 375, 389; Hachenburg/*Ulmer* GmbHG Anh. § 77 Rdnr. 148.

[85] Allg. dazu BGHZ 100, 190, 195 f. = NJW 1987, 2008; BGH NJW 1990, 3151.

bestimmte, konkret ausgleichsfähige Einzeleingriffe hinaus beeinträchtigt worden sind."[86] Hieran ist für das Aktienrecht festzuhalten.[87] Kennt der Beklagte die maßgebenden Tatsachen und ist ihm die Darlegung des Sachverhalts *zumutbar*,[88] so obliegt es ihm, seinerseits *substantiiert zu bestreiten* und auf diesem Weg nähere Angaben zu machen; die Verletzung dieser Obliegenheit hat zur Folge, daß das Vorbringen des Klägers, auch wenn es hinter den im allgemeinen bestehenden Anforderungen an die Substantiierung des Vortrags zurückbleibt, nach § 138 Abs. 3 ZPO als zugestanden gilt. Eine Umkehr der Beweislast ist mit diesen Grundsätzen freilich nicht verbunden; ein non liquet geht deshalb zu Lasten des Klägers.

22   Grundsätzlich obliegt es somit dem Kläger, konkrete Anhaltspunkte für einzelne *nachteilige und im Einzelausgleich nicht berücksichtigungsfähige* Maßnahmen darzutun.[89] **Organisatorische Maßnahmen,** insbes. personelle Verflechtungen (s. aber auch Rdnr. 19), lassen dagegen ebensowenig auf das Vorliegen einer qualifizierten Nachteilszufügung schließen wie die dauernde und umfassende Leitung der abhängigen Gesellschaft durch das herrschende Unternehmen oder die **Insolvenz** der abhängigen Gesellschaft; mit einem entsprechenden Vortrag kann der Kläger mithin seiner Substantiierungslast nicht nachkommen.[90] Entsprechendes gilt grundsätzlich (s. aber Rdnr. 19) für das Fehlen des Abhängigkeitsberichts sowie für die verspätete oder fehlerhafte Aufstellung der Bilanz.[91] Ist der Kläger seiner Darlegungslast nachgekommen, obliegt es dem Beklagten, entweder den nachteiligen Charakter der Maßnahmen oder die fehlende Funktionsfähigkeit des Einzelausgleichs substantiiert zu bestreiten. Weitergehende Beweiserleichterungen erscheinen nur nach Maßgabe der Ausführungen in Rdnr. 19 veranlaßt.

III. Rechtsfolgen

23   **1. Ansprüche der abhängigen Gesellschaft.** Die qualifizierte Nachteilszufügung verpflichtet das herrschende Unternehmen[92] *in analoger Anwendung des § 302 Abs. 1* zur Übernahme der bei der abhängigen Gesellschaft entstehenden Verluste.[93] Die **Verlustausgleichspflicht** bezieht sich auf sämtliche Verluste, also auch auf solche, die nicht auf die nachteilige Einflußnahme durch das herrschende Unternehmen zurückzuführen sind.[94] Gläubiger des Anspruchs auf Verlustausgleich ist allein die abhängige Gesellschaft. Hinsichtlich des Inhalts, der Geltendmachung, der Verjährung, der Übertragung, Belastung und Pfändung des Anspruchs sowie der Möglichkeit eines Verzichts oder Vergleichs bewendet es bei den im unmittelbaren Anwendungsbereich des § 302 Abs. 1 und 3 geltenden Grundsätzen (s. § 302 Rdnr. 27 ff.). Die Pflicht zur Verlustübernahme *beginnt* mit der qualifizierten Nachteilszufügung; sie *endet* mit Beseitigung der Folgen dieser Einflußnahme, ferner mit Wegfall der beherrschenden Stellung.[95] Die Verlustausgleichspflicht besteht auch gegenüber der **Ein-**

---

[86] BGHZ 122, 123, 131, 132 f. = NJW 1993, 1200 im Anschluß an *Kleindiek* GmbHR 1992, 574, 578 ff.; s. ferner *Kowalski* ZIP 1992, 1637, 1638 ff.; *Stodolkowitz* ZIP 1992, 1517, 1522 ff.; näher dazu Hachenburg/*Ulmer* GmbHG Anh. § 77 Rdnr. 147 ff.

[87] Für Heranziehung dieser Grundsätze auch MünchKommAktG/*Kropff* Anh. § 317 Rdnr. 56 ff.; *ders.* AG 1993, 485, 494 f.; MünchHdb. AG/*Krieger* § 69 Rdnr. 119; zögernd *Hüffer* § 302 Rdnr. 30 aE. Zur Fortgeltung auch im Rahmen der GmbH-rechtlichen Haftung für existenzvernichtenden Eingriff s. Anh. § 318 Rdnr. 39.

[88] Dazu *Krieger* ZGR 1994, 375, 389 f. mit zutr. Hinweis auf § 131 Abs. 3.

[89] MünchHdb. AG/*Krieger* § 69 Rdnr. 119 f.; *Lutter/Hommelhoff* GmbHG Anh. § 13 Rdnr. 36; *Drygala* GmbHR 1993, 317, 328.

[90] *Kropff* AG 1993, 485, 494; *Krieger* ZGR 1994, 375, 392; Hachenburg/*Ulmer* GmbHG Anh. § 77 Rdnr. 151 f.; *Lutter/Hommelhoff* GmbHG Anh. § 13 Rdnr. 36; aA *U. H. Schneider* WM 1993, 782, 784; *Burgard* WM 1993, 925, 932 f.

[91] MünchHdb. AG/*Krieger* § 69 Rdnr. 120.

[92] Zur Rechtslage bei mehrfacher Abhängigkeit sowie bei mehrstufigen Unternehmensverbindungen s. § 302 Rdnr. 19.

[93] S. die Nachw. in Fn. 20.

[94] HM, s. MünchKommAktG/*Kropff* Anh. § 317 Rdnr. 109; Hachenburg/*Ulmer* GmbHG Anh. § 77 Rdnr. 138 f. mwN; aA MünchHdb. AG/*Krieger* § 69 Rdnr. 123, der dem herrschenden Unternehmen auch weiterhin den – vor „TBB" verbreitet anerkannten (s. Rdnr. 3) – Kausalitätsgegenbeweis gestatten will.

[95] MünchKommAktG/*Kropff* Anh. § 317 Rdnr. 112; allg. dazu § 302 Rdnr. 37 ff.

personen-Gesellschaft (Rdnr. 7). Neben dem Anspruch auf Verlustausgleich hat die abhängige Gesellschaft regelmäßig noch **Schadensersatzansprüche** gegen ihre Organwalter: Da der Vorstand nur im Rahmen der §§ 311 ff. von seiner Pflicht zur eigenverantwortlichen Leitung der Gesellschaft suspendiert ist, handelt er pflichtwidrig iSv. § 93 Abs. 1 und 2, wenn er es zur Entstehung einer qualifizierten Nachteilszufügung kommen läßt (s. § 311 Rdnr. 77 ff.).[96] In Betracht kommen ferner Ansprüche gegen die Organwalter des *herrschenden Unternehmens.*[97]

    2. Ansprüche der Gläubiger. Die Gläubiger der abhängigen Gesellschaft haben zu- **24** nächst die Möglichkeit, die in Rdnr. 23 genannten Ansprüche der Gesellschaft gegen das herrschende Unternehmen zu pfänden.[98] Zudem können sie **etwaige Einzelansprüche** der Gesellschaft aus §§ 317, 318 geltend machen (§ 311 Rdnr. 16); diese Einzelansprüche beruhen jedoch zwangsläufig (Rdnr. 16) auf gewöhnlichen, nicht qualifizierten Einflußnahmen. Bei Beseitigung der der abhängigen Gesellschaft zugefügten qualifizierten Nachteile sowie bei Wegfall der beherrschenden Stellung (Rdnr. 23) ist das herrschende Unternehmen zudem entsprechend § 303 Abs. 1 zur **Sicherheitsleistung** verpflichtet.[99] Bei *Vermögenslosigkeit*[100] der abhängigen Gesellschaft macht allerdings die Leistung von Sicherheit keinen Sinn. Für das GmbH-Recht hat deshalb der BGH die Verpflichtung zur Sicherheitsleistung – mit Blick auf § 303 Abs. 3 S. 1 iVm. § 773 Abs. 1 Nr. 3 und 4 BGB völlig zu Recht[101] – zu einer **Ausfallhaftung** des herrschenden Unternehmens gegenüber den Gläubigern der abhängigen Gesellschaft fortentwickelt.[102] Dies hat auch für das *Aktienrecht* zu gelten.[103] Zur Ausfallhaftung des herrschenden Unternehmens kommt es allerdings nur unter der Voraussetzung, daß der Ausfall der Gläubiger *höhenmäßig feststeht,* etwa weil die abhängige Gesellschaft wegen Vermögenslosigkeit gelöscht oder die Eröffnung des Insolvenzverfahrens mangels Masse abgelehnt worden ist. Während des laufenden Insolvenzverfahrens über das Vermögen der abhängigen Gesellschaft haben die Gläubiger deshalb zunächst grundsätzlich[104] nur Anspruch auf Sicherheitsleistung.[105]

    Anspruchsberechtigt sind entsprechend § 303 Abs. 1 S. 1 **sämtliche Altgläubiger,** d. h. **25** diejenigen Gläubiger, deren Forderungen vor Beseitigung der Folgen der nachteiligen Einflußnahme (bzw. vor Wegfall der beherrschenden Stellung, s. Rdnr. 23) begründet waren.[106] Dazu zählen auch die Gläubiger, deren Forderungen bereits vor der nachteiligen Einflußnahme begründet oder gar entstanden waren.[107] **Neugläubiger,** also Gläubiger, deren Forderungen erst nach Folgenbeseitigung begründet worden sind, können dagegen grund-

---

[96] *Heyder* S. 222 f.; zu Regreßansprüchen des herrschenden Unternehmens gegen seine Organwalter zutr. *K. Schmidt* GesR § 31 IV 4 a.

[97] Dazu *Heyder* S. 221 f., der eine Haftung aus § 117 Abs. 3 in Erwägung zieht, eine solche aus § 309 Abs. 2 analog dagegen (wohl zu Unrecht) schon im Ansatz verneint.

[98] Zur Frage, ob die Gläubiger entsprechend §§ 309 Abs. 4, 317 Abs. 4 zur Geltendmachung des Anspruchs berechtigt sind, s. § 302 Rdnr. 44.

[99] Vgl. die Nachw. in Fn. 6, 20.

[100] Dies ist auch dann der Fall, wenn der Gesellschaft noch ein Anspruch auf Verlustausgleich zusteht, s. BGHZ 115, 187, 200 f. = NJW 1991, 3142; Hachenburg/*Ulmer* GmbHG Anh. § 77 Rdnr. 175; aA *Hüffer* § 303 Rdnr. 7.

[101] Näher dazu *Habersack,* FS für Koppensteiner, S. 31, 32.

[102] BGHZ 95, 330, 347 = NJW 1986, 188; 105, 168, 183 = NJW 1988, 3143; 115, 187, 200 = NJW 1991, 3142; 116, 37, 42 = NJW 1992, 505; BGH NJW 1997, 943, 944; BGH ZIP 2000, 2163; zu weit. Nachw. s. § 303 Rdnr. 24 f.

[103] Vgl. die Nachw. in Fn. 20; ablehnend freilich MünchKommAktG/*Kropff* Anh. § 318 Rdnr.

119 ff., der dem Gläubiger statt dessen die Befugnis zuspricht, den Anspruch auf Verlustausgleich entsprechend §§ 317 Abs. 4, 309 Abs. 4 S. 3 geltend zu machen und dabei Zahlung an sich selbst zu verlangen; s. dazu aber auch § 302 Rdnr. 44.

[104] S. aber auch OLG Frankfurt/M. NZG 2000, 933, 934, dort auch zur Unanwendbarkeit des § 171 Abs. 2 HGB.

[105] BGHZ 95, 330, 347 = NJW 1986, 188; 115, 187, 200 = NJW 1991, 3142; OLG Karlsruhe ZIP 1992, 1394, 1399; aA *Joost* in Hommelhoff/Stimpel/Ulmer S. 133, 149.

[106] Vgl. im einzelnen § 303 Rdnr. 8 ff.; s. ferner OLG Düsseldorf AG 2001, 90, 91: Kein Schutz des für das herrschende Unternehmen handelnden Treuhänders; zu den Voraussetzungen, unter denen eine Forderung „begründet" ist, s. auch Staub/*Habersack* HGB § 128 Rdnr. 62 ff.

[107] So für das GmbH-Recht zumindest tendenziell BGHZ 115, 187, 199 = NJW 1991, 3142; BGH NJW 1997, 943, 944 („nicht grundsätzlich ausgeschlossen"); aA *Joost* in Hommelhoff/Stimpel/Ulmer S. 133, 154.

sätzlich keine Rechte aus § 303 Abs. 1 S. 1 herleiten; anderes gilt nur insoweit, als es sich bei der Forderung um eine Nebenforderung zu einer Altforderung handelt.[108] Die Ausschlußfrist des § 303 Abs. 1 S. 1 findet in Ermangelung eines eindeutigen Stichtages und der Möglichkeit eines Hinweises nach § 303 Abs. 1 S. 2 grundsätzlich[109] keine entsprechende Anwendung. Statt dessen steht dem herrschenden Unternehmen ggf. der Einwand der **Verwirkung** zu.[110] Zudem verjährt der Anspruch entsprechend § 327 Abs. 4[111] in fünf Jahren.

26   Die Ausfallhaftung begründet keine Gesamtschuld. Im Grundsatz kann deshalb das herrschende Unternehmen neben seinen eigenen **Einwendungen und Einreden** auch diejenigen der abhängigen Gesellschaft geltend machen, ohne daß dem der Grundsatz der Einzelwirkung (§ 425 BGB) entgegensteht. Das herrschende Unternehmen kann demnach ggf. auch schon vor Ablauf von fünf Jahren (Rdnr. 25) einwenden, die Forderung des Gläubigers gegen die abhängige Gesellschaft sei bereits verjährt.[112] Aus § 303 Abs. 3 iVm. § 768 Abs. 2 BGB folgt, daß das herrschende Unternehmen eine abgeleitete *Einrede* nicht durch Verzicht der abhängigen Gesellschaft verliert. Im übrigen aber steht die Möglichkeit zur Geltendmachung abgeleiteter Einreden nach § 768 Abs. 1 S. 1 BGB, § 129 Abs. 1 HGB, § 322 Abs. 2 allgemein und auch vorliegend unter dem Vorbehalt, daß auch die abhängige Gesellschaft noch zur Geltendmachung der Einrede befugt ist.[113] Entsprechendes hat für den Fall zu gelten, daß die Forderung des Gläubigers einer *Einwendung* ausgesetzt ist; ein Verzicht der abhängigen Gesellschaft geht also auch insoweit nicht zu Lasten des herrschenden Unternehmens. Auf Gestaltungsrechte der abhängigen Gesellschaft kann sich das herrschende Unternehmen nach Maßgabe des § 322 Abs. 3 (§ 322 Rdnr. 13 ff.) berufen.

27   **3. Ansprüche der außenstehenden Aktionäre. a) Abwehr- und Beseitigungsansprüche.** Die qualifizierte Nachteilszufügung begründet einen Zustand, der nach dem Regelungsmodell der §§ 291 ff., 311 ff., 319 ff. nur durch Abschluß eines Beherrschungsvertrags oder durch Eingliederung legitimiert werden kann (Rdnr. 1);[114] eine entsprechende Einflußnahme ist deshalb ungeachtet der entsprechenden Anwendung der §§ 302 f. *rechtswidrig* (§ 311 Rdnr. 43).[115] Die außenstehenden Aktionäre können sich hiergegen durch Geltendmachung von Abwehr- und Beseitigungsansprüchen[116] zur Wehr setzen.[117] Da allerdings nicht die Konzernstruktur als solche, sondern die in Frage stehende Einflußnahme die Rechtswidrigkeit begründet, muß sich der Anspruch gegen konkrete nachteilige Maßnahmen richten.[118]

---

[108] BGHZ 115, 187, 201 f. = NJW 1991, 3142.

[109] Vgl. aber auch *Werner*, FS für Goerdeler, S. 677, 694 mit Hinweis auf die Möglichkeit der Ingangsetzung der Ausschlußfrist durch freiwilligen Gläubigeraufruf entsprechend § 303 Abs. 1 S. 2 oder gleichwertige Information der Gläubiger; zust. auch Hachenburg/*Ulmer* GmbHG Anh. § 77 Rdnr. 180.

[110] BGHZ 95, 330, 346 f. = NJW 1986, 188; 115, 187, 202 f. = NJW 1991, 3142; KG NZG 2001, 80, 81; krit. *Werner*, FS für Goerdeler, S. 677, 693 ff.

[111] Ebenso für das GmbH-Recht Hachenburg/*Ulmer* GmbHG Anh. § 77 Rdnr. 181: Verjährung entsprechend §§ 9 Abs. 2, 9 b Abs. 2, 31 Abs. 5 GmbHG; ablehnend *Bruns* WM 2001, 1497, 1510.

[112] Vgl. noch § 322 Rdnr. 11 f.; näher dazu Staub/*Habersack* HGB § 129 Rdnr. 6 ff.

[113] Zutr. BGHZ 95, 330, 347 f. = NJW 1986, 188; s. ferner *Stimpel*, FS für Goerdeler, S. 601, 620 f.; aA – gegen die im Text genannte Einschränkung – *Joost* in Hommelhoff/Stimpel/Ulmer S. 149 ff.; *K. Schmidt* BB 1985, 2074, 2079; *Werner*, FS für Goerdeler, S. 677, 689 ff.; Hachenburg/*Ulmer* GmbHG Anh. § 77 Rdnr. 179. Allg. zu diesem Vorbehalt Staub/*Habersack* HGB § 129 Rdnr. 14; MünchKommBGB/*Habersack* § 768 Rdnr. 9.

[114] Zur Frage der Legalisierung durch zweckändernden Hauptversammlungsbeschluß analog § 293 Abs. 1 S. 1 s. (zu Recht verneinend) *Mülbert* S. 492 ff. mwN.

[115] Heute hM, s. OLG Hamm NJW 1987, 1030; *Deilmann* S. 82 ff.; *Emmerich/Sonnenschein/Habersack* § 31 IV 3; *Flume* Juristische Person S. 130; *Hommelhoff* Gutachten S. 35 ff.; *Kort* ZGR 1987, 46, 59; MünchHdb. AG/*Krieger* § 69 Rdnr. 128; *Lutter* ZGR 1982, 244, 265; *Mülbert* S. 489 ff.; *Schlieper* S. 222 ff.; *U. Stein* ZGR 1988, 163, 183 ff.; aA namentlich *Decher* S. 108 ff.; *ders.* DB 1990, 2005, 2006 f.; *Koppensteiner* in Kölner Kommentar § 311 Rdnr. 104.

[116] Zur Frage, ob der Anspruch aus § 302 (Rdnr. 23) von den Aktionären im Wege der actio pro socio geltend gemacht werden kann, s. § 302 Rdnr. 44, ferner Fn. 103.

[117] Im Ergebnis heute ganz hM, s. MünchKommAktG/*Kropff* Anh. § 317 Rdnr. 102 ff.; MünchHdb. AG/*Krieger* § 69 Rdnr. 128 („gänzlich außer Zweifel").

[118] MünchKommAktG/*Kropff* Anh. § 317 Rdnr. 105; MünchHdb. AG/*Krieger* § 69 Rdnr. 128.

Entsprechende Ansprüche lassen sich zunächst aus §§ 317 Abs. 4, 309 Abs. 4 S. 1 her- **28** leiten (§ 317 Rdnr. 19 f.). Denkbar sind darüber hinaus Ansprüche der außenstehenden Aktionäre aus eigenem Recht. Diese gründen auf der Erwägung, daß die qualifizierte Nachteilszufügung allein durch Abschluß eines Beherrschungsvertrags[119] legitimiert werden kann; selbst durch einstimmigen Beschluß der Aktionäre kann deshalb das zumindest gleichermaßen den Schutz der Gläubiger bezweckende Verbot der qualifizierten Nachteilszufügung nicht außer Kraft gesetzt werden.[120] Da der Abschluß eines solchen Beherrschungsvertrags nach § 293 Abs. 1 der Zustimmung der Hauptversammlung der abhängigen Gesellschaft bedarf,[121] greift das herrschende Unternehmen mit der qualifizierten Nachteilszufügung – entsprechend den in der „Holzmüller"-Entscheidung aufgestellten Grundsätzen[122] – in das *Recht eines jeden außenstehenden Gesellschafters auf Entscheidungsteilhabe* ein.[123] Das herrschende Unternehmen und die abhängige Gesellschaft verstoßen demnach gegen ihre mitgliedschaftlichen Pflichten gegenüber den außenstehenden Gesellschaftern der abhängigen[124] Gesellschaft und können von diesen auf der Grundlage des *mitgliedschaftlichen Rechtsverhältnisses* in Anspruch genommen werden.[125] Darüber hinaus ist die Mitgliedschaft *„sonstiges" Recht iSd. § 823 Abs. 1 BGB* und genießt als solches auch im Verbandsinnenverhältnis quasi-negatorischen und deliktischen Schutz.[126] Auf der Grundlage der §§ 823 Abs. 1, 1004 BGB kann deshalb jeder außenstehende Gesellschafter sämtliche an dem Kompetenzübergriff beteiligte Personen – neben dem herrschenden Unternehmen und der abhängigen Gesellschaft mithin auch die Organwalter der abhängigen Gesellschaft sowie ggf. diejenigen des herrschenden Unternehmens – auf Unterlassung und Beseitigung in Anspruch nehmen.[127] Handelt es sich bei dem herrschenden Unternehmen um eine Gesellschaft, so haben auch deren Gesellschafter entsprechende Unterlassungs- und Beseitigungsansprüche.[128] Zur Klagefrist s. Vor § 311 Rdnr. 49.

b) Anspruch auf Abfindung. Die außenstehenden Aktionäre sind nicht auf die Gel- **29** tendmachung von Unterlassungs- und Abwehransprüchen beschränkt; sie können die qualifizierte Nachteilszufügung vielmehr zum Anlaß nehmen, ihre Mitgliedschaft in der Gesellschaft zu beenden.[129] So haben sie in entsprechender Anwendung des § 305 Anspruch auf Abfindung durch das herrschende Unternehmen.[130] Der Umstand, daß dieser Anspruch

---

[119] Ihm gleich steht die Eingliederung.

[120] HM, s. MünchKommAktG/*Kropff* Anh. § 317 Rdnr. 106; allgemein *Hommelhoff* Gutachten G S. 38; *Mülbert* S. 492 f.

[121] Zur Rechtslage im GmbH-Recht s. § 293 Rdnr. 42 ff.

[122] BGHZ 83, 122 = NJW 1982, 1703; s. dazu Vor § 311 Rdnr. 33 ff.; zur GmbH Anh. § 318 Rdnr. 41 ff.

[123] Vgl. *K. Schmidt* GesR § 31 IV 4 a; *Hommelhoff* Gutachten S. 34 ff.; ferner *Flume* JurPerson S. 130; *U. Stein* ZGR 1988, 163, 188 f.; *Heyder* S. 117 ff., 144 ff.; Baumbach/Hueck/*Zöllner* GmbHG Schlußanh. I Rdnr. 61; zweifelnd *Hoffmann-Becking* in Ulmer, Probleme des Konzernrechts, S. 68, 85 f. Näher zum ganzen und mwN *Habersack* S. 297 ff. (334 f.); *ders.* DStR 1998, 533, 535 ff.

[124] Zum Schutz der Gesellschafter des herrschenden Unternehmens s. Fn. 128.

[125] So der dogmatische Ansatz des BGH in BGHZ 83, 122, 133 ff. = NJW 1982, 1703; s. dazu *Habersack* S. 305 ff. mwN.

[126] Vgl. für die Mitgliedschaft im Idealverein BGHZ 110, 323, 327 f. = NJW 1990, 2877; näher dazu (verbandstypenübergreifend) *Habersack* S. 117 ff., 171 ff. (allg. zum Schutz der Mitgliedschaft im Verbandsinnenverhältnis), S. 297 ff. (zur Verletzung der Mitgliedschaft bei Übergriffen in die

Zuständigkeit der Hauptversammlung); aA namentlich *Reuter*, FS für Lange, 1992, S. 707, 721 ff.; *Hadding*, FS für Kellermann, 1991, S. 91 ff.; *Beuthien*, FS für Wiedemann, 2002, S. 755 ff.

[127] Näher zu Inhalt und Geltendmachung des Anspruchs *Habersack* S. 355 ff.

[128] Zum Erfordernis der Mitwirkung der Gesellschafter der Obergesellschaft s. für die AG § 293 Abs. 2 S. 1; für die GmbH BGHZ 105, 324, 333 ff.; BGH ZIP 1992, 395, 396 f.; § 293 Rdnr. 46; für die Personengesellschaft Staub/*Ulmer* HGB Anh. § 105 Rdnr. 83.

[129] Auch die Minderheitsgesellschafter der GmbH haben ein Austrittsrecht aus wichtigem Grund. Mit erfolgtem Austritt haben sie Anspruch auf volle Barabfindung, und zwar sowohl gegen die abhängige Gesellschaft als auch – entsprechend § 305 Abs. 2 Nr. 3 – gegen das herrschende Unternehmen, nach „TBB" hM, s. Hachenburg/*Ulmer* GmbHG Anh. § 77 Rdnr. 167; Scholz/*Emmerich* GmbHG Anh. Konzernrecht Rdnr. 133; *Lutter/Hommelhoff* GmbHG Anh. § 13 Rdnr. 38; *Geuting* BB 1994, 365, 367 f.; enger *Eschenbruch* Konzernhaftung Rdnr. 3485.

[130] HM, vgl. MünchHdb. AG/*Krieger* § 69 Rdnr. 126; MünchKommAktG/*Kropff* Anh. § 317 Rdnr. 123; *Raiser* § 53 Rdnr. 62; *Lieb*, FS für Lutter, S. 1151, 1154 f.; *Säcker* ZHR 151 (1987) 59, 64;

im unmittelbaren Anwendungsbereich des § 305 *vertraglicher Natur* ist,[131] steht der entsprechenden Anwendung dieser Vorschrift auf Sachverhalte, die nur durch Abschluß eines solchen Vertrags und damit durch Begründung einer Abfindungsverpflichtung des herrschenden Unternehmens legitimiert werden können, nicht entgegen.[132] *Inhaltlich* geht der Anspruch allerdings auch in der AG nur auf *Barabfindung* gem. § 305 Abs. 2 Nr. 3; einer entsprechenden Anwendung auch des § 305 Abs. 2 Nr. 1 und 2 steht das Fehlen einer Zustimmung der Aktionäre der Obergesellschaft nach § 293 Abs. 2 entgegen.[133] Was die **Geltendmachung** des Anspruchs aus § 305 betrifft, so bedarf es zunächst der gerichtlichen Feststellung des Bestehens einer qualifizierten Nachteilszufügung; auf der Grundlage eines entsprechenden Feststellungsurteils kann sodann in das Spruchverfahren nach § 306 eingetreten werden.[134]

30   c) **Ausgleichsanspruch.** Umstritten ist, ob die außenstehenden Gesellschafter auch Anspruch auf Ausgleich nach Maßgabe des § 304 Abs. 1 S. 2, Abs. 2 haben.[135] Auch insoweit ist eine entsprechende Anwendung des § 304 nicht schon wegen des Fehlens eines Beherrschungsvertrags ausgeschlossen. Die Vorschrift des § 304 Abs. 3 spricht vielmehr für die Analogie, läßt sich ihr doch entnehmen, daß bei fehlender Übernahme einer Ausgleichsverpflichtung selbst der Abschluß eines Beherrschungsvertrags zur Begründung von Leitungsmacht des herrschenden Unternehmens nicht imstande ist.

§ 318 Verantwortlichkeit der Verwaltungsmitglieder der Gesellschaft

(1) Die Mitglieder des Vorstands der Gesellschaft haften neben den nach § 317 Ersatzpflichtigen als Gesamtschuldner, wenn sie es unter Verletzung ihrer Pflichten unterlassen haben, das nachteilige Rechtsgeschäft oder die nachteilige Maßnahme in dem Bericht über die Beziehungen der Gesellschaft zu verbundenen Unternehmen aufzuführen oder anzugeben, daß die Gesellschaft durch das Rechtsgeschäft oder die Maßnahme benachteiligt wurde und der Nachteil nicht ausgeglichen worden war. Ist streitig, ob sie die Sorgfalt eines ordentlichen und gewissenhaften Geschäftsleiters angewandt haben, so trifft sie die Beweislast.

(2) Die Mitglieder des Aufsichtsrats der Gesellschaft haften neben den nach § 317 Ersatzpflichtigen als Gesamtschuldner, wenn sie hinsichtlich des nachteiligen Rechtsgeschäfts oder der nachteiligen Maßnahme ihre Pflicht, den Bericht über die Beziehungen zu verbundenen Unternehmen zu prüfen und über das Ergebnis der Prüfung an die Hauptversammlung zu berichten (§ 314), verletzt haben; Absatz 1 Satz 2 gilt sinngemäß.

Zöllner, Gedächtnisschrift für Knobbe-Keuk, S. 369, 379 ff.; *Ebenroth* AG 1990, 188, 193; *Decher* S. 117 f.; *Timm* NJW 1987, 977, 983 f.; *Deilmann* S. 131 f.; im Ergebnis auch *Mülbert* S. 494 ff. (s. Fn. 132); aA namentlich *Koppensteiner* in Kölner Kommentar Rdnr. 25; *Schwörer* NZG 2001, 550, 551 f.; *Wiedemann* S. 69.

[131] Vgl. § 305 Rdnr. 25; *Koppensteiner* in Kölner Kommentar § 305 Rdnr. 4.

[132] AA *Mülbert* S. 494 ff., der statt dessen auf die Verletzung der mitgliedschaftlichen Treupflicht abstellt, dabei aber weder das für Ansprüche wegen Treupflichtverletzung geltende Erfordernis schuldhaften Handelns berücksichtigt noch überzeugend zu begründen vermag, daß der einzelne Aktionär (neben oder anstelle der Gesellschaft?) einen Schadensersatzanspruch haben soll, der zudem gerade auf Abfindung gerichtet sein soll.

[133] Näher dazu *Geuting* BB 1994, 365, 370 f.; s. ferner Hachenburg/*Ulmer* GmbHG Anh. § 77 Rdnr. 167.; Scholz/*Emmerich* GmbHG Anh. Konzernrecht Rdnr. 133; MünchHdb. AG/*Krieger* § 69 Rdnr. 126.

[134] OLG Stuttgart NZG 2000, 744, 746; *Ebenroth* AG 1990, 188, 193 (Fn. 65); *Mülbert* S. 499 f.; zur Analogiefähigkeit des § 306 s. BVerfG ZIP 2000, 1670, 1672 f.; BGH DB 2003, 544, 547; zur Reform des *Spruchverfahrens* s. § 306 Rdnr. 5 ff.

[135] Für eine solche Gewinngarantie *Säcker, Lieb, Ebenroth* und *Decher,* jew. aaO (Fn. 130); ferner MünchKommAktG/*Kropff* Anh. § 317 Rdnr. 124 ff.; Scholz/*Emmerich* GmbHG Anh. Konzernrecht Rdnr. 134; aA Hachenburg/*Ulmer* GmbHG Anh. § 77 Rdnr. 168; *Koppensteiner* in Kölner Kommentar Rdnr. 25; MünchHdb. AG/*Krieger* § 69 Rdnr. 126; *Deilmann* S. 132; *Mülbert* S. 500 f.

(3) Der Gesellschaft und auch den Aktionären gegenüber tritt die Ersatzpflicht nicht ein, wenn die Handlung auf einem gesetzmäßigen Beschluß der Hauptversammlung beruht.

(4) § 309 Abs. 3 bis 5 gilt sinngemäß.

Schrifttum: S. die Angaben zu § 317.

Übersicht

I. Einführung

1. Inhalt und Zweck der Vorschrift. Die Vorschrift regelt die Verantwortlichkeit des **1** Vorstands und des Aufsichtsrats der abhängigen Gesellschaft für die Verletzung der nach §§ 312, 314 bestehenden Pflichten im Zusammenhang mit der Aufstellung und Prüfung des Abhängigkeitsberichts. Ihr Zweck besteht darin, die Organwalter der abhängigen Gesellschaft zur **ordnungsgemäßen Erfüllung** ihrer **Berichts- und Prüfungspflichten** anzuhalten und damit zum Schutz der abhängigen Gesellschaft, ihrer Gläubiger und außenstehenden Aktionäre gegen die aus der Abhängigkeit resultierenden Gefahren beizutragen. Die Vorschrift steht deshalb im unmittelbaren Zusammenhang mit §§ 312, 314. Mittelbar geht es ihr aber um die Durchsetzung der aus § 311 folgenden Grenzen der Einflußnahme, sei es auch nur über die Verwirklichung des Rechts auf Sonderprüfung nach § 315 und damit über die Geltendmachung der Ansprüche aus § 318.

2. Kritik. Die Vorschrift ist auf berechtigte Kritik gestoßen.[1] Die geltende Fassung des **2** § 318 ist auf die Möglichkeit des *gestreckten Nachteilsausgleichs* nach § 311 Abs. 2 zurückzuführen. Der noch im RegE[2] vorgesehene *umfassende Haftungstatbestand* nach Art des § 310 Abs. 1 ließ sich mit § 311 Abs. 2 und dem Umstand, daß der Vorstand der abhängigen Gesellschaft den Nachteilsausgleich *nicht erzwingen* kann (§ 311 Rdnr. 75), nicht vereinbaren, so daß sich der Gesetzgeber im Laufe des Gesetzgebungsverfahrens zur Schaffung eines **an die Berichts- und Prüfungspflichten anknüpfenden Haftungstatbestands** veranlaßt sah. Eigenständige Bedeutung kommt der Vorschrift des § 318 freilich nur insoweit zu, als nach ihr Vorstand und Aufsichtsrat auch den *Aktionären* zum Schadensersatz verpflichtet sind (Rdnr. 3, 7), ferner insoweit, als sie in Abs. 4 die sinngemäße Geltung der in § 309 Abs. 3–5 geregelten Modalitäten der Haftung anordnet (Rdnr. 9). Im übrigen aber sind Aufstellung und Prüfung des Abhängigkeitsberichts *Bestandteil der Geschäftsführungs- und Überwachungsaufgabe*, so daß damit im Zusammenhang stehende Pflichtverletzungen ohne weiteres von §§ 93, 116 erfaßt wären. Die Anknüpfung an die Berichts- und Prüfungspflichten könnte zudem zu dem Fehlschluß verleiten, § 318 sei lex specialis zu §§ 93, 116 (Rdnr. 10). Zudem bereitet die Anknüpfung an die Verletzung der Prüfungs- und Berichtspflicht Probleme bei der Bestimmung des *Inhalts des Anspruchs* (Rdnr. 7). Mißglückt ist schließlich der in Abs. 3 vorgesehene Haftungsausschluß (Rdnr. 8). Nach allem ist die Vorschrift nicht nur weitgehend überflüssig, sondern auch in der Sache verfehlt.[3]

---

[1] Eingehend MünchKommAktG/*Kropff* Rdnr. 1 ff.; s. ferner *Hüffer* Rdnr. 1; *Koppensteiner* in Kölner Kommentar Rdnr. 2; *Altmeppen* S. 68.

[2] Vgl. *Kropff* S. 420.

[3] Vgl. die Nachw. in Fn. 1.

II. Haftung der Vorstandsmitglieder

3 **1. Gläubiger und Schuldner.** Gläubiger des Anspruchs aus § 318 Abs. 1 ist primär die abhängige Gesellschaft; ihr Anspruch kann nach Abs. 4 iVm. § 309 Abs. 4 von jedem Aktionär und von den Gläubigern geltend gemacht werden (Rdnr. 9). Darüber hinaus hat jeder außenstehende Aktionär einen Anspruch auf Ersatz seines eigenen, nicht durch die Mitgliedschaft vermittelten Vermögensschadens (§ 317 Rdnr. 13 f.; s. ferner Rdnr. 12).[4] Schuldner der Ersatzverpflichtung sind nach Abs. 1 die Mitglieder des Vorstands der abhängigen Gesellschaft. Im Hinblick auf die **Gesamtverantwortung** des Vorstands für die Aufstellung des Abhängigkeitsberichts (§ 312 Rdnr. 14) unterliegen der Haftung aus Abs. 1 S. 1 *sämtliche Mitglieder,* die dem Vorstand in dem nach § 312 Abs. 1 S. 1 relevanten Zeitpunkt der Berichterstattung (§ 312 Rdnr. 14 f.) angehören.

4 **2. Haftungstatbestand.** Die Haftung nach Abs. 1 S. 1 setzt in ihrem *objektiven* Tatbestand zunächst voraus, daß das *herrschende Unternehmen* den **Tatbestand des § 317 Abs. 1 S. 1** verwirklicht, herrschendes Unternehmen und gesetzliche Vertreter also nach § 317 Abs. 1 und 3 gesamtschuldnerisch haften. Dies folgt aus dem Wortlaut des Abs. 1 S. 1, dem zufolge die Mitglieder des Vorstands „neben den nach § 317 Ersatzpflichtigen als Gesamtschuldner" haften. Voraussetzung ist also, daß ein nach § 311 an sich *gebotener Nachteilsausgleich unterblieben* ist;[5] die Verletzung der Berichtspflicht aus § 312 verpflichtet als solche noch nicht zum Schadensersatz. Es genügt allerdings, daß der Anspruch aus § 317 besteht; nicht erforderlich ist, daß er auch geltend gemacht wird.

5 Des weiteren setzt Abs. 1 S. 1 eine **Verletzung der Berichtspflicht des § 312** durch den Vorstand voraus. Eine solche liegt nach Abs. 1 S. 1 bei *Unvollständigkeit* des Berichts vor. Dies wiederum ist der Fall, wenn einzelne nachteilige Maßnahmen oder Rechtsgeschäfte entweder nicht aufgeführt oder nicht als nachteilig gekennzeichnet werden, ferner, wenn verschwiegen wird, daß ein nach § 311 gebotener Nachteilsausgleich nicht erfolgt ist. Der Unvollständigkeit sind die *Unrichtigkeit* und das gänzliche *Fehlen eines Abhängigkeitsberichts* gleichzustellen.[6]

6 In subjektiver Hinsicht setzt die Haftung gem. ausdrücklicher Bestimmung in Abs. 1 S. 2 und im Unterschied zur Haftung nach § 317 Abs. 1 und 3 (§ 317 Rdnr. 7) **Verschulden** voraus. Fahrlässigkeit genügt allerdings. Der Kläger hat den objektiven Tatbestand des Abs. 1 S. 1 darzulegen und zu beweisen; hinsichtlich des Erfordernisses des unterbliebenen Nachteilsausgleichs kommen ihm auch im Rahmen des § 318 die zu § 317 geltenden Beweiserleichterungen (§ 317 Rdnr. 21) zugute. Dem in Anspruch genommenen Mitglied des Vorstands obliegt gem. Abs. 1 S. 2 der **Nachweis,** daß die Verletzung der Berichtspflicht auch bei Aufbringung der nach Abs. 1 S. 2, § 93 Abs. 1 S. 1 gebotenen Sorgfalt nicht hätte erkannt werden können.

7 **3. Rechtsfolgen.** Liegen die Voraussetzungen des Abs. 1 vor (Rdnr. 4 ff.), so haften die Mitglieder des Vorstands neben den nach § 317 Abs. 1 und 3 Verantwortlichen, also neben dem herrschenden Unternehmen und seinen gesetzlichen Vertretern, als *Gesamtschuldner* auf **Schadensersatz.** Der **Inhalt** des Anspruchs bestimmt sich nach §§ 249 ff. BGB. Allerdings knüpft die Haftung nach § 318 Abs. 1 an die *Verletzung der Berichtspflicht* und nicht an den Vollzug der nachteiligen Einflußnahme an (s. Rdnr. 2). Zu ersetzen ist deshalb nach der Gesetz gewordenen Fassung des § 318 nur der durch die unrichtige oder unvollständige Berichterstattung entstehende Schaden. Die Bezugnahme auf § 317 in Abs. 1 S. 1 und die Anordnung *gesamtschuldnerischer* Haftung vermögen daran nichts zu ändern. Was den *durch die kompensationslos gebliebene Einflußnahme als solche* entstandenen Schaden betrifft, so kann allerdings auf § 93 zurückgegriffen werden (Rdnr. 10). Auf die daraus folgende Ersatzpflicht

---

[4] Vgl. Begr. zum RegE bei *Kropff* S. 420; ferner MünchKommAktG/*Kropff* Rdnr. 21; *Hüffer* Rdnr. 2.
[5] *Koppensteiner* in Kölner Kommentar Rdnr. 4.

[6] HM, s. MünchKommAktG/*Kropff* Rdnr. 7; *Koppensteiner* in Kölner Kommentar Rdnr. 5; *Hüffer* Rdnr. 3; aA *Würdinger* in GroßkommAktG, 3. Aufl., Anm. 4.

sind zudem die Sonderregeln des § 318 entsprechend anzuwenden (Rdnr. 11 ff.). Im Ergebnis sind deshalb die nach § 317 Verantwortlichen und die Mitglieder des Vorstands der Gesellschaft als Gesamtschuldner (Rdnr. 12) verpflichtet, die auf rechtswidriger Einflußnahme basierende Maßnahme rückgängig zu machen. *Gläubiger* des Anspruchs sind die Gesellschaft und – bei Vorliegen der Voraussetzungen des 317 Abs. 1 S. 2 (Rdnr. 3) – die außenstehenden Aktionäre.

4. Hauptversammlungsbeschluß. Nach Abs. 3 tritt die Haftung gegenüber der Ge- **8** sellschaft und den Aktionären nicht ein, wenn die „Handlung" auf einem gesetzmäßigen Beschluß der Hauptversammlung beruht. Die Vorschrift ist den §§ 93 Abs. 4 S. 1, 117 Abs. 2 S. 3 nachgebildet. Ihr kommt im Rahmen des § 318 freilich **keine Bedeutung** zu.[7] Da nämlich die Haftung nach Abs. 1 an die *Verletzung der Berichtspflicht* des § 312 anknüpft, diese Berichtspflicht aber auf Gesetz beruht und nicht zur Disposition der Hauptversammlung steht, ist ein gesetzmäßiger Beschluß, gerichtet auf die Befreiung von der Pflicht zur ordnungsgemäßen Berichterstattung, nicht möglich. Wird gleichwohl ein entsprechender Beschluß gefaßt, ist dieser nach § 241 Nr. 3 nichtig.[8] Die nach allem gegenstandslose Vorschrift des Abs. 3 war bereits Bestandteil des RegE und ist nach der Abänderung des § 318 Abs. 1 (s. Rdnr. 2) versehentlich nicht gestrichen worden. Aber auch auf der Grundlage der alten Fassung des § 318 wäre die Vorschrift schon deshalb verfehlt, weil eine „Veranlassung" iSd. § 311 Abs. 1 auch durch Beschluß der Hauptversammlung erfolgen kann (§ 311 Rdnr. 29 f.) und der Vorstand verpflichtet wäre, den Eintritt der Bestandskraft des Beschlusses zu verhindern (s. Rdnr. 13).[9]

5. Entsprechende Geltung des § 309 Abs. 3–5. Wie § 317 Abs. 4 nimmt auch § 318 **9** Abs. 4 hinsichtlich der Möglichkeit eines Verzichts oder Vergleichs, der Verjährung und der Geltendmachung des Schadensersatzanspruchs durch Aktionäre und Gläubiger auf § 309 Abs. 3 bis 5 Bezug. Auf die Ausführungen in § 317 Rdnr. 26 ff. sowie in § 309 Rdnr. 48 ff. wird verwiesen.

6. Verhältnis zu § 93. a) Geltung des § 93 neben § 318. Die Vorschrift des § 318 **10** Abs. 1 regelt allein die Verantwortlichkeit des Vorstands für die Verletzung der *Berichtspflicht* des § 312, nicht aber die Verantwortlichkeit für die *sonstigen Pflichten,* die sich für den Vorstand der Gesellschaft infolge und trotz des Abhängigkeitsverhältnisses ergeben (s. § 311 Rdnr. 78 ff.). Schon mit Rücksicht auf die Pflicht des Vorstands zur eigenverantwortlichen Leitung der Gesellschaft (§ 311 Rdnr. 10) ist der ganz hM darin zuzustimmen, daß § 318 den allgemeinen Haftungstatbestand des § 93 nicht verdrängt.[10] § 318 ist deshalb zwar insoweit lex specialis zu § 93, als es um die Verletzung der Berichtspflicht geht; für die Verletzung sonstiger Pflichten haftet der Vorstand dagegen nach § 93.

b) Überlagerung des § 93 durch § 318. Soweit die Mitglieder des Vorstands für die **11** Verletzung der sich *aus der Abhängigkeit der Gesellschaft ergebenden Pflichten* nach § 93 haften (Rdnr. 10), sind die **in § 318 enthaltenen Sonderregeln entsprechend anzuwenden.**[11] Dafür spricht, daß die allgemeine Vorschrift des § 93 auf die Verwaltung einer unabhängigen Gesellschaft zugeschnitten ist, die spezifischen Gefahren der Abhängigkeit iSv. § 17 also nicht berücksichtigt. Es kommt hinzu, daß damit der ursprünglichen Absicht des Gesetzgebers, die Vorschrift des § 318 im Sinne eines umfassenden Haftungstatbestands zu konzipieren (Rdnr. 2), zumindest partiell Geltung verschafft werden kann. Dem läßt sich auch nicht entgegenhalten, der Gesetzgeber habe von seinem ursprünglichen Vorhaben bewußt Abstand genommen. Denn mit der Anknüpfung an die Verletzung der Berichtspflicht wollte

---

[7] MünchKommAktG/*Kropff* Rdnr. 22; *Koppensteiner* in Kölner Kommentar Rdnr. 7; *Hüffer* Rdnr. 7.

[8] *Koppensteiner* in Kölner Kommentar Rdnr. 8.

[9] *Koppensteiner* in Kölner Kommentar Rdnr. 7.

[10] MünchKommAktG/*Kropff* Rdnr. 3, 24; *Koppensteiner* in Kölner Kommentar Rdnr. 10; *Hüffer* Rdnr. 9; MünchHdb. AG/*Krieger* § 69 Rdnr. 112;

Geßler, FS für Westermann, S. 145, 158 ff.; *Pickardt* S. 91 ff., 108 ff.; aA *Luchterhandt* ZHR 133 (1970), 1, 42 ff.

[11] HM, s. MünchKommAktG/*Kropff* Rdnr. 25 f.; *Koppensteiner* in Kölner Kommentar Rdnr. 11; *Hüffer* Rdnr. 10; MünchHdb. AG/*Krieger* § 69 Rdnr. 112; aA *Baumbach/Hueck* Rdnr. 7.

der Gesetzgeber allein dem Umstand Rechnung tragen, daß der Vorstand nicht weisungsgebunden ist; nicht aber sollten die abhängigkeitsspezifischen Besonderheiten negiert werden (s. auch Rdnr. 7). Daraus folgt allerdings zugleich, daß § 93 nur insoweit durch § 318 modifiziert wird, als der Vorstand die **sich aus dem Abhängigkeitsverhältnis ergebenden Pflichten** verletzt (dazu § 311 Rdnr. 78 ff.).[12] Auch setzt die Überlagerung des § 93 durch § 318 voraus, daß das herrschende Unternehmen nach § 317 haftet.[13]

12   Aus dem in Rdnr. 11 Gesagten folgt zunächst, daß die Mitglieder des Vorstands und die nach § 317 Abs. 1, 3 Ersatzpflichtigen als **Gesamtschuldner** haften (s. auch Rdnr. 7). Die Mitglieder des Vorstands haben des weiteren bei Verletzung einer abhängigkeitsspezifischen Sorgfaltspflicht einen etwaigen **Eigenschaden der Aktionäre** auszugleichen (Rdnr. 3). *Verzicht* und *Vergleich* setzen nach Abs. 4 iVm. § 309 Abs. 3 einen **Sonderbeschluß** der außenstehenden Aktionäre voraus und müssen bei Widerspruch einer Minderheit unterbleiben (§ 317 Rdnr. 31). Der Anspruch der Gesellschaft kann von jedem Aktionär und von den Gläubigern nach Maßgabe des Abs. 4 iVm. **§ 309 Abs. 4** geltend gemacht werden (§ 317 Rdnr. 27 ff.).

13   Was den Haftungsausschluß des § 93 Abs. 4 S. 1 betrifft, so kommt er zwar im Hinblick auf die entsprechende Vorschrift des § 318 Abs. 3 (Rdnr. 8) auch in Abhängigkeitsverhältnissen zur Anwendung; insoweit wird also § 93 nicht durch § 318 modifiziert.[14] Ein **Beschluß,** der den Vorstand der abhängigen Gesellschaft von seinen Pflichten nach § 311 befreit, ist aber zumindest anfechtbar. Wird er infolge des Ablaufs der Anfechtungsfrist bestandskräftig und damit „gesetzmäßig" iSv. §§ 93 Abs. 4 S. 1, 318 Abs. 3, so haften die Mitglieder des Vorstands aufgrund der Nichtausübung ihres Anfechtungsrechts nach § 245 Nr. 5 und können sich deshalb nach § 93 nicht auf den Hauptversammlungsbeschluß berufen.[15] Hinsichtlich des herrschenden Unternehmens bleibt es dabei, daß eine „Veranlassung" auch durch Hauptversammlungsbeschluß erfolgen kann (§ 311 Rdnr. 29 f.).

III. Haftung der Aufsichtsratsmitglieder

14   **1. Haftungstatbestand.** Nach Abs. 2 haften die Mitglieder des Aufsichtsrats neben den nach Abs. 1 und § 317 Verantwortlichen als Gesamtschuldner, wenn sie die **Prüfungs- und Berichtspflichten des § 314** verletzt haben. Eine Pflichtverletzung liegt insbes. darin, daß der Aufsichtsrat den Abhängigkeitsbericht nicht mit der gebotenen Sorgfalt auf unausgeglichen gebliebene Nachteile überprüft (§ 314 Rdnr. 12 f.) oder der Bericht an die Hauptversammlung unvollständig oder unrichtig ist (§ 314 Rdnr. 14 f.). Die Berichtspflicht ist deshalb auch dann verletzt, wenn der Aufsichtsrat nicht mitteilt, daß der Vorstand zu Unrecht keinen Abhängigkeitsbericht aufgestellt hat,[16] ferner, wenn Einwendungen nicht in die Schlußerklärung aufgenommen werden und dadurch eine an sich mögliche Sonderprüfung vereitelt wird.[17] Der Haftungstatbestand entspricht im übrigen demjenigen des Abs. 1, setzt also neben einer Verletzung der Prüfungs- und Berichtspflicht die Verwirklichung des *Tatbestands des § 317 Abs. 1 S. 1* und *Verschulden* des Aufsichtsratsmitglieds voraus (Rdnr. 4); letzteres wird allerdings gem. S. 2 auch im Rahmen des Abs. 2 vermutet.

15   **2. Sonstiges.** Die Haftung der Aufsichtsratsmitglieder beurteilt sich im übrigen nach den in Rdnr. 3 ff., 7 ff. getroffenen Feststellungen. Auch § 318 Abs. 2 verdrängt nicht den allgemeinen Haftungstatbestand des § 116 (Rdnr. 10). Soweit der Aufsichtsrat *abhängigkeitsspezifische Pflichten* verletzt, kommt es zur Modifizierung der §§ 116, 93 durch § 318 (Rdnr. 11 ff.).

---

[12] Zutr. MünchKommAktG/*Kropff* Rdnr. 25 f.
[13] MünchKommAktG/*Kropff* Rdnr. 26.
[14] So auch MünchKommAktG/*Kropff* Rdnr. 27; *Koppensteiner* in Kölner Kommentar Rdnr. 11.
[15] Vgl. die Nachw. in Fn. 14; allg. dazu *Hüffer* § 93 Rdnr. 26.

[16] MünchKommAktG/*Kropff* Rdnr. 8; *Koppensteiner* in Kölner Kommentar Rdnr. 5; *Hüffer* Rdnr. 6.
[17] MünchKommAktG/*Kropff* Rdnr. 8.

Anhang zu § 318

Die abhängige GmbH und der „faktische" GmbH-Konzern

Schrifttum: Kommentare und Handbücher: *Altmeppen,* in Roth/Altmeppen, GmbHG, 4. Aufl. 2003, Anhang § 13: Konzernrecht der GmbH; *Decher,* in Münchener Handbuch des Gesellschaftsrechts, Bd. 3: GmbH, 1996, §§ 70, 71; *Emmerich* in Scholz, GmbHG, 9. Aufl. 2000, Anhang § 44: GmbH-Konzernrecht; *Goette,* Die GmbH, 2. Aufl. 2002, § 9; *Koppensteiner* in Rowedder/Schmidt-Leithoff, GmbHG, 4. Aufl. 2002, Anhang § 52: Konzernrecht; *Lutter/Hommelhoff,* GmbHG, 15. Aufl. 2000, Anhang § 13: Die GmbH als verbundenes Unternehmen; *Ulmer* in Hachenburg, GmbHG, 8. Aufl. 1990/1992, Anhang nach § 77: GmbH-Konzernrecht; *Zeidler* in Michalski, GmbHG, 2002, Systematische Darstellung 4: Konzernrecht; *Zöllner* in Baumbach/Hueck, GmbHG, 17. Aufl. 2000, Schlußanhang I: Die GmbH im Unternehmensverbund (GmbH-Konzernrecht).

Konzernbildungskontrolle: S. die Nachw. Vor § 311, ferner *Beinert,* Die Konzernhaftung für die satzungsgemäß abhängig gegründete GmbH, 1995; *Emmerich,* Der heutige Stand der Lehre vom GmbH-Konzernrecht, AG 1987, 1; *ders.,* Konzernbildungskontrolle, AG 1991, 303; *Grauer,* Konzernbildungskontrolle im GmbH-Recht, 1991; *Henssler,* Minderheitenschutz im faktischen GmbH-Konzern – Zugleich ein Plädoyer für die Aufwertung des Konzernabschlusses, FS für Zöllner, Band I, 1998, S. 203; *Ivens,* Das Konkurrenzverbot des GmbH-Gesellschafters, 1987; *ders.,* Das Konkurrenzverbot der GmbH-Gesellschafter und § 1 GWB, DB 1988, 215; *Jansen,* Konzernbildungskontrolle im faktischen GmbH-Konzern, 1993; *Kallmeyer,* Schutz vor Übernahmen in der GmbH, GmbHR 2001, 745; *Lutter/Timm,* Konzernrechtlicher Präventivschutz in der GmbH, NJW 1982, 409; *Mertens/Cahn,* Wettbewerbsverbot und verdeckte Gewinnausschüttung im GmbH-Konzern, FS für Heinsius, 1991, S. 545; *Raiser,* Wettbewerbsverbote als Mittel des konzernrechtlichen Präventivschutzes, FS für Stimpel, 1985, S. 855; *Reichert,* Zulässigkeit der nachträglichen Einführung oder Aufhebung von Vinkulierungsklauseln in der Satzung der GmbH, BB 1985, 1496; *Schneider,* Die Gründung von faktischen GmbH-Konzernen, in Hommelhoff u. a. (Hrsg.), Entwicklungen im GmbH-Konzernrecht, ZGR-Sonderheft 6, 1986, S. 121; *Timm,* Wettbewerbsverbot und Geschäftschancenlehre im Recht der GmbH, GmbHR 1981, 177; *Verhoeven,* GmbH-Konzern-Innenrecht, 1978; *Wehlmann,* Kompetenzen von Gesellschaftern und Gesellschaftsorganen bei der Bildung faktischer GmbH-Konzerne, 1996; *Wiedemann/Hirte,* Die Konkretisierung der Pflichten des herrschenden Unternehmens, ZGR 1986, 163; *Zitzmann,* Die Vorlagepflichten des GmbH-Geschäftsführers, 1991.

Schranken der Einflußnahme: *Altmeppen,* Die Haftung des Managers im Konzern, 1998; *ders.,* Grundlegend Neues zum „qualifiziert faktischen" Konzern und zum Gläubigerschutz in der Einmann-GmbH, ZIP 2001, 1837; *ders.,* Gesellschafterhaftung und „Konzernhaftung" bei der GmbH, NJW 2002, 321; *ders.,* Ausfall- und Verhaltenshaftung des Mitgesellschafters in der GmbH, ZIP 2002, 961; *ders.,* Zur Konzeption eines neuen Gläubigerschutzkonzeptes in der GmbH, ZIP 2002, 1553; *Assmann,* Der faktische GmbH-Konzern, FS 100 Jahre GmbH-Gesetz, 1992, S. 657; *Bitter,* Konzernrechtliche Durchgriffshaftung bei Personengesellschaften, 2000; *ders.,* Der Anfang vom Ende des „qualifiziert faktischen GmbH-Konzerns" – Ansätze einer allgemeinen Mißbrauchshaftung in der Rechtsprechung des BGH, WM 2001, 2133; *Büscher,* Die qualifizierte faktische Konzernierung – eine gelungene Fortbildung des Rechts der GmbH?, 1999; *Burgard,* Die Förder- und Treupflicht des Alleingesellschafters einer GmbH, ZIP 2002, 827; *Decher,* Haftung im qualifizierten faktischen GmbH-Konzern – verbleibende Relevanz nach dem TBB-Urteil? – Bemerkungen aus der Sicht der Praxis, in: Ulmer (Hrsg.), Haftung im qualifizierten faktischen Konzern – Verbleibende Relevanz nach dem TBB-Urteil?, ZHR-Beiheft 70, 2002, S. 25; *Eberl-Borges,* Die Konzernhaftung im Kapitalgesellschaftskonzernrecht, Jura 2002, 761; *Emmerich,* Nachlese zum Autokran-Urteil des BGH zum GmbH-Konzernrecht, GmbHR 1987, 213; *Fleck,* Die Drittanstellung des GmbH-Geschäftsführers, ZHR 149 (1985), 387; *ders.,* Mißbrauch der Vertretungsmacht oder Treubruch des mit Einverständnis aller Gesellschafter handelnden GmbH-Geschäftsführers aus zivilrechtlicher Sicht, ZGR 1990, 31; *ders.,* Der Grundsatz der Kapitalerhaltung – seine Ausweitung und seine Grenzen, FS 100 Jahre GmbH-Gesetz, 1992, S. 391; *Goette,* Haftung im qualifiziert faktischen Konzern – Verbleibende Relevanz nach dem TBB-Urteil? – Rechtsprechungsbericht, in: Ulmer (Hrsg.), Haftung im qualifizierten faktischen Konzern – Verbleibende Relevanz nach dem TBB-Urteil?, ZHR-Beiheft 70, 2002, S. 11; *Habersack,* Die Mitgliedschaft – subjektives und „sonstiges" Recht, 1996; *Henze,* Treupflichten der Gesellschafter im Kapitalgesellschaftsrecht, ZHR 162 (1998), 186; *ders.,* Entwicklungen der Rechtsprechung des BGH im GmbH II-Recht – Freud und Leid der Kommentatoren, GmbHR 2000, 1069; *Hoffmann,* Das GmbH-Konzernrecht nach dem „Bremer Vulkan"-Urteil, NZG 2002, 68; *Jungkurth,* Konzernleitung bei der GmbH: Die Pflichten des Geschäftsführers, 2000; *Kessler,* Kapitalerhaltung und normativer Gläubigerschutz in der Einpersonen-GmbH – zum „beiläufigen" Ende des „qualifiziert faktischen" GmbH-Konzerns, GmbHR 2001, 1095; *Konzen,* Geschäftsführung, Weisungsrecht und Verantwortlichkeit in der GmbH und GmbH & Co. KG, NJW 1989, 2977; *Koppensteiner,* „Existenzvernichtung" der GmbH durch ihren einzigen Gesellschafter, FS für Honsell, 2002, S. 607; *Kropff,* Benachteiligungsverbot und Nachteilsausgleich im faktischen Konzern, FS für Kastner, 1992, S. 279; *ders.,* GmbH-Beherrschungsvertrag: Voraussetzung für den Vorrang von Konzerninteressen?, FS für Semler, 1993, S. 517; *Limmer,* Die Haftungsverfassung des faktischen GmbH-Konzerns, 1992; *Lutter,* Treupflichten und ihre Anwendungsprobleme, ZHR 162 (1998), 164; *Martens,* Die GmbH und der Minderheitenschutz, GmbHR 1984, 265; *Mülbert,* Abschied von der „TBB"-Haftungsregel für den qualifiziert faktischen GmbH-Konzern, DStR 2001, 1937; *Priester,* Die eigene GmbH als fremder Dritter – Eigensphäre der Gesellschaft und Verhaltenspflichten ihrer Gesellschafter, ZGR 1993, 512; *Raiser,* Die Haftung einer Schwestergesellschaft für die Schulden einer anderen Schwester nach dem Urteil „Bremer Vulkan" des BGH, FS für Ulmer, 2003, S. 493; *Röhricht,* Die GmbH im Spannungsfeld zwischen wirtschaftlicher Dispositionsfreiheit ihrer Gesellschafter und Gläubigerschutz, FS für BGH, Bundesanwaltschaft und Rechtsanwaltschaft beim BGH, 2000, S. 83; *ders.,* Die aktuelle höchstrichterliche Rechtsprechung zum Gesellschaftsrecht, in: Gesellschaftsrecht in der Diskussion 2001, Schriftenreihe der Gesellschaftsrechtlichen Vereinigung (VGR), Bd. 5, 2002, S. 3; *Römermann/Schröder,* Aufgabe des qualifiziert faktischen GmbH-Konzerns, GmbHR 2001, 1015; *K. Schmidt,* Konzernrecht, Minderheitenschutz und GmbH-Innenrecht, GmbHR 1979, 121; *ders.,* Konkursverschleppungshaftung und Konkursverursachungshaftung, ZIP 1988, 1497; *ders.,* Gesellschafterhaftung und „Konzernhaftung" bei der GmbH, NJW 2001, 3577; *ders.,* Sternförmige GmbH & Co. KG und horizontaler Haftungsdurchgriff, FS für Ulmer, 2003, S. 557; *Schneider,* Konzernleitung als Rechtsproblem, BB 1981, 249; *ders./Burgard,* Treupflichten im mehrstufigen Unterordnungskonzern, FS für Ulmer, 2003, S. 579; *Tröger,* Treupflicht im Konzernrecht, 2000; *Ulmer,* Der Gläubigerschutz im faktischen GmbH-Konzern beim Fehlen von Minderheitsgesellschaftern, ZHR 148 (1984), 391; *ders.,* Gesellschafterhaftung im faktischen Einmann-Konzern („Konzernhaftung"), in: ders., Haftung im qualifizierten faktischen GmbH-Konzern – Verbleibende Relevanz nach dem TBB-Urteil?, ZHR-Beiheft 70, 2002, S. 41; *ders.,* Von „TBB" zu „Bremer Vulkan" – Revolution oder Evolution?, ZIP 2001, 2021; *Wackerbarth,* Grenzen der Leitungsmacht in der internationalen Unternehmensgruppe, 2001; *Westermann,* Haftungsrisiken eines „beherrschenden" GmbH-Gesellschafters, NZG 2002, 1129; *Wiedemann,* Die Unternehmensgruppe im Privatrecht, 1988; *ders./Hirte,* Konzernrecht, in: 50 Jahre BGH, Festgabe aus der Wissenschaft, Bd. 2, 2000, S. 337; *Wilhelm,* Rechtsform und Haftung bei der juristischen Person, 1981; *ders.,* Zurück zur Durchgriffshaftung – das „KBV"-Urteil des II. Zivilsenats des BGH vom 24. 6. 2002, NJW 2003, 175; *M. Winter,* Mitgliedschaftliche Treubindungen im GmbH-Recht, 1988; *ders.,* Eigeninteresse und Treupflicht bei der Einmann-GmbH in der neueren Rechtsprechung, ZGR 1994, 570; *Ziemons,* Die Haftung der Gesellschafter für Einflußnahmen auf die Geschäftsführung der GmbH, 1996.

Übersicht

I. Einführung

1   **1. Das GmbH-Konzernrecht im Überblick.** Obschon sich die GmbH aufgrund ihrer Organisations- und Finanzverfassung eher als die AG zur Einbindung in einen Konzern eignet (Rdnr. 4), enthält das GmbHG weder Vorschriften über verbundene Unternehmen im allgemeinen noch solche über die GmbH als verbundenes Unternehmen.[1] Einzelne Aspekte des GmbH-Konzernrechts sind freilich außerhalb des GmbHG geregelt.[2] So knüpfen die **Definitionsnormen der §§ 15 bis 19** allgemein an das Vorliegen verbundener Unternehmen an und beanspruchen deshalb auch für die GmbH Geltung.[3] Die Vorschriften der §§ 20 bis 22 über **Mitteilungspflichten** gelten für die GmbH, wenn es sich bei dem anderen beteiligten Unternehmen um eine AG handelt.[4] Auch die §§ 291 bis 310 über **Unternehmensverträge** sind unmittelbar auf die GmbH anwendbar, wenn die beherrschte oder zur Erbringung der vertragstypischen Leistung (insbes. zur Gewinnabführung) verpflichtete Partei eine AG ist.[5] Im übrigen lassen sie sich über weite Bereiche auf die GmbH entsprechend anwenden, freilich nur unter dem Vorbehalt rechtsformspezifischer Besonderheiten.[6]

Es bleiben im wesentlichen vier Bereiche, für die Anleihen im kodifizierten Aktien-   **2** konzernrecht ausgeschlossen sind. Was zunächst die Rechtslage bei **Abhängigkeit oder faktischer Konzernierung** der GmbH betrifft, so sind die §§ 311 bis 318 zwar unmittelbar anwendbar, wenn eine GmbH herrschendes und eine AG oder KGaA abhängiges Unternehmen ist. Bei *Abhängigkeit der GmbH* sind dagegen die §§ 311 ff. auch nicht entsprechend anwendbar; den mit der Abhängigkeit verbundenen Gefahren für die Minderheitsgesellschafter und Gläubiger ist vielmehr mit der mitgliedschaftlichen Treupflicht und dem Grundsatz der Gleichbehandlung zu begegnen (Rdnr. 22 ff.). Die Vorschriften über die **Eingliederung** (§§ 319 bis 327) und über den **Ausschluß von Minderheitsaktionären** (§§ 327 a ff.) finden im GmbH-Recht keine Entsprechung,[7] sieht man von der gesetzlich nicht geregelten Möglichkeit der Ausschließung eines GmbH-Gesellschafters aus wichtigem Grund ab.[8] Was schließlich die Frage einer **Konzernbildungskontrolle** auf der Ebene der *abhängigen Gesellschaft* betrifft, so ist sie als solche weder im Aktien- noch im GmbH-Recht geregelt; insoweit ist vielmehr auf allgemeine Vorschriften und Institute zurückzugreifen (Rdnr. 8 ff.). Entsprechendes gilt für die Frage einer Konzernbildungs- und Konzernleitungskontrolle auf der Ebene des *herrschenden Unternehmens*. Zwar finden sich diesbezüglich in §§ 293 Abs. 2, 319 Abs. 2 gewisse Ansätze; diese bedürfen jedoch der Ergänzung um rechtsformspezifische Schutzmechanismen (Rdnr. 41 ff.).

Die Problematik der **„qualifizierten faktischen Abhängigkeit"** hat sich dagegen für   **3** das GmbH-Recht erledigt. Zumindest bei der Einpersonen-GmbH – ihr gleich steht die mehrgliedrige GmbH, deren Schädigung im Einvernehmen aller Gesellschafter erfolgt – gründet die Gesellschafterhaftung nach der neueren Rechtsprechung des BGH[9] nicht mehr auf der analogen Anwendung der §§ 302, 303, sondern auf allgemeinen Erwägungen. Die Folge ist, daß es auf die Unternehmenseigenschaft des in Anspruch genommenen Gesellschafters nicht mehr ankommt und die Haftung allgemeiner, d. h. nicht konzernrechtsspezifischer Natur ist (Rdnr. 36). Bei Existenz von (der fraglichen Maßnahme nicht zustimmenden) **Minderheitsgesellschaftern** sprechen zwar gute Gründe[10] dafür, der allgemeinen

---

[1] Zur GmbH-Novelle 1971/1973 und zu deren Scheitern s. bereits Einl. Rdnr. 20.

[2] Zum Steuer-, Bilanz- und Mitbestimmungsrecht s. bereits Einl. Rdnr. 30 ff.

[3] S. im einzelnen die Erl. zu §§ 15–19.

[4] S. im einzelnen die Erl. zu §§ 20–22.

[5] S. im einzelnen die Erl. zu §§ 291 ff.

[6] S. im einzelnen die Erl. zu §§ 291 ff.

[7] S. für die Eingliederung Hachenburg/*Ulmer* GmbHG Anh. § 77 Rdnr. 5; Baumbach/Hueck/*Zöllner* GmbHG Schlußanh. I Rdnr. 5; aA – für Zulässigkeit der Eingliederung einer Einpersonen-GmbH in eine AG oder GmbH – jetzt aber *J. Meyer,* Haftungsbeschränkung im Recht der Handelsgesellschaften, 2000, S. 788 ff. Zum Squeeze-Out s. § 327 a Rdnr. 12 f.

[8] Dazu Hachenburg/*Ulmer* GmbHG Anh. § 34 Rdnr. 8 ff.

[9] BGHZ 149, 10, 16 f. = NJW 2001, 3622 = NZG 2002, 38; BGH NJW 2002, 1803 = NZG 2002, 520; BGHZ 151, 181, 186 ff. = NZG 2002, 914 = JZ 2002, 1047 m. Anm. *Ulmer;* näher dazu in Rdnr. 33 ff.

[10] Nämlich die uneingeschränkte Geltung des allgemeinen, deutlich über das Verbot des existenzvernichtenden Eingriffs hinausgehenden Schädigungsverbots und die Tatsache, daß die Abhängigkeit ein gesteigertes Schutzbedürfnis auf Seiten der Minderheit begründet; s. noch Anh. § 317 Rdnr. 5.

Haftung aus Treupflichtverletzung in Fällen, in denen das GmbH-rechtliche System des Einzelausgleichs versagt, mit der Verpflichtung zum Verlustausgleich ein spezifisch konzernrechtliches und zudem **im Vorfeld der Existenzvernichtung** (Anh. § 317 Rdnr. 5, 15) eingreifendes Schutzinstrumentarium zur Seite zu stellen;[11] die Weisungsbindung des Geschäftsführers vermag daran nichts zu ändern.[12] Allzu große praktische Bedeutung dürfte der Frage indes nicht zukommen.[13] Näher dazu sowie zur Rechtslage im Aktienrecht Anh. § 317.

4   **2. Problemaufriß.** Mit der mehrheitlichen Beteiligung eines Unternehmens-Gesellschafters verbindet sich für die abhängige Gesellschaft, ihre Minderheitsgesellschafter und Gläubiger die Gefahr, daß das Eigeninteresse der Gesellschaft durch das vom beherrschenden Gesellschafter anderweitig verfolgte unternehmerische Interesse überlagert wird, der Gleichlauf von Gesellschafts- und Gesellschafterinteressen, der im allgemeinen für die Verwirklichung des gemeinsamen Zwecks und für die Richtigkeitsgewähr der verbandsinternen Willensbildung sorgt, zerstört und die Gesellschaft zu einem Partikularinteressen dienenden Element gemacht wird. Bei der GmbH bestehen diese **Gefahren im besonderen Maße.** Ursächlich dafür ist ihre Organisationsverfassung. Während nämlich das AktG eine Reihe von Vorkehrungen enthält, die der abhängigen AG eine gewisse Konzernresistenz verleihen, ist die GmbH nach ihrer Ausgestaltung durch das GmbHG nachgerade prädestiniert für die Einbindung in einen Unternehmensverbund. So kennt das GmbHG keine dem § 23 Abs. 5 vergleichbare Vorschrift; die GmbH verfügt vielmehr über eine flexible, durch die Satzung weithin frei gestaltbare Organisationsverfassung. Zudem sind bei ihr die Geschäftsführer weisungsgebunden. Vor dem Hintergrund, daß die Gesellschafter ohne weiteres über Fragen der Geschäftsführung beschließen können, ist es dem Gesellschafter, der über die Mehrheit der Stimmrechte verfügt, ein leichtes, seinen Vorstellungen über die Geschäftspolitik der GmbH im Wege der Beschlußfassung zum Durchbruch zu helfen; häufig wird er nicht einmal den Weg über die Gesellschafterversammlung gehen, sondern unmittelbar „Weisungen" erteilen. Es kommt schließlich hinzu, daß der Grundsatz der Kapitalerhaltung im GmbH-Recht deutlich schwächer ausgeprägt ist als im Aktienrecht; das damit ohnehin einhergehende Ausfallrisiko der Gläubiger steigert sich noch einmal, wenn die allseitige Bindung an den gemeinsamen Zweck durch das anderweitige unternehmerische Interesse des beherrschenden Gesellschafters in Frage gestellt ist.

5   Den skizzierten Gefahren kann in der *mehrgliedrigen GmbH* problemlos durch Rückgriff auf **allgemeine Prinzipien des Gesellschaftsrechts,** darunter namentlich die *Beschlußkontrolle,* die *mitgliedschaftliche Treupflicht* und den *Grundsatz der Gleichbehandlung,* Rechnung getragen werden. Zumal im Zusammenspiel mit der Befugnis der außenstehenden Gesellschafter, Ansprüche der abhängigen Gesellschaft mittels der *actio pro socio* geltend zu machen, begrenzen sie die Möglichkeit der nachteiligen Einflußnahme auf die abhängige Gesellschaft auf durchaus effektive Weise. Anders ist die Ausgangslage bei der abhängigen *Einpersonen-GmbH.* Bei ihr bereitet schon die Begründung etwaiger Ansprüche der geschädigten GmbH Probleme. Vor allem aber fehlt es an einer Person, die solche Ansprüche gegen den Gesell-

---

[11] Dafür auch *Cahn* ZIP 2001, 2159, 2160; *Eberl-Borges* Jura 2002, 761, 764; *dies.* WM 2003, 105; *Mülbert* DStR 2001, 1937, 1944 ff. (allerdings für Herleitung der Verlustausgleichspflicht aus der mitgliedschaftlichen Treupflicht und unter Verzicht auf das Erfordernis der Unternehmenseigenschaft); *K. Schmidt* GesR § 39 III 3; wohl auch *Röhricht,* FS BGH, S. 83, 104; *ders.* VGR 5 (2002), S. 3, 13 ff., 40 ff. (Diskussionsbericht); aA *Hoffmann* NZG 2002, 68, 72 f.; *Raiser,* FS für Ulmer, S. 493, 501 f.; *Römermann/Schröder* GmbHR 2001, 1015, 1019. Für einen rechtsvergleichenden Überblick s. *Wiedemann* in: 50 Jahre BGH, S. 337, 354 ff.

[12] *Emmerich/Sonnenschein/Habersack* § 31 II 1; verkannt von *Bitter* ZIP 2001, 265, 270 ff. Zum Aktienrecht s. Anh. § 317 Rdnr. 5.
[13] S. die Rechtsprechungsanalyse von *Goette,* in: Ulmer (Hrsg.), Haftung im qualifizierten faktischen GmbH-Konzern – Verbleibende Relevanz nach dem TBB-Urteil?, S. 11, 12 ff.: Unter Geltung der „TBB"-Formel betrafen sämtliche vom BGH entschiedenen Fälle Einpersonen-Gesellschaften oder Gesellschaften mit einvernehmlich agierenden Gesellschaftern; ferner Roth/*Altmeppen* GmbHG Anh. § 13 Rdnr. 191 mit zutr. Feststellung, daß der Außenseiterschutz im „qualifiziert faktischen Konzern" überhaupt keine Rolle gespielt habe.

schafter mit Aussicht auf Erfolg geltend machen kann; selbst ein Fremdgeschäftsführer ist dazu angesichts seiner Weisungsbindung und persönlichen Abhängigkeit regelmäßig nicht imstande. Abhilfe ermöglicht zwar die Eröffnung des Insolvenzverfahrens und die damit einhergehende Bestellung eines Insolvenzverwalters, doch scheitert sie häufig am Fehlen einer die Kosten des Verfahrens deckenden Masse.[14]

3. Unanwendbarkeit der §§ 311 bis 318. Während das AktG in seinen §§ 311 ff. **6** Zulässigkeit und Schranken der nachteiligen Einflußnahme auf die abhängige AG eingehend regelt, zeichnet sich das GmbH-Recht diesbezüglich durch einen Regelungsverzicht aus. Dies wirft die Frage nach der entsprechenden Anwendung der §§ 311 bis 318 auf. Von der herrschenden Meinung wird sie verneint.[15] Dem ist im Grundsatz zuzustimmen. Auszugehen ist zunächst davon, daß für die analoge Anwendung der §§ 312 bis 315 betreffend die Aufstellung und Prüfung eines *Abhängigkeitsberichts* und des daran anknüpfenden § 318 schon mit Blick auf die Weisungsgebundenheit des GmbH-Geschäftsführers und das Fehlen eines obligatorischen Aufsichtsrats[16] als zur Prüfung des Berichts berufenes Organ kein Raum ist.[17] Dies wiederum bedeutet, daß die §§ 311, 317 jedenfalls insoweit nicht entsprechend anwendbar sind, als sie dem herrschenden Unternehmen unter der Voraussetzung des Nachteilsausgleichs die nachteilige Einflußnahme auf die abhängige Gesellschaft gestatten: Die damit einhergehende *Privilegierung* des herrschenden Unternehmens (§ 311 Rdnr. 2) ist schon in Ermangelung eines Korrektivs, wie es das AktG in Gestalt des Abhängigkeitsberichts kennt, nicht veranlaßt.[18] Es bleibt die Frage, ob die §§ 311, 317 im übrigen, also insoweit, als sie das herrschende Unternehmen und seine Organwalter nicht privilegieren, entsprechende Anwendung finden können. Von Bedeutung ist dies zum einen hinsichtlich des Nachteilsbegriffs, zum anderen hinsichtlich der in § 317 Abs. 1, 3 und 4 (iVm. § 309 Abs. 3 bis 5) vorgesehenen Sanktionen und Rechtsbehelfe. Insoweit ist eine Analogie nicht durchweg ausgeschlossen (Rdnr. 29, 32).

4. Kumulation von Konzernbildungs- und Konzernleitungskontrolle. Während **7** die §§ 311 ff. davon ausgehen, daß die außenstehenden Aktionäre die Begründung der Abhängigkeit und die Einbindung der AG in einen Konzern hinzunehmen haben,[19] ist die Ausgangslage für die GmbH eine andere. Zwar enthält auch das GmbH-Recht Vorkehrungen zum Schutz der Minderheit und der Gläubiger vor schädigender Einflußnahme auf die bereits abhängige oder gar konzernierte Gesellschaft (Rdnr. 22 ff.). Angesichts der Organisations- und Finanzverfassung der GmbH (Rdnr. 4), die diese gegenüber nachteiliger Einflußnahme besonders empfänglich macht, aber auch mit Blick auf die typischerweise gegebene stärkere Betroffenheit des einzelnen Gesellschafters[20] bedarf es jedoch zusätzlicher Vorkehrungen zur Sicherung der Unabhängigkeit der Gesellschaft.[21] Dieser Präventivschutz hat bei

---

[14] Zum Gläubigerschutz in der masselosen GmbH s. zuletzt *Konzen*, FS für Ulmer, 2003, S. 323 ff. mit weit. Nachw.

[15] BGHZ 65, 15, 18 = NJW 1976, 191 – ITT; BGHZ 95, 330, 340 = NJW 1986, 188 – Autokran; BGHZ 149, 10, 16 = NJW 2001, 3622 – Bremer-Vulkan (betr. die Einpersonen-GmbH); Hachenburg/*Ulmer* GmbHG Anh. § 77 Rdnr. 55 f.; Scholz/*Emmerich* GmbHG Anh. Konzernrecht Rdnr. 12; Rowedder/Schmidt-Leithoff/*Koppensteiner* GmbHG Anh. § 52 Rdnr. 74; Baumbach/Hueck/*Zöllner* GmbHG Schlußanh. I Rdnr. 56; Lutter/*Hommelhoff* GmbHG Anh. § 13 Rdnr. 11, 16; Michalski/*Zeidler* GmbHG Syst. Darstellung 4 Rdnr. 11; *Goette* § 9 Rdnr. 9; *Ulmer* ZHR 148 (1984), 391, 411 ff.; aA – für analoge Anwendung der §§ 311, 317 – *Kropff*, FS für Semler, S. 517, 536 ff.; *ders.*, FS für Kastner, S. 279, 292; für Zulässigkeit des Nachteilsausgleichs bei bloßen Abhängigkeitsverhältnissen auch *K. Schmidt* GesR § 39 III 2 c.

[16] Zum fakultativen Aufsichtsrat sowie zu dem aufgrund mitbestimmungsrechtlicher Vorschriften gebotenen Aufsichtsrat der GmbH s. im einzelnen Hachenburg/*Raiser* GmbHG § 52 Rdnr. 16 ff., 148 ff.

[17] Dies wird auch von *Kropff* (aaO [Fn. 15] und in MünchKommAktG Vor § 311 Rdnr. 97) eingeräumt.

[18] So zu Recht Baumbach/Hueck/*Zöllner* GmbHG Schlußanh. I Rdnr. 56; ähnlich Hachenburg/*Ulmer* GmbHG Anh. § 77 Rdnr. 56; s. ferner § 313 Rdnr. 7.

[19] Zur Zulässigkeit des Konzerns s. § 311 Rdnr. 8 ff.; zur Frage einer Konzernbildungskontrolle auf der Ebene der abhängigen Gesellschaft s. Vor § 311 Rdnr. 1 ff.

[20] Darauf zu Recht abstellend Lutter/*Hommelhoff* GmbHG Anh. § 13 Rdnr. 10.

[21] Heute ganz hM, s. *Lutter/Timm* NJW 1982, 409 ff.; *Raiser*, FS für Stimpel, S. 855 ff.; Hachenburg/*Ulmer* GmbHG Anh. § 77 Rdnr. 51 ff., 57 ff.;

der *Begründung der Abhängigkeit* anzusetzen (Rdnr. 8) und zielt darauf ab, die Entstehung eines Abhängigkeitsverhältnisses gegen den Willen der Minderheit nach Möglichkeit zu vermeiden. Ist es gleichwohl zur Abhängigkeit oder Konzernierung der GmbH gekommen, so greifen nunmehr die sich aus der Treupflicht und dem Grundsatz der Gleichbehandlung ergebenden Schranken der Einflußnahme.

II. Präventivschutz auf der Ebene der Untergesellschaft

8   **1. Überblick.** Der zum Schutz der Minderheit gebotene Präventivschutz hat bereits bei Begründung eines *Abhängigkeitsverhältnisses*,[22] nicht dagegen erst bei der Einbindung der abhängigen Gesellschaft in den Konzern des herrschenden Unternehmens anzusetzen.[23] Dafür spricht bereits, daß die sich aus der Treupflicht und dem Gleichbehandlungsgrundsatz ergebenden Schranken der Einflußnahme gleichfalls nicht zwischen bloßer Abhängigkeit und Konzernierung unterscheiden (Rdnr. 22 ff.). Es kommt hinzu, daß der – infolge der Vermutung des § 18 Abs. 1 S. 3 häufig ohnehin kaum wahrnehmbare – Übergang von der bloßen Abhängigkeit zur einheitlichen Leitung allein durch Ausübung bereits erworbener Einflußmöglichkeiten erfolgt und sich deshalb außerhalb rechtsgeschäftlicher (und damit kontrollierbarer) Akte vollzieht.[24] Demgegenüber erfolgt die Abhängigkeitsbegründung zumeist durch Maßnahmen, die der Beschlußfassung durch die Gesellschafter bedürfen und die deshalb ohne weiteres einer Kontrolle zugänglich sind (Rdnr. 10 ff.). Ernsthaft umstritten ist denn auch nur die Frage eines Präventivschutzes für den Fall, daß die Abhängigkeit ohne Zutun der Mitgesellschafter begründet wird (Rdnr. 20 ff.).

9   **2. Gründung einer abhängigen GmbH.** Im Ausgangspunkt unproblematisch sind die Fälle, in denen einem zum Kreis der Gründungsmitglieder zählenden Unternehmen (iSv. § 15) die Möglichkeit eines beherrschenden Einflußes (iSv. § 17 Abs. 1) eingeräumt wird und es somit zur Gründung einer von vornherein abhängigen GmbH kommt; paradigmatisch ist der originäre Erwerb eines die Mehrheit der Stimmrechte verkörpernden Geschäftsanteils durch ein Unternehmen. In Fällen dieser Art beruht die Begründung der Abhängigkeit auf dem *Konsens aller Gesellschafter,* so daß ein Präventivschutz entbehrlich ist.[25] Entsprechendes gilt im Grundsatz bei Gründung einer ihrer Satzung nach auf das Interesse des herrschenden Unternehmens oder des Konzerns ausgerichteten GmbH (s. aber auch Rdnr. 37; Anh. § 317 Rdnr. 12, dort auch zur Gegenstands- und Zweckänderung).

10   **3. Nachträgliche Begründung der Abhängigkeit. a) Satzungsmäßige Vorkehrungen.** Die das GmbH-Recht kennzeichnende weitgehende Satzungsautonomie ermöglicht es den Gesellschaftern, durch entsprechende Satzungsklauseln Vorkehrungen zur Sicherung der Unabhängigkeit ihrer GmbH zu treffen. Herausragende Bedeutung kommt dabei der **Anteilsvinkulierung nach § 15 Abs. 5 GmbHG** zu.[26] Zu bedenken ist allerdings, daß der veräußerungswillige Gesellschafter, wenn die Genehmigung zur Anteilsübertragung durch Beschlußfassung der Gesellschafter erfolgt, nicht schon nach § 47 Abs. 4 GmbHG

Scholz/*Emmerich* GmbHG Anh. Konzernrecht Rdnr. 41, 48 ff.; Baumbach/Hueck/*Zöllner* GmbHG Schlußanh. I Rdnr. 68 ff.; Lutter/*Hommelhoff* GmbHG Anh. § 13 Rdnr. 12 ff.; Rowedder/Schmidt-Leithoff/*Koppensteiner* GmbHG § 52 Rdnr. 25 ff.; zurückhaltender Roth/*Altmeppen* GmbHG Anh. § 13 Rdnr. 120, 130 ff., der die Minderheit (vorbehaltlich satzungsmäßiger Vorkehrungen und des Wettbewerbsverbots) auf die „sinnvolle Handhabung" und damit extensive Auslegung des § 47 Abs. 4 GmbHG verweist (s. noch Fn. 27, 67).

[22] Zur Entbehrlichkeit eines Präventivschutzes bei Erwerb einer Mehrheitsbeteiligung durch einen Nichtunternehmer-Gesellschafter s. OLG Saarbrücken AG 1980, 26, 27 f. und den Nichtannahmebeschluß BGH AG 1980, 342.

[23] Deutlich Hachenburg/*Ulmer* GmbHG Anh. § 77 Rdnr. 54, 59; Lutter/*Timm* NJW 1982, 409, 411; *Kallmeyer* GmbHR 2001, 745, 747 f.; in diesem Sinne auch die sonstigen Nachw. in Fn. 21, wo häufig von dem Schutz vor Begründung einer „Abhängigkeits- oder Konzernlage" die Rede ist.

[24] Hachenburg/*Ulmer* GmbHG Anh. § 77 Rdnr. 54.

[25] Hachenburg/*Ulmer* GmbHG Anh. § 77 Rdnr. 57.

[26] Zur nachträglichen Einführung und Aufhebung solcher Klauseln s. *Reichert* BB 1985, 1496 ff.; s. ferner Rdnr. 12 zur Frage einer Inhaltskontrolle der auf Aufhebung der Vinkulierungsklausel gerichteten Satzungsänderung.

vom Stimmrecht ausgeschlossen ist.[27] Ungeachtet der Möglichkeit zur Beschlußanfechtung (Rdnr. 13) empfiehlt es sich deshalb, entweder den betroffenen Gesellschafter durch die Satzung vom Stimmrecht auszuschließen oder die Übertragung des Anteils an die Zustimmung sämtlicher Gesellschafter zu binden.[28]

Weitere Mittel zur Sicherung der Unabhängigkeit der GmbH sind die Einführung von **11 Höchst- oder Mehrfachstimmrechten,** die Begründung von **Andienungspflichten und Vorkaufsrechten** sowie die Statuierung von **Wettbewerbsverboten**[29] (s. noch Rdnr. 16 ff.) und **Ausschlußrechten.**[30] Soweit die Satzung, insbes. im Zusammenhang mit etwaigen Andienungspflichten, Vorkaufsrechten oder Wettbewerbsverboten, die Möglichkeit einer Befreiung vorsieht, erfolgt die Beschlußfassung mit einfacher Mehrheit der Stimmen.[31] Auch dies ist freilich dispositiv; ungeachtet der Möglichkeit zur Beschlußanfechtung (Rdnr. 13) mag es sich empfehlen, höhere Beschlußerfordernisse einzuführen oder den betroffenen Gesellschafter vom Stimmrecht auszuschließen.[32] Sieht die Satzung dagegen keine Befreiungsmöglichkeit vor, bedarf es – vorbehaltlich eines sogenannten satzungsdurchbrechenden Beschlusses[33] – einer förmlichen Satzungsänderung.

b) Inhaltskontrolle abhängigkeitsbegründender Beschlüsse. Nach den in Rd- **12** nr. 10 f. getroffenen Feststellungen droht die Gesellschaft häufig durch einen Beschluß der Gesellschafter in die Abhängigkeit zu geraten, sei es, daß die Gesellschafter der Übertragung vinkulierter Anteile zustimmen oder den nunmehr herrschenden Gesellschafter von einer sonstigen satzungsmäßigen Vorkehrung zur Sicherung der Unabhängigkeit befreien. Entsprechend verhält es sich bei Begründung einer Mehrheitsbeteiligung durch Teilnahme an einer Kapitalerhöhung unter Ausschluß oder Beschränkung des Bezugsrechts der Mitgesellschafter. In all diesen Fällen fragt sich, ob der Beschluß auf die Anfechtung durch einen Minderheitsgesellschafter hin einer richterlichen Inhaltskontrolle zu unterziehen ist. Die herrschende Meinung hält dies auch dann für geboten, wenn der am Erwerb der Mehrheit interessierte Gesellschafter vom Stimmrecht ausgeschlossen ist (Rdnr. 10 f.) und der Mehrheitsbeschluß unter Mitwirkung allein der übrigen Gesellschafter gefaßt wird.[34] Dem ist mit Blick auf die mit dem Verlust der Unabhängigkeit verbundenen

---

[27] HM, s. BGHZ 48, 163, 167 = NJW 1967, 1963; Hachenburg/*Hüffer* GmbHG § 47 Rdnr. 165; Hachenburg/*Ulmer* GmbHG Anh. § 77 Rdnr. 60; aA Baumbach/Hueck/*Zöllner* GmbHG § 47 Rdnr. 58; Michalski/*Zeidler* GmbHG Syst. Darst. 4 Rdnr. 199; Roth/*Altmeppen* GmbHG Anh. § 13 Rdnr. 120 f., 141 f., der allgemein den Gefahren der Abhängigkeit durch „sinnvolle Handhabung" des Stimmrechtsausschlusses befangener Gesellschafter begegnen will (s. noch Fn. 67).

[28] Baumbach/Hueck/*Zöllner* GmbHG Schlußanh. I Rdnr. 69; s. ferner MünchHdb. GmbH/*Decher* § 70 Rdnr. 10, der sich (allerdings zu Unrecht, s. Fn. 31 sowie Scholz/*Emmerich* GmbHG Anh. Konzernrecht Rdnr. 51 mit weit. Nachw.) für das Erfordernis einer satzungsändernden Mehrheit auch in denjenigen Fällen ausspricht, in denen die Satzung lediglich einen mit einfacher Mehrheit gefaßten Beschluß verlangt.

[29] Zur kartellrechtlichen Beurteilung s. Fn. 45, ferner BGH NJW 1988, 2737, 2738 f.; *Emmerich,* Kartellrecht, 9. Aufl. 2001, S. 48 f.; *Ivens* DB 1988, 215 ff. mwN; zur Frage der Sittenwidrigkeit s. OLG Karlsruhe WM 1986, 1473, 1475.

[30] Näher zu den einzelnen Instrumentarien *Binnewies* S. 133 ff.; *Jansen* S. 163 ff.; *Liebscher* S. 222 ff.; *Lutter/Timm* NJW 1982, 409, 415 f.; *Verhoeven* S. 33 ff.

[31] S. die Nachw. in Fn. 28, ferner BGH NJW 1981, 1512, 1513 (insoweit nicht in BHGZ 80, 69 abgedruckt).

[32] Bei Beschlußfassung über die Befreiung vom Wettbewerbsverbot ist der betroffene Gesellschafter allerdings kraft Gesetzes vom Stimmrecht ausgeschlossen, s. BGH NJW 1981, 1512, 1513 (insoweit nicht in BGHZ 80, 69 abgedruckt); Baumbach/Hueck/*Zöllner* GmbHG § 47 Rdnr. 58; s. ferner Rdnr. 18 zur Rechtslage bei Befreiung vom ungeschriebenen Wettbewerbsverbot. Anders dagegen bei Benennung des Erwerbers im Fall einer satzungsmäßigen Abtretungsverpflichtung der Erben eines Geschäftsanteils, s. BGH WM 1974, 374 f.; Hachenburg/*Hüffer* § 47 Rdnr. 165; aA Baumbach/Hueck/*Zöllner* aaO; Roth/*Altmeppen* (Fn. 21, 27). Zur Anteilsvinkulierung s. Rdnr. 10.

[33] Dazu BGHZ 123, 19 = NJW 1993, 2246; *Priester* ZHR 151 (1987), 40 ff.; *Habersack* ZGR 1994, 354 ff.; Lutter/*Hommelhoff* GmbHG § 53 Rdnr. 23 ff. mwN.

[34] BGHZ 80, 69, 75 = NJW 1981, 1512; Hachenburg/*Ulmer* GmbHG Anh. § 77 Rdnr. 60; Lutter/*Hommelhoff* GmbHG Anh. § 13 Rdnr. 15; Lutter/*Timm* NJW 1982, 409, 417 f.; *Timm* ZGR 1987, 403 ff.; *Binnewies* S. 224 ff.; *Grauer* S. 82 ff.; *Liebscher* S. 281 ff.; aA Roth/*Altmeppen* GmbHG Anh. § 13 Rdnr. 120 (s. bereits Fn. 27); skeptisch Baumbach/Hueck/*Zöllner* GmbHG Schlußanh. I Rdnr. 69; of-

Gefahren für die Gesellschaft und ihre Außenseiter, die dem abhängigkeitsbegründenden Beschluß den Charakter einer strukturverändernden Maßnahme verleihen (Rdnr. 4), zu folgen. Dogmatische Grundlage der Beschlußkontrolle ist, wie in sonstigen Fällen der Inhaltskontrolle auch, die mitgliedschaftliche Treupflicht; sie gebietet den Schutz der Minderheitsgesellschafter in Fällen, in denen diese durch den Mehrheitsbeschluß nachhaltig in ihren mitgliedschaftlichen Rechten betroffen sind.[35] Unerheblich ist, ob es sich, wie etwa bei Genehmigung der Übertragung vinkulierter Anteile, um einen einfachen Gesellschafterbeschluß handelt, oder ob die Abhängigkeit durch einen satzungsändernden Beschluß begründet wird.[36]

13   Im Einklang mit dem „Süssen"-Urteil des BGH ist davon auszugehen, daß ein die Abhängigkeit begründender Beschluß grundsätzlich rechtswidrig und damit anfechtbar ist, falls er nicht durch **sachliche Gründe** im Interesse der Gesellschaft gerechtfertigt ist (Rdnr. 13).[37] Die demnach erforderliche sachliche Rechtfertigung kann sich vor allem daraus ergeben, daß der Erwerb der Mehrheitsbeteiligung im Interesse der – andernfalls gefährdeten – Leistungs- und Wettbewerbsfähigkeit der Gesellschaft geboten ist, ferner daraus, daß der Gesellschaft zusätzliche Entwicklungsmöglichkeiten geboten werden. Auch soweit Sachgründe für den Erwerb eines beherrschenden Einflußes bestehen, ist im Rahmen der Interessenabwägung und unter Berücksichtigung des Grundsatzes der Verhältnismäßigkeit zu fragen, ob die erhofften Vorteile nicht auch auf andere, die Interessen der Minderheitsgesellschafter weniger stark berührende Weise realisiert werden könnten. Ist dies nicht der Fall, so ist zu fragen, ob in Betracht kommende Vorkehrungen, die, wie etwa statutarische Stimmrechtsbeschränkungen oder die Bildung eines mit Repräsentanten der Minderheit besetzten Aufsichts- oder Beirats, eine nachteilige Einflußnahme nach Möglichkeit verhindern sollen, getroffen worden sind.[38]

14   **c) Sonstige Schranken. aa) Anwendungsfälle.** Soweit es an satzungsmäßigen Vorkehrungen zur Sicherung der Unabhängigkeit der GmbH fehlt und auch eine Beschlußkontrolle in Ermangelung eines der Abhängigkeit vorangehenden Gesellschafterbeschlusses nicht in Betracht kommt, bereitet die Begründung eines konzernrechtlichen Präventivschutzes Schwierigkeiten. Davon betroffen sind insbes. der nachträgliche Erwerb einer Mehrheitsbeteiligung durch einen Unternehmensgesellschafter (sei es im Wege der Anteilsveräußerung oder qua Erbfolge), die nachträgliche Begründung der Unternehmenseigenschaft durch einen schon bislang mehrheitlich beteiligten Gesellschafter und der Zusammenschluß mehrerer Unternehmensgesellschafter.[39]

15   **bb) Mitteilungspflichten.** Zunächst lassen sich aus der mitgliedschaftlichen Treupflicht ohne weiteres Mitteilungspflichten gegenüber der Gesellschaft herleiten. Im Unterschied zu den in §§ 20 f. geregelten Mitteilungspflichten greifen sie allerdings erst bei Erwerb einer die Abhängigkeit der GmbH begründenden Beteiligung.[40] Anspruchsberechtigt ist die Gesell-

---

fenlassend Scholz/*Emmerich* GmbHG Anh. Konzernrecht Rdnr. 52.

[35] Näher Hachenburg/*Raiser* GmbHG Anh. § 47 Rdnr. 124; Scholz/*K. Schmidt* GmbHG § 47 Rdnr. 29 f.; *Henze* ZHR 162 (1998), 186, 191 ff.; *ders.* BB 1996, 489, 495 f.; *Hirte* S. 138 ff.; *Winter* S. 135 ff.; grdlg. *Zöllner*, Die Schranken mitgliedschaftlicher Stimmrechtsmacht bei den privatrechtlichen Personenverbänden, 1963, S. 351 ff.

[36] Enger – Inhaltskontrolle von satzungsändernden Beschlüssen nur in „Mißbrauchs- oder Umgehungsfällen" – Scholz/*Emmerich* GmbHG Anh. Konzernrecht Rdnr. 50.

[37] BGHZ 80, 69, 74 = NJW 1981, 1512; allg. zur Inhaltskontrolle strukturändernder Beschlüsse und zur Darlegungs- und Beweislast im Rahmen des Anfechtungsprozesses Hachenburg/*Raiser* GmbHG Anh. § 47 Rdnr. 123 ff., 217 ff. (221) mwN.

[38] BGHZ 80, 69, 74 = NJW 1981, 1512 („treuhänderische Bindungen"); *Lutter*/*Timm* NJW 1982, 409, 415, 417 f.; im Grundsatz auch *Lutter*/*Hommelhoff* GmbHG Anh. § 13 Rdnr. 15, denen zufolge solche Vorkehrungen zur Rechtmäßigkeit des Beschlusses allerdings stets erforderlich sind; deutlich weitergehend – für Verpflichtung, solche Vorkehrungen stets, also unabhängig von einer der Abhängigkeit vorangehenden Beschlußfassung zu treffen; Baumbach/Hueck/*Zöllner* GmbHG Schlußanh. I Rdnr. 71; s. dazu noch Rdnr. 20 f.

[39] Vgl. Scholz/*Emmerich* GmbHG Anh. Konzernrecht Rdnr. 54; Michalski/*Zeidler* GmbHG Syst. Darstellung 4 Rdnr. 194; *Kallmeyer* GmbHR 2001, 745, 747 ff.

[40] Vgl. § 20 Rdnr. 12; Hachenburg/*Ulmer* GmbHG Anh. § 77 Rdnr. 67 f.; Rowedder/Schmidt-Leithoff/*Koppensteiner* GmbHG Anh. § 52

schaft; doch können die Gesellschafter den über eine Mehrheitsbeteiligung verfügenden Unternehmensgesellschafter im Wege der actio pro socio (Rdnr. 31) auf Erteilung der Information gegenüber der GmbH in Anspruch nehmen. Kommt das herrschende Unternehmen seiner Pflicht zur Mitteilung nicht nach, so ist es zum Ersatz sämtlicher Schäden verpflichtet, die der GmbH aufgrund der verspäteten Informationserlangung entstehen; für die analoge Anwendung der §§ 20 Abs. 7, 21 Abs. 4 ist dagegen kein Raum. Zur Frage der Anwendbarkeit der §§ 20 ff., 328 auf die GmbH s. die Erläuterungen zu diesen Vorschriften.

cc) Wettbewerbsverbot. Im Grundsatz anerkannt ist, daß das herrschende Unternehmen auch unabhängig von einer entsprechenden Satzungsbestimmung (Rdnr. 11) einem Wettbewerbsverbot unterliegen kann.[41] Für die GmbH & Co. KG wurde ein solches Wettbewerbsverbot auch vom BGH anerkannt und zudem – durchaus zu Recht – auf den nur mittelbar beteiligten Gesellschafter, der über eine weitere unternehmerische Beteiligung an einer konkurrierenden Kapitalgesellschaft verfügte, erstreckt.[42] Seine Grundlage findet das Wettbewerbsverbot des GmbH-Gesellschafters, ebenso wie dasjenige aus § 112 HGB, in der **mitgliedschaftlichen Treupflicht:**[43] Die **Gefahr einer Interessenkollision,** der sich der Mehrheitsgesellschafter der GmbH ausgesetzt sieht, und die in der Mehrheitsbeteiligung verkörperten Herrschaftsbefugnisse, die es ihm ermöglichen, die abhängige Gesellschaft über kurz oder lang als Wettbewerber auszuschalten, machen es erforderlich, das nur repressiv wirkende Verbot der nachteiligen Einflußnahme (Rdnr. 22 ff.) um ein den skizzierten Gefahren bereits präventiv begegnendes Verbot jeglicher konkurrierender Tätigkeit zu ergänzen.

Anwendungsbereich und Reichweite des Wettbewerbsverbots sind freilich noch nicht **17** abschließend geklärt. Fest steht zunächst, daß das Wettbewerbsverbot primär den Interessen der Mitgesellschafter dient und deshalb nur in der *mehrgliedrigen GmbH* zur Anwendung gelangt (Rdnr. 33). Klar ist auch, daß dem Gesellschafter nur eine *konkurrierende Tätigkeit* untersagt ist, wobei es allerdings nicht darauf ankommt, ob dieser Tätigkeit unmittelbar oder in Form einer Mehrheitsbeteiligung an einer anderen Gesellschaft nachgegangen wird.[44] Zudem unterliegt dem Wettbewerbsverbot, sieht man vom geschäftsführenden Gesellschafter ab, nur derjenige Gesellschafter, der (unmittelbar oder mittelbar, s. Rdnr. 28) über die **Möglichkeit eines beherrschenden Einflußes** verfügt; ein allgemeines, unabhängig von dem Bestehen eines Abhängigkeitsverhältnisses eingreifendes Wettbewerbsverbot läßt sich dagegen nicht begründen und hielte auch kartellrechtlicher Überprüfung nicht stand.[45] Weitergehende Einschränkungen sind allerdings, was den persönlichen Anwendungsbereich betrifft, nicht veranlaßt. So kommt es, wie nicht zuletzt die Entwicklung der Treupflicht im Aktienrecht bestätigt (§ 311 Rdnr. 4), zum einen nicht darauf an, daß die Gesellschaft

---

Rdnr. 40; Baumbach/Hueck/*Zöllner* GmbHG Schlußanh. I Rdnr. 72; *Lutter/Timm* NJW 1982, 409, 419.

[41] Hachenburg/*Ulmer* GmbHG Anh. § 77 Rdnr. 64; Scholz/*Emmerich* GmbHG Konzernrecht Rdnr. 55; Rowedder/Schmidt-Leithoff/*Koppensteiner* GmbHG Anh. § 52 Rdnr. 38; Baumbach/Hueck/*Zöllner* GmbHG Schlußanh. I Rdnr. 70; *Roth/Altmeppen* Anh. § 13 Rdnr. 122; *Michalski/Zeidler* GmbHG Syst. Darst. 4 Rdnr. 204; *Lutter/Timm* NJW 1982, 409, 419; *Raiser,* FS für Stimpel, S. 855 ff.; *Ivens* S. 124 ff.; *Winter* S. 246 ff.; kritisch *Immenga* JZ 1984, 578, 579 f.; *Mertens/Cahn,* FS für Heinsius, S. 545, 553 ff.

[42] BGHZ 89, 162, 165 = NJW 1984, 1351 – Heumann/Ogilvy; dazu *Wiedemann/Hirte* ZGR 1986, 163.

[43] BGHZ 89, 162, 165 = NJW 1984, 1351; s. ferner die Nachw. in Fn. 41.

[44] Näher dazu im Zusammenhang mit dem Wettbewerbsverbot des OHG-Gesellschafters Staub/*Ulmer* HGB § 112 Rdnr. 14 ff.; zur Einziehung von weiteren unternehmerischen Beteiligungen s. BGHZ 89, 162, 165 = NJW 1984, 1351.

[45] Hachenburg/*Ulmer* GmbHG Anh. § 77 Rdnr. 64; Scholz/*Emmerich* GmbHG Konzernrecht Rdnr. 55; *Roth/Altmeppen* GmbHG Anh. § 13 Rdnr. 124 f.; *Winter* S. 246 ff.; Rowedder/Schmidt-Leithoff/*Koppensteiner* GmbHG Anh. § 52 Rdnr. 38. Zur Vereinbarkeit von treupflichtimmanenten Wettbewerbsverboten mit § 1 GWB s. die Nachw. in Fn. 29; ferner BGHZ 38, 306, 314 f. = NJW 1963, 646; 70, 331, 335 = NJW 1978, 1001; 89, 162, 169 = NJW 1984, 1351; 120, 161, 166 = NJW 1993, 1710; BGH NJW 1994, 384; *Zimmer* in Immenga/Mestmäcker GWB, 3. Aufl. 2001, § 1 Rdnr. 282 ff. mwN.

„personalistisch" strukturiert ist; maßgebend ist vielmehr das in der Person des Mehrheits-gesellschafters verkörperte Einflußpotential, dem sich die Minderheitsgesellschafter in einer „kapitalistisch" strukturierten Gesellschaft gleichermaßen ausgesetzt sehen.[46] Zum anderen ist es unerheblich, ob das herrschende Unternehmen seinen beherrschenden Einfluß in der Vergangenheit ausgenutzt hat oder künftig auszunutzen beabsichtigt;[47] dem Wettbewerbsver-bot kann sich der Gesellschafter nur dadurch entziehen, daß er die Abhängigkeitslage beseitigt (dazu § 17 Rdnr. 42 ff.).

18   Das Wettbewerbsverbot ist **abdingbar.** Es entfällt zunächst unter den Voraussetzungen des **§ 112 Abs. 2 HGB,** mithin immer dann, wenn die Mitgesellschafter bei Gründung oder nachträglichem rechtsgeschäftlichen Beteiligungserwerb durch den beherrschenden Gesellschafter von dessen bereits ausgeübter Konkurrenztätigkeit Kenntnis hatten und sich nicht ausdrücklich die Einstellung dieser Tätigkeit ausbedungen haben.[48] Hieraus erklärt sich im wesentlichen die Funktion eines *satzungsmäßigen* Wettbewerbsverbots (Rdnr. 11).[49] Im übrigen kann der beherrschende Gesellschafter im Wege der **Satzungsänderung**[50] vom ungeschriebenen Wettbewerbsverbot befreit werden (Rdnr. 11).[51] Er unterliegt dabei einem Stimmverbot;[52] zudem ist ein Mehrheitsbeschluß auf die Anfechtung durch einen Minder-heitsgesellschafter hin einer Inhaltskontrolle zu unterziehen (Rdnr. 12 f.).

19   Bei Verletzung des ungeschriebenen Wettbewerbsverbots – Entsprechendes gilt für das satzungsmäßige Wettbewerbsverbot (Rdnr. 11) – kann der beherrschende Gesellschafter von der GmbH auf *Unterlassung* in Anspruch genommen werden; dieser Anspruch kann im Wege der actio pro socio auch von den Minderheitsgesellschaftern geltend gemacht werden (Rdnr. 31). Darüber hinaus kann die Gesellschaft in entsprechender Anwendung des § 113 Abs. 1 HGB wahlweise *Ersatz ihres Schadens* fordern oder in die Konkurrenzgeschäfte eintreten.[53] Die Ausübung des Wahlrechts erfolgt durch Beschlußfassung gemäß § 46 Nr. 8 GmbHG;[54] der Mehrheitsgesellschafter ist nach § 47 Abs. 4 S. 2 2. Fall GmbHG vom Stimmrecht ausgeschlossen. Das **Eintrittsrecht** hat auch im GmbH-Recht keine Außen-wirkung. Erfolgt die Konkurrenztätigkeit über eine andere unternehmerische Beteiligung, so schuldet deshalb der Mehrheitsgesellschafter nur Abführung der bezogenen Gewinne (abzüglich etwaiger Aufwendungen), nicht dagegen Abtretung der Anteile an der konkur-rierenden Gesellschaft.[55]

20   **dd) Sonstige?** Das Wettbewerbsverbot vermag die GmbH und ihre Minderheitsgesell-schafter zwar vor den spezifischen Gefahren einer konkurrierenden Tätigkeit durch den beherrschenden Gesellschafter, nicht dagegen vor dem allgemeinen „Konzernkonflikt" zu schützen. Es fragt sich deshalb, ob in den in Rdnr. 14 genannten Fällen, in denen die Satzung keine Vorkehrungen zur Sicherung der Unabhängigkeit der GmbH trifft und der

---

[46] So auch Hachenburg/*Ulmer* GmbHG Anh. § 77 Rdnr. 64; Roth/*Altmeppen* GmbHG Anh. § 13 Rdnr. 124 f.; *Winter* S. 251 ff.; aA Lutter/*Timm* NJW 1982, 409, 419; *Raiser,* FS für Stimpel, S. 855, 864 f.; offenlassend Baumbach/Hueck/*Zöllner* GmbHG Schlußanh. I Rdnr. 70.

[47] *Ulmer* und *Altmeppen,* jew. aaO (Fn. 46); aA *Raiser* (Fn. 46); offengelassen in BGHZ 89, 162, 167 = NJW 1984, 1351; Rowedder/Schmidt-Leithoff/*Koppensteiner* GmbHG Anh. § 52 Rdnr. 38.

[48] BGHZ 89, 162, 168 = NJW 1984, 1351, dort auch zur Anwendbarkeit des § 112 Abs. 2 HGB nicht nur bei Gründung, sondern auch bei späterem Beteiligungserwerb durch den konkurrierend tätigen Gesellschafter.

[49] Zustimmend Roth/*Altmeppen* GmbHG Anh. § 13 Rdnr. 124, der im übrigen zu Recht auf die kartellrechtlichen Bedenken (dazu Nachw. in Fn. 29, 45) gegen ein über das ungeschriebene Wettbewerbsverbot hinausgehendes Verbot hinweist.

[50] Ihr gleich steht die Satzungsdurchbrechung, wenn man sie denn anerkennt (s. dazu die Nachw. in Fn. 33).

[51] Rowedder/Schmidt-Leithoff/*Koppensteiner* GmbHG Anh. § 52 Rdnr. 39; *U. H. Schneider* ZGR Sonderheft 6, S. 121, 130; *Winter* S. 258 ff.; aA *Hirte* S. 191 ff.

[52] So zu Recht *Timm* GmbHR 1981, 183; *Winter* S. 259 f.; s. ferner die Nachw. in Fn. 32 zur Rechts-lage bei Befreiung vom geschriebenen Wettbewerbs-verbot durch gewöhnlichen Beschluß.

[53] Zur entsprechenden Anwendung des § 113 Abs. 1 HGB auf das ungeschriebene Wettbewerbs-verbot in der GmbH & Co. KG s. BGHZ 89, 162, 171 = NJW 1984, 1351; für das satzungsmäßige Wettbewerbsverbot des GmbH-Gesellschafters s. fer-ner BGHZ 80, 69, 76 = NJW 1981, 1512; BGHZ 97, 382, 385 = NJW 1986, 2250.

[54] Hachenburg/*Ulmer* GmbHG Anh. § 77 Rdnr. 92.

[55] BGHZ 89, 162, 171 f. = NJW 1984, 1351.

Abhängigkeitsbegründung auch keine Beschlußfassung durch die Gesellschafter vorangeht, ein Präventivschutz möglich und geboten ist. Von einem beachtlichen Teil des Schrifttums wird dies bejaht. So findet sich die Annahme, daß die Konzernierung der GmbH einer Satzungsänderung oder eines Zustimmungsbeschlusses bedürfe.[56] Andere gehen noch weiter und leiten aus der Treupflicht die Verpflichtung der Gesellschafter her, alles zu unterlassen, was die Selbständigkeit der Gesellschaft beeinträchtigen könnte;[57] der Sache nach bedeutet dies, daß nach dieser Ansicht die Abhängigkeit nur im Einvernehmen sämtlicher Gesellschafter begründet werden kann.

Beide Ansätze vermögen freilich nicht zu überzeugen.[58] Zu berücksichtigen ist zunächst, **21** daß die Minderheit der nachteiligen Einflußnahme durch das herrschende Unternehmen nicht schutzlos ausgeliefert ist; namentlich die actio pro socio, das Informationsrecht aus § 51a GmbHG und das Recht zur Beschlußanfechtung setzen der Einflußnahme durch das herrschende Unternehmen auf durchaus effektive Weise Grenzen (Rdnr. 21 ff.). Bedenkt man darüber hinaus, daß es die Gesellschafter einer GmbH in der Hand haben, satzungsmäßige Vorkehrungen zur Sicherung der Unabhängigkeit der GmbH zu treffen (Rdnr. 8 ff.), so erscheint die Begründung eines Präventivschutzes, der sich auf **außerkorporative Vorgänge** beziehen müßte und sich deshalb nur schwer in das allgemeine Verbandsrecht einfügte (s. Vor § 311 Rdnr. 9 f.), nicht veranlaßt. Auch für ein Recht zum **Austritt aus wichtigem Grund** ist in den Fällen der Abhängigkeit und der einfachen Konzernierung kein Raum; ein solches Recht besteht vielmehr erst bei Vornahme von dem Einzelausgleich nicht mehr zugänglichen Maßnahmen und damit bei qualifizierter Schädigung (Anh. § 317 Rdnr. 29).[59] Daran ist ungeachtet des nunmehr in §§ 35 ff. WpÜG vorgesehenen Pflichtangebots (Vor § 311 Rdnr. 24 ff.) festzuhalten: Dieser spezifisch aktienrechtliche Präventivschutz ist nämlich seinerseits vor dem Hintergrund zu sehen, daß die Stellung des Minderheitsaktionärs im übrigen deutlich schwächer ausgeprägt ist als diejenige des GmbH-Gesellschafters.[60] So gesehen läßt sich auch nach Inkrafttreten des WpÜG nicht behaupten, daß der Minderheitenschutz in der GmbH deutlich hinter dem in der AG zurückbleibt.

III. Schranken der nachteiligen Einflußnahme auf die abhängige Gesellschaft

1. Grundlagen. Befindet sich die GmbH in einem Abhängigkeitsverhältnis, so besteht **22** die Gefahr, daß das herrschende Unternehmen sein anderweitig verfolgtes unternehmerisches Interesse auch in der abhängigen GmbH durchsetzt (Rdnr. 4). Die mit einer solchen Einflußnahme verbundenen Nachteile treffen nicht nur die GmbH, sondern mittelbar auch deren Minderheitsgesellschafter und Gläubiger. Umgekehrt sorgt ein Schutz der GmbH vor nachteiliger Einflußnahme durch das herrschende Unternehmen zugleich für den Schutz der Außenseiter, so daß es sich anbietet, bei Durchsetzung des Schutzkonzepts, vom Sonder-

---

[56] Für Notwendigkeit einer Satzungsänderung *Wiedemann* S. 64 f.; *U. H. Schneider* ZGR – Sonderheft 6, S. 121, 131 f.; *Kallmeyer* GmbHR 2001, 745, 746 f. (Begründung der Abhängigkeit sei Änderung des Unternehmensgegenstands); für Notwendigkeit eines einfachen Zustimmungsbeschlusses *Grauer* S. 122 ff.

[57] So *Baumbach/Hueck/Zöllner* GmbHG Schlußanh. I Rdnr. 71; *Scholz/Emmerich* GmbHG Konzernrecht Rdnr. 56; im Zusammenhang mit der Beschlußfassung (dazu Rdnr. 12 f.) auch *Lutter/Hommelhoff* GmbHG Anh. § 13 Rdnr. 15; für die Anteilsveräußerung *Kallmeyer* GmbHR 2001, 745, 747.

[58] Gegen einen Präventivschutz in Fällen, in denen die Abhängigkeit nicht durch Beschluß begründet wird und das Wettbewerbsverbot nicht greift, auch OLG Stuttgart NZG 2000, 159, 163 = AG 2000, 229 (dazu *Rottnauer* NZG 2001, 115 ff.); Ha-

chenburg/*Ulmer* GmbHG Anh. § 77 Rdnr. 66; Rowedder/Schmidt-Leithoff/*Koppensteiner* GmbHG Anh. § 52 Rdnr. 40; Michalski/*Zeidler* Syst. Darstellung 4 Rdnr. 207; Roth/*Altmeppen* GmbHG Anh. § 13 Rdnr. 131, freilich auf der Grundlage seiner Prämisse, daß die Minderheitsgesellschafter durch das – weit ausgelegte – Stimmverbot geschützt seien.

[59] OLG Saarbrücken AG 1980, 26, 28; Hachenburg/*Ulmer* GmbHG Anh. § 77 Rdnr. 73; Rowedder/Schmidt-Leithoff/*Koppensteiner* GmbHG Anh. § 52 Rdnr. 80; aA *Wiedemann* S. 67 ff.; *Verhoeven* S. 118 f.; *Kallmeyer* GmbHR 2001, 745, 748 f.; *M. Becker*, Der Austritt aus der GmbH, 1985, S. 132 ff.; *Schindler* S. 191 ff.

[60] Näher *Habersack/Mayer* ZIP 1997, 2141, 2143 f.

fall der abhängigen Einpersonen-GmbH abgesehen (Rdnr. 33 ff.), auf das Eigeninteresse dieser Außenseiter zu setzen und diesen die Geltendmachung von Unterlassungs- und Ausgleichsansprüchen zu ermöglichen.

23 Nach den in Rdnr. 6 getroffenen Feststellungen lassen sich die §§ 311 ff. grundsätzlich nicht entsprechend auf die abhängige GmbH anwenden. Dem herrschenden Unternehmen ist deshalb die der abhängigen Gesellschaft zum Nachteil gereichende Einflußnahme auch dann nicht gestattet, wenn es den Nachteil ausgleicht oder Nachteilsausgleich verbindlich verspricht. Für die mehrgliedrige GmbH ist vielmehr von einem **uneingeschränkten Verbot der nachteiligen Einflußnahme** auszugehen.[61] Dabei beurteilt sich das Vorliegen einer unerlaubten Einflußnahme am Maßstab des *satzungsmäßigen Zwecks und Unternehmensgegenstands* der Gesellschaft (Rdnr. 9; Anh. § 317 Rdnr. 12; s. ferner § 311 Rdnr. 9, 41). Ihm muß jede Einflußnahme durch das herrschende Unternehmen genügen. Unerheblich ist insoweit, ob es zu feststellbaren Vermögensschäden auf seiten der abhängigen Gesellschaft kommt. Verboten sind deshalb auch solche Maßnahmen, die dem Gesellschaftszweck oder dem Unternehmensgegenstand zuwiderlaufen, ohne der Gesellschaft einen meßbaren Vermögensschaden zuzufügen;[62] die Minderheitsgesellschafter können gegen Maßnahmen dieser Art mit der Unterlassungsklage vorgehen (Rdnr. 31). Davon zu unterscheiden sind Maßnahmen, die zwar zu einer Schädigung der Gesellschaft führen, aber einem Einzelausgleich nicht zugänglich sind; in der mehrgliedrigen GmbH haben sie die Anwendung der Grundsätze über die qualifizierte Treupflichtverletzung zur Folge (Anh. § 317). Vorbehaltlich existenzvernichtender Eingriffe (Rdnr. 37) kann das umfassende Verbot der nachteiligen Einflußnahme allerdings durch die **Zustimmung aller Gesellschafter** außer Kraft gesetzt werden. Dies verdeutlicht, daß der Schutz der abhängigen GmbH und ihrer Gläubiger immer dann besondere Probleme bereitet, wenn es an Minderheitsgesellschaftern fehlt oder diese in die nachteilige Einflußnahme einwilligen (Rdnr. 33 ff.).

24 **2. Instrumente des Minderheiten- und Gläubigerschutzes.** Rechtliche Grundlage für das Verbot der nachteiligen Einflußnahme auf die abhängige Gesellschaft ist vor allem die mitgliedschaftliche **Treupflicht** (Rdnr. 7).[63] Sie bildet das Korrektiv für das in der Mitgliedschaft verkörperte Einflußpotential und verpflichtet jeden Gesellschafter, seine Rechte unter Beachtung des gemeinsamen Zwecks auszuüben. Erst recht gilt dies für den Mehrheitsgesellschafter; sein gesteigertes Einflußpotential rechtfertigt es, ihn einer gleichfalls *gesteigerten,* sich sogar zu einem präventiv wirkenden Wettbewerbsverbot verdichtenden Treupflicht zu unterstellen.[64] Verletzt das herrschende Unternehmen die Treupflicht, so kann es von der Gesellschaft und – im Wege der actio pro socio – von den Gesellschaftern auf Unterlassung und Schadensersatz in Anspruch genommen werden (Rdnr. 30 f.); entsprechend §§ 317 Abs. 4, 309 Abs. 4 S. 3 kann der Anspruch auf Schadensersatz auch von den Gläubigern geltend gemacht werden (Rdnr. 32).

---

[61] Zur davon abweichenden Rechtslage im Aktienrecht s. § 311 Rdnr. 2, 5 ff.

[62] So wohl auch Baumbach/Hueck/*Zöllner* GmbHG Schlußanh. I Rdnr. 53 a, der allerdings darauf abstellt, daß die Gesellschaft durch die Einflußnahme ihrer wirtschaftlichen Selbständigkeit beraubt wird, und somit wohl Sachverhalte im Auge hat, die eine qualifizierte faktische Unternehmensverbindung begründen (s. sogleich im Text).

[63] Grundlegend BGHZ 65, 15, 18 f. = NJW 1976, 191 – ITT; s. ferner BGHZ 95, 330, 340 = NJW 1986, 188; Hachenburg/*Ulmer* GmbHG § 77 Rdnr. 56, 73; Scholz/*Emmerich* GmbHG Anh. Konzernrecht Rdnr. 68, 70; Rowedder/Schmidt-Leithoff/*Koppensteiner* GmbHG Anh. § 52 Rdnr. 74; Baumbach/Hueck/*Zöllner* GmbHG Schlußanh. I Rdnr. 53 a, 55; *Lutter/Hommelhoff*

GmbHG Anh. § 13 Rdnr. 17; *K. Schmidt* GesR § 39 III 2 b; *Wiedemann* S. 77 ff.; *Winter* S. 113 ff.; aA – für entsprechende Anwendung des § 43 GmbHG – namentlich *Wilhelm* S. 285 ff., 352 ff. (dagegen zu Recht *Ulmer* ZHR 148 [1984], 391, 416; *Ziemons* S. 64 ff.); s. ferner die Nachw. in Fn. 105 sowie *Konzen* NJW 1989, 2977, 2985 f. Zur Lehre von der Haftung für fehlerhafte Konzerngeschäftsführung s. die Nachw. in Anh. § 317 Rdnr. 10 Fn. 34; zur Treupflicht des Aktionärs s. § 311 Rdnr. 4, 89 f.; zur Treupflicht der Gesellschaft gegenüber den Gesellschaftern s. BGHZ 127, 107, 111; *Schneider/Burgard,* FS für Ulmer, S. 579, 593 ff.

[64] Hachenburg/*Ulmer* GmbHG Anh. § 77 Rdnr. 73; Scholz/*Emmerich* GmbHG Anh. Konzernrecht Rdnr. 68, 70; *Wiedemann* S. 77 ff.; zum Wettbewerbsverbot s. Rdnr. 16 ff.

Ihre Ergänzung findet die Treupflicht durch den Grundsatz der **Gleichbehandlung.**[65] Er 25
findet in der abhängigen oder in einen einfachen Konzern eingebundenen GmbH uneingeschränkt Anwendung[66] und verbietet jegliche sachlich nicht gerechtfertigte Privilegierung
des herrschenden Unternehmens. Adressat des Gleichbehandlungsgrundsatzes ist allerdings
nur die Gesellschaft. Ihr ist zwar ein organschaftliches Handeln und damit insbes. ein mit
den Stimmen des Mehrheitsgesellschafters zustande gekommener Beschluß zuzurechnen;
dagegen können die Minderheitsgesellschafter das herrschende Unternehmen nicht unmittelbar auf Gleichbehandlung in Anspruch nehmen.

Herausragende Bedeutung für den Minderheitenschutz kommt des weiteren den **Stimm-** 26
verboten des § 47 Abs. 4 GmbHG zu.[67] Sie beanspruchen auch dann Geltung, wenn einer
der Ausschlußtatbestände zwar nicht in der Person des herrschenden Unternehmens, wohl
aber in der Person einer von ihm gleichfalls kontrollierten Gesellschaft verwirklicht ist.[68]
Entsprechendes gilt für den auf **§§ 30, 31 GmbG** gründenden Gläubigerschutz; auch er
beansprucht konzerndimensionale Geltung, indem er nicht nur Leistungen an das herrschende Unternehmen selbst, sondern insbes. auch solche an ein von diesem gleichfalls
abhängiges Unternehmen erfaßt.[69] Das Informationsrecht aus **§ 51 a GmbHG** ermöglicht
dem Minderheitsgesellschafter die Durchsetzung von Schadensersatzansprüchen der GmbH
im Weg der actio pro socio (Rdnr. 31). Über das Minderheitsrecht aus **§ 50 GmbHG**
können die außenstehenden Gesellschafter einzelne Maßnahmen der Geschäftsführung zum
Gegenstand der Tagesordnung einer Gesellschafterversammlung machen; unter Berücksichtigung des Stimmverbots aus § 47 Abs. 4 GmbHG ist es so möglich, mit den Geschäftsführer
bindender Wirkung über die Vornahme oder Nichtvornahme von Geschäften zwischen der
Gesellschaft und dem herrschenden Unternehmen abzustimmen. In Fällen, in denen das
herrschende Unternehmen nicht vom Stimmrecht ausgeschlossen ist oder die Mitgesellschafter dem Interesse der GmbH oder einzelner ihrer Gesellschafter[70] zuwider Beschluß
fassen, hat jeder Gesellschafter das Recht zur **Beschlußanfechtung.**[71]

3. Treupflicht im besonderen. a) Bezugspunkt und Rangordnung. Es ist weithin 27
anerkannt, daß der Gesellschafter nicht nur im Verhältnis zur Gesellschaft, sondern auch zu
den Mitgesellschaftern der Treupflicht unterliegt.[72] Nach zutreffender Ansicht gebührt
allerdings der **Treupflicht im Verhältnis zur GmbH der Vorrang** gegenüber derjenigen
zwischen den Gesellschaftern. Letztere greift danach nur ein, soweit Individualinteressen
der Mitglieder betroffen sind.[73] Soweit dagegen die Gesellschaft geschädigt ist oder geschä-

---

[65] Näher zu ihm Hachenburg/*Raiser* GmbHG
§ 14 Rdnr. 67 ff.; Scholz/*Winter* GmbHG § 14
Rdnr. 40 ff.

[66] Wohl unstreitig, s. Baumbach/Hueck/*Zöllner*
GmbHG Schlußanh. I Rdnr. 65 mit zutr. Hinweis
auf die Durchbrechung des Grundsatzes im Vertragskonzern.

[67] In ihm (bzw. in ihrer – deutlich zu weit gehenden – analogen Anwendung auf sämtliche Beschluß-
fassungen in Geschäftsführungsfragen, die einen Bezug zum herrschenden Unternehmen aufweisen
könnten) sieht Roth/*Altmeppen* (Anh. § 13
Rdnr. 137) die wesentliche Grundlage des Minderheitenschutzes, die (so die – freilich zu optimistische
– Einschätzung) eine Schädigung der abhängigen
GmbH unmöglich mache.

[68] Zu den Einzelheiten s. Hachenburg/*Hüffer*
GmbHG § 47 Rdnr. 133 ff.; Rowedder/Schmidt-
Leithoff/*Koppensteiner* GmbHG § 47 Rdnr. 59 f.,
Anh. § 52 Rdnr. 73; *Wackerbarth* S. 248 ff. Zur kon-
zerndimensionalen Anwendung des § 181 BGB s.
Timm AcP 193 (1993), 423 ff.

[69] Eingehend zur Reichweite des § 30 GmbHG
im Konzernverbund, insbes. zur Verlagerung von
Vermögen auf eine „Schwestergesellschaft" der

GmbH   Scholz/*Westermann*   GmbHG   § 30
Rdnr. 34 ff.; *Raiser,* FS für Ulmer, S. 493, 505 ff.; s.
dazu noch Rdnr. 38.

[70] Von Bedeutung im Zusammenhang mit Ergeb-
nisverwendungsbeschlüssen, s. Scholz/*Emmerich*
GmbHG § 29 Rdnr. 70 f.; Lutter/*Hommelhoff*
GmbHG § 29 Rdnr. 25 ff. Zur Problematik auf der
Ebene der Obergesellschaft s. noch Rdnr. 41, 44.

[71] Näher dazu, insbes. zur Anfechtbarkeit wegen
Treupflichtverletzung oder wegen der Verfolgung
von Sondervorteilen, Hachenburg/*Raiser* GmbHG
Anh. § 47 Rdnr. 115 ff., 121 ff.; Baumbach/Hueck/
Zöllner GmbHG Anh. § 47 Rdnr. 46 ff.

[72] Vgl. nur Hachenburg/*Raiser* GmbHG § 14
Rdnr. 54; Lutter/*Hommelhoff* GmbHG § 14
Rdnr. 18 ff., 28 ff.; zur AG s. § 311 Rdnr. 4; zur
Treupflicht der Gesellschaft gegenüber ihren Gesellschaftern s. die Nachw. in Fn. 63. Gegen Treupflichten des Gesellschafters gegenüber der GmbH *Wak-
kerbarth* S. 235 ff.

[73] Hachenburg/*Ulmer* GmbHG Anh. § 77
Rdnr. 76; *Winter* S. 85 ff. mwN; s. ferner OLG
Hamm ZIP 2002, 1486, 1487 f. (betr. Ansprüche aus
§ 823 BGB); aA Hachenburg/*Raiser* GmbHG § 14
Rdnr. 43 f., 54; *Lutter* ZHR 162 (1998), 164,

digt zu werden droht, steht allein ihr ein Anspruch auf Schadensersatz oder Unterlassung zu; die Geltendmachung desselben, sei es durch den dazu an sich berufenen Geschäftsführer oder durch einen Gesellschafter (Rdnr. 30 f.), bringt zugleich den durch die Mitgliedschaft bedingten Reflexschaden der Gesellschafter in Wegfall. Für diese Ansicht sprechen bereits die Vorschriften der §§ 117 Abs. 1 S. 2, 317 Abs. 1 S. 2 (§ 317 Rdnr. 13 f.). Darüber hinaus zeigt auch die in §§ 309 Abs. 4 S. 1 und 2, 317 Abs. 4 ausdrücklich vorgesehene Befugnis des Aktionärs zur Geltendmachung des Anspruchs der Gesellschaft, daß jedenfalls dem AktG die Anerkennung eines auf der Schädigung der Gesellschaft gründenden eigenen Anspruchs des einzelnen Mitglieds fremd ist. Gründe, die für das GmbH-Recht eine im Grundsätzlichen[74] abweichende Beurteilung rechtfertigen könnten, sind nicht ersichtlich. Schließlich läßt sich die Konkurrenz von Ansprüchen der GmbH und ihrer Gesellschafter auch nicht aus der Rechtslage in der Einpersonen-Gesellschaft (Rdnr. 33 ff.) herleiten.[75] Zwar trifft es zu, daß bei ihr die Annahme einer Treupflichtverletzung grundsätzlich ausscheidet. Indes liegt dies daran, daß die Treupflicht auf den Zweck der Gesellschaft bezogen ist, dieser aber durch die Gesellschafter definiert wird; demgemäß unterliegt auch die Treupflicht gegenüber der Gesellschaft der Disposition durch den alleinigen Gesellschafter.

28   **b) Geltungsbereich.** Wiewohl die Treupflicht in der Mitgliedschaft des Gesellschafters wurzelt, ist es im Ergebnis nahezu unbestritten, daß sie in **mehrstufigen Unternehmensverbindungen** auch insoweit Geltung beansprucht, als es um Einwirkungen der nur mittelbar beteiligten Mutter auf die Enkel-GmbH geht.[76] Begründen läßt sich dies am ehesten mit Sinn und Zweck der Treupflicht: Bildet diese ein Korrektiv für die mitgliedschaftlich vermittelten Einwirkungsbefugnisse des Gesellschafters, so muß sich die Konzernspitze die Einwirkungsmöglichkeiten, die der von ihr abhängigen Tochtergesellschaft zustehen, zurechnen lassen.[77] Das nur mittelbar beteiligte Unternehmen haftet somit unmittelbar gegenüber der Enkel-GmbH, soweit es selbst auf diese einwirkt oder eine entsprechende Einwirkung durch das Tochterunternehmen veranlaßt. Für ausschließlich von der Tochter ausgehende Einflußnahmen auf die Enkel-GmbH hat deshalb die Mutter nicht einzustehen. Auch die Muttergesellschaft unterliegt allerdings einem Wettbewerbsverbot; da dieses allein der *Möglichkeit* der (unmittelbaren oder mittelbaren) Einflußnahme auf die Enkel-GmbH Rechnung trägt, ist es unerheblich, ob es tatsächlich zu entsprechenden Einwirkungen seitens der Mutter gekommen ist (Rdnr. 16 ff.). Zum **internationalen Anwendungsbereich** s. § 311 Rdnr. 21.

29   **c) Inhalt.** Der Inhalt der Treupflicht des herrschenden Unternehmens hängt von den Umständen ab und läßt sich, von klaren Fällen der Schädigung der Gesellschaft abgesehen, nur von Fall zu Fall und unter Abwägung der betroffenen Interessen bestimmen. Auszugehen ist dabei von dem **Nachteilsbegriff** des § 311;[78] maßgebend ist danach, ob ein ordentlicher und gewissenhafter Geschäftsleiter einer unabhängigen Gesellschaft die fragliche

178 ff.; wohl auch BGHZ 65, 15 = NJW 1976, 191 (zur Einordnung dieser Entscheidung s. *Ulmer* NJW 1976, 191, 193; *Wiedemann* JZ 1976, 392, 395).

[74] Zur Ausgestaltung der Klagebefugnis im einzelnen s. Rdnr. 31.

[75] In diesem Sinne aber *Lutter* ZHR 162 (1998), 164, 183.

[76] BGHZ 65, 15, 20 f. = NJW 1976, 191; BGHZ 89, 162, 165 ff. = NJW 1984, 1351; Hachenburg/*Ulmer* GmbHG Anh. § 77 Rdnr. 74; Scholz/*Emmerich* GmbHG Anh. Konzernrecht Rdnr. 79; aA *Schießl*, Die beherrschte Personengesellschaft, 1985, S. 94 ff., 103 f. Zu weit. Nachw. s. Fn. 77, zur entsprechenden Rechtslage in der AG s. § 311 Rdnr. 17 ff.

[77] So zu Recht *Emmerich*, FS für Stimpel, 1985, S. 743, 748 ff.; *Wiedemann/Hirte* ZGR 1986, 163,

165 f.; Hachenburg/*Ulmer* GmbHG Anh. § 77 Rdnr. 74; *Rowedder/Schmidt-Leithoff/Koppensteiner* GmbHG Anh. § 52 Rdnr. 76; weitergehend – für unmittelbare Sonderverbindung zwischen Mutter- und Enkelgesellschaft – *Schneider/Burgard*, FS für Ulmer, S. 579, 585 ff.; *Limmer* S. 78 ff.; *Tröger* S. 52 ff.; zuvor bereits *U. H. Schneider* ZGR 1980, 511, 532 ff.; *ders.* BB 1981, 249, 255; *Rehbinder* ZGR 1977, 581, 640 f.; aA – für Einbeziehung der Enkel-GmbH in den Schutzbereich der Treupflicht im Verhältnis Mutter-Tochter – *Stimpel* AG 1986, 117, 119 ff.; *Paschke* AG 1988, 196, 203; *Winter* S. 256 ff.; *Assmann*, FS 100 Jahre GmbHG, S. 657, 710 f.

[78] So auch Scholz/*Emmerich* GmbHG Anh. Konzernrecht Rdnr. 73; *Eschenbruch* Konzernhaftung Rdnr. 3366 ff.

Maßnahme gleichfalls vorgenommen hätte (§ 311 Rdnr. 39 f.). Dies deckt sich, da dem Begriff des Nachteils eine *Sorgfaltspflichtverletzung immanent* ist (§ 311 Rdnr. 40), mit dem häufig als Maßstab[79] angeführten § 43 GmbHG.[80] Unerheblich ist, auf welche Weise die Einflußnahme erfolgt; neben der direkten Einflußnahme auf die Geschäftsführung können auch Beschlüsse in Geschäftsführungsfragen eine zum Schadensersatz verpflichtende (Rdnr. 30) Treupflichtverletzung begründen.[81] In der Frage, wann die Einflußnahme durch das herrschende Unternehmen als Verletzung der Treupflicht zu qualifizieren ist, kann deshalb vollumfänglich auf die Ausführungen in § 311 Rdnr. 46 ff. und die dort genannten **Beispielsfälle** verwiesen werden (s. ferner Anh. § 317 Rdnr. 13 ff.). *Passive Konzerneffekte* sind auch im Recht der GmbH hinzunehmen (§ 311 Rdnr. 52).

d) Rechtsfolgen. aa) Ansprüche der Gesellschaft. Bei bevorstehender (erstmaliger **30** oder wiederholter) Verletzung der Treupflicht hat die abhängige Gesellschaft gegen das herrschende Unternehmen[82] einen Anspruch auf **Unterlassung.**[83] Ist es zur Verletzung der Treupflicht gekommen, so ist das herrschende Unternehmen zum **Schadensersatz** verpflichtet, sofern es nicht nachweist, daß ihm ein Verschulden nicht zur Last fällt.[84] Vorbehaltlich eines unmittelbaren Eigenschadens der Mitgesellschafter steht der Anspruch der GmbH zu (Rdnr. 27). Die Geltendmachung setzt nach § 46 Nr. 8 GmbHG einen entsprechenden Beschluß der Gesellschafter voraus; das herrschende Unternehmen ist dabei nach § 47 Abs. 4 GmbHG vom Stimmrecht ausgeschlossen. Läßt sich der Schaden der Gesellschaft auch unter Rückgriff auf § 287 ZPO nicht beziffern, greifen in der mehrgliedrigen GmbH die Grundsätze über die qualifizierte Schädigung ein (Rdnr. 5; Anh. § 317). Bei unerlaubter Konkurrenztätigkeit hat die Gesellschaft entsprechend § 113 HGB ein Eintrittsrecht (Rdnr. 19).

bb) Rechte der Gesellschafter. Die Gesellschafter können zunächst etwaige Unter- **31** lassungs- oder Schadensersatzansprüche der Gesellschaft (Rdnr. 30) im Wege der **actio pro socio** geltend machen.[85] Darüber hinaus haben sie Anspruch auf Ersatz ihres unmittelbaren, d. h. nicht lediglich durch die Mitgliedschaft in der geschädigten GmbH vermittelten Eigenschadens (Rdnr. 27). Erfolgt die Einflußnahme durch das herrschende Unternehmen an der Gesellschafterversammlung vorbei, so können die übergangenen Gesellschafter zudem **aus eigenem Recht auf Unterlassung** und Beseitigung klagen (Anh. § 317 Rdnr. 27 f.). Der Treupflicht widersprechende Gesellschafterbeschlüsse unterliegen schließlich der Beschlußanfechtung.

cc) Rechte der Gläubiger. Die Gesellschaftsgläubiger können etwaige Schadensersatz- **32** ansprüche der GmbH gegen das herrschende Unternehmen pfänden und sich überweisen lassen; das Erfordernis eines Beschlusses nach § 46 Nr. 8 GmbHG entfällt ihnen

---

[79] Nicht dagegen als Anspruchsgrundlage, s. die Nachw. in Fn. 63.

[80] Vgl. OLG Saarbrücken AG 1980, 26, 28; Scholz/*Emmerich* GmbHG Anh. Konzernrecht Rdnr. 72; Scholz/*Schneider* GmbHG § 43 Rdnr. 18 f.; für die direkte Einflußnahme auf den Geschäftsführer auch Rowedder/Schmidt-Leithoff/ *Koppensteiner* GmbHG Anh. § 52 Rdnr. 77 mwN.

[81] § 311 Rdnr. 29; Scholz/*Emmerich* Anh. § 77 Rdnr. 77. Zum Verhältnis zwischen Beschlußanfechtung und Schadensersatzverpflichtung, insbes. zur Frage, ob die Bestandskraft des Beschlusses die Geltendmachung von Schadensersatz ausschließt, s. einerseits *Habersack* S. 231 ff., andererseits *Winter* S. 320 ff., jew. mwN.

[82] § 317 Abs. 3 findet keine entsprechende Anwendung, s. OLG Bremen NZG 1999, 724, 725; aA *Altmeppen* S. 78 ff., 84 ff.; *Jungkurth* S. 188 ff.; Ro-

wedder/Schmidt-Leithoff/*Koppensteiner* GmbHG Anh. § 52 Rdnr. 75.

[83] Hachenburg/*Ulmer* GmbHG Anh. § 77 Rdnr. 89; Scholz/*Emmerich* GmbHG Anh. Konzernrecht Rdnr. 81.

[84] Für entsprechende Anwendung des § 93 Abs. 2 S. 2 zu Recht Scholz/*Emmerich* GmbHG Anh. Konzernrecht Rdnr. 75; für Beweislastumkehr entsprechend § 317 Abs. 2 Rowedder/Schmidt-Leithoff/*Koppensteiner* GmbHG Anh. § 52 Rdnr. 77 (s. dazu aber § 317 Rdnr. 7 f.).

[85] Hachenburg/*Ulmer* GmbHG Anh. § 77 Rdnr. 90; Scholz/*Emmerich* GmbHG Anh. Konzernrecht Rdnr. 79. Näher zur actio pro socio, insbes. zum Verhältnis zu dem Beschlußerfordernis aus § 46 Nr. 8 GmbHG, Hachenburg/*Hüffer* GmbHG § 46 Rdnr. 109 ff.; abw. *Lutter* ZHR 162 (1998), 164, 180 und *Raiser* ZHR 153 (1989), 1, 9 ff.: Klage aus eigenem Recht (s. dazu auch Rdnr. 27).

gegenüber.[86] Unabhängig davon können die Gläubiger das herrschende Unternehmen unmittelbar auf Leistung an sich selbst in Anspruch nehmen, freilich nur bis zur Deckung ihrer Forderung gegen die Gesellschaft. Wiewohl die Haftung des die GmbH beherrschenden Gesellschafters nicht konzernrechtsspezifischer Natur ist, vielmehr allgemeinen Grundsätzen folgt, sollte man der Tatsache, daß die Gläubigerinteressen in Abhängigkeits- und Konzernlagen im besonderen Maße gefährdet sind, durch die entsprechende Anwendung der §§ 317 Abs. 4, 309 Abs. 4 S. 3 Rechnung tragen.[87]

33   **4. Einpersonen-GmbH. a) Ausgangslage.** Beim Fehlen von Minderheitsgesellschaftern[88] bereitet der Schutz der Gläubiger der abhängigen GmbH Schwierigkeiten. Da nämlich die Treupflicht grundsätzlich verzichtbar ist und damit das Interesse der Gesellschaft auch unabhängig von einer förmlichen Änderung des Gesellschaftszwecks von Fall zu Fall definiert werden kann, lassen sich ein Wettbewerbsverbot und ein Verbot der Schädigung der GmbH,[89] die in der mehrgliedrigen GmbH für einen reflexartigen Schutz der Gläubiger sorgen, grundsätzlich nicht begründen.[90] Vorbehaltlich der Anerkennung eines Bestandsinteresses der abhängigen GmbH (Rdnr. 34) und der deliktischen Haftung des Alleingesellschafters (Rdnr. 40) sind deshalb die Gesellschaftsgläubiger auf den Schutz aus den Kapitalerhaltungsregeln der **§§ 30, 31 GmbHG** verwiesen. Diese vermögen die Gläubiger freilich nur dann zu schützen, wenn der Gesellschafter unmittelbar oder mittelbar etwas aus dem zur Deckung des Stammkapitals erforderlichen Gesellschaftsvermögen erhalten hat; namentlich konzernintegrative Maßnahmen, der Entzug von Geschäftschancen und betriebsnotwendiger Liquidität und die Veranlassung zur Vornahme riskanter und verlustträchtiger Geschäfte werden deshalb grundsätzlich nicht erfaßt.[91] Die Rechtslage unterscheidet sich dadurch schon im Ansatz von derjenigen nach §§ 311 ff., die uneingeschränkt für die Einpersonen-AG gelten (§ 311 Rdnr. 13) und – zumal im Zusammenspiel mit den durchgehend strengeren aktienrechtlichen Grundsätzen über die Kapitalerhaltung – die Möglichkeit der nachteiligen Einflußnahme durch den alleinigen Aktionär ganz erheblich beschränken.

34   Abhilfe vermag die Anerkennung eines Bestandsschutzes der GmbH zu schaffen, welches der Alleingesellschafter zu beachten hat und dessen Verletzung zum Schadensersatz verpflichtet.[92] Während die höchstrichterliche Rechtsprechung die Frage eines Bestands-

[86] Rowedder/Schmidt-Leithoff/*Koppensteiner* GmbHG § 46 Rdnr. 41; Baumbach/Hueck/*Zöllner* GmbHG § 46 Rdnr. 39.

[87] BGHZ 95, 330, 340 = NJW 1986, 188 („spricht viel dafür"); Hachenburg/*Ulmer* GmbHG Anh. § 77 Rdnr. 91; Rowedder/Schmidt-Leithoff/*Koppensteiner* GmbHG Anh. § 52 Rdnr. 79; für die Einpersonen-GmbH s. *Altmeppen* ZIP 2001, 1837, 1846 und ZIP 2002, 1553, 1560; *Ulmer* ZIP 2001, 2021, 2027 f.

[88] Entsprechendes gilt, wenn die Minderheitsgesellschafter mit der nachteiligen Einflußnahme einverstanden sind (s. bereits Rdnr. 23).

[89] Entsprechendes gilt für die Haftung des Geschäftsführers aus § 43 Abs. 2 GmbHG (BGHZ 119, 257, 261 = NJW 1993, 193; BGHZ 122, 333, 336 = NJW 1993, 1922) und für die Haftung des Gesellschafters und Geschäftsführers aus § 823 Abs. 2 BGB iVm. § 266 StGB (BGH ZIP 1999, 1352, 1353, aber auch BGHZ 149, 10, 17 ff. = NJW 2001, 3622 und dazu Rdnr. 40).

[90] BGHZ 31, 258, 278 ff.; BGHZ 119, 257, 262 = NJW 1993, 193; BGHZ 122, 333, 336 = NJW 1993, 1922; *Röhricht,* FS BGH, S. 83, 104 ff.; Baumbach/Hueck/*Zöllner* GmbHG Schlußanh. I Rdnr. 83; *Lutter/Hommelhoff* GmbHG Anh. § 13 Rdnr. 17, 41; Rowedder/Schmidt-Leithoff/*Koppensteiner* GmbHG Anh. § 52 Rdnr. 78; speziell zum

Wettbewerbsverbot *Röhricht* WpG 1992, 766 ff.; näher zur dogmatischen Begründung, insbes. zum Zusammenhang zwischen Treupflicht und Gesellschaftszweck, *Winter* S. 190 ff.; *ders.* ZGR 1994, 570, 580 ff. AA noch *Ulmer* ZHR 148 (1984), 391, 418 (aufgegeben in Hachenburg GmbHG Anh. § 77 Rdnr. 83); im Ergebnis auch *Emmerich* GmbHR 1987, 213, 220 f.; jüngst *Burgard* ZIP 2002, 827, 831 ff.; s. ferner *Wilhelm* S. 285 ff., 352 ff. (dazu Fn. 63); *ders.* NJW 2003, 175, 178 ff.

[91] Anschaulich zu den Defiziten des gesetzlichen Einzelausgleichssystems *Röhricht,* FS BGH, S. 83, 92 ff.

[92] Grdl. *Ulmer* ZHR 148 (1984), 391, 416 ff.; *Winter* S. 202 ff.; *ders.* ZGR 1994, 570, 585 ff.; *Priester* ZGR 1993, 512, 521 ff.; für Anerkennung des Bestandsschutzes sodann neben dem Nachw. in Fn. 98 noch Voraufl. Rdnr. 35 f.; Hachenburg/*Ulmer* GmbHG Anh. § 77 Rdnr. 87; Scholz/*Emmerich* GmbHG Anh. Konzernrecht Rdnr. 90; MünchHdb. GmbH/*Decher* § 70 Rdnr. 28, § 71 Rdnr. 28 ff.; *Büscher* S. 148 ff.; *Wiedemann* in: 50 Jahre BGH, S. 337, 352 f.; ähnlich *Assmann,* FS 100 Jahre GmbH-Gesetz. S. 657, 706 f.; *Fleck* ZGR 149 (1985), 387, 393 ff.; *ders.* ZGR 1990, 31, 36 ff.; *ders.,* FS 100 Jahre GmbHG, S. 391, 398 f.; Rowedder/Schmidt-Leithoff/*Koppensteiner* GmbHG Anh. § 52 Rdnr. 56; *K. Schmidt* ZIP 1988, 1497, 1506; weiter-

schutzes für die *unverbundene* GmbH lange Zeit offen lassen konnte,[93] lag bereits dem zur abhängigen Einpersonen-GmbH ergangenen **„TBB"-Urteil**[94] bei Lichte betrachtet die Anerkennung eines entsprechenden Schutzes zugrunde.[95] Denn danach sollte es an der vom Alleingesellschafter geschuldeten angemessenen Rücksichtnahme auf die eigenen Belange der abhängigen Gesellschaft (erst dann) fehlen, „wenn die Gesellschaft infolge der im Konzerninteresse ausgeübten Einwirkungen ihren Verbindlichkeiten nicht mehr nachkommen kann",[96] wenn also die Gesellschaft infolge der nachteiligen Einflußnahme durch den Gesellschafter in die Insolvenz getrieben wird. Diese Überlegungen sind durch die neuere Rechtsprechung des BGH[97] – beginnend mit der Entscheidung in Sachen **„Bremer-Vulkan"** und vorläufig endend in der **„KBV"**-Entscheidung – von ihren konzernrechtlichen Fesseln befreit und zu einer allgemeinen Haftung des Alleingesellschafters für existenzvernichtende Eingriffe fortentwickelt worden.[98] In der Tat sprechen die besseren Gründe für die Anerkennung eines Bestandsschutzes der Einpersonen-GmbH (mag sie abhängig iSv. § 17 sein oder nicht): Zwar können die Gesellschafter ihre Gesellschaft jederzeit auflösen und abwickeln,[99] freilich nur unter Einhaltung des in der InsO und in §§ 65 ff. (73) GmbHG vorgesehenen, auf die berechtigten Belange der Gläubiger Rücksicht nehmenden Verfahrens.[100] „Auf keinen Fall kann es ihnen erlaubt sein, der Gesellschaft ihr Vermögen ohne Rücksichtnahme auf ihre gesetzliche Funktion, anstelle ihrer Gesellschafter als Haftungsträger zu dienen, zu entziehen und ihr dadurch die Möglichkeit zu nehmen, ihre Verbindlichkeiten – ganz oder teilweise – zu erfüllen."[101] Eine solche „Liquidation auf kaltem Wege" muß auch in der eingliedrigen GmbH die Haftung des Gesellschafters nach sich ziehen. Das so verstandene Eigeninteresse auch der Einpersonen-GmbH verkörpert demnach nichts anderes als die – aus entsprechenden Wertungen des GmbH- und Insolvenzrechts herzuleitenden – gläubigerbezogenen Schutzpflichten des Gesellschafters im Umgang mit „seiner" GmbH.[102]

b) Rechtsgrundlage für die Gesellschafterhaftung. Die Rechtsgrundlage für die **35** Haftung des Gesellschafters konnte in der „Bremer Vulkan"-Entscheidung zunächst offen bleiben.[103] Im Schrifttum haben sich rasch drei Strömungen herausgebildet, von denen zwei auf eine Innenhaftung[104] des Gesellschafters gegenüber der GmbH und eine auf eine unmittelbare Haftung gegenüber den Gläubigern hinauslaufen. Was zunächst das Modell der

gehend *Wilhelm* DB 1986, 2113 ff.; *Ziemons* S. 97 ff., 135 ff.; aA LG Bremen ZIP 1998, 561, 562 f.; Baumbach/Hueck/*Zöllner* GmbHG Schlußanh. I Rdnr. 83; Lutter/*Hommelhoff* GmbHG Anh. § 13 Rdnr. 42; *Mertens/Cahn*, FS für Heinsius, S. 545, 565; wohl auch *Stimpel* ZGR 1991, 144, 158 f.
[93] BGHZ 119, 257, 262 = NJW 1993, 193; BGHZ 122, 333, 336 = NJW 1993, 1922; BGH ZIP 1999, 1352, 1353; BGH ZIP 2000, 493, 494; s. sodann aber auch *Röhricht*, FS BGH, S. 83, 97 ff.; *Henze* GmbHR 2000, 1069, 1072.
[94] BGHZ 122, 123, 130 = NJW 1993, 1200.
[95] S. Voraufl. Rdnr. 36; näher dazu *Röhricht*, FS BGH, S. 83, 107 ff.; *Ulmer* ZIP 2001, 2021, 2022 ff.
[96] S. Fn. 94.
[97] BGHZ 149, 10, 16 f. = NJW 2001, 3622 = NZG 2002, 38 – „Bremer-Vulkan"; BGH NZG 2002, 520 = NJW 2002, 1803; BGHZ 151, 181, 186 ff. = NZG 2002, 914 = JZ 2002, 1047 m. Anm. *Ulmer* – „Kindl Backwaren Vertriebs-GmbH (KBV)".; s. ferner OLG Thüringen GmbHR 2002, 112, 114 f.
[98] Angekündigt wurde die „Bremer-Vulkan"-Doktrin durch den Beitrag von *Röhricht* in der FS BGH, S. 83; s. ferner *Henze* GmbHR 2000, 1069, 1072. Der „Bremer-Vulkan"-Doktrin im Grundsatz zustimmend *Altmeppen* ZIP 2001, 1837 ff.; *ders.* ZIP

2002, 1553 ff.; *Hoffmann* NZG 2002, 68 ff.; K. *Schmidt* NJW 2001, 3577 ff.; *Ulmer* ZIP 2001, 2021 ff.; *Westermann* NZG 2002, 1129, 1135 ff.; rechtsvergleichend *Koppensteiner*, FS für Honsell, S. 607, 612 ff.; seit jeher kritisch zur konzernrechtlichen Basis der Rechtsprechung zum „qualifizierten faktischen Konzern" namentlich K. *Schmidt* AG 1994, 189 ff.; *Altmeppen* DB 1994, 1912 ff.; *Bitter* S. 490 ff. mwN.
[99] BGHZ 76, 352, 353 = NJW 1980, 1278; BGHZ 129, 136, 151 = NJW 1995, 1739; BGHZ 151, 181, 186 = NZG 2002, 914 = JZ 2002, 1047 m. Anm. *Ulmer.*
[100] Darauf abstellend insbes. *Emmerich, Priester, Ulmer* und *Winter*, jew. aaO (Fn. 92); ferner K. *Schmidt* ZIP 1981, 1, 8.
[101] BGHZ 151, 181, 186 = NZG 2002, 914 = JZ 2002, 1047 mit Anm. *Ulmer.*
[102] Vgl. auch *Wiedemann* in 50 Jahre BGH, S. 337, 353; K. *Schmidt* NJW 2001, 3577, 3580; *Röhricht* VGR 5 (2002), S. 3, 15.
[103] BGHZ 149, 10 = NJW 2001, 3622 = NZG 2002, 38; ebenso in BGH NJW 2002, 1803 = NZG 2002, 520; s. zum Folgenden auch die Übersicht bei Roth/*Altmeppen* GmbHG Anh. § 13 Rdnr. 180 ff.
[104] Freilich verbunden mit einem Gläubigerverfolgungsrecht, s. Rdnr. 32 mit Nachw. in Fn. 87.

Binnenhaftung betrifft, so wird diese einerseits auf die Qualifizierung des Einfluß nehmenden Gesellschafters als Quasi-Geschäftsführer und damit auf die analoge Anwendung des § 43 Abs. 3 GmbHG iVm. § 93 Abs. 5 S. 2 und 3,[105] andererseits auf die Verletzung der auch dem Alleingesellschafter obliegenden Pflicht zur Respektierung des Fortbestands der GmbH (Rdnr. 34) und damit der solchermaßen beschränkten Treupflicht[106] gestützt. Dem steht das Modell einer auf der teleologischen Reduktion des § 13 Abs. 2 GmbHG basierenden, an den existenzvernichtenden Eingriff des Gesellschafters anknüpfenden **Durchgriffshaftung** gegenüber.[107] Ihm hat sich der BGH in seiner „KBV"-Entscheidung angeschlossen.[108] Danach stellt es einen Mißbrauch der Rechtsform der GmbH dar, wenn die Gesellschafter „unter Außerachtlassung der gebotenen Rücksichtnahme auf die(se) Zweckbindung des Gesellschaftsvermögens der Gesellschaft durch offene oder verdeckte Entnahmen Vermögenswerte" entziehen und dadurch „in einem ins Gewicht fallenden Ausmaß die Fähigkeit der Gesellschaft zur Erfüllung ihrer Verbindlichkeiten" beeinträchtigen.[109] Sieht man davon ab, daß die vom BGH in den Vordergrund gestellten offenen oder verdeckten Entnahmen ohnehin Ansprüche der Gesellschaft aus § 31 GmbHG auslösen (Rdnr. 38) und die Haftung aus existenzvernichtendem Eingriff deshalb vor allem den *Bestand der GmbH in nicht vom Anwendungsbereich der Kapitalerhaltungsvorschriften erfaßten Fällen des Eingriffs sichern* soll (Rdnr. 36),[110] so wird man diesem Ansatz des BGH zustimmen können. Die Haftung des Gesellschafters gründet dann, entsprechend allgemeinen Grundsätzen der Durchgriffslehre, auf der – durch teleologische Reduktion des § 13 Abs. 2 GmbHG eröffneten – analogen Anwendung der **§§ 105 Abs. 1, 128, 129 HGB** und ist damit akzessorischer Natur.[111]

36   c) **Haftungsadressaten.** Die durch das „KBV"-Urteil etablierte Durchgriffshaftung setzt, anders noch als die im „TBB"-Urteil entwickelte, auf einen Mißbrauch der Leitungsmacht des Unternehmens-Gesellschafters abstellende Ausfallhaftung analog § 303 (Rdnr. 34), die Qualifizierung des Gesellschafters als Unternehmen iSd. § 15 und damit das Bestehen einer Unternehmensverbindung zwischen der GmbH und dem in Anspruch genommenen Gesellschafter nicht voraus.[112] Ihr Adressat ist vielmehr der alleinige Gesellschafter einer Einpersonen-GmbH, mag er als Unternehmen zu qualifizieren sein oder nicht. Ihm gleich stehen die einverständlich handelnden Gesellschafter einer mehrgliedrigen GmbH, und zwar auch dann, wenn sie selber kein Vermögen der GmbH empfangen

---

[105] So namentlich *Altmeppen* ZIP 2001, 1837, 1844; *ders.* NJW 2002, 321, 323 f.; *ders.* ZIP 2002, 961, 966 f.; *ders.* ZIP 2002, 1553, 1562; *Wilhelm* NJW 2003, 175, 178 f.; zuvor bereits *ders.* S. 285 ff., 330 ff., 344 f.; *Flume* JurPerson S. 88 ff.

[106] So namentlich *K. Schmidt* NJW 2001, 2001, 3577, 3580; *Ulmer* ZIP 2001, 2021, 2025 ff. in zutr. Auseinandersetzung mit der Ansicht *Altmeppens* (Fn. 105); weit. Nachw. zur Treupflicht des alleinigen Gesellschafters der GmbH in Fn. 90, 92; s. ferner *Emmerich/Sonnenschein/Habersack* S. 466 ff. („qualifizierte Treupflichtverletzung").

[107] So insbes. OLG Thüringen GmbHR 2002, 112, 115; *Bitter* WM 2001, 2133, 2139 ff.; *Goette* in Ulmer (Hrsg.), Haftung im qualifizierten faktischen GmbH-Konzern – Verbleibende Relevanz nach dem TBB-Urteil?, S. 12, 23; *Ulmer*, ebenda, S. 41, 62; *Hoffmann* NZG 2002, 268, 271; *Kessler* GmbHR 2001, 1095, 1100; *Koppensteiner*, FS für Honsell, S. 607, 615 ff.; *Koppensteiner*, FS für Honsell, S. 607, 615 ff.; *Raiser*, FS für Ulmer, S. 493, 504 f.; *Wilhelm* NJW 2003, 175, 178 ff.

[108] BGHZ 151, 181, 187 = NZG 2002, 914 = JZ 2002, 1047 m. Anm. *Ulmer*; dazu auch *Altmeppen* ZIP 2002, 1553, 1557 ff.; s. ferner BAG ZIP 2002, 2137.

[109] BGH (Fn. 108).

[110] So denn auch *Röhricht*, FS BGH, S. 83, 92 ff.; *Goette*, in: Ulmer (Hrsg.), Haftung im qualifizierten faktischen GmbH-Konzern – Verbleibende Relevanz nach dem TBB-Urteil?, S. 11, 23 („dritte Säule"); *Ulmer* ZIP 2001, 2023; zuvor bereits *Fleck* ZGR 1990, 31, 36 ff.; *ders.*, FS 100 Jahre GmbHG, S. 391, 398 f.

[111] So bereits BGHZ 95, 330, 332 = NJW 1986, 188; s. ferner Baumbach/Hueck/*Fastrich* GmbHG § 13 Rdnr. 15; *Ulmer* JZ 2002, 1049, 1050; *Westermann* NZG 2002, 1129, 1136; näher zur Ausgestaltung der Haftung in § 322 Rdnr. 3 ff. mwN. Zur Frage, ob im Konkursverfahren der abhängigen Gesellschaft nach § 61 Abs. 1 Nr. 1 KO bevorrechtigte Forderungen diesen Vorrang auch im Rahmen der Durchgriffshaftung des herrschenden Unternehmens behalten, s. (verneinend) BAG ZIP 2002, 2137, 2139 f., freilich unter Fehldeutung der Rechtsnatur der Gesellschafterhaftung im allgemeinen und der Durchgriffshaftung im besonderen.

[112] BGH NZG 2002, 520, 521 = NJW 2002, 1803; BGHZ 151, 181, 186 f. = NZG 2002, 914 = JZ 2002, 1047 m. Anm. *Ulmer*; näher *Raiser*, FS für Ulmer, S. 493, 500 f.

haben.[113] Die Frage einer Haftung von „Schwestergesellschaften"[114] dürfte sich, sieht man von den Fällen der Vermögensverlagerung ab (Rdnr. 38), in der Praxis kaum stellen: Selbst wenn die Einflußnahme unmittelbar zwischen den „Schwestern" erfolgt, wird man diese dem Gesellschafter, der Entsprechendes duldet, zurechnen müssen; dem Zugriff des Gläubigers unterliegt dann der Anteilsbesitz des Gesellschafters. Bei Existenz widersprechender oder übergangener Gesellschafter greifen dagegen die sehr viel schärferen Grundsätze über die Haftung aus Treupflichtverletzung ein (Rdnr. 27 ff.).

d) Haftungstatbestand. Positive Voraussetzung der Haftung ist das Vorliegen eines **37** existenzvernichtenden Eingriffs. Er ist nach der „KBV"-Entscheidung[115] durch einen Zugriff auf das Gesellschaftsvermögen gekennzeichnet, der die „aufgrund der Zweckbindung dieses Vermögens gebotene angemessene Rücksichtnahme auf die Erhaltung der Fähigkeit der Gesellschaft zur Bedienung ihrer Verbindlichkeiten in einem ins Gewicht fallenden Maße vermissen" läßt.[116] Was zunächst den erforderlichen Zugriff auf das Gesellschaftsvermögen betrifft, so ist mit Blick auf den Vorrang der Kapitalerhaltungsregeln (Rdnr. 38) vor allem an den **bilanziell nicht erfaßbaren** Abzug betriebsnotwendiger Liquidität, an den Zusammenbruch der Gesellschaft verursachende, in ihren negativen Folgen für die Gesellschaft und deren Gläubiger nicht oder nicht gänzlich durch die Kapitalerhaltungsregeln zu bewältigende Entnahmen (Rdnr. 38), an den Entzug von Geschäftschancen, an die Veranlassung zu spekulativen und mit unangemessenen Risiken versehenen Geschäften,[117] aber auch an Maßnahmen der Konzernintegration wie etwa den Rückzug vom Markt und die Verlagerung von Geschäftsfeldern auf andere Konzerngesellschaften zu denken.[118] Dem steht es gleich, daß der Gesellschaft bereits durch ihre Satzung, insbes. durch die Ausgestaltung ihres Zwecks und ihres Unternehmensgegenstands, die Fähigkeit vorenthalten wird, als Haftungsträger für die gewöhnlichen Geschäftsverbindlichkeiten zu dienen.[119] Ein *Eingriff* kann hierin zwar dann nicht gesehen werden, wenn die Gesellschaft schon bei ihrer Gründung auf das Konzerninteresse ausgerichtet wird; einem Haftungsdurchgriff steht dies indes, wie insbes. der Tatbestand der materiellen Unterkapitalisierung zeigt (Rdnr. 40), keineswegs entgegen. Die Zuweisung einer den Belangen des Gesellschafters oder eines Dritten dienenden Funktion genügt insoweit allerdings noch nicht (Anh. § 317 Rdnr. 12); erforderlich ist vielmehr, daß die Gesellschaft angesichts der ihr zugewiesenen Risiken von Anfang der Fähigkeit beraubt ist, die gewöhnlichen Geschäftsrisiken zu bestehen, und sich dieses Anfangsrisiko sodann auch verwirklicht.[120] Die durch eine Pflichtverletzung gegenüber Dritten bedingte Belastung des Gesellschaftsvermögens mit Schadensersatzverpflichtungen genügt ebenso wenig wie die auf sorgfaltswidrige Geschäftsführung zurückgehende Realisierung der gewöhnlichen Geschäftsrisiken.[121] Der Zugriff auf das Gesellschaftsvermögen muß zudem eine – „ins Gewicht fallende"[122] – Beeinträchtigung der Fähigkeit der Gesellschaft zur Erfüllung ihrer Verbindlichkeiten nach sich ziehen. Hierin kommt der **subsidiäre Charakter** der Haftung zum Ausdruck: Da die Geltendmachung von Ansprüchen der Gesellschaft in Ermangelung opponierender Mitgesellschafter nicht zu

---

[113] Zutr. BGH NZG 2002, 520, 521 = NJW 2002, 1803, dort auch zu den Voraussetzungen einer Haftung des Gesellschafters als „faktischer Geschäftsführer".

[114] Dazu § 18 Rdnr. 38 mit Nachw. zur Rechtsprechung; *Henssler* ZGR 2000, 479 ff.; *Raiser*, FS für Ulmer, S. 493, 507 ff.; *K. Schmidt*, FS für Wiedemann, S. 1191, 1216 ff.

[115] Ähnlich aber schon BGHZ 149, 10, 16 = NJW 2001, 3622 = NZG 2002, 38 – „Bremer-Vulkan"; BGH NZG 2002, 520, 521 = NJW 2002, 1803.

[116] So der erste Leitsatz von BGHZ 151, 181 = NZG 2002, 914 = JZ 2002, 1047 m. Anm. *Ulmer*.

[117] Speziell hierzu BGH ZIP 2000, 493, 494.

[118] Zu den Defiziten der §§ 30, 31 GmbHG s. *Ulmer* ZHR 148 (1984), 391 ff.; *Röhricht*, FS BGH, S. 83, 92 ff.

[119] Für Einbeziehung solcher „Aschenputtel"-Situationen in den Haftungstatbestand namentlich *Röhricht*, FS BGH, S. 83, 107, 111; *Ulmer* ZIP 2001, 2021, 2028; aus der Rechtsprechung nach „TBB" vgl. BGH ZIP 1994, 207; ZIP 1994, 1690.

[120] In diesem Sinne auch *Röhricht*, FS BGH, S. 83, 105 ff. (107), 111.

[121] Für die Pflichtverletzung gegenüber Dritten s. BGH ZIP 2000, 493, 494; für das gewöhnliche Geschäftsrisiko *Röhricht* VGR 5 (2002), S. 3, 15; *K. Schmidt* NJW 2001, 3577, 3581.

[122] So BGHZ 151, 181, 187 = NZG 2002, 914 = JZ 2002, 1047 mit Anm. *Ulmer*.

erwarten ist, knüpft die persönliche Haftung des Gesellschafters an den gänzlichen oder teilweisen Ausfall des Gläubigers mit seiner gegen die GmbH gerichteten Forderungen und damit an die Zahlungsunfähigkeit oder Überschuldung der Gesellschaft an. Dabei bleibt abzuwarten, ob dem Vorbehalt einer „ins Gewicht fallenden" Beeinträchtigung eigenständige Bedeutung zukommt; Gründe, die es einem Kleingläubiger verwehren sollten, bei Vorliegen einer einschlägigen Eingriffshandlung den Gesellschafter persönlich in Anspruch zu nehmen, sind jedenfalls nicht ohne weiteres ersichtlich.

38   Weitere (negative) Voraussetzung für die Inanspruchnahme des Gesellschafters ist, daß sich der der GmbH durch den Eingriff insgesamt zugefügte Nachteil (und damit der Ausfall des Gläubigers) nicht bereits nach **§§ 30, 31 GmbHG** ausgleichen läßt.[123] Die auf der Existenzvernichtung gründende Durchgriffshaftung ergänzt damit die Kapitalerhaltungsregeln vor allem in Fällen, in denen diese angesichts der Art des schädigenden Eingriffs nicht für den gebotenen (mittelbaren) Schutz der Gläubiger sorgen können (Rdnr. 37).[124] Dabei gilt es namentlich in Konzernsachverhalten und im Zusammenhang mit GmbH-Stafetten zu beachten, daß von §§ 30, 31 GmbHG auch solche Leistungen erfaßt werden, die dem Gesellschafter nur mittelbar zugute kommen (Rdnr. 26),[125] ferner, daß sich der Anspruch aus § 31 GmbHG auch gegen nicht an der Gesellschaft beteiligte Leistungsempfänger, darunter insbes. „Schwestergesellschaften", richten kann.[126] Zudem sollte davon auszugehen sein, daß weder die Masselosigkeit als solche noch die Löschung der GmbH der Geltendmachung von Ansprüchen aus § 31 GmbHG entgegensteht.[127] Immerhin mag es aber sein, daß ein Ausgleich des der GmbH zugefügten Nachteils daran scheitert, daß ein nicht begünstigter Mitgesellschafter nach der neueren (freilich überprüfungsbedürftigen)[128] Rechtsprechung des BGH nur auf den Betrag des Stammkapitals haftet,[129] ferner, daß die unberechtigte Entnahme zum Zusammenbruch der Gesellschaft geführt hat und sich der Gläubigerschaden nicht oder jedenfalls nicht vollständig durch Erfüllung der sich aus § 31 GmbHG ergebenden Pflichten ausgleichen läßt; auch in diesen Fällen sollte die Durchgriffshaftung eröffnet sein.[130] – Auf ein Verschulden des Gesellschafters schließlich kommt es nicht an.[131]

39   **e) Geltendmachung.** Die Haftung wegen existenzvernichtenden Eingriffs ist Außenhaftung. Ihre Geltendmachung ist deshalb grundsätzlich Sache der geschädigten Gläubiger.[132] Was die Darlegungs- und Beweislast betrifft, wird man die in der „TBB"-Entscheidung entwickelten Grundsätze[133] auch künftig heranziehen können.[134] Mit Eröffnung des Insolvenzverfahrens über das Vermögen der Gesellschaft geht die Befugnis zur Geltendmachung des Anspruchs entsprechend § 93 InsO auf den Insolvenzverwalter über.[135]

---

[123] BGHZ 151, 181, 187 = NZG 2002, 914 = JZ 2002, 1047 mit Anm. *Ulmer.*
[124] S. die Nachw. in Fn. 110.
[125] S. die Nachw. in Fn. 69. – Namentlich in der „KBV"-Entscheidung (BGHZ 151, 181 = NZG 2002, 914) und wohl auch in der „Bremer-Vulkan"-Entscheidung (BGHZ 149, 10 = NJW 2001, 3622) erscheinen Ansprüche der geschädigten GmbH aus § 31 Abs. 1 GmbHG als durchaus naheliegend; zur GmbH-Stafette nach Art von „KBV" s. denn auch *Goette* in Ulmer (Hrsg.), Haftung im qualifizierten faktischen Konzern – Verbleibende Relevanz nach dem TBB-Urteil?, S. 11, 22.
[126] S. dazu neben den Nachw. in Fn. 69 namentlich BGHZ 81, 365, 368 f.; BGH NJW 1991, 1057. Auf der Basis dieser Rechtsprechung dürfte sich mit *Raiser,* FS für Ulmer, S. 493, 505 ff. auch eine über § 31 GmbHG hinausgehende Haftung von „Schwestergesellschaften" entwickeln lassen.
[127] Zutr. *Goette* (Fn. 125) S. 22 unter Hinweis auf BGH ZIP 2000, 1438 betreffend die Pfändung von Ansprüchen der masselosen GmbH aus § 64 Abs. 2 GmbHG; zur Pfändbarkeit des Anspruchs der masse-

losen GmbH aus § 31 Abs. 1 GmbHG s. auch *Konzen* (Fn. 14) S. 323, 340 ff.
[128] Zutr. Roth/*Altmeppen* GmbHG Anh. § 13 Rdnr. 161; *ders.* ZIP 2002, 1553, 1559 ff.; *Burgard* NZG 2002, 606, 607; *Ulmer* JZ 2002, 1049, 1051.
[129] BGHZ 142, 92, 96; BGH NZG 2002, 520, 521 = NJW 2002, 1803; aA – für uneingeschränkte Haftung bei Sorgfaltspflichtverletzung – BGHZ 93, 146, 149 = NJW 1985, 1030.
[130] So auch BGH NZG 2002, 520, 521 f. = NJW 2002, 1803; aA wohl *Westermann* NZG 2002, 1129, 1137 f.
[131] So auch *Ulmer* JZ 2002, 1049, 1050; s. dazu auch *Raiser,* FS für Ulmer, S. 493, 503 f.; *Röhricht* VGR 5 (2002), S. 3, 15.
[132] BGHZ 151, 181, 187 = NZG 2002, 914.
[133] Dazu Anh. § 317 Rdnr. 21 f.
[134] So auch *Goette* (Fn. 125) S. 24; näher Roth/*Altmeppen* GmbHG Anh. § 13 Rdnr. 170 ff., 186.
[135] BGHZ 151, 181, 187 = NZG 2002, 914; *Altmeppen* ZIP 2002, 1553, 1559 ff.; *Ulmer* JZ 2002, 1049, 1050; zumindest für die Fälle der Existenzvernichtung unberechtigt die Kritik von *Bitter* WM 2001, 2133, 2140 f.

f) Konkurrenzen. Der existenzvernichtende Eingriff kann zugleich die Haftung des **40** Gesellschafters aus **§ 826 BGB** oder **§ 823 Abs. 2 BGB iVm. § 266 StGB** begründen;[136] die deliktische Haftung tritt dann neben die Durchgriffshaftung.[137] Auch ist es denkbar, daß der Gesellschafter neben dem Tatbestand der Existenzvernichtung einen **weiteren Durchgriffstatbestand** verwirklicht hat; in Betracht kommt neben dem Tatbestand der Vermögensvermischung[138] vor allem derjenige der materiellen Unterkapitalisierung.[139]

IV. Kontrolle der Gruppen(um)bildung und Gruppenleitung auf der Ebene des herrschenden Unternehmens

1. Überblick. Der Auf- und Umbau von Unternehmensverbindungen kann nicht nur **41** aus Sicht der abhängigen Gesellschaft und ihrer Außenseiter, sondern auch aus Sicht des herrschenden Unternehmens nachteilige Folgen nach sich ziehen; im Vordergrund stehen insbes. die auf das herrschende Unternehmen zukommenden Haftungsrisiken. Handelt es sich bei dem herrschenden Unternehmen um eine Gesellschaft, so droht zudem deren Anteilseignern eine **Mediatisierung mitgliedschaftlicher Rechte:**[140] Da die Ausübung der Beteiligungsrechte der herrschenden Gesellschaft durch deren Vertretungsorgan zu erfolgen hat, kann mit der Verlagerung unternehmerischer Aktivitäten auf Tochter- und Enkelgesellschaften eine entsprechende Verlagerung von Kompetenzen einhergehen. Darüber hinaus haben die Gesellschafter des herrschenden Unternehmens eine **Verkürzung ihres Gewinnrechts** zu befürchten, sollte die Verwaltung dazu übergehen, die Gewinne der Tochtergesellschaft zu thesaurieren.[141] Es ist deshalb im Grundsatz weithin anerkannt, daß den aufgezeigten Gefahren durch eine rechtsformspezifische Kontrolle der Bildung, Umbildung und Leitung von Unternehmensgruppen auf der Ebene des herrschenden Unternehmens zu begegnen ist.[142] Während allerdings die Etablierung entsprechender Mitspracherechte der Anteilseigner des herrschenden Unternehmens im *Aktienrecht* erhebliche Probleme bereitet (Vor § 311 Rdnr. 33 ff.), fügt sie sich im *GmbH-Recht* nahtlos in die gesetzliche Organisationsverfassung der Gesellschaft ein (Rdnr. 42 f.). Im folgenden sind deshalb nur einige rechtsformspezifische Besonderheiten des GmbH-Rechts zu skizzieren; wegen sämtlicher Einzelheiten wird auf die Ausführungen in den Vorbemerkungen zu § 311 verwiesen.

2. Gruppenbildung und -umbildung. Was zunächst den Aufbau oder die Umbildung **42** einer Unternehmensgruppe betrifft, so ergibt sich eine zwingende Kompetenz der Gesellschafterversammlung zunächst in Fällen, in denen durch die Gruppen(um)bildung der satzungsmäßige Gegenstand der GmbH überschritten wird; erforderlich ist dann eine entsprechende Satzungsänderung.[143] Des weiteren findet § 293 Abs. 2 entsprechende Anwendung, so daß der Abschluß eines Beherrschungs- oder Gewinnabführungsvertrags mit einer abhängigen AG, KGaA oder GmbH eines Zustimmungsbeschlusses der Gesellschafterversammlung der herrschenden GmbH bedarf (§ 293 Rdnr. 46). Entsprechendes gilt für Spal-

---

[136] Dazu neben den Nachw. in der nachfolgenden Fn. insbes. *Goette* (Fn. 125) S. 11 ff., 21 ff.; *Westermann* NZG 2002, 1129, 1134 f.

[137] BGHZ 151, 181, 183 ff., 186 ff. = NZG 2002, 914 (§ 826 BGB); BGHZ 149, 10, 16 ff. = NJW 2001, 3622 (§ 823 Abs. 2 BGB iVm. § 266 StGB).

[138] Allg. dazu Scholz/*Emmerich* GmbHG § 13 Rdnr. 91 f.; im vorliegenden Zusammenhang *Röhricht*, FS BGH, S. 83, 97 ff. (in zutr. Auseinandersetzung mit *Ehricke* AcP 199 [1999], 258 ff.); *Ulmer* ZIP 2001, 2021, 2026.

[139] Dagegen allerdings BGHZ 68, 312 = NJW 1977, 1449; zumindest skeptisch BGH NJW 1999, 2809; *Goette* § 9 Rdnr. 45; dafür namentlich Hachenburg/*Ulmer* GmbHG Anh. § 30 Rdnr. 35 ff.; *Lutter/Hommelhoff* GmbHG § 13 Rdnr. 6 ff.

[140] S. im einzelnen Vor § 311 Rdnr. 33 ff.

[141] Eingehend dazu sowie zur phasenverschobenen Vereinnahmung der Tochtergewinne *Henssler*, FS für Zöllner, S. 203, 208 ff.

[142] Vgl. für das GmbH-Recht namentlich Scholz/*Emmerich* GmbHG Anh. Konzernrecht Rdnr. 58 ff.; Hachenburg/*Ulmer* GmbHG Anh. § 77 Rdnr. 69 ff., 94 ff.; Rowedder/Schmidt-Leithoff/*Koppensteiner* GmbHG Anh. § 52 Rdnr. 81 ff.; *Liebscher* S. 160 ff.; *Wehlmann* S. 34 ff.; aus der Rechtsprechung namentlich OLG Stuttgart NZG 2000, 159 = AG 2000, 229; dazu *Rottnauer* NZG 2001, 115, 118 ff.

[143] Dazu sowie zu satzungsmäßigen Konzernklauseln s. Vor § 311 Rdnr. 31.

tungen iSd. § 123 UmwG; zu ihrer Wirksamkeit bedarf es nach §§ 125, 50 UmwG eines Zustimmungsbeschlusses auf seiten der sich spaltenden GmbH.

43 Im übrigen können die Gesellschafter nicht nur sämtliche Maßnahmen der Geschäftsführung an sich ziehen und den Geschäftsführern entsprechende Weisungen erteilen. Vielmehr haben die Geschäftsführer nach § 49 Abs. 2 GmbHG **ungewöhnliche Maßnahmen** von sich aus den Gesellschaftern vorzulegen. Hierzu wird man zumindest[144] die (durch die Satzung gedeckte)[145] erstmalige Begründung eines Abhängigkeitsverhältnisses rechnen müssen.[146] Ihr gleich stehen Maßnahmen der Gruppenumbildung, darunter insbes. die Einbringung von Beteiligungsrechten der GmbH in eine andere Tochtergesellschaft (Vor § 311 Rdnr. 42). Mißachtet der Geschäftsführer die Zuständigkeit der Gesellschafterversammlung, so hat jeder Gesellschafter einen Abwehr- und Beseitigungsanspruch (Vor § 311 Rdnr. 49); von Bedeutung ist dies in Fällen, in denen der Kompetenzübergriff im Zusammenwirken mit einem dominierenden Gesellschafter erfolgt. Vorbehaltlich der Fälle eines Mißbrauchs der Vertretungsmacht soll allerdings die Wirksamkeit der fraglichen Maßnahme auch dann nicht in Frage gestellt sein, wenn durch sie die Struktur der Gesellschaft tiefgreifend geändert wird.[147]

44 **3. Gruppenleitung.** Für Maßnahmen der Gruppenleitung, d. h. für die Ausübung bestehender Beteiligungsrechte in einem von der GmbH abhängigen Unternehmen, gelten die vorstehend (Rdnr. 43) getroffenen Feststellungen entsprechend.[148] Die GmbH-Gesellschafter können nicht nur jegliche Maßnahme an sich ziehen und den Geschäftsführern hinsichtlich der Ausübung der Beteiligungsrechte Weisungen erteilen. Aus Sicht der Obergesellschaft und ihrer Gesellschafter bedeutende Maßnahmen innerhalb der Tochtergesellschaft haben die Geschäftsführer vielmehr von sich aus vorzulegen. Hierzu rechnen insbes. die Aufnahme weiterer Gesellschafter, Kapitalerhöhungen und der Abschluß von Unternehmensverträgen.[149] Zu § 32 MitbestG s. Einl. Rdnr. 33.

Dritter Teil. Eingegliederte Gesellschaften

§ 319 Eingliederung

(1) Die Hauptversammlung einer Aktiengesellschaft kann die Eingliederung der Gesellschaft in eine andere Aktiengesellschaft mit Sitz im Inland (Hauptgesellschaft) beschließen, wenn sich alle Aktien der Gesellschaft in der Hand der zukünftigen Hauptgesellschaft befinden. Auf den Beschluß sind die Bestimmungen des Gesetzes und der Satzung über Satzungsänderungen nicht anzuwenden.

(2) Der Beschluß über die Eingliederung wird nur wirksam, wenn die Hauptversammlung der zukünftigen Hauptgesellschaft zustimmt. Der Beschluß über die Zustimmung bedarf einer Mehrheit, die mindestens drei Viertel des bei der Beschlußfas-

---

[144] Es versteht sich, daß der Kreis der zustimmungspflichtigen Maßnahmen nicht enger gezogen werden darf als im Aktienrecht (dazu Vor § 311 Rdnr. 33 ff.), zutr. *Lutter/Leinekugel* ZIP 1998, 225, 232.

[145] Andernfalls bedarf es ohnehin einer Satzungsänderung, s. Rdnr. 42; Vor § 311 Rdnr. 31.

[146] Näher zum Kreis der ungewöhnlichen Maßnahmen Scholz/*U. H. Schneider* GmbHG § 37 Rdnr. 13 ff.; *Lutter/Hommelhoff* GmbHG § 37 Rdnr. 10 f.; Baumbach/Hueck/*Zöllner* GmbHG § 37 Rdnr. 6 ff.; speziell zu Maßnahmen der Konzernbildung OLG Koblenz ZIP 1990, 1572; Rowedder/Schmidt-Leithoff/*Koppensteiner* GmbHG

Anh. § 52 Rdnr. 86 f.; *Jungkurth* S. 30 ff.; *Lutter/Leinekugel* ZIP 1998, 225, 231 f.; *Wehlmann* S. 43 ff.; *Zitzmann* S. 44 ff., 53 ff.

[147] Hachenburg/*Ulmer* GmbHG Anh. § 77 Rdnr. 70 f.; Rowedder/Schmidt-Leithoff/*Koppensteiner* GmbHG Anh. § 52 Rdnr. 87; s. dazu aber auch Vor § 311 Rdnr. 48.

[148] Hachenburg/*Ulmer* GmbHG Anh. § 77 Rdnr. 96; Scholz/*Emmerich* GmbHG Anh. Konzernrecht Rdnr. 64.

[149] Vgl. neben den Nachw. in Fn. 146 insbes. *Lutter/Leinekugel* ZIP 1998, 225, 231 f.; ferner Vor § 311 Rdnr. 43 f.

sung vertretenen Grundkapitals umfaßt. Die Satzung kann eine größere Kapitalmehrheit und weitere Erfordernisse bestimmen. Absatz 1 Satz 2 ist anzuwenden.

(3) Von der Einberufung der Hauptversammlung der zukünftigen Hauptgesellschaft an, die über die Zustimmung zur Eingliederung beschließen soll, sind in dem Geschäftsraum dieser Gesellschaft zur Einsicht der Aktionäre auszulegen

1. der Entwurf des Eingliederungsbeschlusses;
2. die Jahresabschlüsse und die Lageberichte der beteiligten Gesellschaften für die letzten drei Geschäftsjahre;
3. ein ausführlicher schriftlicher Bericht des Vorstands der zukünftigen Hauptgesellschaft, in dem die Eingliederung rechtlich und wirtschaftlich erläutert und begründet wird (Eingliederungsbericht).

Auf Verlangen ist jedem Aktionär der zukünftigen Hauptgesellschaft unverzüglich und kostenlos eine Abschrift der in Satz 1 bezeichneten Unterlagen zu erteilen. In der Hauptversammlung sind diese Unterlagen auszulegen. Jedem Aktionär ist in der Hauptversammlung auf Verlangen Auskunft auch über alle im Zusammenhang mit der Eingliederung wesentlichen Angelegenheiten der einzugliedernden Gesellschaft zu geben.

(4) Der Vorstand der einzugliedernden Gesellschaft hat die Eingliederung und die Firma der Hauptgesellschaft zur Eintragung in das Handelsregister anzumelden. Der Anmeldung sind die Niederschriften der Hauptversammlungsbeschlüsse und ihre Anlagen in Ausfertigung oder öffentlich beglaubigter Abschrift beizufügen.

(5) Bei der Anmeldung nach Absatz 4 hat der Vorstand zu erklären, daß eine Klage gegen die Wirksamkeit eines Hauptversammlungsbeschlusses nicht oder nicht fristgemäß erhoben oder eine solche Klage rechtskräftig abgewiesen oder zurückgenommen worden ist; hierüber hat der Vorstand dem Registergericht auch nach der Anmeldung Mitteilung zu machen. Liegt die Erklärung nicht vor, so darf die Eingliederung nicht eingetragen werden, es sei denn, daß die klageberechtigten Aktionäre durch notariell beurkundete Verzichtserklärung auf die Klage gegen die Wirksamkeit des Hauptversammlungsbeschlusses verzichten.

(6) Der Erklärung nach Absatz 5 Satz 1 steht es gleich, wenn nach Erhebung einer Klage gegen die Wirksamkeit eines Hauptversammlungsbeschlusses das für diese Klage zuständige Landgericht auf Antrag der Gesellschaft, gegen deren Hauptversammlungsbeschluß sich die Klage richtet, durch rechtskräftigen Beschluß festgestellt hat, daß die Erhebung der Klage der Eintragung nicht entgegensteht. Der Beschluß nach Satz 1 darf nur ergehen, wenn die Klage gegen die Wirksamkeit des Hauptversammlungsbeschlusses unzulässig oder offensichtlich unbegründet ist oder wenn das alsbaldige Wirksamwerden der Eingliederung nach freier Überzeugung des Gerichts unter Berücksichtigung der Schwere der mit der Klage geltend gemachten Rechtsverletzungen zur Abwendung der vom Antragsteller dargelegten wesentlichen Nachteile für die Gesellschaft und ihre Aktionäre vorrangig erscheint. Der Beschluß kann in dringenden Fällen ohne mündliche Verhandlung ergehen. Die vorgebrachten Tatsachen, aufgrund derer der Beschluß nach Satz 2 ergehen kann, sind glaubhaft zu machen. Gegen den Beschluß findet die sofortige Beschwerde statt. Erweist sich die Klage als begründet, so ist die Gesellschaft, die den Beschluß erwirkt hat, verpflichtet, dem Antragsgegner den Schaden zu ersetzen, der ihm aus einer auf dem Beschluß beruhenden Eintragung der Eingliederung entstanden ist.

(7) Mit der Eintragung der Eingliederung in das Handelsregister des Sitzes der Gesellschaft wird die Gesellschaft in die Hauptgesellschaft eingegliedert.

Schrifttum: *Baums*, Empfiehlt sich eine Neuregelung des aktienrechtlichen Anfechtungs- und Organhaftungsrechts, insbes. der Klagemöglichkeiten von Aktionären?, Gutachten F für den 63. Deutschen Juristentag, 2000; *Bayer*, Die Kontrollfunktion der aktienrechtlichen Anfechtungsklage, in Gesellschaftsrecht in der

Diskussion 1999, Schriftenreihe der Gesellschaftsrechtlichen Vereinigung (VGR), 2000, S. 35; *ders.*, Aktionärsklagen de lege lata und de lege ferenda, NJW 2000, 2609; *Bokelmann,* Eintragung eines Beschlusses: Prüfungskompetenz des Registerrichters bei Nichtanfechtung, rechtsmißbräuchlicher Anfechtungsklage und bei Verschmelzung, DB 1994, 1341; *Bork,* Beschlußverfahren und Beschlußkontrolle nach dem Referentenentwurf eines Gesetzes zur Bereinigung des Umwandlungsrechts, ZGR 1993, 343; *ders.,* Das Unbedenklichkeitsverfahren nach § 16 Abs. 3 UmwG, in Lutter (Hrsg.), Verschmelzung – Spaltung – Formwechsel, Kölner Umwandlungsrechtstage, 1995, S. 261; *Boujong,* Rechtsmißbräuchliche Aktionärsklagen vor dem Bundesgerichtshof, FS für Kellermann, 1991, S. 1; *Brandner/Bergmann,* Anfechtungsklage und Registersperre, FS für Bezzenberger, 2000, S. 59; *Decher,* Die Überwindung der Registersperre nach § 16 Abs. 3 UmwG, AG 1997, 388; *Ebenroth,* Die Erweiterung des Auskunftsgegenstands im Recht der verbundenen Unternehmen, AG 1970, 104; *Emmerich/Sonnenschein/Habersack,* 7. Aufl. 2001, § 10; *Habersack,* Der persönliche Schutzbereich des § 303 AktG, FS für Koppensteiner, 2001, S. 31; *Heermann,* Auswirkungen einer Behebbarkeit oder nachträglicher Korrektur von gerügten Verfahrensmängeln auf das Unbedenklichkeitsverfahren nach § 16 Abs. 3 UmwG, ZIP 1999, 1861; *Hirte,* Die Behandlung unbegründeter oder mißbräuchlicher Gesellschafterklagen im Referentenentwurf eines Umwandlungsgesetzes, DB 1993, 77; *Hoffmann-Becking,* Das neue Verschmelzungsrecht in der Praxis, FS für Fleck, 1988, S. 105; *Hommelhoff,* Die Konzernleitungspflicht, 1982; *ders.,* Zur Kontrolle strukturändernder Gesellschafterbeschlüsse, ZGR 1990, 447; *ders.,* Minderheitenschutz bei Umstrukturierungen, ZGR 1993, 452; *Kiem,* Die Eintragung der angefochtenen Verschmelzung, 1991; *ders.,* Umwandlungsrecht – Rückschau und Entwicklungstendenzen nach drei Jahren Praxis, in Hommelhoff/Röhricht (Hrsg.), Gesellschaftsrecht 1997, 1998, S. 105; *Köhler,* Rückabwicklung fehlerhafter Unternehmenszusammenschlüsse (Unternehmensvertrag, Eingliederung, Verschmelzung, Gemeinschaftsunternehmen), ZGR 1985, 307; *Kort,* Bestandsschutz fehlerhafter Strukturänderungen im Kapitalgesellschaftsrecht, 1998; *Krieger,* Fehlerhafte Satzungsänderungen: Fallgruppen und Bestandskraft, ZHR 158 (1994), 35; *Mülbert,* Unternehmensbegriff und Konzernorganisationsrecht, ZHR 163 (1999), 1; *Noack,* Das Freigabeverfahren bei Umwandlungsbeschlüssen – Bewährung und Modell, ZHR 164 (2000), 274; *Prael,* Eingliederung und Beherrschungsvertrag als körperschaftliche Rechtsgeschäfte, 1978; *E. Rehbinder,* Gesellschaftsrechtliche Probleme mehrstufiger Unternehmensverbindungen, ZGR 1977, 581; *Rettmann,* Die Rechtmäßigkeitskontrolle von Verschmelzungsbeschlüssen, 1998; *Riegger/Schockenhoff,* Das Unbedenklichkeitsverfahren zur Eintragung der Umwandlung ins Handelsregister, ZIP 1997, 2105; *C. Schäfer,* Die Lehre vom fehlerhaften Verband, 2002; *Chr. Schmid,* Das umwandlungsrechtliche Unbedenklichkeitsverfahren und die Reversibilität registrierter Verschmelzungsbeschlüsse, ZGR 1997, 493; *Schiessl,* Die Kontrollfunktion der aktienrechtlichen Anfechtungsklage – Erwiderung aus der Sicht der Praxis, in Gesellschaftsrecht in der Diskussion 1999, Schriftenreihe der Gesellschaftsrechtlichen Vereinigung (VGR), 2000, S. 57; *Sonnenschein,* Die Eingliederung im mehrstufigen Konzern, BB 1975, 1088; *Sosnitza,* Das Unbedenklichkeitsverfahren nach § 16 Abs. 3 UmwG – Bestandsaufnahme eines gesellschaftsrechtlichen Rechtsschutzinstruments im Lichte der jüngsten Rechtsprechung, NZG 1999, 965; *Timm/Schick,* Zwingende „Verschmelzungssperre" nach § 345 Abs. 2 Satz 1 AktG bei anhängigen Anfechtungsverfahren?, DB 1990, 1221; *Winter,* Die Anfechtung eintragungsbedürftiger Strukturbeschlüsse de lege lata und de lege ferenda, FS für Ulmer, 2003, S. 683.

Übersicht

I. Einführung

1. Die §§ 319 ff. im Überblick. a) Gesetzesgeschichte. Die durch das AktG 1965 **1** neu geschaffenen §§ 319 bis 327 regeln die sog. Eingliederung einer AG in eine andere AG. Sie sind durch **Art. 6 Nr. 10 bis 12 des Gesetzes zur Bereinigung des Umwandlungsrechts** v. 28. 10. 1994[1] nicht unwesentlich geändert worden. Hervorzuheben sind die Neuregelung der *Registersperre* durch § 319 Abs. 5, die Einführung des Unbedenklichkeitsverfahrens des § 319 Abs. 6 zum Zwecke der Überwindung der Registersperre, ferner die Einführung eines *Eingliederungsberichts* durch § 319 Abs. 3 Nr. 3 sowie für die Mehrheitseingliederung die Einführung einer *Eingliederungsprüfung* durch § 320 Abs. 3, schließlich die Entschlackung des § 320 aF betreffend die Mehrheitseingliederung durch Schaffung der – in der Sache freilich nicht neuen – §§ 320 a, 320 b. Durch **Art. 2 Bilanzrichtlinien-Gesetz** v. 19. 12. 1985[2] wurde bereits die Vorschrift des § 325 betreffend die Befreiung der eingegliederten Gesellschaft von der Pflicht zur Offenlegung des Jahresabschlusses aufgehoben. Artikel 2 Nr. 5 und 6 des Regierungsentwurfs eines **Spruchverfahrensneuordnungsgesetzes** (Einl. Rdnr. 27 b) sieht Änderungen der §§ 320, 320 b vor (§ 320 Rdnr. 2; § 320 b Rdnr. 2).

b) Inhalt der §§ 319 ff. Die §§ 319 bis 320 b regeln zunächst die *Voraussetzungen* der **2** Eingliederung und das Eingliederungsverfahren. Dabei unterscheiden sie zwischen der Eingliederung einer hundertprozentigen Tochter (§ 319) und der Eingliederung durch Mehrheitsbeschluß (§§ 320 bis 320 b). Im zuletzt genannten Fall hat die Eingliederung das Ausscheiden der *Minderheitsaktionäre* und den Übergang der Aktien auf die Hauptgesellschaft zur Folge; die ausgeschiedenen Aktionäre haben Anspruch auf Abfindung nach Maßgabe des § 320 b. Mit der Eingliederung erlangt die Hauptgesellschaft nach § 323 Abs. 1 das Recht zur Erteilung von *Weisungen;* zudem heben §§ 323 Abs. 2, 324 die Grundsätze der Kapitalaufbringung und -erhaltung partiell auf. Der mit §§ 323, 324 verbundenen Gefährdung der Interessen der *Gläubiger* der eingegliederten Gesellschaft tragen die Vorschriften der §§ 321 f. dadurch Rechnung, daß sie den Altgläubigern Anspruch auf Sicherheitsleistung gewähren und die Haftung der Hauptgesellschaft für sämtliche Verbindlichkeiten der eingegliederten Gesellschaft anordnen. Hinzu kommt nach § 324 Abs. 3 die Verpflichtung der Hauptgesellschaft zum Verlustausgleich. § 326 erstreckt das Auskunftsrecht des Aktionärs der Hauptgesellschaft auf die Angelegenheiten der eingegliederten Gesellschaft. Die Beendigung der Eingliederung und deren Folgen sind schließlich in § 327 geregelt.

c) Status der eingegliederten Gesellschaft; Verhältnis zu §§ 293 ff., 311 ff. Die **3** eingegliederte Gesellschaft verliert durch die Eingliederung nicht ihre **Rechtspersönlichkeit;** sie besteht vielmehr als juristische Person fort.[3] Nach § 323 erlangt die Hauptgesellschaft allerdings ein **umfassendes Weisungsrecht,** das über das mit einem Beherrschungsvertrag verbundene Weisungsrecht deutlich hinausgeht und der eingegliederten Gesellschaft den Charakter einer „rechtlich selbständigen Betriebsabteilung" verleiht.[4] Das Konzernverhältnis, das nach § 18 Abs. 1 S. 2 durch die Eingliederung begründet wird, kommt deshalb

---

[1] BGBl. I S. 3210, 3262 f.; s. dazu auch Begr. zum RegE, BT-Drucks. 12/6699, S. 179 f.

[2] BGBl. I S. 2355; s. dazu auch Begr. zum RegE, BT-Drucks. 10/4268, S. 120 f.

[3] Zu den damit möglicherweise verbundenen Vorteilen gegenüber einer Verschmelzung (Erhal-

tung des Firmennamens und von Vorstand und Aufsichtsrat; geringere verkehrsteuerliche Belastung) s. MünchHdb. AG/*Krieger* § 73 Rdnr. 1.

[4] Begr. zum RegE bei *Kropff* AktG S. 429, 431.

in seinen Wirkungen einer Verschmelzung iSd. §§ 2 ff. UmwG durchaus nahe.[5] Der mit dem umfassenden Weisungsrecht und der Lockerung der Grundsätze über die Kapitalaufbringung und -erhaltung verbundenen Gefährdung der Gläubiger tragen die Vorschriften der §§ 321, 322, 324 Abs. 3 Rechnung (Rdnr. 2). Vor diesem Hintergrund ist es nur konsequent, daß nach §§ 323 Abs. 1 S. 3, 324 Abs. 2 im Verhältnis zwischen der Hauptgesellschaft und der eingegliederten Gesellschaft die Vorschriften der §§ 311 ff. und – bei Bestehen eines Gewinnabführungsvertrags oder eines Vertrags iSd. § 292 Abs. 1 Nr. 1, 2 – die §§ 293 bis 296, 298 bis 303 keine Anwendung finden. Bei einer **mehrstufigen Unternehmensverbindung** beurteilt sich die Anwendbarkeit der §§ 293 ff., 311 ff. entsprechend den Ausführungen in § 311 Rdnr. 17 ff.

4   **2. Inhalt des § 319.** Die Vorschrift des § 319 regelt die Voraussetzungen und das Verfahren der Eingliederung einer Aktiengesellschaft, deren Aktien sich zu *hundert Prozent* in der Hand einer anderen Aktiengesellschaft, der sog. (zukünftigen) *Hauptgesellschaft*, befinden. Abs. 1 statuiert zunächst die Voraussetzungen auf seiten der *einzugliedernden Gesellschaft*. Abs. 2 bestimmt, daß die Hauptversammlung der *Hauptgesellschaft* der Eingliederung zustimmen muß. Für die notwendige *Information* der Aktionäre der Hauptgesellschaft sorgt Abs. 3. Das Registerverfahren ist in Abs. 4 bis 7 geregelt. Abs. 4 bestimmt zunächst, daß die Eingliederung und die Firma der Hauptgesellschaft vom Vorstand der abhängigen Gesellschaft zur Eintragung in das *Handelsregister* anzumelden sind. Voraussetzung für die Eintragung ist nach Abs. 5 die Abgabe einer sog. Negativerklärung durch den Vorstand der einzugliedernden Gesellschaft; deren Fehlen begründet grundsätzlich eine Registersperre. Nach Abs. 6 kann die Negativerklärung ausnahmsweise durch Beschluß des Prozeßgerichts ersetzt werden. Abs. 7 ordnet schließlich die konstitutive Wirkung der Eintragung an. – Gem. ausdrücklicher Klarstellung in § 320 Abs. 1 S. 3 finden die Vorschriften des § 319 Abs. 1 S. 2, Abs. 2 bis 7 auch auf die in §§ 320 bis 320b geregelte Eingliederung durch *Mehrheitsbeschluß* Anwendung.

II. Allgemeine Voraussetzungen der Eingliederung

5   **1. Rechtsform der beteiligten Gesellschaften.** Eine Eingliederung setzt nach Abs. 1 S. 1 zunächst voraus, daß die *einzugliedernde Gesellschaft* die Rechtsform einer AG hat. Die Eingliederung einer KGaA ist demnach nicht möglich; sie wäre unvereinbar mit § 278 Abs. 2 und der persönlichen Haftung des Komplementärs.[6] Auch die *künftige Hauptgesellschaft* muß nach Abs. 1 S. 1 die Rechtsform einer AG haben.[7] Dies erklärt sich aus der in § 322 angeordneten Haftung der Hauptgesellschaft für die Verbindlichkeiten der einzugliedernden Gesellschaft; die Gläubiger sollen auch insoweit in den Genuß der strengen aktienrechtlichen Grundsätze über die Kapitalaufbringung und -erhaltung kommen.[8] Von nur theoretischer Bedeutung dürfte die Frage sein, ob die Hauptgesellschaft Unternehmen iSd. § 15 sein muß. Obschon § 319 dies (anders als § 291 Abs. 1) nicht ausdrücklich klarstellt, kann die Rechtslage doch keine andere als bei Abschluß eines Beherrschungsvertrags sein. Verlangt man also für den Abschluß eines Beherrschungsvertrags die Unternehmenseigenschaft, muß Entsprechendes für die Eingliederung gelten (näher dazu § 291 Rdnr. 9; zur Frage der Unternehmenseigenschaft des Formkaufmanns s. § 15 Rdnr. 21 f.).

6   Nach bislang wohl einhM soll die **Eingliederung in eine KGaA** ausgeschlossen sein.[9] Dagegen bestehen allerdings Bedenken. Zwar mag es sein, daß die persönliche Haftung des

---

[5] Begr. zum RegE bei *Kropff* S. 421; *Koppensteiner* in Kölner Kommentar Vor § 319 Rdnr. 3; Münch-KommAktG/*Grunewald* Vor § 319 Rdnr. 3.

[6] *Koppensteiner* in Kölner Kommentar Vor § 319 Rdnr. 6; *Würdinger* in GroßkommAktG, 3. Aufl., Anm. 2.

[7] Auf die Unternehmenseigenschaft der Hauptgesellschaft kommt es nach dem Wortlaut des § 319

Abs. 1 nicht an; zur Frage, ob Formkaufleute per se Unternehmenseigenschaft besitzen, s. § 15 Rdnr. 21 f.

[8] Begr. zum RegE bei *Kropff* AktG S. 422; *Würdinger* in GroßkommAktG, 3. Aufl., Anm. 1.

[9] *Koppensteiner* in Kölner Kommentar Vor § 319 Rdnr. 5; MünchKommAktG/*Grunewald* Rdnr. 1; *Hüffer* Rdnr. 4; *Veit* S. 54 f.; *Ebenroth* AG 1970, 104,

Komplementärs „teilweise die Funktion des Grundkapitals als Kreditunterlage" übernimmt und deshalb das satzungsmäßige Grundkapital der KGaA bisweilen nicht an das vergleichbarer Aktiengesellschaften heranreicht. Entscheidend ist jedoch allein, daß auch die KGaA, was die Aufbringung und Erhaltung ihres Garantiekapitals betrifft, nach § 278 Abs. 3 denselben Bindungen unterliegt wie eine AG. Auf die Höhe des Grundkapitals kann es dabei nicht ankommen; die Eingliederung in eine *AG* ist denn auch in dem Fall zulässig, daß das Grundkapital dieser Gesellschaft nicht über das gesetzliche Mindestkapital hinausgeht. Was etwaige außenstehende Aktionäre der einzugliedernden AG betrifft, so werden sie im Fall der Eingliederung zwar Kommanditaktionäre der KGaA; die Vorschrift des § 250 UmwG, der zufolge die zentralen Schutzvorschriften der §§ 207 bis 212 UmwG auf den *Formwechsel* einer AG in eine KGaA keine Anwendung finden, läßt jedoch erkennen, daß sie auch die Folgen einer Mehrheitseingliederung in eine KGaA hinzunehmen haben. Nach allem sprechen gute Gründe für eine erweiternde Auslegung des Abs. 1 S. 1 und damit für die Zulässigkeit der Eingliederung in eine KGaA, und zwar unabhängig davon, ob die Gesellschaft über eine natürliche Person als Komplementär verfügt.[10] Folgt man dem, so bedarf der Zustimmungsbeschluß der KGaA (Rdnr. 13 ff.) nach § 285 Abs. 2 S. 1 der Zustimmung der Komplementäre.

2. Sitz der beteiligten Gesellschaften. Die einzugliedernde Gesellschaft und die künf- **7** tige Hauptgesellschaft müssen ihren Sitz[11] im Inland haben. Für die *einzugliedernde Gesellschaft* versteht sich dies von selbst, unterläge doch die Eingliederung einer Gesellschaft mit Sitz im Ausland nicht dem deutschen Recht.[12] Für die künftige *Hauptgesellschaft* statuiert dagegen Abs. 1 S. 1 ausdrücklich das Erfordernis eines inländischen Sitzes. Soweit der Gesetzgeber damit dem Umstand Rechnung tragen wollte, daß die ausländischen Vorschriften zum Schutz der Gläubiger ggf. hinter dem Standard des AktG zurückbleiben, kommt dem freilich für die Mitgliedstaaten der EU angesichts des insbes. durch die Kapitalrichtlinie[13] erreichten Stands der Rechtsangleichung keine entscheidende Bedeutung mehr zu. Vor diesem Hintergrund erscheint es durchaus fraglich, ob das auf die künftige Hauptgesellschaft bezogene Sitzerfordernis mit der Niederlassungsfreiheit vereinbar ist (s. auch § 305 Rdnr. 10).

3. Eigentum an allen Aktien. Eine Eingliederung nach § 319 setzt des weiteren voraus, **8** daß sich alle Aktien der einzugliedernden Gesellschaft „in der Hand der zukünftigen Hauptgesellschaft befinden." Die künftige Hauptgesellschaft muß somit Inhaber aller Mitgliedschaften und damit Eigentümer sämtlicher Aktien sein. Da sich das genannte Erfordernis nicht auf den Eingliederungs- oder Zustimmungsbeschluß bezieht, sondern als eigenständige materiell-rechtliche Voraussetzung für die Wirksamkeit der Eingliederung anzusehen ist, kommt es für sein Vorliegen auf den **Zeitpunkt der Eintragung** der Eingliederung in das Handelsregister an.[14] Die Zurechnungsnorm des **§ 16 Abs. 4 findet keine Anwendung.**[15] Eine Eingliederung nach § 319 ist somit auch dann ausgeschlossen, wenn es sich bei dem außenstehenden Aktionär um eine sonstige Tochtergesellschaft der künftigen Hauptgesellschaft handelt. Sie ist ferner dann ausgeschlossen, wenn die einzugliedernde Gesellschaft **eigene Aktien** hält.[16] Die *Verpflichtung* der künftigen Hauptgesellschaft zur Übertragung

---

108; tendenziell wie hier jetzt aber *J. Meyer,* Haftungsbeschränkung im Recht der Handelsgesellschaften, 2000, S. 784 ff.
[10] Zur Zulässigkeit der KGaA mit einer Kapitalgesellschaft als einzigem Komplementär s. BGH NJW 1997, 1923, ferner § 279 Abs. 2 AktG und dazu *Hüffer* § 278 Rdnr. 8.
[11] Zur herrschenden Sitztheorie und zur Frage ihrer Vereinbarkeit mit der Niederlassungsfreiheit s. § 311 Rdnr. 21; § 291 Rdnr. 33.
[12] Zutr. *Hüffer* Rdnr. 4.
[13] Richtlinie 77/91/EWG vom 13. 12. 1976, ABl. EG Nr. L 26/1; Abdruck der konsolidierten Fassung in *Habersack* Rdnr. 206.

[14] So für die Mehrheitseingliederung zu Recht *Bungert* NZG 2000, 167, 168 mwN; für § 62 UmwG auch *Henze* AG 1993, 341, 344; aA MünchKommAktG/*Grunewald* Rdnr. 5.
[15] EinhM, s. bereits Begr. zum RegE bei *Kropff* AktG S. 422 f.; ferner *Koppensteiner* in Kölner Kommentar Vor § 319 Rdnr. 9; MünchKommAktG/*Grunewald* Rdnr. 3. Zur abweichenden Rechtslage beim squeeze out s. § 327 a Rdnr. 17.
[16] *Koppensteiner* in Kölner Kommentar Vor § 319 Rdnr. 11; MünchKommAktG/*Grunewald* Rdnr. 3; *Hüffer* Rdnr. 4; MünchHdb. AG/*Krieger* § 73 Rdnr. 7; s. demgegenüber zur Mehrheitseingliederung § 320 Rdnr. 9.

von Aktien der einzugliedernden Gesellschaft steht allerdings der Vornahme einer Eingliederung gem. § 319 nicht entgegen.[17] Auch treuhänderisch gebundenes Eigentum, insbes. **Sicherungseigentum,** und bereits verkauftes Eigentum genügen also. Die künftige Hauptgesellschaft läuft in einem solchen Fall zwar Gefahr, daß sie entweder ihre schuldrechtlichen Bindungen verletzt oder die Eingliederung gem. **§ 327 Abs. 1 Nr. 3** mit Übertragung auch nur einer Aktie endet. Schon aus Gründen der Rechtssicherheit hat es jedoch bei der Maßgeblichkeit der formalen Eigentümerstellung zu bewenden, zumal die künftige Hauptgesellschaft, wenn sie trotz ihrer Verpflichtung zur Anteilsübertragung eingliedert, nicht schutzwürdig ist.[18] Entsprechendes gilt für von der Gesellschaft begebene und im Zeitpunkt der Eingliederung noch nicht bediente **Optionen** auf Aktien (§ 320 b Rdnr. 8); auch sie stehen der Eingliederung nach § 319 nicht entgegen.

9   Ist die Hauptgesellschaft nicht Alleineigentümer, so ist ein gleichwohl gefaßter Eingliederungsbeschluß (Rdnr. 10 ff.) **nach § 241 Nr. 3 nichtig.**[19] § 320 a findet schon deshalb keine Anwendung, weil diese Vorschrift im sachlichen Zusammenhang mit der Mehrheitsgliederung nach § 320 und den dort vorgesehenen, vorliegend nicht beachteten Mechanismen zum Schutz der außenstehenden Aktionäre steht; die außenstehenden Aktionäre der vermeintlich eingegliederten Gesellschaft gehen also ihrer Anteile nicht verlustig.[20] Mit Blick auf § 327 Abs. 1 Nr. 3 erfolgt deshalb auch keine Heilung der Nichtigkeit nach § 242 Abs. 2.[21] Im übrigen ist es zwar auch im Fall des § 241 Nr. 3 nicht prinzipiell ausgeschlossen, die Grundsätze über die **fehlerhafte Gesellschaft** zur Anwendung zu bringen;[22] angesichts der Schwere des Mangels ist vorliegend jedoch auch für eine nur vorläufige Anerkennung der Eingliederung kein Raum.[23] Die *Gläubiger* der vermeintlich eingegliederten Gesellschaft können sich nach Maßgabe des § 15 Abs. 3 HGB auf §§ 321, 322 berufen; den vermeintlich ausgeschiedenen Aktionären gegenüber kann sich die Hauptgesellschaft, da sie die fehlerhafte Eingliederung veranlaßt hat, nicht auf das Ausscheiden berufen.[24]

III. Eingliederungsbeschluß (Abs. 1)

10   **1. Allgemeines.** Nach Abs. 1 S. 1 erfolgt die Eingliederung auf der Grundlage eines Beschlusses der Hauptversammlung der einzugliedernden Gesellschaft. Der Abschluß eines *Eingliederungsvertrags* ist nicht erforderlich.[25] Wird gleichwohl ein solcher Vertrag geschlossen, so erschöpft er sich in der Begründung eines schuldrechtlichen Rechtsverhältnisses; strukturändernde Elemente und der Charakter eines Organisationsvertrags fehlen ihm als solchem gänzlich. Ungeachtet des Erfordernisses eines Zustimmungsbeschlusses nach Abs. 2 (Rdnr. 13 ff.) handelt es sich somit bei der Eingliederung um einen *innergesellschaftlichen Vorgang.* Der Beschluß kommt entsprechend allgemeinen Grundsätzen dadurch zustande, daß der *Vorstand* als gesetzlicher Vertreter der künftigen Hauptgesellschaft deren Stimmrechte ausübt. Im Hinblick auf die Stellung der künftigen Hauptgesellschaft als Alleinaktionär (Rdnr. 8 f.) hat der Vorgang zwar den Charakter eines „Formalakts" (s. Rdnr. 11).[26] Dies ist

[17] MünchKommAktG/*Grunewald* Rdnr. 4; MünchHdb. AG/*Krieger* § 73 Rdnr. 7; *Hüffer* Rdnr. 4; aA *Koppensteiner* in Kölner Kommentar Vor § 319 Rdnr. 10.
[18] AA *Koppensteiner* in Kölner Kommentar Vor § 319 Rdnr. 10.
[19] MünchKommAktG/*Grunewald* Rdnr. 4; *Hüffer* Rdnr. 4; MünchHdb. AG/*Krieger* § 73 Rdnr. 7. – Zur Rechtslage bei der Mehrheitseingliederung s. § 320 Rdnr. 10.
[20] Zustimmend *Schäfer* S. 472; aA MünchKommAktG/*Grunewald* Rdnr. 6.
[21] So auch MünchKommAktG/*Grunewald* Rdnr. 6; s. ferner *Stein* ZGR 1994, 472, 487, 489 f.
[22] *Kort* S. 174 f., 188 ff.; s. dazu noch Rdnr. 12, 13, 26, 40 f.; § 320 Rdnr. 10; § 320 b Rdnr. 22. –

Näher zur Lehre von der fehlerhaften Gesellschaft und zu ihrer Anwendbarkeit auf fehlerhafte Organisationsakte K. *Schmidt* GesR § 6; *ders.* in GroßkommAktG § 248 Rdnr. 7; *Krieger* ZHR 158 (1994), 35 ff.; *Kort* S. 24 f., 123 ff.; *Schäfer* S. 289 ff. (466 ff.); s. ferner zum fehlerhaften Unternehmensvertrag § 291 Rdnr. 28 ff.
[23] So auch *Kort* S. 190 f. für den Fall, daß die für die Mehrheitseingliederung erforderliche Anteilsmehrheit nicht erreicht ist; aA *Schäfer* S. 471 f.
[24] So im Ergebnis auch *Kort* S. 191; *Krieger* ZHR 158 (1994), 35, 43; MünchKommAktG/*Grunewald* Rdnr. 6; aA *Köhler* ZGR 1985, 307, 321 f.
[25] Vgl. OLG München AG 1993, 430; *Hüffer* Rdnr. 3.
[26] So Begr. zum RegE bei *Kropff* AktG S. 422.

freilich keine Besonderheit des Eingliederungsbeschlusses. De iure ist vielmehr auch der Eingliederungsbeschluß ein Akt der **Willensbildung** der einzugliedernden Gesellschaft; im Hinblick auf den **Grundlagencharakter** der Eingliederung, der in einer Überlagerung der Satzung der einzugliedernden Gesellschaft durch die §§ 319 ff. zum Ausdruck kommt, ordnet Abs. 1 S. 1 für diesen Akt der Willensbildung die Zuständigkeit der Hauptversammlung an.[27]

2. Beschlußverfahren und -inhalt. Nach Abs. 1 S. 2 finden die §§ 179 ff. sowie **11** etwaige Bestimmungen der Satzung über Satzungsänderungen auf den Eingliederungsbeschluß keine Anwendung. Dies entspricht der Vorschrift des § 293 Abs. 1 S. 4 betreffend den Beschluß über die Zustimmung zu einem Unternehmensvertrag (s. § 293 Rdnr. 23). Der Eingliederungsbeschluß unterliegt somit den allgemeinen Regeln über Hauptversammlungsbeschlüsse. Die allgemeinen Voraussetzungen der Eingliederung (Rdnr. 5 ff.) müssen vorliegen. Da die künftige Hauptgesellschaft notwendigerweise Alleinaktionär der einzugliedernden Gesellschaft ist (Rdnr. 9 f.), ist die Hauptversammlung stets **Vollversammlung iSd. § 121 Abs. 6.** Der Beschluß kann somit auch ohne Einhaltung der Bestimmungen der §§ 121 ff. betreffend die Einberufung der Hauptversammlung gefaßt werden. Unter den Voraussetzungen des § 130 Abs. 1 S. 3 bedarf der Eingliederungsbeschluß zudem nicht der notariellen Beurkundung; insoweit ist von Bedeutung, daß das Gesetz für den Eingliederungsbeschluß keine besondere Mehrheit vorschreibt (s. noch § 320 Rdnr. 11). Es genügt deshalb, daß der Vorstand als gesetzlicher Vertreter der zukünftigen Hauptgesellschaft die Eingliederungserklärung als Inhalt des Beschlusses zur **Niederschrift** abgibt und der Aufsichtsratsvorsitzende die Niederschrift unterzeichnet.[28] Ein **Teilnehmerverzeichnis** iSd. § 129 ist dagegen schon mit Rücksicht auf Abs. 4 S. 2 iVm. § 130 Abs. 3 unentbehrlich.[29]

Was den **Inhalt** des Beschlusses betrifft, so erschöpft er sich in der Verlautbarung der **12** Eingliederung der Gesellschaft. Angaben über die Organisationsstruktur des Eingliederungskonzerns, insbes. über die Aufgabenaufteilung und den Grad der (De-)Zentralisierung, braucht der Beschluß nicht zu enthalten.[30] Die Eingliederung eines „Teils" der Gesellschaft, etwa eines Betriebes oder des von der Gesellschaft betriebenen Unternehmens, ist nicht möglich.[31] Im Fall eines Beschlußmangels kommt grundsätzlich (s. aber Rdnr. 9) die Lehre von der **fehlerhaften Gesellschaft** zur Anwendung (Rdnr. 26, 40 f.; § 320 b Rdnr. 22). Im übrigen bestimmen sich die Rechtsfolgen eines **Beschlußmangels** im Fall der Eingliederung nach § 319 nach §§ 241 ff. (§ 320 b Rdnr. 15 ff., dort auch zur Frage einer Inhaltskontrolle des Eingliederungsbeschlusses); allein für die Mehrheitseingliederung enthält § 320 b Abs. 2 Sondervorschriften (§ 320 b Rdnr. 17 ff.).

IV. Zustimmungsbeschluß (Abs. 2)

1. Normzweck. Nach § 319 Abs. 2 S. 1 wird der Eingliederungsbeschluß der einzu- **13** gliedernden Gesellschaft (Rdnr. 10 ff.) nur wirksam, wenn ihm die Hauptversammlung der *zukünftigen Hauptgesellschaft* zustimmt. Die Notwendigkeit der Mitwirkung der Hauptversammlung erklärt sich für sämtliche Fälle der Eingliederung aus der Haftung der Hauptgesellschaft für die alten und neuen Verbindlichkeiten der eingegliederten Gesellschaft und aus der Verpflichtung zur Verlustübernahme, für die Eingliederung durch Mehrheitsbeschluß zudem aus der Abfindungsverpflichtung nach § 320 b Abs. 1 S. 2 (s. noch § 320 Rdnr. 6,

---

[27] *Koppensteiner* in Kölner Kommentar Rdnr. 2 aE; *Hüffer* Rdnr. 3, näher *Prael* S. 96 ff. (104 ff.); s. für Unternehmensverträge auch BGHZ 122, 211, 217 = NJW 1993, 1976.

[28] Zur weiterhin möglichen Erklärung zur notariellen Niederschrift s. *Koppensteiner* in Kölner Kommentar Rdnr. 3.

[29] *Koppensteiner* in Kölner Kommentar Rdnr. 3 aE; *Würdinger* in GroßkommAktG, 3. Aufl.,

Anm. 10; MünchKommAktG/*Grunewald* Rdnr. 7; *Hüffer* Rdnr. 5.

[30] *Koppensteiner* in Kölner Kommentar Rdnr. 5, 7; MünchKommAktG/*Grunewald* Rdnr. 8; *Hüffer* Rdnr. 5; MünchHdb. AG/*Krieger* § 73 Rdnr. 8; aA *Hommelhoff* S. 354 ff.

[31] Vgl. statt aller MünchKommAktG/*Grunewald* Rdnr. 9.

§ 320 b Rdnr. 4 ff.).[32] Diese Rechtsfolgen der Eingliederung soll der Vorstand der künftigen Hauptgesellschaft nicht ohne Mitwirkung der Hauptversammlung begründen können (s. auch § 293 Rdnr. 36). Konstruktiv handelt es sich bei dem Zustimmungsbeschluß um eine Wirksamkeitsvoraussetzung des Eingliederungsbeschlusses. Demgegenüber ist es der *Eingliederungsbeschluß*, der auf die Herbeiführung der organisationsrechtlichen Folgen zielt, was zur Folge hat, daß für die Lehre von der fehlerhaften Gesellschaft (Rdnr. 9) auch dann Raum ist, wenn es an einem Zustimmungsbeschluß gänzlich fehlt.[33]

14   **2. Beschlußerfordernisse, Beschlußverfahren und -inhalt.** Die Beschlußerfordernisse sind in Abs. 2 S. 2 bis 4 genannt; sie entsprechen den Anforderungen, die **§ 293 Abs. 2 S. 2, Abs. 1 S. 2 bis 4** für den Beschluß über die Zustimmung zu einem Beherrschungs- oder Gewinnabführungsvertrag aufstellt (§ 293 Rdnr. 23 ff., 36). Insbes. sind nach Abs. 2 S. 4 iVm. Abs. 1 S. 2 die für Satzungsänderungen geltenden Regeln des AktG und der Satzung auch auf den Zustimmungsbeschluß nicht anwendbar. Der Beschluß bedarf einer Mehrheit von mindestens 3/4 des bei der Beschlußfassung vertretenen Grundkapitals; die Satzung kann weitere Erfordernisse bestimmen. Hinsichtlich des Beschlußverfahrens finden die allgemeinen Vorschriften der §§ 121 ff. Anwendung. Der Inhalt des Beschlusses kann sich auf die Zustimmung zum Eingliederungsbeschluß und – im Fall der Mehrheitseingliederung – zu dem Abfindungsangebot beschränken.[34]

15   Die **Reihenfolge** von Eingliederungs- und Zustimmungsbeschluß ist unerheblich. Der Zustimmungsbeschluß kann also dem Eingliederungsbeschluß auch vorangehen.[35] Auch hinsichtlich etwaiger **Beschlußmängel** ist der Zustimmungsbeschluß unabhängig von dem Eingliederungsbeschluß zu beurteilen (§ 320 b Rdnr. 15 f.); schon in Ermangelung eines Eingliederungsvertrags (Rdnr. 10) ist also der Zustimmungsbeschluß nicht deshalb anfechtbar, weil die allgemeinen Voraussetzungen der Eingliederung (Rdnr. 5 ff.) nicht vorliegen oder der *Eingliederungsbeschluß* an einem sonstigen Beschlußmangel leidet.[36] Wie der Eingliederungsbeschluß (§ 320 b Rdnr. 21) bedarf auch der Zustimmungsbeschluß keiner *sachlichen Rechtfertigung* (§ 320 Rdnr. 6, § 320 b Rdnr. 5). Im Fall der Mehrheitseingliederung können die Aktionäre der Hauptgesellschaft allerdings die *Unangemessenheit des Abfindungsangebots* im Wege der Anfechtungsklage geltend machen (§ 320 b Rdnr. 16). Darüber hinaus kann die Anfechtung des Zustimmungsbeschlusses insbes. auf eine Verletzung der besonderen *Informationspflichten* aus §§ 319 Abs. 3 (Rdnr. 17 ff.), 320 Abs. 2, 4 (§ 320 Rdnr. 12 ff.) gestützt werden (§ 320 b Rdnr. 16). Die Anfechtung des Zustimmungsbeschlusses kann auch noch nach Eintragung der Eingliederung (Rdnr. 41) erfolgen,[37] mag dies auch mit Blick auf Abs. 4 bis 6 praktisch so gut wie ausgeschlossen sein. Die Grundsätze über die fehlerhafte Gesellschaft finden Anwendung (Rdnr. 9, 12, 40 f.; § 320 b Rdnr. 22). Zur Beschlußanfechtung s. noch § 320 b Rdnr. 15 f.

16   **3. Mehrstufige Unternehmensverbindung.** Kommt es zur Eingliederung einer Enkel-AG in eine Tochter-AG, so ist fraglich, ob es zusätzlich zu dem Zustimmungsbeschluß der Tochter eines Zustimmungsbeschlusses der Mutter-AG bedarf. Dies ist jedenfalls für den Fall zu verneinen, daß die Tochter-AG ihrerseits noch nicht in die Mutter-AG eingegliedert ist.[38] Ist dagegen bereits die Tochter-AG in die Mutter-AG eingegliedert, so belastet die nachfolgende Eingliederung der Enkel-AG in die Tochter-AG die Mutter-AG mittelbar mit

---

[32] Vgl. bereits Begr. zum RegE bei *Kropff* AktG S. 422; ferner *Koppensteiner* in Kölner Kommentar Rdnr. 5; *Hüffer* Rdnr. 6; *Sonnenschein* BB 1975, 1088, 1089; aA *Hommelhoff* S. 346 ff., 354 ff.

[33] Zutreffend *Schäfer* S. 468 f.; allgemein zur Anwendbarkeit der Lehre von der fehlerhaften Gesellschaft s. Rdnr. 9 mwN.

[34] *Koppensteiner* in Kölner Kommentar Rdnr. 7; MünchKommAktG/*Grunewald* Rdnr. 11; *Hüffer* Rdnr. 8; aA *Hommelhoff* S. 354 ff.

[35] OLG München AG 1993, 430; Münch-KommAktG/*Grunewald* Rdnr. 11; MünchHdb. AG/*Krieger* § 73 Rdnr. 10.

[36] Zutr. OLG München AG 1993, 430 mit Hinweis darauf, daß der Zustimmungsbeschluß bei Unwirksamkeit des Eingliederungsbeschlusses gegenstandslos ist; aA *Schäfer* S. 469.

[37] MünchKommAktG/*Grunewald* Rdnr. 26; aA *Prael* S. 113 f.

[38] Vgl. MünchHdb. AG/*Krieger* § 73 Rdnr. 14; *Emmerich/Sonnenschein/Habersack* § 10 III 5 b; s. ferner § 293 Rdnr. 10 ff.

den Verbindlichkeiten und Verlusten auch der Enkel-AG; denn diese begründen dann entsprechende Verbindlichkeiten und Verluste der Tochter-AG, für die die Mutter-AG nach §§ 322, 324 Abs. 3 einzustehen hat. Es sprechen deshalb gute Gründe für die Annahme einer *Pflicht des Mutter-Vorstands,* die Ausübung des Stimmrechts in der Hauptversammlung der Tochter-AG von der Zustimmung der Anteilseigner abhängig zu machen.[39] Der Sache nach handelt es sich bei dem Erfordernis der Zustimmung der Mutteraktionäre um einen Anwendungsfall der „Holzmüller"-Doktrin.[40] Dementsprechend ist die Mitwirkung der Hauptversammlung der Mutter-AG nur bei nennenswerter Bedeutung der Eingliederung der Enkel-AG für den Gesamtkonzern erforderlich (s. Vor § 311 Rdnr. 37 ff.).[41] Die hM ist zudem der Ansicht, daß der Beschluß der Mutter-AG kein Wirksamkeitserfordernis ist, ihm vielmehr nur für das Innenverhältnis Bedeutung zukommt (s. aber auch Vor § 311 Rdnr. 48).[42]

V. Information der Aktionäre der Hauptgesellschaft (Abs. 3)

1. Überblick. Die 1994 neu geschaffene (Rdnr. 1) Vorschrift des Abs. 3 stellt sicher, daß **17** sich die *Aktionäre der zukünftigen Hauptgesellschaft* die für die Beschlußfassung nach Abs. 2 erforderlichen Informationen beschaffen können. Die Informationsmöglichkeiten nach neuem Recht gehen wesentlich über diejenigen nach § 319 aF hinaus; dieser sah in Abs. 2 S. 5 lediglich das – in Abs. 3 S. 4 unverändert übernommene – erweiterte *Auskunftsrecht* der Aktionäre vor (Rdnr. 22 f.). Die wichtigste Neuerung besteht in der Einführung eines *Eingliederungsberichts* (Rdnr. 18 ff.). Darüber hinaus bestimmt Abs. 3 S. 1 Nr. 1 bis 3, S. 3, daß der Eingliederungsbericht, der Entwurf des Eingliederungsbeschlusses (Rdnr. 10 ff.) und die Jahresabschlüsse und Lageberichte der beteiligten Gesellschaften für die letzten drei Geschäftsjahre von der Einberufung der Hauptversammlung an in dem Geschäftsraum der zukünftigen Hauptgesellschaft und sodann in der Hauptversammlung *auszulegen* sind. Nach Abs. 3 S. 2 hat jeder Aktionär der zukünftigen Hauptgesellschaft Anspruch auf unverzügliche und kostenlose Erteilung einer *Abschrift* der nach S. 1 Nr. 1 bis 3 auszulegenden Unterlagen. Abs. 3 S. 1 bis 3 betreffend die **Verpflichtung zur Auslegung** der Unterlagen und **zur Erteilung von Abschriften** ist im wesentlichen den §§ 293 f, 293 g Abs. 1 und 3 nachgebildet; auf die Erläuterungen zu diesen Vorschriften wird verwiesen (§ 293 f Rdnr. 3 ff.; § 293 g Rdnr. 3 ff.). Ein Verstoß gegen Abs. 3 hat unter den weiteren Voraussetzungen des § 243 Abs. 1 die **Anfechtbarkeit** des Zustimmungsbeschlusses zur Folge (Rdnr. 15, 18, 23; § 320 b Rdnr. 16). Die Festsetzung eines Zwangsgeldes ist dagegen in § 407 nicht vorgesehen.

2. Eingliederungsbericht. Die Vorschrift des Abs. 3 S. 1 Nr. 3 regelt die Verpflichtung **18** zur *Auslegung* und damit zugleich die Verpflichtung zur Erstellung eines sog. Eingliederungsberichts. Der Bericht ist zusammen mit den in Abs. 3 S. 1 Nr. 1 und 2 genannten Unterlagen (Rdnr. 17) von der Einberufung der Hauptversammlung an im Geschäftsraum der zukünftigen Hauptgesellschaft und sodann in der Hauptversammlung *auszulegen;* nach Abs. 3 S. 2 ist jedem Aktionär auf Verlangen eine *Abschrift* zu erteilen (Rdnr. 17). Die Berichtspflicht folgt dem **Vorbild des § 293 a** betreffend den Unternehmensvertrag und demjenigen des **§ 8 UmwG** betreffend die Verschmelzung. Entspricht der Bericht nicht den Anforderungen des Abs. 3 S. 1 Nr. 3 (iVm. § 320 Abs. 4, s. § 320 Rdnr. 15 f.) oder fehlt er ganz, so begründet dies grundsätzlich die **Anfechtbarkeit** des Zustimmungsbeschlusses, im Fall des § 320 Abs. 4 zudem ggf. diejenige des Eingliederungsbeschlusses

---

[39] So auch *Koppensteiner* in Kölner Kommentar Rdnr. 6; MünchKommAktG/*Grunewald* Rdnr. 13; *Hüffer* Rdnr. 7; *Rehbinder* ZGR 1977, 581, 617 f.; weitergehend – für Wirksamkeitserfordernis – *Sonnenschein* BB 1975, 1088, 1091 f.; aA – gegen Notwendigkeit einer Mitwirkung – MünchHdb. AG/*Krieger* § 73 Rdnr. 14.

[40] BGHZ 83, 122; näher dazu Vor § 311 Rdnr. 33 ff.
[41] So auch *Grunewald* und *Hüffer,* jew. aaO (Fn. 39).
[42] Vgl. die Nachw. in Fn. 39.

(§ 320 b Rdnr. 20).[43] Einer *Eingliederungsprüfung* bedarf es nach § 320 Abs. 3 allerdings nur in den Fällen der Eingliederung durch Mehrheitsbeschluß (§ 320 Rdnr. 18 ff.).

19 **Adressat** der Berichtspflicht ist der *Vorstand der zukünftigen Hauptgesellschaft.* Wie im Fall des § 293 a ist der Vorstand als *Kollegialorgan* angesprochen (näher § 293 a Rdnr. 16 ff.). Eine Berichtspflicht des Vorstands der *einzugliedernden Gesellschaft* erübrigt sich dagegen im Hinblick auf die Beteiligungsverhältnisse (Rdnr. 8 f.); für die Mehrheitseingliederung sieht § 320 Abs. 4 S. 1 lediglich die Auslegung des Berichts des Vorstands der zukünftigen Hauptgesellschaft vor (§ 320 Rdnr. 15). Hinsichtlich der **Form** des Eingliederungsberichts bestimmt Abs. 3 S. 1 Nr. 3 in Übereinstimmung mit § 293 a, daß der Bericht schriftlich abzufassen und damit insbes. von sämtlichen Mitgliedern des Vorstands zu unterzeichnen ist (§ 293 a Rdnr. 18). Der Bericht muß den Aktionären nach § 319 Abs. 3 S. 1 und 2 von der Einberufung der Hauptversammlung an zur Verfügung stehen (Rdnr. 17); etwaige Mängel des Berichts können deshalb nicht durch Erläuterungen in der Hauptversammlung geheilt werden.[44]

20 Was den **Berichtsinhalt** betrifft, so ist nach Abs. 3 S. 1 Nr. 3 die Eingliederung in rechtlicher und wirtschaftlicher Hinsicht ausführlich zu erläutern und zu begründen. Gegenstand der Berichtspflicht ist somit allein die *Eingliederung* als solche, im Fall der Mehrheitseingliederung zudem der Abfindungsanspruch der Minderheitsaktionäre (§ 320 Rdnr. 16). Im übrigen ist § 319 Abs. 3 S. 1 Nr. 3 dem § 293 a Abs. 1 nachgebildet. Auf die Ausführungen in § 293 a Rdnr. 19 ff. kann deshalb mit der Maßgabe verwiesen werden, daß sich der Inhalt des Eingliederungsberichts im Fall des § 319 (zur Mehrheitseingliederung s. noch § 320 Rdnr. 16) an der für die Aktionäre der zukünftigen Hauptgesellschaft zentralen Eingliederungsfolge, nämlich der Haftung nach § 322 und der Verlustausgleichspflicht nach 324 Abs. 3, ausrichten muß.[45] Im Unterschied zu § 293 a Abs. 2, § 8 Abs. 2 UmwG enthält § 319 Abs. 3 S. 1 Nr. 3 keine **Schutzklausel.** Da sich diesbezüglich den Materialien nichts entnehmen läßt[46] und auch im übrigen kein Sachgrund für eine über § 8 UmwG hinausgehende Berichtspflicht zu erkennen ist, kann davon ausgegangen werden, daß es sich um ein Redaktionsversehen handelt; es ist durch analoge Anwendung der § 293 a Abs. 2, § 8 Abs. 2 UmwG zu korrigieren.[47] Entsprechendes ist für die Möglichkeit eines **Verzichts auf den Vorstandsbericht** anzunehmen. Auch insoweit ist wohl die besondere Regelungstechnik des § 319 Abs. 3 S. 1 Nr. 3, nämlich die stillschweigende Anordnung der Berichtspflicht im Zusammenhang mit der Verpflichtung zur *Auslegung* des Berichts (Rdnr. 18), ursächlich für die versehentlich unterbliebene Aufnahme einer Vorschrift nach Art der § 293 a Abs. 3, § 8 Abs. 3 UmwG. Für die Annahme eines Redaktionsversehens spricht auch die Vorschrift des § 320 Abs. 3, die ausdrücklich die Möglichkeit eines Verzichts auf die *Eingliederungsprüfung* entsprechend § 293 a Abs. 3 vorsieht (§ 320 Rdnr. 18). Vor diesem Hintergrund bietet sich hinsichtlich des Verzichts auf den *Eingliederungsbericht* die entsprechende Anwendung des § 293 a Abs. 3 an; abweichend von § 8 Abs. 3 UmwG bedürfen somit die Verzichtserklärungen der Aktionäre der zukünftigen Hauptgesellschaft und der Aktionäre der einzugliedernden Gesellschaft – im Fall des § 319 ist dies lediglich die zukünftige Hauptgesellschaft (Rdnr. 8 f.) – nur der *öffentlichen Beglaubigung.*[48]

---

[43] MünchKommAktG/*Grunewald* Rdnr. 17; für die Verschmelzung BGHZ 107, 296, 302 f. = NJW 1989, 2689; BGH ZIP 1990, 168, 170. Allgemein zur „Relevanz" der Informationspflichtverletzung BGH ZIP 2002, 172, 174; BGHZ 107, 296, 307; BGH ZIP 1992, 1227, 1233; OLG Karlsruhe WM 1989, 1134, 1140; *Henze* BB 2002, 893 ff.; zur Problematik der Anfechtbarkeit von Beschlüssen wegen Informationsmängeln s. ferner *Baums* Gutachten S. 125 ff., 129 ff.; *Bayer* in VGR, S. 35, 46 ff.; *ders.* NJW 2000, 2609, 2613 ff.; *Schwarz* ZRP 2000, 330, 334 ff.; *Schiessl* in VGR, S. 57 ff.; *Winter*, FS für Ulmer, 2003, S. 683, 692 ff.; *Zöllner* AG 2000, 145, 147 ff.

[44] LG Frankfurt/M. AG 1998, 45, 47; MünchKommAktG/*Grunewald* Rdnr. 17; aA *Bayer* AG 1998, 323, 330.

[45] *Hüffer* Rdnr. 11.

[46] Vgl. Begr. zum RegE, BT-Drucks. 12/6699 S. 179.

[47] So auch MünchHdb. AG/*Krieger* § 73 Rdnr. 12; MünchKommAktG/*Grunewald* Rdnr. 16; wohl auch *Hüffer* Rdnr. 11 („gut vertretbar").

[48] Zustimmend MünchKommAktG/*Grunewald* Rdnr. 15.

3. Erläuterung durch den Vorstand. Während § 293 g Abs. 2 S. 1 und § 64 Abs. 1 **21**
S. 2 UmwG ausdrücklich bestimmen, daß der Vorstand den Unternehmens- oder Verschmelzungsvertrag mündlich zu erläutern hat, läßt es § 319 Abs. 3 zwar an einer entsprechenden Vorschrift vermissen. Dies steht freilich einer analogen Anwendung der genannten
Vorschriften nicht entgegen.[49] Den Aktionären ist deshalb noch einmal zusammenfassend
die rechtliche und wirtschaftliche Bedeutung des Eingliederungsvorhabens vor Augen zu
führen; ggf. sind die Ausführungen im Eingliederungsbericht zu aktualisieren. Unterbleibt
die gebotene Erläuterung, so ist der Eingliederungsbeschluß grundsätzlich anfechtbar.[50]

4. Auskunftsrecht. Nach Abs. 3 S. 4 ist jedem Aktionär in der Hauptversammlung, die **22**
gem. Abs. 2 über die Zustimmung zur Eingliederung entscheidet, auf Verlangen Auskunft
auch über alle im Zusammenhang mit der Eingliederung wesentlichen Angelegenheiten der
einzugliedernden Gesellschaft zu geben. Eine wortgleiche Bestimmung enthielt bereits
§ 319 Abs. 2 S. 5 aF (Rdnr. 1, 17). Zur Auskunft verpflichtet ist der Vorstand der zukünftigen Hauptgesellschaft. Die Bestimmung des Kreises der „wesentlichen Angelegenheiten"
hat sich an der für die Aktionäre maßgeblichen Rechtsfolge einer Eingliederung nach § 319,
nämlich der Haftung nach §§ 322, 324 Abs. 3 und der damit verbundenen Gefahr einer
Verwässerung des Anteilswerts, zu orientieren. Vor diesem Hintergrund sind all' diejenigen
Angelegenheiten der einzugliedernden Gesellschaft „wesentlich", die Rückschlüsse auf die
Vermögens-, Ertrags- und Liquiditätslage der einzugliedernden Gesellschaft erlauben;[51] die
Ausführungen in § 293 g Rdnr. 9 ff. betreffend das entsprechende Auskunftsrecht nach
§ 293 g Abs. 3 gelten sinngemäß. Zur Mehrheitseingliederung s. noch § 320 Rdnr. 17.

Das Auskunftsrecht nach Abs. 3 S. 4 ist – ebenso wie dasjenige nach § 326 – eine **23**
besondere Ausprägung des allgemeinen Auskunftsrechts nach § 131. Unter den Voraussetzungen des § 131 Abs. 3 hat deshalb der Vorstand grundsätzlich das Recht zur **Auskunftsverweigerung.** Eine Ausnahme ist allerdings für den Tatbestand des § 131 Abs. 3 Nr. 1
anzuerkennen (s. auch § 293 g Rdnr. 11 f. mwN).[52] Im Hinblick auf §§ 322, 324 Abs. 3
kann den Aktionären die erbetene Auskunft jedenfalls nicht mit der Begründung verweigert
werden, daß die Offenlegung einer negativen Vermögens-, Ertrags- oder Liquiditätslage *als
solche* geeignet ist, der einzugliedernden Gesellschaft einen nicht unerheblichen Nachteil
zuzufügen. Einzelaspekte der drohenden oder bereits realisierten Risiken brauchen allerdings
nicht offengelegt zu werden.[53] Hinsichtlich des Auskunftsrechts nach § 326 findet § 131
Abs. 3 Nr. 1 uneingeschränkt Anwendung (§ 326 Rdnr. 3). Im Fall einer Verletzung des
Auskunftsrechts ist der Zustimmungsbeschluß anfechtbar gem. § 243 Abs. 1, 4.[54]

VI. Anmeldung zur Eintragung, Registerverfahren und Eintragung (Abs. 4 bis 7)

1. Überblick. Nach § 319 Abs. 7 erlangt die Eingliederung erst durch Eintragung in das **24**
Handelsregister der einzugliedernden Gesellschaft Wirksamkeit (Rdnr. 41). Das bei der
Eintragung zu beachtende Registerverfahren ist durch Art. 6 Nr. 10 des Gesetzes zur
Bereinigung des Umwandlungsrechts (Rdnr. 1) erheblich geändert worden und nunmehr
Gegenstand der Abs. 5 und 6. Bereits nach § 319 Abs. 3 S. 2 aF war vom Vorstand eine sog.

[49] *Koppensteiner* in Kölner Kommentar Rdnr. 10;
MünchKommAktG/*Grunewald* Rdnr. 22; Münch-
Hdb. AG/*Krieger* § 73 Rdnr. 13; *Hüffer* Rdnr. 12;
aA *Würdinger* in GroßkommAktG, 3. Aufl.,
Anm. 14.
[50] So auch MünchKommAktG/*Grunewald* Rdnr.
23; zur Relevanz der Pflichtverletzung s. die Nachw.
in Fn. 43 betreffend die Berichtspflicht.
[51] MünchKommAktG/*Grunewald* Rdnr. 24; näher *Ebenroth* AG 1970, 104, 108 f.; s. ferner *Koppensteiner* in Kölner Kommentar Rdnr. 8.
[52] So auch *Koppensteiner* in Kölner Kommentar
Rdnr. 8; *Würdinger* in GroßkommAktG, 3. Aufl.,

Anm. 14; im Grundsatz (s. sogleich im Text und in
Fn. 53) auch MünchKommAktG/*Grunewald*
Rdnr. 25 und *Hüffer* Rdnr. 12; aA MünchHdb.
AG/*Krieger* § 73 Rdnr. 13.
[53] So auch MünchKommAktG/*Grunewald* Rdnr.
25; enger wohl *Hüffer* Rdnr. 12, dem zufolge der
Ausschlußgrund jedenfalls hinsichtlich der bereits
begründeten Verbindlichkeiten nicht anzuwenden
ist.
[54] Zur Relevanz der Auskunftsverweigerung s.
BGHZ 122, 211, 238 f. = NJW 1993,1976 mwN; s.
ferner die Nachw. in Fn. 43 betr. die Verletzung der
Berichtspflicht.

Negativerklärung abzugeben; diese ist von § 319 Abs. 5 S. 1 nF in modifizierter, nämlich an § 16 Abs. 2 S. 1 UmwG angepaßter Form übernommen worden (Rdnr. 26 ff.). Fehlt die Negativerklärung, so begründet dies nach dem neu gefaßten Abs. 5 S. 2 grundsätzlich eine *Registersperre* (Rdnr. 29 ff.). Die Vorschrift des Abs. 6 sieht allerdings ein *Unbedenklichkeitsverfahren* vor, mit dem die bei Fehlen der Negativerklärung eingreifende Registersperre ausnahmsweise überwunden werden kann (Rdnr. 32 ff.). Die *Anmeldung* zur Eintragung ist nunmehr in Abs. 4 geregelt (Rdnr. 25); die Vorschrift entspricht der des § 319 Abs. 3 S. 1 und 3 aF.

25   **2. Anmeldung (Abs. 4).** Nach Abs. 4 S. 1 hat der Vorstand der einzugliedernden Gesellschaft die Eingliederung und die Firma der Hauptgesellschaft zur Eintragung in das Handelsregister anzumelden. Die Anmeldung erfolgt mithin nur bei dem für die einzugliedernde Gesellschaft zuständigen Registergericht. Eine Anmeldung bei dem Registergericht der zukünftigen *Hauptgesellschaft* ist dagegen in Abs. 4 nicht vorgesehen und zur Wirksamkeit der Eingliederung auch nicht erforderlich;[55] insoweit bewendet es vielmehr bei § 130 Abs. 5. Die Anmeldung der Eingliederung kann nach § 407 Abs. 2 S. 1 (der versehentlich noch auf § 319 Abs. 3 a. F. Bezug nimmt) nicht im Wege des Zwangsgeldverfahrens erzwungen werden; dies erklärt sich aus der konstitutiven Wirkung der Eintragung (Rdnr. 41). Der Vorstand ist jedoch nach § 83 Abs. 2 der *Gesellschaft* gegenüber zur Anmeldung verpflichtet. Nach Abs. 4 S. 2 sind der Anmeldung die Niederschriften beider Hauptversammlungsbeschlüsse (Rdnr. 10 ff., 13 ff.) und ihre Anlagen (iSd. § 130 Abs. 3)[56] beizufügen, und zwar entweder in Ausfertigung oder in öffentlich beglaubigter Abschrift.

26   **3. Negativerklärung (Abs. 5). a) Funktion.** In Ermangelung einer dem § 20 Abs. 2 UmwG entsprechenden Vorschrift schließt zwar die Eintragung der Eingliederung die Geltendmachung von Beschlußmängeln keineswegs aus (Rdnr. 41). Da jedoch eine **Rückabwicklung** der einmal vollzogenen Eingliederung mit Rücksicht auf die Grundsätze über die fehlerhafte Gesellschaft regelmäßig nicht in Betracht kommt (Rdnr. 40 f.; § 320 b Rdnr. 22), sucht das Gesetz durch das Erfordernis einer sog. Negativerklärung des Vorstands der einzugliedernden Gesellschaft die Eintragung einer auf unwirksamer oder anfechtbarer Grundlage basierenden Eingliederung und die damit verbundene Gefährdung oder gar Vereitelung des Rechts zur Geltendmachung von Beschlußmängeln zu verhindern.[57] Ist auch nur einer der beiden Hauptversammlungsbeschlüsse (Rdnr. 10 ff.) angegriffen worden, so kann eine solche Negativerklärung nicht abgegeben und deshalb die Eingliederung grundsätzlich nicht eingetragen werden (s. Rdnr. 29 ff., aber auch Rdnr. 32 ff.). Das Eintragungsverfahren ist dann vielmehr bis zur Entscheidung über den Beschlußmangel auszusetzen (Rdnr. 29).

27   **b) Inhalt (S. 1).** Nach Abs. 5 S. 1 Halbs. 1 hat sich der Vorstand *über sämtliche Klagen zu erklären,* die *gegen die Wirksamkeit* des Eingliederungs- oder Zustimmungsbeschlusses (Rdnr. 10 ff.) erhoben worden sind oder erhoben werden können. Davon betroffen sind die Anfechtungs- (§§ 243, 248) und die Nichtigkeitsklage (§ 249). Die allgemeine Feststellungsklage des § 256 ZPO, gerichtet auf Feststellung der Unwirksamkeit oder Nichtigkeit eines Hauptversammlungsbeschlusses, ist dagegen nicht „gegen die Wirksamkeit eines Hauptversammlungsbeschlusses" gerichtet und löst somit nicht die Registersperre des Abs. 5 aus.[58] Ist auch nur gegen einen der beiden Beschlüsse (Rdnr. 10 ff.) Nichtigkeitsklage oder fristgemäß Anfechtungsklage erhoben und die Klage nicht rechtskräftig abgewiesen oder zurückgenom-

---

[55] *Koppensteiner* in Kölner Kommentar Rdnr. 13; MünchKommAktG/*Grunewald* Rdnr. 28; *Hüffer* Rdnr. 13; aA *Hommelhoff* S. 359.

[56] Ein etwaiger Gewinnabführungsvertrag oder Vertrag iSd. § 292 Abs. 1 Nr. 1, 2 muß nach § 324 Abs. 2 (iVm. § 294 Abs. 1 S. 2) nicht beigefügt werden.

[57] Vgl. im Zusammenhang mit § 16 Abs. 2 UmwG auch *Bork* ZGR 1993, 343, 359 f.; *Hirte* DB 1993, 77.

[58] So zu § 16 Abs. 2 UmwG *K. Schmidt* in GroßkommAktG § 249 Rdnr. 34, 44; aA *Hüffer* Rdnr. 14; MünchHdb. AG/*Krieger* § 73 Rdnr. 16; MünchKommAktG/*Grunewald* Rdnr. 30. Zur allgemeinen Feststellungsklage s. noch *K. Schmidt* aaO Rdnr. 34 ff.; *Hüffer* § 249 Rdnr. 2, 12, 21.

men worden, so kann die Erklärung nicht abgegeben und die Eingliederung nicht eingetragen werden. Hinsichtlich der *Klagefristen* gelten die allgemeinen Grundsätze; eine dem
§ 14 Abs. 1 UmwG entsprechende Vorschrift kennen die §§ 319 ff. nicht. Eine Anfechtungsklage muß deshalb innerhalb der Monatsfrist des § 246 Abs. 1 erhoben worden sein.
Die Anmeldung kann allerdings bereits vor Ablauf der Anfechtungsfrist erfolgen (Rdnr. 28).
Hinsichtlich der Nichtigkeitsklage laufen keine besonderen Fristen; insbes. die Dreijahresfrist
des § 242 Abs. 2 ist schon deshalb unbeachtlich, weil ihr Lauf die Eintragung in das
Handelsregister voraussetzt. Der Klagerücknahme iSd. Abs. 5 S. 1 Halbs. 1 steht die *Erledigung der Hauptsache* gleich.[59]

Nach Abs. 5 S. 1 Halbs. 2 hat der Vorstand dem Registergericht darüber Mitteilung zu   **28**
machen, daß eine der in Abs. 5 S. 1 Halbs. 1 genannten Tatsachen nach der Anmeldung
eingetreten ist. Damit trägt das Gesetz dem Umstand Rechnung, daß die Anmeldung und
mit ihr die Abgabe der Negativerklärung des Abs. 5 S. 1 Halbs. 1 auch schon vor Ablauf der
Anfechtungsfrist erfolgen kann, ferner, daß es bis zur Eintragung zur Erhebung einer
Nichtigkeitsklage kommen kann (Rdnr. 27). Die Negativerklärung bezieht sich in diesem
Fall auf den Zeitpunkt ihrer Abgabe. Die Vorschrift des Abs. 5 S. 1 Halbs. 2 ist zwar
allgemein gehalten, kann sich aber nur auf die nachträgliche Klageerhebung beziehen[60] und
hat insoweit vor allem die **nach Anmeldung** und Abgabe einer Negativerklärung erfolgte
Erhebung einer **Anfechtungsklage** im Auge. Im Interesse des Klägers[61] hat in diesem Fall
die nachträgliche Mitteilung durch den Vorstand die Außerkraftsetzung der zunächst abgegebenen Negativerklärung und damit den Eintritt der Registersperre (Rdnr. 29 ff.) zur
Folge. Es empfiehlt sich deshalb, mit der Anmeldung und der Abgabe der Negativerklärung
bis zum Ablauf der ohnehin kurz bemessenen *Anfechtungsfristen* zuzuwarten. Jedenfalls darf,
wie sich auch Abs. 5 S. 2 Halbs. 2 entnehmen läßt (Rdnr. 30), das Registergericht nicht vor
Ablauf der Anfechtungsfristen eintragen.[62]

c) Registersperre (S. 2). Fehlt die Negativerklärung oder macht der Vorstand Mittei-   **29**
lung nach Abs. 5 S. 1 Halbs. 2 (Rdnr. 28), so darf die Eingliederung grundsätzlich (s.
Rdnr. 30, 32 ff.) nicht eingetragen werden. § 319 Abs. 5 S. 2 bestimmt dies nunmehr –
ebenso wie § 16 Abs. 2 S. 2 UmwG – ausdrücklich, doch war die Registersperre bereits
unter Geltung der §§ 319 Abs. 3 S. 2, 345 Abs. 2 S. 1 aF anerkannt.[63] Unter Geltung des
§ 319 Abs. 5 und 6 darf das *Registergericht* allerdings in keinem Fall die Erfolgsaussichten der
Beschlußmängelklage beurteilen; die allgemeine Vorschrift des § 127 FGG findet demnach
mit der Maßgabe Anwendung, daß bei schwebender Anfechtungsklage das Eintragungsverfahren stets auszusetzen ist.[64] Die Negativerklärung ist **Eintragungsvoraussetzung.** Sofern
sie nicht durch einen Klageverzicht (Rdnr. 30 f.) oder einen Beschluß des *Prozeßgerichts*
(Rdnr. 32 ff.) ersetzt wird, darf die Eintragung nicht erfolgen; eine gleichwohl erfolgte
Eintragung unterliegt allerdings nicht der Amtslöschung nach § 144 Abs. 2 FGG.[65] Fehlt die
Negativerklärung, so hat das Registergericht nach § 26 S. 2 HRV den Vorstand durch
Zwischenverfügung und unter Fristsetzung aufzufordern, die Erklärung nachzureichen.
Kann der Vorstand die Erklärung aufgrund der Rechtshängigkeit einer Beschlußmängelklage
nicht abgeben, so ist das Eintragungsverfahren nach § 127 FGG auszusetzen.[66]

[59] Zutr. *Hüffer* Rdnr. 14; MünchKommAktG/
Grunewald Rdnr. 30. Zur Erledigung des Anfechtungsprozesses s. *Hüffer* § 248 Rdnr. 16.
[60] Bei nachträglicher Abweisung oder Rücknahme einer Klage konnte zunächst gar keine Negativerklärung abgegeben werden.
[61] Vgl. Begr. zum RegE, BT-Drucks. 12/6699
S. 88.
[62] MünchHdb. AG/*Krieger* § 73 Rdnr. 17; zu
§ 16 UmwG auch *Bork* in Lutter UmwG § 16
Rdnr. 11 mwN; aA MünchKommAktG/*Grunewald*
Rdnr. 40.

[63] Vgl. zu § 345 Abs. 2 S. 1 aF BGHZ 112, 9,
12 ff. = NJW 1990, 2747 mwN; zu § 319 Abs. 3
S. 2 aF *Koppensteiner* in Kölner Kommentar
Rdnr. 12; rechtspolitische Kritik an der Registersperre des § 319 Abs. 5 S. 2 bei *Kort* S. 78 ff., 186 f.
[64] MünchKommAktG/*Grunewald* Rdnr. 32; zu
§ 16 Abs. 2 S. 2 UmwG *Marsch-Barner* in Kallmeyer,
UmwG, 1997, § 16 Rdnr. 28.
[65] OLG Karlsruhe FGPrax 2001, 161, 162 = DB
2001, 1483; zu § 16 Abs. 2 UmwG OLG Hamm
ZIP 2001, 569, 571.
[66] Vgl. BGHZ 112, 9, 25 f. = NJW 1990, 2747.

30   Nach Abs. 5 S. 2 Halbs. 2 darf die Eingliederung ausnahmsweise auch bei Fehlen einer Negativerklärung eingetragen werden, wenn alle klageberechtigten Aktionäre in notariell beurkundeter Form einen **Klageverzicht** erklären. Dies entspricht der Rechtslage nach § 16 Abs. 2 S. 2 Halbs. 2 UmwG und soll die *Beschleunigung der Eingliederung* ermöglichen. Insbes. Gesellschaften mit kleinem Aktionärskreis sollen die Eintragung auch schon vor Ablauf der Anfechtungsfrist des § 246 Abs. 1 erreichen können. Dies ist deshalb von Bedeutung, weil auch bei einer vor Ablauf der Anfechtungsfrist erfolgten Anmeldung das Registergericht erst mit Fristablauf eintragen darf (Rdnr. 28). Gegenstand des Verzichts ist das Recht eines jeden Aktionärs, etwaige Beschlußmängel mittels Anfechtungs- oder Nichtigkeitsklage (s. Rdnr. 27) geltend zu machen.[67] Voraussetzung ist, daß es noch *nicht zur Klageerhebung gekommen* ist. Andernfalls bleibt nur die Möglichkeit einer Klagerücknahme und einer darauf gestützten Negativerklärung nach Abs. 5 S. 1 S. 1.

31   Abs. 5 S. 2 S. 2 Halbs. 2 spricht zwar von der Wirksamkeit „des" Hauptversammlungsbeschlusses, bezieht sich aber sowohl auf den **Eingliederungsbeschluß** (Rdnr. 10 ff.) als auch auf den **Zustimmungsbeschluß** (Rdnr. 13 ff.).[68] Erforderlich sind Verzichtserklärungen aller zur Anfechtung berechtigten Aktionäre.[69] Im Fall einer **Mehrheitseingliederung** nach §§ 320 ff. ist deshalb neben einem Verzicht der Aktionäre der zukünftigen Hauptgesellschaft und der Hauptgesellschaft selbst ein Verzicht der *Minderheitsaktionäre* der einzugliedernden Gesellschaft erforderlich. Nicht erforderlich ist dagegen ein Verzicht der nach § 245 Nr. 4 zur Anfechtung berechtigten Vorstände der beiden Gesellschaften. Liegen die Voraussetzungen des Abs. 5 S. 2 Halbs. 2 vor, so ist dadurch allerdings nur die Negativerklärung ersetzt und damit *eine* Eintragungsvoraussetzung erfüllt. Im übrigen bleibt also die **Prüfungspflicht** des Registergerichts unberührt.[70]

32   **4. Unbedenklichkeitsverfahren (Abs. 6). a) Allgemeines.** Nach Abs. 6 S. 1 steht der Negativerklärung die durch rechtskräftigen Beschluß getroffene Feststellung gleich, daß die Erhebung einer Klage gegen den Eingliederungs- oder Zustimmungsbeschluß (Rdnr. 10 ff.) die Eintragung des angegriffenen Beschlusses nicht hindert. Das Gesetz will dadurch für den Fall, daß die Beschlußmängelklage unzulässig oder offensichtlich unbegründet ist oder das alsbaldige Wirksamwerden der Maßnahme vorrangig erscheint, eine **Überwindung der Registersperre** (Rdnr. 29 ff.) ermöglichen. Unter Geltung des § 319 Abs. 3 S. 2 aF (Rdnr. 24, 29) hatte zwar bereits der BGH für den Fall der Unzulässigkeit oder offensichtlichen Unbegründetheit der Klage die Möglichkeit der Eintragung der Maßnahme eröffnet.[71] Die Vorschrift des Abs. 6 distanziert sich jedoch in mehrfacher Hinsicht von der alten Rechtslage. So sieht sie in S. 2 die Möglichkeit eines Unbedenklichkeits- oder Freigabebeschlusses auch für den Fall vor, daß die Klage zwar weder unzulässig noch offensichtlich unbegründet ist, das Interesse der Gesellschaft an der Eintragung aber gleichwohl vorrangig erscheint (Rdnr. 36). Vor allem aber bedarf es nach Abs. 6 S. 1 eines besonderen Beschlusses des *Prozeßgerichts;* demgegenüber hatte nach altem Recht das *Registergericht* im Rahmen des Eintragungsverfahrens über die Unzulässigkeit oder offensichtliche Unbegründetheit der Klage zu befinden.[72] Im Unterschied zur Rechtslage nach §§ 16 Abs. 3, 20 UmwG ist die auf der Grundlage eines Unbedenklichkeitsbeschlusses erfolgte Eintragung der Eingliede-

---

[67] *Hüffer* Rdnr. 16.
[68] MünchKommAktG/*Grunewald* Rdnr. 31.
[69] Vollmachtslose Vertretung beurteilt sich nach § 180 BGB, s. *Melchior* GmbHR 1999, 520, 521 f.
[70] *Bork* (Fn. 62) § 16 Rdnr. 13; eingehend zur Prüfungspflicht *Bokelmann* DB 1994, 1341 ff.
[71] BGHZ 112, 9, 23 ff. = NJW 1990, 2747; s. ferner *Hommelhoff* ZGR 1990, 447, 462; aA *Kiem* S. 109 ff., 181 ff. mwN.
[72] Vgl. zu den vor Schaffung des UmwG angestellten Reformüberlegungen insbes. *Hommelhoff* ZGR 1990, 447, 469 ff.; *ders.* ZGR 1993, 452, 467 ff.; ferner *Bork* ZGR 1993, 343, 356 ff.; *Boujong,*

FS für Kellermann, S. 1, 12 ff.; *Hirte* DB 1993, 77, 79 f.; *Timm/Schick* DB 1990, 1221, 1223 f. Zur rechtspolitischen Beurteilung des Unbedenklichkeitsverfahrens und zur Frage einer Ausdehnung desselben auf sonstige Eintragungstatbestände s. (jew. unter Berücksichtigung der bisherigen Erfahrungen) *Baums* Gutachten S. 163 f., 176 ff.; *Bayer* (Fn. 43), S. 35, 47 ff.; *Kiem* in Hommelhoff/*Röhricht* (Hrsg.), Gesellschaftsrecht 1997, 1998, S. 105, 109 ff.; *Noack* ZHR 164 (2000), 274, 276 ff. mit Nachw. der bekannt gewordenen Verfahren in Fn. 7; *Winter,* FS für Ulmer, 2003, S. 683 ff.

rung **nicht irreversibel** (Rdnr. 41). Der Beschluß hat deshalb den Charakter einer *einst-weiligen Anordnung*.[73]

b) Unbedenklichkeit. Neben der *Rechtshängigkeit* einer Klage gegen die Wirksamkeit **33** des Eingliederungs- oder Zustimmungsbeschlusses (Rdnr. 10 ff.) und einem *Antrag der Gesellschaft*, deren Beschluß angegriffen wird, setzt der Erlaß eines Beschlusses das Vorliegen eines sog. *Unbedenklichkeitstatbestands* voraus. § 319 Abs. 6 S. 2 enthält eine **abschließende Aufzählung** dieser Tatbestände. Diese stimmen nahezu wörtlich mit denen des § 16 Abs. 3 S. 2 UmwG überein, was angesichts der Entstehungsgeschichte der genannten Vorschriften (Rdnr. 1) nicht verwundert. Bei Auslegung des § 319 Abs. 6 S. 2 kann deshalb grundsätzlich auf Rechtsprechung und Schrifttum zu § 16 Abs. 3 S. 2 UmwG zurückgegriffen werden. Zu berücksichtigen ist freilich, daß die auf der Grundlage des § 319 Abs. 6 S. 2 erfolgte Eintragung nicht irreversibel ist (Rdnr. 41); dies mag gegebenenfalls eine im Vergleich zu § 16 Abs. 3 S. 2 UmwG großzügigere Handhabung des auf das vorrangige Vollzugsinteresse der Gesellschaft abstellenden Tatbestands des § 319 Abs. 6 S. 2, 3. Fall rechtfertigen (Rdnr. 36).[74]

aa) Unzulässigkeit der Klage. Was zunächst den Tatbestand der Unzulässigkeit der **34** Klage betrifft, so hat das Prozeßgericht auf der Grundlage des glaubhaft gemachten Tatsachenvortrags (Rdnr. 37) die Zulässigkeit des Hauptsacheverfahrens vollumfänglich und ohne Beschränkung auf offensichtliche Mängel zu überprüfen. Kommt das Gericht zu dem Ergebnis, daß die Klage unzulässig ist und der Zulässigkeitsmangel nicht behoben werden kann,[75] so kann es den Beschluß erlassen. Da in diesem Fall regelmäßig auch die Hauptsache entscheidungsreif ist, kommt dem Beschluß Bedeutung vor allem im Hinblick auf ein etwaiges Rechtsmittel gegen das Urteil und die dadurch bedingte Unmöglichkeit der Abgabe einer Negativverklärung durch den Vorstand zu.

bb) Offensichtliche Unbegründetheit. Als zweiten Tatbestand nennt Abs. 6 S. 2 die **35** offensichtliche Unbegründetheit der Klage. Insoweit besteht zunächst Einvernehmen darüber, daß es unerheblich ist, worauf die Unbegründetheit beruht. Im Fall einer Anfechtungsklage kommen etwa der Ablauf der Anfechtungsfrist des § 246 Abs. 1, die mißbräuchliche Ausübung des Anfechtungsrechts,[76] vor allem aber das Nichtvorliegen des geltend gemachten Beschlußmangels in Betracht. Umstritten ist dagegen, wann die Unbegründetheit der Klage *offensichtlich* ist. Während bisweilen darauf abgestellt wird, daß die Unbegründetheit der Klage vom Prozeßgericht auf der Grundlage des unstreitigen oder nach Abs. 6 S. 4 glaubhaft gemachten Vortrags und *ohne die Notwendigkeit, streitige Rechtsfragen zu klären*, zweifelsfrei festgestellt werden kann,[77] betont die wohl hM zu Recht die Notwendigkeit einer **vollen rechtlichen Würdigung** des Sachverhalts auch im summarischen Verfahren nach § 319 Abs. 6.[78] Ein Beschluß nach § 319 Abs. 6 S. 2, 2. Fall darf danach im allgemeinen ergehen, wenn die Klage nach sorgfältiger rechtlicher Würdigung des unstreitigen oder hinreichend glaubhaft gemachten Sachverhalts[79] gewißlich ohne Aussicht auf

---

[73] Zutreffende Betonung des an sich gebotenen, im Rahmen des § 319 Abs. 6 S. 2 fehlenden Zusammenhangs zwischen Unbedenklichkeitsverfahren und Irreversibilität der eingetragenen Maßnahme *Noack* ZHR 164 (2000), 274, 279 f., 287 ff.; *Kort* S. 186 f.

[74] Zutreffende Betonung des an sich gebotenen, im Rahmen des § 319 Abs. 6 S. 2 fehlenden Zusammenhangs zwischen Unbedenklichkeitsverfahren und Irreversibilität der eingetragenen Maßnahme *Noack* ZHR 164 (2000), 274, 279 f., 287 ff.; *Kort* S. 186 f.

[75] So zu Recht *Bork* (Fn. 62) § 16 Rdnr. 18; Beispiele unzulässiger Beschlußmängelklagen bei *Sosnitza* NZG 1999, 965, 968; *Brandner/Bergmann*, FS für Bezzenberger, S. 59, 63.

[76] Zur Unbegründetheit der Klage in diesem Fall s. BGHZ 107, 296, 308 ff. = NJW 1989, 2689; 112, 9, 23 f. = NJW 1990, 2747.

[77] *Bork* (Fn. 62) § 16 Rdnr. 19; in diese Richtung auch OLG Stuttgart AG 1997, 138, 139; LG Duisburg NZG 1999, 564 f.; LG Hanau AG 1996, 90, 91; s. ferner *Sosnitza* NZG 1999, 965, 968.

[78] OLG Frankfurt/M. AG 1998, 428, 429; ZIP 2000, 1928, 1930 ff.; OLG Hamm ZIP 1999, 798, 799; wohl auch OLG Düsseldorf ZIP 1999, 793; NZG 2002, 191, 192 f. = ZIP 2001, 1717; aus dem Schrifttum namentlich *Hüffer* Rdnr. 18; MünchHdb. AG/*Krieger* § 73 Rdnr. 21; *Brandner/Bergmann*, FS für Bezzenberger, S. 59, 66 ff.

[79] Zutr. MünchHdb. AG/*Krieger* § 73 Rdnr. 21; aA *Rettmann* S. 117 ff., der zufolge bloße Glaubhaftmachung nicht genügen soll.

Erfolg ist; das Merkmal der Offensichtlichkeit bezieht sich mithin, was die rechtliche Würdigung betrifft, nicht auf den Prüfungsaufwand, sondern auf die Sicherheit des Prüfungsergebnisses.[80] Erscheint dagegen auch ein Erfolg der Klage als vertretbar, so muß der Beschluß unterbleiben. So verhält es sich insbes., wenn sich für das Hauptsacheverfahren die Notwendigkeit einer umfangreichen Beweisaufnahme abzeichnet.[81] Unabhängig von der Auslegung des Merkmals „offensichtlich" steht fest, daß ein non liquet zu Lasten der antragstellenden Gesellschaft geht.[82]

36   **cc) Vorrangiges Vollzugsinteresse.** Ein Unbedenklichkeitsbeschluß kommt schließlich unter der Voraussetzung in Betracht, daß das Interesse der beteiligten Gesellschaften[83] und ihrer Aktionäre an der Eintragung der Eingliederung höher zu bewerten ist als das Interesse des Klägers an einem Aufschub der Maßnahme. Entgegen verbreiteter Ansicht,[84] die sich allerdings auf einen entsprechenden Hinweis in der Amtlichen Begründung stützen kann,[85] ist dabei das Vorliegen der vom Kläger behaupteten Beschlußmängel keineswegs zu unterstellen. Auszuscheiden sind vielmehr von vornherein offensichtlich nicht gegebene Beschlußmängel (Rdnr. 35).[86] Im übrigen sind auch im Rahmen der nach § 319 Abs. 6 S. 2, 3. Fall gebotenen Abwägung die **Erfolgsaussichten der Klage** zu berücksichtigen.[87] Im übrigen hat das Prozeßgericht die Interessen der beteiligten Gesellschaften und ihrer Aktionäre[88] und die vom Kläger geltend gemachte Rechtsverletzung festzustellen, zu gewichten und gegeneinander *abzuwägen*. Dabei kommt auf seiten des Klägers der **Schwere der behaupteten Rechtsverletzung,** auf seiten der Gesellschaft und ihrer Aktionäre den mit einer weiteren Verzögerung verbundenen **wirtschaftlichen Nachteilen** ausschlaggebende Bedeutung zu.[89] Macht der Kläger einen Nichtigkeitsgrund iSd. § 241 oder die Verletzung einer den Schutz öffentlicher Interessen bezweckenden Vorschrift geltend, so wird ein Unbedenklichkeitsbeschluß nicht in Betracht kommen.[90] Bei sonstigen Inhaltsmängeln kommt es ganz auf die Umstände des Einzelfalls an.[91] Wird dagegen ein *formaler Beschlußmangel* geltend gemacht und läßt sich dieser gegebenenfalls in der nächsten Hauptversammlung beheben, so wird zumeist das Interesse der Gesellschaft an der alsbaldigen Eintragung dominieren.[92] Allerdings setzt sich auch ein Formalfehler gegen einen „*unwesentlichen*" Nachteil durch.[93] Unerheblich ist die **Höhe der Beteiligung** des Klägers.[94] § 319 Abs. 6 S. 2 bestimmt ausdrücklich, daß das Gericht die Vor- und Nachteile nach seiner *freien Überzeugung* zu gewichten und gegeneinander abzuwägen hat; dem Gericht wird damit größtmögliche Entscheidungsfreiheit eingeräumt.[95]

---

[80] So pointiert MünchHdb. AG/*Krieger* § 73 Rdnr. 21.

[81] OLG Düsseldorf ZIP 1999, 793; MünchKommAktG/*Grunewald* Rdnr. 35; MünchHdb. AG/*Krieger* § 73 Rdnr. 21; *Brandner/Bergmann,* FS für Bezzenberger, S. 59, 67 f.

[82] De lege ferenda für Umkehrung dieses Grundsatzes *Baums* Gutachten S. 178 f.

[83] Für Berücksichtigung der Interessen sowohl der einzugliedernden Gesellschaft als auch der künftigen Hauptgesellschaft auch MünchKommAktG/*Grunewald* Rdnr. 37; *Kort* S. 88; zu § 16 UmwG auch *Bork* (Fn. 62) § 16 Rdnr. 21.

[84] *Bork* in Lutter, Verschmelzung – Spaltung – Formwechsel, S. 261, 269 ff.; *ders.* (Fn. 62) § 16 Rdnr. 20; *Decher* AG 1997, 388, 391 ff.; *Rettmann* S. 143 ff.

[85] Begr. zum RegE, BT-Drucks. 12/6699, S. 89 f.

[86] OLG Düsseldorf NZG 2002, 191, 193 = ZIP 2001, 1717.

[87] Zutr. OLG Düsseldorf ZIP 1999, 793, 797 f.; MünchKommAktG/*Grunewald* Rdnr. 38; *Kort* S. 88 ff.; *Noack* ZHR 164 (2000), 274, 283 f.; wohl

auch *Riegger/Schockenhoff* ZIP 1997, 2105, 2108 ff.; *Chr. Schmid* ZGR 1997, 493, 497 ff., 519; s. ferner OLG Frankfurt/M. ZIP 2000, 1928, 1933.

[88] Speziell dazu OLG Düsseldorf NZG 2002, 191, 194 = ZIP 2001, 1717 betr. steuerliche Vorteile der Aktionäre im allgemeinen und des Mehrheitsaktionärs im besonderen.

[89] Vgl. die Nachw. in Fn. 88.

[90] *Bork* (Fn. 62) § 16 Rdnr. 22; *Riegger/Schockenhoff* ZIP 1997, 2105, 2110.

[91] S. etwa OLG Düsseldorf NZG 2002, 191, 194 f. = ZIP 2001, 1717.

[92] Zutr. OLG Stuttgart ZIP 1997, 75, 77; zustimmend auch *Heermann* ZIP 1999, 1861, 1872; *Chr. Schmid* ZGR 1997, 493, 519; *Hüffer* Rdnr. 19; MünchHdb. AG/*Krieger* § 73 Rdnr. 22.

[93] Vgl. zum Erfordernis des „wesentlichen" Nachteils auch OLG Frankfurt/M. ZIP 1997, 1291, 1292 (betr. § 16 Abs. 3 UmwG).

[94] *Bayer* ZGR 1995, 613, 625; *Decher* AG 1996, 388, 394; *Sosnitza* NZG 1999, 965, 972; aA *Riegger/Schockenhoff* ZIP 1997, 2105, 2109; s. ferner LG Frankfurt/M. DB 1999, 2304 f.

[95] Begr. zum RegE, BT-Drucks. 12/6699, S. 90.

c) Zuständigkeit und Verfahren. Nach Abs. 6 S. 1 ist das **Gericht der Hauptsache** 37 zuständig, mithin das für die Anfechtungs- oder Nichtigkeitsklage (Rdnr. 27) nach §§ 246 Abs. 3 S. 1, 249 Abs. 1 S. 1 ausschließlich zuständige Landgericht, in dessen Bezirk die Gesellschaft ihren Sitz hat.[96] Ist sowohl gegen den Zustimmungsbeschluß als auch gegen den Eingliederungsbeschluß Klage erhoben worden,[97] so setzt die Überwindung der Registersperre voraus, daß beide mit der Eingliederung befaßten Gerichte einen Unbedenklichkeitsbeschluß erlassen.[98] Nach Abs. 6 S. 3 kann der Beschluß in dringenden Fällen auch ohne mündliche Verhandlung ergehen. Dem Kläger der Hauptsache ist jedoch in jedem Fall rechtliches Gehör zu gewähren, so daß der Verzicht auf die mündliche Verhandlung regelmäßig keine Beschleunigung ermöglicht und deshalb nur in Ausnahmefällen in Betracht kommt.[99] Das Verfahren unterliegt der ZPO, nicht dem FGG.[100] Nach Abs. 6 S. 4 hat die Gesellschaft die Tatsachen, die einen der in Abs. 6 S. 2 genannten Tatbestände der Unbedenklichkeit ergeben (Rdnr. 33 ff.), glaubhaft zu machen. Sie kann sich dafür nach § 294 ZPO aller Beweismittel einschließlich der Versicherung an Eides Statt bedienen; eine Beweisaufnahme, die nicht sofort erfolgen kann, ist allerdings unstatthaft.

Das Gericht entscheidet nach Abs. 6 S. 1 durch **Beschluß.** Dieser ist schon im Hinblick 38 auf die Möglichkeit sofortiger Beschwerde, aber auch zur Information des Registergerichts mit Gründen zu versehen. Gegen den Beschluß, mag er dem Antrag stattgeben oder nicht, findet nach Abs. 6 S. 5 die sofortige Beschwerde nach Maßgabe der §§ 577 f., 567 ff. ZPO statt. Sie kann sowohl vom Antragsteller als auch vom Antragsgegner eingelegt werden.[101] Der Beschluß kann nicht mit Auflagen versehen werden;[102] insbes. kann der Gesellschaft nicht aufgegeben werden, einen Mangel des Eingliederungs- oder Zustimmungsbeschlusses zu beheben.

d) Rechtsfolgen. aa) Ersetzung der Negativerklärung. Der rechtskräftige Beschluß 39 ersetzt nach Abs. 6 S. 1 die Negativerklärung des Vorstands (Rdnr. 26 ff.) und damit an sich nur *eine von mehreren Eintragungsvoraussetzungen.* Soweit das Prozeßgericht allerdings vom Kläger geltend gemachte Beschlußmängel geprüft und einen Gesetzes- oder Satzungsverstoß verneint hat, ist das Registergericht daran gebunden.[103] Entsprechendes gilt, wenn zwar ein Beschlußmangel bejaht, dem Vollzugsinteresse der Gesellschaft aber der Vorrang zugesprochen wurde (Rdnr. 36). Im übrigen bleibt die **Prüfungsbefugnis des Registergerichts** (Rdnr. 41) unberührt. Dies gilt nicht nur für die allgemeinen, nicht im Zusammenhang mit der Beschlußfassung stehenden Eintragungsvoraussetzungen, sondern auch für etwaige Beschlußmängel, die das Prozeßgericht im Rahmen seiner Entscheidung nach § 319 Abs. 6 nicht berücksichtigt hat.

bb) Schadensersatz. Durch einen Beschluß nach § 319 Abs. 6 S. 1 wird das anhängige 40 Beschlußmängelverfahren nicht berührt. Wird der Klage stattgegeben, so steht zwar nicht die zwischenzeitlich erfolgte *Eintragung* (Rdnr. 41), wohl aber die Lehre von der fehlerhaften Gesellschaft (s. Rdnr. 9, 12, 26; § 320 b Rdnr. 22) einer Rückabwicklung der bereits vollzogenen Eingliederung im allgemeinen entgegen. Nach Abs. 6 S. 6 ist aber die Gesellschaft, die den Antrag nach Abs. 6 S. 1 gestellt hat, verpflichtet, dem Antragsgegner, d. h. dem obsiegenden Kläger des Anfechtungs- oder Nichtigkeitsverfahrens, den Schaden zu ersetzen, der ihm aus der auf dem Beschluß beruhenden Eintragung der Eingliederung entstanden ist. Verschulden der Gesellschaft ist nicht erforderlich.[104] Der Inhalt des Anspruchs bestimmt

---

[96] Das Landgericht bleibt auch dann zuständig, wenn die Hauptsache bereits in der Berufungsinstanz anhängig ist, s. LG Freiburg AG 1998, 536, 537.

[97] Praktisch relevant nur bei der Mehrheitseingliederung.

[98] MünchHdb. AG/*Krieger* § 73 Rdnr. 23.

[99] *Bork* (Fn. 62) § 16 Rdnr. 26.

[100] Begr. zum RegE, BT-Drucks. 12/6699, S. 90.; s. ferner *Heermann* ZIP 1999, 1861, 1870; *Rettmann* S. 159 ff.

[101] MünchKommAktG/*Grunewald* Rdnr. 33.

[102] MünchKommAktG/*Grunewald* Rdnr. 33 ff.; aA *Heermann* ZIP 1999, 1861, 1870 ff.

[103] Näher *Sosnitza* NZG 1999, 965, 972 f.; *Rettmann* S. 220 ff.; *Brandner/Bergmann*, FS für Bezzenberger, S. 59, 61 f.; *Bork* (Fn. 62) § 16 Rdnr. 30 f.; *ders.* (Fn. 84) S. 261, 265 f.; s. ferner *Bokelmann* DB 1994, 1341, 1345 ff.; aA *Volhard* AG 1998, 397, 401.

[104] *Hüffer* Rdnr. 21.

sich nach §§ 249 ff. BGB. Zu ersetzen sind zumindest die Kosten des Beschlußverfahrens. Darüber hinaus ist dem Kläger insoweit Geldersatz zu leisten, als er infolge der Eintragung und des Vollzugs der Eingliederung einen Vermögensschaden erlitten hat.[105] Die Verpflichtung des Vorstands, das Eingliederungsverhältnis von nun nicht weiter durchzuführen, folgt dagegen nicht aus Abs. 6 S. 6, sondern aus der rechtskräftigen Feststellung der Beschlußnichtigkeit;[106] einer außerordentlichen Kündigung der Eingliederung bedarf es nicht.[107]

41   **5. Eintragung (Abs. 7).** Nach § 319 Abs. 7 wird die Eingliederung mit Eintragung derselben in das Handelsregister der *einzugliedernden Gesellschaft* wirksam; die Eintragung hat also **konstitutive Wirkung.** Einzutragen sind die Eingliederung und die Firma der Hauptgesellschaft (s. Rdnr. 25). Eine Eintragung der Eingliederung in das Handelsregister der *Hauptgesellschaft* ist nicht vorgesehen (Rdnr. 25). Die *Bekanntmachung* hat nach Maßgabe des § 10 HGB durch das Registergericht der eingegliederten Gesellschaft zu erfolgen. In der Bekanntmachung ist nach § 321 Abs. 1 S. 2 auf das Recht der Gläubiger auf Sicherheitsleistung hinzuweisen. Etwaige **Mängel der Eingliederung** (§ 320 b Rdnr. 15 ff.) werden – anders als im Fall der Verschmelzung[108] – durch die Eintragung als solche nicht geheilt.[109] Dies ist insbes. für den Fall von Bedeutung, daß die Negativerklärung durch einen Beschluß nach Abs. 6 ersetzt wird (Rdnr. 32 ff.). Kommt es zur rechtskräftigen Feststellung von Beschlußmängeln, so scheitert zwar die Rückabwicklung der Eingliederung regelmäßig an der Lehre von der fehlerhaften Gesellschaft (s. Rdnr. 9, 12, 26; § 320 b Rdnr. 22); das Eingliederungsverhältnis ist jedoch mit Wirkung ex nunc beendet (Rdnr. 40). Die Eingliederung hat die Beendigung eines zwischen der Hauptgesellschaft und der eingegliederten Gesellschaft bestehenden **Beherrschungsvertrags** zur Folge (§ 320 Rdnr. 7, § 320 b Rdnr. 18, § 297 Rdnr. 34 f.). Zur Beschlußanfechtung s. noch § 320 b Rdnr. 15 ff.

§ 320 Eingliederung durch Mehrheitsbeschluß

(1) Die Hauptversammlung einer Aktiengesellschaft kann die Eingliederung der Gesellschaft in eine andere Aktiengesellschaft mit Sitz im Inland auch dann beschließen, wenn sich Aktien der Gesellschaft, auf die zusammen fünfundneunzig vom Hundert des Grundkapitals entfallen, in der Hand der zukünftigen Hauptgesellschaft befinden. Eigene Aktien und Aktien, die einem anderen für Rechnung der Gesellschaft gehören, sind vom Grundkapital abzusetzen. Für die Eingliederung gelten außer § 319 Abs. 1 Satz 2, Abs. 2 bis 7 die Absätze 2 bis 4.

(2) Die Bekanntmachung der Eingliederung als Gegenstand der Tagesordnung ist nur ordnungsgemäß, wenn

1. sie die Firma und den Sitz der zukünftigen Hauptgesellschaft enthält,

2. ihr eine Erklärung der zukünftigen Hauptgesellschaft beigefügt ist, in der diese den ausscheidenden Aktionären als Abfindung für ihre Aktien eigene Aktien, im Falle des § 320 b Abs. 1 Satz 3 außerdem eine Barabfindung anbietet.

Satz 1 Nr. 2 gilt auch für die Bekanntmachung der zukünftigen Hauptgesellschaft.

(3) Die Eingliederung ist durch einen oder mehrere sachverständige Prüfer (Eingliederungsprüfer) zu prüfen. Diese werden von dem Vorstand der zukünftigen

---

[105] MünchKommAktG/*Grunewald* Rdnr. 43.
[106] Vgl. demgegenüber Begr. zum RegE, BT-Drucks. 12/6699, S. 179, wonach eine dem § 16 Abs. 3 S. 6, 2. Halbs. UmwG entsprechende Vorschrift nicht aufgenommen wurde, weil einer Rückgängigmachung der Eingliederung „wirtschaftlich und rechtlich nichts entgegensteht (§ 327 AktG)"; für Verpflichtung zur Rückgängigmachung der Eingliederung als Teil der Schadensersatzverpflichtung auch MünchHdb. AG/*Krieger* § 73 Rdnr. 25.

[107] Zutr. *Kort* S. 189; *Schäfer* S. 472 f.
[108] Vgl. §§ 20 Abs. 2, 16 Abs. 3 S. 6 UmwG, ferner Fn. 106; BayObLG NZG 2000, 50; OLG Frankfurt/M. DB 2003, 599; eingehend *Heermann* ZIP 1999, 1861, 1868 f. und *Sosnitza* NZG 1999, 965, 973 f., jew. mwN.
[109] Eingehend zur Prüfungskompetenz des Registerrichters *Bokelmann* DB 1994, 1341 ff.

Hauptgesellschaft bestellt. § 293 a Abs. 3, §§ 293 c bis 293 e sind sinngemäß anzuwenden.

(4) Die in § 319 Abs. 3 Satz 1 bezeichneten Unterlagen sowie der Prüfungsbericht nach Absatz 3 sind jeweils von der Einberufung der Hauptversammlung an, die über die Zustimmung zur Eingliederung beschließen soll, in dem Geschäftsraum der einzugliedernden Gesellschaft und der Hauptgesellschaft zur Einsicht der Aktionäre auszulegen. In dem Eingliederungsbericht sind auch Art und Höhe der Abfindung nach § 320 b rechtlich und wirtschaftlich zu erläutern und zu begründen; auf besondere Schwierigkeiten bei der Bewertung der beteiligten Gesellschaften sowie auf die Folgen für die Beteiligungen der Aktionäre ist hinzuweisen. § 319 Abs. 3 Satz 2 bis 4 gilt sinngemäß für die Aktionäre beider Gesellschaften.

(5)–(7) (aufgehoben)

Schrifttum: Vgl. die Angaben zu § 319, ferner *Hirte,* Bezugsrechtsausschluß und Konzernbildung, 1986; *Rodloff,* Ungeschriebene sachliche Voraussetzungen der aktienrechtlichen Mehrheitseingliederung, Diss. Berlin 1991; *Veit,* Unternehmensverträge und Eingliederung als aktienrechtliche Instrumente der Unternehmensverbindung, 1974; *Vetter,* Zum Ausgleich von Spitzenbeträgen bei der Abfindung in Aktien, AG 1997, 6.

Übersicht

I. Einführung

1. Inhalt und Zweck der Vorschrift. Die Vorschrift des § 320 ermöglicht die Ein- 1 gliederung durch Mehrheitsbeschluß. Ausweislich der Materialien soll die Eingliederung nämlich nicht daran scheitern, „daß sich noch eine kleine Minderheit von Aktien in den Händen bekannter oder unbekannter Aktionäre befindet" (s. noch Rdnr. 3).[1] Sie kann deshalb nach Abs. 1 S. 1 auch dann beschlossen werden, wenn die zukünftige Hauptgesellschaft zwar nicht Alleinaktionär der einzugliedernden Gesellschaft ist, wohl aber zumindest 95% des Grundkapitals hält. Abs. 1 S. 2 präzisiert das Mehrheitserfordernis. Das *Verfahren* der Mehrheitseingliederung ist in Abs. 2 bis 4 geregelt; zudem bestimmt Abs. 1 S. 3, daß die Vorschriften des § 319 Abs. 1 S. 2, Abs. 2 bis 7 auch auf die Mehrheitseingliederung Anwendung finden. Nach § 320 a hat die Mehrheitseingliederung den Verlust der Mitgliedschaft der Minderheitsaktionäre und den *Übergang dieser Anteile auf die Hauptgesellschaft* zur Folge. Die ausgeschiedenen Aktionäre der eingegliederten Gesellschaft haben Anspruch auf

---

[1] Begr. zum RegE bei *Kropff* AktG S. 424.

Abfindung nach Maßgabe des § 320 b. Sie verlieren somit ihre Mitgliedschaft in der einge-gliederten Gesellschaft und werden Aktionäre der Hauptgesellschaft (§ 320 b Rdnr. 5 ff.); ist die Hauptgesellschaft ihrerseits abhängig, so können die Minderheitsaktionäre statt dessen eine Barabfindung beanspruchen (§ 320 b Rdnr. 9 f.). Die gegen die Zulässigkeit der Mehr-heitseingliederung und den mit ihr verbundenen Verlust der Mitgliedschaft in der einge-gliederten Gesellschaften erhobenen *verfassungsrechtlichen Bedenken* haben sich als unbegrün-det erwiesen.[2]

2   **2. Gesetzesgeschichte.** Die Vorschrift ist vor allem durch **Art. 6 Nr. 11, 12 des Gesetzes zur Bereinigung des Umwandlungsrechts** v. 28. 10. 1994[3] umgestaltet wor-den. Dabei ist, dem Vorbild der §§ 9, 60 UmwG, §§ 293 b bis 293 e folgend, die obliga-torische *Eingliederungsprüfung* eingeführt worden (Rdnr. 18 ff.).[4] Aus redaktionellen Grün-den ist zudem der Inhalt des unübersichtlichen § 320 aF auf drei Vorschriften aufgeteilt worden. Das Ausscheiden und die Abfindung der Minderheitsaktionäre sind nunmehr in §§ 320 a, 320 b geregelt, die freilich weitgehend der Regelung in § 320 Abs. 4 bis 7 aF entsprechen. Die Vorschrift des § 320 Abs. 3 aF ist durch Abs. 4 S. 3 iVm. § 319 Abs. 3 S. 3 ersetzt worden. Durch Art. 1 Nr. 38 des Gesetzes über die Zulassung von **Stückaktien** (Einleitung Rdnr. 22) sind in § 320 Abs. 1 S. 1 die Wörter „im Gesamtnennbetrag von fünfundneunzig vom Hundert des Grundkapitals" durch die Wörter „auf die zusammen fünfundneunzig vom Hundert des Grundkapitals entfallen", ersetzt worden. Durch diese Änderung ist allerdings lediglich der Zulässigkeit der nennwertlosen Aktie Rechnung getragen worden; eine sachliche Änderung ist damit nicht verbunden. Entsprechendes gilt für die durch **Art. 1 Nr. 28 a KonTraG** (Einleitung Rdnr. 21) erfolgte Klarstellung in § 320 Abs. 3 S. 1, daß die Eingliederungsprüfung auch durch *einen* Prüfer durchgeführt werden kann. Eine inhaltliche Änderung des § 320 ist dagegen in Art. 2 Nr. 5 des Regie-rungsentwurfs eines **Spruchverfahrensneuordnungsgesetzes** (Einleitung Rdnr. 27 b) vorgesehen;[5] danach soll § 320 Abs. 3 S. 2 dahin geändert werden, daß die Ein-gliederungsprüfer auf Antrag des Vorstands der zukünftigen Hauptgesellschaft *vom Gericht ausgewählt und bestellt* werden (s. Rdnr. 18 f.; ferner § 293 c Rdnr. 3 ff.; § 327 c Rdnr. 2, 11).

II. Grundlagen

3   **1. Rechtsnatur der Mehrheitseingliederung.** Bei der Mehrheitseingliederung handelt es sich um einen besonderen Fall des in **§ 319** geregelten **Grundtatbestands** der Eingliede-rung.[6] Die Besonderheiten der Mehrheitseingliederung resultieren denn auch allein daher, daß die abhängige Gesellschaft über *Minderheitsaktionäre* verfügt. Dem Gesetzgeber erschien einerseits der Fortbestand dieser Mitgliedschaften als unvereinbar mit den weitreichenden Folgen der Eingliederung für die Organisations- und Finanzverfassung der abhängigen Gesellschaft (§ 319 Rdnr. 3). Andererseits wollte er die Eingliederung nicht an der Existenz einer kleinen Minderheit scheitern lassen (Rdnr. 1). In § 320 mußten deshalb die Mehr-heitserfordernisse klargestellt (Rdnr. 9 ff.), vor allem aber Vorkehrungen zum Schutz der Minderheitsaktionäre geschaffen werden (Rdnr. 12 ff.). Davon abgesehen sind aber die Vorschriften des § 319 grundsätzlich auch auf die Mehrheitseingliederung anwendbar (Rdnr. 4 ff.). Auch die Mehrheitseingliederung erfolgt somit auf der Grundlage eines Ein-gliederungsbeschlusses der einzugliedernden Gesellschaft (§ 319 Rdnr. 10 ff.) und eines Zu-

---

[2] BVerfGE 14, 263, 273 ff. = NJW 1962, 1667; BVerfGE 100, 289, 302 ff. = NJW 1999, 3769 = ZIP 1999, 1436; BVerfG NJW 2001, 279, 280 f. = ZIP 2000, 1670, 1671 f.; s. ferner BGH WM 1974, 713, 716; OLG Celle WM 1972, 1004, 1010 f.; *Koppensteiner* in Kölner Kommentar Vor § 319 Rdnr. 7; MünchKommAktG/*Grunewald* Rdnr. 2; näher zum Einfluß der Grundrechte auf das Gesell-schaftsrecht *Jung* JZ 2001, 1004 ff.

[3] BGBl. I S. 3210, 3263.
[4] S. dazu Begr. zum RegE, BT-Drucks. 12/6699, S. 179; zur abweichenden Rechtslage nach § 320 aF s. OLG Hamm AG 1993, 93.
[5] BT-Drucks. 15/827; auch abgedruckt in NZG 2002, Sonderbeilage zu Heft 24, und ZIP 2002, 2097 mit Einführung von *Neye*.
[6] So auch *Hüffer* Rdnr. 2.

stimmungsbeschlusses der zukünftigen Hauptgesellschaft (§ 319 Rdnr. 13 ff.); ein Eingliederungsvertrag ist auch in § 320 nicht vorgesehen (§ 319 Rdnr. 10).

2. Verhältnis zu § 319. a) Geltung der allgemeinen Eingliederungsvoraussetzun- 4
gen. § 320 Abs. 1 S. 3 bestimmt ausdrücklich, daß die Vorschriften des § 319 Abs. 1 S. 2,
Abs. 2 bis 7 auch auf die Mehrheitseingliederung Anwendung finden. Was § 319 Abs. 1
S. 1 betrifft, so werden deren Voraussetzungen hinsichtlich der Rechtsnatur und des Sitzes
der beteiligten Gesellschaften (§ 319 Rdnr. 5 ff.) bereits von § 320 Abs. 1 S. 1 ausdrücklich
übernommen. Das in § 319 Abs. 1 S. 1 zudem enthaltene Erfordernis eines Anteilsbesitzes
von 100% (§ 319 Rdnr. 8 f.) ist im Fall der Mehrheitseingliederung naturgemäß nicht
einschlägig; insoweit tritt § 320 Abs. 1 S. 1 und 2 an die Stelle des § 319 Abs. 1 S. 1
(Rdnr. 9 f.).

b) Eingliederungsbeschluß. Nach Abs. 1 S. 3 iVm. § 319 Abs. 1 S. 2 finden auf den 5
Eingliederungsbeschluß auch im Fall der Mehrheitseingliederung die Bestimmungen des
Gesetzes und der Satzung über Satzungsänderungen keine Anwendung (§ 319 Rdnr. 11).
Infolge der Existenz von Minderheitsaktionären ist die Hauptversammlung der einzugliedernden Gesellschaft allerdings nicht per se Vollversammlung iSd. § 121 Abs. 6. Ggf.
müssen also sämtliche Bestimmungen der §§ 121 ff. eingehalten werden; § 320 Abs. 2 stellt
zudem besondere Anforderungen an die Bekanntmachung der Tagesordnung (Rdnr. 12 f.).
Der Eingliederungsbeschluß bedarf keiner sachlichen Rechtfertigung (§ 320 b Rdnr. 21).

c) Zustimmungsbeschluß. Nach Abs. 1 S. 3 iVm. § 319 Abs. 2 wird der Eingliede- 6
rungsbeschluß auch im Fall der Mehrheitseingliederung nur mit Zustimmung durch die
Hauptversammlung der künftigen Hauptgesellschaft wirksam (s. § 319 Rdnr. 13 ff.). Dies ist
von Bedeutung für die nach § 320 b gebotene Abfindung der ausscheidenden Aktionäre; sie
darf den Aktionären der Hauptgesellschaft nicht zum Nachteil gereichen (§ 320 b Rdnr. 5).
Ungeachtet der Verschiebung der Beteiligungsquoten, die mit der nach § 320 b Abs. 2
gebotenen Aufnahme neuer Aktionäre verbunden sein kann (§ 320 b Rdnr. 5, 7), gilt
allerdings auch für den Zustimmungsbeschluß, daß er als solcher selbst im Fall der Mehrheitseingliederung **keiner sachlichen Rechtfertigung** bedarf;[7] das Absinken der Beteiligungsquote der Altaktionäre ist vielmehr, wenn sich die Hauptgesellschaft die zur Abfindung
erforderlichen Aktien im Wege der Kapitalerhöhung beschafft (§ 320 b Rdnr. 5), zwangsläufige Folge der Mehrheitseingliederung, die von §§ 319 ff. bewußt in Kauf genommen
und durch besondere Schutzvorkehrungen flankiert wird. Gegen ein unangemessenes Abfindungsangebot können sich die Aktionäre der Hauptgesellschaft zudem im Wege der Anfechtung des Zustimmungsbeschlusses zur Wehr setzen (§ 320 b Rdnr. 16).

d) Information der Aktionäre; Anmeldung und Eintragung. Was die Information 7
der Aktionäre der zukünftigen *Hauptgesellschaft* betrifft, so finden nach § 320 Abs. 1 S. 3 die
Vorschriften des § 319 Abs. 3 Anwendung (§ 319 Rdnr. 17 ff.). § 320 Abs. 4 begründet
entsprechende Informationsmöglichkeiten der Minderheitsaktionäre der *einzugliedernden Gesellschaft* und dehnt zudem die Berichtspflicht auf die nach § 320 b zu gewährende **Abfindung** aus (Rdnr. 15 ff.). Hinsichtlich der Anmeldung, des Registerverfahrens und der Eintragung gelten im Fall der Mehrheitseingliederung keine Besonderheiten. Die Anmeldung
hat also nach Abs. 1 S. 3 iVm. § 319 Abs. 4 durch den Vorstand der einzugliedernden
Gesellschaft zu erfolgen (§ 319 Rdnr. 25). Der Vorstand hat die **Negativerklärung** iSd.
§ 319 Abs. 5 S. 1 abzugeben (§ 319 Rdnr. 26 ff.); vorbehaltlich eines *Klageverzichts* der
Aktionäre der Hauptgesellschaft und der außenstehenden Aktionäre der einzugliedernden
Gesellschaft (§ 319 Rdnr. 30 f.) begründet das Fehlen der Erklärung die **Registersperre**
des § 319 Abs. 5 S. 2 (§ 319 Rdnr. 29, 31). Auch im Fall der Mehrheitseingliederung kann
die Registersperre allerdings durch das **Unbedenklichkeitsverfahren** des § 319 Abs. 6
überwunden werden (§ 319 Rdnr. 32 ff.). Nach Abs. 1 S. 3 iVm. § 319 Abs. 7 wird die

---

[7] Vgl. OLG München AG 1993, 430, 431; S. 149; *Rodloff* S. 185 ff. – Zum Eingliederungsbeschluß s. Rdnr. 5, § 320 b Rdnr. 21.
MünchKommAktG/*Grunewald* Rdnr. 19; aA *Hirte*

Eingliederung erst mit **Eintragung** in das Handelsregister der einzugliedernden Gesellschaft wirksam (§ 319 Rdnr. 41). Etwaige Beschlußmängel (§ 320 b Rdnr. 15 ff.) werden dadurch nicht geheilt (§ 319 Rdnr. 41); § 320 b Abs. 2 schließt allerdings die Anfechtung des Eingliederungsbeschlusses aus, soweit sie auf die Unangemessenheit der Abfindungsregelung gestützt wird (§ 320 b Rdnr. 17 f.). Die Eintragung hat die Beendigung eines zwischen der Hauptgesellschaft und der eingegliederten Gesellschaft bestehenden **Beherrschungsvertrags** zur Folge. Ein Sonderbeschluß der außenstehenden Aktionäre ist nicht erforderlich; insbes. findet § 295 Abs. 2 auf die nachfolgende Eingliederung keine entsprechende Anwendung.[8] Ein bereits eingeleitetes Spruchverfahren ist jedoch fortzuführen (§ 320 b Rdnr. 18).

8   **3. Verhältnis zum Squeeze Out.** Mit Erlaß der §§ 327 a ff. ist die Befugnis, Minderheitsaktionäre gegen Gewährung einer Abfindung aus der Gesellschaft auszuschließen, neben die Möglichkeit der Mehrheitseingliederung nach § 320 getreten. Da allerdings der Ausschluß der Minderheitsaktionäre nach §§ 327 a ff. nicht zu einer die Eingliederung kennzeichnenden, die scharfe Haftung aus § 322 auslösenden organisatorischen Einbindung der Tochtergesellschaft in das Unternehmen des Hauptgesellschafters führen wird, dürfte künftig die praktische Bedeutung der Mehrheitseingliederung, die bislang zu einem Gutteil gerade mit Blick auf das mit ihr verbundene Ausscheiden der Minderheitsaktionäre praktiziert wurde, erheblich zurückgehen (s. noch § 327 a Rdnr. 9).

III. Beteiligungserfordernisse (Abs. 1 S. 1)

9   **1. Kapitalbeteiligung.** Die Eingliederung durch Mehrheitsbeschluß setzt nach Abs. 1 S. 1 voraus, daß sich Aktien, auf die zusammen **95% des Grundkapitals** entfallen (Rdnr. 2), in der Hand der zukünftigen Hauptgesellschaft befinden. Maßgebender Zeitpunkt ist derjenige der *Anmeldung* der Eingliederung zur Eintragung in das Handelsregister (§ 319 Rdnr. 8). Wie im Fall des § 319 findet eine Zurechnung entsprechend § 16 Abs. 4 nicht statt (§ 319 Rdnr. 8).[9] Die zukünftige Hauptgesellschaft muß vielmehr Eigentümer der Aktien sein (§ 319 Rdnr. 8). Nach Abs. 1 S. 2 sind allerdings **eigene Aktien** der einzugliedernden Gesellschaft und Aktien, die von einem Dritten *für Rechnung* der einzugliedernden Gesellschaft gehalten werden, vom Grundkapital abzusetzen. Wie insbes. die abweichende Beurteilung im Fall der Eingliederung nach § 319 zeigt (§ 319 Rdnr. 8), steht die mit Abs. 1 S. 2 verbundene Abschwächung des Beteiligungserfordernisses im Zusammenhang mit dem in § 320 a angeordneten **Erwerb auch dieser Anteile** durch die Hauptgesellschaft.[10] Eine über den Wortlaut des Abs. 1 S. 2 hinausgehende Nichtberücksichtigung von Aktien kommt allerdings nicht in Betracht. Bei der Ermittlung der erforderlichen Kapitalmehrheit sind somit auch solche Aktien zu berücksichtigen, die ein von der einzugliedernden Gesellschaft abhängiges Unternehmen auf eigene Rechnung hält, ferner solche, die ein Dritter für Rechnung dieses Unternehmens hält. Soweit in § 71 d etwas anderes bestimmt ist, läßt sich daraus für § 320 nichts herleiten;[11] denn § 320 Abs. 1 S. 2 steht nicht im Zusammenhang mit § 71 b, ordnet also die Nichtberücksichtigung nicht deshalb an, weil und soweit aus den Anteilen keine Rechte geltend gemacht werden können. Bezugsrechte jeglicher Art, insbes. **Options- und Wandlungsrechte,** sind bei Berechnung der Kapitalbeteiligung grundsätzlich nicht zu berücksichtigen; zu ihrem Schicksal nach Eintragung der Eingliederung s. § 320 b Rdnr. 8.

---

[8] BGH WM 1974, 713, 715 f.; OLG Celle WM 1972, 1004, 1011; OLG Celle DB 1973, 1118; aA *Bayer* ZGR 1993, 599, 604 f.

[9] *Koppensteiner* in Kölner Kommentar Rdnr. 3; *Hüffer* Rdnr. 3; MünchHdb. AG/*Krieger* § 73 Rdnr. 27.

[10] Zutr. MünchKommAktG/*Grunewald* Rdnr. 3; *Hüffer* Rdnr. 3; aA *Koppensteiner* in Kölner Kommentar Rdnr. 4 (Zusammenhang mit § 71 b, s. dazu sogleich im Text).

[11] So aber *Koppensteiner* in Kölner Kommentar Rdnr. 4; dagegen zu Recht MünchKommAktG/*Grunewald* Rdnr. 3; *Hüffer* Rdnr. 4.

Verfügt die zukünftige Hauptgesellschaft nicht über die erforderliche Kapitalmehrheit, so **10** ist der Eingliederungsbeschluß nach § 241 Nr. 3 nichtig.[12] Der Mangel wird nicht durch die Eintragung der Eingliederung geheilt (Rdnr. 7). Die Grundsätze über die **fehlerhafte Gesellschaft** (§ 320 b Rdnr. 22) finden zwar angesichts der Schwere des Mangels keine Anwendung (§ 319 Rdnr. 9).[13] Gegenüber den Gläubigern der vermeintlich eingegliederten Gesellschaft und den vermeintlich ausgeschiedenen Aktionären kann sich die Hauptgesellschaft jedoch nicht auf die Unwirksamkeit der Eingliederung berufen (§ 319 Rdnr. 9). Anders als bei der Eingliederung nach § 319 Abs. 1 (§ 319 Rdnr. 9) ist § 242 Abs. 2 anwendbar.

2. Stimmenmehrheit. Umstritten ist, ob die Eingliederung durch Mehrheitsbeschluß **11** neben der Kapitalmehrheit in Höhe von 95% eine entsprechende Stimmenmehrheit voraussetzt.[14] Mit Blick auf den klaren Wortlaut des Abs. 1 S. 1 ist dies zu verneinen.[15] Auch dem Umstand, daß § 320 für den *Eingliederungsbeschluß* keine besondere Mehrheit vorschreibt, läßt sich nicht entnehmen, der Gesetzgeber sei von einer Stimmenmehrheit der zukünftigen Hauptgesellschaft in Höhe von 95% ausgegangen. Bleibt also die Stimmenmehrheit hinter der Kapitalmehrheit zurück, wozu es durch Ausgabe von Vorzugsaktien sowie durch Vereinbarung eines Höchststimmrechts kommen kann, so steht dies der Mehrheitseingliederung nicht entgegen. Für den Eingliederungsbeschluß genügt somit auch im Fall des § 320 die *einfache Mehrheit der Stimmen* (s. § 319 Rdnr. 11). **Vorzugsaktionäre** sind auch im Rahmen des Eingliederungsbeschlusses vom Stimmrecht ausgeschlossen; auch ein Sonderbeschluß ist nicht erforderlich (Vor § 311 Rdnr. 45; § 327 a Rdnr. 24).

IV. Information der Aktionäre (Abs. 2 und 4)

1. Bekanntmachung der Tagesordnung (Abs. 2). a) Hauptversammlung der ein- 12 zugliedernden Gesellschaft. Abs. 2 S. 1 stellt besondere Anforderungen an die Bekanntmachung der Tagesordnung der Hauptversammlung der einzugliedernden Gesellschaft. Diese sind – ebenso wie die sonstigen Vorschriften der §§ 121 ff. – auch dann einzuhalten, wenn die Voraussetzungen einer Vollversammlung gem. § 121 Abs. 6 vorliegen, neben der zukünftigen Hauptgesellschaft also sämtliche Minderheitsaktionäre erschienen sind. Abs. 2 S. 1 verdrängt demnach § 121 Abs. 6; zugleich ergänzt er § 124. Neben der **Firma und** dem **Sitz** der zukünftigen Hauptgesellschaft (Abs. 2 S. 1 Nr. 1) muß die Bekanntmachung nach Abs. 2 S. 1 Nr. 2 eine Erklärung dieser Gesellschaft enthalten, in der diese den Minderheitsaktionären der einzugliedernden Gesellschaft als Abfindung *eigene Aktien,* im Fall des § 320 b Abs. 1 S. 3 nach Wahl der Aktionäre eigene Aktien oder eine *Barabfindung* anbietet.

Die Vorschrift des Abs. 2 S. 1 bezweckt die frühzeitige Information der Minderheits- **13** aktionäre über die Identität des Abfindungsschuldners und den Inhalt des Abfindungsangebots; insbes. sollen die Aktionäre in Ruhe entscheiden können, ob sie die Angemessenheit der angebotenen Abfindung nach § 320 b Abs. 2 S. 2 iVm. § 306 gerichtlich überprüfen lassen wollen.[16] Vor diesem Hintergrund ist ein **konkretes und vollständiges**[17] Abfin-

---

[12] *Kort* S. 190 f.; *Noack* WuB II A. § 320 AktG 1.94; *Koppensteiner* in Kölner Kommentar Rdnr. 7 (Beschluß entfalte keine rechtlichen Wirkungen); aA OLG Hamm AG 1994, 376, 377 f.; AG 1980, 79, 81.

[13] *Kort* S. 190 f.; s. ferner die sonstigen Schrifttumsnachw. in Fn. 12; aA *C. Schäfer* S. 470 ff.

[14] Dafür *Koppensteiner* in Kölner Kommentar Rdnr. 6 im Anschluß an *v. Godin/Wilhelmi* Anm. 3; dagegen die hM, s. MünchKommAktG/*Grunewald* Rdnr. 7; MünchHdb. AG/*Krieger* § 73 Rdnr. 27; *Hüffer* Rdnr. 4; *Emmerich/Sonnenschein/Habersack*

§ 10 III 1; offengelassen von OLG Hamm AG 1994, 376, 377.

[15] Vgl. die Nachw. in Fn. 14.

[16] Vgl. Begr. zum RegE bei *Kropff* AktG S. 424; ferner BGH WM 1974, 713, 714; MünchKomm-AktG/*Grunewald* Rdnr. 5.

[17] Daran fehlt es, wenn Spitzenbeträge möglich sind und ihre Behandlung unklar bleibt, s. LG Berlin AG 1996, 230, 232; *Hüffer* Rdnr. 7 aE; Münch-KommAktG/*Grunewald* Rdnr. 5; aA *Vetter* AG 1997, 6, 16.

dungsangebot unverzichtbar; den Aktionären müssen maW. das *Umtauschverhältnis* sowie ggf. die *Höhe der Barabfindung* bereits in der Bekanntmachung der Tagesordnung mitgeteilt werden.[18] Der Ordnungsmäßigkeit der Bekanntmachung und damit der Wirksamkeit des Eingliederungsbeschlusses (Rdnr. 5) steht es jedoch nicht entgegen, daß das Angebot in der Hauptversammlung, die über die Eingliederung zu entscheiden hat, im Hinblick auf eine bevorstehende Kapitalerhöhung der zukünftigen Hauptgesellschaft oder aus anderen Gründen *erhöht* wird.[19] Genügt die Bekanntmachung nicht den Anforderungen des Abs. 2 S. 1, so darf nach § 124 Abs. 4 S. 1 über die Eingliederung nicht beschlossen werden. Ein gleichwohl gefaßter Beschluß ist nach **§ 243 Abs. 1 anfechtbar** (s. noch § 320 b Rdnr. 20).[20]

14 **b) Hauptversammlung der zukünftigen Hauptgesellschaft.** Nach § 319 Abs. 2 bedarf der Eingliederungsbeschluß der Zustimmung durch die Hauptversammlung der zukünftigen Hauptgesellschaft (Rdnr. 6; § 319 Rdnr. 13 ff.). Abs. 2 S. 2 nimmt darauf Bezug und bestimmt, daß auch der Bekanntmachung der zukünftigen Hauptgesellschaft eine Erklärung über die geplante Abfindung (Rdnr. 13) beizufügen ist. Damit soll den Aktionären die Möglichkeit verschafft werden, sich frühzeitig über einen für ihr Abstimmungsverhalten wesentlichen Gesichtspunkt, nämlich die auf die Hauptgesellschaft zukommende Abfindungsbelastung, zu informieren.[21] Ein Verstoß gegen die Vorschrift begründet die Anfechtbarkeit des Beschlusses (Rdnr. 13 aE, § 320 b Rdnr. 16).

15 **2. Pflicht zur Auslegung (Abs. 4 S. 1 und 3).** Die Vorschrift des Abs. 4 S. 1 nimmt auf § 319 Abs. 3 S. 1 Bezug und paßt die dort geregelte Pflicht der zukünftigen Hauptgesellschaft zur Auslegung bestimmter Unterlagen (§ 319 Rdnr. 17 ff.) den Besonderheiten der Mehrheitseingliederung an. Damit auch die Minderheitsaktionäre der *einzugliedernden Gesellschaft* von den Unterlagen Kenntnis nehmen können, wird zunächst die Pflicht zur Auslegung auf diese Gesellschaft erstreckt. Zusätzlich erweitert Abs. 4 S. 1 den Katalog der von beiden Gesellschaften auszulegenden Unterlagen auf den nach Abs. 3 iVm. § 293 e zu erstellenden *Prüfungsbericht* (Rdnr. 21). Was den Ort der Auslegung betrifft, so bezieht sich Abs. 4 S. 1 ebenso wie § 319 Abs. 3 S. 1 auf den Geschäftsraum der Gesellschaft; die Pflicht zur Auslegung in der jeweiligen Hauptversammlung ergibt sich für die eingegliederte Gesellschaft aus Abs. 4 S. 3 iVm. § 319 Abs. 3 S. 3 (Rdnr. 17), für die Hauptgesellschaft aus §§ 320 Abs. 1 S. 3, 319 Abs. 3 S. 3 (Rdnr. 7). Zur Beschlußanfechtung s. § 319 Rdnr. 17 f., § 320 b Rdnr. 15 ff.

16 **3. Erweiterter Eingliederungsbericht (Abs. 4 S. 2).** Abs. 4 S. 2 greift die in § 319 Abs. 3 S. 1 Nr. 3 geregelte Pflicht des *Vorstands der zukünftigen Hauptgesellschaft* zur Erstellung eines Eingliederungsberichts (§ 319 Rdnr. 18 ff.) auf und bestimmt, daß in diesem Bericht auch Art und Höhe der Abfindung, die den Minderheitsaktionären der einzugliedernden Gesellschaft nach § 320 b zu gewähren ist, zu erläutern und zu begründen sind. Die Vorschrift trägt den mit der Abfindungsverpflichtung verbundenen **Bewertungsschwierigkeiten** Rechnung. Sie bezweckt eine entsprechende Information sowohl der Aktionäre der zukünftigen Hauptgesellschaft als auch der außenstehenden Aktionäre der einzugliedernden Gesellschaft. Der Vorstand der *einzugliedernden Gesellschaft* ist zwar nicht berichtspflichtig; der erweiterte Bericht ist jedoch auch von dieser Gesellschaft auszulegen (Rdnr. 15). Die Vorschrift entspricht derjenigen des § 293 a Abs. 1; auf die Ausführungen in § 293 a

[18] *Koppensteiner* in Kölner Kommentar Rdnr. 8; MünchKommAktG/*Grunewald* Rdnr. 5; *Hüffer* Rdnr. 7.

[19] So für die bevorstehende Kapitalerhöhung BGH WM 1974, 713, 714 f.; OLG Celle WM 1972, 1004, 1009 f.; *Henze* Rdnr. 470 f.; *Koppensteiner* in Kölner Kommentar Rdnr. 8; für Erhöhung aus sonstigen Gründen auch MünchHdb. AG/*Krieger* § 73 Rdnr. 32; MünchKommAktG/*Grunewald* Rdnr. 5; *Hüffer* Rdnr. 7.

[20] Begr. zum RegE bei *Kropff* AktG S. 424; ferner BGH WM 1974, 713, 714; OLG Celle WM 1972, 1004, 1009; MünchKommAktG/*Grunewald* Rdnr. 6. Zu dem Erfordernis der Relevanz der Informationspflichtverletzung für die Anfechtbarkeit des Beschlusses s. § 319 Rdnr. 18 mit Nachw. in Fn. 43.

[21] Begr. zum RegE bei *Kropff* S. 425; *Koppensteiner* in Kölner Kommentar Rdnr. 9.

Rdnr. 24 ff. wird verwiesen. Abs. 2 und 3 des § 293 a finden entsprechende Anwendung (§ 319 Rdnr. 20). Zur Beschlußanfechtung s. § 319 Rdnr. 17 f., § 320 b Rdnr. 15 ff., 19 f. (abfindungsbezogene Informationsmängel).

4. Sinngemäße Geltung des § 319 Abs. 3 S. 2 bis 4 (Abs. 4 S. 3). Abs. 4 S. 3 **17** bestimmt, daß § 319 Abs. 3 S. 2 bis 4 für die Aktionäre *beider Gesellschaften* sinngemäß gilt. Dies bedeutet, daß nicht nur die Aktionäre der zukünftigen Hauptgesellschaft (s. § 319 Rdnr. 17), sondern auch die Aktionäre der einzugliedernden Gesellschaft Anspruch auf kostenlose **Erteilung von Abschriften** der in § 319 Abs. 3 S. 1 Nr. 1–3 genannten Unterlagen und des *Prüfungsberichts* (Rdnr. 15, 21) haben. Des weiteren folgt aus Abs. 4 S. 3 iVm. § 319 Abs. 3 S. 3, daß diese Unterlagen (einschließlich des Prüfungsberichts, s. Rdnr. 15) nicht nur in der Hauptversammlung der zukünftigen Hauptgesellschaft (Rdnr. 7), sondern auch in derjenigen der einzugliedernden Gesellschaft *auszulegen* sind. Ein dem **erweiterten Auskunftsrecht** der Aktionäre der zukünftigen Hauptgesellschaft (§ 319 Rdnr. 22 f.) entsprechendes Auskunftsrecht der Aktionäre der einzugliedernden Gesellschaft war bis zur Änderung des § 320 (Rdnr. 2) in § 320 Abs. 3 aF vorgesehen. Nunmehr ergibt es sich aus Abs. 4 S. 3 iVm. § 319 Abs. 3 S. 4; danach hat der Vorstand der einzugliedernden Gesellschaft jedem Aktionär auf Verlangen Auskunft auch über die im Zusammenhang mit der Eingliederung wesentlichen Angelegenheiten der zukünftigen *Hauptgesellschaft* zu geben (s. § 319 Rdnr. 22 f.).[22] Die Eingliederung ist auch durch den Vorstand der einzugliedernden Gesellschaft zu erläutern (vgl. § 319 Rdnr. 21). Beide Vorstände haben im Rahmen ihrer **Erläuterung** insbes. auf die Angemessenheit der Abfindung und auf etwaige Bewertungsschwierigkeiten einzugehen. Zur Beschlußanfechtung s. § 319 Rdnr. 22 f., § 320 b Rdnr. 15 ff., 19 f. (abfindungsbezogene Informationsmängel).

V. Eingliederungsprüfung (Abs. 3)

1. Zweck. Die wesentliche sachliche Änderung des § 320 (Rdnr. 2) besteht in der **18** Einführung einer obligatorischen Eingliederungsprüfung nach dem Vorbild der §§ 9, 60 Abs. 1, 2 UmwG, §§ 293 b ff. Eine solche Prüfung war dem alten Recht fremd.[23] Auch § 320 Abs. 3 S. 1 nF schreibt sie nur für die *Mehrheitseingliederung* vor und trägt damit dem Umstand Rechnung, daß es (nur, s. § 319 Rdnr. 8) bei dieser Form der Eingliederung zur Entstehung von Abfindungsansprüchen kommt.[24] Wie die Prüfung des Unternehmensvertrags nach §§ 293 b ff. bezweckt auch die Eingliederungsprüfung die **Entlastung des Spruchverfahrens**. Die Prüfung der Eingliederung durch einen sachverständigen und unabhängigen Prüfer, dessen Auswahl sich nach Abs. 3 S. 3 iVm. § 293 d Abs. 1 S. 1, § 319 HGB beurteilt, soll eine gerichtliche Überprüfung der Angemessenheit der Abfindung abkürzen oder gar entbehrlich machen;[25] um die Akzeptanz des Prüfungsergebnisses zu erhöhen, sieht der Entwurf eines Spruchverfahrensneuordnungsgesetzes vor, dass die Eingliederungsprüfer künftig stets durch das Gericht ausgewählt und bestellt werden (Rdnr. 2, 19). Die Möglichkeit eines **Verzichts auf die Eingliederungsprüfung** folgt aus Abs. 3 S. 3, der – ebenso wie § 293 b Abs. 2 – die sinngemäße Anwendung des § 293 a Abs. 3 bestimmt und damit die Prüfung bei Vorliegen von öffentlich beglaubigten *Verzichtserklärungen sämtlicher Aktionäre* der zukünftigen Hauptgesellschaft und der einzugliedernden Gesellschaft für entbehrlich erklärt (§ 293 a Rdnr. 34). Durch Art. 1 Nr. 28 a KonTraG (Einl. Rdnr. 21) ist in § 320 Abs. 3 S. 1 klargestellt worden, daß die Prüfung durch **einen oder mehrere Prüfer** zu erfolgen hat und somit für mehrere oder alle beteiligten Unternehmen ein gemeinsamer Prüfer bestellt werden kann. Dies entspricht der Rechtslage nach §§ 9, 10 UmwG betreffend die Verschmelzung (s. ferner § 293 b Rdnr. 1). Zur Beschlußanfechtung s. § 320 b Rdnr. 15 ff.

---

[22] MünchKommAktG/*Grunewald* Rdnr. 15; MünchHdb. AG/*Krieger* § 73 Rdnr. 33.
[23] Vgl. OLG Hamm AG 1993, 93.

[24] Vgl. Begr. zum RegE, BT-Drucks. 12/6699, S. 179.
[25] Vgl. Begr. zum RegE, BT-Drucks. 12/6699, S. 178.

19   **2. Bestellung, Auswahl, Stellung und Verantwortlichkeit der Prüfer.** Die Eingliederungsprüfer werden nach Abs. 3 S. 2 (und abweichend von § 293 c Abs. 1 S. 1, § 60 Abs. 2 S. 1 UmwG) *vom Vorstand der zukünftigen Hauptgesellschaft bestellt.* Im übrigen erklärt Abs. 3 S. 3 die Vorschriften des § 293 c betreffend die Bestellung der Vertragsprüfer für entsprechend anwendbar. Der Vorstand der zukünftigen Hauptgesellschaft kann somit auch die gerichtliche Bestellung der Eingliederungsprüfer beantragen (§ 293 c Rdnr. 10 ff.); zuständig ist nach § 293 c Abs. 1 S. 3 das Landgericht, in dessen Bezirk die einzugliedernde Gesellschaft ihren Sitz hat.[26] An diesem Wahlrecht des Vorstands will der Art. 2 Nr. 5 des Entwurfs eines **Spruchverfahrensneuordnungsgesetzes** (Rdnr. 2) nicht länger festhalten: Um dem Eindruck der Parteinähe der Prüfer von vornherein entgegenzuwirken und damit die Akzeptanz der Prüfungsergebnisse zu erhöhen, soll § 320 Abs. 3 S. 2 dahin gehend geändert werden, daß die Prüfer künftig „auf Antrag des Vorstands der zukünftigen Hauptgesellschaft vom Gericht ausgewählt und bestellt" werden. Bei der *Auswahl* der Eingliederungsprüfer sind nach Abs. 3 S. 3 iVm. § 293 d die Vorschriften des § 319 HGB zu beachten. Die Eingliederungsprüfer haben nach Abs. 3 S. 3 iVm. § 293 d Abs. 1 S. 1 das *Auskunftsrecht* des § 320 Abs. 1 S. 2, Abs. 2 S. 1 und 2 HGB; nach Abs. 3 S. 3 iVm. § 293 d Abs. 1 S. 2 besteht es gegenüber beiden Gesellschaften sowie den jeweiligen abhängigen und herrschenden Unternehmen (§ 293 d Rdnr. 7, 9 f.). Hinsichtlich der *Verantwortlichkeit* der Eingliederungsprüfer verweist Abs. 3 S. 3 auf § 293 d Abs. 2; die Haftung richtet sich somit nach § 323 HGB und besteht gegenüber beiden Gesellschaften und deren Aktionären (§ 293 d Rdnr. 11 ff.).

20   **3. Gegenstand der Prüfung.** Gegenstand der Eingliederungsprüfung ist nach Abs. 3 S. 1 die „Eingliederung". Die Prüfung muß sich somit auf die in §§ 319, 320 genannten **Voraussetzungen der Mehrheitseingliederung** (Rdnr. 4 ff., 9 ff.) und, wie auch aus Abs. 3 S. 3 iVm. § 293 e Abs. 1 S. 2 und 3 folgt, auf die Angemessenheit der **Abfindung** erstrecken (§ 293 b Rdnr. 4, 14, 16 ff.). Dagegen ist die *Zweckmäßigkeit* der Eingliederung zwar Gegenstand des Eingliederungsberichts (§ 319 Rdnr. 20, § 293 a Rdnr. 19 ff.), nicht aber der Eingliederungsprüfung.[27] Die Frage, ob und inwieweit sich die Prüfung auf den **Eingliederungsbericht** (Rdnr. 16, § 319 Rdnr. 18 ff.) zu erstrecken hat, ist für die Verschmelzungsprüfung nach § 9 UmwG[28] und für die Vertragsprüfung nach § 293 b (s. § 293 b Rdnr. 14 f.) umstritten; auch für die Eingliederungsprüfung muß die Frage als noch nicht abschließend geklärt bezeichnet werden.[29] Mit Blick auf die Entlastungsfunktion der Prüfung (Rdnr. 18) und den engen Zusammenhang zwischen dem Berichtsinhalt und der Abfindungsregelung (Rdnr. 16) sprechen die besseren Gründe für die Erstreckung der Prüfung auf den Eingliederungsbericht, soweit dieser Ausführungen zur Rechtmäßigkeit der Eingliederung und zur Angemessenheit der Abfindung enthält.[30]

21   **4. Prüfungsbericht.** Gem. Abs. 3 S. 3 iVm. § 293 e haben die Eingliederungsprüfer über das Ergebnis der Prüfung schriftlich zu berichten. Der Inhalt des Berichts bestimmt sich nach § 293 e (§ 293 e Rdnr. 5 ff.). Über die in § 293 e Abs. 2 enthaltene Verweisungsnorm gelangen die **Schutzklausel** des § 293 a Abs. 2 (§ 293 e Rdnr. 23) und die **Verzichtsmöglichkeit** des § 293 a Abs. 3 (§ 319 Rdnr. 15, § 293 e Rdnr. 22) auch hinsichtlich des Prüfungsberichts zur Anwendung.

§ 320 a Wirkungen der Eingliederung

Mit der Eintragung der Eingliederung in das Handelsregister gehen alle Aktien, die sich nicht in der Hand der Hauptgesellschaft befinden, auf diese über. Sind über diese

---

[26] MünchKommAktG/*Grunewald* Rdnr. 12; aA – für Maßgeblichkeit des Sitzes der Hauptgesellschaft – MünchHdb. AG/*Krieger* § 73 Rdnr. 30.

[27] *Hüffer* Rdnr. 12; näher § 293 b Rdnr. 16 ff.

[28] Dazu *Lutter* in Lutter UmwG § 9 Rdnr. 12 f. mwN.

[29] Für Erstreckung der Eingliederungsprüfung auf den Bericht LG Berlin AG 1996, 230, 232 f.; *Hüffer* Rdnr. 12.

[30] In diesem Sinne für die Verschmelzung namentlich *Hoffmann-Becking*, FS für Fleck, S. 105, 122; zu weit. Nachw. s. § 293 b Rdnr. 14 f.

Aktien Aktienurkunden ausgegeben, so verbriefen sie bis zu ihrer Aushändigung an die Hauptgesellschaft nur den Anspruch auf Abfindung.

Schrifttum: *Habersack/Mayer*, Globalverbriefte Aktien als Gegenstand sachenrechtlicher Verfügungen?, WM 2000, 1678; *Timm/Schick*, Die Auswirkungen der routinemäßigen Geltendmachung der Abfindung durch die Depotbanken auf die Rechte der außenstehenden Aktionäre bei der Mehrheitseingliederung, WM 1994, 185.

I. Inhalt und Zweck der Vorschrift

Die Vorschrift regelt die speziellen Rechtsfolgen einer Mehrheitseingliederung iSd. **1** § 320. Ihr S. 1 bestimmt, daß die Hauptgesellschaft mit der Eintragung der Eingliederung die Mitgliedschaften der außenstehenden Aktionäre der eingegliederten Gesellschaft erwirbt und damit **Alleinaktionär** dieser Gesellschaft wird. Nach S. 2 verbriefen etwaige Aktienurkunden bis zu ihrer Aushändigung an die Hauptgesellschaft den *Anspruch auf Abfindung*, der den ausgeschiedenen Aktionären nach § 320 b als Ausgleich für die verlorene Mitgliedschaft zusteht. Die Vorschrift knüpft an § 320 an, der zufolge die Eingliederung zwar nicht an der Existenz einer kleinen Minderheit scheitern soll, ein Fortbestand der Mitgliedschaft außenstehender Aktionäre jedoch angesichts der Auswirkungen der Eingliederung auf die Finanz- und Organisationsverfassung der eingegliederten Gesellschaft nicht in Betracht kommt (§ 320 Rdnr. 1, 3). Sie entspricht § 320 Abs. 4 aF (§ 319 Rdnr. 1, § 320 Rdnr. 2).

II. Übergang der Mitgliedschaften (S. 1)

1. Voraussetzungen. Nach S. 1 gehen mit **Eintragung** der Eingliederung in das **2** Handelsregister (§ 319 Rdnr. 41, § 320 Rdnr. 7) die Mitgliedschaften der außenstehenden Aktionäre auf die Hauptgesellschaft über; diese wird damit Alleinaktionär der eingegliederten Gesellschaft. Neben der – konstitutiv wirkenden (§ 319 Rdnr. 41) und damit für den Übergang der Aktien unerläßlichen – Eintragung müssen allerdings auch die **sonstigen Voraussetzungen** der Eingliederung vorliegen.[1] Bei Nichtigkeit des Eingliederungs- oder Zustimmungsbeschlusses (§ 319 Rdnr. 10 ff.) findet also ein Übergang der Aktien nur unter der Voraussetzung statt, daß Heilung nach § 242 Abs. 2 eingetreten ist (vgl. § 319 Rdnr. 9, § 320 Rdnr. 10). Bei Anfechtbarkeit eines Beschlusses nach § 243 Abs. 1 ist zu unterscheiden. Wird der Beschluß angefochten, so kommt es regelmäßig erst gar nicht zur Eintragung der Eingliederung (§ 319 Rdnr. 24 ff.); die Frage eines Übergangs der Aktien stellt sich dann nicht (s. aber auch § 319 Rdnr. 41). Wird dagegen nicht oder nicht rechtzeitig (§ 246 Abs. 1) Anfechtungsklage erhoben, so erwächst der Beschluß in Bestandskraft; mit Eintragung (die nicht vor Ablauf der Anfechtungsfrist erfolgen kann, s. § 319 Rdnr. 28) treten die Rechtsfolgen des § 320 a ein. Auch im Fall einer Mehrheitseingliederung bedarf weder der Eingliederungsbeschluß (§ 320 b Rdnr. 21) noch der Zustimmungsbeschluß (§ 320 Rdnr. 6) einer sachlichen Rechtfertigung. Zum Schicksal von Options- und Wandlungsrechten s. § 320 b Rdnr. 8.

2. Übergang kraft Gesetzes. Liegen die Voraussetzungen des S. 1 vor (Rdnr. 2), so **3** gehen sämtliche Mitgliedschaften, die sich nicht in der Hand der Hauptgesellschaft befinden, auf diese über. Das Gesetz spricht zwar vom Übergang der Aktien, meint aber, wie sich aus S. 2 (Rdnr. 4) und dem Normzweck des § 320 a (Rdnr. 1) ergibt, nicht das Eigentum an den Aktienurkunden. Von dem Übergang der Mitgliedschaften sind **auch eigene Aktien** der eingegliederten Gesellschaft betroffen, ferner Aktien, die ein Dritter für Rechnung der eingegliederten Gesellschaft gehalten hat.[2] Die Hauptgesellschaft wird also Alleinaktionär der eingegliederten Gesellschaft und kann damit von ihrem Weisungsrecht nach § 323 Gebrauch machen, ohne auf die Belange von Mitaktionären Rücksicht nehmen zu müssen. Der Übergang der Mitgliedschaft vollzieht sich kraft Gesetzes; die Vornahme eines Verfü-

---

[1] *Koppensteiner* in Kölner Kommentar § 320 Rdnr. 16.

[2] EinhM, s. MünchKommAktG/*Grunewald* § 320 Rdnr. 2.

gungsgeschäfts ist weder erforderlich noch möglich.[3] Die ausgeschiedenen Aktionäre haben gem. § 320 b **Anspruch auf Abfindung;** auch dieser Anspruch entsteht kraft Gesetzes (§ 320 b Rdnr. 3).

III. Eigentum an den Aktienurkunden (S. 2)

4　　**1. Verbriefung des Abfindungsanspruchs.** Sind über die Mitgliedschaften Aktienurkunden ausgegeben, so kommt es nach S. 2 zu einer vorübergehenden (Rdnr. 6) Auswechslung des verbrieften Rechts. Dadurch weicht S. 2 von § 952 Abs. 2 BGB ab; nach dieser Vorschrift würden nämlich die Aktienurkunden, nachdem sie die Mitgliedschaften nicht mehr verbriefen und damit ihre Eigenschaft als Inhaber- oder Orderpapier verloren haben,[4] in das Eigentum der Hauptgesellschaft übergehen. Demgegenüber bestimmt S. 2, daß die über die Migliedschaften ausgestellten Aktienurkunden bis zu ihrer Aushändigung an die Hauptgesellschaft (Rdnr. 6) den Anspruch auf Abfindung nach § 320 b verbriefen, also ihre Eigenschaft als Inhaber- oder Orderpapier behalten und damit weiterhin im **Eigentum der ausgeschiedenen Aktionäre** stehen. Eine Übertragung des Eigentums an den Urkunden verschafft dem Erwerber nur das verbriefte Recht, also den Anspruch auf die Abfindung; auch der Erwerber ist zudem – Zug um Zug gegen Gewährung der Abfindung – zur Aushändigung der Urkunde an die Hauptgesellschaft verpflichtet (Rdnr. 6). Ein **gutgläubiger Erwerb** der *Mitgliedschaft* zu Lasten der Hauptgesellschaft findet schon deshalb nicht statt, weil der ausgeschiedene Aktionär weiterhin Eigentümer der Urkunde ist; eine über die Urkunde getroffene Verfügung ist mithin die eines Berechtigten und verschafft dem Erwerber mit dem Eigentum an der Urkunde das in dieser verbriefte Recht. Auf *Zwischenscheine* iSd. § 8 Abs. 4 ist S. 2 entsprechend anzuwenden.[5]

5　　Was etwaige **beschränkte dingliche Rechte** betrifft, so ist zu unterscheiden. Besteht das dingliche Recht an der *Aktienurkunde*, so wird es durch den Übergang der Mitgliedschaft nicht berührt. Es bleibt vielmehr bestehen; die Urkunde als Gegenstand des beschränkten dinglichen Rechts verbrieft nun aber den Anspruch aus § 320 b. Mit Leistung der Abfindung (Rdnr. 6) setzt sich das beschränkte dingliche Recht entsprechend § 1287 S. 1 BGB an der Abfindung fort.[6] Ist dagegen das *verbriefte Recht*, mithin die Mitgliedschaft, mit dem beschränkten dinglichen Recht belastet (wie dies nach zutr. Ansicht bei Zusammenfassung aller Aktien in einer *Globalurkunde* notwendigerweise der Fall ist),[7] so setzt es sich entsprechend § 1287 S. 1 BGB an dem *Anspruch auf Abfindung* fort.

6　　**2. Rechtsfolgen der Aushändigung.** Mit Eintragung der wirksamen Eingliederung sind die ausgeschiedenen Aktionäre zur Aushändigung der Urkunden an die Hauptgesellschaft *verpflichtet;*[8] die Hauptgesellschaft schuldet ihrerseits Gewährung der Abfindung nach § 320 b. Beide Ansprüche können nach Maßgabe der §§ 273, 274 BGB geltend gemacht werden.[9] Die Eigentumsverhältnisse an den Urkunden beurteilen sich nach § 797 S. 2 BGB.[10] Danach erwirbt die **Hauptgesellschaft das Eigentum** an den Urkunden mit *Gewährung der Abfindung,*[11] regelmäßig also zeitgleich mit der Aushändigung der Urkunden. Die Urkunden verbriefen nun wieder die Mitgliedschaften.[12] Die während des Schwebezustands verbrieften Rechte, nämlich die Abfindungsansprüche der ausgeschiedenen Aktio-

---

[3] S. statt aller *Hüffer* Rdnr. 2.

[4] Zutr. *Hüffer* Rdnr. 3.

[5] *Hüffer* Rdnr. 3.

[6] So im Ergebnis auch MünchKommAktG/*Grunewald* Rdnr. 2. – Für die entsprechende Anwendung der §§ 1281 f. BGB ist dagegen, da Gegenstand des beschränken dinglichen Rechts die Urkunde und nicht die verbriefte Forderung auf Abfindung ist, kein Raum.

[7] Näher dazu *Habersack/Mayer* WM 2000, 1678, 1681 ff. mwN; allg. zur Zulässigkeit von Verfügungen über das verbriefte Recht s. MünchKommBGB/*Hüffer* § 793 Rdnr. 18 f.

[8] *Koppensteiner* in Kölner Kommentar § 320 Rdnr. 17; MünchHdb. AG/*Krieger* § 73 Rdnr. 37.

[9] Zur Rolle der Depotbank s. auch *Timm/Schick* WM 1994, 185 ff.

[10] *Timm/Schick* WM 1994, 185, 186 f.; *Hüffer* Rdnr. 3.

[11] Näher dazu MünchKommBGB/*Hüffer* § 797 Rdnr. 5 ff.

[12] *Koppensteiner* in Kölner Kommentar § 320 Rdnr. 17.

näre, sind durch Erfüllung erloschen. Eine **Kraftloserklärung** nicht ausgehändigter Urkunden nach § 73 kommt schon deshalb nicht in Betracht,[13] weil die Urkunden regelmäßig bis zur Aushändigung die Abfindungsansprüche der ausgeschiedenen Aktionäre verbriefen. Sind die Abfindungsansprüche ausnahmsweise vor Aushändigung erloschen, so kann die Hauptgesellschaft aufgrund des von ihr erworbenen Eigentums Herausgabe der Urkunden verlangen. Im übrigen bleibt es ihr unbenommen, auf Aushändigung der Urkunden Zug um Zug gegen Gewährung der Abfindung zu klagen.

§ 320 b Abfindung der ausgeschiedenen Aktionäre

(1) Die ausgeschiedenen Aktionäre der eingegliederten Gesellschaft haben Anspruch auf angemessene Abfindung. Als Abfindung sind ihnen eigene Aktien der Hauptgesellschaft zu gewähren. Ist die Hauptgesellschaft eine abhängige Gesellschaft, so sind den ausgeschiedenen Aktionären nach deren Wahl eigene Aktien der Hauptgesellschaft oder eine angemessene Barabfindung zu gewähren. Werden als Abfindung Aktien der Hauptgesellschaft gewährt, so ist die Abfindung als angemessen anzusehen, wenn die Aktien in dem Verhältnis gewährt werden, in dem bei einer Verschmelzung auf eine Aktie der Gesellschaft Aktien der Hauptgesellschaft zu gewähren wären, wobei Spitzenbeträge durch bare Zuzahlungen ausgeglichen werden können. Die Barabfindung muß die Verhältnisse der Gesellschaft im Zeitpunkt der Beschlußfassung ihrer Hauptversammlung über die Eingliederung berücksichtigen. Die Barabfindung sowie bare Zuzahlungen sind von der Bekanntmachung der Eintragung der Eingliederung an mit jährlich zwei vom Hundert über dem jeweiligen Basiszinssatz nach § 247 des Bürgerlichen Gesetzbuchs zu verzinsen; die Geltendmachung eines weiteren Schadens ist nicht ausgeschlossen.

(2) Die Anfechtung des Beschlusses, durch den die Hauptversammlung der eingegliederten Gesellschaft die Eingliederung der Gesellschaft beschlossen hat, kann nicht auf § 243 Abs. 2 oder darauf gestützt werden, daß die von der Hauptgesellschaft nach § 320 Abs. 2 Nr. 2 angebotene Abfindung nicht angemessen ist. Ist die angebotene Abfindung nicht angemessen, so hat das in § 306 bestimmte Gericht auf Antrag die angemessene Abfindung zu bestimmen. Das gleiche gilt, wenn die Hauptgesellschaft eine Abfindung nicht oder nicht ordnungsgemäß angeboten hat und eine hierauf gestützte Anfechtungsklage innerhalb der Anfechtungsfrist nicht erhoben oder zurückgenommen oder rechtskräftig abgewiesen worden ist.

(3) Antragsberechtigt ist jeder ausgeschiedene Aktionär. Der Antrag kann nur binnen zwei Monaten nach dem Tage gestellt werden, an dem die Eintragung der Eingliederung in das Handelsregister nach § 10 des Handelsgesetzbuchs als bekanntgemacht gilt. Für das Verfahren gilt § 306 sinngemäß.

Schrifttum: *Baums,* Empfiehlt sich eine Neuregelung des aktienrechtlichen Anfechtungs- und Organhaftungsrechts, insbes. der Klagemöglichkeiten von Aktionären?, Gutachten F für den 63. Deutschen Juristentag, 2000; *Bernhardt,* Die Abfindung von Aktionären nach neuem Recht, BB 1966, 257; *Frisinger,* Wahlrechte bei der Abfindung nach §§ 320 Abs. 5 AktG, 15 Abs. 1 UmwG und Beendigung des Schwebezustands, BB 1972, 819; *Henze,* Aspekte und Entwicklungstendenzen der aktienrechtlichen Anfechtungsklage in der Rechtsprechung des BGH, ZIP 2002, 97; *Hirte,* Bezugsrechtsausschluß und Konzernbildung, 1986; *ders.,* Informationsmängel und Spruchverfahren, ZHR 167 (2003), 8; *Hoffmann-Becking,* Rechtsschutz bei Informationsmängeln im Unternehmensvertrags- und Umwandlungsrecht, in: Henze/Hoffmann-Becking (Hrsg.), Gesellschaftsrecht 2001, RWS-Forum 20, 2001, S. 55; *Kamprad/Römer,* Die Abfindung der außenstehenden Aktionäre bei der Eingliederung durch Mehrheitsbeschluß nach § 320 AktG, AG 1990, 486; *Kiem,* Die Stellung der Vorzugsaktionäre bei Umwandlungsmaßnahmen, ZIP 1997, 1627; *Kleindiek,* Abfindungsbezogene Informationsmängel und Anfechtungsausschluß, NZG 2001, 552; *Köhler,* Rückabwicklung fehlerhafter Unternehmenszusammenschlüsse (Unternehmensvertrag, Eingliederung, Verschmelzung, Gemeinschaftsunternehmen),

---

[13] AA MünchKommAktG/*Grunewald* Rdnr. 4; wie hier MünchHdb. AG/*Krieger* § 73 Rdnr. 37; *Hüffer* Rdnr. 3.

ZGR 1985, 307; *R. Komp,* Zweifelsfragen des aktienrechtlichen Abfindungsanspruchs nach den §§ 305, 320 b, 2002; *Kort,* Bestandsschutz fehlerhafter Strukturänderungen im Kapitalgesellschaftsrecht, 1998; *Kowalski,* Eingliederung: Abfindung durch Ausnutzung genehmigten Kapitals, AG 2000, 555; *Krieger,* Fehlerhafte Satzungsänderungen: Fallgruppen und Bestandskraft, ZHR 158 (1994), 35; *ders.,* Vorzugsaktie und Umstrukturierung, FS für Lutter, 2000, S. 497; *Lutter,* Aktienerwerb von Rechts wegen: Aber welche Aktien?, FS für Mestmäcker, 1996, S. 943; *Martens,* Die rechtliche Behandlung von Options- und Wandlungsrechten anläßlich der Eingliederung der verpflichteten Gesellschaft, AG 1992, 209; *Mülbert,* Abschwächungen des mitgliedschaftlichen Bestandsschutzes im Aktienrecht, FS für Ulmer, 2003, S. 433; *Rodloff,* Ungeschriebene sachliche Voraussetzungen der aktienrechtlichen Mehrheitseingliederung, Diss. Berlin 1991; *Röhricht,* Die aktuelle höchstrichterliche Rechtsprechung zum Kapitalgesellschaftsrecht, in Gesellschaftsrecht in der Diskussion 1998, Schriftenreihe der Gesellschaftsrechtlichen Vereinigung (VGR), Bd. 1, 1999, S. 1; *ders.,* ebenda, Bd. 5 (2002), S. 3; *C. Schäfer,* Die Lehre vom fehlerhaften Verband, 2002; *Timm/Schöne,* Abfindung in Aktien: Das Gebot der Gattungsgleichheit, FS für Kropff, 1997, S. 315; *Veit,* Unternehmensverträge und Eingliederung als aktienrechtliche Instrumente der Unternehmensverbindung, 1974; *Vetter,* Abfindungswertbezogene Informationsmängel und Rechtsschutz, FS für Wiedemann, 2002, S. 1323; *Wilsing/Kruse,* Anfechtbarkeit von Squeeze-out- und Eingliederungsbeschlüssen wegen abfindungswertbezogener Informationsmängel?, DB 2002, 1539.

Übersicht

I. Einführung

1 **1. Inhalt und Zweck der Vorschrift.** Nach Abs. 1 S. 1 haben die ausgeschiedenen Aktionäre der durch Mehrheitsbeschluß nach § 320 eingegliederten Gesellschaft Anspruch auf Abfindung. Dadurch soll der mit der Mehrheitseingliederung verbundene Verlust der Mitgliedschaft in der eingegliederten Gesellschaft ausgeglichen werden; § 320 b steht somit im unmittelbaren Zusammenhang mit § 320 a und regelt wie dieser die spezifischen Rechtsfolgen der Mehrheitseingliederung. Der Inhalt des Abfindungsanspruchs ist in Abs. 1 S. 2 bis 6 bestimmt. Abs. 2 und 3 schränken die Anfechtbarkeit des Eingliederungsbeschlusses ein und verweisen die ausgeschiedenen Aktionäre bezüglich der Geltendmachung der Unangemessenheit des Abfindungsangebots auf das Spruchverfahren. Die Vorschrift des § 320 b enthält zwingendes Recht. Eine analoge Anwendung auf die Vermögensübertragung nach § 179 a kommt grundsätzlich nicht in Betracht. Anderes gilt, wenn das von der abhängigen Gesellschaft betriebene Unternehmen im Zuge einer sogenannten „übertragenden Auflösung" (§ 327 a Rdnr. 10) an das herrschende Unternehmen veräußert wird. In diesem Fall bedarf es von Verfassungs wegen einer gerichtlichen Überprüfung des vom herrschenden Unternehmen gezahlten und im Rahmen der Abwicklung an die Aktionäre zu verteilenden Kaufpreises.[1]

---

[1] Für Notwendigkeit einer gerichtlichen Kontrolle des vom herrschenden Unternehmen gezahlten Kaufpreises, sei es im Wege eines Spruchverfahrens entsprechend § 306 oder im Rahmen einer gegen den Auflösungsbeschluß gerichteten Anfechtungsklage, s. BVerfG ZIP 2000, 1670, 1672 f.; weitere Nachw. dazu in § 311 Rdnr. 30 (Fn. 84).

2. Gesetzesgeschichte; Reformvorschläge. Die Vorschrift hat die in § 320 Abs. 5 bis 2
7 aF enthaltene Regelung übernommen (§ 320 Rdnr. 2). Eine sachliche Änderung hat sich
dabei nur hinsichtlich des Anspruchs der ausgeschiedenen Aktionäre auf *Verzinsung* einer
etwaigen Barabfindung ergeben: Während § 320 Abs. 5 S. 6 aF noch eine Festverzinsung in
Höhe von 5% gewährte, sieht § 320 b Abs. 1 S. 6 nunmehr einen beweglichen Zinssatz vor
(Rdnr. 13). Was dessen Bezugsgröße betrifft, so war bereits mit dem Diskontsatz-Überlei-
tungs-Gesetz vom 9. 6. 1998[2] der Basiszinssatz an die Stelle des Diskontsatzes getreten.
Durch Art. 5 Abs. 1 Nr. 1 der Verordnung zur Ersetzung von Zinssätzen vom 5. 4. 2002[3]
(BGBl. I S. 1250) ist sodann der Verweis auf den jeweiligen Bundesbank-Diskontsatz durch
denjenigen auf den Basiszinssatz des § 247 BGB ersetzt und damit § 320 b Abs. 1 S. 6 auch
textlich geändert worden. Weitere Änderungen sieht Art. 2 Nr. 6 des Regierungsentwurfs
eines **Spruchverfahrensneuordnungsgesetzes** vor.[4] Danach soll Abs. 3 aufgehoben und
in Abs. 2 S. 2 nicht mehr auf § 306, sondern auf § 2 SpruchG verwiesen werden. Dem
bisherigen Abs. 3 entsprechende Vorschriften werden sich sodann in §§ 3, 4 SpruchG
finden. Ein vom Gemeinsamen Arbeitsausschuß des BDI und anderer Verbände vorgelegter
Gesetzgebungsvorschlag, dessen Kern in der Einführung einer erleichterten Abfindung der
ausgeschiedenen Aktionäre liegt,[5] wurde dagegen vom Gesetzgeber bislang nicht aufgegriffen. Entsprechendes gilt für die berechtigte Forderung, auch für die **Bewertungsrüge der
Aktionäre der Hauptgesellschaft** die Anfechtung auszuschließen und das Spruchverfahren zu eröffnen (Rdnr. 16).[6] Gleichfalls berechtigt ist die Forderung, die Verletzung von
abfindungsbezogenen Informationspflichten de lege ferenda insoweit nicht länger als
Anfechtungsgrund anzuerkennen, als die Aktionäre hinsichtlich der Höhe der Abfindung
auf das Spruchverfahren verwiesen sind (Rdnr. 19 f.).[7]

II. Anspruch auf angemessene Abfindung

1. Entstehung. Der Anspruch auf Abfindung entsteht nach Abs. 1 S. 1 mit der Ein- 3
tragung der wirksamen Eingliederung (§ 319 Rdnr. 41, § 320 Rdnr. 7). Er entsteht **kraft
Gesetzes,** setzt also im Unterschied zu dem in § 305 geregelten Anspruch (§ 305
Rdnr. 19 ff.) nicht den Abschluß eines Abfindungsvertrags voraus und begründet nach
§§ 31 Abs. 5 S. 2, 39 WpÜG keine Pflicht zur Zuzahlung in Fällen, in denen der Eingliederung ein freiwilliges Übernahmeangebot oder ein Pflichtangebot vorangegangen ist.[8]
Dies entspricht dem in § 320 a bestimmten gesetzlichen Übergang der Mitgliedschaften auf
die Hauptgesellschaft (§ 320 a Rdnr. 2 f.); der damit verbundene Rechtsnachteil wird durch
§ 320 b kompensiert.

2. Gläubiger und Schuldner. Schuldner des Abfindungsanspruchs ist stets die **Haupt-** 4
gesellschaft. Dies gilt auch in dem Fall, daß die außenstehenden Aktionäre ausnahmsweise, nämlich bei Eingliederung einer Enkelgesellschaft in eine bereits eingegliederte
Tochtergesellschaft (Rdnr. 10), Anspruch auf Abfindung in Aktien der Muttergesellschaft
haben. Gläubiger des Anspruchs sind die aus der eingegliederten Gesellschaft **ausgeschie-**
denen Aktionäre. Hat die *eingegliederte Gesellschaft* eigene Aktien gehalten (s. § 320 a
Rdnr. 3), so kann also auch sie Abfindung nach Abs. 1 S. 2 und 3 (Rdnr. 5) bean-

---

[2] BGBl. I S. 1242.
[3] BGBl. I S. 1250, 1252.
[4] BT-Drucks. 15/827; auch abgedruckt in NZG
2002, Sonderbeilage zu Heft 24, und ZIP 2002,
2097 mit Einführung von *Neye*; s. ferner Einl.
Rdnr. 27 b; Anh. § 306.
[5] Abgedruckt in WM 1997, 490, 496 f., 500.
[6] Dazu im Zusammenhang mit § 15 UmwG bereits Handelsrechtsausschuß des Deutschen Anwalts-
vereins e. V., WM 1993, Sonderbeil. 2, Rdnr. 50 ff.,
sowie erneut in NZG 2000, 802, 803; s. ferner *Hoffmann-Becking* S. 55, 68 ff.; *Röhricht* VGR 5 (2002),
S. 3, 32 ff.

[7] Vgl. im Zusammenhang mit § 15 UmwG
Baums S. 125 ff. mwN; ferner Rdnr. 20 mit weit.
Nachw. in Fn. 53; s. aber auch § 293 Rdnr. 38 ff.
(*Emmerich*). Allgemein zur Problematik der Be-
schlußanfechtung wegen Informationsmängeln s.
§ 319 Rdnr. 18.
[8] Zur Entbehrlichkeit eines Abfindungsvertrags s.
Koppensteiner in Kölner Kommentar § 320
Rdnr. 18; *Hüffer* Rdnr. 2; zur Entbehrlichkeit einer
Zuzahlung s. für die Zeit vor Inkrafttreten des
WpÜG BGH ZIP 2001, 2278 und OLG München
ZIP 2001, 2135, jew. zu Art. 15 Übernahmekodex.

spruchen.[9] Die einmal an die eingegliederte Gesellschaft geleistete Abfindung steht freilich nach § 323 zur Disposition der Hauptgesellschaft, so daß der Frage keine allzu große praktische Bedeutung zukommt. Eine Besicherung des Abfindungsanspruchs durch ein Kreditinstitut ist in § 320 b auch nicht für den Fall der Barabfindung vorgesehen (s. noch § 327 b Rdnr. 11).

5   **3. Inhalt. a) Abfindungsarten. aa) Regelabfindung (Abs. 1 S. 2).** Nach Abs. 1 S. 2 sind den ausgeschiedenen Aktionären als Regelabfindung eigene Aktien der Hauptgesellschaft zu gewähren. Vorbehaltlich des Abs. 1 S. 3 (Rdnr. 9 ff.) haben die ausgeschiedenen Aktionäre somit *keinen Anspruch auf Barabfindung*.[10] Dies gilt auch für die *eingegliederte Gesellschaft* (Rdnr. 4). Insoweit sollte auch § 71 d S. 2 der Abfindung in Aktien der Hauptgesellschaft nicht entgegenstehen. Soweit nicht die Abfindung der eingegliederten Gesellschaft in Aktien der Hauptgesellschaft auf der Grundlage des § 71 Abs. 1 Nr. 8 erfolgen kann, läßt sich der Erwerb durch entsprechende Anwendung des § 71 Abs. 1 Nr. 3 rechtfertigen.[11] Die zur Erfüllung ihrer Abfindungsverpflichtungen benötigten eigenen Aktien kann die Hauptgesellschaft entweder nach § 71 Abs. 1 Nr. 3, 8 erwerben oder durch eine bedingte Kapitalerhöhung nach § 192 Abs. 2 Nr. 2 schaffen; ist der erforderliche Erhöhungsbetrag bekannt, kommt auch die Ausnutzung eines genehmigten Kapitals in Betracht.[12] Obschon sich im Fall einer Kapitalerhöhung die Beteiligungsverhältnisse in der Hauptgesellschaft verschieben, bedarf weder der Zustimmungsbeschluß (§ 319 Rdnr. 13 ff.) noch der Kapitalerhöhungsbeschluß einer sachlichen Rechtfertigung (§ 320 Rdnr. 6). Der *Zustimmungsbeschluß* kann jedoch wegen Unangemessenheit der Abfindung angefochten werden (Rdnr. 16).

6   Noch nicht abschließend geklärt ist die Frage, welcher Art die den ausgeschiedenen Aktionären zu gewährenden Aktien sein müssen. Insbes. fragt sich, ob die angebotenen Aktien der Hauptgesellschaft und die nach § 320 a auf die Hauptgesellschaft übergegangenen Aktien der **gleichen Gattung** angehören müssen. In Übereinstimmung mit der Rechtslage nach § 305 Abs. 2 Nr. 1 und 2 (s. § 305 Rdnr. 13) ist dies im Grundsatz zu bejahen.[13] Die Abfindung in Aktien der Muttergesellschaft hat somit sicherzustellen, daß die ausgeschiedenen Aktionäre weder hinsichtlich der mitgliedschaftlichen *Vermögensrechte* noch hinsichtlich der *Teilhaberechte* einen Rechtsnachteil erleiden. Umgekehrt sollen sie durch die Abfindung *keinen Vorteil* erlangen, zumal sich dieser zum Nachteil der *bisherigen Aktionäre der Hauptgesellschaft* auswirken würde (s. Rdnr. 7, 16).[14] Das Abfindungsangebot muß somit sowohl in vermögensmäßiger Hinsicht als auch hinsichtlich der Teilhaberechte dem an den Belangen der ausgeschiedenen Aktionäre und der Aktionäre der Hauptgesellschaft auszurichtenden **Gleichbehandlungsgebot** genügen.[15]

7   Mit Blick auf das Gebot einer vollwertigen Abfindung ist ein Umtausch von Stammaktien in Vorzugsaktien iSd. §§ 139 ff. grundsätzlich ebenso unzulässig wie ein Umtausch von Vorzugsaktien in Stammaktien. Allerdings ist bei Bemessung des Umtauschverhältnisses auf eine etwaige **Verschiebung der Stimmrechtsverhältnisse** Rücksicht zu nehmen. Hat etwa die Hauptgesellschaft sowohl Stamm- als auch Vorzugsaktien ausgegeben, die eingegliederte Gesellschaft dagegen ausschließlich Stammaktien, so würde eine Abfindung ausschließlich in Stammaktien den ausgeschiedenen Aktionären einen Gewinn an Stimmrechts-

---

[9] *Koppensteiner* in Kölner Kommentar § 320 Rdnr. 18; MünchKommAktG/*Grunewald* Rdnr. 2; *Hüffer* Rdnr. 2; aA *Würdinger* in GroßkommAktG, 3. Aufl., § 320 Anm. 12; MünchHdb. AG/*Krieger* § 73 Rdnr. 37.

[10] Wohl einhM, s. etwa OLG Hamm AG 1993, 93, 94; s. ferner *Schindler*, Das Austrittsrecht in Kapitalgesellschaften, 1999, S. 113 f.

[11] Zutr. *Hüffer* Rdnr. 3; aA – für Barabfindung – MünchKommAktG/*Grunewald* Rdnr. 2.

[12] Näher *Kowalski* AG 2000, 555 ff.; zust. auch *Hüffer* Rdnr. 5.

[13] Näher zum folgenden *Lutter*, FS für Mestmäcker, S. 943, 948 ff.; *ders.* in *Lutter* UmwG § 5 Rdnr. 10 ff.; weitergehend – generell für Abfindung in der Gattung der übergegangenen Aktien – die bislang hM, s. *Koppensteiner* in Kölner Kommentar § 320 Rdnr. 22; MünchKommAktG/*Grunewald* Rdnr. 3 f.; s. ferner *Timm/Schöne*, FS für Kropff, S. 315, 319 ff. Zur Frage eines Sonderbeschlusses der umtauschberechtigten Vorzugsaktionäre nach § 141 Abs. 2 s. *Krieger*, FS für Lutter, S. 497, 508 ff.

[14] Zutr. *Lutter* (Fn. 13).

[15] *Lutter* (Fn. 13).

macht bescheren. Es ist deshalb gerechtfertigt und zur Wahrung der Interessen der Aktionäre der Hauptgesellschaft sogar geboten, anteilig in Vorzugsaktien abzufinden.[16] Im umgekehrten Fall – nur die eingegliederte Gesellschaft hat Vorzugsaktien ausgegeben – darf die Hauptgesellschaft zwar in Stammaktien abfinden;[17] zwischen Stamm- und Vorzugsaktien bestehende Wertunterschiede sind jedoch zu berücksichtigen.

Von der eingegliederten Gesellschaft begebene und im Zeitpunkt der Eingliederung noch **8** nicht ausgeübte oder zwar ausgeübte, aber noch nicht bediente **Optionen** und sonstige Bezugsrechte auf Aktien sind analog §§ 320 a, 320 b, §§ 23, 36 Abs. 1 UmwG und entsprechend dem bei Eingliederung festgelegten Umtauschverhältnis durch entsprechende Rechte gegen die Hauptgesellschaft zu ersetzen.[18] Vor dem Hintergrund der andernfalls mit Ausübung der Option drohenden Beendigung der Eingliederung (§ 327 Abs. 1 Nr. 3; dazu § 327 Rdnr. 6) genießen sie also keinen höheren Bestandsschutz als von der eingegliederten Gesellschaft ausgegebene Aktien. Bei Bemessung der Abfindung sind die Grundsätze der Gattungsgleichheit und der Gleichbehandlung (Rdnr. 7 f.) zu beachten; den Abfindungsberechtigten sind also je nach Ausgestaltung des gegen die eingegliederte Gesellschaft gerichteten Rechts Options- oder Wandelanleihen oder reine Optionsrechte zu gewähren. Bei Berechnung der nach § 320 Abs. 1 erforderlichen Kapitalmehrheit (§ 320 Rdnr. 9 f.) sind die Optionsrechte zwar nicht zu berücksichtigen. Entsprechend § 320 Abs. 1 dürfen sich allerdings die begebenen Optionen ihrerseits auf nicht mehr als 5 % des Grundkapitals beziehen;[19] andernfalls gewähren sie einen Anspruch auf Aktien der eingegliederten Gesellschaft. Was von der eingegliederten Gesellschaft ausgegebene **Genußrechte** betrifft, so unterscheiden sie sich von Optionsrechten dadurch, daß sie gewöhnliches Gläubigerrecht sind und bleiben, also nicht zu einer Mitgliedschaft in der eingegliederten Gesellschaft erstarken können;[20] demgemäß droht auch nicht die Beendigung der Eingliederung nach § 327 Abs. 1 Nr. 3. Davon unberührt bleibt jedoch die Notwendigkeit, die Genußrechtsinhaber gegen die Gefahr einer Verwässerung ihrer gewinnabhängigen Rechte zu schützen. Gute Gründe sprechen insoweit für die analoge Anwendung des § 23 UmwG.[21] Gegen die einzugliedernde Gesellschaft gerichtete schuldrechtliche **Ansprüche auf Verschaffung von Aktien** werden dagegen durch die Eingliederung grundsätzlich nicht berührt (s. § 319 Rdnr. 8); die Auslegung des Verpflichtungsgeschäfts kann jedoch ergeben, daß mit erfolgter Eingliederung Aktien der Hauptgesellschaft zu liefern sind.

bb) Wahlrecht (Abs. 1 S. 3). Ist die Hauptgesellschaft ihrerseits abhängige Gesellschaft **9** iSd. § 17, so ist den ausgeschiedenen Aktionäre nach § 320 b Abs. 1 S. 3 entweder eine Abfindung in Aktien der *Hauptgesellschaft* oder eine **Barabfindung** zu gewähren. Damit stellt das Gesetz sicher, daß die ausgeschiedenen Aktionäre nicht gezwungen sind, erneut Mitglieder einer abhängigen Gesellschaft zu werden.[22] Entsprechend diesem Normzweck gelangt § 320 b Abs. 1 S. 3 auch bei Abhängigkeit von einer *Gebietskörperschaft* zur

[16] *Lutter* (Fn. 13) S. 950 f. bzw. Rdnr. 12; *Hüffer* Rdnr. 4, § 305 Rdnr. 11; MünchHdb. AG/*Krieger* § 73 Rdnr. 38, § 70 Rdnr. 97; *ders.*, FS für Lutter, S. 497, 516 ff.; aA § 305 Rdnr. 13 (*Emmerich*); *Timm/Schöne*, FS für Kropff, S. 315, 322 ff., 328; MünchKommAktG/*Grunewald* Rdnr. 4.

[17] *Lutter* (Fn. 13) S. 950 f. bzw. Rdnr. 13; *Hüffer* Rdnr. 4, § 305 Rdnr. 11; näher *Krieger*, FS für Lutter, S. 497, 513 ff., dort auch dazu, daß der Vorzug auch ohne zustimmenden Sonderbeschluß der Vorzugsaktionäre gem. § 141 Abs. 1 aufgehoben werden kann (dazu auch *Kiem* ZIP 1997, 1627, 1628 f., 1632 betr. die Verschmelzung). AA *Timm/Schöne*, FS für Kropff, S. 315, 328 ff.

[18] BGH NJW 1998, 2146 = ZIP 1998, 560 = EWiR § 320 b AktG 1/98, 483 (*Noack*); OLG München ZIP 1993, 1001, 1004 = WM 1993, 1285; eingehend *Martens* AG 1992, 209, 211 ff.;

ferner MünchKommAktG/*Grunewald* Rdnr. 13; *Hüffer* Rdnr. 4; aA offenbar OLG Hamm AG 1994, 376, 378 (Rechte richten sich weiterhin gegen die eingegliederte Gesellschaft); ferner *Würdinger* in GroßkommAktG, 3. Aufl., § 320 Anm. 25.

[19] So wohl auch BGH NJW 1998, 2146 = ZIP 1998, 560; deutlich *Röhricht* VGR 1 (1999), S. 1, 10; ferner MünchKommAktG/*Grunewald* Rdnr. 13 (die allerdings in § 319 Rdnr. 4, Fn. 10, die hier vertretene Position als widersprüchlich bezeichnet).

[20] BGHZ 119, 305, 309 f., 316 ff.; *Habersack* ZHR 151 (1991), 378, 383 f., 391 ff.

[21] § 304 Rdnr. 14; MünchHdb. AG/*Krieger* § 63 Rdnr. 57; *Lutter* in Kölner Kommentar § 221 Rdnr. 402; aA – für analoge Anwendung des § 320 b – *Hüffer* § 221 Rdnr. 68 a.

[22] Begr. zum RegE bei *Kropff* AktG S. 425.

Anwendung.[23] Anders als im Fall des § 305 Abs. 2 Nr. 2 (§ 305 Rdnr. 15 f.) haben die *ausgeschiedenen Aktionäre* hinsichtlich der Art der Abfindung ein Wahlrecht; das Abfindungsangebot der Hauptgesellschaft muß also beide Formen der Abfindung enthalten und die Wahl den ausgeschiedenen Aktionären überlassen. Aber auch in sonstiger Hinsicht weicht § 320 b Abs. 1 S. 3 von § 305 Abs. 2 Nr. 2 ab. So haben die ausgeschiedenen Aktionäre nach Abs. 1 S. 3 kein Wahlrecht, wenn die Hauptgesellschaft zwar in *Mehrheitsbesitz* iSd. § 16 steht, aber nicht abhängig ist. Vor allem aber sieht Abs. 1 S. 3 keine Abfindung in Aktien der die Hauptgesellschaft beherrschenden oder mit Mehrheit an ihr beteiligten Gesellschaft vor. Obschon Sachgründe für diese Abweichungen von § 305 Abs. 2 Nr. 2 nicht ersichtlich sind[24] und eine einheitliche Abfindungsregelung zu wünschen wäre, hat es de lege lata bei dem eindeutigen Wortlaut des Abs. 1 S. 3 zu bewenden.[25] Eine Ausnahme ist allein für die mehrstufige Eingliederung anzuerkennen (Rdnr. 10).

10 Besonderheiten gelten bei Eingliederung einer Enkel-AG in eine bereits eingegliederte Tochter-AG. Für die sog. **mehrstufige Eingliederung** „von oben nach unten" (s. § 319 Rdnr. 16) folgt nämlich bereits aus § 327 Abs. 1 Nr. 3, daß eine Abfindung in Aktien der Tochter-AG, also der Hauptgesellschaft iSd. § 320 b Abs. 1 S. 3, nicht in Betracht kommen kann; denn andernfalls fände die Eingliederung der Tochter-AG in die Mutter-AG ihr Ende, sollte auch nur *ein* aus der Enkel-AG ausgeschiedener Aktionär anstelle der Barabfindung die Abfindung in Aktien der Tochter-AG wählen. Mit der ganz hM[26] ist deshalb davon auszugehen, daß für diese Form der mehrstufigen Eingliederung eine Abfindung in Aktien der Mutter-AG zulässig ist; die Tochter-AG ist deshalb ausnahmsweise berechtigt,[27] den ausgeschiedenen Aktionären nach deren Wahl Aktien der *Mutter-AG* oder eine Barabfindung zu gewähren (s. noch Rdnr. 18). Keine Probleme bereitet dagegen die mehrstufige Eingliederung „von unten nach oben", also die Eingliederung der Enkel-AG in die ihrerseits noch nicht in die Mutter-AG eingegliederte Tochter-AG. In diesem Fall bewendet es bei § 320 b Abs. 1 S. 3. Erst mit Eingliederung der Tochter-AG in die Mutter-AG erhalten die aus der Enkel-AG ausgeschiedenen Aktionäre, die sich für die Abfindung in Aktien der Tochter entschieden haben, anstelle ihrer Mitgliedschaft in der Tochter-AG Aktien der Mutter-AG (oder eine Barabfindung).

11 Auf den Abfindungsanspruch nach Abs. 1 S. 3 finden die Vorschriften der §§ 262 ff. **BGB** über die Wahlschuld Anwendung.[28] Übt ein ausgeschiedener Aktionär (als wahlberechtigter Gläubiger iSd. §§ 262 ff. BGB) sein Wahlrecht nicht aus, so kann die Hauptgesellschaft ihn nach § 264 Abs. 2 BGB unter Bestimmung einer angemessenen Frist zur Vornahme der Wahl auffordern; nach § 264 Abs. 2 S. 2 BGB geht das Wahlrecht mit fruchtlosem Ablauf der Frist auf die Hauptgesellschaft über. Hinsichtlich der Bemessung der Frist ist auf **§ 305 Abs. 4 S. 2 und 3** (§ 305 Rdnr. 26 f.) zurückzugreifen.[29] Die Hauptgesellschaft muß also eine Frist von *mindestens zwei Monaten* setzen; läuft ein gerichtliches Verfahren zur Überprüfung der Abfindung, so müssen dem ausgeschiedenen Aktionär zumindest zwei Monate *nach Beendigung des Verfahrens* verbleiben. Der Hauptgesellschaft ist es gestattet, eine entsprechende Befristung des Wahlrechts bereits in das Abfindungsangebot aufzunehmen.

---

[23] BGHZ 69, 334, 338 ff. = NJW 1978, 104; näher dazu § 15 Rdnr. 26 ff., § 17 Rdnr. 5 ff.

[24] Vgl. *Bernhardt* BB 1966, 257, 259 f.; *Kamprad/Römer* AG 1990, 486, 487 ff.; *Koppensteiner* in Kölner Kommentar § 320 Rdnr. 19.

[25] So auch MünchKommAktG/*Grunewald* Rdnr. 5; *Hüffer* Rdnr. 6; aA – für Zulässigkeit des Angebots von Aktien der die Hauptgesellschaft beherrschenden oder an ihr mehrheitlich beteiligten Gesellschaft – *Kamprad/Römer* AG 1990, 486, 487 f.

[26] BGHZ 138, 224, 225 ff. = NJW 1998, 3202; OLG Nürnberg AG 1996, 229, 230; OLG Nürnberg AG 1997, 136; LG Dortmund AG 1995, 518, 519; LG Dortmund AG 1996, 426, 427; Münch-

KommAktG/*Grunewald* Rdnr. 6; MünchHdb. AG/*Krieger* § 73 Rdnr. 38; *Hüffer* Rdnr. 6; *Emmerich/Sonnenschein/Habersack* § 10 III 5 c; *Röhricht* VGR 1 (1999), S. 10 ff.; *E. Rehbinder* ZGR 1977, 581, 614 f.; *Kamprad/Römer* AG 1990, 486, 489; aA namentlich *Koppensteiner* in Kölner Kommentar § 320 Rdnr. 20.

[27] Nicht dagegen ist sie verpflichtet, so auch MünchKommAktG/*Grunewald* Rdnr. 6.

[28] *Koppensteiner* in Kölner Kommentar § 320 Rdnr. 27; MünchKommAktG/*Grunewald* Rdnr. 7.

[29] *Frisinger* BB 1972, 819, 820 f.; *Koppensteiner* in Kölner Kommentar § 320 Rdnr. 28; Münch-KommAktG/*Grunewald* Rdnr. 8.

b) Bewertung (Abs. 1 S. 4 und 5). Nach Abs. 1 S. 1 haben die ausgeschiedenen **12** Aktionäre Anspruch auf *angemessene* Abfindung. Bei einer Abfindung in *Aktien* der Hauptgesellschaft ist nach Abs. 1 S. 4 die sog. **Verschmelzungswertrelation** und damit das Umtauschverhältnis maßgebend, das bei einer Verschmelzung der beiden Gesellschaften angemessen wäre.[30] Sofern danach ein glatter Umtausch nicht möglich ist, sind Spitzenbeträge durch *bare Zuzahlung* auszugleichen (§ 305 Rdnr. 76 f.); die Zuzahlung ist dann in das Abfindungsangebot aufzunehmen. Bei Bemessung der Barabfindung sind nach Abs. 1 S. 5 die Verhältnisse der eingegliederten Gesellschaft, also deren Wert, im Zeitpunkt der *Vornahme des Eingliederungsbeschlusses* (§ 319 Rdnr. 10 ff.) maßgebend. Abs. 1 S. 4 und 5 des § 320 b entsprechen damit § 305 Abs. 3 S. 1 und 2, Abs. 1 S. 5 entspricht zudem § 327 b Abs. 1 S. 1. Auf die Ausführungen in § 305 Rdnr. 36 ff. und § 327 b Rdnr. 9 wird verwiesen; insbes. bildet auch bei der Mehrheitseingliederung der Börsenkurs grundsätzlich die Untergrenze der Abfindung[31] (§ 305 Rdnr. 44 ff., § 327 b Rdnr. 9, jeweils auch zu Ausnahmen).

4. Verzinsung; Verzugsschaden (Abs. 1 S. 6). Barabfindungen (Rdnr. 9) und bare **13** Zuzahlungen (Rdnr. 12) sind nach Abs. 1 S. 6 Halbs. 1 vom Tag der *Bekanntmachung* der Eintragung der Eingliederung an (§ 319 Rdnr. 33) mit **2% über dem jeweiligen Basiszinssatz** (Rdnr. 2) zu verzinsen. Die ausgeschiedenen Aktionäre erlangen auf diesem Weg Ausgleich dafür, daß sie nach § 320 a S. 1 ihre Mitgliedschaften unmittelbar mit Eintragung der Eingliederung verlieren. *Verzug der Hauptgesellschaft ist nicht erforderlich.* Nach § 263 Abs. 2 BGB (Rdnr. 11) besteht der Anspruch auch für den Zeitraum, in dem die Aktionäre ihr *Wahlrecht* (Rdnr. 9 ff.) noch nicht ausgeübt haben.[32] Mit Rücksicht auf § 266 BGB bleibt der Anspruch auch dann in voller Höhe bestehen, wenn sich der ausgeschiedene Aktionär weigert, eine von der Hauptgesellschaft angebotene **Teilleistung** anzunehmen.[33] Nach Abs. 1 S. 6 Halbs. 2 kann der ausgeschiedene Aktionär zwar auch Ersatz eines durch Abs. 1 S. 6 Halbs. 1 nicht ausgeglichenen Schadens verlangen. Doch ist die Vorschrift selbst keine Anspruchsgrundlage. Sie stellt vielmehr nur klar, daß insbes. §§ 280 Abs. 1, 2, 288 BGB durch den Anspruch auf Verzinsung nicht verdrängt werden. Ersatz eines weiteren Schadens kann somit nur bei **Verzug der Hauptgesellschaft** und damit bei Vorliegen der Voraussetzungen des § 286 BGB beansprucht werden.[34]

5. Verjährung. Der Anspruch auf Abfindung verjährt nach § 195 BGB in drei Jahren.[35] **14** Nach § 199 Abs. 1 BGB beginnt die Verjährung mit dem Schluß des Jahres, in dem der Anspruch entstanden ist, mithin des Jahres, in dem die Eingliederung eingetragen worden ist (§ 320 a S. 1, § 320 b Abs. 1 S. 1, s. § 319 Rdnr. 41). Aus dem in Abs. 1 S. 6 Halbs. 1 für maßgeblich erachteten Zeitpunkt der Bekanntmachung läßt sich nichts Gegenteiliges entnehmen.[36] Die in § 199 Abs. 1 Nr. 2 BGB genannte Voraussetzung für den Beginn der Verjährung, nämlich die Kenntnis oder auf grober Fahrlässigkeit beruhende Unkenntnis des Aktionärs von den den Anspruch begründenden Umständen und der Person des Schuldners, ist schon mit Blick auf das Erfordernis eines Eingliederungsbeschlusses (§ 320 Rdnr. 5, 12) und der damit einher gehenden Mitteilung gemäß § 125 AktG regelmäßig gegeben.

---

[30] Zu den Bewertungsschwierigkeiten s. etwa OLG Düsseldorf AG 1995, 84; ferner *Bayer* ZIP 1997, 1613, 1617 f. mwN (betr. die Verschmelzung); eingehend zur Problematik jüngst *Komp* S. 31 ff., 72 ff., 244 ff.

[31] S. speziell für die Eingliederung LG Dortmund NZG 2001, 1145.

[32] *Koppensteiner* in Kölner Kommentar § 320 Rdnr. 24; MünchKommAktG/*Grunewald* Rdnr. 11; *Hüffer* Rdnr. 7; *Frisinger* BB 1972, 819, 822.

[33] MünchKommAktG/*Grunewald* Rdnr. 11; aA *Würdinger* in GroßkommAktG, 3. Aufl., § 320 Anm. 15.

[34] MünchKommAktG/*Grunewald* Rdnr. 12; *Hüffer* Rdnr. 7; aA *Koppensteiner* in Kölner Kommentar § 320 Rdnr. 25.

[35] Wohl einhM, s. für § 195 BGB aF *Koppensteiner* in Kölner Kommentar § 320 Rdnr. 27.

[36] AA *Würdinger* in GroßkommAktG, 3. Aufl., § 320 Anm. 15; zweifelnd *Koppensteiner* in Kölner Kommentar § 320 Rdnr. 27.

III. Beschlußmängel

15   **1. Überblick.** Abs. 2 S. 1 bestimmt, daß die Anfechtung des *Eingliederungsbeschlusses* nicht auf § 243 Abs. 2 oder auf die *Unangemessenheit* der von der Hauptgesellschaft angebotenen Abfindung gestützt werden kann, und enthält somit eine Einschränkung des § 243 Abs. 1. Statt dessen werden die ausgeschiedenen Aktionäre in Abs. 2 S. 2, Abs. 3 auf das Spruchverfahren verwiesen (Rdnr. 17 ff.). Entsprechendes gilt nach Abs. 2 S. 3 bei *Fehlen eines ordnungsgemäßen Abfindungsangebots* und der Eingliederungsbeschluß in Bestandskraft erwachsen ist; auch dann steht das Spruchverfahren zur Verfügung (Rdnr. 19). Was *sonstige Mängel des Eingliederungsbeschlusses* betrifft, so bewendet es dagegen bei den allgemeinen Vorschriften der §§ 241 ff. (Rdnr. 20 f.). In § 320 b nicht geregelt sind etwaige Mängel des *Zustimmungsbeschlusses;* auch sie können somit nach allgemeinen Vorschriften geltend gemacht werden (Rdnr. 16).

16   **2. Zustimmungsbeschluß.** Mängel des Zustimmungsbeschlusses (§ 319 Rdnr. 13 ff.) können nach Maßgabe der §§ 241 ff. geltend gemacht werden; § 320 b enthält insoweit keine Regelung. Der Zustimmungsbeschluß bedarf zwar ebenso wie ein etwaiger Kapitalerhöhungsbeschluß iSd. § 192 Abs. 2 Nr. 2 keiner sachlichen Rechtfertigung (Rdnr. 5, § 320 Rdnr. 6). De lege lata können die Aktionäre der Hauptgesellschaft die Anfechtung des Zustimmungsbeschlusses aber auch auf die **Unangemessenheit der Abfindung** oder auf einen *sonstigen Verstoß gegen § 320 b* (s. Rdnr. 6 f.) stützen.[37] In Betracht kommt ferner die Anfechtung wegen Verletzung der in § 319 Abs. 3, § 320 Abs. 2 bis 4 geregelten *Informations-, Prüfungs- und Berichtspflichten,*[38] und zwar de lege lata auch insoweit, als sich der Informationsmangel auf die Bemessung der Abfindung bezieht (Rdnr. 2).[39] Mängel des Eingliederungsbeschlusses sind dagegen ohne Einfluß auf den Zustimmungsbeschluß (§ 319 Rdnr. 11).

17   **3. Eingliederungsbeschluß. a) Unangemessenes Abfindungsangebot.** Nach Abs. 2 S. 1 kann die Anfechtung des Eingliederungsbeschlusses nicht auf § 243 Abs. 2 oder auf die Unangemessenheit (iSd. Abs. 1 S. 4 und 5, s. Rdnr. 12, ferner Rdnr. 19) der angebotenen Abfindung gestützt werden. Statt dessen können die ausgeschiedenen Aktionäre nach Abs. 2 S. 2, Abs. 3 die Festsetzung der angemessenen Abfindung durch das in § 306 bestimme Gericht beantragen. Die Einleitung dieses sog. **Spruchverfahrens** kann nach § 320 b Abs. 3 S. 1 (künftig: § 3 Nr. 2 SpruchG, s. Rdnr. 2) von jedem **ausgeschiedenen Aktionär** beantragt werden. Vor dem Hintergrund der §§ 319 Abs. 5, 7, 320 a S. 1 bedeutet dies, daß das Spruchverfahren vor erfolgter Eintragung nicht eingeleitet werden kann, ferner, daß jede Anfechtung des Zustimmungs- oder Eingliederungsbeschlusses das Spruchverfahren hinausschiebt. Es ist somit durch Abs. 3 S. 1 (§ 3 Nr. 2 SpruchG) ausgeschlossen, daß ein Spruchverfahren eingeleitet wird, bevor feststeht, daß es zur (konstitutiv wirkenden, s. § 319 Rdnr. 41) Eintragung der Eingliederung kommt. Der Antragsteller muß nach Abs. 3 S. 1 (§ 3 Nr. 2 SpruchG) im Zeitpunkt der Eintragung der Eingliederung Aktionär der eingegliederten Gesellschaft gewesen sein. Ein *Gesamtrechtsnachfolger* steht ihm gleich, nicht dagegen ein Einzelrechtsnachfolger;[40] der Zedent kann allerdings den Erwerber des Abfindungsanspruchs zur Einleitung des Spruchverfahrens bevollmächtigen.[41] Der

---

[37] LG Berlin AG 1996, 230, 232; MünchKomm-AktG/*Grunewald* Rdnr. 15; *Hüffer* Rdnr. 8; für die Verschmelzung BGHZ 112, 9, 19 = NJW 1990, 2747; *Bork* in Lutter UmwG § 14 Rdnr. 14 mwN; einschränkend OLG Hamm WM 1988, 1164, 1169 (Geltendmachung der Unangemessenheit des Umtauschverhältnisses nur unter der Voraussetzung, daß auch ein begleitender Kapitalerhöhungsbeschluß angefochten wird). Zur Forderung, auch insoweit das Spruchverfahren zu eröffnen, s. Rdnr. 2.

[38] Vgl. etwa LG Berlin AG 1996, 230, 231 f., 232 f. (fehlerhafte Bekanntmachung der Tagesord-

nung und fehlerhafter Eingliederungsprüfungsbericht).

[39] Die in BGHZ 146, 179, 189 = NJW 2001, 1425 und von *Röhricht* VGR 5 (2002), S. 3, 33 f. angestellten Erwägungen beziehen sich auf §§ 210, 212 UmwG, § 305 und lassen sich auf die Mehrheitseingliederung nicht übertragen, s. Rdnr. 20.

[40] MünchKommAktG/*Grunewald* Rdnr. 17; *Hüffer* Rdnr. 10; MünchHdb. AG/*Krieger* § 73 Rdnr. 42; aA *Timm/Schick* WM 1994, 185, 187 f.

[41] MünchKommAktG/*Grunewald* Rdnr. 17.

Nachweis der Antragsberechtigung kann durch Vorlage der Aktienurkunde oder durch eine entsprechende Depotbescheinigung erfolgen.[42] Dem Aktionär steht der **Bezugsberechtigte** (Rdnr. 8) gleich; auch er muß die Möglichkeit haben, die Angemessenheit der Abfindung im Rahmen eines Spruchverfahrens überprüfen zu lassen (§ 327 b Rdnr. 8). Hinsichtlich der **Antragsfrist** enthält Abs. 3 S. 2 eine dem § 304 Abs. 4 S. 2 entsprechende Vorschrift (§ 304 Rdnr. 88); nach § 4 Abs. 1 SpruchG soll die Antragsfrist um einen Monat auf drei Monate verlängert werden (§ 304 Rdnr. 88 a).

Nach Abs. 3 S. 3 gilt für das **Verfahren** die Vorschrift des **§ 306 sinngemäß;** mit **18** Inkrafttreten des Spruchverfahrensneuordnungsgesetzes treten die Vorschriften des **SpruchG** an die Stelle des § 306 (Rdnr. 2). Wegen sämtlicher Einzelheiten ist auf die Erläuterungen zu § 306 zu verweisen.[43] Ein bei Eintragung der Eingliederung *rechtshängiges Spruchverfahren nach §§ 304 f., 306* wird trotz Beendigung des Beherrschungsvertrags (§ 320 Rdnr. 7) fortgeführt (s. § 306 Rdnr. 61).[44] Entsprechendes gilt bei mehrstufiger Eingliederung (§ 319 Rdnr. 16): Ein hinsichtlich der Abfindung der aus der Enkel-AG ausgeschiedenen Aktionäre anhängiges Spruchverfahren wird nicht durch die nachfolgende Eingliederung der Tochter-AG in die Mutter-AG beendet.[45] Da allerdings eine Abfindung in Aktien der (zwischenzeitlich eingegliederten) Tochter-AG regelmäßig nicht mehr in Betracht kommt (s. Rdnr. 10), obliegt es der Tochter-AG, das Abfindungsangebot anzupassen, d. h. Aktien der Mutter-AG anzubieten (Rdnr. 10). – Wird durch das Gericht eine höhere Abfindung festgesetzt, so kommt dies sämtlichen ausgeschiedenen Aktionären zugute, also auch denjenigen, die bereits gegen die ursprünglich vorgesehene Abfindung ausgeschieden sind (§ 320 a Rdnr. 4 ff.). Letztere haben mithin einen sog. **Abfindungsergänzungsanspruch** (s. § 305 Rdnr. 86).[46] § 13 S. 2 SpruchG wird dies klarstellen (§ 305 Rdnr. 87).

b) Fehlendes oder nicht ordnungsgemäßes Abfindungsangebot. Nach Abs. 2 S. 3 **19** kann die Einleitung des Spruchverfahrens (Rdnr. 17 f.) auch dann beantragt werden, wenn die Hauptgesellschaft entgegen Abs. 1 S. 1 bis 3 eine Abfindung nicht oder nicht ordnungsgemäß angeboten hat und eine hierauf gestützte Anfechtungsklage entweder nicht innerhalb der Frist des § 246 Abs. 1 erhoben oder zwar erhoben, aber zurückgenommen oder rechtskräftig abgewiesen worden ist. In all diesen Fällen schließt zwar Abs. 2 S. 1 eine Anfechtung des Eingliederungsbeschlusses nicht aus (Rdnr. 20). Das **Spruchverfahren** steht dann aber **subsidiär** zur Verfügung. Von Abs. 2 S. 3 erfaßt ist zunächst der Fall, daß eine Abfindung *überhaupt nicht angeboten* worden ist; dann fehlt es bereits an einer ordnungsgemäßen Bekanntmachung nach § 320 Abs. 2 S. 1 (§ 320 Rdnr. 13). Was das *nicht ordnungsgemäße Angebot* der Abfindung betrifft, so sind zunächst sämtliche Fälle erfaßt, in denen die angebotene Abfindung ihrer *Art* nach nicht den Vorgaben des Abs. 1 S. 2 und 3 entspricht. So verhält es sich, wenn entgegen Abs. 1 S. 2 eine Barabfindung angeboten wird, ferner, wenn entgegen Abs. 1 S. 3 das Angebot einer Barabfindung fehlt, Aktien einer anderen Gesellschaft als der Hauptgesellschaft angeboten werden (s. aber Rdnr. 10) oder die angebotenen Aktien ihrer Gattung nach zu beanstanden sind (Rdnr. 6 f.).[47] Diesen Fällen gleichzustellen ist die Verletzung von *abfindungsbezogenen Informationspflichten*, mithin die Verletzung der Berichtspflicht (§ 320 Rdnr. 16) und die unterlassene oder nicht hinreichende Beantwortung entsprechender Auskunftsersuchen der Aktionäre (§ 320 Rdnr. 17); auch in

[42] Näher *Timm/Schick* WM 1994, 185, 188 f.
[43] Zur Unzulässigkeit von Zwischenverfügungen s. OLG Düsseldorf ZIP 1997, 1420.
[44] BGH ZIP 2001, 734, 735; BGH ZIP 1997, 1193, 1194 f. (betr. Kündigung des Beherrschungsvertrags); OLG Düsseldorf AG 1995, 85, 86; *W. Meilicke* AG 1995, 181, 183 ff.; *Emmerich/Sonnenschein/Habersack* § 10 V 6; aA OLG Karlsruhe AG 1994, 139, 140; OLG Zweibrücken AG 1994, 563, 564.

[45] OLG Celle AG 1973, 405; OLG Düsseldorf AG 1996, 175; *Hecker/Wenger* ZBB 1995, 322, 333 ff.; *W. Meilicke* AG 1995, 181, 186 ff.
[46] HM, s. *Koppensteiner* in Kölner Kommentar § 320 Rdnr. 31; MünchKommAktG/*Grunewald* Rdnr. 19; MünchHdb. AG/*Krieger* § 73 Rdnr. 44; *Hüffer* Rdnr. 10; aA *Vogt* WPg 1969, 585, 586 f.
[47] LG Mosbach NZG 2001, 763, 766 (Eingliederung in abhängige Gesellschaft ohne Angebot einer Barabfindung, s. Rdnr. 9); zur Gattungsverschiedenheit s. OLG Hamm AG 1994, 376, 378.

Fällen dieser Art ist also die Abfindung „nicht ordnungsgemäß angeboten" (s. noch Rdnr. 20).[48] Bleibt dagegen die *Höhe* der angebotenen Abfindung hinter den Anforderungen des Abs. 1 S. 4 und 5 zurück (Rdnr. 12), so findet Abs. 2 S. 1 Anwendung (Rdnr. 17 f.).

20   **c) Sonstige Beschlußmängel.** Vorbehaltlich des Abs. 2 S. 1 (Rdnr. 17 f.) beurteilt sich die Anfechtbarkeit und Nichtigkeit des Eingliederungsbeschlusses nach den allgemeinen Vorschriften der §§ 241 ff. Verfügt die Hauptgesellschaft nicht über die nach § 320 Abs. 1 erforderliche Kapitalmehrheit, so ist der Eingliederungsbeschluß nach § 241 Nr. 3 nichtig (§ 320 Rdnr. 10). Die Anfechtung des Eingliederungsbeschlusses kommt insbes. in Betracht, wenn der *Eingliederungsbericht* des Vorstandes der Hauptgesellschaft (§ 319 Rdnr. 18 ff., 320 Rdnr. 16) oder der *Prüfungsbericht* des Eingliederungsprüfers (§ 320 Rdnr. 18 ff.) Mängel aufweisen und damit eine ordnungsgemäße Auslage nach § 320 Abs. 4 S. 1 nicht erfolgt ist,[49] ferner bei *Bekanntmachungsfehlern* (§ 320 Rdnr. 12 f.) und bei einer Verletzung des *Auskunftsrechts* der Aktionäre nach § 319 Abs. 3 S. 4 iVm. § 320 Abs. 4 S. 3 (§ 320 Rdnr. 17).[50] De lege lata berechtigen die genannten **Informationsmängel** auch dann zur Anfechtung des Eingliederungsbeschlusses, wenn sie sich auf die Höhe der Abfindung beziehen. Da nämlich die Anfechtung nach Abs. 2 S. 3 auch darauf gestützt werden kann, daß die Hauptgesellschaft eine Abfindung (nicht oder) *nicht ordnungsgemäß* angeboten hat,[51] das Spruchverfahren in diesen Fällen also nicht ausschließlich, sondern nur susidiär eröffnet ist (Rdnr. 19), läßt sich die zu §§ 210, 212 UmwG und § 305 ergangene Rechtsprechung des BGH[52] zum Ausschluß der Anfechtungsklage bei abfindungsbezogenen Informationsmängeln auf die Mehrheitseingliederung nicht übertragen (Rdnr. 19); de lege lata[53] hat es für diese vielmehr bei der Beschlußanfechtung zu bewenden.[54] Die Anfechtung des Eingliederungsbeschlusses hat grundsätzlich die „Registersperre" des § 319 Abs. 5 S. 2 zur Folge (s. § 319 Rdnr. 29 ff., 32 ff.).

21   Der Eingliederungsbeschluß bedarf auch im Fall der Mehrheitseingliederung **keiner sachlichen Rechtfertigung;** seine Anfechtung kann somit nicht auf die (angebliche) Unangemessenheit der Maßnahme gestützt werden (s. auch § 293 Rdnr. 35).[55] Den §§ 320 ff. läßt sich vielmehr die Wertung entnehmen, daß einerseits die Eingliederung nicht an der Existenz einer kleinen Minderheit scheitern soll, andererseits ein Verbleib der Minderheit in der eingegliederten AG mit Rücksicht auf §§ 323, 324 nicht in Betracht kommt. Ganz abgesehen davon, daß sich Kriterien für die Beurteilung der Angemessenheit der Eingliederung ohnehin nicht bestimmen lassen,[56] hat sich der Gesetzgeber somit bewußt für das Kompensationsmodell des § 320 b entschieden. Die Mehrheitseingliederung kann zwar **im Einzelfall treuwidrig** und aus diesem Grund nach § 243 Abs. 1 anfechtbar sein. Dies ist aber nicht schon deshalb der Fall, weil die Eingliederung auch zu dem Zweck eingesetzt

---

[48] So für §§ 210, 212 UmwG BGHZ 146, 179, 185 = NJW 2001, 1425; *Röhricht* VGR 5 (2002), S. 3, 30; aA *Wilsing/Kruse* DB 2002, 1539, 1540 f.

[49] Vgl. für den Zustimmungsbeschluß LG Berlin AG 1996, 230, 231 f.

[50] Vgl. OLG Hamm AG 1980, 79, 81.

[51] S. BGHZ 69, 334, 335, 343 f. = NJW 1978, 104; OLG Hamm AG 1994, 376, 378; zur Anfechtung des Zustimmungsbeschlusses in diesem Fall s. LG Berlin AG 1996, 230, 232.

[52] BGHZ 146, 179, 182 ff. = NJW 2001, 1425; BGH NJW 2001, 1428 = ZIP 2001, 412; s. dazu neben den Nachw. in Fn. 54 noch § 305 Rdnr. 38 ff. (krit.); *Kallmeyer* GmbHR 2001, 204 ff.; *Luttermann* BB 2001, 382 ff.

[53] Zu Forderungen de lege ferenda s. neben dem Nachw. in Fn. 7 noch *Röhricht* VGR 5 (2002), S. 3, 32 ff.; *Hoffmann-Becking* S. 55, 67 ff.; *Kleindiek* NZG 2001, 552, 555.

[54] So auch *Hüffer* Rdnr. 8, § 243 Rdnr. 18 b; *Kleindiek* NZG 2001, 552, 554; *Hoffmann-Becking* S. 55, 67; *Vetter,* FS für Wiedemann, S. 1323, 1336 f.; aA *Henze* ZIP 2002, 97, 107; *Hirte* ZHR 167 (2003), 8, 26 f.; *Mülbert,* FS für Ulmer, S. 433, 446 ff.; *Sinewe* DB 2001, 690 f.; *Wilsing/Kruse* DB 2002, 1539, 1540 ff.

[55] HM, s. OLG Karlsruhe FGPrax 2001, 161, 162 = DB 2001, 1483 (keine Sittenwidrigkeit gem. § 241 Nr. 4 AktG allein deshalb, weil Minderheitsaktionäre aus profitabler Gesellschaft gedrängt werden); *Koppensteiner* in Kölner Kommentar § 320 Rdnr. 13; MünchKommAktG/*Grunewald* § 320 Rdnr. 8; *Hüffer* Rdnr. 8; MünchHdb. AG/*Krieger* § 73 Rdnr. 34; *Lutter* ZGR 1981, 171, 180; *Timm* ZGR 1987, 403, 436; *Hirte* S. 142 f.; aA *Rodloff* S. 44 ff.

[56] So auch MünchKommAktG/*Grunewald* § 320 Rdnr. 8.

wird, sich einer lästigen Minderheit zu entledigen.[57] Ein Mißbrauch liegt jedoch vor, wenn die Eingliederung *ausschließlich* zum Zweck des Ausschlusses bestimmter Minderheitsaktionäre eingesetzt wird; davon kann ausgegangen werden, wenn es kurze Zeit nach der Eingliederung zur Aufnahme von neuen Aktionären und damit zur Beendigung der Eingliederung gem. § 327 Abs. 1 Nr. 3 kommt.[58] Mit Inkrafttreten der §§ 327 a ff. hat sich die Frage für die Mehrheitseingliederung allerdings erledigt (zur Frage einer Inhaltskontrolle des Übertragungsbeschlusses s. noch § 327 a Rdnr. 26 ff.).

4. Fehlerhafte Eingliederung. Was die Rechtsfolgen eines Beschlußmangels betrifft, so **22** ist zu unterscheiden. Fehlt es an der nach §§ 319 Abs. 1 S. 1, 320 Abs. 1 S. 1 erforderlichen Kapitalmehrheit, so ist der Eingliederungsbeschluß nach § 241 Nr. 3 nichtig; für die Grundsätze über die fehlerhafte Gesellschaft ist in diesem Fall kein Raum (§ 319 Rdnr. 9; § 320 Rdnr. 10). Anders verhält es sich, wenn der Eingliederungs- oder Zustimmungsbeschluß nach § 243 erfolgreich angefochten worden ist. Nach den Grundsätzen über die fehlerhafte Gesellschaft[59] ist in diesem Fall eine Rückabwicklung der fehlerhaften, aber eingetragenen[60] und durchgeführten Eingliederung ausgeschlossen (§ 319 Rdnr. 26, 41). Im Fall der Mehrheitseingliederung gehen deshalb mit Eintragung der Eingliederung die Aktien der Minderheitsaktionäre auf die Hauptgesellschaft über, was die fehlerhaft ausgeschiedenen Aktionäre selbstverständlich nicht an der Geltendmachung des Beschlußmangels hindert. Im Gegenzug kommt es zur Entstehung von Abfindungsansprüchen nach § 320 b;[61] ein laufendes Spruchverfahren kann deshalb von den Aktionären fortgeführt werden.[62] Entsprechend den Grundsätzen über den fehlerhaften Ausschluß eines Gesellschafters[63] haben die ausgeschiedenen Aktionäre allerdings einen Anspruch auf Wiedereinräumung ihrer Mitgliedschaft in der einzugliedernden Gesellschaft.[64]

§ 321 Gläubigerschutz

(1) Den Gläubigern der eingegliederten Gesellschaft, deren Forderungen begründet worden sind, bevor die Eintragung der Eingliederung in das Handelsregister bekanntgemacht worden ist, ist, wenn sie sich binnen sechs Monaten nach der Bekanntmachung zu diesem Zweck melden, Sicherheit zu leisten, soweit sie nicht Befriedigung verlangen können. Die Gläubiger sind in der Bekanntmachung der Eintragung auf dieses Recht hinzuweisen.

(2) Das Recht, Sicherheitsleistung zu verlangen, steht Gläubigern nicht zu, die im Falle des Insolvenzverfahrens ein Recht auf vorzugsweise Befriedigung aus einer Deckungsmasse haben, die nach gesetzlicher Vorschrift zu ihrem Schutz errichtet und staatlich überwacht ist.

---

[57] So auch *Veit* S. 71; MünchKommAktG/*Grunewald* § 320 Rdnr. 8; vgl. dazu auch *Martens* AG 1992, 209.

[58] MünchKommAktG/*Grunewald* § 320 Rdnr. 8; *Hirte* S. 152.

[59] Zur Lehre von der fehlerhaften Gesellschaft und zu ihrer Anwendbarkeit auf fehlerhafte Organisationsakte s. die Nachw. in § 319 Fn. 22.

[60] Vgl. zu diesem Erfordernis BGH ZIP 1996, 225, 226 f. = DStR 1996, 1056 m. Anm. *Goette*; ferner § 291 Rdnr. 28 ff.

[61] *Kort* S. 189 f.; *Schäfer* S. 473; aA *Köhler* ZGR 1985, 307, 323, der sich gegen einen Übergang der

Aktien und damit gegen die Entstehung von Abfindungsansprüchen ausspricht, den Aktionären aber die Möglichkeit einräumen will, die an sich gebotene Rückgewähr der Abfindung durch Hingabe der ihnen verbliebenen Aktien der einzugliedernden Gesellschaft abzuwenden.

[62] LG Mannheim AG 2002, 104.

[63] Dazu MünchKommBGB/*Ulmer* § 705 Rdnr. 288.

[64] LG Mannheim AG 2002, 104; *Krieger* ZHR 158 (1994), 35, 44; *Kort* S. 190; *Schäfer* S. 473.

I. Einführung

1   **1. Inhalt und Zweck der Vorschrift.** Die Vorschrift begründet einen Anspruch der Altgläubiger der eingegliederten Gesellschaft auf Sicherheitsleistung. Sie trägt dadurch dem Umstand Rechnung, daß das Vermögen der eingegliederten Gesellschaft, mithin die den Gläubigern zur Verfügung stehende Haftungsmasse, nach §§ 323, 324 weitgehend dem Zugriff der Hauptgesellschaft unterliegt.[1] Zwar haftet die Hauptgesellschaft nach § 322 für sämtliche Verbindlichkeiten der eingegliederten Gesellschaft. Die Realisierung dieser Haftung steht und fällt jedoch mit der Solvenz der Hauptgesellschaft. § 321 sichert die Gläubiger auch schon vor Eintritt der Fälligkeit ihrer Forderungen und versteht sich somit als **Ergänzung zu § 322.** Vergleichbare Vorschriften finden sich in § 225 Abs. 1 für die Kapitalherabsetzung, in § 303 Abs. 1 und 2 für die Beendigung des Beherrschungs- und Gewinnabführungsvertrags und in §§ 22, 125 und 204 UmwG für die Verschmelzung, die Spaltung und den Formwechsel. § 321 hat durch Art. 47 Nr. 19 EGInsO eine redaktionelle Änderung erfahren;[2] danach wurden in § 321 Abs. 2 die Worte „des Konkurses" durch die Worte „des Insolvenzverfahrens" ersetzt. Nach Art. 110 Abs. 1 EGInsO trat diese Änderung am 1. 1. 1999 in Kraft.

2   **2. Zwingender Charakter.** Die Vorschrift ist zwingend in dem Sinne, daß sie nicht durch Vereinbarung zwischen der eingegliederten Gesellschaft und der Hauptgesellschaft oder gar durch die Satzung einer der beiden Gesellschaften abbedungen werden kann. *Gläubiger und Schuldner* des Anspruchs (Rdnr. 3 ff.) können dagegen einvernehmlich eine von § 321 abweichende Vereinbarung treffen. Die Vorschrift ist ebensowenig wie diejenige des § 303 Schutzgesetz iSd. § 823 Abs. 2 BGB (§ 303 Rdnr. 23).

II. Gläubiger und Schuldner des Anspruchs auf Sicherheitsleistung

3   **1. Gläubiger.** Anspruch auf Sicherheitsleistung hat nach Abs. 1 S. 1 jeder Gläubiger der eingegliederten Gesellschaft, dessen Forderung vor Bekanntmachung der Eintragung der Eingliederung in das Handelsregister (§ 319 Rdnr. 41, § 320 Rdnr. 7) begründet worden ist. Geschützt sind somit sämtliche **Altgläubiger.** Auf den Entstehungsgrund der Forderung kommt es nicht an.[3] Gläubiger, deren Forderung nach Bekanntmachung der Eintragung begründet worden sind, können zwar die Hauptgesellschaft aus § 322 in Anspruch nehmen; sie haben jedoch auch dann keinen Anspruch auf Sicherheitsleistung, wenn in der Bekanntmachung entgegen Abs. 1 S. 2 nicht auf den Anspruch auf Sicherheitsleistung hingewiesen worden ist (Rdnr. 7). Was den für die Begründung der Forderung maßgebenden *Zeitpunkt* der Bekanntmachung der Eintragung betrifft, so bestimmt sich dieser nach § 10 Abs. 2 HGB. Zu diesem Zeitpunkt muß die Forderung *begründet,* d. h. ihr Rechtsgrund gelegt worden sein.[4] Dies entspricht der Rechtslage nach §§ 225 Abs. 1 S. 1, 303 Abs. 1 S. 1, so

---

[1] Vgl. Begr. zum RegE bei *Kropff* AktG S. 425 f.

[2] BGBl. 1994 I S. 2911, 2931.

[3] Näher zum Kreis der geschützten Gläubiger, insbes. zur Frage der Einbeziehung dinglicher Ansprüche in den Schutzbereich der Vorschrift, § 303

Rdnr. 9; *Habersack,* FS für Koppensteiner, 2001, 31, 33 ff.

[4] Näher dazu im Zusammenhang mit der Haftung des ausgeschiedenen OHG-Gesellschafters *Staub/Habersack* HGB § 128 Rdnr. 62 ff.; Schlegel-

daß auf die Ausführungen in § 303 Rdnr. 10 verwiesen werden kann. Besonderheiten gelten allerdings für Ansprüche aus Dauerschuldverhältnissen (Rdnr. 9).

Nach Abs. 1 S. 1 hat allerdings ein Gläubiger, der **Befriedigung** verlangen kann, keinen **4** Anspruch auf Sicherheitsleistung. Ein solcher Gläubiger hat es vielmehr in der Hand, seine Forderung gegen die eingegliederte Gesellschaft durchzusetzen oder die Hauptgesellschaft nach § 322 in Anspruch zu nehmen; eines zusätzlichen Anspruchs auf Sicherheitsleistung bedarf es nicht. Davon betroffen ist insbes. der Gläubiger einer bereits **fälligen Forderung.**[5] Entsprechendes gilt aber auch für den Fall, daß zwar Befriedigung nicht verlangt werden kann, dies aber auf Umstände in der Person des Gläubigers, etwa auf die Nichterbringung der von ihm geschuldeten Gegenleistung, zurückzuführen ist.[6] Dagegen besteht Anspruch auf Sicherheitsleistung, wenn der Gläubiger zwar von einem mithaftenden *Dritten,* nicht aber von der eingegliederten Gesellschaft Befriedigung verlangen kann.[7] Nicht erforderlich ist schließlich, daß die Forderung des Gläubigers binnen fünf Jahren nach Eintragung der Eingliederung fällig werden; § 160 HGB findet zwar im Rahmen des 303,[8] nicht dagegen im Rahmen des § 321 entsprechende Anwendung (s. noch Rdnr. 9).

Nach § 321 Abs. 2 haben diejenigen Gläubiger, die im Fall der Insolvenz ein Recht auf **5 vorzugsweise Befriedigung** aus einer nach gesetzlicher Vorschrift zu ihrem Schutz errichteten und staatlich überwachten Deckungsmasse haben, keinen Anspruch auf Sicherheitsleistung. Dieser Ausschlußgrund entspricht demjenigen des § 303 Abs. 2; auf die Ausführungen in § 303 Rdnr. 26 f. wird verwiesen.

2. Schuldner. Schuldner des Anspruchs auf Sicherheitsleistung ist der Schuldner des zu **6** sichernden Anspruchs, also die **eingegliederte Gesellschaft.**[9] Die *Haftung der Hauptgesellschaft* nach § 322 erstreckt sich allerdings auch auf die Verpflichtung der eingegliederten Gesellschaft zur Sicherheitsleistung (§ 322 Rdnr. 5 f.).

III. Sonstige Voraussetzungen und Inhalt des Anspruchs

1. Sonstige Voraussetzungen. Ein Anspruch auf Sicherheitsleistung setzt nach Abs. 1 **7** S. 1 die **Eingliederung** und damit die konstitutiv wirkende (§ 319 Rdnr. 41, § 320 Rdnr. 7) Eintragung derselben voraus. Des weiteren muß der Gläubiger binnen einer *Frist von sechs Monaten* nach Bekanntmachung der Eintragung bei der eingegliederten Gesellschaft seinen Anspruch auf Sicherheitsleistung anmelden. Im Hinblick auf diese **Ausschlußfrist** bestimmt Abs. 1 S. 2, daß die Gläubiger in der Bekanntmachung der Eintragung auf ihr Recht aus Abs. 1 S. 1 hinzuweisen sind. Die Frist läuft allerdings auch, wenn der Hinweis unterbleibt;[10] die Gläubiger haben dann ggf. Ansprüche aus Staatshaftung. Die Frist kann zwar verlängert, nicht aber abgekürzt werden.[11] Wegen sämtlicher Einzelheiten ist auf die Ausführungen in § 303 Rdnr. 15 ff. zu verweisen.

2. Inhalt des Anspruchs. Der Inhalt des Anspruchs auf Sicherheitsleistung bestimmt **8** sich grundsätzlich nach §§ 232 ff. BGB. Soweit nach §§ 232 Abs. 2, 239 BGB Sicherheit auch mittels selbstschuldnerischer **Bürgschaft** geleistet werden kann, kommt allerdings die *Hauptgesellschaft* als Bürge nicht in Betracht; denn sie haftet den Altgläubigern bereits aus § 322.[12]

---

berger/*K. Schmidt* HGB § 128 Rdnr. 48 ff.; Heymann/*Emmerich* HGB § 128 Rdnr. 50 ff.
   [5] MünchKommAktG/*Grunewald* Rdnr. 4; zur davon abweichenden Rechtslage nach § 303 s. § 303 Rdnr. 13; *Habersack*, FS für Koppensteiner, 2001, S. 31, 35 f.
   [6] Näher MünchKommAktG/*Grunewald* Rdnr. 4.
   [7] MünchKommAktG/*Grunewald* Rdnr. 4; zur Rechtslage nach § 22 UmwG s. dies. in *Lutter* UmwG § 22 Rdnr. 8 mwN.
   [8] Dazu *Habersack*, FS für Koppensteiner, 2001, S. 31, 37 ff.

   [9] *Koppensteiner* in Kölner Kommentar Rdnr. 3; MünchKommAktG/*Grunewald* Rdnr. 9; *Hüffer* Rdnr. 3; *Emmerich/Sonnenschein/Habersack* § 10 IV 1.
   [10] MünchKommAktG/*Grunewald* Rdnr. 11; *Hüffer* Rdnr. 2.
   [11] MünchKommAktG/*Grunewald* Rdnr. 11.
   [12] EinhM, s. *Koppensteiner* in Kölner Kommentar Rdnr. 4; MünchKommAktG/*Grunewald* Rdnr. 12.

9   Die Höhe der Sicherheitsleistung bemißt sich im allgemeinen nach dem Wert der zu sichernden Forderung.[13] Im Rahmen des § 321 ist allerdings zu berücksichtigen, daß diese Vorschrift speziell dem Schutz der Gläubiger dient, deren Forderungen noch nicht fällig sind; mit Eintritt der Fälligkeit können die Gläubiger die Hauptgesellschaft aus § 322 in Anspruch nehmen (Rdnr. 1, 4). Dies wiederum bringt es mit sich, daß die Hauptgesellschaft, anders als das herrschende Unternehmen nach § 303 (§ 303 Rdnr. 20 ff.), Sicherheit nicht durch Abgabe eines Bürgschaftsversprechens leisten kann (Rdnr. 8). Vor diesem Hintergrund erscheint eine Anknüpfung an den Wert der Forderung verfehlt. Sicherheit kann vielmehr nur in Höhe des **konkret zu bestimmenden Sicherungsinteresses** des Gläubigers beansprucht werden.[14] Dies gilt insbes. für Forderungen aus Dauerschuldverhältnissen.[15] Zwar sind diese Forderungen bereits mit Abschluß des jeweiligen Vertrags begründet,[16] so daß die Voraussetzungen des § 321 durchaus vorliegen, soweit noch nicht fällige Einzelforderungen betroffen sind. Der daraus drohenden Gefahr einer Endloshaftung der Hauptgesellschaft ist jedoch zunächst durch die entsprechende Anwendung des § 160 HGB zu begegnen (s. auch § 303 Rdnr. 11; § 327 Rdnr. 15). Sodann ist, bezogen auf die innerhalb von fünf Jahren fällig werden Einzelansprüche, das konkrete Sicherungsinteresse des Gläubigers zu ermitteln, wobei zu berücksichtigen ist, daß der Gläubiger mit Fälligkeit seiner Ansprüche nach § 322 vorgehen kann.

§ 322 Haftung der Hauptgesellschaft

(1) Von der Eingliederung an haftet die Hauptgesellschaft für die vor diesem Zeitpunkt begründeten Verbindlichkeiten der eingegliederten Gesellschaft den Gläubigern dieser Gesellschaft als Gesamtschuldner. Die gleiche Haftung trifft sie für alle Verbindlichkeiten der eingegliederten Gesellschaft, die nach der Eingliederung begründet werden. Eine entgegenstehende Vereinbarung ist Dritten gegenüber unwirksam.

(2) Wird die Hauptgesellschaft wegen einer Verbindlichkeit der eingegliederten Gesellschaft in Anspruch genommen, so kann sie Einwendungen, die nicht in ihrer Person begründet sind, nur insoweit geltend machen, als sie von der eingegliederten Gesellschaft erhoben werden können.

(3) Die Hauptgesellschaft kann die Befriedigung des Gläubigers verweigern, solange der eingegliederten Gesellschaft das Recht zusteht, das ihrer Verbindlichkeit zugrunde liegende Rechtsgeschäft anzufechten. Die gleiche Befugnis hat die Hauptgesellschaft, solange sich der Gläubiger durch Aufrechnung gegen eine fällige Forderung der eingegliederten Gesellschaft befriedigen kann.

(4) Aus einem gegen die eingegliederte Gesellschaft gerichteten vollstreckbaren Schuldtitel findet die Zwangsvollstreckung gegen die Hauptgesellschaft nicht statt.

Schrifttum: *Bülow,* Einrede der Aufrechenbarkeit für Personengesellschafter, Bürgen und Hauptgesellschaft im Eingliederungskonzern, ZGR 1988, 192; *Geßler,* Die Haftung der Hauptgesellschaft bei der Eingliederung, ZGR 1978, 251; *Habersack,* Der Regreß bei akzessorischer Haftung – Gemeinsamkeiten zwischen Bürgschafts- und Gesellschaftsrecht, AcP 198 (1998), 152; *ders.,* Grundfragen der Spaltungshaftung nach § 133 Abs. 1 S. 1 UmwG, FS für Bezzenberger, 2000, S. 93; *Kley/Lehmann,* Probleme der Eingliederungshaftung, DB 1972, 1421; *Lieb,* Verjährung im Bürgschafts- und Gesellschaftsrecht, Gedächtnisschrift für Lüderitz, 2000, S. 455; *E. Rehbinder,* Gesellschaftsrechtliche Probleme mehrstufiger Unternehmensverbindungen, ZGR 1977, 581; *Sonnenschein,* Die Eingliederung im mehrstufigen Konzern, BB 1975, 1088.

[13] Staudinger/*Werner,* 13. Bearbeitung, BGB Vor § 232 Rdnr. 8.
[14] So auch MünchKommAktG/*Grunewald* Rdnr. 13.
[15] So für die Verschmelzung BGH NJW 1996, 1539, 1540; für § 321 MünchKommAktG/*Grunewald* Rdnr. 13.

[16] S. zu § 303 BGH NJW 1996, 1539; § 303 Rdnr. 11; zu § 160 HGB BGH NJW 2000, 208, 209; Staub/*Habersack* HGB § 160 Rdnr. 10 mit § 128 Rdnr. 63 ff.; aA *Honsell/Harrer* ZIP 1986, 341, 342 ff.; Heymann/*Emmerich* HGB § 128 Rdnr. 39.

Übersicht

I. Einführung

1. Inhalt und Zweck der Vorschrift. Die Vorschrift ordnet die „gesamtschuldneri- **1** sche" (s. aber Rdnr. 3 ff.) Haftung der Hauptgesellschaft für die vor oder während der Eingliederung begründeten Verbindlichkeiten der eingegliederten Gesellschaft an. Sie steht im Zusammenhang mit §§ 323, 324, denen zufolge das Vermögen der eingegliederten Gesellschaft weitgehend zur Disposition der Hauptgesellschaft steht und zudem wesentliche Vorschriften über die Kapitalaufbringung und -erhaltung außer Kraft gesetzt sind, und schafft einen Ausgleich für die mit diesen Vorschriften einhergehende Gefährdung der Gläubigerinteressen. Im einzelnen regelt Abs. 1 die *Reichweite* und den *zwingenden Charakter* der Haftung. Abs. 2 spricht der Hauptgesellschaft das Recht zu, neben ihren eigenen *Einwendungen* auch die Einwendungen der eingegliederten Gesellschaft geltend zu machen; nach Abs. 3 kann sich die Hauptgesellschaft zudem auf bestimmte *Gestaltungsrechte* der eingegliederten Gesellschaft einredeweise berufen. Abs. 4 schließlich verlangt für die *Zwangsvollstreckung* gegen die Hauptgesellschaft einen gegen diese gerichteten Titel.

2. Mehrstufige Unternehmensverbindung. Im Rahmen mehrstufiger Unterneh- **2** mensverbindungen (§ 311 Rdnr. 17 ff.) findet § 322 zwar – wie die §§ 319 ff. insgesamt – nur im Verhältnis zwischen der jeweiligen Hauptgesellschaft und der in diese eingegliederten Gesellschaft Anwendung. Zu den Verbindlichkeiten der eingegliederten Gesellschaft, für die die Hauptgesellschaft nach Abs. 1 einzustehen hat, zählen aber auch solche aus §§ 302 f., 317, 322. Im mehrstufigen Eingliederungskonzern (§ 319 Rdnr. 16) haftet somit die Mutter-AG für die Verbindlichkeiten auch der Enkel-AG, soweit die Tochter-AG für deren Verbindlichkeiten nach § 322 einzustehen hat.[1] Sind Tochter- und Enkelgesellschaft über einen Beherrschungs- oder Gewinnabführungsvertrag verbunden oder liegt ein Fall der qualifizierten Nachteilszufügung vor (Anh. § 317 Rdnr. 7 ff., 23 ff.), so haftet die Mutter-AG nach § 322 für die sich aus §§ 302 ff. ergebenden Verbindlichkeiten der Tochter. Bei einfacher Abhängigkeit der Enkel- von der Tochtergesellschaft hat die Mutter-AG für etwaige Verpflichtungen der eingegliederten Tochter aus § 317 einzustehen.

II. Haftung der Hauptgesellschaft (Abs. 1)

1. Akzessorischer Charakter. Die Vorschrift des § 322 hat die Haftung der Haupt- **3** gesellschaft bewußt in **enger Anlehnung** an die „gesetzliche Regelung vergleichbarer Gesamtschuldverhältnisse, namentlich **an die §§ 128, 129 HGB"** ausgestaltet.[2] Dies ist zu dem Zweck geschehen, Rechtsprechung und Lehre zur Haftung des OHG-Gesellschafters

---

[1] *Rehbinder* ZGR 1977, 581, 615; *Sonnenschein* BB 1975, 1088, 1090; *Koppensteiner* in Kölner Kommentar Rdnr. 6.

[2] Begr. zum RegE bei *Kropff* AktG S. 426; s. dazu auch *Geßler* ZGR 1978, 251, 252, 255 f.

heranziehen zu können.[3] Vor diesem Hintergrund bietet es sich an, die Auslegung des § 322 an dem *heutigen Verständnis* von der in §§ 128, 129 HGB geregelten Haftung der Gesellschafter einer OHG auszurichten. Das Schrifttum sieht allerdings Bedenken gegen ein solches Vorgehen.[4] Diese Bedenken haben ihre Grundlage darin, daß einerseits § 128 S. 1 HGB zwar ein Gesamtschuldverhältnis *zwischen den Gesellschaftern* untereinander, nach heute ganz hM nicht aber ein solches zwischen der *OHG und ihren Gesellschaftern* begründet,[5] die Vorschrift des Abs. 1 sich andererseits nur an dem Verhältnis zwischen Gesellschafts- und Gesellschafterschuld orientieren kann. Die ausdrückliche Anordnung einer *„gesamtschuldnerischen"* Haftung der Hauptgesellschaft steht somit aus heutiger Sicht im Widerspruch zu der beabsichtigten Anlehnung an § 128 HGB und kann daher nur als Irrtum des Gesetzgebers bezeichnet werden.[6] Die Frage ist denn im wesentlichen, ob dieser Irrtum zu korrigieren ist, ob sich also der im RegE erklärte Wille des Gesetzgebers gegen den Wortlaut des Abs. 1 S. 1 durchzusetzen vermag. Bedeutung kommt dem insbes. für den Inhalt der Haftung und den Regreß der Hauptgesellschaft zu (Rdnr. 6 f.); demgegenüber enthält § 322 Abs. 2 und 3 eindeutig eine Abbedingung des § 425 BGB (Rdnr. 11).

4   Die besseren Gründe sprechen für eine – den Willen des historischen Gesetzgebers Geltung verschaffende – **korrigierende Auslegung des § 322 Abs. 1 S. 1:** Die Haftung der Hauptgesellschaft ist, nicht anders als die Haftung der OHG-Gesellschafter, akzessorischer Natur. Wollte man demgegenüber am mißglückten Wortlaut des Abs. 1 S. 1 festhalten und ein Gesamtschuldverhältnis zwischen Hauptgesellschaft und eingegliederter Gesellschaft annehmen, so hätte dies zur Folge, daß die §§ 421 ff. die Vorschriften des Abs. 2 und 3 überlagern. Da letztere aber unzweifelhaft Grundsätze akzessorischer Haftung verkörpern (Rdnr. 11 ff.), würde dies zu einer – aus systematischen Gründen kaum wünschenswerten – Vermengung von Gesamtschuld- und Akzessorietätsdogmen führen. Aber auch die in § 322 nicht geregelte Rechtslage nach Inanspruchnahme der Hauptgesellschaft spricht eindeutig für den akzessorischen Charakter der Haftung der Hauptgesellschaft. Denn die Heranziehung der Grundsätze über den Regreß des OHG-Gesellschafters führt zwanglos zu dem – im Ergebnis allein stimmigen – Regreß in voller Höhe (Rdnr. 7). Demgegenüber sieht sich die Gegenansicht gezwungen, den auch von ihr gewünschten Totalregreß der Hauptgesellschaft mit der Kopfteilregel des – vorliegend schon im Ansatz unpassenden – § 426 BGB in Einklang zu bringen und damit die Annahme eines Gesamtschuldverhältnisses letztlich auch insoweit wieder zu korrigieren.

5   **2. Reichweite.** Nach Abs. 1 S. 1 haftet die Hauptgesellschaft für alle **vor der Eintragung** der Eingliederung (§ 319 Rdnr. 33) **begründeten Verbindlichkeiten** der eingegliederten Gesellschaft. Auf den Zeitpunkt der Bekanntmachung der Eintragung kommt es somit – anders als im Fall des § 303 Abs. 1 S. 1 – nicht an. Auch für § 322 gilt, daß eine Forderung schon dann begründet ist, wenn der *Rechtsgrund* für den betreffenden Anspruch gelegt ist;[7] auf die diesbezüglichen Ausführungen in § 303 Rdnr. 10 wird verwiesen. Nach Abs. 1 S. 2 haftet die Hauptgesellschaft des weiteren für sämtliche Verbindlichkeiten der eingegliederten Gesellschaft, die **nach der Eingliederung** begründet werden. Von der Haftung *ausgenommen* sind somit allein Verbindlichkeiten, die *nach erfolgter Eintragung der Beendigung der Eingliederung und Ablauf der Schonfrist des § 15 Abs. 2 S. 2 HGB* (s. § 327 Rdnr. 13) begründet werden. Vorbehaltlich der sich aus Abs. 1 S. 2 ergebenden zeitlichen Grenzen erstreckt sich die Haftung der Hauptgesellschaft auf sämtliche Verbindlichkeiten der

---

[3] *v. Godin/Wilhelmi* Anm. 2 (*Wilhelmi* war Berichterstatter des BT-Rechtsausschusses).
[4] Vgl. namentlich *Koppensteiner* in Kölner Kommentar Rdnr. 3 ff.; MünchKommAktG/*Grunewald* Rdnr. 5 („nicht sehr hilfreich"); *Hüffer* Rdnr. 2 ff.
[5] BGHZ 47, 376, 378 ff. = NJW 1967, 2155; 104, 76, 78 = NJW 1988, 1976; Schlegelberger/*K. Schmidt* HGB § 128 Rdnr. 16 f.; Staub/*Habersack* HGB § 128 Rdnr. 20 ff.; Heymann/*Emmerich* HGB

§ 128 Rdnr. 5; *Baumbach/Hopt* HGB § 128 Rdnr. 19 f.
[6] So ausdrücklich *Geßler* ZGR 1978, 251, 260.
[7] Näher dazu im Zusammenhang mit der Haftung des ausgeschiedenen OHG-Gesellschafters Staub/*Habersack* HGB § 128 Rdnr. 62 ff.; Schlegelberger/*K. Schmidt* HGB § 128 Rdnr. 48 ff.; Heymann/*Emmerich* HGB § 128 Rdnr. 50 ff.

eingegliederten Gesellschaft. Auf den **Rechtsgrund** der Verbindlichkeit kommt es nicht an; insbes. haftet die Hauptgesellschaft auch für etwaige konzernrechtliche Verbindlichkeiten der eingegliederten Gesellschaft (s. bereits Rdnr. 2). Zur Sonderverjährung nach Beendigung der Eingliederung s. Rdnr. 10, § 327 Rdnr. 14 f.; zum Schutz der Inhaber von Wandelschuldverschreibungen und Genußrechten s. § 320 b Rdnr. 8.

3. Inhalt. Der Inhalt der Haftung der Hauptgesellschaft entspricht grundsätzlich demje- **6** nigen der Verbindlichkeit der eingegliederten Gesellschaft.[8] Auf der Grundlage der hier befürworteten Akzessorietät der Haftung (Rdnr. 3 f.) folgt dies schon aus der **Maßgeblichkeit der zu § 128 HGB entwickelten Grundsätze.**[9] Für die Annahme einer auf Erfüllung gerichteten Haftung spricht aber neben dem Grundsatz der Akzessorietät[10] insbes. der auf den Schutz der Gläubiger der eingegliederten Gesellschaft gerichtete Zweck des § 322. Die Hauptgesellschaft kann somit grundsätzlich auf *Erfüllung* in Anspruch genommen werden. Ein etwaiges Unvermögen der Hauptgesellschaft ist allein nach Maßgabe des § 275 BGB und damit auf Einwand der Hauptgesellschaft hin zu berücksichtigen.[11] Etwas anderes gilt allerdings zunächst für den Fall, daß die eingegliederte Gesellschaft die Vornahme einer *unvertretbaren Handlung,* namentlich die Abgabe einer Willenserklärung, oder ein *Unterlassen* schuldet; eine solche Leistung kann nicht durch einen anderen erbracht werden, so daß die Hauptgesellschaft allein auf das Interesse haftet.[12] Gleichfalls abweichend von allgemeinen Grundsätzen zu beurteilen ist der Fall, daß der eingegliederten Gesellschaft die Erbringung der geschuldeten Leistung subjektiv unmöglich ist und sie deshalb nach § 275 Abs. 1 BGB von ihrer Primärleistungspflicht frei wird. Dem Grundsatz der Akzessorietät entspräche es insoweit, daß auch die Hauptgesellschaft allenfalls auf Schadensersatz in Anspruch genommen werden kann.[13] Für § 322 wird man davon immer dann eine Ausnahme machen müssen, wenn das Unvermögen der eingegliederten Gesellschaft gerade auf der Einflußnahme durch die Hauptgesellschaft beruht; in diesem Fall kann die Hauptgesellschaft (wiederum im Rahmen des § 275 BGB) auf Erfüllung in Anspruch genommen werden.[14]

4. Regreß. Dem Willen des Gesetzgebers und dem akzessorischen Charakter der Haf- **7** tung (Rdnr. 3 f.) entsprechend beurteilt sich der Regreß der vom Gläubiger in Anspruch genommenen Hauptgesellschaft gegen die eingegliederte Gesellschaft nach den zu § 128 HGB entwickelten Grundsätzen. Demgegenüber soll zwar nach ganz hM die Vorschrift des § 426 BGB über den Gesamtschuldnerausgleich anwendbar sein; abweichend von dem Prinzip des Ausgleichs nach Köpfen soll allerdings die Hauptgesellschaft in der Regel vollen Regreß nehmen können, da in § 322 „etwas anderes bestimmt" sei.[15] Im Ergebnis bestehen deshalb keine nennenswerten Unterschiede zwischen der hier vertretenen Ansicht und der Ansicht der hM. Auf der Grundlage der hier vertretenen Ansicht hat die Hauptgesellschaft, nachdem sie vom Gläubiger nach § 322 in Anspruch genommen worden ist,[16] einen **Erstattungsanspruch aus §§ 683 S. 1, 670 BGB;** dieser entspricht dem Anspruch aus

[8] So im Ergebnis auch *Geßler* ZGR 1978, 251, 260 ff.; *Würdinger* in GroßkommAktG, 3. Aufl., Anm. 1; MünchKommAktG/*Grunewald* Rdnr. 7; *Hüffer* Rdnr. 4; MünchHdb. AG/*Krieger* § 73 Rdnr. 47; aA – für Haftung auf das Interesse – *Koppensteiner* in Kölner Kommentar Rdnr. 7 ff.; *Kley/Lehmann* DB 1972, 1421, 1422.

[9] Demgegenüber herrschen im Schrifttum Überlegungen vor, den Inhalt der Haftung aus dem (vermeintlichen) Gesamtschuldverhältnis abzuleiten oder mit diesem in Einklang zu bringen, vgl. namentlich *Koppensteiner* in Kölner Kommentar Rdnr. 7 ff.; *Hüffer* Rdnr. 4; MünchHdb. AG/*Krieger* § 73 Rdnr. 47; MünchKommAktG/*Grunewald* Rdnr. 4 f.

[10] Dazu im Zusammenhang mit der Bürgschaft Staudinger/*Horn* BGB Vor § 765 Rdnr. 14; MünchKommBGB/*Habersack* § 765 Rdnr. 79; zur Spal-

tungshaftung nach § 133 Abs. 1 S. 1 UmwG s. *Habersack,* FS für Bezzenberger, S. 93, 107 f.

[11] Näher dazu Staub/*Habersack* HGB § 128 Rdnr. 30 ff. betreffend § 283 BGB aF.

[12] Näher dazu Staub/*Habersack* HGB § 128 Rdnr. 36 ff. mwN.

[13] Schlegelberger/*K. Schmidt* HGB § 128 Rdnr. 24; Staub/*Habersack* HGB § 128 Rdnr. 31.

[14] S. für die Spaltungshaftung nach § 133 Abs. 1 S. 1 UmwG *Habersack,* FS für Bezzenberger, S. 93, 108.

[15] MünchKommAktG/*Grunewald* Rdnr. 18; *Hüffer* Rdnr. 6; *Kley/Lehmann* DB 1972, 1421; die Existenz von Ausgleichsansprüchen überhaupt verneinend *Würdinger* DB 1972, 1565, 1566; offenlassend *Bülow* ZGR 1988, 192, 205 f.

[16] Vor Inanspruchnahme kann die Hauptgesellschaft nach § 257 BGB Freistellung verlangen.

§ 110 HGB, den der Gesellschafter nach seiner Inanspruchnahme gegen die OHG erlangt.[17] Zusätzlich erwirbt die Hauptgesellschaft die Forderung des Gläubigers gegen die eingegliederte Gesellschaft im Wege der **cessio legis;** diese erfolgt – wiederum in Übereinstimmung mit dem OHG-Recht[18] – auf der Grundlage des entsprechend heranzuziehenden § 774 Abs. 1 BGB und verschafft der Hauptgesellschaft etwaige Vorzugs- und Nebenrechte. Entsprechend § 774 Abs. 1 S. 3 BGB ist die Hauptgesellschaft allerdings auch insoweit, als sie den Regreß auf die im Wege der cessio legis übergegangene Forderung stützt, nur im Rahmen des Innenverhältnisses berechtigt. Kraft des dadurch begründeten **Vorrangs des Innenverhältnisses** kann die eingegliederte Gesellschaft somit nicht nur gegenüber dem Anspruch aus § 670 BGB, sondern auch gegenüber der übergegangenen Forderung einwenden, daß die Verbindlichkeit, aufgrund derer die Hauptgesellschaft in Anspruch genommen wurde, auf Veranlassung der Hauptgesellschaft (s. § 323 Rdnr. 2 ff., 6) entstanden ist.[19]

8 **5. Abweichende Vereinbarungen.** Nach Abs. 1 S. 3 kann die Hauptgesellschaft Dritten gegenüber ihre Haftung nicht durch Vereinbarung mit der eingegliederten Gesellschaft abbedingen. Dies entspricht der Vorschrift des § 128 S. 2 HGB. Wie § 128 S. 2 HGB steht aber auch § 322 Abs. 1 S. 3 haftungsausschließenden oder -beschränkenden Vereinbarungen zwischen der Hauptgesellschaft und dem *Gläubiger* sowie solchen zwischen der eingegliederten Gesellschaft und dem Gläubiger zugunsten der Hauptgesellschaft nicht entgegen.[20]

9 **6. Ausweis im Jahresabschluß.** Die aus § 322 folgenden Verbindlichkeiten sind nur für den Fall und nur insoweit zu passivieren, als eine Inanspruchnahme der Hauptgesellschaft droht.[21] Die Ausgleichsansprüche der Hauptgesellschaft (Rdnr. 8) sind dann zwar zu aktivieren; bei deren Bewertung ist allerdings das Risiko eines Ausfalls zu berücksichtigen. Im übrigen ist weder eine Passivierung noch ein Vermerk „unter der Bilanz" iSv. § 251 HGB erforderlich. Bei den Verbindlichkeiten aus § 322 handelt es sich vielmehr um **sonstige finanzielle Verpflichtungen,** die gem. § 285 Nr. 3 HGB in den Anhang aufzunehmen sind.[22]

III. Einwendungen (Abs. 2 und 3)

10 **1. Persönliche Einwendungen.** Es versteht sich von selbst, daß die Hauptgesellschaft sämtliche persönlichen, also auf *ihrem Rechtsverhältnis zum Gläubiger* beruhenden Einwendungen und Einreden geltend machen kann. Dazu gehören auch solche Einwendungen und Einreden, die ihre Grundlage in einer zugunsten der Hauptgesellschaft getroffenen Vereinbarung zwischen der eingegliederten Gesellschaft und dem Gläubiger haben.[23] In Abs. 2 ist dies – ebenso wie in § 129 Abs. 1 HGB – vorausgesetzt. Die Hauptgesellschaft kann also beispielsweise Erlaß, Stundung oder Verjährung gem. § 195 BGB oder § 327 Abs. 4[24] geltend machen, ferner den Einwand der Arglist oder der Kollusion. Dagegen hat die Hauptgesellschaft nicht die Einrede der Vorausklage; sie haftet vielmehr primär.

11 **2. Abgeleitete Einwendungen.** Abs. 2 ist § 129 Abs. 1 HGB nachgebildet und gestattet es der Hauptgesellschaft, neben ihren persönlichen Einwendungen und Einreden

---

[17] Dazu BGHZ 37, 299, 301 f. = NJW 1962, 1863; BGH NJW 1984, 2290 f.; Staub/*Habersack* HGB § 128 Rdnr. 43; Schlegelberger/*K. Schmidt* § 128 Rdnr. 31.

[18] *Habersack* AcP 198 (1998), 152 ff.; Staub/*Habersack* HGB § 128 Rdnr. 43; Schlegelberger/ *K. Schmidt* HGB § 128 Rdnr. 31; Koller/Roth/ *Morck* HGB § 128 Rdnr. 8; aA noch BGHZ 39, 319, 323 f. = NJW 1963, 1873; *Baumbach/Hopt* HGB § 128 Rdnr. 25.

[19] Näher zu § 774 Abs. 1 S. 3 BGB sowie zu den Einwendungen und Einreden der eingegliederten Gesellschaft Staudinger/*Horn* BGB § 774 Rdnr. 33 ff.; MünchKommBGB/*Habersack* § 774 Rdnr. 20 f.

[20] Wohl unstr., s. MünchKommAktG/*Grunewald* Rdnr. 2; näher zu dem möglichen Inhalt solcher Vereinbarungen sowie zur Möglichkeit einer konkludenten Vereinbarung Staub/*Habersack* HGB § 128 Rdnr. 15 f.

[21] MünchKommAktG/*Grunewald* Rdnr. 19; *Hüffer* Rdnr. 7.

[22] Vgl. neben den Nachw. in Fn. 21 noch *Ellrott* in Beck'scher Bilanzkommentar, 4. Aufl. 1999, § 285 Rdnr. 62.

[23] *Geßler* ZGR 1978, 251, 267; *Koppensteiner* in Kölner Kommentar Rdnr. 18.

[24] Vgl. zur Verjährung nach § 195 BGB die – auf § 322 uneingeschränkt übertragbaren – Ausführungen bei Staub/*Habersack* HGB § 129 Rdnr. 6 ff. mwN.

(Rdnr. 10) auch solche der eingegliederten Gesellschaft geltend zu machen. Damit weicht das Gesetz von dem für Gesamtschuldverhältnisse geltenden, in 425 BGB eigens betonten Grundsatz der Einzelwirkung ab und bringt den akzessorischen Charakter der Haftung der Hauptgesellschaft (Rdnr. 3 f.) unmißverständlich zum Ausdruck. Auch die hM greift denn, soweit es um die Auslegung von Abs. 2 geht, auf die zu § 129 HGB entwickelten Grundsätze zurück. Dem akzessorischen Charakter der Haftung entspricht es, daß ein **Fortfall der Einwendung** der eingegliederten Gesellschaft – etwa infolge des Ablaufs von Gewährleistungs- oder Verjährungsfristen – auch zu Lasten der Hauptgesellschaft wirkt, also zur Folge hat, daß sich auch die Hauptgesellschaft nicht mehr auf die Einwendung berufen kann. Abweichend von § 768 Abs. 2 BGB, aber in Übereinstimmung mit § 129 Abs. 1 HGB gilt dies auch für den Fall, daß der Fortfall der Einwendung auf einem *Verzicht* der eingegliederten Gesellschaft beruht.[25]

Nach Abs. 2 kann sich die Hauptgesellschaft zB auf das Erlöschen des Schuldverhältnisses **12** oder auf ein Zurückbehaltungsrecht der eingegliederten Gesellschaft berufen. Des weiteren kann die Hauptgesellschaft **Verjährung** der gegen die eingegliederte Gesellschaft gerichteten Forderung geltend machen. Dies ist deshalb von Bedeutung, weil die Verpflichtung aus § 322 Abs. 1 – vorbehaltlich des § 327 Abs. 4 – der Regelverjährung der §§ 195, 199 BGB unterliegt (Rdnr. 10). Was die Wirkung einer *verjährungshemmenden Maßnahme* – Entsprechendes gilt für den Neubeginn der Verjährung gem. § 212 BGB – betrifft, so sind abgeleitete und persönliche Verjährungseinrede strikt auseinanderzuhalten. Eine Hemmung der Verjährung der gegen die *eingegliederte Gesellschaft* gerichteten Forderung entfaltet deshalb zwar insoweit Wirkung gegenüber der Hauptgesellschaft, als es um deren Recht zur Geltendmachung *abgeleiteter* Einwendungen und Einreden geht; die *persönliche Einrede* der Verjährung (Rdnr. 10) wird dagegen nur durch eine gegen die Hauptgesellschaft gerichtete verjährungshemmende Maßnahme berührt.[26] Umgekehrt kann die Hauptgesellschaft, nachdem der Gläubiger ihr gegenüber die Verjährung gehemmt hat, einwenden, daß die gegen die eingegliederte Gesellschaft gerichtete Forderung nunmehr verjährt sei.[27] Auch der **Erlaß** der Schuld der eingegliederten Gesellschaft begründet eine abgeleitete Einwendung. Ein Erlaßvertrag zwischen dem Gläubiger und der eingegliederten Gesellschaft, der zufolge die Verpflichtung der Hauptgesellschaft fortbestehen soll, ist allerdings aus Gründen der Akzessorietät selbst dann unwirksam, wenn die Hauptgesellschaft dem zustimmt.[28]

3. Gestaltungsrechte. a) Anfechtung. Dem Vorbild des § 129 Abs. 2 HGB entspre- **13** chend bestimmt Abs. 3 S. 1, daß die Hauptgesellschaft zur Leistungsverweigerung berechtigt ist, solange die eingegliederte Gesellschaft zur Anfechtung ihrer Willenserklärung nach §§ 119, 123 BGB und damit zur Beseitigung des die Forderung des Gläubigers begründenden Rechtsverhältnisses berechtigt ist. Auch darin kommt der akzessorische Charakter der Haftung zum Ausdruck: Der Gläubiger soll die Hauptgesellschaft nicht in Anspruch nehmen können, solange der Bestand des „Hauptschuldverhältnisses" noch in der Schwebe ist. Die Befugnis zur Anfechtung begründet somit eine zeitweilige Einrede der Hauptgesellschaft. Die Einrede entfällt zwar mit Erlöschen des Anfechtungsrechts, doch kann die Hauptgesellschaft nach § 323 den Vorstand der eingegliederten Gesellschaft anweisen, das Anfechtungs-

---

[25] *Koppensteiner* in Kölner Kommentar Rdnr. 17; MünchKommAktG/*Grunewald* Rdnr. 11; *Hüffer* Rdnr. 9; aA *Geßler* ZGR 1978, 251, 267.
[26] So zu § 129 HGB Staub/*Habersack* § 129 Rdnr. 7; aA die ganz hM zu § 129 HGB, s. BGHZ 73, 217, 222 ff. = NJW 1979, 1361; 78, 114, 119 f. = NJW 1981, 175; 104, 76, 71 f. = NJW 1988, 1976; Schlegelberger/*K. Schmidt* HGB § 129 Rdnr. 8; Heymann/*Emmerich* HGB § 128 Rdnr. 10 a; eingehend *Lieb*, Gedächtnisschrift für Lüderitz, S. 455 ff.
[27] So zu § 129 HGB Staub/*Habersack* HGB § 129 Rdnr. 8; aA die ganz hM, s. MünchKomm-

AktG/*Grunewald* Rdnr. 11; *Hüffer* Rdnr. 9; zu § 129 HGB s. BGHZ 104, 76, 80 ff. = NJW 1988, 1976; Schlegelberger/*K. Schmidt* § 129 Rdnr. 9; *Heymann*/*Emmerich* HGB § 128 Rdnr. 10 a; *Baumbach*/*Hopt* HGB § 129 Rdnr. 2.
[28] Vgl. zu §§ 128 f. HGB Staub/*Habersack* HGB § 128 Rdnr. 21; aA BGHZ 47, 376, 378 ff. = NJW 1967, 2155 (unwirksam ist nur der ohne Zustimmung des OHG-Gesellschafters vereinbarte Vorbehalt der Haftung aus § 128 HGB); dem BGH zust. Heymann/*Emmerich* HGB § 128 Rdnr. 7 a; für § 322 auch MünchKommAktG/*Grunewald* Rdnr. 11; *Koppensteiner* in Kölner Kommentar Rdnr. 16.

recht fristgemäß auszuüben.[29] Zur Ausübung des Anfechtungsrechts ist die Hauptgesellschaft allerdings nicht befugt. Kommt es zur Anfechtung, so hat die Hauptgesellschaft nach Abs. 1 für etwaige Ansprüche des Gläubigers aus §§ 122, 812 BGB einzustehen.

14 **b) Aufrechnung.** Nach Abs. 3 S. 2 kann die Hauptgesellschaft die Befriedigung des Gläubigers verweigern, solange sich der *Gläubiger* durch Aufrechnung gegen eine fällige Forderung der eingegliederten Gesellschaft befriedigen kann. Die Vorschrift ist dem § 129 Abs. 3 HGB nachgebildet und bringt wie diese die Rechtslage bei Bestehen von Aufrechnungsverboten nur unzureichend zum Ausdruck. Mit Rücksicht auf die Entstehungsgeschichte des § 322 bietet es sich an, auf die zu § 129 Abs. 3 HGB entwickelten Grundsätze abzustellen.[30] Danach steht der Hauptgesellschaft die zeitweilige Einrede nur unter der Voraussetzung zu, daß die **eingegliederte Gesellschaft zur Aufrechung befugt** ist. Ist dagegen der *Gläubiger* zur Aufrechnung befugt, unterliegt aber die eingegliederte Gesellschaft einem vertraglichen oder gesetzlichen Aufrechnungsverbot, so ist die Einrede der Aufrechenbarkeit nicht gegeben.[31] Nach § 323 kann die Hauptgesellschaft den Vorstand der eingegliederten Gesellschaft anweisen, die Aufrechnung zu erklären. Zur Ausübung der Aufrechnungsbefugnis ist sie dagegen nicht berechtigt. In Abs. 3 S. 2 nicht geregelt ist allerdings die Befugnis der Hauptgesellschaft, die Forderung des Gläubigers durch Aufrechnung mit einer *eigenen Forderungen* zum Erlöschen zu bringen; sie ergibt sich aus §§ 387 ff. BGB.

15 **c) Sonstige.** Auf andere Gestaltungsrechte der eingegliederten Gesellschaft ist Abs. 3 **entsprechend anwendbar.**[32] Voraussetzung ist, daß die Ausübung des Gestaltungsrechts das Erlöschen der Verbindlichkeit der eingegliederten Gesellschaft zur Folge hat, mag auch ein Ersatzanspruch an deren Stelle treten (s. Rdnr. 13). Die Hauptgesellschaft kann sich somit insbes. auf ein *Rücktrittsrecht* der eingegliederten Gesellschaft berufen, vorausgesetzt, die eingegliederte Gesellschaft kann dieses Recht bereits geltend machen.

IV. Zwangsvollstreckung (Abs. 4)

16 **1. Grundsatz.** Abs. 4 bringt die Selbstverständlichkeit zum Ausdruck, daß die Zwangsvollstreckung in das Vermögen der Hauptgesellschaft nur auf der Grundlage eines gegen diese Gesellschaft gerichteten Titels erfolgt. Der Gesetzgeber des *HGB* hatte durchaus Anlaß, eine entsprechende Vorschrift in § 129 Abs. 4 HGB aufzunehmen, herrschte doch seinerzeit noch die Ansicht vor, daß zwischen Verbindlichkeiten der OHG und solchen ihrer Gesellschafter nicht zu unterscheiden sei. Für die Haftung der – nach §§ 319 Abs. 1 S. 1, 320 Abs. 1 S. 1 stets als juristische Person verfaßten – Hauptgesellschaft aus § 322 hätte es dagegen insoweit einer Übernahme der in § 129 HGB getroffenen Regelung nicht bedurft.

17 **2. Einwand der Haftung.** Vollstreckt der Gläubiger auf der Grundlage eines gegen die eingegliederte Gesellschaft gerichteten Titels in Gegenstände, die im Eigentum der Hauptgesellschaft stehen,[33] so hat letztere an sich die Drittwiderspruchsklage des § 771 ZPO. Vor dem Hintergrund der in § 322 Abs. 1 angeordneten Haftung der Hauptgesellschaft für die titulierte Forderung ist es dem Gläubiger jedoch zu gestatten, den Widerspruch unter Hinweis auf § 322 Abs. 1 zu entkräften.[34] Vorbehaltlich persönlicher Einwendungen der

---

[29] Weshalb die Vorschrift wohl überflüssig ist, zutr. *Koppensteiner* in Kölner Kommentar Rdnr. 19.

[30] So auch die ganz hM, s. *Koppensteiner* in Kölner Kommentar Rdnr. 20 f.; MünchKommAktG/ *Grunewald* Rdnr. 15; *Hüffer* Rdnr. 11; *Geßler* ZGR 1978, 251, 268; *Bülow* ZGR 1988, 192, 208 f.

[31] Vgl. zu § 129 Abs. 3 HGB BGHZ 42, 396, 397 f. = NJW 1965, 627; Staub/*Habersack* HGB § 129 Rdnr. 23; Schlegelberger/*K. Schmidt* § 129 Rdnr. 21; offengelassen noch von BGHZ 38, 122, 128 = NJW 1963, 244, 245.

[32] Vgl. zu § 129 Abs. 2 und 3 HGB Staub/*Habersack* HGB § 129 Rdnr. 21; Heymann/*Emmerich*

HGB § 129 Rdnr. 12 a; aA MünchKommAktG/ *Grunewald* Rdnr. 14.

[33] Entsprechendes gilt, wenn der Hauptgesellschaft ein sonstiges „die Veräußerung hinderndes Recht" iSd. § 771 ZPO zusteht.

[34] Vgl. zu § 129 Abs. 4 HGB *Noack* DB 1970, 1817; Staub/*Habersack* HGB § 129 Rdnr. 27; Schlegelberger/*K. Schmidt* HGB § 129 Rdnr. 25; s. ferner BGHZ 80, 296, 302 = NJW 1981, 1835 (betr. § 419 BGB); BGHZ 100, 95, 105 = NJW 1987, 1880 (betr. Einwand, daß der widersprechende Sicherungsnehmer zur Rückübertragung des Sicherungsguts verpflichtet sei).

Hauptgesellschaft ist in diesem Fall die Drittwiderspruchsklage nach § 242 BGB als unbegründet abzuweisen.

§ 323 Leitungsmacht der Hauptgesellschaft und Verantwortlichkeit der Vorstandsmitglieder

(1) Die Hauptgesellschaft ist berechtigt, dem Vorstand der eingegliederten Gesellschaft hinsichtlich der Leitung der Gesellschaft Weisungen zu erteilen. § 308 Abs. 2 Satz 1, Abs. 3, §§ 309, 310 gelten sinngemäß. §§ 311 bis 318 sind nicht anzuwenden.

(2) Leistungen der eingegliederten Gesellschaft an die Hauptgesellschaft gelten nicht als Verstoß gegen die §§ 57, 58 und 60.

Schrifttum: *Hommelhoff,* Die Konzernleitungspflicht, 1982; *Ransiek,* Strafrecht im Unternehmen und Konzern, ZGR 1999, 613; *Schön,* Deutsches Konzernprivileg und europäischer Kapitalschutz – ein Widerspruch?, FS für Kropff, 1997, S. 285; *Veit,* Unternehmensverträge und Eingliederung als aktienrechtliche Instrumente der Unternehmensverbindung.

Übersicht

I. Inhalt und Zweck der Vorschrift

Die Vorschrift spricht der Hauptgesellschaft das Recht zur **umfassenden Leitung** der **1** eingegliederten Gesellschaft zu und hebt zudem die im allgemeinen durch §§ 57, 58, 60 gewährleistete Bindung des Vermögens der eingegliederten Gesellschaft auf. Sie bringt damit zum Ausdruck, daß die eingegliederte Gesellschaft infolge der Eingliederung den Status einer „rechtlich selbständigen Betriebsabteilung" erlangt.[1] Hinsichtlich der **Verantwortlichkeit** des Vorstands von Hauptgesellschaft und eingegliederter Gesellschaft finden zwar gem. Abs. 1 S. 2 die Vorschriften der §§ 309, 310 entsprechende Anwendung. Nennenswerte praktische Bedeutung kommt diesen Haftungstatbeständen im Fall der Eingliederung allerdings nicht zu. Der mit der umfassenden Leitungsbefugnis und der Möglichkeit des Zugriffs auf das Vermögen der eingegliederten Gesellschaft einhergehenden Gefährdung der *Gläubigerinteressen* begegnet der Gesetzgeber denn auch bereits mit der in § 322 angeordneten Haftung der Hauptgesellschaft für sämtliche Verbindlichkeiten der eingegliederten Gesellschaft. Interessen von *Minderheitsaktionären* sind durch § 323 schon deshalb nicht betroffen, weil die Hauptgesellschaft nach §§ 319, 320a S. 1, 327 Abs. 1 Nr. 3 notwendigerweise Alleinaktionär der eingegliederten Gesellschaft ist.

II. Leitungsmacht der Hauptgesellschaft

1. Weisungsrecht. a) Umfang. Das Weisungsrecht der Hauptgesellschaft ist umfassen- **2** der Natur. Es gestattet der Hauptgesellschaft die Erteilung selbst solcher nachteiliger Weisungen, die nicht durch Belange der Hauptgesellschaft oder eines mit ihr verbundenen Unternehmens gedeckt sind, und geht insoweit über das nach § 308 bestehende Weisungs-

---

[1] S. bereits § 319 Rdnr. 3; ferner Begr. zum RegE bei *Kropff* AktG S. 427.

recht hinaus (s. § 308 Rdnr. 36 ff.); § 308 Abs. 1 S. 2 findet also keine Anwendung.[2] Vor dem Hintergrund, daß die Gläubiger den Schutz der §§ 321, 322, 324 Abs. 3 genießen und Minderheitsaktionäre nicht vorhanden sind (Rdnr. 1), sind der Hauptgesellschaft sogar die **Existenz der eingegliederten Gesellschaft gefährdende** oder vernichtende Weisungen gestattet.[3] Von dem Weisungsrecht unberührt bleibt freilich die Vorschrift des § 92 Abs. 2; bei Zahlungsunfähigkeit oder Überschuldung ist somit der Vorstand der eingegliederten Gesellschaft verpflichtet, Antrag auf Eröffnung des Insolvenzverfahrens zu stellen, mag die Insolvenzreife auch unmittelbar durch den Vollzug einer nachteiligen Weisung veranlaßt sein. Unzulässig sind zudem Weisungen, mit denen die eingegliederte Gesellschaft zu einem **gesetzwidrigen** Verhalten (s. aber noch Rdnr. 3) veranlaßt werden soll;[4] insoweit besteht auch keine Folgepflicht der eingegliederten Gesellschaft (Rdnr. 6). Entsprechendes gilt für **satzungswidrige** Weisungen, darunter solche, die durch den Unternehmensgegenstand der eingegliederten Gesellschaft nicht gedeckt sind. In diesem Zusammenhang ist auch die Verweisung in Abs. 1 S. 2 auf § 308 Abs. 3 zu sehen, der zufolge es auch innerhalb der eingegliederten Gesellschaft bei den **Zustimmungsvorbehalten** des § 111 Abs. 4 S. 2 bewendet (§ 308 Rdnr. 70 ff.).

3   Abs. 2 bestimmt, daß Leistungen der eingegliederten Gesellschaft an die Hauptgesellschaft nicht als Verstoß gegen §§ 57, 58, 60 gelten. Mit dieser Fiktion wird die aktienrechtliche **Kapitalbindung**[5] **aufgehoben** und der Hauptgesellschaft der Zugriff auf das Vermögen der eingegliederten Gesellschaft selbst insoweit gestattet, als das Vermögen zur Deckung des Grundkapitals erforderlich ist (s. noch § 324 Rdnr. 7). Die Vorschrift entspricht derjenigen des § 291 Abs. 3 und setzt wie diese die *rechtmäßige* Ausübung der Weisungsbefugnis voraus; diesem Vorbehalt kommt freilich im Rahmen des § 323 keine große praktische Bedeutung zu (Rdnr. 2). Der Hauptgesellschaft ist es nach § 323 auch gestattet, die eingegliederte Gesellschaft zur Abführung des von ihr erzielten **Gewinns** anzuweisen. Die Vorschrift des § 324 Abs. 2 steht dem nicht entgegen; denn sie erleichtert lediglich den – ggf. zur Begründung einer steuerlichen Organschaft nach § 14 KStG erforderlichen (Einl. Rdnr. 30) – Abschluß eines Gewinnabführungsvertrags, besagt aber nicht, daß die Verlagerung von Gewinnen allein auf der Grundlage eines solchen Vertrags zulässig ist.[6] Nach § 324 Abs. 3 ist die Hauptgesellschaft zwar auch unabhängig vom Abschluß eines Gewinnabführungsvertrags zum **Verlustausgleich** verpflichtet, im Unterschied zu § 302 allerdings nur insoweit, als der Bilanzverlust den Betrag der Kapital- und der Gewinnrücklagen übersteigt (§ 324 Rdnr. 9). An der Vereinbarkeit des § 323 Abs. 2 mit Art. 15 und 16 der Kapitalrichtlinie[7] ist gleichwohl nicht zu zweifeln.[8]

4   **b) Ausübung.** Zur Erteilung von Weisungen **berechtigt** ist nach Abs. 1 S. 1 allein die Hauptgesellschaft; sie wird dabei durch ihren Vorstand vertreten. Übertragung und *Delegation*

---

[2] S. bereits Begr. zum RegE bei *Kropff* AktG S. 427; ferner *Koppensteiner* in Kölner Kommentar Rdnr. 2; *Hüffer* Rdnr. 3; einschränkend Münch-KommAktG/*Grunewald* Rdnr. 2.

[3] HM, s. *Koppensteiner* in Kölner Kommentar Rdnr. 4; MünchKommAktG/*Grunewald* Rdnr. 3; MünchHdb. AG/*Krieger* § 73 Rdnr. 49; offengelassen von *Hüffer* Rdnr. 3. Allgemein zur Frage eines Bestandsschutzes der (nicht eingegliederten) Einpersonen-Kapitalgesellschaft *Ulmer* ZHR 148 (1984), 391 ff. (der freilich die Eingliederung als „Sonderfall" bezeichnet); *M. Winter* ZGR 1994, 570 ff.; näher dazu Anh. § 318 Rdnr. 34 ff.

[4] Wohl einhM, s. MünchHdb. AG/*Krieger* § 73 Rdnr. 49; *Hüffer* Rdnr. 3.

[5] Die Grundsätze über die Kapitalaufbringung bleiben dagegen in dem durch § 324 vorgegebenen Rahmen anwendbar; unzulässig wäre deshalb eine Weisung, der zufolge die eingegliederte Gesellschaft auf eine noch offene Resteinlage verzichten soll, so

zu Recht MünchKommAktG/*Grunewald* Rdnr. 5; aA *Würdinger* in GroßkommAktG, 3. Aufl., § 320 Anm. 14.

[6] Zutr. *Koppensteiner* in Kölner Kommentar Rdnr. 3, § 324 Rdnr. 8 f.; MünchKommAktG/*Grunewald* Rdnr. 4; *Hüffer* § 324 Rdnr. 4; MünchHdb. AG/*Krieger* § 73 Rdnr. 55; aA *Ballerstedt* ZHR 137 (1973), 388, 401 f.; *v. Godin/Wilhelmi* Anm. 2; *Veit* S. 171.

[7] Zweite Richtlinie auf dem Gebiet des Gesellschaftsrechts (Kapitalrichtlinie) vom 13. 12. 1976 (77/191/EWG), ABl. EG Nr. L 26 v. 31. 1. 1977, S. 1 ff.; Abdruck der konsolidierten Fassung bei *Habersack* Rdnr. 206.

[8] Näher *Habersack* (Fn. 7) Rdnr. 170; für den Vertragskonzern *Schön*, FS für Kropff, S. 285, 298 ff.; aA – gegen konzernrechtliche „Bereichsausnahmen" von Art. 15 der Richtlinie – *Werlauff*, EC Company Law, 1993, S. 178.

des Weisungsrechts kommen nur nach Maßgabe der Ausführungen in § 308 Rdnr. 12 ff. in Betracht. Dabei hat es auch im Fall einer *mehrstufigen Eingliederung* (§ 319 Rdnr. 16) zu bewenden. Eine Delegation des Weisungsrechts der Tochter-AG auf die Mutter-AG, als deren Folge die Mutter-AG unmittelbar gegenüber der Enkel-AG weisungsbefugt wäre, ist somit nicht zulässig; denn andernfalls würde die Prüfungskompetenz und -pflicht des Vorstands der Tochter-AG (Rdnr. 6) ausgeblendet.[9] Die Hauptgesellschaft ist zur Erteilung von Weisungen *nicht verpflichtet* (s. noch Rdnr. 7).[10] Anderes gilt aber für den Vorstand der Hauptgesellschaft; er kann *im Verhältnis zur Hauptgesellschaft* zur Ausübung des Weisungsrechts verpflichtet sein und haftet bei Nichtausübung nach Maßgabe des § 93 auf Schadensersatz (vgl. § 311 Rdnr. 11).[11]

Weisungsempfänger ist der *Vorstand* der eingegliederten Gesellschaft. Ebenso wie der 5 Beherrschungsvertrag (§ 308 Rdnr. 17 f.) begründet somit auch die Eingliederung kein Weisungsrecht der Hauptgesellschaft gegenüber dem Vorstand nachgeordneten Stellen. Dazu bedarf es vielmehr zunächst einer entsprechenden *Weisung* des Vorstands der eingegliederten Gesellschaft (§ 308 Rdnr. 19 f.).[12] Diese kann freilich auch ohne Beachtung des – für die Eingliederung ohnehin nicht geltenden (Rdnr. 6) – Vorbehalts des § 308 Abs. 2 S. 2 letzter Halbs. (dazu § 308 Rdnr. 52 f.) ausgesprochen werden.[13] Mit Rücksicht auf die Grenzen der Folgepflicht (Rdnr. 6) kann das Weisungsrecht nicht durch eine umfassende **Bevollmächtigung** der Hauptgesellschaft durch die eingegliederte Gesellschaft ersetzt werden (s. § 308 Rdnr. 32).[14]

2. Folgepflicht. Nach Abs. 1 S. 2 iVm. § 308 Abs. 2 S. 1 ist der Vorstand der einge- 6 gliederten Gesellschaft verpflichtet, die Weisungen der Hauptgesellschaft zu befolgen. Im Fall eines Zustimmungsvorbehalts iSd. § 111 Abs. 4 S. 2 ist nach Maßgabe des Abs. 1 S. 2 iVm. § 308 Abs. 3 zu verfahren (§ 308 Rdnr. 70 ff.). Die Folgepflicht ist Spiegelbild der Weisungsbefugnis der Hauptgesellschaft und reicht daher so weit wie diese. § 308 Abs. 1 S. 2, Abs. 2 S. 2 findet keine Anwendung (Rdnr. 2); der Vorstand der eingegliederten Gesellschaft darf deshalb die Befolgung selbst dann nicht verweigern, wenn die Weisung *offensichtlich* nicht den Belangen der Hauptgesellschaft oder einer konzernverbundenen Gesellschaft dient. Durch die Erteilung einer solchen Weisung macht sich allerdings der *Vorstand der Hauptgesellschaft* dieser gegenüber zumeist schadensersatzpflichtig (Rdnr. 8). Unabhängig davon hat der Vorstand der eingegliederten Gesellschaft die Auswirkungen einer jeden Weisung auf die eingegliederte Gesellschaft zu überprüfen und die Hauptgesellschaft auf den nachteiligen Charakter der begehrten Maßnahme hinzuweisen.[15] Wie das Weisungsrecht wird allerdings auch die Folgepflicht nur durch zwingende **gesetzliche Vorschriften** und durch die Satzung der eingegliederten Gesellschaft begrenzt (Rdnr. 2). Der Vorstand ist demnach zur Befolgung gesetzes- oder satzungswidriger Weisungen weder berechtigt noch verpflichtet; allen anderen Weisungen hat er zu folgen.

3. Nichterteilung von Weisungen. Soweit Weisungen nicht erteilt werden, bewendet 7 es bei der Geltung des § 76. Der Vorstand ist also berechtigt und verpflichtet, die einge-

---

[9] So auch MünchKommAktG/*Grunewald* Rdnr. 7; *Hüffer* Rdnr. 2; aA *Rehbinder* ZGR 1977, 581, 616 f., *Koppensteiner* in Kölner Kommentar Rdnr. 9; MünchHdb. AG/*Krieger* § 73 Rdnr. 49.

[10] MünchKommAktG/*Grunewald* Rdnr. 11; MünchHdb. AG/*Krieger* § 73 Rdnr. 49; *Hüffer* Rdnr. 2; zur Frage einer strafrechtlich relevanten Garantenpflicht der Hauptgesellschaft s. aber *Ransiek* ZGR 1999, 613, 627 ff.

[11] MünchKommAktG/*Grunewald* Rdnr. 11; weitergehend *Hommelhoff* S. 352 ff.; MünchHdb. AG/*Krieger* § 73 Rdnr. 49.

[12] Dazu *Koppensteiner* in Kölner Kommentar Rdnr. 10 und *Veit* S. 159, die zu Recht davon ausgehen, daß der Vorstand zu einer entsprechenden

Delegation nicht durch die Hauptgesellschaft angewiesen werden kann.

[13] Zutr. *Hüffer* Rdnr. 2; aA – gegen die Zulässigkeit einer generellen Vorstandsweisung – MünchKommAktG/*Grunewald* Rdnr. 8.

[14] So zu Recht MünchKommAktG/*Grunewald* Rdnr. 8; *Hüffer* Rdnr. 2; aA *Würdinger* in Großkomm AktG, 3. Aufl., Anm. 2; *Koppensteiner* in Kölner Kommentar Rdnr. 11; MünchHdb. AG/*Krieger* § 73 Rdnr. 49.

[15] Zutr. MünchKommAktG/*Grunewald* Rdnr. 8; MünchHdb. AG/*Krieger* § 73 Rdnr. 50; enger – Hinweis nur bei besonderer Schädlichkeit der Maßnahme – *Koppensteiner* in Kölner Kommentar Rdnr. 7.

gliederte Gesellschaft in eigener Verantwortung zu leiten. Dabei hat er die Leitung am **Interesse der eingegliederten Gesellschaft** auszurichten.[16] Dies gilt auch für den Fall, daß Gesellschafts- und Konzerninteresse voneinander abweichen. Eine Pflicht des Vorstands, vor Durchführung einer solchen Maßnahme die Hauptgesellschaft zu konsultieren, läßt sich *de iure* nicht begründen.[17]

III. Verantwortlichkeit

8   **1. Vorstand der Hauptgesellschaft.** Die Mitglieder des Vorstands der Hauptgesellschaft haben nach Abs. 1 S. 2 iVm. § 309 Abs. 1 bei der Erteilung von Weisungen die Sorgfalt eines ordentlichen und gewissenhaften Geschäftsleiters auszuüben. Bei schuldhafter Verletzung dieser Pflicht sind sie nach Abs. 1 S. 2 iVm. § 309 Abs. 2 der *eingegliederten Gesellschaft* zu Schadensersatz verpflichtet. Was die Verjährung und Geltendmachung des Anspruchs sowie die Möglichkeit eines Verzichts oder Vergleichs betrifft, so gelten nach Abs. 1 S. 2 die Vorschriften des § 309 Abs. 3 bis 5 (nur) *sinngemäß*. Dabei ist zu berücksichtigen, daß die Hauptgesellschaft zur Erteilung selbst solcher Weisungen berechtigt ist, die für die eingegliederte Gesellschaft nachteilig und nicht durch ein Konzerninteresse gedeckt sind (Rdnr. 2 f.). Vor diesem Hintergrund kommt eine Haftung aus Abs. 1 S. 2 iVm. § 309 nur unter der Voraussetzung in Betracht, daß der Vorstand der Hauptgesellschaft die **Grenzen des Weisungsrechts überschreitet,**[18] also eine gesetzes- oder satzungswidrige Weisung erteilt (Rdnr. 2) oder den Vorstand der eingegliederten Gesellschaft übergeht (Rdnr. 5). Im Verhältnis zur *Hauptgesellschaft* kommt allerdings eine Haftung des Vorstands auch bei Erteilung einer rechtmäßigen Weisung in Betracht. So wird denn auch der Vorstand regelmäßig aus § 93 in Anspruch genommen werden können, wenn er eine nachteilige Weisung erteilt, die nicht durch ein Interesse der Hauptgesellschaft oder eines mit ihr und der eingegliederten Gesellschaft konzernverbundenen Unternehmens gedeckt ist.

9   **2. Hauptgesellschaft.** Für ein Fehlverhalten ihres Vorstands hat die Hauptgesellschaft der eingegliederten Gesellschaft einzustehen.[19] Anspruchsgrundlage ist allerdings weder § 31 BGB[20] – er ist bloße Zurechnungsnorm – noch § 31 BGB iVm. Abs. 1 S. 2, § 309.[21] Was § 309 betrifft, so regelt er allein die Sorgfaltspflichten des *Vorstands;* auch § 31 BGB ist nicht imstande, diese Pflichten zu solchen der Hauptgesellschaft zu machen. In Ermangelung eines Eingliederungsvertrags (§ 319 Rdnr. 10) kann die Haftung auch nicht auf eine pVV desselben gestützt werden.[22] Es bietet sich deshalb an, die Haftung der Hauptgesellschaft auf die **mitgliedschaftliche Treupflicht** (iVm. § 31 BGB) zu stützen.[23] Für diese bleibt auch im Fall der Eingliederung ein Anwendungsbereich, und zwar insoweit, als die Grenzen des Weisungsrechts überschritten werden (s. Rdnr. 2, 8) und damit das fortbestehende Eigeninteresse der eingegliederten Gesellschaft verletzt wird. Mit Blick auf die Haftung nach § 322 kommt der Frage allerdings keine praktische Bedeutung zu.

10   **3. Organwalter der eingegliederten Gesellschaft.** Nach Abs. 1 S. 2 haften die Mitglieder des Vorstands und des Aufsichtsrats der eingegliederten Gesellschaft für ein Fehlverhalten im Zusammenhang mit der Befolgung von Weisungen entsprechend § 310. Auch insoweit kommt eine Haftung nur für den Fall in Betracht, daß die Hauptgesellschaft eine

---

[16] MünchKommAktG/*Grunewald* Rdnr. 10; aA – für Maßgeblichkeit des Konzerninteresses – *Koppensteiner* in Kölner Kommentar Rdnr. 8, § 308 Rdnr. 48.

[17] AA – für Annahme einer solchen Pflicht, freilich ohne Benennung einer Grundlage – *Koppensteiner* in Kölner Kommentar Rdnr. 8, § 308 Rdnr. 49; MünchKommAktG/*Grunewald* Rdnr. 10.

[18] Zutr. MünchKommAktG/*Grunewald* Rdnr. 14; aA *Koppensteiner* in Kölner Kommentar Rdnr. 14; *Veit* S. 165.

[19] Im Ergebnis wohl einhM, s. *Koppensteiner* in Kölner Kommentar Rdnr. 17; MünchKommAktG/ *Grunewald* Rdnr. 16; *Baumbach/Hueck* Rdnr. 5; *Hüffer* Rdnr. 5.

[20] So *Koppensteiner* und *Baumbach/Hueck,* jew. aaO (Fn. 19).

[21] So *Hüffer* Rdnr. 5.

[22] Zur davon abweichenden Rechtslage nach § 309 s. daselbst Rdnr. 20 f.

[23] Zustimmend MünchKommAktG/*Grunewald* Rdnr. 16.

unverbindliche Weisung erteilt hat; in sinngemäßer Anwendung des § 310 Abs. 3 bedeutet dies, daß Vorstand und Aufsichtsrat allenfalls bei Befolgung einer gesetzes- oder satzungswidrigen Weisung haften. Nach Abs. 1 S. 2, § 310 Abs. 1 haften sie als Gesamtschuldner neben der Hauptgesellschaft und deren Vorstandsmitgliedern. Die Vorschriften des § 309 Abs. 3 bis 5 (Rdnr. 8) finden nach Abs. 1 S. 2, § 310 Abs. 4 auch insoweit Anwendung. Nach Abs. 1 S. 2, § 310 Abs. 2 schließt die Billigung der Maßnahme durch den Aufsichtsrat die Haftung nicht aus. Entsprechendes gilt für die Billigung der Maßnahme durch die Hauptversammlung (s. § 310 Rdnr. 19); für § 323 folgt dies schon daraus, daß die Hauptgesellschaft Alleinaktionär ist und sich über die Grenzen des Weisungsrechts nicht hinwegsetzen kann. Für ein Fehlverhalten, welches nicht im Zusammenhang mit der Befolgung von Weisungen steht, haften Vorstand und Aufsichtsrat der eingegliederten Gesellschaft nach Maßgabe der §§ 93, 116.[24]

4. Unanwendbarkeit der §§ 311 ff. Abs. 1 S. 3 stellt klar,[25] daß die §§ 311 bis 318 **11** betr. die einfache Abhängigkeit im Verhältnis zwischen Hauptgesellschaft und eingegliederter Gesellschaft keine Anwendung finden. Vor dem Hintergrund des Rechts zur Erteilung auch nachteiliger Weisungen und der Regelung der Verantwortlichkeit der Beteiligten in Abs. 1 S. 2, §§ 309 f. versteht sich die Nichtgeltung der §§ 311, 317, 318 freilich von selbst. Was den in §§ 312 ff. geregelten Abhängigkeitsbericht betrifft, so macht seine Erstellung und Prüfung angesichts der Haftung der Hauptgesellschaft nach § 322 keinen Sinn.

§ 324 Gesetzliche Rücklage. Gewinnabführung. Verlustübernahme

(1) Die gesetzlichen Vorschriften über die Bildung einer gesetzlichen Rücklage, über ihre Verwendung und über die Einstellung von Beträgen in die gesetzliche Rücklage sind auf eingegliederte Gesellschaften nicht anzuwenden.

(2) Auf einen Gewinnabführungsvertrag, eine Gewinngemeinschaft oder einen Teilgewinnabführungsvertrag zwischen der eingegliederten Gesellschaft und der Hauptgesellschaft sind die §§ 293 bis 296, 298 bis 303 nicht anzuwenden. Der Vertrag, seine Änderung und seine Aufhebung bedürfen der schriftlichen Form. Als Gewinn kann höchstens der ohne die Gewinnabführung entstehende Bilanzgewinn abgeführt werden. Der Vertrag endet spätestens zum Ende des Geschäftsjahrs, in dem die Eingliederung endet.

(3) Die Hauptgesellschaft ist verpflichtet, jeden bei der eingegliederten Gesellschaft sonst entstehenden Bilanzverlust auszugleichen, soweit dieser den Betrag der Kapitalrücklagen und der Gewinnrücklagen übersteigt.

Übersicht

---

[24] *Hüffer* Rdnr. 6; MünchKommAktG/*Grunewald* Rdnr. 17.

[25] S. Begr. zum RegE bei *Kropff* AktG S. 427.

I. Einführung

1   **1. Inhalt der Vorschrift.** Die Vorschrift trägt dem Umstand Rechnung, daß die eingegliederte Gesellschaft den Status einer rechtlich selbständigen Betriebsabteilung hat (§ 319 Rdnr. 3). Sie stellt deshalb in Abs. 1 und 3 das *Vermögen der Gesellschaft* bis zur Grenze des durch das *Grundkapital* gebundenen Vermögens zur Disposition der Hauptgesellschaft. Die Hauptgesellschaft ist zwar nicht daran gehindert, durch die Erteilung von Weisungen selbst das durch die Grundkapitalziffer gebundene Vermögen der eingegliederten Gesellschaft an sich zu ziehen (§ 323 Rdnr. 3); doch ist sie nach Abs. 3 zum *Verlustausgleich* verpflichtet, soweit das Grundkapital nicht mehr gedeckt ist. Abs. 2 der Vorschrift erleichtert den Abschluß bestimmter Unternehmensverträge zwischen der Hauptgesellschaft und der eingegliederten Gesellschaft; dem kommt vor allem im Zusammenhang mit dem – zur Begründung einer steuerlichen Organschaft erforderlichen – Abschluß eines *Gewinnabführungsvertrags* Bedeutung zu. Abs. 3 der Vorschrift ist durch das Bilanzrichtliniengesetz[1] geringfügig geändert worden.

2   **2. Normzweck.** § 324 steht im unmittelbaren Zusammenhang mit § 323. Während § 323 die Umgestaltung der *Organisationsverfassung* der eingegliederten Gesellschaft und die weitgehende Außerkraftsetzung zentraler aktienrechtlicher Grundsätze und der bei Abhängigkeitsverhältnissen im allgemeinen eingreifenden Schutzmechanismen anordnet, stellt § 324 die eingegliederte Gesellschaft von der Pflicht zur Bildung und Dotierung gesetzlicher Rücklagen frei und verpflichtet die Hauptgesellschaft demgemäß nur insoweit zum Verlustausgleich, als das Grundkapital der eingegliederten Gesellschaft nicht mehr gedeckt ist. Durch die Notwendigkeit eines dem Grundkapital entsprechenden Vermögens will das Gesetz verhindern, „daß die eingegliederte Gesellschaft ständig ein ihr Grundkapital nicht erreichendes Reinvermögen ausweist".[2] Die Notwendigkeit selbst einer solch eingeschränkten Vermögensbindung ist allerdings nicht ohne weiteres erkennbar.[3] Wie § 323 (s. § 323 Rdnr. 1) ist nämlich auch § 324 vor dem Hintergrund zu sehen, daß die Hauptgesellschaft notwendigerweise Alleinaktionär der eingegliederten Gesellschaft ist (§ 319 Rdnr. 8 f., § 320 a Rdnr. 1, § 327 Rdnr. 6) und nach § 322 für deren Verbindlichkeiten einzustehen hat; *Gläubiger- und Aktionärsinteressen* werden also durch die Möglichkeit des Zugriffs auf das Vermögen der eingegliederten Gesellschaft nicht tangiert.

II. Rücklagen (Abs. 1)

3   **1. Keine Pflicht zur Bildung oder Erhaltung einer gesetzlichen Rücklage.** Abs. 1 erklärt die Vorschrift des § 150 betreffend die gesetzliche Rücklage hinsichtlich der eingegliederten Gesellschaft für unanwendbar. Abweichend von § 150 Abs. 1 und 2 ist die eingegliederte Gesellschaft somit nicht verpflichtet, eine gesetzliche Rücklage zu bilden und zu dotieren; demgemäß findet die Vorschrift des § 300 selbst dann keine Anwendung, wenn zwischen der Hauptgesellschaft und der eingegliederten Gesellschaft ein Gewinnabführungsvertrag besteht (Rdnr. 5 ff.). Eine bereits vorhandene gesetzliche Rücklage darf aufgelöst und zu anderen als den in § 150 Abs. 3 und 4 genannten Zwecken verwandt werden; sie darf insbes. als Gewinn an die Hauptgesellschaft abgeführt werden.[4] Abs. 1 ist im Zusammenhang mit der in § 323 Abs. 2 erfolgten Außerkraftsetzung der §§ 57, 58 und 60 zu sehen (dazu § 323 Rdnr. 3). Von den aktienrechtlichen Grundsätzen über die Kapitalaufbringung und -erhaltung bleibt danach innerhalb der eingegliederten Gesellschaft im wesentlichen nur die Notwendigkeit eines Grundkapitals, dessen Deckung durch die Verlustausgleichspflicht gem. § 324 Abs. 3 abgesichert wird (Rdnr. 9).

---

[1] BGBl. 1985 I S. 2355.
[2] Vgl. Begr. zum RegE bei *Kropff* AktG S. 429.
[3] In diesem Sinne auch *Koppensteiner* in Kölner Kommentar Rdnr. 3 („ohne eigentlichen rechtspoli-

tischen Sinn"); *Veit* S. 106 f.; *Prael* S. 99 f.; s. aber auch *Hüffer* Rdnr. 1.
[4] Wohl allgM, s. *Koppensteiner* in Kölner Kommentar Rdnr. 9; MünchKommAktG/*Grunewald* Rdnr. 2.

2. Reichweite. Von Abs. 1 unberührt bleiben etwaige Bestimmungen der **Satzung** über 4 die Bildung, Dotierung und Verwendung von Rücklagen.[5] Sie sind also zu beachten, solange sie nicht geändert oder aufgehoben worden sind. Des weiteren findet Abs. 1 keine Anwendung auf **Kapitalrücklagen** iSv. § 272 Abs. 2 HGB.[6] Insoweit hat die durch das Bilanzrichtliniengesetz erfolgte Änderung des Begriffs der gesetzlichen Rücklage zu einer Änderung auch des § 324 Abs. 1 geführt; im Hinblick auf Abs. 3 (Rdnr. 9) kommt dem allerdings nur geringe praktische Bedeutung zu. Darlehen und sonstige Finanzierungsmaßnahmen der Hauptgesellschaft unterliegen schließlich nicht den Regeln über den **Eigenkapitalersatz**.[7] Für eine Umqualifizierung der als Fremdkapital überlassenen Mittel in Quasi-Eigenkapital besteht angesichts der Haftung der Hauptgesellschaft nach § 322 keine Notwendigkeit; die §§ 322, 323 Abs. 2, 324 Abs. 1 bringen vielmehr zum Ausdruck, daß die unmittelbare Außenhaftung der Hauptgesellschaft an die Stelle der im allgemeinen geltenden Grundsätze über die Finanzierung der Aktiengesellschaft und die Finanzierungsfolgenverantwortung der Aktionäre treten. Entsprechendes gilt für die Überlassung von gewillkürtem, also das Grundkapital ergänzendem Eigenkapital. Insbesondere im Rahmen eines **Finanzplankredits**[8] überlassene Mittel können von der Hauptgesellschaft jederzeit abgezogen werden; entsprechende Finanzierungszusagen können jederzeit aufgehoben werden.

III. Unternehmensverträge (Abs. 2)

1. Gewinnabführungsvertrag. a) Anwendbare Vorschriften. Die Eingliederung be- 5 gründet als solche zwar keine Pflicht zur Gewinnabführung, doch kann die Hauptgesellschaft nach § 323 Abs. 1 S. 1 durch Erteilung einer entsprechenden Weisung den Gewinn der eingegliederten Gesellschaft an sich ziehen. Der Abschluß eines Gewinnabführungsvertrags zwischen der Hauptgesellschaft und der eingegliederten Gesellschaft ist denn auch **keine strukturändernde Maßnahme**; er hat vielmehr allenfalls die Funktion, eine steuerliche Organschaft zu begründen (§ 323 Rdnr. 3; Einleitung Rdnr. 30). Demgemäß erklärt Abs. 2 S. 1 die Schutzvorschriften der §§ 293 bis 296, 298 bis 303 für nicht anwendbar. Der *Abschluß* eines Gewinnabführungsvertrags bedarf somit weder eines Hauptversammlungsbeschlusses nach § 293 Abs. 1 und 2 noch der Anmeldung und Eintragung gem. §§ 294, 298. Auch die Berichts- und Prüfungspflichten der §§ 293 a ff. finden keine Anwendung. *Änderung und Aufhebung* des Vertrags können ohne Einhaltung der in §§ 295, 296 genannten Voraussetzungen erfolgen. An die Stelle der §§ 300 bis 303 treten die §§ 321, 322, 324 Abs. 2 S. 3, Abs. 3 (s. Rdnr. 3, 7, 8). Da die – in § 324 Abs. 2 S. 1 nicht erwähnten – §§ 304 bis 306 schon in Ermangelung von Minderheitsaktionären nicht einschlägig sind (Rdnr. 2) und § 307 seine Entsprechung in §§ 327 Abs. 1 Nr. 3, 324 Abs. 2 S. 4 hat (Rdnr. 6), ist von den Vorschriften der §§ 293 bis 307 allein für diejenige des § 297 betreffend die **Kündigung** des Vertrags aus wichtigem Grund Raum. Freilich zeigt die Beendigung des Gewinnabführungsvertrags, von der möglichen Aufhebung der steuerlichen Organschaft abgesehen, keine nennenswerten Rechtsfolgen, so daß ein wichtiger Grund kaum jemals vorliegen wird.[9] Zur Nichtgeltung des § 299 s. Rdnr. 6.

b) Abschluß, Änderung und Beendigung. Nach Abs. 2 S. 2 kann der Gewinnabfüh- 6 rungsvertrag abweichend von §§ 293 ff. (Rdnr. 5) durch Einhaltung der einfachen **Schrift-**

[5] Vgl. bereits Begr. zum RegE bei *Kropff* AktG S. 428; s. ferner *Koppensteiner* in Kölner Kommentar Rdnr. 4; MünchKommAktG/*Grunewald* Rdnr. 2.

[6] *Koppensteiner* in Kölner Kommentar Rdnr. 5; MünchKommAktG/*Grunewald* Rdnr. 3; *Hüffer* Rdnr. 3.

[7] *Hommelhoff* WM 1984, 1105, 1117; *Rümker* ZGR 1988, 494, 500; MünchKommAktG/*Grunewald* Rdnr. 13; *Hüffer* Rdnr. 8; zu eigenkapitalerset-

zenden Aktionärsdarlehen s. im übrigen die Nachw. in § 311 Rdnr. 84.

[8] Näher dazu BGHZ 142, 116 = NJW 1999, 2809 mit Anm. *Altmeppen* = DStR 1999, 1198 m. Anm. *Goette*; *Fleischer* DStR 1999, 1774 ff.; *Habersack* ZHR 161 (1997), 457 ff.; ders. ZGR 2000, 384, 410 ff.; *K. Schmidt* ZIP 1999, 1241 ff.; *Steinbeck* ZGR 2000, 503 ff.

[9] So zu Recht *Koppensteiner* in Kölner Kommentar Rdnr. 10.

form abgeschlossen, geändert und beendigt werden. Da die Vorschrift des § 299 gemäß ausdrücklicher Anordnung in § 324 Abs. 2 S. 1 keine Anwendung findet, kann die Hauptgesellschaft der eingegliederten Gesellschaft entsprechende **Weisungen** erteilen. Zur Beendigung des Gewinnabführungsvertrags wird es im allgemeinen allenfalls durch vertraglich vorbehaltene ordentliche (s. Rdnr. 5) Kündigung seitens der Hauptgesellschaft oder durch Aufhebungsvereinbarung kommen. Abs. 2 S. 4 bestimmt zudem, daß der Gewinnabführungsvertrag spätestens mit Ablauf des Geschäftsjahres endet, in dem die **Eingliederung endet.** Dieses Junktim erklärt sich zunächst daraus, daß der erweiterte Umfang der Gewinnabführung (Rdnr. 7) nur im Hinblick auf die – mit Beendigung der Eingliederung gleichfalls entfallende – Haftung der Hauptgesellschaft nach § 322 hingenommen werden kann.[10] Es kommt hinzu, daß der Gewinnabführungsvertrag, nachdem die Eingliederung nach § 327 ihr Ende gefunden hat und die §§ 323, 324 keine Anwendung mehr finden, den Charakter einer strukturändernden Maßnahme annimmt und damit die Verpflichtung zur Gewinnabführung nur unter Beachtung der Schutzvorschriften der §§ 293 ff. begründet werden soll.[11] Eine Vereinbarung, der zufolge die Gewinnabführung in dem nach § 301 zulässigen Umfang fortgesetzt werden soll, wäre aus dem zuletzt genannten Grund unwirksam.[12]

7   **c) Abzuführender Gewinn.** Nach Abs. 2 S. 3 kann der Gewinnabführungsvertrag die eingegliederte Gesellschaft höchstens zur Abführung des andernfalls, d. h. ohne die vertragliche Verpflichtung entstehenden **Bilanzgewinns** iSd. § 158 Abs. 1 S. 1 Nr. 5 verpflichten. Damit wird zugleich die Vorschrift des § 301 abbedungen, der zufolge im allgemeinen, also außerhalb von Eingliederungsverhältnissen, allenfalls der um einen etwaigen Verlustvortrag und die nach § 300 in die Rücklagen einzustellenden Beträge *verminderte Jahresüberschuß* abgeführt werden kann. § 324 Abs. 1 erlaubt demgegenüber sogar die Auflösung der gesetzlichen Rücklage und Abführung derselben als Teil des Bilanzgewinns (Rdnr. 3). Die *unternehmensvertraglich* begründete Gewinnverlagerung wird somit allein durch das Grundkapital der Gesellschaft (Rdnr. 4) begrenzt. Im übrigen wird das Weisungsrecht der Hauptgesellschaft durch Abschluß eines Gewinnabführungsvertrags nicht eingeschränkt;[13] durch Weisung nach § 323 Abs. 1 S. 1 kann also die Hauptgesellschaft auch das zur Deckung des Grundkapitals erforderliche Vermögen an sich ziehen (Rdnr. 9; § 323 Rdnr. 3).

8   **2. Sonstige Unternehmensverträge.** Die Vorschriften des Abs. 2 S. 1 bis 4 (Rdnr. 5 bis 7) finden auch auf eine **Gewinngemeinschaft** (§ 292 Rdnr. 10 ff.) und einen **Teilgewinnabführungsvertrag** (§ 292 Rdnr. 23 ff.) zwischen der Hauptgesellschaft und der eingegliederten Gesellschaft Anwendung. In § 324 nicht geregelt sind dagegen der *Beherrschungsvertrag* und die in § 292 Abs. 1 Nr. 3 genannten Unternehmensverträge. Dies erklärt sich daraus, daß der Abschluß eines solchen Vertrags angesichts des umfassenden Weisungsrechts der Hauptgesellschaft nach § 323 ohne Sinn ist.[14] Ein Beherrschungsvertrag endet denn auch mit der Eingliederung der abhängigen Gesellschaft (§ 320 Rdnr. 7).

IV. Verlustübernahme (Abs. 3)

9   Nach § 324 Abs. 3 ist die Hauptgesellschaft verpflichtet, jeden bei der eingegliederten Gesellschaft sonst (also ohne Aktivierung des Ausgleichsanspruchs) entstehenden Bilanzverlust auszugleichen, soweit dieser den Betrag der Kapital- und der Gewinnrücklagen übersteigt. Die Hauptgesellschaft ist somit nur insoweit zum Ausgleich verpflichtet, als der Verlust nicht mehr durch *Rücklagen, gleich welcher Art,* gedeckt werden kann. Neben der gesetzlichen Rücklage (Rdnr. 3 f.) können auch die **Kapitalrücklage** und etwaige **Gewinnrücklagen**

---

[10] Begr. zum RegE bei *Kropff* AktG S. 428.

[11] *Koppensteiner* in Kölner Kommentar Rdnr. 10.

[12] Zutr. MünchKommAktG/*Grunewald* Rdnr. 6; ihr zust. auch *Hüffer* Rdnr. 6.

[13] *Koppensteiner* in Kölner Kommentar Rdnr. 9; MünchKommAktG/*Grunewald* Rdnr. 7; *Hüffer* Rdnr. 5.

[14] Eingehend OLG Celle WM 1972, 1004, 1011; vgl. auch *Koppensteiner* in Kölner Kommentar Rdnr. 7 mit berechtigtem Hinweis darauf, daß entsprechendes auch für die Gewinngemeinschaft und den Teilgewinnabführungsvertrag gilt.

zur Verlustdeckung herangezogen werden, und zwar selbst insoweit, als sie *vor der Eingliederung gebildet* worden sind. Die Verlustausgleichspflicht nach Abs. 3 bleibt damit wesentlich hinter derjenigen nach § 302 zurück; sie stellt allein sicher, daß das Grundkapital der eingegliederten Gesellschaft gedeckt ist (Rdnr. 2). Der Hauptgesellschaft bleibt es zudem unbenommen, sich der Verpflichtung zum Verlustausgleich durch **vereinfachte Kapitalherabsetzung** nach § 229 zu entziehen.[15] Zur Berechnung und Geltendmachung des Anspruchs auf Verlustausgleich s. im einzelnen § 302 Rdnr. 28 ff.; zur Frage eines Anspruchs auf Liquiditäts- und Wiederaufbauhilfen s. § 296 Rdnr. 27, § 302 Rdnr. 41, § 327 Rdnr. 2; zur Vereinbarkeit der §§ 323 Abs. 3, 324 Abs. 3 mit der Kapitalrichtlinie s. § 323 Rdnr. 3.

§ 325 *(aufgehoben,* s. § 319 Rdnr. 1)

§ 326 Auskunftsrecht der Aktionäre der Hauptgesellschaft

Jedem Aktionär der Hauptgesellschaft ist über Angelegenheiten der eingegliederten Gesellschaft ebenso Auskunft zu erteilen wie über Angelegenheiten der Hauptgesellschaft.

Schrifttum: *Kort,* Das Informationsrecht des Gesellschafters der Konzernobergesellschaft, ZGR 1987, 46; *Spitze/Diekmann,* Verbundene Unternehmen als Gegenstand des Interesses von Aktionären, ZHR 158 (1994), 447; *Veit,* Unternehmensverträge und Eingliederung als aktienrechtliche Instrumente der Unternehmensverbindung, 1974; *Vossel,* Auskunftsrechte im Aktienkonzern, 1996.

I. Inhalt und Zweck der Vorschrift

Die Vorschrift erstreckt das Auskunftsrecht der Hauptgesellschaft auf die Angelegenheiten **1** der eingegliederten Gesellschaft. Sie **ergänzt § 131,** insbes. dessen Abs. 1 S. 2, und bezweckt, die Aktionäre der Hauptgesellschaft über die Angelegenheiten der eingegliederten Gesellschaft so zu informieren, als ob sie deren Mitglieder wären.[1] Darin kommt der Status der eingegliederten Gesellschaft als einer „rechtlich selbständigen Betriebsabteilung" (§ 319 Rdnr. 3) der Hauptgesellschaft zum Ausdruck.[2] Auf eine entsprechende Erweiterung der **Berichtspflicht** nach § 90 hat der Gesetzgeber zu Recht verzichtet; denn es versteht sich von selbst, daß der Vorstand der Hauptgesellschaft seinem Aufsichtsrat auch über die Angelegenheiten der eingegliederten Gesellschaft zu berichten hat.[3]

II. Auskunftsrecht

1. Berechtigter und Verpflichteter. Nach § 326 kann **jeder Aktionär der Haupt- 2 gesellschaft** Auskunft auch über die Angelegenheiten der eingegliederten Gesellschaft verlangen. Zur Erteilung der Auskunft verpflichtet ist die Hauptgesellschaft; sie handelt nach § 131 Abs. 1 S. 1 durch den **Vorstand.** Der Vorstand kann sich zur Erfüllung dieser Verpflichtung auch des *Vorstands der eingegliederten Gesellschaft* oder einer anderen Hilfsperson bedienen; er muß sich dann aber dessen Ausführungen erkennbar zu eigen machen.[4]

2. Inhalt. § 326 erweitert das allgemeine Auskunftsrecht des Aktionärs der Hauptgesell- **3** schaft. Dem Aktionär ist danach, abweichend von § 131 Abs. 1 S. 2, nicht nur über die rechtlichen und geschäftlichen Beziehungen der Hauptgesellschaft zur eingegliederten Ge-

---

[15] Vgl. bereits Begr. zum RegE bei *Kropff* AktG S. 429.
[1] Begr. zum RegE bei *Kropff* AktG S. 431.
[2] Näher *Vossel* S. 136 f.
[3] Begr. zum RegE bei *Kropff* AktG S. 431.

[4] Zutr. MünchKommAktG/*Grunewald* Rdnr. 5; *Hüffer* Rdnr. 2; enger – für Erfordernis der Zustimmung der Aktionäre zu einem solchen Vorgehen – *Koppensteiner* in Kölner Kommentar Rdnr. 2; ähnlich *Baumbach/Hueck* Rdnr. 2 und *Veit* S. 169 (Möglichkeit des Widerspruchs).

sellschaft Auskunft zu erteilen. Die eingegliederte Gesellschaft ist vielmehr in bezug auf das Auskunftsrecht wie eine Betriebsabteilung der Hauptgesellschaft zu behandeln. Hinsichtlich des Rechts zur **Auskunftsverweigerung** bewendet es bei § 131 Abs. 3;[5] für eine restriktive Auslegung des § 131 Abs. 3 Nr. 1 besteht – anders als im Zusammenhang mit dem erweiterten Auskunftsrecht des § 319 Abs. 3 S. 4 (§ 319 Rdnr. 23) – kein Anlaß. Im **mehrstufigen Eingliederungskonzern** (§ 319 Rdnr. 16) erstreckt sich das Informationsrecht der Aktionäre der Mutter-AG entsprechend § 326 auf sämtliche Angelegenheiten der Enkel-AG.[6] Im übrigen kann über Tochtergesellschaften der eingegliederten Gesellschaft nur insoweit Auskunft verlangt werden, als handelte es sich um eine Tochtergesellschaft der Hauptgesellschaft.[7]

§ 327 Ende der Eingliederung

(1) Die Eingliederung endet

1. **durch Beschluß der Hauptversammlung der eingegliederten Gesellschaft,**
2. **wenn die Hauptgesellschaft nicht mehr eine Aktiengesellschaft mit Sitz im Inland ist,**
3. **wenn sich nicht mehr alle Aktien der eingegliederten Gesellschaft in der Hand der Hauptgesellschaft befinden,**
4. **durch Auflösung der Hauptgesellschaft.**

(2) Befinden sich nicht mehr alle Aktien der eingegliederten Gesellschaft in der Hand der Hauptgesellschaft, so hat die Hauptgesellschaft dies der eingegliederten Gesellschaft unverzüglich schriftlich mitzuteilen.

(3) Der Vorstand der bisher eingegliederten Gesellschaft hat das Ende der Eingliederung, seinen Grund und seinen Zeitpunkt unverzüglich zur Eintragung in das Handelsregister des Sitzes der Gesellschaft anzumelden.

(4) Die Ansprüche gegen die frühere Hauptgesellschaft aus Verbindlichkeiten der bisher eingegliederten Gesellschaft verjähren in fünf Jahren seit dem Tage, an dem die Eintragung des Endes der Eingliederung in das Handelsregister nach § 10 des Handelsgesetzbuchs als bekanntgemacht gilt, sofern nicht der Anspruch gegen die bisher eingegliederte Gesellschaft einer kürzeren Verjährung unterliegt. Wird der Anspruch des Gläubigers erst nach dem Tage, an dem die Eintragung des Endes der Eingliederung in das Handelsregister als bekanntgemacht gilt, fällig, so beginnt die Verjährung mit dem Zeitpunkt der Fälligkeit.

Übersicht

---

[5] *Spitze/Diekmann* ZHR 158 (1994), 447, 450; MünchHdb. AG/*Krieger* § 73 Rdnr. 58; *Hüffer* Rdnr. 3.

[6] MünchKommAktG/*Grunewald* Rdnr. 3; aA *Hüffer* Rdnr. 3.
[7] *Grunewald* (Fn. 6); näher *Kort* ZGR 1987, 46, 54 f.

I. Einführung

1. Inhalt und Zweck der Vorschrift. Die Vorschrift regelt die Beendigung der Ein- 1
gliederung. Abs. 1 nennt *vier Tatbestände,* bei deren Vorliegen die Eingliederung ihr Ende
findet. Diese lassen sich in zwei Gruppen einteilen:[1] So endet die Eingliederung nach Abs. 1
Nr. 1 mit entsprechendem Beschluß der Hauptversammlung der eingegliederten Gesellschaft, nach Abs. 1 Nr. 2 bis 4 dagegen mit Wegfall der in § 319 Abs. 1 S. 1 genannten und
in Abs. 1 Nr. 4 präzisierten Voraussetzungen in der Person der Hauptgesellschaft. Nach
Abs. 2 hat die Hauptgesellschaft der eingegliederten Gesellschaft *Mitteilung* zu machen,
wenn sie nicht mehr Alleinaktionär und damit der Tatbestand des Abs. 1 Nr. 3 gegeben ist.
Die Pflicht zur *Anmeldung* der Beendigung zum Handelsregister ist Gegenstand des Abs. 3.
Abs. 4 schließlich regelt die *Nachhaftung* der früheren Hauptgesellschaft für die Verbindlichkeiten der bisher eingegliederten Gesellschaft.

Die Vorschrift steht in unmittelbarem **Zusammenhang mit §§ 319 Abs. 1 S. 1, 320 a,** 2
322. So will es Abs. 1 Nr. 1 der Hauptgesellschaft ermöglichen, sich jederzeit der Haftungsrisiken aus § 322 zu entledigen. Abs. 1 Nr. 2 und 3 machen den Bestand der Eingliederung
davon abhängig, daß die Hauptgesellschaft Rechtsform und Inlandssitz beibehält und zudem
Alleinaktionär der eingegliederten Gesellschaft bleibt. Abs. 1 Nr. 4 schließlich bestimmt,
daß die Auflösung der Hauptgesellschaft zur Beendigung der Eingliederung führt, und
präzisiert damit zugleich die Anforderungen, die nach § 319 Abs. 1 S. 1 an die Rechtsnatur
der Hauptgesellschaft zu stellen sind. Die Beendigung des Eingliederungsverhältnisses tritt
unmittelbar mit Vorliegen eines der Tatbestände des Abs. 1 ein; die Eintragung in das
Handelsregister hat nur deklaratorische Bedeutung (Rdnr. 13). Im Hinblick auf die Verlust-
ausgleichsverpflichtung der Hauptgesellschaft nach § 324 Abs. 3 ist auf den Stichtag der
Beendigung der Eingliederung eine *Zwischenbilanz* aufzustellen (näher dazu § 302
Rdnr. 38). Für den **Schutz der Gläubiger** der bisher eingegliederten Gesellschaft sollen
Abs. 3, § 15 Abs. 1 HGB sorgen (Rdnr. 13); weitergehende Vorkehrungen zum Schutz der
Gläubiger und zur Sicherung der Existenzfähigkeit der bislang eingegliederten Gesellschaft,
insbes. eine Verpflichtung zur Leistung von „Wiederaufbauhilfen", sieht das Gesetz nicht
vor.[2]

2. Zwingendes Recht. Die Vorschrift des § 327 enthält zwingendes Recht. Durch 3
Vertrag oder Satzung können somit weder die Tatbestände des Abs. 1 abbedungen noch
weitere Beendigungsgründe geschaffen werden.[3] Allerdings enthält Abs. 1 keine abschließende Regelung der *gesetzlichen* Beendigungsgründe; vielmehr findet die Eingliederung
auch dann ihr Ende, wenn in der Person der *eingegliederten Gesellschaft* eine der Voraussetzungen des § 319 wegfällt (Rdnr. 10 f.).

II. Beendigungsgründe (Abs. 1)

1. Beschluß (Nr. 1). Nach Abs. 1 Nr. 1 endet die Eingliederung durch Beschluß der 4
Hauptversammlung der eingegliederten Gesellschaft. Da die Hauptgesellschaft notwendigerweise *Alleinaktionär* der eingegliederten Gesellschaft ist (§ 320 a Rdnr. 1), steht der Fortbestand der Eingliederung praktisch im Belieben des Vorstands der Hauptgesellschaft. Entsprechend der Rechtslage bei Aufhebung eines Unternehmensvertrags (§ 296 Rdnr. 9 f.) und
unter Berücksichtigung des Umstands, daß die Beendigung der Eingliederung für die
Hauptgesellschaft keine wirtschaftlichen Risiken birgt, vielmehr sogar die Haftung aus § 322
mit Wirkung ex nunc entfällt (Rdnr. 13 f.), bedarf der Beschluß zu seiner Wirksamkeit nicht
der Zustimmung der Hauptversammlung der Hauptgesellschaft.[4] Auch die Voraussetzungen

---

[1] Vgl. *v. Godin/Wilhelmi* Anm. 1; *Koppensteiner*
in Kölner Kommentar Rdnr. 1.
[2] MünchHdb. AG/*Krieger* § 73 Rdnr. 64;
MünchKommAktG/*Grunewald* Rdnr. 1; s. auch
§ 296 Rdnr. 27.

[3] *Koppensteiner* in Kölner Kommentar Rdnr. 5 f.;
MünchKommAktG/*Grunewald* Rdnr. 12 f.; Münch-
Hdb. AG/*Krieger* § 73 Rdnr. 59; *Hüffer* Rdnr. 2.
[4] Wohl einhM, s. bereits Begr. zum RegE bei
Kropff AktG S. 432; s. ferner *Koppensteiner* in Kölner

einer Vorlagepflicht iSd. „Holzmüller"-Rechtsprechung (Vor § 311 Rdnr. 33 ff.) sind nicht gegeben; denkbar ist allein, daß der Vorstand nach § 111 Abs. 4 die Zustimmung des Aufsichtsrats der Hauptgesellschaft einzuholen hat. Die Eingliederung endet mit der Beschlußfassung (Rdnr. 2), sofern nicht die Beendigung zu einem späteren, kalendermäßig bestimmten Termin beschlossen wird.[5] Eine *rückwirkende Beendigung* ist nicht möglich.[6]

5   **2. Rechtsnatur und Sitz der Hauptgesellschaft (Nr. 2).** Den Gläubigern sollen die Eingliederung und deren Folgen nur unter der Voraussetzung zugemutet werden, daß sie ihre Ansprüche aus § 322 gegen eine in Deutschland ansässige und den strengen aktienrechtlichen Vorschriften über die Kapitalsicherung unterliegende AG verfolgen können (§ 319 Rdnr. 5 f.). Aus diesem Grund[7] endet die Eingliederung nach Abs. 1 Nr. 2, wenn die Hauptgesellschaft nicht mehr eine AG mit Sitz im Inland ist und damit eine der in § 319 Abs. 1 S. 1 bestimmten Voraussetzungen der Eingliederung entfällt. Geht man mit der hM davon aus, daß die Verlegung des Sitzes in das Ausland die *Auflösung* der Gesellschaft zur Folge hat,[8] so ergibt sich die Beendigung der Eingliederung in diesem Fall auch aus Abs. 1 Nr. 4. Nach hier vertretener Ansicht (§ 319 Rdnr. 6) führt allerdings die Umwandlung der Hauptgesellschaft in eine KGaA nicht zur Beendigung der Eingliederung. Zur Änderung der Rechtsform der eingegliederten Gesellschaft s. Rdnr. 10 f.

6   **3. Aufnahme eines weiteren Aktionärs (Nr. 3).** Nach Abs. 1 Nr. 3 endet die Eingliederung, wenn sich nicht mehr alle Aktien der eingegliederten Gesellschaft in der Hand der Hauptgesellschaft befinden, die Hauptgesellschaft also nicht mehr Inhaber sämtlicher Mitgliedschaften ist (§ 319 Rdnr. 8 f.). Dem liegt die – auch in § 320 a zum Ausdruck kommende – Überlegung zugrunde, daß sich die Existenz von Minderheitsaktionären mit der durch §§ 323, 324 geprägten Finanz- und Organisationsverfassung der eingegliederten Gesellschaft nicht in Einklang bringen läßt. Unerheblich ist zum einen, *wie* es zur Aufnahme eines weiteren Aktionärs gekommen ist. Von Abs. 1 Nr. 3 werden also die Anteilsveräußerung und der Erwerb eines Anteils im Rahmen einer Kapitalerhöhung gleichermaßen erfaßt.[9] Unerheblich ist aber auch die *Person* des neuen Aktionärs. Die Eingliederung endet deshalb auch dann, wenn eine andere Tochtergesellschaft der früheren Hauptgesellschaft oder die eingegliederte Gesellschaft selbst eine Mitgliedschaft erwirbt (§ 319 Rdnr. 8). Unerheblich ist schließlich die *Höhe der Beteiligung* des neuen Aktionärs. Die Eingliederung endet somit bei Übertragung auch nur einer Aktie. Sie endet aber auch bei Übertragung *sämtlicher Anteile* durch eine inländische AG (bzw. KGaA, s. § 319 Rdnr. 6). Obschon es in diesem Fall an der Existenz eines Minderheitsaktionärs fehlt, kommt eine Fortsetzung der Eingliederung mit dem Anteilserwerber als neue Hauptgesellschaft im Hinblick auf § 319 Abs. 2 nicht in Betracht. Dabei hat es auch für den Fall zu bewenden, daß der Erwerb der Anteile nach „Holzmüller"-Grundsätzen (Vor § 311 Rdnr. 33 ff.) der Zustimmung der Aktionäre der erwerbenden Gesellschaft bedarf; Gegenstand der Zustimmung ist dann nämlich nur der Erwerb als solcher. In Ermangelung eines Eingliederungsvertrags (§ 319 Rdnr. 10) sind auch die Übernahme der Eingliederung und der Beitritt zu derselben ausgeschlossen.[10] Die Hauptgesellschaft hat der eingegliederten Gesellschaft nach Abs. 2 davon Mitteilung zu machen, daß sie nicht mehr Alleinaktionär ist (Rdnr. 12).

7   **4. Auflösung der Hauptgesellschaft (Nr. 4).** Nach Abs. 1 Nr. 4 endet die Eingliederung des weiteren durch Auflösung der Hauptgesellschaft. Nach der Vorstellung des Gesetz-

---

Kommentar Rdnr. 7; MünchKommAktG/*Grunewald* Rdnr. 2.

[5] Zutr. MünchKommAktG/*Grunewald* Rdnr. 3.

[6] EinhM, s. MünchKommAktG/*Grunewald* Rdnr. 3; MünchHdb. AG/*Krieger* § 73 Rdnr. 64; zur entsprechenden Rechtslage bei Beendigung des Unternehmensvertrags s. § 296 Rdnr. 12 ff.

[7] MünchKommAktG/*Grunewald* Rdnr. 4; *Hüffer* Rdnr. 3.

[8] S. dazu die Nachw. in § 291 Rdnr. 33; § 311 Rdnr. 21.

[9] *Koppensteiner* in Kölner Kommentar Rdnr. 12; MünchKommAktG/*Grunewald* Rdnr. 6; zum Schicksal von Optionsrechten s. § 320 b Rdnr. 8.

[10] Zur davon abweichenden Rechtslage beim Unternehmensvertrag s. § 295 Rdnr. 13 ff.

gebers soll eine Liquidationsgesellschaft nicht Hauptgesellschaft sein und Leitungsmacht über eine „rechtlich selbständige Betriebsabteilung" (§ 319 Rdnr. 3) ausüben können.[11] Davon betroffen sind allerdings allein die **Tatbestände der §§ 262 Abs. 1, 396.**

Was dagegen die Umwandlung der Hauptgesellschaft iSd. § 1 Abs. 1 Nr. 1 bis 4 UmwG **8** betrifft, so führt sie entgegen der Vorstellung des historischen Gesetzgebers in *keinem Fall* zur Beendigung der Eingliederung nach *Abs. 1 Nr. 4*.[12] Im einzelnen ist vielmehr wie folgt zu unterscheiden: Die **Verschmelzung** der Hauptgesellschaft *auf eine andere AG* (oder KGaA, s. Rdnr. 5, § 319 Rdnr. 6) hat nach § 20 Abs. 1 Nr. 1 UmwG den Übergang des Eingliederungsverhältnisses auf die übernehmende AG zur Folge;[13] im Hinblick auf das Erfordernis eines Beschlusses nach §§ 13, 65 UmwG steht dem – abweichend von der Rechtslage bei Einzelrechtsnachfolge in sämtliche Anteile (Rdnr. 6) – die Vorschrift des § 319 Abs. 2 nicht entgegen. Die Verschmelzung der Hauptgesellschaft auf eine Gesellschaft *anderer Rechtsform* ist dagegen – ebenso wie der **Formwechsel** der Hauptgesellschaft in eine Gesellschaft anderer Rechtsform – nach Abs. 1 Nr. 2 zu beurteilen (Rdnr. 5). Ohne Auswirkungen auf den Bestand der Eingliederung ist dagegen die Verschmelzung einer dritten Gesellschaft *auf die Hauptgesellschaft.*[14]

Abspaltung (§ 123 Abs. 2 UmwG) und **Ausgliederung** (§ 123 Abs. 3 UmwG) auf der **9** Ebene der Hauptgesellschaft lassen die Eingliederung unberührt. Vor dem Hintergrund, daß Interessen außenstehender Aktionäre auf der Ebene der abhängigen Gesellschaft nicht betroffen sind (Rdnr. 6), die Aktionäre der Hauptgesellschaft nach §§ 125 S. 1, 13 UmwG der Spaltung zustimmen müssen und die Gläubiger der eingegliederten Gesellschaft hinsichtlich ihrer Ansprüche aus §§ 321, 322 nach §§ 133 f. UmwG sämtliche an der Spaltung beteiligten Rechtsträger in Anspruch nehmen können, sollte es möglich sein, daß der Spaltungs- und Übernahmevertrag auch den Übergang des Eingliederungsverhältnisses auf einen übernehmenden oder neuen inländischen Rechtsträger in der Rechtsform der AG (oder KGaA, s. Rdnr. 5; § 319 Rdnr. 6) vorsieht.[15] Dementsprechend hat auch die **Aufspaltung** der Hauptgesellschaft (§ 123 Abs. 1 UmwG) nach § 131 Abs. 1 Nr. 1, 2 UmwG den Übergang des Eingliederungsverhältnisses auf eine im Spaltungsplan genannte inländische AG (oder KGaA, s. Rdnr. 5; § 319 Rdnr. 6) und das Erlöschen der vormaligen Hauptgesellschaft zur Folge.[16]

5. Sonstige. In § 327 nicht geregelt ist der Wegfall einer der in § 319 Abs. 1 S. 1 **10** genannten Voraussetzungen in der Person der *eingegliederten Gesellschaft.* Gleichwohl ist mit der hM davon auszugehen, daß die Eingliederung auch in diesem Fall endet. Davon betroffen ist insbes. der **Formwechsel der eingegliederten Gesellschaft** in einen Rechtsträger anderer Rechtsform (s. § 319 Rdnr. 5).[17] Bei **Verschmelzung** der eingegliederten Gesellschaft ist zu differenzieren. Bei Verschmelzung *auf eine inländische AG,* an der die Hauptgesellschaft gleichfalls sämtliche Anteile hält, steht einem Übergang des Eingliederungsverhältnisses nach § 20 Abs. 1 Nr. 1 UmwG angesichts der in §§ 13, 65 UmwG vorgesehenen Beschlußerfordernisse nichts entgegen.[18] In allen anderen Fällen der Ver-

---

[11] Begr. zum RegE bei *Kropff* AktG S. 432; s. ferner *Koppensteiner* in Kölner Kommentar Rdnr. 14; MünchKommAktG/*Grunewald* Rdnr. 8; *Hüffer* Rdnr. 3. – Zur entsprechenden Rechtslage beim Unternehmensvertrag s. § 297 Rdnr. 50.

[12] Anders für Verschmelzung und Umwandlung nach altem Umwandlungsrecht Begr. zum RegE bei *Kropff* AktG S. 432; *Koppensteiner* in Kölner Kommentar Rdnr. 15; *Würdinger* in GroßkommAktG, 3. Aufl., Anm. 6, § 320 Anm. 23 b.

[13] MünchKommAktG/*Grunewald* Rdnr. 11; MünchHdb. AG/*Krieger* § 73 Rdnr. 63; tendenziell auch *Hüffer* Rdnr. 4; zur vergleichbaren Rechtslage im Zusammenhang mit Unternehmensverträgen s. § 297 Rdnr. 39 f.; *Grunewald* in Lutter UmwG § 20 Rdnr. 34 mwN.

[14] MünchHdb. AG/*Krieger* § 73 Rdnr. 63.

[15] Zust. MünchKommAktG/*Grunewald* Rdnr. 8; zum Schicksal des Beherrschungsvertrags bei Spaltung des herrschenden Unternehmens s. § 297 Rdnr. 46 mwN.

[16] Zust. MünchHdb. AG/*Krieger* § 73 Rdnr. 63; vgl. auch § 297 Rdnr. 46 betr. den Beherrschungsvertrag.

[17] *Würdinger* in GroßkommAktG, 3. Aufl., Anm. 3 b; MünchKommAktG/*Grunewald* Rdnr. 9; *Hüffer* Rdnr. 4; aA *Koppensteiner* in Kölner Kommentar Rdnr. 11.

[18] Zur entsprechenden Rechtslage bei Verschmelzung der Hauptgesellschaft s. Rdnr. 8.

schmelzung der eingegliederten Gesellschaft ergibt sich die Beendigung der Eingliederung aus dem in § 20 Abs. 1 Nr. 2 UmwG angeordneten Erlöschen des übertragenden Rechtsträgers,[19] bei Verschmelzung *auf einen Rechtsträger anderer Rechtsform* zudem aus der sinngemäßen Anwendung des Abs. 1 Nr. 2.[20] Die Verschmelzung eines anderen Rechtsträgers *auf die eingegliederte Gesellschaft* führt mit Blick auf Abs. 1 Nr. 3 grundsätzlich zur Beendigung der Eingliederung.[21] Anders verhält es sich allerdings, wenn der übertragende Rechtsträger eine 100%-ige Tochter-AG der Hauptgesellschaft ist und die Hauptgesellschaft nach § 20 Abs. 1 Nr. 3 UmwG auch nach erfolgter Abfindung Alleinaktionär der eingegliederten Gesellschaft bleibt,[22] ferner bei Verschmelzung einer 100%-igen Tochter der eingegliederten Gesellschaft auf diese selbst. Kommt es schließlich unter Beteiligung der eingegliederten Gesellschaft zu einer *Verschmelzung durch Neugründung* nach §§ 36 ff. UmwG, so endet die Eingliederung; anders verhält es sich wiederum, wenn es sich bei dem neuen Rechtsträger um eine inländische 100%-ige Tochter der Hauptgesellschaft handelt (Rdnr. 8).

11   **Abspaltung und Ausgliederung** auf der Ebene der eingegliederten Gesellschaft lassen zwar die Eingliederung unberührt; mit Blick auf die *Aktionäre der Hauptgesellschaft* kommt allerdings eine *Überleitung* der Eingliederung auf einen anderen (neuen oder bestehenden) Rechtsträger nicht in Betracht.[23] Demgemäß findet die Eingliederung auch bei **Aufspaltung** der eingegliederten Gesellschaft ihr Ende.[24] Entsprechend der Rechtslage beim Beherrschungs- und Gewinnabführungsvertrag (§ 297 Rdnr. 46) endet die Eingliederung schließlich durch **Auflösung** der eingegliederten Gesellschaft,[25] insbes. also durch Eröffnung des Insolvenzverfahrens, nach bislang hM (s. Rdnr. 5) aber auch durch Verlegung des Sitzes in das Ausland.

III. Pflichten der Beteiligten

12   **1. Mitteilung (Abs. 2).** Nach Abs. 2 hat die Hauptgesellschaft der eingegliederten Gesellschaft unverzüglich (iSd. § 121 BGB) und schriftlich mitzuteilen, daß sich nicht mehr alle Aktien in ihrer Hand befinden und damit die Eingliederung nach Abs. 1 Nr. 3 beendet ist. Dadurch soll sichergestellt werden, daß die eingegliederte Gesellschaft von der Beendigung, die sich im Fall des Abs. 1 Nr. 3 außerhalb des Handelsregisters und ohne ihre Mitwirkung vollzieht, Kenntnis erlangt und der Pflicht zur Anmeldung (Rdnr. 13) nachkommen kann. Maßgeblich ist der Zeitpunkt, in dem es zum Erwerb der ersten Aktie durch einen außenstehenden Aktionär kommt (Rdnr. 6); dieser Zeitpunkt ist in der Mitteilung anzugeben.[26] Die schuldhafte Verletzung der Mitteilungspflicht verpflichtet zum Ersatz eines etwaigen Schadens der eingegliederten Gesellschaft (s. ferner Rdnr. 13).[27] Für die übrigen Beendigungsgründe konnte § 327 schon deshalb auf die Statuierung von Mitteilungspflichten verzichten, weil die eingegliederte Gesellschaft von einem Beschluß iSd. Abs. 1 Nr. 1 ohnehin Kenntnis hat und von den Tatbeständen des Abs. 1 Nr. 2 und 4 aufgrund der Bekanntmachung des Registergerichts Kenntnis erlangen kann.[28]

13   **2. Anmeldung zum Handelsregister (Abs. 3).** Der Vorstand der bisher eingegliederten Gesellschaft ist nach Abs. 3 verpflichtet, die Tatsache der Beendigung der Eingliederung,

---

[19] MünchHdb. AG/*Krieger* § 73 Rdnr. 63; MünchKommAktG/*Grunewald* Rdnr. 10; zur Rechtslage im Zusammenhang mit dem Beherrschungsvertrag s. § 297 Rdnr. 40 mwN.

[20] MünchKommAktG/*Grunewald* Rdnr. 10.

[21] MünchKommAktG/*Grunewald* Rdnr. 10; MünchHdb. AG/*Krieger* § 73 Rdnr. 63.

[22] Zust. MünchKommAktG/*Grunewald* Rdnr. 10; aA MünchHdb. AG/*Krieger* § 73 Rdnr. 63.

[23] Zust. MünchHdb. AG/*Krieger* § 73 Rdnr. 63; zum Einfluß von Spaltungen der abhängigen Gesell-

schaft auf den Bestand des Beherrschungsvertrags s. § 297 Rdnr. 47 mwN.

[24] MünchHdb. AG/*Krieger* § 73 Rdnr. 63; zum Schicksal von Beherrschungsverträgen s. § 297 Rdnr. 47 mwN.

[25] MünchHdb. AG/*Krieger* § 73 Rdnr. 63; MünchKommAktG/*Grunewald* Rdnr. 11.

[26] *Koppensteiner* in Kölner Kommentar Rdnr. 13; *v. Godin/Wilhelmi* Anm. 4.

[27] MünchKommAktG/*Grunewald* Rdnr. 7.

[28] Begr. zum RegE bei *Kropff* AktG S. 432.

den Grund und den Zeitpunkt der Beendigung zur Eintragung in das Handelsregister anzumelden. Anders als die Eintragung der Eingliederung (§ 319 Rdnr. 41) hat die Eintragung der Beendigung **nur deklaratorische Bedeutung;**[29] die Eintragung soll demnach für die Richtigkeit des Handelsregisters sorgen. Die Anmeldung hat unverzüglich iSd. § 121 BGB zu erfolgen; sie kann nach § 14 HGB im Zwangsgeldverfahren durchgesetzt werden. Die Eintragung der Beendigung erfolgt – ebenso wie die Eintragung der Eingliederung (§ 319 Rdnr. 41) – ausschließlich im Handelsregister des Sitzes der bisher eingegliederten Gesellschaft. Die Eintragung ist nach § 10 HGB bekanntzumachen. Die Vorschrift des **§ 15 HGB** findet Anwendung. Die frühere Hauptgesellschaft kann somit unter den Voraussetzungen des § 15 Abs. 1 und 2 HGB von den Gläubigern aus § 322, bei Verletzung der Mitteilungspflicht nach Abs. 2 (Rdnr. 12) zudem von der bisher eingegliederten Gesellschaft aus § 324 Abs. 3 auch insoweit in Anspruch genommen werden, als die Verbindlichkeiten oder Verluste der bisher eingegliederten Gesellschaft nach dem Ende der Eingliederung begründet worden sind (vgl. § 322 Rdnr. 5). Bei Bekanntmachung eines unrichtigen Beendigungszeitpunkts gilt § 15 Abs. 3 HGB.

IV. Nachhaftung und Verjährung (Abs. 4)

1. Grundsatz. Trotz Beendigung der Eingliederung haftet die frühere Hauptgesellschaft **14** nach § 322 für die bis zum Ablauf der Frist des § 15 Abs. 2 S. 2 HGB (Rdnr. 13) begründeten Verbindlichkeiten der bisher eingegliederten Gesellschaft fort. Nach § 327 Abs. 4 S. 1 kann sich allerdings die frühere Hauptgesellschaft nach Ablauf von fünf Jahren, beginnend mit dem Zeitpunkt der *Bekanntmachung* der Eintragung (Rdnr. 13) iSd. § 10 Abs. 2 HGB, auf Verjährung berufen. Wird der Anspruch des Gläubigers gegen die eingegliederte Gesellschaft erst nach dem in § 10 Abs. 2 HGB bestimmten Zeitpunkt fällig, so beginnt die Sonderverjährung des Anspruchs aus § 322 nach Abs. 4 S. 2 erst mit dem Zeitpunkt der Fälligkeit. Wie § 159 HGB aF (Rdnr. 15) regelt auch § 327 Abs. 4 die **persönliche Einrede** der Verjährung der Forderung des Gläubigers gegen die frühere Hauptgesellschaft (§ 322 Rdnr. 10). Die Befugnis zur Geltendmachung *abgeleiteter Einreden* (§ 322 Rdnr. 11 ff.) bleibt unberührt; Abs. 4 S. 1, letzter Halbs. sagt dies ausdrücklich, indem er der früheren Hauptgesellschaft das Recht zuspricht, sich auf die bereits vor Ablauf von fünf Jahren erfolgte Verjährung der gegen die bisher eingegliederte Gesellschaft gerichteten Forderung zu berufen.[30]

2. Dauerschuldverhältnisse im besonderen. Die Vorschrift des § 327 Abs. 4 ist dem **15** § 159 aF HGB nachgebildet.[31] Zu der an sich naheliegenden Anpassung an § 160 HGB durch das NachhaftungsbegrenzungsG v. 18. 3. 1994[32] ist es nicht gekommen. Nach dem Wortlaut des § 327 Abs. 4 unterliegt somit die frühere Hauptgesellschaft der Gefahr einer „Endloshaftung" für Ansprüche aus vor Beendigung der Eingliederung begründeten Dauerschuldverhältnissen.[33] Ihr sollte auch de lege lata nicht durch Rückgriff auf die zu § 159 aF HGB entwickelten Grundsätze,[34] sondern durch analoge Anwendung der Enthaftungsvorschrift des **§ 160 HGB** begegnet werden.[35] Für nicht auf Dauerschuldverhältnissen basierende Ansprüche hat es bei § 327 Abs. 4 zu bewenden (Rdnr. 14).

---

[29] AllgM, s. bereits Begr. zum RegE bei *Kropff* AktG S. 432; ferner *Hüffer* Rdnr. 2, 6.
[30] Vgl. dazu für §§ 128, 129, 159 HGB BGH NJW 1982, 2443; *Brandes,* FS für Stimpel, 1985, S. 105, 113 ff.
[31] Begr. zum RegE bei *Kropff* AktG S. 432.
[32] BGBl. I S. 560.
[33] Eingehend zur Problematik *K. Schmidt* GesR § 51 mwN auch zum alten Recht.

[34] Dazu BGHZ 70, 132, 137; BGH NJW 1985, 1899; BGHZ 87, 286 ff.; *Ulmer/Wiesner* ZHR 144 (1980), 393 ff.; Schlegelberger/*K. Schmidt* HGB § 159 aF Rdnr. 33 ff.; Staub/*Habersack* HGB § 160 Rdnr. 38 ff.; Heymann/*Emmerich* HGB § 128 Rdnr. 61 ff.
[35] So auch MünchKommAktG/*Grunewald* Rdnr. 17; *Hüffer* Rdnr. 7; MünchHdb. AG/*Krieger* § 73 Rdnr. 65.

Vierter Teil. Ausschluss von Minderheitsaktionären

§ 327 a Übertragung von Aktien gegen Barabfindung

(1) Die Hauptversammlung einer Aktiengesellschaft oder einer Kommanditgesellschaft auf Aktien kann auf Verlangen eines Aktionärs, dem Aktien der Gesellschaft in Höhe von 95 vom Hundert des Grundkapitals gehören (Hauptaktionär), die Übertragung der Aktien der übrigen Aktionäre (Minderheitsaktionäre) auf den Hauptaktionär gegen Gewährung einer angemessenen Barabfindung beschließen. § 285 Abs. 2 Satz 1 findet keine Anwendung.

(2) Für die Feststellung, ob dem Hauptaktionär 95 vom Hundert der Aktien gehören, gilt § 16 Abs. 2 und 4.

Schrifttum: *Angerer*, Der Squeeze-out, BKR 2002, 260; *Ph. Baums*, Ausschluß von Minderheitsaktionären 2001; *ders.*, Der Ausschluß von Minderheitsaktionären nach §§ 327 a ff. AktG n. F. – Einzelfragen, WM 2001, 1843; *Bolte*, Squeeze-out: Eröffnung neuer Umgehungstatbestände durch die §§ 327 a ff. AktG?, DB 2001, 2587; *Ehricke/Roth*, Squeeze-out im geplanten deutschen Übernahmerecht, DStR 2001, 1120; *Fleischer*, Das neue Recht des Squeeze out, ZGR 2002, 757; *Forum Europaeum Konzernrecht*, Konzernrecht für Europa, ZGR 1998, 672; *Fuhrmann/Simon*, Der Ausschluß von Minderheitsaktionären, WM 2002, 1211; *Gesmann-Nuissl*, Die neuen Squeeze-out-Regeln im Aktiengesetz, WM 2002, 1205; *Grzimek*, in: Geibel/Süßmann (Hrsg.), WpÜG, 2002, S. 688; *Grunewald*, Die neue Squeeze-out-Regelung, ZIP 2002, 18; *Habersack*, Der Finanzplatz Deutschland und die Rechte der Aktionäre – Bemerkungen zur bevorstehenden Einführung des „Squeeze Out", ZIP 2001, 1230; *Halasz/Kloster*, Nochmals: Squeeze-out – Eröffnung neuer Umgehungstatbestände durch die §§ 327 a ff. AktG?, DB 2002, 1253; *Halm*, „Squeeze-Out" heute und morgen: Eine Bestandsaufnahme nach dem künftigen Übernahmerecht, NZG 2000, 1162; *H. Hanau*, Der Bestandsschutz der Mitgliedschaft anläßlich der Einführung des „Squeeze Out" im Aktienrecht, NZG 2002, 1040; *Handelsrechtsausschuß des DAV*, Stellungnahme zum RegE für ein Gesetz zur Regelung von öffentlichen Angeboten zum Erwerb von Wertpapieren und von Unternehmensübernahmen (WpÜG), NZG 2001, 1003; *Hasselbach*, in Kölner Kommentar zum WpÜG, S. 1415; *Hellwig/Bormann*, Die Abfindungsregeln beim Going Private – Der Gesetzgeber ist gefordert!, ZGR 2002, 465; *Henze*, Erscheinungsformen des squeeze-out von Minderheitsaktionären, FS für Wiedemann, 2002, S. 935; *Kallmeyer*, Ausschluß von Minderheitsaktionären, AG 2000, 59; *Kiem*, Das neue Übernahmegesetz: „Squeeze-out", in: Henze/Hoffmann-Becking, Gesellschaftsrecht 2001, RWS-Forum 20, 2001, S. 329; *Kossmann*, Ausschluß („Freeze-out") von Aktionären gegen Barabfindung, NZG 1999, 1198; *Krause*, Der Kommissionsvorschlag für eine Revitalisierung der EU-Übernahmerichtlinie, BB 2002, 2341, 2345; *Krieger*, Squeeze Out nach neuem Recht: Überblick und Zweifelsfragen, BB 2002, 53; *K. Mertens*, Der Auskauf von Minderheitsaktionären in gemeinschaftlich beherrschten Unternehmen, AG 2002, 377; *Mülbert*, Abschwächungen des mitgliedschaftlichen Bestandsschutzes im Aktienrecht, FS für Ulmer, 2003, S. 433; *Pötzsch/Möller*, Das künftige Übernahmerecht – Der Diskussionsentwurf des Bundesministeriums der Finanzen zu einem Gesetz zur Regelung von Unternehmensübernahmen und der Gemeinsame Standpunkt des Rates zur europäischen Übernahmerichtlinie, WM 2000, Sonderbeilage Nr. 2; *Rühland*, Der squeezeout nach dem RefE zum Wertpapiererwerbs- und Übernahmegesetz vom 12. 3. 2001, NZG 2001, 448; *ders.*, Die Zukunft der übertragenden Auflösung (§ 179 a AktG), WM 2002, 1957; *Schön*, Der Aktionär im Verfassungsrecht, FS für Ulmer, 2003, S. 1359; *Schwichtenberg*, Going Private und Squeezeouts in Deutschland, DStR 2001, 2075; *Seibt/Heiser* Der neue Vorschlag einer EU-Übernahmerichtlinie und das aktuelle deutsche Übernahmerecht, ZIP 2002, 2193; *Sieger/Hasselbach*, Ausschluß von Minderheitsaktionären (Squeeze-out) im ausländischen Recht, NZG 2001, 926; *dies.*, Der Ausschluß von Minderheitsaktionären nach den neuen §§ 327 a ff. AktG, ZGR 2002, 120; *Than*, Zwangsweises Ausscheiden von Minderheitsaktionären nach Übernahmeangebot?, FS für Claussen, 1997, S. 405; *Vetter*, Squeeze-out in Deutschland, ZIP 2000, 1817; *ders.*, Squeeze-out nur durch Hauptversammlungsbeschluß?, DB 2001, 743; *ders.*, Squeeze-out – Der Ausschluß der Minderheitsaktionäre aus der Aktiengesellschaft nach den §§ 327 a – 327 f AktG, AG 2002, 176; *Vossius*, Squeeze out – Checklisten für Beschlußfassung und Durchführung, ZIP 2002, 511; *Wilsing/Kruse*, Zur Behandlung bedingter Aktienbezugsrechte beim Squeeze-out, ZIP 2002, 1465; *Wirth/Arnold*, Anfechtungsklagen gegen Squeeze-out-Hauptversammlungsbeschlüsse wegen angeblicher Verfassungswidrigkeit, AG 2002, 503; *Wolf*, Der Minderheitenausschluß qua „übertragender Auflösung" nach Einführung des Squeeze-Out gemäß §§ 327 a-f AktG, ZIP 2002, 153.

Übersicht

I. Einführung

1. Die §§ 327 a ff. im Überblick. Die §§ 327 a ff. regeln das – in der Amtlichen **1** Titelüberschrift als „Ausschluß" bezeichnete – zwangsweise Ausscheiden von Minderheitsaktionären gegen Gewährung einer Barabfindung, mithin den sogenannten **Squeeze out.** Danach ist es dem mit mindestens 95% des Grundkapitals beteiligten Aktionär einer AG oder KGaA (dem „Hauptaktionär") gestattet, die Minderheitsaktionäre auch gegen deren Willen aus der Gesellschaft zu verdrängen. Obschon der Squeeze out auf die Übertragung der Aktien der Minderheitsaktionäre auf den Hauptaktionär zielt und es sich bei ihm somit der Sache nach um einen **Zwangsverkauf** handelt, binden §§ 327 a ff. die Gesellschaft und deren Organwalter in die Transaktion ein, indem sie den Übergang der Aktien und die Entstehung des Abfindungsanspruchs von einem entsprechenden Hauptversammlungsbeschluß (Rdnr. 21 ff.) und dessen Eintragung in das Handelsregister abhängig machen.[1]

Im einzelnen regelt § 327 a die allgemeinen Voraussetzungen des Squeeze out, darunter **2** insbes. die Existenz eines Hauptaktionärs einer AG oder KGaA, dessen Verlangen nach Übertragung der Aktien und einen entsprechenden Beschluß der Hauptversammlung. Höhe, Verzinsung und Sicherstellung der Barabfindung sind in § 327 b geregelt, Vorbereitung und Durchführung der Hauptversammlung in §§ 327 c, d. Die Anmeldung und Eintragung des Übertragungsbeschlusses sowie der Übergang der Aktien auf den Hauptaktionär und das Schicksal etwaiger Aktienurkunden sind Gegenstand des § 327 e. § 327 f schließlich verweist die Minderheitsaktionäre, soweit sie sich gegen die Höhe der vom Hauptaktionär festgesetzten Abfindung wenden wollen, auf das Spruchverfahren; im übrigen können sie den Übertragungsbeschluß nach allgemeinen Grundsätzen anfechten.

2. Entstehungsgeschichte. Die Vorschriften der §§ 327 a ff. sind durch Art. 7 Nr. 2 **3** des Gesetzes zur Regelung von öffentlichen Angeboten zum Erwerb von Wertpapieren und von Unternehmensübernahmen vom 20. 12. 2001[2] in das AktG eingefügt worden. In Kraft getreten sind sie am **1. 1. 2002.**[3] Schon 1997 hatten sich der *Bundesverband der Deutschen Industrie* und die *Börsensachverständigenkommission beim Bundesministerium der Finanzen* für eine

---

[1] In diesem Sinne bereits *Handelsrechtsausschuß des DAV* NZG 1999, 850, 852 und NZG 2001, 420, 431; s. ferner *MünchKommAktG/Grunewald* Rdnr. 14; *Hüffer* Rdnr. 9; kritisch dagegen *Schiessl* AG 1999, 442, 452; *Vetter* ZIP 2000, 1817, 1819 ff.;

ders. DB 2001, 743 ff.; *Habersack* ZIP 2001, 1230, 1236 ff.; s. ferner *Kallmeyer* AG 2000, 59, 61.
[2] BGBl. I S. 3822, 3838.
[3] Art. 12 des Gesetzes vom 20. 12. 2001 (Fn. 2).

entsprechende Regelung ausgesprochen.[4] Auf europäischer Ebene war vom *Forum Europaeum Konzernrecht* die Einführung eines allgemeinen Ausschlußrechts vorgeschlagen worden.[5] Der *Handelsrechtsausschuß des DAV* hat sodann einen Gesetzgebungsvorschlag unterbreitet, der bereits die wesentlichen Eckdaten der späteren gesetzlichen Regelung enthielt.[6] Das *Bundesministerium der Finanzen* hat diesen Vorschlag im Frühjahr 2000, einer entsprechenden Empfehlung der von der Bundesregierung eingesetzten Expertenkommission „Unternehmensübernahmen" folgend,[7] aufgegriffen und in Art. 6 des Diskussionsentwurfs eines Gesetzes zur Regelung von Unternehmensübernahmen der heutigen Fassung der § 327 a ff. weithin entsprechende Vorschriften über den Squeeze out vorgeschlagen.[8] Referenten-[9] und Regierungsentwurf[10] haben, ebenso wie die Stellungnahme des Bundesrates und die Beschlußempfehlung des Finanzausschusses,[11] noch einige Detailänderungen gebracht; die grundsätzliche Linie war jedoch in keiner Phase des Gesetzgebungsverfahrens ernsthaft in Frage gestellt. Erste Änderungen der §§ 327 a ff. sieht Art. 2 Nr. 7 des Entwurfes eines Spruchverfahrensneuordnungsgesetzes[12] vor; danach soll § 327 f Abs. 2 gestrichen und statt dessen eine entsprechende Regelung in **§§ 3, 4 SpruchG** getroffen werden (§ 327 f Rdnr. 2).

4   **3. Normzweck.** Die Vorschriften der §§ 327 a ff. sind ausweislich ihrer Entstehungsgeschichte[13] vor allem vor dem Hintergrund zu sehen, daß die Beteiligung von Minderheitsaktionären aus Sicht der Wirtschaft (die sich der Gesetzgeber zu eigen gemacht hat) „einen erheblichen – kostspieligen – Formalaufwand" darstelle, der sich aus der Beachtung zwingender minderheitsschützender Vorschriften ergebe. „Die Praxis zeige, daß Kleinstbeteiligungen oftmals mißbraucht würden, um den Mehrheitsaktionär bei der Unternehmensführung zu behindern und ihn zu finanziellen Zugeständnissen zu veranlassen." Demgegenüber ist die Hauptversammlung beim Fehlen von Minderheitsaktionären eine Vollversammlung, so daß nach § 121 Abs. 6 die Formalitäten der §§ 121 ff. nicht mehr beachtet werden brauchen, Anfechtungsklagen von Minderheitsaktionären naturgemäß ausgeschlossen sind und auch im übrigen auf Minderheitsbelange nicht mehr Rücksicht genommen werden muß. Die damit verbundene Steigerung der **Entfaltungsfreiheit des Hauptaktionärs** sei, so die Amtliche Begründung,[14] auch aus rechtsvergleichender Sicht geboten: „Zahlreiche andere Mitgliedstaaten der Europäischen Union verfügen über solche Regelungen, wenn sich auch die Ausgestaltung im Einzelnen unterschiedlich darstellt." Schließlich verstehe sich die Möglichkeit des Squeeze out auch als Kehrseite zu dem in §§ 35 ff. WpÜG geregelten Pflichtangebot (Vor § 311 Rdnr. 24 ff.), wenn auch in §§ 327 a ff. die vorherige Abgabe eines Angebots nach dem WpÜG nicht vorausgesetzt und der Anwendungsbereich dieser Vorschriften zudem nicht auf börsennotierte Gesellschaften beschränkt sei (dazu noch Rdnr. 5, 12, 14, 26).

5   **4. Würdigung.** Im Schrifttum ist die Absicht des Gesetzgebers, dem Hauptaktionär die Möglichkeit eines Squeeze out zu eröffnen, von Anfang an auf große Zustimmung gesto-

---

[4] Börsensachverständigenkommission beim Bundesministerium der Finanzen, Standpunktepapier zur künftigen Regelung von Unternehmensübernahmen, Februar 1999, S. 26; s. ferner *Than*, FS für Claussen, S. 405 ff.

[5] *Forum Europaeum Konzernrecht* ZGR 1998, 672, 732 ff.

[6] *Handelsrechtsausschuß des DAV*, Stellungnahme zur Ergänzung des AktG durch einen Titel „Aktienerwerb durch den Hauptaktionär", NZG 1999, 850 ff.

[7] Empfehlung vom 17. 5. 2000, abgedruckt in WM 2000, Sonderbeilage 2, S. 38.

[8] Abgedruckt in NZG 2000, 844, 855 f.

[9] Abgedruckt in *Fleischer/Kalss*, Das neue Wertpapiererwerbs- und Übernahmegesetz, 2002, S. 374, 401 ff.; dazu Stellungnahme des Handelsrechtsausschusses des DAV, NZG 2001, 420, 430 ff.; *Rühland* NZG 2001, 448 ff.

[10] BT-Drucks. 14/7034; auch abgedruckt in ZIP 2001, 1262 und bei *Fleischer/Kalss* (Fn. 9) S. 537 ff.; dazu *Habersack* ZIP 2001, 1230 ff.

[11] Stellungnahme des Bundesrates, BT-Drucks. 14/7034, S. 84; Beschlußempfehlung des Finanzausschusses, in *Fleischer/Kalss* (Fn. 9) S. 712 (774 ff.).

[12] BT-Drucks. 15/827, auch abgedruckt in ZIP 2002, 2096 mit Einführung von *Neye*; dazu § 306 Rdnr. 5 ff.

[13] S. zum Folgenden Begr. zum RegE, BT-Drucks. 14/7034, S. 31 f.

[14] Begr. zum RegE, BT-Drucks. 14/7034, S. 32; näher dazu *Baums* S. 24 ff.; *Fleischer* ZGR 2002, 757, 760 ff.; s. ferner die Nachw. in Fn. 21.

ßen.[15] Auch im neueren Schrifttum dominieren eindeutig die zustimmenden Stellungnahmen.[16] Die §§ 327 a ff. haben denn auch schon kurze Zeit nach ihrem Inkrafttreten große praktische Bedeutung erlangt,[17] wobei im Anschluß an ein Übernahme- oder Pflichtangebot praktizierte Übertragungsverfahren bislang nicht begegnen, der Squeeze out vielmehr verbreitet als Vorstufe zu einem ohnehin geplanten *Delisting*[18] praktiziert wird. Demgegenüber gilt es zu konstatieren, daß ein anlaßunabhängiges, mithin vom Erfordernis eines wichtigen Grundes befreites und nicht im Zusammenhang mit einer Statusänderung der Gesellschaft stehendes (Rdnr. 6), zudem unbefristetes (Rdnr. 19) Recht des Hauptaktionärs zum Ausschluß der Minderheit **gesellschaftsrechtlich betrachtet** einen **Fremdkörper** darstellt: Es ordnet den Bestandsschutz der Mitgliedschaft dem allgemeinen Leitungsinteresse des *Hauptaktionärs* unter[19] und reduziert die Position des Minderheitsaktionärs auf einen bloßen Vermögensschutz, ohne daß dies, wie insbes. bei der Mehrheitseingliederung, durch eine konzernintegrative Maßnahme veranlaßt wäre.[20] Im Einklang nicht nur mit den meisten Auslandsrechten,[21] sondern auch mit dem Vorschlag einer Übernahmerichtlinie[22] hätte es sich deshalb angeboten, den Squeeze out als **kapitalmarktrechtliche Maßnahme** auszugestalten und zu legitimieren, mithin auf börsennotierte Gesellschaften zu beschränken und zudem von einem zeitnah vorangegangenen Übernahme- oder Pflichtangebot abhängig zu machen.[23] Jedenfalls sollte er um ein Andienungsrecht der (bislang allein durch die „Zaunkönigregel" des § 16 Abs. 2 WpÜG und damit im Rahmen von Übernahmeangeboten)[24] geschützten – Restminderheit ergänzt werden.[25] Ungeachtet aller rechtspolitischen Bedenken bedarf der Übertragungsbeschluß allerdings keiner sachlichen Rechtfertigung (Rdnr. 26).

5. Konzernrechtsneutralität der §§ 327 a ff. Die Vorschriften der §§ 327 a ff. sind in **6** jeder Hinsicht konzernrechtsneutral ausgestaltet:[26] Sie setzen erstens nicht voraus, daß

---

[15] Vgl. etwa *Baums* S. 127 ff.; *Halm* NZG 2000, 1162, 1164 f.; *Kallmeyer* AG 2000, 59 ff.; *Kiem* in Henze/Hoffmann-Becking, S. 329 ff.; *Vetter* ZIP 2000, 1817 f.; zuvor bereits *Kossmann* NZG 1999, 1198 ff.; *Than*, FS für Claussen, S. 405, 421 f.; *Schiessl* AG 1999, 442, 451; *Handelsrechtsausschuß des DAV*, NZG 1999, 850 ff. und NZG 2001, 420, 432 ff.

[16] *Gesmann/Nuissl* WM 2002, 1205; *Halasz/Kloster* DB 2002, 1253 ff.; *Krieger* BB 2002, 53, 55; *Mülbert*, FS für Ulmer, S. 433, 438 f., 449 f., *Sieger/Hasselbach* ZGR 2002, 132; *Vetter* AG 2002, 176 ff. (184); *MünchKommAktG/Grunewald* Vor § 327 a Rdnr. 2 f.; *Hasselbach* in Kölner Kommentar zum WpÜG Rdnr. 2, 6 ff., 18 ff.

[17] *Becker* in: Börsen-Zeitung vom 24. 4. 2002 (Nr. 78/2002), S. 8, berichtet von 50 bis 60 Gesellschaften, die seinerzeit konkrete Pläne verfolgt hätten; ebenso AG 2002, R 199.

[18] S. dazu BGH DB 2003, 544, 546 ff. mit Anm. *Heidel;* ferner die Nachw. Vor § 311 Rdnr. 44.

[19] Eine auch auf das allgemeine Aktienrecht ausstrahlende Tendenz des Inhalts, daß der weniger als 5% des Grundkapitals beteiligte Aktionär primär als Anleger zu betrachten sei und deshalb vor allem Vermögensschutz genieße, lässt sich den §§ 327 a ff. kaum entnehmen; diese betreffen den Minderheitsaktionär vielmehr in der besonderen Situation, daß ein einzelner Aktionär mindestens 95% des Kapitals auf sich vereinigt, und haben zudem den praktischen Regelfall vor Augen, daß die restlichen Anteile gestreut sind (dazu noch Rdnr. 26); deutlich zu weit gehend *Wolf* ZIP 2 002 153, 156 f., dem zufolge bei einem Anteil von bis zu 25% von einer allein vermögensbezogenen Beteiligung des Aktionärs auszu-

hen sei (sic!); s. ferner die Nachw. in der nachfolgenden Fn.

[20] Allgemein zu dieser Entwicklung *Hanau* NZG 2002, 1040 ff. und *Zöllner* AG 2002, 585 ff. einerseits, *Mülbert*, FS für Ulmer, S. 433 ff. andererseits.

[21] Überblick bei *Forum Europaeum Konzernrecht* ZGR 1998, 672, 734 ff.; *Habersack* ZIP 2001, 1230, 1233; *Sieger/Hasselbach* NZG 2001, 926 ff.; *Grzimek* in Geibel/Süßmann Rdnr. 17 ff.

[22] Art. 14 des Vorschlags einer Richtlinie betreffend Übernahmeangebote vom 2. 10. 2002, ZIP 2002, 1863, 1871 f., sieht ein dem Übernahmeangebot nachfolgendes Ausschlußrecht vor; näher hierzu, insbes. zu den Vorgaben für das deutsche Recht, *Krause* BB 2002, 2341, 2344 ff.; *Seibt/Heiser* ZIP 2002, 2193, 2200 ff.

[23] Näher hierzu *Habersack* ZIP 2001, 1230, 1232 ff.; ähnlich *Fleischer* ZGR 2002, 757, 768 ff.; *Hanau* NZG 2002, 1040, 1043 ff.; de lege ferenda für Beschränkung auf börsennotierte Gesellschaften auch *Bolte* DB 2001, 2587, 2590 f.; *Drygala* AG 2001, 291, 297 f.; *Hüffer* Rdnr. 4. – Zur Rechtslage de lege lata s. noch Rdnr. 12, 14.

[24] Nach § 39 WpÜG findet § 16 Abs. 2 WpÜG auf Pflichtangebote keine Anwendung.

[25] Dazu *Forum Europaeum Konzernrecht* ZGR 1998, 672, 736 ff.; *Fleischer* ZGR 2002, 757, 773 f.; *Habersack* ZIP 2001, 1230, 1233; *Hanau* NZG 2002, 1040, 1047; s. ferner Art. 15 des Vorschlags einer Übernahmerichtlinie (Fn. 22) und dazu *Krause* BB 2002, 2341, 2346; *Seibt/Heiser* ZIP 2002, 2193, 2202 f.

[26] S. hierzu bereits *Habersack* ZIP 2001, 1230, 1236 f.

zwischen dem Hauptaktionär und der Gesellschaft bei Vornahme des Übertragungsbeschlusses eine Unternehmensverbindung iSd. § 15 besteht; der Hauptaktionär muß nicht einmal Unternehmen iSd. § 15 zu sein. Zweitens lassen die Eintragung des Übertragungsbeschlusses und der damit verbundene Übergang der Aktien der Minderheit auf den Hauptaktionär den konzernrechtlichen Status der Gesellschaft unberührt. War die Gesellschaft zwar von dem Hauptaktionär abhängig, aber nicht beherrschungsvertraglich gebunden, so ändert sich hieran durch die Eintragung des Übertragungsbeschlusses nichts; es bewendet vielmehr bei der uneingeschränkten Geltung der §§ 311 ff.,[27] was bedeutet, daß der Hauptaktionär kein Weisungsrecht hat und seinen Einfluß nur nach Maßgabe der §§ 311, 317 ausüben darf (s. noch Rdnr. 9, 20). Fehlt dem Hauptaktionär gar die Unternehmenseigenschaft, finden vor und nach Durchführung des Squeeze out die allgemeinen Vorschriften unter Einschluß des uneingeschränkten, auf der Treupflicht basierenden Schädigungsverbots Anwendung. An dieser konzernrechtlichen Ausgangslage vermögen die (wenig glückliche) Verortung der §§ 327 a ff. in das den verbundenen Unternehmen gewidmete Dritte Buch des AktG und die (gleichfalls nicht überzeugende) Rollenverteilung zwischen dem Vorstand der Gesellschaft und dem Hauptaktionär im Rahmen des Beschlußverfahrens (Rdnr. 20) nichts zu ändern;[28] beides erklärt sich vielmehr daraus, daß tatsächlich Hauptaktionär und Gesellschaft in aller Regel verbundene Unternehmen sind.

7 **6. Verfassungskonformität.** Wiewohl §§ 327 a ff. der Aktionärsminderheit den unfreiwilligen Verlust des Anteilseigentums zumuten, halten sie verfassungsrechtlicher Überprüfung Stand.[29] Auch insoweit müssen die für die Mehrheitseingliederung anerkannten (§ 320 Rdnr. 1), vom BVerfG in dem „Moto Meter"-Beschluß[30] zudem auf die „übertragende Auflösung" (Rdnr. 10) erstreckten und wohl auch schon mit Blick auf die sich seinerzeit abzeichnenden Vorschriften der §§ 327 a ff. formulierten Grundsätze gelten, wonach es Art. 14 Abs. 1 S. 1 GG nicht grundsätzlich ausschließt, eine Aktionärsminderheit gegen ihren Willen aus einer Aktiengesellschaft zu drängen, und ein Verlust der Mitgliedschaft insbes. durch schutzwürdige Interessen des Großaktionärs gerechtfertigt werden könne. Voraussetzung ist danach allein, daß die Minderheitsaktionäre wirtschaftlich voll entschädigt werden und die geleistete Entschädigung gerichtlich überprüft werden kann; beides ist jedoch durch §§ 327 b, 327 f in ihrer schlußendlich Gesetz gewordenen Fassung gewährleistet.[31]

II. Verhältnis des Squeeze out zu anderen Ausschlußtatbeständen

8 **1. Überblick.** Die §§ 327 a ff. gehen deutlich über die bislang im Aktienrecht vorgesehenen Möglichkeiten eines Ausschlusses von Aktionären hinaus. So erlauben die §§ 237 ff. zwar die **Zwangseinziehung** von Aktien, allerdings nur auf der Grundlage einer entsprechenden Satzungsbestimmung, deren nachträgliche Einfügung insbes. dem Grundsatz der

[27] Zu deren Anwendbarkeit beim Fehlen von Minderheitsaktionären s. § 311 Rdnr. 13, § 312 Rdnr. 6, Anh. § 317 Rdnr. 5; zur davon abweichenden Rechtslage im GmbH-Recht s. Anh. § 318 Rdnr. 33 ff.
[28] S. neben dem Nachw. in voriger Fn. noch *Hüffer* Rdnr. 3.
[29] So auch OLG Oldenburg AG 2002, 682; LG Osnabrück AG 2002, 527; *Hüffer* Rdnr. 4; Münch-KommAktG/*Grunewald* Vor § 327 a Rdnr. 8; *Grzimek* in Geibel/Süßmann Rdnr. 27 ff.; *Hasselbach* in Kölner Kommentar zum WpÜG Rdnr. 11; *Ehricke/Roth* DStR 2001, 1120, 1121; *Fleischer* ZGR 2002, 757, 763 f.; *Halm* NZG 2000, 1162, 1164; *Krieger* BB 2002, 53, 54; *Pötzsch/Möller* WM 2000, Sonderbeil. 2, S. 30; *Sieger/Hasselbach* ZGR 2002, 120, 126 f.; *Vetter* AG 2002, 176, 180 f.; *Wirth/Arnold* AG 2002, 503 ff.; skeptisch, letztlich die Verfassungsmä-

ßigkeit aber doch bejahend *Schön*, FS für Ulmer, S. 1359, 1383 ff.; aA *Hanau* NZG 2002, 1040, 1042 ff. betreffend vor dem 1. 1. 2002 erworbene Anteile (insoweit Rechtfertigung nur durch vorangegangenes Übernahme- oder Pflichtangebot). S. ferner BVerfG NZG 2003, 31 (Subsidiarität der Verfassungsbeschwerde des Minderheitsaktionärs).
[30] BVerfG NJW 2001, 279 = ZIP 2000, 1670.
[31] Verfassungsrechtlich bedenklich war allerdings die noch in § 327 b Abs. 1 S. 3 idF des Regierungsentwurfs vorgesehene Regelung, der zufolge der im Rahmen eines vorangegangenen öffentlichen Erwerbsangebots gebotene und von mindestens 90% der Adressaten angenommene Preis maßgebend sein sollte; s. dazu *Rühland* NZG 2001, 448, 450 ff.; *Heidel/Lochner* DB 2001, 2031, 2032 ff.; *Habersack* ZIP 2001, 1230, 1238.

Gleichbehandlung zu genügen hat.[32] Auch die **Kaduzierung** gem. § 64 ermöglicht kein gezieltes Hinausdrängen der Minderheit, setzt sie doch voraus, daß der Aktionär seiner Pflicht zur Einzahlung von Einlagen nicht nachkommt. Die Möglichkeit eines **Ausschlusses** des Aktionärs **aus wichtigem Grund** sollte zwar – entgegen der Rechtsprechung[33] – anzuerkennen sein;[34] die Stellung als Minderheitsaktionär genügt indes keinesfalls, um eine solche Ausschließung zu rechtfertigen. Vorbehaltlich der Einführung sogenannter **rücker-werbbarer Aktien**[35] durch den Gesetzgeber bleiben deshalb allein die Mehrheitseingliede-rung (Rdnr. 9) und die übertragende Auflösung (Rdnr. 10); beide sind allerdings erheblich schwerfälliger als ein Squeeze out, weshalb zu erwarten steht, daß die Praxis die durch §§ 327 a ff. eröffnete Möglichkeit vorziehen wird.[36]

2. Mehrheitseingliederung. Was zunächst die Mehrheitseingliederung betrifft,[37] so **9** setzt sie nach §§ 319 Abs. 1 S. 1, 320 Abs. 1 S. 1 voraus, daß es sich bei dem Haupt-aktionär um eine AG mit Sitz im Inland handelt (§ 319 Rdnr. 5 ff.). Demgegenüber stellen §§ 327 a ff. an die Person des Hauptaktionärs keine Anforderungen. Die Eingliederung begründet zudem ein besonders intensives Konzernverhältnis, das der Hauptgesellschaft nicht nur ein nahezu umfassendes Weisungsrecht verleiht, sondern – über die §§ 322, 324 Abs. 3 – das unternehmerische Risiko der eingegliederten Gesellschaft zuweist. Die §§ 327 a ff. weisen dagegen keinerlei Konzernbezug auf (Rdnr. 6). Insbes. haftet der Hauptaktionär, auch nachdem er infolge des Squeeze out Alleinaktionär geworden ist, weder den Gesellschaftsgläubigern noch der Gesellschaft; umgekehrt hat er kein Weisungs-recht (Rdnr. 6). Es kommt hinzu, daß die Minderheitsaktionäre nach § 320 b Abs. 1 S. 2 und 3 Anspruch auf Abfindung in Aktien der Hauptgesellschaft haben.[38] Sie werden somit Aktionäre der Hauptgesellschaft,[39] was aus deren Sicht zwar liquiditätsschonend ist,[40] den Minderheitskonflikt indes nur eine Konzernstufe nach oben verlagert. Nach allem ist zu erwarten, daß die Mehrheitseingliederung erheblich an praktischer Bedeutung verlieren wird.

3. Übertragende Auflösung. Die übertragende Auflösung[41] begegnet in zwei Varian- **10** ten. In der ersten wird die Gesellschaft zunächst durch Beschluß der Aktionäre aufgelöst und das Gesellschaftsvermögen im Zuge der Liquidation auf den Mehrheitsaktionär oder eine von diesem kontrollierte Tochtergesellschaft übertragen; in der zweiten Variante wählt der Mehrheitsaktionär die umgekehrte Vorgehensweise, indem das Gesellschaftsvermögen zu-nächst nach Maßgabe des § 179 a (Vor § 311 Rdnr. 32) übertragen und sodann die Auf-lösung der Gesellschaft beschlossen wird. In jedem Fall verlieren die Aktionäre mit Vollbeen-digung[42] der übertragenden Gesellschaft ihre Mitgliedschaft und partizipieren statt dessen am Liquidationserlös, mithin an der für das Gesellschaftsvermögen gewährten Gegenleistung. Das BVerfG hat in seinem „Moto Meter"-Beschluß der mit der übertragenden Auflösung

---

[32] Näher *Hüffer* § 237 Rdnr. 12, 16.
[33] BGHZ 9, 157, 163; BGHZ 18, 350, 365.
[34] *Grunewald*, Der Ausschluß aus Gesellschaft und Verein, 1987, S. 52 ff.; *K. Schmidt* GesR § 28 I 5.
[35] Für deren Einführung *Habersack*, FS für Lutter, 2000, S. 1329 ff.; *Baums* (Hrsg.), Bericht der Regie-rungskommission Corporate Governance, 2001, Rdnr. 235 f.; für den vorliegenden Zusammenhang s. *Habersack* ZIP 2001, 1230, 1235.
[36] Zur praktischen Bedeutung des Squeeze out s. Fn. 17; wie hier *Hüffer* Rdnr. 3.
[37] Näher zum Folgenden *Habersack* ZIP 2001, 1230 f.; *Henze*, FS für Wiedemann, S. 935, 945 ff.
[38] Bei Abhängigkeit der Hauptgesellschaft wahl-weise neben einer Barabfindung, s. § 320 b Rdnr. 5 ff., 9 ff.
[39] Zur Eingliederung auf eine eigens gegründete 100%ige Tochtergesellschaft der Hauptgesellschaft und zur anschließenden Veräußerung der Enkelge-

sellschaft an die Hauptgesellschaft s. MünchKommAktG/ *Grunewald* Vor § 327 a Rdnr. 10.
[40] Die Frage einer Umgehung der Barabfin-dungspflicht des § 327 b durch Wahl der Mehrheits-eingliederung (dazu *Henze*, FS für Wiedemann, S. 935, 945 ff.) ist wohl schon mit Blick auf die mit der Eingliederung verbundenen Haftungsfolgen, aber auch mit Blick auf die Verdoppelung des For-mal- und Bewertungsaufwandes (s. § 319 Rdnr. 10 ff., 13 ff., 17 ff.; § 320 Rdnr. 12 ff.) eher theoretischer Natur.
[41] BGHZ 103, 184 = NJW 1988, 1579; OLG Stuttgart ZIP 1995, 1515 ff.; ZIP 1997, 362 und BayObLG ZIP 1998, 2002; ferner *Henze*, FS für Peltzer, 2001, S. 181 ff.; *ders.*, FS für Wiedemann, S. 935, 939 ff.; *Lutter/Drygala*, FS für Kropff, 1997, S. 191 ff.; *Lutter/Leinekugel* ZIP 1999, 261 ff.; *Wiede-mann* ZGR 1998, 857 ff.
[42] Dazu *Hüffer* § 262 Rdnr. 23, § 273 Rdnr. 7 ff.

verbundenen Fortführung des von der Gesellschaft betriebenen Unternehmens durch den Mehrheitsaktionär und dem Ausscheiden (nicht nur) der Minderheitsaktionäre aus der Gesellschaft im Grundsatz die Verfassungskonformität bescheinigt.[43] Verfassungsrechtlich geboten ist allerdings die Möglichkeit der Minderheitsaktionäre, den vom Großaktionär gezahlten Kaufpreis, nach dem sich letztlich der Liquidationserlös bemißt, einer **gerichtlichen Überprüfung** zu unterziehen;[44] dies deshalb, weil der Großaktionär sowohl auf Erwerber- als auch auf Veräußererseite beteiligt ist und sich deshalb in einem Interessenkonflikt befindet, den er kraft seiner dominierenden Stellung ohne weiteres zu Lasten der übertragenden Gesellschaft und ihrer Minderheitsaktionäre auflösen kann. Vor diesem Hintergrund bietet die übertragende Auflösung aus Sicht des Mehrheitsaktionärs keine Vorteile gegenüber einem auf §§ 327 a ff. gestützten Squeeze out, zumal wenn man, wofür gute Gründe sprechen, der Minderheit in Fortentwicklung der verfassungsrechtlichen Mindestvorgaben einen Anspruch auf bare Abfindung in Höhe des vollen Anteilswerts zuspricht.[45] Da umgekehrt zweifelhaft ist, ob es die Methode der übertragenden Auflösung ermöglicht, eine Minderheit von über 5% aus der Gesellschaft zu drängen,[46] dürfte ihr künftig keine allzu große praktische Bedeutung mehr zukommen.[47]

III. Voraussetzungen des Squeeze out

11   **1. Überblick.** Die Voraussetzungen des Squeeze out sind im wesentlichen in § 327 a Abs. 1 geregelt. Danach muß es sich bei der Gesellschaft um eine AG oder KGaA handeln (Rdnr. 12 f.). Diese muß zudem über einen mit wenigstens 95% des Grundkapitals beteiligten Aktionär (Rdnr. 14 ff.) und über mindestens einen Minderheitsaktionär verfügen. Weiter ist erforderlich, daß der Hauptaktionär verlangt, daß die Hauptversammlung die Übertragung der Aktien gegen eine von ihm festgelegte Barabfindung beschließt (Rdnr. 19 f.), und sodann ein entsprechender Übertragungsbeschluß gefaßt wird (Rdnr. 21 ff.). Die Feststellung der erforderlichen Kapitalmehrheit des Hauptaktionärs ist in § 327 a Abs. 2 durch Verweis auf § 16 Abs. 2 und 4 geregelt (Rdnr. 17).

12   **2. AG oder KGaA.** Die §§ 327 a ff. finden sowohl auf die AG als auch auf die KGaA Anwendung. Voraussetzung ist jeweils, daß die Gesellschaft als solche, d. h. als juristische Person, entstanden ist, was nach §§ 41 Abs. 1 S. 1, 278 Abs. 3 erst mit Eintragung der Fall ist; in der **Vorgesellschaft** kommt somit ein Squeeze out nicht in Betracht.[48] Die **Auflösung** der Gesellschaft steht, da sie lediglich eine Änderung des Gesellschaftszwecks zur Folge hat, der Durchführung des Ausschlußverfahrens nicht entgegen;[49] dies gilt auch bei Auflösung nach § 262 Abs. 1 Nr. 3, mithin bei Eröffnung des Insolvenzverfahrens. Nicht erforderlich ist, daß die AG **börsennotiert** iSd. § 3 Abs. 2 ist.[50]

13   Die Einbeziehung auch der **KGaA** in den Anwendungsbereich der §§ 327 a ff. ist vor dem Hintergrund zu sehen, daß der konzernrechtliche Statuts der Gesellschaft durch den

---

[43] BVerfG NJW 2001, 279, 281 = ZIP 2000, 1670 – „Moto Meter".

[44] Und zwar entweder im Rahmen einer gegen den Auflösungsbeschluß gerichteten Anfechtungsklage oder in einem Spruchverfahren, s. BVerfG NJW 2001, 279, 281 = ZIP 2000, 1670; ferner BGH DB 2003, 544, 547; gegen die Eröffnung des Spruchverfahrens *Hüffer* § 179 a Rdnr. 12 a; *Kallmeyer*, FS für Lutter, 2000, S. 1245, 1257 f.; *Mülbert*, FS für Ulmer, S. 433, 442; s. dazu aber noch nachfolgende Fn.

[45] Dazu *Henze*, FS für Wiedemann, S. 935, 951 f., *Wiedemann* ZGR 1999, 857, 860 ff., jew. zugleich für Überprüfbarkeit im Rahmen eines Spruchverfahrens; für das Delisting BGH DB 2003, 544, 547.

[46] Dagegen *Henze*, FS für Peltzer, 2001, S. 181, 189 f. (s. aber auch dens., FS Wiedemann, S. 935,

952 f.); *Lutter/Drygala*, FS für Kropff, 1997, S. 191, 220 f.; *Rühland* WM 2002, 1957, 1961 ff.; aA *Grzimek* in Geibel/Süßmann Rdnr. 9; *Schwichtenberg* DStR 2001, 2075, 2082; *Mülbert*, FS für Ulmer, S. 433, 438 f. (der die 5%-Schwelle auf den einzelnen Aktionär bezieht); *Wolf* ZIP 2002, 153, 156 f. (der gar annimmt, die mitgliedschaftlichen Rechte einer Minderheit von bis zu 25% seien nur vermögensmäßiger Natur).

[47] So auch *Henze*, FS für Wiedemann, S. 935, 948.

[48] MünchKommAktG/*Grunewald* Rdnr. 4; *Hüffer* Rdnr. 6.

[49] S. die Nachw. in voriger Fn.; allgemein zu den Rechtsfolgen der Auflösung *Hüffer* § 262 Rdnr. 2.

[50] S. bereits Rdnr. 5, ferner Begr. zum RegE, BT-Drucks. 14/7034, S. 32.

Squeeze out nicht angetastet wird (Rdnr. 6).[51] Obschon sich das Ausschlußverfahren an dem Verfahren der Mehrheitseingliederung orientiert, begründet seine Durchführung als solche keine Konzernleitungsmacht des Hauptaktionärs; hierzu bedarf es vielmehr des (auch der KGaA möglichen, s. § 291 Rdnr. 8) Abschlusses eines Beherrschungsvertrags. Dadurch unterscheidet sich der Squeeze out von der Eingliederung, die nach § 319 Abs. 1 S. 1 zumindest auf seiten der einzugliedernden Gesellschaft das Vorliegen einer AG voraussetzt (§ 319 Rdnr. 5 f.). Nach § 327 a Abs. 1 S. 2 findet **§ 285 Abs. 2 S. 1** keine Anwendung, was bedeutet daß der Übertragungsbeschluß nicht der Zustimmung der Komplementäre bedarf. Diese nur klarstellende Regelung[52] ist vor dem Hintergrund zu sehen, daß der Squeeze out die Rechtsstellung des Komplementärs nicht berührt; dieser bleibt vielmehr weiterhin Komplementäre einer KGaA, und zwar unabhängig davon, ob er zugleich Kommanditaktionär ist oder war.

3. Hauptaktionär. a) Persönliche Anforderungen. Zentrale Voraussetzung des **14** Squeeze out ist die Existenz eines Hauptaktionärs, nach § 327 a Abs. 1 S. 1 also eines Aktionärs, dem Aktien der Gesellschaft in Höhe von (mindestens) 95% des Grundkapitals gehören. Besondere Anforderungen an die Person des Hauptaktionärs stellt § 327 a nicht. Hauptaktionär kann vielmehr jeder sein, der Mitglied einer AG sein kann,[53] neben natürlichen und juristischen Personen also auch Personenhandelsgesellschaften, Vorgesellschaften und Außengesellschaften bürgerlichen Rechts (Rdnr. 15).[54] Unerheblich ist nicht nur die Rechtsform des Aktionärs; auch auf das Vorliegen eines inländischen Wohn- oder Verwaltungssitzes kommt es nicht an. Dies deshalb, weil die Minderheitsaktionäre ohnehin nur Anspruch auf Barabfindung haben, deren Leistung aber durch Bankgarantie gesichert ist (§ 327 b Rdnr. 11 ff.).[55] Auch die Unternehmenseigenschaft des Hauptaktionärs ist entbehrlich (Rdnr. 6). Nicht erforderlich ist schließlich, daß die Eigenschaft als Hauptaktionär auf ein vorangegangenes Übernahme- oder Pflichtangebot zurückzuführen ist (Rdnr. 5, 27); umgekehrt ist es für das Eingreifen des § 35 WpÜG unerheblich, daß der Bieter über die Möglichkeit des Squeeze out verfügt (Vor § 311 Rdnr. 26).

Was die **Außengesellschaft bürgerlichen Rechts** betrifft, kommt es allein darauf an, **15** daß die Aktien der GbR als solcher „gehören", mithin von dieser selbst als Teil des Gesamthandsvermögens gehalten werden;[56] weitergehende Anforderungen an die Struktur der GbR stellt das Gesetz nicht.[57] Die Folge ist, daß auch Beteiligungspools und Konsortien Hauptaktionär sind, sofern die Gesellschafter ihre Aktien in die GbR eingebracht haben und *diese selbst* daraufhin eine Beteiligung von 95% oder mehr hält. Dient die GbR dagegen nur der Koordinierung des Stimmverhaltens ihrer Mitglieder, während diese selbst Inhaber der Aktien bleiben, fehlt es der GbR schon an der Aktionärseigenschaft; Hauptaktionär kann dann allenfalls eines ihrer Mitglieder sein.[58]

b) Kapitalmehrheit. Hauptaktionär ist nur, wem Aktien in Höhe von mindestens 95% **16** des Grundkapitals gehören. Vorbehaltlich des § 16 Abs. 2 und 4 (Rdnr. 17) und entsprechend der Rechtslage bei der Eingliederung (§ 319 Rdnr. 8) müssen die Aktien im **Eigen-**

[51] Sie war im Diskussionsentwurf (Rdnr. 3) noch nicht vorgesehen; s. die Stellungnahme des *Handelsrechtsausschusses des DAV* zum Referentenentwurf, NZG 2001, 420, 431.

[52] So zu Recht Begr. zum RegE, BT-Drucks. 14/7034, S. 72.

[53] MünchKommAktG/*Grunewald* Rdnr. 5; *Hüffer* Rdnr. 7.

[54] Näher dazu sowie zur Frage, ob Erben- und Gütergemeinschaften Mitglied einer AG sein können, *Hüffer* § 2 Rdnr. 5 ff. (10 f.); zur fehlenden Rechtsfähigkeit der Erbengemeinschaft s. BGH NJW 2002, 3389.

[55] MünchKommAktG/*Grunewald* Rdnr. 5; *Hüffer* Rdnr. 7; *Sieger/Hasselbach* ZGR 2002, 120, 133. – Zur davon abweichenden Rechtslage bei der

Mehrheitseingliederung s. § 319 Rdnr. 5 ff., § 320 Rdnr. 4.

[56] So auch MünchKommAktG/*Grunewald* Rdnr. 5; *Hüffer* Rdnr. 13.

[57] Zur Rechtsfähigkeit der GbR s. BGHZ 146, 341 = NJW 2001, 1056; BGH ZIP 2002, 614; zur Geltung dieser Rechtsprechung für sämtliche Außengesellschaften bürgerlichen Rechts s. *Habersack* BB 2001, 477, 478 f.; *Hadding* ZGR 2001, 712, 716 f.; aA *Ulmer* ZIP 2001, 585, 593 f.

[58] S. neben dem Nachw. in Fn. 56 noch *Angerer* BKR 2002, 260, 267; *Sieger/Hasselbach* ZGR 2002, 120, 138; *Hasselbach* in Kölner Kommentar z. WpÜG Rdnr. 24; aA – für Squeeze out bei gemeinsamer Beherrschung – *Mertens* AG 2002, 377, 379 f.; wohl auch *Baums* S. 143 f.; *ders.* WM 2001, 1843, 1846.

tum des das Übertragungsverfahren betreibenden Aktionärs stehen; beim Fehlen von Aktienurkunden kommt es auf die Zuordnung der Mitgliedschaften an. Auf Übertragung von Aktien gerichtete Ansprüche genügen dagegen ebenso wenig wie noch auszuübende oder zwar ausgeübte, aber nicht bediente Erwerbsoptionen;[59] entsprechende Bezugsrechte sind umgekehrt bei der Berechnung der Kapitalmehrheit auch dann nicht zu berücksichtigen, wenn sie nicht dem Hauptaktionär, sondern einem Dritten zustehen (§ 320 b Rdnr. 8). Bei aufschiebend bedingter Übereignung muß die Bedingung eingetreten sein, sollen die Aktien Berücksichtigung finden können. Umgekehrt ist es unschädlich, daß der Aktionär in Bezug auf die ihm dinglich zugeordneten Aktien **schuldrechtlichen Bindungen** unterliegt,[60] ebenso, daß er nur auflösend bedingt erworben oder bereits aufschiebend bedingt verfügt hat, solange nur die Bedingung nicht eingetreten ist. Der Übertragungsbeschluß kann zwar von Fall zu Fall **treuwidrig** und damit anfechtbar sein (Rdnr. 27 ff.); das dem Aufbau der erforderlichen Beteiligung dienende Erwerbsgeschäft wird hierdurch allerdings, vom Sonderfall der Sittenwidrigkeit abgesehen, nicht berührt.[61]

17 Nach § 327 a Abs. 2 finden für die Feststellung der erforderlichen Kapitalmehrheit die Vorschriften des **§ 16 Abs. 2 und 4** Anwendung. Nach § 16 Abs. 2 S. 1 ist deshalb bei Nennbetragsaktien das Verhältnis des auf den Aktionär entfallenden Gesamtnennbetrags zum Grundkapital und bei Stückaktien das Verhältnis der auf den Aktionär entfallenden Aktienanzahl zur Gesamtzahl der Aktien maßgebend. Abzustellen ist jeweils auf das eingetragene Grundkapital; ein genehmigtes oder bedingtes Kapital ist nicht zu berücksichtigen (§ 16 Rdnr. 10 f.). **Eigene und für Rechnung der Gesellschaft gehaltene Aktien** sind nach § 16 Abs. 2 S. 2, 3 vom Grundkapital abzusetzen. Dies entspricht der Rechtslage bei der Mehrheitseingliederung (§ 320 Rdnr. 9); auch im Rahmen des Squeeze out gehen die eigenen und ihnen nach § 16 Abs. 2 S. 3 gleichstehenden Aktien auf den Hauptaktionär über (§ 327 e Rdnr. 9). Die in §§ 327 a Abs. 2, 16 Abs. 4 vorgesehene **Zurechnung** fremder Aktien (§ 16 Rdnr. 15 ff.), durch die sich ein „Umhängen" von Beteiligungen erübrigen soll,[62] findet dagegen im Recht der Eingliederung keine Entsprechung (§ 319 Rdnr. 8). Die Abweichung ist allerdings sehr berechtigt: Bei der Eingliederung soll nämlich die Nichtgeltung des § 16 Abs. 4 durch Anteilsveräußerungen hervorgerufene, mit Blick auf § 327 Abs. 1 Nr. 3 unerwünschte Unklarheiten vermeiden; hierfür besteht beim Squeeze out schon deshalb kein Anlaß, weil der Übergang der Aktien durch die nachfolgende Aufnahme von Minderheitsaktionären nicht in Frage gestellt wird, entsprechende Unsicherheiten also nicht drohen.[63] § 327 a Abs. 1 setzt allerdings voraus, daß der den Squeeze out betreibende Aktionär mindestens eine Aktie unmittelbar hält.[64] Denn nur der den Squeeze out Betreibende kann die Vornahme des Übertragungsbeschlusses verlangen; dieser aber muß, schon mit Blick auf § 122 (Rdnr. 20), Aktionär sein. Im übrigen kann es nach §§ 327 a Abs. 2, 16 Abs. 4 durchaus sein, daß mehrere Gesellschaften über die erforderliche Kapitalmehrheit verfügen; dann ist jede zur Durchführung des Squeeze out berechtigt.[65]

18 Die für den Squeeze out erforderliche Kapitalmehrheit des Hauptaktionärs muß nach dem eindeutigen Wortlaut des § 327 a Abs. 1 S. 1 bereits im **Zeitpunkt des Verlangens**

[59] MünchKommAktG/*Grunewald* Rdnr. 6, 9; *dies.* ZIP 2002, 18; *Fleischer* ZGR 2002, 757, 776; *Halasz/Kloster* DB 2002, 1251, 1255; *Sieger/Hasselbach* ZGR 2002, 120, 138; *Wilsing/Kruse* ZIP 2002, 1465, 1467 (mit Vorbehalt im übrigen, aber noch nicht bediente Optionen); aA – für Berücksichtigung von nach § 320 b geschuldeten Aktien – *Schiffer/Rossmeier* DB 2002, 1359, 1361.

[60] S. die Nachw. in voriger Fn., ferner § 319 Rdnr. 8; aA – gegen Berücksichtigung von Aktien, die nur vorübergehend dem Hauptaktionär gehören – *Steinmeyer/Häger* Rdnr. 24.

[61] So aber wohl *Hüffer* Rdnr. 12; wie hier dagegen MünchKommAktG/*Grunewald* Rdnr. 8.

[62] Begr. zum RegE, BT-Drucks. 14/7034, S. 72; zur Unanwendbarkeit auf eigene Aktien der Gesellschaft zutr. *Riegger* DB 2003, 541, 542 f.

[63] MünchKommAktG/*Grunewald* Rdnr. 6; *Hüffer* Rdnr. 15; zur Frage eines Rechtsmißbrauchs s. aber Rdnr. 27 ff.

[64] So zu Recht MünchKommAktG/*Grunewald* Rdnr. 7; s. ferner *Grzimek* in Geibel/Süßmann Rdnr. 50; aA *Sieger/Hasselbach* ZGR 2002, 120, 134; *Fleischer* ZGR 2002, 757, 775; *Steinmeyer/Häger* Rdnr. 26.

[65] *Grzimek* in Geibel/Süßmann Rdnr. 51; MünchKommAktG/*Grunewald* Rdnr. 7; *Hasselbach* in Kölner Kommentar zum WpÜG Rdnr. 29; offen gelassen von *Halasz/Kloster* DB 2002, 1253, 1254 f.

nach Beschlußfassung[66] und auch noch bei Vornahme des Übertragungsbeschlusses[67] vorliegen (Rdnr. 24); insoweit unterscheidet sich die Rechtslage von derjenigen bei der Eingliederung (§ 319 Rdnr. 8). Darüber hinaus ist, da das Beteiligungserfordernis nicht auf den Hauptversammlungsbeschluß bezogen, sondern als eigenständige materiell-rechtliche Voraussetzung des Squeeze out anzusehen ist, zu verlangen, daß die erforderliche Kapitalmehrheit noch bei dem für den Aktienerwerb maßgebenden Zeitpunkt der **Eintragung** in das Handelsregister gegeben ist;[68] das Registergericht hat somit auch zu prüfen, ob die Beteiligungsquote des Hauptaktionärs nach Beschlußfassung gesunken ist. Dagegen ist es für den Eintritt der Rechtsfolgen des § 327 e Abs. 3 unschädlich, daß der Hauptaktionär nach Eintragung des Übertragungsbeschlusses seine Beteiligung ganz oder teilweise überträgt und in der Folge gar weniger als 95% des Kapitals hält; sofern nicht ein Tatbestand der Treupflichtverletzung gegeben ist (Rdnr. 27 ff.), sind **nach Eintragung vorgenommene Verfügungen** des Hauptaktionärs über seine Aktien gänzlich irrelevant.[69] Der Hauptaktionär kann zudem, nachdem er einen Teil seiner Aktien übertragen oder er auf sein Bezugsrecht verzichtet und statt seiner ein anderer Aktien gezeichnet hat, erneut einen Squeeze out initiieren. Verfügt der Hauptaktionär nicht über die erforderliche Kapitalbeteiligung, ist der Übertragungsbeschluß nichtig (§ 327 f Rdnr. 3).

4. Verlangen des Hauptaktionärs. Die Hauptversammlung kann einen Übertragungs- **19** beschluß nur fassen, wenn der Hauptaktionär dies zuvor verlangt hat. Dieses Verlangen hat als Teil des Ausschlußverfahrens korporationsrechtlichen Charakter. Es ist gegenüber der durch ihren Vorstand vertretenen AG zu erklären; § 78 Abs. 2 S. 2 findet Anwendung.[70] Eine besondere Form ist in § 327 a Abs. 1 nicht vorausgesetzt.[71] Bei Unwirksamkeit des Verlangens ist der Übertragungsbeschluß anfechtbar.[72] Das Verlangen braucht **nicht im zeitlichen Zusammenhang mit dem Erwerb** der nach § 327 a Abs. 1 S. 1 erforderlichen Kapitalmehrheit erklärt werden;[73] in einem längeren Zuwarten des Hauptaktionärs kann auch noch keine Treupflichtverletzung gesehen werden (Rdnr. 30).

Ein wirksames Verlangen **verpflichtet die Gesellschaft,** die sich ihrerseits des Vorstands **20** bedient,[74] zur Einberufung einer Hauptversammlung, und zwar mit dem Verlangen des Hauptaktionärs als Gegenstand der Beschlußfassung iSd. § 124 Abs. 1. Auch die weitere Abwicklung des Übertragungsverfahrens liegt in den Händen des Vorstands, obschon dieses im ausschließlichen Interesse des Hauptaktionärs durchgeführt wird und auf eine (außerhalb der Gesellschaftsebene angesiedelte) Transaktion im Aktionärskreis zielt. Dies läuft zwar der auch im einfachen Konzern bestehenden Weisungsunabhängigkeit des Vorstands (Rdnr. 6) zuwider,[75] ist aber de lege lata hinzunehmen und vermag die konzernrechtliche Neutralität der §§ 327 a ff. (Rdnr. 6) nicht in Frage zu stellen. Zur Einberufung einer außerordentlichen Hauptversammlung ist der Vorstand allerdings nur dann verpflichtet, wenn das **Interesse der Gesellschaft** (nicht das des Hauptaktionärs) eine sofortige Beschlußfassung gebietet.[76] Sofern nicht der Hauptaktionär die Kosten einer außerordentlichen Hauptversammlung übernimmt[77] oder der Hauptaktionär von einem beherrschungsvertraglichen Weisungsrecht

---

[66] *Sieger/Hasselbach* ZGR 2002, 120, 138; *Hasselbach* in Kölner Kommentar zum WpÜG Rdnr. 38; aA *Grzimek* in Geibel/Süßmann Rdnr. 52; MünchKommAktG/*Grunewald* Rdnr. 11.

[67] So auch *Grzimek* in Geibel/Süßmann Rdnr. 52; MünchKommAktG/*Grunewald* Rdnr. 10; *Hasselbach* in Kölner Kommentar zum WpÜG Rdnr. 38; *Sieger/Hasselbach* ZGR 2002, 120, 138.

[68] *Fuhrmann/Simon* WM 2002, 1211, 1212; aA MünchKommAktG/*Grunewald* Rdnr. 10; *Hasselbach* in Kölner Kommentar zum WpÜG § 327 e Rdnr. 19; *Sieger/Hasselbach* ZGR 2002, 120, 138 f.

[69] *Krieger* BB 2002, 53, 62.

[70] *Hüffer* Rdnr. 8.

[71] MünchKommAktG/*Grunewald* Rdnr. 12; *Hüffer* Rdnr. 8.

[72] MünchKommAktG/*Grunewald* Rdnr. 12.

[73] Berechtigt die rechtspolitische Kritik bei *Fleischer* ZGR 2002, 757, 768 f.

[74] So auch MünchKommAktG/*Grunewald* Rdnr. 13; aA – Verpflichtung des Vorstands gegenüber dem Hauptaktionär – *Hüffer* Rdnr. 8; *Sieger/Hasselbach* ZGR 2002, 120, 142. S. dazu auch § 327 b Rdnr. 5.

[75] Näher *Habersack* ZIP 2001, 1230, 1237; zur rechtspolitischen Beurteilung des Beschlußerfordernisses s. noch Rdnr. 21.

[76] So zu Recht MünchKommAktG/*Grunewald* Rdnr. 13; wohl auch *Sieger/Hasselbach* ZGR 2002, 120, 142.

[77] Zu dieser Möglichkeit s. die Nachw. in voriger Fn.

Gebrauch macht, ist deshalb im allgemeinen im Rahmen der nächsten ordentlichen Hauptversammlung über das Übertragungsbegehren zu beschließen. Bei dem nach § 124 Abs. 3 abzugebenden Vorschlag zur Beschlußfassung haben sich Vorstand und Aufsichtsrat am Interesse der Gesellschaft zu orientieren; eine Pflicht, das Übertragungsbegehren zu unterstützen, läßt sich aus § 327 a nicht herleiten.[78] Bleibt der Vorstand untätig, kann der Hauptaktionär nach § 122 vorgehen.[79]

21   **5. Übertragungsbeschluß. a) Beschlußerfordernis.** Das Verlangen des Hauptaktionärs vermag als solches den Erwerb der Aktien der Minderheitsaktionäre nicht zu bewirken. Nach § 327 a Abs. 1 S. 1 bedarf es hierzu vielmehr eines Übertragungsbeschlusses der Hauptversammlung, dessen Eintragung sodann nach § 327 e Abs. 3 den Übergang der Aktien auf den Hauptaktionär zur Folge hat (§ 327 e Rdnr. 8 ff.). Das Erfordernis eines Hauptversammlungsbeschlusses ist zwar rechtspolitisch umstritten[80] und nötigt zu Korrekturen des allgemeinen Beschlußmängelrechts (Rdnr. 31). Vor dem Hintergrund, daß der Squeeze out den Charakter eines Zwangsverkaufs hat und damit auf eine Transaktion auf Aktionärsebene gerichtet ist (Rdnr. 1, 6), ist die weitgehende Anlehnung an das Recht der Mehrheitseingliederung in der Tat kaum sachgerecht. Es kommt hinzu, daß die durch das Beschlußerfordernis eröffnete Möglichkeit der Anfechtung angesichts des reduzierten Beschlußinhalts (Rdnr. 22 f.), der Entbehrlichkeit einer sachlichen Rechtfertigung des Übertragungsbegehrens und der in § 327 f vorgesehenen Verlagerung des Abfindungsstreits in das Spruchverfahren[81] ohnehin wenig effektiv ist. Gleichwohl ist die gesetzgeberische Konzeption hinzunehmen.

22   **b) Beschlußinhalt.** Nach § 327 a Abs. 1 S. 1 beschließt die Hauptversammlung die Übertragung der Aktien der Minderheitsaktionäre auf den Hauptaktionär gegen Gewährung einer angemessenen Barabfindung. Was zunächst das auf **Übertragung** gerichtete Element des Beschlusses betrifft, so ist es im Zusammenhang mit § 327 e Abs. 3 zu sehen, wonach die Aktien mit Eintragung des Beschlusses kraft Gesetzes auf den Hauptaktionär übergehen. Der Übertragungsbeschluß ist somit nur Voraussetzung eines gesetzlichen Erwerbstatbestands;[82] nicht dagegen überträgt der Beschluß die Aktien selbst. Der Beschluß muß sich auf **sämtliche Aktien** der Minderheitsaktionäre beziehen, darf also nicht auf einen Teil derselben beschränkt sein.[83] Der **Hauptaktionär** ist im Beschluß nicht nur als solcher zu bezeichnen, sondern durch Angabe von Firma und Sitz zu individualisieren (§ 327 c Rdnr. 5).[84]

23   Die im Übertragungsbeschluß anzugebende **Barabfindung** (§ 327 b Rdnr. 3 ff.) gleicht nach § 327 a Abs. 1 S. 1 den Verlust der Mitgliedschaft aus und steht deshalb allein denjenigen Aktionären zu, die einen Rechtsverlust erleiden, mithin nicht denjenigen Aktionären, deren Aktienbesitz dem Hauptaktionär nach § 16 Abs. 2 und 4 zugerechnet wird (§ 327 e Rdnr. 9).[85] Die Minderheitsaktionäre brauchen (und können häufig) im Beschluß nicht namentlich genannt werden. Auch die Modalitäten der Abwicklung und die vom Hauptaktionär zu stellende Garantie (§ 327 b Rdnr. 11 ff.) müssen nach dem Wortlaut des § 327 a Abs. 1 S. 1 nicht in den Beschluß aufgenommen werden; der Beschlußvorschlag sollte allerdings entsprechende Angaben enthalten.[86] Schuldner der Abfindung ist, wie sich schon

---

[78] So auch *Hüffer* Rdnr. 8; MünchKommAktG/ *Grunewald* Rdnr. 13.

[79] So auch *Hüffer* und *Grunewald*, jew. vorige Fn.; ferner *Hasselbach* in Kölner Kommentar zum WpÜG § 327 c Rdnr. 2.

[80] Krit. *Vetter* ZIP 2000, 1817, 1819 ff.; *ders.* DB 2001, 743 ff.; *Habersack* ZIP 2001, 1230, 1236 ff. (mit rechtsvergleichenden Hinweisen); zuvor bereits *Kallmeyer* AG 2000, 59 ff.; *Schiessl* AG 1999, 442, 452; zustimmend dagegen *Hüffer* Rdnr. 9; Münch-KommAktG/ *Grunewald* Rdnr. 14; *Handelsrechtsausschuß des DAV* NZG 2001, 420, 431; *Ehricke/Roth* DStR 2001, 1120, 1124 f.; *Kiem* in Henze/Hoff-mann-Becking S. 329, 335 ff.

[81] Zur Frage, ob abfindungsbezogene Informationsmängel zur Beschlußanfechtung berechtigen, s. § 327 f Rdnr. 4 f.

[82] *Hüffer* Rdnr. 9.

[83] Wohl einhellige Meinung, s. *Fuhrmann/Simon* WM 2002, 1211, 1214.

[84] Bei einer natürlichen Person sind Name und Adresse anzugeben; näher dazu § 327 c Rdnr. 5.

[85] Begr. zum RegE, BT-Drucks. 14/7034, S. 72; *Hüffer* Rdnr. 9; MünchKommAktG/ *Grunewald* § 327 e Rdnr. 10.

[86] Zu Beschlußvorschlägen s. *Fuhrmann/Simon* WM 2002, 1211, 1214; *Vossius* ZIP 2002, 511, 515 f.

aus dem Charakter des Squeeze out (Rdnr. 1), aber auch aus § 327 b Abs. 3 ergibt, nicht die Gesellschaft, sondern der Hauptaktionär. Im Beschluß muß dies nicht klargestellt werden; es genügt die Angabe einer Zahlstelle, die sodann auf Rechnung des Hauptaktionärs handelt.

c) Mehrheit. Der Übertragungsbeschluß unterliegt, sofern nicht die §§ 327 c ff. Ab- **24** weichendes bestimmen, den allgemeinen Regeln und bedarf deshalb nach § 133 Abs. 1 nur der einfachen Mehrheit.[87] Von Bedeutung ist dies in Fällen, in denen der Hauptaktionär die nach § 327 a Abs. 1 S. 1 erforderliche Kapitalmehrheit nur unter Berücksichtigung von Vorzugsaktien aufbringt, seine Stimmkraft also hinter der Kapitalbeteiligung zurückbleibt. Denkbar ist auch, daß der Hauptaktionär einer nichtbörsennotierten Gesellschaft aufgrund von Höchststimmrechten (§ 134 Abs. 1 S. 2) nicht einmal über die einfache Stimmenmehrheit verfügt, stimmberechtigte Minderheitsaktionäre sich aber dem Übertragungsbegehren anschließen. Der Hauptaktionär unterliegt keinem Stimmverbot.[88] **Vorzugsaktionäre** haben, obschon auch ihre Aktien Gegenstand der Übertragung sind, kein Stimmrecht; auch ein Sonderbeschluß ist nicht erforderlich.[89]

d) Beschlußmängel. aa) Überblick. Der Übertragungsbeschluß kann, wie jeder an- **25** dere Beschluß auch, nichtig oder anfechtbar sein. Allein die Unangemessenheit der Barabfindung kann nach § 327 f Abs. 1 nur im Rahmen eines Spruchverfahrens gerügt werden (§ 327 f Rdnr. 6 ff.). Im übrigen aber kann der Übertragungsbeschluß sowohl an einem Verfahrensfehler als auch an einem Inhaltsmangel leiden; auch kann es an einem wirksamen Übertragungsverlangen oder an der erforderlichen Kapitalbeteiligung des Hauptaktionärs fehlen. Vorbehaltlich des § 327 f Abs. 1 S. 1 und 2 beurteilen sich die Rechtsfolgen eines Beschlußmangels nach §§ 241 ff. Die im einzelnen in Betracht kommenden Beschlußmängel und deren Folgen sind in § 327 f Rdnr. 3 ff. zusammengefaßt; im vorliegenden Zusammenhang ist allein auf die Frage einer Inhaltskontrolle des Übertragungsbeschlusses einzugehen (Rdnr. 26 ff.).

bb) Entbehrlichkeit sachlicher Rechtfertigung. Der Übertragungsbeschluß bedarf **26** keiner sachlichen Rechtfertigung.[90] Der Gesetzgeber hat vielmehr den typischen Mehrheits-/Minderheitskonflikt zum Anlaß dafür genommen, die mitgliedschaftlichen Belange der Minderheitsaktionäre dem Leitungsinteresse des Hauptaktionärs unterzuordnen, und damit die **Abwägung der widerstreitenden Interessen selbst vorgenommen;**[91] für eine am Maßstab der Erforderlichkeit und Verhältnismäßigkeit ausgerichtete materielle Kontrolle des Übertragungsbeschlusses ist vor diesem Hintergrund und ungeachtet der rechtspolitischen Bedenken, die gegenüber der Konzeption und dem weiten Anwendungsbereich der §§ 327 a ff. anzumelden sind (Rdnr. 5), kein Raum. Dies gilt auch für nichtbörsennotierte Gesellschaften; den Gedanken, den Aktionären einer börsenfernen Gesellschaft entsprechend § 237 Abs. 1 S. 2 Bestandsschutz zuteil werden zu lassen,[92] hat der Gesetzgeber nicht aufgegriffen. Hieran ist selbst für den Fall festzuhalten, daß die restlichen Anteile nicht breit gestreut, sondern von einem einzigen Aktionär gehalten werden. Auch insoweit hat der Gesetzgeber dem Hauptaktionär das Recht verliehen, den Minderheitsaktionär ohne Rücksicht auf dessen Vorverhalten aus der Gesellschaft zu drängen. Stets bedarf es somit des

[87] MünchKommAktG/*Grunewald* Rdnr. 16; *Hasselbach* in Kölner Kommentar zum WpÜG Rdnr. 46; *Hüffer* Rdnr. 11; *Vetter* AG 2002, 176, 186; s. auch § 320 Rdnr. 11 betreffend die Mehrheitseingliederung.
[88] MünchKommAktG/*Grunewald* Rdnr. 16; *Hüffer* Rdnr. 11; *Steinmeyer/Häger* Rdnr. 20; *Fuhrmann/Simon* WM 2002, 1211, 1213; *Gesmann-Nuissl* WM 2002, 1205, 1210; *Kiem* in Henze/Hoffmann-Becking, S. 329, 339 ff.; *Krieger* BB 2002, 53, 55; *Vetter* AG 2002, 176, 186.
[89] *Fuhrmann/Simon* WM 2002, 1211, 1213; s. ferner § 320 Rdnr. 11; Vor § 311 Rdnr. 45.

[90] *Hüffer* Rdnr. 11; MünchKommAktG/*Grunewald* Rdnr. 18; *Hasselbach* in Kölner Kommentar zum WpÜG Rdnr. 49; *Bolte* DB 2001, 2587; *Fleischer* ZGR 2002, 757, 784; *Fuhrmann/Simon* WM 2002, 1211, 1214; *Halasz/Kloster* DB 2002, 1253, 1255 f.
[91] Allgemein dazu und mwN *Hüffer* § 243 Rdnr. 24 ff.; *K. Schmidt* in GroßkommAktG § 243 Rdnr. 45 ff.
[92] *Habersack* ZIP 2001, 1230, 1235; s. ferner *Fleischer* ZGR 2002, 757, 770 ff.; *Hanau* NZG 2002, 1040, 1042 ff.

Hinzutretens **besonderer Umstände**, soll der Übertragungsbeschluß inhaltlich zu beanstanden sein (Rdnr. 27 ff.).[93]

27   **cc) Treuwidrigkeit des Übertragungsbeschlusses.** Bedarf der Übertragungsbeschluß auch keiner sachlichen Rechtfertigung (Rdnr. 26), so kann er doch im Einzelfall treuwidrig und damit nach § 243 Abs. 1 anfechtbar sein.[94] Dabei gilt es jedoch zu beachten, daß die §§ 327 a ff. dem Hauptaktionär gezielt das Recht verleihen, die Minderheitsaktionäre im Interesse einer reibungslosen Führung der Gesellschaft und unabhängig von deren Vorverhalten[95] aus der Gesellschaft zu drängen; auf die Enttäuschung des allgemeinen Vertrauens der Minderheitsaktionäre auf einen Fortbestand ihrer Mitgliedschaft in der Gesellschaft kann die Treuwidrigkeit deshalb ebenso wenig gestützt werden wie auf finanzielle Einbußen, die die Minderheitsaktionäre durch den Zwangsverkauf erleiden.[96] Auch Sitz und Rechtsform des Hauptaktionärs sind unbeachtlich; die Minderheitsaktionäre sind vielmehr durch das Erfordernis einer Bankgarantie geschützt (§ 327 b Rdnr. 11 ff.). Auch die Tatsache, daß die nach § 327 a Abs. 1 S. 1 erforderliche Kapitalbeteiligung ausschließlich zur Ermöglichung eines Squeeze out aufgebaut worden ist, ist als solche unbeachtlich.[97] Überhaupt spielt es keine Rolle, auf welche Weise der Hauptaktionär die erforderliche Beteiligung erworben hat.[98] Hieran ist auch für den Fall festzuhalten, daß der Erwerb auf Kapitalerhöhungen unter Ausschluß des Bezugsrechts[99] der nunmehrigen Minderheitsaktionäre zurückgeht.[100] Bei Lichte betrachtet bleiben deshalb für die Annahme, der Übertragungsbeschluß sei treuwidrig, allenfalls vier Fallgruppen:

28   In Betracht kommt der Einwand der Treuwidrigkeit zunächst bei dem vom Mehrheitsgesellschafter beschlossenen **Formwechsel in die AG.**[101] Denn zwar unterliegen sowohl der Formwechsel als auch die Squeeze out für sich betrachtet nicht dem Erfordernis sachlicher Rechtfertigung.[102] Ihre Verknüpfung ist indes – zumal mit Blick auf die Linotype-Entscheidung des BGH[103] – angreifbar, wenn sie ausschließlich zu dem Zweck geschieht, dem Hauptgesellschafter eine vor dem Formwechsel nicht bestehende Möglichkeit des Aus-

---

[93] So auch *Kiem* in Henze/Hoffmann-Becking S. 329, 340.

[94] So im Ausgangspunkt auch MünchKomm-AktG/*Grunewald* Rdnr. 19 ff. (Anfechtung wegen Rechtsmißbrauchs); *Fleischer* ZGR 2002, 757, 785 ff.; *Kiem* in Henze/Hoffmann-Becking, S. 329, 340; *Krieger* BB 2002, 53, 61 f.; *Bolte* DB 2001, 2587, 2589 ff.; aA *Baums* S. 142; *Hüffer* Rdnr. 12, der bei dem Mehrheitserwerb selbst ansetzt und davon ausgeht, dieser könne mißbräuchlich und unbeachtlich sein, was wiederum die Nichtigkeit des Übertragungsbeschlusses gemäß § 241 Nr. 3 (dazu § 327 f Rdnr. 3) zur Folge habe. – Allgemein zur Beschlußanfechtung wegen Treupflichtverletzung s. die Nachw. in Fn. 91.

[95] Der Squeeze out setzt also weder voraus, daß die Minderheitsaktionäre in der Vergangenheit ihre Rechte mißbräuchlich oder gar rechtsmißbräuchlich ausgeübt haben (so auch *Grunewald* ZIP 2002, 18, 22; zu der disziplinierenden Wirkung, die schon von der Möglichkeit des Squeeze out ausgeht, s. *Fleischer* ZGR 2002, 757, 769), noch wird er dadurch ausgeschlossen, daß es in der Vergangenheit zu keinerlei Konflikten zwischen den Minderheitsaktionären auf der einen und der Gesellschaft und dem Hauptaktionär auf der anderen Seite gekommen ist.

[96] Denkbar sind nicht nur Veräußerungsverluste. Infolge des squeeze-out realisierte Veräußerungsgewinne führen vielmehr bei privaten Aktionären unter den Voraussetzungen des § 23 Abs. 1 Nr. 2 EStG zu (durch Zuwarten vermeidbaren) sonstigen Einkünften (s. dazu noch § 327 b Rdnr. 10).

[97] Zumindest mißverständlich dagegen *Hüffer* Rdnr. 12 (Mißbrauch, wenn das eigentliche Erwerbsziel darin besteht, die Mitaktionäre ohne sachlichen Grund zu verdrängen).

[98] So auch MünchKommAktG/*Grunewald* Rdnr. 23.

[99] Ist der Bezugsrechtsausschluß rechtswidrig, können sich die betroffenen Aktionäre durch Anfechtung des Beschlusses (dazu im vorliegenden Zusammenhang *Rühland* WM 2002, 1957, 1960; *Baums* S. 134 ff.) oder (im Fall des § 203 Abs. 2) durch Unterlassungs- und Beseitigungsklage zur Wehr setzen; speziell zum Rechtsschutz in den Fällen des § 203 Abs. 2 s. BGHZ 136, 133, 141 = NJW 1997, 2815; *Habersack* DStR 1998, 533, 536 f.; *Cahn* ZHR 164 (2000), 113, 116 ff.

[100] Relativierend MünchKommAktG/*Grunewald* Rdnr. 23.

[101] So auch *Krieger* BB 2002, 53, 61 f.; *Grunewald* ZIP 2002, 18, 22; *Gesmann/Nuissl* WM 2002, 1205, 1210; *Fleischer* ZGR 2002, 757, 787; aA *Angerer* BKR 2002, 260, 267; *Hasselbach* in Kölner Kommentar zum WpÜG Rdnr. 56. Zur Problematik bereits *Habersack* ZIP 2001, 1230, 1234 f.

[102] Zum Übertragungsbeschluß s. Rdnr. 26; zum Formwechsel s. *Decher* in Lutter UmwG § 193 Rdnr. 11.

[103] BGHZ 103, 184 = NJW 1988, 1579; zutr. Betonung dieses Zusammenhangs bei *Krieger* BB 2002, 53, 61 f.; *Gesmann-Nuissl* WM 2002, 1205, 1210.

schlusses der Minderheit zu verschaffen.[104] Sind die Absichten des Hauptgesellschafters schon bei Vornahme des Formwechsels erkennbar, ist bereits der Umwandlungsbeschluß anfechtbar. Andernfalls unterliegt der Übertragungsbeschluß der Anfechtung, wobei bei engem zeitlichen Zusammenhang zwischen Formwechsel und Squeeze out eine Vermutung für die treuwidrige Verknüpfung spricht.[105]

Der Instrumentalisierung des Formwechsels im Ansatz vergleichbar ist der nur **vorüber- 29 gehende Erwerb** einer Beteiligung in Höhe von 95%.[106] Angesprochen ist damit die Bündelung von Aktien in der Hand eines einzelnen Aktionärs, sei es im Wege treuhänderischer Übertragung auf einen Altaktionär oder durch Einbringung in eine eigens geschaffene Gesellschaft (Rdnr. 16). Auch für Fälle dieser Art wird man verlangen müssen, daß der Aufbau der nach § 327 a Abs. 1 S. 1 erforderlichen Kapitalbeteiligung (Rdnr. 16) primär zu dem Zweck geschieht, eine an sich nicht bestehende Möglichkeit des Squeeze out zu generieren. Und auch insoweit bietet es sich durchaus an, an die nachfolgende Rückübertragung der Aktien die Vermutung eines Mißbrauchs zu knüpfen. Schwierigkeiten bereitet dabei allerdings die kurze Anfechtungsfrist des § 246 Abs. 1; sie schließt es aus, den Vorwurf der Treuwidrigkeit auf nach Eintritt der Bestandskraft des Übertragungsbeschlusses erfolgende Rückübertragungen zu gründen, was an sich bedeutet, daß allfällige Rückübertragungen problemlos nach Bestandskraft des Beschlusses erfolgen könnten.[107] Angesichts dieser Ausgangslage wird man den Minderheitsaktionären in Fällen, in denen die erforderliche Kapitalmehrheit des Hauptaktionärs durch im zeitlichen Zusammenhang mit dem Übertragungsbeschluß stehende Transaktionen zwischen den Altaktionären geschaffen wurde, Erleichterungen in der Darlegungs- und Beweislast zubilligen müssen; im Ergebnis ist es deshalb Sache des Hauptaktionärs, darzulegen, daß die Umschichtung nicht allein einen Squeeze out ermöglichen soll, sondern auch anderweitig motiviert ist.

Das Übertragungsbegehren des Hauptaktionärs kann sich weiter als treuwidriges **venire 30 contra factum proprium** darstellen.[108] So verhält es sich namentlich, wenn der Hauptaktionär (sei es auch vor Erwerb der nach § 327 a Abs. 1 S. 1 erforderlichen Kapitalmehrheit) die Minderheitsaktionäre kurz zuvor zum Erwerb der Aktien veranlaßt hat; zu dem hierdurch erzeugten Vertrauenstatbestand darf er sich nicht durch ein nachfolgendes Übertragungsbegehren in Widerspruch setzen. Allein die Tatsache, daß der Hauptaktionär nicht sogleich nach Erwerb der erforderlichen Kapitalmehrheit die Übertragung verlangt, macht den Übertragungsbeschluß allerdings nicht fehlerhaft;[109] eine Befristung des Übertragungsverlangens wäre zwar rechtspolitisch erwünscht (Rdnr. 5), ist aber in der lex lata nicht vorgesehen. Entsprechendes gilt für die Aufnahme neuer Investoren.[110] Nach § 327 a obliegt es dem Hauptaktionär nicht, die Gesellschaft dauerhaft als Einpersonen-AG zu führen. Der Squeeze out darf vielmehr auch gezielt dazu eingesetzt werden, die Altaktionäre aus der Gesellschaft zu drängen. Ohnehin sind entsprechende Maßnahmen mit Blick auf § 246 Abs. 1 kaum geeignet, die Anfechtbarkeit des Übertragungsbeschlusses zu begründen.

Schließlich kann es sein, daß der Hauptaktionär mit dem Übertragungsverlangen und der **31** nachfolgenden Beschlußfassung **vertraglichen Absprachen** mit den Minderheitsaktionären zuwider handelt. Nach der Rechtsprechung des BGH vermag allerdings die Verletzung

---

[104] So auch die in Fn. 101 Genannten.

[105] So auch *Krieger* BB 2002, 53, 62, der deshalb ein Zuwarten von ein bis zwei Jahren nach einem mit Mehrheit beschlossenen Formwechsel in die AG empfiehlt; ferner *Fleischer* ZGR 2002, 757, 787; MünchKommAktG/*Grunewald* Rdnr. 25.

[106] Einen Mißbrauch halten für möglich *Hüffer* Rdnr. 12; MünchKommAktG/*Grunewald* 21 f.; *Steinmeyer/Häger* Rdnr. 16; *Halasz/Kloster* DB 2002, 1253, 1255 f.; *Bolte* DB 2001, 2587, 2589 f.; *Baums* S. 140 ff.; aA *Krieger* BB 2002, 53, 62; *Hasselbach* in Kölner Kommentar zum WpÜG Rdnr. 56 f.

[107] Für einen Wiederaufnahmeanspruch, wie er im Rahmen des § 20 Abs. 2 UmwG erwogen wird

(s. *K. Schmidt* GesR § 6 IV 5), ist mit Eintritt der Bestandskraft eines zunächst nur anfechtbaren Beschlusses kein Raum; allgemein dazu auch *Habersack*, Die Mitgliedschaft – subjektives und „sonstiges" Recht, 1996, S. 226 ff., 234 ff.

[108] So im Ausgangspunkt auch MünchKommAktG/*Grunewald* Rdnr. 26, 28; *Fleischer* ZGR 2002, 757, 785 f.

[109] So aber zumindest in der Tendenz *Fleischer* ZGR 2002, 757, 786; wie hier dagegen MünchKommAktG/*Grunewald* Rdnr. 26.

[110] Zutr. *Vetter* AG 2002, 176, 186; MünchKommAktG/*Grunewald* Rdnr. 28; aA *Grzimek* in Geibel/Süßmann § 327 f Rdnr. 11.

schuldrechtlicher Nebenabreden nur dann die Anfechtbarkeit des Beschlusses zu begründen, wenn durch die Abrede *sämtliche* Gesellschafter gebunden sind.[111] Diese Rechtsprechung ist zwar im allgemeinen nicht unproblematisch.[112] Im Rahmen der §§ 327 a ff. trifft sie indes das Richtige, geht es doch bei dem Squeeze out nicht um eine Maßnahme der Gesellschaft, sondern um einen auf Aktionärsebene angesiedelten Zwangsverkauf (Rdnr. 1). Angesichts dessen wird man die Anfechtungsbefugnis zudem nicht davon abhängig machen können, daß sich der Hauptaktionär gegenüber sämtlichen Minderheitsaktionären gebunden hat; vielmehr kann jeder einzelne Minderheitsaktionär (nur) seine Gläubigerposition durch Beschlußanfechtung durchsetzen.

§ 327 b Barabfindung

(1) Der Hauptaktionär legt die Höhe der Barabfindung fest; sie muss die Verhältnisse der Gesellschaft im Zeitpunkt der Beschlussfassung ihrer Hauptversammlung berücksichtigen. Der Vorstand hat dem Hauptaktionär alle dafür notwendigen Unterlagen zur Verfügung zu stellen und Auskünfte zu erteilen.

(2) Die Barabfindung ist von der Bekanntmachung der Eintragung des Übertragungsbeschlusses in das Handelsregister an mit jährlich 2 vom Hundert über dem jeweiligen Basiszinssatz nach § 247 des Bürgerlichen Gesetzbuchs zu verzinsen; die Geltendmachung eines weiteren Schadens ist nicht ausgeschlossen.

(3) Vor Einberufung der Hauptversammlung hat der Hauptaktionär dem Vorstand die Erklärung eines im Geltungsbereich dieses Gesetzes zum Geschäftsbetrieb befugten Kreditinstituts zu übermitteln, durch die das Kreditinstitut die Gewährleistung für die Erfüllung der Verpflichtung des Hauptaktionärs übernimmt, den Minderheitsaktionären nach Eintragung des Übertragungsbeschlusses unverzüglich die festgelegte Barabfindung für die übergegangenen Aktien zu zahlen.

Schrifttum: Vgl. die Angaben zu § 327 a, ferner *Heidel/Lochner,* Squeeze-out ohne hinreichenden Eigentumsschutz, DB 2001, 2031; *Schüppen,* Übernahmegesetz ante portas, WPG 2001, 948; *Singhof/Weber,* Bestätigung der Finanzierungsmaßnahmen und Barabfindungsgewährleistung nach dem Wertpapiererwerbs- und Übernahmegesetz, WM 2002, 1158; *Wenger/Kaserer/Hecker,* Konzernbildung und Ausschluß von Minderheiten im neuen Übernahmerecht, ZBB 2001, 317; *Wilsing/Kruse,* Zur Behandlung bedingter Aktienbezugsrechte beim Squeeze-out, ZIP 2002, 1465.

Übersicht

---

[111] BGH NJW 1983, 1910, 1911; NJW 1987, 1890, 1892; s. ferner OLG Hamm NZG 2000, 1036, 1037.

[112] Vgl. MünchKommAktG/*Hüffer* § 243 Rdnr. 23 f. mwN.

I. Einführung

1. Inhalt und Zweck der Vorschrift. Die Vorschrift regelt die Höhe, Verzinsung und **1** Besicherung der vom Hauptaktionär zu leistenden Barabfindung und soll sicherstellen, daß die Minderheitsaktionäre für den Rechtsverlust, den sie infolge der Eintragung des Übertragungsbeschlusses erleiden, **angemessen entschädigt** werden.[1] Ihr Abs. 1 bestimmt zunächst, daß die Höhe der Abfindung von dem Erwerber der Aktien, dem Hauptaktionär, festzulegen ist, und daß ihm dazu vom Vorstand der Gesellschaft alle notwendigen Informationen geliefert werden müssen. Abs. 2 regelt die Verzinsung der Abfindung, und zwar in weitgehender Übereinstimmung mit §§ 305 Abs. 3 S. 3, 320 b Abs. 1 S. 6, §§ 15 Abs. 2, 30 Abs. 1 S. 2 UmwG. Die nach Abs. 3 obligatorische Bankgarantie soll den Minderheitsaktionären einen zusätzlichen Anspruch verschaffen und dadurch die Durchsetzung ihres Abfindungsanspruchs erleichtern. Zur Verjährung des Anspruchs s. § 320 b Rdnr. 14.

2. Entstehungsgeschichte. Die Vorschrift geht auf Art. 7 Nr. 2 WpÜG zurück.[2] Noch **2** der Regierungsentwurf[3] eines § 327 b sah allerdings in Abs. 1 S. 3 eine unwiderlegliche Vermutung für den Fall vor, daß der Hauptaktionär die erforderliche Kapitalbeteiligung aufgrund eines in den letzten sechs Monaten vor Beschlußfassung der Hauptversammlung abgegebenen Angebots nach dem WpÜG erlangt hat. Eine im Rahmen dieses Angebots angebotene Geldleistung sollte danach als angemessene Barabfindung anzusehen sein, sofern das Angebot von mindestens 90% der Aktionäre, an die es gerichtet war, angenommen worden ist. Von dieser Vermutung eines marktgerechten Preises ist der Gesetzgeber im weiteren Verlauf des Gesetzgebungsverfahrens nicht zuletzt[4] aufgrund der angemeldeten verfassungsrechtlichen Bedenken[5] abgerückt.[6] Nunmehr können die Minderheitsaktionäre also die Höhe der Abfindung in jedem Fall nach Maßgabe des § 327 f Abs. 1 S. 2 gerichtlich überprüfen lassen (§ 327 f Rdnr. 2, 6 ff.).

II. Bemessung und Festlegung der Barabfindung (Abs. 1)

1. Festlegung durch den Hauptaktionär. Nach § 327 b Abs. 1 S. 1 hat der Haupt- **3** aktionär die Höhe der Abfindung zu bestimmen. Diese Rollenverteilung ist vor dem Hintergrund zu sehen, daß der Hauptaktionär nicht nur auf seine Initiative hin die Aktien der Minderheitsaktionäre erwirbt, sondern auch Schuldner der Abfindung ist; zudem ist der Hauptaktionär, schon mit Blick auf seine Nähebeziehung zur Gesellschaft, imstande, den Verkehrswert der Aktien der Minderheitsaktionäre zu ermitteln. Diese wiederum haben nach § 327 f Abs. 1 die Möglichkeit, die angebotene Barabfindung nachträglich auf ihre Angemessenheit überprüfen zu lassen, so daß § 327 b Abs. 1 S. 1 letztlich nur die Parteirollen im Spruchverfahren und die Initiativlast bestimmt, und zwar in sachlicher Übereinstimmung mit § 305 Abs. 1.

Wie bei der Mehrheitseingliederung (§ 320 b Rdnr. 3) entsteht der Abfindungsanspruch **4** als gesetzliche Folge des in § 327 e Abs. 3 S. 1 geregelten Übergangs der Aktien auf den

---

[1] Vgl. Begr. zum RegE, BT-Drucks. 14/7034, S. 32: „Durch die in den neuen §§ 327 a Abs. 1 Satz 1 letzter Halbsatz und 327 b vorgesehene Entschädigung wird sichergestellt, daß der ausscheidende Minderheitsaktionär eine Abfindung erhält, die dem Wert seiner gesellschaftsrechtlichen Beteiligung an dem Unternehmen entspricht."

[2] Gesetz zur Regelung von öffentlichen Angeboten zum Erwerb von Wertpapieren und von Unternehmensübernahmen vom 20. 12. 2001, BGBl. I S. 3822, 3839.

[3] BT-Drucks. 14/7034, S. 72. Zuvor bereits der Referentenentwurf (§ 327 a Rdnr. 3); krit. hierzu bereits *Thaeter/Barth* NZG 2001, 545, 550.

[4] Auch im übrigen ist § 327 b Abs. 1 S. 3 AktG-E auf Kritik gestoßen, s. *Ehricke/Roth* DStR 2001, 1120, 1127; *Wenger/Kaserer/Hecker* ZBB 2001, 317, 330 ff.

[5] S. namentlich *Rühland* NZG 2001, 448, 454 f.; *Heidel/Lochner* DB 2001, 2031, 2032; *Habersack* ZIP 2001, 1230 1238; *Grzimek* in Geibel/Süßmann Rdnr. 33; aA *Handelsrechtsausschuß des DAV* NZG 2001, 420, 434; *Krieger* BB 2002, 53, 57.

[6] Vgl. Bericht des Finanzausschusses, in *Fleischer/Kalss*, Das neue Wertpapiererwerbs- und Übernahmegesetz, 2002, S. 712, 800: „. . . ist vom Bundesrat und den Aktionärsschutzvereinigungen unter verfassungsrechtlichen Gesichtspunkten nachhaltig kritisiert worden."

Hauptaktionär. Bedarf es somit keines Abschlusses eines Abfindungsvertrags, so bezweckt die Festlegung der Abfindung die Konkretisierung des gesetzlichen Schuldverhältnisses zwischen Haupt- und Minderheitsaktionär.[7] Allerdings hat bereits das Übertragungsverlangen des Hauptaktionärs (§ 327 a Rdnr. 19 f.) eine Abfindungsregelung zu enthalten, die mit **Bekanntmachung der Tagesordnung** nach §§ 121, 124 nicht mehr zum Nachteil der Minderheitsaktionäre geändert werden kann; ein gleichwohl gefaßter Übertragungsbeschluß wäre, ebenso wie im Fall der Mehrheitseingliederung (§ 320 Rdnr. 13), anfechtbar.[8] Eine Anfechtung der nach §§ 121, 124 verlautbarten Abfindungsregelung kommt nur nach Maßgabe der allgemeinen Vorschriften in Betracht, was bedeutet, daß ein Irrtum des Hauptaktionärs über bewertungsrelevante Gesichtspunkte unerheblich ist.[9] Allerdings ist der Hauptaktionär nach der (fragwürdigen, s. § 327 a Rdnr. 21) Konzeption des Übertragungsverfahrens nicht verpflichtet, für den Squeeze out zu stimmen,[10] so daß er durch Ablehnung seines eigenen Übertragungsverlangens die Entstehung von Abfindungsansprüchen verhindern kann. Gänzlich unproblematisch ist eine Erhöhung der Abfindung nach Bekanntmachung, aber vor endgültiger Beschlußfassung (§ 320 Rdnr. 13). Hierdurch kann der Hauptaktionär zwischenzeitlichen Entwicklungen Rechnung tragen und gegebenenfalls der Einleitung eines Spruchverfahrens vorbeugen. Die Bankgarantie muß allerdings den beschlossenen und damit geschuldeten Betrag der Abfindung abdecken (Rdnr. 15).

5   **2. Information.** Soll der Hauptaktionär die Höhe der Barabfindung gerichtsfest festlegen können, muß er über die hierzu erforderlichen Informationen verfügen können. Da der Hauptaktionär nicht schon aufgrund dieser seiner Eigenschaft ein Weisungsrecht gegenüber dem Vorstand hat (§ 327 a Rdnr. 6), gibt ihm Abs. 1 S. 2 einen Anspruch auf Vorlage aller für die Anteilsbewertung notwendigen Unterlagen und auf Erteilung von Auskünften. Der Anspruch richtet sich gegen die *Gesellschaft* und ist für diese durch den Vorstand zu erfüllen,[11] der wiederum im Verhältnis zur Gesellschaft zum Tätigwerden verpflichtet und dadurch zugleich vom Verbot des § 93 Abs. 1 S. 2 befreit ist. Inhaltlich geht der Anspruch des Hauptaktionärs auf Überlassung der einschlägigen Zahlenwerke, darunter neben Bestandsverzeichnissen auch Plandaten und Risikobewertungen.[12] Ein Informationsverweigerungsrecht steht der Gesellschaft nicht zu.[13] Vorbehaltlich konzernrechtlicher Besonderheiten[14] ist der Hauptaktionär seinerseits aufgrund der mitgliedschaftlichen Treupflicht (§ 311 Rdnr. 4) der Gesellschaft gegenüber zur Verschwiegenheit verpflichtet.[15] Da der Hauptaktionär die Informationen nach Abs. 1 S. 2 in dieser seiner Eigenschaft und mit Blick auf sein Übertragungsverlangen erhält, haben die Minderheitsaktionäre kein erweitertes Informationsrecht nach § 131 Abs. 4.[16]

6   **3. Gläubiger. a) Aktionäre.** Abfindungsberechtigt sind diejenigen Aktionäre, deren Aktien nach § 327 e Abs. 3 auf den Hauptaktionär übergehen und die in § 327 a Abs. 1 S. 1, 327 e Abs. 3 S. 1 als Minderheitsaktionäre bezeichnet werden. Hierzu zählen auch die Gesellschaft selbst, soweit sie eigene Aktien hält,[17] und Aktionäre, deren Anteile nach § 16 Abs. 2 S. 3 eigenen Anteilen gleichstehen (§ 327 a Rdnr. 17). Ausgenommen sind dagegen

---

[7] *Hüffer* Rdnr. 6.
[8] MünchKommAktG/*Grunewald* Rdnr. 6, 8; *Hüffer* Rdnr. 6; s. ferner § 320 Rdnr. 13; allg. BGH NZG 2003, 216, 217.
[9] MünchKommAktG/*Grunewald* Rdnr. 6.
[10] MünchKommAktG/*Grunewald* Rdnr. 7.
[11] *Gesmann-Nuissl* WM 2002, 1205, 1208; MünchKommAktG/*Grunewald* Rdnr. 4; aA – für Verpflichtung des Vorstands – *Steinmeyer/Häger* Rdnr. 55.
[12] *Hüffer* Rdnr. 7; MünchKommAktG/*Grunewald* Rdnr. 5.
[13] *Hasselbach* in Kölner Kommentar zum WpÜG Rdnr. 8 mit zutr. Hinweis auf die Möglichkeit des Abschlusses einer Geheimhaltungsvereinbarung; MünchKommAktG/*Grunewald* Rdnr. 5, die der

Gesellschaft bei begründetem Mißbrauchsverdacht das Recht auf Einschaltung eines zur Berufsverschwiegenheit verpflichteten Vertreters des Hauptaktionärs gewährt; aA – für Auskunftsverweigerungsrecht – *Steinmeyer/Häger* Rdnr. 55.
[14] Im einfachen Konzern unterliegt die Informationsweitergabe den §§ 311, 317, im Vertragskonzern dem § 308.
[15] So zu Recht *Hüffer* Rdnr. 7.
[16] *Hüffer* Rdnr. 7; MünchKommAktG/*Grunewald* Rdnr. 5; *Hasselbach* in Kölner Kommentar zum WpÜG Rdnr. 9; s. auch § 312 Rdnr. 15.
[17] *Habersack* ZIP 2001, 1230, 1236; *Hüffer* Rdnr. 2; aA MünchKommAktG/*Grunewald* § 327 e Rdnr. 10. – Zur Rechtslage bei der Eingliederung s. § 320 a Rdnr. 3.

diejenigen Aktionäre, deren Aktien dem Hauptaktionär nach §§ 327 a Abs. 2, 16 Abs. 4 zugerechnet werden;[18] sie behindern den Hauptaktionär nicht in der Leitung der Gesellschaft, so daß es des Übergangs der von ihnen gehaltenen Aktien nicht bedarf.

b) Bezugsberechtigte. Was Options- und Wandelrechte[19] betrifft, so können sich diese **7** nicht mehr gegen die Gesellschaft richten;[20] andernfalls stünden die (bedingt) Bezugsberechtigten besser als die Aktionäre, was nicht nur wertungswidersprüchlich wäre, sondern gegebenenfalls ein erneutes Übertragungsverfahren erforderlich machen würde. Entsprechend der Rechtslage bei der Eingliederung (§ 320 b Rdnr. 8) ist deshalb davon auszugehen, daß das Umtausch- oder Optionsrecht nunmehr gegenüber dem Hauptaktionär fortbesteht, wobei – dadurch unterscheidet sich die Rechtslage von derjenigen bei der Eingliederung (§ 320 b Rdnr. 8) – von vornherein allein die Umwandlung des Bezugsrechts in einen gegen den Hauptaktionär gerichteten **Barabfindungsanspruch** in Betracht kommt.[21] Entsprechend der Rechtslage bei der Eingliederung (§ 320 b Rdnr. 8) dürfen allerdings insgesamt allenfalls Bezugsrechte auf 5% des Grundkapitals ausstehen.[22]

Fraglich ist allerdings, ob dieser Anspruch erst mit Eintritt der Bezugsvoraussetzungen **8** und Ausübung des Bezugsrechts fällig wird und damit auf Ersatz des Wertes der an sich zu beanspruchenden Aktien bei gleichzeitiger Verrechnung mit einer vom Erwerbsberechtigten zu erbringenden Einlage gerichtet ist,[23] oder ob **das Bezugsrecht als solches** (und damit unabhängig von seiner Ausübung) Gegenstand der Barabfindungsverpflichtung ist.[24] Soweit sich die fraglichen Erwerbsrechte, wie verbreitet, an dem Aktienkurs der Gesellschaft orientieren, kann schon mit Blick auf das sich an den Squeeze out anschließende Delisting[25] nur die zuletzt genannte Ansicht zutreffen. Aber auch im übrigen spricht für sie das allseitige Interesse an einer einheitlichen und zügigen Abwicklung. Mit Eintragung des Übertragungsbeschlusses haben somit die Bezugsberechtigten einen gegen den Hauptaktionär gerichteten, nach Maßgabe des § 327 b Abs. 2 zu verzinsenden Anspruch auf Barabfindung, wobei der Wert des Bezugsrechts anhand einer der gängigen Bewertungsmethoden zu ermitteln ist.[26] Gute Gründe sprechen dafür, den Bezugsberechtigten die Möglichkeit zuzusprechen, die Höhe der Abfindung im Rahmen eines **Spruchverfahrens** überprüfen zu lassen.[27] Wollte man dem nicht folgen, bliebe allein die gewöhnliche Leistungsklage. Die Bezugsrechte erlöschen nicht, sondern gehen entsprechend §§ 327 a Abs. 1 S. 1, 327 e Abs. 3 auf den Hauptaktionär über;[28] von dem Übergang unberührt bleiben dagegen etwaige Stammrechte, im Fall einer Wandel- oder Optionsanleihe also der auf Rückzahlung gerichtete Titel.

4. Angemessene Höhe. Schon der Übertragungsbeschluß muß nach § 327 a Abs. 1 **9** S. 1 eine Barabfindung vorsehen (§ 327 a Rdnr. 23). Diese muß „angemessen" sein, mithin dem Minderheitsaktionär **volle wirtschaftliche Entschädigung** für den Rechtsverlust

---

[18] Vgl. Begr. zum RegE, BT-Drucks. 14/7034, S. 72; ferner § 327 e Rdnr. 9; zu § 327 a Abs. 2 s. § 327 a Rdnr. 17.

[19] Zu gegen die Gesellschaft gerichteten Ansprüchen auf Verschaffung von Aktien s. § 320 b Rdnr. 8.

[20] So aber *Baums* S. 156 ff.; *ders.* WM 2001, 1843, 1847 ff.; *Schüppen* WPG 2001, 958, 975; *Steinmeyer/Häger* Rdnr. 33. Nachw. zur Gegenansicht s. in nachfolgender Fn.

[21] So auch *Hüffer* Rdnr. 3; MünchKommAktG/ *Grunewald* Rdnr. 10; *Grzimek* in Geibel/Süßmann § 327 e Rdnr. 31 f.; *Hasselbach* in Kölner Kommentar zum WpÜG § 327 e Rdnr. 22; Handelsrechtsausschuß des DAV NZG 2001, 420, 431; *Angerer* BKR 2002, 260, 267; *Ehricke/Roth* DStR 2001, 1120, 1121; *Gesmann-Nuissl* WM 2002, 1205, 1207; *Krieger* BB 2002, 53, 61; *Sieger/Hasselbach* ZGR 2002, 120, 158; *Vossius* ZIP 2002, 511, 513; *Wilsing/Kruse* ZIP 2002, 1465, 1467 ff. Nachw. zur Gegenansicht s. in voriger Fn.

[22] *Angerer* BKR 2002, 260, 167; *Gesmann-Nuissl* WM 2002, 1205, 1207; ähnlich MünchKommAktG/*Grunewald* Rdnr. 11; aA *Wilsing/Kruse* ZIP 2002, 1465, 1469.

[23] So *Grzimek, Hüffer, Krieger, Vossius, Handelsrechtsausschuß des DAV,* jew. aaO (Fn. 21).

[24] So *Wilsing/Kruse* ZIP 2002, 1465, 1467 ff.; MünchKommAktG/*Grunewald* Rdnr. 10.

[25] Vgl. § 37 Abs. 1 Nr. 2, Abs. 3 BörsG.

[26] Zum Black-Scholes-Modell s. *Adams* ZIP 2002, 1325 f.

[27] So auch MünchKommAktG/*Grunewald* § 327 f Rdnr. 7; in der Tendenz auch *Wilsing/Kruse* ZIP 2002, 1465, 1470. Zur Analogiefähigkeit der das Spruchverfahren eröffnenden Vorschriften s. BVerfG NJW 2001, 279, 281, BGH DB 2003, 544, 547 und dazu § 327 a Rdnr. 10.

[28] Überzeugend *Wilsing/Kruse* ZIP 2002, 1465, 1468.

gewähren.[29] **Vorerwerbspreise** sind nicht zu berücksichtigen.[30] Nach § 327 b Abs. 1 S. 1, 2. Halbs. sind die Verhältnisse der Gesellschaft im Zeitpunkt der Beschlußfassung der Hauptversammlung maßgebend; dieser **Bewertungsstichtag** entspricht demjenigen des § 305 Abs. 3 S. 2 betreffend den Beherrschungs- und Gewinnabführungsvertrag (§ 305 Rdnr. 56 ff.). Auch im übrigen folgt die Ermittlung des Anteilswerts den zu § 305 entwickelten Grundsätzen;[31] es kann deshalb uneingeschränkt auf § 305 Rdnr. 36 ff., 51 ff. verwiesen werden. Eine Anrechnung von Ausgleichsleistungen auf die Abfindung kommt auch im Rahmen des § 327 b nicht in Betracht.[32] Grundsätzlich darf die Abfindung auch im Rahmen des § 327 b Abs. 1 einen etwaigen **Börsenkurs** nicht unterschreiten.[33] Allerdings ist nicht auszuschließen, daß der Börsenkurs schon mangels hinreichender Liquidität – maximal 5% der Aktien befinden sich im Streubesitz – keinen verläßlichen Anhaltspunkt für den wahren Wert der Aktien liefert.[34] Das Vorliegen einer solchen **Marktenge** ist anhand der Kriterien des § 5 Abs. 4 WpÜG-Angebotsverordnung (Vor § 311 Rdnr. 13) zu beurteilen.[35] Liegen diese vor, ist dem Hauptaktionär der (von ihm darzulegende und zu beweisende) Einwand eröffnet, daß der tatsächliche Anteilswert unter dem Börsenkurs liegt.[36] Die Minderheitsaktionäre können dagegen nicht nur, aber auch bei Vorliegen einer Marktenge einwenden, daß der Anteilswert über dem Börsenkurs liegt (§ 305 Rdnr. 46 ff., 47 f). De lege ferenda empfiehlt sich die Einführung einer *widerlegbaren*[37] Vermutung des Inhalts, daß ein Abfindungsangebot im Rahmen eines zeitnah vorangegangenen Übernahme- oder Pflichtangebots, das von 90% der Adressaten angenommen wird, den angemessenen Preis widerspiegelt.[38]

III. Verzinsung (Abs. 2)

10   Nach § 327 b Abs. 2, 1. Halbs. ist die Barabfindung von der Bekanntmachung (§ 10 HGB) der Eintragung des Übertragungsbeschlusses (§ 327 e) an mit jährlich **2% über dem Basiszins** (§ 247 BGB) zu verzinsen. Auf den Verzug des Hauptaktionärs kommt es nicht an. All' dies entspricht §§ 305 Abs. 3 S. 3, 320 b Abs. 1 S. 6, weshalb auf die Ausführungen in § 305 Rdnr. 31 und § 320 b Rdnr. 13 zu verweisen ist. Entsprechendes gilt für die in § 327 b Abs. 2, 2. Halbs. vorbehaltene Geltendmachung eines weitergehenden Schadens; wie im Fall der §§ 305 Abs. 3 S. 3, 320 b Abs. 1 S. 6 setzt sie die Verwirklichung einer entsprechenden Anspruchsgrundlage voraus.[39] Hieran fehlt es, soweit die Minderheitsaktionäre einen Veräußerungsgewinn nach § 23 Abs. 1 Nr. 2 EStG zu versteuern haben.[40]

IV. Gewährleistung durch Kreditinstitut (Abs. 3)

11   **1. Funktion.** Nach § 327 e Abs. 3 S. 1 gehen die Aktien der Minderheitsaktionäre mit Eintragung des Übertragungsbeschlusses auf den Hauptaktionär über. Anstelle ihres Anteils-

[29] BVerfGE 100, 289, 305 f. = NJW 1999, 3769; BVerfG NJW 2001, 279 = ZIP 2000, 1670; BGH DB 2003, 544, 547; s. ferner Begr. zum RegE, BT-Drucks. 14/7034, S. 72.

[30] *Krieger* BB 2002, 53, 57; *Hasselbach* in Kölner Kommentar zum WpÜG Rdnr. 24; aA betr. den Unternehmensvertrag § 305 Rdnr. 49 f. (*Emmerich*).

[31] So auch *Hüffer* Rdnr. 5; MünchKommAktG/ *Grunewald* Rdnr. 9.

[32] LG Hamburg DB 2002, 2478, 2479 = BB 2002, 2625 mit ablehnender Anm. *Beier/Bungeroth*; näher dazu § 305 Rdnr. 33.

[33] S. BVerfGE 100, 289, 309 f. = NJW 1999, 3769 und dazu § 305 Rdnr. 44 ff.

[34] Allgemein hierzu BGH NJW 2001, 2080, 2083; zu § 327 b *Ehricke/Roth* DStR 2001, 1120, 1123; *Habersack* ZIP 2001, 1230, 1236; *Krieger* BB 2002, 53, 56; *Schiessl* AG 1999, 442, 451 f.; *Vetter*

ZIP 2000, 1817, 1822; *ders.* AG 2002, 176, 188; MünchKommAktG/*Grunewald* Rdnr. 9; *Hüffer* Rdnr. 5.

[35] *Krieger* BB 2002, 53, 56; MünchKommAktG/ *Grunewald* Rdnr. 9; aA *Angerer* BKR 2002, 260, 264.

[36] Vgl. die Nachw. in Fn. 34.

[37] Anders noch § 327 b Abs. 1 S. 3 in der Fassung des RegE, s. Rdnr. 2.

[38] Vgl. *Wenger/Kaserer/Hecker* ZBB 2001, 317, 330 ff.; *Krieger* BB 2002, 52, 57; *Fleischer* ZGR 2002, 757, 782 f.; MünchKommAktG/*Grunewald* Rdnr. 9.

[39] MünchKommAktG/*Grunewald* Rdnr. 12; *Hasselbach* in Kölner Kommentar zum WpÜG Rdnr. 14; *Hüffer* Rdnr. 8.

[40] Verkannt von *Heidel*, Financial Times Deutschland vom 7. 5. 2002, S. 38.

eigentums erwerben die Minderheitsaktionäre zwar den Anspruch auf Barabfindung. Ungeachtet des Umstands, daß dieser Anspruch nach § 327 e Abs. 3 S. 2 einstweilen durch etwaige Aktienurkunden verbrieft ist, handelt es sich bei ihm aber nur um einen gewöhnlichen schuldrechtlichen Titel. Um die Risiken, die den Minderheitsaktionären durch die ihnen abverlangte **Vorleistung** erwachsen, zu minimieren, hat der Hauptaktionär nach § 327 b Abs. 3 dem Vorstand eine Gewährleistungserklärung eines in der Bundesrepublik zum Geschäftsbetrieb befugten Kreditinstituts (§§ 1 Abs. 1, 32 KWG)[41] zu übermitteln. Hierdurch soll den Minderheitsaktionären ein zusätzlicher Anspruch gegen einen im allgemeinen solventen Schuldner eingeräumt und damit die Durchsetzung ihres Abfindungsanspruchs erleichtert werden.[42] Bei der Mehrheitseingliederung hat der Gesetzgeber zwar auf eine entsprechende Sicherung verzichtet (§ 320 b Rdnr. 4). Indes stellen §§ 319 ff. nicht nur besondere Anforderungen an die Person der Hauptgesellschaft (§ 319 Rdnr. 4). Vielmehr haben die aus der eingegliederten ausgeschiedenen Aktionäre grundsätzlich Anspruch auf Abfindung in Aktien der Hauptgesellschaft (§ 320 b Rdnr. 5 ff.); ein solcher Anspruch aber ist auch noch in der Krise der Gesellschaft ohne weiteres durchsetzbar.

2. Inhalt und Rechtsnatur der Erklärung. Das Kreditinstitut muß nach § 327 b **12** Abs. 3 die „Gewährleistung" für die Erfüllung der Verpflichtung des Hauptaktionärs übernehmen. Erforderlich ist die Abgabe eines eigenen **Zahlungsversprechens;**[43] eine Finanzierungsbestätigung iSd. § 13 Abs. 1 S. 2 WpÜG[44] genügt nicht. Besondere Anforderungen an die Rechtsnatur des Zahlungsversprechens stellt § 327 b Abs. 3 freilich nicht. Neben einer Garantie kommen deshalb auch ein Bürgschaftsversprechen und ein Schuldbeitritt in Betracht.[45] Die Einrede der Vorausklage[46] oder ein vergleichbares Leistungsverweigerungsrecht darf sich das Kreditinstitut nicht vorbehalten.[47] Zwar bezieht sich das Erfordernis „unverzüglicher" Zahlung in Abs. 3 in der Tat nur auf die Verpflichtung des Hauptaktionärs; das Kreditinstitut hat jedoch genau diese unverzügliche Zahlung zu gewährleisten, weshalb es nicht angeht, den Minderheitsaktionär zuvor auf die Geltendmachung seines Anspruchs gegen den Hauptaktionär zu verweisen. Gleichfalls unzulässig sind die Aufnahme von Bedingungen und die Befristung des Zahlungsversprechens;[48] die Zahlungspflicht des Kreditinstituts darf vielmehr erst mit Erfüllung sämtlicher Abfindungsverpflichtungen erlöschen (Rdnr. 16). Umgekehrt ist die Übernahme einer Verpflichtung zur Zahlung auf erstes Anfordern nicht erforderlich.[49]

3. Vertragsschluß und Gläubiger. Das Zahlungsversprechen muß **sämtliche Min- 13 derheitsaktionäre** einschließen, also auch diejenigen, die noch vor Eintragung des Übertragungsbeschlusses Aktionär geworden sind;[50] nach hier vertretener Ansicht muß es zudem die **Bezugsberechtigten** umfassen (Rdnr. 14). Schon mit Blick auf den zeitlichen Ablauf (Rdnr. 14) wird der Vertrag als echter **Vertrag zugunsten Dritter** ausgestaltet

[41] Dazu näher *Hasselbach* in Kölner Kommentar zum WpÜG Rdnr. 29.

[42] Begr. zum RegE, BT-Drucks. 14/7034, S. 72; s. ferner *Handelsrechtsausschuß des DAV* NZG 1999, 850, 851; ders. NZG 2001, 420, 432.

[43] *Hüffer* Rdnr. 10; *Hasselbach* in Kölner Kommentar zum WpÜG Rdnr. 30; aA MünchKommAktG/*Grunewald* Rdnr. 15, die auch die Stellung von Sicherheiten nach § 232 Abs. 1 BGB für möglich hält.

[44] Dazu *Berrar* ZBB 2002, 174, 175 ff.; *Singhof/Weber* WM 2002, 1158 ff.; *Vogel* ZIP 2002, 1421 ff.

[45] So auch MünchKommAktG/*Grunewald* Rdnr. 15; *Hasselbach* in Kölner Kommentar zum WpÜG Rdnr. 30.

[46] Sie ist nach § 349 S. 1 HGB ohnehin ausgeschlossen.

[47] *Krieger* BB 2002, 53, 58; *Singhof/Weber* WM 2002, 1158, 1168; *Grzimek* in Geibel/Süßmann

Rdnr. 43; aA MünchKommAktG/*Grunewald* Rdnr. 15; *Steinmeyer/Häger* Rdnr. 61; *Sieger/Hasselbach* ZGR 2002, 120, 151; *Fuhrmann/Simon* WM 2002, 1211, 1216.

[48] S. zur Unzulässigkeit von Bedingungen *Hüffer* Rdnr. 10 und MünchKommAktG/*Grunewald* Rdnr. 15, zur Unzulässigkeit einer Befristung neben *Grunewald*, aaO, noch *Hasselbach* in Kölner Kommentar zum WpÜG Rdnr. 30; *Singhof/Weber* WM 2002, 1158, 1167; *Vossius* ZIP 2002, 511, 512; aA – für Zulässigkeit einer Befristung (3 bis 6 Monate) – *Fuhrmann/Simon* WM 2002, 1211, 1216.

[49] *Krieger* BB 2002, 53, 58; *Singhof/Weber* WM 2002, 1158, 1168; näher zu Bürgschaft und Garantie auf erstes Anfordern MünchKommBGB/*Habersack* Vor § 765 Rdnr. 25 ff., § 765 Rdnr. 99 f.

[50] So auch MünchKommAktG/*Grunewald* Rdnr. 15; zumindest tendenziell auch *Singhof/Weber* WM 2002, 1158, 1168.

sein.[51] Vertragspartner des Kreditinstituts ist nicht notwendigerweise, aber in aller Regel der Hauptschuldner, mithin der Hauptaktionär; eine Übernahme der Avalprovision durch die Gesellschaft ist allenfalls unter den Voraussetzungen der §§ 311, 317, § 308 statthaft

14 **4. Maßgeblicher Zeitpunkt.** Das Zahlungsversprechen ist nach § 327 b Abs. 3 vom Hauptaktionär vor Einberufung der Hauptversammlung (§ 327 a Rdnr. 20) dem Vorstand zu übermitteln. Es muß deshalb vor Einberufung wirksam begründet und als solches, d. h. in der Form, in der es vom Kreditinstitut erklärt worden ist, an den Vorstand weitergeleitet werden. Unmittelbare Übermittlung des Versprechens vom Kreditinstitut an die Gesellschaft genügt, wenn (was sich wohl schon aus der Erklärung selbst ergibt) ersichtlich ist, daß die Erklärung zur Sicherung einer Verbindlichkeit des Hauptaktionärs und auf dessen Rechnung abgegeben wird.[52] **Schriftform** ist in § 327 b nicht vorgeschrieben und nach § 350 HGB selbst im Fall eines Bürgschaftsversprechens (Rdnr. 12) entbehrlich, empfiehlt sich aber durchweg. Beruft der Vorstand die Hauptversammlung ein, ohne daß die Erklärung des Kreditinstituts vorliegt, kann dies nach § 93 Abs. 2 der Gesellschaft gegenüber zu Schadensersatz verpflichten.[53] Beschließt die Hauptversammlung die Übertragung, ohne daß die Gewährleistungsübernahme durch ein Kreditinstitut vorliegt, so begründet dies die **Anfechtbarkeit** des Übertragungsbeschlusses nach § 243 Abs. 1 (§ 327 f Rdnr. 5);[54] eine Heilung des Beschlußmangels durch Nachreichen der Gewährleistungsübernahme ist nicht möglich.[55] Eine Ausnahme ist nur für den Fall anzuerkennen, daß die Barabfindung in der Hauptversammlung erhöht wird (§ 327 c Rdnr. 6); dann muß es genügen, daß der Erhöhungsbetrag bis zur Eintragung des Übertragungsbeschlusses garantiert ist.

15 **5. Umfang der Gewährleistung.** Die Gewährleistung muß sich, so heißt es in § 327 b Abs. 3, letzter Halbs., auf die Verpflichtung des Hauptaktionärs zur Zahlung der von diesem nach § 327 b Abs. 1 S. 1 **festgelegten Barabfindung** beziehen. Entscheidend ist der im Übertragungsbeschluß genannte Betrag der Abfindung. Wird also die nach § 327 c Abs. 1 Nr. 2 bekannt gemachte Barabfindung in der Hauptversammlung erhöht (§ 327 c Rdnr. 6), muß auch der erhöhte Betrag abgedeckt sein (Rdnr. 14). Die Zahlung einer im Spruchstellenverfahren festgesetzten Erhöhung braucht somit nicht garantiert werden,[56] des gleichen die Zahlung von Zinsen gemäß § 327 b Abs. 2[57] oder von Schadensersatz.

16 **6. Erlöschen.** Die Zahlungsverpflichtung des Kreditinstituts erlicht **mit Erfüllung der Barabfindungsverpflichtung** durch den Hauptaktionär. Für die Bürgschaft folgt dies aus deren akzessorischen Charakter, für eine Gesamtschuld begründende Zahlungspflichten aus § 422 Abs. 1 S. 1 BGB. Der Erfüllung gleich stehen die Erfüllungssurrogate, darunter insbes. die **Hinterlegung** unter Verzicht auf die Rücknahme nach §§ 372 ff. BGB. Letztere ist zumindest unter den Voraussetzungen des § 214 Abs. 2 statthaft.[58] Sowohl die Verpflichtung des Hauptaktionärs als auch diejenige des Kreditinstituts unterliegen der **Verjährung** nach § 195 BGB; der Bürge kann sich zudem nach § 768 Abs. 1 S. 1 BGB auf die aus dem Hauptschuldverhältnis abgeleitete Verjährungseinrede berufen.

[51] *Hüffer* Rdnr. 10; MünchKommAktG/*Grunewald* Rdnr. 16. Allgemein zu Bürgschaft und Garantie zugunsten Dritter BGH NJW 2002, 3327; WM 2001, 400, 401; MünchKommBGB/*Habersack* § 765 Rdnr. 11.
[52] Zutr. *Hüffer* Rdnr. 10.
[53] *Hüffer* Rdnr. 9; s. aber auch § 327 a Rdnr. 20: grundsätzlich keine Einberufung einer außerordentlichen Hauptversammlung.
[54] *Hüffer* Rdnr. 9; MünchKommAktG/*Grunewald* Rdnr. 19; *Krieger* BB 2002, 53, 58; *Schüppen* WPG 2001, 958, 975.
[55] *Singhof/Weber* WM 2002, 1158, 1167; *Hasselbach* in Kölner Kommentar zum WpÜG Rdnr. 34; wohl auch *Krieger* BB 2002, 53, 58; aA MünchKommAktG/*Grunewald* Rdnr. 19.

[56] Ganz hM, s. *Hüffer* Rdnr. 10; *Hasselbach* in Kölner Kommentar zum WpÜG Rdnr. 31 f.; MünchKommAktG/*Grunewald* Rdnr. 18; *Grzimek* in Geibel/Süßmann Rdnr. 42; *Fuhrmann/Simon* WM 2001, 1211, 1216; *Krieger* BB 2002, 53, 58; *Singhof/Weber* WM 2002, 1158, 1168; *Vetter* AG 2002, 176, 189; zweifelnd *Sieger/Hasselbach* ZGR 2002, 120, 151; s. aber auch *Meilicke* DB 2001, 2387, 2389, der sich während des Gesetzgebungsverfahrens für eine entsprechende Änderung des § 327 b AktG-E ausgesprochen hatte; aA *Steinmeyer/Häger* § 327 f Rdnr. 15, 23.
[57] *Hasselbach* in Kölner Kommentar zum WpÜG Rdnr. 31 f.; MünchKommAktG/*Grunewald* Rdnr. 18; *Fuhrmann/Simon* WM 2002, 1211, 1216.
[58] Zutr. *Vossius* ZIP 2002, 511, 515.

§ 327 c Vorbereitung der Hauptversammlung

(1) Die Bekanntmachung der Übertragung als Gegenstand der Tagesordnung hat folgende Angaben zu enthalten:

1. Firma und Sitz des Hauptaktionärs, bei natürlichen Personen Name und Adresse;
2. die vom Hauptaktionär festgelegte Barabfindung.

(2) Der Hauptaktionär hat der Hauptversammlung einen schriftlichen Bericht zu erstatten, in dem die Voraussetzungen für die Übertragung dargelegt und die Angemessenheit der Barabfindung erläutert und begründet werden. Die Angemessenheit der Barabfindung ist durch einen oder mehrere sachverständige Prüfer zu prüfen. Diese werden auf Antrag des Hauptaktionärs vom Gericht ausgewählt und bestellt. § 293 a Abs. 2 und 3, § 293 c Abs. 1 Satz 3 bis 5 sowie die §§ 293 d und 293 e sind sinngemäß anzuwenden. In Rechtsverordnungen nach § 293 c Abs. 2 kann die Entscheidung nach Satz 3 in Verbindung mit § 293 c Abs. 1 Satz 3 bis 5 entsprechend übertragen werden.

(3) Von der Einberufung der Hauptversammlung an sind in dem Geschäftsraum der Gesellschaft zur Einsicht der Aktionäre auszulegen

1. der Entwurf des Übertragungsbeschlusses;
2. die Jahresabschlüsse und Lageberichte für die letzten drei Geschäftsjahre;
3. der nach Absatz 2 Satz 1 erstattete Bericht des Hauptaktionärs;
4. der nach Absatz 2 Satz 2 bis 4 erstattete Prüfungsbericht.

(4) Auf Verlangen ist jedem Aktionär unverzüglich und kostenlos eine Abschrift der in Absatz 3 bezeichneten Unterlagen zu erteilen.

Schrifttum: Vgl. die Angaben zu §§ 327 a, 327 b, ferner *Eisolt*, Die Squeeze-out-Prüfung nach § 327 c Abs. 2 AktG, DStR 2002, 1145; *Wendt*, Die Auslegung des letzten Jahresabschlusses zur Vorbereitung der Hauptversammlung – Strukturmaßnahmen als „Saisongeschäft"?, DB 2003, 191.

Übersicht

I. Einführung

1. Inhalt und Zweck der Vorschrift. Die Vorschrift entspricht weitgehend §§ 319 **1** Abs. 3, 320 Abs. 2 bis 4 und regelt im wesentlichen die **Informationspflichten** gegenüber den Minderheitsaktionären. Wie § 320 Abs. 2 S. 1 (§ 320 Rdnr. 13) statuiert auch § 327 c Abs. 1 besondere Anforderungen an die Bekanntmachung der Tagesordnung der Hauptversammlung. Durch die frühzeitige Information über die Person des Hauptaktionärs und die Höhe der Barabfindung soll es den Minderheitsaktionären ermöglicht werden, in Ruhe über die Einleitung eines Spruchverfahrens nach § 327 f Abs. 1 S. 2 zu entscheiden.[1] Die in Abs. 2 geregelte *Berichts- und Prüfungspflicht* soll die Minderheitsaktionäre insbes. in die Lage versetzen, die der Festlegung der Barabfindung zugrunde liegenden Überlegungen nachzu-

---

[1] S. § 320 Rdnr. 13, ferner *Hüffer* Rdnr. 1.

vollziehen,[2] und zugleich das Spruchverfahren entlasten (§ 320 Rdnr. 18). Abs. 3 und 4 regeln die *Auslegung von Unterlagen und die Erteilung von Abschriften* und sollen den Minderheitsaktionären die Vorabinformation ermöglichen.

2   **2. Entstehungsgeschichte.** Die Vorschrift geht auf Art. 7 Nr. 2 WpÜG zurück (§ 327 a Rdnr. 3).[3] Sie hat gegenüber dem Regierungsentwurf[4] zwei Änderungen erfahren. Zum ersten sollte nach § 327 c Abs. 2 S. 2 in der Fassung des Regierungsentwurfs die Prüfung der Angemessenheit der Abfindung in den Fällen des § 327 b Abs. 1 S. 3 der Entwurfsfassung (§ 327 b Rdnr. 2) entbehrlich sein; dieser Ausnahmetatbestand hat sich infolge der Streichung des § 327 b Abs. 1 S. 3 des Entwurfs erübrigt. Zum zweiten sah noch der Regierungsentwurf die Bestellung der Prüfer durch den Hauptaktionär vor. Auf die Beschlußempfehlung des Finanzausschusses (§ 327 a Rdnr. 3) hin hat der Gesetzgeber sodann bestimmt, daß Auswahl und Bestellung durch das Gericht erfolgen. Art. 2 Nr. 1 und 5 des Regierungsentwurfs eines Spruchverfahrensneuordnungsgesetzes sieht nunmehr entsprechende Änderungen der §§ 293 c, 320 Abs. 3 S. 2 vor (§ 293 c Rdnr. 3 ff.; § 320 Rdnr. 2).

3   **3. Kapitalmarktrechtliche Informationspflichten.** In § 327 c sind allein die aktienrechtlichen Informationspflichten gegenüber den Minderheitsaktionären geregelt. Hiervon unberührt bleibt die Verpflichtung zur Veröffentlichung einer Ad-hoc-Mitteilung nach § 15 Abs. 1 WpHG.[5] Zur Veröffentlichung verpflichtet ist allerdings allenfalls der **Hauptaktionär,** und auch dies nur bei Vorliegen der erforderlichen Kursrelevanz der Tatsache; der Tätigkeitsbereich der Gesellschaft ist dagegen durch den Squeeze out nicht betroffen.[6] Solange die Entscheidung über die Durchführung des Squeeze out und die Festlegung der Höhe der Barabfindung nicht öffentlich bekannt sind, handelt es sich bei ihnen um **Insidertatsachen** iSd. § 13 Abs. 1 WpHG.

II. Bekanntmachung der Tagesordnung (Abs. 1)

4   **1. Allgemeines.** Die vom Hauptaktionär begehrte Übertragung der Aktien der Minderheit erfolgt durch Beschluß der Hauptversammlung (§ 327 a Rdnr. 20 ff.) und ist deshalb nach § 124 Abs. 1 S. 1 als Gegenstand der Tagesordnung bekannt zu machen. § 327 c Abs. 1 knüpft hieran an und statuiert in Anlehnung an § 320 Abs. 2 S. 1 (§ 320 Rdnr. 13) Angaben über die Person des Hauptaktionärs und die Höhe der Barabfindung (Rdnr. 5). Genügt die Bekanntmachung nicht den Anforderungen des Abs. 1, darf nach § 124 Abs. 4 S. 1 über die Übertragung nicht beschlossen werden. Ein gleichwohl gefaßter Beschluß ist grundsätzlich nach § 243 Abs. 1 anfechtbar; in Ausnahmefällen kann es allerdings an der Relevanz der Informationspflichtverletzung fehlen.[7]

5   **2. Hauptaktionär.** Die Bekanntmachung hat zunächst den Hauptaktionär, mithin den Erwerber der Aktien und Schuldner der Barabfindung, zu bezeichnen. Dies hat im allgemeinen und so auch bei Einzelkaufleuten durch Angabe von **Firma und Sitz** zu erfolgen, wobei bei Einzelkaufleuten der Ort der Hauptniederlassung anzugeben ist. Bei ausländischen Gesellschaften ist ein Rechtsformzusatz auch dann erforderlich, wenn dieser nicht Bestandteil der Firma ist.[8] Eine Gesellschaft bürgerlichen Rechts (§ 327 a Rdnr. 15) kann, soweit vorhanden, durch ihren Namen gekennzeichnet werden. Angaben hinsichtlich der Gesell-

---

[2] So Begr. zum RegE, BT-Drucks. 14/7034, S. 73.

[3] Gesetz zur Regelung von öffentlichen Angeboten zum Erwerb von Wertpapieren und von Unternehmensübernahmen vom 20. 12. 2001, BGBl. I S. 3822, 3839.

[4] BT-Drucks. 14/7034.

[5] *Bundesaufsichtsamt für den Wertpapierhandel (BAWe)*, Rundschreiben vom 26. 4. 2002, NZG 2002, 563; dazu auch *Vetter* AG 2002, 176, 186.

[6] *BAWe* (Fn. 5).

[7] *Hüffer* Rdnr. 2, dort auch zutr. Hinweis darauf, daß die Relevanz der Gesetzesverletzung fehlen kann, wenn die Angaben zur Person des Hauptaktionärs (Rdnr. 5) nicht vollauf gelungen sind; s. ferner MünchKommAktG/*Grunewald* Rdnr. 5. Allgemein zum Erfordernis der Relevanz der Informationspflichtverletzung § 319 Rdnr. 18 (mit Nachw. in Fn. 43).

[8] *Grzimek* in Geibel/Süßmann Rdnr. 3; MünchKommAktG/*Grunewald* Rdnr. 3.

schafter sind mit Blick auf das Erfordernis einer Gewährleistung der Barabfindung durch ein Kreditinstitut entbehrlich;[9] die persönliche Gesellschafterhaftung bleibt hiervon allerdings unberührt.[10] Bei natürlichen Personen sind **Name und Adresse** anzugeben, wobei zur Adresse neben dem Wohnort auch Straße und Hausnummer gehören.[11] E-mail-Adresse genügt nicht, wohl aber eine von der Privatadresse abweichende Geschäftsadresse, sofern sie sich am allgemeinen Gerichtsstand befindet und für Zustellungen eignet.[12] Bei Erben- und Gütergemeinschaften sind Name und Adresse der einzelnen Mitglieder anzugeben.[13]

3. Barabfindung. In der Bekanntmachung anzugeben ist des weiteren die vom Haupt- **6** aktionär festgelegte Barabfindung, mithin der Betrag, der pro Aktie einer bestimmten Gattung gezahlt werden soll. Wie im Fall der Eingliederung (§ 320 Rdnr. 13) steht es der Ordnungsmäßigkeit der Bekanntmachung und damit zugleich des Übertragungsbeschlusses nicht entgegen, daß das Angebot in der Hauptversammlung erhöht wird. In diesem Fall muß allerdings auch die vom Hauptaktionär zu stellende Bankgarantie den Erhöhungsbetrag abdecken (§ 327 b Rdnr. 14 f.).

III. Bericht und Prüfung (Abs. 2)

1. Berichtspflicht. Nach § 327 c Abs. 2 S. 1 hat der Hauptaktionär der Hauptversamm- **7** lung einen schriftlichen Bericht zu erstatten und dadurch für die Information der Minderheitsaktionäre über die wesentlichen Eckdaten des Übertragungsbeschlusses (Rdnr. 8) zu sorgen. Das Gesetz lehnt sich hierbei vor allem[14] an die in §§ 319 Abs. 3 Nr. 3, 320 Abs. 4 S. 2 vorgesehene Berichtspflicht (§ 319 Rdnr. 18 ff.; § 320 Rdnr. 16) an. Während der Eingliederungsbericht Sache des Vorstands der Hauptgesellschaft ist, richtet sich § 327 c Abs. 2 S. 1 unmittelbar an den Hauptaktionär, der freilich, wenn es sich bei ihm um eine Gesellschaft handelt, durch das Geschäftsführungsorgan vertreten wird. Anders als §§ 293 a Abs. 1 S. 1, 319 Abs. 3 Nr. 3, 320 Abs. 4 S. 2, § 8 Abs. 1 S. 1 UmwG verzichtet § 327 c Abs. 2 S. 1 zwar auf das Erfordernis der Ausführlichkeit des Berichts; ungeachtet dessen muß der Bericht die erforderliche Kapitalbeteiligung des Hauptaktionärs und die Angemessenheit der Barabfindung schlüssig und plausibel darlegen. Bei Berichtsmängeln ist der Übertragungsbeschluß anfechtbar.[15]

Was den Inhalt des Berichts betrifft, so hat der Hauptaktionär zunächst die **Voraus-** **8** **setzungen für die Übertragung** und damit das Vorliegen einer Gewährleistung der Abfindung durch ein Kreditinstitut (§ 327 b Rdnr. 11 ff.) und einer Kapitalbeteiligung von mindestens 95% des Grundkapitals (§ 327 a Rdnr. 14 ff.) darzulegen. Etwaige Zurechnungen (§ 327 a Rdnr. 17) sind im einzelnen, d. h. unter genauer Bezeichnung der Person des Aktionärs, dessen Aktien zugerechnet werden, und des Zurechnungsgrundes zu erläutern,[16] ebenso die Nichtberücksichtigung eigener Aktien der Gesellschaft (§ 327 a Rdnr. 17). Belehrungen über die steuerlichen und zivilrechtlichen Folgen der Übertragung sind ebenso entbehrlich wie eine Begründung des Squeeze out.[17]

Des weiteren muß der Bericht die **Angemessenheit der Barabfindung** erläutern und **9** begründen. Dies entspricht, abgesehen von dem Verzicht auf das Erfordernis der Ausführlichkeit (Rdnr. 7), der Rechtslage nach §§ 293 a, 320 Abs. 4 S. 2. Wie dort (§ 293 a Rdnr. 24 ff.) ist somit über die Methode und das Ergebnis der Unternehmensbewertung zu

---

[9] So zu Recht MünchKommAktG/*Grunewald* Rdnr. 3; *Hüffer* Rdnr. 2.

[10] Dazu BGHZ 142, 315; 146, 341; s. aber auch BGHZ 150, 1.

[11] *Hüffer* Rdnr. 2; MünchKommAktG/*Grunewald* Rdnr. 3.

[12] *Hüffer* Rdnr. 2; weitergehend wohl *Fuhrmann/Simon* WM 2002, 1211, 1213.

[13] S. die Nachw. in Fn. 11; zur Frage der Aktionärseigenschaft von Erben- und Gütergemeinschaft s. *Hüffer* § 2 Rdnr. 11; zur fehlenden Rechtsfähig-

keit der Erbengemeinschaft s. BGH NJW 2002, 3389.

[14] S. ferner § 293 a und dazu § 293 a Rdnr. 19 ff.; ferner § 8 Abs. 1 S. 1 UmwG.

[15] § 293 a Rdnr. 40, dort auch zum Erfordernis der Relevanz.

[16] *Vetter* AG 2002, 176. 187; MünchKommAktG/*Grunewald* Rdnr. 7.

[17] *Fuhrmann/Simon* WM 2002, 1211, 1216; *Krieger* BB 2002, 53, 59; MünchKommAktG/*Grunewald* Rdnr. 9.

berichten, ferner darzulegen und zu begründen, weshalb der Börsenkurs unterschritten oder nicht überschritten worden ist (§ 327 b Rdnr. 9). Nach § 327 c Abs. 2 S. 4 finden die **Schutzklausel** des § 293 a Abs. 2 (§ 293 a Rdnr. 30 ff.) und die in § 293 a Abs. 3 vorgesehene Möglichkeit des **Verzichts** (§ 293 a Rdnr. 34 ff.) entsprechende Anwendung, wobei über die Bezugnahme auf § 293 a Abs. 2 schutzwürdige Geheimhaltungsinteressen sowohl des Hauptaktionärs als auch der Gesellschaft Berücksichtigung finden.

10   **2. Prüfung der Angemessenheit der Barabfindung.** Die Angemessenheit der Barabfindung (und nur sie)[18] ist nach § 327 c Abs. 2 S. 2 durch einen oder mehrere sachverständige Prüfer zu prüfen, und zwar auch dann, wenn die Abfindung der im Rahmen eines Übernahme- oder Pflichtangebots gebotenen Geldleistung (Rdnr. 2; § 327 b Rdnr. 2) oder dem Börsenkurs (§ 327 b Rdnr. 9) entspricht. Die Einzelheiten ergeben sich aus dem in § 327 c Abs. 2 S. 4 in Bezug genommenen § 293 e (dazu § 293 e Rdnr. 5 ff.); er betrifft zwar nur den Prüfungsbericht (Rdnr. 13), legt damit aber zugleich den Prüfungsgegenstand fest.

11   Auswahl und Bestellung der Prüfer erfolgen nach § 327 c Abs. 2 S. 3 auf Antrag des Hauptaktionärs durch das **Gericht** (Rdnr. 2). Hierdurch soll die Unabhängigkeit des Prüfers gewährleistet, das Spruchverfahren entlastet und ein gleichwohl beantragtes Spruchverfahren beschleunigt werden (§ 293 c Rdnr. 3 ff.). Schuldner der Vergütung ist der Hauptaktionär.[19] Eine Überprüfung der Rechtmäßigkeit des Squeeze out durch das den Prüfer bestellende Gericht ist nicht vorgesehen.[20] Die Zuständigkeit für die Bestellung richtet sich nach §§ 327 c Abs. 2 S. 4, 293 c Abs. 1 S. 3 und 4. Die Möglichkeit der **Verfahrenskonzentration** (§ 293 c Rdnr. 14) ist in § 327 c Abs. 2 S. 5 iVm. § 293 c Abs. 2 vorgesehen, setzt aber voraus, daß von der Verordnungsermächtigung des § 327 c Abs. 2 S. 5 Gebrauch gemacht und eine bestehende landesrechtliche Regelung auf das Übertragungsverfahren erstreckt wird.[21]

12   Was die **Auswahl**, das **Auskunftsrecht** und die **Verantwortlichkeit** der Prüfer betrifft, so nimmt § 327 c Abs. 2 S. 4 auf die Vorschriften des § 293 d Abs. 1 und 2 Bezug, deren Satz 1 jeweils auf die §§ 319 Abs. 1 bis 3, 320 Abs. 1 S. 2, Abs. 2 S. 1, 2, 323 HGB weiterverweist; wegen der Einzelheiten ist auf die Erläuterungen zu § 293 d sowie auf § 320 Rdnr. 19 f. zu verweisen.[22] Da die Bestellungsverbote des § 319 Abs. 2, 3 HGB nach §§ 327 c Abs. 2 S. 4, 293 d Abs. 1 S. 1 nur entsprechende Anwendung finden, müssen sie auch dann eingreifen, wenn sie nur in Bezug auf den Hauptaktionär verwirklicht sind.[23] Nach §§ 327 c Abs. 2 S. 4, 293 d Abs. 2 S. 2 haftet der Prüfer sowohl dem Hauptaktionär als auch den Minderheitsaktionären.[24]

13   Nach §§ 327 c Abs. 2 S. 4, 293 e hat der Prüfer einen **Prüfungsbericht** zu erstellen, der sodann nach § 327 c Abs. 3 Nr. 4 auszulegen ist (Rdnr. 14). Die Anforderungen an Form und Inhalt des Berichtes ergeben sich im einzelnen aus § 293 e Abs. 1 S. 2 und 3 (§ 293 e Rdnr. 5 ff.).[25] Die Minderheitsaktionäre haben nach §§ 327 c Abs. 2 S. 4, 293 e Abs. 2, 293 a Abs. 3 die Möglichkeit des **Verzichts** auf den Prüfungsbericht (§ 293 e Rdnr. 22).

---

[18] Nicht dagegen das Vorliegen der in Rdnr. 8 genannten Voraussetzungen, s. MünchKommAktG/*Grunewald* Rdnr. 11; *Eisolt* DStR 2002, 1145, 1147; *Sieger/Hasselbach* ZGR 2002, 120, 139.

[19] *Hasselbach* in Kölner Kommentar zum WpÜG Rdnr. 20; vgl. hierzu auch *Eisolt* DStR 2002, 1145, 1147.

[20] MünchKommAktG/*Grunewald* Rdnr. 12; aA *K. Mertens* AG 2002, 377, 382.

[21] *Hüffer* Rdnr. 5; MünchKommAktG/*Grunewald* Rdnr. 12.

[22] S. ferner die Nachw. unveröffentlichter instanzgerichtlicher Entscheidungen zur Frage, ob auch derjenige zum Prüfer bestellt werden kann, der zuvor als Abschluß- oder Bewertungsprüfer für die Gesellschaft oder den Hauptaktionär tätig war, bei

Hasselbach in Kölner Kommentar zum WpÜG Rdnr. 19 (Fn. 22); ferner § 293 d Rdnr. 5.

[23] So für § 319 Abs. 2 Nr. 1 HGB auch *Grzimek* in Geibel/Süßmann Rdnr. 17; *Eisolt* DStR 2002, 1145, 1147; s. ferner § 293 d Rdnr. 5; ähnlich MünchKommAktG/*Grunewald* Rdnr. 13, die allgemein dem Gericht das Recht (?) zuspricht, die Bestellung eines bestimmten Prüfers auf Grund von Abhängigkeiten zurückzuweisen.

[24] So auch *Grzimek* in Geibel/Süßmann Rdnr. 25 f.; *Hasselbach* in Kölner Kommentar zum WpÜG Rdnr. 29; zweifelnd *Eisolt* DStR 2002, 1145, 1148.

[25] Näher dazu sowie zum Ablauf der Prüfung *Eisolt* DStR 2002, 1145, 1148 f.

Zudem gelangt über §§ 327 c Abs. 2 S. 4, 293 e Abs. 2 die **Schutzklausel** des § 293 a Abs. 2 zur Anwendung (§ 293 e Rdnr. 23). Im übrigen gilt auch für den Squeeze out, daß der Übertragungsbeschluß bei fehlendem oder fehlerhaftem Prüfungsbericht nach § 243 Abs. 1 anfechtbar ist.[26]

IV. Auslegung von Unterlagen und Erteilung von Abschriften (Abs. 3, 4)

1. Auslegung von Unterlagen. § 327 c Abs. 3 ist §§ 293 f Abs. 1, 319 Abs. 3 S. 1 **14** nachgebildet und regelt die Auslegung von Unterlagen im Geschäftsraum der Gesellschaft. Auszulegen sind (1.) der Entwurf des Übertragungsbeschlusses (mithin der schon nach § 124 Abs. 1 bekannt gemachte Beschlußantrag, Rdnr. 4 ff.), (2.) die festgestellten[27] Jahresabschlüsse und Lageberichte der Gesellschaft (nicht des Hauptaktionärs) für die letzten drei Geschäftsjahre, und zwar für diejenigen Jahre, für die Jahresabschluß und Lagebericht auf- und festzustellen waren oder (freiwillig, d. h. vor Ablauf der Frist des § 264 Abs. 1 S. 2 HGB) tatsächlich auf- und festgestellt worden sind,[28] (3.) der Bericht des Hauptaktionärs (Rdnr. 7 ff.) und (4.) der Prüfungsbericht (Rdnr. 13). Ein Verstoß gegen § 327 c Abs. 3 macht den Übertragungsbeschluß grundsätzlich anfechtbar nach § 243 Abs. 1.[29] Die Festsetzung eines Zwangsgeldes nach § 407 kommt nicht in Betracht.[30] Wegen der Einzelheiten sei auf § 293 f Rdnr. 3 ff. verwiesen.

2. Erteilung von Abschriften. In Übereinstimmung mit §§ 293 f Abs. 2, 319 Abs. 3 **15** S. 2 spricht § 327 c Abs. 4 jedem Aktionär, mithin auch dem Hauptaktionär, einen Anspruch auf unverzügliche und kostenlose Erteilung einer Abschrift der auszulegenden Unterlagen (Rdnr. 14) zu. Verpflichtet ist die Gesellschaft; eine Pflichtverletzung macht den Beschluß – die Relevanz der Verletzung unterstellt – anfechtbar nach § 243 Abs. 1. Wegen der Einzelheiten wird auf § 293 f Rdnr. 10 f. verwiesen.

§ 327 d Durchführung der Hauptversammlung

In der Hauptversammlung sind die in § 327 c Abs. 3 bezeichneten Unterlagen auszulegen. Der Vorstand kann dem Hauptaktionär Gelegenheit geben, den Entwurf des Übertragungsbeschlusses und die Bemessung der Höhe der Barabfindung zu Beginn der Verhandlung mündlich zu erläutern.

I. Inhalt und Zweck der Vorschrift

Die Vorschrift regelt die Information der Aktionäre über die wesentlichen Gesichtspunkte **1** des Squeeze out während der Hauptversammlung. Im einzelnen sieht sie in ihrem Satz 1 vor, daß die in § 327 c Abs. 3 genannten Unterlagen auch in der Hauptversammlung auszulegen sind. Hierdurch soll es den Minderheitsaktionären ermöglicht werden, sich auch noch während der Hauptversammlung eingehend zu informieren. Satz 2 betrifft die mündliche Erläuterung des Entwurfs des Übertragungsbeschlusses und der Bemessung der Höhe der Abfindung zu Beginn der Verhandlung und soll die Minderheitsaktionäre mit dem Inhalt der Unterlagen vertraut machen; zudem soll dem Vorstand und dem Hauptaktionär Gelegenheit gegeben werden, die im schriftlichen Bericht enthaltenen Ausführungen bei Bedarf

[26] MünchKommAktG/*Grunewald* Rdnr. 10; s. ferner § 293 e Rdnr. 24; § 320 b Rdnr. 20; § 327 f Rdnr. 4.
[27] Offengelassen von LG Hamburg DB 2002, 2478; näher dazu § 293 f Rdnr. 8.
[28] *Grzimek* in Geibel/Süßmann Rdnr. 37; *Beier/Bungeroth* BB 2002, 2627, 2628 f.; *Wendt* DB 2003, 191 ff.; weitergehend LG Hamburg DB 2002, 2478

(Vorlage für das abgelaufene Geschäftsjahr auch dann, wenn die Unterlagen noch nicht vorzuliegen brauchen). Näher dazu § 293 f Rdnr. 8 mwN.
[29] LG Hamburg DB 2002, 2478; näher dazu § 293 f Rdnr. 11; ferner § 327 f Rdnr. 4.
[30] MünchKommAktG/*Grunewald* Rdnr. 19; aA *Grzimek* in Geibel/Süßmann Rdnr. 44.

zu aktualisieren.[1] Auch § 327 d geht auf Art. 7 Nr. 2 WpÜG zurück (§ 327 a Rdnr. 3). Die Verletzung der in § 327 d geregelten Informationspflichten zieht grundsätzlich die **Anfechtbarkeit** des Übertragungsbeschlusses nach sich (§ 293 g Rdnr. 26).

II. Auslegung von Unterlagen (S. 1)

2   § 327 d S. 1 knüpft an § 176 Abs. 1 S. 1 an und erweitert die dort geregelte Pflicht zur Auslegung von Verwaltungsvorlagen um die in § 327 c Abs. 3 genannten Unterlagen. Auch während der Hauptversammlung sollen also die Aktionäre auf den Entwurf des Übertragungsbeschlusses,[2] auf die Jahresabschlüsse und Lageberichte für die vergangenen drei Jahre, auf den schriftlichen Bericht des Hauptaktionärs (§ 327 c Abs. 2 S. 1) und auf den Prüfungsbericht (§ 327 c Abs. 2 S. 2 bis 4) zurückgreifen können. Dies entspricht der Rechtslage bei Abschluß eines Unternehmensvertrags und bei der Eingliederung; auf die Erläuterungen zu §§ 293 g Abs. 1, 319 Abs. 3 S. 3, 320 Abs. 1 S. 3, Abs. 4 S. 3 (§ 293 g Rdnr. 3 ff., § 319 Rdnr. 17; § 320 Rdnr. 17) kann deshalb verwiesen werden. Einer Verlesung der Unterlagen bedarf es auch im Fall des § 327 d nicht.[3]

III. Erläuterung durch Vorstand und Hauptaktionär (S. 2)

3   Nach § 327 d S. 2 kann der Vorstand dem Hauptaktionär Gelegenheit geben, den Entwurf des Übertragungsbeschlusses und die Bemessung der Höhe der Barabfindung, mithin das Übertragungsbegehren und die Angemessenheit der Entschädigungsleistung, zu Beginn der Verhandlung mündlich zu erläutern. Das Gesetz trägt hierdurch dem Umstand Rechnung, daß es sich bei dem Squeeze out der Sache nach um eine Transaktion zwischen dem Hauptaktionär und den Minderheitsaktionären handelt (§ 327 a Rdnr. 1, 21), die den Status der Gesellschaft nicht berührt (§ 327 a Rdnr. 6) und sich hierdurch schon im Ansatz von der Mehrheitseingliederung unterscheidet. Der Hauptaktionär ist allerdings nur Initiator und Begünstigter des Übertragungsverfahrens. Organschaftliche Befugnisse stehen ihm dagegen nicht zu. Entsprechend §§ 176 Abs. 1 S. 2, 293 g Abs. 2 und in Übereinstimmung mit der Rechtslage bei der Eingliederung, für die es ebenfalls an einer entsprechenden Klarstellung fehlt (§ 319 Rdnr. 21), ist es vielmehr **Sache des Vorstands,** seine Vorlagen zu erläutern.[4] § 327 d S. 2 setzt genau dies voraus und erlaubt es dem Vorstand, die Erläuterung *partiell* dem Hauptaktionär zu überlassen.

4   Der Vorstand ist allerdings nicht verpflichtet, von der Möglichkeit des § 327 d S. 2 Gebrauch zu machen. Der Hauptaktionär wiederum ist, wenn der Vorstand ihm das Wort erteilt, seinerseits zur Erläuterung nur berechtigt.[5] Ist er zu Erläuterungen bereit, kann und sollte er bei Bedarf seinen schriftlichen Bericht aktualisieren.[6] In jedem Fall obliegt es dem Vorstand, einen nach den Ausführungen des Hauptaktionärs **verbleibenden Erläuterungsbedarf** zu befriedigen. Hierzu zählt von vornherein die Erläuterung derjenigen Auslagen, die der Vorstand nach § 327 d S. 2 ohnehin nicht in die Hände des Hauptaktionärs legen kann, darunter insbes. die in dem schriftlichen Bericht des Hauptaktionärs zu thematisierende **Kapitalbeteiligung** des Hauptaktionärs.[7]

[1] Vgl. Begr. zum RegE, BT-Drucks. 14/7034, S. 73.

[2] Dieser ist ungeachtet der Tatsache, daß er den Aktionären schon nach § 124 Abs. 1 S. 1 bekannt gemacht worden ist (§ 327 c Rdnr. 4, 14), auszulegen.

[3] *Hüffer* Rdnr. 2.

[4] So auch *Hüffer* Rdnr. 4; MünchKommAktG/ *Grunewald* Rdnr. 3; aA *Grzimek* in Geibel/Süßmann Rdnr. 4; *Hasselbach* in Kölner Kommentar zum WpÜG Rdnr. 7. Zur Kritik an § 327 d S. 2 s. bereits *Kiem* in Henze/Hoffmann-Becking, Gesell

schaftsrecht 2001, RWS-Forum 20, 2001, S. 329, 341 ff.

[5] *Gesmann-Nuissl* WM 2002, 1205, 1209; *Grzimek* in Geibel/Süßmann Rdnr. 3; MünchKommAktG/ *Grunewald* Rdnr. 3.

[6] Vgl. Begr. zum RegE, BT-Drucks. 14/7034, S. 73.

[7] Deren förmliche Überprüfung ist allerdings in § 327 d nicht vorgesehen, s. MünchKommAktG/ *Grunewald* Rdnr. 4; aA *Sieger/Hasselbach* ZGR 2002, 120, 139.

IV. Auskunftsrecht

Ein besonderes Auskunftsrecht der Minderheitsaktionäre ist in § 327 d nicht vorgesehen. **5** Es hat deshalb bei dem allgemeinen Auskunftsrecht des § 131 sein Bewenden, das sich auch im Zusammenhang mit der Beschlußfassung über das Übertragungsbegehren des Hauptaktionärs **gegen die Gesellschaft** richtet.[8] Die Erteilung der Auskunft hat durch den Vorstand zu erfolgen, der sich allerdings Ausführungen des Hauptaktionärs zu eigen machen kann.[9] Ein unmittelbar gegen den Hauptaktionär gerichtetes Auskunftsrecht der Minderheitsaktionäre läßt sich dagegen de lege lata nicht begründen.[10]

§ 327 e Eintragung des Übertragungsbeschlusses

(1) Der Vorstand hat den Übertragungsbeschluss zur Eintragung in das Handelsregister anzumelden. Der Anmeldung sind die Niederschrift des Übertragungsbeschlusses und seine Anlagen in Ausfertigung oder öffentlich beglaubigter Abschrift beizufügen.

(2) § 319 Abs. 5 und 6 gilt sinngemäß.

(3) Mit der Eintragung des Übertragungsbeschlusses in das Handelsregister gehen alle Aktien der Minderheitsaktionäre auf den Hauptaktionär über. Sind über diese Aktien Aktienurkunden ausgegeben, so verbriefen sie bis zu ihrer Aushändigung an den Hauptaktionär nur den Anspruch auf Barabfindung.

Schrifttum: Vgl. die Angaben zu § 327 a, ferner *Bredow/Tribulowsky*, Auswirkungen von Anfechtungsklage und Squeeze-Out auf ein laufendes Spruchstellenverfahren, NZG 2002, 841; *Riegger*, Das Schicksal eigener Aktien beim Squeeze-out, DB 2003, 541; *Schiffer/Rossmeier*, Auswirkungen des Squeeze-out auf rechtshängige Spruchverfahren, DB 2002, 1359.

Übersicht

I. Inhalt und Zweck der Vorschrift

Die Vorschrift geht auf Art. 7 Nr. 2 WpÜG (§ 327 a Rdnr. 3) zurück und regelt in **1** Absatz 1 die Anmeldung des Übertragungsbeschlusses zur Eintragung in das Handelsregister, in Absatz 2 die Bedeutung von Anfechtungs- und Nichtigkeitsklagen im Rahmen des Eintragungsverfahrens und in Absatz 3 die Rechtsfolgen der Eintragung. Wiewohl es sich bei dem Squeeze out der Sache nach um einen Zwangsverkauf auf Aktionärsebene handelt (§ 327 a Rdnr. 1, 6), ist das Erfordernis der Eintragung rechtspolitisch geboten:[1] Der in § 327 e Abs. 3 vorgesehene Übergang sämtlicher Aktien der Minderheitsaktionäre auf den Hauptaktionär verlangt nicht nur die Festlegung eines exakten Erwerbszeitpunkts nebst

---

[8] Zur rechtspolitischen Kritik hieran s. *Kiem* (Fn. 4), S. 342 f., aber auch *Krieger* BB 2002, 53, 60.
[9] Allgemein dazu *Hüffer* § 131 Rdnr. 6.
[10] So auch *Hasselbach* in Kölner Kommentar zum WpÜG Rdnr. 6; aA *Gesmann-Nuissl* WM 2002, 1205, 1209; MünchKommAktG/*Grunewald* Rdnr. 5.
[1] Und zwar ungeachtet der Bedenken, die gegen die Beteiligung der Hauptversammlung bestehen, s. *Habersack* ZIP 2001, 1230, 1236 f.

entsprechender **Publizität,** sondern auch eine der Eintragung vorgeschaltete **registergerichtliche Kontrolle.**[2]

II. Anmeldung zur Eintragung (Abs. 1)

2   § 327 e Abs. 1 entspricht § 319 Abs. 4 und verpflichtet den Vorstand der Gesellschaft,
den Übertragungsbeschluß zur Eintragung in das Handelsregister am Sitz der Gesellschaft
(§ 14) anzumelden. Die Anmeldung kann **nicht durch Zwangsgeld** erzwungen werden.[3]
Zwar ist § 327 e Abs. 1 nicht in den Kreis der Ausnahmetatbestände des § 407 Abs. 2
aufgenommen worden. Auch trifft es zu, daß die Eintragung unmittelbar allein den Hauptaktionär, nicht dagegen die Gesellschaft betrifft.[4] Entscheidend ist jedoch, daß auch die
Eintragung des Übertragungsbeschlusses konstitutiven Charakter hat (Rdnr. 8) und es nicht
Sache des Registergerichts ist, die Rechtsverhältnisse zwischen den Beteiligten zu gestalten.[5]
In Übereinstimmung mit der Rechtslage bei der Eingliederung (§ 319 Rdnr. 25) hat es
deshalb dabei zu bewenden, daß der Vorstand nach § 83 Abs. 2 der *Gesellschaft* (nicht
dagegen dem Hauptaktionär) gegenüber zur Anmeldung verpflichtet ist; hiervon zu unterscheiden und wohl gleichfalls zu bejahen ist eine auf der mitgliedschaftlichen Treupflicht
basierende (und durch den Vorstand zu erfüllende) Verpflichtung der Gesellschaft gegenüber
dem Hauptaktionär und den Minderheitsaktionären, den Beschluß zur Eintragung anzumelden, sowie im Verhältnis zum Hauptaktionär die Verpflichtung, gegebenenfalls das Unbedenklichkeitsverfahren des § 319 Abs. 6 einzuleiten (Rdnr 6).

3   Nach Abs. 1 S. 2 sind der Anmeldung die Niederschrift des Übertragungsbeschlusses und
seine Anlagen in Ausfertigung oder öffentlich beglaubigter Abschrift beizufügen. Was zunächst die **Niederschrift** des Übertragungsbeschlusses betrifft, so genügt bei nichtbörsennotierten Gesellschaften (§ 327 a Rdnr. 5, 12) nach § 130 Abs. 1 S. 3 eine vom Vorsitzenden des Aufsichtsrats unterzeichnete Niederschrift; denn nach § 327 a Abs. 1 S. 1 bedarf der
Übertragungsbeschluß nur der einfachen Mehrheit der Stimmen (§ 327 a Rdnr. 24).[6] Die
Anlagen sind dagegen ungeachtet des § 130 Abs. 1 S. 3 und in sachlicher Übereinstimmung mit § 319 Abs. 4 S. 2[7] stets in Ausfertigung oder öffentlich beglaubigter Abschrift
beizufügen; hierzu zählen neben den in § 130 Abs. 3 genannten Einberufungsbelegen der
Bericht des Hauptaktionärs und der Prüfungsbericht, nicht dagegen die in § 327 c Abs. 3
genannten Jahresabschlüsse und Lageberichte.[8]

4   Die **Prüfungskompetenz** des Registergerichts[9] umfaßt sowohl die formelle als auch die
materielle Rechtmäßigkeit des Übertragungsbeschlusses. Insbesondere hat das Gericht zu
prüfen, ob das Beteiligungserfordernis des § 327 a Abs. 1 S. 1 erfüllt ist und ein ordnungsgemäßes Abfindungsangebot vorliegt. Die Angemessenheit der Barabfindung wird allerdings
ausschließlich im Rahmen des Spruchverfahrens überprüft (§ 327 f Rdnr. 6 ff.); selbst bei
eindeutiger Unangemessenheit muß das Gericht den Übertragungsbeschluß eintragen.

III. Registersperre und Unbedenklichkeitsverfahren (Abs. 2)

5   **1. Registersperre.** Nach § 327 e Abs. 2 gelten die die Anmeldung des Eingliederungsbeschlusses betreffenden Vorschriften des § 319 Abs. 5 und 6 sinngemäß. Der Vorstand hat

---

[2] Ähnlich *Hüffer* Rdnr. 1.
[3] *Hüffer* Rdnr. 2; offengelassen von *Grzimek* in
Geibel/Süßmann Rdnr. 4 f.; aA MünchKomm-
AktG/*Grunewald* Rdnr. 3.
[4] So *Grzimek* in Geibel/Süßmann Rdnr. 5.
[5] Hierzu *Hüffer* § 407 Rdnr. 10.
[6] *Hüffer* Rdnr. 2.
[7] Auch der dem Übertragungsbeschluß entsprechende Eingliederungsbeschluß bedarf nur der einfachen Mehrheit der Stimmen (§ 319 Rdnr. 11,
§ 320 Rdnr. 11; zum Zustimmungsbeschluß s. dagegen § 319 Abs. 2 S. 2 und § 319 Rdnr. 14); un-

zutreffend deshalb der Hinweis von *Hüffer* Rdnr. 2
auf eine von dem Recht der Eingliederung abweichende Ausgangslage.
[8] So auch MünchKommAktG/*Grunewald* Rdnr.
2; *Vossius* ZIP 2002, 511, 514; aA – für Erstreckung
auch auf die Jahresabschlüsse und Lageberichte –
Grzimek in Geibel/Süßmann Rdnr. 3; für Beschränkung auf die in § 130 Abs. 3 S. 1 genannten Belege
Hasselbach in Kölner Kommentar zum WpÜG
Rdnr. 3.
[9] Eingehend dazu *Bokelmann* DB 1994, 1341 ff.

---

deshalb gegenüber dem Registergericht eine sogenannte **Negativerklärung** iSd. § 319 Abs. 5 S. 1 abzugeben (§ 319 Rdnr. 26 ff.). Fehlt die Erklärung, darf der Übertragungsbeschluß nach §§ 327 e Abs. 2, 319 Abs. 5 S. 2 grundsätzlich nicht eingetragen werden (§ 319 Rdnr. 29). Diese Registersperre kann zum einen durch Unbedenklichkeitsbeschluß (Rdnr. 6), zum anderen durch notariell beurkundete **Verzichtserklärung** aller klageberechtigten Aktionäre (§ 319 Rdnr. 30) überwunden werden. Die Zustimmung zum Übertragungsbeschluß vermag die Verzichtserklärung nicht zu ersetzen, weshalb insbes. auch ein Anfechtungsverzicht des Hauptaktionärs erforderlich ist.[10]

2. Unbedenklichkeitsverfahren. Fehlen sowohl die Negativerklärung als auch die diese   **6** ersetzenden Verzichtserklärungen (Rdnr. 5), kann die Registersperre nach §§ 327 e Abs. 2, 319 Abs. 6 allenfalls durch Unbedenklichkeitsbeschluß überwunden werden (§ 319 Rdnr. 32 ff.). Antragsberechtigt ist, wiewohl es um den Erwerb der Aktien durch den Hauptaktionär geht, allein die Gesellschaft.[11] Bei Vorliegen eines hinreichenden Vollzugsinteresses (Rdnr. 7) kann allerdings der Hauptaktionär verlangen, daß die Gesellschaft von der Möglichkeit des § 319 Abs. 6 Gebrauch macht (Rdnr. 2). Da sich allerdings die **Schadensersatzverpflichtung** nach §§ 327 e Abs. 2, 319 Abs. 6 S. 6 (§ 319 Rdnr. 40) gegen die Gesellschaft richtet,[12] kann sie die Einleitung des Verfahrens von einer entsprechenden Haftungsfreistellung durch den Hauptaktionär abhängig machen; außerhalb des Vertragskonzerns kann der Vorstand der Gesellschaft hierzu sogar verpflichtet sein.

Auch im Rahmen des § 327 e Abs. 2 darf der Unbedenklichkeitsbeschluß allein unter   **7** den in § 319 Abs. 6 S. 2 genannten Voraussetzungen ergehen, mithin bei Unzulässigkeit oder offensichtlicher Unbegründetheit[13] der Beschlußmängelklage (§ 319 Rdnr. 34 f.) sowie bei vorrangigem **Vollzugsinteresse** (§ 319 Rdnr. 36). Bei der im Rahmen des § 319 Abs. 6 S. 2, 3. Fall vorzunehmenden Interessenabwägung (§ 319 Rdnr. 36) sind auf seiten der Gesellschaft nicht nur deren eigene Interessen, sondern auch und vor allem die **Interessen des Hauptaktionärs** zu berücksichtigen.[14] Zumeist wird es allerdings an einem vorrangigen Vollzugsinteresse fehlen.[15] Da nämlich der Status der Gesellschaft durch den Squeeze out nicht berührt wird (§ 327 a Rdnr. 6), streiten für sie und für den Hauptaktionär vor allem Kostengesichtspunkte und das Interesse an einer möglichst reibungslosen Leitung der Gesellschaft (§ 327 a Rdnr. 4), mithin Interessen, die mit Blick auf das Interesse der Minderheitsaktionäre am Fortbestand ihrer Mitgliedschaft und ungeachtet des nach erfolgreicher Beschlußanfechtung bestehenden Anspruchs auf Rückübereignung (Rdnr. 8) regelmäßig Aufschub dulden. Anders mag es sich für den Fall verhalten, daß der Squeeze out im Zusammenhang mit einer konkret geplanten Umstrukturierung der Gesellschaft steht und für diese selbst das Unbedenklichkeitsverfahren nicht eröffnet ist.[16] In diesem Fall wird sich das Vollzugsinteresse zumindest gegenüber Verfahrensfehlern durchsetzen.

[10] AA MünchKommAktG/*Grunewald* Rdnr. 5; *Grzimek* in Geibel/Süßmann Rdnr. 9; *Steinmeyer/ Häger* Rdnr. 10.
[11] *Krieger* BB 2002, 53, 60; MünchKommAktG/ *Grunewald* Rdnr. 6; *Hüffer* Rdnr. 3; *Hasselbach* in Kölner Kommentar zum WpÜG Rdnr. 6; aA – für eigenes Antragsrecht des Hauptaktionärs – *Grzimek* in Geibel/Süßmann Rdnr. 12. – Zur rechtspolitischen Kritik an der Konzeption des § 327 e Abs. 3 s. *Kiem* in Henze/Hoffmann-Becking, Gesellschaftsrecht 2001, RWS-Forum 20, 2001, S. 329, 344 ff.; *Habersack* ZIP 2001, 1230, 1237; *Krieger* BB 2002, 53, 60.
[12] *Angerer* BKR 2002, 260, 266; MünchKommAktG/*Grunewald* Rdnr. 8; *Hasselbach* in Kölner Kommentar zum WpÜG Rdnr. 16; aA *Krieger* BB 2002, 53, 60; *Grzimek* in Geibel/Süßmann Rdnr. 20.
[13] Auf der Basis der hM (§ 327 a Rdnr. 7) ist hiervon insbes. eine auf die Verfassungswidrigkeit

der §§ 327 a ff. gestützte Anfechtungsklage betroffen, s. LG Osnabrück AG 2002, 527 und dazu *Wirth/Arnold* AG 2002, 503, 506 f.
[14] Wohl einhM, s. MünchKommAktG/*Grunewald* Rdnr. 7; *Hüffer* Rdnr. 3; *Hasselbach* in Kölner Kommentar zum WpÜG Rdnr. 10; *Fleischer* ZGR 2002, 757, 787; *Krieger* BB 2002, 53, 60; *Kiem* (Fn. 11) S. 345; *Sieger/Hasselbach* ZGR 2002, 120, 157; s. ferner Begr. zum RegE, BT-Drucks. 14/ 7034, S. 73 („kann es beispielsweise von Bedeutung sein, daß der Hauptaktionär den Ausschluß der Minderheit als Teil einer Umwandlung oder einer sonstigen umfassenderen Umstrukturierung betreibt.").
[15] So auch *Grunewald, Fleischer* und *Krieger,* jew. aaO (vorige Fn.); weitergehend *Sieger/Hasselbach* ZGR 2002, 120, 159.
[16] Vgl. Begr. zum RegE (Fn. 14); ferner MünchKommAktG/*Grunewald* Rdnr. 7.

IV. Wirkungen der Eintragung (Abs. 3)

8 **1. Übergang der Mitgliedschaften.** § 327 e Abs. 3 S. 1 bestimmt in sachlicher Übereinstimmung mit § 320 a S. 1, daß mit Eintragung des Übertragungsbeschlusses in das Handelsregister alle Aktien der Minderheitsaktionäre auf den Hauptaktionär übergehen. Wie bei der Mehrheitseingliederung (§ 320 a Rdnr. 3) erfolgt der **Erwerb kraft Gesetzes** und unabhängig von einem besonderen Übertragungsakt. Neben der – konstitutiv wirkenden – Eintragung müssen allerdings auch die **sonstigen Voraussetzungen** des § 327 a Abs. 1 und damit insbes. ein bestandskräftiger Übertragungsbeschluß vorliegen (§ 320 a Rdnr. 2). Hieran fehlt es, wenn der Hauptaktionär nicht über die erforderliche **Kapitalbeteiligung** verfügt; der Übertragungsbeschluß ist dann nichtig (§ 327 f Rdnr. 3), und auch für die Grundsätze über die fehlerhafte Gesellschaft ist angesichts der Schwere des Beschlußmangels kein Raum.[17] Die Anfechtbarkeit des Übertragungsbeschlusses ist dagegen als solche unbeachtlich; mit Ablauf der Anfechtungsfrist und Eintragung kommt es vielmehr zum Erwerb der Aktien. Hat die Anfechtungsklage Erfolg, nachdem der Übertragungsbeschluß eingetragen worden ist (Rdnr. 6 f.), ist eine Voraussetzung des Rechtserwerbs entfallen; auch im Rahmen der §§ 327 a ff. gelangen in diesem Fall die Grundsätze über die **fehlerhafte Gesellschaft** zur Anwendung, so daß die Minderheitsaktionäre zwar keine umfassende Rückabwicklung, wohl aber **Rückübereignung** ihrer Aktien durch den Hauptaktionär verlangen können.[18] Wie im Fall der Mehrheitseingliederung (§ 320 Rdnr. 41) werden also etwaige Mängel der Übertragung durch die nachfolgende Eintragung nicht geheilt.[19]

9 Von dem Übergang betroffen sind *sämtliche* Aktien *sämtlicher* **Minderheitsaktionäre;** eine Beschränkung des Erwerbs auf Stammaktien oder auf Aktien einzelner Minderheitsaktionäre ist nicht möglich. Nicht zu den Minderheitsaktionären zählen der Hauptaktionär und diejenigen Aktionäre, deren Anteile nach §§ 327 a Abs. 2, 16 Abs. 4 dem Hauptaktionär zugerechnet werden (§ 327 a Rdnr. 17; § 327 b Rdnr. 6).[20] Minderheitsaktionär ist dagegen auch die Gesellschaft selbst, so daß von der Gesellschaft gehaltene **eigene Aktien** und Aktien, die nach §§ 327 a Abs. 2, 16 Abs. 2 S. 3 eigenen Aktien gleichstehen (§ 327 a Rdnr. 17), gleichfalls auf den Hauptaktionär übergehen.[21] Neben Aktien erwirbt der Hauptaktionär auch **Bezugsrechte** (§ 327 b Rdnr. 7 f.).

10 Mit Eintritt der Voraussetzungen des § 327 e Abs. 3 S. 1 scheiden die Minderheitsaktionäre, nicht anders als bei Veräußerung ihrer Anteile, aus der Gesellschaft aus. Gleichzeitig entsteht ihr Anspruch auf **Barabfindung.**[22] Ein bei Eintragung des Übertragungsbeschlusses rechtshängiges **Spruchverfahren** wird fortgesetzt.[23] Entsprechend allgemeinen Grundsätzen[24] läßt der Übergang der Aktien die Aktivlegitimation für eine bereits rechtshängige **Anfechtungsklage** jedenfalls dann nicht entfallen, wenn der ausgeschiedene Aktionär ein rechtliches Interesse an der Fortführung des Prozesses hat.[25] Unternehmensverträge bleiben

---

[17] S. § 319 Rdnr. 9; § 320 Rdnr. 10, ferner *Mertens* AG 2002, 377, 383; *Fleischer* ZGR 2002, 757, 788; aA MünchKommAktG/*Grunewald* Rdnr. 9.

[18] So auch *Krieger* BB 2002, 53, 60; Münch-KommAktG/*Grunewald* Rdnr. 9; s. ferner zur Mehrheitseingliederung § 319 Rdnr. 40, § 320 b Rdnr. 22 mwN.

[19] Zur rechtspolitischen Kritik hieran s. *Krieger* BB 2002, 53, 60.

[20] Zu § 16 Abs. 4 s. Begr. zum RegE, BT-Drucks. 14/7034, S. 72; MünchKommAktG/*Grunewald* Rdnr. 10; *Hüffer* Rdnr. 4; *Grzimek* in Geibel/*Süßmann* Rdnr. 26.

[21] *Habersack* ZIP 2001, 1230, 1236; *Hüffer* Rdnr. 4; aA MünchKommAktG/*Grunewald* Rdnr. 10; *Hasselbach* in Kölner Kommentar zum WpÜG Rdnr. 20; *Riegger* DB 2003, 541, 543 f. – Zur

Rechtslage bei der Mehrheitseingliederung s. § 320 a Rdnr. 3.

[22] Zur Fälligkeit s. § 305 Rdnr. 30; *Hasselbach* in Kölner Kommentar zum WpÜG § 327 b Rdnr. 11; aA – für Fälligkeit mit Eintragung des Übertragungsbeschlusses – MünchKommAktG/*Grunewald* Rdnr. 11. Näher zum Anspruch auf Abfindung und zur Verzinsung § 327 b Rdnr. 3 ff., 10.

[23] § 306 Rdnr. 61 f.; § 320 b Rdnr. 18; für § 327 e Abs. 3 S. 1 s. *Bredow/Tribulowsky* NZG 2002, 841, 844 ff.; *Schiffer/Rossmeier* DB 2002, 1359 ff.

[24] Vgl. für die GmbH BGHZ 43, 261, 266 f. = NJW 1965, 1378; für die AG OLG Schleswig EWiR 2002, 1031; *Hüffer* § 245 Rdnr. 8 mwN.

[25] AA *Fuhrmann/Simon* WM 2002, 1211, 1217 unter verfehlter Gleichsetzung des Erwerbs nach

von dem Erwerb nach § 327 e Abs. 3 S. 1 unberührt; insoweit unterscheidet sich die Rechtslage von derjenigen bei der Eingliederung (§ 319 Rdnr. 41).

2. Aktienurkunden. Etwaige Aktienurkunden verbriefen nach § 327 e Abs. 3 S. 2 bis **11** zu ihrer Aushändigung an den Hauptaktionär den Anspruch auf Barabfindung. Wie bei der Mehrheitseingliederung[26] kommt es also zu einer vorübergehenden Auswechslung des verbrieften Rechts. Wegen sämtlicher Einzelheiten, insbes. zur Rechtslage bei Belastung der Urkunde oder des verbrieften Mitgliedschaftsrechts, wird auf § 320 a Rdnr. 4 ff. verwiesen.[27]

§ 327 f Gerichtliche Nachprüfung der Abfindung

(1) Die Anfechtung des Übertragungsbeschlusses kann nicht auf § 243 Abs. 2 oder darauf gestützt werden, dass die durch den Hauptaktionär festgelegte Barabfindung nicht angemessen ist. Ist die Barabfindung nicht angemessen, so hat das in § 306 bestimmte Gericht auf Antrag die angemessene Barabfindung zu bestimmen. Das Gleiche gilt, wenn der Hauptaktionär eine Barabfindung nicht oder nicht ordnungsgemäß angeboten hat und eine hierauf gestützte Anfechtungsklage innerhalb der Anfechtungsfrist nicht erhoben, zurückgenommen oder rechtskräftig abgewiesen worden ist.

(2) Antragsberechtigt ist jeder ausgeschiedene Minderheitsaktionär. Der Antrag kann nur binnen zwei Monaten nach dem Tage gestellt werden, an dem die Eintragung des Übertragungsbeschlusses in das Handelsregister nach § 10 des Handelsgesetzbuchs als bekannt gemacht gilt. Für das Verfahren und die Kosten des Verfahrens gilt § 306 sinngemäß.

Schrifttum: Vgl. die Angaben zu §§ 327 a, 327 b, ferner *Henze*, Aspekte und Entwicklungstendenzen der aktienrechtlichen Anfechtungsklage in der Rechtsprechung des BGH, ZIP 2002, 97; *Hoffmann-Becking*, Rechtsschutz bei Informationsmängeln im Unternehmensvertrags- und Umwandlungsrecht, in: Henze/Hoffmann-Becking (Hrsg.), Gesellschaftsrecht 2001, RWS-Forum 20, 2001, S. 55; *H. Schmidt*, Ausschluß der Anfechtung des Squeeze-out-Beschlusses bei abfindungsbezogenen Informationsmängeln, FS für Ulmer, 2003, S. 543; *Vetter*, Abfindungswertbezogene Informationsmängel und Rechtsschutz, FS für Wiedemann, 2002, S. 1323; *Wilsing/Kruse*, Anfechtbarkeit von Squeeze-out- und Eingliederungsbeschlüssen wegen abfindungsbezogener Informationsmängel?, DB 2002, 1539.

Übersicht

I. Einführung

1. Inhalt und Zweck der Vorschrift. Die Vorschrift entspricht § 320 b Abs. 2, 3 und **1** regelt die Rechtsbehelfe der Minderheitsaktionäre gegen einen rechtswidrigen Übertragungsbeschluß. Ihrem Abs. 1 S. 1 läßt sich zunächst der Grundsatz entnehmen, daß der Übertragungsbeschluß den allgemeinen Vorschriften der §§ 241 ff. über die Nichtigkeit und Anfechtbarkeit von Hauptversammlungsbeschlüssen unterliegt.[1] Ausgeschlossen ist die An-

---

§ 327 e Abs. 3 S. 1 mit einem Erwerb qua Gesamtrechtsnachfolge.

[26] § 320 a S. 2 und dazu § 320 a Rdnr. 4 ff.

[27] Zur entsprechenden Anwendung des § 1287 S. 1 BGB auch im Rahmen des § 327 e Abs. 3 s. *Habersack* ZIP 2001, 1230, 1236 f.; *Hüffer* Rdnr. 4.

[1] Vgl. Begr. zum RegE, BT-Drucks. 14/7034, S. 73.

fechtung allerdings, soweit sie auf § 243 Abs. 2 oder auf die Unangemessenheit der vom Hauptaktionär festgelegten Barabfindung gestützt wird. Während es bei einem Verstoß gegen § 243 Abs. 2 bei dem gänzlichen Ausschluß von Rechtsbehelfen bewendet, eröffnet Abs. 1 S. 2 für den Fall der Unangemessenheit der Barabfindung das **Spruchverfahren.** Hierdurch wird das Eingreifen der Registersperre der §§ 327 e Abs. 2, 319 Abs. 5 S. 2 vermieden und sichergestellt, daß der Eintritt der Rechtsfolgen des § 327 e Abs. 3 nicht an Bewertungsrügen scheitert. Bei fehlendem oder nicht ordnungsgemäßem Angebot einer Barabfindung steht das Spruchverfahren nach Abs. 1 S. 3 subsidiär zur Verfügung. Die Grundzüge des Spruchverfahrens sind in Abs. 2 geregelt (s. noch Rdnr. 2).

2   **2. Entstehungsgeschichte.** § 327 f geht auf Art. 7 Nr. 2 WpÜG zurück (§ 327 a Rdnr. 3). Noch in der Fassung des Regierungsentwurfs enthielt § 327 f einen Abs. 3, dem zufolge in den Fällen des § 327 b Abs. 1 S. 3 der Entwurfsfassung (§ 327 b Rdnr. 2) eine gerichtliche Nachprüfung der Abfindung gänzlich ausgeschlossen sein sollte; hiervon ist der Gesetzgeber allerdings im weiteren Verlauf des Verfahrens abgerückt (§ 327 b Rdnr. 2). Eine erste Änderung des § 327 f ist in Art. 2 Nr. 7 des Entwurfes eines **Spruchverfahrensneuordnungsgesetzes**[2] vorgesehen; danach soll Abs. 2 gestrichen und in Abs. 1 nicht mehr auf § 306, sondern auf § 2 SpruchG verwiesen werden. Dem bisherigen § 327 f Abs. 2 entsprechende Vorschriften werden sich sodann in §§ 3, 4 SpruchG finden.

II. Nichtigkeit und Anfechtbarkeit des Übertragungsbeschlusses

3   **1. Nichtigkeit.** Die Nichtigkeit des Übertragungsbeschlusses und deren Heilung beurteilen sich nach §§ 241, 242. Nichtigkeit nach § 241 Nr. 3 ist gegeben, wenn der Hauptaktionär nicht über die nach § 327 a Abs. 1 S. 1 erforderliche Kapitalbeteiligung (§ 327 a Rdnr. 16 ff.) verfügt.[3] Auch für die Grundsätze über die fehlerhafte Gesellschaft ist in diesem Fall kein Raum.[4]

4   **2. Anfechtbarkeit.** Vorbehaltlich des Abs. 1 S. 1 und 2 ist der Übertragungsbeschluß unter den allgemeinen Voraussetzungen des § 243 anfechtbar. Da der Beschluß allerdings **keiner sachlichen Rechtfertigung** bedarf und auch nur bei Vorliegen besonderer Voraussetzungen **treuwidrig** ist (§ 327 a Rdnr. 26 ff.), kommt Inhaltsmängeln keine nennenswerte praktische Bedeutung zu;[5] ein Vorbehalt ist allein für die Verletzung schuldrechtlicher Abreden zwischen dem Hauptaktionär und dem Minderheitsaktionär anzumelden (§ 327 a Rdnr. 31). Anderes gilt für Verfahrensmängel und für die Verletzung von Informationsrechten der Aktionäre (§ 327 c Rdnr. 4, 7, 13, 15; § 327 d Rdnr. 1); ihre Relevanz unterstellt,[6] begründen sie durchweg die Anfechtbarkeit des Übertragungsbeschlusses.[7] Hieran ist de lege lata[8] auch für **abfindungswertbezogene Informationsmängel** festzuhalten.[9] Da nämlich die Anfechtung nach Abs. 1 S. 3 auch darauf gestützt werden

---

[2] BT-Drucks. 15/827, auch abgedruckt in NZG 2002, Sonderbeilage zu Heft 24, und ZIP 2002, 2096 mit Einführung von *Neye;* dazu Einl. Rdnr. 27 b sowie im einzelnen § 306 Rdnr. 5 ff.

[3] S. § 320 Rdnr. 10, ferner *Mertens* AG 2002, 377, 383; *Fleischer* ZGR 2002, 757, 788; *Hüffer* § 327 a Rdnr. 12; aA MünchKommAktG/*Grunewald* § 327 a Rdnr. 17, 327 e Rdnr. 9; *Gesmann-Nuissl* WM 2002, 1205, 1209.

[4] § 319 Rdnr. 9, § 320 Rdnr. 10 und § 327 e Rdnr. 8, jew. mit Nachw.

[5] Auch auf einen Verstoß gegen Art. 14 Abs. 1 GG kann die Anfechtung nach ganz hM nicht gestützt werden, s. § 327 a Rdnr. 7, ferner LG Osnabrück AG 2002, 527 und dazu *Wirth/Arnold* AG 2002, 503.

[6] Dazu § 319 Rdnr. 18 (mit Nachw. in Fn. 43).

[7] Allgemein hierzu insbes. BGHZ 122, 211, 238 = NJW 1993, 1976; BGH NJW 1994, 3115.

[8] Zu Forderungen de lege ferenda s. § 320 b Rdnr. 2, 20.

[9] So auch *Hüffer* Rdnr. 2; *Krieger* BB 2002, 53, 60; differenzierend *Zimek* in Geibel/Süßmann Rdnr. 5; für die Eingliederung *Hoffmann-Becking*, in Henze/Hoffmann-Becking, Gesellschaftsrecht 2001, RWS-Forum 20, 2001, S. 55, 67; *Kleindiek* NZG 2001, 552, 554; aA MünchKommAktG/*Grunewald* Rdnr. 5; *Hasselbach* in Kölner Kommentar zum WpÜG Rdnr. 4; *Henze* ZIP 2002, 97, 107 (für die Eingliederung); *Hirte* ZHR 167 (2003), 8, 26 f.; *Mülbert*, FS für Ulmer, 2003, S. 433, 448 f.; *H. Schmidt*, FS für Ulmer, S. 543, 548 ff.; *Vetter* AG 2002, 176, 189; *ders.*, FS für Wiedemann, S. 1323, 1334 ff. (1339 f.); *Wilsing/Kruse* DB 2002, 1539, 1542.

kann, daß der Hauptaktionär eine Barabfindung (nicht oder) *nicht ordnungsgemäß* angeboten hat (Rdnr. 5), das Spruchverfahren in diesen Fällen also nicht ausschließlich, sondern nur subsidiär eröffnet ist (Rdnr. 5), läßt sich die zu §§ 210, 212 UmwG und § 305 ergangene Rechtsprechung des BGH,[10] wonach die Aktionäre auch insoweit auf das Spruchverfahren verwiesen sind, auf den Squeeze out nicht übertragen.[11]

Nach Abs. 1 S. 3 kann die Anfechtung des Übertragungsbeschlusses auch darauf ge- **5**
stützt werden, daß der Hauptaktionär eine **Barabfindung nicht oder nicht ordnungsgemäß angeboten** hat; das Spruchverfahren ist in diesen Fällen nur subsidiär, nämlich unter der Voraussetzung eröffnet, daß eine auf das Fehlen eines ordnungsgemäßen Angebots gestützte Anfechtungsklage gegen den Übertragungsbeschluß nicht innerhalb der Frist des § 246 Abs. 1 erhoben oder zwar erhoben, aber zurückgenommen oder rechtskräftig abgewiesen worden ist. Dies entspricht der Rechtslage bei der Mehrheitseingliederung (§ 320 b Rdnr. 19). Von § 327 f Abs. 1 S. 3 erfaßt ist zunächst das *gänzliche Fehlen* eines Angebots auf *bare* Abfindung, mithin etwa der Fall, daß der Hauptaktionär ausschließlich eine Abfindung in eigenen Aktien anbietet.[12] Was das *nicht ordnungsgemäße* Angebot betrifft, so ist zunächst der Fall betroffen, daß die Gewährleistung nach § 327 b Abs. 3 fehlt.[13] Wie bei der Mehrheitseingliederung (§ 320 b Rdnr. 19) fehlt es an einem ordnungsgemäßen Angebot aber auch bei abfindungsbezogenen Informationsmängeln, und zwar auch, soweit diese sich auf die Höhe der Barabfindung beziehen (Rdnr. 4).[14] Bildet dagegen die *Höhe* der Abfindung den Gegenstand des Streits, findet Abs. 1 S. 2 Anwendung (Rdnr. 6).

3. Anfechtungsausschluß. In sachlicher Übereinstimmung mit §§ 304 Abs. 3 S. 2, 305 **6**
Abs. 5 S. 1, 320 b Abs. 2 S. 1 schließt Abs. 1 S. 1 die Anfechtung aus, soweit sie auf die Unangemessenheit der vom Hauptaktionär festgelegten Barabfindung oder auf § 243 Abs. 2, mithin auf die Verfolgung von Sondervorteilen, gestützt wird. Hinsichtlich des ersten Ausschlußtatbestands ist nach § 327 f Abs. 1 S. 2 das **Spruchverfahren** eröffnet (Rdnr. 7 f.); in ihm können die ausgeschiedenen Aktionäre eine angemessene Barabfindung erstreiten. Erfaßt ist allein der Streit über die **Höhe der Abfindung;** hieran fehlt es nicht nur bei abfindungswertbezogenen (oder sonstigen) Informationsmängeln (Rdnr. 4 f.), sondern auch dann, wenn der Hauptaktionär zu Unrecht (§ 327 b Rdnr. 9) offene Ausgleichszahlungen einbehält.[15] Für den zweiten Ausschlußtatbestand, den Verstoß gegen § 243 Abs. 2, ist dagegen kein Substitut vorgesehen; ein Vorteil des Hauptaktionärs und eine damit korrespondierende Schädigung der Minderheitsaktionäre kann freilich ohnehin nur in einer zu niedrig bemessenen Abfindung liegen, so daß der Sache nach auch der Verstoß gegen § 243 Abs. 2 im Spruchverfahren korrigiert und ein Rechtsschutzdefizit nicht konstatiert werden kann.

III. Spruchverfahren

1. Antragsbefugnis. Die Einzelheiten des Spruchverfahrens sind (noch, s. Rdnr. 2) in **7**
§§ 327 f Abs. 2, 306 geregelt. In Übereinstimmung mit § 320 b Abs. 3 S. 1 bestimmt § 327 f Abs. 2 S. 1 (künftig: § 3 Nr. 2 SpruchG), daß **jeder ausgeschiedene Minderheitsaktionär** antragsbefugt ist. Voraussetzung für die Einleitung des Spruchverfahrens ist also die Eintragung des Übertragungsbeschlusses; denn erst sie hat nach § 327 e Abs. 3 den Übergang der Aktien auf den Hauptaktionär zur Folge (§ 327 e Rdnr. 8). Hierdurch ist klarge-

---

[10] BGHZ 146, 179, 182 ff. – NJW 2001, 1425; BGH NJW 2001, 1428 = ZIP 2001, 412; s. dazu neben den Nachw. in Fn. 9 noch § 305 Rdnr. 38 ff. (krit.); *Kallmeyer* GmbHR 2001, 204 ff.; *Luttermann* BB 2001, 382 ff.

[11] S. die Nachw. in Fn. 9; ferner § 320 b Rdnr. 19 f.; verkannt in ZIP 2001, 1230, 1237.

[12] Insoweit unterscheidet sich die Rechtslage von derjenigen nach § 320 b Abs. 2 S. 3, s. § 320 b Rdnr. 19.

[13] *H. Schmidt,* FS für Ulmer, S. 543, 554 f.

[14] S. zu abfindungswertbezogenen Informationsmängeln die Nachw. in Fn. 9, 10; zum Verstoß gegen § 327 c Abs. 1 Nr. 2 s. BGH WM 1974, 713, 714 (betr. die Mehrheitseingliederung).

[15] LG Hamburg DB 2002, 2478, 2479.

stellt, daß ein Spruchverfahren nicht eingeleitet werden kann, solange der Bestand des Übertragungsbeschlusses und damit zugleich der Erwerb des Abfindungsanspruchs noch in der Schwebe ist.[16] Dem Minderheitsaktionär steht der **Bezugsberechtigte** gleich (§ 327 b Rdnr. 8).

8   **2. Antragsgegner; Verfahren.** Der Antrag ist nicht gegen die Gesellschaft, sondern gegen den **Hauptaktionär** zu richten.[17] Denn er ist es, der die Aktien erwirbt und die Abfindung schuldet. Demgemäß trägt er auch die Verfahrenskosten.[18] §§ 5 Nr. 3, 15 Abs. 2 des Entwurfs eines SpruchG (Rdnr. 2) stellen dies nun klar. Hinsichtlich der **Antragsfrist** enthält § 327 f Abs. 2 S. 2 eine den §§ 320 b Abs. 3 S. 2, 304 Abs. 4 S. 2 entsprechende Vorschrift; in § 4 Abs. 1 SpruchG soll die Frist auf drei Monate verlängert werden. Das weitere Verfahren und die Kosten richtet sich gemäß § 327 f Abs. 2 S. 3 nach § 306 bzw. künftig nach dem SpruchG; zu sämtlichen Einzelheiten s. § 306.

Fünfter Teil. Wechselseitig beteiligte Unternehmen

§ 328 Beschränkung der Rechte

(1) Sind eine Aktiengesellschaft oder Kommanditgesellschaft auf Aktien und ein anderes Unternehmen wechselseitig beteiligte Unternehmen, so können, sobald dem einen Unternehmen das Bestehen der wechselseitigen Beteiligung bekannt geworden ist oder ihm das andere Unternehmen eine Mitteilung nach § 20 Abs. 3 oder § 21 Abs. 1 gemacht hat, Rechte aus den Anteilen, die ihm an dem anderen Unternehmen gehören, nur für höchstens den vierten Teil aller Anteile des anderen Unternehmens ausgeübt werden. Dies gilt nicht für das Recht auf neue Aktien bei einer Kapitalerhöhung aus Gesellschaftsmitteln. § 16 Abs. 4 ist anzuwenden.

(2) Die Beschränkung des Absatzes 1 gilt nicht, wenn das Unternehmen seinerseits dem anderen Unternehmen eine Mitteilung nach § 20 Abs. 3 oder § 21 Abs. 1 gemacht hatte, bevor es von dem anderen Unternehmen eine solche Mitteilung erhalten hat und bevor ihm das Bestehen der wechselseitigen Beteiligung bekannt geworden ist.

(3) In der Hauptversammlung einer börsennotierten Gesellschaft kann ein Unternehmen, dem die wechselseitige Beteiligung gemäß Absatz 1 bekannt ist, sein Stimmrecht zur Wahl von Mitgliedern in den Aufsichtsrat nicht ausüben.

(4) Sind eine Aktiengesellschaft oder Kommanditgesellschaft auf Aktien und ein anderes Unternehmen wechselseitig beteiligte Unternehmen, so haben die Unternehmen einander unverzüglich die Höhe ihrer Beteiligung und jede Änderung schriftlich mitzuteilen.

Schrifttum: S. bei § 19 sowie *Emmerich,* Zur Problematik der wechselseitigen Beteiligungen, FS für H. Westermann, 1974, S. 55; *ders.,* Wechselseitige Beteiligungen bei AG und GmbH, NZG 1998, 622; *Scholz/Emmerich* GmbHG § 44 Anh. Rdnr. 35 f.; *Emmerich/Sonnenschein/Habersack* § 5 IV (S. 82 ff.); *M. Kayser-Eichberg,* Die wechselseitige Beteiligung nach deutschem Aktienrecht als Leitlinie einer europäischen Harmonisierung, Diss. Köln 1969; *MünchHdb. AG/Krieger* § 68 Rdnr. 97 ff. (S. 929 ff.); *Nierhaus,* Die wechselseitige Beteiligung von Aktiengesellschaften, Diss. München 1961; *Raiser* Kapitalgesellschaften § 51 Tz. 47 f. (S. 831); *Kerstin Schmidt,* Die wechselseitigen Beteiligungen im Gesellschafts- und Kartellrecht, 1995, S. 75 ff.

---

[16] Vgl. § 320 b Rdnr. 17, dort auch zur Antragsberechtigung beim Erwerb des Abfindungsanspruchs; kritisch *Hüffer* Rdnr. 5 („tautologisch").

[17] *Krieger* BB 2002, 53, 57; *Vetter* AG 2002, 176, 190; MünchKommAktG/*Grunewald* Rdnr. 8.

[18] *Vetter* AG 2002, 176, 190; MünchKommAktG/*Grunewald* Rdnr. 8; *Grzimek* in Geibel/Süßmann Rdnr. 29.

Übersicht

I. Überblick

§ 328 regelt zusammen mit § 19 die wechselseitigen Beteiligungen iSd. § 19 Abs. 1. Eine **1** wechselseitige Beteiligung liegt danach vor, wenn zwei Kapitalgesellschaften mit Sitz im Inland dadurch verbunden sind, daß jeder mehr als 25% der Anteile der anderen gehört (s. dazu § 19 Rdnr. 8 ff.). Innerhalb der so definierten wechselseitigen Beteiligungen hat man außerdem, wie § 19 Abs. 4 zu entnehmen ist, zwei verschiedene Erscheinungsformen zu unterscheiden, für die sich die Bezeichnungen qualifizierte und einfache wechselseitige Beteiligungen eingebürgert haben. Um eine **qualifizierte** wechselseitige Beteiligung handelt es sich, wenn die wechselseitig beteiligten Unternehmen (iSd. § 19 Abs. 1) zusätzlich durch eine einseitige oder beiderseitige Mehrheitsbeteiligung oder Abhängigkeitsbeziehung verbunden sind (§ 19 Abs. 2 und 3),[1] um eine **einfache** dagegen, wenn es hieran fehlt. Die Rechtsfolgen sind ganz unterschiedlich: Während (einseitige und beiderseitige) qualifizierte wechselseitige Beteiligung allein dem Regime des § 19 Abs. 2 und 3 und nicht dem § 328 unterstehen (§ 19 Abs. 2 und 3), ist auf einfache wechselseitige Beteiligungen ausschließlich **§ 328** anzuwenden.

Ergänzend findet sich in § 6 EGAktG eine **Übergangsvorschrift** für einfache wechsel- **2** seitige Beteiligungen, die bereits bei Inkrafttreten des AktG im Jahre 1966 bestanden. Sie knüpft ebenso wie im Prinzip § 328 an die Erfüllung der Mitteilungspflicht an, diesmal aufgrund des § 7 EGAktG. Waren die Unternehmen seinerzeit dieser Mitteilungspflicht *rechtzeitig*, d. h. binnen eines Monats nach Inkrafttreten des Gesetzes, nachgekommen, so fand auf die bestehende wechselseitige Beteiligung § 328 Abs. 1 und 2 keine Anwendung (§ 6 Abs. 1 EGAktG); vielmehr konnten beide Unternehmen aus den Anteilen, die sie bei Inkrafttreten des Gesetzes hatten oder die auf diese Anteile bei einer späteren Kapitalerhöhung aus Gesellschaftsmitteln entfielen, sämtliche Rechte ausüben (§ 6 Abs. 2 Nr. 1 EGAktG).[2] Bei sonstigen später erworbenen Anteilen ergaben sich dagegen unterschiedliche Rechtsbeschränkungen aus den Nrn. 2 und 3 des § 6 Abs. 2 EGAktG.

§ 328 Abs. 3 ist erst durch das Gesetz zur Kontrolle und Transparenz im Unternehmens- **3** bereich **(KonTraG)** von 1998 in das Gesetz eingefügt worden.[3] Damit wurde bezweckt, die als besonders schädlich eingestuften Verwaltungsstimmrechte in größerem Maße als nach dem früheren Rechtszustand möglich zurückzudrängen.[4]

§ 328 baut unmittelbar auf § 19 auf. Enge Beziehungen bestehen ferner zu den **Mittei- 4 lungspflichten** aufgrund der §§ 20 Abs. 3 und 21 Abs. 1, die seinerzeit nicht zuletzt zu dem Zweck eingeführt wurden, wechselseitige Beteiligungen nach Möglichkeit aufzudecken (s. § 20 Rdnr. 2 f.). Fällt wie in der Regel die Mitteilungspflicht aufgrund des § 20 Abs. 3 mit der nach § 20 Abs. 1 zusammen oder liegen zugleich die Voraussetzungen des § 21 Abs. 1 vor, so muß insbes. das *Ausübungsverbot* aufgrund der §§ 20 Abs. 7 und 21 Abs. 4 beachtet werden, das so lange eingreift, wie das mitteilungspflichtige Unternehmen seiner

---

[1] S. im einzelnen § 19 Rdnr. 12, 17 ff.
[2] S. dazu die Begr. zum RegE bei *Kropff* AktG S. 520; MünchKommAktG/*Grunewald* Rdnr. 4.
[3] BGBl. 1998 I S. 786.

[4] S. Rdnr. 22 f.; die Begr. zum RegE des KonTraG, BT-Drucks. 13 (1998)/9712, S. 25; *Seibert* WM 1997, 1, 7.

Mitteilungspflicht nicht nachgekommen ist. An diese Regelung knüpft letztlich die in § 328 gewählte Lösung für die Problematik der einfachen wechselseitigen Beteiligungen an.

5   Seit den durch das 3. Finanzmarktförderungsgesetz von 1998 in das Gesetz eingefügten Vorschriften des § 20 Abs. 8 und des § 21 Abs. 5 gelten die §§ 20 und 21 AktG nicht mehr für **börsennotierte Gesellschaften** iSd. § 21 Abs. 2 WpHG. Seitdem richten sich die Mitteilungspflichten bei den börsennotierten Gesellschaften nach den (strengeren) Vorschriften der §§ 21 ff. WpHG (s. § 20 Rdnr. 3 f.), ohne daß freilich im Text des § 328 darauf Rücksicht genommen würde. Daraus darf nicht der Schluß gezogen werden, einfache wechselseitige Beteiligungen zwischen börsennotierten Gesellschaften iSd. § 21 Abs. 2 WpHG würden seit 1998 von § 328 nicht mehr erfaßt; vielmehr ist anzunehmen, daß fortan hinsichtlich dieser Fälle die Regelung des § 328 an die Mitteilungspflichten aufgrund der §§ 21 ff. WpHG anknüpft.[5]

II. Zweck

6   § 328 verfolgt in erster Linie den Zweck, die Rechte aus wechselseitigen Beteiligungen nach Möglichkeit auf höchstens 25% der Anteile an dem anderen Unternehmen zu beschränken, um der Gefahr unkontrollierbarer Verwaltungsstimmrechte zu begegnen.[6] Diesem Zweck hätte es am meisten entsprochen, die Rechte aus wechselseitigem Anteilsbesitz, zumindest von einer bestimmten Grenze ab, generell zu beschränken. Davor ist der Gesetzgeber indessen 1965 noch aus heute nur schwer nachvollziehbaren Gründen zurückgeschreckt. Erst im Jahre 1998 hat er mit dem neuen § 328 Abs. 3 diesen an sich schon lange überfälligen Schritt, freilich beschränkt auf den dort geregelten speziellen Fall, gewagt. Im übrigen sah jedoch der Gesetzgeber offenbar den *Schutz* desjenigen Unternehmens als vordringlich an, das die wechselseitige Beteiligung nicht vermeiden konnte, weil es als *erstes* an dem anderen die kritische Beteiligung von mehr als 25% erwarb *oder* das doch am längsten *gutgläubig* hinsichtlich der wechselseitigen Beteiligung war.[7]

7   Im Ergebnis verfolgt damit § 328, zumal bei Berücksichtigung der Änderung durch das KonTraG von 1998 (§ 328 Abs. 3), mehrere nur schwer miteinander zu vereinbarende Regelungskonzepte. Dies dürfte der wichtigste Grund dafür sein, daß die praktische Bedeutung der Vorschrift bislang offenbar gering geblieben ist. Hinzu kommt, daß § 328 ohnehin nur einen verhältnismäßig kleinen Ausschnitt aus der weiten Problematik wechselseitiger Beteiligungen erfaßt, da sich sein **Anwendungsbereich** infolge der Bezugnahme auf § 19 Abs. 1 in § 328 Abs. 1 S. 1 auf wechselseitige Beteiligungen zwischen Kapitalgesellschaften mit Sitz im Inland unter Einfluß wenigstens einer AG oder KGaA beschränkt (Rdnr. 8 f.), so daß die offenbar vorherrschenden *ringförmigen* oder zirkulären wechselseitigen Beteiligungen, von wenigen Ausnahmefällen abgesehen, mit § 328 ebensowenig erfaßt werden können wie wechselseitige Beteiligungen zwischen Gesellschaften mbH oder unter Beteiligung von Personengesellschaften (s. § 19 Rdnr. 20 ff.).

III. Problematik

7 a   Das gesetzliche Regelungskonzept, das dem § 328 zugrunde liegt (Rdnr. 6), war von Anfang an auf verbreitete **Kritik** gestoßen, weil die hier gewählte Lösung zumindest früher in bestimmten Fallgestaltungen geradezu *kontraproduktive* Wirkungen zeitigen konnte.[8] Um dies zu erkennen, genügt es, sich die (frühere) Situation eines von der Ausübungssperre aufgrund des § 328 Abs. 1 betroffenen Unternehmens zu vergegenwärtigen. Denn aus der

---

[5] Ebenso MünchKommAktG/*Grunewald* Rdnr. 5 f.
[6] S. die Begr. zum RegE bei *Kropff* AktG S. 433 f.; speziell zu § 328 Abs. 4 s. noch Rdnr. 20.
[7] S. die Begr. zum RegE bei *Kropff* AktG S. 434; *Emmerich*, FS für Westermann, S. 55, 71; *ders.* NZG 1998, 628 f.

[8] S. die Kritik bei *Emmerich*, FS für Westermann, S. 55, 71 ff.; MünchKommAktG/*Grunewald* Rdnr. 1; *Hüffer* Rdnr. 1; *Koppensteiner* in Kölner Kommentar Rdnr. 3; ebenso im übrigen schon die Begr. zum RegE bei *Kropff* AktG S. 434 u.

Sicht dieses Unternehmens mußte es als der allein sinnvolle Ausweg erscheinen, so schnell wie möglich eine Mehrheitsbeteiligung an dem anderen Unternehmen zu erwerben, weil es nur so der Ausübungssperre aufgrund des § 328 Abs. 1 nachträglich wieder entgehen konnte (s. § 19 Abs. 4). Mittlerweile ist jedoch durch die neuen Vorschriften der §§ 71 d S. 2 und 71 c von 1978 in der Fassung von 1998 zumindest dieser Nachteil des § 328 deutlich entschärft, wenn auch vielleicht nicht völlig beseitigt worden.[9]

IV. Anwendungsbereich

Der Anwendungsbereich des § 328 beschränkt sich auf wechselseitig beteiligte Unter- **8** nehmen mit Sitz im Inland unter Einschluß einer AG oder KGaA (§ 19 Abs. 1).[10] § 328 ist folglich nur anwendbar, wenn es sich um eine Unternehmensverbindung zwischen einer deutschen AG oder KGaA und einer anderen Kapitalgesellschaft mit Sitz im Inland, zB einer deutschen **GmbH,** handelt, die dadurch gekennzeichnet ist, daß die verbundenen Unternehmen (s. § 15) aneinander jeweils mit *mehr als 25%* beteiligt sind, wobei allein Anteile an dem *Kapital* des anderen Unternehmens zählen. Die Berechnung richtet sich gemäß § 19 Abs. 1 S. 2 nach § 16 Abs. 1 S. 2 und Abs. 4 (s. § 19 Rdnr. 9 f.). Liegt danach eine einfache wechselseitige Beteiligung etwa zwischen einer AG und einer GmbH (jeweils mit Sitz im Inland) vor, so findet die Regelung des § 328, wie besonderer Hervorhebung bedarf, auch auf die wechselseitig beteiligte *GmbH,* nicht etwa nur auf die AG Anwendung (§§ 19 Abs. 1, 328 Abs. 1 S. 1).[11]

Die Beschränkung des Anwendungsbereichs der §§ 19 Abs. 1 und 328 auf Kapitalgesell- **9** schaften mit Sitz im Inland hat zur Folge, daß wechselseitige Beteiligungen zwischen Unternehmen anderer Rechtsform und mit ausländischen Unternehmen von § 328 ebensowenig wie schon von § 19 erfaßt werden.[12] Dies gilt insbes. auch für einfache wechselseitige Beteiligungen allein zwischen Gesellschaften in der Rechtsform einer **GmbH;** die Lösung dieser Fälle ist vielmehr in erster Linie dem **§ 33 Abs. 2 GmbH** zu entnehmen.[13]

V. Geregelte Fälle

§ 328 verfolgt, wie gezeigt (Rdnr. 6), einen doppelten Zweck, auf der einen Seite **10** Beschränkung der Rechte aus dem über 25% hinausgehenden Anteilsbesitz der wechselseitig aneinander beteiligten Unternehmen, um wechselseitige Beteiligungen zurückzudrängen, auf der anderen Seite zugleich aber Schutz desjenigen Unternehmens, das die wechselseitige Beteiligung nicht vermeiden konnte, weil es als erstes die kritische Beteiligung von mehr als 25% an dem anderen erwarb, *oder* das doch am längsten gutgläubig war. Dementsprechend sind vor allem die folgenden Fallgestaltungen zu unterscheiden, wobei durchweg dasjenige Unternehmen als „*erstes*" bezeichnet werden soll, das als erstes die kritische Beteiligung von mehr als 25% an dem anderen erwarb, als „*zweites*" dagegen dasjenige, das sich erst *anschlie-ßend* mit mehr als 25% an dem ersten Unternehmen beteiligte.

1. Rechtzeitige Mitteilung. a) § 328 Abs. 1. Wenn ein Unternehmen als erstes an **11** einem anderen (das seinerseits bereits an ihm zu *weniger* als 25% beteiligt sein kann) die kritische Beteiligung von mehr als 25% erwirbt, werden seine Rechte aus dieser Beteiligung nach § 328 Abs. 1 *nicht* beschränkt, *vorausgesetzt,* daß es seiner Mitteilungspflicht aufgrund der §§ 20 Abs. 3 und 21 Abs. 1 AktG oder des § 21 WpHG (s. Rdnr. 5) unverzüglich

---

[9] S. MünchKommAktG/*Grunewald*   Rdnr. 1; *Kerstin Schmidt* Beteiligungen S. 77 ff.

[10] Wegen der Einzelheiten s. § 19 Rdnr. 8 ff.; *Emmerich* NZG 1998, 622, 623 f.; *Hüffer* Rdnr. 2; MünchKommAktG/*Grunewald* Rdnr. 3; *Koppensteiner* in Kölner Kommentar Rdnr. 5; MünchHdb. AG/*Krieger* § 68 Rdnr. 93 f.

[11] S. im einzelnen § 19 Rdnr. 20 ff.; *Emmerich* NZG 1998, 622, 623 f.

[12] *Koppensteiner* in Kölner Kommentar Rdnr. 5; MünchHdb. AG/*Krieger* § 68 Rdnr. 105 f.

[13] S. § 19 Rdnr. 21 ff.; *Emmerich* NZG 1998, 622, 624 f.; Scholz/*Emmerich* GmbHG § 44 Anh. Rdnr. 35 f.; Rowedder/Schmidt-Leithoff/*Pentz* GmbHG § 30 Rdnr. 78 f.; Michalski/*Heidinger* GmbHG Bd. I § 30 Rdnr. 61, 114 ff.

nachkommt (s. §§ 20 Abs. 7 und 21 Abs. 4 AktG; § 28 WpHG). Die Beschränkung der Rechte aus dem über 25% hinausgehenden Anteilsbesitz aufgrund des § 328 Abs. 1 S. 1 sowie die weitergehenden Beschränkungen aufgrund des neuen § 328 Abs. 3 treffen vielmehr in diesem Fall allein das andere (**zweite**) **Unternehmen,** sobald es seinerseits eine Beteiligung von mehr als 25% an dem ersten Unternehmen erwirbt (zu den Gründen s. Rdnr. 12); Voraussetzung ist freilich auch hier, daß das genannte zweite Unternehmen rechtzeitig seiner Mitteilungspflicht aufgrund der §§ 20 Abs. 3 und 21 Abs. 1 AktG oder des § 21 WpHG nachkommt.[14] Andernfalls bleibt es ohnehin bei dem Ausübungsverbot der §§ 20 Abs. 7 und 21 Abs. 4 AktG sowie aufgrund des § 28 WpHG, so daß es nicht des Rückgriffs auf § 328 bedarf.

12   Der **Grund** für die geschilderte eigenartige Regelung in § 328 Abs. 1 ist darin zu sehen, daß hier das *zweite* Unternehmen aufgrund der rechtzeitigen Mitteilung seitens des ersten ohne weiteres in der Lage gewesen wäre, die wechselseitige Beteiligung zu *vermeiden*, indem es auf den Erwerb weiterer Anteile an dem ersten Unternehmen verzichtet hätte. Begründet es gleichwohl *willentlich* eine wechselseitige Beteiligung, so muß es sich dann, gleichsam „zur Strafe", d. h. als Sanktion die Beschränkung seiner Rechte aufgrund des § 328 Abs. 1 und Abs. 3 gefallen lassen, immer vorausgesetzt, daß es überhaupt seine Mitteilungspflicht aufgrund der §§ 20 Abs. 3 und 21 Abs. 1 AktG oder des § 21 WpHG erfüllt.

13   **b) § 328 Abs. 2.** Unterläßt in dem genannten Fall (Rdnr. 11) das erste Unternehmen die gebotene rechtzeitige Mitteilung seiner Beteiligung aufgrund der §§ 20 Abs. 3 und 21 Abs. 1 AktG oder des § 21 WpHG, so kann sich das *zweite* Unternehmen trotz nachträglicher Begründung der wechselseitigen Beteiligung immer noch sämtliche Rechte aus seinem Anteilsbesitz erhalten, wenn es jetzt – nach Erwerb der kritischen Beteiligung von mehr als 25% – seinerseits dem ersten Unternehmen eine Mitteilung nach § 20 Abs. 3, § 21 Abs. 1 AktG oder nach § 21 WpHG macht, **solange** es selbst noch **gutgläubig** hinsichtlich des Bestandes der wechselseitigen Beteiligung ist (§ 328 Abs. 2).[15] Dahinter steht letztlich derselbe Grundgedanke wie hinter § 328 Abs. 1 S. 1 (s. Rdnr. 12, 14).

14   Schädlich ist nur die *positive Kenntnis* der wechselseitigen Beteiligung, wofür eine bloße Mitteilung nach § 20 *Abs. 1* AktG durch das andere (erste) Unternehmen nicht genügt, weil sich allein daraus mit Rücksicht auf die besondere Zurechnungsvorschrift des § 20 Abs. 2 noch nicht unmittelbar die Kenntnis einer kritischen Beteiligung von mehr als 25% ergeben muß.[16] Den **Grund** für diese eigenartige Regelung hat man darin zu sehen, daß hier das zweite Unternehmen mangels Kenntnis von der Beteiligung des ersten Unternehmens an ihm in einer Höhe von mehr als 25% die Entstehung der wechselseitigen Beteiligung *nicht verhindern* konnte und deshalb auch nicht durch das Ausübungsverbot aufgrund des § 328 Abs. 1 „bestraft" werden soll.

15   **2. Sonstige Fälle.** (1) Besteht bereits eine wechselseitige Beteiligung und liegt keiner der bisher besprochenen Fälle vor (Rdnr. 11–14), so trifft die Beschränkung der Rechte aufgrund des § 328 Abs. 1 und Abs. 3 jedenfalls dasjenige Unternehmen, das *als erstes positive Kenntnis* von der wechselseitigen Beteiligung erlangt und dadurch bösgläubig wird. Keine Rolle spielt dabei, worauf diese Kenntnis beruht, entweder auf einer Mitteilung des anderen Unternehmens nach den §§ 20 Abs. 3 und 21 Abs. 1 AktG bzw. nach § 21 WpHG oder auf einer sonstigen Quelle.[17] Ein derartiger Fall ist freilich im Grunde nur vorstellbar, wenn *beide* wechselseitig aneinander beteiligten Unternehmen ihren Mitteilungspflichten aufgrund des § 20 Abs. 3 und des § 21 Abs. 1 AktG oder § 21 WpHG *nicht* oder

---

[14] Ebenso die Begr. zum RegE bei *Kropff* AktG S. 434; *Emmerich,* FS für Westermann, S. 55, 71; *ders.* NZG 1998, 622, 624; MünchKommAktG/ *Grunewald* Rdnr. 5; *Hüffer* Rdnr. 6; *Koppensteiner* in Kölner Kommentar Rdnr. 10; MünchHdb. AG/ *Krieger* § 68 Rdnr. 98 f.

[15] *Emmerich,* FS für Westermann, S. 55, 71; MünchKommAktG/*Grunewald* Rdnr. 5 ff.; *Koppen-*

steiner in Kölner Kommentar Rdnr. 7; MünchHdb. AG/*Krieger* § 70 Rdnr. 102.

[16] *Hüffer* Rdnr. 3; MünchHdb. AG/*Krieger* § 68 Rdnr. 99.

[17] S. *Emmerich,* FS für Westermann S. 55, 71; MünchKommAktG/*Grunewald* Rdnr. 6; Münch-Hdb. AG/*Krieger* § 68 Rdnr. 99 f.

mit Verspätung nachkommen. Solange dies nicht geschehen ist, greift in aller Regel bereits die Ausübungssperre aufgrund der §§ 20 Abs. 7 und 21 Abs. 4 AktG oder aufgrund des § 28 WpHG ein.

(2) Wieder anders ist die Rechtslage, wenn die erste Mitteilung von einem der wechsel- **16** seitig beteiligten Unternehmen erst *nach* Eintritt seiner *Bösgläubigkeit* gemacht wird. In diesem Fall greift zu seinen Gunsten nicht mehr § 328 Abs. 2 ein; ebensowenig ist freilich zugunsten des anderen Unternehmens § 328 Abs. 1 anwendbar, weil es an der rechtzeitigen eigenen Mitteilung noch vor der Mitteilung des anderen Unternehmens fehlt. Folglich unterliegen in diesem Fall *beide* Unternehmen der Ausübungssperre aufgrund des § 328 Abs. 1 und Abs. 3.[18]

(3) Wenn *beide* wechselseitig beteiligten Unternehmen die gebotenen Mitteilungen auf- **17** grund der §§ 20 Abs. 3 und 21 Abs. 1 AktG oder des § 21 WpHG unterlassen, ist § 328 Abs. 1 und Abs. 3 entsprechend anzuwenden, sofern nicht schon die Ausübungsverbote aufgrund der §§ 20 Abs. 7 und 21 Abs. 4 AktG oder des § 28 WpHG eingreifen.[19] Denn nur bei diesem Gesetzesverständnis lassen sich sonst naheliegende Umgehungsversuche ver- hindern. Sind die Unternehmen bösgläubig, so greifen ohnehin die Abs. 1 und 3 des § 328 ein (s. Rdnr. 16).

(4) § 328 Abs. 1 und 3 ist außerdem entsprechend anwendbar, wenn die Unternehmen **18** die Mitteilungen *gleichzeitig* machen. Der Grund ist wiederum der, daß man nur so Umge- hungsversuchen der Unternehmen begegnen kann.[20]

VI. Rechtsfolgen

1. Ausübungssperre. a) § 328 Abs. 1. § 328 enthält für einfache wechselseitige Betei- **19** ligungen verschiedene Rechtsfolgen. Zunächst greift unter den genannten Voraussetzungen (Rdnr. 10 ff.) die Ausübungssperre des § 328 Abs. 1 S. 1 ein. Danach können Rechte aus den Anteilen, die dem betroffenen Unternehmen an dem anderen Unternehmen gehören, nur für höchstens 25% aller Anteile des anderen Unternehmens ausgeübt werden. Aus- genommen ist lediglich das Recht auf neue Aktien bei einer Kapitalerhöhung aus Gesell- schaftsmitteln (§ 328 Abs. 1 S. 2). **Keine Beschränkung** trifft dagegen das andere Unter- nehmen, in erster Linie also dasjenige, das seiner Mitteilungspflicht rechtzeitig nachgekom- men ist (Rdnr. 10 ff.). **Dieses** Unternehmen kann daher auch weiterhin sämtliche Rechte aus dem über 25 % hinausgehenden Anteilsbesitz ausüben und sogar seinen Anteilsbesitz weiter aufstocken.[21]

Den genannten Beschränkungen aufgrund des § 328 Abs. 1 (Rdnr. 19) unterliegen **20** ferner nach **§ 16 Abs. 4** zugerechnete Aktien im Besitz **Dritter,** wobei vor allem an Aktien zu denken ist, die von einem Treuhänder oder von abhängigen Unternehmen für das betroffene Unternehmen gehalten werden (§ 328 Abs. 1 S. 3). Trifft die Ausübungs- sperre gleichzeitig das betroffene Unternehmen *und* Dritte, deren Anteilsbesitz dem ersteren nach den genannten Vorschriften zugerechnet wird, so ist die Ausübungssperre *quotal* auf den eigenen und den zugerechneten Anteilsbesitz aufzuteilen, sofern sich die beteiligten Unternehmen nicht auf eine andere Verteilung einigen oder in einem Vertrags- konzern das herrschende Unternehmen von seinem Weisungsrecht nach § 308 Gebrauch macht.[22]

Die Ausübungssperre aufgrund des § 328 Abs. 1 S. 1 gilt **für sämtliche Verwaltungs-** **21** **und Vermögensrechte,** die mit dem Anteilsbesitz verbunden sind, insbes. also für das Stimmrecht, für das Bezugsrecht auf junge Aktien im Falle einer Kapitalerhöhung gegen

[18] MünchKommAktG/*Grunewald* Rdnr. 8; *Kop- pensteiner* in Kölner Kommentar Rdnr. 11; MünchHdb. AG/*Krieger* § 68 Rdnr. 102 (2. Abs.).

[19] *Emmerich,* FS für Westermann, S. 55, 71; *Kop- pensteiner* in Kölner Kommentar Rdnr. 9, 12.

[20] *Emmerich,* FS für Westermann, S. 55, 71; MünchKommAktG/*Grunewald* Rdnr. 8; *Koppenstei-*

ner in Kölner Kommentar Rdnr. 12; MünchHdb. AG/*Krieger* § 102 Rdnr. 101 (2. Abs.).

[21] *Hüffer* Rdnr. 6.

[22] S. MünchKommAktG/*Grunewald* Rdnr. 13; *Hüffer* Rdnr. 5; *Koppensteiner* in Kölner Kommentar Rdnr. 15; MünchHdb. AG/*Krieger* § 68 Rdnr. 101.

Einlagen sowie für den Anspruch auf Dividende.[23] Ausgenommen ist nach § 328 Abs. 1 S. 2 lediglich das Recht auf neue Aktien bei einer Kapitalerhöhung aus Gesellschaftsmitteln, um eine Verschiebung der Beteiligungsverhältnisse zu verhindern. Diesem Fall wird neuerdings häufig – aus denselben Erwägungen heraus – der Anspruch auf den *Liquidationserlös* gleichgestellt.[24] Die Regelung entspricht im übrigen der des § 20 Abs. 7, so daß wegen der Einzelheiten auf die Ausführungen zu dieser Vorschrift verwiesen werden kann (§ 20 Rdnr. 38 ff.). Die Beschränkung tritt ein, sobald der Tatbestand des § 328 Abs. 1 erfüllt ist, und betrifft dann das gesamte laufende Geschäftsjahr.[25] Der Dividendenanspruch entfällt mithin für das ganze Jahr, so daß der Gesellschaft zuvor schon bezogene Dividenden nach § 62 Abs. 1 erstattet werden müssen. Werden Stimmrechte entgegen § 328 Abs. 1 ausgeübt, so macht dies darauf beruhende Hauptversammlungsbeschlüsse anfechtbar (§ 243 Abs. 1).[26]

22   **b) § 328 Abs. 3.** Seit 1998 ergibt sich außerdem eine *weitere Ausübungssperre* aus dem durch das KonTraG in das Gesetz eingefügten § 328 Abs. 3. Danach kann ein Unternehmen, dem die wechselseitige Beteiligung gemäß § 328 *Abs. 1* bekannt ist, so daß es der Ausübungssperre unterliegt (Rdnr. 19 ff.), in der Hauptversammlung einer anderen börsennotierten Gesellschaft iSd. *§ 3 Abs. 2 AktG* sein **Stimmrecht** zur Wahl von Mitgliedern in den Aufsichtsrat dieser anderen Gesellschaft **generell nicht** ausüben. Dadurch sollen die als besonders schädlich eingestuften Verwaltungsstimmrechte noch mehr, als es zuvor schon aufgrund des § 328 Abs. 1 möglich war, zurückgedrängt werden, um die Kontrolle durch die eigentlichen Eigentümer des Unternehmens ungeschmälert durchzusetzen.[27] In diesem speziellen Fall erfaßt folglich die Ausübungssperre nicht nur wie sonst nach § 328 Abs. 1 den über 25% hinausgehenden Anteilsbesitz, sondern *alle* Anteile der durch die Ausübungssperre betroffenen Gesellschaft.

23   § 328 Abs. 3 bezieht sich auf Beteiligungen *an börsennotierten Gesellschaften* iSd. § 3 Abs. 2. Keine Rolle spielt dagegen, ob die wechselseitig beteiligte andere Gesellschaft gleichfalls eine börsennotierte AG ist oder nicht, so daß es sich dabei zB auch um eine **GmbH** mit Sitz im Inland handeln kann.[28] Umstritten ist die Anwendbarkeit des **§ 16 Abs. 4.** Gegen sie spricht zwar auf den ersten Blick die fehlende ausdrückliche Bezugnahme in § 328 Abs. 3.[29] Indessen würden dadurch Umgehungen Tür und Tor geöffnet; deshalb ist anzunehmen, daß auch im Rahmen des § 328 Abs. 3 die Zurechnungsvorschrift des § 16 Abs. 4 entsprechende Anwendung findet. Es kommt hinzu, daß § 328 Abs. 3 auf den *ganzen* Abs. 1 und damit über § 328 Abs. 1 S. 3 ohnehin auch auf § 16 Abs. 4 Bezug nimmt.[30]

23 a   Aus der alleinigen Bezugnahme auf den *Abs. 1* des § 328 Abs. 3 darf nicht der Schluß gezogen werden, für eine Befreiung von dem Ausübungsverbot nach **§ 328 Abs. 2** sei hier kein Raum (Rdnr. 13 f.).[31] Dagegen spricht vor allem, daß nach dem Grundkonzept der gesetzlichen Regelung die Abs. 1 und 2 des § 328 unmittelbar zusammenhängen und das vom Gesetzgeber gewählte Prinzip – Schutz der gutgläubigen Gesellschaft – nur zusammen verwirklichen.[32]

24   **2. Mitteilungspflicht.** Die dritte Rechtsfolge einer einfachen wechselseitigen Beteiligung neben den beiden Ausübungssperren aufgrund der Abs. 1 und 3 des § 328 besteht in der erweiterten Mitteilungspflicht nach § 328 Abs. 4. Danach sind die wechselseitig beteiligten Unternehmen verpflichtet, einander unverzüglich die (genaue) Höhe ihrer Beteiligung und *jede Änderung* schriftlich mitzuteilen, während die Mitteilungspflichten aufgrund der §§ 20 und 21 AktG sowie des § 21 WpHG immer nur bei Überschreitung oder Unter-

---

[23] So schon die Begr. zum RegE bei *Kropff* AktG S. 433 (2. Abs.); MünchKommAktG/*Grunewald* Rdnr. 9; *Koppensteiner* in Kölner Kommentar Rdnr. 13; MünchHdb. AG/*Krieger* § 68 Rdnr. 100.

[24] MünchKommAktG/*Grunewald* Rdnr. 9; MünchHdb. AG/*Krieger* § 68 Rdnr. 100; anders *Koppensteiner* in Kölner Kommentar Rdnr. 13.

[25] MünchKommAktG/*Grunewald* Rdnr. 11.

[26] MünchKommAktG/*Grunewald* Rdnr. 12.

[27] S. Rdnr. 1; MünchKommAktG/*Grunewald* Rdnr. 10; *Hüffer* Rdnr. 7.

[28] S. die Begr. zum RegE des KonTraG, BT-Drucks. 13 (1998)/9712, S. 25.

[29] S. *Hüffer* Rdnr. 7.

[30] MünchKommAktG/*Grunewald* Rdnr. 10.

[31] So *Hüffer* Rdnr. 7.

[32] Ebenso MünchKommAktG/*Grunewald* Rdnr. 10; MünchHdb. AG/*Krieger* § 68 Rdnr. 103.

schreitung bestimmter Schwellenwerte eingreifen. Außerdem ist im Anhang zum Jahresabschluß das Bestehen wechselseitiger Beteiligungen unter Angabe der beteiligten Unternehmen offenzulegen (§ 160 Abs. 1 Nr. 7).

Durch die Erweiterung der Mitteilungspflicht (§ 328 Abs. 4) sollte erreicht werden, daß **25** wechselseitig beteiligte Unternehmen stets über den Stand und die Entwicklung der wechselseitigen Beteiligungen unterrichtet sind, um den damit verbundenen Gefahren rechtzeitig begegnen zu können.[33] Aus demselben Grund ist in § 328 Abs. 4 ferner 1998 darauf verzichtet worden, nach dem Vorbild der durch das 3. Finanzmarktförderungsgesetz[34] in das Gesetz eingefügten Vorschriften der §§ 20 Abs. 8 und 21 Abs. 5 AktG börsennotierte Gesellschaften iSd. § 21 Abs. 2 WpHG von der Mitteilungspflicht wieder auszunehmen. Das Gesetz sieht jedoch nach wie vor *keine Sanktionen* bei einer Verletzung der besonderen Mitteilungspflichten nach § 328 Abs. 3 vor.[35] Deshalb dürfte die praktische Bedeutung der Vorschrift gering geblieben sein. Auch die vielleicht mögliche Interpretation des § 328 Abs. 3 als Schutzgesetz iSd. § 823 Abs. 2 BGB dürfte hieran im Ergebnis wohl kaum etwas ändern.[36]

---

[33] So die Begr. zum RegE bei *Kropff* AktG S. 435.

[34] BGBl. I 1998 S. 529, 567.

[35] S. *Hüffer* Rdnr. 8; *Koppensteiner* in Kölner Kommentar Rdnr. 16.

[36] So MünchKommAktG/*Grunewald* Rdnr. 14.

Stichwortverzeichnis

Fette Zahlen bezeichnen die Paragraphen, magere Zahlen die Randnummern.

Stichwortverzeichnis

Buchanzeigen

Der Klassiker zur GmbH & Co. KG – Jetzt wieder neu!

Binz / Sorg
Die GmbH & Co. KG

Von Prof. Dr. Mark K. Binz, Rechtsanwalt und Fachanwalt für Steuerrecht, und Dr. Martin H. Sorg, Wirtschaftsprüfer, unter Mitarbeit von Dr. Gerd Mayer, Rechtsanwalt und Steuerberater

9., überarbeitete Auflage. 2003
XXXIX, 594 Seiten. In Leinen € 76,–
ISBN 3-406-50638-0

Die Beliebtheit der GmbH & Co. KG

als Rechtsform eines Familienunternehmens ist ungebrochen. In der Statistik der Neugründungen steht sie seit Jahrzehnten an vorderster Stelle.

Das Standardwerk für Familienunternehmen

- enthält eine systematische, auch wissenschaftlichen Ansprüchen genügende Darstellung aller handels- und steuerrechtlichen Themen der GmbH & Co. KG, wobei auch auf arbeits- und mitbestimmungsrechtliche Fragen eingegangen wird
- erläutert die Umwandlungsmöglichkeiten in die GmbH & Co. KG und aus ihr heraus
- läßt jahrzehntelange Erfahrungen der Autoren in der Beratung von Familienunternehmen in die Darstellung einfließen
- erleichtert die rasche Orientierung und die gezielte Auseinandersetzung mit Teilaspekten durch übersichtliche Stoffgliederung, zahlreiche Querverweise und ein ausführliches Stichwortverzeichnis
- stellt in einem gesonderten Abschnitt die wirtschafts- und steuerrechtlichen Besonderheiten alternativer Rechtsformen gegenüber, nämlich der GmbH, GmbH und Still, Betriebsaufspaltung, Stiftung & Co. KG sowie der AG & Co. KG und der GmbH & Co. KGaA

Die Neuauflage

berücksichtigt in einer gründlichen Neubearbeitung wichtige Änderungen in allen Bereichen, u.a.

- das neue Umwandlungsrecht, das Nachhaftungsbegrenzungsgesetz, die Insolvenzrechtsreform, das KapCoRiLiG und die Handelsrechtsreform
- im **Steuerrecht** die Unternehmenssteuerreform im Jahr 2000 und die jährlich wiederkehrenden, immer umfangreicher werdenden sog. Artikelgesetze

und ist auf dem **neuesten Stand**: Rechtsprechung und Literatur sind bis Anfang Januar 2003 verarbeitet.

Die Zielgruppe

sind alle Angehörigen der rechts-, wirtschafts- und steuerberatenden Berufe, Finanzrichter und Finanzbeamte, aber auch – als Nachschlagewerk – Gesellschafter und Geschäftsführer von Familienunternehmen.

Die Autoren

Professor Dr. Mark K. Binz, Rechtsanwalt, und Dr. Martin H. Sorg, Wirtschaftsprüfer, sind Partner der renommierten Anwaltskanzlei Binz & Partner in Stuttgart. Sie haben sich als Berater bedeutender Familienunternehmen und durch zahlreiche einschlägige Veröffentlichungen einen Namen gemacht.

Verlag C. H. Beck · 80791 München

Wieder neu + aktuell!

Goette

Die GmbH
Darstellung anhand der Rechtsprechung des BGH

Von Prof. Dr. Wulf Goette, Richter am Bundesgerichtshof, Honorarprofessor der Ruprecht-Karls-Universität Heidelberg

2. Auflage. 2002
XV, 394 Seiten. In Leinen € 44,–
ISBN 3-406-48936-2

In Sachen GmbH

Die Vorteile der Haftungsbeschränkung bei geringem Kapitaleinsatz der Gesellschafter und die große Flexibilität der vertraglichen Gestaltung machen die GmbH zu einer besonders attraktiven, in Deutschland mehr als 800.000 mal bestehenden Gesellschaftsform. Fragen der Vertragsgestaltung, Probleme während des Bestehens der GmbH und der Umgang mit Krisensituationen bis zur Liquidation der Gesellschaft lassen sich nur bei genauer Kenntnis der einschlägigen Judikatur zu den strittigen Einzelfragen sachgerecht bewältigen. Dieser Band stellt die in Jahrzehnten gewachsene Rechtsprechung des Bundesgerichtshofs zu den wichtigen Fragen des GmbH-Rechts dar:

• Errichtung der GmbH
• Kapitalaufbringung bei Gründung und Kapitalerhöhung
• Kapitalerhaltung – Rückgewährverbot
• Eigenkapitalersetzende Gesellschafterleistungen
• Geschäftsanteil
• Ausschließung und Austritt
• Gesellschafterversammlung
• Geschäftsführer
• GmbH-Konzernrecht (Haftungsfragen) mit Anhang zur Durchgriffshaftung
• Auflösung und Liquidation.

Dabei bietet der Verfasser mehr als die Wiedergabe der Judikatur, die er als Mitglied des zuständigen II. Zivilsenats des BGH aus erster Hand kennt. Er ordnet vielmehr die einzelnen Judikate in das Gesamtgefüge der Rechtsprechung zur GmbH ein und zeichnet in klarem und übersichtlichem Aufbau, der sich an der »Lebensgeschichte« der GmbH orientiert, die wesentlichen Grundlinien nach.

Eine große Hilfe

für Anwälte, Notare, Berater und Richter.

»… sehr empfehlenswert …«
Notar Dr. Heribert Heckschen, in: DNotZ 1/1999

»Wehe dem Berater, der es nicht gelesen hat.«
Dipl.-Kfm. Jürgen Wegner, WP/StB, in: DStR 34/1997, zur Vorauflage

Verlag C. H. Beck · 80791 München